Langenscheidt
Fachwörterbücher

Langenscheidt Technical Dictionary

Concise Edition Englisch

English – German
German – English

Second revised and expanded edition

Edited by
Univ.-Prof. Dr. phil. habil. Peter A. Schmitt

Langenscheidt

Langenscheidt Fachwörterbuch Kompakt

Technik Englisch

Englisch – Deutsch
Deutsch – Englisch

Zweite, bearbeitete und erweiterte Auflage

Herausgegeben von
Univ.-Prof. Dr. phil. habil. Peter A. Schmitt

Langenscheidt

Das vorliegende Werk basiert
auf der aktualisierten Auflage des Langenscheidt
Fachwörterbuch Technik und angewandte Wissenschaften
Englisch-Deutsch / Deutsch-Englisch,
die von Univ.-Prof. Dr. phil. habil. Peter A. Schmitt
herausgegeben und verfasst wurde.

Warenzeichen, Marken und gewerbliche Schutzrechte
Eingetragene (registrierte) Marken sowie Gebrauchsmuster und Patente sind in diesem Wörterbuch nicht ausdrücklich gekennzeichnet. Daraus kann nicht geschlossen werden, dass die betreffenden Bezeichnungen frei sind oder frei verwendet werden können.

2. erweiterte Auflage 2012 (2,05 - 2026)

www.langenscheidt.com/kontakt

Druck und Bindung: Druckerei C. H. Beck Nördlingen
Satz: Hagedorn medien[design], Korntal/Münchingen
Printed in Germany

ISBN 978-3-12-514092-9

Inhalt / Contents

Vorwort

Größtmöglicher Nutzen auf kleinem Raum: Das war die Maxime bei der Auswahl der Einträge für dieses Kompaktwörterbuch. Es ist gedacht für Situationen, in denen man keinen Zugang zu elektronischen Nachschlagewerken hat, und es richtet sich an Personen, die deutsche oder englische technische Texte gelegentlich übersetzen oder auch nur verstehen wollen. In erster Linie ist es für den Einsatz in der Ausbildung gedacht, z. B. an Berufsfachschulen, Fachhochschulen und Universitäten, es eignet sich aber auch als Nachschlagewerk in der Praxis.

Dieses Kompaktwörterbuch enthält zum einen das, was man als „Grundwortschatz der Technik" bezeichnen könnte: je Richtung ca. 32.000 Stichwörter mit rund 50.000 Übersetzungen. Dazu gehören z. B. die chemischen Elemente, Maschinenbauelemente, Werkstoffe und Werkzeuge, Kleinteile und vermeintlich Triviales wie Schrauben, Sicherungs- und Sprengringe, aber auch Großes, wie beispielsweise Kraftwerkstypen und ihre Komponenten. Zum andern enthält es auch Termini, die derzeit in der technischen Kommunikation besonders aktuell sind, wie etwa *Doppelkupplungsgetriebe*, *Nanoröhrchen*, *Produktpiraterie*, *Vogelschlag* und *Zweihüllentanker*.

Immer wieder hört man die Behauptung, dass technische Terminologie durchweg genormt und einheitlich sei und man beim Übersetzen einfach von 1:1-Entsprechungen ausgehen könne. Letzteres trifft bei extrem speziellen Begriffen in der Tat oft zu, aber um diese geht es in diesem Wörterbuch weniger. Je allgemeiner, desto größer ist die Wahrscheinlichkeit von Mehrdeutigkeit. Folglich findet man hier relativ viele gleich geschriebene Stichwörter mit unterschiedlichen Bedeutungen, wie z. B. *abbrechen*, *führen*, *Leiste*, *Rippe*, *Riss, Scheibe, Schraube*. Diese werden möglichst praxisorientiert differenziert. Hierzu dienen sogenannte semantische Informationen, das sind kurze Erklärungen, Kontextbeispiele und typische Anwendungsfälle – insgesamt bietet dieses Wörterbuch über 36.000 solcher Zusatzinformationen.

Im Schnitt gibt es in der Technik 1,5 Synonyme pro Begriff. Diese Synonyme unterscheiden sich mitunter hinsichtlich ihrer Gebrauchssituation, also z. B. hinsichtlich Stilebene, Unternehmenssprache oder Sprachregion. Die Übersetzungsalternativen sind dann entsprechend markiert – insgesamt enthält das Wörterbuch über 15.000 solcher Pragmatik-Markierungen.

Auf der zielsprachlichen Seite bekommen Sie ggf. mehrere synonyme Übersetzungsmöglichkeiten angezeigt. Auf der ausgangssprachlichen Seite haben wir uns auf die Vorzugsbenennungen beschränkt – sonst wäre das Wörterbuch rund 2000 Seiten dick geworden und nicht mehr „kompakt". Die Übersetzung *screwdriver* für das Werkzeug Schraubendreher finden Sie daher im Eintrag *Schraubendreher* – einen Eintrag mit dem umgangssprachlichen Stichwort *Schraubenzieher* gibt es nicht. Im Eintrag *screwdriver* hingegen werden sowohl die genormte Vorzugsbenennung als auch der umgangssprachliche Ausdruck *Schraubenzieher* angegeben.

Mit Blick auf einen Einsatz dieses Wörterbuchs in der Lehre habe ich exemplarisch auch Fachausdrücke erfasst, anhand derer sich bestimmte Formen der Fachwortbildung zeigen und lernen lassen, wie etwa die diversen Möglichkeiten, „Zweiheit" auszudrücken (z. B. mit *bi-, doppel-, double-, dual-, duo-, tandem-, twin-, two-, zweifach-, zwillings-*).

Wenn Sie hier etwas vergeblich suchen, was Ihrer Meinung nach in diesem Kompaktwörterbuch enthalten sein sollte, dann sind wir für jeden Hinweis dankbar. Sollten solche „Fehlanzeigen" allerdings häufiger vorkommen, dann sind Sie vielleicht mit der Vollversion *Fachwörterbuch Technik und angewandte Wissenschaften* besser bedient, die fast eine halbe Million Fachausdrücke enthält.

Last but not least möchte ich mich an dieser Stelle bedanken: Beim Langenscheidt Fachverlag und dessen Mitarbeitern, namentlich der Verlagsleiterin Marie-Jeanne Derouin, für die Idee zu diesem Projekt, das Vertrauen und die Geduld; bei meinen Studierenden für die Zuarbeiten und punktuellen terminologischen Recherchen; bei meinen Hilfskräften und Assistentinnen für die Unterstützung, insbesondere bei Sina Haselmann und Uta Stareprawo, ohne deren akribische und unermüdliche Hilfe bei der Datenbankpflege der Publikationstermin nicht hätte eingehalten werden können.

Prof. Dr. Peter A. Schmitt

Vorwort zur überarbeiteten und erweiterten 2. Auflage

Im Zuge der Bestandspflege wurden rund 1000 der Einträge aktualisiert. Rund 200 kamen neu hinzu. Zu den neu aufgenommen Begriffen gehören neue technische Entwicklungen, deren Benennungen inzwischen zum technischen Grundwortschatz gehören, wie z. B. *DAB-Doppeltuner*, *Flex-Fuel-Fahrzeug*, *Kryomotor*. Viele Neuerungen gibt es im Bereich der Kfz-Technik, wie etwa *LED-Tagfahrlicht* und *Totwinkelassistent*; aber auch im Kontext des Umweltschutzes haben sich inzwischen etliche neue Begriffe und Benennungen etabliert, wie zum Beispiel *Bordnetzrekuperation*, *Emissionshandel*, *PVT-Anlage*, *Verschattung*. Wie immer reagiere ich auf aktuelle Entwicklungen und berücksichtige dann verstärkt entsprechende Begriffe; anlässlich des Fukushima-Störfalls und der Diskussion um Atomkraftwerke sind jetzt auch in der Kompaktversion die wichtigsten einschlägigen Termini der Reaktortechnik erfasst, wie z. B. *Kernbrennstofftablette*, *Notspeisewasserpumpe*, *Reaktorkühlsystem*. Außerdem wurden einige etablierte Begriffe und deren Benennungen ergänzt, die man in der ersten Auflage noch vermissen konnte, wie z.B. *Druckluft-Schlagschrauber*, *Einbauwaschbecken*, *Fertigparkett*, *Knicklenkung*, *Longneck-Flasche*, *Rauchgasexplosion*, *schlüsselfertige Lieferung*, *Starkstrom*. Wobei der Begriff „Starkstrom" (ebenso wie „Schwachstrom") außerordentlich problematisch ist, schon innerhalb des Deutschen, und erst recht beim Übersetzen, und in einem zweisprachigen Wörterbuch nur mit Vorbehalt anzubieten ist.

Generell habe ich mich bemüht, auf der Grundlage meiner rund 40-jährigen Erfahrung in der Lehre und Praxis des technischen Übersetzens und unter Einbezug aller heutzutage verfügbaren Quellen (mit Ausnahme anderer Wörterbücher) eine einigermaßen transparente und verlässliche Hilfestellung zu bieten. Wie bereits bei der ersten Auflage gilt auch hier: Ich bin für jegliche konstruktive Kritik dankbar und werde sie gerne bei der nächsten Aktualisierung berücksichtigen. Wer in diesem kleinen Kompaktwörterbuch nicht das Gesuchte findet, dem sei mein großes *Professional Fachwörterbuch Technik und angewandte Wissenschaften* empfohlen, mit rund 250.000 Einträgen je Sprache.

Prof. Dr. Peter A. Schmitt

Preface

The maxim adopted when selecting the entries for this concise dictionary was to maximise its usefulness while keeping it down to size. It is designed for people who sometimes translate (or just need to understand) German or English technical texts at times when they have no access to electronic reference books. Primarily devised for use in teaching (e.g. at vocational schools, technical colleges and universities), this concise dictionary is also suitable for use in a working environment.

It contains what could be described as the basic vocabulary of engineering and technology: about 32,000 headwords with about 50,000 translations in either direction. They include for instance the chemical elements, mechanical engineering elements, materials and tools, small items that might seem unimportant (e.g. screws as well as locking and retaining rings), along with much larger items like types of power stations and their components. It also features relatively new terms which have risen to prominence in technical communication such as *dual-clutch transmission*, *nano tube*, *product piracy*, *bird strike* and *double-hull tanker*.

All too often it is claimed that technical terminology is completely standardised and consistent and that a direct translation exists for each and every term. Although this may frequently be true of extremely specialised terms, they do not make up the bulk of entries in the dictionary. The less specific a word is, the more likely it is to have a number of different meanings – and hence more than one translation. Consequently, this dictionary includes a relatively large number of words with different meanings such as *abbrechen*, *führen*, *Leiste*, *Rippe*, *Riss*, *Scheibe* and *Schraube*. In order to distinguish between them, additional semantic information is provided in more than 36,000 cases in the form of brief explanations, context examples and typical uses.

On average, each term in engineering and technology has 1,5 synonyms depending on the situation in which it is used. The choice rests on factors such as style level, geographical region and even internal company preference. The alternative translations are marked accordingly in more than 15,000 characterisations of this nature.

Although several possible translations are given in the target language, the headwords have been restricted to the most standard form of each word – otherwise the dictionary would have been about 2,000 pages long and lost all claim to the title 'concise'! Hence, whereas *Schraubendreher* (*screwdriver*) but not its colloquial counterpart *Schraubenzieher* is listed in the German entries, both *Schraubendreher* and *Schraubenzieher* are given as translations of *screwdriver* in the English–German section.

As the dictionary will hopefully be used in a teaching environment, I have also included words providing examples of how technical terms are formed, such as the various ways of expressing duality (e.g. involving *bi-*, *doppel-*, *double-*, *dual-*, *duo-*, *tandem-*, *twin-*, *two-*, *zweifach-*, *zwillings-*).

If you cannot find a word you think ought to be in this concise dictionary, please do let us know. However, if your efforts to look up words are regularly fruitless, you may find you need the full version (Langenscheidt's *Dictionary of Technology and Applied Sciences*, *English–German* and *German–English*), which contains nearly half a million technical terms.

Finally, I would like to thank a number of people for their encouragement and assistance, including the publisher Langenscheidt Fachverlag. Special thanks are due to managing director Marie-Jeanne Derouin for her confidence in me and her patience, not to mention for having the idea for this dictionary in the first place. I am also grateful to my students for their contributions and terminological research. And I am indebted to my assistants for their help, especially Sina Haselmann and Uta Stareprawo, without whose meticulous and tireless support in maintaining the database the publication deadline would not have been met.

Prof. Dr. Peter A. Schmitt

Preface to the revised and expanded 2nd edition

The revision process has involved the updating of around 1000 existing entries and the addition of around 200 new ones. The additions include terms relating to new technical developments which have now become part of basic technical vocabulary, such as *dual DAB tuner*, *flex-fuel vehicle* and *cryogenic motor, LED daytime running lights* and *blind-spot warning system.* A particularly productive field is environmental protection, with terms such as *brake energy recuperation*, *emissions trading*, *hybrid solar system*, and *shading*. As ever, I react to developments as they occur and then take the increased relevance of any corresponding terms into account. In the light of the Fukushima accident and the debate about the future of nuclear power generation, for example, I added the key terms of nuclear power plants with LWR. Even this compact edition now includes terms such as *nuclear fuel pellet*, *emergency feedwater pump* and *reactor cooling system*. Furthermore, some terms have been added which were missing from the first edition, such as *air impact wrench*, *flush-mounted basin*, *pre-finished parquet*, *articulated steering*, *longneck bottle*, *backdraft*, *turnkey delivery* and, on the German side, the widely used word *Starkstrom*: The meaning of this word is fairly vague (as is its opposite *Schwachstrom*), and translating it into English (where this concept does not exist) is always a challenge. Hence, including it in a bilingual technical dictionary is both a necessity and risk.
I have tried to create a useful, practice-oriented tool, and attempted to provide reasonably transparent and reliable information to the best of my knowledge. This is based on 40 years of teaching and practicing technical translation and terminography, and I took into account all the sources that are presently available (but no other dictionaries). As with the first edition, I would be grateful for any constructive criticism, which I will happily bear in mind for the next updated edition. Should anyone not find what they are looking for in this compact dictionary, might I recommend my unabridged *Professional-Fachwörterbuch Technik und angewandte Wissenschaften*, which contains approximately 250,000 entries for each language.

Prof. Dr. Peter A. Schmitt

Benutzerhinweise

Grundsätzliches

Das Wörterbuch entspricht formal der DIN 2336:2004-06. Es ist eine automatisch erzeugte Ausgabeform der zugrundeliegenden Terminologiedatenbank. Die Datenbank ist begriffsorientiert strukturiert, d.h. alle zu einem Begriff (Signifikat) gehörenden Benennungen (Signifikanten) und sonstigen Informationen sind in einem Datensatz zusammengefasst, der alle nötigen Datenkategorien berücksichtigt. Für die Zwecke dieses Wörterbuchs wurden die Daten so aufbereitet und ausgegeben, dass der Benutzer unter jedem Stichwort, also ohne Querverweise, das verfügbare Informationsangebot erhält.

Sortierung

Die Einträge sind alphabetisch in der bei Computern üblichen Reihenfolge sortiert, d.h. Groß- und Kleinschreibung spielen keine Rolle, Ziffern stehen vor A, ß wird wie ss einsortiert, Umlaute werden wie die entsprechenden Vokale ohne Umlaut eingeordnet. Entsprechendes gilt für Akzente. Leerstellen, Bindestriche, Schrägstriche und Klammern wirken sich auf die Sortierung nicht aus.

vertical-lift gate <hydr.build> • Hubtor *n*
vertically adjustable <tech.gen> • höhenverstellbar; höheneinstellbar
vertical-shaft turbine <energ.hydr> • vertikale Turbine *f*; stehende Turbine *f*
vertical take-off [and landing] airplane (VTOL) <aerosp> • Senkrechtstarter *m*; senkrechtstartendes Flugzeug *n*; VTOL-Flugzeug *n*
vertical turning and boring mill <mach.tool> • Karusselldrehmaschine *f*

Mehrgliedrige Benennungen werden als eigene Stichwörter behandelt, wenn sie feste, abgrenzbare Begriffe bezeichnen und/oder wie eine feststehende Wendung gebraucht werden. Dies gilt unabhängig von der Schreibweise, also gleichgültig, ob es sich um Mehrwortbenennungen oder um Blockkomposita handelt. Solche mehrgliedrigen Benennungen werden so einsortiert, wie sie tatsächlich verwendet werden, also unter dem ersten Bestimmungswort und nicht unter dem Grundwort.

cable insulation <el> *(e.g. PVC, Teflon®, Kapton, TKT)* • Kabelisolierung *f*
mandatory helmet use <mvhcl.safe> • gesetzliche Helmpflicht *f*
visual meteorological conditions *pl* (VMC) <aerosp> *(for visual-flight rules flight)* • Sichtflugbedingungen *fpl* (VMC); Sichtflugwetterbedingungen *fpl*

sichtbares Sicherheitsmerkmal *n* <jur.ökon> *(gegen Produktpiraterie, Fälschung; z. B. nichtentfernbare Aufkleber)* • overt safety feature; first-level piracy protection; overt safety marking
Sichtprüfung von außen *f* <qualit> *(z. B. von Flugzeugtriebwerken)* • walk-around inspection

Eintragsstruktur

Jeder Eintrag hat eine feste Struktur, in der maximal folgende Elemente in folgender Reihenfolge vorkommen (AS = Ausgangssprache, ZS = Zielsprache):

AS **Vorzugsbenennung**
AS *Grammatische Information*
AS (Abkürzung)
AS *Pragmatische Information*
AS <Fachgebietsangabe>
AS *(Semantische Information)*
• Sprachentrennzeichen
ZS Vorzugsbenennung
ZS *Grammatische Information*
ZS (Abkürzung)
ZS *Pragmatische Information*
ZS Synonym 1
ZS *Grammatische Information*
ZS *Pragmatische Information*
ZS Synonym 2
ZS *Grammatische Information*
ZS *Pragmatische Information*
ZS Synonym 3
ZS *Grammatische Information*
ZS *Pragmatische Information*
ZS Synonym 4
ZS *Grammatische Information*
ZS *Pragmatische Information*

flight data recorder (FDR) <aerosp> *(a red box)* • Flugdatenschreiber *m* (FDR); Flugdatenregistriergerät *n form*; Flugschreiber *m*; Datenschreiber *m*; Black Box [zur Aufzeichnung der Flugdaten] *f ugs*

Flugdatenschreiber *m* (FDR) <aerospace> *(Daten)* • flight data recorder (FDR); cockpit flight data recorder; flight recorder *pract*; Black Box *coll*

Textuelle Strukturanzeiger

Strichpunkte trennen Synonyme voneinander:

lateral runout *form* <mech.eng> *(gen. of rotating parts; e.g. of wheel, brake disc)* • Planlaufabweichung *f*; Axialschlag *m*; Seitenschlag *m prakt*; Schlag *m ugs*; Taumelschlag *m rar*

Filterbelastung *f* <verf> *(bei Gewebe-Luftfiltern; z. B. Staubfilter, Schlauchfilter)* • air/cloth ratio; air-to-cloth ratio; gas-to-cloth ratio; A/C ratio

Schrägstriche in Benennungen sind Teil einer üblichen Schreibweise:

a/b-Schnittstelle *f* <tele> *(für Analoggeräte an ISDN-Anschluss)* • a/b interface

Lo/Lo-Schiff *n* <nav> • lo-lo ship; lo-lo vessel; lift-on/lift-off vessel; lift-on/lift-off ship; lo-lo cargo ship *rare*

In grammatischen Informationen geben sie eine Alternative an; ein typisches Beispiel ist schwankender Genusgebrauch:

Getreidesilo *m/n* <logist> • grain silo; grain storage bin; grain store

Spitze Klammern markieren die Fachgebietsangaben:

marl <build> *(earthy deposits of clay and calcium carbonate)* • Mergel *m DIN 4047-3*

Folie *f* <kst> *(Kunststoff, als Platte; Dicke > 0,25 mm)* • sheet; plastic sheet
Folie *f* <metall> *(sehr dünnes Metall, Dicke < 0,15 mm; z. B. Alu-Folie für Schokolade)* • foil; metal foil *rare*; leaf *rare*

Runde Klammern kursiv markieren semantische Informationen:

abeam <nav> *(at right angles to the fore-and-aft line)* • dwars; dwarsschiffs; querschiffs; querab; quer *ugs*

Schraube *f* <füg> *(spitz zulaufend, Ganz- od. Teilgewinde; z. B. Blech- od. Holzschrauben)* • screw

In nichtkursiven runden Klammern stehen Abkürzungen:

acetyl-salicylic acid (ASA) <pharm> *(analgesic)* • Acetylsalicylsäure *f* (ASS); Aspirin® *n Bayer.ugs*; Acidum acetylsalicylicum *n*; O-Acetylsalicylsäure *f*; 2-Acetoxybenzoesäure *f*

automatisierter Zugbetrieb *m* <bahn> *(allg.)* • automatic train operation (ATO)

In seltenen Fällen – meist in der Chemie – kommen nichtkursive runde Klammern als Teil einer Benennung vor:

acrylonitrile-(chlorinated polyethylene)-styrene (ACS) *DIN EN ISO 6402* <plast> • Acrylnitril-(chloriertes Polyethylen)-Styrol *n* (ACS) *DIN EN ISO 6402*

Eckige Klammern markieren fakultative Benennungselemente:

Lavalier [microphone] <av> • Ansteckmikrofon *n*; Lavaliermikrofon *n*; Ansteckermikro *n*; Klemmmikrofon *n*; Krawattenmikrofon *n*

Langstreckenbetrieb *m* <kfz> *(Fahrten auf Autobahnen und Landstraßen)* • highway driving *US*; cruising; cruise; touring [conditions]; extra-urban [driving] *GB*

Bindestriche wurden normalerweise gemäß Regeln gesetzt. In Zweifelsfällen wurde die morphologisch klarere Schreibweise gewählt.

3-core cable <el> • dreiadriges Kabel *n*; dreiadrige Leitung *f*; Dreileiterkabel *n*; Dreifachkabel *n rar*
latex-free exam gloves <med.garm> • latexfreie Handschuhe *mpl*

lead-acid battery <el> *(e.g. starter battery in cars; ca. 35 Wh/kg)* • Bleibatterie *f*; Bleiakkumulator *m*; Blei-Säure-Akkumulator *m rar*

Linsensenk-Blechschraube mit Kreuzschlitz *f DIN ISO 1891* <füg> • cross recessed raised countersunk oval head tapping screw; cross recessed raised countersunk head tapping screw

Linz-Donawitz-ARBED-Centre-National-Verfahren *n* <metall> *(Stahlfrischen)* • LDAC process

Lithium-Polymer-Batterie *f* <el> *(z. B. für ZEV, Handys, Notebooks; ca. 150 Wh/kg)* • lithium polymer battery; lithium ion polymer battery

Zu beachten ist, dass im Englischen bei den für technische Texte typischen komplexen Benennungen sowohl Zusammenschreibung als auch Getrenntschreibung und die Schreibung mit Bindestrich möglich und üblich ist. Um das Wörterbuch nicht unnötig aufzublähen, wurde meist nur die typischste Schreibvariante aufgenommen. Zu beachten ist dabei, dass eine Wortgruppe, die als Substantiv (z. B. als Determinatum) vielleicht üblicherweise getrennt geschrieben wird, bei attributiver Verwendung (als Determinans) oft (nicht immer) mit Bindestrich gekoppelt wird.

Datenkategorien und ihre Darstellung

Stichwort

Stichwörter (Lemmata) sind fett gedruckt. Auf der ausgangssprachlichen Seite werden die Vorzugsbenennungen eines Begriffs als Stichwort angeboten. Etwaige Synonyme zur Vorzugsbenennung sind nicht als Stichwort aufgeführt.

screwdriver <tool> *(gen.; any type)* • Schraubendreher *m DIN 898*; Schraubenzieher *m ugs*

Schraubendreher *m DIN 898* <wz> *(allg.; jeder Typ)* • screwdriver

Vorzugsbenennung

Dieses Wörterbuch ist praxis- und übersetzungsorientiert und reflektiert daher realen Sprachgebrauch; falls ein Begriff mit mehreren Benennungen bezeichnet werden kann, wurde diejenige Benennung als Vorzugsbenennung gewählt, die in der Fachsprache am verbreitetsten, stilistisch neutral und korrekt ist, also z. B. *Schraubendreher*, nicht *Schraubenzieher*. Gleichwohl werden tendenziell und im Zweifelsfalle die genormten Benennungen bevorzugt angegeben. Auf der zielsprachlichen Seite wird an erster Stelle stets die Vorzugsbenennung angeboten, danach folgen ggf. dazu synonyme Benennungen.

micrometer <tool> *(gen.)* • Messschraube *f DIN 863*; Mikrometerschraube *f prakt.obs*; Mikrometer *n prakt.obs*; Schraublehre *f ugs.obs*

Abgasturbolader *m* (ATL) *DIN ISO 7967-3* <mot> • turbocharger *ISO 7967-3*; turbo-supercharger *form*; turbo blower *pract*; turbo *coll*; exhaust-driven [turbo-]supercharger *rare*

Schraubendrehereinsatz *m* <wz> *(mit Innenvierkantantrieb für Steckschlüsselwerkzeuge)* • bit socket *US*; driver *US.pract*; screwdriver bit socket *US*; socket bit *GB*; screwdriver socket *GB*

Synonyme

Auf der ausgangssprachlichen Seite werden keine Synonyme angeboten. Auf der zielsprachlichen Seite werden nach der Vorzugsbenennung die Synonyme angeboten. Deren Reihenfolge richtet sich entweder nach ihrem Fachlichkeitsgrad, dann stehen die wissenschaftlichen Termini an erster und etwaige Jargonausdrücke an letzter Stelle, oder, falls es keine klaren Stilunterschiede gibt, nach der Gebrauchshäufigkeit (gemessen an der Trefferanzahl im Internet). Benennungen, die weniger als 10 % der Treffer der meistverwendeten Benennung haben, sind mit *rar* bzw. *rare* markiert.

voice over IP (VoIP) <tele> *(telephony, teleconferencing)* • Internet-Telefonie *f* (VoIP); Telefonie via Internet *f did*; VoIP-Telefonie *f*; IP-Telefonie *f*; Sprachübermittlung über Internet *f*

Festplattenlaufwerk *n* <comp> *(magnetischer Festplattenspeicher; Modul; z. B. 60 GB Kapazität)* • hard disk drive (HDD); hard drive *pract*; disk *coll*; fixed-disk drive *rare.BASF*; rigid-disk drive *rare*

Grammatische Information

Angaben zur Grammatik stehen ggf. kursiv jeweils hinter der Benennung. Deutsche Substantive haben Genusangaben (*f, m, n*) und ggf. zusätzlich Hinweise auf Gebrauch nur im Singular (*sg*) oder nur im Plural (*pl*). Bei Verben ist angegeben, ob sie transititiv (*vt*), intransitiv (*vi*) oder reflexiv (*vr*) verwendet werden. Andere Wortarten (*adj, adv*) werden nur als solche markiert, wenn Verwechslungsgefahr besteht.

adj	Adjektiv	adjective
adv	Adverb	adverb
f	Substantiv feminin	feminine noun
fpl	Substantiv feminin, Pluraletantum	feminine noun, used only or mainly in plural
fsg	Substantiv feminin, Singularetantum	feminine noun, used only or mainly in singular
m	Substantiv maskulin	masculine noun
mpl	Substantiv maskulin, Pluraletantum	masculine noun, used only or mainly in plural
msg	Substantiv maskulin, Singularetantum	masculine noun, used only or mainly in singular
n	Substantiv neutrum	neuter noun
npl	Substantiv neutrum, Pluraletantum	neuter noun, used only or mainly in plural
nsg	Substantiv neutrum, Singularetantum	neuter noun, used only or mainly in singular
vi	Verb intransitiv	intransitive verb
vr	Verb reflexiv	reflexive verb
vt	Verb transitiv	transitive verb

Präpositionen

Wird ein Verb ausschließlich in Verbindung mit einer bestimmten Präposition verwendet, so wird diese Präposition ohne Klammer direkt hinter dem Verb angegeben. Kann das Verb auch ohne diese Präposition verwendet werden, so steht es normalerweise in einem eigenen Eintrag; andernfalls steht die Präposition in eckigen Klammern.

strip [off] *vt* <plast> *(remove molding from mold core)* • abstreifen *vt*; abwerfen *vt*

strip [off] *vt* <srfc> *(thin film, coating; e.g. label, sticker, paint)* • ablösen *vt*

abziehen *vt* <ents> *(Flüssigkeit; nach unten; z. B. Sicker-, Regenwasser)* • drain [off] *vt*

abziehen *vt* <obfl> *(z. B. Folie, Film, Überzug)* • peel off *vt*; strip *vt*; strip off *vt*; peel *vt*; strip away *vt rare*

Abkürzungen

Abkürzungen sind in einem separaten Abkürzungsverzeichnis zusammen mit ihrer Langform aufgelistet. Auf der zielsprachlichen Seite werden etwaige Abkürzungen ebenfalls angeboten.

maritime oscillating water column converter (MOWC) <energ.hydr> • Meereswellenenergiekonverter *m*; MOWC-Kraftwerk *n prakt*

Antiblockiersystem *n* (ABS) <kfz.brems> • anti-lock braking system (ABS); anti-lock brakes; anti-skid *coll*; electronic anti-locking; antilock brake system *SAE*

Pragmatische Informationen

Sie liefern Hinweise zur Verwendungssituation und stehen kursiv hinter der jeweiligen Benennung. Sie werden ggf. für das Stichwort und für die Übersetzungen geliefert. Hierzu gehören Hinweise auf regionale Varianten (z. B. britisches oder amerikanisches Englisch), Stilebenen, genormte Benennungen, firmenspezifische Verwendungen, Warenzeichen und die Kennzeichnung von Übersetzungsvorschlägen.

Beispiele für regionale Varianten:

Abbau im Tagebauverfahren *m* <min> *(z. B. von Braunkohle)* • strip mining *US*; opencast mining *GB*; open-pit mining; surface mining

Autofokus *m* (AF) <opt> *(z. B. von Foto-, Videokameras, Projektoren, Belichtern)* • auto focus (AF); automatic focusing *US*; automatic focussing *GB*

Hebelblechschere *f* <wz> *(mit zusätzlicher Hebelübersetzung für höhere Schneidkraft)* • compound leverage snips *US*; cantilever action shears *GB*

Beispiele für Stilebenen:

8-cylinder engine <mvhcl.mot> *(usu. a V 8)* • Achtzylindermotor *m*; 8-Zylinder-Motor *m*; Achtzylinder *m prakt.ugs*

Netzkabel *n* <tech.allg> *(zwischen Verbraucher und Netzsteckdose; 230 V bzw. 110 V; flexibel)* • power cord; power supply cord; mains lead *coll*; supply cord *coll*; flex *GB.coll*

Beispiele für firmenspezifischen Gebrauch, Produktnamen:

manual focus (MF) <phot> • manuelle Fokussierung *f* (MF) *Canon*; manuelle Scharfeinstellung *f KM.Nikon*; manuelle Scharfstellung *f Panasonic*; manueller Fokus *m Fuji.Sony*; MF-Modus *m Olympus*

Polyesterfolie *f* <kst> *(z. B. als Dielektrikum in Kondensatoren)* • polyester film; mylar film; Mylar® *DuPont*
Polymethylmethacrylat *n* (PMMA) <kst> *(z. B. für Kleinmöbel, Rückleuchtendeckgläser)* • polymethyl methacrylate (PMMA); acrylic glass; Lucite®; Plexiglass®; Perspex®

Beispiele für Normenangaben:

lining *BS 6100* <pps.srfc> *(of a pipeline, pipe, or pipe fitting)* • Auskleidung *f*; innerer Überzug *m*; Innenauskleidung *f*
marbling *ISO 4618-3* <srfc> *(imitation of the appearance of polished marble)* • Marmorieren *n DIN EN ISO 4618*

Kleister *m DIN 16920* <füg> • paste *ASTM D 907-74*
Wurfweite *f DIN 4047-6* <agri.hydr> *(eines Regners)* • sprinkling range

Im Quellenmaterial noch nicht belegte Übersetzungsvorschläge sind mit *:V* markiert:

Minimalmengenschmierung *f* (MMS) <wz.masch> • minimum volume lubrication *:V*

Es kommen im Wesentlichen folgende pragmatische Informationen vor:

Stilebenen
geschlossene Liste

Wissenschaftssprache	*wiss*	*thsc*
Didaktiksprache, populärwissenschaftlich	*did*	*did*
Praktische Fachsprache, Werkstatt-, Laborsprache	*prakt*	*pract*
Umgangssprache	*ugs*	*coll*
Jargon	*jarg*	*jarg*
Vulgärsprache	*vulg*	*vulg*
Werbesprache	*werb*	*advert*
Pressesprache, Mediensprache	*press*	*press*
Genormte Termini	*norm*	*stand*
Abwertend, negativ konnotiert	*pejor*	*derog*

Räumliche Zuordnungen
offene Liste – Länderkennzeichen

Amerikanisches Englisch	*US*
Britisches Englisch	*GB*
Australisches Englisch	*AUS*

DDR-Deutsch	*DDR*	
Österreichisches Deutsch	*A*	
Schweizer Deutsch	*CH*	

Zeitliche Zuordnung
geschlossene Liste

veraltet, obsolet	*obs*	*obs*

Gebrauchshäufigkeit
geschlossene Liste

selten	*rar*	*rare*
Übersetzungsvorschlag	*:V*	*:V*

Sprechergruppen
offene Liste

Möglichst etablierte, kurze, ggf. abgekürzte und selbsterklärende Markierungen; hier nur einige Beispiele:

British Standard	*BS*	*BS*
Deutsche Bahn	*DB*	*DB*
Deutsches Institut für Normung	*DIN*	*DIN*
Ford	*Ford*	*Ford*
Mercedes Benz	*MB*	*MB*
Society of Automotive Engineers	*SAE*	*SAE*
Sony	*Sony*	*Sony*
Zahnradfabrik Friedrichshafen	*ZF*	*ZF*

Ausspracheangaben

Insbesondere wenn die Aussprache einer Benennung unregelmäßig oder bedeutungsrelevant ist, wird hinter der Benennung kursiv in eckigen Klammern auch ein Hinweis auf die Aussprache gegeben:

lead (Pb) *[led]* <chem> • Blei *n* (Pb)
lead *[li:d]* <el> *(wire, cable, cord)* • Anschluss *m*
lead *[li:d]* <join> *(crest-to-crest distance)* • Gewindesteigung *f*; Steigung *f prakt*; Teilung *f*

Autoleder *n* <kfz> *(Fz-Wäsche)* • chamois *[shammy]*; English chamois *US*

Fachgebietsangabe

Sämtliche Begriffe haben eine Sachgebietsmarkierung gemäß DIN 2336. Das heißt, die Sachgebiete werden durch die in DIN 2336 empfohlenen Kurzformen gekennzeichnet und sind in spitze Klammern gesetzt. Es handelt sich um rund 100 Kurzformen, die auch in Kombination verwendet werden können. Daraus ergibt sich die Möglichkeit, mit einem überschaubaren und leicht memorierbaren Inventar an Kurzformen auch relativ spezielle Begriffe und Sachgebiete zu kennzeichnen. Die elementaren Kurzformen und ihre Bedeutungen sind ab Seite 31 aufgelistet.

Besonders häufige Kombinationen sind ebenfalls aufgeführt, wie z. B. <kfz.el> für Kraftfahrzeugelektrik oder <energ.sol> für Solarenergie.
Bei den Kombinationen gilt die Regel, dass das Hauptanwendungsgebiet an erster Stelle steht; dann folgt, durch einen Punkt getrennt, das Spezialgebiet. Ein Eintrag zum Begriff „Kernenergie" hat daher <energ.nukl> für Energietechnik, Spezialgebiet Nukleartechnik.
Eine Chemikalie wie Dichlordiethylsulfid, bekannt als Senfgas, die primär als militärischer Kampfstoff diente, erhält folglich die Sachgebietsangabe <chem.mil>. In analoger Weise gelten z.B. <bau.mat> für Baumaterial, <bau.masch> für Baumaschinen, <büro.mat> für Büromaterial, <aerosp.navig> für Navigationssysteme in der Luft- und Raumfahrt, usw. Eine Zahnbürste hat also die Sachgebietsangabe <hygi.wz>.
Der Leser möge dabei im Auge behalten, dass diese Zuordnung nicht den Anspruch hat, ein lückenlos-systematisches Thesaurus-Deskriptorensystem zu sein, sondern lediglich ein Hilfsmittel ist, um dem Benutzer die wenigstens ungefähre Einordnung eines Begriffs in einen Kontext zu erleichtern.

Semantische Information

Sie steht kursiv in runden Klammern und liefert in der Ausgangssprache eine kurze Charakterisierung des mit dem Stichwort gemeinten Begriffs:

mid-size [car] <mvhcl> *(car category; e.g. Citroen Picasso, Pontiac GS)* • Pkw mittlerer Größe *m*
mid-size [car] <mvhcl.ecol> *(U.S. category; 110-119 ft^{3}passenger & luggage vol.; e.g. Ford Taurus)* • Midsize-Pkw *m*

Backsteinfassade *f* <bau> *(nur äußere Schale Mauerwerk; innen z. B. Beton od. Holz)* • brick veneer

Dies ist vor allem zur Differenzierung mehrdeutiger Benennungen in Ergänzung zur Sachgebietsmarkierung hilfreich:

lug <el> *(soldering connection)* • Fahne *f*
lug <mech.eng> *(a projecting piece by which sth. is supported)* • Ansatz *m*
lug <mech.eng> *(flat tab, usu. sheet metal; e.g. for lifting)* • Lappen *m*
lug <vhcl> *(of bicycle frame tubing)* • Muffe *f*

abdecken *vt* <tech.allg> *(Objekt zudecken; z. B. mit Plane; Thema behandeln, z. B. in Vortrag)* • cover *vt*
abdecken *vt* <tech.allg> *(Abdeckung, Deckel etc. entfernen)* • uncover *vt*; remove a cover from sth *vt*
abdecken *vt* <phot> *(beim Belichten)* • mask *vt*
abdecken *vt* <verf> *(mit Schutzgas)* • blanket *vt*

Zur Verdeutlichung des gemeinten Begriffs werden oft auch exemplarische Kollokatoren angegeben, also solche Wörter, die besonders typisch im Zusammenhang mit dem Stichwort vorkommen:

austrocknen *vi/vt* <allg> *(Mauerwerk, Gewässer, Sumpf)* • dry up *vi/vt*
dicht <tech.allg> *(betont: gegen Wassereintritt; z. B. Cabrioverdeck, Regenjacke)* • waterproof

festklemmen *vt* <tech.allg> *(z. B. Kabel, Draht, Schlauch)* • clamp in place *vt*; clamp *vt*

Größen und Maßeinheiten werden oft erläutert:

micrometer (μm) <phys> *(0.000001 m; 0.00004 inch; 25.4 microns equal 0.001 inch or 1 mil)* • Mikrometer *n* (μm); Mikron *n obs*
mile (mi) <i&c> *(1 mi = 1760 yards = 1.6093472 km)* • Meile *f*; Landmeile *f*

Mit Blick auf den Einsatz des Wörterbuchs in der Ausbildung werden auch typische Merkmale des Begriffs genannt:

high-carbon steel <metal> *(0.6 - 1.3% C; very hard, as opp. to plain carbon steel; used for tools)* • Kohlenstoffstahl *m*; C-Stahl *m prakt*; kohlenstoffreicher Stahl *m ugs.rar*; hochgekohlter Stahl *m rar*
structural steel <metal> *(0.05 to 0.25% carbon, typically 0.2% carbon; for general engineering)* • Baustahl *m*; allgemeiner Baustahl *m did*

Baustahl *m* <metall> *(0,03 % bis 0,2 % Kohlenstoff; ein relativ weicher Massenstahl)* • structural steel; low-carbon steel; plain carbon steel; carbon steel *pract*; structural carbon steel
Kohlenstoffstahl *m* <metall> *(harter Stahl mit hohem C-Gehalt; 0,5 - 2,2 % C; Werkzeugstahl)* • high-carbon steel; high steel *pract*; hard steel *coll.rare*

In Einzelfällen wird vor typischen Übersetzungs- oder Benennungsfehlern gewarnt:

Schraubenfeder *f* <tech.allg> *(z. B. Fahrzeug-, Ventilfedern, Kugelschreiber; keine 'Spiralfeder'!)* • coil spring; helical spring *rare*; wire-coil spring *rare*; coiled spring *rare*

Notes for Users

General

The layout of this dictionary complies with German standard DIN 2336:2004-06. It has been automatically generated from the terminology database on which it is based. The structure of the database is geared towards concepts, i.e. all terms pertaining to a concept, and other information, are summarised in a record which takes into account all necessary data categories. For the purposes of this dictionary, data have been edited and printed out so that the user can access the available information under each headword, i.e. without cross-references.

Sorting

Entries are sorted in the usual order applying to computers, i.e. no account is taken of upper and lower case, numerals are placed before A, ß is sorted like ss, and umlauts are ordered like the corresponding vowels with no umlaut. The same applies to accents. Blank spaces, hyphens, obliques and brackets have no bearing on sorting.

vertical-lift gate <hydr.build> • Hubtor *n*
vertically adjustable <tech.gen> • höhenverstellbar; höheneinstellbar
vertical-shaft turbine <energ.hydr> • vertikale Turbine *f*; stehende Turbine *f*
vertical take-off [and landing] airplane (VTOL) <aerosp> • Senkrechtstarter *m*; senkrechtstartendes Flugzeug *n*; VTOL-Flugzeug *n*
vertical turning and boring mill <mach.tool> • Karusselldrehmaschine *f*

Compound terms are treated as separate headwords if they denote fixed, distinguishable concepts and/or are used as a well-established expression. This applies irrespective of the spelling, i.e. irrespective of whether terms are multiword terms or composite terms. Such compound terms are sorted as they are actually used, i.e. under the first modifier and not under the root.

cable insulation <el> *(e.g. PVC, Teflon®, Kapton, TKT)* • Kabelisolierung *f*
mandatory helmet use <mvhcl.safe> • gesetzliche Helmpflicht *f*
visual meteorological conditions *pl* (VMC) <aerosp> *(for visual-flight rules flight)* • Sichtflugbedingungen *fpl* (VMC); Sichtflugwetterbedingungen *fpl*

sichtbares Sicherheitsmerkmal *n* <jur.ökon> *(gegen Produktpiraterie, Fälschung; z. B. nichtentfernbare Aufkleber)* • overt safety feature; first-level piracy protection; overt safety marking
Sichtprüfung von außen *f* <qualit> *(z. B. von Flugzeugtriebwerken)* • walk-around inspection

Entry structure

Each entry has a fixed structure, in which a maximum of the following components appear in the following sequence (SL = source language, TL = target language):

SL	**Preferred term**
SL	*Grammatical information*
SL	(Abbreviation)
SL	*Pragmatical information*
SL	<Subject area information>
SL	*(Semantic information)*
•	Language separator
TL	Preferred term
TL	*Grammatical information*
TL	(Abbreviation)
TL	*Pragmatical information*
TL	Synonym 1
TL	*Grammatical information*
TL	*Pragmatical information*
TL	Synonym 2
TL	*Grammatical information*
TL	*Pragmatical information*
TL	Synonym 3
TL	*Grammatical information*
TL	*Pragmatical information*
TL	Synonym 4
TL	*Grammatical information*
TL	*Pragmatical information*

flight data recorder (FDR) <aerosp> *(a red box)* • Flugdatenschreiber *m* (FDR); Flugdatenregistriergerät *n form*; Flugschreiber *m*; Datenschreiber *m*; Black Box [zur Aufzeichnung der Flugdaten] *f ugs*

Flugdatenschreiber *m* (FDR) <aerospace> *(Daten)* • flight data recorder (FDR); cockpit flight data recorder; flight recorder *pract*; Black Box *coll*

Text structure

Semicolons are used to separate synonyms:

lateral runout *form* <mech.eng> *(gen. of rotating parts; e.g. of wheel, brake disc)* • Planlaufabweichung *f*; Axialschlag *m*; Seitenschlag *m prakt*; Schlag *m ugs*; Taumelschlag *m rar*

Filterbelastung *f* <verf> *(bei Gewebe-Luftfiltern; z. B. Staubfilter, Schlauchfilter)* • air/cloth ratio; air-to-cloth ratio; gas-to-cloth ratio; A/C ratio

Forward slashes shown in terms are part of their conventional spelling:

a/b-Schnittstelle *f* <tele> *(für Analoggeräte an ISDN-Anschluss)* • a/b interface

Lo/Lo-Schiff *n* <nav> • lo-lo ship; lo-lo vessel; lift-on/lift-off vessel; lift-on/lift-off ship; lo-lo cargo ship *rare*

In grammatical information, forward slashes indicate an alternative, one typical example being words which have more than one gender.

Getreidesilo *m/n* <logist> • grain silo; grain storage bin; grain store

Angle brackets indicate the subject area:

marl <build> *(earthy deposits of clay and calcium carbonate)* • Mergel *m DIN 4047-3*

Folie *f* <kst> *(Kunststoff, als Platte; Dicke > 0,25 mm)* • sheet; plastic sheet
Folie *f* <metall> *(sehr dünnes Metall, Dicke < 0,15 mm; z. B. Alu-Folie für Schokolade)* • foil; metal foil *rare*; leaf *rare*

Curved brackets in italics indicate semantic information:

abeam <nav> *(at right angles to the fore-and-aft line)* • dwars; dwarsschiffs; querschiffs; querab; quer *ugs*

Schraube *f* <füg> *(spitz zulaufend, Ganz- od. Teilgewinde; z. B. Blech- od. Holzschrauben)* • screw

Abbreviations are shown in non-italicised curved brackets:

acetyl-salicylic acid (ASA) <pharm> *(analgesic)* • Acetylsalicylsäure *f* (ASS); Aspirin® *n Bayer.ugs*; Acidum acetylsalicylicum *n*; O-Acetylsalicylsäure *f*; 2-Acetoxybenzoesäure *f*

automatisierter Zugbetrieb *m* <bahn> *(allg.)* • automatic train operation (ATO)

In rare cases (usually in chemistry), terms may include non-italicised curved brackets:

acrylonitrile-(chlorinated polyethylene)-styrene (ACS) *DIN EN ISO 6402* <plast> • Acrylnitril-(chloriertes Polyethylen)-Styrol *n* (ACS) *DIN EN ISO 6402*

Square brackets indicate facultative components of the term:

Lavalier [microphone] <av> • Ansteckmikrofon *n*; Lavaliermikrofon *n*; Ansteckermikro *n*; Klemmmikrofon *n*; Krawattenmikrofon *n*

Langstreckenbetrieb *m* <kfz> *(Fahrten auf Autobahnen und Landstraßen)* • highway driving *US*; cruising; cruise; touring [conditions]; extra-urban [driving] *GB*

Hyphens are normally applied according to rules. In dubious cases the morphologically clearer spelling is selected.

3-core cable <el> • dreiadriges Kabel *n*; dreiadrige Leitung *f*; Dreileiterkabel *n*; Dreifachkabel *n rar*
latex-free exam gloves <med.garm> • latexfreie Handschuhe *mpl*

lead-acid battery <el> *(e.g. starter battery in cars; ca. 35 Wh/kg)* • Bleibatterie *f*; Bleiakkumulator *m*; Blei-Säure-Akkumulator *m rar*

Linsensenk-Blechschraube mit Kreuzschlitz *f DIN ISO 1891* <füg> • cross recessed raised countersunk oval head tapping screw; cross recessed raised countersunk head tapping screw

Linz-Donawitz-ARBED-Centre-National-Verfahren *n* <metall> *(Stahlfrischen)* • LDAC process

Lithium-Polymer-Batterie *f* <el> *(z. B. für ZEV, Handys, Notebooks; ca. 150 Wh/kg)* • lithium polymer battery; lithium ion polymer battery

Note that in English, the compound terms typical of technical writing are sometimes written together, separately or with a hyphen. To keep the dictionary down to size, usually only the most typical spelling is listed. Bear in mind that a word group which may usually be written separately as a noun (e.g. as *determinatum*) will often (but not always) be joined with a hyphen when used as an adjective (as *determinans*).

Categories of data and how they are shown

Headword

Headwords (lemmata) are printed in bold. In the source language, preferred terms are shown as headwords. Any synonyms that exist are not listed as headwords.

screwdriver <tool> *(gen.; any type)* • Schraubendreher *m DIN 898*; Schraubenzieher *m ugs*

Schraubendreher *m DIN 898* <wz> *(allg.; jeder Typ)* • screwdriver

Preferred Term

Since this dictionary is geared to use in a working environment and translation, it reflects the actual use of language. Whenever a term can be expressed in different ways, the 'preferred term' has been selected as the one which is most commonly used in technical language, stylistically neutral and correct, e.g. *Schraubendreher* (*screwdriver*) rather than *Schraubenzieher*. Nevertheless, in borderline cases the terms used in published standards tend to be preferred. Translations list preferred terms first of all followed by any synonyms.

micrometer <tool> *(gen.)* • Messschraube *f DIN 863*; Mikrometerschraube *f prakt.obs*; Mikrometer *n prakt.obs*; Schraublehre *f ugs.obs*

Abgasturbolader *m* (ATL) *DIN ISO 7967-3* <mot> • turbocharger *ISO 7967-3*; turbo-supercharger *form*; turbo blower *pract*; turbo *coll*; exhaust-driven [turbo-]supercharger *rare*

Schraubendrehereinsatz *m* <wz> *(mit Innenvierkantantrieb für Steckschlüsselwerkzeuge)* • bit socket *US*; driver *US.pract*; screwdriver bit socket *US*; socket bit *GB*; screwdriver socket *GB*

Synonyms

No synonyms are contained in the headwords. However, translations include not only the preferred term but also synonyms. They are listed by order of technicality (i.e. more scientific terms are followed by colloquial expressions and jargon), or alternatively, if there are no stylistic differences, by frequency (based on internet hits). Words resulting in fewer than 10 per cent of the hits of the most commonly used terms are marked *rar* or *rare*.

voice over IP (VoIP) <tele> *(telephony, teleconferencing)* • Internet-Telefonie *f* (VoIP); Telefonie via Internet *f did*; VoIP-Telefonie *f*; IP-Telefonie *f*; Sprachübermittlung über Internet *f*

Festplattenlaufwerk *n* <comp> *(magnetischer Festplattenspeicher; Modul; z. B. 60 GB Kapazität)* • hard disk drive (HDD); hard drive *pract*; disk *coll*; fixed-disk drive *rare.BASF*; rigid-disk drive *rare*

Grammatical information

Where necessary, terms are followed by grammatical notes in italics. The gender of German nouns (*f, m, n*) is denoted and, where appropriate, there is an indication of whether these are used only in the singular (*sg*) or in the plural (*pl*). Verbs are marked as being transitive (*vt*), intransitive (*vi*) or reflexive (*vr*). Other forms of words (*adj, adv*) are only marked as such if there is a risk of confusion.

adj	adjective	Adjektiv
adv	adverb	Adverb
f	feminine noun	Substantiv feminin
fpl	feminine noun, used only or mainly in plural	Substantiv feminin, Pluraletantum
fsg	feminine noun, used only or mainly in singular	Substantiv feminin, Singularetantum
m	masculine noun	Substantiv maskulin
mpl	masculine noun, used only or mainly in plural	Substantiv maskulin, Pluraletantum
msg	masculine noun, used only or mainly in singular	Substantiv maskulin, Singularetantum
n	neuter noun	Substantiv neutrum
npl	neuter noun, used only or mainly in plural	Substantiv neutrum, Pluraletantum
nsg	neuter noun, used only or mainly in singular	Substantiv neutrum, Singularetantum
vi	intransitive verb	Verb intransitiv
vr	reflexive verb	Verb reflexiv
vt	transitive verb	Verb transitiv

Prepositions

If a verb is used exclusively in conjunction with a particular preposition, this preposition is indicated without brackets directly after the verb. If the verb can also be used without this preposition, it usually has its own entry; the preposition is otherwise indicated in square brackets.

strip [off] *vt* <plast> *(remove molding from mold core)* • abstreifen *vt*; abwerfen *vt*
strip [off] *vt* <srfc> *(thin film, coating; e.g. label, sticker, paint)* • ablösen *vt*
abziehen *vt* <ents> *(Flüssigkeit; nach unten; z. B. Sicker-, Regenwasser)* • drain [off] *vt*
abziehen *vt* <obfl> *(z. B. Folie, Film, Überzug)* • peel off *vt*; strip *vt*; strip off *vt*; peel *vt*; strip away *vt rare*

Abbreviations

Abbreviations are contained in a separate list together with the terms they stand for. Possible abbreviations are likewise indicated on the target-language side.

maritime oscillating water column converter (MOWC) <energ.hydr> • Meereswellenenergiekonverter *m*; MOWC-Kraftwerk *n prakt*

Antiblockiersystem *n* (ABS) <kfz.brems> • anti-lock braking system (ABS); anti-lock brakes; anti-skid *coll*; electronic anti-locking; antilock brake system *SAE*

Usage information

Usage information is used to provide help on the situations in which words are used and is set in italics. Where required, it is provided for both headwords and translations. Where appropriate, it relates to the headword and to translations, and includes notes on regional variants (e.g. British or American English), style levels, standardised terms, company-specific usages, trademarks and an indication of recommended translations.

Examples of regional variants:

Abbau im Tagebauverfahren *m* <min> *(z. B. von Braunkohle)* • strip mining *US*; opencast mining *GB*; open-pit mining; surface mining
Autofokus *m* (AF) <opt> *(z. B. von Foto-, Videokameras, Projektoren, Belichtern)* • auto focus (AF); automatic focusing *US*; automatic focussing *GB*
Hebelblechschere *f* <wz> *(mit zusätzlicher Hebelübersetzung für höhere Schneidkraft)* • compound leverage snips *US*; cantilever action shears *GB*

Examples of style levels:

8-cylinder engine <mvhcl.mot> *(usu. a V 8)* • Achtzylindermotor *m*; 8-Zylinder-Motor *m*; Achtzylinder *m prakt.ugs*

Netzkabel *n* <tech.allg> *(zwischen Verbraucher und Netzsteckdose; 230 V bzw. 110 V; flexibel)* • power cord; power supply cord; mains lead *coll*; supply cord *coll*; flex *GB.coll*

Examples of company-specific usage, product names:

manual focus (MF) <phot> • manuelle Fokussierung *f* (MF) *Canon* manuelle Scharfeinstellung *f KM.Nikon*; manuelle Scharfstellung *f Panasonic*; manueller Fokus *m Fuji.Sony*; MF-Modus *m Olympus*

Polyesterfolie *f* <kst> *(z. B. als Dielektrikum in Kondensatoren)* • polyester film; mylar film; Mylar® *DuPont*
Polymethylmethacrylat *n* (PMMA) <kst> *(z. B. für Kleinmöbel, Rückleuchtendeckgläser)* • polymethyl methacrylate (PMMA); acrylic glass; Lucite®; Plexiglass®; Perspex®

The use of standards is shown as follows:

lining *BS 6100* <pps.srfc> *(of a pipeline, pipe, or pipe fitting)* • Auskleidung *f*; innerer Überzug *m*; Innenauskleidung *f*
marbling *ISO 4618-3* <srfc> *(imitation of the appearance of polished marble)* • Marmorieren *n DIN EN ISO 4618*

Kleister *m DIN 16920* <füg> • paste *ASTM D 907-74*
Wurfweite *f DIN 4047-6* <agri.hydr> *(eines Regners)* • sprinkling range

Suggested translations not yet verified in source material are marked *:V*:

Minimalmengenschmierung *f* (MMS) <wz.masch> • minimum volume lubrication *:V*

Essentially, the following pragmatical information is provided:

Style levels
complete list

Scientific terminology	*thsc*	*wiss*
Didactic terminology, popular scientific	*did*	*did*
Practical technical terminology, Workshop/laboratory terminology	*pract*	*prakt*
Colloquial terminology	*coll*	*ugs*
Jargon	*jarg*	*jarg*
Vulgar terminology	*vulg*	*vulg*
Advertising terminology	*advert*	*werb*
Press/media terminology	*press*	*press*
Standardised terms	*stand*	*norm*
Derogatory, with negative connotations	*derog*	*pejor*

Geographical classifications
incomplete list – national references

American English		*US*
British English		*GB*
Australian English		*AUS*
GDR German	*DDR*	
Austrian German	*A*	
Swiss German	*CH*	

Chronological classification
complete list

outdated, obsolete	*obs*	*obs*

Frequency of use
complete list

Rare	*rare*	*rar*
Recommended translation	*:V*	*:V*

Speaker groups
incomplete list

Where possible, established and brief – and if appropriate, abbreviated and self-explanatory entries; a few examples are given below:

British Standard	*BS*	*BS*
Deutsche Bahn	*DB*	*DB*
Deutsches Institut für Normung	*DIN*	*DIN*
Ford	*Ford*	*Ford*
Mercedes Benz	*MB*	*MB*
Society of Automotive Engineers	*SAE*	*SAE*
Sony	*Sony*	*Sony*
Zahnradfabrik Friedrichshafen	*ZF*	*ZF*

Pronunciation

The pronunciation of terms is often given in square brackets, particularly if it is irregular or changes depending on its meaning.

lead (Pb) *[led]* <chem> • Blei *n* (Pb)
lead *[li:d]* <el> *(wire, cable, cord)* • Anschluss *m*
lead *[li:d]* <join> *(crest-to-crest distance)* • Gewindesteigung *f*; Steigung *f prakt*; Teilung *f*

Autoleder *n* <kfz> *(Fz-Wäsche)* • chamois *[shammy]*; English chamois *US*

Indication of subject area

All of the terms are labeled according to the DIN 2336 standard: The abbreviations recommended in DIN 2336 appear in angle brackets and are used to indicate the subject area which each term belongs to. There are approximately 100 of these abbreviations and they can also be used in combination. The basic abbreviations and their definitions are listed from page 31 onwards.
Particularly common combinations are also listed, for example <energ.sol> for solar energy and solar engineering, or <mvhcl.el> which covers everything related to electrical systems and electronics in motor vehicles.
As a rule, the main subject area is always shown first in the combinations, followed by a dot and the specialist field. An entry for „nuclear power" is therefore labeled <energ.nucl>, which stands for energy technology and power generation plus the specialist field of nuclear engineering. Other examples include <build.mat> for building materials, <build.mach> for building machinery, <office.mat> for office supplies, <aerosp.navig> for aerospace navigation systems, etc. A toothbrush is therefore given the label <hygi.wz>.

The reader should bear in mind that this system of classification is not designed to be a comprehensive and systematic thesaurus, but simply to help the user by providing a context into which they can at least broadly place the term.

Semantic information

This is indicated in italics in round brackets and provides a brief description in the source language of the concept referred to by the headword:

mid-size [car] <mvhcl> *(car category; e.g. Citroen Picasso, Pontiac GS)* • Pkw mittlerer Größe *m*
mid-size [car] <mvhcl.ecol> *(U.S. category; 110-119 ft^3passenger & luggage vol.; e.g. Ford Taurus)* • Midsize-Pkw *m*

Backsteinfassade *f* <bau> *(nur äußere Schale Mauerwerk; innen z. B. Beton od. Holz)* • brick veneer

This is chiefly helpful in order to distinguish between terms with different meanings in addition to the subject area information:

lug <el> *(soldering connection)* • Fahne *f*
lug <mech.eng> *(a projecting piece by which sth. is supported)* • Ansatz *m*
lug <mech.eng> *(flat tab, usu. sheet metal; e.g. for lifting)* • Lappen *m*
lug <vhcl> *(of bicycle frame tubing)* • Muffe *f*

abdecken *vt* <tech.allg> *(Objekt zudecken; z. B. mit Plane; Thema behandeln, z. B. in Vortrag)* • cover *vt*
abdecken *vt* <tech.allg> *(Abdeckung, Deckel etc. entfernen)* • uncover *vt*; remove a cover from sth *vt*
abdecken *vt* <phot> *(beim Belichten)* • mask *vt*
abdecken *vt* <verf> *(mit Schutzgas)* • blanket *vt*

Collocates are frequently given as examples to clarify the concept referred to, i.e. words which are particularly typical in relation to the headword:

austrocknen *vi/vt* <allg> *(Mauerwerk, Gewässer, Sumpf)* • dry up *vi/vt*
dicht <tech.allg> *(betont: gegen Wassereintritt; z. B. Cabrioverdeck, Regenjacke)* • waterproof
festklemmen *vt* <tech.allg> *(z. B. Kabel, Draht, Schlauch)* • clamp in place *vt*; clamp *vt*

Sizes and units of measures are often explained:

micrometer (µm) <phys> *(0.000001 m; 0.00004 inch; 25.4 microns equal 0.001 inch or 1 mil)* • Mikrometer *n* (µm); Mikron *n obs*
mile (mi) <i&c> *(1 mi = 1760 yards = 1.6093472 km)* • Meile *f*; Landmeile *f*

Given that the dictionary is partly designed for use in teaching, typical characteristics of terms are included:

high-carbon steel <metal> *(0.6 - 1.3% C; very hard, as opp. to plain carbon steel; used for tools)* • Kohlenstoffstahl *m*; C-Stahl *m prakt*; kohlenstoffreicher Stahl *m ugs.rar*; hochgekohlter Stahl *m rar*

structural steel <metal> *(0.05 to 0.25% carbon, typically 0.2% carbon; for general engineering)* • Baustahl *m*; allgemeiner Baustahl *m did*

Baustahl *m* <metall> *(0,03 % bis 0,2 % Kohlenstoff; ein relativ weicher Massenstahl)* • structural steel; low-carbon steel; plain carbon steel; carbon steel *pract*; structural carbon steel

Kohlenstoffstahl *m* <metall> *(harter Stahl mit hohem C-Gehalt; 0,5 - 2,2 % C; Werkzeugstahl)* • high-carbon steel; high steel *pract*; hard steel *coll.rare*

In some cases, attention is drawn to typical translation and denomination errors:

Schraubenfeder *f* <tech.allg> *(z. B. Fahrzeug-, Ventilfedern, Kugelschreiber; keine 'Spiralfeder'!)* • coil spring; helical spring *rare*; wire-coil spring *rare*; coiled spring *rare*

Fachgebietskürzel / Subject fields

acoust	acoustics / Akustik
ad	advertising, marketing / Werbung und Marketingtechnik
admin	administration / Verwaltungstechnik
aerosp	aerospace technology, engineering and industry / Luft- und Raumfahrttechnik
agri	agriculture and agricultural engineering / Landwirtschaft und Landwirtschaftstechnik
alarm	alarm technology and alarm systems / Alarmanlagentechnik
art	arts, artwork and gallery equipment / Kunst, Galerietechnik
astron	astronomy / Astronomie
autom	automation, robotics / Automatisierungstechnik, Robotik
av	audio, video, radio, TV engineering / Audio, Video, Radio, TV
bio	biology; plants, animals, humankind / Biologie; Pflanzen, Tiere, Menschen
brake	brakes and braking technology, engineering / Bremsen und Bremstechnik
build	architecture, civil engineering, construction / Bauwesen, Hoch-/Tiefbau, Architektur
build.hydr	hydraulic engineering / Wasserbau
build.mach	construction site machinery / Baumaschinen
build.mat	building materials; stone, bricks, concrete, etc. / Baustoffe; Steine, Beton etc.
chem	chemistry and chemical engineering / Chemie und chemische Technik
chem.petr	petroleum chemistry / Erdölchemie, Petrolchemie
chem.proc	chemical process engineering / chemische Verfahrenstechnik
cine	cinematography and cinema equipment / Kinotechnik
comb	combustion engineering, furnaces, kilns / Verbrennungstechnik, Öfen
comp	electronic data processing, computers, periphery / elektronische Datenverarbeitung, PCs u. Peripherie
comvhcl	commercial vehicles / Nutzfahrzeugtechnik; Lkw, Busse
convey	hoisting and conveying, pumps / Fördertechnik, Pumpen
did	didactics and teaching equipment / Didaktik und didaktische Hilfsmittel
docu	documentation, publication / Dokumentation
drive	drive systems, transmissions, clutches / Antriebstechnik, Getriebe, Kupplungen
ecol	ecology and environment protection / Ökologie und Umweltschutztechnik
econ	economics / Wirtschaft, VWL
el	electrical engineering, electronics / Elektrotechnik, Elektronik
emiss	emissions and emission control / Emissionen und Emissionsschutz
energ	power generation, power plant engineering / Stromversorgung, Kraftwerkstechnik
energ.geo	geothermal engineering / Geothermie, Erdwärmetechnik

energ.hydr	hydroelectric power plant engineering, tidal energy / Wasserkraftwerkstechnik, Gezeitenenergie
energ.nucl	nuclear power plant engineering / Kernkraftwerkstechnik
energ.sol	solar energy engineering and photovoltaics / Solarenergietechnik, Photovoltaik
energ.wind	wind energy engineering / Windenergietechnik
expl	explosives and blasting / Sprengtechnik und Sprengstoffe
fin	finance, bookkeeping, banking / Finanzwesen, Buchhaltung, Banken
fire	fire control and fighting / Feuerwehr, Brandschutz
food	food; food engineering and processing / Nahrung, Getränke, Genussmittel
garm	garments / Bekleidung
gastr	gastronomy, kitchen and cooking equipment / Gastronomie, Küchen und Kochgeräte
gen	general usage / allgemein
geo	geography, geology / Geographie, Geologie
hvac	heating, ventilation, air conditioning / Heizungs-, Lüftungs-, Klimatechnik
hydr	hydraulics and water-related engineering / Hydraulik, Wassertechnik
hygi	hygiene and cosmetics / Hygiene, Körperpflege, Kosmetik
i&c	instrumentation and control; sensors and actuators / Mess-, Steuer- und Regeltechnik; Sensoren, Aktoren
ic	integrated circuits, microelectronics / Mikroelektronik, integr. Schaltungen
insur	insurance / Versicherungswesen
int	interior design and equipment / Innenausbau, -ausstattung
join	jointing; threaded fasteners, adhesives, welding, etc. / Fügen, Verbindungstechnik; Schrauben, Kleben, Schweißen etc.
jur	jurisprudence / Rechtswesen
leath	leather and tanning / Leder, Gerberei
light	lights and lighting / Licht- und Beleuchtungstechnik
logist	logistics, hauling, warehousing, storage / Logistik; Spedition, Lagerung
mach.tool	machine tools, jigs, fixtures / Werkzeugmaschinen und zugehörige Werkzeuge
mat	materials and material studies / Material und Materialkunde
math	mathematics / Mathematik
mech	mechanics / Mechanik
mech.eng	mechanical engineering / Maschinen, Maschinenbau
med	medicine, medical services / Medizin
med.tech	medical engineering and equipment / medizinische Technik und Geräte
metal	metallurgy, foundry technology / Hüttentechnik, Metallverarbeitung
meteo	meteorology / Meteorologie
mil	military, defense equipment, all kinds of weapons / Militärtechnik, alle Waffen inkl. ABC
min	mineralogy, mining / Mineralogie und Berg-/Tagebau
mot	motors, engines / Motortechnik, Kraftmaschinen
mus	music / Musik

mvhcl	motor vehicle technology and engineering / Kraftfahrzeugtechnik
mvhcl.el	electrical systems and electronics in motor vehicle technology / Kraftfahrzeugelektrik
nav	naval vessels, ship and boat building / Schifffahrt und Schiffsbautechnik
navig	navigation, position finding, global positioning / Navigation, Ortung, GPS
nucl	nuclear; technology and engineering / Kerntechnik
opt	optics and optical equipment / Optik und optische Geräte, Linsen
org	organizations / Organisation, Institution, Behörde
owg	optical waveguides / Lichtleittechnik, Lichtwellenleiter
pack	packaging / Verpackungstechnik
pap	papers and cartons / Papier- und Kartonindustrie
petr	petroleum and natural gas; exploration, production / Erdöl und Erdgas, Erdöl- und Erdgasförderung
pharm	pharmacy / Pharmazie und Pharmatechnik
philos	philosophy / Philosophie
phot	photography, techniques and equipment / Fotografie und Fototechnik; Kameras, Labor- und Studiotechnik
phys	physics / Physik
plast	plastics; engineering and processing / Kunststoffe, Kunststofftechnik, -verarbeitung
play	toys, games / Spiel, Spielgeräte
pneum	pneumatics / Pneumatik
pps	piping systems, incl. fittings and valves / Rohrleitungssysteme inkl. Armaturen; Rohre, Formstücke, Ventile etc.
print	printing and printers, book production, etc. / Drucktechnik, Buchherstellung
proc	process engineering and related hardware / Verfahrenstechnik, Apparatebau
prod	production engineering / Produktionstechnik, Fertigung, Bearbeitung
psych	psychology / Psychologie
qualit	quality and quality control / Qualitätswesen, Objekteigenschaften
qualit.mat	materials testing / Materialprüfung; Einrichtungen und Verfahren
railw	railway engineering / Eisenbahntechnik, Eisenbahnmodellbau
rel	religion and related equipment / Religion und Zubehör
rep	maintenance, service, repair / Wartung, Instandhaltung, Reparatur
safe	safety engineering; passenger restraints, airbags / Sicherheitstechnik; Gurte, Airbags etc.
silic	silicates; glass, ceramics, bone china, sinter materials / Silikattechnik; Glas, Keramik, Porzellan, Sintern
sol	solar engineering / Solartechnik
sport	sports and sports equipment / Sport, Sportgeräte
srfc	surface treatment; coating, paints, dyes, inks, etc. / Oberflächentechnik, Lacke, Farben
stand	standardization / Normung
tech	technology and engineering / Technik, Technologie
tech.gen	engineering in general / Technik u. Technologie allgemein
tele	telecommunications, cellular telephones, cb radio / Telekommunikation, CB, GSM, DFÜ

term	terminology / Terminologie
textil	textiles, fibers, fabrics / Textiltechnik, Gewebe, Fasern
theat	theater and stage equipment / Theater und Bühnentechnik
therm	theory of heat and thermal engineering / Wärmelehre, Thermik
tool	tools / Werkzeuge allg.
tour	tourism and hotel equipment / Tourismus, Hotellerie
traff	traffic and traffic control / Verkehrswesen und -lenkung
transl	translation and interpreting / Übersetzen und Dolmetschen
tribo	tribology, lubricants / Tribologie, Schmiermittel
turb	turbines, jet engines / Turbinen, Strahltriebwerke
vhcl	vehicles; technology and engineering / Fahrzeuge und Fahrzeugtechnik
waste	sanitary engineering, waste disposal, recycling / Entsorgung, Müll, Abfall, Recycling
wood	wood and timber / Holz und Holzbau

admin	Verwaltungstechnik / administration
aerosp	Luft- und Raumfahrttechnik / aerospace technology, engineering and industry
agri	Landwirtschaft und Landwirtschaftstechnik /agriculture and agricultural engineering
akust	Akustik / acoustics
alarm	Alarmanlagentechnik / alarm technology and alarm systems
allg	allgemein / general usage
antr	Antriebstechnik, Getriebe, Kupplungen / drive systems, transmissions, clutches
astron	Astronomie / astronomy
autom	Automatisierungstechnik, Robotik / automation, robotics
av	Audio, Video, Radio, TV / audio, video, radio, TV engineering
bahn	Eisenbahntechnik, Eisenbahnmodellbau / railway engineering
bau	Bauwesen, Hoch-/Tiefbau, Architektur / architecture, civil engineering, construction
bau.hydr	Wasserbau / hydraulic engineering
bau.masch	Baumaschinen / construction site machinery
bau.mat	Baustoffe; Steine, Beton etc. / building materials; stone, bricks, concrete, etc.
bekl	Bekleidung / garments
bio	Biologie; Pflanzen, Tiere, Menschen / biology; plants, animals, humankind
brems	Bremsen und Bremstechnik / brakes and braking technology, engineering
chem	Chemie und chemische Technik / chemistry and chemical engineering
chem.verf	chemische Verfahrenstechnik / chemical process engineering
chem.petr	Erdölchemie, Petrolchemie / petroleum chemistry
comp	elektronische Datenverarbeitung, PCs u. Peripherie / electronic data processing, computers, periphery
did	Didaktik und didaktische Hilfsmittel / didactics and teaching equipment

doku	Dokumentation / documentation, publication
druck	Drucktechnik, Buchherstellung / printing and printers, book production, etc.
el	Elektrotechnik, Elektronik / electrical engineering, electronics
emiss	Emissionen und Emissionsschutz / emissions and emission control
energ	Stromversorgung, Kraftwerkstechnik / power generation, power plant engineering
energ.geo	Geothermie, Erdwärmetechnik / geothermal engineering
energ.hydr	Wasserkraftwerkstechnik, Gezeitenenergie / hydroelectric power plant engineering, tidal energy
energ.nukl	Kernkraftwerkstechnik / nuclear power plant engineering
energ.sol	Solarenergietechnik, Photovoltaik / solar energy engineering and photovoltaics
energ.wind	Windenergietechnik / wind energy engineering
ents	Entsorgung, Müll, Abfall, Recycling / sanitary engineering, waste disposal, recycling
feuer	Feuerwehr, Brandschutz / fire control and fighting
fin	Finanzwesen, Buchhaltung, Banken / finance, bookkeeping, banking
förd	Fördertechnik, Pumpen / hoisting and conveying, pumps
füg	Fügen, Verbindungstechnik; Schrauben, Kleben, Schweißen etc. / jointing; threaded fasteners, adhesives, welding, etc.
fz	Fahrzeuge und Fahrzeugtechnik / vehicles; technology and engineering
gastr	Gastronomie, Küchen und Kochgeräte / gastronomy, kitchen and cooking equipment
geo	Geographie, Geologie / geography, geology
hlk	Heizungs-, Lüftungs-, Klimatechnik / heating, ventilation, air conditioning
holz	Holz und Holzbau / wood and timber
hydr	Hydraulik, Wassertechnik / hydraulics and water-related engineering
hygi	Hygiene, Körperpflege, Kosmetik / hygiene and cosmetics
ic	Mikroelektronik, integr. Schaltungen / integrated circuits, microelectronics
innen	Innenausbau, -ausstattung / interior design and equipment
jur	Rechtswesen / jurisprudence
kfz	Kraftfahrzeugtechnik / motor vehicle technology and engineering
kfz.el	Kraftfahrzeugelektrik / electrical systems and electronics in motor vehicle technology and engeneering
kino	Kinotechnik / cinematography and cinema equipment
kst	Kunststoffe, Kunststofftechnik, -verarbeitung / plastics; engineering and processing
kunst	Kunst, Galerietechnik / arts, artwork and gallery equipment
led	Leder, Gerberei / leather and tanning
licht	Licht- und Beleuchtungstechnik / lights and lighting
logist	Logistik; Spedition, Lagerung / logistics, hauling, warehousing, storage
lwl	Lichtleittechnik, Lichtwellenleiter / optical waveguides
masch	Maschinen, Maschinenbau / mechanical engineering

mat	Material und Materialkunde / materials and material studies
math	Mathematik / mathematics
mech	Mechanik / mechanics
med	Medizin / medicine, medical services
med.tech	medizinische Technik und Geräte / medical engineering and equipment
metall	Hüttentechnik, Metallverarbeitung / metallurgy, foundry technology
meteo	Meteorologie / meteorology
mil	Militärtechnik, alle Waffen inkl. ABC / military, defense equipment, all kinds of weapons
min	Mineralogie und Berg-/Tagebau / mineralogy, mining
mot	Motortechnik, Kraftmaschinen / motors, engines
msr	Mess, Steuer- und Regeltechnik; Sensoren, Aktoren / instrumentation and control; sensors and actuators
mus	Musik / music
nahr	Nahrung, Getränke, Genussmittel / food; food engineering and processing
nav	Schifffahrt und Schiffsbautechnik / naval vessels, ship and boat building
navig	Navigation, Ortung, GPS / navigation, position finding, global positioning
nfz	Nutzfahrzeugtechnik: Lkw, Busse / commercial vehicles
norm	Normung / standardization
nukl	Kerntechnik / nuclear; technology and engineering
obfl	Oberflächentechnik, Lacke, Farben / surface treatment; coating, paints, dyes, inks, etc.
ökol	Ökologie und Umweltschutztechnik / ecology and environment protection
ökon	Wirtschaft, VWL / economics
opt	Optik und optische Geräte, Linsen / optics and optical equipment
org	Organisation, Institution, Behörde / organizations
pack	Verpackungstechnik / packaging
pap	Papier- und Kartonindustrie / papers and cartons
petr	Erdöl und Erdgas, Erdöl- und Erdgasförderung / petroleum and natural gas; exploration, production
pharm	Pharmazie und Pharmatechnik / pharmacy
philos	Philosophie / philosophy
phot	Fotografie und Fototechnik; Kameras, Labor- und Studiotechnik / photography, techniques and equipment
phys	Physik / physics
pneum	Pneumatik / pneumatics
prod	Produktionstechnik, Fertigung, Bearbeitung / production engineering
psych	Psychologie / psychology
qualit	Qualitätswesen, Objekteigenschaften / quality and quality control
qualit.mat	Materialprüfung; Einrichtungen und Verfahren / materials testing
rel	Religion und Zubehör / religion and related equipment
rep	Wartung, Instandhaltung, Reparatur / maintenance, service, repair
rls	Rohrleitungssysteme inkl. Armaturen; Rohre, Formstücke, Ventile etc. / piping systems, incl. fittings and valves

sich Sicherheitstechnik; Gurte, Airbags etc. / safety engineering; passenger restraints, airbags

silik Silikattechnik; Glas, Keramik, Porzellan, Sintern / silicates; glass, ceramics, bone china, sinter materials

sol Solartechnik / solar engineering

spiel Spiel, Spielgeräte / toys, games

sport Sport, Sportgeräte / sports and sports equipment

spreng Sprengtechnik und Sprengstoffe / explosives and blasting

tech Technik, Technologie / technology and engineering

tech.allg Technik u. Technologie allgemein / engineering in general

tele Telekommunikation, CB, GSM, DFÜ / telecommunications, cellular telephones, cb radio

term Terminologie / terminology

textil Textiltechnik, Gewebe, Fasern / textiles, fibers, fabrics

theat Theater und Bühnentechnik / theater and stage equipment

therm Wärmelehre, Thermik / theory of heat and thermal engineering

tour Tourismus, Hotellerie / tourism and hotel equipment

transl Übersetzen und Dolmetschen / translation and interpreting

tribo Tribologie, Schmiermittel / tribology, lubricants

turb Turbinen, Strahltriebwerke / turbines, jet engines

verbr Verbrennungstechnik, Öfen / combustion engineering, furnaces, kilns

verf Verfahrenstechnik, Apparatebau / process engineering and related hardware

verk Verkehrswesen und -lenkung / traffic and traffic control

vers Versicherungswesen / insurance

werb Werbung und Marketingtechnik / advertising, marketing

wz Werkzeuge allg. / tools

wz.masch Werkzeugmaschinen und zugehörige Werkzeuge / machine tools, jigs, fixtures

Internationale Normung ist weltweit akzeptiert und zielt auf eine Vereinheitlichung bei der Produkterstellung.
Die ISO-Norm 1951(2007) garantiert eine weltweit anerkannte Darstellung der Wörterbuch-Einträge und bürgt für Qualität.

Englisch – Deutsch

1.2 dibromethane *<chem> (toxic gasoline additive; prevents lead deposits)* • Dibromethan *n*; 1,2-Dibromethan *n wiss*; Dibromäthan *n obs*

1.2 dichlorethane *<chem> (gasoline additive)* • Dichlorethan *n*; 1,2-Dichlorethan *n wiss*; Dichloräthan *n obs*

14-volt electrical system *<el.vhcl> (on--board system as opposed to outside mains power source)* • Bordnetz *n*; 14-Volt-Bordnetz *n*; 14-V-Anlage *f*

16:9 wide screen *<av>* • 16:9-Bildformat *n*

180 grit *<tool> (sanding paper example)* • Körnung 180 *f*

.22 rifle *<mil>* • Kleinkalibergewehr *n*; KK-Gewehr *n prakt*; Kleinkaliberbüchse *f rar*

24-hour clock *<i&c> (display mode of digital time pieces)* • 24-Stunden--Anzeige *f*

2-cylinder engine *<mvhcl.mot> (typ. on Harley-Davidson bikes)* • 2-Zylinder--Motor *m*

2-pin connector *<el>* • zweipolige Steckverbindung *f*

2-point seat belt *<vhcl.safe> (typ. on airplanes)* • Zweipunktgurt *m*; Beckengurt *m*; Bauchgurt *m rar*

35mm camera *<phot>* • Kleinbildkamera *f*; KB-Kamera *f*

35mm film *<phot>* • Kleinbildfilm *m*; KB-Film *m*

35mm single-lens reflex camera *<phot>* • einäugige Kleinbildspiegelreflexkamera *f*; KB--SLR-Kamera *f*

3-core cable *<el>* • 3-adriges Kabel *n*; dreiadrige Leitung *f*; Dreileiterkabel *n*

3-shift operation *<prod>* • Arbeit in drei Schichten *f*

4-way lug wrench *US <mvhcl.tool>* • Kreuzschlüssel *m*; Kreuz--Steckschlüssel *m norm*; Radmutternkreuz *n*; Radkreuz *n prakt*; Radmutternkreuzschlüssel *m rar*

5-speed *<mvhcl.drive>* • 5-Gang-…; Fünfgang-…

7-segment display *<el> (LED, LCD)* • 7-Segment-Anzeige *f*; 7-Segment--Display *n*

8-cylinder engine *<mvhcl.mot> (usu. a V 8)* • Achtzylindermotor *m*; 8-Zylinder-Motor *m*; Achtzylinder *m prakt.ugs*

8-way *DIN EN 61076 <tele> (e.g. connector)* • 8-polig *DIN EN 61076*

A

AAA battery *<el> (R03)* • Microbatterie *f*

AAA battery *<el> (R03)* • Microbatterie *f*

AA battery *<el> (R06)* • Mignonbatterie *f*

A-arm *US <mvhcl>* • Dreiecksquerlenker *m*; Dreieckslenker *m prakt*; Trapezlenker *m rar*

abaft *<nav>* • achterlich; heckwärts *rar*

abandon *vt <gen> (gen.; e.g. any project, mine workings, drilling operations, ship)* • aufgeben *vt*

abandon *vt <jur> (rights/obligations)* • abtreten *vt*; abandonnieren *vt form*

abandon *vt <min> (mine etc.)* • stilllegen *vt*

abandon *vt <petr> (drilling operations, oil well)* • aufgeben *vt*

abandoned *<tech.gen> (gen.; e.g. project, oil drilling operations, mine workings)* • eingestellt

abandoned hazardous site *BMFT <ecol> (gen.; e.g. old waste dump, abandoned chemical production facility)* • Altlast *f*

abandoned hazardous-waste site *US <waste> (e.g. old dump sites)* • Altlast *f*

abandoned industrial site *BMFT <ecol>* • Altstandort *m*

abandoned waste-disposal site *BMFT <waste>* • Altablagerung *f*

abate *vi <meteo> (wind)* • abflauen *vi*; nachlassen *vi*

abbreviated *<gen> (sth. abstract; e.g. process, presentation, word, fraction)* • gekürzt; abgekürzt

abbreviated dialing *US <tele>* • Kurzwahl *f*

abbreviated directory number *<tele>* • Kurzrufnummer *f*

abbreviated notation *<docu>* • abgekürzte Schreibweise *f*

abbreviation *ISO 12620 <term> (e.g. ABS)* • Abkürzung *f*

ABC weapons *pl <mil> (weapons of*

mass destruction) • ABC-Waffen *fpl*; atomare, biologische und chemische Waffen *fpl*; ABC-Kampfmittel *npl*
abduct *vt* <*phys*> *(heat)* • ableiten *vt*
abeam <*nav*> *(at right angles to the fore-and-aft line)* • dwars; dwarsschiffs; querschiffs; querab; quer *ugs*
aberration <*astron*> • Aberration *f*
aberration <*opt*> *(of lenses, mirrors; result)* • Abbildungsfehler *m*; Aberration *f wiss*
aberrational bearing <*navig*> • missweisende Peilung *f*
aberrationless <*opt.qualit*> *(lens)* • fehlerfrei
abhesive <*srfc*> • abhäsiv; adhäsionsfeindlich
ab initio design <*prod*> • Neukonstruktion *f*
a/b interface <*tele*> *(connects analog devices to an ISDN system)* • a/b-Schnittstelle *f*; a/b-Terminal-Adapter *m*
abiotic <*gen*> *(related to non-living things)* • abiotisch
A-bomb <*mil.nucl*> • Atombombe *f*; A-Bombe *f rar*; Nuklearbombe *f rar*
abort *vt* <*tech.gen*> *(any process; e.g. program routine, launch)* • abbrechen *vt*
aborted <*tech.gen*> *(gen.; e.g. process, procedure, program)* • abgebrochen
aborted take-off <*aerosp*> *(of airplanes)* • Startabbruch *m*; abgebrochener Start *m*
abort instruction <*comp*> • Abbruchbefehl *m*
abortion <*tech.gen*> *(of a process; e.g. program routine, launch)* • Abbruch *m*
above ground *VDI4640* <*geo.therm*> *(as opp. to deep mining)* • oberirdisch *VDI4640*; obertägig; über Tage
abrade *vi/vt* <*tech.gen*> *(stress on: wear)* • verschleißen *vi/vt*
abrade *vi/vt* <*srfc*> *(wear off by scraping, rubbbing; e.g. tires)* • abreiben *vi/vt*
abrade *vt* <*gen*> *(stress on: cause abrasion)* • Abrieb verursachen *vt*
abrade *vt* <*prod*> *(intentional grinding action)* • abschleifen *vt*
abrade *vt* <*prod*> *(stress on: removal of a layer)* • abtragen *vt*
abrade *vt* <*tool*> *(normal wear of tools)* • abnutzen *vt*
abrade with emery *vt* <*prod*> • abschmirgeln *vt*
abrasion resistance <*qualit.mat*> *(e.g. of paint coats, textiles, tires)* • Abriebfestigkeit *f*; Verschleißfestigkeit *f*; Scheuerbeständigkeit *f*; Abnutzungswiderstand *m*; Abschleiffestigkeit *f rar*
abrasion resistance <*qualit.mat*> • Scheuerfestigkeit *f*; Abriebfestigkeit *f*
abrasion-resistant <*qualit.mat*> *(e.g. paint coat, lettering, label)* • abriebfest; abriebbeständig; verschleißfest
abrasive <*mat*> *(for grinding or sanding)* • Schleifmittel *n*
abrasive *adj* <*tech.gen*> • abrasiv; abtragend
abrasive blasting *ISO 4618-3* <*srfc*> *(with sand, grit, shot, carbon dioxide)* • Strahlen *n DIN EN ISO 4618*; Abstrahlen *n*
abrasive cleaning powder <*tool*> • Scheuerpulver *n*
abrasive disk <*tool*> *(gen.; for any grinding/sanding job)* • Schleifscheibe *f*
abrasive machining <*prod*> *(stress on: top layer of surface)* • Abschleifen *n*
abrasive paper <*srfc.wood*> • Schleifpapier *n*
abrasive-wheel dresser <*tool*> *(for grinding wheel)* • Abziehwerkzeug *n*; Abrichter *m prakt*
abrupt junction <*join*> • abrupter Übergang *m*
abscissa <*math*> *(the x-coordinate of a point)* • Abszisse *f*
absence of feedback <*tech.gen*> • Rückwirkungsfreiheit *f*
ABS enclosure <*el*> • ABS-Gehäuse *n*
absolute altimeter <*navig*> • absolut anzeigender Höhenmesser *m*
absolute ceiling <*aerosp*> • Gipfelhöhe *f*
absolutely silent <*acoust*> • geräuschlos
absolute number <*math*> • absolute Zahl *f*
absolute zero <*phys*> *(of temperature)* • absoluter Nullpunkt *m*
absorb *vt* <*tech.gen*> *(a fluid, liquid, by means of capillary action; e.g. w/*

sponge, tissue) • aufsaugen *vt*
absorb *vt* <chem> *(dye)* • aufziehen *vt*
absorb *vt* <mech> *(impact energy; e.g. in a car crash)* • absorbieren *vt*; aufzehren *vt*; schlucken *vt ugs*
absorb *vt* <phys> *(gen.; e.g. liquids, gases, energy, radiation)* • absorbieren *vt*; aufnehmen *vt*
absorbance <phys> *(absorption, extinction)* • Extinktion *f*
absorbate <chem> • Absorbat *n*; Absorpt *n*; Absorptiv *n*; absorbierter Stoff *m ugs*
absorbent <chem> • Absorbens *n*; absorbierender Stoff *m*; Absorptionsmittel *n*; Sorbens *n*
absorbent core <pap> *(e.g. in diapers)* • absorbierender Kern *m*
absorbent material *ISO/WD 21076* <pack> • Absorptionsmittel *n DIN 55 405*
absorber <tech.gen> *(gen.; for energy, liquids, gases)* • Absorber *m*
absorber <energ.sol> *(of solar collector, usually a black plate)* • Absorber *m*; Strahlungsabsorber *m*
absorber <mech.eng> *(vibrations, impact)* • Dämpfer *m*
absorber ... <tech.gen> *(cf.: absorption ...)* • Absorber...
absorber tube <energ.sol> *(in concentrating collector)* • Absorberrohr *n*
absorbing well <build> *(e.g. for ground water)* • Sickerschacht *m*; Sickerbrunnen *m rar*
absorb tension *vi* <build> • aufnehmen *vt*
absorption <tech.gen> • Absorption *f*
absorption <phys> *(stress on: consumption of energy; e.g. power, heat)* • Aufnahme *f*; Verbrauch *m*
absorption <phys> *(mech.; of vibration, impacts)* • Dämpfung *f*; Schwächung *f*
absorption ... <tech.gen> *(cf.: absorber ...)* • Absorptions...
absorption refrigerator <hvac.food> • Absorptionskühlschrank *m*
absorption-type muffler <mvhcl.emiss> • Absorptionsschalldämpfer *m*
absorptive *adj* <tech.gen> • absorptionsfähig; absorptiv *wiss*; absorbierend *prakt*
absorptive area <tech.gen> • Absorptionsfläche *f*
abstract <docu> *(of a scientific paper)* • Abstract *m*; Zusammenfassung *f*; Abstrakt *m rar*
abstract *vt* <gen> *(putting sth on a less concrete, more theoretical level)* • abstrahieren *vt*
abstract *vt* <chem> *(atoms from molecule)* • abspalten *vt*
abstraction *thsc* <gen> *(act of considering sth in general terms, not concrete)* • Abstraktion *f wiss*
abstraction <phys> *(removal of energy; e.g. heat)* • Ableitung *f*
abundance <chem> *(frequency of occurrence, number; e.g. of isotopes)* • Häufigkeit *f*
abuse <gen> *(e.g. of a machine)* • Missbrauch *m*; Fehlbehandlung *f*; Misshandlung *f*
abusive <gen> • missbräuchlich
abut *vi* <tech.gen> *(of gear teeth)* • aufeinandertreffen *vi*; aufeinanderstoßen *vi*
abutment <build> *(of a roof)* • Anschluss *m*; Dachanschluss *m*
abutment <build> *(of window)* • Kämpfer *m*
abutment <build> *(support that takes up forces at each end of sth.; e.g. of beam, bridge)* • Widerlager *n*; Endunterbau *m*; Endstütze *f*
abutting piece <build> *(shim etc. in abutments)* • Beilage *f*
abutting piece <mach.tool> *(in jigs, fixtures etc.)* • Anlage *f*
abyssal <geo> • abyssisch
abyssal realm <geo> • Abyssalregion *f*
acacia gum <chem> *(typ. Arabic gum gum arabic)* • Akaziengummi *n*
accelerate *vt* <gen> *(gen., physical object or any process; e.g. chemical)* • beschleunigen *vt*
accelerate *vt* <tech.gen> *(e.g. revolutions, system performance, output)* • hochfahren *vt*
accelerated <gen> *(faster than before)* • beschleunigt
acceleration (a) <tech.gen> *(gen.; of physical object or any process)* • Beschleunigung *f* (a)
acceleration <mvhcl> *(of a vehicle)* • Anzugsvermögen *n*; Anzug *m prakt*

acceleration time *<tech.gen> (e.g. of tape or disc drive)* • Anlaufzeit *f*
accelerator *<tech.gen> (gen.)* • Beschleuniger *m*
accelerator *<chem> (for chem. reactions)* • Aktivator *m*; Akzelerator *m wiss*; Beschleuniger *m prakt*; Reaktionsbeschleuniger *m*
accelerator *<mvhcl.i&c> (pedal)* • Gaspedal *n*; Fahrpedal *n form.MB*; Fahrfußhebel *m form*; Gashebel *m ugs.rar*
accent *<print> (mark indicating e.g. specific stress or sound value)* • Akzent *m*
accented letter *<docu>* • Akzentbuchstabe *m*
accent lighting *<light>* • Anstrahlung *f*
accept *vt <tech.gen> (accommodate sth. in sth.)* • aufnehmen *vt*
accept *vt <qualit> (goods, supplies)* • abnehmen *vt*
accept *vt <qualit>* • annehmen *vt*
acceptable *<qualit> (goods, at incoming inspection)* • abnehmbar
acceptable *<qualit> (gen.; goods, material, defect)* • akzeptabel; annehmbar
acceptable quality level (AQL) *<qualit>* • annehmbare Qualitätsgrenzlage *f* (AQL) *form*; annehmbare Qualitätslage *f*; Annahmegrenze *f prakt*; Gutgrenze *f ugs*
acceptance *<mech.eng> (stress on: of sth in sth; accommodation; e.g. one part in another)* • Aufnahme *f*
acceptance *<qualit> (of goods, stress on: accept quality as is)* • Abnahme *f*
acceptance *<qualit> (of incoming goods, with or without quality control)* • Annahme *f*
acceptance inspection *<qualit>* • Abnahmeprüfung *f*
acceptance test *<qualit>* • Abnahmeprüfung *f*
acceptor *<phys> (gen.; e.g. for electrons)* • Akzeptor *m*
accept/reject criterion *<qualit>* • Abnahmekriterium *n*
access *<tech.gen> (gen.; for persons, tools; by foot or anything; e.g. for maintenance)* • Zugang *m*
access authority *<tech.gen> (e.g. with regard to data)* • Zugriffsrecht *n*; Zugriffsberechtigung *f*; Zugriffsbefugnis *f*
access cover *<build.traff> (in road)* • Schachtdeckel *m*
access door *<tech.gen> (narrow; e.g. in tank, vessel)* • Einstiegsöffnung *f*; Einstiegsluke *f*; Einstiegluke *f*
access door *<tech.gen> (gen., with door blade)* • Zugangstür *f*
access junction *<traff>* • Anschlussknotenpunkt *m*
access opening *<tech.gen> (anywhere, small or large)* • Zugangsöffnung *f*
accessories *pl <tech.gen> (stress on: optional equipment at extra cost)* • Sonderzubehör *n*; Extrazubehör *n rar*
accessories *pl* (ACC) *<tech.gen> (gen.; anything that is added to a basic package)* • Zubehör *nsg*
accessory *<garm> (fashion, interior design; e.g. as computer graphics clipart)* • Accessoire *n*
accessory ... *<tech.gen> (gen.; in compounds)* • Zubehör...
accessory mount *<phot> (gen.; typ. for flash, with contact[s])* • Zubehörschuh *m*; Blitzschuh *m prakt.ugs*; Aufsteckschuh *m rar*
accessory rack *<tech.gen>* • Geräteträger *m*
access point (AP) *<comp> (Wi-Fi)* • Access Point *m* (AP); Basisstation *f*; Base-Station *f ugs*
access ramp *<traff> (freeway or motorway access junction)* • Auffahrt *f*; Zufahrt *f*
access ramp *<traff> (temporary structure, not massive)* • Auffahrtsrampe *f*
access road *<traff>* • Anliegerstraße *f*; Zufahrtsstraße *f*
access road *<traff> (to a specific destination; e.g. a main highway, site, building)* • Zufahrtsstraße *f*
access speed *<tech.gen> (gen.; incl. edp)* • Zugriffsgeschwindigkeit *f*
access time *<tech.gen> (to retrieve stored data, goods, material)* • Zugriffszeit *f DIN 44300*; Speicherzugriffszeit *f*
access traffic *<traff>* • Anliegerverkehr *m*
access trap *<build> (in roof or attic floor)* • Dachluke *f*

access tunnel *<tech.gen> (gen.; e.g. hydroelectr. power plant, road tunnel, coal mine)* • Zugangsstollen *m*

accident *<tech.gen> (gen.; involving property damage and/or personal unjury)* • Unfall *m DIN 14011*

accidental *<gen>* • zufällig

accidental-contact protection *<tech.gen>* • Berührungsschutz *m*; Schutz gegen Berührung *m*

accident analysis *<tech.gen>* • Störfallanalyse *f*

accident cause *<tech.gen>* • Unfallursache *f*

accident excess reduction *<insur> (car rental)* • AER-Versicherung *f*

accident-prone *<tech.gen> (situation)* • unfallträchtig

acclimatization *<hvac> (adaptation to climate)* • Akklimatisierung *f*; Eingewöhnung *f*; Anpassung *f*

acclivity *<geo>* • Abhang *m*

acclivity *<geo> (as opp. to declivity)* • ansteigendes Gelände *n*; Anstieg *m*; aufsteigender Hang *m*

accommodate *vt <gen> (placing one object or person in another object)* • aufnehmen *vt*

accommodate *vt <gen> (stress on: ability to contain sth, storage capacity)* • fassen *vt*

accommodate *vt <tech.gen> (adapting sth to sth else; e.g. to ambient conditions)* • angleichen *vt*; anpassen *vt*

accommodation *<gen> (adapting sth to sth else; e.g. to ambient conditions)* • Angleichung *f*; Anpassung *f*

accommodation *<gen> (placing one object or person in another object)* • Aufnahme *f*

accompanying element *<min> (of iron ore)* • Eisenbegleiter *m*

according to good professional practice *:V <tech.gen> (e.g. built, processed, handled, dismantled)* • fachgerecht

according to standards *<tech.gen>* • normgemäß

accordion bottle *<phot>* • Faltflasche *f*

accordion partition *<build> (e.g. in hotel ball room)* • Falttrennwand *f*; Faltwand *f*

accreditation *<qualit>* • Akkreditierung *f*

accrete *vr <tech.gen> (e.g. sediments, crystals)* • anlagern *vr*

accretion *<tech.gen> (gen.; attachment of sth to sth and gradual build-up)* • Anlagerung *f*

accretion *<proc> (in a chemical apparatus, in pipes etc.; e.g. fungus, algae)* • Ansatz *m*; Anwuchs *m*

acculturation *<gen>* • Akkulturation *f*

accumulate *vi <tech.gen> (collect; e.g. deposits, sediments; usu. undesirable)* • ansammeln *vr*; summieren *vr*; anreichern *vr*

accumulate *vt <gen> (gen.; collect sth.)* • ansammeln *vt*

accumulate *vt <tech.gen> (stress on: piling up)* • aufhäufen *vt*; anhäufen *vt*

accumulate *vt <tech.gen> (stress on: storage of sth., incl. energy)* • speichern *vt*

accumulated *<tech.gen> (data; e.g. error messages)* • aufgelaufen

accumulation *<gen> (stress on: storage of sth., incl. energy)* • Speicherung *f*

accumulation *<gen> (stress on: adding up; abstract items, such as figures, effects)* • Summierung *f*

accumulation *<tech.gen> (gen.; collection of sth., concrete objects, intentionally or not)* • Ansammlung *f*

accumulation *<proc> (unwanted, of solid particles; e.g. in pipes and apparatuses)* • Ansammlung *f*; Akkumulation *f wiss*; Anhäufung *f ugs*

accumulator *<tech.gen> (for energy; e.g. pressure, heat, electricity)* • Speicher *m*; Akkumulator *m wiss*

accuracy *<tech.gen> (gen., of measurements, calculations, data etc.)* • Genauigkeit *f*

accuracy *<i&c> (e.g. of time keepers)* • Ganggenauigkeit *f*

accuracy of registration *<tech.gen> (of mating parts with indexing features; e.g. overlays)* • Deckungsgenauigkeit *f*

accurate *<gen> (stress on: absence of errors)* • fehlerfrei

accurate *<gen> (data in gen.; e.g. results)* • genau

acetate *<chem> (gen.)* • Acetat *n*; Azetat *n*; Essigsäureester *m*

acetate *<textil.chem> (man-made fiber; typ. used for linings and lingerie)*

• Acetat *n*; Azetat *n*
acetate film *<art> (for masking)* • Acetatfolie *f*; Acetatfilm *m*; Acetat *n prakt*
acetic acid *<chem> (e.g. dyeing, herbicide, photolab)* • Essigsäure *f*; Ethansäure *f wiss*; Azetsäure *f rar*
acetone *IUPAC <chem>* • Aceton *n*; Propan-2-on *n IUPAC*; Dimethylketon *n*; Ketopropan *n*; Azeton *n obs*
acetone lacquer *<srfc>* • Acetonlack *m*
acetone-soluble *<chem>* • acetonlöslich
acetylcysteine (ACC) *INN <pharm> (mucolytic)* • Acetylcystein *n* (ACC) *INN*; N-Acetyl-L-cystein *n*; NAC
acetylene *IUPAC <chem>* • Ethin *n IUPAC*; Acetylen *n*; Azetylen *n obs*; Äthin *n obs*; Carbidgas *n ugs*
acetylene cylinder *<join>* • Acetylenflasche *f*
acetylene excess *<join>* • Acetylenüberschuss *m*
acetylene gas *<chem>* • Acetylengas *n*
acetylene generator *<chem.proc>* • Acetylenentwickler *m*
acetylene welding *<join>* • Acetylenschweißen *n*
acetyl-salicylic acid (ASA) *<pharm> (analgesic)* • Acetylsalicylsäure *f* (ASS); Aspirin *n ® Bayer.ugs*; Acidum acetylsalicylicum *n*; O-Acetylsalicylsäure *f*; 2-Acetoxy--benzoesäure *f*
achondrite *<min>* • Achondrit *m*
achromatic *<phys>* • achromatisch
achromatic color *US <phys>* • unbunte Farbe *f*
achromatic color *US <print> (black, white, or gray; e.g. in printing, artwork, computer craphics)* • achromatische Farbe *f*; unbunte Farbe *f prakt*
achromatic lens *<phot> (entire objective unit)* • Achromat *m DIN 19040*; achromatisches Objektiv *n*
acid *<chem> (Latin acidus 'sour')* • Säure *f*
acid *adj <chem> (pH < 7)* • sauer
acid carboy *<chem.proc> (gen., any material)* • Säureballon *m*
acid formers *<chem> (gen.)* • Säurebildner *mpl*
acid-forming *<chem>* • säurebildend
acid-free *<chem>* • säurefrei
acid-free paper *<pap>* • säurefreies Papier *n*
acidify *vi <ecol> (soil, surface waters)* • versauern *vi*
acidify *vt <chem> (gen.)* • ansäuern *vt*; acidifizieren *vt wiss*; sauer einstellen *vt prakt*; säuern *vt ugs*
acidity *<chem> (e.g. of water, soil, paper, cosmetics, chemicals)* • Säuregrad *m*; Acidität *f wiss*; Säurestärke *f*; Säuregehalt *m*
acid-lined *<chem.proc> (gen.; any vessel etc.)* • sauer ausgekleidet
acid lining *<metal> (of converter)* • saure Zustellung *f*; sauere Ausmauerung *f*
acid open-hearth furnace *<metal>* • sauer zugestellter SM-Ofen *m*
acid-proof *<qualit.mat> (gen.)* • säurebeständig; säurefest
acid-proof lining *<proc>* • säurefeste Auskleidung *f*
acid rain *<ecol> (in nature)* • saurer Regen *m*; saurer Niederschlag *m form*
acid reaction *<chem>* • saure Reaktion *f*
acid-stressed *<ecol>* • säurebelastet
acidulate *vt <food> (food treatment; e.g. with malic, citric or phosphoric acid)* • säuern *vt*; ansäuern *vt*
aciniform *<gen> (shaped like berry or bunch of grapes)* • beerenförmig; traubenförmig
acknowledge *vt <gen> (by means of a written receipt, or by pressing a key)* • quittieren *vt*
acknowledge *vt <tech.gen> (confirm; e.g. receipt, message, mail)* • bestätigen *vt*
AC mains [network] *<el> (of public utilities)* • Wechselstromnetz *n*
AC motor *<el>* • Wechselstrommotor *m*
acorn nut *<join>* • Hutmutter *f DIN ISO 1891*; hohe Hutmutter *f*; hohe Sechskanthutmutter *f form*
acoustic *<acoust>* • akustisch
acoustical *<acoust> (related to acoustics; e.g. method, engineer, society, glossary)* • akustisch
acoustical engineering *<acoust>* • Akustik *f*; Schalltechnik *f*
acoustic cavity resonator *<acoust> (Helmholtz resonator; e.g. a violin)* • Hohlraumresonator *m*

acoustic ceiling *<build.int>* • Akustikdecke *f*

acoustic coupler *<el>* • Akustikkoppler *m*; akustischer Koppler *m DIN 44302*

acoustic feedback *<av>* • akustische Rückkopplung *f*; Schallrückkopplung *f*

acoustic fence *<build.traff>* • Lärmschutzzaun *m*

acoustic glassbreak detector *<alarm> (burglar alarm)* • Akustikmelder *m*; Glasbruch-Ferndetektor *m*; Klirrgeräuschmelder *m*

acoustic guitar *<mus>* • Akustikgitarre *f*

acoustic lab *<acoust>* • Akustiklabor *n*

acoustic lens *<av> (loudspeaker)* • akustische Linse *f*

acoustic pressure *<acoust> (in Pascal, Pa)* • Schalldruck *m*

acoustics *<acoust>* • Akustik *f DIN 1320*; Schalllehre *f rar.did*

acoustic sensor *<i&c>* • akustischer Sensor *m*; auditiver Sensor *m*

acoustic trauma *<med> (e.g. due to shooting, explosion, disco music)* • Knalltrauma *n*; Gehörschaden durch Schallüberlastung *m*

acoustic vibration *<phys>* • akustische Schwingung *f*; Schallschwingung *f*

AC power cordset with IEC-320 male connector *<el> (for audio/video appliances, PCs, PC printers etc.)* • Kaltgeräte-Anschlussleitung *f*; Netzkabel mit Kaltgerätestecker *n*

AC-powered *<el>* • wechselstromgespeist

acquaint *vr <gen> (person; with a situation, job, task)* • einarbeiten *vr*

acquisition *<tech.gen> (of data etc.)* • Erfassung *f*

acquisition of orbit *<aerosp>* • Erreichen der Umlaufbahn *n*

acrid *<gen> (odor, smell)* • stechend; beißend; streng; ätzend

acridity *<food> (of a flavor)* • Schärfe *f*

acrobatic flying *<aerosp>* • Kunstflug *m*

acronym *ISO 12620 <term> (e.g. modem, laser, radar)* • Akronym *n*; Lesekürzung *f*

across the fiber grain *US <tech.gen>* • quer zur Faserrichtung

acrylamide solid *CCOHS <chem> (ethylenecarboxamide, 2-propenamide; toxic; e.g. in fried food)* • Acrylamid *n*; 2-Propenamid *n*; Acrylsäureamid *n*

acrylate *<chem>* • Acrylat *n*

acrylate adhesive *<join>* • Acrylatklebstoff *m*; Acrylatkleber *m prakt*

acrylate-butadiene rubber *<plast>* • Acryl-Butadien-Kautschuk *m*; Acrylatkautschuk *m*

acrylic *<plast>* • Acryl *n*

acrylic cover *<plast> (e.g. on solar collectors, audio equipment, lamps; usu. PMMA)* • Acrylabdeckung *f*

acrylic enamel *<srfc>* • Acryllack *m*

acrylic fiber *US <textil.plast>* • Acrylfaser *f*

acrylic lacquer *<srfc>* • Acryllack *m*

acrylic paint *<art> (for paintings)* • Acrylfarbe *f*

acrylic paint *<srfc> (enamel or lacquer)* • Acryllack *m*; Acrylatlack *m rar*

acrylic resin *<plast>* • Acrylharz *n*

acrylonitrile *<chem.petr>* • Acrylnitril *n*

acrylonitrile-butadiene rubber *<plast>* • Acrylnitril-Butadien-Kautschuk *m*

acrylonitrile-butadiene-styrene (ABS) *<plast> (e.g. Ronfalin, Urtal, IMAC, Telloran)* • Acrylnitril-Butadien-Styrol *n* (ABS); Acrylnitril-Butadien-Styrol--Polymerisat *n*

acrylonitrile-(chlorinated polyethylene)-styrene (ACS) *DIN EN ISO 6402 <plast>* • Acrylnitril-(chloriertes Polyethylen)-Styrol *n* (ACS) *DIN EN ISO 6402*

acrylonitrile-(ethylene-propylene--diene)-styrene (AEPDS) *DIN EN ISO 6402 <plast>* • Acrylnitril-(Ethylen--Propylen-Dien)-Styrol *n* (AEPDS) *DIN EN ISO 6402*

acrylonitrile styrene (AS) *<plast>* • Acrylonitril-Styrol *n* (SAN); Acrylonitril-Styren *n rar*

acrylonitrile-styrene-acrylate (ASA) *DIN EN ISO 6402 <plast>* • Acrylnitril--Styrol-Acrylat *n* (ASA) *DIN EN ISO 6402*

acrylonitrile-styrene-acrylate (ASA) *<plast>* • Acrylnitril-Styrol-Acrylester *m* (ASA)

AC source *<el> (stress on: electric current)* • Wechselstromquelle *f*

act as *vi <gen>* • dienen als *vi*

actinides *pl* *<chem>* *(rare earth elements; in periodic system: atomic numbers 89-103)* • Actinoide *npl*; Actiniumreihe *f*; Actinoidenelemente *npl*; Actinidenreihe *f*; Aktinide *npl obs*
actinium (Ac) *<chem>* • Actinium *n* (Ac); Aktinium *n obs*
action *<gen>* *(measure to be taken)* • Maßnahme *f*
action photography *sg* *<phot>* • Actionfotografie *fsg*
action spring *<mil>* *(gun)* • Schließfeder *f*; Verschlussfeder *f*
activate *vt* *<gen>* • aktivieren *vt*
activate *vt* *<el>* *(electr. field)* • aufbauen *vt*
activate *vt* *<navig>* *(e.g. a waypoint)* • aktivieren *vt*
activate *vt* *<phys>* *(e.g. atom)* • anregen *vt*
activate *vt* *<srfc>* *(surface preparation prior to phosphating or chromating)* • aktivieren *vt*
activated carbon *<proc>* • Aktivkohle *f*; A-Kohle *f*; Adsorptionskohle *f*; aktivierte Kohle *f rar*
activated carbon filter *<proc>* *(gen.)* • Aktivkohlefilter *m*
activated earth *<chem>* • Aktiverde *f*; aktivierte Erde *f*
activated sludge *<proc.waste>* *(waste water treatment)* • Belebtschlamm *m*; Aktivschlamm *m rar*; Impfschlamm *m rar*
activated-sludge process *<proc.waste>* • Belebtschlammverfahren *n*; Schlammbelebungsverfahren *n*
activation *<tech.gen>* • Aktivierung *f*
activator *<tech.gen>* *(gen., also chem.)* • Aktivator *m*; Aktivierungsmittel *n*
active *<tech.gen>* • aktiv
active body control (ABC) *<mvhcl>* • aktive Federung *f*; Active Body Control *f MB*
active component *<el>* *(gen. any voltage-carrying/energized part in electr. circuit)* • aktives Bauelement *n*; Wirkkomponente *f*; stromführende Komponente *f*; spannungsführende Komponente *f*; Wattkomponente *f*
active constituent *<tech.gen>* • aktiver Bestandteil *m*
active force *<phys>* • angreifende Kraft *f*; eingeprägte Kraft *f*; Belastungskraft *f*
active head restraint *<mvhcl.int>* • aktive Kopfstütze *f*; Crash-aktive Kopfstütze *f DC*
active intrusion sensor *<alarm>* • aktiver Melder *m*; aktiver Detektor *m*
active loudspeaker *<av>* *(with amplifier)* • Aktivlautsprecher *m*; Aktivbox *f ugs*
actively cooled *<tech.gen>* *(with fan, pump)* • aktiv gekühlt
active material *<el>* *(of battery)* • aktive Masse *f*; aktive Substanz *f*
active-matrix OLED (AMOLED) *<comp>* • Aktiv-Matrix-OLED *n* (AMOLED)
active noise control *<acoust>* *(by means of anti-noise loudspeakers)* • aktive Geräuschreduzierung *f*
active pixel sensor (APS) *<phot>* • Active Pixel Sensor *m* (APS); APS--Sensor *m wiss*
active rear-wheel steering [system] *<mvhcl>* • aktives Hinterradlenksystem *n*
active restraint system *<mvhcl.safe>* • aktives Rückhaltesystem *n*
active safety *<mvhcl.safe>* • aktive Sicherheit *f*; aktive Fahrzeugsicherheit *f*
active tilting system *<railw>* • aktive Neigetechnik *f*
active yaw *<energ.wind>* • aktive Windnachführung *f*
actual condition *<tech.gen>* • Istzustand *m*
actual deviation *<prod>* • Istabmaß *n*
actual position *<autom>* • Istposition *f*; Iststellung *f*
actual value *<i&c>* *(of a controlled variable)* • Istwert *m*
actuate *vt* *<tech.gen>* *(stress on: drive sth)* • antreiben *vt*
actuate *vt* *<tech.gen>* *(gen.; e.g. switch)* • betätigen *vt*
actuating *<tech.gen>* *(sth. which actuates sth. with a switching function)* • Schalt…
actuating lever *<mech.eng>* *(stress on: switching/shifting function)* • Schalthebel *m*
actuation *<tech.gen>* *(e.g. of a chain reaction)* • Auslösung *f*
actuator *EN 12094-5* *<fire.safe>* *(e.g. in*

extinguishing systems) • Auslöseeinrichtung *f DIN EN 12094-5*

actuator <*i&c*> *(gen.; device that operates/actuates sth.; e.g. solenoid, stepper motor)* • Betätigungsorgan *n*; Effektor *m*

actuator <*i&c*> *(stress on: drive; typically a motor; e.g. of a valve, track switch)* • Stellantrieb *m*; Antriebselement *n*

actuator (ACT) <*i&c*> *(effector; e.g. electric, hydraulic, mechanic, pneumatic)* • Stellglied *n* (ACT); Aktuator *m wiss*; Aktor *m*; Steuerelement *n*; Steller *m rar*

actuator <*i&c*> *(vacuum unit; e.g. for actuating HVAC doors)* • Unterdruckdose *f*

actuator <*railw*> *(of switch segments)* • Stellarm *m*

actuator stroke <*pps*> *(e.g. of valves)* • Aktorhub *m*; Stellglied-Hub *m*

act upon *vt* <*tech.gen*> • einwirken [auf] *vt*

acute <*math*> *(angle)* • scharf; spitz

acuteness <*prod*> *(edge)* • Schärfe *f*

AC voltage <*el*> • Wechselspannung *f*

AC voltage superimposed on the DC voltage <*el*> • Wechselspannungsüberlagerung *f*

adamantane <*chem*> *(alicyclic hydrocarbon)* • Adamantan *n*

adamantine <*qualit.mat*> *(like diamond)* • diamantartig; Diamant…

adamantine <*qualit.mat*> *(hard like a diamond)* • diamanthart

adaptability <*tech.gen*> *(e.g. to uses, ambient conditions, other components etc.)* • Anpassungsvermögen *n*

adaptation <*tech.gen*> *(of sth to sth; e.g. to situation, environment, shape, requirements)* • Angleichung *f*; Anpassung *f*; Adaption *f*

adapter <*tech.gen*> *(gen.; any shape and function)* • Adapter *m*

adapter <*tech.gen*> *(tightly fitting part)* • Passstück *n*; Passteil *n*

adapter <*tech.gen*> *(reducing sleeve; e.g. in gun barrels)* • Reduzierhülse *f*

adapter <*tech.gen*> *(between different sizes; e.g. in pipe or ductwork)* • Übergangsstück *n*

adapter <*tech.gen*> *(connecting piece)* • Verbindungsstück *n*

adapter <*tech.gen*> *(intermediate part with any shape and function)* • Zwischenstück *n*

adapter <*mvhcl.brake*> *(of disk brakes, any type)* • Halter *m*; Bremsträger *m rar*

adapter cassette <*av*> *(e.g. compact video cassette to standard-size VHS cassette)* • Adapterkassette *f*

adapter plug <*el*> • Adapterstecker *m*; Steckeradapter *m*; Übergangsstecker *m*

adapter sleeve *ISO 13337* <*mech.eng*> *(stress on: for tightening, clamping)* • Spannhülse *f*

adapting piece <*tech.gen*> *(stress on: shaped to fit)* • Formstück *n*

adapting pipe <*pps*> *(tubular)* • Fassonrohr *n*; Passrohr *n*

adaptive <*tech.gen*> *(automatic)* • anpassend

adaptive <*tech.gen*> • anpassungsfähig; adaptiv

adaptive <*comp*> *(self-learning; program, software, artificial intelligence)* • lernfähig

adaptive brake lamp <*mvhcl.el*> • adaptive Bremsleuchte *f*; progressive Bremsleuchte *f*

adaptive brake light <*mvhcl.light*> • adaptives Bremslicht *n*

adaptive control <*i&c*> *(gen.)* • adaptive Regelung *f*; Adaptivregelung *f*; Anpassregelung *f*; selbstanpassende Regelung *f*; Anpassungssteuerung *f*

adaptive cruise control (ACC) <*mvhcl.i&c*> *(safeguards the minimum distance between vehicles)* • automatische Abstandsregelung *f*; automatische Distanzregelung mit Geschwindigkeitsregelanlage *f form*

Adaptive Cruise Control® (ACC) *ContiTeves* <*mvhcl.i&c*> • dynamische Tempo- und Abstandsregelung *f* (ACC); Geschwindigkeitsregelsystem mit automatischer Abstandsregelung *n*; intelligente Geschwindigkeitsregelung *f*; automatische Abstandsregelung *f*; adaptive Geschwindigkeitsregelung *f*

adaptive front-lighting system (AFLS) <*mvhcl.light*> • adaptive Frontbeleuchtung *f* (AFS); adaptives

Frontbeleuchtungssystem *n*; adaptive Frontscheinwerfer *m*; adaptives Scheinwerfersystem *n*
adaptive front-lighting [system] (AFL) *Opel* *<mvhcl.light>* • adaptive Frontscheinwerfer *mpl* (AFS) *:V*; dynamisches Kurvenlicht *n*; adaptives Kurvenlicht *n*; intelligentes Frontlicht *n*; Kurvenlicht *n prakt*
adaptive functions *<i&c> (e.g. of auto trans control)* • adaptive Funktionen *fpl*; selbstlernende Funktionen *fpl*
adaptive shift point control *<mvhcl.i&c> (of auto transmissions)* • adaptive Schaltpunktsteuerung *f*
adaptive suspension control [system] *<mvhcl>* • adaptive Fahrwerksregelung *f*
adaptive tail light *<mvhcl>* • adaptives Rücklicht *n :V*
adaptive transmission control (ATC) *<mvhcl.i&c> (of auto transmissions)* • adaptive Getriebesteuerung *f* (AGS)
adaptronics *<i&c>* • Adaptronik *f*
add *vi <tech.gen> (deposits, sludge, filter cake, particles etc.)* • anlagern *vr*
add *vt <gen> (gen.; deliberately, sth to sth)* • hinzufügen *vt*
add *vt <tech.gen> (surcharge etc.)* • zuschlagen *vt*
add *vt <build> (a building structure)* • anbauen *vt*
add *vt <math> (numbers)* • addieren *vt*; zusammenzählen *vt ugs*; summieren *vt rar*
add *vt <railw> (cars to a train)* • einstellen *vt*
add a supplementary building *vt <build>* • anbauen *vt*
add carry *<math>* • Additionsübertrag *m*
added sugar *<food>* • Zuckerzusatz *m*
add hardness *vt <metal>* • aufhärten *vt*
addition *<gen> (stress on: adding up of individual items, events)* • Summierung *f*
addition *<food> (of ingredients; e.g. of sugar, artificial coloring)* • Zusatz *m*
addition *<logist> (of incoming funds, stock)* • Zugang *m*
addition *<math> (gen., process and its written materialization)* • Addition *f*
addition *<metal> (blast furnace; process and materials)* • Zuschlag *m*
additional ... *<tech.gen> (gen.; physical or abstract; e.g. additional bouyancy)* • Zusatz...
additional load *<gen> (physical and mental stress; e.g. work load of staff or hardware)* • Mehrbelastung *f*; Zusatzbelastung *f*; Zusatzlast *f*; zusätzliche Belastung *f*; zusätzliche Beanspruchung *f*
additional load *<logist> (freight; e.g. on truck)* • Beiladung *f*
addition polymerization *IUPAC <plast> (chain reaction)* • Additionspolymerisation als Kettenreaktion *f* (APK) *IUPAC*; Polymerisation *f obs*
addition polymerization *IUPAC <plast> (step reaction)* • Additionspolymerisation als Stufenreaktion *f* (APS) *IUPAC*; Polyaddition *f obs*
additive *<tech.gen> (e.g. to fuel, oil, coolant, lubricant, paint, plastics)* • Additiv *n*; Zusatzstoff *m*; Zusatz *m*
additive *<plast> (e.g. anti-cling, lubricant, anti-static)* • Additiv *n*
additive color mixing *US <phys>* • additive Farbmischung *f*; additives Verfahren *n*; Additionsverfahren *n*
additive colors *US <phys>* • additive Farben *fpl*
add-on ... *<tech.gen> (component; e.g. keyboard)* • Zusatz...
add-on module *<tech.gen> (stress on: additional modular device)* • Zusatzbaustein *m*
add-on unit *<tech.gen> (stress on: mounted onto sth)* • Anbaueinheit *f*
add-on unit *<tech.gen> (stress on: placed next to sth)* • Beistellgerät *n*
add-on unit *<tech.gen> (stress on: addition to sth)* • Zusatzgerät *n*
address *<tech.gen>* • Adresse *f*
address *vt <gen>* • adressieren *vt*
addressable *<gen>* • adressierbar
addressable *<i&c> (e.g. actuator)* • ansteuerbar
address format *<gen>* • Adressenformat *n*
addressing *<gen>* • Adressierung *f*
address space *<comp>* • Adressbereich *m*; Adressraum *m*; Speicheradressbereich *m*
address space *<logist> (on letter head,*

envelope) • Adressfeld *n*

add slack *vt <safe> (safety belt)* • lockern *vt*

adduction *<tech.gen>* • Adduktion *f*

add with carry *vi <math>* • addieren mit Übertrag *vi*

adenine (A) *<chem.bio> (base)* • Adenin *n* (A)

adenosine diphosphate (ADP) *<chem.bio>* • Adenosindiphosphat *n* (ADP)

adenosine triphosphate (ATP) *<chem.bio>* • Adenosintriphosphat *n* (ATP)

adhere *vi <tech.gen> (stress on: sth attaches itself to sth.; e.g. particle to surface)* • anhaften *vi*; haften *vi*

adhere *vi <tech.gen> (sth sticks to sth with or without adhesive)* • kleben *vi*

adhesion *<tech.gen> (e.g. of a coating or film on substrate)* • Haftung *f*; Haftvermögen *n*; Haftfestigkeit *f*

adhesion *<phys> (non-slipping friction; e.g. between wheel and rail/road)* • Haftreibung *f*

adhesion loss *<srfc> (paint fault)* • Abblättern der Lackschicht *n*

adhesion promoter *<srfc> (between substrate and coating)* • Haftvermittler *m*; Haftmittler *m*; Adhäsionsbeschleuniger *m rar*

adhesive *ASTM D1907-74 <join> (for bonding)* • Klebstoff *m DIN 16920*; Kleber *m prakt*

adhesive backing *<join> (e.g. of labels, stickers, sound-deadening pads)* • selbstklebende Rückseite *f*; Klebebeschichtung auf der Rückseite *f*

adhesive binding *<print>* • Klebebindung *f*

adhesive bond *<join>* • Adhäsionsklebung *f*

adhesive-bonded *<join>* • geklebt

adhesive film *<plast> (used in wide sheets, cut to size)* • Haftfolie *f*; Selbstklebefolie *f prakt.ugs*; Klebfolie *f rar*

adhesive film *<plast.srfc> (film or sheet with adhesive backing)* • Klebefolie *f*; Selbstklebefolie *f*; Klebfolie *f rar*

adhesive force *<phys> (between molecules)* • Adhäsionskraft *f*; Bindekraft *f*

adhesive gripping system *<prod>* • adhäsives Greifsystem *n*

adhesiveness *<join>* • Haftfähigkeit *f*; Adhäsionsvermögen *n wiss*; Klebfähigkeit *f*

adhesive power *<join>* • Haftfähigkeit *f*; Haftvermögen *n*; Haftkraft *f*

adhesive sealer *<join>* • Klebedichtstoff *m*

adhesive system *ASTM D1907-74 <join> (for bonding)* • Klebstoffsystem *n DIN 16920*

adhesive tape *<join> (usu. plastic with or without textile reinforcement, adhesive backing)* • Klebeband *n DIN EN 12481*; Selbstklebeband *n*; Haftklebeband *n rar*

ad hoc network *<comp> (Bluetooth)* • Ad-hoc-Netzwerk *n*

adiabatic *<phys.therm>* • adiabatisch; autotherm

adiabatic change [of state] *<phys>* • adiabatische Zustandsänderung *f*

adiabatic [curve] *<phys> (therm.)* • Adiabate *f*; adiabatische Kurve *f*

adipic acid *<chem.proc>* • Adipinsäure *f*

adipose tissue *<bio> (e.g. leather production)* • Fettgewebe *n*

adit *<min> (horizontal or little inclination; long and narrow)* • Stollen *m*

adjacent *<gen> (right next to sth., interfacing)* • angrenzend

adjacent *<gen> (in vicinity, more or less closely)* • benachbart

adjacent *<gen> (side by side)* • nebeneinanderliegend

adjacent *<tech.gen> (alongside, mating surfaces)* • aneinanderliegend; benachbart

adjacent channel *<tele>* • Nachbarkanal *m*; benachbarter Sprechweg *m form*

adjacent-channel interference *<tele>* • Nachbarkanalstörung *f*

adjacent leg *<math> (of a right-angled triangle)* • Ankathete *f*

adjacent part *<docu> (in eng. drawing)* • angrenzendes Teil *n*

adjacent track *<el> (magnetic storage media; disks, tapes)* • Nachbarspur *f*

adjacent turns *pl <tech.gen> (in coil windings, coil springs)* • Nachbarwindungen *fpl*

adjective class *ISO 12620 <term>*

• Adjektivklasse *f*
adjoin *vt* <gen> *(to lie on the border of sth)* • angrenzen *vi*
adjoin *vt* <join> *(attach sth.)* • anfügen *vt*
adjust *vt* <tech.gen> *(make fit, adapt sth to sth)* • anpassen *vt*
adjust *vt* <tech.gen> *(discrepancies)* • ausgleichen *vt*
adjust *vt* <tech.gen> *(controls, values, setpoints, limits; e.g. speed, pressure, gap, focus)* • einstellen *vt*
adjust *vt* <tech.gen> *(very accurately; e.g. instruments, controls, values, setpoints, limits)* • justieren *vt*
adjust *vt* <i&c> *(balance two or more components or values)* • abgleichen *vt*
adjust *vt* <prod> *(tool)* • anstellen *vt*
adjustable <tech.gen> *(values and objects; e.g. volume, brightness, gap, height, valve)* • einstellbar
adjustable <tech.gen> *(stress on: later, subsequently)* • nachstellbar
adjustable <tech.gen> *(position of movable parts; e.g. seats, mirrors, tools, bra straps)* • verstellbar
adjustable wrench <tool> *(similar, but with culture-specific features)* • Rollgabelschlüssel *m prakt*; verstellbarer Einmaulschlüssel *m norm*; verstellbarer Schraubenschlüssel *m*; Franzose *m ugs*; Engländer *m ugs*
adjusting <i&c> *(modifier; balancing two or more components or values)* • Abgleich...
adjusting collar <tech.gen> *(any adjust. function)* • Einstellring *m*
adjusting device <tech.gen> • Einstellvorrichtung *f*
adjusting knob <i&c> *(stress on: setting of sth.)* • Einstellknopf *m*
adjusting link <mech.eng> *(typ. support and Vee belt tensioner; e.g. alternator mount)* • Spannbügel *m*
adjusting screw <tech.gen> *(for adjustment, calibration)* • Einstellschraube *f*; Stellschraube *f prakt*
adjusting screw <mech.eng> *(pressure-applying)* • Druckschraube *f*
adjusting sleeve <tech.gen> *(e.g. on tie rods)* • Einstellhülse *f*
adjusting spindle <gen> *(height and level adjustment; e.g. of platform, caravan, crane)* • Verstellspindel *f*; Nivellierspindel *f*
adjust manually *vt* <tech.gen> • einstellen *vt*: von Hand ~; Hand *f*: von ~ einstellen *vt*
adjustment <tech.gen> *(of discrepancies)* • Ausgleich *m*
adjustment <tech.gen> *(process; of controls, values, setpoints, limits; e.g. speed, pressure)* • Einstellen *n*
adjustment <tech.gen> *(e.g. of control elements, values; process and result)* • Einstellung *f*
adjustment <tech.gen> *(stress on: very accurate; e.g. of parts, layout, values)* • Justierung *f*; Justage *f rar*
adjustment <tech.gen> *(making up for loss, wear and tear; e.g. of brakes, friction linings)* • Nachstellen *n*
adjustment <tech.gen> *(tensioning; e.g. of drive belts; process)* • Spannen *n*
adjustment <i&c> *(balancing of two or more components or values)* • Abgleich *m*
adjustment error <tech.gen> *(where high accuracy would be required)* • Justierfehler *m*; Justagefehler *m*
adjustment value <tech.gen> *(e.g. of size, pressure, temperature)* • Einstellwert *m*
adjustment value <tech.gen> *(length measurements; e.g. of gaps, clearances)* • Einstellwert *m*; Einstellmaß *n*
adjust to *vt* <i&c> *(controls, instruments, dials to a certain value)* • einstellen auf *vt*
adminastrative status *ISO 12620* <term> • administrativer Status *m*
administrative information *ISO 12620* <term> • Verwaltungsinformation *f*
administrator rights <comp> • Administratorrrechte *f*
admissible <gen> *(e.g. values, actions)* • zulässig
admission <gen> *(of anything; persons, materials)* • Einlass *m*
admission <gen> *(persons, fluids; e.g. of visitors, air, water)* • Zutritt *m*; Eintritt *m*
admission <tech.gen> *(in-flow of fluids)* • Einströmen *n*
admission <turb> *(with impact; e.g. of steam, water)* • Beaufschlagung *f*

admission pipe *<pps>* • Zuflussrohr *n*
admission valve *<tech.gen> (stress on: in-flow)* • Einströmventil *n*
admission velocity *<tech.gen> (e.g. into jet engines)* • Einströmgeschwindigkeit *f*
admit *vt <gen> (let sth. pass through or into sth.)* • durchlassen *vt*
admit *vt <turb> (with impact; e.g. water, steam, gas to a turbine)* • beaufschlagen mit *vt*
admitted term *<term>* • zugelassene Benennung *f*
admix *vt <tech.gen> (a relatively small amount of sth. to a mixture)* • beimengen *vt*; zumischen *vt*; zusetzen *vt*; zugeben *vt*
admix *vt <build> (e.g. gravel to concrete)* • zuschlagen *vt*
admixed air *<comb>* • Beiluft *f*; Nebenluft *f*
admixture *<tech.gen> (any substance mechanically blended into sth. else)* • Beimengung *f*
admixture *<tech.gen> (stress on: added substance)* • Zusatz *m*; Zusatzstoff *m*; Zusatzmittel *n*
admixture *<min> (in ore etc.; undesired)* • Fremdstoff *m*; Fremdbestandteil *m*; Fremdelement *n*; Nebenbestandteil *m*; Verunreinigung *f*
adobe *<build> (building constructed of adobe material; usu. Mexican style)* • Gebäude im mexikanischen Adobe--Stil *n*
adobe *<build.mat> (a yellowish silt or clay used for sun-dried bricks)* • Tonerde *f*
adsorb *vt <phys> (gen.; e.g. on filter surface)* • adsorbieren *vt*; anlagern *vr*
adsorbable *<phys>* • adsorbierbar
adsorbate *<proc> (ant: adsorbent)* • Adsorbat *n*; adsorbierter Stoff *m*; Adsorptiv *n*; Adsorpt *n*
adsorbent *<proc>* • Adsorbens *n pl*: -zien, -tia, -tien; Adsorptionsmittel *n*; adsorbierender Stoff *m*
adsorber *<proc>* • Adsorber *m*; Adsorptionsapparat *m*
adsorber resin *<proc.waste>* • Adsorberharz *n*
adsorption *<phys> (gen.)* • Adsorption *f*
adsorption capacity *<phys>* • Adsorptionsvermögen *n*; Adsorptionsfähigkeit *f*
adult content *<comp.ad> (e.g. on the www)* • Angebot für Erwachsene *n*; Inhalte für Erwachsene *mpl*; Erotikinhalte *f*
adulterate *vt <food>* • verschneiden *vt*; verfälschen *vt*; panschen *vt ugs*
adulteration *<food>* • Verfälschen *n*
advance *<tech.gen> (smooth forward movement)* • Vorlauf *m*; Vorwärtslauf *m*
advance *vt <tech.gen> (move sth. on)* • transportieren *vt*
advanced gas-cooled reactor (AGR) *<nucl> (graphite-moderated, CO_2-cooled; typ. in the U.K.)* • AGR--Reaktor *m*
advance-fee fraud *<comp.jur> (typ. the Russian and Nigerian scams; the 419 fraud)* • Vorschussbetrug *m*
advantage inherent in this design *<tech.gen>* • konstruktionsbedingter Vorteil *m*; konstruktionsspezifischer Vorteil *m*
advantageous *<gen> (e.g. in patents)* • vorteilhaft
advantageous embodiment of the invention *<jur> (in patents)* • vorteilhafte Ausführung der Erfindung *f*
advertisement *<ad> (business)* • Anzeige *f*
advertising on aerial banners *<ad> (pulled by planes)* • Bannerwerbung *f*
adz *US <build.tool> (axlike tool with curved chisellike steel head)* • Zimmererhammer *m*
AE/AF lock *<phot>* • Messwertspeicher *m*
Aeolian tone *<acoust>* • Anblaston *m*
aerate *vt <tech.gen> (stress on: make sth. loose, fluffy; e.g. soil, molding sand)* • auflockern *vt*
aerate *vt <tech.gen> (add air to sth.; e.g. soil, water)* • belüften *vt*
aerate *vt <tech.gen> (stress on: make air pass through; e.g. soil)* • durchlüften *vt*
aerate *vt <agri> (lawn, soil)* • lüften *vt*; aerifizieren *vt*
aerated concrete *<build.mat> (e.g. used as insulating concrete)* • Gasbeton *m*; Porenbeton *m*; Leichtbeton *m*; Ytong *m* ® *ugs*;

Blähbeton *m*

aeration <*tech.gen*> *(expose to fresh air; e.g. room)* • Lüften *n*

aeration <*tech.gen*> *(stress on: absorption of air; usually undesirable; of oil, brake fluid)* • Luftaufnahme *f*

aerator <*agri.tools*> *(for lawn, soil)* • Lüfter *m*

aerator <*proc*> *(for liquids; typ. water)* • Belüfter *m*

aerial *adj* <*aerosp*> *(related to flying, planes, flight engineering)* • flugtechnisch; aviotechnisch; Flug…

aerial *adj* <*energ*> *(not buried, in the open, elevated; e.g. pipeline, power line)* • oberirdisch; Ober…; Frei…

aerial-mapping camera <*aerosp*> • Luftbildkamera *f*; Luftbildmesskamera *f*

aerial photograph <*aerosp*> • Luftaufnahme *f DIN 18740*; Luftbild *n ugs*; Luftbildaufnahme *f rar*

aerial photography <*aerosp*> • Luftbildfotografie *f*; Luftbildaufnahme *f*; Luftaufnahmetechnik *f*

aero *adj* <*mvhcl*> *(attribute of car body elements)* • Cw-optimiert; strömungsgünstig *prakt*; glattflächig *prakt*

aerobic <*waste*> • aerob

aerobic biodegradability of organic compunds *DIN EN ISO 9888* <*waste*> • aerobe biologische Abbaubarkeit organischer Stoffe *f DIN EN ISO 9888*

aerobic decomposition <*waste*> • aerobe Zersetzung *f*; aerober Abbau *m*

aerodrome reference point (ARP) <*aerosp*> • Flugplatzbezugspunkt *m* (ARP)

aerodynamic[al] <*tech.gen*> • aerodynamisch

aerodynamic lift <*phys*> *(aerodynamics; heavier-than-air aircraft)* • aerodynamischer Auftrieb *m*; dynamischer Auftrieb *m*

aerodynamics *pl* <*phys*> • Aerodynamik *f*

aerodynamics *sg* <*aerosp*> • Aerodynamik *f*

aeroelasticity <*aerosp*> • Aeroelastizität *f*

aerometer <*tool*> *(density measurement of gases, air)* • Aerometer *n*; Luftdichtemesser *m*

aeronautical national form taper pipe thread (ANPT) <*pps.aerospac*> • Amerikanisches kegeliges Rohrgewinde *n*

aerosol <*tech.gen*> *(suspension of particles in gaseous medium)* • Aerosol *n*

aerosol bottle <*pack*> • Aerosolflasche *f DIN 55 405*

aerosol can <*pack*> • Aerosoldose *f DIN 55 405*

aerosol dispenser <*tech.gen*> • Aerosolzerstäuber *m*

aerosol generator <*hvac*> • Aerosolgenerator *m*

aerospace engineering <*aerosp*> • Luft- und Raumfahrttechnik *f*

aerospace industry <*aerosp*> • Luft- und Raumfahrtindustrie *f*

aerospace technology <*aerosp*> • Luft- und Raumfahrttechnologie *f*

aerostatic lift <*aerosp*> *(lighter-than-air aircraft)* • statischer Auftrieb *m*; aerostatischer Auftrieb *m*

A/F control <*mvhcl.emiss*> • Lambdaregelung *f*

affect *vt* <*gen*> *(act on sth with detrimental effect)* • beeinflussen *vt*

affect *vt* <*srfc*> *(e.g. surface finish)* • angreifen *vt*

affected zone <*tech.gen*> *(e.g. of weld heat)* • Einflusszone *f*; betroffener Bereich *m*

affordable <*econ*> *(relatively low price; e.g. product, techn. solution)* • erschwinglich

afforest *vt* <*wood.econ*> • aufforsten *vt*

AF illuminator *KM.Olymp* <*phot*> • Autofokus-Hilfslicht *n*; AF-Hilfslicht *n*; AF-Hilfsbeleuchtung *f Fuji*; AF--Hilfslampe *f Panas*; AF Beleuchtung *f Pentax*

A frame <*build.mach*> *(structural frame)* • A-Bock *m*; Abspannbock *m*; Stützbock für das Einziehwerk *m*

afterbody <*nav*> • Achterschiff *n*; Hinterschiff *n*

afterburn *vt* <*tech.gen*> *(in any combustion process; e.g. for power gain or emission control)* • nachverbrennen *vt*

afterburner <*tech.gen*> *(e.g. for power

gain or emission control; e.g. engines) • Nachbrenner *m*
afterburner *<aerosp>* • Nachbrenner *m*
aftercooler *<tech.gen>* • Nachkühler *m*
afterdrier *<proc> (gen.)* • Nachtrockner *m*
aftereffect *<tech.gen>* • Nachwirkung *f*; Nachwirkungseffekt *m*
afterflame *ISO 13943 <fire> (persists after removal of the ignition source)* • Nachbrennen *n ISO 13943*
afterimage *<el> (afterglow on CRT screen, scope)* • Nachbild *n*
aftermarket *<tech.gen>* • Zubehörmarkt *m*
aftermarket equipment *<tech.gen>* • Zubehör *nsg*; Nachrüstteile *npl*
after-shrinkage *<plast> (long-term shrinkage after demolding)* • Schrumpfung *f*; Nachschrumpfung *f*; Schrumpf *m*; Nachschwindung *f rar*; Nachschrumpf *m rar*
aftertaste *<food>* • Nachgeschmack *m*
aftertreat *vt <tech.gen>* • nachbehandeln *vt*
aftertreatment *<tech.gen> (e.g. by means of mech. or chem. processes)* • Nachbehandlung *f*
after-use *<waste> (e.g. of recycled material)* • Folgenutzung *f*
agar (E 406) *<food> (gel from algae; thickener, stabilizer, adhesive, filler; e.g. in food)* • Agar-Agar *n* (E 406); Agar *n*
age *<gen>* • Alter *n*
age *vi <qualit> (gen.)* • altern *vi*
aged *<qualit.mat> (by means of long storage)* • abgelagert
age determination *<phys> (of objects)* • Altersbestimmung *f*; Datieren *n*
aged wine *<food>* • alter Wein *m*
age-harden *vt <metal> (light alloys)* • altern *vt*
age-harden *vt <metal> (steel)* • aushärten *vt*
age-hardenable *<metal> (steel)* • aushärtbar; alterungsfähig
age-hardening *<metal> (of steel)* • Aushärtung *f*
age-hardening *<qualit> (of aluminum alloy)* • Alterung *f*
agent *<chem> (gen.)* • Agens *n wiss*; Mittel *n ugs*
agglomerate *<mat> (several particles adhering together)* • Agglomerat *n*
agglomerate *vt <tech.gen> (any particles, actively)* • agglomerieren *vt*; zusammenbacken *vt ugs*
agglutinate *vi <tech.gen>* • agglutinieren *vi*; klumpen *vi ugs*
agglutinate *vt <tech.gen> (combine into a compound, cause to adhere)* • agglutinieren *vt*; verkleben [miteinander] *vt*; binden [aneinander] *vt*
aggradation *<geo> (of river bank, bed)* • Auflandung *f*; Anschwemmung *f*; Aggradation *f*; Anladung *f*
aggregate content *<build.mat> (of concrete)* • Splittgehalt *m*
aggregation *<tech.gen> (of particles)* • Aggregation *f*; Zusammenballung *f*; Anhäufung *f*
aggressive *<tech.gen> (e.g. chemical, environment)* • aggressiv
aggressive liquid *<chem>* • aggressive Flüssigkeit *f*; angreifende Flüssigkeit *f*
aggressive medium *<proc>* • aggressives Medium *n*
aggressive water *<proc>* • aggressives Wasser *n*
aging *US <pap>* • Alterung *f*
aging *US <qualit.mat> (desired or undesired effect; e.g. of vinyl, wine, steel, lubricants)* • Alterung *f DIN 50035*
aging resistance *US <pps>* • Alterungsbeständigkeit *f*
aging stability *US <tech.gen> (e.g. of materials, lubricants, paint coats)* • Alterungsbeständigkeit *f*; Alterungsstabilität *f*; Alterungsverhalten *n*
agitate *vt <tech.gen> (stir up, deposits; e.g. settled pigments, with spatula etc.)* • aufrühren *vt*
agitate *vt <tech.gen> (move, shake gently)* • bewegen *vt*
agitator *<proc> (any type; mixer, stirrer)* • Mischwerk *n*
agitator *<proc> (stress on: stirring operation)* • Rührwerk *n*; Rührer *m*
agitator drum *<comvhcl> (concrete truck)* • Mischtrommel *f*
agricultural aircraft *<aerosp>* • Agrarflugzeug *n*
agricultural engineering *<agri>* • Landtechnik *f*

agricultural implements *<agri>* • landwirtschaftliche Geräte *npl*
agricultural railway *<railw>* • Feldbahn *f*
agricultural science *<agri>* • Agrarwissenschaft *f*
agricultural technology *<agri>* • Agrartechnologie *f*
agriculture and forestry *<agri>* • Land- und Forstwirtschaft *f*
agrochemicals *<chem> (25 % of all ~ are deployed in cotton fields)* • Agrarchemikalien *fpl*
ailanthus silkworm *<textil>* • Ailanthusspinner *m*
aileron *<aerosp> (control surface; rotates airplane around longitudinal axis; roll)* • Querruder *n*; Aileron *n*
air *vt <tech.gen> (scavenge with fresh air; e.g. beds, rooms)* • durchlüften *vt*
air *vt <tech.gen> (add fresh air to spaces, rooms)* • lüften *vt*
air *vt <min.hvac> (ventilation of mine workings)* • bewettern *vt*
air ... *<tool> (e.g. impact wrench, spray gun)* • Druckluft...; druckluftbetrieben
air access *<tech.gen>* • Luftzutritt *m*
air accumulator *<pneum> (compressed air storage)* • Druckluftspeicher *m*
air-actuated *<i&c>* • druckluftbetätigt
air admission *<tech.gen>* • Luftzutritt *m*
air baffle *<tech.gen> (with guiding function)* • Luftleitblech *n*
air bag *<mvhcl.safe> (actual bag)* • Airbag *m*; Prallkissen *n*; Prallsack *m*; Luftsack *m*
air bag *<mvhcl.safe> (system)* • Airbag *m*
air-bag steering wheel *<mvhcl>* • Airbag-Lenkrad *n*
air-bag supplemental restraint system (SRS) *<mvhcl.safe> (system)* • Airbag-Rückhaltesystem *n*
air base *<aerosp>* • Militärflugplatz *m*; Militärflughafen *m rar*
air base (AB) *<mil.aerosp>* • Luftwaffenstützpunkt *m*
air blast *<tech.gen> (short impact)* • Luftstoß *m*
air bleeder *<hvac> (e.g. on radiator)* • Entlüfter *m*
air blower *<tech.gen>* • Luftgebläse *n*
airborne *<tech.gen> (e.g. dust, aircraft)* • schwebend; luftgestützt
airborne *<aerosp> (equipment on board of airplane, missile etc.)* • Bord-...
airborne *<aerosp> (aircraft after take-off)* • Luft *f*: in der ~
airborne camera *<aerosp>* • Bordkamera *f*
airborne command post *<mil>* • fliegende Befehlsstelle *f*
airborne noise *<acoust>* • Luftschall *m* (LS)
airborne pollutant *<ecol>* • Schadstoff in der Luft *m*
air brake *<aerosp> (for landing)* • Luftbremse *f*
air brake[s] *<brake>* • Druckluftbremse *f DIN 25609-1*; Druckluftbremsanlage *f*; pneumatische Bremse *f*
airbreathing engine *<aerosp> (e.g. ramjet or turbofan engine)* • Luftstrahltriebwerk *n*
airbrush *vt <srfc> (with an airbrush)* • spritzen *vt*; sprühen *vt*
airbrush gun *<art.tool> (for artwork)* • Airbrushpistole *f*; Airbrush *f prakt*; Spritzpistole *f form*; Luftpinsel *m CH*; Sprühpistole *f rar*
airbrushing *<art> (painting technique)* • Airbrush-Technik *f*; Airbrush *n prakt*; Airbrushing *n*; Feinspritztechnik *f form*; Spritzmalerei *f rar*
airbrush paint *<art>* • Airbrush-Farbe *f*; konzentrierte Feinsprühpigmentfarbe *f form*
air bubble *<tech.gen> (in liquids or solids; desired or undesired effect)* • Luftblase *f*
air bypass *<tech.gen>* • Luft-Bypass *m*
air cargo *sg <aerosp.logist>* • Luftfracht *fsg*
air carrier *<aerosp>* • Luftfrachtführer *m*
air chimney *<hvac> (gen.)* • Entlüftungsrohr *n*
air circulation *<tech.gen> (forced)* • Luftumwälzung *f*
air circulation *<tech.gen> (natural or forced; e.g. in rooms, equipment cabinets)* • Luftzirkulation *f*
air classification *<proc> (separate, sift by means of air current; e.g. waste)* • Windsichten *n*; Aeroklassierung *f*
air cleaner *US <tech.gen> (entire assembly or insert)* • Luftfilter *m*
air/cloth ratio *<proc> (e.g. of dust filters)* • Filterbelastung *f*;

Filterverhältnis *n*
air compression *<gen>* • Luftverdichtung *f*
air compressor *<tech.gen> (for air tools, brakes etc.)* • Kompressor *m*; Drucklufterzeuger *m form*; Luftpresser *m DB.MB*; Luftverdichter *m rar*
air-conditioned *<hvac> (room, vehicle)* • klimatisiert; konditioniert *rar*
air-conditioning plant *<hvac> (industrial)* • Klimaanlage *f*; raumlufttechnische Anlage *f*; Luftkonditionierungssystem *n rar*
air-conditioning system (a/c) *<hvac> (e.g. in home, hotel, car)* • Klimaanlage *f*; Aircon *f ugs*; Luftkonditionierer *m DIN EN 255*
air consumption *<gen>* • Luftverbrauch *m*
air control valve *<tech.gen>* • Luftregelventil *n*
air-cooled *<tech.gen>* • luftgekühlt
air-cooler *<tech.gen>* • Luftkühler *m*
air cooling *<tech.gen> (gen.; e.g. by wind or fan-induced air stream)* • Luftkühlung *f*
air-cooling fan *<mech.eng>* • Kühlluftgebläse *n*
air cover *<mil>* • Deckung aus der Luft *f*
aircraft *<aerosp> (heavier than air)* • Flugzeug *n*; Flieger *m ugs*; Aeroplan *m obs*
aircraft *sg=pl* (A/C) *FAR/JAR 1.1 <aerosp> (airplane, helicopter, blimp etc.)* • Luftfahrzeug *n* (Lfz)
aircraft carrier *<nav>* • Flugzeugträger *m*
aircraft construction *<aerosp>* • Flugzeugbau *m*
aircraft engine *<aerosp> (piston engine)* • Flugzeugmotor *m*
aircraft engine *<aerosp> (any type, jet or piston)* • Flugzeugtriebwerk *n*; Flugtriebwerk *n*
aircraft log *<aerosp.docu>* • Bordbuch *n*; Logbuch *n*; Bordjournal *n*
aircraft noise *<ecol>* • Fluglärm *m*
aircraft stand *<aerosp>* • Flugzeugstandplatz *m*; Parkposition *f*; Abstellplatz *m*; Abstellposition *f*; Luftfahrzeug-Standplatz *m form*
aircraft tire *US <aerosp>* • Flugzeugreifen *m*
aircraft tractor *BS EN 12312-7 <aerosp> (for aircraft movement operations)* • Flugzeugschlepper *m DIN EN 12312-7*; Schlepper *m prakt*
aircraft-type hose clamp *US <tech.gen>* • Schlauchklemme mit Schneckenschraube *f*; Patent--Schlauchklemme *f prakt.obs*
air curing *<tech.gen> (gen. drying in air)* • Lufttrocknung *f*
air-curtain door *<build>* • Luftschleiertür *f*
air cushion *<tech.gen> (supporting sth.; e.g. workpieces, hovercraft)* • Luftkissen *n*
air cushion *<tech.gen> (absorbing shock, impact)* • Luftpolster *n*; Luftkissen *n*
air-cushion craft *<vhcl>* • Luftkissenfahrzeug *n*; Bodeneffektfahrzeug *n form.rar*
air cushioning *<tech.gen> (gen.; any type)* • Luftlagerung *f*
air deflector *<mvhcl> (gen.; e.g. at front of sun roof)* • Windabweiser *m*
air dehumidification *<hvac>* • Luftentfeuchtung *f*
air discharge *<gen>* • Luftaustritt *m*
air dose *<tech.gen>* • Luftdosis *f*
air-dried *<tech.gen>* • luftgetrocknet; lufttrocken
air-dry *vt <tech.gen>* • lufttrocknen *vt*
air drying *<tech.gen> (e.g. paint, adhesive)* • lufttrocknend
air drying *<tech.gen> (gen.; e.g. of fresh paint, tobacco)* • Lufttrocknung *f*
air duct *<tech.gen> (any shape, any size)* • Luftkanal *m*
air escape *<tech.gen>* • Luftabzug *m*; Luftauslass *m*
air exhaustion *<hvac>* • Entlüftung *f*
air fare *<aerosp>* • Flugpreis *m*
airfield *<aerosp> (any level area on which airplanes take off and land)* • Flugfeld *n*
airfield *<aerosp> (small aerodrome w/o passenger or cargo facilities)* • Flugplatz *m*; Landeplatz *m ugs*; Start- und Landeplatz *m*; Aufstiegsplatz *m rar*
air-filled *<tech.gen>* • luftgefüllt
air-filter body *<tech.gen> (housing)* • Luftfiltergehäuse *n*
air-filter cover *<mvhcl>* • Luftfilterdeckel *m*

air-filter element *<tech.gen> (cartridge etc.; e.g. of engines, ventilation systems, hard disk drives)* • Luftfilterelement *n*; Luftfiltereinsatz *m*; Luftfilter *m prakt*

air filtration *<tech.gen>* • Luftfilterung *f*

air flow *<tech.gen> (gen.; air motion as such)* • Luftstrom *m*; Luftströmung *f*

air flue *<proc.hvac> (vapor exhaust)* • Wrasenabzug *m*

airfoil *US <aerosp> (as an aerodynamic surface)* • Tragflügel *m*

airfoil *US <energ.wind> (cross-section of a rotor blade)* • Profil *n*; Blattprofil *n*; Profilquerschnitt *m rar*

airfoil profile *US <tech.gen> (e.g. of wings, rotor blades)* • Flügelprofil *n*

airfoil section *US <aerosp> (of wings)* • Tragflächenprofil *n*; Tragflügelprofil *n*

airframe *JAR 1.1 <aerosp>* • Flugwerk *n*

air/fuel mixture *<mot>* • Kraftstoff/Luft-Gemisch *n*; Luft/Kraftstoff-Gemisch *n*; Gemisch *n prakt*; Brenngemisch *n rar*

air/fuel ratio *<mot> (typ. 14.7:1)* • Kraftstoff/Luft-Verhältnis *n*; Luft/Kraftstoff-Verhältnis *n rar*

air gap *<tech.gen> (gen.; any narrow gap; e.g. between contacts, moving parts)* • Luftspalt *m*

air hammer *<build.tool> (for breaking concrete, pavements etc.)* • Drucklufthammer *m*; Presslufthammer *m ugs*

air hose *<tech.gen> (pressurized, atmospheric or vacuum)* • Luftschlauch *m*

air humidity *<tech.gen>* • Luftfeuchtigkeit *f prakt*; Luftfeuchte *f wiss*

air-impermeable *<tech.gen>* • luftundurchlässig

air induction *<tech.gen>* • Luftansaugung *f*; Luftinduktion *f wiss*; Lufteinzug *m rar*

air-induction system *<tech.gen>* • Luftansaugsystem *n*; Lufteinzugsystem *n rar*

air inlet *<tech.gen> (process)* • Lufteintritt *m*

air inlet *<tech.gen> (orifice, port)* • Lufteintrittsöffnung *f*; Lufteintritt *m*

air-insulated *<tech.gen>* • luftisoliert

air intake *<tech.gen> (gen.)* • Lufteinlass *m*

air intake *JAR 25.1091 <aerosp.mot> (engine)* • Einlauf *m*; Lufteinlauf *m*

air intake *JAR 25.1091 <aerosp.mot> (engine)* • Einlauf *m*; Lufteinlauf *m*

air-intake duct *<tech.gen>* • Lufteinlasskanal *m*

air-intake hose *<tech.gen>* • Luftansaugschlauch *m*; Luftsaugschlauch *m rar*

air-intake pipe *<tech.gen> (stress on: air intake by suction)* • Luftansaugrohr *n*; Luftsaugrohr *n rar*

air-intake system *<tech.gen>* • Luftansaugungssystem *n*

air jacket *<tech.gen>* • Luftmantel *m*

air jet *<tech.gen> (physical component)* • Luftdüse *f*

air jet *<tech.gen> (stream of air)* • Luftstrahl *m*

air-jet knive *<srfc> (e.g. in hot-dip galvanizing)* • Abstreifdüse *f*; Air-Knive *n prakt*

air knife *<print> (sharp air stream)* • Luftrakel *f*

air-launched *<aerosp> (e.g. missiles)* • luftgestützt

air layer *<tech.gen>* • Luftschicht *f*

air leak *<tech.gen> (outgoing)* • Luftaustritt *m*

airless spray gun *<srfc.tool>* • Airless-Spritzgerät *n*; Airless-Spritzpistole *f*

airless spraying *ISO 4618-3 <srfc>* • Airless-Spritzen *n DIN EN ISO 4618*; Airless-Verfahren *n*; druckluftloses Spritzen *n*

air-lift process *<chem.proc> (cracking)* • Airliftkrackverfahren *n*

air-lift pump *<convey> (gen.)* • Mammutpumpe *f*; Gasmischheber *m*; Drucklufttheber *m*; Luftheber *m*; Airlift *m*

airline *<aerosp> (system or company furnishing air transport)* • Fluggesellschaft *f*; Airline *f*; Luftverkehrsgesellschaft *f*; LVG; Luftverkehrsunternehmen *n*; Fluglinie *f*

air line *<prod> (for compressed air; e.g. in workshop)* • Druckluftleitung *f*

air marshal *<aerosp>* • Luftsheriff *m*

air nail gun *<tool>* • Druckluftnagler *m*; pneumatischer Nagler *m*; Druckluft-Schnellnagler *m*; Druckluft-Nagelpistole *f*

air nozzle *<tech.gen>* • Luftdüse *f*

air operated *<pneum> (pistons, tools etc.)* • druckluftbetätigt; druckluftbetrieben

air outlet *<tech.gen> (orifice, port)* • Luftaustritt *m*; Luftaustrittsöffnung *f*; Luftauslass *m*

air outlet *<hvac> (of hvac systems; device that dispenses air; any shape)* • Ausströmer *m*; Luftaustrittsdüse *f prakt*; Luftaustrittsöffnung *f*; Belüftungseinsatz *m*; Belüftungsdüse *f*

air outlet *<hvac> (with grille)* • Ausströmer *m*; Lüftungsgitter *n*

air outlet *<hvac> (with louvers)* • Ausströmer *m*

air passage *<tech.gen> (in or out)* • Luftdurchlass *m*

air-permeable *<tech.gen>* • luftdurchlässig

air-photo interpretation *<aerosp>* • Luftbildinterpretation *f*

air pocket *<tech.gen> (undesired air accumulation; e.g. in pipes, cavities)* • Lufteinschluss *m*; Lufttasche *f*; Luftsack *m*

air pollutant *VDI 4203 <ecol>* • Luftschadstoff *m*; luftfremder Stoff *m VDI 2262*

air pollution *ISO 4225 <ecol> (process and result)* • Luftverschmutzung *f DIN ISO 4225*; Luftverunreinigung *f*

airport (APT) *<aerosp>* • Flughafen *m*; Verkehrsflughafen *m*

airport charges *pl <aerosp>* • Flughafengebühr *f*

airport control (TWR) *<aerosp> (in tower)* • Flugplatzkontrolle *f* (TWR); Platzkontrolle *fsg*; Platzverkehrskontrolle *f*; Tower *msg prakt*; Platzverkehrsleitdienst *m CH*

airport operator *<aerosp>* • Flughafenbetreiber *m*

airport security *sg <aerosp>* • Flughafensicherheit *fsg*

airport surveillance radar (ASR) *<navig.aerosp>* • Flughafen--Rundsichtradar *n* (ASR); Flughafenrundsichtradar *n*; Flughafenrundsichtradaranlage *f*; Anflugradar *n*; Flughafenüberwachungsradar *n rar*

air pressure *<tech.gen> (gen.; e.g. of atmosphere, in pneumatic systems)* • Luftdruck *m*

air pump *<tech.gen>* • Luftpumpe *f*

air refining *<metal> (steel prod.)* • Windfrischen *n*

air reservoir *<tech.gen>* • Luftbehälter *m*

air route *<aerosp> (of airplane)* • Flugroute *f*; Fluglinie *f*; Flugstrecke *f*; Flugweg *m*

air scoop *<mvhcl> (projecting, usu. on hood)* • Lufthutze *f*; Staudruck--Lufthutze *f*; Lufthaube *f*; Hutze *f*

air seasoning *<wood>* • Lufttrocknung *f*; natürliche Trocknung *f*

airship *FAR 1.1 <aerosp>* • Luftschiff *n* (LS)

airside *sg <aerosp>* • Luftseite *fsg*

air-slip forming *<plast>* • Air-slip--Verfahren *n*

air-source heat pump (ASHP) *<hvac>* • Außenluftwärmepumpe *f*; luftgekoppelte Wärmepumpe *f*; Luft/Wasser-Wärmepumpe *f*; Luftwärmepumpe *f*

air space *<aerosp>* • Luftraum *m*

airspeed *<aerosp> (of aircraft)* • Eigengeschwindigkeit *f*; Fluggeschwindigkeit *f*

airspeed indicator (ASI) *<aerosp>* • Fahrtmesser *m*; Luftgeschwindigkeitsmesser *m*; Airspeedmeter *m*; Geschwindigkeitsanzeiger *m*

airstair *<aerosp>* • Bordtreppe *f*; bordeigene Treppe *f*

airstrip *<aerosp> (small landing field with only one runway)* • Behelfsflugplatz *m form*; Start- und Landepiste *f*

air supply *<tech.gen> (reservoir; amount of available air)* • Luftvorrat *m*

air supply *<tech.gen> (process of supplying air)* • Luftzuführung *f*

air supply *<tech.gen> (process or supply line)* • Luftzufuhr *f*

air supply duct *<tech.gen>* • Luftzuführungskanal *m*

air-supply line *<tech.gen> (for filling sth)* • Füllleitung *f*

air-supply nipple *<pneum> (e.g. to connect air tools)* • Druckluftanschluss *m*; Druckluftversorgungsanschluss *m*

air suspension *<vhcl> (e.g. of a bus, truck, luxury car)* • Luftfederung *f*; pneumatische Federung *f rar*

air tamper <*build.mach*> *(for ground solidification)* • Druckluftstampfer *m*

air-to-air missile <*mil*> *(launched from an aircraft towards an air-borne target)* • Luft-Luft-Rakete *f*

air tool <*tool*> *(e.g. impact wrench)* • Druckluftwerkzeug *n*

airtow <*aerosp*> • Schleppflug *m*

air traffic *sg* <*aerosp*> • Flugverkehr *msg*; Luftverkehr *msg*

air-traffic control (ATC) <*aerosp.org*> • Flugsicherung *f* (FS); Flugverkehrskontrolle *f*; FVK; Flugverkehrsleitdienst *m CH*; Flugsicherungs-Kontrolldienst *m*; Luftraumüberwachung *f*

air-traffic controller (ATCO) <*aerosp*> • Fluglotse *m*; Lotse *m prakt.ugs*; Flugsicherungslotse *m*; Flugverkehrsleiter *m CH*; Flugverkehrslotse *m*

air valve <*tech.gen*> • Luftventil *n*

air vent <*prod*> *(drilled hole for air release)* • Entlüftungsbohrung *f*

air vented <*garm*> *(e.g. helmet)* • belüftet

air volume <*tech.gen*> *(e.g. in combustion or spray painting processes)* • Luftmenge *f*

air vortex <*phys*> • Luftwirbel *m*

airway <*aerosp*> • Luftstraße *f*

airworthy <*aerosp*> • flugtauglich; luftfahrttauglich

Airy diffraction disk *US* <*phys*> • Airy'sches Beugungsscheibchen *n*; Beugungsscheibchen *n*; airysches Beugungsscheibchen *n*

aisle <*tech.gen*> *(gen.; walkway along or between sections of seats, shelves etc.; e.g. i)* • Gang *m*

aisle *JAR 25.815* <*aerosp*> • Gang *m*

aisle <*comvhcl*> *(between bus seat rows)* • Gang *m*; Mittelgang *m*; Laufgang *m*

aisle stacker *pract* <*logist*> • Regalbediengerät *n* (RBG) *prakt*; Regalumschlaggerät *n did*

aisleway <*prod*> *(in production halls)* • Hallengang *m*

ajar <*mvhcl.i&c*> *(door, liftgate etc.; on indicator callouts)* • offen

alarm *vt* <*alarm*> *(e.g. the police, security officer, fire dept.)* • alarmieren *vt*

alarm condition <*tech.gen*> *(system failure)* • Störung *f*

alarm condition <*alarm*> *(system status)* • Alarmzustand *m*

alarm glass <*alarm*> *(gen.)* • Alarmglas *n*; Alarmverglasung *f*

alarm hold <*alarm*> *(maintains alarm condition until reset)* • Alarmselbsthaltung *f*; Alarmspeicherung *f*; Alarmspeicher *m*

alarm signal <*i&c*> *(signal, message, process)* • Alarm *m*; Alarmierung *f*; Alarmsignal *n*; Alarmzeichen *n*; Warnsignal *n*

alarm system <*tech.gen*> • Alarmanlage *f*

alarm system <*alarm*> *(stress on: risk and hazard warning)* • Gefahrenmeldeanlage *f* (GMA); Warnsystem *n*

albedo <*phys*> *(ratio light reflected to light received; e.g. of planets, satellites)* • Albedo *f*; Reflexionsfaktor *m*; Rückstrahlungsvermögen *n did*

albumin glue <*join*> • Albuminkleber *m*; Albuminleim *m*

albuminous <*chem*> • eiweißartig

Alcantara (ALC) <*mat*> *(e.g. for interior trim)* • Alcantara *n* (ALC)

alcohol <*chem*> *(gen.)* • Alkohol *m*

alcohol-abuse deterrent <*pharm*> *(e.g. Antabus)* • Alkoholentwöhnungsmittel *n*

alcohol content <*chem*> • Alkoholgehalt *m*

alcoholic <*food*> *(e.g. beverage)* • alkoholhaltig

alcohol test <*i&c*> • Alkoholprobe *f*

Alcolock <*mvhcl*> • Alkohol-Interlock *n*; Alcolock *n*

aldehyde <*chem*> • Aldehyd *m*

aldehyde-free <*chem*> • aldehydfrei

alert condition <*alarm*> *(of system)* • Alarmbereitschaft *f*; Alarmstufe *f*; Bereitschaftsstufe *f*

alexandrite <*min*> • Alexandrit *m*

Alfin process <*metal*> • Alfin-Verfahren *n*; Al-Fin-Verfahren *n*

AlGaAs laser <*opt*> • AlGaAs-Laser *m*; Aluminium-Gallium-Arsenid-Laser *m*

algaecide <*chem*> • Algenbekämpfungsmittel *n*

algae control <*chem.proc*> *(in water systems)* • Algenbekämpfung *f*

algal growth <bio> • Algenwachstum *n*
algebraic surface <comp> *(e.g. in CAD)* • algebraische Oberfläche *f*; virtuelle Oberfläche *f*
algin <food> *(stabilizer)* • Alginat *n*
algorithm <comp> *(step-by-step procedure to solve a problem; e.g. computer routine)* • Algorithmus *m*
algorithmic <math> • algorithmisch
aliasing <comp> *(jagged edges; unwanted visual effect in computer generated images)* • Aliasing *n*; Treppeneffekt *m ugs*
aliasing <comp.av> *(error during the digitization of analog signals)* • Aliasing *n*; Aliasing-Effekt *m*; Überfaltungsfehler *m*; Rückschlageffekt *m*
alicyclic compounds <chem> • Alicyclen *pl*
alidade <opt> • Alhidade *f*
align *vt* <tech.gen> *(bring sth into a line or agreement with sth; e.g. projector with regar)* • ausrichten *vt*
align *vt* <tech.gen> *(bring in line; e.g. two adjacent edges, several holes etc.)* • fluchten *vt*; anordnen *vt*: in gerader Linie ~; Linie *f*: in gerader ~ anordnen *vt*
align *vt* <el> *(adjust circuit components to improve performance)* • abgleichen *vt*
align axially *vt* <mech.eng> *(e.g. shafts)* • fluchten *vt*; achsgerade einstellen *vt*
alignment <tech.gen> *(process of aligning)* • Ausrichten *n*
alignment <tech.gen> *(relative location of objects; e.g. of fibers, magn. particles, bldgs.)* • Ausrichtung *f*; Orientierung *f*
alignment <build> *(straight line along buildings or structural parts)* • Flucht *f*
alignment <prod> *(position of sth in sth; e.g. of doors, hood, deck lid)* • Passung *f*
alignment error <tech.gen> *(wrong physical orientation)* • falsche Ausrichtung *f*
alignment sight <gen> • Peilhilfe *f*
aliphatic <chem> *(e.g. hydrocarbons)* • aliphatisch; acyclisch; kettenförmig; offenkettig; azyklisch *obs*
aliphatic carbonic acid <chem> • aliphatische Carbonsäure *f*; aliphatische Säure *f*
aliphatic chemistry <chem> • Aliphatenchemie *f*
aliphatic compound <chem> • aliphatische Verbindung *f*; azyklische Verbindung *f*
aliphatic hydrocarbon <chem> • aliphatischer Kohlenwasserstoff *m*; kettenförmiger Kohlenwasserstoff *m*
aliphatic polyamine <plast> • aliphatisches Polyamin *n*
aliphatics <chem> • Aliphaten *pl*
alitize *vt* <metal> • alitieren *vt*
alitized steel <mat> • alitierter Stahl *m*
alizarin test <chem.proc> • Alizarinprobe *f*
alkali *pl*: **-li[e]s** <chem> *(Arabic al-qaly 'the ashes, lye, potash')* • Alkali *n pl*: -lien
alkali carbonate <chem> • Alkalikarbonat *n*; Alkalicarbonat *n*
alkali-containing <chem> • alkalihaltig
alkali content <chem> • Alkaligehalt *m*
alkaligenous <chem> • alkalibildend
alkali metal polymer <plast> • Alkalimetallpolymerisat *n*; Alkalimetallpolymer *n*
alkali metals <chem> *(Li, Na, K, Rb, Cs, Fr)* • Alkalimetalle *npl*
alkaline <chem> *(pH > 7)* • alkalisch; basisch
alkaline battery <el> *(battery unit)* • alkalische Batterie *f*
alkaline cell <el> *(gen.)* • alkalische Zelle *f*
alkaline falling-film fuel cell (FFFC) *Hoechst* <el> • alkalische Fallfilm--Brennstoffzelle *f Hoechst*; Fallfilm--Brennstoffzelle *f Hoechst*; Fallfilmzelle *f prakt*
alkaline fuel cell (AFC) <el> • alkalische Brennstoffzelle *f* (A-BZ); AFC *f*; Alkali--Brennstoffzelle *f rar*
alkaline metals <chem> *(Be, Mg, Ca, Sr, Ba, Ra)* • Erdalkalimetalle *npl*
alkaline reaction <chem.proc> • alkalische Reaktion *f*
alkalinity <chem> • Alkalität *f*; Basizität *f*; Alkalisierungsgrad *m*
alkali pulp <pap> • alkalisch aufgeschlossener Zellstoff *m*
alkali-resistant <qualit> • alkalibeständig; laugenbeständig; alkaliecht

alkali salt <chem> • Alkalisalz *n*
alkali-sensitive <qualit> • alkaliempfindlich
alkali-silica reactivity (ASR) <build> *(failure mode of concrete)* • Alkali--Kieselsäure-Reaktion *f* (AKR); Alkalireaktion *f prakt*; Alkalitreiben *n prakt*; Betonkrebs *m ugs*
alkali-soluble <chem> • alkalilöslich
alkalize *vt* <chem> • alkalisieren *vt*; alkalisch machen *vt*
alkaloid <chem> *(e.g. caffeine, morphine, nicotine, quinine, strychnine)* • Alkaloid *n*
alkaloid poisoning <med> • Alkaloidvergiftung *f*
alkane series <chem> • Alkanreihe *f*; Paraffinreihe *f*
alkene *IUPAC* <chem> *(an unsaturated aliphatic hydrocarbon; e.g. ethylene)* • Alken *n IUPAC*; Olefin *n prakt*; Monoolefin *n*; Ethylenkohlenwasserstoff *m*
alkene series <chem> • Alkenreihe *f*
alkyd <chem> *(a sticky resin; for adhesives, paints)* • Alkydharz *n*
alkyd enamel <srfc> • Alkydharzlack *m*
alkyd paint <srfc> • Alkydharzanstrichstoff *m*
alkyd-stoving enamel <srfc> • Alkydharzeinbrennlack *m*
alkyl <chem> • Alkyl *n*
alkylphenol resin <chem> • Alkylphenolharz *n*
alkyne *IUPAC* <chem.petr> *(an unsaturated aliphatic hydrocarbon)* • Alkin *n IUPAC*; Acetylenkohlenwasserstoff *m*
all-alloy engine <mot> • Leichtmetallmotor *m*
all-aluminum … *US* <mat> *(e.g. body, engine)* • Ganzaluminium…; Voll--Alu-… *prakt*
all-aluminum conductor (AAC) *US* <energ.el> *(for overhead power lines)* • Aluminiumseil *n*; Aluminiumleiter *m*; Reinaluminiumseil *n*; Reinaluminiumleiter *m*; Aluminiumleitung *f ugs*
all but <gen> *(almost)* • so gut wie; praktisch
allee <traff> *(garden or park walk bordered by trees or bushes)* • Allee *f*
allele <med.jur> *(dna segment)* • Allel *n*
allele ladder <med.jur> *(dna analysis)* • allelische Leiter *f*
allergen <med> • Allergen *n*
allergic <med> • allergisch
allergic occupational asthma <med> • allergisches berufsbedingtes Asthma *n*
allergy <med> • Allergie *f*
alley <traff> *(narrow street)* • Gasse *f*; Seitengasse *f*
alley <traff> *(access to the rear of lots or buildings)* • Durchfahrt *f*
alleyway <nav> • Gang *m*
all-hydraulic <hydr> *(drive, operation; e.g. brakes, press)* • vollhydraulisch
alligator clip <el> *(spring-loaded clip for temporary el. connections)* • Krokodilklemme *f*; Abgreifklemme *f form*; Krokoklemme *f ugs*
alligator shear <tool> *(heavy-duty scissors)* • Alligatorschere *f*; Hebelschere *f*; Kurbelschere *f*
all-metal construction <tech.gen> • Ganzmetallbauweise *f*; Ganzmetallausführung *f*; Ganzmetallkonstruktion *f*
allocate *vt* <tech.gen> *(set apart for a certain purpose; e.g. space, location, frequency)* • zuweisen *vt*; zuordnen *vt*; zuteilen *vt*; reservieren *vt*; anweisen *vt*
allocate *vt* <econ> *(products; e.g. gas flow, to clients)* • allokieren *vt*; zuteilen *vt*; zuordnen *vt*
allocation <energ.gas> *(of gas flows among system users)* • Allokation *f*; Zuordnung *f*
allochthonous <geo> • allochthon
allogenic vascular graft <med.tech> *(prosthesis)* • allogene Gefäßprothese *f*
allograft <med.tech> *(consisting of denaturated material)* • allogene Prothese *f*
allograft valve [substitute] <med.tech> *(allogenic)* • allogene Herzklappe *f*; Homograft *m*; Leichenklappe *f ugs*
all open <mvhcl> *(convertible w/o roll bar; e.g. a roadster)* • bügelfrei
allotment <logist> *(of goods, shipment, supplies)* • Kontingent *n*
allotropic <chem> • allotrop
allowance <tech.gen> *(intentional clearance, gap, play)* • Spiel *n*
allowance <tech.gen> *(material margin,*

to be on the safe side; e.g. when cutting sth.) • Zuschlag *m*; Aufmaß *n form*; Zugabe *f ugs*; Materialzugabe *f*

alloy *<mat> (aluminum or Al-based alloy)* • Leichtmetall *n*; Aluminium *n prakt*; Alu *n ugs*

alloy *<metal> (any metallic substance of various elements)* • Legierung *f*

alloying component *<mat>* • Legierungsbestandteil *m*; Legierungskomponente *f*

alloy steel *<mat> (mostly medium- or high-carbon-steel plus various elements)* • legierter Stahl *m*

alloy wheel *<vhcl> (made of aluminum or magnesium)* • Leichtmetallrad *n form*; Alurad *n prakt*; Alufelge *f ugs*; Leichtmetallfelge *f ugs*; LM-Rad *n*

all-pass filter (APF) *<av>* • Allpassfilter *n* (APF); Allpass *m prakt*

all-red period *<traff> (of traffic signal control)* • Alles-rot-Phase *f*

all-reefer container vessel *<nav>* • Kühlcontainerschiff *n*

all refinements *<mvhcl> (used car with all usual extras)* • alle Extras

all-round visibility *<tech.gen>* • Rundumsicht *f*

all-season tire *US <prod>* • Ganzjahresreifen *m*; Allwetterreifen *m*

all-steel body *<mvhcl>* • Ganzstahlkarosserie *f*

all-terrain bike (ATB) *<vhcl> (like MTB + lights)* • All-Terrain-Bike *n* (ATB)

all-terrain crane (ATEC) *<build.mach>* • All-Terrain-Kran *m*; AT-Kran *m*

all-terrain vehicle (ATV) *<mvhcl>* • Geländefahrzeug *n*; geländegängiges Fahrzeug *n form*; Geländewagen *m prakt*; Jeep *m* ® *ugs*

alluvial soil *<geo>* • angeschwemmter Boden *m*

all-weather fighter *<mil>* • Allwetterkampfflugzeug *n*

all-weather interceptor *<mil>* • Allwetterabfangjäger *m*

all-weather suit *<garm>* • Allwetter--Anzug *m*

all-wheel drive (AWD) *<comvhcl.drive> (any number of wheels)* • Allradantrieb *m*

all-wheel drive vehicle *<mvhcl>* • Allradfahrzeug *n*; Fahrzeug mit Allradantrieb *n*; Allradler *m ugs*

all-wing aircraft *<aerosp>* • Nurflügelflugzeug *n*; Nurflügler *m prakt*

allyl resin *<plast>* • Allylharz *n*

almandine *<min> (violet variety of garnet)* • Almandin *m*; Amerikanischer Rubin *m prakt.ugs*; Kandy-Spinell *m prakt.ugs*

alpaca wool *<textil>* • Alpakawolle *f*

alphabetic character *<tech.gen>* • alphabetisches Zeichen *n*; Buchstabe *m ugs*

alpha helix *pl*: **-ces** *<bio.chem> (protein structure)* • Alpha-Helix *f*

alpha iron *<metal>* • Alphaeisen *n*

alpha-iron solid solution *<metal>* • Alphaeisenmischkristalle *mpl*

alphanumeric (A/N) *<comp>* • alphanumerisch

alphanumerical code *<autom>* • alphanumerischer Code *m*

alphanumeric character *<tech.gen> (letter or figure)* • alphanumerisches Zeichen *n*

alphanumeric keypad *<tech.gen>* • alphanumerisches Tastenfeld *n*

alpha particle *<nucl>* • Alphateilchen *n*

alpha radiation *<nucl>* • Alphastrahlung *f*

alpha radioactivity *<nucl>* • Alphaaktivität *f*; Alpha-Aktivität *f*

alpha ray *<nucl>* • Alphastrahl *m*

alpha wrap *<av> (of video tape)* • Alpha--Umschlingung *f*; Alpha-Bandführung *f DIN*; a-Umschlingung *f*

alternate airport (ALTN) *<aerosp>* • Ausweichflughafen *m*

alternating current (AC) *<el.phys>* • Wechselstrom *m* (WS)

alternating cyclic stress *<mech>* • Wechselbeanspruchung *f*; Beanspruchung im Wechselbereich *f*; zyklische Wechselbeansprungung *f*

alternating magnetic field *<el>* • magnetisches Wechselfeld *n*; Wechsel-Magnetfeld *n*

alternative fuel *<comb> (gen.)* • Ersatzbrennstoff *m* (EBS)

alternative fuel *<mvhcl> (for engines)* • alternativer Kraftstoff *m*; Alternativkraftstoff *m*

alternator *<el> (gen.; two- or three--phase)* • Wechselstromgenerator *m*

alternator *<mvhcl.el> (single unit which acts as ac generator and as starter motor)* • Alternator *m ISAD*

alternator (ALT) *<mvhcl.el> (produces three-phase AC, rectified to DC; typ. 12 or 42 V)* • Drehstromgenerator *m*; Generator *m prakt*

alternator charging light (ALT CHG LI) *<mvhcl.el>* • Ladekontrollleuchte *f*; Batterieladekontrollleuchte *f form*; Ladekontrolle *f prakt*

Alt Gr key *<comp> (right)* • Alt-Gr-Taste *f*

Alt-key *<comp> (left)* • Alt-Taste *f*

alum *<chem.pap> (double salt containing potassium sulfate and aluminum sulfate)* • Alaun *m*; schwefelsaure Tonerde *f obs*

alumetizing *<srfc> (aluminum coating by spraying)* • Alumetieren *n*; Spritzalitieren *n*

alumina *<silic>* (Al_2O_3) • Aluminiumoxid *n*; Tonerde *f ugs*; Alaunerde *f rar*

aluminium-alloy conductor steel reinforced (AACSR) *<energ.el>* • Aldrey-Stahlseil *n*

aluminium-magnesium-silicon alloy (Alx) *<energ.el>* • Aldrey *n* (Alx); Aluminium-Magnesium-Silizium--Legierung *f DIN*; Aluminiumlegierung *f DIN*

aluminized *<srfc> (e.g. exhaust system components)* • aluminisiert

aluminizing *<srfc> (gen.; process)* • Aluminieren *n*

aluminum (Al) *US <chem>* • Aluminium *n* (Al); Alu *n ugs*

aluminum alloy *US <metal>* • Aluminiumlegierung *f DIN EN 12258*; Alulegierung *f prakt*

aluminum-alloy conductor *US <energ.el>* • Aldrey-Leiter *m*

aluminum-alloyed *US <metal>* • aluminiumlegiert

aluminum body *US <mvhcl>* • Aluminium-Karosserie *f*

aluminum brass *US <mat> (e.g. as Nordic gold for Euro coins)* • Aluminium-Messing *n*

aluminum casting *US <metal>* • Aluminiumgussteil *n*; Aluminiumgussstück *n*

aluminum chelate *US <comp>* • Aluminiumchinolat *n*

aluminum-coated *US <srfc>* • aluminiumüberzogen

aluminum conductor *US <energ.el>* • Aluminiumleiter *m*; Aluminiumdraht *m*

aluminum conductor steel reinforced (ACSR) *US <energ.el>* • Aluminium--Stahlseil *n*

aluminum die casting *US <metal>* • Aluminiumdruckguss *m*

aluminum florist wire *US <agri> (floristry)* • Aluminiumdraht *m*; Aludraht *m ugs*

aluminum foam *US <mat> (of aluminum alloy; e.g. sandwich-structures)* • Aluminium-Schaum *m*; Al-Schaum *m*

aluminum-foam sandwich (AFS) *US <mvhcl>* • Aluminiumschaum--Sandwich *n* (ASS)

aluminum foil *US <mat.metal>* • Aluminiumfolie *f DIN 55 405*

aluminum-killed steel *US <metal> (no gas evolution on solidification)* • aluminiumberuhigter Stahl *m*

aluminum-oxide tool tip *US <tool>* • Aluminiumoxidschneide *f*

aluminum paint *US <srfc>* • Aluminiumbronze *f*

aluminum refining *US <metal>* • Aluminiumraffination *f*

aluminum scrap *US <waste>* • Aluminiumschrott *m*

aluminum section *US <build.mat>* • Aluminium-Profil *n*; Aluminiumprofil *n*

aluminum sheet *US <build.mat>* • Aluminiumblech *n DIN 55 405*

aluminum stepladder *US <build>* • Aluminium-Stehleiter *f*; Aluminium--Trittleiter *f*; Aluminium-Stufenleiter *f rar*

aluminum toxicity *US <ecol> (e.g. soil and root damage)* • Aluminiumtoxizität *f*

aluminum window *US <build>* • Aluminiumfenster *n*

alunite *<chem>* • Alaunstein *m*

always-on connection *<tele> (of GPRS; e.g. for instant messaging)* • Always-on-Verbindung *f*

amalgamate *vt <prod>* • amalgamieren *vt*

amalgamation *<metal>* • Amalgamation *f*

amalgam filling *<med>* • Amalgam--Füllung *f*

amateur builder *<tech.gen> (of major items such as boats, houses)* • Selbstbauer *m*

amateur photography *sg <phot>* • Amateurfotografie *fsg*

amateur radio band *<tele>* • Amateurfunkband *n*

amber *<mat>* • Bernstein *m*

amber *adj <tech.gen>* • bernsteinfarben

amber light *<light>* • Gelblicht *n*

ambient ... *<tech.gen>* • Umgebungs...

ambient conditions *pl <tech.gen> (e.g. level of air humidity, temperature, dust, noise, radiation)* • Umgebungsbedingungen *fpl*

ambient light *EN 60947 <opt> (unwanted irradiation)* • Fremdlicht *n EN 60947*

ambient lighting *<light>* • Umgebungsbeleuchtung *f*

ambient lighting *<mvhcl.light> (interior lighting)* • Ambientebeleuchtung *f*

ambient scenting *<hvac>* • Raumbeduftung *f*

ambient temperature *<tech.gen> (temperature range of operating environment; e.g. -40 to +60 °C)* • Umgebungstemperatur *f*

ambulance vehicle *<comvhcl.med> (typically a van)* • Krankenfahrzeug *n*; Sanitätskraftwagen *m form*; Krankenwagen *m prakt*; Sanka *m ugs*; Sankra *m rar*

amenity *<tech.gen> (any feature that provides convenience, pleasure; e.g. in hotel, car)* • Annehmlichkeit *f*; Komfortmerkmal *n*

American buttress (ABUTT) *<mech.eng>* • Amerikanisches Buttress-Gewinde *n*; ABUTT-Gewinde *n*

American canvas top *<mvhcl> (for convertibles, roadsters)* • amerikanisches Verdeck *n*

American farm windmill *<energ.wind> (typ. low-speed multiblade HAWT)* • Amerikanische Windmühle *f*

American number thread *<mech.eng> (Unified system)* • Amerikanisches Nummerngewinde *n*

American Standard hose coupling thread *ANSI B1.20.7 <mech.eng> (gen.)* • Amerikanisches Rohrgewinde *n*; Gewinde für Schlauchkupplungen *n*

American Standard microscope objective thread (AMO) *ANSI B1.11 <mech.eng>* • Amerikanisches Gewinde für Mikroskopobjektive *n*; AMO-Gewinde *n*

American Standard straight pipe thread (NPS) *ANSI B1.20.1 <pps> (gen.)* • Amerikanisches zylindrisches Rohrgewinde *n*; NPS-Gewinde *n*

American Standard taper pipe thread (NPT) *ANSI B1.20.1 <pps> (for general use)* • Amerikanisches kegeliges Rohrgewinde *n*; NPT-Gewinde *n*

americium (Am) *<chem>* • Americium *n* (Am); Amerizium *n obs*

amethyst *<mat>* • Amethyst *m*

amide *<chem>* • Amid *n*

amidship[s] *<nav>* • mittschiffs

amine *<chem> (e.g. in textile dyeing)* • Amin *n*

amino acid *<chem>* • Aminosäure *f*; Aminocarbonsäure *f*

amino acid chain *<chem>* • Aminosäurekette *f*

amino-acid residue *<chem>* • Aminosäurerest *m*

amino group *<chem>* (NH_2-) • Aminogruppe *f*

amino resin *<plast>* • Aminoplast *m*

aminotriazole *<chem.agri>* • Aminotriazol *n*

amitrole *<chem.agri>* • Amitrol *n*

ammonia *<chem>* (NH_3; *colorless strongly alkaline gas with pungent smell)* • Ammoniak *n*

ammonia fumigation *<chem>* • Ammoniakbegasung *f*

ammonia refrigerator *<proc>* • Ammoniakkältemaschine *f*

ammonia soda process *<chem.proc>* • Ammoniak-Soda-Verfahren *n*; Solvay-Verfahren *n*

ammonia solution *<chem>* (NH_4OH; *ammonia gas dissolved in water)* • Ammoniaklösung *f*; Ammoniumhydroxid *n wiss*; wässrige Ammoniaklösung *f cid*; Ammoniakwasser *n prakt*; Gaswasser *n ugs*

ammonia waste liquor *<waste>* • Ammoniakabwasser *n*

ammonium *<chem> (univalent ion NH4+ formed from ammonia)* • Ammonium *n*

ammonium dinitramide (ADN) *<expl>* • Ammoniumdinitramid *n* (ADN)

ammonium hydrogen carbonate *<chem.food>* • Ammoniumhydrogencarbonat *n* (E503); Hirschhornsalz *n*

ammonium sulfate *<chem> (e.g. for fertilizers)* • Ammoniumsulfat *n*; Ammonsulfat *n*

ammunition *<mil> (bullets, shells fired by guns; bombs, rockets; primers, fuzes)* • Munition *f*

amorphous *<tech.gen>* • amorph; formlos; strukturlos; gestaltlos

amorphous silicon (a-Si) *<mat> (w/o crystalline structure; e.g. for wafers, photovoltaic cells)* • amorphes Silicium *n* (a-Si); wasserstoffhaltiges amorphes Silizium *n obs*

amorphous silicon thin film solar cell *<energ.sol>* • Dünnschicht-Solarzelle aus amorphem Silicium *f*

amount *<tech.gen> (magnitude of sth., e.g. of damage)* • Ausmaß *n*; Grad *m*

amount *<tech.gen> (number of items)* • Menge *f*

amount *<math> (of a quantity)* • Betrag *m*

amount of data *<comp> (quantity of data)* • Datenmenge *f*

amount of labour *<prod> (involved in a product, process)* • Arbeitsaufwand *m*

amount of leakage *<tech.gen>* • Leckmenge *f*

amount of looseness *<mech>* • Spiel *n*

amount of tannic acid *<wood>* • Gerbstoffgehalt *m*

amperage rating *<el> (of an appliance etc.)* • Nennstromstärke *f*

ampere (A) *<el>* • Ampere *n* (A)

ampere meter *<i&c>* • Amperemeter *n*; Strommessgerät *n*; Strommesser *m rar*

ampersand *<print.symb> (&)* • Et--Zeichen *n*; Kaufmanns-Und *n*; Und--Zeichen *n coll*

amphetamine *<chem> (e.g. methadrine, benzedrine, dexedrine)* • Amphetamin *n*

amphibious *<tech.gen>* • amphibisch

amphibious aircraft *<aerosp>* • Amphibienflugzeug *n*

amphibious vehicle *<mvhcl> (usu. a military truck)* • Amphibienfahrzeug *n*

amphibole *<min> (group of hydrous silicate minerals; e.g. asbestos, hornblende)* • Amphibol *m*

ampholyte *<chem>* • Ampholyt *m*; amphoterer Elektrolyt *m*

amplifier (AMP) *<el> (gen.; e.g. in audio systems)* • Verstärker *m*

amplify *vt <tech.gen> (e.g. signal, voltage, effect, force)* • verstärken *vt*

amplify *vt <opt> (broaden, expand; viewing field)* • erweitern *vt*

amplitude *DIN IEC 50 <phys> (peak value of a sinusoidal quantity)* • Amplitude *f DIN IEC 50*; größter Ausschlag *m did.rar*; Scheitelwert *m*

amplitude modulation (AM) *<el> (method of varying a signal amplitude)* • Amplitudenmodulation *f* (AM)

amplitude modulation (AM) *<tele> (medium frequency range; broadcasting range 500 - 1600 kHz)* • Mittelwelle *f* (MW)

ampule *US <med.tech> (sealed glass or plastic bulb; one-way use)* • Ampulle *f DIN 55 405*

amyl group *<chem>* • Amylgruppe *f*

anabolism *<bio> (synthesis in living organisms)* • Anabolismus *m*

anaerobic *<bio.chem> (existing in absence of oxygen)* • anaerob

anaerobic bacteria *pl <agri>* • anaerobe Bakterien *fpl*; Anaerobier *mpl*

anaerobic decomposition *<waste>* • anaerobe Zersetzung *f*; anaerober Abbau *m*

anaerobic fermentation *<agri.tech>* • anaerobe Fermentation *f*; anaerobe Gärung *f*

anaerobic sludge *<waste>* • Faulschlamm *m*

anaesthetic and respiratory equipment *DIN EN 13014 <med.tech>* • Anästhesie- und Beatmungsgeräte *npl DIN EN 13014*

anafront *<meteo>* • Aufgleitfront *f*; Anafront *f*

analgesic *<pharm>* • Analgetikum *n*

anallactic *<opt>* • anallaktisch

analog *adj US <tech.gen>* • analog

analog cellular radio system *<tele>* • analoges Mobilfunknetz *n*

analog circuit *<el>* • analoge Schaltung *f*; Analogschaltung *f*

analog cluster <*mvhcl.i&c*> *(in instrument panel)* • Analog--Kombiinstrument *n*

analog control <*i&c*> *(with analog signals, with feedback, closed loop)* • analoge Regelung *f*

analog control <*i&c*> *(with analog signals, no feedback, open loop)* • analoge Steuerung *f*

analog-data logging <*i&c*> • analoge Messwerterfassung *f*

analog/digital (A/D) <*comp*> • analog/digital (A/D)

analog display <*i&c*> *(gen.)* • Analoganzeige *f*; analoges Anzeigegerät *n*

analog input <*el*> *(signal)* • Analogeingabe *f*

analog input <*el*> *(connector)* • Analogeingang *m*

analog output <*el*> *(signal)* • Analogausgabe *f*

analog output <*el*> *(connector)* • Analogausgang *m*

analog signal <*i&c*> • analoges Signal *n*; Analogsignal *n*; amplitudenanaloges Signal *n rar*

analog-to-digital conversion <*comp*> *(e.g. of sound cards)* • Analog-Digital--Wandlung *f*; A/D-Wandlung *f*; A/D-Umsetzung *f*; A/D-Konvertierung *f*; Digitalisierung *f*

analog-to-digital converter (ADC) *US* <*comp*> • Analog-Digital-Umsetzer *m* (ADU); Analog-Digital-Wandler *m*; A/D-Wandler *m*; A/D-Konverter *m rar*; Analog-Digital-Konverter *m rar*

analogy <*gen*> • Analogie *f*

analysis <*tech.gen*> *(process and result of separating sth. into its constituent elements)* • Analyse *f*

analytic[al] <*gen*> • analytisch

analytical chemist <*chem*> • Analytiker *m*

analytical chemistry <*chem*> • analytische Chemie *f*; Analytik *f*

analytical geometry <*math*> • analytische Geometrie *f*; kartesische Geometrie *f*

analytical-grade <*chem*> • analysenrein

analytical sampling <*chem.proc*> • Entnahme von Analysenproben *f*

analyze *vt US* <*gen*> *(examine critically, carefully, in detail)* • analysieren *vt*; untersuchen *vt*

analyzer *US* <*tech.gen*> • Analysator *m*

analyzer logic *US* <*i&c*> • Auswertelogik *f*

anamnesis <*med.bio*> • Anamnese *f*

anaphoresis <*chem*> *(migration of particles)* • Anaphorese *f*

anaphoretic coat <*srfc*> *(layer)* • Anaphoreseschicht *f*

anaphoretic dip primer coat <*srfc*> • Anaphoresetauchgrundierung *f*

anaphoretic dip priming <*srfc*> • Anaphoresetauchgrundierung *f*; anodische Elektrotauchgrundierung *f*; anaphoretische Tauchgrundierung *f*

anaphylactic shock <*med.bio*> • anaphylaktischer Schock *m*

ana-plastic prosthetics <*mech.tech*> *(e.g. artificial noses, ears)* • anatomische Prothesen *fpl*

anchor <*mech*> *(e.g. ties, dowels, bolts, in walls, ground)* • Anker *m*; Verankerung *f*

anchor <*nav*> *(of ship, boat)* • Anker *m*

anchor *vi* <*nav*> • ankern *vi*; gehen *vi*: vor Anker ~; Anker *m*: vor ~ gehen *vi*

anchor *vt* <*tech.gen*> *(secure)* • verankern *vt*

anchorage <*build*> *(of a suspension bridge)* • Ankerblock *m*; Verankerungsblock *m*; Fundamentblock *m*; Widerlagerblock *m*

anchorage <*nav*> *(place for anchoring ships)* • Ankerplatz *m*

anchorage <*nav*> *(charge/fee for anchoring)* • Liegegebühr *f*; Ankergebühr *f*

anchorage ground <*nav*> • Ankergrund *m*

anchor block <*build*> *(for prestressed concrete)* • Ankerblock *m*

anchor bolt <*join*> *(gen.)* • Ankerschraube *f*; Ankerbolzen *m ugs*; Verankerungsbolzen *m ugs*

anchor [bolt] <*build*> *(in wall; e.g. dowel)* • Maueranker *m*; Montageanker *m*

anchor cable <*build*> *(of poles, masts)* • Abspannseil *n*

anchor cable <*nav*> • Ankertau *n*; Ankertrosse *f*

anchor chain <*nav*> • Ankerkette *f*

anchoring *<nav> (of ships; act)* • Ankern *n*

anchoring bracket *<energ.el> (insulator fixing)* • Abspannbügel *m*

anchoring rope *<tech.gen>* • Abspannseil *n*

anchoring wire *<tech.gen>* • Spanndraht *m*

anchor plate *<build> (e.g. for pipe restraints)* • Ankerplatte *f*; Verankerungsplatte *f*

anchor point *<tech.gen> (attachment of seat to BIW)* • Verankerungspunkt *m*; Befestigungspunkt *m*

anchor point *<build> (gen.)* • Festpunkt *m*

anchor pole *<energ.el>* • Abspannmast *m*; Ankermast *m*

anchor tie *<tech.gen>* • Verankerung *f*

anchor tower *<energ.el> (of overhead power line)* • Abspannmast *m*

anchor windlass *ISO 3828 <nav>* • Ankerwinde *f DIN ISO 3828*; Ankerwinsch *f*

ancillary components *<tech.gen> (e.g. of automotive engines: alternator, power steering pump, etc.)* • Nebenaggregate *npl*

ancillary equipment *<tech.gen> (major systems, plants)* • Nebenanlagen *fpl*

ancillary equipment *<tech.gen> (minor devices, appliances)* • Zusatzgeräte *npl*

andesite *<geo> (volcanic rock)* • Andesit *m*

anechoic *<acoust> (space)* • reflexionsfrei; schalltot *ugs*

anechoic chamber *EN ISO 3745 <acoust>* • reflexionsarmer Raum *m DIN EN ISO 3745*; schalltoter Raum *m prakt*

anellate *vt <chem.proc> (cyclic compounds, by annellation)* • anellieren *vt*; kondensieren *vt*

anemia *US <bio> (decrease in number of erythrocytes)* • Anämie *f*

anergy *<phys> (proportion of energy that is not converted to exergy)* • Anergie *f*

aneroid capsule *Bosch <mvhcl.el>* • Membrandose *f*

angle *<math> (inclination of two lines or surfaces to each other; in degrees)* • Winkel *m DIN 1315*

angled *<tech.gen> (edge of an object; any angle)* • angeschrägt

angle drilling *<prod> (gen.)* • Schrägbohren *n*

angle grinder *<tool> (angular, hand--held power tool)* • Winkelschleifer *m*; Trennschleifer *m*; Flex *f ugs*; Schleifhexe *f ugs*; Einhand--Winkelschleifer *m*

angle of attack (AOA) *<energ.wind> (between an airfoil chord line and the relative wind)* • Anstellwinkel *m*; Blattanstellwinkel *m*

angle of deflection *<tech.gen>* • Ausschlagwinkel *m*

angle of incidence (AOI) *<tech.gen> (relative to flow direction; e.g. of aircraft rudder, propeller blade)* • Anstellwinkel *m*; Anströmwinkel *m*

angle of incidence *<phys> (e.g. of light, rays)* • Einfallswinkel *m*; Inzidenzwinkel *m wiss*; Einstrahlwinkel *m*; Auftreffwinkel *m*; Eintrittswinkel *m*

angle of rotation *<tech.gen>* • Drehwinkel *m*; Rotationswinkel *m*

angle-park *vt <traff>* • schräg einparken *vt*

angle parking *<traff>* • schräges Einparken *n*; Schrägaufstellung der Fahrzeuge *f*; schräges Parken *n*

angle section *<tech.gen> (gen.; any material; e.g. of steel, aluminum, brass, PVC)* • Winkelprofil *n*; L-Profil *n*

angle valve *<pps>* • Eckventil *n*; Winkelventil *n*

angstrom (Å, A) *<phys>* • Angström *n* (Å, A)

angular *<tech.gen> (L-shaped)* • abgewinkelt

angular *<tech.gen> (with corners)* • eckig; kantig

angular *<tech.gen> (having one or more angles)* • winklig

angular acceleration *<mech>* • Winkelbeschleunigung *f*; Drehbeschleunigung *f*

angular cut *<prod>* • schräger Schnitt *m*

angular deviation *<tech.gen> (gen.)* • Winkelabweichung *f*

angular in shape *<tech.gen> (with edges, sharp corners)* • kantig

angularity *<tech.gen> (quality of being angular, of having sharp corners,* *angular outlines)* • Kantigkeit *f*

angular misalignment *<tech.gen> (not straight in line; e.g. of pipes, shafts)* • Fluchtungsfehler *m*; angulare Verlagerung *f wiss.rar*; Fluchtfehler *m prakt.rar*

angular momentum *<phys>* • Drehimpuls *m*; Impulsmoment *n wiss*

angular parallels *<tech.gen> (for shimming)* • Keilpaar *n*; Keilstücke *npl*

angular-rate sensor *<i&c>* • Winkelgeschwindigkeitssensor *m*

angular resolution *<i&c> (e.g. survey)* • Winkelauflösung *f*

angular rotation *<pps> (undesired rotational motion of pipelines, compensators)* • Angularbewegung *f*; Winkelbewegung *f*; angulare Verschiebung *f*; angulare Auslenkung *f*

angular rotation sensor *:V <i&c>* • Winkelaufnehmer *m*; Winkelcodierer *m*

angular velocity *<i&c> (in degrees per second or radians per second)* • Winkelgeschwindigkeit *f*; Drehgeschwindigkeit *f rar*

Angus steak *<food>* • Angus-Steak *n*

anhedron *<mat>* • xenomorpher Kristall *m*

anhydride *<chem> (a compound from which water has been abstracted)* • Anhydrid *n*

anhydrite *<chem> (mineral anhydrous calcium sulfate; CaSO4)* • Anhydrit *m*

anhydrite screed *<build.mat> (self--leveling)* • Anhydritestrich *m*

anhydrous *<chem>* • anhydrid; kristallwasserfrei

anhydrous lime *<mat> (CaO, calcium oxide; unslaked, calcined lime)* • gebrannter Kalk *m*; Branntkalk *m*

anhydrous plaster *<build.mat>* • Gipsputz *m*

aniline dye *<chem>* • Anilinfarbstoff *m*

aniline ink *<print>* • Anilindruckfarbe *f*

aniline leather *<mat> (trim cover material)* • Anilinleder *n*; Vollnerfleder *n*

animacy *ISO 12620 <term>* • Belebtheit *f*

animal feeding stuff *CEN/ISO/TS 1113 <agri>* • Futtermittel *n CEN/ISO/TS 1113*

animal waste *<waste>* • tierische Abfälle *mpl*

animatable *<comp> (object)* • animierbar

animate *vt <comp> (object, visual element)* • animieren *vt*; Animation hinzufügen *ugs*

animation *<comp> (e.g. a cartoon)* • Animation *f*; animierte Bildfolge *f*

anion *<chem>* • Anion *n*; negatives Ion *n ugs*

anisotropic *<chem.phys>* • anisotrop

anisotropic holografic heat--protection glazing *<mvhcl>* • anisotrope holographische Wärmeschutzverglasung *f*

anisotropy *<chem.phys>* • Anisotropie *f*

anneal *vt <tech.gen>* • glühen *vt*

anneal *vt <prod> (free from internal stress by heating and gradual cooling)* • entspannen *vt*

anneal *vt <prod> (metal, ceramics, glass; heat for stress relief or tempering)* • glühen *vt*; ausglühen *vt obs.rar*

annealing *<prod> (heat treatment of metals, ceramics: heating, soaking, slow cooling)* • Glühen *n*

annealing furnace *<prod> (gen.; for metal, glass)* • Glühofen *m*; Temperofen *m*

anneal out *vt <metal> (crystal lattice etc.)* • ausheilen *vt*

annex *<build> (to a building structure)* • Anbau *m*

annex *vt <build>* • anbauen *vt*; Gebäude erweitern *vt*

announcement *<gen>* • Anzeige *f*

annual dose *<nucl>* • Jahresdosis *f*

annular *<tech.gen>* • ringförmig

annular aperture *<tech.gen>* • Ringöffnung *f*

annular bit *<petr>* • Kronenbohrer *m*

annular chamber *<tech.gen> (e.g. gas turbine)* • Ringkammer *f*

annular groove *<mech.eng> (in the circumference of cylindrical objects; typ. in shafts, pins)* • Ringnut *f*

annular magnet *<tech.gen>* • Ringmagnet *m*

annular space *<tech.gen> (e.g. in reactor buildings or between pipes and sleeves)* • Ringraum *m*

annul each other *vi <gen>* • gegenseitig aufheben *vr*

annulus *<tech.gen>* • Ring *m*; Kreisring

m rar

annunciator *<alarm>* • Melder *m*

annunciator *<i&c>* • Indikator *m*

annunciator panel *<alarm> (indicates the status of detectors in alarm systems)* • Anzeigeneinrichtung *f*

anode *ISO 8044 <el> (e.g. of galv. element)* • Anode *f DIN EN ISO 8044*; Pluspol *m*; positive Elektrode *f*

anodic *<el>* • anodisch

anodic dip painting *<srfc>* • anodische Elektrotauchlackierung *f* (ATL); anodische ETL *f*

anodic electrocoat primer *<srfc>* • Anaphoreselack *m*; Anaphoresegrundierungslack *m*

anodic electropainting *<srfc> (gen.)* • anaphoretische Lackapplikation *f*; Anaphorese *f*

anodic electro-priming *<srfc>* • Anaphoresegrundierung *f*

anodic oxide layer *<srfc> (on aluminum)* • anodische Oxidschicht *f*; Eloxal-Schicht *f* ®; Eloxalschicht *f*

anodized *<srfc> (aluminum)* • eloxiert

anodized aluminum *US <print> (printing plate)* • anodisiertes Aluminium *n*; elektrochemisch aufgerautes Aluminium *n wiss*

anodized oxide layer *<srfc>* • anodisch erzeugte Oxidschicht *f*

anodizing bath *US <srfc> (immersion process)* • Anodisierbad *n*; Oxidationsbad *n*

anodizing tank *<srfc> (container)* • Anodisierbad *n*

anomaly *<tech.gen>* • Anomalie *f*; anomaler Zustand *m*

answer *vt <tele> (phone)* • abnehmen *vi/vt*

answering machine *<tele>* • Anrufbeantworter *m* (AB); Combox *f CH*

antenna *<bio> (of insects)* • Fühler *m*

antenna *US <tele> (e.g. a radio, television or CB antenna)* • Antenne *f DIN 45030*

antenna booster *US <el>* • Antennenverstärker *m*

antenna connector *DIN EN 300113-1 <tele>* • Antennenstecker *m DIN EN 300113-1*

antenna down lead *US <el>* • Antennenzuführung *f*

antenna jack *US <el> (gen.; in or out)* • Antennenbuchse *f*

antenna rod *US <tele> (element of antenna; e.g. of TV antenna)* • Antennenstab *m*

antenna terminal *US <el>* • Antennenanschluss *m*

anthracene dye stuff *<chem.srfc>* • Anthracenfarbstoff *m*

anthracene oil *<chem.srfc>* • Anthracenöl *n*

anthracite *<min> (glossy black coal; highest carbon and heat value)* • Anthrazit *m*

anthraquinone dye stuff *<chem.srfc>* • Anthrachinonfarbstoff *m*

anthrax *<med>* • Milzbrand *m*; Anthrax *m wiss*

anthropomorphic robot *<autom>* • menschenähnlicher Roboter *m*; humanoider Roboter *m*

anti-aliased *<comp> (smoothed curves, lines)* • geglättet

anti-aliasing *<comp>* • Kantenglättung *f*; Glätten von Treppchenstrukturen *n*; Randglättung *f*; Anti-Aliasing *n prakt.ugs*; Antialiasing *n prakt.ugs*

anti-aliasing filter *<comp> (software)* • Anti-Aliasing-Filter *m*; Anti-Aliasing *n press*; Interferenz--Unterdrückungsfilter *n rar*

anti-backlash nut *<mech.eng> (for leadscrews, linear drives)* • Anti-Spiel--Mutter *f :V*

antibacterial agent *<textil.chem> (chem. finishing)* • antibakterielles Mittel *n*; bakterizides Mittel *n*; bakteriostatisches Mittel *n*; Bakterizid *n*; Antimikrobiotikum *n*

antibiotic *<pharm>* • Antibiotikum *n pl*: -a

anticaking agent *<chem> (for pelletized, granular material)* • Antibackmittel *n*

anticipating facts *<jur> (detrimental as to novelty of an invention, patent)* • neuheitsschädliche Kenntnisse *fpl*

anticlockwise *<tech.gen> (gen.)* • Uhrzeigersinn *m*: gegen den ~

anticlockwise *<mech.eng> (shaft rotation)* • linksläufig

anticlockwise turn *<tech.gen>* • Linksumdrehung *f*

anticoagulant *adj <chem>*

• gerinnungshemmend

anti-collision light *FAR/JAR 25.1401* *<aerosp.light> (exterior lighting)* • Antikollisionslicht *n*; Zusammenstoßwarnlicht *n*

anticollision radar *<navig>* • Kollisionsschutzradar *n*

anti-corrosion primer *<srfc>* • Rostschutzgrundierung *f*

anticorrosive paint *<srfc>* • Korrosionsschutzfarbe *f*

anti-counterfeit measure *<tech.gen>* • Anti-Produktpiraterie-Maßnahme *f*

antidazzle device *<tech.gen>* • Blendschutz *m*

antidote *<gen>* • Gegenmittel *n*

antidribble *<gen>* • tropfsicher

antidrum compound *<srfc>* • Antidröhnmittel *n*

antidrum layer *<acoust.srfc>* • Entdröhnschicht *f*; Antidröhnschicht *f*

antifelting finish *<textil> (high-grade finishing)* • Filzfreiausrüstung *f*

antifermentative *<chem>* • gärungshemmend

antifoam agent *<tribo> (additive; e.g. in motor oil)* • Antischaum-Wirkstoff *m*; Entschäumer *m*; Schaumdämpfer *m*

anti-fog *<srfc> (e.g. goggles, face shield, lens)* • beschlagfrei; nicht beschlagend; beschlaghemmend

anti-fouling agent *<srfc.nav> (ship coat additive)* • Bewuchshemmer *m*; Anti--Fouling-Mittel *n*; Bewuchsschutz *m rar*

antifouling coating *<srfc> (e.g. of ships, boats)* • Antifoulinganstrich *m*

antifouling paint [coating] *<srfc.nav>* • anwuchsverhindernder Anstrich *m*

antifreeze *<hvac> (additive or fluid; e.g. for radiator, windshield washer, solar collect)* • Frostschutzmittel *n*; Frostschutz *m ugs*

antifreeze agent *VDI4640* *<tech.gen>* • Frostschutzmittel *n*; Frostschutzzusatz *m*; Frostschutzlösung *f*

antifreeze agent *<mat>* • Gefrierschutzmittel *n*

anti-freeze system *<energ.sol>* • Zweikreisanlage *f*; Zweikreissystem *n*

antifrictional property *<tech.gen> (gen.)* • Gleiteigenschaft *f*

anti-graffiti film *<build.mat>* • Anti--Graffiti-Folie *f*

anti-icing *<tech.gen> (preventing ice from forming on a surface; e.g. on airports)* • Anti-Icing *n*

anti-icing equipment *sg ISO 11076* *<aerosp>* • Vereisungsschutzgerät *nsg DIN EN 12312-6*

anti-inflammatory *<pharm>* • entzündungshemmend; antientzündlich; antiinflammatorisch; antiphlogistisch

anti-kickback feature *<tool> (chainsaw)* • Anti-Rückschlag--Einrichtung *f*

anti-knock additive *<chem.petr> (gasoline)* • Antiklopfmittel *n*; Klopfbremse *f ugs.rar*; Oktanverbesserer *m rar*

anti-knock index *<chem.petr> (of gasoline)* • Klopffestigkeit *f DIN 51 756*

anti-knock quality *<mot> (of engines and fuel)* • Klopffestigkeit *f*

anti-lift device *<build> (of windows, doors)* • Aushebelsicherung *f*

anti-lock braking system (ABS) *<mvhcl.brake> (stop control system)* • Antiblockiersystem *n* (ABS); Brems--Antiblockiersystem *n*; Antiblockierbremse *f ugs*; automatischer Blockierverhinderer *m*; ABV *form*; elektronische Antiblockiervorrichtung *f rar*

antimagnetic *<mat>* • antimagnetisch

antimatter *<phys>* • Antimaterie *f*

antimicrobial *<bio.chem>* • antimikrobiell

antimicrobial finish *<textil> (chem. finishing)* • antimikrobielle Ausrüstung *f*; antibakterielle Ausrüstung *f*; antimikrobische Ausrüstung *f*

antimonial lead *<mat>* • Antimonblei *n*; Hartblei *n ugs*

antimony (Sb) *<chem>* • Antimon *n* (Sb)

antimycotic *<textil.chem> (chem. finishing)* • Antimykotikum *n*

antimycotic finish *<textil> (chem. finishing)* • antimykotische Ausrüstung *f*; fungizide Ausrüstung *f*; schimmelfeste Ausrüstung *f*; Schimmelfest-Ausrüstung *f*

anti-noise system (ANS) *<mvhcl> (for cabin noise or exhaust noise)* • aktives Geräuschreduzierungsystem *n* (ANS);

Gegenschallsystem *n*; Antischallsystem *n Sennheiser*; Anti--Noise-System *n werb*; elektronische Schalldämpfung *f did*

antioxidant *<chem> (additive; e.g. in oil, plastics, tires)* • Antioxidationsmittel *n*; Antioxidans *n wiss*; Antioxidant *m wiss*; Oxidationsschutzmittel *n*; Oxidationsinhibitor *m*

antioxidant *<pack>* • Oxidationsschutzmittel *n DIN 55 405*

anti-panic lock *<build.safe>* • Antipanikschloss *n*

anti-perforation warranty *<mvhcl.qualit>* • Gewährleistung gegen Durchrostung *f*

antipilling finish *<textil> (chem. finishing)* • Antipilling-Ausrüstung *f*

antique cut *<garm.min> (diamond cutting style)* • Altschliff *m*

antireflection-coated *<opt> (glasses)* • entspiegelt

antireflection coating *<srfc> (gen.; e.g. on lenses, screens, solar collectors)* • Antireflexbeschichtung *f*; Antireflexschicht *f*; Antireflexbelag *m*; AR-Schicht *f*; reflexmindernde Schicht *f*

anti-roll bar (ARB) *<railw>* • Wankstütze *f*

anti-scratch *<srfc> (coating, material; e.g. face shields)* • kratzfest

antiseize *<mech.eng> (lubricant; typ. for threaded fasteners)* • Gleitmittel *n*

antiseize *<tribo> (for loosening seized parts)* • Rostlöser *m*

antiseptic finish *<textil> (chem. finishing)* • antiseptische Ausrüstung *f*

antisettling agent *<chem.proc>* • Antiabsetzmittel *n*

Anti Shake system (AS) *KM <phot>* • Anti Shake System *n* (AS) *KM*; CCD--Shift Anti-Shake. m *KM*

anti-skid braking system (ASBS) *<mvhcl.brake>* • Anti-Schleuder--Bremssystem *n* (ASBS)

antiskid pattern *<tech.gen> (e.g. if tire tread, flooring)* • Gleitschutzprofil *n*

anti-slide device *<mvhcl> (on barrier in 30-degree frontal crash)* • Abgleitschutz *m*; Anti-Abgleitleiste *f*; Anti-Slide Device *n*

antistatic *EN 61000-4-2 <el>* • antistatisch *EN 61000-4-2*

antistatic agent *<chem> (of resins, fabrics)* • Antistatikmittel *n*; Antistatikum *n wiss*

anti-static protective bag *<comp.pack> (e.g. for PCBs)* • antistatische Schutzhülle *f*

anti-submarining effect *<mvhcl.safe>* • Anti-Submarining-Effekt *m*

anti-theft alarm [system] *<mvhcl> (passive devices; e.g. motion sensor, horn)* • Diebstahlwarnanlage *f*

anti-theft wheel lug bolt *<mvhcl>* • diebstahlhemmende Radschraube *f*; Felgenschloss *n prakt.ugs*; Radsicherung *f*

antitorsion *<tech.gen> (type of design)* • verwindungsfrei; verdrehfrei

antitoxin *<med>* • Antitoxin *n*; Antidoton *n wiss*; Antidot *n wiss*; Gegengift *n prakt*; Gegenmittel *n ugs*

antivibration mounting *<tech.gen>* • erschütterungsfreie Aufhängung *f*

anti-vibration mounting *<mvhcl.mot>* • Hydrolager *n*; hydraulisch gedämpftes Lager *n did*

Antonov transmission *<drive>* • Antonovgetriebe *n*

ant poison *<chem>* • Ameisenbekämpfungsmittel *n*

anvil *<tech.gen>* • Amboss *m*

anvil beak *<tool>* • Ambossrundhorn *n*

anvil block *<tool> (gen.)* • Ambossstock *m*

anvil face *<metal.tool> (flat top of anvil)* • Ambossbahn *f*; Bahn *f*

anvil hardie hole *<tool> (as opp. to round pritchel hole)* • Ambossvierkantloch *n*; quadratisches Gesenkloch in Ambossbahn *n*

any key *<comp>* • beliebige Taste *f*

apart *<gen>* • einzeln; auseinander; getrennt

apartment house *US <build> (house divided into flats)* • Mehrfamilienhaus *n*

apastron *<astron>* • Apastron *n*; Sternferne *f*

apatite *<min>* • Apatit *m*

aperiodic *<phys> (oscillation, vibration)* • aperiodisch; aperiodisch gedämpft

aperture *<gen> (any type and shape)* • Öffnung *f*; Loch *n ugs*

aperture *<opt.astron> (of lens, mirror, antenna dish)* • Apertur *f*

aperture *<phot> (e.g. of camera or enlarger lenses, spotlights)* • Blende *f*; Blendenöffnung *f*

aperture grill *<av>* • Streifenmaske *f*; Trinitron-Maske *f* ® *Sony*

aperture ring *<phot>* • Blendeneinstellring *m*

aperture scale *<phot>* • Blendenskala *f*; Blendenskale *f rar*

apex *<astron>* • Apex *m*; Zielpunkt *m*

apex *<build> (of an arch etc.)* • Scheitel *m*; Spitze *f ugs*

apex *<math> (highest point of a curve; e.g. of a ballistic curve)* • Scheitelpunkt *m*; Scheitel *m*

apex of trajectory *<aerosp> (trajectory of a satellite)* • Gipfelpunkt *m*

aphelion *<astron> (farthest point in an orbit; e.g. of a planet, satellite)* • Aphel *n*

aphonic *<acoust>* • schalltot

A-pillar *<mvhcl> (of car body; gen.)* • A-Säule *f*; vorderer Dachpfosten *m ugs*

API quality level *<tribo> (of oil; e.g. SF/CD is a higher grade than SF/CC)* • API-Qualität *f*

aplanatic lens *<opt>* • Aplanat *m*; aplanatisches Objektiv *n*

apogee *<astron> (point of orbit; of a planet, satellite)* • Apogäum *n*

apogee *<astron>* • Erdferne *f*

apolipoprotein pattern *<bio>* • Apolipoproteinmuster *n*; Apolipoproteinprofil *n*

apolune *<astron>* • Aposelenium *n*; Aposelen *n*; Mondferne *f*

apoplast *<chem>* • Apoplast *m*

apostrophe *<print>* • Apostroph *m*; Hochkomma *n rar*

apparatus *<tech.gen> (any complex; e.g. mech., electr. or chem. device for specific purpose)* • Apparat *m*; Einrichtung *f*

apparatus *<tech.gen> (any complex device for a particular application)* • Gerät *n*; Apparat *m*

apparatus *<chem.proc> (e.g. a column, filter, ion exchanger)* • Apparat *m*

apparatus *<jur.docu> (in patents)* • Vorrichtung *f*

apparatus *<sport> (artistic gymnastics)* • Gerät *n*; Turngerät *n form*

apparatus construction *<chem.proc> (e.g. boiler, vessel)* • Apparatebau *m*

apparel sector *<textil>* • Bekleidungssektor *m*

apparent component *<tech.gen>* • Scheinkomponente *f*

apparent power *<tech.gen>* • scheinbare Leistung *f*

apparent power (VA) *<el>* • Scheinleistung *f* (S)

apparent size *<tech.gen>* • scheinbare Größe *f*

appendix *pl*: **-dices** *<docu> (supplementary material at the end of a text; e.g. eng. dwgs., tables)* • Anhang *m*

Appleton layer *<geo>* • Appleton--Schicht *f*

apple wedger *<gastr>* • Apfelschneider *m*

appliance outlet *<el> (connector)* • Gerätesteckdose *f*

applicability *<tech.gen> (of rules, guidelines, processes, technology etc.)* • Anwendbarkeit *f*

applicability *<jur> (of an invention)* • Anwendbarkeit *f*

applicable *<gen> (useful)* • brauchbar

applicable *<gen> (convenient and practicable for use)* • verwendbar

applicable standards *<stand>* • anwendbare Normen *fpl*

applicable to *<gen>* • geeignet für; anwendbar für; anwendbar auf; einsetzbar für

application *<gen>* • Anwendungszweck *m*; Einsetzen *n*

application *<tech.gen> (of labels etc.)* • Aufbringen *n*; Applikation *f wiss*; Anbringen *n ugs*

application *<tech.gen> (of components, systems, machines, methods, software)* • Einsatz *m*; Anwendung *f prakt*; Applikation *f wiss*

application *<comp> (software)* • Applikation *f*

application *<jur> (patent)* • Anmeldung *f*

application *<srfc> (of a film, wet or dry, with brush or spray; e.g. paint, oil, etc.)* • Auftragen *n*; Aufbringen *n*; Auftrag *m*

application clause *<jur>* • Auslegungsklausel *f*

application document *<jur> (patent application procedure)* • Offenlegungsschrift *f*; A-Schrift *f*

application documents *<jur>* • Anmeldungsunterlagen *fpl*

application gateway *<comp> (firewall)* • Applikations-Gateway *n*

application information *<docu>* • Anwendungshinweis *m*

application-oriented *<gen> (e.g. research)* • anwendungsorientiert

application-oriented *<tech.gen>* • anwendungsgerecht

application point of a load *<mech>* • Angriffspunkt einer Last *m*

application-program interface (API) *ISO IEC 14360 <comp>* • Anwendungsprogramm-Schnittstelle *f* (API) *ISO IEC 14360*; Anwendungsprogrammschnittstelle *f ISO IEC 14393*; Anwendungsprogramm-Interface *n*; Application Program Interface *n*

application software *<comp> (e.g. for word processing, graphics, databases, spreadsheet)* • Anwendungssoftware *f*; Anwenderprogramm *f*; Anwendersoftware *f*; Benutzerprogramm *n rar*; Benutzersoftware *f rar*

application-specific *<tech.gen>* • anwendungsspezifisch

applicator *<tech.gen>* • Applikationsgerät *n*

applicator *<pack> (for labels)* • Applikator *m*; Applikationsmaschine *f*

applicator roll *<srfc> (gen.)* • Auftragwalze *f*; Auftragswalze *f*

applied *<gen>* • angewandt

applied chemistry *<chem>* • angewandte Chemie *f*

applied physics *<phys>* • angewandte Physik *f*

applied voltage *<el>* • angelegte Spannung *f*

applied voltage *<energ.el>* • anliegende Spannung *f*

apply *vt <tech.gen> (e.g. method, tool, product)* • anwenden *vt*; einsetzen *vt*

apply *vt <tech.gen> (a method, theory, tool; in real life as opp. to theory)* • praktisch anwenden *vt*

apply *vt <agri> (e.g. seeds, herbicides)* • ausbringen *vt*

apply *vt <energ.el> (a current or voltage)* • anlegen *vt*

apply *vt <mech> (force, leverage; e.g. with wrench)* • ansetzen *vt*

apply *vt <mech> (force to a structure)* • eintragen *vt*; einbringen *vt*; aufbringen *vt*

apply *vt <phys> (voltage, magnetic field, signal)* • anlegen *vt*

apply *vt <srfc> (gen.; any coating; e.g. paint, grease)* • auftragen *vt*; aufbringen *vt*; applizieren *vt rar*

apply by brushing *vt <srfc> (coating; e.g. paint)* • aufstreichen *vt*

apply for *vt <jur> (a patent)* • beantragen *vt*

apprentice *<econ>* • Auszubildender *m*; Lehrling *m*

apprentice-training workshop *<did>* • Ausbildungswerkstatt *f*

approach *<gen> (act of getting closer to sth.)* • Annäherung *f*

approach *<gen> (to a solution)* • Ansatz *m*; Vorgehensweise *f*

approach *<gen> (method)* • Verfahrensweise *f*

approach *<gen> (path; from problem to its solution)* • Weg *m*

approach *<tech.gen> (e.g. in research)* • Methode *f*

approach (APPR) *<aerosp> (final part of flight before landing)* • Landeanflug *m*; Anflug *m*

approach *<aerosp> (to a target)* • Zielanflug *m*

approach *<mach.tool> (of cutting tool)* • Anlaufweg *m*

approach *<traff> (destination, with ground vehicle; e.g. train station)* • Anfahren *n*

approach *vi <aerosp>* • einfliegen *vi*

approach *vt <aerosp> (destination; with airplane)* • anfliegen *vt*

approach *vt <traff> (a destination; e.g. with train, car, ship)* • anfahren *vt*

approach angle *<mvhcl> (front; e.g. 42°)* • Hanganfahrwinkel *m*; Böschungswinkel *m*

approach area *<aerosp>* • Anflugsektor *m*; Anflugbereich *m*; Anflugschneise *f prakt*; Einflugschneise *f prakt*; Einflugkorridor *m rar*

approach control *sg* (APP) *<aerosp.safe>* • An- und Abflugkontrolle *fsg* (APP); An- und Abflugleitdienst *m CH*; Anflugkontrolle *fsg*; Anflugleitdienst *m CH*

approach lighting *sg* (ALS) *<navig.aerosp> (airport)* • Anflugbefeuerung *fsg* (ALS); Anflugfeuer *npl prakt*; Anfluglichtsystem *n rar*; Anflugleuchtfeuer *npl rar*; Anflugbefeuerungsanlage *f rar*

approach road *<traff>* • Auffahrt *f*

approach speed *<tech.gen>* • Annäherungsgeschwindigkeit *f*

appropriate signal *<gen>* • entsprechendes Signal *n*

approval *<jur> (of a product, installation, plant)* • Abnahme *f*

approval *<jur>* • Genehmigung *f*

approval *<jur> (of equipment, parts, systems; by authorities)* • Zulassung *f*

approval date *ISO 12620 <term>* • Zulassungsdatum *n*

approval test *<qualit> (to verify conformity with requirements; EN ISO 10497)* • Typprüfung *f*; Genehmigungsprüfung *f*

approved *<jur> (by an authority)* • baumustergeprüft

approver *ISO 12620 <term>* • Genehmiger *m*

approximate *<gen> (nearly exact, not perfectly accurate)* • annähernd

approximate *<math>* • angenähert

approximate *vi <gen> (e.g. value)* • annähern *vr*

approximate *vt <tech.gen>* • näherungsweise bestimmen *vt*

approximate *vt <math>* • runden *vt*

approximate determination *<tech.gen>* • genäherte Bestimmung *f*

approximately *<gen> (as an approximation, not quite accurate)* • annäherungsweise

approximate value *<gen>* • Überschlagswert *m*; Annäherungswert *m*; Näherungswert *m*

approximation *<gen>* • Näherung *f*

approximation *<math>* • Approximation *f*

approximation method *<tech.gen>* • Näherungsverfahren *n*; Näherungsmethode *f*; Annäherungsverfahren *n*

approximative *<gen> (e.g. value, number)* • approximativ; genähert

apron *<tech.gen> (vertical sheet or cover)* • Schürze *f*

apron *<aerosp> (of airport)* • Vorfeld *n*; Abfertigungsvorfeld *n*; Flughafenvorfeld *n*; Abfertigungsfläche *f rar*

apron *<mach.tool> (of a lathe; on carriage)* • Schlosskasten *m*; Supportschlossplatte *f*

apron bus *<comvhcl> (passenger shuttle bus between gate and aircraft)* • Vorfeldbus *m*; Flughafenvorfeldbus *m*; Flugfeldbus *m*; Flugvorfeldbus *m*; Flugfeld-Zubringerbus *m*

apron plate *<tech.gen> (any material)* • Abdeckplatte *f*; Abdeckblech *n*

apron plate *<tech.gen> (of sheet metal)* • Abdeckblech *n*

apse *<build> (church)* • Apsis *f pl*: -siden; Abside *f*

APS scanner *<phot>* • APS-Scanner *m*

aquaculture *<gen>* • Fischzucht *f*

aquamarine *<min>* • Aquamarin *m*

aquaplaning *<traff> (road sign)* • Aquaplaning *n*; Wasserglätte *f*

aquaplaning *<vhcl> (effect on wet pavements; e.g. on roads, airport runways)* • Aquaplaning *n*; Aufschwimmen *n*

aqua-regia digestion *DIN EN ISO 1558 <chem.proc>* • Königswasser- -Aufschluss *m DIN EN ISO 1558*

aquarium *<gen> (any size)* • Aquarium *n*

aqueduct [bridge] *<build>* • Aquädukt *m*; Aquädukt *n ugs*; Wasserleitungsbrücke *f*; Aquäduktbrücke *f*

aquifer *<geo>* • Aquifer *m*; hydrogeologisches Stockwerk *n wiss*; wasserführende Gesteinsformation *f form*; grundwasserführende Schicht *f did*; Grundwasserleiter *m prakt*

aquifer *<geo> (gen.)* • wasserführende Schicht *f*; Aquifer *m wiss*; Grundwasserleiter *m*

aquifer store *VDI4640 <geo.therm>* • Aquiferspeicher *m VDI4640*

arabesque *<build> (floral ornament)* • Arabeske *f*

arable land *<agri> (acreage capable of producing crops by plowing)* • Ackerland *n*

arable soil *<agri>* • Ackerboden *m*; Mutterboden *m*

aramid *<plast> (a thermoset resin)* • Aramid *n*

aramid fiber *US <plast> (e.g. Kevlar, Twaron, Technora)* • Aramid-Faser *f*

aramid fiber re-reinforced plastic (SFRP) *US <plast>* • aramidfaserverstärkter Kunststoff *m* (SFK)

arbitrary *<gen>* • beliebig

arbitrary *<gen> (human action)* • willkürlich

arbitrary course computer *<aerosp.navig>* • Kursrechner *m*

arbor *<mach.tool> (cone-shaped tool holder)* • Aufsteckhalter *m*

arbor *<mach.tool> (of milling cutters etc.)* • Dorn *m*

arbor milling cutter *<tool>* • Aufsteckfräser *m*

arbour bench *<gen>* • Rosenbogen mit Gartenbank *m*

arc *<tech.gen> (sth arched or curved)* • Bogen *m*

arc *<el>* • Lichtbogen *m*

arcade *<build> (arched covered passageway along a building, open on one side)* • Arkadengang *m*; Bogengang *m*; Laubengang *m rar*

arcade *<build> (a series of arches with their columns or piers)* • Arkade *f*

arc cutting *<prod>* • Lichtbogenschneiden *n*

arch *<gen>* • Wölbung *f*

arch *<build> (structural element)* • Bogen *m*

arch *vi <gen>* • krümmen *vr*

arch *vi <gen> (form an arch; e.g. ceiling)* • wölben *vr*

arch bridge *<build>* • Bogenbrücke *f*; Gewölbebrücke *f*; Wölbbrücke *f*; gewölbte Brücke *f*

arch dam *<build.hydr>* • Bogenstaumauer *f*

arched *<tech.gen> (surface; domed)* • gewölbt

arched *<build> (line; structural element)* • bogenförmig

arched *<mvhcl> (windshield)* • gewölbt

archetype *<gen>* • Urform *f*

Archimedean screw *<convey> (design principle and part in reality)* • archimedische Schnecke *f*; archimedische Schraube *f*; Archimedesschraube *f*

Archimedean spiral *<math>* • archimedische Spirale *f*

architect-engineer company *<build>* • Planungsfirma *f*; Planungs- und Baufirma *f*

architectural acoustics *<build>* • Bauakustik *f*

architectural engineering *<build> (design, construction of buildings)* • Hochbau *m*

architectural photography *sg <phot>* • Architekturfotografie *fsg*

architectural style *<build>* • Baustil *m*

architecture *<build>* • Architektur *f*

architrave *<build> (lower member of entablature, across columns)* • Architrav *m*

architrave *<build> (decorated band framing a panel, door or window)* • Zierband *n*

archival quality *<docu> (e.g. of paper, ink, image)* • dokumentenecht

archive *vt <comp> (data files, in a secure place)* • archivieren *vt*

archive medium *<comp> (e.g. tape, CD, DVD)* • Archivierungsmedium *n*

archive-proof *<docu> (e.g. prints, magnetic media)* • archivfest

archive stability *<docu> (e.g. of foto prints, inkjet prints, magnetic media, CDs)* • Archivfestigkeit *f*; Archivbeständigkeit *f*; Haltbarkeit *f*

archivolt *<build> (molded or decorated band around an arched window, door)* • Archivolte *f*

arch springing *<build> (of a bridge)* • Bogenkämpfer *m*; Kämpfer *m*; Gewölbeauflage *f*; Bogenende *n*

arcing *<el> (gen.)* • Lichtbogenbildung *f*; Bogenbildung *f*; Funkenüberschlag *m*; Überschlag *m*

arc lamp *<el>* • Lichtbogenlampe *f*

arc minute *<phys>* • Bogenminute *f*

arc over *vi <el>* • funken *vi*

arc second *<phys> (unit of angle)* • Bogensekunde *f*

arc temperature *<join> (welding; typ. 3900 °C)* • Lichtbogentemperatur *f*

AR device *<comp> (for augmented reality)* • AR-Gerät *n*

area *<gen> (two-dimensional surface)* • Fläche *f*

area *<math> (of a geometrical object; e.g. of a triangle)* • Inhalt *m*

area code *<tele> (e.g. 847 for Chicago)* • Vorwahl *f*
area filling *<comp>* • Flächenfüllen *n*
area gantry *<autom> (of an industrial robot)* • Flächenportal *n*
area of application *<jur> (e.g. of a law)* • Geltungsbereich *m*
area protection *<alarm> (two--dimensional protection)* • Flächenüberwachung *f*; flächenmäßige Überwachung *f*
area ratio *<gen>* • Flächenverhältnis *n*
argentorate *<jur.tech> (adhesion powder)* • Argentorat *n*
argon (Ar) *<chem>* • Argon *n* (Ar)
argon filling *<build> (of double-glazing windows; in the space between glass panes)* • Argonfüllung *f*
argon fluoride excimer laser (ArF) *<opt>* • Argonfluorid-Excimerlaser *m* (ArF)
argon-ion laser *<print> (laser)* • Argon--Ionen-Laser *m*; Argon-Laser *m prakt*; Ar++-Laser *m*
ARI driver information system *:V <mvhcl.av>* • Autofahrer-Rundfunk--Information *f* (ARI)
arithmetic *<math>* • Arithmetik *f*
arithmetic and logic unit (ALU) *<comp> (CPU component)* • Rechenwerk *n* (ALU); arithmetisch--logische Einheit *f*; Arithmetik- und Logikeinheit *f rar*
arithmetic mean *<math> (e.g. 50+100=150; 150:2=75)* • arithmetisches Mittel *n*; Durchschnitt *m*; Durchschnittswert *m*
ARI zone indicator *<mvhcl.av>* • ARI--Bereichskennungs-Anzeige *f*
Arkansas stone *<tool> (for delicate jobs)* • Arkansas-Ölstein *m*; Arkansas--Abziehstein *m*; Ölabziehstein *m did*
arm *<tech.gen> (any armlike part or attachment)* • Arm *m*
arm *<mech.eng>* • Arm *m*
arm *vt <alarm>* • scharfschalten *vt*
armament *<mil>* • Bewaffnung *f*
armament *<proc> (of filters)* • Armierung *f*; Verstärkung *f*
armature *<el> (in motors or generators; rotating part)* • Anker *m*; Läufer *m*; Rotor *m rar*
armature *<el> (DC generator)* • Rotor *m*
armature chatter *<el>* • Ankerprellen *n*
armature coil *<el>* • Ankerspule *f*
armature core *<el>* • Ankerkern *m*; Ankereisen *n obs*
armature field *<el>* • Ankerfeld *n*
armature lamination *<el> (individual plate)* • Ankerblech *n*
armature lamination *<el> (complete pack of plates)* • Ankerpaket *f*
armature slot *<el>* • Ankernut *f*
armature stroke *<el> (relay)* • Ankerhub *m*
armature winding *<el>* • Ankerwicklung *f*
armchair *<gen>* • Sessel *m*
armed *<alarm>* • scharfgeschaltet; scharf
armor *vt US <tech.gen>* • panzern *vt*
armored *US <tech.gen> (e.g. vehicle, cables)* • gepanzert
armored cable *US <el> (reinforced; typ. with metal)* • bewehrtes Kabel *n*; armiertes Kabel *n*
armored car *US <mvhcl>* • gepanzertes Kraftfahrzeug *n*
armored personnel carrier (APC) *US <mil>* • Mannschaftstransportpanzer *m* (MTP)
armoring *US <tech.gen>* • Panzerung *f*
armor-piercing *US <mil> (ammunition)* • panzerbrechend
armor plate *US <tech.gen>* • Panzerplatte *f*
armor-plate *vt US <mvhcl>* • panzern *vt*
armory *US <mil> (controlled-access room for weaponry)* • Waffenkammer *f*
armouring *GB <energ.el> (of a cable)* • Bewehrung *f*; Armierung *f*; Panzerung *f A.CH*
armrest *<mvhcl.int>* • Armlehne *f*; Armstütze *f*
aroma *<food>* • Aroma *n*
aromatic *adj <chem> (e.g. hydrocarbons)* • aromatisch
aromatic hydrocarbon *<chem> (usu. pl.)* • aromatischer Kohlenwasserstoff *m*; Benzenkohlenwasserstoff *m*; Aromat *m*
aromatic ring *<chem>* • aromatischer Ring *m*; Benzolring *m*
arrange *vt <gen> (objects, physically, in space)* • anordnen *vt*; ordnen *vt*
arranged centrally *<tech.gen>* • mittig angeordnet
arranged in tandem *<tech.gen>*

• hintereinander angeordnet

arranged side by side <tech.gen> • nebeneinander angeordnet

arrange in layers *vt* <tech.gen> • schichten *vt*

arrangement <tech.gen> *(physical; of parts, in space)* • Anordnung *f*; Konfiguration *f wiss*; Einrichtung *f ugs.rar*

array <tech.gen> *(parallel arrangement of many identical items; e.g. of antennas)* • Feld *n*

arrest *vt* <gen> • festhalten *vt*

arrest *vt* <tech.gen> • hemmen *vt*

arrest *vt* <el> *(overvoltage, lightning)* • ableiten *vt*

arrester <tech.gen> • Sperreinrichtung *f*

arrester <el> *(of overvoltage, power surge, lightning)* • Ableiter *m*

arrival <logist> *(of goods, people; e.g. at warehouse, train station, airport, port)* • Ankunft *f*

arrival concourse <aerosp> • Ankunftshalle *f*; Abholerhalle *f prakt*; Empfangshalle *f*

arrival gate <aerosp> • Ankunftsgate *n*

arrive *vi* <gen> *(e.g. shipments, passengers)* • eintreffen *vi*

arriving <traff> *(e.g. bus, train, passengers)* • ankommend

arrow head <docu> *(on dimension lines)* • Maßpfeil *m*

arsenic (As) <chem> • Arsen *n* (As)

arsenic *adj* <chem> *(containing arsenic)* • arsenhaltig

arsenic-doped <el.ic.prod> • arsendotiert

arsenic trioxide <chem> • Arsenik *n*; Arsen(III)-oxid *n*

art <gen> *(technique, know-how; e.g. state of the art)* • Technik *f*

art board <print> • Kunstdruckkarton *m*

arterial highway *US* <build.traff> *(a main road between towns or cities)* • Fernverkehrsstraße *f*; Fernstraße *f ugs*

arterial road <traff> • Hauptverkehrsstraße *f*; Hauptverkehrsader *f*

artery <bio> *(tube conveying blood from the heart)* • Arterie *f*

artesian well <geo> • artesischer Brunnen *m*

article <gen> • Erzeugnis *n*; Artikel *m*

articulate *vt* <mech.eng> *(connect; e.g. with hinge)* • anlenken *vt*

articulated <tech.gen> *(movable)* • beweglich

articulated <mech.eng> *(usu. with several degrees of freedom)* • gelenkig

articulated arm <mech.eng> • Knickarm *m*

articulated arm robot <autom> • Gelenkarmroboter *m*; Knickarmroboter *m*

articulated bus <comvhcl> *(articulated city bus)* • Gelenkbus *m*; Gelenkomnibus *m*; Gelenkzug *m*

articulated jib <convey> *(crane)* • Gelenkausleger *m*

articulated steering <build.mach> • Knicklenkung *f*

articulation <gen> *(voice, speech)* • Verständlichkeit *f*

articulation <mech.eng> *(joint, link; usu. with several degrees of freedom)* • Gelenk *n*

artifact *US* <comp> *(image defects; e.g. moiré patterns, maze effects)* • Artefakt *n*

artificial <gen> • künstlich

artificial aging <mat> • künstliche Alterung *f*

artificial fertilizer <agri.chem> • Kunstdünger *m*

artificial intelligence (AI) <comp> • Künstliche Intelligenz *f* (KI)

artificially aged <qualit.mat> • beschleunigt gealtert

artificial satellite <astron> • künstlicher Satellit *m*; künstlicher Trabant *m rar*

artificial snow <sport> • Kunstschnee *m*

art paper <pap> *(very smooth, high--grade paper)* • Kunstdruckpapier *n*; Illustrationsdruckpapier *n form*

artwork <print> • Vorlage *f*

artwork *sg* <print> *(camera-ready material)* • Druckvorlage *f*; Reprovorlage *f*

aryl group <chem> • Arylgruppe *f*

ASA/DIN conversion scale <phot> • ASA/DIN-Vergleichsskala *f*

asbestos <mat> *(an amphibole)* • Asbest *m*

asbestos cement <build.mat> • Asbestzement *m* (AZ); Asbestbeton *m*

asbestos fiber *US <mat>* • Asbestfaser *f*

asbestos fiber friction lining *US <tech.gen> (e.g. of brakes)* • Asbestfaserreibbelag *m*

asbestos fireproof suit *<garm>* • Asbestfeuerschutzanzug *m*

asbestos-free *<tech.gen> (e.g. brake or clutch lining, gaskets)* • asbestfrei

asbestos packing *<mech.eng>* • Asbestdichtung *f*

ascarel *<el> (insulation)* • Askarel *n*

ascend *vi <gen>* • aufsteigen *vi*

ascender *<print> (type anatomy)* • Oberlänge *f*

ascending *<gen>* • aufsteigend

ascending order *<gen> (alphanumerical; e.g. 1, 2, 3 …; a, b, c, …z)* • aufsteigende Reihenfolge *f*

ascending stroke *<mech.eng> (of up and down reciprocating elements; e.g. of a piston)* • Aufwärtshub *m*; Aufwärtsbewegung *f*

ascent *<geo> (of magma)* • Aufstieg *m*

ascent *<min>* • Ausfahrt *f*

ascent angle *<tech.gen>* • Neigungswinkel *m*; Anstiegswinkel *m*

ASCII file *<comp>* • ASCII-Datei *f*

as-delivered condition *<prod>* • Anlieferzustand *m*

aseptic *<hygi>* • aseptisch

aseptic packaging *<prod>* • aseptisches Verpacken *n DIN 55 405*

ash *ISO 13943 <comb> (mineral residue resulting from complete combustion)* • Asche *f ISO 13943*

ash content *<chem>* • Aschegehalt *m*; Mineralstoffgehalt *m*

ashlar *<build.mat> (precisely cut stone; usu. with a rough-hackled face)* • Werkstein *m*

ash timber frame *<mvhcl> (e.g. in Morgan)* • Eschenholzrahmen *m*

as low as possible (ALAP) *<tech.gen> (e.g. emissions)* • so niedrig wie möglich (ALAP); niedrig: so ~ wie möglich

as low as reasonable achievable (ALARA) *<tech.gen> (e.g. emissions, risks, expenses)* • so niedrig wie vernünftigerweise möglich (ALARA); niedrig: so ~ wie vernünftigerweise möglich

aspect ratio *<tech.gen> (ratio of height to length of sth.; e.g. of car tires)* • Geometrieverhältnis *n*; Seitenverhältnis *n*; Aspektverhältnis *n rar*

aspect ratio *<comp> (height to width of a symbol)* • Geometrieverhältnis *n*

aspect ratio *<comp.av> (width/height ratio of a screen)* • Bildseitenverhältnis *n*; Streckungsverhältnis *n IBM*; Aspektverhältnis *n norm*; Seitenverhältnis *n ugs*; Aspect-Ratio *f rar*

aspect ratio *<el.opt>* • Aspektverhältnis *n*

aspect ratio *<phot>* • Seitenverhältnis *n*

aspect ratio *<prod> (laser beam drilling; ratio of drilling depth to bore diameter)* • Schachtverhältnis *n DIN 32511*

aspect ratio *<vhcl> (of tires)* • Höhen-/ /Breiten-Verhältnis *n* (H/B); Querschnittsverhältnis *n*

asphalt *<build.mat> (a mixture of bitumen and aggregates)* • Asphalt *m*; Straßenbauasphalt *m*

asphalt *vt <build>* • asphaltieren *vt*

asphalt carpet *<build> (road pavement)* • Asphaltbelag *m*

asphaltic binder *<build.mat>* • Asphaltbinder *m*

asphaltic bitumen *<chem.petr>* • Asphaltbitumen *n*

asphaltic concrete (AC) *<build.mat>* • Asphaltbeton *m*; Bitumenbeton *m*

aspherical *<math> (e.g. surface, space)* • asphärisch

aspherical mirror *<opt>* • asphärischer Spiegel *m*

aspheric lens *<opt> (e.g. in projection systems)* • asphärische Linse *f*

aspirate *vt <tech.gen> (draw in; e.g. air)* • ansaugen *vt*

aspirated volume *<mech.eng> (of gas, air)* • Ansaugvolumen *n*

as rolled *ISO 6930-2 <qualit.mat>* • Walzzustand *m ISO 6930-2*

assay *<metal> (process and result of analyzing the amount of metal in an ore, alloy e)* • Analyse *f*

assay *<min> (of ore; e.g. of uranium ore)* • Erzanalyse *f*

assay *<qualit> (process)* • Prüfung *f*; Analyse *f*

assay *vt <min>* • prüfen *vt*; untersuchen

vt; probieren *vt*
assay balance *<metal.i&c>* • Analysenwaage *f*
assemble *vt <tech.gen> (components)* • aufbauen *vt*
assemble *vt <tech.gen> (erect)* • errichten *vt*
assemble *vt <tech.gen> (parts, usu. with tools; producing an assembly)* • zusammenbauen *vt*; montieren *vt prakt*; assemblieren *vt rar*; zusammensetzen *vt rar*
assemble *vt <comp> (software)* • assemblieren *vt*
assemble *vt <el> (cables and connectors, wiring harnesses)* • konfektionieren *vt*
assemble editing (AE) *<av> (of audio and video recordings)* • Assemble--Schnitt *m* (AE); Assemble Edit *n*; Assembleschnitt *m*; Anfügschnitt *m*; Ansetzschnitt *m*
assembler program *<comp>* • Assemblerprogramm *n*; Assemblierer *m*; Assembler *m prakt*
assembling tool *<tool>* • Montagewerkzeug *n*
assembly (assy) *<tech.gen> (assembled components)* • Baugruppe *f*; Baueinheit *f*; Montagegruppe *f rar*; Aufbau *m rar*
assembly *<tech.gen> (process; e.g. headline in service manual)* • Zusammenbau *m*
assembly belt *<convey>* • Montageband *n*
assembly component *<tech.gen>* • Montageteil *n*
assembly drawing *<docu>* • Zusammenbauzeichnung *f*
assembly error *<qualit>* • Montagefehler *m*; Fehler beim Zusammenbauen *m*
assembly instruction *<docu>* • Montageanleitung *f*
assembly in the field *<prod>* • Montage vor Ort *f*
assembly line *<prod>* • Fließband *n*; Montagestraße *f*
assembly plan *<docu>* • Bauplan *m*
assembly robot *<autom>* • Montageroboter *m*
assembly sequence *<prod>* • Zusammenbaufolge *f*
assembly twister *<textil> (stage twisting system)* • Fachvorzwirnmaschine *f*
assess *vt <gen> (to arrive at a grade, opinion; e.g. an invention)* • bewerten *vt*
assess *vt <qualit>* • prüfen *vt*
assessment *<qualit> (testing)* • Prüfung *f*
assigned channel *<tele>* • zugeteilter Kanal *m*
assignment *<gen> (act of assigning a task; command)* • Anweisung *f*; Aufgabenstellung *f*
assignment *<gen> (responsibility of a person)* • Aufgabe *f*
assign to *vt <gen> (person; e.g. as an assistant)* • beiordnen *vt*
assist *vt <gen>* • unterstützen *vt*
assistance *<gen>* • Unterstützung *f*
assisting locomotive *<railw>* • Vorspannlok *f*; Vorspannlokomotive *f*
assistive technology (AT) *<med.tech>* • Rehabilitationstechnik *f* (RT); Rehatechnik *f*; Reha-Technik *f*
associate *vi/vt <gen>* • assoziieren *vi/vt*
associative relation *ISO 12620 <term>* • assoziative Beziehung *f*
assort *vt <gen> (distribute into groups of a like kind)* • sortieren *vt*
assortment *<gen> (of various and special items; e.g. of fine Suisse chocolates)* • Auswahl *f*
assume *vt <gen>* • annehmen *vt*
assumed value *<tech.gen>* • angenommener Wert *m*
assumption *<gen>* • Annahme *f*; Hypothese *f*
assumption *<gen> (sth. assumed or taken for granted; e.g. for a theory, plan, idea)* • Voraussetzung *f*; Präsupposition *f wiss*
assured nuclear second-strike ability *<mil>* • gesicherte Zweitschlagkapazität *f*
assured reserves *<energ>* • sichere Vorräte *mpl*
astatic *<el>* • astatisch
astatine (At) *<chem> (radioactive)* • Astat *n* (At)
asterisk *<docu>* • Asteriskus *m*; Stern--Zeichen *n*; Sternchen *n ugs*
astern *<nav> (direction)* • achteraus
astern *<nav> (location; on ship,*

spaceship etc.) • achtern; Achter...

asthenosphere *<geo>* • Asthenosphäre *f*

astigmatic *<opt>* • astigmatisch

astringent *<food> (e.g. wine)* • adstringierend; zusammenziehend

astrometry *<aerosp>* • Astrometrie *f*

astronaut *<aerosp>* • Astronaut *m*; Raumfahrer *m ugs*; Kosmonaut *m DDR*

astronautical engineering *<aerosp>* • Raumfahrttechnik *f*

astronautics *<aerosp> (gen. travel in space)* • Astronautik *f*; Raumfahrt *f*; Kosmonautik *f DDR*

ASU sticker *:V <mvhcl.emiss>* • ASU--Plakette *f*

asymmetric[al] *<tech.gen>* • asymmetrisch; unsymmetrisch; nichtsymmetrisch

asymmetrically split *<mvhcl.int> (rear seats)* • asymmetrisch geteilt

asymmetric distribution *<math> (statistics)* • asymmetrische Verteilung *f*; schiefe Verteilung *f*

asymmetry *<tech.gen>* • Asymmetrie *f*

asymptote *<math>* • Asymptote *f*

asymptotic *<math>* • asymptotisch [verlaufend]

asynchronous *<tech.gen>* • asynchron

asynchronous alternator *<el>* • Asynchrongenerator *m*; Induktionsgenerator *m*

asynchronous data transfer *<tele>* • asynchrone Datenübertragung *f*

asynchronous machine *<el>* • Asynchronmaschine *f*

asynchronous motor *<el.mot> (variable-speed AC motor; speed independent of power supply frequency)* • Asynchronmotor *m*; Induktionsmotor *m*

asynchronous transfer mode (ATM) *<tele> (transport technology)* • Asynchronous Transfer Mode *m* (ATM)

at-grade guideway *<railw.build>* • ebenerdiger Fahrweg *m*

athermous *<phys> (not heat--conducting)* • adiatherman; atherman; wärmeundurchlässig *ugs*; undurchlässig für Wärme

atmospheric corrosion *ISO 8044 <srfc>* • atmosphärische Korrosion *f DIN EN ISO 8044*

atmospheric discharge *<meteo>* • atmosphärische Entladung *f*

atmospheric drier *<tech.gen>* • Lufttrockner *m*

atmospheric drying *<tech.gen>* • Lufttrocknung *f*

atmospheric exposure *<srfc> (corrosion load due to the atmosphere)* • atmosphärische Beanspruchung *f*

atmospheric fluidized-bed combustion (AFBC) *<comb>* • atmosphärische Wirbelschichtfeuerung *f* (AWSF); atmosphärische Wirbelschichtverbrennung *f*; atmosphärische Fließbettfeuerung *f*; atmosphärische Wirbelbettfeuerung *f*; atmosphärische Schwebebettfeuerung *f*

atmospheric inversion *<meteo> (weather condition)* • Inversionswetterlage *f*; Inversion *f prakt*

atmospheric noise *<el>* • atmosphärisches Rauschen *n*

atmospheric oxygen *<tech.gen>* • Luftsauerstoff *m*

atmospheric precipitation *<meteo>* • atmosphärischer Niederschlag *m DIN 4045*

atmospheric pressure *<tech.gen> (a pressure of 101.325 kPa = 1 atm)* • Atmosphärendruck *m*; Normdruck *m*; Luftdruck *m DIN 1358*; Umgebungsdruck *m*

atom *<phys.chem>* • Atom *n*

atomic *<phys>* • atomar

atomic absorption spectrometry (AAS) *DIN 51401-1 <chem.proc>* • Atomabsorptionsspektrometrie *f* (AAS) *DIN 51401-1*; Atomabsorptionsspektroskopie *f*

atomic bomb shelter *<build>* • Atombunker *m*; atombombensicherer Bunker *m*

atomic bond *<chem>* • Atombindung *f*

atomic clock *<i&c>* • Atomuhr *f*

atomic disintegration *<phys>* • Atomzerfall *m*

atomic hydrogen welding (AHW) *<join>* • Arcatom-Schweißen *n*

atomic mass *<phys>* • Atommasse *f*; Massenwert *m rar*

atomic state *<phys>* • atomarer Zustand *m*
atomic warhead *<mil>* • atomarer Sprengkopf *m*
atomized spray *<tech.gen> (very finely dispersed suspended particles; fog)* • Sprühnebel *m*
atomizer *<tech.gen> (very fine particles)* • Zerstäuber *m*
atomizing nozzle *<tech.gen>* • Zerstäuberdüse *f*
atom lattice *<phys>* • Atomgitter *n*
atom model *<phys>* • Atommodell *n*
atrazine *<chem>* • Atrazin *n*
atrophy *<bio>* • Atrophie *f*; Muskelatrophie *f*; Muskelschwund *m*
atropine syringe *<mil>* • Atropinspritze *f*
attach *vt <docu> (attachment; e.g. to document, e-mail)* • anhängen *vt*
attach *vt <tool> (module, tool bit; e.g. socket or extension to torque wrench)* • ansetzen *vt*; befestigen *vt*
attaching point *<tech.gen> (e.g. of add-ons, ancillary equipment, carrying straps)* • Befestigungspunkt *m*
attaching point *<convey> (for lifting tackle)* • Anschlagpunkt *m*
attachment *<tech.gen> (mounted part, component)* • Anbauteil *n*
attachment *<tech.gen>* • Befestigung *f*
attachment *<docu> (to a letter)* • Anlage *f*; Beilage *f A*
attachment *<mech.eng> (physical part, component; any shape)* • Ansatzstück *n*
attachment *<phys> (of electrons, protons)* • Anlagerung *f*
attach sth to sth *vt <prod> (e.g. part to an assembly)* • anbauen *vt*
attack *<tech.gen> (e.g. chemical, corrosive, military, virus)* • Angriff *m*
attack helicopter *<mil.aerosp> (e.g. Apache, Mi-28N)* • Kampfhubschrauber *m*; Kampfhelikopter *m rar*
attack scenario *<comp> (of hacking attacks)* • Angriffsszenario *n*
attend *vt <tech.gen> (processes, machines, plants)* • beaufsichtigen *vt*
attenuate *vt <el> (a disturbance, etc.)* • dämpfen *vt*
attenuate *vt <el>* • bedämpfen *vt*
attenuate *vt <navig> (signals)* • abschwächen *vt*
attenuate *vt <phys> (vibrations, oscillations, waves)* • dämpfen *vt*; abschwächen *vt*
attenuate *vt <phys> (energy, radiation, oscillations)* • schwächen *vt*
attenuated *<phys> (oscillation, vibration, noise)* • gedämpft
attenuation *<tech.gen> (gen.; intentional or inadvertent; e.g. of sound, signals, light)* • Dämpfung *f*; Abschwächung *f*
attenuation device *<el>* • Dämpfungsglied *n*
attic *<build> (top floor, directly under the roof)* • Dachboden *m*; Estrich *m CH*; Speicher *m ugs*; Boden *m ugs*; Söller *m ugs*
atto (a) *<phys.i&c> (SI-prefix; e.g. attofarad=10^{-18} farad)* • Atto… (a)
attract *vt <phys> (magnetically or electrostatically; e.g. ferritic or ink particles)* • anziehen *vt*
attractant *<chem> (for pests, bugs)* • Anlockstoff *m*
attraction *<phys> (gen.; by any means)* • Anziehung *f*
attribute *<gen>* • Attribut *n*
attrition *<srfc> (wearing down or away by friction; e.g. of catalyst pellets)* • Abrieb *m*
attrition *<srfc> (gen.; wear due to friction)* • Abrieb *m*; Abriebverschleiß *m form*; Abnutzung durch Reibung *f ugs*; abrasiver Verschleiß *m rar*
ATV trail *<traff> (for offroad vehicles)* • Offroad-Strecke *f*
A-type pole *<energ.el>* • A-Mast *m*
audibility *<gen> (of voice, speech)* • Verständlichkeit *f*
audible alarm *<i&c> (type of warning signal output)* • akustischer Alarm *m*; hörbares Warnsignal *n*; akustische Alarmierung *f*
audio amplifier *<av> (for recording and playback)* • Tonverstärker *m*
audio connection *<comp.av>* • Audioanschluss *m*; Audioverbindung *f*
audio [data] *ISO 12620 <term>* • Audiodaten *pl*; Tondaten *pl*
audio-frequency engineering *<av>* • Niederfrequenztechnik *f*
audio-in *<av>* • Audio-Eingang *m*;

Toneingang *m*; Audio--Eingangsbuchse *f*; Toneingangsbuchse *f*

audio output *<comp> (on soundcard)* • Audioausgang *m*; Phone-Ausgang *m*; Phone-out *m*; Speaker-Ausgang *m*; Speaker-Ausgangsbuchse *f*

audio out[put] *<comp> (gen.; marked OUT)* • Audioausgang *m*; Audioausgangsbuchse *f*; Audioanschluss *m*

audio playback *<av>* • Tonwiedergabe *f*; Schallwiedergabe *f*

audio quality *<av> (of sound system components; e.g. of speakers)* • Tonqualität *f*; Audioqualität *f form*; Soundqualität *f*; Klang *m prakt*; Sound *m ugs*

audio tape *<av>* • Tonband *n*; Band für Tonaufzeichnungen *n form*

audio track *<av>* • Tonspur *f*; Audiospur *f*

audio-visual *<av>* • audiovisuell

audit *vt <qualit>* • prüfen *vt*

audit client *ISO 9000 <qualit>* • Auditauftraggeber *m ISO 9000*

auditee *ISO 9000 <qualit>* • Auditierter *m ISO 9000*

audit evidence *ISO 9000 <qualit>* • Auditnachweis *m ISO 9000*

audit scope *ISO 9000 <qualit>* • Auditumfang *m ISO 9000*

auger *<tool> (similar to but larger than a gimlet)* • Holzbohrer *m*; Bohrstock *m*

auger drill *<build.tool> (for earth drilling)* • Erdbohrer *m*

Auger effect *<phys>* • Auger-Effekt *m*

Auger electron spectroscopy (AES) *<el.i&c>* • Auger--Elektronenspektroskopie *f* (AES) *ISO/DIS 24236*; Augerspektroskopie *f rar*

auger feeder *<agri.convey>* • Schneckenförderer *m*

augment *vt <gen>* • vergrößern *vt/vr*

aureole *<astron> (gen.; encircling ring of light or color, around the sun, moon etc.)* • Aureole *f*; Hof *m ugs*

austenite *<metal>* • Austenit *m*

austenite formation *<metal>* • Austenitbildung *f*

austenitic *<metal>* • austenitisch

austenitic steel *<metal>* • austenitischer Stahl *m*

authority *<admin>* • Behörde *f*

authority of definition *<gen>* • Definitionshoheit *f*; Deutungshoheit *f*

authority requirement *<jur>* • Auflage *f*

autoblender *<tech.gen>* • Selbstmischer *m*

auto carrier *<railw>* • Autotransportwagen *m* (ATW); Autotransporter *m*; DDm *m DB.prakt*

autoclavable *<hygi>* • sterilisierbar

autoclaveable *<med.tech> (for sterilization)* • autoklavenfest

autoclaving *<prod> (gen.)* • Autoklavbehandlung *f*

auto flash *<phot>* • Blitzautomatik *f*; automatischer Blitz *m Canon*; automatische Blitzabgabe *f Olympus*; Intelligenter Blitz *m Fuji*

auto focus (AF) *<opt> (e.g. of cameras, projectors, scanners)* • Autofokus *m* (AF); automatische Scharfstellung *f*; automatische Scharfeinstellung *f*; automatische Entfernungseinstellung *f*; Scharfstellautomatik *f ugs*

autofocus mode *Pentax <phot>* • Autofokusmodus *m Pentax*; AF--Modus *m Canon.Sony*; AF-Funktion *f Canon*

autogenous *<join> (welding)* • autogen

autogenous cutting *<prod>* • Autogenbrennschneiden *n*

autogyro *<aerosp> (rotorcraft; main rotor actuated by airstream)* • Tragschrauber *m*; Autogyro *m*; Tragschraubenflugzeug *n*; Flugschrauber *m ugs*

auto-ignition temperature *<tech.gen>* • Entflammpunkt *m*

autoloading pistol *<mil> (pistol)* • Selbstladepistole *f*; halbautomatische Pistole *f*; selbstladende Pistole *f*

autolysis *<chem>* • Autolyse *f*

automate *vt <tech.gen> (a process)* • automatisieren *vt*

automated *<tech.gen>* • automatisiert

automated guided vehicle [system] (AGV) *<logist>* • fahrerloses Transportsystem *n* (FTS); fahrerloses Flurförderzeug *n*

automated manual transmission (AMT) *US <mvhcl.drive> (manual shifting, automatic clutch; e.g. F1 racing, Smart)* • automatisiertes Schaltgetriebe *n*; halbautomatisches

Getriebe *n*; Halbautomatikgetriebe *n*; Halbautomatik *f prakt*

automatically adjustable *<tech.gen>* • selbsttätig verstellbar

automatically indexing *<tech.gen>* • selbstschaltend

automatically operated *<tech.gen>* • automatisch betrieben

automatically recording *<tech.gen> (e.g. instrument, sensor, camera)* • selbsttätig registrierend; selbstaufzeichnend

automatically tripping *<tech.gen> (e.g. sensor, relay)* • selbstauslösend

automatic bottom carton *<pack>* • Faltbodenschachtel *f DIN 55 405*

automatic caliber *<i&c> (watch; e.g. ETA 2824-2)* • Automatikkaliber *n*; Automatik-Werk *n*

automatic climate control system (ACC) *<mvhcl.hvac> (automatically maintains a preset temperature, by heating/cooling)* • Klimaautomatik *f*; Klimatisierungsautomatik *f MB*; automatische Klimaanlage *f*

automatic color control (ACC) *US <av>* • automatische Farbregelung *f* (ACC); automatische Chromaregelung *f*; Automatic Colour Control *f*

automatic cut-out *<el> (device for thermal protection of installed lines)* • Sicherungsautomat *m*; automatischer Leistungsschutzschalter *m*; automatischer Leitungsschutzschalter *m*

automatic decimal point positioning *<math>* • Kommaautomatik *f*

automatic disengagement *<tech.gen>* • Selbstauslösung *f*

automatic electric gun (AEG) *<mil> (Airsoft)* • AEG-Waffe *f*

automatic exposure (AE) *<tech.gen> (feature, operating mode of cameras, copiers etc.)* • Belichtungsautomatik *f*; automatische Belichtungssteuerung *f*; automatische Belichtung *f*

automatic exposure control system *<tech.gen> (of camera, copier etc.)* • Belichtungsautomatik *f*

automatic filling machine *<prod>* • Abfüllautomat *m*

automatic film speed setting *<phot>* • automatische Filmempfindlichkeitseinstellung *f*

automatic flight control (AFC(S)) *<aerosp>* • automatische Steuerung *f*; automatische Kurssteuerung *f*

automatic interlocking *<tech.gen>* • Selbstverriegelung *f*

automatic landing *<aerosp>* • automatische Landung *f*

automatic level control (ALC) *<av> (of audio and/or video signals)* • Aussteuerungsautomatik *f*; automatische Aussteuerung *f*

automatic level control system *<mvhcl>* • Niveauregulierung *f*

automatic loudness *<av> (automatic emphasis of bass and treble at low volume)* • gehörrichtige Wiedergabe *f*; Automatic Loudness *f*; Loudness *f prakt*

automatic machine *<tech.gen>* • Automat *m*

automatic milking system (AMS) *<agri.tech>* • automatisches Melksystem *n* (AMS); Melkautomat *m*; Melkroboter *m*

automatic milling machine *<mach.tool>* • Fräsautomat *m*

automatic mode *<tech.gen>* • Automatikbetrieb *m*

Automatic Read Amplification area *<comp>* • ARA-Bereich *m DIN 66010*

automatic seat belt *<mvhcl.safe> (do not confuse w. German "Automatikgurt"!)* • passiver Sicherheitsgurt *m*; selbstanlegender Sicherheitsgurt *m*

automatic seat belt *US <mvhcl.safe> (shoulder belt moves automatically into fastening position)* • Rückhalteautomat *m* (RA); passives Gurtsystem *n*

automatic shut-down device *<tech.gen>* • Abschaltautomatik *f*

automatic spotwelding machine *<join>* • Punktschweißautomat *m*

automatic stamping machine *<mach.tool>* • Stanzautomat *m*

automatic station finder *<av>* • Suchlaufautomatik *f*

automatic station search *<av>* • Sendersuchlauf *m*

automatic stop *<tech.gen>* • selbsttätige Ausschaltung *f*

automatic storage/retrieval

warehouse *<prod>* • automatisches Hochregallager *n*

automatic tape rewind *<av>* • Rückspulautomatik *f*; automatischer Rücklauf *m*; automatischer Rückspulmechanismus *m*

automatic telling machine (ATM) *US <autom.fin> (cash point)* • Geldautomat *m*; Bankautomat *m*; Bankomat *m rar*

automatic tow rope *<mvhcl>* • aufrollbares Abschleppseil *n*

automatic train operation (ATO) *<railw> (gen.)* • automatisierter Zugbetrieb *m*

automatic train protection system *<railw.i&c>* • Zugbeeinflussungssystem *n*; Zugsicherungssystem *n*

automatic transaxle shift lock control system *<mvhcl> (shifting from P requires full brake pedal application)* • Automatikgetriebe--Verriegelungssystem *n*

automatic transfer line *<prod.autom>* • Fertigungsstraße *f*; Taktstraße *f*; Fließstraße *f*

automatic transmission *<mvhcl.drive>* • Automatikgetriebe *n*; Automatik *f prakt.ugs*; automatisches Getriebe *n did.MB.VW*; vollautomatisches Getriebe *n did.rar*; Automatgetriebe *n ZF*

automatic transmission fluid (ATF) *<tribo> (special oil used in automatic transmissions)* • Automatikgetriebeöl *n* (ATF); Getriebeöl für Automatikgetriebe *n form*; ATF-Öl *n prakt*

automatic tripping *<tech.gen>* • Selbstauslösung *f*

automatic valve *<pps>* • selbsttätiges Ventil *n*

automatic vehicle identification (AVI) *<traff>* • automatische Fahrzeugidentifizierung *f*

automatic watch *<i&c>* • Automatikuhr *f*

automatic water faucet *<pps.hygi> (typ. in public bathrooms)* • berührungslose Armatur *f*; Sensorwasserhahn *m*; automatischer Wasserhahn *m ugs*

automatic white balance (AWB) *<phot> (of camcorders, digicams)* • automatischer Weißabgleich *m* (AWB)

automation *<tech.gen>* • Automation *f*

automation *<i&c>* • Automatisierung *f*

automation level *<prod> (in percent)* • Automatisierungsgrad *m*

automobile *US <mvhcl> (a passenger road vehicle)* • Personenkraftwagen *m* (Pkw) *form*; Automobil *n form.obs*; Wagen *m*; Auto *n prakt.ugs*

automobile engineering *<mvhcl> (as a discipline)* • Kraftfahrzeugtechnik *f*; Kraftfahrzeugbau *m*; Automobiltechnik *f*; Automobilbau *m*; Kfz-Technik *f prakt*

automobile manufacturing plant *<mvhcl.prod>* • Automobilwerk *n*

automobile mechanic *<mvhcl>* • Kraftfahrzeugmechaniker *m*; Automechaniker *m ugs.prakt*; Autoschlosser *m ugs*; Autoschrauber *m ugs*

automotive body *<mvhcl> (gen.; any type, on frame or unitized)* • Karosserie *f*; Kraftfahrzeugkarosserie *f form*; Karosse *f rar*

automotive electric system *<mvhcl.el>* • Kraftfahrzeugelektrik *f*; Bordelektrik *f*

automotive emissions *<mvhcl.emiss> (of any source; incl. fuel evoparation, noise, brake dust)* • Kraftfahrzeugemissionen *fpl*

automotive engine *<mvhcl.mot>* • Kraftfahrzeugmotor *m*

automotive exhaust emissions *pl <mvhcl.emiss>* • Kraftfahrzeugabgase *npl*; Kraftfahrzeugabgasemissionen *fpl wiss*; Autoabgasemissionen *fpl*; Automobilabgase *npl*; Autoabgase *npl ugs*

automotive industry *<mvhcl.econ>* • Kraftfahrzeugindustrie *f*; Automobilindustrie *f*; Kfz-Industrie *f prakt*; Autoindustrie *f ugs*

automotive paint *<srfc.mvhcl> (lacquer or enamel)* • Autolack *m*

autonomous *<tech.gen>* • selbstständig arbeitend

autonomous mobile robot *<autom>* • autonomer mobiler Roboter *m*

autonomous system *<tech.gen>* • autonomes System *n*

autonomous working *<gen>*

• autonome Arbeitsweise *f*
autopilot (A/P) *<aerosp>* • Autopilot *m* (A/P); Steuerungsautomat *m*
autopilot: land on ~ *vi <aerosp>* • Autopilot *m*: mit ~ landen *vi*; landen *vi*: mit Autopilot ~
autopilot *<navig>* • Autopilot *m*; Flugregler *m rar*; automatische Kurssteueranlage *f rar*
autopilot control *<aerosp> (principle)* • Selbststeuerung *f*; Autopilotsteuerung *f*
auto power off *Krups <el> (of kitchen appliances; e.g. of kettle, coffee maker)* • automatische Abschaltung *f AEG*; Abschaltautomatik *f*; Sicherheitsabschaltung *f*
auto reverse mode *<av>* • Auto--Reverse-Betrieb *m*
autorotation *<aerosp>* • Autorotation *f*
auto sector *US <mvhcl.econ>* • Autobranche *f*
auto setup *<comp> (of software)* • automatisierte Installation *f*
autotraversing *<tech.gen> (e.g. across machine bed, cable reel, winch)* • selbstrücklaufend
auxiliaries *pl <railw> (of locomotives)* • Hilfseinrichtungen *fpl*
auxiliary … (AUX) *<tech.gen>* • Hilfs…; Zusatz…
auxiliary antenna *US <el>* • Ersatzantenne *f*
auxiliary drive shaft *<mvhcl.mot> (engine block; parallel to crankshaft)* • Nebenwelle *f*; Zwischenwelle *f rar*
auxiliary fuel tank *<mvhcl> (of cars, trucks)* • Zusatz-Kraftstofftank *m*
auxiliary function *<tech.gen>* • Zusatzfunktion *f*
auxiliary gear *<aerosp>* • Stützfahrwerk *n*
auxiliary heating system *<hvac> (e.g. of solar heating systems)* • Zusatzheizung *f*; zusätzliche Wärmequelle *f*; Nachheizung *f*
auxiliary material *<prod> (for production processes)* • Betriebs- und Hilfsstoffe *mpl*
auxiliary power unit (APU) *JAR 25.25A903 <aerosp.mot>* • Hilfsgasturbine *f* (APU); Hilfsturbine *f*; Hilfstriebwerk *n*
auxiliary take-off rocket unit *<aerosp>* • Raketenstartbeschleuniger *m*
auxiliary turbine *<turb> (upstream)* • Vorschaltturbine *f DIN 4303*; Vorturbine *f*
auxiliary work *<prod> (related to a job)* • Nebenarbeiten *fpl*; Zusatzarbeiten *fpl*
available *<gen>* • frei
available *<tech.gen> (product or optional equipment)* • lieferbar
available *<tech.gen>* • verfügbar
available for hire *<tech.gen> (e.g. construction tools, farming equipment)* • mietbar
available oxygen *<chem>* • ungebundener Sauerstoff *m*; freier Sauerstoff *m ugs*
available power *<mech.eng>* • verfügbare Leistung *f*
available space *<comp>* • verfügbarer Speicherplatz *m*
avalanche diode *<el>* • Lawinendiode *f*
avalanche effect *<el> (of semi--conductors)* • Avalanche-Effekt *m*; Lawineneffekt *m*
average *<gen>* • durchschnittlich
average *<gen>* • Durchschnitt *m*
average *<nav>* • Havarie *f*
average *vt <math>* • mitteln *vt*; Mittel bilden *vi*
average access time *<comp> (for a random access to a specific disk sector)* • mittlere Zugriffszeit *f*; durchschnittliche Zugriffszeit *f*; wahlfreie Zugriffszeit *f*; Zugriffszeit *f ugs*
average consumption *<tech.gen> (e.g. of fuel, natural gas, food stuff)* • Durchschnittsverbrauch *m*
averaged *<gen>* • gemittelt
average determination *<gen>* • Durchschnittsbestimmung *f*
average fuel consumption *<mvhcl>* • durchschnittlicher Kraftstoffverbrauch *m*
average fuel economy (AVE ECON) *<mvhcl.i&c> (trip computer display message)* • Durchschnittsverbrauch *m*
average metering *<phot>* • Integralmessung *f*
average-position control *<gen>* • Pendelregelung *f*
average speed *<gen>* • Durchschnittsgeschwindigkeit *f*

averaging <gen> *(e.g. arithmetic mean)* • Mittelwertbildung *f*
averaging <math> *(of values, measurements)* • Mittelung *f*
aviation <aerosp> *(skill or practice of operating aircraft)* • Luftfahrt *f*
aviation engineering <aerosp> *(aircraft design and manufacture)* • Luftfahrttechnik *f*
aviation fuel <aerosp> *(aviation gasoline and jet fuel)* • Luftfahrtbetriebsstoff *m*
aviation gasoline *ASTM D910* <aerosp> • Flugbenzin *n*; Avgas *n prakt*; verbleites Superbenzin mit 100 und mehr Oktan *n did*; Flugzeugbenzin *n rar*
aviation security <aerosp> • Flugsicherheit *f*
aviation turbine <aerosp> *(jet engine or turboprop)* • Flugzeugturbine *f*; Flugzeugturbinentriebwerk *n rar*
avionics <aerosp> • Avionik *f*; Luftfahrtelektronik *f*
awareness <gen> • Bewusstsein *n*
awesome view <build.econ> *(e.g. on hillside, lakefront)* • atemberaubende Aussicht *f*
awkward <gen> • unhandlich
awkward location <tech.gen> • schwer zugängliche Stelle *f*; schlecht zugängliche Stelle *f*; kaum zugängliche Stelle *f*
awl <tool> *(pointed instrument for piercing small holes; e.g. in leather)* • Ahle *f*
ax *US* <tool> • Axt *f*
axial <tech.gen> • axial
axial admission <convey> *(of pump impeller)* • Axialbeaufschlagung *f*
axial alignment <mech.eng> *(of shafts)* • Achsenfluchtung *f*
axial approach *EN 60947* <i&c> *(towards a sensor face)* • axiale Annäherung *f EN 60947*
axial expansion joint <pps> • Axialkompensator *m*; Axial--Kompensator *m norm*
axial flow <phys> • Axialströmung *f*
axial-flow blower <mech.eng> • Axialgebläse *n*
axial-flow compressor *ISO 11086* <turb> *(compressor type)* • Axialverdichter *m DIN 4340*; Axialkompressor *m*
axial-flow impeller <mech.eng> *(of compressor, pump, turbine)* • Axialrad *n*; Axiallaufrad *n*; axialer Propeller *m*; Axialläufer *m*; Axialpropeller *m*
axial-flow pump <convey> *(a rotary pump; as opp. to centrifugal p.)* • Axialpumpe *f*; Propellerpumpe *f*; Axialkreiselpumpe *f*; axiale Kreiselpumpe *f*; axiale Propellerpumpe *f*
axial-flow turbine <turb> *(turbine type)* • Axialturbine *f*
axial load <mech> *(on any component; tensile or thrust)* • Axialbelastung *f*; Axiallast *f*; Längslast *f*; Längsbelastung *f*
axially parallel <tech.gen> • achsparallel
axially spring-loaded mounting of rolling bearings <mech.eng> • federnde Anstellung von Wälzlagern *f*
axially stressed <mech> • axial beansprucht; axial belastet
axially symmetric <math> *(body; e.g. in a drawing)* • achsensymmetrisch; axialsymmetrisch
axial offset <mech.eng> *(lateral mismatch; e.g. of pipes, shafts, owg)* • Achsenversatz *m*
axial symmetry <tech.gen> • Achsensymmetrie *f*; Axialsymmetrie *f*
axial thrust <mech.eng> *(on shaft, impeller, gear)* • Axialschub *m*; Achsschub *m*; Axialkraft *f*; Axialbelastung *f*
axiom <math> • Axiom *n*
axis <tech.gen> *(abstract)* • Achse *f*
axis *pl*: **axes** <aerosp> *(aircraft movements)* • Achse *f*
axis label <comp> • Achsenbezeichnung *f*; Achsenbeschriftung *f*
axis of rotation <phys> *(e.g. of a planet, gyro)* • Drehachse *f*
axle <tech.gen> • Achse *f*
axle <mech.eng> *(physical, component)* • Achse *f*
axle <vhcl> *(e.g. front or rear axle; also figurative)* • Achse *f*
axle arrangement <vhcl> *(e.g. of truck, locomotive)* • Achsanordnung *f*
axle articulation <comvhcl> *(e.g. in heavy terrain)* • Achsverschränkung *f*

axle bearing *<vhcl>* • Achslager *n*; Tatzlager *n*

axle boot *<vhcl>* • Achsmanschette *f*

axlebox *<railw.eng>* • Radsatzlager *n*; Radlager *n prakt*; Achslager *n rar*

axle box *<railw>* • Achslager *n*

axle break *<vhcl> (e.g. of 4WD vehicles, train cars)* • Achsbruch *m*

axle differential *<mvhcl.drive>* • Achsdifferential *n*; Achsausgleichsgetriebe *n*; Querausgleichsgetriebe *n rar*

axle drive *<mvhcl.drive> (usu. in conjunction with a differential)* • Achsgetriebe *n*

axle housing *<vhcl> (non-rotating; accommodates drive shafts etc.)* • Achsgehäuse *n*; Achskörper *m*

axle load *<mvhcl>* • Achslast *f*; Achsdruck *m obs*

axle load distribution *<vhcl>* • Achslastverteilung *f*; Gewichtsverteilung *f prakt*

axle tramp *<mvhcl> (undesired behavior of live axles)* • Achstrampeln *n*; Trampeln *n*

axle tube *<vhcl>* • Achsrohr *n*

axonometric representation *ISO 10209-2 <docu>* • axonometrische Darstellung *f DIN ISO 10209-2*; axonometrische Ansicht *f*

azimuth *<navig>* • Azimut *n*

Azipod drive *<nav> (nacelle-style drive unit)* • Propellergondelantrieb *m*; Azipod-Antrieb *m*; Pod-Antrieb *m*

azo dyes *<chem> (e.g. used in textiles, food)* • Azofarbstoffe *mpl*

azure blue *<srfc> (color shade)* • azurblau

B

B2B brand *<econ>* • B2B-Marke *f*

B2B product market *<econ>* • B2B-Produktmarkt *m*

B2C market *<econ>* • Konsumgütermarkt *m*; B2C-Markt *m jarg*; B2C-Bereich *m jarg*; B2C-Sektor *m jarg*

Babcock mill *<mech.eng>* • Babcock--Kugelringmühle *f*

BACAT *<nav>* • BACAT *n*; Barge--Catamaran-Transportschiff *n*

back *<gen> (rear part of chair, seat, sofa)* • Lehne *f*

back *<gen> (side which is less often seen, less important)* • Rückseite *f*

back *<tech.gen> (e.g. rear part of human body, book, saw, gear tooth)* • Rücken *m*

back *<plast> (of labels, adhesive film)* • Träger *m*

back *vt <tech.gen> (support)* • stützen *vt*

back *vt <srfc> (laminate; paper, film)* • kaschieren *vt*

backbone architecture *<comp>* • Backbone-Architektur *f*

back cover *<tech.gen>* • Rückseitenabdeckung *f*

backdoor trojan *<comp> (type of virus)* • Backdoor-Trojaner *m*

backfill *<build> (material)* • Verfüllmaterial *n*; Verfüllung *f*

backfill concrete *<build.mat> (e.g. lean-mix concrete)* • Füllbeton *m*

backfilling *<min>* • Versatzgut *n*; Versatz *m prakt*

backfilling *<waste> (process and material)* • Verfüllung *f*

backfire *<mvhcl> (in the exhaust system; loud bang)* • Fehlzündung *f*; Auspuffknallen *n*; Auspuffpatschen *n*; Zündaussetzer *m*

backfire *vi <hvac> (boiler, flame)* • abknallen *vi*

backfitting *<tech.gen>* • Nachrüstung *f*; nachträglicher Einbau *m form*; Nachrüsten *n prakt*; Umrüstung *f*; Rückrüstung *f*

backflow *<tech.gen> (liquid or gas)* • Rückstau *m*

back flow *<tech.gen> (process and medium)* • Rückfluss *m*

backflush *vt <proc> (filter elements)* • spülen *vt*

background *<gen> (of a fragrance, perfume)* • Fondnote *f*; Basisnote *f*

background *<tech.gen> (physical or abstract; e.g. scenery, backdrop, radiation, reference)* • Hintergrund *m*

background brightness *<light> (overall brightness)* • Grundhelligkeit *f*

background noise *<acoust> (gen.; e.g. street noise, tape hiss)* • Grundgeräusch *n*

background noise *<av> (e.g. voices,*

street noise) • Geräuschkulisse *f*

background noise *<comp.av> (e.g. tape hiss)* • Grundrauschen *n*; Hintergrundrauschen *n*; Grundgeräusch *n*; Untergrundrauschen *n rar*

background projection *<tech.gen>* • Hintergrundprojektion *f*

background radiation *<phys> (gen.; any kind; e.g. radioactivity)* • Grundstrahlung *f*; Hintergrundstrahlung *f*; Untergrundstrahlung *f rar*

backhand welding *<join> (esp. for sheet metal and plates > 3 mm)* • Nachrechtsschweißen *n*; Rechtsschweißung *f*; NR-Schweißen *n*

backing *<gen> (any kind of support, aid; material, moral, financial)* • Unterstützung *f*

backing *<tech.gen> (flat support, substrate)* • Unterlage *f*

backing cloth *<proc>* • Stützgewebe *n*

backing-off motion *<tech.gen> (e.g. vehicle)* • Rückwärtsbewegung *f*

backing ring *<tech.gen>* • Stützring *m*; Einsatzring *m*

backlash *<drive> (between meshing gears, in line of action)* • Flankenspiel *n*; Eingriffsflankenspiel *n form*; Spiel *n prakt*

backlash-free *:V <mech.eng> (e.g. shaft coupling, gears)* • spielfrei

backlight *<phot> (sun behind subject)* • Gegenlicht *n*; Gegenlicht-Effekt *m*; Hinterlicht *n*

backlight compensation *<av> (e.g. of camcorders)* • Gegenlichtkorrektur *f*; Gegenlichtkompensation *f*; Gegenlichtausgleich *m*

back light mode *Nikon <phot>* • Gegenlicht-Modus *m Nikon*

backlit *<el> (display)* • beleuchtet

back-lit exposure *<phot>* • Gegenlichtaufnahme *f*

back-lit lighting situation *<phot>* • Gegenlicht-Aufnahmesituation *f*

backlog *<econ> (of orders)* • Rückstau *m*

back off the throttle *vi <mvhcl>* • Gas wegnehmen *vi*

back out *vt <tech.gen> (e.g. vehicle, tool)* • herausbewegen *vt*

back out *vt <tech.gen>* • herausziehen *vt*

back plate *<tech.gen>* • Rückwand *f*

back-pressure turbine *IEC 45-1 <turb>* • Gegendruckturbine *f DIN 4304*

back rake angle (BR) *<tool> (of lathe tool)* • Spanwinkel *m*

backrest *<mvhcl.int>* • Rückenlehne *f*; Sitzlehne *f*; Rücklehne *f*; Lehne *f*

backrest tilt adjustment *<int> (of seats)* • Lehnenneigungsverstellung *f*; Lehnenneigungseinstellung *f*

backscattering *<phys> (diffuse)* • Rückstreuung *f*; Rückdiffusion *f*; Reflexion *f ugs*

back seat *<mvhcl.int> (in the 2nd or 3rd seat row)* • Fahrzeugrücksitz *m*; Rücksitz *m prakt*; Fondsitz *m MB*; Fond *m MB*; Hintersitz *m rar*

backstop *<mil> (on shooting range; for bullets, pellets)* • Kugelfang *m*; Geschossfang *m*

back stream *<tech.gen>* • Rückströmung *f*

back surface *<tech.gen>* • Rückfläche *f*

back sweep *<av> (return sweep of cathode, radar, laser ray)* • Rücklauf *m*

back-to-back arrangement *ISO 5593 <mech.eng> (of rolling bearings on shafts; as opp. to face-to-face)* • O-Anordnung *f DIN ISO 5593*

backup *<build> (prop, stay, support; e.g. of a wall)* • Stütze *f*; Abstützung *f*

backup *<comp> (actual process of saving files to disk, tape etc.)* • Datensicherung *f*; Backup *n*

backup *<waste.hydr> (of wastewater into buildings)* • Rückstau *m*

back-up *US <traff> (long line of vehicles, extending back from an obstruction)* • Rückstau *m*; Stau *m ugs*

back up *vt <tech.gen>* • hinterlegen *vt*

back up *vt <tech.gen> (e.g. a film)* • verstärken *vt*

back-up copy *<comp> (of files, media)* • Sicherungskopie *f*; Datensicherungskopie *f*; Backup *n*

back-up file *<comp>* • Sicherungsdatei *f*; Dateisicherungskopie *f*; Sicherungskopie einer Datei *f*; Datei--Backup *n*; Backup-Datei *f*

back-up light (B/U LITE) *US <mvhcl.el>* • Rückfahrscheinwerfer *m*; Rückfahrleuchte *f*; Rückfahrlicht *n*

backup medium *<comp> (e.g. external*

HD, tape, RAID, DVD) • Datensicherungsmedium *n*; Backup--Medium *n*; Sicherungsmedium *n*; Backup-Speicher *m*
back-up software *<comp>* • Backup--Software *f*; Backup-Programm *n*; Datensicherungsprogramm *n*
back-up system *<tech.gen> (stress on: always in stand-by mode)* • Bereitschaftssystem *n*
back-ventilated *<build>* • hinterlüftet
backward *<gen>* • rückwärts
backward movement *<tech.gen>* • Rückwärtsbewegung *f*; Rückgang *m rar*
backward push *<mech>* • Rückstoß *m*
backwater *<energ.hydr> (of a hydro--electric power plant)* • Rückstau *m*
backwater gate *<build.pps>* • Rückstauklappe *f*
bacterial decomposition *<agri.tech>* • bakterieller Abbau *m*
bactericidal packaging material *<mat>* • bakterizider Packstoff *m DIN 55 405*
bacteriological filter *<proc>* • bakteriendichter Filter *m*; bakteriendichtes Filter *n*
bacteriostatic finish *<srfc>* • bakteriostatische Ausrüstung *f*
bad file name *<comp>* • falscher Dateiname *m*
badge *<econ> (e.g. on cars)* • Emblem *n*; Markenemblem *n*; Signet *n rar*
badge engineering *<prod> (same platform and technology, different skin and name)* • Badge Engineering *n*
baffle plate *<tech.gen> (stress on: attenuating function)* • Dämpfer *m*
baffle plate *<tech.gen> (stress on attenuation function; any medium)* • Prallblech *n*
baffle plate *<tech.gen> (attenuation of liquids; e.g. in fuel tank, oil pan)* • Schwallblech *n*
baffle plate *<tech.gen> (metal; diverts flow)* • Umlenkblech *n*; Leitblech *n*; Prallblech *n*; Ablenkplatte *f*
baffle surface *<tech.gen>* • Prallfläche *f*
bag *<pack> (gen.)* • Beutel *m*
bag *<proc> (in tubular-type filter; e.g. of HEPA filter)* • Schlauch *m*
bag burster *<waste>* • Aufreißvorrichtung *f*
baggage *US.ISO 10254 <tour> (suitcases, trunks, portable equipment)* • Gepäck *n*
baggage check *US <tour> (customs, airport; by any method)* • Gepäckkontrolle *f*
baggage claim *sg <aerosp>* • Gepäckausgabe *fsg*
baggage compartment *US <comvhcl> (of a bus)* • Gepäckraum *m*; Kofferraum *m*
baggage compartment *US <vhcl> (of a bus, railway car, ferry boat)* • Gepäckraum *m*
baggage conveyor *<aerosp>* • Gepäckband *n*
baggage handling *sg <aerosp>* • Gepäckabfertigung *fsg*
baggage handling system *<aerosp>* • Gepäckförderanlage *f* (GFA)
baggage sorting system *US <aerosp.logist>* • Gepäcksortieranlage *f*; Gepäckförder- und -sortieranlage *f*
baggage tag *US <logist> (on suitcases etc.)* • Gepäckanhänger *m*
baggage tracing *<aerosp>* • Gepäckermittlung *f*
baggage trolley *<aerosp> (used by passengers)* • Gepäckwagen *m*; Gepäcktrolley *m*; Kofferkuli *m*; Gepäckkarren *m rar*
baggage trolley *<comvhcl.aerospa>* • Gepäckanhänger *m*; Gepäckwagen *m prakt*; Gepäck-Transportanhänger *m*
bagging *<pack> (in small bags)* • Eintüten *n*
baggy *<pap> (paper, clothes)* • ausgebeult
bag room *<gen>* • Gepäckraum *m*
bail *<tech.gen> (bracket-style rail, usu. with hinges left/right)* • Bügel *m*
bail *<tech.gen> (handle; e.g. of bucket)* • Henkel *m*
bail *vt <tech.gen> (water; out of a boat)* • ausschöpfen *vt*; schöpfen *vt*
bail out *vt <nav> (water from a boat)* • lenzen *vt*
bait *<gen> (as a lure; e.g. in fishing, trapping)* • Köder *m*
bake *vi <srfc> (e.g. coating)* • ausbacken *vi*
bake *vt <srfc> (paint)* • härten *vt*

baked *<mat> (hardened, cured)* • gehärtet

bakelite ® *<plast>* • Bakelit *n* ®

baking enamel *<srfc>* • Einbrennemaillack *m*; Einbrennemaillelack *m*

balance *<tech.gen> (stability)* • Stabilität *f*

balance *<chem>* • Rest *m*

balance *vt <tech.gen> (stress on: compensate sth.; e.g. forces)* • ausgleichen *vt*; kompensieren *vt*; egalisieren *vt*

balance *vt <el> (e.g. bridge connection)* • abgleichen *vt*

balance *vt <mech> (masses; achieve equilibrium)* • ausbalancieren *vt*; ausgleichen *vt*; Gleichgewicht *n*: ins ~ bringen *vt*

balance *vt <mech.eng> (wheel, shaft etc.)* • auswuchten *vt*; wuchten *vt*

balance control *<av> (adjusts left and right speaker volume)* • Balanceregler *m*

balanced *<tech.gen>* • abgeglichen

balanced *<tech.gen> (unstressed)* • entlastet

balanced *<mech.eng> (rotary parts; statically, dynamically; e.g. wheels, shafts)* • ausgewuchtet

balanced bridge transition *<el>* • Ausgleichbrückenschaltung *f*

balanced load *<tech.gen> (electr. or mech.)* • symmetrische Belastung *f*

balance hole *<tech.gen> (pressure relief)* • Entlastungsbohrung *f*; Ausgleichsbohrung *f*; Druckausgleichsloch *n*

balance of plant (BOP) *<tech.gen> (peripheral equipment)* • Anlagenperipherie *f*; Peripherie *f prakt*

balance of plant (BOP) *<tech.gen>* • übrige Anlagekomponenten *fpl*

balance of system (BOS) *<tech.gen>* • übrige Systemkomponenten *fpl*

balance spring *<tech.gen> (e.g. in vertical sliding windows, of engine hoods, trunk lids)* • Ausgleichsfeder *f*

balance spring *<i&c> (in watches)* • Unruhfeder *f*

balance weight *<mvhcl> (on wheel rims)* • Auswuchtgewicht *n*; Ausgleichsgewicht *n*; Bleigewicht *n prakt*; Gewicht *n prakt*

balancing *<el> (of loads, circuits)* • Abgleich *m*; Symmetrierung *f*

balancing energy *<energ>* • Ausgleichsenergie *f*

balancing machine *<mech.eng> (gen.)* • Auswuchtmaschine *f*

balancing moment *<mech>* • Ausgleichmoment *n*

balancing network *<tech.gen>* • Abgleichnetz *n*

balancing of masses *<mech.eng> (e.g. of piston engines)* • Massenausgleich *m*

balancing resistor *<el>* • Abgleichwiderstand *m*; Symmetrierwiderstand *m*

balcony *<build> (outdoor; cantilevered wall projection)* • Balkon *m*

bale *<pack> (pressed bundle of soft material; e.g. straw, paper, cloth)* • Ballen *m*

bale breaker *<textil>* • Ballenbrecher *m*

baling press *<tech.gen> (e.g. for hay, straw, waste)* • Ballenpackpresse *f*; Ballenpresse *f*

balk *US <build.mat> (a heavy timber used for building; rafter, beam)* • Holzbalken *m*

ball *<tech.gen> (usu. rather small; e.g. in ball bearings, check valves)* • Kugel *f*

ball *<bio> (of hand, foot)* • Ballen *m*

ball and socket coupling *<energ.el> (insulator)* • Klöppel-Pfannen--Verbindung *f*; Klöppel-Pfanne--Verbindung *f*

ballast *<tech.gen> (gen.)* • Ballast *m*

ballast *<light> (of discharge lamps)* • Vorschaltgerät *n*; Vorschaltdrossel *f*

ballast *vt <nav>* • fluten *vt*

ballast course *<build>* • Schotterlage *f*; Schotterbettung *f*

ballast keel *<nav>* • Ballastkiel *m*

ballast resistance *<el>* • Ballastwiderstand *m*

ballast resistor (BAL RES) *<el> (gen.)* • Ballastwiderstand *m*; Belastungswiderstand *m*; Lastwiderstand *m*; Stabilisierungswiderstand *m*; Vorwiderstand *m*

ballast tank *<nav> (usu. filled with water)* • Ballasttank *m*

ball bearing *<mech.eng>* • Kugellager *n*

ball-bearing *adj <mech.eng>* • kugelgelagert

ball-bearing inner race *<mech.eng>* • Kugellagerinnenring *m*

ball-bearing outer race *<mech.eng>* • Kugellageraußenring *m*

ball-bearing retainer *<mech.eng>* • Kugellagerringkäfig *m*

ball bonding *<el.el.ic.prod>* • Ball--Bonden *nsg*; Ball-Wedge-Verfahren *nsg*

ball bullet (BB) *<mil> (for air soft guns; typ. plastic or copper; not "ball bearing!")* • BB *f*; Kugel *f*

ball cup *<tech.gen>* • Kugelschale *f*

ball indentation hardness *<plast.qualit> (e.g. Brinell, Rockwell HRB)* • Kugeldruckhärte *f DIN 53 456*

ballistic curve *<phys> (flight path of a projectile etc.)* • ballistische Kurve *f*; ballistische Flugbahn *f*

ballistic missile *<mil> (gen.; any type)* • ballistischer Flugkörper *m*

ballistics *<phys>* • Ballistik *f*

ball joint *<mech.eng> (e.g. on steering tie rods)* • Kugelgelenk *n*; Kugelkopfgelenk *n ugs*

ball mill *<proc> (gen.)* • Kugelmühle *f*

balloon *<gen>* • Ballon *m*

balloon *FAR 1.1 <aerosp> (aircraft)* • Ballon *m*; Aerostat *m obs*

balloon envelope *<aerosp>* • Ballonhülle *f*

ball peen hammer *US <tool>* • Schlosserhammer *m*; Kugelhammer *m prakt.ugs*; Treibhammer *m prakt*; englischer Schlosserhammer *m form*; englischer Hammer *m rar*

ball penetrator *<qualit.mat>* • Kugeleindringkörper *m*

ball socket *<mech.eng> (of a ball joint; e.g. on steering tie rods)* • Kugelpfanne *f*; Kugelschale *f*; Kugelsitz *m*

ball-type check valve *<pps>* • Kugel--Rückschlagventil *n*; Kugelventil *n prakt*; Kugelrückschlagventil *n*

ballute *<mil> (e.g. for BATs)* • Ballut *m :V*

ball valve *<pps>* • Kugelventil *n*

balsa wood *<mat>* • Balsaholz *n*; Balsa *n prakt*

baluster *<build> (closely spaced, pillarlike support of a banister or handrail)* • Baluster *m*; Geländerpfosten *m*

balustrade *<build> (series of short pillars with a handrail; on staircases, balconies, por)* • Balustrade *f*

banana bench *<gen>* • Bananenbank *f*

banana file *<hygi.tool>* • Bananafeile *f*

banana jack *<el>* • Bananensteckerbuchse *f*

banana plug *<el>* • Bananenstecker *m*

banana software *<comp>* • Bananensoftware *f*

band *<phys> (spectrum)* • Bande *f*

band *<vhcl> (with screw/bolt, fixes components to frame or handle bar)* • Schelle *f*

bandage *vt <el>* • bandagieren *vt*

band brake *<brake> (outer squeezing type brake; e.g. in autom. transm., bicycles)* • Bandbremse *f*

banded *<docu> (e.g. pattern)* • gebändert

banded ore *<min>* • Bändererz *n*; Streifenerz *n rar*

band model *<phys>* • Bändermodell *n*; Energiebändermodell *n*

band-pass filter (BPF) *DIN IEC 50 <av>* • Bandpassfilter *m/n* (BPF) *DIN IEC 50*; Bandpass *m*

bandsaw *<tool>* • Bandsäge *f*

band selection *<tele>* • Bereichswahl *f*

band selection *<tele>* • Empfangsbereich *m*

bandwidth *<el> (gen.; e.g. of a filter or frequency range)* • Bandbreite *f*

bandwidth *<tele> (measure for data transfer capacity; in bit/s or Hz)* • Bandbreite *f*

bandwidth *<tele> (difference between highest and lowest frequencies; in Hz)* • Bandbreite *f*

bang *<acoust> (e.g. sonic bang)* • Knall *m*

banister *<build> (handrail and its supporting posts; esp. on a staircase)* • Geländer *n*

banjo axle *<mvhcl> (live axle)* • Banjoachse *f*

bank *<aerosp> (lateral inclination of an aircraft)* • Querneigung *f*; Neigung *f*; Kurvenlage *f*; Querlage *f*

bank *<build> (acclivity; e.g. the slope bordering a river)* • Böschung *f*

bank *<el> (of el. devices; e.g. SIMMs)* • Bank *f*

bank *<geo> (of rock, sand; e.g. sandbank)* • Bank *f*

bank *<mot> (of cylinders in V-engine)* • Reihe *f*

bank *vt <aerosp>* • Schräglage *f*: in ~ bringen *vt*

bank *vt <build>* • abschrägen *vt*

banked *<traff> (curve; e.g. of highway, speedway, railway)* • überhöht

banking *<aerosp> (of aircraft)* • Schräglage *f*

bank out *vt <min> (excavated material, overburden)* • aufhalden *vt*

bank reinforcement *<build> (of a stream etc.)* • Uferbefestigung *f*

banner advertising *<ad> (gen.; e.g. in Internet, on web sites)* • Bannerwerbung *f*

bar *<tech.gen> (rod)* • Stab *m*; Stange *f*

bar *<comp> (of bar code)* • Strich *m*; Balken *m*; Codebalken *m*; Bar *m rar*

bar *<opt> (of light)* • Balken *m*

bar *<phys> (unit of pressure; 100 000 Pascal)* • Bar *n*

bar *<tool> (of chainsaw)* • Schwert *n*

baratte *<textil>* • Baratte *f*

barb fitting *<gen>* • Schutzschlauchtülle *f*

barbiturate *<chem> (drug; e.g. amytal, nembutal, tuinal, seconal)* • Barbiturat *n*

bar chart *<docu>* • Balkendiagramm *n*

bar code *<comp> (e.g. UPC)* • Strichcode *m*; Barcode *m*; Balkencode *m*

bar coding *<comp>* • Strichcodierung *f DIN EN 1556*

bare *<gen> (e.g. surface)* • bloß; nackt

bare *<srfc>* • blank

bare conductor *<energ.el>* • blanker Leiter *m*; nicht isolierter Leiter *m*; nackter Leiter *m*

bar end *<vhcl> (on bicycle handle bar)* • Barend *n*

bare wire *<mat> (gen.; for baling, fences)* • blanker Draht *m*

barge *<nav> (broad, flat bottom; towed or pushed by a tug)* • Lastkahn *m*; Leichter *m*; Prahm *m*

barge *<nav>* • Schute *f*

barge carrier *<nav>* • Barge-Carrier *m*; Leichterträgerschiff *n*; Leichtertransportschiff *n*; LASH--Carrier *m*; Känguruhschiff *n*

barge container liner *<nav>* • Baco--Liner *m*; Barge-Container-Liner *m*

bar-graph display *<i&c>* • Leuchtbalkenanzeige *f*

barite *<min> ($BaSO_4$)* • Baryt *m*; Bariumsulfat *n*; Schwerspat *m ugs*

barite concrete *<build.mat>* • Barytbeton *m*

barium (Ba) *<chem>* • Barium *n* (Ba)

bar joist *<build> (floor or ceiling support)* • Gitterträger *m*

bark-chip mulch *<agri> (covering on the ground)* • Rindenmulch *m*

Barkhausen effect *<el>* • Barkhausen--Effekt *m*

bark-peeling machine *<wood>* • Rindenschäler *m*

bark tannage *<leath>* • Lohgerbung *f*

barley *<agri.bot> (Hordeum vulgare)* • Gerste *f*

bar linkage *<mech.eng> (with levers, rods)* • Gestänge *n*; Verbindungsgestänge *n*

barn (b) *<nucl> (unit of measure for nuclear reaction cross sections)* • Barn *n* (b)

barnacles *<nav> (type of marine fouling on ship and boat hulls; cirripedia)* • Anwuchs *m*; Schiffsbewuchs *m*

barometer *<meteo.i&c>* • Barometer *n*; Luftdruckmesser *m ugs*

barometric altimeter *<i&c>* • barometrischer Höhenmesser *m*; Druckhöhenmesser *m*

barrage *<energ.hydr>* • Talsperre *f*

barrage power station *<energ.hydr>* • Sperrenkraftwerk *n*

barrel *<gen>* • Tonne *f*

barrel *<tech.gen> (roller)* • Walze *f*

barrel *<mil> (of gun)* • Lauf *m*; Rohr *n*

barrel *<pack> (container, gen.; of wood, metal, plastic)* • Fass *n*

barrel (bbl) *<phys> (unit of crude oil volume; 42 US gallons, 158.9873 litres)* • Barrel *n*

barrel *GB <phys> (unit of beer volume; 36 UK gallons, 163.7 litres)* • Barrel *n*

barrel *US <phys> (unit of beer volume; 31 US gallons, 117.3 liters)* • Barrel *n*

barrel *US <phys> (unit of liquid volume; 31½ US gallons, 119.2 liters)* • Barrel *n*

barrel *vt <pack>* • abziehen *vt*; Fässer *npl*: auf ~ abfüllen *vt*

barrel burnishing *<srfc>*

• Trommelpolieren *n*

barrel spring *<mvhcl>* • Tonnenfeder *f*

barrel tile *<build.mat> (clay roofing tile)* • Hohlziegel *m*

barricade tape *<safe> (for hazardous sites; in US yellow with black stripes or message)* • Absperrband *n*

barrier *<gen> (blockage; physical or abstract)* • Barriere *f*; Sperre *f*

barrier *<tech.gen> (e.g. on a road, risk site)* • Absperrung *f*

barrique-fermented *<food>* • Barrique *n*: im ~ ausgebaut

bar-shaped *<tech.gen>* • stabförmig

bar steel *<metal> (e.g. standard sections)* • Stabstahl *m*

barycenter *US <aerosp>* • Baryzentrum *n*; Schwerezentrum *n*

baryon *<phys>* • Baryon *n*

basalt *<geo>* • Basalt *m*

base *<gen>* • Grund *m*

base *<tech.gen> (floor, bottom end)* • Boden *m*

base *<tech.gen> (gen.; base plate, support etc.; e.g. of seats)* • Sockel *m*; Basis *f*

base *<bio.chem> (of nucleic acids)* • Base *f*

base *<build> (footing)* • Auflage *f*

base *US <el> (of lamps/bulbs)* • Sockel *m*

base *<el.ic>* • Basis *f*

base *<math> (geometric figure)* • Basis *f*

base area *<tech.gen>* • Sohlfläche *f*

baseboard *<build.int>* • Fußleiste *f*

base coat [finish] *<srfc> (first coat of metallic paint systems)* • Basislack *m*; Basislackschicht *f*

base coat paint *<srfc> (material for metallic finishes)* • Basislack *m*

based on experience *<gen>* • erfahrungsgestützt

base line *<geo>* • Basis *f*; Grundlinie *f*

base load *<tech.gen>* • Grundlast *f*

base load *<el.energ>* • Grundlast *f*

base load power plant *US <energ>* • Grundlastkraftwerk *n*; Grundlastwerk *n*

basement *<build>* • Untergeschoss *n*; Kellergeschoss *n*; Keller *m ugs*

basement rock *<geo>* • Grundgebirge *n*; Basisgestein *n*; Grundgestein *n*

base metal *<srfc> (of coatings)* • Grundmetall *n*; metallischer Grundwerkstoff *m*; metallischer Untergrund *m*; Metallunterlage *f prakt*

base model *<tech.gen> (basic version of a product; e.g. of a car)* • Basismodell *n*

base oil *ISO 4378-3 <tribo>* • Grundöl *n DIN ISO 4378-3*; Basisöl *n*; Basisflüssigkeit *f*; Schmierstoffbasisöl *n*

base plate *<tech.gen> (e.g. of machine)* • Bodenplatte *f*; Grundplatte *f*

base plate *<tech.gen> (any function)* • Grundplatte *f*

base plate *<tech.gen> (stress on: to attach sth., fixture, jig; e.g. for tools, workpieces)* • Spannplatte *f*

base plate *US <logist> (at bottom of shelving, rack)* • Fußleiste *f*; Sockelleiste *f*; Abschlussleiste *f*; Fußblende *f*; Blende *f*

base plate *<mech.eng>* • Fußplatte *f*

base station *<tech.gen>* • Basisstation *f*

base transmitter station *<tele>* • ortsfeste Funkstelle *f*

base version *<econ> (e.g. of a car model)* • Grundversion *f*; Einfachversion *f*; Basisversion *f prakt*; abgespeckte Version *f ugs*

basic *<metal> (lining; of converter, furnace etc.)* • basisch zugestellt; basisch ausgekleidet

basic adjustment *<i&c>* • Grundeinstellung *f*; Grundabgleich *m*

basic Bessemer converter *<metal> (steel works)* • Thomaskonverter *m*; Thomasbirne *f*

basic Bessemer process *<metal>* • Thomasverfahren *n*

basic Bessemer steel *<metal> (result of basic Bessemer process)* • Thomasstahl *m*; T-Stahl *m*

basic component *<tech.gen>* • Grundbestandteil *m*

basic element *<tech.gen>* • Grundbaustein *m*

basic equipment *<tech.gen>* • Grundausrüstung *f*

basic format *<gen>* • Grundformat *n*

basic-hole system *<stand> (as opposed to basic-shaft system in DIN ISO 286-2)* • System Einheitsbohrung *n*

Basic Input-Output System (BIOS)

<comp> • Basic Input-Output System *n* (BIOS); grundlegendes Ein-/ /Ausgabesystem *n rar*
basic lining *<proc> (e.g. converter)* • basisches Futter *n*; basische Zustellung *f*; basische Auskleidung *f*
basic model *<tech.gen> (e.g. automobile)* • Grundausführung *f*; Grundmodell *n*
basic model *<tech.gen> (e.g. of a series)* • Grundtyp *m*; Grundmodell *n*
basic oxygen furnace process *<metal> (steel making)* • LD- -Sauerstoffaufblasverfahren *n*; Sauerstoffaufblasverfahren *n*; Linz- -Donawitz-Verfahren *n rar*
basic oxygen steel *<metal> (predominant type of steel)* • Sauerstoffblasstahl *m*; sauerstoffgefrischter Konverterstahl *m form*; Sauerstoffaufblasstahl *m*; Oxigenstahl *m prakt*; LD-Stahl *m prakt*
basic oxygen steel process *<metal> (LD and LDAC)* • Sauerstoffblasverfahren *n*; Sauerstoffaufblasverfahren *n form*; Oxigen-Verfahren *n prakt*
basic price *<econ> (w/o optional equipment)* • Grundpreis *m*; Basispreis *m*
Basic Rate Access (BRA) *<tele> (ISDN connection service; 2 B channels + 1 D channel)* • Basisanschluss *m* (BaAs)
basic research *:V <gen>* • Grundlagenforschung *f*
basic-shaft system *<stand> (as opposed to basic-bore system; DIN ISO 286-2)* • System Einheitswelle *n*
basic shape *<tech.gen>* • Grundform *f*
basic shapes *<metal> (e.g. of steel sections; e.g. I, L, T, U)* • Grundprofile *npl*
basic solid *<comp> (3D graphics, CAD; block, sphere, cylinder, cone, torus)* • Grundkörper *m*
basic type *<tech.gen>* • Grundform *f*
basic unit *<phys>* • Grundeinheit *f*
basilic *<build.rel>* • Basilika *f*
basin *<tech.gen> (shallow container for water etc.; e.g. of sheet metal, plastic)* • Wanne *f*
basin *<geo> (in the earth's surface)* • Becken *n*; Wanne *f*
basin *<nav> (sheltered area along a shore for mooring; e.g. of yachts)* • Becken *n*
basin *<proc> (artificial, open, greater width than depth)* • Becken *n*; Bassin *n rar*
basis *<gen> (of considerations, decisions)* • Ausgangsbasis *f*; Ausgangspunkt *m*
basis *<gen> (concrete and abstract; e.g. foundation of machines, ideas)* • Basis *f*
basis of reference *<gen> (e.g. statistics)* • Bezugsbasis *f*
basis ship *<nav> (of a fleet)* • Mutterschiff *n*
basket *<pack> (wicker, reed, cane, wire)* • Korb *m DIN 55 405*
basket coil *<el> (e.g. honeycomb coil, flat coil)* • Korbspule *f*
basque *<garm> (close-fitting)* • Mieder *n*
bass control *<acoust>* • Tiefenregler *m*
bass loudspeaker *<av> (low-frequency loudspeaker)* • Basslautsprecher *m*; Tieftonlautsprecher *m*; Tieftöner *m prakt*; Tiefton-Chassis *n*; Bass-Treiber *m*
bass response *<av>* • Basswiedergabe *f*
bass-treble control *<av.i&c> (adjusts both treble and bass)* • Klangregler *m*; Höhen-/Tiefen-Regler *m*
bast *<agri>* • Bast *m*; Kunstbast *m*
bast fiber *US <textil> (flax)* • Bastfaser *f*
batch *<proc> (charge; e.g. in a mixer)* • Füllung *f*
batch *<prod>* • Ansatz *m*
batch *<prod> (set of identical products, produced in one production run)* • Charge *f DIN 55350-31*; Fertigungslos *n*; Los *n*
batch *<prod> (a certain, metered amount of feed material)* • Charge *f*
batch *<prod>* • Mischgut *n*
batch *vt <build> (e.g. of concrete)* • gattieren *vt*
batch *vt <i&c>* • abmessen *vt*
batch *vt <proc> (in doses; e.g. chemicals, additives)* • dosieren *vt*; zumessen *vt*; zuteilen *vt*
batch *vt <prod> (determine batch size)* • bemessen *vt*
batch *vt <prod> (a certain, metered amount of feed material)* • chargieren *vt*

batch box *<tech.gen> (for additives, aggregates)* • Dosierkasten *m*
batch file *<comp>* • Batch-File *f*; Stapeldatei *f*
batching and blending scale *<i&c>* • Zuschlagswaage *f*
batching plant *<proc>* • Dosieranlage *f*
batch processing *<comp>* • Stapelverarbeitung *f*
batch production *<gen>* • Serienanfertigung *f*
batch size *<prod> (specified in no. of items, mass or volume; z. B. 1000 pc, 1000 gal)* • Losgröße *f*; Losumfang *m*
batch-type [intermittent] *<tech.gen> (operated in the batch mode; e.g. furnace)* • diskontinuierlich beschickt; semi-kontinuierlich beschickt; chargenweise beschickt
batchwise *<prod> (intermittent)* • unstetig
bate *vt <leath>* • beizen *vt*
bat friendly bridge design *<build> (e.g. with special crevices)* • fledermausfreundliche Brückenkonstruktion *f*
bath *<srfc> (process of immersion)* • Bad *n*
batholith *<geo> (intrusion)* • Batholith *m*
bathroom unit *<build>* • Nasszelle *f*
bathtub curve *<qualit.docu> (typ. for failure rate as a function of time)* • Badewannenkurve *f*
batik dyeing *<textil>* • Batikfärberei *f*
batik printing *<textil>* • Batikdruck *m*
batt *<build.mat> (insulating sheet of matted cotton, wool, or synthetic fibers)* • Dämmstoffplatte *f*; Dämmplatte *f*
batten *<build.mat> (usu. of wood)* • Leiste *f*
batten *<pack>* • Leiste *f DIN 55 405*
battered *<tech.gen> (rather damaged, in a bad state; e.g. suit, car)* • ramponiert
battery *<tech.gen> (of identical or similar elements arranged in parallel; e.g. cells, gun)* • Batterie *f*
battery *<el> (not rechargeable; one or more primary cells)* • Batterie *f*; Primärbatterie *f wiss*; galvanische Batterie *f*
battery *<mil> (of guns)* • Batterie *f*; Gruppe *f*
battery *<mvhcl.el> (of e-cars; in 2008 typ. Li-Ion, 500 kgs, 500 load cycles, 30,000 USD)* • Batterie *f*
battery acid *<el>* • Akkumulatorensäure *f*; Akkumulatorsäure *f*
battery-backed *<el>* • batteriegepuffert
battery-buffered RAM *<comp>* • batteriegepuffertes RAM *n*
battery capacity *<el> (specified in Ah or mAh)* • Batteriekapazität *f*; Kapazität *f prakt*
battery cell *<el> (rechargeable)* • Akkumulatorzelle *f*
battery cell *<el>* • Batteriezelle *f*; Zelle *f prakt*
battery chamber *<el>* • Batteriefach *n*
battery charger *<el>* • Batterieladegerät *n*; Batterielader *m*; Ladegerät *n prakt*; Batterie-Ladegerät *n*; Ladeeinrichtung *f*
battery charger *<el>* • Ladegerät *n*
battery charge tester *<el.tool>* • Batterieprüfer *m*
battery clip *<el>* • Batterieanschlussklemme *f*
battery condition indicator *<el>* • Ladezustandsanzeige *f*; Prüfindikator *m*
battery cover *<el>* • Batteriefachdeckel *m*
battery cover release *<el>* • Batteriefach-Verriegelung *f*
battery discharge indicator *<el> (e.g. on electric cars, tools, cameras)* • Batterieladeanzeige *f*; Batterieladezustandsanzeige *f form*; Ladezustandsanzeige *f prakt*; Entladeanzeiger *m prakt*
battery disconnect switch *<mvhcl.el>* • Batteriehauptschalter *m*; Sicherheitsschalter *m*; Batterieschalter *m prakt*
battery eject button *<av> (e.g. on camcorders)* • Akku--Entriegelungstaste *f*; Akku--Auswurftaste *f*; Akku-Entriegelung *f prakt*
battery energy management *<mvhcl.el>* • Batterie--Energiemanagement *n* (BEM); Ruheenergiemanagement *rar*
battery ground cable *<el> (e.g. between car battery and car body)* • Massekabel *n*; Minuskabel *n*

battery keeping *<agri> (poultry farming)* • Batteriehaltung *f*
battery life *<el>* • Batteriedauer *f*
battery life *<phot>* • Akkulaufzeit *f*; Akkulebensdauer *f*
battery life *<qualit.el>* • Lebensdauer *f*
battery lug *<mvhcl.el> (connecs the battery cables to the terminal posts)* • Kabelschuh *m*
battery operated *<tech.gen>* • batteriebetrieben
battery operated interdental cleaning device *:V <hygi.tool>* • batteriebetriebener Interdentalreiniger *m :V*
battery operation *<tech.gen> (rechargeable)* • Akkubetrieb *m*
battery pack *<el> (bundle of rechargeable batteries, or single rechargeable unit)* • Akkupack *m*
battery pack *<el> (for non-rechargeable or rechargeable batteries; e.g. detachable)* • Batterieteil *n*
battery plate *<el>* • Akkumulatorplatte *f*
battery-powered *<el> (electric device)* • Batterie-...; batteriegespeist; batteriebetrieben; netzunabhängig
battery remaining indicator *<el> (e.g. in camcorder)* • Batterie-Restanzeige *f*; Restbatterieanzeige *f*
battery saver mode *<el> (e.g. of a notebook computer)* • Batteriesparschaltung *f*; Sparmodus *m*; Stromsparschaltung *f*; Sparschaltung *f*; Energiesparfunktion *f*
battery state-of-charge indicator *<el>* • Batterie-Entladeanzeige *f*
battery terminal *<el>* • Batterieanschlussklemme *f*; Batterieklemme *f*
battery voltage *<el>* • Batteriespannung *f*
batting *<int> (mattress; e.g. cotton, fibrous material, coiled springs)* • Füllung *f*
batt insulation *<build.mat> (typ. glass fiber, Rockwool®)* • Fasermattenisolierung *f*
battle tank *<mil>* • Kampfpanzer *m*
baud *<tele> (1 bit/s)* • Baud *n* (Bd)
baud rate *<comp> (symbols/sec; unit Baud)* • Baudrate *f*; Schrittgeschwindigkeit *f DIN 44302*; Symbolgeschwindigkeit *f*
bauxite *<min>* • Bauxit *m*
bay *<tech.gen> (space between structural members of a framework)* • Fach *n*
bayonet base *<el> (of lamps)* • Bajonettsockel *m*; Swansockel *m rar*; Swan-Sockel *m*
bayonet coupling *<tech.gen>* • Bajonettkupplung *f*
bayonet fitting *<el.light> (of light bulbs)* • Bajonettfassung *f*
bayonet lampholder *<light>* • Lampenfassung mit Bajonettsockel *f*
bayonet lock *<autom> (for rapid change of tools, grippers etc.)* • Bajonettverschluss *m*
bayonet mount *<tech.gen>* • Bajonettfassung *f*
bayonet mount *<phot> (for lens)* • Bajonettfassung *f*
bayou *<geo.hydr>* • Altwasser *n DIN 4047-3*; Altarm *m*
bay [window] *<build>* • Erker *m*
bazooka *<mil>* • Panzerfaust *f*
B channel *<tele> (of ISDN)* • B-Kanal *m*; Basiskanal *m*; Nutzkanal *m*; Signalkanal *m*; Informationskanal *m rar*
be absorbed *<textil> (dyeing)* • aufziehen *vi*
beacon *vt <navig>* • befeuern *vt*; bebaken *vt*
beaconing *<nav>* • Befeuerung *f*; Bebakung *f*
beacon light *<navig> (for ships, aircraft)* • Leuchtfeuer *n*
bead *<gen> (e.g. of glass)* • Perle *f rar*
bead *<pack> (stiffening corrugation in the body of a container)* • Sicke *f DIN 55405*
bead *US <proc.metal> (as in bead settings)* • Korn *n*; Haltekorn *n*
bead *vi <srfc> (water on non-wetting surface; e.g. on waxed paint)* • abperlen *vi*
beaded edge *<tech.gen>* • Wulstrand *m*
beading *<prod> (of crimp sheet metal so as to form a rounded, stiffened edge)* • Bördeln *n*
beading *<wood> (trim strip, fillet)* • Leiste *f*
beak *<tool> (of an anvil)* • Horn *n*
beaker *<chem>* • Messbecher *m*

beam *<tech.gen> (main load: bending moment)* • Träger *m*
beam *<build> (horizontal, usu. solid, big, heavy; subject to bending stress)* • Balken *m*; balkenförmiger Träger *m*; Balkenträger *m*; Tragbalken *m*; Träger *m*
beam *<light>* • Strahl *m*
beam *<nav> (maximum width of a ship)* • Breite *f*
beam *vt <tele> (transmit signals)* • ausstrahlen *vt*
beam *vt <textil>* • aufbäumen *vt*
beam bridge *<build> (horizontal beams supported by vertical posts)* • Balkenbrücke *f*; Trägerbrücke *f*
beaming *<textil>* • Bäumen *n*
beaming machine *<textil>* • Aufbäummaschine *f*
beaming machine *<textil>* • Bäummaschine *f*
beam reach *<nav>* • Halbwindkurs *m*; Kurs halber Wind *m*
beam splitter *<opt>* • Strahlenteiler *m*
bear against *vi <mech>* • anliegen an *vi*
bearing *<mech.eng> (of shafts etc.)* • Lager *n*
bearing: take a ~ [from] *vt <navig>* • anpeilen *vt*
bearing block *<tech.gen>* • Lagerstuhl *m*
bearing block *<mech.eng> (console, triangular or wedge-shaped)* • Knagge *f*
bearing block *<mech.eng> (gen.; e.g. for a shaft)* • Lagerbock *m*; Lagerstuhl *m*
bearing bush[ing] *<mech.eng> (typ. of friction bearings)* • Lagerbuchse *f*
bearing cage *<tech.gen>* • Lagerkäfig *m*
bearing distance *<tech.gen>* • Stützweite *f*
bearing distance *<build> (between supports; e.g. of beams, bridges)* • Spannweite *f*
bearing face *<join> (of screw/bolt)* • Auflagefläche *f norm*; Kopfauflagefläche *f*; Kopfauflage *f*; Schraubenkopfauflage *f*
bearing package *<tech.gen>* • Lagersatz *m*
bearing plate *<mech.eng> (support)* • Grundplatte *f*; Trageplatte *f*; Auflagerplatte *f*
bearing pressure *<mech.eng>* • Anpressdruck *m*
bearing pressure *<mech.eng>* • Auflagerdruck *m*; Lagerdruck *m*
bearing race *<mech.eng> (of roller bearings)* • Lauffläche *f*; Rollbahn *f*
bearing stress *<build> (on end supports)* • Auflagerspannung *f*
bearing surface *<tech.gen> (under pressure)* • Lagerfläche *f*
bearing surface *<mech.eng>* • Auflagefläche *f*
bearing surface *<mech.eng> (of friction bearings)* • Lauffläche *f*
bear on *vi <tech.gen>* • aufliegen auf *vi*; liegen *vi*
beat *vi <nav> (tack to windward by sailing close-hauled)* • kreuzen *vi*
beat *vi/vt <gen>* • hämmern *vi/vt*
beat *vt/vi <gen>* • klopfen *vt/vi*
beat out dents *vt <mech> (sheet metal; e.g. in car body panels)* • ausbeulen *vt*
Beaufort wind scale *<meteo>* • Beaufortskala *f*
become clogged *vi <tech.gen>* • verstopfen *vi*
become operative *vi <el> (solenoid, relay)* • anziehen *vt*
becquerel *<nucl> (unit of radionuclide activity: 1 disintegration/second)* • Becquerel *n DIN 1301*
bed *<gen> (for sleeping, furniture)* • Bett *n*; Bettlade *f A*
bed *<build> (layer; e.g. of sand, gravel)* • Unterlage *f*
bed *<mach.tool> (e.g. of a lathe)* • Bett *n*
bed *<mech.eng> (e.g. of machine tool)* • Fundament *n*
bedded *<geo>* • geschichtet
bed load *<geo> (of a river)* • Geschiebe *n*
bed material *<proc> (for filters; e.g. pellets, resin balls)* • Schüttgut *n*
bedrock *<geo> (unbroken, solid, bottom layer; e.g. as a firm foundation)* • Muttergestein *n*; anstehendes Gestein *n*; Sockelgestein *n*; anstehender Fels *m rar*
bed spring *<int> (coil-type inner spring in mattress)* • Sprungfeder *f*
bed squarely *vi <tech.gen>* • satt aufliegen auf *vi*
beekeeping *<bio>* • Imkerei *f*;

Bienenhaltung *f*; Bienenzucht *f*; Zeidlerei *f obs*

be elastic *vi <mech.eng> (e.g. suspension)* • federn *vi*

beer table and benches *<gen> (folding)* • Biergarnitur *f*; Festzeltgarnitur *f*

beet harvester *<agri>* • Rübenerntemaschine *f*; Rübenvollerntemaschine *f*

beginning *<gen> (point of initiation; e.g. of a process)* • Beginn *m*; Anfang *m*; Start *m*

be grounded *<nav>* • aufsitzen *vi*

behaviour under part-load *<tech.gen> (e.g. of a water turbine)* • Teillastverhalten *n*

be incident *vi <light>* • einfallen *vi*

be incident *vt <phys> (radiation; e.g. light)* • auftreffen *vt*

be liable *vi <jur>* • haften *vi*

bell *<acoust> (usu. large; e.g. church, Liberty)* • Glocke *f*

bell *<acoust> (small; e.g. door signal)* • Glocke *f*; Klingel *f ugs*

bell *<pps> (widened socket-style end of pipe)* • Muffenende *n*; Muffe *f prakt*

bell *<proc> (hood-shaped apparatus)* • Haube *f*

bell *vt <prod> (e.g. tube or pipe end, sleeve)* • aufweiten *vt*

bell-and-spigot pipe *<pps>* • Muffenrohr *n*

bell beam *<gen>* • Glockenstange *f*

bell clapper *<acoust>* • Glockenschwengel *m*; Schwengel *m*; Glockenklöppel *m*

belleville spring *<mech.eng> (small; individual spring or spring columns)* • Tellerfeder *f DIN 2092, 2093*

bell insulator *<el>* • Glockenisolator *m*

bell mouth *<pps>* • Aufweitung *f*

bell-mouthed *<tech.gen>* • konisch

bell-mouthing *<mech.eng>* • Konizität *f*

bellows *<tech.gen> (e.g. on old cameras, dust cover on rails, machine tools)* • Faltenbalg *m*

bellows *US <mvhcl> (seal, usually rubber)* • Faltenbalg *m*

bellows *<phot> (for close-ups)* • Balgengerät *n*; Balgeneinstellgerät *n rar*

bellows *<prod> (for blowing, inflating)* • Blasebalg *m*

bellows *sg=pl <tech.gen> (diaphragm ~, rubber ~, etc.; used with a sg or pl verb)* • Balg *m*; Balgen *m*

bellows-type compensator *<pps>* • Faltenbalgkompensator *m*

bell-ringing transformer *<el>* • Klingeltransformator *m*; Klingeltrafo *m prakt*

bell-shaped *<tech.gen>* • glockenförmig

bell-shaped curve *<math> (e.g. Gaussian distribution)* • Glockenkurve *f*

bell tower *<build.rel>* • Glockenturm *m*

belt *<tech.gen> (all type of drive belts)* • Riemen *m*

belt *<garm> (e.g. of leather)* • Koppel *n*; Koppel *f A*

belt *<garm>* • Gürtel *m*

belt *<prod> (tire fabrication)* • Gürtel *m*

belt conveyor *<convey>* • Bandförderer *m DIN 22101*; Gurtbandförderer *m*; Gurtförderer *m*

belt drive *<drive>* • Riemenantrieb *m*; Riementrieb *m*

belt drive *<drive> (Vee or cog-type; e.g. of automotive alternator, camshaft)* • Riementrieb *m*; Riemenantrieb *m*

belt-driven *<drive>* • riemengetrieben

belt end *<mvhcl.safe>* • Gurtpeitsche *f*

belt generator *<el>* • Bandgenerator *m*; Van-de-Graaff-Generator *m*

belt hand-over *MB <mvhcl.safe>* • Gurtbringer *m MB*

belt line *<mvhcl>* • Gürtellinie *f*

belt sander *<mach.tool> (bench-type)* • Bandschleifmaschine *f*

belt sander *<tool> (small)* • Bandschleifer *m*; Bandschleifmaschine *f*

belt slack *<mvhcl.safe> (of seat belts)* • Gurtlose *f*; Durchhang *m*; Lose *f ugs*

belt slip *<mvhcl.mot> (cf V belts)* • Riemenschlupf *m*; Durchrutschen *n*

beltway *US <build.traff> (around the perimeter of an urban area)* • Umfahrungsautobahn *f*; Ringautobahn *f*; Ring *m ugs*

belt width *<convey>* • Bandbreite *f*

bench *<tech.gen> (seat for 2 or more persons; e.g. in parks, cars, on trains)* • Sitzbank *f*

bench *<int>* • Bank *f DIN 68880-1*

bench cover *<gen>* • Wetterschutzhaube für Gartenbänke

f

bench cushion *<gen>* • Bankauflage *f*

bench drill *<mach.tool>* • Tischbohrmaschine *f*

benchmark *<qualit>* • Referenz *f*; Messlatte *f ugs*

bench saw *<mach.tool>* • Tischkreissäge *f*

bench vice *<tool>* • Bankschraubstock *m*

bend *<tech.gen> (e.g. of pipe, road, rebar steel)* • Abbiegung *f*

bend *<tech.gen> (e.g. of a rail track, road)* • Bogen *m*

bend *<mech.eng>* • Biegung *f*

bend *BS 4118 <pps> (a curved fitting for a pipe or channel, or a curve made in a pipe)* • Bogen *m*

bend *<traff> (road)* • Kurve *f*

bend *vi/vt <mech>* • knicken *vi/vt*

bend *vt <tech.gen>* • biegen *vt*; krümmen *vt*

bendable *<mech>* • biegbar

bend down *vt <prod>* • abbiegen *vt*

bend forming *<prod>* • Biegeumformen *n DIN 8586*; Biegen *n*

bending fatigue test *<qualit.mat>* • Dauerschwingversuch bei Biegebeanspruchung *m*

bending-off angle *<prod> (of sheet metal, strip)* • Abkantwinkel *m*

bending pliers *<mvhcl.tool>* • Falzzange *f*

bending radius *<tech.gen> (of intentional bends)* • Biegeradius *m*

bending stress *<mech>* • Biegebeanspruchung *f*; Biegelast *f*; Biegespannung *f*

bending stress fatigue limit *<qualit.mat>* • Dauerbiegefestigkeit *f*; Biegedauerfestigkeit *f*

bend lighting *<mvhcl.light>* • Kurvenlicht *n*; Kurvenfahrlicht *n*; dynamisches Kurvenlicht *n*; dynamisches Kurvenfahrlicht *n*

bend over *vi <gen> (person)* • bücken *vr*

bend over *vt <prod> (sharply; e.g. sheet metal)* • falten *vt*

bend test *stand <qualit.mat>* • Biegeprüfung *f norm*; Biegeversuch *m*

beneficiate *vt <metal> (to make more suitable for smelting)* • anreichern *vt*

beneficiate *vt <metal> (ore; make more suitable for smelting)* • aufbereiten *vt*

bent *<tech.gen> (usu. undesirable; e.g. a rod, tool)* • verbogen; krumm

bent *<tech.gen> (as a feature, intentional)* • gebogen

bentonite *<build.mat>* • Bentonit *m*

bent switch *US <railw>* • Bogenweiche *f*

Benzedrine ® *<chem> (amphetamine)* • Benzedrin *n*

benzene *IUPAC <chem>* *(*C_6H_6*)* • Benzol *n prakt*; Benzen *n*; Cyclohexatrien *n*; Phenylwasserstoff *m*

benzene ring *<chem> (aromatic ring)* • Benzenring *m*; Benzenkern *m*

benzoic acid *<chem>* • Benzoesäure *f*; Benzoicum acidum

benzopyrene *<chem>* • Benzpyren *n*; Benzopyren *n*; Benzoapyren *n*

be placed *vi <gen>* • liegen *vi*

berkelium (Bk) *<chem> (radioactive)* • Berkelium *n* (Bk)

Bernoulli's Equation *<phys>* • Bernoulli-Gleichung *f*; bernoullische Gleichung *f*; Bernoulli'sche Gleichung *f*

berth *<nav>* • Koje *f*

berth *<nav> (for ships, boats)* • Liegeplatz *m*

berth *vt <nav> (ship, boat; in harbour, port, at quay, pier)* • anlegen *vt*

berthing tug *<nav>* • Bugsierschlepper *m*

beryl *<min> (aluminium-beryllium-silicate)* • Beryll *m*

beryllium (Be) *<chem> (e.g. hardening agent in alloys)* • Beryllium *n* (Be)

beryllium (Be) *<mat.metal>* • Berryllium *n* (Be)

be situated *vi <gen>* • liegen *vi*

Bessemer converter *<metal>* • Bessemerkonverter *m*

Bessemer process *<metal> (steel prod.)* • Bessemerverfahren *n*; Konverterfrischverfahren *n*; Konverterverfahren *n*; Windfrischverfahren *n*

Bessemer steel *<metal>* • Bessemerstahl *m*; Konverterstahl *m*; Windfrischstahl *m*

best-before date *<tech.gen>* • Mindesthaltbarkeitsdatum *n* (MHD)

best [value] *<gen>* • Bestwert *m*

beta radiation *<nucl>* • Betastrahlung *f*
beta ray *<nucl>* • Betastrahl *m*
beta software *<comp>* • Beta-Software *f*; Betaversion *f*
be the consequence of *vi <gen>* • folgen *vi*
better mileage *<mvhcl> (fuel economy)* • niedrigerer Verbrauch *m*
between deck *<nav>* • Zwischendeck *n*
bevel *ISO 5419 <tool> (of twist drill)* • Anschnitt *m DIN ISO 5419*
bevel *vt <comp> (CAD)* • abschrägen *vt*
bevel *vt <mech.eng>* • fasen *vt*
bevel *vt <prod> (shape or cut obliquely, make an oblique edge)* • abschrägen *vt*
bevel *vt <prod> (eliminate burrs and sharp edges)* • brechen *vt*
bevel cutter *<tool>* • Kegelfräser *m*
bevel drive gear *<drive>* • Antriebskegelrad *n*
beveled *US <tech.gen> (edge; 45°)* • abgefast
beveled edge *US <prod>* • abgeschrägte Kante *f*; Schrägkante *f rar*
bevel gear *<drive>* • Kegelrad *n DIN 3998*
bevel gear drive *<drive>* • Kegelradantrieb *m*
bevel gear pair *<drive>* • Kegelradpaar *n*
bevel gear pinion *<drive>* • Kegelritzel *n*
bevel gear system *<drive>* • Kegelradgetriebe *n*; Winkelgetriebe *n*; Kegeltrieb *m prakt.ugs*; Winkeltrieb *m prakt.ugs*
bevelling *<prod> (of edges)* • Abkanten *n*
bevel shaft *<mech.eng>* • Königswelle *f*
beverage body *<comvhcl>* • Getränkeaufbau *m*
beverage bottle *<pack.food>* • Getränkeflasche *f DIN 55 405*
beverage can *<pack>* • Getränkedose *f*
be wound onto *vi <textil> (thread)* • auflaufen *vi*
bezel *<mvhcl.el> (circular, frame-type; e.g. of headlights, gauges)* • Einfassung *f*; Rosette *f*; Umrandung *f*
Bézier curve *<math.comp>* • Bézier--Kurve *f*; Bézier-Spline *n*; Bezierkurve *f*
bias *vt <mech>* • vorspannen *vt*
bias magnetization *<el> (process and result)* • Vormagnetisierung *f*
bias tire *US <aerosp> (wheel)* • Diagonalreifen *m*
bias voltage *<el>* • Vorspannung *f*
biatomic *<phys>* • zweiatomig
biaxial *<phys>* • zweiachsig
Bible paper *<print> (thin, lightweight, opaque, hard-wearing)* • Bibeldruckpapier *n*
biconcave lens *<opt>* • bikonkave Linse *f*; Bikonkavlinse *f*
bicycle *<vhcl>* • Fahrrad *n DIN ISO 8090*; Rad *n ugs*; Velo *n CH*
bicycle chain *<vhcl.drive> (drive chain for bicycles)* • Fahrradkette *f*
bicycle dynamo *<vhcl.el> (generates AC)* • Fahrraddynamo *m*; Dynamo *m ugs*
bidet *<build.int>* • Bidet *n*; Sitzwaschbecken *n*
bidirectional *<tech.gen> (e.g. printing, scanning)* • bidirektional; vorwärts/rückwärts *ugs*
bidirectional microphone *<av>* • Achtermikrofon *n*
bidirectional movement *<tech.gen>* • doppelsinnige Bewegung *f*
bidirectional thyristor *<el>* • Doppelwegthyristor *m*
bidirectional traffic *<traff>* • Gegenverkehr *m* (GV)
bidirectional tunnel *<build.traff>* • Gegenverkehrstunnel *m*
bifilament bristles *<hygi.tool> (tooth brush)* • Bifilament-Borsten *fpl*
bifilar lamp *<light>* • Zweifadenlampe *f*; Doppelfadenlampe *f*
bifocal lens *ISO 13666 <opt> (usu. for distance and near vision)* • Bifokalglas *n ISO 13666*; Zweistärkenglas *n*
bifold door *<vhcl> (bus, railway car)* • Falttür *f*
bifurcate *vi <gen>* • teilen *vr*
bifurcate *vi <traff> (e.g. road)* • gabeln *vr*
bifurcation *<tech.gen> (e.g. road)* • Gabelung *f*
bifurcation *<tech.gen> (e.g. road, line)* • Verzweigung *f*
big *<gen>* • groß
big block *US <mvhcl> (7 liters, 427 cu. in. engine)* • Big-Block-Motor *m*
big end bearing *pract <mvhcl.mot>*

• Pleuelfußlager *n DIN ISO 7967-2*
big pack *<pack> (product+package)* • Großpackung *f*; Großgebinde *n*
bihex[agon] ... *<join> (drive of threaded fasteners)* • Zwölfzahn...; Zwölfkant...
bihexagonal head screw *<join>* • Zwölfzahnschraube *f DIN ISO 1891*; Zwölfkantschraube *f*
bikini *<garm> (two-piece women's swimsuit)* • Bikini *m*; Zweiteiler *m*
bilateral *<gen>* • bilateral; doppelseitig
bi-level car *US <railw>* • Doppelstockwagen *m*; Doppelstock--Reisezugwagen *m*; Dosto *m DB.prakt*
bilge *<nav> (of ships)* • Bauch *m*; Bilge *f*; Kielraum *m*
bilge pump *<nav.convey>* • Bilgewasserpumpe *f*; Lenzpumpe *f*
billet *<metal> (like a bloom, but smaller cross-section; pre-fab for bars, wire)* • Knüppel *m*
billet rolling mill *<metal>* • Knüppelwalzwerk *n*
bill-feed device *<tech.gen>* • Rechnungsvorschubeinrichtung *f*
billing on the clock *<econ>* • Abrechnung nach Zeitaufwand *f*; Abrechnung nach Zeit *f*
billion *US.GB <math> (1,000,000,000)* • Milliarde *f*
bilux headlamp *<mvhcl.el>* • Biluxlampe *f*
bimetal *<mat> (e.g. in spring)* • Bimetall *n*
bimetallic *<tech.gen>* • bimetallisch
bimetallic corrosion *ISO 8044 <srfc> (electrochemical)* • galvanische Korrosion *f DIN EN ISO 8044*; Kontaktkorrosion *f*; Berührungskorrosion *f*
bimetallic strip *<tech.gen> (e.g. on/off--control)* • Bimetallstreifen *m*
bimini top *<nav> (sun shade on boats)* • Bimini[-Top] *n*
bin *<tech.gen>* • Behälter *m*
bin *<logist> (for storing grain, coal, or the like)* • Kasten *m*
binary *<math> (numbers; logic)* • binär; zweiwertig
binary code *<comp> (gen.)* • Binärcode *m*; Digitalcode *m*; digitaler Code *m*; Binärkode *m obs*
binary control *<i&c>* • binäre Steuerung *f*
binary digit (bit) *<comp> (0 or 1)* • Bit *n*; Binärzeichen *n form*; Datenbit *n*; Speicherbit *n rar*; Binärziffer *f rar*
binary number *<comp>* • Binärzahl *f*
binary signal *<tech.gen>* • Binärsignal *n*
binary system *<tech.gen> (e.g. digits, values, materials)* • binäres System *n*
bind *vi <join>* • haften bleiben *vi*
bind *vi <mech> (e.g. hinge, linkage, piston)* • klemmen *vi*
bind *vi <mech.eng> (drill bit)* • festfressen *vr*
bind *vt <tech.gen> (keep together; e.g. atoms, sheets of paper)* • binden *vt*; zusammenhalten *vt*
bind *vt <chem> (substances)* • binden *vt*
bind *vt <print> (e.g. book, thesis)* • binden *vt*
bind *vt <textil>* • einfassen *vt*
binderless *<tech.gen>* • bindemittelfrei
binding *<print> (covering within which the leaves of a book are bound)* • Einband *m*; Einbanddecke *f*; Buchdecke *f*; Bucheinband *m*
binding beam *<build> (strong girder visible below ceilings; typ. of concrete)* • Unterzug *m*; Deckenunterzug *m rar*
binding energy *<phys>* • Bindungsenergie *f*
binding force *<tech.gen>* • Bindekraft *f*
binding material *<tech.gen>* • Bindemittel *n*
binding strap *<sport.safe> (on skis)* • Fangriemen *m*
binding wire *<tech.gen>* • Bindedraht *m*
binds *<tech.gen> (in moving parts; e.g. in linkages, mechanisms)* • Schwergängigkeit *f*
binoculars *<opt>* • Fernglas *n*
binomial *adj <term> (having two names)* • zweinamig
binomial distribution *<math> (probability)* • Binomialverteilung *f*
bin rack *<logist>* • Fachbodenregal *n*
bioavailability *<waste>* • Bioverfügbarkeit *f*
biochemistry *<chem.bio>* • Biochemie *f*; biologische Chemie *f*
biocontamination *EN ISO 14698 <bio>* • Biokontamination *f DIN EN ISO 1469*
biodegradability test *<ecol>* • Abbautest *m*; biologischer Abbautest *m*; biologische Abbau-

Untersuchung *f*; Biotest *m*; Abbaubarkeitstest *m*

biodegradable *<ecol> (e.g. laundry and dishwashing detergents, packaging)* • biologisch abbaubar; bioabbaubar; biologisch eliminierbar *rar*

biodegradable material *:V <waste> (valuable)* • biologisch abbaubarer Wertstoff *m* (BAW); bioabbaubarer Werkstoff *m*

biodegradation *ISO 11074-1 <waste>* • biologischer Abbau *m DIN ISO 11074-1*; mikrobieller Abbau *m*; biologische Umsetzung *f*; biologische Zersetzung *f*

biodegrade *vi <waste>* • biologisch abbauen *vr*

biodegrade *vt <ecol> (pollutants)* • abbauen *vt*

bioengineering *<bio.tech>* • Biotechnik *f*

bioethanol *<mvhcl.chem> (RON 111; e.g. as automotive fuel)* • Bioethanol *n*; Agro-Ethanol *n*

bio fuel *<energ> (e.g. bio ethanol)* • Biokraftstoff *m*; Biosprit *m ugs*; Kraftstoff vom Acker *m jarg*

bio gas *<energ.bio> (RON 130; e.g. for SI engines)* • Biogas *n*

biogas plant *<agri.proc>* • Biogasanlage *f*; Fermenter *m*; Reaktor *m*

bioinformatics *<bio.comp>* • Bioinformatik *f*

biological shield *<nucl> (NPP)* • biologischer Schild *m*; biologische Abschirmung *f*; biologischer Schirm *m*

bioluminescence *<bio.light>* • Biolumineszenz *f*

biomass *<energ.bio>* • Biomasse *f*

biometric-enabled passport *<docu>* • biometrischer Reisepass *m*

biometric feature *<docu> (e.g. for ID cards; e.g. finger print, face geometry, eye)* • biometrisches Merkmal *n*

bionic computer *<comp>* • bionischer Computer *m*

bionics *<bio.tech>* • Bionik *f*

bio polymer *<plast> (e.g. for biodegradable bags)* • Biopolymer *n*; Bio-Kunststoff *m prakt*

biosphere *<ecol>* • Biosphäre *f*

biotechnology *<bio.tech>* • Biotechnologie *f*

biotic *<chem>* • biotisch

biotic damage *<wood>* • biotische Schäden *pl*

biotope *<ecol>* • Biotop *m/n*

bipartite *<gen>* • zweigeteilt

biplane *<aerosp> (aircraft)* • Doppeldecker *m*

bipolar *<gen>* • bipolar

bipolar *<phys.el>* • doppelpolig

bipolar transistor *<el.ic>* • bipolarer Transistor *m*; Bipolartransistor *m*

bird strike *JAR 25.631 <aerosp>* • Vogelschlag *m*

birth control pill *<pharm>* • Empfängnisverhütungspille *f*; Pille *f ugs*

bisect *vt <gen> (divide into two - usually equal - parts)* • teilen *vt*

bismuth (Bi) *<mat> (brittle, grayish--white, red-tinged metal; radioactive)* • Wismut *n* (Bi); Wismuth *n*; Bismut *n form*; Bismuth *n form*; Bismutum *n wiss*

bistable circuit *<el>* • bistabile Kippschaltung *f*; bistabile Kippstufe *f*

bistable device *<el> (in a trigger circuit; e.g. a flip-flop)* • bistabiles Bauelement *n*; bistabiles Element *n*; bistabiles Kippglied *n*; Kippglied *n*

bistable multivibrator *<el> (an automatic trigger circuit)* • bistabiler Multivibrator *m*

bit density *<comp> (on a storage medium)* • Bitdichte *f DIN 66010*; lineare Dichte *f*

bite into *vi/vt <tool> (tool into material)* • eingreifen in *vi*

bit error rate (BER) *<comp> (ratio of incorrectly to total transferred bits)* • Bitfehlerrate *f* (BER); Bitfehlerverhältnis *n*; Bitfehlerhäufigkeit *f*; Bitfehlerwahrscheinlichkeit *f*; Datenfehlerrate *f*

bit holder *<tool> (socket for hex shank bits)* • Bits-Halter *m*; Bithalter *m*; Bitadapter *m*

bitmap *<comp> (pixel-based digital image; *.bmp)* • Bitmap *f*; Bitmap--Grafik *f*; Rastergrafik *f*; Pixelgrafik *f*; Pixelbild *n rar.ugs*

bit-mapped memory *<comp>* • bitadressierbarer Speicher *m*

bit rate *<tele> (in bps)* • Bitrate *f*;

Datenrate *f*; Übertragungsrate *f*; Datenübertragungsrate *f*; Übertragungsgeschwindigkeit *f*
bit-serial <*comp*> • bitseriell
bit socket *US* <*tool*> *(with female square drive, for use with socket drive tools)* • Schraubendrehereinsatz *m*
bits per second (bps) <*comp*> *(data transfer rate; e.g. 56,000 bps or 56 kbps)* • Bits pro Sekunde *npl* (bps); bit/s *rar*; Bit pro Sekunde *n sg=pl rar*
bitt <*nav*> *(strong post on deck, typ. in pairs; for mooring lines, towing)* • Poller *m*; Schiffspoller *m*
bituminous <*build.mat*> *(containing bitumen; e.g. coal, road asphalt)* • bituminös; bitumenhaltig
bituminous <*min*> *(coal)* • fett
bituminous coal <*min*> *(dark brown to black; volatile 15-35%; moisture < 3%; high heat value)* • bituminöse Kohle *f*; bituminöse Braunkohle *f*; Fettkohle *f*
bituminous lignite <*min*> *(pitchblack, brittle, lustrous bituminous coal)* • bituminöser Lignit *m*; Pechkohle *f prakt*; Glanzkohle *f prakt*; Glanzbraunkohle *f rar*
bituminous surfacing <*build.traff*> *(asphaltic, flexible pavement)* • Asphaltdecke *f*; bituminöse Decke *f*; Schwarzbelag *m*; Schwarzdecke *f prakt*
biunique <*math*> • eineindeutig
bivalent <*chem*> • bivalent
bivouac <*gen*> • Biwak *m*
bivouac *vi* <*gen*> • biwakieren *vi*
bi-xenon driving lights <*mvhcl.light*> *(dipped and high beam)* • Bi-Xenon--Fahrlicht *n*
bi-xenon projection system <*mvhcl.light*> • Bi-Xenon--Scheinwerfer *m*
black-and-white film <*phot*> • Schwarzweißfilm *m*; SW-Film *m*
black body <*phys*> *(Planckian radiator)* • schwarzer Körper *m*; schwarzer Strahler *m*
black-body radiator <*phys*> *(gen.)* • Dunkelstrahler *m*
blackened <*srfc*> • geschwärzt
blackening <*tech.gen*> • Schwärzung *f*
black-finishing <*metal*> *(typ. steel of firearms)* • Brünieren *n*; Bräunen *n rar*
black-finishing <*srfc.metal*> *(shades ranging from black to dark blue)* • Brünierung *f*
black-heart malleable cast iron <*metal*> • nichtentkohlend geglühter Temperguss *m* (GTS); schwarzer Temperguss *m prakt.obs*; Schwarzkerntemperguss *m obs*
blackness <*tech.gen*> • Schwärze *f*
blacksmith's chisel <*tool*> • Schrotmeißel *m DIN 5107*
blade <*tech.gen*> *(rotor; e.g. ship propeller, air screw, helicopter rotor, wind turbine)* • Blatt *n*
blade <*hvac*> *(fan)* • Flügel *m*
blade <*i&c*> *(of feeler gage)* • Zunge *f*
blade <*phot*> *(of lens aperture, camera shutter)* • Lamelle *f*
blade <*sport*> *(skate)* • Kufe *f*
blade <*tool*> *(of a knife)* • Klinge *f*
blade *vt* <*turb*> *(turbine rotor)* • beschaufeln *vt*
blade tip <*mech.eng*> *(of rotor; e.g. airscrew, wind turbine)* • Blattspitze *f*
blade wheel <*tech.gen*> *(e.g. pump impeller)* • Laufrad *n*
blade wheel <*mech.eng*> • Schaufelrad *n*
blank <*gen*> *(e.g. sheet of paper, stare etc.)* • leer
blank <*comp*> *(empty CD)* • Rohling *m*
blank <*prod*> *(unprocessed, before shaping)* • roh; unbearbeitet
blank <*prod*> *(gen., any pre-formed part for subsequent shaping; e.g. for keys)* • Rohling *m*; Ausgangsteil *n rar*
blank <*prod*> *(unmachined)* • unbearbeitetes Teil *n*
blank <*prod.metal*> *(sheet metal; e.g. before pressing, deep-drawing)* • Platine *f*; Zuschnitt *m*
blank *vt* <*metal*> *(sheet metal)* • stanzen *vt*
blank *vt* <*prod*> *(by stamping, diecutting; e.g. sheet metal blanks)* • ausstanzen *vt*; stanzen *vt*
blank cartridge <*mil*> • Platzpatrone *f*
blank CD-R <*comp*> • CD-Rohling *m*; CD-R-Rohling *m*
blanket <*tech.gen*> *(cover; fabric or inert gas)* • Abdeckung *f*
blanket <*tech.gen*> *(protective cover; e.g. tarpaulin, polythene sheet, nitrogen)* • Schutzabdeckung *f*
blanket <*tech.gen*> *(fabric; e.g. canvas)*

• Schutzdecke *f*
blanket *<build.mat> (of insulation material etc.; e.g. mineral fiber, polythene)* • Bahn *f*
blanket *vt <proc> (with cover gas)* • abdecken *vt*
blanking *<prod> (cutting of sheet metal, by any method)* • Ausschneiden *n*; Ausschnitt *m*
blanking *<prod> (part produced by cutting; e.g. of sheet metal, cardboard)* • Schnitteil *n*
blanking die *<prod> (for shearing or cutting blanks from sheets or strip metal)* • Schnittwerkzeug *n*
blanking machine *<prod> (cutting without deep-drawing)* • Stanzmaschine *f*; Stanze *f*
blanking signal *<av>* • Austastsignal *n*
blanking tool *<tool> (cuts sheet, plate into shapes)* • Stanzwerkzeug *n*
blanking waste *<prod>* • Verschnitt *m*
blank out *vt <comp> (screen)* • abdunkeln *vt*
blast *<expl> (detonation; e.g. in mining)* • Sprengung *f*
blast *vt <expl>* • sprengen *vt*
blast area *<min.expl>* • Sprengzone *f*
blast-clean *vt <srfc> (with shot, grit, carbon dioxide etc.)* • abstrahlen *vt*; strahlen *vt*
blast-cleaning abrasive *ISO 4618-3 <srfc> (e.g. sand, shot, grit, CO_2)* • Strahlmittel *n DIN EN ISO 4618*
blast furnace (BF) *<metal>* • Hochofen *m*; Gebläseschachtofen *m rar*
blast-furnace burdening *<metal>* • Möllerung *f*
blast-furnace coke *<comb>* • Hüttenkoks *m*
blast-furnace gas *<metal>* • Gichtgas *n*; Hochofengas *n*
blast-furnace stove *<metal>* • Winderhitzer *m*
blasting *<expl> (as a discipline)* • Sprengtechnik *f DIN 20163*
blasting *<srfc> (work, jobs; by means of shot, sand etc.)* • Strahlarbeiten *fpl*
blasting gelatin[e] *<expl>* • Sprenggelatine *f*
blast off *vt/vi <print> (ablation technology)* • absprengen *vt*
bleach *vt <tech.gen> (e.g. with a bleaching agent)* • entfärben *vt*
bleach *vt <chem.proc> (gen.)* • bleichen *vt*
bleached *<chem> (e.g. paper, cotton)* • gebleicht
bleach fixing bath *<phot>* • Bleichfixierbad *n*
bleaching *<chem.proc> (gen.; e.g. of pulp, cotton, wood)* • Bleichen *n*
bleach out *vi <srfc>* • entfärben *vr*
bleed *vi <tech.gen> (drain slowly and completely)* • auslaufen *vi*
bleed *vi <build> (e.g. concrete, walls)* • schwitzen *vi*
bleed *vt <brake> (hydraulic systems)* • entlüften *vt*
bleed *vt <hvac> (water; e.g. from air line, wind instrument)* • entwässern *vt*
bleed connection *<pps> (to discharge liquid, steam, air)* • Anzapfung *f*
bleeder valve *<mvhcl.brake>* • Entlüfterventil *n*
bleeder valve *<pps> (e.g. for entrapped pressurized air)* • Abblaseventil *n*
bleeder valve *<pps>* • Ablassventil *n*
bleeder [valve] *<pps>* • Abzapfventil *n*
bleeding *<pps>* • Entlüftung *f*
bleeding *<print> (of dye, ink, adhesive)* • Ausblutung *f*
bleeding *<srfc> (paint fault)* • Ausbluten *n*; Durchbluten *n*
bleeding through *<srfc> (of paint, ink; e.g. through masking paper)* • Durchschlagen *n*
bleed off *vt <proc> (dispense; e.g. liquid, gas, air)* • ableiten *vt*
bleed off *vt <proc>* • abzapfen *vt*
bleed screw *<tech.gen> (air out)* • Entlüftungsschraube *f*
bleed-through *<docu.rep> (of dye, ink, adhesive)* • Durchschlag *m*
bleed-through *<srfc> (enamel defect; penetration of ground into the cover coat)* • Durchschuss *m*
bleed through *vi <print> (ink)* • durchschlagen *vi*
bleed through *vi <srfc>* • durchschlagen *vi*
blemish *<qualit.srfc> (defect)* • Fehler *m*
blemish-free *<srfc.qualit> (without faults, immaculate)* • makellos
blend *vt <food> (mix; e.g. liquor, tobacco)* • verschneiden *vt*
blend *vt <food> (smooth and inseparably; e.g. teas, tobaccos,*

whiskeys) • mischen *vt*
blend *vt* <*petr*> *(crude, petroleum)* • blenden *vt*
blend *vt* <*prod.textil*> • gattieren *vt*
blend *vt* <*srfc*> *(paints)* • mischen *vt*
blended fabric <*textil*> • Mischgewebe *n*
blind <*tech.gen*> • blind
blind approach <*aerosp*> • Blindanflug *m*; Instrumentenanflug *m*
blind eyelet <*leath*> • Blindöse *f*
blind flange <*pps*> • Blindflansch *m*
blind hole <*mech.eng*> • Grundloch *n*; Sackloch *n*; Sackbohrung *f rar*; Grundbohrung *f rar*
blind-hole thread <*mech.eng*> • Grundlochgewinde *n*; Sacklochgewinde *n*; Grundgewinde *n*; Gewindesackloch *n rar*; Gewindegrundbohrung *f rar*
blind off *vt* <*proc*> *(a system, component, connection)* • stilllegen *vt*
blind spot <*mvhcl*> • toter Winkel *m*
blister <*prod*> *(e.g. casting)* • Gasblase *f*
blister <*srfc*> *(entrapped air, gas etc. between coat and substrate)* • Blase *f*
blister *vt* <*build.srfc*> *(finish/paint)* • Blasen bilden *vi*; blasig werden *vi*; Blasen ziehen *vi*; Blasen werfen *vi*
blistered <*srfc*> *(e.g. paint coat)* • blasig
blistering *ISO 8044, 4617* <*srfc*> *(on surface of solid materials)* • Blasenbildung *f DIN EN ISO 8044*
blister pack *BS 3130* <*pack*> *(e.g. for batteries)* • Blisterpackung *f DIN 55 405*; Blasenpackung *f*; Konturpackung *f*
blob <*gen*> *(of foam; e.g. in foam bath, algae foam on water)* • Flocke *f*
block <*convey*> *(with pulleys, of block and tackle lifting gear)* • Flasche *f*; Rolle *f ugs*
block <*railw*> *(segment of railway network)* • Block *m*; Streckenblock *m*; Blockstrecke *f*; Blockabschnitt *m*; Blockstreckenanschnitt *m rar*
block *vt* <*tech.gen*> *(shut off; area, space)* • abriegeln *vt*
block *vt* <*tech.gen*> *(e.g. operations)* • blocken *vt*
block *vt* <*mech*> *(prevent any movement; e.g. train doors)* • blockieren *vt*
block *vt* <*mech.eng*> • sperren *vt*; hemmen *vt*
block *vt* <*opt*> *(lenses)* • aufkitten *vt*; einkitten *vt*
block *vt* <*print*> • prägen *vt*
block and tackle <*convey*> • Flaschenzug *m*
block battery <*el*> *(e.g. 9 Volts)* • Blockbatterie *f*
block copolymer <*plast*> • Block--Copolymer *n*; Copolymer in Blockform *n*; Copolymer in Blockanordnung *n*; Blockform-Copolymer *n rar*; Blockcopolymer *n*
block diagram <*el.docu*> *(of circuits, signal flow)* • Blockschaltbild *n*; Blockdiagramm *n*
blocked <*comp*> *(data, records)* • geblockt *DIN 66010*
blocking <*tech.gen*> • Sperrung *f*
blocking action <*tech.gen*> • Sperrwirkung *f*
blocking characteristic <*tech.gen*> • Sperrkennlinie *f*
blocking state <*tech.gen*> • Sperrzustand *m*
blocking time <*tech.gen*> • Sperrzeit *f*
block off *vt* <*build*> *(e.g. water, heat from ingress into building)* • abdämmen *vt*
block off *vt* <*build*> *(e.g. water)* • absperren *vt*
block-out <*build*> • Aussparung *f*
block out *vt* <*build*> • aussparen *vt*
block out *vt* <*opt*> • ausblenden *vt*
block protection <*el*> • Blockschutz *m*
bloom <*food.srfc*> *(e.g. on chocolade)* • Belag *m*
bloom <*food.srfc*> *(on fruit)* • Flaum *m*
bloom <*metal*> *(rolling ingot with square or rect. cross-section; prefab for beams)* • Block *m*; Vorblock *m*
bloom *vi* <*srfc*> • ausblühen *vi*
bloom *vt* <*metal*> *(in rolling mill)* • auswalzen *vt*
blooming *ISO 4618* <*build.srfc*> *(leaching of salts, minerals etc. to the surface)* • Ausblühung *f DIN EN ISO 4618*
blooming <*srfc*> • Anlaufen *n*
blooming <*srfc*> *(e.g. on foodstuff)* • Belagbildung *f*
blooming <*srfc*> *(of paint)* • Hauchbildung *f*; Weißanlaufen *n*;

Milchigwerden *n*

blooming mill *<metal>* • Blockstraße *f*

blotch *<srfc> (e.g. of ink)* • Fleck *m*

blot out *vt <gen>* • löschen *vt*

blot out *vt <docu> (e.g. an error, a character, word)* • ausstreichen *vt*; tilgen *vt*

blotter test *<chem>* • Löschblattprobe *f*

blotting paper *<pap> (to dry wet ink)* • Löschpapier *n*

blow *vi <el> (fuse)* • durchbrennen *vi*

blow *vt <tech.gen>* • blasen *vt*

blowdown *vt <proc>* • abfluten *vt*; abschlämmen *vt*; absalzen *vt*

blowdown line *<proc>* • Abflutleitung *f*; Abschlämmleitung *f*; Absalzleitung *f*

blow-down tank *<proc> (gen.)* • Abblasetank *m*; Entspannungsbehälter *m*; Abblasebehälter *m*

blower *<tech.gen> (high air speed, low pressure)* • Gebläse *n*

blower-cooled *<tech.gen> (e.g. engine, processor)* • gebläsegekühlt

blower motor and fan wheel assembly *<hvac>* • Gebläsemotor mit Lüfterrad *m*

blow head *<metal>* • Blaskopf *m*

blow-hole *<qualit> (defect in a metal casting or ingot caused by escaping gas)* • Lunker *m*

blow in *vt <tech.gen> (e.g. air, oxygen)* • einblasen *vt*

blowing process *<proc> (gen.; e.g. of blow molding)* • Blasverfahren *n*

blow mold *<plast>* • Blaswerkzeug *n*

blow-molded product *<plast> (e.g. bottle, fuel tank, surfboard)* • blasgeformter Artikel *m*; blasgeformtes Produkt *n*; blasgeformter Hohlkörper *m*

blow molding *<plast> (process)* • Blasformen *n*; Spritzblasen *n rar*

blow molding *<plast> (product)* • Blasformteil *n*; Blasteil *n prakt*; Blasformling *m rar*; blasgeformtes Teil *n*

blow-molding machine *<plast>* • Blasformmaschine *f*; Hohlkörperblasmaschine *f*

blown *<tech.gen>* • gebläht

blown *<el> (fuse)* • durchgebrannt

blown *<mech.eng> (pressure and heat loaded seals/gaskets; e.g. cylinder head gasket)* • durchgebrannt

blown film *<plast>* • Schlauchfolie *f DIN 55 405*; Blasfolie *f*

blown film extrusion *<plast>* • Schlauchfolienextrusion *f*; Folienblasverfahren *n*

blown oil *<chem>* • geblasenes Öl *n*

blown sheet extrusion *<plast>* • Schlauchfolienextrusion *f*; Folienblasverfahren *n*

blow off *vt <tech.gen> (particles off a surface; e.g. dust, droplets)* • abblasen *vt*

blow off *vt <proc> (gas, air, steam; e.g. for pressure relief)* • abblasen *vt*

blow-off pressure *<tech.gen>* • Abblasedruck *m*

blowout *<petr>* • Ausbruch *m*; Blowout *m*; Eruption *f*; Blow-out *m*

blow out *vt <tech.gen> (e.g. tanks, pipes, pumps, turbines)* • ausblasen *vt*

blow-out preventer *<petr>* • Blow-out--Preventer *m*; Eruptionsstopfbüchse *f*; Bohrlochsicherung *f*; Ausbruchsicherung *f*; Sicherheitsschieber *m*

blowout preventer stack *<petr>* • Preventergarnitur *f*; Garnitur *f*; Preventerkombination *f*

blowpipe *<join>* • Brenner *m*

blow torch *US <tool> (gen.; for soldering and brazing)* • Lötlampe *f*; Lötbrenner *m*

blow up *vt <plast> (in blow molding, blown film extrusion)* • aufblasen *vt*

blued screws *pl <join> (typ. in high--quality watches)* • gebläute Schrauben *f pl*

blue-print *<docu> (e.g. techn. drawing)* • Pause *f*

blue-tinged *<phot>* • blaustichig

Bluetooth … *<tele> (short-distance radio data transmission via 2.4 GHz ISM band)* • Bluetooth-…

blunt *<join> (screw, bolt)* • stumpf

blunt *<tool> (due to wear; e.g. cutting edge)* • stumpf; abgestumpft

blunt *vi <tool> (cutting edge)* • abstumpfen *vi*; stumpf werden *vi*

blunt *vt <prod> (edge)* • abstumpfen *vt*; stumpf machen *vt*

Blu-Ray … *<comp> (blue laser DVD technology)* • Blu-Ray-…

blurred *<av> (e.g. signal, image)*

• undeutlich

blurred *<opt> (not sharp; image, projection)* • unscharf; nicht scharf

BNC connector *<el> (male)* • BNC--Stecker *m*

BNC connector *<el> (female)* • BNC--Buchse *f*

board *<admin> (committee)* • Ausschuss *m*

board *<build.mat>* • Brett *n*

board *<nav>* • Bord *m*; Seitenwand *f*

board *vi <aerosp>* • einsteigen *vi*; boarden *vi ugs*

boarded floor *<build>* • Dielenfußboden *m*

boarding *<aerosp>* • Boarding *n*

boarding *<build>* • Verkleidung *f*

boarding *<traff> (process; aircraft, bus, ship, train)* • Einstieg *m*; Einsteigen *n*

boarding control *<aerosp>* • Bordkontrolle *f*

boarding document *<aerosp>* • Einsteigedokument *n*

boarding gate *<aerosp> (airport)* • Flugsteig *m*; Gate *n ugs*

boarding pass *<aerosp>* • Bordkarte *f*; Flugkarte *f rar*; Einsteigekarte *f FRA*

boarding time *<aerosp>* • Boarding Time *f*; Boardingzeit *f*; Einsteigezeit *f*

board-marked *<build.srfc> (concrete surface)* • schalungsrau

boards *pl <build.sport> (barrier surrounding sports arena; e.g. ice hockey field)* • Bande *f*

boat *<nav>* • Boot *n*

boatbuilding *<nav>* • Bootsbau *m*

boatbuilding yard *<nav>* • Bootswerft *f*

boat davit *<nav> (of life boat)* • Davit *m*

boat's outfit *<nav>* • Bootsausrüstung *f*

boatyard *<nav>* • Bootshafen *m*

bodily injury *sg <insur>* • Personenschäden *mpl*

body *<tech.gen> (gen.)* • Gehäuse *n*

body *<bio> (of living beings)* • Körper *m*

body *<food> (richness, substance; e.g. of wine, ice cream)* • Körper *m*; Fülle *f*

body *<phot> (camera)* • Gehäuse *n*

body *vt <chem>* • eindicken *vi/vt*

body assembly *<mvhcl.prod>* • Karosseriezusammenbau *m*

body-centered cubic (BCC) *US <metal> (crystal lattice; e.g. ferrite)* • kubisch-raumzentriert (krz); kubisch--zentriert; kubisch-innenzentriert *rar*

body-centered lattice *US <metal> (crystal)* • raumzentriertes Gitter *n*

body clock *<bio>* • innere Uhr *f*

body color *US <mvhcl.srfc>* • Wagenfarbe *f*; Karosseriefarbe *f rar*

body framing *<mvhcl.prod> (process)* • Karosserieaufbau *m*

body framing line *<mvhcl.prod>* • Karosserieaufbaustraße *f*; Bockstraße *f*

body gasket *<mech.eng>* • Gehäusedichtung *f*

body-in-white *<mvhcl> (car body shell after welding)* • Rohkarosserie *f*; Karosserierohbau *m*; Rohbau *m prakt*; Karosseriegerippe *n BMW*; Karosserieaufbau *m rar*

body-in-white (BIW) *<mvhcl>* • Rohbau *m*; Rohkarosserie *f*

body manufacturer *<mvhcl.prod>* • Karosseriehersteller *m*; Karosseriebauer *m prakt*; Karossier *m obs*

body panel *<mvhcl.prod> (pressed)* • Karosserieblech *n*; Karosseriebauteil *n*

body panel *<prod> (shaped sheet metal after stamping)* • Formteil *n*; Pressling *m*; Pressteil *n*

body paneling *US <railw> (skin of a railway carriage)* • Beplankung *f*

body repair shop *<mvhcl>* • Karosseriewerkstatt *f prakt*; Karosseriereparaturbetrieb *m form*; Autoschlosserei *f*; Autospenglerei *f ugs.süddt*

body rocker panel *US <mvhcl> (below side doors)* • Schweller *m*; Schwellerblech *n*; Türschweller *m*; Einstiegsschweller *m*; Schwelle *f ugs*

body roll *<mvhcl>* • Seitenneigung [der Karosserie] *f*

body scanner *<garm>* • Körperscanner *m*

body sealer *<mvhcl.mat>* • Karosseriedichtmasse *f*

body sheet metal *<metal> (as rolled; e.g. coil)* • Karosserieblech *n*

body shell *<mvhcl> (of a caravan)* • Aufbau *m*

body shell *<mvhcl> (the bare skeleton of a car, stripped of all detachable parts)* • Karosserie *f*

body shell *<railw> (of a carriage)*

• Fahrzeughaut *f*; Außenhaut *f*; Außenwand *f*
body-shell panel *<mvhcl>* • Karosserie--Außenhautteil *n*
body shop *<mvhcl.prod> (stage in automobile manufacturing)* • Rohbau *m*; Karosserierohbau *m*
body side molding *<mvhcl> (on car body; relatively narrow strip)* • Flankenschutz *m*; Flankenschutzleiste *f*; Rammschutzleiste *f Allrad*; Seitenschutzleiste *f*; seitliche Stoßleiste *f*
body structure *<mvhcl> (stress on: construction)* • Karosseriestruktur *f*
body tool *<hygi.tool>* • Körperpflegewerkzeug *n*
body-to-tire clearance *US <mvhcl>* • Freigängigkeit der Reifen *f*
body tracking system *<transl> (for sign language interpreting)* • automatisches Gebärdesprachdolmetschsystem *n*
body variant *<mvhcl>* • Karosserievariante *f*
bodywork *<mvhcl> (of cars and trucks; esp. of vehicles with separate chassis/frame)* • Aufbau *m*; Karosserie *f ugs.rar*
bogged [down] *<mvhcl> (stuck; in dunes, mud, snow)* • festgefahren; stecken geblieben
bogie *<comvhcl> (rear axle of truck; four wheels on two axles)* • Zwillingsachse *f*; Achsaggregat *n*
bogie beam *<aerosp> (connection between wheels and landing gear leg)* • Achsträger *m*
Bohr atom [model] *<chem.phys>* • Bohr'sches Atommodell *n*; bohrsches Atommodell *n*
boil *vt <tech.gen> (for purification; e.g. water)* • abkochen *vt*
boiler *<energ> (of a power plant)* • Kessel *m*; Dampferzeuger *m*; Wärmeübertragerkessel *m*; Kesselraum *m*
boiler construction *<proc>* • Kesselbau *m*
boiler feedwater (BFW) *<proc>* • Kesselspeisewasser *n* (KSW)
boilerplate *ISO/IEC 2382-23 <docu> (text)* • Textbaustein *m ISO/IEC 2382-23*
boiler plate *<mat>* • Kesselblech *n*
boiler tube *<pps>* • Kesselrohr *n*; Siederohr *n alt*
boiling point (b.p.) *<phys> (gen.; any of liquid)* • Siedepunkt *m*; Siedetemperatur *f*
boiling range *<chem.phys> (gen.)* • Siedebereich *m*
boiling-water reactor (BWR) *<nucl> (a LWR; e.g. Fukushima)* • Siedewasserreaktor *m* (SWR)
boil up *vi <tech.gen> (foaming, boiling liquid)* • aufwallen *vi*; wallen *vi rar*
boil up *vt <gen>* • aufkochen *vt*
bold *<comp.print> (computer typeface)* • fett
boldness *<build> (of bridges)* • Kühnheit *f*
bold-type *adj <comp.print>* • fettgedruckt
bollard *<build.nav> (thick low post on wharf etc., for mooring lines)* • Poller *m*; Pfahl *m*
bolster *<mech.eng> (support)* • Unterlage *f*
bolster *<vhcl.int> (a supporting pad; e.g. in a seat)* • Polster *n*
bolster *vt <prod>* • unterlegen *vt*
bolster plate *<mech.eng>* • Auflageplatte *f*; Unterlagsplatte *f*; Unterlegplatte *f*
bolt *<join> (strong threaded fastener, threaded to receive a nut)* • Schraube *f DIN 931*
bolt *<safe> (round or rectangular movable bar; e.g. to lock a door, gate)* • Riegel *m*
bolt *vt <tech.gen>* • abriegeln *vt*
bolt *vt <join> (fasten by means of a bolt)* • schrauben *vt*
bolt *vt <mech.eng>* • verriegeln *vt*
bolt connection *<join> (threaded fastener)* • Schraubenverbindung *f*
bolt cutter *<tool> (toggle-type)* • Bolzenschneider *m*
bolt head *<join>* • Schraubenkopf *m*
bolt-on ... *<mech.eng> (component)* • Anbau...
bolt-on kit *<tech.gen> (stress on: added later, retrofitting)* • Nachrüstsatz *m*
bolt-on module *<tech.gen>* • Anbaumodul *n*
bolt to *vt <join> (attach sth to sth with*

nuts and/or bolts) • anschrauben *vt*

bond *<build> (e.g. clay tile roofing)* • Verband *m*

bond *vt <ic> (wire to wires)* • bonden *vt*; verbinden *vt*; kontaktieren *vt*

bond *vt <join> (with adhesive; gen.)* • kleben *vt*

bondability *<join> (of a surface, material)* • Haftfähigkeit *f*

bonded abrasive grain *<tool> (e.g. in a grinding wheel)* • gebundenes Korn *n*; gebundener Schleifkörper *m*

bonded [to] *vt <join> (with an adhesive)* • verklebt [mit] *vt*

bonded warehouse *<logist.fin> (depository for goods stored for customs clearance)* • Zollgutlager *n*

bonded windshield *US <mvhcl> (typical)* • geklebte Windschutzscheibe *f*

bonderize *vt <srfc>* • bonderisieren *vt*; bondern *vt*

bond in *vt <build> (e.g. by means of PU foam)* • einbinden *vt*

bonding *<ic> (of chips and wires)* • Bonden *n*; Kontaktieren *n*; Schweißen *n*

bonding method *<join>* • Fügeverfahren *n*

bond strength *<join>* • Haftfestigkeit *f*

bond strength *<qualit>* • Abreißfestigkeit *f DIN*; Haftfestigkeit *f*

bond valence *<chem>* • Bindungszahl *f*

bone china *<silic>* • Porzellan *n*; Knochenporzellan *n form*

booklet *<docu>* • Broschüre *f*; Heft *n*

Boolean algebra *<math>* • Boole'sche Algebra *f*; Schaltalgebra *f*; boolesche Algebra *f*

Boolean operation *<comp>* • Boole'sche Operation *f*; boolesche Operation *f*

boom *<aerosp> (spacecraft)* • Baum *m*

boom *<av> (for microphone)* • Galgen *m*

boom *US <build.mach> (of a crane)* • Ausleger *m*; Kranausleger *m*

boom *<nav> (of sailing ship)* • Baum *m*

boom *<nav.convey> (for lifting cargo)* • Ladebaum *m*; Baum *m prakt*; Ausleger *m rar*

boom arm *<av> (for mic; e.g. in studio)* • Angel *f*; Ausleger *m*

booming noise *<acoust> (e.g. in the rear of cars with the windows rolled down)* • Dröhngeräusch *n*

boost *<tech.gen> (increase; e.g. signal, effect. thrust)* • Anhebung *f*

boost *vt <tech.gen> (increase; e.g. pressure)* • erhöhen *vt*

boost *vt <tech.gen> (e.g. a signal, thrust)* • verstärken *vt*

boost *vt <acoust> (frequency)* • anheben *vt*; verstärken *vt*

booster *<tech.gen>* • Verstärker *m*

booster phase *<aerosp> (rocket)* • Startphase *f*

booster rocket *<aerosp> (strap-on rocket for launch vehicle)* • Startrakete *f*

booster seat *<mvhcl.safe> (for children 4 to 12 yrs old; raises the seating position)* • Sitzerhöhung *f*; Kinder-Autositz *m*; Auto-Sitzerhöher *m*; Sitzerhöher *m ugs*

boost pressure *<mvhcl.mot> (manifold pressure)* • Ladedruck *m*; Aufladedruck *m*

boot *<tech.gen> (flexible, rubber collar/sleeve; usu. bellows-style; e.g. dust boot)* • Manschette *f*; Dichtungsmanschette *f*

boot *vi/vt <comp> (computer system)* • booten *vi/vt*; hochfahren *vi/vt*

booth *<build> (e.g. for conference interpreters)* • Kabine *f*

border *<tech.gen> (marked edge, margin; e.g. around a picture, carpet)* • Rand *m*

border *<print> (around printed matter, pages)* • Einfassung *f*; Leiste *f*

border *vt <gen> (area)* • begrenzen *vt*

border *vt <build>* • einfassen *vt*

borderline *<gen>* • Grenzlinie *f*; Grenze *f*

border zone *<tech.gen>* • Randzone *f*

bore *<gen.tech> (any drilled or bored hole)* • Bohrung *f*; gebohrtes Loch *n ugs*; Loch *n ugs*; Bohrloch *n rar*

bore *<mech.eng> (diameter of a cylinder; e.g. of piston engine, hydraulic cyl.)* • Bohrung *f*; Zylinderbohrung *f rar*

bore *vt <prod> (drill to increase the diameter of an existing hole)* • bohren *vt*; aufbohren *vt*

boring *<gen> (e.g. a bad presentation, product demonstration)* • langweilig; erlebnisarm *werb*

boring *<prod> (process of enlarging a hole)* • Aufbohren *n*
boring and milling machine *<mach.tool>* • Fräs- und Bohrwerk *n*; Bohr- und Fräswerk *n*
boron (B) *<chem>* • Bor *n* (B)
boron carbide *<chem> (B_4C; extremely hard material)* • Borcarbid *n*
borosilicate glass *<silic> (thermal--shock-resistant glass; e.g. for lab equipment, cooking)* • Borosilicatglas *n*; Borsilikatglas *n*; feuerfestes Glas *n ugs*
borrow material *<build> (for filling, refilling)* • Füllmaterial *n*; Auffüllmaterial *n*
bosh *<metal> (blast furnace section between hearth and stack)* • Rast *f*
boss *<gen> (a knoblike mass, protuberance)* • Wulst *m*; Buckel *m ugs.rar*
bottle *<pack> (any material; typ. glass)* • Flasche *f DIN 55 405*
bottle *vt <food> (wine)* • abziehen *vt*; abfüllen *vt*
bottle *vt <pack>* • abfüllen *vt*
bottle bank *<waste>* • Altglascontainer *m*
bottle-blowing machine *<pack.prod>* • Flaschenblasmaschine *f*
bottle bobbin winder *<textil>* • Flaschenspulmaschine *f*
bottle fermentation *<food> (of champagne)* • Flaschengärung *f*
bottle-glass *<silic>* • Flaschenglas *n*
bottle-molding press *<silic.prod>* • Flaschenpresse *f*
bottleneck *<gen>* • Engpass *m*
bottleneck *<traff> (of road)* • Engstelle *f*; Engpass *m ugs*; Verengung *f*
bottle opener *<pack.tool>* • Flaschenöffner *m*
bottle-washing machine *<proc>* • Flaschenspülmaschine *f*
bottling *<pack> (e.g. of juice, wine)* • Abfüllen [in Flaschen] *n*; Flaschenfüllung *f*
bottling machine *<pack>* • Flaschenabfüllmaschine *f*
bottling plant *<pack>* • Flaschenabfüllanlage *f*
bottom: strike the ~ *vi <gen>* • Grund *m*: auf dem ~ auftreffen *vi*; Boden *m*: auf dem ~ aufschlagen *vi*
bottom *<tech.gen> (base)* • Basis *f*
bottom *<tech.gen> (floor, lower end)* • Boden *m*
bottom *<build>* • Sohle *f*
bottom *<chem.petr> (of a destillation tower, still, column)* • Sumpf *m*; Kolonnensumpf *m rar*
bottom *<hydr> (canal)* • Sohle *f*
bottom *<proc>* • Grund *m*
bottom *vi <mvhcl>* • aufsetzen *vi*; aufsitzen *vi*; Bodenkontakt haben *vi*
bottom belt *<convey>* • Untergurt *m*
bottom-fermented *<food> (e.g. beer)* • untergärig
bottoming out *<vhcl> (of suspension elements)* • Durchschlagen *n*; Durchfedern bis zum Anschlag *n*
bottom opening *<gen>* • Bodenklappe *f*
bottom out *vi <mvhcl> (suspension elements)* • durchschlagen *vi*
bottom plate *<tech.gen> (e.g. of a machine)* • Grundplatte *f*; Bodenplatte *f*
bottom plug *<metal>* • Matrizeneinsatz *m*
bottom sealing *<waste> (of landfill sites etc.)* • Basisabdichtung *f*; Sohlabdichtung *f*; Untergrundabdichtung *f*
bottom-up approach *<tech.gen> (as opp. to top-down approach; e.g. in nano technology)* • Bottom-up-Ansatz *m*
bottom valve *<proc> (of vessels, tanks)* • Bodenventil *n*; Bodenablassventil *n*
bottom view *<docu>* • Untersicht *f*; Ansicht von unten *f*; Unteransicht *f*
boulders *pl <geo> (gen.; in river beds, of glaciers)* • Geschiebe *n*
boulder stones *<geo>* • Geröll *n*
bounce *vi <gen> (e.g. a ball, spring)* • springen *vi*
bounce flash *<phot> (over the ceiling or a wall)* • indirekter Blitz *m*; indirektes Blitzlicht *nsg*; indirektes Blitzen *n*
boundary *<gen> (of an area)* • Begrenzung *f*; Umgrenzung; Rand
boundary case *<gen>* • Grenzfall *m*
boundary effect *<phys>* • Randeffekt *m*
boundary hardening *<prod>* • Randschichthärten *n*
boundary layer *<phys> (of fluid flow, heat exchanger)* • Grenzschicht *f*

boundary line *<docu> (e.g. technical drawing)* • Begrenzungslinie *f*

boundary lubrication *ISO 4378-3 <tribo> (with EP-additives)* • Grenzschmierung *f DIN ISO 4378-3*; Grenzschichtschmierung *f*

bound energy *<energ> (e.g. in coal, oil, uranium)* • gebundene Energie *f*

boundless *<gen>* • grenzenlos

bounds *pl <gen> (abstract)* • Grenze *f*

bound water *<chem>* • gebundenes Wasser *n*; gebundene Feuchte *f*

Bourdon tube *<i&c>* • Bourdon-Rohr *n*; Bourdonrohr *n rar*; Bourdonfeder *f*; Bourdonsche Röhre *f*

bovine spongiform encephalopathy (BSE) *<agri.med>* • bovine spongiforme Enzephalopathie *f* (BSE); Rinderwahnsinn *m ugs*

bow *<nav> (of a boat, ship)* • Bug *m*

bow *<vhcl>* • Bug *m*

bowed-out panel *<mvhcl> (body damage)* • ausgebeultes Blech *n*

bower anchor *<nav>* • Buganker *m*

bow-heavy *<nav> (ship)* • buglastig; kopflastig; vorlastig

bowl *<tech.gen>* • Napf *m*

bowl *<proc> (of centrifugal separator, spinner)* • Trommel *f*

bowl feeder *<convey> (vibrating)* • Vibrationsförderer *m*

bowser *GB <aerosp> (tanker used for fueling aircraft)* • Tankflugzeug *n*

bow spring *<tool> (typ. on spring dividers)* • Bogenfeder *f*

bow-spring dividers *<docu.tool>* • Federzirkel *m*

bow thruster *<nav>* • Bugstrahlruder *n*

bow wave *<nav>* • Bugwelle *f*

box *<tech.gen> (container; any size, shape, material)* • Kasten *m*

box *<mech.eng> (housing, case; e.g. of transmissions)* • Gehäuse *n*

box *<pack>* • Schachtel *f DIN 55 405*

box beam *<build> (gen.)* • Kastenträger *m*

box-car *US <railw> (completely enclosed railroad freight car)* • gedeckter Güterwagen *m*

box casting *<prod>* • Kastenguss *m*

box casting *<prod>* • Kastengussteil *n*

box girder *<build>* • Hohlkasten *m*; Kastenträger *m DIN 1075*; Hohlkastenträger *m*; Biegehohlkastenträger *m*

box girder *<build> (of reinforced concrete, steel; e.g. of bridges)* • Kastenträger *m*

box girder bridge *<build>* • Fachwerkkastenbrücke *f*

box-like *<tech.gen>* • kastenförmig ausgebildet; kastenförmig

box pallet *<logist>* • Boxpalette *f*

box-spring combo mattress *<int>* • Sprungfedermatratze *f*; Federkernmatratze *f*

boxy *<tech.gen> (e.g. car body style)* • kantig; kistenähnlich

B-pillar *<mvhcl> (of car body)* • B-Säule *f*; mittlere Türsäule *f ugs*; mittlerer Dachpfosten *m rar*; Mittelholm *m rar*; Schlosssäule *f rar*

brace *<tech.gen> (under compressive stress; any orientation, but usu. lateral)* • Spreize *f*

brace *<tech.gen> (gen.; support in any direction)* • Stütze *f*

brace *<tech.gen> (under tensile stress; usu. lateral)* • Strebe *f*; Verstrebung *f*

brace *<build> (diagonal or vertical member of a truss)* • Strebe *f*; Fachwerkstab *m*; Fachwerkstrebe *f*

brace *<min> (lateral; in tunnels, galleries)* • Strebe *f*

brace *vt <tech.gen> (stiffen; e.g. a frame)* • aussteifen *vt*; versteifen *vt ugs*

brace *vt <tech.gen> (stiffen; e.g. a frame)* • versteifen *vt*

braced frame *<build> (of high-rises)* • ausgesteifter Rahmen *m*; Fachwerkrahmen *m*

braced girder *<build>* • versteifter Träger *m*

braced structure *<build>* • ausgesteiftes Tragwerk *n*

bracelet *<garm>* • Armband *n*

brace position *<aerosp> (of passenger)* • Schutzhaltung *f*

bracing *<tech.gen> (diagonal; to absorb shear forces)* • Diagonalverband *m*

bracing *<build> (process)* • Aussteifung *f*

bracing *<build> (component)* • Aussteifung *f*

bracing wire *<tech.gen>* • Abspanndraht *m*

bracing wire *<tech.gen> (e.g. of antennas, racks, or between masts)*

• Spanndraht *m*
bracket *<tech.gen> (e.g. for pipes)* • Schelle *f*
bracket *<mech.eng> (e.g. a rail, rod, bar)* • Bügel *m*; Haltebügel *m*; Befestigungsbügel *m*
bracket *<mech.eng> (angular support, plate, sheet metal etc.)* • Winkel *m*; Montagewinkel *m*; Haltewinkel *m ugs*
brackish *<gen> (water)* • brackig
brackish water *<hydr>* • Brackwasser *n*
brad *<join> (slender wire nail with a small head)* • Drahtstift *m*; Drahtstift gestaucht *m*
brad nail *<tool> (for brad nailers)* • Tackernagel *m*
brad nailer *<tool> (electr. or air driven)* • Nagler *m*
braid *EN ISO 8330 <pps> (of hoses)* • Geflecht *n EN ISO 8330*
braid *<textil> (e.g. on uniforms)* • Litze *f*
braided fabric *<textil>* • Geflecht *n*
braided hose *<tech.gen> (for pressurized lines; e.g. pressurized air, brake system)* • Gewebeschlauch *m*; Textilschlauch *m*; Schlauch mit Textilummantelung *m did*
braided hose *<mvhcl>* • Schlauch mit Gewebeverstärkung *m*
braided hose *EN ISO 8330 <pps>* • Geflechtschlauch *m EN ISO 8330*; Schlauch mit Geflechteinlage *m*
braided metal screen[ing] *<el>* • geflochtene Metallabschirmung *f*; geflochtene Abschirmung *f*
braiding pattern *<textil>* • Flechtmuster *n*
Braille alphabet *<print>* • Braille-Schrift *f*; Blindenschrift *f*
brain drain *<econ>* • Abwanderung von Wissenschaftlern *f*
brake *<aerosp.safe> (escape slide)* • Bremsstreifen *m*
brake *<brake> (gen.; on ground or air vehicles, shafts, machine tools etc.)* • Bremse *f*
brake *vi/vt <vhcl.brake>* • bremsen *vi/vt*; abbremsen *vi/vt*
brake band *<mvhcl.drive> (in earlier automatic transmissions)* • Bremsband *n*
brake cable *<vhcl>* • Bremszug *m*; Bremskabel *n*
brake caliper *<mvhcl.brake>* • Bremssattel *m*; Scheibenbremssattel *m form*; Bremszange *f*; Sattel *m prakt.ugs*
brake clearance *<brake>* • Bremsspiel *n*
brake control *<vhcl.brake>* • Dosierbarkeit von Bremsen *f*
brake disk *US <brake> (of disk brakes)* • Bremsscheibe *f*
brake drum *<mvhcl.brake>* • Bremstrommel *f*
brake engine *<aerosp>* • Bremstriebwerk *n*
brake fluid *<brake>* • Bremsflüssigkeit *f*; Bremsöl *n obs.ugs.rar*
brake force *<brake>* • Bremskraft *f*
brake horsepower (bhp) *<mvhcl>* • Brems-PS *f*
brake hose *<brake> (gen.)* • Bremsschlauch *m*
brake lining *<mvhcl.brake> (of drum brakes)* • Bremsbelag *m*
brake master cylinder *<brake>* • Hauptbremszylinder *m*
brake pad *<mvhcl.brake> (shoe and lining assembly of disc brakes)* • Bremsbelag *m*; Scheibenbremsbelag *m form*; Bremsklotz *m prakt*; Belagsegment *n rar*; Bremsbacke *f*
brake parachute *<aerosp> (aircraft landing)* • Bremsfallschirm *m*; Bremsschirm *m*
brake pedal *<mvhcl.brake>* • Bremspedal *n*
brake pedal *<vhcl> (e.g. motorcycle)* • Fußbremse *f*
brake rocket *<aerosp>* • Bremsrakete *f*
brake shoe *<brake> (of drum brakes only)* • Bremsbacke *f*; Bremsbacken *m ugs.süddt*
brake strap *<brake> (gen.)* • Bremsband *n*
brake system *<brake> (e.g. of road vehicles)* • Bremsanlage *f DIN ISO 611*; Bremssystem *n rar*
braking effort *<brake>* • Bremskraft *f*
braking manoeuvre *<aerosp>* • Bremsmanöver *n*
branch *<tech.gen>* • Abzweig *m*; Abzweigung *f*
branch *<tech.gen>* • Ast *m*
branch *<tech.gen> (e.g. circuit, program)* • Verzweigung *f*

branch *<el>* • Abzweigleitung *f*
branch *<el>* • Strang *m*
branch *<waste.hydr>* • Abzweig *m*
branch address *<comp>* • Sprungadresse *f*
branch channel *<hydr>* • Stichkanal *m*
branch closure *<opt.owg>* • Abzweigmuffe *f*
branch line *<tech.gen>* • Abzweigleitung *f*
branch line *<railw> (a short-distance or light-duty railroad)* • Nebenstrecke *f*
branch off *vi <tech.gen> (line, pipe)* • abzweigen *vi*
branch pipe *<pps>* • Abzweigrohr *n*; Zweigrohr *n*; Querarm *m*
branch point *<pps>* • Abzweigpunkt *m*
branch tee *<pps> (pipe fitting)* • Abzweigmuffe *f*
branch tee *<pps> (gen.; for pipes, ducts, hoses)* • T-Stück *n*
branch terminal *<el>* • Abzweigklemme *f*
brand *US <econ> (product)* • Marke *f*; Fabrikat *n*
branded articles *<econ>* • Markenartikel *mpl*; Markenware *fsg*
brand image *<ad>* • Markenimage *n*
brand loyalty *<econ>* • Markenloyalität *f*
brand-new *<tech.gen>* • fabrikneu
brash *<wood.qualit>* • spröde
brass *<metal>* • Messing *n*
brass sheet *<mat>* • Messingblech *n*
brazable *<join>* • lötbar
brazed connection *<join>* • Lötverbindung *f*
brazed-on tip *<tool> (e.g. on stone drill bit, turning tool)* • aufgelötete Schneidplatte *f*; hart aufgelötete Schneidplatte *f*
braze on *vt <join>* • auflöten *vt*
braze to *vt <join>* • anlöten *vt*
Brazilian hanging chair *<gen>* • Sesselhängematte *f*; Schaukelsitz *m*; Hängesessel *m*
brazing *<join> (non-fusion welding; temperature > 450 °C / 800 F)* • Hartlöten *n*
brazing metal *<join> (usu. brass)* • Hartlot *n*
breach *<comp> (of computer security)* • Bruch *m*
breadth over all *<nav>* • Breite über alles *f*
break *<docu>* • Absatz *m*
break *vi <tech.gen> (e.g. tool, member, bones)* • brechen *vi*
break *vi <tech.gen> (sever unintentionally; thread, yarn, wire, rope, cable)* • abreißen *vi*; reißen *vi*
break *vt <tech.gen> (gasket seal)* • lösen *vt*
break *vt <el> (e.g. circuit, contact)* • öffnen *vt*
break *vt <join> (a weld)* • auftrennen *vt*
break *vt <pap> (rags)* • aufbereiten *vt*
breakage *<build> (of window panes)* • Bruch *m*
break away *vi <phys> (fluid flow; air, water at trailing edge)* • ablösen *vr*
break away *vt <tech.gen>* • abbrechen *vt*
breakaway voltage *<railw>* • Anlaufspannung *f*; Losbrech--Spannung *f*
break bulk cargo *<nav>* • Massenstückgut *n*
breakdown *<gen>* • Aufgliederung *f*; Unterteilung *f*
breakdown *<gen> (e.g. of supplies and services)* • Aufschlüsselung *f*
breakdown *<tech.gen> (of systems, plants)* • Ausfall *m*; Versagen *n*
breakdown *<tech.gen> (system failure; e.g. of car on the road)* • Störung *f*; Panne *f ugs*
breakdown *<tech.gen>* • Havarie *f*
breakdown *<tech.gen> (e.g. of a supply system)* • Störung *f*
breakdown *<el> (of a dielectric, resulting in spark-over)* • Überschlag *m*
break down *vi <el> (insulation)* • durchschlagen *vi*
break down *vt <chem> (compounds)* • aufbrechen *vt*
break down *vt <pap> (pulp)* • aufschlagen *vt*
breakdown bay *<build.traff> (in tunnels)* • Pannenbucht *f*
breakdown service *<mvhcl.traff> (e.g. of auto club, car manufacturer)* • Pannendienst *m*; Pannenhilfsdienst *m*
breakdown vehicle *<mvhcl> (of a towing service; usu. a truck)* • Abschleppfahrzeug *n*
breakerless transistorized ignition

[system] *<mvhcl.el>* • kontaktlose Transistorzündung *f*; kontaktlos gesteuertes Zündsystem *n form*; kontaktlos gesteuerte Transistorzündung *f*; kontaktlose Transistorzündanlage *f*; Transistorzündung mit elektronischem Unterbrecher *f rar*

break-even point *<econ>* • Gewinnschwelle *f*; Rentabilitätsgrenze *f*

break for spares *vt coll <waste.mvhcl> (used machinery, deactivated equipment; e.g. cars)* • ausschlachten *vt*; zersägen *vt ugs*; ausbeinen *vt ugs*

break-in *<mvhcl.mot> (e.g.prevention of damages to bearing surfaces)* • Einfahren *n*

break in *vt <mvhcl.mot> (e.g. of a new engine)* • einfahren *vt*

breaking *<chem> (of compounds)* • Aufspaltung *f*

breaking capacity *<el>* • Ausschaltstrom *m*

breaking stress *<qualit.mat> (maximum stress at fracture under load in any direction)* • Bruchbelastung *f*; Bruchspannung *f*

break-in recommendations *pl US <mvhcl.docu>* • Einfahrvorschriften *fpl*

break off *vi <tech.gen> (fine object; e.g. needle)* • abbrechen *vi*

breakout [cable] *<el> (e.g. BNC to banana plugs, spade lugs)* • Kabelpeitsche *f*

breakpoint *<comp> (in a sequence)* • Halt *m*

breakpoint *<comp> (in a program)* • Haltepunkt *m*

break surface *vi <nav> (submarine)* • auftauchen *vi*

breakthrough *<tech.gen> (e.g. in R&D)* • Durchbruch *m*

break through *vi <tech.gen> (e.g. insulation, arc)* • durchbrechen *vi*

break through *vt <min>* • durchschlagen *vt*

break-through of the drill bit *<tool>* • Austritt des Bohrers auf der Werkstückrückseite *m*

break up *vt <gen> (into portions, parts, items, categories)* • aufteilen *vt*

break up *vt <tech.gen> (e.g. soil)* • lockern *vt*

breast *<gen>* • Brust *f*

breast out *vt <min> (extract, e.g. ore)* • lösen *vt*

breast pump *<hygi>* • Milchpumpe *f*

breathable *<qualit.mat> (material property; e.g. of seats, fabrics)* • atmungsaktiv; luftdurchlässig

breathalyzer *<traff.chem>* • Alkoholtester *m*; Atem-Alkohol-Prüfgerät *n form*

breathalyzer test *<traff.chem>* • Alkoholtest *m*; Alko-Test *m ugs.press*

breathing characteristics *<mot> (of an engine)* • Gaswechseleigenschaften *fpl*

breech *<mil> (gun)* • Verschluss *m*; Verschlussstück *n*; Schlitten *m*

breeder reactor *<nucl>* • Brutreaktor *m DIN 25401-3*; Brüter *m prakt*

breeze *<comb> (dust from coke)* • Feinkoks *m*; Koksstaub *m*

breeze *<mat>* • Grus *m*

bremsstrahlung *<phys>* • Bremsstrahlung *f*

brick *<build.mat> (for walls)* • Ziegel *m*

brick clay *<mat>* • Ziegelton *m*

brick-line *vt <build> (building, furnace, hearth)* • ausmauern *vt*

brick lining *<build> (gen.; of a building, furnace, hearth)* • Ausmauerung *f*

brick making industry *<prod>* • Ziegelindustrie *f*

brick shell *<build>* • Rohbau *m*

brick veneer *<build> (only outer wythe is brick; typ. style in the U.S.)* • Backsteinfassade *f*; Ziegel-Außenhaut *f*; Außenschale aus Ziegeln *f*; Blendmauerwerk [aus Ziegeln] *n*; Ziegelverblendung *f*

brick veneer house *<build> (only outer wythe is brick; typ. style in the U.S.)* • Haus mit Backsteinfassade. f; Haus mit Blendmauerwerk aus Ziegeln *n*; Haus mit Ziegelverblendung *f*

brickwork *<build>* • Ziegelmauerwerk *n*

bridge *<tech.gen> (chemistry, civil engineering, electricity)* • Brücke *f*

bridge *<autom> (of a gantry robot)* • Portal *n*

bridge *<build.traff>* • Brücke *f DIN 1076*; Brückenbauwerk *n*; Brückenkonstruktion *f*; Überbrückung *f*

bridge *<nav>* • Brücke *f*;

Kommandobrücke *f rar*
bridge *vt <tech.gen> (disable a function, feature; e.g. a freewheel, safety lock)* • überbrücken *vt*
bridge *vt <tech.gen>* • überbrücken *vt*; überspannen *vt*
bridge *vt <el>* • Brücke *f*: in ~ schalten *vt*; schalten *vt*: in Brücke ~
bridge approach road *<build.traff>* • Brückenauffahrt *f*; Brückenzufahrt *f*
bridge engineering *<build>* • Brückenbau *m*
bridge pier *<build> (supporting column between bridge spans)* • Brückenpfeiler *m*; Pfeiler *m prakt*
bridge trolley *<convey> (of portal crane)* • Fahrwerk *n*
bridging *<proc> (of pellet material; e.g. in silo, hopper, extruder barrel)* • Brückenbildung *f*
bridle chain *<tech.gen>* • Sicherheitskette *f*
briefcase *<docu>* • Aktenkoffer *m*
bright *<gen> (e.g. light, display)* • hell
bright *<srfc> (shiny; e.g. metal)* • glänzend
bright *<srfc.metal> (e.g. steel)* • blank
bright-drawn wire *<prod>* • blankgezogener Draht *m*
brighten *vt <srfc>* • aufhellen *vt*
brighten *vt <srfc>* • glänzen *vt*
bright-field microscope *<opt>* • Hellfeldmikroskop *n*
bright-finished *<srfc.metal>* • blank
brightness *<tech.gen> (of lights, illumination)* • Helligkeit *f*
brightness *<tech.gen>* • Leuchtkraft *f*
brightness *<srfc> (gen.; e.g. defined surface property of computer graphics)* • Glanz *m*
brightness *<textil> (of filaments, fabrics)* • Glanz *m*
brilliance *<gen> (e.g. of colors)* • Leuchtkraft *f*
brilliance *<srfc> (e.g. of cut gemstones)* • Brillanz *f*; Glanz *m*
Brilliant Anti-Tank missile (BAT) *<mil> (self-guided submunition; archetype of "fire and forget" weaponry)* • BAT--Panzerabwehr-Flugkörper *m*
brine *<food> (any solution of salt in water; e.g. for pickling)* • Lake *f*; Salzlake *f rar*
Brinell hardness (HB) *stand <qualit.mat>* • Brinellhärte *f* (HB) *norm*; Brinell-Zahl *f rar*
Brinell hardness test *ISO 6506 <qualit.mat>* • Härteprüfung nach Brinell *f DIN 50 351*; Brinellhärteprüfung *f DIN EN ISO 6506*; Brinell-Härteprüfung *f prakt*
brine solution *<chem> (any solution of salt in water)* • Sole *f*; Sol *n*; Lake *f*; Salzlake *f rar*
brine-to-water heat pump *<hvac>* • Sole/Wasser-Wärmepumpe *f*; S/W-Wärmepumpe *f*; Solewärmepumpe *f*
bring *vt <gen>* • bringen *vt*
bring out *vt <tech.gen>* • hervorheben *vt*
briny *<chem>* • solehaltig
briquet *<comb.mat> (e.g. of coal, bio mass)* • Brikett *n*; Pressling *m*
briquetting press *<proc>* • Pastillenpresse *f*
brisance *<expl> (of explosives)* • Brisanz *f*; Sprengkraft *f*
brisk *<chem> (e.g. reaction)* • lebhaft
brisk up *vi <meteo> (wind)* • auffrischen *vi*
bristle *<gen> (e.g. for brushes)* • Borste *f*
brittle *<metal.qualit> (deficient in tenacity; e.g. pig iron)* • spröde
brittle finish *<srfc.wood>* • spröder Überzug *m*
brittle fracture *<qualit.mat> (a separation fracture)* • Sprödbruch *m*
brittleness *<qualit.mat> (physical material property; e.g. of glass)* • Sprödigkeit *f*
broach *<tool>* • Dorn *m*
broach *vt <prod>* • räumen *vt*
broaching machine *<mach.tool>* • Räummaschine *f*
broad *<term> (concept)* • weit
broadband *<el.tele> (frequency)* • Breitband *n*
broad-band network *<tele>* • Breitbandnetz *n*; breitbandiges Netz *n*
broadcast *vt <gen> (spread widely; e.g. news etc.)* • ausbreiten *vt*; streuen *vt*
broadcast *vt <tele> (via transmitters; e.g. signals, radio, TV programs)* • ausstrahlen *vt*; abstrahlen *vt*
broadcast *vt <tele> (radio)* • senden *vt*

broadcasting *<av>* • Rundfunk *m*

broadcasting transmitter *<av>* • Rundfunksender *m*

broadcasting vehicle *<av> (radio and TV)* • Übertragungswagen *m*; Ü-Wagen *m prakt*

broader concept *ISO 12620 <term>* • weiterer Begriff *m*

broader Term *ISO 12620 <term>* • Oberbegriff *m*

broad flanged heavy section *EN 10079 <build.mat>* • H-Profil *n EN 10079*

broad reach *<nav>* • Raumwindkurs *m*; Kurs raumer Wind *m*

broken *<qualit> (pipe, tube; e.g. fuel line, exhaust pipe)* • gebrochen

bromine (Br) *<chem>* • Brom *n* (Br)

bronze *<metal>* • Bronze *f*

bronze bearing *<mech.eng>* • Bronzelager *n*

bronze foundry *<metal>* • Bronzegießerei *f*

broth *<bio.chem> (for bacterial cultures)* • Brühe *f*

brown-coal mining *<min>* • Braunkohlenbergbau *m*

browser game *<edp.play> (usu. free)* • Online-Spiel *n*; Browser-Game *n ugs*

browsing *ISO/IEC 2382-23 <comp>* • Durchblättern *n ISO/IEC 2382-23*

bruise *<agri.logist> (on fruit; caused by pressure, impact)* • Druckstelle *f*

bruise *<srfc> (scores; e.g. body damage)* • Schramme *f*

bruised *<agri.logist> (fruit damage)* • gedrückt; gequetscht; zerdrückt

brush *<tool> (gen.; any type, with bristles, wire etc.)* • Bürste *f*

brush *vt <tech.gen>* • bürsten *vt*

brush *vt <srfc>* • anstreichen *vt*

brush attachment *:V <hygi> (for el. toothbrush)* • Aufsteckbürste *f*

brush cleaner *<art>* • Pinselreiniger *m*

brushed paint coat *<srfc>* • Anstrich *m*

brush holder *<el> (e.g. of motor, generator)* • Bürstenhalter *m DIN EN 60276*

brushless *<el> (motor)* • bürstenlos

brush out *vt <srfc> (paint)* • ausstreichen *vt*

brute-force attack *<comp> (to penetrate fire walls, get access to accounts)* • Brute-Force-Angriff *m*

brute-force attack *<safe> (e.g. breaking a door with a truck)* • Angriff mit roher Gewalt *m*

B-train *<comvhcl> (tractor with semitrailer and one or more drawbar trailers)* • Sattelzug *m*

bubble *<tech.gen> (e.g. air, gas, steam)* • Blase *f*

bubble *vi <prod>* • Blasen bilden *vi*

bubble cap *<proc> (e.g. on distillation apparatus)* • Glocke *f*

bubble-free *<mvhcl.mot> (fuel)* • blasenfrei

bubble-jet printer *<print> (specific type of ink-jet printer; e.g. HP)* • Tintenstrahldrucker *m*; Tintendrucker *m*

bubble mailer *<pack> (usu. self-seal type)* • Luftpolster-Versandtasche *f*; Luftpolstertasche *f*; Luftpolsterversandtasche *f*

bubble test *EN 1330-8 <qualit.mat> (leak tightness testing)* • Blasenprüfung *f DIN EN 1330-8*

bubble tray *<proc> (in distillation columns, scrubbers)* • Glockenboden *m*

buck *vt <textil>* • laugen *vt*

buck *vt <wood>* • ablängen *vt*

bucket *<gen>* • Eimer *m*

bucket *<build> (large, heavy; e.g. digging element of a dredger)* • Kübel *m*

bucket *<build.convey>* • Korb *m*

bucket *<build.mach> (of an excavator)* • Schaufel *f*

bucket *<convey> (bucket elevator)* • Becher *m DIN 15231-15236*

bucket conveyor *<convey>* • Becherförderer *m*

bucket elevator *<convey>* • Becherwerk *n DIN 15231-15236*

bucket loader *<comvhcl>* • Absetzkipper *m*

bucket tappet *<mvhcl.mot> (in valve gear)* • Tassenstößel *m*

bucket wheel *<build.mach> (bucket wheel excavator)* • Schaufelrad *n*

bucket-wheel excavator *<min.convey> (strip mining)* • Schaufelradbagger *m*

buckle *<mvhcl.safe> (of seat belt)* • Gurtschloss *n*; Verschlusseinrichtung *f DIN*; Verschluss *m DIN*

buckle *vi <mech> (panel, plate, shell)*

• ausbeulen *vi*; wölben *vr*

buckle *vi* *<mech> (deflect under load; bar, beam, member, pipe)* • ausknicken *vi*; knicken *vi*

buckled *<garm> (chin strap, seat belt)* • geschlossen

buckling *<mech> (under compressive stress; of members, beams, pipes)* • Ausknickung *f*; Ausknicken *n*

buckling *<mech> (of plates and shells)* • Beulen *n*

buckling *<mech> (of columns)* • Knicken *n*; Knickung *f rar*

buckling load *<mech>* • Knickbeanspruchung *f*

Buckminster Fullerene *<chem> (e.g. C60)* • Buckminster-Fulleren *n*; ballförmiges Fulleren *n*; Bucky Ball *m jarg*; Fußballmolekül *n ugs*

buckshot *<mil>* • Schrot *n*

bucky tube *<i&c> (e.g. as an actuator)* • Bucky Tube *f*; Nano-Muskel *m ugs*; Kohlenstoffmuskel *m ugs*

buff *vt* *<leath> (create a velvety surface on the flesh side of hide)* • schleifen *vt*; abbuffen *vt*

buff *vt* *<srfc> (polish with a buff wheel; e.g. paint, wood)* • schwabbeln *vt*; polieren *vt*

buffer *<tech.gen> (in material or data flow; intermediate storage area)* • Puffer *m*

buffer *<phot> (in digicams)* • Festspeicher *m*; Zwischenspeicher *m*; Pufferspeicher *m*; Buffer *m*

buffer *<srfc.tool> (with oscillating disk; e.g. for polishing cars, furniture)* • Schwabbelmaschine *f*; Poliermaschine *f*; Schwabbel *f ugs*

buffer *vt* *<tech.gen> (force, impact; effect)* • puffern *vt*; abpuffern *vt*; abfedern *vt*

buffer action *<tech.gen>* • Pufferwirkung *f*

buffered fiber *US <opt.owg>* • Ader *f*

buffer [memory] *<comp> (for interim data storage)* • Puffer *m*; Pufferspeicher *m*; Datenpuffer *m*; Buffer *m*; Zwischenspeicher *m*

buffer spring *<mech.eng>* • Pufferfeder *f*

buffer storage *<tech.gen>* • Pufferspeicher *m*

buffer tank *<tech.gen>* • Puffertank *m*

buffing *<tool> (of blades, with leather strop)* • Ledern *n*

buffing wheel *<srfc.tool> (gen.)* • Schwabbelscheibe *f*; Polierscheibe *f*

buff off *vt* *<leath> (grain layer)* • abschleifen *vt*

bug *<qualit.comp> (in software)* • Fehler *m*; Bug *m ugs [ba:g]*; Mangel *m rar*

build *vt* *<tech.gen> (erect)* • bauen *vt*; errichten *vt*

build *vt* *<prod> (tires, rubber fabrics)* • konfektionieren *vt*

build date *<prod>* • Produktionsdatum *n*

builder *<nav>* • Hersteller *m*; Schiffsbauer *m*

builders' hardware *<build.mat>* • Baubeschläge *mpl*

build in *vt* *<tech.gen>* • einbauen *vt*

build-in ... *<tech.gen>* • Einbau...

building *<build> (e.g. office ~)* • Gebäude *n*; Haus *n ugs*

building automation and control systems (BACS) *VDI 3814* *<comp.build>* • Gebäudeautomation *f* (GA) *VDI 3814*

building berth *<nav>* • Helling *f*

building block *<build.mat>* • Block *m*; Blockstein *m*; Quader *m rar*; Baustein *m ugs*

building block *<nav> (ship launching)* • Stapel *m*

building contractor *<build>* • Bauunternehmer *m*

building design *DIN V ENV 14383* *<build>* • Gebäudeplanung *f DIN V ENV 14383*

building height *<logist>* • Gebäudehöhe *f*

building land *<build.jur> (as opp. to farmland)* • Bauland *n*

building legislation *<build.jur>* • Baurecht *n*

building line *<build> (of adjacent buildings)* • Gebäudeflucht *f*; Bauflucht *f*; Fluchtlinie *f*; Baulinie *f*

building material *<build.mat>* • Baustoff *m*

building pit *<build> (pit on construction site)* • Baugrube *f*

building plaster *<build.mat>* • Baugips *m*

building services *<build> (e.g. for product data exchange)* • technische

Gebäudeausrüstung *f* (TGA) *VDI 2074*

building services equipment *VDI 6027 <tech.gen>* • Anlagentechnik *f VDI 6027*

building shell *<build>* • Außenhülle *f*

building shell *<build>* • Rohbau *m*

building site *<build> (for future or imminent construction work)* • Baugelände *n*; Bauplatz *m ugs*

buildings under construction *<build>* • Anlagen im Bau *fpl*

building supplies [store] *pract <build>* • Baustoffhandel *m prakt*; Baustoff- -Groß- und Einzelhandel *m form*; Vollsortimenter im Baustoff- Groß- und Einzelhandel *m form*

building-up *<tech.gen> (e.g. of deposits, pressure, oscillations)* • Aufbau *m*

building-up *<phys> (of oscillations)* • Anfachung *f*

building vehicle *<comvhcl>* • Baufahrzeug *n*

build quality *:V <build.qualit>* • Baugüte *f*; Bauausführung *f*

build quality *<build.qualit>* • Qualität der Bauausführung *f*; Bauausführung *f*

build-up *<phys> (of oscillations, vibration)* • Aufschaukeln *n*

build up *vi <tech.gen> (stress, pressure)* • aufbauen *vr*

build up *vr <phys> (oscillation; starting from low frequency)* • aufschaukeln *vr*

build up *vt <build>* • bebauen *vt*

build up an electrostatic charge *vi <el>* • elektrostatisch aufladen *vr*

build up by welding *vt <srfc>* • auftragschweißen *vt*

build-up time *<phys> (gen.; e.g. pressure, signal)* • Anstiegszeit *f*

build up with lead *vt <mvhcl.rep> (body panels)* • aufzinnen *vt*

build up with weld *vt <rep>* • aufschweißen *vt*

built girder *<build.mat> (from steel plate; welded or riveted)* • gebauter Träger *m*; aufgebauter Träger *m*

built-in *<tech.gen>* • eingebaut; integriert; verbaut *rar*

built-in ... *<tech.gen> (integrated)* • Einbau...

built-in antenna *US <tele> (gen.; integrated in sth)* • integrierte Antenne *f*; interne Antenne *f*; Einbauantenne *f rar*

built-in cabinet *<int> (gen.)* • Einbauschrank *m*; eingebauter Schrank *m*; Wandeinbauschrank *m*

built-in cupboard *<int>* • Einbauschrank *m*

built-in flash *<phot>* • eingebauter Blitz *m*; kamerainterner Blitz *m*; integrierter Blitz *m*; Pop-up-Blitz *m Olymp*

built-in furniture *<int> (e.g. cupboards, cabinets, shelves)* • Einbaumöbel *npl*

built-in obsolence *<econ>* • künstliche Veralterung *f*

built-in switch *<el>* • Einbauschalter *m*

built-in wardrobe *<int> (for storing clothing)* • Einbauschrank *m*

built-up *<build> (girder; e.g. T-beam)* • mehrteilig

built-up area *<geo>* • bebautes Gebiet *n*

built-up [of deposits] *<srfc>* • Anhaftungen *fpl*

bulb *<chem> (lab equipment)* • Kolben *m*

bulb *<light> (glass, of lamps)* • Lampenkolben *m*; Glaskolben *m*

bulbous *<tech.gen>* • bauchig

bulb replacement *<mvhcl.el>* • Glühlampenwechsel *m*

bulge *<tech.gen> (e.g. in cartons, panels, leather)* • Ausbeulung *f*

bulge *vi <tech.gen> (swell or bend outward)* • aufweiten *vr*

bulge *vi <tech.gen>* • aufwölben *vr*

bulge *vt <prod>* • ausbauchen *vt DIN 8583-3*

bulk *<tech.gen> (large amount)* • Masse *f*

bulk *sg <food> (non-nutritional ingredients)* • Ballaststoff *m*

bulk cargo *<logist>* • Massengutladung *f*

bulk cargo *<nav>* • Massengut *n*

bulk carrier *<nav>* • Massengutfrachter *m*; Massengutfrachtschiff *n*; Schüttgutfrachter *m*; Bulkcarrier *m*

bulk container *<nav>* • Bulk-Container *m*

bulk content *<food> (content of non- -nutritional ingredients)* • Ballaststoffgehalt *m*

bulk density *<mat>* • Rohdichte *f*

bulk dry cargo *<nav>* • Bulkladung *f*

bulk forming *<prod> (transformation by*

forging, cold extrusion, drawing or rolling) • Umformen *n DIN 8582*; Umformung *f*

bulk freight *<logist> (loose, unpackaged material)* • Schüttgut *n*; Massengut *n*

bulk freight wagon *DIN 30802 <railw>* • Schüttgutwagen *m DIN 30802*

bulkhead *<nav> (upright wall within the hull of a ship)* • Schott *n*; Schottwand *f*

bulkhead door *<nav>* • Schott *n*; Schotttür *f*

bulkhead valve *<pps.nav> (isolation valve; e.g. on tankers)* • Absperrventil *n*

bulk mail *<ad>* • Massendrucksache *f*

bulk molding compound (BMC) *US <plast>* • Bulk-Molding-Compound *n* (BMC); Bulk-Moulding-Compound *n*

bulk plating *<srfc>* • Massengalvanisieren *n*

bulky *<logist> (cargo items, luggage)* • sperrig

bulky *<logist> (baggage, freight)* • voluminös

bulky baggage *sg <aerosp>* • Sperrgepäck *nsg*

bulky waste *<waste>* • Sperrmüll *m*; Sperrabfall *m*; sperriger Abfall *m*

bulldozer *<build.mach> (track-type)* • Planierraupe *f*; Bulldozer *m*

bullet [point] *<print.symb>* • Aufzählungszeichen *n*; Blickfangpunkt *m rar*

bullet-proof glass *<mat>* • Panzerglas *n*

bullet-proof glass *<silic>* • kugelsicheres Glas *n*

bulletproof vest *<safe>* • schusssichere Weste *f*

bullet-resistant glazing *<build>* • durchschusshemmende Verglasung *f*

bullet trajectory *<mil> (ballistic ammunition)* • Geschossbahn *f*; Geschossflugbahn *f*; Flugbahn *f ugs*

bullhorn bar *<vhcl> (bicycle)* • Hornlenker *m*; Zeitfahrlenker *m*

bullion *<metal> (precious metal in form of bars, ingots, sometimes coins)* • Rohmetall *n*

bullion bar *<mat> (gold, silver)* • Barren *m*

bull's eye *<nav>* • Bullauge *n*; Ochsenauge *n obs*

bulwark *<nav>* • Schanzkleid *n*

bumper *<mech.eng> (rubber damping element; e.g. of doors, lids, hoods)* • Dämpfer *m*

bumper *<mech.eng> (buffer, shock absorber)* • Stoßdämpfer *m*

bumper *<mvhcl> (on vehicle front, rear)* • Stoßfänger *m*; Prallfläche *f*; Stoßstange *f ugs*

bumper *<railw> (with or without light)* • Prellbock *m*

bumper sticker *<mvhcl>* • Autoaufkleber *m*

bump stop *<mvhcl> (typ. a rubber cone)* • Anschlagpuffer *m*; Federwegbegrenzung *f form*

bunch *<gen> (a connected group, cluster)* • Bündel *n*

bunching *<gen>* • Bündelung *f*

bundle *<tech.gen> (e.g. of fibers, wires, strands, straw, cloth)* • Bündel *n*

bundle *<build>* • Bund *n pl*: -e; Garbe *f*; Schoofe *f*

bundle *vt <tech.gen> (make a bundle of sth)* • bündeln *vt*

bundled *<gen>* • gebündelt

bung *<silic>* • Stöpsel *m*; Glasstopfen *m*

bung-hole *<pack> (opening in a cask, barrel)* • Spundloch *n DIN 55405*

bunker *<build.mil> (fortified structure; typ. below ground)* • Bunker *m*

bunker *<logist> (storage bin or compartment; e.g. on ships)* • Bunker *m*

bunker *vt <logist> (gen.)* • bunkern *vt*

bunkering boat *<nav>* • Bunkerschiff *n*; Bunkerboot *n*; Bunkerbarge *n*

bunkering capacity *<tech.gen>* • Speicherfähigkeit *f*

bunker oil *<chem.petr> (heavy oil as ship fuel)* • Bunkeröl *n*

Bunsen burner *<chem.tool>* • Bunsenbrenner *m*

buoy *<nav>* • Boje *f*

buoyage *<nav>* • Betonnung *f*

buoyancy *<tech.gen> (in water etc.)* • Schwimmfähigkeit *f*

buoyancy *<phys> (uplift in liquids)* • Auftrieb *m*

buoyancy aid *<nav>* • Schwimmhilfe *f*

buoyancy unit *<nav> (stiff or inflatable)* • Auftriebskörper *m*

buoyant *<tech.gen> (actually floating)* • schwimmend

buoyant <tech.gen> *(able to float; usu. in water)* • schwimmfähig
buoyant force <phys> • Auftriebskraft *f*
buoy boat <nav> • Bojenboot *n*
burden *vt* <metal> *(determine the mixture)* • gattieren *vt*
burette <chem> • Bürette *f*
burglary <jur> *(felony of breaking into and entering a house etc.)* • Einbruch *m*
buried pipeline <pps> • erdverlegte Rohrleitung *f*; unterirdische Rohrleitung *f*
buried wiring <build.el> • Leitungsverlegung unter Putz *f*
burl <textil> *(lumpy spot in a fabric; flaw or feature)* • Noppe *f*; Knötchen *n*
burlap <agri> *(plain-woven coarse fabric; e.g. of hemp, jute, plastic)* • Sackleinen *n*
burn *vi* <comb> *(flame, fire; e.g. a candle, pilot flame)* • brennen *vi*
burn *vi/vt* <comb> *(fuel)* • verbrennen *vi/vt*
burn *vt* <comp> *(data on a CD)* • brennen *vt*; toasten *vt jarg*
burn *vt* <silic> *(brick etc.)* • brennen *vt*
burned-out highlights *pl* <phot> *(showing no detail; due to overexposure or excessive contrast)* • ausgefressene Lichter *npl*; Lichter ohne Zeichnung *npl*; ausgewaschene Lichter *npl*; Überstrahlungen *fpl*
burner <comb> *(e.g. part of the combustion chamber of furnaces, gas turbines)* • Brenner *m*
burning-in temperature <tech.gen> *(gen.)* • Einbrenntemperatur *f*
burn-off rate <mvhcl.emiss> *(trap oxidizer)* • Abbrennrate *f*
burnout <tech.gen> • Abbrand *m*
burn-out <aerosp> *(of rocket engine)* • Brennschluss *m*
burn-out <comb> *(of fuel)* • Ausbrand *m*
burn out *vi* <tech.gen> *(any combustible material)* • ausbrennen *vi*
burn out *vi* <light> *(bulb)* • durchbrennen *vi*
burnt-out <el> *(bulb filament)* • durchgebrannt
burn-up <nucl> *(of reactor fuel)* • Ausbrand *m*
burr <metal> *(after rolling)* • Bart *m*
burr <metal> *(on edges; after punching, machining; undesirable)* • Grat *m*
burr formation <prod> • Gratbildung *f*
burrless <metal> • gratlos
burr walnut <mvhcl.int> *(interior trim)* • Wurzelholz *n*; Wurzelnussholz *n rar*
burst *vi* <tech.gen> *(rupture due to overfilling; e.g. paper bag)* • aufreißen *vi*
burst *vi* <mech.eng> *(due to excessive internal pressure; e.g. pressure vessel, pipe)* • bersten *vi*
burst *vi* <silic> *(e.g. window glazing, bottles, glass objects)* • springen *vi*; zerbersten *vi*
burst *vt* <tech.gen> *(cause the rupture of, or to break violently)* • aufsprengen *vt*
bursting strength <qualit.mat> • Berstfestigkeit *f*
burst mode <mil> *(of automatic firearms)* • Feuerstoß *m*
burst pressure *EN ISO 8330* <pps.qualit> *(of vessels, pipes)* • Berstdruck *m EN ISO 8330*
bury *vt* <gen> *(conceal)* • vergraben *vt*
bury *vt* <build> *(e.g. pipes, tanks)* • eingraben *vt*
bury *vt* <build> *(cable, pipeline)* • Erde *f*: in der ~ verlegen *vt*; verlegen *vt*: in der Erde ~
bury *vt* <pps> *(in a bed of sth.; e.g. pipe, duct in sand, gravel)* • einbetten *vt*
bus <comvhcl> *(in general)* • Bus *m* (KOM); Omnibus *m*; Kraftomnibus *m form*; Autobus *m A.CH*
bus <el> *(rail-type)* • Sammelschiene *f*
bus architecture <comp> • Busarchitektur *f*
bus bar <tech.gen> • Sammelschiene *f*
bus bay <traff> *(at a bus stop)* • Haltebucht *f*; Haltestellenbucht *f*; Bushaltebucht *f*; Busbucht *f*
bush <mech.eng> *(e.g. in friction bearing, roller chain)* • Buchse *f*
bush *vt* <mech.eng> • ausfüttern *vt*
bush *vt* <prod> *(insert a bushing)* • ausbuchsen *vt*
bushing <mech.eng> *(penetration sleeve)* • Durchführung *f*
bushing material <mat> • Futterwerkstoff *m*
Business Class <aerosp.int> • Business Class *f*
business expenses <fin>

• Betriebsausgaben *pl* (BA)

business Feng Shui *<philos.econ>* • Feng-Shui-Harmonielehre in der Wirtschaft *f*

business premises *<build.fin> (closed spaces; offices, workshops, labs etc.)* • Geschäftsräume *mpl*; gewerbliche Räume *mpl*

business relations *<econ>* • Geschäftsbeziehungen *fpl*; Geschäftsverbindungen *fpl*

bus lane *<traff>* • Busspur *f*; Bussonderspur *f*

bus line *<comp>* • Busleitung *f*

busway *<traff>* • Busspur *f*

busy *<tech.gen>* • belegt

busy *<tele> (phone line)* • besetzt

busy line *<tele>* • besetzte Leitung *f*

butadiene *<chem.petr>* • Butadien *n*; 1,3-Butadien *n IUPAC*; Divinyl *n*; Diethen *n*; Vinylethylen *n*

butt *<mil> (of gun, rifle)* • Gewehrkolben *m*; Kolben *m prakt*

butt *<mil>* • Kolben *m*

butt connector *<el.join>* • Kabelverbinder *m*

butterfly isolating valve *<pps>* • Absperrklappe *f*

butterfly valve *<tech.gen> (plate with central pivot)* • Drosselklappenventil *n*

butterfly valve *EN 593 <pps> (e.g. of check valve)* • Klappe *f DIN EN 593*

butt joint *<join> (gen.; e.g. welded, bonded)* • Stumpfstoß *m DIN EN 12345*; stumpfer Stoß *m*; Stirnflächennaht *f*; Stoßnaht *f*

butt-joint *vt <join>* • stoßen *vt*; stumpf aneinanderfügen *vt*

button *<textil>* • Knopf *m*

button-head rivet *ISO 1051 <join>* • Halbrundniet *m DIN 124, 660*

buttress *<build> (provides lateral support; e.g. on cathedrals)* • Strebepfeiler *m*

buttress *vt <build> (in any direction; e.g. walls, floors)* • stützen *vt*

buttress thread (S) *<mech.eng> (33 degree included thread angle)* • metrisches Sägengewinde *n* (S) *DIN 513*

buttress thread 45° *<mech.eng>* • Sägengewinde 45° *n DIN 2781*

butt-strapped joint *<join> (stress on: type of mating surfaces)* • Laschenstoß *m*

butt weld *<join>* • Stumpfnaht *f*

butt-welded *<join>* • stumpfgeschweißt

butyl rubber *<plast>* • Butylkautschuk *m*; Butylgummi *m ugs*

butyric acid *<chem>* • Buttersäure *f*; Butansäure *f*; Ethylessigsäure *f*; n-Buttersäure *f*; Propylameisensäure *f*

by-pack solution *<tech.gen>* • Beipacklösung *f*; Beipackmethode *f*

bypass *<tech.gen> (duct, pipe, line)* • Bypass *m*; Umführungsleitung *f*; Umgehungsleitung *f*

bypass *<tech.gen> (branch)* • Verzweigung *f*

bypass *vt <tech.gen> (pass around sth.)* • umleiten *vt*

by-pass *<waste.hydr> (of pipes, valves, gates, weirs etc.; permanent or temporary)* • Umleitung *f*; Umführung *f*; Umführungsleitung *f*; Umlaufleitung *f*

bypass capacitor *<el>* • Ableitkondensator *m*

bypass engine *<aerosp> (typical aircraft jet engine)* • Bypasstriebwerk *n*; Zweistrom-Turbinenluftstrahltriebwerk *n*; Mantelstrom--Turbinenluftstrahltriebwerk *n*; Mantelstromtriebwerk *n*; Zweistrom--Turboluftstrahltriebwerk *n*

bypass engine *<aerosp.mot>* • Mantelstromtriebwerk *n prakt*; Bläsertriebwerk *n prakt*; Fantriebwerk *n prakt*; ZTL-Triebwerk *n*; Zweistromturbinenluftstrahltriebwerk *n form*

bypass filter *<mot.tribo>* • Nebenstromfilter *m*

bypass flow *<aerosp.mot> (engine)* • Nebenstrom *m prakt*; Mantelstrom *m prakt*; Sekundärstrom *m form*; Kaltluftstrom *m*

bypass valve *<tech.gen>* • Umgehungsventil *n*

bypass valve *<pps> (gen.)* • Bypassventil *n*; Umleitungsventil *n*; Umlaufventil *n*; Umleitventil *n*

by-product *<prod> (usu. undesirable)* • Nebenprodukt *n*

byte *<comp> (8 bits)* • Byte *n*

Bytes per second (Bps) *<comp> (= 8 bits per sec; usu. with prefix, e.g. kBps, MBps, GBps)* • Bytes pro Sekunde (B/s)

C

cab *<railw> (of locomotives)* • Fahrerhaus *n*; Führerstand *m norm*

cab *<vhcl> (e.g. of a truck)* • Kabine *f*

cab-behind-engine truck (CBE) *<comvhcl> (typ. US truck)* • Haubenfahrzeug *n*; Haubentruck *m prakt*; Hauber *m ugs*

cabin *<comvhcl> (of trucks)* • Fahrerhaus *n*; Führerhaus *n*; Kabine *f prakt*

cabin *<nav>* • Kabine *f*; Kammer *f*

cabin *<vhcl> (for passengers; airplane, ship)* • Kabine *f*

cabin altitude *<aerosp>* • Kabinenhöhe *f*

cabin cleaning *sg <aerosp>* • Flugzeugreinigung *fsg*; Kabinenreinigung *fsg*

cabin crew *<aerosp>* • Kabinenbesatzung *f*; Kabinenpersonal *n*

cabin cruiser *<nav> (stress on: with cabin)* • Kajütboot *n*

cabin cruiser *<nav>* • Kabinenkreuzer *m*; Cabin-Cruiser *m*

cabinet *<gen> (an advisory council, body)* • Kammer *f*

cabinet *<gen>* • Schrank *m*

cabinet *<tech.gen> (body)* • Gehäuse *n*

cabinet *<el>* • Schrank *m DIN 43350*; Stationsschrank *m*

cabinet drier *<tech.gen>* • Trockenschrank *m*

cabinet incubator *<med.tech>* • Brutschrank *m*

cabinet skin *<bio>* • Balg *m*

cabin floor *<aerosp.int>* • Kabinenfußboden *m*; Kabinenboden *m*

cabin pressure *<aerosp.int>* • Kabinendruck *m*

cable *<tech.gen> (for torque transmission; sheathed, flexible; e.g. speedometer cable)* • Welle *f*; flexible Welle *f*; biegsame Welle *f*

cable *<el> (assembly of insulated electrical conductors laid together)* • Kabel *n*

cable *<mech.eng> (sheathed wire, for pulling and/or pushing action)* • Seilzug *m*; Bowdenzug *m form*; Drahtzug *m*; Zug *m prakt*

cable *vt <tele>* • verkabeln *vt*

cable armoring *US <el>* • Kabelbewehrung *f*

cable assembly *<el> (cable+connectors, gen.; e.g. a power cord, interface cable)* • konfektioniertes Anschlusskabel *n*; konfektioniertes Kabel *n*; konfektioniertes Verbindungskabel *n*

cable breakage alarm *<convey>* • Seilbruch-Alarm *m*

cable channel *<av> (TV)* • Kabelkanal *m*

cable channel *<build.el> (open or closed, wide or narrow)* • Kabelkanal *m*

cable chute *<build.el>* • Kabelschacht *m*

cable clamp *<tech.gen> (e.g. crane, ship, civil engineering)* • Seilklemme *f*; Frosch *m ugs*

cable clamp *<mvhcl.el> (of battery cable)* • Polklemme *f*; Batterieklemme *f*; Anschlussklemme *f ugs*

cable cleat *EN 50368 <el>* • Kabelhalter *m DIN EN 50368*

cable clip *<join.el> (plastic bracket with nail)* • Kabelschelle *f*; Kabelclip *m*

cable compartment *<el> (e.g. of small household appliances)* • Kabelfach *n*; Kabeldepot *n*

cable conductor *<el>* • Kabelader *f*

cable connection *<el>* • Kabelanschluss *m*

cable connection *<el.join>* • Kabelverbindung *f*

cable connector *<el>* • Kabelsteckverbinder *m*

cable connector *<el.join>* • Kabelverbinder *m*

cable control *<tech.gen>* • Seilzug *m*

cable-controlled *<tech.gen> (mechanical)* • Seilsteuerung *f*: mit ~

cable core *<el>* • Ader *f*

cable core *<el> (e.g. of coaxial cables)* • Kabelseele *f*; Seele *f prakt*

cable crane *<build.mach>* • Kabelkran *m norm*; Seilkran *m*

cable detector *<el.tool>* • Kabelsuchgerät *n*; Kabelortungsgerät *n*

cable diagram *ISO 10209-4 <build.docu>* • Kabelplan *m DIN ISO 10209-4*; Kabelschema *n*

cable distribution head <el> • Kabelverzweiger *m*

cable drum <convey> *(e.g. hoist, crane)* • Seiltrommel *f*

cable duct <el> *(e.g. in a vehicle body)* • Kabelkanal *m*

cable extension reel <el> *(with extension lead)* • Kabeltrommel *f*; Verlängerungskabeltrommel *f*

cable fitting <el> • Kabelarmatur *f*

cable gland <el> *(seal and protection of penetrations through panels; e.g. a grommet)* • Kabeldurchführung *f*

cable grommet <el> *(soft; usu. a rubber boot for panel penetrations)* • Kabeltülle *f*; Leitungstülle *f*

cable harness <el> • Kabelbaum *m*

cable insulation <el> *(e.g. PVC, Teflon, Kapton, TKT)* • Kabelisolierung *f*

cable jacket *US* <el> *(insulation and mech. protection)* • Kabelmantel *m*; Kabelhülle *f*; Kabelummantelung *f*

cable joint box <el> *(junction box)* • Kabelmuffe *f*

cable joint sleeve <el> • Abzweigmuffe *f*; Anschlussmuffe *f*

cable laying <el> • Kabelverlegung *f*

cable link <el> • Kabelverbindung *f*

cable lug <el> *(termination, usu. crimped or soldered to conductor)* • Kabelschuh *m*

cable-operated <tech.gen> • seilbetätigt

cable-operated <tech.gen> *(mechanic; e.g. window lifter)* • seilzugbetätigt

cable outlet <el> • Kabelausgang *m*

cable penetration <build.el> *(hole through wall, floor)* • Kabeldurchführung *f*

cable penetration sleeve <build.el> *(in cable penetration through walls, floors)* • Kabeldurchführung *f*

cable protection tube <gen> • Seil-Schutzrohr *n*

cable rack <el> • Kabelgestell *n*

cable reel *BS 3130* <pack.logist> *(for cable, wire etc.)* • Kabeltrommel *f DIN 55 405*; Kabelhaspel *f*

cable retainer <comp> • Kabelhalter *m*

cable route <el> • Kabeltrasse *f*; Kabelverlauf *m*

cable run <el> *(physical arrangement)* • Kabelführung *f*; Kabeltrassierung *f form*; Leitungsführung *f prakt*; Kabelverlauf *m ugs*; Kabelbahn *f rar*

cable run <el> *(any length of cable, from end to end)* • Kabeltrasse *f*

cable runway <build.el> • Kabelschacht *m*

cable sag <tech.gen> • Seildurchhang *m*

cable sheath-splitting knife <el.tool> • Kabelmesser *n*

cable sheave <convey> *(e.g. cableway)* • Seilscheibe *f*

cable sleeve <el.join> • Kabelmuffe *f*

cable splice <join> • Kabelspleißung *f*

cable-stayed bridge <build> • Schrägseilbrücke *f*; Schrägkabelbrücke *f*; seilverspannter Balken *m*; seilverspannte Balkenbrücke *f*

cable stripping tool <el.tool> • Kabel-Abisolierwerkzeug *n*

cable support <build.el> • Kabelhalter *m*

cable suspender <build.el> • Kabelhalter *m*; Kabelhänger *m*

cable system <build> *(cable-stayed bridge)* • Seilabspannung *f*; Seilüberspannung *f*

cable television <av> • Kabelfernsehen *n*; Kabel *n ugs*

cable television network <av> • Kabelfernsehnetz *n*

cable television system <av> • Kabelfernsehanlage *f*

cable terminal <el> • Kabelklemme *f*; Kabelanschlussklemme *f*

cable terminal box <el> • Verteiler *m*

cable terminal box <energ.el> • Kabelanschlusskasten *m*

cable termination <el> • Kabelabschluss *m*

cable tie <el> • Kabelbinder *m*

cable tray <build.el> • Kabelpritsche *f*; Kabelrost *m*; Kabelkanal *m*

cable trench <build.el> • Kabelgraben *m*

cableway <convey> *(for people and/or material, with overhead cable)* • Seilbahn *f*; Luftseilbahn *f*; Drahtseilbahn *f*; Seilschwebebahn *f*

cable winch <convey> • Seilwinde *f*; Winde *f*

cable wire <prod> *(in tires)* • Drahtseil *n*

cabling <el> • Kabelverlegung *f*; Kabellegung *f*

cabochon <garm.min> *(gemstone; curved, highly polished, unfaceted)* • Cabochon *m*
cabochon: en ~ <min.srfc> *(gemstone cut; polished, curved, non faceted)* • mugelig
cab-over-engine truck (COE) <comvhcl> *(typ. truck design in Europe)* • Frontlenker *m*; Frontlenker-Fahrzeug *n*; Frontlenker-LKW *m*
cabriolet <mvhcl> *(stress on: as opposed to other types of open cars)* • Cabriolet *n*
cache memory <comp> *(in CPU)* • Cache-Speicher *m*; Cache *m prakt*
cadmium (Cd) <chem> • Cadmium *n* (Cd); Kadmium *n obs*
cadmium cell <el> • Cadmiumbatterie *f*; Kadmiumbatterie *f*
cadmium-plate *vt* <srfc> • kadmieren *vt*
cadmium plating <srfc> • Cadmieren *n*; galvanisches Cadmieren *n*; Vercadmen *n*
cadmium sulfide (CdS) <energ.sol> *(n-type material; used in thin-film solar cells)* • Cadmiumsulfid *n* (CdS)
cadmium tellurite (CdTe) <energ.sol> *(solar cell material)* • Cadmium-Tellurit *n* (CdTe)
caffeine <chem> • Coffein *n*
cage <min.convey> • Korb *m*
caisson <tech.gen> *(for underwater work)* • Caisson *m*; Druckluftsenkkasten *m*; Druckluftkammer *f*
caisson <build> • Senkkasten *m*
cake <metal> *(pure copper slab, typ. 8" thick, 28' long; milled to plate)* • Bramme *f*
cake *vi* <tech.gen> *(e.g. residues, sludge, dirt)* • festbacken *vi*
cake *vi* <proc> *(stick together; e.g. pellets, sediments)* • backen *vi*
cake *vi* <proc> *(filter, abrasives; e.g. screen, grinding wheel)* • zusetzen *vr*
caked toner <print> *(copier, laser printer)* • Alttoner *n*
cake together *vi* <tech.gen> *(e.g. filter sludge, abraded matter on tools)* • festbacken *vi*; klumpen *vi*
calcareous <geo> *(ground, soil)* • kalkhaltig
calcareous sandstone <geo> • Kalksandstein *m*
calcareous soil <agri> • Kalkboden *m*
calcify *vi* <tech.gen> *(e.g. kettle, boiler, pipes, soil)* • verkalken *vi*
calcinate *vt* <proc> • kalzinieren *vt*; rösten *vt*; brennen *vt*
calcination <prod.silic> • Kalzinierung *f*; Kalzinieren *n*; Rösten *n*
calcined clay <mat> • gebrannter Ton *m*
calcium (Ca) <chem> • Calcium *n* (Ca); Kalzium *n ugs*
calcium carbonate <chem> *($CaCO_3$)* • Calciumcarbonat *n*; Calcarea carbonica
calcium suspension <emiss.proc> *(scrubber liquid for desulfurization)* • Kalkmilch *f*
calculable <math> • berechenbar; kalkulierbar
calculate *vt* <gen> *(e.g. amounts, prices, probability)* • ausrechnen *vt*
calculate *vt* <gen> *(with figures, quantities, units)* • rechnen *vt*
calculated value <tech.gen> • errechneter Wert *m*
calculating technique <tech.gen> • Rechentechnik *f*
calculation <math> • Berechnung *f*
calculation of safe dimensions <tech.gen> • sichere Dimensionierung *f*
calculator keys <comp> • numerisches Tastenfeld *n*
caldera <geo> *(volcano crater)* • Caldera *f*; Vulkankessel *rar*
calender <prod> • Kalander *m*
calender <prod> *(for paper, textiles, leather)* • Walzenglättwerk *n*
calender *vt* <pap> • glätten *vt*; satinieren *vt*
calender *vt* <prod> *(e.g. rubber, sheet, laminated fabrics)* • kalandrieren *vt*; kalandern *vt*; aufpressen *vt rar*
calender *vt* <textil> • pressen *vt*
calendered film <plast> • Kalanderfolie *f DIN 55 405*
calendered sheet <plast> *(thin, coilable)* • Kalanderfolie *f*; kalandrierte Folie *f*
calendering <prod> *(e.g. of fabrics)* • Kalandern *n*
calender roll <prod> • Kalanderwalze *f*
calf nappa <leath> • Kalbnappa *n*
caliber *US* <tech.gen> *(exact diameter or clearance; usu. of small bores)*

• Kaliber *n*
caliber *US <mech> (of watches; shape and type)* • Kaliber *n*
caliber *US <mech.eng> (internal diameter of tubes, gun barrels, nozzles, jets)* • Innendurchmesser *m*
caliber *US <mil> (of guns)* • Kaliber *n*
calibrate *vt <tech.gen>* • kalibrieren *vt*
calibrate *vt <i&c.jur> (official calibration by authority; e.g. scales, vessels)* • eichen *vt*
calibrated vessel *<i&c>* • Messgefäß *n*; Messbehälter *m*
calibration *<tech.gen> (adjustment)* • Kalibrierung *f*
calibration block *<i&c>* • Eichblock *m*; Kalibrierkörper *m DIN EN 1330-1*
calibration curve *<tech.gen> (for measurements)* • Messkurve *f*
calibration error *<i&c.jur>* • Eichfehler *m*
calibration mark *<i&c> (on vessels)* • Eichstrich *m*
calibration standard *<i&c.tool>* • Eichnormal *n*
calico *<textil>* • Kattun *m*; Kaliko *m*; glattes Baumwollgewebe *n*
californium (Cf) *<chem> (radioactive)* • Californium *n* (Cf)
caliper brake *ISO 8090 <vhcl> (bicycle)* • Felgenbremse *f DIN ISO 8090*
caliper compasses *<tool>* • Tasterzirkel *m*; Tastzirkel *m*
caliper gauge *<i&c>* • Rachenlehre *f*
caliper gauge *<i&c>* • Tasterlehre *f*
caliper leg *<i&c>* • Tasterschenkel *m*
call *<gen>* • Anruf *m*
call-back frequency *<tech.gen>* • Rückfragehäufigkeit *f*
call button *<aerosp.int>* • Rufknopf *m*
call-charge unit *<tele>* • Gebühreneinheit *f*
call data acquisition *<tele>* • Gesprächsdatenerfassung *f*
call diversion *<tele> (gen.; process and feature)* • Anrufumleitung *f*; Rufumleitung *f*; Anrufweiterschaltung *f*
call diversion upon busy signal *<tele>* • Anrufumleitung im Besetztfall *f*
call diversion upon no response *<tele>* • Anrufumleitung wenn keine Antwort erfolgt *f*
call duration *<tele> (gen.)* • Gesprächsdauer *f*; Dauer des Gesprächs *f*
call forwarding (CW) *DIN EN 300392-1 <tele>* • Anrufweiterschaltung *f* (CF) *DIN EN 300392-1*
call[ing] *<comp> (command)* • Anforderung *f*
calling-line identification (CLID) *<tele> (supplementary service, phone feature)* • Rufnummernidentifikation *f*; Anzeige der Anrufernummer *f*; Anzeige der Telefonnummer des Rufenden *f*; Rufnummern-Identifizierung *f*
call signal *<tele>* • Rufsignal *n*
call unit *<tele>* • Gesprächseinheit *f*; Anrufeinheit *f rar*
call waiting signal *<tele> (usu. an audio signal, tone)* • Anklopfsignal *n*
call waiting tone *<tele>* • Anklopfton *m*
calorie *<therm> (obsolete unit of energy, heat)* • Kalorie *f DIN 68035*
calorie reduced *<food>* • kalorienreduziert
calorimeter *<i&c>* • Kalorimeter *n*
cam *<mach.tool> (curve)* • Kurve *f*
cam *ISO 7967-3 <mech.eng>* • Nocken *m DIN ISO 7967-3*
camber *<aerosp> (of airfoils)* • Wölbung *f*
camber *vt <prod> (e.g. sheet metal)* • bombieren *vt*
cam clutch *<drive> (type of freewheel clutch)* • Freilaufkupplung *f*
cam-controlled *<i&c>* • nockengesteuert
camcorder *<av> (video camera with integrated recorder)* • Camcorder *m*; Videokamera *f ugs*; Kamerarecorder *m rar*; Filmkamera *f rar*
camel hair *<textil>* • Kamelhaar *n*
camera body *<phot>* • Kameragehäuse *n*; Gehäuse *n prakt*
camera dolly *<av>* • Kamerawagen *m*; Dolly *m*
camera monitor *<phot> (of digicams)* • Kameramonitor *m*; Monitor *m*; Display *n*; Bildschirm *m*; Kamerascreen *m*
camera phone *<phot>* • Fotohandy *n*; Kamerahandy *n*; Photo-Handy *n rar*
cam follower *<i&c>* • Nockenstößel *m*; Stößel *m*
cam follower *<mech.eng>* • Exzenterrolle *f*
cam follower *ISO 7967-3 <mvhcl.mot>*

• Schlepphebel *m*; Schwinghebel *m* *DIN ISO 7967-3*
cam mechanism *<mech.eng> (kinematics)* • Kurvengetriebe *n*; Nockensteuerung *f*; Exzentersteuerung *f*; Kurvenmechanismus *m rar*
camouflage color *US <mil>* • Tarnfarbe *f*
camouflaged prototype *<mvhcl>* • Erlkönig *m*; Versuchsträger *m*; getarnter Prototyp *m*
camshaft *ISO 7967-3 <mot>* • Nockenwelle *f DIN ISO 7967-3*
camshaft drive *<mvhcl.mot> (e.g. via gears, chain, drive belt etc.)* • Nockenwellenantrieb *m*
camshaft gear *<gen>* • Nockenschaltwerk *n*
camshaft housing *<mvhcl.mot> (DOHC engine)* • Nockenwellengehäuse *n*
camshaft pulley *<mot> (on camshaft; belt drive)* • Nockenwellenrad *n rar*
camshaft sprocket *<mot> (on camshaft; for timing chain)* • Nockenwellenrad *n*; Nockenwellenkettenrad *n rar*
cam wheel *<mot> (gen.; on ohv, ohc, dohc engines; for timing gears, chain or belt)* • Nockenwellenrad *n*; Nockenrad *n rar*
can *US <pack> (sealed container, made of sheet metal; e.g. for food, beverages)* • Dose *f DIN 55 405*
can *<pack> (round cross-section, handle, spout)* • Kanne *f*
can *vt US <pack>* • eindosen *vt*
can *vt <prod> (shroud, envelope)* • ummanteln *vt*; einhülsen *vt*
canal *<build> (horizontal; open; for water; e.g. for ships)* • Kanal *m*
canalization *US <build.hydr> (of storm water, sewerage)* • Kanalisierung *f*
canalization *US <build.waste> (building sanitary and storm sewerage systems)* • Kanalisierung *f*; Kanalisation *f*
canalize *vt <build.hydr> (e.g. a stream)* • kanalisieren *vt*
canal lock *<build.hydr>* • Kanalschleuse *f*
canal power plant *<energ.hydr>* • Ausleitungskraftwerk *n DIN 4048-2*; Umleitungskraftwerk *n*
canard airplane *<aerosp>* • Entenflugzeug *n*; Canard *m*; Entenflügler *m*; kopfgesteuertes Flugzeug *n*
CAN bus *<mvhcl.comp>* • CAN-Bus *m*; Controller Area Network *n*
cancel *vt <gen> (e.g. meeting, order)* • stornieren *vt*; streichen *vt ugs*
cancel *vt <docu> (an entry in a list; e.g. a person, item on a schedule)* • ausstreichen *vt*
cancel *vt <phys> (eliminate completely; vibrations, oscillations, waves)* • tilgen *vt*; ausgleichen *vt rar*
cancellation *<econ> (e.g. of contract, order)* • Annullierung *f*
cancellation *<math> (in fractions)* • Kürzung *f*; Wegkürzen *n ugs.rar*
cancel statement *<comp>* • Annullieranweisung *f*
candela (cd) *<light>* • Candela *f* (cd)
candela per square metre (cd/m²) *<light> (unit for luminance)* • Candela je Quadratmeter *f* (cd/m²); Apostilb *n obs*
candle *<light>* • Kerze *f*
can extrusion *<prod>* • Napffließpressen *n DIN 8583*
canister *<tech.gen>* • Behälter *m*; Kanister *m obs*
canister *US <pack> (for fuel or water)* • Kanister *m*
canned food *<food>* • Dosenkonserve *f*
canned motor pump *<convey> (glandless, maintenance-free)* • Spaltrohrmotorpumpe *f*; Spaltrohrpumpe *f*
canned rotor *<el>* • gekapselter Rotor *m*
cannery *US <food.prod> (for fish, meat, fruit)* • Konservenfabrik *f*
cannibalize *vt <waste> (gen.; withdraw useful parts from sth)* • ausschlachten *vt*
canning *<tech.gen> (shrouding, encapsulation)* • Ummantelung *f*
canning *<mech.eng> (physical encapsulation of components)* • Kapselung *f*
cannon *<mil> (of artillery)* • Geschütz *n*
cannula *<med.tech> (e.g. of syringe)* • Kanüle *f*; Nadel *f ugs*
canoe *GB <nav> (only in British Engl. a general term for kayaks and open canoes)* • Kanu *n*

canonical base *<math> (vector calculus)* • kanonische Basis *f*; Standardbasis *f*
canopy *<tech.gen> (sun shade, fabric)* • Sonnensegel *n*
canopy *<aerosp> (parachute)* • Kappe *f*
canopy *<build> (roof-type, fixed shelter)* • Überdachung *f*
canopy *<build> (projecting roof)* • Vordach *n*
cant *vt <prod> (e.g. a workpiece)* • kanten *vt*
cantilever *<tech.gen> (outrigger)* • Ausleger *m*
cantilever *<tech.gen> (beam, member; e.g. balcony support)* • Kragarm *m*; Freiträger *m rar*; Konsolträger *m rar*; Konsole *f rar*
cantilever *vi <tech.gen>* • vorkragen *vi*
cantilever *vi <build>* • auskragen *vi*
cantilever beam *<tech.gen> (beam fixed at one end)* • Kragträger *m*
cantilever brake *<brake> (e.g. on bicycles)* • Cantileverbremse *f*
cantilever chair *<int>* • Freischwinger *m*
cantilevered *<build> (structure; e.g. railway platform roof)* • freitragend
cantilevered *<mech.eng> (supported from one end only; e.g. shaft)* • fliegend angeordnet; fliegend
cantilever umbrella *<gen>* • Freiarmschirm *m*; Ampelschirm *m*; Seitenmastschirm *m*; Pendelschirm *m*
cantilever wing *<aerosp>* • freitragende Tragfläche *f*; freitragender Tragflügel *m*; freitragender Flügel *m*
canvas *<art>* • Leinwand *f*
canvass with rubber sole *<garm.sport> (climbing footwear)* • gummiertes Leinen *n*
cap *<tech.gen> (gen.; protective cover; e.g. on tire valves)* • Kappe *f*
cap *<tech.gen> (closure lid; e.g. of tanks, reservoirs)* • Verschlussdeckel *m*; Verschluss *m ugs*; Deckel *m ugs*
cap *<mech.eng> (hood, bonnet)* • Haube *f*
cap *vt <tech.gen> (cover, with a cap, hat, lid etc.)* • abdecken *vt*; bedecken *vt*
capacitance *<el>* • Kapazität *f*
capacitance meter *<i&c>* • Kapazitätsmesser *m*
capacitive *<el> (e.g. sensor)* • kapazitiv
capacitive reactance *<el>* • kapazitiver Blindwiderstand *m* (XC) *DIN EN 1330-1*; kapazitive Reaktanz *f*; Kapazitanz *f*
capacitor *<el> (gen.)* • Kondensator *m*
capacity (cap) *<tech.gen> (storage capacity; e.g. of a tank, oil pan, trunk)* • Fassungsvermögen *n*; Volumen *n*
capacity *<tech.gen> (volumetric, handling, mental)* • Kapazität *f*
capacity *<tech.gen> (performance, per unit time; e.g. throughput, turnover)* • Leistung *f*
capacity *<convey> (throughput; e.g. of a pipeline, pump; as mass flow or volume flow)* • Durchsatz *m*
capacity *VDMA 24560 <convey> (e.g. in gallons per minute* m^3/h*)* • Fördervolumen *n VDMA 24560*; Pumpendurchsatz *m*; Volumenstrom *m*; Förderstrom *m*; Fördermenge *f prakt*
capacity *<convey> (of elevators; usu. in kgs and no. of persons)* • Tragfähigkeit *f*
capacity *<logist> (e.g. of boxes, containers)* • Füllmenge *f*
capacity constraint *<econ>* • Kapazitätsengpass *m*
capacity rating *<tech.gen> (operating data)* • Betriebsdaten *pl*
cap and pin insulator *<energ.el>* • Kappenisolator *m*
capillary *<tech.gen>* • Kapillare *f*
capillary *<phys>* • kapillar
capillary action *<phys>* • Kapillarität *f*; Kapillareffekt *m*; Kapillarwirkung *f*
capillary attraction *<phys>* • kapillare Haftkräfte *fpl*; Kapillarattraktion *f wiss*
capillary tube *<tech.gen>* • Kapillarröhrchen *n*; Haarröhrchen *n*; Kapillarrohr *n*; Kapillare *f*
capillary water *<tech.gen>* • Kapillarwasser *n*
capital [letter] *<print>* • Großbuchstabe *m*; Majuskel *f*; Versalbuchstabe *m*; Versal *m*
cap jewel *<gen>* • Deckstein *m*
cap nut *<join> (gen.)* • Hutmutter *f DIN 1587*
capped steel *<metal>* • kokillenberuhigter Stahl *m*
cap screw *<join> (gen.)* • Kopfschraube

f rar
capsize *vi <nav>* • kentern *vi*
capsize *vt <nav> (a boat, ship)* • Kentern *n*: zum ~ bringen *vt*
capsizing *<nav> (of boats, ships)* • Kentern *n*
capstan *<tech.gen> (of tape drive in gen.; e.g. audio, video, data streamer)* • Bandantriebswelle *f*; Capstan *m*
capstan bar *<nav>* • Spake *f*; Spillspake *f*; Handspake *f*
capstan handle *<tech.gen> (cross--shaped handle; e.g. on top of spindles)* • Handkreuz *n*; Drehkreuz *n*
capstan wheel shaft *<av> (of audio tape drives)* • Tonwelle *f*; Bandantriebswelle *f*; Capstanwelle *f*
capsular *<tech.gen>* • kapselförmig
capsule *<pack> (on bottleneck)* • Kapsel *f*
capsule *<pharm>* • Kapsel *f*
captain *<nav>* • Kapitän *m*
captive *<join> (washers)* • unverlierbar
captive balloon *<aerosp> (lighter-than--air aircraft)* • Fesselballon *m*
capture *<phys> (of electrons, neutrons, asteroids)* • Einfang *m*
capture *vt <gen>* • fangen *vt*; auffangen *vt*; einfangen *vt*
capture *vt <comp> (data)* • erfassen *vt*
car *<convey>* • Fahrkorb *m*; Kabine *f*
car *US <railw> (gen.; for passengers or freight)* • Eisenbahnwagen *m*; Wagen *m ugs*; Waggon *m*
carat (ct.) *<garm> (unit of weight, for gemstones)* • Carat *n* (ct.)
carat (ct) *<i&c> (measuring unit for gemstones; 0.2 gram)* • Karat *n* (ct) *DIN 1301-1*; metrisches Karat *n*
car battery *<mvhcl.el> (to energize the starter; usu. a lead-acid car battery)* • Starterbatterie *f*; Kraftfahrzeugbatterie *f form*; Autobatterie *f*; Batterie *f prakt*
car bed *<mvhcl.safe> (for infants; transverse on rear seats; shell-type)* • Babywanne *f*
carbide *<chem>* • Carbid *n*; Karbid *n ugs*
carbide-tipped *<tool> (tool, cutting edge)* • hartmetallbestückt
carbide tipping *<mat>* • Hartmetallauflage *f*
car body *<mvhcl> (of passenger vehicles; e.g. sedans, convertibles)* • Autokarosserie *f*; Karosserie *f prakt*; Karosse *f rar*
car body component *<mvhcl> (gen.)* • Karosseriebauteil *n*; Karosserieteil *n*
carbohydrate *<chem>* • Kohlehydrat *n*; Kohlenhydrat *n*
carbon (C) *<chem>* • Kohlenstoff *m* (C)
carbon-14 dating *<geo> (typ. radioactive dating method)* • Radiokohlenstoffdatierung *f*; C14-Methode *f*; C-14-Altersbestimmung *f*; Kohlenstoff-14-Methode *f*; Altersbestimmung nach der C-14-Methode *f*
carbon-arc lamp *<light>* • Bogenlampe *f*
carbonate *<chem>* • Carbonat *n*; Karbonat *n ugs*
carbonate *vt <food> (add CO_2; e.g. to drink)* • carbonisieren *vt*
carbonated beverage *<food>* • kohlensäurehaltiges Getränk *n*
carbonate hardness *<qualit.mat>* • Carbonathärte *f* (KH); temporäre Härte *f*; Karbonathärte *f obs*
carbon black *<chem> (e.g. for printing ink, toner, tires)* • technischer Ruß *m*; Industrieruß *m*; Ruß *m ugs*; Kohlenstoffschwarz *n rar*; Farbruß *m rar*
carbon-black filled *<tech.gen>* • rußgefüllt
carbon brake *<mvhcl.brake>* • Karbon--Bremse *f*; Kohlefaser-Bremse *f*
carbon brush *<el> (in electric motor or generator)* • Kohlebürste *f DIN EN 60276*; Schleifkohle *f*; Bürste *f prakt.ugs*; Graphitbürste *f rar*
carbon buildup *sg <mvhcl.mot> (combustion residues)* • Ölkohleablagerungen *fpl*; Ölkohlerückstände *mpl*
carbon-containing *<tech.gen> (containing carbon)* • kohlenstoffhaltig
carbon content *<metal> (e.g. of steel)* • C-Gehalt *m*; Kohlenstoffgehalt *m*
carbon copy (cc) *<docu>* • Durchschlag *m*
carbon dioxide *<chem> (CO_2; colorless, odorless, non-toxic gas)* • Kohlendioxid *n*; Kohlenstoffdioxid *n rar*

carbon dioxide snow <*proc*> • Trockenschnee *m*; Kohlendioxidschnee *m*; CO_2-Schnee *m*; Kohlensäureschnee *m*
carbon fiber *US* <*mat*> *(typ. reinforcement material; high-strength, light-weight)* • Kohlenstofffaser *f*; Kohlefaser *f prakt*; Carbonfaser *f*; Graphitfaser *f*; C-Faser *f*
carbon fiber reinforced plastic (CFRP) *US* <*plast*> • kohlefaserverstärkter Kunststoff *m* (CFK); carbonfaserverstärkter Kunststoff *m*; KFK *m obs*
carbon fiber-reinforced silicon carbide <*mat*> *(e.g. for brake disks, spacecraft components)* • kohlefaserverstärkte Siliciumkeramik *f*
carbon filament lamp <*el*> • Kohlefadenlampe *f*
carbon filter <*tech.gen*> *(with activated-carbon bed)* • Kohlefilter *m*
carbonic acid <*chem*> *(H_2CO_3)* • Kohlensäure *f*
carbonitriding <*metal*> *(surface modification)* • Nitrocarburierung *f*; Nitrocarbonierung *f*; Karbonitrierung *f*; Carbonitrierung *f*
carbonization <*chem.proc*> • Karbonisierung *f*; Carbonisierung *f*
carbonization <*chem.proc*> *(coke production)* • Verkokung *f*
carbonization zone <*proc*> *(low--temperature carbonizer)* • Schwelzone *f*
carbonize *vt* <*textil*> • carbonisieren *vt*
carbon knock <*mvhcl.mot*> • Klopfen *n*; Klingeln *n prakt.ugs*
carbon monoxide <*chem*> *(CO; colorless, odorless, toxic gas)* • Kohlenmonoxid *n*; Kohlenstoffmonoxid *n rar*
carbon nanotube (CNT) <*chem*> *(a fullerene)* • Kohlenstoff-Nanoröhrchen *n* (CNT); Kohlenstoff-Nanoröhre *f*; Nanotube *n*; Carbon-Nanotube *f*
carbon pin <*el*> *(e.g. as distributor center terminal)* • Kohlestift *m*
carbon reinforced <*plast*> • kohlefaserverstärkt
carbonyl group <*chem*> • Carbonylgruppe *f*
carborundum <*mat*> • Carborundum *n*
carboxyl group <*chem*> • Carboxylgruppe *f*; Carbonsäuregruppe *f*; COOH-Gruppe *f wiss*
carboy <*logist*> • Glasballon *m*
carboy <*pack*> *(not encased in a protective outer container; e.g. for acids)* • Ballon *m DIN 55 405*
carboy <*pack.silic*> *(encased in a protective outer container)* • Korbflasche *f DIN 55 405*
carburetion <*mvhcl.mot*> *(with carburetor or fuel injection system)* • Gemischaufbereitung *f*; Gemischbildung *f*
carburetion system <*mvhcl.mot*> *(carburetor or fuel injection system)* • Gemischaufbereitung *f*; Gemischaufbereitungssystem *n*; Gemischbildner *m*
carburetor *US* <*mot*> • Vergaser *m*
carburization <*metal*> *(of steel; by case-hardening)* • Aufkohlen *n DIN 17014*; Zementation *f*; Aufkohlung *f*
carburize *vt* <*metal*> *(steel; by case--hardening)* • aufkohlen *vt*; zementieren *vt*; Kohlenstoff *m*: mit ~ anreichern *vt ugs*; einsetzen *vt rar*; kohlen *vt rar*
carburize *vt* <*metal*> *(steel, to increase hardness)* • zementieren *vt*
carburizing medium <*metal*> *(for steel; e.g. graphite)* • Aufkohlungsmittel *n*; Zementationsmittel *n*
carcass <*tech.gen*> *(underlying structure; e.g. of a piece of furniture)* • Grundkörper *m*; Rahmen *m*
carcass <*build*> *(of a building structure)* • Gerippe *n*; Rohbau *m*
carcass *EN ISO 8330* <*pps*> • Karkasse *f EN ISO 8330*
carcass <*vhcl*> *(of tires)* • Karkasse *f*; Gewebeunterbau *m form*; Unterbau *m prakt*
carcass ply <*tech.gen*> *(cord; e.g. in tires)* • Kordlage *f*
carcinogen <*chem*> • krebserregende Substanz *f*; krebserregender Stoff *m*; krebserzeugende Substanz *f*; krebserzeugender Stoff *m*; karzinogene Substanz *f wiss*
carcinogenic *adj* <*med*> • karzinogen *wiss*; krebserregend; krebserzeugend
car cover <*mvhcl*> *(e.g. for classic cars)* • Autoabdeckung *f*; Auto-Paletot *m* ®

card *<el> (plug-in-type pcb with edge--connector)* • Karte *f*; Steckkarte *f*; Board *n prakt*; Einsteckkarte *f rar*

cardan drive *<drive> (for non-aligned shafts)* • Kardanantrieb *m*

cardan joint *<drive> (most common type of a universal joint; typ. in cardan shafts)* • Kardangelenk *n*; kardanisches Gelenk *n obs*

cardan shaft *<drive>* • Kardanwelle *f*; Kardangelenkwelle *f*

Cardan shaft *<drive> (proper name)* • Kardanwelle *f*

cardboard *coll <pap> (vague lay term for any heavy paper-pulp based board)* • Karton *m ugs*

cardboard box *<pack>* • Karton *m*

cardinal number *<math> (e.g. one, two)* • Kardinalzahl *f*; Grundzahl *f*

card index *<docu> (any size)* • Kartei *f*

carding machine *<textil.prod>* • Kardiermaschine *f*

cardioid polar pattern *<av> (of microphones)* • Nierencharakteristik *f*; nierenförmige Richtcharakteristik *f*; Niere *f prakt*

car driver *<mvhcl>* • Autofahrer *m*

care *<tech.gen> (gen.; technical condition or appearance)* • Pflege *f*

career specification *<econ>* • Berufsbild *n*

caret *<print>* • Einfügungszeichen *n*

caretaking *<build> (building management)* • Hausmeisterdienste *mpl VDMA 24196*; Hauswartdienste *mpl A*; Hausbesorgerdienste *mpl A.ugs*

car ferry *<nav>* • Autofähre *f*; Wagenfähre *f rar*

cargo *<logist> (e.g. on cargo trains, aircraft)* • Frachtgut *n*; Ladung *f prakt*

cargo and passenger ship *<nav>* • Fracht- und Fahrgastschiff *n*; Fracht--Fahrgastschiff *n*

cargo area *<vhcl.logist> (of estates, pickups, trucks, ships, aircraft)* • Ladefläche *f*

cargo bay *<mvhcl> (of estates, pickups; stress on: space, capacity)* • Laderaum *m*

cargo capacity measurement *:V <mvhcl>* • Auslitern *n*

cargo compartment *JAR 25.855-858 <logist>* • Frachtraum *m*

cargo door *pract <aerosp>* • Frachtraumtür *f*; Frachtladetür *f*; Frachtraumladetür *f*

cargo ferry *<nav>* • Frachtfähre *f*; Ro/Ro-Frachtfähre *f*

cargo-handling equipment *<nav.logist>* • Lade- und Löschausrüstung *f*

cargo handling time *<logist> (e.g. in port)* • Umschlagzeit *f*

cargo hatch *<nav>* • Ladeluke *f*

cargo hold *<vhcl>* • Laderaum *m*; Frachtraum *m*

cargo plane *<aerosp>* • Frachtflugzeug *n*

cargo ship *<nav>* • Frachtschiff *n*; Frachter *m*

cargo spaceship *<aerosp>* • Raumtransporter *m*; Weltraumtransporter *m*

cargo terminal *<aerosp>* • Frachtabfertigungsgebäude *n*; Frachtterminal *n*

car interior *<mvhcl>* • Fahrzeuginnenraum *m*; Fahrgastzelle *f form*; Fahrzeuginterieur *m*; Innenraum *m*; Interieur *n*

car key *<mvhcl>* • Autoschlüssel *m*

car manufacturer *<mvhcl>* • Autohersteller *m*; Automobilhersteller *m form*

Carnot heat engine *<therm>* • Carnot--Maschine *f*

Carnot working cycle *<therm>* • Carnot-Prozess *m*; Carnot'scher Kreisprozess *m*; carnotscher Kreisprozess *m*

car occupant *<mvhcl>* • Autoinsasse *m*

carotene (E 160a) *<food> (colorant)* • Carotin *n* (E 160a)

carousel conveyor *<convey>* • Karussellförderer *m*

car/passenger ferry *<nav>* • Passagier- und Autofähre *f*; Passagier/Autofähre *f*; Auto- und Passagierfähre *f*; Auto/Passagierfähre *f*

carpenter's hammer *<build.tool>* • Zimmermannshammer *m*

car phone *<mvhcl.tele>* • Autotelefon *n*

carrageenan (E 407) *<food> (stabilizer; extracted from carrageen)* • Carrageenan *n* (E 407)

car repair *<mvhcl>* • Pkw--Instandsetzung *f*; Pkw-Reparatur *f*

carriage *<tech.gen>* • Wagen *m*
carriage *<mach.tool> (of lathe; with apron and saddle; carries cross slide)* • Werkzeugschlitten *m*; Hauptschlitten *m*
carriage *<print> (of typewriter)* • Wagen *m*
carriage *<railw>* • Fahrgestell *n*
carriage bolt *US <join> (square under head)* • Flachrundschraube mit Nase *f DIN 603/555*
carrier *<comp.av> (for a modulator oscillation)* • Träger *m*; erster Basisoperator *m*
carrier *<el>* • Träger *m*
carrier *<i&c> (of strain gauges)* • Träger *m*
carrier bag *<pack> (with handles)* • Tragetasche *f*
carrier frequency *<tech.gen>* • Trägerfrequenz *f*
carrier medium *<gen>* • Transportmedium *n*; Medium *n*
carrier pipe *<waste.hydr>* • Altrohr *n*
carrier rocket *<aerosp>* • Trägerrakete *f*
carrier signal *<gen>* • Trägersignal *n*
carrier vehicle *<comvhcl>* • Träger *m*
carrier wave *<phys>* • Trägerwelle *f*
carry *vt <tech.gen> (passengers, freight; e.g. via rail, aircraft)* • befördern *vt*
carry *vt <tech.gen> (hold; e.g. a load)* • halten *vt*
carry *vt <tech.gen> (load)* • stützen *vt*; tragen *vt*
carry *vt <mech.eng> (load, forces)* • aufnehmen *vt*
carry *vt <nav> (sails)* • fahren *vt*; führen *vt*
carry *vt <phys> (current, heat, water)* • führen *vt*
carry along *vt <gen>* • mitnehmen *vt*
carry away *vt <gen>* • wegtragen *vt*
carrying axle *<railw> (of locomotive; in front or rear of driven axles)* • Laufradsatz *m*
carrying capacity *<logist> (gen.; e.g. of trucks, ships, aircraft)* • Ladefähigkeit *f*; Ladekapazität *f*
carrying case *<pack>* • Tragetasche *f*
carrying rope *<tech.gen>* • Tragseil *n*
carrying strap *<tech.gen>* • Traggurt *m*
carrying wheel *<tech.gen>* • Laufrad *n*
carry out *vi/vt <gen>* • erfolgen *vi*
carry out *vt <gen> (a task, job, project, experiment, test etc.)* • durchführen *vt*
cars, buses and trucks *<mvhcl>* • Kraftwagen *mpl*
car seat *<mvhcl.int>* • Autositz *m*; Pkw--Sitz *m*
car spare *<rep>* • Autoersatzteil *n*
cart *<convey> (pushed or pulled)* • Wagen *m*; Karren *m ugs*
cartesian *<autom> (working space)* • quaderförmig
Cartesian *<math> (coordinate system)* • kartesisch; cartesianisch
cartesian-coordinate robot *<autom>* • Roboter mit kartesischem Koordinatensystem *m*
Cartesian coordinate robot *<autom>* • kartesischer Roboter *m*; Lineararmroboter *m*
Cartesian coordinates *pl <math> (e.g. of industrial robots)* • kartesische Koordinaten *fpl*; rechtwinklige Koordinaten *fpl*; orthogonale Koordinaten *fpl*
car-to-car front-end impact *<mvhcl> (usu. an offset crash)* • Gegenverkehrskollision *f*; Fahrzeug--Fahrzeug-Crash *m*
carton board *<pap> (material for folding cartons)* • Faltschachtelkarton *m DIN 55 405*
cartonizer *US <prod>* • Kartonierer *m*; Kartoniermaschine *f*
carton sealing tape *<pack> (gummed or adhesive)* • Paketklebeband *n*
cartridge *<tech.gen> (usu. a cylindrical object for insertion into sth.; e.g. filter)* • Patrone *f*
cartridge *<build.tool> (for caulking gun)* • Kartusche *f*
cartridge *<mil>* • Hülse *f*
cartridge *<mil> (ammunition)* • Patrone *f*
cartridge *<pack> (tubular package; e.g. for MP grease, caulk)* • Kartusche *f DIN 55 405*
cartridge case *<mil> (usu. brass)* • Patronenhülse *f*
cartridge head *<mil>* • Hülsenboden *m*
cartridge heater *<tech.gen>* • Patronenheizkörper *m*
cartridge razor *<hygi.tool>* • Systemrasierer *m*; moderner Sicherheitsrasierer *m*
cartridge syringe *DIN EN ISO21533 <med>* • Ampullenspritze *f DIN EN*

ISO21533

car wash *<mvhcl> (drive-in facility; usu. on gas station premises)* • Autowaschanlage *f*; Waschanlage *f ugs*; Waschstraße *f rar*; Autowaschstraße *f rar*

car wax *<mvhcl.srfc> (protects paint finish, non-abrasive)* • Autowachs *n*; Autohartwachs *n*; Lack-Dauerschutz *m*; Lackkonservierer *m*

cascade *<tech.gen>* • Kaskade *f*

cascade *<proc> (water treatment)* • Absturz *m*; Kaskade *f*

cascade *vt <tech.gen>* • kaskadenartig anordnen *vt*

cascade-connected *<el>* • kaskadiert

cascade connection *<tech.gen>* • Kaskadenschaltung *f*

cascade converter *<el>* • Kaskadenumformer *m*

cascade particle *<nucl>* • Kaskadenteilchen *n*

cascode circuit *<el> (of transistors; emitter to collector)* • Kaskodenschaltung *f*

case *<tech.gen>* • Hülse *f*

case *<tech.gen> (cladding, envelope)* • Ummantelung *f*

case *<comp> (of a storage medium)* • Gehäuse *n*

case *<pack>* • Etui *n*

case *<pack> (for protection, carrying; e.g. of weapons, knifes, fishing tackle, ins)* • Futteral *n*

case-by-case basis *<tech.gen> (e.g. of decisions)* • Fall-zu-Fall-Basis *f*

case-carburize *vt <metal>* • aufkohlen *vt*: in der Randzone ~; Randzone *f*: in der ~ aufkohlen *vt*

cased motor *<el.mot>* • gekapselter Motor *m*; geschlossener Motor *m rar*

case for first aid material *<med.tech>* • Sanitätskoffer *m DIN 13155*

case hardening *<metal> (of steel; process)* • Einsatzhärten *n*

casein glue *<join.wood>* • Caseinleim *m*; Kaseinleim *m*; Kaltleim *m*

casement *<build> (of a window)* • Flügel *m*

casement frame *<build>* • Fensterrahmen *m*

case study *<docu>* • Fallstudie *f*

cashmere *<textil>* • Kaschmir *m*; Kaschmirwollstoff *m*

cash payment *<fin>* • Barzahlung *f*; bar *prakt*

cash register *<econ> (of a shop, checkout stand)* • Registrierkasse *f*; Kasse *f*

casing *<tech.gen>* • Hülle *f*

casing *<mech.eng> (of turbines, pumps)* • Gehäuse *n*

casing cover *<mech.eng> (e.g. of pumps, transmissions)* • Gehäusedeckel *m*

casing duct *<pps> (e.g. for wall penetrations)* • Hüllrohr *n*

casing pipe *<build> (external protection for product pipes, cable; usu. steel or concrete)* • Futterrohr *n*; Mantelrohr *n*; Schutzrohr *n*

casing tube *<build> (drilling)* • Mantelrohr *n*

cask *<pack> (wooden container, shaped like a barrel but larger)* • Fass *n*

cask for storage and transport of radioactive material (Castor) *<nucl.logist>* • Castor-Behälter *m*; Castor *m prakt*; Behälter für Lagerung und Transport von radioaktivem Material *m did*

cassette *<tech.gen>* • Kassette *f*

cassette deck *<av>* • Kassettendeck *n*

cassette recorder *<av>* • Kassettenrekorder *m* Kassettenrecorder *m*; Radiorecorder *m*; Radiorekorder *m*

cast *<metal> (component; e.g. engine block)* • gegossen

cast *vt <gen> (e.g. a shadow)* • werfen *vt*

cast *vt <tech.gen> (e.g. metal, resin, concrete)* • gießen *vt*

cast *vt <prod> (centrifugal casting)* • schleudern *vt prakt*

castability *<qualit.mat> (e.g. of cast iron, aluminum, copper)* • Gießbarkeit *f*

cast aluminum *US <metal>* • Aluminiumguss *m*; Gussaluminium *n rar*

cast concrete *vt <build>* • betonieren *vt*

cast concrete stone *<build.mat>* • Betonpflasterstein *m*; Betonblockstein *m*; Betonstein *m*; Kunststein *m obs*

cast downhill *vt <metal> (foundry)* • fallend gießen *vt*

caster [wheel] *US <tech.gen> (small;*

e.g. on shopping cart, furniture) • Laufrolle *f*
cast film line *<plast.prod>* • Flachfolienanlage *f*
cast housing *<tech.gen>* • Gussgehäuse *n*
cast-in *<prod> (e.g. inserts)* • eingegossen
casting *<metal> (a part molded by casting)* • Gussstück *n*; Gussteil *n*; Gießling *m*
casting *<prod> (process)* • Gießen *n*; Formguss *m*; Guss *m*
casting defect *<qualit>* • Gussfehler *m*
casting method *<metal>* • Gießverfahren *n*
casting mold *US <metal> (e.g. a sand mold)* • Gießform *f*
casting shell *<build> (concrete)* • Schale *f*
cast iron *<tech.gen>* • Gusseisen *n*
cast-iron scale *<metal> (hard, brittle)* • Gusshaut *f*
castle nut *<join>* • Kronenmutter *f DIN 534, 979*
cast off *vi <nav> (depart; ship)* • ablegen *vi*; abfahren *vi ugs*
cast off *vt <metal>* • abnehmen *vt*
cast-on *<prod>* • angegossen
castoring wheel *<tech.gen> (e.g. of shopping cart, office chair, piano)* • schwenkbares Rad *n*; Schwenkrad *n*
cast steel *<mat>* • Gussstahl *m* (GS) *DIN 17006-4*; Stahlguss *m*
catalog *US <docu>* • Katalog *m*
catalog *vt US <docu> (in order to classfiy)* • katalogisieren *vt*
catalysis *<chem>* • Katalyse *f*
catalyst *<chem> (for chemical reactions)* • Katalysator *m*
catalyst *<mat> (for adhesives, filler)* • Härter *m*
catalyst *<mvhcl.emiss> (inside catalytic converter)* • Katalysator *m*
catalyst degradation *<mvhcl.emiss> (e.g. due to leaded fuel, overheating)* • Katalysatorschädigung *f*
catalytic *<chem.proc>* • katalytisch
catalytically activated diesel filter *<mvhcl.emiss>* • Diesel-Rußfilter mit katalytischer Abbrenneinrichtung *m*
catalytic combustion *<chem.proc> (oxidation of fuels without flame)* • katalytische Verbrennung *f*
catalytic converter (CC) *<mvhcl.emiss> (component of exhaust system or entire system)* • Abgaskatalysator *m* (Kat); Katalysator *m prakt.ugs*; katalytischer Konverter *m wiss*; Autoabgaskatalysator *m rar*; katalytischer Auto-Abgaskonverter *m rar*
catalytic cracking *<chem.proc>* • katalytisches Cracken *n*; katalytisches Kracken *n*; katalytische Spaltung *f*
catalyze *vt US <chem>* • katalysieren *vt*
catamaran *<nav>* • Katamaran *m*; Doppelrumpfschiff *n*; Doppelrumpfboot *n*
catapult *vt <tech.gen> (gen.)* • katapultieren *vt*
catapult-assisted take-off *<aerosp> (of fighter plane on aircraft carrier)* • Katapultstart *m*
catapulting device *<aerosp>* • Katapultiereinrichtung *f*
catapult off *vt <aerosp> (e.g. fighter plane from aircraft carrier)* • katapultieren *vt*
cat-boat *<nav>* • Catboot *n*
catch *<tech.gen> (latch, pawl-style)* • Klinke *f*
catch *<tech.gen> (driving dog on a moving part)* • Mitnehmer *m*
catch *<mech.eng> (lever)* • Arretierhebel *m*
catch *<mech.eng> (locking device)* • Arretierung *f*
catch *<mech.eng> (pawl-style)* • Sperrklinke *f*; Klinke *f*
catch *<nav>* • Fang *m*
catch *vt <tech.gen> (grab, clamp)* • fassen *vt*
catch *vt <tech.gen> (stop, check a motion)* • hemmen *vt*
catch basin *<proc> (gen.)* • Auffangbecken *n*
catcher *<tech.gen> (of a lock; spring--loaded, self-engaging; e.g. on doors, lids)* • Schnäpper *m*; Schappriegel *m*
catcher *<tech.gen> (of a lock; spring--loaded, self-engaging; any type)* • Schnäpper *m*
catch fire *vi <fire> (start burning)* • Feuer fangen *vi*; entzünden *vr*
catch hook *<aerosp> (aircraft carrier)* • Fanghaken *m*

catch pot *<proc>* • Filtereinsatz *m*

catch spring *<tech.gen>* • Schnappfeder *f*; Einschnappfeder *f rar*

catenary *<math> (shape like the Gateway Arch in St Louis)* • Katenoide *f*; Kettenlinie *f*; Kettenkurve *f*; Seilkurve *f*

catenary *<railw>* • Fahrleitung *f*; Fahrdraht *m prakt*; Oberleitung *f ugs*

catenary *<railw> (carrying wire of railway overhead line)* • Tragdraht *m*; Tragseil *n*

catenary *US <railw>* • Oberleitung *f*; Fahrleitung *f*

catenary suspension *<tech.gen>* • Seilaufhängung *f*

catenary voltage *<railw>* • Fahrleitungsspannung *f*

catenary wire strainer *<railw>* • Fahrleitungsspanner *m*

catering *sg <aerosp.gastr>* • Catering *nsg*

catering product *<food.pack> (bulk pack; e.g. of convenience food, icecream, spices)* • Gastronomieware *f*; Großverbrauchersortiment *n*; Großverbraucherware *f*; Großpackung *f ugs*

cathode *ISO 8044 <el> (e.g. of an electrolytic cell)* • Kathode *f DIN EN ISO 8044*; Katode *f*

cathode copper *<metal>* • Elektrolytkupfer *n*

cathode ray *<el>* • Kathodenstrahl *m*

cathode ray tube (CRT) *<av> (e.g. in TV, monitor, oscilloscope)* • Kathodenstrahlröhre *f*; Elektronenstrahlröhre *f*; Braun'sche Röhre *f*; Bildröhre *f prakt*; Bildwiedergaberöhre *f*

cathode ray tube monitor *<comp>* • Röhrenbildschirm *m*

cathodic electropainting (CED) *<srfc> (gen.)* • kataphoretische Lackapplikation *f*; Kataphorese *f*

cathodic electro-priming *<srfc>* • Kataphoresegrundierung *f*

cation *<chem>* • Kation *n*

cation exchanger *<proc>* • Kationenaustauscher *m*; Kationentauscher *m*

cattle stunner *<agri.tool>* • Bolzenschussgerät *n*

catwalk *<tech.gen>* • Laufbrücke *f*

catwalk *<build> (usu. only for operaters, service personnel)* • Laufsteg *m*; Laufgang *m*; Bedienungssteg *m*; Wartungssteg *m*

cauldron *<geo> (e.g. volcanic)* • Auskesselung *f*; Kessel *m*

caulk *<tech.gen> (stress on: sealing function)* • Dichtmasse *f*

caulk *<build.mat> (stress on: elastic filling of gaps, fillets; applied with gun)* • Fugendichtmasse *f*; dauerelastische Dichtmasse *f*; Fugenmasse *f prakt*; Dichtmasse *f prakt*; Fugenfüller *m ugs*

caulk *vt US.GB <tech.gen> (seal a seam, gap, joint, crevice; e.g. with heavy paste)* • abdichten *vt*; dichten *vt*

caulk *vt <tech.gen> (squeeze together, seal, by mechanical means)* • verstemmen *vt*

caulked joint *<prod>* • Stemmfuge *f*

caulking *<build> (cracks)* • Abdichtung *f*

caulking *<build> (mastic compound)* • Dichtstoff *m*

caulking gun *<build.tool> (for caulk cartridge)* • Fugenfüllpistole *f*; Pistole *f prakt*

causal connection *<gen>* • Kausalzusammenhang *m*

cause *<gen>* • Grund *m*

cause *vt <gen>* • bewirken *vt*

cause *vt <tech.gen>* • hervorrufen *vt*; verursachen *vt*

cause-and-effect relationship *<gen>* • Ursache-Wirkungs-Beziehung *f*

cause of failure *<qualit>* • Ausfallursache *f*

cause to flake off *vt <srfc> (e.g. paint, hard coating)* • absprengen *vt*

caustic *<chem> (burning effect)* • ätzend; brennend; kaustisch

caustic etching *<srfc> (slight removal of surface)* • Beizen *n*

caustic-proof *<qualit.mat>* • laugenbeständig; laugenecht

caustic soda cell *<el>* • Alkalielement *n*

cauterant *<med> (for wound treatment)* • Ätzmittel *n*

cauterize *vt <med> (wounds)* • kauterisieren *vt*; brennen *vt ugs*; ausbrennen *vt ugs*

CAUTION *<docu> (head word of safety warnings: risk of damage)* • Achtung!

cavalier perspective *<docu>*

• Kavalierperspektive *f*; Kavalier--Projektion *f DIN ISO 10209-2*
cave in *vi <min> (cavity; e.g. mine, cave)* • einstürzen *vi*; zusammenfallen *vi*; einfallen *vi*
cavern *<build>* • Kaverne *f*
cavern *<energ.hydr> (of hydro-electric plant)* • Kaverne *f*
caving-in *<tech.gen> (e.g. of tunnels, caves, arches)* • Einsturz *m*; Einbruch *m*
cavitate *vi <mech.eng> (pump, water turbine, ship screw)* • kavitieren *vi*; Kavitationsbereich *m*: im ~ laufen *vi*
cavitation *<convey> (in pumps)* • Kavitation *f*; Hohlraumbildung *f*; Hohlsog *m prakt*
cavitation *<phys> (formation of vapor pockets)* • Kavitation *f*; Hohlraumbildung *f*; Hohlsog *m*
cavitation corrosion *<srfc>* • Kavitationskorrosion *f*
cavity *<tech.gen>* • Hohlraum *m*
cavity *<mvhcl.el> (fuse)* • Halter *m*; Sicherungshalter *m*
cavity *<plast> (for a single molding in a mold)* • Formnest *n*; Kavität *f*
cavity block *<prod> (gen. female part of a mold)* • Gesenkblock *m*
cavity block *<prod> (gen.)* • Gesenkplatte *f*
cavity brick *<build.mat> (for walls)* • Hohlziegel *m*
cavity plate *<plast> (inj. mold.)* • Gesenkplatte *f*
cavity resonator *<el> (electromagnetic; e.g. the magnetron tube in a microwave oven)* • Hohlraumresonator *m*
C band *<tele> (satellite radio band; 4 GHz to 8 GHz)* • C-Band *n*
CB radio *<tele> (receiver/transmitter used for CB communication)* • CB--Funkgerät *n*; Amateurfunkgerät *n ugs*
CCD-image sensor *<av>* • CCD--Bildsensor *m*
cc-ing *pract <mvhcl.mot> (engine displacement)* • Auslitern *n*
C-clamp *<tool> (locking pliers)* • Klammer-Gripzange *f*; C-Form--Klemmzange *f*; Profil-Schweiß--Gripzange *f*; C-Gripzange *f*; C-Klemmzange *f*
CD changer *<av>* • CD-Wechsler *m*
CD jewel box *<edp.pack>* • CD-Box *f*
CD-R drive *<comp>* • CD-Brenner *m*; CD-R-Laufwerk *n form*; CD-Recorder *m rar*; CD-Writer *m rar*; Toaster *m ugs*
CD-ROM *<comp> (compact disc read--only memory)* • CD-ROM *f*; Daten-CD *f*
CD-ROM drive *<comp>* • CD-ROM--Laufwerk *n*; CD-ROM-Drive *n*; CD--Laufwerk *n*; CD-ROM-Spieler *m*; CD--ROM-Player *m*
Cd value *<phys>* • Luftwiderstandsbeiwert *m form*; Cw--Wert *m prakt*
cease *vi <meteo> (precipitation)* • nachlassen *vi*
cease *vt <mil> (fire, fighting)* • einstellen *vt*
ceiling *<build> (the visible upper surface of a room)* • Decke *f*
ceiling beam *<build> (e.g. of steel, reinforced concrete, timber)* • Deckenbalken *m*
ceiling light fitting *<light>* • Deckenleuchte *f*; Deckenlicht *n*
cell *<tech.gen> (e.g. biol., electr. battery, edp-storage, mobile phone, foam, jail)* • Zelle *f*
cell *<docu> (in table, spreadsheet, form)* • Feld *n*
cell *<tele> (basic geographical unit of a cellular phone system)* • Funkzelle *f*; Zelle *f prakt*
cellar *<build> (storage area etc.)* • Keller *m*
cellophane film *<pack>* • Cellophanfolie *f*
cell phone case *US <pack.tour>* • Handytasche *f*
cellular *<tech.gen>* • zellenförmig; zellenartig
cellular *<mat> (porous; e.g. cell foam insulation)* • porös
cellular construction *<tech.gen> (e.g. of sandwich panels)* • Wabenbauweise *f*
cellular construction *<tech.gen>* • Zellenbauweise *f*
cellular container ship *<nav>* • Vollcontainerschiff *n*; Zellen--Containerschiff *n*
cellular system *<tele>* • Mobilfunksystem *n*; zellulares Mobilfunksystem *n rar*
celluloid *<plast>* • Celluloid *n*

cellulose *<bio>* • Cellulose *f*; Zellulose *f obs.ugs*

cellulose acetate (CA) *<plast>* • Celluloseacetat *n* (CA) *DIN 55 405*

cellulose lacquer *<srfc>* • Celluloselack *m*; Zelluloselack *m*

cellulose wadding *BS 3130 <pack>* • Zellstoffwatte *fsg DIN 55405*

cell voltage *<el>* • Batteriespannung *f*; Zellenspannung *f*

Celsius temperature *<i&c>* • Celsiustemperatur *f*

CE marking *<el>* • CE-Kennzeichnung *f*

cement *<build.mat>* • Zement *m* (CEM)

cement *<join> (solvent-type; e.g. for rubber, vinyl)* • Klebelösung *f*

cement *<mat> (fine quality filler, putty; for china, tiles)* • Feinkitt *m*

cement *vt <build.join> (with luting; cracks, gaps, seams; e.g. window panes)* • kitten *vt*

cement *vt <join> (bond; e.g. polystyrene)* • kleben *vt*

cement *vt <join> (with hard-curing putty)* • verkitten *vt*

cemented-carbide cutting material *<mat>* • Sintercarbidschneidwerkstoff *m*

cemented-carbide tipping *<tool>* • Hartmetallbestückung *f*

cemented hard metal *<mat> (e.g. for cutting tools)* • Sinterhartmetall *n*; gesintertes Hartmetall *n*; Hartmetall *n prakt*; Sinter-HM *n prakt*; Carbidhartmetall *n rar*

cementite *<metal>* • Zementit *m*; Eisenkarbid *n*

cement-lime mortar *<build.mat>* • Kalkzementmörtel *m*

cement on *vt <join>* • aufkitten *vt*

cement plant *<prod>* • Zementfabrik *f*

center *US <tech.gen> (core of sth.)* • Kern *m*

center *US <astron>* • Kern *m*

center *US <food> (of chocolates; e.g. marzipan)* • Füllung *f*

center *vt US <tech.gen> (place in the center of sth.; e.g. work piece, tool, text, image)* • zentrieren *vt*; mittig anordnen *vt*; mittig ausrichten *vt*; ausmitten *vt rar*; einmitten *vt rar*

center air outlet *US <mvhcl.hvac>* • Mittelausströmer *m*

center armrest *US <mvhcl.int>* • Mittelarmlehne *f*

center-board *US <nav> (boat)* • Schwert *n*; Mittelschwert *n*

centerboarder *US <nav>* • Jolle *f*; Schwertboot *n*

center conductor *US <el> (coaxial cable)* • Mittelleiter *m*; Draht in der Mitte *m ugs*; Innenleiter *m*

center console *US <mvhcl.int>* • Mittelkonsole *f*

center distance *US <mech.eng> (e.g. of parallel shafts, gears)* • Achsabstand *m DIN 3998*

center drive *US <mvhcl.mot>* • Mittelabtrieb *m*

center electrode *US <mvhcl.el> (of spark plug)* • Mittelelektrode *f*; Mittenelektrode *f*

center fire cartridge *US <mil>* • Zentralfeuerpatrone *f*

center grinding *US <prod> (gen.)* • Spitzenschleifen *n*

center high-mounted stop light (CHMSL) *US <mvhcl.el>* • dritte Bremsleuchte *f*; hochgesetzte Bremsleuchte *f*

centering device *<mech.eng>* • Zentriereinrichtung *f*

centering pin *US <mech.eng>* • Zentrierstift *m*; Zentrierzapfen *m rar*

center lathe *US <mach.tool>* • Spitzendrehmaschine *f*

centerless grinding *US <prod>* • spitzenloses Schleifen *n*; Spitzenlosschleifen *n*

centerline *US <tech.gen>* • Mittellinie *f*

centerline *US <mech.eng> (of axes, shafts)* • Achsmitte *f*

center-line average (CLA) *US <srfc.qualit> (arithmetical mean deviation of the profile; surface roughness)* • arithmetischer Mittelrauwert *m DIN 4762*; arithmetische Mittelrautiefe *f*

center mark *US <prod>* • Ankörnung *f*

center of gravity (CG) *US <phys>* • Schwerpunkt *m*; Massenschwerpunkt *m*; Massenmittelpunkt *m*; Schwerezentrum *n*; Gravitationszentrum *n*

center of gyration *US <mech>* • Drehpunkt *m*; Rotationszentrum *n*; Rotationspol *m*; Drehpol *m*

center pin *US <mech.eng> (gen.)* • Drehzapfen *m*

center point *US <math> (e.g. of a circle)* • Mittelpunkt *m*; Mitte *f prakt*

center position *US <comp.av> (of a controller, joystick)* • Mittelstellung *f*; Nulllage *f*

center-pull brake *US <vhcl.brake> (bicycle)* • Mittelzugbremse *f*

center punch *US <tool>* • Körner *m*; Ankörner *m rar*; Bohrkörner *m rar*

center-punch *vt US <prod> (drill hole location)* • ankörnen *vt*

center ridge *US <vhcl> (of some mountain bike tires)* • Mittelsteg *m*

center setting *US <prod> (of a tool, work piece, gauge)* • Mittelstellung *f*; Einstellung auf Mitte *f*

center stand *US <vhcl> (bike)* • Mittelständer *m*; Hauptständer *m*

center support *US <mvhcl.drive> (of RWD propshafts)* • Zwischenlager *n*; Mittellager *n*

center-to-center spacing *US <tech.gen> (e.g. distance between holes of a flange, webs)* • Mittenabstand *m*; Mittenentfernung *f*

center tunnel *US <mvhcl>* • Mitteltunnel *m*

center-weighted *US <phot> (measurement)* • mittenbetont

centi (c) *<phys.i&c> (prefix of units; e.g. cm; 1 centi = 10^{-2})* • Zenti… (c)

central *<gen>* • mittig

central aisle *<tech.gen> (e.g. of airplane, concert hall, warehouse)* • Mittelgang *m*

central axis *<tech.gen>* • Mittelachse *f*; Zentralachse *f*

central control room *<i&c> (e.g. of a power plant)* • zentrale Warte *f*; zentraler Leitstand *m*; Kontrollraum *m prakt*; Zentrale *f ugs.rar*; Hauptleitstand *m rar*

central core *<tech.gen>* • Seele *f*

central differential *<mvhcl.drive> (between front and rear axles)* • Mittendifferential *n*; Zentraldifferential *n*; Zwischenachsdifferential *n*; Längsdifferential *n*; Verteilerdifferential *n*

central entrance *<vhcl> (e.g. of a bus, railcar)* • Mitteleinstieg *m*

central european encephalitis (CEE) *<bio>* • Frühsommer-‑Meningoenzephalitis *f* (FSME) *norm*; Zeckenenzephalitis *f*; Zentraleuropäische Enzephalitis *f*; Frühjahr-Sommer-Enzephalitis *f*

central heating *<hvac>* • Zentralheizung *f*

central layer *<tech.gen>* • Mittellage *f*; mittlere Schicht *f*

central lubrication *<tribo> (gen.)* • Zentralschmierung *f*

centrally lubricated *<tribo>* • zentralgeschmiert

centrally supported cable-stayed bridge *<build>* • Mittelträgerbrücke *f*; Schrägseilbrücke mit Mittelaufhängung *f*; Schrägseilbrücke mit Mittelträgerbauweise *f*

central pier *<build> (of a bridge)* • Mittelpfeiler *m*

central processing unit (CPU) *<comp>* • Zentraleinheit *f* (CPU)

central purlin *<build>* • Mittelpfette *f*; Zwischenpfette *f*

central receiver system (CRS) *<energ.sol>* • Solarturmkraftwerk *n*; Solarturmanlage *f*; Solar-Turm-‑Kraftwerk *n*; Solarturmsystem *n*

central shutter *<phot> (a typical leaf shutter; e.g. of Hasselblad H series)* • Zentralverschluss *m*

central span *<build> (of a bridge)* • Mittelöffnung *f*

central warehouse *<logist>* • Zentrallager *n*

centrifugal blower *<mech.eng>* • Radialgebläse *n*; Zentrifugalgebläse *n*

centrifugal casting *<prod> (process)* • Schleuderguss *m*; Rotationsgießen *n*

centrifugal casting *<prod> (e.g. pipe)* • Schleudergussstück *n*

centrifugal clutch *<drive> (friction clutch)* • Fliehkraftkupplung *f*; fliehkraftunterstütze Kupplung *f*

centrifugal composite casting *<prod>* • Schleuderverbundguss *m*

centrifugal compressor *<mech.eng> (gen.)* • Kreiselverdichter *m*; Kreiselradverdichter *m*

centrifugal drum *<tech.gen>* • Schleudertrommel *f*

centrifugal dust separator *<proc>*

• Fliehkraftentstauber *m*
centrifugal force *<phys>* • Zentrifugalkraft *f*; Fliehkraft *f ugs*; Schleuderkraft *f rar*
centrifugal governor *<i&c> (gen.)* • Fliehkraftregler *m*
centrifugally cast *<prod>* • geschleudert
centrifugal pump *<convey> (a rotary pump; e.g. radial-flow pump)* • Zentrifugalpumpe *f*
centrifugal separator *<emiss>* • Fliehkraftabscheider *m*; Zyklonabscheider *m prakt*; Zyklon *m*; Zentrifugalabscheider *m*
centrifugal separator *<proc> (for suspended particles; e.g. for air, oil)* • Zentrifugalabscheider *m*; Fliehkraftabscheider *m prakt*; Zyklonabscheider *m prakt*; Zyklon *m*; Zentrifugalscheider *m rar*
centrifugal weight *<mech.eng> (gen.; e.g. in automatic transmission governor)* • Fliehgewicht *n*
centrifuge *<tech.gen> (household: e.g. salad spinner, spin-drier)* • Schleuder *f*
centrifuge *<tech.gen>* • Zentrifuge *f DIN 24405*
centrifuge *vt <tech.gen>* • schleudern *vt*
centrifuge *vt <proc> (remove by fast rotation)* • abschleudern *vt*
centroid axis *<tech.gen>* • Schwerachse *f*
Centronics interface *<comp> (parallel port)* • Centronics-Schnittstelle *f*
ceramic catalyst *<mvhcl.emiss>* • Keramikkatalysator *m*
ceramics *pl <silic>* • Keramik *f*; Keramikwerkstoffe *mpl*
ceramic tile *<build.mat> (typ. for floors; not produced in a quarry)* • Keramikfliese *f*
ceramic tip *<tool>* • Keramikschneidplatte *f*
ceramic ware *<silic> (vessels etc. made of fired clay)* • Keramik *f*; Keramikartikel *m*; keramische Produkte *npl*
cereal *<agri>* • Getreide *n*
cereals *<food> (breakfast meal)* • Frühstücksflocken *fpl*
Cerenkov radiation *<nucl>* • Tscherenkow-Strahlung *f*
cerium (Ce) *<chem>* • Cer *n* (Ce); Cerium *n*
certificate *<docu>* • Bescheinigung *f*
certification *<gen>* • Zulassungsschein *m*
certify *vt <docu>* • bescheinigen *vt*; schriftlich bestätigen *vt*
cesium (Cs) *<chem>* • Caesium *n* (Cs); Cäsium *n*; Cesium *n*; Zäsium *n obs*
cessation *<tech.gen>* • Einstellung *f*
cesspool *<waste.hydr> (catch basin for house sewage, feces)* • Senkgrube *f*; Klärgrube *f ugs*; Abortgrube *f ugs.obs*; Faultank *m*; Faulgrube *f*
cetane rating *<petr> (of diesel fuel)* • Cetanzahl *f* (CZ)
CFC-free *<art>* • FCKW-frei
cfc gases *<chem.emiss> (chlorofluorocarbons)* • FCKW-Gase *npl*
C-frame *<mech.eng> (e.g. of machine tools, presses)* • C-Gestell *n*
CFR component *<tech.gen>* • kohlefaserverstärktes Bauteil *n*
chafe *vi <textil> (fabric; e.g. exposed edges)* • durchscheuern *vi*
chaff cutter *<agri.tech>* • Strohhäcksler *m*
chafing *<prod>* • Anscheuerung *f*
chain *<tech.gen> (lifting tackle, locking, jewelry etc.)* • Kette *f*
chain *vt <join> (fasten by means of a chain)* • anketten *vt*
chain block *<convey>* • Flaschenzug *m*
chain drive *<drive> (e.g. of bicicles, motorbikes)* • Kettenantrieb *m*; Kettentrieb *m*
chain link *<mech.eng> (e.g. of a roller chain)* • Kettenglied *n*; Glied *n*
chain lock *<vhcl> (e.g. for locking bikes, gates)* • Kettenschloss *n*
chain polymerization *US <plast>* • Kettenpolymerisation *f*
chain reaction *<tech.gen>* • Kettenreaktion *f*
chain sag *<drive>* • Kettendurchhang *m*
chain saw *<tool>* • Kettensäge *f*
chain tube cleaner *<tech.gen>* • Kettenröhrenreiniger *m*
chainwheel *<vhcl> (on bicycle; fixed to the right crank, drives the rear sprocket)* • Kettenblatt *n*
chair *<int> (furniture)* • Stuhl *m DIN 68880-1*

chair cover *<gen>* • Stuhlbezug *m*; Husse *f*

chair cover *<gen>* • Schutzhülle für Stuhl *f*

chair cushion *<int>* • Sitzkissen für Stühle *n*

chalk *vi <plast>* • pudern *vi*

chalk *vi <srfc> (paint, whitewash)* • kreiden *vi*; abkreiden *vi*; auskreiden *vi*

chalkline *<build.tool> (for marking straight lines)* • Anschlagschnur *f*; Richtschnur *f*; Anreißschnur *f*

chamber *<mil> (of firearm)* • Patronenlager *n*; Kammer *f*

chamber navigation lock *<build.hydr>* • Kammerschleuse *f*

Chamber of Industry and Commerce *<org>* • Industrie- und Handelskammer *f* (IHK)

chamfer *<tech.gen>* • Fase *f DIN 52 460*; abgefaste Kante *f*; Anfasung *f*; Abfasung *f rar*; Abschrägung *f ugs*

chamfer *<prod> (any edge shape other than angular and sharp-edged)* • gebrochene Kante *f*; Abschärfung *f*

chamfer *vt <tech.gen> (provide edge with a narrow bevel of typ. 45 deg)* • fasen *vt*; anfasen *vt*; abfasen *vt*; facettieren *vt rar*

chamfer *vt <comp> (in drawing, CAD)* • fasen *vt*; facettieren *vt*

chamfer *vt <prod> (make sharp edge smooth)* • abschärfen *vt*; abschrägen *vt*

chamfer angle *<mech.eng>* • Fasenwinkel *m*; Abschrägungswinkel *m ugs*

chamfered end *<mech.eng> (e.g. of screws, pins)* • Kegelansatz *m*

chamfer form *<tool>* • Anschnittform *f*

chammy *<leath>* • Sämischleder *n*

chamois *[shammy] <mvhcl> (genuine leather)* • Autoleder *n*; Fensterleder *n*; Autofensterleder *n*

change *<gen> (e.g. of documents, design, construction, schedule, organization)* • Änderung *f*

change *<gen> (e.g. money, clothes, position, tool, ink cartridge)* • Wechsel *m*

change *vt <gen> (e.g. shape, substance, structure)* • ändern *vt*; umwandeln *vt form*

change *vt <gen> (draft, organization)* • umgestalten *vt*

change *vt <gen> (e.g. speed, tool, money)* • wechseln *vt*

change *vt <tech.gen> (e.g. process, production)* • umstellen *vt*

change *vt <tech.gen> (e.g. tool, CD ROM, ink cartridge)* • wechseln *vt*; auswechseln *vt ugs*

change *vt <tech.gen> (position, location)* • wechseln *vt*

change *vt <tech.gen> (liquids; e.g. oil, coolant, brake or washer fluid)* • wechseln *vt*

change abruptly *vi <gen> (e.g. weather, operating behavior)* • umschlagen *vi*

change down *vi <mvhcl> (to lower gear; e.g. from 5th to 4th)* • zurückschalten *vi*; herunterschalten *vi*; niedrigeren Gang einlegen *vt*

change in direction *<tech.gen>* • Richtungsänderung *f*

change in structure *<tech.gen>* • Gefügeänderung *f*

change of direction *<tech.gen>* • Richtungswechsel *m*

change of direction *<railw> (of train)* • Fahrtrichtungswechsel *m*

change of gradient *<tech.gen> (e.g. of a road, incline, embankment)* • Neigungswechsel *m*

change of shape *<prod> (gen.)* • Formänderung *f*

change of state *<phys> (due to melting, evaporation, condensing, solidification)* • Aggregatzustandsänderung *f*

change of state *<phys>* • Zustandsänderung *f*

change-over *<tech.gen>* • Wechsel *m*

change-over switch *<el>* • Wechselschalter *m*; Umschalter *m*

change the polarity *vi/vt <el> (e.g. motor, magnet)* • umpolen *vi/vt*

channel *<tech.gen> (shallow U-shape; e.g. vertical flutes in greek columns)* • Hohlkehle *f*

channel *<tech.gen> (gen.)* • Kanal *m*

channel *<av>* • Programm *n*

channel *<build> (for liquids; e.g. water; stress on: relatively narrow)* • Rinne *f*

channel *<el> (for electr. signals; e.g. audio and video channels)* • Kanal *m*

channel *vt <prod>* • auskehlen *vt*

channel *vt* <*prod*> • riefen *vt*
channel allotment <*av*> • Kanalbelegung *f*
channel amplifier <*el.acoust*> *(e.g. two-, eight-~)* • Kanalverstärker *m*
channel cross-talk <*tele*> • Kanalnebensprechen *n*
channeled sheet *US* <*tech.gen*> • Riffelblech *n*
channel encoding <*comp.tele*> • Kanalcodierung *f*; Kanalkennzeichnung *f*
channel identifier (CID) <*comp.av*> *(physical or virtual channel)* • Kanalkennung *f* (CID); Kanalnummer *f*; CN *f*; Channel Identifier *m*
channel iron <*mat*> *(U-shaped structural steel section)* • U-Eisen *n*; U-Stahl *m*
channel scanning <*av*> • Kanalabtastung *f*
channel section <*tech.gen*> *(structural steel shape; U-shaped)* • U-Profil *n*
channel select button "up" or "down" <*av*> • Programmwahltaste "Aufwärts" oder "Abwärts" *f*; Senderwahltaste *f*; Kanalwahltaste *f*
channel selection <*el.tele*> • Kanalwahl *f*
channel selector <*el.tele*> • Kanalwähler *m*
channel strip <*tech.gen*> *(flexible; e.g. a seal)* • U-Profil *n*
chapel <*build*> *(small church)* • Kapelle *f*
char *ISO 13943* <*fire*> *(carbonaceous residue from pyrolysis or imcomplete combustion)* • verkohlter Rückstand *m ISO 13943*
character <*print.comp*> *(e.g. a letter, figure, punctuation mark)* • Zeichen *n*
characteristic <*gen*> *(stress on: a strange, unique, special feature)* • Eigenheit *f*; Besonderheit *f*
characteristic <*gen*> *(relevant feature, property)* • kennzeichnende Eigenschaft *f*; wesentliches Merkmal *n*
characteristic *ISO 9000* <*tech.gen*> *(distinguishing attribute, of a product)* • Merkmal *n ISO 9000*; Eigenschaft *f*
characteristic <*i&c*> *(curve; e.g. torque vs. engine speed)* • Kurve *f*
characteristic <*term*> *(of concepts)* • Merkmal *n*
characteristic curve <*tech.gen*> *(e.g. output power, torque, pressure, temperature, stress, voltage)* • Kennlinie *f*; Kennkurve *f*; charakteristische Kurve *f rar*
characteristic feature <*gen*> *(of a product; usu. sth. advantageous)* • Kennzeichen *n*; besonderes Merkmal *n*; Merkmal *n prakt*
characteristic frequency <*phys*> • Eigenfrequenz *f*
characteristic quantity <*tech.gen*> *(e.g. rated pressure, rated power)* • Kenngröße *f*
characteristic value <*tech.gen*> • Kennwert *m*
characteristic [value] <*tech.gen*> *(actual value of a given measured quantity)* • Kennwert *m*
characteristic vector <*math*> • Eigenvektor *m*
characterization *US.GB* <*gen*> • Charakterisierung *f*
characterize *vt US* <*gen*> • kennzeichnen *vt*
character printer <*print*> • Typendrucker *m*; Vollformatdrucker *m*
character set <*print*> *(as stored in printer)* • Zeichensatz *m*; Zeichenvorrat *m*
character string <*comp*> • Zeichenfolge *f*
charcoal <*chem*> • Holzkohle *f*; Carbo vegetabilis *wiss*
charcoal bed <*proc*> • Aktivkohlebett *n*
charcoal-burning pile <*comb*> • Meiler *m*
charcoal pen <*art*> • Kohlestift *m*
charge <*convey*> *(gen. infeed material, solid or liquid; e.g. of blast furnace)* • Aufgabegut *n*
charge <*el*> *(static, potential)* • Aufladung *f*
charge <*metal*> *(e.g. of blast furnace, converter)* • Füllung *f*; Charge *f*
charge <*mvhcl.mot*> *(A/F mixture in engine)* • Füllung *f*; Ladung *f*
charge <*prod*> *(input material; e.g. for furnaces, machines, processors)* • Charge *f*
charge *vt* <*tech.gen*> *(machine, truck, container, with material; e.g. grain via hopper)* • beschicken *vt*
charge *vt* <*brake*> *(air brake system with*

air) • füllen *vt*
charge *vt <chem.proc>* • eintragen *vt*
charge *vt <el> (electrostatically)* • aufladen *vt*
charge *vt <el> (energy storage; e.g. battery, capacitor)* • laden *vt*; aufladen *vt*
charge *vt <prod> (input material; e.g. furnaces, machines, processors)* • chargieren *vt*
charged *<el> (with electricity; e.g. battery, capacitor)* • geladen
charge/discharge cycle *<el> (of batteries)* • Lade/Entlade-Zyklus *m*
charge exchange process *<mot> (in piston engine)* • Gaswechsel *m*; Ladungswechsel *m rar*
charge indicator *<el> (e.g. on cell phone display, camcorder)* • Ladungsanzeige *f*
charge meter *<tech.gen>* • Gebührenzähler *m*
charge of ore and fluxes *<metal> (of blast furnace)* • Möller *m*
charge stock *<proc> (material fed into a system, vessel etc.)* • Beschickung *f*
charging *<convey>* • Aufgabe *f*
charging *<el> (creation of static electricity, potential)* • Aufladung *f*; Aufladen *n*
charging current *<el> (of batteries; in amperes)* • Ladestrom *m*; Aufladestrom *m rar*
charging deck *<metal> (blast furnace)* • Beschickungsbühne *f*
charging door *<tech.gen>* • Füllklappe *f*
charging door *<convey> (e.g. of furnace)* • Aufgabeöffnung *f*
charging hole *<tech.gen> (e.g. of silo, tank)* • Beladeöffnung *f*
charging hole *<tech.gen>* • Einwurföffnung *f*
charging hole *<tech.gen>* • Füllöffnung *f*
charging hole *<convey> (gen.)* • Aufgabeöffnung *f*
charging hopper *<tech.gen>* • Schütttrichter *m*
charging indication *<el>* • Ladeanzeige *f*; Ladestandanzeige *f*
charging platform *<metal>* • Gichtbühne *f*; Begichtungsbühne *f*
charging scales *<metal> (foundry)* • Gattierungswaage *f*
charging stand *<el> (for cordless appliances; e.g. phone, toothbrush, razor)* • Ladestation *f*
Charpy impact strength *ISO 179 <qualit.mat> (of plastics)* • Charpy--Schlagzähigkeit *f ISO 179*
chart *<gen>* • Übersicht *f*
chart *<navig.docu> (of sea routes)* • Karte *f*
chart *vt <docu> (plot data in tables, diagrams)* • aufzeichnen *vt*
chart *vt <docu> (topography etc.)* • kartieren *vt*
charter bus *<comvhcl>* • angemieteter Bus *m*; gecharterter Bus *m*
chartered ship *<nav>* • Charterschiff *n*
charter flight *<aerosp>* • Charterflug *m*
charting *<docu> (of topography etc.)* • Kartierung *f*
chart recorder *EN 60873-2 <i&c> (industrial process control systems)* • Streifenschreiber *m EN 60873-2*
chart scale *<navig> (of sea routes)* • Kartenmaßstab *m*
chase *<prod> (machined groove, slot)* • Nut *f*
chase *vt <prod> (ornament metal by engraving or embossing)* • punzen *vt*; ziselieren *vt*
chased *<srfc> (sheet metal with finely cut ornaments; e.g. suit of armor)* • gepunzt; ziseliert
chaser *<tool> (in thread cutter)* • Gewindeschneidbacke *f*
chaser *<tool>* • Strehler *m*
chasing *<srfc> (e.g. firearms, suits of armor)* • Ziselierung *f*
chassis *[sh] <tech.gen> (gen.; frame, baseplate etc.)* • Chassis *n [sch]*
chassis *<comp> (of a disk drive)* • Gehäuse *n*
chassis *US <mvhcl> (of cars; stress on: suspension components etc.)* • Fahrwerk *n*
chassis *<vhcl>* • Fahrgestell *n*
chassis-cab *<comvhcl>* • Fahrgestell mit Fahrerhaus *n*; Chassis mit Fahrerhaus *n*
chassis dynamometer *<mvhcl> (road--load test)* • Fahrzeugprüfstand *m*; Chassis-Dynamometer *n wiss*
chassisless *<tech.gen>* • rahmenlos
chassisless construction *<tech.gen>*

• rahmenlose Bauart *f*

chatter *vi <el> (contact)* • prellen *vi*

chatter vibration *<tech.gen> (e.g. in tools)* • Ratterschwingung *f*; Prellschwingung *f*

cheapener *<mat>* • Füllstoff *m*

cheap flight *<aerosp>* • Billigflug *m*

check *<gen> (e.g. of luggage, fill level, locks)* • Kontrolle *f*; Überprüfung *f*

check *<qualit> (small crack, fissure)* • Riss *m*

check *<qualit.mat> (typ. in paint finish or as indication of material fatigue)* • Haarriss *m*

check *vi <metal> (skin of casting)* • reißen *vi*

check *vi <srfc> (develop fine cracks in paint, coat)* • Risse bilden *vi*

check *vt* (chk) *<gen>* • abhaken *vt*; abstreichen *vt rar*

check *vt <gen> (e.g. luggage, fill level, locks)* • kontrollieren *vt*; überprüfen *vt*

check *vt <qualit> (in cases of doubt, to make sure; e.g. results, figures, conditions)* • nachprüfen *vt*; kontrollieren *vt*

check *vt <qualit> (with or without tool)* • prüfen *vt*; kontrollieren *vt*

check algorithm *<comp>* • Prüfalgorithmus *m*

check date *ISO 12620 <term>* • Überprüfungsdatum *n*

check digit (CD) *<comp>* • Prüfziffer *f*; Testziffer *f*

checked baggage *<aerosp>* • aufgegebenes Gepäck *n*; eingechecktes Gepäck *n ugs*

checked-in luggage *<aerosp>* • eingechecktes Gepäck *n*

checker *ISO 12620 <term>* • Überprüfer *m*

checker-board pattern *US <gen>* • Schachbrettmuster *n*

checkered *US <gen> (layout; e.g. of tiles)* • schachbrettartig

check-in *<tour> (of passengers, baggage)* • Abfertigung *f*; Check-in *n prakt*

check-in *sg <aerosp>* • Check-in *nsg*

check in *vi <aerosp>* • einchecken *vi ugs*

check in *vt <aerosp> (baggage)* • aufgeben *vt*; einchecken *vt ugs*

check-in counter *<aerosp>* • Abfertigungsschalter *m*; Gepäckaufgabeschalter *m form*; Check-in-Schalter *m prakt*; Aufgabeschalter *m*; Gepäckeingabestelle *f rar*

checking *<srfc> (very fine, unconnected cracks in paint coats)* • Haarrisse *mpl*

checking copy *<ad>* • Belegexemplar *n*

checking device *<tech.gen> (for verification)* • Kontrollgerät *n*; Kontrolleinrichtung *f*

checklist *<aerosp.safe> (for pilots)* • Checkliste *f*

check off *vt <docu> (listed items, options)* • abhaken *vt*; abstreichen *vt rar.ugs*

check oil indicator light *<i&c>* • Ölstandskontrollleuchte *f*

checkout conveyor *<econ> (e.g. in supermarkets)* • Laufband *n*

checkout [stand] *<econ> (of a supermarket, shopping center etc.)* • Kasse *f*

check pattern *<garm>* • Karomuster *n*

checkpoint *<gen> (e.g. at border)* • Kontrollpunkt *m*

check ring *<tech.gen> (gen.; e.g. for movements, liquid)* • Sperrring *m*

check screw *<join>* • Halteschraube *f*

checksum *<comp>* • Prüfsumme *f*

check sum *<tech.gen> (e.g. transverse sum)* • Kontrollsumme *f*; Prüfsumme *f*

check the dimension of *vt <i&c> (e.g. tank, container, room)* • ausmessen *vt*

check the dimensions *vt <qualit>* • nachmessen *vt*

check valve *<tech.gen> (permits flow in one direction only)* • Rückschlagventil *n*; Sperrventil *n rar*; Kontrollventil *n rar*

chemical *<chem> (gen.)* • Chemikalie *f*

chemical *<chem>* • chemisch

chemical compound *<chem>* • chemische Verbindung *f*; Verbindung *f prakt*

chemical corrosion *ISO 8044 <srfc>* • chemische Korrosion *f DIN EN ISO 8044*

chemical element *<chem>* • chemisches Element *n*; chemischer Grundstoff *m*; Element *n*

chemical engineering *<chem.proc> (construction)* • Chemieanlagenbau *m*

chemically pure *<mat>* • chemisch rein

chemical milling *<prod>* • chemisches

Fräsen *n*; Formätzen *n*; Konturätzen *n*; Chem-mill-Verfahren *n*

chemical process engineering *<chem.proc>* • chemische Verfahrenstechnik *f*; Chemieingenieurwesen *n*; Chemietechnik *f*

chemical pulp *<chem>* • Zellstoff *m*

chemical pulping *<pap.prod>* • Zellstoffaufschluss *m*; chemischer Aufschluss *m*

chemical reaction *<chem>* • chemische Reaktion *f*; chemischer Vorgang *m*

chemical-resistant *<qualit.mat> (materials; e.g. pipes, paint coats, fibers)* • chemikalienbeständig; chemikalienfest

chemical surface treatment *<srfc>* • chemische Oberflächenbehandlung *f*

chemical tanker *<nav>* • Chemikalientanker *m*; Chemikalientankschiff *n*

chemical waste *<waste>* • Chemieabfall *m*

chemiluminescent analysis *<i&c.emiss>* • Chemilumineszenzanalyse *f*

chemistry *<chem>* • Chemie *f*

chequered *<gen>* • gewürfelt

chequered jaw *<tool> (of vice, chuck, clamping fixture)* • Backe mit gerauter Greiffläche *f*

chest food freezer *<hvac>* • Tiefkühltruhe *f*

chest freezer *<food>* • Gefriertruhe *f*; Tiefkühltruhe *f*

child car seat *<mvhcl.safe> (combination of a seat shell, a belt system and/or an impact cushion)* • Autokindersitz *m*; Kinderautositz *m*; Kindersitz *m ugs*

child lock [lever] *<mvhcl.safe> (of child proof rear door locks; usu. small lever)* • Kindersicherung *f*

child passenger *<mvhcl>* • mitfahrendes Kind *n*

child restraint system (CRS) *<mvhcl.safe> (e.g. booster seat, booster cushion)* • Kinder--Rückhaltesystem *n* (KSS); Kinderschutzsystem *n*

child seat *<tech.gen> (e.g. in restaurants, on bicycles, in cars)* • Kindersitz *m*

chill *vt <proc>* • abkühlen *vt*

chilled *<proc>* • gekühlt

chilled charge air *<mvhcl> (due to intercooler)* • gekühlte Ladeluft *f*

chilling *<proc>* • Abkühlung *f*; Abkühlen *n*

chill roll plant *<plast>* • Flachfolienanlage *f*

chill show-case *<food>* • Kühlvitrine *f*

chimenea *<gen>* • Tonofen *m*

chimney *<build>* • Kamin *m*; Schornstein *m*; Schornsteinzug *m*

chimney *<geo> (in rock)* • Kamin *m*

chimney draft *US <comb> (uptake flue)* • Schornsteinzug *m*; Kaminzug *m*; Zug *m prakt*

chimney effect *<phys> (caused by temperature difference)* • Kaminwirkung *f*; Kaminzugwirkung *f*

chimney flue *<comb>* • Kaminschacht *m*

chimney stalk *<comb>* • Fabrikschornstein *m*

chimney sweep *<gen>* • Schornsteinfeger *m*

chine *<nav> (intersection of bottom/side of a flat or V-bottomed boat)* • Kimm *f*

chink *<build> (crack, cleft; in a wall, between buildings)* • Schlitz *m*

chip *<mach.tool>* • Span *m*

chip *<prod> (a very thin slice or small piece of material; broken or spalled off)* • Ausbruch *m*; Splitter *m*

chip *<prod>* • Schnitzel *m*; Schnitzel *n A*

chip *<srfc.wood>* • Span *m*

chip *vi <prod> (break loose)* • ausbrechen *vi*

chip *vt <prod>* • schnitzeln *vt*

chipboard *US.GB <build.mat> (rigid panel made from compressed wood chips and resin)* • Spanplatte *f DIN EN 312*; Holzspanplatte *f*; Spanholzplatte *f rar*; Pressspanplatte *f rar*

chipboard *<int> (semi-finished product)* • Spanholzplatte *f*

chip-board screw *<build.mat> (countersunk flat head, Philips, selfcutting)* • Spanplattenschraube *f*

chip breaker *<tool> (in tool face)* • Spanbrecher *m*

chip build-up *<mach.tool>* • Aufbau an der Schneide *m*

chip card reader *<comp>*

• Chipkartenleser *m*

chipless machining *<prod> (e.g. eroding, chemical etching)* • spanlose Bearbeitung *f*

chip off *vi <prod> (suddenly)* • abspringen *vi*

chip [off] *vi <srfc> (small bits, pieces; e.g. stone, paint)* • absplittern *vi*; abblättern *vi*

chipped spot *<prod> (e.g. on cutting tool edge)* • Ausbruch *m*

chipper *<agri.tool> (yard waste management system; chips, shreds, grinds)* • Häcksler *m*; Häckselmaschine *f*; Häckselschneider *m obs.rar*

chipper *<agri.tool> (e.g. integrated in leaf vac)* • Häckselwerk *n*

chipping *<srfc> (of paint, coatings)* • Abblättern *n*

chipping *<srfc>* • Abplatzung *f*

chipping *<srfc> (gen.; e.g. of paint)* • Absplitterung *f*

chipping hammer *<tool> (manual)* • Meißelhammer *m*

chip potting compound *<el.ic.prod> (e.g. UV-curing epoxy resins)* • Chip--Vergussmasse *f*; Chip--Einbettungsmasse *f*

chip removal *<prod> (e.g. from metal)* • Zerspanung *f DIN 6580-6584*; spanabhebende Bearbeitung *f*; Spanabnahme *f*

chip set *<comp>* • Chipsatz *m*; Chipset *n*

chisel *<tool> (hand tool)* • Meißel *m*

chisel *<tool.wood>* • Beitel *n DIN 5155*

chisel off *vt <prod>* • abmeißeln *vt*

chisel off *vt <prod> (cut off with coarse chisel)* • abschroten *vt*

chisel off *vt <prod>* • abstemmen *vt*

chisel out *vt <prod>* • ausstemmen *vt*

chloric acid *<chem> ($HClO_3$)* • Chlorsäure *f*

chloride *<chem> (gen.; e.g. NaCl, HCl)* • Chlorid *n*

chloridize *vt <chem.proc>* • chlorieren *vt*

chlorinate *vt <tech.gen>* • chloren *vt*

chlorinated fluorocarbons (cfc) *<chem>* • Fluorchlorkohlenwasserstoffe *mpl* (FCKW); halogenierte Kohlenwasserstoffe *mpl*; fluorierte Kohlenwasserstoffe *mpl*

chlorinated hydrocarbon *<chem>* • Chlorkohlenwasserstoff *m*

chlorinated hydrocarbons *<chem>* • chlorierte Kohlenwasserstoffe *mpl*

chlorinated polyvinyl chloride (PVC-C) *<plast>* • chloriertes Polyvinylchlorid *n* (PVC-C)

chlorinated rubber paint *<srfc>* • Chlorkautschukanstrichstoff *m*; Chlorkautschuklack *m prakt*

chlorination *<chem>* • Chlorierung *f*

chlorination *<chem.proc> (e.g. of drinking water, pool water)* • Chlorung *f*

chlorine (Cl) *<chem>* • Chlor *n* (Cl)

chlorophyll *<bio>* • Chlorophyll *n*; Blattgrün *n ugs*

chloroprene rubber (CR) *<plast>* • Chloroprenkautschuk *m*

chock *<tech.gen>* • Klotz *m*

chock *<tech.gen> (construction, engineering)* • Unterlegkeil *m*

chock *vt <tech.gen>* • unterlegen *vt*

chock *vt <tech.gen> (with wedges; e.g. frames, doors, cargo)* • verkeilen *vt*

chock-to-chock time *<aerosp> (acc. to ICAO Annex 1)* • Blockzeit *f*; Flugzeit *f*

chocolate bloom *<food>* • Fettreif *m*

chocolate flavored coating *US <food>* • kakaohaltige Fettglasur *f*; Kakaofettglasur *f*; Glasurmasse *f*; Fettglasur *f*

choice *<gen> (of one option; decision)* • Wahl *f*; Auswahl *f*

choke *vt <tech.gen> (current, flow)* • drosseln *vt*

choke ballast *<light> (of discharge lamps)* • Drosselspule *f*; Drossel *f prakt*

choke control knob *<mvhcl.i&c> (manual control element)* • Choke *m*

choking coil *<el> (inductance)* • Drosselspule *f*; Drossel *f prakt*

chop *vt <prod> (into small pieces, e.g. gras, leaves, branches)* • häckseln *vt*

chop *vt <prod> (bi pieces, e.g. waste)* • schnitzeln *vt*

chop *vt <prod> (e.g. cut wood)* • spalten *vt*

chopper *<tech.gen> (gen.; for objects, signals, rays)* • Zerhacker *m*

chopper *<mvhcl> (bike with heavily raked front fork and highrise handlebar)* • Chopper *m*; Flacheisen *n* *ugs*

chopping machine *<mach.tool>* • Hackmaschine *f*

chord *<aerosp> (of propeller blade)* • Profiltiefe *f*

chord *<build> (extends through a truss; usu. in pairs)* • Gurt *m*; Fachwerkgurt *m*

chord length *<tech.gen> (mathematics, airfoil section, airplane)* • Sehnenlänge *f*

chord line *<aerosp>* • Profilsehne *f*

chord line *<energ.wind> (of rotor blade)* • Blattsehne *f*; Profilsehne *f*

christmas tree *<petr>* • Produktionskreuz *n*; Eruptionskreuz *n*; E-Kreuz *n prakt*; Christbaum *m jarg*; Weihnachtsbaum *m rar*

chroma *<av>* • Chroma *m*

chromatic *<mus> (sound)* • chromatisch

chromatic *<opt> (light)* • chromatisch

chromatic aberration *<av>* • Farbabweichung *f*

chromatic aberration *<opt>* • Farbfehler *m*

chromatic color *US <srfc> (as opp. to achromatic colors)* • Buntton *m*; bunte Farbe *f*; Buntfarbe *f prakt*; Farbe *f ugs*

chromaticity *<light> (as defined by the coordinates of the CIE diagram)* • Farbort *m*

chromatic sensation *<bio.opt>* • Farbempfindung *f*

chromating *ISO 4618-3 <srfc> (chemical pretreatment, do not confuse with "chroming")* • Chromatieren *n EN ISO 4618*

chrome black *<srfc> (e.g. for solar collector absorbers)* • Schwarzchrom *n*

chrome leather *<leath>* • Chromleder *n*

chrome tanning *<leath>* • Chromgerbung *f*

chrome yellow *<srfc>* • Chromgelb *n*

chrominance channel *<av>* • Farbartkanal *m*; Chromakanal *m*; Chrominanzkanal *m*

chromium (Cr) *<chem>* • Chrom *n* (Cr)

chromium coating *<srfc>* • Chromschicht *f*; Chromüberzug *m*; Chrombeschichtung *f*

chromium molybdenum steel *<mat>* • Chrom-Molybdän-Stahl *m*; Chrommolybdän-Stahl *m*

chromium-nickel steel *<mat>* • Chromnickelstahl *m*

chromium-plated *<srfc>* • verchromt

chromium plating *<srfc> (process and result)* • Verchromung *f*; Chromierung *f*

chromium steel *<mat>* • Chromstahl *m*

chromosphere *<astron>* • Chromosphäre *f*

chronograph *<i&c> (watch with stop--watch functions)* • Chronograph *m*

chronological order *<tech.gen>* • chronologische Folge *f*; zeitliche Folge *f*; zeitliche Reihenfolge *f*; chronologische Reihenfolge *f*

chronometer *<i&c> (Swiss precision timekeeper; usu. with timing functions)* • Chronometer *n*

chronometer *<nav> (navigation)* • Marinechronometer *n*; Schiffschronometer *n*; Seechronometer *n*; Chronometer *n ugs*

chuck *<tool> (for tools, bar stock; e.g. on drill, lathe)* • Spannfutter *n*; Backenspannfutter *n form*; Futter *n prakt*

chuck *vt <prod>* • spannen *vt*

chuck faceplate *<prod>* • Futteraufspannplatte *f*

chucking capacity *<mach.tool> (e.g. of a lathe)* • Spannweite *f*

chucking device *<prod> (for parts, tools)* • Spannvorrichtung *f*

chute *<build.hydr> (deep, narrow channel for water)* • Gerinne *n*

chute *<convey> (gen.; any type)* • Rutsche *f*

chute *<convey> (steep; shaftlike)* • Schacht *m*

chute *<prod> (narrow)* • Rinne *f*

ciliated epithelium *<bio>* • Flimmerepithel *n*

cinch connector *<el> (typ. on av--equipment)* • Cinch-Steckverbinder *m*

cinder *<comb>* • Schlacke *f*

circle *<gen>* • Kreis *m*

circle *vi <tech.gen> (go around in circles)* • kreisen *vi*

circle *vi <aerosp> (in orbit)* • beschreiben *vt*

circle *vt <gen> (go around sth.)* • umkreisen *vt*; umlaufen *vt rar*

circle diagram *<docu>*

• Kreisdiagramm *n*
circle division *<math>* • Kreisteilung *f*
circle sector *<math> (as opp. to circle segment)* • Kreissektor *m*; Kreisausschnitt *m*; Sektor *m*
circle segment *<math>* • Kreissegment *n*; Kreisabschnitt *m*
circlip *<join> (C-type wire clip for shafts/hubs, without holes)* • Sprengring *m DIN 9045, 73123*; Drahtsprengring *m*
circuit *<el>* • Schaltkreis *m*
circuit *<el> (arrangement)* • Schaltung *f*
circuit breaker *<el> (resettable protective device for electric systems)* • Sicherung *f*
circuit breaker for overcurrent protection *EN 60898-1 <el> (gen.; any size and type)* • Leitungsschutzschalter *m DIN EN 60898*; LS-Schalter *m*; Sicherung *f ugs*
circuit diagram *<el.docu> (e.g. of appliances, systems, plants, vehicles)* • Schaltplan *m*; Schaltschema *n*; Stromlaufplan *m*; Schaltbild *n*; Schaltung *f*
circuit element *<el> (in el. circuits, ICs, on PCBs)* • Bauelement *n*; Schaltelement *n*; Funktionselement *n*; Bauteil *n prakt*
circuit element *<el>* • Stromkreiselement *n*
circular aperture *<tech.gen>* • kreisförmige Öffnung *f*
circular-arc curved teeth *<mech.eng>* • Kreisbogenverzahnung *f*
circular arch *<build> (e.g. of a bridge)* • Rundbogen *m*; Kreisbogen *m*; Halbkreisbogen *m*; kreisförmiger Bogen *m*; halbkreisförmiger Bogen *m*
circular blank *<prod>* • Ronde *f*
circular conveyor *<convey> (gen.; any type)* • Kreisförderer *m*
circular cross-section *<tech.gen> (e.g. of rods, bars)* • Kreisquerschnitt *m*; kreisförmiger Querschnitt *m*
circular die *<prod>* • Ringdüse *f*
circular disk *<tech.gen>* • Kreisscheibe *f*
circular irrigation system *<agri> (on farms)* • Kreisberegnungsanlage *f*; Kreisflächenregner *m*; Kreisregner *m*
circular level *DIN 2277 <i&c> (for leveling staff)* • Dosenlibelle *f DIN 2277*
circular measure *<i&c> (unit: radiant)* • Bogenmaß *n*
circular milling table *<mach.tool>* • Rundfrästisch *m*
circular orbit *<aerosp> (e.g. of satellites)* • Kreisbahn *f*; kreisförmige Umlaufbahn *f*; Kreisumlaufbahn *f*
circular pitch *<mech.eng> (of gears, splines, flange holes)* • Kreisteilung *f*
circular saw *<tool> (hand-held circular saw)* • Handkreissäge *f*
circular saw *<tool>* • Kreissäge *f*
circular shape *<tech.gen>* • Rundprofil *n*
circular slot *<tech.gen>* • Rundschlitz *m*
circular spacing *<prod>* • Rundteilung *f*
circular track *<mech.eng>* • Kreisbahn *f*; Kreisschiene *f*
circular-trip time *<tech.gen>* • Spieldauer *f*
circulate *vt <tech.gen>* • umwälzen *vt*
circulation *<tech.gen> (e.g. of air, water, pallets, money)* • Zirkulation *f*; Umlauf *m*; Kreislauf *m*
circulation rate *<gen>* • Umwälzgeschwindigkeit *f*
circulation time *<gen> (e.g. of newsletters, satellites, fluids)* • Umlaufzeit *f*; Umlaufdauer *f*
circumference *<math>* • Umfang *m*
circumferential gap *<tech.gen>* • Ringfuge *f*
circumferential weld *<join>* • Umfangsschweißnaht *f*
cistern *<build> (reservoir for holding liquid, usu. underground; typ. for water)* • Zisterne *f*
cistern *<build.hydr> (for drinking water, rain water, irrigation)* • Wasserbehälter *m*; Zisterne *f*
citrus press *<gastr.tool> (any type)* • Zitruspresse *f*
city bike *<vhcl> (bicycle type)* • City Bike *n*; Stadtrad *n*
city car *<mvhcl> (z. B. Smart)* • Stadtauto *n*
city gas *<comb>* • Stadtgas *n*
city shuttle bus *:V <comvhcl>* • Citybus *m*
city traffic *<traff>* • Stadtverkehr *m*
civil engineering *<build> (design and construction of buildings, roads, harbors, water control et)* • Hoch- und Tiefbau *m*; Bauwesen *n DIN 1080-1*

civil engineering *<build>* • Tief- und Verkehrsbau *m*
clad *vt <srfc> (hardfacing; e.g. by rolling, welding)* • plattieren *vt*
cladding *<tech.gen> (metal bonded to an inner core of another metal)* • Hülle *f*
cladding *<mvhcl> (exterior body moldings; flat, protective parts)* • Beplankung *f*
cladding *<srfc> (process; by rolling, welding; e.g. for hardfacing)* • Plattieren *n*
cladding *<srfc> (result; by rolling, welding; e.g. for hardfacing)* • Plattierung *f*; Plattierschicht *f*
cladding tube material *<nucl>* • Hüllrohrmaterial *n*
claim *<jur> (in patent)* • Anspruch *m*; Patentanspruch
claim *vt <jur> (e.g. patent rights)* • beanspruchen *vt*
claims *<jur>* • Patentansprüche *mpl*
clamp *<mech.eng> (a holding or supporting device)* • Halter *m*; Halterung *f*
clamp *<mech.eng>* • Klammer *f*
clamp *<mech.eng> (any shape)* • Klemmstück *n*
clamp *vt <tech.gen> (fasten in a vise etc.; usu. intentionally)* • einklemmen *vt*
clamp *vt <tech.gen>* • klammern *vt*
clamp *vt <prod> (e.g. a workpiece, tool)* • spannen *vt*
clamped *<tech.gen> (in a vise, fixture; between jaws; e.g. workpiece)* • eingespannt
clamp force *<plast> (of injection molding machine; keeps the mold closed)* • Zuhaltekraft *f norm*; Werkzeugzuhaltekraft *f form*; Schließkraft *f prakt*; Werkzeugschließkraft *f rar*
clamping ability *<gen>* • Klemmvermögen *n*
clamping action *<tech.gen>* • Klemmwirkung *f*
clamping bolt *<mech.eng>* • Feststellschraube *f*
clamping bolt *<mech.eng>* • Klemmschraube *f*
clamping by hand *<gen>* • Handspannung *f*
clamping capacity *<tool> (e.g. of vise, pliers)* • Spannweite *f*
clamping collar *<prod> (e.g. for bar material)* • Spannhülse *f*
clamping collet *<tech.gen>* • Klemmhülse *f*
clamping cylinder *<plast> (injection molding machine)* • Schließzylinder *m*
clamping device *<tech.gen> (e.g. for work pieces, cables, paper sheets)* • Spannvorrichtung *f*; Einspannvorrichtung *f*
clamping device *<tech.gen> (fixture that holds sth. by applying force)* • Festhalteeinrichtung *f*; Festklemmeinrichtung *f*
clamping device *<tech.gen>* • Klemme *f*
clamping device *<prod> (e.g. for blanks, work pieces)* • Aufspannvorrichtung *f*
clamping fixture *<prod>* • Spannvorrichtung *f*; Einspannvorrichtung *f*
clamping force *<tech.gen>* • Spannkraft *f*
clamping head *<tech.gen>* • Spannkopf *m*
clamping lever *<tech.gen>* • Festklemmhebel *m*
clamping lever *<mech.eng>* • Spannhebel *m*
clamping mechanism *<tech.gen>* • Spanneinrichtung *f*
clamping mechanism *<tech.gen>* • Spanner *m*
clamping nut *<tech.gen>* • Spannmutter *f*
clamping plate *<prod> (e.g. for work, tools)* • Spannplatte *f*; Spannscheibe *f rar*
clamping pressure *<mech.eng>* • Anpressdruck *m*
clamping screw *<mech.eng>* • Feststellschraube *f*
clamping screw *<mech.eng>* • Klemmschraube *f*
clamping sleeve *<mech.eng> (gen.)* • Klemmhülse *f*
clamping unit *<plast>* • Schließeinheit *f*
clamp in place *vt <tech.gen>* • festklemmen *vt*
clamp to *vt <mech>* • anklemmen *vt*
clarify *vt <gen> (open items, questions,*

texts, meaning) • klären *vt*
clarity *<i&c.min> (diamond grading)* • Reinheit *f*
class *<gen> (of products, requirements)* • Klasse *f*; Kategorie *f*; Art *f ugs*
class *<tech.gen> (model, series, grade; e.g. Mercedes Benz S class)* • Baureihe *f*; Klasse *f*
class *<nav> (of boats)* • Bootsklasse *f*
class *<railw> (of locos)* • Baureihe *f*
classic vehicle *<vhcl>* • historisches Fahrzeug *n*
classification *<gen> (into groups)* • Gliederung *f*; Einteilung *f*
classification *<tech.gen>* • Einstufung *f*
classification *<tech.gen> (sorting, separation, grading)* • Klassierung *f*
classification number *ISO 12620 <term>* • Klassifikationsnummer *f*
classification system *ISO 12620 <term>* • Klassifikationssystem *n*
classification yard *US <railw>* • Rangierbahnhof *m*
classifier *<proc> (gen.)* • Klassierer *m*
classify *vt <gen>* • gliedern *vt*
classify *vt <tech.gen> (acc. to size; e.g. sands, gravel)* • aussieben *vt*
classify *vt <tech.gen> (according to a system)* • eingliedern *vt*; einordnen *vt*
classify *vt <tech.gen>* • einteilen *vt*
classify *vt <proc> (treatment)* • sortieren *vt*
claw *<tech.gen> (gen.)* • Klaue *f*
claw *<join> (for clamping)* • Pratze *f*
claw hammer *<tool> (hardly used in Germany; usu. with metal handle and rubber grip)* • Klauenhammer *m*
claw-type nail hammer *<tool>* • Zimmererhammer *m*
clay *<build.mat> (grain size < 0.004 mm)* • Ton *m*
clay band *<geo>* • Tonband *n*
clayey *<mat> (resembling clay, like clay)* • tonartig
clay model *<prod>* • Ton-Modell *n*
clay plain tile *<build.mat> (roofing)* • Biberschwanzziegel *m*; Biber *m ugs*; Biberschwanz *m ugs*; Flachziegel *m*
clay winning *<min>* • Tonabbau *m*
clean *<gen> (without dirt, contamination etc.; e.g. water, air, garments, equipment)* • sauber; rein
clean *<print>* • fehlerfrei
clean *vt <gen> (e.g. room, household help)* • putzen *vt*; reinigen *vt*
clean *vt <min> (process; coal)* • aufbereiten *vt*
clean *vt <srfc> (e.g. by wiping)* • reinigen *vt*; säubern *vt*; putzen *vt ugs*
clean air suit *DIN EN ISO 2261 <garm>* • Reinluft-Kleidung *f DIN EN ISO 2261*
cleaner *<tech.gen>* • Reinigungsmittel *n*; Reiniger *m*
cleaner *<convey> (stripping, scraping action; clears belt)* • Abstreifer *m*
cleaner's solvent *<chem>* • Waschbenzin *n*
clean gas *<proc> (after treatment, purification; e.g. after dust separator)* • Reingas *n*; gereinigtes Gas *n*
cleaning *<gen>* • Reinigung *f*
cleaning efficiency *<tech.gen> (gen., of any process or medium)* • Reinigungsgrad *m*
cleaning plant *<tech.gen>* • Reinigungsanlage *f*
cleaning plant *<tech.gen>* • Waschanlage *f*
cleaning plant *<proc> (treatment, conditioning)* • Aufbereitungsanlage *f*
cleaning staff *<org>* • Reinigungspersonal *n*
cleanliness *<srfc>* • Reinheit *f*; Sauberkeit *f*
cleanroom *ISO 14644-1 <hvac>* • Reinraum *m ISO 14644-1*; staubfreier Raum *m*; Clean-Room *m jarg*
clean-room technology *<proc>* • Reinraumtechnik *f*
clear *<gen> (unobstructed, unoccupied; e.g. space, vision)* • frei
clear *<gen> (e.g. fluid, glass, logic)* • klar
clear *<mat> (e.g. glass, visor)* • farblos; klar
clear *vt <gen>* • beräumen *vt*
clear *vt <gen> (e.g. conflicts, incompatibilities)* • bereinigen *vt*
clear *vt <gen>* • freimachen *vt*
clear *vt <tech.gen> (remove obstacles, objects etc.; e.g. building, road, hard disk)* • räumen *vt*
clear *vt <aerosp>* • freigeben *vt*
clear *vt <comp> (data in volatile memory; e.g. register)* • löschen *vt*
clear *vt <textil> (e.g. by bleaching)* • aufhellen *vt*
clear *vt <traff> (for departure; e.g. of*

aircraft, truck, train, ship) • abfertigen *vt*

clear *vt <traff>* • freigeben *vt*

clear adhesive tape *<join>* • farbloses Klebeband *n*

clearance *<tech.gen> (static, small or large gap between or surrounding sth)* • Abstand *m*; Luft *f prakt*

clearance *<tech.gen> (vertical)* • lichte Höhe *f*

clearance *<tech.gen> (free space around objects)* • lichter Raum *m*

clearance *<tech.gen>* • Spalt *m*

clearance *<tech.gen> (for installation, setting, movement)* • Spielraum *m*

clearance *<tech.gen> (distance between two objects; small, narrow)* • Zwischenraum *m*; Spalt *m*

clearance *<aerosp>* • Freigabe *f*

clearance *<build> (of tunnels)* • Profil *n*

clearance *<mach.tool> (process; of tool, by removing chips)* • Abfuhr *f*

clearance *<mech.eng> (dynamic, between moving parts)* • Spiel *n*

clearance *<traff> (width, height; e.g. of a bridge)* • Begrenzung *f*

clearance height *<tech.gen> (e.g. of doors, gates)* • Durchgangshöhe *f*

clearance height *<traff>* • Durchfahrtshöhe *f*

clearance hole *<mech.eng>* • Bohrung mit Spiel *f*

clearance light *<comvhcl>* • Begrenzungsleuchte *f*; Umrissleuchte *f*

clear away *vt <tech.gen> (unneeded items)* • abräumen *vt*; wegräumen *vt*; beiseite räumen *vt*

clear coat *ISO 4618/1 <srfc> (type of paint)* • Klarlack *m DIN 55 945*

clear glass *<silic>* • Klarglas *n*

clear glass *<silic>* • Weißglas *n*; farbloses Glas *n*

clear glass headlight *<mvhcl.el> (with highly reflective chromed internal structure; e.g. Audi, VW)* • Klarglasscheinwerfer in Brillantoptik *m*; Brillantoptik-Scheinwerfer *m prakt*; Scheinwerfer im Funkellook *m werb.ugs*

clear glass headlight cover *<mvhcl> (with chromed internal structure; e.g. Audi, Volkswagen)* • Scheinwerferabdeckung in Brillantoptik *f*

clear glass indicator lens *<mvhcl>* • Blinkerglas in Brillantoptik *n*; Blinkerglas in Klarglasoptik *n*; Klarglas-Blinkerabdeckung *f*

clear headway *<build> (for ships and vessels)* • Durchfahrtshöhe *f*; freie Durchfahrtshöhe *f*; lichte Durchfahrtshöhe *f*

clearing *<gen> (e.g. of rooms, spaces, surfaces; e.g. from debris, snow)* • Räumung *f*

clear key *<tech.gen> (for previous input data; e.g. on calculator)* • Löschtaste *f*

clearly arranged *<gen>* • übersichtlich angeordnet

clearness *<gen> (of voice, speech, presentation)* • Verständlichkeit *f*

clearness *<docu> (of text, images; easily legible or comprehensible)* • Deutlichkeit *f*

clear signal *<railw>* • Freisignal *n*

clear signal *<railw>* • Freizeichen *n*

clear switch *<el>* • Freigabeschalter *m*

clear the port *vi <nav>* • auslaufen *vi*

cleat *<build> (a wedge-shaped or angular support; of timber or metal)* • Knagge *f*

cleat *<nav> (fitting to which a line is secured)* • Klampe *f*

cleavage plane *<mat>* • Spaltebene *f*

cleave *vi <tech.gen> (into two parts; typ. along a natural line of division)* • spalten *vi*; aufspalten *vr*

cleaving *<prod>* • Aufspaltung *f*; Spaltung *f*

clerical job *<gen> (in office)* • Bürojob *m*

clevis *<mech.eng>* • Gabelkopf *m*; Bügel *m*

clevis and tongue coupling *<join> (e.g. insulator coupling)* • Gabel-Lasche--Verbindung *f*

click *<tech.gen>* • Klick *n*

click *<mil.tech.gen> (of an adjustment; e.g. of windage and elevation adjustment screws)* • Raste *f*

click *vi <tech.gen> (e.g. lock, catch, detent)* • einschnappen *vi*

click *vt <comp> (with mouse; e.g. on option in pull-down menu, window)* • anklicken *vt*; klicken *vt rar*

click in *vi <tech.gen> (e.g. pawl, detent ball, clip)* • einrasten *vi*

click-stop device *<tech.gen> (typ. in patent texts)* • Rastvorrichtung *f*
click-stop position *<prod>* • Rastpunkt *m*
climate control *<hvac> (knob, button, lever etc. on a/c system, heater)* • Temperaturregler *m*
climate controls *pl <mvhcl.i&c>* • Bedienungselemente für Heizung/ Lüftung/Klima *npl*
climate hazard *<ecol> (actual substance which poses a risk)* • Klimakiller *m*; Klimarisiko *n*
climax *<gen>* • Höhepunkt *m*
climb *<tech.gen> (physical; e.g. road, track)* • Anstieg *m*
climb *vi <gen> (e.g. road, track, temperature, pressure, cost)* • ansteigen *vi*
climb *vi <gen> (e.g. pressure, temperature, speed, profit, cost)* • steigen *vi*
climb *vi <aerosp>* • Höhe gewinnen *vi*
climb *vi pract <aerosp> (airplane etc.; gen.)* • steigen *vi prakt*; Höhe gewinnen *vi*; aufsteigen *vi*
climb angle *<aerosp>* • Steigwinkel *m*
climbing flight *<aerosp>* • Steigflug *m*
climbing formwork *<build> (concrete)* • Kletterschalung *f*
climbing iron *<tool>* • Steigeisen *npl*
climbing power *<aerosp>* • Steigleistung *f*; Steigflugleistung *f*
climbing speed *<aerosp> (m/s or ft/ min)* • Steiggeschwindigkeit *f*
climb up *vi <min> (miners)* • ausfahren *vi*
clinch *vt <prod> (crimp sheet metal so as to form a rounded, stiffened edge)* • bördeln *vt*; umlegen *vt ugs.rar*
clinched edge *<mech.eng> (folded, crimped sheet metal edge)* • Bördelrand *m*
cling *vi <tech.gen> (adhere; e.g. cling film)* • haften *vi*
cling *vi <plast> (e.g. cling film, statically charged parts)* • kleben *vi*; aneinanderhaften *vi*
clink *<gen>* • Klirren *n*
clinker *<comb>* • Schlacke *f*
clinker *vt <build.mat> (cement)* • sintern *vt*
clinker brick *<build.mat>* • Klinker *m*
clinker construction *<build>* • Klinkerbauweise *f*
clip *<tech.gen> (small fastener with clipping effect; usu. plastic)* • Clip *m*; Klemme *f*; Halter *m*
clip *<join>* • Klammer *f*
clip *vt <join> (e.g. trim, panels)* • anklammern *vt*; anklipsen *vt ugs*; anklippen *vt rar*
clip *vt <join>* • befestigen *vt*
clip *vt <prod>* • klammern *vt*
clip art *<comp.art>* • Bildvorlage *f*; Clipart *f*
clip off *vt <prod> (e.g. sheets)* • abscheren *vt*
clip [off] *vt <tech.gen> (e.g. paper, sheet steel, wire, flowers)* • abschneiden *vt*; abknipsen *vt ugs*
clip-on *<tech.gen> (e.g. attachment, trim)* • aufsteckbar
clip [on/to] *vt <join>* • klipsen [auf/an] *vt*; clippen [auf/an] *vt*
clipped *<gen> (corners of tile, slate etc.)* • gestutzt
clipped term *<term>* • Abbrechkürzung *f*
clipped term *<term>* • trunkierte Form *f*
clip seal *<tech.gen>* • Klemmverschluss *m*
clock (CP) *<comp> (of pulse generator, cycle)* • Takt *m*; Datentakt *m*; Bittakt *m*; Clock *f rar*
clock *<i&c> (time piece; e.g. in PC, instrument panel, audio-video equipment)* • Uhr *f*
clock *vt <i&c> (a process, action; at regular intervals)* • takten *vt*
clocked *<comp> (processor)* • getaktet
clock generator (PG) *<comp>* • Taktgeber *m DIN 44300*; Taktgenerator *m*; Impulstaktgeber *m*; Impulszeitgeber *m*; Taktimpulsgeber *m*
clock rate *<comp>* • Taktfrequenz *f*; Clockfrequenz *f*; Taktrate *f*
clock-spring motor *<drive>* • Federmotor *m*; Uhrwerkmotor *m ugs*
clockwise (CW) *<tech.gen> (rotation, turning direction; e.g. of screw, switch, control)* • rechts: nach ~; Uhrzeigersinn *m*: im ~
clockwise direction *<tech.gen>* • Uhrzeigersinn *m*
clockwise rotation *US <tech.gen> (gen.; e.g. shaft, lever, control knob)*

• Rechtsdrehung *f*; Drehung im Uhrzeigersinn *f*; Drehung nach rechts *f*
clockwise turn *<tech.gen> (usu. less than 360 deg)* • Rechtsumdrehung *f*
clod *<tech.gen> (lump or mass; e.g. of earth or clay)* • Klumpen *m*
clod deflector *<agri>* • Klutenabweiser *m*
clog *vi <tech.gen> (filter, abrasives; e.g. screen, grinding wheel)* • zusetzen *vr*
clog *vi <srfc> (with a sticky, tacky substance, inadvertently)* • verkleben *vi*
clog *vi/vt <tech.gen>* • verstopfen *vi/vt*
clog *vt <proc> (filter)* • belegen *vt*
clogged *<tech.gen> (grinding wheel, filter)* • zugesetzt; verstopft *ugs*
clogged *<mvhcl> (e.g. a nozzle, injector, jet, valve, filter)* • verstopft
cloister *<build.rel>* • Kreuzgang *m*
clone *<tech.gen>* • Klon *m*
cloning *<bio.chem>* • Klonen *n prakt*; Klonierung *f wiss*
close *vt <gen> (container; e.g. bottle, envelope)* • verschließen *vt*
close *vt <tech.gen> (e.g. space, pipe, door, valve)* • absperren *vt*
close *vt <tech.gen> (e.g. door, window, valve, operations)* • schließen *vt*
closed *<gen> (e.g. door, shop, office, circuit, mold)* • geschlossen
closed basin *<hydr>* • Flutbecken *n*
closed-cell foam *<plast>* • geschlossenzelliger Schaum *m*
closed circuit *<el>* • Ruhestromkreis *m*
closed-circuit system *<tech.gen> (e.g. cooling, heating, waste recycling)* • geschlossener Kreislauf *m*
closed-circuit television (CCTV) *<av> (e.g. of public places)* • Kameraüberwachung *f*; Fernsehüberwachung *f obs*
closed-die forging *<prod> (as opp. to blacksmith forging w/o dies)* • Gesenkschmieden *n DIN 8583-4*; Gesenkformen *n DIN 8583-4*
closed footwear *<garm>* • geschlossenes Schuhwerk *n*
closed-loop control [system] *<i&c> (stress on: closed loop, with feedback)* • Regelung *f*
close down *vt <tech.gen> (final; e.g. plant)* • stilllegen *vt*; Betrieb *m*: außer ~ setzen *vt*; Betrieb *m*: außer ~ nehmen *vt*; nehmen *vt*: außer Betrieb ~; setzen *vt*: außer Betrieb ~
closed system *<tech.gen>* • abgeschlossenes System *n*
closed system *<tech.gen>* • geschlossenes System *n*
closed user group (CUG) *<tech.gen>* • geschlossene Benutzergruppe *f* (GBG)
close gearing *<drive> (little rpm difference between adjacent gears)* • enge Getriebeabstufung *f*
close-hauled *<nav> (sailing)* • dicht am Wind; hart am Wind; scharf am Wind
close-hauled course *<nav>* • Amwindkurs *m*; Kurs am Wind *m*
closely built-up area *<geo>* • dichtbebautes Gebiet *n*
closeness *<textil> (of fabrics; depends on count)* • Festigkeit *f*
close range *<tech.gen>* • Nahbereich *m*
close riveting *<join> (minimum pitch between rivets)* • Dichtnietung *f*
closest focusing distance *<phot>* • Naheinstellgrenze *f*; Nahgrenze *f*
closet *<tech.gen>* • Schrank *m*
close-tolerance *<tech.gen>* • engtoleriert
close-up *<av>* • Nahaufnahme *f*
closing *<prod>* • Sperrung *f*
closing ceremony *<gen>* • Schlussfeier *f*
closing-down *<tech.gen> (of a major system, plant; of a production line)* • Außerbetriebnahme *f*
closing head *<join> (of rivet)* • Schließkopf *m*; Nietschließkopf *m*
closing pressure *<tech.gen>* • Schließdruck *m*
closing pressure *<build> (of door and window weather strips)* • Anpressdruck *m*; Andruck *m*
closure *<tech.gen>* • Verschluss *m*
closure barrier *<traff> (in front of closed roads etc.)* • Sperrschranke *f*
closure by adhesive force *<mech.eng>* • Stoffschluss *m*
clot *<tech.gen> (a mass or lump, solid or semi-solid; e.g. coagulated blood)* • Klumpen *m*
clot *<bio> (in veins)* • Gerinnsel *n*
clot *vi <gen>* • klumpen *vi*
cloth *<print> (texture style of paper or background)* • Leinen *n*

cloth *<textil>* • Stoff *m*

clothes *pl <textil>* • Kleidungsstücke *npl*

cloth filter *<proc> (woven fabric elements)* • Gewebefilter *m/n*; Tuchfilter *m/n*; Stofffilter *m/n*

cloth hammock *<gen>* • Tuchhängematte *f*

clothing industry *<garm>* • Bekleidungsindustrie *f*; Konfektionsindustrie *f*

cloth printing *<textil.print>* • Zeugdruck *m*; Textildruck *m*

clouding *<tech.gen> (of liquids, gases, clear solids)* • Trübung *f*

cloud point *<tribo>* • Trübungspunkt *m*; Cloud Point *m*

cloudy *<gen>* • trüb[e]

cloverleaf interchange *<build.traff>* • Autobahnkreuz *n*; Kleeblatt *n*

clumping litter *<hygi> (for cat litter box; usu. with sodium bentonite)* • Klumpstreu *f*

clumsy *<gen>* • unhandlich

cluster *<astron> (of stars etc.)* • Haufen *m*

clustered errors *<qualit>* • Fehlerhäufung *f*

clustered rocket *<aerosp>* • Raketenbündel *n*

cluster of galaxies *<astron>* • Galaxiehaufen *m*

clutch *<drive> (general term for positive and friction clutches)* • ausrückbare Kupplung *f*; Ausrückkupplung *f*

clutch *<drive>* • Kupplung *f*; Schaltkupplung *f*; schaltbare Kupplung *f*

clutch *vi <mvhcl>* • kuppeln *vi*

clutch bell housing *<mvhcl.drive> (on manual transmission)* • Kupplungsglocke *f*; Kupplungsgehäuse *n*

clutch cable *<mvhcl> (for mechanical actuation; e.g. on motor bikes)* • Kupplungszug *m*; Bowdenzug der Kupplung *m*

clutch disc *US.GB <mvhcl.drive> (assembly incl. linings)* • Kupplungsscheibe *f*; Mitnehmerscheibe *f*; Reibscheibe *f rar*

clutch lever *<mvhcl> (on bike; LH side)* • Kupplungshebel *m*

clutch lining *<mvhcl.drive>* • Kupplungsbelag *m*

clutch pedal *<mvhcl>* • Kupplungspedal *n*; Kupplungsfußhebel *m form.rar*

clutch pressure plate *<mvhcl.drive>* • Kupplungsdruckplatte *f*; Kupplungsdruckscheibe *f rar*

clutch release bearing *<mvhcl.drive>* • Kupplungsausrücklager *n*; Ausrücklager *n prakt*; Ausrücker *m prakt*

clutch slip *<drive> (of friction clutches)* • Kupplungsrutschen *n*; Durchrutschen *n*

CMYK color space *US <comp.print>* • CMYK-Farbraum *m*

CMYK model *<phys>* • CMYK-Modell *n*

CMY model *<phys>* • CMY-Modell *n*; CMY-Farbsystem *n*

CNC-machine *<autom>* • CNC--Maschine *f*; Computer Numerical Control-Maschine *f*

CO2 capsule *<tech.gen> (e.g. for CO_2 guns, sodawater)* • CO_2-Kapsel *f*

CO2 firearm *<mil>* • CO_2-Schusswaffe *f*

CO2-shielded arc welding *<join>* • CO_2-Schutzgasschweißen *n*; CO_2-Schweißen *n prakt*

coach *<comvhcl> (for long-distance travel)* • Reisebus *m norm*; Reiseomnibus *m*; Reisecar *m CH*; Autocar *m CH*; Car *m CH.ugs*

coagulable *<chem.bio>* • gerinnbar

coagulant *<chem>* • Fällmittel *n*; Koaguliermittel *n wiss*; Fällungsmittel *n*; Ausfällungsmittel *n rar*

coagulant *<chem>* • Gerinnungsmittel *n*

coagulate *vi <gen> (e.g. blood, milk, emulsion)* • gerinnen *vi*

coagulate *vi <chem>* • koagulieren *vi*

coagulate *vi <chem.proc>* • ausflocken *vi*

coagulation bath *<proc>* • Fällbad *n*; Koagulationsbad *n wiss*

coal *<comb>* • Kohle *f*

coal-based power generation *<energ>* • Stromerzeugung durch Kohlekraftwerke *f*; Kohleverstromung *f prakt*

coal carbonization *<chem.proc>* • Kohleverkokung *f*; Kohleverschwelung *f*

coal conversion *<chem.proc>* • Kohleveredlung *f*

coal deposit *<min>* • Kohlevorkommen

n

coalescence *<chem>* • Koaleszenz *f*

coal-fired *<comb> (gen.)* • kohlebefeuert

coal-fired *<comb> (furnace, power plant)* • kohlegefeuert

coal-fired power plant *US <energ>* • Kohlekraftwerk *n*; Kraftwerk *n*: mit Kohle befeuertes ~

coal gasification *<chem.proc>* • Kohlevergasung *f*

coalification *<min>* • Inkohlung *f*

coal liquefaction *<chem.proc>* • Kohleverflüssigung *f*

coal mine *<min> (overall facility)* • Kohlebergwerk *n*; Schachtanlage eines Kohlebergwerks *f*; Kohlezeche *f prakt*; Kohlegrube *f ugs*

coal mining *<min>* • Kohleabbau *m*

coal stratum *<min>* • Kohlenflöz *n*; Kohleflöz *n*; Kohleschicht *f ugs*

coarse *<mat> (grain)* • grob

coarse *<min> (lumpy)* • grobstückig

coarse adjustment *<tech.gen>* • Grobeinstellung *f*

coarse cut *<tool> (file)* • grober Hieb *m*; Grobhieb *m*

coarse grain *<tech.gen> (structure, film, photos etc.)* • Grobkorn *n*

coarse-grain *<mat>* • grobkörnig

coarse setting *<tech.gen> (e.g. of a machine)* • Grobeinstellung *f*

coastal cargo liner *<nav>* • Küstenmotorschiff *n*; Küstenfrachter *m*; Kümo *n prakt*

coastal engineering *<build>* • Küstenbau *m*

coast down *vi <tech.gen> (e.g. machine, vehicle, flywheel)* • auslaufen *vi*

coast down *vi <vhcl> (come to a complete stop, w/o braking; e.g. car)* • ausrollen *vi*

coaster brake *<vhcl>* • Rücktrittbremse *f*

coat *<tech.gen> (a layer of anything that covers a surface)* • Hülle *f*

coat *<tech.gen> (cladding, envelope; e.g. on cables, welding rods)* • Ummantelung *f*

coat *<garm>* • Mantel *m*

coat *<srfc> (thick protective envelope, layer; e.g. paint, cladding, shroud)* • Mantel *m*

coat *vt <srfc> (with brush)* • anstreichen *vt*

coat *vt <srfc> (with nonmetallic materials)* • beschichten *vt*

coat *vt <srfc> (with paint, enamel, varnish, lacquer)* • lackieren *vt*

coat *vt <srfc> (gen.)* • überziehen *vt*

coat by brushing *vt <srfc>* • bestreichen *vt*

coated *<srfc>* • beschichtet

coated fabric *<textil>* • beschichtetes Gewebe *n*

coated lens *<phot>* • vergütetes Objektiv *n*; Objektiv mit Antireflexvergütung *n*; antireflexvergütetes Objektiv *n*

coated paper *<pap>* • beschichtetes Papier *n*

coated paper *<pap>* • gestrichenes Papier *n*; Kunstdruckpapier *n*

coated roofing felt *<build.mat>* • Dachpappe *f*

coating *<build> (a thick layer; e.g. pavement, road metal)* • Belag *m*

coating *<join> (of a welding electrode)* • Umhüllung *f*

coating *<prod> (stress on: on all sides; e.g. envelope, cladding)* • Umhüllung *f*

coating *<srfc> (gen.; process)* • Beschichten *n DIN 6730*

coating *<srfc> (process)* • Beschichtung *f*; Beschichtungsvorgang *m*; Beschichten *n*

coating *<srfc> (organic, clear or colored, usu. glossy)* • Lack *m*

coating *<srfc> (surface treatment)* • Oberflächenbehandlung *f*

coating *<srfc> (on a substrate; e.g. paint)* • Schicht *f*

coating application *<srfc>* • Aufbringen einer Schutzschicht *n*

coating material *<srfc> (any organic brush-on type)* • Anstrichstoff *m DIN 7732*; Beschichtungsstoff *m form*; Anstrichmittel *n*; Farbe *f ugs*; Anstrichfarbe *f rar*

coating roller *<prod.srfc> (e.g. for paint application)* • Auftragwalze *f*

coaxial *<tech.gen> (e.g. rays, cable, shafts)* • koaxial

coaxial cable *<el>* • Koaxialkabel *n*; Koaxkabel *n prakt*; Coax *n ugs*; Koax *n ugs*; koaxiales Kabel *n*

cobalt (Co) *<chem>* • Cobalt *n* (Co);

Kobalt *n ugs*

cobbles *<geo> (rock fragment ranging between 63 and 200 mm in diameter)* • Geröll *n DIN 4047-3*

cobblestone *<build.traff> (small boulder for pavement; rounded top)* • Kopfstein *m*

cobblestones *<build.traff> (type of pavement)* • Kopfsteinpflaster *n*

cobwebbing *<plast> (of injection moldings; undesirable effect)* • Fadenziehen *n*

cock *vt <mil> (hammer)* • spannen *vt*

cock *vt <phot> (shutter)* • spannen *vt*

cocked *<mil> (firearm)* • gespannt

cockpit *pract <aerosp>* • Cockpit *n prakt*; Flugzeugführerraum *m form*; Führerraum *m form*; Pilotenkanzel *f rar*; Flugzeugkanzel *f rar*

cockpit *<vhcl.i&c> (driver's seat with all instruments and controls)* • Cockpit *n*

cockpit canopy *<aerosp> (over pilot)* • Kabinendach *n*

cockpit voice recorder (CVR) *<aerosp>* • Flugschreiber *m*; Black Box [zum Aufzeichnen der Cockpit-Gespräche] *f ugs*; Cockpittonband *n ugs*

cocoa *<food>* • Kakao *m*

cocoon *<textil> (silk)* • Kokon *m*

cocurrent [flow] *<proc> (as opp. to counterflow; e.g. in heat exchangers)* • Gleichstrom *m*; parallele Strömung *f*

coda *<geo> (of an earthquake)* • Ausläufer *m*

code *<tech.gen>* • Code *m*; Kode *m rar*

code *<tech.gen>* • Schlüssel *m*

codec *<av> (video compression/decompression)* • Codec *m*; Coder-Decoder *m rar*; Kodierer-Dekodierer *m rar*

code letter *<tech.gen> (e.g. for grade, model, build, tire category)* • Kennbuchstabe *m*; Kodebuchstabe *m rar*

code number *<tech.gen> (one or several numeral digits; of material grade, type etc.)* • Kennzahl *f*

code pattern *<i&c> (e.g. bar code, angular encoder)* • Codemuster *n*

code reader *<tech.gen>* • Codeleser *m*; Kodeleser *m rar*

coding *<tech.gen> (process and result)* • Codierung *f*; Kodierung *f*

coefficient of expansion *<phys>* • Ausdehnungskoeffizient *m*; Dehnungskoeffizient *m*

coefficient of friction *<mech>* • Reibungskoeffizient *m*; Reibungsbeiwert *m*; Reibungszahl *f*; Reibwert *m*

coercitive field strength *DIN IEC 50 <phys> (of a magnetic field)* • Koerzitivfeldstärke *f DIN IEC 50*; Koerzitivfeldkraft *f*; Koerzitivität *f*; Koerzitivkraft *f*

coextruded *<plast> (e.g. weatherstrip on profiled section)* • anextrudiert

coextruded film *<plast>* • coextrudierte Folie *f DIN 55 405*

coffeemaker *<gastr> (for filter coffee; complete system)* • Kaffeeautomat *m*; Kaffeevollautomat *m Saeco*; Brühsystem *n*

coffer *<build> (sunk panel)* • Kassettenfeld *n*; Kassette *f*; Fach *n rar*

coffer *vt <build> (seal against ingress of water)* • abdichten *vt*

cogeneration plant *US <energ>* • Anlage mit Kraft-Wärme-Kopplung *f*; KWK-Anlage *f*; Anlage mit Wärme-/Kraftkopplung *f*; Heizkraftwerk *n*; HKW; Cogenerationsanlage *f rar*

cogged V-belt *<drive>* • Zahnkeilriemen *m*

cog railway *US <railw>* • Zahnradbahn *f*

cohere *vi <gen>* • kohärieren *vi*; zusammenhängen *vi*

coherence *<gen> (e.g. logical connection)* • Kohärenz *f*

coherent *<gen>* • kohärent

cohesion *<tech.gen> (e.g. of molecules)* • Kohäsion *fsg*

cohesive *<tech.gen>* • kohäsiv

cohesive *<mat>* • bindig

cohesive soil *<geo>* • bindiger Boden *m*

coil *<tech.gen> (e.g. paper, sheet metal)* • Rolle *f*

coil *DIN IEC 50 <el> (gen.; inductivity)* • Spule *f DIN IEC 50*

coil *<el> (electromagnet)* • Spule *f*; Magnetspule *f*; Wicklung *f*

coil *<mech.eng> (turn of a coil spring)* • Windung *f*

coil *<metal> (of sheet steel)* • Coil *n/m*; Blechrolle *f did*

coil *<mvhcl.el> (ignition system)*

• Zündspule *f*
coil *<pack> (of wire)* • Bund *n*; Ring *m*
coil *vt <prod> (roll up to big coils; e.g. steel strip, paper)* • auftrommeln *vt*
coil *vt <prod> (e.g. wire, cable, sheet metal)* • aufwickeln *vt*
coil anodizing *<srfc> (of aluminum)* • Bandanodisieren *n*
coil cable *<el> (e.g. on phones, el. razor, toothbrush, bicycle lock)* • Spiralkabel *n*
coil coating *<metal.srfc> (gen.; coating of sheet metal by continuous processes)* • Bandbeschichten *n*; Coil-Coating *n prakt*
coil coating *ISO 4618-3 <srfc> (of sheet metal; with paint)* • Bandlackieren *n DIN EN ISO 4618*; Coil-Coating *n*
coil-coating paint coat *<srfc>* • Coil-Coating-Lackierung *f*
coiled *<prod>* • gewunden
coiled tube *<pps>* • Schlangenrohr *n*
coil heat exchanger *<proc>* • Schlangenwärmetauscher *m*
coil spring *<tech.gen> (e.g. of suspensions, engine valves, ball pens; do not use "Spiralfeder)* • Schraubenfeder *f*
coil spring balance system *<tech.gen> (hung windows)* • Schraubenfeder-Ausgleichssystem *n*
coil-spring buffer *<railw>* • Federpuffer *m*
coil stock *<prod>* • Bandmaterial *n*; Coil-Material *n*
coil winding *<gen>* • Spulenwindung *f*
coin *vt <prod> (by embossing, stamping)* • prägen *vt*
coin cell *US <el> (e.g. in electr. calculators, cameras, hearing aids)* • Knopfzelle *f*; Knopfbatterie *f ugs*
coincide *vi <gen> (in time; e.g. events, processes)* • decken *vr*; übereinstimmen *vi*
coincide *vi <gen> (contents; e.g. opinions)* • decken *vr*; übereinstimmen *vi*
coincide *vi <gen> (events)* • zusammenfallen *vi*
coincidence *<gen> (of events)* • zufälliges Zusammentreffen *n*; Koinzidenz *f wiss*
coincidence circuit *<i&c>* • Koinzidenzschaltung *f*
coincidence logic *<i&c> (as implemented system: e.g. 2 out of 4)* • Auswahlschaltung *f*; Auswahllogikschaltung *f*; Auswahllogik *f*
coincidence logic *<i&c> (as a principle)* • Gleichzeitigkeitslogik *f*
coincident *<gen>* • zusammenfallend
coining *<prod>* • Prägen *n*
coin slot *<tech.gen>* • Einwurfschlitz *m*
coir *<textil> (for matting, ropes etc.; e.g. in head rests)* • Kokosfaser *f*
coke *<chem.petr>* • Koks *m*; Spaltkoks *m*
coking plant *<chem.proc>* • Kokerei *f*; Kokereianlage *f*; Koksofenanlage *f rar*; Verkokungsanlage *f rar*
cold *<gen>* • Kälte *f*
cold-air ingress *<tech.gen>* • Kaltlufteinbruch *m*
cold bending *<prod>* • Kaltbiegen *n*
cold-bending test *<qualit.mat>* • Kaltbiegeversuch *m*
cold-brittle *<qualit.mat>* • kaltbrüchig; kaltspröde
cold brittleness *<qualit.mat> (e.g. of steel)* • Kaltbrüchigkeit *f*; Kaltsprödigkeit *f*
cold chain *<food.logist>* • Tiefkühlkette *f*; Kühlkette *f*
cold chisel *<tool> (straight cutting edge)* • Flachmeißel *m*; Kaltmeißel *m rar*
cold coining *<prod.metal>* • Kaltprägung *f*
cold crack *<qualit.mat>* • Kaltriss *m*
cold-cure foam *<plast> (highly resilient PUR foam, e.g for car seat cushions, mattresses)* • Kaltschaum *m*; HR-Schaum *m*
cold-cure PUR mattress *<int>* • Kaltschaummatratze *f*
cold-curing *<join>* • kalthärtend
cold-drawable *<metal>* • kaltziehbar
cold drawing *<metal>* • Kaltziehen *n*
cold drawing *<plast>* • Kaltverstrecken *n*
cold-drawn *<metal> (e.g. steel)* • kaltgezogen
cold drivability *<mvhcl>* • Kaltlaufeigenschaften *fpl*; Motorrundlauf während der Warmlaufphase *m form*; Warmlaufeigenschaften *fpl*
cold driveaway *<mvhcl>* • Kaltstart *m*

cold flow <*mat*> *(slow deformation, creep; e.g. of plastics, glass, metals)* • Kriechen *n*; kaltes Fließen *n*; kalter Fluss *m*
cold forming <*prod*> *(e.g. of steel)* • Kaltformung *f*; Kaltformen *n*
cold frame <*agri*> • Frühbeet *n*
cold glue <*join*> • Kaltleim *m*
cold-hardening <*mat*> • kalthärtend
cold junction <*i&c*> *(of thermocouple)* • kalte Lötstelle *f*
cold leg <*nucl*> *(of PWR; from steam generator to reactor vessel; typ. 300 deg C)* • kalter Strang *m*; kalte Leitung *f*; kaltes Bein *n ugs*
cold-light source <*light*> • Kaltlichtquelle *f*
coldness <*gen*> • Kälte *f*
cold-pressed oil <*food*> • kaltgeschlagenes Öl *n*
cold pressing <*prod*> • Kaltpressen *n*
cold-resistant <*qualit.mat*> *(e.g. material, lubricant)* • kältebeständig
cold riveting *US* <*join*> • Kaltnieten *n*
cold-rolled <*metal*> *(e.g. body panels)* • kaltgewalzt
cold rolled sheet steel <*metal*> • kaltgewalztes Stahlblech *n*
cold-rolled steel strip <*mat*> • Bandstahl *m DIN EN 10140*
cold-rolled strip steel <*metal*> • kaltgewalztes Blechband *n*
cold rolling <*metal*> • Kaltwalzen *n*
cold shut <*qualit.mat*> *(casting or forging defect)* • Kaltschweißstelle *f*; Überlappung *f*
cold source *VDI4640* <*tech.gen*> • Kältequelle *f VDI4640*
cold spot <*tech.gen*> • kalte Stelle *f*
cold start <*tech.gen*> • Kaltstart *m*
cold-start enrichment <*mvhcl*> *(gen.; any cold-start enrichment)* • Kaltstartanreicherung *f*; Warmlaufanreicherung *f*
cold starting <*tech.gen*> • Kaltstart *m*
cold start injector <*mvhcl.mot*> *(fuel injection)* • Kaltstartventil *n*; Startventil *n*; elektrisches Startventil *n rar*
cold-start knock *:V* <*mvhcl.mot*> *(of diesel engines)* • Kaltstartnageln *n*
cold start performance <*vhcl*> • Kaltstartverhalten *n*
cold-wax strip <*hygi.tool*> • Kaltwachsstreifen *m*
cold welding (CW) <*join*> *(a solid-state welding process; e.g. roll bonding of coins)* • Kaltpressschweißen *n* (KP) *DIN 1910*
cold-welding fusion <*tech.gen*> *(result of cold welding)* • Kaltschweißverbindung *f*
cold working <*prod*> • Kaltbearbeitung *f*; Kaltverarbeitung *f*
collapse <*gen*> *(of building structures; e.g. of bridges, towers)* • Einsturz *m*; Zusammenbruch *m*
collapse *vi* <*tech.gen*> *(structural parts; e.g. framework, beams)* • kollabieren *vi*
collapse *vi* <*tech.gen*> *(structure; e.g. building)* • zusammenfallen *vi*; kollabieren *vi*
collapsed <*plast*> *(blown film)* • flachgelegt
collapsible <*tech.gen*> *(e.g. chair, table, box)* • klappbar; zusammenklappbar
collapsible box <*pack*> • Faltkiste *f*
collapsible core <*plast*> • Fallkern *m*; zusammenfallbarer Kern *m*
collapsible mast <*tech.gen*> *(e.g. on river boats)* • Klappmast *m*
collar <*hvac*> *(around pipes, water taps)* • Abdeckrosette *f*
collar <*join*> *(shaped into head of nuts, bolts, screws)* • Bund *m*; Kopfbund *m*
collar <*mech.eng*> • Ring *m*
collar <*mvhcl*> *(circular surround, with or w/o trim function)* • Einfassung *f*
collar end bearing <*mech.eng*> *(friction bearing)* • Bundlager *n*; Bundbuchse *f*
collate *vt* <*docu*> *(compare page by page, side by side; e.g. original and copy)* • vergleichen *vt*
collate *vt* <*print*> *(in proper sequence; e.g. function of copy machine)* • sortieren *vt*
collated screws <*build.mat*> *(string of screws, used with a self-feeding power screw gun)* • magazinierte Schnellbauschrauben *fpl*
collect *vt* <*gen*> *(portable or mobile object; e.g. merchandise from dealer)* • abholen *vt*
collect *vt* <*gen*> *(individual concrete items; e.g. sth. scattered on the floor)* • einsammeln *vt*
collect *vt* <*gen*> *(anything; physical or abstract; e.g. waste paper)* • sammeln *vt*

collect *vt <tech.gen> (sth. abstract; data; e.g. measurements)* • erfassen *vt*

collect *vt <el> (voltage)* • abnehmen *vt*

collect *vt <phys> (energy; e.g. heat)* • aufnehmen *vt*

collect *vt <phys> (radiation, radio signals, neutrons; e.g. with antenna or absorber)* • einfangen *vt*

collect *vt <proc> (in a filter, separator; e.g. dust, contaminants, sediments)* • abscheiden *vt*; ausscheiden *vt rar*

collect a sample *<qualit> (e.g. a water sample, air sample)* • Probe nehmen *vt*; Probe ziehen *vt*

collect call *<tele>* • R-Gespräch *n*

collect dust *vt <proc> (in gas streams; e.g. in air flow)* • entstauben *vt*

collecting area *<proc> (e.g. in salt spray fog chambers)* • Auffangfläche *f*

collecting device *<tech.gen> (catcher)* • Auffangvorrichtung *f*

collecting pond *<tech.gen> (e.g. for rain water)* • Sammelbecken *n*

collecting sump *<tech.gen>* • Sammelbecken *n*

collecting tray *<proc>* • Auffangschale *f*

collection *<gen>* • Erfassung *f*

collection *<el> (of power; e.g. via pantograph)* • Abnahme *f*

collection *<proc> (e.g. of dust, contaminants, sediments in a filter, separator)* • Abscheidung *f*

collection *<waste> (of waste, garbage)* • Entsorgung *f*; Beseitigung *f*

collection efficiency *<proc> (of filters, separators, traps; e.g. of dust trap)* • Abscheidegüte *f*; Abscheidegrad *m*; Abscheideleistung *f*

collection efficiency *<waste> (of valuable materials)* • Abscheidegrad *m*

collection vehicle *<vhcl> (gen.)* • Sammelfahrzeug *n*

collector *<tech.gen> (e.g. of solar energy, el. current, water, dirt)* • Kollektor *m*

collector *<el> (of motor or DC generator)* • Kollektor *m*; Kommutator *m form.rar*; Stromwender *m rar*

collector box *<energ.sol>* • Kollektorgehäuse *n*; Kollektorkasten *m*; Kollektorrahmen *m*

collector efficiency *<energ.sol>* • Kollektorwirkungsgrad *m*

collector field *<energ.sol>* • Kollektorfeld *n*

collector performance *<energ.sol>* • Kollektornutzleistung *f*

collector pump *<energ.sol> (circulating pump)* • Kollektorpumpe *f*

collector shoe *<railw.el> (current collector; e.g. on metro underground cars)* • Stromabnehmer *m*

collector tilt *<energ.sol>* • Kollektorneigung *f*

collide *vi <tech.gen> (gen.; any moving objects)* • kollidieren *vi*; aufeinandertreffen *vi*

collimated *<phys> (parallel; e.g. light rays)* • gebündelt

collimating lens *<opt>* • Kollimationslinse *f*

collimation *<opt> (of rays; e.g. of laser radiation)* • Kollimation *f*; Parallelbündelung *f*; Parallelisierung *f*; Collimation *f*; Bündelung *f ugs*

collision *<gen> (e.g. atoms, vehicles, dates)* • Kollision *f*

collision *<tech.gen> (impact against each other; e.g. of particles, vehicles)* • Zusammenstoß *m*

collision avoidance *<autom.i&c> (e.g. of cars, aircraft, unmanned vehicles, robots)* • Kollisionsvermeidung *f*

collision damage waiver (CDW) *<insur> (car rental)* • Kaskoversicherung *f*

collision protection *<logist> (on upright frames; e.g. forklift truck protection)* • Anfahrschutz *m*; Rammschutz *m prakt*

collocation *ISO 12620 <term> (e.g. to present a paper)* • Kollokation *f*

colloidal solution *<chem>* • kolloidale Lösung *f*

colonnade *<build> (roofed promenade)* • Kolonnade *f*

color *US <phys> (visual impression)* • Farbe *f DIN 55 945*; Farbempfindung *f DIN 5033/1*

color *vt US <gen>* • färben *vt*

color *vt US <srfc> (add color; e.g. to B&W images)* • kolorieren *vt*

color alteration *US <gen>* • Farbumschlag *m*

color analog display *US <comp>* • Analogfarbbildschirm *m*

colorant *US <food> (natural or artificial)* • Farbstoff *m*

colorant *US <print>* • Farbmittel *n*

color balance *US <opt>* • Farbabstimmung *f*; Farbabgleich *m*

color blending *US <comp>* • Farbverlauf *m*

color cast *US <phot> (defect)* • Farbstich *m*

color change *US <tech.gen> (e.g. in spray gun, air brush, injection molding machine)* • Farbwechsel *m*

color change *US <print>* • Farbänderung *f*

color code *US <el> (e.g. of resistors)* • Farbcode *m*; Farbkode *m*

color-coded *US <gen> (e.g. furniture, interior decoration, trim)* • farblich abgestimmt

color-coded *US <tech.gen>* • farbkodiert; farbcodiert

color-coded *US <docu> (marked, highlighted; e.g. certain text passages)* • farblich markiert; farblich hervorgehoben

color-coded image *US <phot>* • Falschfarbenaufnahme *f*

color-coded mirrors *US <mvhcl>* • Außenspiegel in Wagenfarbe *mpl*

color coding *US <tech.gen>* • Farbkennzeichnung *f*

color copier *US <print>* • Farbkopierer *m*

color correction *US <tech.gen>* • Farbkorrektur *f*

color crayon *US <tech.gen> (e.g. for marking on rubber parts)* • Farbkreidestift *m*

color CRT *US <el> (e.g. of TV, PC monitor)* • Farbbildröhre *f*

color density *US <tech.gen>* • Farbdichte *f*

color depth *US <comp>* • Farbtiefe *f*; Bit-Tiefe *f*; Farb-Bit-Tiefe *f rar*

color dispersion *US <tech.gen>* • Farbzerlegung *f*

color display *US <el> (of computer monitors, TVs)* • Farbbildschirm *m*; Farbdisplay *n*

color display *US <el> (of small devices; e.g. of cell phones, PDAs)* • Farbdisplay *n*

colored *US <mat> (fabrics, hair)* • gefärbt

colored glass *US <silic> (e.g. for windows, bottles)* • Farbglas *n*; getöntes Glas *n*; durchgefärbtes Glas *n*

colored paper *US <pap> (unpatterned)* • farbiges Papier *n*

colored-wax pencil *US <art>* • Fettstift *m*

color enlarger *US <phot>* • Farbvergrößerer *m*

colorfast *US <srfc> (gen.; e.g. paint, dye)* • farbecht; farbbeständig

color fastness *US <srfc.qualit>* • Farbechtheit *f*; Farbbeständigkeit *f*

color fidelity *US <tech.gen>* • Farbtreue *f*; Farbwiedergabetreue *f*

color film *US <phot>* • Farbfilm *m*; Colorfilm *m*

color filter *US <phot> (on camera lens)* • Farbfilter *m*

color fringing *US <av>* • Farbsaumbildung *f*; Farbenfransen *n ugs*

colorimeter *<tech.gen> (RGB-analysis; e.g. for displays, photos, medical equipment)* • Kolorimeter *n*; Farbmessgerät *n*; Farbenmessinstrument *n*

coloring *US <gen> (process of adding color)* • Färben *n*; Farbgebung *f rar*

coloring *US <srfc> (procedure)* • Einfärbung *f*

coloring *US <srfc> (result of inking, dyeing, pigmentation; e.g. of fabrics, resins)* • Einfärbung *f*

coloring *US <srfc> (resulting color, shade, tint)* • Färbung *f*

color laser printer *US <comp>* • Farblaserdrucker *m*

color management *US <print> (prepress)* • Farbmanagement *n*; Color-Management *n*

color mixing *US <comp>* • Farbmischung *f*

color model *US <phys>* • Farbmodell *n*; Farbsystem *n*; Farbmodus *m*

color moiré *<phot>* • Farbmoiré *n*

color monitor *US <comp>* • Farbmonitor *m*

color negative film *US <phot>* • Farbnegativfilm *m*; Colornegativfilm *m*

color palette *US <srfc>* • Farbpalette *f*

color perception *US <bio>* • Farbwahrnehmung *f*; Farbsehvermögen *n prakt*;

Farbensehen *n pract*

color photography *sg US <phot>* • Farbfotografie *fsg*

color picture *US <tech.gen>* • Farbbild *n*

color picture *US <phot>* • Farbfotografie *f*; Farbaufnahme *f*; Farbfoto *n ugs*

color print *US <phot> (of a photo; analog or digital)* • Farbabzug *m*; Farbbild *n ugs*

color printer *US <print>* • Farbdrucker *m*

color purity *US <av>* • Farbreinheit *f*

color range *US <gen>* • Farbskala *f*

color range *US <srfc> (e.g. of product line)* • farbliche Palette *f*

color rendering *US <phys>* • Farbwiedergabe *f*

color retention *US <pap>* • Farbtonechtheit *f*

color saturation *US <phot.av.comp>* • Farbsättigung *f*; Sättigung *f prakt*

color scale *US <print> (proof; e.g. European color scale)* • Farbskala *f DIN 16544*; Andruckskala *f*

color scanner *US <comp>* • Farbscanner *m*; Farbenabtaster *m rar*

color scheme *US <srfc> (design; e.g. of offices, furniture, car interiors, artwork)* • Farbgebung *f*; farbliche Gestaltung *f*

color-sensitive *US <tech.gen>* • farbempfindlich

color sensor *US <av> (e.g. for white balance)* • Farbsensor *m*

color separation *US <comp.print>* • Farbseparation *f*

color separation *US <print> (color management)* • Farbauszug *m*; Farbseparation *f*

color separation film *US <phot>* • Farbauszugsfilm *m*

color separation filter *US <phot> (in photo lab)* • Farbauszugsfilter *m/n*; Farbfilter *m ugs*; Separationsfilter *m rar*

color signal *US <av>* • Farbsignal *n*

color slide *US <phot>* • Farbdiapositiv *n*; Farbdia *n ugs*

color slider *US <comp> (in the RGB color scheme)* • Farbschieberegler *m*

color space *US <av.phot>* • Farbraum *m*; Farbenraum *m DIN*

color stimulus *US <phys>* • Farbreiz *m*

color television receiver *US <av>* • Farbfernsehempfänger *m*; Farbfernseher *m prakt*

color television test card *US <av>* • Farbtestbild *n*

color temperature *US <phys> (warm, cold)* • Farbtemperatur *f*

color transparency film *US <phot>* • Colordiapositivfilm *m*; Farbumkehrfilm *m form*; Farbdiafilm *m*; Diafilm *m prakt*; Film für Farbdias *m ugs*

color TV standard *US <av> (e.g. NTSC, PAL, SECAM)* • Farbfernsehsystem *n*; Farbfernsehstandard *m*; Farbfernsehnorm *f*

color value *US <tech.gen>* • Farbwert *m*

color viewfinder *US <av>* • Farbsucher *m*

column *<tech.gen> (e.g. of buildings, machine tools)* • Säule *f*

column *<build>* • Stab *m*

column *<build> (support)* • Stütze *f*

column *<mach.tool> (usu. a guide or support; horiz. or vertical)* • Säule *f*

column *<math> (vertical; in a matrix, table, spreadsheet)* • Spalte *f*

column *<mech.eng> (e.g. of machine tools)* • Ständer *m*

column *<proc> (e.g. distillation, acid)* • Kolonne *f DIN 28016*; Säule *f*

column base *<mach.tool> (e.g. of a vertical drill press)* • Maschinenfuß *m*

column head *<tech.gen>* • Säulenkopf *m*

column movement *<nav>* • Fahrt in Kiellinie *f*

column shaft *<tech.gen> (round)* • Säulenschaft *m*

comb *<hygi.tool>* • Kamm *m*

comb *vt <gen> (hair etc.)* • kämmen *vt*

comb *vt <textil>* • kardieren *vt*; krempeln *vt*; kratzen *vt*

combat agent *<mil>* • Kampfstoff *m*

combat boots *<garm> (shoe)* • Kampfstiefel *m*; Militärstiefel *m*; Springerstiefel *m*

combfilter *<av>* • Kammfilter *m*

combination *<gen>* • Verbindung *f*; Kombination *f*

combination *<chem> (process, reaction)* • Verbindung *f*

combination lock *<safe> (e.g. on OSO safe, suitcase, bicycle chain lock)* • Zahlenschloss *n*
combination pliers *GB <tool> (serrated jaws, recess, wire cutter; no slip joint)* • Kombinationszange *f DIN ISO 5742*; Kombizange *f*
combination wrench *US.GB <tool>* • Gabel-Ringschlüssel *m DIN 3113A*; Ring-Maulschlüssel *m*; Maul--Ringschlüssel *m rar*; Ring--Gabelschlüssel *m rar*
combine *vi <chem> (chemically)* • eingehen *vt*
combine *vt <gen>* • kombinieren *vt*
combine *vt <tech.gen> (parts or features)* • verbinden *vt*
combined *<gen>* • verbunden
combined consumption *<mvhcl> (in liters/100km)* • Verbrauch kombiniert *m*
combined cycle *ISO 3977-1 <turb>* • Kombiprozess *m*; GuD-Prozess *m*; kombinierter Prozess *m DIN 45510-5-2*; Gas- und Dampfturbinenprozess *m*
combined-cycle cogeneration plant *<energ>* • GuD-Heizkraftwerk *n* (GuD--HKW); Kombi-Heizkraftwerk *n*; Kraft--Wärme-gekoppelte GuD-Anlage *f*; Gas- und Dampfturbinen--Heizkraftwerk *n*; KWK-Anlage mit GuD-Prozess *f*
combined cycle power plant (CCPP) *US <energ>* • Kombikraftwerk *n*; GuD--Kraftwerk *n Siemens*; kombiniertes Gas- und Dampfturbinenkraftwerk *n*; GuD-Anlage *f Siemens*; STAG™-Kombikraftwerk *n GE*
combined gas and steam turbine *<energ>* • kombinierte Gas- und Dampfturbine *f* (GuD)
combined heat and power plant *GB <energ>* • Anlage mit Abwärmeauskopplung *f*; Anlage mit Abhitzeverwertung *f*
combined heat and power plant (CHP) *US <energ>* • Blockheizkraftwerk *n* (BHKW); BHKW-Anlage *f*
combined heat and power plant *US <energ>* • Heizkraftwerk *n*
combined water *<chem>* • chemisch gebundenes Wasser *n*
combine harvester *<agri.tech> (for grain plants)* • Mähdrescher *mpl*; Vollernter *m prakt*; Kombine *f DDR*
combiner *<el> (antenna)* • Antennenweiche *f*
combing machine *<textil>* • Kämmmaschine *f*; Kämmaschine *f obs*
combi suit *<mvhcl.garm> (for biking)* • Motorradkombi *f*; Kombi *f ugs*
combust *vt <comb>* • verbrennen *vt*; verfeuern *vt*
combustibility *<comb> (e.g. of fuels, waste)* • Brennbarkeit *f*
combustible *<tech.gen> (gen.)* • brennbar; verbrennbar
combustible material *<fire>* • brennbares Material *n*; Brennbares *n*; Brennstoff *m*
combustion chamber *<tech.gen>* • Brennkammer *f*
combustion chamber *ISO 11086 <aerosp.mot> (bypass engine)* • Brennkammer *f DIN 4340*; direkter Erhitzer *m*
combustion chamber *<comb> (of combustion plants)* • Feuerungsraum *m*; Feuerraum *m*
combustion chamber *<mvhcl.mot> (of car engine)* • Brennraum *m*; Verbrennungsraum *m rar*
combustion chamber *<waste.comb>* • Feuerraum *m*
combustion efficiency *<hvac> (or burners; flue gas analysis)* • feuerungstechnischer Wirkungsgrad *m*; Verbrennungswirkungsgrad *m*
combustion engine *<mot> (gen.; e.g. steam engine, SI engine, diesel engine, gas turbine)* • Verbrennungskraftmaschine *f*
combustion gas *<comb.emiss>* • Abgas *n*
combustion plant *<comb> (gen.)* • Verbrennungsanlage *f*
combustion product *<comb>* • Verbrennungsprodukt *n*
combustion residue[s] *<mvhcl.mot>* • Verbrennungsrückstände *mpl*
combustion time *<aerosp> (rocket)* • Brenndauer *f*
combustion zone *<comb>* • Brennzone *f*
combustion zone *<comb>* • Oxidationszone *f*

combustor <comb> *(main part of a boiler system)* • Feuerung *f*; Brenner *m*
combustor <comb> *(entire installation)* • Feuerung *f*; Feuerungsanlage *f*
comedone extractor <hygi.tool> • Komedonenentferner *m*; Mitesserentferner *m*
come off *vi* <tech.gen> *(e.g. paint, sticker, label)* • abgehen *vi*
come off *vi* <nav> *(boat, ship)* • flottwerden *vi*
come off-line *vi* <mvhcl> • ausbrechen *vi*; Schleudern *n*: ins ~ geraten *vi*; geraten *vi*: ins Schleudern ~
cometary orbit <astron> • Kometenbahn *f*
come to rest *vi* <tech.gen> *(moving object)* • Ruhelage einnehmen *vi*
comfort <gen> *(e.g. of furniture, driver cabin, workplace)* • Bequemlichkeit *f*
comfort <gen> • Komfort *m*
comfort <int> *(of a room, office)* • Behaglichkeit *f*
comfort loss <gen> • Komforteinbuße *f*
comfort seat <vhcl.int> *(with lumbar support etc.; usu. a power seat)* • Komfortsitz *m*
coming-up time <el> *(of devices, appliances; e.g. CRT, copy machine)* • Aufheizperiode *f*; Aufheizzeit *f*
command <gen> • Befehl *m*; Kommando *n*
command *vt* <gen> • befehlen *vt*; anweisen *vt*
command *vt* <navig> • führen *vt*
command variable <i&c> *(closed-loop control; basis for setpoint)* • Führungsgröße *f*
comma-shaped <gen> • kommaförmig
commence *vi/vt* <gen> • beginnen *vi/vt*
commensurable <gen> • vergleichbar
comment <gen> • Kommentar *m*; Bemerkung *f*
comment line <gen> • Kommentarzeile *f*
commercial <econ> *(easily available)* • gängig
commercial <econ> *(e.g. grade, brand, product)* • handelsüblich
commercial <prod> *(large-scale, volume)* • großtechnisch
commercial alcohol <chem> • technischer Alkohol *m*
commercial fleet <nav> • Handelsflotte *f*; Handelsmarine *f*
commercial-grade component <el> • handelsübliches Bauelement *n*
commercial grade product <econ> • Handelsware *f*
commercialization <gen> • Kommerzialisierung *f*
commercially pure <tech.gen> • technisch rein
commercially pure aluminum *US* <mat> • Hüttenaluminium *n*
commercial shipping <nav> • Handelsschifffahrt *f*
commercial vehicle *stand* <comvhcl> • Nutzfahrzeug *n*; Nutzkraftfahrzeug *n*; Nutzkraftwagen *m norm*
commercial waste <waste> • Gewerbeabfälle *mpl*; gewerblicher Abfall *m*; Gewerbeabfall *m*
commercial window <build> • Fenster für den Nichtwohnungsbau *n :V*
comminute *vt* <proc> *(e.g. pulp, waste)* • aufschließen *vt*
comminution plant <proc> • Zerkleinerungsanlage *f*
commission: put out of ~ *vt* <nav> • Dienst *m*: außer ~ stellen *vt*
commission *vt* <nav> *(ship)* • Dienst *m*: in ~ stellen *vt*
commissioning <tech.gen> *(of major objects; e.g. of factory, plant, ship)* • Inbetriebnahme *f*
commissioning <nav> • Indienststellung *f*
commodity plastics <plast> *(e.g. PVC, PE, PS, PP)* • Massen-Kunststoffe *mpl*
commodity tariff <energ.el> *(per kWh)* • Arbeitspreis *m*
common <gen> *(ordinary)* • gewöhnlich
common <gen> • normal
Common ISDN Application Program Interface (CAPI) <comp.tele> *(interface between ISDN hardware and application software)* • CAPI--Schnittstelle *f*; Schnittstelle CAPI *f rar*; Common-ISDN-API *f rar*
common name *ISO 12620* <term> *(international scientific term used in common language)* • gemeinsprachliche Benennung *f*
common name *ISODIS12620* <term> • übliche Bezeichnung *f*
Common Rail (CR) <mvhcl.mot> *(HDI fuel injection)* • Common Rail (CR)

communicate *vi <gen>* • kommunizieren *vi*

communicate *vt <gen> (e.g. a message)* • mitteilen *vt*

communicating tubes *<phys>* • kommunizierende Röhren *fpl*

communication *<gen>* • Kommunikation *f*

communication bellows *<railw>* • Faltenbalgübergang *m*

communication chain *<tech.gen>* • Kommunikationskette *f*

communication engineering *<tele>* • Nachrichtentechnik *f* (NT); Nachrichtenübertragung *f*

communication error *<tech.gen>* • Kommunikationsfehler *m*

communication satellite *<navig>* • Kommunikationssatellit *m*

communication satellite *<tele>* • Fernmeldesatellit *m*

communication satellite *<tele>* • Nachrichtensatellit *m*; Kommunikationssatellit *m*

communication theory *<gen>* • Nachrichtentheorie *f*

community antenna *US <el>* • Gemeinschaftsantenne *f*

commutability *<gen>* • Kommutierbarkeit *f*

commutative *<math>* • kommutativ

commutator segment *<el>* • Kommutatorlamelle *f*; Stromwenderlamelle *f*

commutator voltage *<el> (of generator)* • Kollektorspannung *f*

commuter bus *<comvhcl>* • Pendelbus *m*

commuter traffic *<traff>* • Berufspendelverkehr *m*

compact *<prod> (in powder metallurgy or ceramics; part prior to firing)* • Presskörper *m*

compact *adj <tech.gen> (stubby shape, design)* • gedrungen

compact *vt <build> (soil, ground)* • verdichten *vt*

compact *vt <waste> (to reduce the volume, bulk; e.g. into bales, blocks)* • verdichten *vt*; zusammenpressen *vt*; kompaktieren *vt*; pressen *vt*

compact audio disc *<av> (for sound recordings)* • Audio-CD *f*; Musik-CD *f prakt*; CD *f ugs*; Digital-Tonplatte *f rar*; Audio-Compact-Disc *f rar*

compact cars *<mvhcl> (car category; e.g. Chevy Cobalt, Vauxhall Astra, VW Golf)* • Kompaktklasse *f*; untere Mittelklasse *f*; Golf-Klasse *f prakt*

compact cars *<mvhcl.eccl> (U.S. category; 100-109 ft^3 of passenger & luggage vol.; e.g. Golf, A6)* • Kompaktklasse *f*

compact construction *<tech.gen>* • Kompaktbauweise *f*

compact design *<tech.gen>* • Kompaktbauweise *f*; kompakte Bauweise *f*; gedrungene Bauart *f*

compact disc (CD) *<comp> (gen.; for audio, video, data)* • Compact-Disc *f*; CD *f prakt.ugs*; Kompaktdisk *f rar*

Compact Disc-Erasable (CD-E) *<comp>* • Compact Disc-Erasable *f* (CD-E)

Compact Disc-Read Only Memory (CD-ROM) *<comp> (for digital data)* • Compact Disc-Read Only Memory *n* (CD-ROM); optischer Datenspeicher mit Nurlese-Zugriff *m DIN EN*; optische Nur-Lese-Platte *f form*; CD *f ugs*

compact engine *<mvhcl> (short)* • kurz bauender Motor *m*

CompactFlash card *<comp>* • CompactFlash-Karte *f*; CompactFlash Card *f*; CF-Karte *f*

compacting force *<proc> (e.g. powder and plastics)* • Presskraft *f*

compactness *<build.mat> (e.g. of pavement)* • Festigkeit *f*

compactor truck *<comvhcl.waste>* • Abfallsammelfahrzeug *n*

companion flange *<mech.eng> (on shafts)* • Mitnehmerflansch *m*

companion standard *<stand>* • anwendungsbezogene Norm *f*

company car *<mvhcl> (provided by an employer for business/private use)* • Firmenwagen *m*; Geschäftswagen *m form*; Dienstwagen *m ugs*

company car *<mvhcl> (company fleet car, for business use only)* • Geschäftswagen *m*

comparable *<gen>* • vergleichbar

comparable object *<gen>* • Vergleichsobjekt *n*

comparative value *<gen>* • Vergleichswert *m*

compare *vt <gen>* • vergleichen *vt*; gegenüberstellen *vt*
comparison method *ISO 6141 <tech.gen>* • Vergleichsverfahren *n DIN ISO 6143*
compartment *<pack.tour> (in luggage; e.g. in a suitcase, wallet)* • Fach *n*
compartment *<railw>* • Abteil *n*; Fahrgastabteil *n*; Zugabteil *n*
compartment car *US <railw>* • Abteilwagen *m*
compartment interiors *pl JAR 25.853 <aerosp.int>* • Inneneinrichtung *f*
compass *<docu.tool>* • Zirkel *m*
compass bearing *<navig>* • Kompasspeilung *f*
compass deviation *<navig> (caused by metal interference)* • Kompassablenkung *f*
compass saw *<tool> (small handsaw, narrow tapering blade, for cutting curves)* • Stichsäge *f*
compass variance *<navig>* • Kompass-Abweichung *f*; Deklination *f*
compatibility *<tech.gen> (e.g. of devices, processes, systems, programs)* • Kompatibilität *f*
compatibility *ISO 8402 <tech.gen>* • Verträglichkeit *f DIN EN ISO 8402*
compatible *<tech.gen>* • anpassungsfähig
compatible *<tech.gen> (connectible)* • anschlussfähig
compatible *<tech.gen> (e.g. devices, processes, systems, programs)* • kompatibel
compatible *<tech.gen>* • verträglich
compensating device *<tech.gen>* • Ausgleicheinrichtung *f*; Kompensationseinrichtung *f*; Kompensator *m*
compensating mass *<mech.eng> (to balance rotary parts; e.g. on shafts, wheels)* • Ausgleichmasse *f*; Gegenmasse *f*; Gegengewicht *n ugs*
compensating port *<brake> (in master brake cylinder; as opp. to breather port)* • Ausgleichbohrung *f*
compensating port *<mvhcl.brake> (master brake cylinder)* • Ausgleichsbohrung *f*
compensating resistor *<el>* • Ausgleichwiderstand *m*
compensating winding *<el>* • Ausgleichwicklung *f*
compensation *<gen> (electr., mech., thermal, financial)* • Ausgleich *m*; Kompensation *f*
compensation reservoir *<build.hydr> (e.g. power plant, water treatment)* • Ausgleichsbecken *n*; Ausgleichbecken *n rar*
compensation tank *<tech.gen> (in closed loop systems; accommodates thermal expansion)* • Ausgleichsbehälter *m*
competitive *<econ> (product, company)* • wettbewerbsfähig
competitive in price *<econ> (product)* • kostengünstig
compile *vt <comp> (program)* • kompilieren *vt*
compile *vt <comp> (source code, program)* • übersetzen *vt*; kompilieren *vt*
compiler *<comp> (translates programming language into machine code)* • Compiler *m*; Kompilierer *m*; Compilerprogramm *n*; Übersetzungsprogramm *n rar*; Übersetzer *m rar*
complement *<gen>* • Ergänzung *f*
complement *<nav> (full number of officers and crew on a ship)* • Schiffsbesatzung *f*
complement *vt <gen> (make complete)* • ergänzen *vt*; vervollständigen *vt*; komplettieren *vt*
complementary *<gen> (completing sth.)* • ergänzend; vervollständigend
complementary color *US <opt>* • Komplementärfarbe *f*; Ergänzungsfarbe *f rar*
complementary metal oxide semiconductor (CMOS) *<el>* • CMOS-Halbleiter *m*
complete *<gen> (perfect)* • vollkommen
complete *vt <tech.gen> (bring to an end, e.g. order, installation work)* • abschließen *vt*; beenden *vt*
complete *vt <tech.gen> (add missing elements)* • ergänzen *vt*
complete *vt <docu> (form)* • ausfüllen *vt*
complete analysis *<gen> (technical, chemical, medical, economic)* • Vollanalyse *f*
complete and finish *vt <build> (e.g. turn-key)* • ausbauen *vt*

complete cure *<plast> (of rubber)* • Ausheizung *f*

complete cycle *<tech.gen> (e.g. load cycle)* • geschlossener Zyklus *m*

completed fill *<waste>* • abgeschlossene Deponie *f*; verfüllte Deponie *f*

complete feed *<agri>* • Alleinfuttermittel *n*

complete overhaul *<rep>* • Generalüberholung *f*

Complete Specification Published *<jur> (item 44 on patent spec)* • Bekanntmachungstag *m*

complete view *<gen>* • Totale *f*

completion *<tech.gen>* • Abschluss *m*

complex *adj <gen>* • verwickelt

complexity *<gen>* • Komplexität *f*

compliance [with] *<gen> (laws, regulations, rules, standards)* • Einhaltung *f*; Befolgung *f*

compliant *<tech.gen> (e.g. CE and ECO compliant)* • erfüllt; gemäß; Einklang *m*: im ~ mit

complicate *<gen>* • verwickelt

complicated *<gen>* • verwickelt

complication *<gen> (e.g. in business, pathology, clockworks)* • Komplikation *f*

complimentary *<gen> (e.g. ticket, sample, product)* • gratis

complimentary copy *<docu> (e.g. of a brochure, magazine)* • Gratisexemplar *n*

comply with *vi <gen> (e.g. laws, regulations, standards)* • einhalten *vt*; befolgen *vt*; erfüllen *vt*

comply with *vt <gen> (regulations, rules, standards)* • entsprechen *vt*; stehen mit *vi*: im Einklang ~

comply with *vt <gen> (conditions, expectations)* • genügen *vt*

comply with *vt <jur> (legal requirements, contract)* • erfüllen *vt*

component *<tech.gen> (part of a bigger unit; e.g. as a steam generator of a power plant)* • Komponente *f*

component *<chem> (in a mixture, solution etc.)* • Anteil *m*

component *<chem> (of compounds)* • Bestandteil *m*

component failure *<tech.gen>* • Bauteileausfall *m*; Bauteilausfall *m*; Bauteilversagen *n*

component force *<mech> (vector)* • Kraftkomponente *f*

component list *<docu>* • Bauteilliste *f*

component location drawing *<el.docu> (of a pcb; e.g of a mainboard)* • Bestückungsplan *m*; Bestückungsbild *n*

component part *<tech.gen>* • Bauelement *n*; Bauteil *n*

component part *<tech.gen> (e.g. of assemblies, systems, plants, machines, vehicles)* • Bauteil *n*; Komponente *f form*; Einzelteil *n prakt*; Teil *n ugs*; Stück *n ugs.rar*

component part *<tech.gen> (usu. rather small; e.g. as part of an assembly)* • Einzelteil *n*

component part *<mech.eng> (of assemblies)* • Bestandteil *m*

component sharing principle *<mvhcl.prod>* • Gleichteile-Konzept *n*

components layout *<el>* • Belegungsplan *m*

component testing *<qualit.mat>* • Bauteilprüfung *f*

compose *vt <print> (text)* • absetzen *vt*

composite *<tech.gen> (multi-part)* • mehrteilig

composite board *<build>* • Verbundplatte *f*

composite construction *<tech.gen> (e.g. a laminate)* • Kompositbauweise *f*

composite material *<mat> (matrix plus reinforcement; e.g. SMC)* • Verbundstoff *m*; Composite *n*; Verbundwerkstoff *m*

composite material *<mat> (laminated or reinforced with particles or fibers)* • Verbundwerkstoff *m*; Verbundmaterial *n*

composite mileage *<mvhcl> (combination of EPA figures on city and highway gasoline mileage)* • Durchschnittsverbrauch *m*

compost *<agri> (aerobically decomposed organic fertilizer, soil conditioner)* • Kompost *m*

compost *<agri> (decayed organic material as growing medium)* • Komposterde *f*

compost *vt <waste>* • kompostieren *vt*

compound *<mat> (paste etc.)* • Masse *f*

compound *vt <tech.gen>* • kompoundieren *vt*

compound *vt <proc> (mix a pliable mass, substance)* • mischen *vt*; kompoundieren *vt*
compound lens *<opt> (e.g. of a photographic camera, microscope)* • Linsensystem *n*
compound leverage snips *US <tool> (snips with additional leverage providing more cutting capacity)* • Hebelblechschere *f*; Blechschere mit Übersetzung *f form*
compound rest slide *<mach.tool>* • Kreuzschlitten *m*
compound slide rest *<mach.tool> (of lathe; on cross slide; carries the tool post; swivels)* • Oberschlitten *m*
comprehensive wiring diagram *<docu.el>* • Blockschaltbild *n*
compress *vt <tech.gen> (e.g. gas, data, text)* • komprimieren *vt*
compress *vt <mech.eng>* • pressen *vt*
compress *vt <proc> (gases; e.g. air, A/F-mix, refrigerant)* • verdichten *vt*
compress *vt <prod> (by upsetting)* • stauchen *vt*
compressed air *<tech.gen>* • Druckluft *f*; Pressluft *f*
compressed-air chucking *<mach.tool> (of tool in chuck)* • Druckluftspannung *f*
compressed-air clamping *<mach.tool> (of work in fixture)* • Druckluftspannung *f*
compressed-air hose *<pneum>* • Druckluftschlauch *m*
compressed-air pistol *<mil>* • Druckluftpistole *f*
compressed-air spray gun *<srfc>* • Druckluftpistole *f*
compressed-air system *<pneum>* • Druckluftanlage *f*
compressed air tank *<tech.gen> (for pressurized air; e.g. stationary or in brake systems)* • Druckluftbehälter *m*
compressed concrete *<build.mat> (e.g. tamped concrete)* • verdichteter Beton *m*
compressed gas cylinder *<tech.gen>* • Druckgasflasche *f*
compressed-gas cylinder *<pack>* • Druckflasche *f*
compressed natural gas (CNG) *<petr> (mainly methane; RON 130)* • komprimiertes Erdgas *n* (CNG); verdichtetes Erdgas *n*; Compressed Natural Gas *n*
compressible *<tech.gen> (e.g. waste)* • komprimierbar; verdichtbar *rar*
compressible *<phys>* • kompressibel
compression *<tech.gen> (e.g. of gas, data)* • Kompression *f*
compression *<mech> (as opp. to tensile force)* • Druck *m*
compression *<mvhcl.mot> (of A/F mix)* • Kompression *f*; Verdichtung *f*
compression *<qualit.mat> (gen.; e.g. in compression test)* • Stauchung *f*
compression and rebound stage *US <mvhcl> (shock absorber)* • Zug- und Druckstufe *f*
compression coupling *<tech.gen>* • Klemmverbindung *f*
compression ignition (CI) *<mvhcl> (of Diesel engines)* • Selbstzündung *f*; Kompressionszündung *f rar*; Verdichtungszündung *f rar*
compression-ignition … *<mvhcl>* • Selbstzünder…
compression joint *<gen>* • Schneidringverschraubung *f*
compression member *<mech>* • Druckstab *m*
compression molded part *<plast> (product, part)* • Pressteil *n*; Pressling *m*
compression molding *<plast> (process)* • Pressen *n*; Pressverfahren *n*
compression molding *<plast>* • Spritzpressen *n*; Formpressen *n*
compression pressure *<tech.gen>* • Kompressionsdruck *m*
compression ratio *<tech.gen> (e.g. of piston engines)* • Kompressionsverhältnis *n*; Verdichtungsgrad *m*
compression ratio *<mvhcl.mot> (of automotive engines)* • Verdichtungsverhältnis *n*; Verdichtung *f prakt*
compression refrigeration plant *<hvac>* • Kompressionskälteanlage *f*
compression seal [weatherstrip] *<build> (of window, door)* • Anschlagdichtung *f*; Dichtung *f prakt*
compression specimen *<qualit.mat>* • Druckprobe *f*
compression spring *<tech.gen> (e.g. in*

ball pens) • Druckfeder *f*

compression stroke *<mot> (from BTD to TDC)* • Verdichtungstakt *m*; Kompressionstakt *m*; Verdichtungshub *m*; Kompressionshub *m rar*

compression test *<qualit.mat> (as opp. to tensile test)* • Druckversuch *m*; Druckprüfung *f*; Stauchversuch *m*; Stauchprüfung *f*

compression zone *<tech.gen>* • Druckzone *f*

compressive force *<mech>* • Druckkraft *f*

compressive strength *<qualit.mat> (resistance against compression stress)* • Druckfestigkeit *f*; Quetschgrenze *f rar*

compressive stress *<mech>* • Druckspannung *f*; Druckbeanspruchung *f*

compressive yield strength *<qualit.mat>* • Druckfestigkeit *f*; Quetschgrenze *f rar*

compressor *ISO 11086 <tech.gen> (typ. for air, gases)* • Verdichter *m*; Kompressor *m*

compressor *<hvac> (refrigeration gen.)* • Kompressor *m*; Kältekompressor *m*

compressor impeller *<mot> (of turbocharger)* • Verdichterrad *n*

Comprex pressure wave supercharger ® *<mvhcl> (developed by BBC/ABB)* • Comprex-Druckwellenlader *m* ®; Comprex-Lader *m prakt*

comprise *vt <gen>* • enthalten *vt*

comprise *vt <tech.gen> (consist of, among other items)* • bestehen aus *vi*

compromise *<gen>* • Kompromiss *m*

computation scheme *<gen>* • Rechenschema *n*

compute *vt <gen> (in opp. to estimating, drawing)* • rechnen *vt*

compute *vt <math>* • berechnen *vt*; errechnen *vt*; ausrechnen *vt ugs*

computer *<comp> (typ. a PC)* • Computer *m*; Rechner *m form*; Kompotter *m ugs.rar*

computer-aided *<comp> (with optional support by a computer; e.g. to accelerate a process)* • computerunterstützt; rechnerunterstützt

computer-aided design (CAD) *<prod>* • Computer-Aided Design *n* (CAD); rechnergestütztes Konstruieren *n rar*; rechnerunterstützte Konstruktion *f rar*; rechnerunterstützter Entwurf *m*

Computer-Aided Engineering (CAE) *<prod>* • Computer-Aided Engineering *n* (CAE); rechnerunterstützte Ingenieurarbeiten *fpl*

computer-aided manufacturing (CAM) *<prod>* • Computer-Aided Manufacturing *n* (CAM); rechnergestützte Fertigung *f*; rechnerunterstützte Fertigung *f*; computergestützte Fertigung *f*; computergestützte Produktion *f*

Computer-Aided Terminology System (CATS) ® *<term.edp>* • Computer-Aided Terminology System *n* (CATS) ®

computer-aided translation (CAT) *<transl>* • Computer-Aided Translation *f* (CAT); rechnerunterstütztes Übersetzen *n*; computerunterstütztes Übersetzen *n*

computer-based *<comp> (relying on a computer)* • computergestützt; rechnergestützt; computerbasiert; rechnerbasiert

computer case *<pack.tour>* • Laptop-Tasche *f*

computer-controlled *<i&c> (process, object)* • computergesteuert; rechnergesteuert

computer controlled catalytic converter [system] *<mvhcl.emiss> (typ. a three-way cat.)* • geregelter Katalysator *m* (G-KAT); Katalysator mit Lambda-Regelung *m wiss*; Katalysator mit Lambda-Sonde *m did*

computer-controlled system *<tech.gen>* • rechnergesteuertes System *n*

computer flash *<phot>* • Computerblitz *m*; Computerblitzgerät *n*

computer graphics *<comp>* • Computergrafik *f*; grafische Datenverarbeitung *f*; Computergraphik *f rar*

computer interface *<comp>* • Computerschnittstelle *f*

computerized numerical control (CNC) *ISO 2806 <i&c>* • computergestützte numerische

Steuerung *f DIN ISO 2806*
computer language *<comp>* • Computersprache *f*
computer network *<comp> (e.g. LAN, W-LAN, WAN, Internet)* • Computernetzwerk *n*; Rechnerverbund *m*
computer numerical control (CNC) *<mach.tool>* • CNC-Steuerung *f*
computer program *<comp>* • Computerprogramm *n*
computer tomograph (CT) *<med.tech>* • Computertomograph *m* (CT)
computer tomography (CT) *<phys> (non-destructive testing: materials, man)* • Computertomographie *f* (CT) *DIN EN 1330-3*
computer-to-plate technology (ctp) *<print> (prepress stage)* • Computer--to-Plate-Technologie *f* (CtP); CtP--Technologie *f*
computer voting machine *<comp> (e.g. with touchscreen)* • Wahlcomputer *m*
concatenate *vt <comp> (data or symbols)* • verketten *vt*; verknüpfen *vt*
concave *<tech.gen> (dished; e.g. fillet, mirror, lens)* • konkav; hohl *ugs*
concave mirror *<opt>* • Hohlspiegel *m*; Konkavspiegel *m*; Sammelspiegel *m*
concavo-convex *<gen> (shape, surface)* • konkav-konvex
conceal *vt <build>* • verdecken *vt*
concealed *<gen> (behind sth.; invisible)* • verborgen
concealed *<tech.gen> (covered; e.g. connections, wiring)* • verdecktliegend
concealed accent lighting *<light>* • verdeckte Akzentbeleuchtung *f*
concealed installation *<tech.gen> (e.g. of switches, cameras)* • verdeckter Einbau *m*
concealed wiring *<el> (the actual cable)* • Unterputzleitung *f*
concealment *<mil>* • Deckung *f*
concentrate *<chem>* • Konzentrat *n*
concentrate *vi/vt <chem>* • eindicken *vi/vt*
concentrate *vt <gen>* • konzentrieren *vt*
concentrate *vt <chem.proc> (e.g. solution)* • aufkonzentrieren *vt*; anreichern *vt*
concentrated *<gen>* • konzentriert
concentrated acid *<chem>* • konzentrierte Säure *f*
concentrate on *vt <gen> (abstract; e.g. a subject, problem, task)* • konzentrieren auf *vr*; behandeln *vt*; betrachten *vt*
concentration *<proc> (process of enrichment)* • Anreicherung *f*
concentrator *<proc> (by means of dehydration)* • Entwässerungsanlage *f*
concentric *<tech.gen>* • konzentrisch
concentricity *<mech.eng>* • Rundlauf *m*
concentric load *<mech>* • mittige Last *f*
concentric running *<mech.eng>* • Rundlauf *m*
concept *ISO 1087 <term> (as opp. to term)* • Begriff *m DIN 2342*
concept car *<mvhcl>* • Ideenträger *m*; Konzept-Studie *f*; Concept Car *n press*; Concept-Auto *n press*; Konzept-Car *n press*
concept position *ISO 12620 <term> (in a concept system)* • Begriffsposition *f*
concept-related description *ISO 12620 <term>* • begriffsbezogene Beschreibung *f*
concept relations *ISO 12620 <term>* • Begriffsbeziehungen *fpl*
concept study *<tech.gen>* • Konzeptstudie *f*
concept system *ISO 12620 <term>* • Begriffssystem *n*
conceptual structures *ISO 12620 <term>* • Begriffsstrukturen *fpl*
concept vehicle *<vhcl>* • Konzeptfahrzeug *n*; Erprobungsfahrzeug *n*; Entwicklungsfahrzeug *n*
conchoidal *<gen>* • schneckenlinienförmig
conclude *vt <jur> (a contract, agreement)* • abschließen *vt*
concord *<gen>* • Gleichklang *m*
concrete *<build.mat>* • Beton *m DIN 1045*
concrete *vt <build>* • betonieren *vt*
concrete additive *<build.mat> (fine--grain; e.g. fly ash)* • Betonzusatzstoff *m*; Betonzusatz *m*
concrete admixture *<build.mat> (e.g. concrete liquifier, inhibitor)* • Betonzusatzmittel *n*
concrete aggregate *<build.mat> (e.g. gravel)* • Betonzuschlag *m*;

Zuschlagstoff *m*; Zuschlag *m prakt*; Gesteinskörnung *f DIN 4226*

concrete engineering *<build>* • Betonbau *m*

concrete formwork *US <build> (e.g. timber, modular steel or alloy slabs)* • Betonschalung *f*; Betonverschalung *f*

concrete foundation *<build>* • Betonfundament *n*

concrete lining *<build.srfc>* • Betonverkleidung *f*

concrete mixer *<build.mach> (gen.; mobile or stationary)* • Betonmischer *m*; Mischer *m prakt*

concrete pavement *<build.traff>* • Betondecke *f*

concrete preform *<build.traff> (large ring made of reinforced concrete; for tunnel construction)* • Tübbing *m*; Stahlbetonfertigteil *n*

concrete reinforcement *<build.mat>* • Betonbewehrung *f*

concrete slab *<build.mat> (wide)* • Betonplatte *f*

concrete vibrator *<build.tool> (for insertion into wet concrete)* • Betonrüttler *m*; Rüttler *m prakt*

concrete with high early stability *<build.mat>* • frühhochfester Beton *m ZTV Beton*; frühstandfester Beton *m*; frühtragfester Beton *m*

concurrency *<tech.gen> (of processes)* • Gleichzeitigkeit *f*

concurrent *<tech.gen>* • gleichzeitig ablaufend; gleichlaufend

condensate *<tech.gen>* • Kondensat *n*

condensate pump *<proc> (gen.)* • Kondensatpumpe *f*

condensate tank *<proc>* • Kondensatbehälter *m*; Kondensatsammelbehälter *m*; Kondensatgefäß *n*

condensate trap *<tech.gen> (e.g. in air systems)* • Kondensatabscheider *m*; Kondenswasserabscheider *m*; Kondensatfalle *f rar*; Kondensatableiter *m*

condensation *<tech.gen> (process)* • Kondensation *f*; Kondensatbildung *f*

condensation *<build> (on relatively cold surfaces; e.g. on window glass, tiles)* • Kondensation *f*; Tauwasserbildung *f*

condensation *<phys> (conversion of a vapor to the liquid state)* • Kondensation *f*; Verflüssigung *f*

condensation nucleus *<meteo> (e.g. for fog, cloud and rain formation)* • Kondensationskeim *m*; Kondensationskern *m*

condensation polymerization *IUPAC <plast>* • Kondensationspolymerisation *f* (KP) *IUPAC*; Polykondensation *f obs*

condense *vi <hvac> (e.g. atmospheric moisture)* • niederschlagen *vr*

condense *vi <phys.therm> (e.g. steam, vapor)* • kondensieren *vi*

condense *vt <phys> (e.g. steam, refrigerant)* • kondensieren *vt*; verflüssigen *vt*

condensed water *<tech.gen>* • Kondenswasser *n*; Tauwasser *n*; Schwitzwasser *n*

condenser *<opt> (lens system; e.g. in photo lab enlargers, stage lights)* • Kondensor *m*; Kondensoroptik *f*; Kondensorsystem *n*

condenser *<proc> (gen.; any type, any size; for steam or other vapors)* • Kondensator *m*

condenser *<proc> (a cooling heat exchanger; e.g. of a distilling apparatus)* • Kühler *m*; Kondensator *m*

condensing boiler *<hvac>* • Brennwertkessel *m*

condensing boiler technology *<hvac>* • Brennwerttechnik *f*

condition *<gen>* • Bedingung *f*

condition *<tech.gen> (of people, objects; e.g. of machinery, vehicles)* • Zustand *m*; Beschaffenheit *f rar*

condition *vt <tech.gen>* • anpassen *vt*

condition *vt <tech.gen>* • konditionieren *vt*

condition *vt <i&c> (signal)* • aufbereiten *vt*; vorverarbeiten *vt*

conditional *<comp> (e.g. command)* • bedingt

conditional branch logic *<comp>* • bedingte Sprunglogik *f*

conditional jump instruction *<comp>* • bedingter Sprungbefehl *m*

conditional statement *<comp>* • bedingte Anweisung *f*; Wenn-Anweisung; Wenn-Befehl

conditions of use *<tech.gen>* • Einsatzbedingungen *fpl*

Condock *<nav>* • Condock *n*;

Container/Dockschiff *n*

condom *<hygi> (prophylactic)* • Kondom *n*; Präservativ *n*; Gummi *m ugs*; Gummi *n ugs.rar*; Präser *m sl*

condominium *US <build.fin> (unit in a condominium, owned for life)* • Eigentumswohnung *f*

condominium *US <build.fin> (multiple-uni complex the units of which are individually owned)* • Kondominium *n*

conduct *vt <phys> (electricity, heat)* • leiten *vt*

conductance (G) *<el> (ability to carry el. current; reciprocal of resistance; unit: siemens)* • Konduktanz *f* (G) *DIN 40110*; elektrischer Leitwert *m*; Leitwert *m*; Wirkleitwert *m*

conductance *<phys> (ability to carry heat or el. current)* • Konduktanz *f*

conducting direction *<el> (e.g. of semiconductors, barriers)* • Durchlassrichtung *f*; Vorwärtsrichtung *f*; Flussrichtung *f*

conduction *<tech.gen>* • Leitung *f*; Führung *f*

conductive *<gen>* • leitend; konduktiv

conductive heat losses *pl <energ.sol>* • konduktive Verluste *mpl*; Wärmeleitungsverluste *mpl*; Verluste durch Wärmeleitung *mpl*

conductivity *<tech.gen> (for heat, current)* • Leitfähigkeit *f*

conductor insulation *<el> (material and process)* • Aderisolierung *f*; Leiterisolierung *f*; Adern-Isolation *f rar*

conductor labeling *<el>* • Aderkennzeichnung *f*

conduit *<build> (gen.; e.g. for cables, water)* • Leitung *f*

conduit *<pps> (typ. a pipe; for fluids)* • Leitung *f*; Leitungsrohr *n*

conduit *<pps> (pipe)* • Rohr *n*

conduit box *<build> (gen.; for power, telephone, water)* • Anschlusskasten *m*

conduit box *<build.el> (power)* • Verteilerkasten *m*; Anschlusskasten *m*

conduit elbow *<pps> (e.g. pipe, ventilation duct)* • Bogen *m*

cone *<tech.gen> (shape or cone-shaped part)* • Kegel *m*; Konus *m*

cone *<math> (gen.)* • Kegel *m*

cone *<mech.eng> (e.g. on shafts, friction clutches)* • Konus *m*

cone brake *<brake>* • Kegelbremse *f*

cone clutch *<mech.eng>* • Konuskupplung *f*; Kegelkupplung *f*

cone-ended *<tech.gen> (become gradually more slender toward one end)* • konisch zulaufend

cone point *<join> (of screw)* • Kegelspitze *f*; Spitze *f DIN ISO 1891*

cone-shaped *<tech.gen>* • kegelförmig

cone spring *<mech.eng>* • Kegelfeder *f*; Kegeldruckfeder *f*

cone-type loudspeaker *<av>* • Konuslautsprecher *m*; Konus-Chassis *n*; Konustreiber *m*

conference connection *<tele>* • Konferenzschaltung *f*

conference interpreting facilities *<transl>* • Konferenzdolmetscheranlage *f*

configurable *<tech.gen>* • konfigurierbar

configurated glass *<silic>* • Kathedralglas *n*

configuration *<tech.gen>* • Aufbau *m*

configuration *<tech.gen> (pattern, shape)* • Form *f*

configure *vt <tech.gen>* • gestalten *vt*

configure *vt <comp> (a system, program)* • konfigurieren *vt*

confine *vt <tech.gen>* • begrenzen *vt*

confine *vt <tech.gen> (mobility, space)* • beschränken *vt*; einschränken *vt*; eingrenzen *vt*

confine *vt <tech.gen> (lock in)* • einschließen *vt*

confined *<tech.gen> (to prevent inadvertent release; e.g. of contaminants)* • eingeschlossen

confinement *<tech.gen> (e.g. of radioactivity, magnetic fields, plasma)* • Einschluss *m*; Eingrenzung *f*; Begrenzung *f rar*

confirm *vt <tech.gen> (e.g. a decision, entered password, PIN, setup)* • bestätigen *vt*

confirmation *<gen>* • Verifizierung *f*

conformal *<gen>* • konform

conformity assessment *<stand> (e.g. of guidelines, standards)* • Konformitätsbewertung *f*

confused *<gen> (unclear; e.g. description, command)* • verwirrend; unklar

confusion <*gen*> • Verwirrung *f*

congealing <*phys*> • Erstarrung *f*

congestion <*tele*> *(of lines, channels)* • Überbelegung *f*

congestion charge (CC) *GB* <*traff.fin*> • City-Maut *f*; Innenstadt-Maut *f*; Maut für die Innenstadt *f*; Stauabgabe *f*

conglomerate *vi* <*tech.gen*> • konglomerieren *vi*

congruent <*gen*> • übereinstimmend

congruent <*math*> *(e.g. shapes)* • kongruent; deckungsgleich

conical <*tech.gen*> *(stress on: pointed; e.g. a valve needle)* • spitz

conical surface <*tech.gen*> • Kegelfläche *f*

conic section <*math*> • Kegelschnitt *m*

conifer trees <*bio*> • Nadelholz *n*

coning-off <*traff*> *(of road obstructions, construction sites, accidents etc.)* • Fahrbahnmarkierung *f*

conjugate <*tech.gen*> *(angle, diameter etc.)* • konjugiert

conjugate points <*navig*> • Kardinalpunkte *mpl*

conjunction: in ~ with <*gen*> • Kombination *f*: in ~ mit

conjunction <*tech.gen*> *(e.g. in logic, circuits)* • Konjunktion *f*

connect *vt* <*tech.gen*> *(e.g. device, machine, cable, pipe)* • anschließen *vt*

connect *vt* <*tech.gen*> *(couple)* • kuppeln *vt*

connect *vt* <*tech.gen*> *(by switching)* • schalten *vt*

connect *vt* <*tech.gen*> • verbinden *vt*

connect *vt* <*el*> *(wire, cable; to terminal)* • anklemmen *vt*

connect *vt* <*el*> *(electrically; e.g. to power outlet, printer to PC)* • anschließen *vt*; anhängen *vt ugs*

connect *vt* <*prod*> *(link; e.g. processes)* • koppeln *vt*

connected <*gen*> • verschraubt

connected <*tech.gen*> *(mech. or electr.; e.g. motor, pump, pipe)* • angeschlossen

connected load <*el*> *(in watts)* • Anschlussleistung *f*; Anschlusswert *m*

connect flight <*tour*> • Anschlussflug *m*

connect in cascade *vt* <*el*> • schalten *vt*: in Kaskade ~; Kaskade *f*: in ~ schalten *vt*

connecting cable <*el*> *(gen.)* • Anschlusskabel *n*

connecting canal <*build.hydr*> *(gen.)* • Anschlusskanal *m*

connecting lead <*el*> *(wire, cable; e.g. power cord)* • Anschlussleitung *f*; Anschluss *m prakt*; Zuleitung *f*

connecting link <*mech.eng*> *(gen.)* • Koppel *f*

connecting piece <*tech.gen*> *(any kind, any shape)* • Anschlussstück *n*; Anschlussteil *n*

connecting piece <*tech.gen*> *(intermediate piece; e.g. pipe, tube)* • Zwischenstück *n*

connecting rod <*mech.eng*> *(gen., coupler)* • Koppel *f*

connecting-rod <*mot*> *(between piston and crankshaft)* • Pleuel *n*; Pleuelstange *f rar*; Kurbelstange *f obs.rar*

connecting-rod big end <*mot*> *(of con--rod; drives the crank pin)* • Pleuelfuß *m*; unteres Pleuelauge *n*; großes Pleuelauge *n*; unteres Pleuelende *n DIN ISO 7967-2*; Kurbelzapfenende *n rar*

connecting rod small end *ISO 7967-2* <*mot*> • Pleuelkopf *m DIN ISO 7967-2*; oberes Pleuelende *n DIN ISO 7967-2*; oberes Pleuelauge *n*; kleines Pleuelauge *n*

connecting rod top end *ISO 7967-2* <*mot*> *(joined to piston or crosshead)* • Pleuelauge *n DIN ISO 7967-2*; oberes Ende der Pleuelstange *n*

connecting sewer <*waste.hydr*> *(btw public sewer and private sewer)* • Anschlusskanal *m*

connecting unit <*tech.gen*> • Anschlusseinheit *f*

connect in parallel *vt* <*tech.gen*> *(e.g. pumps for increased flow)* • parallelschalten *vt*

connect in series *vt* <*tech.gen*> *(e.g. batteries, pumps, conveyor belts, el. loads)* • hintereinanderschalten *vt*; Reihe *f*: in ~ schalten *vt*; schalten *vt*: in Reihe ~

connection <*tech.gen*> *(process and result of connecting)* • Anschluss *m*

connection <*tech.gen*> *(e.g. parallel, series)* • Schaltung *f*

connection <*tech.gen*> *(tech. gen.,*

process and result) • Verbindung *f*

connection diagram *<el.docu> (diagram showing how to connect/ install an el. device)* • Anschlussbild *n*; Anschlussschema *n*

connection diagram *ISO 10209-4 <el.docu>* • Anschlussplan *m DIN ISO 10209-4*; Verkabelungsschema *n*

connection in parallel *<tech.gen>* • Parallelschaltung *f*

connection thread *<tech.gen>* • Anschlussgewinde *n*

connective tissue *<bio>* • Bindegewebe *n*

connector *<gen>* • Steckbrücke *f*

connector *<comp>* • Anschluss *m*; mechanische Schnittstelle *f*

connector *<el.owg> (on cables, wires, wave guides etc.; male or female)* • Steckverbinder *m*; Steckverbindung *f*

connector *<join> (not electrical; any shape; e.g. for tubing)* • Verbindungsstück *n*

connector cable *<el> (power cord extension; e.g. btw. camper and power outlet)* • Anschlussleitung *f*

connector screw *<el> (in cable terminal, pin)* • Anschlussschraube *f*

connector system *<tech.gen> (el. or mech.; e.g. for cables or furniture)* • Steckverbinder-System *n*

connect to neutral *vt <el>* • nullen *vt*

connect train *<tour>* • Anschlusszug *m*

consecutive *<tech.gen> (e.g. data, signals, commands, steps)* • aufeinanderfolgend

consecutive *<tech.gen> (e.g. processes, reactions)* • konsekutiv

consequence *<gen> (effects of all kind)* • Auswirkung *f*

consequence *<gen> (sth. necessarily following from a set of conditions)* • Folge *f*; Konsequenz *f*

consequential failure *<tech.gen> (caused by another failure)* • Folgefehler *m*; Folgeausfall *m*

conservation *<gen>* • Erhaltung *f*

conservation law *<phys>* • Erhaltungssatz *m*

conservation of energy *<phys>* • Energieerhaltung *f*; Erhaltung der Energie *f*

conservative approach *<tech.gen> (low-risk)* • konservativer Ansatz *m*

conserve *vt <phys> (state, condition, energy etc.)* • erhalten *vt*

consist *<railw> (train; e.g. a 20-car consist)* • Zugverband *m*; Zug *m*

consistency *<gen> (of logic, math etc.)* • Widerspruchsfreiheit *f*

consistency *<qualit.mat>* • Konsistenz *f*

consistency check *<comp>* • Konsistenzprüfung *f*; Konsistenzüberprüfung *f*; Übereinstimmungskontrolle *f*

consistent *<gen> (logic, math etc.)* • widerspruchsfrei

consistent *<tech.gen>* • konsistent

consist of *vt <tech.gen> (parts, materials)* • bestehen aus *vi*

console *<tech.gen> (e.g. of machine tools, cranes, furniture)* • Konsole *f*

consolidate *vt <tech.gen> (make solid by compacting)* • komprimieren *vt*

consolidate *vt <metal> (molding sand)* • verdichten *vt*

constant *adj <gen>* • gleichmäßig

constant *adj VDI4640 <gen>* • gleichmäßig *VDI4640*; konstant; gleichbleibend

constant *adj <tech.gen>* • gleichbleibend

constant *adj <tech.gen> (variables, conditions, processes)* • konstant

constant-hanger *<pps>* • Konstanthänger *m*

constant load *<tech.gen> (as opp. to transient loads)* • Dauerlast *f*; konstante Last *f*; stationäre Belastung *f*

constant mesh transmission *US <mvhcl.drive>* • Schaltmuffengetriebe *n*; klauengeschaltetes Getriebe *n*; Allklauengetriebe *n ZF*

constant power output *<tech.gen> (in watts; e.g. of engines, power plants)* • Dauerleistung *f*

constant-pressure process *<therm>* • Gleichdruckprozess *m*; Ericsson--Prozess *m*

constant-velocity ball joint *<mvhcl.drive> (CVJ with balls for torque transmission)* • Kugel--Gleichlaufgelenk *n*

constant velocity joint (CVJ) *<drive> (e.g. in drive shafts of front-wheel drive cars)* • Gleichlaufgelenk *n*;

homokinetisches Gelenk *n*; CV-Gelenk *n*

constant-velocity shaft *<drive>* • Gleichlauf-Gelenkwelle *f*

constant-voltage source *<el>* • Konstantspannungsquelle *f*

constellation *<gen>* • Konstellation *f*

constituent *<tech.gen> (gen.; e.g. of materials, methods)* • Bestandteil *m*

constitution diagram *<phys.mat>* • Zustandsdiagramm *n*; Zustandsschaubild *n*; Phasendiagramm *n*

constrain *vt <mech> (limit; e.g. expansion, movements)* • behindern *vt*

constrained *<mech> (between anchor points; e.g. a girder, member)* • eingespannt

constraint *<tech.gen> (obstruction)* • Behinderung *f*

constriction *<tech.gen> (physical or abstract; e.g. in a metal bar or magnetic field)* • Einschnürung *f*; Einschnürungsstelle *f*; Verengung *f ugs*; Zusammenschnürung *f rar*

construct *vt <tech.gen>* • aufbauen *vt*

construct *vt <tech.gen> (an eng. dwg., building etc.)* • konstruieren *vt*

construct *vt <build> (e.g. a road, house, building, bridge)* • bauen *vt*

construction *<tech.gen> (with certain features; e.g. heavy-duty, water-proof)* • Bauart *f*; Bauweise *f*; Konstruktion *f*; Ausführung *f*

construction *<tech.gen> (physical, concrete implementation of a design)* • Konstruktion *f*

construction adhesive *<join>* • Bauklebstoff *m*; Baukleber *m*

constructional *<build>* • bautechnisch

constructional method *<build>* • Bauweise *f*

constructional steels *<metal> (gen.; covers structural carbon steels, hi--strength lo-alloy steels etc)* • Baustähle *mpl*

constructional steelwork *<tech.gen>* • Stahlbau *m DIN 18800*

construction category *<build.traff>* • Bauklasse *f*

construction defect *US <build.qualit>* • Baumangel *m*

construction drawing *ISO 10209-4 <build.docu>* • Baukonstruktionszeichnung *f DIN ISO 10209-4*

construction engineering *<build> (deals with all kinds of structures; e.g. bridges, dams, factories)* • Bautechnik *f*

construction fault *<qualit>* • Konstruktionsfehler *m*

construction height *<build>* • Bauhöhe *f*; Konstruktionshöhe *f*

construction joint *<build>* • Arbeitsfuge *f*

construction machinery and equipment industry *<econ>* • Baumaschinenindustrie *f*

construction permit *<build.jur>* • Baugenehmigung *f*

construction plan *<build.docu>* • Bauplan *m*; Bauzeichnung *f rar*

construction progress chart *<build.docu>* • Baufortschrittsplan *m*; Ablaufzyklogramm *n*

construction responsibility *:V <jur>* • Baulast *f*; Straßenbaulast *f*

construction site *<build> (location of ongoing construction work)* • Baustelle *f*

construction site equipment *<build>* • Baustelleneinrichtung *f*

construction site erection *<build>* • Baustelleneinrichtung *f*

construction site road *<build.traff>* • Baustraße *f*; Baustellenstraße *f*

construction waste *<build.waste> (gen. from construction)* • Bauschutt *m*; Schutt *m ugs*

constructive *<gen>* • konstruktiv

consumable electrode *<join> (SMAW welding)* • abschmelzbare Elektrode *f*; Abschmelzelektrode *f*

consume *vt <tech.gen> (absorb; e.g. power, energy)* • aufnehmen *vt*

consume *vt <chem>* • verbrauchen *vt*

consumed *<gen>* • verbraucht

consume power *vi <tech.gen>* • Leistung aufnehmen *vi*

consumer *<tech.gen> (person, el. load)* • Verbraucher *m*

consumer electronics *<el> (gen.)* • Konsumelektronik *f*

consumer's control [valve] *<build.pps> (gas, water)* • Hausanschlusshahn *m*

contact *<tech.gen> (mech., chem.,*

electr.) • Berührung *f*
contact *<tech.gen>* • Kontakt *m*
contact *<el> (connection)* • Anschluss *m*
contact *<mech.eng> (of engaging, meshing parts)* • Eingriff *m*
contact *vt <gen> (objects, persons)* • kontaktieren *vt*
contact area *<tech.gen> (e.g. of a flange, gasket, adhesive joint, friction)* • Kontaktfläche *f*
contact area *<srfc> (visible wear marks)* • Tragbild *n*
contact blade *<el> (e.g. on halogen bulb base, in connector)* • Kontaktzunge *f*
contact bounce *<el>* • Kontaktprellen *n*; Prellen *n*
contact brush *<el>* • Kontaktbürste *f*
contact clearance *<el> (gen.)* • Kontaktabstand *m*; Kontaktöffnung *f rar*
contact erosion *<el> (of breaker points)* • Kontaktabbrand *m*
contact force *<mech> (e.g. between nut and bolt, bolt head and washer)* • Anpresskraft *f*
contact heater *<tech.gen>* • Kontaktheizung *f*
contacting *<gen>* • Kontaktierung *f*
contact lens *ISO 8320-1 <opt>* • Kontaktlinse *f ISO 8320-1*; Haftschale *f*
contactless *<tech.gen>* • kontaktfrei; kontaktlos
contact-making voltmeter *<el>* • Kontaktvoltmeter *n*
contact navigation *<aerosp> (opp. to instrument flight)* • Sichtnavigation *f*
contactor *<el> (solenoid circuit breaker)* • Schaltschütz *n*; Schütz *n prakt*
contactor-style housing *<gen>* • schützenähnlich Aufbaugehäuse *n*
contact patch *<vhcl> (of tires; part of the tread)* • Aufstandsfläche *f*; Aufstandsellipse *f wiss*; Reifenaufstandsfläche *f*; Bodenaufstandsfläche *f*; Reifenlatsch *m*
contact pattern *<mech.eng> (visible traces of wear; e.g. on bearings, gears, guides)* • Verschleißbild *n*; Tragbild *n*; Verschleißmuster *n*
contact point *<tech.gen>* • Berührungspunkt *m*; Kontaktpunkt *m*; Kontaktstelle *f*
contact pressure *<tech.gen> (between mating surfaces)* • Anpressdruck *m*
contact pressure *<mech> (load per unit area of surface; e.g. wheel on rail)* • Flächenlast *f*; Flächenpressung *f*
contact ratio *<drive> (of gears)* • Überdeckungsgrad *m DIN 3998*; Überdeckung *f*
contact sheet *<phot> (contact print of a whole film)* • Kontaktbogen *m*; Kontakte *mpl prakt*
contact spring *<mvhcl.el> (e.g. in lamp socket, festoon bulb holder, rotor)* • Kontaktzunge *f*
contact surface *<tech.gen>* • Berührungsfläche *f*; Kontaktfläche *f*
contact surface diameter *DIN 69882-3 <tool> (milling machine arbor)* • Anlagedurchmesser *m DIN 69882-3*
contact tag *<el> (on el. devices)* • Kontaktfahne *f*
contact wire *<railw.el>* • Fahrdraht *m*; Fahrleitungsdraht *m*
contain *vt <gen> (e.g. container, book and contents)* • enthalten *vt*
contain *vt <tech.gen> (a specified volume; e.g. 1 gallon, 40 m^3)* • fassen *vt*
container *<tech.gen> (any size, any content)* • Behälter *m*
container *<tech.gen> (vessel)* • Gefäß *n*
container *<aerosp.logist> (special design for air cargo)* • Container *m*
container *<logist> (large enclosure for transport or storage)* • Container *m*; Großraumbehälter *m*
container *<pack> (gen.)* • Behältnis *n DIN 55 405*; Behälter *m*
container feeder ship *<nav>* • Container-Feederschiff *n*
container glass *<silic>* • Behälterglas *n*
container liner *<nav>* • Containerliner *m*
container port *<nav>* • Containerhafen *m*
container ship *<nav>* • Containerschiff *n*
containment shell *<nucl>* • Reaktorschutzhülle *f*
contaminate *vt <tech.gen> (make impure, dirty)* • kontaminieren *vt*; verschmutzen *vt ugs*

contaminate *vt* *<tech.gen>* *(with radioactivity, chemicals, bacteria, viruses etc.)* • kontaminieren *vt*; verseuchen *vt ugs*

contaminate *vt* *<tech.gen>* • verunreinigen *vt*

contaminated *<tech.gen>* *(gen.; e.g. environment)* • kontaminiert; schadstoffbelastet; verschmutzt

contaminated *<ecol>* *(e.g. effluents, soil, food)* • belastet; schadstoffbelastet

contaminated soil *<waste>* *(in situ or excavated)* • verseuchte Erde *f*

contemporary styling *<tech.gen>* • modernes Styling *n*

content *<tech.gen>* *(of substances; e.g. of solids, water)* • Gehalt *m*

contents *<tech.gen>* *(of a book, container)* • Inhalt *m*

context *ISO 12620* *<term>* • Kontext *m*

contiguous *<gen>* *(surfaces)* • aneinanderliegend

contiguous *<tech.gen>* *(e.g. surfaces, memory)* • zusammenhängend; benachbart

continental drift *<geo>* • Kontinentalverschiebung *f*; Kontinentaldrift *f*; Kontinentverschiebung *f*; Kontinentwanderung *f*

continental plate *<geo>* • Kontinentalplatte *f*; Kontinentalscholle *f*

continental rift *<geo>* • Kontinentalrift *n*

continental shelf *<geo>* • Kontinentalsockel *m*; Festlandsockel *m*; Kontinentalschelf *n*; Schelf *n*; Kontinentsockel *m*

continue *vi* *<gen>* *(e.g. conflicts, negotiations, problems)* • fortdauern *vi*

continue *vi* *<meteo>* *(e.g. stormy weather, rainfall)* • anhalten *vi*

continuity *<gen>* *(of a process, development)* • Kontinuität *f*

continuity test *<el.i&c>* *(typ. with ohmmmeter)* • Prüfung auf Durchgang *f*; Durchgangsprüfung *f*

continuity tester *<el.tool>* *(typ. line tester)* • Durchgangsprüfer *m*

continuous *<gen>* • anhaltend

continuous *<gen>* *(in time or space; e.g. a process, girder)* • durchlaufend; durchgehend

continuous *<gen>* *(e.g. development, counting, numbering)* • fortlaufend

continuous *<gen>* *(e.g. demand, development)* • kontinuierlich; konstant; beständig *rar*

continuous *<gen>* • ständig; andauernd; ununterbrochen; dauernd

continuous *<tech.gen>* • durchgängig

continuous *<tech.gen>* *(e.g. process, paper, filament)* • endlos

continuous AF *<phot>* • Nachführ--Autofokus *m*; kontinuierlicher Autofokus *m*; dynamischer Autofokus *m*; Dauer-AF *m Panas*; automatische Schärfenachführung *f Fuji*

continuous casting *<metal>* *(e.g. of steel)* • Strangguss *m*; Stranggießen *n*

continuous chip *<prod>* *(smooth, curved)* • Fließspan *m*

continuous conveyor *VDI 3620* *<convey>* • Stetigförderer *m VDI 3620*

continuous current *<el>* • Dauerstrom *m*

continuous-duty rating *<tech.gen>* *(e.g. of generator set, pump)* • Nenndauerleistung *f*

continuous fanfold media *pl* *<pap.comp>* • Z-gefaltetes Endlospapier *n*; Computer--Endlospapier *n*; Endlospapier mit Führungslochrand *n*

continuous fiber-reinforced composite *ISO/DIS 20505* *<mat>* • endlosfaserverstärkter Verbundwerkstoff *m ISO/DIS 20505*

continuous form *<comp.pap>* • Endlosformular *n*

continuous girder *<build>* • Durchlaufträger *m*; Träger auf mehreren Stützen *m*; Mehrfeldträger *m*

continuous load *<mech>* • Dauerbeanspruchung *f*; Dauerbelastung *f*

continuously variable *<tech.gen>* *(e.g. transmission)* • stufenlos einstellbar

continuous operation *<tech.gen>* *(e.g. of components, functional units, systems, plants)* • Dauerbetrieb *m*; Dauereinsatz *m*; Non-Stop-Betrieb *m ugs*

continuous operation *<tech.gen>* *(of machines, plants)* • Durchlaufbetrieb *m*

continuous operation <*tech.gen*> • kontinuierlicher Betrieb *m*
continuous-path control <*i&c.autom*> *(e.g. of machine tools, robots)* • Bahnsteuerung *f*
continuous-path-controlled robot <*autom*> • bahngesteuerter Industrieroboter *m*
continuous process <*gen*> • stetiger Vorgang *m*
continuous process <*tech.gen*> • kontinuierliches Verfahren *n*
continuous running <*tech.gen*> *(e.g. of motors, cooling fans)* • Dauerlauf *m*
continuous sheet galvanizing <*srfc*> • Bandverzinken *n*
continuous slab caster <*metal*> • Stranggussanlage *f*
continuous tape <*tech.gen*> • Endlosband *n*
continuous thick line <*docu*> *(for visible outlines, edges)* • breite Volllinie *f*
continuous thin line <*docu*> *(dimension lines, hatching etc.)* • schmale Volllinie *f*
continuous tone <*acoust*> • Dauerton *m*
continuous-tone image <*print*> • Halbtonbild *n*
continuous tracking <*energ.sol*> *(of concentrators)* • kontinuierliche Nachführung *f*
continuous web <*pap.textil*> • Bahn *f*
continuous working <*tech.gen*> *(of machinery, plants)* • Dauerlauf *m*
continuum <*gen*> *(e.g. of space, time, colors, spectrum)* • Kontinuum *n*
contour <*tech.gen*> *(shape)* • Form *f*
contour <*tech.gen*> • Kontur *f*; Umriss *m*
contour <*prod.tool*> *(profile)* • Profil *n*; Kontur *f*
contouring <*int*> *(ergonomics; e.g. of seats)* • Formgebung *f*
contract and expand *vi* <*mat*> *(wood, timber)* • arbeiten *vi*
contraction cavity <*prod*> *(gen.)* • Schwindungshohlraum *m*
contraction crack <*qualit.mat*> *(gen.)* • Schrumpfriss *m*
contraction joint <*build.traff*> *(in jointed concrete pavements)* • Scheinfuge *f*
contractor *ISO 8402* <*econ*> • Auftragnehmer *m DIN EN ISO 8402*
contradictory <*gen*> • widersprechend
contrast <*tech.gen*> *(light, color, subject; e.g. bright/dark, cold/hot, hard/soft)* • Kontrast *m*
contrast *vi* <*gen*> *(e.g. colors)* • kontrastieren *vi*
contrast adjustment <*phot*> • Kontrastausgleich *m*
contrast agent <*opt*> *(e.g. for X-ray screening)* • Kontrastmittel *n DIN EN 1330-3*
contrast control <*av*> *(function)* • Kontrastregelung *f*
contrast control <*av*> *(button, knob etc.; e.g. on a monitor)* • Kontrastregler *m*
contrastive stitching <*textil*> *(e.g. on upholstery, seats)* • farblich abgesetzte Nähte *fpl*
contribute *vt* <*gen*> • beitragen *vt*
contributory effect <*tech.gen*> • Einflussgröße *f*
control <*gen*> *(command, leadership, influence; e.g. over a vehicle, system)* • Kontrolle *f*; Herrschaft *f*
control <*tech.gen*> *(of tires, operating conditions, of a vehicle, situation)* • Beherrschbarkeit *f*
control <*i&c*> *(regulating button, knob, wheel etc.)* • Regler *m*
control <*i&c*> *(without feedback; open--loop process or system)* • Steuerung *f*; rückführungslose Steuerung *f*
control *vt* <*tech.gen*> *(exercise directing influence over events, systems, accidents)* • beherrschen *vt*
control *vt* <*tech.gen*> *(e.g. traffic, production, process, development)* • lenken *vt*; steuern *vt*
control *vt* <*av.i&c*> *(a recording level)* • aussteuern *vt*
control *vt* <*ecol*> *(pollution; e.g. noise)* • bekämpfen *vt*
control *vt* <*i&c*> *(closed or open loop)* • regeln und steuern *vt*
control button <*tech.gen*> • Schaltknopf *m*
control button <*el*> • Betätigungsknopf *m*
control center *US* <*tech.gen*> • Kontrollzentrum *n*
control character <*comp*> • Steuerzeichen *n*

control circuit *<el> (of open-loop control)* • Steuerkreis *m*; Steuerschaltung *f*

control column *<aerosp.i&c>* • Steuersäule *f*; Steuerknüppel *m ugs*

control command *<gen>* • Steuerungsmaßnahme *f*

control condition *<tech.gen>* • Regelzustand *m*

control deviation *<i&c> (actual value minus setpoint value)* • Regelabweichung *f*

control dial *<i&c> (e.g. on cameras for camera functions)* • Einstellrad *n*

control electronics *<i&c>* • Steuerelektronik *f*; Ansteuerelektronik *f rar*

control [element] *<i&c> (e.g. switch, button, knob, keyboard key, lever)* • Bedienungselement *n*; Bedienelement *n rar*

control engineering *<i&c> (gen.; closed or open loop)* • Regelungs- und Steuerungstechnik *f*

control engineering *<i&c> (closed loop)* • Regelungstechnik *f*

control gear *<el>* • Schaltanlage *f*

control gear *<i&c.mech>* • Schaltwerk *n*

control gear *<i&c.mech>* • Steuerung *f*

control handle *<tech.gen>* • Schaltgriff *m*

control key *<i&c>* • Bedientaste *f*; Steuertaste *f*

controllable *<gen>* • beherrschbar

controllable-pitch propeller (CPP) *<nav>* • Verstellpropeller *m*; Umsteuerpropeller *m*

control lead *<el>* • Steuerleitung *f*

controlled *<gen>* • gesteuert

controlled *<tech.gen> (regulated; e.g. temperature, pressure, combustion)* • geregelt

controlled-access area *<tech.gen> (e.g. hot lab, clean room, armory)* • kontrollierter Bereich *m*

controlled atmosphere *<hvac>* • kontrollierte Atmosphäre *f*

controlled atmosphere *<join> (welding)* • Schutzatmosphäre *f*

controlled output *<i&c>* • geregelte Ausgangsgröße *f*

controlled system *<i&c> (closed-loop control; e.g. regulator+motor+speed)* • Regelstrecke *f*; Strecke *f*

controlled three-way catalytic converter *<mvhcl.emiss>* • geregelter Dreiwegekatalysator *m*; geregelter Dreiwegekat *m prakt*; Dreiwegekat *m ugs*

controlled variable *<i&c> (controlled parameter in closed-loop control; e.g. pressure, temp.)* • Regelgröße *f*; Größe *f*: zu regelnde ~

controlled vehicle *<mvhcl.emiss> (with catalytic converter)* • Katalysatorfahrzeug *n*; Fahrzeug mit katalytischer Abgasreinigung *n form*; Katalysatorauto *n ugs*; Kat-Auto *n ugs*

controller *<i&c> (unit in closed-loop control systems)* • Regler *m*

controller *<i&c> (functional unit; e.g. of a machine, process)* • Steuerung *f*

controlling range *<tech.gen>* • Regelbereich *m*

control loop *<i&c>* • Regelkreis *m*

control manually *vt <i&c>* • manuell steuern *vt*

control nozzle *<aerosp> (of space vehicles)* • Steuerdüse *f*

control panel *<comp> (of DSLR cameras; displays current camera settings)* • Kontrollbildschirm *m*; Display *n*; LCD-Feld *n*

control panel *<i&c> (gen.; e.g. on printers, copy machines, injection molding machines)* • Bedienfeld *n*; Bedienungsfeld *n*; Schaltfeld *n rar*

control panel *<mach.tool>* • Konsole *f*

control plunger *<mvhcl> (CIS)* • Steuerkolben *m*

control pulse *<el> (e.g. to a relay)* • Ansteuersignal *n*

control rod *<pack> (pre necker/necker)* • Kontrollstab *m*

control room *<tech.gen> (gen.; of plants, systems)* • Schaltwarte *f*; Leitstand *m form*; Warte *f prakt*; Kontrollraum *m ugs*; Steuerwarte *f rar*

controls *pl <i&c> (control elements, switches, indicators)* • Bedienungselemente *npl*

control stalk *<mvhcl.el> (on steering column below steering wheel; e.g. for wipers, lights)* • Lenksäulenhebel *m*; Lenkstockhebel *m*

control stand *<railw> (of locomotive)* • Führerhaus *n*

control station *<tech.gen>* • Kontrollstation *f*

control station *<i&c> (with control buttons, keys, warning lights, display etc.)* • Bedien- und Anzeigeteil *n*; Bedienungsgerät *n*; Bedientableau *n*; Bediengerät *n*; Bedienteil *n*

control stick *<i&c>* • Steuerknüppel *m*

control surface *JAR 25.651-657 <aerosp>* • Steuerfläche *f*; Steuerorgan *n*; Ruderfläche *f*

control switch *<gen>* • Steuerschalter *m*

control system *<energ.wind>* • Regelungssystem *n*; Leistungsregelungssystem *n*; Betriebsführungssystem *n*

control systems *pl <i&c>* • Steuer- und Regelsysteme *npl*

control tower *<aerosp> (airport)* • Kontrollturm *m*; Tower *m ugs*

control unit *<tech.gen>* • Steuergerät *n DIN VDE 0100*

control valve *<pps.i&c> (with intermediate positions between open and closed)* • Regelventil *n*

control valve *<pps.i&c> (gen.)* • Steuerventil *n*

control vane *<aerosp>* • Steuerruder *n*

control zone (CTR) *<aerosp>* • Kontrollzone *f* (CTR)

controversial styling *<tech.gen> (e.g. Ford Edsel)* • gewöhnungsbedürftige Formgebung *f*; umstrittenes Styling *n*

conurbation *<geo> (aggregation of urban communities)* • Ballungsgebiet *n*

conus connection *<pps> (of pipes)* • Konusverschraubung *f*

convection *<geo>* • Konvektion *f*; Mantelbewegung *f*; Mantelströmung *f*; Wärmekonvektion *f*

convection heater *<hvac>* • Konvektionsheizkörper *m*

convector *<hvac> (heat exchanger)* • Konvektor *m DIN EN 442*

conveniently placed *<tech.gen> (e.g. instruments and controls)* • bequem angeordnet

conventional *<gen>* • konventionell; herkömmlich; traditionell

conventional *<tech.gen> (standard, not unusual)* • gewöhnlich

conventional design *<tech.gen>* • Regelausführung *f*

conventionally reinforced *<build> (concrete)* • schlaffbewehrt

conventional painting *<srfc> (gen.)* • konventionelles Lackieren *n*

converge *vi <tech.gen>* • konvergieren *vi*

convergent beam *<phys> (gen.)* • konvergenter Strahl *m*

converging *<tech.gen> (e.g. a venturi, flow)* • konvergent

converging lens *<opt> (focuses rays)* • Sammellinse *f*; Konvexlinse *f*

converging lines *pl <phot>* • stürzende Linien *fpl*

conversion *<tech.gen> (e.g. data, formats, units, substances)* • Konvertierung *f*; Konversion *f*; Umwandlung *f*

conversion *<tech.gen>* • Konversion *f*

conversion *<build>* • Umbau *m*

conversion *<el> (of data, signals; e.g. analog to digital)* • Umwandlung *f*; Umsetzung *f*; Umkodierung *f*

conversion of refuse to energy (CRE) *<waste>* • energetische Abfallverwertung *f*

conversion process *<tech.gen>* • Konversionsverfahren *n*

convert *vt <tech.gen> (e.g. shape, signal, frequency)* • umwandeln *vt*; konvertieren *vt*

convert *vt <math> (units of measurement, currencies)* • umrechnen *vt*

converter *<tech.gen>* • Konverter *m*; Umwandler *m*

converter *<el> (gen.)* • Umformer *m*

converter *<el> (gen.; e.g. analog to digital)* • Wandler *m*

converter *<mech> (gen.; e.g. torque)* • Wandler *m*

convertible (conv) *<mvhcl> (gen.; 2- and 4-seaters)* • offenes Auto *n*; Cabrio *n ugs*; Oben-ohne-Auto *n press*; Cabriolet *n obs.form*; Kabriolett *n obs*

convertible top *<mvhcl> (stress on: of 4-seater convertibles, not roadsters)* • Cabrioverdeck *n*

convertible top *<mvhcl> (soft top of open cars, of any material)* • Verdeck *n*; Cabrioverdeck *n ugs*

convert into electricity *<energ> (e.g.*

coal) • verstromen *vt*

convertiplane *<aerosp> (heavier-than--air aircraft)* • Wandelflugzeug *n*; Convertiplane *n*; Convertiplan *n*; Verwandlungsflugzeug *n*

convex *<tech.gen> (sheet metal)* • bombiert; gewölbt: nach außen ~

convex *<tech.gen>* • konvex; überwölbt

convexity *<tech.gen>* • Konvexität *f*

convexity *<mech.eng>* • Balligkeit *f*

convex mirror *<mvhcl> (wide-angle rearview mirror)* • asphärischer Spiegel *m*; Aspherix-Spiegel *m werb*; Panoramic-Spiegel *m werb*; Winkelspiegel *m*; Panoramaspiegel *m ugs*

convex roll *<mech.eng>* • ballige Rolle *f*; konvexe Rolle *f*

convey *vt <convey> (e.g. with conveyor belt)* • befördern *vt*

convey *vt <convey>* • fördern *vt*

convey *vt <plast> (melt in barrel)* • fördern *vt*

conveyance *<logist> (of goods, parcels etc.)* • Beförderung *f*

conveyed length *<tech.gen>* • Förderstrecke *f*

conveying *<convey> (process in gen.)* • Förderung *f*

conveying engineering *stand <convey>* • Fördertechnik *f*

conveying plant *<convey> (horizontally)* • Förderanlage *f*; Fördereinrichtung *f*; Fördersystem *n*; Transporteinrichtung *f*; Transportsystem *n*

conveyor *<convey> (gen.; small or large, any system, any direction)* • Fördereinrichtung *f*; Förderer *m*

conveyor belt *<convey>* • Fließband *n*

conveyor belt *<convey>* • Förderband *n*; Transportband *n*; Band *n prakt*; Gurtband *n rar*

conveyor speed *<tech.gen> (of any conveyor)* • Fördergeschwindigkeit *f*

conveyor system *<gen>* • Transportguteinrichtung *f*

convolute *<tech.gen>* • gewunden

convolution *<tech.gen> (smallest flexible unit of a convoluted bellows)* • Balgwelle *f*; Welle *f*; Falte *f rar*

convolution *<math>* • Faltung *f*

convoy *<traff> (vehicles, ships)* • Verband *m*

cook *vt <proc> (to break up compounds; e.g. pulp)* • chemisch aufschließen *vt*

cookie cutter *<food>* • Ausstecher *m*

cooking salt *<food> (NaCl)* • Kochsalz *n*; Tafelsalz *n*; Salz *n ugs*

cool (C) *<light> (said of any colour containing blue; e.g. cold light)* • kalt (C)

coolant *<tech.gen> (liquid; e.g. water, oil)* • Kühlmittel *n*; Kühlflüssigkeit *f*

coolant hose *<pps>* • Kühlmittelschlauch *m*

coolant jacket *<tech.gen> (e.g. around cylinders, mold cavities)* • Kühlmittelmantel *m*; Kühlwassermantel *m prakt*

coolant mist *<tech.gen>* • Kühlnebel *m*

coolant pump *<tech.gen>* • Kühlmittelpumpe *f*; Kühlflüssigkeitspumpe *f rar*

coolant pump *<mot> (for engine coolant)* • Kühlmittelpumpe *f*; Wasserpumpe *f prakt.ugs*

coolant temperature *<tech.gen> (gen.)* • Kühlmitteltemperatur *f*

cool box *<tech.gen> (e.g. for food, drugs)* • Kühlbehälter *m*

cool down *vi <tech.gen>* • abkühlen *vi/vt*; erkalten *vi*

cool down *vt <proc> (fluid, component, system; to a specified temperature)* • abkühlen *vt*; herunterkühlen *vt*; kühlen *vt*

cooled *<proc>* • gekühlt

cooler *<mvhcl> (for engine oil, transmission oil, gasoline)* • Kühler *m*

cooling *<tech.gen> (process)* • Abkühlung *f*; Abkühlen *n*; Kühlen *n*

cooling *<tech.gen> (process and system)* • Kühlung *f*

cooling agent *<tech.gen> (any fluid; e.g. gas, liquid)* • Kühlmittel *n*; Kühlmedium *n*

cooling air *<tech.gen>* • Kühlluft *f*

cooling-air jacket *<tech.gen> (e.g. of engines)* • Kühlluftmantel *m*

cooling-air jacket *<tech.gen>* • luftgekühlter Mantel *m*

cooling circuit *<tech.gen> (e.g. of engine, chemical process, nuclear power plant)* • Kühlkreislauf *m*

cooling coil *<pps>* • Kühlschlange *f*

cooling container *<logist>* • Kühlbehälter *m*

cooling cycle *<tech.gen>* • Kühlkreislauf *m*

cooling duct *<proc> (gen.)* • Kühlkanal *m*

cooling effect *<tech.gen>* • Kühlwirkung *f*

cooling fan *<tech.gen> (e.g. of air--cooled engines)* • Kühlgebläse *n*

cooling fan *<tech.gen> (any size; e.g. of a projector, cooling tower)* • Kühlventilator *m*

cooling fin *<tech.gen> (of sheet metal; as a heat sink)* • Kühlblech *n*

cooling fin *<tech.gen>* • Kühllamelle *f*

cooling fin *<mech.eng> (e.g. on engine cylinders, CPU heat sinks)* • Kühlrippe *f*

cooling load *<hvac> (e.g. of AC systems, refrigerators)* • Kühllast *f*

cooling plate *<el>* • Kühlblech *n*; Kühlplatte *f*

cooling process *<tech.gen>* • Kühlprozess *m*

cooling rate *<tech.gen>* • Abkühlungsgeschwindigkeit *f*; Abkühlgeschwindigkeit *f*

cooling rib *<tech.gen>* • Kühllamelle *f*

cooling surface *<tech.gen>* • Kühlfläche *f*

cooling surface *<proc> (of heat exchangers; e.g. in* ft^2 m^2*)* • Kühlfläche *f*

cooling system *<tech.gen>* • Kühlsystem *n*

cooling system bleed valve *<tech.gen>* • Kühlsystem--Entlüftungsventil *n*

cooling system capacity *<tech.gen>* • Kühlsysteminhalt *m*

cooling tank *<proc>* • Kühlbehälter *m*

cooling tower *<proc> (e.g. of a power plant)* • Kühlturm *m*

cooling tube *<tech.gen>* • Kühlrohr *n*

cooling water *<tech.gen>* • Kühlwasser *n*

cooling-water circulation *<tech.gen>* • Kühlwasserkreislauf *m*; Kühlwasserzirkulation *f*; Kühlwasserumlauf *m*

coordinate *vt <gen> (harmonize, contents and/or sequence; e.g. of actions, events)* • aufeinander abstimmen *vt*

coordinate *vt <gen>* • beiordnen *vt*

coordinate axis *<tech.gen>* • Koordinatenachse *f*

coordinate concept *ISO 12620 <term>* • nebengeordneter Begriff *m*

coordinated steer *<comvhcl> (e.g. of multi-axle heavy-duty flatbed trucks, cranes)* • Allradlenkung *f*

coordinate measuring machine (CMM) *ISO/TS 15530-3 <i&c>* • Koordinatenmessgerät *n* (KMG) *DIN 32880-1*; 3-D-Koordinatenmessgerät *n*; Koordinatenmessmaschine *f*

coordinate plotter *<i&c>* • XY--Schreiber *m*

coordinate reference system *<tech.gen>* • Koordinatenbezugssystem *n*

coordinate system *<math> (gen.)* • Koordinatensystem *n*

coordination *<tech.gen> (of objectives, methods, processes)* • Abstimmung *f*; Koordination *f*

cop *<textil> (conical mass of thread wound on a spindle, bobbin)* • Kops *m*; Cops *m*; Kop *m*; Cop *m*; Kötzer *m obs*

cop *vt <textil> (wind yarn, thread; forming a conical spindle)* • aufwickeln *vt*

co-pilot *JAR 1.1 <aerosp>* • Co-Pilot *m*; Copilot *m*; Kopilot *m*

coping *<build> (finishing course on an exterior wall)* • Krone *f*

coplanar *<phys> (e.g. vectors, light)* • koplanar

copolymer *<plast> (polymer produced by copolymerization; e.g. ABS)* • Copolymer *n*; Copolymerisat *n*

copolymerization *<chem>* • Copolymerisation *f*; Mischpolymerisation *f*; Kopolymerisation *f rar*

copper (Cu) *<metal>* • Kupfer *n* (Cu)

copper alloy *<mat> (e.g. brass)* • Kupferlegierung *f*

copper-bearing *<min>* • kupferhaltig

copper foil *<mat>* • Kupferfolie *f*

copper indium diselenide (CIS) *<el> (compound semiconductor material; e.g. for solar cells)* • Kupfer-Indium--Diselenid *n* (CIS)

copper plate *<mat>* • Kupferblech *n*

copper-plated *<srfc>* • verkupfert

copperplate engraving *<art.print>*

• Kupferstich *m*

copper recovery *<waste>* • Kupferrückgewinnung *f*

copper sheet *<mat>* • Kupferblech *n*

copper wire *<el>* • Kupferdraht *m*

coproduce *vt <gen>* • gemeinsam herstellen *vt*; zusammen herstellen *vt*

coproduct *<prod> (usu. desirable, useful)* • Nebenprodukt *n*; Nebenerzeugnis *n rar*; Beiprodukt *n rar*; Koppelprodukt *n rar*

copy *<art> (e.g. of a picture, sculpture)* • Kopie *f*

copy *<docu> (individual example of a book, record etc.)* • Exemplar *n*

copy *<print> (text and/or artwork for subsequent printing, scanning, editing etc.)* • Vorlage *f*; Druckvorlage *f*

copy *vt <tech.gen> (e.g. documents, media, workpieces)* • kopieren *vt*

copy and paste *vt <comp>* • kopieren und einfügen *vt*

copy construction *<prod> (of products; legal or illegal)* • Nachbau *m*; Kopie *f ugs*

copyfitting *<print>* • Umbruch *m*

copy machining *<prod> (with machine tools)* • Nachformen *n*; Kopieren *n*

copy paper *<pap> (typ. 80 g/m^2)* • Kopierpapier *n*

copy proof *<print> (e.g. galley proof)* • Korrekturabzug *m*

copy-protected *<comp> (file, disk, tape)* • kopiergeschützt

copy protection *<comp> (e.g. of software)* • Kopierschutz *m*

copy speed *<tech.gen>* • Kopiergeschwindigkeit *f*

copy turning *<prod>* • Kopierdrehen *n*; Nachformdrehen *n*

coral *<bio>* • Koralle *f*

coral *<mat> (as a gemstone)* • Korall *m*

corallum *<geo> (coral material)* • Koralle *f*

coral reef *<geo>* • Korallenbank *f*

corbel *<build> (short support projecting from a wall; e.g. to support a window sill)* • Konsole *f*

corbel *<build> (stone bracket projecting from a wall or corner to support a beam)* • Kragstein *m*

cord *<tech.gen> (rope)* • Leine *f*

cord *<tech.gen> (string, thin rope; made of several strands, woven, twisted, or braided)* • Schnur *f*

cord *<el> (thin, flexible cable; e.g. power or phone cord)* • Kabel *n*; Schnur *f ugs.obs*

cord *<vhcl> (ply in tires)* • Cord *m*

cord-braided hose *<tech.gen> (e.g. hydraulic hose)* • kordumsponnener Schlauch *m*

cord drive *<tech.gen>* • Schnurantrieb *m*

Cordierite ® *<mvhcl.emiss>* • Cordierit *n* ®; Kordierit *n*

cordless *<el> (gen.; with removable power cord or battery operated)* • kabellos

cordless drill *<tool>* • Akku-Bohrer *m*

cordless drill/driver *<tool>* • Bohrschrauber *m*; Akku--Bohrschrauber *m*

cordless screwdriver *<tool>* • Akkuschrauber *m*; Akku--Schraubendreher *m*

cordless telephone *<tele>* • schnurloses Telefon *n*

cord reinforcement *<pps>* • Kordeinlage *f*; Cordeinlage *f*

cord storage *<el> (of small appliances)* • Kabelaufbewahrung *f*; Kabelfach *n*

corduroy *<textil> (e.g. for trousers)* • Kord *m*; Kordstoff *m*

corduroy *<textil.garm> (fabric with lengthwise cords)* • Cord *m*; Kord *m*

core *<tech.gen> (gen.; e.g. in molding, inductive coils, etc.)* • Kern *m*

core *<build> (of tall buildings)* • Kern *m*

core *<el> (of a cable; conductor)* • Leiter *m*

core *<energ.el> (of a cable)* • Ader *f*; Kabelader *f*

core *<metal> (foundry, casting)* • Gießkern *m*

core *<pack> (for winding of fibers, yarns, fabrics, film, foil, paper etc.)* • Aufwickelhülse *f DIN 55 405*; Rollenkern *m*; Wickelhülse *f*

core *<phys> (of an atom)* • Atomkern *m*; Kern *m*

core *vt <food> (pomaceous fruit)* • entkernen *vt*

core *vt <min>* • bohren *vt*

core box *<prod> (casting)* • Kernkasten *m*

core competence *<gen>* • Kernkompetenz *f*

core diameter *<tech.gen>* • Kerndurchmesser *m*

core engine *<aerosp.mot>* • Kerntriebwerk *n*; Basistriebwerk *n*

core lamination *<el> (e.g. of transformers)* • Kernblech *n*

coreless *<el>* • eisenlos

core plate *<el> (e.g. for transformer cores)* • Elektroblech *n*

core sand *<prod> (casting)* • Kernsand *m*

core wire *<tech.gen>* • Kerndraht *m*

Coriolis force *<phys>* • Coriolis-Kraft *f*

cork *<food> (stopper, in bottles)* • Stopfen *m*

cork *<mat> (material)* • Kork *m*

cork *<pack.food> (for bottles)* • Korken *m*

corkboard *<build.mat>* • Korkdämmplatte *f*

cork gasket *<tech.gen>* • Korkdichtung *f*

corkscrew rule *<el>* • Korkenzieherregel *f*

corn *US <agri> (fodder)* • Futtermais *m*; Mais *m ugs*

corn *<agri> (cereal plants and their edible seeds; e.g. wheat, oats)* • Korn *n*

corn chopper *<agri.mach> (for corn)* • Maishäcksler *m*; Häcksler [für Mais] *m*

corner *<gen>* • Ecke *f*

corner bench *<gen>* • Eckbank *f*

corner bracing *<tech.gen>* • Eckaussteifung *f*; Eckversteifung *f*

corner fittings *<tech.gen> (e.g. on containers, boxes, furniture)* • Eckbeschläge *mpl*

cornering lamp *<mvhcl.el>* • Abbiegescheinwerfer *m*; vorderer Abbiegescheinwerfer *m*

cornering light *<mvhcl.light>* • Abbiegelicht *n*

cornering performance *<mvhcl> (at the limit)* • Kurvenfahrverhalten *n*; Kurvenverhalten bei sportlicher Fahrweise *n*; Fahrverhalten in schnell gefahrenen Kurven *n*; Kurvenverhalten *n prakt*; Kurvenlage *f obs.rar*

corner joint *<tech.gen> (of frames in gen.)* • Eckverbindung *f*; Rahmenverbindung *f*

corner joint *<join> (e.g. welded)* • Eckstoß *m DIN EN 12345*; Eckverbindung *f rar*; Ecknahtverbindung *f rar*; Winkelstoß *m rar*

corner radius *<tech.gen>* • Eckenrundung *f*

cornerstone *<build.mat>* • Eckstein *m*

corn harvester *US <agri>* • Maiserntemaschine *f*

cornice *<build> (gen.)* • Gesims *n*; Sims *m ugs*

corona *<astron> (of the sun)* • Korona *f*; Corona *f*; Hof *m*

corona charging *<print>* • Koronaaufladung *f*

corona effect *<energ.el>* • Korona--Effekt *m*; Korona-Entladung *f*

corona unit *<print>* • Koronaeinheit *f*

corona wire *<print>* • Koronadraht *m*

corporate average fuel economy (CAFE) *<mvhcl>* • Flottenverbrauch *m*; Durchschnittsverbrauch *m*

corporate culture *<ad>* • Unternehmenskultur *f*; Corporate Culture *f*

Corporate Design (CD) *<econ>* • Corporate Design *n* (CD)

corporate scent *<hvac>* • Unternehmensduft *m*

corpuscular radiation *<phys>* • Korpuskularstrahlung *f*; Teilchenstrahlung *f*; Partikelstrahlung *f*

corpuscular theory *<phys>* • Korpuskulartheorie *f*

correct *<gen>* • korrekt; genau

correct *<qualit> (e.g. facts, figures)* • fehlerfrei; fehlerlos

correct *vt <tech.gen> (mistakes, errors)* • berichtigen *vt*; korrigieren *vt*

correct *vt <i&c> (a controlled variable, in a closed-loop control system)* • ausregeln *vt*

correction *<gen> (of mistakes, errors, defects)* • Berichtigung *f*; Korrektur *f*

correction *<gen>* • Korrektur *f*

correction *<i&c> (of interfering effects, measurement errors)* • Korrektur *f*; Kompensation *f*; Ausgleich *m*

correction *<prod.qualit> (additional effort, to eliminate defects)* • Nacharbeit *f*

correction factor *<tech.gen>* • Korrekturfaktor *m*; Berichtigungsfaktor *m*

correction time <i&c> *(to achieve the setpoint)* • Anregelzeit *f*
correction time <i&c> • Ausregelzeit *f*
corrective <gen> • berichtigend
corrective glass *ISO 13666* <opt> *(lens with dioptric power)* • Korrektionsglas *n ISO 13666*
correctly adjusted <tech.gen> • korrekt eingestellt
correct the flight path *vt* <aerosp> • leiten *vt*
correlate *vi/vt* <math> *(figures, data)* • korrelieren *vi/vt*
correlation <tech.gen> • Korrelation *f*
correlator <tech.gen> • Korrelator *m*
correspondent <gen> • gleichnamig
corresponding <gen> • entsprechend
corresponding <gen> • korrespondierend
corresponding to safety regulations <tech.gen> • sicherheitsgerecht
correspond to *vt* <gen> *(e.g. red corresponds to positive)* • entsprechen *vt*
corridor <build> *(passageway giving access to rooms in a home)* • Flur *m*; Gang *m sdt*
corridor <vhcl> *(passageway giving access to ship cabins, railway compartments)* • Gang *m*
corrode *vi* <srfc> *(destruction by chemical/electrochemical processes)* • korrodieren *vi*; korrodiert werden *v*
corrode *vt* <srfc> *(attack chemically/ electrochemically)* • korrodieren *vt*
corrodible <qualit.mat> • korrodierbar; korrosionsfähig
corrosion *ISO 8044* <srfc> *(physicochemical; e.g. rusting)* • Korrosion *f DIN 50900*
corrosion cell <srfc> • Korrosionselement *n*
corrosion damage *ISO 8044* <srfc> • Korrosionsschaden *m DIN EN ISO 8044*
corrosion depth *ISO 8044* <srfc> • Angriffstiefe *f DIN EN ISO 8044*
corrosion inhibitor <tech.gen> *(e.g. in paint, engine oil)* • Korrosionsschutzadditiv *n*; Korrosionsinhibitor *m*
corrosion perforation <metal> *(of iron and steel)* • Durchrosten *n*; Durchrostungskorrosion *f*; Durchrostung *f*
corrosion product *ISO 8044* <srfc> *(gen.; substance formed as a result of corrosion; e.g. rust)* • Korrosionsprodukt *n DIN EN ISO 8044*
corrosion-protected <srfc> • korrosionsgeschützt
corrosion resistance *ISO 8044* <srfc> • Korrosionsbeständigkeit *f DIN EN ISO 8044*; Korrosionssicherheit *f*; Korrosionsfestigkeit *f*; Korrosionsresistenz *f*
corrosion-resistant <srfc> • korrosionsbeständig; korrosionsfest
corrugated <prod> *(e.g. sheet metal, board)* • gerippt
corrugated <prod> • gewellt
corrugated <prod> *(e.g. iron, board)* • wellig
corrugated board <pap.pack> *(typ. used for packaging)* • Wellpappe *f*; Wellkarton *m rar*
corrugated containers <pack> • Kartonagen *fpl*
corrugated expansion pipe <pps> • Ausgleichwellrohr *n*
corrugated metal hose *EN ISO 7369* <pps> *(with helical or annular grooves)* • gewellter Metallschlauch *m EN ISO 7369*; Metallwellschlauch *m*
corrugated sheet metal <mat> *(any material; e.g. aluminum, steel)* • Wellblech *n*
corrupted <comp> *(e.g. file, file header, FAT)* • beschädigt
corundum <min> *(crystalline form of aluminum oxide)* • Korund *m*
cosmic radiation <astron> • kosmische Strahlung *f*; Höhenstrahlung *f obs*; Heß'sche Strahlung *f rar*; heßsche Strahlung *f rar*
cosmic speed <aerosp> • kosmische Geschwindigkeit *f*; astronautische Geschwindigkeit *m*
cost-effective <tech.gen> *(problem solution, product)* • kostengünstig
cost option <econ> • aufpreispflichtige Sonderausstattung *f*
cot <mil> *(light portable and/or foldable bed, esp. one of canvas)* • Feldbett *n*
cotter *vt* <join> • versplinten *vt*
cotter bolt <join> • Bolzen mit Splint *m*
cotter driver <tool> *(for wedge-shaped*

cotters) • Keiltreiber *m*
cotter key *<join>* • Querkeil *m*
cotter pin *US <join> (e.g. for castle nuts)* • Splint *m DIN EN ISO 1234*
cotton *<textil>* • Baumwolle *f*
cotton baling press *<agri>* • Baumwollpresse *f*
cotton blend fabric *<garm>* • Baumwollmischgewebe *n*
cotton dye *<textil.srfc>* • Baumwollfarbstoff *m*
cotton fabric *<textil>* • Baumwollgewebe *n*
cotton fiber *<textil>* • Baumwollfaser *f*
cotton gin *<textil> (machine)* • Egreniermaschine *f*
cotton spinning mill *<textil>* • Baumwollspinnerei *f*
cotton weaving mill *<textil>* • Baumwollweberei *f*
couchette coach *<railw>* • Liegewagen *m*
coulomb *<phys>* • Amperesekunde *f*
coulomb (C) *<phys> (SI unit of electric charge: 1 C = 1 As)* • Coulomb *n* (C) *DIN 1301*
count *<i&c> (result of counting)* • Zählung *f*
count *vt <math> (small or specified number of items)* • abzählen *vt*
countable *<math>* • abzählbar
countable characteristic *<math> (statistics; quality assurance)* • zählbares Merkmal *n DIN 53804-2*; diskretes Merkmal *n*
countdown *<tech.gen>* • Rückwärtszählen *n*; Countdown *m prakt*
counter *<i&c> (e.g. for persons, objects, events)* • Zähler *m*; Zählwerk *n*
counteract *vt <gen>* • entgegenwirken *vt*
counteracting force *<mech>* • Gegenkraft *f*; entgegenwirkende Kraft *f*; entgegengerichtete Kraft *f*
counteraction *<tech.gen>* • Gegenwirkung *f*
counterbalance *<mech>* • Ausgleich *m*
counterbalance *vt <mech>* • ausbalancieren *vt*
counterclockwise (CCW) *<tech.gen> (rotation, direction)* • links: nach ~; Uhrzeigersinn *m*: gegen den ~
counterclockwise direction *<tech.gen>* • Gegenuhrzeigersinn *m*
counterclockwise rotation *US <tech.gen> (gen.; e.g. of a shaft, lever, control knob)* • Linksdrehung *f*; Drehung entgegen dem Uhrzeigersinn *f*; Drehung gegen den Uhrzeigersinn *f*; Drehung nach links *f*; Drehbewegung im Linkssinn *f obs.rar*
countercurrent *<proc> (e.g. in heat exchangers)* • Gegenströmung *f*
countereffect *<gen>* • Gegenwirkung *f*
counterfeit *<gen> (copied)* • falsch; gefälscht
counterflow heat exchanger *<proc>* • Gegenstromwärmetauscher *m*
counterflow principle *<tech.gen>* • Gegenstromprinzip *n*; Gegenstromsystem *n rar*
counter jib *<build.mach>* • Gegenausleger *m*
counterpart *<tech.gen>* • Gegenstück *n*
counterpressure *<tech.gen>* • Gegendruck *m*
counter reset *<i&c>* • Zählerrückstellung *f*; Zählerlöschung *f*; Zählwerk-Rückstellung *f*; Rückstellung des Zählwerks *f*
counterrotating *<tech.gen>* • gegensinnig drehend
counter-rotating balancer shaft *<mvhcl.mot> (reduces vibration; typ. on 4-cylinder engines)* • gegenläufige Ausgleichswelle *f*
counterrotation *<tech.gen>* • Gegendrehung *f*
countershaft *US <mvhcl.drive> (in manual transmission)* • Vorgelegewelle *f*; Getriebenebenwelle *f*; Nebenwelle *f*
countersink *vt <prod> (drilled hole; usu. for screws)* • ansenken *vt*; senken *vt*
countersink cutter *<tool>* • Senker *m*
counterslope *<build>* • Gegenböschung *f*
countersteer *vi <mvhcl> (left or right)* • gegenlenken *vi*
countersunk external tooth lock washer *<join>* • außengezahnte kegelige Zahnscheibe *f DIN ISO 1891*; Zahnscheibe Form V *f*; federnde Zahnscheibe Form V *f*
countersunk head *<join> (gen.; of screws, rivets)* • Senkkopf *m DIN ISO 1891*

countersunk head rivet *<join>* • Senkniet *m DIN 302, 661*

countersunk head screw *<join>* • Senkkopfschraube *f*; Senkschraube *f*; versenkte Schraube *f ugs*

countersunk serrated external tooth lock washer *<join>* • außengezahnte kegelige Fächerscheibe *f DIN ISO 1891*; Fächerscheibe Form V *f*

counterweight *<tech.gen>* • Gegengewicht *n*

counterweight *<mvhcl.mot> (of crankshafts)* • Ausgleichsgewicht *n*; Gegengewicht *n*

counting *<i&c>* • Zählung *f DIN 1319-1*; Zählen *n*; Zählvorgang *m*

counting mechanism *<i&c>* • Zählwerk *n*

count of yarn *<textil> (numbering)* • Fadenstärke *f*; Nummer *f*; Gespinststärke *f*

count pulse *<i&c>* • Zählimpuls *m*

country code *<tech.gen> (e.g. the first two digits of an EAN code)* • Länderkennzeichen *n*; Länderkennziffer *f*

country code *<term>* • Landeskennzahl *f*

county road *<build.traff>* • Kreisstraße *f*

coupe *US.GB <mvhcl> (2-door body style; ideally without B-pillar)* • Coupé *n*; Hardtop *n rar*

couple *<tech.gen> (group of two)* • Paar *n*; Dyade *f wiss*; Zweiergruppe *f ugs*

couple *vt <tech.gen> (electr., mechanically)* • koppeln *vt*

couple *vt <tech.gen>* • kuppeln *vt*

couple *vt <el>* • ankoppeln *vt*

couple *vt <railw>* • ankuppeln *vt*

coupled *<el> (e.g. circuits, oscillators, amplifiers)* • gekoppelt

couple out *vt <phys> (ray)* • auskoppeln *vt*

coupler *<tech.gen>* • Koppler *m*

coupler *<el> (e.g. via LED link, laser link)* • Kupplung *f*; Koppler *m*

coupler *GB <mech>* • Kupplung *f*; Kupplungseinrichtung *f*

coupler dwell mechanism *<mech.eng>* • Koppelrastgetriebe *n*

couple [up] *vt <railw> (carriages)* • kuppeln *vt*; ankuppeln *vt*

coupling *<tech.gen> (e.g. mech., electr., acoust.)* • Ankopplung *f*

coupling *<tech.gen> (connecting piece; e.g. for a pipe, hose)* • Anschluss *m*

coupling *<av> (acoustic)* • Kopplung *f*

coupling *<drive>* • Kupplung *f*

coupling *DIN IEC 50 <el> (e.g. of circuits)* • Kopplung *f DIN IEC 50*

coupling *<mech.eng> (of shafts)* • Kupplung *f*

coupling *<pps>* • Kupplung *f*

coupling *EN ISO 8330 <pps>* • Armatur *f EN ISO 8330*

coupling attenuation *IEC 62153-4-5 <el>* • Kopplungsdämpfung *f DIN IEC 62153-4*

coupling device *<tech.gen>* • Koppelgerät *n*

course *<gen> (sequence; e.g. of events)* • Gang *m*; Verlauf *m*

course *<aerosp> (flight path)* • Weg *m*

course *<build> (roofing; one row of uniform roofing material)* • Gebinde *n*; Reihe *f ugs*

course *<build> (of bldg. blocks, bricks)* • Lage *f*

course *<build> (a horizontal layer of bricks, shingles, etc.)* • Schicht *f*; Lage *f*

course *<navig> (of a vehicle in gen.; e.g. of ship, aircraft)* • Kurs *m*

course-keeping *<navig>* • kursstabil

course of a river *<geo>* • Flusslauf *m*

covalence *<chem>* • Atombindungszahl *f*

covalent bond *<chem> (two atoms have one pair of electrons in common)* • Kovalenzbindung *f*; kovalente Bindung *f*; Kovalenz *f*

co-valid *DIN IEC 61513 <stand>* • mitgeltend *DIN IEC 61513*

cover *<tech.gen> (any type and shape; e.g. on access holes, machine parts)* • Abdeckung *f*; Deckel *m ugs*

cover *<tech.gen> (usu. easily removable; any shape and size)* • Deckel *m*

cover *<tech.gen> (body, housing)* • Gehäuse *n*

cover *<tech.gen>* • Hülle *f*

cover *<tech.gen> (e.g. book)* • Umhüllung *f*

cover *<tech.gen> (cladding, envelope)* • Ummantelung *f*

cover *<build> (on floor)* • Belag *m*

cover *<mil> (protection, shelter,*

concealment; esp. with regard to gunfire) • Deckung *f*
cover *EN ISO 8330 <pps> (of hoses)* • Außenschicht *f EN ISO 8330*; Decke *f prakt*; Mantel *m rar*
cover *vt <gen> (in smoke, fog)* • einhüllen *vt*; verhüllen *vt*
cover *vt <gen> (area)* • einnehmen *vt*
cover *vt <gen> (range; temporal, local, thematic)* • überspannen *vt*
cover *vt <tech.gen> (an object; e.g. with polythene sheeting; or subject in a paper)* • abdecken *vt*
cover *vt <tech.gen>* • abdecken *vt*; abdeckeln *vt rar*
cover *vt <tech.gen> (e.g. floor with carpets, tiles)* • bedecken *vt*
cover *vt <tech.gen> (area, scope, range; e.g. with data, radar)* • erfassen *vt*; abdecken *vt*
cover *vt <build> (floor; e.g. with tiles)* • belegen *vt*
cover *vt <build> (a roof)* • decken *vt*
cover *vt <fin> (expenses, risk; e.g. budget, insurance)* • decken *vt*
cover *vt <int> (floor; e.g. with wall-to--wall carpeting)* • auslegen *vt*
cover *vt <prod> (envelop; e.g. wire, electrode)* • ummanteln *vt*
cover *vt <textil.srfc> (furniture; e.g. a sofa)* • beziehen *vt*; überziehen *vt*
coverage *<gen> (scope, area, range; e.g. of instrument, insurance)* • Bereich *m*
coverage *<insur> (by police, contract)* • Deckung *f*; Abdeckung *f rar*
coverage in solid areas *<print>* • Deckung im Vollton *f*
covered *<gen>* • bedeckt
covered *<tech.gen> (hidden; e.g. wiring, piping)* • verdecktliegend
covered area *<gen>* • überdeckte Fläche *f*
covered position *<mil>* • Deckung *f*
cover fillet *<tech.gen> (narrow strip, stiff; with trim function; e.g. of wood, metal, plastic)* • Abdeckleiste *f*
cover gasket *<mech.eng> (e.g.of engine valve cover)* • Deckeldichtung *f*
cover glass *<tech.gen> (e.g. on fire alarm switch, meter, instrument)* • Deckglas *n*
covering *<tech.gen> (sheath etc.; hard or soft; e.g. pipe insulation)* • Außenmantel *m*
covering *<tech.gen> (e.g. wire, electrode)* • Umhüllung *f*
covering *<tech.gen>* • Verkleidung *f*
covering fire *<mil> (fire support)* • Feuerschutz *m*; Deckung *f ugs*
covering hood *<tech.gen>* • Abdeckhaube *f*
covering quality *<srfc> (of paint, enamel)* • Deckfähigkeit *f*; Deckkraft *f*; Deckvermögen *n*
cover material *<tech.gen>* • Abdeckmaterial *n*; Deckmaterial *n rar*
cover plate *<tech.gen>* • Abdeckplatte *f*
cover plate *<tech.gen> (any material)* • Abdeckscheibe *f*
cover plate *<tech.gen> (horizontal or vertical)* • Deckplatte *f*
cover plate *<build> (gen.)* • Deckel *m*
cover plate *<energ.sol> (glass pane on flat-plate collector)* • Abdeckscheibe *f*; Deckscheibe *f*
cover plate *<mech.eng>* • Lasche *f*
cover sheet *<tech.gen> (sheet metal; e.g. of steel, aluminum, copper)* • Abdeckblech *n*
cover slip *<chem> (lab)* • Deckglas *n*
cover strip *<build.mat> (over gaps, joints, seams)* • Fugenabdeckung *f*
cover strip *<build.mat> (stress: to conceal joints, gaps)* • Fugenleiste *f*; Fugenabdeckung *f*
cow hide *<leath>* • Kuhhaut *f*
cowhide leather *<garm>* • Rindleder *n*
cowling *JAR 25.1193 <aerosp.mot>* • Verkleidung *f*
cowling *JAR 25.1193 <aerosp.mot>* • Verkleidung *f*
C-pillar *<mvhcl> (of car body)* • C-Säule *f*; Heckscheibensäule *f ugs*; hinterer Dachpfosten *m rar*
CPU cooler *<comp> (gen., active or passive)* • CPU-Kühler *m*
CPU cooler *<comp> (active; typ. 5-16m³/h air flow)* • CPU-Kühler *m*; CPU-Lüfter *m*
crab *<convey> (movable hoisting device; e.g. on cranes, in theaters)* • Laufkatze *f*; Laufwagen *m*; Katze *f ugs*
crack *<tech.gen> (e.g. in paintwork, ceramics)* • Riss *m*
crack *<qualit.mat> (narrow break)* • Riss *m*

crack *<silic> (in glass, ceramics etc.)* • Sprung *m*
crack *vi <mat> (develop cracks)* • aufreißen *vi*
crack *vi <mat> (develop cracks)* • Risse bilden *vi*; Risse bekommen *vi*; reißen *vi*
crack *vi <mat> (e.g. glass, wood)* • springen *vi*
crack *vi <qualit.mat> (due to excessive tensile stress)* • reißen *vi*
crack *vt <chem> (compound)* • aufspalten *vt*
crack *vt <chem.petr>* • spalten *vt*; cracken *vt*; aufspalten *vt*; kracken *vt obs*
crack *vt <mech.eng> (e.g. a nut, tank, engine)* • sprengen *vt*
cracked gas *<proc> (ethylene plant)* • Spaltgas *n*
cracked petrol *<chem.petr>* • Crackbenzin *n*; Krackbenzin *n*
cracking *<tech.gen> (gen.)* • Rissbildung *f*
crackle glaze *<srfc> (desired effect)* • Haarrissglasur *f*; Craquelée *n*
crackle pattern *<srfc>* • Krakelee *n*; Craquelé *n*
crack [off] *vi <srfc> (brittle coating)* • abspringen *vi*
crack propagation *<qualit.mat> (in length)* • Rissausbreitung *f*; Risswachstum *n*; Rissfortpflanzung *f*
crack resistance *<tech.gen>* • Risswiderstand *m*
craft *<gen> (occupation requiring special skills, usu. manual skills)* • Handwerk *n*
craft *<vhcl>* • Fahrzeug *n*
craftsman *<gen>* • Handwerker *m*
craft store *<gen>* • Bastelgeschäft *n*; Bastlerbedarfsgeschäft *n form.rar*; Laden für Kunsthandwerksbedarf *m form.rar*
C-rail *<tech.gen>* • C-Profilschiene *f*
cramp *vt <build.join>* • klammern *vt*
cramp iron *<build> (for walls, timber)* • Klammer *f*
cramp iron *<build.join> (large, to connect timber)* • Krampe *f*; Krampen *m A*
crane *<convey>* • Kran *m DIN 15001*
crane car *<railw>* • Kranwagen *m*
crane operator *<build>* • Kranführer *m*; Kranfahrer *m*
crane operator cabin *<convey>* • Kranführerkabine *f*; Kranführerkorb *m*
crank *<tech.gen> (gen.; a rotating link)* • Kurbel *f*
crank *<mot> (of a crankshaft)* • Kurbelwellenkröpfung *f*; Kröpfung *f prakt*
crank *<vhcl> (bicycle)* • Tretkurbel *f*; Kurbel *f*
crank *vt <mech.eng> (start sth by means of a crank)* • ankurbeln *vt*
crank *vt <mvhcl> (engine, in order to start it)* • anwerfen *vt ugs*
crank *vt <mvhcl.mot> (engine, w/o ignition)* • durchdrehen *vt*; starten *vt*
crank-and-rocker mechanism *<mech.eng> (gen.; converts rotation into oscillation)* • Kurbelschwinge *f*; Kurbelgetriebe *n*
crank angle *<mot> (of reciprocating engines; in deg after TDCC)* • Kurbelwinkel *m*; Kurbelwellenwinkel *m rar*
crank arm *<mech.eng> (of a crank-and--rocker mechanism)* • Kurbelschwinge *f*
crankcase *ISO 7967-1 <mot> (lower part of engine block)* • Kurbelgehäuse *n DIN ISO 7967-1*
cranked *<mech.eng> (shaft etc.)* • gekröpft
crank mechanism *<drive>* • Kurbelgetriebe *n*
crank mechanism *<mech.eng>* • Koppelgetriebe *n*
crank mechanism *<mech.eng> (gen.)* • Kurbeltrieb *m*
crank-operated window *<tech.gen>* • Kurbelfenster *n*
crank pin *ISO 7967-2 <mot> (on crankshaft; drives connecting rod big end)* • Pleuelzapfen *m*; Kurbelzapfen *m DIN ISO 7967-2*; Hubzapfen *m*
crankshaft *<mot> (of reciprocating piston engine)* • Kurbelwelle *f*
crankshaft bearing *<mech.eng>* • Kurbelwellenlager *n*
crankshaft bearing cap *<mech.eng>* • Kurbelwellenlagerdeckel *m*
crankshaft drive *<mot> (in crankcase)* • Kurbeltrieb *m*
crankshaft journal *<mot> (in main bearing)* • Kurbelwellenlagerzapfen *m*; Wellenzapfen *m DIN ISO 7967-2*;

Lagerzapfen *m prakt*

crankshaft main bearing *<mot>* • Kurbelwellenhauptlager *n*; Kurbelwellenlager *n prakt*; Hauptlager *n prakt*; KW-Lager *n prakt*

crankshaft main bearing cap *<mot>* • Kurbelwellenhauptlagerdeckel *m*; Hauptlagerdeckel *m prakt*

crankshaft pulley *<mot>* • Kurbelwellenriemenscheibe *f*

crank throw *ISO 7967-2 <mech.eng> (distance between crankpin and crankshaft axis; half stroke)* • Kurbelkröpfung *f DIN ISO 7967-2*

crank throw *<mech.eng>* • Kurbelwellenkröpfung *f*

crank web *ISO 7967-2 <mot>* • Kurbelwange *f DIN ISO 7967-2*; Hubscheibe *f rar*; Hubwange *f rar*; Kurbelschenkel *m rar*; Kurbelscheibe *f rar*

crash *<tech.gen> (vertical drop; e.g. of aircraft, read/write head)* • Absturz *m*

crash compatibility *:V <mvhcl>* • Kompatibilität *f*; Partnerschutz *m prakt*

crashed *<tech.gen> (e.g. aircraft, suspended load, read/write head, program)* • abgestürzt

crash landing *<aerosp>* • Bruchlandung *f*

crashproof *<aerosp> (survives a crash; e.g. the FDR)* • absturzsicher

crash recorder *:V <mvhcl.i&c>* • Unfalldatenschreiber *m* (UDS); Crash-Computer *m press*

crash sensor *<mvhcl.i&c> (of air bag system)* • Aufprallsensor *m*; Crashsensor *m*; Schocksensor *m rar*

crash site *<aerosp>* • Absturzstelle *f*

crash test *<mvhcl.qualit>* • Crashtest *m*; Crash *m prakt*

crate *<pack> (carrier for bottles)* • Flaschenkasten *m DIN 55 405*

crate *<pack> (stackable container without lid; e.g. for bottles, fruit)* • Kasten *m DIN 55 405*

crater *<geo> (volcano)* • Krater *m*

crater *<mach.tool> (in tool surface)* • Auskolkung *f*; Kolkung *f*

cratering *ISO 4618-2 <srfc.qualit> (small circular depressions after drying)* • Kraterbildung *f DIN EN ISO 4618*

crawler *<build.mach> (e.g. rotary excavator)* • Raupenfahrzeug *n*; Crawler *m prakt*; Kettenfahrzeug *n rar*

crawler chain *<build.mach>* • Raupenkette *f*; Kette *f*

crawler running gear *<build.mach>* • Raupenfahrwerk *n*

crawler-type vehicle *<vhcl>* • Gleiskettenfahrzeug *n*

crawler vehicle *<vhcl>* • Kettenfahrzeug *n*; Crawler *m prakt*

craze *<qualit.mat> (a minute crack; e.g. in concrete, in the glaze of ceramics)* • Haarriss *m*

craze *<qualit.silic> (a pattern of minute cracks in the glaze of ceramic objects)* • Haarrisse *mpl*

craze *vi <srfc> (glaze)* • Risse bilden *vi*

crazing *<qualit.mat> (fine and random cracking)* • Rissbildung *f*

creaming *<chem> (stability problem of emulsions; e.g. of paint, drugs)* • Aufrahmen *n*; Aufsteigen der leichteren Phase *n*

creaming *<food> (of raw milk)* • Aufrahmen *n*; Aufsteigen des Milchfetts *n*

creaming agent *<chem> (separates emulsions)* • Aufrahmungsmittel *n*

crease *<gen> (e.g. in fabrics, paper, skin)* • Falte *f*

crease *<garm> (in trousers)* • Falte *f*

creasing *ISO 2424 <build.int> (e.g. carpet)* • Faltenbildung *f DIN ISO 2424*

create *vt <gen> (form)* • bilden *vt*

create *vt <gen>* • erstellen *vt*

create *vt <comp> (directory, folder)* • anlegen *vt*

creel *<textil>* • Gatter *n*

creep *<tech.gen> (very slow motion)* • Kriechen *n*

creep *<plast>* • Kriechen *n*

creep *vi <tech.gen> (e.g. material, current, vehicle)* • kriechen *vi*

creepage spark *<el>* • Gleitfunke *m*

creeping capability *<srfc> (e.g. of anti--seize oil)* • Kriechfähigkeit *f*

creep motion *<tech.gen> (e.g. of conveyors)* • Kriechgang *m*

creep motion *<tech.gen>* • Schleichgang *m*

creep rate *<tech.gen> (distance per unit time)* • Kriechgeschwindigkeit *f*

creep speed *<tech.gen> (slower than*

normal) • Schleichganggeschwindigkeit *f*

crest *<gen>* • Kuppe *f*

crest *<build.hydr> (top; of a dam, barrier)* • Krone *f*

crest *<geo>* • Grat *m*

crest *<join> (of screw threads)* • Gewindespitze *f*; Zahnspitze *f*; Profilspitze *f*

crest *<join> (of a thread)* • Spitze *f*

crest diameter (OD) *<mech.eng> (the largest diameter of an external thread)* • Außendurchmesser *m*; Gewindeaußendurchmesser *m*; Gewindedurchmesser *m*; Nenndurchmesser *m*; Gewindenenndurchmesser *m*

crest diameter (I.D.) *<mech.eng> (at the thread crest; the smallest diameter of an internal thread)* • Kerndurchmesser *m*; Gewindekerndurchmesser *m*

crevice *<tech.gen>* • Spalt *m*

crevice corrosion *ISO 8044 <srfc>* • Spaltkorrosion *f DIN EN ISO 8044*

crew *<vhcl> (on a ship, airplane)* • Besatzung *f*; Mannschaft *f obs*; Crew *f jarg*

crew cab *<comvhcl> (on truck)* • Doppelkabine *f*; Mannschaftsfahrerhaus *n*; Mannschaftskabine *f rar*

crimp *vt <el> (connector to cable)* • quetschen *vt*; crimpen *vt*

crimp connection *<energ.el> (cable or conductor connection)* • Pressverbindung *f*

crimp connection *<join> (gen.; of sheet panels, wires, connectors)* • Quetschverbindung *f*

crimp connector *<el>* • Crimpanschluss *m*

crimped contact *<el>* • Quetschkontakt *m*

crimped yarn *<textil>* • Kräuselgarn *n*; texturiertes Garn *n*

crimp [to] *vt <tech.gen>* • anquetschen [an] *vt*

crimp tool *<el.tool>* • Crimpzange *f*

cripple *vt <mech.eng>* • knicken *vt*

crisp *<phot> (image; sharp, well--defined)* • scharf

critical *<tech.gen> (e.g. load, speed, pressure, temperature)* • kritisch

critical application *<gen>* • Extremfall *m*

critical data *<comp>* • sensible Daten *pl*

critical defect *<qualit>* • kritischer Fehler *m*

critical load *<mech>* • Grenzlast *f*

critical mass *<nucl>* • kritische Masse *f*

critical path *<econ> (project development)* • kritischer Pfad *m*; kritischer Weg *m rar*

critical path method *<prod>* • CPM--Verfahren *n*

critical point *<metal> (dwell point; e.g. in Fe-C-diagram)* • Haltepunkt *m*

critical reactor *<nucl>* • kritischer Reaktor *m*

critical size *<tech.gen>* • kritische Größe *f*

critical value *<tech.gen> (e.g. of pressure, temperature)* • kritischer Wert *m*

crop *vt <tech.gen> (sheet material, images, to achieve a certain size, shape)* • zuschneiden *vt*; beschneiden *vt*

cropping tool *<metal> (shearing of bar stock; e.g. to prepare forging blanks)* • Scherwerkzeug *n*

crop protection equipment *ISO 22368 <agri.tool>* • Pflanzenschutzgeräte *npl ISO 22368*

crop top *<garm>* • Bustier *n*

cross *<gen>* • Kreuz *n*

cross *<tech.gen> (gen.; e.g. a pipe fitting)* • Kreuzstück *n*

cross *vt <gen> (go over sth.; e.g. street, cable, pipe)* • überqueren *vt*; kreuzen *vt*

cross arm *<el> (of HT tower)* • Ausleger *m*

crossbar *<tech.gen>* • Traverse *f*

crossbeam *<build> (e.g. of bridges)* • Querriegel *m*; Riegel *m*

crossbow *<mil>* • Armbrust *f*

cross brace *<tech.gen> (prevents sideswaying of frameworks; e.g. of storage racks)* • Kreuzverband *m*; Diagonalverband *m*; Diagonalkreuz *n*

cross brace *<tech.gen> (e.g. in steel skeleton structure, framework)* • Querstrebe *f*

cross bracing *<tech.gen>* • Kreuzverstrebung *f*

cross bracing *<tech.gen> (gen.)*

• Querabsteifung *f*
cross bracing *<tech.gen> (with tie rods, beams, members, panels)* • Queraussteifung *f*
cross bracing *<build> (of laced columns)* • Kreuzverbund *m*
cross connection *<tech.gen> (e.g. physical, immaterial)* • Querverbindung *f*
cross-country flight *<aerosp>* • Überlandflug *m*
crossed pinning *<comp>* • gekreuzte Pinbelegung *f*
cross-feed screw *<mach.tool>* • Planspindel *f*
cross finning *<tech.gen>* • Querverrippung *f*
cross flow *<tech.gen> (any fluid; e.g. water, air)* • Querstrom *m*; Kreuzstrom *m*; Querströmung *f ugs*
crossflow cylinder head *<mvhcl.mot>* • Querstrom-Zylinderkopf *m*
cross hairs *<comp> (on screen, display)* • Fadenkreuz *n*
cross hairs *<opt>* • Fadenkreuz *n*; Strichkreuz *n*
cross-halved joint *<wood.join>* • Überblattung *f*
crosshatch *vt <docu> (intersecting lines)* • schraffieren *vt*
crosshead *<mech.eng> (gen.)* • Kreuzkopf *m*
cross-head *<mech.eng> (traverse; e.g. of machine tool, mat. testing machine)* • Querhaupt *n*
cross-head screwdriver *<tool> (gen.; e.g. Phillips, Pozidriv, Supadriv)* • Kreuzschlitzschraubendreher *m*
crossing *<gen>* • Überweg *m*
crossing *<tech.gen> (e.g. of roads, rail roads, power lines, pipelines)* • Kreuzung *f*
crossing *<build.traff> (road)* • Kreuzung *f*
crossing *<traff>* • Übergang *m*
crossing point *<tech.gen> (e.g. of lines, curves, roads)* • Kreuzungspunkt *m*
cross-link *vi <chem> (plastics)* • vernetzen *vr*
cross-linked polyethylene (PE-X) *ISO/DIS 14531-3 <plast> (for cable insulation)* • vernetztes Polyethylen *n* (VPE) *ISO/DIS 14531-3*
crosslinking *<chem> (of macromolecules; process)* • Vernetzung *f*
crossmember *<tech.gen> (gen.; typ. timber, metal)* • Querträger *m*; Traverse *f*; Querbalken *m*
cross-over *<tech.gen>* • Überkreuzung *f*
cross peen hammer *US <tool>* • Schlosserhammer *m*
cross ply tire *<prod> (as opp. to radial-ply tires)* • Diagonalreifen *m*; konventioneller Reifen *m obs.rar*
cross rail *<tech.gen> (metal; any size, any shape)* • Querträger *m*; Traverse *f*
cross recess *<join> (in screw head; e.g. Phillips, Pozidriv)* • Kreuzschlitz *m*; Kreuzschlitz-Kraftangriff *m*
cross recessed head screw *<join>* • Kreuzschlitzschraube *f DIN 967/968*
cross recessed raised cheese fillister head screw *<join>* • Linsenschraube mit Kreuzschlitz *f DIN ISO 1891*
cross recessed raised countersunk oval head screw *<join>* • Linsensenkschraube mit Kreuzschlitz *f DIN ISO 1891*
cross recessed raised countersunk oval head tapping screw *<join>* • Linsensenk-Blechschraube mit Kreuzschlitz *f DIN ISO 1891*; Linsensenkblechschraube mit Kreuzschlitz *f*
cross recessed raised countersunk oval head wood screw *<join>* • Linsensenk-Holzschraube mit Kreuzschlitz *f DIN ISO 1891*
cross rib *<tech.gen> (e.g. for stiffening, surface enlargement)* • Querrippe *f*
cross ribbing *<tech.gen>* • Querverrippung *f*
crossroad *US <traff> (crosses a main road or joins two main roads)* • Querstraße *f*
cross section *<tech.gen> (shape in a transverse cutting plane)* • Querschnitt *m*
cross-sectional area *<tech.gen> (gen.; of any object; e.g. of cables in mm²)* • Querschnittsfläche *f*; Querschnitt *m ugs*
cross slide *<mach.tool>* • Querschlitten *m*; Planschlitten *m*; Quersupport *m*; Plansupport *m*
crosstalk *<el> (of adjacent lines; e.g. of*

phone lines) • Nebensprechen *n*
crosstalk attenuation *<av>* • Übersprechdämpfung *f*
crosstalk damping *<tele>* • Nebensprechdämpfung *f*
cross tie *<tech.gen>* • Querstrebe *f*
cross-tie *US <railw> (of rails)* • Schwelle *f*
cross vault *<build>* • Kreuzgewölbe *n*
crosswind *<aerosp>* • Querwind *m*; Seitenwind *m*
crosswind landing *<aerosp>* • Landen bei Seitenwind *n*
crosswind[s] *<gen> (gen.; e.g. on roads)* • Seitenwind *m*
crown *<build> (of an exterior wall)* • Krone *f*
crown *<mech> (of a watch)* • Aufzugskrone *f*; Krone *f ugs*
crown *<med> (dental; e.g. gold, porcelain)* • Krone *f*
crown *<metal> (of a melting furnace)* • Gewölbe *n*
crown *<metal> (of furnace)* • Haube *f*
crown cap *<pack> (on bottles)* • Kronenverschluss *m*
crowned *<med> (tooth)* • überkront
crowned face *<mvhcl.tool> (body hammer)* • gewölbte Bahn *f*
crowned raceway *ISO 5593 <mech.eng>* • ballige Laufbahn *f DIN ISO 5593*
crowned roller *ISO 5593 <mech.eng> (roller bearing)* • bombierte Rolle *f DIN ISO 5593*; ballige Rolle *f*
crown mirrored lamp *<el.light>* • kopfverspiegelte Lampe *f*
crown wheel *<mvhcl.drive> (axle drive, differential)* • Tellerrad *n*
crucible *<metal> (of an arc furnace)* • Wanne *f*
crucible *<proc>* • Tiegel *m*
crucible furnace *<proc>* • Tiegelofen *m*
crucible steel *<metal>* • Tiegelstahl *m*; Tiegelgussstahl *m*
cruciform *<gen>* • kreuzförmig
crude *<gen> (raw, unprocessed)* • roh
crude oil *<chem.petr> (petroleum before refining and processing)* • Rohöl *n*; rohes Erdöl *n rar*; Erdöl *n*
crude oil tanker *<nav>* • Rohöltanker *m*; Öltanker *m*; Erdöltanker *m*
cruise *<mvhcl> (stress on: under light throttle driving conditions)* • Teillastbetrieb *m*
cruise *vi <nav> (the seas; e.g. cruise ship)* • kreuzen *vi*
cruise car *US <mvhcl> (police automobile)* • Streifenwagen *m*
cruise ferry *<nav>* • Cruise Ferry *f*; Kreuzfahrt-Fähre *f*
cruise liner *<nav>* • Kreuzfahrtschiff *n*; Kreuzfahrer *m*
cruise missile *<mil>* • Marschflugkörper *m*
cruiser *<mil.nav> (fast, medium-size warship)* • Kreuzer *m*
cruising altitude *<aerosp>* • Reiseflughöhe *f*
cruising radius *<mil> (e.g. of tank, aircraft)* • Aktionsradius *m*
cruising speed *<vhcl> (e.g. 55 mph, 550 mph)* • Reisegeschwindigkeit *f*; Dauergeschwindigkeit *f*
crumble *vi <srfc>* • ausbröckeln *vi*
crumble *vt <gen>* • bröckeln *vt*
crumbly *<gen>* • krümelig; bröckelig
crumbly *<mat>* • bröcklig
crumbly *<mat.qualit> (e.g. sandstone, shortbread)* • brüchig
crumple [up] *vt <gen> (e.g. paper, foil)* • zerknüllen *vt*
crumple zone *<mvhcl>* • Knautschzone *f*; Deformationszone *f*
crush *vt <tech.gen>* • zerquetschen *vt*; zerdrücken *vt*
crush *vt <proc> (brittle material; e.g. stone, rock. coal)* • brechen *vt*
crushed coal *<gen>* • vorgebrochene Kohle *f*
crushed stone *<build.mat> (hard material in pieces; broken bricks or stone)* • Schotter *m*
crusher *<min>* • Brecher *m*; Brechmaschine *f*
crusher *<proc>* • Mühle *f*
crusher *<proc>* • Zerkleinerer *m*
crushing mill *<waste>* • Zerkleinerungsanlage *f*
crushing plant *<proc>* • Brechanlage *f*
crust *<pps> (hard deposit)* • Ansatz *m*; Verkrustung *f*
cryogenic *<proc>* • kryotechnisch
cryogenic engineering *<proc> (e.g. for superconduction)* • Kryotechnik *f*; Tiefsttemperaturtechnik *f*; Tieftemperaturtechnik *f*; Kältetechnik *f*
cryogenic memory *<el>* • kryogener

Speicher *m*; Kryogenspeicher *m*; Cryotronspeicher *m*; Tieftemperaturspeicher *m ugs*

cryogenic motor *<el.mot> (e.g. for ships)* • Kryomotor *m*

cryophysics *<phys>* • Kryophysik *f*; Tieftemperaturphysik *f*

cryptography *<comp> (as a field of knowledge)* • Kryptographie *f*

crystal *<mat.min>* • Kristall *m*

crystal-clear *<gen> (liquid, glass etc.)* • kristallklar

crystal defect *<qualit.mat>* • Störstelle *f*; Fehlordnung *f*; Kristallfehler *m*

crystal glass chandelier *<light>* • Lüsterleuchte mit Kristallbehang *f*; Kristall-Kronleuchter *m ugs*

crystal lattice *<phys>* • Kristallgitter *n*

crystalline silicon (c-Si) *<energ.sol> (mono- or polycrystalline)* • kristallines Silicium *n* (c-Si)

C-spanner *<tool> (for bicycles)* • Hakenschlüssel *m*

cube *<tech.gen> (geometr. shape)* • Würfel *m*

cube van *GB <comvhcl>* • Kastenwagen *m*

cubic capacity (cc) *<mot> (of reciprocating piston engines; in cid, liters or cc)* • Hubraum *m*; Hubvolumen *n form*

cubic face-centered *US <mat> (e.g. Austenite)* • kubisch-flächenzentriert (kfz)

cue *<av> (picture search in forward direction)* • Bildsuchlauf vorwärts *m*; Vorwärts-Bildsuchlauf *m*; Vorwärtssuchlauf *m*; Bildlauf vorwärts *m rar*; sichtbarer Schnellvorlauf *m rar*

cueing *<av> (VCR function)* • Suchlauf *m*

cuff *<garm>* • Manschette *f*

cullets *pl <silic> (used for glass production)* • Bruchglas *n*; Glasbruch *m*; Glasscherben *fpl*; Bruch *m*

cultivate *vt <agri> (e.g. corn, fruit, rice)* • anbauen *vt*

cultivate *vt <agri>* • bebauen *vt*

cultivated acreage *<agri>* • Anbaufläche *f*

cultivation *<agri> (e.g. of grain, fruit)* • Anbau *m*

cultivation *<agri>* • Bearbeitung *f*; Bearbeiten *n*

culture medium *pl*: **-ia** *CEN/ISO/TS 1113 <agri> (e.g. for bacteria)* • Nährmedium *n pl*: -ien *CEN/ISO/TS 1113*; Nährboden *m pl*: -böden

culvert *<build.hydr>* • Durchlass *m DIN 4047-5*

cumulative effect *<gen> (added effects, total influence)* • kumulative Wirkung *f*

cup *<prod>* • Napf *m*

cup anemometer *<wind.i&c>* • Schalenkreuzanemometer *n*

cupboard *<int>* • Schrank *m DIN 68880-1*

cupel *<metal> (small, cuplike porous receptacle)* • Kupelle *f*; Probetiegel *m*

cupel *vt <metal>* • abtreiben *vt*

cupellation *<metal> (of noble metals)* • Kupellieren *n*; Kupellation *f*; Treiben *n*; Abtreiben *n*; Kupellenprobe *f*

cupel test *<metal>* • Kapellenprobe *f*

cup grease *<tribo>* • Staufferfett *n*

cup holder *<mvhcl.int> (e.g. in center console)* • Getränkehalter *m form*; Getränkedosenhalter *m*; Becherhalter *m prakt.ugs*

cupping *<prod> (e.g. for beverage cans)* • Napfziehen *n*

cupping *<prod> (deep draw stamping of sheet metal; e.g. of beverage cans)* • Tiefziehen *n*

cup seal *<mech.eng> (cup-shaped dust boot; e.g. on hydraulic pistons)* • Topfmanschette *f*

curable *<plast> (hardenable)* • aushärtbar

curb chain *<garm> (flat design; usu. made of gold, silver)* • Panzerkette *f*

curb light *<mvhcl.el> (in lower door panel)* • Ausstiegsleuchte *f*

curb weight *<mvhcl>* • Leergewicht *n DIN 70020*; Fahrzeuggewicht fahrfertig *n form*

curd *<food> (of milk)* • Bruch *m*

cure *vi <plast> (solidify; e.g. polymeric adhesive)* • abbinden *vi*; fest werden *vi ugs*

cure *vi <plast> (harden)* • aushärten *vi*

cured *<plast> (hardened)* • gehärtet

curing *<build> (of concrete)* • Nachbehandlung *f*

curing agent *<plast>* • Härter *m*; Härtungsmittel *n*; Vernetzer *m*

curing at room temperature *<join>*

(e.g. 2-component epoxy adhesive) • Aushärtung bei Raumtemperatur *f*
curing time *<mat> (of polymeric materials)* • Abbindezeit *f*
curing time *<plast> (filler, paint)* • Aushärtzeit *f*; Durchhärtzeit *f*; Aushärtungsdauer *f*
curium (Cm) *<chem> (radioactive)* • Curium *n* (Cm)
curl *vi <gen>* • ringeln *vr*
curled pile *ISO 2424 <build.int> (textile floor covering)* • gekräuselter Pol *m DIN ISO 2424*
curly bracket *<docu>* • geschweifte Klammer *f*
current *<tech.gen> (liquid, gas)* • Strom *m*
current consumer *<el> (a client or device)* • Stromabnehmer *m*; Stromverbraucher *m*
current delivery *<el>* • Stromabgabe *f*
cursor *<comp> (visual marker of position on screen; e.g. an arrow)* • Cursor *m*; Positionsmarke *f DIN*; Schreibmarke *f rar*; Positionsanzeiger *m rar*; Leuchtmarke *f rar.obs*
cursor control key *<comp> (on keyboard)* • Cursortaste *f*; Pfeiltaste *f*; Richtungstaste *f*
cursor puck *<comp>* • Fadenkreuzlupe *f*; Lupe *f prakt*; Puck *m ugs*
curtain air bag (IC) *<mvhcl.safe>* • Curtain-Airbag *m* (IC); Inflatable Curtain *m*; Seitenvorhang *m*
curtain wall *ISO/DIS 8270 <build>* • Vorhangfassade *f*; vorgehängte Fassade *f DIN EN 12365*
curvature *<tech.gen>* • Krümmung *f*; Bogen *m*
curve *<gen> (any orientation; of a diagram, road, track, flight path etc.)* • Kurve *f*
curve *<build> (e.g. of a road, river)* • Krümmung *f*
curve *<railw> (railway track)* • Bogen *m*
curved *<gen> (S-shaped)* • geschweift
curved *<tech.gen>* • gekrümmt; gebogen *ugs*; krummlinig
curved coil spring *<mech.eng> (e.g. in torsion damper)* • Bogenfeder *f*
curved space *<math>* • gekrümmter Raum *m*
curved spring washer *<join> (no locking device)* • Federscheibe *f*
curved spring washer *<mech.eng>* • gewölbte Federscheibe *f*
curved surface *<tech.gen>* • gekrümmte Oberfläche *f*
curve follower *<prod> (e.g. a stylus, roller)* • Kurvenabtaster *m*
curve-shaped *<gen>* • kurvenförmig
cushion *vt <mech.eng>* • dämpfen *vt*
cushioned *<mech> (suspension)* • gedämpft
cushioned *<mech.eng> (with springs)* • abgefedert
cushioning *<tech.gen> (springing, spring suspension)* • Federung *f*
cushioning *<tech.gen>* • Pufferung *f*
custom design *<tech.gen>* • kundenspezifische Gestaltung *f*
custom-designed *<tech.gen>* • maßgeschneidert
customer *ISO 8402 <econ> (organisation or person that receives a product)* • Kunde *m DIN EN ISO 8402*
custom fragrance *<gen>* • maßgeschneiderter Duft *m*; individuell konzipierter Duft *m*
customization *US <tech.gen> (of components, systems, plants)* • kundenspezifische Anpassung *f*
customize *vt <tech.gen> (modify, adapt to client requirements; e.g. design)* • kundenspezifisch gestalten *vt*; Kundenwünsche *mpl*: an ~ anpassen *vt*
customized *<gen>* • kundenspezifisch
customized *<tech.gen> (task-oriented; e.g. software)* • aufgabenspezifisch
customized cable *US.GB <el> (cut and assembled to user specifications)* • konfektioniertes Kabel *n*
customized ring tones *<tech.gen> (cell phone)* • individuelle Ruftöne *mpl*
custom-made *<gen>* • kundenspezifisch
custom-made *<tech.gen>* • maßgeschneidert
customs control *<aerosp>* • Zollkontrolle *f*; Zollabfertigung *f*
cut *<tech.gen> (process or result of cutting)* • Schnitt *m*
cut *<fin> (budget)* • Kürzung *f*
cut *<srfc.silic> (result, type; e.g. diamond cut)* • Schliff *m*
cut *adj <silic> (glass, gems)* • geschliffen
cut *vt <gen> (e.g. paper, sheet metal)*

• schneiden *vt*

cut *vt <join> (to open; e.g. closed sheetmetal sections)* • auftrennen *vt*

cut *vt <proc> (gemstones, glass)* • schleifen *vt*

cut and fill *<build.traff>* • Abtrag und Auftrag *m*; Einschnitt und Damm *m*; Aushub und Aufschüttung

cut and paste *vt <comp>* • ausschneiden und einfügen *vt*

cut away *vt <gen>* • wegschneiden *vt*

cutaway view *<docu>* • aufgeschnittene Darstellung *f*

cut back *vt <petr> (high-boiling petroleum fractions)* • verschneiden *vt*

cut in *vt <gen>* • einschneiden *vt*

cut-in wind speed *IEV 415 <energ.wind>* • Einschaltwindgeschwindigkeit *f IEV 415*

cut off *vt <tech.gen> (e.g. with scissors, cutter)* • abschneiden *vt*

cut off *vt <tech.gen>* • kappen *vt*

cut off *vt <tech.gen> (input; e.g. power, water supply)* • sperren *vt*

cut off *vt <el> (from power supply, circuit)* • abtrennen *vt*

cut off *vt <el> (switch off; e.g. machine from power supply)* • ausschalten *vt*; abschalten *vt*

cut off *vt <prod> (on lathe)* • abstechen *vt*

cut off *vt <prod> (mech. with tool; e.g. with scissors, knife, chisel)* • abtrennen *vt*

cut [off] *vt <prod>* • abspanen *vt*

cut-off piece *<prod> (gen.)* • Abschnitt *m*; abgeschnittenes Teil *n*

cut-off [to proper length] *<prod>* • abgelängt

cut of sail *<nav>* • Segelschnitt *m*

cut-out *<tech.gen> (of images, sheet metal)* • Ausschnitt *m*

cut-out *<prod> (recess)* • Aussparung *f*

cut out *vt <prod> (sheet material; e.g. paper, steel; manually or with machine tool)* • ausschneiden *vt*

cut-out wind speed *IEV 415 <energ.wind>* • Ausschaltwindgeschwindigkeit *f IEV 415*; Abschaltwindgeschwindigkeit *f*

cut over *vt <gen>* • überschneiden *vt*

cut pile *<textil> (interior carpeting)* • Velours *m*

cutter *<tech.gen> (cutting system)* • Schneidwerk *n*

cutter *<tool> (knife with brake-off blades)* • Abbrechklingenmesser *n*; Cuttermesser *n prakt*; Cutter *m ugs*

cutter bar *<agri.tech> (on a mower or combine harvester)* • Mähbalken *m*

cutter slide *<mach.tool>* • Frässupport *m*

cutting *<prod> (into separate parts; e.g. of paper, sheet metal)* • Zerschneiden *n*

cutting *<waste> (e.g. of fibers)* • Kürzung *f*

cutting action *<tech.gen> (effect)* • Schneidwirkung *f*

cutting capacity *<prod> (volume per unit time)* • Spanleistung *f*

cutting capacity *<tool>* • Schneidleistung *f*

cutting device *<tech.gen> (e.g. for paper, sheet steel)* • Schneidvorrichtung *f*

cutting disk *<tool> (for angle grinders)* • Trennscheibe *f*

cutting edge *<tech.gen> (of tools, blades, scissors etc.)* • Schneide *f*

cutting edge *<prod>* • Schnittkante *f norm*

cutting edge *<tool> (blanking)* • Schneidkante *f*

cutting edge *<tool> (e.g. of a milling cutter, drill bit)* • Werkzeugschneide *f*; Schneide *f prakt*

cutting fluid *<mach.tool> (used for machining; typ. oil/water emulsion)* • Kühlschmierstoff *m* (KSS) *DIN 51385*; Metallbearbeitungsöl *n*; Metallbearbeitungsmedium *n*; Kühlschmiermittel *n*

cutting fluid *<prod> (cools and lubricates)* • Schneidflüssigkeit *f*

cutting life *<qualit.tool>* • Lebensdauer *f*

cutting lip *<mach.tool>* • Schneide *f*

cutting plane *<docu> (technical drawing)* • Schnittebene *f*

cutting principle *<tech.gen>* • Schneidprinzip *n*

cutting process *<prod> (e.g. oxygen torch, shears, scissors, knifes)* • Trennverfahren *n*

cutting site *<prod>* • Schnittstelle *f*

cutting speed *<mach.tool>*

• Arbeitsgeschwindigkeit *f*

cutting to length *<prod> (bar stock)* • Ablängen *n*

cutting torch *<tool> (for steel cutting)* • Schneidbrenner *m*

cutting-wedge angle *<tool> (e.g. of lathe cutting tool)* • Keilwinkel *m*; Schneidkeilwinkel *m*

cutting width *<agri.tech> (gen.; e.g. of cutting unit, mower)* • Schnittbreite *f*

cut to length *vt <pps>* • ablängen *vt*

cut to length *vt <prod> (bar stock etc.)* • ablängen *vt*

cuvette *<chem> (tube or shallow vessel for liquid, used in lab)* • Küvette *f*

CV-joint boot *<mvhcl>* • Achsmanschette *f*

cyan *<print> (primary color; blue-green)* • Cyan *n*

cybercafé *<comp.gastr>* • Internetcafé *n*; Cybercafé *n*

cybernetic model *<tech.gen> (e.g. of machines, systems)* • kybernetisches Modell *n*

cybernetics *<i&c>* • Kybernetik *f*

cyberstalking *<comp>* • Diffamierung über das Internet *f :V*; Cyberstalking *n*

cycle *<tech.gen> (any periodical, repetitive process)* • Zyklus *m*; Kreislauf *m*

cycle *<phys> (e.g. Carnot cycle)* • Kreisprozess *m*

cycle *vi <tech.gen> (reoccur periodically)* • periodisch wiederkehren *vi*

cycle exerciser *<sport>* • Heimtrainer *m*; Hometrainer *m jarg*

cycle time *<tech.gen>* • Zykluszeit *f*

cycle time *<prod> (time to produce one item; e.g. on machine tools)* • Zykluszeit *f*; Taktzeit *f prakt*; Stückzeit *f*; Durchlaufzeit *f rar*; Taktdauer *f rar*

cyclic life *<qualit.mat> (number of load cycles until failure due to material fatigue)* • Lebensdauer *f*; Bruchlastspielzahl *f form*; Lebenserwartung *f ugs*

cyclic load *DIN EN 13286-7 <phys>* • zyklische Belastung *f DIN EN 13286-7*

cyclic redundancy check (CRC) *<comp> (method for detecting errors in data; e.g. in ZIP files)* • zyklische Blockprüfung *f* (CRC); Cyclic Redundancy Check *m*; zyklische Blockführung *f*

Cyclic Redundancy Checking (CRC) *<comp> (error checking technique)* • Cyclic Redundancy Checking (CRC)

cyclic variation *<tech.ger>* • periodische Änderung *f*

cyclone firing *<comb>* • Wirbelfeuerung *f*

cyclone furnace *<comb> (gen.)* • Zyklonfeuerung *f*

cyclotron *<nucl> (type of particle accelerator)* • Zyklotron *n*

cylinder *<tech.gen> (compressed gas; e.g. for gas welding)* • Flasche *f*; Gasflasche *f*

cylinder *<tech.gen> (roller)* • Walze *f*; Zylinder *m*

cylinder (cyl) *<tech.gen> (geometr. body, component of piston engines, hydraulic systems etc.)* • Zylinder *m*

cylinder diameter *<gen>* • Rohrdurchmesser *m*

cylinder head *ISO 7967-1 <mot> (of reciprocating piston engine; on engine block)* • Zylinderkopf *m DIN ISO 7967-1*; Kopf *m prakt*

cylinder head bolt *<mvhcl.mot> (fastens engine block to head)* • Zylinderkopfschraube *f*

cylinder identification *EN 1089-3 <pack> (e.g. color coding of oxygen and acetylene cylinders)* • Gasflaschen-Kennzeichnung *f DIN EN 1089-3*

cylinder with water jacket *<mot>* • Zylinder mit Wassermantel *m*

cylindrical *<tech.gen> (shape, space; e.g. robot working space)* • zylinderförmig

cylindrical grinding *<prod>* • Rundschleifen *n*; Umfangschleifen *n*

cylindrical roller bearing *ISO 5593 <mech.eng>* • Zylinderrollenlager *n DIN ISO 5593*

cylindrical surface *<math>* • Mantel *m*; Mantelfläche *f*

Czochralski process (CZ) *<el.ic>* • Czochralski-Verfahren *n* (CZ); Tiegelziehverfahren *n*; Tiegelziehen *n*

D

dabber <gen> *(e.g. of cotton wool)* • Ballen *m*; Bausch *m*
dabber <print> • Tampon *m*
Dacron <nav> • Dacron *n*
dactyloscopy <jur.tech> • Daktyloskopie *f*
dairy industry <food> • Milchwirtschaft *f*; Milchindustrie *f*
dairy ingredients <food> • Milch und Milcherzeugnisse
dairy machine <food> • Molkereimaschine *f*
dairy products <food> • Milch und Milcherzeugnisse
daisy chaining <comp> • Daisy--Chaining *n*; verkettete Busstruktur *f*
dam <tech.gen> *(any kind)* • Damm *m*
dam <build> *(surrounding sth.; usu. earthwork)* • Damm *m*; Wall *m*
dam <build.hydr> *(part of a dam plant; of reservoir)* • Staudamm *m*
dam *vt* <tech.gen> *(e.g. river, stream, flow, fire)* • eindämmen *vt*
damage <tech.gen> *(mech.; e.g. due to impact, friction, wear)* • Beschädigung *f*; Schaden *m prakt.ugs*
damage <qualit> *(gen.)* • Schaden *m*
damage <qualit> *(intrinsic; e.g. genetic, chemical)* • Schädigung *f*
damage *vi/vt* <gen> • schädigen *vi/vt*
damage *vt* <gen> • beschädigen *vt*
damage analysis <qualit> • Schadensanalyse *f*
damage by atmospheric pollution <ecol.emiss> • Immissionsschäden *mpl*
damaged beyond repair <tech.gen> • irreparabel beschädigt
damages *pl* <jur.fin> • Schadenersatz *msg*
damage to the finish <srfc> *(e.g. scratched or chipped car body paintwork)* • Lackschaden *m*
damask weave <textil> • Damastbindung *f*
dam break <build> *(any kind)* • Dammbruch *m*
dam crest <build> • Dammkrone *f*
damp *vt* <el> *(fluctuations, oscillations)* • dämpfen *vt*
damp cloth <tech.gen> • feuchtes Tuch *n*
damped flywheel <mvhcl.mot> • Zweimassenschwungrad *n* (ZMS)
damped oscillation *stand* <phys> *(gen.; mech. or electr.)* • gedämpfte Schwingung *f norm*
damped vibration *stand* <mech> • gedämpfte Schwingung *f norm*
dampen *vt* <textil> *(fabric)* • anfeuchten *vt*; befeuchten *vt*; feuchten *vt rar*
dampening system <print> • Feuchtwerk *n*; Anfeuchter *m rar*
dampening vibrator <print> • Feuchtheber *m*; Heber *m*; Feuchtmittelheber *m*
damper <hvac> *(with throttling effect)* • Drosselklappe *f*; Drossel *f rar*
damper <hvac> *(control valve in ventilation ducts)* • Klappe *f*
damper <hvac> *(in air ducts)* • Luftklappe *f*
damper <mech> *(gen. attenuation of vibrations)* • Dämpfer *m*
damper <mech> *(to control vibrations or reduce impact)* • Dämpfungseinrichtung *f*
damper <railw> *(on a bogie)* • Dämpfer *m*; Stoßdämpfer *m*
damper-roller <print> • Feuchtwalze *f*
damper strut <mvhcl> *(as opp. to a MacPherson strut)* • Dämpferbein *n*
dampproof *vt* <build> • Feuchtigkeit *f*: gegen ~ abdichten *vt*
damp-proofing <build> *(of walls, foundations etc.)* • Sperrung *f*
damp-proof material <build.mat> • Sperrstoff *m*
dam structure *:V* <energ.hydr> • Absperrbauwerk *n*; Sperrwerk *n*; Damm *m ugs*
dam toe <build> • Dammfuß *m*
dam up *vt* <build> *(a building; e.g. basement against ingress of water)* • abdämmen *vt*
dam up *vt* <build.hydr> *(a stream)* • absperren *vt*
dancer roller <tech.gen> • Tänzerwalze *f*; Pendelwalze *f*
dancing sprinkler <agri> *(irrigation)* • Viereckregner *m*
Danger <tech.gen> *(item in manuals, warning sign/label)* • Vorsicht! Lebensgefahr!
Danger - high voltage <energ.el.safe>

• Vorsicht, Hochspannung!

danger light *<i&c>* • Warnleuchte *f*

dangerous-materials class *<safe>* • Gefahrenklasse *f*

danger zone *<safe> (e.g. under suspended loads, near moving machines, irradiated areas)* • Gefahrenzone *f*

Danude pantile *:V <build> (concrete roof tile)* • Donau-Pfanne *f*

darken *vi <gen>* • verdunkeln *vr*

darken *vi <srfc> (wood, paint, wall paper)* • nachdunkeln *vi*

darkening *<gen>* • Dunkelwerden *n*

darkening *<tech.gen>* • Schwärzung *f*

dark interval *<tech.gen>* • Dunkelperiode *f*; Dunkelzeit *f*

darkroom *<phot>* • Dunkelkammer *f*; Fotolabor *n*; Labor *n*; Duka *f*

darn *vt <textil> (stockings)* • flicken *vt*; stopfen *vt*

Darrieus rotor *<energ.wind> (a vertical axis WECS)* • Darrieus-Rotor *m*; Schneebesen *m ugs*

darting flame *<fire> (gen.)* • Stichflamme *f*

dash *<docu> (e.g. m-dash)* • Strich *m*

dashed thick line *<docu> (hidden outlines/edges)* • breite Strichlinie *f*

dashed thin line *<docu> (hidden outlines/edges)* • schmale Strichlinie *f*

data *pl <tech.gen> (individual facts, items; used with plural verb; e.g. test results)* • Daten *pl DIN 44300*

data *sg <tech.gen> (a body of facts, information; used with sg verb)* • Daten *pl*

data abuse *<jur>* • Datenmissbrauch *m*

data acquisition (DAQ) *<tech.gen> (gen.; process of collecting data of any kind)* • Datenerfassung *f*; Datenermittlung *f*; Erfassung von Daten *f*; Datengewinnung *f rar*

data acquisition device *<tech.gen>* • Datenerfassungsgerät *n*

data address *<comp>* • Datenadresse *f*

data and video projector *<av>* • Daten- und Videoprojektor *m*; Multi-Media- -Projektor *m*; Beamer *m ugs*

data archiving *<comp>* • Datenarchivierung *f*; Archivierung *f*

data bank *<comp> (data base files and associated data base engine)* • Datenbank *f*

data base *<comp> (contains one or more data files of a data bank)* • Datenbasis *f*

database engine *<comp> (core of a data bank)* • Datenbankmaschine *f*

data base file *<comp> (contains the data of a data bank)* • Datenbasisdatei *f*

data base index *<comp>* • Datenbankindex *m*

data base key *<comp>* • Datenbankschlüssel *m*

data base management system *<comp>* • Datenbankverwaltungssystem *n* (DBMS)

data base manager *<comp>* • Datenbankverwaltungsprogramm *n*

data base system *<comp>* • Datenbanksystem *n*

data bay *<comp> (for external HDD)* • Datenhafen *m*; Festplattendock *n*

data bus *<comp>* • Datenbus *m*; Datensammelleitung *f rar*

data bus *<el> (in an electric circuit)* • Bus *m*; Datenbus *m*

data cable *<comp>* • Datenkabel *n*

data cartridge *<comp> (for backups)* • Datenkassette *f*; Magnetbandkassette *f*; Streamerkassette *f*; Data Cartridge *f*

data category *ISO 12620 <term>* • Datenkategorie *f*

data collection *<tech.gen> (process and/or result of gathering data of any kind)* • Datensammlung *f*

data communication *<tele>* • Datenkommunikation *f DIN V 44302-2*

data communication protocol *DIN EN ISO16484 <comp>* • Datenkommunikationsprotokoll *n DIN EN ISO16484*

data compression *<comp> (of data, files; with or w/o information loss; e.g. JPEG, MPEG, ZIP)* • Datenkomprimierung *f*; Datenkompression *f*; Komprimierung *f*; Kompression *f*; Packen *n ugs*

data element type *EN 61360-1/A1 <comp>* • Datenelementtyp *m EN 61360-1/A1*

data enable *<comp>* • Datenfreigabe *f*

data encryption *<tele> (as a protective*

measure) • Datenverschlüsselung *f*; Kryptographie *f*

data entry <*comp*> *(process)* • Dateneingabe *f*; Eingabe von Daten *f*

data export <*comp*> *(e.g. out of data bases)* • Datenexport *m*

data field <*comp*> • Datenfeld *n*

data field descriptor <*comp*> • Datenfeldbeschreibung *f*

data flow <*comp*> • Datenfluss *m*

data format <*comp*> *(of digital data on storage media)* • Datenformat *n DIN 44300*; Aufzeichnungsformat *n*; Format *n*

data glove <*comp*> • Datenhandschuh *m*; Dataglove *m prakt*; Sensorhandschuh *m rar*

data identifier (DI) <*comp*> • Datenkennzeichen *n DIN 1571*; Datenkennung *f*; Datenkennungszeichen *n*; Datenbezeichner *m*; Identcode *m*

data input unit <*comp*> • Dateneingabegerät *n*

data integrity <*comp*> • Datensicherheit *f*; Datenintegrität *f*

data interchange <*comp*> • Datenaustausch *m*; Informationsaustausch *m*

data interface <*i&c*> • Datenschnittstelle *f*

data item <*comp*> • Datenelement *n*

data limiter <*comp*> • Datenbegrenzungszeichen *n*

data line <*el*> *(e.g. a bus)* • Datenleitung *f*

data logger <*comp*> • Datenerfassungsgerät *n*

data logging <*tech.gen*> • Datenerfassung *f*

data loss <*comp*> • Datenverlust *m*

datamapping *prEN 62356-3* <*av*> • Datenabbildung *f prEN 62356-3*

data memory address (DMA) <*comp*> • Daten-Memory-Adresse *f* (DMA)

data network <*comp*> • Datennetz *n*

data output <*comp*> *(process)* • Datenausgabe *f*

data plate <*tech.gen*> *(e.g. of a motor, pump)* • Leistungsschild *n*

data polling <*comp*> • Datenabruf *m*

data preparation <*tech.gen*> • Datenaufbereitung *f*

data-processing <*comp*> • datenverarbeitend

data processing (DP) <*comp*> • Datenverarbeitung *f* (DV)

data-processing center *US* <*comp*> • Rechenzentrum *n* (RZ); Datenverarbeitungszentrum *n*; EDV--Zentrum *n*; DV-Zentrum *n*

data projector <*comp*> • Datenprojektor *m*; Beamer *m ugs*

data protection <*comp*> *(measures to maintain data security, safety, integrity)* • Datenschutz *m*

data protection act <*jur*> • Datenschutzgesetz *n*

data reconstruction <*comp*> *(gen.)* • Datenrekonstruktion *f*; Datenrückgewinnung *f*

data reliability <*tech.gen*> • Datenzuverlässigkeit *f*

data request <*comp*> • Datenanforderung *f*

data restoration *ISO/IEC 2382-8* <*comp*> *(of backup files, from a damaged disk etc.)* • Datenwiederherstellung *f DIN ISO 2382-8*; Datenrestauration *f*

data retention <*comp*> *(e.g. in ROM devices; e.g. 10 years)* • Datenspeicherung *f*

data safety <*comp*> • Datensicherheit *f DIN 44300-1*

data sampling <*tech.gen*> • Datenentnahme *f*

data security <*comp*> *(state; protected from unauthorized access)* • Datensicherheit *f*

data security <*comp*> *(measures)* • Datensicherung *f*

data sheet <*docu*> • Datenblatt *n*

data storage <*comp*> *(process of recording information; e.g. on tape, disk)* • Datenspeicherung *f*; Speicherung *f*; Datenaufzeichnung *f*; Aufzeichnung *f*; Aufzeichnen *n*

data structure <*comp*> • Datenstruktur *f*

data suit <*comp*> • Datasuit *m*; Datenanzug *m rar*

data symbol <*comp*> *(typ. 8 data bits, 1 Byte)* • Datenwort *n*

data terminal <*comp*> • Datenausgabegerät *n*

data terminal equipment (DTE) <*comp*> *(e.g. monitor, keyboard,* *printer)* • Datenendeinrichtung *f* (DEE); Datenendstation *f*; Datenstation *f*; Datenendgerät *n DIN 9762*; Endgerät *n*

data transfer <*comp*> *(e.g. via cable, radio)* • Datenübertragung *f DIN 44302*; Datentransfer *m*; Datenübermittlung *f*

data transfer protocol <*comp*> • Datenübertragungsprotokoll *n DIN EN 14908*

data transfer rate <*comp*> *(of a data connection; signals per unit of time)* • Datenübertragungsrate *f*; Übertragungsrate *f*; Datentransferrate *f*; Transferrate *f*; Datendurchsatz *m*

data unit <*comp*> • Dateneinheit *f*

data validation <*tech.gen*> • Datenprüfung *f*

DAT drive <*comp*> *(for backups)* • DAT-‑Streamer *m*; DAT-Laufwerk *n*; DAT-‑Bandlaufwerk *n rar*; 4-mm-Streamer *m rar*

date <*gen*> • Datum *n*; Kalenderdatum *n form*

date and time <*gen*> • Datum und Uhrzeit

dated <*gen*> *(no longer up-to-date; old-‑fashioned)* • überholt; alt

date display <*tech.gen*> *(of computers, watches, cameras)* • Datumsanzeige *f*

date line <*geo*> *(in Pacific Ocean)* • Datumsgrenze *f*

date of filing <*jur*> *(patent; item 22)* • Anmeldetag *m*

dates are in day/month/year format <*gen*> • Datumsangaben erfolgen im Format Tag/Monat/Jahr

dating <*docu*> *(specifying a date on sth.; e.g. on documents, files, records)* • Datieren *n*

datum <*i&c*> *(fixed reference point; e.g. surveying)* • Festpunkt *m*

datum <*prod*> *(point of reference, origin)* • Ausgangspunkt *m*

datum line <*docu*> • Grundlinie *f*

datum point <*tech.gen*> • Bezugspunkt *m*

datum surface <*tech.gen*> • Bezugsfläche *f*

datum system <*tech.gen*> • Bezugsmaßsystem *n*

daughter element <*phys*> • Tochterelement *n*

day-cruiser <*nav*> • Day-Cruiser *m*

daylight <*tech.gen*> *(horizontal)* • lichte Weite *f*

daylight <*av*> • Tageslicht *n*

daylight <*build*> *(passage)* • Durchgang *m*

daylight height <*tech.gen*> • lichte Einbauhöhe *f*

daylight savings time <*gen*> • Sommerzeit *f*

day/night lever <*mvhcl.i&c*> *(on inside rearview mirror with dipping function)* • Abblendhebel *m*

daytime running light[s] (DRL) <*mvhcl.light*> • Tagfahrlicht *n* (DRL)

dazzle *vt* <*gen*> *(by blinding light)* • blenden *vt*

dazzlement <*opt*> • Blendung *f*

DC generator <*el*> *(for direct current)* • Gleichstrommaschine *f* (GSM); Gleichstromgenerator *m*

D channel <*tele*> *(of ISDN)* • D-Kanal *m*; Digitalisierkanal *m*; Steuerkanal *m*; Zeichengabekanal *m rar*; Signalisierungskanal *m rar*

DC input socket <*el*> *(for external power pack; e.g. on camcorders)* • Gleichstrom-Eingangsbuchse *f*; Anschluss für externes Netzteil *m*

DC motor <*mot.el*> • Gleichstrommotor *m*

DC-operated <*el*> • gleichstrombetrieben

DC-powered <*el*> • gleichstromgespeist

DC power source <*el*> • Gleichstromquelle *f*

DC power supply <*el*> • Gleichstromversorgung *f*

DC voltage <*el*> • Gleichspannung *f*

DC voltage source <*el*> • Gleichspannungsquelle *f*

DDR memory <*comp*> • DDR-Speicher *m*

DDR-SDRAM <*comp*> *(Double Data Rate Synchronous Dynamic Random Access Memory)* • DDR-SDRAM *m*

DDR support <*comp*> *(chip set feature)* • DDR-Unterstützung *f*

deacidify *vt* <*chem*> • entsäuern *vt*

dead <*agri*> *(tree, forest; e.g. due to acid rain)* • abgestorben

dead <*el*> *(no voltage applied, present)* • spannungslos

dead *<food> (e.g. sparkling water, carbonated soft drink, beer)* • abgestanden

dead *<med>* • gefühllos; taub *ugs*

dead *<phys>* • ruhend

dead-center position *US <mech.eng>* • Mittelstellung *f*

dead-center position *US <mech.eng> (of reciprocating motions; e.g. of pistons, slides)* • Totpunkt *m*; Umkehrpunkt *m*; Endposition *f*; Endstellung *f*; Endlage *f rar*

deaden *vt <acoust> (noise emissions; e.g. car body)* • entdröhnen *vt*

deaden *vt <mech.eng>* • abschwächen *vt*

dead-end *vt <el> (overhead lines)* • abspannen *vt*

dead-end station *<railw>* • Kopfbahnhof *m*

dead-end street *<traff> (street or passage closed at one end)* • Sackgasse *f*

dead-end track *<railw>* • Abstellgleis *n*; totes Gleis *n ugs*

deadlight *<nav> (window)* • Bullauge *n*

deadline *<jur>* • Endtermin *m*

dead load *<tech.gen>* • Totlast *f*

dead load *<build> (of bridges)* • Eigengewicht *n*; Eigenlast *f*

dead on arrival (DOA) *<qualit> (non--acceptance criterion)* • defekt bei Lieferung (DOA)

dead rock *<min> (excavated debris, spoils)* • Berge *mpl*; taubes Gestein *n*

dead rock *<min> (ore extraction)* • taubes Gestein *n*; unhaltiges Gestein *n*

dead steam *<tech.gen>* • Abdampf *m*

dead stop *<mech.eng> (mechanical device)* • Anschlag *m*

dead time *<convey>* • Totzeit *f*

dead weight *<build> (as opp. to live loads)* • Eigengewicht *n*; Eigenlast *f*; Totlast *f*

deadweight-carrying capacity *<nav>* • Tragfähigkeit *f*; Gesamtzuladung *f*; Deadweight *n*; Totlast *f*

dead zone *<tele> (area without radio reception; e.g. for mobile phones)* • Funkloch *f*

deaerate *vt <el.chem>* • entlüften *vt*

deaeration *<chem.proc> (removal of oxygen from a solution)* • Entlüftung *f*; Entgasung *f*

deal *<build.mat> (board or plank of fir or pine)* • Diele *f*; Planke *f*; Bohle *f*

dealer *<econ>* • Händler *m*

dealership network *<econ>* • Händlernetz *n*

deanery *<build.rel>* • Dekanei *f*

deash *vt <comb>* • entaschen *vt*

debark *vt <wood>* • entrinden *vt*; schälen *vt*

debarker *<wood.tool>* • Schäleisen *n*

debit *vt <fin> (an account)* • belasten *vt*

deboard *vi <aerosp>* • aussteigen *vi*

debris *<geo> (gen.; in river beds, of glaciers)* • Geschiebe *n*

debug *vt <comp> (software, code)* • Fehler beseitigen *vt*

debug *vt <comp> (code etc.)* • bereinigen *vt*: von Fehlern ~

debugged *<comp>* • fehlerfrei

debugger *<comp>* • Debugger *m*; Fehlersuchprogramm *n*

debugging *<comp> (of software)* • Fehlerbeseitigung *f*; Debugging *n prakt.ugs*; Störungsbeseitigung *f rar*; Störbeseitigung *f rar*

debugging *<comp> (of hard- and software)* • Fehlersuche *f*

debugging *<tele>* • Entwanzen *n*

deburr *vt <metal> (removal of undesirable rough edges)* • entgraten *vt*

deburring *ISO 603 <metal>* • Entgraten *n DIN ISO 603*

deburring *<prod>* • Abgraten *n*

deca (da) *<phys.i&c> (prefix of units; e.g. dag; 10)* • Deka… (da)

decade *<gen>* • Dekade *f*; Zehnergruppe *f*

decaffeinated *<food> (coffee)* • coffeinfrei

decahedron *<math>* • Dekaeder *n*

decal *<docu> (picture on specially prepared paper for transfer by decalcomania)* • Abziehbild *n*

decalcify *vt <tech.gen>* • entkalken *vt*

decant *vt <chem.proc> (gen.; any liquid, without disturbing sediments)* • dekantieren *vt*; abgießen *vt ugs*

decantate *<chem>* • Dekantat *n*; dekantierte Flüssigkeit *f ugs*

decarburization *<tech.gen> (steel production)* • Frischen *n*

decarburize *vt <metal>* • entkohlen *vt*

decarburize *vt* *<metal>* *(steel)* • frischen *vt*
decarburized steel *US* *<mat>* • entkohlter Stahl *m*
decay *<nucl>* *(of radioactivity)* • Abklingen *n*
decay *vi* *<phys>* *(e.g. radioactivity, heat generation)* • abklingen *vi*
decay *vi* *<phys>* *(of an oscillation, wave)* • ausschwingen *vi*
decay heat *<nucl>* • Nachzerfallswärme *f DIN 25401-3*; Nachwärme *f prakt*
decay heat *<nucl>* • Zerfallswärme *f*; Nachzerfallswärme *f*
decay product *<nucl>* *(radioactive decay)* • Zerfallsprodukt *n*; Folgesubstanz *f*; Folgeprodukt *n*; Tochtersubstanz *f*; Tochterprodukt *n*
decay tank *<nucl>* • Abklingbecken *n*; Abklingbehälter *m*
decelerate *vi/vt* (DEC) *<tech.gen>* *(moving object; e.g. car, plane)* • abbremsen *vi/vt*
decelerate *vt* *<tech.gen>* *(e.g. vehicle)* • bremsen *vt*
decelerate *vt* *<tech.gen>* *(movements, work process)* • verzögern *vt*
deceleration *<tech.gen>* • Bremsung *f*; Abbremsung *f*
deceleration *<phys>* *(of movements, motion)* • Verzögerung *f*; negative Beschleunigung *f wiss*; Geschwindigkeitsverringerung *f*; Verlangsamung *f ugs*
deceleration test *<mech.eng>* *(e.g. to determine internal friction)* • Auslaufversuch *m*
decentral CHP plant *US* *<energ>* *(for combined heat and power generation)* • Blockheizkraftwerk *n* (BHKW)
decentralized operation control (DOC) *<railw.i&c>* • dezentrale Betriebsleittechnik *f* (BLD)
deceptive advertising *<ad>* • irreführende Werbung *f*
deceptive packaging *<pack>* • Mogelpackung *f DIN 55 405*
decibel (dB) *<phys.acoust>* • Dezibel *n* (dB)
decide *vt* *<gen>* • entscheiden *vt*
decimal *adj* *<math>* • dezimal
decimal classification *<term>* *(of concepts)* • Dezimalklassifikation *f*
decimal fraction *<math>* • Dezimalbruch *m*
decimal notation *<math>* • Dezimalschreibweise *f*; Dezimaldarstellung *f*; dezimale Schreibweise *f*
decimal number system *<math>* • dezimales Zahlensystem *n*
decimal point *<math>* *(in typ.German notation this is a comma)* • Dezimalkomma *n*; Komma *n*
decimal point location *<math>* • Kommasetzung *f*
decimal representation *<tech.gen>* *(e.g. on display, scale)* • Dezimaldarstellung *f*
decision *<gen>* • Entscheidung *f*
decision altitude (DA) *<aerosp>* • Entscheidungshöhe *f* (DA)
decision content *<gen>* • Entscheidungsgehalt *m*
decision height (DH) *<aerosp>* • Entscheidungshöhe *f* (DH)
decision logic *<i&c>* • Auswertelogik *f*
decision making *<gen>* • Entscheidungsfällung *f*
decision-making ability *<gen>* • Entscheidungsfähigkeit *f*
decision procedure *<gen>* • Entscheidungsverfahren *n*
decision rule *<gen>* • Entscheidungsregel *f*
decision space *<gen>* • Entscheidungsraum *m*
decision table *<gen>* • Entscheidungstabelle *f*
decision tool *<gen>* • Entscheidungshilfe *f*
decision tree *<gen>* • Entscheidungsbaum *m*
deck *<nav>* • Deck *n*; Deckebene *f*
deck beam *<nav>* • Decksbalken *m*; Balken *m*
deckchair *<gen>* • Liegestuhl *m*; Deckchair *m*
deck fittings *pl* *<nav>* • Decksausrüstung *f*
decking panel *<logist>* *(one board in a rack; e.g. of a high-rise warehouse)* • Fachboden *m*
deck plan *<nav>* • Decksplan *m*
deck plank *<build.mat>* *(typ. with deep groove or ripple finish)* • Terrassendiele *f*
declination *<tech.gen>* • Neigung *f*

declination *<astron>* • Deklination *f*
decline *<tech.gen> (undesired effect)* • Niedergang *m*
decline *<tech.gen> (e.g. of sales, turnover, profit)* • Rückgang *m*
decline *vi <gen> (terrain, road)* • neigen *vr*; abfallen *vi*
decline *vi <tech.gen>* • abfallen *vi*
decline *vt <gen> (offer, proposal)* • ausschlagen *vt*
declivity *<geo>* • Abhang *m*; abfallendes Gelände *n*
declutch *vi <mech.eng> (release)* • lösen *vt*
declutch *vi <mvhcl.drive>* • auskuppeln *vi*
declutch *vt <mech.eng> (a clutch)* • ausrücken *vt*
decock *vt <mil> (firearm)* • entspannen *vt*
decoct *vt <proc> (e.g. to extract certain ingredients)* • abkochen *vt*
decoction *<chem>* • Absud *m*
decoction *<proc> (extraction; e.g. for food, pharma products)* • Abkochung *f*
decoding *<comp>* • Dekodierung *f*; Dekodieren *n*; Decodierung *f*; Decodieren *f*
decoil *vt <tech.gen> (e.g. steel strip, cable)* • abwickeln *vt*
decoiler *<prod>* • Abwickeleinrichtung *f*
decolorant *US <gen>* • entfärbend
decommissioning *<tech.gen> (final shutdown of major objects; e.g. of a power plant)* • Außerbetriebnahme *f*; Außerbetriebsetzung *f*
decomposable *<bio.chem> (material; biological and/or chemical process)* • abbaubar; zersetzbar
decompose *vi <bio.chem> (materials; biochemical process)* • abbauen *vr*
decompose *vi <chem> (compound; split)* • aufspalten *vr*
decompose *vt <waste>* • zersetzen *vt*
decomposition *<bio> (of organic material)* • Fäulnis *f*
decomposition *<bio.chem> (of materials; bio and/or chemical process)* • Abbau *m*; Zersetzung *f*
decomposition *<waste> (degradation of organic waste by the action of microorganisms)* • Rotte *f*; Verrottung *f*; Zersetzung *f*
decomposition product *<chem>* • Abbauprodukt *n*; Umwandlungsprodukt *n*
decomposition reaction *<chem> (e.g. NOx)* • Abbaureaktion *f*
decompress *vt <comp> (data)* • dekomprimieren *vt*; entkomprimieren *vt*; entpacken *vt*
decompress *vt <pps> (pressurized system; e.g. a pressure vessel)* • entspannen *vt*
decompression *<tech.gen> (relief pressure)* • Dekompression *f*; Kompressionsverminderung *f*
decontaminable *<srfc>* • dekontaminierbar
decontaminate *vt <nucl> (surfaces, soil, persons)* • dekontaminieren *vt*; entaktivieren *vt*; entseuchen *vt rar*
decontaminate *vt <srfc> (gen.)* • dekontaminieren *vt*
decontamination *<ecol> (gen.; e.g. of surfaces, soil)* • Dekontamination *f*; Dekontaminierung *f*
decontamination facility *<mil>* • Entseuchungsanlage *f*
decorate *vt <tech.gen>* • verzieren *vt*
decorate *vt <pack> (cans)* • bedrucken *vt*
decoration *<gen>* • Dekor *m*
decorative *<gen>* • dekorativ
decorative cloth *<textil> (for showrooms, window displays etc.)* • Dekorationsstoff *m*; Dekostoff *m*
decorative stitching *<mvhcl.int> (styling element)* • Ziernaht *f*
decore *vt <metal> (moldings, molds)* • entkernen *vt*
decoupling device *<tech.gen>* • Entkopplungseinrichtung *f*
decrease *<gen> (act, process or fact of diminishing)* • Abnahme *f*; Reduzierung *f*; Verringerung *f*; Reduktion *f*
decrease *<gen>* • Verkleinerung *f*
decrease *<gen> (progressive decline in size, amount, numbers, or intensity)* • Verminderung *f*; Abnahme *f*
decrease *<tech.gen> (sudden reduction, steep decline; e.g. of voltage, pressure)* • Abfall *m*
decrease *<tech.gen> (reduction; e.g. of accidents, sales, turnover)* • Rückgang *m*; Dekrement *n wiss.rar*
decrease *vi <gen> (fall; e.g. pressure,*

temperature, price) • fallen *vi*; abnehmen *vi*; sinken *vi*

decrease *vi* *<tech.gen>* *(steeply, suddenly; e.g. pressure, voltage)* • abfallen *vi*

decrease *vi* *<tech.gen>* *(e.g. pressure, temperature)* • abnehmen *vi*

decrease *vi* *<tech.gen>* *(properties; e.g. quality, strength)* • nachlassen *vi*

decrease *vt* *<gen>* • vermindern *vt*

decrease *vt* *<tech.gen>* • erniedrigen *vt*

decrease gradually *vi* *<gen>* • allmählich abnehmen *vi*

decrease in amplitude *<phys>* *(of oscillation)* • Abklingen *n*

decrease in power *<tech.gen>* • Leistungsabfall *m*

decrypt *vt* *<docu>* *(sth which is hardly legible)* • entziffern *vt*

decrypt *vt* *<tele>* *(a signal, code)* • entschlüsseln *vt*; dekodieren *vt*

dedicated *<tech.gen>* • speziell dafür vorgesehen

dedicated flash *<pho>* • Systemblitzgerät *n*

dedicated line *<tele>* *(for phone, data, internet access)* • Standleitung *f*

deduce *vt* *<math>* *(conclusion, formula)* • ableiten *vt*; herleiten *vt*

deducible *<math>* • ableitbar

deduct *vt* *<math>* *(rebate, allowance, margin)* • abziehen *vt*

deduction *<math>* *(e.g. from a purchase price, rebate)* • Abzug *m*

deductive *<philos>* *(method)* • deduktiv

dedust *vt* *<srfc>* • entstauben *vt*

de-emphasis *<tech.gen>* • Deakzentuierung *f*

de-energize *vt* *<el>* *(switch off)* • ausschalten *vt*; abschalten *vt*

deep *<gen>* • tief

deep *<astron>* *(in space)* • fern

deep cleaning car wax *<srfc>* • Hartwachspolitur *f*

deep drawing *<prod>* *(gen.; of sheet metal or plastic sheeting)* • Tiefziehen *n DIN 8584-3*

deep-drawing die *<tool>* • Tiefziehwerkzeug *n*

deep-drawn *<prod>* • tiefgezogen

deep-groove ball bearing *ISO 5593* *<mech.eng>* *(single or double row)* • Rillenkugellager *n DIN ISO 5593*

deep mining *<min>* • Tiefbauförderung *f*

deep-sea drilling *<petr>* • Tiefseebohren *n*

deep-seated rock *<geo>* • Tiefengestein *n*

deep well *<build>* • Tiefbrunnen *m*

defect *<tech.gen>* *(damage)* • Schaden *m*

defect *ISO 9000* *<qualit>* *(related to an intended or specified use)* • Mangel *m ISO 9000*

defect elimination *<qualit>* • Fehlerbeseitigung *f*

defensive driving *<traff>* • defensives Fahren *n*

defer *vt* *<gen>* *(any action; e.g. payment)* • aufschieben *vt*

defer *vt* *<tech.gen>* *(response, signal)* • verzögern *vt*

deficiency *<qualit>* • Mangel *m*; Defizit *n*

define *vt* *<tech.gen>* • festlegen *vt*; definieren *vt*

define *vt* *<term>* *(concept)* • definieren *vt*

defined airflow *<proc>* *(oriented)* • gerichteter Luftstrom *m*

defined weak point *<tech.gen>* • definierte Schwachstelle *f*

definite *<gen>* • definitiv

definite *<gen>* *(e.g. decision, results, measurements)* • endgültig

definite *<tech.gen>* *(accurate)* • genau

definition *<phot>* *(picture, film)* • Schärfe *f*

definition *ISO 12620* *<term>* • Definition *f DIN 2342*; Begriffsbestimmung *f*

deflagration *<tech.gen>* • Verpuffung *f*

deflagration *ISO 13943* *<fire>* *(combustion wave, propagating at subsonic velocity)* • Deflagration *f ISO 13943*

deflash *vt* *<prod>* *(castings, moldings)* • entgraten *vt*; entfernen *vt*: Butzen und Schwimmhäute ~; Butzen und Schwimmhäute entfernen *vt*; abgraten *vt*

deflashing *<prod>* *(of molded parts)* • Abgraten *n*; Entfernen von Schwimmhaut *n*

deflate *vi* *<tech.gen>* *(e.g. balloon, airbag)* • entleeren *vr*

deflate *vt* *<tech.gen>* *(e.g. tire, raft, rubber dinghy)* • Luft ablassen *vi*

deflect *vi* *<mech>* *(yield laterally; under*

compressive stress) • auslenken *vi*

deflect *vi* <mech> *(bend, sag; e.g. beam, member, bridge)* • durchbiegen *vr*

deflect *vi* <mech.eng> *(yield elastically; e.g. spring, suspension, tool)* • durchfedern *vi*

deflect *vt* <tech.gen> *(e.g. flow, ray, pointer, compass needle)* • ablenken *vt*

deflect *vt* <aerosp> *(airflow; e.g. by means of flaps)* • umlenken *vt*

deflect *vt* <mech> *(cause to yield, bend laterally under load; e.g. a cantilever)* • auslenken *vt*; biegen *vt*

deflected ray <phys> • abgelenkter Strahl *m*

deflection <tech.gen> *(of flow, rays)* • Ablenkung *f*

deflection <tech.gen> *(lateral bending under load; e.g. of shafts, girders, molds)* • Durchbiegung *f*

deflection <build> *(under lateral load; of tall buildings, towers)* • Auslenkung *f*

deflection <i&c> *(e.g. of an instrument pointer, plotter pin)* • Ausschlag *m*

deflection <mech> *(lateral yielding; under compressive stress)* • Auslenkung *f*

deflection <mech> *(under bending stress)* • Biegung *f*

deflection <mech> *(bending under load)* • Krümmung *f*

deflection coil <av> *(of CRT)* • Ablenkspule *f*

deflection unit <tech.gen> • Ablenkeinheit *f*

deflection yoke <av> *(CRT tube)* • Ablenkspulen *fpl*

deflect laterally *vi* <mech> • seitlich ausweichen *vi*; seitlich ausbiegen *vi*

deflector <tech.gen> • Ablenkvorrichtung *f*; Deflektor *m*

deflector <tech.gen> *(e.g. for wind, fluid flow, particles)* • Abweiser *m*

deflector <tech.gen> *(sheet metal; stress on: impact of sth)* • Prallblech *n*

deflector <mech.eng> *(any shape; e.g. plate, vane assembly)* • Ablenkeinrichtung *f*; Ablenker *m prakt*

deflector plate <tech.gen> • Spritzblech *n*

deflector plate <proc> • Leitblech *n*

deflector [plate] <tech.gen> *(sheet metal)* • Ablenkblech *n*

deflector [plate] <tech.gen> *(of any material; changes flow direction)* • Ablenkplatte *f*; Umlenkplatte *f*; Deflektorplatte *f wiss*; Deflektor *m wiss*

deflect transversely *vt* <mech> • durchbiegen *vr*

deflocculant <chem> • Entflockungsmittel *n*; Dispersionsmittel *m*; Dispergiermittel *m*; Dispergens *m*

deflocculate *vt* <chem> • entflocken *vt*

deflocculation <chem.proc> • Dispergierung *f*

defoam *vt* <mat> *(a fluid)* • entschäumen *vt*

defoaming agent <chem> *(e.g. in oil, paint)* • Entschäumungsmittel *n*; Entschäumer *m*

deforestation <wood> *(gen.)* • Abholzung *f*

deformation <tech.gen> *(process and result; intentional or unintentional)* • Deformation *f*; Verformung *f*

deformation <qualit.mat> *(under load; usu. unintentional)* • Formänderung *f*

deformation energy <phys> • Verformungsenergie *f*; Deformationsenergie *f*

defragment *vt* <comp> *(files on disk)* • defragmentieren *vt*

defrost *vt* <tech.gen> • enteisen *vt*

defrost *vt* <hvac> *(fridge)* • abtauen *vt*

defrost *vt* <hvac> *(frozen objects; e.g. food)* • auftauen *vt*

defroster (DEF) <mvhcl.hvac> *(clears screen; defogs inside, defrosts outside)* • Defroster *m* (DEF); Entfroster *m MB*

defrosting <hvac> *(of fridge)* • Abtauen *n*; Abtauung *f rar*

defrosting <proc> • Enteisung *f*

defrosting device <hvac> *(of fridge)* • Abtau-Einrichtung *f*

defuse *vt* <mil> *(a bomb, warhead)* • entschärfen *vt*

degas *vt* <plast> *(mold)* • entlüften *vt*; lüften *vt*

degasification <comb> *(of volatile fuel components)* • Entgasung *f*

degauss *vt* <comp> • entmagnetisieren *vt*

degaussing <comp>

• Entmagnetisierung *f*
degenerate *<phys.math>* • entartet
degradation *<qualit> (gen.; chemical, thermal, radiation)* • Schädigung *f*
degradation behavior *US <bio.chem>* • Abbauverhalten *n*
degradation pathway *<bio.waste>* • Abbauweg *m*
degradation property *<waste>* • Abbaueigenschaft *f*
degrade *vi <qualit>* • verschlechtern *vr*
degrade *vt <gen>* • degradieren *vt*
degrease *vt <srfc>* • entfetten *vt*
degrease *vt <textil> (wool)* • entschweißen *vt*; entfetten *vt*
degreaser *<mvhcl> (e.g. for automotive engines)* • Kaltreiniger *m*
degree *<gen> (measure)* • Maß *n*
degree *<phys> (of angle, freedom of movement)* • Grad *m*
degree *<phys> (unit of temperature measurement; e.g. Fahrenheit, centigrade)* • Grad *n*
degree centigrade *<phys> (freezing point of water is 0° C, boiling point 100° C)* • Grad Celsius *n*; Celsiusgrad *n ugs*
degree Fahrenheit *<phys>* • Grad Fahrenheit *n*
degree of coalification *<min> (of coal)* • Inkohlungsgrad *m*; Rang *m*
degree of conformity *<gen>* • Übereinstimmungsgrad *m*
degree of synonymy *ISO 12620 <term>* • Synonymiegrad *m*
degree of taper *<prod> (e.g. specified in eng. dwg.)* • Konizität *f*
degree of urgency *<gen>* • Dringlichkeitsgrad *m*
degum *vt <petr>* • entschleimen *vt*
DE headlight *<mvhcl.el> (projector-beam headlight)* • DE-Scheinwerfer *m*
dehumidification *<hvac> (of air; e.g. by an a/c system)* • Entfeuchtung *f*; Lufttrocknung *f*
dehumidifier *<tech.gen>* • Lufttrockner *m*
dehumidify *vt <proc> (air)* • entfeuchten *vt*
dehydrating *<chem>* • wasserentziehend
dehydration *<tech.gen> (water removal for drying, concentration)* • Dehydratation *f*; Wasserentzug *m*; Entwässerung *f*
dehydration *<bio> (unintentional; e.g. due to lack of water intake)* • Austrocknung *f*; Dehydration *f*
dehydration *<proc> (intentional drying, desiccation)* • Trocknung *f*
dehydration plant *<proc>* • Entwässerungsanlage *f*
de-ice *vt <tech.gen> (e.g. door locks, airplane wings)* • enteisen *vt*
de-ice *vt <aerosp> (aircraft, runways)* • enteisen *vt*
deicing *<aerosp>* • Enteisung *f*; Deicing *n*
de-icing *<traff> (of roads; typ. by means of road salt)* • Glatteisbekämpfung *f*
de-icing salt *<chem> (gen.; e.g. for roads, airport runways)* • Auftausalz *n*; Tausalz *n*
de-icing spray *<mvhcl> (removes frost, ice, snow on windows, locks)* • Entfroster-Spray *n*; Defroster-Spray *n*; Enteisungsspray *n*; Enteiserspray *n ugs*
deinking *<pap.waste>* • Deinking *n*; Druckfarbenentfernung *f*; Druckfarbenreinigung *f*; Ablösen von Druckfarben *n*
deionize *vt <chem.proc> (water; with ion exchanger)* • deionisieren *vt*; entionisieren *vt*; demineralisieren *vt*; entsalzen *vt*
deionized water *<chem.proc>* • Deionat *n*; VE-Wasser *n prakt*; vollentsalztes Wasser *n*
delaminate *vi <mat> (laminated material; e.g. due to moisture)* • aufblättern *vr*; aufspalten *vr*
delaminate *vi <wood>* • ablösen *vr*
delamination *<mat.qualit> (of laminates; e.g. due to moisture)* • Aufspaltung *f*; Aufblättern *n*
delamination *<mat.qualit> (e.g. of plywood)* • Schichtablösung *f*
de Laval nozzle *<phys>* • Lavaldüse *f*; Überschalldüse *f*
delay *<gen> (behind schedule)* • Verzug *m*
delay *<tech.gen> (e.g. of signal, event; usu. unwanted)* • Verzögerung *f*
delay *vt <gen> (postpone; e.g. shipment)* • aufschieben *vt*
delay *vt <tech.gen> (e.g. meeting, deadline, date of supply)* • verzögern

vt
delete *vt <comp> (data; e.g. from disk, tape)* • löschen *vt*
delete *vt <docu> (wrong characters, words, lines)* • tilgen *vt*; streichen *vt ugs*; ausstreichen *vt ugs.rar*
delete button *ISO 12231 <phot>* • Löschtaste *f*
deleted *<comp> (file, data medium)* • gelöscht
deletion mark *<print>* • Deleatur *n*; Tilgungszeichen *n*; Deleaturzeichen *n*
de-levitate *vt <railw> (Maglev vehicle)* • absetzen *vt*
de-levitation *<railw> (Maglev vehicle)* • Absetzen *n*
delicate *<gen> (e.g. structure, skin)* • empfindlich
delicate *<gen> (issue, subject, problem)* • heikel
delimit *vt <gen> (fix or mark the boundaries of sth)* • begrenzen *vt*; Grenzen setzen *vt*; Grenzen markieren *vt*
delineate *vt <gen>* • strukturieren *vt*
delineate *vt <docu> (an object; technical sketching)* • aufreißen *vt*
deliver *vt <tech.gen> (merchandise etc. through vending machines, ATMs)* • ausgeben *vt*
deliver *vt <phys> (e.g. heat, power)* • abgeben *vt*
deliver energy *vi <phys>* • Energie abgeben *vi*
delivery *<convey> (gen.; of pumps)* • Förderung *f*
delivery *<phys> (of energy; e.g. of heat)* • Abgabe *f*
delivery *<print> (gen.)* • Auslage *f*
delivery chute *<convey>* • Abführrutsche *f*
delivery mechanism *<prod> (for products, workpieces)* • Ablegevorrichtung *f*
delivery rate *<tech.gen>* • Liefergeschwindigkeit *f*
delivery rate *<convey>* • Fördergeschwindigkeit *f*
delivery side *<convey> (of pumps, compressors)* • Druckseite *f*; Austrittsseite *f*
delivery speed *<convey> (e.g. of pump)* • Austrittsgeschwindigkeit *f*
delivery speed *<prod>* • Auslaufgeschwindigkeit *f*
delivery table *<print> (for print products)* • Ablagetisch *m*; Auslegetisch *m*
delta aircraft *<aerosp>* • Deltaflugzeug *n*
delta configuration *<el>* • Dreiecksschaltung *f*; Dreieckschaltung *f*
delta-connected *<el>* • Dreieck *n*: im ~ geschaltet; dreieckgeschaltet; geschaltet: im Dreieck ~
delta iron *<metal>* • Delta-Eisen *n EN 10052*
delta wing *<aerosp>* • Deltaflügel *m*; Deltatragflügel *m*; Dreiecksflügel *m ugs*; Dreiecktragfläche *f ugs*
deltoid *adj <tech.gen> (shape; e.g. of wings)* • deltaförmig
demand *<econ> (for goods, services)* • Nachfrage *f*
demanded position *<tech.gen> (e.g. switch, contactor, valve)* • Sollstellung *f*
demesh *vt <prod> (gears)* • ausrücken *vt*
demijohn *<pack.silic> (large bottle with wicker case; esp. for acids)* • Demijohn *m DIN 55 405*; Korbflasche *f*; Glasballon *m*; Ballon mit Umkleidung *m*
demineralization *<proc> (gen.)* • Entmineralisierung *f*
demineralize *vi/vt <tech.gen>* • demineralisieren *vi/vt*
demodulation *<tech.gen>* • Demodulation *f*
demold *vt <build> (small concrete objects; e.g. pillars)* • entschalen *vt*
demold *vt US <prod> (castings, moldings; from a mold)* • entformen *vt*; aus der Form lösen *vt rar*; Form *f*: aus der ~ lösen *vt rar*
demolding *US <plast> (of castings, moldings; from a mold)* • Entformung *f*; Entformen *n*
demolition *<expl> (blasting of structures, buildings)* • Sprengung *f*
demolition derby *<mvhcl.sport>* • Demolition Derby *n*; Verschrottungsderby *n*
demolition site *<build>* • Abrissstelle *f*; Abbruchstelle *f*
demolition work *<build>*

• Abbrucharbeit *f*

demonstrability *<gen>* • Beweisbarkeit *f*

demonstrate *vt <gen>* • beweisen *vt*

demonstration *<gen>* • Beweis *m*

demonstration *<gen>* • Vorführung *f*

demonstration material *<did>* • Anschauungsmaterial *n*

demonstration plant *<tech.gen> (e.g. a pilot plant)* • Demonstrationsanlage *f*

demonstration set *<gen>* • Vorführgerät *n*

demonstrator *<mvhcl>* • Vorführwagen *m*

demount *vt <tech.gen> (sth from sth; with some effort, usu. with tools)* • abbauen *vt*; abmontieren *vt*

demount *vt <tech.gen> (tear down; e.g. building)* • abbrechen *vt*

demounting *<tech.gen> (tearing down; e.g. building, structure)* • Abbruch *m*

denaturated alcohol *<chem>* • denaturierter Alkohol *m*; vergällter Spiritus *m*

dendrite *<mat> (tree-like crystal; e.g. in castings)* • Dendrit *m*; Kristallskelett *n rar*

denier (den) *<textil>* • Denier *n* (den)

denim *<textil> (jeans fabric; orig. from Nîmes in France: de Nîmes)* • Jeansstoff *m*; Denim *m*

denitrate *vt <chem.proc>* • denitrieren *vt*

denitrify *vt <chem.proc>* • denitrifizieren *vt*

denominator *<math>* • Nenner *m*

denote *vt <term> (a concept; with a designation, term)* • bezeichnen *vt*

DeNOx process *<waste>* • DeNOx-Verfahren *n*; DENOX-Verfahren *n*

dense *<phys> (high specific weight)* • dicht

densimeter *<i&c>* • Densimeter *n*; Dichtemesser *n*

densitometer *<phot.i&c>* • Densitometer *n*

density *<phot> (of negatives, transparencies)* • Dichte *f*; Deckung *f*

density *<phys> (mass per unit volume)* • Dichte *f DIN 1306*; spezifische Masse *f obs.rar*; Massendichte *f obs.rar*

density correction *<gen>* • Dichtekorrektur *f*

dent *<tech.gen> (in sheet metal panels; e.g. in car body)* • Delle *f*; Einbeulung *f form*; Beule *f*

dent *<srfc.wood> (e.g. in furniture)* • Druckstelle *f*; Delle *f*

dent *vt <tech.gen> (sheet metal; e.g. car, fender)* • einbeulen *vt*; eindrücken *vt*

dental cement *<med.tech>* • Zahnzement *m*

dental filling *<med> (in tooth cavity; e.g. amalgam, tooth-colored)* • Füllung *f*

dental implant *<med>* • Dentalimplantat *n*

dental restoration *EN ISO 16744 <med.tech>* • Zahnersatz *m DIN EN ISO 1674*

dent removal *<rep> (sheet metal repair; e.g. of car bodies)* • Ausbeulen *n*

denumerate *vt <math>* • beziffern *vt*

deodorant *<chem> (agent for destroying odors)* • Desodorans *n*; Geruchsverbesserer *m*

deoxidization *<chem.proc>* • Desoxidation *f*

deoxidize *vt US.GB <chem>* • reduzieren *vt*

deoxidize *vt <chem.proc> (remove oxygen)* • desoxidieren *vt*; reduzieren *vt*

deoxidize *vt <srfc> (by pickling; e.g. aluminum)* • beizen *vt*

deoxidizing *<srfc> (e.g. of aluminum)* • Beizen *n*; Desoxidation *f*

deoxyribonucleic acid (DNA) *<chem>* • Desoxyribonukleinsäure *f* (DNS); Desoxyribonucleinsäure *f*

depart *vi <traff> (acc. to schedule; e.g. train, plane)* • abfahren *vi*

depart *vi <traff>* • gehen *vi ugs*

departmental scenting *<hvac>* • abteilungsspezifische Beduftung *f*

Department of Energy (DOE) *<gen>* • US-amerikanisches Energieministerium *n*

departure *<tech.gen> (from objective, path, due course, procedures)* • Abweichung *f*

departure *<aerosp> (of aircraft)* • Abflug *m*

departure *<railw> (of a train, leaving the station)* • Ausfahrt *f*

departure concourse *<aerosp>* • Abflughalle *f*

departure gate *<aerosp>* • Abfluggate *n*
departure lounge *<aerosp>* • Warteraum *m*; Wartehalle *f*; Wartebereich *m*; Abrufraum *m*
departure runway *<aerosp> (airplane)* • Startbahn *f*
departure signal *<railw>* • Abfahrsignal *n*
departure track *<railw>* • Abfahrtsgleis *n*
dependence *<gen>* • Abhängigkeit *f*
dependent failure *<qualit>* • Folgeausfall *m*; abhängiger Ausfall *m*
depending on load *<tech.gen>* • lastabhängig
dephased *<phys>* • phasenverschoben
depilate *vt <hygi>* • depilieren *vt*
depilate *vt <hygi> (skin)* • enthaaren *vt*; epilieren *vt*
deplete *vt <tech.gen> (use up completely; resources; e.g. drinking water, petroleum, coal)* • aufbrauchen *vt*
deplete *vt <tech.gen>* • erschöpfen *vt*
deplete *vt <min> (natural resources)* • ausbeuten *vt*
deplete *vt <nucl>* • abreichern *vt*
depleted *<mat> (e.g. uranium)* • abgereichert
depleted *<min>* • erschöpft
depletion *<nucl> (of nuclear fuel)* • Abbrand *m*
depletion region *<ic.prod> (semiconductor)* • Sperrschicht *f*; Sperrzone *f*; Rekombinationszone *f prakt*; Raumladungszone *f prakt*
deploy *vi/vt <mvhcl.safe> (air bag)* • auslösen *vi/vt*; zünden *vi/vt*
deployment threshold *<mvhcl.safe> (air bag)* • Auslöseschwelle *f*; Auslöseschwellwert *m*
deposit *<el.chem>* • Niederschlag *m*
deposit *<min>* • Lager *n*
deposit *<srfc> (on walls, bottom; e.g. scale)* • Ablagerung *f*; Ausscheidung *f rar*
deposit *<srfc> (any coating, of any material)* • Schicht *f*
deposit *<srfc> (metallic)* • Überzug *m*
deposit *vt <logist> (for storage; e.g. building materials, waste)* • deponieren *vt*; ablagern *vt*
deposit *vt <proc> (e.g. a coating)* • abscheiden *vt*; ausscheiden *vt rar*
deposit *vt <srfc> (coat)* • beschichten *vt*
deposit build-up *<pps> (e.g. scale, sludge)* • Entstehung von Ablagerungen *f*
deposited *<tech.gen>* • abgelagert
deposition *<el.chem>* • Abscheidung *f*
deposit [on] *vt <srfc> (electrically, chemically; e.g. paint)* • abscheiden [auf] *vt*
depository *<logist> (e.g. for furniture, goods stored for customs clearance)* • Depot *n*
deposits *pl <proc>* • Ablagerungen *fpl*
deposit-weld *vt <srfc> (gen.; with manual or automatic welding methods)* • auftragschweißen *vt*
depot *<logist> (large; usu. several buildings above or below ground level)* • Depot *n*; Lager *n*
depot *<pharm>* • Depot *n*
depot *<traff> (for busses)* • Depot *n*
depress *vt <gen> (e.g. pedal)* • herunterdrücken *vt*
depressed center grinding wheel *US <tool>* • Tellerschleifscheibe *f*
depression *<tech.gen> (a small concave area; e.g. a dent, dimple)* • Delle *f*
depression *<geo> (in terrain)* • Bodensenke *f*; Senke *f*
depression of the groundwater table *<build> (process and result)* • Absenkung des Grundwasserspiegels *f*
depth *<gen>* • Tiefe *f*
depth *<min>* • Teufe *f*; Tiefe *f*
depth-adjustable *<tech.gen> (e.g. microscope, overhead projector, sun screen)* • senkrecht verstellbar
depth-adjustable *<tech.gen>* • tiefeneinstellbar
depth gauge *<tool>* • Tiefenmaß *n*; Tiefenmessschieber *m*; Tiefenlehre *f*
depth of engagement *<drivee> (of gears, splines)* • Eingriffstiefe *f*
depth of field (DOF) *<opt> (zone of sharpness; of cameras, microscopes, projectors)* • Schärfentiefe *f*; Tiefenschärfe *f ugs*; Schärfenzone *f rar*
depth of immersion *<nav>* • Eintauchtiefe *f*
depth of the navigable channel *<nav>* • Fahrwassertiefe *f*

depth sounding *<nav>* • Tiefenmessung *f*

derail *vi <railw>* • entgleisen *vi*

derailleur *ISO 8090 <vhcl> (system or principle)* • Kettenschaltung *f DIN ISO 8090*

derailleur [assembly] *<vhcl> (of bicycle chain drive)* • Schaltwerk *n*; Kettenwechsler *m*

derailment *<railw> (of trains)* • Entgleisung *f*; Entgleisen *n*

deregulation *<gen> (of the energy market)* • Deregulierung *f*

derivative *<bio>* • Abkömmling *m*

derivative *<chem>* • Derivat *n*

derivative of tar *<chem>* • Teerderivat *n*

derive *vt <fin> (income)* • beziehen *vt*; erzielen *vt*

derived quantity *<phys>* • abgeleitete Größe *f*

derived unit *<phys> (based on SI units)* • abgeleitete Einheit *f*

derrick *<convey>* • Derrickkran *m*; Derrick *m*; Derrick-Kran *m*

derrick *<petr> (towerlike framework over an oil well)* • Bohrgerüst *n*; Bohrturm *m*

derrick *vt <convey>* • heben *vt*

derrick boom *<convey> (arm of a derrick crane)* • Mastausleger *m*; Kranausleger *m*

derrick floor *<petr> (of oil rig)* • Arbeitsbühne *f*

derust *vt <srfc> (mechanically, chemically)* • entrosten *vt*

desalination *<proc> (e.g. with solar energy)* • Meerwasserentsalzung *f*

desalination plant *<proc>* • Entsalzungsanlage *f*

desaturate *vt <chem.proc>* • entsättigen *vt*

descale *vt ISO 4618-3 <metal> (remove scale)* • entzundern *vt DIN EN ISO 4618*

descale *vt <srfc> (e.g. pipes, boilers)* • entkrusten *vt*; Ablagerungen entfernen *vt*

descale *vt <srfc> (remove boiler incrustations)* • Kesselstein entfernen *vt*

descaler *<metal>* • Zunderbrecher *m*

descend *vi <tech.gen> (go down slowly; e.g. aircraft, suspended particulates)* • sinken *vi*

descend *vi <aerosp>* • niedergehen *vi did*

descend *vi <min>* • einfahren *vi*

descending gradient *<tech.gen> (of slopes, curves, functions)* • Gefälle *n*

descending stroke *<tech.gen> (of reciprocating motion; e.g. of piston, cleaning rake)* • Abwärtsbewegung *f*

descent *<aerosp> (flight)* • Sinkflug *m*

descent *<min> (into a mine)* • Einfahrt *f*

descent angle *<tech.gen>* • Neigungswinkel *m*

descent rate *<aerosp>* • Sinkgeschwindigkeit *f*; Abstiegsgeschwindigkeit *f*

describe *vt <docu> (e.g. scope of supplies and services; system)* • beschreiben *vt*

desiccant *<pack>* • Trockenmittel *n DIN 55405*

desiccate *vt <chem.proc> (gen.)* • entfeuchten *vt*

desiccation *<tech.gen> (due to lack of moisture or by removal of moisture)* • Austrocknung *f*

desiccation *<tech.gen>* • Trocknung *f*

desiccation *<food>* • Entfeuchtung *f*

desiccator *<proc>* • Exsikkator *m*; Trockengefäß *n*

design *<tech.gen>* • Aufbau *m*

design *<tech.gen> (process)* • Ausführung *f*

design *<tech.gen> (engineering; dimensioning etc., for certain loads)* • Auslegung *f*; konstruktive Auslegung *f*

design *<tech.gen> (type)* • Bauart *f*

design *<tech.gen> (overall appearance)* • Gestaltung *f*

design *<tech.gen> (type, technical concept)* • Konstruktion *f*; konstruktive Gestaltung *f*

design *<textil> (e.g. needle stripes, mille-fleur)* • Dessin *n*; Muster *n*

design *vt <tech.gen> (for a specific purpose; e.g. a bridge to accommodate certain loads)* • auslegen *vt*; dimensionieren *vt*

design *vt <tech.gen>* • gestalten *vt*

design *vt <tech.gen> (e.g. a component, machine, system)* • konstruieren *vt*

design *vt <prod> (make a draft)* • entwerfen *vt*

design … *<tech.gen> (rated load plus safety margin; e.g. ~ pressure, ~ temperature)* • Auslegungs…

design and specifications are subject to change without notice *<docu>* • Änderungen vorbehalten

design-approved *<qualit>* • Bauart geprüft; bauartgeprüft

design assumptions *<tech.gen>* • Berechnungsannahmen *fpl*

designate *vt <term> (a concept with a term)* • benennen *vt*

designate *vt <term> (mark, identify; with a letter, number, symbol)* • kennzeichnen *vt*

designating symbol *<term> (e.g. A for elongation at break)* • Kurzzeichen *n*

designation *<gen>* • Kennung *f*

designation *ISO 1087 <term>* • Bezeichnung *f DIN 2342*

designation of article *<logist> (labelling)* • Artikelbezeichnung *f*

design basis *<prod> (e.g. certain load assumptions, legal requirements, standards)* • Auslegungsgrundlage *f*; Berechnungsgrundlage *f*; Berechnungsbasis *f*; Konstruktionsbasis *f rar*

design-basis accident *<tech.gen> (e.g. for NPP)* • Auslegungsstörfall *m*

design basis accident (DBA) *<nucl> (e.g. LOCA in NPP with PWR)* • größter anzunehmender Unfall *m* (GAU)

design change *<tech.gen>* • konstruktive Änderung *f*

design concept *<tech.gen> (abstract, idea)* • Konstruktion *f*; konstruktive Gestaltung *f*

design configuration *<tech.gen> (geometry, configuration)* • Konstruktion *f*; Konfiguration *f*; Entwurf *m*

design considerations *<prod>* • Auslegungsgesichtspunkte *fpl*

design data *<tech.gen>* • Auslegungsdaten *pl*

designed for *<tech.gen> (specified operating conditions, loads etc.)* • ausgelegt für; konzipiert für *ugs*

design effort *<tech.gen> (process of designing sth.; e.g. computer-aided)* • Konstruktion *f*; Konstruieren *n*

design engineer *<tech.gen>* • Konstrukteur *m*

design engineering *<tech.gen> (as a discipline)* • Konstruktion *f*

design fault *<qualit> (e.g. underdimensioned parts)* • Auslegungsfehler *m*; Konstruktionsfehler *m*

design fault *<qualit>* • Konstruktionsfehler *m*; Entwurfsfehler *m rar*

design feature *<tech.gen>* • Konstruktionsmerkmal *n*

design life *<tech.gen>* • Lebensdauer *f*

design load *<tech.gen>* • Auslegungslast *f*

design load *<buildtech.gen> (load assumption)* • Lastannahme *f*; Entwurfslast *f*; Entwurfsbelastung *f*

design optimization *<tech.gen>* • Entwurfsoptimierung *f*

design parameter *<tech.gen>* • Konstruktionsparameter *m*

design parameters *pl <tech.gen>* • Auslegungsparameter *mpl*

design power *<tech.gen> (e.g. engine, power plant)* • Sollleistung *f*

design pressure *<proc>* • Auslegungsdruck *m*

design speed *<tech.gen>* • Nenndrehzahl *f*

desired condition *<i&c> (e.g. measuring device, controller)* • Sollzustand *m*

desired dimension *<tech.gen>* • Sollmaß *n*

desired output *<tech.gen>* • Sollleistung *f*

desired speed *<tech.gen> (e.g. vehicle, slide, feed, traveling winch)* • Sollgeschwindigkeit *f*

desired value *<i&c> (setpoint)* • Sollwert *m*

desktop *<comp> (of Windows)* • Desktop *n*

desktop publishing (DTP) *<comp.print>* • Desktop-Publishing *n* (DTP); elektronisches Publizieren *n*

deslag *vt <proc> (e.g. a furnace, boiler)* • entschlacken *vt*

deslime *vt <proc>* • entschleimen *vt*

desludge *vt <build>* • entschlammen *vt*

desoot *vt <proc>* • entrußen *vt*

desorientation *<gen>* • Desorientierung *f*

desorption *<chem.proc> (of sorbed gases)* • Desorption *f*

destabilization *<gen>* • Stabilitätsverschlechterung *f*; Destabilisierung *f*

destination airport *<aerosp>* • Zielflughafen *m*

destination charge *<mvhcl.fin>* • Überführungskosten *pl*; Überführung *f prakt.ugs*

destination file *<comp>* • Zieldatei *f*

destination waypoint *<navig> (in a navigation system)* • Zielwegpunkt *m*; Bestimmungswegpunkt *m*; ausgewählter Wegpunkt *m*; TO-Wegpunkt *m*; Zielpunkt *m*

destroy *vt <gen>* • vernichten *vt*

destruction *<gen>* • Vernichtung *f*

destructive test[ing] *<qualit.mat> (of materials, products)* • zerstörende Prüfung *f*

destructive testing of materials *<qualit.mat>* • zerstörende Werkstoffprüfung *f*

desulfurization *<emiss>* • Entschwefelung *f*

desulphurize *vt US.GB <chem.proc>* • entschwefeln *vt*

detach *vi <tech.gen>* • ablösen *vr*

detach *vi <chem> (electrons)* • abspalten *vr*

detach *vi <phys> (drop; e.g. from electrode, tap)* • abfallen *vi*

detach *vt <tech.gen>* • abbauen *vt*; abmontieren *vt*; demontieren *vt*

detach *vt <tech.gen> (remove w/o effort, w/o tools; in any direction; e.g. handle, crank)* • abnehmen *vt*

detach *vt <tech.gen> (one part from another; e.g. connected with zipper, buttons, adhesive)* • abtrennen *vt*

detach *vt <tech.gen> (remove; e.g. a label)* • lösen *vt*; entfernen *vt*

detachable *<tech.gen> (removable with some effort and tools)* • abbaubar

detachable *<tech.gen> (with effort, by hand or with tools; small part from a bigger object)* • abmontierbar; demontierbar

detachable *<tech.gen> (with little effort, usu. w/o tools; esp. upwards; e.g. cover, lid)* • abnehmbar

detachable *<tech.gen> (gen.; joint, fastener)* • lösbar

detachable fasteners *<tech.gen> (e.g. clamp, bolt)* • lösbare Verbindungselemente *npl*

detached *<build>* • freistehend

detachment *<tech.gen> (e.g. of parts, layers)* • Ablösung *f*

detail *<gen> (e.g. in eng. drawings)* • Detail *n*

detail *<gen>* • Einzelheit *f*

detail *sg <phot.qualit> (cf photos)* • Zeichnung *fsg*; Details *npl*

detail drawing *<docu>* • Detailzeichnung *f*; Einzelteilzeichnung *f*; Einzelteil-Zeichnung *f*

detailed breakdown *<gen> (e.g. of supplies and services)* • detaillierte Aufschlüsselung *f*

detailed description *<docu>* • ausführliche Beschreibung *f*

detailing *<gen>* • Detailauswertung *f*

detect *vt <tech.gen> (e.g. defects, resources, errors, mistakes)* • auffinden *vt*; entdecken *vt*; erkennen *vt*

detect *vt <tech.gen> (e.g. weaknesses, flaws)* • ermitteln *vt*

detect *vt <qualit> (e.g. irregularity, flaw, defect)* • feststellen *vt*

detectable *<gen> (by senses; e.g. visible, audible)* • erkennbar; wahrnehmbar

detectable *<tech.gen>* • nachweisbar; feststellbar

detecting agent *<qualit.mat> (for defects; e.g. magnetic particles, dyestuff, soap water)* • Anzeigemittel *n*

detecting ink *<qualit.mat> (for magnet particle test)* • Magnetöl *n*

detection *<tech.gen> (e.g. of defects, resources)* • Auffinden *n*

detection *<tech.gen>* • Erkennung *f*; Ermittlung *f*

detection *<chem>* • Nachweis *m*

detection limit *<i&c>* • Nachweisgrenze *f*

detection range *<gen>* • Tastweite *f*

detection range *<alarm>* • Reichweite *f*

detection range *<navig> (of radar, sonar)* • Erfassungsbereich *m*; Suchbereich *m rar*; Peilbereich *m*

detection zone *<alarm> (of an alarm sensor; e.g. IR motion sensor)* • Erfassungsbereich *m*;

Detektionsbereich *m*; Wirkbereich *m*; Überwachungsbereich *m*

detector <*alarm*> *(device to detect and signal an alarm event)* • Melder *m*; Detektor *m*; Sensor *m*; Alarmmelder *m*; Meldungsgeber *m*

detector <*i&c*> *(indicator)* • Indikator *m*

detector [loop] <*mvhcl*> • Schleifendetektor *m*; Schleifen--Detektor *m*

detent <*mech.eng*> *(typ. a spring--loaded locking device)* • Arretierung *f*

detent <*mech.eng*> *(pawl-type)* • Sperrklinke *f*; Klinke *f*

detent <*prod*> *(latching, physically engaging, usu. spring-loaded)* • Raste *f*

detent mechanism <*prod*> • Rastung *f*; Rasteinrichtung *f*

detent spring <*mech.eng*> *(e.g. of a latch, detent ball)* • Arretierfeder *f*; Einrastfeder *f*; Rastfeder *f*

detergent <*chem*> • Reinigungsmittel *n*; Detergens *n pl*: -zien *wiss*; Waschmittel *n ugs*

detergent-resistant <*tech.gen*> • reinigungsmittelbeständig

deteriorate *vi* <*tech.gen*> *(material, quality)* • verschlechtern *vr*

deteriorate *vi* <*qualit*> *(e.g. material)* • altern *vi*

deterioration <*qualit*> *(damage)* • Schädigung *f*

determinacy <*gen*> • Determiniertheit *f*

determinate <*gen*> • determiniert

determination <*tech.gen*> *(of values; e.g. by measurement, counting, specifying)* • Bestimmung *f*

determine *vt* <*gen*> • bestimmen *vt*; festlegen *vt*; determinieren *vt*

determine *vt* <*gen*> *(facts, figures, statements)* • feststellen *vt*

determine *vt* <*tech.gen*> *(values, figures, quantities)* • ermitteln *vt*; bestimmen *vt*

determine experimentally *vt* <*tech.gen*> • experimentell bestimmen *vt*

determine safe dimensions *vt* <*tech.gen*> • sicher dimensionieren *vt*

deterrence based on assured nuclear second-strike ability <*mil*> • Abschreckung durch gesicherte Zweitschlagkapazität *f*

deterrent <*safe*> • Abschreckmittel *n*

detonate *vi* <*expl*> • detonieren *vi*

detonating cord *EN 13630-1* <*expl*> • Sprengschnur *f EN 13630-1*

detonation *ISO 13943* <*fire.expl*> • Detonation *f ISO 13943*; Sprengung *f ugs*

detonator <*expl*> *(a device used to trigger an explosive device)* • Detonator *m*; Verstärkerladung *f*; Booster *m*

detonator <*expl*> *(makes another substance explode; e.g. small tube filled w/ explosive)* • Sprengkapsel *f*; Zündkapsel *f*; Zünder *m ugs*

detrimental as to novelty <*jur*> *(patent)* • neuheitsschädlich

detuned <*mvhcl.mot*> *(engine; intentional, to reduce power; e.g. bike engine)* • gedrosselt; leistungsreduziert

deuterium (D) <*chem*> • Deuterium *n* (D); schwerer Wasserstoff *m*

deuterium-moderated reactor <*nucl*> • Schwerwasserreaktor *m*; schwerwassermoderierter Reaktor *m*; deuteriummoderierter Reaktor *m rar*

Deutsches Institut für Normung (DIN) <*org*> • Deutsches Institut für Normung e. V. *n* (DIN)

develop *vi* <*gen*> *(features, characteristics)* • ausbilden *vr*

develop *vi* <*gen*> *(personality)* • weiterentwickeln *vr*

develop *vt* <*tech.gen*> *(e.g. resources)* • erschließen *vt*; aufschließen *vt rar*

develop *vt* <*math*> *(surfaces)* • abwickeln *vt*

develop *vt* <*phot*> *(an exposed film)* • entwickeln *vt*

developable <*math*> • abwickelbar

developed shape <*math*> *(e.g. for panel cutting)* • abgewickelte Form *f*

developed view <*docu*> • Abwicklung *f*

developer <*phot*> • Entwickler *m*

development <*gen*> • Entwicklung *f*

development <*tech.gen*> *(of properties, characteristics)* • Ausbildung *f*

development <*tech.gen*> *(of a region, real estate)* • Erschließung *f*

development <*min*> *(e.g. of a coal vein)* • Aufschluss *m*

development area <*build.jur*> • Baugebiet *n*

development stage *<gen>* • Entwicklungsstadium *n*

development state *<tech.gen>* • Entwicklungsstand *m*

develop resistance *vi <hygi> (e.g. bacteria)* • resistent werden *vi*

deviance *<phys> (e.g. of a magnetic compass, trajectory)* • Abweichung *f*

deviate *vi <tech.gen> (from due course, set point; e.g. vehicle, tool, values)* • abweichen *vi*

deviate *vt <geo> (a borehole; intentionally)* • ablenken *vt*; lenken *vt rar*

deviate *vt <traff> (traffic)* • umleiten *vt*

deviated well *<geo> (well with an intentionally changed course; e.g. oil, heat)* • abgelenkte Bohrung *f*; Ablenkbohrung *f*

deviate from *vi <gen> (a course, path, road, runway, straight and narrow)* • abkommen *vi*

deviation *<tech.gen> (undesired; e.g. of actual value vs. setpoint, quality features)* • Abweichung *f*

deviation *<traff> (e.g. due to a construction site)* • Umleitung *f*; Umfahrung *f*; Umfahrungsstrecke *f*

deviation angle *<tech.gen>* • Ablenkungswinkel *m*

deviation from rate *<i&c> (of watches, clocks)* • Gangabweichung *f*

deviation permit *<qualit>* • Abweichungsgenehmigung *f*

device *<tech.gen> (appliance, apparatus; e.g. electronic)* • Gerät *n*

device *<tech.gen> (means for sth., aid, temporary facility; very fuzzy concept)* • Vorrichtung *f*

device-dependent *<comp>* • geräteabhängig

device-independent *<comp>* • geräteunabhängig

devil *vt <build> (plaster)* • aufkratzen *vt*

devitrification *<silic>* • Entglasung *f*

devoid of structure *stand <mat>* • gefügelos

devolatizing screw *<plast>* • Entgasungsschnecke *f*

dew *<tech.gen> (condensate, usu. undesirable; e.g. in VCRs)* • Feuchtigkeit *f*

dewater *vt <tech.gen>* • Wasser entziehen *vi*

dewatering *<tech.gen>* • Entwässerung *f*

dewatering *<tech.gen> (e.g. of soil, tissue)* • Wasserentzug *m*

dewatering classifier *<proc>* • Absetztank *m*

dewax *vt <srfc>* • entkonservieren *vt*; entwachsen *vt*

dew point *<phys> (gen.; of any liquid)* • Taupunkt *m*; Taupunkttemperatur *f*

dextrin adhesive *<join>* • Dextrinkleber *m*; Dextrinklebstoff *m*; Dextrinleim *m prakt*

dextrorotation *<chem.phys>* • Rechtsdrehung *f*

dextrose *<food>* • Dextrose *f*; Dextroglucose *f form*; D-Glucose *f prakt*; Traubenzucker *m ugs*

Dhrystone *<comp> (PC benchmark test performance unit)* • Dhrystone *m*

diacid *adj <chem>* • zweifachsauer; zweisäurig

diacritic[al] *<tech.gen>* • diakritisch

diagnosis *<tech.gen>* • Diagnose *f*

diagnostic center *US <tech.gen> (of a garage, shop)* • Diagnose-Center *n*

diagonal *adj <tech.gen>* • diagonal

diagonal brace *<build> (gen. in a lattice structure trussed girder; e.g. of a bridge, crane)* • Diagonalstrebe *f*; Diagonalstab *m*; Schrägstrebe *f ugs*

diagonal bracing *<build> (gen.)* • Kreuzverstrebung *f*; Verschwertung *f*

diagonal cross brace *<tech.gen>* • Kreuzstrebe *f*

diagonal cutting pliers *ISO 5742 <tool> (gen.)* • Seitenschneider *m DIN ISO 5742*

diagonal member *<tech.gen>* • Strebe *f*

diagonal rib *<tech.gen>* • Diagonalrippe *f*

diagonal tie *<build>* • Zugstrebe *f*

diagonal tieing *<tech.gen> (of framework)* • Dreieckverband *m*

diagram *<docu> (graphical representation of data; e.g. line diagram, bar chart)* • Diagramm *n*; Graph *m form*; graphische Darstellung *f*; Schaubild *n*; Grafik *f ugs*

diagram *<docu>* • grafische Darstellung *f*; graphische Darstellung *f*

diagram *<docu> (schematic drawing; e.g. of a system using graphical* *symbols)* • Schema *n*

diagrammatic representation *<docu> (of curves, values; e.g. as bar charts)* • grafische Darstellung *f*; graphische Darstellung *f*

dial *US.GB <i&c> (plate, disk on a clock, watch, meas. instrument; w/ figures, markings)* • Zifferblatt *n*

dial *vt <tele> (a number)* • anwählen *vt*

dial caliper *<tool>* • Messschieber mit Messuhr *m*

dial gauge caliper *<i&c>* • Tastermessuhr *f*

dial-in *<tele>* • Einwahl *f*

dial indicator *<tool> (precision measuring tool)* • Messuhr *f ISO 463*

dialing keypad *US <tele>* • Wähltastatur *f*

dialing signal *US <tele>* • Wählzeichen *n*

dialing tone *US <tele> (while dialing)* • Wählton *m*

dial markers *pl <mech> (on watch dial)* • Indizes *n pl*

dialog *US <gen>* • Dialog *m*

dialog box *US <comp>* • Dialogfenster *n*; Dialogbox *f*; Dialogfeld *n*

dial operation *<tech.gen> (e.g. measuring instrument)* • Skalenscheibeneinstellung *f*

dial selector *<tech.gen>* • Nummernscheibe *f*

dial-type gauge *<mvhcl.i&c>* • Rundinstrument *n*

dial-type machine *<tech.gen> (with dial-type control button; e.g. sewing machine, dishwasher)* • Maschine mit Wahlscheibeneinstellung *f*

dialup *<el>* • Anwahl *f*

dialysis *<med>* • Dialyse *f*

dialyzer *US <med.tech>* • Dialysator *m*; Dialysegerät *n*; künstliche Niere *f ugs*

diameter (d) *<tech.gen>* • Durchmesser *m* (d)

diametrically opposite *<gen>* • diametral entgegengesetzt

diamine *<chem.petr>* • Diamin *n*

diamond *<mat.min>* • Diamant *m*

diamond drill *<tool>* • Diamantbohrer *m*

diamond frame *<vhcl> (bicycle)* • Diamantrahmen *m*; Rahmen in Diamantform *m rar*

diamond knurl *<mech.eng> (e.g. on thumb screws and thumb wheels)* • Kordel *f*; Links-Rechts-Rändel *n*; Kreuzrändel *n*

diamond knurling *<mil> (on gun grips)* • Fischhaut *f*

diamond point chisel *<build.tool>* • Spitzmeißel *m*

diamond-shaped knurling *<prod>* • Kordieren *n*

diamond-tipped *<tool>* • diamantbestückt

diamond-tread plate *<tech.gen> (e.g. for steps, truck beds)* • Riffelblech *n*

diaphanous *<qualit.mat> (almost completely transparent)* • diaphan; nahezu durchsichtig *ugs*

diaphragm *<gen>* • Scheidewand *f*

diaphragm *<tech.gen> (e.g. in loudspeakers, pumps, vacuum servo units)* • Membran *f*; Diaphragma *n wiss*

diaphragm actuator *<i&c> (e.g. of valves)* • Membranstellantrieb *m*

diaphragm displacement *<mech.eng>* • Membranauslenkung *f*

diaphragm spring *<mech.eng> (big, slotted; typ. in automotive disk clutches)* • Membranfeder *f*; Tellerfeder *f rar*

diaphragm valve *EN ISO 16138 <pps>* • Membranventil *n DIN EN ISO 1613*

diapir *<geo>* • Diapir *m*

diatom *<bio> (algae; e.g. used as a model in bionics)* • Kieselalge *f*; Diatomee *f pl*: -n *wiss*; Diatomeae *f pl*: -en *wiss*

diazo dye *<srfc>* • Diazofarbstoff *m*

diazo printing *<print>* • Diazotypie *f*

diazo process *<print>* • Lichtpausverfahren *n*

dice *vt <prod> (cut into bits; e.g. veggies)* • zerteilen *vt*

dichlorodiethyl sulfide *<chem.mil> (chemical weapon)* • Dichlordiethylsulfid *n*; Senfgas *n prakt*

dichroic *<phys>* • dichroitisch

dichroic reflector *<light>* • Kaltlichtspiegel *m*

dichromatic *<chem>* • dichromatisch

dichromatic *<opt.phys>* • zweifarbig

die *<plast> (extruder)* • Düse *f*

die *<prod> (for swaging, deep-drawing)* • Form *f*

die *<prod> (forming in gen.)* • Gesenk *n*

die *pl*: **dice** *<ic> (single square or*

rectangular piece of semiconductor material) • Chip *m*; Die *m/n [dai]*; Halbleiterplättchen *n did*

die away *vi <tech.gen> (vibrations, oscillations; e.g. noise, shaking)* • nachlassen *vi*

die away *vi <acoust> (sound)* • ausklingen *vi*

die block *<metal>* • Gesenkblock *m*

die-cast *vt <prod>* • druckgießen *vt*

diecast aluminum *US <mat>* • Aluminium-Druckguss *m*; Aluminiumdruckguss *m*

die casting *<tech.gen> (e.g. of aluminum alloy; e.g. a transaxle housing)* • Druckgussteil *n*

die casting *<metal> (pressures up to 1000 bar; aluminum, mag, zinc)* • Druckguss *m*

die-casting alloy *<mat>* • Druckgusslegierung *f*

die-casting machine *<mach.tool>* • Druckgießmaschine *f*

die cavity *<metal> (for die casting, die forging)* • Formnest *n*; Formhöhlung *f*

die construction *<metal>* • Formenbau *m*

die draft *US <metal> (drop forging)* • Gesenkaushebeschräge *f*

die draft *US <metal> (casting, forging)* • Gesenkschräge *f*; Werkzeugkonizität *f*; Werkzeugneigung *f*; Seitenschräge *f*

die-forged component *<prod> (workpiece)* • Gesenkschmiedeteil *n*

die-formed *<prod>* • Gesenk *n*: im ~ geformt

die insert *<prod>* • Gesenkeinsatz *m*

dielectric *<el>* • Nichtleiter *m*; Dielektrikum *n wiss*; elektrisch nichtleitendes Material *n did*; Isolator *m prakt*; Isolierstoff *m rar*

dielectric *adj <el>* • dielektrisch; sperrend

dielectric strength *<el> (of a dielectric, insulation)* • Isolationsfestigkeit *f*; Durchschlagfestigkeit *f*; dielektrische Festigkeit *f*; Isolationsvermögen *n*; Spannungsfestigkeit *f*

diemaker *<prod.metal>* • Formenbauer *m*

die making *<prod>* • Gesenkherstellung *f*

die milling *<prod>* • Gesenkfräsen *n*

die-press *vt <prod>* • Gesenk *n*: im ~ pressen *vt*; pressen *vt*: m Gesenk ~

diesel direct injection (DDI) *<mvhcl.mot>* • Diesel-Direkteinspritzung *f* (DDI)

diesel drive *<mot> (e.g. of car, truck, locomotive, ship, generator)* • Dieselantrieb *m*

diesel-electric *<drive>* • dieselelektrisch

diesel-electric drive *<drive> (diesel engine plus generator plus electric motor)* • dieselelektrischer Antrieb *m*

diesel-electric generating set *<energ>* • Dieselaggregat *n*

diesel engine *<mvhcl.mot> (as opp. to SI engine)* • Dieselmotor *m*; Selbstzünder *m press*; Diesel *m ugs*; Motor mit Selbstzündung *m*

diesel exhaust catalytic converter *<mvhcl.emiss>* • Diesel-Abgaskatalysator *m*; Diesel-Kat *m ugs*

diesel exhaust particulate *<mvhcl.emiss>* • Dieselruß *m*; Ruß *m*

diesel fuel *<chem.petr> (derived from gas oils, cut point 170...350 °C; fuel for diesel engines)* • Dieselkraftstoff *m* (DK) *DIN 51601*; Diesel *n ugs*

diesel fuel anti-gel liquid *<chem.petr> (to prevent filter plugging)* • Diesel-Winteradditiv *n*

diesel generator [set] *<energ> (typ. emergency diesel)* • Dieselgenerator *m*

diesel-hydraulic *<mot>* • dieselhydraulisch

dieseling *<mvhcl.mot>* • Nachdieseln *n*; Selbstzündung *f*; Dieseln *n prakt*

diesel knock *<mvhcl>* • Dieselnageln *n*; Nageln *n*

diesel locomotive *<railw>* • Diesellokomotive *f*; Diesellok *f ugs*; V-Lok *f prakt*

Diesel motorship *<nav>* • Dieselmotorschiff *n*

diesel particulate filter (DPF) *<mvhcl.emiss> (collects particulate matter)* • Dieselpartikelfilter *m* (DPF); Diesel-Rußfilter *m*; Partikelfilter *m*; Rußfilter *m ugs*; FAP-Partikelfilter *m Citroen*

die stamping *<prod> (of sheet metal)* • Gesenkpressen *n*

diethylhexyl-phthalate (DEHP) *<plast> (softening additive; e.g. in film and* *sheeting)* • Diethyhexylphthalat *n* (DEHP)

diet scale *<gastr>* • Küchenwaage *f*

differ *vi <gen>* • unterscheiden *vr*; differieren *vi*

difference *<gen> (amount needed to make sth complete)* • Differenz *f*

differential *<tech.gen> (math, physics; e.g. pressure or temperature difference)* • Differential *n*; Delta *n prakt*

differential *<math>* • differentiell

differential *<mvhcl.drive>* • Ausgleichsgetriebe *n*; Differentialgetriebe *n form*; Differential *n prakt*; Ausgleichgetriebe *n rar*; Differenzial *n rar*

differential cage *<mvhcl.drive>* • Ausgleichsgehäuse *n*; Differentialgehäuse *n*; Differentialkorb *m*; Ausgleichsgetriebegehäuse *n*

differential calculus *<math>* • Differentialrechnung *f*

differential element *<i&c> (gen.)* • Differentialglied *n*; D-Glied *n*; Vorhaltglied *n*

differential GPS (DGPS) *<navig> (system)* • Differential-GPS *n* (DGPS); differentielles GPS *n*; GPS im Differentialmodus *n*

differential lock *<mvhcl.drive> (positive; eliminates diff action)* • Differentialsperre *f*; Differenzialsperre *f*; schaltbare Ausgleichssperre *f form*; Ausgleichssperre *f*; Sperre *f ugs*

differential pinion *<drive>* • Ausgleichritzel *n*

differential pressure transducer *<i&c>* • Differenzdruckgeber *m*; Differenzdruckmessumformer *m*; Differenzdruckwandler *m*

differential term *<math>* • Differentialglied *n*

differentiate *vi/vt <math>* • differenzieren *vi/vt*

differentiate *vt <gen>* • unterscheiden *vt*

differentiation *<math>* • Ableitung *f*; Differentialquotient *m*; Differentiation *f*

difficult to machine *<mat>* • schwer spanbar; schwer zerspanbar; schwer bearbeitbar

diffract *vt <opt> (to break or bend by diffraction; e.g. light)* • brechen *vt*; beugen *vt*

diffract *vt <phys> (waves; e.g. light)* • beugen *vt*

diffracted wave *<phys>* • gebeugte Welle *f*

diffraction *<phys> (of waves after object or slit; e.g. light)* • Beugung *f*; Diffraktion *f*

diffuse *<tech.gen> (e.g. light)* • diffus

diffuse *vi <chem.phys>* • diffundieren *vi*

diffused light *<light>* • diffuses Licht *n*

diffuse in[to] *vi <phys>* • eindiffundieren *vi*

diffuse outwards *vi <phys> (gas, liquid; e.g. from wood, fabrics, plastics)* • ausdiffundieren *vi*

diffuser *<tech.gen> (for fluid flow, radiation; e.g. for gas, water, light)* • Diffusor *m*

diffuser *<mech.eng> (converts hi--velocity, lo-press flow to lo-velocity, hi--press flow)* • Leitapparat *m*; Leitvorrichtung *f*; Leiteinrichtung *f*; Diffusor *m*; Leitrad *n*

diffuse radiation *<phys> (as opposed to direct radiation; e.g. of light)* • diffuse Strahlung *f*; indirekte Strahlung *f*; gestreute Strahlung *f*; Streustrahlung *f*

diffuse reflection *stand <light>* • diffuse Reflexion *f*; Remission *f*; gestreute Reflexion *f*; Streulicht *n*

diffusion *<light>* • Streuung *f*

diffusion *<phys> (gen.)* • Diffusion *f*

diffusion barrier *<tech.gen> (e.g. of electrochemical sensor)* • Diffusionsbarriere *f*; Diffusionsmembran *f*

diffusion-doped *<srfc>* • diffusionsdotiert

diffusion welding (DFW) *<join> (a solid--state fusion welding process; typ. for dissimilar metals)* • Diffusionsschweißen *n* (D) *DIN 1910*

diffusor *<phot> (for hand-held exposure meters, flash units)* • Diffusor *m*

difluorethane *<hvac> (harmful to the environment)* • Difluorethan *n*; Kältemittel R152a *n*

dig *vt <build> (e.g. hole)* • graben *vt*

dig depth *<build.mach>* • Aushubtiefe *f*; Grabtiefe *f*

digest *vt <chem> (chemically)* • chemisch aufschließen *vt*

digester *<pap.prod>* • Kocher *m*

digestion <chem> *(with disentegration promotors)* • Aufschluss *m*
digging capacity <build> • Abtragsleistung *f*
digit <math> *(any of the Arabic numerals of 1 through 9 and 0)* • Ziffer *f*
digital <comp> • digital
digital *adj* <phot> • digital *adj*
digital/analog (D/A) <comp> • digital/analog (D/A)
digital audio tape (DAT) <comp> • DAT-Band *n* (DAT); Digital Audio Tape *n*
digital caliper <tool> *(slide type caliper)* • Messschieber mit Digitalanzeige *m form*; digitaler Messschieber *m prakt*; Digital-Messschieber *m prakt*
digital camera <phot> • Digitalkamera *f*; digitaler Fotoapparat *m*; Digicam *f ugs*; digitale Stehbildkamera *f DIN*
digital compact camera <phot> • digitale Kompaktkamera *f*; kompakte Digitalkamera *f*
digital control <i&c> *(closed-loop, of processes; e.g. of furnace temperature)* • digitale Regelung *f*; Digitalregelung *f*
digital control <i&c> *(open-loop, of machines; e.g. of machining centers, robots)* • digitale Steuerung *f*; Digitalsteuerung *f*
digital copier <print> • Digitalkopierer *m*
digital display <i&c> • Digitalanzeige *f*; digitale Anzeige *f*
digital-electronic image stabilizer (DEIS) <av> • digital-elektronischer Bildstabilisator *m* (DEIS); digital-elektronischer Bildstabilisierer *m*
digital enhanced cordless telecommunication (DECT) *DIN EN 300176* <comp.tele> • digitale schnurlose Telekommunikation *f* (DECT) *DIN EN 300176*
Digital Enhanced Cordless Telecommunications (DECT) <tele> *(short-range cordless telecommunications standard)* • Digital Enhanced Cordless Telecommunications (DECT); Digital European Cordless Telephone *obs*
digital image stabilizer (DIS) <av> • digitaler Bildstabilisator *m* (DIS); digitaler Bildstabilisierer *m*
digital mirror device (DMD) <opt> *(e.g. for car headlamps, cine projectors)* • Digital Mirror Device *n*; Array einzeln angesteuerter Mikrospiegel *n did*; Spiegelarray *n*
digital multimeter <i&c.tool> • Digital-Multimeter *n*; Multimeter mit Digitalanzeige *n*; Digitalvielfachmesser *m obs.rar*
digital photography <phot> • Digitalfotografie *f*; digitale Fotografie *f*
digital receiver <av> • Digitalempfänger *m*; Digitaldekoder *m*; Digitalreceiver *m*
digital signature <comp> • digitale Signatur *f*; digitale Unterschrift *f*
digital single lens reflex camera (DSLR) <phot> • digitale Spiegelreflexkamera *f* (DSLR); Spiegelreflexkamera *f ugs*
Digital Subscriber Line (DSL) <comp> • Digital Subscriber Line (DSL)
digital-to-analog converter (DAC) *US* <el> • Digital-Analog-Wandler *m* (DAU); Digital/Analog-Wandler *m*; D/A-Umsetzer *m*; D/A-Konverter *m*; D/A-Wandler *m*
digital versatile disc (DVD) <comp> *(for video, audio, data files)* • Digital Versatile Disc *f* (DVD); Digital Video Disc *f rar*
Digital Video Broadcasting (DVB) <comp> • Digital Video Broadcasting *n* (DVB)
digital video broadcasting terrestrial (DVB-T) <tele> • digital terrestrisches Fernsehen *n* (DVB-T); DVB-T-Technik *f prakt*; digitale Terrestrik *f jarg*; terrestrischer digitaler Fernsehempfang *m rar*
digital voiceprint <comp.jur> *(for identification)* • digitaler Stimmabdruck *m*
digitization <tech.gen> • Digitalisierung *f*
digitize *vt* <tech.gen> • digitalisieren *vt*
digitizer <comp> *(touch tablet)* • Eingabetablett *n*; Digitalisiertablett *n form*; Digitalisierer *m*; Digitizer *m*; Grafiktablett *n prakt*
dihedral <aerosp> *(angle at which airplane wings are vertically inclined; V-shape)* • V-Stellung *f*; V-Form *f*
dihedron <math> • Dieder *n*; Zweiflach *n ugs*

dike *<build.hydr> (embankment for controlling or holding the waters of the sea)* • Deich *m*; Damm *m ugs*
dike *<geo> (tabular discordant intrusion; long, narrow rock formation)* • Gang *m*; Dike *m*
dike lock *<build.hydr>* • Deichschleuse *f*
dilapidated *<build>* • baufällig
dilatable *<tech.gen> (opening)* • aufweitbar; dehnbar
dilatation *<tech.gen> (enlargement of rings, holes etc.)* • Aufweitung *f*; Dilation *f wiss*; Ausweiten *n*; Ausdehnung *f*; Weiten *n*
dilatation *<tech.gen>* • Dilatation *f*
dilate *vt <gen> (make wider or larger; typ. an opening)* • aufweiten *vt*; weiten *vt*; ausdehnen *vt rar*
dilate *vt <tech.gen>* • erweitern *vt*
dilatometer *<i&c>* • Ausdehnungsmesser *m*; Dilatometer *n*
diligence *<tech.gen>* • Sorgfalt *f*
diluent *ISO 4617 <tech.gen>* • Streckmittel *n DIN EN ISO 4617*; Verschnittmittel *n*
dilutable paint *<srfc>* • verdünnbare Farbe *f*
dilute *vt <tech.gen> (liquid; e.g. wine)* • verdünnen *vt*; strecken *vt*
dilute *vt <geo> (minerals from soil, contaminants from landfills etc.)* • auswaschen *vt*
dilute acid *<chem> (gen.)* • verdünnte Säure *f*
dilution *<agri> (of soil minerals)* • Auswaschung *f*
dim *vt <light>* • abblenden *vt*
dim *vt <light> (lights in a room)* • abdunkeln *vt*; dimmen *vt ugs*
dimension *<tech.gen> (e.g. length, width, height)* • Dimension *f*
dimension *vt <tech.gen>* • bemessen *vt*; dimensionieren *vt*
dimension *vt <docu> (eng. dwg.)* • bemaßen *vt*
dimensional allowance *<tech.gen>* • Maßzugabe *f*
dimensional change *<tech.gen> (e.g. due to thermal expansion, shrinkage)* • Dimensionsveränderung *f*
dimensional consistency *<prod.qualit>* • Maßhaltigkeit *f*
dimensional deviation *<prod> (from nominal size)* • Abmaß *n*
dimensional error *<qualit>* • Maßfehler *m*
dimensional inspection *<qualit>* • Prüfung auf Maßhaltigkeit *f*; Maßkontrolle *f*; Formprüfung *f*
dimensionally accurate *<qualit> (of correct dimensions)* • maßgenau; maßgerecht
dimensionally stable *<qualit> (gen.)* • formfest; formbeständig; dimensionsbeständig *rar*
dimensionally stable *<qualit.mat>* • maßhaltig
dimensional range *<tech.gen> (e.g. of actual sizes or measurements)* • Maßbereich *m*
dimensional stability *<qualit>* • Formbeständigkeit *f*
dimensional stability *<qualit> (of materials, products, over an extended period of time)* • Maßhaltigkeit *f*; Maßstabilität *f*; Dimensionshaltigkeit *f*; Dimensionsstabilität *f*; Formstabilität *f*
dimensional tolerance *<qualit>* • Maßtoleranz *f DIN 406-12*; Toleranz *f ugs*
dimensional variation *<qualit>* • Maßabweichung *f*
dimension drawing *<docu>* • Maßzeichnung *f*
dimensioned drawing *<docu> (sketch, with dimensions)* • Maßbild *n*; Maßblatt *n rar*
dimensioning *<docu> (of eng. dwgs.)* • Bemaßung *f DIN 406-10*; Maßeintragung *f*
dimensioning *<prod> (physical; of components, wall thickness, diameters etc.)* • Bemessung *f*; Dimensionierung *f*
dimensioning of angles *<docu>* • Bemaßung von Winkeln *f*
dimensioning of circles *<docu>* • Bemaßung von Kreisen *f*
dimensioning of diameters *<docu>* • Bemaßung von Durchmessern *f*
dimensionless *<phys> (quantity; e.g. coefficient of friction, efficiency)* • dimensionslos
dimensionless quantity *<phys> (e.g. coefficient of friction)* • dimensionslose Größe *f*

dimension line *<docu>* • Maßlinie *f*
dimensions *<tech.gen>* • Größe *f*
dimensions *pl <tech.gen> (e.g. in datasheets, specifications)* • Abmessungen *fpl*
dimension series *<mech.eng> (e.g. rolling bearing)* • Maßreihe *f*
dimension value *<docu>* • Maßzahl *f*
dimension without tolerance *<tech.gen>* • nichttoleriertes Maß *n*
dimethoxy methane (DMM) *<chem.petr> (highly oxygenated engine fuel)* • Dimethoxymethan *n* (DMM)
dimethyl ether (DME) *<chem> (CN 55-60; for diesel engines)* • Dimethylether *m* (DME); Methoxymethan *n*
dimethyltryptamine (DMT) *<chem> (drug)* • Dimethyltriptamin *n* (DMT)
dimetric representation *<docu> (eng. dwg.)* • Dimetrie *f*; dimetrische Axonometrie *f rar*
diminish *vt <phys>* • schwächen *vt*
dimly lit *<light>* • schwach beleuchtet
dimmed light *<light>* • gedämpftes Licht *n*
dimmer *<el.light>* • Dimmer *m*; Helligkeitsregler *m*
dimpled *<vhcl> (bicycle rim)* • gepunzt
dinghy *<nav>* • Dinghy *n*; Dinghi *n*; Dingi *n*; Beiboot *n*
dining car *<railw>* • Speisewagen *m*
DIN mounting rail *DIN EN 50 022 <el> (for snap-on mounting of devices in switching cabinets etc.)* • DIN--Hutschiene *f DIN EN 50 022*
DIN photographic film speed factor *<phot>* • DIN-Empfindlichkeit *f*
DIN rail *<el> (for component mounting; e.g. 35-mm mounting rail)* • DIN--Schiene *f*
DIN rail mounting bracket *<el> (attaches devices to DIN rails; e.g. circuit breakers)* • Adapter für DIN--Schienen *m*; DIN-Schienen-Adapter *m*
DIN-standard *<stand>* • DIN-Norm *f*
diode *<el> (gen.)* • Diode *f*
diode *<el> (electron tube, thermionic valve)* • Diode *f*; Zweipolröhre *f*
diode laser *<opt>* • Diodenlaser *m*; Halbleiterlaser *m*; Laserdiode *f*
diode plug *<el>* • Diodenstecker *m*
diode-pumped *<prod> (laser)* • diodengepumpt
diode rectifier *<el>* • Diodengleichrichter *m*
diode switch *<el> (as opp. to a switching diode)* • Schalterdiode *f*
diopter (dpt) *ISO 13666 <opt> (unit of focusing power of a lens)* • Dioptrie *f* (dpt) *ISO 13666*
diopter adjustment *<phot>* • Dioptrieneinstellung *f Nikon*; Dioptrieanpassung *f Panasonic*; Dioptrienausgleich *m Minolta*
diorite *<geo>* • Diorit *m*
dioxide *<chem>* • Dioxid *n*
dioxin *<chem>* • Dioxin *n*
dioxin-contaminated *<ecol> (e.g. soil, food)* • dioxinverseucht
dip *vt <gen>* • eintauchen *vt*
dip *vt <mvhcl> (headlights)* • abblenden *vt*
dip bath *<srfc>* • Tauchbad *n*
diphenyl dye *<chem>* • Diphenylfarbstoff *m*
dipole antenna *pl*: **-s, -e** *<el> (antenna)* • Dipolantenne *f*; Dipol *m*
dipper dredger *<build.mach>* • Löffelbagger *m*
dipping *ISO 4618-3 <srfc>* • Tauchlackieren *n DIN EN ISO 4618*; Tauchbeschichten *n*
dipping mirror *<mvhcl.int> (rearview mirror)* • Abblendspiegel *m*; abblendbarer Innenspiegel *m*; Abblendinnenspiegel *m*
dipping solder bath *<join>* • Lötbad *n*
dip primer coat[ing] *<srfc> (layer)* • Tauchgrund *m*; Tauchgrundierung *f*
dipstick *<tribo> (gen.; e.g. for transmission oil level)* • Ölmessstab *m*; Peilstab *m ugs*; Messstab *m rar*
dip stick *<i&c>* • Messstab *m*; Peilstab *m*
DIP switch *<comp>* • DIP-Schalter *m*; DIP-Schalterblock *m*; Mäuseklavier *n ugs*; Einstellungsschalter *m rar*
direct *vt <gen>* • anweisen *vt*
direct *vt <gen> (e.g. a company, institute, agency)* • führen *vt*
direct *vt <gen> (a department, company etc.)* • leiten *vt*
direct *vt <gen>* • lenken *vt*
direct *vt <tech.gen> (orient sth toward sth; e.g. projection beam, light ray)* • richten *vt*

direct-acting <tech.gen> *(e.g. control, variable, valve)* • direktwirkend
direct-addressable memory <comp> • direkt adressierbarer Speicher *m*
direct current (DC) <el> • Gleichstrom *m* (GS)
direct dial <tele> • Durchwahl *f*
direct drive (DD) <tech.gen> • Direktantrieb *m*
direct drive <drive> *(of a transmission, gearbox with several speeds)* • direkter Gang *m*; direkter Durchtrieb *m*
direct-drive motor <tech.gen> *(e.g. of tape deck, vehicle)* • Einzelantriebsmotor *m*
direct-drive motor <vhcl.drive> *(on axle)* • Achsmotor *m*
direct-drive wind turbine <energ.wind> • Direktantrieb-WKA *f*; WKA mit Direktantrieb *f*
directed <mat> *(arrangement of reinforcement fibers; e.g. glas, carbon)* • gerichtet
directed <phys> *(flow, light ray, radar beam etc.)* • gerichtet
directed valency <gen> • gerichtete Valenz *f*
direct fuel injection <mot> • Kraftstoff--Direkteinspritzung *f*
directing <gen> • Führung *f*
direct injection (DI) <mvhcl.mot> *(of diesel and gasoline engines)* • Direkteinspritzung *f* (DI); Zylindereinspritzung *f rar*; direkte Einspritzung *f rar*
direct injection SI engine *SUS SP-1314* <mvhcl.mot> • Ottomotor mit Direkteinspitzung *m*; direkteinspritzender Ottomotor *m*; Benzin-Direkteinspritzer *m*; DI--Benziner *m*
direction <tech.gen> • Richtung *f*
directional <phys> *(e.g. light)* • gebündelt
directional <phys> *(magnetic field)* • gerichtet
directional antenna *US* <tele> • Richtantenne *f*; gerichtete Antenne *f*
directional change <gen> • Richtungsänderung *f*
directional characteristic <el> *(of antenna)* • Antennencharakteristik *f*; Richtcharakteristik *f*
directional control *JAR 25.147* <aerosp> • Seitensteuerung *f*
directional drilling <petr> *(oil rig)* • Richtbohren *n*; gerichtetes Bohren *n*; Schrägbohren *n rar*; Zielbohren *n rar*
directional gyro (DG) *ISO 8728* <navig> *(determines geographic north on moving vehicles)* • Kreiselkompass *m DIN EN ISO 8728*; Kreisel *m*
directional gyro *IEEE 528 75* <navig> • Kurskreisel *m VDI/VDE 2171 73*; Azimutkreisel *m*
directional gyro <navig> • Richtkreisel *m*
directional interlocking <tech.gen> • Richtungsblockierung *f*
directionality <tech.gen> • Richtungsabhängigkeit *f*; Richtvermögen *n*; Richtverhältnis *n*
directionality <tech.gen> • Richtwirkung *f*
directionality *ISO 12620* <term> • Direktionalität *f*
directionally stable <vhcl> • kursstabil
directional microphone <acoust> • Richtmikrophon *n*
directional nozzle <tech.gen> • Richtstrahldüse *f*
directional radio <tele> • Richtfunk *m*
directional radio beacon <navig> • Richtfunkfeuer *n*
directional sense <tech.gen> • Richtungssinn *m*
directional sensitivity <tech.gen> • Richtungsempfindlichkeit *f*
directional stability <tech.gen> • Richtungsstabilität *f*
directional stability <mvhcl> *(of vehicles; e.g. at high speeds)* • Geradeauslaufstabilität *f*; Richtungsstabilität *f*; Spurstabilität *f*; Geradeauslauf *m prakt*; Spurtreue *f*
directional tread pattern <vhcl> *(of tires)* • laufrichtungsgebundenes Profil *n*
directional tread pattern tire *US* <vhcl> • Reifen mit laufrichtungsgebundenem Profil *m*
direction control <tech.gen> • Richtungssteuerung *f*
direction of control <tech.gen> • Regelrichtung *f*
direction of maximum radiation <phys> • Hauptstrahlrichtung *f*
direction of rotation (d.o.r.) <tech.gen>

• Drehrichtung *f*; Drehsinn *m*
direction of rotation: in the same ~ *<tech.gen>* • gleichsinnig
direction of travel *<tech.gen> (vehicle)* • Fahrtrichtung *f*
direction switch *<tech.gen>* • Richtungsschalter *m*
directivity *<av> (gen.; of micro, loudspeaker, antenna)* • Richtcharakteristik *f*; Richteigenschaft *f*
direct-light wafer printer *:V <el.ic.prod>* • Direktbelichter *m*
direct-melt process *<proc>* • Direktschmelzverfahren *n*
direct motor drive *<drive> (of individual rotary elements; e.g. of wheels, reels, rollers)* • Einzelantrieb *m*
director *<el> (antenna)* • Direktor *m*
directory *<comp> (of a storade medium; e.g. of a disk)* • Inhaltsverzeichnis *n*; Dateiverzeichnis *n*
directory *<logist>* • Adressbuch *n*
direct radiation *<energ.sol>* • direkte Strahlung *f*; gerichtete Strahlung *f*
directrix *<math> (of conic section)* • Direktrix *f*
direct-use facility *ASTM E957-98 <geo.therm>* • Anlage zur direkten Erdwärmenutzung *f*
direct vision camera *<phot>* • Sucherkamera *f*
direct weathering *DIN EN ISO16871 <qualit.mat>* • Bewitterung im Freien *f DIN EN ISO16871*
dirt built-up *<tech.gen> (e.g. in pipes, cavities, seams)* • Schmutzansammlung *f*
dirt factor *<gen>* • Verschmutzungsfaktor *m*
dirt remover *<tech.gen>* • Schmutzentferner *m*; Schmutzfänger *m*
dirt-repellent *<srfc> (surface; e.g. due to nano technology)* • schmutzabweisend
disability *<med> (mental)* • Behinderung *f*
disable *vt <comp> (function, module etc.)* • deaktivieren *vt*
disabled *<tech.gen> (jammed)* • blockiert
disabled *<tech.gen> (e.g. function, line, device)* • gesperrt; deaktiviert; aus *ugs*
disabled *<mvhcl> (vehicle)* • fahruntüchtig
disabled parking *<traff>* • Behindertenparkplatz *m*
disadvantage *<jur> (of the state of the art; in patents)* • Nachteil *m*; nachteilig
disarm *vt <alarm>* • unscharfschalten *vt*; entschärfen *vt*
disassembly *<tech.gen>* • Demontage *f*
disassembly *<tech.gen> (of assemblies; e.g. headline in service manuals)* • Zerlegen *n*
disaster *<gen> (calamitous event; natural or man-made)* • Katastrophe *f*
disaster control *<tech.gen>* • Katastrophenschutz *m*
disaster control services *<tech.gen>* • Katastrophenschutz *m*; Katastrophenschutzdienst *m*; Katastrophenschutzstelle *f*; Katastrophenschutzeinrichtung *f*
disaster recovery *<comp> (data recovery following head crash etc.)* • Datenrettung *f*
discard *<min>* • Berge *mpl*
discard *<prod> (of cutting process)* • Abschnitt *m*
discard *<waste> (discarded object)* • Abfall *m*; Ausschuss *m*
discard *vt <waste> (e.g. used filters, worn parts, old gaskets)* • entsorgen *vt*; wegwerfen *vt ugs*
discarded tire *<vhcl.waste>* • Altreifen *m*; abgefahrener Reifen *m*
discernible *<gen>* • wahrnehmbar
discharge *<tech.gen> (bulk material, battery)* • Entladen *n*
discharge *<convey> (process)* • Abwurf *m*
discharge *<convey> (conveyed material)* • Austrag *m*
discharge *<el>* • Entladung *f*
discharge *<phys> (e.g. of static)* • Entladung *f*
discharge *<pps> (pipe, nozzle etc.; on a vessel, pipe; with or without pump)* • Ausfluss *m*
discharge *<proc> (of liquid; e.g. from tank, pipe, HX)* • Abfluss *m*
discharge *<proc> (of screenings from a cleaning rake)* • Abstreifen *n*
discharge *<proc> (withdrawal; e.g. of chemicals from a tank)* • Entnahme *f*

discharge *<prod> (of effluents, emissions)* • Ausstoß *m*
discharge *vi <hvac> (e.g. fresh air from a vent)* • ausströmen *vi*
discharge *vr <el>* • entladen *vr*
discharge *vt <tech.gen> (by draining; e.g. water from tank)* • ablassen *vt*; auslassen *vt ugs.rar*
discharge *vt <el>* • abwerfen *vt*
discharge *vt <el> (battery, capacitor)* • entladen *vt*
discharge *vt <prod> (expel; e.g. products, parts, silo)* • ausstoßen *vt*
discharge aperture *<pps>* • Ablassöffnung *f*
discharge capacity *<build> (for rainwater; in unit volume per unit time)* • Ableitvermögen *n*
discharge chute *<tech.gen>* • Ablaufrinne *f*
discharge chute *<comvhcl> (for concrete from agitator drum)* • Auslaufschurre *f*; Schurre *f prakt*
discharge chute *<convey>* • Abwurfschurre *f*; Austragrutsche *f*; Austragschurre *f*; Abführrutsche *f*
discharge chute *<waste>* • Abwurfschacht *m*
discharged *<el> (battery)* • entladen; leer *ugs*; tot *ugs*; erschöpft; verbraucht
discharge duct *<pps> (to draw off gases, liquids)* • Abzugskanal *m*
discharge limit switch *<gen>* • Ablauf--Endschalter *m*
discharge of effluents *<waste>* • Ableitung von Abwässern *f*
discharge opening *<prod> (e.g. for machine output)* • Ausfallöffnung *f*
discharge outlet *<tech.gen>* • Abflussöffnung *f*
discharge pipe *<pps> (for draining of liquids)* • Abflussrohr *n*
discharge pipe *<pps> (gen., for gases, liquids)* • Abzugsrohr *n*
discharge pipe *<pps>* • Auslaufrohr *n*
discharge pipe *<pps>* • Austrittsrohr *n*
discharge point *<build>* • Abfluss *m*
discharge pressure *<convey> (of pump, compressor)* • Förderdruck *m*; Austrittsdruck *m*
discipline *<did> (area of study, professional activity)* • Fach *n*; Fachrichtung *f*; Disziplin *f*
disclosure *<gen> (e.g. of in-house data)* • Bekanntgabe *f*
disclosure *<jur> (laying open for public inspection; e.g. patent application)* • Offenlegung *f*
discolor *vt/vi <gen>* • verfärben *vt/vr*
discoloration *US <print>* • Verfärbung *f*; Farbänderung *f*; Farbveränderung *f*
disconnect *vt <tech.gen> (device, system; e.g. via el. connector, hose)* • abkuppeln *vt*
disconnect *vt <el> (electrical connections)* • abklemmen *vt*
disconnect *vt <el> (e.g. cable connector)* • lösen *vt*
disconnect *vt <el> (circuit)* • trennen *vt*
disconnect *vt <el> (connection, link, power supply)* • unterbrechen *vt*
disconnectable *<tech.gen>* • lösbar; trennbar
disconnect box *<el> (small; e.g. in private homes)* • Sicherungskasten *m*
disconnected *<tech.gen> (turned or switched off)* • abgeschaltet
disconnection *<el> (from power supply, network)* • Abschaltung *f*
disconnector *<energ.el>* • Trennschalter *m*
discontinuation *<tech.gen> (interruption, abortion of a process, activity)* • Abbruch *m*
discontinuation *<prod> (e.g. of a product line, range)* • Einstellung *f*
discontinue *vi <gen> (operation, performances; until further notice)* • aussetzen *vi*
discontinue *vt <tech.gen> (interrupt, abort a process, activity)* • abbrechen *vt*
discontinuity *<mat>* • Fehlerstelle *f*
discontinuity *<math> (function)* • Sprung *m*
discontinuous *<gen> (interrupted; e.g. a line)* • unterbrochen
discontinuous *<tech.gen>* • stoßweise
discontinuous *<tech.gen> (e.g. math. function, flow, development)* • unstetig
discontinuum *<tech.gen>* • Diskontinuum *n*
discovery *<gen>* • Entdeckung *f*
discrete *<tech.gen>* • diskret
discrete *<tech.gen> (e.g. pulse, device, address)* • einzeln
discrete device *<el.ic>* • diskretes Bauelement *n*; Einzelbauelement *n*;

Einzelbauteil *n*
discretion <*gen*> • Ermessen *n*
discriminate *vt* <*gen*> • unterscheiden *vt*
discrimination <*tele*> *(of signals)* • Auflösungsvermögen *n*
disembark *vi* <*gen*> *(leave any major vehicle; passengers of airplanes, ships, trains)* • Bord *m*: von ~ gehen *vi*; gehen *vi*: von Bord ~
disembark *vi* <*nav*> *(passengers of a ship)* • ausschiffen *vr*
disembark *vt* <*nav*> *(ship passengers, cargo)* • ausschiffen *vt*; ausbooten *vt rar*
disembarkation <*nav*> *(leaving a ship; unloading a ship)* • Ausschiffung *f*; Ausschiffen *n*
disembarking <*comvhcl*> *(from a bus; process)* • Ausstieg *m*; Aussteigen *n*
disengage *vi/vt* <*mvhcl.el*> *(gears; e.g. starter pinion and flywheel gear)* • ausspuren *vi/vt*
disengage *vt* <*tech.gen*> • Eingriff *m*: außer ~ bringen *vt*
disengage *vt* <*tech.gen*> • trennen *vt*
disengage *vt* <*mech.eng*> *(by means of coupling, link; not clutch)* • abkuppeln *vt*
disengage *vt* <*mech.eng*> *(e.g. a catch, pawl, interlock, load)* • ausklinken *vt*
disengage *vt* <*mech.eng*> *(clutch)* • auskuppeln *vt*
disengage *vt* <*mech.eng*> *(a spring--loaded detent, pawl etc.)* • ausrasten *vt*
disengage *vt* <*mech.eng*> *(clutch, leadscrew etc.)* • ausrücken *vt*
disengage *vt* <*mech.eng*> *(shut off; e.g. drive motor)* • ausschalten *vt*
disengage *vt* <*mech.eng*> *(shafts, drives)* • entkuppeln *vt*
disengage *vt* <*mech.eng*> *(locked, engaged parts; e.g. parking brake)* • lösen *vt*
disengageable <*drive*> *(e.g. 4-wheel drive)* • abschaltbar
disengaged <*mech.eng*> *(any clutch, pawl etc.)* • ausgerückt
disengaged <*mech.eng*> *(clear from sth.; e.g. clutch disks, brake linings)* • frei
disengagement device <*mech.eng*> • Ausrückeinrichtung *f*
disguised <*mvhcl*> *(prototype)* • getarnt
dish <*gastr*> *(flat bowl)* • Schale *f*
dish *vt* <*prod*> *(sheet metal)* • kümpeln *vt*
dish antenna *US* <*tele*> • Antennenschüssel *f*; Schüssel *f ugs*
dished <*prod*> *(concave)* • gewölbt
dished handwheel <*mech.eng*> • gekröpftes Handrad *n DIN 390*
dished head <*proc*> *(convex, rounded, but not strictly hemispherical; typ. on vessels)* • Klöpperboden *m DIN 28011*
dishing <*prod*> • Napfziehen *n*
dish-washer <*el.gastr*> • Geschirrspülmaschine *f*
dishwasher safe <*mat*> *(dinnerware, flatware, finish, trim)* • spülmaschinenfest
dishwashing detergent <*chem.hygi*> *(gen.; hand or machine wash)* • Geschirrspülmittel *n*; Spülmittel *n*
disinfect *vt* <*hygi*> • desinfizieren *vt*
disinfectant <*chem.hygi*> • Desinfektionsmittel *n*
disinfectant <*hygi*> • desinfizierend; keimtötend
disinfection <*hygi*> • Desinfektion *f*
disintegrate *vi* <*tech.gen*> • auflösen *vr*; zerfallen *vi*; disintegrieren *vi*
disintegrate *vi* <*chem*> *(chemical compounds; desirable effect)* • abbauen *vr*
disintegrate *vt* <*proc*> *(by biochemical or physical processes)* • aufschließen *vt*
disintegration <*chem*> *(of chemical compounds; desirable effect)* • Abbau *m*; Abbauen *n*
disintegrator <*waste*> *(e.g. a pulverizer, shredder)* • Zerkleinerer *m*; Zerkleinerungsaggregat *n*
disjoint *vt* <*mech.eng*> *(a connection, link)* • lösen *vt*
disk *US* <*drive*> *(in multi-disk clutch)* • Lamelle *f*
disk *US* <*mech.eng*> *(any thin, flat, circular object, plate)* • Scheibe *f*
disk armature *US* <*el*> *(of motor)* • Scheibenläufer *m*
disk brake *US* <*brake*> • Scheibenbremse *f*
disk clutch *US* <*drive*> *(as opposed to rim clutches)* • Scheibenkupplung *f*
disk diaphragm loudspeaker <*av*>

• Flachmembran-Lautsprecher *m*; Waben-Lautsprecher *m*

disk plow *US <agri>* • Scheibenpflug *m*

disk-shaped *US <tech.gen>* • scheibenförmig

disk valve *<pps>* • Tellerventil *n*

disk wheel *US <vhcl> (solid center)* • Scheibenrad *n*

dislocated *<pps> (hose slipped off from nozzle)* • abgerutscht

dislodge *vt <proc> (remove, release; e.g. filter cake)* • ablösen *vt*; dislozieren *vt wiss.rar*

dismantle *vt <tech.gen> (large structures; e.g. cranes, scaffolding)* • abbauen *vt*; abmontieren *vt*

dismantle *vt <tech.gen> (tear apart and remove completely)* • abbrechen *vt*

dismantle *vt <tech.gen> (assembly, component, without destruction)* • zerlegen *vt*; auseinandernehmen *vt*; demontieren *vt*

dismantling *<tech.gen> (of large structures; e.g. of cranes, scaffolding)* • Abbau *m*; Demontage *f*; Abbauen *n*

dismantling *<tech.gen> (tearing apart and complete removal; e.g. power plant, refinery)* • Abbruch *m*

dismember *vt <gen> (divide or cut up into parts)* • zerteilen *vt*; zerstückeln *vt*

dismiss *vt <gen> (suggestion, proposal, idea)* • verwerfen *vt*

dismiss *vt <econ> (staff, manpower; from office, employment, job)* • entlassen *vt*; freisetzen *vt*; feuern *vt ugs.pejor*; setzen *vt*: an die Luft ~ *ugs.pejor*; Luft *f*: an die ~ setzen *vt ugs.pejor*

disorder *<tech.gen> (state of disturbance, malfunction)* • Störung *f*

disordered *<tech.gen>* • gestört

disparity *<tech.gen>* • Disparität *f*

dispatch *vt <logist> (give clearance; for outgoing trains, shipments)* • abfertigen *vt*

dispatch *vt <logist> (mail, shipment)* • aufgeben *vt*

dispel *vt <chem>* • austreiben *vt*

disperse *<chem>* • dispers

disperse *vt <gen>* • verteilen *vt*

disperse *vt <proc>* • dispergieren *vt*; fein verteilen *vt*; zerstreuen *vt*

dispersed *<tech.gen> (e.g. measurements)* • gestreut

disperse phase *<tech.gen>* • dispergierte Phase *f*; dispers verteilte Phase *f*; disperse Phase *f*; Dispersionsphase *f*

dispersion *<tech.gen> (e.g. of chemicals, dyes, light)* • Dispersion *f*

dispersion *<i&c> (of measured values)* • Streuung *f*

dispersion *<opt>* • Streuung *f*

dispersion *<proc> (result of dispersing)* • Dispersion *f*

dispersion dyestuff *<textil>* • Dispersionsfarbstoff *m*

displace *vt <gen>* • verlagern *vt*

displace *vt <mech> (cause to deflect, move to the side)* • auslenken *vt*

displacement *<geo> (of the sides of a crust fracture)* • Verwerfung *f*

displacement *<mech> (lateral deflection)* • Auslenkung *f*

displacement (D) *<nav> (ship size)* • Verdrängung *f* (V); Wasserverdrängung *f*

displacement piston *<mech.eng>* • Verdrängerkolben *m*

displacement sensor *<i&c> (gen.; e.g. inductive)* • Wegaufnehmer *m*; Wegsensor *m*; Längensensor *m*

display *<tech.gen> (visual representation of data)* • Anzeige *f*

display *<ad> (in shop, at POS)* • Display *n*

display *<comp>* • Monitor *m*; Bildschirm *m*

display *vt <tech.gen>* • optisch anzeigen *vt*

display *vt <comp> (data etc. on screen)* • anzeigen *vt*; darstellen *vt form*; ausgeben *vt prakt*; zeigen *vt ugs*; sichtbar machen *vt rar*

display *vt <docu> (text, graphics, images)* • darstellen *vt*

display board *<tech.gen> (gen.)* • Signaltafel *f*

display language *<i&c>* • Displaysprache *f*

display mode *<comp> (of graphics adapter, monitor)* • Anzeigemodus *m*

display module *<i&c>* • Anzeigemodul *m*

display panel *<i&c> (for measurements, process data etc.)* • Anzeigefeld *n*; Display *n prakt*; Anzeigetafel *f*; Meldetafel *f*; Tableau *n rar*

display range <i&c> *(e.g. of an LCD unit, LED display)* • Anzeigebereich *m*
display resolution <comp> • Bildschirmauflösung *f*
display the flag at half-staff *vi* <gen> • Flagge auf halbmast setzen *vi*
display window <i&c> *(for measurements, process data etc.)* • Anzeigefenster *n*
display work station *ISO 9241* <comp> • Bildschirmarbeitsplatz *m DIN 66233*
disposable <gen> • verfügbar
disposable ... <tech.gen> *(intended for single usage only; e.g. syringe)* • Einweg...; Wegwerf... *ugs*
disposable beverage container <pack> • Einweggetränkeverpackung *f*
disposable razor <hygi.tool> • Einwegrasierer *m*
disposal <waste> *(removal of bulk matter; e.g. of waste)* • Abfuhr *f*
disposal site <waste> • Deponie *f*
dispose of *vt* <waste> *(waste)* • entsorgen *vt*; beseitigen *vt*
disposer <int> *(shredder unit integrated in kitchen sink)* • Ausguss-Shredder *m :V*
disruptive discharge <el> *(through or of insulation)* • Durchschlag *m*
dissect *vt* <gen> • zergliedern *vt*
dissimilar <gen> • artungleich
dissimilar <gen> *(not similar)* • unähnlich
dissimilar <tech.gen> • artfremd
dissimilarity <gen> • Ungleichartigkeit *f*
dissipate *vt* <tech.gen> *(e.g. heat to environment)* • abführen *vt*; abgeben *vt*
dissipate *vt* <phys> *(by physical conduction; e.g. heat, voltage)* • ableiten *vt*
dissipate *vt* <phys> *(e.g. heat, suspended particles)* • verteilen *vt*
dissipated heat <phys> • Verlustwärme *f*
dissipation <phys> *(rather active; e.g. of heat)* • Abfuhr *f*
dissipation <phys> *(rather passive; e.g. of heat)* • Abgabe *f*
dissipation <phys> *(of energy; e.g. of heat)* • Ableitung *f*; Zerstreuung *f*
dissipation <phys> *(gen.)* • Dissipation *f*
dissipative <phys> • dissipativ; verlustbehaftet; Verlust *m*: mit ~ behaftet
dissociation <chem> • Dissoziation *f*
dissoluble <chem> *(solid in liquid; e.g. salt in water)* • löslich; lösbar *rar*; auflösbar *rar*
dissolution <chem> • Auflösung *f*
dissolve *vi* <chem> • lösen *vr*; auflösen *vr*
dissolve *vt* <chem> *(solids in a liquid; e.g. salt in water)* • auflösen *vt*; lösen *vt*
dissolve *vt* <chem> *(a substance)* • lösen *vt*
dissolved substance <chem> • gelöster Stoff *m*; Gelöstes *n*
dissolve partially *vt* <chem.srfc> *(e.g. top layer)* • anlösen *vt*; teilweise auflösen *vt*
dissonant <acoust> *(a clashing or unresolved musical interval or chord)* • dissonant; diskordant *rar*
distance <gen> *(path)* • Weg *m*
distance <gen> *(of travel)* • Wegstrecke *f*
distance (DIST) <tech.gen> *(gen.; between two locations)* • Entfernung *f*; Distanz *f form*; Abstand *m ugs.rar*
distance <math> *(from A to B)* • Strecke *f*
distance control <aerosp> *(of space probes, missiles)* • Fernlenkung *f*
distance indicator <navig> • Entfernungsanzeige *f*
distance marker <traff> • Bake *f*
distance moved <gen> • durchlaufene Wegstrecke *f*
distant <gen> *(in space or time)* • entfernt
distant <gen> *(in space, time)* • fern
distil *vt* <chem.proc> • destillieren *vt*
distil *vt* <food> *(alcohol)* • brennen *vt*
distillate <chem> • Destillat *n*; Destillationsprodukt *n*
distillate fraction <chem> • Destillatfraktion *f*
distillate receiver <chem> • Vorlage *f*; Destillationsvorlage *f*
distillation plant <proc> • Destillationsanlage *f*
distillation tower <proc> • Destillationsturm *m*; Destillierkolonne *f*
distilled water <chem> • destilliertes Wasser *n*; Aqua destillata *n wiss*; Aqua

dest. *n wiss.prakt*
distil off *vt <chem.proc>* • abtreiben *vt*
distinct *<gen> (feature, characteristic)* • deutlich erkennbar; deutlich ausgeprägt; gut erkennbar
distinct feature *<gen>* • ausgeprägtes Merkmal *n*
distinctness *<gen> (e.g. of details)* • Deutlichkeit *f*
distinguish *vt <tech.gen>* • erkennen *vt*
distinguishing feature *<gen>* • Unterscheidungsmerkmal *n*
distort *vi <opt> (lens)* • verzeichnen *vi*
distortion *<tech.gen>* • Verzerrung *f*; Gestaltänderung *f*
distortion correction *<opt> (of lenses)* • Entzerrung *f*; Verzeichnungskorrektur *f*
distortionless *<tech.gen>* • verzerrungsfrei
distress *vt <pap> (edges of paper; for an ancient, worn look)* • aufrauen *vt*
distribute *vt <tech.gen> (objects over an area, in a space; e.g. merchandise, el. power)* • verteilen *vt*
distribute *vt <ad> (e.g. advertising message)* • streuen *vt*
distributed load *<tech.gen> (gen.)* • Flächenlast *f*
distributed load *<logist>* • verteilte Last *f*
distributed system *<tech.gen> (e.g. of computers, organizational units)* • dezentrales System *n*
distributing cabinet *<el>* • Verteilerschrank *m*
distribution *<gen> (gen.; act of distributing)* • Verteilung *f*
distributive *<math>* • distributiv
Distributive Lighting System (DLS) *<mvhcl.light> (headlamps)* • Distributive Lighting System *n* (DLS)
distributor *<mvhcl.el>* • Zündverteiler *m*; Verteiler *m prakt*
distributor *<print>* • Ableger *m*
district heating *AGFW FW 517 <hvac>* • Fernwärmeheizung *f AGFW FW 517*; Fernheizung *f*; Fernwärme *f*
district-heating plant *US <energ>* • Fernheizwerk *n*
disturb *vt <gen>* • stören *vt*
disturbance *<gen> (e.g. in a fluid flow, work flow)* • Störung *f*
disturbance variable *<i&c> (in control processes)* • Störgröße *f*
disturbed *<tech.gen>* • gestört
ditch *<build> (similar to a trench)* • Graben *m*
ditch *<build>* • offener Graben *m*
ditch *vi <aerosp> (emergency)* • notwassern *vi*
ditching *JAR 25.801 <aerosp> (emergency)* • Notwasserung *f*; Notwassern *n*
dithering *<comp>* • Dithering *n*; Pixelschattierung *f rar*
diuron *<chem.agri> (weed killer, typ. for railroad beds)* • Diuron *n*; 3-(3,4-dichloro-phenyl)-1,1-dimethyl--Harnstoff *m*
dive *vi <gen>* • tauchen *vi*
dive boat *<nav>* • Tauchboot *n*
diverge *vi <gen> (e.g. lines, developments, measurements)* • auseinanderlaufen *vi*
diverge *vi <tech.gen> (e.g. lines, developments, flow)* • divergieren *vi*
diverge *vi <pps> (e.g. diffusor, gap)* • erweitern *vr*
divergence *<tech.gen>* • Divergenz *f*
divergent *<tech.gen>* • divergent
diverging *<gen> (e.g. lines, tracks, developments)* • auseinanderlaufend
diverging *<gen>* • divergierend
diverging flow *<phys>* • divergierende Strömung *f*
diverging lane *<traff>* • Abbiegestreifen *m*; Abbiegefahrspur *f ugs*; Abbiegespur *f ugs*
diverging lens *<phot>* • Streulinse *f*
diversion *<tech.gen> (e.g. of flow, traffic)* • Umleitung *f*
diversion channel *<energ.hydr>* • Umleitungskanal *m*
divert *vt <tech.gen> (e.g. flow, traffic)* • umleiten *vt*
divert *vt <tech.gen> (motion; e.g. flow)* • umlenken *vt*
diverter *<convey> (a live roller curve)* • Ausschleuser *m*
divide *vt <gen> (into categories, grades etc.)* • einteilen *vt*
divide *vt <tech.gen> (numbers, spaces)* • teilen *vt*
divide *vt <math>* • dividieren *vt*
divided *<tech.gen> (e.g. scale, distance, angle, flow)* • geteilt
divided highway *US <traff>*

(expressway for high-speed traffic over long distances) • Schnellstraße *f*
dividers *<tool>* • Stechzirkel *m*
divide without remainder *vi <math>* • aufgehen *vi*
diving well *<build.sport>* • Sprungbecken *n*; Sprungturmbecken *n*; Tiefbecken *n*
division *<gen> (according to criteria)* • Einteilung *f*; Gliederung *f*
division *<tech.gen>* • Trennung *f*
division *<econ>* • Geschäftsbereich *m*
DIY store *<build>* • Baumarkt *m*
DMA channel *<comp>* • DMA-Kanal *m*
DMA request *<comp>* • DMA-Anfrage *f*
dna analysis *<med>* • DNA-Analyse *f*
dock *<nav> (for ships)* • Dock *n*
dock *vi <aerosp> (gen.)* • andocken *vi*
dock *vi <aerosp> (spacecraft)* • ankoppeln *vi*; andocken *vi*
dock *vi/vt <nav> (gen.)* • eindocken *vi/vt*
dockage *<nav>* • Eindockung *f*
docking manoeuvre *GB <aerosp>* • Andockmanöver *n*
docking station *<comp> (e.g. for notebooks)* • Docking-Station *f*; Lade- und Datenübertragungsstation *f*; Lade- und Datenübertragungsbasis *f*; Datenübertragungsstation *f*; Anschlussbasis *f*
dock installation *<nav>* • Dockanlage *f*
dock out *vi/vt <nav>* • ausdocken *vi/vt*
doctor *vt <print>* • rakeln *vt*
doctor *vt <srfc> (scrape off, remove with a doctor blade)* • abschaben *vt*; Schaber *m*: mit einem ~ entfernen *vt*
doctor blade *<tech.gen> (causes excess ink or glue etc. to drop off)* • Rakel *f*; Rakelmesser *n*
doctor blade *<tech.gen>* • Schaberklinge *f*
doctor blade *<proc> (on rotostrainer)* • Abstreifer *m*; Abstreifermesser *n*; Schabemesser *n*
doctor roll *<tech.gen>* • Schaberwalze *f*
doctor-sweet *<petr> (oil)* • doktornegativ
doctor treatment *<petr>* • Doktorbehandlung *f*
document *<docu> (gen.)* • Dokument *n*
documentary language *ISO 12620 <term>* • Dokumentationssprache *f*
documentation *<docu>* • Dokumentation *f*
document management *prEN ISO 11442 <docu>* • Dokumentenmanagement *n prEN ISO 11442*
document paper *<pap> (e.g. for banknotes)* • Dokumentenpapier *n DIN 6730*
dodecoic acid *<chem>* • Dodekansäure *f*
dodge *vt <phot> (certain image areas, during enlarging)* • abwedeln *vt*; abhalten *vt rar*
dodge tool *<phot>* • Abwedler *m*
doff *vt <textil> (bobbin)* • abziehen *vt*; abnehmen *vt*
dog *<mech.eng> (as a positive end position)* • Anschlag *m*
dog *<mech.eng> (angular o wedge--shaped projection; e.g. a tripping device)* • Knagge *f*
dog *<mech.eng> (gen.)* • Mitnehmer *m*
dog-controlled *<mech.eng>* • anschlaggesteuert
dohc engine *<mvhcl.mot>* • DOHC--Motor *m*; Motor mit zwei obenliegenden Nockenwellen *m*; Doppel-Nockenwellen-Motor *m*; Doppelnockenwellenmotor *m*; Zweinockenwellen-Triebwerk *n*
do-it-yourselfer *<tech.gen>* • Heimwerker *m*
Dolby-C sound *<av>* • Dolby-C-Ton *m*
doline *<geo>* • Doline *f*; Erdfall *m*
dolly block *US <mvhcl.tool> (gen.; for sheet metal repair)* • Handfaust *f*; Vorhalteeisen *n*; Gegenhalter *m*; Handeisen *n*; Handklotz *m*
dolomite *<min>* • Dolomit *m*
dolomite lining *<metal>* • Dolomitzustellung *f*
domain *<gen> (e.g. of knowledge, of a discipline, subject)* • Bereich *m*; Domäne *f*; Gebiet *n*
domain *<gen> (of knowledge)* • Gebiet *n*
domain *<tech.gen> (e.g. area of interest, competence, R&D activities)* • Domäne *f*
domain *<comp> (on the internet, WWW; e.g. top-level)* • Domäne *f*
domain name system (DNS) *<comp>* • Domänen-Name-System *n* (DNS)
dome *<build> (cap)* • Kappe *f*
dome *<build> (e.g. of a church)* • Kuppel

f

dome *<geo>* • Aufwölbung *f*; Aufdomung *f*; Schwelle *f*

domed *<tech.gen> (in or out; e.g. concave beverage can bottom)* • gewölbt

domed *<srfc>* • ballig; konvex; außen: nach ~ gewölbt

domed roof *<tech.gen> (of building structures, also of cars)* • Kuppeldach *n*

dome lamp *<mvhcl.el>* • Deckenleuchte *f*; Innenraumleuchte *f*

dome loudspeaker *<av>* • Kalotten--Lautsprecher *m*; Kalotten-Hochtöner *m*; Kalotten-Mitteltöner *m*

dome-shaped *<tech.gen>* • kuppelförmig

domestic *<gen> (e.g. production, facilities, market, revenues)* • Inlands-...; inländisch

domestic ... *<gen> (e.g. trade, traffic, flight)* • Binnen...; Inlands...

domestic electronics *<int.el>* • Haushaltelektronik *f*

domestic engineering *<build> (plumbing, wiring, heating, ventilation)* • Installationstechnik *f*

domestic heat pump *<hvac>* • Hauswärmepumpe *f*

domestic traffic *<traff>* • Inlandsverkehr *m*

domestic use *<tech.gen>* • nichtgewerblicher Einsatz *m*

domestic waste water *<waste>* • Haushaltsabwasser *n*; Haushaltabwasser *n*; häusliches Abwasser *n*; häusliches Schmutzwasser *n*; Haushaltswasser *n*

domestic water *<hvac> (e.g. for washing, laundry, toilet flushing)* • Brauchwasser *n*

doming *<geo>* • Aufwölbung *f*; Gewölbebildung *f*; Dombildung *f*; Aufdomung *f*

donegal tweed *<textil> (of knop yarn)* • Donegal Tweed *m*

dongle *<comp> (typ. on parallel interface)* • Kopierschutzstecker *m*; Dongle *m prakt*

donor-doped *<ic>* • dotiert: mit Donatoren ~

donor impurity *<phys>* • Donatorstörstelle *f*

door *<tech.gen> (for persons)* • Tür *f DIN EN 12433*

door frame *<build>* • Türzarge *f*; Türrahmen *f*; Türfutter *n*

door hinge *<tech.gen>* • Türscharnier *n*

door leaf *EN 14420 <build>* • Türblatt *n DIN EN 14420*; Türflügel *m*

door rebate *<build>* • Türfalz *m*

door skin *<vhcl>* • Türblech *n*

dope *<sport.pharm>* • Dopingmittel *n*

dope *vt <phys.chem> (semiconductors)* • dotieren *vt*

doped junction *<el>* • dotierter Übergang *m*

Doppler effect *<phys>* • Doppler-Effekt *m*; Dopplereffekt; Doppler--Frequenzverschiebung *f*; Doppler--Verschiebung *f*

dormer *<build> (on-roof structure with a vertical window)* • Dachgaube *f*; Gaube *f*; Dachgaupe *f rar*; Gaupe *f rar*

dormer window *<build>* • Gaubenfenster *n*

dosage *<proc> (metering)* • Dosierung *f*

dose *<pharm>* • Dosis *f*

dose *vt <proc> (gen.; administer in doses, small amounts)* • dosieren *vt*

dose equivalent *<nucl>* • Äquivalentdosis *f*; Dosisäquivalent *n*

dose rate *<nucl>* • Dosisleistung *f*; Dosisrate *f*

dosimeter *<nucl.i&c> (radiation)* • Dosimeter *n*; Strahlendosimeter *n*

dosing plant *<proc>* • Dosieranlage *f*

dot *<print> (smallest printable element)* • Punkt *m*

DOT Code *<prod>* • DOT-Code *m*

dot-com company *<comp.econ>* • Internetfirma *f*

dot matrix *<tech.gen>* • Punktmatrix *f*

dots per inch (dpi) *<comp> (unit of measurement)* • Punkte pro Inch *mpl* (dpi); Dots per Inch *fpl*; Punkte pro Zoll *mpl*

dots per inch (dpi) *<comp>* • dots per inch (dpi)

dotted *<docu> (line)* • gepunktet

double *<gen>* • zweifach

double *vt <prod> (e.g. sheet metal panels, leather, fabric)* • doppeln *vt*

double-acting *<tech.gen>* • doppeltwirkend; zweifachwirkend

double-axle *<vhcl>* • zweiachsig

double-barrel *<mil> (gun)*

• doppelläufig

double bed *<tour> (bed for two people with one or two mattresses)* • Doppelbett *n*

double-breasted *<textil> (suit)* • zweireihig; doppelreihig *rar*

double center stand *US <vhcl> (bicycle, motor bike, scooter)* • Zweibeinständer *m*

double-click *<comp>* • Doppelklick *m*

double-click *vt <comp>* • doppelklicken *vt*

double-core cable *<el>* • zweiadriges Kabel *n*; Zweileiterkabel *n*; doppeladriges Kabel *n*

double dashed chain line *<docu> (thin; for adjacent parts, extreme positions etc.)* • Strich-Zweipunktlinie *f*; schmale Strich-Zweipunktlinie *f*; Strichzweipunktlinie *f*

double-deck *<vhcl> (bus, railway var)* • doppelstöckig

double-decker *<comvhcl>* • Doppeldecker *m*; Doppeldeckerbus *m*; Doppeldeckbus *m*; Doppeldeckomnibus *m*; Doppelstockbus *m*

double-digit *<math>* • zweistellig

doubled yarn *<textil>* • doubliertes Garn *n*; gefachtes Garn *n*

double-edge *<tech.gen> (blade; e.g. dagger, sword)* • zweischneidig

double ellipsoid (DE) *<mvhcl.el> (of headlights)* • Doppel-Ellipsoid *n* (DE); dreiachsiges Ellipsoid *n*

double-ended *<tech.gen>* • doppelseitig

double-ended *<tech.gen>* • zweiseitig

double exposure *<phot>* • Doppelbelichtung *f*

double-face *<pap.print>* • zweiseitig

double-faced *<tech.gen>* • doppelseitig

double-face pile *<textil>* • doppelpolig

double glazed *<build> (windows)* • doppelt verglast

double-glazed window *<build>* • Isolierglasfenster *n*; Fenster mit Isolierverglasung *n form*; Isolierfenster *n ugs*

double glazing *<tech.gen> (of windows)* • Doppelverglasung *f*

double-glazing *<tech.gen>* • Isolierverglasung *f*; Doppelglasscheiben *fpl*; Doppelglas *n ugs*

double glazing *<energ.sol> (of collectors)* • Doppelabdeckung *f*; Doppelverglasung *f*; Zweifachabdeckung *f*; Zweifachverglasung *f*

double glazing *<vhcl> (of luxury cars, railway cars)* • Doppelverglasung *f*; Sandwich-Scheiben *fpl*

double-helical gears *<drive>* • Pfeilverzahnung *f*; doppelte Schrägverzahnung *f*

double-hull tanker *<nav>* • Zweihüllentanker *m*

double insulation *<el> (typ. of household appliances and power tools)* • Schutzisolierung *f*; doppelte Isolierung *f*

double open-end wrench *US.GB <tool>* • Doppelgabelschlüssel *m DIN 3110*; Doppelmaulschlüssel *m DIN 898*; Doppelmaul-Schraubenschlüssel *m rar*

double overhead camshaft (DOHC) *<mvhcl.mot>* • Doppelnockenwellen *fpl* (DOHC); Nockenwellen *fpl*: zwei obenliegende ~

double pack *<pack>* • Zweierpack *m*; Doppelpack *m*

double-ply *<mat> (boards, tires, canvas)* • zweilagig

double roller chain *<drive> (e.g. as a timing chain)* • Doppelrollenkette *f*

double roller chain *<mot> (e.g. a timing chain)* • Zweifachrollenkette *f*; Zweifach-Rollenkette *f*; Duplexkette *f*

double-row *<tech.gen> (e.g. rivets)* • doppelreihig; zweireihig

double-row ball bearing *<mech.eng>* • zweireihiges Kugellager *n DIN 625-3*

double-sash window *<build>* • zweiflügeliges Fenster *n*

double seam *<pack>* • Doppelfalz *m*

double-sided tape *Scotch <join>* • doppelseitiges Klebeband *n*; Doppelklebeband *n rar.ugs*

double-spindle *<convey> (e.g. screw compressor)* • zweispindelig; Doppelspindel…

double-strand chain *<mech.eng>* • Doppelkette *f*

double-T beam *<build> (narrower than a H-beam)* • Doppel-T-Träger *m*;

Doppel-T-Holm *m rar*

double-tracked *<mach.tool> (bed, slide)* • zweibahnig

double-U butt weld *<join>* • Doppel-U-Naht *f*

double-walled *<tech.gen> (e.g. tank, vessel)* • doppelwandig

doubling *<print>* • Dublieren *n DIN 16529*

doubling *<prod> (of layers; e.g. sheet steel panels, leather)* • Doppeln *n*

dough kneader *<gastr>* • Teigkneter *m*

dovetail *<join>* • Zinkung *f*

dovetailed board *<build.mat>* • gezinktes Brett *n*

dovetail guide *<mech.eng> (e.g. of jigs and fixtures)* • Schwalbenschwanzführung *f*

dowel *vt <build.join>* • dübeln *vt*; verdübeln *vt*

dowel pin *<build.join> (for mounting sth to a wall)* • Dübel *m*

dowel pin *<mech.eng> (for tight fit, exact fitting)* • Passstift *m*; Fixierstift *m rar*

dowel pin *<wood> (stress on: made of wood)* • Holzdübel *m*

dowel [pin] *<wood.join> (the protruding part when one end is inserted)* • Zapfen *m*

downcomer *<pps>* • Fallrohr *n*; Ablaufrohr *n rar*

down conductor *<el> (to ground)* • Ableitung *f*

down-counter *<i&c>* • Abwärtszähler *m*

down-cut milling *<prod> (cutter rotates in feed direction)* • Gleichlauffräsen *n*

downdraft carburetor *US <mvhcl.mot>* • Fallstromvergaser *m*

downflow radiator *<mvhcl>* • Fallstromkühler *m*

downforce *<phys> (aerodynamic; e.g. effected by spoilers on racing cars)* • Abtrieb *m*

down-grade *vt <tech.gen>* • abwerten *vt*

downhill casting *<metal>* • fallender Guss *m*

downhill grade *US <traff> (of a road, highway, railway)* • Gefälle *n*; Gefällestrecke *f*

downlink (DL) *<tele> (transmission from the base station to the mobile station)* • Abwärtsstrecke *f* (DL); Downlink *m prakt*; Basisstations-Sendeband *n rar*

download *<comp> (process; e.g. from the internet)* • Download *m*; Herunterladen *n*; Downloaden *n*

downspout *<build> (between roof rain gutter and ground level)* • Regenfallrohr *n*; Fallrohr *n ugs*

downstream *<gen>* • nachgeschaltet

downstream face *<energ.hydr>* • Luftseite *f*

downstream processing equipment *<chem.proc>* • nachgeschaltete Prozesseinheiten *fpl*; nachgeschaltete Anlagenteile *npl*

downstream system *<energ.gas>* • nachgelagertes Netz *n*

downstroke *<mech.eng> (e.g. of piston, valve, press)* • Abwärtshub *m*

downtime *<prod> (of a manufacturing plant, machine; e.g. due to regular service)* • Stillstandszeit *f*

downtime *<qualit> (of systems, plants, vehicles etc.; for any reason; e.g. servicing)* • Ausfallzeit *f*; Standzeit *f*

downward compatibility *<comp> (e.g. of software version)* • Abwärtskompatibilität *f*; Rückwärtskompatibilität *f rar*; rückwärtige Kompatibilität *f rar*

downward compatible *<comp> (e.g. software version)* • abwärtskompatibel; rückwärtskompatibel *rar*

downward inclination *<geo> (of terrain, streams, roads etc.)* • Gefälle *n*

downward motion *<tech.gen>* • Senkung *f*

downward movement *<tech.gen> (e.g. of a piston, tool, cable car)* • Abwärtsbewegung *f*

downward sloping *<tech.gen>* • abfallend

downwash *<aerosp> (e.g. sailing)* • Abwind *m*

downwind *IEV 415 <energ.wind>* • lee *IEV 415*; Lee-Seite *f*

downwind turbine *<energ.wind>* • Leeläufer *m*

D-pillar *<mvhcl> (of station wagons)* • D-Säule *f*

draft *<tech.gen> (of a document, drawing, project)* • Entwurf *m*; vorläufige Fassung *f*

draft *US <tech.gen> (e.g. air stream in*

room, chimney; drinking, act of pulling, drinking) • Zug *m*
draft *US <hvac> (unwanted current of air in an enclosed space; e.g. in room, vehicle)* • Zugluft *f*; Zug *m*
draft *<mech.eng> (of taper pins, molds etc.)* • Konizität *f*
draft *<metal> (of castings, molds, forging dies)* • Aushebeschräge *f*; Formschräge *f*; Anzug *m*
draft (d) *US <nav>* • Tiefgang *m* (T)
draft *<plast> (of a mold cavity; e.g. of an injection mold)* • Anzug *m*; Formschräge *f*
draft *<plast> (of injection moldings and molds)* • Entformungsschräge *f*
draft *vt <docu> (outline of a text, picture)* • entwerfen *vt*
draft [drawing] *<docu>* • Entwurfszeichnung *f*
draft international standard (DIS) *ISO <stand.docu>* • internationaler Normentwurf *m ISO*; DIS *m*
draftsman *US <docu> (for engineering drawings)* • technischer Zeichner *m*; Zeichner *m prakt*
drag *<phys> (of an object moving through air)* • Luftwiderstand *m*; aerodynamischer Widerstand *m wiss*
drag *vi <mvhcl.brake> (brakes or clutch)* • schleifen *vi*
drag *vi <tool> (undesirable tool/work contact)* • drücken *vi*
drag *vt <tech.gen> (e.g. anchor, dragnet)* • nachschleppen *vt*
drag *vt <tech.gen> (pull forcibly)* • schleppen *vt*
drag and drop *vt <comp> (e.g. of files, text elements)* • ziehen und ablegen *vt*; ziehen und übergeben *vt*
drag coefficient *<phys> (gen.; e.g. of airfoils, vehicles)* • Widerstandsbeiwert *m*; c_W-Wert *m*
drag conveyor *<convey>* • Schleppförderer *m*
drag device *<energ.wind> (e.g. a Savonius rotor)* • Widerstandsläufer *m*; widerstandsnutzende Anlage *f*; Widerstandsturbine *f obs*
drag-in *<chem> (e.g. of contaminants, diluents)* • Eintrag *m*
dragline excavator *<build.mach>* • Schürfkübelbagger *m*
drag-out *<chem> (out of dipping bath)* • Austrag *m*
drag out *vt <srfc> (of a dipping bath)* • ausschleppen *vt*
drag-out loss *<srfc> (of dipping baths)* • Ausschleppverlust *m*
drain *<tech.gen> (outlet orifice at bottom; e.g. a valve for oil, coolant)* • Abflussöffnung *f*; Abfluss *m prakt*
drain *<tech.gen> (opening, duct, channel; e.g. for rain water)* • Ablauf *m*
drain *<tech.gen> (at bottom; e.g. of a tank, vessel; discharge by gravity)* • Ausfluss *m*
drain *<el.ic> (in a transistor)* • Drain *m*; Senke *f*
drain *vi <tech.gen> (e.g. rain water, engine oil)* • ablaufen *vi*
drain *vi <tech.gen>* • leer laufen *vi*
drain *vt <tech.gen> (e.g. oil, coolant)* • ablassen *vt*; auslassen *vt*; ablaufen lassen *vt*
drain *vt <tech.gen> (soil, building)* • entwässern *vt*; trocken legen *vt*
drain *vt <pps>* • ablassen *vt*; auslassen *vt ugs.rar*
drainability *prEN 12697-40 <qualit.mat>* • Durchlässigkeit *f prEN 12697-40*
drainage *<tech.gen> (act of draining; sth that is drained; drain system)* • Abfluss *m*; Drainage *f*
drainage *<tech.gen> (running off; e.g. of rain water, engine oil)* • Ablaufen *n*; Ablauf *m*
drainage *<build> (of soil, buildings, roads)* • Entwässerung *f*; Drainage *f*; Dränage *f*; Drainierung *f*
drainage area *<waste.hydr> (discharging to a sewer)* • Einzugsgebiet *n DIN 4045*
drainage ditch *<build> (e.g. of a landfill site, farmland, construction site)* • Entwässerungsgraben *m*; Abflussgraben *m rar*
drainage pipe *<build>* • Ablaufrohr *n*; Dränrohr *n*
drainage pipe *<build>* • Dränrohr *n*
drainage pipe *<waste>* • Abflussrohr *n*; Drainagerohr *n*
drainage plant *<build> (e.g. drainage of swamps)* • Entwässerungsanlage *f*
drainage system *<build> (gen.; e.g. for terrace, walls, tunnel, landfill site)* • Drainagesystem *n*; Dränagesystem *n*

drainage system *<hydr>* • Entwässerungssystem *n*

drainage system *<waste> (for surface water, rainwater)* • Abwasserkanalnetz *n*

drain cock *<pps>* • Ablasshahn *m*; Entleerungshahn *m*; Abflusshahn *m*

drain hose *<pps>* • Ablaufschlauch *m*

draining *<pps> (of a liquid)* • Ableitung *f*

draining board *<gastr> (kitchen)* • Ablaufbrett *n*

draining-off *<tech.gen>* • Abfluss *m*

draining trench *<waste>* • Abzugskanal *m*

drain line *<tech.gen>* • Entwässerungsleitung *f*

drain line *<proc>* • Entleerungsleitung *f*

drain off *vi <tech.gen>* • abfließen *vi*

drain off *vt <tech.gen> (liquids)* • ableiten *vt*; abführen *vt*

drain [off] *vt <waste>* • abziehen *vt*

drain opening *<tech.gen> (e.g. for rain water)* • Ablauföffnung *f*; Drainageöffnung *f*

drain pan *<tech.gen> (e.g. for oil, coolant)* • Auffangwanne *f*; Ablaufwanne *f*

drain pipe *<build.hydr> (e.g. soil sewerage)* • Sickerrohr *n*

drain plug *<tech.gen> (gen.; unthreaded)* • Ablassstopfen *m*

drain plug *<mech.eng> (threaded; e.g. for oil, coolant)* • Ablassschraube *f*; Verschlussschraube *f DIN 910.rar*

drain plug wrench *<mvhcl.tool> (gen.)* • Öldienstschlüssel *m*

drain tank *<proc> (gen.)* • Entleerungsbehälter *m*

drain valve *<pps>* • Ablassventil *n*; Entleerungsventil *n*

drain water *<tech.gen>* • Abwasser *n rar*

drain wire *<el>* • Beilaufdraht *m*

drape *<textil> (e.g. of curtains, dresses)* • Fall *m*

draw *vt <textil> (spinning mill; filaments)* • ausziehen *vt*; verziehen *vt*

draw apart *vt <gen>* • auseinanderziehen *vt*

drawbar *<mvhcl> (between tractor and trailer)* • Zugstange *f*

drawbar *<vhcl> (e.g. of caravan, small trailer)* • Deichsel *f*; Zugdeichsel *f*; Deichselstange *f*

drawbar hook *<railw>* • Zughaken *m*; Kupplungshaken *m*

drawbridge *<build>* • Zugbrücke *f*

draw current [from] *vi <el>* • Strom ziehen *vi*

draw down *vt <plast> (film, to specified gage)* • ausziehen *vt*; recken *vt*

drawer *<gen> (of a cabinet, cupboard etc.)* • Schublade *f*; Schubladenfach *n*; Lade *f A*

draw-in *<prod> (e.g. of sheet metal, paper)* • Einzug *m*

draw in *vt <gen>* • einziehen *vt*

draw [in] *vt <mech.eng> (e.g. air, liquid)* • ansaugen *vt*

drawing *<docu> (e.g. engineering ~)* • Zeichnung *f*

drawing cushion *<prod> (of press)* • Ziehkissen *n*

drawing die *<tool>* • Ziehdüse *f*

drawing die *<tool>* • Ziehmatrize *f*

drawing die *<tool> (for deep-drawing)* • Ziehwerkzeug *n*

drawing-in *<textil> (of warp yarns)* • Einziehen *n DIN 62500*; Einreihen *n*; Reihen *n*; Schafteinzug *m*

drawing ink *<docu>* • Ausziehtusche *f*

drawn *<tech.gen> (e.g. sheet metal, can, wire, line)* • gezogen

draw off *vt <agri>* • abziehen *vt*

draw off *vt <pps> (liquid from a vessel, pipeline)* • abzapfen *vt*

draw off *vt <proc> (with fan; e.g. dust, vapors)* • absaugen *vt*

draw off *vt <proc> (e.g. liquid, slurry, slag)* • abziehen *vt*

draw off *vt <textil> (thread)* • abziehen *vt*

draw out *vt <gen>* • herausziehen *vt*

draw out *vt <prod>* • recken *vt*; ausschmieden *vt*

draw solid lines *vt <docu>* • ausziehen *vt*

draw the temper *vt <metal> (of hardened steel)* • anlassen *vt*

dredge *vt <build> (e.g. a canal)* • ausbaggern *vt*

dredge *vt <build.mach> (with a dredger)* • baggern *vt*

dredger *<build.mach>* • Nassbagger *m*; Schwimmbagger *m*

dredger *<nav> (dragnet for gathering objects from the bottom of a bay, river etc.)* • Schleppnetz *n*

dredging spoil *<waste>* • Baggergut *n*

dress *vt <agri> (seed)* • beizen *vt*

dress *vt <mvhcl> (body panel damage; e.g. dent)* • richten *vt*; aushämmern *vt*; ausrichten *vt*

dress *vt <prod> (tools)* • aufbereiten *vt*

dress *vt <prod> (a surface; with a plane, buffing wheel etc.)* • bearbeiten *vt*

dress *vt <prod> (remove burrs)* • putzen *vt*; abgraten *vt*; entgraten *vt*

dress *vt <prod>* • schärfen *vt*

dress *vt <prod> (cut to size)* • zurichten *vt*

dress *vt <srfc> (stone; with hammer and chisel)* • behauen *vt*

dress *vt <tool> (e.g. grinding wheel)* • abziehen *vt*; anschärfen *vt rar*

dressed ore *<min>* • aufbereitetes Erz *n*

dressing *<prod> (e.g. with a plane, buffing wheel)* • Bearbeitung *f*; Bearbeiten *n*

dressing fixture *<mach.tool>* • Abrichteinrichtung *f*

dress pants *<garm>* • Hose mit Bügelfalten *f*

dried-up soil *<agri>* • ausgetrockneter Boden *m*; vertrockneter Boden *m*; eingetrockneter Boden *m*

drift *<tech.gen>* • Abdrift *f*

drift *<tech.gen> (gen.; slow deviation from setpoint, desired position etc.)* • Drift *f*

drift *<tool>* • Dorn *m*

drift *<tool> (to insert or remove taper keys, pins etc.)* • Treibdorn *m*; Treiber *m*; Dorn *m*

drift *vi <gen>* • driften *vi*

drift *vi <i&c> (measurement, signal)* • abwandern *vi*

drift advance *<min> (of a shaft, tunnel, gallery; e.g. in distance per unit time)* • Vortrieb *m*

drift expanding test *<qualit.mat> (e.g. tubes)* • Aufweitversuch *m*

drift ice *<geo>* • Treibeis *n DIN 4049-3*

drift [off] *vi <nav> (from course; e.g. ship, boat)* • abtreiben *vi*

drift out *vt <prod>* • austreiben *vt*

drift punch *US <tool> (with tapered shaft)* • Durchtreiber *m*; Durchschlag *m ugs*; Durchschläger *m rar*

drill *<tool> (gen.; manual or power tool, big or small)* • Bohrer *m*; Bohrwerkzeug *n form*

drill *pract <tool> (electric power-driven hand tool)* • Bohrmaschine *f*; elektrische Handbohrmaschine *f form*; elektrische Bohrmaschine *f*; Handbohrmaschine *f prakt*; Bohrer *m ugs*

drill *vt <petr> (well hole)* • abteufen *vt*; niederbringen *vt*; bohren *vt ugs*

drill *vt <prod> (gen.; in any material; e.g. wood, metal, for petroleum)* • bohren *vt*

drill bit *<tool> (exchangeable part of a tool)* • Bohrer *m*

drill casing *<build> (supports a bore hole; usu. steel)* • Futterrohr *n*; Bohrlochfutterrohr *n*

drill chuck *<tool> (of hand drills, power drills etc.)* • Bohrfutter *n*; Futter *n*

drill chuck key *<tool> (for the chuck of a drill)* • Bohrfutterschlüssel *m*

drill core *<tech.gen> (e.g. of soil, rock, concrete)* • Bohrkern *m*; Kern *m prakt*

drill head *<mach.tool> (of drill press)* • Spindelstock *m*

drilling *<mil> (rifle/shotgun combo with three barrels)* • Drilling *m*

drilling and lifting platform *<petr>* • Bohr- und Hubinsel *f*

drilling hammer *US <tool> (blacksmith style)* • Fäustel *m*; Schlegel *m rar*

drilling rig *<petr> (offshore; entire platform)* • Bohrinsel *f*; Bohrplattform *f*

drilling ship *<nav> (gen.)* • Bohrschiff *n*

drill point *<tool> (typ. 120°)* • Bohrerspitze *f*; Bohrerschneidkopf *m*

drill press *<mach.tool>* • Säulenbohrmaschine *f*; Ständerbohrmaschine *f*

drill shank *<tool>* • Bohrerschaft *m*

drill through *vt <prod>* • durchbohren *vt ['---]*

drink *<food>* • Getränk *n*

drinking and driving *<traff>* • Alkohol am Steuer

drinking water supply *<admin>* • Trinkwasserversorgung *f*

drip *vi <gen>* • tropfen *vi*

drip brewer *<gastr> (for filter coffee)* • Brühsystem *n*

drip nozzle *<tech.gen>* • Tropfdüse *f*

drip [off] *vi <tech.gen> (e.g. paint on brush, ice cream)* • abtropfen *vi*; tropfen *vi*

drivability *<mvhcl> (operating characteristics of a vehicle, engine)*

• Fahrverhalten *n*; Betriebsverhalten *n*; Fahrbarkeit *f prakt*

drive *<comp> (for storage media; e.g. for FD, HD, CD, DVD)* • Laufwerk *n*

drive *<drive> (physical unit; e.g. motor, engine)* • Antrieb *m*; Antriebsmechanik *f*; Antriebssystem *n*; Antriebseinheit *f*; Antriebsaggregat *n*

drive *<mech> (driving action)* • Antrieb *m*

drive *<mvhcl> (with a car)* • Fahrt *f*

drive *vt <tech.gen> (e.g. machine, generator, pump)* • antreiben *vt*

drive *vt <join> (screws, bolts, nuts; to tighten or remove)* • drehen *vt*

drive *vt <mvhcl> (e.g. a car)* • fahren *vt*

drive *vt <mvhcl> (steer a vehicle)* • lenken *vt*; steuern *vt*

drive *vt <vhcl>* • führen *vt*

drive [a car] *vt <mvhcl>* • Auto fahren *vt*

drive axle *<mvhcl>* • Antriebsachse *f*; angetriebene Achse *f*

drive bay *<comp>* • Laufwerkschacht *m*; Einschubplatz *m*; Einbauschacht *m*

drive belt *<tech.gen>* • Antriebsriemen *m*; Treibriemen *m*

drive-by-wire accelerator pedal *<mvhcl>* • elektrisches Gaspedal *n*

drive chain *<mech.eng> (e.g. of bicycles, camshafts, conveyor belts)* • Antriebskette *f*

drive dog *<tech.gen> (engages and drags sth.)* • Mitnehmerzapfen *m*

drive dog *<convey> (of conveyor)* • Mitnehmer *m*

drive end bearing *<mvhcl.el> (bearing at the pulley end; e.g. of alternator)* • Antriebslager *n*

drive end fitting *<mvhcl.el> (of generator, alternator, starter)* • Antriebslagerschild *n*; Gehäuse vorn *n rar*; Antriebsgehäuse *n*

drive engine *<tech.gen>* • Antriebsmotor *m*

drive flange *<mech.eng>* • Antriebsflansch *m*

drive gear *<mech.eng> (e.g. of oil pump)* • Antriebszahnrad *n*; treibendes Zahnrad *n*

drive in *vt <join>* • einschlagen *vt*

drive in *vt <join>* • eintreiben *vt*

drive layout *<mech.eng> (e.g. of cars, trucks)* • Antriebskonzept *n*; Antriebsart *f*

drive letter *<comp>* • Laufwerksbuchstabe *m*

driveline components *<mvhcl.drive> (e.g. engine, clutch, transmission, U-shaft, final drive, drive shafts)* • Antriebskomponenten *fpl*; Komponenten im Antriebsstrang *fpl*

drive module *<tech.gen>* • Antriebsmodul *n*

drive motor *<tech.gen>* • Antriebsmotor *m*

drive motor *<mvhcl.el.drive> (of electric vehicles)* • Fahrmotor *m*

driven *<tech.gen> (e.g. gear, pulley)* • angetrieben

driven gear *<drive>* • Abtriebsrad *n DIN 3998*

driven gear *<mvhcl> (gen.; e.g. in transmission)* • angetriebenes Zahnrad *n*

driven member *<mech.eng> (kinematics; follower)* • Abtriebsglied *n*

driven member *<mech.eng>* • angetriebenes Teil *n*

driven pulley *<drive>* • Abtriebsscheibe *f*

driven roller *<convey>* • angetriebene Rolle *f*

drive on *vt <join> (object with force fit)* • aufpressen *vt*

drive-on flap *<mvhcl> (bridges gaps on ramps)* • Auffahrtsklappe *f*

drive out *vt <mech.eng> (pin, taper key; slowly, by pressing)* • auspressen *vt*; herausdrücken *vt*

drive out *vt <mech.eng> (pin, taper key; in any way; e.g. with hammer blows)* • austreiben *vt*

drive pinion *<mech.eng> (usu. small; e.g. on car engine starter motor)* • Antriebsritzel *n*

drive power *<tech.gen>* • Antriebsleistung *f*

drive pulley *<mech.eng>* • Antriebsriemenscheibe *f*

driver *<comp>* • Treiber *m*; Gerätetreiber *m*; Treibersoftware *f*; Treiberprogramm *n*; Softwaretreiber *m*

driver *<mvhcl> (of a truck, car; male)* • Fahrer *m*; Lenker *m A*; Fahrzeugführer *m form*

driver *<mvhcl> (of a motor vehicle; e.g. of a truck, car, motorbike; female)* • Fahrerin *f*; Lenkerin *f A*;

Fahrzeugführerin *f form*

driver air bag [system] *<mvhcl.safe>* • Fahrerairbag *m*; Fahrer-Airbag *m*; Lenkrad-Airbag *m*

driver assistance system *<mvhcl>* • Fahrerassistenzsystem *n*

driverless *<vhcl>* • führerlos

driver license *US <mvhcl.jur.docu> (as a document; to be carried by a driver)* • Führerschein *m*; Lappen *m ugs.obs*

drive roller *<tech.gen> (of tape drives)* • Reibrad *n*; Antriebsrad *n VDI*; Antriebsrolle *f*

drive roller *<mech.eng> (gen.)* • Antriebsrolle *f*; Antriebsscheibe *f*

driver's brake valve *<railw.brake>* • Führerbremsventil *n* (FBV)

driver's safety device (DSD) *<railw.i&c>* • Sicherheitsfahrschaltung *f* (Sifa); Führerüberwachungseinrichtung *f*; Totmannsknopf *m ugs*

driver's seat *<mvhcl>* • Fahrersitz *m*

driver's side *<mvhcl>* • Fahrerseite *f*

drive screw *<join> (for permanent fastenings)* • Nagelschraube *f*

drive screw *<mech.eng>* • Antriebsspindel *f*

drive shaft *<mech.eng> (gen.)* • Antriebswelle *f*

drive shaft *<mvhcl.drive> (between diff and drive wheel)* • Antriebswelle *f*; Seitengelenkwelle *f form*; Halbwelle *f*; Achswelle *f prakt*; Seitenwelle *f rar*

drive side *<mech.eng> (of motors; typ. the rear end)* • Antriebsseite *f*

drive side *<mech.eng> (of work machines; typ. the front end; e.g. of pumps)* • Antriebsseite *f*

drive slip *<mech.eng> (e.g. between road wheel and road surface, pulley and V-belt)* • Antriebsschlupf *m*

drive spindle *<comp> (of disk drive)* • Antriebsspindel *f*; Laufwerksspindel *f*

drive sprocket *<mech.eng> (of chain drive; e.g. bicycle)* • Antriebsritzel *n*

drive through *vt GB <prod> (rivet)* • durchschlagen *vt*

drive torque *<mech.eng> (of motors, engines; in Nm)* • Antriebsdrehmoment *n*; Antriebsmoment *n*

drive train *<drive> (actual power--transmitting components; e.g. clutch, gearbox, shafts)* • Antriebsstrang *m*; Kraftübertragung *f*; Triebstrang *m rar*

driveway *<build> (inclined, sloping)* • Garagenauffahrt *f*

driveway *<build> (level)* • Garageneinfahrt *f*

drive wheel *<tech.gen> (e.g. of vehicles, mechanisms)* • Antriebsrad *n*; treibendes Rad *n*

drive with the top down *vi <mvhcl> (with a convertible, spider, roadster)* • offen fahren *vi*

driving *<mvhcl>* • Fahren *n*

driving controls *pl <railw.i&c>* • Bedienungseinrichtungen *fpl*; Steuer- und Regelgeräte *npl*

driving cycle *<mvhcl> (test)* • Fahrzyklus *m*

driving feature *<join> (of threaded fasteners)* • Antrieb *m*; Antriebsform *f*; Kraftangriff *m*; Schlüsselangriff *m*; Bedienungsform *f*

driving force *<mech>* • Antriebskraft *f*

driving licence *<mvhcl.jur> (permit to drive a vehicle)* • Fahrerlaubnis *f*

driving mechanism *<tech.gen>* • Antriebsmechanismus *m*

driving mode *<mvhcl>* • Fahrbetriebsart *f*

driving noise *<mvhcl.emiss>* • Fahrgeräusch *n*

driving pin *<convey> (e.g. of a transfer line)* • Mitnehmerbolzen *m*

driving pin *<prod> (small, round)* • Mitnehmerstift *m*

driving pleasure *<mvhcl>* • Fahrspaß *m*; Freude am Fahren *f BMW*; Fahrvergnügen *n VW*

driving properties *pl <vhcl> (gen., and of tires)* • Fahreigenschaften *fpl*

driving recess *<join> (of screws)* • Innenangriff *m*; Kraft-Innenangriff *m*

driving safety *<mvhcl>* • Fahrsicherheit *f*

driving speed *<tech.gen>* • Antriebsdrehzahl *f*

driving stability *<mvhcl> (of vehicle and/or tires)* • Fahrstabilität *f*; Richtungsstabilität *f*; Seitenführung *f*; Seitenstabilität *f*; Spurstabilität/-führung *f*

driving style *<mvhcl>* • Fahrstil *m*; Gangart *f press*

driving unit *<drive>* • Antrieb *m*

drone *vi <acoust>* • dröhnen *vi*

droning noise *<acoust>* • Dröhngeräusche *npl*
droopy *<mvhcl> (nose, front-end)* • flach abfallend; leicht geneigt
drop *<gen> (distance to which anything drops)* • Fallhöhe *f*
drop *<gen> (sudden fall; of values, objects)* • Sturz *m*
drop *<gen> (of a liquid)* • Tropfen *m*
drop *<gen> (act or instance of falling)* • Fall *m*
drop *<meteo> (of atmospheric pressure, temperature)* • Fall *m*
drop *vt <convey>* • abwerfen *vt*
drop *vt <math> (perpendicular)* • fällen *vt*
drop bow pen *<docu.tool>* • Nullenzirkel *m*
drop forge *vt <metal> (cold or hot)* • Gesenk *n*: im ~ schmieden *vt*; schmieden *vt*: im Gesenk ~
drop-forge component *<prod>* • Gesenkschmiedeteil *n*
drop-forged *<prod>* • Gesenk *n*: im ~ geschmiedet
drop forging *<prod> (die forging with drop hammer)* • Gesenkschmieden *n*
drophead *adj <mvhcl> (car body type)* • offen
droplet *<gen> (gen. smaller than 0,2 mm)* • Tröpfchen *n*
droplet distribution *<gen>* • Tröpfchenverteilung *f*
drop-off *<gen>* • Steilabfall *m*
drop-off area *US <traff>* • Haltezone zum Be- und Entladen *f*
drop of water *<gen>* • Wassertropfen *m*
dropout *<vhcl> (on bicycle fork; stamped or forged)* • Ausfallende *n*
drop-out *<av> (of sound or picture)* • Aussetzer *m DIN 45510*
drop out *vi <el> (relay)* • abfallen *vi*
dropped frame *<vhcl> (e.g. of trucks)* • gekröpfter Rahmen *m*
dropping step *<build> (e.g. access to attic)* • Falltreppe *f*
drop pocket *<logist>* • Ablagefach *n*
drop-shaped *<gen>* • tropfenförmig
drop shatter test *<qualit>* • Fallprüfung *f*; Sturzprüfung *f*
dropside *<comvhcl>* • klappbare Bordwand *f*
drop sides and end *<comvhcl>* • abklappbare Bordwände *fpl*
drop tower *<aerosp>* • Fallturm *m*
drop weight tester *<qualit.mat> (impact test instrument)* • Falltestgerät *n*
dross *<metal> (slag waste produced during smelting)* • Gekrätz *n*; Krätze *f*
drum *<convey> (of a winch)* • Winde *f*
drum *<hygi.textil> (of washing machines, dryers)* • Trommel *f*
drum *BS 3130 <pack> (container)* • Trommel *f DIN 55405*
drum brake *<brake> (gen. and mot. vehicles)* • Trommelbremse *f*
drum-dyed *<leath>* • fassgefärbt
drum plotter *<comp>* • Trommelplotter *m*
drum store *<logist>* • Fasslager *n*
drunken thread *<mech.eng>* • taumelndes Gewinde *n*
dry *vt <gen> (mechanically; e.g. with towel)* • abtrocknen *vt*
dry *vt <tech.gen>* • trocknen *vt*
dry and ash-free *<comb>* • asche- und wasserfrei
dry cargo ship *<nav>* • Trockenfrachtschiff *n*; Trockenfrachter *m*
dry-cell battery *<el>* • Trockenbatterie *f*
dry-clean *vt <garm>* • chemisch reinigen *vt*
dry cleaner *<hygi>* • Trockenreiniger *m*
dry cleaners *<gen> (shop)* • chemische Reinigung *f*
dry cleaning *<chem.proc>* • Trockenreinigung *f*; chemische Reinigung *f*
dry clutch *<drive>* • Trockenkupplung *f*
dry dock *<nav>* • Trockendock *n*
dry-dock *vi/vt <nav> (in a dry dock)* • docken *vi/vt*; eindocken *vi/vt*
dryer *US <proc> (gen.)* • Trockner *m*
dry ice *<proc>* • Trockeneis *n*; Presseis *n*; Kohlendioxideis *n*; CO_2-Eis *n*
drying *<tech.gen>* • Trocknen *n*
drying *<tech.gen>* • Trocknung *f*
drying room *<agri>* • Darre *f*
drying time *<build> (of building materials, buildings)* • Austrocknungsdauer *f*
dry mounting film *<phot>* • Aufziehfolie *f*
dry out *vi/vt <build> (a new building)* • austrocknen *vi/vt*
dry steam coal *<min> (btw. soft coal and low-grade anthracite; typ. used for*

boilers) • Esskohle *f*

dry-sump lubrication *<tribo>* • Trockensumpfschmierung *f*

dry up *vi/vt <gen> (masonry, swamp)* • austrocknen *vi/vt*

drywall adhesive *<build.mat> (for gypsum board)* • Spachtelmasse *f*; Kleber *m prakt*

drywall contractor *<build.int>* • Trockenbauer *m*

drywall screw *<build.tool>* • Schnellbauschraube *f*

D-TTL control (D-TTL) *Nikon <phot>* • D-TTL-Steuerung *f* (D-TTL) *Nikon*

dual *<gen> (use of the German term "dual" see DIN 4898)* • dual

dual airbags *<mvhcl.safe>* • Fahrer- und Beifahrerairbag *m*

dual-bed catalytic converter *<mvhcl.emiss>* • Zweibett-Katalysator *m*; Doppelbett-Katalysator *m rar*

dual-boot machine *<comp> (e.g. Windows+Linux)* • Dual-Boot--Maschine *f*

dual-chamber tea bag *<food>* • Doppelkammer-Teebeutel *m*

dual-circuit braking system *<brake>* • Zweikreisbremsanlage *f*; Zweikreisbremse *f ugs*; Zweikreisbremssystem *n rar*

dual-clutch transmission (DCT) *<mvhcl.drive> (with wet or dry clutches; e.g. in Audi)* • Doppelkupplungsgetriebe *n* (DKG); Direktschaltgetriebe *n*; DK-Getriebe *n*

dual-core processor *<comp>* • Zwei--Kern-Prozessor *m*; Doppelkernprozessor *m*

dual DAB tuner *<av>* • DAB--Doppeltuner *m*

dual expressway *<build.traff>* • Autoschnellstraße mit Richtungsfahrbahnen *f*

dual-flow exhaust system *<mvhcl>* • doppelflutige Abgasanlage *f*; doppelflutige Schalldämpferanlage *f*

dual-head *<mach.tool>* • zweispindelig

dual in-line memory module (DIMM) *<comp>* • DIMM-Speichermodul *n*; DIMM-Modul *n prakt*

dual-phase steel *<metal>* • Dualphasenstahl *m*; Dualphasen--Stahl *m*; Zweiphasenstahl *m*

dual-range meter *<i&c>* • Zweibereichsmessgerät *n*

dual swing arm *<mvhcl> (bike)* • Zweiarmschwinge *f*

dual tires *US <mvhcl>* • Doppelbereifung *f*

dual wheels (DW) *<aerosp> (nose gear)* • Zwillingsräder *npl*; Doppelräder *npl*

dub *vt <av> (mix; add sound, voice)* • mischen *vt*

dub *vt <av> (a film; new language version)* • synchronisieren *vt*

dubbing *<av> (adding new sound to a film or tape)* • Nachvertonung *f*; Audio Dubbing *n prakt*

dubnium (Db) *<chem> (atomic number 105; radioactive)* • Dubnium *n* (Db); Unnilpentium *n obs*; Hahnium *n*; Ha; Nielsbohrium *n russ*; Joliotium *n*

duck *<textil> (heavy plain-weave cotton fabric; e.g. also for tents, trousers, bags)* • Segeltuch *n*; Duck *m*; Schiertuch *n*; Segelleinen *n*

duckroll *<comp> (hacker symbol)* • Duckroll *f*

duct *<tech.gen> (for ventilation or cables; any cross section)* • Kanal *m*; Schacht *m*; Rohr *n*

duct *<tech.gen> (conduit)* • Leitung *f*

duct *<el>* • Kabelschutzrohr *n*; Kabelrohr *n*

duct *<hvac> (typ. rectangular, often of sheet metal)* • Kanal *m*

ductile *<metal> (easily shaped)* • duktil; fließfähig *rar*; bildsam *rar*; formbar *rar*; streckbar *rar*

ductile cast iron *ISO 7186:1996 <mat>* • duktiles Gusseisen *n*

ductile cast iron *<mat> (e.g. for crankshafts)* • Sphäroguss *m* (GGG); Kugelgraphitguss *m*; Gusseisen mit Kugelgraphit *n norm*; gegossen, Gusseisen, globular *n*; Grauguss mit Kugelgraphit *m*

ductile fracture *<qualit.mat> (break ocurring after plastic deformation)* • Zähbruch *m*; Dehnungsbruch *m*; Verformungsbruch *m*

ductile iron *<mat>* • duktiles Eisen *n*

ductility *<metal> (ability to be plastically deformed under tensile load without fracture)* • Duktilität *f*; plastische Verformbarkeit *f*; Verformbarkeit *f*; Formbarkeit *f*

duct tape *<hvac.tool> (for repairs,*

bondage; typ. silver) • Gewebeklebeband *n*; Universalgewebeband *n*; Klebeband *n ugs*
duct-ventilated machine *<tech.gen>* • Maschine mit Kühlluftführung *f*
ductwork *<hvac>* • Leitungssystem *n*
due date *<econ> (gen.; for supplies and services; e.g. dictionaries)* • Fälligkeitstermin *m*
dull *<srfc> (mirror, finish)* • blind
dull *<srfc> (surface finish defect)* • glanzlos; stumpf; matt
dull *<srfc> (color, paint, finish)* • stumpf; abgestumpft
dull *vi <srfc> (gloss, finish, paint)* • abstumpfen *vi*; stumpf werden *vi*
dull *vi <srfc>* • matt werden *vi*
dull color *US <art>* • matte Farbe *f*
dulled *<wood> (e.g. wood, furniture)* • mattiert
dull finish *<srfc>* • Mattglanz *m*
dull-finish lacquer *<srfc>* • Schleiflack *m*
duly *<gen> (performed)* • ordnungsgemäß
dumbbell-shaped *<tech.gen>* • hantelförmig
dummy *<gen> (simulation of sth.)* • Attrappe *f*
dummy *<mvhcl>* • Dummy *m*; Hybrid *m wiss*; Testpuppe *f ugs.did*
dump *vt <tech.gen> (liquids or bulk material)* • ausschütten *vt*
dump *vt <tech.gen>* • schütten *vt*
dump *vt <convey> (e.g. soil, waste)* • abkippen *vt*; kippen *vt*
dump *vt <logist>* • abladen *vt*
dump *vt <logist> (for storage; e.g. waste, spoils)* • ablagern *vt*
dump *vt <logist> (bulk material, from a tipper truck etc.)* • auskippen *vt*
dumper *US <comvhcl> (with reinforced all-metal bed)* • Muldenkipper *m*; Kipper *m ugs*
dumper *US.GB <comvhcl> (heavy-duty off-road use)* • Schwerlastmuldenkipper *m*; Dumper *m prakt*; Starrrahmen-Muldenkipper *m rar*
dumping of dilute acid [at sea] *<waste>* • Dünnsäureverklappung *f*
dumping of waste at sea *<waste>* • Verklappung *f*
dumping site *<convey>* • Abkippstelle *f*
dumpster *US <waste> (e.g. on construction site, or for waste parts at a garage)* • Abfallcontainer *m*; Müllcontainer *m*
dune *<geo>* • Düne *f DIN 4047-2*
dung *<agri>* • Gülle *f*; Dünger *m*
dunlop valve *<vhcl> (bicycle tires)* • Dunlop-Ventil *n*
duplex planer *<mach.tool>* • Doppelhobelmaschine *f*
duplex printing *<print>* • beidseitiges Drucken *n*
duplicate *<docu> (copy; e.g. of an invoice, certificate)* • Kopie *f*; Duplikat *n*; Zweitschrift *f*; Zweitausfertigung *f*
duplicating lathe *<mach.tool>* • Kopierdrehmaschine *f*; Nachformdrehmaschine *f*
duplication *<gen>* • Duplikation *f*
durability *<qualit> (e.g. of dyes, inks, paint, surface quality)* • Beständigkeit *f*; Haltbarkeit *f*
durability *<qualit> (of components and materials; e.g. of moving parts, bearings, tools)* • Lebensdauer *f*; Dauerstandfestigkeit *f wiss*; Langzeitstabilität *f wiss*; Standzeit *f prakt*; Haltbarkeit *f ugs*
durable *<gen>* • langlebig
durable *<qualit> (e.g. dye, ink)* • beständig
durable *<qualit> (of high fatigue strength)* • dauerfest; ermüdungsbeständig; ermüdungsfest
durable *<qualit>* • dauerstandfest
durable *<qualit> (hard-wearing)* • strapazierfähig
durable solution *<gen>* • Dauerlösung *f*; dauerhafte Lösung *f*
duration *<gen> (continuance in time; e.g. of an event)* • Dauer *f*
dust *<srfc> (gen.; also settled, on surfaces)* • Staub *m*
dust *vt <tech.gen> (disperse, distribute relatively coarse matter; e.g. fertilizer)* • streuen *vt*
dust *vt <food> (e.g. with flour, sugar)* • bestäuben *vt*
dust *vt <srfc> (apply fine particulates to a surface)* • aufstäuben *vt*
dust boot *<tech.gen> (usu. black rubber or neoprene; e.g. for push rods, tie rod ball ends)* • Staubschutzkappe *f*;

Staubschutzmanschette *f*; Schutzkappe *f*
dust cloud *DIN EN 14034* *<tech.gen>* • Staub/Luft-Gemisch *n DIN EN 14034*; Staubwolke *f ugs*
dust cover *<tech.gen> (any style; usu. soft)* • Schutzhaube *f*
dust explosion *<proc>* • Staubexplosion *f*
dust-laden *<waste>* • staubbeladen; staubhaltig
dust [off] *vt <srfc> (gen.; e.g. furniture, work area)* • abstauben *vt*
dust on *vt <tech.gen>* • aufstreuen *vt*
dust on *vt <srfc> (apply dry, powdered enamel frit to hot ware by sifting)* • aufpudern *vt*; streuen *vt*
dust precipitation *<proc>* • Entstaubung *f*
dust removal *<tech.gen>* • Entstaubung *f*
dust removal *<emiss>* • Staubabscheidung *f*
dust removal *<proc>* • Entstauben *n*; Entstaubung *f*
dust separator *<proc> (gen.; dry, wet, filter, electrostatic)* • Entstauber *m*; Entstaubungsaggregat *n rar*
duty *<gen> (e.g. of persons, machines)* • Dienst *m*
duty: on ~ *<gen> (e.g. officer, guard)* • diensthabend
duty cycle *<tech.gen> (of fans, compressors)* • Einschaltdauer *f*
duty factor *<tech.gen>* • relative Einschaltdauer *f*
DVD-R *<comp> (write once, laser power modulation)* • DVD-R; einmal beschreibbare Digital Versatile Disc *f did*
DVD-RAM *<comp> (write ca. 100,000 x; phase change)* • DVD-RAM *f*; DVD--Ram *f*; mehrfach beschreibbare Digital Versatile Disc *f did*
DVD-ROM *<comp>* • DVD-ROM *f*; nur lesbare DVD *f rar*
DVD+RW technology *<comp>* • DVD+RW-Technologie *f*
dwell *<tech.gen>* • Pause *f*
dwell *<tech.gen>* • Rastperiode *f*
dwell *<mech.eng> (pause, temporary stop)* • Halt *m*
dwell *vi <tech.gen>* • halten *vi*
dwell mechanism *<mech.eng>* • Rastgetriebe *n*
dwell period *<mech.eng>* • Haltedauer *f*
dwell phase *<tech.gen>* • Ruhephase *f*
dwell time *<tech.gen>* • Haltezeit *f*
DX-coded film speed setting *<phot>* • DX-Filmempfindlichkeitsabtastung *f*
dye *vt <tech.gen> (e.g. textiles, plastics)* • einfärben *vt*; färben *vt*
dye *vt <srfc> (e.g. textiles, hair)* • färben *vt*
dyeable *<textil.srfc>* • färbbar
dye affinity *<textil.srfc> (of textiles; e.g. of silk, synthetic fabrics)* • Anfärbbarkeit *f*; Färbbarkeit *f*; Farbstoffaffinität *f*
dye bath *<textil> (dyeing)* • Färbebad *n*
dye bath *<textil>* • Farbbad *n*
dye bath *<textil.proc>* • Farbflotte *f*
dye chemistry *<chem>* • Farbstoffchemie *f*
dyeing method *<textil> (dyeing)* • Färbemethode *f*
dye in the stuff *vt <pap>* • färben *vt*: in der Masse ~; Masse *f*: in der ~ färben *vt*
dye in the yarn *vt <textil>* • färben *vt*: im Garn ~; Garn *n*: im ~ färben *vt*
dye laser *<opt>* • Farbstofflaser *m*
dye liquor *<textil> (dyeing)* • Färbeflotte *f*
dye-receptive *<textil>* • farbaufnahmefähig
dyestuff *<textil> (dissolved or soluble organic compound)* • Farbstoff *m*
dynamic *<tech.gen>* • dynamisch
dynamically balanced *<mech.eng>* • dynamisch ausgewuchtet
dynamically loaded *<mech>* • schwingungsbeansprucht
dynamic axle load shift *<mvhcl> (gen.)* • dynamische Achslastverlagerung *f*; dynamische Achslastverschiebung *f*
dynamic balancing *<tech.gen> (e.g. of wheels)* • dynamisches Auswuchten *n*
dynamic drive control *<mvhcl.i&c> (with brake action; e.g. DSC, CBC)* • Fahrdynamikregelung *f* (FDR); Fahrsicherheitssystem *n*; aktive Fahrdynamikregelung *f*
dynamic friction *<mech>* • Gleitreibung *f*; Bewegungsreibung *f*; gleitende Reibung *f*
dynamic imbalance *<mech>*

• dynamische Unwucht *f*

dynamic load *<tech.gen>* • dynamische Belastung *f*; dynamische Last *f*

dynamic microphone *<av>* • elektrodynamisches Mikrofon *n*; dynamisches Mikrofon *n*

dynamic model *<tech.gen>* • Prozessmodell *n*

dynamic random access memory (DRAM) *<comp>* • Dynamic Random Access Memory *n* (DRAM); dynamisches RAM *n*; DRAM-Baustein *m*; DRAM-Chip *m prakt*

dynamic range *<acoust>* • Lautstärkeumfang *m*

dynamic range *<av> (e.g. Bach's Toccata vs. a pan flute theme)* • Dynamikumfang *m*; Dynamikbereich *m*; Dynamik *f*

dynamic range *<comp> (a ratio)* • Kontrastumfang *m*

dynamics *<phys>* • Dynamik *f*

dynamic stress *<mech>* • dynamische Belastung *f*

dynamic vibration absorber *VDI 3833 <tech.gen> (gen.; any type; e.g. for buildings, machinery, ships)* • Schwingungstilger *m VDI 3833*; Tilger *m prakt*

dynamite *<expl>* • Dynamit *n*

dynamometer *<mvhcl>* • Leistungsprüfstand *m*; Dynamometer *n wiss*; Prüfstand *m prakt*

dynastarter *<mvhcl>* • Dynastarter *m*; Dynastart *m*

dysfunction *<med>* • Funktionsstörung *f*; Dysfunktion *f*

dysprosium (Dy) *<chem>* • Dysprosium *n* (Dy)

E

ear *<tech.gen> (lifting attachment on heavy objects; e.g. on motors)* • Öse *f*

early type *<tech.gen>* • alte Ausführung *f*

earphone *<av>* • Ohrhörer *m*

ear-piercing *<acoust> (sound; e.g. of alarm system siren)* • durchdringend

earth *<build.mat> (mixture of sand, silt, and clay)* • Lehm *m*

earth *<geo> (planet)* • Erde *f*

earth core *<geo>* • Erdkern *m*; Kern der Erde *m*; Kern *m*

earth dam *<build.hydr>* • Erddamm *m*

earthed neutral *<el> (of cable, wall outlet)* • Nullpunkt *m*

earth embankment *<build>* • Erdaufschüttung *f*

earthen building *<build> (building made from earth; e.g. in Santa Fe)* • Lehmbau *m*; Gebäude aus Lehm *n*

earth leakage circuit breaker *<el>* • Fehlerstromschutzschalter *m*

earth-moist *<build.mat> (gen.; e.g. concrete)* • erdfeucht

earth movement *<build> (e.g. excavation, hauling)* • Erdarbeiten *fpl*; Erdbewegungsarbeiten *fpl*

earth moving machinery *ISO/DIS 6393 <build.mach>* • Erdbaumaschine *f ISO/DIS 6393*

earth orbit *<aerosp> (of satellites)* • Erdumlaufbahn *f*; Umlaufbahn um die Erde *f*

earth pitch *<min> (native asphalt)* • Erdpech *n*; Erdharz *n*

earth pressure *<geo.build>* • Erddruck *m*

earthquake *<geo>* • Erdbeben *n*; Beben *n*

earthquake load *<build>* • Erdbebenlast *f*

earthquake-proof *<build>* • erdbebensicher

earth resources technology satellite *<aerosp>* • Erderkundungssatellit *m*; Erderforschungssatellit *m*

earth's atmosphere *<meteo>* • Erdatmosphäre *f*

Earth's crust *<geo>* • Erdkruste *f*; oberste Schale *f*; Kruste *f*; Erdrinde *f obs*

Earth's mantle *<geo>* • Erdmantel *m*

Earth's surface *<geo>* • Erdoberfläche *f*; Oberfläche der Erde *f*

earth station *<aerosp>* • Erdefunkstelle *f*

Earth's top cap *<geo>* • Erdoberschicht *f*

earth up *vt <agri> (soil around seedling)* • anhäufeln *vt*; aufhäufeln *vt*

earthwork *<build> (process)* • Erdarbeiten *fpl*; Erdbau *m*; Erdbauarbeiten *fpl*; Gründungsarbeiten *fpl*

earthy *<gen>* • erdig
earthy impurities *<tech.gen> (iron ore)* • erdige Beimengungen *fpl*
ease *vt <gen>* • erleichtern *vt*
ease *vt <mech.join>* • lockern *vt*
ease *vt <prod> (sharp corner, edge)* • ausrunden *vt*
ease off *vi <tech.gen> (load)* • nachlassen *vi*
ease of ignition *EN ISO 6940 <qualit.mat>* • Entzündbarkeit *f EN ISO 6940*
ease of installation *<gen>* • leichte Montage *f*; einfache Montage *f*
ease of repair *<tech.gen>* • Reparaturfreundlichkeit *f*
ease-of-use *<tech.gen>* • Benutzerfreundlichkeit *f*
easily legible *<docu> (e.g. font type, font size)* • gut leserlich; deutlich lesbar
easily reached *<tech.gen>* • griffgerecht
easily towable *<mvhcl> (disabled vehicle)* • abschleppfreundlich
Easter egg *<comp> (secret joke in a program)* • Osterei *n*
Eastern Time (ET) *<gen> (USA)* • Ostküstenzeit *f*
easy *<gen>* • leicht
easy care *<qualit.mat>* • pflegeleicht
easy on the skin *<qualit.mat>* • hautfreundlich
easy-opening end *<pack> (of cans)* • Aufreißdeckel *m*
easy to handle *<tech.gen>* • bedienerfreundlich
easy to maintain *<tech.gen>* • wartungsfreundlich; servicefreundlich
easy-to-read *<i&c>* • leicht ablesbar
eaves *<build> (lower edge of a roof)* • Traufe *f*; Fuß *m*
eaves *pl <build> (of a roof)* • Dachtraufe *f*
eavesdropping *<acoust>* • Abhören *n*
eavesdropping operation *<jur>* • Lauschangriff *m*
ebb *<geo.hydr> (as opp to high tide)* • Ebbe *f*
ebb tide *<geo.hydr> (process)* • Ebbe *f*
e-billing *<comp>* • elektronische Rechnungstellung *f*; E-Billing *n*
ebonite *<mat> (hard rubber; black)* • Ebonit *n*
ebullient *<phys> (liquid)* • aufwallend
eccentric *<mech.eng> (usu. a cam)* • Exzenter *m*
eccentric *adj <tech.gen> (e.g. a cam on a shaft)* • exzentrisch
eccentric drive *<mech.eng> (gen.)* • Exzenterantrieb *m*
eccentricity *<tech.gen> (offset)* • Exzentrizität *f*; Außermittigkeit *f*
eccentricity *<mech.eng> (run-out of rotating body; e.g. of wheel)* • Rundlauffehler *m*; Rundlaufabweichung *f*
EC Directive *<jur> (EG legislation)* • EG-Richtlinie *f*; Richtlinie des Rates *f form*
ECE test cycle *<mvhcl.emiss>* • ECE-Zyklus *m*; ECE-Fahrprogramm *n*; Europa-Fahrtest *m*; ECE-Test *m prakt*
echelon *<tech.gen> (formation, arrangement; e.g. geese flying)* • Staffelung *f*
echelon *vi/vt <tech.gen>* • staffeln *vi/vt*
echo *<acoust> (also ultrasonic)* • Echo *n*
echo image *<el> (on screen, display; esp. on CRT screen)* • Geisterbild *n*; Schattenstreifen *mpl*; falsche Linien *fpl*; Geister *mpl*
echo sounder *<i&c>* • akustisches Lot *n*
E-clip *<join>* • Sicherungsscheibe *f DIN 6799*; Benzing-Sicherungsscheibe *f rar*; Bz-Scheibe *f*
eclipse *<astron>* • Eklipse *f*
ecliptic *<astron>* • Ekliptik *f*
ecological *<ecol>* • ökologisch
ecological awareness *<ecol>* • Umweltbewusstsein *n*
ecological balance *<ecol>* • ökologisches Gleichgewicht *n*
ecological damage *sg <ecol> (as a result of environmental pollution)* • Umweltschäden *mpl*; Schädigung der Umwelt *f*; ökologischer Schaden *m*
ecologically beneficial *<ecol>* • umweltfreundlich
ecologically harmful *<ecol> (actions and objects; e.g. behavior, emissions, effluents)* • umweltschädlich; umweltfeindlich
ecologically undesirable *<ecol>* • ökologisch unerwünscht; umweltschädlich; umweltbelastend
ecology *<ecol>* • Ökologie *f*

ecology-minded *<ecol>* • umweltbewusst

economizer *US <energ>* • Speisewasservorwärmer *m*; Economizer *m prakt*; Eko *m prakt*; Economiser *m*; Ekonomiser *m rar*

economizer *US.GB <proc> (recuperates heat from flue gas)* • Abgasvorwärmer *m*

economizer *<proc>* • Vorwärmer *m*

economy class *<aerosp.int>* • Economy Class *f*; Touristenklasse *f ugs*; Dritte Klasse *f*

economy ratio *<mvhcl.drive>* • Schongang *m*; Schongang-Auslegung *f*; Spargang *m ugs*

ecosystem *<ecol>* • Ökosystem *n*; ökologisches System *n*

ecotoxicity *<ecol.chem>* • Ökotoxizität *f*

ecotoxicologic *ISO 15799 <ecol>* • ökotoxikologisch *DIN ISO 15799*

eddy *<tech.gen> (current; eletrical, water, air etc.)* • Wirbel *m*

eddy *<geo> (water in swift circular motion; e.g. in a stream, lake)* • Strudel *m*; Wirbel *m*; Verwirbelung *f*

eddy-current brake *<brake> (e.g. on maglev system, free-fall tower)* • Wirbelstrombremse *f* (WSB); Wirbelstromzwangsbremse *f*

eddy current testing *EN 1330-5 <qualit.mat>* • Wirbelstromprüfung *f DIN EN 1330-5*

edge *<gen>* • Rand *m*

edge *<tech.gen> (of a body, sheet)* • Kante *f*

edge *<tech.gen>* • Saum *m*

edge *vt <prod> (sheet metal; bend over a sharp edge)* • abkanten *vt*

edge *vt <textil> (clothing manufacture)* • einfassen *vt*; säumen *vt*

edge *vt <tool> (sharpen; e.g. cutting tool)* • schärfen *vt*

edge binding *<int> (of carpets, mats)* • Kanteneinfassung *f*

edge constraint *<tech.gen>* • Randbefestigung *f*

edge crack *<qualit.mat> (e.g. of glass, ceramics)* • Kantenriss *m*

edged *<garm> (e.g. with lace)* • gesäumt

edge definition *<av>* • Randschärfe *f*; Konturenschärfe *f*

edge-flange *<prod>* • Bördel *f*

edge grinding *<prod> (e.g. of glass panes)* • Kantenschleifen *n*; Kantenschliff *m*

edge guide *<print> (for paper; e.g. in copier, printer, fax machine)* • Anlegekante *f*

edge-holding *<prod>* • schneidhaltig

edge of a sail *<nav>* • Liek *n*

edge pressure *<build> (gen.)* • Kantenpressung *f*

edge profile *<el>* • Flankenprofil *n*

edge rail *<build.mat> (for carpeting)* • Fassonschiene *f*

edge runner [mill] *<prod> (mill, mixer)* • Kollergang *m*; Kollermühle *f*

edge steepness *<phys.el> (of signals, pulses)* • Flankensteilheit *f*

edge strip *<wood> (around panels; any material, any color; usu. PVC etc.)* • Umleimer *m*

edge stripping *<int> (e.g. on leather sofas)* • Keder *m*

edge trimming *<pap>* • Randbeschnitt *m*

edging *<tech.gen>* • Randeinfassung *f*

edging *<prod> (of sheet metal; at any angle)* • Abkanten *n*

edging machine *<tool>* • Abkantmaschine *f*

edging press *<tool> (gen.)* • Abkantpresse *f*

Edison screw cap (E) *<light>* • Schraubsockel *m* (E); Edison-Sockel *m*; E-Sockel *m*; Edison-Schraubsockel *m*

Edison screw-thread (E) *<el> (lamps)* • Elektrogewinde *n* (E) *DIN 40400*; Edison-Gewinde *n DIN EN 60238*; Lampengewinde *n ugs*; Edison-Schraubgewinde *n rar*

Edison socket *<light> (for light bulbs)* • Edison-Fassung *f*

edit *vt <av> (e.g. video, audio tape, film)* • schneiden *vt*; bearbeiten *vt*; nachbearbeiten *vt*; editieren *vt*

edit *vt <comp> (data; improve, correct, prepare for a purpose)* • aufbereiten *vt*

edit *vt <comp> (e.g. document, image, source code, files)* • bearbeiten *vt*; editieren *vt*; edieren *vt obs*

editing *<av.cine> (of videos, movies)* • Bearbeitung *f*; Nachbearbeitung *f*; Editieren *n*; Schnitt *m*; Bearbeiten *n*

editing *<docu> (of documents, text)* • Bearbeitung *f*; Bearbeiten *n*; Editieren *n*; Edieren *n*; Redigieren *n*
edition *<print> (of a book; e.g. 2nd revised ed.)* • Auflage *f*
edition *<print> (special version of a book; e.g. as a paperback or hide--bound)* • Ausgabe *f*
education *<did>* • Ausbildung *f*
educational software *<comp.did>* • Lehr- und Lernsoftware *f*
eduction *<proc.hvac> (e.g. of vapors, waste gas)* • Abzug *m*; Abziehen *n*
effect *<gen>* • Effekt *m*
effective *<gen>* • effektiv; wirksam; wirkend
effective area *<tech.gen> (e.g. for heat transfer, power transmission)* • Nutzfläche *f*
effective capacity *<tech.gen> (e.g. of pumps)* • Nutzleistung *f*
effervesce *vi <gen> (liquid; e.g. a carbonated soft drink)* • brausen *vi*
effervesce *vi <tech.gen> (carbonated liquid; e.g. soda)* • moussieren *vi*
effervescent *<gen>* • brausend
efficiency *<tech.gen>* • Leistung *f*
efficiency *<tech.gen> (of a process)* • Nutzeffekt *m*
efficiency *<energ.wind> (gen.; specified in per cent)* • Wirkungsgrad *m*
efficiency *ISO 9000 <qualit>* • Effizienz *f ISO 9000*
efficient *<tech.gen> (e.g. measure, system)* • effizient
effluence *<geo> (outward flow; e.g. of a lake)* • Abfluss *m*
effluent *<tech.gen> (any outgoing medium)* • ausströmendes Medium *n*
effluent gas *<emiss>* • Abgas *n*
effluent gas treatment *<proc> (plant, system; e.g. of NPP, chemical plant)* • Abgasanlage *f*
effluent pipe *<emiss>* • Abzugsrohr *n*
effluent pipe *<waste> (for liquids)* • Ablaufrohr *n*
effluents *<waste>* • Abwässer *npl*
efflux velocity *<proc> (e.g. of flue gas, waste water)* • Austrittsgeschwindigkeit *f*
effort *<gen> (e.g. human work, physical or mental)* • Aufwand *m*
effusive rock *<geo>* • Effusivgestein *n*
eggcrate mattress *<int>* • Profilschaum-Matratze *f*
egress *vi <traff> (from hwy, motorway)* • abfahren *vi*
Egyptian cotton *<textil>* • Mako--Baumwolle *f*
eigenvalue *<math> (differential equation)* • Eigenwert *m*
eight conductor bundle *<energ.el>* • Achterbündel *n*
eight cylinder *coll <mvhcl> (car with an eight-cylinder engine)* • Achtzylinder *m ugs*
eightfold *<gen>* • achtfach
eight-shaped *<gen>* • achtförmig; 8-förmig
einsteinium (Es) *<chem> (radioactive)* • Einsteinium *n* (Es)
eject *vt <tech.gen> (e.g. cassette, shell, molding, bobbin)* • auswerfen *vt*
eject *vt <tech.gen> (object, person; as seen from outside)* • herausschleudern *vt*
eject *vt <tech.gen> (object, person; as seen from inside)* • hinausschleudern *vt*
eject *vt <tech.gen> (by catapult or similar action)* • katapultieren *vt*
eject *vt <mil> (fired cartridge)* • ausstoßen *vt*; auswerfen *vt*
eject *vt <phys> (ray)* • emittieren *vt*; ausstoßen *vt*
eject button *<comp> (disk drive; e.g. floppy disk, CD)* • Auswurftaste *f*; Datenträgerauswurfknopf *m*; Auswurfknopf *m*
ejected matter *<aerosp> (jet propulsion)* • Stützmasse *f*
ejection *<prod> (e.g. of an injection molding from the machine)* • Ausstoß *m*
ejection mechanism *<tech.gen> (e.g. for cassettes, work pieces)* • Auswerfeinrichtung *f*
ejection mechanism *<tech.gen> (e.g. for cassettes, Memory Sticks)* • Auswurfmechanismus *m*
ejection of parts *<prod>* • Teileauswurf *m*
ejector *<tech.gen> (e.g. for cassette, workpieces)* • Auswurfeinrichtung *f*
ejector bar *<plast> (e.g. injection molding machine)* • Ausdrückstange *f*
ejector pin *<prod.plast> (injection molding)* • Ausdrückstift *m*;

Ausstoßstift *m*

ejector plate <*prod*> *(e.g. in injection mold)* • Ausdrückplatte *f*

elaborate <*tech.gen*> • sorgfältig durchkonstruiert

elastic <*garm*> *(e.g. in sleeves, trousers)* • Gummizug *m*

elastic <*qualit.mat*> *(behavior; recovery of shape after load removal)* • elastisch

elastic collision <*mech*> • elastischer Stoß *m*

elasticity <*tech.gen*> *(gen.)* • Elastizität *f*

elastic limit <*qualit.mat*> *(prior to yield strength)* • Elastizitätsgrenze *f*

elastic range <*mat*> *(of tensile or compressive stress)* • Elastizitätsbereich *m*

elastic range <*mat*> *(in the stress/strain diagram)* • Elastizitätsbereich *m*; hookesche Gerade *f*; Hooke'sche Gerade *f*

elastic range <*mech*> *(of deformation under stress)* • elastischer Bereich *m*

elastic recovery <*textil*> *(e.g. of nylons, body stocking)* • Elastizität *f*

elastic strain <*mech*> • elastische Dehnung *f*

elastic stress <*mech*> • elastische Spannung *f*

elastomer <*plast*> *(loose cross-linking, flexible, elastic; NR or SR)* • Elastomer *n*; Elast *n/m DDR.obs*; Elastoplast *m DDR.obs.rar*

elastomeric <*plast*> • elastisch

elastomeric <*plast*> *(type of material)* • gummiartig

elbow <*pps*> *(gen., pipe or duct; 1 to 90°; e.g. 45-deg elbow)* • Bogenstück *n*

electret condenser microphone <*av*> • Elektret-Kondensatormikrofon *n*; Elektretmikrofon *n*; dauerpolarisiertes Mikrofon *n*

electret microphone <*av*> *(a type of condenser microphone)* • Elektretmikrofon *n*; Elektret--Kondensatormikrofon *m*

electric <*el*> • elektrisch

electrical appliance <*el*> *(e.g. home appliances such as toasters, vacuum cleaners)* • Elektrogerät *n*; Gerät *n ugs*

electrical current (I) <*el*> *(in ampere, A)* • elektrische Stromstärke *f* (I); Stromstärke *f prakt*; Strom *m ugs*; Amperezahl *f ugs.rar*

electrical energy supply <*energ*> • elektrische Energieversorgung *f*

electrical engineering <*el*> • Elektrotechnik *f*

electrical equipment <*el*> • Elektrik *f*

electrical installation <*el*> *(system, hardware)* • elektrische Anlage *f*; Elektroinstallation *f*

electrically conducting <*el*> • elektrisch leitend

electrically conductive plastic <*el*> • elektrisch leitfähiger Kunststoff *m*

electrically erasable programmable read-only memory (EEPROM) <*comp*> • mehrfach programmierbarer Nur-Lese-Speicher *m* (EEPROM); EEPROM-Chip *m*; EEPROM-Baustein *m*

electric arc furnace (EAF) *prEN 60239* <*metal*> *(e.g. for steel, vitrification of residues)* • Lichtbogenofen *m*; Elektrolichtbogenofen *m*

electric arc welding *ISO 4063* <*join*> *(generic term for all arc processes)* • Lichtbogenschweißen *n DIN 1910*

electric bicycle <*vhcl*> • Elektrobike *n*; Pedelec *n*; Fahrrad mit Akkuantrieb *n*; Elektrofahrrad *n*; E-Bike *n*

electric brake <*brake*> *(brake by wire)* • elektrische Bremse *f*; E-Bremse *f prakt*

electric capacitance (C) <*el*> • elektrische Kapazität *f* (C)

electric car <*mvhcl*> • Elektroauto *n*; Elektromobil *n*; E-Mobil *n*

electric circuit (CKT) <*el*> • Stromkreis *m*; Kreis *m ugs*

electric conductivity <*el*> *(gen. ability to conduct el. current)* • elektrische Leitfähigkeit *f*

electric current <*el*> *(gen.)* • elektrischer Strom *m*; Strom *m prakt*; Saft *m jarg*

electric discharge <*el*> • elektrische Entladung *f*

electric drive <*drive.el*> • Elektroantrieb *m*

electric energy <*phys*> • elektrische Energie *f*; Elektroenergie *f*

electric fence <*agri*> • elektrischer Weidezaun *m*; Elektrozaun *m*

electric field <*el*> *(field around an*

electric load) • elektrisches Feld *n*

electric field strength (E) *<el> (in Newton/Coulomb or Volts/Meter)* • elektrische Feldstärke *f* (E); Feldstärke *f ugs*

electric fuel pump *<mvhcl.mot> (gen.; gasoline or diesel fuel)* • elektrische Kraftstoffpumpe *f*

electric furnace *<proc>* • Elektroofen *m*

electric-furnace steel *<metal>* • Elektrostahl *m*; E-Stahl *m prakt*

electric grid *<energ.el> (electricity supply system)* • Stromversorgungsnetz *n*; öffentliches Stromversorgungsnetz *n*; elektrisches Netz *n*; Netz *n prakt*

electric hook-up point *<el.tour> (with several outlets; on camping sites)* • Anschlusssäule *f*; Steckdosensäule *f*

electric household appliances *<int.el> (kitchen appliances, washing machines, dryers etc.)* • Haushaltelektrogeräte *npl*; Elektrogeräte für den Haushalt *npl*; weiße Ware *f*

electric induction furnace *<metal>* • Elektroinduktionsofen *m*

electricity *<el>* • Elektrizität *f*

electricity grid *pract <energ.el>* • Stromnetz *n prakt*; Netz *n ugs*

electricity meter *<i&c> (in kW/h)* • Elektrizitätszähler *m*; Stromzähler *m prakt*; Energieverbrauchszähler *m rar*; Elektroenergieverbrauchszähler *m rar*

electricity supplier *<energ.el.econ>* • Stromlieferant *m*; Elektrizitätslieferant *m form*

electricity supply *<el>* • Elektrizitätsversorgung *f*

electricity transmission *<energ.el> (typ. high or extra high voltages)* • Stromübertragung *f*; Elektrizitätsübertragung *f*; Elektrizitätsfortleitung *f obs*

electric lighting installation *<light>* • Lichtanlage *f*

electric motor *<mot.el>* • Elektromotor *m*; E-Motor *m prakt*; Motor *m prakt.ugs*

electric power *<el>* • elektrische Leistung *f*

electric power consumption *<el> (gen.)* • Stromverbrauch *m*; Energieverbrauch *m*; Energiebedarf *m*; Elektrizitätsverbrauch *m*; Verbrauch elektrischer Energie *m*

electric power engineering *<el>* • elektrische Energietechnik *f DIN 13321*; Starkstromtechnik *f obs.prakt*

electric power supply cable *<el> (380 - 400 V)* • Starkstromkabel *n*; Kraftstromkabel *n A*

electric reciprocating saw *<tool.el>* • Elektro-Fuchsschwanz *m*

electric shock *<el.bio>* • elektrischer Schlag *m DIN VDE 0100*

electric shock *<energ.el.safe>* • Stromschlag *m*; elektrischer Schlag *m*

electric shock *<med>* • Elektroschock *m*

electric staple/nail gun *<tool> (accepts staples and brad nails)* • Elektrotacker/-nagler *m*; elektrischer Nagler und Tacker *m*

electric stapler *<tool>* • Elektrotacker *m*

electric storage heater *<hvac>* • Elektrospeicherheizgerät *n*

electric storage heating *<hvac>* • Speicherheizung *f*

electric stun-gun *<mil> (small self--defense device)* • Elektroschocker *m*

electric system *<el>* • elektrische Anlage *f*

electric tool battery driven *<tool>* • Akku-Werkzeug *n*; ETB-Werkzeug *n*

electric top *<mvhcl> (electromechanical or electrohydraulical)* • elektrisches Verdeck *n*; Elektro-Dach *n press*

electric valve *<pps> (solenoid-operated or with motor drive)* • elektrisch betätigtes Ventil *n*

electric vehicle (EV) *<mvhcl>* • Elektrofahrzeug *n*

electrify *vt <railw> (railway network, sections, lines)* • elektrifizieren *vt*

electroacoustics *<av>* • Elektroakustik *f*

electrobrightening *<sfc>* • elektrolytisches Glänzen *n*; elektrolytisches Polieren *n form*; anodisches Glänzen *n*; Elektropolieren *n prakt.ugs*; anodisches Polieren *n rar*

electrocardiogram (ECD) *<med.tech>* • Elektrokardiogramm *n* (EKG)

electrochemical corrosion *ISO 8044*

<srfc> • elektrochemische Korrosion *f DIN EN ISO 8044*
electrochemical deburring *<prod>* • elektrochemisches Entgraten *n VDI 3401*
electrochemical fuel cell *<chem.el>* • elektrochemische Brennstoffzelle *f*
electrochemical machining (ECM) *<prod>* • elektrochemisches Abtragen *n*
electrochemical milling (ECM) *<prod>* • elektrochemische Metallbearbeitung *f*
electrochemical series *<el.chem>* • elektrochemische Spannungsreihe *f*
electrochemistry *<el.chem>* • Elektrochemie *f*
electrochromous glass *<build.hvac> (window pane)* • elektrochromes Glas *n*; E-Control-Glas *n* ®
electrocoat *<srfc>* • Elektrophoreseschicht *f*
electrocoat *vt <srfc>* • elektrolytisch plattieren *vt*; elektrolytisch metallisieren *vt*; galvanisieren *vt*; elektroplattieren *vt*; elektrochemisch beschichten *vt*
electrocoat *vt <srfc>* • elektrotauchlackieren *vt*
electrode *<tech.gen>* • Elektrode *f*
electrode *<join> (of coated weld filler rod)* • Kerndraht *m*
electrode burn-off *<el> (gen.; e.g. of weld rods, spark plugs)* • Elektrodenabbrand *m*
electrode coating *<join> (of weld electrodes)* • Elektrodenumhüllung *f*; Elektrodenmantel *m*
electrode consumption *<el> (of electrodes, contact points)* • Abbrand *m DIN 1910-11*
electrodeposit *<srfc>* • galvanischer Überzug *m*; Deckmetall *m*
electrode spacing *<el>* • Elektrodenabstand *m*
electrode tip *<el>* • Elektrodenspitze *f*
electrodialyzer *<med.tech>* • Elektrodialysator *m*
electrodischarge machining (EDM) *<prod>* • funkenerosives Abtragen *n* (EDM) *VDI 3400*
electro-discharge machining (EDM) *<prod>* • Elektroerosivbearbeitung *f*; elektroerosive Metallbearbeitung *f* form; elektroerosives Abtragen *n*; ED-‑Bearbeitung *f prakt*
electrodissolution *<chem.el>* • galvanische Zersetzung *f*
electrodynamic levitation *<railw> (of maglev trains)* • elektrodynamisches Schweben *n*
electrodynamics *<el>* • Elektrodynamik *f*
electrodynamic service brake *<railw.brake> (regenerative and/or rheostatic braking using the traction motors)* • elektrodynamische Betriebsbremse *f*; elektrodynamische Bremse *f*; generatorische Bremse *f*; Generatorbremse *f*; elektrische Bremse *f ugs*
electroencephalogram (EEG) *<med.tech>* • Elektroenzephalogramm *n* (EEG)
electroengraving *<srfc>* • elektrolytisches Ätzen *n*
electrogalvanize *vt <srfc>* • elektrolytisch verzinken *vt*; galvanisch verzinken *vt*; elektroverzinken *vt rar.Citroen*
electrogalvanizing (EG) *<srfc>* • elektrolytisches Verzinken *n*; galvanisches Verzinken *n*
electrogalvanizing line (EGL) *<srfc>* • elektrolytische Verzinkungsanlage *f*; galvanische Verzinkungsanlage *f*
electrogas welding (EGW) *<join> (machine welding)* • Elektrogasschweißen *n*
electrohydraulic *<tech.gen>* • elektrohydraulisch
electrohydraulic brake (EHB) *<mvhcl.brake> (with SBC)* • elektrohydraulische Bremse *f* (EHB)
electroluminescence (EL) *<light>* • Elektrolumineszenz *f* (EL)
electroluminescent display (ELD) *<comp>* • Elektrolumineszenzdisplay *n* (ELD); Elektrolumineszenz-Display *n*; Elektrolumineszenz-Bildschirm *m*; EL-‑Bildschirm *m*
electrolysis *<chem>* • Elektrolyse *f*
electrolysis *<el.chem>* • elektrolytische Zerlegung *f*
electrolyte *<srfc> (immersion fluid for galvanizing)* • Elektrolyt *m*; Tauchbad *n*; Badlösung *f*
electrolytic bath *<el.chem>*

• Elektrolysebad *n*

electrolytic capacitor *<el>* • Elektrolytkondensator *m*; Elko *m prakt*

electrolytic corrosion *<srfc>* • elektrolytische Korrosion *f*

electrolytic deposition *<chem.proc>* • elektrochemische Abscheidung *f*

electrolytic etching *<srfc>* • elektrolytisches Ätzen *n*

electrolytic machining *<prod>* • Elysieren *n*; elektrolytische Bearbeitung *f*; elektrochemisches Abtragen *n*

electrolytic primer paint *<srfc>* • Elektrophoresegrundierungslack *m*; Elektrophoreseprimer *m*

electromagnet *<el> (e.g. on cranes to lift scrap iron)* • Elektromagnet *m*

electromagnetic clutch *<tech.gen>* • Elektromagnetkupplung *f*

electromagnetic clutch *<drive> (e.g. of air-conditioning compressor)* • Elektrokupplung *f*

electromagnetic compatibility *sg* (EMC) *<el>* • elektromagnetische Verträglichkeit *fsg* (EMV)

electromagnetic emission *<el> (emanating from electric devices)* • elektromagnetische Störaussendung *f* (EMA); Störaussendung *f*; Störemission *f prakt*; Emission *f prakt*

electromagnetic field (EMF) *<el>* • elektromagnetisches Feld *n* (EMF)

electromagnetic pollution *sg <el>* • Elektrosmog *msg ugs*; elektromagnetische Umweltverschmutzung *fsg*

electromagnetic pulse (EMP) *<el>* • elektromagnetischer Puls *m* (EMP)

electromagnetic rail gun (EMRG) *<mil> (a linear magnetic accelerator for projectiles)* • elektromagnetische Kanone *f*; Gaußkanone *f*; Gaußgeschütz *n*

electromagnetic retarder *<comvhcl.brake>* • elektromagnetischer Retarder *m*; elektrodynamischer Retarder *m*; elektrischer Retarder *m*; elektromagnetischer Verlangsamer *m rar*; elektrodynamischer Verlangsamer *m rar*

electromagnetism *<phys>* • Elektromagnetismus *m*

electro-mechanical brake *<brake>* • elektromechanische Bremse *f*; EM-‑Bremse *f prakt*

electromotive force (EMF) *<phys>* • elektromotorische Kraft *f* (EMK); elektrische Urspannung *f*; Urspannung *f*

electron *<phys> (elementary particle with a negative charge)* • Elektron *n*; Negatron *n rar*

electron-accepting *<chem.phys>* • elektronenaufnehmend

electron beam curing *ISO 4618-3 <srfc> (rapid curing of coating materials)* • Elektronenstrahlhärten *n DIN EN ISO 4618*

electron-beam machining [process] *<prod>* • Elektronenstrahlabtragverfahren *n*

electron-beam welding (EBW) *<join>* • Elektronenstrahlschweißen *n* (EBW); EB-Schweißen *n rar*

electron-deficient *<chem.phys>* • elektronenarm

electron deficit *<phys>* • Elektronenunterschuss *m*

electron deflection *<chem.phys>* • Elektronenablenkung *f*

electron discharge *<el>* • Elektronenentladung *f*

electron-donating *<chem.phys>* • elektronenabgebend

electron donor *<phys>* • Elektronenspender *m*; Elektronendonator *m*

electron excess *<phys>* • Elektronenüberschuss *m*

electron gun *<el>* • Elektronenkanone *f*

electronic *<tech.gen>* • elektronisch

electronical dictionary *<docu>* • elektronisches Wörterbuch *n*

electronically controlled power steering [system] (EPS) *<mvhcl>* • elektronische Servolenkung *f* (ESL)

electronically controlled suspension (ECS) *<mvhcl>* • elektronisches Fahrwerk *n*; elektronisch geregelte Fahrwerksabstimmung *f did*; computergesteuertes Fahrwerk *n*; adaptives Dämpfungssystem *n MB*; aktives Fahrwerk *n prakt*

electronic brake pressure distributor (EBD) *<mvhcl.brake>* • elektronische

Bremskraftverteilung *f* (EBV)

electronic business (eb) *ISO/TS 15000-1* *<comp>* • elektronisches Geschäftswesen *n* (eb) *ISO/TS 15000-1*

electronic canary *<i&c.emiss>* • elektronisches CO-Spürgerät *n*

Electronic Centralized Aircraft Monitoring (ECAM) *Airbus* *<aerosp.i&c>* • elektronisches Überwachungssystem *n* (ECAM)

electronic clutch management (ECM) *<mvhcl.mot>* • elektronisches Kupplungsmanagement *n* (EKM)

electronic commerce *<comp>* • elektronischer Handel *m*; Electronic Commerce *m*; E-Commerce *m*; Online-Vertrieb *m*; Internet-Commerce *m*

electronic component *<el>* • elektronischer Baustein *m*

electronic control module (ECM) *<i&c>* • elektronisches Steuergerät *n* (ESG)

electronic control unit (ECU) *<mvhcl.i&c>* • elektronisches Steuergerät *n*; Einspritzsteuergerät *n*

electronic damper control (EDC) *BMW* *<mvhcl>* • Elektronische Dämpfer--Control *f* (EDC) *BMW*; elektronische Dämpferregelung *f*; Elektronische Dämpfer-Kontrolle *f BMW*

electronic data processing (EDP) *<comp>* • elektronische Datenverarbeitung *f* (EDV)

electronic device *<tech.gen>* • elektronisches Gerät *n*

electronic diesel control (EDC) *<mvhcl.i&c>* • elektronische Dieselregelung *f* (EDC); elektronische Diesel-Regelung *f*

electronic differential lock (EDL) *<mvhcl.drive>* • elektronische Differentialsperre *f* (EDS); elektronische Differenzialsperre *f*

electronic engine control (EEC) *<mvhcl.el>* • elektronische Motorregelung *f*; elektronisches Motorenmanagement *n*

electronic engineering *<el>* • Elektronik *f*

electronic fee collection (EFC) *ISO/FDIS 14906* *<qualit>* • elektronische Gebührenerfassung *f* (EFC) *ISO/FDIS 14906*

electronic flash [unit] *<phot>* • Elektronenblitzgerät *n*; Elektronenblitz *m prakt*; Blitz *m ugs.prakt*

Electronic Flight Instrumentation System (EFIS) *<aerosp.i&c>* • Elektronisches Fluginstrumentensystem *n* (EFIS)

electronic fuel injection (EFI) *<mvhcl.mot>* • elektronische Kraftstoffeinspritzung *f*; elektronisch gesteuerte Kraftstoffeinspritzung *f form*; elektronische Einspritzanlage *f prakt.ugs*; elektronisch gesteuerte Einspritzung *f*

electronic gas pedal *<mvhcl>* • elektronisches Gaspedal *n*; E-Gas *n*

electronic home *<el>* *(with common bus for smart appliances etc.)* • elektronisches Haus *n*; IQ-Haus *n*

electronic ignition system *<mvhcl.el>* *(gen.)* • elektronische Zündung *f* (EZ)

electronic image stabilization *US* *<phot>* • elektronischer Bildstabilisator *m*

electronic immobilizer *US* *<mvhcl>* • elektronische Wegfahrsperre *f*

Electronic Instrument System (EIS) *<aerosp.i&c>* • Elektronisches Instrumentensystem *n* (EIS)

electronic map *<navig>* *(gen.)* • elektronische Karte *f*; digitalisierte Navigationskarte *f*

electronic-map ignition [system] *<mvhcl.el>* • Kennfeldzündung *f*; kennfeldgesteuerte Zündung *f*; elektronische Zündung *f Bosch*

electronic nose *<i&c>* *(gen.)* • elektronische Nase *f*; E-Nase *f*

electronic paper *<comp.pap>* *(e.g. Gyricon)* • elektronisches Papier *n*; E-Papier *n*

electronic parking brake (EPB) *<brake>* • elektronische Parkbremse *f* (EPB); elektrische Parkbremse *f ContiTeves*; elektromechanisch betätigte Parkbremse *f rar*

electronic publishing *<comp.print>* • Electronic Publishing *n*; Veröffentlichung auf elektronischem Wege *f did*

electronic road-pricing *<traff.fin>* *(with chip card)* • elektronische Maut *f :V*; Road-Pricing *n*;

Mautgebührabbuchung im Vorbeifahren *f*; Straßenbenutzungsgebühr mit elektronischer Buchung *f*

electronic scrap *<comp.waste>* • Elektronikschrott *m*

electronic seat reservation display *<railw>* • elektronische Sitzplatzanzeige *f*

electronics grade silicon *<ic> (twice as expensive as solar grade)* • Silicium in Elektronikqualität *n*; hochreines Silizium *n*

electronic signalling and interlocking center (ESIC) *:V <railw>* • elektronisches Stellwerk *n* (ESTW)

electronic slip control *<railw>* • elektronischer Gleitschutz *m*

electronic stability program (ESP) *<mvhcl.drive>* • Elektronisches Stabilitätsprogramm *n* (ESP) *Daimler*; Dynamische Stabilitätskontrolle *f* *BMW*; Elektronisches Stabilisierungsprogramm *n* *VW.Audi*; Schleuderschutzsystem *n* *ugs*; DSC *BMW*

electronic tag *<jur> (for day release prisoners etc.)* • elektronische Fußfessel *f*

electronic text display *<gen>* • Textanzeige *f*

electronic ticket (ETIX) *<aerosp>* • elektronisches Ticket *n* (ETIX)

electronic traction system (ETS) *<mvhcl.drive>* • Elektronisches Traktions-System *n* (ETS) *ContiTeves*

electronic transmission control *<mvhcl.drive> (automatic transmission; stress on: function)* • elektronische Getriebesteuerung *f*; elektronische Schaltautomatik *f* *ZF*

electron microscope (EM) *<i&c.opt>* • Elektronenmikroskop *n* (EM); ELMI *n* *rar.ugs*

electron mobility *<phys>* • Elektronenbeweglichkeit *f*

electron occupation *<chem.phys>* • Elektronenbelegung *f*

electron orbit *<phys>* • Elektronenkreisbahn *f*

electron shell *<phys>* • Elektronenschale *f*

electron spin *<phys> (electrons)* • Elektronenspin *m*; Spin *m*

electron spin resonance (ESR) *<phys>* • Elektronenspinresonanz *f* (ESR)

electron trajectory *<chem.phys>* • Elektronenbahn *f*

electron transfer *<el.chem>* • Ladungsübergang *m*

electron transition *<phys>* • Elektronenübergang *m*

electron tube *<el> (cathode-ray or thermionic)* • Elektronenröhre *f*; Röhre *f* *prakt*

electron volt (eV) *<phys>* • Elektronenvolt *n* (eV)

electrooptic[al] *<opt>* • elektrooptisch

electro-paint *<srfc> (gen.)* • Elektrophoreselack *m*

electrophoresis *<chem> (migration of particles in electric field)* • Elektrophorese *f*

electrophoretic *<srfc>* • elektrophoretisch

electrophoretic dip-in primer *<srfc>* • Elektrophoresetauchgrundierung *f*; Elektrophoresetauchgrundierungslack *m*; elektrophoretischer Tauchgrund *m*; Elektrotauchgrundierung *f*; Elektrotauchgrund *m*

electrophoretic dip painting *ISO 4618-3 <srfc> (process)* • Elektrotauchlackierung *f* (ETL) *DIN EN ISO 4618*; elektrophoretische Tauchlackierung *f*

electrophoretic dip priming *<srfc>* • Elektrophoresetauchgrundierung *f*; elektrophoretische Tauchgrundierung *f*; Elektrotauchgrundierung *f* *prakt*

electrophoretic paint coating *<srfc> (stress on: the layer)* • Elektrotauchlackierung *f*

electrophoretic painting *<srfc>* • Elektrophoreselackierung *f*

electrophoretic painting (EC) *<srfc>* • elektrophoretische Lackapplikation *f*; elektrophoretisches Lackieren *n* *form*; Elektrophorese *f* *prakt*; Electro--Coating *n* *prakt.ugs*

electroplating *<srfc> (process)* • Galvanisieren *n*; elektrolytisches Metallabscheiden *n* *norm*; elektrolytische Veredelung *f*; elektrochemisches Abscheiden *n*; Galvanostegie *f*

electroplating plant *<srfc>* • Galvanisieranlage *f*

electroplating technology *<srfc>* • Galvanotechnik *f*

electropneumatic *<pneum>* • elektropneumatisch

electropneumatics *<pneum>* • Elektropneumatik *f*

electropolish *vt <srfc>* • elektropolieren *vt*; elektrolytisch polieren *vt rar*

electroslag-welded *<join>* • ES--geschweißt

electroslag welding (ESW) *<join>* • Elektroschlackeschweißen *n* (RES); ES-Schweißen *n*

electrostatic charge *<el>* • elektrostatische Aufladung *f*; elektrostatische Ladung *f*

electrostatic discharge (ESD) *IEC 60050(161) <el>* • elektrostatische Entladung *f* (ESD) *IEC 60050(161)*; Entladung statischer Elektrizität *f wiss*

electrostatic dust precipitation *<emiss.proc>* • elektrostatische Staubabscheidung *f*

electrostatic painting *<srfc> (gen.)* • elektrostatisches Lackieren *n*

electrostatic powder coating (EPC) *<srfc>* • elektrostatische Pulverbeschichtung *f* (EPC); EPC--Verfahren *n prakt*

electrostatic precipitator (ESP) *<emiss>* • Elektroabscheider *m wiss*; Elektrofilter *m*; E-Filter *m prakt*; elektrostatischer Entstauber *m*; elektrischer Staubfilter *m*

electrostatic precipitator *<proc>* • elektrostatischer Abscheider *m*

electrostatic printer *<print>* • elektrostatischer Drucker *m*

electrosurgery *<med>* • Elektrochirurgie *f*

electrotechnic[al] *<el>* • elektrotechnisch

electroviscous fluid (EVF) *<mvhcl>* • elektroviskose Flüssigkeit *f* (EVF); elektroviskoses Fluid *n*

elegant *<gen> (design, style; e.g. interior trim, decoration)* • elegant; kultiviert; fein

element *<gen>* • Element *n*

elemental chlorine free (ECF) *<pap>* • elementarchlorfrei (ECF)

elementar sulfur *<chem>* • Elementarschwefel *m*

elementary *<gen> (fundamental)* • elementar

elementary charge *<el>* • Elementarladung *f*; elektrische Elementarladung *f*; Einheitsladung *f*

elementary circuit *<el>* • Grundschaltung *f*

elementary particle *<phys>* • Elementarteilchen *n*

elevate *vt <tech.gen> (gen.; stress on: raise slightly, small distance)* • anheben *vt*

elevate *vt <tech.gen>* • erhöhen *vt*

elevate *vt <tech.gen>* • heben *vt*

elevated *<build.traff> (e.g. road, rail track)* • aufgeständert; aufgestelzt

elevated guideway *<railw.build>* • aufgeständerter Fahrweg *m*; Aufständerung *f*; aufgeständerte Fahrwegkonstruktion *f*

elevated temperature *<tech.gen>* • hohe Temperatur *f*

elevating device *<convey> (usu. for short lifting stroke)* • Anhebeeinrichtung *f*

elevating motion *<tech.gen>* • Senkrechtverstellung *f*

elevation *<gen>* • Höhe *f*

elevation *<tech.gen> (process of raising sth)* • Anheben *n*

elevation *<tech.gen>* • Erhöhung *f*

elevation *<tech.gen>* • Hub *m*

elevation *<geo>* • Erhebung *f*

elevation *<navig> (of a satellite)* • Elevation *f*

elevation angle *<tech.gen>* • Höhenwinkel *m*

elevator *US <tech.gen>* • Aufzug *m*; Fahrstuhl *m*; Lift *m*

elevator *<aerosp> (control surface)* • Höhenruder *n*

elevator *<convey> (storage and loading/unloading facility for grain)* • Elevator *m*

elevator assembly *<aerosp> (rotate airplane around lateral axis; pitch)* • Höhenleitwerk *n* (HLW); Höhenruder *n*

elevator shaft *US <build>* • Aufzugschacht *m*

elevon *<aerosp>* • Höhen- und Querruder *n*; Elevon *n*

eliminate *vt <gen>* • eliminieren *vt*

eliminate *vt <tech.gen> (exlude sth; e.g. problem areas)* • ausschalten *vt*

eliminate *vt <tech.gen>* • ausscheiden *vt*

eliminate *vt <tech.gen> (undesirable objects; e.g. stains, defects)* • entfernen *vt*

eliminate *vt <qualit> (sort out; e.g. rejects, scrap)* • aussondern *vt*

eliminate *vt <rep> (defects, trouble items)* • beheben *vt*

eliminate distortion *vt <phys>* • entzerren *vt*

eliminate faults *vt <tech.gen>* • Fehler beseitigen *vt*

elimination *<tech.gen>* • Beseitigung *f*

elimination *<qualit>* • Ausscheidung *f*

elk test *US <mvhcl.qualit>* • Elch-Ausweichtest *m*; schwedischer Ausweichtest *m did*; Elchtest *m ugs*

Elliot axle *<mvhcl>* • Gabelachse *f*

ellipse *<math>* • Ellipse *f*

ellipsoid *<math>* • Ellipsoid *n*; Sphäroid *n*; Rotationsellipsoid *n*

elliptical *<math>* • elliptisch

elliptical orbit *<aerosp>* • Ellipsenbahn *f*; elliptische Bahn *f*

elongated *<prod>* • gestreckt

elongation *<mech> (plastic deformation; in mm)* • Dehnung *f*

elongation *stand <qualit.mat>* • Verlängerung *f norm*; Verlängerung der Gerätemesslänge *f norm*; Längenänderung *f*

elongation at break *<qualit.mat> (quotient of the change in gauge length and the original gauge length)* • Bruchdehnung *f*; Reißdehnung *f*; Dehnung beim Bruch *f*; Zerreißdehnung *f obs.rar*

eluent *<chem>* • Eluent *m*

elutriate *vt <proc> (purify by washing and straining, decanting)* • abschlämmen *vt*

elutriate *vt <proc> (clear from mud; e.g. by decanting, washing, straining)* • ausschlämmen *vt*; entschlammen *vt*

elutriation *<proc> (separating particles by difference in settling velocity)* • Abschlämmung *f*

eluviate *vt <geo>* • auslaugen *vt*

eluviation *<geo> (water-borne soil movement)* • Auswaschung *f*

eluviation zone *<geo>* • Eluvialzone *f*

e-mail *<comp>* • E-Mail *f*; Mail *f ugs*; Mail *n rar*; elektronische Post *f did*

e-mail account *<comp>* • E-Mail-Konto *n*; Mailkonto *n*; Mail-Account *m jarg*

e-mail address *<comp>* • E-Mail-Adresse *f*; Mailadresse *f*

emanate *vi <light> (from a source)* • ausstrahlen *vi*

emanation *<phys>* • Ausstrahlung *f*

embank *vt <build>* • anschütten *vt*

embank *vt <build.hydr> (e.g. a river, lake)* • eindämmen *vt*; eindeichen *vt rar*

embankment *<build> (along highway, river)* • Anschüttung *f*

embankment *<build> (bank, mound, dike etc.; to control water or carry a road, track etc.)* • Aufschüttung *f*

embark *vi <gen> (leave any major vehicle; passengers of airplanes, ships, trains)* • Bord *m*: an ~ gehen *vi*; gehen *vi*: an Bord ~

embark *vi/vt <nav>* • einschiffen *vr/vt*

embed *vt <tech.gen> (completely; e.g. in tissue, resin, concrete matrix)* • einbetten *vt*; einlagern *vt rar*

embed *vt <tech.gen> (visibly; e.g. cross-ties in crushed stone)* • einbetten *vt*

embedded *<build> (e.g. in sand, mortar, concrete)* • eingebettet

embedded journalist *<mil>* • eingebetteter Journalist *m*

embedding *<prod>* • Umhüllung *f*

embodiment of an invention *<jur> (in patents)* • Ausführung einer Erfindung *f*

emboss *vt <pap>* • gaufrieren *vt*

embossed *<srfc> (relief)* • geprägt

embossed sheet *<plast>* • Prägefolie *f*

embossing *<prod> (gen.; process and result)* • Prägung *f*

embossing *<prod> (manually, with hand tools)* • Treiben *n*

embossing *<textil.srfc> (mech. finishing; process)* • Prägen *n*; Gaufrieren *n*

embossing *<textil.srfc> (mech. finishing; result)* • Gaufrage *f*

embossing foil *<metal>* • Prägefolie *f*

embossing machine *<mach.tool> (for sheet metal, cardboard, paper)* • Prägemaschine *f*

embossing plate *<leath>* • Prägeplatte *f*

embranchment *<gen>* • Gabelung *f*

embrittle *vi <qualit.mat>* • verspröden *vi*; spröde werden *vi*

EMC compliant *<el>*

• elektromagnetisch verträglich; EMV--kompatibel; erfüllt EMC-Normen

em dash *<print>* • Geviertstrich *m*; Gedankenstrich *m*; m-Strich *m rar*; langer Gedankenstrich *m rar*; Em--Dash *m jarg*

emerge *vi <phys> (e.g. a light ray from a lens)* • austreten *vi*

emergence *<tech.gen> (e.g. of light, rays)* • Austritt *m*

emergency *<tech.gen>* • Notfall *m*

emergency ... *<tech.gen> (part, system, facility for emergencies)* • Not...

emergency airport *<aerosp>* • Ausweichflughafen *m*

emergency braking system *<mvhcl.brake> (function of electronic parking brake)* • Notbremsfunktion *f*

emergency bridge *<mil>* • Behelfsbrücke *f*; Notbrücke *f ugs*

emergency connection *<tech.gen>* • Notschaltung *f*

emergency diesel *<energ.el> (e.g. in hospitals)* • Notstromdiesel *m*

emergency equipment *<aerosp.safe>* • Notausrüstung *f prakt*; Rettungsausrüstung *f*

emergency exit *<tech.gen> (gen.; e.g. of theaters, airplanes, tunnels)* • Notausgang *m*

emergency exit *JAR 25.807 <aerosp.safe>* • Notausstieg *m form*; Notausgang *m*

emergency-exit door *<build>* • Fluchttür *f*

emergency feedwater pump *<energ>* • Notspeisewasserpumpe *f*

emergency fire water pond *<fire>* • Feuerlöschteich *m*

emergency lane *<build.traff>* • Standstreifen *m*; Standspur *f obs*; Haltestreifen *m ugs*; Pannenstreifen *m rar*

emergency lighting *BS 4422-6 <light>* • Notbeleuchtung *f*; Sicherheitsbeleuchtung *f*

emergency management *<tech.gen>* • Notfallmanagement *n*

emergency phase *<gen>* • Katastrophenphase *f*

emergency power-generating set *<energ.el> (gen.; stationary or mobile)* • Notstromaggregat *n*

emergency-power supply *<energ.el>* • Notstromversorgung *f*; Ersatzstromversorgung *f rar*

emergency response *<gen>* • Katastropheneinsatz *m*

emergency shut-down *<tech.gen> (of plants, systems, machines)* • Notabschaltung *f*

emergency shut-down *<tech.gen> (of plants, systems)* • Sicherheitsabschaltung *f*

emergency stop *<tech.gen> (e.g. of machinery, escalators, elevators)* • Nothalt *m*

emergency-stop pushbutton *<el.safe> (mechanical, usu. red on yellow or red/black/yellow)* • NOT-AUS-Schalter *m*; Notschalter *m*; Not-AUS-Taste *f*; Nottaste *f rar*

emergency-stop switch *<tech.gen> (gen.; mech. pushbutton, relay or optoelectronic device)* • NOT-AUS--Schalter *m*; Notausschalter *m*; Notschalter *m*

emergency vehicle *<vhcl>* • Rettungsfahrzeug *n*

emery cloth *<tool>* • Schleifleinen *n*; Schmirgelleinen *n*

emery paper *<tool>* • Schmirgelpapier *n*

EMI seal *<el> (e.g. for equipment cabinets, PC housings)* • EMI--Dichtung *f*

EMI shielding *<el>* • EMI-Abschirmung *f*; elektromagnetische Abschirmung *f*

emission *<ecol> (of air contaminants)* • Schadstoffemission *f*; Schadstoffausstoß *m*

emission *<emiss> (discharge of substances into the air)* • Emission *f*

emission *<phys> (of radiation, particles, waves)* • Ausstrahlung *f*

emission-based vehicle tax *:V <mvhcl.fin>* • emissionsbezogene Kfz--Steuer *f*; emissionsabhängige Kraftfahrzeugbesteuerung *f form*; Abgassteuer *f prakt.ugs*

emission control *<emiss.ecol> (reduction of all type of emissions)* • Schadstoffbegrenzung *f*; Emissionsbegrenzung *f*; Schadstofflimitierung *f*

emission controls level E *:V <mvhcl> (European emission control standards)*

• Schadstoff-Stufe E *f*
emission controls level U *:V* *<mvhcl>* *(U.S. emission control standards)* • Schadstoff-Stufe U *f*
emission-free *<tech.gen>* *(e.g. paint)* • emissionsfrei
emissions *pl* *<emiss>* *(substances originating from an installation)* • Emission *f*; Emissionen *fpl*
emissions aftertreatment *SP-1544* *<emiss>* *(gen.)* • Abgas--Nachbehandlung *f*
emission spectrometry (ES) *DIN 51008-1* *<i&c>* • Emissionsspektrometrie *f* (ES) *DIN 51008-1*
emissions standard *<waste.emiss>* • Emissionsgrenzwert *m*
emission standard *<ecol>* • Schadstoffgrenzwert *m*; Emissionsgrenzwert *m*; Grenzwert *m*; maximal zulässiger Emissionswert *m* *did*
emission velocity *<emiss>* *(e.g. of flue gas)* • Austrittsgeschwindigkeit *f*
emit *vt* *<emiss>* *(off gas, smoke etc.; e.g. from a stack, flue)* • ausstoßen *vt*
emit *vt* *<phys>* *(gen.; e.g. radiation)* • aussenden *vt*
emit *vt* *<phys>* *(radiation; e.g. light, heat)* • emittieren *vt*; abgeben *vt*
emit rays *vi* *<phys>* *(e.g. light, IR, UV, gamma, radio waves)* • strahlen *vi*
emitted pulse *<gen>* • Sendepuls *m*
emitter *<phys>* • Sender *m*
emitter *<phys.nucl>* • Strahler *m*
emotional branding *<econ>* • Aufbau emotionaler Markenwelten *m*; Emotional Branding *n* *jarg*
emphasis *<gen>* *(e.g. on a word, meaning, subject)* • Betonung *f*
emphasize *vt* *<av>* *(e.g. treble, bass)* • anheben *vt*
emphasize *vt* *US* *<print>* *(put special emphasis on certain text parts, e.g. by using bold type)* • auszeichnen *vt*
empiric *<gen>* • empirisch
empirical method *<tech.gen>* *(e.g. using market analysis, trial-and-error methods)* • empirisches Verfahren *n*; empirisches Ermittlungsverfahren *n*
empirical value *<gen>* • Erfahrungswert *m*
empirism *<gen>* • Empirie *f*
employ *vt* *<tech.gen>* *(make use of sth for a specific purpose; e.g. a material, tool)* • einsetzen *vt*; verwenden *vt* *ugs*; benutzen *vt* *ugs*
employ *vt* *<ecol>* *(new, additional personnel, staff)* • anstellen *vt*
employ *vt* *<jur>* *(staff, personnel)* • einstellen *vt*
employed inventor *<jur>* • Arbeitnehmererfinder *m*; Diensterfinder *m*
employee *<econ>* • Arbeitnehmer *m*
employee *<org>* • Angestellter *m*
employer *<econ>* • Arbeitgeber *m*
employment *<gen>* *(of equipment, tools etc.)* • Benutzung *f*; Benützung *f* *CH*
employment *<gen>* • Verwendung *f*
employment *<tech.gen>* • Einsatz *m*
employment *<econ>* *(state of being employed)* • Arbeit *f*; Stelle *f*; Job *m*
empties *<logist.pack>* • Leergut *n* *DIN 55 405*
emptiness *<gen>* • Leere *f*
empty *<gen>* • leer
empty *<comp>* • frei
empty *vt* *<gen>* *(container; e.g. bottle, vat, garbage can)* • ausleeren *vt*
empty *vt* *<gen>* • leeren *vt*
empty *vt* *<gen>* *(e.g. warehouse, apartment, flat)* • räumen *vt*; leer machen *vt* *ugs*
empty *vt* *<logist>* *(unload completely; e.g. a truck)* • ausladen *vt*
emptying *<gen>* • Räumung *f*
empty signal *<gen>* • Leermeldung *f*
emulate *vt* *<comp>* *(simulate techn. behavior; e.g. of a printer)* • emulieren *vt*; nachbilden *vt* *rar*
emulation *<comp>* *(e.g. of a printer, operating system)* • Emulation *f*; Emulieren *n*
emulsifier *<chem.proc>* *(agent or apparatus)* • Emulgator *m*
emulsify *vt* *<chem>* • emulgieren *vt*
emulsion *<chem>* *(gen.)* • Emulsion *f*
emulsion *<phot>* *(on photographic paper, film)* • Emulsion *f*; Emulsionsschicht *f*; Fotoschicht *f*; fotografische Schicht *f*; Schicht *f* *prakt*
emulsion coating material *<srfc>* • Dispersionsfarbe *m* Dispersionsanstrich *m*; Emulsionsfarbe *f*; Dispersionsanstrichstoff *m*

emulsion surface *<tech.gen> (of photographic film, audio/video tape, disks)* • Schichtseite *f*
enable *<el.comp>* • Freigabe *f*
enable *vt <tech.gen> (e.g. action, function)* • ermöglichen *vt*; zulassen *vt*
enable *vt <tech.gen> (stress on: release)* • freigeben *vt*
enable *vt <comp> (function; e.g. in setup or on PCB; e.g. with jumper or DIP switch)* • aktivieren *vt*
enable *vt <i&c> (e.g. line, channel, function)* • freischalten *vt*
enabled *<tech.gen> (active)* • aktiv
enabled *<tech.gen>* • freigegeben
enable instruction *<comp>* • Freigabebefehl *m*
enameled wire *<el> (typ. for coils)* • Lackdraht *m*
encapsulate *vt <tech.gen>* • verkapseln *vt*
encapsulated *<plast> (embedded)* • eingebettet
encapsulation *<pack>* • Umhüllung *f*
encase *vt <tech.gen>* • einschließen *vt*
encase *vt <prod> (envelop, shroud)* • ummanteln *vt*
encasement *<pack>* • Hülle *f*
encasement *<pack>* • Umhüllung *f*
encircle *vt <gen>* • umschließen *vt*; umgeben *vt*
enclose *vt <gen>* • einschließen *vt*
enclose *vt <tech.gen> (in a sealed housing)* • kapseln *vt*
enclosed *<tech.gen> (sealed; e.g. against ingress of moisture, dirt, gas)* • eingekapselt; gekapselt
enclosed *<tech.gen> (in a casing, body, enclosure)* • eingeschlossen
enclosed machine *<mech.eng>* • gekapselte Maschine *f*
enclosure *<tech.gen>* • Hülle *f*
enclosure *<agri> (usu. wooden)* • Gatter *n*
encode *vt <tech.gen> (gen., message, data; without encryption)* • codieren *vt*; kodieren *vt*
encoded area *<comp> (e.g. of a bar code; incl. the quiet zone)* • Symbolfeld *n*; Codefeld *n*
encoder *<comp>* • Encoder *m*
encoding dna *<bio>* • codierende DNA *f*
encounter *vt <min> (mine)* • anfahren *vt*
encrypt *vt <comp> (confidential, secret messages, data; make unintelligible to others)* • verschlüsseln *vt*; codieren *vt*; kodieren *vt*; chiffrieren *vt obs.rar*; codifizieren *vt rar*
encryption *<comp> (of data, as a protective measure)* • Verschlüsselung *f*; Chiffrierung *f obs*
end *<gen> (physical, temporary)* • Ende *n*
end *<tech.gen> (of a rectangular block)* • Schmalseite *f*
end *<pack> (of a beverage can)* • Deckel *m*
en dash *<print> (a dash 1 en wide)* • Gedankenstrich *m*; En-Dash *m prakt.*; Halbgeviertstrich *m*; Bis-Strich *m ugs.*; n-Strich *m rar*
end bearing *<tech.gen>* • Auflager *n*
end bearing *<build.tech> (bridge)* • Endlager *n*
end bearing *<mech.eng> (of shafts, structural members, beams)* • Endlager *n*
end cap *<tech.gen> (e.g. end fitting of bumpers, trim strips, furniture)* • Abschlussstück *n*; Endkappe *f*; Abschlusskappe *f*
end cutting pliers *ISO 5742 <tool> (gen.)* • Vornschneider *m DIN ISO 5742*
endemic *<med>* • endemisch
end face *<tech.gen> (gen.; e.g. of a bolt, tool, cutter)* • Stirnseite *f*
end face *<tool> (of lathe tool end--cutting edge)* • Freifläche der Nebenschneide *f*
end-facing *<prod>* • Abflächen *n*
ending time *<av> (for timer recordings)* • Ausschaltzeit *f*; Abschaltzeit *f*; Stoppzeit *f*
End key *<comp>* • Ende-Taste *f*
end launching *<nav>* • Längsstapellauf *m*
endless grate *<comb>* • Bandrost *m*
end loader *<convey>* • Frontstapler *m*
end moraine *<geo>* • Endmoräne *f*
end of arm tooling (EOAT) *<autom>* • Endeffektor *m*; Effektor *m rar*
end-of-life vehicle (ELV) *<mvhcl.waste>* • Altfahrzeug *n*; Alt-Kfz *n*; Altauto *n*; Schrottfahrzeug *n*; Schrottauto *n ugs*
end-of-life vehicle act (ELV Act) *<mvhcl.waste>* • Altautoverordnung *f*

(AltautoV)
end of stroke *<mech.eng>* • Hubende *n*
endorse *vt <gen> (decision, opinion)* • unterstützen *vt*
endoscope *<tool>* • Endoskop *n*
endothermal *<tech.gen> (e.g. reaction)* • endotherm; wärmeabsorbierend; wärmeaufnehmend; wärmeverbrauchend; wärmebindend *rar*
end piece *<tech.gen>* • Endstück *n*
end plate *<tech.gen>* • Seitenbegrenzungsplatte *f*
end play *<mech.eng> (of shafts)* • Axialspiel *n*
end plug *<pps> (in pipe)* • Verschlussstopfen *m*
end product *<tech.gen>* • Endprodukt *n*
end product *<prod>* • Fertigerzeugnis *n*; Fertigprodukt *n*; Endprodukt *n*; Enderzeugnis *n*
end result *<tech.gen>* • Endergebnis *n*
end support *<tech.gen> (e.g. of a girder, shaft)* • Endauflager *n*
endurance *<gen>* • Ausdauer *f*
end-use performance *<tech.gen>* • Gebrauchsverhalten *n*
end user *<tech.gen>* • Endanwender *m*; Endbenutzer *m*
end user *<econ>* • Endverbraucher *m*; Letztverbraucher *m rar*
end-user license agreement (EULA) *<comp>* • Endbenutzer-Lizenzvertrag *m*; EULA *m*
energetic efficiency *<phys>* • energetischer Wirkungsgrad *m*
energetic recovery *<waste> (i. e. incineration)* • energetische Verwertung *f*; energetische Nutzbarmachung *f*
energetics *<phys>* • Energetik *f*
energize *vt <el>* • Strom *m*: unter ~ setzen *vt*; Strom *m*: mit ~ versorgen *vt*
energize *vt <el> (add to a system, activate; e.g. motor, pump)* • zuschalten *vt*
energize *vt <phys>* • erregen *vt*
energy (E) *<phys> (capacity of a system to do work)* • Energie *f* (E) *DIN 1345*
energy-absorbing *<tech.gen>* • energieabsorbierend
energy balance *<tech.gen>* • Energiebilanz *f*
energy band *<phys>* • Energieband *n*
energy consumption *<tech.gen> (of any processes)* • Energieverbrauch *m*
energy conversion *<phys> (e.g. light into electrical current)* • Energieumwandlung *f*; Energiewandlung *f*
energy demand *<gen>* • Energiebedarf *m*
energy density *<phys>* • Energiedichte *f*; spezifische Energie *f*
energy efficient house *<build>* • Niedrigenergiehaus *n*
energy expenditure *<gen>* • Energieaufwand *m*
energy flux density *<nucl>* • Energieflussdichte *f*; Energiestromdichte *f rar*
energy form *<phys> (e.g. electrical, mechanical, thermal)* • Energieform *f*
energy generation *coll <energ> (improper term for conversion of one form of energy into another form)* • Energieerzeugung *f ugs*
energy market *<energ.el.econ>* • Strommarkt *m*; Elektrizitätsmarkt *m*
energy network *<energ> (gas or electricity)* • Energieversorgungsnetz *n*; Leitungsnetz *n*; Netz *n prakt*
energy of the fuel *<aerosp.nav>* • Treibstoffenergie *f*
energy output *<energ> (in Watts; e.g. in kW, MW, GW)* • Energieausgangsleistung *f*
energy principle *<phys>* • Energieerhaltungssatz *m*
energy recovery *<waste.energ>* • Energiegewinnung *f*; Energierückgewinnung *f*; Energierecycling *n*
energy release *<phys>* • Energiefreisetzung *f*
energy-saving *<ecol>* • energiesparend
energy-saving lamp *<el.light>* • Energiesparlampe *f*; Sparlampe *f*; E-Sparlampe *f*; Energiesparleuchtmittel *n form*
energy source *<tech.gen>* • Energiequelle *f*; Kraftquelle *f*
energy source *<energ>* • Energieträger *m*; Energiequelle *f*
energy storage *<tech.gen> (process)* • Energiespeicherung *f*
energy storage device *<tech.gen>*

• Energiespeicher *m*

energy transmission *<tech.gen>* • Energieübertragung *f*; Energieüberführung *f rar*

energy utilization *<tech.gen>* • Energieausnutzung *f*

energy yield *<phys>* • Energieausbeute *f*

enforce *vt <gen> (am action, result)* • erzwingen *vt*

engage *vi <mech.eng> (positive locking devices; e.g. gears, teeth, couplings)* • ineinandergreifen *vi*

engage *vt <tech.gen> (mating parts; clutch, coupling)* • einrücken *vt*

engage *vt <mech> (gear, drive; e.g. four--wheel drive, diff.-lock)* • zuschalten *vt*

engage *vt <mech.eng> (positive-locking devices; e.g. gears)* • Eingriff *m*: in ~ bringen *vt*

engage *vt <mech.eng> (couple, connect)* • kuppeln *vt*

engaged *<mech.eng> (e.g. a ratched and pawl mechanism, detent ball)* • eingerastet

engaged *<mech.eng> (active, live, switched on; e.g. a mechanism, drive)* • eingeschaltet

engaged position *<mech>* • Ein--Stellung *f*

engagement *<mech.eng> (e.g. of gears, threaded parts)* • Eingriff *m*

engaging *<mech.eng> (e.g. gears)* • ineinandergreifend

engine (ENG) *JAR 1.1 <aerosp.mot>* • Triebwerk *n* (TW)

engine *<mot> (combustion engine; e.g. of cars, trucks)* • Motor *m*

engine block *ISO 7967-1 <mvhcl.mot>* • Motorblock *m DIN ISO 7967-1*; Zylinderblock *m DIN ISO 7967-1*; Zylinderkurbelgehäuse *n DIN ISO 7967-1*

engine compartment *US <mvhcl>* • Motorraum *m*; Motorraumbereich *m*

engine coolant *<mvhcl.mot> (typ. a 50:50 mixture of water and anti-freeze)* • Motorkühlmittel *n*; Kühlflüssigkeit *f*; Kühlmittel *n prakt*; Kühlwasser *n ugs*

engine degreaser *<mvhcl>* • Motorreiniger *m*

engine drive *<mot>* • Motorantrieb *m*

engine-driven *<tech.gen>* • motorgetrieben

engineer *<tech.gen> (person with a degree in an engineering discipline)* • Ingenieur *m*; Ingenieurin *f*

engineer *<tech.gen> (anyone in an engineering profession)* • Techniker *m*; Technikerin *f*

engineer *vt <tech.gen> (design)* • ausführen *vt*

engineered safeguards signal *<tech.gen>* • sicherheitstechnisches Signal *n*

engineering *<tech.gen> (as a discipline or actual practice)* • Technik *f*

engineering *<tech.gen> (as a discipline)* • Ingenieurwesen *n*

engineering *adj <tech.gen> (related to disciplines such as mechanical, electrical, automotive e.)* • technisch

engineering ceramics *<silic> (structural and functional ceramics)* • technische Keramik *f*

engineering drawing *<docu>* • technische Zeichnung *f*; Riss *m ugs*

engineering effort *<tech.gen>* • technischer Aufwand *m*

engineering material *<mat>* • technischer Werkstoff *m*

engineering mechanics *<mech>* • technische Mechanik *f*

engineering plastics *<plast> (e.g. PA, POM, PC, PPO, PBT, PET, PES, ASA, ABS-PC)* • technische Kunststoffe *mpl*; Ingenieur-Kunststoffe *mpl*

engineering requirements *<tech.gen>* • technisches Anforderungsprofil *n*

engineering science *<tech.gen>* • Ingenieurwissenschaft *f*

engineering solution *<tech.gen>* • technische Lösung *f*

engineering structural drawing *<docu>* • Konstruktionszeichnung *f*; technische Konstruktionszeichnung *f*

engineering textiles *pl <textil>* • technische Textilien *fpl*

engineering use *<tech.gen>* • technische Verwendung *f*

engine exhaust gas *<mvhcl.emiss>* • Motorabgas *n*

enginehouse *<railw> (any shape; e.g. two-stall)* • Lokomotivschuppen *m*; Lokschuppen *m prakt*

engine knock *<mvhcl.mot> (due to spontaneous ignition)* • Klopfen *n*; Zündungsklopfen *n wiss*; Klingeln *n* *prakt*

engine management system *Bosch* *<mvhcl.el>* • Motor-Management--System *n Bosch*; kombiniertes Zünd- und Einspritzsystem *n did*; Zünd- und Einspritzsystem *n*; Motronic *f Bosch*

engine mount *<aerosp> (typ. on wings)* • Triebwerksaufhängung *f*

engine mounting *<mot>* • Motoraufhängung *f*; Motorlager *m*; Motorlagerung *f*

engine nacelle *<aerosp>* • Motorgondel *f*; Triebwerksgondel *f*; Gondel *f*

engine noise *<mvhcl.mot>* • Motorgeräusch *n*

engine oil pan *US <mvhcl> (below crankcase)* • Motorölwanne *f DIN ISO 7967-1*; Motorölsumpf *m rar*

engine output per liter *US <mot> (e.g. 60 kW/l)* • Literleistung des Motors *f*; Literleistung *f*

engine output per unit of displacement *<mot>* • Literleistung des Motors *f*; Literleistung *f*

engine performance *<vhcl.mot>* • Motorleistung *f*

engine rating *<vhcl.mot> (in bhp, kW)* • Motorleistung *f*

engine room *<nav>* • Maschinenraum *m*

engine temperature sensor *<mvhcl.i&c>* • Motortemperaturfühler *m*; Motor-Temperaturfühler *m*

engine terminal *<railw> (railway repair and servicing shop)* • Bahnbetriebswerk *n*; Lokomotivbetriebswerk *n*; Betriebswerk *n prakt*

engine torque *<mot>* • Motordrehmoment *n*

engine transmission unit *<mvhcl.drive>* • Motor-Getriebe--Einheit *f*

Engine/Warning Display (E/WD) *<aerosp.i&c> (ECAM)* • Triebwerk/Warnanzeige *f* (E/WD); Triebwerk/Warndisplay *n*

English foot-pound system *<gen>* • englische Einheiten *fpl*

engobe *vt <silic.srfc> (coat with engobe; e.g. roof shingles)* • engobieren *vt*

engrave *vt <srfc>* • eingravieren *vt*

engraved gem *<garm.min>* • Gemme *f*

engraving *<prod>* • Gravur *f*

engraving stylus *<tool> (hand tool)* • Graviernadel *f*

enhance *vt <gen>* • erhöhen *vt*; verbessern *vt*

enhance *vt <tech.gen> (improve; e.g. effect, influence)* • verstärken *vt*

enhance *vt <chem.proc> (by enriching)* • anreichern *vt*

enhanced ground proximity warning system (EGPWS) *<aerosp.navig>* • Bodenannäherungs-Warnsystem *n* (EGPWS); EGPWS-Warnsystem *n*

Enhanced Other Network [function] (EON) *<av> (RDS feature)* • EON--Funktion *f*

enlarge *vt <tech.gen> (e.g. area of influence, a ductile or pliable material)* • ausweiten *vt*

enlarge *vt <psych>* • erweitern *vt*

enlarged part view *<docu>* • vergrößerte Detailansicht *f*; vergrößerte Darstellung einer Einzelheit *f*

enlargement *<gen>* • Erweiterung *f*

enlargement *<build> (of buildings)* • Umbau *m*

enlarger *<phot> (small-scale lab equipment)* • Vergrößerer *m*; Vergrößerungsgerät *n*; Vergrößerungsapparat *m form.rar*

enriched fuel *<nucl>* • angereicherter Brennstoff *m DIN 25401-3*

enrichment *<tech.gen>* • Anreicherung *f*; Anreichern *n*

enrichment *<food> (addition of sugar or concentrated must to increase alcohol content)* • Anreicherung *f*; Verbesserung *f*

ensilage *<agri>* • Gärfutterbereitung *f*

ensilage *<agri.food> (process)* • Silage *f*; Gärfutterbereitung *f* Silagebereitung *f*

en suite shower *<railw> (compartment)* • Abteil mit Bad *n*

entablature *<tech.gen>* • Plattform *f*

enter *vi/vt <nav>* • einlaufen *vi*

enter *vt <gen> (a room, building, area)* • eintreten *vi*

enter *vt <comp> (data, characters; via keyboard)* • eingeben *vt*

enter *vt <docu> (data; e.g. text, figures, in forms, tables, spreadsheet cells, databas)* • eintragen *vt*

Enter key *<comp>* • Eingabetaste *f*;

Enter-Taste *f*; Return-Taste *f obs*
enter manually *vt* <*comp*> • eingeben *vt*: von Hand ~; Hand *f*: von ~ eingeben *vt*
enthalpy (H) <*therm*> *(total heat content of a thermodynamic system; e.g. of steam system)* • Enthalpie *f* (H) *DIN 1345*; Wärmeinhalt *m*; Wärmegehalt *m*
entity <*comp.docu*> *(a single item in a drawing; e.g. line, curve, circle, text)* • Element *n*; Einheit *f*; Objekt *n*
entrain *vt* <*proc*> *(gen.; particles in fluid flow)* • mitreißen *vt*
entrained air <*comb*> • Falschluft *f*
entrainment <*proc*> *(of particles in fluid flow)* • Mitreißen *n*
entrance <*gen*> *(of a building, room, space)* • Eingang *m*; Zugang *m*
entrance <*traff*> *(of a indoor car park, station, port)* • Einfahrt *f*
entrance angle <*opt*> • Eintrittswinkel *m*
entrance door <*vhcl*> *(of a coach, bus)* • Einstieg *m*
entrance hall <*build*> *(of a theater, hotel, apartment house, public building)* • Eingangshalle *f*; Foyer *n*; Vestibül *n rar*
entrance hatch <*tech.gen*> • Einstiegsluke *f*
entrance loss <*tech.gen*> • Eintrittsverlust *m*
entrapped air <*tech.gen*> • Lufteinschluss *m*
entrapped gas <*tech.gen*> • Gaseinschluss *m*
entropy (S) <*therm*> *(thermodynamics; measure of the energy not available for work)* • Entropie *f* (S) *DIN 1345*
entry <*gen*> *(for or of persons, material, data)* • Eingang *m*
entry <*docu*> *(in a form, dictionary, database, table, spreadsheet cell)* • Eintrag *m*; Eintragung *f*
entry area <*vhcl*> • Einstiegsbereich *m*
entry door *JAR 25.783* <*tech.gen*> • Eingangstür *f*
entry point <*tech.gen*> • Eintrittsstelle *f*
enucleate *vt* <*bio*> *(cell)* • entkernen *vt*
envelope <*tech.gen*> • Hülle *f*
envelope <*tech.gen*> *(shroud, cladding)* • Ummantelung *f*
envelope <*el*> *(light bulb)* • Kolben *m*
envelope <*pack*> *(letter)* • Umschlag *m*
envelope curve <*docu*> • Hüllkurve *f*
envelope generator (EG) <*comp.av*> • Hüllkurvengenerator *m* (EG); Kurvengenerator *m*
envelope lining tissue <*pap*> • Briefumschlagfutterseidenpapier *n*
envelope protein <*bio*> • Hüllprotein *n*
enveloping circle <*math*> • Hüllkreis *m*
environment <*tech.gen*> *(e.g. chemically aggressive, acidic, dusty, humid)* • Umgebung *f*; Milieu *n*
environmental effect <*tech.gen*> • Umgebungseinfluss *m*
environmental effect <*ecol*> *(gen.; of any activities or factors)* • Umweltauswirkung *f ISO 14001*; Auswirkungen auf die Umwelt *m*; Umweltbelastung *f*; Umweltbeeinträchtigung *f*; Umweltbeeinflussung *f*
environmental hazard <*ecol*> • Gefahr für die Umwelt *f*; Umweltgefahr *f*
environmental impact <*ecol*> • Umwelteinfluss *m*; Einfluss auf die Umwelt *m*
environmental influence <*tech.gen*> • Umgebungseinfluss *m*
environmental lawsuit <*jur.ecol*> • Anklage wegen Umweltverschmutzung *f*
environmental pollution <*ecol*> *(process and result; e.g. due to emissions, waste)* • Umweltbelastung *f*; Belastung der Umwelt *f*; Umweltverschmutzung *f*
environmental protection <*gen*> • Schutz gegen Umgebungseinflüsse *m*
environmental protection <*ecol*> • Umweltschutz *m*
environmental requirements <*tech.gen*> *(actual operating conditions; e.g. dust, moisture, temperature)* • Betriebsbedingungen *fpl*; Umgebungsbedingungen am Einsatzort *fpl*
environmental requirements <*tech.gen*> *(ecological considerations)* • ökologische Anforderungen *fpl*
environment-sensitive <*gen*> • umgebungsempfindlich
enzyme <*chem*> • Enzym *n*; Biokatalysator *m*; Ferment *n obs*
epicenter *US* <*geo*> *(seismic)*

• Epizentrum *n*; Erdbebenherd *m*; Herd *m*

epilation *<hygi> (incl. hair roots)* • Epilation *f*; Enthaarung *f*; Haarentfernung *f*

epilator *<hygi.tool>* • Epiliergerät *n*; Epilierer *m*

epitaxial growth process *<mat>* • Aufwachsverfahren *n*

epitaxy *<comp.ic>* • Epitaxie *f*; epitaktisches Aufwachsen *n*; Epitaxialwachstum *n*; epitaktisches Wachstum *n*

epoxy (EP) *<plast> (e.g. for bonding, potting, glass-fiber reinforcement)* • Epoxid *n* (EP); Epoxidkunstharz *n*; Epoxidharz *n*

epoxy adhesive *<join>* • Epoxidklebstoff *m*; Epoxidkleber *m* *prakt*; Epoxidharzklebstoff *m*; Epoxidharzkleber *m*

epoxy base[d] *<srfc> (in compounds; e.g.resin)* • Epoxid...

epoxy casting resin *<plast>* • Epoxidgießharz *n*

epoxy finish *<srfc>* • Epoxidharzlack *m*

epoxy hot melt system *<join>* • Schmelzklebstoff auf Epoxidbasis *m*

equal *<gen>* • gleich

equal *vt <gen>* • gleichen *vr*

equal-area projection *<tech.gen>* • flächentreue Abbildung *f*

equality *<gen>* • Gleichheit *f*

equalization *<tech.gen> (of differences)* • Ausgleich *m*

equalize *vt <el> (e.g. voltages, currents, resistances in several devices)* • abgleichen *vt*; angleichen *vt*

equalize *vt <math> (neutralize mutual effects)* • aufheben *vt*

equal power split *<mvhcl.drive>* • gleichmäßige Antriebskraftverteilung *f*; gleichmäßige Antriebsmomentenverteilung *f*; gleichmäßige Antriebsmomentverteilung *f*

equal-sided *<tech.gen> (e.g. triangle, L-profile, trapezoid)* • gleichschenklig

equate to *vt <gen>* • gleichsetzen mit *vt*

equation *<math> (e.g.* $e = mc^2$*)* • Gleichung *f*; mathematische Gleichung *f*

equator *<geo> (gen.; also of the sky)* • Äquator *m*

equatorial plane *<geo> (earth)* • Äquatorebene *f*

equatorial section *<opt>* • Sagittalschnitt *m*

equidirectional *<mech>* • gleichsinnig

equidistant *<gen>* • gleichweit entfernt

equilateral *<tech.gen>* • gleichseitig

equilibrate *vt <tech.gen>* • abgleichen *vt*

equilibrate *vt <mech> (maintain sth in balance; e.g. forces)* • Gleichgewicht *n*: im ~ halten *vt*

equilibrium *<tech.gen>* • Gleichgewicht *n*

equilibrium state *<phys>* • Gleichgewichtszustand *m*

equinox *<astron>* • Äquinoktium *n*; Tagundnachtgleiche *f*; Äquinoktialpunkt *m*

equip *vt <tech.gen> (e.g. production plant, ship)* • ausrüsten *vt*

equip *vt <tech.gen> (mount, fit with; e.g. devices, tools)* • bestücken *vt*

equipment *<tech.gen> (e.g. workshop, sports)* • Ausrüstung *f*; Ausstattung *f* *rar*

equipment *<tech.gen> (gen. furnishings; e.g. of houses, buildings, cars, boats etc.)* • Ausstattung *f*

equipment *<tech.gen> (stress on: permanently installed)* • Einrichtung *f*

equipment *<tech.gen> (stress on: devices; e.g. electr. or machinery)* • Geräte *npl*

equipment *<tech.gen> (stress on: inventory)* • Inventar *n*

equipment cabinet *<el>* • Schaltschrank *m*

equipment design *<tech.gen>* • Gerätekonstruktion *f*

equipment failure *<tech.gen> (malfunction or loss of a system or component)* • technisches Versagen *n*

equipment fleet *<tech.gen> (e.g. of fire dept., building contractor)* • Gerätepark *m*

equipment fleet *<tech.gen> (e.g. of a building contractor, on a farm)* • Maschinenpark *m*

equipment package *<mvhcl>* • Ausstattungspaket *n*

equipment rack *<el>* • Schaltschrank *m*

equipment under test (EUT) *<qualit> (equipment, system or installation; e.g.*

for EMC testing) • Prüfling *m EN 61000-4-x*; Prüfgegenstand *m*; Prüfobjekt *n*; Testobjekt *n*; Einheit *f*: zu prüfende ~

equipped [with] *<tech.gen> (persons, plants; e.g. photographer, diver, ship)* • ausgerüstet [mit]

equivalence *ISO 12620 <term>* • Äquivalenz *f*

equivalent *<tech.gen>* • Äquivalent *n*

equivalent *adj <tech.gen> (e.g. effects, values, terms)* • äquivalent *DIN 4898*

equivalent circuit diagram *<el.docu>* • Ersatzschaltbild *n*

equivalent focal length *<opt>* • Äquivalentbrennweite *f*

erasable programmable read-only memory (EPROM) *<comp>* • mehrfach programmierbarer Nur-Lese-Speicher *m* (EPROM); lösch- und programmierbarer Festwertspeicher *m*; Erasable Programmable Read-Only Memory *n*

erase head *<av>* • Löschkopf *m*

eraser *US <docu.tool> (for deleting pencil or ink marks)* • Radiergummi *m*; Radierer *m ugs*

erasure lock *<av> (on cassette; any type, incl. sliding type)* • Aufnahmesperre *f*

erasure prevention tab *<av> (audio or video cassette; break-out type tab)* • Löschschutzlasche *f*; Aufnahmesperre *f*; Sicherheitszunge *f*; Ausbrechzunge *f*

erbium (Er) *<chem>* • Erbium *n* (Er)

erect *<gen>* • aufrecht

erect *vi <gen> (to become erect)* • aufrichten *vr*

erect *vt <tech.gen> (a major structure; e.g. a building, bridge, crane)* • aufbauen *vt*

erect *vt <tech.gen> (from rest or horizontal position; e.g. mast, tower)* • aufrichten *vt*

erect *vt <tech.gen>* • aufstellen *vt*

erect *vt <build> (high structures; e.g. buildings, bridges, towers)* • bauen *vt*; errichten *vt*

erect *vt <build> (e.g. building)* • errichten *vt*

erect *vt <build> (to place vertical, columnar objects; e.g. poles, fences)* • setzen *vt*

erecting scaffold *<prod>* • Montagegerüst *n*

erecting tool *<tool>* • Montagewerkzeug *n*

erection *<tech.gen> (mounting of sth.; e.g. of scaffolding, stage)* • Aufbau *m*

erection *<tech.gen> (e.g. of towers, masts, scaffolding, cranes)* • Montage *f*

erection *<build> (act of building houses, buildings, bridges, towers etc.)* • Bau *m*; Errichten *n*; Errichtung *f*

erection crane *<build.mach> (on a construction site)* • Baukran *m*

erection in the field *<prod> (e.g. building structure, component, derrick)* • Errichtung vor Ort *f*

erg *<phys>* • Erg *n*

ergonomic *adj <tech.gen>* • ergonomisch

Erlenmeyer flask *<chem>* • Erlenmeyerkolben *m*; Erlenmeyer *m prakt.ugs*

erode *vi <geo>* • erodieren *vi*

erode *vi <mach.tool> (tool tip; due to excessive wear, chip friction)* • auskolken *vi*

erode *vt <geo> (by water action; e.g. embankment, dyke)* • auswaschen *vt*

erode *vt <prod>* • bearbeiten *vt*

erode *vt <prod>* • erodieren *vt*

eroding *<tech.gen>* • abtragend

eroding process *<prod>* • abtragendes Bearbeitungsverfahren *n DIN 8590*

erosion *<tech.gen> (any pitting, cratering process; due to weather or wear)* • Erosion *f*; Auskolkung *f*

erosion *<geo> (of soil, river bed, coastline; by river flow, tidal action, surf)* • Auswaschung *f*

erosion *<pps> (e.g. in pumps, valves, fittings)* • Erosion *f*; Abrasion *f*

erosion *<srfc> (any wearing away of a surface; usu. unintentional)* • Erosion *f*

erosion-resistant *<srfc>* • erosionsfest

erosive *<tech.gen> (effect; e.g. of weather, cavitation in pumps)* • erodierend

erosive *<tech.gen>* • erosiv

erratic *<tech.gen> (behavior, pattern)* • regellos; stochastisch; zufällig

erroneous *<qualit>* • fehlerhaft

erroneous measurement *<i&c>* • Fehlmessung *f*

error *<i&c> (of instruments)* • Abweichung *f DIN 1319-1*
error *<qualit.comp> (in electr. circuits, computer systems)* • Fehler *m*; Defekt *m*
error 404 *<comp> (website unavailable)* • Fehler 404 *m*
error burst *<qualit>* • Fehlerhäufung *f*
error code *<i&c>* • Fehlermeldung *f*
error correction *<tech.gen> (e.g. of spelling errors)* • Fehlerberichtigung *f*; Fehlerkorrektur *f*
error determination *<qualit>* • Fehlerbestimmung *f*
error display *<qualit>* • Fehleranzeige *f*
error identification *<qualit> (designation)* • Fehlerbezeichnung *f*
error message *<tech.gen>* • Fehlermeldung *f*
error message *<comp>* • Fehlermeldung *f*
error propagation *<qualit>* • Fehlerfortpflanzung *f*
eruptive rock *<geo>* • Erstarrungsgestein *n*; magmatisches Gestein *n*; Magmatit *m*
escalator *US.GB <convey>* • Rolltreppe *f*; Fahrtreppe *f form*
escape *<tech.gen> (leakage; e.g. of gas, steam)* • Austritt *m*
escape *<build> (for flue gas, smoke, vapors)* • Abzug *m*
escape *<pps> (opening, duct, channel, pipe; for liquids)* • Ablauf *m*
escape *vi <emiss>* • abziehen *vi*
escape *vi <emiss> (from a closed-loop or pressurized system: e.g. steam, gas)* • austreten *vi*; entweichen *vi*
escape *vi <emiss> (e.g. pollutants)* • entweichen *vi*
escape *vi <pps> (from a sealed or pressurized system; e.g. gas, steam)* • ausströmen *vi*; entweichen *vt*
escape *vi <waste> (by flowing off)* • abfließen *vi*
escape capsule *<aerosp>* • Rettungskapsel *f*; Fluchtkapsel *f*
escape lock *<safe>* • Notschleuse *f*
escapement [mechanism] *<mech.eng> (of clockwork)* • Ankerhemmung *f*
escapement wheel *<i&c> (in a clockwork)* • Gangrad *n*
escape path marking *JAR 25.812 <aerosp.safe>* • Fluchtwegmarkierung *f*
escape rope *<aerosp.safe>* • Rettungsleine *f*; Notseil *n*
escape route *JAR 25.810 <aerosp.safe> (airplane evacuation)* • Fluchtweg *m*
escape route *<build>* • Fluchtweg *m*
escape velocity from earth *<aerosp>* • Entweichgeschwindigkeit *f*
escarp *<build>* • Böschung *f*
escarpment *<geo> (long, precipitous, clifflike ridge)* • Abdachung *f*
Esc key *<comp>* • Esc-Taste *f*; Escape--Taste *f did*
escort vehicle *<vhcl>* • Begleitfahrzeug *n*
escutcheon *<tech.gen> (face plate, protective or ornamental)* • Frontplatte *f*
essential *<gen>* • wesentlich
essential amino acid *<chem> (amino acids)* • essenzielle Aminosäure *f*; essentielle Aminosäure *f*
essential oil *<bio>* • ätherisches Öl *n*
establish *vt <gen>* • aufstellen *vt*
establish *vt <tele> (connection, call)* • herstellen *vt*
ester *<chem>* • Ester *m*
estimate *<gen>* • Schätzung *f*; Bewertung *f*
estimate *<tech.gen> (in general; e.g. of data)* • Schätzwert *m*
estimate *vi <gen>* • überschlagen *vi*
estimate *vt <tech.gen> (the price, value of an object)* • schätzen *vt*
estimate *vt <tech.gen> (e.g. expected cost, values, distance)* • schätzen *vt*
estimated number of undetected cases *<math> (e.g. of criminal acts, defects, health problems, accidents)* • Dunkelziffer *f*
estimated value *<tech.gen>* • geschätzter Wert *m*
etch *vt <chem.prod> (gen.; e.g. metal or glass surface; pattern)* • ätzen *vt*
etch *vt <chem.srfc> (dissolve partially)* • anlösen *vt*
etchant *<chem> (gen.; e.g. for deep surface removal)* • Ätzmittel *n*
etching *<prod> (deep surface removal by chemical attack)* • Ätzen *n*
etching *ISO 4618-3 <srfc> (removal by means of acidic solutions)* • Abätzen *n*

DIN EN ISO 461; Ätzen *n*; Beizen *n*
etching *<srfc> (corrosive chemical attack)* • ätzend; korrosiv
etching bath *<metal>* • Ätzbad *n*
etching bath *<srfc> (for aluminum surface treatment; tank and process)* • Beizbad *n*
etching fluid *<chem>* • Ätzflüssigkeit *f*
etching mask *<prod> (e.g. of chip wafers)* • Ätzmaske *f*
etch pattern *<srfc>* • Ätzbild *n*
etch pitting *<srfc>* • Anätzen *n*
ethane *IUPAC <chem>* • Ethan *n IUPAC*; Äthan *n obs*; Dimethyl *n obs*; Bimethyl *n rar*; Methylmethan *n rar*
ethanol *<chem> (C_2H_5OH; alcohol produced by fermentation or synthetically)* • Ethanol *n*; Ethylalkohol *m*; Alkohol *m prakt*; Spiritus *m ugs*; Äthylalkohol *m obs*
ether *<chem>* • Ether *m*; Äther *m obs.ugs*
ethyl acetate *<chem>* • Ethylacetat *n*; Essigsäureethylester *m prakt.ugs*
ethyl acrylate *<chem>* • Ethylacrylat *n*
ethylene *<chem>* • Ethen *n IUPAC*; Ethylen *n prakt*; Äthylen *n obs*; Äthen *n obs*; ölbildendes Gas *n ugs*
ethylene glycol (EG) *<chem>* • Ethylenglykol *n* (EG); Äthylenglykol *n obs*
ethylene-propylene copolymer (EPM) *<plast>* • Ethylen-Propylen--Copolymer *n* (EPM)
ethylene-propylene rubber (EPR) *<plast>* • Ethylen-Propylen-Kautschuk *m* (EPM)
ethylene-propylene terpolymer (EPDM) *<plast>* • Ethylen-Propylen--Terpolymer *n* (EPDM)
ethyl gasoline *<chem>* • Ethylbenzin *n*
ethyl tert-butyl ether (ETBE) *<chem> (fuel additive)* • Ethyl-tert-butylether *m* (ETBE)
etymology *ISO 12620 <term>* • Etymologie *f*
Euclidean *<math>* • euklidisch
Euler constant (e) *<math> (base of the natural logarithm system; approx. 2.71828)* • Euler'sche Konstante *f* (e); eulersche Konstante *f*; Euler--Konstante *f*
Euro AV socket *<av>* • Euro-AV-Buchse *f*; SCART-Buchse *f*
Euro ISDN *<tele> (e.g. in contrast to the U.S. NISDN-1)* • Euro-ISDN *n*
Euromix formula *<mvhcl>* • Verbrauchs-Drittelmix *m*; Drittelmix *m prakt*; Normverbrauch *m*; ECE--Drittelmix *m*
European Article Numbering System (EANS) *<pack> (bar code type)* • Europäische Artikelnummerierung *f* (EAN); System der Europäischen Artikelnummerierung *n*; Europäische Artikelnumerierung *f obs*
European Installation Bus (EIB) *<build.el>* • Europäischer Installationsbus *m* (EIB); Instabus *m prakt*
European Patent Office (EPO) *<org.jur> (Munich)* • Europäisches Patentamt *n* (EPA)
European-style terminal strip *<el> (typ. flexible insulating body, metal connectors and clamping screws)* • Lüsterklemme *f*
europium (Eu) *<chem>* • Europium *n* (Eu)
eutectic *<mat>* • Eutektikum *n*; eutektische Mischung *f*; eutektisches Gemisch *n*
eutectic *adj <mat>* • eutektisch
eutectic point *<mat>* • eutektischer Punkt *m*
eutectoid *<mat>* • Eutektoid *n*
evacuate *vt <gen> (from people; e.g. a building)* • evakuieren *vt*
evacuate *vt <tech.gen> (remove air completely)* • evakuieren *vt*; Vakuum erzeugen *vt*
evacuate *vt <convey> (pump out completely; e.g. a tank, room, system)* • auspumpen *vt*; leer pumpen *vt*
evacuate *vt <convey> (pump suction line)* • entlüften *vt*; evakuieren *vt*
evacuated *<gen>* • evakuiert
evacuated *<tech.gen> (completely)* • luftleer; evakuiert
evacuated tube *<energ.sol>* • Vakuumröhre *f*
evacuation *<gen> (of spaces; e.g. of a city, buidling, train, airplane)* • Evakuierung *f*
evacuation drawing *ISO 10209-4 <build.docu> (e.g. in hotels)* • Rettungswege-Zeichnung *f DIN ISO 10209-4*

evacuation tunnel *<build.traff>* • Fluchttunnel *m*; Fluchtstollen *m*; Rettungstunnel *m*; Rettungsröhre *f*
evaluate *vt <tech.gen> (data; e.g. statistics, photographs)* • auswerten *vt*
evaluate *vt <tech.gen> (to arrive at a grade, opinion; e.g. test results)* • bewerten *vt*
evaluate statistically *vt <gen>* • statistisch auswerten *vt*
evaluation *<gen> (e.g. of test results)* • Auswertung *f*
evaluation circuit *<el>* • Auswerteelektronik *f*
evaluation criterion *<gen>* • Bewertungskriterium *n*
evaporate *vi <phys>* • verdunsten *vi*
evaporated milk *US <food>* • Kondensmilch *f*
evaporation *<phys> (slow, of volatile substances; e.g. of softeners)* • Abdampfen *n*
evaporation cooling *<tech.gen>* • Verdunstungskühlung *f*
evaporator *<hvac> (air-conditioning)* • Verdampfer *m*
evaporator coil *<hvac>* • Verdampferschlange *f*
even *<tech.gen> (surface)* • eben; gerade
even *<tech.gen> (smooth layer, surface)* • glatt
even *<prod>* • gleichmäßig
even *<srfc> (fine-grained)* • feinkörnig
even *vt <prod.srfc> (surfaces)* • glätten *vt*
even *vt <srfc> (make level, smooth)* • angleichen *vt*; ebnen *vt*
evenly illuminated *<phot> (e.g. room, studio)* • gleichmäßig ausgeleuchtet
even number *<math>* • gerade Zahl *f*
even-numbered *<math>* • geradzahlig
even parity *<phys> (e.g. in quantum physics)* • gerade Parität *f*; positive Parität *f*
event *<tech.gen> (process, action)* • Vorgang *m*
event of a fault *<gen>* • Störungsfall *m*
even tread wear *<vhcl> (tires)* • gleichmäßige Profilabnutzung *f*
everyday practicality *<tech.gen> (of products; e.g. of a car)* • Alltagstauglichkeit *f*
evidence *<jur>* • Beweismittel *n*
evolve *vi/vt <gen>* • entwickeln *vt*
evolve gas *vi <proc>* • gasen *vi*
e-voting *<comp> (with computer voting machines)* • elektronische Wahl *f*; E-Voting *n*
exa (E) *<phys.i&c> (prefix of units; e.g. exajoule = 10^{18} joule)* • Exa… (E)
exact *<gen> (accurate; e.g. reading, machinery)* • exakt; genau
exactness *<gen>* • Genauigkeit *f*
examination *<gen>* • Untersuchung *f*
examination *<qualit> (of matters of fact or knowledge; usu. thorough)* • Prüfung *f*
examination as to novelty *<jur> (patent)* • Neuheitsprüfung *f*
examine *vt <tech.gen>* • prüfen *vt*; überprüfen *vt*; untersuchen *vt*
example *ISO 12620 <term>* • Beispiel *n*
examples include … *<gen>* • Beispiele sind …; hierzu gehören beispielsweise …
excavate *vt <build> (with an excavator etc.)* • ausbaggern *vt*
excavate *vt <build> (pit, trench, foundation pit)* • ausheben *vt*
excavate *vt <build> (deep or large pits; e.g. for building or bridge foundations)* • auskoffern *vt*
excavate *vt <build> (a deep pit)* • ausschachten *vt*
excavate *vt <build.mach> (with an excavator)* • baggern *vt*
excavated material *<build.mat>* • Aushub *m*; Aushubboden *m*; Aushubmasse *f*
excavated material *<min> (gen.)* • Abraum *m*
excavation *<build> (process and result; e.g. digging and pit)* • Aushub *m*
excavation *<build> (digging process)* • Aushub *m*; Ausheben *n*; Auskoffern *n*
excavation *<build> (process; deep)* • Erdaushub *m*; Ausschachtung *f*
excavation spoil *<build>* • Baggergut *n*
excavator grab *<build.mach>* • Baggergreifer *m*
exceed *vt <gen>* • überschreiten *vt*
exceed *vt <gen>* • übersteigen *vt*
exceed *vt <gen> (as a desirable effect; e.g. a value, measurement)* • übertreffen *vt*
exceeding of the limit value *<tech.gen>*

• Grenzwertüberschreitung *f*
exception *<gen>* • Ausnahme *f*
exceptional *<gen>* • ungewöhnlich
exceptional case *<gen>* • Ausnahmefall *m*
exceptional condition *<comp>* • Ausnahmebedingung *f*
excess air *<tech.gen>* • Luftüberschuss *m*
excess air *<mvhcl.mot>* • Luftüberschuss *m*
excess baggage *sg <aerosp>* • Übergepäck *nsg*
excess gain *<gen>* • Verstärkungsfaktor *m*
excess gain calculation *<gen>* • Reichweitenermittlung *f*
excess gain curve *<gen>* • Reichweitenkurve *f*
excess heat dissipation *<phys>* • Ableitung überschüssiger Wärme *f*; Abfuhr überschüssiger Wärme *f*
excessive discharge *<el> (of batteries)* • Tiefentladung *f*
excess oxygen *<comb>* • Sauerstoffüberschuss *m*
exchange *<tech.gen> (e.g. of data, heat, ions)* • Austausch *m*
exchange *vt <gen> (e.g. news, data, heat, ions)* • austauschen *vt*
exchange *vt <tech.gen> (e.g. cell phone skin)* • auswechseln *vt*
exchangeable *<tech.gen> (e.g. ions, spare parts, modules)* • austauschbar
exchangeable *<tech.gen> (replaceable by a different object of the same kind)* • auswechselbar; austauschbar
exchange of experience *<gen>* • Erfahrungsaustausch *m*
exchange of information *<tech.gen>* • Informationsaustausch *m*
exchange of materials *<tech.gen>* • Stoffaustausch *m*
exchange tone *<tele>* • Amtsfreizeichen *n*; Amtszeichen *n*; Amt *n ugs*
excimer laser *<opt>* • Excimerlaser *m*
excitable *<tech.gen> (e.g. by vibrations)* • anregbar
excitation *<tech.gen>* • Erregung *f*
excitation *<phys> (of oscillation, vibration)* • Anregung *f*
excitation coil *<el>* • Erregerspule *f*
excite *vt <phys> (oscillation, vibration)* • anregen *vt*
excite *vt <phys.el>* • erregen *vt*
excited *<tech.gen>* • angeregt
excited nuclear state *<phys>* • angeregter Kernzustand *m*
excited state *<phys>* • angeregter Zustand *m*; Anregungszustand *m*
exciting winding *<el> (gen.; also in motor, generator)* • Erregerwicklung *f*
exclude *vt <gen> (e.g. a possibility, error, action)* • ausschließen *vt*
exclusion *<gen>* • Ausschluss *m*
exclusive license *<jur> (patent)* • Alleinlizenz *f*; Generallizenz *f*; ausschließliche Lizenz *f*; alleinige Lizenz *f*
exclusive OR operation *<math> (Boolean non-equivalence)* • Antivalenz *f*
exclusive right of exploitation *<jur>* • Alleinverwertung *f*
excrete *vt <bio>* • ausscheiden *vt*
excursion *<i&c> (of process variables)* • Auswandern *n*
executable *<comp> (program, file; e.g. exe file)* • ausführbar
execute *vt <tech.gen> (e.g. commands, programs, measurements, tests)* • ausführen *vt*
execute *vt <comp> (a program, routine; stress on: step by step)* • abarbeiten *vt*
execution *<gen> (e.g. of commands, jobs, tasks)* • Ausführung *f*
execution *<tech.gen> (actual implementation of a process; e.g. test, assembly)* • Durchführung *f*
exemplary embodiment *<jur> (sample, pattern, prototype; e.g. of an invention)* • beispielhafte Ausführung *f*; exemplarische Ausführung *f*; Baumuster *n*; Muster *n*
exerciser *<sport> (e.g. with pedals or levers)* • Heimtrainer *m*; Hometrainer *m jarg*
exert pressure *vt <gen>* • Druck ausüben *vt*
exfoliate *vi <srfc>* • abschiefern *vr*
exhaust *vt <tech.gen> (resources, stocks, mine etc.)* • räumen *vt*
exhaust *vt <convey> (e.g. vapors, gases, dust)* • abziehen *vt*
exhaust *vt <econ>* • verbrauchen *vt*
exhaust *vt <hvac> (air)* • ausstoßen *vt*
exhaust *vt <hvac> (vent)* • entlüften *vt*

exhaust *vt <logist>* • erschöpfen *vt*

exhaust *vt <mvhcl.emiss> (discharge spent gas)* • ausstoßen *vt*; emittieren *vt wiss*

exhaust ... *<mvhcl.emiss> (as a modifier in compounds)* • Abgas...

exhaust air *<proc>* • Abluft *f*

exhaust air fan *<hvac>* • Abluftventilator *m*; Entlüftungsventilator *m*

exhaust backpressure *<mvhcl.emiss> (of exhaust systems, gen. and four--stroke engines)* • Abgasstaudruck *m*; Abgasgegendruck *m*; Staudruck *m prakt*; Gegendruck *m ugs*; Rückdruck *m rar*

exhaust brake *<comvhcl.mot>* • Motorbremse *f*; Motorstaudruckbremse *f*; Auspuffklappenbremse *f*

exhaust cam *<mvhcl.mot>* • Auslassnocken *m*

exhaust camshaft *<mvhcl.mot>* • Auslassnockenwelle *f*

exhaust duct *<build.hvac>* • Abluftkanal *m*

exhausted *<logist> (emptied, unloaded; e.g. silo)* • entladen

exhaust emission *<mvhcl.mot>* • Abgasemission *f*

exhaust emission category Euro 4 *<mvhcl.emiss> (rating of a motor vehicle)* • Abgasnorm Euro 4 *f*

exhaust-emission check *<mvhcl.emiss>* • Abgassonderuntersuchung *f* (ASU)

exhaust emission control system *<mvhcl.emiss>* • Abgasreinigungsanlage *f*; Abgasentgiftungsanlage *f prakt*

exhaust emissions *pl <mvhcl.emiss> (of engines)* • Abgasemissionen *fpl*; Abgasschadstoffe *mpl*

exhaust emission standard *<mvhcl.emiss>* • Abgasgrenzwert *m*; Abgasstandard *m*; Abgasnorm *f*

exhauster *<mech.eng>* • Sauggebläse *n*

exhaust gas *<mvhcl.emiss> (e.g. of cars, trucks)* • Abgas *n*; Auspuffgas *n ugs*

exhaust gas *<therm>* • Abgas *n DIN 4319*

exhaust-gas analyser *<emiss.i&c>* • Abgasprüfgerät *n*

exhaust gas heat *<comb>* • Abgaswärme *f*

exhaust gasket *<mot.emiss> (in exhaust systems of cars, ship engines, diesel generators etc.)* • Auspuffdichtung *f*

exhaust gas purification *<mvhcl.emiss> (of diesel engines)* • Abgasreinigung *f*

exhaust gas purification system *<mvhcl.emiss> (of diesel engines)* • Abgasreinigungsanlage *f*

exhaust gas recirculation (EGR) *<mvhcl.emiss> (process)* • Abgasrückführung *f* (AGR)

exhaust gas recirculation valve *<mvhcl.emiss>* • Abgasrückführventil *n*; AGR-Ventil *n prakt*; Abgasrückführungsventil *n rar*

exhaust gas stream *<emiss>* • Abgasstrom *m*

exhaustive *<gen>* • erschöpfend

exhaust manifold *ISO 7967-4 <mot> (usu. cast iron or sheet steel)* • Abgaskrümmer *m*; Abgassammelleitung *f DIN ISO 7967-4*; Auspuffkrümmer *m ugs.prakt*

exhaust nozzle *pract <aerosp.mot>* • Schubdüse *f*; Strahldüse *f*; Rückstoßdüse *f rar*

exhaust pipe *<hvac> (for used air)* • Entlüftungsrohr *n*; Abzugsrohr *n*

exhaust pipe *<mvhcl.emiss>* • Abgasleitung *f*; Auspuffleitung *f prakt.ugs*; Auspuffrohr *n ugs*

exhaust pipe *<pps>* • Abzugsrohr *n*

exhaust port *<mvhcl.mot> (of four--stroke engine)* • Auslasskanal *m*; Auslass *m ugs*

exhaust side *<mvhcl.mot>* • Auslassseite *f*

exhaust steam *<tech.gen>* • Abdampf *m*

exhaust-steam turbine *<turb>* • Abdampfturbine *f*

exhaust stroke *<mot> (4th stroke of four-stroke engine)* • Auslasshub *m*

exhaust stroke *<mot> (of piston engines; from BTC to TDC)* • Auspufftakt *m*; Ausstoßtakt *m*; Auspuffhub *m rar*

exhaust system *<mvhcl.emiss>* • Abgasanlage *f*; Abgassystem *n form*;

Auspuffsystem *n*; Auspuffanlage *f* *prakt*; Auspuff *m ugs*

exhaust system *<proc> (ventilation; e.g. for vapor removal)* • Absaugeinrichtung *f*

exhaust test *<emiss.i&c>* • Abgasprüfung *f*; Abgastest *m*

exhaust turbo supercharging *<mot>* • Abgasturboaufladung *f*

exhaust valve *<mvhcl.mot> (for exhaust gas)* • Auslassventil *n* (AV)

exhaust valve closes *<mvhcl.mot>* • Auslassventil schließt (As); Auslass schließt *prakt*

exhaust valve opens *<mvhcl.mot>* • Auslassventil öffnet (Aö); Auslass öffnet *prakt*

exhaust vent *<mvhcl.safe> (in air bag)* • Abströmöffnung *f*; Abblasöffnung *f*; Ausblasöffnung *f*; Ausströmöffnung *f*

exhaust ventilation *<hvac>* • Entlüftung *f*

exhibit *<ad> (in an exhibition, gallery, museum)* • Ausstellungsstück *n*

exhibition *<art>* • Ausstellung *f*

exhibition hall *<ad>* • Ausstellungshalle *f*

exhibition site *<ad>* • Ausstellungsgelände *n*

exhibition vessel *<nav>* • Ausstellungsschiff *n*

existing borehole *<geo.therm>* • Altbohrung *f*; vorhandene Bohrung *f*

exit *<tech.gen> (process; of a liquid or gas leaving a tank, valve, nozzle etc.)* • Austritt *m*; Austreten *vt*

exit *<build.traff>* • Ausfahrt *f*; Autobahnausfahrt *f*

exit *<traff> (for vehicles; of freeway, motorway, car park)* • Ausfahrt *f*

exit *<traff> (for pedestrians)* • Ausgang *m*

exit charge *<energ.econ> (network charge)* • Ausspeiseentgelt *n*

exit delay *<alarm> (device)* • Scharfschaltverzögerung *f*; Einschaltverzögerung *f*; verzögerte Scharfschaltung *f*; zeitverzögerte Scharfschaltung *f*

exit diameter *<tech.gen>* • Austrittsdurchmesser *m*

exit door *<build> (e.g. of a manhole, shaft, tunnel)* • Ausstieg *m*

exit opening *<tech.gen> (a hole, window, door etc.; for matter or rays)* • Austrittsöffnung *f*

exit point *<energ> (of electricity, gas network system)* • Ausspeisepunkt *m*; Ausspeisestelle *f*; Entnahmestelle *f*

exit point *<traff> (of fwy, interstate, motorway)* • Ausfahrt *f*

exit road *<traff> (arterial road for outgoing traffic)* • Ausfallstraße *f*

exit velocity *<tech.gen> (of a fluid leaving a jet; e.g. of injected fuel, of jet engine exhaust)* • Austrittsgeschwindigkeit *f*

exit window *<tech.gen> (e.g. air vent, x-ray machine)* • Austrittsfenster *n*

exoskeleton *<i&c>* • Exoskelett *n*

exosphere *<astron>* • Exosphäre *f*

exothermal *<chem.phys> (e.g. reaction)* • exotherm; wärmeabgebend *ugs*

expand *vi <gen> (in area)* • ausbreiten *vr*; expandieren *vi*

expand *vi <gen> (e.g. city, road system, market)* • ausdehnen *vr*; wachsen *vi ugs*

expand *vi <econ> (market)* • entwickeln *vr*; ausweiten *vr*

expand *vi <phys> (heated matter)* • expandieren *vi*; ausdehnen *vr*

expand *vt <gen> (e.g. fingers, pin, worm fence)* • spreizen *vt*

expand *vt <tech.gen> (hollow, tubular objects; e.g. pipe, shoe)* • aufweiten *vt*; weiten *vt*

expand *vt <comp> (storage capacity, memory)* • erweitern *vt*; aufrüsten *vt*; ausbauen *vt*

expand *vt <econ> (production, market)* • ausweiten *vt*

expand *vt <plast> (blown film)* • aufweiten *vt*

expand *vt <plast.prod> (e.g. polystyrene)* • aufschäumen *vt*

expand *vt <proc> (steam)* • entspannen *vt*

expand *vt <prod>* • dornen *vt DIN 8583-5*

expandability *<gen>* • Erweiterungsfähigkeit *f*

expandability *<mat> (capability of being expanded; resilient or with permanent deformation)* • Dehnbarkeit *f*

expandable *<comp> (memory)* • ausbaufähig

expandable *<mat> (capable of being*

expanded; resilient or with permanent deformation) • dehnbar

expandable *<plast> (e.g. polystyrene)* • aufschäumbar

expanded *<energ> (steam)* • entspannt

expanded clay *<build.mat> (e.g. concrete filler)* • Blähton *m*; Porensinter *m*

expanded metal *<mat>* • Streckmetall *n*

expanded polyethylene foam *<plast> (e.g for bumpers)* • expandierter Polyethylenschaum *m* (EPS); Caril *n Shell*

expanded polypropylene (EPP) *<plast>* • geschäumtes Polypropylen *n* (EPP)

expanded polystyrene (EPS) *<chem>* • Partikelschaum *m* (EPS)

expanded polystyrene (EPS) *<plast> (e.g. for insulation)* • Polystyrolschaum *m* (EPS); Polystyrol-Hartschaum *m form*; Styropor *n* ® *ugs*; geschäumtes Polystyrol *n*; Schaumpolystyrol *n rar*

expanded sheet *<pack>* • Schaumfolie *f*

expanded sheet *<plast>* • geschäumte Folie *f*

expanding mechanism *<tech.gen>* • Spreizmechanismus *m*

expand tube ends *vt <pps> (by forcing on a mandrel)* • aufdornen *vt*

expansion *<tech.gen>* • Erweiterung *f*

expansion *<phys> (of heated matter)* • Ausdehnung *f*; Expansion *f wiss*; Dehnung *f ugs.rar*

expansion joint *<build> (e.g. in a building, bridge)* • Dehnungsfuge *f*; Ausdehnungsfuge *f rar*; Dehnfuge *f rar*; Raumfuge *f rar*

expansion joint *<pps> (accommodates pipe movements)* • Kompensator *m*; Dehnungsausgleicher *m rar*; Dehnungsstück *n rar*

expansion plug *<build.mat> (gen.; plastic or metal)* • Spreizdübel *m*

expansion tank *<pps> (of closed-loop hydronic systems; e.g. cooling or heating systems)* • Ausdehnungsgefäß *n*; Ausdehnungskompensator *m*; Expansionsgefäß *n*

expansion valve *<hvac> (in heat pumps, refrigerators, air con)* • Expansionsventil *n*; Entspannungsventil *n*; Drosselventil *n*; Drosselorgan *n*

expectorant [drug] *<pharm>* • Expektorans *n pl*: -zien; Expektorantium *n pl*: -a

expedited service *<logist>* • Express--Service *m*

experimental *<tech.gen>* • experimentell

experimental chemistry *<chem>* • Experimentalchemie *f*

experimental physics *<phys>* • Experimentalphysik *f*

experimental stage *<tech.gen>* • Versuchsstadium *n*

expert *<gen>* • Experte *m*; Sachverständiger *m*

expert system *<tech.gen>* • Expertensystem *n*

expiration date *<food.pharm> (date after which a product should not be sold/used; e.g. food)* • Verfallsdatum *n*

expire *vi <gen> (time, deadline, parking meter)* • ablaufen *vi*

expire *vi <jur> (patent)* • erlöschen *vi*

explanation *ISO 12620 <term>* • Erklärung *f*

explication *<term> (of a concept)* • Begriffserklärung *f*; Explikation *f wiss*

explicit *<gen>* • explizit

explode *vi <tech.gen>* • explodieren *vi*; platzen *vi*

exploded view *ISO 10209-2 <docu> (shows individual parts of an assembly)* • Explosionsdarstellung *f DIN ISO 10209-2*; Explosionsbild *n*; Explosionszeichnung *f*

exploit *vt <econ> (e.g. natural resources)* • ausbeuten *vt*

exploit *vt <min> (natural ressources; e.g. ore, coal)* • abbauen *vt*

exploit *vt <min> (natural resources)* • gewinnen *vt*

exploitable *<min> (natural resources; stress on: in a commercially viable, profitable way)* • abbauwürdig; bauwürdig

exploitation *<econ> (of resources; e.g. of material, manpower)* • Ausbeutung *f*

exploitation *<min> (of natural ressources; e.g. of ore, coal)* • Abbau *m*; Abbauen *n*; Ausbeutung *f*

exploration *<min>* • Exploration *f*

exploratory borehole *<build.petr>* • Aufschlussbohrung *f*

exploratory drilling *<build.petr> (e.g.*

for oil prospecting, construction site analysis) • Aufschlussbohrung *f DIN 4021*

exploratory drilling *<petr>* • Suchbohrung *f*

explore *vt <gen>* • erforschen *vt*

explore *vt <gen>* • erkunden *vt*

explosion *<tech.gen>* • Explosion *f*

explosion hazard *<tech.gen>* • Explosionsgefahr *f*

explosion-prone *<tech.gen> (risk area; e.g. a lab)* • explosionsgefährdet

explosion protection *<tech.gen> (e.g. acc. to Atex 95)* • Explosionsschutz *m*; Ex-Schutz *m prakt*

explosion-risk zone (ERZ) *<tech.gen>* • explosionsgefährdeter Bereich *m*; Ex-Bereich *m prakt*

explosion welding (EXW) *<join> (a solid-state fusion welding process)* • Sprengschweißen *n* (S) *DIN 1910-2*

explosive *<expl>* • Sprengstoff *m*

explosive charge *<expl>* • Sprengladung *f*; Sprengstoffladung *f*

explosive fuse *<expl>* • Lunte *f*

exponent *<math> (superscript numeral)* • Exponent *m*; Hochzahl *f*

exponential *<tech.gen> (e.g. growth rate)* • exponentiell

exponential distribution *<math>* • Exponentialverteilung *f DIN 55350-22*

exponential function *<math>* • Exponentialfunktion *f*

export *vt <comp> (data; e.g. out of data bank)* • exportieren *vt*

exportation date *ISO 12620 <term>* • Exportdatum *n*

export model *<tech.gen>* • Export--Modell *n*

export version *<tech.gen>* • Export--Ausführung *f*

expose *vt <tech.gen> (e.g. to direct sunlight)* • aussetzen *vt*

expose *vt <tech.gen>* • exponieren *vt*

expose *vt <phot> (film, photographic paper)* • belichten *vt*

exposed *<gen>* • freigelegt

exposed *<phot> (film, photographic paper)* • belichtet

exposed *<srfc> (w/o coating etc.)* • ausgezogen

exposed aggregate concrete *<build.mat>* • Waschbeton *m*

exposed reinforcement steel *<build>* • freiliegende Bewehrung *f*

exposed to *<srfc> (e.g. light, radiation)* • ausgesetzt

exposed to ionizing radiation *<nucl> (persons, material)* • ionisierender Strahlung ausgesetzt; strahlenexponiert *prakt*

exposed wiring *<el>* • freiliegende Leitungen *fpl*

expose to radiation *vt <phys> (e.g. with UV, IR, gamma rays)* • bestrahlen *vt*

expose to sound *vt <acoust>* • beschallen *vt*

exposure *<gen> (e.g. to UV radiation, daylight, weather)* • Aussetzen *n*

exposure *<ecol> (to risks; e.g. emissions, radiation, contaminants)* • Exposition *f*

exposure *<phot> (unit of capacity of a roll of film; e.g. a 36 exp film)* • Aufnahme *f*; Bild *n ugs*

exposure *<phot> (product of illuminance and duration of light striking the film)* • Belichtung *f*; Belichten *nsg*

exposure *<proc> (to harsh environment, chemicals etc.)* • Beaufschlagung *f*; Exposition *f*

exposure control *<phot>* • Belichtungssteuerung *f*

exposure counter *<phot>* • Aufnahmezähler *m*

exposure counter *<phot> (on camera)* • Bildzählwerk *n*; Bildzähler *m*; Zählwerk *n*

exposure error *<phot>* • Belichtungsfehler *m*

exposure meter *US <phot> (gen.; handheld unit or integrated in camera)* • Belichtungsmesser *m*

exposure series *ISO 12231 <phot>* • Belichtungsreihe *f*

exposure time *<tech.gen>* • Einwirkungsdauer *f*

exposure time *<tech.gen> (influences of any kind; e.g. irradiation)* • Expositionszeit *f*

exposure to radiation *<phys> (e.g. to ionizing radiation)* • Bestrahlung *f*

exposure value (EV) *stand <phot>* • Belichtungswert *m* (EV) *DIN 19017*; Lichtwert *m*; Belichtungsstufe *f*

express *vt <gen> (ideas, concepts; in*

words) • ausdrücken *vt*

express cruiser *<nav>* • Express--Cruiser *m*

expressed in *<tech.gen> (currency, units of measurement; e.g. USD, Euro m^3/h etc.)* • ausgedrückt in

express train *<railw>* • Schnellzug *m*; Eilzug *m CH*

expressway (expwy) *US <build.traff> (divided multilane highway for high--speed traffic)* • Fernverkehrsschnellstraße *f*; Schnellstraße *f ugs*

expressway speeds *<traff> (usually pl.; typ. 60-80 mph)* • Autobahngeschwindigkeit *f*

ex-protected *<el> (will not trigger an explosion, fully encased, sealed; e.g. a switch)* • ex-geschützt; explosionsgeschützt

exsiccate *vi/vt <proc>* • austrocknen *vi/vt*

extend *vt <gen> (e.g. arm)* • ausstrecken *vt*

extend *vt <gen>* • ausweiten *vt*

extend *vt <gen>* • erweitern *vt*; ausdehnen *vt*

extend *vt <gen> (over time, physically)* • verlängern *vt*

extend *vt <tech.gen> (e.g. telescope, antenna)* • ausfahren *vt*

extend *vt <aerosp> (e.g. landing gear, flaps)* • ausfahren *vt*

extend *vt <mech.eng> (telescopic arm/boom)* • ausschieben *vt*

extend *vt <mech.eng> (e.g. telescope, antenna)* • ausziehen *vt*

extendable *<gen>* • erweiterungsfähig

extendable *<mech.eng> (able to be extended by pulling; e.g. in a telescopic way)* • ausziehbar

extended *<print> (font style with large width)* • extended; expanded

extended ASCII code *<comp>* • erweiterter ASCII-Zeichensatz *m*; erweiterter ASCII *m*

extended cab *<comvhcl>* • verlängertes Fahrerhaus *n*

extended graphics array (XGA) *<comp> (graphics standard; resolution 1024 x 768)* • Extended Graphics Array *m* (XGA)

Extended ISA (EISA) *<comp> (bus system)* • Extended-ISA (EISA)

Extended Memory Specification (XMS) *<comp> (for memory above 1 MB)* • Extended Memory Specification *f* (XMS)

extended play (EP) *<av> (NTSC mode; triples recording/playback time)* • Extended Play *n* (EP) *V*

Extended Service Set (ESS) *<comp> (WLAN)* • Extended Service Set *n* (ESS)

extended wheelbase *<mvhcl>* • langer Radstand *m*; verlängerter Radstand *m*

extending *<tech.gen> (e.g. tripod legs, antenna)* • einschiebbar

extending table *<int> (e.g. for dining room)* • Ausziehtisch *m*

extend over *vi <gen> (e.g. area, plant, facilities)* • erstrecken über *vr*

extend the landing gear *vt <aerosp>* • Fahrwerk ausfahren *vt*

Extensible Markup Language (XML) *<comp>* • XML-Format *n*

extension *<gen> (area; e.g. of a production facility)* • Ausdehnung *f*

extension *<build> (of an existing building, house)* • Ausbau *m*

extension *<mech.eng> (as an attachment)* • Ansatzstück *n*

extension *<tool> (for use with sockets)* • Verlängerung *f*

extension bay *<logist> (adds to a starter bay)* • Anbaufeld *n*

extension crack *<qualit.mat>* • Dehnungsriss *m*

extension lead *<tech.gen> (gen.)* • Verlängerungskabel *n*

extension line *<docu> (between object and dimension line)* • Maßhilfslinie *f*

extension system *<logist> (racks, shelving)* • Anbausystem *n*

extension telephone *<tele>* • Nebenstellenapparat *m*; Nebenapparat *m*

extensive *<gen>* • extensiv

extent *<gen> (e.g. of damage, effects)* • Ausmaß *n*; Umfang *m*

extent *<tech.gen>* • Größe *f*

exterior durability *<qualit> (weathering resistance; e.g. of material, paint)* • Außenbeständigkeit *f*

exterior glazing *<energ.sol> (of collector)* • äußere Abdeckung *f*

exterior lighting *<aerosp.light> (of the airplane)* • Außenbeleuchtung *f*

exterior lighting *<light>* • Außenbeleuchtung *f*

exterior lining *<srfc>* • Außenverkleidung *f*

exterior paint *<srfc>* • Außenanstrichstoff *m*

exterior perimeter protection *<alarm>* • Freigeländeüberwachung *f*; Freilandüberwachung *f*

external *<gen>* • extern

external call *<tele>* • Amtsgespräch *n*

external drive *<join> (of threaded fasteners)* • Außenangriff *m*; Außenantrieb *m*; Kraft-Außenangriff *m*

external envelope *<build>* • Gebäudehülle *f*

external equipment *<tech.gen> (auxiliary devices)* • Zusatzgeräte *npl*

external influence *<tech.gen> (e.g. physical damage caused by third parties)* • Fremdeinwirkung *f*

external interface *<comp>* • externe Schnittstelle *f*; Peripherie-Schnittstelle *f*; I/O-Schnittstelle *f*; Geräteschnittstelle *f*; Port *m*

externally excited *<el>* • fremderregt

external measurement *<i&c>* • Außenmessung *f*

external mirror *<mvhcl> (rear view mirror on outside of vehicle; at least on driver's side)* • Außenspiegel *m*; Außenrückspiegel *m*

external-pole generator *<el>* • Außenpolgenerator *m*; Außenpolmaschine *f*

external puller *<tool>* • Außenabzieher *m*

external-rotor motor *<el> (e.g. in fans)* • Außenläufermotor *m*

external storage *<comp> (any non--volatile storage device that is not part of the CPU)* • externer Speicher *m*; externer Datenspeicher *m*; Peripheriespeicher *m*; peripherer Speicher *m*; Sekundärspeicher *m*

external tab washer *<join>* • Scheibe mit Außennase *f DIN ISO 1891*; Sicherungsblech mit Außennase *n*

external thread *<join> (of screws, bolts)* • Außengewinde *n*; Bolzengewinde *n*; Schraubengewinde *n*

external thread *<mech.eng> (gen.; on a cylindrical or conical external surface)* • Außengewinde *n DIN 2244*

external thread ... (OD ...) *<prod> (threading)* • Außengewinde...; Außen...

external tooth lock washer *<join>* • außengezahnte Zahnscheibe *f*; Zahnscheibe Form A *f*; federnde Zahnscheibe Form A *f*

external view *<docu> (of a half section; does not show hidden detail)* • Außenansicht *f*

external wall *<build>* • Außenmauer *f*

external wall *<build> (of houses, buildings)* • Außenwand *f*

extinction *<bio> (of species)* • Auslöschung *f*

extinguish *vt <fire> (flames, fire)* • löschen *vt*; auslöschen *vt ugs.rar*

extra-bold *<print> (typeface; in professional printing)* • fett

extra bold *<print> (font style with heavy weight)* • extrafett

extra condensed *<print> (font style with extra small width)* • extra condensed

extra cost *<econ>* • Aufpreis *m*

extra cost: at no ~ (ANC) *<econ>* • Aufpreis *m*: ohne ~

extra cost: available at ~ *<econ>* • Aufpreis *m*: gegen ~ lieferbar

extra cost: available at no ~ *<econ>* • Aufpreis *m*: ohne ~ lieferbar

extra-cost item *<econ> (e.g. leather and walnut trim)* • aufpreispflichtiges Ausstattungsdetail *n*

extract *<chem>* • Auszug *m*; Extrakt *m*

extract *vt <tech.gen>* • extrahieren *vt*

extract *vt <chem> (yield, produce; e.g. under pressure, with solvents)* • gewinnen *vt*

extract *vt <chem.proc> (by leaching)* • auslaugen *vt*

extract *vt <hvac> (exhaust air, smoke)* • absaugen *vt*

extract *vt <hvac> (heat)* • entziehen *vt*

extract *vt <mil> (cartridge from the chamber)* • ausziehen *vt*

extract *vt <proc> (draw sth out of sth; e.g. moisture, oil, sugar)* • entziehen *vt*; extrahieren *vt wiss*; ausziehen *vt*

extraction *<gen>* • Entzug *m*

extraction *<min>* • Förderung *f*; Entnahme *f*; Produktion *f*; Extraktion *f*

extraction column *<proc>* • Extraktionskolonne *f*

extraction of foul air *<agri>*

• Abluftabsaugung *f*

extraction plant *<proc>* • Extraktionsanlage *f*

extraction valve *<pps>* • Anzapfventil *n*

extractive *<tech.gen>* • extraktiv

extract juice *vi <food>* • entsaften *vt*

extractor hood *<proc.hvac> (in labs; for vapors, fumes, smoke)* • Abzugshaube *f*

extra extended *<print> (font style with extreme large width)* • extra extended

extra low ratio *<mvhcl.drive> (reduction gear for heavy-duty off-road use; doubles number of gears)* • Geländeübersetzung *f*; Geländeuntersetzung *f ugs*

extraneous light *<light> (stress on: coming from outside; e.g. with OWG)* • Fremdlicht *n*

extrapolate *vi <math>* • extrapolieren *vi*

extrapolation *<math> (gen.)* • Extrapolation *f*

extraterrestrial *<tech.gen> (e.g. radiation, application)* • außerirdisch; extraterrestrisch *wiss*; außerterrestrisch *rar*

extraterrestrial radiation *<astron>* • extraterrestrische Strahlung *f*

extraterrestrial solar radiation *<energ.sol>* • extraterrestrische Sonnenstrahlung *f*

extra-urban consumption *<mvhcl> (in liters/100km)* • Verbrauch außerorts *m*

extravehicular activity (EVA) *<aerosp>* • Aufgabe außerhalb des Raumfahrzeugs *f*; EVA *f*

extreme operating conditions *<tech.gen>* • extreme Einsatzbedingungen *fpl*

extreme position *<docu> (of movable parts)* • Grenzstellung *f*

extreme position *<mech.eng> (of reciprocating machine elements; e.g. of levers, pistons)* • Extremposition *f*; Extremstellung *f*

extreme value *<math> (highest or lowest value)* • Extremwert *m*; Extremum *n wiss*

extreme weather *<meteo> (e.g. hurricanes, floods)* • Extremwetter *n*

extrudate *<plast>* • Extrudat *n*

extrude *vt <prod>* • extrudieren *vt*

extruded *<prod> (e.g. metal, plastics)* • stranggepresst

extruded aluminum profile *US <build.mat>* • Aluminium--Strangpressprofil *n*

extruded film *<plast>* • Extrusionsfolie *f DIN 55 405*

extruded part *<prod>* • Strangpressprofil *n*; Strangpressteil *n*

extruded profile *<tech.gen> (e.g. alloy, PVC section)* • Stranggussprofil *n*; Profil *n prakt*

extruder *<prod> (e.g. for aluminum, vinyl, pasta, ice cream)* • Extruder *m*; Strangpresse *f*

extruder cylinder *<prod>* • Extruderzylinder *m*

extruder head *<prod> (with one or several extr. nozzles)* • Extrudierkopf *m*; Extruderkopf *m*; Matrize *f*; Strangpresskopf *m rar*

extruder screw *<plast>* • Extruderschnecke *f*

extrusion *<comp> (3D graphics)* • Extrusion *f*; Hochziehen *n rar*

extrusion *<prod> (e.g. of plastics)* • Extrusion *f*; Extrusionsverfahren *n*

extrusion *<prod.metal> (of metals)* • Fließpressen *n DIN 8583-6*

extrusion force *<proc>* • Presskraft *f*

extrusion molding *<prod>* • Strangpressen *n*; Extrudieren *n*

extrusion nozzle *<proc>* • Extrudierdüse *f*; Extruderdüse *f*

extrusive rock *<geo>* • Ergussgestein *n*; Vulkanit *m*; Eruptivgestein *n*; Effusivgestein *n*; Extrusivgestein *n*

exudate *<med>* • Exsudat *n*

exudate *<srfc> (e.g. moisture)* • Ausschwitzung *f*

exudation *<tech.gen> (oozed-out substance)* • Absonderung *f*

exudation *<tech.gen> (e.g. of moisture)* • Ausschwitzung *f*

exudation *<srfc> (e.g. of moisture)* • Ausscheidung *f*

exude *vt <tech.gen> (emit through small openings; typ. a liquid)* • absondern *vt*; ausschwitzen *vt*; ausscheiden *vi*

exurban fringe *<tech.gen>* • stadtnaher Bereich *m*; Stadtumfeld *n*; Weichbild einer Stadt *n*

eye *<gen>* • Auge *n*

eyeball *<bio>* • Augapfel *m*

eyeball vent *<hvac>* • Kugelausströmer

m
eye bar *<build.tech> (chain suspension bridges)* • Augenstab *m*
eyebar chain *<build> (chain suspension bridges)* • Gelenkkette *f*; Augenstabkette *f*
eye bolt *US <mech.eng> (lifting lug)* • Hebeöse *f*; Augenschraube *f DIN 444*
eyelet *<garm> (for shoe laces)* • Loch *n*
eye level *<tech.gen>* • Augenhöhe *f*
eyepiece *<opt> (gen.; e.g. on camera, telescope, microscope)* • Okular *n*; Augenlinse *f rar*
eyepiece cup *<phot>* • Augenmuschel *f*
eyepiece shutter *<phot>* • Okularverschluss *m*
eye pin *<join> (for shackles)* • Augenbolzen *m*; Schäkelbolzen mit Auge *m*
eye point *<mvhcl> (reference point to represent left or right eye of driver)* • Augpunkt *m*

F

fabric *<textil> (woven and non woven material)* • Gewebe *n*; Tuch *n*
fabrication *<prod> (on the basis of semi-finished material)* • Verarbeitung *f*
fabrication automation (FA) *<autom>* • Fertigungsautomation *f* (FA); Fabrikautomation *f*
fabric-backed *<mat>* • Gewebe *n*: mit ~ kaschiert; kaschiert: mit Gewebe ~
fabric filter (FF) *<proc> (nonwoven or woven fabric filter element)* • Gewebefilter *m/n*
fabric layer *<textil> (in multi-layer, calendered material; e.g. in bellows, rubber rafts)* • Gewebelage *f*; Gewebeschicht *f*
fabric-reinforced liner sheet *<waste>* • gewebearmierte Dichtungsbahn *f*
fabric top *<mvhcl> (convertible top, stress on: textile, not vinyl)* • Stoffverdeck *n*
façade *<build> (front of a building)* • Fassade *f*; Vorderfläche *f*
facade panel *<build>* • Fassadenplatte *f*; Außenwandplatte *f*
facade power plant *:V <energ.sol> (with PV modules)* • Fassadenkraftwerk *n*
façadism *<build> (has negative connotations; the German terms are neutral)* • Entkernen *n*; Entkernung *f*
Fa-cap *<light>* • Fa-Sockel *m*
face *<gen>* • Sichtfläche *f*
face *<tech.gen> (flat surface of an object; e.g. end face)* • Fläche *f*
face *<tech.gen>* • Seite *f*
face *<mech.eng> (surface on which sth rolls or slides)* • Lauffläche *f*
face *<tool> (hammer)* • Bahn *f*
face *vt <prod>* • planen *vt*
face advance *<mech.eng> (gear)* • Sprung *m*
face-centered lattice *US <mat>* • flächenzentriertes Gitter *n*
face conveyor *<min>* • Strebförderer *n*
faced *<mach.tool> (level, flat surface)* • geplant
face detection *<safe> (e.g. public space monitoring, access control)* • Gesichtserkennung *f*
facelift *<mvhcl> (of cars)* • Facelift *n*; Auffrischung *f*
face-lifted *<tech.gen> (new version of a model; e.g. car)* • geliftet
face-lifted *<mvhcl>* • facegeliftet
faceplate *<tech.gen> (clamping attachment)* • Spannplatte *f*
faceplate *<comp> (PC housing)* • Abdeckrahmen *m*
faceplate *<mach.tool> (lathe)* • Planscheibe *f*; Spannscheibe *f*
faceplate *<tele> (of cell phone)* • Handyoberschale *f*
face shield *US <garm> (of helmet; transparent screen in front of the eyes; usu. polycarbonate)* • Visier *n*
facet *<tech.gen> (small, smooth, flat area on a hard surface; e.g. on a gem)* • Facette *f*
faceted cut *<srfc> (cutting style)* • Facettenschliff *m*
face wall *<build>* • Verblendmauer *f*
facework *<build>* • Verblendmauerwerk *n*; Verblendung *f*
facework *<build> (on a facade)* • Verkleidung *f*
facilitate *vt <tech.gen>* • erleichtern *vt*
facility *<tech.gen> (major system, plant; e.g. fo research, production)* • Anlage *f*
facility *<tech.gen> (e.g. a workshop, production plant)* • Einrichtung *f*

facility for interim storage of spent nuclear fuel *<nucl>* • Brennelement-Zwischenlager *n* (BZ); BE-Zwischenlager *n*

facility management *<build>* • Gebäudemanagement *n*; Facility-Management *n*; Verwalten von Liegenschaften *n*; gebäudetechnische Dienstleistung *f*

facility subject to licensing *<waste>* • genehmigungsbedürftige Anlage *f*

facing *<build.hydr> (sealing layer on wetted side of embankments etc.)* • Außendichtung *f*

facing *<srfc> (on wearing surfaces; e.g. on edges, teeth)* • Auflage *f*

facing *<srfc> (e.g. hard facing on tool edges)* • Belag *m*

facing brick *<build.mat>* • Vormauerziegel *m*

facing concrete *<build.mat> (visible layer, not load-carrying)* • Vorsatzbeton *m*

facing lathe *<mach.tool>* • Plandrehmaschine *f*

factor analysis *<math>* • Faktoranalyse *f*; Faktorenanalyse *f*

factorial notation *<math>* • Fakultätsschreibweise *f*

factorization *<math>* • Faktorenzerlegung *f*; Faktorisierung *f*

factor out *vt <tech.gen> (irrelevant facts, effects)* • ausklammern *vt*; unberücksichtigt lassen *vt*; bewusst ignorieren *vt*; Acht *f*: außer ~ lassen *vt*

factory *<prod>* • Fabrik *f*; Fertigungsstätte *f*; Fabrikationsstätte *f*

factory-adjusted *<prod>* • werkseitig eingestellt; werksseitig eingestellt *rar*

factory closing-down *<econ>* • Betriebsstilllegung *f*

factory environment *<tech.gen> (operating conditions of a product)* • Industrieumgebung *f*

factory farming *<agri>* • fabrikmäßig geführte Landwirtschaft *f*

factory-installed *<prod>* • werkseitig eingebaut; werksseitig eingebaut *rar*

factory of the future *<prod>* • Fabrik der Zukunft *f*

factory outlet *<econ>* • Werkverkauf *m*; Fabrikverkauf *m*; Factory Outlet *n jarg*

factory outlet center (FOC) *US <econ>* • Fabrikverkaufszentrum *n*; Factory Outlet Center *n*

factory refurbished *<rep> (appliances, motors, pumps, machines etc.)* • werksüberholt

factory-set *<prod>* • Werk *n*: vom ~ eingestellt

factory waste *<waste>* • Fabrikabfälle *mpl*

facula *<astron> (of any star)* • Fackel *f*

fade *vi <srfc> (gen.; e.g. paint, color, paper, prints)* • ausbleichen *vi*

fade [away] *vi <phys> (become weak, faint; e.g. sound signal)* • abklingen *vi*

fade down *vt <acoust>* • ausblenden *vt*

fade down *vt <light.theat> (gradually)* • einziehen *vt*; ausblenden *vt*

fade in *vi <light>* • aufblenden *vi*

fade in *vt <av> (gen.; sound, light)* • einblenden *vt*

fade out *vi <av>* • abblenden *vt*

fade out *vt <light>* • ausblenden *vt*

fade out *vt/vi <av> (picture, sound)* • ausblenden *vt/vi*

fade-over *<opt> (projected images)* • Überblendung *f*

fader *<av> (sound; front/rear speaker balance)* • Fader *m*; Überblendregler *m*

fade-resistant brakes *:V <mvhcl.brake>* • standfeste Bremsen *fpl*

fading *<srfc.qualit> (loss of color of a coating)* • Ausbleichen *n*; Verblassen *n*

Fahrenheit (F) *<phys> (temperature scale)* • Fahrenheit *n* (F)

fail *vi <tech.gen> (stress on: complete loss; e.g. of devices, systems, plants, functions)* • ausfallen *vi*

fail *vi <tech.gen> (temporarily, intermittently)* • aussetzen *vi*

fail-safe *<tech.gen> (system; failure evokes a safe situation; e.g. by automatic shutdown)* • eindeutig sicherheitsgerichtet; ausfallsicher *ugs*

fail-safe *<tech.gen> (component, system, function; failure has no dangerous effects)* • folgeschadensicher; fehlerverträglich; fehlertolerant; sicher im Falle des Ausfalls *rar.did*; ausfallsicher *ugs*

fail-safe design *<tech.gen>* • Fail-Safe-Konstruktion *f*; eindeutig sicherheitsgerichtete Konstruktion *f*;

eindeutig sicherheitsgerichtet ausgelegt
failure *<tech.gen> (damage)* • Schaden *m*
failure *<qualit> (temporary, intermittent; e.g. of an engine, power)* • Aussetzen *n*
failure *<qualit.mat> (due to fracture)* • Bruch *m*
failure *<qualit.tech> (improper functioning, non-operation)* • Fehler *m*; Versagen *n*
failure analysis *<qualit>* • Schadensanalyse *f*
failure criteria *pl <qualit>* • Ausfallkriterien *npl*
failure diagnosis *<qualit>* • Ausfalldiagnose *f*
failure indication *<i&c>* • Störungsanzeige *f*
failure mode and likelihood *<qualit>* • Art und Wahrscheinlichkeit von Schäden *f*
failure probability *<qualit>* • Ausfallwahrscheinlichkeit *f*
faint *<phys> (signal; acoustic, optical, electronic)* • undeutlich; schwach
fair *vt <prod> (to produce surfaces of the desired form)* • ausrichten *vt*
fair *vt <srfc> (convex surface; e.g. wing, ship frame, sail)* • straken *vt*; stromlinienförmig machen *vt*; ausstraken *vt*; glätten *vt*
faired *<vhcl>* • verkleidet
fairing *<aerosp> (gen.; reduces drag)* • Verkleidung *f*
fairing *<mvhcl> (motorbike)* • Verkleidung *f*
fairlead *ISO 3828 <nav> (rope guide)* • Klüse *f DIN ISO 3828*
fairly silent *<acoust>* • geräuscharm
fairway *<nav>* • Fahrwasser *n*
fake product *<econ> (cheap, low--quality copy of a branded product)* • Produktfälschung *f*; gefälschtes Produkt *n*; gefälschte Markenware *f*
fall *vi <tech.gen> (go down suddenly; e.g. pressure, temperature)* • fallen *vi*
fall apart *vt <gen>* • auseinanderfallen *vt*
fall-away *<aerosp>* • Trennung *f*
fall below *vt <tech.gen>* • unterschreiten *vt*
fall off *vi <navig> (sailing boat/ship, away from the wind)* • abfallen *vi*
fall out of synchronism *vi <gen>* • fallen *vi*: außer Tritt ~; Tritt *m*: außer ~ fallen *vi*
fall rope *<convey> (crane)* • Lastseil *n*
fall time *<el>* • Abfallzeit *f*
false *<gen> (not real, imitated)* • falsch
false *<gen>* • fehlerhaft
false alarm *<alarm>* • Falschalarm *m*; Fehlalarm *m*; unerwünschter Alarm *m*; blinder Alarm *m ugs*
false contour effect *<av> (artefact, image degradation)* • Falschkonturenfehler *m*
false friend *ISO 12620 <term>* • falscher Freund *m*
family *<chem>* • Reihe *f*
family car *<mvhcl>* • Familienauto *n*
family of characteristics *<tech.gen> (e.g. of a centrifugal pump, engine)* • Kennlinienfeld *n*; Kennlinienschar *f*; Kennfeld *n*
family of curves *<math>* • Kurvenschar *f*
family resemblance *<prod> (of various car models)* • Familienähnlichkeit *f*
fan *<tech.gen> (low air speed; e.g. radiator fan, ventilator)* • Lüfter *m*
fan *<aerosp.mot>* • Bläser *m*; Fan *m*; Gebläserad *n*
fan *<aerosp.mot> (jet engine)* • Bläser *m*; Fan *m*; Gebläserad *n*
fan *<aerosp.turb> (jet engine)* • Fan *m*
fan *<hvac> (for room comfort)* • Ventilator *m*
fan *vt <gen>* • fächern *vt*
fan *vt <comb> (fire, flame)* • anfachen *vt*
fan *vt <comp.print> (stack of paper)* • auffächern *vt*
fan *vt <hvac>* • anblasen *vt*
fan *vt <hvac> (air, ventilate)* • belüften *vt*
fan air cooler *<hvac> (e.g. projector, motor, processor)* • Gebläseluftkühler *m*
fan belt *<mvhcl> (of engine with belt--driven radiator fan)* • Lüfterantriebsriemen *m*
fan-cooled *<hvac>* • lüftergekühlt
fanfold[ed] … *<pap> (e.g. paper, labels)* • Leporello…; Zickzack…; Faltstapel…
fan heater *<hvac>* • Heizlüfter *m*
fan heat sink *<tech.gen> (gen.; e.g. for CPUs)* • Lüfterkühler *m*

fan motor *<mot>* • Lüftermotor *m*

fan nozzle *<hvac>* • Fächerdüse *f*

fan out *vt <gen>* • fächerartig ausbreiten *vt*

fan-shaped *<tech.gen> (e.g. air jet, light beam)* • fächerförmig

fantail *<energ.wind>* • Seitenrad *n*

fan-tailed burner *<tech.gen>* • Rundstrahlbrenner *m*

far *<gen> (distant)* • fern

farad (F) *<phys> (unit of capacity: As/V)* • Farad *n* (F) *DIN 1301*

Faraday cage *<el>* • Faraday'scher Käfig *m*; Faradaykäfig *m*; faradayscher Käfig *m*

far off *<gen>* • weit entfernt

far out *<gen>* • weit draußen

fascia *<build> (e.g. of bridges)* • Gesims *n*; Gesimsband *n*

fascia *US <mvhcl> (panel-type external trim; e.g. bumper fascia)* • Verkleidung *f*

fascine *US <build.mat> (a bundle of sticks, reinforcement; e.g. in dikes)* • Faschine *f*; Reisigbündel *n*

fashion *vt <prod> (produce sth, usu. manually)* • anfertigen *vt*

fast *<gen>* • schnell

fast *<srfc> (resistant, proof; e.g. with regard to light, UV rays etc.)* • echt

fast-acting fuse *<el>* • flinke Sicherung *f*

fast breeder reactor *<nucl>* • schneller Brutreaktor *m*; schneller Brüter *m prakt*

fast-dyed *<srfc.textil>* • echtgefärbt

fasten *vt <tech.gen> (e.g. by pulling)* • anziehen *vt*

fasten *vt <agri> (plants to)* • befestigen *vt*

fasten *vt <convey> (load, with rope, chain etc.)* • anschlagen *vt*

fasten *vt <join> (gen.; to/on sth)* • befestigen *vt*; montieren *vt*; installieren *vt*; anbringen *vt ugs*; festmachen *vt ugs.rar*

fasten *vt <join> (with screws, bolts)* • festschrauben *vt*; anschrauben *vt*

fastened *<tech.gen> (not removable)* • fest

fasten finger tight *vt <prod> (screws, bolts, nuts)* • handfest anziehen *vt*

fastening *<tech.gen> (attachment)* • Befestigung *f*

fastening *<tech.gen> (for locking purposes)* • Verriegelung *f*

fastening device *<tech.gen>* • Befestigungsvorrichtung *f*

fastening device *<tech.gen> (any kind, any shape)* • Halter *m*; Halterung *f*

fasten with cramps *vt <build> (stones, beams)* • anklammern *vt*

fast ferry *<nav>* • Schnellfähre *f*

fast forward (FF) *<av> (tape; w/o picture, sound)* • Schnellvorlauf *m*; schneller Vorlauf *m*; Schnelllauf [vorwärts] *m*; Vorlauf *m*; Vorspulen *n*

fast lane *<traff>* • Überholspur *f*

fast lens *<phot>* • lichtstarkes Objektiv *n*

fast motion *<av> (recording/playback mode)* • Zeitraffung *f DIN IEC 11155*

fastness *<mat> (with regard to light, radiation, chemical attack)* • Festigkeit *f*; Beständigkeit *f*

fastness *<srfc> (e.g. of dyes, inks)* • Beständigkeit *f*; Echtheit *f*

fast neutron *<nucl>* • schnelles Neutron *n*

fast-response *<tech.gen>* • schnell ansprechend

fast runner *<tech.gen>* • Schnellläufer *m*

fast-running *<tech.gen>* • schnelllaufend

Fast SCSI *stand <comp>* • Fast SCSI *norm*

fast to sea-water *<srfc> (paint)* • meerwasserecht

fast-traverse *vt <mach.tool> (e.g. tool, work piece)* • Eilgang *m*: im ~ bewegen *vt*

fat *<gen>* • fett

fat *<chem> (of animal or plants)* • Fett *n*

fat *<food>* • Fett *n*

fatal error *<qualit>* • schwerwiegender Fehler *m*

fat content *<food>* • Fettgehalt *m*

fathom *<nav> (measure; 1.83 meters)* • Faden *m*

fathom *vt <nav>* • ausloten *vt*

fatigue bending test *<qualit.mat>* • Dauerbiegeversuch *m*

fatigue crack *<qualit.mat>* • Ermüdungsriss *m*

fatigue failure *<qualit.mat> (gen.; any type of failure, usu. rupture)* • Ausfall durch Ermüdung *m*; Ermüdungsausfall *m*; Ermüdungsversagen *n*

fatigue fracture <*qualit.mat*> *(rupture due to continuous stress)* • Ermüdungsbruch *m*; Dauerbruch *m*

fatigue limit <*qualit.mat*> *(max. stress a material can endure for an infinite no. of stress cycles)* • Dauerschwingfestigkeit *f*; Dauerfestigkeit *f*; Schwingfestigkeit *f*; Schwingungsfestigkeit *f*; Gestaltfestigkeit *f rar.obs*

fatigue limit <*qualit.mat*> • Ermüdungsgrenze *f*

fatigue resistance <*qualit.mat*> *(material property)* • Ermüdungsbeständigkeit *f*; Ermüdungsfestigkeit *f*

fatigue strength <*qualit.mat*> *(mech.; under static or dynamic continuous load)* • Dauerfestigkeit *f*; Ermüdungsfestigkeit *f*; Ermüdungsbeständigkeit *f*; Dauerhaltbarkeit *f rar*

fatigue strength <*qualit.mat*> *(under static stress; in* N/mm^2*)* • Dauerstandfestigkeit *f*; Dauerfestigkeit *f*; Zeitstandfestigkeit *f*; Zeitfestigkeit *f*

fatigue test <*qualit.mat*> • Dauerschwingversuch *m DIN 15100*

fatigue test <*qualit.mat*> • Ermüdungsversuch *m*

fat-soluble <*mat*> • fettlöslich

fatty <*gen*> • fettig

fatty <*food*> • fett

fatty acid <*chem*> • Fettsäure *f*

fault <*qualit.tech*> *(in systems, components)* • Fehler *m*; Defekt *m*

fault analysis <*tech.gen*> • Fehleranalyse *f*; Störungsanalyse *f*

fault display <*i&c*> • Fehlermeldung *f*

fault indication <*tech.gen*> *(gen.; opt., acoust., digital)* • Fehlermeldung *f*; Störmeldung *f*; Störungsmeldung *f*

faultless <*qualit*> *(product)* • fehlerfrei; fehlerlos

fault localization <*qualit*> • Fehlerbestimmung *f*

fault message <*i&c*> • Fehlermeldung *f*

fault removal <*tech.gen*> *(system troubleshooting)* • Fehlerbehebung *f*; Fehlerbeseitigung *f*; Störungsbeseitigung *f*; Beseitigung von Störungen *f*; Entstörung *f rar*

fault susceptibility <*qualit*> • Fehleranfälligkeit *f*

fault tolerance <*tech.gen*> • Fehlerverträglichkeit *f*; Fehlertoleranz *f*; Ausfallsicherheit *f*

fault-tree analysis <*qualit*> • Fehlerbaumanalyse *f*

faulty <*qualit*> *(component, system)* • defekt; fehlerhaft; fehlerbehaftet *rar*; mangelhaft

faulty casting <*prod*> • Fehlguss *m*

faulty measuring result <*i&c*> • Fehlmessung *f*

faulty soldered joint <*join*> *(soldering defect)* • kalte Lötstelle *f*

faux fur ... <*garm*> *(e.g. jacket, collar)* • Kunstpelz...; Webpelz...

favorable <*tech.gen*> *(design, solution)* • günstig

fax machine <*tele*> • Faxgerät *n*; Telefaxgerät *n form*; Fax *n ugs*; Fernkopierer *m rar.DIN 32742-1*; Bildtelegrafiegerät *n obs*

FDMA method <*tele*> • FDMA--Verfahren *n*

FE analysis <*mech*> • FE-Berechnung *f*; Finite-Elemente-Berechnung *f*

feasibility study <*tech.gen*> • Durchführbarkeitsstudie *f*; Durchführbarkeitsuntersuchung *f*; Machbarkeitsstudie *f ugs*; Planungsstudie *f rar*; Projektstudie *f rar*

feasibility study <*docu*> • Projektstudie *f*

feasible <*tech.gen*> *(e.g. solution, design)* • praktikabel; implementierbar; durchführbar; realisierbar; machbar *ugs*

feather <*bio*> • Feder *f*

feather <*join.wood*> *(spline, to be inserted in a groove; e.g. in boards)* • Feder *f*

feather edge burr <*prod*> *(on stamped blanks)* • ausgefranster Stanzgrat *n*

feather edging *ISO 4618-3* <*srfc*> *(of a paint coat)* • Beischleifen *n DIN EN ISO 4618*

feathering <*vhcl*> *(tire wear)* • Gratbildung *f*

feather key <*join.mech.eng*> *(in key seats, shaft/hub connection; no radial force)* • Feder *f*

feature <*tech.gen*> *(of a product)* • Leistungsmerkmal *n*; Vorzug *m*

feature connector <comp> • Feature--Connector *m*

feature telephone <tele> • Komforttelefon *n*

feature width <el> *(of PCBs, ICs)* • Strukturbreite *f*

feed <convey> *(into a feed screw; e.g. extruder)* • Einzug *m*

feed <mach.tool> *(relative travel of the tool across the work; in ipr)* • Vorschub *m*

feed <proc> *(fill material)* • Füllung *f*

feed *vt* <tech.gen> *(material into machine; e.g. paper into printer)* • einführen *vt*; einlegen *vt*

feed *vt* <tech.gen> *(into a system, plant; e.g. energy, steam)* • einspeisen *vt*; zuführen *vt*

feed *vt* <tech.gen> • speisen *vt*

feed *vt* <comp> *(data)* • eingeben *vt*

feed *vt* <convey> *(charge a system with process material; e.g. aggregates, coal, waste)* • aufgeben *vt*

feed *vt* <print> *(paper, sheet; e.g. into printer, copier, fax machine)* • einziehen *vt*

feed *vt* <proc> *(fuel)* • beschicken *vt*; befeuern *vt*

feedback <tech.gen> *(information from somebody)* • Rückmeldung *f*; Feedback *n jarg*

feedback <tech.gen> • Rückführung *f*

feedback <tech.gen> *(acoustical, electr., metaphorical)* • Rückkopplung *f*

feedback: without ~ <tech.gen> • rückwirkungsfrei

feedback: without ~ <el> • rückkopplungsfrei

feedback *vi* <tech.gen> • rückkoppeln *vi*

feedback *vt* <tech.gen> • rückführen *vt*

feed back *vt* <gen> • rückmelden *vt*

feed by hand *vt* <prod> *(material, blanks)* • eingeben *vt*: von Hand ~; Hand *f*: von ~ eingeben *vt*

feeder <convey> *(gen.)* • Zubringer *m*

feeder <prod> *(device, system)* • Zuführung *f*

feeder <textil> *(supplies yarn to the needles)* • Fadenzubringer *m*; Fournisseur *m*

feeder road <traff> *(e.g. to freeway, motorway)* • Zubringer *m*; Zubringerstraße *f*

feeder [road] *US* <traff> *(feeds traffic to an expressway, motorway etc.)* • Autobahnzubringer *m*

feeder ship <nav> *(small container ship)* • Feederschiff *n*; Feeder *m prakt*

feedgas <emiss.i&c> *(exhaust gas entered in exhaust gas analyzer)* • Abgas *n*

feed guide <print> *(paper guide; e.g. on copier, printer)* • Anlage *f*

feed hopper <convey> *(e.g. for coal)* • Beschickungsbunker *m*

feed hopper <proc> *(very large; for process material; e.g. for aggregates, coal, refuse)* • Aufgabetrichter *m*; Beschickungstrichter *m*; Materialtrichter *m*; Einfülltrichter *m*; Fülltrichter *m prakt*

feed hopper <proc> • Fülltrichter *m*

feeding <tech.gen> *(of material)* • Zuführung *f*; Zufuhr *m*

feeding <convey> *(of containers, vessels, tanks, systems)* • Beschickung *f*; Beschicken *n*

feeding <proc> *(solids)* • Beschickung *f*; Brennstoffzufuhr *f*; Brennstoffaufgabe *f*; Zufuhr *f*

feeding device <waste> *(e.g. chute, hopper, gate)* • Aufgabevorrichtung *f*; Beschickungseinrichtung *f*

feeding mark <print> • Anlegemarke *f*

feed into *vt* <plast> *(pellets from the hopper into the screw)* • einziehen *vt*

feed pump <tech.gen> • Speisepumpe *f*

feed pump <mech.eng> • Förderpumpe *f*

feed rate <mach.tool> • Vorschubgeschwindigkeit *f*

feed reel <av> *(of magnetic tape)* • Abwickelspule *f*

feed rod <mach.tool> *(of lathe; below lead screw; moves carriage and cross slide)* • Zugspindel *f*

feed roll <tech.gen> *(for application of coat, paint etc.)* • Auftragwalze *f*

feed roller <print> *(e.g. of copy machine, printer)* • Einzugswalze *f*

feed section <convey> • Beschickungszone *f*

feed slurry <proc> • Aufgabegut *n*

feed tank <logist> • Beschickungsbehälter *m*

feed tray <logist>

• Beschickungsbehälter *m*

feed water *<proc> (e.g. for production processes, steam generators)* • Speisewasser *n*

feed zone *<plast> (below hopper)* • Einzugszone *f*

feel: adjust by ~ *vt <tech.gen>* • Gefühl *n*: nach ~ einstellen *vt*

feel: of good ~ *<textil>* • griffig

feel *vt <gen>* • fühlen *vt*

feeler gauge *<mvhcl.tool> (with feeler blades)* • Fühlerlehre *f*; Fühlerblattlehre *f form*; Fühllehre *f*; Dickenlehre *f rar*; Spion *m ugs*

feeler gauge *<mvhcl.tool> (single blade)* • Fühlerlehre *f*; Fühlerlehrenblatt *n*; Fühlerblattlehre *f*

feeler gauge *<tool> (gen.)* • Fühlerlehre *f DIN 2275*; Fühllehre *f prakt*; Messspion *m obs.ugs*

fees *<jur>* • Gebühren *fpl*

feldspar *<min>* • Feldspat *m*

felloe *<vhcl> (of spoke wheel)* • Felge *f*

felsite *<silic>* • Felsit *m*

felt *<mat>* • Filz *m*

felt *vi <textil> (wool; undesirable; e.g. due to washing)* • filzen *vi*

felt applicator *<tech.gen> (for ink, adhesive, lubricant etc.)* • Auftragsfilz *m*

felt lubricator *<tribo>* • Filzöler *m*

felt-treat *vt <build.srfc> (plaster)* • abfilzen *vt*

felt-wick oiler *<tribo>* • Filzdochtöler *m*

felt wiper *<tech.gen>* • Filzabstreifer *m*

female connector *<el> (accommodates a male connector; usu. with holes for pins)* • Buchse *f*; Weibchen *n jarg.rar*

female connector *<el> (accommodates a male connector)* • Kupplung *f*

female die *<metal> (gen.; with the mold cavity, usu. at the bottom)* • Matrize *f*

female disconnect *<el> (accommodates a male tab connector)* • Flachsteckhülse *f*; Kfz--Flachsteckhülse *f*

female mold *US <proc>* • Negativform *f*

female part *<tech.gen>* • aufnehmendes Teil *n*; Mutterteil *n*

female plug cable *<el>* • Kupplung *f*

female thread *<tech.gen> (gen.; e.g. in parts, pipes, lamp sockets)* • Innengewinde *n*

femto *<gen> (SI prefix, 10^{-15}; e.g. femtosecond)* • Femto-...

femtomole *<phys> (10-15 mole)* • Femtomol *n*

femtosecond laser *<mech.tech> (ultrashort pulse laser)* • Femtosekundenlaser *m*; Femtolaser *m ugs*; FS-Laser *m*

fender *US <mvhcl>* • Kotflügel *m*

fender *<nav> (suspended on sides of ship, pier)* • Fender *m*; Abweiser *m*; Stoßfänger *m rar*

fender flare *US <mvhcl> (smoothly shaped; accommodates wider tires)* • Kotflügelverbreiterung *f*

fenestration *<build> (fitting of windows)* • Befensterung *f*

fenestration *<build> (layout of windows)* • Fensteranordnung *f*; Fensteraufteilung *f*

ferment *vi <food>* • gären *vi*

fermentable *<food>* • gärungsfähig

fermentation *<chem.food>* • Gärung *f*; Fermentation *f*; Fermentierung *f*

fermentation gas *<energ.bio> (bio gas)* • Faulgas *n*

fermentation putrefaction *<waste>* • Gärfaulverfahren *n*

fermenter *<proc> (e.g. for wine, biogas, biodiesel)* • Gärbehälter *m*

Fermi age *<nucl>* • Fermi-Alter *n*; Neutronenalter *n*

Fermi energy *<phys>* • Fermi-Energie *f*

fermium (Fm) *<chem> (radioactive)* • Fermium *n* (Fm)

ferrite *<metal>* • Ferrit *m*

ferrite antenna *US <tele>* • Ferritantenne *f*

ferrite head *<av>* • Ferritkopf *m*

ferrite toroid *<el>* • Ferritringkern *m*

ferritic steel *<metal>* • ferritischer Stahl *m*

ferrocement *<build.mat> (a type of reinforced concrete; e.g. for water tanks)* • Ferrozement *m*; Armozement *m*; Ferrocement *m rar*

ferroelectric material *<mat>* • ferroelektrischer Stoff *m*

ferrofluid *<av>* • Ferrofluid *n*; magnetorheologische Flüssigkeit *f*

ferromagnetic *adj <phys>* • ferromagnetisch

ferromagnetic material *<mat>* • ferromagnetischer Stoff *m DIN EN 1330-1*; Ferromagnetikum *n*

ferromagnetic powder *<mat>* • Magnetpulver *n*

ferromagnetism *DIN IEC 50 <phys>* • Ferromagnetismus *m DIN IEC 50*

ferrous casting material *<mat>* • Eisengusswerkstoff *m*

ferrous material *<mat>* • Eisenwerkstoff *m*

ferrous metal *<mat>* • Eisenmetall *n DIN 17006*

ferrous metals *pl <mat>* • Eisenmetalle *npl*

ferrule *<join> (e.g. for wire ropes)* • Quetschhülse *f*; Pressklemme *f DIN 3093,3095*

ferry *US.GB <nav>* • Fährschiff *n*; Fähre *f*

ferry *vt <nav> (passengers, cargo; to the other side)* • übersetzen *vt*

ferry harbour *<nav>* • Fährhafen *m*

ferry traffic *<traff>* • Fährverkehr *m*

fertilize *vt US <agri>* • düngen *vt*

fertilizer *US <agri>* • Dünger *m*; Düngemittel *n*

fertilizer application *US <agri> (gen.)* • Düngung *f*; Düngereinsatz *m*

fertilizer industry *<agri.prod>* • Düngemittelindustrie *f*

festoon bulb *<el>* • Soffittenlampe *f*; Soffitte *f*

fettle *vt <metal.rep> (repair, open-hearth furnace)* • flicken *vt*

fettling *<metal>* • Gussputzen *n*; Putzen *n*

FF headlight *<mvhcl.el> (headlight using a free-shape reflector)* • FF--Scheinwerfer *m*; Freiflächenscheinwerfer *m*; Scheinwerfer in Freiformtechnik *m Audi*

fiber *US <tech.gen> (bio, ceramic, glass, mineral, plastic, textile, wood)* • Faser *f*

fiber-base paper *US <phot>* • Barytpapier *n*

fiberboard *US <build.mat>* • Faserbaustoffplatte *f*; Faserplatte *f*

fiber cable *US <owg>* • Fiberoptikkabel *n*; Fiberoptik-Kabel *n*

fiber cement *US <build.mat>* • Faserzement *m* (FZ)

fiber concrete *US <build.mat>* • Faserbeton *m*

fiber direction *US <tech.gen> (e.g. plastics)* • Faserverlauf *m*

fiber distributed data interface (FDDI) *<owg>* • FDDI-Technik *f*

fiber fleece *US <pap> (moist paper web; enters the paper machine)* • Faservlies *n*

fiber glass *US <silic> (gen.; in strands, chopped, mats)* • Glasfaserstoff *m*; Glasfaser *m prakt*; Faserglas *n rar*; Fiberglas *n rar.ugs*

fiberglass mat *US <mat>* • Glasfasermatte *f*

fiber length *US <tech.gen>* • Faserlänge *f*

fiber-optical *US <owg>* • faseroptisch

fiber-optic lighting *US <owg>* • Beleuchtung mittels Lichtleitfaser *f*

fiber-optic lighting system *US <owg>* • faseroptisches Beleuchtungssystem *n*

fiber optics *<light> (e.g. for illumination of instruments and controls)* • Lichtleitertechnik *f*

fiber optics *US <owg>* • Glasfaseroptik *f*; Fiberglasoptik *f*; Faseroptik *f*

fiber orientation *US <tech.gen> (e.g. in paper, textiles, GRP)* • Faserorientierung *f*

fiber-reinforced *US <mat> (e.g. plastics, concrete)* • faserverstärkt; gewebeverstärkt

fiber-reinforced composite material *US <mat> (e.g. GRP)* • faserverstärkter Verbundwerkstoff *m*

fiber reinforcement *US <build> (of concrete; e.g. glass fibers, carbon)* • textile Bewehrung *f*

fiber rope *US <textil>* • Faserseil *n DIN 83305-2*

fiber skin *US <tech.gen> (skin made of fibers or a skin around a fiber core)* • Fasermantel *m*; Faserhülle *f*; Faserummantelung *f*

fibril[la] *<bio> (thin fiber)* • Fibrille *f*

fibrillar[y] *<gen>* • fibrillar

fibrillate *vi/vt <pap>* • fibrillieren *vi/vt*

fibrin glue *<join.med>* • Fibrinkleber *m*

fibrous *<convey> (containing fibers; e.g. fluid pumped)* • faserig; faserhaltig

fibrous *<mat> (gen.)* • faserig; faserartig

fibrous composite material *<plast>* • Faserverbundwerkstoff *m* (FVW)

fibrous dusts *pl <emiss>* • faserförmige Stäube *mpl VDI 3469-5*

fibrous fracture *<qualit.mat> (gen.)* • Faserbruch *m*

fibrous structure *<mat>* • Faserstruktur *f*; fasrige Struktur *f*; Fasergefüge *m*

Fick's law *<phys> (of diffusion)* • Fick'sches Gesetz *n*

fiducial mark *<el> (reference point on a PCB)* • Bezugsmarke *f*

field *<gen> (e.g. area, region, sector)* • Feld *n*

field *<agri>* • Feld *n*; Acker *m*

field *<agri> (cultivated area)* • Schlag *m*; Kulturgröße *f*

field *<phys> (electr., magnet., gravit.)* • Feld *n*

field aerodrome *<aerosp>* • Feldflugplatz *m*

field conditions *<tech.gen>* • Einsatzbedingungen *fpl*

field density *<el>* • Felddichte *f*

field-dependent *<tech.gen>* • feldabhängig

field-effect transistor (FET) *<comp.ic.el>* • Feldeffekttransistor *m* (FET); unipolarer Transistor *m*

field-emission microscope (FEM) *<el.i&c>* • Feldemissionsmikroskop *n* (FEM); Feldelektronenmikroskop *n*

field erection *<build> (e.g. of major structures, systems)* • Baustellenmontage *f*

field excitation *<el>* • Felderregung *f*

field experience *<tech.gen>* • Betriebserfahrung *f*

field experience *<tech.gen>* • praktische Erfahrung *f*

field glasses *<opt.mil> (a sturdy pair of binoculars)* • Feldstecher *m*

field-induced *<el>* • feldinduziert

field-ion microscope (FIM) *<el.phys>* • Feldionenmikroskop *n* (FIM)

field irrigation *<agri>* • Feldberegnung *f*

field laboratory *<build>* • Baustellenlabor *n*

field length *<comp> (e.g. of forms, tables, spreadsheet cells)* • Feldlänge *f*

field line *<phys> (electr., magnet.)* • Feldlinie *f*

field measurement *<i&c>* • Außenmessung *f*

field of application *<gen>* • Einsatzgebiet *n*

field of view (FOV) *<tech.gen>* • Blickfeld *n*

field of view *<opt>* • Sichtfeld *n*

field rivet *<join>* • Baustellenniet *m*

field service *GE Aero <tech.gen> (e.g. for maintenance/repair works)* • Vor-Ort-Service *m*

field survival kit *<gen>* • Überlebensausrüstung *f*

field test *<tech.gen> (experiment, anywhere under actual usage conditions)* • Feldversuch *m*

field testing *<qualit> (stress on: outdoors, in open country)* • Freilandversuch *m*

field weld *<join>* • Baustellenschweißnaht *f*; Baustellennaht *f*

field winding *<el> (in motor or generator, as stator or rotor)* • Erregerwicklung *f*; Feldwicklung *f*; Feldspule *f*; Erregerspule *f*

field-work *<tech.gen>* • Außenarbeiten *fpl*

field-work *<tech.gen>* • Feldarbeit *f*

FIFO memory *<comp>* • FIFO-Speicher *m*

fifo method *<logist> (storage)* • Fifo-Prinzip *n*; Fifo-Methode *f*; FIFO-Verfahren *n*; Prinzip "first in - first out" *n*

fifth wheel coupling *<comvhcl> (main plate on the tractor and upper fifth wheel on the semitrailer)* • Sattelkupplung *f*

fighter plane *<mil.aerosp>* • Kampfflugzeug *n*

figure *<gen>* • Figur *f*

figure *<bio> (of a woman)* • Figur *f*

figure (fig.) *<docu> (pictorial element in a document; e.g. drawing, chart, photo)* • Abbildung *f* (Abb.); Darstellung *f rar*

figure *<math> (individual symbol of a number system; typ. an arabic numeral)* • Ziffer *f*; Zahl *f ugs*

figure out *vt <gen> (make an estimate of sth.; e.g. total cost, consequences)* • abschätzen *vt*

filament *<astron> (in gas clouds)* • Filament *n*

filament *<el> (metal or carbon; e.g. in light bulbs)* • Faden *m*; Glühfaden *m*

filament *<el> (of light bulbs; often coiled)* • Glühfaden *m*; Glühdraht *m*; Leuchtdraht *m rar*

filament *<el> (of light bulbs; very fine coil)* • Wendel *f*; Glühwendel *f*; Glühdraht *m*

filament *<textil> (monofilament)* • Faden *m*; Filament *n*; Elementarfaden *m*

filamentary *<gen>* • fadenförmig

filament cop *<textil> (synthetic fibers)* • Filamentkop *m*; Filamentcop *m*

filament yarn *<textil>* • Endlosgarn *n*; Filament *n*; Filamentgarn *n*

file *<comp> (stored unit of data; e.g. a document file text.doc)* • Datei *f*

file *<tool> (gen.; for any material)* • Feile *f*

file *vt <tool>* • feilen *vt*

file access *<comp>* • Dateizugriff *m*

file allocation table (FAT) *<comp>* • Dateizuordnungstabelle *f* (FAT); Dateibelegungstabelle *f*; Datei--Speicherverwaltungstabelle *f*

file attribute *<comp> (e.g. system, hidden, read-only)* • Dateiattribut *n*; Attribut *n prakt*

file conversion *<comp>* • Dateiumwandlung *f*; Dateikonvertierung *f*

file cut *<tool>* • Feilenhieb *m*

filed *<docu> (documents, files)* • abgelegt

file header *<comp>* • Dateivorspann *m*; Datei-Header *m*

file locking *<comp>* • Dateiverriegelung *f*; Dateisperrung *f*

file manager *<comp>* • Dateiverwaltungsprogramm *n*

file name *<comp>* • Dateiname *m*

file not found *<comp> (e.g. error 404)* • Datei nicht gefunden

file off *vt <prod>* • abfeilen *vt*

file scan *<comp>* • Dateisuche *f*; Datensuche *f*

file-server crash *<comp>* • Fileserver--Absturz *m*; Ausfall des Fileservers *m*

file sharing *<comp>* • File Sharing *n*

file structure *<comp>* • Dateistruktur *f*

file system *<comp>* • Dateisystem *n*; Dateianordnung *f DIN*

filet *<textil> (net or lace with a square mesh)* • Filetgewirk *n*; Filetarbeit *f*

file type *<comp>* • Dateityp *m*

file updating *<comp>* • Dateiaktualisierung *f*

filigree *<proc.metal>* • Filigran *n*

filigree work *<art>* • Filigranarbeit *f*

filing *sg <docu> (gen., of documents, media; e.g. in a file room, cabinet)* • Archivierung *fsg*; Archivieren *nsg*

filing block *<tool>* • Kluppe *f*

fill *<tech.gen> (sth. that fills, material in a cavity)* • Füllung *f*

fill *<build> (e.g. with soil, debris)* • Auffüllung *f*; Aufschüttung *f*; Anschüttung *f*

fill *vt <gen>* • vollfüllen *vt*

fill *vt <gen>* • vollgießen *vt*

fill *vt <build> (laterally; e.g. a bank, hillside)* • anschütten *vt*

fill *vt <build> (a hollow, ditch, ground)* • aufschütten *vt*

fill *vt <comp> (surfaces, areas etc. in images)* • ausfüllen *vt*; füllen *vt*

fill *vt <pack> (bottles, cans; with any medium)* • abfüllen *vt*

fill *vt <pack> (container; e.g. bottles, cans, boxes)* • füllen *vt DIN 55 405*

filled *<gen>* • voll

filled *<phys> (band)* • besetzt

filler *<tech.gen> (sth. embedded in sth. to fill voids, add substance)* • Füllmaterial *n*; Füllstoff *m*

filler *<tech.gen> (to make sth. last longer, more substantial at low cost)* • Streckmittel *n*

filler *<build>* • Futterstück *n*

filler *<pap> (for recycled paper)* • Füllstoff *m*

filler *<plast> (gen.; compounding of plastics; e.g. in plastics and tire rubber)* • Füllstoff *m*

filler *<srfc> (putty)* • Spachtelmasse *f*

filler *<srfc> (coating material)* • Füllgrund *m*; Füller *m*

filler cap *<tech.gen>* • Einfüllverschluss *m*

filler coat *<srfc> (actual coating)* • Füllgrund *m*; Füllschicht *f*; Füller *m prakt*

filler neck *<tech.gen> (e.g. on fuel tank)* • Füllstutzen *m*

filler paste *<mat> (polyester filler)* • Spachtelmasse *f*

filler rod *<join> (for gas welding; bare or coated with flux)* • Gasschweißstab *m*

filler text *<print>* • Blindtext *m*

fillet *<tech.gen> (in corner; radiused L-shape)* • Hohlkehle *f*; Auskehlung *f*

fillet *<build.mat> (stiff strip to cover seams etc.; e.g. of metal, plastic,* *wood)* • Leiste *f*

fillet *<comp> (of a line, corner; CAD)* • Abrundung *f*; Ausrundung *f*

fillet *<food> (boneless piece of fish or meat; skinned fruit)* • Filet *n*

fillet *<mil> (rim on gun muzzle)* • Mündungsbund *m*

fillet *vt <comp> (line, corner; e.g. via CAD)* • abrunden *vt*; ausrunden *vt*; runden *vt*

fillet *vt <prod> (hollow out)* • auskehlen *vt*

fillet *vt <prod> (add a radius)* • ausrunden *vt*

fillet strip *<build> (strip with a fillet)* • Kehlleiste *f*

fillet weld *<join>* • Kehlnaht *f*

fill factor *<tech.gen>* • Füllungsgrad *m*

fill in *vt <build> (tiles)* • ausfugen *vt*

fill-in flash *<phot>* • Aufhellblitz *m*

filling *<tech.gen> (of tanks, containers; starting from empty condition)* • Befüllung *f*; Befüllen *n*

filling *<tech.gen> (of containers; process)* • Füllung *f*; Füllen *n*

filling and packaging line *<pack>* • Abfüll- und Packstraße *f*

filling hopper *<tech.gen>* • Schütttrichter *m*

filling hose *<tech.gen>* • Einfüllschlauch *m*; Füllschlauch *m*

filling-in *<tech.gen> (of forms)* • Eingabe *f*

filling level *<tech.gen> (gen.; also of small quantities; e.g. of bottles)* • Füllhöhe *f*

filling machine *<pack> (for bottles, cans, boxes; e.g. soft drinks, ice cream)* • Füllmaschine *f DIN 8740-2*; Füller *m ugs*; Füllstation *f prakt*; Abfüllanlage *f*; Abfüllmaschine *f*

filling material *<min>* • Berge *mpl*

filling nozzle *<tech.gen>* • Füllstutzen *m*

filling plant *<pack>* • Abfüllanlage *f*

filling station *<tech.gen> (stress on: locale)* • Füllort *m*

filling station *<traff> (any type)* • Tankstelle *f*

filling trowel *<build.tool>* • Maurerkelle *f*

fill [into] *vt <pack> (liquid; e.g. juice into cans, bottles)* • abfüllen *vt*

fillister head *<join>* • Linsenzylinderkopf *m DIN ISO 1891*

fillister head screw *<join>* • Linsenzylinderschraube *f*

fill mass *<mat> (for grouting, potting etc.)* • Füllmasse *f*

fill plug *<tech.gen> (gen.; e.g. for lubricating oil or hydraulic fluid)* • Einfüllschraube *f*; Einfüllstopfen *m*

fill up *vi <mvhcl>* • tanken *vi/vt*

fill up *vt <tech.gen>* • nachfüllen *vt*

fill with foam *vt <tech.gen> (e.g. cavities in boats)* • ausschäumen *vt*

film *<phot.cine> (for pictures)* • Film *m*

film *<plast> (of plastic, vinyl; very thin gauge only, < 0.25 mm)* • Folie *f*; Kunststofffolie *f*; Plastikfolie *f ugs*

film *<srfc> (thin layer/coating; e.g. water, oil, paint)* • Film *m*; Schicht *f*

film blowing *<plast>* • Folienblasen *n*

film boiling *<nucl>* • Filmsieden *n DIN 25401-3*

film capacitor *<el>* • Folienkondensator *m*

film cooling *<tech.gen> (e.g. of turbine blades)* • Filmkühlung *f*

film dosimeter *<nucl.safe> (work safety)* • Filmdosimeter *n*

film extrusion *<plast>* • Folienextrusion *f*

film formation *<srfc>* • Filmbildung *f*

film gate *<plast> (on injection moldings)* • Bandanschnitt *m*

film lamination *<phot> (e.g. of block--mounted pictures, posters)* • Folienkaschierung *f*

film processing *<phot>* • Filmentwicklung *f*

film resistance *<tech.gen> (property)* • Schichtwiderstand *m*

film speed *<phot>* • Filmempfindlichkeit *f*; Empfindlichkeit *f*

film-speed setting *<phot>* • Filmempfindlichkeitseinstellung *f*; Einstellen der Filmempfindlichkeit *n*

film strip *<phot> (usu. 5-6 frames ea.; negs or transparencies)* • Filmstreifen *m*

film thickness *<srfc>* • Filmdicke *f*; Filmstärke *f*; Schichtdicke *f*

film transport *<phot>* • Filmtransport *m*; Filmfortschaltung *f*

film-type filling *US <proc> (cooling tower internals)* • Filmkühleinbau *m*; Rieselfilmeinbau *m*;

Rieselflächeneinbau *m*; Filmeinbau *m*; Rieselwerk *n*
filter *<tech.gen> (mechanical, optical, electr.)* • Filter *n*; Filter *m prakt.ugs*
filter *vt <tech.gen> (e.g. light, frequencies, coffee)* • filtern *vt*
filter *vt <chem.proc> (if the carrier medium is a liquid)* • filtern *vt*; filtrieren *vt*
filter bag *<tech.gen> (rather small)* • Filterbeutel *m*
filter bag *<tech.gen> (industrial; rather large, any material)* • Filtersack *m*
filter cake *<proc> (particle accumulation on a filter)* • Filterkuchen *m*; Filterrückstand *m*; Kuchen *m prakt*
filter cake *<proc> (dry, on fabric filters)* • Filterkuchen *m*; Staubkuchen *m*
filter candle *<proc> (cylindrical)* • Filterkerze *f*; Filterpatrone *f*
filter cartridge *<mvhcl> (for air, fuel, oil and pollen filters)* • Filterpatrone *f*
filter cartridge *<proc>* • Filtereinsatz *m*
filter case *<tech.gen>* • Filtergehäuse *n*; Filterbehälter *m*; Filtertopf *m rar*
filter case divider *<tech.gen>* • Gitterrost *m*
filter casing *<proc> (large; e.g. for hvac--systems)* • Filtergehäuse *n*; Filterhaus *n*
filter chamber *<tech.gen>* • Filterkammer *f*
filter circuit *<el>* • Filterschaltung *f*; Siebschaltung *f*; Filterkreis *m*; Siebkreis *m*; Glättungsschaltung *f*
filter element *<proc>* • Filtereinsatz *m*; Filterelement *n*
filter factor *<phot> (to compensate exposure loss due to a filter)* • Filterfaktor *m*; Verlängerungsfaktor *m*
filter gravel *<proc> (e.g. of sewage treatment plant)* • Filterkies *m VDI4640*
filter insert *<tech.gen> (e.g.; any type and shape)* • Filtereinsatz *m*
filter loading *<proc>* • Filterbelastung *f*; Filterflächenbelastung *f*; Filterverhältnis *n*
filter medium *<proc> (substance through which filtration is achieved)* • Filtermaterial *n*; Filtermasse *f*; Filtersubstrat *n*; Filterkörper *m*; Filtermedium *n*
filter out *vt <el> (signals, frequencies)* • ausfiltern *vt*; aussieben *vt ugs*
filter out *vt <proc> (particulates)* • ausfiltern *vt*
filter paper *<proc> (gen.)* • Filterpapier *n*
filter rating *<proc> (specified)* • Filterbelastung *f*; Filterflächenbelastung *f*; Filterverhältnis *n*
filter regeneration *<tech.gen> (automatic; e.g. of diesel particulate filters)* • Filterregeneration *f*
filter screen *<proc>* • Filtersieb *n*
filter technology *<proc>* • Filtertechnik *f*
filter under vacuum *vi <chem.proc> (use a nutsch filter)* • nutschen *vi*
filtrate *vt <proc> (gaseous carrier medium)* • filtern *vt*
filtration residue *<proc>* • Filterrückstand *m*
fin *<tech.gen> (typ. for cooling; e.g. on air-cooled engines, CPU heat sinks)* • Rippe *f*
fin *<aerosp> (vertical tail; carries the rudder)* • Seitenflosse *f*
fin *<hvac> (e.g. as heat transfer surface on heaters or heat sinks)* • Lamelle *f*
fin *<prod> (on castings)* • Formgrat *m*
final amplifier *<el>* • Endverstärker *m*
final approach *<aerosp>* • Endanflug *m*
final assembly *<prod> (completion stage in production)* • Endmontage *f*
final assembly *<prod>* • Endmontage *f*; Fertigmontage *f*
final assembly *<vhcl.prod> (of tires only)* • Konfektion *f*
final blowing *<plast>* • Fertigblasen *n*
final box *<pap>* • fertige Kartonage *f*
final capacity stage *<tech.gen> (e.g. of manufacturing facilities)* • Endausbau *m*
final check *<qualit> (stress on: checking)* • Endkontrolle *f*
final coating *<srfc> (gen.; e.g. paint, enamel, rubber, sugar icing)* • Deckschicht *f*
final condition *<tech.gen>* • Endzustand *m*
final constructing design *<build>* • baureife Planung *f*; entgültiger Bauentwurf *m*
final deposition *<waste>* • Endlagerung *f*

final design *<build> (project planning)* • Ausführungsplanung *f*
final drawing *<docu>* • Reinzeichnung *f*
final drive *<mvhcl.drive> (gen.; e.g. front, rear)* • Achsantrieb *m*; Radsatzantrieb *m*
final drive ratio *<mvhcl.drive>* • Achsantriebsübersetzung *f*; Achsantriebs-Übersetzungsverhältnis *n form*; Achsübersetzung *f prakt*
final erection *<build>* • Endmontage *f*
final grade *<build>* • Fundamentsohle *f*
final inspection *<build.qualit> (for acceptance of construction efforts, buildings etc.)* • Bauabnahme *f*
final inspection *<qualit>* • Endkontrolle *f*
finalized *<term> (entry)* • fertig bearbeitet
final land *<plast> (of film sheet extrusion die)* • Auslaufkanal *m*
final phase *<tech.gen>* • Endphase *f*
final point *<tech.gen>* • Endpunkt *m*
final position *<tech.gen>* • Endstellung *f*; Endposition *f*
final shaping *<plast>* • Ausformen *n*
final size *<i&c>* • Endmaß *n*
final size *<prod>* • Fertigmaß *n*; Endabmessung *f*
final speed *<tech.gen>* • Endgeschwindigkeit *f*
final stage *<gen>* • Endstadium *n*
final stage *<tech.gen>* • Endstufe *f*
final storage site *<waste> (e.g. for radwaste)* • Endlager *n*; Endlagerstätte *f form*
final strength *<qualit.mat>* • Endfestigkeit *f*
final test *<qualit> (stress on: for acceptance)* • Abnahmeprüfung *f*
final test *<qualit> (gen.)* • Abschlussprüfung *f*; Endprüfung *f*
final trial *<qualit> (stress on: for acceptance)* • Abnahmeprüfung *f*
final value *<tech.gen>* • Endwert *m*
find *vt <tech.gen> (e.g. solutions to problems)* • ermitteln *vt*; herausfinden *vt*
finder eyepiece *<phot.av> (of camera)* • Sucherokular *n*; Okular *n wiss*; Sucher *m ugs*
findings *<gen> (of examinations, investigations)* • Untersuchungsergebnisse *npl*
fine *<tech.gen> (e.g. adjustment, grain, pitch)* • fein
fine *<tech.gen>* • schlank
fine *<i&c> (e.g. adjustment)* • fein; präzise; exakt
fine *vt <proc> (liquids, effluents)* • klären *vt*
fine adjustment *<tech.gen> (e.g. of circuits, devices, systems, machine components, signals, color)* • Feinabstimmung *f*; Feineinstellung *f*
fine-adjustment dial *<i&c>* • Feineinstellskala *f*
fine aggregate *<build.mat> (acc. to AASHTO M 147)* • Feinzuschlag *m prakt*; feine Gesteinskörnung *f DIN 4226-1*; feinkörniger Zuschlag *m*
fine-banded *<mat> (e.g. pearlite structure)* • feinstreifig
fine bar screen *<proc.hydr> (gen.)* • Spaltsieb *n*
fine blanking *<prod> (of sheet metal; e.g. with laser)* • Feinschneiden *n*
fine board *<pap>* • Feinpappe *f DIN 6730*
fine ceramics *<silic>* • Feinkeramik *f*
fine coal *<min> (coal mining)* • Feinkohle *f*
fine control *<i&c>* • Feineinstellung *f*; Feinregelung *f*
fine crushing *<proc>* • Feinzerkleinerung *f*
fine dust *<tech.gen>* • Flugstaub *m*; feiner Staub *m*
fine dust *<proc> (particle size < 1 μm)* • Feinstaub *m*; feiner Staub *m*
fine dusts *<proc>* • Feinstäube *mpl*
fine fraction *ISO 9045 <tech.gen> (particles smaller than a specified size)* • Feingut *n DIN ISO 9045*
fine gold *<mat>* • Feingold *n*
fine-grain *<phot> (film, picture)* • feinkörnig
fine grain *<phot>* • Feinkorn *n*
fine-grain developer *<phot>* • Feinkornentwickler *m*
fine grained *<build.mat>* • feinkörnig
fine-grained *<mat> (gen.)* • feinkörnig
fine-grain steel *ISO/FDIS 636 <mat>* • Feinkornstahl *m ISO/FDIS 636*
fine gravel *<build.mat>* • Feinkies *m*
fine grinding *<proc>* • Feinzerkleinerung *f*
fine-grit *<tool> (4sanding paper/cloth)*

• feinkörnig
finely detailed *<tech.gen> (e.g. model railroad)* • detailliert
finely dispersed *<tech.gen> (e.g. suspended solids)* • fein verteilt
finely dispersed *<phys>* • feindispers
fine-mesh *<tech.gen> (e.g. fabric, screen)* • feinmaschig
fine-meshed *<tech.gen>* • kleinmaschig
fineness *<tech.gen>* • Feinheit *f*
fineness *<metal> (of gold or silver, in parts per thousand; e.g. gold 585)* • Feingehalt *m*; Edelmetallgehalt *m*
fineness *<metal> (of precious metals)* • Reinheit *f*
fine-pitch thread *<mech.eng> (gen.)* • Feingewinde *n*
fines *pl <tech.gen>* • Feinstoffe *mpl*
fine screen *<proc> (mesh type; for any type of material)* • Feinsieb *n*
fine screen *<proc.hydr> (for wastewater; only parallel bars; pitch 0.1 - 1 in.)* • Feinrechen *m*
fine screening *<pap.waste>* • Feinsortierung *f*
fine screening *<proc.hydr> (opening of 3 to 10 mm)* • Feinreinigung *f*
fine screening *<proc.hydr> (openings smaller than 3 mm)* • Feinsiebung *f*
fine shredding *<waste> (e.g. of paper, sheet metal)* • Feinzerkleinerung *f*
fine sieve *<gen>* • Feinsieb *n*
fine sight *<mil>* • Feinkorn *n*
fine silver *<mat>* • Feinsilber *n*
fine structure *<mat> (gen.)* • Feingefüge *n*; feines Gefüge *n*; Feinstruktur *f*
fine wire *<el.ic.prod> (for wire bonding of ICs; wire gauge 0.008to max. 0.1mm)* • Dünndraht *m*
finger *<tech.gen>* • Finger *m*
fingermark *<srfc> (usu. undesirable)* • Fingerabdruck *m*
fingerprint sensor *<i&c> (biometric; e.g. for access control; e.g. on ID cards, in Enter-key)* • Fingerabdrucksensor *m*; Fingerprint-Sensor *m Siemens*; Fingerabdruckfühler *m*
finger rest *<tool>* • Fingermulde *f*; Fingerstopp *m*; Fingerhaken *m*
fingershield *<safe> (gen.; any style)* • Fingerschutz *m*
finger-tight *<join>* • handfest
finger-tip switch *<gen>* • Tippschalter *m*
finish *<tech.gen> (type, style; e.g. chrome-plated, painted, galvanized)* • Ausführung *f*
finish *<pack> (part of a container that will receive the closure device)* • Mundstück *n DIN 55 405*; Mündung *f obs*
finish *vt <tech.gen>* • abschließen *vt*; beenden *vt*
finish *vt <prod> (e.g. by deburring, polishing, cleaning)* • nacharbeiten *vt*
finish *vt <prod.srfc> (to make smooth; e.g. on lathe)* • schlichten *vt*
finish *vt <srfc> (apply finish coat of paint, varnish, lacquer)* • lackieren *vt*
finish *vt <textil> (e.g. with water-repellant)* • ausrüsten *vt*
finish *vt <textil> (finishing)* • appretieren *vt*; nachveredeln *vt*
finished *<gen> (brought to an end; action, process; e.g. assembly, erection)* • fertig; beendet; abgeschlossen
finished *<textil> (e.g. water repellent, anti-wrinkle)* • ausgerüstet
finished part *<prod>* • Fertigteil *n*
finished stuff *<pap.prod> (suspension fed to the paper machine)* • Ganzstoff *m DIN 6730*; Papierstoff *m*
finisher *<textil>* • Appreteur *m*
finishing *<prod> (stress on: fine processing, treatment)* • Feinbearbeitung *f*
finishing *<prod>* • Fertigbearbeitung *f*
finishing *<prod> (final work on a workpiece; e.g. deburring, polishing)* • Nacharbeit *f*
finishing agent *<textil.chem> (finishing)* • Appreturmittel *n*; Appretur *f*
finishing cut *<tool> (of a file)* • Feinhieb *m*
finishing enamel *<srfc> (material)* • Decklack *m*
finishing frame *<textil>* • Appretiermaschine *f*
finishing industry *<prod>* • verarbeitende Industrie *f*
finishing liquor *<textil> (chem. finishing)* • Appreturflotte *f*
finishing pass *<join> (of a weld)* • Decklage *f*

finishing process *<tech.gen>* • Oberflächenbehandlung *f*

finishing process *<prod>* • Endbearbeitungsverfahren *n*

finishing tool *<tool> (turning)* • Schlichtmeißel *m DIN 4955-4956*; Schlichtstahl *m ugs*

finish-machining *<mach.tool>* • Feinbearbeitung *f*; Fertigbearbeitung *f*

finish milling *<prod>* • Fertigfräsen *n*

finish-refine *vt <metal>* • garen *vt*

finish restorer *<mvhcl.srfc> (abrasive cleaner/polish)* • Autopolitur *f*; Lackreiniger *m*; Lackpolitur *f*; Politur *f ugs*

finish-size *vt <prod>* • Endmaß *n*: auf ~ bringen *vt*

finish table *<prod>* • Ablagetisch *m*

finish to size *vt <prod> (to final dimensions)* • Fertigmaß *n*: auf ~ bearbeiten *vt*

finish turning *<prod>* • Fertigdrehen *n*

finish welding line *<prod> (e.g. of car bodies)* • Ausschweißlinie *f*; Ausschweißstraße *f*

finite *<gen> (e.g. means, budget)* • begrenzt; beschränkt

finite *<tech.gen> (e.g. resources)* • endlich; finit *wiss*; begrenzt

finite number *<math>* • endliche Zahl *f*

fin keel *<nav>* • Kielflosse *f*; Flossenkiel *m*

finless *<prod> (forging, casting)* • gratlos

finned *<prod> (e.g. radiator tubing, heat sinks)* • gerippt

finned *<prod>* • verrippt

fin-stabilized *<aerosp> (e.g. projectile)* • flügelstabilisiert

fin-type radiator *<hvac>* • Rippenheizkörper *m*

fire *ISO 13943 <fire> (uncontrolled, self--supporting combustion)* • Brand *m ISO 13943*

fire *ISO 13943 <fire> (controlled self--supporting combustion)* • Feuer *n ISO 13943*

fire *vi <mil> (firearm)* • feuern *vi*

fire *vt <aerosp> (activate; engine, rocket)* • zünden *vt*; einschalten *vt*

fire *vt <comb> (furnaces)* • befeuern *vt*

fire *vt <hvac> (furnace, oven; e.g. with wood, coal, oil, gas)* • heizen *vt*

fire *vt <mil> (firearm; e.g. gun)* • abfeuern *vt*; abschießen *vt ugs.rar*

fire *vt <silic> (tiles, ceramics)* • brennen *vt*

fire alarm *<fire.i&c> (signaling device)* • Feuermelder *m*

firearm *<mil>* • Schusswaffe *f*; Feuerwaffe *f*

firearm locker *<mil>* • Waffenschrank *m*

fire blanket *<fire>* • Feuerlöschdecke *f*; Brandschutzdecke *f*; Branddecke *f CH*

fire classification *<build.fire>* • Feuerwiderstandsklasse *f DIN 4102-2*

fireclay lining *<build.mat>* • Schamotteauskleidung *f*

firedamp explosion *<min>* • Schlagwetterexplosion *f*

firedamp-proof *<min>* • schlagwettergeschützt

fired brick *<build.mat>* • gebrannter Ziegel *m*

fire department *US <fire>* • Feuerwehr *f*

fire-detecting system *<fire>* • Feuermeldeanlage *f*; Feueralarmanlage *f*; Feuerwarnanlage *f*

fired glaze *<srfc.silic>* • gebrannte Glasur *f*

fire door *<build.fire>* • Brandschutztür *f*; Feuerschutztür *f*; Brandtür *f rar*

fire effluent toxicity *ISO/TS 16312-1 <fire>* • Toxizität von Brandgasen *f ISO/TS 16312-1*

fire escape route *<build>* • Fluchtweg *m*

fire extinguisher *<fire>* • Feuerlöscher *m*; Feuerlöschapparat *m rar*

fire-extinguishing agent *<fire>* • Löschmittel *n*; Feuerlöschmittel *n*; Brandbekämpfungsmittel *n*

fire-extinguishing equipment *<fire>* • Feuerlöschanlage *f*

fire extinguishing system *<fire>* • Löschanlage *f*

fire fighting *<fire>* • Brandbekämpfung *f*

fire-fighting boat *<nav>* • Löschboot *n*; Feuerlöschboot *n*

fire-fighting equipment *<fire>* • Feuerwehrgeräte *npl DIN EN ISO 1008*

fire-fighting foam *<fire>* • Feuerlöschschaum *m*

fire-fighting hose *<fire.pps>*

• Feuerlöschschlauch *m*; Feuerwehrschlauch *m ugs*

fire fighting vehicle *<fire.comvhcl> (in EUR always painted in red; elsewhere any color)* • Feuerlöschfahrzeug *n*; Löschfahrzeug *n*

fire-fighting vehicle *<mvhcl>* • Feuerwehrfahrzeug *n*; Löschfahrzeug *n*; Feuerwehrauto *n ugs*

fire hazard *ISO 13943 <fire>* • Brandgefahr *f ISO 13943*

fire hydrant *<fire> (under ground or above ground)* • Hydrant *m*

firelighter *DIN EN 1860-3a <gastr> (for barbecue)* • Anzündhilfe *f DIN EN 1860-3*

fire main *<fire.pps>* • Feuerlöschhauptleitung *f*

fire partition *prEN 45545-3 <fire.safe>* • Feuerschutztrennwand *f prEN 45545-3*; Feuerschutz-Trennwand *f*

fire pit *<gen>* • Feuerschale *f*

fireproof *<qualit.mat>* • feuerfest

fireproof clothing *<garm.safe>* • Feuerschutzbekleidung *f*

fireproof curtain *GB <theat>* • Eisener Vorhang *m*; Feuerschutzvorhang *m*; Schutzvorhang *m*; feuersicherer Vorhang *m*

fire protection *<build.fire>* • Feuerschutz *m*

fire resistance *<qualit.mat>* • Feuerbeständigkeit *f*

fire retardant *<fire>* • feuerhemmendes Mittel *n*; Feuerschutzmittel *n ISO 13943*

fire-retardant *adj <build.mat>* • feuerhemmend *DIN 4102-2*; feuerdämmend

FireWire *<av> (interface)* • FireWire; IEEE 1394 *norm*; i.Link *Sony*

fireworks *<expl> (a pyrotechnic display, event; e.g. celebration)* • Feuerwerk *n*

fireworks *<expl> (pyrotechnic material; e.g. rockets, crackers)* • Feuerwerk *n*; Feuerwerkskörper *m*; Feuerwerksartikel *m*

firing *<comb>* • Feuerung *f*

firing *<expl> (of explosives)* • Zündung *f*

firing order *<mvhcl.el>* • Zündfolge *f*

firing rate *<mil> (specified in shots or rounds per minute; e.g. 600 spm)* • Kadenz *f*; Feuerrate *f*; Schussfrequenz *f*

firm *<gen> (e.g. position, material, meat, flesh)* • fest

firm *<textil> (fabric)* • fest

firmly adhering *<tech.gen> (e.g. paint, label)* • festhaftend

firmly secured *<tech.gen> (clamped, anchored; using tensile or compressive stress)* • eingespannt

firmness *<gen> (e.g. of position, material, meat)* • Festigkeit *f*

firmness *<int> (of seat pads, mattresses)* • Härte *f*

firmware *<comp>* • Firmware *f*

first aid kit *<med> (gen.)* • Verbandkasten *m*; Erste-Hilfe-Kasten *m ugs*

first aid kit *<mvhcl.med> (on car)* • Verbandkasten *m*; Kraftwagen-Verbandkasten *m DIN 13164*; Kfz-Verbandkasten *m form*; Erste-Hilfe-Kasten *m prakt*; Autoapotheke *f ugs*

first angle projection *ISO 10209-2 <docu> (engineering dwg.; left side view is shown on RH side)* • Projektionsmethode 1 *f DIN ISO 10209-2*; ISO-Projektionsmethode 1 (E) *f form*; ISO-Methode 1 *f prakt*; europäische Darstellungsweise *f did*; ISO-Methode E *f obs*

First Class *<aerosp.int>* • First Class *f*; Erste Klasse *f*

first-degree equation *<math>* • Gleichung ersten Grades *f*

first floor *US <build>* • erstes Obergeschoss *n*; erstes OG *n prakt*; zweiter Stock *m ugs*

first gear *<mvhcl.drive> (stress on: order of gears)* • erster Gang *m*; niedrigster Gang *m*; kleinster Gang *m*

first in - first out (FIFO) *<logist>* • first in - first out (FIFO)

first-in-last-out principle *<tech.gen>* • FILO-Prinzip *n*

first law of thermodynamics *<therm>* • erster Hauptsatz der Thermodynamik *m*

first-order term *<i&c>* • Glied erster Ordnung *n*

first start-up *<tech.gen>* • Inbetriebnahme *f*

first term *<math>* • Vorderglied *n*

first tier supplier *<prod.econ> (supply chain)* • First-Tier-Zulieferer *m*; 1st-

Tier-Zulieferer *m*

fir-tree groove <mech.eng> *(e.g. turbine rotor)* • Tannenbaumnut *f*

fish *vt* <el> *(wire)* • einziehen *vt*

fishery vessel <nav> • Fischereifahrzeug *n*; Fischereischiff *n*

fisheye lens <phot> • Fischauge *n*; Fisheye-Objektiv *n*; Fisheye *n*

fishing boat <nav> • Fischerboot *n*

fishing cutter <nav> • Fischkutter *m*

fishing equipment <petr> *(for lost bits and pieces in a well)* • Fanggerät *n*; Fangvorrichtung *f*; Fangwerkzeug *n*; Fanginstrument *n rar*

fishing jars <nav> • Fangschere *f*

fishing rod *US* <food> • Angel *f*; Angelrute *f*

fishing tackle <food> *(for sports)* • Angelzeug *n*

fishing vessel <nav> • Fangschiff *n*; Fänger *m*

fish ladder <energ.hydr> *(e.g. for salmons)* • Fischtreppe *f DIN 4047-5*; Fischweg *m*; Fischpass *m*

fish-line <food> • Angelschnur *f*

fish meal <food> *(finely ground fish)* • Fischmehl *n*

fish net <nav> *(for fishing)* • Fangnetz *n*; Fischfangnetz *n*; Netz *n prakt*

fishnet ... <garm.textil> *(garment style; e.g. ~ bodystocking)* • Netz...

fishplate <build.join> *(for joining girders etc.)* • Klammerlasche *f*

fish-plate <build> *(welded, bolted or riveted to beams; e.g. in trusses)* • Lasche *f*; Verbindungslasche *f*

fish-processing ship <nav> *(without catching facilities)* • Fischverarbeitungsschiff *n*; Fischfabrikschiff *n*; Fabrikschiff *n*

fish-processing ship <nav> *(with catching facilities)* • Fabriktrawler *m*; Fischverarbeitungsschiff *n*; Fischfabrikschiff *n*; Fabrikschiff *n*

fission gas <nucl> • Spaltgas *n DIN 25401-3*

fission heat <nucl> • Spaltungswärme *f*

fission product <nucl> • Spaltprodukt *n*

fissuration <qualit.mat> • Rissbildung *f*

fissure <qualit.mat> *(narrow crack)* • Riss *m*; Spalt *m*

fissure <qualit.mat> *(in brittle material)* • Sprung *m*

fissure *vi* <mat> • Risse bilden *vi*; spalten *vi*

fissure *vt* <mat> *(e.g. lacquer, ceramics)* • springen *vt*

fit <tech.gen> • Passung *f*

fit <mech.eng> *(of shaft and hub etc.; e.g. force fit)* • Sitz *m*

fit <prod> *(e.g. of doors, lids)* • Passgenauigkeit *f*

fit *vi* <tech.gen> • passen *vi*

fit *vt* <drive> *(belt on pulley)* • auflegen *vt*

fit classification <stand> *(e.g. basic bore, basic shaft)* • Passungssystem *n*

fit in *vt* <tech.gen> *(insert)* • einfügen *vt*

fit in *vt* <tech.gen> *(insert; e.g. a valve, piston, bushing)* • einpassen *vt*; einsetzen *vt*

fit into *vi* <tech.gen> *(mount in sth., with some effort and tools)* • passen in *vi*

fitness for purpose *DIN EN 1074-6* <qualit> • Gebrauchstauglichkeit *f DIN EN 1074-6*

fit on *vt* <tech.gen> *(by pushing sth. on or into sth.)* • aufstecken *vt*

fitted <textil> *(made so as to follow closely the contours of sth.; e.g. sheets)* • genau passend; Maß...

fitted-in <tech.gen> • eingepasst

fitted kitchen <int> • Einbauküche *f*

fit tightly *vi* <tech.gen> • satt anliegen an *vi*

fitting <tech.gen> *(small nozzle; for hose attachment, bleeding, venting etc.)* • Nippel *m*

fitting <pps> *(e.g. cock, valve)* • Armatur *f*

fitting <prod> *(mounting, installing)* • Montage *f*

fitting instructions <docu> • Montageanleitung *f*; Einbauhinweise *mpl*

fittings <int> *(e.g. on furniture)* • Beschläge *mpl*

fitting tool <tool> • Montagewerkzeug *n*

fit to drive <traff> *(driver; gen.)* • fahrtüchtig

fit tolerance <tech.gen> • Passtoleranz *f*

five-door ... <mvhcl> *(body design)* • fünftürig

five-speed transmission <mvhcl.drive> *(gen.; automatic or manual)* • Fünfganggetriebe *n*; Getriebe mit fünf Gängen *n*; 5-Gang-Getriebe *n*

five-valve engine <mvhcl.mot>

• Fünfventiler *m*
five-valve head *<mvhcl.mot>* • Fünfventil-Kopf *m*
fix *vt <tech.gen> (e.g. meeting date)* • bestimmen *vt*; festlegen *vt*
fix *vt <tech.gen>* • fixieren *vt*
fix *vt <join> (sth loose)* • befestigen *vt*
fix *vt <phot> (developed film, print paper)* • fixieren *vt*
fixation *<join> (binding, bond)* • Bindung *f*
fixation *<phot> (of developed image on film, paper)* • Fixierung *f*
fixation *<textil> (of dyes)* • Fixierung *f*; Fixage *f*
fixative *<art> (e.g. for carbon drawings)* • Fixiermittel *n*; Fixativ *n*
fixed *<tech.gen> (attached, mounted)* • befestigt
fixed *<tech.gen> (stationary, not moving)* • feststehend
fixed *<tech.gen> (immobile)* • unbeweglich
fixed arch *<build> (of a bridge)* • eingespannter Bogen *m DIN 1075*; gelenkloser Bogen *m*; freier Bogen *m*
fixed bearing *<build> (allows rotation, inhibits axial displacement)* • festes Lager *n*
fixed bearing *<mech.eng> (as opp. to movable bearing; typ. a rolling bearing on a shaft)* • Festlager *n*
fixed bed *<comb> (gen.; fuel not fluidized)* • Festbett *n*; Feststoffbett *n*; Brennschicht *f*
fixed-blade propeller *<aerosp>* • Festpropeller *m*; Festschraube *f*
fixed-blade propeller turbine *<energ.hydr>* • Propellerturbine *f*
fixed caliper jaw *<i&c>* • fester Schenkel *m*
fixed datum point *<prod> (e.g. CNC machine tool)* • Festpunkt *m*
fixed end *<i&c> (outside micrometer)* • Amboss *m*
fixed-end beam *<build> (clamped at one or both ends)* • eingespannter Träger *m*
fixed focus *<phot>* • Festbrennweite *f*; Fixfokus *m ugs*
fixed focus lens *<phot>* • Fixfokusobjektiv *n*; Festbrennweite *f*
fixed gear *<mvhcl.drive> (sliding gear transmission)* • Festrad *n*
fixed joint *<mech.eng> (ant: slip joint)* • Festgelenk *n*
fixed landing gear *<aerosp>* • starres Fahrwerk *n*; nichteinziehbares Fahrwerk *n rar*; Starrfahrwerk *n CH*
fixed link *<mech> (kinematics)* • Standglied *n*; Gestellglied *n*
fixed/mobile convergence *<tele>* • Festnetz/Mobilnetz-Konvergenz *f*; Fixed-Mobile-Convergence *f*
fixed point *<comp>* • Festkomma *n*
fixed-point computation *<comp>* • Festkommarechnung *f*
fixed price (FP) *<econ> (as opp. to escalated price)* • Festpreis *m* (FP)
fixed programm controller *<autom>* • festprogrammierte Steuerung *f DIN 19237*
fixed-speed operation *<energ.wind>* • drehzahlkonstanter Betrieb *m*
fixed star *<astron>* • Fixstern *m*; Stern *m*
fixed station *<tech.gen> (e.g. weather station)* • ortsfeste Station *f*
fixed stop *<autom>* • Festanschlag *m*; fester Anschlag *m*
fixed stop *<build.mach>* • Anschlag *m*
fixed-wing aircraft *<aerosp>* • Starrflügelflugzeug *n*; Starrflügler *m*
fix in *vt <build>* • einbinden *vt*
fixing *<tech.gen>* • Befestigung *f*
fixing agent *<tech.gen>* • Fixiermittel *n*
fixing bath *<phot> (working solution)* • Fixierbad *n*; Fixierer *m*
fixing clip *<tech.gen> (e.g. for cable, hose)* • Befestigungsschelle *f*
fix in position *vt <prod> (e.g. workpiece)* • fixieren *vt*
fix steel *vt <build.mat> (for reinforced concrete)* • flechten *vt*
flag *<gen> (showing the nationality; e.g. on ships; or for signaling)* • Flagge *f*
flag *<comp> (a marker in a program, document)* • Marke *f*; Hinweiszeichen *n*; Markierungszeichen *n*; Markierung *f ugs*; Flag *n jarg*
flag *<comp>* • Flag *n*
flag *<jur> (piece of cloth used as a symbol)* • Fahne *f*
flag *vt <el> (mark sth with a physical or metaphorical tag)* • markieren *vt*; kennzeichnen *vt*
flag down *vt <mvhcl.traff> (a car, a stranger, in an emergency)* • anhalten

vt
flag of convenience *<nav>* • Billigflagge *f*
flag pole *<build>* • Fahnenstange *f*; Fahnenmast *m*
flag register *<comp>* • Flagregister *n*
flag signal *<nav>* • Flaggensignal *n*
flagstone *<build.mat> (esp. for paving of sidewalks; usu. square, typ. concrete)* • Gehwegplatte *f DIN 485*
flail mower *<agri>* • Schlegelmäher *m*
flail tank *<mil.vhcl> (mine sweeper)* • Dreschpanzer *m*
flake *<gen>* • Blättchen *n*
flake *<gen> (typ. < 0.25 in²)* • Flocke *f*
flake *<tech.gen> (very small; e.g. in suspensions, deposits)* • Flocke *f*; Flöckchen *n*; Schuppe *f rar*
flake *<tech.gen>* • Plättchen *n*
flake off *vi <srfc> (paint, varnish)* • abblättern *vi*
flake off *vi <srfc> (e.g. scale, old paint)* • ablösen *vr*
flake off *vi <srfc> (paint)* • abschuppen *vr*
flake [off] *vi <srfc>* • abschälen *vr*
flaking *<srfc> (paint imperfection)* • Abblättern *n*
flaky *<gen>* • flockig
flame *ISO 13943 <fire>* • Flamme *f ISO 13943*
flame cone *<comb>* • Flammenkegel *m*
flame-cutting torch *<prod>* • Brennschneider *m*
flame-deposit *vt <srfc>* • Flammspritzverfahren *n*: im ~ auftragen *vt*
flame descaling *<prod>* • Flammentzunderung *f*
flame front *ISO 13943 <fire>* • Flammenfront *f ISO 13943*
flame ionization detector (FID) *US <emiss.i&c>* • Flammenionisationsdetektor *m* (FID)
flame-laminated *<textil>* • flammkaschiert; flammlaminiert
flame off *vt <el.el.ic.prod>* • abflammen *vt*
flame polishing *<prod> (of glass)* • Flammpolieren *n*
flame priming *<srfc>* • Flammgrundieren *n DIN 8522*
flameproof *<mat> (under specified conditions)* • flammfest; flammsicher; nicht entflammbar; nicht entzündbar
flame propagation *<comb>* • Flammenausbreitung *f*
flame-resistant *<mat> (treatment; e.g. of plastics)* • flammwidrig eingestellt
flame-resistant *<qualit.mat> (not inflammable for a period of time under certain conditions)* • flammbeständig; flammwidrig; schwer entflammbar; feuerbeständig
flame-resistant *adj <build.mat>* • schwer entflammbar (se) *DIN 4102-1*; flammwidrig
flame retardant *<tech.gen>* • flammwidrig
flame retardant *<plast> (additive, agent)* • Flammschutzmittel *n*; Brandschutzausrüstung *f*
flame-retardant *<qualit.mat> (e.g. plastics)* • flammhemmend; flammwidrig; flammenhemmend *rar*
flame-retardant finish *<textil> (chem. finishing)* • flammhemmende Ausrüstung *f*; Flammschutzausrüstung *f*
flame singeing *<textil>* • Flammensengen *n*
flame spectroscopy *<i&c>* • Flammenspektroskopie *f*
flame spread *ISO 13943 <fire>* • Flammenausbreitung *f ISO 13943*
flame spread properties *pl EN ISO 6941 <qualit.mat>* • Flammenausbreitungseigenschaften *fpl DIN EN ISO 6941*
flame straightening *<prod>* • Flammrichten *n DIN 8522*
flame trap *<proc> (gen.; e.g. in crankcase ventilation)* • Flammensperre *f*
flame treat *vt <srfc> (e.g. to improve adhesion)* • beflammen *vt*
flame treatment *ISO 4618-3 <srfc>* • Beflammen *n DIN EN ISO 4618*
flame tube *<hvac> (in heater, boiler)* • Flammrohr *n*
flame tube *ISO 11086 <turb> (cylindrical heat shield)* • Flammrohr *n*; Brennkammereinsatz *m*
flame tube boiler *<comb>* • Flammrohrkessel *m*
flammability *ISO 13943 <qualit.mat> (of any material; e.g. of textiles, plastics, lubricants)* • Entflammbarkeit *f ISO*

13943; Brennbarkeit *f*; Entzündbarkeit *f*

flammability test *<qualit.mat>* • Entflammbarkeitsprüfung *f*; Flammfestigkeitsprüfung *f*

flammable *ISO 13943 <qualit.mat> (capable of being set on fire)* • entflammbar *ISO 13943*; entzündlich; brennbar *ugs*

flange *<tech.gen> (any shape and function)* • Flansch *m*

flange *<tech.gen> (of a girder)* • Gurt *m*

flange *<mech.eng> (collar-style; typ. on shafts)* • Bund *m*

flange *vt <prod> (to form a rectangular flange on sheet metal edges)* • abkanten *vt*

flange *vt <prod>* • anflanschen *vt*

flange *vt <prod>* • flanschen *vt*

flange at the edge[s] *vt <prod> (sheet metal)* • aufbördeln *vt*

flange bolt *<join> (bolt whose head has a flange-like collar)* • Flanschschraube *f*

flange bolt *<mech.eng> (nut and bolt used to connect mating flanges)* • Flanschschraube *f*; Flanschverbindungsschraube *f form*; Flanschbolzen *m ugs*

flanged butt weld *<join> (of sheet metal; typically spot-welded)* • Bördelnaht *f*; Bördelstoß *m*

flanged fitting *<pps> (valve, orifice)* • Flanscharmatur *f*

flanged half-bearing *ISO 4378-1 <mech.eng> (plain bearing with collar)* • Bundlager *n DIN ISO 4378-1*

flanged nozzle *<pps>* • Flanschstutzen *m*

flanged socket *<proc> (short pipe nozzle; e.g. on tanks)* • Rohrstutzen mit Flansch *m*

flange joint *<tech.gen>* • Flanschverbindung *f*

flanging *<prod> (of sheet metal)* • Abkanten *n*

flank clearance *<join> (of threads)* • Flankenspiel *n*

flannel *<textil>* • Flanell *m*

flap *<tech.gen> (hinged lid)* • Klappdeckel *m*

flap *<aerosp> (wing)* • Landeklappe *f*; Startklappe *f*

flap *<pack> (e.g. tuck flap)* • Lasche *f DIN 55 405*

flap *<print> (book cover)* • Klappe *f*

flap *vi <tech.gen> (e.g. slack rope, tarpaulin; undesirable)* • schlagen *vi*

flare *<comb>* • Fackel *f*

flare *<mil>* • Leuchtkugel *f*

flare *vi <gen> (flame, fire, light)* • flackern *vi*

flare *vt <tech.gen> (expand; e.g. car fenders)* • aufweiten *vt*; weiten *vt rar*

flare *vt <pps> (tube or pipe ends; e.g. hydraulic tubing)* • bördeln *vt*

flared metal sleeve *<el> (for male tabs and female disconnects)* • Quetschhülse *f*

flare gas *<comb>* • Fackelgas *n*

flare gun *<alarm> (usu. orange or red; for firing flares)* • Leuchtpistole *f*

flare off *vt <comb> (excess gas; e.g. in refinery)* • abfackeln *vt*; fackeln *vt*

flaring *<pps> (of tube or pipe ends; e.g. of hydraulic tubing)* • Bördeln *n*

flaring of excess gas *<comb>* • Abfackeln von Gas *n*; Abfackeln *n*

flash *<gen> (short blaze of intense light; e.g. lightning, strobe, explosion)* • Blitz *m*

flash *<metal> (on forgings, castings; in die parting line)* • Grat *m*

flash *<plast> (severe molding defect in the parting line; very thin)* • Schwimmhaut *f*; Austrieb *m rar*; Grat *m rar*; Gratrippe *f*

flash *vi <light> (very briefly, very brightly)* • aufblitzen *vi*; blitzen *vi*

flash *vi <light> (warning lamp which is normally off)* • aufleuchten *vi*

flash *vi <light> (at regular intervals; e.g. direction indicator)* • blinken *vi*

flash butt weld *<join>* • Abbrennstumpfschweißnaht *f*

flash eprom *<comp> (non-volatile memory, for firmware; module)* • Flash-Eprom *m*; Flash *m prakt*

flash evaporator *<proc>* • Entspannungsverdampfer *m*; Flashverdampfer *m prakt*; Schnellverdampfer *m*

flash formation *<plast>* • Gratbildung *f*

flash guide number *<phot>* • Leitzahl *f* (LZ)

flash hider *<mil>* • Feuerdämpfer *m*; Mündungsfeuerdämpfer *m*

flashing *<build> (sheet metal etc.*

covering joints; e.g. between roof and chimney) • Kehlblech *n*; Abdeckblech *n*; Schürze *f*; Anschlussblech *n*; Abweisblech *n*
flashing *<build> (sheet)* • Schürze *f*
flashing light *<navig> (e.g. on airport, chimney, tower)* • Blinkfeuer *n*
flashing-off *<srfc> (paintcoat)* • Abdunsten *n*
flashing warning light *<i&c>* • Warnleuchte *f*
flashlight *<light> (lightsource that flashes; e.g. on instrument panel, lighthouse beacon)* • Blinkleuchte *f*; Blinklicht *n*
flashlight *US <light> (portable battery--operated light; barrel type only, any size)* • Stablampe *f*
flashlight *US <light> (portable, usu. battery-operated light; any shape, usu. pocket-size)* • Taschenlampe *f*
flash memory *<comp>* • Flash--Speicher *m*; Flash-Memory *n*
flash memory card *<comp>* • Flash--Speicherkarte*m*; Flash-Memory-Karte *f*
flash off *vi <srfc> (wet paint)* • ablüften *vi*
flash of light *<tech.gen>* • Lichtblitz *m*
flashover *<energ.el>* • Überschlag *m*; Lichtbogen *m*; Funkenüberschlag *m*
flashover voltage *<el>* • Durchbruchspannung *f*; Durchschlagspannung *f*; Überschlagspannung *f*
flash point *<tech.gen>* • Flammpunkt *m DIN 51755*; Entzündungstemperatur *f*
flash-RAM *<comp>* • Flash-RAM *n*
flash-ready indicator *Canon.Nikon <phot>* • Blitzbereitschaftsanzeige *f Canon.Nikon*; Blitzfunktionsanzeige *f Minolta*; Bereitschaftslampe *f Fuji*
flash rust *<srfc>* • Flugrost *m*; Oberflächenrost *m*
flash-trimming tool *<tool> (for flashes)* • Abgratwerkzeug *n*
flash unit *<phot> (gen.)* • Blitzgerät *n*; Blitz *m ugs*; Blitzlicht *n ugs.rar*
flash welding (FW) *<join> (a resistance fusion welding process)* • Abbrennstumpfschweißen *n*; Abbrennschweißen *n*; Abschmelzstumpfschweißen *n*
flask *<tech.gen> (bottle)* • Flasche *f*
flask *<silic> (bulb-shaped)* • Kolben *m*
flat *<gen> (e.g. country, surface, belt)* • flach
flat *<gen>* • trüb[e]
flat *<tech.gen>* • eben; planar; plan
flat *<build> (residential apartment)* • Etagenwohnung *f*
flat *<prod> (e.g. workpiece surface)* • plan
flat *vt <srfc> (manual sanding of filler, paint etc.)* • beischleifen *vi/vt*
flat allowance *<fin>* • Pauschale *f*; Pauschalbetrag *m*
flatbed *<comvhcl> (of trucks, pickups, double-cabs)* • Pritsche *f*; Ladefläche *f*
flat-bed … *<tech.gen> (e.g. scanner)* • Flachbett…
flatbed knitting machine *ISO 7839 <textil> (needles are arranged in a flat carrier)* • Flachwirkmaschine *f DIN ISO 7839*; Flachkulierwirkmaschine *f*
flatbed-rollback truck *<mvhcl> (car carrier truck for damage-free towing, vehicle recovery)* • Abschleppfahrzeug mit Rollrampe-Pritschensystem *n :V*; Abschleppfahrzeug mit hydraulischem Verschiebeplateau *n :V*
flat-bed scanner *<comp>* • Flachbettscanner *m*
flatbed trailer *<build.mach>* • Tieflader *m*
flatbed truck *<comvhcl>* • Pritschenfahrzeug *n*; Pritschenwagen *m ugs*
flatbed weft knitting machine *<textil>* • Flachstrickmaschine *f DIN 62125*
flat black *<srfc> (full absorption, no reflection)* • mattschwarz
flat car *<railw>* • Platformwagen *m*
flat car with stakes *<railw>* • Flachwagen mit Rungen *m*; Rungenwagen *m prakt*
flat coil *<el>* • Flachspule *f*
flat engine *<mvhcl.mot> (as in VW Beetle, Porsche 911, BMW bikes)* • Boxermotor *m*; Boxer *m prakt*
flat film *<plast>* • Flachfolie *f*
flat film line *<plast>* • Flachfolienanlage *f*
flat flash *<phot>* • direkter Blitz *m*; direktes Blitzlicht *n*
flat gib-head key *<mech.eng>* • Nasenflachkeil *m*
flat glass *<silic> (e.g. for windows)*

• Flachglas *n DIN 1249*; Planglas *n*
flat-knit *<garm>* • Flachgestrick *n*
flat link-articulated chain *<drive> (usu. a roller chain; e.g. on bicycles)* • Gelenkkette *f*; Laschenkette *f*
flat loom *<textil>* • Flachwebstuhl *m*
flatness *<tech.gen>* • Ebenheit *f*
flatness *<srfc> (e.g. of a flange)* • Planheit *f*
flat nose pliers *ISO 5742 <tool>* • Flachzange *f DIN ISO 5742*
flatpack *<ic> (pins and leads in the same plane as the package)* • Flat Pack *m*
flat-panel TV *<av>* • Flachbildschirm--Fernsehgerät *n*
flat plain taper key *<join>* • Flachkeil *m DIN 6883*
flat-plate collector *<energ.sol>* • Flachkollektor *m*
flat point ... *<mil> (ammunition; e.g. .454 Casull)* • Flachkopf...
flatrate *<fin> (e.g. for web access)* • Pauschale *f*; Pauschalpreis *m*
flat rate *<fin> (for supplies and services; e.g. repair job, internet access)* • Pauschalpreis *m*; Festpreis *m*
flat rate billing *<econ>* • Abrechnung zum Pauschalpreis *f*; Festpreis--Rechnung *f*
flat ribbon cable *<el>* • Flachbandkabel *n*; Flachkabel *n prakt*; Bandkabel *n rar*
flat rolling *<prod>* • Flachwalzen *n*
flat roof *<build>* • Flachdach *n*
flat sack *<pack> (w/o gussets)* • Flachsack *m DIN 55 405*
flat screen *<comp>* • Flachbildschirm *m*
flat sheeting *<plast>* • Flachfolie *f*
flat spot *<mvhcl.mot> (short phase of sluggish performance during acceleration)* • Leistungsloch *n*; Loch *n ugs*
flat spot *<vhcl> (on wheel, tire tread)* • Abflachung *f*
flat spotting *<vhcl> (of tires, caused by extended standstill)* • Flachstellenbildung *f*
flat spring *<tech.gen> (e.g. in car seats)* • Flachfeder *f*
flatten *vt <prod> (a workpiece; e.g. a bar end)* • abflachen *vt*; abplatten *vt rare*
flatten *vt <prod> (make smooth by removing wrinkles, surface irregularities)* • ebnen *vt*
flatten *vt <prod> (e.g. plate, sheet)* • richten *vt*
flattened *<tech.gen>* • abgeflacht; flachgedrückt
flatten out *vi <tech.gen>* • flach werden *vi*
flat time billing *<econ>* • Abrechnung nach Zeitaufwand *f*; Abrechnung nach Zeit *f*
flat tire *US <vhcl> (result of tire failure)* • Platten *m*; Plattfuß *m ugs*; Patschen *m ugs.A*
flat-topped *<tech.gen>* • abgeflacht; abgeplattet
flat-woven material *<textil>* • Flachgewebe *n*
flavor *US <food> (taste)* • Aroma *n*; Geschmack *m*
flavor *US <food> (total oral sensation of a food including smell, taste and texture)* • Flavour *n*
flavored *US <food>* • aromatisiert
flavor enhancement *US <food>* • Geschmacksverstärkung *f*
flavoring agent *US <food>* • Aromastoff *m*; Geschmacksstoff *m*
flawless *<qualit.mat> (gem, diamond)* • lupenrein
flax *<mat> (fiber plant)* • Flachs *m*
flax *<textil>* • Lein *m*
fleece *<textil> (woven material; e.g. for jacket liners, gloves, blankets; no "Vlies"!)* • Fleecestoff *m*; Fleece *m*; Flausch *m rar*
fleeced *<textil.srfc> (e.g. sweater inside)* • flauschig
fleecy *<textil> (thread)* • flauschig
fleet *<comvhcl> (e.g. of company cars, taxis, trucks, buses)* • Fuhrpark *m*; Wagenpark *m*
fleet *<railw>* • Flotte *f*; Wagenpark *m*; Wagenflotte *f*
fleet *<vhcl> (gen.; e.g. of ships, cars, trucks)* • Flotte *f*
fleet car *<mvhcl> (e.g. taxis, company cars)* • Flottenfahrzeug *n*
fleet management *<mvhcl.logist>* • Flottenmanagement *n*
fleet management system *<comvhcl.logist> (telematic; typ. for trucks)* • Flottenmanagementsystem *n*; Fleetboard-System *n MB*
fleet sales *<mvhcl.econ>*

• Flottengeschäft *n*

flesh *<bio> (of animals, humankind, fruit)* • Fleisch *n*

flesh side *<leath> (underside of hide or skin)* • Fleischseite *f*; Aasseite *f*

flex *vi <mech>* • durchbiegen *vr*

flex *vi <vhcl> (tire sidewalls)* • walken *vi*

flex *vt <bio> (muscle)* • anspannen *vt*

flex *vt <bio> (e.g. arm)* • beugen *vt*

flex-head ratchet *<tool>* • Gelenkknarre *f*; Gelenkratsche *f*

flexibility *<mat>* • Geschmeidigkeit *f*; Biegsamkeit *f*

flexible *<tech.gen> (adaptable)* • anpassungsfähig

flexible *<tech.gen>* • biegsam

flexible *<tech.gen> (gen.)* • flexibel

flexible *<mvhcl.mot> (engine performance; high torque at low rpm)* • elastisch

flexible conduit *<tech.gen>* • Schlauchleitung *f*

flexible disk *<mech.eng>* • Hardyscheibe *f*

flexible-fuel vehicle (FFV) *<mvhcl> (runs on gasoline and/or ethanol, methanol)* • Flex-Fuel-Fahrzeug *n*

flexible manufacturing cell *<prod>* • flexible Fertigungszelle *f*

flexible manufacturing system (FMS) *<prod>* • flexibles Fertigungssystem *n* (FFS)

flexible printed circuit board *<el> (bendable, but stiff)* • flexible Leiterplatte *f*

flexible sheet for waterproofing *DIN EN 14909 <build.mat>* • Abdichtungsbahn *f DIN EN 14909*

flexible solar module *<energ.sol>* • flexibles Solarmodul *n*

flexible suspension *<mech.eng>* • elastische Aufhängung *f*

flexible-tongue points *<railw>* • Federzungenweiche *f*

flexicoil spring *<vhcl>* • Flexicoilfeder *f*; Flexicoil-Schraubenfeder *f*

flexing and flashing *<prod> (of mobile phones)* • Aufspielen der Basis--Software *n*

flexing zone *<vhcl> (of tires)* • Walkzone *f*; Federzone *f*

flexography *<print>* • Flexodruck *m DIN 55 405*; Flexographie *f*; Gummidruck *m*; Hochdruck *m*; Anilingummidruck *m obs*

flexural member *<tech.gen> (physical or abstract, as in FIM)* • Biegestab *m*

flexural strength *stand <qualit.mat> (gen.; e.g. of sheet metal, timber, plastics, cardboard)* • Biegefestigkeit *f norm*

flexural strength *<qualit.mat> (material property)* • Biegesteifigkeit *f*

flexure *<tech.gen>* • Durchbiegung *f*

flexure *<mech>* • Biegung *f*

flic *<comp> (animated cartoon)* • Flic *m*

flicker *<av> (of TV, monitors, displays, CRT screens)* • Flimmern *n*

flicker *<light>* • Flackern *nsg*

flicker *BS 5489-7 <light> (impression of fluctuating luminance or colour)* • Flimmern *n*

flicker *vi <av> (e.g. TV, monitor)* • flimmern *vi*

flicker-free *<av> (TV/video images)* • flimmerfrei

flicker-free *<light> (e.g. neon lamp)* • flackerfrei

flight *<gen>* • Flug *m*

flight *<join> (in screw threads)* • Gang *m*

flight altitude *<aerosp> (of aircraft)* • Flughöhe *f*; Höhe *f coll*

flight attendant *<aerosp> (male)* • Flugbegleiter *m*; Steward *m*

flight attendant *<aerosp> (female)* • Flugbegleiterin *f*; Stewardess *f*

flight attitude *<aerosp> (of aircraft)* • Fluglage *f*

flight characteristics *<aerosp>* • Flugverhalten *n*

flight control *<aerosp>* • Flugüberwachung *f*

flight-control system *<aerosp>* • Steuerwerk *n*; Steuerungsanlage *f*

flight-control system *<navig>* • Flugleitsystem *n*

flight coupon *<aerosp>* • Flugschein *m*; Flugticket *n*

flight crew *<aerosp>* • Flugbesatzung *f*

flight data recorder (FDR) *<aerosp> (a red box)* • Flugdatenschreiber *m* (FDR); Flugdatenregistriergerät *n form*; Flugschreiber *m*; Datenschreiber *m*; Black Box [zur Aufzeichnung der Flugdaten] *f ugs*

flight engineer *<aerosp> (crew)* • Flugingenieur *m*; Bordingenieur *m*

flight log *<aerosp.docu>* • Bordbuch *n*;

Logbuch *n*; Bordjournal *n*

flight management system (FMS) *<aerosp>* • Flugmanagementsystem *n* (FMS)

flight map *<aerosp.docu>* • Flugwegkarte *f*

flight mechanics *<aerosp>* • Flugmechanik *f DIN 9300*

flight movement *<aerosp>* • Flugbewegung *f*

flight operations quality assurance (FOQA) *<aerosp>* • Flugbetriebs--Qualitätssicherung *f*

flight path *<aerosp> (gen.; e.g. of cruise missile, satellite)* • Flugbahn *f*; Bahnlinie *f*

flight performance parameter *<aerosp>* • Flugleistung *f*

flight plan (FLPL) *<aerosp>* • Flugplan *m* (FLPL)

flight simulator *<comp>* • Flugsimulator *m*

flight strip *<aerosp>* • Flugstreifen *m*

flight trainer *<aerosp>* • Flugsimulator *m*

flight trajectory *<aerosp>* • Flugweg *m*

flight trajectory *<mil>* • Bahnlinie *f*

flight vehicle *<aerosp>* • Fluggerät *n*; Flugmaschine *f*

flint stone *<mat>* • Flint *m*

flip-chip technology (FC) *<el.ic.prod>* • Flip-Chip-Technik *f* (FC)

flip-flop circuit *<el> (bistable circuit; can be actuated anytime)* • Flip-Flop--Schaltung *f*; Flip-Flop *n prakt*; Flip--Flop *m rar*

flip-flops *<garm> (usu. foam rubber sole; secured on the foot by a thong)* • Flip-Flops *mpl*; Stegsandale *f*; Flipflops *mpl*; Zehensandale *f rar*

flipper *<bio> (whale, dolphin)* • Flosse *f*

flipper *<sport> (swimming, diving equipment)* • Flosse *f*

float *<tech.gen> (suspended)* • Schwebekörper *m*

float *<i&c> (for level control; e.g. in a reservoir tank)* • Schwimmer *m*; Auftriebskörper *m*

float *vi <tech.gen> (able to move in any direction)* • schweben *vi*

float *vi <proc>* • aufschwimmen *vi*

float *vi <srfc> (pigments on a paint surface)* • ausschwimmen *vi*

float *vt <build> (flooring)* • glätten *vt*

floatability *<tech.gen> (in water etc.)* • Schwimmfähigkeit *f*

float chamber *<mech.eng>* • Schwimmerkammer *f*; Schwimmergehäuse *n*

float-controlled valve *<tech.gen>* • Schwimmerventil *n*

float glass *<silic> (e.g. for window panes)* • Floatglas *n*

floating *<tech.gen> (arrangement, support; allows lateral movement)* • schwimmend; seitlich frei beweglich

floating *<tech.gen> (able to move in any direction)* • schwebend

floating body *<tech.gen>* • schwimmender Körper *m*

floating caisson *<build>* • Schwimmkasten *m*

floating condition *<nav>* • Schwimmlage *f*

floating dock *<nav>* • Schwimmdock *n*; Pontondock *n*

floating dredger *<nav.convey> (gen.)* • Schwimmbagger *m DIN EN ISO 8384*; Nassbagger *m*

floating floor *<build.int> (concrete screed, gypsum)* • schwimmender Estrich *m*

floating matter *<tech.gen>* • Schwimmstoff *m*

floating nozzle *<art.tool> (in airbrush)* • fliegende Düse *f*

floating oil rig *<petr>* • schwimmende Bohrinsel *f*; schwimmende Bohreinrichtung *f*; schwimmende Plattform *f*

floating point *<comp>* • Gleitkomma *n*

floating point operations per second (FLOPS) *<comp>* • Gleitkommaoperationen pro Sekunde *fpl* (FLOPS)

float position *<tech.gen>* • Schwimmerstellung *f*

flocculant *<chem>* • Flockungsmittel *n*; Ausflockungsmittel *n*; Koagulationsmittel *n*

flocculate *vt <chem>* • flocken *vt*

flocculation *<chem.proc>* • Ausflockung *f*; Koagulation *f wiss*; Flockung *f*

flock *vt <plast.srfc>* • beflocken *vt DIN 55 405*

flood *vt <gen> (large areas)* • überfluten *vt*; überschwemmen *vt*

flood *vt* *<tech.gen> (e.g. basin, dock, car body cavities with hot wax)* • fluten *vt*

flood *vt* *<geo> (e.g. embankment, dams, roads, houses)* • überfluten *vt*

flood *vt* *<leath>* • anschwöden *vt*

flood *vt* *<nav> (e.g. gate chamber, submarine watertank)* • fluten *vt*

floodable *<build>* • flutbar

flood-control reservoir *<build.hydr>* • Rückhaltebecken *n*

flood discharge *<energ.hydr>* • Hochwasserentlastung *f*

flood district *<build>* • Überschwemmungsgebiet *n*

flooded area *<geo.hydr>* • Überschwemmungsgebiet *n*

flooded gravel pit *<geo>* • Baggersee *m*

flooding *<gen> (of water)* • Überstauung *f*

flooding *<srfc.qualit> (separation of pigment particles)* • Aufschwimmen *n*

flooding of the engine *<mvhcl> (during starting attempts)* • Absaufen des Motors *n ugs*

floodlight *<light>* • Scheinwerfer *m*

floodlighting *<light> (e.g. of buildings)* • Anstrahlung *f*

floodlit *<light>* • flutlichtbeleuchtet

flood-relief channel *<build>* • Entlastungskanal *m*

flood tide gate *<build.hydr>* • Fluttor *n*

flood wave *<geo>* • Flutwelle *f*

floor *<build> (in a house, building)* • Boden *m*; Fußboden *m*

floor *US* *<build> (of a building, house)* • Geschoss *n*; Etage *f*; Stockwerk *n*; Stock *m ugs*

floor *<int>* • Fußboden *m*

floor area *<build> (gen.)* • Grundfläche *f*

floor area *<build> (stress on: usable space)* • Nutzfläche *f*

floor area *<build> (total area of all floors in a building)* • Geschossfläche *f*

floor area *<logist> (stress on: for storage)* • Lagerfläche *f*; Stellfläche *f*

floor blower *<hvac>* • Standgebläse *n*; Ständergebläse *n*

floor board *<build.mat> (slat shaped)* • Diele *f*

floor cover *<build.int>* • Bodenbelag *m*; Fußbodenbelag *m*

floor covering *<build>* • Fußbodenbelag *m*

flooring *<build> (e.g. tiles)* • Belag *m*

flooring *<build>* • Fußbodenbelag *m*

flooring concrete *<build.mat>* • Estrichbeton *m DIN 1045*

floor-levelled *<build> (elevator position with door open)* • bodengleich

floor mat *<tech.gen> (e.g. in stables, cars)* • Bodenmatte *f*

floor pan *<mvhcl> (car body)* • Bodenblech *n*; Bodenwanne *f prakt*

floor paving *<build>* • Fußbodenbelag *m*

floor space required *<tech.gen>* • Flächenbedarf *m*

floor space requirement *<tech.gen>* • Platzbedarf *m*

floor tile *<build.mat> (relatively thin, glazed or unglazed)* • Bodenfliese *f*

floor timber *<nav>* • Bodenwrange *f*

floor-to-floor height *<build>* • Geschosshöhe *f*

floor tray *<mvhcl.int>* • Ablage *f*

floor unevenness *<build>* • Bodenunebenheit *f*

floppy disc *<comp> (1969 until approx. 2011)* • Floppy-Disk *f*

floppy disk (FD) *<comp>* • Diskette *f* (FD); Floppy *f ugs*; Floppy-Disk *f rar*

floppy-disk drive (FDD) *US.GB* *<comp> (e.g. 3,5")* • Diskettenlaufwerk *n*; Floppy-Disk-Laufwerk *n*; Laufwerk für Disketten *n*; FD-Laufwerk *n*

flotation *US.GB* *<chem.proc>* • Flotation *f*

flow *<tech.gen> (through sth.)* • Durchfluss *m*

flow *<tech.gen> (of fluids, energy; e.g. of gas, water, current, neutrons)* • Fließen *n*

flow *vi* *<gen> (liquid)* • fließen *vi*

flow back *vi* *<proc> (liquid)* • zurücklaufen *vi*

flow control valve *<tech.gen> (for flow rate control)* • Durchflussmengenregler *m*

flow control valve *ISO 4135* *<pps.i&c> (for fluid metering)* • Dosierventil *n DIN ISO 4135*; Flowregelventil *n*

flow control valve *<pps.i&c> (governs flow-rate and pressure)* • Drosselventil *n*

flow diagram *<docu> (of processes)* • Flussdiagramm *n*; Ablaufschema *n*;

Ablaufdiagramm *n*; Flussbild *n rar*; Fließschema *n*

flow diagram (F&ID) *GE Aero <turb.docu> (of a process)* • Ablaufdiagramm *n*

flow direction *VDI4640 <tech.gen>* • Fließrichtung *f VDI4640*; Strömungsrichtung *f*; Flussrichtung *f*

flow direction *<convey> (of pumps)* • Förderrichtung *f*; Durchflussrichtung *f*

flow direction *<pps> (e.g. of fittings, valves, dampers)* • Durchlassrichtung *f*; Flussrichtung *f*

flow-forming *<prod> (gen.; various methods)* • Metalldrücken *n*; Drückwalzen *n*; Abstreckdrücken *n*

flow forming *<prod> (a type of metal spinning; variable wall thickness)* • Fließdrücken *n*

flow heater *<tech.gen> (for any liquid)* • Durchlauferhitzer *m*; Durchflusserhitzer *m*

flow hole *<el> (in PCB or solder tail)* • Lötauge *n*

flow in *vi <tech.gen>* • einströmen *vi*

flowing ability *<tech.gen> (of liquids, particulate matter; e.g. of salt, oil)* • Fließfähigkeit *f*

flowing waters *<geo>* • fließendes Gewässer *n*

flow machine *<mech.eng> (e.g. centrifugal pump, turbine)* • Strömungsmaschine *f*

flow measurement *<i&c> (gen., velocity, volume or mass flow rate; e.g. in m^3/s m/s)* • Strömungsmessung *f*; Durchflussmessung *f*

flow meter *<pps.i&c>* • Durchflussmesser *m*; Durchflussmessgerät *n*; Strömungsmesser *m*; Flowmeter *m*

flow off *vi <tech.gen>* • abfließen *vi*

flow off *vi <tech.gen> (any fluid; e.g. past a surface, through a hole)* • abströmen *vi*

flow of stress *<mech> (e.g. in a structural part)* • Spannungsverlauf *m*; Spannungspfad *m*

flow out *vi <tech.gen> (liquid)* • ausströmen *vi*

flow pattern *<docu>* • Ablaufschema *n*

flow rate *<convey> (e.g. in gallons per minute m^3/h)* • Förderstrom *m*

flow rate metering *<i&c>* • Durchflussmessung *f DIN EN 24006*

flow resistance *<phys>* • Fließwiderstand *m*; Strömungswiderstand *m*

flow restrictor *<proc>* • Durchflussbegrenzer *m*

flow separation *<convey> (in pumps)* • Abreißen des Förderstroms *n*; Strömungsablösung *f*

flow sheet *<prod>* • Arbeitsablaufplan *f*

flow soldering *<join.el> (of PCBs)* • Schwalllöten *n*; Schwallbadweichlöten *n*

flow through *vi <tech.gen>* • durchlaufen *vi*

flow through *vt <tech.gen> (e.g. water, coolant, refrigerant, oil through heat exchangers etc.)* • durchströmen *vt*

fluctuate *vi <gen>* • wechseln *vi*

fluctuate *vt <gentech.gen> (values, figures, signals)* • schwanken *vt*

fluctuating power *<tech.gen>* • schwankende Leistung *f*

fluctuation *<tech.gen> (of values, figures, signals)* • Schwankung *f*

flue dust *<emiss>* • Flugstaub *m*

flue furnace *<comb>* • Flammrohrfeuerung *f*

flue gas *<comb> (of burners, furnaces etc.)* • Abgas *n*; Rauchgas *n*

flue gas *<comb.emiss> (from furnace, incl. particulate emissions, smoke)* • Rauchgas *n*; Abgas *n*

flue-gas analysis *<i&c>* • Rauchgasanalyse *f* (RGA); Abgasanalyse *f prakt*

flue-gas cleanup (FGC) *<emiss.proc>* • Abgasreinigung *f*; Rauchgasreinigung *f*

flue-gas cleanup system (FGC) *<emiss.proc>* • Abgasreinigungsanlage *f*; Rauchgasreinigungsanlage *f*

flue-gas dedusting *<waste>* • Rauchgasentstaubung *f*

flue-gas denitrification *<emiss>* • Rauchgasentstickung *f*; DeNOx-Verfahren *n*

flue-gas desulphurization (FGD) *US <emiss>* • Rauchgasentschwefelung *f*; DESOX-Verfahren *n*

flue-gas treatment *<waste>* • Rauchgasreinigung *f*

fluff *<gen> (e.g. piece of dust)* • Flocke *f*

fluff *<textil> (of fine fibers)* • Flaum *m*

fluff *vt <metal> (molding sand)* • auflockern *vt*

fluffing *ISO 2424 <textil>* • Flusen *n DIN ISO 2424*; Haaren *n*

fluffy *<mat>* • flauschig

fluid *<tech.gen> (general term for liquids and gases)* • Fluid *n DIN 1342*; strömungsfähiges Medium *n*; strömendes Medium *n*

fluid *adj <tech.gen> (free-flowing; e.g. liquids, particulate matter, salt, oil)* • fließfähig

fluid capacities *pl <docu> (headline in manual)* • Füllmengen *fpl*

fluid connector *<pps> (for hoses)* • Flüssigkeitskupplung *f*

fluid coupling *<tech.gen>* • hydraulische Kupplung *f*

fluid coupling *<mvhcl.drive>* • hydrodynamische Kupplung *f form*; Flüssigkeitskupplung *f*; Strömungskupplung *f prakt.rar*; Föttingerkupplung *f rar*; Föttinger-Kupplung *rar*

fluid dynamics *<phys>* • Strömungslehre *f*

fluidics *<phys> (handling of liquids, gases; e.g. by means of pumps)* • Fluidik *f*; Fluidtechnik *f*

fluid inlet *<energ.sol> (of collector)* • Wärmeträger-Eintritt *m*

fluidity *<phys>* • Fluidität *f DIN 1342*

fluidity improver *<chem.petr> (for diesel fuels)* • Fließverbesserer *m*

fluidize *vt <proc>* • fluidisieren *vt*

fluidized bed *<proc> (gen.; e.g. coal dust as a fuel or activated charcoal as adsorbent)* • Wirbelschicht *f*; Wirbelbett *n*; Fließbett *n*; Wirbelschichtbett *n*; gewirbeltes Bett *n*

fluidized bed combustion (FBC) *<comb>* • Wirbelschichtfeuerung *f* (WSF); Wirbelschichtverbrennung *f*; Fließbettfeuerung *f*; Wirbelbettfeuerung *f*; Schwebebettfeuerung *f*

fluidized bed gasifier *<energ.bio>* • Wirbelschichtvergaser *m*; Wirbelbettreaktor *m*

fluidized-bed reactor *<proc> (gen.)* • Fließbettreaktor *m*

fluidized bed reactor *US <proc.emiss> (for desulfurization)* • Wirbelschichtreaktor *m DIN 4045*; Wanderschichtreaktor *m*

fluidized fuel bed *<comb>* • fluidisiertes Brennstoffbett *n*

fluidizing air *<proc> (e.g. in fluidized-bed reactor)* • Fluidisierungsmedium *n*; Fluidisierungsluft *f*; Wirbelluft *f*; Lockerungsluft *f*; Strömungsmittel *n rar*

fluid-level float switch *<i&c>* • Flüssigkeitsstand-Schwimmerschalter *m*

fluid mechanics *<mech.eng>* • Fluidmechanik *f*; Strömungsmechanik *f*

fluid outlet *<energ.sol> (of collector)* • Wärmeträger-Austritt *m*

fluid tube *<energ.sol> (in solar collector absorber plate)* • Absorberkanal *m*; Fluidkanal *m*; Strömungskanal *m*; Wärmetauscherkanal *m*

fluke *<bio> (either half of the triangular tail of a whale)* • Fluke *f*

fluoresce *vi <phys>* • fluoreszieren *vi*

fluorescence *<phys>* • Fluoreszenz *f*

fluorescent *<phys>* • fluoreszierend

fluorescent dye *<chem> (e.g. for proteomics)* • Fluoreszenzfarbstoff *m*

fluorescent material *<gen>* • fluoreszierender Stoff *m*

fluorescent OLED *<comp>* • fluoreszierendes OLED *n*

fluorescent strip [light] *<light>* • Leuchtröhre *f*

fluorescent tube *<light>* • Leuchtstoffröhre *f*; Leuchtstoff-Niederdrucklampe *f form*; L-Lampe *f*; Leuchtröhre *f ugs*; Neonröhre *f ugs*

fluoride *<chem>* • Fluorid *n*

fluoridize *vt <chem>* • fluoridieren *vt*

fluorinate *vt <chem>* • fluorieren *vt*

fluorine (F) *<chem>* • Fluor *n* (F)

fluorine excimer laser (F2) *<opt>* • Fluor-Excimerlaser *m* (F2)

flush *<tech.gen> (level with a surface)* • oberflächenbündig

flush *<srfc>* • bündig; fluchtrecht; fluchteben; glatt *ugs*

flush *vt <proc> (rinse)* • spülen *vt*

flush *vt <prod> (to produce a smooth, even surface)* • glätten *vt*

flush drilling *<min.petr>* • Spülbohren *n*

flushing cistern *<build.hvac> (reservoir for flushing the toilet bowl)* • Spülkasten *m DIN 19542*; Wasserkasten *m*

flushing cistern *<build.hygi> (of WC)* • Wasserkasten *m*; Spülkasten *m ugs*

flush liquid *<tech.gen> (e.g. for cleaning pump shaft seals)* • Spülflüssigkeit *f*

flush-mount *<tech.gen>* • flächenbündig

flush-mounted *<tech.gen> (into the floor, into the wall)* • eingelassen; oberflächenbündig montiert; versenkt montiert *rar*

flush-mounted basin *<build.int> (bathroom)* • Einbauwaschbecken *n*

flush-mounted sink *<build.int> (kitchen)* • Einbauspüle *f*; Einbauspülbecken *n*

flush-mounting instrument *<tech.gen>* • Einbauinstrument *n*

flush out *vt <tech.gen> (e.g. toilet, filter screens)* • ausspülen *vt*

flush out *vt <tech.gen>* • herausspülen *vt*

flush-right *<tech.gen>* • rechtsbündig

flush socket *<el>* • Unterputzsteckdose *f*

flush switch *<build.el> (embedded in brick wall, flush with plaster finish)* • Unterputzschalter *m*

flush-type switch *<el>* • Einbauschalter *m*

flush valve *<pps>* • Spülventil *n*

flush water *<tech.gen>* • Spülwasser *n*

flush with *<tech.gen>* • bündig mit; eben mit

flute *<build> (as a conduit)* • Rinne *f*

flute *<join.tool> (thread end of thread cutting screws, in twist drills)* • Span--Nut *f*

flute *<mech.eng> (one of a series of axial grooves around a shaft)* • Nut *f*

flute *<tool> (in a twist drill)* • Spannut *f*; Drallnut *f*; Gewindenut *f rar*

flute *vt <prod>* • auskehlen *vt*

flute *vt <prod>* • riefen *vt*

flute bottom *<mech.eng>* • runder Nutgrund *m*

fluted *<srfc> (e.g. terrace deals)* • geriffelt

fluting *<pap>* • Fluting *n*

fluting *<srfc> (ribbing; e.g. of columns, watches)* • Kannelierung *f*

flux *<join.metal> (for welding process, incl. soldering, brazing)* • Flussmittel *n DIN EN ISO 9455*; Antioxidationsmittel *n*

flux *<phys> (magnetic, energy, neutron)* • Fluss *m*

flux *<phys> (energy)* • Strom *m*

flux *vt <srfc>* • fluxen *vt*; Flussmittel *n*: mit ~ behandeln *vt*

flux-coated electrode *<join>* • flussmittelumhüllte Elektrode *f*

flux core *<join> (of solder)* • Flussmittelseele *f*; Seele *f prakt*

flux-cored arc welding (FCAW) *<join> (electrode tubular and filled with flux)* • Metall-Lichtbogenschweißen mit Fülldrahtelektrode *n DIN EN ISO 4063*

flux density *<phys> (e.g. of magnetic field, neutron flux)* • Flussdichte *f*

flux distribution *<phys>* • Flusslinienverteilung *f*

flux-free *<join> (soldering, welding)* • flussmittelfrei

fluxing ore *<metal>* • Zuschlagerz *n*

fly *<garm> (in Y-front men's underpants)* • Eingriff *m*

fly *vi <aerosp>* • fliegen *vi*

flyback mechanism *<mech> (chronograph)* • Flyback--Mechanismus *m*

flyback speed *<tech.gen> (e.g. of printhead carriages, print heads, scanning mirrors)* • Rücklaufgeschwindigkeit *f*

fly-by-light (FBL) *<aerosp>* • Fly-by--Light *n* (FBL)

fly-by-wire (FBW) *<aerosp>* • Fly-by--Wire *n* (FBW)

fly dust *<tech.gen>* • Flugstaub *m*

flying height *<comp> (of hard disk read/write head)* • Flughöhe *f*; Kopfflughöhe *f*

flying lane *<aerosp>* • Flugschneise *f*

flying object *<tech.gen>* • Flugobjekt *n*; Flugkörper *m*

flying object *<aerosp> (manned)* • Flugobjekt *m*

flying shears *<metal> (e.g. in rolling mill)* • fliegende Schere *f*

fly-over noise *<ecol>* • Fluglärm *m*

flyrig *<theat>* • Flyrig *n* Schwebegeschirr *n*

fly strip *<int.hygi>* • Fliegenfänger *m*

flywheel *<mvhcl.mot>*

• Schwungscheibe *f*; Schwungrad *n*
FM band *<av>* • UKW-Band *n*
FM station *<av>* • UKW-Sender *m*
foam *<tech.gen>* • Schaum *m*
foam *vt <proc>* • Schäumen *n*: zum ~ bringen *vt*; schäumen *vi/vt*
foam-cushioned seat *<vhcl>* • Vollschaumsitz *m*
foamed *<tech.gen>* • gebläht
foamed *<plast>* • geschäumt
foamed latex rubber *<mat>* • Latexschaumgummi *m*; Latexschaum *m*
foam fill *<pack> (package void filling blocks or peanuts)* • Schaumstoff-Füllmaterial *n*; Füllmaterial aus Schaumstoff *n*
foam firefighting system *DIN EN 13565-1 <fire.safe> (stress on: fixed firefighting system)* • Schaumlöschanlage *f DIN EN 13565-1*
foam generation *<gen>* • Schaumbildung *f*
foaming *<tech.gen> (gen.; e.g. of oil, motor oil)* • Schäumen *n*
foaming agent *<chem.proc>* • Schaumbildner *m*
foaming agent *<plast>* • Treibmittel *n*
foam onto *vt <prod> (add foam padding to a substrate)* • aufschäumen *vt*
foam rubber *<plast>* • Schaumgummi *m*; Zellkautschuk *m form.rar*; Zellgummi *m rar*
focal plane *<phot>* • Fokussierebene *f*
focal-plane shutter *<phot>* • Schlitzverschluss *m*
focal power *ISO 13666 <opt> (comprises spherical and astigmatic vertex power of a lens)* • fokussierende Wirkung *f ISO 13666*
focal spot *<opt>* • Brennfleck *m*
focus: out of ~ *<phot> (subject)* • unscharf
focus *vi/vt <phot>* • scharfstellen *vi/vt*; fokussieren *vi/vt*; scharfeinstellen *vi/vt*; Entfernung einstellen *vt*
focus area *<phot>* • Autofokus-Messfeld *n*; AF-Messfeld *n KM.Canon*; AF-Punkt *m Pentax*; AF-Feld *n Olymp.Panas*; Fokusmessfeld *n Nikon.Sony*
focused *US <phys>* • gebündelt
focus error *<opt> (gen.; e.g. of CD players, CD drives)* • Fokussierungsfehler *m*; Fokusfehler *m*
focusing *<phot>* • Entfernungseinstellung *f*; Scharfstellung *f*; Fokussierung *f*; Scharfeinstellen *n*; Fokussieren *n*
focusing grip *US <phot> (on lens)* • Scharfeinstellring *m*; Entfernungseinstellring *m*; Entfernungsring *m*
focusing lens *US <opt>* • Fokussierlinse *f*
focusing range *<opt>* • Einstellbereich *m*
focusing screen *US <phot>* • Mattscheibe *f*
focus [on/at] *vi/vt <phot> (camera, lens)* • fokussieren [auf] *vi/vt*; scharfstellen [auf] *vi/vt*
focus ring *<phot>* • Fokusring *m*; Fokussierring *m Sony.Pentax*; Schärfering *m Olymp*; Schärfeneinstellring *m Fuji*; Entfernungsring *m Canon*
focus setting *<av> (process)* • Fokuseinstellung *f*; Scharfstellung *f*; Scharfeinstellung *f*; Fokussierung *f*; Entfernungseinstellung *f*
focus tracking *<phot>* • Fokusnachführung *f*
foen *<meteo> (wind)* • Föhn *m*
Foettinger torque converter *<mech.eng>* • Föttingerwandler *m*
fog *<meteo>* • Nebel *m*
fog *vi <phys> (window, glass)* • beschlagen *vi*; anlaufen *vi ugs*
fog *vi <srfc> (e.g. window glass)* • schwitzen *vi*
fog machine *<theat> (for discos, dance halls, theaters)* • Nebelmaschine *f*; Nebelwerfer *m*
foil *<metal> (< 0.15 mm; typ. 0.008 mm; e.g. chocolate wrapping aluminum)* • Metallfolie *f*; Folie *f prakt*
foil capacitor *<el>* • Folienkondensator *m*
foil paper *<pack> (e.g. chewing gum wrapper, tee bags)* • Folienpapier *n*
foil shaver *<hygi.tool>* • Scherfolienrasierer *m*; Klingenblock-Rasierer *m*
foil tape *<alarm> (thin metal strips, on window pane)* • Alarmfolie *f*;

Überwachungsfolie *f*

fold *<geo>* • Falte *f*

fold *<i&c> (of a folding rule)* • Glied *n*

fold *<pap>* • Falte *f*

fold *<pap> (sharp edge of folded paper)* • Falz *m*

fold *vt <tech.gen> (over sharp edge; e.g. carton, paper, sheet metal)* • abknicken *vi/vt*

fold *vt <tech.gen> (gen.; e.g. deck chair, seat back, sun visor, etc.)* • klappen *vt*

fold *vt <pap>* • falzen *vt*

foldable seat *<mvhcl.int>* • klappbarer Sitz *m*

fold back *vt <tech.gen> (e.g. cover, bed, backrest)* • zurückklappen *vt*

fold-down ... *<tech.gen>* • klappbar; herunterklappbar

folded mountain belt *<geo>* • Faltengebirge *n*

fold in *vt <tech.gen> (e.g. a carton, collar)* • einklappen *vt*

folding *<geo>* • Faltung *f*

folding arm chair *<gen>* • Klappsessel *m*

folding balcony table *<gen>* • Balkonhängetisch *m*; Balkonklapptisch *m*

folding bicycle *<vhcl>* • Klappfahrrad *n*; Klapprad *n*; Falt-Fahrrad *n rar.DB*

folding carton *<pack>* • Faltschachtel *f*

folding chair *<gen>* • Klappstuhl *m*

folding hardtop *<mvhcl> (e.g.in Mercedes SLK)* • Falt-Hardtop *n*

folding kayak *<nav>* • Faltkajak *n*

folding machine *<mach.tool> (paper)* • Falzmaschine *f*

folding number *<textil> (twist)* • Fachung *f*

folding rear seats *<mvhcl>* • umklappbare Rücksitzlehne *f*

folding rule *<i&c.tool>* • Gliedermaßstab *m form*; Meterstab *m*; Zollstock *m ugs*; Metermaß *n ugs*; Maßstab *m rar*

folding step *<vhcl> (e.g. on railcars)* • klappbare Trittstufe *f*

folding table *<int>* • Klapptisch *m*

folding test *<qualit.mat> (for sheet metal)* • Faltversuch *m*

folding top *<mvhcl> (stress on: folding)* • Faltverdeck *n*; Klappverdeck *n ugs*

fold-over *<el>* • Geisterbild *n*

follow *vi <tech.gen>* • nachlaufen *vi*

follow *vt <gen> (this car; e.g. with a yellow cab)* • folgen *vt*

follower roll *<mech.eng>* • Kurvenrolle *f*

follow in order *vt <gen>* • folgen *vt*

follows international standards *<qualit>* • entspricht internationalen Normen

follow-up control *<i&c>* • Nachlaufregelung *f*; Nachlaufsteuerung *f*

follow-up device *<tech.gen>* • Nachlaufeinrichtung *f*

follow-up measure *<gen>* • Folgemaßnahme *f*; Anschlussmaßnahme *f*

follow-up measures *<med> (therapy)* • Nachbehandlung *f*

font *<comp> (complete set of type of one style and size)* • Zeichensatz *m*

font *<print>* • Font *m*; Schrift *f*; Zeichensatz *m*

font size *<comp.print> (specified in mm or point; e.g. 12 pt)* • Schriftgrad *m DIN 16507-2*; Schriftgröße *f*

font style *<print> (variation of a typeface, e.g. light, bold, condensed, italic)* • Schriftschnitt *m*; Schnitt *m prakt*

food chemistry *<chem.food>* • Nahrungsmittelchemie *f*

food color *US <food>* • Lebensmittelfarbstoff *m*; Lebensmittelfarbe *f prakt*

food freezer *<food>* • Tiefkühlschrank *m*

foodgrade *<prod> (material in food production; e.g. lubricants, coolants)* • lebensmitteltauglich

food preservation *<food>* • Lebensmittelkonservierung *f*

food processing industry *<food.prod>* • Nahrungsmittelindustrie *f*; Lebensmittelindustrie *f*

food processor *<el> (kitchen aid)* • Küchenmaschine *f*

foolproof *coll <tech.gen> (involving no risk or harm, never failing)* • idiotensicher *ugs*

foot (ft) *<phys> (unit of length; 12 inches = 30.5 centimeters)* • Fuß *m*

foot brake *<brake>* • Fußbremse *f*

foot brake lever *<mvhcl.brake> (foot pedal, on RH side of bike)* • Fußbremshebel *m*; Hebel der

Hinterradbremse *m form*; Hinterradbremshebel *m*

footbridge *<traff>* • Straßenüberführung *f*

foothill *<geo> (of a mountain)* • Ausläufer *m*

foothills *<geo>* • Vorgebirge *n*

footing *<build> (part of a foundation bearing directly upon the earth)* • Fundament *n*

foot lever *<mech.eng>* • Fußhebel *m*

foot-operated *<tech.gen>* • fußbetätigt

foot path *<traff>* • Fußweg *m*

footprint *<tech.gen> (required mounting surface [area])* • Platzbedarf *m*

footrest *<tech.gen> (e.g. at the workplace)* • Fußstütze *f*

footwell *<mvhcl> (sheetmetal panel)* • Fußraum *m*

forage cutter *<agri.tool>* • Häcksler *m*; Häckselmaschine *f*

forage harvester *ISO 8909-1 <agri> (for forage plants to make silage; tractor attachment or self-propelled)* • Feldhäcksler *m DIN ISO 8909-1*

force (F) *<phys> (acc. to ISO specified in Newton, N; formerly lbf)* • Kraft *f* (F) *DIN 1305*

force against *vt <tech.gen>* • anpressen an *vt*

force apart *vt <tech.gen>* • auseinanderdrücken *vt*

force application *<mech>* • Krafteintrag *m*; Eintrag einer Kraft *m*; Angreifen einer Kraft *n*

force-closed joint *<mech.eng> (as opp. to positive joint; kept together by external force constraints)* • kraftschlüssige Verbindung *f*

force closure *<mech.eng> (kept together by external force constraints; as opp. to form closure)* • Kraftschluss *m*; Haftschluss *m*; Reibungsschluss *m*

forced *<gen>* • erzwungen

forced-air system *GB <hvac>* • Zwangsbelüftung *f*

forced circulation *<hvac> (with pump, blower)* • Zwangumlauf *m*; Zwangsumlauf *m*

forced circulation cooling *<tech.gen>* • Zwangsumlaufkühlung *f*

forced convection *<energ.sol>* • erzwungene Konvektion *f*; erzwungene Umwälzung *f*

forced-draft cooling tower *US <proc> (typ. type of c.t. in the U.S.)* • Ventilatorkühlturm *m*

forced entry resistant door *<build>* • einbruchhemmende Tür *f*

forced-feed circulation *<tech.gen> (e.g. water, lubricant)* • Druckumlauf *m*

force diagram *<mech>* • Kräftediagramm *n*; Kräfteplan *m rar*

forced oscillation *<phys>* • aufgedrückte Schwingung *f*

force-feed *vt <tech.gen>* • Druck *m*: mit ~ zuführen *vt*; zuführen *vt*: mit Druck ~

force-feed lubrication *<tribo> (pump--fed lubrication with oil)* • Druckumlaufschmierung *f*; Druckschmierung *f*

force field *<phys>* • Kraftfeld *n*

force in *vt <prod> (parts with an interference fit; e.g. a bushing, key)* • eintreiben *vt*

force off *vt <mech>* • abdrücken *vt*

force on *vt <prod> (with hammer blows; e.g. sleeve, collar, hub on shaft)* • auftreiben *vt*

force on a mandrel *vt <prod>* • aufdornen *vt*

force open *vt <tech.gen> (destructively; e.g. lid, cover, door, box, container)* • aufbrechen *vt*

force open *vt <mech> (door, window, cover; non-destructively)* • aufdrücken *vt*

force out *vt <tech.gen>* • herauspressen *vt*

force plug *<prod> (e.g. for punching, moulding)* • Stempel *m*

force reversal *<tech.gen>* • Kraftumlenkung *f*

force through *vt <mech> (e.g. a bushing, sleeve)* • durchpressen *vt*

force to de-energize *<gen>* • Zwangsabschaltung *f*

force vector *<mech>* • Kraftvektor *m*

fording depth *<mvhcl> (of 4wd vehicles, trucks, tanks etc.)* • Wattiefe *f*

fore and aft *<nav>* • längsschiffs

fore and aft adjustment *<mvhcl.int>* • Längsverstellung *f*; Sitzlängsverstellung *f form*; Längseinstellung *f*

fore and aft centerline *US <nav>* • Mittschiffslinie *f*

forebody *<nav>* • Vorschiff *n*
foreground *<phot>* • Vordergrund *m*
forehand welding *<join> (esp. for sheet metal < 3 mm)* • Nachlinksschweißen *n*; Linksschweißung *f*; NL-Schweißen *n*; Vorhandschweißen *n*
foreign *<gen> (product; e.g. car)* • ausländisch
foreign atom *<phys>* • Fremdatom *n*; Verunreinigung *f*; Störstelle *f*; Störung *f*; Störstellenatom *n*
foreign object *<tech.gen> (any matter in the wrong place; e.g. dirt, misplaced tools)* • Fremdkörper *m*
foreign particle *<tech.gen>* • Fremdkörper *m*
foreign substance *<gen>* • Fremdstoff *m*
foreign taste *<food>* • Beigeschmack *m*
foreign trade *<econ>* • Außenhandel *m*
forest conservation *<wood>* • Forstschutz *m*
forest damage *<wood.ecol>* • Waldschäden *mpl*
forest engineering *<wood>* • Forsttechnik *f*
forest fire control *<wood.fire>* • Waldbrandbekämpfung *f*
forest machinery *<wood.tool>* • Forstmaschinen *fpl*
forestry *<wood.econ>* • Forstwirtschaft *f*
forest technology *<wood>* • Forsttechnologie *f*
forge *vt <prod>* • schmieden *vt*
forged *<tech.gen>* • geschmiedet
forged alloy wheel *<vhcl>* • Leichtmetallschmiederad *n*; geschmiedetes Leichtmetallrad *n*; geschmiedetes LM-Rad *n*
forged steel *<mat>* • Schmiedestahl *m*; geschmiedeter Stahl *m*
forge scale *<prod>* • Schmiedezunder *m*
forging *<prod> (process)* • Schmieden *n*
forging *<prod> (result)* • Schmiedestück *n*; Schmiedeteil *n*
forging press *<mach.tool>* • Schmiedepresse *f*
forgiving chassis *<mvhcl>* • gutmütiges Fahrwerk *n*
forgivingness *<tech.gen>* • Robustheit *f*
fork *<tech.gen> (e.g. table fork, pitchfork, tuning fork, clutch release fork)* • Gabel *f*
fork *<geo> (e.g. river)* • Gabelung *f*
fork *vi <gen> (e.g. river)* • gabeln *vr*
fork arm *ISO 5053 <convey>* • Gabelzinke *f DIN ISO 5053*
fork column *<vhcl>* • Gabelschaft *m*; Gabelschaftrohr *n*
fork crown *<vhcl> (bicycle)* • Gabelkopf *m*
forked *<tech.gen>* • gegabelt
forked rocker arm *<mvhcl.mot> (motorbike)* • Gabelschlepphebel *m*
fork lift truck *<convey>* • Gabelstapler *m DIN ISO 2331*; Gabelhubwagen *m DIN 15137*
fork terminal *<el> (U-shaped blade)* • Kabelschuh *m*
for-life lubrication *<tribo>* • Dauerschmierung *f*; For-Life--Schmierung *f*
form *vt <prod> (create; e.g. a link, elbow, bridge)* • bilden *vt*
form *vt <prod> (by casting, molding)* • formen *vt*
form *vt <tool> (shape, a cutting tool; e.g. grinding wheel)* • fassonieren *vt*
formability *<qualit.mat>* • Formbarkeit *f*; Umformbarkeit *f*
form a creamy layer *vi <chem> (effect of emulsions, usu. unwanted; separation of the lighter phase)* • aufrahmen *vi*
formaldehyde *<chem>* • Formaldehyd *n* (HCHO)
formaldehyde-degassing *<build.mat>* • Formaldehyd-ausgasend
format *<comp> (result; of documents, disks)* • Formatierung *f*
format *vt <comp> (disk)* • formatieren *vt*
format *vt <docu> (text, document)* • formatieren *vt*
formation *<tech.gen> (e.g. of bubbles, heat)* • Entwicklung *f*; Bildung *f*
formation *<el> (of capacitors)* • Formieren *n*; Formatieren *n*
formation *<geo> (result; e.g. of rock)* • Formation *f*
formation of aircraft flight *<aerosp>* • Formationsflug *m*
formation of bubbles *<proc>* • Blasenbildung *f*
formation of layers *<tech.gen>*

• Schichtenbildung *f*

formatted *<comp> (text, disk)* • formatiert

formatted capacity *<comp> (of storage media; e.g. HD drives, flash drives)* • Nettokapazität *f*; formatierte Kapazität *f*; logische Kapazität *f*; Nutzkapazität *f*

formatting *ISO 2382-2 <comp> (initializing of a data medium; e.g. of a hard disk)* • Formatierung *f*; Datenformatierung *f*

form by compression *vt <prod>* • druckumformen *vt DIN 8583*

form deviation *DIN 4760 <tech.gen> (material surface)* • Gestaltabweichung *f DIN 4760*

former plate *<prod> (thin plate of wood; gage or guide in mech. work)* • Schablone *f*

form factor *<comp> (defines physical and external dimensions of a storage device)* • Formfaktor *m*; Format *n*; Bauform *f*; Baugröße *f*

form factor *<phys> (e.g. power)* • Formfaktor *m*

form feed (FF) *<print> (of any paper in copy machine, printer; paper pulled in from tray)* • Papiereinzug *m*; Papierzuführung *f*

Formica ® *<plast> (UF or MF resin; e.g. for kitchen surfaces)* • Resopal *n* ®; Formica *n*

formic acid *<chem>* • Ameisensäure *f*

forming *<tech.gen> (gen.; generation of a 3D body)* • Formung *f*

form milling *<prod>* • Formfräsen *n*

form stripping *<build> (of concrete formwork)* • Ausschalen *n*; Entschalung *f*; Entschalen *n*

form tapping *<prod> (of female threads)* • Gewindefurchen *n DIN 8583-5*; Gewindedrücken *n rar*; Gewindeformen *n rar*

form turning *<prod>* • Formdrehen *n*

formula *<tech.gen>* • Formel *f*

formula *<term> (e.g. H_2O)* • Formel *f*

formulate *vt <gen>* • formulieren *vt*

formulate *vt <chem> (a chemical, solution etc.)* • ansetzen *vt*

formulate *vt <chem> (a substance)* • konfektionieren *vt*

formulation *<chem> (of a product's composition; e.g. of cosmetics, detergents)* • Formulierung *f*; Produktformulierung *f*

formwork *<build> (concrete)* • Schalung *f*; Verschalung *f*

formwork *US <build> (of concrete)* • Schalung *f*; Verschalung *f*

formwork drawing *ISO 10209-4 <build.docu>* • Schalplan *m DIN ISO 10209-4*

fortification *<chem.proc> (of acid)* • Anreicherung *f*

fortify *vt <gen>* • verstärken *vt*

fortify *vt <chem.proc> (acid)* • aufkonzentrieren *vt*; verstärken *vt*

fortuitous *<tech.gen> (by chance)* • zufällig

forward *<nav>* • vorn

forward *vt <logist> (e.g. letter, shipment)* • weiterleiten *vt*; nachsenden *vt*

forward biased *<el> (transistor)* • Durchlassrichtung *f*: in ~ betrieben; Durchlassrichtung *f*: in ~ gepolt; Durchlassrichtung *f*: in ~ vorgespannt; Polung in Durchlassrichtung *f*; Polung in Flussrichtung *f*

forward current *<el>* • Durchlassstrom *m*; Strom in Durchlassrichtung *m*; Vorwärtsstrom *m*

forward gear *<mvhcl.drive> (shift status of a gearbox; e.g. in ~)* • Vorwärtsgang *m*

forward motion *<gen> (any type, slow or fast, smooth or stepped)* • Vorwärtsbewegung *f*

forward projection *<gen> (e.g. of cost/profit)* • Fortschreibung *f*

forward speed *<mvhcl.drive> (as opp. to reverse gear; e.g. transmission with 24 forward speeds)* • Vorwärtsgang *m*

forward sweep *<aerosp> (aircraft wing)* • negative Pfeilform *f*

forward thrust *<vhcl>* • Vortrieb *m*

forward travel *<mach.tool>* • Vorlauf *m*

forward visibility *<mvhcl>* • Sicht nach vorn *f*; Fahrbahn-Übersicht *f*

forward voltage *<el>* • Durchlassspannung *f*; Vorwärtsspannung *f*; Spannung in Flussrichtung *f*

fossil fuel *<energ>* • fossiler Brennstoff *m*

fossil-fueled power plant *<energ>* • fossil befeuertes Kraftwerk *n*; fossil gefeuertes Kraftwerk *n*

fossil power plant *US <energ>* • Großfeuerungsanlage *f*

Foucault pendulum *<mech>* • Foucault'sches Pendel *n*; foucaultsches Pendel *n*

foul *<nav> (hull; of boat, ship)* • bewachsen

foul air *<hvac>* • Abluft *f*

foulard *<garm> (silky scarf with printed pattern)* • Foulard *n*; Seidentuch *n*

foulard *<textil.mat> (silky cloth; e.g. for ties, scarfs)* • Foulard *n*; Foulardseide *f*

fouling *<srfc.nav> (algae etc. on ship hull, paint coat)* • Bewuchs *m*

foul smell *<gen> (e.g. of rotten eggs)* • übler Geruch *m*

foul-smelling gas *<med.jur>* • Fäulnisgas *n*

found *vt <build> (a building structure)* • gründen *vt*

found *vt <metal> (casting)* • gießen *vt*

foundation *<build> (of building structures)* • Fundament *n*

foundation *<build>* • Gründung *f*

foundation *<build.railw> (track)* • Unterbau *m*

foundation bolt with hammerhead *<build.join>* • Anker mit Hammerkopf *m*

foundation drainage *<build>* • Baugrundentwässerung *f*

foundationless installation *<tech.gen>* • fundamentlose Aufstellung *f*

foundation pile *<build>* • Gründungspfahl *m*

foundation plate *<build> (anchor plate on floor)* • Ankerplatte *f*

foundation plate *<build> (concrete)* • Grundplatte *f*; Fundamentplatte *f*; Gründungsplatte *f*; Plattenfundament *n*; Sohlplatte *f*

foundation stone *<build.mat>* • Grundstein *m*

foundation wall *<build>* • Grundmauer *f*

found free in nature *<gen> (e.g. radioactivity)* • natürlich vorkommend; natürlich

founding *<prod> (melting and casting)* • Gießen *n*

foundry *<prod.metal> (facilities, workshop)* • Gießerei *f*; Schmelzerei *f rar*

foundry technology *<metal>* • Hüttentechnik *f*; Gießereitechnik *f*

fountain effect *<tech.gen>* • Springbrunneneffekt *m*

fountain solution *<print> (printing press)* • Feuchtmittel *n DIN 16529*; Feuchtwasser *n*; Wischwasser *n*

four-color printing *US <print>* • Vierfarbdruck *m*; Vierfarbendruck *m*

four-cylinder engine *<mvhcl.mot>* • Vierzylindermotor *m*; Vierzylinder *m ugs*

four-door ... *<mvhcl> (body design)* • viertürig

four-fold *<gen>* • vierfach

fourfold-lap covering *:V <build> (roof covering)* • Aufschnittdeckung *f*

Fourier transform *<math>* • Fourier--Transformation *f DIN 5487*

four-jet *<aerosp>* • vierstrahlig

four-stroke engine *<mot>* • Viertaktmotor *m*; Viertaktverbrennungsmotor *m form*; Viertakter *m prakt*

four wheel drive (4WD) *<mvhcl.drive>* • Allradantrieb *m*; Vierradantrieb *m*; 4x4-Antrieb *m*

four wheel drive vehicle *<mvhcl>* • Allradfahrzeug *n*; Fahrzeug mit Vierradantrieb *n*

fox-tail wedging *<wood.join>* • Zapfenverkeilung *f*

fractal *<math> (e.g. Mandelbrot fractals)* • Fraktal *n*

fraction *<gen> (small portion of sth)* • Anteil *m*; Bruchteil *m*

fraction *<chem.petr>* • Fraktion *f*; Schnitt *m*

fraction *<math> (e.g. a quarter)* • Bruch *m*

fractional *<math> (numbers)* • gebrochen

fractional distillation *<chem.proc>* • fraktionierte Destillation *f*; Fraktionierung durch Destillation *f*

fractionate *vt <chem.proc> (e.g. petroleum)* • fraktionieren *vt*; zerlegen *vt*; aufspalten *vt*; auftrennen *vt*

fractionation *<proc> (of density classes; e.g. by distillation, ultracentrifugation)* • Fraktionierung *f*; Auftrennung *f*; Trennung *f ugs*

fractionation tower *<chem.petr>* • Fraktionierkolonne *f*; Trennkolonne *f*; Splitter *m*; Fraktionierturm *m*; Destillationskolonne *f*

fracture *<geo> (in rocks, stone)* • Riss *m*; Gesteinsriss *m*
fracture *<qualit.mat> (act or result of breaking)* • Bruch *m*
fracture *<qualit.mat> (narrow break)* • Riss *m*
fracture *vi <tech.gen>* • brechen *vi*
fractured *<gen> (broken; e.g. bones)* • gebrochen
fracture limit *<qualit.mat>* • Bruchgrenze *f*; Zerreißgrenze *f*
fracture mechanics *<mech>* • Bruchmechanik *f*
fracture pattern *<qualit>* • Bruchbild *n*
fracture toughness *ISO 12737 <qualit.mat>* • Bruchzähigkeit *f ISO 12737*; Risszähigkeit *f*
fragile *<mat> (breaking readily, easily destroyed; e.g. glass, china)* • zerbrechlich; bruchempfindlich
fragment *<tech.gen>* • Bruchstück *n*
fragment *<tech.gen> (e.g. glass)* • Splitter *m*
fragmentation *<comp> (of data files; e.g. on hard disk)* • Fragmentierung *f*; Zerstückelung *f ugs*
fragrance *<hygi> (perfume)* • Duft *m*
fragrance triangle *<gen>* • Duftpyramide *f*
fragrancing *<hvac> (e.g. stores, show rooms, offices)* • Beduftung *f*
frame *<tech.gen> (three-dimensional support structure)* • Gerüst *n*
frame *<tech.gen> (for equipment, modules, switching gear etc.)* • Rahmen *m*
frame *<tech.gen> (gen.; e.g. of assemblies, windows etc.)* • Rahmen *m*
frame *<tech.gen> (of doors)* • Zarge *f*
frame *<aerosp> (reinforcement of openings in the pressure cabin)* • Rahmen *m*
frame *<aerosp> (fuselage)* • Spant *m/n*; Vollspant *m/n*
frame *<av> (of a sequence; e.g. of a motion picture, animated cartoon)* • Bild *n*; Einzelbild *n*
frame *<av> (of loudspeaker)* • Korb *m*; Chassis *n*
frame *<build> (of window, door)* • Blendrahmen *m DIN 68121*; Zarge *f*; Rahmen *m ugs*
frame *<build.int> (of a drywall assembly)* • Unterkonstruktion *f*
frame *ISO 3309 <comp> (block of transfer data)* • Datenübertragungsblock *m DIN ISO 3309*; DÜ-Block *m*
frame *<comvhcl> (of a bus)* • Gerippe *n*; Rahmengerippe *n*
frame *<mech.eng> (support stand; e.g. of machine tool)* • Gestell *n*
frame *<mech.eng> (column-style support, upright)* • Ständer *m*
frame *<mil> (of pistols)* • Rahmen *m*
frame *<mvhcl> (of vehicle body)* • Rahmen *m*
frame *<nav> (ship hull framing member)* • Spant *n/m*
frame *<opt> (of eyeglasses)* • Fassung *f*; Gestell *n ugs*
frame *<phot> (cropped image)* • Bildausschnitt *m*; Ausschnitt *m*
frame *pract <tele> (for data transmission; e.g. UMTS uses 15 timeslots @ 10 ms)* • Rahmen *m*; Zeitrahmen *m*
frame *vt <tech.gen>* • rahmen *vt*
frame connection *<el> (ground)* • Masseanschluss *m*
framed roof *<build>* • Fachwerkdach *n*; Zimmermannsdach *n*; Rahmendach *n*
frame height *<tech.gen>* • Rahmenhöhe *f*
frameless *<mvhcl> (window)* • rahmenlos
frameless construction *<tech.gen>* • rahmenlose Bauart *f*
frame of reference *<tech.gen> (e.g. system of coordinates)* • Bezugssystem *n*
frame saw *<mach.tool> (for logs or stone)* • Gattersägemaschine *f*; Gattersäge *f*
frame-saw *vt <prod> (timber, stone; e.g. logs, marble)* • gattern *vt*
frame set *<min>* • Ausbaurahmen *m*
frames per second (fps) *<tech.gen>* • Bilder pro Sekunde; Bilder/s; Bilder/Sekunde
frames per second (fps) *<av> (e.g. of cine film, animated cartoons, videos)* • Einzelbilder pro Sekunde *npl* (fps); Frames pro Sekunde *pl prakt*
frame structure *<tech.gen>* • Rahmenkonstruktion *f*
framework *<tech.gen> (internal*

structure) • Skelett *n*
framework <*build*> *(underlying structure of buildings)* • Rahmenwerk *n*; Stabwerk *n*
framing <*railw*> • Gerippe *n*
framing station <*mvhcl.prod*> • Karosserieaufbaustation *f*
Francis turbine <*energ*> *(water turbine)* • Francis-Turbine *f*; Laufwasserturbine *f*
francium (Fr) <*chem*> *(radioactive)* • Francium *n* (Fr)
Frankfurt pantile *:V* <*build.mat*> • Frankfurter Pfanne *f*
Fraunhofer absorption lines <*phys*> • Fraunhofer-Linien *fpl*; Fraunhofer'sche Linien *fpl*; fraunhofersche Linien *fpl*
Fraunhofer line spectrum <*phys*> • Fraunhofer'sches Linienspektrum *n*; fraunhofersches Linienspektrum *n*
frayed <*vhcl*> *(edges; e.g. seat belt)* • durchgescheuert; verschlissen
fraying <*textil*> *(edge)* • Ausfransen *n*
Frearson drive <*join*> • Frearson--Kreuzschlitz *m*
free <*gen*> *(without commitments)* • ungebunden; frei
free *vt* <*gen*> *(from something)* • befreien *vt*
free balloon <*aerosp*> *(lighter-than-air aircraft)* • Freiballon *m*; ungefesselter Ballon *m rar*
freeboard <*nav*> • Freibord *m/n*
free copy <*docu*> • Freiexemplar *n*
free-cutting steel <*mat*> • Automatenstahl *m*
freedom from defects <*qualit*> • Fehlerfreiheit *f*
freedom of movement <*tech.gen*> • Bewegungsfreiheit *f*
free electron <*phys*> • frei bewegliches Elektron *n*
free electrons <*chem.phys*> • freie Elektronen *npl*
free fall <*phys*> • freier Fall *m*
free-falling device <*tech.gen*> • Freifallvorrichtung *f*
free-form surface <*tech.gen*> • Freiformoberfläche *f*
free from defects <*qualit*> *(condition)* • fehlerfrei; einwandfrei
free from interference <*tech.gen*> • störungsfrei; störfrei
free from internal stress <*mech*> • eigenspannungsfrei
free from play <*mech.eng*> • spielfrei
free from suspended matter <*tech.gen*> • schwebstofffrei
free hand <*gen*> *(not used at the moment)* • freie Hand *f*
freehand line <*comp*> *(graphics)* • Freihandlinie *f*
freehand spraying <*srfc*> • Freihand--Spritzen *n*
free-line signal <*tele*> *(prior to dialing)* • Freizeichen *n*
free moisture <*chem*> • freies Wasser *n*
free off *vt* <*tech.gen*> *(a binding or frozen component)* • gängig machen *vt*
free port <*nav.econ*> • Freihafen *m*
free radical <*chem*> • freies Radikal *n*
free sample <*tech.gen*> • Gratisexemplar *n*
free service hotline <*gen*> • gebührenfreies Service-Telefon *n*
free space <*tech.gen*> • Freiraum *m*
free-standing <*tech.gen*> • freistehend
freestanding uplight <*light*> • Deckenfluter *m*
free to float <*mech.eng*> • pendelnd angeordnet
free to move <*gen*> • frei beweglich
free travel <*mech.eng*> • Spiel *n*
free travel <*mvhcl*> *(of a pedal)* • Leerweg *m*
free up *vt* <*comp*> *(storage space)* • freimachen *vt*
freeware <*comp*> • Freeware *f*
freeway (Fwy) *US* <*build.traff*> • Autobahn *f*; Freeway *m*
freewheel device <*drive*> • Freilaufeinrichtung *f*
freewheeling hub <*vhcl*> *(e.g. on 4wd vehicles)* • Freilaufnabe *f*
freewheel lock <*mech.eng*> • Freilaufsperre *f*
freewheel overrunning clutch <*mech.eng*> • Freilaufüberholkupplung *f*
freeze *vi* <*el*> *(relay, contact points)* • festkleben *vi*; haften bleiben *vi*
freeze *vi* <*metal*> *(solidify)* • erstarren *vi*
freeze *vi* <*phys*> *(gen.)* • gefrieren *vi*
freeze *vi* <*pps*> *(pipes)* • einfrieren *vi*
freeze *vt* <*comp*> *(pause an animation)* • einfrieren *vt*

freeze *vt <food.prod> (food)* • einfrieren *vt*

freeze *vt <phot> (action)* • einfrieren *vt*

freeze-dried *<gen> (e.g. food, bacteria)* • gefriergetrocknet

freeze plug *<mvhcl.mot>* • Frostschutzstopfen *m*

freezer *<food.prod> (ice cream)* • Freezer *m*; Eiscremefreezer *m*; Speiseeisbereiter *m obs*

freezer storage room *<logist>* • Tiefkühllagerraum *m*

freeze-up *<plast> (of fluid plastics; e.g. in the gate area)* • Einfrieren *n*

freezing mixture *<gen>* • Gefriermischung *f*

freezing plant *<proc>* • Gefrieranlage *f*

freezing point *<phys> (gen.)* • Gefrierpunkt *m*

freezing preservation *<gen>* • Gefrierkonservierung *f*

freezing temperature *<tech.gen> (solidification; e.g. of melts)* • Einfriertemperatur *f*

freight *vt <logist> (load with goods for transportation; e.g. a ship, truck)* • befrachten *vt*

freight elevator *US <convey>* • Lastenaufzug *m*

freight handling *<logist>* • Güterumschlag *m*; Frachtumschlag

freight navigation *<nav>* • Frachtschifffahrt *f*

freight of ship *<nav>* • Ladung *f*

freight station *<railw>* • Güterbahnhof *m*; Frachtenbahnhof *m A*

freight traffic *<traff>* • Güterverkehr *m*

freight train *<railw>* • Güterzug *m*

french casement *<build>* • Stulpflügelkonstruktion *f*; Stulpfenster *n*; Stulpflügel *m*

french fry cutter *US <gastr>* • Pommes-frites-Schneider *m*

Freon (R-12) *<hvac> (refrigerant)* • Freon *n* (R-12); Dichlordifluormethan *n wiss*; Frigen *n*

frequency *<gen> (of occurrence)* • Häufigkeit *f*; Frequenz *f wiss*

frequency *<tech.gen>* • Frequenz *f*

frequency (FRQ) *<phys>* • Frequenz *f* (f); Schwingungsfrequenz *f*; Schwingungszahl *f*

frequency *<term> (of use, occurrence of words)* • Frequenz *f*; Gebrauchsfrequenz *f*; Häufigkeit *f*

frequency *ISO 12620 <term> (of usage; of terms; e.g. rare)* • Häufigkeit *f*

frequency band *<phys>* • Frequenzband *n*

frequency band *<tele> (e.g. of CB radio, broadcasting)* • Frequenzband *n*; Frequenzbereich *m*; Band *n prakt*

frequency channel *<tele> (specified portion of the frequency spectrum; FDMA)* • Frequenzkanal *m*; Frequenzträger *m*; Träger *m prakt*

frequency conversion *<el> (e.g. from 60 Hz to 50 Hz)* • Umrichtung *f*

frequency-current converter *<el>* • Frequenzstromumsetzer *m*

frequency-dependent *<tech.gen>* • frequenzabhängig

frequency divider *<el>* • Frequenzteiler *m*

frequency domain *<tele> (of a transmitter, broadcasting station)* • Frequenzbereich *m*

frequency generator *<el>* • Frequenzgenerator *m*; Frequenzerzeuger *m rar*; Frequenzsynthetisator *m rar*; Synthetisator *m rar*

frequency-modulated *<el>* • frequenzmoduliert

frequency modulation (FM) *<av> (radio)* • Frequenzmodulation *f* (FM)

frequency modulation (FM) *<tele> (radio broadcasting frequency range 30 - 300 MHz)* • Ultrakurzwelle *f* (UKW)

frequency of operation *<tech.gen> (of switches, contact breakers, relays, gearboxes)* • Schalthäufigkeit *f*

frequency range *<av> (spectrum that can be transmitted, recorded or reproduced)* • Bandbreite *f*; Frequenzbereich *m*; Frequenzband *n*; Übertragungsbereich *m*; Frequenzumfang *m*

frequency range *<phys> (gen.)* • Frequenzbereich *m*

frequency response *<av> (of loadspeakers, sound systems; e.g. 22…20,000 Hz)* • Frequenzgang *m*; Frequenzverlauf *m*; Frequenzwiedergabe *f*; Übertragungsfrequenzgang *m*

frequency spectrum *<acoust> (audible)* • Frequenzspektrum *n*; Frequenzband *n*; Audiobandbreite *f*

frequency spectrum *<phys> (gen.; of radiation, waves; e.g. light, sound)* • Frequenzspektrum *n*

frequency sweep *<el>* • Frequenzhub *m*

frequent *<gen>* • häufig

fresh *<gen>* • frisch

fresh air *<hvac> (drawn in by HVAC system)* • Frischluft *f*

fresh air *<hvac>* • Zuluft *f*; Frischluft *f*

fresh concrete *<build.mat> (unset concrete prior to casting)* • Frischbeton *m DIN EN 206-1*

fresh concrete *<build.mat> (immediately after casting, still fluid; do not confuse with "green c.")* • grüner Beton *m*

freshly killed *<bio>* • frischtot

fresh water *<tech.gen> (unused, unpolluted water)* • Frischwasser *n*

freshwater fishing *<nav>* • Binnenfischerei *f*

fresh-water storage tank *<logist>* • Süßwasserbehälter *m*

Fresnel collector *[fre'nel] <energ.sol>* • Fresnelkollektor *m [fre'nel]*

Fresnel lens *<opt>* • Stufenlinse *f*; Fresnel-Linse *f [fre'nel]*

Fresnel mirror *[fre'nel] <opt>* • Fresnel--Spiegel *m [fre'nel]*; Fresnel'scher Spiegel *m*; Fresnel'scher Doppelspiegel *m*; fresnelscher Spiegel *m*; fresnelscher Doppelspiegel *m*

fretsaw *GB <tool> (saw with very narrow blade stretched on a U-shaped frame)* • Laubsäge *f*

friction *<tech.gen>* • Reibung *f*; Friktion *f wiss.rar*

frictional *<tech.gen> (fit, drive)* • reibschlüssig

frictional connection *<mech.eng> (e.g. wedge, screw, shrink joint)* • reibschlüssige Verbindung *f*

frictional heat *<tech.gen>* • Reibungswärme *f*

frictional loss *<phys>* • Reibungsverlust *m*

frictional resistance *<mech> (gen.)* • Reibungswiderstand *m*

friction-bearing material *<mat>* • Gleitlagerwerkstoff *m*

friction clutch *<tech.gen>* • Reibungskupplung *f*

friction damper *<mech.eng>* • Reibungsdämpfer *m*

friction drive *<drive> (gen.)* • Reibantrieb *m*; Friktionsantrieb *m*; Friktionstrieb *m*

friction drive *<drive>* • Friktionsantrieb *m*

friction lining *<mech.eng> (e.g. brake, clutch)* • Reibbelag *m*

friction lining *<mech.eng>* • Reibungsbelag *m*

friction-reducing *<tech.gen>* • reibungsmindernd

friction seal *<mech.eng>* • Berührungsdichtung *f*; schleifende Dichtung *f*; berührende Dichtung *f*

friction welding (FRW) *<join> (rotational or linear motion; e.g. spin welding, linear friction w.)* • Reibschweißen *n DIN 1910*; Reibungsschweißen *n DIN 1910*

friction wheel *<tech.gen>* • Reibrad *n*; Friktionsrad *n*

frieze *<build> (part of entablature)* • Fries *m*

frigorific *<tech.gen>* • kälteerzeugend

frill *vi <phot> (emulsion)* • ablösen *vr*

fringe *<gen>* • Rand *m*

fringe *<tech.gen>* • Saum *m*

fringe effect *<phot>* • Saumeffekt *m*

fringes *pl <meteo> (of high or low pressure areas)* • Ausläufer *mpl*

frit *vt <silic> (glass)* • sintern *vt*

frit *vt <srfc> (rapid chilling to produce enamel flakes, frit)* • fritten *vt*

frit kiln *<proc>* • Fritteofen *m*

frog *<railw>* • Weichenherzstück *n*; Frosch *m*

front *<tech.gen>* • Stirnwand *f*

frontage *<build> (the front side of a building)* • Front *f*; Fassade,; Vorderfront *f*; Straßenfront *f*

frontal air bag *<mvhcl.safe>* • Frontairbag *m*; Frontal-Airbag *m*

front axle *<mvhcl>* • Vorderachse *f* (VA)

front axle final drive *<mvhcl.drive> (part of the drive train)* • Achsantrieb der Vorderachse *m*; vorderer Achsantrieb *m*; Vorderachsantrieb *m*

front cover *<tech.gen>* • Frontabdeckung *f*

front cover *<tech.gen>* • Frontverkleidung *f*

front derailleur *<vhcl>* • Umwerfer *m*;

vorderer Umwerfer *m*; Kettenwerfer *m*

front drive *<vhcl>* • Vorderradantrieb *m*

front edge *<tech.gen>* • Vorderkante *f*

front elevation *<docu>* • Vorderansicht *f*; Ansicht von vorn *f prakt*; Frontansicht *f prakt*; Frontalansicht *f ugs*; Stirnansicht *f ugs.rar*

front end *<tech.gen>* • Frontend *n*

front end damage *<mvhcl>* • Frontschaden *m*

front end guard *<mvhcl> (usu. on 4x4 vehicles)* • Frontschutzbügel *m*; Rammschutz *m*; Bullenfänger *m ugs.rar*

front-end loader *<agri.tech> (tractor attachment)* • Frontlader *m*

front-end loader *<build.mach>* • Frontlader *m*; Frontschaufellader *m*; Frontlader-Traktor *m rar*

front engine *<mvhcl>* • Frontmotor *m*

front fog light *<mvhcl.el> (stress on: fog driving lights)* • Nebelscheinwerfer *m*

frontier *<gen> (e.g. of a country, of knowledge)* • Grenze *f*

front-load washer *<hygi> (typical type in Germany)* • Frontlader *m*

front-mounted winch *<convey>* • Frontseilwinde *f*

front muffler *US <mvhcl>* • Vorschalldämpfer *m*

front panel *<tech.gen>* • Frontplatte *f*

front panel *<i&c> (control panel)* • Bedienfeld *n*

front parking lamp *<mvhcl> (white, in or near headlight unit)* • Begrenzungsleuchte *f*; Standlicht vorne *n ugs*

front passenger seat *<mvhcl.int>* • Beifahrersitz *m*; vorderer Fahrgastsitz *m form*

front scan [assistant] (FAS) *VW <mvhcl>* • Auffahrwarnsystem *n*; Anhaltewegassistent *m VW*; Objekterkennungssystem *n Lexus*

front-seat passenger *<mvhcl>* • Beifahrer *m*

front side *<tech.gen> (end face)* • Stirnseite *f*

front sight *<mil>* • Korn *n*

front stairs *<build> (in front of a mansion, leading to a perron)* • Freitreppe *f*

front steering *<mvhcl>* • Vorderradlenkung *f*

front under-run guard *<comvhcl>* • Frontunterfahrschutz *m*

front-wheel drive (FWD) *<mvhcl.drive>* • Frontantrieb *m*; Vorderradantrieb *m*; Vorderachsantrieb *m*

front-wheel-drive vehicle with transverse engine *<mvhcl>* • Fahrzeug mit Frontantrieb und Quermotor *n*; Front-Quer-Fahrzeug *n prakt*

frost *<meteo>* • Frost,m

frost *vt <proc> (e.g. glass)* • mattätzen *vt*

frost crack *<qualit.mat>* • Frostriss *m*

frosted *<srfc> (e.g. light bulb)* • mattiert

frosted glass *<silic>* • Mattglas *n*

frost over *vt <agri> (e.g. useful plants for frost protection)* • bereifen *vt*

frost penetration depth *<geo>* • Frosteindringtiefe *f*; Frosttiefe *f*

frost-resistant *<mat>* • frostbeständig

frost sensitive *<mat>* • frostempfindlich

frost splitting *<gen>* • Frostsprengung *f*

froth *<proc> (on or in liquids)* • Schaum *m*

froth *vi <chem.proc> (e.g. oil, waste water)* • aufschäumen *vi*; Schaum bilden *vt*

froth *vt <el> (milk, cream; with steam nozzle of coffee maker)* • aufschäumen *vt*

frozen *<tech.gen> (in ice, solidified material; e.g. stress in moldings)* • eingefroren

frozen *<qualit> (e.g. pump rotor, armature)* • festgefressen

frozen-in stress *<plast>* • eingefrorene Spannung *f*

fruit acid *<food>* • Fruchtsäure *f*

fruit content *<food>* • Fruchtgehalt *m*

fruit juice *<food>* • Fruchtsaft *m*

frusto-conical *<tech.gen>* • kegelstumpfförmig

fry pan *<gastr.tool>* • Bratpfanne *f*

f-stop *<phot> (number on the aperture ring)* • Blende *f*; Blendenwert *m*; Blendenzahl *f*; Öffnungszahl *f rar*

F-style can *US <pack> (sheet metal; usu. with handle on top; e.g. for solvent)* • Blechkanister *m*

FTP test cycle *<mvhcl>* • FTP--Fahrprogramm *n*; FTP-Zyklus *m*; FTP--Test *m prakt.ugs*

fuel *<aerosp> (for rockets, jet engines;*

e.g. aviation gasoline, Jet A1) • Treibstoff *m*

fuel *<comb> (for furnaces, boilers, heaters)* • Brennstoff *m*; Brenngut *n rar*; Brennmaterial *n rar*; Feuerungsmaterial *n*

fuel *<energ> (for power plants; e.g. coal, oil, uranium)* • Brennstoff *m*

fuel *<hvac> (for heating systems; e.g. wood, coal, heating oil, natural gas)* • Brennstoff *m*

fuel *<mvhcl> (burned as a source of power for motor vehicles; gasoline, diesel)* • Kraftstoff *m*

fuel *<nav> (for ships etc.; e.g. coal, oil, uranium)* • Treibstoff *m*

fuel *vt <tech.gen> (e.g. vehicle)* • betanken *vt*

fuel *vt <logist.nav> (take up fuel; large amounts)* • bunkern *vt*

fuel additive *<mvhcl>* • Kraftstoffzusatz *m*

fuel assembly (FA) *<nucl> (reactor fuel)* • Brennelement *n* (BE) *DIN 25401-3*; Brennstoffelement *n*; Kernbrennstoffelement *n rar*; Spaltstoff-Element *n rar*

fuel assembly reprocessing *<nucl>* • Brennelementwiederaufbereitung *f*

fuel cell (FC) *<el>* • Brennstoffzelle *f* (BZ); Zelle *f ugs*; Brennstoffelement *n obs*; Brennstoffbatterie *f rar*

fuel consumption *<tech.gen>* • Brennstoffverbrauch *m*

fuel consumption *<mvhcl> (fuel consumption)* • Kraftstoffverbrauch *m form*; Spritverbrauch *m prakt.ugs*; Verbrauch *m prakt.ugs*

fuel dumping *<aerosp> (in an emergency; principle)* • Schnellablass *m*; Treibstoffablassen *n*; Fuel Dumping *n*

fuel economy penalty *<mvhcl>* • Kraftstoffmehrverbrauch *m*; höherer Kraftstoffverbrauch *m ugs*

fuel element loop *<nucl>* • Brennelementkreislauf *m*; Brennstoffelementkreislauf *m*

fuel enrichment *<nucl>* • Spaltstoffanreicherung *f*

fuel feed pump *<aerosp.nav>* • Treibstoffpumpe *f*

fuel filler cap *<mvhcl>* • Kraftstofftankdeckel *m*; Tankdeckel *m prakt.ugs*

fuel filler door *<mvhcl>* • Kraftstofftankklappe *f*; Tankklappe *f*; Tankdeckel *m ugs*

fuel gauge *US.GB <mvhcl.i&c> (any type of fuel; e.g. gasoline and diesel fuels)* • Kraftstoffanzeige *f*; Kraftstoffvorratsanzeige *f form*; Kraftstoffvorratsanzeiger *m ugs*; Tankuhr *f ugs*

fueling *<mot>* • Tanken *n*

fuel injected engine *<mvhcl.mot>* • Einspritzmotor *m*; Einspritzer *m prakt*

fuel injection (FI) *<mot>* • Kraftstoffeinspritzung *f*

fuel injection pump *<mvhcl.mot>* • Kraftstoff-Einspritzpumpe *f DIN 7876-1*; Kraftstoffeinspritzpumpe *f*

fuel injection system *<mot>* • Kraftstoffeinspritzanlage *f*; Einspritzanlage *f prakt*; Einspritzsystem *n*

fuel jettisoning gear *<aerosp> (assembly, system)* • Schnellablass *m*; Treibstoffschnellablass *m*

fuel line *<aerosp.nav>* • Treibstoffleitung *f*

fuel line *<mvhcl>* • Kraftstoffleitung *f*

fuel metering solenoid *<mvhcl.mot> (changes the A/F ratio)* • Gemischregulierventil *n*; Lambda-Regelventil *n*

fuel mileage according to DIN *:V <mvhcl>* • DIN-Verbrauch *m*

fuel oil *<chem.petr>* • Heizöl *n*

fuel pellet *<comb> (gen.)* • Brennstoffpellet *n*

fuel pressure *<aerosp.nav>* • Treibstoffdruck *m*

fuel pump *<mvhcl> (for gasoline or diesel fuel)* • Kraftstoffpumpe *f*

fuel rod *<nucl>* • Brennstab *m DIN 25401-3*; Kernbrennstab *m rar*

fuel rod cladding *<nucl> (for uranium pellets)* • Brennstabhüllrohr *n*; Brennstabumhüllung *f*; Hüllrohr *n prakt*

fuels and lubricants *<logist>* • Betriebsstoffe *mpl*; Kraft- und Schmierstoffe *mpl*

fuel-saving *<mvhcl> (measures or components)* • verbrauchssenkend; verbrauchsoptimiert

fuel supply *<comb> (process; e.g. of a boiler)* • Brennstoffzufuhr *f*;

Brennstoffzuführung *f*

fuel supply *<mvhcl> (process; for engines)* • Kraftstoffzufuhr *fsg*

fuel supply line *<mvhcl.mot> (pipe, tube, hose)* • Kraftstoffzuleitung *f*; Kraftstoffzuführungsleitung *f form*

fuel tank *JAR 25.963-981 <aerosp>* • Treibstofftank *m*

fuel tank *<hvac>* • Brennstoffbehälter *m*; Brennstofftank *m*

fuel tank *<mvhcl>* • Kraftstoffbehälter *m*; Kraftstofftank *m*; Tank *m prakt.ugs*

fuel tank capacity *<mvhcl>* • Kraftstofftankinhalt *m*; Tankinhalt *m prakt*

fuel tank inventory *<mvhcl>* • Kraftstofftankinhalt *m*; Tankinhalt *m prakt*

fuel vapors *pl US <mvhcl>* • Kraftstoffdämpfe *mpl*

fugitive *<gen> (e.g. person)* • flüchtig

fulcrum *<mech> (center of a pivot etc.)* • Drehpunkt *m*; Angelpunkt *m*; Mittelpunkt *m*

fulcrum pin *<mech.eng> (in hinges, joints)* • Drehbolzen *m*; Angelbolzen *m*

fulcrum point *<mech.eng>* • Gelenkpunkt *m*

fulfill *vt US <gen> (e.g. regulations)* • einhalten *vt*

full *<gen>* • voll

Full Authority Digital Engine Control (FADEC) *<aerosp.i&c>* • Fadec-Regler *m*

full-blown *<metal>* • gargeblasen

full-bodied *<food> (wine)* • körperreich

full-circle rotation *<tech.gen>* • Drehung um 360° *f*; komplette Umdrehung *f*; volle Drehung *f ugs*

full color *US <print>* • vierfarbig

fullerene *<chem>* • Fulleren *n*

full-face helmet *<garm>* • Integralhelm *m*; Vollschutzhelm *m*; Vollvisierhelm *m*

full flow filter *<mvhcl.mot> (forced-feed lubrication system)* • Hauptstromfilter *m*; Hauptstromölfilter *m*

full flush *<tech.gen>* • links- und rechtsbündig

full form *ISO 12620 <term> (of an abbreviated term; e.g. acrylonitrile butadiene styrene)* • Langform *f*; Vollform *f rar*

full head *<convey> (H at Q = 0)* • Nullförderhöhe *f*

full-LED headlamp *<mvhcl.light>* • Voll--LED-Scheinwerfer *m*

full life-jacket *<nav> (as opp. to standard life vest)* • Rettungsweste *f*

full load *<tech.gen>* • Volllast *f*

full load operation *VDI4640 <energ.prod>* • Volllastbetrieb *m VDI4640*

full metal jacket (FMJ) *<mil> (bullet property; usu. made of a copper alloy)* • Vollmantel *m*

full page display *<comp>* • Ganzseitenanzeige *f*

full respray *<srfc.rep> (paint refinishing)* • Ganzlackierung *f*

full-rigger *<nav>* • Vollschiff *n*; Vollrigger *m*

full-screen *<comp> (display; e.g. of a window)* • bildschirmfüllend; schirmfüllend

full service *<rep> (acc. to maintenance schedule; as opp. to oil change only)* • große Inspektion *f*

full-service advertising agency *<ad>* • Full-Service-Werbeagentur *f*

full service history (fsh) *<mvhcl>* • scheckheftgepflegt

fullsize *<mvhcl> (a rental car category; e.g. Chevrolet Impala, Pontiac Gran Prix)* • obere Mittelklasse *f*

full-size air bag *<mvhcl.safe>* • Fullsize-Airbag *m*; Full-Size Airbag *m*; US-Airbag *m*

full spec *pract <mvhcl> (advertizing)* • Vollausstattung *f*

full speed *<nav>* • volle Kraft *f*

full-throttle operation *<mot>* • Vollgasbetrieb *m*

full trailer *<comvhcl> (one front axle and one or more rear axles)* • Deichselanhänger *m*; Gelenk--Deichselanhänger *m DIN*; normaler Lkw-Anhänger *m ugs*

fully adjustable *<gen>* • voll verstellbar

fully automatic *<autom>* • vollautomatisch

fully biological *<gen>* • vollbiologisch

fully cured *<plast> (rubber)* • ausvulkanisiert

fully demineralized water *US <chem.proc>* • vollentsalztes Wasser *n*; Aqua bidestillata *n wiss*; zweifach destilliertes Wasser *n ugs*

fully developed *<phot>* • ausentwickelt

fully-faired motorbike *<mvhcl> (bike)* • vollverkleidetes Motorrad *n*

fully galvanized *<srfc> (e.g. car body, steel sections, sheet steel)* • vollverzinkt

fully insulated *<gen> (e.g. sound, heat, electricity)* • vollisoliert

fully loaded *<mil> (firearm)* • durchgeladen

fully operational *<tech.gen>* • voll einsatzfähig; uneingeschränkt betriebsbereit

fully oriented *<prod>* • gereckt

fully restrained *<mech> (e.g. girder, tool)* • beidseitig eingespannt

fume *vt <srfc.wood>* • räuchern *vt*

fume cupboard *EN 14175 <proc.hvac>* • Abzug *m EN 14175*

fume hood *<hvac> (for vapor)* • Dunstabzugshaube *f*; Abzugshaube *f*; Dunstabzug *m*; Abzug *m prakt*

fume pipe *<proc>* • Abzugsrohr *n*

fumigate *vt <agri>* • begasen *vt*

fumigate out *vt <hygi> (pests)* • ausräuchern *vt*

function *<gen> (of persons, systems, machines)* • Aufgabe *f*

function *<tech.gen>* • Funktion *f*

function *vi <tech.gen>* • arbeiten *vi*

functional *<i&c> (dashboard, instrument panel)* • funktionell

functional assembly *<tech.gen>* • Funktionsbaugruppe *f*; Funktionsgruppe *f*

functional block diagram *<docu>* • Funktionsdiagramm *n*

functional ceramics *:V <silic>* • Funktionskeramik *f*

functional characteristic *<tech.gen>* • Funktionsmerkmal *n*

functional circuit element *<docu>* • Funktionsschaltbild *n*

functionality *<tech.gen>* • Funktionsfähigkeit *f*

functional model *<tech.gen>* • Funktionsmodell *n*

functional part *<tech.gen>* • Funktionsteil *n*

functional range *<tech.gen> (fields of use)* • Einsatzbereich *m*; Funktionsbereich *m*; funktionale Bandbreite *f*

functional test *<qualit>* • Funktionsprüfung *f*; Funktionstest *m*

fundamental circle *<tech.gen>* • Grundkreis *m*

fundamental equation of rocket motion *<aerosp>* • Raketengrundgleichung *f*

fundamental frequency *<phys>* • Grundfrequenz *f*

fundamental frequency *<phys> (lowest frequency in a harmonic series; ordinal number 1)* • Grundschwingung *f*; erste Harmonische *f*; Basiswelle *f*; Grundwelle *f*; Grundfrequenz *f*

fundamental law *<phys> (e.g. thermodynamics)* • Hauptsatz *m*

fundamental operation *<math>* • Grundrechnungsart *f*

fundamental oscillation *<phys>* • Eigenschwingung *f*

fundamental rule *<tech.gen>* • Grundregel *f*

fundamental theorem of algebra *<math>* • Hauptsatz der Algebra *m*

fungicide *<chem.agri>* • Fungizid *n*; Mittel zur Pilzabtötung *n*; Pilze abtötendes Mittel *n ugs*

funnel *<tech.gen> (for filling bottles etc.)* • Trichter *m*

funnel *<comvhcl>* • Fangmaul *n*

fur *<garm> (e.g. a coat)* • Pelz *m*; Fell *n rar*

furnace *<metal> (for smelting ore)* • Ofen *m*

furnace charge *<comb> (e.g. of blast furnace, waste incinerator)* • Charge *f*; Befrachtung *f*; Beschickung *f*

furnace geometry *<comb>* • Feuerraumgeometrie *f*

furnace throat *<metal> (of blast furnace)* • Gicht *f*

furnished: not ~ *<econ>* • Lieferumfang *m*: nicht im ~ enthalten

furnishing fabric *<textil> (e.g. for curtains, upholstery)* • Dekorationsstoff *m*

furnishment *<aerosp.int> (e.g. of cockpit or cabin)* • Einrichtung *f*

furniture *DIN 68880-1 <int>* • Möbel *n DIN 68880-1*

furring *<textil> (wear symptom on fabrics; e.g. on belts, straps)* • Pelz *m*

furring strips *<build.mat> (of wood)* • Unterlattung *f*

furrow *<tech.gen>* • Hohlkehle *f*

fuse *<el> (stress on: fusible type)*

• Schmelzsicherung *f*

fuse *<el> (gen.; any type)* • Sicherung *f*

fuse *<expl> (combustible cord; for igniting an explosive charge)* • Zündschnur *f*; Lunte *f ugs.obs*

fuse *vt <print> (toner on paper, by heat and/or pressure)* • fixieren *vt*

fuse box *<mvhcl.el>* • Sicherungskasten *m*; Sicherungsfach *n*; Sicherungen *fpl*

fuse capacity *<el> (e.g. 8 A)* • Belastbarkeit *f*; Amperezahl *f*

fused *<el>* • abgesichert

fused silica *<silic>* • Quarzglas *n*

fuselage *<aerosp> (central structure of an airplane)* • Rumpf *m prakt*; Flugzeugrumpf *m*; Flugzeugzelle *f*; Zelle *f*; Rumpfwerk *n form*

fuse [to] *vi <join> (welding electrode to work; undesirable)* • festbrennen *vi*; festkleben *vi ugs*

fuse unit *<gen>* • Sicherungseinheit *f*

fusible core process *<plast> (e.g. for intake manifolds)* • Ausschmelzkerntechnik *f*

fusing *<owg> (of glass fibers)* • Schweißen *n*

fusion *<tech.gen>* • Fusion *f*

fusion *<join> (binding, bond)* • Bindung *f*

fusion *<join> (during welding)* • Schmelzfluss *m*

fusion crucible *<tech.gen>* • Schmelztiegel *m*

fusion energy *<nucl>* • Fusionsenergie *f*

fusion reactor *<nucl>* • Fusionsreaktor *m*; Kernfusionsreaktor *m*

fusion-welded *<join.plast> (e.g. vinyl window frame and sash)* • schmelzgeschweißt

fusion welding *<join> (as opposed to non-fusion welding; do not use "Schmelzschweißen")* • Schweißen *n*

fuzzy logic control *<i&c>* • Fuzzy--Logic-Steuerung *f*

G

gable *<build>* • Giebel *m ugs*; Dachgiebel *m form*

gable roof *US <build> (gen.; duo-pitch, any inclination)* • Satteldach *n*; Giebeldach *n*

gadolinium (Gd) *<chem>* • Gadolinium *n* (Gd)

gag *<garm> (mouth)* • Knebel *m*

gage *US <i&c> (for checking tolerances)* • Lehre *f*

gage block *ISO 3650 <i&c.tool> (with parallel faces; rectangular or cylindrical)* • Endmaßblock *m DIN EN ISO 3650*; Endmaß *n prakt*; Parallelendmaß *n*

gain *<gen> (e.g. financial, electronic)* • Gewinn *m*

gain *vt <gen>* • gewinnen *vt*

gain *vt <chem.gen> (e.g. electrons)* • aufnehmen *vt*

galactic *<astron>* • galaktisch

GALFAN ® *<metal> (special type of hot--dip galvanized steel sheet)* • GALFAN *n* ®

gallery *<art>* • Galerie *f*

gallery *<bio> (passage made animals, insects; underground or in wood)* • Gang *m*

gallery *<build> (long and narrow passage, often roofed)* • Laufgang *m*

gallery *<build.mil> (subterranean passageway in a military fortification)* • Galerie *f*

gallery *<build.rel>* • Empore *f*

gallery *<build.theat> (highest balcony in a theater)* • Balkon *m*

galley *JAR 25.819 <aerosp.int>* • Bordküche *f*; Küche *f*; Flugzeugküche *f*

galley *<nav>* • Kombüse *f*; Kabuse *f obs*

galley *<print>* • Fahne *f*; Fahnenabzug *m*; Fahnenausdruck *m*; Korrekturfahne *f*; Korrekturabzug *m*

galley proofreading *<print>* • Fahnenkorrektur *f*; Korrekturlesen der Druckfahnen *n*

gallium (Ga) *<chem>* • Gallium *n* (Ga)

gallium arsenide (GaAs) *<el.ic.prod>* • Galliumarsenid *n* (GaAs)

gallium arsenide chip *<el.ic.prod>* • Gallium-Arsenid-Chip *m*; GaAs-Chip *m prakt*

gallium-arsenide laser *<light>* • Galliumarsenidlaser *m*

gallium arsenide solar cell *<energ.sol>* • Galliumarsenid-Solarzelle *f*; GaAs--Solarzelle *f prakt*

gallium indium nitride (GaInN) *<mat> (semiconductor for green laser diodes)* • Gallium-Indium-Nitrid *n* (GaInN)

gallon *<phys> (US: 3.785 liters; UK: 4.546 L)* • Gallone *f*

galvanic *<el>* • galvanisch; voltaisch

galvanic cell *<el.chem> (e.g. as a battery, for galvanizing or corrosion)* • galvanisches Element *n*; galvanische Zelle *f*; elektrolytische Zelle *f*; elektrochemisches Element *n*; Element *n*

galvanic coupling *<el>* • galvanische Kopplung *f*

galvanic isolation *<el>* • galvanische Trennung *f*

galvanic protection *ISO 8044 <srfc> (cathode protection of iron and steel)* • galvanischer Schutz *m DIN EN ISO 8044*; kathodischer Korrosionsschutz *m*; kathodischer Schutz *m*; Kathodenschutz *m*

galvanic series *ISO 8044 <chem.el>* • galvanische Spannungsreihe *f DIN EN ISO 8044*

galvanize *vt <srfc> (apply zinc coatings, gen.)* • verzinken *vt*

galvanized body *US <mvhcl>* • verzinkte Karosserie *f*

GALVANNEALED-sheet steel ® *<mat>* • GALVANNEALED-Stahlblech *n* ®

gameport *<comp>* • Gameport *m*; Joystickinterface *n*

gamma iron *<mat>* • Gammaeisen *n*

gamma-radiation dose-meter *<nucl.i&c>* • Gammadosimeter *n*

gamma radioactivity *<nucl>* • Gammaaktivität *f*

gamma ray *<phys>* • Gammastrahl *m*

gamma spectrometry *ISO/FDIS 14850 <nucl>* • Gammaspektrometrie *f ISO/FDIS 14850*

gamma value *<phot>* • Gammawert *m*; Gradation *f*; Kontrastfaktor *m*; Gamma *m*; Entwicklungsfaktor *m rar*

gandy dancer handcar *<railw>* • Draisine mit Handantrieb *f*

gang *<tool> (of tools; arranged to work together or simultaneously)* • Satz *m*

gang *vt <tech.gen> (e.g. capacitors, tools)* • kuppeln *vt*

gang drill *<mach.tool> (drill press drilling several bores simultaneously)* • Reihenbohrmaschine *f*

gang plow *US <agri>* • Mehrscharpflug *m*

gangue mineral *<min> (contains other minerals)* • Gangart *f*

gangway *<tech.gen> (access stairs to ships, aircraft)* • Gangway *f*

gantry *<aerosp> (used to erect vertically launched rockets)* • Gerüst *n*

gantry crane *<convey> (movable, with trolley)* • Portalkran *m*; Vollportalkran mit Katzbahn *m norm*; Bockkran *m*

gantry robot *<autom> (cartesian robot)* • Portalroboter *m*; Portalkranroboter *m*

gap *<tech.gen> (intentional distance between one structure and another)* • Fuge *f*

gap *<tech.gen> (an incomplete or deficient area)* • Lücke *f*

gap *<tech.gen> (slit, crevice)* • Spalt *m*; Spalte *f*

gap *vt <mvhcl.el> (spark plug, contact breaker gap)* • einstellen *vt*

gap width *<tech.gen>* • Spaltbreite *f*; Spaltweite *f*

gap width *<prod> (of joints; e.g. between body panels)* • Spaltmaß *n*; Fugenbreite *f ugs*

garage *<build> (indoor area for parking motor vehicles)* • Garage *f*

garage *US.GB <mvhcl.rep> (commercial establishment for repairing and servicing motor vehicles)* • Autoreparaturwerkstatt *f*

garage *vt <vhcl> (a vehicle)* • einstellen *vt*

garaged car *<mvhcl> (attribute on second-hand car market)* • Garagenwagen *m*

garage door opener *<mvhcl> (the installed drive system)* • Garagentorantrieb *m*

garbage can *US <waste> (container for household refuse)* • Abfalleimer *m*; Abfallbehälter *m form*; Mülleimer *m ugs*; Abfallkübel *m rar*

garbage disposer *<waste> (electric grinder in drain pipe of kitchen sink)*

• Küchenabfallzerkleinerer *m*; Küchenabfallentsorger *m*
garbling *<gen>* • Verwirrung *f*
garden hose *<pps> (tubing and hose)* • Gartenschlauch *m*
gardening *<agri>* • Gartenarbeit *f*
garden soil *<agri>* • Gartenerde *f*
garden waste *<waste>* • Gartenabfälle *mpl*; Gartenabfall *m*
garment *<textil>* • Kleidungsstück *n*
garment industry *<textil>* • Konfektion *f*
garment press *<textil.tool>* • Bügelmaschine für Oberbekleidung *f*
garnet *<min>* • Granat *m*
garret window *<build> (small window in an attic)* • Dachfenster *n*
garter spring *<mech.eng> (in shaft oil seal; keeps seal tight around shaft)* • Wurmfeder *f*; Schlauchfeder *f*; Spannfeder *f*; Simmerringfeder *f rar*; ringförmige Schraubenzugfeder *f rar*
gas *<tech.gen> (state of matter, material etc.)* • Gas *n*
gas *vi <chem> (emit gas, vapors)* • ausgasen *vi*; Gas abgeben *vi*
gas-absorbing agent *<chem.proc>* • Gasabsorptionsmittel *n*
gas-air mixture *<mat.join>* • Gas-Luft--Gemisch *n*
gas blowpipe *<tool> (e.g. for soldering, crème brulée)* • Gasbrenner *m*
gas brazing *<join>* • Gaslöten *n*
gas bubble *<tech.gen>* • Gasblase *f*
gas bubble *<mvhcl.mot>* • Gasblase *f*
gas burette *<chem>* • Gasbürette *f*
gas centrifuge *<nucl>* • Gaszentrifuge *f*
gas chromatography (GC) *<chem.proc>* • Gaschromatographie *f* (GC); Gaschromatografie *f*
gas container *<logist> (for gases; any size)* • Gasbehälter *m*
gas-containing *<tech.gen> (ground, piping, vessel)* • gasführend
gas-cooled fast reactor (GFR) *<nucl>* • schneller gasgekühlter Reaktor *m* (SGR)
gas cylinder *<pack>* • Gasflasche *f*
gas density *<phys>* • Gasdichte *f*
gas detection system *<i&c>* • Gaswächtersystem *n*; Gaserkennungssystem *n*
gas discharge headlight *<light> (e.g. of motor vehicles)* • Gasentladungsscheinwerfer *m*; Scheinwerfer mit Gasentladungslampe *m did*; Litronic--Scheinwerfer *m Bosch*
gas discharge lamp *<light> (e.g. in projectors, automotive headlights)* • Gasentladungslampe *f*; Entladungslampe *f*
gas-discharge track chamber *<phys>* • Gasspurkammer *f*
gas distribution channels *<el> (in fuel cells)* • Gaskanäle *mpl*; Gasleitschichten *fpl*; Gasverteilerstruktur *f*
gaseous *<tech.gen>* • gasförmig
gaseous effluents *<emiss>* • gasförmige Freisetzungen *fpl*
gaseous fuels *<energ>* • gasförmige Brenn-, Kraft- und Treibstoffe *mpl*
gas explosion *<tech.gen>* • Gasexplosion *f*
gas filling *<tech.gen>* • Gasfüllung *f*
gas-fired *<tech.gen>* • gasbetrieben
gas fired *<comb>* • gasgefeuert
gas-fired boiler *<comb>* • gasbefeuerter Kessel *m*
gas-fired combined-cycle technology *<energ>* • GuD-Technik *f*
gas-fired furnace *<comb>* • Gasfeuerung *f*
gas flame spraying *<srfc>* • Gasspritzen *n*
gas flare facility *<comb>* • Abfackeleinrichtung *f*
gas formation *<tech.gen>* • Gasbildung *f*
gas-forming substance *<tech.gen>* • Gasbildner *m*
gas generator *<proc>* • Gasentwickler *m*; Gaserzeuger *m*; Gasgenerator *m*
gash *<srfc> (deep score; e.g. bruise in bodywork)* • Schramme *f*; Riefe *f*
gas heating system *VDI4640 <hvac>* • Gasheizung *f VDI4640*
gas hob *<gastr> (for kitchens)* • Gasherd *m*
gas hob *<gastr.tour> (small, e.g. for camping)* • Gaskocher *m*
gas hose *<pps>* • Gasschlauch *m*
gas hose nozzle *US <mvhcl>* • Zapfpistole *f*; Zapfventil *n form*
gas hydrate *<geo> (in oceans; esp. in the northern Pacific)* • Gashydrat *n*; Methanhydrat *n*
gasifier *<proc> (bio mass reactor)*

• Vergaser *m*; Gasgenerator *m*; Vergasungsreaktor *m*
gas injection *<petr> (in wells)* • Gaseinpressen *n*
gas-insulated conductor technology *:V <el>* • GIL-Technik *f*
gas-insulated transmission line (GIL) *<energ.el>* • gasisolierte Leitung *f* (GIL)
gasket *<tech.gen> (any flat or profiled seal)* • Dichtung *f*
gasket *<mech.eng> (stress on: a flat seal; e.g. cylinder head gasket)* • Flachdichtung *f*
gas leakage *<proc>* • Gasaustritt *m*
gas-leak detector *<i&c>* • Gaswarngerät *n*; Gasspürgerät *n*; Gasanzeiger *m*; Gaswächter *m*
gas-lift production *<petr>* • Gasliftförderung *f*
gas liquor *<chem>* • Gaswasser *n*
gas-loaded *<tech.gen>* • druckgasbelastet
gas metal arc welding (GMAW) *US <join> (consumable bare electrode wire, fed automatically; MIG or MAG)* • Metall-Schutzgasschweißen *n* (MSG); Lichtbogenschutzgasschweißen *n DIN 1910-4*
gas meter *<i&c>* • Gaszähler *m*; Gasuhr *f ugs*
gas occlusion *<tech.gen>* • Gaseinschluss *m*
gasohol *<mvhcl>* • Gasohol *m*
gas oil *<chem.petr>* • Dieselöl *n*
gas-oil *<chem.petr> (cut point range 250…400 °C; basis for diesel and heating fuel)* • Gasöl *n*
gas-oil ratio *<petr>* • Gas-Öl-Verhältnis *n*
gasoline *US <chem.petr> (fuel for SI engines)* • Ottokraftstoff *m DIN 51600*; Benzin *n prakt.ugs*; Sprit *m ugs*
gasoline can *US <mvhcl.logist> (metal or poly)* • Benzinkanister *m*
gasoline cigarette lighter *US <gen>* • Benzinfeuerzeug *n*
gasoline direct injection (GDI) *<mvhcl.mot>* • Benzin--Direkteinspritzung *f*; Benzindirekteinspritzung *f*
gasoline engine car *US <mvhcl>* • Fahrzeug mit Ottomotor *n*; Benziner *m ugs*
gasoline-injection system *US <mot>* • Benzineinspritzanlage *f*
gasoline pump *US <mvhcl>* • Zapfsäule *f*; Tanksäule *f ugs*
gasoline quality *US <chem.petr> (for SI engines)* • Benzinqualität *f*
gasoline-resistant *US <mat>* • benzinbeständig
gasometer *<chem> (laboratory equipment for measuring and storing gas)* • Gasometer *m*
gasometer *<energ> (large steel structure, gas reservoir; e.g. for natural gas)* • Gasbehälter *m*; Gasometer *m*
gas-operated *<tech.gen>* • gasbetrieben
gas permeable membrane *<mat>* • gasdurchlässige Membran *f*
gas phase *<phys>* • gasförmige Phase *f*
gas phase *<phys>* • Gasphase *f*
gas pocket *<mat>* • Gaslunker *m*
gas poisoning *<med>* • Gasvergiftung *f*
gas pore *<metal>* • Gaspore *f*
gas pore *ISO 6520-1 <metal.qualit> (essentially spherical)* • Pore *f DIN EN ISO 6520*
gas pressure *<tech.gen>* • Gasdruck *m*
gas prop *<mvhcl> (e.g. of hatch, tailgate)* • Gasdruckstütze *f*
gas purification *<proc>* • Gasreinigung *f*
gas regulator *<join> (on gas cylinder)* • Druckminderer *m*
gas ring *<comb> (burner)* • Gasbrenner *m*
gas saw *<tool> (chain saw with gasoline engine)* • Motor-Kettensäge *f*; Motorsäge *f*
gas scrubber *<proc> (for wet dust removal from gas flows)* • Gaswäscher *m*; Nass-Staubabscheider *m form*; Nassentstauber *m*; Nassabscheider *m*; Wäscher *m prakt*
gas scrubbing *<proc>* • Gasreinigung *f*; Gaswäsche *f*
gas separator *<proc>* • Gasabscheider *m*
gas shock absorber *<mvhcl> (suspension)* • Gasdruckstoßdämpfer *m*; Gasdruckdämpfer *m*
gassing *<chem> (gas formation; e.g. when charging lead-acid batteries)* • Gasentwicklung *f*; Gasen *n*;

Ausgasen *n rar*

gas soldering *<join>* • Gaslöten *n*

gas stream *<tech.gen>* • Gasstrom *m*

gas supplier *<energ.gas>* • Gaslieferant *m*

gas supply *<energ>* • Gasversorgung *f*

gas supply line *<tech.gen>* • Gaszuleitung *f*

gas supply network operator *<energ.gas>* • Gasversorgungsnetzbetreiber *m*; Gasnetzbetreiber *m prakt*

gas tank farm *<energ.logist> (e.g. for natural gas)* • Gaslager *n*

gas-tight *<tech.gen> (e.g. filler cap)* • gasdicht

gas tubing *<pps>* • Gasschlauch *m*

gas tungsten arc welding (GTAW) *<join> (nonconsumable electrode plus filler wire)* • Wolfram-Inertgasschweißen *n*; WIG-Schweißen *n prakt*; Argonarc-Schweißen *n obs*

gas turbine (GT) *ISO 11086 <turb>* • Gasturbine *f DIN 4340*

gas-turbine market *<gen>* • Gasturbinenmarkt *m*

gas valve *<pps>* • Gasventil *n*

gasworks *<energ>* • Gaswerk *n*

gas yield *<chem.proc> (e.g. biogas, natural gas)* • Gasausbeute *f*

gate *<agri> (access to farm, grazing land)* • Gatter *n*

gate *<el> (gen.; e.g. in decision logic)* • Gate *n*

gate *<energ.hydr> (movable part of a weir)* • Wehrverschluss *m*

gate *<mech.eng> (guide for a slider, sliding block etc.)* • Kulisse *f*

gate *<plast> (between sprue and molded part)* • Anschnitt *m*; Werkzeuganschnitt *m rar*

gate *<pps> (sliding plate in a gate valve)* • Schieber *m*

gate *<traff>* • Schranke *f*

gate *vt <el> (energize; transistor)* • ansteuern *vt*

gate *vt <el> (block out; e.g. pulses, signals)* • ausblenden *vt*

gateage *<energ.hydr> (of water turbine; e.g. full ~)* • Beaufschlagung *f*

gate array *<ic>* • Gate-Array *n*

gate current *<el>* • Gatestrom *m*; Torstrom *m*; Steuerstrom *m*

gated *<el>* • gattergesteuert

gate mark *<plast>* • Angussmarkierung *f*

gate valve *DIN EN ISO16139 <pps>* • Schieber *m DIN EN ISO16139*

gate voltage *<el>* • Gatespannung *f*; Schaltspannung *f*; Steuerspannung *f*; Torspannung *f*

gateway *<build>* • Einfahrt *f*

gather speed *vi <nav>* • Fahrt aufnehmen *vi*

gating system *<metal> (of a mold; actual type of cavity interface)* • Anschnittsystem *n*

gauge *<tech.gen> (of sheet metal, film, polythene sheeting etc.)* • Dicke *f*

gauge *<mvhcl.i&c> (on instrument panel)* • Anzeigeinstrument *n*; Instrument *n prakt*

gauge *<railw> (rail)* • Spurbreite *f*

gauge *vt <i&c> (thickness of sth.; e.g. of wire, sheet, film)* • messen *vt*

gauge head *US.GB <i&c> (to trace body contours; e.g. for dimension checks, digitizing)* • Taster *m*

gauze *<textil> (for filters etc.; e.g. fuel filters)* • Siebgewebe *n*

gauze *<textil> (sheer fabric in leno weave)* • Gaze *f*

gear *<drive> (of manual transmissions)* • Gang *m*

gear *<drive> (meshes with another ~)* • Zahnrad *n DIN 868, 3998*

gearbox *<drive> (enclosed unit of gears, for changing shaft torque/speed)* • Zahnradgetriebe *n DIN 3998*

gearbox oil pump *<aerosp.tribo>* • Getriebeölpumpe *f*

gear change cable *<vhcl> (bicycle)* • Gangschaltungszug *m*

gear change without interruption of traction *<drive> (automatic transmission)* • Gangwechsel ohne Zugkraftunterbrechung *f*

gear down *vt <drive>* • übersetzen *vt*: ins Langsame ~

geared motor *<drive> (unit of electric motor and gearbox)* • Getriebemotor *m*

geared sprinkler *<agri>* • Getrieberegner *m*

gear indicator *<mvhcl> (on manual transmission cars)* • Ganganzeige *f*

gearless *<tech.gen>* • getriebelos

gearless motor *<drive>* • Achsmotor *m*

gear range *<mvhcl.drive> (of automatic transmissions; e.g. P, R, N, D, 4, 3, 2)* • Fahrbereich *m*; Fahrstufe *f*; Gang *m ugs*
gear ratio spread *<drive> (over the individual speeds, e.g. in a 5-speed transmission)* • Getriebeabstufung *f*
gear-selector stalk *<mvhcl>* • Wählhebel *m*
gear selector switch *<mvhcl> (of semi--automatic transmission)* • Gangwahlhebel *m*; Vorwahlschalter *m*; Wählhebel *m*
gearshift lever *<mvhcl> (on cars, trucks and buses; manual transmission only)* • Schalthebel *m*; Schaltknüppel *m*; Gangschalthebel *m rar*; Schaltstock *m obs.rar*
gearshift lever *<mvhcl> (on motorbikes, foot operated; on LH side of engine)* • Schalthebel *m*; Gangschalthebel *m*
gearshift selector indicator *<mvhcl.drive> (of automatic transmissions; typ. D, 1, 2, 3, 4)* • Fahrbereichsanzeige *f*; Fahrstufenanzeige *f*; Ganganzeige *f ugs*
gear tooth wear debris *sg <mech.eng>* • Zahnradverschleißpartikel *npl*
gear type oil pump *<tribo>* • Zahnradölpumpe *f*; Stirnradölpumpe *f rar*
gear up *vt <drive> (shaft speed)* • übersetzen *vt*: ins Schnelle ~
Geiger counter *<nucl.i&c> (gamma radiation measurement)* • Geigerzähler *m*; Geiger-Müller-Zählrohr *n form*; Geiger-Müller-Zähler *m*
gel *<chem>* • Gel *n*
gel *vi <tech.gen>* • gelieren *vi*; erstarren *vi*; fest werden *vi*
gelatin *US.GB <tech.gen> (in food, cosmetics, drugs)* • Gelatine *f*
gelatin dynamite *<expl>* • Gelatinedynamit *n*
gelatinous explosive *<expl> (commercial explosive; e.g. Eurodyn, Danubit, Indugel)* • gelatinöser Sprengstoff *m DIN 20163*
gel battery *<el>* • Gelbatterie *f*
gelcoat *<srfc> (smooth top layer of GRP parts; e.g. of boats, car bodies)* • Gelcoat *m*; Gelschicht *f*; Feinschicht *f*; Gelierschicht *f*; Oberfächenharzschicht *f*
gel-coat resin *<plast> (for GRP car bodies, boats)* • Gelierharz *n*
gel formation *<chem> (e.g. of stabilizers)* • Gelbildung *f*
gel-like *<mat>* • gelartig
gemology *US <min>* • Gemmologie *f*; Edelsteinkunde *f*
gene *<bio>* • Gen *n*
general application *<gen>* • Standardanwendung *f*
General Aviation (GA) *<aerosp>* • Allgemeine Luftfahrt *f*
general cargo *<logist>* • gemischte Ladung *f*
general cargo *<logist> (as opp. to bulk freight)* • Stückgut *n*
general cargo ship *<nav>* • Stückgutschiff *n*; Stückgutfrachter *m*; Stückgutfrachtschiff *n*
general corrosion *<srfc>* • Flächenkorrosion *f*
generally *<gen>* • grundsätzlich
General Packet Radio Service (GPRS) *<tele>* • General Packet Radio Service *m* (GPRS)
general packet radio service [protocol] (GPRS) *<tele>* • GPRS--Protokoll *n*; paketbasierte Datenübertragungstechnik *f did*
general-purpose adhesive *<join> (e.g. von Bostik)* • Alleskleber *m*; Allzweckkleber *m*; Universalkleber *m rar*
general-purpose device *<tech.gen>* • Mehrzweckgerät *n*
general-purpose elevator *<convey>* • Allesförderer *m*
general purpose pliers *<tool> (any kind of typical multi-purpose pliers)* • Kombizange *f*
general purpose vehicle (GPV) *<mvhcl>* • Mehrzweckfahrzeug *n*; Allzweckauto *n ugs*; Allrounder *m ugs*
general radio coverage *<tele>* • Allwellenempfang *m*
general-service lamp *<light>* • Allgebrauchslampe *f*; A-Lampe *f*
general theory of relativity *<phys>* • allgemeine Relativitätstheorie *f*
generate *v <gen>* • verursachen *v*
generate *vt <gen> (e.g. income, wealth)* • bilden *vt*
generate *vt <tech.gen> (pressure)*

• aufbauen *vt*
generate *vt <tech.gen> (e.g. gas, bubbles)* • entwickeln *vt*
generate *vt <tech.gen> (e.g. gas, electric current)* • erzeugen *vt*
generate *vt <tech.gen> (e.g. electric power, steam, gas, code, sound etc.)* • generieren *vt*; erzeugen *vt*
generated wind power *<energ.wind> (installed capacity; worldwide about 30,000 MW in the yr 2003)* • Windkraftleistung *f*
generating set *<el> (relatively small; stationary or mobile; e.g. as a back-up system)* • Stromaggregat *n*
generation *<gen> (development)* • Entwicklung *f*
generation *<gen> (intentional production)* • Erzeugung *f*; Entstehung *f rar*
generation 2.5 (2.5G) *<tele>* • Generation 2,5 *f* (2,5G); Generation 2+ *f*
generation of pressure *<proc>* • Druckerzeugung *f*
generator *<tech.gen> (e.g. of electric power, gas, steam)* • Generator *m*; Erzeuger *m*
generator *<el> (gen.; DC or AC)* • Generator *m*; Stromerzeuger *m*; Elektrogenerator *m rar*
generator *<mvhcl.el> (obsolete on motor vehicles; as opposed to alternator)* • Gleichstromgenerator *m*; Lichtmaschine *f ugs.obs*
generator *<vhcl.el> (DC or AC electric power generator; in modern cars always AC)* • Generator *m*; Lichtmaschine *f prakt.obs*; Lima *f ugs.obs*
generator gas *<energ>* • Generatorgas *n*
generator set *<energ.el> (in power plant)* • Generatorgruppe *f*
generator slip *<el> (rpm difference between no load and full load)* • Generatorschlupf *m*; Schlupf *m prakt*
generic access profile (GAP) *DIN EN 300474 <comp.tele>* • allgemeines Zugangsprofil *n* (GAP) *DIN EN 300474*
generic relation *ISO 12620 <term>* • Abstraktionsbeziehung *f*
generously sized *:V <mvhcl>* • großflächig
genetically manipulated (GM) *<food> (foods and crops; e.g. maize, corn, soybeans)* • genmanipuliert (GM)
genetically manipulated foods (GMO) *<food>* • genmanipulierte Nahrungsmittel *npl* (GMO)
genetically modified rape [seed] *<agri>* • Genraps *m*
genetic engineering *<bio.chem>* • Gentechnik *f*
genetic fingerprint *<med.jur>* • genetischer Fingerabdruck *m*
Geneva wheel *<mech.eng>* • Malteserkreuzscheibe *f*
genome *<bio>* • Genom *n*
genomics *<bio>* • Genomik *f*
gentle cycle *<hygi> (of washing machine, drier, dish washer)* • Schongang *m*
genuine *<gen> (e.g. spare parts, branded products)* • echt; original
genuine *<tech.gen>* • original
genuine leather *<garm>* • echtes Leder *n*
genuine leather interior trim *<mvhcl>* • Echtleder-Innenausstattung *f*; Lederausstattung *f ugs*
genuineness *<gen> (e.g. of spare parts, branded products)* • Echtheit *f*
genuine spare [part] *<tech.gen>* • Original-Ersatzteil *n*
geochemistry *ASTME 957-98 <geo.chem>* • Geochemie *f*
geodesy *<geo.i&c> (discipline)* • Geodäsie *f*; Vermessungswesen *n rar*; Vermessungskunde *f*; Vermessungstechnik *f*; Landvermessungstechnik *f*
geodetic delivery head *<energ.hydr>* • geodätische Förderhöhe *f DIN 4048-2*
geo-electric field *<geo>* • erdelektrisches Feld *n*
geographical usage *<term> (of a term; e.g. CH, GB, US)* • geographischer Gebrauch *m*
geographical usage *<term>* • regionale Variante *f*; Regiolekt *m*
geohydrology *<geo.hydr>* • Geohydrologie *f*; Hydrogeologie *f*
geological age *<geo>* • geologisches Alter *n*
geological clock *<geo>* • geologische Uhr *f*

geology *<geo>* • Geologie *f*
geomagnetic field *<geo.phys>* • Erdmagnetfeld *n*; erdmagnetisches Feld *n*; Magnetfeld der Erde *n*
geomagnetic storm *<geo>* • geomagnetischer Sturm *m*
geomagnetism *<geo>* • Geomagnetismus *m*
geomagnetism *<geo.phys>* • Erdmagnetismus *m*
geometrical construction *<docu> (in eng. dwg. and technical sketching)* • Konstruktion *f*
geometrically true *<tech.gen>* • formtreu
geometry *<tech.gen> (shape, dimensions; e.g. of a workpiece)* • Form *f*
geometry *<tech.gen> (of parts, structures etc.)* • Geometrie *f*
geomorphology *<geo>* • Geomorphologie *f*
geophysics *<geo.phys>* • Geophysik *f*
geosciences *<geo>* • Geowissenschaften *fpl*
geoscientist *<gen>* • Geowissenschaftler *m*; Erdwissenschaftler *m rar*
geostationary *<aerosp> (orbit; e.g. of satellites)* • geostationär
geostationary satellite *<aerosp> (ca. 35 786 km above the equator)* • geostationärer Satellit *m*; Synchronsatellit *m*
geosynchronous *<aerosp>* • geosynchron
geotextile *<build.mat>* • Geotextil *n*; Geotextilie *f*
geotherm *<geo> (about 3 deg C per 100m)* • Geotherm *m*; geothermischer Gradient *m*
geothermal heat *<energ.geo>* • Erdwärme *f VDI4640*; geothermische Energie *f*; terrestrische Wärme *f*; Geowärme *f*
geothermal power plant *US <energ.geo>* • geothermisches Kraftwerk *n*; Erdwärmekraftwerk *n*
geothermics *<geo.therm>* • Geothermie *f*; Geothermik *f*
geothermist *<gen>* • Geothermiker *m*
geriatric engineering *<tech.gen>* • Gerontotechnik *f*
German flat toilet *<build.hygi>* • Flachspülklosett *n*; Flachspüler *m prakt*
germanium (Ge) *<chem>* • Germanium *n* (Ge)
German Patent Office (GPO) *<jur> (Munich)* • Deutsches Patentamt *n* (DPA)
German style cross peen hammer *US.Snap-on <tool>* • Schlosserhammer *m DIN 1041*
German technical inspection association TÜV *<org.safe>* • Technischer Überwachungsverein *m* (TÜV)
get jammed *vi <mech.eng> (sliding parts)* • klemmen *vi*
get loose *vi <tech.gen>* • lösen *vr*
gib head *<join> (on gib-head taper key)* • Nase *f*; Haken *m*
gib-head saddle taper key *<join> (hollow)* • Nasenhohlkeil *m DIN 6889*
gib-head taper stock key *<join>* • Nasenkeil *m DIN 6887*
gift pack *<pack>* • Geschenkpackung *f DIN 55 405*
gift wrapping paper *<pack.pap>* • Geschenkpapier *n*
giga (G) *<phys.i&c> (SI-prefix; e.g. gigawatt=10^9 watt)* • Giga… (G)
gigabyte (GB) *<comp> (1 Gigabyte = 2^{30} = 1 073 741 824 Bytes)* • Gigabyte *n* (GB); GByte *n*; Gbyte *n*
gigahertz (GHz) *<phys> (unit of frequency)* • Gigahertz *n* (GHz)
gilding with gold leaf *<srfc>* • Blattvergoldung *f*
gill net *<nav> (curtainlike net, suspended vertically; catches fish by the gills)* • Treibnetz *n*
gin *<convey> (simple tackle or windlass mechanism for hoisting)* • Hebezeug *n*
gin *vt <textil> (cotton)* • egrenieren *vt*; entkörnen *vt*
gin [machine] *<textil> (cotton)* • Entkörnungsmaschine *f*
girder *<build> (a large beam; e.g. of concrete, steel, timber)* • Träger *m*
give *vt <gen>* • geben *vt*
given *<gen>* • vorgegeben
give off *vt <phys> (heat)* • abgeben *vt*
glacier train *<railw>* • Gletscherbahn *f*
gland *<mech.eng> (of a packing)* • Brille *f*
gland *<pps> (flange or sleeve over a*

compressible packing; on valves) • Stopfbuchsbrille *f*; Stopfbuchsenbrille *f*

glandless *<mech.eng> (gen.; e.g. pump, valve)* • stopfbuchslos

gland seal *<pps> (conventional packing between shaft, spindle and body; e.g. on valves)* • Stopfbuchsdichtung *f*; Stopfbuchspackung *f form*; Wellenstopfbuchse *f*; Stopfbuchse *f prakt*; Stopfe *f CH*

glare *vi <light>* • blenden *vi*

glareless lighting *<light>* • blendungsfreie Beleuchtung *f*

glare protection *<tech.gen>* • Blendschutz *m*

glasphalt *<build.mat> (pavement with glass aggregate)* • Glasphalt *m*

glass *<mat> (gen.)* • Glas *n DIN 1259*

glass *<silic> (window pane, installed or not installed)* • Scheibe *f*

glass blowing *<prod>* • Glasblasen *n*

glass-clear *<gen>* • glasklar

glass container *<pack> (e.g. bottle, flask)* • Behälterglas *n DIN 55 405*

glass cover *<tech.gen> (e.g. on solar collectors)* • Glasscheibe *f*

glass cover [plate] *<tech.gen> (e.g. of solar collectors)* • Glasabdeckung *f*

glass fiber *US <silic> (reinforcement material; e.g. for GRP, wrapping tape)* • Glasfaser *f*

glass-fiber cable *US <owg> (typ. optical fiber cable)* • Glasfaserkabel *n*

glass-fiber reinforced *US <mat> (with chopped strands or matting; typ. w. plastics; also concrete)* • glasfaserverstärkt

glass-fiber reinforced plastic (GFRP) *US <plast>* • glasfaserverstärkter Kunststoff *m* (GFK); Glasfaserkunststoff *m rar*; Glasfaserverbundwerkstoff *m*

glass-fiber reinforcement *US <mat> (gen.; e.g. in GRP, duct tape, concrete)* • Glasfaserverstärkung *f*

glass-fiber sheath *US <tech.gen> (sheath made of fibers or a sheath around fibers)* • Glasfasermantel *m*

glass flask *<chem> (lab equipm.)* • Glaskolben *m*

glassine paper *<pap>* • Pergamin *n pl*: -s (DIN 55 405)

glass pane *<silic> (gen.; e.g. for windows, solar collectors)* • Glasscheibe *f*

glass partition *<build>* • Trennscheibe *f*

glass-reinforced filler paste *<mvhcl.rep>* • Faserspachtel *m*; glasfaserarmierter Füllspachtel *m form*; Sauerkrautspachtel *m prakt.ugs*

glass scraper *<tool>* • Glasschaber *m*

glass string insulator unit *<energ.el>* • Glaskettenisolator *m*

glass transition temperature *<plast> (of amorphous polymers)* • Glasübergangstemperatur *f EN 61006*; Übergangstemperatur *f*; Glastemperaturbereich *m*

glass-walled factory *<prod> (typ. referring to VW in Dresden)* • gläserne Fabrik *f*

glass wedge base bulb *US <mvhcl.el> (IEC W2,1x9,5d)* • Quetschsockellampe *f :V*; Quetschfußlampe *f*

glass wool *<silic>* • Glaswolle *f*

glassworks *<prod>* • Glashütte *f*

glaze *<srfc> (on pottery, cakes)* • Glasur *f*

glaze *vt <tech.gen> (furnish or fit with glass; e.g. windows)* • verglasen *vt*

glaze *vt <silic.srfc>* • lasieren *vt*

glaze *vt <srfc> (make smooth)* • glätten *vt*

glaze *vt <srfc> (to coat with or as if with a glaze)* • glasieren *vt*

glazed *<silic.srfc> (ceramics; e.g. clay tiles)* • glasiert

glazed *<srfc.wood> (pigmented by still transparent coating)* • lasierend

glazing *<build>* • Verglasung *f*

glazing compound *<build> (for windows)* • Dichtstoff *m*

glazing material *<energ.sol> (on solar collector)* • Abdeckmaterial *n*

glazing rebate *<build> (of windows)* • Glasfalz *m*

glide *vi <gen> (move smoothly, continuously, effortlessly)* • gleiten *vi*

glide angle *<aerosp>* • Gleitwinkel *m*

glider *<aerosp>* • Segelflugzeug *n*; Gleitflugzeug *n form*; Segler *m prakt*; Gleiter *m*

glide ratio (L/D) *<aerosp> (aircraft, in particular sailplane)* • Gleitverhältnis *n*; Gleitzahl *f*

gliderport *<aerosp>* • Segelflugplatz *m*

glider site *<aerosp>* • Segelfluggelände *n*

glisten *vi* *<srfc>* • glänzen *vi*

globe lamp *<light>* • Kugellampe *f*

globular *<tech.gen> (e.g. graphite)* • globular

globule *<gen> (small spherical body; e.g. fat)* • Kügelchen *n*

glory hole *<silic>* • Anwärmloch *n*

glossary *<docu>* • Glossar *n*

glossary of terms *<docu>* • Fachglossar *n*

gloss meter *<i&c.srfc> (e.g. for paint coatings)* • Glanzmesser *m*

glossy *<srfc> (reflecting; e.g. paper, paintwork)* • glänzend

glossy paper *<pap>* • Glanzpapier *n*

glove *<garm>* • Handschuh *m*

glove box *<nucl> (for handling of contaminated material)* • Handschuhkasten *m DIN 25401-3*; Glove Box *f prakt*; Handschuhbox *f rar*

glove compartment *US <mvhcl.int> (e.g. lockable)* • Handschuhfach *n*; Handschuhkasten *m rar*

glow *vi* *<gen>* • glühen *vi*

glow *vi* *<tech.gen> (emit dim light; e.g. a lamp)* • glimmen *vi*

glow light *<el>* • Glimmlicht *n*

glow plug *<mot> (of diesel engine; with glow pencil or coil)* • Glühkerze *f*

glow plug and starter switch *<mvhcl.i&c> (Diesel vehicles)* • Glühstartschalter *m*; Glüh-Start--Schalter *m*

glucose *<chem> (sweet)* • Glucose *f*; Glukose *f*; Traubenzucker *m ugs*; Glykose *f obs*; Dextrose *f obs*

glue *vt* *<join> (sth to sth)* • kleben *vt*

glue *vt* *<join.wood>* • leimen *vt*; verleimen *vt*

glue on *vt* *<join>* • anleimen *vt*; aufleimen *vt*; aufkleben *vt*

glue ooze *<comp> (at edges of labels)* • Austreten von Klebstoff *n*

glutamate *<chem>* • Glutamat *n*

gluten *<food>* • Gluten *n*

glutine glue *<srfc.wood>* • Glutinleim *m*; Warmleim *m*

glycerin (E422) *<chem>* • Glycerin *n*; Glycerol *n*; Glyzerin *n*

gneiss *<geo> (rock type)* • Gneis *m*

gnomonic *<tech.gen>* • gnomonisch

go *vi* *<gen>* • gehen *vi*

go *vt* *<vhcl> (e.g. by train; as a passenger)* • fahren *vt*

go around *vi* *<aerosp> (aircraft)* • durchstarten *vi*

goatskin leather *<garm>* • Ziegenleder *n*

gob *<silic> (glass droplet, bottle production)* • Klumpen *m*

go by car *vt* *<mvhcl>* • Auto fahren *vt*

go-devil *<pps.tool> (for pipes, flue stacks, chimneys)* • Kratzer *m*

go-end *<i&c> (of gage)* • Gutseite *f*

gold (Au) *<chem>* • Gold *n* (Au); Aurum metallicum *n*

gold bronze *<mat>* • Goldbronze *f*

gold bullion *<mat>* • Goldbarren *m*

golden ratio *<art> (divine proportion)* • Goldener Schnitt *m*

gold foil *<mat>* • Goldfolie *f*

goldsmith *<gen>* • Goldschmied *m*

gold wire *<el.ic.prod> (chip bonding)* • Golddraht *m*

gondola *<convey> (of cableway; e.g. in skiing resort)* • Gondel *f*

good fuel economy *<mvhcl>* • niedriger Kraftstoffverbrauch *m*; günstiger Kraftstoffverbrauch *m*; niedriger Verbrauch *m*

good manufacturing practice (GMP) *<prod>* • bewährte Fertigungspraxis *f :V*

good ordinary brand (GOB) *<tech.gen>* • handelsübliches Markenprodukt *n*

gooseneck *<tech.gen> (any inverted J shape; e.g. tubing, often flexible)* • Schwanenhals *m*

go out *vi* *<gen> (e.g. fire, light)* • ausgehen *vi*

gouache color *US <art> (opaque watercolor)* • Deckfarbe *f*

gouge *<mvhcl> (panel damage; flat, relatively large dent that has no hard contours)* • Druckstelle *f*

gouging *<prod>* • Fugenhobeln *n*

governor *<i&c> (speed limiter; limits max. rpm)* • Drehzahlbegrenzer *m*; Begrenzer *m*

governor *<i&c.drive> (automatic transmission control)* • Regler *m*

GPRS backbone *<tele>* • GPRS--Backbone *m*; GPRS-Backbone-Netz *n*

GPS receiver *<navig>* • GPS--Empfänger *m*; GPS-Navigator *m*; Satellitennavigator *m*; Navigator *m* *ugs*; GPS-Receiver *m ugs*

GPS satellite *<navig>* • GPS-Satellit *m*

grab *<build.mach> (on excavator; two or more shells)* • Greifer *m*

grab *vt <tech.gen>* • greifen *vt*

grab *vt <convey> (material; e.g. with gripper, excavator)* • aufnehmen *vt*

gradation *<phot> (from even to uneven)* • Gradation *f*

grade *<geo> (terrain)* • Stufe *f*

grade *<qualit> (quality level)* • Stufe *f*

grade *<qualit.mat> (type or quality of product/material)* • Qualität *f*; Güte *f*

grade *vt <tech.gen> (in a group, class, category)* • einstufen *vt*; stufen *vt rar*

grade *vt <tech.gen> (in groups, categories)* • einteilen *vt*

grade *vt <tech.gen> (arrange according to ranking)* • ordnen *vt*

grade *vt <tech.gen> (in echelons)* • staffeln *vt*

grade *vt <proc> (classify; acc. to size, weight; e.g. with screens, sieves)* • klassieren *vt*

grade *vt <proc> (with an air classifier)* • sichten *vt*

grade *vt <qualit> (acc. to quality)* • sortieren *vt*

graded *<tech.gen> (stepped according to categories)* • abgestuft

graded *<build> (terrain, soil; e.g. highway subgrade, landfill)* • planiert; geplant *ugs.rar*

graded coal *<comb> (gen.; sorted in three sizes, smalls, medium, large)* • klassierte Kohle *f*; Siebkohle *f*

gradient *<tech.gen> (e.g. of roads, hillside, curves)* • Steigung *f*

gradient *<build.traff> (gen.)* • Gradiente *f*; Längsneigung *f*

gradient *<logist> (e.g. of gravity conveyors, shelving)* • Neigung *f*; Gefälle *n prakt*

gradient angle *<tech.gen> (inclination; ascend or descent)* • Neigungswinkel *m*

grading *<gen> (acc. to quality)* • Einteilung *f*; Graduierung *f*

grading *<proc> (classification)* • Klassierung *f*

grading *<qualit>* • Einstufung *f*; Trennung *f*

grading according to size *<gen>* • Einteilung nach Größe *f*

gradual *<tech.gen>* • schrittweise; stufenweise

graduate *vt <gen>* • gradieren *vt*

graduate *vt <tech.gen> (in steps; characteristics, features, quality)* • abstufen *vt*

graduate *vt <tech.gen> (classify, grade)* • einteilen *vt*

graduate *vt <i&c> (calibrate)* • kalibrieren *vt*

graduate *vt <i&c> (scale)* • teilen *vt*; unterteilen *vt*

graduation *<tech.gen> (arrangement in degrees, levels, ranks)* • Abstufung *f*

graffiti *pl <srfc> (gen.; images and tags)* • Graffiti *npl*; Spraybilder *npl rar*

graffiti remover *<srfc>* • Graffitientferner *m*; Sprühfarbenentferner *m*

graffiti repellant *:V <srfc>* • Graffitischutz *m*

graft *vt <agri> (one species onto another)* • aufpfropfen *vt*

graft copolymer *<plast>* • Pfropf--Copolymer *n*; Pfropfpolymerisat *n*

grain *<tech.gen> (crystalline structure)* • Korn *n*

grain *<i&c> (weight unit for pearls)* • Grän *n*

grain *<leath> (outer side of skin or hide)* • Narben *m*; Narbenseite *f*

grain *<wood> (structure)* • Faserstruktur *f*

grain *sg <phot> (of images)* • Korn *nsg*

grain *vt <srfc> (like leather; e.g. vinyl)* • ädern *vt*

grain auger *<agri.tech>* • Kornschnecke *f*

grain boundary *<mat> (crystal structure)* • Korngrenze *f*

grain boundary crack *<qualit.mat>* • interkristalliner Riss *m*

grained *<srfc> (e.g. wood)* • gemasert

grained *<srfc> (gen.)* • genarbt

grain elevator *<agri.tech>* • Kornelevator *m*

grain growth *<metal>* • Kornwachstum *n*; Kornvergröberung *f*; Kornvergrößerung *f*

grain pattern *<leath>* • Narbenbild *n*

grain side *<leath>* • Narbenseite *f*; Narben *m*

grain silo *<logist>* • Getreidesilo *m/n*

grain size *<build.mat> (e.g. of sand,*

gravel) • Korngröße *f*
grain-size number *<tech.gen>* • Körnungsnummer *f*
grainy *<gen>* • gekörnt
grainy *<phot> (film, picture)* • körnig
gram (g) *<phys> (unit of mass: 1000 g = 1 kg)* • Gramm *n* (g) *DIN 1301*
grammage *<pap>* • flächenbezogene Masse *f DIN 1301*; Flächenmasse *f*; Flächengewicht *n*; Papiergewicht *n ugs*; Dicke *f ugs*
grammar *<term>* • grammatische Information *f*
grammar checker *ISO/IEC 2382-23 <comp>* • Grammatikprüfprogramm *n ISO/IEC 2382-23*; Grammatikprogramm *n*
grammatical gender *ISO 12620 <term> (feminine, masculine, neuter)* • Genus *n*; grammatikalisches Geschlecht *n*
grammatical number *ISO 12620 <term>* • Numerus *m*
granite *<geo.min> (rock type)* • Granit *m*
granite-paved *<build> (e.g. sidewalks in the city of Leipzig)* • granitgepflastert
granular *<mat> (shape, structure)* • körnig; granular; gekörnt
granularity *<tech.gen> (fine structure of materials and surfaces)* • Körnigkeit *f*; Körnung *f*; Korn *n prakt*
granular material *<tech.gen> (e.g. pellets, shot)* • Granulat *n*
granulate *vt <prod>* • granulieren *vt*
graph *<docu>* • Bild *n*
graphical user interface (GUI) *<comp>* • grafische Benutzeroberfläche *f*
graphic presentation *<comp> (on a display)* • grafische Darstellung *f*; graphische Darstellung *f*
graphics card *<comp> (interface between CPU and display unit)* • Grafikkarte *f*; Grafikadapter *m*; Grafikcontroller *m*
graphics controller *<comp>* • Grafik--Controller *m*; Video-Controller *m*
graphics file format *<comp> (e.g. BMP, JPEG, GIF)* • Grafikformat *n*
graphite *<mat> (carbon)* • Graphit *m*
graphite *<tribo> (a solid lubricant)* • Graphit *n*; Graphitpulver *n*
graphite lubricant *<tribo>* • Graphitschmierstoff *m*
graphite-moderated reactor *<nucl> (e.g. in Chernobyl)* • graphitmoderierter Reaktor *m*; Graphitreaktor *m jarg*
graph paper with millimeter squares *<pap>* • Millimeterpapier *n*
grappling hook *<nav>* • Bootshaken *m*
grasp *vt <gen>* • fassen *vt*
grasp *vt <autom> (by means of a gripper)* • greifen *vt*
grass *<agri>* • Gras *n*
grass *<i&c> (oscilloscope display problem)* • Gras *n*
grasses and straws *pl <energ.bio>* • halmgutartige Biomasse *f*
grate *<tech.gen> (grid-like)* • Gitter *n*
grate *<tech.gen> (e.g. steel construction, boiler furnace)* • Gitterrost *m*
grate *<comb> (furnace)* • Rost *m [ro:st]*
graticule *<opt> (grid of cross lines)* • Gitternetz *n*
grating *<tech.gen> (over an opening)* • Gitter *n*; Vergitterung *f*; Gitterwerk *n rar*
grating *adj <av> (voice)* • spröde
gravel *<build.mat> (rounded pebbles)* • Kies *m DIN 4047-3*
gravel aggregate filter *<proc>* • Kiesbettfilter *m*; Kiesschichtfilter *m*
gravel pit *<min>* • Kiesgrube *f*
gravel trap *<mvhcl.sport>* • Kiesbett *n*
gravel working *<min>* • Kiesgrube *f*
gravitation *<phys> (the phenomenon, effect)* • Gravitation *f*; Massenanziehung *f*
gravitational energy *<gen>* • Gravitationsenergie *f*
gravitation force *<phys> (earth's attraction)* • Erdanziehung *f*; Erdanziehungskraft *f*
gravitation force *<phys>* • Massenanziehungskraft *f*
gravity *<phys> (gen.)* • Schwerkraft *f*; Gravitation *f form*; Gravitationskraft *f rar*; Schwere *f*
gravity acceleration (g) *<phys>* • Erdbeschleunigung *f* (g); Fallbeschleunigung *f*; Schwerebeschleunigung *f rar*; Schwerkraftbeschleunigung *f rar*; Gravitationsbeschleunigung *f rar*
gravity conveyor *<convey>* • Schwerkraftförderer *m*
gravity dam *<build.hydr>* • Gewichtsstaumauer *f*;

Gewichtsmauer *f DIN 4048*

gravity-fed *<tech.gen>* • Schwerkraft *f*: durch ~ zugeführt; zugeführt: durch Schwerkraft ~

gravity feed *<convey>* • Gefälleförderung *f*

gravity feed *<prod>* • Gefällezuführung *f*

gravity feeding *<convey>* • Beschickung durch natürlichen Zulauf *f*

gravity feeding *<proc>* • Fallschachtbeschickung *f :V*

gravity-free *<aerosp>* • schwerelos

gravity separator *<proc> (for suspended particles in any fluid, incl. liquids)* • Schwerkraftabscheider *m*; Schwerkraft-Abscheider *m*

gravity shunting *<railw>* • Ablaufbetrieb *m*; Ablaufrangierbetrieb *m*

Gray (Gy) *<nucl> (SI unit of absorbed radiation dose: 1Gy = 1J/kg)* • Gray *n* (Gy)

graze gunshot *<med>* • Streifschuss *m*

grease *<chem> (fat of animals; esp. when in a soft state)* • Fett *n*

grease *<tribo>* • Fett *n*

grease *ISO 4378-3 <tribo>* • Schmierfett *n DIN ISO 4378-3*

grease *vt <srfc>* • einfetten *vt*

grease cup *<tribo>* • Staufferbuchse *f*; Stauffer-Schmierbuchse *f*; Staufferbüchse *f rar*

grease filter *<hvac> (as opp. to grease trap)* • Fettfilter *m*

grease-lubricate *vt <tribo> (e.g. bearings)* • fetten *vt*; schmieren *vt*

grease nipple *<tribo> (e.g. for MPG)* • Schmiernippel *m*; Nippel *m prakt*; Fettnippel *m rar*

grease packing *<tribo> (e.g. in roller bearings)* • Fettpackung *f*

greaseproof paper *<pap>* • fettdichtes Papier *n DIN 55 405*

grease trap *<hvac> (as opp. to grease filter)* • Fettabscheider *m*

greasy *<srfc>* • fettig

greasy luster *US <srfc> (e.g. of pitch coal)* • Fettglanz *m*

great *<gen> (large in number or measure)* • groß

green *<gen>* • grün

green brick *<build.mat>* • Grünling *m*

green concrete *<build.ecol> (environment friendly; low clinker content, inorganic residual products)* • grüner Beton *m*

green concrete *<build.mat> (1 hr to 3 days old; set but not hard yet)* • junger Beton *m*

Green Dot *<ecol> (ecology mark)* • Grüner Punkt *m*

green electricity *<energ> (generated in non-fossil, non-nuclear power plants)* • grüner Strom *m*

green-glass production *<silic.prod>* • Grünglasherstellung *f*

greenhouse *US <agri>* • Gewächshaus *n*

greenhouse effect *VDI4640 <ecol>* • Treibhauseffekt *m*

greenhouse gas (GHG) *VDI4640 <ecol>* • Treibhausgas *n VDI4640*

Greenwich meridian *<navig>* • Nullmeridian *m*; Meridian von Greenwich *m*; Hauptmeridian *m ugs*; Zentralmeridian *m*

grey *US.GB <srfc> (shade, tone)* • grau

grey cast iron *US.GB <mat>* • Grauguss mit Lamellengraphit *m* (GGL); Gusseisen mit Lamellengraphit *n DIN EN 1561*; Grauguss *m DIN 17006-4*

grey cast iron ... *US.GB <mat> (in composite terms)* • Grauguss...

grey goo *US.GB <autom> (out-of--control self-replicating nano robots)* • Grauer Schleim *m*

grey iron casting *US.GB <prod>* • Graugussstück *n DIN 1686-1*

grey pig iron *<mat> (for cast iron)* • graues Roheisen *n*

grey step wedge *US.GB <print>* • Graukeil *m*

grid *<tech.gen> (grating; e.g. of a furnace)* • Rost *m*

grid *<docu> (lines; e.g. UTM on maps)* • Gitter *n*; Gitternetz *n*

grid *<el>* • Gitter *n*

grid connection *<el>* • Netzanbindung *f*; Netzanschluss *m IEV 415*; Netzkopplung *f*

grid failure *<energ.el> (interruption in the electrical supply system)* • Netzstörung *f*; Netzausfall *m*; Stromausfall *m ugs*

grid operator *<energ.el>* • Netzbetreiber *m*

grid pattern *<el> (e.g. of solar cells)* • Gitterstruktur *f*
grid spacing *<tech.gen>* • Rasterabstand *m*
grid square *<tech.gen>* • Planquadrat *n*
grille *<tech.gen> (grid-shaped)* • Gitter *n*
grind *<food> (of coffee; e.g. fine, coarse)* • Mahlgrad *m*
grind *vt <proc> (pulverize)* • mahlen *vt*; vermahlen *vt*
grind *vt <prod> (metal)* • schleifen *vt*
grind *vt <srfc> (to increase paint coat adhesion)* • anschleifen *vt*; anreiben *vt*
grinder *<mach.tool> (heavy tool; floor or bench mounted or mobile)* • Schleifmaschine *f*
grinder *<proc> (e.g. for coffee)* • Mühle *f*
grinder *<tool> (for rough shaping)* • Schleifmaschine *f*
grinding wheel *<mach.tool>* • Schleifscheibe *f*
grind off *vt <prod> (e.g. rust, old paint)* • abschleifen *vt*
grinning through *<print> (of ink, from front to rear)* • Durchschlagen *n DIN 16500*
grip *<tech.gen> (gen.)* • Griff *m*
grip *<tech.gen> (adhesion between two parts)* • Haftvermögen *n*
grip *<mil> (of gun)* • Griff *m*
grip *vt <gen> (hold)* • halten *vt*
grip *vt <mech>* • greifen *vt*; packen *vt ugs*
gripper *<autom> (on robot arm, pick--and-place devices)* • Greifer *m*
gripper *<print> (of sheet-fed and web offset machines)* • Greifer *m*
gripper arm *<autom> (on manipulators, robots)* • Greiferarm *m*
gripper finger *<mech.eng> (e.g. of manipulator)* • Fingergreifer *m*
gripping device *<prod>* • Greifeinrichtung *f*
gripping device *<tool> (e.g. on robot arm)* • Greifwerkzeug *n*; Greifer *m prakt*; Zange *f rar*
gripping effect *<prod>* • Klemmwirkung *f*; Greifwirkung *f*
gripping surface *<prod> (of work pieces)* • Anlagefläche *f*
grit *<build.mat> (for road-building)* • Splitt *m*
grit *<geo.mat>* • Grus *m*
grit *<mat> (granule)* • Korn *n*
grit *<tool> (coarseness of sanding paper, abrasive cloth etc.; e.g. grit 320)* • Körnung *f*
grit *ISO 4225 <waste> (dust)* • Grobstaub *m DIN ISO 4225*
grit *vt <build> (road surface)* • Splitt aufbringen *vi*
gritter *<comvhcl> (for roads)* • Sandstreuer *m*
gritty *<mat>* • körnig
grocery bag *<pack.food>* • Einkaufstüte *f*
groin *<build> (curved edge at the intersection of two vaults)* • Grat *m*
groin *<build> (edge formed by intersecting vaults)* • Rippe *f*
grommet *<tech.gen> (soft; seals penetrations, protects cables etc.)* • Tülle *f*
groove *<tech.gen> (long, narrow cut or indentation in a surface)* • Fuge *f*
groove *<tech.gen> (machined, narrow channel, any shape; e.g. in shaft)* • Nut *f*; Rille *f ugs*
groove *<metal> (rolling mill; roller profile)* • Kaliber *n*
groove *<mvhcl.mot> (annular; in valve stem, for valve keepers)* • Einstich *m*
groove *<print> (between book back and cover)* • Falz *m*
groove *<prod>* • Rille *f*
groove *ISO 8785 <srfc.qualit> (surface defect)* • Riefe *f DIN ISO 8785*
groove *vt <build>* • auskehlen *vt*; abkehlen *vt*
groove *vt <prod>* • nuten *vt*
groove *vt <prod>* • riefen *vt*
grooved *<prod>* • genutet
grooved and tongued *<build>* • gespundet
grooved pin *ISO 8739 <join> (various types)* • Kerbstift *m DIN EN ISO 8739*
grooved roll *<metal>* • Kaliberwalze *f*
gross axle weight rating (GAWR) *<mvhcl> (front and rear)* • zulässige Achslast *f*
Gross Register Tonnage (GRT) *<nav>* • Bruttoregistertonne *f* (BRT); Bruttoregistertonnage *f*
gross tonnage (GT) *<nav>* • Bruttoraumzahl *f* (BRZ); Bruttotonnage *f*
gross vehicle weight rating (GVWR) *<mvhcl>* • zulässiges Gesamtgewicht

n

ground <gen> (soil, floor) • Boden m

ground US <gen> • Erdboden m

ground <tech.gen> (solid; as opp. to water) • Land n

ground US <el> (with regard to mains voltage of stationary systems) • Erde f

ground (GND) US <el> (any metal chassis; e.g. a car body, metal cabinet; usu. negative) • Masse f

ground (GND) <navig> (as plane of reference) • Erdoberfläche f; Grund m; Boden m prakt; Erde f ugs

ground adj <srfc> • geschliffen

ground vi <nav> (on shallows, reef etc.) • auflaufen vi

ground vt US <el> (all other cases; utility grid 110 volts and more) • erden vt

ground vt US <el> (e.g. cable, body, load, to any metal chassis, or car body) • Masse f: an ~ legen vt; Masse f: an ~ anschließen vt; Masse f: an ~ schalten vt

ground adhesion <vhcl> (of overall vehicle) • Bodenhaftung f

ground bus bar US <el> • Erdsammelschiene f

ground clearance <mvhcl> • Bodenfreiheit f; Bodenabstand m

ground connection US <el> (contact; intended or inadvertent) • Masseschluss m

ground consolidation <build> • Baugrundverdichtung f; Bodenverdichtung f

ground control sg <aerosp> • Bodenverkehrskontrolle fsg; Rollkontrolle fsg; Bodenkontrolle fsg; Rollverkehrskontrolle fsg; Bodenverkehrsleitdienst m CH

grounded US <el> • geerdet

grounded on the neutral wire US <el> • genullt

ground effects package <mvhcl> (includes air dams, spoilers, skirts etc.) • Aerodynamik-Anbauteile npl; Karosserie-Anbauteile npl; Ground--Effects-Paket n werb; Anbauteilesatz m prakt

ground electrode US <mvhcl.el> (of spark plug) • Masseelektrode f; Körperelektrode f rar

ground fault US <el> (gen.) • Erdschluss m

ground floor US.GB <build> (of a building; level with the ground) • Erdgeschoss n (EG)

ground glass <silic> • Mattglas n

ground handling sg ISO 10254 <aerosp> • Flugzeugabfertigung fsg; Bodenabfertigung fsg

grounding US <el> (connecting lead) • Erdung f

grounding US <el> (process) • Erdung f; Erden n

ground installation <aerosp> (e.g. air traffic control) • Bodenanlage f

ground lead US <el> (usu. the negative lead) • Massekabel n

ground level <aerosp> • Bodenhöhe f

ground-level road <build.traff> • ebenerdige Straße f

ground material <proc> • Mahlgut n

ground pressure <build.mach> (in lbf/in^2) • Bodendruck m; Bodenpressung f; Flächenpressung f

ground pressure <vhcl> (of vehicle on road surface; subject to aerodynamic effects) • Anpressdruck m; Bodendruck m

ground settlement <geo> (e.g. due to lowering of the water table, mine workings) • Bodensetzung f; Bodensenkung f; Sackung f; Setzung f

ground speed (GS) <aerosp> • Geschwindigkeit über Grund f (GS); Grundgeschwindigkeit f

ground staff sg <aerosp> • Bodenpersonal nsg

ground strap US <el> (e.g. between el. component and frame) • Masseband n

ground subsidence <geo> (gen.; e.g. due to lowered groundwater table) • Absenkung des Bodens f; Senkung des Bodens f; Bodenabsenkung f; Bodensenkung f

ground vehicle <vhcl> • Landfahrzeug n

ground water <geo> (gen.) • Grundwasser n

groundwater depression VDI4640 <hydr> • Grundwasserabsenkung f VDI4640; Erniedrigung der Grundwasseroberfläche f

groundwater table VDI4640 <hydr> • Grundwasserspiegel m; Grundwasserstand m; Grundwasseroberfläche f

groundwork *<build> (result)* • Fundament *n*; Gründung *f*

ground zero *<el>* • Nullpunkt *m*

group *<gen>* • Gruppe *f*

group *<tech.gen> (set; e.g. of data, tools)* • Satz *m*

group *<chem>* • Rest *m*

group *<econ> (of companies)* • Konzern *m*

group *vt <gen>* • einteilen *vt*

group *vt <tech.gen> (to arrange in sets; e.g. tools, images)* • gruppieren *vt*; zusammenstellen *vt*

group *vt <prod>* • Gruppe *f*: in ~n anordnen *vt*

Group Call (GC) *<tele> (auxiliary net function)* • Gruppenruf *m* (GC) *DIN EN 300392-3*

group control *<i&c>* • Gruppensteuerung *f*

grouping *<gen>* • Gruppierung *f*

grouping *<tech.gen>* • Bündelung *f*

group number *<tech.gen>* • Sammelnummer *f*

group of buildings *<build>* • Gebäudekomplex *m*; Komplex *m prakt*

group of parts *<tech.gen>* • Gruppe von Bauteilen *f*

grout *<build.mat> (material pressed into narrow cavities to consolidate adjoining objects)* • Vergussmaterial *n*; Injektionsgut *n*; Vergussmasse *f*

grout *<build.mat> (for tiles, ceramic and stone flooring)* • Fugenmörtel *m*

grout *vt <build> (seal off gaps; e.g. with mortar, concrete)* • abdichten *vt*

grout *vt <build> (inject mortar, concrete etc. under pressure)* • verpressen *vt*

grout *vt <build> (grooves, gaps, cracks; e.g. of tiles)* • verfugen *vt*; ausfugen *vt*; verfüllen *vt*

grout under pressure *vt <build> (e.g. with concrete, mortar, bentonite)* • injizieren *vt*

grown *<bio>* • gezüchtet

growth *<gen> (e.g. of population, profits, unemployment)* • Wachstum *n*; Anwachsen *n*; Zuwachs *m*; Zunahme *f*

growth *<gen>* • Zuwachs *m*

growth *<tech.gen> (e.g. of plants, crystals)* • Wachstum *n*

growth-resistant *<gen>* • wachstumsfest

GRP body *form <mvhcl>* • GFK--Karosserie *f form*; Glasfaserkarosserie *f*; Fiberglaskarosserie *f ugs*; Kunststoffkarosserie *f ugs*

GTL-fuel *<petr> (synthetic fuel derived from natural gas)* • GtL-Kraftstoff *m*; Gas-to-Liquid-Kraftstoff *m*

guarantee and service package *<jur>* • Garantie- und Servicepaket *n*

guard *<tech.gen> (e.g. at chain and rope gears, tools)* • Schutz *m*

guard *<print> (book binding; fabric reinforcement strip)* • Falz *m*

guard plate *<tech.gen> (metal)* • Schutzblech *n*

guardrail *US <build.traff> (on highways)* • Schutzplanke *f*; Leitplanke *f prakt*; Planke *f ugs*

guard rail *<build>* • Geländer *n*

guar gum (E 412) *<food> (stabilizer)* • Guarkernmehl *n* (E 412); Guarmehl *n*; Guargummi *m*

guidance *<tech.gen> (action)* • Führung *f*

guidance *<did>* • Anleitung *f*

guidance system *<mil>* • Lenksystem *n*

guide *<docu> (e.g. a manual)* • Anleitung *f*

guide *vt <tech.gen> (by giving directions)* • lenken *vt*; leiten *vt*

guide *vt <did> (person)* • anleiten *vt*

guide beam *<aerosp.navig> (ILS)* • Leitstrahl *m*

guide bearing *<mech.eng>* • Führungslager *n*

guide bushing *<mech.eng> (gen.)* • Führungsbuchse *f*

guided *<tech.gen> (controlled; e.g. missile)* • gelenkt

guided rocket *<mil>* • Lenkrakete *f*; gelenkte Rakete *f*

guide piece *<mech.eng>* • Führungsstück *n*

guide pin *<mech.eng> (gen.)* • Führungsbolzen *m*

guide rail *<tech.gen> (e.g. for camshaft timing chain)* • Führungsschiene *f*

guide rail *<tech.gen>* • Leitschiene *f*

guide sleeve *<mech.eng> (gen.)* • Führungshülse *f*

guide value *<tech.gen>* • Richtwert *m*

guide vanes *<mech.eng> (non-rotating flow control elements in turbines, pumps)* • Leitapparat *m*;

Leitschaufelapparat *m*; Leitschaufeln *fpl*; Leitrad *n ugs*; Leitkranz *m rar*

guideway *<railw.build> (maglev system)* • Fahrweg *m* (FW)

guideway segment (GS) *<railw> (maglev system)* • Fahrwegabschnitt *m* (FWA)

guillotine door *<build>* • Falltür *f*

gullwing door *<mvhcl>* • Flügeltür *f*

gully *<waste>* • Rinne *f*

gum *<srfc> (adhesive backing; e.g. of postage stamps)* • Gummierung *f*

gum *vt <srfc> (adhesive; e.g. stamps)* • gummieren *vt DIN 55 405*

gum arabic *<chem> (additive; e.g. pigment binder)* • Gummiarabikum *n*; Gummi arabicum *n*

gummed *<srfc> (back; e.g. paper, such as stamps, labels, envelopes)* • gummiert

gummed label *<tech.gen>* • Klebeetikett *n*

gummed paper *<pap>* • gummiertes Papier *n DIN 55 405*

gummed tape *<pack> (for packing and sealing of parcels, boxes etc.; brown or white)* • Packband *n*; Klebeband *n*

gummi bear *<food> (a bear-shaped jelly sweet)* • Gummibär *m*; Gummibärchen *n*

gunboat *<mil.nav>* • Kanonenboot *n*

gun-cotton *<expl> (lower nitrates of cellulose, insoluble in ether)* • Schießbaumwolle *f*; Schießwolle *f*; Pulverwolle *f*

gun metal *<mat> (CuZnSn alloy; technically not brass)* • Geschützbronze *f*

gunshot residue *<jur.tech>* • Schmauch *m*

gun turret *<mil> (e.g. on tanks, destroyers, attack helis)* • Geschützturm *m*; Turm *m prakt*

gusset *<tech.gen> (steel construction)* • Eckblech *n*

gusset *<tech.gen> (corner insert)* • Eckeinsatz *m*

gusset *<tech.gen> (corner reinforcement)* • Eckverstärkung *f*

gusset *<garm>* • Abnäher *m*

gusseted sack *<pack>* • Faltensack *m DIN 55 405*; Seitenfaltensack *m*

gusset plate *<tech.gen>* • Stützblech *n*

gusset plate *<build> (lattice construction; reinforces the junction of girders, braces)* • Knotenblech *n*

gutter *<tech.gen> (little inclination; e.g. for rain water, bowling balls)* • Ablaufrinne *f*

gutter *<build>* • Rinne *f*

gutter channel *<build>* • Rinnstein *m*

gutter pipe *<build> (for stormwater, from roof edge to ground)* • Fallrohr *n*

guy *<tech.gen> (by means of cable, rope; e.g. of towers, masts, poles)* • Abspannung *f*

guy *<tech.gen> (rope, cable; to steady or secure the position of sth.)* • Halteseil *n*

guy *vt <tech.gen> (with wires, cables, rope; e.g. mast, tower)* • abspannen *vt*

guy *vt <tech.gen> (with wires, tie rods, ropes etc.; e.g. a mast, tower, antenna)* • verspannen *vt*

guy anchor *<el>* • Abspannanker *m*

guyed *<build> (e.g. mast, tower, antenna)* • abgespannt

guy [rope] *<tech.gen> (of mast, tower)* • Ankerseil *n*

guy wire *<tech.gen> (any orientation; e.g. for suspended traffic lights)* • Abspanndraht *m*

guy wire *<energ.el>* • Abspannseil *n*; Spannseil *f*; Spanndraht *m*

gymnastics apparatus *<sport.tech> (e.g. parallel bars)* • Turngerät *n*

gypsum *<min> (hydrous calcium sulfate)* • Gips *m*

gypsum plasterboard *prEN 14195 <build.mat>* • Gipsplatte *f prEN 14195*

gyration *<phys>* • Kreiselbewegung *f*

gyrodyne *<aerosp> (e.g. Lockheed AH-56)* • Flugschrauber *m*

gyroscope *<navig> (angular motion sensor)* • Kreisel *m VDI/VDE 2171 73*; Kreiselgerät *n*

gyroscopic force *<phys>* • Kreiselkraft *f*

gyroscopic stabilization *US <tech.gen>* • Kreiselstabilisierung *f*

gyroscopic stabilizer *US <i&c> (e.g. on the Segway Human Transporter)* • Kreiselstabilisator *m*

gyrostabilized *US <tech.gen> (e.g. missile, camera)* • kreiselstabilisiert; gyroskopisch stabilisiert *rar*

gyro stabilizer *<tech.gen> (z. B. ship, rocket)* • Stabilisierungskreisel *m*

H

habitat *<bio> (of plants, animals)* • Lebensraum *m*; Habitat *n*; Biotop *m/n*

hacker attack *<comp>* • Hackerangriff *m*

hacksaw *<tool>* • Metallsäge *f*; Metallbügelsäge *f form*; Bügelsäge *f prakt.ugs*

hack sawing machine *<mach.tool>* • Bügelsäge *f*; Bügelsägemaschine *f*

hafnium (Hf) *<chem>* • Hafnium *n* (Hf)

hairdryer *<hygi.tool>* • Haartrockner *m*; Föhn *m*; Fön *m* ®

hairline crack *<qualit.mat> (gen.)* • Haarriss *m*

hairpin curve *<traff>* • Haarnadelkurve *f*

hair remover *<gen>* • Enthaarungsmittel *n*

half *<gen>* • Hälfte *f*

half-bearing *ISO 4378-1 <mech.eng> (of a shell bearing; e.g. of crankshafts)* • Gleitlagerschale *f DIN ISO 4378-1*; Lagerschale *f*; Halbschale *f*

half cycle *<phys> (of sine wave)* • Halbwelle *f*

half dog point with cone end *<join>* • Ansatzspitze *f*

half dog point with rounded end *<join> (of bolt)* • Ansatzkuppe *f*

half-duplex operation *<comp> (2-wire operation)* • Halbduplexbetrieb *m*; 2-adriger Betrieb *m*

half-length brick *<build.mat> (masonry)* • Kopfstein *m*; Kopf *m*

half-life *<phys> (e.g. of radioactive material, drugs)* • Halbwertszeit *f* (HWZ); physikalische Halbwertszeit *f*

half-round bit *<tool>* • Kanonenbohrer *m*

half section *<docu>* • Halbschnitt *m*

half shaft *<mvhcl.drive> (betw. differential and driven wheel)* • Halbwelle *f*

half-staff *<gen>* • halbmast

halftones *pl <phot> (shades btw. minimum and maxium density; e.g. shades of grey)* • Halbtöne *mpl*; Mehrtöne *mpl rar*

half-toning *<comp.print>* • Rasterung *f*

half-wave *<phys> (gen.)* • Halbwelle *f*

hall *<build> (between the outer door and inner parts of a private home)* • Diele *f*

Hall effect *<phys>* • Hall-Effekt *m*

Hall generator *<i&c> (pulse generator)* • Hallgeber *m*; Hallsensor *m*; Hall--Geber *m*

hallmark *vt <prod> (purity of precious metal products)* • punzieren *vt*; stempeln *vt*; punzen *vt*

halo *<astron.opt>* • Halo *m*; Nimbus *m wiss*; Strahlenkranz *m*; Lichthof *m*; Hof *m ugs*

halocarbon refrigerant *<hvac>* • FCKW-Kältemittel *n*; FCKW--Arbeitsstoff *m*; Sicherheitskältemittel *n*

halogen *<chem>* • Halogen *n*

halogenated hydrocarbon *<chem>* • Halogenkohlenwasserstoff *m*

halogen cold-light mirror lamp *<phot>* • Halogen-Kaltlichtspiegellampe *f*

halogen headlight *<vhcl.light> (e.g. on cars, airplanes)* • Halogenscheinwerfer *m*

halogen lamp *<light>* • Halogenlampe *f*; Halogenglühlampe *f form.rar*; Halogenbirne *f ugs.rar*

halogen spotlight *<light>* • Halogenstrahler *m*

halon *<fire> (fire extinguishing gas; effective but depletes the ozone layer)* • Halon *n*

Halon fire extinguisher *<fire>* • Halonfeuerlöscher *m*

halt *vi <tech.gen> (come to rest)* • halten *vi*; stehen bleiben *vi*

halt *vt <tech.gen> (temporarily; e.g. work, process, program)* • unterbrechen *vt*

halved joint *<wood.join>* • Überblattung *f*; simple lap joint

hammer *<tool> (gen.; typ. is a claw h. or ball-peen h.; in Germany a cross-peen h.)* • Hammer *m*

hammer-dress *vt <prod>* • aushämmern *vt*

hammer drill *<build.tool> (electric motor, pneumatic piston; drilling and chipping functions)* • Bohrhammer *m*

hammer enamel *<srfc>* • Hammerschlaglack *m*

hammer face *<tool>* • Hammerbahn *f*

hammer out *vt <rep> (sheet metal dents, nicks)* • aushämmern *vt*

hammock stand *<gen>* • Hängemattengestell *n*

hand *<gen>* • Hand *f*

hand *<i&c> (watches & clocks)* • Zeiger *m*

handbag *<gen>* • Tasche *f*

hand baggage *<aerosp>* • Handgepäck *n*

handbasin *<build.int>* • Handwaschbecken *n*; Waschbecken *n ugs*

hand brake *<mvhcl.brake> (hand--operated parking brake)* • Feststellbremse *f*; Handbremse *f prakt*

hand cleaner *<hygi> (e.g. waterless)* • Handreiniger *m*

hand control [unit] *<i&c>* • Handbediengerät *n*

handcrafted *<tech.gen>* • handgearbeitet

handcuffs *pl <jur.tool>* • Handschellen *fpl*

hand drill *<tool> (manual, with crank)* • Handbohrmaschine *f*; Handbohrer *m*; Bohrer *m ugs*

hand file *<tool> (flat parallel shape)* • Flachstumpffeile *f DIN 7261 A*; flachstumpfe Werkstattfeile *f norm*; Flachfeile *f*; flachstumpfe Feile *f rar*

hand-fit *vt <tech.gen>* • einbauen *vt*: von Hand ~; Hand *f*: von ~ einbauen *vt*

hand hacksaw *<tool>* • Handbügelsäge *f*

hand-held extinguisher *<fire>* • Handfeuerlöscher *m prakt*; Handfeuerlöschgerät *n form*; Feuerlöscher *m=pl ugs*; Feuerlöschgerät *n*; Löscher *m*

hand-held measuring instrument *<i&c>* • Handmessgerät *n*; Handgerät *n*

hand-held scanner *<comp> (for barcode; light pen, wand, laser or CCD scanner)* • Handscanner *m*; handbetriebener Scanner *m*; Handleser *m*

handheld shot *<av>* • Aufnahme aus der freien Hand *f*

hand-held shot *<phot>* • Freihandaufnahme *f*; Freihandfotografie *f*; Freihandfoto *n ugs*

handheld unit *<tech.gen>* • Handgerät *n*

handicap *<med> (social)* • Behinderung *f*

handicapped *<gen> (physically and/or mentally; e.g. user; of systems, buildings etc.)* • behindert

hand inking roller *<srfc.tool> (painting)* • Farbreiber *m*

hand-knotted *ISO 2424 <textil> (carpet)* • handgeknüpft *DIN ISO 2424*

handle *<tech.gen>* • Griff *m*; Handgriff *m*

handle *<pack>* • Traggriff *m DIN 55405*

handle *<textil> (haptic; of a thread, fabric)* • Griff *m*

handle *<tool>* • Heft *n*

handle *vt <tech.gen> (objects; e.g. tools)* • handhaben *vt*

handle bar *<vhcl> (on bicycle, motorcycle, quad, snow scooter etc.)* • Lenkstange *f*; Lenker *m ugs*

hand-lever shears *<tool>* • Hebelblechschere *f*

handling *<gen> (of matters, issues; e.g. by authorities)* • Bearbeitung *f*; Bearbeiten *n*

handling *<tech.gen> (of control elements; e.g. of a lever)* • Bedienung *f*

handling *<aerosp>* • Abfertigung *f*

handling *<logist> (of tools, materials, semis, workpieces, pallets, products)* • Handhabung *f*; Handhaben *n*; Handling *n*

handling at the limit *<mvhcl>* • Fahrverhalten im Grenzbereich *n*

handling cycle *<convey>* • Förderspiel *n*

handling device *<autom> (with fixed program)* • Handhabungsgerät *n*; Handlinggerät *n*; Pick-and-Place--System *n*

handling properties *<mvhcl> (e.g. of vehicle, tires etc.)* • Fahrverhalten *n*; Lenkeigenschaften *fpl*; Handlingeigenschaften *fpl*; Handling *n ugs.press*

handling robot *<autom> (no free programming capability)* • Handhabungsautomat *m*

handling robot *<autom> (free programming capability)* • Handhabungsroboter *m*

handling system *<autom>* • Handhabungseinrichtung *f*

handling system *<convey>* • Handhabesystem *n*

handmade *<tech.gen>* • handgearbeitet; handgefertigt

hand-manipulated *<tech.gen>* • handgeführt

hand-molded *<tech.gen>* • Hand *f*: von ~ geformt

hand-operated *<tech.gen>* • handbetätigt; manuell betätigt; handbedient

handover *<build> (of major objects; e.g. of completed turnkey homes, plants)* • Bauübergabe *f*; Übergabe *f prakt*

hand pump *<tech.gen>* • Handpumpe *f*

handrail *<tech.gen> (long, any orientation; e.g. on trucks, locomotives, in buses)* • Griffstange *f*; Haltegriff *m*

handrail *<build> (bar etc. serving as a guard at the side of a platform, stairway)* • Handlauf *m*

hand rail *<tech.gen>* • Haltegriff *m*

hand rest *<tech.gen> (on a control unit; e.g. of a keyboard)* • Handauflage *f*

hand sander *<tool.wood>* • Handschleifer *m*

hand saw *<tool>* • Fuchsschwanz *m*

hand search *<safe> (of passengers or baggage)* • manuelle Durchsuchung *f*

hand-search *vt <aerosp> (during security screening procedures)* • durchsuchen *vt*

hand setting *<tech.gen> (act of setting, adjusting)* • manuelle Einstellung *f*

hands-free car phone [system] *<mvhcl.tele>* • Autotelefon mit Freisprecheinrichtung *n*

hands-free phone system *<tele>* • Telefon mit Freisprecheinrichtung *n*

hands-free system *<tele> (car phone)* • Freisprecheinrichtung *f*

hands-free talking *<tele>* • Freisprechen *n*

hand-sprayed *<srfc>* • handgespritzt

hand tool *<tool> (any small, hand-held, hand-operated tool; e.g. slip-joint pliers)* • Handwerkzeug *n*

hand vise *US <tool>* • Feilkloben *m*

hand wash *<garm>* • Handwäsche *f*

handwheel *<tech.gen> (e.g. on valves)* • Handrad *n*

hangar *<aerosp>* • Hangar *m*; Flugzeugwartungshalle *f*; Flugzeughalle *f*

hanger *<tech.gen>* • Aufhänger *m*

hanger *<convey> (overhead conveyor)* • Gehänge *n*

hanger *<pps> (pipe; e.g. car exhaust pipe)* • Aufhängung *f*

hang glider *<aerosp>* • Hängegleiter *m*; Hanggleiter *m*

hanging roof *<min> (overhead stratum)* • Hangende *n*

hang up *vi <tele> (telephone; disconnect)* • auflegen *vi*; einhängen *vi*

hang up *vt <gen>* • aufhängen *vt*

haptics *<srfc.qualit> (e.g. of trim cover material)* • Haptik *f*; Berührungsempfinden *n*; Griff *m ugs*

harbor *US <nav>* • Hafen *m*

harbor basin *US <nav>* • Hafenbecken *n*

harbor engineering *US <build>* • Hafenbau *m*

harbor entrance *US <nav>* • Hafeneinfahrt *f*

harbor facilities *US <nav>* • Hafenanlagen *fpl*; Hafeneinrichtungen *fpl*

harbor launch *<nav>* • Hafenbarkasse *f*; Barkasse *f*

hard *<qualit.mat> (resistance against penetration)* • hart

hardboard *<wood>* • Hartfaserplatte *f DIN 68753*; Hartplatte *f*

hard-chrome plating *<srfc>* • Hartverchromung *f*

hardcopy *<comp> (of screen display)* • Bildschirmausdruck *m*

hard disk (HD) *<comp> (magnetic storage medium; part of a HD drive)* • Festplatte *f*; magnetische Festplatte *f rar*

hard disk capacity *<comp>* • Festplattenspeicherkapazität *f*; Festplattenkapazität *f prakt*; Platz auf der Festplatte *m ugs*; Plattenplatz *m ugs*; Platz *m ugs*

hard disk controller *<comp>* • Festplattencontroller *m*

hard disk drive (HDD) *<comp> (complete HD unit; e.g. with 60 GB storage capacity)* • Festplattenlaufwerk *n*; Festplattenspeicher *m form*; Plattenlaufwerk *n*; Festplatte *f prakt*; Platte *f ugs*

hard disk error *<comp>* • Festplattenfehler *m*

hard-dry condition <srfc> *(of paint, enamel etc.)* • ausgehärteter Zustand *m*

harden *vi* <mat> *(gen.)* • hart werden *vi*; fest werden *vi*; steif werden *vi*

harden *vi* <plast> *(resins; e.g. acrylic, body filler, adhesives)* • aushärten *vi*; durchhärten *vi*; härten *vi*

harden *vi* <srfc> *(paint coats)* • aushärten *vi*

harden *vt* <metal> • härten *vt*

hardened <tech.gen> • gehärtet

hardened all through <mat> *(set, solidified, cured; e.g. resin, adhesive)* • durchgehärtet

hardened and tempered steel <metal> • vergüteter Stahl *m*

hardened concrete <build.mat> • Festbeton *m*

hardened steel <metal> *(gen.)* • gehärteter Stahl *m*

hardened under cold work <metal> *(e.g. steel)* • kaltverfestigt

hardener <srfc> • Härter *m*

hardening <plast> *(of resins; e.g. acrylic, body filler, adhesives)* • Aushärten *n*; Aushärtung *f*

hardening accelerator <chem> *(e.g. for concrete)* • Erhärtungsbeschleuniger *m*

hardening and tempering <metal> *(of steel)* • Vergüten *n*

hardening steel <metal> • härtbarer Stahl *m*

hard-face *vt* <srfc> *(weld-deposit; e.g. shovel edges)* • auftragschweißen *vt*; schweißplattieren *vt*

hard-faced <srfc> *(e.g. shovel teeth, edges of bulldozer blades)* • gepanzert

hard-face welding <srfc> *(e.g. of cutting edges, excavator buckets)* • Auftragschweißen *n*

hard hat *US* <garm.safe> *(e.g. for construction site, production plant; usu. yellow)* • Schutzhelm *m*

hard hyphen *ISO/IEC 2382-23* <comp> • geschützter Bindestrich *m ISO/IEC 2382-23*

hardie <metal.tool> *(inserted into anvil; for cutting)* • Abschrot *m*

hardie <metal.tool> *(gen.; any tool inserted into square hardie hole in anvil face)* • Ambosshilfswerkzeug *n*

hard metal (HM) <mat> *(gen.)* • Hartmetall *n* (HM)

hardness <qualit.mat> *(physical material property; e.g. of high-carbon steel)* • Härte *f*

hardness test <qualit.mat> *(e.g. ball indentation test)* • Härteprüfung *f*

hardness testing machine <qualit.mat> • Härteprüfmaschine *f*; Härteprüfer *m prakt*; Härtemessmaschine *f rar*; Härtemesser *m rar*

hard point <mvhcl> *(for jacking)* • Ansatzpunkt *m*; Ansetzpunkt *m*

hardproof <print> *(proofing)* • Andruck *m*; Kontrollausdruck *m form*; Hardproof *m prakt*; Proof *m prakt*

hard rubber <mat> *(made from NR or SR)* • Hartgummi *m*

hard sectored <comp> • hartsektoriert

hard shoulder <build> *(of hwy)* • befestigter Seitenstreifen *m*; Standspur *f ugs*

hardsided luggage <pack.tour> • Hartschalenkoffer *mpl*

hard stop <mvhcl.brake> • Vollbremsung *f*

hard-surface *vt* <srfc> *(gen.; e.g. by means of weld-deposit or roll-on cladding)* • panzern *vt*; aufpanzern *vt*

hardtop <mvhcl> *(detachable; on convertibles, roadsters)* • Hardtop *n*; Coupé-Dach *n MB*

hard to reach <tech.gen> • schwer zugänglich; schlecht zugänglich; kaum zugänglich

hard-to-reach component <tech.gen> • schwer zugängliches Bauteil *n*

hardware <comp> *(as opp. to software)* • Hardware *f*; Geräte *fpl*

hardware check <comp> • Geräteselbstprüfung *f*; eingebaute Kontrolle *f*; eingebaute Prüfung *f*

hardware configuration <comp> • Gerätekonfiguration *f*

hardware failure <comp> *(as opp. to software failure)* • Gerätefehler *m*

hardware installation <comp> *(procedure, of physical parts; e.g. of memory modules, disk drives)* • Einbau *m*; Hardwareinstallation *f*; Installation *f*

hard water <tech.gen> • kalkhaltiges Wasser *n*

hard-wearing <qualit> *(durable)*

• strapazierfähig
hard-wearing *<qualit> (stress on: surface)* • verschleißfest
hardwood *<wood> (of an angiospermous tree; may actually be soft, such as balsa wood)* • Laubholz *n*
hard wood *<wood> (especially hard wood; e.g. oak, beech, yew)* • Hartholz *n*
harmful *<med> (e.g. substances)* • gesundheitsschädlich
harmless to the environment *<ecol> (causing no damage, as far as one can tell)* • umweltfreundlich; umweltneutral
harmonic series *<math>* • harmonische Reihe *f*
harmonic vibration *<acoust>* • harmonische Schwingung *f*
harness *JAR 1.1 <aerosp.safe> (pilot seat)* • kombinierter Bauch- und Schultergurt *m*
harness *<mech.eng> (e.g. for ropes, cables)* • Geschirr *n*
harness system *<mvhcl.safe> (H-style seat belt system)* • Hosenträgergurt *m*
harrow *<agri>* • Egge *f*
harsh environment *<tech.gen>* • raue Umgebung *f*
harsh industry environment *<tech.gen>* • raue Industrieumgebung *f*
harvest *vt <agri>* • ernten *vt*
harvesting machine *<agri>* • Erntemaschine *f*
harvesting technology *<agri>* • Erntetechnik *f*
hassium (Hs) *<chem> (atomic number 108)* • Hassium *n* (Hs); Unniloctium *n obs*
hatch *<mech.eng> (hinged)* • Klappe *f*
hatch *<nav>* • Luke *f*; Luk *n*; Luk *f*
hatch *vt <docu> (with fine parallel lines)* • schraffieren *vt*
hatchback *<mvhcl> (sloping back)* • Schrägheck *n*
hatchet *<tool> (small, short-handled ax)* • Beil *n*; Handbeil *n*
haul *vt <convey> (horizontally; e.g. with a conveyor belt)* • fördern *vt*
haul *vt <nav> (by pulling on a rope)* • holen *vt*
haulage *<convey> (by truck)* • Beförderung *f*
haulage *<convey> (gen.; horizontally)* • Förderung *f*
haulage installation *<min> (horizontal)* • Förderanlage *f*
haul in[board] *vt <nav>* • einholen *vt*
hauling load *<convey> (suspended; of crane, overhead conveyor)* • Anhängelast *f*
haul-off system *<plast> (of film extruder)* • Abzug *m*; Folienabzug *m*
haul-off unit *<plast> (extruder)* • Abziehwerk *n*
haul tight *vt <nav>* • dichtholen *vt*
hawsehole *<nav> (hole in the stern or bow; e.g. for an anchor cable)* • Klüse *f*
hawser *<nav> (thin rope for mooring)* • Fangleine *f*
hawser *<nav> (heavy rope for mooring or towing)* • Trosse *f*
hazardous goods transport *<logist>* • Gefahrguttransport *m*
hazardous material *<comvhcl.logist>* • Gefahrgut *n*
hazardous substance *<chem>* • gefährlicher Stoff *m*
hazardous waste *<waste> (EU directive)* • gefährliche Abfälle *mpl 91/689/EWG*
hazardous waste *US <waste> (industrial)* • Sonderabfall *m*; Sondermüll *m prakt.ugs*; Problemabfall *m*
hazardous waste cleanup *<waste>* • Altlastensanierung *f*
hazardous waste disposal *<waste>* • Ablagerung von Sonderabfall *f*
hazardous waste incineration plant *<waste>* • Sondermüllverbrennungsanlage *f* (SMVA); Sonderabfallverbrennungsanlage *f*
hazardous waste landfill *<waste>* • Sondermülldeponie *f*
haze scattering *<opt>* • Dunststreuung *f*
hazy *<phot> (picture)* • unscharf; verschwommen
H-beam *<build.mat> (wider than a I-beam)* • H-Träger *m*; Breitflanschträger *m*
head *<gen>* • Kopf *m*
head *<energ.hydr> (difference between two levels of water)* • Fallhöhe *f*; Gefälle *n*; ausnutzbares Gefälle *n*
head *<nav> (anchor)* • Schaft *m*

head *vt <prod> (by upsetting; e.g. screw or nail heads)* • stauchen *vt*

head air bag *<mvhcl.safe>* • Kopfairbag *m*; Kopf-Airbag *m*; Head-Airbag *m*; Kopfairbagsystem *n*

head contact *<tech.gen>* • Kopfkontakt *m*

head diameter *<tech.gen> (e.g. of screws, bolts in gen.)* • Kopfdurchmesser *m*

head end *US <railw> (of train)* • Zugspitze *f*

header *<comp> (of files, e-mails)* • Datenkopf *m*; Anfangsblock *m*; Head *m*

header *<docu> (of a page in a document)* • Kopftext *m*

header brick *<build> (masonry, brick wall; end of brick is visible; as opp. to stretcher)* • Binderstein *m*; Binder *m prakt*; Strecker *m*

header [pipe] *<mvhcl> (connected to exhaust manifold)* • Flammrohr *n*; Vorrohr *n rar*

head for *vt <navig> (a destination; by any means of transport)* • ansteuern *vt*

headless *<tech.gen> (e.g. screw, rivet)* • kopflos

headless screw *ISO 2342 <join> (like a grub screw, but with a shaft at one end)* • Schaftschraube *f DIN 427*; Gewindestift mit Schaft *m*

headlight *<vhcl.light>* • Scheinwerfer *m*; Hauptscheinwerfer *m form*

headlight dimmer switch *US <mvhcl.i&c> (column stalk)* • Abblendhebel *m*; Abblendschalter *m*

headlight dimmer [switch] *US <mvhcl.light> (gen., any type, lever or foot-operated)* • Abblendschalter *m*

headlight leveling *<mvhcl.el> (manual or automatic)* • Leuchtweitenregulierung *f*

head-mounted display (HMD) *<comp> (e.g. for Augmented Reality)* • Datenbrille *f*; Display-Brille *f*

head note *<gen> (of fragrances, perfumes)* • Kopfnote *f*

head-on impact *<mvhcl> (of vehicle)* • Frontalaufprall *m*; Frontalcrash *m prakt*; Frontcrash *m*

headphone jack *<av> (e.g. on a CD--ROM drive, Walkman)* • Kopfhörerbuchse *f*; Kopfhörerausgang *m*; Kopfhöreranschluss *m*

headphones *pl <av>* • Kopfhörer *m*

headrace canal *<energ.hydr>* • Triebwasserzuleitung *f*; Zuleitungskanal *m*; Triebwasserkanal *m*; Zulaufkanal *m prakt*; Zuleitung *f prakt*

head-race canal *<energ.hydr> (hydroelectric power station)* • Oberwasserkanal *m*

headrest *<gen>* • Nackenpolster *n*

headrest *<mvhcl.int>* • Kopfstütze *f* (KS); Nackenstütze *f obs.rar*

head restraint air bag *<mvhcl.safe>* • Airbag in der Kopfstütze *m*

headroom *<build> (height)* • Bauhöhe *f*

headroom *<vhcl.int>* • Kopffreiheit *f*

headsail *<nav>* • Vorsegel *n*

headset *<av>* • Mikrofon-Kopfhörer--Kombination *f*

headset with microphone *<av> (e.g. for dictating, call centers, intercom)* • Kopfhörergarnitur mit Mikrofon *f*; Sprechgarnitur *f*; Kopfhörermikrofon *n*

headstock *<mach.tool> (lathe)* • Spindelkasten *m*

headstock *<mach.tool> (gen.; e.g. of engine lathe)* • Spindelstock *m*

headstone *<build> (set at the head of a grave)* • Grabstein *m*

head tube *<vhcl> (of bicycles, motorbikes; holds the fork column)* • Lenkkopf *m*; Steuerkopf *m*; Steuerrohr *n*

head-up display *<i&c> (e.g. in windshield)* • Headup-Display *n* (HUD)

headwater *<energ.hydr> (river hydroelectric power plant)* • Oberwasser *n*

headwater *<hydr> (river, hydroelectric power station)* • Oberlauf *m*

headwind *<aerosp>* • Gegenwind *m*

heap *<gen> (disorderly dumped or piled up; e.g. of waste)* • Haufen *m*

heap *vt <tech.gen> (very large amounts; e.g. of excavated material, coal etc.)* • aufhalden *vt*

heap *vt <convey> (tip so as to form a heap; e.g. sand, coal, wheat)* • schütten *vt*

hearing *<jur> (of individuals, groups)* • Anhörung *f*

hearing protection *<acoust.safe> (ear*

plugs, hearing protector, ear muffs) • Gehörschutz *m*

hearth *<comb> (reverberatory furnace)* • Gestell *n*

heart note *<gen> (of fragrances, perfumes)* • Herznote *f*

heartwood *<wood> (hard; surrounded by sapwood)* • Kernholz *n*; Kern *m*

heat *<metal> (one batch of molten metal with homogeneous properties)* • Schmelze *f*; Charge *f*

heat (Q) *VDI4640 <therm>* • Wärme *f* (Q) *DIN 1345.VDI464*; thermische Energie *f wiss*; Wärmeenergie *f*

heat *vt <tech.gen> (gen.; e.g. oxygen sensor, intake manifold, windows)* • beheizen *vt*

heat *vt <tech.gen>* • erwärmen *vt*; erhitzen *vt*

heat *vt <hvac> (e.g. with coal, oil, natural gas)* • befeuern *vt*

heat *vt <hvac> (a space; e.g. a house, room)* • heizen *vt*

heat accumulator *<hvac> (e.g. of solar heating systems)* • Wärmespeicher *m*

heat-affected *<tech.gen> (e.g. zone during welding)* • wärmebeeinflusst

heat-affected zone (HAZ) *<join> (of welds)* • Wärmeeinflusszone *f* (WEZ)

heat build-up *<tech.gen> (e.g. in tires)* • Wärmeentwicklung *f*

heat checking *<brake> (e.g. of brake discs)* • Überhitzungsrisse *mpl*

heat collector *<geo.therm> (subsoil)* • Absorber *m*; Erdreichabsorber *m*

heat-conducting *<mat>* • wärmeleitend

heat damage *<tech.gen>* • Hitzeschaden *m*

heat deflection temperature (HDT) *<plast.qualit> (under bending stress)* • Formbeständigkeit in der Wärme *f DIN 53461*; Wärmeformbeständigkeit *f prakt*; Formbeständigkeitstemperatur *f DIN 53461*

heat deflection test (HDT) *ASTM D 648 <plast.qualit>* • Formbeständigkeit in der Wärme *f ASTM D 648*

heat demand *<hvac> (of people, animals, buildings)* • Wärmebedarf *m*; Wärmenachfrage *f*

heat dissipation *<therm>* • Wärmeabfuhr *f*

heated in steam *<proc> (e.g. wood, food)* • gedämpft

heated rear window (EBL) *<mvhcl.el>* • heizbare Heckscheibe *f*; beheizte Heckscheibe *f*; beheizbare Heckscheibe *f*

heat emission *<phys>* • Wärmeabgabe *f*; Abgabe von Wärmeenergie *f*; Abgabe thermischer Energie *f*

heat engine *<mech.eng>* • Wärmekraftmaschine *f*

heat exchanger (HX) *<proc>* • Wärmetauscher *m* (WT); Wärmeaustauscher *m DIN EN 247*; Wärmeübertrager *m rar*

heat exchanger tube *<proc> (e.g. in a steam generator)* • Wärmetauscherrohr *n*; WT-Rohr *n*

heat generation *<tech.gen>* • Wärmeentwicklung *f*; Hitzeentwicklung *f ugs*; Wärmebildung *f rar*

heating and ventilating system *<hvac>* • Heizungs- und Lüftungsanlage *f*

heating and ventilation engineering *<hvac>* • Heizungs- und Lüftungstechnik *f*

heating appliance *<el.hvac>* • Heizgerät *n*

heating boiler *<hvac> (for generating hot water)* • Heizkessel *m DIN EN 303*; Kessel *m prakt*; Boiler *m prakt*

heating coil *<el> (spiral; e.g. hot-water heater, tank, kettle, cooker radiant ring)* • Heizspirale *f*

heating element *<el> (gen.; e.g. in electron tubes, glow plugs, heaters, tea kettles)* • Heizelement *n*

heating energy *VDI4640 <hvac>* • Heizwärme *f VDI4640*

heating period *VDI4640 <tech.gen>* • Heizperiode *f VDI4640*

heating power *<hvac> (gen., of heating systems, el. heaters)* • Heizleistung *f*; thermische Leistung *f*; Wärmeleistung *f*

heating season *<hvac>* • Heizperiode *f*

heating system circulating pump *<convey.hvac>* • Heizungsumwälzpumpe *f DIN 4701*

heating-up *<tech.gen>* • Anheizen *n*

heating, ventilation, air-conditioning, plumbing *:V <hvac> (technology)* • Haustechnik *f*

heating, ventilation, and air conditioning (HVAC) *<hvac>*

• Heizungs-, Lüftungs- und Klimatechnik *f* (HLK)

heating, ventilation and air conditioning system (HVAC) *<hvac>* • Heizungs-, Lüftungs- und Klimaanlage *f* (HLK)

heat in steam *vt <proc> (e.g. wood)* • dämpfen *vt*

heat loss *<tech.gen> (e.g. of engine, building)* • Wärmeverlust *m*; negative Energiebilanz *f rar*

heat loss *<therm>* • Wärmeabgabe *f*

heat losses *pl <tech.gen>* • thermische Verluste *mpl*; Wärmeverluste *mpl*

heat output *<tech.gen>* • Wärmeabgabe *f*

heat phase *<i&c>* • Heizperiode *f*

heat pump *<hvac> (part of a heat pump system)* • Wärmepumpe *f DIN 8900-1*

heat recovery *<tech.gen> (e.g. in HVAC systems)* • Wärmerückgewinnung *f* (WRG)

heat recovery steam generator (HRSG) *ISO 11086 <energ>* • Abhitzekessel *m* (AHK); Abhitzedampferzeuger *m*; AHDE *m*

heat release *<tech.gen>* • Wärmeabgabe *f*

heat removal *<phys> (e.g. by means of active cooling or heat radiation)* • Wärmeabfuhr *f*

heat requirement *<tech.gen>* • Wärmebedarf *m*; erforderliche Wärmeenergie *f*; benötigte Wärmeenergie *f*; Wärmenachfrage *f*

heat-resistant *<qualit.mat> (gen.)* • wärmebeständig; hitzebeständig; wärmefest; thermisch stabil

heat-resisting steel *<metal>* • warmfester Stahl *m*; warmfester und hitzebeständiger Stahl *m*

heat seal *vt BS 3130 <prod>* • heißsiegeln *vt DIN 55 405*; siegeln *vt*

heat-sensitive *<tech.gen>* • wärmeempfindlich; empfindlich gegenüber Wärmeeinwirkung

heat-set *<plast> (orientations)* • fixieren *vt*

heat shield *<tech.gen>* • Wärmeabschirmung *f*

heat shield *<tech.gen> (e.g. on space re-entry vehicle, car exhaust system)* • Wärmeschutzschild *m*; Wärmeschild *m*; Hitzeschild *m prakt.ugs*

heat shield *<aerosp> (e.g. spacecraft)* • Hitzeschild *n*

heat shield *<mech.eng> (of sheet metal; against heat, IR radiation)* • Abschirmblech *n*

heat shield tile *<aerosp> (e.g. on space shuttle)* • Hitzeschildkachel *f*; Hitzekachel *f prakt*

heat shrinkable tubing *<el>* • Schrumpfschlauch *m*

heat sink *<tech.gen> (cooling plate; e.g. finned)* • Kühlblech *n*

heat sink *<tech.gen> (e.g. a heat exchanger, radiator, cooler)* • Wärmesenke *f*; Wärmeableiter *m rar*

heat sink *<el> (stress on: heat removing component; e.g. fins on electronic device)* • Kühlkörper *m*; Wärmesenke *f*

heat source *<therm>* • Wärmequelle *f*

heat storage *<hvac>* • Wärmespeicherung *f*

heat transfer *<tech.gen> (e.g. in a heat exchanger)* • Wärmeübertragung *f DIN 1321*; Wärmetransport *m rar*; Wärmeübergang *m rar*; Wärmeaustausch *m rar*

heat transfer liquid *<energ.sol>* • flüssiger Wärmeträger *m*

heat transfer medium *<proc> (liquid or gas; e.g. in cooling systems, solar collectors)* • Wärmeträger *m*; Wärmeübertragungsmedium *n*; Wärmeträgermedium *n*; Wärmetransportmedium *n*

heat-treated *<metal> (e.g. steel, weld)* • wärmebehandelt

heat treatment *<tech.gen> (e.g. of steels)* • Wärmebehandlung *f*

heatup *<tech.gen>* • Aufheizung *f*

heat up *vi/vt <tech.gen>* • aufheizen *vt/vr*

heat up *vt <tech.gen>* • anheizen *vt*

heat yield *<therm>* • Wärmeabgabe *f*

heavily loaded *<tech.gen>* • hochbelastet

heavily reinforced *<build.mat>* • dicht bewehrt

heavy *<tech.gen> (sheet metal, cable)* • dick

heavy *<tech.gen> (massive; e.g. construction, design)* • massiv

heavy *<tech.gen> (stiff operation; e.g. of levers, pedals, control knobs, linkage)* • schwergängig

heavy <mech.eng> *(diameter, gauge; e.g. sheet steel, tubing)* • kräftig; dick; stark
heavy-calibre <prod> • großkalibrig
heavy concrete (HC) <build.mat> *(density > 2,8 t/m³)* • Schwerbeton *m* (HC) *DIN EN 206-1*; Schwerstbeton *m obs*; Strahlenschutzbeton *m*
heavy construction site <build.mach> • Großbaustelle *f*
heavy-duty <mech> *(gen.; designed for heavy loads)* • verstärkt
heavy-duty <qualit> *(hard-wearing)* • strapazierfähig
heavy fraction <proc> *(gen.; e.g. in refining, classifying)* • Schwerfraktion *f*
heavy fuel oil (HFO) <chem.petr> • Heizöl S *n*; schweres Heizöl *n*; schwerflüssiges Heizöl *n*; Schweröl *n*; Bunkeröl *n*
heavy haulage <comvhcl.logist> • Schwertransport *m*
heavy industry <econ> • Schwerindustrie *f*
heavy-lift helicopter <aerosp> • Schwerlasthubschrauber *m*
heavy-lift vessel <nav> • Schwergutschiff *n*
heavy metal <mat> *(density > 4500 kg/m³; e.g. lead, copper, chromium)* • Schwermetall *n*
hectare (ha) <phys.i&c> *(unit of area)* • Hektar *n/m* (ha) *DIN 1301*
hecto (h) <phys.i&c> *(prefix of units; e.g. hectoliter; 100)* • Hekto… (h)
hedge shear <agri.tool> • Heckenschere *f*
hedge trimmer <agri.tool> *(gasoline powered or electric model)* • Heckenschere *f*
heel <garm> *(shoe)* • Absatz *m*
heel <nav> *(inclination, leaning to one side; of a boat, ship)* • Krängung *f*; Querneigung *f ugs*; Schlagseite *f*
heel *vi* <nav> *(ship)* • krängen *vi*
heeling <agri> *(of a plough)* • Einzug *m*
heeling angle <nav> • Krängungswinkel *m*
height (h) <gen> • Höhe *f* (h)
height <comp> *(of PC modules; e.g. of disk drives)* • Bauhöhe *f*
height-adjustable table <tech.gen> • Hubtisch *m*
height adjustment <tech.gen> *(e.g. table, microphone, headlight)* • Höheneinstellung *f*
height control <tech.gen> • Höheneinstellung *f*
helical <tech.gen> • schraubenförmig
helical <tech.gen> • spiralförmig
helical <tech.gen> • wendelförmig
helical broaching <prod> • Drallnutenräumen *n*
helical compression spring <mech.eng> • Schraubendruckfeder *f*
helical cord *EN ISO 8330* <pps> *(in reinforced hoses)* • Fadenwendel *f EN ISO 8330*; spiralisierte Einlage *f*; Spiraleinlage *f rar*
helical gear <drive> • Zahnrad mit Schrägverzahnung *n*; schrägverzahntes Zahnrad *n*
helical gear <mech.eng> • Schrägstirnrad *n DIN 3998*; Schraubenrad *n rar*
helical gear[ing] <drive> *(as opp. to straight teeth)* • Schrägverzahnung *f*
helically grooved <prod> • drallgenutet
helical recording [method] <av> *(typ. video recording method)* • Schrägspurverfahren *n*; Schrägspuraufzeichnung/-abtastung *f*; Schrägschriftverfahren *n*; Helical--Scan-Verfahren *n*; Helix-/ /Schrägschriftaufzeichnung *f*
helical sector <tech.gen> • Schneckensegment *n*
helical tension spring <mech.eng> • Zugfeder *f*; Zug-Schraubenfeder *f form*
helicopter <aerosp> *(rotating-wing aircraft)* • Hubschrauber *m*; Helikopter *m*; Heli *m ugs*
helicopter aerodrome <aerosp> • Hubschrauberflugplatz *m*; Heliport *m*
helicopter landing deck <tech.gen> *(on a building; e.g. on hospital, oil rig etc.)* • Hubschrauberlandeplatz *m*; Hubschrauber-Deck *n*; Heliport *m*
helicopter landing field <aerosp> • Hubschrauberlandeplatz *m*
heliostat <energ.sol> • Heliostat *m*; Fangspiegel *m rar*
heliostat field <energ.sol> • Heliostatfeld *n*
helium (He) <chem> • Helium *n* (He)
helium-cooled <tech.gen> • heliumgekühlt

helium leak test *<qualit> (pressure test using helium)* • Dichtheitsprüfung *f*
helix *<tech.gen>* • Helix *f*; Schraubenlinie *f*
helix *<tech.gen>* • Wendel *f*
helix agitator *<proc>* • Mischschnecke *f*
helmet *<garm>* • Helm *m*
helmet holder *<gen>* • Helmhalter *m*
helmet-to-helmet intercom *<mvhcl>* • Helmgegensprechanlage *f*; Helmsprechanlage *f*
helmsman *<nav>* • Steuermann *m pl*: -leute
helve *<tool>* • Griff *m*
hem *<garm> (lower edge of a shirt, trousers)* • Saum *m*
hem *<textil> (surround)* • Saum *m*; Einfassung *f*
hemisphere *<tech.gen>* • Halbkugel *f*
hemispherical combustion chamber *<mvhcl.mot>* • halbkugelförmiger Brennraum *m*; hemisphärischer Brennraum *m*
hemispherical head *<proc> (of vessels, tanks, heat exchangers)* • Kalotte *f*; Halbkugelboden *m*; Kalottenboden *m*
hemispherical shell *<tech.gen>* • Halbkugelschale *f*
hemp packing *<mech.eng> (e.g. pipe)* • Hanfdichtung *f*
hemp rope *<tech.gen>* • Hanfseil *n*
hermetically sealed *<tech.gen>* • hermetisch abgeschlossen
hermetic seal *<tech.gen> (e.g. of packaging)* • Luftabschluss *m*
herringbone *<garm> (style, pattern)* • Fischgrätmuster *n*
herringbone gear *<drive>* • Zahnrad mit Pfeilverzahnung *n*; pfeilverzahntes Zahnrad *n*; Pfeilstirnrad *n*
herringbone gearing *<drivee>* • Getriebe mit Pfeilverzahnung *n*
herringbone milking parlor *US <agri.tech>* • Fischgrätenmelkstand *m*; Fischgrätmelkstand *m*
herringbone parquet *<build.int>* • Fischgrätenparkett *n*
hesitate *vi <mvhcl> (engine)* • stottern *vi*
heterodyne whistling *<el>* • Überlagerungspfeifen *n*
heterogeneity *<gen>* • Ungleichartigkeit *f*; Heterogenität *f wiss*; Verschiedenartigkeit *f*
heterogeneous *<gen>* • heterogen; inhomogen; verschiedenartig *ugs*
heterogeneous mixture *<phys>* • Gemenge *n*
heterogeneous redundancy *<safe>* • diversitäre Redundanz *f*
heteromorphic *<gen>* • verschiedengestaltig
heuristics *<gen>* • Heuristik *f*
hew *vt <prod> (any material; e.g. wood, marble)* • behauen *vt*
hexagon *<tech.gen> (gen., anything with a hexagon[al] shape)* • Sechskant *m*
hexagon bolt *<join>* • Sechskantschraube *f*; Sechskantschraube mit Teilgewinde *f*; Sechskantschraube mit Schaft *f*
hexagon head *<join> (gen.)* • Sechskantkopf *m*
hexagon nut *form <join>* • Sechskantmutter *f DIN 555*
hexagon screw *<join>* • Sechskantschraube *f*; Sechskantschraube mit Ganzgewinde *f form*; Sechskantschraube mit Gewinde bis Kopf *f DIN ISO 1891*; Sechskantschraube mit Gewinde annähernd bis Kopf *f form*; Sechskantschraube mit Gewinde bis annähernd Kopf *f form*
hexagon socket head cap screw *ISO 4762 <join>* • Zylinderschraube mit Innensechskant *f DIN 912*; Innensechskantschraube *f*; Inbusschraube *f* ® *prakt*
hexagon socket head screw *<join>* • Innensechskantschraube *f*
hexagon socket set screw *<join>* • Gewindestift mit Innensechskant *m DIN 913-916*; Innensechkantgewindestift *m*
hexavalent *<chem> (e.g. chromium)* • sechswertig
hexavalent chromium *<chem> (highly toxic; banned since 2005)* • sechswertiges Chrom *n*
hex key *US <tool> (for hexagon recess screws; any style)* • Inbusschlüssel *m*; Sechskant-Stiftschlüssel *m form*; Stiftschlüssel *m prakt*
hex-key wrench *<tool> (90° offset at one end; for hexagon recess screws)* • Inbusschlüssel *m*;

Winkelschraubendreher für Innensechskantschrauben *m form*; Sechskant-Winkelschraubendreher *m*; Sechskant-Stiftschlüssel *m*; Stiftschlüssel *m*

hidden *<gen> (not visible)* • unsichtbar

hidden edge *<docu>* • verdeckte Kante *f*; verdeckte Linie *f*

hidden line *<docu> (technical drawing)* • unsichtbare Kante *f*

hidden line removal (HLR) *<comp>* • Ausblenden verdeckter Kanten *n*; Entfernen verdeckter Kanten *n*

hidden outline *<docu>* • verdeckter Umriss *m*

hidden surface removal (HSR) *<comp>* • Ausblenden verdeckter Flächen *n*; Entfernen verdeckter Flächen *n*

hide *<bio> (raw or dressed pelt of a large animal; e.g. of a cow)* • Fell *n*

hide *<leath> (cattle)* • Haut *f*

hider *<mech.eng> (e.g. on root of levers, column stalk)* • Blende *f*

hierarchical *<gen>* • hierarchisch

hierarchy *<gen>* • Hierarchie *f*

high-ash *<tech.gen>* • aschereich

high beam[s] *US <mvhcl.el> (of headlights)* • Fernlicht *n*

high-boiling *<tech.gen> (e.g. fuel)* • schwersiedend

high-boiling *<chem.petr> (fraction)* • schwersiedend; hochsiedend

high-build ... *<srfc> (paint coatings etc.)* • Dickschicht…; Dick…

high-build cathodic electrocoat (HBCE) *<srfc>* • Dickschichtkataphoresegrundierung *f*

high-capacity box car *<railw>* • Großraumwagen *m*

high-carbon *<mat>* • kohlenstoffreich; hochkohlenstoffhaltig

high-carbon steel *<metal> (0.6 - 1.3 %C; very hard, as opp. to plain carbon steel; used for tools)* • Kohlenstoffstahl *m*; C-Stahl *m prakt*; kohlenstoffreicher Stahl *m ugs.rar*; hochgekohlter Stahl *m rar*

high-cube container *<nav>* • High--Cube-Container *m*

high-density area *<build> (many building structures)* • Gebiet mit dichter Bebauung *n*

high-density polyethylene (HDPE) *<plast> (density > 0,940 g/cm^3)* • Polyethylen hoher Dichte *n* (PE-HD); HDPE *n prakt*; Niederdruck--Polyethylen *n obs*; Niederdruck-PE *n obs*; ND-PE *n obs*

high frequency (HF) *<tech.gen>* • Hochfrequenz *f* (HF)

high frequency (HF) *<tele> (radio and broadcasting range 3 MHz - 30 MHz)* • Kurzwelle *f* (KW)

high gear *<mvhcl.drive>* • lang übersetzter Gang *m*; großer Gang *m ugs*

high gearing [ratio] *<drive>* • langes Übersetzungsverhältnis *n*; lange Übersetzung *f*

high-gloss finish *<srfc> (paint coat)* • Glanzlackierung *f*

high-grade steel *<mat>* • Qualitätsstahl *m*

high-impact rigid vinyl *<plast> (e.g. used for windows)* • PVC hart schlagzäh *n*; hoch schlagzähes PVC *n*

high in contrast *<phot> (image, lighting condition; advantageous)* • kontrastreich *rar*

high leverage end cutting pliers *<tool>* • Kraftvornschneider *m*; Vornschneider mit aufgelegtem Gewerbe *m norm*

high lift device *JAR 25.345 <aerosp> (e.g. slats and flaps)* • Auftriebshilfe *f*; Landehilfe *f*; Starthilfe *f*

high-lift truck *ISO 5053 <logist>* • Stapler *m DIN ISO 5053*; Hochhubwagen *m*

highlight *<art> (bright spot, in images; e.g. photos, paintings)* • Glanzlicht *n*; Spitzlicht *n*; Lichteffekt *m ugs*; Highlight *n ugs*

highlight detail *<phot>* • Durchzeichnung der Lichter *f*

high limit *<tech.gen> (of a tolerance)* • oberes Abmaß *n*

highly active *<tech.gen>* • hochwirksam

highly conductive *<el>* • gut leitend

highly directional antenna *US <el>* • Antenne mit starker Richtwirkung *f*

highly efficient *<tech.gen>* • hochleistungsfähig; hochwirksam

highly inflammable *<tech.gen>* • leicht entzündbar

highly productive *<tech.gen> (e.g. oil*

well) • ergiebig
highly sensitive <*tech.gen*> • hochempfindlich
highly susceptible <*tech.gen*> • hochempfindlich
high-percentage <*tech.gen*> *(dissolution, mixture, statistical fraction)* • hochprozentig
high-performance <*tech.gen*> *(e.g. batteries)* • hochleistungsfähig
high-performance header <*mvhcl*> *(steel tubing exhaust manifold)* • Fächerkrümmer *m*
high-powered <*tech.gen*> • hochleistungsfähig
high-precision fit <*tech.gen*> *(little play)* • spielarm
high pressure <*tech.gen*> • Hochdruck *m*
high-pressure compressor (HPC) <*aerosp.mot*> • Hochdruckverdichter *m*; HD-Verdichter *m*
high-pressure injection system (HPI) <*nucl*> • Hochdruck-Einspeisesystem *n*; HD-Einspeisesystem *n*
high-pressure section <*tech.gen*> *(e.g. of pumps)* • Hochdruckteil *m*
high-pressure stage <*turb*> • Hochdruckstufe *f*
high-pressure steam <*tech.gen*> • Hochdruckdampf *m*; Hochdruck--Dampf *m*; HD-Dampf *m prakt*
high-pressure suit <*aerosp*> *(for pilots, astronauts)* • Druckanzug *m*
high-pressure washer <*tech.gen*> *(gen.)* • Hochdruckwäscher *m*
high-purity ... <*tech.gen*> • hochrein
high-rise saddle *ISO 8090* <*vhcl*> *(esp. on highriser bicycles)* • Bananensattel *m DIN ISO 8090*
high-rise shelving <*logist*> • Fachhochregal *n*
high security glazing *:V* <*silic*> • angriffhemmende Verglasung *f*; Panzerglas *n ugs*
high-sided gondola car <*railw*> • Kastenwagen *m*
high-speed <*tech.gen*> *(gen.)* • schnell
high-speed <*tech.gen*> *(e.g. motor, gear, conveyor belt)* • schnelllaufend
high-speed <*tech.gen*> *(rotation)* • schnellumlaufend
high-speed access <*tech.gen*> • schneller Zugriff *m*
high-speed capability <*prod*> • Schnelllauffestigkeit *f*; Schnelllauftüchtigkeit *f*
high-speed engine <*mot*> • schnelllaufender Motor *m*
high-speed maglev system <*railw*> • Magnetschnellbahn *f* (MSB)
high-speed running <*tech.gen*> • Schnelllauf *m*
high-speed steel (HSS) <*prod*> *(for machining tools)* • Schnellarbeitsstahl *m* (HSS); Schnell-Stahl *m prakt*
high-speed steel twist drill <*tool*> • HSS-Spiralbohrer *m norm*; HSS--Wendelbohrer *m norm*
high-speed train (HST) <*railw*> *(e.g. the German ICE, French TGV, Japanese Shinkansen)* • Hochgeschwindigkeitszug *m*; Höchstgeschwindigkeitszug *m A*
high-speed wind turbine <*energ.wind*> *(typ. WECS design; usu. with 3-bladed rotor)* • Schnellläufer *m*
high spot <*srfc*> *(e.g. on a panel surface)* • Erhebung *f*
high-strength low alloy (HSLA) <*tech.gen*> • hochfest mikrolegiert (HSLA)
high-strength plastic <*tech.gen*> • hochfester Kunststoff *m*; Hochleistungskunststoff *m*
high-temperature gas-cooled reactor (HTGR) <*nucl*> *(e.g. Peach Bottom)* • gasgekühlter-Hochtemperatur--Reaktor *m* (HTR)
high temperature resistant <*tech.gen*> • hochtemperaturbeständig; warmfest
high-temperature short-time pasteurization <*food.prod*> *(of milk)* • Kurzzeit-Hocherhitzung *f*; Hochtemperatur-Kurzzeitverfahren *n*
high tide <*geo.hydr*> *(as opp. to low tide)* • Flut *f*
high-torque <*mvhcl.mot*> *(engine)* • durchzugsstark; drehmomentstark; durchzugskräftig
high-viscosity <*tech.gen*> *(liquid; e.g. oil)* • hochviskos; hoch viskos; sehr zähflüssig; dick *ugs*
high-volatile <*tech.gen*> *(liquid; e.g. alcohol)* • hochflüchtig
high-volatile <*tech.gen*> • leichtflüchtig
high-volatile coal <*comb*> • gasreiche Kohle *f*; hochflüchtige Kohle *f*

high voltage (HV) *<el>* • Hochspannung *f*
high-voltage winding *<el> (on a transformer)* • Oberspannungswicklung *f*
high-volume manufacturer *<prod>* • Großserienhersteller *m*
highway (hwy) *US <build.traff> (any public road outside the cities with embankment and pavement)* • befestigte Straße *f*
highway *US <build.traff>* • Straße *f*; Außerortsstraße *f*
highway driving *US <mvhcl> (stress on: cross-country, long-distance driving)* • Langstreckenbetrieb *m*; Langstreckenverkehr *m*; Überlandverkehr *m*
high-wing aircraft *<aerosp>* • Hochdecker *m*
high-wing monoplane *<aerosp>* • Schulterdecker *m*
hillclimb *<mvhcl.sport>* • Bergrennen *n*
hill descent control [system] *<mvhcl>* • Bergabfahrassistent *m*; Hill Descent Control *f*; Bergabfahrhilfe *f*
hillside *<min.geo>* • Abhang *m*
hill start *<mvhcl>* • Anfahren am Berg *n*
hill start assist [system] (HSA) *<mvhcl>* • Berganfahrassistent *m*
hinge *<tech.gen> (e.g. of furniture, door, window)* • Scharnier *n DIN 68856-2*
hinge *<build> (of windows)* • Band *n*; Fensterband *n*
hinge *<build> (of a bridge)* • Gelenk *n*
hinge *vt <tech.gen>* • drehbar befestigen *vt*
hinge band *<tech.gen>* • Scharnierband *n*; Klavierband *n ugs*
hinged *<tech.gen> (folding down)* • abklappbar
hinged *<tech.gen>* • gelenkig
hinged *<tech.gen>* • klappbar
hinged *<tech.gen> (any orientation; e.g. flap, lid, door)* • schwenkbar
hinged lid *<tech.gen>* • Klappdeckel *m*
hinged to *<mech>* • angelenkt
hinge leaf *<tech.gen> (fixed; e.g. car body half)* • Scharnierhälfte *f*
hinge leaf *<tech.gen> (moving; e.g. door half)* • Scharnierhälfte *f*
hinge-mounted *<tech.gen> (door, lid, or other swinging part)* • schwenkbar [gelagert]; klappbar
hipped *<build> (roof area)* • abgewalmt
hipped roof *<build>* • Walmdach *n*; Haubendach *n*; Holländisches Dach *n*
historical burdens *<gen> (gen.)* • Altlasten *fpl*
hit *vt <comp> (keyboard key)* • anschlagen *vt*
hit *vt <vhcl> (e.g. a car; collision)* • anfahren *vt*
hitch up *vt <mvhcl> (a trailer)* • ankuppeln *vt*; anhängen *vt ugs*
hoarding *<build> (around a construction site)* • Bauzaun *m*
hoarding *<build>* • Bretterzaun *m*
hoax *<comp> (virus)* • Scherzvirus *m*; Hoax *m*
hob *EN 60335-2-36 <gastr>* • Kochfläche *f*
hobbing cutter *<mach.tool> (manufacturing of gears)* • Wälzfräser *m DIN 3998*; Fräser zum Wälzfräsen *m*
hobby [activity] *<gen>* • Liebhaberei *f*
hob element *EN 60335-2-36 <gastr>* • Kochplatte *f*
hoe *<agri.tool> (thin, flat blade set transversely)* • Hacke *f*; Haue *f A.CH*
hoe *vt <agri> (earth; with a hoe)* • auflockern *vt*; lockern *vt*
hoist *<build.mach>* • Winde *f*
hoist *<convey> (for material, equipment, tools)* • Aufzug *m*
hoist *vt <convey>* • anheben *vt*; heben *vt*
hoist *vt <convey>* • fördern *vt*
hoist *vt <convey> (with crane, lifting gear)* • heben *vt*
hoist chain *<convey>* • Hebezeugkette *f*
hoisting cage *<min>* • Förderkorb *m*
hoisting device *<convey>* • Hebeeinrichtung *f*; Anhebeeinrichtung *f rar*
hoisting machine *<convey>* • Hebezeug *n*
hoisting speed *<convey>* • Fördergeschwindigkeit *f*; Hubgeschwindigkeit *f*
hoist ring *US <mech.eng> (center pull or side pull)* • Hebeöse *f*
hoist rope *<build.mach>* • Hubseil *n*
hoist up *vt <convey> (with winch)* • aufwinden *vt*; Winde *f*: mit ~ anheben *vt*
hold *vt <tech.gen> (e.g. course, direction, set point)* • einhalten *vt*

hold *vt <tech.gen> (e.g. rope, tool)* • festhalten *vt*

hold *vt <comp> (data on storage media; e.g. 4 GB on DAT cassette)* • fassen *vt*; aufnehmen *vi*

hold-down force *<mech>* • Festhaltekraft *f*; Niederhaltekraft *f*

holder *<logist> (stress on: storage of sth.)* • Speicher *m*

hold frequency *vi <tech.gen>* • Frequenz halten *vi*

holding *<aerosp>* • Warteschleife *f*

holding fixture *DIN 69882-4 <tool> (tool holder on milling cutters)* • Aufnahme *f DIN 69882-4*

holding force *<tech.gen>* • Spannkraft *f*

holding grip *<tech.gen> (e.g. on camera body)* • Haltegriff *m*

holding pattern *<aerosp> (gen. method; e.g. flying a loop)* • Warteverfahren *n*

holding pawl *<mech.eng>* • Sperrklinke *f*; Halteklinke *f*

holding pressure *<plast> (during injection molding)* • Nachdruck *m norm*

holding rope *<convey> (of a multirope grab bucket: as opp. to hoisting rope)* • Halteseil *n*

holding time *<aerosp>* • Wartezeit *f*

hold time *<tech.gen>* • Nachhaltezeit *f*

hole *<build> (recess)* • Aussparung *f*

hole diameter *<tech.gen> (of holes in gen.; e.g. bored, drilled, cut)* • Lochdurchmesser *m*

hole digger *<build.mach> (manual or motorized, with auger; e.g. for post planting)* • Erdbohrer *m*

holesaw *<tool> (bits for power drill)* • Lochsäge *f*

holistic *<tech.gen> (e.g. consideration or review of a problem)* • holistisch; gesamthaft; ganzheitlich

holistic view *<tech.gen> (e.g. of technology or risk assessment)* • holistische Betrachungsweise *f*; ganzheitliche Betrachtungsweise *f*

hollow *<gen>* • hohl

hollow *<tech.gen> (open channel)* • Rinne *f*

hollow *vt <prod> (key)* • auskehlen *vt*

hollow-cone nozzle *<tech.gen> (of sprayers; e.g. in wet cooling towers)* • Hohlkegeldüse *f*

hollow core rivet *<join> (e.g. a pop rivet)* • Hohlniet *m DIN 7338 C 1*

hollow cylinder *<tech.gen>* • Hohlzylinder *m*

hollow grinding *<prod>* • Hohlschliff *m*; Hohlschleifen *n*

hollow ground *<prod> (concave surface; e.g. ground in ice skate blade, knifes)* • Hohlschliff *m*

hollow out *vt <prod>* • aushöhlen *vt*

hollow part *<tech.gen>* • Hohlkörper *m*

hollow point bullet *<mil>* • Hohlspitzgeschoss *n*

hollow profile *<tech.gen>* • Hohlprofil *n*

hollow shaft *<mech.eng>* • Hohlwelle *f*

hollow space *<gen>* • Hohlraum *m*

holmium (Ho) *<chem>* • Holmium *n* (Ho)

hologram interferometer *<i&c>* • Hologramminterferometer *n*

holographic storage *<comp>* • holographischer Speicher *m*; holographischer Datenspeicher *m*; holografischer Speicher *m*

holster *<mil> (for gun)* • Holster *n*; Holster *m rar*

home gym *<sport>* • Heimtrainer *m*

home-made *<gen>* • hausgemacht; selbstgefertigt

homeopathic dose *<med>* • homöopathische Dosis *f*

home page (hp) *<comp> (first page of a web site)* • Startseite *f*

home port *US <nav>* • Heimathafen *m*

home position *ISO 2806 <tech.gen> (e.g. of movable machine parts, workpieces, tools)* • Ausgangsstellung *f*; Anfangsposition *f DIN ISO 2806*; Ausgangsposition *f*; Ruhestellung *f*; Ausgangslage *f rar*

home position *<tech.gen> (at zero)* • Nullstellung *f*

homogeneity *<tech.gen>* • Homogenität *f*

homogeneous *<gen> (alike, identical)* • einheitlich

homogeneous *<gen> (alike)* • gleichartig

homogeneous *<qualit.mat> (material composition; alike or uniform in composition)* • homogen

homogenization *US <tech.gen>* • Homogenisierung *f*; Homogenisation *f*; Homogenisieren *n*

homogenize *vt US.GB <food.prod>*

• homogenisieren *vt*
homogenous *<tech.gen> (e.g. pallet content, waste)* • sortenrein
homophone *<term>* • Homophon *n*
homopolar machine *<el>* • Gleichpolmaschine *f*; Homopolarmaschine *f*; Unipolarmaschine *f*
hone *vt <prod>* • abziehen *vt*; ziehschleifen *vt*
honeycomb *<tech.gen> (e.g. as a lightweight structural panel; typ. in aircraft)* • Honigwabe *f*; Wabenkörper *m*
honeycomb *adj <tech.gen>* • wabenförmig
honeycomb coil *<mvhcl.emiss> (metal monolith)* • Wabenwickel *m*
honeycomb [panel] *<mat> (sandwich panel; typ. in airplanes)* • Wabenkörper-Verbundplatte *f*; Sandwich-Paneel *n prakt*
honeycomb structure element *<tech.gen>* • Wabenbauelement *n*
honing *<prod>* • Honen *n*
honing stone *<tool>* • Honstein *m DIN ISO 603-10*; Ölstein *m*
honing tool *<tool>* • Honahle *f*
hood *<tech.gen>* • Haube *f*
hood *US <mvhcl> (over engine bay, front or rear; usu. front)* • Motorhaube *f*
hook *<tech.gen> (for fastening, securing, catching)* • Haken *m*
hook *vt <tech.gen> (attach with a hook)* • einhaken *vt*
hook-and-loop fastener *<garm>* • Klettverschluss *m*
hook bolt *<join>* • Hakenschraube *f*
Hooke's law *<mech> (theory of elasticity: relation between stress and strain)* • Hooke'sches Gesetz *n*; hookesches Gesetz *n*
hook load *<tech.gen> (on hook of a crane, derrick, or other hoisting equipment)* • Hakenlast *f*; Hublast *f*; Last *f prakt*
hoop *<pack> (around barrel)* • Fassreifen *m DIN 55 405*; Reifen *m*
hoop *vt <pack> (e.g. bales, barrels)* • bereifen *vt*
hoop-handle *<tech.gen> (usu. on buckets)* • Griff *m*
hopper *<convey> (gen.)* • Trichter *m*
hopper *<logist> (large, bunker)* • Bunker *m*
hopper *<logist> (container for bulk material; e.g. for pellets, grain, grit)* • Kasten *m*
hopper *<logist> (stress on: storage bin)* • Vorratsbehälter *m*
hopper *<proc> (feed)* • Beschickungsbehälter *m*
hopper barge *<nav> (transports the extracted soil)* • Baggerschute *f*; Baggerleichter *m*; Baggerprahm *m*
hopper window *<build> (partially movable sash hinged at the bottom, opening inwards)* • Kippfenster *n*; Kippflügelfenster *n*
horizon *<tech.gen>* • Horizont *m*
horizon *<min>* • söhlige Schicht *f*
horizontal *<gen> (orientation)* • horizontal; waagerecht
horizontal *<gen> (position, orientation)* • Horizontale *f*; Waagerechte *f*
horizontal axis *<tech.gen>* • Horizontalachse *f*
horizontal boring machine *<mach.tool>* • Waagerechtbohrwerk *n*; Waagerechtbohrmaschine *f*
horizontal displacement *<aerosp>* • Schränkung *f*
horizontal draft carburetor *US <mvhcl.mot>* • Flachstromvergaser *m*
horizontal flight *<aerosp>* • Horizontalflug *m*
horizontal frequency *<av> (rate at which a CRT displays each scan line; in kHz)* • Zeilenfrequenz *f*; Horizontalfrequenz *f*; horizontale Ablenkfrequenz *f*
horizontal line *<gen>* • horizontale Linie *f*; waagerechte Linie *f*
horizontal plane *<gen>* • Horizontalebene *f*
horizontal resolution *<av>* • horizontale Auflösung *f*; Horizontalauflösung *f*; horizontales Auflösungsvermögen *n*
horizontal road *<min> (gallery)* • söhlige Strecke *f*
horizontal-run focal-plane shutter *<phot>* • Horizontal-Schlitzverschluss *m*
horizontal support *<tech.gen>* • Spreize *f*
horizontal table *<mach.tool> (e.g. of shaper, planer)* • Planscheibe *f*

horn *<mat>* • Horn *n*

horn *<mus>* • Horn *n*

horn *<nav> (corner of a sail)* • Horn *n*

horn radiator *<el> (tapered, tubular or rectangular microwave antenna, widest at open end)* • Hornstrahler *m*; Hornantenne *f*; Hohlleiterhorn *n*

horology *<i&c>* • Horologie *f*

horse *<tech.gen> (horizontal member with two A-frames at each end)* • Bock *m*

horsepower (hp) *<phys> (obsolete unit of power)* • Pferdestärke *f* (PS) *DIN 66036*; Pferdchen *npl ugs*; Pferde *npl ugs*

horticulture *<agri> (science and art of growing fruits, vegetables, flowers, or ornamental)* • Gartenbau *m*; Hortikultur *f wiss*; Gartenwirtschaft *f*

hose *<tech.gen> (flexible conduit for fluids; typ. of rubber, plastic; e.g. for water)* • Schlauch *m*

hose *EN ISO 8330 <pps> (stress on: with reinforcement)* • Schlauch mit Einlage *m EN ISO 8330*

hose connection *<pps> (for lab equipment)* • Schlauch-Olive *f*; Schlauchanschluss *m*; Olive *f prakt*

hose [down] *vt <tech.gen> (e.g. for cleaning)* • abspritzen *vt*

hospital *US <build.med>* • Krankenhaus *n*; Spital *n A*

host computer *<comp> (master computer)* • Leitrechner *m*; Hostrechner *m*; Hostcomputer *m*; Host *m ugs*

host [computer] *<comp>* • Zentralrechner *m*

host rock *<geo> (type of rock in which a mineralization occurs)* • Muttergestein *n*; Trägergestein *n*; Wirtsgestein *n*; Wirtgestein *n*; Nebengestein *n*

hot *<tech.gen> (e.g. in heat treatment, steel working)* • warm; heiß *ugs*

hot *<food> (very spicy; e.g. with hot peppers)* • scharf

hot air *<tech.gen>* • Warmluft *f*; Heißluft *f*

hot air gun *<tool> (e.g. for paint removal, drying, soldering, film--shrinking)* • Heißluftgebläse *n*; Heißluftpistole *f*

hot-applicable *<srfc> (e.g. paint, anti--corrosion agent)* • heißapplizierbar

hot box *<mech.eng> (bearing)* • Heißläufer *m*

hot-brittle *<mat>* • warmbrüchig; warmspröde; heißbrüchig

hot-dip aluminizing *<srfc>* • Feueraluminieren *n*; Tauchalitieren *n*

hot-dip galvanized steel *US.GB <mat>* • feuerverzinkter Stahl *m*

hot-dip galvanizing (HDG) *<srfc> (application of zinc coatings by hot--dipping)* • Feuerverzinken *n*; Schmelztauchverzinken *n*; Tauchverzinken *n*

hot dipping *<srfc> (e.g. with tin, zinc)* • Feuermetallisieren *n*; Schmelztauchen *n*; Feuerveredelung *f*

hot-dip tinning *<srfc>* • Feuerverzinnen *n*

hot-dry-rock process (HDR) *<energ.geo>* • Hot-Dry-Rock--Verfahren *n* (HDR); HDR-Verfahren *n*; HDR-Konzept *n*

hot dry rock process *<geo>* • HDR--Verfahren *n*; Hot-Dry-Rock-Verfahren *n*; Deep Heat Mining *n CH*; DHM *n*

hot forming *<prod>* • Warmformung *f*

hot-galvanized sheet steel *US.GB <mat>* • feuerverzinktes Blech *n*

hot junction *<i&c> (of thermocouple)* • heiße Lötstelle *f*; Heißlötstelle *f*

hot junction *<i&c> (of thermocouple)* • Messstelle *f*

hot lab *<nucl>* • heißes Labor *n*

hot leg *<nucl> (from reactor vessel to steam generator; typ. 300 deg C)* • heißer Strang *m*; heiße Leitung *f*; heißes Bein *n ugs*

hot melt adhesive *<join>* • Schmelzklebstoff *m DIN 55405*; Schmelzkleber *m*; Heißschmelzkleber *m*; Heißkleber *m*; Hotmelt-Kleber *m*

hot melt adhesive applicator *<join.tool> (in production facilities)* • Heißklebepistole *f*

hot melt glue gun *<join.tool>* • Heißklebepistole *f*; Klebepistole *f*

hot melt glue stick *<join> (for hot melt glue gun)* • Heißklebestab *m*; Klebestick *m prakt*

hot melt sealant *<join>* • Heißklebedichtung *f*

hot mix asphalt *EN 12697 <build.mat>* • Heißasphalt *m EN 12697*

hot processing *<prod>*

• Warmverarbeitung *f*

hot-rolled (HR) *<metal> (e.g. steel)* • warmgewalzt

hot rolling *<metal>* • Warmwalzen *n*

hot runner mold *<plast>* • Heißkanalwerkzeug *n*

hot-setting adhesive *<join>* • heißabbindender Klebstoff *m*

hot shoe *<phot> (accessory shoe with contact[s])* • Mittenkontaktschuh *m*

hotspot *<comp> (for wireless data transfer and communication; e.g. in airports)* • Hotspot *m*

hot spot *<tech.gen> (usu. undesirable)* • heiße Stelle *f*; Hot-Spot *m jarg*

hot spot *<geo>* • heißer Fleck *m*; Hot Spot *m jarg*

hot start *<mvhcl>* • Warmstart *m*

hot swappable *<comp>* • austauschbar während des Betriebs; auswechselbar im laufenden Betrieb

hot swapping of system components *<comp>* • Austausch von Systemkomponenten während des Betriebs *m*

hot transfer film *<print>* • Aufbügelfolie *f*

hot water *<hvac> (hot water supplied by domestic water heating)* • Warmwasser *n*; warmes Wasser *n ugs*

hot water storage tank *<hvac>* • Warmwasserspeicher *m*

hot wax *<srfc> (for hot-wax flooding)* • Heißwachs *n*; Flutwachs *n*

hot-wax flooding *<srfc> (e.g. of car body cavities)* • Heißwachshohlraumfluten *n*; Heißwachsflutkonservierung *f*; Heißwachsfluten *n*

hot-workable *<mat>* • warmbearbeitbar

hot working *<prod>* • Warmverarbeitung *f*; Warmbearbeitung *f*

hour glass *<i&c>* • Sanduhr *f*

house *<build>* • Haus *n*

house *<build.theat> (e.g. opera ~, play ~)* • Haus *n*

household appliances *<tech.gen> (gen.)* • Haushaltgeräte *npl*

household-type commercial waste *<waste> (mix from various commercial and private sources)* • hausmüllähnliche Gewerbeabfälle *mpl*; haushaltsabfallähnliche Gewerbeabfälle *mpl norm*; Geschäftsmüll *m obs.ugs*

household waste *<waste> (solid waste from residences)* • Haushaltsabfall *m*; Hausmüll *m*; Haushaltsabfälle *mpl*; Haushaltabfall *m rar*

house load *<energ> (el. power requirements of a power plant)* • Eigenbedarf *m*

house load power supply *<energ>* • Eigenbedarfsversorgung *f*

house sewage disposal *<waste>* • Hausentwässerung *f*

house wiring *<el>* • Hausinstallation *f*

housing *<tech.gen> (receptacle accommodating sth.)* • Aufnahme *f*

housing *<comp> (of PCs)* • Gehäuse *n*; Chassis *n*

hover *vi <aerosp> (e.g. helicopter)* • schweben *vi*

hovering *<tech.gen> (over sth.; e.g. helicopter, hovercraft)* • schwebend

hovering flight *<aerosp> (helicopter)* • Schwebeflug *m*

howl *vi <gen>* • heulen *vi*

HQI-lamp *<tech.gen>* • HQI-Leuchte *f*

HQL-lamp *<tech.gen>* • HQL-Leuchte *f*

H-section *<build.mat> (gen.; structural steel, extruded aluminum, PVC profile etc.)* • H-Profil *n*

HSK interface *VDMA 34181 <mach.tool>* • HSK-Schnittstelle *f VDMA 34181*

hub *<comp> (of a LAN)* • Hub *m [hab]*

hub *IEV 415 <energ.wind> (of wind turbine rotor)* • Nabe *f IEV 415*; Rotornabe *f*

hub *<mech.eng> (e.g. of wheels, pulleys, rotors, propellers, wind turbines)* • Nabe *f*

hub airport *<aerosp> (for passengers e.g. ORD, LHR, BKK)* • Drehkreuz *n*; Hubflughafen *m [hab]*; Umsteigerflughafen *m*; Knotenpunktflughafen *m*; Hub *m [hab] jarg*

hub height *IEV 415 <energ.wind>* • Nabenhöhe *f IEV 415*

hue *<art> (color; deepend in value by the addition of black)* • Farbton *m*; Schattierung *f*; Buntton *m DIN 5033*

hue control *<av> (device; e.g. button,*

slide) • Farbtonregler *m*
hull *<tech.gen> (shell)* • Schale *f*
hull *<nav> (of boat)* • Bootskörper *m*; Rumpf *m prakt*
hull *<nav> (of a ship)* • Schiffskörper *m*; Rumpf *m*; Schiffsrumpf *m*
human-aided machine translation (HAMT) *<transl>* • menschenunterstützte maschinelle Übersetzung *f*
human attendance *<tech.gen> (by operator)* • Wartung *f*
human engineering *<tech.gen>* • Ergonomie *f*
human factor *<prod>* • Faktor Mensch *m*
humidification *ISO 11074-1 <agri> (of bio waste, leaves etc.)* • Humifizierung *f DIN ISO 11074-1*; Umwandlung in Humus *f ugs*
humidifier *<hvac>* • Befeuchter *m*
humidifier *<hvac> (air moisture applicator)* • Luftbefeuchter *m*
humidify *vt <tech.gen> (e.g. air, paper)* • anfeuchten *vt*; befeuchten *vt*
humidity *<tech.gen> (e.g. of wood, coal, air)* • Feuchtegehalt *m*; Feuchtigkeitsgehalt *m*
humidity *<tech.gen> (in air)* • Feuchtigkeit *f*
humidity analyzer *<i&c>* • Feuchtigkeitsanalysator *m*; Feuchtemesser *m*
humidor *<hvac> (for cigars; 70 % humidity)* • Humidor *m*; Luftbefeuchter *m did*; Befeuchter *m rar*
hump track *<railw>* • Ablaufgleis *n*
hump yard *<railw>* • Ablaufbergrangieranlage *f*
hunt *vi <i&c> (reading, display)* • überschwingen *vi*
hunting *<el> (of signals, measurements, readings; undesirable)* • Schwingung *f*
hunting *<i&c> (of a reading; needle, display)* • Pendeln *n*
hunting rifle *<mil>* • Jagdgewehr *n*; Jagdbüchse *f*
hunting shotgun *<mil>* • Jagdgewehr *n*; Jagdflinte *f*
hurdle work *<build>* • Flechtwerk *n*
hurricane *<meteo> (a violent tropical storm in equatorial areas)* • Hurrikan *m*; Wirbelsturm *m ugs*
husk *<bio>* • Schale *f*
husk *vt <food> (remove, strip)* • enthülsen *vt*
husker *<food>* • Entkörnungsmaschine *f*
hybrid drive *<mvhcl.drive>* • Hybridantrieb *m*
hybridize *vt <agri> (plants)* • kreuzen *vt*
hybrid vehicle *<vhcl>* • Hybridfahrzeug *n*; Hybrid *m ugs*
hydrant *<pps>* • Hydrant *m*
hydrate *vi <build.mat> (solidify by hydration; concrete, mortar)* • abbinden *vi*; fest werden *vi ugs*
hydrated *<chem> (e.g. lime)* • gelöscht
hydration *<tech.gen> (of cement, concrete, mortar)* • Hydratation *f*; Hydratisierung *f rar*
hydraulic *<tech.gen>* • hydraulisch
hydraulically operated *<hydr>* • hydraulisch betätigt; hydraulisch betrieben
hydraulic cement *<build.mat>* • Wasserbauzement *m*
hydraulic circuit *<hydr>* • Hydraulikkreis *m*
hydraulic clutch *<drive>* • Flüssigkeitskupplung *f*
hydraulic engineering *<build.hydr>* • Fluss- und Seebau *m*; Wasserbau *m DIN 4048-1,4054*
hydraulic-engineering *adj <build.hydr>* • wasserbaulich
hydraulic fluid *<drive>* • Hydraulikflüssigkeit *f*; Hydraulik-Druckmedium *n wiss*; Hydraulikfluid *n*; Hydrauliköl *n prakt*; Drucköl *n ugs*
hydraulic hose *<pps>* • Hydraulikschlauch *m*; Hydraulik-Schlauch *m*
hydraulic jack *<mvhcl.tool>* • Hydraulik-Wagenheber *m*; hydraulischer Wagenheber *m*
hydraulic line *<hydr>* • Hydraulikleitung *f*
hydraulic motor *<drive>* • Hydraulikmotor *m*
hydraulic piston *<hydr> (used as a prop)* • Hydraulikstempel *m*
hydraulic power steering *<mvhcl>* • hydraulische Lenkhilfe *f*; Hydrolenkung *f*
hydraulic power transmission *<hydr>* • hydraulische Kraftübertragung *f*
hydraulic press *<tech.gen> (e.g. for*

compacting) • Hydraulikpresse *f*; Kolbenpresse *f*
hydraulic press *<pack>* • hydraulische Presse *f*
hydraulic prop *<build.min>* • Hydraulikstempel *m*
hydraulic pump *<hydr> (for hydraulic pressure systems)* • Hydraulikpumpe *f*; Hydraulikdruckpumpe *f form*; Druckölpumpe *f*; Druckpumpe *f*; hydraulische Pumpe *f*
hydraulic retarder *<comvhcl.brake>* • hydrodynamischer Retarder *m*; Voith-Retarder *m* ®; Retarder *m ugs*; hydraulischer Retarder *m ugs*
hydraulics *pl <hydr>* • Hydraulik *f*
hydraulic spraying *<srfc>* • Airless--Spritzen *n*
hydraulic structure *<build.hydr>* • Wasserbauwerk *n*
hydraulic system *<drive>* • Hydraulikanlage *f*; Hydrauliksystem *n*; Hydraulik *f prakt*
hydraulic system *<hydr>* • Hydrauliksystem *n*; Hydraulik *f prakt.ugs*
hydraulic valve lifter *<mvhcl.mot> (moving component)* • Hydrostößel *m*; Tassenstößel mit hydraulischem Spielausgleich *m form.did*; hydraulischer Ventilstößel *m*; hydraulischer Stößel *m*
hydrazine *ISO 15859 <chem>* • Hydrazin *n ISO 15859*
hydrocarbons (HC) *<emiss>* • Kohlenwasserstoffe *mpl* (KW)
hydrocracking *<chem.petr>* • Hydrocracken *n*; Hydrocracking *n*; hydrierendes Cracken *n*; hydrierende Spaltung *f*; spaltende Druckhydrierung *f*
hydrodynamic bearing *ISO 4378-1 <mech.eng>* • hydrodynamisches Lager *n DIN ISO 4378-1*
hydroelectric *<tech.gen>* • hydroelektrisch
hydroelectric capacity *<energ.hydr>* • Wasserkraftkapazität *f*
hydroelectric power plant *US <energ.hydr>* • Wasserkraftanlage *f DIN 4048-2*; Wasserkraftwerk *n*
hydrofoil *<nav> (wing attached to a boat or plane to glide on water)* • Tragfläche *f*
hydroformed *<prod.metal> (tubular components; e.g. A pillars)* • hydrogeformt; innenhochdruckgeformt; IHU-geformt
hydroformed component *<prod>* • IHU-Bauteil *n*
hydroforming *<prod> (of tubular components)* • Innenhochdruckumformen *n* (IHU); Umformen mittels Wasserdruck *n did*; Innenhochdruckumformverfahren *n form*; Hydroformen *n prakt*; Hydroforming *n*
hydroforming press *<prod>* • IHU--Presse *f*
hydroforming technology *<prod>* • Innenhochdruckumformtechnik *f*; IHU-Technik *f prakt*
hydrogen (H) *<chem>* • Wasserstoff *m* (H)
hydrogenate *vt <chem>* • hydrieren *vt*
hydrogenate *vt <food> (fat)* • härten *vt*
hydrogenated *<chem.food> (fat)* • gehärtet
hydrogenation *<chem>* • Hydrierung *f*
hydrogen carbonate *<chem>* • Hydrogenkarbonat *n*; Hydrogencarbonat *n*
hydrogen combustion engine *<mvhcl.mot> (e.g. of BMW, Ford)* • H2-Verbrennungsmotor *m*; Verbrennungsmotor für Wasserstoffantrieb *m did*; Wasserstoff-Verbrennungsmotor *m*; H_2-Verbrennungsmotor *m*; Wasserstoffmotor *m ugs*
hydrogen fluoride *<chem>* • Fluorwasserstoff *m*
hydrogen-oxygen fuel cell *<chem.el>* • Wasserstoff-Sauerstoff--Brennstoffzelle *f*; Wasserstoff--Sauerstoff-Brennelement *n obs*; Wasserstoff-Luft-Brennstoffzelle *f*
hydrogen propulsion *<vhcl>* • Wasserstoffantrieb *m*
hydrolysis *<chem> (Greek hydor 'water', lysis 'loosening, dissolving')* • Hydrolyse *f*; hydrolytische Spaltung *f*
hydrometer *<chem> (for liquids)* • Aräometer *n*; Senkwaage *f ugs*
hydronic space heating system *<hvac>* • Warmwasser--Heizungsanlage *f*; Warmwasserheizungsanlage *f*;

Warmwasserheizung *f*
hydrophilic *<chem> (chemical property)* • hydrophil
hydrophobic *<chem> (chemical property)* • hydrophob; wasserabweisend
hydroplane *<nav> (boat with hydrofoils)* • Tragflügelboot *n*; Tragflächenboot *n*; Hydrofoil *n*
hydroplane glider *<nav>* • Gleitboot *n*
hydropneumatic suspension *<mvhcl>* • hydropneumatische Federung *f*; Hydragas-Federung *f Leyland*; Hydropneumatik *f prakt*; oleo-pneumatische Federung *f obs*
hydrostatic bearing *ISO 4378-1 <mech.eng>* • hydrostatisches Lager *n DIN ISO 4378-1*
hydrostatic pressure *<tech.gen>* • hydrostatischer Druck *m*
hydrostatic test *<pps.qualit>* • Wasserdruckprüfung *f*
hydrostatic test *form <qualit> (pressure test using water)* • Dichtheitsprüfung *f*
hydroxyl group *<chem>* • Hydroxylgruppe *f* (OH-Gruppe); Hydroxygruppe *f*
hygiene technology *<hygi>* • Hygienetechnik *f*
hygienic finish *<textil> (chem. finishing)* • Hygieneausrüstung *f*
hygrometer *<i&c>* • Hygrometer *n*; Feuchtemesser *m*; Luftfeuchtemesser *m*
hygroscopic *<chem> (e.g. hydraulic brake fluid)* • hygroskopisch; hygrophil *wiss*; wasseranziehend *prakt*; Wasser anziehend *prakt*; Feuchtigkeit aufnehmend
hyperbolic cooling tower *<proc>* • hyperbolischer Kühlturm *m*
hypereutectic *<mat> (e.g. steel)* • übereutektisch
hypersensitivity *<gen>* • Überempfindlichkeit *f*
hyphen *<docu>* • Bindestrich *m*; Trennstrich *m*; Divis *n form*
hyphenation *<term>* • Bindestrichschreibung *f*; Schreibung mit Bindestrich *f*; Trennung *f*
hypobaric chamber *<aerosp>* • Unterdruckkammer *f*; Höhenkammer *f*
hypocycloidal shape *<tech.gen>* • Hypozykloidenform *f*
hypodermic needle *<med.tool>* • Spritzennadel *f*
hypodermic syringe *<med.tech>* • Injektionsspritze *f*; Spritze *f ugs*
hypoeutectic *<mat>* • untereutektisch
hypoeutectoid *<mat>* • untereutektoid
hypoid gear *<drive>* • Zahnrad mit Hypoidverzahnung *n*; Hypoidzahnrad *n*
hypoid gearing *<mech.eng>* • Hypoidgetriebe *n*
hypotenuse *<math> (triangle)* • Hypotenuse *f*
hypothesis *<gen>* • Hypothese *f*; Grundannahme *f*; Annahme *f*
hysteresis *<phys>* • Hysterese *f*; Hysteresis *f*
hysteresis error *<tech.gen>* • Hysteresefehler *m*
hysteresis loop *DIN IEC 50 <av>* • Hystereseschleife *f DIN IEC 50*; magnetische Hystereseschleife *f*

I

ice *vt <tech.gen>* • vereisen *vt*
ice apron *<build> (on bridge piers, pylons)* • Eisbrecher *m*
ice-bound *<nav>* • eingefroren
icebreaker *<nav>* • Eisbrecher *m*
ice-cooled *<gen> (e.g. beverage)* • eisgekühlt
ICE fleet *<railw>* • ICE-Flotte *f*
ice formation *<tech.gen>* • Eisbildung *f*
ICE high-speed train *<railw> (of Germany)* • ICE *m*
ice load[ing] *<mech> (e.g. on high-voltage transmission lines, trees, aircraft wings)* • Eislast *f*
ice up *vi <gen> (e.g. road, runway, aircraft)* • vereisen *vi*
icon *<comp> (small graphic image representing an object, option etc.)* • Icon *n*; Symbol *n*
ideal *<gen> (theoretical; e.g. process, product quality, solution)* • ideal; theoretisch
ideal *<gen> (as good as possible)* • ideal
ideal behaviour *<tech.gen>* • Idealverhalten *n*
ideal significant instant *<tech.gen>* • Sollzeitpunkt *m*

IDE interface <comp> *(intelligent drive electronics interface)* • IDE-Schnittstelle *f*; ATA-Schnittstelle *f obs*; AT-Bus-Schnittstelle *f obs*; AT-Schnittstelle *f obs*

identical <gen> • gleichartig; identisch

identification <gen> • Kennzeichnung *f*

identification <tech.gen> *(of objects, defects, conditions etc.)* • Bestimmung *f*

identification <tech.gen> *(process)* • Identifikation *f*; Identifizierung *f*

identification color *US* <tech.gen> *(e.g. for fuses or pipes: air, water etc.)* • Kennfarbe *f DIN 5381*

identification label <docu> • Kennschild *n*; Typenschild *n*

identification number (ID) <tech.gen> • Kennnummer *f*; Ident-Nummer *f rar*

identification plate <docu> • Kennschild *n*; Typenschild *n*

identifier (ID) <tech.gen> *(object; e.g. label, ID-number)* • Kennung *f*; Identifizierung *f*; Identifikation *f*; Kennzeichnung *f*

identify *vt* <tech.gen> • erkennen *vt*; identifizieren *vt*

identify *vt* <tech.gen> *(mark)* • kennzeichnen *vt*

identifying code <tech.gen> • Erkennungskode *m*

identity <tech.gen> • Identität *f*

idiom <term> • Wendung *f*

idiotproof *coll* <tech.gen> *(straightforward, dead easy; e.g. user interface)* • idiotensicher *ugs*

idle <tech.gen> *(e.g. capacity)* • frei

idle <el> *(idle component, idle current)* • blind

idle <mvhcl.mot> *(engine operating condition; typ. < 1000 rpm)* • Leerlauf *m*

idle-circuit condition <tech.gen> • Ruhezustand *m*

idle frequency <el> • Leerlauffrequenz *f*

idle movement <tech.gen> • Leerweg *m*

idle position <tech.gen> • Ruhestellung *f*; Ruhelage *f*

idle power <tech.gen> • Leerlaufleistung *f*

idle power consumption <tech.gen> *(e.g. motor, continuous flow conveyor)* • Leerlaufverbrauch *m*

idler <mech.eng> *(wheel, pulley, sprocket; e.g. in a belt or chain drive)* • Laufrolle *f*

idler <mech.eng> • Riemenspannrolle *f*

idler <mech.eng> *(wheel; e.g. in a belt or chain drive)* • Rolle *f*

idler <vhcl> *(of a track chain; e.g. on an excavator, battle tank)* • Laufrad *n*; Spannrolle *f*; Laufrolle *f*; Leitturas *m*

idle return stroke <tech.gen> *(e.g. slide of a machine-tool)* • Leerrücklauf *m*

idler pulley <drivee> *(stress on: tensioning function; e.g. of timing belt)* • Spannrolle *f*; Spannriemenscheibe *f rar*

idle running <tech.gen> *(of machinery, engines, motors, rotors)* • Leerlauf *m*

idle running speed <tech.gen> *(shaft speed of rotors, motors, generators)* • Leerlaufdrehzahl *f*

idle speed <mvhcl.mot> *(e.g. 600 rpm)* • Leerlaufdrehzahl *f*; Leerlauf *m*

idle stroke <gen> • Leertakt *m*

idle stroke <mech.eng> • Leerhub *m*

idle time <tech.gen> • Leerlaufzeit *f*; Leerzeit *f*

idle time <tech.gen> *(unproductive time of a machine, production line)* • Stillstandszeit *f*

idling <tech.gen> • leer laufend

idling drag <mvhcl> *(of vehicles with automatic transmission)* • Kriechen *n*; Kriechneigung *f*

iDrive ® *BMW* <mvhcl.i&c> *(multi-function control knob)* • iDrive *m* ® *BMW*; Drehdrücksteller *m*

if and only if (iff) <math> • dann und nur dann, wenn

igneous rock <geo> • magmatisches Gestein *n*

ignitable <tech.gen> *(substance)* • zündfähig; zündwillig

ignitable *ISO 13943* <mat.fire> • entzündbar *ISO 13943*

ignite *vi* <mot> *(air/fuel mixture)* • entflammen *vi*; entzünden *vr*; zünden *vi*

ignite *vt* <comb> *(e.g. explosives, fuel, air/fuel mixture)* • zünden *vt*

ignite *vt* <fire> *(light, set on fire; typ. with a spark)* • anzünden *vt*

ignition <mvhcl.el> *(process of igniting)* • Zündung *f*

ignition and steering lock <mvhcl.el>

(stress on: combination of ignition switch and lock) • Zündschloss *n prakt*; Lenkanlassschloss *n VAG*; Lenkschloss mit Zündstartschalter *n MB*

ignition key *<tech.gen>* • Zündschlüssel *m*

ignition lock *<mvhcl.el>* • Zündschloss *n*

ignition map *<mvhcl.el>* • Zündkennfeld *n*; Zündwinkelkennfeld *n*

ignition source *ISO 13943 <fire>* • Zündquelle *f ISO 13943*

ignition temperature *ISO 13943 <fire.mat> (minimum temperature at which combustion can be initiated)* • Entflammungstemperatur *f ISO 13943*; Zündtemperatur *f*; Entzündungstemperatur *f*

ignore *vt <gen>* • nicht berücksichtigen *vt*

ignore instruction *<comp>* • Negierbefehl *m*

ill-designed *<tech.gen>* • unzweckmäßig konstruiert

illegal character *<comp>* • unzulässiges Zeichen *n*

illegal dumping *<waste>* • wilde Ablagerung *f*

ill-fitting *<tech.gen>* • schlecht passend

illuminance *<light> (in lux)* • Beleuchtungsstärke *f*

illuminate *vt <tech.gen> (brighten with light, cast light on sth.; e.g. a room, display)* • beleuchten *vt*

illuminate *vt <phot> (evenly or with complex lighting; e.g. a scene, still life, model)* • ausleuchten *vt*

illuminated *<tech.gen> (gen.; e.g. a display, glove box, cigar lighter etc.)* • beleuchtet

illuminated controls *<i&c>* • beleuchtete Bedienungselemente *npl*

illuminated display *<i&c>* • Leuchtanzeige *f*

illuminated sign *<tech.gen>* • Leuchtzeichen *n*

illumination *sg <light> (device for, act and result of illuminating)* • Beleuchtung *fsg*

illumination engineering *<light>* • Lichttechnik *f*; Beleuchtungstechnik *f*

illustration *<docu>* • Bild *n*; Illustration *f*; Abbildung *f*

image *<gen> (representation of a person or a thing)* • Bild *n*; bildliche Darstellung *f form*

image *<opt> (physical representation of sth; e.g. photography)* • Abbild *n*

image *<opt> (reflection in mirror)* • Abbild *n*; Bild *n*

image *<phot> (result)* • Aufnahme *f*; Foto *n*; Bild *n*; Fotografie *f*

image *vt <print> (printing plate)* • belichten *vt*

image blurring *<opt> (photo, film, TV image)* • Bildunschärfe *f*

image converter *<av> (in camcorder, digital camera; typ. a CCD)* • Bildwandler *m*; Bildsensor *m*

image definition *<opt> (resolution; e.g. dependent on lens, film grain size, raster)* • Bildschärfe *f*

image editing *<phot>* • Bildbearbeitung *f*; Bildverarbeitung *f*

image editing software *<comp>* • Bildbearbeitungssoftware *n*

image file *<comp>* • Bilddatei *f*

image format *<gen>* • Bildformat *n*

image formation *<phot>* • Bildaufbau *msg*

image-forming system *<tech.gen>* • abbildendes System *n*

image height *<gen>* • Bildhöhe *f*

image processing system *<tech.gen>* • Bildverarbeitungssystem *n*

image quality *<tech.gen> (of photos, x-rays etc.)* • Bildqualität *f DIN EN 1330-1*

image recognition *<comp>* • Bilderkennung *f*

image scale *<gen>* • Bildmaßstab *m*

image sensor *<phot>* • Bildsensor *m*; Bildwandler *m*; Halbleiter-Bildsensor *m*; Imager *m wiss*; Bildaufnehmer *m rar*

image sharpness *<phot> (with regard to focusing)* • Bildschärfe *f*

image size *<tech.gen>* • Bildgröße *f*

image stabilizer (IS) *<phot.av> (e.g. camcorder feature)* • Bildstabilisator *m*; Bildstabilisierung *f*; Bildstabilisierer *m*; Antiwackeleinrichtung *f*; Antiverwacklungssystem *n*; AIS

imaginary *<gen>* • imaginär

imaginary number *<math>* • imaginäre Zahl *f*

imaging reflector *<energ.sol>* • abbildender Reflektor *m*

imaging system *<opt>* • Abbildungssystem *n*; Bilderzeugungssystem *n*

imbalance *<tech.gen> (gen.; of rotating parts; e.g. shafts, wheels)* • Unwucht *f*

Imhoff sediment cone *<chem>* • Imhoff-Trichter *m*; Absetzgefäß nach Imhoff *n*; Absetzglas nach Imhoff *n*

imitate *vt <gen> (a model, sample, original)* • nachbilden *vt*; imitieren *vt*; kopieren *vt*

imitated *<tech.gen> (e.g. leather, silk, wood)* • künstlich; imitiert; nachgemacht *ugs*; unecht *rar*

imitation ... *<tech.gen>* • Imitat...

imitation parchment *<pap> (made from cellulose fibers)* • Pergamentpaper *n*; Pergamentersatzpapier *n*; Pergamentersatz *m DIN 55 405*

immaculate condition *<tech.gen>* • tadelloser Zustand *m*; 1a Zustand *m ugs*

immediately *<gen> (e.g. response, action)* • sofort; unverzüglich *form*; zeitnah; unverzögert

immersed *<tech.gen>* • versenkt

immersion bath *<prod>* • Tauchbad *n*

immersion electrode *<el>* • Tauchelektrode *f*; Eintauchelektrode *f*

immersion heater *<hvac>* • Tauchsieder *m*

immersion liquid *<chem>* • Immersionsflüssigkeit *f*

immersion liquid *<proc>* • Eintauchflüssigkeit *f*

immersion test *<qualit>* • Tauchversuch *m*

immersion vibrator *<build>* • Flaschenrüttler *m*

immiscible *<phys>* • unmischbar; unvermischbar; nicht mischbar

immission *<ecol> (the ecological impact of emissions on the biosphere)* • Immission *f*

immobile *<gen> (person, vehicle)* • unbeweglich

immobilization *<waste> (of hazardous substances in waste)* • Fixierung *f*; Immobilisierung *f*; Stabilisierung *f*

immobilize *vt <tech.gen>* • immobilisieren *vt*

immobilize *vt <waste> (prevent transport, erosion, leaching; e.g. hazardous waste)* • fixieren *vt*; immobilisieren *vt*

immobilizer *US <mvhcl>* • Wegfahrsperre *f*

immovable *<gen> (in time, space; legally, financially)* • unbeweglich

immune to X *<tech.gen> (e.g. EMF, RF, moisture, dust)* • keine Beeinflussung durch X *f*

immunity against environmental influences *<gen>* • unempfindlich gegen Umwelteinflüsse

impact *<tech.gen> (physical, sudden, hard contact; e.g. car against wall)* • Aufprall *m*

impact *<tech.gen> (physically, destructive; e.g. of particle, missile, airplane)* • Aufschlag *m*

impact *<tech.gen> (strong influence)* • Einfluss *m*

impact *<tech.gen> (mechanical blow; e.g. riveting, impact testing)* • Schlag *m*

impact *vi <gen>* • aufschlagen *vi*

impact *vi <tech.gen> (collide physically, at high velocity; e.g. bullet, missile, debris,)* • anprallen *vi*

impact-absorbing asphalt *:V <build.mat> (floor surfacing material)* • aufprallschluckender Asphalt *m*

impact adapter *<tool> (adapter for use with impact sockets; gen.)* • Adapter für Kraft-Steckschlüsseleinsätze *m*; Übergangsteil für IMPACT-Einsätze *n*

impact ball hardness *<qualit.mat>* • Fallhärte *f*

impact cushion *:V <mvhcl.safe> (of child's safety seat)* • Fangkörper *m*; Prallkörper *m*; Prallelement *n*; Fangtisch *m*; Auffangkörper *m*

impact driver bit *<tool>* • Schlagschrauber-Einsatz *m*; Schlagschraubendreher-Einsatz *m*

impact energy *<phys>* • Aufprallenergie *f*

impaction *<proc> (of suspended particulates in a separator)* • Aufprall *m*

impact modified *EN 13558 <plast.qualit> (gen.; e.g. with rubber, glass fiber)* • schlagzäh modifiziert *DIN*

EN 13558

impact on *vi <tech.gen> (e.g. vehicles, missiles on a surface, obstacle)* • aufprallen auf *vi*

impact on *vi <mech>* • auftreffen auf *vi*

impact resistance test *<qualit.mat>* • Schlagbiegeversuch *m*

impact resistance test according to Charpy method *<qualit.mat> (horizontal specimen, impact in the center)* • Kerbschlagversuch nach Charpy *m DIN EN ISO 179*; Charpy'scher Kerbschlagbiegeversuch *m*; Kerbschlagbiegeversuch nach Charpy *m*; Charpy-Prüfung *f prakt*; charpyscher Kerbschlagbiegeversuch *m*

impact socket *<tool>* • Kraft-Steckschlüsseleinsatz *m*; Maschinen-Steckschlüsseleinsatz *m*; Kraftschrauber-Einsatz *m*; IMPACT-Einsatz *m*; Krafteinsatz *m*

impact sound insulation *ISO 140 <build.acoust> (e.g. of floors)* • Trittschalldämmung *f ISO 140*

impact strength *<qualit.mat> (when notched)* • Kerbschlagzähigkeit *f*

impact strength *<qualit.mat> (e.g. acc. to Charpy or Izod; notched or unnotched)* • Schlagzähigkeit *f DIN 53501*; Schlagbiegezähigkeit *f*; Schlagfestigkeit *f prakt*

impact wear *<tech.gen>* • Prallverschleiß *m*; Stoßverschleiß *m*

impact wrench *<tool>* • Schlagschrauber *m*; Maschinenschrauber *m*; Kraftschrauber *m*; Schrauber *m pract*

impair *vt <qualit> (e.g. functions)* • beeinträchtigen *vt*

impaired vision *<traff>* • Sichttrübung *f*

impairment *<gen>* • Beeinträchtigung *f*

impairment *<med> (organic)* • Behinderung *f*

impart *vt <gen>* • erteilen *vt*

impedance (Z) *<el>* • Impedanz *f* (Z); Scheinwiderstand *m*

impede *vt <gen> (process, motion)* • aufhalten *vt*; bremsen *vt*

impede *vt <gen>* • behindern *vt*

impede *vt <tech.gen>* • festhalten *vt*

impeller *<convey> (stress on: with vanes, blades; e.g. in turbocharger)* • Flügelrad *n*

impeller *<convey> (centrifugal pump)* • Pumpenrad *n*; Laufrad *n prakt*; Schaufelrad *n*

impeller *<mech.eng> (stress on: in blower, fan)* • Gebläserad *n*

impeller pump *<convey> (e.g. a centrifugal or side-channel pump)* • Kreiselradpumpe *f*; rotodynamische Pumpe *f*

impeller vane *<convey> (of a centrifugal pump)* • Laufschaufel *f*; Laufradschaufel *f*

impenetrability *<gen> (by gas, liquid, dust)* • Undurchlässigkeit *f*

impenetrable *<mech> (surface, wrapping etc.)* • undurchdringlich; unpenetrierbar; nicht penetrierbar

imperative *<gen> (e.g. requirement, action, improvement)* • unbedingt erforderlich; unverzichtbar

imperfection *<qualit>* • geringfügiger Fehler *m*; kleiner Defekt *m*; Schönheitsfehler *m ugs*

imperfection *<qualit> (disturbance, discontinuity)* • Störung *f*

impermeable floor *<ecol> (e.g. for oil and fuel tank installation)* • flüssigkeitsdichter Boden *m*; undurchlässiger Boden *m*

impermeable to gas *<tech.gen>* • gasundurchlässig

impermeable to water *<tech.gen> (e.g. layer, diaphragm, sheeting, bottom seal)* • wasserdicht; wasserundurchlässig

impervious *<tech.gen> (tight)* • dicht

impervious *<srfc> (wrap, film etc.; e.g. to water)* • undurchlässig

impingement *<tech.gen> (e.g. water jet, missiles)* • Anprall *m*

impinge on *vi <phys>* • aufprallen auf *vi*

impinge on *vt <energ.hydr> (impeller; e.g. water on turbine)* • beaufschlagen mit *vt*

impinge [on] *vi <tech.gen> (collide with, strike on sth: e.g. water jet, light ray)* • anprallen *vi*

implant *<med.tech> (consisting of nonliving material and inserted inside the body)* • Implantat *n*

implant technology *<med.tech>* • Implantationstechnik *f*

implement *vt <tech.gen> (e.g. a*

program, system, philosophy) • implementieren *vt*
implication *<gen>* • Implikation *f*
implode *vi <tech.gen> (e.g. CRT of TV, computer monitor)* • implodieren *vi*
import *<comp> (of data; e.g. into data bank)* • Import *m*; Datenimport *m*
import *<econ> (of goods)* • Import *m*; Einfuhr *f*
import *vt <comp> (data; e.g. in data bank)* • importieren *vt*
import *vt <econ> (goods)* • importieren *vt*; einführen *vt*
importation date *ISO 12620 <term>* • Importdatum *n*
impost *<build> (of arches; support immediately below a springer stone)* • Kämpfer *m*
impound *vt <energ.hydr> (reservoir, river)* • aufstauen *vt*
impracticable *<tech.gen>* • technisch unausführbar
impregnate *vt <tech.gen> (gen.)* • imprägnieren *vt*
impregnate *vt <tech.gen> (with water repellent, oil, wax etc.)* • tränken *vt*; durchtränken *vt rar*
impregnating agent *<srfc>* • Imprägniermittel *n*
impregnation *<srfc>* • Imprägnierung *f*
impregnation material *<chem>* • Tränkmasse *f*
impress *vt <el> (voltage, signal)* • aufdrücken *vt*
impressed *<prod>* • eingeprägt
impression *<gen> (mental, visual; e.g. the first ~)* • Eindruck *m*
impression *<srfc> (e.g. a surface defect)* • Abdruck *m*
impression cylinder *<print> (offset printing press)* • Druckzylinder *m*; Gegendruckzylinder *m*
imprimatur *<print.jur>* • Druckerlaubnis *f*
imprint *<print>* • Aufdruck *m*; Eindruck *m*
imprint *vt <print>* • aufdrucken *vt*; eindrucken *vt*
improper handling *<tech.gen>* • unsachgemäße Handhabung *f*
improve *vt <gen>* • verbessern *vt*
improve *vt <gen>* • veredeln *vt*
improve *vt <waste>* • aufbereiten *vt*
improved *<tech.gen> (revised or refined; e.g. design, engineering, document)* • überarbeitet
impulse *<psych> (a psychic drive or instinctual urge to do sth.)* • Impuls *m*
impulse item *<econ> (typ. near POS)* • Impulsartikel *m*; Kleinpackung *f*
impulse turbine *<turb>* • Gleichdruckturbine *f DIN 4304*; Aktionsturbine *f*
impulse wheel *<turb>* • Aktionsrad *n*
impure *<gen>* • unrein
impurify *vt <tech.gen>* • verunreinigen *vt*
impurities *<tech.gen>* • Beimengungen *fpl*
impurity *<gen>* • Fremdstoff *m*
impurity *<tech.gen>* • Fremdbestandteil *m*
impurity *<tech.gen> (foreign particle)* • Fremdkörper *m*
impurity *<el> (semiconductor)* • Störstelle *f*; Fehlordnung *f*
inactive *<tech.gen> (e.g. device, component, system)* • inaktiv; passiv
inactive *<tech.gen>* • nichtaktiv
inactivity *<gen> (inertia)* • Trägheit *f*
inadmissible *<gen>* • unzulässig
inadvertent *<gen> (e.g. operation of sth)* • unbeabsichtigt; versehentlich; zufällig
in-air refueling *US <aerosp>* • Luftbetankung *f*; Luftlanken *n*
inarticulate *<gen> (speech)* • undeutlich
inboard *<nav>* • binnenbords
inboard *<vhcl> (gen.; e.g. disc brakes, engine)* • innenliegend
inboard engine *<nav.mot>* • Innenbordmotor *m*
Incabloc® shock absorption *<mech> (of watches)* • Incabloc®-Stoßsicherung *f*
incandescence *ISO 13943 <opt> (emission of light by intensely heated material)* • Glühen *n ISO 13943*
incandescent *<tech.gen>* • glühend; weißglühend
incandescent coil *<el> (gen.)* • Glühwendel *f*
incandescent lamp *<light> (with filament; as opp. to neon or xenon lamps)* • Glühlampe *f DIN 5039*; Lampe *f prakt*; Glühbirne *f ugs*; Birne *f ugs*

inch <i&c> *(unit of length)* • Zoll *n DIN 4890-4893*

inch graduation <i&c> *(of a scale)* • Zolleinteilung *f*

inch thread <join> • Zollgewinde *n*; Inch-Gewinde *n rar*

incidence <phys> *(e.g. light)* • Einfall *m*

incidence point <phys> • Auftreffpunkt *m*

incident <tech.gen> *(operational disturbance)* • Zwischenfall *m*; Störung *f*; Störfall *m*

incidental acquisition cost <fin> • Anschaffungsnebenkosten *pl*

incident light <opt> • einfallendes Licht *n*

incinerate *vt* <waste> *(burn to ashes; e.g. hazardous waste)* • verbrennen *vt*

incinerate *vt* <waste.comb> • veraschen *vt*

incinerator <waste> *(gen.)* • Verbrennungsanlage *f*; Müllverbrennungsofen *m*

incipient crack[ing] <qualit.mat> • Anriss *m*

inclinable <tech.gen> *(e.g. table, spindle head)* • schrägstellbar

inclination <tech.gen> • Neigung *f*

inclination <tech.gen> *(position)* • Schrägstellung *f*

inclination <tech.gen> *(process)* • Schrägstellung *f*

inclination <navig> *(of satellites)* • Inklination *f*; Neigung *f*

inclination angle <tech.gen> *(angle relative to a reference plane; e.g. of solar collectors)* • Neigungswinkel *m*; Anstellwinkel *m*

inclination axis <tech.gen> • Neigungsachse *f*

incline *vt* <tech.gen> • schrägstellen *vt*; neigen *vt*

inclined <tech.gen> *(plane)* • geneigt

inclined <tech.gen> *(slope, plane)* • schräg

inclined conveyor <agri.tech> *(of combine harvester; between cutting unit and thresher unit)* • Schrägförderer *m*

inclined elevator <convey> • Schrägaufzug *m*; Schrägförderer *m*

inclined plane <tech.gen> • schiefe Ebene *f*

inclined plane <tech.gen> • schräge Ebene *f*

inclined position <tech.gen> *(gen.)* • Schräglage *f*

include *vt* <gen> • einbeziehen *vt*

include *vt* <gen> *(e.g. parts, supplies, services, topics)* • einschließen *vt*; umfassen *vt*

include *vt* <gen> • enthalten *vt*

included <econ> *(supplies, services)* • eingeschlossen; inbegriffen

included thread angle <mech.eng> *(e.g. of screws, bolts)* • Flankenwinkel *m*; Gewindeflankenwinkel *m form*; Gewindewinkel *m obs*

incoherence <tech.gen> • Inkohärenz *f*

incombustible *ISO 13943* <mat.fire> *(e.g. concrete, brick, metals)* • nicht brennbar (nbr) *ISO 13943*; unbrennbar

incoming <tech.gen> *(e.g. call, goods, aircraft)* • ankommend

incompatibility <gen> • Unvereinbarkeit *f*; Unverträglichkeit *f*

incompatibility <tech.gen> • Inkompatibilität *f*

incompatible <tech.gen> *(e.g. components, systems, personalities)* • inkompatibel

incompatible <comp> • nicht kompatibel

incompressible <phys> • nicht komprimierbar; inkompressibel; unzusammendrückbar

inconstancy <gen> • Unregelmäßigkeit *f*

incorporate *vt* <gen> *(e.g. organizationally, thematically)* • einfügen *vt*

incorporate *vt* <bio> *(e.g. radioactive substances)* • inkorporieren *vt*

incorporate *vt* <chem.phys> *(atoms)* • einbauen *vt*

incorporate *vt* <chem.proc> *(work in, intermingle)* • einarbeiten *vt*

incorrect <qualit> • fehlerhaft

incorrect connection <gen> • Vertauschen der Anschlüsse *n*

increase <gen> *(e.g. profit, temperature, capacity)* • Erhöhung *f*; Anstieg *m*

increase *vt* <gen> *(e.g. supply, production range)* • erweitern *vt*

increase *vt* <gen> *(e.g. quantity)* • vermehren *vt*

increase of value <gen>

• Werterhöhung *f*
increment *<gen>* • Zuwachs *m*; Inkrement *n wiss.rar*
incremental *<gen>* • zunehmend
incremental *<tech.gen> (e.g. measure system, display)* • inkrementell
incremental *<tech.gen> (e.g. feed, control)* • schrittweise; stufenweise
incremental backup *<comp>* • inkrementelles Backup *n*; Zuwachssicherung *f*
incremental encoder *<i&c> (typ. in servo motors)* • Inkrementalgeber *m*; inkrementaler Geber *m*
incremental feed *<tech.gen>* • schrittweiser Vorschub *m*
increment size *<gen>* • Zuwachsgröße *f*
incrustation *<gen> (process)* • Krustenbildung *f*
incrustation *<tech.gen> (development of hard deposits on machinery surfaces; e.g. dirt)* • Verkrustung *f*; Inkrustierung *f wiss*; Inkrustation *f rar*
indanthrene *<textil> (dyeing)* • Indanthren *n*
in-dash … *<mvhcl> (mounted in the instrument panel)* • Einbau…
in-dash radio safe *<mvhcl> (metal face plate and detachable locking cover)* • abschließbare Autoradio-Abdeckung *f*
indefinite *<tech.gen> (time)* • unbegrenzt
indelible *<docu> (e.g. ink)* • dokumentenecht
indent *<print> (distance of text from margin)* • Einzug *m*; Erstzeileneinzug *m*; Einrückung *f*
indent *vt <print> (lines)* • einziehen *vt*
indent *vt <print> (a line of text)* • einziehen *vt*; einrücken *vt*
indentation *<print> (of lines)* • Einzug *m*
indentation *<srfc> (caused by a load, local pressure)* • Eindruck *m*
indentation body *<qualit.mat> (hardness test)* • Eindringkörper *m*; Prüfkörper *m*; Indenter *m*
indentation hardness *<qualit.mat>* • Eindringhärte *f*
independent *<gen> (individual)* • einzeln; unabhängig; autonom
independent drive *<drive> (e.g. of wheels, machine tools, slides)* • Einzelantrieb *m*
independent garage *<mvhcl>* • freie Werkstatt *f*
Independent Power Producer (IPP) *<gen>* • unabhängiger Stromerzeuger *m*; Independent Power Producer *m*
independent suspension *<mvhcl>* • Einzelradaufhängung *f*; einzeln aufgehängte Räder *npl ugs.did*
in descending order *<gen> (sorting)* • fallend; absteigend
indestructible *<gen>* • unzerstörbar; unkaputtbar *werb.rar*
index *vt <tech.gen> (e.g. data base elements)* • indizieren *vt*
index *vt <i&c> (at regular intervals)* • takten *vt*
index *vt <mach.tool> (revolving table etc.)* • schalten *vt*
indexed file *<comp>* • indizierte Datei *f*
indexed sequential access *<comp>* • indexsequentieller Zugriff *m*
index error *<comp>* • Indexfehler *m*
index heading *ISO 12620 <term>* • Indexeintrag *m*
indexing conveyor *<convey>* • Taktförderer *m*
indexing latch pin *<prod>* • Indexraststift *m*
indexing mechanism *<prod>* • Rastmechanismus *m*
indexing table *<mach.tool>* • Indexiertisch *m*
index number *<tech.gen> (single digit)* • Kennziffer *f*
index pin *US <mech.eng> (between mating parts; ensures proper position)* • Führungsstift *m*; Zentrierstift *m*
index search *<av>* • Index-Suche *f*; Index-Suchlauf *m*
India paper *<pap>* • Dünndruckpapier *n DIN 6730*
indicate *vt <docu> (data, information; e.g. in data sheets, forms)* • angeben *vt*
indicate *vt <i&c> (events, measurements; e.g. pressure drop, temperature rise)* • melden *vt*
indicating accuracy *<i&c> (e.g. number of digits, decimals)* • Anzeigegenauigkeit *f*
indicating device *<i&c>* • Anzeigeinstrument *n*; anzeigendes Messgerät *n*; Anzeigegerät *n*

indicating range *<i&c>* • Anzeigebereich *m*

indication *<gen>* • Anzeichen *n*

indication *<i&c> (of conditions; e.g. with buzzer, chime, lamp, digital readout)* • Anzeige *f*

indication error *<i&c>* • Anzeigefehler *m*

indicator *<chem> (for substances)* • Indikator *m*

indicator *<i&c> (e.g. buzzer, chime, lamp, digital readout)* • Anzeige *f*

indicator board *<gen>* • Lampentableau *n*

indicator card *<chem> (e.g. a litmus test paper)* • Indikatorpapier *n*

indicator element *<chem>* • Indikatorelement *n*

indicator lamp *<i&c>* • Anzeigelampe *f*

indicator lamp *<i&c> (for any operating condition; e.g. ON/OFF; any color)* • Kontrolllampe *f*

indicator light (IND LITE) *<i&c> (for any operating condition; e.g. ON/OFF; any color)* • Kontrollleuchte *f*; Leuchtmelder *m DIN VDE 0660*; Signalleuchte *f rar*; Funktionsleuchte *f rar*; Warnleuchte *f rar*

indicator test *<tech.gen>* • Indikatorversuch *m*

indifference *<gen> (inertia)* • Trägheit *f*

indifference *<tech.gen>* • Indifferenz *f*

indifferent *<tech.gen>* • indifferent

indifferent *<tech.gen>* • neutral

indigo dye *<chem>* • Indigofarbstoff *m*; Indigoblau *n*

indirect *<gen>* • indirekt

indirect damage *<tech.gen> (accident damage)* • indirekter Schaden *m*

indirect lighting *<light> (of spaces)* • indirekte Beleuchtung *f*; detailunterdrückende Beleuchtung *f*; diffuse Beleuchtung *f*

indirectly proportional to *<math>* • indirekt proportional zu

indispensable *<gen>* • unentbehrlich

indistinct *<gen> (unclear, difficult to see; feature, characteristic)* • undeutlich; schwer erkennbar

indistinct *<opt> (image, detail)* • unscharf

indistinguishable *<gen>* • ununterscheidbar

indium (In) *<chem>* • Indium *n* (In)

Indium gallium nitride *<ic> (semiconductor; e.g. for solar cells, LEDs, displays)* • Indiumgalliumnitrid *n*

individual *<gen>* • einzeln; individuell

individual adjustment *<tech.gen>* • Einzeleinstellung *f*

individually adjustable *<tech.gen>* • einzeln verstellbar

individual motor drive *<drive>* • Einzelantrieb *m*

individual value *<gen>* • Einzelwert *m*

indivisible *<gen> (e.g. technically, organisationally, financially, legally)* • unteilbar

indoor air quality (IAQ) *<hvac>* • Raumluftqualität *f*

indoor antenna *US <av> (outside of the appliance but in the building)* • Innenantenne *f*; Zimmerantenne *f*

indoor application *<tech.gen>* • Innenanwendung *f*

indoor finish *<build.srfc>* • Innenanstrich *m*

indoor installation *<tech.gen> (of appliances, units; e.g. heat pump)* • Innenaufstellung *fsg*

indoor paint *<srfc>* • Innenanstrichfarbe *f*

indoor parking lot *US <traff>* • Parkhaus *n*

indoor range *<mil>* • Hallenschießstand *m*

induce *vt <phys> (voltage)* • induzieren *vt*

induced by the wheels *<vhcl> (vibrations; e.g. noise)* • achsseitig angeregt

induced cleavage *<geo>* • Druckschieferung *f*

induced current *<el>* • Induktionsstrom *m*; induzierter Strom *m*

induced draft *US <tech.gen> (fan)* • Saugzug *m*

induced gamma activity *<nucl>* • induzierte Gamma-Aktivität *f*

induced voltage *<el>* • Induktionsspannung *f*; induzierte Spannung *f*

inductance (L) *<i&c> (in Henry)* • Induktivität *f* (L)

inductance coil *<el> (as opp. to chip inductor)* • Induktor *m*; Induktionsspule *f*; Induktivität *f*

induction *<phys> (of piston devices;*

e.g. of engine, pump) • Ansaugung *f*

induction *<phys> (gen.; any kind)* • Induktion *f*

induction air *<tech.gen>* • Ansaugluft *f*

induction annealing *<metal>* • Induktionsglühen *n*

induction field *<el>* • Induktionsfeld *n*

induction-hardened steel *<metal>* • induktionsgehärteter Stahl *m*; oberflächengehärteter Stahl *m*

induction-heated *<el>* • induktiv beheizt

induction heating *<el>* • Induktionsheizung *f*

induction loop *<el>* • Induktionsschleife *f*

induction pipe *<mot> (for air; between throttle and cylinder head)* • Saugrohr *n*; Ansaugrohr *n*

induction pipe *<pps> (e.g. of pumps, fans)* • Ansaugrohr *n*; Saugrohr *n*

induction port *<mot> (of 2-stroke engine)* • Ansaugschlitz *m*; Einlassschlitz *m*

induction pressure *<mech.eng> (e.g. of motor, pump)* • Ansaugdruck *m*

induction stroke *<mech.eng> (of piston pump, engine)* • Ansaughub *m*; Saughub *m*; Einlasshub *m*

induction valve *<mech.eng> (gen.; e.g. of motor, pump)* • Ansaugventil *n*

inductive *<el>* • induktiv

inductive loop *<el> (e.g. in road surface)* • Induktivschleife *f*

inductive pick-up *<el>* • induktiver Geber *m*

inductive proximity switch *<i&c>* • induktiver Näherungsschalter *m*; induktiver Näherungsinitiator *m*; induktiver Näherungssensor *m*

inductive winding *<el> (gen.)* • Induktionswicklung *f*

inductor *<el>* • induktives Bauelement *n*

inductor *<el> (as a protection element)* • Drossel *f*; Drosselspule *f*

inductor *<energ.el> (heavy generator component)* • Induktor *m*

inductor alternator *<el> (synchronous generator; field and output windings on the stator)* • Gleichpolmaschine *f*; Induktormaschine *f*

Indusi inductive train control *<railw.i&c> (of German Federal Railway DB and ÖBB)* • induktive Zugsicherung *f* (Indusi); induktive Zugbeeinflussung *f*

industrial *<tech.gen> (technical)* • technisch

industrial application *<tech.gen>* • Industrieanwendung *f*; gewerbliche Anwendung *f*

industrial building *<build>* • Industriebau *m*

industrial construction *<build>* • Industriebau *m*

industrial consumer *<energ> (e.g. of electricity)* • Großverbraucher *m*; industrieller Abnehmer *m*

industrial diamond *<tool>* • technischer Diamant *m*

industrial handling *<autom>* • Handhaben *n*

industrial plant *<prod>* • Industrieanlage *f*; Betriebsanlage *f*

industrial port *<nav>* • Industriehafen *m*

industrial process heat *<proc>* • industrielle Prozesswärme *f*

industrial production *<prod>* • industrielle Herstellung *f*

industrial property rights *<jur>* • gewerbliche Schutzrechte *npl*

industrial quality *<prod>* • Industriequalität *f*

industrial-quality *<qualit> (heavy-duty, for rough environment etc.)* • industrietauglich

industrial robot (IR) *ISO 8373 <autom> (freely programmable in three or more axes)* • Industrieroboter *m* (IR) *VDI 2860*; Roboter *m ugs*

industrial robotics *<autom>* • Industrierobotertechnik *f*; Robotertechnik *f*; Robotik *f*

industrial-scale *<tech.gen> (e.g. production)* • großtechnisch; großmaßstäblich

industrial-scale plant *<tech.gen>* • großtechnische Anlage *f*; Großanlage *f*

industrial-scale production *<prod>* • großtechnische Fertigung *f*

industrial truck *<logist>* • Flurförderzeug *n* (Ffz); Flurförderer *m prakt*

industrial waste *<waste>* • Industrieabfall *m*; industrieller Abfall *m*; gewerbliche Abfallstoffe *mpl*

industrial water *<hydr>*

• Brauchwasser *n*
industry *<econ>* • Industrie *f*
industry fair *<tech.gen> (for trade visitors)* • Fachmesse *f*
industry of building materials *<build>* • Baustoffindustrie *f*
industry standard *<stand>* • Industrienorm *f*
inedible *<food>* • nicht essbar
ineffective *<gen> (remedy, measures)* • unwirksam
inequality *<gen>* • Ungleichheit *f*
inert *<chem> (material)* • inert; reaktionsträge; chemisch indifferent; chemisch inaktiv
inert atmosphere *<tech.gen> (e.g. welding)* • Schutzgasatmosphäre *f*
inert atmosphere *<chem> (e.g. needed for MIG welding, explosion protection)* • inerte Atmosphäre *f*
inert gas *<tech.gen>* • Schutzgas *n*; Inertgas *n*
inert gas *<chem>* • Inertgas *n*; reaktionsträges Gas *n did*; inertes Gas *n*; Edelgas *n ugs*
inert-gas atmosphere *<tech.gen>* • Edelgasatmosphäre *f*
inert-gas-shielded arc welding *<join>* • Schutzgasschweißen *n*; Lichtbogen--Schutzgasschweißen *n*; Schutzgaslichtbogenschweißen *n*
inertia *<phys> (of mass)* • Massenträgheit *f*; Inertia *f wiss.rar*; Trägheit *f ugs*
inertia braking system *<mvhcl.brake> (of small trailers)* • Auflauf--Bremsanlage *f*; Auflaufbremse *f prakt*
inertia forces *pl <mech> (e.g. of oscillating parts in reciprocating piston engines)* • Massenkräfte *fpl*
inertial force *<mech>* • Trägheitskraft *f*
inertial guidance *<aerosp>* • Trägheitslenkung *f*
inertial navigation system (INS) *<navig> (with position gyro)* • Trägheitsnavigationssystem *n* (TNS); inertiales Navigationssystem *n*; Inertialsystem *n*
inertia-reel seat belt *US <mvhcl.safe> (active belt with emergency locking belt retractor; non-motorized)* • Automatikgurt *m*; Automatik--Sicherheitsgurt *m*
inertness *<chem> (relative to chem. reactions)* • Inaktivität *f*; Reaktionsträgheit *f*
inertness *<mech>* • Beharrungsvermögen *n*
infant carrier *<mvhcl.safe> (used for infants unable to sit up alone, group 0 up to approx. 9 kg)* • Babyschale *f*; Babyautositz *m*; Babyliegeschale *f*
infect *vt <tech.gen> (with a virus; e.g. computer system, hard disk)* • infizieren *vt*; verseuchen *vt rar*
infect *vt <med> (s.o. with a disease)* • anstecken *vt*
infected *<tech.gen> (substance; e.g. food, animal, man, computer)* • infiziert
infeed *<mach.tool> (of tool)* • Zustellung *f*
infeed *<waste> (of landfill sites, treatment plants)* • Beschickung *f*
in-feed motion *<mach.tool> (movement of tool against work; determines chip thickness)* • Zustellbewegung *f*
infilling *<build> (of framework)* • Ausfachung *f*
infilling *<build> (of half-timbered structures)* • Ausfachung *f*
infiltrate *vi <gen>* • tränken *vi*
infiltrated air *<proc> (e.g. in combustion system, chem. process)* • Falschluft *f*
infiltration *<tech.gen> (e.g. of soil by contaminants)* • Infiltration *f*; Einsickern *n*
infinite *<gen> (e.g. number, universe, patience)* • unendlich
infinity setting *<phot>* • Unendlichkeitseinstellung *f*; unendlich *adj*
inflame *vi/vt <tech.gen>* • entflammen *vi/vt*
inflame *vi/vt <fire>* • entzünden *vt/vr*
inflammable *<tech.gen> (as a warning sign)* • feuergefährlich
inflammation *<chem> (of any substance)* • Zündung *f*; Entflammung *f*
inflatable *US <nav> (a small rubber boat inflated with air)* • aufblasbares Boot *n DIN 7871*; Schlauchboot *n ugs*
inflatable boat *<nav> (a robust rubber boat inflated with air)* • Schlauchboot *n*
inflatable sealing strip *<mech.eng>* • aufblasbares Dichtprofil *n*
inflate *vt <tech.gen> (with breath; e.g.*

bubble, balloon) • aufblasen *vt*

inflate *vt* *<tech.gen>* *(with air; e.g. tire, raft)* • aufpumpen *vt*

inflation pressure *<tech.gen>* *(of balloons; e.g. of gas storage balloons)* • Aufblasdruck *m*

inflator unit *<mvhcl.safe>* *(for air bags)* • Gasgenerator *m*

inflection *<term>* • Flektion *f*

inflexibility *<qualit.mat>* • Steifheit *f*; Steifigkeit *f*

inflight entertainment system (IES) *<aerosp>* • Inflight-Entertainment--System *n* (IES); Bordunterhaltungsanlage *f*

in-flight refueling *US* *<aerosp>* *(of aircraft)* • Betankung in der Luft *f*; Nachtanken in der Luft *n*

inflow *<tech.gen>* • Einströmen *n*

inflow *<tech.gen>* *(of materials, fluids)* • Zufluss *m*

influence *<gen>* • Einwirkung *f*; Einfluss *m*

influence *vt* *<gen>* • einwirken auf *vt*; beeinflussen *vt*

influence factor *<gen>* • Einflussfaktor *m*

influence quantity *<i&c>* • Einflussgröße *f* *DIN 1319-1*; Wirkungsgröße *f*

influent *<tech.gen>* • einströmend; einfließend

in focus *<opt>* *(image, picture, photo)* • scharf; scharf abgebildet

information *<gen>* • Auskunft *f*

information *sg* *<gen>* • Information *f*

information density *<tech.gen>* • Informationsdichte *f*

information engineering *<comp>* • Informationstechnik *f* (IT)

information flow *<tech.gen>* • Informationsfluss *m*; Signalfluss *m*

information packet *<comp>* • Datenpaket *n*; Normaldatenpaket *n*

information processing *<comp>* • Informationsverarbeitung *f* *DIN 44300*

information science *<tech.gen>* • Informatik *f*; Informationswissenschaft *f*

information superhighway (Iway) *<tele>* • Datenautobahn *f*; Daten--Highway *m*; Information--Superhighway *m*; Infobahn *f*

information technology (IT) *<comp>* *(discipline)* • Informationstechnologie *f* (IT); Informationstechnik *f*

information theory *<tech.gen>* • Informationstheorie *f* *DIN 44301-16*

infotainment system *<mvhcl.av>* • Infotainment-System *n*

infrared *adj* *<phys.gen>* • infrarot *adj*

infrared image *<phot>* • Infrarotbild *n*; Wärmebild *n*

infrared interface *<comp>* *(e.g. on mobile phone, notebook computer, mouse, headphones)* • Infrarotschnittstelle *f*

infrared remote control *<i&c>* *(e.g. for car stereo, garage door, central locking, etc)* • Infrarot-Fernbedienung *f*; IR-Fernbedienung *f*

infrared searchlight *<mil>* *(e.g. on tank)* • Infrarotsuchscheinwerfer *m*

infrasonics *<phys>* • Infraschall *m*

infrasound *<acoust>* • Infraschall *m*

infrastructure *<tech.gen>* • Infrastruktur *f*

infusible *<tech.gen>* • nicht schmelzbar

infusion tubing *<pps>* • Infusionsschlauch *m*

ingot *<el.ic.prod>* *(single crystal for wafers)* • Ingot *m*

ingot *<metal>* *(cast block of metal, for further processing)* • Block *m*; Rohblock *m*

ingot *DIN EN 1676* *<metal>* • Massel *f* *DIN EN 1676*

ingot mold *<metal>* • Kokille *f*; Blockkokille *f*; Blockform *f*

ingrain wallpaper *<build.int>* • Rauhfaser[tapete] *f*

ingredient *<food>* • Bestandteil *m*

ingress *<tech.gen>* *(e.g. moisture)* • Eindringen *n*

inhale *vt* *<bio>* • einatmen *vt*

inherent in design *<tech.gen>* • konstruktionsbedingt

inherent stiffness *<qualit>* *(e.g. of a nonwoven, plastic foil etc.)* • Eigensteifigkeit *f*

inherited error *<qualit>* • mitgeschleppter Fehler *m*

inhibit *vt* *<gen>* *(mechanically, psychologically, legally)* • hemmen *vt*

inhibit *vt* *<tech.gen>* *(prevent any progress)* • blockieren *vt*

inhibit *vt* *<tech.gen>* *(unwanted action;*

e.g. process, progress) • hemmen *vt*; bremsen *vt*; hindern *vt*; verzögern *vt*

inhibit *vt* *<tech.gen> (e.g. chemical reaction, corrosion)* • inhibieren *vt*; hemmen *vt did*

inhibit function *<tech.gen>* • Sperrfunktion *f*

inhibition *<tech.gen> (delay)* • Verzögerung *f*

inhibition *<comp> (of a function, option)* • Sperrung *f*

inhomogeneity *<gen>* • Ungleichartigkeit *f*; Inhomogenität *f*

inhomogeneity *<tech.gen> (e.g. in material structure)* • Inhomogenität *f*; Ungleichförmigkeit *f*; Unregelmäßigkeit *f*; Störung *f*

in-house *<econ>* • betriebsintern

initial difficulty *<tech.gen> (e.g. production problems)* • Anlaufschwierigkeit *f*

initialism *<term> (e.g. BSE for bovine spongiform encephalopathy)* • Initialkürzung *f*

initialism *<term>* • Initialwort *n*

initialization *<tech.gen> (e.g. of a system)* • Initialisierung *f*; Initialisieren *n*

initialize *vt* *<tech.gen> (gen.)* • initialisieren *vt*

initial letter *<print>* • Anfangsbuchstabe *m*

initial load *<tech.gen>* • Anfangsbeanspruchung *f*

initial mass *<aerosp> (rocket)* • Startmasse *f*

initial phase *<tech.gen>* • Anfangsphase *f*

initial position *<tech.gen>* • Anfangsstellung *f*

initial position *<tech.gen>* • Grundstellung *f*; Anfangslage *f*

initial pressure *<tech.gen>* • Anfangsdruck *m*

initial registration *<mvhcl>* • Erstzulassung *f* (EZ)

initial speed *<mech.eng> (of a shaft, machine)* • Ausgangsdrehzahl *f*

initial stage *<tech.gen> (of a process, development; e.g. of a project)* • Initialphase *f*

initial state *<tech.gen>* • Ausgangszustand *m*; Anfangszustand *m*

initial stress *<mech>* • Anfangsbeanspruchung *f*; Anfangsspannung *f*

initial thrust *<aerosp> (rocket)* • Startschub *m*

initial value *<tech.gen>* • Ausgangswert *m*; Anfangswert *m*

initiate *vt* *<gen>* • beginnen *vt*

initiate *vt* *<tech.gen> (activity, process)* • anregen *vt*; initiieren *vt*

initiate *vt* *<tech.gen> (e.g. chain reaction, crack)* • auslösen *vt*

initiate *vt* *<tech.gen> (process, action; e.g. chemical reaction, talks)* • einleiten *vt*; Gang *m*: in ~ setzen *vt*; starten *vt*; beginnen *vt*; setzen *vt*: in Gang ~

initiating pulse *<el>* • Auslöseimpuls *m*; Startimpuls *m*; Triggerimpuls *m*

initiating relay *<el>* • Auslöserelais *n*

initiation *<gen> (of a motion, process)* • Einleitung *f*

initiator *<tech.gen> (of any process; e.g. a catalyst, proximity switch)* • Initiator *m*

inject *vt* *<gen> (liquid, small amounts; typ. with syringe)* • injizieren *vt*

inject *vt* *<tech.gen>* • einspritzen *vt*

inject *vt* *<proc> (gas, air)* • einblasen *vt*

inject *vt* *<prod> (grouting substance, sealant)* • verpressen *vt*

inject *vt* *<srfc> (sth into a cavity; e.g. wax into car body cavities)* • ausspritzen mit *vt*

injected gas *<proc>* • eingepresstes Gas *n*

inject into *vt* *<tech.gen> (atomized liquid; e.g. fuel)* • einsprühen *vt*; einspritzen *vt*

injection *<tech.gen> (process)* • Einspritzen *n*

injection *<med>* • Injektion *f*

injection blow molding *<plast>* • Spritzblasen *n*

injection cylinder *<plast>* • Spritzgießzylinder *m*; Schusszylinder *m obs.rar*

injection mold *<plast.tool> (of injection molding machine)* • Spritzgießwerkzeug *n*; Spritzgusswerkzeug *n*

injection-mold *vt* *<plast> (thermoplastics)* • spritzen *vt*

injection-moldable *<plast>*

• spritzgießbar; Spritzgießen *n*: zum ~ geeignet

injection molded *<plast>* • spritzgegossen; gespritzt

injection-molded part *<plast> (without sprue or runner)* • Spritzgussteil *n norm*; Spritzgießteil *n*

injection molding *US <plast> (of thermoplastics)* • Spritzgießen *n*; Spritzen *n*

injection molding *US <plast>* • Spritzguss *m*

injection molding *<plast> (as produced by the injection machine, incl. sprue, runners)* • Spritzling *m prakt*; spritzgegossenes Teil *n rar*; spritzgepresstes Teil *n obs.rar*

injection nozzle *<tech.gen>* • Einspritzdüse *f*

injection port *<mvhcl>* • Einspritzöffnung *f*

injection unit *<plast> (of injection molding machine)* • Spritzeinheit *f*; Plastifiziereinheit *f*; Einspritzeinheit *f rar*; Spritzaggregat *n rar*

injection valve *<pps> (gen.)* • Einspritzventil *n*

injection volume *<plast> (inj. molding mach.; screw cross section area x the injection stroke)* • Hubvolumen *n*

injection well *<min> (as opp. to a production well)* • Injektionsbohrung *f*; Verpressbohrung *f*; Einpressbohrung *f*; Schluckbohrung *f*

injector *<mvhcl.mot> (for fuel injection; assembly incl. nozzle)* • Einspritzventil *n*

injector-type torch *<join> (welding; typ. torch type in Germany)* • Injektorbrenner *m*; Saugbrenner *m*

ink *vt <docu> (lines, drawings)* • ausziehen *vt*: [mit Tusche] ~

ink agitator *<proc>* • Farbrührwerk *n*

ink-attracting *<print> (printing plate characteristics)* • farbannehmend; oleophil *wiss*; farbführend; ölanziehend; ölannehmend

ink build up *<print>* • Farbaufbau *m*; Farbanhäufung *f*

ink cell *<print>* • Farbnäpfchen *n*

ink ductor *US <print>* • Farbduktor *m*; Duktor *m*; Farbkastenwalze *f*; Farbduktorzylinder *m*; Duktorwalze *f*

ink film *<print>* • Farbfilm *m*; Farbschicht *f*

ink fountain *<print> (part of printing press; stores ink and supplies it to the rollers)* • Farbkasten *m*

inking *<print> (of rollers in printing press)* • Farbauftrag *m*

inking *<print> (ink distribution)* • Farbführung *f*

inking system *<print> (in any printing machine and decorator)* • Farbwerk *n*

ink-jet printer *<print>* • Tintenstrahldrucker *m*; Tintendrucker *m*

ink-jet printing *<print>* • Tintendruck *m*; Tintenstrahldruck *m*; Farbstrahldruck *m*

ink lever *<print> (in offset printer)* • Farbschieber *m*

ink mist *<print>* • Farbstaub *m*

ink-receptive *<print>* • farbaufnahmefähig

ink-repellant *<print>* • farbabstoßend

ink ribbon *<print> (gen.; of impact printers)* • Farbband *n*

ink roller *<print>* • Farbwalze *f*; Farbzylinder *m*

ink spread *<print>* • Schmitz *m*

inland cargo vessel *form <nav>* • Binnengüterschiff *n form*; Motorgüterschiff *n prakt*; Gütermotorschiff *n*

inland navigation *<nav>* • Binnenschifffahrt *f*

inland port *<nav>* • Binnenhafen *m*; Flusshafen *m rar*

inland vessel *<nav>* • Binnenschiff *n*; Binnenfahrzeug *n*

inland waterway *<nav>* • Binnenwasserstraße *f*

inleakage *<tech.gen> (unwanted)* • Eintritt *m*

inlet *<tech.gen> (e.g. of water, steam into pumps, turbines, tanks)* • Eintritt *m*

inlet air *<tech.gen>* • Zuluft *f*

inlet cam *<mvhcl.mot>* • Einlassnocken *m*

inlet duct *<tech.gen> (e.g. of hvac systems, engines, turbines)* • Einlasskanal *m*

inlet elbow *<pps> (e.g. on a pump)* • Ansaugkrümmer *m*

inlet nozzle *<proc>* • Eintrittsstutzen *m*

inlet runner *<tech.gen>* • Einströmungskanal *m*

inlet temperature *<tech.gen>* • Eintrittstemperatur *f*

in-line arrangement *<tech.gen>* • Reihenanordnung *f*

inline engine *<mot> (typ. 2 - 6 cylinders)* • Reihenmotor *m*

in-line fuel injection pump *ISO 7876 <mot>* • Reiheneinspritzpumpe *f DIN ISO 7876*

in-line multiple-spindle drilling machine *<mach.tool>* • Reihenbohrmaschine *f*

in-line pump *<convey>* • Inlinepumpe *f*; In-Line-Pumpe *f*

inline skate *<garm> (4 wheels in line on 4 axes)* • Inline-Skate *m*; Skate *m ugs*

in-mold coating (IMC) *<plast>* • In--Mould-Coating *n* (IMC)

inner core *<join> (of flame; e.g. of welding torch, bunsen burner)* • Kern *m*

inner corner *<gen>* • Ecke *f*

inner surface *<tech.gen>* • Innenfläche *f*

innovation *<gen>* • Innovation *f*

innovation cycle *<tech.gen>* • Innovationszyklus *m*

innovative *<tech.gen> (giving rise to further developments, new products)* • innovativ

innovative design features *<tech.gen>* • innovative Konstruktionsdetails *npl*

inoculate *vt <tech.gen>* • impfen *vt*

inoculate *vt <bio.chem> (a culture medium)* • animpfen *vt*; inokulieren *vt wiss*; beimpfen *vt*; einimpfen *vt*; impfen *vt ugs*

inoperable *<tech.gen> (e.g. component, system, plant)* • betriebsunfähig

inoperable *<tech.gen>* • nicht betriebsbereit

inoperative *<tech.gen>* • nicht arbeitsfähig

in operator's reach *<tech.gen>* • griffgerecht

inorganic chemistry *<chem>* • anorganische Chemie *f*

inorganic compound *<chem>* • anorganische Verbindung *f*

inorganic fertilizer *<agri>* • Mineraldünger *m*

inorganic fertilizer *US <agri>* • anorganischer Dünger *m prakt*; Mineraldünger *m prakt*

in-phase *<tech.gen>* • phasenrichtig

in-phase current *<el>* • gleichphasiger Strom *m*

in-process inspection *<qualit>* • Fertigungszwischenprüfung *f*; Zwischenprüfung *f*

input *<tech.gen> (process and result of entering data; e.g. in a computer)* • Eingabe *f*; Input *m prakt*

input *<drive> (of a transmission)* • Antrieb *m*

input *<el> (interface for data, signals; e.g. a terminal, connector)* • Eingang *m*

input *<join> (of weld heat into the HAZ)* • Eintrag *m*

input amplifier *<av>* • Eingangsverstärker *m*; Vorverstärker *m*

input command *<comp>* • Eingabebefehl *m*

input data *<comp>* • Eingabedaten *pl*

input date *ISO 12620 <term>* • Erfassungsdatum *n*

input device *<comp> (peripheral device; e.g. keyboard, scanner)* • Eingabegerät *n*; Eingabeeinheit *f*

input error *<comp>* • Eingabefehler *m*

input format *<comp>* • Eingabeformat *n*

input manually *vt <tech.gen>* • manuell eingeben *vt*

Input/Output (I/O) *<comp>* • Eingabe/Ausgabe *f* (E/A); Input/Output

input power *<tech.gen>* • aufgenommene Leistung *f*

input power *<tech.gen>* • Eingangsleistung *f*

input queue *<tech.gen>* • Eingabewarteschlange *f*

input shaft *<mech.eng> (gen.)* • Eingangswelle *f*

input shaft *<mvhcl.drive> (of transmission)* • Getriebeeingangswelle *f*; Antriebswelle *f*

input speed *<mech.eng> (of a transmission; in rpm)* • Eingangsdrehzahl *f*; Antriebsdrehzahl *f*

input stage *<tech.gen> (of process, amplifier etc.)* • Eingangsstufe *f*

inputter *ISO 12620 <term>* • Erfasser *m*

input value *<tech.gen>* • Eingangswert

m
inquiry *<comp>* • Abfrage *f*
inquiry *<comp>* • Anfrage *f*; Abfrage *f*
inrush *<tech.gen> (of water into tunnel, mine)* • Einbruch *m BS 3618-4*
inrush *<tech.gen>* • plötzliches Einströmen *n*
inrush current *<el> (transient current impulse)* • Einschaltstrom *m*; Einschaltstromstoß *m*; Startstromstoß *m*
inscribed circle *<math>* • Inkreis *m*; einbeschriebener Kreis *m*
insecticide *<bio.chem>* • Insektizid *n*; Insektenvertilgungsmittel *n DIN IEC 61/1860*; Insektenvernichter *m*
insect infestation *<proc>* • Schädlingsbefall *m*
insect repellent *<bio.chem>* • Insektenschutzmittel *n*; Insektenabwehrstoff *m*
insect screen *<build> (window attachment)* • Insektenschutzgitter *n*; Insektengitter *n*; Fliegengitter *n*
inseparable *<gen>* • untrennbar; unabtrennbar
insert *<tech.gen> (any embedded part; e.g. hard metal in soft metal)* • Einsatz *m*; Insert *n rar*
insert *<plast> (in injection molds)* • Insert *n*; Einlegeteil *n*; Einspritzteil *n*; Einleger *m*; Einpressteil *n*
insert *vt <tech.gen> (by pushing)* • aufstecken *vt*
insert *vt <tech.gen>* • einbringen *vt*
insert *vt <tech.gen> (e.g. characters, pages)* • einfügen *vt*
insert *vt <tech.gen> (slowly, with caution; e.g. piston into a cylinder, endoscope)* • einführen *vt*
insert *vt <tech.gen> (e.g. CD into player)* • einlegen *vt*
insert *vt <tech.gen> (e.g. a filter element in a filter body)* • einsetzen *vt*
insert *vt <tech.gen> (e.g. coin into slot)* • einstecken *vt*
insert *vt <tech.gen> (by pushing; pin etc. in hole, needle in fabric)* • hineinstecken *vt*
insert *vt <av> (e.g. text in screen image)* • einblenden *vt*
insert *vt <nucl> (control rods)* • einfahren *vt*
insert *vt <prod> (fit, mount)* • bestücken *vt*
insert *vt <prod> (components)* • einbauen *vt*
Insert/Delete *<comp> (character)* • Einfg/Entf
insert edit *<av>* • Insert-Schnitt *m*; Einfügschnitt *m*; Einfügeschnitt *m*
insertion *<tech.gen> (installation; e.g. of a cartridge)* • Einsetzen *n*
inshore fishery *<nav>* • Küstenfischerei *f*
inside diameter (ID) *<tech.gen> (e.g. of openings, holes, pipes)* • Innendurchmesser *m* (ID)
inside lining *<int>* • Innenverkleidung *f*
inside spring caliper *<tool.i&c>* • Feder-Innentaster *m*; Feder--Lochzirkel *m*
inside wheel *<mvhcl>* • kurveninneres Rad *n*
insignificant *<gen> (e.g. contamination, discoloration, problem)* • gering; unwesentlich; unbedeutend
in situ *VDI4640 <tech.gen> (e.g. at the intended point of operation or usage)* • Ort *m*: vor ~ *VDI4640*; in situ *wiss*
in-situ concrete *<build.mat> (as opp. to precast concrete parts)* • Ortbeton *m*; Monolithbeton *m rar*; monolithischer Beton *m*
in-situ experiment *<tech.gen>* • Feldversuch *m*
in-situ soil *<geo>* • anstehender Boden *m*
insolation *<energ.sol>* • Besonnung *f*
insolation *<energ.sol> (irradiance over a specified time; in MJ/m², or kWh/m²)* • Sonneneinstrahlung *f*; Insolation *f wiss*; solare Einstrahlung *f*; Einstrahlung *f prakt*; Bestrahlung *f ugs*
insole *<garm> (part of a shoe bottom, connects upper and bottom)* • Brandsohle *f*
insoluble *<tech.gen>* • nicht löslich
insoluble *<chem> (e.g. in water, acid)* • unlöslich; nicht löslich; unlösbar *ugs.rar*; unauflöslich *ugs.rar*
inspect *vt <qualit> (view closely in critical appraisal)* • prüfen *vt*; untersuchen *vt*; überprüfen *vt*
inspection *<qualit>* • Inspektion *f*
inspection *<qualit.i&c> (conformity evaluation by observation or judgment)* • Prüfung *f DIN 1319-1*; Untersuchung

f
inspection access *<tech.gen> (e.g. manhole)* • Inspektionsöffnung *f*
inspection certificate *<gen>* • Kontrollbescheinigung *f*
inspection hatch *<tech.gen>* • Inspektionsluke *f*
inspection hole *<tech.gen>* • Schauöffnung *f*
inspissate *vt <food> (thicken by evaporation)* • kondensieren *vt*
instability *<gen> (technical, economic, political)* • Unbeständigkeit *f*
instability *<tech.gen>* • Instabilität *f*
instability region *<tech.gen>* • Instabilitätsbereich *m*
instable *<gen> (condition, quality, state)* • unbeständig
install *vt <gen> (implement; e.g. a task force)* • einsetzen *vt*
install *vt <tech.gen> (a component into sth.; e.g. piston in cylinder)* • einbauen *vt*; installieren *vt*
install *vt <tech.gen> (line; e.g. cable, pipe, duct)* • legen *vt*; verlegen *vt*
install *vt <tech.gen> (attach sth at or on sth)* • montieren *vt*; installieren *vt*; anbringen *vt ugs*
install *vt <comp> (software, program)* • installieren *vt*
installation *<tech.gen> (e.g. air pressure system, heating)* • Anlage *f*
installation *<tech.gen> (procedure; e.g. headline in service manuals)* • Einbau *m*
installation *<tech.gen>* • Installation *f*
installation *<tech.gen>* • Montage *f*
installation *<build> (of window, door)* • Anschluss *m*
installation *<comp> (of software; e.g. application programs, device drivers)* • Installation *f*
installation *<el> (in an EMC context)* • Anlage *f*
installation error *<qualit> (of physical components; e.g. piping, ductwork, scaffolding)* • Montagefehler *m*
installation instructions *<docu>* • Einbauanleitung *f*
installation profile *:V <build> (e.g. of windows, doors)* • Anschlussprofil *n*
installations *pl VDI4640 <energ.geo> (subsoil)* • Einbauten *mpl VDI4640*; Einbauelemente *npl*
installed capacity *<tech.gen>* • installierte Leistung *f*
installed height *<tech.gen> (e.g. of coil springs)* • Einbauhöhe *f*
installed power *<el>* • installierte Leistung *f*
instant *<gen> (an indefinitely short period of time)* • Augenblick *m*
instant *<gen> (point in time)* • Moment *m*
instantaneous *<gen>* • augenblicklich
instantaneous *<tech.gen>* • verzögerungsfrei
instantaneous power *<tech.gen>* • Momentanleistung *f*; Augenblicksleistung *f*
institutional pack *<pack>* • Großverbraucherpackung *f DIN 55 405*
instruction *<did>* • Instruktion *f*
instruction *<docu> (in manual)* • Anweisung *f*; Arbeitsschritt *m*; Schritt *m*
instruction abort *<comp>* • Befehlsabbruch *m*
instruction model *<did>* • Anschauungsmodell *n*
instrument *<tech.gen>* • Instrument *n*
instrument *<i&c> (gen.; device, appliance)* • Gerät *n*
instrument *<pps> (on a pipe, tank etc.)* • Armatur *f*
instrumental *<tech.gen>* • apparativ
instrument approach *<navig.aerosp>* • Instrumentenanflug *m*; instrumentengestützter Landeanflug *m*
instrumentation *<i&c> (apparatus)* • Apparatur *f*
instrumentation *<i&c> (activity and result)* • Instrumentierung *f*; Ausstattung mit Instrumenten *f*
instrumentation and control (I&C) *<i&c>* • Mess-, Steuer- und Regeltechnik *f* (MSR); Leittechnik *f*
instrumentation and control systems *<i&c>* • Mess-, Steuer- und Regelsysteme *npl*; leittechnische Systeme *npl*; MSR-Systeme *npl prakt*; Leittechnik *f prakt*
instrument cluster *<mvhcl.i&c> (array of separate gauges in one housing)* • Instrumentenblock *m*; Instrumententräger *m rar*;

Instrumentenkombi *n rar*
instrument cluster *<mvhcl.i&c> (one unit combining several instrument functions)* • Kombi-Instrument *n*
instrument cluster lens *<mvhcl.i&c> (over speedometer, tachometer etc.)* • Abdeckscheibe der Instrumente *f*
instrument error *<i&c>* • Gerätefehler *m*; Instrumentenfehler *m*; apparativer Fehler *m*
instrument flight *<aerosp>* • Instrumentenflug *m*; Blindflug *m ugs*
instrument-flight rules *pl* (IFR) *<aerosp>* • Instrumentenflugregeln *fpl* (IFR)
instrument lead *<i&c>* • Messleitung *f*
instrument lighting *<i&c>* • Instrumentenbeleuchtung *f*
instrument meteorological conditions *pl* (IMC) *<aerosp>* • Instrumentenflugbedingungen *fpl* (IMC); Instrumentenflugwetterbedingungen *fpl*
instrument panel *<aerosp.int> (cockpit)* • Instrumentenbrett *n*; Instrumententafel *f*; Armaturenbrett *n obs*
instrument panel *<i&c> (e.g. of a heating system, machine tool)* • Schalttafel *f*
instrument panel (IP) *<mvhcl.i&c> (all instruments and controls; cockpit)* • Instrumentenanlage *f*; Instrumententafel *f*; Armaturenanlage *f*; Armaturentafel *f*; Armaturenbrett *n ugs.obs*
instrument panel lamp *<tech.gen>* • Instrumentenleuchte *f*
instrument range *<i&c>* • Anzeigebereich *m*
instruments and controls *<docu> (headline in manual)* • Instrumente und Bedienungselemente *npl*
insufficient *<gen> (e.g. memory, disk space)* • unzureichend; nicht ausreichend
insulant *<build.mat> (barrier; e.g. against damp, heat)* • Sperrstoff *m*
insulate *vi/vt <phys> (against passage of electr. current, heat, sound)* • isolieren *vi/vt*
insulate *vt <build> (thermally, acoustically)* • isolieren *vt*; dämmen *vt*
insulated *<tech.gen> (accustic, electric, heat)* • isoliert
insulated conductor *<el>* • isolierter Leiter *m*
insulated container *<nav>* • Isolier--Container *m*
insulating ... *<el> (electrical separation)* • Isolier...
insulating board *<build.mat> (e.g. of PU foam)* • Dämmstoffplatte *f*; Dämmplatte *f*
insulating compound *<el> (potting material for el. devices)* • Vergussmasse *f*
insulating compound *<mat> (thermal, acoustic)* • Dämmmasse *f*
insulating foil *<mat> (metal; e.g. gold for thermal insulation)* • Isolierfolie *f*
insulating layer *<build.mat>* • Dämmschicht *f*
insulating property *<mat>* • Dämmeigenschaft *f*
insulating sheet *<pack> (plastic; e.g. against humidity)* • Isolierfolie *f*
insulating tape *<el> (type of adhesive tape)* • Isolierband *n*
insulating wool *<build.mat> (glass fibers)* • Glaswolle *f*
insulation *<tech.gen> (electrical, thermal, acoustic; process and result)* • Isolierung *f*; Isolation *f rar*
insulation *<build> (against vapor, damp, humidity)* • Sperrung *f*
insulation *<build.mat> (for heat, sound; e.g. rock wool)* • Dämmung *f*; Dämmstoff *m*; Dämmmaterial *n*; Isoliermaterial *n*; Isolierstoff *m*
insulation *<phys> (of heat, sound; abstract, process, function)* • Dämmung *f*
insulation class *<tech.gen>* • Isolationsklasse *f*
insulator arc-over *<el>* • Isolatorüberschlag *m*
insulator boot *<el> (cable penetration of appliances)* • Knickschutztülle *f*
insulator chain *<el>* • Isolatorenkette *f*
insusceptible to *<gen> (e.g. failures, disease)* • unempfindlich für
insusceptible to aging *US <mat>* • alterungsunempfindlich
intaglio printing press *<print>* • Tiefdruckmaschine *f*
intake *<tech.gen>* • Ansaugöffnung *f*

intake <tech.gen> *(process; e.g. of fuel, water by a vehicle)* • Aufnahme *f*
intake <tech.gen> *(process; of gas, steam, liquid)* • Eintritt *m*; Eintreten *n*
intake air <tech.gen> • Ansaugluft *f*
intake camshaft <mvhcl.mot> • Einlassnockenwelle *f*
intake manifold <mot> *(of an engine)* • Ansaugkrümmer *m*; Einlasskrümmer *m*; Ansaugsammelleitung *f DIN ISO 7967-4*
intake manifold with resonance characteristics <mvhcl.mot> • Ansaugrohr mit Resonanzaufladung *n*
intake plenum <mvhcl.mot> *(of induction system)* • Ansaugluftsammler *m*; Sammelsaugrohr *n Bosch*; Luftsammler *m*; Luftkammer *f Ford*
intake port <mvhcl.mot> *(in cylinder head)* • Ansaugkanal *m*; Einlasskanal *m*
intake stroke *US* <mot> *(of piston engines; from TDC to BTC)* • Ansaugtakt *m*; Saughub *m*
intake tower <energ.hydr> *(in a reservoir)* • Entnahmeturm *m*
intake valve <mvhcl.mot> *(four-stroke engine)* • Einlassventil *n* (EV)
intake volume <mech.eng> *(gen.; of any fluid; e.g. of pump, compressor, engine, turbine)* • Ansaugvolumen *n*
intarsia <srfc.wood> *(inlaid wood mosaic, ornamental woodwork; e.g. in furniture, car trim)* • Intarsien *fpl*; Holzeinlegearbeit *f rar*; Einlegearbeit *f rar*; eingelegtes Holz *n rar*
integer <math> • ganze Zahl *f*
integer multiple <math> • ganzzahliges Vielfaches *n*
integrable <tech.gen> • integrierbar
integral <tech.gen> *(built-in)* • eingebaut
integral <tech.gen> *(component, feature, function)* • integriert
integral <tech.gen> *(design principle)* • rahmenlos
integral <math> • Integral *n*
integral calculus <math> • Integralrechnung *f*
integral charging unit <el> • eingebautes Ladegerät *n*
integral construction <tech.gen> • rahmenlose Bauart *f*; rahmenlose Bauweise *f*
integral equation <math> • Integralgleichung *f*
integral fuel tank <aerosp> • Integraltank *m*
integrate *vt* <gen> *(organisationally)* • eingliedern *vt*
integrate *vt* <tech.gen> *(mathematically, technically, organizationally)* • integrieren *vt*
integrated circuit (IC) <comp.ic> *(semiconductor device)* • integrierte Schaltung *f* (IC); integrierter Schaltkreis *m*; Chip *m prakt*; Monolith *m rar*
integrated control unit (ICU) <i&c> • Integriertes Steuergerät *n*
integrated GPS receiver <navig> • integrierter GPS-Empfänger *m*
integrated head restraint <mvhcl.int> • integrierte Kopfstütze *f*
Integrated Starter/Alternator Damper (ISAD) <mvhcl.el> • Integrierter Starter-Alternator-Dämpfer *m* (ISAD)
integrated starter-alternator-damper system (ISAD) <mvhcl.mot> *(crankshaft starter-generator with integral torsion vibration damper)* • Kurbelwellen-Startergenerator mit integriert. Drehschwingungstilger *m* (ISAD); ISAD-System *n*
integration <tech.gen> • Integration *f*
integrity <gen> • Ganzheit *f*
integrity <tech.gen> • Integrität *f*
integument <bio> *(a natural covering; e.g. skin, shell, rind)* • Hülle *f*; Integument *n wiss*
intelligent system <tech.gen> *(e.g. edp, control, quality assurance)* • intelligentes System *n*
intended trajectory <tech.gen> *(projectile, ballistic rocket, spacecraft)* • Sollflugbahn *f*
intended use <tech.gen> *(e.g. of a product, document, translation)* • Verwendungszweck *m*
intensifier <chem> • Verstärker *m*
intensify *vt* <tech.gen> *(impression, effect)* • intensivieren *vt*; verstärken *vt*; vertiefen *vt rar*
intensify *vt* <tech.gen> *(e.g. effort, contrast, process)* • verstärken *vt*; intensivieren *vt rar*

intensity *<tech.gen>* • Intensität *f*
intensity fluctuation *<phys>* • Intensitätsschwankung *f*
intensity level *<phys>* • Intensitätspegel *m*
intensity of traffic carried *<tele>* • Belastung *f*
intensive *<gen> (e.g. colors, illumination, contrast)* • stark; intensiv
intensive care unit (ICU) *<med.tech>* • Intensivstation *f* (IPS); Intensivpflegestation *f*
interact *vi <gen>* • aufeinander einwirken *vi*; gegenseitig beeinflussen *vr*
interaction *<gen>* • wechselseitige Beeinflussung *f*; Interaktion *f*; wechselseitige Einwirkung *f*; Zusammenwirken *n*
interaction *<tech.gen>* • Wechselwirkung *f*
interactive *<gen>* • gegenseitig aufeinander wirkend
interactive *<tech.gen> (e.g. edp, TV)* • dialogfähig
interactive *<tech.gen>* • interaktiv; dialogorientiert
interbreed *vt <bio> (animals)* • kreuzen *vt*
intercept *vt <mil> (air traffic, radio signals, planes, missiles etc.)* • abfangen *vt*
intercept *vt <tele> (radio messages, voice mail)* • abhören *vt*
intercepting circuit *<tele> (telephone)* • Fangschaltung *f*
interception-proof *<tele>* • abhörsicher; abfangsicher
interchange *<gen>* • Austausch *m*
interchange *<traff.build> (structure; bridges etc.; e.g. on freeways, motorways)* • Kreuzungsbauwerk *n*
interchange *vt <gen>* • auswechseln *vt*
interchangeability *ISO 8402 <tech.gen> (e.g. of spare parts)* • Austauschbarkeit *f DIN EN ISO 8402*
interchangeable *<gen>* • ersetzbar
interchangeable *<tech.gen>* • wechselseitig austauschbar
interchangeable *<phot> (lens)* • auswechselbar
interchangeable lens *<opt> (e.g. for cameras, enlargers)* • Wechselobjektiv *n*
interchange assembly *<tech.gen>* • Austauschbaueinheit *f*
intercity service system *<traff> (bus lines, railways)* • Fernnetz *n*; Fernverkehrsnetz *n*
intercoat adhesion failure *<srfc> (paint fault)* • Abblättern des Lacks *n*
intercom system *<tele>* • Bordsprechanlage *f*
intercom system *<tele> (bi-directional, full duplex)* • Gegensprechanlage *f*; Interkom *n prakt*
intercom system *<tele> (alternating one-directional)* • Wechselsprechanlage *f*
interconnect *vt <tech.gen> (e.g. lines, networks)* • verbinden *vt*
interconnect *vt <el> (circuits)* • koppeln *vt*
interconnected grid *<energ.el>* • Verbundnetz *n*
interconnection level *<gen> (between buildings, organisations)* • Verbindungsebene *f*
intercontinental ballistic missile (ICBM) *<mil>* • Interkontinentalrakete *f*; interkontinentale ballistische Rakete *f*
intercooler *<mot> (between supercharger and engine)* • Ladeluftkühler *m*; Intercooler *m*
intercrystalline *<mat>* • interkristallin
interdependence *<gen>* • gegenseitige Abhängigkeit *f*
interdependent *<gen>* • gegenseitig abhängig
interface *<tech.gen> (physical or abstract; e.g. betw. systems, PC/printer)* • Schnittstelle *f*
interface *<phys> (area between two phases; e.g. gas and liquid)* • Grenzfläche *f*; Phasengrenzfläche *f*; Phasengrenze *f*
interface *<phys> (between two media)* • Grenzfläche *f DIN EN 1330-4*
interface *vt <el> (connect; e.g. peripheral units to system unit)* • koppeln *vt*; anschließen *vt*
interface adapter *<tech.gen>* • Schnittstellenadapter *m*
interface assignments *<gen>* • Schnittstellenbelegung *f*
interface cable *<comp>* • Schnittstellenkabel *n*

interfacial seal *<gen>* • Stirnflächendichtung *f*

interfere *vi <el>* • gegenseitig beeinflussen *vr*

interfere *vi <phys> (mechanically, electronically, acoustically, optically)* • überlagern *vr*

interfere *vt <gen> (with a process)* • eingreifen *vi*; einmischen *vr*

interference *<tech.gen>* • Interferenz *f*

interference effect *<el>* • Störeffekt *m*

interference factor *<el>* • Störfaktor *m*

interference filter *<tech.gen>* • Interferenzfilter *n*

interference fit *<mech.eng> (e.g. oversize shaft in undersized hole)* • Presspassung *f*; Übermaßpassung *f*

interference-free *<el>* • entstört

interference fringe pattern *<astron>* • Interferenzmuster *n*

interference phenomenon *<phys>* • Interferenzerscheinung *f*

interference-proof *<el> (electric device)* • störungssicher

interference signal *<tech.gen>* • Störsignal *n*

interference source *<tech.gen> (gen.; any type)* • Störquelle *f*

interference spectroscopy *<phys>* • Interferenzspektroskopie *f*

interference suppression *<tech.gen>* • Entstörung *f*

interfere with *vt <gen>* • behindern *vt*; beeinträchtigen *vt*

interferometry *<opt.i&c>* • Interferometrie *f*

interferon *<bio> (protein)* • Interferon *n*

intergranular corrosion *ISO 8044 <srfc>* • interkristalline Korrosion *f DIN EN ISO 8044*; Korngrenzenkorrosion *f*; Kornzerfall *m*

intergranular stress-corrosion cracking *<qualit.mat>* • interkristalline Spannungsrisskorrosion *f*

interior coating *<srfc> (gen.; e.g. of pipe, bulb)* • Innenbeschichtung *f*

interior design *<build.int>* • Innenarchitektur *f*

interior fittings *<int> (of rooms, vehicles)* • Innenausstattung *f*

interior lighting *<aerosp.int>* • Innenbeleuchtung *f*

interior lighting *<light> (gen.; e.g. of building, vehicle, refrigerator)* • Innenbeleuchtung *f*

interior navigation canal *<build.nav>* • Kanal *m*

interior noise level *<vhcl.acoust> (in dBA; in cars typ. 40 to 80 dBA from idle to full throttle)* • Innengeräuschpegel *m*

interior paneling *US <tech.gen> (typ. wood, moldings)* • Innenverkleidung *f*

interior touches *<mvhcl.int> (e.g. marquetry in walnut trim, illuminated vanity mirror)* • Ausstattungsdetails *npl*

interior trim *<tech.gen> (panels, liners, covers)* • Innenverkleidung *f*

interior work *<build>* • Ausbau *m*

interlace *vt <join>* • flechten *vt*

interlaced mode *<av> (of CRTs; e.g. TV, computer monitor)* • Zeilensprungverfahren *n*; Interlaced-Modus *m*; Interlaced-Verfahren *n*; Halbbildverfahren *n*; Zwischenzeilenverfahren *n rar*

interlayer *<tech.gen>* • Trennschicht *f*

interlayer *<silic.plast> (in laminated glass; a tough plastic sheeting material, such as PVB)* • Zwischenfolie *f*

interleave ratio *<comp>* • Interleave-Faktor *m*; Interleave-Wert *m*

interlingua *<transl>* • Interlingua *f*; Zwischensprache *f*

interlink *vt <tech.gen> (concrete or abstract objects)* • koppeln *vt*

interlock *vi <join> (e.g. roof tiles)* • ineinandergreifen *vi*

interlock *vt <tech.gen>* • kuppeln *vt*

interlock *vt <tech.gen>* • verblocken *vt*

interlock *vt <mech.eng> (e.g. covers, doors, to prevent inadvertent opening)* • blockieren *vt*

interlock *vt <safe> (by electronic means)* • verriegeln *vt*

interlock circuit *<i&c> (e.g. for access control, work safety)* • Verriegelungsschaltung *f*

interlock fabric *<textil>* • Interlockware *f*; Rechts/Rechts-gekreuzte Ware *f*; Interlock *m*

interlocking *<tech.gen> (e.g. of various switches and sensors)* • Verriegelung *f*

interlocking *<mech.eng>* • ineinandergreifend

interlock mechanically *vt <mech.eng>* • mechanisch verriegeln *vt*

intermediate layer <*tech.gen*> *(any shape, any material; stiff or flexible)* • Zwischenlage *f*
intermediate piece <*tech.gen*> *(gen.; any kind)* • Zwischenstück *n*
intermediate-pressure turbine <*turb*> • Mitteldruckturbine *f*; MD-Turbine *f prakt*
intermediate shaft <*mech.eng*> *(gen.; e.g. in engine, transmission)* • Zwischenwelle *f*
intermediate shape <*prod*> • Halbzeug *n*
intermediate shape <*prod*> *(of a product; e.g. during the deep drawing process)* • Zwischenform *f*
intermediate step <*tech.gen*> • Zwischenschritt *m*; Zwischenstufe *f*
intermediate storage <*logist*> • Zwischenlager *n*
intermit *vi* <*tech.gen*> *(stop or pause at intervals; e.g. engine)* • aussetzen *vi*
intermittent <*tech.gen*> *(e.g. duty, load)* • diskontinuierlich; intermittierend; Takt…; pulsierend
intermittent <*tech.gen*> *(mode of operation; e.g. of wipers)* • Intervall…
intermittent <*tech.gen*> *(e.g. acceleration, slide movement)* • ruckweise
intermittent <*tech.gen*> *(e.g.braking, ejecting, blowing)* • stoßweise
intermittent <*tech.gen*> *(discontinuous)* • unstetig
intermittent feed <*tech.gen*> *(e.g. production, film processing)* • periodischer Vorschub *m*
intermittent operation <*tech.gen*> *(e.g. elevator)* • diskontinuierlicher Betrieb *m*
intermittent operation <*tech.gen*> • Impulsbetrieb *m*
intermittent operation <*tech.gen*> *(rather short intervals; e.g. of windshield wipers)* • Intervallbetrieb *m*; Aussetzbetrieb *m rar*; intermittierender Betrieb *m*
intermittent operation <*tech.gen*> *(e.g. windshield wiper)* • periodischer Betrieb *m*
intern <*org*> • Praktikantin *f*; Praktikant *m*
internal combustion engine <*mvhcl.mot*> *(e.g. SI engine, diesel engine)* • Verbrennungsmotor *m*; Verbrennungskraftmaschine *f form*
internal damage *sg* <*tech.gen*> *(e.g. rust)* • innere Schäden *mpl*
internal friction <*mech*> *(e.g. of engines, machinery)* • innere Reibung *f*; Eigenreibung *f*
internal gear <*mech.eng*> *(planetary gear)* • Innenzahnrad *n DIN 3998*
internal gear hub *Shimano* <*vhcl*> *(bicycle)* • Nabenschaltung *f*
internal gear pump <*convey*> *(without crescent; typ. oil pump)* • Trochoidenpumpe *f*; Rotorpumpe *f*
internal impedance <*el*> • Innenwiderstand *m*; innerer Widerstand *m*
internalization <*tech.gen*> • Internalisierung *f*
internal letter capital <*print*> • Binnenmajuskel *m*
internal loss <*tech.gen*> • Eigenverlust *m*
internally frosted lamp <*light*> • innenmattierte Lampe *f*
internally toothed <*mech.eng*> • innenverzahnt; Innenverzahnung *f*: mit ~
internal-pole generator <*el*> *(generates AC; e.g. bicycle dynamo)* • Innenpolgenerator *m*; Innenpolmaschine *f*
internal pressure <*phys*> *(gen.; e.g. in tanks, vessels, piping systems)* • Innendruck *m*
internal serration *DIN 34824* <*join*> *(of bolt and screw heads)* • Innenvielzahn *f DIN 34824*
internal slackness <*tech.gen*> • Spiel *n*
internal stress <*mech*> • Eigenspannung *f*
internal tab washer <*join*> • Scheibe mit Innennase *f DIN ISO 1891*; Sicherungsblech mit Innennase *n*
internal temperature <*tech.gen*> • Innentemperatur *f*
internal thread <*join*> *(in threaded holes, nuts)* • Innengewinde *n*
internal-thread … <*prod*> *(e.g. cutting, pipe end, socket)* • Innengewinde…; Innen… *rar*
internal toothing <*mvhcl.drive*> • Innenverzahnung *f*
internal turning <*prod*> • Innendrehen

n
international call *<tele>* • Auslandsgespräch *n*
internationalism *ISO 12620 <term> (e.g. en alcohol, de Alkohol, fr alcool; from Arabic al·kuhl)* • Internationalismus *m*
internationalized domain name (IDN) *<comp>* • internationalisierter Domänenname *m* (IDN)
international knot (kn) *<nav> (unit of speed, 1.852 km/h; e.g. 24kn)* • Knoten *m* (kn); Seemeilen pro Stunde *fpl*
international scientific term *ISO 12620 <term>* • internationale wissenschaftliche Benennung *f*
International Space Station (ISS) *<aerosp>* • Internationale Raumstation *f* (ISS)
International System of Units (SI) *<phys>* • Internationales Einheitensystem *n* (SI); SI-System *n prakt*; praktisches Maßsystem *n rar*; praktisches Einheitensystem *n rar*
Internet *<comp> (usu. spelled with a capital I)* • Internet *n*; Inet *n jarg*
Internet flat rate *<comp>* • Internet--Flatrate *f*; Pauschalpreis für Internetzugang *m*; Surf-Flatrate *f jarg*
Internet protocol (IP) *<comp>* • Internet-Protokoll *n* (IP); Internetprotokoll *n*
Internet Service Provider (ISP) *<tele> (e.g. AOL, CompuServe, Psinet, Uunet)* • Internet-Service-Provider *m* (ISP); Internet-Diensteanbieter *m*; Diensteanbieter *m*
internship *<org>* • Praktikum *n*
inter-office memo (IOM) *<docu>* • Interne Mitteilung *f* (IM)
interoperabilty *<tech.gen> (of systems, components; e.g. of railway systems)* • Interoperabilität *f*
interphone [set] *<build.el>* • Haussprechanlage *f*
interplanetary *<aerosp> (e.g. research probe)* • interplanetarisch; interplanetar
interpolation *<math>* • Interpolation *f*
interpret *vt <tech.gen> (results, measurements)* • auswerten *vt*
interpreter *<transl> (for meetings, conferences; male)* • Dolmetscher *m*
interpreters' booth *<transl>* • Dolmetschkabine *f*
interpreting facilities *<transl>* • Dolmetscheranlage *f*
interrelation *<gen>* • gegenseitige Beziehung *f*; Korrelation *f*; Wechselbeziehung *f*
interrupt (IR) *<comp> (I/O)* • Interrupt *m* (IR); Unterbrechung *f*
interrupt *vi <gen> (operation; temporarily)* • aussetzen *vi*
interrupt *vt <gen> (e.g. a speaker)* • unterbrechen *vt*
interrupt *vt <tech.gen> (e.g. operation, traffic)* • blockieren *vt*
interrupt *vt <mech.eng> (shut off; e.g. machine, conveyor belt)* • ausschalten *vt*; abschalten *vt*
interrupted view *<docu> (of long parts)* • verkürzte Darstellung *f DIN 15*
interrupting current *<el>* • Ausschaltstrom *m*
interruption *<gen> (temporary)* • Aussetzen *n*
interruption *<gen> (act, process)* • Unterbrechen *n*
interruption *<gen> (temporary pause, break in process)* • Unterbrechung *f*
interruption *<tech.gen> (of a connection)* • Trennung *f*
interrupt request (IRQ) *<comp>* • Interrupt-Request *m* (IRQ); Interrupt *m prakt*; Interruptanforderung *f rar*; Unterbrechungsanforderung *f rar*
intersect *vi <gen> (e.g. lines, roads)* • kreuzen *vr*
intersect *vi <math> (lines, curves, surfaces)* • schneiden *vr*
intersect *vt <tech.gen> (e.g. ranges)* • überschneiden *vt*
intersection *US <build.traff> (with at least one major highway)* • Knotenpunkt *m*; Kreuzung *f*
intersection *US.GB <traff> (of roads)* • Straßenkreuzung *f*; Kreuzung *f prakt*
interstellar *<astron>* • interstellar
interstice *<tech.gen> (small or narrow interval btw. things or parts)* • Fuge *f*
interstice *<tech.gen> (e.g. between boards, fence slats, cover strips)* • Lücke *f*
interstitial-free steel *<metal> (a vacuum-decarburized, Al-deoxidized steel)* • IF-Stahl *m*; mikrolegierter

Sondertiefziehstahl *m*
interstitial water *<phys> (gen.)* • Porenwasser *n*
interval *<gen> (temporal)* • Bereich *m*
interval *<tech.gen> (e.g. feed, counting)* • Schritt *m*
interval *<acoust>* • Pause *f*
interval switch *<tech.gen>* • Intervallschalter *m*
intervene *vt <gen> (in a process)* • eingreifen *vi*
intervention *<gen> (e.g. of persons, third parties, technologies)* • Einschaltung *f*
interwoven *<textil>* • durchwirkt
intimate *<gen> (e.g. contact)* • innig
intoxication *<med.jur>* • Intoxikation *f*; Vergiftung *f*
intricate *<gen> (e.g. task, description, display)* • verwickelt
intrinsically safe *<tech.gen>* • eigensicher
intrinsic conduction *<el>* • Eigenleitung *f*; i-Leitung *f*
intrinsic error *<qualit>* • Grundfehler *m*
intrinsic safety *<tech.gen> (e.g. of a reactor)* • Eigensicherheit *f*
introduce *vt <gen> (into something; e.g. new ideas into a discussion, proposal, bill)* • einbringen *vt*
introduce *vt <gen> (e.g. a person, new methods in an enterprise)* • einführen *vt*
introduce *vt <gen> (e.g. a lecture, book, interview)* • einleiten *vt*
introduction *<gen> (of measures, regulations, rules)* • Inkraftsetzung *f*
introduction *<docu>* • Einführung *f*
intro scan *<av> (playback of the first seconds; e.g. of tape recordings, radio channel)* • Anspielautomatik *f*; Intro--Scan *n*; Intro-Search *n*
intrude *vt <tech.gen> (against resistance, without permission; e.g. in restricted areas)* • eindringen *vi*
intruder alarm [system] *<alarm>* • Überfall- und Einbruchmeldeanlage *f* (ÜEA); Einbruch- und Überfallmeldeanlage *f*; Intrusionsmeldeanlage *f*; Alarmanlage *f ugs*; Einbruchmeldeanlage *f*
intrusion *<gen> (unauthorized; e.g. in a building, room)* • Eindringen *n*
intrusion *<tech.gen> (gen.; unwanted penetration of sth by sth.; e.g. car crash, alarm syst.)* • Intrusion *f wiss*
intrusion *<tele> (connects into a busy line)* • Aufschalten *n*
intrusion detection device *<alarm>* • Einbruchmelder *m*; automatischer Melder *m norm*; Einbruchmeldegerät *n*
inundate *vt <geo>* • überfluten *vt*; fluten *vt*
invalid *<gen>* • ungültig
Invar *<mat.metal> (typ. alloy for spiral springs)* • Invar *n*
invariability *<tech.gen>* • Invariabilität *f*
invariable *<gen>* • unveränderbar; unveränderlich *rar*
invariant *<gen>* • unveränderlich; konstant
invariant *<math>* • Invariante *f*
invention *<jur>* • Erfindung *f*
inventor *<jur>* • Erfinder *m*
inventory *<gen>* • Inventar *n*
inversely proportional *<math>* • umgekehrt proportional
inverse transform *<tech.gen>* • Rücktransformation *f*
inversion *<gen>* • Umkehr *f*; Umkehrung *f*
inversion *<tech.gen>* • Inversion *f*
inversion layer *<meteo> (weather condition)* • Inversionsschicht *f*
inverted *<gen> (wrong direction/ orientation)* • verkehrt
inverted flying *<aerosp>* • Rückenflug *m*
inverted form *<term>* • invertierte Form *f*
inverted siphon *<build.hydr> (e.g. water duct)* • Düker *m DIN 4047-5*; Dücker *m rar*
inverted term *<term>* • invertierte Benennung *f*
inverter *<el> (e.g. for photovoltaic power installations)* • Wechselrichter *m*; Gleichstrom/Wechselstrom--Wandler *m*; DC/AC-Wandler *m*; Inverter *m*
invert sugar *<food>* • Invertzucker *m*
investigate *vi/vt <gen>* • erforschen *vt*
investigate *vt <gen>* • untersuchen *vt*
investigation *<gen>* • Untersuchung *f*
investment molding process *<prod> (precision molding; e.g. lost-wax method)* • Ausschmelzverfahren *n*; Modellausschmelzverfahren *n*;

Modellausschmelzgießverfahren *n*
investment pattern *<prod>* • Ausschmelzmodell *n*; ausschmelzbares Modell *n*; verlorenes Modell *n*
invite tenders *vt <econ>* • ausschreiben *vt*
invoke *vt <comp> (e.g. a program, macro, etc.)* • aufrufen *vt*
involute [curve] *<math> (e.g. of gears)* • Evolvente *f DIN 3998*; Fadenlinie *f*; Abwicklungskurve *f*
involute-toothed *<mech.eng>* • evolventenverzahnt
involute toothing *<mech.eng>* • Evolventenverzahnung *f*
I/O address *<comp>* • I/O-Adresse *f*; Portadresse *f*
I/O channel *<comp>* • Eingabe--Ausgabe-Kanal *m*
iodine (I) *<chem>* • Iod *n* (I, J); Jod *n ugs*
iodine-containing *<chem>* • iodhaltig
ion *<phys.min>* • Ion *n*
ion-beam milling *<el.ic.prod>* • Ionenstrahlätzen *n*
ion exchanger *<proc> (gen.)* • Ionenaustauscher *m*; Ionentauscher *m rar*
ion gun *<phys>* • Ionenstrahler *m*
ionic conductor *<el>* • Ionenleiter *m*; Leiter zweiter Ordnung *m*; Leiter zweiter Klasse *m*
ion implantation *<el.ic.prod>* • Ionenimplantation *f*
ionization *<chem.el>* • Ionisierung *f*; Ionisation *f*
ionization chamber *<i&c> (e.g. of flame ionization detector)* • Ionisationskammer *f*; Brennkammer *f*
ionize *vt <phys> (e.g. in copier)* • ionisieren *vt*
ionized air *<tech.gen>* • ionisierte Luft *f*
ionizing radiation *<nucl>* • ionisierende Strahlung *f*
ionosphere *<geo>* • Ionosphäre *f*
ionospheric scatter *<tele>* • ionosphärische Streuung *f*; ionosphärische Streuausbreitung *f*
ion propulsion *<aerosp>* • Ionenantrieb *m*; Ionenstrahlantrieb *m*
ion thruster *<aerosp> (e.g. rocket)* • Ionentriebwerk *m*
ion vacancy *<chem>* • Ionenleerstelle *f*; Ionenlücke *f*
I/O request *<comp>* • Eingabe--Ausgabe-Anforderung *f*
IP address *<comp> (in a network)* • IP--Adresse *f*
IrDA communications interface *<comp> (for point to point infrared data transfer up to ca. 1,5 meters)* • IrDA-Kommunikationsschnittstelle *f*; IrDA-Schnittstelle *f*
iridescent *<srfc> (displaying a play of lustrous, changing colors; e.g. paint, fabric)* • changierend
iridescent *<srfc>* • irisierend
iridium (Ir) *<chem>* • Iridium *n* (Ir)
IRIDIUM *<tele> (satellite communication network)* • IRIDIUM
iris diaphragm *GB <opt> (variable circular aperture)* • Irisblende *f*; Iris *f prakt*
iron (Fe) *<chem>* • Eisen *n* (Fe); Ferrum metallicum *n*
iron *<hygi.tool> (for laundry; e.g. for shirts)* • Bügeleisen *n*
iron and steel *<mat>* • Stahl und Eisen
iron and steel metallurgy *<metal>* • Eisenmetallurgie *f*
iron-bearing *<min>* • eisenhaltig
iron-carbon diagram *<metal>* • Eisen--Kohlenstoff-Diagramm *n*
iron-containing *<chem>* • eisenhaltig
iron content *<chem>* • Eisengehalt *m*
iron-free *<tech.gen>* • eisenfrei; eisenlos
iron(III) oxide *<chem>* • Eisen(III)-oxid *n*; Eisentrioxid *n*
ironing *<metal> (of sheet metal)* • Abstrecken *n*; Abstreckziehen *n*; Abstreck-Gleitziehen *n norm*
ironing die *<metal>* • Abstreckwerkzeug *n*
ironing ring *<prod> (of wall-ironing machine)* • Abstreckring *m*
iron mine *<min>* • Eisenerzbergwerk *n*
iron ore *<min>* • Eisenerz *n*
iron-ore deposit *<min>* • Eisenerzvorkommen *n*; Eisenerzlagerstätte *f*
iron-ore smelting *<metal>* • Eisenerzverhüttung *f*
iron oxide *<chem>* • Eisenoxid *n*
iron pig *<metal>* • Eisenmassel *f*
iron pig *<metal>* • Roheisenmassel *f*
irradiance *<phys> (in W/m^2; e.g. of solar or nuclear radiation)*

• Bestrahlungsstärke *f*; Bestrahlungsdichte *f*; Strahlungsintensität *f*
irradiated *<gen>* • strahlenvernetzt
irradiated *<phys>* • bestrahlt
irradiated fuel element *<nucl>* • bestrahltes Brennelement *n*; bestrahltes Brennstoffelement *n*
IR radiator *<tech.gen> (for heating, drying; e.g. in bathrooms, street cafés)* • IR-Strahler *m*; Infrarotstrahler *m*
irrational number *<math>* • irrationale Zahl *f*; Irrationalzahl *f*
irregular *<gen>* • irregulär
irregular *<gen> (shape)* • unregelmäßig
irregular line *<docu> (in eng. dwg.; thin, for partial or interrupted views etc.)* • Freihandlinie *f*
irreparable *<tech.gen>* • irreparabel
irreplaceable *<gen>* • unersetzbar
irrespective of *<gen>* • unabhängig von; abgesehen von
irreversibility *<tech.gen> (e.g. of a process)* • Nichtumkehrbarkeit *f*
irreversible *<tech.gen> (process, action)* • irreversibel; unumkehrbar; nicht umkehrbar; nicht rückgängig zu machen
irreversible *<mech.eng> (jamming, blocking; e.g. worm gear)* • selbsthemmend
irreversible process *<tech.gen>* • irreversibler Vorgang *m*; irreversibler Prozess *m*
irrigated *<agri> (e.g. farmland, lawns)* • künstlich bewässert
irrigation *<agri>* • Bewässerung *f DIN19655*
irrigation engineering *<build>* • Bewässerungstechnik *f*
irritant *<chem>* • reizend
ISBN Code *<print> (ISBN number represented as EAN-13 bar code)* • ISBN-Code *m*
I-section *BS EN 10024 <build.mat> (narrow flange; wide flange; IPB, IPBl, IPBv)* • I-Träger *m DIN 1025*; I-Profil *n*; Doppel-T-Träger *m ugs*
I-section *<mech.eng> (shape of any component; e.g. of a support, girder)* • Doppel-T-Querschnitt *m did*; I-Querschnitt *m*; I-Profil *n*
isobar *<phys> (line of equal pressure; e.g. meteorological map)* • Isobare *f*
isochor *<therm> (line of equal volume)* • Isochore *f*
ISO container *ISO 668 <nav> (20 or 40 ft)* • ISO-Container *m ISO 668*
ISOFIX child safety seat *<mvhcl.safe>* • ISOFIX-Kindersitz *m*
isogonal *<math>* • gleichwinklig; isogonal
isolate *vt <tech.gen> (cut off from the rest)* • abtrennen *vt*
isolate *vt <tech.gen> (encapsulate, enclose)* • kapseln *vt*
isolate *vt <chem.proc> (a substance, pure, without contamination etc.)* • rein darstellen *vt*
isolate *vt <el>* • entkoppeln *vt*
isolate *vt <phys> (physically)* • isolieren *vi/vt*
isolated *<tech.gen> (physically separated)* • isoliert
isolated output *<el> (of power supply)* • galvanisch getrennter Ausgang *m*
isolating ... *<phys> (physical separation)* • Isolier…; Trenn…; Sperr…
isolating circuit *<el>* • Entkopplungsschaltung *f*
isolating cock *<railw.brake> (for air brake lines)* • Absperrventil *n* (AV); Absperrhahn *m*
isolating transformer *<el>* • Trenntransformator *m*; Sicherheitstransformator *m*; Trenntrafo *m*; Isolierwandler *m*
isolation *<tech.gen> (physical separation)* • Isolierung *f*
isolation *<chem.proc> (presentation of an individual substance)* • Darstellung *f*
isolation damper *<hvac> (e.g. in ventilation system)* • Absperrklappe *f*
isolator *<tech.gen> (stress on: vibration damping; e.g. rubber pad)* • Dämpfungselement *n*
isolator *<tech.gen> (stress on: physical separation)* • Zwischenstück *n*
isometric *<tech.gen> (same dimension in all directions)* • isometrisch
isometric projection *<docu> (engineering drawing; scales on all three axes identical)* • isometrische Darstellung *f DIN ISO 10209-2*; Isometrie *f prakt*
isoprene rubber (IR) *<plast>* • Isoprenkautschuk *m* (IR)

ISO speed *<phot> (of film or image sensors)* • ISO-Empfindlichkeit *f*; Empfindlichkeit *f*
isostasy *<geo>* • Isostasie *f*; Schwimmgleichgewicht *n*; Gleichgewichtsausgleich *m*
isotherm *<phys> (line of equal temperature)* • Isotherme *f*
isotope *<chem>* • Isotop *n*
isotope enrichment *<nucl>* • Isotopenanreicherung *f*
isotropy *<phys.chem> (sameness of features)* • Isotropie *f*; Gleichförmigkeit *f*
issue *<print> (e.g. of a daily newspaper, weekly magazine)* • Ausgabe *f*
issue *vt <gen> (e.g. order, bank notes)* • ausgeben *vt*
issue *vt <docu> (e.g. an invoice, shipping documents)* • ausstellen *vt*
issuing country *<docu> (e.g. of a passport, certificate)* • Ausstellungsland *n*
italics *<docu> (font)* • Kursivschrift *f*
item *<gen> (element, part; e.g. of an assembly, list)* • Element *n*
item *<tech.gen> (physical part or virtual entity)* • Artikel *m*
item *<docu> (e.g. in lists)* • Position *f*
item *<docu> (e.g. in accounts)* • Posten *m*
item *<qualit> (under consideration)* • Betrachtungseinheit *f*
item code *<logist> (UPC)* • Artikelnummer *f*
itemization *<docu> (detailed listing of items; e.g. in catalog, invoice)* • Aufstellung *f*
itemize *vt <gen> (in lists, enumerations, invoices)* • einzeln aufführen *vt*
item reference *ISO 6433 <docu> (in engineering drawings)* • Positionsnummer *f DIN ISO 6433*
iteration method *<tech.gen>* • Iterationsmethode *f*; Iterationsverfahren *n*
iterative *<tech.gen>* • iterativ
iterative *<tech.gen> (repetitive; e.g. steps, search, calculus, measurement)* • wiederholend
ivory *<mat>* • Elfenbein *n*
Izod impact test *<qualit.mat>* • Izod--Prüfung *f DIN EN ISO 180*; Schlagfestigkeitsprüfung nach Izod *f*; Izod-Schlagfestigkeitsprüfung *f*
Izod impact test *<qualit.mat>* • Schlagversuch nach Izod *m DIN EN ISO 180*

J

jack *<tech.gen> (support)* • Stützbock *m*
jack *<el> (female; accommodates a male connector)* • Anschlussbuchse *f*
jack *<el> (connector plug)* • Klinke *f*
jack *US <el.build> (connecting device for plugs; e.g. telephone)* • Anschlussdose *f*; Dose *f prakt*
jack *<mvhcl.tool> (on-board tool to raise the vehicle; any type; usu. a screw jack)* • Wagenheber *m*; Bordwagenheber *m form*
jack *<tool> (any type; mech., hydraulic. etc.; e.g. car jack)* • Heber *m*
jacket *<tech.gen> (e.g. for cables, instruments, books)* • Hülle *f*
jacket *<tech.gen> (sealed or especially robust housing)* • Kapsel *f*
jacket *<tech.gen> (e.g. around a cable, furnace, tube)* • Mantel *m*
jacket *<tech.gen> (e.g. cable, instrument)* • Umhüllung *f*
jacket *<el> (of cables)* • Mantel *m*; Ummantelung *f rar*
jacket *<pap> (for book)* • Umschlag *m*
jacketed ... *<mil> (ammo)* • Mantel...
jacketed bullet *<mil>* • Mantelgeschoss *n*
jacketing *<prod>* • Verkleidung *f*
jacket pipe *<pps>* • Mantelrohr *n*; Außenrohr *n*
jacket tube *<hvac>* • Mantelrohr *n*
jacking oil pump *GE Aero <turb> (turbine)* • Anhebepumpe *f*; Anhebeölpumpe *f*
jacking point *<vhcl> (gen.; usu. on frame)* • Wagenheber-Ansatzpunkt *m*; Wagenheberaufnahme *f*; Ansatzpunkt *m prakt*
jack-knife *<tool> (a large pocketknife)* • Klappmesser *n*
jack plug *<el>* • Klinkenstecker *m*; Klinkenstöpsel *m ugs.rar*
jack-plug *<tele> (for patch bay)* • Stöpsel *m*
jack up *vt <rep> (e.g. car, boat)*

• aufbocken *vt*

jack-up oil rig *<petr>* • Hubbohrinsel *f*; Bohrhubinsel *f*; Hebebohrinsel *f*

Jacobs bogie *<railw> (e.g. typ. on French TGV)* • Jakobs-Drehgestell *n*

jacquard fabric *<textil>* • Jacquard *m*

jacquard loom *<textil>* • Jacquardmaschine *f*; Jacquardwebstuhl *m*; Jacquardstuhl *m*

jam *vi <tech.gen> (e.g. traffic, feed)* • stocken *vi*

jam *vi <mech.eng>* • festklemmen *vi*

jam *vi <mech.eng> (e.g. drawer, slide)* • verkanten *vr*; ecken *vi*

jam *vt <tech.gen> (e.g. telecommunication network, internet)* • blockieren *vt*

jam *vt <mil> (e.g. transmitter, radar)* • stören *vt*

jamb *<build> (of doors, windows)* • Einfassung *f*

jammed *<tech.gen>* • fest; blockiert

jamming *<tele> (intended; e.g. of radio communications, radar)* • Störung *f*

jamming control *<gen> (e.g. bottling machine, refuse sorting plant)* • Staukontrolle *f*

jamming station *<mil>* • Störfunkstelle *f*

Japanese lacquer *<srfc> (varnish obtained from an Asian sumac)* • Japanlack *m*

jasper *<min>* • Jaspis *m*

jaw *<tool> (of a vice, chuck, clamping fixture)* • Backe *f*; Backen *m obs.rar.ugs*

jaw *<tool> (e.g. of a wrench)* • Maul *n*

jaw breaker *<build.mach>* • Backenbrecher *m*

jaw chuck *VDI 3106 <tool.mech.eng> (lathe chuck; tool holder on milling cutters)* • Backenfutter *n VDI 3106*

jaw opening *<tool>* • Maulweite *f*

jaw-trap *<gen>* • Bügelfalle *f*

jerk *vi <mech>* • ruckweise bewegen *vr*

jerky movement *<mech>* • ruckartige Bewegung *f*

jersey *<textil>* • Jersey *m*; Jerseystoff *m*; Trikotstoff *m*

jet *<tech.gen>* • Düsenstrahl *m*

jet *<tech.gen> (from a nozzle; e.g. fuel)* • Strahl *m*

jet *<mvhcl.mot> (in carburetor)* • Düse *f*

jet aircraft *<aerosp>* • Strahlflugzeug *n*; Düsenflugzeug *n*; Jet *m ugs*; Strahltriebflugzeug *n rar*

jet-black *<srfc>* • Tiefschwarz *n*

jet brake *<aerosp>* • Strahlbremse *f*

jet engine *<aerosp>* • Strahltriebwerk *n*; Düsentriebwerk *n*; Strahlturbine *f*

jet fuel *<aerosp> (fuel for jet engines; no gasoline)* • Jet Fuel *m*; Kerosin *n*; Düsentreibstoff *m ugs.rar*

jet fuel A-1 *<aerosp> (boiling range 180…280 °C)* • Jet Fuel A-1 *m*; Flugturbinenkraftstoff Jet A-1 *m form*; Jet A-1 *m prakt*

jet nozzle *<tech.gen>* • Strahldüse *f*

jet nozzle *<aerosp> (jet engine)* • Schubdüse *f*

jet nozzle *<energ.hydr> (in a Pelton turbine)* • Nadeldüse *f*; Pelton-Düse *f*; Düse *f prakt*

jet pipe *<tech.gen> (pipe with nozzle that ejects a jet)* • Strahlrohr *n*

jet propulsion *<tech.gen>* • Rückstoßantrieb *m*; Strahlantrieb *m*

jet pump *<convey>* • Strahlpumpe *f*; Ejektor *m*; Treibmittelpumpe *f*; Ejektorpumpe *f*

jet reversal *<tech.gen>* • Strahlumlenkung *f*

jetsam *<nav> (goods that are cast overboard deliberately)* • Ballast *m*; Geworfenes *n*: über Bord ~; Material *n*: über Bord geworfenes ~

jet ski *<nav>* • Jet-Ski *m*

jettison *vt <aerosp> (excess load, ballast; e.g. empty fuel tanks)* • abwerfen *vt*

jettisoning *<aerosp> (of excess load)* • Abwurf *m*

jetty *<build> (overhanging story of a building)* • überstehendes Geschoss *n*

jetty *<build.hydr> (stress on: current deflector, surf breaker)* • Wellenbrecher *m*

jet vane *<aerosp> (of rockets, jet engines; control vane in jet exhaust)* • Strahlruder *n*

jewel *<garm> (piece of jewelry)* • Juwel *n*

jeweler *US <gen>* • Goldschmied *m*; Juwelier *m*

jewelry-making *<tech.gen>* • Schmuckherstellung *f*

jib in *vt <min>* • anschrämen *vt*

jig *<mach.tool> (tool-holding device)*

• Werkzeugspannvorrichtung *f*
jigs and fixtures *<mach.tool>* • Vorrichtungen *fpl*
jigsaw *<tool> (pendulum action)* • Pendelstichsäge *f*; Motorstichsäge *f*
JIT production planning *<prod.logist> (just in time)* • JIT-Produktionsplanung *f*
jitter *<tech.gen> (oscillation, see-saw effect)* • Schaukeleffekt *m*
jitter *vi <av> (film image)* • zittern *vi*
jobbing press *<print>* • Akzidenzmaschine *f*; Akzidenzdruckmaschine *f*; Werkdruckmaschine *f*
jobbing type[face] *<print>* • Akzidenzschrift *f*
jobbing work *<print>* • Akzidenzarbeit *f*
job cuts *<econ>* • Arbeitsplatzabbau *m*
job-oriented *<tech.gen>* • auftragsbezogen
job printing *<print>* • Akzidenzdruck *m*
job-site supervision *GE Aero <gen>* • Vor-Ort-Betreuung *f*
joddle-join *vt <prod> (sheet metal; e.g. car body panels)* • absetzen *vt*
jog *vt <print> (sorter)* • rütteln *vt*
jog speed *<tech.gen>* • Langsamgang *m*
join *vt <gen>* • vereinigen *vt*
join *vt <join> (gen.)* • fügen *vt*; aneinanderfügen *vt ugs*; zusammenfügen *vt ugs*
join *vt <join>* • verbinden *vt*
join by rabbets *vt <join>* • einblatten *vt*; einfalzen *vt*
joining process *<join>* • Fügeverfahren *n*
joint *<tech.gen> (wall, bridge, weld)* • Fuge *f*
joint *<tech.gen> (concrete slabs, girders, rails)* • Stoß *m*
joint *<autom>* • Gelenk *n*
joint *<bio> (e.g. knee)* • Gelenk *n*
joint *<join> (gen.; any permanent or separable interface)* • Verbindung *f*; Verbindungsstelle *f*; Fügestelle *f*
joint *<mech> (fixed)* • Verbindung *f*
joint *<mech.eng> (of shafts; articulated)* • Gelenk *n*
joint *<mech.eng> (in a lattice structure)* • Knoten *m*
joint *<tool> (of pliers, scissors)* • Gewerbe *n*
joint *vt <build> (masonry)* • ausfugen *vt*
jointing *<tech.gen>* • Fügen *n*
jointing tube *<join> (for shafts, pipes, tubing)* • Überwurfmuffe *f*
jointless *<tech.gen>* • fugenlos
joint mortar *<build.mat> (for bricks, stones)* • Fugenmörtel *m*
joint seal *<build>* • Fugenabdichtung *f*
joint sealant *<build.mat>* • Fugendichtmasse *f*; Fugendichtstoff *m*; Ausfugmasse *f*; Fugenabdichtung *f*
joint sealing *<build> (gen.; any type of sealant)* • Fugenabdichtung *f*
joint trowel *<build.tool>* • Fugenkelle *f*
joist floor *<build>* • Balkendecke *f*
Jojoba oil *<chem> (e.g. for cosmetic products, lubricants, diesel fuel replacement)* • Jojobaöl *n*
jolt *<tech.gen> (sudden acceleration/deceleration; e.g. of car body)* • Ruck *m*
jolt *vi <tech.gen> (shake; usu. undesirable; e.g. vehicle suspension)* • stoßen *vi*
jolt *vi/vt <gen> (e.g. railway car, material compaction)* • rütteln *vi/vt*
joule (J) *<phys> (SI-unit of work, energy, heat)* • Joule *n* (J) *DIN 1301*
journal *ISO 4378-1 <mech.eng> (e.g. of crankshaft)* • Zapfen *m DIN ISO 4378-1*; Wellenzapfen *m*
journal bearing *ISO 4378-1 <mech.eng> (stress on: a radial bearing; e.g. crankshaft main bearing)* • Radiallager *n DIN ISO 4378-1*
journal bearing *<mech.eng> (gen.)* • Zapfenlager *n*
journaled *<mech.eng> (shaft)* • drehbar gelagert
journey *<traff> (from A to B)* • Fahrt *f*
joystick *<comp.play> (for computer games, flight simulator)* • Joystick *m*; Steuerknüppel *m rar*
joystick *<i&c> (operator control element; e.g. in excavator cabin, power wheelchair)* • Joystick *m*
judge *vt <gen>* • entscheiden *vt*
juicer *<gastr.tool> (gen.; any type, mech. or electric)* • Entsafter *m*
jump *<gen>* • Sprung *m*
jump *<tech.gen> (e.g. of masured values)* • sprunghafte Änderung *f*
jump *<comp>* • Sprung *m*
jump *vi <gen>* • springen *vi*

jumper *<comp> (on PCBs)* • Steckbrücke *f*; Platinenschalter *m form*; Platinenstecker *m prakt*; Jumper *m jarg*

jumper *<el> (wire, cable, plug)* • Überbrückung *f*; Brücke *f*; Strombrücke *f rar*

jumper *<el> (connecting wire)* • Verbindungsdraht *m*

jumper *vt <el> (bridge two terminals, pins)* • überbrücken *vt*

jumper cable *<el>* • Überbrückungskabel *n*

jumper cable *<mvhcl.el> (for emergency starting)* • Starthilfekabel *n DIN 72553*; Überbrückungskabel *n ugs*

jump ring *<metal> (juwelry)* • Öse *f*

jump-start *vt <mvhcl> (vehicle with discharged battery)* • starten mit Starthilfekabel *vt*

jump statement *<comp>* • Sprunganweisung *f*

jumpsuit *<garm>* • Overall *m*

junction *<tech.gen> (e.g. electric, mechanical, traffic; road, railway)* • Anschluss *m*

junction *<railw> (node in railway system)* • Knotenpunkt *m*

junction box *<el> (small, in-house)* • Abzweigdose *f*

junction box *<el>* • Verteilerkasten *m*

junction region *<ic> (semiconductor)* • Übergangsbereich *m*; Zonenübergang *m*; Übergang *m*; Übergangszone *f*; Übergangsgebiet *n*

juncture *<gen>* • Verbindungspunkt *m*

junior hacksaw *<tool>* • kleine Metallsäge *f*; Juniorsäge *f*; Haushaltssäge *f rar*

justification *<print> (text alignment)* • Ausrichtung *f*

justified setting *<print>* • Blocksatz *m*; geschlossener Zeilenfall *m rar*; ausgeschlossener Satz *m rar*; glatter Satz *m obs*

justify *vt <print> (a text, e.g. right--ragged)* • ausrichten *vt*

juxtaposition *<gen>* • Juxtaposition *f*

K

kan *<i&c> (pearls; commercial weight unit)* • Kan *n*

Kaplan water turbine *<energ.hydr>* • Kaplanturbine *f*

karat (K, Kt) *US <i&c> (proportional unit for the purity of gold in an alloy; obsol. in EUR)* • Karat *n* (K, Kt)

kayak *<nav> (covered on top; propelled by double-bladed paddles)* • Kajak *n*

keel *<nav>* • Kiel *m*

keel boat *<nav>* • Kielboot *n*

keel laying *<nav> (of a new boat, ship)* • Kiellegung *f*

keel yacht *<nav>* • Kieljacht *f*; Kielyacht *f*

keenness *<tool> (cutting edge)* • Schärfe *f*

keep *vt <gen> (e.g. distance, promise, order; a dog, car)* • halten *vt*

keep *vt <pack> (do not throw away, discard; e.g. shipping carton, box)* • aufbewahren *vt*

keep constant *vt <tech.gen> (variables; e.g. speed, temperature)* • konstant halten *vt*

keeping properties *pl <qualit> (e.g. of processing chemicals)* • Haltbarkeit *f*

keep open *vt <gen> (hole)* • aufhalten *vt*

keep ready for service *vt <tech.gen>* • betriebsbereit halten *vt*

keep screened from light *vt <logist>* • lichtgeschützt aufbewahren *vt*

keep track of *vi <gen>* • Übersicht behalten *vi*

keep under tension *vt <tech.gen> (e.g. rope, belt, chain, thread)* • straff halten *vt*

keg *<pack>* • Fass *n*; Keg *n*

Kelvin (K) *<phys> (unit of temperature; absolute temperature; -273 °C = 0 K)* • Kelvin *n* (K)

kentledge *<build.mach> (stabilizing ballast on a crane; typ. concrete blocks)* • Gegengewicht *n*; Kontergewicht *n*

kentledge *<nav> (stabilizing ballast in bottom)* • Ballast *m*

Kepler's laws *<astron>* • Kepler'sche Gesetze *npl*; Kepler-Gesetze *npl*; keplersche Gesetze *npl*

kerf *<build> (separating gap; e.g.*

expansion joint) • Trennfuge *f*

kerf *<min> (e.g. in coal, rock)* • Schram *m*

kerf *<prod> (cut, incision produced by a saw)* • Sägenut *f*; Sägeschnitt *m*; Sägenut *f*; Einschnitt *m*

kerf *<prod> (gap; e.g. produced by sawing, flame cutting)* • Schnittfuge *f*

kerf *vt <prod>* • schlitzen *vt*

kernel *<food> (of nuts)* • Kern *m*

kernel oil *<food> (e.g. of pumpkins, nuts)* • Kernöl *n*

kerning *<print> (closer typesetting of adjacent letters)* • Kerning *n*; Unterschneiden *n*

kerosene *US <chem.petr> (gen.)* • Kerosin *n*; Petroleum *n ugs*

kerosine *<chem.petr> (180…250 °C cut points; e.g. for jet fuel, lamps, thinner, cleaner)* • Petroleum *n*; Leuchtöl *n obs*

kerosine lamp *<light>* • Petroleumlampe *f*

ketone *<chem>* • Keton *n*

kettle *<gastr> (e.g. for heating water)* • Kessel *m*

Kevlar *<plast>* • Kevlar *n*

key: by pressing ~s *<gen>* • Knopfdruck *m*: per ~

key *<tech.gen> (for locks and key--operated switches)* • Schlüssel *m*

key *<tech.gen> (on a keyboard, keypad)* • Taste *f*

key *<mus> (on wind instrument; e.g. clarinet, oboe)* • Klappe *f*

key *vt <join> (fasten with a key; e.g. hub on shaft)* • keilen *vt DIN 6883ff.*

key *vt <join> (with taper key; e.g. shaft and hub)* • verkeilen *vt*

key blank *<safe> (e.g. for door locks)* • Schlüsselrohling *m*

keyboard *<comp>* • Tastatur *f*; Eingabetastatur *f form*

keyboard input *<tech.gen>* • Tastatureingabe *f*

keyboard layout *<tech.gen>* • Tastenanordnung *f*

keyboard-operated *<tech.gen>* • tastaturbetätigt

key command *<navig>* • Tastenbefehl *m*

keyed joint *<mech.eng> (with taper key)* • Keilverbindung *f*

key field *<comp>* • Schlüsselfeld *n*

key file *<tool>* • Schlüsselfeile *f*

key fob *<tech.gen> (with RF remote control transponder; e.g. of cars)* • Transponderschlüssel *m*; Funk--Schlüssel *m*

key fob *<mvhcl>* • Schlüsselanhänger *m*

key head *<mech.eng> (of gib head key)* • Keilnase *f*

key in *vt <tech.gen> (e.g. a code)* • eintasten *vt*

key in *vt <tech.gen> (enter via a keyboard; data, text etc.)* • eintippen *vt*; Tastatur *f*: über die ~ eingeben *vt*; Tastatur *f*: durch ~ eingeben *vt*; eingeben *vt*: über die Tastatur ~

keying error *<comp>* • Eingabefehler *m*

keyless *<tech.gen> (e.g. entry system)* • schlüssellos

keyless entry system *<mvhcl.i&c>* • schlüssellose Zentralverriegelung *f :V*

keyless-go system *MB <i&c>* • schlüsselloses Fahr- und Zugangsberechtigungssystem *n*; Keyless-Go-System *n MB*

key light *<light> (spot light)* • Akzentlicht *n*

key objective *<gen>* • Hauptziel *n*

key-operated pushbutton *<el>* • Schlosstaster *m*

key-operated telephone *<tele>* • Tastfernsprecher *m*; Tastentelefon *n*

keypad *<comp>* • Tastaturfeld *n*

key personnel *<admin>* • wichtiges Personal *n*

keys *pl <join> (general term for taper keys and feather keys)* • Keile und Federn *pl DIN 6883ff.*

keystone *<build> (e.g. of a bridge)* • Scheitelstein *m*; Schlussstein *m*

key-stone *US <build> (central stone at the summit of an arch)* • Schlussstein *m*

keystroke *<tech.gen>* • Tastenanschlag *m*

key switch *<alarm> (for arming etc.)* • Schlüsselschalter *m*

key switch *<el> (gen.; e.g. car ignition lock)* • Schlüsselschalter *m*

key [to] *vt <join> (attach with a key)* • befestigen *vt*

keyway *<mech.eng> (to accommodate a taper key; in hub and shaft)* • Keilnut *f*; Längskeilnut *f rar*

keyway *<mech.eng> (gen.; parallel or*

tapered) • Nut *f*; Längsnut *f*

keyway *vt <prod>* • nuten *vt*

keyword *ISO 12620 <term>* • Schlüsselwort *n*

kick *vt <gen>* • treten *vt*

kick *vt <mvhcl> (starter)* • antreten *vt*

kick off *vt <petr> (drill direction)* • ablenken *vt*

kick plate *<build> (on door, at bottom)* • Stoßblech *n*

kick-starter *<mvhcl> (motorcycle)* • Kickstarter *m*

kick-up pipe *<mvhcl> (pipe bend over the rear axle)* • Achsrohr *n*; Overaxle--Pipe *n*

kier-boil *vt <textil>* • beuchen *vt*; brühen *vt rar*

kill *vt <metal> (steel)* • beruhigen *vt*; abstehen lassen *vt ugs*

killed steel *<metal> (no gas evolution on solidification)* • beruhigter Stahl *m*

killing agent *<metal>* • Beruhigungsmittel *n*

kiln *<comb> (for baking bricks, calcining limestone, incineration; usu. rotary kiln)* • Ofen *m*

kilo (k) *<comp> (prefix of bit or byte: e.g. 1 kilobyte = 1024 byte = 2^{10} byte)* • Kilo... (k)

kilo (k) *<phys.i&c> (prefix of units; e.g. kilometer; 10^3)* • Kilo... (k)

kilobyte (KB) *<comp> (1 kilobyte = 1024 byte)* • Kilobyte *n* (KB); KByte *n*; Kbyte *n*

kilogram (kg) *US <phys> (SI unit of mass)* • Kilogramm *n* (kg)

kilohertz (kHz) *<phys> (frequency; 1000 hertz)* • Kilohertz *n* (kHz)

kilojoule (kJ) *<phys> (unit of energy, work, heat; 1000 joule)* • Kilojoule *n* (kJ)

kilometer (km) *US <phys> (unit of length)* • Kilometer *m* (km)

kilometres per hour (kph) *<phys> (unit of speed, gen. of road vehicles and railways)* • Kilometer pro Stunde *mpl* (km/h); Stundenkilometer *mpl ugs*; Sachen *fpl ugs*

kilovolt (kV) *<phys> (unit of voltage; 1000 volt)* • Kilovolt *n* (kV)

kilovoltampere (kVA) *<el> (unit of electric power)* • Kilovoltampere *n* (kVA)

kilowatt (kW) *<el> (unit of electric power; 1000 watt)* • Kilowatt *n* (kW)

kilowatt-hour (kWh) *<el> (unit of electric work, energy)* • Kilowattstunde *f* (kWh)

kilowatt-hour meter *<i&c>* • Kilowattstundenzähler *m*

kindle *vt <fire>* • anzünden *vt*

kindle *vt <fire> (start a fire; e.g. in an open fireplace)* • entzünden *vt*

kinematics *pl <mech>* • Kinematik *f*; Bewegungslehre *f*

kinetic energy *<phys>* • kinetische Energie *f*; Bewegungsenergie *f DIN 1354*

kingpin *<mvhcl> (in steering knuckle)* • Achsschenkelbolzen *m*; Lenkzapfen *m rar*

king pin *<comvhcl> (in upper fifth wheel)* • Königszapfen *m*

king-pin *<mech.eng>* • Mittelzapfen *m*

kink *<tech.gen> (sharp bend; in wire, paper, metal sheet, tube, pipe, curve)* • Knick *m*

kink *<qualit.mat> (e.g. in hoses, pipes)* • Knickstelle *f*

kink *vi <tech.gen> (e.g. rope)* • Schleifen bilden *vi*

kink *vt <tech.gen>* • abknicken *vi/vt*

kink *vt <tech.gen> (e.g. wire, hose)* • knicken *vt*

kink *vt <mvhcl> (hose)* • knicken *vt*

kink-resistant hose *<pps>* • knickfester Schlauch *m*

kit *<tech.gen> (set of parts for DIY--assembly)* • Bausatz *m*

kit *<tech.gen> (of spare parts, gaskets, tools etc.)* • Satz *m*

kitchen faucet *<pps.hygi>* • Spültischarmatur *f*

kitchen range *US <gastr>* • Küchenherd *m*; Ofen-und-Herd--Kombination *f*

kitchen waste *<waste>* • Küchenabfälle *mpl*

knapsack sprayer *<agri.tool> (e.g. for herbicides, insecticides)* • Rückensprühgerät *n*; Tornistersprühgerät *n*; Rückenspritzgerät *n*

knead *vt <tech.gen>* • kneten *vt*

kneading machine *<proc> (gen.)* • Knetmaschine *f*; Kneter *m*

knee *<mach.tool> (saddle support)* • Konsole *f*

kneeling rear suspension *<mvhcl>*

• Absenkhydraulik *f*

knee room *<vhcl.int> (between seats)* • Kniefreiheit *f*; Knieraum *m*

knife *<tech.gen> (gen.)* • Messer *n*

knife-discharge centrifuge *<tech.gen>* • Schälzentrifuge *f*; Schälschleuder *f*

knife-edge *<tool>* • Schneide *f*

knitted fabric *<textil>* • Gestrick *n DIN 62055*; gestricktes Gewebe *n*

knitted fabric *<textil>* • Gewirk *n DIN 62055*

knitted fabric *DIN EN ISO 8388 <textil>* • Maschenstoff *m DIN EN ISO 8388*

knitting machine *<textil.prod>* • Strickmaschine *f*

knitwear *<garm>* • Maschenware *f*

knitwear *<textil>* • Gestricke und Gewirke *npl*

knob *<gen> (pommel)* • Knauf *m*

knob *<tech.gen> (for pulling and/or turning)* • Knopf *m*

knobby *<vhcl> (tire)* • grobstollig

knock *vi <mvhcl.mot>* • klopfen *vi*

knock *vi <mvhcl.mot> (engine; detrimental)* • nageln *vi prakt*; klingeln *vi ugs*

knock characteristics *<mot> (gasoline, motor)* • Klopfeigenschaften *fpl*

knock down *vt <tech.gen> (for ease of handling; e.g. tent, scaffolding)* • abbauen *vt*; abschlagen *vt*

knocker *<proc.hydr> (cleans filter screens etc.)* • Ausklopfer *m*

knock off *vt <tech.gen> (dust, dirt etc.; e.g. from castings, garments)* • abklopfen *vt*

knock off *vt <tech.gen> (e.g. tiles, plaster from walls)* • abklopfen *vt*

knock out *vt <prod> (e.g. working piece)* • ausstoßen *vt*

knockout bar *<plast> (in injection mold; actuates the KO plates)* • Auswerferstange *f*

knockout plate *<plast>* • Auswerferplatte *f*

Knoop hardness test *ISO 4545 <qualit.mat>* • Härteprüfung nach Knoop *f DIN ISO 4516*; Knoop--Härteprüfung *f*

knot *<nav> (interlacing)* • Knoten *m*

knot *<pap.qualit> (foreign particle in fiber stock)* • Knoten *m*

knot *<textil.qualit> (yarn clearing)* • Knoten *m*

knot *<wood> (in wood panels, boards)* • Astknoten *m*; Ast *m ugs*

knotless *<wood.qualit>* • astrein

knowledge base *<term>* • Wissensbank *f*; Wissensbasis *f*

knowledge-based *<term>* • wissensbasiert

knowledge-based system *<term>* • wissensbasiertes System *n*

known art *<jur> (in patents; as opposed to invention)* • bekannte Ausführung *f*; Ausführung nach bisherigem Stand der Technik *f*

known quantity *<math>* • bekannte Größe *f*

knuckle joint *<mech.eng> (pivoting)* • Gabelgelenk *n*

knurl *<srfc> (driving feature)* • Rändel *n DIN 82*

knurl *vt <prod>* • rändeln *vt DIN 8583-5*

knurled handle *<tool>* • Rändelgriff *m*; Kordelgriff *m*

knurled nut *<join> (with knurled sides)* • Rändelmutter *f DIN 467*; gerändelte Mutter *f did*; Kordelmutter *f rar*

knurled thumbscrew *<join>* • Rändelschraube *f DIN 653*

knurl with double-wheel knurling tool *vt <srfc>* • kordieren *vt*

krypton (Kr) *<chem>* • Krypton *n* (Kr)

L

lab *<tech.gen> (e.g. chemical, computer, language, photo, test lab)* • Labor *n*

label *<docu> (gen.; typ. paper, film; usu. w. adhesive backing)* • Etikett *n*; Label *n rar*

label *<pack>* • Etikett *n DIN 55 405*

label *vt <tech.gen> (gen.)* • etikettieren *vt*

label *vt <tech.gen> (mark)* • markieren *vt*; kennzeichnen *vt*

label *vt <econ> (merchandise; attach price tags)* • auszeichnen *vt*

labeling *US <gen>* • Deklaration *f*

label printer *<comp>* • Etikettendrucker *m*

labor *US <gen> (any productive activity)* • Arbeit *f*

laboratorium *<chem>* • Laboratorium *n*; Labor *n prakt*; Labo *n ugs*

laboratory apparatus *<tech.gen>* • Laborgerät *n*

laboratory bench *<tech.gen>* • Labortisch *m*

laboratory conditions *<tech.gen>* • Laborbedingungen *fpl*

laboratory data *<tech.gen>* • Labordaten *pl*

laboratory equipment *<tech.gen>* • Laboreinrichtung *f*

laboratory hood *<proc.hvac>* • Abzug *m*

laboratory test *<tech.gen>* • Laborversuch *m*

labor charge *<docu.fin> (item on servicing bill)* • Arbeitslohn *m*

labor-intensive *<econ>* • arbeitsintensiv

labour expenditure *<econ>* • Arbeitsaufwand *m*

labyrinth seal *<mech.eng>* • Labyrinthdichtung *f*

lacerate *vt <gen>* • häckseln *vt*

lachrymatory *<chem>* • augenreizend; lakrimogen *wiss*

lacing wire *<alarm> (in alarm polythene sheeting)* • Alarmdraht *m*; Flächenschutzdraht *m*

lack *<tech.gen> (gen.; of wanted features, of sth. that is missing; static)* • Fehlen *n*; Abwesenheit *f*; Nichtanwesenheit *f*

lack *<qualit>* • Mangel *m*

lack of image definition *<opt>* • Bildunschärfe *f*

lack of penetration *ISO 6520-1 <join> (weld)* • mangelhaftes Durchschweißen *n DIN EN ISO 6520*; mangelhafte Bindung *f*

lacquer *<srfc> (a cellulose derivative; usu. very glossy)* • Lack *m*

lactic acid (E 270) *<chem>* • Milchsäure *f* (E 270); Lacticum acidum *n*

ladder *<tech.gen> (for climbing up or down)* • Leiter *f DIN EN 131-1*; Steigleiter *f*

laddering *ISO 2424 <textil> (defect)* • Fadenzieher *m DIN ISO 2424*

ladder-proof *<textil> (nylons, pantyhose)* • laufmaschenfest

ladder-proof *<textil> (e.g. stockings, pantyhose)* • maschenfest

ladder truck *<comvhcl.fire>* • Leiterwagen *m*

ladies' bicycle *<vhcl>* • Damenrad *n*

ladies' frame *ISO 8090 <vhcl> (bicycle)* • Damen-Rahmen *m DIN ISO 8090*

ladle *<prod> (usu. very big)* • Pfanne *f*

ladle *<tool> (spoon-type)* • Schöpflöffel *m*

ladle *<tool> (small)* • Schöpfkelle *f*

lag *<tech.gen>* • Nacheilung *f*

lag *<tech.gen> (retardation; rather undesirable)* • Verzögerung *f*; Zeitverzögerung *f*; zeitliche Verzögerung *f*

lag bolt *<join>* • Ankerschraube *f*

lagging *<tech.gen> (e.g. of a boiler)* • Verkleidung *f*

lag screw hook *<join>* • Ankerschraube *f*

laid *<pap.qualit>* • gerippt *DIN 6730*

lamella *<tech.gen> (thin stratum, plate, layer, membrane)* • Lamelle *f*

lamellar *<mat> (e.g. graphite cast iron)* • lamellar

lamina *<tech.gen>* • Plättchen *n*

laminar flow *<phys> (e.g. in pipes)* • laminare Strömung *f DIN EN 1330-1*; Laminarströmung *f*; Schichtenströmung *f*; laminare Bewegung *f prakt*

laminate *vt <el.prod> (e.g. transformer core, armature of electric motor)* • blechen *vt*

laminate *vt <prod> (gen.)* • laminieren *vt*

laminate *vt <srfc>* • beschichten *vt*

laminate *vt <srfc> (sheets, panels, board, paper)* • kaschieren *vt*; laminieren *vt*

laminated *<tech.gen> (several bonded layers; e.g. glass, plastic, wood)* • laminiert; mehrschichtig; geschichtet *rar*

laminated *<el> (e.g. armature of electric motor)* • geblecht

laminated core *<el> (e.g. of transformer, armature of electric motor)* • Blechkern *m*; Blechpaket *n*

laminated foil *<mat> (e.g. aluminum and paper)* • kaschierte Folie *f*

laminated glass *<silic> (holds together when shattered; e.g. for windows, windscreen)* • Verbund-Sicherheitsglas *n*; Verbundglas *n prakt*; mehrschichtiges Glas *n rar*

laminated safety glass *<silic>* • Mehrschicht-Sicherheitsglas *n*

laminate flooring <*build.int*> • Laminatboden *m*; Laminat *n ugs*
laminating machine <*print*> • Kaschiermaschine *f*
lamination <*tech.gen*> *(process and result)* • Schichtung *f*
lamination <*qualit*> *(unintentional separation of layers)* • Doppelung *f*
lamp <*light*> *(gen.; e.g. incandescent, xenon lamp)* • Lampe *f DIN 5039,5040*; Leuchtmittel *n form*
lamp pole <*traff.light*> *(e.g. for street lighting)* • Lichtmast *m*; Laternenpfahl *m ugs*
lamp socket <*el*> • Lampenfassung *f*; Lampensockel *m*
land <*build.fin*> *(portion of the earth's solid surface identifiable by ownership)* • Grundstück *n*
land <*geo*> *(as opp. to the sea)* • Land *n*; Festland *n*
land <*mil*> *(spiral projection between rifles within a gun or pipe barrel)* • Feld *n*
land <*plast.tool*> *(of mold)* • Abquetschfläche *f*
land <*tool*> *(on cutting tool; e.g. on drill tip)* • Fase *f*
land <*tool*> *(of twist drill side cutting edge)* • Freifläche der Nebenschneide *f*
land *vi/vt* <*gen*> *(aircraft, ship; a hit at boxing matches; in prison)* • landen *vi/vt*
land *vt/vi* <*aerosp*> *(aircraft)* • landen *vt/vi*
land consolidation <*agri*> • Flurbereinigung *f*
landfill <*waste*> *(total of deposited material)* • Deponiekörper *m*; Müllkörper *m prakt*
landfill *vt* <*waste*> *(waste, rubbish)* • deponieren *vt*; ablagern *vt*; abladen *vt ugs*
landfillable <*waste*> • deponierbar; deponierfähig
landfill gas <*waste*> • Deponiegas *n*
landfill site <*waste*> *(gen., for controlled waste disposal)* • Mülldeponie *f*
landing <*tech.gen*> *(platform on ladder)* • Ruhebühne *f DIN 18799*
landing *JAR 25.125* <*aerosp*> *(of aircraft, helicopter)* • Landung *f*
landing <*nav*> *(action; ship at the pier)* • Anlegen *n*
landing area <*aerosp*> • Landefläche *f*
landing deck <*aerosp*> *(e.g. on offshore rig, ship, building)* • Landedeck *n*
landing distance <*aerosp*> • Landestrecke *f*
landing gear (L/G) *JAR 25.727* <*aerosp*> • Fahrwerk *n*; Fahrgestell *n ugs.rar*; Rollwerk *n rar*; Landegestell *n rar*
landing-gear leg <*aerosp*> • Fahrwerksbein *n*
landing light *FAR/JAR 25.1383* <*aerosp.light*> • Landescheinwerfer *m*
landing phase <*aerosp*> • Landephase *f*
landing pier <*build.nav*> *(major mooring structure, stationary or semi-floating)* • Landungsbrücke *f*
landing place <*aerosp*> *(gen.; any free space, e.g. for an emergency landing)* • Landeplatz *m*
landing runway <*aerosp*> • Landebahn *f*
landing speed <*aerosp*> • Landegeschwindigkeit *f*
landing stage <*nav*> *(for big vessels, e.g. in harbors)* • Landungsbrücke *f*
landing stage *EN 14504* <*nav*> • Anlegestelle *f DIN EN 14504*
landing stage <*nav*> *(for small boats; e.g. on lake shores)* • Bootssteg *m*; Bootsanlegesteg *m*
landing weight (LW) <*aerosp*> • Landegewicht *n* (LAW); Landing Weight *n*
landline <*tele*> • Festnetz *n*
landline phone <*tele*> • Festnetztelefon *n*
landscape drawing *ISO 10209-4* <*build.docu*> *(ground for roads, planted areas, external installations)* • Außenanlagenzeichnung *f DIN ISO 10209-4*
landscape format <*docu*> *(as opp. to portrait format; e.g. of images)* • Querformat *n*; Breitformat *n*
landside *sg* <*aerosp*> • Landseite *fsg*
land surface <*geo*> • Erdoberfläche *f*
land survey <*geo*> *(of land boundaries and subdivisions)* • Landesvermessung *f*; Landvermessung *f ugs.rar*
land-use plan <*build*> *(for building*

development) • Bebauungsplan *m*

land width *<mech.eng>* • Fasenbreite *f*

lane-change assistant *<mvhcl.safe>* • Spurwechselassistent *m*

lane-departure warning [system] (LDW) *<mvhcl.safe>* • Spurhalteassistent *m*; Spurassistent *m*; Lane Guard System *n*; LGS *n MAN*

lane edge detection *<mvhcl.i&c>* • Fahrbahnranderkennung *f*

lane marking *<traff> (process and result)* • Fahrstreifenmarkierung *f*

lane studs *<traff> (on a road surface; e.g. along construction sites)* • Fahrstreifen-Begrenzungsnägel *mpl :V*

lane-warning system *<mvhcl>* • Fahrstreifen-Warnsystem *n :V*

language-planning qualifier *ISO 12620 <term>* • Sprachplanungsstatus *m*

lanthanides *pl <chem> (rare earth elements; in periodic system: atomic numbers 57-71)* • Lanthanoide *npl*; Lanthanide *npl obs*; Lanthanidenreihe *f rar*; Lanthanoidenreihe *f rar*

lanthanum (La) *<chem>* • Lanthan *n* (La)

lanyard *<nav> (rope; one end free, the other end attached to sth.)* • Reep *n*

lap *<build> (of a clay or concrete tile)* • Falz *m*; Verfalzung *f*

lap *vt <prod>* • läppen *vt DIN 8589-1*

lap belt *<aerosp.safe>* • Bauchgurt *m*

lap belt *<vhcl.safe> (part of a three--point seat belt)* • Beckengurt *m*

lap joint *<join> (gen.)* • Überdeckungsstoß *m*

lap joint *<join> (e.g. welded, bonded)* • Überlappstoß *m DIN EN 12345*; überlappter Stoß *m*

lap joint *<join> (gen.)* • Überlappungsnaht *f*

Laplacian operator *<math>* • Laplace--Operator *m*

lapped *<prod>* • geläppt

lap-riveted joint *US <join>* • Laschennietung *f*

laptop computer *<comp> (size between portables and notebooks)* • Laptop *m obs*

large *<gen> (dimensions)* • groß

large *<gen> (area)* • großflächig

large *<tech.gen> (w/ big diameter; e.g.hose, tubing, pipe)* • dick

large airport *<aerosp>* • Großflughafen *m*

large car *<mvhcl> (gen.)* • großer Pkw *m*

large car *<mvhcl.ecol> (U.S. category; > 120 ft^3 passenger & luggage vol.; e.g. Cadillac Sevil)* • großer Pkw *m*

large-displacement *<mvhcl.mot>* • großvolumig; großhubig *ugs*

large-graded coal *<min>* • Grobkohle *f*; Nusskohle *f*

large panel *<build>* • Platte *f*

large-pored *<mat> (gen.)* • großporig

large-scale *<tech.gen> (extensive; e.g. order)* • groß

large-scale ambient scenting *<hvac>* • Großraumbeduftung *f*

large-scale animal husbandry *<agri>* • Massentierhaltung *f*

large-scale power plant *<energ>* • Großkraftwerk *n*

large-scale process *<tech.gen>* • großtechnisches Verfahren *n*

large-scale production *<prod>* • Großserienfertigung *f*; Massenproduktion *f ugs*; Großfertigung *f*; Großserie *f prakt*

large-scale test *<tech.gen>* • Großversuch *m*

large-screen projection *<cine>* • Großbildprojektion *f*; Großwandprojektion *f rare*

large-screen television projector *<av> (three lenses with three colors; obsolete)* • Fernsehgroßprojektor *m*; Fernsehbild-Beamer *m*; Beamer *m ugs*

large-size *<tech.gen>* • großformatig

larynx microphone *<av>* • Kehlkopfmikrofon *n*

laser *<light>* • Laser *m*; Lichtverstärkung durch induzierte Strahlungsemission *f rar*; Lichtverstärkung durch stimulierte Emission von Strahlung *f rar*

laser beam *<comp>* • Laserstrahl *m*

laser beam cutting *EN ISO 9013 <prod> (thermal cutting)* • Laserstrahlschneiden *n DINENISO 9013*

laser beam welding (LBW) *<join>* • Laserschweißen *n* (LA); La--Schweißen *n rar*

laser machining *<prod>* • Laserbearbeitung *f*; Bearbeitung mit Laser *f*

laser printer *<print>* • Laserdrucker *m prakt*; Laserstrahldrucker *m*
laser range finder *<i&c>* • Laserentfernungsmesser *m*
lash *US <mech.eng> (in linkages, joints, shafts, bearings, gear trains)* • Spiel *n*
lashing chain *<convey> (e.g. load on hook)* • Anschlagkette *f*
last *<tool> (e.g. for shoe repair)* • Leisten *m*
last *vi <tech.gen> (have a long service life)* • halten *vi*
last *vt <leath>* • aufzwicken *vt*
last signal alarm *<gen>* • Letztsignalmeldung *f*
latch *<tech.gen> (spring-loaded engaging element; usu. bolt or ball; e.g. of doors, lids)* • Schlossfalle *f*; Schnäpper *m*; Falle *f*
latch *<mech.eng>* • Rastklinke *f*
latch *vt <tech.gen> (e.g. a switch, pawl, lock)* • einklinken *vt*
latch *vt <mech.eng> (lock)* • verriegeln *vt*
latch bolt *<build.safe> (spring-loaded, beveled; engages in strike plate; of door locks)* • Falle *f*; Schlossfalle *f*
latch finger *<mech.eng>* • Sperrklinke *f*; Klinke *f*
latching relay *<el> (magnetically locked relay)* • Halterelais *n*; Haftrelais *n*; Einrastrelais *n*; Rastrelais *n*
latch lock *<mech.eng>* • Schnappschloss *n*
latency period *<gen>* • Latenzzeit *f*
latent image *<phot>* • latentes Bild *n*; Latentbild *n*
lateral adjustment *<tech.gen>* • Seitenverstellung *f*
lateral axis *<vhcl> (gen.; of aircraft, ship, car)* • Querachse *f*; Nickachse *f*
lateral buckling *<build.phys>* • seitliches Ausknicken *n*
lateral deviation *<tech.gen>* • Seitenabweichung *f*
lateral dimension *<tech.gen>* • Querabmessung *f*
lateral direction *<tech.gen>* • Querrichtung *f*
lateral edge *<tech.gen>* • Seitenkante *f*
lateral face *<tech.gen> (e.g. building, workpiece)* • Seitenfläche *f*
lateral force *<tech.gen>* • Seitenkraft *f*
lateral force *<phys> (gen.)* • Querkraft *f*
lateral grip *<vhcl> (of tires)* • Seitenführung *f*; Seitenstabilität *f*; Richtungsstabilität *f*; Spurstabilität *f*
lateral guidance *<tech.gen>* • Seitenführung *f*
laterally inverted *<phot>* • seitenverkehrt; seitenvertauscht
lateral plane *<nav>* • Lateralplan *m*; Lateralplanfläche *f*
lateral resistance *<tech.gen> (frictional; also in fluids)* • Lateralwiderstand *m*
lateral runout *form <mech.eng> (gen. of rotating parts; e.g. of wheel, brake disc)* • Planlaufabweichung *f*; Axialschlag *m*; Seitenschlag *m prakt*; Schlag *m ugs*; Taumelschlag *m rar*
lateral support *<mvhcl.int> (of seats)* • Seitenführung *f*; Seitenhalt *m*
lateral thrust *<tech.gen>* • Seitenstoß *m*
latex *<garm.mat> (e.g. for gloves)* • Latex *n*; Gummi *n ugs*
latex *<mat> (e.g. for mattresses, garments)* • Latex *m*; Naturlatex *m*
latex *pl*: **latices** *<bio> (milky liquid of plants yielding rubber)* • Kautschukmilch *f*
latex allergy *<med> (e.g. caused by clean-room gloves)* • Latexallergie *f*
latex-free exam gloves *<med.garm>* • latexfreie Handschuhe *mpl*
latex mattress *<int>* • Latexmatratze *f*
lath *<mat> (long, narrow strip of wood; < 2,5 x 1,5 in)* • Latte *f DIN 55 405*; Leiste *f*
lath *<wood>* • Leiste *f*
lathe *<mach.tool>* • Drehmaschine *f*; Leit- und Zugspindeldrehmaschine *f form*; Universaldrehmaschine *f*; L+Z-Drehmaschine *f*; Drehbank *f ugs*
lathe bed *<mach.tool> (carries the carriage)* • Drehmaschinenbett *n*; Bett *n prakt*
lathe center *US <mach.tool>* • Drehmaschinenspitze *f*
lathe chuck *<mach.tool>* • Drehmaschinenfutter *n*; Drehbankfutter *n ugs.rar*
lathe headstock *<mach.tool>* • Drehmaschinenkopf *m*; Drehbankkopf *m*; Drehmaschinenspindelstock *m*
lathe leadscrew *<mach.tool>*

• Drehmaschinenleitspindel *f*

lather *vi/vt* *<gen>* • schäumen *vi/vt*

lathe tailstock *<mach.tool>* • Drehmaschinenreitstock *m*

lathe tool *<mach.tool>* • Drehmeißel *m* *DIN 495x-496x*; Drehstahl *m* *ÖN*; Drehwerkzeug *n*

Latin alphabet *<gen>* • lateinisches Alphabet *n*

Latin numerals *<gen>* • lateinische Ziffern *fpl*

latitude (LAT) *<geo>* • geographische Breite *f* (LAT); Breitengrad *m* *prakt*; Breite *f* *ugs*

lattice *<build>* • Verband *m*

lattice *<build.mach>* *(e.g. of outriggers, derricks)* • Fachwerk *n*

lattice *<mat>* *(inner structure)* • Gitter *n*

lattice arrangement *<tech.gen>* *(e.g. in crystals)* • Gitteranordnung *f*

lattice frame *<build.mach>* • Fachwerksrahmen *m*

lattice imperfection *<qualit.mat>* *(e.g. vacancy)* • Gitterstörung *f*; Gitterfehler *m*; Gitterbaufehler *m*; Kristalldefekt *m*; Kristallbaufehler *m*

lattice plane *<tech.gen>* *(e.g. crystal, truss)* • Gitterebene *f*

lattice tower *<build>* *(e.g. for radio transmitters, overhead transmission lines)* • Gitterturm *m*; Gittermast *m*

lattice tower *<build>* • Gittermast *m*

lattice tower *<energ.el>* *(support for overhead power lines)* • Stahlgittermast *m*; Gittermast *m*

lattice-type construction *<build>* *(wood)* • Fachwerkkonstruktion *f*

launch *<aerosp>* *(rocket)* • Start *m*; Abschluss *m*

launch *<nav>* *(of a ship)* • Stapellauf *m*; Ablauf *m*

launch *vt* *<gen>* *(e.g. rocket, marketing campaign)* • starten *vt*

launch *vt* *<aerosp>* *(a satellite)* • befördern *vt*; schießen *vt* *ugs*

launch *vt* *<aerosp>* *(rocket)* • starten *vt*; abschießen *vt* *ugs*

launch *vt* *<nav>* *(a vessel)* • ablaufen lassen *vt*; Stapel *m*: vom ~ laufen lassen *vt*

launch *vt* *<nav>* *(boat)* • Wasser *n*: zu ~ bringen *vt*

launch by catapult *vt* *<tech.gen>* *(e.g. missile)* • katapultieren *vt*

launcher *<aerosp>* *(ramp)* • Abschussrampe *f*

launching *<gen>* *(e.g. marketing campaign, rocket, missile)* • Start *m*

launching pad *<aerosp>* *(platform)* • Abschussrampe *f*

launching phase *<gen>* *(e.g. publicity campaign, rocket)* • Startphase *f*

launching ramp *<aerosp>* • Startrampe *f*; Abschussrampe *f*

launching site *<aerosp>* • Startplatz *m*

launching trajectory *<aerosp>* *(rocket)* • Startbahn *f*

launch installation *<aerosp>* *(entire facility)* • Startanlage *f*

launch position *<aerosp>* *(rocket)* • Startlage *f*; Startstellung *f*

launder *vt* *<hygi>* *(garments, linen etc.)* • waschen *vt*

lava flow *<geo>* • Lavastrom *m*

Lavalier microphone *<av>* • Lavaliermikrofon *n*

lavalier [microphone] *<av>* • Ansteckmikrofon *n*; Lavaliermikrofon *n*; Ansteckermikro *n*; Klemmmikrofon *n*; Krawattenmikrofon *n*

lavatory *JAR 25.854* *<aerosp.int>* • Waschraum *m*

law *<tech.gen>* *(principle, rule)* • Satz *m*; Lehrsatz *m*

law *<jur>* • Gesetz *n*

lawmaker *<jur>* • Gesetzgeber *m*

lawn sprinkler *<agri>* • Rasensprenger *m*

lawrencium (Lr) *<chem>* *(radioactive)* • Lawrencium *n* (Lr); Lawrentium *n* *rar*

lay *<convey>* *(strand, rope: long-lay, regular-lay)* • Schlag *m*

lay *vt* *<gen>* *(e.g. cable, eggs, foundation, stress on something)* • legen *vt*

lay *vt* *<tech.gen>* *(a bridge, rope)* • schlagen *vt*

lay *vt* *<tech.gen>* *(form a rope or cable by twisting yarns or wires together)* • verseilen *vt* *DIN 83305-2*

lay *vt* *<build>* *(e.g. slabs, carpet, wiring)* • verlegen *vt*

lay *vt* *<build.int>* *(parquet or other flooring)* • legen *vt*; verlegen *vt*

lay *vt* *<mil>* *(mines)* • auslegen *vt*

layer *<tech.gen>* *(level)* • Ebene *f*

layer *<tech.gen>* *(gen.)* • Lage *f*

layer *<comp>* *(CAD, computer graphics)*

• Ebene *f*; Zeichnungsebene *f*; Folie *f*; Layer *m ugs*

layer *<comp> (data communication)* • Schicht *f*; Layer *m*

layer *<min>* • Schicht *f*

layer *<srfc> (coat, cover)* • Belag *m*

layer *<srfc> (gen.)* • Schicht *f*

layer of boards *<build.int> (on ceilings, walls; e.g. with gypsum boards, wood panels)* • Beplankung *f*

layer sound *<el.mus> (carpet sound)* • Flächenklang *m*; Pad *n*

layer structure *<tech.gen>* • Schichtstruktur *f*

lay-flat hose *DIN EN 671-2/A1 <fire> (e.g. hose systems)* • Flachschlauch *m DIN EN 671-2/A1*

lay on *vt <print> (sheet of paper)* • anlegen *vt*

layout *<tech.gen> (arrangement of parts, areas)* • Anordnung *f*

layout *<tech.gen> (arrangement of elements on a surface; e.g. of plants, pages)* • Layout *n*

layout *<build> (building)* • Grundriss *m*

layout *<prod> (pattern, marked lines on a workpiece)* • Anriss *m*

lay out *vt <tech.gen> (e.g. text, pictures in printed matter; horts in garden; rooms)* • anordnen *vt*

layout plan *<docu> (of building structures)* • Anlagenplan *m*; Lageplan *m*; Gebäudegrundriss *m*

LCD display *<tech.gen> (small; e.g. to show settings of a device)* • LCD--Display *n*; LCD-Anzeigefenster *n*

LCD monitor *<tech.gen> (gen.; any size, any function)* • LCD-Monitor *m*

LCD screen *<tech.gen> (relatively large)* • LCD-Bildschirm *m*

LDAC process *<metal> (steelmaking)* • Linz-Donawitz-ARBED-Centre--National-Verfahren *n*; LDAC-Verfahren *n*

leach *<metal> (caustic or acid fluid to extract metals from solids)* • Lauge *f*

leach *US <nav>* • Liek *n*

leach *vt <chem.proc>* • auslaugen *vt*

leach *vt <metal>* • laugen *vt*

leachate *<waste> (of landfill site; usu. undesired)* • Deponiesickerwasser *n*; Abfalleluat *n*; Abfallsickerwasser *n*

leachate *<waste> (percolating water)* • Sickerflüssigkeit *f*; Eluat *n wiss*

leaching *ISO 11074-1 <waste> (by rain water, of landfills)* • Auswaschung *f DIN ISO 11074-1*

leaching behavior *prCEN/TS 14429 <chem> (e.g. of waste and precipitation on landfill site)* • Auslaugungsverhalten *n prCEN/TS 14429*; Auslaugverhalten *n*

leaching rate *<waste>* • Auslaugrate *f*

leaching solution *<chem>* • Auslauglösung *f*

leaching tank *<proc>* • Auslaugbehälter *m*; Auslaugbottich *m*; Extraktionsgefäß *n*

leach out *vt <chem.proc> (wash out)* • auswaschen *vt*

lead (Pb) *[led] <chem> (plumbum metallicum)* • Blei *n* (Pb)

lead *[li:d] <econ> (in competition)* • Führung *f*; Spitze *f*

lead *[li:d] <el> (wire, cable, cord)* • Anschluss *m*

lead *[li:d] <el> (electric current)* • Leitung *f*; Stromleitung *f*

lead *[li:d] <join> (crest-to-crest distance)* • Gewindesteigung *f*; Steigung *f prakt*; Teilung *f*

lead *vt <tech.gen> (to conduct a fluid, e.g. through pipes)* • leiten *vt*

lead *vt <mech.eng>* • führen *vt*

lead *vt <sport> (animals)* • führen *vt*

lead-acid battery *<el> (e.g. starter battery in cars; ca. 35 Wh/kg)* • Bleibatterie *f*; Bleiakkumulator *m*; Blei-Säure-Akkumulator *m rar*

lead-acid starter battery *EN 50342/A3 <el>* • Blei-Akkumulatoren--Starterbatterie *f EN 50342/A3*

lead back *vt [li:d] <gen> (locally, thematically)* • zurückführen *vt*

lead content *<tech.gen>* • Bleigehalt *m*

lead-crystal glass *<silic>* • Bleikristallglas *n*

leadership *<econ.jur> (in a consortium, project)* • Federführung *f*

leader strip *<cine.phot> (of film)* • Filmanfang *m*

lead foil *<mat>* • Bleifolie *f*

lead-free *<mat> (gen.; e.g. gasoline, solder)* • bleifrei; Pb-frei *wiss*

lead in *vt <tech.gen> (insert; e.g. a cable into ductwork)* • einführen *vt*

leading *<print> (interlinear space)* • Durchschuss *m*

leading edge *<aerosp> (of airfoil, blade)* • Vorderkante *f*; Profilvorderkante *f*; Profilnase *f ugs*; Nasenkante *f*; Flügelnase *f*

leading edge *<av> (impulse)* • Anstiegsflanke *f*

leading edge *<el> (of a curve, wave)* • ansteigende Flanke *f*; positive Flanke *f*

leading edge *<energ.wind> (of rotor blade)* • Blattnase *f*

leading edge *<tool> (of machining tools)* • Anschnittschneide *f*

leading link *<mvhcl>* • Längslenker *m*

leading pass *<metal> (rolling mill)* • Anstich *m*

leading zero *<i&c> (e.g. in telephone country codes)* • führende Null *f*

lead-out *<comp.av> (of storage media)* • Auslaufspur *f*

lead-out groove *<prod>* • Auslaufrille *f*

lead-rubber apron *<nucl.med> (protection against X-rays)* • Bleigummischürze *f*

lead scrap *[led] <waste>* • Altblei *n*

leadscrew *<mech.eng> (long threaded rod, not a fastener)* • Gewindespindel *f*

lead seal *<tech.gen> (to prevent tampering, e.g. on packages, calibrated devices)* • Plombe *f*

lead sheath *<el> (cable)* • Bleimantel *m*; Pb-Mantel *m*

lead through *vt <tech.gen> (e.g. a cable, pipe through a wall penetration)* • durchführen *vt*; hindurchführen *vt rar*

lead time *<prod>* • Lieferzeit *f*

lead time *<prod> (phase; e.g. of project)* • Vorlaufzeit *f*; Vorlauf *m prakt*; Anlaufzeit *f*; Vorbereitungszeit *f*

leaf *<gen> (plant, paper, spring, door)* • Blatt *n*

leaf *<build> (door)* • Flügel *m*

leaf *<build> (masonry)* • Schale *f*

leaf chain *<drive> (with several parallel links; e.g. in Audi Multitronic CVT)* • Laschenkette *f*

leaf gilding *<srfc>* • Vergoldung mit Blattgold *f*

leaf gold *<mat.srfc> (aurum foliatum; real gold, extremely thin foil)* • Blattgold *n*

leaf shutter *<phot> (metal; a central or vertical shutter)* • Lamellenverschluss *m*

leaf spring *<vhcl>* • Blattfeder *f*; Halbelliptikfeder *f*; Blattragfeder *f rar*

leak *<gen> (for confidential information)* • undichte Stelle *f*

leak *<tech.gen>* • Undichtigkeit *f*; Leckage *f wiss*; Leck *n*; Leckstelle *f prakt.ugs*; Undichtheit *f*

leak *<nav>* • Leck *n*

leak *vi <tech.gen> (liquid from vessel, pipe etc.)* • auslaufen *vi*

leak *vi <tech.gen> (from a sealed system, in relatively large amounts; liquid, gas)* • ausströmen *vi*

leak *vi <tech.gen> (liquid, gas)* • austreten *vi*

leak *vi <tech.gen> (e.g. tank, pipe, boat)* • lecken *vi*

leak *vi <tech.gen> (liquid, gas)* • sickern *vi*

leak *vt <el> (current)* • ableiten *vt*

leakage *<tech.gen> (e.g. of lube oil, coolant)* • Austritt *m*

leakage *<tech.gen> (stress on: place)* • Leckage *f*; undichte Stelle *f*; Undichtigkeit *f*; Undichtheit *f*

leakage *<phys> (diffusion)* • Streuung *f*

leakage air *<tech.gen> (gen.)* • Leckluft *f*

leakage current *<el> (gen.)* • Leckstrom *m*

leakage current *<el> (stress on: very slow)* • Kriechstrom *m*

leakage loss *<tech.gen>* • Leckverlust *m*

leakage point *<tech.gen>* • Leckstelle *f*

leakage rate *<tech.gen>* • Leckverlust *m*

leak away *vi <el> (current)* • abfließen *vi*

leak detection *<tech.gen>* • Lecksuche *f*

leak out *vi <tech.gen> (seep through; liquid, gas, confidential information)* • durchsickern *vi*

leak out *vi <tech.gen> (liquid, gas)* • entweichen *vi*

leakproof *<tech.gen>* • dicht

leakproof *<tech.gen> (no leakage occurs)* • leckagefrei; leckagesicher; lecksicher; leckfrei; dicht *ugs*

leak rate *<tech.gen>* • Leckage *f*; Leckrate *f*; Ausströmrate *f prakt*; Leckmenge *f*

leak resistance *<el> (in ohm)* • Ableitungswiderstand *m*

leak resistor *<el> (a shunt resistor)* • Ableitungswiderstand *m*
leak test *<qualit> (gen.)* • Dichtheitsprüfung *f DIN EN 1330-8*
leak testing *<tech.gen>* • Lecksuche *f*; Dichtheitsprüfung *f*
leaky *<gen> (e.g. with regard to fluids, information)* • undicht
lean *<build.mat> (earth)* • mager
lean *<min> (ore)* • arm; mager
lean *US <mvhcl.mot> (A/F mixture)* • mager
lean clay *<build.mat> (liquid limit <50)* • Magerton *m*
leaned out *<comb> (air/fuel mixture)* • abgemagert
leaning ladder *<tech.gen>* • Anlegeleiter *f*
lean-mixed concrete *<build.mat> (e.g. for backfilling)* • Magerbeton *m*; zementarmer Beton *m*; Sparbeton *m*; Füllbeton *m*
learning system *<tech.gen>* • lernfähiges System *n*
leash *<gen> (line for leading or restraining an animal)* • Leine *f*
least common multiple *<math> (gen.; e.g. of denominators in fractions)* • kleinstes gemeinsames Vielfaches *n* (kgV)
leather *<mat>* • Leder *n*
leather ... *<srfc> (sofa, seats, steering wheel etc.)* • Leder...; lederbezogen
leather apparel *US <garm>* • Lederbekleidung *f*
leather-grain ... *<srfc.plast> (plastic parts or vinyl surfaces; e.g. interior trim of cars)* • genarbt
leather interior trim *<mvhcl.int>* • Lederausstattung *f*
leather seats *<int>* • Ledersitze *mpl*
leather suit *<mvhcl.garm>* • Lederkombi *f*
leave *<prod> (of dies)* • Schräge *f*
leave *vi <gen> (e.g. visitors)* • gehen *vi*
leaven *vt <food> (dough with a leaven; e.g. bread)* • aufgehen lassen *vt*; gehen lassen *vt*
leaven *vt <food> (sourdough)* • säuern *vt*
leave the pass *vi <prod> (plate from rolling mill train)* • austreten *vi*
LED daytime running light[s] *<mvhcl.light>* • LED-Tagfahrlicht *n*
ledge *<build> (narrow, horizontal projection on walls)* • Gesims *n*
ledge *<build.geo> (shelflike projection; e.g. on wall, cliff, slope)* • Absatz *m*
ledge *<geo> (horizontal area along a cliff)* • Band *n*
LED tail light *<mvhcl>* • Rückleuchte in LED-Technik *f*; Heckleuchte in LED--Technik *f*
lees *<food> (in wine containers, bottles)* • Trub *m*; Weintrub *m*; Klöger *m*; Geläger *n*; Drusen *pl*
leeway *<navig> (due to crosswinds)* • Abdrift *f*; Abdrift durch Wind *f*; Windversetzung *f*
left-adjusted *<docu> (type area)* • linksbündig; links ausgerichtet
left hand (LH) *<gen>* • links
left-hand ... *<mech.eng> (thread, screw, spiral gear)* • links...; Links...; linkssteigend; linksgängig; linksgedrallt
left-hand deviation *<tech.gen>* • Linksabweichung *f*
left-hand drive (LHD) *<mvhcl> (for driving on the right)* • Linkslenkung *f*
left-hand drive vehicle *<mvhcl> (steering wheel on the LH side)* • Fahrzeug mit Linkslenkung *n*; Linkslenker *m prakt*
left-hand thread *<mech.eng>* • Linksgewinde *n*; linksgängiges Gewinde *n*; linksläufiges Gewinde *n rar*
left-hand twist *<tech.gen>* • Linksdrall *m*
left hinge *<build> (of window, door, gate)* • Anschlag links *m*; Bandseite links *f*; links angeschlagen
left-lay rope *<tech.gen> (e.g. wire rope)* • linksgängig geschlagenes Seil *n*
leg *<gen> (also metaph.)* • Bein *n*
legal *<jur>* • gesetzlich
legal conditions and regulations *<jur>* • gesetzliche Rahmenbedingungen und Vorschriften *fpl*
legally required *<jur> (stipulated in or required by laws)* • gesetzlich vorgeschrieben
legend *<docu> (of figures, diagrams)* • Beschriftung *f*; Legende *f*
legend *<docu> (table explaining symbols; e.g. on a map)* • Legende *f*; Zeichenerklärung *f*

legend plate *<tech.gen>* • Bezeichnungsschild *n*

legibility *<docu> (of fonts, lettering, handwriting, printed matter)* • Leserlichkeit *f DIN 1450*

legroom *<vhcl.int> (front and rear)* • Beinfreiheit *f*

length (l) *<tech.gen> (base quantity)* • Länge *f* (l)

length adjustment *<tech.gen>* • Längeneinstellung *f*

lengthen *vt <gen>* • verlängern *vt*

lengthen *vt <prod> (make or become longer)* • ausdehnen *vt*

lengthening *<tech.gen> (of drive chains, belts)* • Längung *f*

length of throw *<gen>* • Wurfweite *f*

length over all (LOA) *<vhcl> (e.g. of ships)* • Länge über alles *f* (LüA)

length over buffers (LOB) *<railw>* • Länge über Puffer *f* (LüP)

length-preserving *<tech.gen> (e.g. display, manufacturing)* • längentreu

lengthwise sliding *<gen>* • Längsgleiten *n*

lens *<light> (glass-like external cover of lights; e.g. of cars)* • Streuscheibe *f*; Lampenglas *n prakt*

lens *<opt> (piece of clear material shaped to bend light; e.g. in eye, camera)* • Linse *f*

lens *<opt> (compound lens; optical assembly; e.g. for camera, enlarger, microscope)* • Objektiv *n*

lens cap *<phot>* • Objektivdeckel *m*

lens coating *<phot>* • Objektivvergütung *f*

lens cover slide *<phot>* • Objektiv--Schutzschieber *m*

lens hood *<phot> (on camera lens)* • Gegenlichtblende *f*

lens-hood *<phot>* • Sonnenblende *f*

lens mount *<opt>* • Linsenfassung *f*

lens mount *<phot>* • Objektivfassung *f*; Objektivanschluss *m*

lens speed *<phot> (light-gathering power of a lens, without specifying f-number)* • Lichtstärke *f*

lens system *<phot>* • Linsengruppe *f*

lenticular *<tech.gen>* • linsenförmig

lentil *<geo> (in rock)* • Linse *f*

lethal dose *<med> (e.g. of a toxin)* • Letaldosis *f*; letale Dosis *f*; tödliche Dosis *f*

let in *vt <tech.gen> (insert)* • einführen *vt*

let in *vt <tech.gen> (liquid, gas into vessel, pipe; e.g. steam into turbine)* • einlassen *vt*

let-off point *<mil>* • Druckpunkt *m*

let out *vt <tech.gen> (e.g. liquid, gas, steam)* • herauslassen *vt*

letter *vt <gen> (identify with letters)* • Buchstabe *m*: mit ~r bezeichnen *vt*

letter *vt <docu> (drawing)* • beschriften *vt*

lettering *<tech.gen> (on objects; e.g. on model railroads)* • Beschriftung *f*

letter of intent (LOI) *<econ>* • Letter of Intent *m* (LOI); Kaufabsichtserklärung *f*

letterpress printing *<print>* • Buchdruck *m*; Werkdruck *m rar*

levee *<build> (small dam or ridge; e.g. along river, or for irrigation control)* • Damm *m*

level: at the same ~ *<gen>* • höhengleich; Höhe *f*: auf gleicher ~

level *<tech.gen> (vertical position of sth.; of a building, tank, rank)* • Ebene *f*

level *<tech.gen> (of big containers; e.g. 90 ft in Scrooge's money bin)* • Pegel *m*; Pegelstand *m ugs*

level *<tech.gen> (surface of a liquid; e.g. of water)* • Spiegel *m*

level *<comp>* • Stufe *f*

level *<geo> (height of terrain)* • Kote *f*

level *<i&c.tool> (geodesy)* • Richtlatte *f*

level *<phys> (signal; e.g. sound volume)* • Pegel *m*

level *adj <gen> (e.g. country, field, road)* • eben; flach

level *adj <min>* • söhlig

level *adj <traff> (horizontal; e.g. flight, cruise, road)* • horizontal

level *vt <tech.gen> (irregularities in any surface; e.g. in terrain)* • einebnen *vt*; glätten *vt*

level *vt <build.srfc> (e.g. screet flooring, plasterwork)* • abstreichen *vt*

level *vt <srfc> (surface irregularities, unevenness)* • ausgleichen *vt*; egalisieren *vt*

level control *<av.i&c> (recording level; e.g. of audio tapes)* • Aussteuerung *f*

level control *<proc.i&c> (of fill levels; e.g. of tanks; closed-loop control process)* • Füllstandsregelung *f*; Niveauregelung *f*; Standhöhenregelung *f*; Standregelung

f

level controller <*i&c*> • Pegelregler *m*

leveled *US* <*tech.gen*> *(electronically, acoustically, optically)* • abgeglichen

level horizon <*min*> *(pit)* • Sohle *f*

level indication <*i&c*> *(function; with display, reading, sightglass etc.)* • Füllstandsanzeige *f*

level indicator <*i&c*> *(e.g. tube with sight glass)* • Füllstandsanzeiger *m*; Niveauanzeiger *m*

leveling *US* <*tech.gen*> *(aligning)* • Ausrichtung *f*

leveling course *US* <*build.traff*> *(road pavement)* • Ausgleichsschicht *f*

level measurement <*i&c*> *(of liquids and bulk material; e.g. sand)* • Füllstandsmessung *f*; Niveaumessung *f rar*

level of contamination <*ecol*> • Ausmaß der Verseuchung *n*

level off *vi* <*tech.gen*> *(e.g. decrease, increase, curve in diagram)* • flach werden *vi*

level off *vi* <*el*> *(e.g. curve, signal)* • abflachen *vi*

level of integration <*comp.ic*> *(number of devices per chip; e.g. SSI, MSI, LSI, VLSI)* • Integrationsgrad *m*; Integrationsdichte *f*; Packungsdichte *f prakt*

level of mechanization <*autom*> • Mechanisierungsgrad *m*

level of purity <*tech.gen*> *(e.g. after waste water treatment, dust filter)* • Reinheitsgrad *m*

level out *vt* <*mvhcl*> *(panelworking)* • glätten *vt*

level sensor <*i&c*> • Füllstandssensor *m*; Niveauaufnehmer *m rar*

level switch <*i&c*> *(to detect bulk and liquids; e.g. in tanks and silos)* • Niveauwächter *m*; Pegel--Grenzsignalgeber *m*

level with <*tech.gen*> • niveaugleich [mit]; eben [mit]

lever <*tech.gen*> *(e.g. an oscillating link)* • Hebel *m*

lever <*mech*> • Anker *m*

lever <*nav*> • Spake *f*

lever arm [of a force] <*mech*> *(moment arm)* • Hebelarm *m*

lever-operated <*tech.gen*> • hebelbetätigt

levigate *vt* <*tech.gen*> *(rub, grind, or reduce to a fine powder, with or w/o liquid)* • zerreiben *vt*

levitate *vi* <*gen*> *(e.g. in a magnetic field)* • schweben *vi*

levitation stator <*railw*> *(maglev system)* • Tragstator *m*

levorotatory acid <*chem.bio*> • linksdrehende Säure *f*

LH side <*gen*> *(of anything)* • linke Seite *f*

liability <*jur*> • Haftung *f*

liberalization in the energy markets <*gen*> • Liberalisierung der Strommärkte *f*

liberty ship <*nav*> • Liberty-Schiff *n*

library <*comp*> *(e.g. clipart)* • Archiv *n*

license *US* <*jur*> • Lizenz *f*

licensee *US* <*jur*> • Lizenznehmer *m*

license plate *US* <*mvhcl*> *(usu. at least on rear of motor vehicles)* • polizeiliches Kennzeichen *n form*; Kennzeichen *n prakt*; Nummernschild *n prakt.ugs*

licensing procedure <*jur*> • Genehmigungsverfahren *n*

licensor <*jur*> • Lizenzgeber *m*

lick *vt* <*gen*> *(pass the tongue over the surface of sth.; e.g. in flavor testing)* • ablecken *vt*

lick *vt* <*gen*> *(sth. off or from a surface)* • auflecken *vt*

lick *vt* <*gen*> *(an object; e.g. to make wet; e.g. a postage stamp, ice cream)* • lecken *vt*

lid <*pack*> *(of a container)* • Deckel *m DIN 55 405*

lie *vi* <*nav*> *(e.g. at anchor, in the roads)* • liegen *vi*

life boat <*nav*> • Rettungsboot *n*; Notfallboot *n rar*

life cycle assessment (LCA) *ISO 14040* <*ecol*> • ökologische Bilanzierung *f ISO 14040*; Lifecycle-Assessment *n*; Öko-Bilanz *f prakt*

lifejacket <*nav.safe*> • Schwimmweste *f*

life of an electrode <*join*> • Elektrodenstandzeit *f*

life raft <*nav*> *(any type; usu. wholly or partially inflatable and covered)* • Rettungsinsel *f*; Rettungsfloß *n*

life-saving equipment *VG 85005-19* <*nav*> • Rettungsmittel *n VG 85005-19*

life support system <*aerosp*>

• Lebenserhaltungssystem *n*
LIFO-method <tech.gen> *(storage; e.g. memory, warehouse, accounting)* • Lifo-Verfahren *n*; Lifo-Methode *f*; Kellerungsprinzip *n rar*
lift <aerosp> *(aerodynamics)* • Auftrieb *m*
lift <phys> *(static or aerodynamic; in air, gases)* • Auftrieb *m*
lift *vr* <tool> *(undesired effect)* • aufbäumen *vr*
lift *vt* <gen> *(load; e.g. weight, ban, embargo)* • aufheben *vt*
lift *vt* <gen> • heben *vt*
lift *vt* <tech.gen> *(pop-up roof or skylight)* • aufstellen *vt*
lift *vt* <agri> *(root vegetables)* • ausziehen *vt*
lift *vt* <mech.eng> *(produce a gap; e.g. between brake pad and disk)* • lüften *vt*
lift *vt* <nav> *(anchor)* • lichten *vt*
lift bridge <build.traff> • Hebebrücke *f*
lift device <energ.wind> *(typ. WECS design)* • Auftriebsläufer *m*; auftriebsnutzende Windkraftanlage *f*; Auftriebsturbine *f*
lifter <tech.gen> • Heber *m*
lifter dog <prod> • Mitnehmer *m*
lifter loader <agri> • Rodelader *m*
lift force <phys> • Auftriebskraft *f*
lifting attachment <convey> *(gen.)* • Lastaufnahmemittel *n*
lifting body <aerosp> *(aircraft body produces lift)* • Tragrumpf *m*
lifting crab <convey> • Laufkatze *f*
lifting device <tech.gen> • Hebezeug *n*
lifting engine <aerosp> *(VTOL aircraft)* • Hubtriebwerk *n*
lifting gate <build.traff> *(e.g. garage, parking)* • Fallschranke *f*
lifting gear <convey> *(complete lifting system)* • Hebezeug *n*
lifting height <convey> *(of lifting gear, hoists etc.)* • Förderhöhe *f*
lifting load <tech.gen> *(of lifting gear in gen.; e.g. of a fork lift)* • Hublast *f*
lifting lug <mech.eng> *(on heavy parts; to attach a hoist, lifting tackle; e.g. a screw eye)* • Hebeöse *f*
lifting [motion] <tech.gen> • Abhebebewegung *f*; Abheben *n*
lifting platform <convey> *(gen.)* • Hebebühne *f*
lifting platform <convey.mvhcl> *(auto workshop, filling station, car park)* • Hebebühne *f*
lifting point <railw> *(of cars, engines)* • Anhebepunkt *m*; Anhebestelle *f*
lifting power <convey> *(by pulling; e.g. crane)* • Zugkraft *f*
lifting rotor <aerosp> • Hauptrotor *m*; Tragschraube *f*
lifting set *DIN 12079-2* <convey> • Anschlaggarnitur *f DIN 12079-2*
lifting tackle <convey> *(of lifting gear; e.g. on crane)* • Anschlagmittel *n*; Gehänge *n*
lift lock <nav> *(for ships)* • Schiffshebewerk *n*
lift 'n smell fragrance <srfc> • Aufreißduft *m*
lift off *vi* <aerosp> *(carrier rocket, helicopter)* • abheben *vi*
lift off *vt* <tech.gen> *(stress on: remove sth vertically upwards)* • abheben *vt*
lift off *vt* <prod> *(casting from a mold, die)* • ausheben *vt*
lift of the lock <hydr> • Fallhöhe *f*
lift out *vt* <build.alarm> *(a window sash, door; with a lever, pry bar)* • aushebeln *vt*
liftover height <mvhcl> *(of tailgate)* • Ladekante *f*
lift truck *ISO 5053* <convey> • Hubwagen *m DIN ISO 5053*
ligament <bio> *(connective tissue)* • Band *n*
light <gen> *(e.g. suitcase, meal, wine, cigar, clothes)* • leicht
light <tech.gen> *(operation of controls; e.g. steering, clutch)* • leichtgängig
light <light> *(gen.; all luminaires, light sources)* • Licht *n*; Lichter *npl ugs*
light <light.int> *(e.g. ceiling light, wall sconce, swag)* • Leuchte *f DIN 5039*; Beleuchtungskörper *m form*; Lampe *f ugs*
light <print> *(font style with lighter weight)* • mager; light
light *vt* <aerosp> *(airport; e.g. runway)* • befeuern *vt*
light *vt* <fire> *(any combustible material; e.g. light, cigarette, with match, lighter)* • anzünden *vt*; anmachen *vt ugs*
light *vt ISO 13943* <fire> *(to initiate combustion)* • entzünden *vt ISO 13943*
light *vt* <phot> *(picture, shadows)* • aufhellen *vt*

light aging *US <mat>* • Alterung durch Lichteinwirkung *f*
light barrier *<tech.gen> (e.g. in front of machine tools)* • Lichtschranke *f* (LS)
light beacon *<navig>* • Leuchtbake *f*; Feuer *n*
light buoy *<navig>* • Leuchtboje *f*; Leuchttonne *f*
light cluster *<mvhcl> (headlight or rear)* • Leuchteneinheit *f*
light commercial vehicle *<comvhcl>* • leichtes Nutzfahrzeug *n*; Transporter *m*
light-conducting rod *<owg>* • Lichtleitstab *m*
light-emitting diode (LED) *<el>* • Leuchtdiode *f* (LED); Lumineszenzdiode *f rar*; lichtemittierende Diode *f rar*
lighten *vt <gen> (burden, load)* • erleichtern *vt*
lighter *<gen>* • Feuerzeug *n*
lighter aboard ship (LASH) *<nav>* • LASH *n*; LASH-Leichterträgerschiff *n*
lighter fuel *<tech.gen> (gen.; gasoline or butane etc.)* • Feuerzeugfüllung *f*
lightfastness *<srfc.qualit> (of dyes, pigments)* • Lichtechtheit *f DIN 53 388*; Lichtbeständigkeit *f*
light fraction *<waste>* • Leichtfraktion *f*
light fuel oil *<chem.petr> (gas oil derivative; fuel oil used in domestic heating systems)* • Heizöl EL *n* (HEL); extra-leichtflüssiges Heizöl *n form*; Heizöl extra-leicht *n*; leichtes Heizöl *n ugs*
light gauge metal *<metal>* • Feinstblech *n DIN 90-1*
light-gauge sheet metal *<mat>* • Dünnblech *n*
light guide *<owg>* • Lichtleiter *m*
light hardening *<tech.gen>* • Lichthärtung *f*
light incidence *<light>* • Lichteinfall *m*
light indicator *<i&c>* • Leuchtanzeige *f*
lighting *sg <light> (gen.; e.g. of a space, object)* • Beleuchtung *fsg*
lighting control *<light> (brightness)* • Helligkeitsregler *m*
lighting dimmer *<light>* • Helligkeitsregler *m*
lighting fixture *<light.int> (e.g. ceiling light, wall sconce)* • Leuchte *f*; Lampe *f ugs*
lighting installation *<light> (gen.; e.g. office, stage lighting)* • Beleuchtungsanlage *f*
lighting level *<light>* • Beleuchtungsintensität *f*
light metal *<mat> (as opp. to heavy metal; e.g. aluminum, magnesium, titanium)* • Leichtmetall *n DIN EN 23134*
lightness *<tech.gen> (with respect to mass, weight)* • Leichtheit *f*
lightness *<light> (of lighting fixtures, illumination)* • Helligkeit *f*; Luminanz *f*
light net *<el> (for decoration; e.g. Xmas)* • Lichtnetz *n*; Lichternetz *n*
lightning *<meteo>* • Blitz *m*
lightning arrester *<build>* • Blitzableiter *m*
lightning stroke *<meteo>* • Blitzeinschlag *m*; Blitzschlag *m*
light-off performance *<mvhcl.emiss> (of catalyst)* • Anspringverhalten *n*
light oil *<chem.petr>* • Leichtöl *n*; leichtes Öl *n ugs.rar*
light pen *<comp> (as a hand-held bar code reading device)* • Lesestift *m*; Abtaststift *m*; Lichtgriffel *m*; Lichtstift *m*; Stift *m*
light pen *<comp> (photo sensitive input device)* • Lichtstift *m*; Lichtgriffel *m*
light projector *<light>* • Scheinwerfer *m*
light-proof *<phot>* • lichtdicht
light protection *<tech.gen>* • Lichtschutz *m*
light pulse *<i&c>* • Lichtimpuls *m*
lights *pl JAR 25.1381 <aerosp.light> (of an aircraft)* • Beleuchtung *f*
light scattering *<opt>* • Lichtstreuung *f*
light-section mill *<metal> (rolling; produces sheet, strip and welded pipes from slabs)* • Feinstraße *f*
light-sensitive *<tech.gen>* • lichtempfindlich
light source *<light>* • Lichtquelle *f*
light switch *<el> (gen.)* • Lichtschalter *m*
light trap *<light>* • Lichtfalle *f*
light truck *<comvhcl> (gen.; e.g. a pickup)* • Kleinlastkraftwagen *m*; Kleinlaster *m ugs*
light up *vi <light>* • aufleuchten *vi*
light water *<chem>* • leichtes Wasser *n*
light-water-moderated *<nucl>* • leichtwassermoderiert

light water reactor (LWR) *<nucl> (built as BWR or PWR)* • Leichtwasserreaktor *m* (LWR); leichtwassermoderierter Reaktor *m*

lightweight *<gen> (as opp. to heavy)* • leicht

light weight *<nav> (of a naval vessel)* • Leermasse *f*; Masse des leeren Schiffes *f*

light-weight design *<tech.gen>* • Leichtbauweise *f*; Leichtbaukonstruktion *f*

light-weight metal construction *<tech.gen>* • Metallleichtbau *m*; Metall-Leichtbau *m*

light-weight steel construction *<tech.gen>* • Stahlleichtbau *m*

light-weight structural component *<tech.gen>* • Leichtbauteil *n*

light well *<build> (wide, courtyard)* • Lichthof *m*

ligneous *<mat>* • holzartig; holzig

lignin *<wood>* • Lignin *n*; Holzstoff *m ugs*

lignite *<min> (brown to black; banded; high moisture, low carbon; low heat value)* • Braunkohle *f*; Lignit *m wiss*

lignite-fired power plant *<energ>* • Braunkohlekraftwerk *n*

like *<gen>* • gleich

like *<phys> (pole)* • gleichnamig

lime *<agri> (calcium compound for improving soils)* • Kalk *m*

lime *vt <agri> (treat soil with lime as a fertilizer)* • kalken *vt*

lime *vt <leath> (tanning process)* • äschern *vt*

lime *vt <srfc.build> (walls)* • kalken *vt*; tünchen *vt*; weißen *vt*

lime bloom *<build> (e.g. on walls)* • Kalkausblühung *f*

lime-coat *vt <build.srfc>* • kälken *vt*

lime-deficient *<geo>* • kalkarm

lime fertilizer *<agri>* • Kalkdüngemittel *n*; Kalkdünger *m*

lime floor *<build>* • Kalkestrich *m*

lime kiln *<prod>* • Kalkbrennofen *m*; Kalkofen *m*

lime plaster *<build.mat>* • Kalkputz *m*

lime remover *<tech.gen>* • Kalklöser *m*; Entkalker *m*; Kalkentferner *m*

lime-sand brick *<build.mat>* • Kalksandstein *m*

limestone *<geo.min> (soft sedimentary rock)* • Kalkstein *m*; Kalk *m ugs*

lime whiting *<build.srfc>* • Kalktünche *f*

liming *<tech.gen> (e.g. soil, walls, surfaces)* • Kalken *n*

limit *<tech.gen> (of process parameters; e.g. of pressure, volume, temperature)* • Begrenzung *f*; Deckelung *f ugs*

limit *<mvhcl> (of a vehicle's handling, performance)* • Grenzbereich *m*

limit *vt <gen> (an area, responsibilities)* • begrenzen *vt*; eingrenzen *vt*

limit *vt <gen> (number, value; e.g. speed, emissions, circulation, copies)* • beschränken *vt*; limitieren *vt*

limit *vt <tech.gen> (values; e.g. pressure, flow rate, load, temperature)* • begrenzen *vt*

limitable *<gen>* • begrenzbar

limitation *<gen>* • Begrenzung *f*

limitation *<gen> (e.g. of resources, means, funds)* • Beschränkung *f*; Begrenztheit *f*

limited *<tech.gen> (means, values; e.g. top speed)* • begrenzt; beschränkt

limited area *<gen>* • räumlich begrenzter Bereich *m*

limited resources *<gen> (of financial or other means)* • begrenzte Mittel *pl*

limited run *<prod>* • limitierte Stückzahl *f*

limited-slip differential *<mvhcl.drive> (with diff brake; self-acting)* • Sperrdifferential *n*; Ausgleichsgetriebe mit begrenztem Schlupf *n form*; Selbstsperrdifferential *n*; Differential mit Teilsperrung *n rar*

limiter *<mvhcl.i&c> (for top speed; in Germany typ. set at 155 mph)* • Abregler *m*

limit gauge *<i&c>* • Grenzlehre *f*; Maßlehre *f*

limiting oxygen index value *<textil>* • LOI-Wert *m*

limiting stress *<mech> (e.g. material testing)* • Grenzspannung *f*

limiting voltage *<el>* • Grenzspannung *f*; Spannungsgrenze *f*; Spannungsgrenzwert *m rar*

limitless *<gen> (abstract; e.g. possibilities)* • unbegrenzt

limit monitoring *<i&c>* • Grenzwertüberwachung *f*

limit of size *<prod>* • Abmaß *n*

limit speed *<tech.gen> (rpm)*

• Grenzdrehzahl *f*

limit stop *<mech.eng>* • Anschlag *m*; Endanschlag *m*; Begrenzungsanschlag *m*

limit switch *<el> (for movements; e.g. on crane, machine tool)* • Endschalter *m*; Begrenzungsschalter *m*; Endlagenschalter *m*; Grenzschalter *m*

limit switch *<i&c> (for liquid level)* • Grenzstandsschalter *m*

limit value *<tech.gen>* • Grenzwert *m*

limit violation *<i&c>* • Grenzwertverletzung *f*

limnology *<ecol> (ecology of inland waters)* • Limnologie *f DIN 4049-2*

limousine *US.GB <mvhcl> (large, chauffeur-driven luxury car)* • Limousine *f*

line *<gen>* • Reihe *f*

line *<tech.gen> (a length of cord or cord-like material; e.g. for fishing)* • Leine *f*

line *<docu> (e.g. straight line)* • Strich *m*

line *<mech.eng> (of shafts, drive components)* • Strang *m*

line *<pps> (pipe, tube, hose)* • Leitung *f*

line *<prod> (production line)* • Straße *f*

line *<traff> (regular route service; e.g. bus, rail, ship, airline)* • Linie *f*

line *vt <metal> (furnace, hearth)* • einstellen *vt*

line *vt <prod> (e.g. a drawer, box, coffin; with paper, fabric, satin)* • ausschlagen *vt*

line *vt <srfc> (inside surface; with any material; e.g. fabrics, rubber, steel)* • auskleiden *vt*

line *vt <textil>* • ausfüttern *vt*; füttern *vt*

linear *<tech.gen>* • linear

linear ball bearing *<mech.eng>* • Linearkugellager *n*

linear contraction *<tech.gen> (e.g. during cooling)* • Längenkontraktion *f*; Längenschrumpfung *f*

linear displacement transducer *<gen>* • transsonarer Wegaufnehmer *m balluff*

linear drive *<tech.gen>* • Linearantrieb *m*

linear expansion *<tech.gen>* • Längenausdehnung *f*; Längsdehnung *f*

linear generator *<railw> (of maglev system)* • Lineargenerator *m*

linear lead *<tech.gen> (e.g. piston, fluid flow)* • lineares Voreilen *n*

linear measure *<tech.gen>* • Längenmaß *n*

linear motion *<phys>* • Linearbewegung *f*; lineare Bewegung *f*; Geradeausbewegung *f*; geradlinige Bewegung *f*

linear motor *<el> (gen.)* • Linearmotor *m* (LIM)

line assembly [work] *<prod>* • Bandmontage *f*

line break *<tech.gen> (pipe, cable)* • Leitungsbruch *m*

line break *<print>* • Zeilenumbruch *m*

line connection *<tech.gen> (of pipes, cables)* • Leitungsverbindung *f*

line cross-section *<el>* • Leitungsquerschnitt *m*

lined *<textil> (textiles, leatherware, basket, envelope)* • gefüttert

lined landfill *<waste>* • abgedichtete Deponie *f*

line drawing *<docu>* • Linienzeichnung *f*; Strichzeichnung *f ugs*

lined top *US <mvhcl> (convertible soft top)* • gefüttertes Verdeck *n*

line feed *<print>* • Zeilenvorschub *m*; Zeilenschaltung *f*; Zeilentransport *m*

line loss *<el> (energy loss, voltage drop; esp. over long distances)* • Leitungsverlust *m*; Übertragungsverlust *m*

lineman's pliers *pl IEC 60900 <energ.el.tool>* • Elektrikerzange *f DIN 5245*

linen *<textil>* • Leinen *n*; Leinwand *f*; Leinwandgewebe *n*

line of fall *<geo>* • Falllinie *f*

line of interception *<aerosp>* • Abfanglinie *f*

line of sight *<mil>* • Visierlinie *f*; Ziellinie *f*

line-of-sight range *<tele> (of radio devices)* • Reichweite im Freien *f*

line of weakness *<geo>* • tektonische Schwächezone *f*; Lineament *n wiss*

Line Printer (LPT) *<comp> (directly connected to a computer)* • Line Printer *m* (LPT)

line printer *<edp.print> (prints one line of type at a time; e.g. drum, chain, comb, bar printer)* • Zeilendrucker *m*

liner *<mech.eng> (bushing in a bore,*

cylinder, bearing) • Buchse *f*

liner *<pps.rep> (hose or tube pushed or pulled into a damaged pipe)* • Inliner *m*

liner *<prod> (reinforcement, cladding of hard-wearing surfaces)* • Panzer *m*; Panzerung *f*

lines *<build> (gen.; cables, piping; e.g. in a chemical plant)* • Leitungen *fpl*

line section *<tech.gen> (electricity, water, gas)* • Leitungsabschnitt *m*

line system *<tech.gen> (pipes, cables)* • Leitungssystem *n*

line tester *<el.tool> (typ. a continuity tester)* • Leitungsprüfer *m*

line up *vt <tech.gen>* • aufreihen *vt*; abfluchten *vt*

line up *vt <mil> (place in an exact line; e.g. soldiers, vehicles)* • ausrichten *vt*

line with rubber *vt <srfc>* • gummieren *vt*; Gummi *m*: mit ~ auskleiden *vt*; auskleiden *vt*: mit Gummi ~

lining *<tech.gen> (on inside surface; any material; e.g. rubber, stainless steel cladding)* • Auskleidung *f*

lining *<tech.gen> (layer or coating on the inside of sth.; e.g. of pipes)* • Futter *n*; Auskleidung *f*

lining *<garm>* • Futter *n*

lining *<mech.eng> (friction material on brakes, clutches)* • Belag *m*

lining *<metal> (refractory; e.g. of a furnace, hearth)* • Einstellung *f*

lining *BS 6100 <pps.srfc> (of a pipeline, pipe, or pipe fitting)* • Auskleidung *f*; innerer Überzug *m*; Innenauskleidung *f*

lining *<prod> (on a substrate; e.g. rubber cladding)* • Auflage *f*

lining fabric *<textil>* • Futterstoff *m*

lining material *<mat> (of tanks, vessels, furnaces etc.; e.g. refractory brick, rubber lining)* • Futterwerkstoff *m*

lining paper *<pap>* • Beklebepapier *n DIN 6730*; Überzugspapier *n*; Kaschierpapier *n*

link *<tech.gen> (e.g. mech., chem., electr., functional)* • Bindeglied *n*

link *<tech.gen> (stress on: movable, hinged, articulated)* • Gelenk *n*

link *<autom> (of an industrial robot)* • Glied *n*

link *<autom.gen>* • Achse *f*

link *<chem> (between atoms, elements)* • Bindung *f*

link *<comp> (hypertext; e.g. in html-file, on web page)* • Verknüpfung *f*; Link *m ugs*

link *<el> (via cable, IR or radio interfaces)* • Verbindung *f*

link *<mech.eng> (chain link)* • Glied *n*

link *<mech.eng> (chain)* • Ring *m*

link *vt <gen> (e.g. technically, thematically)* • koppeln *vt*; verknüpfen *vt*

link *vt <tech.gen> (mechanically)* • anschließen *vt*

link *vt <el> (circuits, devices; e.g. with wires, cables, infra-red, radio)* • verbinden *vt*

linkage *<mech.eng> (coupling)* • Kopplung *f*

linkage *<mech.eng> (articulated connection)* • Verbindung *f*

link-belt conveyor *<convey> (e.g. a slat conveyor, apron conveyor)* • Gliederbandförderer *m*

link fork *<vhcl> (motorbike; usu. trailing)* • Kurzschwinge *f*; Kurzarmschwinge *f*; Schwinge *f prakt*

link plate *<drive> (of roller chains; e.g. of bicycle or timing chains)* • Lasche *f*

linkup to the Internet *<comp> (e.g. in office, hotel room, truck parking space)* • Internetanschluss *m*

linseed *<textil>* • Leinsamen *m*

linseed oil *<mat>* • Leinöl *n*

lint *<textil>* • Fluse *f*

lintel *<build> (load-carrying member; e.g. over doors, windows)* • Sturzbalken *m*

lint-free rag *<textil> (for polishing)* • fusselfreies Tuch *n*

lip *<metal> (on sheet metal panel edge)* • Falz *m*

lip seal *<tech.gen>* • Lippendichtung *f*

lip-type packing *<mech.eng>* • Manschette *f*

liquefaction *<tech.gen> (self-induced)* • Flüssigwerden *n*

liquefaction plant *<petr> (natural gas)* • Verflüssigungsanlage *f*

liquefiable *<tech.gen>* • verflüssigbar

liquefied air *<tech.gen>* • verflüssigte Luft *f*

liquefied natural gas (LNG) *<petr>* • verflüssigtes Erdgas *n* (LNG)

liquefied petroleum gas (LPG) *US.GB <tech.gen> (gen.; e.g. for heating, car fuel)* • Flüssiggas *n* (LPG)

liquefied petroleum gas (LPG) *<chem.petr> (stress on: as an automotive fuel; RON 105-115)* • Autogas *n* (LPG)
liquefied petroleum gas (LPG) *<chem.petr> (gen.)* • verflüssigtes Erdölgas *n* (LPG)
liquefy *vt <build> (earth mixture)* • aufschlämmen *vt*
liquid *<tech.gen> (e.g. water, oil, gasoline)* • Flüssigkeit *f*
liquid *adj <phys>* • flüssig
liquid air *<tech.gen>* • flüssige Luft *f*
liquid column *<phys> (gen.; also as measure of pressure)* • Flüssigkeitssäule *f*
liquid-cooled *<tech.gen> (engine, mold, transformer, reactor etc.; e.g. with water, oil, sodium)* • flüssigkeitsgekühlt
liquid cooling system *<tech.gen>* • Flüssigkeitskühlung *f*; Kühlung mit Zwischenmedium *f wiss*
liquid crystal display (LCD) *<comp>* • Liquid Crystal Display *n* (LCD); Flüssigkristall-Bildschirm *m*
liquid crystal display (LCD) *<el>* • Flüssigkristallanzeige *f* (LCD); LCD--Anzeigefeld *n*; LC-Display *n*
liquid crystal display *<el> (large; at least several lines)* • Flüssigkristallbildschirm *m*; LCD--Bildschirm *m*
liquid expansion thermometer *<i&c>* • Flüssigkeitsthermometer *n*
liquid fertilizer *US <agri>* • Flüssigdünger *m*
liquid-film lubrication *ISO 4378-3 <tribo> (with or without complete separation of friction surfaces)* • Flüssigkeitsschmierung *f DIN ISO 4378-3*
liquid-fueled rocket *US <aerosp>* • Flüssigkeitsrakete *f*
liquid gasket *<mech.eng>* • Flüssigdichtung *f*; Flüssigdichtmittel *n*; Dichtungsmasse *f*; Dichtungspaste *f*
liquid-in-glass thermometer *<i&c>* • Flüssigkeitsthermometer *n*
liquid invert sugar *<food>* • Invertflüssigzucker *m*
liquid level *<tech.gen>* • Flüssigkeitsspiegel *m*
liquid-level indicator *<i&c>* • Flüssigkeitsstandsanzeiger *m*
liquid-level measurement *<i&c>* • Füllstandsmessung *f*; Flüssigkeitsniveaumessung *f*
liquid-manure pump *<agri>* • Jauchepumpe *f*
liquid metal *<tech.gen>* • Flüssigmetall *n*
liquid-metal cooling *<nucl> (reactor)* • Flüssigmetallkühlung *f*
liquid-metal fuel reactor (LMFR) *<nucl>* • Flüssigmetallreaktor *m*
liquid nitrogen *<tech.gen>* • flüssiger Stickstoff *m*
liquid oxygen *<tech.gen>* • flüssiger Sauerstoff *m*
liquid oxygen (LOX) *<phys.chem>* • Flüssigsauerstoff *m*; LOX
liquid penetrant testing *<qualit.mat> (for cracks; with dye or fluorescent liquid)* • Farbeindringprüfung *f*; Farbrissprüfung *f*
liquid propellant *<aerosp>* • Flüssigtreibstoff *m*; flüssiger Treibstoff *m*
liquid-resistant skin *<srfc> (e.g. of PU foam)* • flüssigkeitsdichte Deckschicht *f*
liquid state *<phys>* • flüssiger Aggregatzustand *m*; flüssiger Zustand *m*
liquid-tight *<tech.gen>* • flüssigkeitsdicht
liquidus *<mat> (e.g. Fe-C-diagram)* • Liquiduslinie *f*
liquor *<chem> (solution yielded by leaching)* • Lauge *f*
liquor *<chem.textil>* • Flotte *f*; Bad *n*
liquor *<food> (drink)* • alkoholisches Getränk *n*
liquor *<leath.chem>* • Brühe *f*
lisene *<build> (flat, strip-shaped wall projection)* • Lisene *f*
list *vt <gen>* • auflisten *vt*
list *vt <docu> (record in a list; e.g. spare parts, measurements)* • eintragen *vt*; auflisten *vt*
listen in *vi <tele> (conversation)* • mithören *vi*
listen in *vt <tele> (phone calls)* • abhören *vt*
liter (l) *US <phys> (unit of volume: 0,001 cubic meter)* • Liter *m* (l) *DIN 1301*
lithium (Li) *<chem>* • Lithium *n* (Li)

lithium-base grease *<tribo>* • Lithiumfett *n*; Schmierfett auf Lithiumbasis *n*

lithium ion battery *<el> (e.g. for notebooks; ca. 120 Wh/kg)* • Lithium--Ionen-Akku *m*; Lithion-Akku *m prakt*; Li-Ion-Akku. m

lithium polymer battery *<el> (e.g. for ZEVs, cell phones, notebooks; ca. 150 Wh/kg)* • Lithium-Polymer-Batterie *f*; Lithium-Ionen-Polymer-Batterie *f*; Lithium-Polymer-Akku *m*; LIP-Batterie *f*; LiPo-Akku *m*

litho chalk *<art>* • Fettkreide *f*

lithographic printing *<print> (process)* • Lithographie *f*; Flachdruck *m*; Steindruck *m obs*

lithospheric plate *<geo>* • Lithosphärenplatte *f*; tektonische Platte *f*

litmus test paper *<chem>* • Lackmuspapier *n*; Lackmustest--Papier *n*

litter *<agri> (for stable, cowshed, piggery, litter box)* • Einstreu *f*

live *<el> (connected to electric power source; e.g. wire, cable, terminal)* • spannungsführend; stromführend; spannungsbeaufschlagt *form*; Spannung *f*: unter ~ stehend *prakt*; Strom *m*: unter ~ stehend *ugs*

live *<mil> (ammunition)* • scharf

live load *<build> (e.g. on road bridge, railway bridge)* • Verkehrslast *f*

live parts *<el>* • stromführende Teile *npl*; Spannung *f*: unter ~ stehende Teile *npl*; Teile *npl*: unter Spannung stehende ~

live steam *<therm>* • Frischdampf *m DIN 4319*

LNG carrier *<nav> (usu. methane)* • LNG-Tanker *m*; LNG-Tankschiff *n*

load *<tech.gen> (e.g. mech. stress, heat, radiation, weather)* • Beanspruchung *f*; Belastung *f*

load *<tech.gen>* • Last *f*

load *<convey> (of a conveyor)* • Fördergut *n*

load *<el> (e.g. on power grid, generator)* • Belastung *f DIN 1305*; Last *f*

load *<el> (consumer)* • Verbraucher *m*; Stromverbraucher *m*

load *<mech> (gen.; e.g. on structural parts)* • Belastung *f*

load *<vhcl> (truck, ship)* • Ladung *f*

load *vt <tech.gen> (e.g. mechanically, electr., thermally, with radiation, weather)* • beanspruchen *vt*; belasten *vt*

load *vt <tech.gen> (e.g. camera with film; workpiece)* • einlegen *vt*

load *vt <av> (a tape)* • einfädeln *vt*; laden *vt*

load *vt <comb> (e.g. blast furnace, waste incinerator)* • chargieren *vt*; befrachten *vt*; beschicken *vt*

load *vt <comp> (memory with data)* • füllen *vt*

load *vt <comp> (program, data)* • laden *vt DIN 44300-8*

load *vt <convey> (a conveying system; e.g. belt)* • aufgeben *vt*

load *vt <logist> (cargo carrier; truck, ship, cargo plane)* • laden *vt*; beladen *vt*

load *vt <logist> (cargo, freight, goods; e.g. onto trucks, into ships)* • verladen *vt*; einladen *vt ugs*

load *vt <mach.tool> (machine, rack, hopper etc.; with workpieces, material)* • beschicken *vt*

load *vt <mach.tool> (e.g. machine with workpieces, turret with tools)* • bestücken *vt*

load *vt <mech.eng> (put a load on sth.; e.g. a bridge, truck, engine)* • belasten *vt*

load *vt <mil> (firearm; e.g. pistol, gun, rifle)* • laden *vt*

load *vt <proc> (with steam, chemicals, pressure)* • beaufschlagen mit *vt*

loadability *<mech.eng>* • Belastbarkeit *f*; Belastungsfähigkeit *f*; Tragfähigkeit *f*

loadable *<tech.gen>* • belastbar

load alteration effect *<mvhcl>* • Lastwechselreaktion *f*; Lastwechselverhalten *n*

load application *<mech>* • Lastangriff *m*

load assumption *<mech>* • Belastungsannahme *f*

load-bearing *<tech.gen>* • tragend

load-bearing wall *<build>* • tragende Wand *f*; Tragwand *f*

load center *US <energ> (in power supply grids; e.g. urban centers, industrial areas)* • Lastschwerpunkt *m*

load-controlled *<tech.gen>*

• lastabhängig

load cycle *<mech>* • Lastspiel *n*

load distribution *<tech.gen> (e.g. ceiling, ship, aircraft)* • Gewichtsverteilung *f*

loaded *<mech> (stressed; e.g. structural parts)* • belastet; kraftbeansprucht *rar*

loaded *<mil> (weapon)* • geladen

loaded by hand *<tech.gen> (e.g. fixture, machine tool)* • handbeschickt

loaded printed circuit board *IEC 61068-2 <el.ic>* • bestückte Leiterplatte *f IEC 61068-2*

loader *<build.mach> (e.g. shovel loader)* • Lader *m*

loader *<prod> (magazine)* • Magazin *n*

load factor *<nucl> (nuclear power station)* • Arbeitsausnutzung *f DIN 25401-3*

loading *<convey> (e.g. of a blast furnace)* • Aufgabe *f*

loading *<mech> (force)* • Belastung *f*; Aufbringen einer Last *n*; Beanspruchung *f*

loading and unloading *<prod> (change of workpieces)* • Werkstückwechsel *m*

loading and unloading device *<logist>* • Lade- und Entladeeinrichtung *f*

loading bay *<logist>* • Be- und Entladerampe *f*

loading bin *<logist>* • Verladebunker *m*

loading bridge *<convey>* • Verladebrücke *f*

loading capacity *<logist> (for cargo; e.g. of truck, ship)* • Fassungsvermögen *n*

loading dock *US <logist> (loading/unloading ramp)* • Laderampe *f*; Verladerampe *f*

loading gauge *<railw>* • Fahrzeugbegrenzung *f*; Fahrzeugbegrenzungslinie *f*

loading platform *<comvhcl> (on trucks)* • Ladepritsche *f*

loading platform *<logist> (on truck or warehouse)* • Rampe *f*

load into a cassette *vi <tech.gen>* • magazinieren *vi*

load limit *<tech.gen> (weight, force)* • Belastungsgrenze *f*; Lastgrenzwert *m*; Grenzbelastung *f*; Maximalbelastung *f*; Höchstlast *f*

load limit *<tech.gen> (any type of load)* • Grenzbelastung *f*; Grenzbeanspruchung *f*; Belastungsgrenze *f*; Lastgrenzwert *m*

load limit *<vhcl>* • Ladefähigkeit *f*; Ladegrenze *f*

load rating *<vhcl> (of vehicle tires)* • Tragfähigkeit *f*; Belastbarkeit *f*; zulässige Belastung *f*

load rejection *<energ.hydr> (of a turbine generator set)* • Lastabwurf *m*; Lastabfall *m*

load restraint point *<vhcl>* • Zurrpunkt *m*

load transducer *<i&c> (gen.)* • Kraftaufnehmer *m* (KA); Kraftmesszelle *f*; Kraftmessdose *f*; Lastzelle *f*

load wire *<expl>* • Zündkabel *n*

lobe *<mech.eng> (e.g. of a rotor)* • Lappen *m*

lobed *<tech.gen>* • gelappt

lobe pump *<convey> (stress on: encapsulated type)* • Kapselpumpe *f*

lobe pump *<convey>* • Kreiskolbenpumpe *f*; Wälzkolbenpumpe *f obs*

local-action cell *<srfc>* • Lokalelement *n*

local area network (LAN) *<comp>* • lokales Netzwerk *n* (LAN); lokales Netz *n*

local call *<tele>* • Ortsgespräch *n*

local conditions *pl <waste>* • Standortbedingungen *fpl*

local distribution system *<tech.gen>* • Ortsnetz *n*

local dosage *<nucl>* • Ortsdosis *f*; Lokaldosis *f*

local heating *<tech.gen>* • örtliche Erwärmung *f*

locality *<gen> (place where sth. was found; e.g. an exhibit, ore)* • Fundort *m*

localization *<docu> (of products and documentation)* • Lokalisierung *f*

localize *vt <tech.gen> (position)* • bestimmen *vt*

localize *vt <tech.gen> (by approximation; e.g. a source of a problem)* • einkreisen *vt*

localize *vt <tech.gen> (find faults, trouble)* • lokalisieren *vt*

localize *vt <docu> (adapt to a target culture)* • lokalisieren *vt*

local lighting *<light> (of a work-place)* • Arbeitsplatzbeleuchtung *f*

local loop *<tele> (to the client)* • letzte Meile *f*

local overheating *<tech.gen>* • lokales Überhitzen *n*

local public transport[ation] *<traff> (regular route service; within a radius of ca. 30 miles)* • öffentlicher Personennahverkehr *m* (ÖPNV)

local telephone network *<tele>* • Ortsnetz *n*; Ortsleitungsnetz *n*; Fernsprechortsnetz *n*

local time *<gen>* • Ortszeit *f*

locate *vt <tech.gen> (find the whereabouts; persons, objects)* • auffinden *vt*

locate *vt <tech.gen> (object; e.g. person, vehicle, transmitter, target; problem, cause)* • orten *vt*; lokalisieren *vt*

locate *vt <mach.tool> (adjust proper position; e.g. of tools, work item)* • einstellen *vt*; positionieren *vt*

locate a fault *vt <qualit>* • Fehler orten *vt*

locate by pins *vt <prod>* • anstiften *vt*

locating pin *<prod> (to lock, fix sth. in place)* • Arretierstift *m*; Fixierstift *m*

locating surface *<prod>* • Auflagefläche *f*; Anlagefläche *f*

location *<gen>* • Ort *m*; Position *f*

location *<gen> (in a space)* • Stelle *f*; Ort *m*

location: on ~ *<gen>* • Ort *m*: vor ~

location *<tech.gen> (in space)* • Lage *f*; Position *f*

location *<prod> (fixing)* • Fixierung *f*

location: on ~ *<tele> (as opposed to a sound stage)* • Ort *m*: vor ~

location drawing *ISO 10209-4 <build.docu>* • Lageplan *m DIN ISO 10209-4*; Übersichtsplan *m*

location plan *<docu.build>* • Lageplan *m*

location shooting *<phot> (e.g. of fashion, advertising material)* • Außenaufnahmen *fpl*

locator beacon *<aerosp.navig> (e.g. MNW, MSW)* • Locator Beacon *m*; Nahentfernungsmessbake *f*

lock *<tech.gen> (tandem gate for people, equipment)* • Schleuse *f*

lock *<tech.gen> (for locking; of doors, gates, lids, fuel caps etc.)* • Schloss *n*

lock *<tech.gen> (device to restrain something from moving)* • Arretierung *f*

lock *<mvhcl> (steering left and right limit positions)* • Anschlag *m*

lock *vi <brake>* • blockieren *vi*

lock *vi <mech.eng>* • sperren *vi*

lock *vt <tech.gen> (with a key)* • abschließen *vt*; schließen *vt*; verschließen *vt*

lock *vt <prod> (clamp; e.g. a tool, work)* • spannen *vt*

lock *vt <safe> (door; with bolts, key)* • absperren *vt*

lockable *<tech.gen> (with keys; e.g. door, container, window)* • abschließbar

lockable *DIN 18267 <tech.gen> (gen.; e.g. window handles)* • verriegelbar *DIN 18267*

lockable *DIN 18267 <tech.gen> (stress on: with key; e.g. window handles)* • verschließbar *DIN 18267*

lockable *<mech.eng> (in a certain position)* • feststellbar

lockage *<nav>* • Schleusung *f*

lock bay *<nav> (for ships, boats)* • Schleusenkammer *f*

lock bolt *<build.safe> (rectangular; for positive locking of doors)* • Riegel *m*; Riegelbolzen *m rar*

lock cylinder *<tech.gen> (with keys)* • Schließzylinder *m*

locked *<mech.eng> (firm)* • fest

locked *<safe> (e.g. with key)* • abgeschlossen

locked out *<tech.gen> (person outside, doors locked, keys inside)* • ausgesperrt

locker *<tech.gen> (e.g in school, gym, shopping mall)* • Schließfach *n*

locker *<logist> (cabinet)* • Schrank *m*

lock in *vt <tech.gen>* • einschließen *vt*

locking *<gen>* • Verriegelung *f*

locking bar clamp *<tool>* • Gripzwinge *f*; Klammerzwinge *f*

locking bolt *<join>* • Halteschraube *f*

locking bolt *<safe> (of safes; round, usu chrome)* • Riegelbolzen *m*

locking button *<tech.gen>* • Sperrknopf *m*

locking collar *<tech.gen>* • Spannring *m*

locking device *<join> (for fasteners, joints)* • Sicherung *f*

locking device *<mech.eng> (sth. that*

inhibits movement) • Arretierung *f*; Feststelleinrichtung *f*
locking fuel filler cap *<mvhcl>* • abschließbarer Kraftstofftankdeckel *m*; abschließbarer Tankdeckel *m prakt.ugs*
locking gas cap *US <mvhcl>* • abschließbarer Tankverschlussdeckel *m*
locking mechanism *<mech.eng> (gen.)* • Sperrvorrichtung *f*
locking nut *<mech.eng> (gen.)* • Feststellmutter *f*
locking pawl *<mech.eng> (e.g. in seatbelt locking mechanisms)* • Sperrklinke *f*; Sicherungsklinke *f*
locking pin *<mech.eng> (relatively small)* • Haltestift *m*; Verriegelungsstift *m*
locking pin *<prod>* • Arretierstift *m*
locking plate *<tech.gen> (any material)* • Sicherungsscheibe *f*
locking pliers *<tool>* • Gripzange *f*; Festhaltezange *f*; Grip *f prakt*
locking ring *<tech.gen> (clamping)* • Spannring *m*
lock in place *vi <tech.gen> (engage, click in)* • einrasten *vi*
lock in position *vt <tech.gen> (to prevent further movement)* • arretieren *vt*; feststellen *vt*
lock mechanically *vt <mech.eng> (e.g with a bolt)* • mechanisch verriegeln *vt*
lock nut *<join> (nut on another nut)* • Kontermutter *f*; Gegenmutter *f*
lock out *vi <nav>* • ausschleusen *vi*
lock seam *<join>* • Falz *m DIN 55 405*
locksmith service *<tech.gen>* • Schlüsseldienst *m*
lockstitching *<textil>* • Doppeln *n*
lock through *vi <nav>* • durchfahren *vi*
lock-up garage *<build.mvhcl>* • abschließbare Garage *f*
lock-up torque converter *<mvhcl.drive>* • Drehmomentwandler mit Überbrückungskupplung *m*; Drehmomentwandler mit Wandlerüberbrückung *m*
lock washer *<join> (gen., any kind; usually a split lock washer)* • Schraubensicherung *f*
locomotive *<railw>* • Lokomotive *f*; Lok *f ugs*
lode *<min> (metalliferous; ore)* • Erzader *f*; erzführender Gang *m*; Erzgang *m*; Gang *m*
loess soil *<geo>* • Lößboden *m*
log *<nav>* • Logbuch *n*; Bordbuch *n*; Log *n*
log *<wood> (heavy portion of a tree, typ. of the trunk)* • Block *m*
log *vt <tech.gen> (data, sequence of events)* • protokollieren *vt*; aufzeichnen *vt*
log *vt <i&c> (record data)* • erfassen *vt*; registrieren *vt*
logarithm *<math>* • Logarithmus *m*
logarithmic graduation *<math> (scale, diagram axis)* • logarithmische Teilung *f*
log file *<comp>* • Protokolldatei *f*
log frame *<mach.tool> (in sawmill; for wood)* • Sägegatter *n*
logging intervals *pl <comp>* • Aufzeichnungsintervalle *npl*
log home *<build>* • Blockhaus *n*; Haus im Blockhausstil *n*; Wohnhaus im Blockhausstil *n*
log house *<build> (rather small; e.g. a wilderness cabin)* • Blockhaus *n*; Blockhütte *f*
logic circuit *<i&c> (e.g. automatic control)* • Logikschaltung *f*
logistics *<logist>* • Logistik *f*
logistic service provider *<logist>* • Logistikdienstleister *m*; Logistiker *m*
log off *vi <comp> (of system, LAN)* • abmelden *vr*; ausloggen *vr prakt*
logo light *<aerosp.light> (exterior lighting)* • Logostrahler *m*
log on *vi <comp> (to system, LAN)* • anmelden *vr*; einloggen *vr*
Lokasil process *<prod>* • Lokasil-Verfahren *n*
lo-lo ship *<nav>* • Lo/Lo-Schiff *n*; Lo-Lo-Schiff *n*; Lo/Lo-Frachtschiff *n*; Lift-on/Lift-off-Schiff *n*
long *<gen>* • lang
long-acting *<tech.gen>* • lang wirkend
long block engine *<mvhcl.mot> (engine w/ relatively long crankshaft; e.g. 6-cylinder in-line engine)* • Langblockmotor *m*
long [distance] *<gen>* • weit
long-distance cable *<tele> (electr. or OWG)* • Fernkabel *n*
long-distance call *<tele>* • Ferngespräch *n*; Fernanruf *m*

long-distance coach *<comvhcl> (for comfortable long-distance travel)* • Fernreisebus *m*; Fernreiseomnibus *m*; Langstrecken-Reisebus *m*

long-distance data transmission *<comp.tele> (usu. via the public telephone network)* • Datenfernübertragung *f* (DFÜ)

long-distance gas pipeline *<pps>* • Ferngasleitung *f*

long-distance network *<energ> (e.g. pipelines for natural gas, petroleum)* • Fernleitungsnetz *n*

long-distance route *<traff>* • Fernverbindung *f*

long-distance shot *<phot>* • Fernaufnahme *f*

long distance traffic *<railw>* • Fernverkehr *m*

long-distance traffic *<traff>* • Fernverkehr *m*

long-distance train *<railw>* • Fernverkehrszug *m*; Fernzug *m*; Fernreisezug *m*

long-distance transmission line *<tech.gen> (for any medium; e.g. oil, gas, water, power)* • Fernleitung *f*

longeron *<aerosp>* • Holm *m*

longeron *<aerosp> (in aircraft fuselage)* • Längsholm *m*

long-focal-length lens *<opt>* • langbrennweitiges Objektiv *n*

long haul *<aerosp> (range)* • Langstrecke *f*

long-haul traffic *<logist>* • Güterfernverkehr *m*

long-haul truck *<comvhcl>* • Fernverkehr-Lkw *m*

longitude (LON) *<geo.navig>* • geographische Länge *f* (LON); Längengrad *m prakt*; Länge *f ugs*

longitudinal axis *<tech.gen>* • Längsachse *f*

longitudinal beam *<tech.gen>* • Längsträger *m*

longitudinal control *JAR 25.145 <aerosp>* • Höhensteuerung *f*; Nicksteuerung *f*

longitudinal control arm *<tech.gen>* • Längslenker *m*

longitudinal cut *<tech.gen>* • Längsschnitt *m*

longitudinal direction *<tech.gen>* • Längsrichtung *f*

longitudinal engine *<mvhcl>* • Längsmotor *m*

longitudinal joint *<tech.gen> (e.g. tube, tank)* • Längsfuge *f*

longitudinal keyway *<mech.eng>* • Längsnut *f*

longitudinally adjustable *<tech.gen>* • längsverstellbar

longitudinally displaceable *<tech.gen>* • längsverschiebbar

longitudinal motion *<tech.gen>* • Längsbewegung *f*; Bewegung in Längsrichtung *f*

longitudinal seam *<join>* • Längsnaht *f*

longitudinal sectional view *<tech.gen>* • Längsschnittsdarstellung *f*

longitudinal slot *<mech.eng> (gen.)* • Längsnut *f*

longitudinal taper key joint *<mech.eng> (e.g. shaft and hub)* • Längskeilverbindung *f*

longitudinal view *<docu> (in a drawing)* • Längsansicht *f*

longitudinal view *<docu> (in figures, engineering drawings)* • Längsschnitt *m*

long-lasting *<gen>* • dauerhaft

longneck bottle *<pack> (gen.; various sizes)* • Longneck-Flasche *f*

long-range *<gen> (into the future; e.g. measures)* • weitreichend

long-range *<gen>* • langreichweitig

long service life *<qualit>* • lange Lebensdauer *f*

long-staple cotton *<textil>* • langstapelige Baumwolle *f*

long-term *<gen>* • langfristig

long-term behavior *US <qualit.mat>* • Langzeitverhalten *n*

long-term performance *<gen> (of manpower, workforce)* • Dauerleistung *f*

long-term protection *<tech.gen>* • Langzeitschutz *m*

long-term stability *<tech.gen>* • Langzeitstabilität *f*

long-term storage *<energ.sol>* • langfristige Speicherung *f*; Langzeit--Speicherung *f*

long ton *GB <phys> (1.016 metric tons; 2240 pounds avoirdupois)* • britische Tonne *f*

long way *<gen> (e.g. to go to reach a goal)* • weiter Weg *m*

long wheelbase *<mvhcl>* • langer Radstand *m*

loom *<textil.prod>* • Webmaschine *f DIN 63000*; Webstuhl *m*; Stuhl *m*

loop *<tech.gen> (circuit; e.g. closed loop)* • Kreis *m*

loop *<comp.av>* • Schleife *f*

loop *<garm>* • Öse *f*

loop *<textil> (yarn; fabric)* • Schlinge *f*

loop *vt <tele>* • schleifen *vt*

looper *<textil> (stitch-forming device; on chainstitch, overedge, coverstitch sewing ma)* • Greifer *m*; Schlingenfänger *m*; Fadenheber *m*

loop expansion pipe *<pps> (e.g. in pipelines)* • Ausgleichschleife *f*

loop in *vt <el> (in circuit)* • einschleifen *vt*

loop pile *<int> (flooring)* • Schlingenware *f*

loose *<tech.gen> (movable)* • beweglich; lose

loose connection *<el>* • Wackelkontakt *m*

loose installation *ISO 2424 <build.int> (textile floor covering)* • lose Verlegung *f DIN ISO 2424*

loose material *<tech.gen> (not fixed, unattached, crumbling)* • lockeres Material *n*

loosen *vi <tech.gen>* • nachlassen *vi*

loosen *vt <join> (make less tight; undo slightly; e.g. a screw, bolt, nut)* • lockern *vt*

loosen *vt <tool>* • freigeben *vt*

looseness *<tech.gen>* • Spiel *n*

loose text block *<print>* • hängender Buchblock *m*

lopper *<agri.tool> (heavy-duty type; e.g. with telescoping handles and ratchet)* • Baumschere *f*; Astschere *f*

lo-ro ship *<nav>* • Lo/Ro-Schiff *n*; Lift-on/Lift-off-Roll-on/Roll-off-Schiff *n*

lose energy *vi <phys>* • Energie abgeben *vi*

loss *<tech.gen> (of a function or feature; e.g. of image, sound)* • Ausfall *m*

loss *<tech.gen>* • Verlust *m*

loss *<opt.owg> (of light intensity in wave guides)* • Dämpfung *f*; Dämpfungsmaß *n*

loss factor *<tech.gen>* • Verlustfaktor *m*

loss-of-coolant accident (LOCA) *<nucl> (DBA of PWRs)* • Kühlmittelverluststörfall *m* (KüVeSt)

loss of mass *<tech.gen>* • Masseverlust *m*

lost wax casting [process] *<metal>* • Wachsausschmelzverfahren *n*; Wachsausschmelzgießverfahren *n*

lot *<i&c> (silver alloys)* • Lot *n*

lotus effect *<srfc> (of surfaces, hydrophobia and special surface structure)* • Lotuseffekt *m*; Verhalten nanostrukturierter hydrophober Oberflächen *n wiss*; natürliche Fähigkeit zur Selbstreinigung *f*; Selbstreingungseffekt *m ugs*

loudness level *<acoust>* • Lautstärke *f DIN 1318*

loudspeaker *<av>* • Lautsprecher *m*; Lautsprecher-System *n*

lounger cushion *<gen>* • Auflage für Liegestühle *f*

louver *<build> (slanted fixed or movable fins)* • Jalousie *f*

louver *US <build> (of venetian blinds)* • Lamelle *f*

louver *<hvac> (of ventilation air outlets; usually pl.)* • Lamelle *f*

low *<gen> (level; e.g. noise, fill level, grade, quality)* • gering; niedrig

low *<tech.gen> (e.g. value, temperature, pressure, price, cost, bridge, ceiling, room)* • niedrig

low *<build> (building, house; much wider than high)* • flach

low-alkali *<chem>* • alkaliarm

low-alloy steel *<metal> (alloying content in total < 5%; C does not count)* • niedriglegierter Stahl *m*

low-ash *<tech.gen>* • aschearm

low beam *US <mvhcl.el>* • Abblendlicht *n*; Fahrlicht *n*

low-boiling *<tech.gen>* • niedrigsiedend

low boiling *<chem.petr>* • leichtsiedend

low calorie products *<food>* • kalorienarme Produkte *npl*; kalorienreduzierte Produkte *npl*

low-capacitance *<el>* • kapazitätsarm

low-carbon *<mat> (e.g. steel)* • kohlenstoffarm; niedriggekohlt

low-density polyethylene (LDPE) *<plast> (density < 0,930 g/cm^3; typ. for film and sheeting)* • Polyethylen niedriger Dichte *n* (LDPE); Hochdruck-Polyethylen *n obs*; Hochdruck-PE *n* *obs*; PE-LD *n*; PE-ND *n*

low earth orbit (LEO) *<aerosp> (satellite)* • erdnahe Umlaufbahn *f* (LEO)

low-emission *<mvhcl.emiss>* • schadstoffarm; abgasarm

low-emission paint *<srfc> (without organic solvents)* • lösemittelfreier Lack *m*

Low Emission Vehicle (LEV) *<vhcl.emiss>* • Fahrzeug nach LEV-‑Standard *n*

low-energy *<phys> (radiation)* • energiearm; weich

lower *vt <tech.gen> (sth raised; e.g. vehicle on platform)* • abbocken *vt*

lower *vt <tech.gen> (e.g. level, pressure, temperature)* • erniedrigen *vt*

lower *vt <tech.gen> (e.g. pressure, temperature, voltage)* • senken *vt*

lower *vt <build> (ground-water level)* • absenken *vt*

lower *vt <mech.eng> (component; e.g. transmission, engine block)* • absenken *vt*; ablassen *vt*

lower *vt <nav> (e.g. boats from a ship)* • aussetzen *vt*

lower case [letter] *<print>* • Kleinbuchstabe *m*; Minuskel *f wiss*; Gemeine *npl prakt*

lower chord *<build> (of a beam, truss)* • Untergurt *m*

lower deck *<tech.gen>* • Unterdeck *n*

lower deck *<nav>* • Unterdeck *n*; unteres Deck *n*

lower die *<metal> (forging)* • Untergesenk *n*

lower die *<prod>* • Gesenkunterteil *n*

lower flange *<build> (steel beam; e.g. I, C, Z profile)* • Untergurt *m*

lower heating value (LHV) *US <therm>* • Heizwert *m* (UHW); spezifischer Heizwert *m*; unterer Heizwert *m obs*; Hu *m obs*

lowering *<tech.gen> (of objects, values; e.g. load, pressure, temperature)* • Absenkung *f*; Senkung *f*

lowering *<nav> (of lifeboats)* • Aussetzen *n*

lowest common denominator (lcd) *<math> (of fractions; lowest common multiple)* • kleinster gemeinsamer Nenner *m*; Hauptnenner *m*; Generalnenner *m*; kleinster gemeinsamer Teiler *m*

low-fat *<food>* • fettarm

low-floor bus *<comvhcl> (bus of low-‑floor design)* • Niederflurbus *m*; Niederfluromnibus *m*; Niederflurwagen *m*

low frequency *<el> (30 kHz to 300 kHz radio band acc. to FCC)* • Niederfrequenz *f*

low-frequency *adj <gen>* • niederfrequent

low-frequency wave (LF) *<tele> (radio wave < 500 kHz; broadcasting range 30 kHz - 300 kHz)* • Langwelle *f* (LW)

low geared *<drive> (transmission)* • kurz übersetzt

low gearing ratio *<drive> (transmission)* • kurzes Übersetzungsverhältnis *n*; kurze Übersetzung *f*

low-grade *<mat.qualit> (e.g. steel, coal)* • geringwertig

low-grade *<qualit> (of lower quality than usual)* • minderwertig

low-grade anthracite *<min> (coal grade between bituminous coal and anthracite)* • Steinkohle *f*; Magerkohle *f*

low-impedance *adj <el>* • niederohmig; niederimpedant

low in contrast *<phot> (image, lighting condition; as a defect)* • kontrastarm; kontrastlos; flach; flau

low-inertia *<mech.eng>* • trägheitsarm

low in formaldehyde *<build.mat> (e.g. class E1 particle board, plywood)* • formaldehydearm

low in oxygen *<tech.gen> (e.g. material, combustion)* • sauerstoffarm

low-iron glass *<energ.sol>* • eisenfreies Glas *n*

low-level flight *<aerosp>* • Flug in geringer Höhe *m*

low-level flight *<mil>* • Tiefflug *m*

low-load operation *<tech.gen>* • Schwachlastbetrieb *m*

low-maintenance *<qualit>* • wartungsarm

low-maintenance battery *<mvhcl.el> (removable vent caps)* • wartungsarme Batterie *f*

low-mass *<astron>* • massearm

low-mounted *<tech.gen> (part of an assembly)* • untenliegend

low-noise *<el>* • rauscharm

low-NOx *<emiss>* • schadstoffarm [in Bezug auf NOx-Emissionen]

low-pass filter *<el> (attenuates high frequencies)* • Tiefpassfilter *n*; Höhenfilter *n*; Höhensperre *f*; Tiefpass *m*

low-phosphorus *<mat> (e.g. iron ore, steel)* • phosphorarm

low pressure (LP) *<tech.gen>* • Niederdruck *m* (ND)

low-pressure pump *<tech.gen>* • Niederdruckpumpe *f*

low-pressure section *<mech.eng> (pump, turbine)* • Niederdruckteil *m*

low-pressure turbine (LPT) *<turb> (gas turbine; e.g. second turbine of a bypass engine)* • Niederdruckturbine *f*; ND-Turbine *f*; Niederdruck-Turbine *f*

low-profile *<tech.gen> (low, flat; requiring little head room; e.g. PCB device)* • flach; niedrigbauend

low profile tire *US <prod>* • Niederquerschnitt-Reifen *m*

low quality *<qualit>* • mangelhafte Qualität *f*; schlechte Qualität *f*

low-sided wagon *<railw>* • Niederbordwagen *m*

low speed wind turbine *<energ.wind> (e.g. American farm windmill)* • Langsamläufer *m*

low-sulfur coal *US <comb>* • schwefelarme Kohle *f*

low-temperature *<gen>* • niedrigthermal; niedertemperiert; warm

low temperature *<gen>* • tiefe Temperatur *f*

low-temperature carbonization *<comb>* • Schwelung *f*

low-temperature coke *<comb>* • Schwelkoks *m*; Tieftemperaturkoks *m*; Grudekoks *m*; Halbkoks *m*

low-temperature resistance *<tech.gen>* • Kältebeständigkeit *f*; Tieftemperaturbeständigkeit *f*; Kältefestigkeit *f*

low-torque *<mvhcl.mot> (engine)* • durchzugsschwach; drehmomentschwach

low-valued *<gen>* • geringwertig

low-viscosity *<tech.gen> (liquid; e.g. oil, paint)* • dünnflüssig; niederviskos *form*; dünn *ugs*; niedrigviskos *rar*

low-volatile coal *<comb>* • gasarme Kohle *f*; niedrigflüchtige Kohle *f*; niederflüchtige Kohle *f*

low voltage (LV) *IEEE, EN 60 071 <energ.el> (GB: < 1kV; US: <1kV or < 2kV acc. to NEC)* • Niederspannung *f* (LV) *DIN EN 60 071*

low-voltage lamp *<light>* • Niederspannungslampe *f*

low-voltage lamp *<light>* • Niedervoltlampe *f*

low water *<energ.hydr>* • Niedrigwasser *n*; Niederwasser *n*

low-wing monoplane *<aerosp>* • Tiefdecker *m*

LPG carrier *<nav>* • LPG-Tanker *m*; LPG-Tankschiff *n*

LPT port *<comp> (typ. parallel)* • LPT-Port *m*

lubricant *<tech.gen>* • Schmiermittel *n*

lubricant *<tribo> (internal additive or ext. applied; e.g. MP grease, petroleum jelly)* • Gleitmittel *n*

lubricant center *US <gen>* • Schmierstoffzentrum *n*

lubricate *vt <tribo> (with grease and grease gun)* • abschmieren *vt*

lubricate *vt <tribo>* • schmieren *vt*

lubricated-for-life *<tribo>* • dauergeschmiert

lubricating film *<tribo>* • Schmierfilm *m*

lubricating oil *<tribo>* • Schmieröl *n*

lubricating oil mist *<tribo>* • Schmierölnebel *m*

lubricating oil pump *<tribo> (e.g. gear pump)* • Schmierölpumpe *f*; Schmierpumpe *f*

lubricating system *<tribo> (e.g. oil pan, pump, channels)* • Schmiersystem *n*; Schmiereinrichtung *f*

lubrication *<tech.gen>* • Schmierung *f*

lubrication hole *<tribo> (e.g. in machinery, shaft bearing, crankshaft)* • Schmierbohrung *f*; Ölbohrung *f*

lubricator *<tribo> (gen.; e.g. on a shaft)* • Schmiervorrichtung *f*

lubricity *<tribo> (of lubricants; e.g. of personal lubricant jelly)* • Schlüpfrigkeit *f*

lubricity *ISO 4378-3 <tribo> (gen.; of oil, grease, graphite, silicone)* • Schmierfähigkeit *f DIN ISO 4378-3*; Schmierungseigenschaften *fpl*; Schmiereigenschaften *fpl*

luffing system *<build.mach> (crane)*

• Wippwerk *n*; Auslegerneigungsverstellwerk *n form*
lug *<el> (soldering connection)* • Fahne *f*
lug *<mech.eng> (a projecting piece by which sth is supported)* • Ansatz *m*
lug *<mech.eng> (flat tab, usu. sheet metal; e.g. for lifting)* • Lappen *m*
lug *<vhcl> (of bicycle frame tubing)* • Muffe *f*
luge *<sport> (equipment)* • Rodelschlitten *m*; Rennrodel *m*; Rodel *m prakt*; Schlitten *m ugs*
luggage rack *<vhcl> (overhead; open or with lids; e.g. on trains, airplanes)* • Gepäckablage *f*; Gepäckfach *n*; Handgepäckablage *f*
lugged *<vhcl> (bicycle frame)* • gemufft
lugless *<vhcl> (bicycle frame)* • muffenlos
lumbar support *<mvhcl.int> (in seats)* • Lendenwirbelstütze *f*; Lordosenstütze *f form*; Kreuzstütze *f rar*; Lendenstütze *f MB.werb*; Lendenunterstützung *f ugs.form*
lumber *<wood> (timber sawed or split into planks, boards)* • Schnittholz *n*
lumber *<wood.build> (timber sawed or split into planks, boards etc.)* • Bauholz *n*
lumen *pl*: **-s, -mina** (lm) *<light> (unit of luminous flux)* • Lumen *n pl*: -mina (lm) *DIN 1301*; cd.sr
luminance (L) *BS 5489-7 <light>* • Leuchtdichte *f* (L)
luminance signal *<av> (color TV)* • Luminanzsignal *n*; Leuchtdichtesignal *n*; Bildhelligkeitssignal *n*; Y-Signal *n*
luminescent paint *<srfc>* • Leuchtfarbe *f*
luminosity *<astron> (of stars)* • Helligkeit *f*
luminous dial *<i&c> (of a watch/clock)* • Leuchtzifferblatt *n*
luminous flux *thsc <light> (in Lumen, lm)* • Lichtstrom *m*
luminous intensity *<light> (brightness, in unit candela)* • Lichtstärke *f*
luminous power *<light> (of lamps)* • Leuchtkraft *f*
lump *<tech.gen> (solid, heavy)* • Klumpen *m*; Brocken *m*
lump *<min> (e.g. of coal, ore)* • Stück *n*
lumped *<gen>* • konzentriert
lumpy *<tech.gen> (e.g. gravel, coal)* • grobstückig
lunar landing module *<aerosp>* • Mondlandekapsel *f*
lunar probe *<aerosp>* • Mondsonde *f*
lung ventilator *ISO 4135 <med.tech>* • Lungenbeatmungsgerät *n DIN ISO 4135*; Respirator *m wiss*; Beatmungsgerät *n*; Ventilator *m prakt*
luster *<garm> (of pearls)* • Lüster *m*; Schmelz *m*
luster *US <srfc> (deep)* • Glanz *m*
lusterless finish *US <srfc>* • matte Oberfläche *f*; glanzlose Oberfläche *f*
lute *vt <build> (seal with lute, luting)* • abdichten *vt*; zukitten *vt ugs*
lutetium (Lu) *<chem>* • Lutetium *n* (Lu)
luting *<build.mat> (readily molded sealing compound)* • Dichtungskitt *m*; Kitt *m prakt*
lux (lx) *<light> (illumination; lumen per m²)* • Lux *n* (lx) *DIN 1301*
luxurious *<gen> (e.g. interior trim)* • luxuriös
luxury … *<gen> (attrib.; e.g. ~ car, ~ hotel)* • Luxus…
luxury class *<mvhcl> (car category; e.g. S-class, BMW 7-series, Audi A8, Phaeton, Cadillac D)* • Luxusklasse *f*
luxury sedan *US <mvhcl>* • Luxuslimousine *f*
lye *<chem> (alkaline solution)* • Lauge *f*

M

macadam [pavement] *<build.traff> (road metal)* • Makadamdecke *f*; Schotterdecke *f*
maceral *<min.geo> (microscopic constituent of coal)* • Mazeral *m DIN 22005-2*
Mach cone *<aerosp>* • Mach'scher Kegel *m*; machscher Kegel *m*; Machkegel *m*
machinability *<mat>* • Bearbeitbarkeit *f*
machinability *<qualit.mat> (e.g. by turning, milling, drilling, grinding)* • Spanbarkeit *f*; Zerspanbarkeit *f*
machinable *<mat> (with machine tools)* • bearbeitbar; spanbar; zerspanbar
machine *<mech.eng> (converts force into useful work; e.g. pump, generator)* • Arbeitsmaschine *f*

machine *<mech.eng> (any mechanical contrievance)* • Maschine *f*

machine *vt <prod> (with cutting tools; e.g. by drilling, milling, planing)* • bearbeiten *vt*

machine *vt <prod> (produce)* • fertigen *vt*

machine *vt <prod>* • spanend bearbeiten *vt*

machine-aided *<tech.gen>* • maschinengestützt; maschinenunterstützt

machine-aided human translation (MAHT) *<transl>* • computerunterstützte menschliche Übersetzung *f*

machine all over *vt <prod>* • allseitig bearbeiten *vt*

machine-application *<build.int> (of fillers, plaster, flooring etc.)* • maschinelle Verarbeitung *f*

machine-assisted translation *<transl>* • rechnergestützte Übersetzung *f*

machine base *<mach.tool> (typ. below the machine bed)* • Maschinenfuß *m*; Maschinensockel *m rar*

machine bed *<mach.tool> (with ways for a table, saddle etc.; e.g.of a lathe)* • Maschinenbett *n*

machine bit for wood *<tool>* • Holzbohrer *m*

machine breakdown *<tech.gen>* • Maschinenschaden *m*

machine column *<mach.tool>* • Maschinenständer *m*

machine controls *<mech.eng>* • Maschinenbedienelemente *npl*

machine defect *<tech.gen>* • Maschinenschaden *m*

machine down time *<prod> (switched off, disconnected)* • Maschinenstillstandszeit *f*

machined surface *<srfc>* • bearbeitete Fläche *f*

machine failure *<prod>* • Maschinenausfall *m*

machine hall *<build> (e.g. of power plants)* • Maschinenhalle *f*

machine idle time *<prod> (e.g. during loading/unloading)* • Maschinenstillstandszeit *f*

machine in one pass *vt <prod>* • Durchgang *m*: in einem ~ bearbeiten *vt*

machine in one setting [of the work] *vt <prod>* • Aufspannung *f*: in einer ~ bearbeiten *vt*

machine oil *<tribo>* • Maschinenöl *n*

machine-oriented *<tech.gen>* • maschinenorientiert

machine-oriented language *<comp>* • maschinenorientierte Sprache *f*

machine outage time *<prod>* • Maschinenausfallzeit *f*

machine proof *<docu>* • Maschinenabzug *m*

machine-readable *<tech.gen> (e.g. code on workpiece, tool, cargo unit)* • maschinell lesbar

machine readable *<comp>* • maschinenlesbar

machine-readable travel document *<docu>* • maschinenlesbarer Ausweis *m*

machinery *<tech.gen> (stationary or mobile equipment)* • Maschinenpark *m*

machinery *<mech>* • Apparatur *f*; Maschinerie *f*

machinery and equipment building *<mech.eng>* • Maschinen- und Gerätebau *m*

machinery room *<tech.gen> (e.g. cableway)* • Maschinenraum *m*

machinery waste *<waste>* • Abfall aus maschineller Produktion *m*

machine spindle *<mach.tool>* • Maschinenspindel *f*

machine tool *<mach.tool> (e.g. lathe, machining center)* • Werkzeugmaschine *f*

machine translation (MT) *<transl>* • maschinelle Übersetzung *f* (MÜ); automatische Übersetzung *f*; Maschinenübersetzung *f obs*

machine translation program *<transl.tool> (for automatic translation; e.g. PT+, Systran, T1)* • MÜ-Programm *n*; maschinelles Übersetzungsprogramm *n*; Übersetzungsprogramm *n ugs*

machine translation system *<transl>* • maschinelles Übersetzungssystem *n*; automatisches Übersetzungssystem *n*; MÜ-System *n prakt*

machine wash *<garm.docu> (washing instructions)* • Maschinenwäsche *f*

machine-washable *<textil.qualit>* • waschmaschinenfest

machine width *<prod> (e.g. clearance between columns)* • Maschinenbreite *f*

machining *<mach.tool> (of parts, surfaces; any material, but usu. metal)* • spanende Bearbeitung *f*; Spanung *f rar*; spanende Formung *f rar*

machining *<prod>* • Bearbeitung *f*; Bearbeiten *n*

machining accuracy *<mach.tool>* • Bearbeitungsgenauigkeit *f*

machining allowance *<mach.tool>* • Bearbeitungsaufmaß *n*

machining cell *<prod>* • Fertigungszelle *f*

machining center *US.ISO 10791 <mach.tool> (gen.)* • Bearbeitungszentrum *n* (BAZ) *DIN ISO 10791*

machining center *US <mach.tool> (horizontal-boring machine type)* • Waagerecht-Bohr- und Fräswerk *n*

machining data *<mach.tool> (gen.)* • Arbeitsinformation *f*

machining operation *<prod> (one pass in a sequence or cycle of operations)* • Durchgang *m*

machining symbol *<prod> (in dwgs)* • Bearbeitungsangabe *f*

machining time per component *<prod>* • Maschinengrundzeit *f*

machining tolerance *<mach.tool>* • Bearbeitungstoleranz *f*

machinists' caliper *US <tool> (inside/outside caliper)* • Taster *m*

Machmeter *<aerosp> (in supersonic aircraft)* • Machmeter *n*

Mach number (M) *JAR 1.1 <aerosp> (Mach 1 = the speed of sound)* • Machzahl *f* (M); Mach'sche Zahl *f*; machsche Zahl *f*

MacPherson front suspension *<mvhcl>* • McPherson-Vorderachse *f*; Federbein-Vorderachse *f prakt.ugs*; Eingelenk-Federbein-Vorderachse *f BMW*; McPherson-Achse *f*; McPherson-Federbeinachse *f*

MacPherson strut *<mvhcl> (typ. front wheel suspension)* • MacPherson--Federbein *n*; Federbein *n ugs*

macro lens *<opt>* • Makro-Objektiv *n*; Makroobjektiv *n*

macromolecule *<chem>* • Makromolekül *n*; Kettenmolekül *n obs*

macrophotography *<phot>* • Makrofotografie *f*

macroprogram *<comp> (stored and executable series of commands)* • Makrobefehl *m*; Makro *n*

macrostructure *<tech.gen>* • Makrostruktur *f*

macrostructure *<mat> (of materials)* • Grobgefüge *n*; Makrogefüge *n*; Grobstruktur *f*

made ground *<build>* • aufgefülltes Baugelände *n*

made of *<tech.gen>* • gefertigt aus; hergestellt aus

made-up ground *<build>* • aufgeschütteter Boden *m*; Bodenauftrag *m*

magazine *<logist> (for parts, tools)* • Vorratsbehälter *m*

magazine *<mach.tool>* • Speicher *m*

magazine *<mil> (of firearms)* • Magazin *n*

magazine *<prod> (for tools and work)* • Magazin *n*

magazine spring *<mech.eng> (e.g. in arms)* • Magazinfeder *f*; Zubringerfeder *f*

magazine well *<mil> (in firearm)* • Magazinschacht *m*

magenta *<print> (primary color; a bluish, pinkish red)* • Magenta *n*

maggot *<bio>* • Made *f*

magma chamber *<geo>* • Magmakammer *f*; Magmavorkommen *n*; Magmakörper *m*; Magmaherd *m*

magnesia *<sport.mat> (grip-improving white powder; for climbing, apparatus gymnastics)* • Magnesia *n*; Chalk *n jarg*; Kreide *f obs*

magnesite *<geo>* • Magnesit *m*

magnesite screed *DIN EN 14016-1 <build.mat>* • Magnesiaestrich *m DIN EN 14016-1*

magnesium (Mg) *<chem>* • Magnesium *n* (Mg)

magnet *<tech.gen>* • Magnet *m*

magnetic (MAG) *<gen>* • magnetisch (MAG)

magnetic bearing *<navig>* • Magnetkompasspeilung *f*

magnetic bit holder *<tool>*

• Magnethalter *m*
magnetic card *ISO 4909:1987 <comp> (with magnetic stripe; e.g. banc card)* • Magnetkarte *f*
magnetic card memory *<comp>* • Magnetkartenspeicher *m*
magnetic chuck *<mach.tool>* • Magnetfutter *n*
magnetic clutch *<mech.eng>* • Magnetkupplung *f*
magnetic data storage medium *<av.comp> (e.g. tape, disk)* • magnetischer Datenträger *m*; magnetisches Speichermedium *n*; Magnetschichtspeicher *m*; Magnetspeichersystem *n*; Magnetspeicher *m*
magnetic field excitation *<el.phys>* • Magnetfelderregung *f*
magnetic field immune *<tech.gen> (gen.)* • magnetfeldfest; magnetfest
magnetic force *<phys>* • magnetische Kraft *f*
magnetic inspection powder *<qualit.mat>* • Magnetpulver *n*
magnetic lens *<phys>* • magnetische Linse *f*
magnetic levitation (maglev) *<railw> (technique used by maglev system)* • Magnetschwebetechnik *f*
magnetic levitation train *<railw> (e.g. the German Transrapid)* • Magnetschwebebahn *f*
magnetic levitation transport system *<railw>* • Magnetschwebebahn *f* (MB); Magnetschienenbahn *f*; Magnetbahn *f prakt*
magnetic-mount tank bag *<mvhcl> (bike)* • magnetischer Tankrucksack *m*
magnetic needle *<tech.gen>* • Magnetnadel *f*
magnetic north *<navig>* • missweisend Nord
magnetic north pole *<geo> (magnetis polus arcticus)* • magnetischer Nordpol *m*
magnetic particle test *<qualit.mat> (non-destructive testing method)* • Magnetpulverprüfung *f*
magnetic pole *<el.phys>* • Magnetpol *m*; Pol *m*
magnetic pole *<phys> (gen.)* • magnetischer Pol *m*
magnetic recording *<tech.gen>* • magnetische Aufzeichnung *f*
magnetic recording *<av> (audio and/or video; usu. on tape; process and result)* • magnetische Aufzeichnung *f* (MAZ)
magnetic repulsion *<phys>* • magnetische Abstoßung *f*
magnetic resonance imaging (MRI) *<med.tech>* • Magnetresonanztomographie *f* (MRT); Kernspintomographie *f*
magnetic sound-recording technique *<av>* • Magnettonaufnahmeverfahren *n*
magnetic south pole *<geo> (magnetis polus australis)* • magnetischer Südpol *m*
magnetic stripe *ISO 4909:1987 <comp> (on magnetic cards; e.g. on credit cards)* • Magnetstreifen *m*
magnetic tape *<av> (audio, video, data)* • Magnetband *n*; Band *n prakt*
magnetic tape drive *<comp> (for data backups)* • Magnetbandlaufwerk *n*; Magnetbandkassettenlaufwerk *n form*; Magnetbandeinheit *f VDI*; Bandlaufwerk *n*; Streamer *m prakt*
magnetic track brake (MTB) *<railw.brake> (for emergency braking)* • Magnetschienenbremse *f*; Schienenbremse *f*; Mg-Bremse *f*; Gleisbremse *f*
magnetic trip *<gen>* • Überstromschnellauslöser *m*
magnetism *<phys>* • Magnetismus *m*
magnetite *<min>* • Magnetit *m*; Magneteisenstein *m*
magnetizable *US.GB <qualit.mat>* • magnetisierbar
magnetize *vt US.GB <phys>* • magnetisieren *vt*
magnetoelectric *<el>* • magnetoelektrisch
magnetohydrodynamic generator *<phys.el>* • MHD-Generator *m*; magnetohydrodynamischer Generator *m wiss*; magnetoplasmadynamischer Generator *m wiss*; MPD-Generator *m*; MHD-Wandler *m*
magneto ignition *<mvhcl.el>* • Magnetzündung *f*; Magnetzündanlage *f*
magnification factor *<tech.gen>* • Vergrößerungsfaktor *m*

magnifier *<opt>* • Lupe *f*; Vergrößerungsglas *n*
magnifying lens *<opt>* • Vergrößerungslinse *f*
magnitude *<phys> (seize/extent)* • Größe *f*
magnitude range *<tech.gen> (abstract; e.g. of values, figures)* • Größenbereich *m*
Magnus effect *<phys> (e.g. of flying footballs)* • Magnus-Effekt *m*
mahogany *<wood>* • Mahagoni *n*
mail attachment *<comp>* • Mail--Anhang *m*
mail box *<comp>* • Mailbox *f*
mailing tape *<pack> (plastic tape; typically clear or brown)* • Packband *n*; Klebeband *n*
main assembly *<mech.eng>* • Hauptbaugruppe *f*
main axis *<phys> (abstract; e.g. of inertia)* • Hauptachse *f*
mainboard *<comp> (with CPU, BIOS, RAM, slots etc.)* • Hauptplatine *f*; Motherboard *n prakt*; Mainboard *n prakt*; Computerboard *n rar*
main boom *<nav>* • Großbaum *m*
main circuit *<el>* • Hauptstromkreis *m*; Hauptstrombahn *f*
main circuit breaker *<el>* • Hauptschalter *m*; Zentralschalter *m*
main component *<tech.gen>* • Hauptbestandteil *m*; Hauptkomponente *f*; Grundbestandteil *m*
main contractor *<econ>* • Generalunternehmer *m* (GU)
main coolant *<tech.gen>* • Hauptkühlmittel *n*
main cover *<tech.gen> (of a body, housing; e.g. of a printer)* • Gehäusedeckel *m*; Hauptabdeckung *f*
main deck *<nav>* • Hauptdeck *n*
main engine *<aerosp> (airplane)* • Haupttriebwerk *n*
main entry term *ISO 12620 <term>* • Hauptbenennung *f*
main feed pump *<pps> (gen.)* • Hauptspeisepumpe *f*
main feed-water pump *<energ> (steam generator)* • Hauptspeisewasserpumpe *f*; Hauptspeisepumpe *f*
main flow *<aerosp.mot> (engine)* • Hauptstrom *m*; Primärstrom *m*
main frame *<nav> (gen.)* • Hauptspant *m*; Mittelschiffspant *n*
mainframe computer *<comp>* • Großrechner *m*; Mainframe *m prakt*; Mainframe-Computer *m rar*
main function *<tech.gen>* • Hauptfunktion *f*
main fuse *<el>* • Hauptsicherung *f*
main girder *<build> (e.g. of bridges)* • Hauptträger *m*
main hoist line *<build.mach>* • Anschlagseil *n*
main jet *<mvhcl> (in carburetor)* • Hauptdüse *f*
main landing gear (MLG) *form <aerosp>* • Hauptfahrwerk *n*
main line *<tech.gen>* • Hauptleitung *f*
main line *<railw>* • Fernstrecke *f*
main line *<railw> (one or more tracks)* • Hauptstrecke *f*; Haupt--Eisenbahnstrecke *f*; Eisenbahn--Hauptstrecke *f*
main load-bearing structure *<build>* • Haupttragwerk *n*
main mast *<nav>* • Großmast *m*; Großtopp *n*; Mittelmast *m rar*; Mitteltopp *n rar*
main member *<mvhcl> (e.g. of a truck frame)* • Hauptträger *m*
main menu *<comp>* • Hauptmenü *n*
main metal *<mat> (of an alloy)* • Grundmetall *n*; Basismetall *n*
mainplane [structure] *<aerosp>* • Tragwerk *n*
main propulsion gear *<nav>* • Schiffsgetriebe *n*
main route *<traff> (gen.)* • Hauptstrecke *f*
mains frequency *<el> (usu. 50 or 60 Hz)* • Netzfrequenz *f*; Frequenz der Netzspannung *f*
mains fuse *<el>* • Netzsicherung *f*
main shaft *<mech.eng>* • Hauptwelle *f*
mains input *<el> (connection to the mains)* • Netzkabelanschluss *m*
mains operation *<el> (as opposed to battery operation)* • Netzbetrieb *m*
mains outlet *<el.build> (power supply)* • Netzsteckdose *f*; Steckdose *f ugs*
mains power supply line *<el>* • Anschlussleitung *f*; Netzleitung *f*
mains shaver *<hygi.tool>*

• Elektrorasierer *m*; Rasierer für Netzbetrieb *m*

main station <tele> • Hauptanschluss *m*

main steam <energ> *(of thermal power plants, drives the turbine generators)* • Frischdampf *m*

main steam pressure <energ> *(power plant)* • Frischdampfdruck *m*

mains transformer <el> • Netztransformator *m*

maintain *vt* <gen> *(any given condition)* • aufrechterhalten *vt*

maintain *vt* <tech.gen> *(e.g. condition, value)* • beibehalten *vt*

maintain *vt* <tech.gen> *(e.g. working condition of tools, machines)* • erhalten *vt*

maintain *vt* <tech.gen> *(a value, condition; e.g. speed, pressure, course)* • halten *vt*

maintain *vt* <comp> • führen *vt*

main tank <aerosp> • Haupttank *m*

maintenance <gen> *(abstract; of a situation, condition, right, title)* • Aufrechterhaltung *f*

maintenance <gen> *(e.g. of thepice, of roads)* • Erhaltung *f*

maintenance <tech.gen> • Pflege *f*

maintenance <tech.gen> *(measures to establish operability)* • Wartung *f*; Instandhaltung *f form*; Inspektion *f ugs*; Pflege *f rar*

maintenance and repairs <fin> *(as cost factor)* • Instandhaltungen und Reparaturen *fpl*; Reparaturen und Instandhaltungen *fpl*

maintenance costs <tech.gen> • Instandhaltungskosten *pl VDI 2885*

maintenance efforts <rep> • Instandhaltungsarbeiten *fpl*; Instandhaltungsmaßnahmen *fpl*

maintenance expenses <tech.gen> *(accounting)* • Erhaltungsaufwand *m*

maintenance fees <jur> *(patent)* • Aufrechterhaltungsgebühren *fpl*

maintenance-free <tech.gen> • wartungsfrei

maintenance-free battery <el> *(permanently sealed top)* • wartungsfreie Batterie *f*

maintenance interval <tech.gen> • Instandhaltungsintervall *n*

maintenance, repair and overhaul <tech.gen> • Instandhaltung, Instandsetzung und Überholung *f*

main term <term> • Hauptbenennung *f*

main unit <tech.gen> • Basisgerät *n*

main valve <pps> • Hauptventil *n*

majority logic <i&c> • Majoritätslogik *f*; Mehrheitslogik *f*

major service <tech.gen> • Generalinspektion *f*

majuscule <print> *(ABC...XYZ)* • Majuskel *f*; Versalie *f*; Großbuchstabe *m ugs*; großer Buchstabe *m ugs*

make dirty *vt* <gen> • verschmutzen *vt*

make lean *vt* <build> *(earth)* • abmagern *vt*; magern *vt*

make level *vt* <build> • abgleichen *vt*

make [of car] <mvhcl> • Automarke *f*

makeshift solution <tech.gen> • behelfsmäßige Lösung *f*

make-time <el> *(of contacts, relays; usu. undesirable)* • Einschaltverzögerung *f*; Einschaltverzug *m*

make to size *vt* <prod> • Maß *n*: nach ~ anfertigen *vt*; Maß *n*: nach ~ herstellen *vt*

make up *vt* <ad> • aufmachen *vt*

make up *vt* <phot> *(developer, fixing bath)* • ansetzen *vt*

make up *vt* <textil> • konfektionieren *vt*

make up for *vt* <tech.gen> *(losses; e.g. evaporation losses and make-up water)* • ausgleichen *vt*

malachite <min> • Malachit *m*

male connector <el> *(as opp. to female socket)* • Stecker *m*; Männchen *n jarg.rar*

male die [part] <metal> *(for forging, stamping)* • Patrize *f*; Oberwerkzeug *n*; Stempel *m*

male member <tech.gen> *(of a connection)* • Innenteil *n*

malfunction <tech.gen> *(minor)* • Funktionsbeeinträchtigung *f*

malfunction <el> • Fehlfunktion *f*

malfunction *vi* <qualit> • versagen *vi*

malfunction indication <qualit> • Störungsanzeige *f*

malfunction indicator lamp <i&c> • Störungsanzeige *f*

malic acid <food> • Apfelsäure *f*

malicious <tech.gen> *(e.g. attempt, attack)* • böswillig

malicious call identification (MCID) *<tele> (supplementary service)* • Anruferidentifizierung *f*; Identifizierung des Anrufers *f*; Identifizieren bösartiger Anrufer *n*; Feststellen bösartiger Anrufer *n*; Fangen *n*
malicious intent *<gen> (e.g. of code such as viruses, worms, trojans)* • boshafte Absicht *f*
malleability *<metal> (allows plastic deformation under compressive load)* • Formbarkeit *f*; Duktilität *f*; plastische Verformbarkeit [unter Druck] *f*; Umformbarkeit *f*; Schmiedbarkeit *f prakt*
malleable *<mat> (allows plastic deformation under compressive load)* • schmiedbar
malleable cast iron *<metal> (steel-like properties; tough, weldable, machinable)* • Temperguss *m* (GT) *DIN 17006-4*
malleable pig iron *<mat>* • Temperroheisen *n*
mallet *<tool>* • Hammer *m*
malt factory *<food>* • Mälzerei *f*
malt wort *<food>* • Malzwürze *f*
man *vt <econ> (e.g. construction site, factory, plant, machine)* • besetzen *vt*
management *<gen>* • Verwaltung *f*
management system *ISO 9000 <qualit>* • Managementsystem *n ISO 9000*
managing director *<econ>* • Geschäftsführer *m*
mandatory *<gen> (e.g. service schedule, maintenance)* • verbindlich; obligatorisch
mandatory helmet use *<mvhcl.safe>* • gesetzliche Helmpflicht *f*
mandatory sign *<traff>* • Gebotsschild *n*
Mandelbrot fractal *<math>* • Mandelbrot-Fraktal *n*
mandrel *<tech.gen> (to clamp sth.)* • Spanndorn *m*
mandrel *<join> (of pop rivet)* • Nietdorn *m*
mandrel *<plast.prod> (in extruder nozzle)* • Dorn *m*
mandrel *<tool> (for jewelry making; e.g. bezel, ring, bracelet ~s)* • Riegel *m*; Dorn *m*
mandrel head *<join> (of pop rivet)* • Dornkopf *m*
maneuver *US <nav>* • Manöver *n*
maneuver *vi US <tech.gen> (a movable object; e.g. a vehicle)* • manövrieren *vi*
maneuver *vt US <aerosp> (an aircraft on the ground)* • manövrieren *vt*
maneuver *vt US <mvhcl>* • rangieren *vi/vt*
maneuverability *US <vhcl>* • Wendigkeit *f*; Handlichkeit *f prakt.ugs*; Manövrierbarkeit *f rar*
maneuverable *<mil> (hand gun)* • führig
manganate *<chem>* • Manganat *n*
manganese (Mn) *<chem>* • Mangan *n* (Mn); Manganum metallicum *n*
manganese nodule *<geo>* • Manganknolle *f*
manganese steel *<mat>* • Manganstahl *m*
manger board *<nav>* • Wellenbrecher *m*
manhole *<tech.gen> (access for a person; e.g. in tank, vessel)* • Einstiegsöffnung *f*
manhole *<pps> (inspection opening, access hole; e.g. in tank, vessel, canal)* • Mannloch *n*
manhole *<waste.hydr> (access to sewers)* • Schacht *m*; Abwasserschacht *m*; Normalschacht *m*
manhole chimney *<build.el> (for cables)* • Kabelschacht *m*
man-hour (mhr) *<tech.gen>* • Arbeitsstunde *f*
manifold *ISO 4135 <tech.gen>* • Sammelleitung *f DIN ISO 4135*
manifold *<mvhcl.mot> (intake or exhaust)* • Krümmer *m*
manifold *<pps>* • Verteiler *m*; Verteilerstück *n*
manifold absolute pressure (MAP) *<mvhcl.mot>* • Ansaugunterdruck *m*; Unterdruck im Ansaugrohr *m*
manipulate *vt <tech.gen> (e.g. apparatus, measurements)* • manipulieren *vt*; beeinflussen *vt*
manipulation *<join>* • Führung *f*
manipulator *<prod> (gen.; manual handling device)* • Manipulator *m*
man-machine communication *<tech.gen>* • Kommunikation Mensch-Maschine *f*

man-machine interface *<comp>* • Mensch-Maschine-Schnittstelle *f*

man-machine system *<tech.gen>* • Mensch-Maschine-System *n*

man-made *<tech.gen>* • künstlich

man-made disaster *<gen>* • Katastrophe *f*: vom Menschen verursachte ~

man-made landscape *<geo.agri>* • Kulturlandschaft *f DIN 4047-1*

man-made material *<mat> (e.g. glass, ceramics, plastics)* • künstlicher Werkstoff *m*; künstliches Material *n*

manned *<vhcl> (e.g. spacecraft)* • bemannt

manned space flight *<aerosp>* • bemannte Raumfahrt *f*

manoeuvring area *<aerosp> (runways and taxiways, excl. aprons)* • Rollfeld *n*

mansard roof *<build> (hipped on all sides; top flat or gabled and less steep than hip)* • Mansardwalmdach *n*; Mansarddach *n ugs*; Mansardendach *n A*

mantissa *<math> (of a logarithm)* • Mantisse *f*

mantlepiece *<build.int>* • Kaminsims *n*; Kamingesims *n rar*

manual *<docu> (printed user or operating instructions)* • Anleitung *f*

manual *<docu> (a printed, bound volume; at least a booklet)* • Handbuch *n*

manual *adj <tech.gen>* • manuell *adj*

manual aperture control *<phot>* • manuelle Blendensteuerung *f*; manuelle Blendeneinstellung *f*

manual control *<i&c>* • Handregelung *f*

manual control *<i&c> (mode of operation)* • Handsteuerung *f*; Steuerung von Hand *f*; Handbetrieb *m ugs*

manual exposure *<phot>* • manuelle Belichtungssteuerung *f*; manuelle Belichtungseinstellung *f KM*; manuelle Belichtung *f Canon.Panas*; manueller Belichtungsmodus *m Pentax*

manual focus (MF) *<phot>* • manuelle Fokussierung *f* (MF) *Canon*; manuelle Scharfeinstellung *f KM.Nikon*; manuelle Scharfstellung *f Panasonic*; manueller Fokus *m Fuji.Sony*; MF--Modus *m Olympus*

manual intervention *<tech.gen>* • manueller Eingriff *m*

manually *<tech.gen>* • manuell *adv*; Hand *f*: von ~; händisch *A*

manually selectable four wheel drive *<mvhcl.drive> (e.g. on trucks, SUVs)* • zuschaltbarer Allradantrieb *m*; zuschaltbarer Antrieb der zweiten Achse *m*; manuell zuschaltbarer Allradantrieb *m*

manual mode *<tech.gen>* • manueller Betrieb *m*

manual operation *<tech.gen>* • Bedienung von Hand *f*; Handbedienung *f*; händische Bedienung *f rar*

manual operation *<i&c> (any process)* • Handbetrieb *m*

manual seat adjustment *<mvhcl.i&c>* • manuelle Sitzverstellung *f*

manual shifting *<drive> (of gears)* • Handschaltung *f*

manual transmission (man) *<drive>* • Schaltgetriebe *n*; Handschaltung *f ugs*; Handschaltgetriebe *n rar*; schaltbares Getriebe *n rar*

manufacture *vt <prod> (e.g. computers, cars)* • herstellen *vt*; produzieren *vt*; fertigen *vt*; bauen *vt ugs*; erzeugen *vt*

manufactured *<prod>* • gefertigt

manufactured gas *<proc>* • technisches Gas *n*

manufactured head *<join> (rivet)* • Setzkopf *m*; Nietsetzkopf *m*

manufactured ice *<gen>* • Kunsteis *n*

manufactured marble *<build.mat>* • Kunstmarmor *m*

manufacturer's data *<tech.gen>* • Herstellerangaben *fpl*

manufacturing defect *<qualit>* • Fertigungsfehler *m*

manufacturing drawing *<docu> (provides all necessary information for production)* • Fertigungszeichnung *f*

manufacturing engineering *<prod>* • Fertigungstechnik *f*

manufacturing error *<qualit>* • Fertigungsfehler *m*

manufacturing industry *<prod> (gen.)* • verarbeitende Industrie *f*

manufacturing process *<prod>* • Fertigungsverfahren *n DIN 8580*; Herstellungsverfahren *n*; Produktionsverfahren *n*;

Herstellungsmethode *f*

manufacturing system *<prod>* • Fertigungsanlage *f*

manufacturing tolerance *<prod>* • Fertigungstoleranz *f*

manure *<agri> (e.g. horse manure, hog manure)* • Mist *m*

manure *vt <agri> (to fertilize)* • düngen *vt*

manure spreader *<agri>* • Mistbreiter *m*

manuring *<agri> (with organic material; e.g. animal excrement)* • Düngung *f*

map *<navig.docu> (e.g. road, city)* • Karte *f*

map *vt <i&c> (data)* • aufnehmen *vt*

map *vt <i&c> (plot data)* • erfassen *vt*; mappen *vt ugs*

map *vt <math> (visually)* • abbilden *vt*

map-controlled *<i&c>* • kennfeldgesteuert

mapping *<tech.gen> (allocation, distribution of data)* • Mapping *n*

mapping *<math> (of values; 2D or 3D)* • Abbildung *f*

map pocket *<mvhcl.int> (e.g. in door trim panel or visor)* • Kartentasche *f*

map pouch *<mvhcl> (on motorcycle)* • Kartentasche *f*

map reading light *<vhcl> (e.g. boat, airplane, car)* • Kartenleseleuchte *f*

map scale *<navig> (e.g. road, city)* • Kartenmaßstab *m*

marble *vt <srfc> (gen.)* • marmorieren *vt*

marbleize *vt <srfc>* • marmorieren *vt*

marble quarry *<min>* • Marmorsteinbruch *m*

marble slab *<build.mat>* • Marmorplatte *f*

marbling *ISO 4618-3 <srfc> (imitation of the appearance of polished marble)* • Marmorieren *n DIN EN ISO 4618*

margarine production *<food.prod>* • Margarineherstellung *f*

marginal strip *<build.traff> (typ. concrete)* • Leitstreifen *m*; Randeinfassung *f*; Randstreifen *m*

marine and offshore engineering *<petr>* • Meeres- und Offshore--Technik *f*

marine band *<tele>* • Seefunkbereich *m*

marine corrosion *ISO 8044 <srfc> (sea water as the main agent)* • Meerwasserkorrosion *f DIN EN ISO 8044*

marine deposit *<min>* • marine Lagerstätte *f*

marine diesel [engine] *<nav.mot>* • Schiffsdiesel *m*; Schiffsdieselaggregat *n*

marine dredger *<build.mach>* • Seebagger *m*

marine engineering (ME) *<build.hydr>* • Meerestechnik *f*

marine fouling *<nav> (on ship and boat hulls; typ. algae)* • Anwuchs *m*; Schiffsbewuchs *m*

marine propeller *<nav>* • Schiffsschraube *f*; Propeller *m*; Schraube *f*; Schraubenpropeller *m*

marine propulsion *<nav>* • Schiffsantrieb *m*

marine propulsion engine *<nav>* • Schiffsantriebsmaschine *f*; Schiffsmotor *m*; Schiffsmaschine *f*; Schiffsantriebsmotor *m*

marine radio *<tele>* • Seefunk *m*

marine radio beacon *<navig>* • Seefunkfeuer *n*; Seefunkbake *f*

marine structure *<build.hydr>* • Seebauwerk *n*

marine turbine *<nav>* • Schiffsturbine *f*

maritime oscillating water column converter (MOWC) *<energ.hydr>* • Meereswellenenergiekonverter *m*; MOWC-Kraftwerk *n prakt*

mark *<tech.gen>* • Markierung *f*; Zeichen *n*

mark *vt <gen> (e.g. with a label, tag, ID)* • markieren *vt*; kennzeichnen *vt*; bezeichnen *vt rar*

mark *vt <docu> (check box; e.g. in form, questionnaire)* • ankreuzen *vt*

mark *vt <mil> (hits; on shooting range target)* • anzeigen *vt*

mark *vt <print> (label, tag)* • beschriften *vt*

mark *vt <prod> (gen.; e.g. outline, position)* • anzeichnen *vt*

marked feature of the invention *<jur>* • ausgesprochenes Kennzeichen der Erfindung *n*

marker *<tech.gen>* • Markierer *m*

marker *<tech.gen> (e.g. sign, label)* • Markierung *f*; Marke *f*

market umbrella *<gen>* • Marktschirm *m*

marking *<tech.gen>* • Markierung *f*

marking pencil *<tool>* • Fettstift *m*

mark off *vt <prod>* • anreißen *vt*

marl *<build> (earthy deposits of clay and calcium carbonate)* • Mergel *m DIN 4047-3*

marriage station *<prod>* • Fügestation *f*

marshalling cabinet *GB <gen>* • Rangierschrank *m*

marsh gas *<chem> (methane)* • Sumpfgas *n*

marsh island *<geo>* • Hallig *f DIN 4047-2*

marten damage *<mvhcl.plast> (on hoses, cables)* • Marderverbiss *m*; Marderbiss *m*

marten repeller *<mvhcl>* • Marder--Schutzgerät *n*; Marder-Abwehranlage *f Audi*

martensite *<metal>* • Martensit *m*

martensitic steel *<metal>* • martensitischer Stahl *m*

martial arts weapon *<mil>* • Kampfsportwaffe *f*

mash *<food> (crushed vine grapes)* • Maische *f*

mask *<tech.gen> (stiff trim applique, bezel)* • Abdeckblende *f*

mask *<tech.gen>* • Maske *f*

mask *vt <phot> (certain image areas, during exposure)* • abdecken *vt*; maskieren *vt*; überdecken *vt rar*

masking *<tech.gen> (gen.)* • Maskierung *f*

masking agent *<tech.gen>* • Maskierungsmittel *n*

masking film *<el> (on PCBs; lacquer or film)* • Lötabdeckung *f*

masking film *<print> (e.g. for touch-up work)* • Abdeckfolie *f*; Abziehfilm *m*

masking film *<srfc>* • Maskierfilm *m*; Maskierfolie *f*; Maskenfilm *m*

masking tape *<srfc> (for paint jobs)* • Abklebeband *n*; Abdeckband *n*

mask [off] *vt <srfc> (with adhesive film or tape)* • abkleben *vt*

mask out *vt <opt>* • ausblenden *vt*

mask technology *<tech.gen>* • Maskentechnik *f*; Maskenverfahren *n*

masonry *<build> (stonework)* • Mauerwerk *n*

masonry bolt *<join> (not necessarily identical with foundation bolt)* • Steinschraube *f DIN 529*; Steinschraube Form C *f*; Mauerschraube *f*

masonry dam *<build.hydr>* • Staumauer *f*; Sperrmauer *f*

masonry drill *<build.tool>* • Mauerbohrer *m*; Steinbohrer *m*

masonry paint *<build.srfc>* • Wandfarbe *f*

masonry saw *<build.tool> (usu. a circular saw)* • Steinsäge *f*

masonry wall construction *<build> (as opp. to timber and board construction)* • Mauerbauweise *f*; Massivbauweise *f*

mason's hammer *<build.tool>* • Maurerhammer *m DIN 5108*

mass (m) *<phys>* • Masse *f* (m) *DIN 1305*

massage appliance *DIN EN 60335-2 <hygi>* • Massagegerät *n DIN EN 60335-2*

mass conservation *<phys>* • Masseerhaltung *f*

mass damper *<tech.gen>* • Schwingungstilger *m*; Tilger-Gewicht *n prakt*; Tilger *m prakt*

mass flow balance *<phys>* • Massenfluss-Bilanz *f*

mass flow rate *<phys> (e.g. grams/sec, tons/hour)* • Massenstrom *m*; Massenströmung *f*; Massendurchsatz *m*

massive *<gen> (consisting of or forming a large mass; heavy, bulky)* • massiv

massive construction boom *<build.econ>* • Bauboom *m*; deutliche Belebung des Baugeschäfts *f*

massless *<phys>* • masselos

mass manufacture *<prod>* • Massenfertigung *f*

mass particle *<phys>* • Masseteilchen *n*

mass-produced *<prod>* • massengefertigt

mass-produced car *<mvhcl> (e.g. Chevrolet Impala, Chrysler Neon, Ford Taurus)* • Großserienauto *n*; Volumenauto *n jarg*

mass production *<econ>* • Massenfertigung *f*

mass-production parts *<tech.gen> (gen.)* • Großserienteile *npl*

mass-production parts *<tech.gen> (small parts such as nuts and bolts, clips)* • Kleinteile *npl*

mass reduction *<phys> (gen.)*

• Massereduzierung *f*
mass spectrometer *<phys>*
• Massenspektrometer *n*
mass spectrum *<bio.chem.phys>*
• Massenspektrum *n*
mass storage device *<comp>*
• Massenspeicher *m*; Massenspeichersystem *n*
mass transit *<traff>* • öffentliche Verkehrsmittel *npl*; Öffentliche *npl ugs*
mass unbalance *<mech>*
• Rotationsunwucht *f*
mast *<tech.gen>* • Mast *m*
mast *<nav>* • Mast *m*; Topp *m*
master *<prod>* • Urform *f*
master cylinder *<hydr> (of hydraulic systems other than braking systems)*
• Geberzylinder *m*
master drawing *<print> (camera-ready material)* • Druckvorlage *f*
master file *<comp>* • Stammdatei *f*; Hauptdatei *f*
master form *<prod> (gauge or guide for shaping)* • Muster *n*; Modell *n*; Bezugsform *f*; Lehrenform *f*
master form *<prod> (thin plate of wood; gage or guide in mech. work)*
• Schablone *f*
master keying *<safe>*
• Zentralschlüsselsystem *n*; Zentralschließsystem *n*; Zentralschließanlage *f*
master pattern *<el.prod> (of printed circuits)* • Druckvorlage *f*
master TV antenna *US <av>*
• Gemeinschaftsantenne *f*
mastic asphalt *<build.mat> (mix of bitumen, natural asphalt, and coarse aggregate)* • Gussasphalt *m DIN EN 12970*; Asphaltmastix *m*; Asphaltmix *m*
mastic seam sealant *<tech.gen>*
• dauerelastische Nahtdichtmasse *f*
mat *adj US.GB <srfc> (dull, without luster; e.g. paper, paint coat)* • matt
match *vt <tech.gen> (gen.; conmcrete and abstract; e.g. shape, color, voltage)* • anpassen *vt*
match *vt <build> (e.g. surfaces, colors)*
• angleichen *vt*
match *vt <mech.eng> (make fitting)*
• abgleichen *vt*
match *vt <srfc> (e.g. colors, shape, appearance)* • abstimmen *vt*
matched *<tech.gen> (e.g. circuits, voltages, color shades)* • abgeglichen
matched *<tech.gen> (e.g. with regard to color shades, shape, size)*
• aufeinander abgestimmt
matched *<mvhcl.drive> (transmission, speeds)* • abgestimmt
matched component *<tech.gen>*
• angepasstes Bauelement *n*
matching filler metal *<join> (for welding)* • artgleicher Zusatzwerkstoff *m*
material *<tech.gen> (physical material from which sth. is made)* • Stoff *m*; Substanz *f*; Material *n*
material *<convey> (e.g. on conveyer)*
• Gut *n*
material *<prod> (of workpieces, products)* • Werkstoff *m*; Material *n*
material being blended *<proc>*
• Mischgut *n*
material being ground *<proc>*
• Mahlgut *n*
material body *<phys>* • Körper *m*
material costs *<tech.fin>*
• Materialkosten *pl*
material failure *<qualit.mat>*
• Materialversagen *n*
material fatigue *<qualit.mat>*
• Materialermüdung *f*; Werkstoffermüdung *f*; Ermüdung *f*
material feed *<tech.gen> (e.g. in a printer)* • Materialtransport *m*; Materialvorschub *m*
material flow *<logist>* • Materialfluss *m*
material handling and conveyor industry *<convey>* • Förder- und Transporttechnik *f*
material handling engineering *<logist>*
• Materialflusstechnik *f*
materialization *<gen>*
• Materialisierung *f*
material property *<mat> (physical, chemical, technological)*
• Werkstoffeigenschaft *f*; Materialeigenschaft *f*
material removal *<tech.gen> (e.g. by abrasion, wear, machining)*
• Werkstoffabnahme *f*
material saving *<prod.econ>*
• Materialeinsparung *f*
materials engineering *<mat>*
• Werkstofftechnik *f*
material-sensitive recycling *:V*

<mvhcl> • stoffliches Wiederverwerten *n*; stoffliches Recycling *n*
materials handling *<convey>* • Förderung *f*; Fördern *n*
materials-handling equipment *<prod.convey>* • Fördereinrichtung *f*
materials management category *ISO 12620 <term>* • Materialverwaltungskategorie *f*
materials testing (MT) *<qualit.mat>* • Werkstoffprüfung *f* (WP); Materialprüfung *f*
materials testing machine *<qualit.mat>* • Werkstoffprüfmaschine *f*; Werkstoffprüfgerät *n*
materials testing method *<qualit.mat>* • Werkstoffprüfverfahren *n*; Materialprüfverfahren *n*
material strength *<qualit.mat>* • Werkstofffestigkeit *f*
material to be blended *<proc>* • Mischgut *n*
material to be ground *<proc>* • Mahlgut *n*
mat finish *<srfc>* • matte Oberfläche *f*
math coprocessor *<comp>* • mathematischer Koprozessor *m*; arithmetischer Koprozessor *m*; numerischer Koprozessor *m*
mating *<tech.gen> (e.g. parts, flanges)* • aneinanderpassend
mating *<mech.eng> (adjacent parts; e.g. piston and cylinder)* • gepaart
mating flange *<pps>* • Gegenflansch *m*
mating flank *DIN 3998 <mech.eng> (gear)* • Gegenflanke *f DIN 3998*
mating part *<tech.gen> (tightly fitting)* • Passstück *n*; Passteil *n*
mating shape *<tech.gen>* • Gegenform *f*
mating surface *<tech.gen>* • Anlagefläche *f*
mating surface *<tech.gen> (stress on: adjacent interface; e.g. of a flange)* • Gegenfläche *f*
mating surface *<tech.gen>* • Passfläche *f*
mating threads *<join>* • Gewindepaarung *f*; gepaarte Gewindeteile *npl*
matrix *<tech.gen>* • Matrix *f*
matrix *<print> (mold for casting typefaces)* • Matrize *f*
matrix array *<tech.gen>* • matrixförmige Anordnung *f*
matrix metering *<phot>* • Mehrfeldmessung *f*; Matrixmessung *f*
matrix printer *<comp.print>* • Matrixdrucker *m*; Nadeldrucker *m prakt*; Rasterdrucker *m*; Punktmatrixdrucker *m rar*; Elementdrucker *m rar.obs*
matte color *US <srfc>* • matte Farbe *f*
matter *<jur>* • Angelegenheit *f*
matter *<phys>* • Materie *f*
matter *<print> (result of composition of copy and artwork)* • Satz *m*
mattress *<int>* • Matratze *f*
mature *<qualit.mat> (aged, ripe)* • gereift; abgelagert
mature *vi <food> (e.g. Käse, Wein)* • reifen *vi*; ausreifen *vi rar*
mature *vi <qualit>* • altern *vi*
mature *vt <proc> (by storing)* • ablagern *vt*
matured *<tech.gen> (product development, design)* • ausgereift
mature wood *<wood>* • Altholz *n*
maturing tank *<gen>* • Reifetank *m*
maximize *vt US <tech.gen> (e.g. dimensions, values)* • maximieren *vt*; Höchstmaß *n*: auf das ~ bringen *vt*; Maximum *n*: auf ~ einstellen *vt*
maximum allowable concentration (MAC) *<tech.gen> (e.g. of pollutants, contaminants)* • maximal zulässige Konzentration *f*
maximum aperture *<phot> (in concrete terms, with numbers; e.g. 50 mm f/2.8)* • Lichtstärke *f*
maximum clearance *<mech.eng>* • Größtspiel *n*
maximum continuous service temperature *<tech.gen> (e.g. furnace, gas turbine)* • maximale Dauerbetriebstemperatur *f*
maximum distance *<tech.gen> (e.g. magnifying: between enlarger head and baseboard)* • Maximalabstand *m*
maximum duration *<tech.gen>* • Höchstdauer *f*
maximum limit *<gen>* • Höchstgrenze *f*
maximum load *<tech.gen>* • Maximalbelastung *f*; maximale Last *f*; maximale Belastung *f*
maximum load *<convey> (of cranes;*

usu. in tons) • Tragfähigkeit *f*
maximum operating range <*tech.gen*> *(e.g. aircraft, transmitter)* • maximal erzielbare Reichweite *f*
maximum output <*tech.gen*> • Maximalleistung *f*
maximum performance <*tech.gen*> • Höchstleistung *f*
maximum permissible <*gen*> • höchstzulässig; maximal zulässig
maximum permissible inflation pressure <*tech.gen*> *(e.g. of tires, balloons, rafts)* • maximal zulässiger Luftdruck *m*
maximum permissible value <*tech.gen*> • Grenzwert *m*
maximum power <*tech.gen*> *(e.g. of a motor)* • Höchstleistung *f*
maximum safety <*tech.gen*> *(of a location, system)* • maximale Sicherheit *f*; null Risiko *ugs*
maximum size <*tech.gen*> • Maximalgröße *f*
maximum size <*stand*> • Größtmaß *n*
maximum speed <*tech.gen*> *(of rotating parts; e.g. of rotors, engines)* • Maximaldrehzahl *m*; Drehzahlmaximum *n*; Höchstdrehzahl *f*
maximum value <*gen*> • Höchstwert *m*; Maximalwert *m*; Maximum *n*; Spitzenwert *m*
MBM-free <*food*> • tiermehlfrei
mean *adj* <*tech.gen*> • gemittelt
meander pattern <*gen*> • Mäanderstruktur *f*
meaning <*transl*> • Bedeutung *f*
meaningful <*gen*> *(e.g. test or measurement results)* • aussagekräftig
mean life <*qualit*> *(gen.)* • mittlere Lebensdauer *f*
means <*jur*> *(in patents)* • Mittel *n*; Einrichtung *f*
mean sea level (msl) <*geo*> • Normalnull *n* (NN); Meeresspiegelbezugsebene *f*; mittlere Meereshöhe *f*
means of transport[ation] <*traff*> • Verkehrsmittel *n*; Transportmittel *n*; Beförderungsmittel *n*
mean time between failures (MTBF) <*qualit*> *(statistical estimate; usu. specified in hours)* • mittlere Zeitspanne zwischen zwei Ausfällen *f* (MTBF); mittlerer Ausfallabstand *m*; mittlere Ausfallzeit *f*; Gerätefehlerrate *f*; MTBF-Rate *f*
mean time to failure <*qualit*> • mittlere Lebensdauer *f*
mean time to repair (MTTR) <*rep*> • mittlere Reparaturdauer *f* (MTTR); mittlere Instandsetzungsdauer *f*; mittlere Reparaturzeit *f*
mean value <*math*> *(arithmetic, geometric, harmonic, quadratic)* • Mittelwert *m*; Mittel *n*
mean water level <*hydr*> • Mittelwasserstand *m*
mean wind speed *IEV 415* <*energ.wind*> • mittlere Windgeschwindigkeit *f IEV 415*
measurand *ISO 10012-1* <*i&c*> *(the quantity to be or being measured)* • Messgröße *f DIN 1319-1*; Größe *f*
measure <*gen*> *(of sth.)* • Maß *n*; Mass *n CH*
measure <*gen*> • Maßnahme *f*
measure *vt* <*i&c*> *(lengths, distances; e.g. size)* • abmessen *vt*
measure *vt* <*i&c*> *(gen.)* • messen *vt*
measured value <*i&c*> *(gen.)* • Messwert *m DIN 1319-1*; Messergebnis *n*; gemessener Wert *m*
measurement <*docu*> *(measured or specified size; e.g. length, width, height, gage)* • Maß *n*; Abmessung *f*; Mass *n CH*
measurement <*i&c*> • Messung *f DIN 1319-1*
measurement *ISO 9000* <*i&c*> *(all actions determining the value of a quantity)* • Messung *f ISO 9000*
measurement certificate <*nav*> • Messbrief *m*
measurement data acquisition <*i&c*> • Messdatenerfassung *f*
measurement engineering <*i&c*> • Messtechnik *f DIN 1319*; Messwesen *n*
measurement of exhaust emissions <*mvhcl.emiss*> • Abgasmessung *f*
measurement of flue-gas emissions <*comb.emiss*> • Abgasmessung *f*
measurement result <*i&c*> • Messergebnis *n*
measurement uncertainty *ISO 10012-1* <*i&c*> *(includes random and systematic errors)* • Messunsicherheit

f DIN ISO 10012-1; Unsicherheit *f prakt*
measuring accuracy *<i&c> (of sensors, instruments, measurements)* • Messgenauigkeit *f*
measuring and valve control system *<gen>* • Messadaptersystem *n*
measuring cell *<i&c>* • Messzelle *f*
measuring chain *<i&c> (includes sensors, amplifiers, output devices)* • Messkette *f DIN 1319-1*
measuring error *<qualit.mat>* • Messabweichung *f DIN 1319*; Messfehler *m ugs.obs*
measuring instrument *<i&c> (gen.)* • Messgerät *n DIN 1319-1*; Messinstrument *n*; Messorgan *n rar*
measuring medium *<tech.gen>* • Messmedium *n*
measuring orifice *<pps.i&c> (gen.)* • Messblende *f*
measuring point *<i&c> (place where measurements are taken)* • Messstelle *f*; Messpunkt *m*
measuring range *<i&c> (part of the display area within error limits)* • Messbereich *m DIN 2257*
measuring sensitivity *<i&c>* • Ansprechempfindlichkeit *f*
measuring tape *<i&c> (e.g. of steel with winder frame or winder case)* • Messband *n DIN 6403*; Maßband *n prakt*
meat *<food>* • Fleisch *n*
meat and bone meal (MBM) *<agri.food>* • Tiermehl *n*; zermahlene Kadaver *mpl pejor*
meat mincer *<food.tool> (gen.; for mincemeat)* • Fleischwolf *m*; Fleischhacker *m*
mechanical *<mech>* • mechanisch
mechanical construction *<tech.gen>* • mechanischer Aufbau *m*
mechanical engineering *<mech.eng>* • Maschinenbau *m*
mechanical motion *<i&c>* • mechanisches Uhrwerk *n*
mechanical paper *<pap> (e.g. for newspaper printing)* • holzhaltiges Papier *n DIN 55 405*; holzstoffhaltiges Papier *n*
mechanical seal *<mech.eng> (e.g. in pumps)* • Gleitringdichtung *f* (GLRD)
mechanical services *<build> (building services)* • technische Gebäudeausrüstung *f* (TGA) *VDI 2074*
mechanical strain *<tech.gen>* • mechanische Verspannung *f*
mechanical stress *<tech.gen>* • mechanische Beanspruchung *f*
mechanics *<mech>* • Mechanik *f*
mechanics' nippers *pl <tool>* • Rabitzzange *f*; Monierzange *f*; Flechterzange *f*
mechanism *<tech.gen>* • Mechanismus *m*
mechanization *US <autom>* • Mechanisierung *f*
mechanize *vt US <autom>* • mechanisieren *vt*
mechanotrician *<tech.gen>* • Mechatroniker *m*
mechatronics *<mech.eng.el> (combination of mechanical engineering and electronics)* • Mechatronik *f*
mechatronics software *<prod>* • Mechatroniksoftware *f*
median *US <build.traff>* • Mittelstreifen *m*
medical electronics *<med.tech>* • medizinische Elektronik *f*
medical engineering *<med.tech>* • Medizintechnik *f*; medizinische Technik *f*
medical equipment *VG 81226-6 <med.tech>* • Sanitätseinrichtung *f VG 81226-6*
medical grade [stainless] steel *<mat.med>* • medizinischer Edelstahl *m*; chirurgischer Edelstahl *m*; rostfreier Edelstahl 316L *m*; 316L-Stahl *m prakt*
medical waste *<med.waste>* • Krankenhausabfall *m*
medium *<tech.gen>* • Medium *n*
medium *adj <gen> (size; e.g. pizza, T-shirt)* • mittelgroß
medium-carbon steel *<metal> (0.3 - 0.55 %C)* • Baustahl *m*
medium class *<mvhcl> (German car category; e.g. Audi A4, BMW 3-series, MB C-Class)* • Mittelklasse *f*
medium-coarse *<tech.gen> (e.g. grain)* • mittelgrob
medium-density fiber board *US <build.mat>* • mitteldichte Faserplatte *f* (MDF)
medium-density polyethylene (PE-MD)

<plast> • Polyethylen mittlerer Dichte *n* (PE-MD)

medium earth orbit (MEO) *<aerosp> (about 8000 to 20 000 km above the earth)* • mittlere Erdumlaufbahn *f*

medium gauge sheet *<metal> (gauge 3.0 … 4.75 mm)* • Mittelblech *n*

medium haul *<aerosp> (range)* • Mittelstrecke *f*

medium-head turbine *<energ.hydr> (Francis turbine)* • Mitteldruckturbine *f*

medium-pressure torch *<join> (typ. torch type in the US)* • Gleichdruckbrenner *m*

medium voltage (MV) *DIN EN 60 071 <energ.el> (UK: 1,001 to 35 kV; US: 1,001 to 45 kV, or 2,001 to 35 kV acc. to NEC)* • Mittelspannung *f* (MV) *DIN EN 60 071*

medium-weight *<gen>* • mittelgewichtig

meet *vt <tech.gen> (demands, customer requirements, expectations)* • erfüllen *vt*; abdecken *vt*

meet *vt <econ> (demand)* • decken *vt*

meet *vt <jur> (e.g. a requirement)* • genügen *vt*

mega (M) *<comp> (prefix of bit or byte: e.g. 1 megabyte = 2^{20} byte)* • Mega… (M)

mega (M) *<phys.i&c> (prefix of units; e.g. megawatt; 1 megawatt = 10^6 watt)* • Mega… (M)

mega-electron volt (MeV) *<phys>* • Megaelektronenvolt *n* (MeV)

megahertz (MHz) *<phys> (1,000,000 cycles per second)* • Megahertz *n* (MHz)

mega instructions per second (MIPS) *<comp> (processing speed of a micro processor)* • Millionen Instruktionen pro Sekunde *pl* (MIPS); Millionen Befehle pro Sekunde *pl*

megaphone *<acoust>* • Megaphon *n*

megapixels *pl* (MP) *<phot>* • Megapixel *npl* (MP)

melamine-formaldehyde resin (MF) *<plast> (e.g. Formica)* • Melaminformaldehydharz *n* (MF); Melaminharz *n*; MF-Harz *n*

melt *<tech.gen> (any molten substance; e.g. ice cream, nuclear fuel)* • Schmelze *f*

melt *<plast> (polymeric; e.g. in extruder barrel, mold)* • Schmelze *f*

melt *vi <tech.gen> (e.g. snow, ice, ice cream)* • schmelzen *vi*; abschmelzen *vi*

meltdown *<tech.gen> (process of melting; e.g. of ice cream)* • Abschmelzen *n*; Abschmelzprozess *m*

meltdown *<nucl> (of reactor core)* • Kernniederschmelzen *n*; Schmelzen des Reaktorkerns *n did*; Meltdown *m jarg*

melted zone *<metal>* • Aufschmelzzone *f*

melting furnace *<metal>* • Schmelzofen *m*

melting pan *<tech.gen> (e.g. for glass)* • Schmelzpfanne *f*

melting temperature *<phys> (physic. material property; e.g. of aluminum 660 °C)* • Schmelztemperatur *f*; Schmelzpunkt *m prakt*

melt out *vt <prod>* • ausschmelzen *vt*

melt through *vi <tech.gen>* • durchschmelzen *vi*

member *<gen> (of a crew, association, society)* • Mitglied *n*

member *<tech.gen> (part of sth.)* • Teil *n*

member *<math> (of an equation, a series)* • Glied *n*

membrane *<garm>* • Membran *f*

membrane keyboard *<i&c>* • Folientastatur *f*

memorandum *<docu> (for the files)* • Aktennotiz *f*; Aktenvermerk *m*

memory *<comp>* • Speicher *m*

memory access time *<comp>* • Speicherzugriffszeit *f*

memory address *<comp>* • Speicheradresse *f*; Adresse *f*

memory card *<comp>* • Speicherkarte *f*; Flash Card *f*; Memory-Card *f*

memory effect *<tech.gen> (e.g. of batteries, materials)* • Memoryeffekt *m*; Gedächtniseffekt *m did.rar*

memory-intensive application *<comp>* • speicherintensive Anwendung *f*

memory module *<comp>* • Speicherbaustein *m*; Speichermodul *n*

memory request *<comp>* • Speicheranforderung *f*

memory requirement *<comp> (e.g. RAM, ROM)* • Speicherbedarf *m*

mend *vt <textil> (holes in fabrics)* • flicken *vt*; stopfen *vt*; ausbessern *vt*

mendelevium (Md) *<chem> (radioactive)* • Mendelevium *n* (Md)

mending kit *<textil.tour>* • Nähzeug *n*; Reisenähzeug *n*

mensuration analysis *<tech.gen> (gen.)* • Maßanalyse *f*

mentally challenged *<gen>* • geistig behindert

menu *<comp> (with options)* • Menü *n*; Auswahlmenü *n*

menu: From the XYZ ~ choose: A *<comp>* • Menü *n*: im ~ XYZ wählen Sie: A; Wählen Sie im Menü XYZ: A; Im Menü XYZ A wählen.

menu bar *<navig> (display)* • Menübalken *m*

menu-driven *<comp>* • menügesteuert

menu item *<comp>* • Menüpunkt *m*; Menüfeld *n*

Mercator map projection *<navig>* • Merkator-Projektion *f*; Loxodrome--Projektion *f rar*

merchandise *<econ>* • Gut *n*; Güter *npl*; Ware *f*

merchant ship *<nav>* • Handelsschiff *n*

mercury (Hg) *<chem> (lat. hydrargyrum)* • Quecksilber *n* (Hg)

mercury column *<phys> (as a measure of pressure: 1 mm Hg = 133,322 Pa)* • Quecksilbersäule *f*; Hg-Säule *f*

mercury-free *<tech.gen>* • quecksilberfrei

mercury low-pressure ultraviolet radiator *DIN EN 14897 <light>* • Quecksilberdampf--Niederdruckstrahler *m DIN EN 14897*

mercury pool *<tech.gen>* • Quecksilberteich *m*

mercury rotating pump *<convey> (mercury as barrier against chemically aggressive media)* • Kapselpumpe *f*

mercury switch *<el> (gen.; e.g. in air bag triggering unit)* • Quecksilberschalter *m*

mercury thermometer *<i&c>* • Quecksilberthermometer *n*

mercury tilt switch *<i&c> (e.g. as a mech./el. motion detector)* • Quecksilberschalter *m*

mercury vapor *<tech.gen>* • Quecksilberdampf *m*

mercury vapor lamp *<light> (gen.; high or low pressure)* • Quecksilberdampflampe *f*; Quecksilberlampe *f ugs*; aronssche Röhre *f rar*; Arons'sche Röhre *f rar*

merge *vt <comp> (files)* • zusammenführen *vt*; mischen *vt*

meridian *<astron>* • Meridian *m*; Mittagskreis *m*; Längenkreis *m*

meridian line *<tech.gen> (also of impellers)* • Meridianlinie *f*

meridian section *<tech.gen> (e.g. of impellers)* • Meridionalschnitt *m*

mesh *<build> (insect screen; other material than wire)* • Gaze *f*

mesh *sg <tech.gen> (of lines, wires; e.g. of screen-printing)* • Maschen *fpl*

mesh *vi <mech.eng> (e.g. gears with each other, sprocket and chain)* • eingreifen *vi*

mesh count *ISO 9045 <proc> (number of openings per linear inch; e.g. of a sieve, screen)* • Maschenzahl *f DIN ISO 9045*; Siebnummer *f*

meshing *<drive> (of gears)* • Eingriff *m*

meshing gear *<drive>* • Gegenrad *n DIN 3998*

mesh with *vt <mech.eng> (gear)* • stehen mit *vt*: in Eingriff ~; kämmen mit *vt*; eingreifen in *vt*; kämmen *vi*; eingreifen *vi*

message *<gen>* • Meldung *f*, Nachricht *f*

message (MSG) *<tech.gen>* • Nachricht *f*; Mitteilung *f form*; Information *f*; Info *f ugs*

message *<comp> (on screen; e.g. error message)* • Meldung *f*

message line *<tech.gen>* • Meldeleitung *f*

metabolic product *<bio> (e.g. biogas as a fuel)* • Stoffwechselprodukt *n*

meta data *sg <tech.gen>* • Metadaten *pl*; Metainformtionen *fpl*

metal *<mat>* • Metall *n DIN 55 405*

metal *adj <tech.gen> (made of metal)* • Metall-...; metallen *rar*

metal active gas welding *<join> (a GMAW process; as opp. to MIG)* • Metall-Aktivgas-Schweißen *n*; MAG--Schweißen *n prakt*

metal adhesive *<join>* • Metallkleber *m*

metal-arc welding *<join>* • Metall--Lichtbogenschweißen *n DIN 1910*; Lichtbogen-Handschweißen *n*;

Elektroschweißen *n*; E-Schweißen *n prakt*; Metalllichtbogenschweißen *n*
metal belt *<drive> (e.g. V belt; e.g. in CVT)* • Metallgliederband *n*
metal braid *<tech.gen> (e.g. around hoses, brake lines)* • Metallgeflecht *n*
metal-clad *<prod>* • metallverkleidet
metal cloth *<tech.gen> (e.g. filter, screen)* • Drahtgewebe *n*
metal detector *<tech.gen>* • Metalldetektor *m*
metal detector *<i&c> (e.g. for mines, treasure hunt)* • Metallsuchgerät *n*
metal-encapsulated *<tech.gen> (e.g. with sheet metal)* • metallgekapselt
metal-free *<tech.gen>* • metallfrei
metal halide lamp *<light>* • Halogen--Metalldampflampe *f*; Metallhalogenlampe *f*; Metallhalogenidlampe *f*; HQI-Strahler *m*; HQI-Lampe *f prakt*
metal housing *<tech.gen>* • Metallgehäuse *n*
metalize *vt <srfc> (e.g. plastics, fabrics)* • metallisieren *vt*
metalled road *<traff>* • Schotterstraße *f*; Schotterstrecke *f*
metallic *<tech.gen> (like or similar to metal; e.g. surface, properties)* • metallisch; metallartig; metallähnlich
metallic coating *<srfc> (metal; e.g. chrome, gold)* • Überzug *m*; metallischer Überzug *m*; Auflage *f ugs*
metallic connection *<el>* • galvanische Verbindung *f*
metallic paint *<srfc>* • Metallic-Lack *m*; Metalleffektlack *m form*
metallurgical bond *<tech.gen> (as welded)* • metallurgische Verbindung *f*
metallurgy *<metal>* • Metallurgie *f*; Hüttentechnik *f*; Hüttenkunde *f*
metal machining *<prod>* • Metallbearbeitung *f*
metal monolith *<mvhcl.emiss> (catalyst)* • Metallmonolith *m*
metal-oxide semiconductor field--effect transistor (MOSFET) *<el>* • Metalloxid-Feldeffekttransistor *m* (MOSFET); MOS-Feldeffekt-Transistor *m*; MOS-Feldeffekttransistor *m*
metal particle *<tech.gen>* • Metallpartikel *n*
metal-processing industry *<econ>* • metallverarbeitende Industrie *f*
metal-removal time *<mach.tool>* • Maschinengrundzeit *f*
metal sheet *<metal>* • Blech *n*
metal-sheet blank *<metal>* • Blechzuschnitt *m*
metal spraying *<srfc.metal>* • thermisches Spritzen *n DIN EN 657*; Metallspritzen *n*; Spritzmetallisierung *f*
metal stamping *<prod> (object)* • Stanzteil *n*
metal stamping machine *<prod.metal>* • Presse *f*
metal strip *<mat>* • Metallband *n*
metal working *<prod>* • Metallbearbeitung *f*
metastable state *<tech.gen>* • metastabiler Zustand *m*
meteorite shield *<aerosp> (e.g. on the ISS)* • Meteoritenschutzschild *m*
meteorological observatory *<meteo>* • meteorologische Station *f*; Wetterwarte *f*
meteorological plane *<aerosp.meteo>* • Wetterflugzeug *n*
meteorological rocket *<aerosp.meteo>* • Wetterrakete *f*; meteorologische Rakete *f*
meteorological satellite *<aerosp.meteo>* • Wetterbeobachtungssatellit *m*; Wettersatellit *m prakt*; meteorologischer Satellit *m*
meteorological sonde *<aerosp.meteo> (balloon or rocket)* • Wettersonde *f*; meteorologische Sonde *f*
meter *<i&c> (instrument for measuring flow, volume; e.g. electric, gas, water meter)* • Zähler *m*
meter (m) *US <phys> (SI unit of length)* • Meter *n* (m)
meter *vt <i&c> (e.g. of additives)* • bemessen *vt*
meter *vt <i&c> (measure with a meter; e.g. size, temperature, voltage)* • messen *vt*
meter clock pulse *<tele>* • Gebührentakt *m*
metered dose inhaler [aerosol] (MDI) *<pharm>* • Dosieraerosol *n* (DA); Dosierinhalator *m*
metered port *<mech.eng> (small diameter; e.g. of jets, delay valves)* • kalibrierte Bohrung *f*; Bohrung *f*
meter error *<i&c>* • Gerätefehler *m*

meter in *vt* *<proc>* • dosiert zuführen *vt*; dosiert zugeben *vt*

metering *<proc> (adding measured amounts of fluids; by means of valves, pumps)* • Dosieren *n*

metering *<proc> (gen.)* • Dosierung *f*; Zumessung *f*; Zuteilung *f*

metering device *<i&c> (dosage)* • Dosiereinrichtung *f*; Dosiergerät *n*; Dosator *m rar*

metering feeder *<agri>* • Futterdosierer *m*

metering pulse *<i&c>* • Zählimpuls *m*

metering pump *<convey> (stress on: adding the proper amount)* • Dosierpumpe *f*; Zumesspumpe *f rar*; Titerpumpe *f rar*

metering pump *DIN EN 13617-1* *<mvhcl> (for gasoline or diesel fuel)* • Zapfsäule *f*; Tanksäule *f ugs*

metering screw *<comb>* • Dosierschnecke *f*; Dosierförderschnecke *f*

metering screw *<plast> (injection screw with feed, transition, and metering sections)* • Dreizonenschnecke *f*

metering section *<plast> (of injection molding screw)* • Ausstoßzone *f*; Meteringzone *f*; Austragszone *f*; Druckzone *f rar*

metering wheel *<i&c> (toothed type)* • Zackenrad *n*

meter-kilogram-second system of units *<phys>* • MKS-System *n*; MKS-Einheitensystem *n*

meter out *vt* *<proc>* • dosiert abgeben *vt*

meter reading *<energ> (electricity or gas meter)* • Ablesung *f*

meters and gauges *<i&c.docu> (e.g. headline in manual)* • Anzeigeinstrumente *npl*

methane *<chem> (CH_4; main component of natural gases; e.g. as firedamp, marsh gas)* • Methan *n*; Methangas *n*

methanol *<chem> (CH_3OH; e.g. used as automotive fuel)* • Methanol *n*; Methylalkohol *m ugs*; Holzalkohol *m obs*

method *<gen> (course of action, manner, procedure)* • Art und Weise *f*

method *<tech.gen> (type; e.g. of heating ~)* • Methode *f*; Art *f ugs*

methylated spirit *<mat>* • Brennspiritus *m*

methylene blue test *<chem>* • Methylenblau-Test *m*

methyl group *<chem> (functional group)* • Methylgruppe *f*; Methyl *n*

methyl tertiary-butyl ether (MTBE) *<chem> (fuel additive)* • Methyl-tert-butylether *m* (MTBE)

metric coarse pitch thread *<join>* • metrisches Regelgewinde *n*

metric fine pitch thread *form* *<join>* • metrisches Feingewinde *n*

metric style *<tech.gen> (of product)* • metrische Ausführung *f*

metric system of units *<phys>* • metrisches Einheitensystem *n*; metrisches System *n*; metrisches Maßsystem *n*

metric ton *<phys> (unit of mass: 1000 kg)* • Tonne *f* (t) *DIN 1301*; metrische Tonne *f form.rar*

metrological *<i&c>* • messtechnisch

metropolitan area *<tech.gen>* • Großraum *m*; Ballungsraum *m*

metropolitan railroad *US* *<railw>* • Stadtbahn *f*

mezzanine *<build>* • Halbgeschoss *n*; Mezzanin *m A*

mezzanine *<build> (intermediate story that projects in the form of a balcony)* • Mezzanin *n/m*

mica *<mat>* • Glimmer *m*

micro *<phys.i&c> (prefix of units: 1 micro = 10^{-6})* • Mikro...

microadjustable *<tech.gen>* • feinverstellbar

micro alloy steel *<metal>* • mikrolegierter Stahl *m*

microcellular rubber *<mat> (foam rubber; very fine cellular structure)* • Moosgummi *m*

microcellular rubber *<plast>* • mikroporöser Gummi *m*

microchemical balance *<chem> (sensitive to variations of the order of 0.001 mg)* • Mikrowaage *f*

microcrack *<qualit.mat> (only visible under the microscope)* • Mikroriss *m*

micro electro-mechanical system (MEMS) *<el.mech>* • mikro-elektromechanisches System *n* (MEMS); Mikrosystem *n prakt*

microelectronics *pl* *<el>*

• Mikroelektronik *fsg*
micro encapsulation *:V <mat>*
• Mikroverkapselung *f*
microexplosion *<tech.gen>*
• Mikroexplosion *f*
microfiche *<docu>* • Mikrofiche *n*; Mikroplanfilm *m*
microfiche reader *<docu>*
• Microficheleser *m*
microfilm *vt <phot>* • mikroverfilmen *vt*; Mikrofilm *m*: auf ~ aufnehmen *vt*
micro film *<docu>* • Mikrofilm *m*
microfilming *<phot> (e.g. of books)*
• Mikroverfilmung *f*
micro-machined *<srfc>* • feinbearbeitet
micromesh *<tech.gen> (filter)*
• feinmaschig
micrometer (µm) *<phys> (0.000001 m; 0.00004 inch; 25.4 microns equal 0.001 inch or 1 mil)* • Mikrometer *n* (µm); Mikron *n obs*
micrometer *<tool> (gen.)*
• Messschraube *f DIN 863*; Mikrometerschraube *f prakt.obs*; Mikrometer *n prakt.obs*; Schraublehre *f ugs.obs*
micrometer caliper *<tool.i&c>*
• Feinmessschraublehre *f DIN 863*
micrometer screw *<tech.gen>*
• Feineinstellschraube *f*; Feinstellschraube *f*
micrometer screw *<mil> (firearm sight adjustment)* • Mikrometerschraube *f*
microminiaturization *<tech.gen>*
• Mikrominiaturisierung *f*
micromotor *<tool>* • Mikromotor *m*
micro motor *<mot>* • Kleinstmotor *m*; Mikromotor *m*
microorganism *<bio>*
• Mikroorganismus *m*; Kleinstlebewesen *n ugs*
microparticle *<gen>* • Mikroteilchen *n*
microphone (mic) *<comp.av>*
• Mikrofon *n*; Mikro *n*; Mikrophon *n*
microphone connector *<av>*
• Mikrofonanschlusstecker *m*
microphone input *<comp.av>*
• Mikrofoneingang *m*; Mic-in *m*; Mikro--Eingang *m*
microphone recording *<av>*
• Mikrofonaufnahme *f*
microphone socket *<av>*
• Mikrofonbuchse *f*; Mikrofon--Anschlussbuchse *f*; Mikrofon-Eingang *m*; Anschlussbuchse für externes Mikrofon *f*
microprobe *<tech.gen>* • Mikrosonde *f*
microprocessor *<ic>* • Mikroprozessor *m*
microprocessor technology *<ic>*
• Mikroprozessortechnik *f*
microscope *<opt>* • Mikroskop *n*
microscope tube *<opt>*
• Mikroskoptubus *m*
microscopic eyepiece *<opt>*
• Mikroskopokular *n*
microscopy *<opt>* • Mikroskopie *f*
microsection *<qualit.mat> (prepared for microscopic examination; e.g. of tissue)* • Schliffprobe *f*; Mikroschliff *m*; Schliff *m prakt*
microswitch *<el>* • Mikroschalter *m*
microtome blade *<qualit.mat>*
• Mikrotommesser *n*
microtome section *<qualit.mat>*
• Mikrotomschnitt *m*
microwaveable *<food> (e.g. convenience food)*
• mikrowellengeeignet
microwave drying *<tech.gen> (e.g. of walls, water-based paint)*
• Mikrowellentrocknung *f*
microwave oven *<gastr>*
• Mikrowellenherd *m*; Mikrowellenofen *m form*; Mikrowellengerät *n form*; Mikrowelle *f ugs*
microwave safe *<mat> (dinnerware)*
• mikrowellengeeignet
middle deck *<nav>* • Mitteldeck *n*
middle-frequency ... (MF) *<av> (the mids; frequency range 300 Hz to 3000 Hz)* • Mittelton…; Mitten…
middle third *<gen>* • mittleres Drittel *n*
mid-engine *<mvhcl>* • Mittelmotor *m*; Zwischenachsmotor *m rar*
midi container vessel *Hansa <nav>*
• Midi-Containerschiff *n Hansa*
MIDI standard *<comp.av>* • MIDI--Standard *m*
mid-position *<gen> (in a field; e.g. in the market, among competitors)*
• Mittelstellung *f*; mittlere Position *f*
mid-position *<tech.gen>* • Mittellage *f*; Mittelposition *f*; mittlere Stellung *f*; Mittelstellung *f*
midship body *<nav>* • Mittelschiff *n*
midship line *<nav>* • Mittschiffslinie *f*
mid-size [car] *<mvhcl> (car category;*

e.g. Citroen Picasso, Pontiac GS) • Pkw mittlerer Größe *m*

mid-size [car] *<mvhcl.ecol> (U.S. category; 110-119 ft³ passenger & luggage vol.; e.g. Ford Taurus)* • Midsize-Pkw *m*

midtravel position *<mech.eng> (of reciprocating movements; e.g. of a piston)* • Mittelstellung *f*; mittlere Position *f*

mid-wing airplane *<aerosp>* • Mitteldecker *m*

migrate *vi <tech.gen>* • migrieren *vi*

migrate in *vi <phys>* • einwandern *vi*

migrating leachate *<waste>* • austretendes Sickerwasser *n*

MIG-welding *ISO 4063 <join> (a GMAW process; as opp. to MAG welding)* • MIG-Schweißen *n DIN EN ISO 4063*; SIGMA-Schweißen *n*; Metall-Inert--Gas-Schweißen *n did*

mihrab *<build.rel> (niche for prayer in mosques)* • Mihrab *f*

mil *<i&c>* • mil

mild steel (MS) *<metal> (typ. low--carbon steel)* • Flussstahl *m*

mile (mi) *<i&c> (1 mi = 1760 yards = 1.6093472 km)* • Meile *f*; Landmeile *f*

mileage *<mvhcl> (of tires or vehicles)* • Kilometerleistung *f*; Laufleistung *f*

mileage *<mvhcl> (odometer reading in miles or km; e.g. 100 000 miles)* • Kilometerstand *m*; km-Stand *m prakt*; Tachostand *m ugs*

milk *vt <agri>* • melken *vt*

milk cooling equipment *<food>* • Milchkühleinrichtung *f*

milk fat *<food>* • Milchfett *n*

milk frother *<gastr.tool> (e.g. attachment on a coffee machine)* • Milchschäumer *m*

milk glass *<silic> (white glass; e.g for decorative dinner-ware, lamps, vases)* • Milchglas *n*

milking machine *<agri.tech>* • Melkmaschine *f DIN ISO 3918*

milking plant *ISO 5707 <agri.tech>* • Melkanlage *f DIN ISO 5707*

milk pasteurizer *<food.prod>* • Milcherhitzer *m*

milk powder *<food>* • Milchpulver *n*

milk pump *<agri>* • Milchpumpe *f*

milk solids *<food>* • Milchtrockenmasse *f*

milk solids not fat (MSNF) *<food>* • fettfreie Milchtrockenmasse *f* (MSNF); fettfreie Milchtrockenstoffe *mpl*

milk yield *<agri> (per cow and day)* • Milchertrag *m*

milky way *<astron> (our galaxy)* • Milchstraße *f*

mill *<proc> (gen., a grinding device or plant)* • Mühle *f*

mill *<prod> (production plant; e.g. rolling mill)* • Werk *n*

mill *vt <tech.gen>* • fräsen *vt*

mill *vt <prod.metal>* • fräsen *vt*

milli (m) *<phys.i&c> (prefix of units; e.g. mm; 1 milli = 10^{-3})* • Milli... (m)

millimeter *US <i&c> (0.001 m)* • Millimeter *n*

milling *<prod> (machining of material)* • Fräsen *n*

milling arbor *<tool>* • Fräsdorn *m*

milling cutter *<tool> (milling)* • Fräser *m*

milling cutter arbor *DIN 69882-3 <mach.tool>* • Aufsteckfräserdorn *m DIN 69882-3*

milling-cutter head *<mach.tool>* • Fräskopf *m*; Frässpindelstock *m*

milling machine *<mach.tool>* • Fräsmaschine *f*

million *<math> (1,000,000)* • Million *f*

mill [off] *vt <prod>* • abtragen *vt*

mill scale *<metal.srfc> (iron oxide after hot rolling of steel)* • Walzzunder *m*; Walzhaut *f*; Walzsinter *m*

mimic display *<i&c> (e.g. keyboard on smartphone)* • Mimik-Display *n :V*

minable *<min> (e.g. ore, coal)* • abbaubar; abbaufähig

minbar *<build.rel> (pulpit in mosque)* • Minbar *f*

mind map *<psych>* • Gedankenplan *m :V*; Gedankenkarte *f*; Mind-Map *f*

mind mapping *<psych>* • Gedankenplanung *f :V*; Gedankenkartierung *f :V*; Mind--Mapping *n*

mine *<mil> (explosive device)* • Mine *f*

mine *<min>* • Bergwerk *n*; Zeche *f*; Grube *f ugs*; Schacht *m*

mine *vt <min>* • ausbeuten *vt*

mine *vt <min> (e.g. ore, coal)* • fördern *vt*; abbauen *vt*; gewinnen *vt*

mine cavities *<min> (entire underground structure; shafts, adits,* *galleries etc.)* • Grubengebäude *n*; Berggebäude *n obs*

mine detector *<mil>* • Minensuchgerät *n*

mine filling *<min>* • Bergeversatz *m*

mine gas *<min> (in coal mines; mostly methane; explosive)* • Grubengas *n*; schlagendes Wetter *n prakt*; Schlagwetter *n prakt*

mineral crystal *<mat> (on watches)* • Mineralglas *n*

mineral fiber *<build.mat>* • Mineralfaser *f*

mineral fiber board *US <build.mat>* • Mineralfaserplatte *f*; MF-Platte *f*

mineral filled *<plast>* • mineralgefüllt

mineral filler *<build.mat>* • Gesteinsmehl *n*

mineral-matter-free *<tech.gen>* • mineralstofffrei

mineral oil *<tribo>* • Mineralöl *n*

mineral spirits *GB <chem> (thinner)* • Testbenzin *n*; Terpentinersatz *m ugs*; Terpentinöl-Ersatz *m rar*

mineral water *<food> (a type of bottled water)* • Mineralwasser *n*

mineral wool *<build.mat> (heat insulation)* • Mineralwolle *f* (MW) *prEN 14064*

mineral wool *<build.mat>* • Steinwolle *f*; Gesteinswolle *f rar.obs*

miner's tool[s] *<min.tool>* • Gezähe *n*

mine waste dump *<min>* • Halde *f*

mingle *vt <proc> (mix)* • mischen *vt*; vermengen *vt*

miniature circuit-breaker *<el> (in household fuse box)* • Leitungsschutzschalter *m*; Sicherung *f ugs*

miniature construction *<gen>* • kleinste Bauformen *fpl*; kleinste Bauform *f*

miniature fuse *<el> (usu. glass tube body with cylindrical caps; fast or slow blow)* • Feinsicherung *f*

miniaturization *US <tech.gen>* • Miniaturisierung *f*

minibus *<comvhcl> (USA: < 28 ft; GB: 9-16 passengers; D: < 7,5 tons)* • Kleinbus *m*; Minibus *m*

minicompact car *<mvhcl.ecol> (less than 85 ft^3 of passenger & luggage volume; e.g. Porsche 911)* • Minicompact-Klasse *f*

minimally invasive *<mech.tech> (surgery; e.g. heart surgery)* • minimalinvasiv

minimization *<tech.gen>* • Minimierung *f*

minimum alarm *<gen>* • Minimum--Alarm *m*

minimum and maximum values *<gen>* • kleinste und größte Werte *mpl*

minimum dimension *<tech.gen>* • Kleinstmaß *n*

minimum distance *<tech.gen>* • Mindestabstand *m*

minimum fat content *<food>* • Mindestfettgehalt *m*

minimum height *<gen>* • Mindesthöhe *f*

minimum operating current *<el> (in order to cut in, react)* • Ansprechstrom *m*

minimum pressure *<tech.gen>* • Mindestdruck *m*

minimum speed *<tech.gen>* • Mindestgeschwindigkeit *f*; Minimalgeschwindigkeit *f*

minimum thickness *<tech.gen>* • Mindestdicke *f*

minimum triggering level *<i&c> (e.g. of a bistable sensor, alarm device, annunciator)* • Auslöseschwelle *f*

minimum value *<tech.gen>* • Kleinstwert *m*; Minimalwert *m*

minimum volume lubrication *:V <mach.tool> (almost dry machining process)* • Minimalmengenschmierung *f* (MMS)

mining *<min>* • Bergbau *m*

mining district *<min>* • Bergbaurevier *n*; Grubenrevier *n*

mining engineering *<min>* • Bergbautechnik *f*

mining legislation *<jur.min>* • Bergrecht *n*

mining method *<min>* • Abbauverfahren *n*

mining subsidence *<min.geo>* • Bergbausenkung *f*

mining without filling *<min>* • versatzloser Abbau *m*

miniscooter *<vhcl> (lightweight, foldable kick scooter)* • City-Roller *m*; Klapproller *m*; Miniroller *m*; Kickboard *n*; Kick-Bike *n rar*

minium *<min>* • Minium *m*

minor *<gen> (ant. to major)*

• geringfügig

minor accident *<traff>* • Bagatellunfall *m*

minor fender-bender *<mvhcl>* • kleiner Blechschaden *m*

mint condition *<tech.gen> (second-hand item; e.g. used car)* • fabrikneu

minuscule *<print> (abc…xyz)* • Minuskel *f*; Kleinbuchstabe *m ugs*; kleiner Buchstabe *m ugs*

minus sign *<math>* • negatives Vorzeichen *n*

minute *<gen>* • winzig klein

minute *<phys.i&c> (unit of plane angle, of time)* • Minute *f DIN 1301*

minute interval *<gen>* • Minutentakt *m*

mirror *vt <tech.gen>* • spiegeln *vt*

mirror adjustment *<energ.sol>* • Spiegeljustierung *f*

mirrored *<energ.sol>* • verspiegelt

mirror-finished surface *<srfc.qualit>* • spiegelnde Oberfläche *f*

mirror image *<tech.gen>* • Spiegelbild *n*

mirror-image *<tech.gen>* • spiegelbildlich

mirror-inverted *<tech.gen>* • spiegelverkehrt

mirror lens *<phot>* • Spiegellinsenobjektiv *n*; Spiegelobjektiv *n*; katadioptrisches System *n*

mirror-like *<tech.gen>* • spiegelähnlich

mirror surface *<tech.gen>* • Spiegelfläche *f*

mirror symmetry *<tech.gen>* • Spiegelsymmetrie *f*

misadjustment *<tech.gen>* • Fehleinstellung *f*; Falscheinstellung *f*; Fehljustierung *f*

misalignment *<prod> (e.g. of shafts, edges)* • Versatz *m*

miscalculation *<tech.gen>* • Fehlberechnung *f*

miscibility *<tech.gen>* • Mischbarkeit *f*

miscible *<tech.gen> (lubricants, coolants, hydraulic fluids, paints etc.)* • mischbar

miscible *<tech.gen>* • vermischungsfähig

mislocated *<tech.gen>* • räumlich falsch angeordnet

mismatch *<tech.gen>* • Fehlanpassung *f*

misphased *<phys>* • phasenverkehrt; phasenvertauscht; phasenfalsch *rar*

misplace *vt <prod> (mount incorrectly)* • falsch anbringen *vt*

misprint *<print> (in printed matter)* • Druckfehler *m*; Setzfehler *m obs*; Erratum *n rar*

misread *<comp> (barcode scanner problem)* • Falschlesung *f*; Fehllesung *f*; schlechte Lesung *f rar*

misread *vt <i&c>* • falsch ablesen *vt*

miss *vi <mvhcl.el> (ignition spark)* • aussetzen *vi*

missed approach *<aerosp>* • Fehlanflug *m*

missile *['misail] <mil> (rocket-type weapon; e.g. a cruise missile, ground-to-air missile)* • Rakete *f*; Flugkörper *m*

missiles *pl <build> (debris)* • fliegende Trümmer *pl*

missile tail assembly *<aerosp>* • Raketenheckleitwerk *n*

missing link *<tech.gen>* • fehlendes Glied *n*

mission *<mil>* • Auftrag *m*

mist *ISO 4225 <meteo> (visibility 1…2km)* • Nebel *m DIN ISO 4225*; Dunst *m*

mistake *<qualit> (made by persons)* • Fehler *m*; subjektiver Fehler *m*; Fehlleistung *f*; Fehlhandlung *f*

mist blower *<agri.chem> (for plant protection agents; knapsack or vehicle mounted)* • Sprühgerät *n*

mist eliminator *<proc> (air or gas cleaning)* • Tropfenabscheider *m*; Entnebler *m*; Tropfenfänger *m*

misuse *<tech.gen> (of a product)* • Fehlbedienung *f*; Benutzungsfehler *m*

misuse *vt <gen> (any individual object)* • falsch behandeln *vt*

misuse will be prosecuted *<jur> (e.g. of emergency brake)* • Missbrauch ist strafbar; jeder Missbrauch wird bestraft

miter *US <tech.gen> (e.g. of picture or window frames)* • Gehrung *f*

miter *vt US <join> (edges at 45°, to join corners of a frame)* • gehren *vt*

miter cut *US <prod>* • Gehrungsschnitt *m*

miter saw *US <build.tool>* • Zug-, Kapp- und Gehrungssäge *f*

miter saw *<tool> (usu. for frames)* • Gehrungssäge *f*; Kapp- und Gehrungssäge *f*

mitigation of accident effects *<safe> (passive safety)* • Unfallfolgenmilderung *f*

mix *<proc>* • Mischgut *n*

mix *vt <tech.gen> (gen.; e.g. items, liquids, gases)* • mischen *vt*; vermischen *vt*

mix *vt <tech.gen>* • vermengen *vt*

mix *vt <av> (sound, images)* • mischen *vt*

mix *vt <food> (prepare, make ready to use)* • anmachen *vt*

mixed bed *<proc>* • Mischbett *n*

mixed case *<print>* • Groß- und Kleinbuchstaben *mpl*

mixed crystal *<mat>* • Mischkristall *m*

mixed development *<build>* • Mischbauweise *f*

mixed-flow propeller pump *<convey> (axial intake, diagonal discharge)* • halbaxiale Propellerpumpe *f*

mixed-flow pump *<convey> (sort of centrifugal pump; axial intake and diagonal discharge)* • Halbaxialpumpe *f*; halbaxiale Kreiselpumpe *f*; Diagonalpumpe *f DDR*

mixed-oxide fuel *<nucl>* • Mischoxidbrennstoff *m*; MOX--Brennstoff *m*

mixer *<tech.gen> (e.g. for concrete, electr. signals, light)* • Mischer *m*

mixer tap *<pps.hygi> (bathroom)* • Mischbatterie *f*

mixing chamber *<tech.gen>* • Mischkammer *f*

mixing desk *<av>* • Mischpult *n*

mixing device *<tech.gen>* • Mischeinrichtung *f*

mixing drum *<proc>* • Mischtrommel *f*

mixing formula *<prod>* • Mischungsrezept *n*

mixing method *<tech.gen>* • Mischverfahren *n*; Mischmethode *f*

mixing ratio *<tech.gen>* • Mischungsverhältnis *n*; Mischverhältnis *n rar*

mixing roll *<tech.gen>* • Mischwalze *f*

mixing screw *<proc>* • Mischschnecke *f*; Knetschnecke *f*

mixing stage *<tech.gen>* • Mischstufe *f*

mixing tank *<proc> (open or closed, any type)* • Mischgefäß *n*; Mischtank *m*

mixing valve *<pps> (gen.)* • Mischventil *n*

mixing vat *<proc>* • Mischgefäß *n*

mixing water *<build.mat> (for earth mixtures)* • Anmachwasser *n*

mixture *<tech.gen>* • Gemisch *n*; Mischung *f*

mixture calculation *<metal> (foundry)* • Gattierungsberechnung *f*

mixture control screw *<mvhcl.mot> (carb/fuel inj.; stress on: mixture adjustment)* • Gemischregulierschraube *f*; Luftregulierschraube *f*

mixture volume *<tech.gen> (e.g. of A/F mix)* • Gemischmenge *f*

M-loading system *<av> (of video tapes)* • M-Einfädelungssystem *n*; M-Loadingsystem *n*

mnemonics *<psych>* • Mnemotechnik *f*

mobile *<tech.gen>* • beweglich; mobil

mobile *<tech.gen> (e.g. crane)* • fahrbar

mobile *<tech.gen> (able to move from one place to another)* • ortsbeweglich

mobile armor *US <mil>* • gepanzertes Fahrzeug *n*

mobile carrier *<tele> (mobile communication)* • Netzbetreiber *m*; Betreiber *m prakt*

mobile cellular telephone *<tele> (portable, wireless telephone)* • Mobilfunktelefon *n*; Mobiltelefon *n prakt*; Handy *n ugs*; Funktelefon *n obs.rar*

mobile cleaning robot *<autom>* • mobiler Reinigungsroboter *m*

mobile crane *<build.mach> (on tires)* • Mobilkran *m*

mobile crane *<build.mach> (gen.; any type of running gear)* • fahrbarer Kran *m*; Fahrzeugkran *m*

mobile home *US <mvhcl>* • Mobilheim *n*; Mobilhome *n ugs*

mobile radio telephone service (MRTS) *<tele>* • Mobilfunkdienst *m form*; Mobilfunk *m prakt*

mobile satellite communication *<tele>* • mobile Satellitenkommunikation *f*

mobile tower crane *<build.mach>* • fahrbarer Turmdrehkran *m*; Mobil--Turmdrehkran *m*

mobile use *<tech.gen>* • mobiler

Einsatz *m*
mobility *<tech.gen> (of equipment)* • Ortsbeweglichkeit *f*; Mobilität *f*
mobility device *<med.tech>* • Mobilitätshilfe *f*
mobility scooter *<vhcl> (3 or 4 wheels; for people with walking difficulties)* • Elektromobil *n*; Elektroscooter *m*; Scooter *m*; E-Mobil *n*
mock-up *<tech.gen> (system, facility)* • Simulationsanlage *f*; Nachbildung *f*
mock wood *<mat> (e.g. car interior trim)* • Holzimitat *n*; Holzdesign… *werb*; Holz-Look-…
model *<tech.gen> (prototype)* • Baumuster *n*
model *<tech.gen>* • Form *f*
model *<tech.gen> (true-to-scale copy; e.g. of a vehicle, building)* • Modell *n*; Nachbildung *f*
model *<tech.gen> (one of several technical variants of a product)* • Modellvariante *f*; Ausführung *f*; Version *f*; Modell *n*; Bauart *f rar*
model *<tech.gen> (exemplary sample)* • Vorlage *f*
model *<prod> (master, stencil)* • Schablone *f*
model *vt <tech.gen> (reality)* • modellieren *vt*; nachbilden *vt*
modeling clay *US <mat> (for modeling)* • Knetmasse *f*
model making *<prod> (gen.)* • Modellbau *m*
model railroader *<railw>* • Modelleisenbahner *m*
model refinement *<mvhcl>* • Modellpflege *f*; Mopf *f MB.jarg*
model scale *<tech.gen> (e.g. 1:87)* • Modellmaßstab *m*
model test *<tech.gen> (e.g. in a wind tunnel)* • Modellversuch *m*; Versuch am maßstäblichen Modell *m*; Modell-Experiment *n*
model year (MY) *<tech.gen>* • Modelljahr *n*
modem *<el>* • Modem *n*; Modulator-Demodulator *did.rar*
mode of application *<gen>* • Anwendungsweise *f*
mode of operation *<tech.gen> (e.g. manual or automatic)* • Betriebsart *f*; Betriebsmodus *m*; Betriebsweise *f*; Modus *m prakt*
mode of operation *<tech.gen> (working principle)* • Funktionsweise *f*; Wirkungsweise *f rar*
moderate *vt <tech.gen>* • moderieren *vt*
moderated neutron *<nucl>* • abgebremstes Neutron *n*; gebremstes Neutron *n*
moderating power *<nucl> (with regard to fast neutrons; e.g. of boron)* • Bremskraft *f*; Bremsvermögen *n*
moderation *<tech.gen>* • Moderierung *f*
moderator *<nucl>* • Moderator *m*; Moderatorsubstanz *f*; Bremsmittel *n*; Bremssubstanz *f*
modernization *<tech.gen>* • Modernisierung *f*
mode switch *<el> (selects mode of operation)* • Betriebsartenschalter *m*; Betriebsartenwahlschalter *m*; Modus-Wahlschalter *m*; Betriebsmoduswahlschalter *m rar*
modification date *ISO 12620 <term>* • Modifikationsdatum *n*
modify *vt <gen>* • abwandeln *vt*
modify *vt <gen> (as a corrective measure)* • korrigieren *vt*
modify *vt <tech.gen> (e.g. design, program)* • umarbeiten *vt*
modular *<tech.gen> (design, system consisting of standardized modules)* • Baukastensystem *n*: im ~ aufgebaut
modular *<tech.gen> (design, construction)* • modular
modular connector *<el>* • Modulstecker *m*
modularization *US <prod>* • Modularisierung *f*
modular line *<build>* • Rasterlinie *f*
modular system *<tech.gen> (made of individual modules)* • Baukastensystem *n DIN 30798-1*; Modulbauweise *f*; Modulsystem *n*; modulare Konstruktion *f*
modular system architecture *<tech.gen>* • modulare Systemarchitektur *f*
modular technique *<tech.gen>* • Modultechnik *f*
modulate *vt <el> (signals onto a carrier frequency)* • aufmodulieren *vt*; aufprägen *vt*
modulate *vt <el> (control an output or input signal level)* • aussteuern *vt*
modulate *vt <mvhcl> (throttle, brake*

pedal) • dosieren *vt*

modulation <*el*> *(modification of the characteristics of a carrier frequency)* • Modulation *f*

modulation rate <*tech.gen*> *(various meanings; e.g. of radar)* • Modulationsrate *f*

modulator <*tech.gen*> • Modulator *m*

module <*tech.gen*> *(interchangeable unit)* • Modul *n pl*: -e *[modúl]*; Modulbauelement *n*; Modulbaustein *m*; Baustein *m ugs*; Einheitsbaustein *m*

module receptacle <*gen*> • Leerbaustein *m*

modulus (MOD) <*math*> *(e.g. 7 is the ~ of 25 and 11)* • Modul *m pl*: -n *[módul]*; Modulus *m*

modulus of elasticity (E) <*qualit.mat*> *(stress/strain ratio in elastic region; in N/mm², GN/m²; lb/in² is obs.)* • Elastizitätsmodul *m* (E); E-Modul *m prakt*; Young'scher Modul *m rar*; youngscher Modul *m rar*

mofette <*geo*> *(volcanic exhalation)* • Mofette *f*

Mohs' hardness <*qualit.mat*> • Mohs--Härte *f*; Ritzhärte *f*

moiré <*phot*> *(typ. aliasing effect)* • Moiré *n*; Moiré-Muster *n*

moiré fabric <*textil*> • moiriertes Gewebe *n*

moist <*gen*> *(gen.)* • feucht

moist <*gen*> • nass

moisture <*gen*> • Feuchtigkeit *f*

moisture absorption <*qualit.mat*> *(e.g. of fabrics)* • Feuchtigkeitsaufnahme *f*

moisture content <*tech.gen*> *(e.g. of screenings, fuel coal)* • Wassergehalt *m*

moisture-free weight <*tech.gen*> *(e.g. of food, paper)* • Darrmasse *f*

moisture-laden air <*hvac*> • Feuchtluft *f*

moisture-proof <*tech.gen*> *(e.g. cargo, freight)* • feuchtegeschützt

moisture-regulating <*garm*> • feuchtigkeitsregulierend

moisture resistance <*qualit.mat*> • Nassbeständigkeit *f*

moisture sensor <*i&c*> • Feuchtigkeitssensor *m*

moisture sensor <*i&c*> *(e.g. for automotive interior moisture management)* • Feuchtesensor *m*

moisturizer <*chem*> *(to make and keep wet)* • Feuchthaltemittel *n*; Befeuchtungsmittel *n*; Nässungsmittel *n*

molar heat <*chem.phys*> • Molwärme *f*; Molekularwärme *f rar*

molar weight <*chem*> *(in g/mole)* • molare Masse *f* (M) *DIN 32625*; Molgewicht *n prakt*; Molmasse *f*; stoffmengenbezogene Masse *f*; Molargewicht *n obs*

mold *US* <*mvhcl*> *(for tire production)* • Heizform *f*

mold *US* <*prod*> *(gen.; e.g. for casting, injection molding)* • Formwerkzeug *n*; Werkzeug *n prakt*; Form *f ugs*

mold *vt* <*plast*> • pressen *vt*

moldability <*metal*> • Formbarkeit *f*

moldability *US* <*qualit.mat*> *(of semi--finished material; under pressure)* • Umformbarkeit *f*

moldable <*metal*> • formbar

mold core <*metal*> • Formkern *m*

molded boot <*el*> *(on cables, cable penetrations)* • vergossene Knickschutztülle *f*

molded cover <*tech.gen*> *(plastic)* • Kunststoffabdeckung *f*

molded projection <*build*> *(cornice; stone carving or concrete)* • Gesims *n*

mold formation *US* <*srfc*> *(on damp surfaces)* • Schimmelbildung *f*; Schimmelpilzbildung *f*

molding *US* <*plast*> *(plastic part produced by injection molding etc.)* • Formteil *n norm*; Formkörper *m*

molding <*plast*> *(trim strip)* • Leiste *f*

molding (mldg) <*plast*> *(plastic molding for trim purposes, any shape)* • Verkleidung *f*

molding box <*prod*> • Formkasten *m*

molding press <*prod*> • Formpresse *f*; Pressformmaschine *f*

molding sand <*metal*> • Formsand *m*

moldmaker <*prod.plast*> • Formenbauer *m*

mold making *US* <*plast.prod*> • Formenbau *m*

mold mark <*metal*> *(visible on casting; surface defect)* • Formnaht *f*

mold parting plane <*plast*> • Formtrennebene *f*

mold taper <*plast*> *(gen.)*

• Werkzeugneigung *f*

mole *<build> (solid structure, of harbor; serving as a breakwater or pier)* • Mole *f*; Hafendamm *m*; Damm *m*; Bollwerk *n*; Hafenmole *f*

mole (mol) *<chem.phys>* • Mol *n* (mol)

molecular magnet *<mat>* • Elementarmagnet *m*

molecular mass *<chem>* • Molekülmasse *f*

molecular motion *<chem.phys>* • Molekularbewegung *f*

molecule *<chem>* • Molekül *n*; Molekel *f obs*

mole percent *<chem>* • Molprozent *n*

moleskin *<textil.mil> (extremely tough cotton fabric)* • Moleskin *n*; Englischleder *n rar.obs*

molten *<tech.gen> (metal, wax, butter, snow etc.)* • geschmolzen

molybdenum (Mo) *<chem>* • Molybdän *n* (Mo)

molybdenum disulfide *<tribo> (a solid lubricant)* • Molybdändisulfid *n*

moment arm *<mech>* • Kraftarm *m*

momentary *<gen>* • augenblicklich

moment center *US <mech>* • Drehpunkt *m*

moment of inertia *<mvhcl>* • Trägheitsmoment *n*; Polarmoment *n*; Massenträgheitsmoment *n*

moment of silence *<gen>* • Schweigeminute *f*

momentum *<mech> (directional force)* • Moment *n*; Impuls *m*

momentum equation *<mech>* • Impulssatz *m*

monaxial stress *<mech>* • einachsige Spannungen *fpl*

monel *<mat> (nickel-copper alloy)* • Monelmetall *n*

monitor *<tele> (telephone function, speaker on)* • Mithöreinrichtung *f*

monitor *vt <tech.gen> (check)* • kontrollieren *vt*

monitor *vt <tele> (phone line)* • abhören *vt*

monitoring circuit *IEC 50-811-25-1 <el.i&c>* • Überwachungsschaltung *f*; Meldestromkreis *m*

monitoring device *<tech.gen>* • Kontrollgerät *n*

monitoring point *<tech.gen>* • Kontrollpunkt *m*

monitoring station *<alarm> (e.g. of burglar alarm systems, fire fighting)* • Alarmempfangsstelle *f*; Notrufzentrale *f*; Sicherheitszentrale *f*; Alarmzentrale *f*; Leitstelle *f*

monitor system *<tech.gen> (stress on: checking)* • Kontrollsystem *n*

monkey bridge *<build> (3 ropes, V-shaped)* • Seilbrücke *f*

monoacid *<chem>* • einbasige Säure *f*

monochromatic *<tech.gen>* • einfarbig

monoclinic system *<min>* • monoklines System *n*

monocoque chassis *<mvhcl>* • Monocoque-Chassis *n*

monocoque construction *<aerosp>* • Schalenbauweise *f*; Monocoque-Bauweise *f*

monocrystalline silicon (CZ-Si) *<energ.sol>* • monokristallines Silicium *n* (CZ-Si)

monohydric *<chem>* • einwertig

monolever *<mvhcl>* • Einarmschwinge *f*; Monolever *m*

monolithic *<tech.gen> (without seams, joints; in one piece)* • monolithisch

monolithic construction *<tech.gen> (method)* • monolithische Bauweise *f*

monomer *<plast>* • Monomer *n*; Monomeres *n prakt*

monomode *<owg>* • einwellig

monoplane *<aerosp> (aircraft)* • Eindecker *m*

monopropellant *<aerosp> (for rocket propulsion)* • Einkomponententreibstoff *m*

monorail train *<railw>* • Einschienenbahn *f*

monosaccharide *<chem>* • Monosaccharid *n*; Einfachzucker *m ugs*

monosemic term *<term>* • monoseme Benennung *f*

monostable flip-flop *<el> (one-channel flip-flop)* • monostabile Kippstufe *f*; monostabile Kippschaltung *f*

monotube frame *<mvhcl> (of motor bike)* • Zentralrohrrahmen *m*

monounsaturated *<chem>* • einfach ungesättigt

monovalent *<tech.gen>* • monovalent

monovalent *<chem>* • einwertig

moonlighting *coll <econ>* • Schwarzarbeit *f*

moon phase display *<mech> (of watches)* • Mondphasenanzeige *f*
moor *vt <nav> (making fast a ship, boat; at shore, pier)* • anlegen *vt*; festmachen *vi*
mooring *<nav> (act of making fast a boat)* • Vertäuen *n*; Anlegen *n*
mooring buoy *<nav>* • Ankerboje *f*; Festmacheboje *f*
mooring fee *<nav>* • Liegegebühr *f*
mooring place *<nav> (tying-up berth)* • Anlegestelle *f*
mooring place *<nav> (space allotted for a ship, boat)* • Liegeplatz *m*
mooring rope *<nav> (of boats; usu. fastened at the bow)* • Fangleine *f*
moped *<mvhcl>* • Mofa *n*; Motorfahrrad *n*
moped *<mvhcl> (small motorcycle; V_{max} 50 km/h; started with starter pedals)* • Moped *n*
mordanting *<textil>* • Beizen *n*
morphing *<comp> (of image objects)* • Morphing *n*; Metamorphose *f obs*; Shape-Interpolation *f rar*
morphological element *ISO 12620 <term>* • Morphem *n*
morphology *ISO 12620 <term>* • Morphologie *f*
Morse external taper *<mach.tool> (on tool shank)* • Morseaußenkegel *m*
Morse internal taper *<mach.tool> (e.g. tool holder)* • Morseinnenkegel *m*
Morse taper *<mach.tool> (internal or external)* • Morsekegel *m*
mortar *<build.mat> (sand-based bonding agent for bricks etc.)* • Mörtel *m DIN 1053*
mortar *<mil> (cannon)* • Mörser *m*; Granatwerfer *m*
mortar *<pharm> (bowl-shaped receptacle)* • Mörser *m*
mortar joint *<build>* • Mörtelfuge *f*
mortise *<wood.join> (for tenon joints)* • Schlitz *m*
mortise *vt <join.wood> (join securely; wood)* • einstemmen *vt*
mortise *vt <prod> (cut or form a mortise; e.g. in timber)* • ausstemmen *vt*; ausklinken *vt rar*
mortise and tenon *<build.join>* • Zapfen und Schlitz *m*
mortise-and-tenon joint *<build.join>* • verzapfte Verbindung *f*
mortise chisel *<tool>* • Stemmmeißel *m*
mosaic-like *<gen> (e.g. pavement, tiles, pattern)* • mosaikartig
mosque *<build.rel>* • Moschee *f*
MOST bus *<mvhcl.i&c>* • MOST-Bus *m*
most stupid user imaginable *coll <comp>* • dümmster anzunehmender User *m* (DAU) *ugs*
mother *<comp> (CD-ROM production; positive copy of the master)* • Mutter *f*; Muttermatrize *f*; Zwischenkopie *f*; zweites Galvano *n*; Positiv-Kopie *f*
mother-of-pearl *<bio.mat>* • Perlmutt *n*; Conchiolinum *n*; Perlmutter *f*
motion *<mech.eng> (e.g. set in motion)* • Gang *m*
motion *<mech.eng> (e.g. of an engine, of a motor)* • Lauf *m*
motion *<phys>* • Bewegung *f*
motion blur *<phot>* • Bewegungsunschärfe *f*
motion-picture film *<cine> (material)* • Kinofilm *m*
motion sensor *<alarm>* • Bewegungsmelder *m*
motion study *<tech.gen> (e.g. ergonomics, sports)* • Bewegungsstudie *f*
motive power unit *<railw> (gen.; any self-propelled rail vehicle)* • Triebfahrzeug *n*; Triebeinheit *f*
motor *<mot> (gen., any type of prime mover)* • Motor *m*; Antriebsmaschine *f*; Kraftmaschine *f*
motor-actuated *<tech.gen> (e.g. damper, valve)* • motorbetätigt
motor boat *<nav>* • Motorboot *n*
motor boat *vi <nav>* • Motorboot fahren *vi*
motor cruiser *<nav> (stress on: powered by motor)* • Motorkreuzer *m*
motorcycle *<mvhcl>* • Motorrad *n* (Krad); Kraftrad *n form.obs*; Maschine *f ugs*; Mopped *n jarg*; Töff *n CH.ugs*
motorcycle apparel *<mvhcl.garm>* • Motorradbekleidung *f*
motor drive *<tech.gen>* • Motorantrieb *m*
motor-driven *<tech.gen>* • motorbetrieben
motor-driven *<tech.gen> (e.g. lawn mower)* • motorgetrieben
motor glider *<aerosp>* • Motorsegelflugzeug *n*; Motorsegler

m; Motorgleitflugzeug *n*
motorhome *US* *<mvhcl.tour>* • Wohnmobil *n*; Reisemobil *n*; Motorcaravan *m*; Motorhome *n*
motor octane number (MON) *<chem.petr>* • Motor-Oktanzahl *f* (MOZ)
motor oil *on cans* *<mvhcl.tribo>* • Motoröl *n*; Motorenöl *n rar*; Motorenschmieröl *n form.rar*
motor sailer *<nav>* • Motorsegelschiff *n*; Motorsegler *m*; Segelschiff mit Hilfsmotor *n*
motor scooter *<mvhcl>* • Motorroller *m*; Kraftroller *m form.rar*; Roller *m ugs*
motor ship (MS) *<nav>* • Motorschiff *n* (MS)
motor torque *<tech.gen>* • Motordrehmoment *n*
motor vehicle *<mvhcl>* *(self-propelled ground vehicle; e.g. cars, trucks, buses, motorbikes)* • Kraftfahrzeug *n* (Kfz); Motorfahrzeug *n*
motorway light *<mvhcl.light>* *(AFS beam pattern)* • Autobahnlicht *n*
motor-yacht *<nav>* • Motoryacht *f*
mottle *vt* *<srfc>* *(e.g. tiles, wrapping paper)* • marmorieren *vt*
mottled *<srfc>* • gesprenkelt
mottled *<srfc.textil>* • meliert
mottled sandstone *<geo>* • Buntsandstein *m*
mount *<phot>* *(for lens, filter)* • Aufnahme *f*
mount *vt* *<tech.gen>* *(erect a towering structure; e.g. antenna, tower)* • aufrichten *vt*
mount *vt* *<tech.gen>* *(e.g. gantry, machine tool)* • aufstellen *vt*
mount *vt* *<mach.tool>* *(place workpiece in fixture, on pallet, carrier)* • aufnehmen *vt*
mount *vt* *<opt>* *(lens; e.g. in eye glasses)* • fassen *vt*
mount *vt* *<phot>* *(print, poster; onto board, panel)* • aufziehen *vt*; montieren *vt*
mountable side by side *<tech.gen>* *(modules; e.g. circuit breakers)* • anreihbar
mountain bike (MTB) *<vhcl>* *(no lights, no luggage carrier)* • Mountainbike *n* (MTB)
mountaineering equipment *<tech.gen>* • Bergsteigerausrüstung *f*
mountain effect *<tele>* • Abschattungsverlust *m*
mountainous driving *<mvhcl>* • Fahren im Gebirge *n*
mountainous terrain *<geo>* • bergiges Gelände *n*
mountain railway *<railw>* • Bergbahn *f*; Gebirgsbahn *f*
mounted dung-spreading harrow *<agri>* • Anbaufladenverteiler *m*; Anbau-Fladenverteiler *m*
mounted implement *<comvhcl>* *(e.g. mounted on a tractor, snow groomer)* • Anbaugerät *n*; Werkzeug *n prakt*
mounted spring-tine cultivator *<agri>* • Anbaufederzinkengrubber *m*
mounted winch *<comvhcl>* *(e.g. on 4x4 vehicle)* • Anbauwinde *f*
mounting *<tech.gen>* *(process of attaching sth.; e.g. of a grinding wheel)* • Befestigung *f*
mounting *<tech.gen>* *(support, bearing)* • Lagerung *f*
mounting *<tech.gen>* • Montage *f*
mounting *<phot>* *(of a lens)* • Fassung *f*
mounting *sg* *<phot>* *(picture)* • Aufziehen *nsg*
mounting ... *<tech.gen>* *(in compounds)* • Befestigungs...
mounting accessories *<gen>* • Montage-Zubehör *n*; Montagezubehör *n*
mounting aid *<tech.gen>* • Montagehilfe *f*
mounting base *<tech.gen>* *(at the bottom of sth.)* • Grundplatte *f*
mounting bolt *<mech.eng>* • Befestigungsschraube *f*; Halteschraube *f rar.ugs*
mounting bracket *<tech.gen>* *(e.g. for downpipe)* • Befestigungsschelle *f*
mounting bracket *<tech.gen>* • Montagewinkel *m*; Anbauwinkel *m*
mounting bracket *<mech.eng>* *(stress on: supporting function)* • Stütze *f*
mounting device *<tech.gen>* • Montageteil *n*
mounting dimension *<gen>* • Montagemaß *n*
mounting flange *<tech.gen>* *(e.g. on pipes, gearboxes, connectors)* • Befestigungsflansch *m*; Anschlussflansch *m*; Montageflansch

m; Anbauflansch *m*; Flansch *m prakt*

mounting height *<tech.gen> (e.g. of wall cabinets)* • Einbauhöhe *f*

mounting hole *<prod> (e.g. of fixture)* • Aufnahmebohrung *f*; Aufnahmeloch *n*

mounting hole *<prod>* • Festspannloch *n*

mounting mandrel *<mach.tool>* • Aufnahmedorn *m*

mounting mode clearance *<gen>* • Montageabstand *m*

mounting on DIN rails *<el> (e.g. of I&C modules)* • DIN-Schienenmontage *f*

mounting plate *<tech.gen> (base plate for small parts, el. components)* • Platine *f*

mounting rail *IEC 715 <el> (for snap-on mounting of devices in switching cabinets etc.)* • Hutschiene *f DIN EN 50 022*

mounting screw *<mech.eng> (gen.)* • Befestigungsschraube *f*

mounting surface *<prod>* • Anlagefläche *f*

mounting surface *<prod> (horizontal)* • Auflagefläche *f*

mounting taper *<mach.tool> (on machine tool spindle)* • Aufnahmekegel *m*

mounting tool *<tool>* • Montagewerkzeug *n*

mount on *vt <prod>* • aufmontieren *vt*

mount pivotically *vt <prod> (e.g. a lever, flap)* • gelenkig anbringen *vt*

mouse *<comp> (input device)* • Maus *f*

mouse cursor *<comp>* • Mauszeiger *m*; Mauscursor *m rar*

mouth *<nav> (of a port)* • Ausfahrt *f*

mouthpiece *<tech.gen> (e.g. of wind instruments)* • Mundstück *n*

mouthpiece *<pharm.tech> (inhaler)* • Mundstück *n*

mouthpiece *<sport> (horse's bit)* • Mundstück *n*

movable *<tech.gen> (articulated)* • beweglich

movable bearing *<mech.eng> (as opp. to fixed bearing; typ. a rolling bearing on a shaft)* • Loslager *n*

move *vi <vhcl> (e.g. a train)* • fahren *vi*

move *vi/vt <gen>* • bewegen *vr/vt*

move *vt <comp> (file)* • verschieben *vt*

move away *vi <gen>* • fortbewegen *vr*

move backwards *vi/vt <tech.gen>* • rückwärts bewegen *vt/vr*

move in *vt <mech.eng>* • einfahren *vt*

move intermittently *vi <tech.gen>* • ruckweise bewegen *vr*

move intermittently *vi/vt <tech.gen>* • rücken *vt*

movement *<mech> (the main parts of a watch)* • Werk *n*; Uhrwerk *n*

movement of the sun *<energ.sol>* • Lauf der Sonne *m*; Sonnenlauf *m*

move on *vi <gen>* • fortbewegen *vr*

move out *vi <gen> (change of residence or location)* • ausziehen *vi*

move to and fro *vi <tech.gen> (oscillate)* • pendeln *vi*

movie camera *<cine> (for photographic film)* • Filmkamera *f*

movie projector *<cine>* • Filmprojektor *m*; Laufbildwerfer *m rar*

moving *<gen>* • beweglich

moving arm *<el>* • Abgriff *m*

moving bed *<chem>* • Bewegtbett *n*

moving bed *rare <proc> (not fixed)* • Fließbett *n :V*

moving bed reactor *<proc>* • Wanderbettreaktor *m*

moving coil (MC) *<av>* • Tauchspule *f*

moving coil *<el> (gen.)* • Schwingspule *f*; Oszillatorspule *f*; Schwingkreisspule *f*

moving coil *<i&c> (in instrument, meter)* • Drehspule *f*

moving-coil headset *<av>* • dynamischer Kopfhörer *m*

moving-coil instrument *<el>* • Drehspulinstrument *n*; Drehspul--Anzeigeinstrument *n rar*

moving coil loudspeaker *<av>* • Tauchspul-Lautsprecher *m DIN 45579-1*

moving-coil microphone *<av>* • Tauchspulenmikrofon *n*

moving-coil pick-up *<av>* • elektrodynamischer Tonabnehmer *m*

moving-iron meter *<el>* • Dreheisenmesswerk *n*; Dreheiseninstrument *n*; Weicheiseninstrument *n rar*

moving load *<mech>* • bewegliche Last *f*

moving member *<mech>* • bewegliches Glied *n*

moving parts *<tech.gen>* • bewegliche

Teile *npl*
moving platen *<plast>* • Aufspannplatte Schließseite *f*; schließseitige Aufspannplatte *f*
moving sidewalk *US <traff>* • Fahrsteig *m*; Rollgehweg *m ugs*; Personenförderband *n rar*
moving traffic *<traff>* • fließender Verkehr *m*
moving walkway *<traff.convey> (e.g. in airports)* • Laufband *n*
mower *<agri> (gen., any size)* • Mäher *m*
mower *<agri> (tractor attachment or part of machine)* • Mähwerk *n*
mud *<mat> (clayey dirt)* • Schlamm *m*; Letten *m A*
muffle *<silic> (oven, furnace, kiln; e.g. for pottery, ceramics)* • Muffelofen *m*; Muffel *f*
muffle *vt <acoust> (noise)* • dämpfen *vt*
muffler *US <tech.gen> (gen.; in any air duct; e.g. of a/c or exhaust system)* • Schalldämpfer *m*
mulch *<agri> (covering on the ground; e.g. bark chips, straw, polythene sheeting)* • Mulch *m*
mull *vt <food> (heat, sweeten and flavor with spices)* • heiß machen und süß würzen *vt*
mull *vt <prod> (grind)* • kollern *vt*
multiaction *<tech.gen>* • mehrfachwirkend
multiaddressing *<comp>* • Mehrfachadressierung *f*
multi-adjustable *<tech.gen> (e.g. seats)* • mehrfach verstellbar
multiaxle *<vhcl> (e.g. truck)* • mehrachsig
multibay *<tech.gen> (e.g. shelf)* • mehrfeldrig
Multibeam sensor *<gen>* • Multibeam--Sensor *m*
multiblade rotor *<energ.wind> (typ. American farm windmill)* • Vielblattrotor *m*
multi-cavity mold *US <plast> (e.g. for injection molding)* • Mehrfachwerkzeug *n*; Vielfachwerkzeug *n*
multichannel operation *<tech.gen> (simultaneous processing)* • Mehrkanalbetrieb *m*
multichannel receiver *<navig>* • Mehrkanalempfänger *m*; Dauerempfänger *m*; paralleler Empfänger *m*; Multitrack-Empfänger *m*; Mehrkanal-Parallel-Empfänger *m rar*
multicoat paint system *<srfc>* • Mehrschichtlacksystem *n*
multicomponent *<opt> (lens assembly; e.g. a telephoto lens with 7 lenses in 3 groups)* • mehrlinsig
multicontact switch *<el> (e.g. a step switch)* • Mehrkontaktschalter *m*
multicore cable *<el>* • mehradriges Kabel *n*; Mehrleiterkabel *n*
multidiameter *adj <tool> (shape; e.g. drill)* • abgesetzt
multidigit *<comp>* • mehrstellig
multidimensional *<tech.gen>* • mehrdimensional
multidirectional *<mach.tool>* • mehrachsig
multi-directional *<tech.gen> (e.g. scanner feature)* • multidirektional
multifacetted *<tech.gen>* • mehrflächig
multiflow *<mech.eng> (e.g. pump, turbine)* • mehrflutig
multi-flow steam turbine *<turb>* • mehrflutige Dampfturbine *f DIN 4304*
multifocal lens *EN ISO 13666 <med.tech> (spectacle lens)* • Mehrstärkenglas *n DIN EN ISO13666*
multifunctional *<tech.gen>* • polyfunktionell
multi-functional display (MFD) *<i&c> (gen.; typ. a LCD/LED message display; e.g. on instrument panels)* • Multifunktionsanzeige *f* (MFA); Multifunktionsdisplay *n*; multifunktionales Display *n*; Funktionsanzeige *f*; Multifunktionskontrolle *f rar*
multi-function control stalk *<mvhcl.i&c> (on steering column)* • Multifunktionshebel *m*; Kombihebel *m*; Kombischalter *m*
multifunction lever *<agri.tech> (on farm equipment)* • Multifunktionshebel *m*
multigrade oil *<tribo> (e.g. 10W-40)* • Mehrbereichsöl *n*
multi-hole probe *<i&c> (e.g. for flue gas)* • Mehrlochsonde *f*
multijaw grab *<build.mach> (e.g. for scrap metal, construction site rubble)* • Mehrschalengreifer *m*; Polygreifer *m*
multi-lane *<traff> (road)* • mehrspurig

multilayer *<tech.gen>* • mehrlagig

multilayer *<tech.gen> (e.g. PCBs, ICs)* • mehrschichtig

multi-layer *<srfc> (coating; e.g. paint coat, finish)* • Mehrschicht…; mehrschichtig

multileaf damper *<hvac>* • Jalousieklappe *f*

multilevel system *<tech.gen>* • Mehrebenensystem *n*

multi-lite sash *<build>* • Sprossenfenster *n*; Sprossenflügel *m*

multi-media home platform (MHP) *<av> (integrates TV and the internet)* • Multimedia-Heimplattform *f* (MHP)

multi-media messaging service (MMS) *<tele> (for cell phones)* • Multimedia--Messaging-Service *m* (MMS); Multimedia-Service *m :V*

multimedia PC (MPC) *<comp>* • Multimedia-PC *m* (MPC)

multimeter *<i&c.tool>* • Multimeter *n*; Mehrfachmessinstrument *n rar*; Vielfachmessinstrument *n rar*; Vielfachmesser *m rar*

multi-mode model *<tech.gen> (e.g. cell phone)* • Multi-Mode-Modell *n*; Modell mit mehreren Betriebsarten *n did*

multipart *<tech.gen>* • mehrteilig

multipath effect *<el> (produces ghost lines on screens)* • Geisterbild *n*

multipin plug *<el>* • mehrpoliger Stecker *m*

multi-plate clutch *<drive> (typically in automatic and motorbike transmissions)* • Lamellenkupplung *f*; Mehrscheibenkupplung *f*

multiple … *<mech.eng> (see also under: …-start)* • mehrgängig; n-gängig

multiple access *<comp>* • Mehrfachzugriff *m*

multiple-area *<tech.gen>* • mehrflächig

multiple exposure *<phot> (camera function, process, result)* • Mehrfachbelichtung *f*

multiple glazing *<build> (of windows, doors)* • Mehrfachverglasung *f*

multiple-pass *<join> (weld)* • mehrlagig

multiple slip joint plier *ISO 5742 <tool> (multiple slip joint; general)* • Wasserpumpenzange *f DIN ISO 5742*; Universalzange *f form*; Greifzange mit Gleitgelenk *f norm*; Wapu-Zange *f prakt*; Rohrzange *f ugs*

multiple unit (MU) *<railw>* • Triebzug *m*; Triebwagenzug *m*; mehrteilige Zugeinheit *f*

multiplexing *<el>* • Multiplexing *n*; Multiplexverfahren *n*; Mehrfachverkehr *m*

multiplex operation *<el>* • Multiplexbetrieb *m*; Multiplexmodus *m*

multiplex system *<gen>* • Multiplexsystem *n*

multiplier *<el> (signal amplifier)* • Verstärker *m*; Vervielfacher *m*

multi-plug [connector] *<el>* • Mehrfachstecker *m*; Mehrfach--Steckverbinder *m*; mehrpolige Steckverbindung *f*; Mehrfachsteckverbinder *m*

multiply *vt <tech.gen>* • vervielfachen *vt*

multi-ply *<tech.gen>* • mehrlagig

multi-ply *<tech.gen> (e.g. wood, tires, paper)* • mehrschichtig

multi-point *<tool>* • mehrschneidig

multi-point injection (MPI) *<mvhcl.mot>* • Multipoint--Einspritzung *f* (MPI); MPI-Einspritzung *f*; Einzeleinspritzung *f*; Saugrohreinspritzung *f rar*

multipole connector *<el>* • mehrpoliger Steckverbinder *m*

multipole switch *<el>* • mehrpoliger Schalter *m*

multi-purpose grease (MPG) *<tribo>* • Mehrzweckfett *n*; Mehrzweck--Schmierfett *n*; MZ-Fett *n*

multipurpose oil *<tribo>* • Mehrzwecköl *n*

multi-purpose ship (MPC) *<nav>* • Mehrzweckfrachter *m*; Mehrzweckfrachtschiff *n*

multi-purpose vacuum/blower *<agri> (cleans drives, walks, yards; with debris bag)* • Laub- und Abfallsauger *m*

multi-purpose vehicle (MPV) *US <mvhcl>* • Minivan *m prakt*; Großraumlimousine *f form*; Mini-Van *m prakt*; Van *m ugs*; Hochdachlimousine *f rar*

multi quick-release connectors *<tech.gen>* • Mehrfach--Schnellkupplungsanschlüsse *mpl*

multirow *<tech.gen>* • mehrreihig

multiscan monitor *<comp>* • Mehrfrequenzmonitor *m*; Multiscanmonitor *m*; MultiSync Monitor ® *NEC*; Multifrequenzmonitor *m*

multi-screw pump *<convey>* • Mehrspindelpumpe *f*; mehrspindelige Schraubenspindelpumpe *f did*

multi-siped tire *US* *<vhcl>* • Lamellenreifen *m*; Feinprofilreifen *m*

multi-span bridge *<build>* • mehrfeldrige Brücke *f*; Mehrfeldbrücke *f*

multispindle automatic lathe *<mach.tool>* • Mehrspindeldrehautomat *m*; Mehrspindelautomat *m*

multispindle drilling machine *<mach.tool>* • Mehrspindelbohrwerk *n*

multi-spindle drill press *<mach.tool>* • Mehrspindelbohrmaschine *f*

multi-stage *<tech.gen> (e.g. pump, compressor, turbine, amplifier, rocket)* • mehrstufig

multistage rocket *<aerosp>* • Mehrstufenrakete *f*; Stufenrakete *f*; mehrstufige Rakete *f*

multistart *<mech.eng> (thread, worm)* • mehrgängig

multistory *US <build> (building, construction)* • mehrgeschossig; mehrstöckig *ugs*

multistrand *<tech.gen> (e.g. rope)* • mehrsträngig

multistroke character entry *ISO/IEC 2382-23* *<comp>* • Eingabe durch Tastenkombination *f ISO/IEC 2382-23*

multi-tasking *<comp>* • Multi-Tasking *n*; Multitasking *m*

multitrack *<railw>* • mehrgleisig

multi-track recording *<av>* • Mehrspuraufzeichnung *f*; Vielspuraufzeichnung *f*; Mehrspurtechnik *f*

multiuser operation *<comp>* • Mehrbenutzerbetrieb *m*

multi-valve technology *<mvhcl.mot>* • Mehrventiltechnik *f*

multi-wired *<el> (conductor)* • mehrdrähtig

multi-word term *<term>* • Mehrwortbenennung *f*; mehrgliedriger Ausdruck *m rar*

municipal sewage treatment plant *<waste.hydr>* • kommunale Kläranlage *f*

municipal solid waste incineration plant *<waste>* • Hausmüllverbrennungsanlage *f* (HMVA)

municipal vehicle *<mvhcl>* • Kommunalfahrzeug *n*

municipal waste landfill *<waste>* • Hausmülldeponie *f*

municipal wastewater *<waste>* • kommunales Abwasser *n*; städtisches Abwasser *n*

municipal works *<energ>* • Stadtwerke *npl*

munitions *pl <mil> (materials used in war; weapons, equipment, ammunition)* • Waffen und Munition

music on hold *<tele>* • Wartemusik *f*; Musikeinspielung *f*

musk *<bio>* • Moschus *m*; Moschus moschiferus *m*

must *<food> (grape juice)* • Most *m*; Traubenmost *m*

mute *<av> (function; e.g. on stereo amplifier, TV set)* • Stummschaltung *f*

mute *<mus> (mechanical device for muffling a musical instrument)* • Dämpfer *m*

mute *vt <av> (volume of sound)* • dämpfen *vt*; abschwächen *vt*

mute *vt <av> (output channels, loudspeakers)* • stummschalten *vt*; muten *vt jarg*

mutilation *<gen> (e.g. of signals, bodies)* • Verstümmelung *f*

mutual *<gen>* • wechselseitig

mutually assured destruction (MAD) *<mil> (doctrine; deterrence based on assured nuclear second-strike ability)* • wechselseitig gesicherte Vernichtung *f* (MAD); gegenseitig gesicherte Zerstörung *f*; allgemeine gegenseitige Vernichtung *f rar*; zwangsläufig wechselseitige Vernichtung *f :V*

mutually exclusive *<gen>* • gegenseitig ausschließend

muzzle *<mil> (front end of a barrel)* • Mündung *f*; Laufmündung *f*

muzzle brake *<mil> (of firearms)* • Mündungsbremse *f*; Kompensator *m*

N

nacelle *<aerosp> (structural part)* • Kabine *f*

nacelle *IEV 415 <energ.wind>* • Gondel *f IEV 415*; Maschinenhaus *n*; Turmkopf *m*; Maschinengondel *f rar*

nail *<build>* • Nagel *m*

nail *vt <prod>* • nageln *vt*

nailer *<tool> (gen.; various types; for brad nails and staples)* • Nagler *m*; Nagelpistole *f*

nail hole *<gen>* • Nagelloch *n*

nail to *vt <join>* • annageln *vt*

naked *<opt> (eye; without aids, glasses, telescope etc.)* • bloß; unbewaffnet

naked bike *<mvhcl> (motorcycle w/o aerodynamic panels, shields etc.)* • Motorrad ohne Verkleidung *n*; Naked Bike *n ugs*

naked flame *<fire>* • offene Flamme *f*

name *<gen>* • Name *m*

name *vt <gen>* • bezeichnen *vt*

name badge *<gen> (e.g. of staff, conference participants)* • Namensschild *n*

name of craft *<nav>* • Bootsname *m*

nameplate *<gen> (e.g. on doors, desks)* • Namensschild *n*

NAND *<i&c>* • negiertes UND *n*

nano (n) *<phys.i&c> (prefix of units: 1 nano = 10^{-9})* • Nano… (n)

nano chemistry *<chem>* • Nanochemie *f*

nano cube *<mat> (1 µm - 60 µm; e.g. for MOFs)* • Nanowürfel *m*

nanoelectronics *<ic>* • Nanoelektronik *f*

nano engineer *<tech.gen> (e.g. as a chemical process engineer, electrical engineer)* • Nanoingenieur *m*

nano engineering *<prod>* • Nanotechnik *f*

nanometer (nm) *US <phys> (10^{-9} meter)* • Nanometer *m/n* (nm); Milliardstel Meter *m*

nanometer scale *US <gen>* • Nanometerbereich *m*; Nanobereich *m*; Nanomaßstab *m*; Nanoskala *f*

nanoscale *adj. <gen>* • nanoskalig

nano-scale *<tech.gen> (size; e.g. structure, particle)* • nanoskalig

nanosecond (ns) *<gen>* • Nanosekunde *f* (ns)

nanosecond region *<tech.gen>* • Nanosekundenbereich *m*

nano technology *<prod> (object sizes around 1 millionth of a millimeter)* • Nanotechnologie *f*; Nano--Technologie *f*

nano tube (NT) *<prod>* • Nanoröhrchen *n*

nap *<textil> (a downy surface on a fabric)* • Flaum *m*

nap *<textil> (a hairy surface on a fabric; e.g. of velvet, carpeting)* • Flor *m*

napa leather *<leath> (very soft leather; e.g. for gloves; in German with "pp")* • Nappaleder *n*; handschuhweiches Leder *n ugs*

naphtenes *pl <chem>* • Naphtene *npl*

naphtha *<chem.petr>* • Naphtha *n/f*; Schwerbenzin *n*; schweres Benzin *n*; Ligroin *n*; Benzin *n ugs*

naphthalene *<chem>* • Naphthalin *n*

nappe *<math> (of a cone)* • Schale *f*

napped *<garm> (fabric)* • aufgeraut; aufgerauht *obs*

narrow *<gen> (e.g. gap)* • eng

narrow-band-pass filter *<el>* • Schmalbandfilter *n*

narrow-body aircraft *<aerosp>* • Standardrumpfflugzeug *n*

narrower term *ISO 12620 <term>* • Unterbegriff *m*

narrow gauge *US.GB <railw>* • Schmalspur *f*

narrow-meshed *<gen> (also metaph.; e.g. search)* • feinmaschig; engmaschig

narrow side *<tech.gen> (e.g. board)* • Schmalseite *f*

national gas outlet thread (NGO) *<pps>* • Amerikanisches Gasgewinde *n*; NGO-Gewinde *n*

national gas straight thread (NGS) *<pps>* • Amerikanisches zylindrisches Gasgewinde *n* (NGS); NGS-Gewinde *n*

native *<mat> (e.g. gold, copper)* • gediegen

native fiber *US <textil>* • Naturfaser *f*; native Faser *f wiss*; natürliche Faser *f ugs*; natürlicher Faserstoff *m*

native metal *<mat>* • gediegenes Metall *n*

native rock *<geo>* • gewachsener Fels *m*; Felsgestein *n*

natural *<gen> (material, appearance; e.g. wood, hair color)* • echt; natürlich

natural air cooling *<tech.gen> (unassisted)* • Selbstkühlung *f*

natural asphalt *<mat> (asphaltum, a natural resource)* • Naturasphalt *m DIN 55946*; Asphalt *m prakt*

natural bristle *<mat>* • Naturborste *f*; reine Borste *f*

natural circulation *<energ>* • Naturumlauf *m*

natural colorant *US <food>* • natürlicher Farbstoff *m*

natural draft cooling tower *US <proc>* • Naturzugkühlturm *m*; Kühlturm mit natürlicher Belüftung *m*; natürlich belüfteter Kühlturm *m*; selbstventilierender Kühlturm *m*; Kaminkühlturm *m*

natural dye *<srfc> (e.g. for fabrics)* • natürlicher Farbstoff *m*

natural flavourings *<food>* • natürliche Aromastoffe *mpl*

natural gas *<chem.petr>* • Erdgas *n*

natural-gas-fired *<comb> (e.g. boiler)* • erdgasbefeuert

natural-gas fired combined cycle power plant (NGCC) *<energ>* • erdgasbefeuerte GuD-Anlage *f*; erdgasgefeuertes GuD-Kraftwerk *n*; erdgasbetriebenes Gas- und Dampfturbinenkraftwerk *n*; Gas-GuD--Kraftwerk *n rar*

natural-gas-fired power plant *US <energ>* • erdgasbefeuertes Kraftwerk *n*

natural gas liquefaction *<proc>* • Erdgasverflüssigung *f*; Gasverflüssigung *f*

natural gas pipeline *<pps>* • Erdgasleitung *f*; Erdgasrohrleitung *f*; Erdgaspipeline *f prakt*; Gaspipeline *f ugs*

natural gas reservoir *<petr>* • Erdgasvorkommen *n*; Gasfeld *f*; Erdgaslager *n*; Gaslagerstätte *f*; Erdgaslagerstätte *f*

natural-gas vehicle (NGV) *<mvhcl>* • Erdgasfahrzeug *n*; Erdgasauto *n ugs*

natural language *<term>* • natürliche Sprache *f*

natural rubber (NR) *<mat> (natural, prior to vulcanization)* • Naturkautschuk *m* (NR); Rohkautschuk *m*; Rohgummi *m*; Kautschuk *m prakt*; Gummi *m ugs*

natural-rubber latex *<mat> (typ. for condoms)* • Naturkautschuklatex *m*

natural sag *<mech> (due to gravity; e.g. of girders, floors, HT overhead lines)* • Durchbiegung durch eigene Schwerkraft *f*; Durchhang durch Eigengewicht *m*

natural science *<gen>* • Naturwissenschaft *f*

natural soil *<build.mat>* • gewachsener Boden *m*; natürlicher Boden *m*

natural stone *<build.mat>* • Naturstein *m DIN EN 12670*

natural uranium *<geo>* • Natururan *m*

natural vibration *<phys> (of an object; mech.)* • Eigenschwingung *f*; Eigenfrequenz *f*

nature conservation *<ecol>* • Naturschutz *m*

nature identical flavourings *<food>* • naturidentische Aromastoffe *mpl*

nature-identical scent *<gen>* • naturidentischer Duft *m*

nautical mile (nm) *<navig> (international: 1852 meters)* • Seemeile *f* (sm) *DIN 1301*; nautische Meile *f*

naval architecture (NA) *<nav> (designing of ships and watercraft of all types)* • Schiffs- und Bootsbau *m*

naval brass *<mat.nav> (40% zinc, 1% tin; similar to admiralty brass)* • Marinemessing *n*

naval engineering *VG 85005-26 <nav>* • Marinetechnik *f VG 85005-26*

nave *<build.rel> (church)* • Mittelschiff *n*

navigable *<geo.nav> (waters; e.g. lake, river)* • schiffbar; befahrbar

navigate *vt <nav> (waters)* • befahren *vt*

navigational aids vessel *form <nav>* • Tonnenleger *m*; Bereisungsboot *n*; Seezeichenboot *n*; Bojenleger *m*; Bojenschiff *n*

navigational instruments *<nav>* • nautische Instrumente *npl*

navigation canal *<nav>* • Schifffahrtskanal *m*

navigation channel *<nav> (e.g. in a river)* • Fahrrinne *f*

navigation display *<i&c> (gen.; also on household appliances)* • Navgiationsdisplay *n*

navigation instrument *<navig>*

• Navigationsinstrument *n*

navigation lantern *<nav> (e.g. stern lantern; top lantern)* • Positionslaterne *f*

navigation light *<aerosp.light> (exterior lighting)* • Positionslicht *n*; Positionsleuchte *f*; Positionslampe *f*

navigation light *<nav> (green on starboard, red on port side)* • Navigationsleuchte *f*; Bootslaterne *f ugs.obs*

navigation lock *<nav>* • Schifffahrtsschleuse *f*

navigator system *<navig>* • Navigationssystem *n*

navy *<nav>* • Flotte *f*; Marine *f*

n-digit number *<math>* • n-stellige Zahl *f*

NDIR gas analyzer *US <comb.emiss>* • NDIR-Gasanalysegerät *n*; NDIR-Gasanalysator *m*; Nicht-dispersiver-Infrarot-Gasanalysator *m form*

n-doped *<ic.prod>* • n-dotiert

near-earth object (NEO) *<astron>* • erdnahes Objekt *n*

near field *<tech.gen>* • Nahfeld *n*

near miss *<aerosp> (situation with high collision potential; close encounter)* • Beinahe-Zusammenstoß *m*; Beinahe-Katastrophe *f press*; Near Miss *m prakt*

near-surface geothermal energy *<energ.geo>* • oberflächennahe Geothermie *f*

near-surface region *<tech.gen>* • oberflächennaher Bereich *m*

near the surface *<gen> (above or below)* • oberflächennah

nebulize *vi/vt <tech.gen>* • aerosolieren *vi/vt*

nebulizer *<med.tech>* • Inhalator *m*; Inhalationsgerät *n*

neck *<tech.gen> (also metaphorical)* • Hals *m*

neck *<mech.eng> (on shaft)* • Zapfen *m*

necking *<pack> (of beverage cans)* • Einziehen *n*

neckline *<garm>* • Ausschnitt *m*

neck-strap eyelet *<phot> (on camera body)* • Öse für Trageriemen *f*; Trageriemenöse *f*

needle *<tech.gen> (small, slender object; usu. with a pointed end)* • Nadel *f*

needle bar *<textil>* • Nadelbarre *f*

needle bearing *<mech.eng> (of small axles; point contact only, friction minimized)* • Spitzachslagerung *f*

needle eye *<textil>* • Nadelöhr *n*

needle felt *<proc>* • Nadelfilz *m*

needle nozzle *<tech.gen> (e.g. carburetor)* • Nadeldüse *f*

needle pitch *:V <textil> (distance between adjacent needles, in mm)* • Nadelteilung *f* (t); Teilung *f prakt*

needle print head *<print>* • Nadeldruckkopf *m*

needle roller *ISO 5593 <mech.eng> (in rolling bearing)* • Nadel *f DIN ISO 5593*

needle-roller bearing *ISO 5593 <mech.eng>* • Nadellager *n DIN ISO 5593*; Nadelrollenlager *n*

needle row *<tech.gen>* • Nadelreihe *f*

needle shut-off nozzle *<plast>* • Nadelverschlussdüse *f*

needles per inch gauge *<textil>* • Nadelteilung *f*; Nadeldichte *f :V*

needle valve *<med.tech>* • Nadelventil *n*

needle valve lift *<tech.gen>* • Nadelventilhub *m*

negative *<gen> (result, polarity, sign, influence etc.)* • negativ

negative *<phot>* • Negativ *n*; Filmbild *n*; Foto-Negativ *n*

negative assessment *<qualit>* • Negativbeurteilung *f*

negative charge *<el>* • negative Ladung *f*; Minusladung *f ugs*

negative film *<phot>* • Negativfilm *n*

negative resist *<el.ic>* • Negativlack *m*; Negativ-Resist *m*; Negativ-Photoresist *m*

negative rotation *<tech.gen> (CCW rotation)* • negative Drehung *f*

negative terminal *<el> (gen.)* • Minuspol *m*

neglect *vt <gen>* • vernachlässigen *vt*

negligence *<jur>* • Fahrlässigkeit *f*

negligent *<jur>* • fahrlässig

negligible *<gen> (e.g. error)* • vernachlässigbar

negligible *<tech.gen> (e.g. deviation, non-conformity, error)* • geringfügig; vernachlässigbar

negligibly small *<gen>* • vernachlässigbar klein

negotiable *<railw> (track; e.g. for*

certain types or railroad cars)
• befahrbar
neighbourhood <*tech.gen*>
• Umgebung *f*; Nachbarschaft *f*
neodymium (Nd) <*chem*> • Neodym *n* (Nd)
neodymium laser <*opt*> • Neodymlaser *m*
neologism <*term*> • Neologismus *m*
neon (Ne) <*chem*> • Neon *n* (Ne)
neon lamp <*el*> *(small bulb, red light; typ. in pilot lights)* • Glimmlampe *f*; Neonglimmlampe *f rar*
neon sign <*light*> *(letters)*
• Leuchtschrift *f*
neoprene gasket <*tech.gen*>
• Neoprendichtungsring *m*
neoprene rubber <*mat*>
• Neoprenkautschuk *m*
nep <*textil*> *(defect in cotton yarn)*
• Nisse *f*; Faserknötchen *n ugs*
neptunium (Np) <*chem*> *(radioactive)*
• Neptunium *n* (Np)
nested <*tech.gen*>
• ineinandergeschachtelt
net <*tech.gen*> • Netz *n*
net capacity <*nav.logist*>
• Ladefähigkeit *f*
Net Register Tonnage (NRT) <*nav*> *(old measurement)* • Nettoregistertonne *f* (NRT); Nettoregistertonnage *f*
net section <*tech.gen*> *(e.g. cable, rope)* • Nutzquerschnitt *m*
Net Tonnage (NT) <*nav*> *(new measurement)* • Nettoraumzahl *f* (NRZ); Nettotonnage *f*
network <*tech.gen*> *(e.g. of computers, people)* • Netzwerk *n*
network *vt* <*tech.gen*> • vernetzen *vt*
network access <*comp*>
• Netzwerkzugriff *m*
network architecture <*comp*>
• Netzarchitektur *f*
network charge <*energ.econ*>
• Netzentgelt *n*; Netznutzungsentgelt *n*
network configuration <*energ*>
• Netzkonfiguration *f*; Netzstruktur *f*; Netzform *f*
network congestion <*tech.gen*> *(e.g. telecommunication, edp)*
• Netzüberlastung *f*
network connection <*energ*> *(to electricity or gas supply)*
• Netzanschluss *m*
network control program (NCP) <*gen*>
• Netzsteuerprogramm *n*
network junction <*gen*> • Netzknoten *m*
network layer *stand* <*tele*> *(third layer of the OSI reference model)*
• Vermittlungsschicht *f norm*; Netzwerkschicht *f*; Schicht 3 *f*
network operating system (NOS) <*comp*> • Netzwerkbetriebssystem *n*
network operator <*energ.gas*>
• Netzbetreiber *m* (NB)
network structure <*tech.gen*>
• Netzstruktur *f*
network tariff <*energ.econ*> *(for electricity, gas supply)* • Netzentgelt *n*; Netznutzungsentgelt *n*
neural network *SUS SP-1356,57* <*comp*> • neuronales Netz *n*
neutral (N) <*tech.gen*> *(gen.)* • neutral (N)
neutral <*chem*> *(pH=7)* • neutral
neutral (N) <*mvhcl.drive*> *(shift position of manual and automatic transmission)*
• Leerlauf *m* (N); Leerlaufstellung *f*; Neutral *n ugs*
neutral conductor <*el*> *(of three-phase current)* • Neutralleiter *m* (N); Sternpunktleiter *m form*; Mittelpunktleiter *m*; Mittelleiter *m*; N-Leiter *m prakt*
neutral conductor *NEC 725* <*el*> *(gen.; insulation white or gray)* • Neutralleiter *m* (N); Nullleiter *m*
neutral-density filter <*phot*>
• Graufilter *m*; Neutraldichtefilter *m*; ND-Filter *m*
neutral-density wedge <*print*>
• Graukeil *m*; Neutralkeil *m rar*
neutral flame <*join*> *(gas welding; fuel gas:oxygen ratio 1:1)* • neutrale Flamme *f*; ausgeglichene Flamme *f*
neutral gray *US* <*phot*> • Neutralgrau *n*
neutralization <*tech.gen*> *(of forces, effects)* • Neutralisisierung *f*; Ausgleich *m*
neutralization <*chem*> *(achieving a pH--value of 6.5-9; e.g. of waste)*
• Neutralisation *f*
neutralize *vt* <*tech.gen*> *(an effect)*
• aufheben *vt*; neutralisieren *vt*
neutralize *vt* <*tech.gen*> *(gen.; e.g. pH--value, forces, effects)* • neutralisieren *vt*

neutralize *vt* *<phys>* *(forces, effects)* • ausgleichen *vt*; neutralisieren *vt*; egalisieren *vt rar*

neutral position *<mech.eng>* *(in the middle)* • Mittelstellung *f*

neutral position *<mech.eng>* *(at rest, not engaged)* • Ruhestellung *f*; Neutralstellung *f*; Neutral *n*

neutral position *<pps>* *(of an expansion joint; no deflection load)* • Mittelstellung *f*

neutral white *<light>* *(lamp colour 4500 K for metal halide lamps)* • neutralweiß

neutron *<phys>* • Neutron *n*

neutron absorbing material *<nucl>* *(e.g. boron)* • Neutronenabsorber *m*; Neutronenfänger *m*; Neutronengift *n jarg*

neutron capture *<nucl>* • Neutroneneinfang *m*

neutron flux *<nucl>* • Neutronenfluss *m*

neutron-induced gamma activity (NIGA) *<nucl>* • neutroneninduzierte Gamma-Aktivität *f*; Niga *f prakt*

neutron moderation *<nucl>* • Neutronenbremsung *f*

neutron moderator *<nucl>* *(e.g. water, graphite)* • Neutronenmoderator *m*

neutron shielding *<nucl>* *(nuclear reactor)* • Neutronenabschirmung *f*

newel *<build>* *(stairs)* • Spindel *f*

news agency *<gen>* *(press)* • Nachrichtendienst *m*

newspaper letterpress printing *<print>* • Zeitungshochdruck *m*

new term *<term>* • neue Benennung *f*

newton (N) *<mech>* *(SI-unit of force)* • Newton *n* (N)

Newtonian liquid *<tribo>* • Newton'sche Flüssigkeit *f*; newtonsche Flüssigkeit *f*

Newton meter (Nm) *US* *<mech>* *(SI unit of torque)* • Newtonmeter *n* (Nm)

Newton's laws [of motion] *<mech>* • Newton'sche Axiome *npl*; newtonsche Axiome *npl*; Newton'sche Gesetze *npl*; newtonsche Gesetze *npl*

Newton's rings *pl* *<phot>* • Newton'sche Ringe *mpl*; newtonsche Ringe *mpl*; Newton-Ringe *mpl*

nibbler *<tool>* *(for manual cutting of metal panels)* • Knabberzange *f*; Blechknabber *m*; Knabber *m prakt*; Nibbler *m prakt*; Nager *m rar*

nibbler *<tool>* *(power tool)* • Knabber *m*; Nibbler *m*

niche *<build>* • Nische *f*

niche application *<tech.gen>* • Nischenanwendung *f*

nick *<tool>* *(in knife)* • Scharte *f*

nick *vt* *<srfc>* • kerben *vt*

nickel (Ni) *<chem>* • Nickel *n* (Ni)

nickel cadmium battery *<el>* • Nickel--Cadmium-Akku *m*; Nickel-Cadmium--Akkumulator *m form*; Ni-Cd-Akku *m*; NiCd-Akkumulator *m rar*; NiCd--Batterie *f rar*

nickel metal hydride battery *<el>* *(ca. 80 Wh/kg; rechargeable)* • Nickel--Metallhydrid-Akku *m*; Nickel--Metallhydrid-Batterie *f*; Ni-MH-Akku *m prakt*

nickel-plated *<srfc>* • vernickelt

nickel silver *<mat>* • Neusilber *n*; Alpaka-Silber *n rar*; Argentan *n obs*

night curfew *<aerosp>* • Nachtflugverbot *n*

night current *<el>* *(gen. lower tariff)* • Nachtstrom *m*

night driving *<mvhcl>* • Fahren bei Nacht *n*

night operations *pl* *<aerosp>* • Nachtflugbetrieb *m*

night-time charge storage heater *<hvac>* • Nachtspeicherheizgerät *n*

night vision device *<mil>* • Nachtsichtgerät *n*

nimble *<vhcl>* *(vehicle)* • agil

ninimum operating distance *EN 60947* *<gen>* • Mindestschaltabstand *m EN 60947*

niobium (Nb) *<chem>* • Niob *n* (Nb); Niobium *n*

nip *<metal>* *(rolling mill)* • Einzug *m*; Walzenspalt *m*

nip *<tool>* *(of pliers, tweezers)* • Spitze *f*

nip *vt* *<prod>* *(sever by pinching etc.)* • abkneifen *vt*

nip off *vt* *<prod>* *(e.g. wire)* • abzwicken *vt*

nipple *<tech.gen>* *(e.g. for bleeding, venting, grease guns)* • Nippel *m*

nipple *<vhcl>* *(for bicycle spoke)* • Nippel *m*

nip roll *<prod>* *(e.g. of sheet/film extruder)* • Abquetschwalze *f*; Quetschwalze *f prakt*

nitrate *vt* *<chem>* • nitrieren *vt*
nitrate explosive *<expl>* • Nitratsprengstoff *m*
nitrate level *<chem>* • Nitratkonzentration *f*; Nitratgehalt *m*
nitric acid *<chem>* *(HNO_3)* • Salpetersäure *f*; Nitricum acidum *n*
nitriding bath *<metal>* • Nitrierbad *n*
nitrile-butadiene rubber (NBR) *<plast>* • Butadien-Acrylnitril-Kautschuk *m*
nitrocellulose (NC) *<chem>* *(soluble, less highly nitrated than gun-cotton; mainly $C_6H_7N_3O$)* • Nitrocellulose *f*; Cellulosenitrat *n*; Kollodiumwolle *f*; Kolloxylin *n*
nitrocellulose lacquer *<srfc>* *(a cellulose derivative)* • Nitrocelluloselack *m*; Nitrozelluloselack *m*; Nitrolack *m prakt*
nitrogen (N) *<chem>* • Stickstoff *m* (N)
nitrogen-case-harden *vt* *<metal>* • nitrierhärten *vt*
nitrogen content increase *<metal>* *(heat treatment of steel)* • Aufsticken *n DIN 17014*
nitrogen oxides *pl* (NO_x) *<chem>* • Stickoxide *npl* (NO_x); Stickstoffoxide *npl rar*
nitroglycerin[e] *<chem>* *(used as an explosive, rocket fuel, vasodilator)* • Nitroglyzerin *n*
nitrous *<chem>* • salpetrig
NMHC concentrations *<emiss>* *(e.g. roadside)* • Konzentration von CO, NOx und KW *f*
no-accident bonus category *<mvhcl.insur>* • Schadenfreiheitsklasse *f* (SF)
no added sugar *<food>* • Zuckerzusatz *m*: ohne ~
nobelium (No) *<chem>* *(radioactive)* • Nobelium *n* (No)
noble *<gen>* *(material, fittings; e.g. gas, metal, leather, interior)* • edel
noble metal *<mat>* *(e.g. platinum, gold etc.)* • Edelmetall *n*
no-claims discount *<mvhcl.insur>* • Schadenfreiheitsrabatt *m*
no-cost option *<tech.gen>* • Sonderausstattung ohne Mehrpreis *f*; Wunsch *m*: auf ~ ohne Mehrpreis lieferbar; Wunsch *m*: auf ~ ohne Mehrpreis
nocturnal cooldown *:V* *<hvac>* *(of spaces, buildings)* • Nachtauskühlung *f*
nodal point *<phys>* • Knotenpunkt *m*
node *DIN IEC 50* *<av>* *(of a standing wave)* • Knoten *m DIN IEC 50*
node *<build>* *(of linear structural elements)* • Knoten *m*
nodular *<gen>* • knollig
nodular graphite *<mat>* • Kugelgraphit *m*
no-fly zone (NFZ) *<aerosp>* • Flugverbotszone *f*
nog *<build>* *(block of wood, providing a hold for nails; e.g. in brickwork)* • Holzdübel *m*
noise *<acoust>* *(audible non-periodic oscillation)* • Geräusch *n*
noise *<acoust>* *(loud, unpleasant, penetrating)* • Lärm *m*
noise *<av>* *(in digital images, videos; esp. in dark areas)* • Bildrauschen *n*
noise *<el>* • Störsignal *n DIN 44146*; Rauschen *n*; Rauschanteil *m*
noise *<el>* *(stress on: interference of signals)* • Störung *f*; Interferenz *f*; Überlagerung *f*
noise *<phys>* *(disturbance)* • Störgröße *f*
noise abatement area *<traff>* • Lärmschutzzone *f*
noise-absorbing *<tech.gen>* • geräuschdämpfend; geräuschdämmend
noise blanker *<el>* • Störaustaster *m*
noise control *ISO 15664* *<build.acoust>* *(measure)* • Schallschutz *m DIN 4109*; Lärmschutz *m*
noise emission *<acoust.emiss>* *(e.g. of tires, train wheels, wind rotors)* • Schallabstrahlung *f*; Geräuschemission *f*; Schallemission *f*
noise emission *<ecol>* *(e.g. of vehicles, machines, plants)* • Geräuschentwicklung *f*
noise emissions *pl* *<acoust>* • Geräuschemissionen *fpl*
noise-free *<av>* *(picture)* • störungsfrei; störzonenfrei; störstreifenfrei; störfrei *prakt*; sauber *ugs*
noise-insulated *<tech.gen>* *(e.g. machine, compressor)* • schallgekapselt
noiseless *<acoust>* *(free from noise)* • geräuschlos; lautlos; still; geräuschfrei *rar*

noise level *<acoust> (in an environment; e.g. near vehicles, machines, plants)* • Geräuschniveau *n*; Geräuschpegel *m*; Lärmpegel *m ugs*

noise pollution *<emiss>* • Lärmbelästigung *f*; Belästigung durch Schall *f DIN 1320*; unerwünschte Lärmimmission *f rar*

noise reduction *<tech.gen>* • Lärmminderung *f*

noise reduction *<phot> (of images)* • Rauschunterdrückung *f*; Rauschreduzierung *f*; Rauschverminderung *f KM*; Rauschminderung *f Panas.Olymp*; Bildrauschen-Kompensation *f Fuji*

noise source *<tech.gen> (stress on: disturbing, interfering noise of any kind)* • Störquelle *f*

noise suppression (NS) *<av> (electr. or acoust. noise)* • Rauschunterdrückung *f*; Rauschminderung *f*; Rauschbegrenzung *f*

noise suppression *<i&c>* • Störunterdrückung *f*

noise-suppression capacitor *<el>* • Funkentstörkondensator *m*

noise transmission *<acoust> (undesired)* • Schallübertragung *f*

noisy *<acoust>* • geräuschvoll

no-load operation *<tech.gen>* • Leerlauf *m*

no-load trip *<convey>* • Leerfahrt *f*

no mechanical feedback reaction *<gen>* • rückwirkungsfrei

nomenclature *<tech.gen>* • Nomenklatur *f*

nomenclature rule *<term>* • Nomenklaturregel *f*

nominal bore *<tech.gen> (diameter)* • Nennweite *f*

nominal diameter *<tech.gen> (external or internal)* • Nenndurchmesser *m*

nominal diameter (DN) *EN ISO 7369 <pps> (of pipes, nozzles; inside, in Millimeters)* • Nenndurchmesser *m* (DN) *DIN 4045*; Nennweite *f prakt*

nominal dimension *<tech.gen> (e.g. thread, pipe)* • Nennmaß *n*

nominal operating value *<tech.gen>* • Nennbetriebswert *m*

nominal output *<tech.gen>* • Nennleistung *f*

nominal pressure (PN) *EN ISO 7369 <pps> (e.g. cock, pipe)* • Nenndruck *m* (PN) *EN ISO 7369*

nominal stress *<mech.eng> (e.g. tensile strength of bolts and screws)* • Nennspannung *f*

nominal voltage *<el>* • Nennspannung *f*; Bemessungsspannung *f*

no mooring *<nav>* • Anlegen verboten

no moving parts *<tech.gen>* • keine beweglichen Teile *npl*

non-activated *<gen>* • unbetätigt

non-adjustable *<tech.gen> (fixed, still)* • feststehend

non-alcoholic *<food> (e.g. beverage, drink)* • alkoholfrei

non-approved *<gen>* • abgelehnt

nonaqueous *<tech.gen>* • nichtwässrig

non-bearing *<tech.gen> (e.g. car body, rivet)* • nichttragend

non-blistered *<srfc> (paint coat)* • blasenfrei

non-blocking *<tech.gen>* • nichtsperrend

nonbreaking space (NBSP) *<print>* • geschütztes Leerzeichen *n*; Festausschluss *m*; Festabstand *m*

non-capsizable *<nav>* • unkenterbar

non-cohesive *<tech.gen> (soil mechanics)* • nichtbindig; kohäsionslos

non-conducting *<el> (e.g. transistor)* • gesperrt

non-conducting direction *<el> (e.g. static converter)* • Sperrrichtung *f*

non-conducting material *<mat>* • nichtleitender Stoff *m*

non-conducting zone *<el> (thyristor)* • Sperrbereich *m*

non-conductive *<phys> (e.g. for heat, electricity)* • nichtleitend

nonconforming fraction *<qualit>* • Anzahl fehlerhafter Einheiten *f DIN 55350-31*; Auswahl fehlerhafter Einheiten *f*

nonconformity *ISO 8402 <qualit.gen> (nonfulfillment of a specified requirement)* • Fehler *m DIN EN ISO 8402*

nonconsumable electrode *<join> (TIG welding)* • nicht abschmelzbare Elektrode *f*

non-consumable electrode *<join> (welding)* • nichtabschmelzende Elektrode *f*

non-contact *<tech.gen> (process; e.g. measuring, scanning, reading, sealing)* • berührungslos; kontaktlos; berührungsfrei; Berührung *f*: ohne ~

non-contacting measurement *<i&c>* • berührungsfreie Messung *f*; berührungslose Messung *f*

non-critical *<tech.gen>* • nichtkritisch

non-critical defect *<qualit>* • nichtkritischer Fehler *m*

nondescriptor *ISO 12620 <term>* • Nichtdeskriptor *m*

non-destructive testing (NDT) *<qualit.mat>* • zerstörungsfreie Prüfung *f DIN EN 1330*; zerstörungsfreie Werkstoffprüfung *f*; zerstörungsfreies Prüfen *n*

non-dimensional parameter *<tech.gen> (e.g. Reynolds number)* • dimensionsloser Parameter *m*

non-directional *<tech.gen> (e.g. filaments, radiation)* • ungerichtet

non-discoloring *US <mat>* • nicht verfärbend

non-exchangeable *<tech.gen>* • nichtaustauschbar

non-executable *<tech.gen> (e.g. instruction)* • nicht ausführbar

non-fading *<srfc> (pigments)* • lichtbeständig; lichtecht

non-ferrous metal *<mat> (heavy metals and light metals; e.g. aluminum, copper, lead, magnesium)* • Nichteisenmetall *n DIN 17600*; NE-‑Metall *n prakt*

non-ferrous metal *<min>* • Buntmetall *n*

non-flammable *ISO 13943 <mat.fire>* • nicht entflammbar *ISO 13943*

non-forgeable bar code *<comp>* • fälschungssicherer Strichcode *m*

non-gassing *<mat>* • gasarm

non-GM diet *<food>* • Ernährung ohne genmanipulierte Lebensmittel *f*

non-hazardous *<tech.gen> (e.g. substance, procedure)* • unschädlich; harmlos *ugs*

nonimaging *<tech.gen>* • nicht-‑abbildend

non-inductive *<el>* • induktionsfrei; induktionslos

non-interaction *<i&c> (isolation)* • Entkopplung *f*

non-intrinsically safe *<el> (e.g. wiring, circuit, signal)* • nichteigensicher

non-iron *<textil>* • bügelfrei

non-lethal weapon *<mil>* • nichttödliche Waffe *f*

non-linear *<tech.gen>* • nicht linear

non-linting *<textil> (cloth, tissue; e.g. for wiping lenses)* • nichtfasernd; nichtfusselnd *ugs*; fusselfrei *ugs*

non-loadbearing *<tech.gen> (wall, member etc.)* • nichttragend

non-magnetic *<mat>* • unmagnetisch

non-magnetic *<qualit.mat>* • nichtmagnetisch

non-man entry *<tech.gen> (area, space, opening; e.g. a sewer)* • nicht begehbar

non-matching filler [metal] *<join> (for welding)* • artfremder Zusatzwerkstoff *m*

non-metal *<mat> (natural and man-‑made materials; e.g. wood, leather, glass, vinyl)* • Nichtmetall *n*

non-metallic *<tech.gen>* • nichtmetallisch

non-occurrence *<gen> (gen., of desired or undesired events, effects)* • Nichtauftreten *n*

non-operative *<tech.gen> (e.g. sensor, contact, governor)* • ruhend

non-operative time *<tech.gen>* • Ruhezeit *f*; Aussetzzeit *f*

non-polluting *<ecol>* • umweltfreundlich

non-porous *<mat> (e.g. casting)* • blasenfrei

non-porous *<srfc> (e.g. coating, weld bead)* • porenfrei

non-productive time *<prod>* • Nebenzeit *f*

non-proprietary name *<term>* • freie Bezeichnung *f*

non-radioactive *<nucl> (without radioactive radiation)* • inaktiv; nichtaktiv; nichtstrahlend; kalt *ugs*

non-readable *<comp>* • nicht lesbar

non-reflecting *<srfc>* • reflexfrei

non-reflective *<srfc> (surface)* • reflexionsfrei

non-regular maintenance *<rep>* • außerplanmäßige Wartung *f*

non-returnable container *<pack>* • Einwegverpackung *f DIN 55 405*

non-rigid *<srfc>* • weich

nonrigid airship *<aerosp> (lighter-than-*

air aircraft; no Zeppelin) • Pralluftschiff *n*; Blimp *m prakt*
non-seismic *<geo> (region)* • erdbebenfrei
non-selective *<tech.gen>* • nicht--selektiv
non-skid property *<srfc> (e.g. tire, flooring, shoe soles)* • Griffigkeit *f*
non-skid surface *<srfc>* • rutschsichere Oberfläche *f*
non-slip *<tech.gen> (e.g. flooring, deck paint, sole of shoe)* • gleitsicher; nicht rutschend; griffig; rutschfest
non-slip *<drivee> (power flow, belt drive)* • schlupffrei; gleitlos *rar*
non-slip rubber feet *<tech.gen>* • rutschfeste Gummifüße *mpl*
non slip surface *<srfc>* • Antirutschbelag *m*
non-smoker package *<mvhcl> (e.g. w/o ashtray)* • Nichtraucherausstattung *f*
non-staining *<mat>* • nicht verfärbend
non-standard grade steel *<metal>* • Sonderstahl *m*
nonstandardized term *<term>* • nichtgenormte Benennung *f*
non-stationary *<phys> (e.g. fluid flow, field, waves)* • nicht stationär
nonstick *<srfc> (coating, surface; e.g. cooking utensils)* • antihaftbeschichtet
nonstick skillet *<gastr.tool>* • Antihaft--Pfanne *f*; Pfanne mit Antihaftbeschichtung *f*; Teflonpfanne *f ugs*
nonstick stainless steel skillet *<gastr.tool>* • Edelstahlpfanne mit Antihaftbeschichtung *f*
non-stick surface *<srfc> (e.g. of cooking skillet)* • Antihaftoberfläche *f*
non-stop flight *<aerosp> (without stopover)* • Direktflug *m*; Non-Stop--Flug *m*; Flug ohne Zwischenlandung *m*
nontextual illustrations *ISO 12620 <term>* • nichttextliche Illustrationen *fpl*
non-tracking *<tech.gen>* • nicht--nachgeführt
non-uniform *<gen>* • uneinheitlich
non-volatile *<tech.gen> (e.g. matter, data, memory)* • nichtflüchtig
nonvolatile storage *<comp>* • nicht--flüchtiger Speicher *m*
non-volatile storage *<comp> (process, method; e.g. on hard disk, CD, DVD)* • nichtflüchtige Speicherung *f*
non-volatile storage *<comp> (hardware; e.g. a disk or flash drive)* • permanenter Speicher *m*; nichtflüchtiger Speicher *m*; Permanentspeicher *m*; energieunabhängiger Speicher *m*; Dauerspeicher *m rar*
nonwoven *<textil> (a fabric; e.g. for sound proofing mats)* • Spinnvlies *n*
non-woven fabric *<textil> (fiber web structure not made by weaving or knitting)* • Vliesstoff *m DIN 61210*; verfestigtes Vlies *n form*; Non-Woven--Material *n jarg*; Faservlies[stoff] *n prakt*; Vlies *n ugs*
NOR *<comp>* • negiertes ODER *n*
normal *<gen> (e.g. jurisdiction)* • gängig
normal *<math> (at right angles to a plane)* • lotrecht; senkrecht; normal
normal *<math> (imaginary line at a right angle to a reference surface)* • Normale *f*; Oberflächennormale *f*; Lotrechte *f*; Senkrechte *f*; Vertikale *f*
normal component *<tech.gen> (r. g. acceleration, velocity, force)* • Normalkomponente *f*
normal concrete (C) *<build.mat>* • Normalbeton *m* (C)
normal housing material *<gen>* • Standardgehäusematerial *n*
normalize *vt <tech.gen> (e.g. steel, signal level)* • normalisieren *vt*
normalizing *<metal> (of steel; annealing with cooling in still air; yields fine pearlite)* • Normalisieren *n*; Normalglühen *n*
normally aspirated engine *<mot> (engine w/o supercharger)* • Saugmotor *m*; Sauger *m prakt.ugs*; kompressorloser Motor *m rar*; Motor ohne Kompressor *m rar*
normally open (NO) *<el> (switch, circuit, output)* • offen: im Ruhezustand ~ *:V*; Ruhezustand *m*: im ~ offen
normal operation *<tech.gen>* • Normalbetrieb *m*; normaler Betrieb *m*
normal position *<tech.gen> (e.g. measurement equipment, machine tool)* • Grundstellung *f*
normal temperature and pressure (NTP) *<tech.gen>*

• Normalbedingungen *fpl DIN 1343*

normative authorization *ISO 12620 <term>* • normativer Status *m*

nose *<tech.gen> (cone)* • Kegel *m*

nose *<aerosp>* • Rumpfbug *m*; Rumpfspitze *f*; Rumpfvorderteil *n*; Bug *m*

nose *<mech.eng> (projection)* • Ansatz *m*

nose cone *<aerosp> (airplane; usu. parabolic or pointed, hinged)* • Nase *f*; Nasenkegel *m rar*

nose dive *<aerosp>* • Sturzflug *m*

nose heaviness *<tech.gen>* • Buglastigkeit *f*

nose-heavy *<vhcl> (e.g. motor vehicle, aircraft)* • buglastig

nose-heavy *<vhcl>* • kopflastig

nose landing gear (NLG) *form <aerosp>* • Bugfahrwerk *n*; Bugradfahrwerk *n rar*

nose-over *<vhcl> (accident; e.g. of bike)* • Überschlag *m*

nosepiece *<tool> (insert for pop-rivet pliers)* • Mundstück *n*

nose wheel (N/W) *<aerosp>* • Bugrad *n*

nosing *<mech.eng> (radiusing; of a corner)* • Eckabrundung *f*

no step *<aerosp> (surface, projection, e.g. area on wings)* • keine Trittfläche *f*; nicht begehbar

not available *<econ>* • nicht lieferbar

not busy *<tele>* • frei

notch *<tech.gen> (V-shaped indentation, recess)* • Kerbe *f*; Einkerbung *f*

notch *<prod> (of a latching mechanism; e.g. for a pawl, locating pin)* • Raste *f*; Rastung *f*

notch *<qualit.mat> (e.g. in Izod specimen)* • Kerbe *f*; Kerbstelle *f*; Einschnitt *m*

notchback *<mvhcl> (type of car body)* • Stufenheck *n*

notched-bar impact test *BS 131 <qualit.mat> (gen.)* • Kerbschlagbiegeversuch *m*

notched-bar impact test specimen *<qualit.mat> (gen.)* • Kerbschlagbiegeprobe *f*

notching *<prod> (a panel cutting technique)* • Ausklinken *n DIN 8588*

notchy *<mvhcl> (transmission, shifting of gears; e.g. reverse gear)* • hakelig

note *<mus>* • Ton *m*

note *ISO 12620 <term>* • Anmerkung *f*

notebook [computer] *<comp> (full PC functionality; DIN-A4 size, weight 2-3 kgs)* • Notebook *n*; Laptop *m ugs*

not flammable *ISO 13943 <qualit.mat> (not capable of being set on fire)* • unentflammbar *ISO 13943*; nicht entflammbar; feuerfest *ugs*; unbrennbar *ugs*; nicht brennbar *ugs*

notion *<gen>* • Begriff *m*

not supplied *<tech.gen> (accessories, auxiliary equipment)* • Zubehör *nsg*; nicht mitgeliefert

not to scale *<docu>* • nicht maßstäblich

not used *<el> (pin assignment; e.g. on multiple connectors)* • nicht belegt; frei

noun class *ISO 12620 <term>* • Substantivklasse *f*

novel *<gen> (new, without precedence)* • neuartig

novelty *<jur>* • Neuheit *f*; absolute Neuheit *f*

novice *<gen>* • Anfänger *m*

noxious *<waste>* • schädlich

NOx-reduction *<ecol> (e.g. thermal--electric power station)* • Entstickung *f*

nozzle *<tech.gen> (a duct used to accelerate and eject a fluid; e.g. of jet engine)* • Düse *f*

nozzle *<mvhcl.mot> (of fuel injector)* • Düse *f*

nozzle *<pps> (mouthpiece)* • Mundstück *n*

nozzle bore *<tech.gen>* • Düsenbohrung *f*

nozzle exhaust velocity *<turb> (of jet engines)* • Austrittsgeschwindigkeit *f*

nozzle orifice *<tech.gen>* • Düsenmund *m*; Düsenöffnung *f*

nozzle outlet *<aerosp>* • Düsenaustritt *m*

nozzle pipe *<pps> (for connecting a pipe)* • Stutzenanschlussrohr *n*; Rohrstutzen *m prakt*

nozzle throat *<tech.gen>* • Düsenhals *m*

nozzle tip *<tech.gen> (stress on: the orifice)* • Düsenmündung *f*

nozzle tip *<plast> (of hot runner mold; heats the sprue area)* • Düsenspitze *f*

n-type material *<el>* • n-leitendes Material *n*; n-Material *n*

n-type region *<el>* • n-Gebiet *n*; n-Zone *f*; n-leitende Zone *f*

nubbed *<srfc> (e.g. to increase friction or anti-slip effect)* • genoppt
nuclear *<nucl>* • Kern…; Nuklear…; Atom… *ugs*
nuclear chain reaction *<nucl>* • nukleare Kettenreaktion *f*
nuclear charge *<phys>* • Kernladung *f*
nuclear chemistry *<nucl.chem>* • Kernchemie *f*
nuclear decay *<nucl>* • Kernzerfall *m*
nuclear engineering *<nucl>* • Kerntechnik *f DIN 25401*; Nukleartechnik *f rar*
nuclear facility *<nucl>* • kerntechnische Anlage *f*; kernkrafttechnische Anlage *f*
nuclear fuel *<nucl>* • Kernbrennstoff *m DIN 25401-3*; Spaltmaterial *n*; Spaltstoff *m*; spaltbares Material *n*
nuclear fuel pellet *<nucl> (cylindrical, in fuel rods; typ. with Zircaloy cladding)* • Kernbrennstofftablette *f DIN 25705*; Kernbrennstoffpellet *n*; Brennstoffpellet *n*; Uranpellet *n did*; Pellet *n prakt*
nuclear fuel reprocessing *<nucl>* • Spaltstoffrückgewinnung *f*; Brennstoffregeneration *f*
nuclear-fuel reprocessing plant *<nucl.proc>* • Kernbrennstoffwiederaufbereitungsanlage *f*; Wiederaufbereitungsanlage *f ugs*
nuclear fusion *<nucl> (e.g. in nuclear reactors, in suns)* • Kernfusion *f* (KF); Kernverschmelzung *f*
nuclear particle *<phys> (proton or neutron)* • Nukleon *n*; Kernbaustein *m*; Kernteilchen *n*
nuclear physics *<nucl.phys>* • Kernphysik *f*; Atomphysik *f*
nuclear power *<energ.nucl>* • Kernenergie *f*; Atomenergie *f*; Kernkraft *f*; Atomkraft *f ugs*
nuclear power *<energ.nucl> (stress on: electricity)* • Strom aus Kernkraftwerken *m*; Atomstrom *m ugs.pejor*
nuclear-powered *<nucl> (e.g. sub, ice--breaker)* • nuklearangetrieben; Nuklearantrieb *m*: mit ~; atomkraftbetrieben *ugs*
nuclear power generation *<energ.nucl>* • Stromerzeugung durch Kernenergie *f*; Stromerzeugung in Kernkraftwerken *f*
nuclear power plant (NPP) *US <energ.nucl> (gen.; typ. with a PWR)* • Kernkraftwerk *n* (KKW); Atomkraftwerk *n ugs*
nuclear radiation *<nucl>* • Kernstrahlung *f*
nuclear reaction *<nucl>* • Kernreaktion *f*
nuclear reactor *<nucl>* • Kernreaktor *m*; Reaktor *m prakt*; Atomreaktor *m ugs*; Nuklearreaktor *m rar*
nuclear spin *<phys>* • Kernspin *m*; Kerndrehimpuls *m*
nuclear submarine *<nav.mil>* • Atom-U-Boot *n*
nuclear warhead *<mil>* • Atomsprengkopf *m*
nuclear waste disposal site *<nucl.waste>* • Atommülldeponie *f*
nuclear waste reprocessing plant *<nucl>* • Wiederaufbereitungsanlage *f*
nuclear weapons arsenal *<mil>* • Kernwaffenarsenal *n*
nullification *<jur> (e.g. contract)* • Annullierung *f*
nullify *vt <jur> (contract, clause)* • annullieren *vt*; aufheben *vt ugs*
null line *<tech.gen> (e.g. metrology, diagram)* • Nulllinie *f*
number *<gen> (of countable parts, items)* • Anzahl *f*
number *<math>* • Zahl *f*
number *vt <gen> (consecutively from start to end)* • durchnummerieren *vt*; durchnumerieren *vt obs*
number of decimals *<comp>* • Nachkommastellenanzahl *f*; Nachkommastellen *fpl prakt*; Anzahl der Nachkommastellen *f*
number of periods *<tech.gen>* • Periodenzahl *f*
number of pieces *<prod>* • Stückzahl *f*
number of ratios *<drive> (of transmission)* • Gangzahl *f*
number of starts *<mech.eng> (multiple-start thread)* • Gangzahl *f*; Gängigkeit *f*
numeral *<math>* • Zahl *f*
numerator *<math> (term of a fraction; written above or before the line)* • Zähler *m*
numeric *<math>* • reelle Zahl *f*
numerical code *<tech gen> (e.g.*

materials, consumer goods) • numerischer Code *m*; numerischer Kode *m*; Zifferncode *m*; Ziffernkode *m*

numerical control (NC) *ISO 2806* *<autom> (e.g. machine tool)* • numerische Steuerung *f* (NC) *DIN ISO 2806*

numerical control machine *<autom>* • NC-Maschine *f*; numerisch gesteuerte Maschine *f*; Numerical Control-Maschine *f*; rechnergesteuerte Maschine *f*

numerical control system *<autom>* • NC-Steuerung *f*; numerisches Steuerungssystem *n*

numerical display *<i&c>* • digitale Anzeige *f*; numerische Anzeige *f*

numerically controlled *<mach.tool>* • NC-gesteuert

numerically controlled machine *<mech.eng> (gen.; usu. a machine tool)* • numerisch gesteuerte Maschine *f*; NC-Maschine *f*

numerical value *<tech.gen>* • Zahlenwert *m DIN 1313*

numeric key *<tech.gen> (on keyboard, key pad; e.g. of ATM)* • Zifferntaste *f*

numeric keypad *<comp> (e.g. on RH side of PC keyboard)* • Zifferntastatur *f*; Zifferntastenblock *m*

nut *<join> (on bolt; typ. hexagon)* • Mutter *f*

nutrient *<bio> (gen.)* • Nährstoff *m*

nutrition science *<food>* • Ernährungswissenschaft *f*

nutritive value *<food>* • Nährwert *m*

nuts and bolts *<join>* • Schrauben und Muttern *fpl*

nutsch filter *<chem>* • Filternutsche *f*; Büchnertrichter *m*; Nutsche *f prakt*

nut splitter *<tool>* • Muttersprenger *m*

nut thread *ISO <join> (in nuts)* • Muttergewinde *n*; Innengewinde *n*

nylon cable tie *<el> (must be cut to be removed)* • Nylon-Kabelbinder *m*

oakum *<textil>* • Werg *n*

oar *<nav> (for rowing)* • Ruderriemen *m*; Ruder *n*; Riemen *m*

object *<math>* • Körper *m*; Objekt *n*

object *ISO 1087 <term> (physical or abstract; e.g. engine, temperature, oil change)* • Gegenstand *m DIN 2342*; Referenzobjekt *n wiss*; Referent *m wiss*; Objekt *n rar*

objective *<gen> (for action, schedule, projects; e.g. R&D, quality, turnover)* • Ziel *n*

object-oriented *<comp> (e.g. programming language)* • objektorientiert

object-relational database (OBD) *<comp>* • objektrelationale Datenbank *f* (OBD)

object-side *<opt>* • dingseitig

obligation to exploit the license *<jur>* • Ausübungspflicht *f*

oblique *<tech.gen> (neither vertical nor horizontal)* • schräg

oblique angle *<math>* • schiefer Winkel *m*

obliterate *vt <tech.gen> (to remove, destroy all traces of sth.)* • auslöschen *vt*

obliterate *vt <docu>* • tilgen *vt*

oblong hole *<tech.gen>* • Langloch *n*

obscure *vt <gen>* • undeutlich machen *vt*

obscure *vt <gen> (cover up)* • verdecken *vt*

observable *<gen> (a visible event)* • beobachtbar; wahrnehmbar

observation *<gen>* • Beobachtung *f*

observation hole *<tech.gen> (e.g. combustion chamber, furnace)* • Schauloch *n*

observation satellite *<aerosp>* • Beobachtungssatellit *m*

observation window *<tech.gen> (e.g. furnace, submarine, spacecraft)* • Sichtfenster *n*

observe *vt <gen>* • beobachten *vt*

observe *vt <gen> (monitor)* • überwachen *vt*

observed fuel economy *<mvhcl.qualit>* • Testverbrauch *m*

obstacle *<gen> (barrier)* • Sperre *f*

obstruct *vt* <gen> *(usually physically; e.g. access)* • behindern *vt*
obstruct *vt* <gen> *(e.g. road, negotiations)* • blockieren *vt*
obstruct *vt* <gen> *(e.g. progress, fluid flow)* • hemmen *vt*
obstruct *vt* <gen> *(e.g. view)* • versperren *vt*
obstruct *vt* <traff> *(e.g. access, road)* • sperren *vt*
obstruction <tech.gen> *(e.g. of access)* • Behinderung *f*; Blockierung *f*
obstruction <tech.gen> *(blocking; e.g. of access, line)* • Sperrung *f*; Blockade *f*
obstruction lights <aerosp> • Hindernisbefeuerung *f*
obstruction warning light <navig> *(e.g. on towers, wind turbines)* • Hindernisfeuer *n*; Gefahrenfeuer *n*
obtain *vt* <gen> *(e.g. result, licence, access)* • erhalten *vt*
obtain *vt* <tech.gen> *(e.g. data)* • ermitteln *vt*
obtain *vt* <proc> *(e.g. metal from ore, medicine from plants)* • gewinnen *vt*
obtrusive <emiss> *(e.g. engine or exhaust noise)* • aufdringlich
obtuse angle <math> • stumpfer Winkel *m*
obvious advantage <gen> • klarer Vorteil *m*
occlude *vt* <metal> *(shut in, incorporate sth; e.g. gases, foreign substances)* • absorbieren *vt*; okkludieren *vt*
occupancy <tech.gen> *(e.g. of memory blocks, seats)* • Belegung *f*
occupant protection <vhcl.safe> • Insassenschutz *m*
occupant safety <mvhcl.safe> • Insassensicherheit *f*
occupational <gen> • beruflich
occupational accident <safe> • Arbeitsunfall *m*; Unfall am Arbeitsplatz *m*
occupational exposed person <nucl> • beruflich strahlenexponierte Person *f*
occupational exposure <nucl> • berufsbedingte Exposition *f*
occupy *vt* <gen> *(e.g. space, country)* • einnehmen *vt*
occupy *vt* <comp> *(e.g. memory, slots)* • belegen *vt*
occur *vi* <gen> *(e.g. event, error)* • auftreten *vi*
occur *vi* <gen> *(event; e.g. an accident, incident, upset operating condition)* • eintreten *vi*
occur *vi* <gen> • ereignen *vr*
occurence <gen> • Vorkommen *n*
occur randomly *vi* <tech.gen> • regellos auftreten *vi*
ocean current <geo> • Meeresströmung *f*
ocean dumping <waste> *(of waste)* • Seeverklappung *f*; Verklappung [auf See] *f*; Meerverklappung *f rar*
ocean floor <geo> • Meeresboden *m*; Meeresgrund *m*; Ozeanboden *m*; Ozeangrund *m*
ocean-floor manganese nodule <geo> • Manganknolle *f*
ocean-going cruiser <nav> *(e.g. 30-m-~)* • Hochseejacht *f*
ocean mining <min> • Meeresbergbau *m*; unterseeischer Abbau *m*
octagon <math> • Achteck *n*; Oktogon *n*
octagonal <math> • achteckig
octagon bolt <join> • Achtkantschraube *f DIN ISO 1891*
octahedral <math> • achtflächig
octane <chem> • Oktan *n*; Octan *n*
octane number (ON) <chem> *(of fuel; (RON+MON)/2=ON; specified on gas pumps in the U.S.)* • Oktanzahl *f* (OZ)
octavalent <chem> • achtwertig
octuple scull <nav.sport> • Achter *m*
odd number <math> • ungerade Zahl *f*
odd parity <comp> • ungerade Parität *f*; ungerade Quersumme *f*
odd parity <phys> *(e.g. in quantum physics)* • negative Parität *f*; ungerade Parität *f*
odd-parity check <i&c> • Prüfung auf ungerade Parität *f*
odometer <mvhcl.i&c> *(usu. in the speedometer unit)* • Gesamt-Kilometerzähler *m*; Kilometerzähler *m prakt*
odor *US* <gen> *(smell)* • Geruch *m*
odor absorber *US* <tech.gen> • Geruchsabsorber *m*
odor-adsorbing *US* <hvac> • geruchsadsorbierend
odorant <tech.gen> *(with a good or bad smell)* • Geruchsstoff *m*; riechende Substanz *f*

odorant *<tech.gen> (substance for masking or improving odors; e.g. in oils, air con)* • Geruchsverbesserer *m*

odor eliminator *<hvac>* • Geruchsentferner *m*

odoriferous substance *<hvac> (gen.; pleasant or not)* • Duftstoff *m*; Geruchsstoff *m*

odor masking *US <hvac>* • Maskierung von Gerüchen *f*; Geruchsmaskierung *f*

odor nuisance *US <waste>* • Geruchsbelästigung *f*

odor removal *<hvac> (e.g. from flooded buildings)* • Geruchsneutralisation *f*

odor trap *<hygi> (siphon; e.g. of sink, toilet bowl)* • Geruchsverschluss *m DIN 4045*; Wasserverschluss *m DIN 19541*; Traps *m prakt*

odor treshold *US <tech.gen>* • Geruchsschwelle *f VDI 3881*

OEM quality *<prod>* • Erstausstatterqualität *f*; OEM-Qualität *f*

oenological product *<food> (wine, champagne)* • önologisches Produkt *n*

off *<el> (de-energized etc.)* • aus

off-air extraction *<proc>* • Abluftabsaugung *f*

off-angle *<tech.gen>* • schräg

off-angle drilling *<prod>* • Schrägbohren *n*

off-camera flash *<phot>* • entfesselter Blitz *f*

off-cast *<prod> (foundry)* • Fehlguss *m*

off-center *US <tech.gen>* • dezentriert; außermittig; unmittig *rar*; nicht mittig

off-center position *US <tech.gen> (e.g. a cam on a shaft)* • exzentrische Lage *f*

off-color *US <srfc>* • fehlfarben

offensive weapon *<mil> (gen.; anything from knifes to cruise missiles)* • Angriffswaffe *f*

offer: on ~ *<econ>* • Angebot *n*: im ~

off-hand glass-working *<prod>* • Freihandblasen *n*

off-hand grinder *<tool.metal>* • Handschleifmaschine *f*

office *<gen>* • Geschäftsstelle *f*

official language *<gen>* • Amtssprache *f*

official publication *<jur> (patent)* • Bekanntmachung *f*

off-line *<tech.gen> (independent from a computer)* • rechnerunabhängig

off-line *<tech.gen> (seperate, w/o connection; e.g. measurement)* • selbstständig

off-line *adj <tech.gen> (plant, system; component of a system)* • abgeschaltet; Betrieb *m*: außer ~

off-line ... *<tech.gen>* • off-line; Off-line-...

off-line mode *<tech.gen>* • Offline-Betrieb *m*; Offline-Modus *m*; unabhängige Betriebsweise *f*; unabhängiger Betrieb *m*

offline processing *<tech.gen>* • Offline-Verarbeitung *f*

off-period *<tech.gen>* • Ausschaltzeit *f*

off-period *<tech.gen> (off duty, shut down, not accessible)* • Sperrzeit *f*

off-position *<tech.gen> (e.g. of a switch)* • Ruhestellung *f*; Ausschaltstellung *f*; Aus-Stellung *f*

off-road *<mvhcl> (vehicle operation)* • Gelände *n*: im ~

off-road ability *<mvhcl>* • Geländegängigkeit *f*; Geländetauglichkeit *f*

offroad tire *US <vhcl>* • Geländereifen *m*

offset *<tech.gen> (double bend; e.g. of shaft, tool)* • Kröpfung *f*

offset *<mech.eng> (on machine part)* • Absatz *m*

offset *<mech.eng> (set off, at an angle; e.g. tools, wrenches)* • gekröpft

offset *<navig> (between actual and desired position)* • Abweichung *f*

offset *<tool> (stepped)* • Stufe *f*

offset *vi <print>* • abklatschen *vi*

offset *vt <gen> (e.g. expenses, design disadvantages)* • ausgleichen *vt*; kompensieren *vt*; egalisieren *vt rar*

offset box wrench *US <tool> (standard or deep offset)* • gekröpfter Ringschlüssel *m*

offset crash test *<mvhcl.qualit>* • Offset-Crashtest *m*; seitlich versetzter Crash *m did*

offset ink *<print>* • Offsetdruckfarbe *f*

offset printing *<print>* • Offsetdruck *m*

offset printing machine *<print>* • Offsetdruckmaschine *f*; Offsetmaschine *f*

off-shade *<srfc>* • Farbton *m*: im ~ abweichend

offshore *<nav>* • ablandig

offshore ... *<tech.gen> (on the continental shelf; water depth up to 200 m; e.g. oil rig)* • Offshore-...

offshore drilling platform *<petr>* • Offshore-Bohrplattform *f*; Offshore--Bohrinsel *f rar*; Küstenbohrinsel *f*

offshore engineering *<tech.gen>* • Offshore-Technik *f*; Offshore-Praxis *f*

offshore installation *<energ.wind>* • Offshore-Aufstellung *f*

offshore installation *<petr>* • Offshore--Anlage *f*

offshore operation *<tech.gen>* • Offshore-Betrieb *m*; Offshore--Einsatz *m*

offshore power boat *<nav> (inflatable)* • Offshore-Boot *n*

offshore structure *<tech.gen> (e.g. oil rig, wind power installation)* • Offshore-Konstruktion *f*; Seebauwerk *n*; Offshore-Struktur *f*; Offshore-Bauwerk *n*

offshore structures *pl <tech.gen>* • Offshore-Bauten *mpl*

offshore technology *<tech.gen>* • Offshore-Technologie *f*

offshore wind turbine *<energ.wind>* • Offshore-Windenergieanlage *f*; Windkraftanlage vor der Küste *f*

off-spec *adj <tech.gen> (design, product)* • nicht spezifikationsgerecht

OFF state *<tech.gen>* • ausgeschalteter Zustand *m*; nichteingeschalteter Zustand *m*

off-state *<el> (system condition)* • Ausschaltzustand *m*; ausgeschalteter Zustand *m*; Aus--Zustand *m*

offtake *vt <energ> (energy from an energy network)* • ausspeisen *vt*; entnehmen *vt*

offtake network operator *<energ>* • Ausspeisenetzbetreiber *m* (ANB)

OHC-engine *<mvhcl.mot>* • OHC--Motor *m*; Motor mit obenliegender Nockenwelle *m*

ohm *<el> (unit of electrical resistance; 1 ohm = 1 volt/1 ampere)* • Ohm *n DIN 1301*

ohmic loss *<el>* • Ohm'scher Verlust *m*; ohmscher Verlust *m*

ohmic resistance *<el>* • ohmscher Widerstand *m*; Resistanz *f*; Ohm'scher Widerstand *m*; Wirkwiderstand *m*

ohmmeter *<i&c>* • Ohmmeter *n*; Widerstandsmesser *m*

Ohm's law *<el>* • Ohm'sches Gesetz *n*; ohmsches Gesetz *n*

oil *<tech.gen>* • Öl *n*

oil *vt <leath.srfc>* • fetten *vt*

oil additive *<tribo>* • Öladditiv *n*; Ölzusatz *m*

oil base *<chem> (e.g. for paints, lubricants)* • Ölbasis *f*

oil capacity *<mech.eng> (e.g. of engine, transmission, final drive)* • Öleinfüllmenge *f*; Ölinhalt *m*

oil change intervals *<tribo> (e.g. engine, gear box, machine tool, turbine)* • Ölwechselintervalle *npl*

oil circuit *<tech.gen> (e.g. for cooling, lubrication, hydraulics)* • Ölkreislauf *m*

oil circulation *<tech.gen> (e.g. for lubrication, cooling)* • Ölkreislauf *m*

oil consumption *<tech.gen> (e.g. for heating, lubrication, cooking, salads)* • Ölverbrauch *m*

oil-cooled *<tech.gen>* • ölgekühlt

oil crisis *<logist>* • Ölkrise *f*

oil derrick *<petr>* • Erdölbohrturm *m*

oil drain *<tribo> (e.g. gear box, motor)* • Ölablass *m*

oil drain plug *<mech.eng> (e.g. of an engine, transmission, differential)* • Ölablassschraube *f*

oil embargo *<logist>* • Ölembargo *n*

oil feed *<tech.gen>* • Ölzufuhr *f*; Ölzuführung *f*

oil feed line *<tech.gen> (e.g. of burner, lube system)* • Ölversorgungsleitung *f*

oil filler cap *<mech.eng>* • Öleinfülldeckel *m*; Öleinfüllverschlussdeckel *m*; Öleinfüllverschluss *m*

oil filler hole *ISO 4378-1 <mech.eng>* • Öleinfüllöffnung *f DIN ISO 4378-1*

oil film *<tech.gen>* • Ölfilm *m*

oil filter *<mech.eng.tribo>* • Ölfilter *m*

oil filter cartridge *<mvhcl.mot> (replaceable filter element inside a fixed oil filter housing)* • Ölfiltereinsatz *m*

oil filter cartridge *<mvhcl.mot> (complete replaceable unit; typ. on most cars)* • Ölfilterpatrone *f*; Ölfilter *m prakt*

oil-fired *<comb> (e.g. boiler, power plant)* • ölbefeuert; ölgefeuert

oil-fired power plant *US <energ>* • Ölkraftwerk *n*; Kraftwerk *n*: mit Öl befeuertes ~

oil flow rate *<hydr> (in a hydraulic system)* • Ölfördermenge *f*

oil-fouled *<mvhcl.el> (spark plug)* • verölt

oil grade *<tribo>* • Ölsorte *f*

oil-heated *<hvac> (heating system, house, building)* • ölbeheizt; Öl *n*: mit ~ beheizt

oil heating system *VDI4640 <hvac>* • Ölheizung *f VDI4640*; Ölheizungsanlage *f*

oil-immersed clutch *<mvhcl.drive>* • Ölbadkupplung *f*; Kupplung im Ölbad *f*; Nasskupplung *f prakt*

oil-impregnated paper *<tech.gen> (e.g. for insulation purposes and corrosion protection)* • Ölpapier *n*

oil-in-water emulsion *<tech.gen> (e.g. coolant lubricant, food, lotions)* • Öl-in--Wasser-Emulsion *f*

oil leakage *<tech.gen> (e.g. at seals, gaskets)* • Ölaustritt *m*

oil level *<tribo> (e.g. in tank, engine sump, gearbox)* • Ölstand *m*

oil line *<tech.gen> (pipe, hose)* • Ölleitung *f*

oil mist *<tribo>* • Ölnebel *m*; Nebel *m*

oil pan *US <mech.eng> (gen.; e.g. of motors, transmissions)* • Ölwanne *f DIN ISO 7967-1*; Ölsumpf *m rar*

oil passage *<mech.eng> (e.g. in cylinder head, crankshaft)* • Ölkanal *m*

oil pickup tube *<tech.gen> (e.g. in oil sump)* • Ölansaugrohr *n*

oil port *<nav>* • Ölhafen *m*

oil pressure *<tech.gen>* • Öldruck *m*

oil-pressure dependent *<tech.gen>* • öldruckabhängig

oil pressure sending unit *<i&c>* • Öldruckgeber *m*

oil production *<petr>* • Erdölförderung *f*; Erdölgewinnung *f*

oil pump *<tech.gen>* • Ölpumpe *f*

oil-quenched *<metal> (steel)* • abgeschreckt in Öl

oil reclamation *<waste>* • Altölaufbereitung *f*

oil refinery *<chem.proc>* • Erdölraffinerie *f*; Raffinerie *f*

oil refining *<petr>* • Ölraffination *f*

oil-repellent *<srfc> (e.g. printing plate)* • ölabweisend; oleophob *wiss*; ölabstoßend *ugs*

oil-resistant *<mat>* • ölbeständig; ölfest *ugs*

oil retention area *<tribo> (e.g. in a gearbox)* • Öltasche *f*

oil seal *<mech.eng>* • Öldichtung *f*; Ölabdichtung *f rar*

oilseed fuel *<agri>* • Ölsaatenkraftstoff *m*

oil separator *<tech.gen>* • Ölabscheider *m*

oil slick *<ecol.nav> (pollution, offshore or onshore)* • Ölschlick *m*

oil spill *<ecol.nav> (on water, large; e.g. from shipwreck)* • Ölteppich *m*; ausgelaufenes Öl *n*; ausgeflossenes Öl *n*; treibendes Ölfeld *n*; Ölfleck *m*

oilstone *vt <prod>* • abziehen *vt*

oil supply *<tech.gen>* • Ölhaushalt *m*; Ölvorrat *m*

oil tank *<tech.gen> (any size, any purpose)* • Öltank *m*; Ölbehälter *m*

oil tanning *<leath>* • Fettgerbung *f*; Sämischgerbung *f*

oil-tempered *<metal>* • ölgehärtet

oil-tight *<tech.gen>* • öldicht

oilway *<mech.eng.tribo>* • Ölleitung *f*

oil well *<petr> (drilled hole for petroleum or natural gas production)* • Ölbohrung *f*; Erdölbohrung *f*; Erdölsonde *f*; Ölsonde *f*

oil-well drilling *<petr>* • Erdölbohrung *f*

oily *<tech.gen> (gen.; e.g. surfaces etc.)* • ölig

oily *<srfc>* • fettig

oily *<waste> (refuse)* • ölig; ölhaltig; verölt

oily residue *<srfc>* • öliger Rückstand *m*; ölige Verschmutzung *f*

old *<gen> (living beings, physical objects, methods etc.)* • alt

old-fashioned *<gen> (style, pattern, garments, working methods etc.; usu. negative)* • altmodisch

OLED TV *<av> (very thin OLED screen)* • OLED-Fernseher *m*; OLED-TV *m*

olfactometry *<i&c.bio> (neurology: determination of sensibility of olfactory organs)* • Olfaktometrie *f VDI 3881*

olfactory design *<chem>* • Geruchsdesign *n*

olfactory perception *<sens>* • olfaktorische Wahrnehmung *f*

olive green *<srfc>* • olivgrün *RAL 6003*

olive oil *<food>* • Olivenöl *n*

omega-3 fatty acids *pl <chem>* • Omega-3-Fettsäuren *fpl*

omission *<gen> (e.g. of characters, words, data, information)* • Auslassung *f*

omit *vt <gen> (e.g. text segment, figures)* • auslassen *vt*

omit *vt <print> (e.g. line)* • aussparen *vt*

omnidirectional *<tech.gen>* • omnidirektional; richtungsunabhängig; lageunabhängig

omni-font reader *<comp>* • Allschriftleser *m*

on-board *<comp> (integrated; e.g. device, function on pcb)* • integriert; bestückt; eingebaut

on-board *<railw> (system etc.)* • fahrzeugseitig

on-board computer *<mvhcl.el>* • Bordcomputer *m*; Fahrzeugcomputer *m*

on-board diagnostic system (OBD) *<mvhcl.i&c>* • Fahrzeug--Diagnosesystem *n* (OBD) *form*; On--Board-Diagnosesystem *n*; eingebautes Diagnosesystem *n*; Diagnosesystem *n prakt*

on-board power supply *<el> (gen.; electric power network on vehicles etc.)* • Bordnetz *n*

on-board power supply *<vhcl.el>* • Bordenergieversorgung *f*

oncoming *<traff> (vehicle, traffic)* • entgegenkommend

on demand scent dispersion system *<hvac>* • aktivierbares Beduftungsgerät *n*

one-and-a-half-decker *<comvhcl> (bus)* • Anderthalbdecker *m*; Eineinhalbdecker *m*

one by one *<tech.gen>* • einzeln nacheinander

one-dimensional *<tech.gen>* • eindimensional

one-handle bathroom faucet *<hygi.pps> (for hot and cold water)* • Waschtisch-Einhebelmischbatterie *m*; Waschtisch-Einhebel--Mischbatterie *f*; Waschtisch--Einhebelmischer *m*; Waschtischeinhandmischer *m*

one-hand operation *<tech.gen> (e.g. of hoist, machine)* • Einhandbedienung *f*; Ein-Griff-Bedienung *f*

one-off part *<prod>* • Einzelteil *n*; einzeln angefertigtes Teil *n*

one-off production *<prod>* • Einzelanfertigung *f*; Einzelteilfertigung *f*

one-piece *<tech.gen>* • einteilig

one-piece folder (1PF) *<pack>* • Falthüllenschachtel *f DIN 55 429*

one-sash *<build> (window)* • einflügelig

one-sided *<tech.gen>* • einseitig

one-way ... *<tech.gen> (e.g. valve)* • Einweg...

one-way bottle *<waste>* • Einwegflasche *f*

one-way classification *<tech.gen>* • Einteilung nach nur einem Merkmal *f*

one-way clutch *US <drive> (gen.)* • Freilaufkupplung *f*; Freilaufmechanismus *m*; Freilauf *m prakt*; Einwegkupplung *f rar*; Richtungskupplung *f rar*

one-way glass *<opt>* • halbdurchlässiger Spiegel *m*

one-way street *<build.traff>* • Einbahnstraße *f*

one-way valve *<pps>* • Einwegventil *n*

on-glaze decoration *<srfc>* • Aufglasurdekor *n*

online *<tech.gen> (connected, operational)* • online; on-line; Online...; On-line-...

online *<comp> (connected to power, LAN, Internet)* • angeschlossen; online *ugs*

online mode *<print> (operating status of a printer)* • Online-Modus *m*; Druckbereitschaft *f*; Betriebsbereitschaft *f*

online operation *<tech.gen> (printer etc.)* • Online-Betrieb *m*

on-off control *<i&c> (open-loop)* • Ein--Aus-Steuerung *f*

on-off control *<i&c>* • Zweipunktregelung *f*

on/off switch *<el> (gen.; any power source; e.g. on cameras)* • Ein/Aus--Schalter *m*; Ein-Aus-Schalter *m*; Hauptschalter *m*; IO-Schalter *m*

on-position *<tech.gen> (of switches etc.)* • Ein-Stellung *f*

on-position *<tech.gen>* • Einschaltstellung *f*

on-screen display (OSD) <*av*> *(of current functions, operating modes, or menu)* • Bildschirmanzeige *f* (OSD); On-Screen-Anzeige *f*; On-Screen--Display *n*; OSD-Bildschirmdisplay *n*; OSD-Anzeige *f*
on-screen display (OSD) <*comp*> *(e.g. of monitor controls)* • On-Screen--Display *n* (OSD)
on-screen menu <*comp.av*> *(e.g. of PC, TV, ATM)* • Bildschirmmenü *n*; dynamisches Menü *n rar*
onshore installation <*energ.wind*> • Landaufstellung *f*; Onshore--Aufstellung *f*
on-site conditions <*tech.gen*> • Einsatzbedingungen *fpl*
on-site inspection <*qualit*> • Kontrolle vor Ort *f*; Überprüfung vor Ort *f*
on-site labor <*build*> • Baustellenaufwand *m*
on-site manufacturing <*prod*> • Baustellenfertigung *f*
on-spec <*tech.gen*> • spezifikationsgerecht; spezifikationskonform
on top of each other <*gen*> • aufeinander
opacification <*tech.gen*> • Trübung *f*
opacify *vt* <*srfc*> *(paint coat)* • decken *vt*
opacimeter <*i&c*> *(measures particulate concentration in fluids)* • Opazimeter *n wiss*; Trübungsmesser *m prakt*
opal lamp <*phot*> *(e.g. light source in condenser enlargers)* • Opallampe *f*
opaque <*opt*> *(exhibiting opacity; as opp. to transparent)* • opak; lichtundurchlässig; undurchsichtig; nicht durchscheinend; undurchlässig
opaque ink <*print*> • Deckfarbe *f*
opaque paint <*srfc*> • Deckfarbe *f*
opaque white <*srfc.art*> • Deckweiß *n*
open <*geo*> *(e.g. country)* • frei
open *vt* <*gen*> • aufmachen *vt*; öffnen *vt*
open *vt* <*gen*> *(e.g. exhibition, account, credit, shop, last will, negotiation)* • eröffnen *vt*
open *vt* <*tech.gen*> *(by a turning or spreading motion; e.g. a quarter vent window)* • ausstellen *vt*
open *vt* <*tech.gen*> *(any closed object; e.g. package, enclosure, door, house, vehicle)* • öffnen *vt*
open *vt* <*min*> *(mine)* • aufschließen *vt*
open-air <*gen*> • frei
open-air drying <*proc*> *(e.g. wood)* • Lufttrocknung *f*
open-air space <*build*> • Freifläche *f*; Fläche im Freien *f*
open boat <*nav*> *(rowing type)* • Ruderboot *n*
opencast brown-coal mine <*min*> • Braunkohlentagebau *m*
open channel [flow] <*tech.gen*> • offenes Gerinne *n*
open coach <*railw*> • Großraumwagen *m*
open-die forging <*prod*> *(process using two flat dies)* • Freiformschmieden *n*; Freiformen *n DIN 8583*
open-die forging *EN 10079* <*prod*> *(product)* • Freiformschmiedestück *n DIN 8583*
opened <*gen*> • geöffnet; offen
open-end wrench *US.GB* <*tool*> • Gabelschlüssel *m*; Maulschlüssel *m*
open-face helmet <*garm*> • Jethelm *m*
open fireplace <*hvac*> • offener Kamin *m*
open freight car <*railw*> • offener Güterwagen *m*; O-Wagen *m*
open-hearth furnace <*metal*> • Siemens-Martin-Ofen *m*; SM-Ofen *m*; Herdschmelzofen *m rar*
open-hearth process <*metal*> • Siemens-Martin-Verfahren *n*
open-hearth steel <*metal*> • Siemens--Martin-Stahl *m*; M-Stahl *m*
opening <*gen*> *(e.g. of a trade fair, shop, of negotiations)* • Eröffnung *f*
opening <*tech.gen*> *(passage)* • Durchlass *m*
opening <*tech.gen*> • Loch *n*
opening capacity <*prod*> *(e.g. clamping device)* • Spannweite *f*
opening ceremony <*gen*> • Eröffnungsfeier *f*
opening time <*tech.gen*> *(e.g. cock, switch, valve)* • Öffnungszeit *f*
open-loop control <*i&c*> *(as opp. to closed-loop control)* • Steuerkette *f*
open pit mining <*build.mach*> • Tagebau *m*; Tagbau *m A*
open source code <*comp*> • offener Quellcode *m*; Open Source *f prakt*; offene Quelle *f rar.did*
open-source-code software <*comp*>

(e.g. Linux) • quelltextoffene Software *f*; Open-Source-Software *f*

open-source movement *<comp>* • Open-Sorce-Bewegung *f*

open the diaphragm *vt <phot>* • aufblenden *vi*; Blende öffnen *vt*

open-top *<pack> (e.g. box, container)* • offen

operability *<tech.gen> (of a machine, system; from the user's point of of view)* • Bedienbarkeit *f*

operable *<tech.gen> (in working condition)* • arbeitsfähig

operand register *<comp>* • Operandenregister *n*

operate *vi <tech.gen> (e.g. clock, engine, system, web access)* • funktionieren *vi*; gehen *vi ugs*; funzen *vi jarg*

operate *vi <tech.gen> (e.g. a machine, system, plant)* • laufen *vi*

operate *vt <tech.gen>* • antreiben *vt*

operate *vt <tech.gen> (a machine, system)* • bedienen *vt*

operate *vt <tech.gen> (a machine, system, plant)* • fahren *vt*; betreiben *vt*

operate *vt <tech.gen> (e.g. clutch, switch)* • schalten *vt*

operate by remote control *vt <i&c>* • fernsteuern *vt*

operate synchronously *vi <tech.gen>* • synchron arbeiten *vi*

operating and maintenance cost *<econ>* • Betriebs- und Wartungskosten *pl*; Ausgaben für Betrieb und Wartung *fpl*

operating approval *<jur>* • Betriebsgenehmigung *f*

operating behaviour *<tech.gen> (of machines, systems, vehicles in use)* • Betriebsverhalten *n*; Betriebseigenschaften *fpl*

operating characteristic [curve] *<tech.gen>* • Betriebskennlinie *f*

operating characteristics *pl <tech.gen> (gen.)* • Betriebscharakteristik *f*

operating clearance *<prod> (of cranes, robots etc.)* • Kollisionsfreiheit *f*

operating condition *<tech.gen> (of devices, machines, plants)* • Betriebszustand *m*

operating conditions *<tech.gen>* • Einsatzbedingungen *fpl*

operating conditions *<mech.eng> (of systems, plants)* • Arbeitsbedingungen *fpl*

operating conditions *pl <tech.gen> (gen.)* • Betriebsbedingungen *fpl*

operating data *<tech.gen>* • Betriebsdaten *pl*

operating differential *<tech.gen>* • Sollwertbereich *m*

operating expense[s] *<econ> (e.g. of a plant, machine)* • Betriebskosten *pl*

operating experience *<tech.gen>* • Betriebserfahrung *f*

operating instructions *<docu> (for minor devices which are operated; e.g. TV, camcorder)* • Bedienungsanleitung *f*

operating lever *<mech.eng>* • Betätigungshebel *m*

operating limits *<tech.gen> (of components, systems)* • Betriebsgrenzwerte *mpl*

operating load *<tech.gen> (mechanical force or electrical)* • Betriebsbelastung *f*; Betriebslast *f*; betriebliche Beanspruchung *f*

operating manual *<docu> (of complex products, plants, systems; in print; e.g. of a power plant)* • Betriebshandbuch *n*

operating pole *<tech.gen>* • Betätigungsstange *f*

operating position *<tech.gen> (of a part, system, machine)* • Betriebsstellung *f*

operating pressure *<tech.gen> (e.g. of vessels, hydraulic, pneumatic systems)* • Betriebsdruck *m*; Arbeitsdruck *m*

operating principle *<tech.gen>* • Funktionsweise *f*

operating procedure *<prod>* • Arbeitsablauf *m*

operating program *<comp>* • Betriebsprogramm *n*

operating range *<tech.gen> (von Maschinen, Anlagen)* • Betriebsbereich *m*; Arbeitsbereich *m*

operating range *<build.mach>* • Reichweite *f*

operating range *<vhcl> (gen.)* • Aktionsradius *m*; Reichweite *f ugs*

operating speed *<tech.gen> (rotation; e.g. in rpm)* • Betriebsdrehzahl *f*; Arbeitsdrehzahl *f*

operating speed <comp> *(computer system as a whole)* • Arbeitsgeschwindigkeit *f*; Operationsgeschwindigkeit *f*
operating staff <tech.gen> • Bedienungspersonal *n*
operating stress <mech> *(gen.; any type of load)* • Arbeitsbelastung *f*
operating stress <mech> *(usu. in N/mm²)* • Betriebsspannung *f*
operating system (OS) <comp> *(e.g. DOS, Windows NT)* • Betriebssystem *n*
operating temperature <tech.gen> *(real or rated)* • Betriebstemperatur *f*
operating time <tech.gen> *(e.g. watch, clockwork)* • Laufzeit *f*
operating time <tech.gen> *(gen.)* • Schließzeit *f*
operating variable <tech.gen> • Prozessvariable *f*; Prozessveränderliche *f rar*
operating variable <prod> *(e.g. speed, temperature, pressure, cycle time)* • Arbeitsparameter *m*
operating voltage <el> *(gen.)* • Betriebsspannung *f*; Arbeitsspannung *f*
operation <tech.gen> *(of any equipment by a user, operator)* • Bedienung *f*
operation <tech.gen> *(of plants, systems)* • Betrieb *m VDI 2264*
operation <tech.gen> *(procedure)* • Vorgang *m*; Prozess *m rar*; Arbeitsvorgang *m*
operation: in ~ <tech.gen> *(system, plant)* • Betrieb *m*: in ~
operation <prod> *(in a sequence, process; e.g. drilling, boring, tapping, cleaning)* • Arbeitsgang *m*; Arbeitsschritt *m prakt*; Operation *f rar*
operational <tech.gen> *(in working condition, ready for use)* • betriebsbereit; betriebsfähig; funktionsfähig
operational availability <tech.gen> *(of technical devices)* • Betriebsbereitschaft *f*
operational capability <tech.gen> • Funktionsfähigkeit *f*
operational range <vhcl> *(e.g. aircraft)* • Reichweite *f*
operational readiness <tech.gen> • Funktionsbereitschaft *f*
operation cycle <prod> • Arbeitsablauf *m*
operation mode <proc> *(of a major plant)* • Betriebsart *f*; Betriebsweise *f*; Fahrweise *f*
operation speed <el> *(of switches)* • Schaltgeschwindigkeit *f*
operations schedule <prod> • Arbeitsablaufplan *m*
operativeness <jur> *(e.g. of an invention, novelty)* • technische Brauchbarkeit *f*
operator <tech.gen> *(of major systems, plants, facilities; usu. in a control room)* • Anlagenfahrer *m*; Operator *m*; Fahrer *m*
operator <tech.gen> *(a worker operating sth.)* • Arbeiter *m*
operator <tech.gen> *(of a plant; e.g. power plant)* • Betreiber *m*
operator <tech.gen> *(of machine tools, presses etc.)* • Maschinenführer *m*; Bedienungsperson *f*; Bediener *m*; Operator *m*; Maschinist *m obs*
operator <agri.comvhcl> *(e.g. of a tractor, combine harvester)* • Fahrer *m*
operator <build.mach> *(of an excavator or dredger)* • Baggerfahrer *m*; Baggerführer *m*
operator <math> *(sign)* • Operator *m*; Operationszeichen *n*
operator attention <tech.gen> *(servicing)* • Wartung *f*
operator cab *US* <tech.gen> *(of S/R machine, crane, grader etc.)* • Fahrerkabine *f*; Kabine *f prakt*
operator cab <tech.gen> *(e.g. of cranes, tractors)* • Fahrerkabine *f*
operator error <tech.gen> *(caused by system operator)* • Bedienungsfehler *m*
operator error <qualit> • Bedienfehler *m*
operator instructions <docu> *(for major objects which are operated rather than merely used)* • Betriebsanleitung *f* (BA)
operator instructions <docu> *(for major equipment, plants; with authority to issue directives)* • Betriebsanweisung *f*
operator interface <tech.gen> • Bedienerschnittstelle *f*; Bedienschnittstelle *f*;

Bedieneroberfläche *f*; Bedienoberfläche *f*

operator intervention *<tech.gen> (in processes, programs)* • Bedienereingriff *m*; Eingriff *m prakt*

operator platform *<tech.gen> (e.g. furnace)* • Bedienbühne *f*

operators *pl <tech.gen>* • Bedienungspersonal *nsg*

operator's console *<mach.tool>* • Konsole *f*

opposed mounting *<tech.gen>* • gegenüberliegende Anordnung *f*

opposed pistons engine *<mvhcl.mot> (do not confuse with boxer engine)* • Gegenkolbenmotor *m*

opposite *<gen> (e.g. end)* • entgegengesetzt

opposite direction *<gen>* • entgegengesetzte Richtung *f*

opposite direction *<tech.gen>* • Gegenrichtung *f*

opposite direction: in ~ *<tech.gen> (sense of motion)* • gegensinnig

opposite in rotation *<mech.eng> (e.g. gears, shafts, rotors)* • gegenläufig

opposite leg *<math> (of a right-angled triangle)* • Gegenkathete *f*

oppositely charged *<el>* • entgegengesetzt elektrisch geladen

oppositely wound *<el>* • gegenläufig gewickelt

opposite rotation *<tech.gen>* • gegenläufige Drehung *f*

opposite-sense *<tech.gen> (motion, rotation)* • gegenläufig

opposite sign *<math>* • entgegengesetztes Vorzeichen *n*

optical beaming *<gen>* • Lichtbündelung *f*

optical character recognition (OCR) *<comp> (with scanner and OCR software)* • Texterkennung *f*

optical fiber *<owg>* • Glasfaser *f*; Lichtleitfaser *f*

optical image *<opt>* • Abbildung *f*; optische Abbildung *f*

optical image stabilizer (OIS) *<av.phot>* • optischer Bildstabilisator *m* (OIS); optischer Bildstabilisierer *m*

optical lighting film (OLF) *3M <light>* • Lichtleitfolie *f*

optical model *<tech.gen>* • optisches Modell *n*

optical signal *<i&c> (gen.)* • optisches Signal *n*

optical sound track *<cine>* • Lichttonspur *f*

optical storage medium *<comp>* • optisches Speichermedium *n*; optischer Datenspeicher *m*; laser-optischer Speicher *m*; optischer Speicher *m*

optical system *<opt> (lenses, mirrors etc.; e.g. of copier, scanner)* • optisches System *n*

optical trouble indication *<tech.gen>* • optische Störmeldung *f*

optical waveguide (OWG) *<owg> (usu. glass fiber)* • Lichtwellenleiter *m* (LWL); Lichtleiter *m*

optimal choice for ... *<tech.gen>* • ideal zur Erzielung von ...; ideal für ...

optimum value *<gen>* • günstigster Wert *m*

option *<gen> (variation; e.g. different product features)* • Variante *f*

option *<tech.gen> (e.g. in software menu)* • Option *f*

optional *<tech.gen> (e.g. equipment, product feature)* • wahlweise; optional; Option *f*: als ~

optional accessories *<tech.gen> (e.g. car)* • Sonderzubehörteile *npl*

optional equipment *sg <tech.gen>* • Sonderausstattung *fsg*; Zusatzausstattung *fsg*; Sonderzubehör *nsg*; Extras *npl ugs*

option package *<tech.gen>* • Sonderausstattungspaket *n*

options: all usual ~ *<mvhcl>* • Extras *npl*: alle üblichen ~

options-adjusted *:V <econ> (price; e.g. of cars)* • ausstattungsbereinigt

optocoupler *<el> (of galvanically separated circuits)* • Optokoppler *m*; Fotokoppler *m*

opto-electronic coupler *<el>* • optoelektronischer Koppler *m*

optoelectronics *<el>* • Optoelektronik *f*; Optronik *f*

orange-peel effect *<sfc> (painting defect)* • Orangenhaut *f*; Orangenschaleneffekt *m*; Apfelsinenhaut *f*; Apfelsinenschaleneffekt *m*

orbit *<tech.gen> (of electrons, satellites,*

planets; elliptic or circular) • Umlaufbahn *f*; Orbit *m wiss*; Kreisbahn *f ugs.rar*

orbit *<aerosp> (e.g. satellite)* • Umlaufbahn *f*; Bahn *f*

orbit: place into ~ *vt <aerosp> (e.g. satellite)* • Umlaufbahn *f*: auf eine ~ bringen *vt*

orbit *vi <aerosp>* • Umlaufbahn *f*: auf einer ~ bewegen *vt*

orbit *vt <aerosp> (the earth)* • umkreisen *vt*; umlaufen *vt rar*

orbital data *pl <navig>* • Bahndaten *pl*; Orbitaldaten *pl*

orbital motion *<tech.gen> (e.g. nuclear physics, astronomy, space flight)* • Orbitalbewegung *f*

orbital parameters *pl <aerosp>* • Bahnparameter *mpl*

orbital period *<aerosp> (of a satellite, moon etc.)* • Umlaufzeit *f*

orbiting *<aerosp>* • erdumlaufend

OR circuit *<i&c>* • Disjunktionsschaltung *f*; ODER--Schaltung *f*; OR-Schaltung *f*

order *<tech.gen> (e.g. differential equation)* • Ordnung *f*

order: out of ~ *<tech.gen> (system or device; e.g. ATM, elevator; e.g. due to defect)* • Betrieb *m*: außer ~

order *<logist> (a set of items to be picked from the warehouse)* • Auftrag *m*; Bedarfsinformation *f*; Kommission *f*; Order *f*

order *<math> (e.g. n-th order equation)* • Grad *m*

order *vt <gen> (in a certain sequence; e.g. alphabetically, acc. to size)* • ordnen *vt*

order *vt <econ> (supplies, services)* • bestellen *vt*; Auftrag erteilen [für] *vt*

order number *<econ> (of an item)* • Bestellnummer *f*

order of magnitude *<tech.gen> (e.g. of an order, accident, project)* • Größenordnung *f*

order of magnitude *<math> (factor 10)* • Größenordnung *f*

order picker truck *<logist>* • Kommissionierfahrzeug *n*

order picking *<logist> (withdrawal of ordered goods from a storage facility)* • Kommissionieren *n*

ordinal number *<math> (e.g. 1st, 2nd, 3rd, 4th, … 100th etc.)* • Ordinalzahl *f*; Ordnungszahl *f*

Ordinance on Hazardous Substances *<chem.docu>* • Gefahrstoffverordnung *f*; Gefahrenstoffverordnung *f rar*

ordinary *<gen>* • regulär

ordinary *<tech.gen> (typical, unconspicuous, nothing special)* • normal; gewöhnlich

ordinary *<qualit> (simple, nothing special)* • einfach

ordinary-lay rope *<convey>* • Kreuzschlagseil *n*

ordinate *<math> (y-coordinate of a point)* • Ordinate *f*

ordnance *<mil> (cannon, artillery)* • Geschütze *npl*

ordnance *<mil> (army branch)* • Nachschub *m*

ordnance survey *<geo>* • Landesvermessung *f*

ore *<min>* • Erz *n*

ore enrichment *<proc> (e.g. of uranium ore)* • Erzanreicherung *f*

organic chemistry *<chem>* • organische Chemie *f*

organic compound *<chem>* • organische Verbindung *f*

organic farmer *<agri>* • Bio-Bauer *m*; Öko-Bauer *m*

organic farming *<agri>* • biologische Landwirtschaft *f*

organic-farm land *<agri> (surface area)* • biologisch bewirtschaftete Landwirtschaftsflächen *fpl*

organic fertilizer *<agri>* • organischer Dünger *m*; Naturdünger *m*

Organic Light-Emitting Diode (OLED) *<comp> (for very thin displays)* • Organic-Light-Emitting-Diode *f* (OLED)

organization *ISO 8402 <gen>* • Organisation *f DIN EN ISO 8402*

organizer *US <gen> (e.g. culture, sports event, economy)* • Veranstalter *m*

Organizing Committee *US <gen> (e.g. of conferences)* • Organisationskomitee *n*

orient *vi/vt <phys> (magnetic particles; eg. on magnetic media)* • ausrichten *vr/vt*; orientieren *vr/vt*

orient *vr <gen> (determine how one stands in relation to surroundings)*

• orienteren *vr*

orient *vt* *<tech.gen> (direct or position toward a distant object; e.g. north)* • ausrichten *vt*; orientieren *vt*

orientation *<tech.gen> (e.g. towards East)* • Ausrichtung *f*

orientation *<build> (correct placement, adjustment of parts; e.g. of windows, doors)* • Ausrichtung *f*

orientation correction *<tech.gen>* • Orientierungsverbesserung *f*

oriented *<tech.gen> (antenna, satellite dish, solar concentrator etc.)* • ausgerichtet; orientiert

oriented film *<plast>* • gestreckte Folie *f DIN 55 405*; orientierte Folie *f*

oriented strand board (OSB) *ISO 17064 <qualit.mat>* • Platte aus langen, schlanken, ausgerichteten Spänen *f* (OSB) *ISO 17064*

orifice *<tech.gen> (designed to release sth.; e.g. of a jet, spray nozzle, firearm)* • Öffnung *f*; Mündung *f*

orifice *<bio> (anatomy)* • Öffnung *f*

orifice plate *<pps> (stress on: throttling effect, pipe restriction)* • Drosselblende *f*; Stauscheibe *f*

orifice plate *<pps> (e.g. for flow measurement; usu. vertical)* • Lochblende *f*; Blende *f prakt*

origin *<gen>* • Beginn *m*

origin *<math> (of curve)* • Nullpunkt *m*

original *<tech.gen> (first of its kind, master model)* • Original *n*

original *adj <tech.gen>* • original

original address *<gen>* • ursprüngliche Adresse *f*; Ursprungsadresse *f*

original cost *<fin> (of an investment, product etc.)* • Anschaffungskosten *pl* (AK); Anschaffungspreis *m*; Anschaffungswert *m*

original data *<docu>* • Ausgangsdaten *pl*; Ausgangsinformation *f*

original energy source *<energ>* • Primärenergiequelle *f*

original equipment (OE) *<prod> (e.g. catalytic converter in cars)* • Erstausstattung *f*; Erstausrüstung *f*

original equipment manufacturer (OEM) *<prod>* • Erstausstatter *m* (OEM); Erstausrüster *m*; OEM--Lieferant *m*

Original Equipment Manufacturer (OEM) *<prod>* • OEM-Hersteller *m* (OEM)

original price *<econ> (of a new product)* • Neupreis *m* (NP)

origination date *ISO 12620 <term>* • Ursprungsdatum *n*

originator *ISO 12620 <term>* • Urheber *m*

origin distortion *<tech.gen> (e.g. manufcturing, mathematics, metrology, navigation)* • Nullpunktfehler *m*

O-ring *<tech.gen> (seal; e.g. on shafts, in flanges)* • O-Ring *m*; Runddichtring *m rar*; Dichtungsring mit rundem Querschnitt *m rar*

O-ring sensor *<gen>* • Ringbandsensor *m*

orphan site *<waste>* • Altlast, für die kein Verursacher vorliegt *f*; Altlast, für die kein Zustandsstörer vorliegt *f*

orthogonality *<math>* • Rechtwinkligkeit *f*

orthogonal projection *ISO 10209-2 <docu.opt> (e.g. technical drawing, map)* • Orthogonalprojektion *f DIN ISO 10209-2*

orthomorphic *<tech.gen>* • raumrichtig; orthomorph

orthopedic *<tech.gen> (e.g. seat)* • orthopädisch

oscillate *vi <tech.gen>* • hin- und herbewegen *vr*; oszillieren *vi*; hin- und herschwingen *vi*; pendeln *vi*

oscillate *vi <phys>* • oszillieren *vi*; schwingen *vi*

oscillate *vi <prod> (to-and-fro movement; e.g. of ink distributing rollers)* • changieren *vi*; traversieren *vi*; reversieren *vi*

oscillating *<tech.gen>* • oszillierend

oscillating mirror *<comp> (in scanners)* • Schwingspiegel *m*

oscillating motion *<tech.gen>* • Hin- und Herbewegung *f*; Oszillation *f*; Pendelbewegung *f*

oscillating system *<tech.gen>* • Schwingungssystem *n*

oscillating water column converter (OWC) *<energ.hydr>* • Wellenenergiekonverter *m*; OWC--Kraftwerk *n prakt*

oscillation *<tech.gen>* • Oszillation *f*

oscillation *DIN IEC 50 <phys>* • Schwingung *f DIN IEC 50*

oscillation cycle *<phys>* • Schwingung *f*
oscillator circuit *<el> (a resonant circuit)* • Oszillatorschaltung *f*; Schwingschaltung *f*
oscillograph *<i&c>* • Oszillograph *m*; Schwingungsschreiber *m*
oscilloscope *<el>* • Oszilloskop *n*
osmium (Os) *<chem>* • Osmium *n* (Os)
osmotic pressure *<bio>* • osmotischer Druck *m*
other binary data *ISO 12620* <term> • andere Binärdaten *pl*
outage *<qualit> (missing quantity)* • Fehlmenge *f*
outage time *<prod> (e.g. due to defect, strike)* • Stillstandszeit *f*
outboard *<nav>* • außenbords
outboard engine *<nav.mot>* • Außenbordmotor *m*
outboard seating position *<vhcl>* • Außenplatz *m*
outboard tank *<aerosp>* • Außentank *m*
outburst *<astron> (of matter or radiation)* • Ausbruch *m*; Materieausbruch *m*
outcrop *<geo> (of coal, ore)* • Ausbiss *m*
outdent *vt <print>* • ausrücken *vt*
outdoor air *<tech.gen> (in the open atmosphere)* • Außenluft *f*; Umgebungsluft *f*
outdoor application *<tech.gen>* • Außenanwendung *f*
outdoor area lighting *<light>* • Freiflächenbeleuchtung *f*
outdoor cable *<el> (insulated)* • Freileitungskabel *n*; Freileitung *f rar*
outdoor exposure *<srfc> (of material, coatings; e.g. of paint)* • Außenbewitterung *f*
outdoor finish *<srfc> (e.g. of buildings)* • Außenanstrich *m*
outdoor installation *<tech.gen>* • Außenanlage *f*
outdoor installation *<tech.gen> (e.g. substation)* • Freiluftanlage *f*
outdoor installation *<tech.gen>* • Freiluftaufstellung *f*
outdoor installation *<hvac> (act or idea of placing sth outdoors)* • Außenaufstellung *fsg*
outdoor light *<light>* • Außenlicht *n*
outdoor luminaire *<light>* • Außenleuchte *f*
outdoor measurement *<i&c>* • Außenmessung *f*
outdoor temperature (OAT) *<hvac>* • Außentemperatur *f*; Außenlufttemperatur *f*
outdoor use *<tech.gen>* • Außeneinsatz *m*
outer cable *<vhcl> (e.g. of accelerator cable, bicycle brake cable)* • Bowdenzughülle *f*; Zughülle *f*
outer cable jacket *<el>* • Außenmantel *m*
outer casing *<mech.eng>* • Außenmantel *m*; Mantel *m*
outer corner *<gen>* • Ecke *f*
outer cover *<mvhcl> (tire)* • Mantel *m*
outer cover *<vhcl> (of tires)* • Decke *f*
outer panel *<mvhcl> (of double panels)* • Außenblech *n*
outer-rail superelevation *<railw>* • Gleisüberhöhung *f*
outer shell *<proc>* • Außenmantel *m*
outer skin *<tech.gen> (e.g. of buildings, ships, airplanes, space probes, cars)* • Außenhaut *f*; Außenhülle *f*; äußere Hülle *f*; Haut *f rar*
outer space *<aerosp>* • Weltraum *m*; Weltall *n ugs*; Raum *m prakt*; Kosmos *m*; kosmischer Raum *m rar*
outer wing *<aerosp>* • Außenflügel *m*
outfit *<nav> (of ships etc.)* • Einrichtung *f*; Ausstattung *f*; Ausrüstung *f*
outflow *<tech.gen>* • Abfluss *m*
outflow *<tech.gen> (discharging liquid; from a tank, vessel, piping system)* • Ausfluss *m*
outgas *vi <tech.gen>* • gasen *vi*; ausgasen *vi*
outgoing call *<tele>* • abgehendes Gespräch *n*
outlet *<pps> (for gravity drainage of liquids)* • Ablauf *m*; Auslassöffnung *f*; Auslass *m prakt*
outlet air *<tech.gen>* • Abluft *f*; Fortluft *f rar*
outlet air temperature *<hvac>* • Ablufttemperatur *f*
outlet cross sectional area *<proc>* • Austrittsquerschnitt *m*
outlet hopper *<logist> (e.g. of a silo)* • Auslauftrichter *m*
outlet pipe *<convey> (of a pump)* • Druckleitung *f*; Druckrohr *n*

outlet valve <pps> *(for all fluids; e.g. waste gas, water, slurry)* • Auslassventil *n*

outlier *ISO 5725-1 <qualit.i&c> (in a sequence of measurements)* • Ausreißer *m DIN ISO 5725-1*

outline <docu> *(techn. drawing)* • Umrisslinie *f*; Körperkante *f form*; Umriss *m ugs*; Begrenzung *f rar*

outline *vt <gen> (e.g. topic, problem, objective)* • umreißen *vt*

out-of-balance <mech.eng> *(rotating mass; e.g. shaft, wheel)* • nicht ausgewuchtet

out-of-mesh <mech.eng> *(e.g. positive clutch, gears)* • ausgerückt

out-of-order <tech.gen> • gestört

out-of-order sign <tech.gen> • Außer--Betrieb-Schild *n*

out-of-round[ness] <mech.eng> *(stress on: non-circular shape)* • Unrundheit *f*

out-of-truth <tech.gen> *(non--concentric)* • nicht konzentrisch

outperform *vt* <tech.gen> • übertreffen *vt*

output <tech.gen> *(e.g. motor, transformer, pump)* • Leistung *f*

output <comp> *(of data)* • Ausgabe *f*; Output *m ugs*

output <drive> *(of a transmission)* • Abtrieb *m*

output <el> *(interface for data, signals; e.g. a terminal, connector)* • Ausgang *m*

output <mech.eng> *(e.g. of power, heat)* • Abgabe *f*

output *vt* <comp> *(data etc., in any way)* • ausgeben *vt*

output amplifier <el> • Ausgangsverstärker *m*; Endverstärker *m*

output data <comp> • Ausgangsdaten *pl*; Ausgabedaten *pl*

output directory <comp> • Ausgabeverzeichnis *n*

output jack <el> • Ausgangsbuchse *f*

output mirror <opt> *(laser)* • Auskoppelspiegel *m*

output power <tech.gen> *(typ. specified in Watts)* • abgegebene Leistung *f*; Abgabeleistung *f*; Leistungsabgabe *f*; Ausgangsleistung *f*

output power <el> • Klemmenleistung *f*

output queue <comp> • Ausgabewarteschlange *f*

output quota <prod> • Arbeitsnorm *f*

output shaft <drive> *(gen.)* • Ausgangswelle *f*; Abtriebswelle *f*

output side <tech.gen> *(of machines; e.g. of power, products)* • Abgabeseite *f*

output signal <el> • Ausgabesignal *n*

output signal <i&c> • Ausgangssignal *n*

output speed <mech.eng> *(e.g. of motor, gear)* • Abtriebsdrehzahl *f*

output speed <mech.eng> *(of a transmission, gearbox)* • Ausgangsdrehzahl *f*

output terminal <el> • Ausgangsklemme *f*

output torque <mech.eng> • Abtriebsdrehmoment *n*; Ausgangsdrehmoment *n*; Ausgangsmoment *n*

output value <tech.gen> • Ausgangswert *m*

output variation <tech.gen> • Ausgangsschwankung *f*

output voltage <el> • Ausgangsspannung *f*

output waveform <el> • Ausgangswellenform *f*

output window <phys> *(laser)* • Auskoppelfenster *n DIN 32511*

outreach <build> *(of cantilevers, supports, balconies etc.)* • Ausladung *f*

outrigger <tech.gen> *(uni-laterally mounted arm; e.g. on crane, fishing trawler)* • Ausleger *m*

outrigger <build> *(of tall buildings)* • Ausleger *m*; Outrigger *m*

outrigger <build.mach> • Abstützpratzen *fpl*; Pratzenschuhe *mpl prakt*

outrigger <comvhcl> *(e.g. of mobile crane)* • ausfahrbarer Stützfuß *m*; Stützausleger *m*

outrigger <mech.eng> • Pratze *f*

outrigger <mvhcl> *(frame element between longitudinal member and sill)* • Ausleger *m*

outrigger beam <build> *(e.g. scaffold, porch roof)* • Abstützträger *m*

outside coat[ing] <srfc> *(coating material; e.g. of beverage cans)* • Außenlackierung *f*

outside diameter (OD) *DIN 24950-1*

<pps> • Außendurchmesser *m* (OD) *DIN 24950-1*

outside micrometer *<tool> (for outside measurement)* • Bügelmessschraube *f DIN 863*; Außenmessschraube *f form*; Außenmikrometer *n prakt*; Mikrometer *n prakt.ugs*

outside spring caliper *<tool.i&c>* • Feder-Außentaster *m*; Feder--Greifzirkel *m*

outsourcing *<econ> (of supplies and services)* • Außenvergabe *f*; Vergabe nach draußen *f*; externe Vergabe *f*; Outsourcing *n*

outsourcing *<econ> (of projects, tasks, processes, products)* • Auslagerung *f*; Nutzung externer Ressourcen *f*; Fremdvergabe *f*; Outsourcing *n jarg*

oval head *<join> (of screws; half countersunk head)* • Linsensenkkopf *m DIN ISO 1891*

oval-head screw *<join> (gen.; cheese or countersunk head)* • Linsenkopfschraube *f*

oval head screw *<join>* • Linsensenkschraube *f*

ovalized *<vhcl> (e.g. bicycle frame tubing)* • ovalisiert

oven *<food> (for cooking, baking; chamber in a kitchen stove)* • Ofen *m*; Backofen *m*

oven-dry *<tech.gen> (e.g. food, textiles)* • darrtrocken

oven safe *<gastr>* • backofenfest

oven-to-table ware *<silic>* • feuerfestes Geschirr *n*

overaging *US <qualit>* • Überalterung *f*

overall height *<tech.gen> (after installation)* • Einbauhöhe *f*

overall height *<tech.gen>* • Gesamthöhe *f*; Bauhöhe *f*

overall impression *<qualit> (gen.; e.g. of a product)* • Gesamteindruck *m*

overall length (LOA) *<tech.gen> (of large or complex objects; e.g. of vehicles, ships)* • Gesamtlänge *f* (Lüa); Länge über alles *f*; gesamte Länge *f*

overall length *<tech.gen> (gen.; also of small items; e.g. of screws, bolts)* • Gesamtlänge *f*

overall liability *<jur> (for products, damage, costs etc.)* • Gesamthaftung *f*

overall life *<qualit>* • Lebensdauer *f*

overarm *<mach.tool> (of plain milling machine; horizontally over the spindle)* • Gegenhalter *m*

over-arm support *<mach.tool> (of plain milling machine; vertical, supports the over arm)* • Gegenlager *n*; Gegenhalterstütze *f*

overbar *<math>* • Strich *m*

overburden *<min>* • Abraum *m*

overburden dump *<min.waste>* • Abraumhalde *f*; Abraumkippe *f*

overcharge *vt <el> (battery)* • überladen *vt*

overclock *vt <comp> (processor; PC tuning)* • übertakten *vt*

overcome *vt <gen> (difficulties, problems)* • überwinden *vt*

overcompensation *<tech.gen>* • Überkompensation *f*

overcool *vt <gen>* • unterkühlen *vt*

overcrowded *<vhcl> (e.g. train)* • überfüllt

overcurrent *<el>* • Überstrom *m DIN VDE 0660*

overcurrent circuit breaker *<el>* • Überstromschutzschalter *m*; Überstromschalter *m*

overdefined *<term>* • überbestimmt

over-design *vt <tech.gen>* • überdimensionieren *vt*

overdosage *<proc>* • Überdosierung *f*

overdrive *<mvhcl.drive> (transmission ratio <1:1)* • Overdrive *m*; Schongang *m*; Schnellgang *m*; Spargang *m ugs*

overexposure *<phot>* • Überbelichtung *f*

overfilled *<tech.gen> (tank, vessel; e.g. engine with oil)* • überfüllt

overfill protection *<gen>* • Überfüllsicherung *f*

overfishing *<food> (of seas, lakes)* • Überfischen *n*; Ausfischen *n*

overflow *<comp> (memory, stack, time)* • Überlauf *m*; Overflow *m*

overflow *vi <tech.gen>* • überlaufen *vi*; überfließen *vi*

overflow *vt <geo> (e.g. weir, dam)* • überfluten *vt*

overflow buttress *<build.hydr>* • Überfallpfeiler *m*

overflow trap *<pps>* • Überlauftraps *m*

overflow valve *<tech.gen> (e.g. pump)* • Überströmventil *n*

overflow weir *<build.hydr>* • Überlaufwehr *n*

overhang <tech.gen> *(e.g. protruding from a wall)* • Auskragung *f*
overhang <tech.gen> • Überhang *m*
overhanging <build> *(part of building)* • auskragend
overhaul <qualit> *(of machinery, plants)* • Durchsicht *f*; Überholung *f*
overhead <convey> *(conveyor)* • flurfrei
overhead camshaft (ohc) <mot> • obenliegende Nockenwelle *f* (OHC)
overhead conveyer <convey> • Deckenförderer *m*; Überflurförderer *m*
overhead conveyor <convey> *(system)* • Elektrohängebahn *f* (EHB); Hängebahn *f*
overhead line <tech.gen> *(any power or fluid transmission line routed outside high above ground)* • Freileitung *f*
overhead locker <aerosp> *(storage compartment for carry-on luggage)* • Gepäckfach *n*; Ablagefach *n*
overhead panel <aerosp.i&c> *(cockpit)* • Deckenschalttafel *f*
overhead track <convey> • Hängebahn *f*
overhead trackage <convey> *(e.g. for a crab, trolley)* • Fahrbahn *f*; Laufschiene *f*
overhead transmission line (OHTL) <energ.el> *(high voltage, open wire suspended by poles or towers)* • Freileitung *f*; Überlandleitung *f ugs*; Hochspannungsleitung *f ugs*; Starkstromfreileitung *f ugs*
overhead transmission line system <energ.el> • Freileitungsnetz *n*
overhead transmission tower <energ.el> *(of overhead transmission lines; usu. steel lattice)* • Freileitungsmast *m*; Leitungsmast *m*
overhead transparency <docu> • Overheadfolie *f*; OHP-Folie *f prakt*; Folie *f ugs*; Overheadtransparent *n rar*; Klarsichtfolie *f rar*
overhead traveling crane (OET) <convey> • Brückenkran *m*
overhead valve (OHV) <mot> *(typical design)* • hängendes Ventil *n* (OHV); obenliegendes Ventil *n*; obengesteuertes Ventil *n*
overhead valve engine <mvhcl.mot> *(four-stroke engine with the poppet valves in the cylinder head)* • obengesteuerter Motor *m*; kopfgesteuerter Motor *m*; OHV-Motor *m prakt*
overheat *vi* <tech.gen> *(e.g. machinery, motors, bearings)* • überhitzen *vi*
overheat *vt* <hvac> *(e.g. a home, office)* • überheizen *vt*
overhung impeller <convey> *(pump)* • fliegend angeordnetes Laufrad *n*; fliegend gelagertes Laufrad *n*
overinflated tire *US* <mvhcl> • Reifen mit zu hohem Luftdruck *m*
overinflation <vhcl> *(of tires)* • Reifenüberdruck *m*
overlap <tech.gen> *(of processes, objects)* • Überlappung *f*
overlap <build> *(e.g. of roof tiles, slates etc.)* • Überdeckung *f*; Überlappung *f ugs*
overlap <mvhcl.qualit> *(offset crash test; e.g. 40 %)* • Überdeckung *f*
overlap *vi* <mech.eng> *(sheets etc. at joints)* • überlappen *vr*; überdecken *vr rar*; überlagern *vr*
overlay <srfc.wood> *(on particle board)* • Dekorfolie *f*; Dekorationsfolie *f*
overload <tech.gen> *(condition)* • Überbeanspruchung *f*; Überlastung *f*
overload <tech.gen> *(mechanical, electric)* • Überlast *f*
overload *vt* <vhcl> • überladen *vt*; überbeladen *vt*
overload circuit breaker <el> • Überlastschalter *m*; Überlastausschalter *m*
overload indicator <i&c> *(e.g in elevators)* • Überlastanzeige *f*
overloading <tech.gen> *(process)* • Überbeanspruchung *f*; Überlastung *f*
overload protected <el> • überlastgeschützt; überlastfest
overload protection <tech.gen> • Überlastsicherung *f*
overload release <tech.gen> • Maximalauslöser *m*
overnight ferry <nav> • Nachtfähre *f*
overpack <pack> • Umverpackung *f* *DIN 55405*
overpass *US* <build.traff> *(bridge)* • Überführung *f*
overpass bridge <traff> • Straßenüberführung *f*
over-plaster installation <build> *(e.g. of plumbing, power lines, outlets)*

• Aufputzinstallation *f*

overpressure *<tech.gen>* • Überdruck *m*

overrich mixture *<mot>* • Gemisch *n*: zu fettes ~

override *<aerosp> (of the autopilot by the pilot)* • Eingriff *m*

override *vi <tech.gen> (usu. undesirable; e.g. car on car in an accident)* • aufklettern *vi*

override *vi <railw> (wheel flange on rail)* • aufklettern *vi*

override *vt <i&c> (automatic processes, controls)* • eingreifen *vi*

override button *<el> (to deactivate a function; e.g. for ESP)* • Ausschalttaste *f*; Deaktivierungstaste *f*; Ausschaltknopf *m ugs*

override switch *<el>* • Überbrückungsschalter *m*

overrun control valve *<mvhcl> (turbocharger; reduces turbo lag)* • Abblaseventil *n*

overshoot *<i&c>* • Regelbereichsüberschreitung *f*

overshoot *vi <tech.gen>* • überlaufen *vi*

overshoot *vi <tech.gen> (e.g. signal, pointer)* • überschwingen *vi*

overshot *<energ> (water wheel)* • überschlächtig

overshot water wheel *<energ.hydr>* • oberschlächtiges Wasserrad *n*

oversize *<tech.gen>* • Übermaß *n*

oversize *vt <tech.gen>* • überdimensionieren *vt*

oversize material *ISO 2395 <mat> (e.g. sieving)* • Überkorn *n DIN ISO 2395*

oversize piston *<mvhcl.mot>* • Übermaßkolben *m*

overspeed *<tech.gen> (of shafts, engines)* • Überdrehzahl *f*

overspeed control *<energ.wind>* • Sturmsicherung *f*; Überdrehzahlschutz *m*

overspeed limiter *<i&c> (gen.; mech. or electr.)* • Drehzahlbegrenzer *m*

oversteer *vi <mvhcl>* • übersteuern *vi*

overstress *<mech> (condition; mech. overload)* • Überbeanspruchung *f*; Überlastung *f*

overstressing *<mech> (process; mech. overload)* • Überbeanspruchung *f*; Überlastung *f*

overstretch *vt <mat> (e.g. metal, fabric)* • überdehnen *vt*

overtaking acceleration *<mvhcl> (of a car, engine; e.g. sec. measured 80 - 100 km/h in top gear)* • Elastizität *f*

overtension *vt <tech.gen> (e.g. belt, chain, rope, fabric)* • überdehnen *vt*; überspannen *vt*

overtighten *vt <tech.gen> (e.g. rubber band, chain, belt)* • anziehen *vt*: zu straff ~

overtighten *vt <join> (e.g. screw, nut)* • überdrehen *vt*

overtone *<acoust> (of a fundamental)* • Oberschwingung *f*; Oberton *m*

overt safety feature *<jur.econ> (anti conterfeiting and piracy; e.g. non--destructive decals)* • sichtbares Sicherheitsmerkmal *n*; First-Level--Fälschungsschutz *m*

overturn *vi/vt <tech.gen> (e.g. car, racking)* • umkippen *vi/vt*; kippen *vi/vt*

overuse *<tech.gen> (resulting in overload)* • Überbeanspruchung *f*

overvoltage *<el>* • Überspannung *f*

overvoltage-protected *<el>* • überspannungsgeschützt

overvoltage protection (OVP) *<el>* • Überspannungsschutz *m*; Transientenschutz *m*

overwrite *vt <comp> (data)* • überschreiben *vt*

ovoid *<tech.gen> (shape)* • oval; eiförmig *ugs.rar*

ovonic memory *<comp> (acc. to Ovshinsky)* • Ovonic-Speicher *m*

owner *<jur> (somebody who actually owns sth, i. e. has the title of property)* • Eigentümer *m*

owner *<jur> (of a patent)* • Inhaber *m*

owner's manual *<docu.mvhcl> (of cars and trucks)* • Betriebsanleitung *f*

oxalic acid *<chem> (oxalicum acidum)* • Oxalsäure *f*

oxidation resistance *<qualit.mat>* • Oxidationsbeständigkeit *f*

oxidative stability *<tribo>* • Oxidationsbeständigkeit *f*; Oxidationsstabilität *f*; oxidative Stabilität *f*

oxide ceramics *<silic>* • Oxidkeramik *f*

oxide film *<srfc> (e.g. on aluminum)* • Oxidbelag *m*; Oxidfilm *m*; Oxidhaut *f*; Oxidschicht *f*

oxide formation *<chem>* • Oxidbildung *f*
oxidize *vi <chem>* • oxidieren *vi*
oxidize *vt <chem.proc>* • oxidieren *vt*
oxidizer *<aerosp> (rocket propulsion)* • Sauerstoffträger *m*
oxidizing catalytic converter *<mvhcl>* • Oxidationskatalysator *m*; Zweiweg--Katalysator *m wiss.did*; Zweiwege--Katalysator *m*; Oxikat *m prakt*
oxidizing flame *<join> (gas welding; excess oxygen)* • oxidierende Flamme *f*
oxidizing zone *<chem>* • Oxidationszone *f*
oxyacetylene cutting *<join>* • Acetylen--Sauerstoff-Brennschneiden *n*; Acetylenbrennschneiden *n*
oxyacetylene cutting torch *<join>* • Acetylen-Sauerstoff-Schneidbrenner *m*
oxy-acetylene welding *ISO 4063 <join> (typical gas welding process)* • Gasschweißen mit Sauerstoff--Acetylen-Flamme *n DIN EN ISO 4063*; Acetylen-Sauerstoff-Schweißen *n*
oxyacetylene welding torch *<join>* • Acetylen-Sauerstoff--Schweißbrenner *m*
oxyfuel gas cutting (OFC) *<prod>* • Brennschneiden *n DIN 8522*; autogenes Brennschneiden *n*; Sauerstoffschneiden *n*; autogenes Schneiden *n*; Gasbrennschneiden *n*
oxy-fuel gas flame spraying *<srfc> (metal spraying)* • Flammspritzen *n*
oxy-fuel gas welding (OFW) *<join> (usu. oxyacetylene welding)* • Gasschweißen *n DIN 8522*; Gasschmelzschweißen *n DIN 1910*; Autogenschweißen *n prakt*; Gasschweißen mit Sauerstoff--Brenngas-Flamme *n form*
oxyfuel gas welding equipment *<join>* • Gasschweißanlage *f*
oxygen (O) *<chem>* • Sauerstoff *m* (O)
oxygen access *<tech.gen>* • Sauerstoffzutritt *m*
oxygenate *vt <chem>* • Sauerstoff *m*: mit ~ anreichern *vt*
oxygenation *<proc>* • Anreicherung mit Sauerstoff *f*
oxygen breathing apparatus *<med.tech>* • Sauerstoffatemgerät *n*
oxygen content *<gen>* • Sauerstoffgehalt *m*
oxygen cylinder *<tech.gen> (any size; e.g. for welding, breathing)* • Sauerstoffflasche *f*
oxygen deficiency *<comb> (e.g. in combustion processes, car engines)* • Sauerstoffmangel *m*; Luftmangel *m ugs*
oxygen-deficient *<tech.gen> (e.g. atmosphere)* • sauerstoffarm
oxygen-enriched *<chem>* • sauerstoffangereichert
oxygen-free *<tech.gen> (stress on: no oxygen at all)* • sauerstofffrei
oxygen-free atmosphere *<tech.gen>* • sauerstofffreie Zone *f*
oxygen lance *<metal> (e.g. for L-D process)* • Blaslanze *f*
oxygen mask *<aerosp.safe>* • Sauerstoffmaske *f*; Atemmaske *f*
oxygen mask *<aerosp.safe>* • Sauerstoffmaske *f*; Atemmaske *f*
oxygen refining *<metal>* • Sauerstofffrischen *n*
oxygen regulator *<tech.gen>* • Sauerstoffdruckminderer *m*
oxygen sensor *<i&c> (gen.; e.g. a lambda probe)* • Sauerstoff-Sensor *m*; Sauerstoffsensor *m*; O_2-Sensor *m*
oxygen sensor (OXS) *<mvhcl.emiss> (for catalytic converter)* • Lambda--Sonde *f*; Abgas-Restsauerstoff--Sensor *m form*; Sauerstoffmess--Sonde *f*; Sauerstoffmessfühler *m*; Sauerstoffsensor *m*
oxygen unit *BS EN 12312-18 <comvhcl.aerospa>* • Sauerstoffgerät *n DIN EN 12312-18*
oxyhydrogen gas *<chem> (battery)* • Knallgas *n*
ozone depletion *<eccl>* • Ozonloch *n*
ozone filter *<print> (e g. of copy machine, laser printer)* • Ozonfilter *m*
ozonization *<food> (e.g. to disinfect water)* • Ozonbehandlung *f*

P

pack *ISO/WD 21076 <pack> (product+package)* • Packung *f DIN 55 405*; Gebinde *n*

pack *vt <build> (mortar, concrete)* • verdichten *vt*

pack *vt <mech.eng> (e.g. with sealing material)* • stopfen *vt*

pack *vt <pps> (a gland seal)* • abdichten *vt*

pack *vt <railw>* • stopfen *vt*

package *<ic> (of chips, ICs)* • Gehäuse *n*

package *<pack> (container or covering for a product; e.g. box, wrapping)* • Packmittel *n*

package *<pack> (entirety of items used for packaging; e.g. wrapping and tape)* • Verpackung *f DIN 55405*

package contents *<econ>* • Lieferumfang *m*

package unit *<pack.logist>* • Kollo *n pl*: Kolli; Packungseinheit *f*; Verpackungseinheit *f*; Frachtstück *n*

packaging *<el> (sealing of electr. devices)* • Kapselung *f*

packaging *<pack> (process)* • Verpackung *f DIN 55405*

packaging line *<pack>* • Packstraße *f*; Verpackungsstraße *f*

packaging material *<pack> (e.g. wrapping paper, sheeting, carton)* • Verpackungsmaterial *n*; Packmaterial *n rar*; Einpackmittel *npl rar*

packet *<tech.gen> (e.g. of data, metal sheets)* • Paket *n*

packing *<pps> (of a gland seal)* • Packung *f*; Packungsdichtung *f*

packing density *<tech.gen>* • Packdichte *f*

packing density [of microcircuitry] *<el>* • Bauelementdichte *f*

packing material *<build> (filler; e.g. for cavities)* • Füllmaterial *n*

packing station *<pack>* • Packstation *f*

pad *<build>* • Platte *f*

pad *<garm> (e.g. on shoulders)* • Polster *n*

pad *vt <tech.gen> (bolster)* • unterlegen *vt*

pad *vt <build> (with filler, shims etc.)* • ausfüttern *vt*

pad *vt <pack> (shipping box etc., with filler material)* • auffüllen *vt*

padded *<tech.gen> (e.g. for impact protection; e.g. dash panel, roll bar, garments)* • gepolstert

padded mailing bag *<pack>* • Polsterversandtasche *f*

padding *<tech.gen> (e.g. for comfort, protection)* • Polsterung *f*; Polster *n*

padding *<mvhcl.int> (to increase passive safety; e.g. on instrument panel)* • Polsterung *f*; Polster *n prakt*; Aufpolsterung *f rar*; Padding *n jarg*

padding *<pack> (process of adding filler; e.g. into shipping boxes)* • Auffüllen *n*

padding machine *<textil.prod> (for mech. finishing)* • Foulard *m*; Foulardiermaschine *f*; Paddingmaschine *f*; Klotzmaschine *f*; Breitfärbemaschine *f*

paddle *<tech.gen> (for canoe, kayak, mixing, stirring)* • Paddel *n*

paddle *<proc> (in agitator, mixer)* • Flügel *m*; Schaufelblatt *n*; Mischerarm *m*; Schaufel *f*

paddock *<agri>* • Koppel *f*

pad foundation *<build>* • Einzelgründung *f*; Einzelfundament *n*

pad sander *<tool> (rectancular base, oscillating; for grinding/sanding)* • Schwingschleifer *m*; Rutscher *m prakt*

page *<print> (gen.; any printed page)* • Blatt *n*

page *vt <comp>* • blättern *vt*

page header *ISO/IEC 2382-23 <print>* • Kopfzeile *f ISO/IEC 2382-23*

page printer *<comp.print> (e.g. a laser printer)* • Seitendrucker *m*

pager *<tele> (e.g. for nursing staff)* • Funkmeldeempfänger *m* (FME); Funkrufempfänger *m*; Rufempfänger *m*; Piepser *m prakt*; Pager *m*

page size *<comp.print>* • Seitenformat *n*

paging system *<tele>* • Personenrufanlage *f*

pail *ISO/WD 21076 <pack>* • Eimer *m DIN 55 405*; Henkeleimer *m ugs*

paint *<srfc> (result of painting process; material on substrate)* • Farbauftrag *m*; Farbe *f*

paint <srfc.mat> *(enamel-type painting material; usu. in cans)* • Lack *m DIN 55 945*; Lackfarbe *f*

paint *vt* <srfc> *(with brush)* • anstreichen *vt*

paint *vt* <srfc> *(using spraying techniques)* • lackieren *vt*; spritzen *vt prakt*

paint *vt* <srfc> *(using a paintbrush or roller; e.g. a house)* • streichen *vt*

paint and plastics industry <tech.gen> • Farben- und Kunststoffindustrie *f*

paint booth <srfc> • Lackierkabine *f*

paintbrush <tool> *(with soft bristles, for painting)* • Pinsel *m*

paint coat <srfc> *(result of painting; applied with brush or roller; e.g. on a wall)* • Anstrich *m*; Farbanstrich *m*

paint coat <srfc> *(layer, film; no enamel; e.g. on walls, furniture, paintings)* • Farbschicht *f*

paint coat <srfc> *(layer of enamel, lacquer; hard, usu. glossy and sprayed; e.g. on cars)* • Lackschicht *f*

paint coating <srfc> *(enamel-type finish; e.g. of cars)* • Lackierung *f*; Lack *m ugs*

paint cup <srfc.tool> *(airbrush)* • Farbnapf *m*; Farbreservoir *n*; Farbbehälter *m*

painting <srfc> • Farbanstrich *m*

painting <srfc> *(process)* • Farbauftrag *m*

painting line <srfc> • Lackierstraße *f*

painting plant <srfc> • Lackieranlage *f*

paint remover <srfc> • Farbentferner *m*

paint roller <srfc.tool> • Farbroller *m*

paint scheme *US* <comvhcl> *(of buses, trains)* • Farbgebung *f :V*

paint-scraper <srfc.tool> *(straight blade edge)* • Spachtel *m*

paint shop <mvhcl> *(separate, usually near a body repair shop)* • Autolackiererei *f*; Lackiererei *f prakt.ugs*; Lackierwerk *n CH*

paint shop <srfc> • Lackiererei *f*

paint system <srfc> • Anstrichaufbau *m norm*; Anstrichsystem *n norm*

paint thinner <srfc> • Farbverdünner *m*

paint vehicle <srfc> • Farbbindemittel *n*

paintwork <mvhcl.srfc> *(of a car)* • Autolackierung *f*

paintwork choice <mvhcl> • Farbenpalette *f*

paintwork defect <srfc> • Lackierfehler *m*

pair: arranged in ~s <tech.gen> • paarweise angeordnet

pair <el> *(of conductors; e.g. in twisted--pair cable)* • Adernpaar *n*

pairing <tech.gen> • Paarung *f*

pair sciff <nav.sport> • Doppelzweier *m*

pale <srfc> *(color, shade; e.g. skin)* • blass; bleich; hell

palette <art.tool> *(for mixing of colors)* • Palette *f*

palladium (Pd) <chem> • Palladium *n* (Pd)

pallet *ISO 445* <logist> *(big; handled with forklift truck)* • Palette *f ISO 445*

pallet <prod> *(small; for work transfer between machining centers)* • Palette *f*; Werkstückträger *m*

palletize *vt* <prod> • palettieren *vt*

pallet lift truck <convey> • Palettenhubwagen *m*

pallet rack <logist> • Palettenregal *n*

palm <bio> • Handfläche *f*

palm kernel oil <tech.gen> *(as well for use in food)* • Palmkernöl *n*; Palmöl *n*

pan <gastr> *(cookware)* • Pfanne *f*

pan <geo> *(e.g. Etosha ~)* • Pfanne *f*; Trockensee *m*

Panamax <nav> *(ship category; width < 32.25 m)* • Panamax

pane <build> *(installed window pane)* • Fensterscheibe *f*; eingesetzte Glasscheibe *f*

pane <silic> *(window glass, not installed)* • Scheibe *f*

panel <tech.gen> *(filler between structural members of a framework)* • Fach *n*

panel <build> *(door leaf)* • Ausfachung *f*; Füllung *f*; Panel *n*

panel <build> *(truss; span betw. adjacent points of intersection of members)* • Feld *n*

panel <build> • Platte *f*

panel <comp> *(of flat display; LCD, TFT etc.)* • Bildschirm *m*

panel <mvhcl.int> *(plastic molding; e.g. interior trim of doors)* • Verkleidung *f*

panel <nav> • Planke *f*

panel <textil> *(of fabric; e.g. for sails, paragliders, curtains)* • Bahn *f*

panel board <build.mat> • Hartpappe *f*

panel ceiling <build.int> *(suspended or*

lined ceiling; usu. wood, metal or plastic panels) • Paneeldecke *f*; vertäfelte Decke *f*; Decke mit Vertäfelung *f*; getäfelte Decke *f*

panel heater *<hvac>* • Flächenheizkörper *m*

paneling *<comvhcl> (of truck body sides)* • Beplankung *f*

paneling *US <int> (trim)* • Verkleidung *f*

panel-to-panel joint *<join>* • Naht *f*

panel van *<comvhcl> (transporter)* • Kastenwagen *m*; Lieferwagen *m ugs*

panel with varying thickness *<prod> (tailored blank)* • Blech mit unterschiedlicher Blechdickenabstufung *n*

pan head *<join>* • Flachkopf *m DIN ISO 1891*

panhead rivet *<join>* • Flachrundniet *m*

pan head screw *<join>* • Flachkopfschraube *f*

panic braking *<mvhcl.brake> (typ. emergency braking; usu. not helpful)* • Schreckbremsung *f*; Panikbremsung *f*

panic release *:V <build> (of door locks)* • Panikentriegelung *f*

panning *<phot> (e.g. of laterally moving objects)* • Mitziehen *n*

panoramic picture *<phot>* • Panorama-Foto *n*

pantagraph *<vhcl> (bicycle rear derailleur; note the different German/English spelling)* • Pantograph *m*

pantile *<build.mat> (roof tile with nib and mitred corners)* • Dachpfanne *f*; Hohlpfanne *f*; Holländische Pfanne *f*; Hannoversche Pfanne *f*; S-Pfanne *f*

pantograph *<railw.el> (roof-mounted current collector on top of locomotive or car)* • Stromabnehmer *m*; Fahrleitungsstromabnehmer *m*; Dachstromabnehmer *m*; Pantograph *m*; Bügel *m prakt*

pantry *<nav>* • Pantry *f*

pantry *<nav>* • Pantry *f*

pantsuit *<garm>* • Hosenanzug *m*

paper *<pap>* • Papier *n*

paperback *<print>* • broschiert

paperboard *<pap> (200-600 g/m^2 material, usu. of high quality)* • Karton *m DIN 55405*

paperboard *<pap> (> 600 g/m^2; usu. brownish, grey; usu. for boxes)* • Pappe *f DIN 6730*

paperboard packaging *<pack>* • Kartonage *f*

paper dunnage *<pack> (for box void fill)* • Polster- und Füllmaterial aus Papier *n*; Füllmaterial aus Papier *n*

paper feed key *<print>* • Papiereinzugstaste *f*

paper grade *<pap>* • Papiersorte *f*; Papierart *f*

paper guide *<print> (lateral; part of paper support)* • Papierführung *f*; Papieranlage *f*

paper jam *<print>* • Papierstau *m*; Stopfer *m*; Wickler *m*

paperless *<gen>* • papierlos

paper mill *<pap>* • Papierfabrik *f*

paper pulp *<pap.prod> (ground up, moistened cellulose material)* • Papierbrei *m*; Papiermasse *f*; Pulpe *f*; Papierzellstoff *m*

paper roll *<pap> (gen.; e.g. for printing calculator)* • Papierrolle *f*

paper roll *<print> (paper coil for printing works; ca. 1.5 tons)* • Papierrolle *f*

paper spoilage *<print> (in terms of spoilt sheets per run; should be as low as possible)* • Makulaturwert *m*; Ausschussanteil *m ugs*

paper spoilage *<print.waste>* • Makulatur *f*; Fehldruck *m*; Ausschuss *m ugs*

paper stack *<tech.gen>* • Papierstapel *m*

parabolic arch *<build> (similar to a catenary)* • Parabelbogen *m*

parabolic flight *<aerosp> (e.g. for zero-gravity testing)* • Parabelflug *m*

parabolic reflector *<energ.sol>* • Parabolreflektor *m*

parabolic reflector *<opt> (e.g. for spotlights, headlamps, solar systems)* • Parabolspiegel *m*; parabolförmiger Reflektor *m*

parabolic reflector antenna *US <tech.gen> (e.g. radio relay system, radar, astrophysics)* • Parabolantenne *f*; Parabolspiegelantenne *f*

parabolic trough collector (PTC) *<energ.sol> (line-focus collector)* • Parabolrinnenkollektor *m*; Parabolrinnen-Konzentrator *m*

parabolic truss *<build> (e.g. bridge)* • Parabelfachwerk *n*

parachute *<aerosp>* • Fallschirm *m*

parachute *vi <aerosp>* • abspringen *vi*

parachute canopy *<aerosp>* • Fallschirmkappe *f*

parachute release cord *<aerosp>* • Fallschirmreißleine *f*

paraffin oil *<chem.petr>* • Paraffin *n*; Paraffinöl *n*

paraffin wax *<chem>* • festes Paraffin *n*

paraffin wax *<chem.petr>* • Paraffin *n*

paraglider *<aerosp>* • Gleitschirm *m*; Paragleiter *m A*; Teebeutel *m jarg*

paragraph *<docu> (in text)* • Absatz *m*

paragraph mark *<print>* • Absatzzeichen *n*

parallax correction *<opt>* • Parallaxenausgleich *m*

parallel: connected in ~ *<tech.gen> (e.g. devices in electric circuit, piping system)* • parallelgeschaltet; nebeneinandergeschaltet *rar*; parallel geschaltet

parallel *adj <tech.gen> (e.g. geometrical, simultaneous)* • parallel

parallel access *<tech.gen>* • Parallelzugriff *m*

parallel bars *pl <sport> (artistic gymnastics)* • Barren *m*; Parallelbarren *m A.CH*; Stützbarren *m obs*; Männerbarren *m werb*

parallel computer *<comp>* • Parallelrechner *m*

parallel connection *<tech.gen> (e.g. pumps, turbines, electronic components)* • Parallelschaltung *f*

parallel flow *<tech.gen>* • Parallelstrom *m*

parallel-flow heat exchanger *<proc>* • Gleichstromwärmetauscher *m*

parallel guide *<mech.eng> (e.g. tool, workpiece, crane bridge)* • Parallelführung *f*

parallelism *<mvhcl.brake> (brake discs)* • Parallelität *f*

parallel key *<join> (connects shaft and hub)* • Passfeder *f DIN 6885*

parallel misalignment *<tech.gen> (e.g. of pipes, shafts)* • seitlicher Versatz *m*; Radialversatz *m*

parallel mode *<tech.gen> (e.g. computers)* • Simultanbetrieb *m*

parallelogram linkage *<tech.gen>* • Parallelogrammführung *f*

parallelogram of forces *<mech>* • Parallelogramm der Kräfte *n*; Kräfteparallelogramm *n*

parallel operation *<tech.gen> (e.g. of engines, turbines, conveyor systems)* • Parallelbetrieb *m*

parallel port *<comp.print> (acc. to IEEE 1284; formerly mainly used for printers)* • Parallelport *m*; parallele Schnittstelle *f*; Parallelschnittstelle *f*

parallel printer *<comp>* • Paralleldrucker *m*

parallel projection *ISO 10209-2 <docu.opt> (e.g. techn. drawing, map)* • Parallelprojektion *f DIN ISO 10209-2*

parallel shift *<tech.gen>* • Parallelverschiebung *f*

paramagnetic material *<mat>* • paramagnetischer Stoff *m*; Paramagnetikum *n*

parameter *<tech.gen> (for decisions, estimates, processes)* • Parameter *m*; Bestimmungsgröße *f*

parameter *<tech.gen> (gen.)* • Parameter *m*

parameter adjustment *<tech.gen> (e.g. electronics, quality assurance)* • Parameteranpassung *f*

parameter optimization *<tech.gen> (e.g. mathematics, process control)* • parametrische Optimierung *f*

parametrize *vt <gen>* • festlegen *vt*

parapet *<build> (e.g. on either side of a bridge)* • Brüstung *f*; Parapette *f A*

parapet wall *<build> (flat roof)* • Attika *f*

parasitic *<bio>* • parasitär

parasitic current *<el>* • parasitärer Strom *m*; Fremdstrom *m*

parasitic noise *<acoust.tele>* • Störgeräusch *n*

parasol *GB <gen>* • Sonnenschirm *m*

parasol base *GB <gen>* • Schirmständer *m*

parasol cover *GB <gen>* • Schutzhülle für Sonnenschirm *f*; Schirmhülle *f*

parcel goods *<logist>* • Stückgut *n*

parchment *<mat> (gen.; made from calf, goat or sheep skin)* • Pergament *n*

pare *vt <tech.gen>* • schälen *vt*

parent-and-child compartment *<railw>* • Kleinkindabteil *n*

parenthesis *<print> (in text)* • Klammer *f*

parent material *<mat>* • Grundwerkstoff *m*; Grundmaterial *n*

parent substance *<prod> (a body,*

piece) • Grundkörper *m*

parity *<tech.gen>* • Parität *f*

parity bit *<comp>* • Paritätsbit *n*; Prüfbit *n*; Kontrollbit *n*

parity check *<comp>* • Paritätsprüfung *f*; Paritätskontrolle *f*; Paritätscodierung *f*; Parity-Überwachung *f*; Ungerade--gerade-Prüfung *f*

parity error *<comp>* • Paritätsfehler *m*

park *vt <gen> (store, place sth. temporarily)* • parken *vt*

park *vt <tech.gen> (e.g. car, bike, shipment, workpiece)* • abstellen *vt*

parking aid *<mvhcl.i&c> (usu. ultrasonic)* • Einparkhilfe *f*; Parkhilfe *f prakt.ugs*; Parkdistanzkontrolle *f*; elektronische Parkhilfe *f*; Rangierabstand-Sensorsystem *n form.rar*

parking assist system (PTS) *<mvhcl> (system maneuvers vehicle)* • Parkassistent *m*; Parklenkassistent *m*; Einparkassistent *m*

parking brake *IEV 415 <energ.wind> (for rotors)* • Feststellbremse *f IEV 415*

parking brake *<mvhcl.brake> (hand or foot operation with pedal or lever, or el. automatic)* • Feststellbremse *f*; Parkbremse *f BMW*; Handbremse *f ugs.obs*

parking deck *<build>* • Parkdeck *n*

parking lane *<build.traff>* • Parkstreifen *m*

parking light *<mvhcl.el> (stress on: light; lamps on both sides)* • Standlicht *n*

parking lock (PL) *<mvhcl.drive> (automatic transmission)* • Parksperre *f*

parking lot *US <traff> (on ground level only, outdoors)* • Parkplatz *m*

parking orbit *<aerosp> (e.g. starting line for interplanetary/interstellar flights)* • Parkbahn *f*; Parkorbit *m*

parking space *<traff> (for one car)* • Parkplatz *m*; Abstellplatz *m*; Stellplatz *m*

park/neutral safety switch *<mvhcl>* • Anlasssperrschalter *m*; Park/Leerlauf-Sicherheitsschalter *m*

parkway *<build.traff>* • Fernverkehrsschnellstraße *f :V*; Lkw--freie Fernverkehrsschnellstraße *f :V*; Parkway *m*

part *<gen> (concrete or abstract)* • Teil *m*

part *vi <min>* • ablösen *vr*

part feeder *<prod>* • Zuführeinrichtung *f*

partial coherence *<gen>* • Teilkohärenz *f*

partial decarburization *<metal>* • Abkohlung *f DIN 17014*

partial failure *<qualit>* • Teilausfall *m*

partial-flow filter *<proc> (gen.)* • Nebenstromfilter *n*

partial load *<tech.gen>* • Teillast *f*

partial respray *<srfc>* • Teillackierung *f*

Partial Zero Emission Vehicle (PZEV) *<vhcl.emiss>* • Fahrzeug nach PZEV--Standard *n*

particle *<emiss> (usu. suspended; e.g. dust, diesel exhaust p.)* • Teilchen *n*

particle *<mat> (grain-sized)* • Korn *n*

particle *<phys> (e.g. charged, uncharged)* • Teilchen *n*

particle accelerator *<phys> (e.g. CERN)* • Teilchenbeschleuniger *m*

particle metallurgy *DIN ISO 3252 <metal>* • Pulvermetallurgie *f DIN 30900*; Sintermetallurgie *f*

particle size *<tech.gen> (of loose or suspended particulate matter; e.g. sand, dust)* • Korngröße *f*; Teilchengröße *f*; Partikelgröße *f*

particle size *VDI4640 <geo>* • Korngröße *f VDI4640*; Körnigkeit *f*

particle-size analysis *ISO 2395 <tech.gen>* • Korngrößenanalyse *f DIN ISO 2395*

particle size fraction *<proc> (e.g. of aggregates, suspended matter, dust)* • Korngrößenfraktion *f*; Korngrößenstufe *f*; Teilchengrößenfraktion *f*; Kornklasse *f*

particle trajectory *<phys>* • Teilchenflugbahn *f*

particulate collector *<proc> (for dust, suspended solids in gases, liquids)* • Partikelfilter *m/n*; Partikelabscheider *m*; Feststoffabscheider *m rar*

particulate emissions *pl <mvhcl.emiss> (gen.)* • Partikelemissionen *fpl*

particulate emissions *pl <mvhcl.emiss> (emissions of diesel exhaust)* • Rußemissionen *fpl*

particulate matter (PM) *<emiss> (soot in emissions; typ. in off-gas of heating* *plants, diesel exhaust)* • Ruß *m*

parting line *<plast>* • Werkzeugtrennfläche *f norm*; Werkzeugtrennebene *f*; Trennfläche *f*; Trennebene *f*; Werkzeugteilungsebene *f*

parting line *<prod> (of molds)* • Naht *f*

parting-off and recessing tool *<tool>* • Abstech- und Einstechmeißel *m*

parting plane *<prod> (e.g. mold)* • Teilebene *f*

partition *<tech.gen> (in cabinets, racks; e.g. for modules, components, stored items)* • Fach *n*

partition *<tech.gen> (vertical; any type of wall-like divider)* • Trennwand *f*

partition *<build> (wall, not structural)* • Zwischenwand *f*

partition *<comp> (on hard disks)* • Partition *f*

partition *vt <tech.gen> (spaces)* • teilen *vt*

partition *vt <build> (spaces)* • abteilen *vt*

partition *vt <comp> (hard disk)* • partitionieren *vt*; einteilen *vt*; aufteilen *vt*; unterteilen *vt*; untergliedern *vt rar*

partitioning *<gen> (e.g. into classes)* • Einteilung *f*

partition wall *<aerosp.int>* • Trennwand *f*

partition wall *<build>* • Scheidewand *f*; Zwischenwand *f*; Trennwand *f*

partitive relation *ISO 12620 <term>* • Bestandsbeziehung *f*

part-load operation *<tech.gen> (of systems and components; e.g. of a motor, pump, turbine)* • Teillastbetrieb *m*

partly automatic *<tech.gen> (e.g. manufacturing)* • teilautomatisch

part number (PN) *<logist> (e.g. of spare parts; e.g. in catalogs)* • Teilenummer *f* (TN); Artikelnummer *f*; AN *f*

part off *vt <prod> (mech., usu. forcibly; e.g. with tool)* • abtrennen *vt*

part [off] *vt <mech>* • abteilen *vt*

part of speech *<term>* • Wortart *f*

part of speech *<term> (e.g. noun, verb, adjective)* • Wortklasse *f*

parts by weight (pbw) *<tech.gen>* • Gewichtsanteil *m* (GWT)

parts catalog *US <docu>* • Ersatzteilkatalog *m*

part section *<docu> (techn. drawing)* • Teilschnitt *m*

parts per million (ppm) *<tech.gen> (e.g. environmental pollution)* • parts per million (ppm)

parts placement diagram *<docu.mech.eng>* • Lageplan *m*

parts warehouse *<logist>* • Teilelager *n*

part-throttle operation *<mvhcl> (driving without full throttle application)* • Teillastbetrieb *m*

part-time four-wheel drive *<mvhcl.drive> (not permanent, can be switched off)* • manuell zuschaltbarer Allradantrieb *m*

part to be turned *<prod>* • Drehteil *n*

part view of symmetrical parts *<docu>* • Teilansicht symmetrischer Gegenstände *f*

party tent *<gen>* • Partyzelt *n*

pascal *<phys> (SI unit of pressure: 1 N/square meter)* • Pascal *n DIN 1301*

pass *<join> (weld bead)* • Lage *f*

pass *<prod> (over a work piece; e.g. one weld bead, one cut)* • Arbeitsgang *m*

pass *<prod> (working step, stroke, cycle)* • Durchgang *m*; Durchlauf *m*

pass *vi <tech.gen> (through an aperture)* • durchgehen *vi*

pass *vt <gen> (gas, liquid, application)* • durchlassen *vt*

pass *vt <tech.gen> (e.g. liquid, gas)* • durchtreten *vt*

pass *vt <traff> (another vehicle)* • überholen *vt*

passable *<traff> (road, trail; for certain vehicles; e.g. for ordinary sedans)* • befahrbar

passable *<traff> (e.g. way, entrance)* • begehbar

passable manhole cover *<build>* • befahrbare Schachtabdeckung *f*

passage *<tech.gen> (process; penetration through a barrier)* • Durchtritt *m*

passage *<tech.gen> (duct, enclosed passageway)* • Kanal *m*

passage *<el> (el. current)* • Durchfluss *m*

passage *<traff> (act of passing through)* • Durchfahrt *f*

passageway *<traff> (e.g. arcade)* • Durchgang *m*

passenger *<aerosp>* • Passagier *m* (PAX) *DIN EN 1915-1*; Fluggast *m form*; Pax *m; pl*: Paxe *prakt*; Flugreisender *m*
passenger *<mvhcl> (on bike; male)* • Beifahrer *m*; Sozius *m*; Mitfahrer *m*
passenger *<nav>* • Passagier *m*
passenger *<traff>* • Fahrgast *m*; Passagier *m*
passenger air bag (PAB) *<mvhcl.safe>* • Beifahrerairbag *m*; Beifahrer-Airbag *m*; Airbag auf der Beifahrerseite *m form*
passenger airplane *US <aerosp>* • Verkehrsflugzeug *n*; Passagierflugzeug *n*; Airliner *m*
passenger area *<aerosp>* • Passagierbereich *m*
passenger boarding bridge (PBB) *BS EN 12312-4 <aerosp> (enclosed walkway)* • Fluggastbrücke *f DIN EN 12312-4*; Passagierbrücke *f*; Fingerdock *n*
passenger cabin *pract <aerosp.int>* • Passagierkabine *f*; Kabine *f prakt*; Fluggastraum *m form*
passenger capacity *<vhcl> (bus, train)* • Fahrgastkapazität *f*; Beförderungskapazität *f*; Aufnahmekapazität *f*; Transportkapazität *f*
passenger car *US <railw>* • Personenwagen *m*; Reisezugwagen *m*; Wagen *m prakt*
passenger cell *<mvhcl>* • Fahrgastraum *m*
passenger compartment *<railw>* • Fahrgastabteil *n*; Zugabteil *n*
passenger deck *<nav>* • Fahrgastdeck *n*
passenger ferry *<nav>* • Passagierfähre *f*; Fahrgastfähre *f*
passenger information system (PIS) *<railw.av>* • Fahrgastinformationssystem *n* (FIS); Reisendeninformationssystem *n*
passenger launch *<nav>* • Fahrgastbarkasse *f*
passenger processing *sg <aerosp>* • Passagierabfertigung *fsg*; Fluggastabfertigung *fsg form*
passenger screening *<aerosp>* • Personenkontrolle *f*; Fluggastkontrolle *f*
passenger seat *<aerosp.int>* • Passagiersitz *m*
passenger service unit (PSU) *<aerosp.int>* • Passagierbedientafel *f* (PSU)
passenger ship *<nav>* • Passagierschiff *n*; Fahrgastschiff *n*
passenger side *<mvhcl>* • Beifahrerseite *f*
passenger steps *<aerosp>* • Fluggasttreppe *f DIN EN 12312-1*; Passagiertreppe *f*
passenger terminal *<aerosp>* • Fluggastgebäude *n*; Abfertigungsgebäude *n*; Terminalgebäude *n*; Terminal *n prakt.ugs*; Fluggastabfertigungsgebäude *n*
passenger train *<railw>* • Reisezug *m* (Rz); Personenzug *m obs*
passenger train *<railw>* • Personenzug *m*
passenger/vehicle ferry *<nav>* • Passagier- und Fahrzeugfähre *f*; Passagier/Fahrzeugfähre *f*; Fahrzeug- und Passagierfähre *f*; Fahrzeug/ Passagierfähre *f*
passes and reductions *<metal> (rolling mill)* • Kaliberfolge *f*
passing light lever *US <mvhcl.i&c>* • Lichthupenhebel *m*
passing lights *<mvhcl.el> (flashed as a warning signal, or for passing)* • Lichthupe *f*
passing noise *<mvhcl.emiss>* • Vorbeifahrgeräusch *n*
passing power *<vhcl>* • Überholreserve *f*
passing track *<railw> (for oncoming or faster trains)* • Ausweichgleis *n*
passivate *vt <srfc>* • passivieren *vt*; nachverdichten *vt*
passivation *ISO 8044 <srfc> (e.g. as corrosion protection or paint key)* • Passivierung *f DIN EN ISO 8044*; Nachverdichtung *f rar*; Oberflächen-Passivierung *f*; Oberflächenpassivierung *f*
passive device *<el>* • passives Bauelement *n*
passive house *<build>* • Passivhaus *n*
passive infrared motion detector (PIR) *<alarm>* • Passiv-Infrarot-Bewegungsmelder *m* (PIR); Passiv-

Infrarotmelder *m*; Infrarot--Bewegungsmelder *m*; Infrarotdetektor/-melder/-sensor *m*; passiver Infrarotmelder *m*

passively cooled *<tech.gen> (fan-free operation; e.g. low-power processor)* • passiv gekühlt

passive safety *<mvhcl.safe>* • passive Sicherheit *f*; passive Fahrzeugsicherheit *f*

passive yaw *<energ.wind>* • mechanische Windnachführung *f*; passive Windnachführung *f*

pass through *vi <proc>* • durchfallen *vi*

pass through *vt <tech.gen> (travel through sth.; e.g. workpiece through a machine)* • durchlaufen *vt*

pass through sluices *vt <nav>* • durchschleusen *vt*

pass-through station *<tech.gen>* • Durchgangsstation *f*

password *<comp> (for access to restricted areas)* • Kennwort *n*; Passwort *n*; Schlüsselwort *n*

password protection *<tech.gen>* • Kennwortschutz *m*; Passwortschutz *m*

paste *ASTM D 907-74 <join>* • Kleister *m DIN 16920*

paste *<silic>* • Masse *f*

paste *vt <join> (sth to sth)* • kleben *vt*

paste-like *<mat> (e.g. paint consistency)* • gelförmig

paste on *vt <join>* • aufkleben *vt*

pasteurize *vt <food.prod>* • pasteurisieren *vt*

patch *<comp> (software correction)* • Korrektur *f*; Patch *n ugs*

patch *vt <join> (covering up with adhesive labels, tape, patches etc.; e.g. targets)* • kleben *vt*; verkleben *vt*; abkleben *vt*

patch *vt <srfc.rep> (mend by adding a patch)* • flicken *vt*

patch cable *<comp> (LAN connection; RJ45, e.g. Cat 5)* • Patchkabel *n*

patent *vt <metal> (heat treatment for later cold forming)* • patentieren *vt*

patentable invention *<jur>* • patentfähige Erfindung *f*

patent application *<jur>* • Patentanmeldung *f*

patent leather *<garm.leath> (gloss finish)* • Lackleder *n*

patent office (Pat.Off.) *<jur>* • Patentamt *n* (PA)

patent specification *<jur>* • Patentschrift *f*

path *<tech.gen> (e.g. of leak current, fluid)* • Pfad *m*

path accuracy *<autom>* • Bahngenauigkeit *f*

path computation *<aerosp>* • Bahnberechnung *f*

pathogenic germs *pl <med>* • pathogene Keime *mpl*

path repeatability *<autom.qualit>* • Bahn-Wiederholgenauigkeit *f*

patient lift *<convey>* • Patientenlifter *m*; Personenlifter *m*

patinated surface *<srfc.wood>* • patinierte Oberfläche *f*

patio heater *<hvac>* • Heizpilz *m*; Heizstrahler *m*

patio set cover *<gen>* • Schutzhülle für Sitzgruppe *f*

pattern *<tech.gen> (on a surface; colors etc.)* • Muster *n*

pattern *<tech.gen> (e.g. of tire tread)* • Profil *n*

pattern *<tech.gen> (surface structure)* • Struktur *f*

pattern *<comp> (barcode)* • Muster *n*

pattern *<prod> (tooling shape, gauge)* • Form *f*

pattern *<textil>* • Dekor *m*

patterned *<srfc>* • gemustert

pattern etching *<srfc>* • Strukturätzen *n*

pattern evaluation test *DIN EN 61672 <tech.gen>* • Baumusterprüfung *f DIN EN 61672*

pattern-filling *<comp> (in dwgs.; e.g. hatching)* • Auffüllen mit Mustern *n*

patternmaking *<prod>* • Modellbau *m*

pattern recognition *<tech.gen>* • Mustererkennung *f*

pattern width *<textil>* • Rapportbreite *f*; Bindungsrapport *m*

pause button *<av> (e.g. on recorders, players)* • Pausentaste *f*; Pausetaste *f*

pave *vt <build.traff>* • befestigen *vt*; pflastern *vt*

paved road *<build.traff> (gen.)* • befestigte Straße *f*

pavement *<build.traff> (road structure)* • Oberbau *m*

pavement *US <build.traff> (surface of a*

highway) • Straßenbelag *m*; Fahrbahnbelag *m*; Straßendecke *f*; Decke *f ugs*

pavement surface *<build>* • Belag *m*

paving stone *<build.mat> (rectangular paving stone; any material; e.g. granite cobbles)* • Pflasterstein *m*; Pflasterblock *m*

pawl *<mech.eng> (of ratchet-and-pawl mechanism; e.g. on winches)* • Sperrklinke *f*; Klinke *f*; Klaue *f rar*; Absperrklaue *f rar*

pawl and ratchet mechanism *<mech.eng>* • Gesperre *n*; formschlüssiges Gesperre *n*

pay back *vi <econ>* • amortisieren *vr*

payload *pract <aerosp>* • Nutzlast *f*

payload *<autom> (of an industrial robot)* • Tragfähigkeit *f*; Traglast *f*

payload *<logist>* • Nutzlast *f*

pay machine *GB <traff> (e.g. of car park)* • Kassenautomat *m*

payment on account *<fin>* • Anzahlung *f*

pay off *vt <tech.gen> (from reel; e.g. rope)* • abrollen *vt*

payoff speed *<prod> (from wire reel)* • Abhaspelgeschwindigkeit *f*

pay-off stand *<prod> (reel)* • Abwickler *m*

pay out *vt <tech.gen> (cable, rope, chain)* • ablaufen lassen *vt*

pay out *vt <tech.gen> (rope, cable; gradually, to ease tension; e.g. from a reel, winch;)* • nachlassen *vt*

pay television *<av>* • gebührenpflichtiges Fernsehen *n*; Pay-TV *n ugs*; Abonnement-Fernsehen *n*; Bezahlfernsehen *n*; Gebührenfernsehen *n*

PCMCIA slot *<comp>* • PCMCIA-Steckplatz *m*; PCMCIA-Einschubplatz *m*; PCMCIA-Slot *m*; PCMCIA-Schnittstelle *f*; PCMCIA-Schacht *m*

PC-programmable *<tech.gen> (e.g. transducer, mobile phone)* • PC-programmierbar

peak *<tech.gen> (curve, diagram)* • Gipfelpunkt *m*

peak *<tech.gen> (of a curve, diagram)* • Scheitel *m*

peak *<phys> (e.g. amplitude)* • Spitze *f*; Peak *m jarg*

peak *vt <tech.gen>* • Spitzenwert bilden *vt*

peak amplitude *<tech.gen>* • Spitzenamplitude *f*

peak consumption *<tech.gen>* • Spitzenverbrauch *m*

peak demand *<econ> (e.g. consumption of electricity, water, gas)* • Bedarfsspitze *f*

peaking *<tech.gen>* • Spitzenwertbildung *f*

peak load *<tech.gen> (mech., el.)* • Spitzenbelastung *f*; Gesamtbelastung *f*; Spitzenbeanspruchung *f*

peak load *<energ.el> (on power plants, utility grids)* • Spitzenlast *f*; Belastungsspitze *f*; Spitzenbelastung *f*; Lastspitze *f*

peak performance *<tech.gen>* • Spitzenleistung *f*

peak point *<gen> (development)* • Gipfelpunkt *m*

peak power *<phys>* • Spitzenleistung *f*

peak pressure *<tech.gen>* • Spitzendruck *m*

peak value *<tech.gen>* • Scheitelwert *m*; Spitzenwert *m*

peak voltage *<el>* • Scheitelspannung *f*; Spitzenspannung *f*

pearl *<gen>* • Perle *f*

pear-shaped *<gen>* • birnenförmig

peat *<comb>* • Torf *m*

peat briquetting press *<proc>* • Torfbrikettpresse *f*

pebble bed reactor *<nucl> (typ. HTGR design)* • Kugelhaufenreaktor *m*

PE cable *<el>* • PE-Kabel *n*; PE-isoliertes Kabel *n*; Polyethylenkabel *n*; polyethylenisoliertes Kabel *n*

pectin (E 440) *<food> (stabilizer)* • Pektin *n* (E 440)

pedal *vt <gen> (e.g. bicycle, pedalo)* • treten *vt*

pedal-boat *<nav>* • Tretboot *n*

pedal operation *<tech.gen>* • Fußhebelbetätigung *f*

pedals *pl <mvhcl.i&c> (accelerator pedal, brake pedal and clutch pedal)* • Pedalerie *f*; Pedale *npl*

pedal travel *<tech.gen>* • Pedalweg *m*

pedestal *<tech.gen> (base, footing)* • Sockel *m*

pedestal *<build>* • Sockel *m*

pedestal *<mech.eng> (load bearing)*

• Auflager *n*
pedestal *<mech.eng> (buck-type support)* • Bock *m*; Stützbock *m*
pedestal *<mech.eng> (upright; e.g. for engines, aggregates)* • Ständer *m*
pedestrian crossing *<build.traff>* • Fußgängerüberweg *m*; Fußgängerübergang *m*; Zebrastreifen *m ugs*
pedestrian subway *<build.traff>* • Fußgängerunterführung *f*
peel *<food> (e.g. of potatoes, tomatoes, peaches)* • Schale *f*
peel *vi <srfc>* • abschälen *vr*
peel *vr <srfc> (e.g. paint)* • abheben *vr*
peeler *<food.prod> (removes peel; e.g. from potates, peaches, pears)* • Schalenentferner *m*
peeling *<srfc> (of paint)* • Ablösung *f*; Abschälen *n*
peeling-off *<srfc> (of paint)* • Abblättern *n*
peel off *vi <srfc> (paint, coating)* • abblättern *vi*
peel off *vt <srfc> (e.g. protective coating, film)* • abziehen *vt*
peel [off] *vi <srfc> (paint, coating)* • ablösen *vr*
peel rot *<agri>* • Schalenfäulnis *f*
peel test *<qualit.mat>* • Schälversuch *m*; Schältest *m*
peen *<tool> (of hammer head; wedgelike or spherical; opposite the face)* • Pinne *f*; Finne *f*; Hammerpinne *f rar*; Hammerfinne *f rar*
peen *vt <prod>* • hämmern *vt*; aushämmern *vt*; abhämmern *vt*
peer-to-peer network *<comp>* • Peer--to-Peer-Netzwerk *n*
peg *<join.wood> (small)* • Holzstift *m*
peg *vt <wood>* • dübeln *vt*
pellet *<mat> (e.g. one of a charge of small shot)* • Kügelchen *n*
pellet *<mat> (gen.)* • Pellet *n*
pellet *<mil> (ammunition for hunting)* • Korn *n*
pellet furnace *<comb>* • Pelletfeuerung *f*; Pellet-Zentralheizungskessel *m*; Pelletheizkessel *m*
pelletize *vt US.GB <plast>* • granulieren *vt*
pelletize *vt US.GB <proc>* • pelletieren *vt*
pelletizing machine *<prod> (for pressed tablets)* • Tablettiermaschine *f*; Tablettenpresse *f*
pellets *<plast>* • Granulat *n*
pellet trap *<mil> (for air or CO_2 guns)* • Kugelfangkasten *m*; Schießkasten *m*; Kugelfang *m prakt*
pelt *<bio> (skin, hide of an animal)* • Fell *n*
Pelton turbine *<energ.hydr>* • Freistrahlturbine *f*; Peltonturbine *f*; Becherturbine *f rar*; Tangentialturbine *f rar*
Pelton water wheel *<energ>* • Peltonrad *n*
Pelton wheel bucket *US <energ.hydr>* • Becherschaufel *f*; Pelton-Schaufel *f*; becherartige Schaufel *f*; becherförmige Schaufel *f*; Becher des Peltonrades *m*
pelvis *<bio>* • Becken *n*
pen *<docu> (writing)* • Feder *f*
pencil *<gen>* • Stift *m*
penciled drawing *<docu>* • Bleistiftzeichnung *f*
pencil lead *<tool> (for writing)* • Bleimine *f*
pendant *<garm> (jewelry)* • Anhänger *m*
pendant *<light> (luminaire; e.g. a chandelier)* • Pendelleuchte *f*
pendant push-button panel *<tech.gen> (e.g. hoist, machine tool)* • hängende Kommandotafel *f*
pendant socket outlet *<el>* • Hängesteckdose *f*
pendulous *<gen>* • pendelnd
pendulum *<phys>* • Pendel *n*
pendulum suspension *<tech.gen>* • Pendelaufhängung *f*
pendulum swing *<tech.gen> (e.g. pointer)* • Pendelausschlag *m*
penetrable *<mat>* • durchlässig
penetrant-dye testing process *<qualit.mat>* • Farbdiffusionsverfahren *n*
penetrate *vt <gen> (with some effort, resistance; e.g. a material, object, hole)* • eindringen *vi*
penetrate *vt <mil> (target, armor)* • durchschlagen *vt*
penetrating *<tech.gen> (eg. noise, sound)* • durchdringend
penetrating *<phys> (radiation)* • energiereich; hart *ugs*; durchdringend

penetrating oil *<tribo> (e.g. to loosen corroded fasteners)* • Kriechöl *n*
penetration *<tech.gen> (process; completely through sth.)* • Durchdringung *f*; Durchdringen *n*
penetration *<tech.gen> (of walls, panels, floors; e.g. for pipes, cables)* • Durchdringung *f*
penetration *<tech.gen> (e.g. liquid into cracks)* • Eindringen *n*
penetration *<comp> (of network safeguards, of firewalls; intrusion in PCs etc.)* • Einbruch *m*
penetration *<mil> (of a bullet)* • Durchschlag *m*
penetration *<phys> (e.g. radiation)* • Durchgang *m*
penetration depth *<gen>* • Eindringtiefe *f*
penetration rate *<tech.gen> (of drilling operations; e.g. oil, geothermal)* • Bohrfortschritt *m*; Bohrleistung *f*; Eindringungsgeschwindigkeit *f rar*; Eindringgeschwindigkeit *f rar*
penetration sleeve *<build> (of wall or floor penetrations)* • Futterrohr *n*
peptize *vt <chem>* • peptisieren *vt*
percentage *<gen>* • prozentualer Anteil *m*
percentage *<tech.gen> (contents; e.g. of water, fillers etc.; in %)* • Gehalt *m*
percentage content *<tech.gen>* • prozentualer Gehalt *m*; prozentualer Anteil *m*
percentage loss *<tech.gen>* • prozentualer Verlust *m*
percentage of solids *<tech.gen>* • prozentualer Feststoffanteil *m*; prozentualer Feststoffgehalt *m*
percent gain *<gen>* • prozentualer Anstieg *m*
perceptible *<gen>* • feststellbar
perceptible *<gen> (with human senses; e.g. audible, visible)* • wahrnehmbar
percolate *vi <proc> (e.g. liquid through a filter)* • durchlaufen *vi*; durchsickern *vi*; durchrinnen *vi*
percolation *<waste> (gen.; transition of any liquid through soil; e.g. below waste dumps)* • Versickerung *f*
percussion cap *<mil>* • Aufschlagzünder *m*
percussion drill *<min.tool>* • Bohrhammer *m*
percussion welding (PEW) *<join> (a resistance welding process)* • Perkussionsschweißen *n*; Schlagschweißen *n*
percussive *<tech.gen> (e.g. tool)* • schlagend
perfect *<qualit>* • mangelfrei
perfect fluid *<phys>* • ideale Flüssigkeit *f DIN 4044*
perforate *vt <tech.gen> (usu. many small holes; e.g. a tear-off edge)* • perforieren *vt*
perforate *vt <prod> (by diecutting)* • ausstanzen *vt*; stanzen *vt*
perforate *vt <prod> (make many holes in a random pattern)* • durchlöchern *vt*
perforated plastic pipe *<build.pps>* • geschlitztes Kunststoffrohr *n*
perforated plate *<tech.gen>* • Lochplatte *f*
perforated plate *ISO 2395 <proc> (in vessels)* • Siebboden *m DIN ISO 2395*
perforated sheet [metal] *<mat>* • Lochblech *n*
perforation *<tech.gen> (e.g. of paper, metal)* • Lochung *f*
perforation *<tech.gen> (process, result)* • Perforation *f*; Perforierung *f*
perforator *<prod>* • Locher *m*
perform *vt <gen> (activity)* • ausführen *vt*
performance *<gen> (activity)* • Durchführung *f*
performance *<tech.gen> (in an extensive sense, not only with respect to kW)* • Leistung *f*
performance *<tech.gen> (gen.; operating characteristics; e.g. of vehicles)* • Leistung *f*; Leistungscharakteristik *f*
performance *<mvhcl> (driving characteristics; e.g. acceleration, top speed)* • Fahrleistungen *fpl*
performance characteristics *pl DIN EN 13142 <qualit>* • Leistungskenngrößen *fpl DIN EN 13142*
performance curve *<tech.gen> (e.g. of engines)* • Leistungskurve *f*
performance curve *<proc> (showing operational characteristics, power output etc.)* • Leistungskennlinie *f*; Kennlinie *f prakt*
performance in litres per hour (LPH) *:V*

<proc.hydr> • Literleistung *f*
performance parameter *<tech.gen>* • Leistungsparameter *m*
performance profile *<qualit>* • Anforderungprofil *n*
performance specifications *<tech.gen>* • Leistungsdaten *pl*
perimeter *<tech.gen>* • Umkreis *m*
perimeter detector *<alarm>* • Außenhautmelder *m*
perimeter fence *<build>* • Umzäunung *f*; Einzäunung *f*
perimeter frame *<mvhcl>* • Kastenrahmen *m*
period (T) *DIN IEC 50 <phys>* • Periodendauer *f* (T) *DIN IEC 50*
period for filing an application *<jur>* • Anmeldungsfrist *f*
periodic *<tech.gen>* • periodisch
periodical inspection *<tech.gen> (e.g. vehicles, lifts, nuclear power plants)* • Fristuntersuchung *f*
periodicity *<gen>* • Periodenzahl *f*
periodicity *<tech.gen>* • Periodizität *f*; periodischer Charakter *m*
periodic maintenance *<tech.gen>* • regelmäßige Wartung *f*
periodic phenomenon *<gen>* • periodischer Vorgang *m*
periodic process *<tech.gen>* • periodischer Vorgang *m*
periodic system *<chem>* • Periodensystem der Elemente *n* (PSE); Periodensystem *n prakt*; periodisches System der Elemente *n*; periodisches System *n*
periodic time *<gen>* • Periodendauer *f*
period of time *<gen> (e.g. until delivery, payment)* • Frist *f*
peripheral *<gen>* • peripher
peripheral device *<tech.gen>* • Peripheriegerät *n*; peripheres Gerät *n*
peripheral equipment *<tech.gen>* • Peripherie *f*
peripheral region *<tech.gen>* • Randgebiet *n*
peripheral systems *<gen>* • Peripherie *f*
peripheral zone *<tech.gen>* • Randzone *f*
perishable cargo *<logist>* • verderbliche Ladung *f*
perlite *<metal> (steel)* • Perlit *m*
permalloy *<metal> (Ni-Fe alloy; e.g. for magnetoresistive transducers)* • Permalloy *n*
permanence *<gen>* • Beständigkeit *f*
permanence *<gen> (of an effect)* • Dauerhaftigkeit *f*
permanence *<tech.gen> (stability)* • Stabilität *f*
permanent *<gen> (e.g. ink)* • permanent
permanent *<jur> (residence)* • fest
permanent all-wheel drive *<build.mach>* • permanenter Allradantrieb *m*
permanent anti-freeze coolant *<mvhcl>* • Ganzjahresfrostschutzmittel *n*; Ganzjahresfrostschutz *m prakt*; Glysantin *n* ® *ugs*
permanent connection *<tele>* • Festanschluss *m*
permanent coupling *<mech.eng>* • nichtschaltbare Kupplung *f*
permanent formwork *<build>* • verlorene Schalung *f*
permanent four wheel drive *<mvhcl.drive>* • permanenter Allradantrieb *m*; ständiger Allradantrieb *m*; Permanent--Allradantrieb *m*
permanent hardness *<tech.gen> (water)* • Nichtkarbonathärte *f* (NKH); Permanenthärte *f*; Resthärte *f*; bleibende Härte *f*; permanente Härte *f*
permanent installation *<tech.gen>* • Festeinbau *m*; Dauerinstallation *f*
permanent joints *<mech.eng>* • unlösbare Verbindungselemente *npl*
permanent lining of shotcrete *<build> (of tunnel)* • Ausbau mit Spritzbeton *m*; Spritzbetonauskleidung *f*
permanent load *<tech.gen> (gen.; mechanical, electrical, thermal; e.g. weight)* • ständige Last *f*
permanently fixed *<tech.gen>* • fest montiert; dauerhaft befestigt
permanently installed *<tech.gen>* • fest eingebaut
permanent mesh *<mech.eng> (e.g. of gears)* • Dauereingriff *m*
permanent-mold casting *<prod>* • Kokillengießen *n*; Kokillenguss *m*
permanent white *<srfc>* • Barytweiß *n*; Blanc fixe *n*
permanent wiring *<el>* • feste Verdrahtung *f*

permeability *<tech.gen> (e.g. of soil)* • Durchlässigkeit *f*
permeability *<tech.gen>* • Permeabilität *f*
permeability to gas *<mat>* • Gasdurchlässigkeit *f*
permeable *<gen>* • durchlässig; durchdringbar
permeable layer *<geo>* • durchlässige Schicht *f*
permeate *vt <tech.gen> (through pores)* • eindringen *vi*; durchdringen *vt*; durchlassen *vt*
permeation *<tech.gen> (process)* • Durchdringung *f*
permissible hillside slope *<agri> (e.g. for agriculturural machines)* • Hangtauglichkeit *f*
permutability *<math> (e.g. of factors; e.g. a x b = b x a)* • Kommutierbarkeit *f*; Permutierbarkeit *f*; Vertauschbarkeit *f ugs*
permutation *<math>* • Permutation *f*; Austausch *m*; Vertauschung *f*
permute *vt <math> (numbers, character strings)* • permutieren *vt*; austauschen *vt*
permuted term *<term>* • permutierte Form *f*
peroxide bleaching *<pap>* • Peroxidbleiche *f*
persistence *<gen> (of persons; in a habit, course of action; e.g. in research work)* • Beharrlichkeit *f*; Hartnäckigkeit *f*
persistence *<gen> (continued existence of sth.)* • Fortbestehen *n*
persistence *<tech.gen> (effect existing for a long or longer than usual time)* • Nachwirkung *f*
persistence *ISO 11074-1 <chem> (resistance of a substance to chemical changes)* • Persistenz *f DIN ISO 11074-1*; Stabilität *f*; Beständigkeit *f*
persistent *<gen>* • anhaltend
persistent *<tech.gen> (behavior, performance)* • stabil
personal ... *<tech.gen>* • Personen-...
personal computer (PC) *<comp>* • Personal Computer *m* (PC); Arbeitsplatzcomputer *m DIN 32748-1*; Rechenknecht *m sl*; Mikrocomputer *m obs*
personal digital assistant (PDA) *<comp> (e.g. Palm)* • PDA-Computer *m*; elektronischer Assistent *m did.rar*
personal effects coverage (PEC) *<insur> (car rental)* • Gepäckversicherung *f*
personal flotation device (PFD) *ISO/DIS 12402-6 <nav.safe> (e.g. a lifejacket, life vest, cork jacket, life belt, flotation suit)* • persönliches Auftriebsmittel *n ISO 12402-6*
personal lubricant jelly *<hygi>* • Gleitgel *n*
personal protection *<safe> (e.g.)* • Körperschutz *m DIN EN ISO14876*
perspective *<gen>* • Perspektive *f*
perspective representation *ISO 10209-2 <docu>* • perspektivische Darstellung *f DIN ISO 10209-2*
perturbation *<tech.gen>* • Störeffekt *m*
pervious *<phys> (to sth.)* • durchlässig
pest *<agri>* • Schädling *m*
pest control *<agri>* • Schädlingsbekämpfung *f*
pesticide *<chem.agri>* • Pestizid *n*; Schädlingsbekämpfungsmittel *n prakt*
pesticide applicator *<agri.tool>* • Pflanzenschutzgerät *n*
pestle *<chem> (for pounding, grinding in a mortar)* • Stößel *m*; Mörserkeule *f*
peta (P) *<phys.i&c> (prefix of units; e.g. petajoule = 10^{15} joule)* • Peta... (P)
PET bottle *<plast.pack> (lightweight, hi--strength; e.g. for soft drinks, water)* • PET-Flasche *f*
Petri dish *<chem>* • Petrischale *f*
petrochemical *<chem.petr>* • Petrochemikalie *f*; Petrolchemikalie *f obs*
petrochemical industry *<chem.petr>* • petrochemische Industrie *f*
petrography *<min>* • Petrographie *f*
petrolatum *<chem.petr> (gelatinous mass obtained from petroleum)* • Petrolatum *n*; Naturvaseline *f*
petroleum *<chem.petr>* • Erdöl *n*
petroleum field *<petr> (production area)* • Erdölfeld *n*; Ölfeld *n*
petroleum jelly *<tech.gen>* • Vaseline *f* ®
petroleum-producing *<petr>* • erdölfördernd
petroleum product *<petr> (e.g. gasoline, motor oil)* • Erdölprodukt *n*; Erdölderivat *n wiss*

petroleum product *ISO 20844 <petr>* • Mineralölerzeugnis *n ISO 20844*
petroleum production *<petr> (e.g. of OPEC)* • Ölfördermenge *f*
petroleum refining *<petr>* • Erdölraffinierung *f*
PgDn key *<comp>* • Bild-ab-Taste *f*
PgUp key *<comp>* • Bild-auf-Taste *f*
phase *<tech.gen>* • Phase *f*
phase: in ~ *<tech.gen>* • phasengleich
phase balance *<tech.gen>* • Phasengleichheit *f*
phase boundary *<mat>* • Phasengrenze *f*
phase diagram *<tech.gen>* • Phasendiagramm *n*
phase equilibrium *<therm>* • Phasengleichgewicht *n*
phase identification *<tech.gen>* • Phasenerkennung *f*
phase jump *<tech.gen>* • Phasensprung *m*
phase shift *<el> (of sine waves)* • Phasenverschiebung *f*; Phasenschiebung *f rar*; Phasendifferenz *f*
phenol-formaldehyde plastic (PF) *<chem> (typ. PCB material)* • Phenolharz *n* (PF); PF-Harz *n*; Pertinax *n* ®
phenomenon *<tech.gen> (dynamic)* • Phänomen *n*; Vorgang *m*
phenomenon *<tech.gen> (effect)* • Phänomen *n*
Phillips drive *<join>* • Phillips--Kreuzschlitz *m*; Kreuzschlitz Phillips *m norm*; Kreuzschlitz Form H *m*; Kreuzschlitz H *m*
Phillips recess *<tool> (type of screw head)* • Phillips-Recess… *form*; Phillips; Kreuzschlitz… *prakt.ugs*
Phillips screwdriver *<tool> (for Phillips screws)* • Kreuzschlitzschraubendreher *m*; Schraubendreher für Kreuzschlitzschrauben *m*; Kreuzschraubendreher *m*
phishing attack *<comp>* • Phishing--Attacke *f*
pH-measuring and controlling device *<tech.gen>* • pH-Mess- und -Regelgerät *n*
phonecard *<tele>* • Telefonkarte *f*
phosphate *<chem> (PO_4^{3-})* • Phosphat *n*; tertiäres Phosphat *n*
phosphating *ISO 4618-3 <srfc> (process)* • Phosphatieren *n DIN EN ISO 4618*
phosphor-alloy *<mat> (steel quality; e.g. for car body panels)* • phosphorlegiert
phosphoric acid fuel cell (PAFC) *<energ> (energy storage)* • Phosphorsäure-Brennstoffzelle *f* (PAFC); phosphorsaure Brennstoffzelle *f*; Phosphorsäurezelle *f prakt*
phosphorus (P) *<chem>* • Phosphor *m* (P)
photocell *<tech.gen>* • Photozelle *f*; photoelektrische Zelle *f rar*
photo cell *<el> (semiconductor photo element)* • Fotozelle *f*; Sperrschichtphotoelement *n wiss*; Sperrschichtphotozelle *f wiss*; Sperrschichtelement *n wiss*; Photoelement *n*
photodiode (PD) *<el>* • Fotodiode *f*; Photodiode *f obs*; Fotorezeptor *m*; Fotoelement *n*; Fotodetektor *m*
photodiode *<i&c>* • Photodiode *f*; photoelektronischer Wandler *m*; lichtempfindliche Diode *f*; Lichtsensor *m*; Photozelle *f*
photoelectric effect *<i&c>* • photoelektrischer Effekt *m*; Photoeffekt *m*; lichtelektrischer Effekt *m*
photoelectric proximity switch *EN 60947 <gen>* • photoelektrischer Näherungsschalter *m EN 60947*
photograph *<phot> (photographic image)* • Fotografie *f*; Foto *n ugs*; Bild *n ugs*; Aufnahme *f*; Lichtbild *n form.obs*
photograph: take a ~ *vt <phot>* • aufnehmen *vt*
photographic aircraft *<aerosp>* • Bildflugzeug *n*
photographic camera *<phot> (for photos)* • Fotoapparat *m*; Kamera *f*
photographic equipment *<phot>* • Fotoausrüstung *f*
photographic flight *<aerosp>* • Bildflug *m*
photographic lens *<phot> (e.g. wide angle, telephoto, zoom lens)* • Kameraobjektiv *n*; Fotoobjektiv *n*;

Objektiv *n prakt*

photographic paper *<phot>* • Fotopapier *n*; Vergrößerungspapier *n form*

photography *<phot>* • Fotografie *f*

photolithography *<prod.ic> (semiconductor device fabrication)* • Photolithographie *f*

photomultiplier *<i&c> (chemiluminescence)* • Photomultiplier *m*; Photovervielfacher *m*

photon drive *<aerosp>* • Photonenantrieb *m*

photon rocket *<aerosp>* • Photonenrakete *f*; Rakete mit Photonentriebwerk *f*

photo printer *<print>* • Fotodrucker *m*

photoreceptor *<el>* • Fotorezeptor *m*; Photorezeptor *m*; Fotodetektor *m*; Photodetektor *m*; Fotoelement *n*

Photo-Schmitt trigger *<i&c> (photo detector; e.g. in printers, copiers, mobile phones)* • Photo-Schmitt--Trigger *m*

photosensitive material *<mat>* • lichtempfindliches Material *n*

photostabilized *<ic> (by UV irradiation)* • gehärtet

phototypesetting *<print>* • Fotosatz *m*; Lichtsatz *m*; optischer Fotosatz *m rar*; heißer Satz *m err*

photovoltaic (PV) *<energ.sol> (adj.)* • photovoltaisch

photovoltaic effect *<energ.sol>* • photovoltaischer Effekt *m*; Sperrschicht-Photoeffekt *m*

photovoltaic module *<energ.sol>* • Solarmodul *n*; PV-Modul *n*

photovoltaics (PV) *<energ.sol>* • Photovoltaik *f* (PV)

pH-probe *<tech.gen>* • pH-Sonde *f*

phraseological unit *ISO 12620 <term>* • phraseologische Einheit *f*

pH-value *<chem> (acid solutions: pH < 7; alkaline: pH > 7)* • pH-Wert *m*

physical *<gen>* • körperlich

physical characteristics *<tech.gen>* • Beschaffenheitsmerkmale *npl*

physical chemistry *<tech.gen>* • physikalische Chemie *f*

physical geology *<geo>* • physische Geologie *f*

physical life *<qualit> (theoretical life span)* • Lebensdauer *f*; technische Nutzungsdauer *f*

physical separation *<tech.gen>* • räumliche Trennung *f*

physical size *<tech.gen>* • Baugröße *f*

physical state of matter *<phys> (solid, liquid or gaseous)* • Aggregatzustand *m*

physical vacuum *<tech.gen>* • luftleerer Raum *m*

physical vapor deposition (PVD) *<srfc> (application of very thin layers; e.g. on wafers)* • PVD-Verfahren *n*; physikalische Gasphasenabscheidung *f*; Vakuumaufdampfen *n*; Aufdampfen im Vakuum *n*; Vakuumaufdampfverfahren *n*

physicochemical *<tech.gen>* • physikalisch-chemisch; physikochemisch

physique *<bio> (typ. of a man)* • Figur *f*

piano lacquer *<srfc>* • Klavierlack *m*

pick *<build.tool> (long wooden handle, metal head is pointed at one or both ends)* • Spitzhacke *f*; Pickel *m ugs*; Hacke *f ugs.rar*

pick *vt <agri>* • ernten *vt*; pflücken *vt*

pick *vt <logist> (order picking)* • entnehmen *vt*; greifen *vt*

picker arm *<autom>* • Greiferarm *m*

pickle *vt <food> (e.g. vegetables)* • säuern *vt*

pickle *vt <srfc.metal>* • beizen *vt*; dekapieren *vt*; abbeizen *vt*

pickling *ISO 4618-3 <srfc> (removal of rust/mill scale by an acidic or alkaline solution)* • Beizen *n DIN EN ISO 4618*

pickling agent *<srfc> (for metal)* • Abbeizmittel *n*

pickling bath *<metal>* • Abbeizbad *n*

pickling bath *<srfc>* • Beizbad *n*

pickling solution *<srfc.metal> (gen.)* • Beize *f*; Beizlösung *f*; Beizmittel *n*; Dekapierlösung *f*; Beizflüssigkeit *f*

pick off *vt <el> (e.g. voltage, signal)* • abgreifen *vt*

pick out *vt <gen> (select)* • auswählen *vt*; herauspicken *vt ugs*

pick-up *<el> (contact)* • Abnehmer *m*

pick up *vi <el> (e.g. relay, solenoid)* • anziehen *vi*

pick up *vt <gen> (small object, without difficulty; e.g. coin from the ground)* • aufheben *vt*; aufnehmen *vt*

pick up *vt <el> (e.g. signal, radio*

transmission) • auffangen *vt*; empfangen *vt*
pick up *vt* <i&c> *(data, with sensor)* • aufnehmen *vt*
pick-up current *<el>* • Ansprechstrom *m*
pickup screen *<mvhcl.mot> (on pickup pipe of oil pump)* • Ölsieb *n*; Ölpumpenfiltersieb *n*; Ölpumpensieb *n*; Ansaugsieb *n*
pico (p) *<phys.i&c> (prefix of units: 1 pico = 10^{-12})* • Piko... (p)
picric acid *<chem> (crystals are explosive)* • Pikrinsäure *f*
pictogram *<tech.gen>* • Piktogramm *n*; Ikone *f*
pictograph *US <tech.gen> (e.g. a traffic sign)* • figürliche Darstellung *f*
pictorial representation *<docu> (of a person or a thing: as opp. to a conventional representation)* • bildliche Darstellung *f*
picture *<av> (on TV screen, monitor)* • Bild *n*
picture *<docu> (any visible image)* • Bild *n*
picture area *<phot> (as photographed, recorded, or seen in a viewfinder)* • Bildausschnitt *m*
picture composition *<phot>* • Bildaufbau *msg*
picture format *<phot> (size of the printed picture)* • Bildformat *n*
picture-frame stage *<theat> (chariot--and-pole-system; scenery system)* • Kulissenbühne *f*; barocke Kulissenbühne *f*; Gassenbühne *f*; Guckkastenbühne *f*; Guckbühne *f ugs.obs*
picture search *<av>* • Bildsuchlauf *m*
PID control *<i&c>* • PID-Regelung *f*; Proportional-Integral-Differential--Regelung *f*
pidgeon hole *<logist> (unlocked, small bay for mail, messages etc.)* • Fach *n*
piece *<gen>* • Stück *n*
piece *<play> (of a board game)* • Figur *f*; Spielfigur *f*
piece *vt <textil> (thread)* • andrehen *vt*
piece of evidence *<jur>* • Asservat *n*
pier *<build> (post, support for gates, windows; typ. masonry)* • Pfeiler *m*
pier *<build.nav> (structure built on posts; used as landing place for ships)* • Pier *m*; Landungssteg *m*
pier bridge *<build>* • Pfeilerbrücke *f*
pierce *vt <tech.gen> (strike through)* • durchschlagen *vt*
pierce *vt <prod> (penetrate and expand with a mandrel)* • aufdornen *vt*
pierce *vt <prod> (with a mandrel)* • dornen *vt*
pierce *vt <prod> (with a needle)* • durchbohren *vt [-'--]*
pierce *vt <prod> (create a hole by punching, poking with a pointed tool)* • durchlochen *vt*
pierced *<bio> (e.g. ears, tongue, navel, etc.)* • gepierced
piercer *<plast> (blow molding)* • Dorn *m*
piercer *<tool> (for punching)* • Locher *m*
piercing mill *<metal>* • Schrägwalzwerk *n*
piezo actuator *:V <i&c> (e.g. for fuel injectors, engine supports)* • Piezoaktor *m*; Piezoaktuator *m*
piezoelectrical *<el>* • piezoelektrisch
piezoelectric effect *<el.mech>* • piezoelektrischer Effekt *m*; direkter piezoelektrischer Effekt *m*; Piezoeffekt *m prakt*
piezoelectric transducer *<i&c>* • piezoelektrischer Messwandler *m DIN EN 1330-4*
piezo valve *<pps.el>* • Piezoventil *n*
pig *<metal>* • Massel *f*
pig casting machine *<metal>* • Masselgießmaschine *f*
pigeon-hole *<logist> (for mail etc.)* • Ablagefach *n*
piggyback *<tool>* • Tochterplatine *f*
piggyback board *<comp>* • Aufsteckkarte *f*
pig iron *<metal> (3 - 4 % carbon)* • Roheisen *n DIN EN 10001*
pigment *<bio>* • Farbstoff *m*
pigment *<srfc> (insoluble matter, organic or inorganic)* • Pigment *n DIN 7732*; Farbstoff *m DIN 55945*; Farbmittel *n DIN 55943*; Farbkörper *m rar*; Farbmaterial *n rar*
pigment *vt <tech.gen>* • pigmentieren *vt*
pigment *vt <srfc> (paint)* • füllen *vt*
pigment dyestuff *<tech.gen>* • Pigmentfarbstoff *m*
pigment loading *<plast> (process)* • Füllung *f*

pigments and dyes <*srfc*> • Farbmittel *npl*
pigtail <*owg*> • Anschlussfaser *f*; Pigtail *n*
pile <*gen*> *(e.g. of laundry)* • Stapel *m*
pile <*build*> • Pfahl *m*
pile <*el*> *(e.g. galvanic, thermoelectric)* • Säule *f*
pile *vt* <*logist*> *(loose material)* • aufschütten *vt*
pile *vt* <*min*> • anschütten *vt*
pile dolphin <*build.hydr*> *(a cluster of piles; or buoy; in a harbor or at the entrance to a dock)* • Duckdalbe *f*; Dalben *m prakt*; Duckdalben *m*; Dückdalbe *f rar*
pile fabric <*textil*> • Polware *f*; Flauschstoff *m*
pile for driving <*build*> • Rammpfahl *m DIN 4026*
pile foundation <*build*> • Pfahlgründung *f*
pile up *vi* <*logist*> *(usu. undesired; e.g. refuse, old newspapers, open items)* • stapeln *vr*
pile up *vt* <*tech.gen*> *(discrete, stackable objects; e.g. bricks, boxes)* • aufstapeln *vt*; auftürmen *vt*
pile up *vt* <*build*> • aufschichten *vt*
pilger process <*metal*> • Pilgerschrittverfahren *n*
pillar <*build*> • Säule *f*
pillar <*mvhcl*> *(between roof and waistline)* • Säule *f*; Dachpfosten *m*
pillar antenna *:V* <*mvhcl*> • Holmantenne *f*
pillion <*mvhcl*> *(motorcycle, scooter; ski-doo)* • Soziussitz *m*
pill-resistant <*textil*> • pillfest
pilot <*aerosp*> • Pilot *m*; Flugzeugführer *m form*
pilot <*mech.eng*> *(any guiding device in front of sth.; e.g. a projection, pin)* • Führung *f*
pilot *ISO 5419* <*tool*> *(on tip of twist drill)* • Führungszapfen *m DIN ISO 5419*
pilot *vt* <*tech.gen*> *(guide, lead; e.g. a drill bit)* • führen *vt*
pilot *vt* <*aerosp*> *(e.g. an aircraft)* • steuern *vt*
pilot balloon <*aerosp*> *(weather balloon)* • Pilotballon *m*
pilot bearing <*mech.eng*> *(e.g. in flywheel for clutch shaft)* • Führungslager *n*
pilot boat <*nav*> • Lotsenboot *n*; Lotsenversetzboot *n*; Lotsentender *m*
pilot circuit <*i&c*> *(to activate or trigger sth.; e.g. valve motors)* • Ansteuerkreis *m*; Stellstromkreis *m*
pilot-controlled valve <*pps*> • vorgesteuertes Ventil *n*
pilot device <*pps*> *(usu. a valve)* • Vorsteuerelement *n*
pilot-drill *vt* <*tech.gen*> *(gen.)* • vorbohren *vt*
piloted <*aerosp*> *(guided)* • gelenkt
pilot flame <*comb*> *(of gas burners, boilers)* • Zündflamme *f*; Sparflamme *f ugs*
pilot hole <*prod*> *(for 2nd drilling)* • Führungsbohrung *f*
pilot lamp <*i&c*> *(often LED or glow--type; usu. not flashing)* • Kontrolllampe *f*
pilotless <*aerosp*> *(aircraft)* • unbemannt
pilot-operated relief valve (PORV) <*nucl*> *(e.g. on pressurizer)* • automatisches Ausgleichsventil *n*
pilot operated safety valve *EN ISO 4126-4* <*pps*> • pilotgesteuertes Sicherheitsventil *n DIN EN ISO 4126*
pilot pin <*mech.eng*> • Führungszapfen *m*
pilot plant <*tech.gen*> • Pilotanlage *f*; Versuchsanlage *f*; Testanlage *f*; halbtechnische Versuchsanlage *f*
pilot pressure <*tech.gen*> *(e.g. in hydraulics)* • Vorsteuerdruck *m*
pilot series <*prod*> *(before zero series)* • Produktionsversuchsserie *f* (PVS); PV-Serie *f*; Pilotserie *f rar*
pilot valve <*pps*> *(controls another, usu. bigger valve)* • Vorsteuerventil *n*; Steuerventil *n rar*; Schaltventil *n rar*; Kontrollventil *n rar*
pilot wheel <*railw*> *(of locomotives; as opp. to trailing wheels)* • Vorlaufrad *n*
pin <*build*> *(lock)* • Dorn *m*
pin <*el*> *(terminal)* • Anschluss *m*
pin <*el*> *(contact; e.g. of a male connector)* • Stift *m*
pin <*el*> *(small contact; typ. in multi-pin connectors)* • Kontaktstift *m*; Pin *m jarg*
pin <*join*> *(thin, small; e.g. index pin)* • Stift *m DIN 1471-81*

pin *<mech.eng> (secured with cotter pin or nut; e.g. in shackles)* • Bolzen *m*
pin *<print> (of dot matrix printer)* • Drucknadel *f*; Nadel *f prakt*
pin *vt <join> (attach temporarily)* • anheften *vt*
pin *vt <join> (attach with a pin)* • befestigen *vt*
pin *vt <join> (join with pin)* • stiften *vt*; heften *vt*
pin assignment *<comp>* • Anschlussbelegung *f*
pin assignment *<el> (of connectors, electronic devices)* • Pinbelegung *f*; Anschlussbelegung *f*; Kontaktbelegung *f*; Polbelegung *f*; Belegung *f*
pin assignment plan *<el>* • Belegungsplan *m*
pin-cap (G) *<el> (of lamps, tubes)* • Stiftsockel *m* (G)
pincers *<tool> (gen.)* • Kneifzange *f DIN 5241*; Beißzange *f süddt*; Kantenzange *f rar*
pinch bottom *<pack>* • Falzboden *m DIN 55 405*
pinching effect *<mech> (clamping)* • Klemmwirkung *f*
pinch off *vt <tech.gen> (hoses)* • abklemmen *vt*
pinch off *vt <el>* • abschnüren *vt*
pinch off *vt <prod> (hose, tube)* • abdrücken *vt*; abquetschen *vt ugs*
pinch valve *<pps>* • Quetschventil *n*; Schlauchquetschventil *n*; Schlauchventil *n*
pin-connected *<mech.eng>* • gelenkig angeschlossen; gelenkig verbunden
pin-connected truss joint *<build>* • gelenkiger Fachwerkknoten *m*; gelenkig verbundener Fachwerkknoten *m*
pine *<bio> (conifer)* • Kiefer *f*
pine *<wood> (softwood)* • Kiefernholz *n*
pineapple cutter *<gastr.tool>* • Ananas--Schneider *m*
pin feed tractor *<print> (for fanfold paper; printer component)* • Traktorantrieb *m*; Stachelradantrieb *m*; Traktorvorschub *m*; Stachelradvorschub *m*
pinhole *<srfc>* • Loch *n*
pinhole *<srfc.qualit> (surface defect; e.g. in coatings)* • Pore *f*; Nadelstich *m*
pin-hole *<metal>* • Feinlunker *m*
pinhole porosity *<mat>* • Mikrolunkerung *f*
pinholing *<srfc.qualit> (paint fault; e.g. due to high temperatures)* • Nadellochbildung *f*; Luftbläschenbildung *f*
pinholing *<srfc.qualit> (surface defect; e.g. in ceramics)* • Nadelstichbildung *f*
pinion *<tech.gen>* • Ritzel *n*
pinion gear *<drive> (gen.)* • Ritzel *n*
pin joint *<mech.eng>* • Drehgelenk *n*
pin-jointed frame *<mech> (as a model in mechanics)* • Fachwerk *n*
pin on *vt <gen> (with pin; e.g. a name badge)* • anstecken *vt*
pin punch *<tool> (parallel shank)* • Splinttreiber *m*; Splintentreiber *m*
pinstripe *<srfc> (trim, decoration)* • Zierstreifen *m*
pintle *<build> (door, window)* • Angel *f*; Angelzapfen *m*
pipe *<gen> (e.g. organ)* • Pfeife *f*
pipe *<pps> (stiff; typ. metal or stiff plastic; for fluid transport)* • Rohr *n*
pipe *<pps> (conduit for fluid transfer)* • Rohrleitung *f*; Leitung *f*
pipe anchor *<pps> (for force analysis)* • Festpunkt *m DIN 4048-2*; Rohrleitungsankerpunkt *m form.rar*
pipe anchor *<pps> (as a support element, component)* • Festpunkt *m DIN 4048-2*; Rohrleitungsankerpunkt *m form.rar*
pipe cavity *<qualit.mat> (material defect)* • Lunker *m*
pipe clamp *<pps.join> (fastening device for pipes)* • Rohrschelle *f*; Schelle *f prakt*
pipe connection *<pps> (connecting branch on vessel, tank etc.; usu. with flange)* • Anschlussstutzen *m*; Rohrstutzen *m*; Stutzen *m prakt*
piped gas *<comb> (public gas supply)* • Ferngas *n*
pipe diameter *<tech.gen>* • Rohrdurchmesser *m*
pipe elbow *<pps> (1 to 90°)* • Rohrbogen *m*; Rohrkrümmer *m rar*; Krümmer *m rar*
pipe fitting *<pps> (tee, branch, lateral)* • Formstück *n*; Fitting *n prakt*; Rohrformstück *n*
pipe flange *<pps>* • Rohrflansch *m*

pipe grade *<waste.hydr>* • Leitungsgefälle *n*

pipe hanger *<pps> (from above)* • Rohrleitungshalter *m*; RL-Halter *m*; Rohraufhänger *m*; Hänger *m*

pipe joint *<pps>* • Rohrverbindung *f*

pipeline *<pps> (long distance; typ. for petroleum, oil or natural gas)* • Pipeline *f*; Fernleitung *f*; Rohrleitung *f*

pipeline gas *<comb>* • Ferngas *n*

pipe penetration *<build.pps> (through wall, floor)* • Rohrdurchführung *f*

pipe plug *<pps> (fixed diameter or expandable)* • Rohrstopfen *m*

pipe run *<pps> (e.g. pipe between two fittings)* • Rohrleitungsstrang *m*; RL--Strang *m prakt*; Rohrstrang *m*

pipe rupture *<pps>* • Rohrbruch *m*

pipe section *<tech.gen>* • Rohrquerschnitt *m*

pipe support *<pps> (gen.)* • Rohrleitungshalter *m*; RL-Halter *m*

pipe support *<pps> (from below)* • Rohrleitungshalter *m*; RL-Halter *m*

pipe system *<pps>* • Rohrleitungssystem *n*; Rohrleitungsnetz *n*

pipe tee *<pps> (fitting)* • T-Stück *n*

pipe thread *<pps> (gen.)* • Rohrgewinde *n*

pipette *vt <proc>* • hebern *vt*

piping *<build.pps> (in houses)* • Rohrleitung *f*; Rohrleitungssystem *n*

piping *<garm>* • Paspel *f*

piping *<mvhcl> (sealing strips of vehicle bodies)* • Keder *m*; Kederleiste *f*; Köder *m rar*

pistol *<mil>* • Pistole *f*

pistol grip *<tech.gen>* • Pistolengriff *m*

piston *<mech.eng> (gen. in cylinder; e.g. in engine, pump, compressor, hydraulics)* • Kolben *m*

piston engine *<mech.eng> (reciprocating and rotary types)* • Kolbenkraftmaschine *f*; Kolbenmaschine *f*

piston engine *<mvhcl.mot>* • Kolbenmotor *m*

piston injection molding machine *<plast>* • Kolbenspritzgießmaschine *f*; Kolbenspritzgussmaschine *f obs.rar*

piston machine *<mech.eng> (e.g. motor or pump)* • Kolbenmaschine *f*

piston-operated *<tech.gen>* • kolbenbetätigt

piston pin *<mech.eng>* • Kolbenbolzen *m*

piston pump *<convey> (gen.)* • Kolbenpumpe *f*

piston ring *ISO 7967-2 <mot>* • Kolbenring *m DIN ISO 6621-1*

piston rod *<tech.gen>* • Kolbenstange *f*

piston skirt *ISO 7967-2 <mech.eng>* • Kolbenhemd *n DIN ISO 7967-2*; Kolbenschaft *m prakt*; Kolbenmantel *m rar*; Kolbenunterteil *n DIN ISO 7967-2*

piston stroke *<tech.gen>* • Kolbenhub *m*

piston top *ISO 7967-2 <mvhcl.mot>* • Kolbenboden *m DIN ISO 7967-2*; Kolbenkopf *m*

pit *<build> (e.g. in pavement)* • Loch *n*

pit *<mvhcl.rep> (for underbody service work)* • Grube *f*

pit *vt <srfc> (attack)* • anfressen *vt*

pit *vt <srfc> (corrode)* • korrodieren *vt*

pit building *<min> (building structures above ground)* • Grubengebäude *n*

pitch *<tech.gen> (in a regular pattern; e.g. bars of a grid, teeth)* • Abstand *m*

pitch *<tech.gen> (gen., distance between adjacent items or parallel lines)* • Teilung *f*

pitch *<autom> (robot arm rotation around the horizontal transverse axis)* • Nickbewegung *f*; Neigbewegung *f*

pitch *<mat> (bituminous, tar)* • Pech *n*

pitch *<mech.eng> (screw thread)* • Steigung *f*; Gewindesteigung *f*; Gesamtsteigung *f*; Ganghöhe *f obs*

pitch *<plast> (of extruder screw)* • Steigung *f*; Gangsteigung *f*

pitch *<proc> (of screen filters; clearance between adjacent wires)* • Maschenweite *f DIN 66160*; Maschenteilung *f*; Siebteilung *f*

pitch *vi <tech.gen> (rotation about the lateral axis; e.g. aircraft, robot)* • nicken *vi*

pitch *vt <nav> (motion around lateral axis)* • stampfen *vt*

pitch *vt <tour> (tent, caravan on a camping site)* • aufstellen *vt*

pitch angle *IEV 415 <energ.wind>* • Blatteinstellwinkel *m IEV 415*; Rotorblatteinstellwinkel *m form*; Einstellwinkel *m prakt*; Pitchwinkel *m*

pitch angle <mech.eng> *(of threads, screw flights)* • Steigungswinkel *m*

pitch attitude <aerosp> *(of an airplane; nose down)* • Längsneigung *f*

pitch axis <aerosp> *(of an airplane)* • Flugzeugquerachse *f*

pitch circle <docu> *(in techn. drawings; e.g. of flange holes)* • Lochkreis *m*

pitch control <energ.wind> *(system)* • Blatteinstellwinkelregelung *f*; Blattwinkelregelung *f*; Pitchregelung *f jarg*

pitch diameter <mech.eng> *(gear, ball or roller set of rolling bearings)* • Teilkreisdurchmesser *m DIN 3998*

pitched <build> *(roof)* • geneigt

pitched roof <build> *(inclination > 7°; as opp. to flat roof)* • Steildach *n*

pitch factor <el> • Sehnungsfaktor *m*

pitch mechanism <mech.eng> *(of a rotor, propeller)* • Blattverstellmechanismus *m*

pitman arm <mvhcl> *(steering; moves the tie rods)* • Lenkhebel *m*; Lenkstockhebel *m*

pit stop <mvhcl.sport> • Boxenstopp *m*; Boxenstop *m obs*

pitting <mvhcl.el> *(contact erosion of breaker points)* • Lochfraß *m*; Grübchenbildung *f*; Kraterbildung *f*

pitting *ISO 4378-2* <srfc> *(because of wear; e.g. in plain bearings)* • Grübchenbildung *f DIN ISO 4378-2*

pitting corrosion <srfc> *(result of corrosion)* • Lochfraß *m DIN 50900*; Rostpickel *m ugs*

pitting corrosion *ISO 804480* <srfc> *(process)* • Lochkorrosion *f DIN 50900*; Lochfraß *m*; Lochfraßkorrosion *f*; Pitting *n*

pivot <tech.gen> *(e.g. a pin)* • Drehachse *f*; Achse *f*

pivot <mech.eng> *(in hinge)* • Drehzapfen *m*; Zapfen *m*

pivot *vi/vt* <tech.gen> *(in any direction)* • schwenken *vi/vt*

pivot bolt <mech.eng> *(e.g. of an alternator for belt tension adjustment)* • Gelenkbolzen *m DIN 1433*; Bolzen *m*

pivot joint <mech.eng> • Drehgelenk *n*

pivot point <tech.gen> • Drehpunkt *m*

pixel <phot> *(dot in a digital image)* • Pixel *n*; Bildpunkt *m*; Bildpixel *n*

pixel light <mvhcl.light> *(headlight)* • Pixellicht *n*

place: in ~ <min.geo> *(e.g. ore, coal)* • anstehend

place *vt* <gen> *(locate, localize in space, time)* • einordnen *vt*

place *vt* <gen> *(e.g. a chair, table in a particular place)* • stellen *vt*

place *vt* <ad> *(an ad)* • schalten *vt*

place *vt* <build> *(e.g. tiles, flooring)* • verlegen *vt*

place *vt* <build.mat> *(concrete)* • einbringen *vt*; einbauen *vt*

place *vt* <join> *(attach)* • befestigen *vt*; anbringen *vt*

place concrete *vt* <build> • betonieren *vt*

placement <tech.gen> *(e.g. of parts)* • Anordnung *f*; Anordnen *n*

placement <agri> *(of seeds)* • Ausbringen *n*

place on *vt* <gen> *(one object on top of another one)* • auflegen *vt*

place on *vt* <prod> *(e.g. workpiece, nut)* • aufsetzen *vt*

placing <build> *(pouring of concrete)* • Einbau *m*; Einbringen *n*

plain <textil> *(knitting)* • glatt

plain bearing *ISO 4378-1* <mech.eng> *(with bushing or shells; e.g. of crankshafts)* • Gleitlager *n DIN 31651*; Gleitlagerung *f*

plain bearing bush *ISO 4378-1* <mech.eng> • Gleitlagerbuchse *f DIN ISO 4378-1*

plain carbon steel <metal> *(stress on: practically no alloying elements)* • unlegierter Stahl *m*

plain ring gauge <i&c> • Lehrring *m*; Ringlehre *f*; Kaliberlehre *f*

plain washer <join> *(plain, no locking device)* • Unterlegscheibe *f prakt.ugs*; Scheibe *f DIN 125, 126*; U-Scheibe *f prakt*; glatte Scheibe *f rar*; flache Scheibe *f DIN EN ISO 887*

plain weave <textil> • Leinwandbindung *f*; Leinenbindung *f*; Tuchbindung *f*

plait *vt* <prod> *(e.g. basket)* • flechten *vt*

plaited tape <garm> *(on shoes; usu. leather)* • Flechtband *n*

plaiting <prod> • Geflecht *n*

plaiting <textil> • Flechtwerk *n*

planar junction <tech.gen> • planarer Übergang *m*

planar structure <tech.gen>

• Planarstruktur *f*
Planckian radiator *<phys> (blackbody radiator)* • Planck'scher Strahler *m*; planckscher Strahler *m*
plane *<math>* • Ebene *f*
plane *vt <build> (terrain; with a grader, bulldozer etc.)* • planieren *vt*; ebnen *vt*; einebnen *vt*
plane *vt <prod> (with planing machine)* • stoßen *vt*
planeness *<prod>* • Ebenheit *f*
plane [off] *vt <wood>* • abhobeln *vt*
plane-parallel *<tech.gen> (e.g. end measure, gage block)* • planparallel
planetary *<tech.gen> (motion, gear)* • planetarisch; planetar
planetary gear trains and eccentric drives *<mech.eng>* • Umlaufgetriebe *n*
planetary nebula *<gen>* • planetarische Nebel *mpl*
planetary transmission *US <mvhcl.drive> (complete transmission unit)* • Planetengetriebe *n*; Verbundplanetengetriebe *n form.rar*
planet carrier *<tech.gen> (planetary gear)* • Planetenradträger *m*; Planetenträger *m*; Steg *m*
planet gear *<drive> (e.g. in automatic transmission)* • Planetenrad *n DIN 3998*; Planet *m*; Trabant *m*; Umlaufrad *n*; Satellit *m*
plane time *<aerosp>* • Bordzeit *f*
planish *vt <build>* • ebnen *vt*
planish *vt <prod> (by stretching; e.g. sheet metal)* • spannen *vt*
planish *vt <prod.srfc> (to make smooth)* • schlichten *vt*
plank *<build.mat> (heavy, big piece of timber)* • Bohle *f*
plank *<build.mat> (long board, usu. to walk on)* • Planke *f*; Diele *f*; Brett *n*
plank *<nav> (deck material)* • Planke *f*; Decksplanke *f*
planking *<build> (of floor)* • Beplankung *f*
planking *<nav>* • Beplankung *f*
planking machine *<textil.mech.eng> (mech. finishing)* • Anstoßmaschine *f*
planned *<gen> (scheduled, slated; project, meeting etc.)* • geplant
planning error *<qualit>* • Planungsfehler *m*
plant *<tech.gen> (e.g. factory, power station, waste water treatment)* • Anlage *f*
plant *<tech.gen> (production establishment; e.g. power plant)* • Werk *n*; Anlage *f*
plant *vt <mil> (mines)* • legen *vt*
plant and machinery *<econ>* • Maschinen und Anlagen *fpl*
plant control *<i&c>* • Anlagensteuerung *f*
plant cooldown *<nucl>* • Abkühlen der Anlage auf Umgebungstemperatur *n*
plant design *<tech.gen>* • Anlagenauslegung *f*; Anlagendesign *n*; Anlagenkonfiguration *f*
plasma *<phys> (4th state of matter)* • Plasma *n*
plasma-arc welding (PAW) *<join> (transferred and nontransferred-arc methods)* • Plasmalichtbogenschweißen *n*; Plasmaschweißen *n*
plasma display [panel] (PDP) *<comp>* • Plasmabildschirm *m*; Plasma Display Panel *n*
plasma jet welding (WPS) *<join>* • Plasmastrahlschweißen *n* (WPS)
plasma propulsion *<aerosp>* • Plasmaantrieb *m*
plaster *<build> (on walls)* • Putz *m DIN 18550*; Verputz *m*
plaster *vt <build.srfc> (cover masonry with a coat of plaster)* • verputzen *vt*; putzen *vt*
plaster of Paris *<build.mat> (wall finish)* • Putzgips *m*
plaster of paris *<prod> (for investment casting molds)* • Formgips *m*; Gips *m ugs*
plastic adhesive *<join> (typ. for PVC, PS; not for PE, PP)* • Kunststoffklebstoff *m*; Kunststoffkleber *m prakt*; Plastikkleber *m ugs*
plastication unit *<plast> (of extruders, inj. molding machines)* • Plastifiziereinheit *f*
plastic-coated *<srfc>* • kunststoffbeschichtet
plastic coating *VDI4640 <tech.gen>* • Kunststoffbeschichtung *f VDI4640*
plastic component *<plast>* • Kunststoffteil *n*
plastic deformation *<qualit.mat>*

(permanent change in shape or size; e.g. of lead, chewing gum) • plastische Verformung *f*; bleibende Verformung *f*

plastic explosive *<expl>* • plastischer Sprengstoff *m*

plastic handle *<tech.gen> (e.g. on tools, pots, pans, cutlery)* • Kunststoffgriff *m*

plastic hose *<pps>* • Kunststoffschlauch *m*; Plastikschlauch *m ugs*

plastic housing *<tech.gen>* • Kunststoffgehäuse *n*

plastic injection molding machine (PIMM) *<plast>* • Spritzgießmaschine *f*; Spritzmaschine *f rar*; Spritzgießautomat *m rar*

plastic-insulated *<tech.gen> (el. current, moisture, heat)* • kunststoffisoliert

plasticity *<mat.qualit> (physical material property; e.g. of lead, copper)* • Plastizität *f*; Formbarkeit *f*; Verformbarkeit *f*; Umformbarkeit *f*

plasticization *US <plast>* • Plastifizierung *f*

plasticized *<plast> (vinyl)* • weich

plasticizer *<chem.plast> (gen.; in plastics, vinyl, tires)* • Weichmacher *m*; Plastifikator *m rar*

plasticizing barrel *<plast> (of injection molding machine; accommodates the screw)* • Plastifizierzylinder *m*; Massezylinder *m*; Spritzzylinder *m*; Zylinder *m prakt*

plasticizing screw *<plast> (in extruder or injection molding machine)* • Plastifizierschnecke *f*; Schnecke *f prakt*

plasticky *<plast> (e.g. interior trim of low-budget cars)* • Billigplastik-…

plastic liner *<build.mat> (e.g. of a landfill site)* • Kunststoffdichtungsbahn *f*

plastic material *<plast> (a man-made material; e.g. ABS, PE, PVC)* • Kunststoff *m*; Plastik *n ugs*; Plast *m DDR*

plastic molding *<prod>* • Kunststoffformteil *n*

plastic range *<qualit.mat> (beyond the elastic limit)* • plastischer Bereich *m*

plastics *pl <plast>* • Kunststoffe *mpl*; synthetische Polymere *npl*

plastics engineering *<plast>* • Kunststofftechnik *f*

plastics industry *<plast.econ>* • Kunststoffindustrie *f*

plastic tubing *<pps>* • Kunststoffschlauch *m*; Plastikschlauch *m ugs*

plastic waste *sg <plast.waste>* • Kunststoffabfälle *mpl*; Kunststoffabfall *m*; Kunststoffschrott *msg ugs*; Plastikmüll *m ugs*

plastic welding *<join>* • Kunststoffschweißen *n*

plastic wood *<srfc.wood>* • Holzkitt *m*; plastisches Holz *n wiss*; flüssiges Holz *n ugs*

plastify *vt <plast>* • erweichen *vt*; plastifizieren *vt*; weichmachen *vt*

plate *<tech.gen> (gen.; smooth, flat, thin, stiff)* • Platte *f*

plate *<build> (on column capital)* • Platte *f*

plate *<build.phys> (statics)* • Scheibe *f*

plate *<el> (accumulator)* • Platte *f*

plate *<geo> (tectonics)* • Platte *f*; Erdkrustenplatte *f*; Krustenblock *m*; Erdplatte *f*; Großscholle *f*

plate *<mat> (German gauge > 4,75 mm, US gauge > 6 mm; up to ca. 300 mm)* • Grobblech *n*

plate *<mech> (clockwork)* • Platine *f*; Werkplatte *f*

plate *<metal> (thicker than sheet; not coiled; typ >500mm wide, >5mm thick)* • Blech *n DIN 55 405*

plate *<therm> (plate heat exchanger)* • Platte *f*

plate *vt <srfc> (jewelry; with gold, silver)* • plattieren *vt*

plate bending *<print> (platemaking)* • Abkanten *n*

plate cam *<mech.eng>* • Nockenscheibe *f*; Exzenterscheibe *f*; Scheibenkurve *f*

plate conveyor *<convey> (conveys plates; e.g. for printing plates, steel plates)* • Plattenförderer *m*

plate girder *<build> (bulit; welded or riveted)* • Plattenträger *m*; Blechträger *m*

plate heat exchanger (PHE) *<proc>* • Plattenwärmetauscher *m*; Plattenwärmeaustauscher *m ugs*; Plattenwärmeübertrager *m*

plate-like *<tech.gen>* • plattenförmig
platen *<plast> (of injection molding machine)* • Werkzeugaufspannplatte *f norm*; Aufspannplatte *f*; Formträgerplatte *f*; Werkzeugträgerplatte *f*
platen *<print>* • Platte *f*
plate rolling *<metal>* • Blechwalzen *n*
plate shears *<mach.tool> (bench type)* • Blechtafelschere *f*; Blechschere *f ugs*
plate tectonics *<geo>* • Plattentektonik *f*; Großschollen-Tektonik *f*; Globaltektonik *f*; neue globale Tektonik *f*; Plattentheorie *f*
plate vibrator *<build.mach> (for compaction)* • Rüttelplatte *f*
platform *<tech.gen> (for worker/operator access; usu. a temporary or permanent steel struct)* • Bühne *f*
platform *<tech.gen>* • Plattform *f*
platform *<tech.gen> (a small raised area, rostrum; e.g. for machine or person)* • Podest *n*
platform *<railw> (for passenger access to trains)* • Bahnsteig *m*; Perron *n CH*
platform body *<comvhcl>* • Pritschenaufbau *m*
platform wagon with stakes *GB <railw>* • Plattform-Rungenwagen *m*
platform wiper *<proc> (vertical drum screen)* • Abstreifer *m*
plating *<srfc> (jewelry; with gold, silver)* • Plattierung *f*
platinum (Pt) *<chem>* • Platin *n* (Pt)
platinum metals *pl <chem> (e.g. osmium, iridium, etc.)* • Platinmetalle *pl*
platter *form <comp>* • Platte *f*
play *<tech.gen> (physical clearance, gap, margin)* • Spielraum *m*; Luft *f prakt*
play *vt <av> (media; e.g. tape, CD, DVD)* • abspielen *vt*
playback (PB) *<av> (of recording)* • Wiedergabe *f*; Abspielen *n rar*
play back *vt <av> (recording; e.g. piece of music, tape, video)* • abspielen *vt*; wiedergeben *vt*
player *<av> (e.g. for records, tapes, cassettes, disks)* • Abspielgerät *n form*; Spieler *m ugs*; Player *m ugs.werb*; Abspieler *m rar*; Wiedergabegerät *n rar*
pleasant *<food> (taste, flavor)* • ansprechend
pleat *<garm> (e.g. in skirt)* • Falte *f*
pleated filter *<proc>* • Plisseefilter *m*
pleated structure *<textil>* • Plissee *n*
plenty of room *<mvhcl.int> (inside a car)* • großzügige Platzverhältnisse *npl*
plenum chamber *<tech.gen> (air chamber)* • Luftkammer *f*
plenum chamber *<aerosp> (hovercraft)* • Luftkammer *f*
pliable *<mat>* • biegsam
pliable *<qualit.mat> (soft, supple)* • geschmeidig
pliers *US.GB <tool> (small pincers with long jaws, for gripping, bending)* • Zange *f DIN ISO 4572*
plot *<print> (plotter output)* • Aufzeichnung *f*
plot *vt <docu> (values, curves, diagrams)* • aufzeichnen *vt*; registrieren *vt*
plot *vt <nav.navig> (course)* • absetzen *vt*
plot *vt <print> (values, diagrams, curves)* • eintragen *vt*; einzeichnen *vt*; auftragen *vt*
plot *vt <print> (data, diagrams)* • plotten *vt*; schreiben *vt*; zeichnen *vt*
plotting *<docu> (of data, in diagram)* • Auftragen *n*
plotting *<i&c> (process)* • Aufzeichnung *f*
plot versus x *vt <docu>* • Funktion *f*: als ~ von x auftragen *vt*
plow body *US <agri>* • Pflugkörper *m*
plug *<gen> (in any holes)* • Stopfen *m*; Stöpsel *m ugs*
plug *<tech.gen> (gen.)* • Verschlussstopfen *m*; Stopfen *m*
plug *<join> (gen.; short index pin, bolt; made of metal, wood)* • Dübel *m*
plug *<mech.eng> (cone-shaped; e.g. in cock valve)* • Kegel *m*
plug *US <pack> (closure designed to be inserted into the opening of a container)* • Stopfen *m DIN 55405*; Stöpsel *m ugs*; Stoppel *m A*
plug *<pps> (of cock)* • Küken *n*
plug *vt <tech.gen> (seal sth; e.g. leak)* • abdichten *vt*
plug *vt <build> (e. h. hole, pipe)* • verschließen *vt*
plug-and-play installation (PnP)

<comp> *(process and claim)* • Plug--and-Play-Installation *f* (PnP); Plug--and-Play *n ugs*; Plug-and-Punish *n jarg*

plug and socket connection Tuchel <gen> • Tuchel-Stecker *m*

plug base <el> *(e.g. of light bulbs, relays, coils)* • Stecksockel *m*

plug contact <el> • Steckkontakt *m*

plug in *vt* <tech.gen> *(insert)* • einführen *vt*

plug in *vt* <el> *(circuit board, module)* • einstecken *vt*; einschieben *vt*

plug into *vt* <el> *(e.g. connector, diagnostic tool into socket)* • einstecken [in] *vt*

plug-on camera <el.phot> *(on cell phone, PDA etc.)* • Aufsteckkamera *f*

plumb *vt* <build> *(vertically)* • abloten *vt*

plumb *vt* <build> *(e.g. water pipe)* • installieren *vt*

plumb bob <build.tool> *(steel or brass weight fixed to a yarn)* • Senklot *n*; Schnurlot *n*; Lot *n*; Bleilot *n*; Richtblei *n*

plumbing <build> • Installation *f*

plumbing <build> *(piping, fittings for bathrooms, WC, kitchens etc.)* • Sanitärtechnik *f*; Sanitärinstallationen *fpl*

plumbing, heating, ventilation and air conditioning <build.hvac> • Sanitär-, Heizungs-, Lüftungs- und Klimatechnik *f*

plumbing snake <pps.tool> • Abflussspirale *f*; Rohrreinigungsspirale *f*

plumbing unit <build> *(gen.)* • Nasszelle *f*; Installationszelle *f*

plumb line <build.tool> *(the actual yarn, without the weight)* • Lotschnur *f*

plume *ISO 4225* <emiss> *(of smoke or vapor: effluent from a specific outlet)* • Schwaden *m DIN ISO 4225*; Abgasfahne *f*

plunge *vi* <tech.gen> • eintauchen *vi*

plunger <tech.gen> *(piston)* • Tauchkolben *m*

plunger <mech.eng> *(any immersing type of piston)* • Kolben *m*

plunger <mech.eng> • Stempel *m*

plunger <safe> *(of locks; round bolt; e.g. of office furniture locks)* • Riegelbolzen *m*

plunger relay <el> • Tauchankerrelais *n*; Tauchkernrelais *n*

plus limit <tech.gen> • Plusabmaß *n*

plutonium (Pu) <chem> *(radioactive)* • Plutonium *n* (Pu)

ply <tech.gen> *(layer in a laminated product; e.g. of bellows, tires)* • Lage *f*

ply <mat> *(layer in calendered or laminated materials; e.g. of plywood)* • Schicht *f*

ply <vhcl> *(in tires)* • Gewebelage *f*; Cordgewebeeinlage *f*; Cordlage *f*; Einlage *f*; Gewebeschicht *f rar*

ply *vt* <prod> *(layers; e.g. of wood, fabric)* • doppeln *vt*

plywood <build.mat> • Sperrholz *n DIN EN 313*

pneumatic <pneum> *(e.g. actuator, drive, piston, system)* • pneumatisch; luftbetrieben; luftbetätigt

pneumatic chipping hammer <tool> *(pressurized-air driven; for chisel action)* • Meißelhammer *m*

pneumatic spring <mech.eng> • Gasfeder *f*

pneumatic spring <vhcl.mech.eng> • Luftfeder *f*; Luftfederung *f*; Gasfeder *f*

pneumatic tires *US* <mvhcl> • Luftbereifung *f*

pn-junction <el> • pn-Übergang *m*; pn--Verbindung *f*

pocket <prod> *(recess)* • Aussparung *f*

pocket calculator <comp> • Taschenrechner *m*

pocket filter <proc> *(flat filter elements)* • Taschenfilter *m*; Flächenfilter *m*; Rahmenfilter *m*; Schlauchfilter *m*

pocketknife <tool> • Taschenmesser *n*; Sackmesser *n CH*

pocket size <tech.gen> • Taschenformat *n*

pockety <geo> • drusig

point <tech.gen> *(e.g. decimal point, position, subject, item on list, agenda)* • Punkt *m*

point <mech.eng> *(of screws, bolts etc.)* • Spitze *f*

point <navig> *(compass)* • Strich *m*

point <print> *(typographical unit; font size)* • Punkt *m*

point *vt* <tech.gen> • anspitzen *vt*

point *vt* <metal> • ankuppen *vt*

point *vt* <tool> *(edge)* • schärfen *vt*

point-by-point <tech.gen> *(e.g.*

scanning) • punktweise

pointed *<gen> (e.g. pencil, pin)* • spitz

pointed bracket *<docu> (< ... >)* • spitze Klammer *f*

pointer *<comp>* • Zeiger *m*; Datenzeiger *m*; Hinweisadresse *f*; Pointer *m*

pointer *<i&c> (of indicating instrument; e.g. of speedometer)* • Zeiger *m*; Nadel *f*; Anzeiger *m rar*

pointing device *<comp> (e.g. mouse, trackball)* • Zeigegerät *n*

point load *<mech>* • Punktlast *f*; konzentrierte Last *f*

point of action *<phys.tool>* • Angriffspunkt *m*

point of aim *<mil> (shooting)* • Haltepunkt *m*

point of force application *<phys>* • Kraftangriffspunkt *m*; Angriffspunkt einer Kraft *m*

point of impact *<tech.gen>* • Auftreffpunkt *m*

point of lubrication *<tribo>* • Schmierstelle *f*

point of origin *<tech.gen>* • Entstehungsstelle *f*

point-of-sale scanner *<comp>* • Kassenscanner *m*; POS-Scanner *m*

point-of-sale terminal *<comp>* • Kassenterminal *n*; POS-Terminal *n*; Point-of-Sale-Terminal *n*

point of view *<gen>* • Standpunkt *m*

point position *<tech.gen>* • Punktlage *f*

point rail *<railw> (in switch)* • Zunge *f*

point shift *<math>* • Kommaverschiebung *f*

point-to-point control *<autom.i&c> (of industrial robots)* • Punktsteuerung *f*; Punkt-zu-Punkt-Steuerung *f*; PTP--Steuerung *f*

point-to-point controlled robot *<autom>* • punktgesteuerter Industrieroboter *m*

poison gas *<gen>* • Giftgas *n*

poisonous *<qualit.mat>* • giftig; toxisch *wiss*

Poisson's ratio *<mech> (ratio transverse contracting strain : elongation strain)* • Poisson'sche Zahl *f*; Querdehnungszahl *f*; poissonsche Zahl *f*; Querkontraktionszahl *f*

poke *vt <proc> (to prod or push, typ. in a hole, with something pointed)* • stochern *vt*

pokehole *<proc> (in silo)* • Stocheröffnung *f*

polar coordinate robot *<autom>* • IR mit kugelförmigem Arbeitsraum *m*

polar diagram *<aerosp> (airfoil theory)* • Polardiagramm *n*; Polare *f*

polarity *<phys>* • Polarität *f*

polarity inverter *<el>* • Polwender *m*

polarized *US.GB <el>* • gepolt

polarizing filter *<phot.comp>* • Polarisationsfilter *m/n*; Polfilter *m/n prakt*

polder *<build> (tract of land protected by dikes, or controlled flooding area)* • Polder *m*

pole *<build>* • Pfahl *m*

pole *<build.mat> (round timber)* • Rundholz *n*

pole armature *<el>* • Polanker *m*; Anker mit ausgeprägten Polen *m*

pole-changing motor *<el> (gen.; 2 or more speeds)* • polumschaltbarer Motor *m*

pole climbers *<tool> (e.g. used by telephone linemen)* • Steigeisen *npl DIN 48345*

pole guy *<tech.gen>* • Spanndraht *m*

pole piece *<phys>* • Polstück *n*

pole pruner *<agri.tool> (manual or with motor)* • Bäumsäge *f*

pole shoe *<el>* • Polschuh *m*; Magnetpolschuh *m*

pole transformer *<el> (rarely used in Europe)* • Masttransformator *m*

police radar *<traff>* • Radarfalle *f*

police style helmet *US <mvhcl.garm>* • amerikanischer Polizeihelm *m*

polish *<srfc.wood> (medium)* • Politur *f*

polish *vt <leath>* • appretieren *vt*

polish *vt <proc> (gemstones; step before final finishing)* • schleifen *vt*

polish *vt <prod.srfc> (to make smooth)* • schlichten *vt*

polish *vt <srfc> (remove burrs etc.)* • glätten *vt*

polish *vt <srfc> (gen., produce or restore luster; e.g. of paintwork)* • polieren *vt*

polished specimen *<qualit.mat> (for microscopic inspection)* • Anschliff *m*

polishing *<srfc> (gen.)* • Polieren *n*

polishing agent *<srfc>* • Poliermittel *n*

polishing barrel *<srfc> (for small*

elements; e.g. bearing balls, gemstones) • Poliertrommel *f*

polishing felt wheel *<tool>* • Filzscheibe *f*

polish with felt wheel *vt <srfc>* • filzen *vt*

pollen filter *<mvhcl.hvac>* • Pollenfilter *m*; Reinluftfilter *m*

pollutant emitter *<ecol>* • Schadstoffemittent *m*

pollute *vt <ecol> (soil, air, water)* • verunreinigen *vt*

polluting *<ecol> (causing environmental damage)* • umweltbelastend; umweltschädlich; umweltfeindlich

pollution burden *<waste> (of waste water)* • Abwasserlast *f*

pollution level *<ecol>* • Ausmaß der Verschmutzung *n*

pollution of waters *<ecol>* • Gewässerverunreinigung *f jurist*; Gewässerverschmutzung *f*; Gewässerbelastung *f*; Wasserverschmutzung *f*

polonium (Po) *<chem> (radioactive)* • Polonium *n* (Po)

polyamide (PA) *<plast> (e.g. for high--strength fibers)* • Polyamid *n* (PA); Nylon *n* ®; Perlon *n* ®; Dederon *n* ® *DDR*; polymeres Amid *n rar*

polybenzimidazole (PBI) *<plast> (a high-performance plastic)* • Polybenzimidazol *n* (PBI); Celazole *n* ®

polybutylene terephthalate (PBT) *<plast>* • Polybutylen-Terephthalat *n* (PBT); Polybutylenterephthalat *n*; Ultradur *n* ® *BASF*

polycarbonate (PC) *<plast> (e.g. for CDs)* • Polycarbonat *n* (PC); Makrolon *n* ® *Bayer*

polychloroprene (PCP) *<plast> (e.g. for diving suits)* • Polychloropren *n*; Neopren *n* ®

polychrome *<tech.gen> (e.g. printing, print, image)* • mehrfarbig; polychrom *wiss*; vielfarbig *ugs*

polycrystalline silicon *<energ.sol>* • polykristallines Silicium *n* (mc-Si); multikristallines Silizium *n*; Solarsilizium *n Bayer*

polyellipsoidal projector *<mvhcl.light> (e.g. of bi-xenon headlights)* • Polyellipsoidprojektor *m*

polyester *<plast>* • Polyester *m DIN 55 405*

polyester film *<plast> (e.g. for capacitors)* • Polyesterfolie *f*; Mylarfolie *f*; Mylar ® *DuPont*

polyether sulfone (PES) *<plast>* • Polyethersulfon *n* (PES) *DIN 7728*

polyethylene (PE) *<plast> (e.g. for sheeting)* • Polyethylen *n* (PE); Polyethen *n*

polyethylene film *<plast>* • Polyethylenfolie *f*

polyethylene sheeting *<plast> (for protecting, covering up furniture etc.)* • Abdeckfolie *f*; Abdeckplane *f*; PE--Folie *f*

polyethylene terephthalate (PET) *<plast> (e.g. for bottles)* • Polyethylen--Terephthalat *n* (PET); Polyethylenterephthalat *n DIN 16810*

polyethylene terephthalate film *<plast>* • Polyethylen-Terephthalat--Folie *f*; PET-Folie *f prakt*

polygon *<math> (geometr. shape)* • Polygon *n*; n-Eck *n*; Vieleck *n*

polyhalogenated compound *<chem> (toxic)* • polyhalogenierte Verbindung *f*

polymer *<plast.chem>* • Polymer *n*

polymer electrolyte membrane fuel cell (PEMFC) *<energ>* • Polymer--Elektrolyt-Membran-Brennstoffzelle *f* (PEMFC); Polymerelektrolytmembranbrennstoffzelle *f rar*; Brennstoffzelle mit Polymermembran *f*; Protone--Exchange-Membran-Brennstoffzelle*f*; PEM-BZ *f*

polymeric *<chem>* • polymer

polymeric cable *<el> (with extruded solid polymeric dielectric)* • Kunststoffkabel *n*; kunststoffisoliertes Kabel *n*

polymer insulation *<el> (cable)* • Kunststoffisolierung *f*; Polymerisolierung *f*

polymerizate *<chem>* • Polymerisat *n*

polymerization *US <plast> (gen.; any bonding of two or more monomers to produce a polymer)* • Polymerisation *f*; Kunststoffsyntheseverfahren *n*; Polyreaktion *f obs*; Kettenwachstumsreaktion *f rar*

polymer OLED *<comp>* • Polymer--OLED *n*

polymethyl methacrylate (PMMA)

<plast> • Polymethylmethacrylat *n* (PMMA); Acrylglas *n prakt*; Plexiglas *n* ® *Röhm*; Plexi *n prakt.ugs*

polymorphous <tech.gen> • polymorph

polyolefine (PO) <plast> • Polyolefin *n* (PO) *DIN 55 405*

polyoxymethylene (POM) <plast> *(e.g. Ultraform®, Hostaform®; e.g. for zipper chains)* • Polyoxymethylen *n* (POM) *DIN 16810*; Acetalcopolymerisat *n form*; Polyacetal *n prakt*; Polyoximethylen *n*

polyphase <tech.gen> *(e.g. material, alternating current)* • mehrphasig

polyphenylene oxide (PPO) <plast> • Polyphenylenoxid *n* (PPO)

polyphenylene sulfide <plast> *(e.g. Fortron, Primev, Ryton, Supec; always reinforced)* • Polyphenylensulfid *n* (PPS)

polyphenylsulfone (PPSU) <plast> *(a high-performance thermoplastic; e.g. for rapid prototyping)* • Polyphenylensulfon *n* (PPSU)

polypropylene (PP) <plast> *(e.g. for bags)* • Polypropylen *n* (PP) *DIN 55 405*

polypropylene foam <plast> • Polypropylenschaumstoff *m*; Polypropylenschaum *m*; PP-Schaum *m*

polyreaction <chem> *(gen.)* • Polyreaktion *f*

polysaccharide <chem> *(e.g. in paper prod.)* • Polysaccharid *n*

polystyrene (PS) <plast> • Polystyrol *n* (PS) *DIN 55 405*

polytetrafluoroethylene (PTFE) <plast> • Polytetrafluorethylen *n* (PTFE); Teflon *n* ® *prakt*

polythene bag <pack> *(large, heavy--duty)* • Kunststoffsack *m*; Plastiksack *m ugs*; Plastikbeutel *m*; Kunststoffbeutel *m*

polythene tunnel <agri> • Folientunnel *m*

polyurethane foam <build.mat> *(rigid)* • Polyurethan-Hartschaum *m DIN 18164*; PUR-Hartschaum *m*; PU--Hartschaum *m prakt*; PU-Schaum *m prakt.ugs*

polyurethane foam <plast> *(e.g. structural or insulation)* • Polyurethanschaum *m*; PU-Schaum *m prakt*; PUR-Schaum *m*; Polyurethanschaumstoff *m rar*

polyvalent <chem> • mehrwertig; vielwertig; polyvalent

polyvalent vaccine <pharm> • Kombinationsimpfstoff *m*; polyvalenter Impfstoff *m*

polyvinyl chloride (PVC) <plast> • Polyvinylchlorid *n* (PVC) *DIN 55 405*

pomace <food> • Presskuchen *m*

pommel <gen> *(e.g. on the hilt of a sword)* • Knauf *m*

pommel *vt* <leath> • aufkrausen *vt*

pontoon <tech.gen> • Ponton *m*; Schwimmkörper *m*

pontoon <nav> *(floating structure supporting sth.; e.g. a landing stage, bridge)* • Ponton *m*; Schwimmkörper *m form*; Trägerponton *m*; Schwimmer *m ugs*

pontoon bridge <build> • Pontonbrücke *f*; Schwimmbrücke *f*; schwimmende Brücke *f*; Behelfsbrücke auf Pontons *f*; Schiffsbrücke *f*

pool of molten metal <metal> • Schmelzbad *n DIN 1910-11*; Schmelzsumpf *m*

poor <food> *(in taste, flavor)* • arm

poor <qualit> *(e.g. ore, mine, soil)* • unergiebig

poor conductor <el> • schlechter Leiter *m*

poor in carbon <mat> • kohlenstoffarm

poor lime <build.mat> • Magerkalk *m*

pop *vi* <comb> *(flame)* • knallen *vi*

pop *vi* <prod> *(flame)* • abknallen *vi*

pop open *vi* <tech.gen> *(e.g. window, door; in gusts)* • aufspringen *vi*

pop rivet <join> *(a hollow rivet; e.g. for alloy ladders)* • Blindniet *m DIN 7337*; Bruchschaft-Blindniet *m form*; Popniet *m rar*

pop riveting tool <join.tool> *(pliers--type, mechanical hand-held tool)* • Blindniet-Handzange *f*; Blindnietzange *f prakt*; Popzange *f ugs*

pop top <mvhcl.tour> *(e.g. caravan, mobile home)* • Hubdach *n*

pop-top can <pack> • Aufreißdose *f DIN 55 405*

pop-top lid <pack> • Aufreißdeckel *m DIN 55 405*

popular length <tech.gen> • gängige

Länge *f*

populate *vt <phys> (shells with electrons)* • besetzen *vt*

population *<gen>* • Einwohnerzahl *f DIN 4045*

population *<math> (statistics)* • Grundgesamtheit *f DIN 55350-14*; Ausgangsgesamtheit *f*; Gesamtheit *f*; Population *f*

pop-up menu *<comp>* • Abrufmenü *n*; Pop-Up-Menü *n jarg*

porcelain cement *<join>* • Porzellankitt *m*

porcelain clay *<mat>* • Kaolin *m*; weißer Ton *m*; Kaolinerde *f*; Porzellanerde *f*

porcelain enamel *US <srfc> (finished coat)* • Email *n pl*: -s *RAL 529A2*; Emaille *f obs*

porcelain insulator *<el>* • Keramikisolator; keramischer Isolator *m*; Porzellanisolator *m*

porcelain insulator *<energ.el>* • Porzellanisolator *m*; Keramikisolator *m*

porch *<build> (usu. in front of traditional American homes)* • Veranda *f*

pore *<srfc> (tiny opening in a surface; e.g. for diffusion)* • Pore *f*

pore permeability *VDI4640 <tech.gen>* • Porendurchlässigkeit *f VDI4640*

pore structure *<tech.gen>* • Porenstruktur *f*

porosity *<geo> (of rock, soil; usu. in percent)* • Porosität *f*

porous *<tech.gen>* • porös

porous *<qualit.mat> (permeable)* • porös; durchlässig

port *<tech.gen> (aperture)* • Öffnung *f*

port *<el> (EMC testing; interface of the EUT)* • Anschluss *m EN 61000-4-x*; Tor *n EN 61000-4-x*

port *<hydr> (for hydraulic lines)* • Anschluss *m*

port *<mech.eng> (inlet or outlet of a conduit/duct)* • Kanal *m*

port *<nav> (LH-side of vessels and aircraft; marked red)* • Backbord *n*; Backbordseite *f*

port: call at a ~ *vi <nav>* • Hafen anlaufen *vi*; Hafen *m*: in den ~ einlaufen *vi*

portable *<tech.gen>* • tragbar

portable diagnostic unit (PDU) *<mvhcl.tool>* • Diagnose-Handgerät *n*

Portable Document Format (PDF) *<comp> (file format)* • Portable Document Format *n* (PDF) *Adobe*

portal *<build>* • Portal *n*; Tor *n*

port connection *VDMA 24560 <convey> (of shafts, to capacity)* • Anschluss *m VDMA 24560*

port construction *<build>* • Hafenbau *m*

ported vacuum *<mvhcl.i&c>* • kalibriertes Unterdrucksignal *n*

port engine *<nav>* • Backbordmotor *m*; Backbordmaschine *f*

portico *<build> (gen.; any type and size)* • Portikus *m*

portico *<build> (small; in private homes, gardens)* • Pergola *f*

portico *<build> (a colonnade or covered ambulatory; typ. at entrance)* • Säulenhalle *f*

portion *<gen> (part of sth.)* • Teil *m*

portion *<tech.gen> (of a line or area)* • Abschnitt *m*

portioning *<tech.gen>* • Portionierung *f*

Portland cement *<build.mat>* • Portlandzement *m DIN EN 197-1*

port of arrival *<nav>* • Ankunftshafen *m*

port of call *<nav>* • Anlaufhafen *m*

port of departure *<nav>* • Abfahrtshafen *m*; Abgangshafen *m*

port of discharge *<nav>* • Entladehafen *m*

port structures *<build>* • Hafenbauten *pl*

position: in [the] correct ~ *<tech.gen>* • lagerichtig

position (POS) *<navig>* • Position *f* (POS); Standort *m*

position *<prod> (location; for assembly, machining)* • Position *f*; Platz *m*

position *vt <tech.gen> (fit in, locate)* • einpassen *vt*; positionieren *vt*

position *vt <mach.tool> (move in)* • einfahren *vt*

position *vt <prod> (e.g. workpiece)* • positionieren *vt*

position accuracy *<tech.gen> (gen.; of parts, components, features; e.g. in production)* • Lagegenauigkeit *f*

position-dependent *<i&c>* • lageabhängig

position detection *RS <gen>* • Lageerfassung *f*

position display *<navig> (on receiver)*

• Positionsanzeige *f*
position finder *<navig>* • Ortungsgerät *n*
position-indicating device *<tech.gen>* *(e.g. handling engineering, manufacturing)* • Positionsanzeiger *m*
position indicator *<aerosp.i&c>* *(e.g. for landing gear, doors)* • Stellungsanzeiger *m*; Positionsanzeiger *m*
positioning *<tech.gen>* • Positionierung *f*
positioning accuracy *<autom>* • Anfahrgenauigkeit *f*
positioning pliers *<tool>* • Fixier--Gripzange *f*
positioning system *<tech.gen>* • Positioniersystem *n*
position of application *<tech.gen>* *(e.g. in techn. documentation)* • Gebrauchslage *f*
position of installation *<tech.gen>* • Einbauort *m*
position-sensitive *<tech.gen>* *(e.g. measuring equipment)* • lageempfindlich
position transducer *<i&c>* *(gen.)* • Positionsgeber *m*
positive *<gen>* *(result, polarity, sign, influence etc.)* • positiv
positive *<gen>* *(sure, secure, firm, without doubt)* • sicher
positive *<mech.eng>* *(joint, engagement; kept together by geometric constraints; e.g. clutch)* • formschlüssig
positive caster *US* *<mvhcl>* *(steering geometry; typical case)* • Nachlauf *m*
positive clutch *<drive>* *(any no-slip clutch)* • Klauenkupplung *f*; formschlüssige ausrückbare Kupplung *f*
positive-displacement blower *<mech.eng>* *(e.g. Roots type)* • Verdrängergebläse *n*
positive displacement pump *<convey>* *(major pump category; using pistons, screws, gears etc.)* • Verdrängerpumpe *f*
positive drive *<drive>* • formschlüssiger Antrieb *m*
positive rotation *<tech.gen>* *(CW rotation)* • positive Drehung *f*; positive Rotation *f*
positive sign *<tech.gen>* *(e.g. math, el)* • positives Vorzeichen *n*; positives Zeichen *n*
positive terminal *<el>* *(clamp-type)* • Plusklemme *f*; Pluspol *m*; positive Klemme *f*
positive terminal *<el>* *(gen.; e.g. of battery)* • Pluspol *m*
POS scanner system *<comp>* • Scannerkasse *f*; Scanner--Kassensystem *n*
post *<el>* *(insulator)* • Säule *f*
post *<mech.eng>* *(column, upright; e.g. of machine tools)* • Ständer *m*
post *<nav>* • Steven *m*
postage stamp machine *<logist>* • Frankiermaschine *f*
postcleaning *<tech.gen>* • Nachreinigung *f*
post-consumer resin (PCR) *<plast>* *(e.g. PET)* • recycelter Kunststoff *m*; Rezyklat *n*
post-consumer tire *EN 14243* *<tech.gen>* *(recycling)* • Altreifen *m* *DIN EN 14243*
post-cure *vt* *<plast>* *(heat treatment)* • tempern *vt*
poster printing *<print>* • Plakatdruck *m*
postheat *<pps>* *(e.g. steam boiler)* • Nachwärme *f*
postponable *<gen>* • aufschiebbar
postpone *vt* *<gen>* *(action; e.g. a meeting, decision)* • aufschieben *vt*; vertagen *vt*
postpone *vt* *<gen>* *(to a later date; e.g. a meeting, event)* • verschieben *vt*
postponement *<gen>* • Verschiebung *f*
pot *vt* *<prod>* *(embed; e.g. in resinous compound package)* • einbetten *vt*
potash fertilizer *<agri.chem>* • Kalidüngemittel *n*; Kalidünger *m*
potassiferous salt *<chem>* *(natural or synth.)* • Kalisalz *n*
potassium (K) *<chem>* • Kalium *n* (K)
potassium alum *<min>* *($KAl(SO_4)_2$)* • Kaliumaluminiumsulfat *n*; Kalialaun *m*
potassium carbonate *<chem>* *(K_2CO_3)* • Kaliumcarbonat *n* (E501); Kaliumkarbonat *n obs*; Pottasche *f ugs*; Potasche *f obs.rar*
potassium chlorate *<chem>* *($KClO_3$; for matches, fireworks, explosives)* • Kaliumchlorat *n*

potassium chloride *<chem>* • Kaliumchlorid *n*

potassium disulfite (E224) *<chem> ($K_2S_2O_5$; e.g. for sulphiting of must and wine)* • Kaliumdisulfit *n* (E224); Kaliummetabisulfit *n*; Kaliumpyrosulfit *n*

potassium nitrate *<chem> (KNO_3; a saltpeter)* • Kaliumnitrat *n*; Kalisalpeter *m prakt*; Salpeter *m ugs*

potassium perchlorate *<chem.expl> ($KClO_4$)* • Kaliumperchlorat *n*

potassium permanganate *<chem>* • Kaliumpermanganat *n*

potato chips *pl US <food>* • Kartoffelchips *mpl*

potato harvester *<agri>* • Kartoffel-Erntemaschine *f*; Kartoffelkombine *f*; Kartoffelroder *m*; Kartoffelvollernter *m*

potential capacity *<gen>* • theoretische Leistung *f*

potential drop *<phys>* • Potentialabfall *m*

potential energy *<phys>* • potentielle Energie *f DIN 1345*; Lageenergie *f*

potential equalization *US <el> (process)* • Potentialausgleich *m*

potential-free *<el>* • potentialfrei

potential rise *<phys>* • Potentialanstieg *m*

potentiometer *<el> (variable resistor as a voltage divider)* • Potentiometer *n*; Poti *m ugs*

pot life *<mat> (setting time of adhesives,)* • Abbindezeit *f*

potted *<prod> (e.g. electronic device, casing, housing)* • vergossen

potted-in cable *<el>* • angespritzte Leitung *f*

potter's wheel *<silic>* • Töpferscheibe *f*; Drehscheibe *f*

potting *<prod> (embedment in a matrix; e.g. of epoxy)* • Vergießen *n*; Verkapselung *f*; Kapselung *f*

potting material *<el> (for encapsulation of electr. devices)* • Vergussmasse *f*; Einbettungsmasse *f*

poultry processing plant *<food>* • Geflügelverarbeitungsanlage *f*

pounce *vt <art> (emboss metal by pressing or hammering on the reverse side)* • drücken *vt*

pour *vt <tech.gen> (a liquid; e.g. molten metal)* • gießen *vt*

pourability *<gen> (of liquids or granular materials, bulk)* • Gießbarkeit *f*

pour in *vt <tech.gen> (liquid, particulate matter)* • einfüllen *vt*; einschütten *vt ugs*

pour in *vt <proc> (liquid only)* • eingießen *vt*

pouring *<prod>* • Gießen *n*

pour out *vt <gen>* • ausschütten *vt*

pour out *vt <tech.gen> (liquids, bulk material)* • ausgießen *vt*; ausschütten *vt*

pour out *vt <tech.gen> (a liquid, bulk material; by tilting a container)* • auskippen *vt*

powder *<tech.gen> (of any material, fine or coarse)* • Pulver *n*

powder *vt <srfc> (spread or apply powder, dust)* • bestäuben *vt*; einpudern *vt rar*; einpulvern *vt rar*; pudern *vt rar*

powder core *<tech.gen>* • Pulverkern *m*

powdered *<tech.gen>* • pulverisiert

powdered latex exam gloves *<med.garm>* • gepuderte Latexhandschuhe *mpl*

powdered minerals *pl <build.mat>* • Gesteinsmehl *n DIN 4226-1*

powder metal *<metal>* • Sintermetall *n*; Pulvermetall *n*; gepulvertes Metall *n*

powder paint coat *<srfc>* • Pulverlackierung *f*

powdery *<tech.gen>* • pulverförmig

power: at lower average ~ *<gen>* • Schwachlastzeit *f*

power *<tech.gen> (strength; e.g. of a machine)* • Stärke *f*

power *<el> (electric)* • Strom *m*

power *<math> (arithmetics)* • Potenz *f*

power (pwr) *<mvhcl.mot> (of automotive engines; e.g. 210 kW @ 5400/min)* • Leistung *f*; Motorleistung *f form*

power *<phys> (capacity to perform work; force)* • Kraft *f*

power (P) *<phys> (work per unit time; performance)* • Leistung *f* (P)

power *vt <tech.gen>* • antreiben *vt*

power-actuated *<mech.eng> (with electr., hydraulic, pneumatic power; e.g. brake, rudder)* • kraftbetätigt

power adaptor *<el>* • Steckernetzteil *n*

power-adjustable mirror *<mvhcl>*

(exterior mirrors with electrical adjustment) • elektrisch verstellbarer Außenspiegel *m*; elektrischer Außenspiegel *m prakt*

power alcohol <*mot*> • Ethylalkoholtreibstoff *m*

power amplifier <*av*> *(module in Hifi system)* • Endverstärker *m*; Endstufe *f prakt*; Leistungsverstärker *m rar*

power amplifier <*el*> • Leistungsverstärker *m*; Booster *m*

power-assisted (p/a) <*tech.gen*> • servounterstützt

power assisted steering (pas) <*mvhcl*> *(driver steering effort is reduced; usu. by hydraulics)* • Servolenkung *f*; Hilfskraftlenkung *f*; Lenkhilfe *f*

power axle <*railw.drive*> • angetriebener Radsatz *m*; angetriebene Achse *f*

powerboat <*nav*> • Motorboot *n*

power brake [unit] <*mvhcl.brake*> • Bremskraftverstärker *m*; Bremshilfsgerät *n form.rar*; Bremsgerät *n form.rar.MB*

power button <*el*> *(mains power supply; typ. 110, 230 or 400 V)* • Netzschalter-Taste *f*; Ein/Aus-Taste *f*

power car <*railw*> *(pure traction unit w/o payload; typ. of German ICE 1, French TGV)* • Triebkopf *m*

power circuit <*el*> *(main circuit)* • Hauptstromkreis *m*

power circuit breaker <*energ.el*> *(at least man-size; usu. of power plants)* • Leistungsschalter *m*; Leistungstrennschalter *m*

power closing *:V* <*mvhcl*> *(of doors/lids)* • Servoschließung *f*; Zuziehautomatik *f*; Zuziehhilfe *f*; Tür--Zuzieh-Automatik *f ugs*; Soft Close Automatic *f BMW*

power compartment <*railw*> *(of diesel and electric locomotives)* • Maschinenraum *m*

power consumption <*el*> *(electr. energy usage; e.g. of machines; typ. in W/h or kW/h)* • Leistungsaufnahme *f*; Leistungsbedarf *m*; Stromverbrauch *m ugs*

power control <*energ*> *(e.g. of power plants)* • Leistungsregelung *f*

power controller <*i&c*> • Leistungsregler *m*

power converter <*el*> • Stromrichter *m DIN 41750*

power cord <*tech.gen*> *(to connect to 110 V or 230 V grid; flexible)* • Netzkabel *n*; Netzanschlusskabel *n*; Anschlusskabel *n ugs*; Stromkabel *n ugs*; Anschlussschnur *f ugs.obs*

power cord assembly <*el*> *(cable+connector; usu. a molded vinyl connector)* • konfektionierte Zuleitung *f*; konfektioniertes Netzkabel *n*

power current <*el*> *(380 - 400 V three--phase current)* • Starkstrom *m*; Kraftstrom *m A*

power cut <*el*> • Abschaltung *f*

power demand <*tech.gen*> • Energiebedarf *m*

power demand <*el*> • Strombedarf *m*

power diode <*el*> • Leistungsdiode *f*

power distribution <*mvhcl.drive*> *(of 4x4 vehicles)* • Antriebskraftverteilung *f*; Antriebsmomentverteilung *f form*; Leistungsverteilung *f prakt*; Vortriebsverteilung *f prakt*; Momentaufteilung *f rar*

power distribution <*phys*> *(e.g. electricity, traction)* • Leistungsverteilung *f*; Energieverteilung *f*

powered <*tech.gen*> • angetrieben

powered support <*min*> *(e.g. powered walking support)* • mechanisierter Ausbau *m DIN 21549*

power electronics *DIN IEC 60050-5* <*el*> • Leistungselektronik *f DIN IEC 60050-5*

power end <*mot*> *(at rear of engine)* • Kraftabgabeseite *f*

power failure <*el*> • Netzausfall *m*

power flow <*drive*> • Kraftfluss *m*

power fluctuation <*tech.gen*> • Leistungsschwankung *f*

power fluctuations <*el*> *(unwanted voltage variation)* • Spannungsschwankungen *fpl*

powerful <*tech.gen*> *(e.g. engine)* • stark

power generation <*energ.el*> • Stromerzeugung *f*; Elektroenergieerzeugung *f rar*; Energieerzeugung *f rar.ugs*; Elektrizitätserzeugung *f*

power hammer *Wagner* <*tool*> • Motor--Hammer *m Wagner*

power industry *<econ>* • Energiewirtschaft *f*

power lamp *<el.i&c>* • Betriebsanzeige *f*; Netzanzeige *f*

powerless flight *<aerosp>* • motorloser Flug *m*; Gleitflug *m*

power lift gate (PLG) *<mvhcl>* • elektrische Heckklappe *f*

power management *<el> (function, feature)* • Stromsparschaltung *f*; Energiesparschaltung *f*; Energiespareinrichtung *f*

power mirror with defogging *<mvhcl>* • elektrisch einstellbarer beheizter Außenspiegel *m*; el. Spiegel, beheizt *m*

power nailer *<tool>* • Elektronagler *m*

power off *<mvhcl> (sudden release of the accelerator pedal)* • Gaswegnehmen *n*; Lastwechsel *m form*; Gaslupfen *n ugs.rar.süddt*; Lupfen des Gaspedals *n ugs.rar.süddt*

power-off section *:V <railw.el> (train coasts)* • Abschaltstrecke *f*

power-on self-test *<tech.gen>* • Selbsttest *m*

power-on time *<tech.gen>* • Betriebszeit *f*

power-optimized aircraft (POA) *<aerosp>* • energieoptimiertes Flugzeug *n :V*; Flugzeug mit intelligentem Energiemanagement *n :V*

power outage *<energ.el>* • Stromversorgungsausfall *m*; Ausfall der Stromversorgung *m form*; Netzausfall *m prakt*; Stromausfall *m ugs*; Stromunterbruch *m CH*

power outlet box *<el>* • Steckdosenverteiler *m*; Verteilersteckdose *f rar.ugs*

power outlet strip *<el>* • Steckdosenleiste *f*

power output stage *<el>* • Leistungsendstufe *f*

power piston *<mech.eng> (as opp. to control piston, valve rod)* • Arbeitskolben *m*

powerplant *JAR 25.901-1207 <aerosp.mot> (engine incl. all ancillary components)* • Triebwerksanlage *f*

power plant *US <energ> (conventional or nuclear; usu. a major facility)* • Kraftwerk *n*; Elektrizitätswerk *n obs*; E-Werk *n obs*; Kraftwerksanlage *f*

power plant *US <energ> (gen.; any size, any type; e.g. coal-fired, solar p. p.)* • Kraftwerk *n*; Kraftwerksanlage *f*

power plant capacity *US <energ> (usu. in MW; e.g. 1,300 MW)* • Kraftwerksleistung *f*

power-plant engineering *<gen>* • Kraftwerkstechnik *f*

power plant market *<gen>* • Kraftwerksmarkt *m*

power plant operator *<energ.el> (usu. a public utility)* • Kraftwerksbetreiber *m*

power plant producer *<gen>* • Kraftwerkshersteller *m*; Kraftwerkhersteller *m*; Kraftwerksbauer *m*; Kraftwerkbauer *m*

power plug *<el>* • Netzstecker *m*

power rail *<el> (gen.)* • Stromschiene *f*

power rating *<tech.gen> (e.g. of motor, turbine)* • Leistungsangabe *f*

power rating *<tech.gen> (of an engine, turbine, power plant etc.; e.g. 100 W, 1.300 MW)* • Nennleistung *f*

power rating *<el> (in watts)* • Belastbarkeit *f*

power saw *<mach.tool>* • Motorsäge *f*

power seats *pl US <mvhcl.el>* • elektrische Sitzverstellung *f* (ESV)

power shears *<tool.el> (hand-held)* • Elektro-Blechschere *f*

power spike *<el> (mains voltage)* • Spannungsanstieg *m*

power split between front and rear axles *<mvhcl>* • Antriebsverteilung auf Vorder- und Hinterachse *f*

power spring *<mech.eng> (of clockwork; e.g. toy, watch)* • Triebfeder *f*; Zugfeder *f*; Aufzugsfeder *f*

power steering *<mvhcl> (no mech. connection; fully hydraulic or electric)* • Kraftlenkung *f*

power stroke *<mot> (of reciprocating piston engines; from TDC to BTC)* • Arbeitstakt *m*; Expansionstakt *m*; Arbeitshub *m*

power supply *<el> (stress on: interface to mains grid)* • Netzanschluss *m*

power supply *<el> (mains adapter incl. transformer/rectifier; integr. or separate)* • Netzteil *n*; Netzgerät *n*; Stromversorgungseinheit *f form*; Netzanschlussteil *n rar*

power supply *<el> (stress on: any source of electrical current, usu. small;*

e.g. battery) • Stromquelle *f*; Energiequelle *f*
power supply <*el*> *(availability of electric power, from any source, incl. batteries)* • Stromversorgung *f*
power supply <*energ*> *(energy in general)* • Energieversorgung *f*; Energiebereitstellung *f*
power supply system (PS) <*energ.el*> • Energieversorgungssystem *n* (EV); Elektroenergieversorgungsnetz *n*
power surge <*el*> • Spannungsanstieg *m*
power switch <*el*> *(mains power supply; typ. 110, 230 or 400 V)* • Netzschalter *m*; Ein/Aus-Schalter *m*
power take-off (pto) <*comvhcl.drive*> • Nebenantrieb *m*
power take-off (PTO) <*drive*> *(on transmissions, gear boxes)* • Abtrieb *m*; Nebenabtrieb *m*
power take-off gear <*agri*> *(on tractor)* • Zapfgetriebe *n*
power tools *pl* <*tool*> *(if powered by electricity)* • Elektrowerkzeuge *npl*
power-to-weight ratio (p/w) <*mvhcl*> *(e.g. Corvette 7.0 lb / hp)* • Leistungsgewicht *n*; Leistungs--Gewichts-Verhältnis *n*
power train *US* <*mvhcl.drive*> *(entire power system, including engine)* • Motor/Antriebsstrang *m*
powertrain warranty <*qualit*> • Garantie auf Motor und Getriebe *f*; Garantie auf den Antriebstrakt *f*
power transformer <*el*> • Leistungstransformator *m*; Leistungstrafo *m prakt*
power transmission <*drive*> *(abstract concept; process)* • Kraftübertragung *f*
power wheelchair <*vhcl*> • Elektrorollstuhl *m*; E-Rollstuhl *m*
Pozidriv <*join*> *(screw drive design)* • Pozidriv-Kreuzschlitz *m*; Kreuzschlitz Pozidriv *m*; Kreuzschlitz Form Z *m*; Kreuzschlitz Z *m*
Pozidriv ... <*tool*> *(in compounds; tools)* • Pozidriv-...
Pozidriv screwdriver <*tool*> • Pozidriv--Schraubendreher *m*
PP foam sheet <*plast*> • PP--Schaumfolie *f*
practical elastic limit <*qualit.mat*> *(tensile test)* • technische Elastizitätsgrenze *f*; 0,01-Dehngrenze *f*
practical experience <*gen*> • praktische Erfahrung *f*; Betriebserfahrung *f*
practice <*tech.gen*> *(operational)* • Erfahrung *f*
practice *vt US* <*tech.gen*> *(carry out in action; e.g. method, principle)* • praktizieren *vt*
praseodymium (Pr) <*chem*> • Praseodym *n* (Pr)
preadjustment <*i&c*> • Voreinstellung *f*
pre-assembled <*tech.gen*> *(part, component; e.g. el. circuit, concrete formwork)* • vormontiert
prebrake <*mvhcl.i&c*> *(automatic ACC function)* • automatisches Vorbremsen *n*
precast concrete <*build.mat*> • Fertigbeton *m*
precast concrete element *DIN EN 206-1* <*build.mat*> • Betonfertigteil *n DIN 1045-2*; vorgefertigtes Betonteil *n*; Fertigelement aus Beton *n*
precast construction <*build*> • Fertigteilbauweise *f*; Bauweise mit Fertigbetonteilen *f*
precast floor <*build*> • Fertigdecke *f*; Fertigbetondecke *f*
precast reinforced compound unit <*build*> • Stahlbetonfertigteil *n*
precast slab <*build*> • Fertigteilplatte *f*
prechamber <*mech.eng*> *(gen.)* • Vorkammer *f*; Vorraum *m rar*
precious <*mat*> *(noble)* • edel
precious stone <*mat*> • Edelstein *m*
precipice <*geo*> • Absturz *m*; Steilhang *m*
precipitate <*chem.proc*> *(result; e.g. at the bottom of a tank)* • Niederschlag *m*; Fällung *f*
precipitate *vi* <*chem*> *(e.g. salts)* • ausfallen *vi*
precipitate *vt* <*chem*> • fällen *vt*; ausfällen *vt*
precipitation <*chem.proc*> *(process)* • Ausfällung *f*; Fällung *f*; Ausfallen *n*; Präzipitation *f wiss*; Präzipitieren *n wiss*
precipitation <*meteo*> *(e.g. snow, rain)* • Niederschlag *m*
precipitation bath <*proc*> *(e.g. with coagulation process)* • Fällbad *n*
precipitation box <*proc*> • Fällkasten

m

precipitation column *<proc>* • Fällkolonne *f*; Fällsäule *f*; Fällturm *m*

precipitation gauge *<meteo>* • Niederschlagsmesser *m*

precipitation-harden *vt <metal>* • aushärten *vt*; ausscheidungshärten *vt*

precipitation-hardenable *<metal> (e.g. spring steel wire)* • ausscheidungshärtbar

precipitation hardening *<metal>* • Dispersionshärten *n*; Ausscheidungshärten *n*; Härten durch Dispersionsprozesse *n rar*

precipitation interference *<navig>* • Aufladungsstörungen *fpl*

precipitation process *<chem.proc>* • Fällverfahren *n*

precipitator *<proc>* • Abscheider *m*

precision *<gen>* • Genauigkeit *f*

precision-casting *<prod> (process and result; usu. investment casting)* • Feinguss *m*; Präzisionsguss *m*

precision component *<prod>* • Präzisionsbauteil *n*

precision distillation *<chem.proc>* • Feindestillation *f*

precision drilling *<prod> (gen.)* • Feinbohren *n*; Feinstbohren *n*

precision engineering *<tech.gen>* • Feinmechanik *f*; Feinwerktechnik *f*; Präzisionsmechanik *f*

precision engineering component *VDI/VDE 2255 <mech.eng>* • Feinwerkelement *n VDI/VDE 2255*

precision ground *<prod>* • präzisionsgeschliffen

precision instrument *<tech.gen>* • Präzisionsinstrument *n*; Präzisionsgerät *n*

precision investment casting *<prod>* • Investment-Feinguss *m*

precision lathe *<mach.tool>* • Feindrehmaschine *f*; Präzisionsdrehmaschine *f*

precision-machine *vt <prod>* • Präzision *f*: mit hoher ~ bearbeiten *vt*; genau bearbeiten *vt*

precision-measuring technology *<i&c>* • Feinmesstechnik *f*

precision-mechanical *<tech.gen>* • feinmechanisch

precision requirement *<tech.gen>* • Genauigkeitsanforderung *f*

preclean *vt <srfc>* • vorreinigen *vt*

precoat clarifier *<proc>* • Anschwemmklärfilter *n*

precoat filter *<proc>* • Anschwemmfilter *n*

precombustion engine *US <mvhcl.mot>* • Vorkammer--Dieselmotor *m*

precondition *<gen>* • Vorbedingung *f*; notwendige Voraussetzung *f*; notwendige Bedingung *f*

precooling *<proc>* • Vorkühlung *f*

predetermined breaking point *<tech.gen> (designed; e.g. of pop rivet mandrels)* • Sollbruchstelle *f*

predictable *<tech.gen> (e.g. system performance, vehicle handling)* • berechenbar

predictive autofocus *<phot>* • Prädiktionsautofokus *m*; prädiktiver Autofokus *m*; prädiktive Schärfenachführung *f Nikon*; vorausberechnete Bewegungsfokussierung *f Fuji*; Prädiktions-AF *m Canon*

pre-driven car *<mvhcl> (euphemism for used luxury cars)* • Fahrzeug aus Vorbesitz *n*

pre-driven car *<mvhcl> (reduced-price new car with one-day previous registered keeper)* • Fahrzeug mit Tageszulassung *n*

pre-emphasis *<av> (for noise reduction; e.g. in FM radio, Dolby)* • Präemphasis *f*; Preemphase *f*; Vorentzerrung *f*; Vorverzerrung *f*; Vorbetonung *f*

pre-emphasis *<el>* • Akzentuierung *f*

pre-etching *<srfc>* • Anätzen *n*

prefabricated *<prod> (gen.)* • vorgefertigt

prefabricated component *<tech.gen>* • Fertigbauteil *n*; Fertigteil *n prakt*; vorgefertigtes Teil *n*; Prefab *n jarg*

prefabricated construction *<tech.gen>* • Fertigteilbauweise *f*

prefabricated girder *<build>* • Fertigteilträger *m*

prefabricated home *<build> (gen.; e.g. panelized, modular)* • Fertighaus *n*

preferential *<tech.gen> (e.g. dimensions, tolerances)* • bevorzugt

preferred embodiment *<jur> (patent)* • vorteilhafte Ausgestaltung *f*;

vorteilhafte Ausführungsform *f*

preformatted *adj <comp>* • vorformatiert

preformed pad *<garm>* • Formteil *n*

preheat *vt <tech.gen> (prior to a subsequent operation; e.g. water, workpiece, system)* • vorwärmen *vt*; vorheizen *vt ugs*

pre-heat *vt <tech.gen> (slightly; e.g. workpiece)* • anwärmen *vt*

pre-heat *vt <mvhcl.el> (diesel engine)* • vorglühen *vt*

preheater *<tech.gen>* • Vorerhitzer *m*

preheating *<tech.gen>* • Vorwärmung *f*

prelaunching *<prod.econ>* • Vorlauf *m*

preliminary condition *<gen>* • Vorbedingung *f*

preliminary stage *<tech.gen>* • Vorstufe *f*; vorläufige Stufe *f*

preload *<tech.gen> (e.g. of screws, bolts)* • Vorspannung *f*

preloading *<tech.gen> (mechanical; e.g. of bolts, screws, quartz force washers)* • Vorspannung *f*; Vorspannen *n*

prelubricated life-sealed ball bearing *<mech.eng>* • dauergeschmiertes Kugellager *n*

premium *<mvhcl> (car category; e.g. Audi A6, MB E-Class, Nissan Maxima, Lexus GS)* • obere Mittelklasse *f*

premium class *<mvhcl> (e.g. Audi A6, BMW 5-series, MB E-class, Buick Lucerne)* • Premiumklasse *f*

premium fuel *<petr> (RON 100, CN >60; e.g. Aral Ultimate, Shell V-Power)* • Premiumkraftstoff *m*

premium steel *<mat> (as opp. to low--grade, low-alloy steels such as plain carbon steel)* • Edelstahl *m*

premium unleaded *US <chem.petr> (gasoline grade; 91 Oct)* • Super bleifrei *n*

premix *<tech.gen> (gen.; e.g. for plastics, tires, brake linings)* • Premix *m*

preparation *<tech.gen> (treatment, conditioning)* • Aufbereitung *f*

preparation *<chem>* • Präparat *n*

preparation plant *<pap.prod>* • Aufbereitungsanlage *f*

preparation time *<tech.gen>* • Vorbereitungszeit *f*

prepare *vt <tech.gen> (condition for some subsequent process, step)* • aufbereiten *vt*

prepare *vt <chem> (a compound)* • darstellen *vt*

prepare *vt <chem>* • herstellen *vt*

prepare *vt <docu> (e.g. meeting minutes, presentation)* • ausarbeiten *vt*

prepare *vt <prod> (e.g. material, tools, machine)* • zurichten *vt*

preponderate *vi <gen> (to incline downward or descend)* • neigen *vr*

prepress *<print>* • Druckvorstufe *f*; Prepress-Bereich *m*; Prepress *m*; Vorstufe *f*

pre-production series *<prod> (includes pilot and zero series)* • Vorserie *f* (VS); V-Serie *f*

pre-programmed *<gen>* • Voreinstellung *f*

presbyopia *<med>* • Alterssichtigkeit *f*

pre-sealed steel *<mat> (coil-coated; rust-free; e.g. for car body panels)* • Presealed-Stahl *m*

presentation *<gen> (of papers, photos, products, ideas etc.; e.g. with a data projector)* • Präsentation *f*

preservation *<ecol> (e.g. of nature)* • Schutz *m*

preservation *<wood>* • Imprägnierung *f*

preservative *<food>* • Konservierungsmittel *n*

preserve *vt <ecol> (e.g. species)* • erhalten *vt*

preserve *vt <food>* • haltbar machen *vt*; konservieren *vt*

preserve *vt <food> (food or any perishable substance)* • konservieren *vt*; haltbar machen *vt*

preserve *vt <logist> (store, keep in stock)* • aufbewahren *vt*

preserved *<food> (fruit, vegetables; in jars)* • eingemacht; eingeweckt *ugs*

preset *vt <tech.gen> (select; e.g. process parameters, setpoints)* • vorwählen *vt*; voreinstellen *vt*

presignal *<tech.gen>* • Ankündigungssignal *n*

press *<tech.gen> (gen.)* • Presse *f*

press *<food> (for separating juice from solids)* • Kelter *f*; Presse *f*; Trotte *f*

press *vt <tech.gen> (e.g. key, button)* • drücken *vt*

press *vt <prod>* • pressen *vt*

press *vt <textil>* • bügeln *vt*

pressboard *<pap>* • Presspappe *f*

press brake *<tool> (e.g. for car body panels)* • Abkantpresse *f*; Presse *f prakt*

press cake *<tech.gen>* • Presskuchen *m*

pressed *<tech.gen> (key, button)* • gedrückt

pressed blank *<prod> (sheet metal; after pressing)* • Pressling *m*

pressed glas *<silic>* • Pressglas *n*

pressed panel *<mvhcl> (body panel made in press shop; also as opp. to hand-made panels)* • Pressteil *n*; Pressling *m*

pressed sheet steel housing *<tech.gen>* • Pressstahlblechgehäuse *n*

presser foot *<textil>* • Füßchen *n*

press force *<tech.gen> (gen.)* • Presskraft *f*

press in *vt <tech.gen>* • einpressen *vt*

pressing *<prod> (gen.)* • Drücken *n*

pressing lubricant *<metal>* • Gleitmittel *n*

pressing plant *<mvhcl.prod>* • Karosseriewerk *n*

pressing tool *<prod>* • Presswerkzeug *n*

press line *<prod>* • Pressenstraße *f*

press on *vt <prod> (with force fit; e.g. lid, bushing, collar, sleeve, seal)* • aufdrücken *vt*; aufpressen *vt*

press out *vt <tech.gen>* • auspressen *vt*

press shop *<mvhcl.prod>* • Karosseriepresswerk *n*

press stud *<join> (engages snap fastener cap)* • Druckknopfkugelteil *n*; Druckknopfunterteil *n*

press through *vt <tech.gen> (a soft or viscous substance; e.g. juice)* • durchpressen *vt*

pressure (p) *<phys> (force per unit of surface area; e.g. in* N/mm^2*)* • Druck *m* (p) *DIN 1314*

pressure accumulator *<tech.gen> (any medium)* • Druckspeicher *m*

pressure-balance *vt <mech.eng>* • entlasten *vt*

pressure build-up *<tech.gen>* • Druckaufbau *m*; Druckanstieg *m*

pressure capsule *<i&c>* • Membrandose *f*

pressure cell *<i&c>* • Druckmessdose *f*; Kraftmessdose für Druckbelastung *f*

pressure chamber *<tech.gen>* • Druckkammer *f*

pressure chamber *<tech.gen> (gen.; e.g. in brake master cylinder)* • Druckraum *m*

pressure-compensated *<tech.gen>* • druckkompensiert

pressure-compensating valve *<pps>* • Druckausgleichventil *n*

pressure compensation *<tech.gen>* • Druckausgleich *m*; Druckkompensation *f*

pressure control *<i&c> (with feedback, closed-loop)* • Druckregelung *f*

pressure controller *<i&c>* • Druckregler *m*

pressure control valve *<pps>* • Druckregelventil *n*

pressure cylinder *<tech.gen> (small cartridge; e.g. of air or* CO_2 *guns, tire inflators)* • Druckbehälter *m*; Gaskartusche *f*; Kartusche *f*

pressure cylinder *<plast> (inj. molding)* • Druckzylinder *m*

pressure-dependent *<tech.gen>* • druckabhängig

pressure drop *<i&c> (gen.; desired or accidental)* • Druckabfall *m*; Druckabnahme *f*; Druckminderung *f*; Druckverlust *m*

pressure feed lubrication with full flow filtration *<tribo>* • Druckumlaufschmierung mit Hauptstromfilter *f*

pressure fluctuation *<tech.gen>* • Druckschwankung *f*

pressure gauge *<i&c> (for liquid or gas pressure)* • Manometer *n*; Druckanzeiger *m*; Druckmesser *m DIN EN 472*

pressure governor *<i&c>* • Druckregler *m*

pressure grease gun *<tribo.tool>* • Fettpresse *f*; Handschmierpresse *f form*; Schmierpresse *f*; Fettpistole *f*; Fettspritze *f obs.ugs*

pressure hull *<nav>* • Druckkörper *m*

pressure-independent *<tech.gen>* • druckunabhängig

pressureless *<tech.gen>* • drucklos

pressure line *<tech.gen> (any fluid, any conduit)* • Druckleitung *f*

pressure-loaded *<tech.gen>*

• druckbeansprucht

pressure loss *<pps>* • Druckverlust *m*

pressure-lubricate *vt <tribo>* • druckschmieren *vt*

pressure-lubricated *<tribo>* • druckgeschmiert

pressure plate *<tech.gen>* • Druckplatte *f*

pressure propagation *<phys>* • Druckfortpflanzung *f*

pressure regulating valve *<tech.gen>* • Druckregelventil *n*

pressure relief *<tech.gen>* • Druckentlastung *f*

pressure relief valve *<tech.gen> (gen.; stress on: excessive pressure)* • Überdruckventil *n*; Entlastungsventil *n rar*; Sicherheitsventil gegen Drucküberschreitung *n rar*

pressure-relief valve *<pps>* • Druckminderventil *n* (DMV); Druckminderer *m prakt.ugs*; Druckreduzierventil *n*

pressure-resistant *<tech.gen> (to outside pressure)* • druckfest

pressure roll *<mech.eng>* • Druckwalze *f*

pressure roller *<tech.gen> (e.g. of printer, copy machine)* • Andruckrolle *f*; Andruckwalze *f*; Anpresswalze *f*

pressure-sealed *<tech.gen> (to outside or inside pressure)* • druckdicht

pressure-sealed *<railw> (passenger train cars)* • druckertüchtigt (de); druckdicht

pressure-sensitive *<tech.gen> (easily damaged by pressure)* • druckempfindlich

pressure-sensitive *<join> (adhesive)* • selbstklebend

pressure-sensitive adhesive *<join>* • Haftklebstoff *m DIN 55 405*; Haftkleber *m prakt*; Selbstklebstoff *m rar*

pressure-sensitive film *<mat> (reacting to pressure; e.g. PP film with piezo--electric properties)* • druckempfindliche Folie *f*

pressure sensitivity *<srfc>* • Druckempfindlichkeit *f*

pressure sensor *<i&c>* • Druckfühler *m*; Drucksensor *m*; Druckaufnehmer *m*

pressure shaft *<energ.hydr>* • Druckschacht *m*

pressure spike *<proc>* • Drucknadel *f*

pressure switch *<el>* • Druckschalter *m*

pressure test *<tech.gen> (to verify tightness of joints, seals, gaskets)* • Druckprobe *f*; Abpressen *n prakt*; Abdrücken *n prakt*

pressure test *<pps> (system integrity check)* • Druckprüfung *f*; Druckprobe *f*

pressure-test *vt <pps> (e.g. by means of hydro test; e.g. vessel, pipe system)* • abdrücken *vt*; abpressen *vt rar*

pressure transducer *<i&c>* • Druckgeber *m*; Druckmessumformer *m*; Drucktransmitter *m*; Druckwandler *m*

pressure tunnel *<energ.hydr> (conveys water to the water turbines of a power plant)* • Druckstollen *m*

pressure vessel (PV) *<proc> (gen.; usu. large)* • Druckbehälter *m* (DB); Druckgefäß *n*

pressure wave *<phys> (gen.; e.g. of explosions, in exhaust gas flow)* • Druckwelle *f*

pressure wave supercharger *<mvhcl> (Comprex®)* • Druckwellenlader *m*

pressurization *<pps> (e.g. of vessels, pipes)* • Beaufschlagung mit Druck *f*

pressurize *vt <pps> (e.g. a vessel, pipe system)* • beaufschlagen mit *vt*

pressurized *US <aerosp.int> (e.g. passenger cabin, cargo compartments)* • druckbeaufschlagt

pressurized cabin *<aerosp>* • Druckkabine *f*; druckdichte Kabine *f*

pressurized vessel *<proc>* • druckbeaufschlagter Behälter *m*

pressurized-water reactor (PWR) *<nucl> (a LWR; e.g. in TMI, Callaway, Sizewell; typical in France)* • Druckwasserreaktor *m* (DWR) *DIN 25401-3*

pressurizer *<nucl> (in PWR NSS)* • Druckhalter *m*

pressurizer relief tank *<nucl>* • Druckhalter-Abblasetank *m*

pre-stage *<tech.gen>* • Vorstufe *f*

presteam *vt <pap>* • dämpfen *vt*

prestress *<tech.gen> (tensile or compressive load in N/mm2; e.g. in concrete, bolts)* • Vorspannung *f*

prestressed concrete (PC) *<build.mat>* • Spannbeton *m*; vorgespannter Beton *m*

prestressing cable *<build> (prestressed concrete)* • Spannbetonseil *n*; Spannseil *n*; Spannkabel *n*

prestressing force *<tech.gen>* • Vorspannkraft *f*

prestretch *<tech.gen> (gen.; e.g. film, sheet, wire)* • Vorstrecken *n*

pretranslate *vt <transl>* • vorübersetzen *vt*

pre-treated *<tech.gen>* • vorbehandelt

prevailing torque nut *<join> (gen.; any type)* • Sicherungsmutter *f*; selbstsichernde Mutter *f*; Sicherheitsmutter *f prakt*; Stoppmutter *f prakt*

preventive measure *<tech.gen>* • präventive Maßnahme *f*

pre-wired *<el>* • anschlussfertig; vorverdrahtet

primary clarifier *<proc.hydr>* • Vorklärbecken *n*

primary color *<art> (in painting; carmine, ultramarine, yellow)* • Grundfarbe *f DIN 5021*; Primärfarbe *f*

primary color *<print> (yellow, cyan, magenta)* • Grundfarbe *f DIN 16508*; Primärfarbe *f*

primary control variable *<i&c>* • Hauptregelgröße *f*

primary coolant circuit *<nucl> (reactor coolant loop of NPP with PWR)* • Primärkühlkreis *m DIN 25401-3*; Primärkreis *m prakt*

primary data *<tech.gen>* • Primärdaten *pl*

primary edge *<mach.tool> (of cutting tool; as opp. to secondary edge)* • Hauptschneide *f*

primary explosive *<expl>* • Zündsprengstoff *m*; Zündstoff *m*

primary flight controls *pl <aerosp>* • Hauptsteuerung *f*; Primärsteuerung *f*

Primary Flight Display (PFD) *<aerosp.i&c> (EFIS)* • Fluglageanzeige *f* (PFD)

primary forming [processes] *<prod> (e.g. molding, casting, sintering)* • Urformen *n*; Formschaffen aus formlosem Stoff *n rar*

primary key *<tech.gen> (e.g. edp, car, building)* • Hauptschlüssel *m*; Primärschlüssel *m*

primary power receptacle *US.Newark <el> (for international molded vinyl connectors)* • Kaltgerätebuchse *f*; Kaltgerätesteckdose *f*; KG-Steckdose *f*; Gerätesteckdose *f rar*

primary runway *<aerosp>* • Haupt-‑Start- und Landebahn *f*; Hauptbahn *f prakt*; Hauptpiste *f prakt.ugs*

primary service area *<tech.gen>* • Primärversorgungsbereich *m*

primary transmitting direction *<tele>* • Hauptstrahlrichtung *f*

primary voltage *<el> (e.g. of transformers)* • Primärspannung *f*

primary winding *<el> (of a transformer, ignition coil)* • Primärwicklung *f*; primäre Wicklung *f*; Eingangswicklung *f*

prime *<math> (symbol)* • Strich *m*

prime *vt <mech.eng> (pump)* • füllen *vt*

prime *vt <srfc>* • grundieren *vt*

prime mover *<mot> (e.g. electric motor, combustion engine)* • Primärantrieb *m*; Kraftmaschine *f*

prime number *<math>* • Primzahl *f*

primer *<srfc> (color)* • Grundieranstrich *m*; Grundierfarbe *f*; Grundfarbe *f*; Grundanstrichfarbe *f*

primer surfacer *<srfc> (material; stress on: adhesion promotion)* • Haftgrund *m*

priming coat *ISO 4618/1 <srfc> (the first coat, basis for all other coats)* • Grundierung *f*; Grundierungsschicht *f*; Grundierschicht *f*; Grundanstrich *m ISO 4618/1*; Primer *m prakt*

primitive *<gen> (e.g. art, people; form, equation, group)* • primitiv

principle *<gen>* • Regel *f*; Prinzip *n*

principle *<phys> (e.g. Mach's principle)* • Gesetz *n*

principle of action and reaction *<mech>* • Gegenwirkungsprinzip *n*; Prinzip von Aktion und Reaktion *n*; Prinzip von Wirkung und Gegenwirkung *n*; Wechselwirkungsprinzip *n*

principle of magnetic repulsion *<phys> (PMS, EDS)* • abstoßendes Prinzip *n*

print *<phot> (as a copy)* • Kopie *f*

print *<print> (result of printing on a printing press)* • Druck *m*

print *vi/vt <print>* • drucken *vi/vt*

print *vt <phot> (image, photo)*

• abziehen *vt*; Abzug machen *vt ugs*
print *vt* <*print*> *(surface, material)* • bedrucken *vt*
printable <*mat*> • bedruckbar
print area <*print*> • Druckbereich *m*; bedruckbarer Bereich *m*
print buffer <*comp*> • Druckspeicher *m*; Druckpuffer *m*; Datenpuffer *m*
printed <*tech.gen*> *(e.g. text, book, circuit)* • gedruckt
printed circuit <*el*> *(gen.)* • gedruckte Schaltung *f*; gedruckter Schaltkreis *m rar*; gedruckte Verdrahtung *f obs.rar*
printed circuit board (PCB) <*el*> *(etched, drilled/undrilled, unloaded or loaded with devices)* • Platine *f*; gedruckte Schaltung *f*; Leiterplatte *f*; Board *n prakt*; Printplatte *f jarg*
printed-circuit connector <*el*> *(circuit board)* • Steckerleiste *f*
printed matter <*print*> • Drucksache *f*
printed page <*print*> • Druckseite *f*
printer <*print*> *(machine)* • Drucker *m DIN 9784-1*
printer <*print*> *(person)* • Drucker *m*
printer cable <*comp*> • Druckerkabel *n*
printer interface <*comp*> • Druckeranschluss *m*
print format <*comp*> • Druckformat *n*
print head <*print*> • Druckkopf *m*
print head life <*print*> • Druckkopflebensdauer *f*
printing <*print*> • Druck *m*; Druckvorgang *m*; Drucken *n*
printing company <*print*> *(firm)* • Druckerei *f*
printing industry <*print*> • Druckindustrie *f*
printing ink <*print*> • Druckfarbe *f*; Farbe *f ugs*
printing machine *DIN 8730* <*print*> *(offset printing)* • Druckmaschine *f DIN 8730*; Druckerpresse *f*; Druckpresse *f*
printing on both sides <*print*> • doppelseitiger Druck *m*
printing plate <*print*> • Druckplatte *f*; Druckklischee *n*
printing roller <*print*> • Druckwalze *f*; Druckrolle *f*
printing speed <*print*> • Druckgeschwindigkeit *f*
printing substrate <*print*> • Bedruckstoff *m*; Druckträger *m*
printing unit <*comp.print*> *(part of a printer; more or less mechanic)* • Druckwerk *n*
print on demand (PoD) <*print*> *(digital printing)* • Drucken bei Bedarf *n*; Sofortdruck auf Abruf *m*; Drucken auf Anforderung *n*
printout <*comp.print*> *(printed computer output; usu. on paper)* • Ausdruck *m*; Druckausgabe *f*; Hardcopy *f*
print out *vt* <*comp*> • ausdrucken *vt*
print product <*print*> • Druckerzeugnis *n*
print quality <*print.qualit*> • Druckbild *n*
print run <*print*> *(all copies printed at one time; e.g. of books, magazines, flyers)* • Auflage *f*
print run stability <*print*> *(printing plate)* • Auflagenstabilität *f DIN 16620*; Auflagenfestigkeit *f*; Auflagenbeständigkeit *f*
print test <*print*> • Drucktest *m*; Druckertest *m*
prior application <*jur*> *(patent)* • ältere Anmeldung *f*
priority <*tech.gen*> • Priorität *f*
priority boarding <*tour*> • bevorzugte Behandlung beim Einsteigen *f*
priority check-in <*tour*> • bevorzugte Abfertigung beim Check-in *f*
priority road *US* <*traff*> • Vorfahrtstraße *f*; Vorrangstraße *f A*
prior to initial start-up <*tech.gen*> • Inbetriebnahme *f*: vor ~
prise off *vt* <*tech.gen*> *(e.g. bezel, cover, lid, panel)* • abhebeln *vt*
prismatic <*tech.gen*> • prismenförmig
prismatic joint <*autom*> *(of robots; as opp. to rotary joint)* • Schiebegelenk *n*; Axialgelenk *n*
prismatic support <*prod*> *(e.g. for specimen, workpieces)* • Auflageprisma *n*; prismatische Probenauflage *f*
pritchel hole <*metal.tool*> *(round; in anvil face)* • Ambossrundloch *n*
privacy protection <*jur*> *(of persons)* • Datenschutz *m*
private <*gen*> • privat
private branch exchange (PBX) <*tele*> • Nebenstellenanlage *f*; Wählnebenstellenanlage *f*
probability <*math*> • Wahrscheinlichkeit *f*

probability calculus *<math>* • Wahrscheinlichkeitsrechnung *f*
probability function *<math>* • Wahrscheinlichkeitsfunktion *f*
probability logic *<math>* • Wahrscheinlichkeitslogik *f*
probe *<tech.gen>* • Sonde *f*
probe *<i&c>* • Taster *m*
probe *vt <tech.gen> (check sth. with a probe)* • sondieren *vt*
probe *vt <i&c> (very thoroughly)* • prüfen *vt*
probe connection *<tech.gen>* • Sondenanschluss *m*
probe rocket *<aerosp>* • Raketensonde *f*
probe tip *<i&c>* • Messspitze *f*
problem *<math> (to calculate)* • Aufgabe *f*
problem formulation *<tech.gen>* • Aufgabenstellung *f*
problem inherent in this design *<tech.gen>* • konstruktionsbedingtes Problem *n*; konstruktionsspezifisches Problem *n*
problem solution *<gen>* • Problemlösung *f*
procedure *<gen>* • Prozedur *f*
procedure *<gen> (according to ISO a specified way to carry out an activity)* • Verfahren *n*
procedure call *<comp>* • Prozeduraufruf *m*
proceed *vi <gen>* • fortschreiten *vi*
proceed *vi <gen> (time)* • verlaufen *vi*
proceed *vi <gen>* • vorrücken *vi*
proceed *vt <gen>* • verfahren *vt*
process *<tech.gen>* • Prozess *m*
process *vt <tech.gen> (e.g. data, signals, food)* • verarbeiten *vt*
process *vt <comp> (data)* • abarbeiten *vt*; bearbeiten *vt*
process *vt <food>* • behandeln *vt*
process *vt <jur> (e.g. a cause)* • bearbeiten *vt*
process *vt <proc> (condition for some subsequent process, step)* • aufbereiten *vt*; behandeln *vt*
process automation *<autom>* • Prozessautomatisierung *f*
process connection *<gen>* • Prozessanschluss *m*
process control *<proc>* • Prozessführung *f*
process control computer *<comp>* • Prozessrechner *m*; Steuerrechner *m*
process control engineering *<i&c> (gen.)* • Steuerungs- und Regelungstechnik *f*
process energy *<tech.gen>* • Prozessenergie *f*
process engineering *<proc>* • Verfahrenstechnik *f*; Prozesstechnik *f*
process heat *<tech.gen>* • Prozesswärme *f*
process industry *DIN IEC 62337 <tech.gen>* • verfahrenstechnische Industrie *f DIN IEC 62337*
processing *<admin> (of files)* • Bearbeitung *f*; Bearbeiten *n*
processing *<comp> (of data, signals)* • Verarbeitung *f*
processing *<proc> (of ore, natural gas)* • Aufbereitung *f*
processing *<prod> (of raw material, substances)* • Verarbeitung *f*; Bearbeitung *f*
processing parameters *pl <prod>* • Verarbeitungsparameter *mpl*
processing power *<comp.av>* • Rechenleistung *f*
processing speed *<comp> (governed by clock rate)* • Rechengeschwindigkeit *f*; Verarbeitungsgeschwindigkeit *f*
processing time *<prod> (stress on: from input to output)* • Durchlaufzeit *f*
process management *<tech.gen>* • Prozessverwaltung *f*
process measuring and control engineering *<i&c>* • Prozessleittechnik *f* (PLT)
processor-controlled *<i&c>* • prozessorgesteuert
process-parallel *<tech.gen>* • prozessparallel
process parameter *<tech.gen>* • Prozessparameter *m*
process status *ISO 12620 <term> (of term standardization)* • Bearbeitungsstand *m*; Prozess--Status *m*
process steam *<proc>* • Prozessdampf *m* (PD); Betriebsdampf *m*
process step *<tech.gen>* • Prozessschritt *m*
process variable *<i&c>* • Prozessgröße *f*

process variable <proc> • Prozessvariable *f*; Prozessveränderliche *f rar*
process water <tech.gen> • Nutzwasser *n*
prodding <qualit.mat> *(to detect loose or corroded material)* • Stochern *n*
produce *vt* <petr> *(petroleum, natural gas)* • fördern *vt*
produce *vt* <proc> *(e.g. odor, fumes, noise)* • bilden *vt*
produce *vt* <prod> *(goods, products, parts of any kind)* • produzieren *vt*; herstellen *vt*; anfertigen *vt*; fabrizieren *vt rar*
product *ISO 8402* <tech.gen> *(result of a process)* • Produkt *n DIN EN ISO 8402*
product <prod> • Erzeugnis *n*; Produkt *n*
product design specification (PDS) <docu> *(list of requirements to be fulfilled by a product; design basis)* • Lastenheft *n*; Pflichtenheft *n*
production <min> *(of mine workings)* • Ausbeute *f*
production <min> *(units per time)* • Förderleistung *f*
production <min.petr> *(of a well)* • Förderung *f*
production facilities *pl* <prod> • Fertigungsmittel *npl*
production line <prod> • Fertigungsstraße *f*; Fertigungslinie *f*; Fließstraße *f A*
production line timing *:V* <prod> • Bandtaktung *f*
production method <prod> *(techniques and technologies)* • Fertigungsmethode *f*; Produktionsmethode *f*; Fertigungsprozess *m*
production planning system (PPS) <prod.i&c> • Produktionsplanungs- und Steuerungssystem *n* (PPS)
production plant <prod> *(factory, workshops etc.)* • Fertigungsanlage *f*; Fertigungsbetrieb *m*; Produktionsbetrieb *m*; Fertigungsstätte *f*; Fab *f jarg*
production platform <petr> • Förderplattform *f*; Produktionsplattform *f*; Produktionsinsel *f*; Gewinnungsplattform *f rar*
production printing <print> *(as opp. to makeready and proofing)* • Fortdruck *m DIN 16500/2*; Auflagedruck *m DIN 16500/2*; Auflagendruck *m*
production process <prod> *(sequence of actions)* • Fertigungsablauf *m*; Fertigungsprozess *m*
production process <prod> • Produktionsablauf *m*
production rate <petr> *(of a well; e.g. in gall./hr.)* • Förderrate *f*; Produktionsrate *f*
production rate <prod> • Fertigungsgeschwindigkeit *f*; Produktionsrate *f*; Fertigungsleistung *f*; Fertigungsstückzahl *f*
production run <prod> *(number of items produced in one series)* • Stückzahl *f*; Auflage *f*
production shop <prod> • Werkstatt *f*
production string <prod> • Förderrohrtour *f*; Produktionsrohrtour *f*; Tubingstrang *m*; Fördersteigleitung *f*; Förderrohrstrang *m*
production time per piece <prod> • Stückzeit *f*
production vehicle <mvhcl> • Serienfahrzeug *n*
production well <min> *(result; e.g. petroleum, water)* • Produktionsbohrung *f*; Förderbohrung *f*
product life cycle <prod> • Produktlebenszyklus *m*
product piracy <jur> • Produktpiraterie *f*
product requirement specification <prod.docu> • Pflichtenheft *n*
product scenting <econ> • Produktbeduftung *f*
product standard *DIN EN 523* <stand> • Erzeugnisnorm *f DIN EN 523*
products tanker <nav> • Produktentanker *m*
professional builder <prod> • gewerblicher Hersteller *m*
professional disease <med> • Berufskrankheit *f*
professional liability insurance (PLI) <insur> • Berufshaftpflichtversicherung *f*
professional magazine <print>

• Fachzeitschrift *f*

professions *pl <econ> (e.g. architects, interpreters, lawyers, translators)* • freie Berufe *mpl*

profile *<tech.gen> (gen.; e.g. shape of a curve, section)* • Profil *n*

profile *<tech.gen> (side view shape; e.g. of a car)* • Silhouette *f*

profile curvature *<tech.gen>* • Profilkrümmung *f*

profile rolling *<metal>* • Profilwalzen *n*

profile tracer *<tool>* • Fühler *m*

program *<tech.gen>* • Programm *n*

program *<comp> (preset series of steps to be completed)* • Programm *n*

program *<docu> (e.g. concert, theater)* • Programm *n*

program *vt <comp>* • programmieren *vt*

program change *<gen> (edp, TV, theater)* • Programmwechsel *m*

program-controlled *<i&c>* • programmgesteuert

program-dependent *<tech.gen>* • programmabhängig

program error *<comp>* • Programmfehler *m*; Programmierfehler *m*; Programmierungsfehler *m*

program instruction *<comp>* • Programmbefehl *m*

programmable *<tech.gen>* • programmierbar

programmable controller (PC) *<autom>* • programmierbare Steuerung *f* (PC)

programmable logic controller (PLC) *<i&c>* • speicherprogrammierbare Steuerung *f* (SPS); frei programmierbare Steuerung *f*

programmable read-only memory (PROM) *<i&c>* • programmierbarer Nur-Lese-Speicher *m* (PROM); programmierbarer Festwertspeicher *m*

programmed mode *<tech.gen> (e.g. of cameras)* • Programmautomatik *f*

programming language *<comp>* • Programmiersprache *f*

programming tools *<tech.gen>* • Programmierwerkzeuge *npl*

programming unit *<tech.gen>* • Programmiergerät *n*

program-oriented *<tech.gen>* • programmorientiert

program preselection *<tech.gen> (e.g. edp, TV, machine tool)* • Programmvorwahl *f*

program run *<tech.gen>* • Programmdurchlauf *m*; Programmablauf *m*

program start-up *<tech.gen>* • Programmstart *m*

program stop *<tech.gen>* • Programmhalt *m*

progress *<gen> (e.g. of R&D)* • Fortschritt *m*

progress *vi <phys>* • fortbewegen *vr*

progress chart *<docu>* • Ablaufplan *m*

progression *<gen>* • Weiterentwicklung *f*

progression *<math>* • Folge *f*; Reihe *f*

progressive power lens *EN ISO 8980 <med.tech>* • Gleitsicht-Brillenglas *n DIN EN ISO 8980*; Gleitsichtglas *n prakt*

progressive spring *<mech.eng>* • progressive Feder *f*

prohibition sign *ISO 3864-1 <traff>* • Verbotsschild *n*

project *<gen>* • Projekt *n*

project *<tech.gen> (draft; e.g. of a presentation, report)* • Entwurf *m*

project *vi <tech.gen> (from a wall, surface; a ledge, console)* • hervorstehen *vi*; vorspringen *vi*

project *vi <tech.gen> (e.g. ledge)* • vorkragen *vi*

project *vt <prod> (system, plant, project)* • entwerfen *vt*; projektieren *vt*

project engineer *<tech.gen>* • Projektingenieur *m*

projectile *<mil> (gun)* • Geschoss *n*; Projektil *n wiss*; Kugel *f ugs*

projecting *<tech.gen> (overhanging; e.g. cargo)* • ausladend

projection *<build>* • Vorsprung *m*

projection *<mech.eng>* • Ansatz *m*

projection *<opt> (of a film, slide, etc.)* • Projektion *f*

projection weld *<join>* • Buckelschweißnaht *f*

projection-weld *vt <join>* • buckelschweißen *vt*

project management system *<econ>* • Projektmanagementsystem *n DIN 69904*

projector *<av> (for projection of film, slides, videos, data)* • Projektor *m*; Lichtwerfer *m rar*

prolong *vt* *<gen>* • verlängern *vt*
promethium (Pm) *<chem>* *(radioactive)* • Promethium *n* (Pm)
promote *vt* *<gen>* *(support)* • fördern *vt*; promoten *vt*
promote *vt* *<chem>* *(reaction)* • beschleunigen *vt*
prompt *<comp>* • Eingabeaufforderung *f*
prompt *vt* *<pap>* *(the operator)* • führen *vt*
prone *<qualit>* *(to damage, failure etc.; e.g. cracking)* • anfällig
prong *<el>* *(contact pin; e.g. of a male connector)* • Stift *m*
prong *<tool.agri>* *(e.g. of hay-fork)* • Zinke *f*
pronunciation *ISO 12620* *<term>* • Aussprache *f*
proof *<print>* *(print, for review)* • Abzug *m*
proof *vt* *<print>* • abziehen *vt*; andrucken *vt*
proof *vt* *<srfc>* *(by impregnation)* • imprägnieren *vt*
proof correction mark *<print>* • Korrekturzeichen *n*
proofread *vt* *<docu>* • korrekturlesen *vt*
proof testing *<pps>* *(pressure test; e.g. hydrostatic test of vessel, pipe)* • Abdrücken *n*
prop *<build>* *(e.g. floor, wall)* • Stütze *f*; Abstützung *f*
prop *vt* *<build>* *(ceiling, bridge etc.; e.g. prior to concrete casting)* • verstempeln *vt*
prop *vt* *<min>* *(roof in shaft etc.)* • abfangen *vt*
propagate *vi* *<fire>* • fortpflanzen *vr*
propagate *vi* *<phys>* • fortpflanzen *vr*; ausbreiten *vr*; wandern *vi prakt*
propagation *<phys>* *(of waves; e.g. of light)* • Ausbreitung *f*
propagation time *<phys>* *(of waves, signals; e.g. shock wave, sound, light, radio signals)* • Laufzeit *f*
propane *IUPAC* *<chem.petr>* • Propan *n IUPAC*; Dimethylmethan *n*
propel *vt* *<tech.gen>* *(vehicle, moving object)* • antreiben *vt*
propellant *<chem>* *(gen.)* • Treibstoff *m*
propellant *<pack>* *(in aerosol spray cans)* • Treibmittel *n DIN 55405*; Treibgas *n*
propellant charge *<aerosp>* *(solid-fuel missile, pyrotechnic article, ejection seat)* • Treibsatz *m*; Treibladung *f*
propeller *<tech.gen>* *(e.g. of ship, aircraft, pump, windmill)* • Propeller *m*
propeller *<aerosp>* • Propeller *m*; Luftschraube *f rar*; Schraube *f ugs.rar*; Flugzeugpropeller *m*
propeller blade *US* *<aerosp>* • Propellerblatt *n*; Luftschraubenblatt *n form*; Propellerflügel *m ugs*
propeller engine *<aerosp>* • Propellertriebwerk *n*; Luftschraubentriebwerk *n*
propeller fan *<hvac>* • Axiallüfter *m*; Axialventilator *m*; Schraubenlüfter *m*; Flügelradlüfter *m rar*
propeller pump *<convey>* *(typ. axial pump; rotor similar to ship propeller; e.g. power plants)* • Propellerpumpe *f*; axiale Propellerpumpe *f*; Axialkreiselpumpe *f*; axiale Kreiselpumpe *f*
propeller shaft *<mvhcl.drive>* *(on front engine RWD vehicles, from front to rear)* • Gelenkwelle *f*; Längsgelenkwelle *f form*; Antriebswelle *f*; Kardanwelle *f ugs*; Längswelle *f rar*
propeller slipstream *<aerosp>* • Propellerstrahl *m*; Luftschraubenstrahl *m*; Wirbelschleppe *m*
propeller thrust *<vhcl>* *(of ships, airplanes)* • Propellerschub *m*
propeller turbine *<aerosp>* • Propellerturbine *f*
proper *<math>* • echt
proper registration *<print>* • Registerhaltigkeit *f*
property *<jur>* • Eigentum *n*
property damage *sg* *<insur>* • Sachschaden *m*
proportion *<gen>* • Anteil *m*
proportion *vt* *<proc>* *(in doses)* • dosieren *vt*
proportional *<gen>* • anteilmäßig
proportional controller *<i&c>* *(e.g. Watt's speed governor)* • Proportionalregler *m*; P-Regler *m*; Regler mit P-Verhalten *m*
proportional elastic limit (PEL) *<qualit.mat>* • Proportionalitätsgrenze *f*

proportional plus derivative action *<i&c>* • PD-Verhalten *n*
proportional plus integral action *<i&c> (of controllers)* • PI-Verhalten *n*; proportionales plus integrales Verhalten *n*
proportional typeface *<print>* • Proportionalschrift *f*
proposal *<econ> (suggested course of action, supplies; with or without prices)* • Angebot *n*
proprietary restriction *ISO 12620 <term> (of term usage; e.g. due to registered trademarks)* • Nutzungseinschränkung *f*
proprietary solution *<tech.gen>* • proprietäre Lösung *f*
Proprietor *EPS <jur> (item 73 on patent)* • Patentinhaber *m*; patentiert für ...
proprietory *<econ> (brand or product features)* • proprietär
prop shaft *<vhcl> (gen. for propulsion; e.g. of ship screws, propellers)* • Antriebswelle *f*
prop support *<min>* • Stempelausbau *m*
propulsion *<phys> (gen.; e.g. of an engine, vehicle)* • Vortrieb *m*; Schub *m*
propulsion stage *<aerosp>* • Raketenstufe mit Triebwerk *f*
propulsion technology *<vhcl> (e.g. internal combustion, diesel, Stirling, fuel cell)* • Antriebstechnologie *f*
prop up *vt <mvhcl> (engine hood/ bonnet)* • aufstellen *vt*
prop [up] *vt <build> (with supports; e.g. floor, wall)* • abstützen *vt*; absteifen *vt*; stützen *vt*
prospect *vt <min>* • schürfen *vt*
prospect for *vt <min> (natural resources; e.g. petroleum, gold)* • suchen [nach] *vt*
protactinium (Pa) *<chem>* • Protactinium *n* (Pa)
protect *vt <tech.gen> (e.g. circuit)* • absichern *vt*
protect *vt <tech.gen>* • schützen *vt*; sichern *vt*
protected *<gen>* • geschützt
protected *<el> (e.g. mode)* • abgesichert
protected from light *<tech.gen>* • lichtgeschützt
protected mode *<comp>* • abgesicherter Modus *m*
protected mode *<comp> (certain programs are not loaded when starting the computer)* • geschützter Modus *m*; Protected Mode *m*
protecting tube *<tech.gen>* • Schutzhülse *f*; Schutzrohr *n*
protection class *<tech.gen>* • Schutzklasse *f*
protection class *<el> (enclosure type to prevent contact, ingress of water, gas, dust)* • Schutzart *f*
protection cover for hollywood swing *<gen>* • Schutzhülle für Hollywoodschaukel *f*
protection device *<tech.gen>* • Schutzeinrichtung *f*
protective action *<gen>* • Schutzwirkung *f*
protective cap *<tech.gen>* • Schutzkappe *f*
protective coating *ISO 8044 <srfc> (gen.)* • Schutzschicht *f DIN EN ISO 8044*; Schutzüberzug *m*; Schutzbeschichtung *f DIN EN ISO 8044*
protective cover *<tech.gen> (gen.)* • Schutzabdeckung *f*
protective covering *<tech.gen> (textile or synthetic)* • Schutzdecke *f*
protective device *<tech.gen>* • Sicherungsanlage *f*
protective earth conductor *IEC 60601-1 <el> (of power outlets, end user appliances; green)* • Schutzleiter *m* (PE)
protective gear *<tech.gen> (equipment)* • Schutzeinrichtungen *fpl*; Schutzausrüstung *f*
protective helmet *<garm>* • Arbeitsschutzhelm *m*
protective hood *<tech.gen>* • Schutzabdeckung *f*; Schutzhaube *f*
protective insulation *<el> (gen.)* • Schutzisolierung *f*
protective medium *<tech.gen>* • Schutzmittel *n*
protective netting *<agri> (for fruit trees, shrubs, row crops etc.)* • Abdecknetz *n*
protective screen *<tech.gen>* • Schutzschirm *m*; Schutzwand *f*
protective sheathing *<tech.gen>* • Schutzhülle *f*

protective sheathing *<tech.gen> (a close-fitting covering)* • Schutzmantel *m*
protective shroud *<tech.gen>* • Schutzmantel *m*
protector *<garm>* • Protektor *m*
protein *<chem>* • Eiweiß *n*; Protein *n*
protein chemistry *<chem>* • Eiweißchemie *f*
protein fiber (CE) *<mat>* • Eiweißchemiefaserstoff *m*; Eiweißchemiefaser *f*; Eiweißfaserstoff *m*; Eiweißfaser *f*
proteins *pl <food>* • Eiweißstoffe *mpl*; Proteine *npl*
proteomics *<chem.bio> (protein analysis)* • Proteomik *f*
proton accelerator *<nucl>* • Protonenbeschleuniger *m*
proton exchange membrane fuel cell (PEMFC) *<el>* • Membranbrennstoffzelle *f*; Protonenaustauschmembran--Brennstoffzelle *f*; Polymermembran--Brennstoffzelle *f*; Polymerelektrolyt--Brennstoffzelle *f*; Ionenaustauschmembran--Brennstoffzelle *f*
prototype *<prod> (stress on: demonstrating the key features, design)* • Ausführungsmuster *n*; Prototyp *m*
prototype *<prod> (model)* • Modell *n*
prototype *<prod> (gen.)* • Prototyp *m*; Muster *n rar*; Baumuster *n*
protract *vt <docu> (eng. drawing)* • auftragen *vt*
protract *vt <econ> (e.g. date of supply)* • verzögern *vt*
protractor *ISO 9960-1 <math.tool> (with graduated arc, for measuring angles)* • Winkelmesser *m DIN ISO 9960-1*
protruding *<tech.gen>* • vorspringend
provable *<gen>* • nachweisbar
prove *vt <tech.gen>* • nachweisen *vt*
proven *<gen> (used with positive results)* • bewährt
proven *<gen> (tested)* • erprobt
provide *vt <gen>* • bereitstellen *vt*; verfügbar machen *vt*; Verfügung *f*: zur ~ stellen *vt*
provide *vt <tech.gen> (give off)* • abgeben *vt*
provide an airtight seal *vt <tech.gen>* • luftdicht abschließen *vt*
proximity *<tech.gen> (e.g. of components, systems, heat sources etc.)* • Nachbarschaft *f*; räumliche Nähe *f*
proximity detector *<alarm>* • Annäherungsmelder *m*
proximity radar [warning system] *:V <mvhcl.i&c>* • Abstands-Warn-Radar *n*
proximity sensor *<i&c> (non-contact)* • Näherungssensor *m*; Näherungsmelder *m*; Abstandsmelder *m*
proximity switch *<el>* • Näherungsschalter *m*; berührungsloser Schalter *m*; Annäherungsschalter *m*; Näherungsinitiator *m*
proximity warning system *:V <mvhcl.i&c> (gen.; for cruising, manoevering or parking)* • Abstands--Warnsystem *n*; Abstandswarner *m ugs*
proximity warning system *:V <mvhcl.i&c> (front part of the car; for not to follow another car too closely)* • Abstands-Warnsystem *n*; Abstandswarner *m ugs*
proxy server *<comp> (firewall)* • Proxy--Server *m*
prune *vt <agri> (e.g. tree)* • verschneiden *vt*
pruning *<wood> (cutting of tree branches to improve tree quality)* • Ästung *f*; Astung *f*; Wertästung *f form*
pry out *vt <tech.gen> (force sth. out of a recess)* • heraushebeln *vt*; abhebeln *vt*; aushebeln *vt rar*
pseudoplastic flow *<mat>* • quasiplastisches Fließen *n*
P-strip *<tech.gen>* • P-Profil *n*
PTO shaft *<comvhcl> (gen.; for auxiliary equipment)* • Zapfwelle *f*
public facilities *<admin>* • öffentliche Einrichtungen *fpl*
public health engineering *<med.tech>* • Gesundheitstechnik *f*
public lavatory *<build.hygi> (on public premises; e.g. in train stations, subway stations)* • öffentliche Toilette *f*; öffentliche Bedürfnisanstalt *f obs.rar*
public payphone *US <tele> (coin or card operated)* • öffentlicher

Fernsprecher *m*

public utility *<energ.el> (for electric power supply)* • Elektrizitätsversorgungsunternehmen *n* (EVU); Stromversorgungsunternehmen *n*; Stromversorger *m*; Stromanbieter *m ugs*; Netzbetreiber *m*

public-utility company *<energ.org> (gen.; for power, gas, water supply)* • öffentliches Versorgungsunternehmen *n*; Versorgungsbetrieb *m prakt*

publish *vt <print> (a book; from the publisher's point of view)* • auflegen *vt*

puddle *<join> (molten metal in weld zone)* • Bad *n*; Schmelzbad *n*

puff *<pharm.tech> (metered dose inhaler)* • Hub *m*; Sprühstoß *m*; Aerosolgenerationsjet *m rar*

PU-foam *pract <build.mat>* • Montageschaum *m prakt*; einkomponentiger Polyurethan--Montageschaum *m form*; Montage--Klebe-Schaum *m*; Schnellmontageschaum *m*; Bauschaum *m ugs*

pull *<mech.eng>* • Zug *m*

pull *vt <mil> (trigger of a gun)* • abziehen *vt*

pull broaching *<prod>* • Ziehräumen *n*

puller *<tool> (gen.)* • Abzieher *m*

pulley *<drive> (for toothed/spur belt)* • Zahnriemenscheibe *f*; Riemenscheibe *f*

pulley *<mech.eng> (gen.; any type of belt)* • Riemenscheibe *f*

pulley *<mech.eng> (idler)* • Rolle *f*

pulling capacity *<mech> (in any direction; e.g. of solenoid, crane, tractor)* • Zugkraft *f*

pulling power *<vhcl> (of a car, truck, tractor; typ. in tons)* • Zugkraft *f*

pull-in winding *<mvhcl.el> (of solenoid)* • Einzugswicklung *f*

Pullman car *<railw> (luxury passenger car)* • Pullmanwagen *m*

Pullman limousine *<mvhcl> (high-end luxury sedan; e.g. based on a Mercedes, Lincoln)* • Pullman--Limousine *f*

pull [off] *vt <tech.gen> (e.g. cover, lid, switch button, spark plug cables)* • abziehen *vt*

pull out *vt <gen> (e.g. hair)* • ausreißen *vt*

pullover bra *<garm>* • Bustier *n*

pull up *vt <aerosp> (aircraft; from nose dive)* • abfangen *vt*

pulmonary intrusion *<tech.gen> (of ultrafine particulates)* • Lungengängigkeit *f*

pulp *<tech.gen> (soft, moist, cohering substance)* • Brei *m*

pulp *<pap.prod>* • Zellstoff *m*

pulp *vt <pap> (chemically)* • chemisch aufschließen *vt*

pulp and paper industry *<pap>* • Papier- und Zellstoffindustrie *f*

pulp industry *<pap.prod>* • Zellstoffindustrie *f*

pulping *<pap>* • Aufschluss *m*; Stoffauflösung *f*; Kochen von Zellstoff *n*

pulpit *<build.rel>* • Kanzel *f*

pulp, paper and board *DIN 6739-30 <pap>* • Zellstoff, Papier und Pappe *DIN 6739-30*

pulp slurry *<pap>* • Fasermasse *f*; Faserstoffbrei *m rar*; Stoffbrei *m*

pulsate *vt <gen> (periodically)* • schwanken *vt*

pulsating *<tech.gen>* • pulsierend

pulsation *<tech.gen> (periodic)* • Schwankung *f*

pulsation-free *<tech.gen>* • pulsationsfrei

pulse *<tech.gen> (sequence of impulses; e.g. heart beat)* • Puls *m*

pulse *<bio> (regular throbbing of the arteries)* • Puls *m*

pulse *<phys> (single, abrupt emission of particles or radiation)* • Puls *m*

pulse amplitude *<phys>* • Impulsamplitude *f*; Impulshöhe *f*

pulse carrier *<phys>* • Impulsträger *m*

pulse control *<el>* • Impulssteuerung *f*

pulse counter *<i&c> (gen.)* • Impulszähler *m*; Pulszähler *m rar*

pulsed *<el> (clocked)* • getaktet; gepulst

pulse dialing *US <tele> (old phone, fax)* • Impulswahl *f*

pulsed laser *<light>* • gepulster Laser *m*; Impulslaser *m*

pulse generator *<i&c> (gen.)* • Impulsgeber *m*; Impulsgenerator *m*; Impulserzeuger *m*

pulse irrigation *<agri>*
• Impulsberegnung *f*
pulse-jet engine *<aerosp>*
• Verpuffungsstrahltriebwerk *n*; Pulsstrahltriebwerk *n*; Pulsrohr *n*; Pulsostrahltriebwerk *n rar*
pulse-length modulation (PLM) *<el>*
• Pulslängenmodulation *f*; Impulslängenmodulation *f*; Pulsdauermodulation *f*
pulse-modulated *<el>* • pulsmoduliert
pulse response *<i&c> (reaction to an input signal peak)* • Impulsantwort *f*
pulse rise time *<el>*
• Impulsanstiegszeit *f*
pulse triggering *<el>*
• Impulssteuerung *f*; Impulsauslösung *f*; Impulsanregung *f*; Impulstriggerung *f*
pulse width *<tech.gen> (specified in unit of time)* • Impulsdauer *f*; Pulsdauer *f*
pulse width *<el>* • Impulsbreite *f*; Pulsbreite *f*
pultrusion [process] *<prod> (of fiber--reinforced composite profiles; not "pull-")* • Pultrusionsverfahren *n*; Pultrusion *f*
pulverization *<tech.gen> (reduce to a powder; e.g. by rubbing, grinding, crushing, milling)* • Pulverisierung *f*; Pulverisieren *n*; Feinzerkleinerung *f*
pulverize *vt <proc> (by rubbing, grinding, bruising etc.)* • pulverisieren *vt*; zerpulvern *vt*
pulverize *vt <prod> (by crushing; e.g. with mortar and pestle)* • stoßen *vt*
pulverized coal *<comb> (as a fuel)*
• Kohlenstaub *m*; Kohlestaub *m*; Staubkohle *f*
pulverized fuel ash (PFA) *<comb.emiss> (cinders, ash; e.g. used as a concrete additive)* • Flugasche *f DIN EN 197-1*; Flugstaub *m*
pulverizer *<proc> (mill)* • Mühle *f*
pumice *<build.mat>* • Bims *m*; Bimsstein *m*
pumice stone *<tool.mat> (abrasive compound)* • Bimsstein *m*
pump *<tech.gen> (general)* • Pumpe *f*
pump *vt <tech.gen>* • pumpen *vt*
pump *vt <convey> (fluids)* • fördern *vt*; pumpen *vt*
pumpable *<tech.gen> (property of a liquid)* • pumpfähig
pump delivery *<mech.eng>*
• Pumpenfördermenge *f*
pumped storage electrical hydro--power station *<energ.hydr>*
• Pumpspeicherkraftwerk *n*; Pumpspeicherwerk *n*; Pumpspeicheranlage *f*
pump gun *<mil>*
• Vorderschaftrepetierer *m*; Pumpgun *f ugs*
pump head *pract <convey> (in units of energy per unit of mass, or simply in ft)*
• Pumpenförderhöhe *f*; Förderhöhe *f prakt*; Druckhöhe *f*; Gesamtförderhöhe *f*
pumping *<phys> (energy transfer on the active medium in a laser)* • Anregung *f DIN 32511*
pumping off of groundwater *<build>*
• Abpumpen von Grundwasser *n VDI4640*
pump off *vt <convey> (e.g. groundwater, storm water)*
• abpumpen *vt*
pump out *vt <tech.gen> (e.g. water from flooded spaces, oil from tanks)*
• abpumpen *vt*; herauspumpen *vt*
pump out *vt <convey> (a liquid, room, tank; e.g. a flooded basement)*
• auspumpen *vt*
pump out *vt <nav> (water from a ship)*
• lenzen *vt*
pump performance *<convey> (energy transferred by a pump to the liquid pumped)* • Förderleistung *f*; Nutzleistung *f*
pump rotor *<mech.eng> (shaft+impeller)* • Pumpenläufer *m*; Läufer *m prakt*; Pumpenrotor *m*; Rotor *m*; Laufzeug *n rar*
pump storage reservoir *<energ.hydr>*
• Pumpspeicherbecken *n*
pump unit *<mech.eng>*
• Pumpenaggregat *n*
punch *<metal.tool> (for chasing and repoussé)* • Punze *f*
punch *<prod>* • Oberwerkzeug *n*; Stempel *m*
puncher *<tool> (e.g. for paper)* • Locher *m*
punching *<prod>* • Stanzen *n*
punching die *<tool>* • Aushaustempel *m*
punch out *vt <prod> (any shape; e.g.*

sheet metal, cardboard, film; e.g. diskettes) • ausstanzen *vt*; herausstanzen *vt*
punctiform *<gen>* • punktförmig
punctual *<tech.gen>* • punktförmig
puncture *<gen> (with a needle)* • Einstich *m*
puncture *<energ.el> (of an insulator)* • Durchschlag *m*
puncture *<prod> (roadside emergency due to tire failure)* • Reifenpanne *f*
puncture *vt <tech.gen> (usu. unintentional)* • durchbohren *vt*
puncture *vt <el> (dielectric)* • durchschlagen *vt*
puncture resistant *<vhcl> (tire)* • pannenfest; pannensicher; plattensicher *ugs*
purchase order *<econ>* • Auftrag *m*; Bestellung *f*
purchaser *ISO 8402 <econ>* • Auftraggeber *m DIN 8402*; Käufer *m DIN 8402*; Erwerber *m*
pure *<gen>* • rein
pure *<mat> (e.g. gold)* • echt
pure aluminum *US <mat>* • Reinaluminium *n*
pure badger *<mat> (e.g. for shaving brushes)* • Reines Dachshaar *n*; Reiner Dachs *m*
pure car carrier (PCC) *<nav>* • Autotransportschiff *n*; Car Carrier *m press*; Autotransporter *m prakt*; PCC *m*
purge *vt <tech.gen> (cavities, pipes, ducts; clean with a liquid or gas)* • spülen *vt*; durchspülen *vt*
purge *vt <plast> (barrel, screw; e.g. of extruder)* • reinigen *vt*
purge gas *<chem.proc>* • Spülgas *n*
purification *<proc> (conditioning)* • Aufbereitung *f*
purify *vt <tech.gen>* • raffinieren *vt*
purify *vt <chem> (substances)* • reinigen *vt*
purify *vt <proc> (e.g. water)* • aufbereiten *vt*
purity *<tech.gen>* • Reinheit *f*
purlin *<build>* • Dachpfette *f*
purlin *<build> (in a roof structure)* • Pfette *f*
pursuit curve *<math>* • Hundekurve *f*
push *<gen> (sign on doors)* • drücken; stossen *CH*
push *<tech.gen> (thrust)* • Schub *m*
push *vi/vt <gen> (abruptly)* • stoßen *vi/vt*; schubsen *vi/vt ugs*
push *vt <tech.gen> (sth. that slides)* • schieben *vt*
push-boat *<nav>* • Schubboot *n*
push-button *<el>* • Drucktaster *m*; Drucktaste *f*; Druckknopf *m*
push button *<el> (opens or closes an electric circuit)* • Drucktaste *f*; Drucktaster *m form*; Taster *m prakt*; Druckknopf *m ugs*
push-button dialling *<tele>* • Tastwahl *f*
pusher dog *<mech.eng>* • Mitnehmer *m*
pusher lift axle *<comvhcl>* • anhebbare Vorlaufachse *f*
pusher ram *<proc> (e.g coke oven, furnace)* • Ausdrückstange *f*
pusher tug *GB <nav>* • Schubschiff *n*
push off *vt <nav> (boat e.g. from a footbridge)* • absetzen *vt*
push on *vt <tech.gen> (to attach sth.; e.g. camera lens cap)* • aufstecken *vt*
push on *vt <mech> (slide on)* • aufschieben *vt*
push out *vt <mech> (abruptly)* • ausstoßen *vt*
push-pull connector *<tech.gen> (self--latching; e.g. for cables, hoses)* • Push-Pull-Steckverbinder *m*
push-pull fatigue test *<qualit.mat>* • Dauerschwingversuch bei Druck--Zug-Beanspruchung *m*
push-pull operation *stand <el>* • Gegentaktbetrieb *m*
push reel mower *<tech.gen>* • Rasenmäher *m*; Handmäher *m*
push rod *<mvhcl.mot> (of OHV engines)* • Stößelstange *f*; Stoßstange *f rar*
push-start *vt <mvhcl> (vehicle with discharged battery)* • anschieben *vt*
push starting *<mvhcl> (vehicle with discharged battery)* • Anschieben *n*
push tow *<nav>* • Schubverband *m*
put against *vt <tech.gen> (e.g. rule, tool)* • anlegen *vt*
put down *vt <gen> (e.g. on the floor)* • ablegen *vt*
put on *vt <gen> (e.g. compact disc, record, make-up)* • auflegen *vt*
put on *vt <gen> (e.g. spectacles, hat, pot; smile)* • aufsetzen *vt*
put on display *vt <docu> (e.g. to the*

public) • auslegen *vt*

put out *vt* *<nav> (fishing nets)* • auslegen *vt*

put out of commission *vt* *<tech.gen>* • stilllegen *vt*

putrefaction *<bio> (by anaerobic bacteria; stinking)* • Fäulnis *f*

putrefy *vi* *<gen>* • faulen *vi*

putrid *<gen>* • faulig

putrid *<food> (e.g. fruit, veggies)* • angefault

put through *vt* *<gen> (e.g. intention, plan)* • durchsetzen *vt*

put through *vt* *<tele> (call)* • verbinden *vt*; durchstellen *vt*

putting into operation *<tech.gen>* • Inbetriebnahme *f*

putty *<build> (window luting usu. made of whiting and boiled linseed oil)* • Fensterkitt *m*; Kitt *m prakt*

putty *<mat> (readily molded substance for sealing joints)* • Spachtelmasse *f*

putty *US* *<mvhcl.rep>* • Feinspachtel *m*; Nitrospachtel *m*; Flachspachtel *m*; Messerspachtel *m*; Glättspachtel *m*

putty *vt* *<build> (joints, seams, gaps)* • kitten *vt*

putty *vt* *<build.join>* • verkitten *vt*

putty-knife *<build.tool> (narrow blade)* • Spachtel *m*

put weight onto *vt* *<phys> (e.g. the downhill ski)* • belasten *vt*

PVC insulation *<el>* • PVC-Isolierung *f*

PVC tape *<el> (insulating tape)* • PVC--Klebeband *n*

PV plant *<energ.sol> (with solar cells, photovoltaic)* • PV-Anlage *f*; Photovoltaikanlage *f*; Solarstromanlage *f*; Solarstromkraftwerk *n*

PV-roofing tile *<energ.sol>* • Solardachziegel *m* (SDZ)

pylon *<aerosp> (engine mounting)* • Pylon *m*

pylon *<build>* • Mast *m*; Pylon *m*

pylon *<build> (of suspension bridge, cable-stayed bridge)* • Pylon *m*; Brückenportal *n*; Kabelturm *m*; Brückenturm *m*; Brückenpylon *m*

pyramid hip roof *<build>* • Zeltdach *n*

pyroclastic surge *<geo> (nuée ardente)* • Glutwolke *f*; Surge *f jarg*

pyrolysis *<chem> (gen.)* • Pyrolyse *f*

pyrolysis reactor *<proc.biom>* • Pyrolysereaktor *m*; Pyrolysator *m rar*

pyrometric cone *<comb> (flame)* • Pyrometerkegel *m*; pyrometrischer Kegel *m*

pyrometric cone *<join> (welding)* • Schmelzkegel *m*

pyrotechnic[al] *<tech.gen>* • pyrotechnisch

pyrotechnic charge *<mvhcl.safe> (airbag)* • Treibladung *f*; Treibsatz *m*; pyrotechnische Ladung *f*

pyrotechnic propellant *<expl> (e.g. gas generator for seat-belt tensioner, rocket)* • pyrotechnische Treibladung *f*; Treibladung *f prakt*

pyrotechnics *<expl>* • Pyrotechnik *f*; Feuerwerkerei *f*

QR code *<tech.gen> (quick-response code)* • QR-Code *m*

quad *<mvhcl> (small 4x4 vehicle)* • Quad *n*

quad-core processor *<comp>* • Vierkernprozessor *m*; Quad-Core--Prozessor *m jarg*

quad-pair twisting *<el>* • Achterverseilung *f*

quadrant *<tech.gen>* • Quadrant *m*; Viertelkreis *m*

quadrate *<math>* • quadratisch

quadratic *<math> (e.g. equation)* • quadratisch

quadricycle landing gear *<aerosp> (e.g. Airbus A340)* • Vierpunktfahrwerk *n*; Vierradfahrwerk *n*

quadruple bundle conductor *<energ.el>* • Viererbündel *n*

quality *<tech.gen>* • Güte *f*

quality *<qualit>* • Beschaffenheit *f*

quality *ISO 9000* *<qualit> (gen.)* • Qualität *f ISO 9000*

quality assurance (QA) *<qualit> (overall efforts to achieve a specified quality level)* • Qualitätssicherung *f* (QS)

quality audit *<qualit>* • Qualitätsaudit *m*; Qualitätsrevision *f*

quality characteristic *<qualit>* • Qualitätsmerkmal *n*

quality check (QC) *<qualit>* • Qualitätsprüfung *f*; Qualitätskontrolle *f*

quality criterion *<qualit>* • Gütekriterium *n*
quality factor *<tech.gen>* • Qualitätsfaktor *m*
quality feel[ing] *<tech.gen> (e.g. of materials, ride comfort)* • Qualitätsgefühl *n*
quality management *ISO 8402 <qualit>* • Qualitätsmanagement *n DIN EN ISO 8402*
quality management system *IS0 9000 <qualit>* • Qualitätsmanagementsystem *n DIN EN IS0 9000*
quality manual *<qualit>* • Qualitätshandbuch *n*; Qualitätsmanagementhandbuch *n*
quality objective *ISO 9000 <qualit>* • Qualitätsziel *n ISO 9000*
quality of service (QoS) *<tele.qualit>* • Dienstgüte *f* (QoS); Quality of Service *f*; Verkehrsgüte *f*; Dienstqualität *f*
quality stamp *US <tool> (stamp for hallmarking precious metal)* • Punze *f*
quality standard *<tech.gen>* • Güteklasse *f*
quality surveillance *<qualit>* • Qualitätsüberwachung *f*; Qualitätskontrolle *f*
quantify *vt <gen>* • mengenmäßig angeben *vt*
quantities by volume *<tech.gen>* • Raumteile *mpl*
quantity *<phys>* • Größe *f DIN 1313,5485*
quantity control *<i&c>* • Mengenregelung *f*; Quantitätsregelung *f*
quantity measurement *<i&c>* • Mengenmessung *f*
quantity meter *<i&c>* • Mengenmesser *m*
quantity of precipitate *<tech.gen>* • Niederschlagsmenge *f*
quantum energy *<phys>* • Quantenenergie *f*
quantum mechanics *<phys>* • Quantenmechanik *f*
quantum physics *<phys>* • Quantenphysik *f*
quark *<food>* • Quark *m*; Topfen *m A*
quark *<phys>* • Quark *n*
quarry *<min>* • Steinbruch *m*
quarry *<min.econ> (firm, enterprise)* • Steinbruchbetrieb *m*
quarry *vt <build>* • brechen *vt*
quarrying *<min> (as a discipline, industry)* • Abbau von Steinen und Erden *m*
quarrying *<min> (work in a quarry)* • Steinbrucharbeit *f*
quarter *<gen>* • Viertel *n*
quarter brick *<build.mat> (half-width brick)* • Riemchen *n*; Viertelstein *m*; Quartierstück *n*
quarter-turn fastener *<join>* • Schnellverschlussschraube *f :V*
quartz *<phys>* • Quarz *m*
quartz oscillator *<el>* • Quarzoszillator *m DIN 45174*
quartz watch *<i&c>* • Quarzarmbanduhr *f*
quartz window *<tech.gen>* • Quarzfenster *n*
quasi-linear *<math> (e.g. function, equation)* • quasilinear
quasi-stationary state *<tech.gen>* • quasistationärer Zustand *m*
quasi-synonym *ISO 12620 <term>* • Quasisynonym *n*
quay *<build.nav> (solid stationary artificial mooring site for loading/unloading of ship)* • Kai *m*
quench *vt <chem.proc> (flame, fire, glowing material; with water; e.g. coke)* • ablöschen *vt*
quench *vt <el> (arc; e.g. between circuit breaker points)* • auslöschen *vt*
quench *vt <el> (sparks, arcover)* • löschen *vt*
quench *vt <metal>* • abschrecken *vt*
quench *vt <metal> (in order to harden)* • härten *vt*
quench *vt <proc> (with water; e.g. coke)* • löschen *vt*
quench-age *vt <metal>* • aushärten *vt*
quenched *<proc> (due to steep temperature gradient; e.g. in air, oil, water)* • abgeschreckt
quenched and tempered steel *<mat>* • Vergütungsstahl *m DIN EN 10083-1*
quench hardening *<metal>* • Abschreckhärten *n*
quenching *<metal> (heat treatment; e.g. in ice water, salt bath, water, oil, air)* • Abschrecken *n*; Abschreckung *f*
quenching *<proc> (gen.)* • Abschrecken *n*

quenching agent *<metal> (gen., any type; e.g. air, oil, water)* • Abschreckmittel *n*

quenching liquid *<metal> (normally water, oil)* • Abschreckflüssigkeit *f*

quick *<gen> (character)* • lebhaft

quick-acting *<tech.gen> (stress on: fast response; e.g. of relay)* • schnell ansprechend

quick-acting *<tech.gen> (stress on: rapid effect)* • schnellwirkend

quick-change chuck *<mach.tool>* • Schnellwechselfutter *n*

quick charger *<el> (for batteries)* • Schnelllader *m*

quick-connect latch *<agri.comvhcl> (for tractor-mounted equipment)* • Fanghaken *m*

quick connector *<tech.gen>* • Schnellverbindung *f*

quick-curing *<mat>* • schnellhärtend

quick freeze *vt <food.prod> (typ. at -32 to -35 °C; e.g. meat, fish)* • schockgefrieren *vt*; schockfrosten *vt*

quick hardener *<tech.gen> (for 2-component adhesives,)* • Schnellhärter *m*

quick reference guide *<docu>* • Kurzbedienungsanleitung *f*; Kurzbedienanleitung *f*; Schnellübersicht *f*; Kurzanleitung *f*

quick-release ... *<tech.gen> (connector, clamp, coupling)* • schnell lösbar

quick-release hydraulic coupling *<hydr>* • Hydraulikschnellkupplung *f*

quick-release mounting *<tech.gen>* • Schnellwechselhalterung *f*

quick response *<i&c> (of sensors)* • kurze Ansprechzeit *f*

quietness of operation *<tech.gen>* • Laufruhe *f*

quiet running *<tech.gen> (gen.; e.g. of machinery, tires)* • geräuscharmer Betrieb *m*; geräuscharmer Lauf *m*

quilt *vt <textil>* • füttern *vt*

quilt on *vt <textil>* • aufsteppen *vt*

quit *vt <comp>* • verlassen *vt*

quotation marks *pl <print> (punctuation)* • Anführungszeichen *npl*; Gänsefüßchen *npl*; Anführungsstriche *fpl*

R

R&D department *<tech.gen>* • FuE--Bereich *m*; FuE-Abteilung *f*; F+E-Abteilung *f*; Forschungs- und Entwicklungsabteilung *f*; Entwicklungs- und Forschungsabteilung *f rar*

R&D engineer *<tech.gen>* • Entwicklungsingenieur *m*; Entwickler *m prakt*; FuE-Ingenieur *m*

rabbet *<build> (deep notch in a frame, acting as a stop for a door etc.)* • Anschlag *m*

rabbet *<build> (groove; for window luting)* • Kittfalz *m*

rabbet *<build.wood> (e.g. in window and door frames)* • Falz *m*

rabbet *<wood> (groove receiving the edge or tongue of another panel)* • Nut *f*

rabbet *vt <wood> (with rabbet and tongue; e.g. panels)* • fügen *vt*

rabbet plane *<tool>* • Falzhobel *m*

rabble rake *<waste.hydr> (sludge thickener)* • Krählwerk *n*

race *<mech.eng> (e.g. of ball bearings)* • Kanal *m*

race *<mech.eng> (of antifriction bearings; inner and outer)* • Laufring *m*

raceway *ISO 3395 <mech.eng> (rolling bearing)* • Laufbahn *f DIN ISO 3395*

rack *<tech.gen> (e.g. for standard modules)* • Gestell *n*

rack *<logist> (framework for storage of items)* • Regal *n*

rack *<mach.tool>* • Speicher *m*

rack *<mech.eng>* • Zahnstange *f DIN 3998*

rack *vt <food> (wine)* • abziehen *vt*

rack-and-pinion steering *<mvhcl>* • Zahnstangenlenkung *f*

rack column *<logist> (in a rack system)* • Ständer *m*; Regalständer *m*; Regalsteher *m*; Regalstütze *f*; Regalsäule *f*

rack pinion *<mech.eng>* • Zahnstangenritzel *n*

radar *<navig> (radio detecting and ranging)* • Radar *n*

radar antenna *US <navig>* • Radarantenne *f*

radar chaff *<mil> (for confusing enemy*

radar) • Düppel *m*
radar-controlled *<tech.gen>* • radargesteuert
radar detection *<navig> (stress on: localization)* • Radarortung *f*
radar dome *<navig> (stress on: the spherical cover on a radar system)* • Radarantennenverkleidung *f*; Radarkuppel *f*
radar gun *<traff>* • Radarpistole *f*
radar range finder *<navig>* • Entfernungsradar *n*; Radarentfernungsmesser *m*
radar transmitter *<tech.gen>* • Radarsender *m*
radial admission *<turb>* • Radialbeaufschlagung *f*
radial arm *<mach.tool> (outrigger)* • Ausleger *m*
radial ball bearing *ISO 5593 <mech.eng>* • Radialkugellager *n DIN ISO 5593*; Radialrillenkugellager *n*
radial bearing *<mech.eng>* • Radiallager *n*; Querlager *n rar*
radial cam *<autom> (of cam mechanism)* • Kurvenscheibe *f*
radial deviation *<mech.eng>* • Rundlauffehler *m*
radial engine *<mot> (on early airplanes; e.g. a rotary radial engine)* • Sternmotor *m*
radial fan *<hvac> (rotor with long axis and small diameter)* • Walzenventilator *m*
radial-flow pump *<convey> (typical centrifugal pump; axial intake, radial outlet)* • Radialpumpe *f*; Radialkreiselpumpe *f*; radiale Kreiselpumpe *f*
radial loading *<mech>* • Radialbeanspruchung *f*; Radiallast *f*
radially symmetric *<tech.gen>* • radialsymmetrisch
radial motion *<gen>* • Radialbewegung *f*
radial plane *<tech.gen>* • Radialebene *f*
radial play *<mech.eng>* • Radialspiel *n*
radial shaft seal ring *<mech.eng> (e.g. on crankshaft front and rear)* • Radial-Wellendichtring *m* (RWDR) *DIN 3761*; Radialdichtring *m*; Wellendichtring *m*; Simmerring *m* ® *prakt*; Ölring *m prakt.rar*
radial stretching device *<tech.gen>* • Radialspannvorrichtung *f*
radial tire *US <prod>* • Gürtelreifen *m*; Radialreifen *m wiss*
radial tire *US <vhcl>* • Radialreifen *m*; Gürtelreifen *m*
radiant heater *<hvac> (gen.)* • Heizstrahler *m*
radiant heater *<hvac>* • Strahlungsheizkörper *m*
radiate *vt <phys> (radiation, light; e.g. heat, gamma)* • abstrahlen *vt*; aussenden *vt*; emittieren *vt*
radiate *vt <phys> (from a source)* • ausstrahlen *vt*
radiating *<phys>* • strahlend
radiation *<phys> (emittance)* • Ausstrahlung *f*
radiation *<phys> (gen.)* • Strahlung *f*
radiation dosimetry *<nucl.i&c>* • Dosimetrie *f*; Strahlendosimetrie *f*; Dosismessung *f*
radiation-exposed *<phys> (gen.; surface, object, person)* • strahlenexponiert; strahlungsbelastet
radiation-induced *<nucl>* • strahlungsinduziert
radiation-induced embrittlement *<qualit.mat>* • Bestrahlungsversprödung *f*
radiation protection dosimeter *DIN 6818-1 <nucl>* • Strahlenschutz-Dosimeter *n DIN 6818-1*
radiation zone *<tech.gen>* • Strahlungszone *f*
radiator *<tech.gen>* • Radiator *m*
radiator *<hvac> (for heating)* • Heizkörper *m DIN EN 442*; Radiator *m*
radiator *<mvhcl> (for engine cooling)* • Kühler *m*
radiator grille *<mvhcl>* • Kühlergrill *m*; Kühlergitter *n*; Kühlermaske *f*; Grill *m ugs*; Kühlerblende *f rar*
radiator tank *<mvhcl> (of engine coolant radiator; e.g. of sheet metal or molded PA)* • Wasserkasten *m*
radical reaction *<chem>* • radikalische Reaktion *f*; Radikalreaktion *f*
radio *<av>* • Funk *m*
radio... *<i&c>* • funk...
radio-activate *vt <nucl> (material; by radiation exposure)* • aktivieren *vt*; radioaktiv machen *vt*

radioactive *<nucl> (emitting nuclear radiation; e.g. substance, component, area)* • radioaktiv; aktiv *prakt*; heiß *ugs*

radioactive decay *<nucl>* • radioaktiver Zerfall *m*

radioactive decontamination *<nucl>* • Dekontamination *f*; Dekontaminierung *f*; Entaktivierung *f rar*; Entseuchung *f rar*

radioactive element *<nucl> (e.g. radium)* • radioaktives Element *n*; Radioelement *n*

radioactive fallout *<nucl>* • radioaktiver Niederschlag *m*; Fall-out *m*; Fallout *m*

radioactive iodine *<chem>* • Radiojod *n*; Radioiod *n*; radioaktives Jod *n*; radioaktives Iod *n*

radioactive isotope *<geo>* • radioaktives Isotop *n*

radioactive radiation *<nucl>* • radioaktive Strahlung *f*

radioactive tracer test *<chem>* • Traceruntersuchung *f*

radioactive waste *<nucl.waste> (gen., any type)* • radioaktiver Abfall *m*; Nuklearabfall *m form*; Atommüll *m ugs*; heißer Abfall *m jarg*

radioactive waste disposal *<nucl.waste>* • Atommüllentsorgung *f*

radioactivity *<nucl>* • Radioaktivität *f*

radio astronomy *<astron>* • Radioastronomie *f*

radio beacon *<navig> (gen.)* • Funkfeuer *n*; Bakensender *m*; DGPS-Radio-Beacon *m*; Funkbake *f*

radio beacon *<navig.nav>* • Funkboje *f*

radiocarbon *<nucl>* • Radiokohlenstoff *m*

radio/cassette deck (r/c) *<mvhcl.av>* • Kassettenradio *n* (RC); Autoradio--Kassettenspieler *m*

radio channel *<tele>* • Funkkanal *m*; Kanal *m prakt*

radiochemistry *<chem>* • Radiochemie *f*

radio choke *<el>* • Entstördrossel *f*

radio control (RC) *<tech.gen> (device; e.g. of garage door, model airplane)* • Funkfernsteuerung *f*; Funkfernbedienung *f*

radio-controlled (RC) *<tech.gen>* • funkferngesteuert (RC)

radio engineering *<tele>* • Funktechnik *f*

radio fix *<navig>* • Standort *m*

radio frequency (RF) *<av>* • Radiofrequenz *f*

radio frequency (RF) *<tele> (gen.)* • Funkfrequenz *f*

radiograph *vt <phys>* • durchstrahlen *vt*

radiographic testing *<qualit.mat>* • Durchstrahlungsprüfung *f*; radiographische Prüfung *f*; Röntgenstrahl-Prüfung *f*

radio interface *<tele> (gen.: e.g. connection between base and mobile stations)* • Funkschnittstelle *f*

radio link *<tech.gen>* • Funkverbindung *f*; Funkkontakt *m*

radiolocation *<navig> (e.g. of vehicles, animals)* • Funkortung *f*

radio message *<tele>* • Funkmeldung *f*; Funkspruch *m*

radiometric prospecting *<min>* • radiometrisches Prospektieren *n*

radio network *<tele> (gen.)* • Funknetz *n*

radio noise suppression *<el>* • Funkentstörung *f*

radio paging [service] *<tele>* • Funkruf *m*; Funkrufdienst *m*; Pager-Service *m*

radio receiver *<av>* • Rundfunkempfänger *m*

radio reception *<el>* • Funkempfang *m*

radio room *<nav.tele>* • Funkraum *m*

radio service *<tech.gen>* • Funkbetrieb *m*

radio shadow *<tele> (behind mountains, buildings etc.; e.g. in cell phone networks)* • Funkschatten *m*

radio shielding *<tele>* • Abschirmung *f*

radiosity *<energ.sol> (in W/m^2)* • Radiosität *f*; Abstrahlungsstärke *f*

radiotelescope *<astron>* • Radioteleskop *n*

radio tracker *<tele> (e.g. for locating persons, vehicles, animals)* • Peilsender *m*

radio transmission channel *<av>* • Rundfunkkanal *m*

radio transmitter *<tele> (e.g. for radio and TV broadcasting, navigation, remote control)* • Funksender *m*

radium (Ra) *<chem> (radioactive)* • Radium *n* (Ra)

radius *<convey> (of a crane)* • Ausladung *f*

radius (r) *<math>* • Radius *m* (r);

Halbmesser *m*

radius *vt <tech.gen>* • runden *vt*

radius *vt <prod> (edge)* • abrunden *vt*

radius *vt <prod> (outside or inside corner)* • ausrunden *vt*

radius arm *<prod> (robot, machine tool)* • Dreharm *m*

radiused *<prod>* • abgerundet

radiused *<prod> (edges, corners, tips)* • gerundet

radiused *<prod> (edge, corner)* • halbrund

radiusing *<prod> (of a corner)* • Eckabrundung *f*

radiusing *<prod> (of corner, edge, point)* • Rundung *f*

radius of operation *<mvhcl> (usu. in miles, km)* • Fahrbereich *m*; Aktionsradius *m*

radius seat *<join> (for positive centering; e.g. of wheel bolts)* • Kugelbund *m*

radix *<math> (number taken as the base of sth.)* • Basis *f*

radome *pract <aerosp> (nose cone)* • Radarnase *f*; Radom *n*; Radarbug *m*

radome *<astron> (globe structure of a radar station)* • Radom *n*

radon (Rn) *<chem> (radioactive)* • Radon *n* (Rn)

raft *<nav> (collection of logs or timber fastened together)* • Floß *n*

rafter *<railw>* • Sparren *m*

rag *<tool.textil> (for wiping, cleaning)* • Lappen *m*

ragged *<srfc>* • wellig

ragged left *ISO/IEC 2382-23 <docu> (right justified)* • Flattersatz links *m ISO/IEC 2382-23*

ragged right *ISO/IEC 2382-23 <comp> (left justified)* • Flattersatz rechts *m ISO/IEC 2382-23*

ragged setting *<typo> (typeset with ragged margins)* • Flattersatz *m*; anaxialer Satz *m obs*; asymmetrischer Satz *m wiss*; Rauhsatz *m err*; offener Zeilenfall *m*

rags *pl <pap>* • Hadern *mpl*; Lumpen *mpl*

rag shredder *<pap>* • Lumpenreißer *m*

rail *<tech.gen> (guide or running rail for vehicles, moving parts etc.)* • Schiene *f*

rail *<mech.eng>* • Führung *f*

rail gauge *<railw>* • Spurweite *f*

railing *<nav> (at edge of decks)* • Reling *f*

railless *<convey>* • nicht schienengebunden

rail-mounted *<tech.gen> (fixed on rails)* • schienenbefestigt

rail-mounted *<convey>* • gleisgebunden

rail-movable *<tech.gen> (running on rails)* • schienenverfahrbar

railroad *US <railw>* • Eisenbahn *f*; Bahn *f ugs*

railroad bridge *<build>* • Eisenbahnbrücke *f*; Bahnbrücke *f*

railroad freight car *<railw>* • Güterwagen *m*

railroad hump *<railw>* • Ablaufberg *m*

railroad tie *US <railw>* • Eisenbahnschwelle *f*

rails: on ~ *<tech.gen> (e.g. crane)* • schienengebunden

rail track ballast *<rail.build.mat>* • Gleisbettschotter *m*; Gleisschotter *m*; Schotter *m prakt*

rail vehicle *<railw>* • Schienenfahrzeug *n*

railway bed *<railw>* • Bahnkörper *m*; Unterbau *m*

railway crossing *<railw.traff>* • Bahnübergang *m*; Gleisübergang *m*

railway engineering *<railw>* • Eisenbahntechnik *f*

railway junction *<railw>* • Eisenbahnknotenpunkt *m*

railway line *<railw>* • Bahnlinie *f*; Bahnstrecke *f*; Eisenbahnlinie *f*; Eisenbahnstrecke *f*

railway network *<railw>* • Bahnnetz *n*; Eisenbahnnetz *n*

railway power *<railw.el> (single-phase AC with 15 kV and 16 2/3 Hz)* • Bahnstrom *m*

railway station *<railw>* • Bahnhof *m*

railway tunnel *<build.traff>* • Eisenbahntunnel *m*

rain gutter *<build>* • Dachrinne *f*; Regenrinne *f*; vorgehängte Dachrinne *f*

rain sensor *<mvhcl.i&c>* • Regensensor *m*

rainwater *<meteo>* • Niederschlagswasser *n*; Regenwasser *n*

rainwater and sewage water system *<waste.hydr>*

• Mischwasserkanalnetz *n*

raise *<build>* • Erhöhung *f*

raise *vr/vt <gen> (e.g. building; wages, price, tax)* • erhöhen *vr/vt*

raise *vt <gen> (e.g. barricade, monument, house; perpendicular)* • errichten *vt*

raise *vt <tech.gen>* • hochstellen *vt*

raise *vt <textil>* • aufrichten *vt*

raise *vt <textil> (needle)* • auftreiben *vt*; austreiben *vt*

raise by a storey *vt <build> (house, building)* • aufstocken *vt*

raised *<srfc> (e.g. relief)* • erhaben

raised head *<join>* • gewölbter Kopf *m*

raise to the power of x *vt <math>* • Potenz *f*: zur x. ~ erheben *vt*

raising and wheeling machine *US <mvhcl.tool> (shop tool used to shape steel and aluminum panels)* • Glättmaschine *f*; Schwinge *f prakt*; Walze *f prakt*

rake *<agri.tool> (rough)* • Harke *f*

rake angle *<tool> (of milling cutter)* • Spanwinkel *m*

raked *<tech.gen>* • schräg

ram *<mech.eng> (hydraulic piston; e.g. of a press)* • Kolben *m*; Druckkolben *m*

ram *<prod> (press)* • Stempel *m*

ram *vt <tech.gen> (strike sth. with great mass and severe impact; e.g. truck a car)* • rammen *vt*

ramification *<gen>* • Gabelung *f*

ramification *<gen> (also fig.)* • Verzweigung *f*

ramify *vi <gen>* • gabeln *vr*; verzweigen *vr*; verästeln *vr*

ramify *vt <gen> (also fig.)* • verästeln *vr*; verzweigen *vt*; gabeln *vr*

ramjet engine *<aerosp.mot>* • Staustrahltriebwerk *n*; Ramjet--Triebwerk *n*; Lorin-Triebwerk *n rar*

rammer *<build.mach> (for sheet piles etc.)* • Ramme *f*

ramp *<tech.gen> (slope, ascent, to connect different levels)* • Rampe *f*

ramp *<traff> (access)* • Einfahrt *f*

ramp breakover angle *<mvhcl.drive>* • Rampenwinkel *m*; Bauchfreiheit *f*; Buckelfreiheit *f*; Kuppenwinkel *m*

ramp response *<i&c> (reaction to a linear input signal change)* • Anstiegsantwort *f*; Rampenantwort *f*

rand laying *<leath>* • Aufkedern *n*

random *<gen> (not in a certain order)* • ungeordnet

random *<gen>* • zufällig; stochastisch *wiss*

random access memory (RAM) *<comp> (volatile; as a unit of a computer system)* • Arbeitsspeicher *m* (RAM) *DIN 44300*; Hauptspeicher *m obs*; Kernspeicher *m obs.rar*

random error *<tech.gen> (e.g. in system operation, quality)* • zufälliger Fehler *m*; Zufallsfehler *m*

random failure *<qualit> (of a device, system)* • Zufallsausfall *m*; Zufallsfehler *m*

random generator *<math>* • Zufallsgenerator *m*

randomize *vt <tech.gen>* • regellos anordnen *vt*

random logic *<math>* • Zufallslogik *f*

randomness *<gen> (of sequence, positions, events etc.)* • Beliebigkeit *f*; Zufälligkeit *f*

randomness *<gen>* • Ungeordnetheit *f*

random order *<gen> (sequence)* • ungeordnete Reihenfolge *f*; beliebige Reihenfolge *f*; zufällige Reihenfolge *f*

random sampling *<qualit> (of test specimens)* • Zufallsauswahl *f*

random sampling *<qualit>* • Ziehung einer Zufallsstichprobe *f*

random test *<qualit>* • Stichprobe *f*; Probe *f*

range *<aerosp> (of an aircraft)* • technische Flugweite *f*; Reichweite *f prakt*

range *<comp> (radio)* • Reichweite *f*

range *<econ> (of products)* • Sortiment *n*; Produktsortiment *n form*; Programm *n*; Produktpalette *f*; Lieferprogramm *n*

range *<gastr> (cooking, top part; e.g. vitroceramic hob)* • Kochfeld *n*

range *<nucl> (of particles)* • Reichweite *f*

range hood *<hvac> (kitchen; above cooking range)* • Dunstabzugshaube *f DIN EN 13141-3*; Wrasenabzug *m*; Abzugshaube *f ugs*

range indicator *<navig>* • Entfernungsanzeiger *m*

range of application *<tech.gen> (of a product, process)* • Anwendungsbereich *m*; Einsatzbereich *m*

range of application *<tech.gen> (e.g. of*

water turbines: head, flow rate) • Einsatzgebiet *n*

range of throw *<gen>* • Wurfweite *f*

range of tolerance *<qualit>* • Toleranzfeld *n*; Toleranzbereich *m*

range of turning *<tech.gen>* • Drehbereich *m*

range selection *<i&c>* • Bereichswahl *f*

ranging *<navig>* • Entfernungsbestimmung *f*; Entfernungsmessung *f*

rap *vt <gen> (e.g. for cleaning: filter, carpet)* • klopfen *vt*

rap *vt <metal> (e.g. casting)* • abklopfen *vt*

rap *vt <proc>* • rütteln *vt*

rape seed methyl ester (RME) *DIN EN14214 <chem> (as fuel for diesel engines; CN 54-58)* • Rapsmethylesther *m* (RME) *DIN EN14214*; Rapsölmethylester *m*; Rapsöl *n prakt*; Biodiesel *m ugs*

rapid adjustment *<tech.gen>* • Schnellverstellung *f*

rapid advance *<mach.tool>* • Eilvorlauf *m*; Eilzustellung *f*

rapid approach *<tech.gen>* • schnelles Heranfahren *n*

rapidity *<gen>* • Schnelligkeit *f*

rapid method *<tech.gen>* • Schnellverfahren *n*

rapid motion *<mach.tool>* • Eilbewegung *f*

rapid prototyping *<prod>* • schnelle Prototyperstellung *f*; schnelles Prototyping *n*; Rapid Prototyping *n jarg*

rapid return *<mach.tool>* • Eilrücklauf *m*

rare earths *pl <chem>* • Seltenerden *fpl*; seltene Erden *fpl*

Raschig rings *pl <proc>* • Raschig--Ringe *mpl*

rasp *<tool>* • Raspel *f*

raster image *<print> (halftones generated by a pattern of small dots)* • Rasterbild *n*; Halbtonbild *n*

ratchet *<tech.gen>* • Ratsche *f*

ratchet *<tool> (for use with sockets)* • Knarre *f DIN 898*; Ratsche *f prakt*

ratchet-and-pawl mechanism *<mech.eng>* • Sperrklinkenmechanismus *m*; Klinkengesperre *n*; Sperrwerk *n*

ratchet binding *<tech.gen> (e.g. of inline skates, snow boards)* • Ratschenverschluss *m*; Ratschenbindung *f*

ratchet pawl *<tool>* • Sperrklinke *f*; Klinke *f*

rate *<gen> (degree; e.g. of a change)* • Grad *m*

rate *<tech.gen> (actions, events, volume etc. per unit of time; e.g. flow rate)* • Geschwindigkeit *f*; Rate *f rar*

rate *<i&c> (of a timekeeper; daily deviation from strict accuracy in secs. per day)* • Gang *m*

rate *vt <tech.gen> (power, output, wattage, speed etc.)* • bemessen *vt*

rated capacity *<tech.gen> (volume per unit time; e.g. 2 m^3/h)* • Nennleistung *f*

rated capacity *<energ.hydr>* • Ausbauleistung *f*

rated capacity *<mvhcl.el> (of battery)* • Nennkapazität *f DIN*; Nennleistung *f*

rated frequency *<el>* • Nennfrequenz *f*

rated head *<energ.hydr> (of hydroelectric power plant)* • Ausbaufallhöhe *f*

rated life *<qualit> (as specified in data sheets)* • Nennlebensdauer *f*

rated load *<tech.gen> (electr., mech.)* • Nennbelastung *f*; Nennlast *f*

rated operating temperature *<tech.gen>* • Nenn--Betriebstemperatur *f*

rated operating voltage *<el>* • Nennbetriebsspannung *f*; Bemessungsbetriebsspannung *f norm.rar*

rated power *<energ> (of power generating plants; e.g. 1.300 MW per unit)* • Nennleistung *f*; Bemessungsleistung *f IEV 415*; installierte Leistung *f*

rated power output *<el>* • Nennausgangsleistung *f*

rated range *<i&c> (of measuring instruments)* • Nennbereich *m*; Nennmessbereich *m*

rated service time *<tech.gen>* • Nennbetriebsdauer *f*

rated speed *<tech.gen> (e.g. of motors, pumps, turbines, shafts)* • Nenndrehzahl *f*

rated speed *<mvhcl.mot> (in rpm)* • Nenndrehzahl *f*

rated supply voltage *<el>*
• Nennanschlussspannung *f*
rated temperature *<tech.gen> (e.g. electric motor, kiln, washing machine)*
• Nenntemperatur *f*
rated torque *<mot>*
• Nenndrehmoment *n*
rated width *<tech.gen>* • Nennbreite *f*
rated wind speed *IEV 415 <energ.wind>*
• Nennwindgeschwindigkeit *f*; Bemessungswindgeschwindigkeit *f IEV 415*
rate gyro *<navig> (irrespective of damping method)* • Wendekreisel *m*
rate meter *<i&c>* • Mengenmesser *m*
rate of change *<tech.gen> (e.g. of frequency, signal)*
• Änderungsgeschwindigkeit *f*
rate of degradation *<bio.chem> (e.g. cf waste, hazardous material)*
• Abbaurate *f*
rate of production *<prod> (items per unit of time)* • Ausstoß *m*; Produktionsausstoß *m*; Produktionsrate *f*
rating *<gen>* • Einstufung *f*
rating *<gen> (of value, assets)*
• Wertangabe *f*
rating *<tech.gen> (e.g. power, flow rate,*
• Bemessung *f*
rating *<tech.gen> (e.g. power, voltage)*
• Nennwert *m*
ravel out *vi <textil>* • fasern *vi*
raw *<mat>* • roh
raw *<prod> (unprocessed)*
• unbearbeitet
raw fibrous material *<prod> (gen.; e.g. wood)* • Faserrohstoff *m*
RAW file *<phot>* • RAW-Datei *f*; RAW--Bild *n*
raw gas *<proc>* • Rohgas *n*; Rohproduktgas *n*
raw material *<tech.gen>* • Rohstoff *m*; Rohmaterial *n*
raw material *<mat>* • Vormaterial *n*
raw materials *<tech.gen>* • Rohstoffe *mpl*
raw mixture *<tech.gen>*
• Rohmischung *f*
ray *<opt>* • Strahl *m*
ray bundle *<opt.owg>* • Strahlenbündel *n*
rayon *<textil>* • Kunstseide *f*
ray path *<tech.gen> (gen.; any type of ray; e.g. absorption spectrometry)*
• Strahlengang *m*; Strahlverlauf *m*
razor *<hygi> (for wet shaving)*
• Nassrasierer *m*
razor barbed wire *GB <mil>*
• Bandstacheldraht *m*; NATO-Draht *m prakt*
razor blade *<hygi.tool>* • Rasierklinge *f*
RBMK reactor *<nucl> (reaktor bolshoy moshchnosti kanalniy; the Chernobyl type)* • RBMK-Reaktor *m*
reach *<tech.gen>* • Reichweite *f*
reach *<mil> (of weapons)* • Reichweite *f*
react *vi <chem>* • reagieren *vi*
react *vi <el> (e.g. relay, solenoid, system)* • ansprechen *vi*; reagieren *vi*; auslösen *vi*
reactance *<el> (the imaginary part of an impedance)* • Blindwiderstand *m*
reactance *<el>* • Reaktanz *f*
reaction *<phys> (stress on: re-action)*
• Gegenwirkung *f*
reaction engine *<aerosp>*
• Rückstoßtriebwerk *n*; Reaktionstriebwerk *n*; Raketentriebwerk *n prakt*
reaction force *<mech> (vector)*
• Reaktionskraft *n*; Rückwirkungskraft *f*
reaction of the engine *<mvhcl.mot>*
• Ansprechen des Motors *n*
reaction product *<chem>*
• Reaktionsprodukt *n*
reaction-propelled *<tech.gen>*
• Rückstoßprinzip *n*: nach dem ~ angetrieben
reaction propulsion *<aerosp>*
• Rückstoßantrieb *m*; Reaktionsantrieb *m*
reaction space *<tech.gen>*
• Reaktionsraum *m*
reaction turbine *<turb>*
• Überdruckturbine *f*; Reaktionsturbine *f*
reactive current *<el>* • Blindstrom *m*; wattloser Strom *m rar*
reactive force *<phys>* • Gegenwirkung *f*
reactive load *<el>* • Blindlast *f*
reactive voltage *<el>* • Blindspannung *f*
reactor *<tech.gen> (in chemical or nuclear installations)* • Reaktor *m*
reactor auxiliary building *<nucl>*
• Reaktorhilfsanlagengebäude *n*

(RHG)
reactor auxiliary systems *pl <nucl>* • Reaktorhilfsanlagen *fpl*
reactor building *<nucl>* • Reaktorgebäude *n*
reactor containment *<nucl> (in the U.S. usu. cylindrical, in Germany typ. spherical)* • Reaktorsicherheitsbehälter *m DIN 25401-3*; Sicherheitsbehälter *m prakt*; Sicherheitshülle *f*; Containment *n jarg*
reactor coolant *<nucl> (gen.; e.g. light water in LWR)* • Reaktorkühlmittel *n*
reactor cooling system *<nucl> (gen.)* • Reaktorkühlsystem *n*
reactor cooling system *<nucl> (of a PWR)* • Reaktorkühlsystem *n*; Primärkühlsystem *n*; Hauptkühlsystem *n*
reactor core *<nucl> (of PWR, BWR)* • Reaktorkern *m DIN 25401-3*; Kern *m prakt*; Core *m prakt*; Spaltzone *f rar*
reactor pressure vessel (RPV) *<nucl> (of pressurized-water reactor)* • Reaktordruckbehälter *m* (RDB) *DIN 25401-3*; Reaktordruckgefäß *n*; Druckbehälter *m prakt*
reactor safety *<nucl>* • Reaktorsicherheit *f*
reactor trip *<nucl.safe>* • Reaktor--Schnellabschaltung *f DIN 25401-3*; Schnellabschaltung *f*; Reaktorschnellschluss *m*; Reaktorschnellabschaltung *f*
reactor vessel (RV) *<nucl> (PWR and BWR)* • Reaktorbehälter *m* (RB)
react to *vi <gen>* • reagieren auf *vi*
react to *vt <el>* • ansprechen auf *vt*
read *vi <i&c> (instrument)* • anzeigen *vi*
read *vi/vt <gen>* • lesen *vi/vt*
read *vt <i&c> (instrument, scale, measured value)* • ablesen *vt*
readability *<docu> (of labels, signs, bar codes; by scanners)* • Lesbarkeit *f*; Ablesbarkeit *f*
readability *<docu> (of texts)* • Lesbarkeit *f*
readable *<docu> (gen.; by person or machine)* • lesbar
reader *<tech.gen> (e.g. for flash memory cards, micro fiches)* • Lesegerät *n*
read error *<comp>* • Lesefehler *m*
readily accessible *<tech.gen>* • leicht zugänglich
readily biodegradable *<ecol>* • biologisch rasch abbaubar; gut bioabbaubar; biologisch gut abbaubar
readily soluble *<chem>* • leicht löslich
read in *vt <comp> (data; e.g. in table, data base, register, memory)* • schreiben *vt*; einlesen *vt*
readiness *<gen>* • Bereitschaft *f*
readiness for production *<prod>* • Produktionsreife *f*; Fertigungsreife *f*; Fabrikationsreife *f*
reading *<tech.gen> (e.g. scale, counter)* • Ablesung *f*
reading *<i&c> (displayed data of an instrument, display, counter)* • Anzeige *f DIN 2257*; Ausgabe *f rar*; Anzeigewert *m*; Messwert *m*
reading accuracy *<tech.gen> (scale, diagram)* • Ablesegenauigkeit *f*
reading error *<qualit>* • Ablesefehler *m*
reading glass *<opt>* • Lupe *f*; Leselupe *f*
reading glasses *<opt>* • Nahbrille *f*
reading light *<int.light>* • Leseleuchte *f*
reading permission *<comp>* • Leserecht *n*
reading rate frequency *<gen>* • Messfolgefrequenz *f*
reading speed *<comp>* • Lesegeschwindigkeit *f*
readjust *vt <tech.gen> (as a corrective measure)* • korrigieren *vt*
readjust *vt <tech.gen> (e.g. instrument, clock)* • nachstellen *vt*
readjust *vt <tech.gen>* • neu einstellen *vt*
readjustable *<tech.gen>* • nachstellbar
read off *vt <docu> (e.g. manuscript, tele prompter)* • ablesen *vt*
read-only *<comp> (e.g. memory)* • schreibgeschützt
read-only memory (ROM) *<comp>* • Nur-Lese-Speicher *m* (ROM); Festwertspeicher *m*; Lesespeicher *m*; Read-Only-Speicher *m*; Festspeicher *m*
read-out *<comp> (of data)* • Auslesen *n DIN 44300*
read out *vt <i&c>* • ausgeben *vt*
read-out error *<i&c>* • Anzeigefehler *m*
read-out error *<qualit>* • Ablesefehler *m*
read process *<comp> (from memory)*

• Auslesevorgang *m*
read-protected *<comp>* • lesegeschützt
read/write error *<comp> (e.g. of disk or tape drives)* • Schreib-Lese-Fehler *m*; Schreib/Lese-Fehler *m*; Schreib-/ /Lese-Fehler *m*
read/write head *<comp>* • Schreib- -Lese-Kopf *m*; Schreib/Lese-Kopf *m*; Schreib-/Lese-Kopf *m*; Schreib- -Lesekopf *m rar*
ready *<gen> (e.g. for operation)* • fertig
ready *adj <phot>* • aufnahmebereit *adj*
ready for launching *<aerosp> (rocket)* • startbereit; startklar
ready for service *<tech.gen> (immediately)* • einsatzbereit; funktionsbereit
ready for take-off *<aerosp> (airplane)* • startbereit; startklar
ready lamp *<el> (e.g. copy machine)* • Bereitschaftsanzeigelampe *f*
ready-mixed concrete *<build.mat> (delivered by truck)* • Frischbeton *m*
ready-mixed concrete *<build.mat> (delivered by truck; as opp. to site concrete)* • Transportbeton *m DIN 1045-2; DIN*; Lieferbeton *m*; Fertigbeton *m*; Rezeptbeton *m*
ready-mixed paint *<srfc>* • streichfertige Farbe *f*
ready state *<tech.gen> (e.g. of screen, copy machine)* • Bereitschaftszustand *m*
ready-to-fit *<tech.gen>* • einbaufertig; montagefertig
ready-to-install unit *<tech.gen>* • einbaufertige Einheit *f*
ready-to-use *<tech.gen>* • anwendungsbereit
ready to use *<tech.gen>* • gebrauchsfertig; verwendungsbereit
ready-to-wear clothes *<garm>* • Konfektion *f*
reagent *<chem>* • Reagens *n*
real *<gen> (e.g. income, object)* • real
real *<mat> (e.g. diamond, gold, silk)* • echt
realign *vt <build> (parts; e.g. at right angles, parallel)* • nachrichten *vt*
realization *<tech.gen> (of a plan, project)* • Ausführung *f*; Verwirklichung *f*; Realisierung *f*
realize *vt <tech.gen> (plan, project, measures; e.g. improvements)* • ausführen *vt*; verwirklichen *vt*; realisieren *vt*; durchführen *vt*
real-time four wheel drive *<mvhcl.drive>* • automatisch zuschaltender Allradantrieb *m*
real-time processing *<comp>* • Echtzeitverarbeitung *f*; Echtzeitbetrieb *m*; Sofortverarbeitung *f*
real-time simulation *<tech.gen>* • Echtzeitsimulation *f*
ream *vt <prod> (bore)* • aufreiben *vt*
ream *vt <tool> (a hole, opening, bore)* • ausreiben *vt*
reamer *<build.min> (cutting head to enlarge a pilot bore)* • Aufweitkopf *m*
reamer *<tool>* • Reibahle *f*
rear *<tech.gen> (back of sth.)* • Rücken *m*
rear *<mvhcl>* • Heck *n*
rear *<mvhcl.int> (space behind the front seats; esp. the rear seats)* • Fond *m*
rear axle final drive *<mvhcl.drive> (part of the drive train)* • Achsantrieb der Hinterachse *m*; hinterer Achsantrieb *m*; Hinterachsantrieb *m prakt*
rear end *<gen> (side which is farthest from the front end)* • hinteres Ende *n*
rear-end collision *<mvhcl.safe>* • Heckaufprall *m*; Auffahrunfall *m*; Heckcrash *m ugs*; Heckkollision *f*
rear-end collision *<mvhcl.traff>* • Auffahrunfall *m*
rear engine *<mvhcl>* • Heckmotor *m*
rear fog light *<mvhcl.el> (unit)* • Nebelschlussleuchte *f*
rear lamp *<vhcl> (gen.)* • Heckleuchte *f*
rear muffler *US <mvhcl>* • Nachschalldämpfer *m*; hinterer Auspufftopf *m prakt*; Endtopf *m prakt*
rearrange *vt <tech.gen> (e.g. furniture, machines)* • umstellen *vt*
rear seat bench *<mvhcl.int> (bench type)* • Rücksitzbank *f*; Rückbank *f ugs*; Hintersitzbank *f rar*; Fondsitzbank *f rar*
rear sight *<mil> (on firearm)* • Kimme *f*; Visier *n*
rear sprocket *<vhcl.drive> (of derailleur; e.g. one in a set of seven)* • Gangrad *n*
rear sprocket *<vhcl.drive> (of bicycle, motorbike chaindrive)* • Zahnkranz *m*; Ritzel *n*

rear three-quarter vision *<mvhcl> (over the driver's left shoulder)* • Sicht nach schräg links hinten *f*

rear-view mirror *<vhcl> (gen.; e.g. car, bicycle, motorboat)* • Rückspiegel *m*

rearward *<gen>* • rückwärts

rear-wheel-driven *<mvhcl.drive>* • heckgetrieben

rear wheel drive transaxle *<mvhcl>* • Transaxle-Bauweise *f*

rear window *<mvhcl> (focus on: glass panel)* • Heckscheibe *f*; Heckfenster *n ugs*; Rückfenster *n ugs*

rear window *<mvhcl> (focus on: window opening)* • Heckscheibe *f*; Heckfenster *n ugs*; Rückfenster *n ugs*

rear window heating *<mvhcl.el>* • Heckscheibenheizung *f*; elektrische Heckscheibenheizung *f*

re-assemble *vt <tech.gen> (parts; following disassembly)* • zusammenbauen *vt*

rebar mat *<build.mat> (for reinforced concrete)* • Baustahlgewebematte *f*; Bewehrungsmatte *f*; Baustahlmatte *f*

rebar steel *<build.mat> (for reinforced concrete)* • Bewehrungsstahl *m*; Betonstahl *m*

rebate *vt <build.wood>* • falzen *vt*

rebated *<build> (window sash or frame profile)* • gefälzt

reboot *<comp> (of computer)* • Neustart *m*

reboot *vt <comp> (computer system)* • neustarten *vt*; rebooten *vt*; erneut booten *vt*

rebound *<tech.gen> (mechanical; e.g. weapon)* • Rückschlag *m*

rebound *<mech>* • Rückstoß *m*

rebound *vi <tech.gen> (after blow at hard surface; e.g. hammer, projectile)* • abprallen *vi*

rebound clip *<vhcl> (sturdy bracket, sleeve; holds leaf springs together)* • Federklammer *f*

rebound hardness *<qualit.mat>* • Rücksprunghärte *f*; Rücksprunghärte nach Shore *f*

rebuilt ... *<rep> (in compounds; e.g. engine, spare parts)* • Austausch…; Tausch… *prakt.ugs*

rebuilt engine *<mvhcl.mot.rep>* • Austauschmotor *m* (ATM); Tauschmotor *m ugs*

rebush *vt <rep>* • ausbuchsen *vt*

recalibrate *vt <i&c> (measuring devices)* • nacheichen *vt*; rekalibrieren *vt*; neu einmessen *vt*

recall *<qualit> (of products; for examination, replacement, repair)* • Rückruf *m*; Rückrufaktion *f*

receipt *<logist> (of shipments)* • Empfang *m*

receive *vt <gen> (e.g. mail, radio signals)* • empfangen *vt*

receive *vt <gen> (e.g. money, shipment)* • erhalten *vt*; empfangen *vt*

receive *vt <mach.tool> (accommodate; z. B. work piece)* • aufnehmen *vt*

receive *vt <phys> (accept, absorb; e.g. pressure, weight, ray, wave)* • auffangen *vt*

receiver *<tech.gen> (a person or object)* • Empfänger *m*

receiver *<el> (e.g. of IR oder radio remote control system)* • Empfänger *m*; Empfangseinheit *f*

receiver *<tele> (gen.)* • Empfangsgerät *n*

receiver tank *<proc> (for draining liquids)* • Auffangbehälter *m*

receiving body of water *<hydr> (for storm water, waste water; e.g. river, lake, canal)* • Vorfluter *m DIN 4047-9*

receiving capacity *<proc> (of a vessel)* • Aufnahmefähigkeit *f*

receiving device *<tech.gen> (catcher, collector)* • Auffangvorrichtung *f*

receiving inspection *<qualit>* • Abnahmeprüfung *f*; Eingangskontrolle *f*

receptacle *<tech.gen> (receiving device; e.g. for a liquid, module, plug)* • Aufnahme *f*

receptacle *<tech.gen> (container; e.g. for liquids)* • Behälter *m*

reception *<gen> (e.g. of radio waves, telephone call; guests)* • Empfang *m*

reception *<psych> (of a book, play; of knowledge)* • Aufnahme *f*

recess *<tech.gen> (process and result; e.g. a groove)* • Aussparung *f*; Ausnehmung *f rar*

recess *<prod> (machined narrow groove, usu. annular)* • Einstich *m*

recess *vt <tech.gen> (install, make flush; e.g. scanner in check-out counter)* • einlassen *vt*

recess *vt <prod> (to produce a fillet or keyway)* • auskehlen *vt*
recess *vt <prod> (cut sth. out)* • aussparen *vt*
recess depth *<join> (of screw heads with internal drives)* • Eingriffstiefe *f*
recessed *<prod>* • ausgespart
recessed end *<nucl> (of nuclear nuclear fuel pellets; e.g. dished, hemispherical, conical)* • vertiefte Stirnfläche *f*
recessed luminaire *<light> (in ceiling)* • Deckeneinbauleuchte *f*
recessed luminaire *<light>* • Einbauleuchte *f*
recession velocity *<astron>* • Fluchtgeschwindigkeit *f*
recharge *vt <el> (battery)* • nachladen *vt*
recharge *vt <mil> (firearm)* • nachladen *vt*
rechargeable *<el> (battery)* • aufladbar
rechargeable flashlight *US <el>* • Akkulampe *f*; Akku-Taschenlampe *f*; wiederaufladbare Taschenlampe *f*
rechargeable shaver *<hygi.tool>* • Elektrorasierer *m*; Akkurasierer *m*
recheck *vt <qualit>* • nachprüfen *vt*
recipient *<gen> (of a message; actual reader, hearer)* • Empfänger *m*; Rezipient *m wiss*
reciprocal course *<nav>* • Gegenkurs *m*
reciprocal value *<math>* • reziproker Wert *m*; Reziprokwert *m*; Kehrwert *m*; reziproke Zahl *f*; inverse Zahl *f*
reciprocate *vi <tech.gen> (e.g. piston)* • hin- und herbewegen *vr*; hin und her bewegen *vr*
reciprocating *<tech.gen>* • hin- und hergehend; oszillierend
reciprocating engine *<mech.eng>* • Kolbenkraftmaschine *f*; Kolbenmaschine *f*
reciprocating internal combustion engine *ISO 7967-2 <mot>* • Hubkolbenmotor *m DIN 1940*; Hubkolben-Verbrennungsmotor *m*
reciprocating motion *<tech.gen>* • Hin- und Herbewegung *f*; hin- und hergehende Bewegung *f*
reciprocating piston compressor *<tech.gen>* • Kolbenverdichter *m*; Hubkolbenverdichter *m*; Kolbenkompressor *m*
recirculate *vi/vt <tech.gen>* • rezirkulieren *vi/vt*
recirculate *vt <tech.gen> (liquid, gas)* • rückführen *vt*
recirculate *vt <tech.gen> (e.g. fluid, waste material)* • zurückführen *vt*
recirculated air *<hvac>* • Umluft *f*
recirculating ball steering *<mvhcl>* • Kugelumlauflenkung *f*; Kugelmutterlenkung *f rar*
recirculation *<tech.gen> (re-feeding sth. into a system, loop)* • Rückführung *f*; Rezirkulation *f*
recirculation *<pps> (of a liquid, typ. with pump; e.g. coolant)* • Zirkulation *f*; Umwälzung *f*
recirculation mode *<hvac> (of air con systems)* • Umluftbetrieb *m*
reclaim *<waste> (e.g. plastics)* • Regenerat *n*; Recyclat *n*
reclaim *vt <proc> (process, treat for reuse; waste)* • aufbereiten *vt*
reclaimed material *<mat.waste>* • Wertstoff *m*
reclaim tag *<logist>* • Gepäckbeleg *m*; Gepäckquittung *f*
reclamation *<waste> (garbage collection and classification)* • Erfassung *f*
recliner *<gen>* • Multipositionssessel *m*
recliner *<gen>* • Hochlehner *m*
recliner cushion *<gen>* • Auflage Hochlehner *f*
reclining seat *<vhcl> (car, railway, aircraft)* • Liegesitz *m*
reclosable *DIN EN 14375 <tech.gen>* • wiederverschließbar *DIN EN 14375*
recognize *vt <tech.gen> (by man, machine)* • erkennen *vt*
recognized international standard *<stand>* • anerkannte internationale Norm *f*
recoil *<mil> (firearm)* • Rückstoß *m*
re-coil flexible air hose *<pneum> (e.g. between tractor and semi-trailer)* • Spiralschlauch *m*
recombine *vt <tech.gen>* • rekombinieren *vt*
recombiner *<chem.proc>* • Rekombinator *m*
recommendation *<gen>* • Empfehlung *f*
recommended settings *<tech.gen>* • empfohlene Einstellungen *fpl*
recommended speed *:V <traff> (on*

german Autobahnen) • Richtgeschwindigkeit *f*

recommended term *<term>* • empfohlene Benennung *f*

recommended value *<tech.gen>* • Richtwert *m*

recondition *vt <tech.gen> (for reuse; e.g. molding sand)* • aufarbeiten *vt*

recondition *vt <rep>* • überholen *vt*

reconditioning *<vhcl> (e.g. of engine, transmission, alternator)* • Überholen *n*

reconnaissance satellite *<mil.aerosp>* • Spionagesatellit *m*

reconstruct *vt <tech.gen>* • rekonstruieren *vt*

record *<tech.gen> (outstanding achievement)* • Rekord *m*

record *<comp> (in data base)* • Datensatz *m*

record *<docu> (documentation)* • Aufzeichnung *f*

record *vt <av> (sound, video; on any medium; e.g. disk, CD-ROM)* • aufzeichnen *vt*; aufnehmen *vt*

record *vt <av> (sound, video; on tape)* • aufzeichnen *vt*; aufnehmen *vt*

record *vt <docu> (enter; e.g. measurement values in tables)* • eintragen *vt*; aufzeichnen *vt*; registrieren *vt*

record *vt <i&c> (data)* • erfassen *vt*; aufzeichnen *vt*

record and play *<av>* • Aufnahme und Wiedergabe *f*; Aufzeichnung und Wiedergabe *f*

recorder *<i&c> (of measured data)* • Schreiber *m*; Schreibgerät *n*

recording *<av> (of sound or video; e.g. on tape, CD-ROM, disk)* • Aufzeichnung *f*; Aufnahme *f*; Mitschnitt *m rar*

recording *<i&c> (of measurements, data)* • Aufzeichnung *f*; Registrierung *f*

recording density *<comp> (gen.; on any storage media)* • Aufzeichnungsdichte *f*; Speicherdichte *f*; Zeichendichte *f DIN*; Datendichte *f*; Schreibdichte *f*

recording device *<i&c> (gen.; sth. which records; in opp. to indicating device)* • Aufzeichnungsgerät *n*; Registriergerät *n*; registrierendes Messgerät *n*

recording gap *<av>* • Aufzeichnungsspalt *m*

recording head *<av> (of tape recorder)* • Aufnahmekopf *m*; Aufzeichnungskopf *m*; Aufsprechkopf *m*; Schreibkopf *m*; Sprechkopf *m*

recording instrument *<tech.gen> (e.g. for test results, measurements)* • Schreiber *m*

recording level indicator *<av> (e.g. on tape recorders; e.g. indicates modulation percentage)* • Aussteuerungsanzeige *f*; Aufnahmepegelanzeige *f*; Signalpegelanzeige *f*; Aussteuerungskontrolle *f*; Aussteuerungsmesser *m*

recording method *<tech.gen> (e.g. of audio or video signals on tapes)* • Aufzeichnungsverfahren *n*

recording quality *<av>* • Aufnahmequalität *f*; Aufzeichnungsqualität *f*

recording unit *<av> (gen.; for sound, video)* • Aufnahmegerät *n*

record number *<comp> (data base)* • Datensatznummer *f*

records *<docu> (documented data; e.g. of operations, test results, lab activities)* • Aufzeichnungen *fpl*; Daten *pl rar*

recover *vi <mat>* • erholen *vr*

recover *vt <tech.gen> (victims of accident, damaged vehicle)* • bergen *vt*

recover *vt <comp> (lost or corrupted data, files)* • wiederherstellen *vt*; retten *vt ugs*; rekonstruieren *vt rar*

recover *vt <waste> (material; e.g. waste paper, plastics)* • rückgewinnen *vt*; wiedergewinnen *vt*; zurückgewinnen *vt ugs*; zurückbekommen *vt ugs.rar*

recoverable *<tech.gen> (e.g. data, signals, cells)* • regenerierbar; wiederherstellbar

recoverable *<waste>* • regenerierbar

recovered *<comp> (data, file)* • gerettet; wiederhergestellt

recovered paper *<pap.prod>* • Altpapier *n*

recovery *<gen> (of persons, objects)* • Bergung *f*

recovery *<proc> (treatment)* • Aufbereitung *f*

recovery operations *<tech.gen>*

• Bergungsarbeiten *fpl*
recovery plant <*waste*> *(all substances; e.g. CO2)* • Rückgewinnungsanlage *f*
recovery process <*tech.gen*> • Erholungsvorgang *m*; Erholungsgeschehen *n*
recovery program <*comp*> • Wiederherstellungsprogramm *n*
recovery rate <*waste*> • Ausbeuterate *f*
recovery rate <*waste*> *(e.g. of aluminum, plastics, paper)* • Rückgewinnungsquote *f*
recovery tank <*mil*> • Bergepanzer *m*
recovery vehicle <*comvhcl*> *(e.g. fire-brigade, army)* • Bergungsfahrzeug *n*
recovery well <*petr*> • Gewinnungsbohrung *f*
recreational use <*tech.gen*> • Freizeitgebrauch *m*; Freizeiteinsatz *m*; Einsatz in der Freizeit *m*
recruit *vt* <*econ*> *(staff, manpower)* • einstellen *vt*
recrystalization <*chem*> • Rekristallisation *f*
recrystallization <*chem*> *(resulting in a new structure)* • Umkristallisierung *f*
rectangle <*math*> • Rechteck *n*
rectangular <*tech.gen*> *(pertaining to or having right angles)* • rechtwinklig; orthogonal *wiss*
rectangular coordinate robot <*autom*> • IR mit kartesischem Arbeitsraum *m*
rectangular section <*tech.gen*> • Rechteckquerschnitt *m*
rectangular shape <*tech.gen*> • Rechteckform *f*
rectified airflow <*proc*> • gerichteter Luftstrom *m*
rectifier (REC) <*el*> • Gleichrichter *m* (GR)
rectifier circuit <*el*> • Gleichrichterschaltung *f*
rectifier diode <*el*> • Gleichrichterdiode *f*; Richtdiode *f*
rectifier pack <*mvhcl.el*> *(of alternator)* • Diodenträger komplett mit Dioden *m*; Diodenkühlkörper komplett mit Dioden *m*
rectify *vt* <*tech.gen*> *(set right)* • richten *vt*
rectify *vt* <*el*> *(AC to DC)* • gleichrichten *vt*
rectilinear motion <*mech*> • geradlinige Bewegung *f*
recumbent bicycle <*vhcl*> • Liegerad *n*
recuperate *vt* <*proc*> *(energy; usu. heat)* • rückgewinnen *vt*
recuperate *vt* <*proc*> *(energy; e.g. heat)* • wiedergewinnen *vt*
recuperative capacity <*tech.gen*> • Erholungsvermögen *n*; Erholungsfähigkeit *f*
recuperator <*mech.eng*> *(on pump, turbine)* • Diffusor *m*
recuperator <*proc*> *(exit fluids are used to heat incoming fluids)* • Wärmetauscher *m*; Rekuperator *m*
recurrent <*gen*> *(phenomena, events)* • wiederholend; immer wieder auftretend
recyclable material <*mat*> • recyclingfähiger Werkstoff *m*; rezyklierbarer Werkstoff *m*
recycle *vt* <*gen*> • wieder in Umlauf bringen *vt*
recycled material <*waste*> • Recyclingmaterial *n*
recycling <*waste*> *(of useful, valuable materials)* • Wiederverwendung *f*; Rückgewinnung *f*; Rückführung in die Nutzung *f*; Recycling *n jarg*
recycling-friendly *:V* <*ecol*> *(products of any kind)* • recycling-freundlich
recycling industry <*waste.econ*> • Kreislaufwirtschaft *f*
recycling of used oil <*waste*> • Altölverwertung *f*
recycling-oriented product design <*ecol*> *(e.g. cars)* • recyclingorientierte Produktentwicklung *f VDI-R2243*
recycling paper <*pap*> *(Germany: 100 % genuine waste fibre; GB: min. 75 % genuine waste fibre)* • Recyclingpapier *n*
red-brittle <*qualit.mat*> • rotbrüchig
red casting brass <*mat*> • Rotguss *m*
red dot sight <*mil*> *(various designs)* • Leuchtpunktvisier *n*; Leuchtpunktzielgerät *n Walther*; Red-Dot-Visier *n Walther*
redesign *vt* <*tech.gen*> *(rework)* • umarbeiten *vt*
red-eye fix <*phot*> • Rote-Augen-Korrektur *f*
red heat <*metal*> • Rotglut *f*
redialing *US* <*tele*> • Wahlwiederholung *f*
red lead *[led]* <*chem*> • Bleimennige *f*;

Blei(II,IV)-Oxid *n wiss*; Minium rubeum *n*; Bleirot *n*

red lead oxide *<srfc> (rust primer)* • Mennige *f*; Bleimennige *f*

redox reaction *<chem>* • Redoxreaktion *f*

red-reflex reflector *<vhcl> (bicycle)* • Katzenauge *n*

redress *vt <prod> (e.g. grinding wheel)* • nachrichten *vt*

reduce *vt <gen> (e.g. expenses, staff, price)* • reduzieren *vt*

reduce *vt <gen>* • vermindern *vt*

reduce *vt <tech.gen> (e.g. fraction, concentration, cost)* • mindern *vt*; abmindern *vt rar*

reduce *vt <tech.gen> (cost, expenses)* • senken *vt*

reduce *vt <econ> (cost)* • abbauen *vt*

reduce *vt <phot> (contrast, saturation)* • abschwächen *vt*

reduced pressure flatplate collector *<energ.sol>* • teilevakuierter Flachkollektor *m*

reduced-size image *<tech.gen> (e.g. a thumbnail)* • verkleinertes Bild *n*

reduced-weight *:V <prod>* • gewichtsoptimiert

reducing adapter *<tech.gen> (transition from large to small; e.g. for sockets, pipes, ducts)* • Reduzierstück *n*

reducing flame *<tech.gen>* • reduzierende Flamme *f*

reducing flame *<join> (gas welding; lack of oxygen, lower temperature)* • Reduktionsflamme *f*

reducing furnace *<srfc> (e.g. in continuous galvanizing lines)* • Reduktionszone *f*

reducing zone *<chem> (e.g. blast furnace)* • Reduktionszone *f*

reduction *<econ> (of costs)* • Abbau *m*; Abbauen *n*; Senken *n*

reduction *<prod> (of diameter)* • Einzug *m*

reduction gear *<drive> (transmission type; gen.)* • Reduziergetriebe *n*; Untersetzungsgetriebe *n*; Übersetzungsgetriebe ins Langsame *n ugs*; Reduziergetriebe *n*; Getriebe für Übersetzungen ins Langsame *n*

reduction gearbox *<drive> (e.g. between traction motor and driving wheels)* • Untersetzungsgetriebe *n*

reduction of area *<qualit.mat> (tensile test)* • Brucheinschnürung *f*; Einschnürung *f*

reduction of cross-sectional area *<tech.gen>* • Querschnittsverminderung *f*

reduction stage *<chem>* • Reduktionsstufe *f*

redundancy *<tech.gen> (e.g. of data, signals, sensors, safety-relevant systems)* • Redundanz *f*

redundancy-free *<tech.gen>* • redundanzfrei

redundant *<tech.gen>* • redundant

redundant element *<tech.gen>* • Reserveelement *n*

redundant power supply *<el>* • redundante Stromversorgung *f*; ausfallsichere Stromversorgung *f*

redundant system *<tech.gen>* • redundantes System *n*

reed *<build.mat>* • Rohr *n*

reed *<mech.eng> (part of a reed valve)* • Membranzunge *f*; Lamelle *f*; Membran *f prakt*; Zunge *f ugs*

reeded *<prod> (edge of a coin)* • gerippt; geriffelt

reed switch *<el>* • Reed-Schalter *m*

reed valve *<mech.eng> (gen.)* • Membranventil *n*; Flatterventil *n*; Lamellenventil *n*; Zungenventil *n*

reefer car *US <railw>* • Kühlwagen *m*

reefer container *<nav>* • Kühlcontainer *m*

reef [out] *vt <nav>* • reffen *vt*; reefen *vt*

reel *<tech.gen> (e.g. film, sewing thread)* • Rolle *f*

reel *<comp.av> (wound magnetic tape)* • Spule *f*; Bandspule *f*; Bandwickel *m*

reel *<el> (for cable)* • Trommel *f*

reel *<pack> (for wire, thread etc.)* • Spule *f DIN 55405*

reel *vt <tech.gen> (e.g. wire, thread, tape)* • aufrollen *vt*; aufwickeln *vt*

reel drive *<tech.gen>* • Spulenantrieb *m*

reel drum *<pap.prod>* • Tambourwalze *f*

reeling *<tech.gen> (e.g. film, foil, sheet)* • Rollenaufwicklung *f*

reel station *<metal> (e.g. in rolling mill, for coils)* • Haspelanlage *f*

reel up *vt <tech.gen> (e.g. film, tape)* • aufspulen *vt*

reel up *vt <mech.eng> (e.g. thread, metal sheet, wire)* • aufhaspeln *vt*

re-engineer *vt* *<prod>* • technisch überarbeiten *vt*

re-enter *vt* *<comp>* • erneut eingeben *vt*

reentry *<aerosp> (into the atmosphere; e.g. of a space shuttle, satellite)* • Wiedereintritt *m*

reeve *vt* *<convey> (pass rope, cable on or through lifting gear, tackle)* • aufziehen *vt*

reeve *vt* *<nav>* • scheren *vt*; einscheren *vt*

re-examine *vt* *<qualit>* • nachprüfen *vt*

reference *<gen>* • Bezug *m*

reference axis *<tech.gen>* • Bezugsachse *f*

reference data *<gen>* • Bezugsdaten *pl*

reference edge *<docu> (techn. drawing)* • Maßbezugskante *f*

reference line *<docu> (eng. drawing)* • Maßbezugslinie *f*; Hilfslinie *f*

reference mark *<tech.gen> (e.g. survey, high-water)* • Bezugsmarke *f*

reference plane *<tech.gen> (e.g. survey, dimensioning, CNC)* • Bezugsebene *f*

reference point *<tech.gen>* • Bezugspunkt *m*; Referenzpunkt *m*

reference position *ISO 2806* *<prod.autom>* • Referenzpunkt *m DIN ISO 2806*; Bezugspunkt *m*

reference pressure *<tech.gen>* • Referenzdruck *m*

reference quantity *<tech.gen> (gen.)* • Bezugsgröße *f*; Bezugswert *m*

reference standard *<i&c> (gen.)* • Bezugsnormal *n*

reference standard *<i&c.qualit> (for testing, quality control)* • Prüfnormal *n*; Vergleichskörper *m*; Kontrollkörper *m*; Testkörper *m*; Normal *n prakt*

reference temperature *<tech.gen>* • Vergleichstemperatur *f*

refill *vt* *<tech.gen> (a previously drained system; e.g. coolant system with coolant)* • auffüllen *vt*

refill *vt* *<tech.gen> (e.g. cooling water, oil, washer fluid)* • nachgießen *vt*

refill ... *<tech.gen>* • Nachfüll...

refill opening *<tech.gen>* • Nachfüllöffnung *f*

refill pack *<tech.gen>* • Nachfüllpackung *f*; Nachfüllung *f rar*

refine *vt* *<gen> (e.g. taste, style, process)* • verfeinern *vt*

refine *vt* *<gen> (e.g. performance, method)* • vervollkommnen *vt*

refine *vt* *<metal> (e.g. steel)* • feinen *vt*

refine *vt* *<pap> (in a beater hollander)* • mahlen *vt*

refine *vt* *<proc>* • raffinieren *vt*

refined *<mvhcl> (e.g. engine run)* • kultiviert

refined abrading *<prod>* • Feinbearbeitung *f*

refined copper *<metal> (as opp. to cathode copper)* • Raffinadekupfer *n*; Raffinatkupfer *n*; Hüttenkupfer *n*

refined ride *<mvhcl>* • kultiviertes Fahrverhalten *n*

refinement *<mvhcl> (running characteristics of a car or an engine)* • Laufkultur *f*

refinery *<chem.petr>* • Raffinerie *f*; Raffinationsanlage *f rar*

refinery *<metal> (for metals; e.g. for copper, gold)* • Scheideanlage *f*; Affinerie *f*

refining *<tech.gen>* • Raffination *f*

refining *<qualit> (gen.)* • Veredelung *f*

refinishing *<srfc> (e.g. of wood, furniture)* • Aufpolieren *n*

refitting *<rep> (procedure; e.g. headline in service manuals)* • Einbau *m*; Wiedereinbau *m rar*

reflected-light microscope *<opt>* • Auflichtmikroskop *n*

reflecting surface *<tech.gen> (e.g. polished finish, mirror)* • reflektierende Fläche *f*; Reflexionsfläche *f*

reflection angle *<opt>* • Ausfallswinkel *m*; Reflexionswinkel *m*

reflection copy *<print>* • Aufsichtvorlage *f*

reflection time *<phys> (of signals; e.g. radar, sonar)* • Laufzeit *f*

reflective area *<energ.sol>* • spiegelnde Fläche *f*

reflector *<tech.gen> (gen.; e.g. a mirror)* • Reflektor *m*

reflector lamp *<light> (gen.; front or rear)* • verspiegelte Lampe *f*

reflector surface *<tech.gen> (e.g. of solar power plants)* • Reflektorfläche *f*

refloat *vt* *<nav> (boat, ship)* • flottmachen *vt*; wieder flottmachen *vt*; abbringen *vt*

reflow *<tech.gen> (e.g. in steam boiler, turbomachine)* • Rückströmung *f*

reflow soldering *<join>* • Aufschmelzlöten *n*; Reflowlöten *n prakt*

reflow soldering system *<el.prod>* • Reflow-Lötanlage *f*

reflux liquid *<tech.gen>* • Rückfluss *m*

reformat *vt* *<comp> (disk)* • umformatieren *vt*; neu formatieren *vt*

reformer *<mot> (fuel cell drive)* • Reformer *m*

refract *vt* *<phys>* • brechen *vt*

refracting *<opt>* • lichtbrechend

refraction *<phys> (bending of waves when passing though media of diff. density)* • Brechung *f*

refraction of light *<opt> (e.g. at a prism)* • Brechung *f*; Refraktion *f wiss*; Lichtbrechung *f ugs*

refractory *<tech.gen> (e.g. glass)* • hochtemperaturbeständig

refractory concrete *<build.mat>* • Feuerfestbeton *m*

refractory-lined *<proc> (e.g. funace)* • feuerfest ausgekleidet

refractory lining *<mat> (of converter, furnace, etc.; with any material)* • feuerfeste Auskleidung *f*; feuerfestes Futter *n*; Feuerfestauskleidung *f*; Schamotteauskleidung *f*; Schamottierung *f*

refresh *vt* *<tech.gen> (e.g. data in volatile memory)* • auffrischen *vt*; aktualisieren *vt*

refresh cycle *<comp> (of dynamic RAM)* • Auffrischzyklus *m*; Refresh--Zyklus *m*

refresh operation *<comp>* • Auffrischoperation *f*

refresh rate *<comp> (vertical scan frequency; number of images per sec., in Hz; e.g. 70 Hz)* • Bildwiederholfrequenz *f*; Bildwiederholrate *f*; Vertikalfrequenz *f*; Bildwechselfrequenz *f*; Wiederholfrequenz *f*

refrigerant *<hvac> (in refrigerators, heat pumps, air con; e.g. R134a, R152a, R744)* • Kältemittel *n*; Refrigerant *m*; Kühlmittel *n*; Kühlmedium *n*; Arbeitsmedium *n*

refrigerate *vt* *<hvac> (food etc.)* • kühlen *vt*

refrigerated *<proc>* • gekühlt

refrigerated carrier *<nav> (cargo ship with insulated and refrigerated cargo holds)* • Kühlschiff *n*; Kühlfrachtschiff *n*

refrigerated container *<comvhcl> (for frozen goods; e.g. ice cream, fish)* • Tiefkühlcontainer *m*

refrigerated container *<logist> (for perishable goods; e.g. fruit, vegetables, meat)* • Kühlcontainer *m*

refrigerating coil *<hvac>* • Kühlschlange *f*

refrigerating engineering *<hvac> (as a discipline)* • Kältetechnik *f*

refrigerating plant *<food> (above 0°C)* • Kühlanlage *f*

refrigerating plant *<hvac> (gen.)* • Kälteanlage *f*

refrigeration *<hvac> (with refrigeration systems)* • Kühlung *f*

refrigeration compartment *<hvac>* • Kältefach *n*

refrigeration unit *<hvac>* • Kälteaggregat *n VDI 4640*; Kältemaschine *f VDI 4640*; Kältemaschinensatz *m form*; Kältesatz *m rar*

refrigeration unit *<logist.hvac> (for cooling or refrigeration of goods; e.g. on trucks, trains)* • Kühlaggregat *n*

refrigerator *<hvac.food> (cabinet)* • Kühlschrank *m*

refrigerator magnet *<int>* • Magnethalter *m*

refuel *vt* *<vhcl> (e.g. vehicle)* • auftanken *vt*; betanken *vt*

refueling stop *<mvhcl>* • Tankstopp *m*

refurbish *vt* *<rep> (restore to freshness of appearance; e.g. used cars)* • aufarbeiten *vt*

refuse mix *<waste>* • Abfallgemisch *n*; Müllgemisch *n*

refuse sorting plant *<waste>* • Abfallsortieranlage *f*; Müllsortieranlage *f*

regenerate *vt* *<tech.gen> (condition, function)* • regenerieren *vt*; wiederherstellen *vt*

regenerate *vt* *<textil> (fabrics)* • auffrischen *vt*

regenerative *<tech.gen> (chemistry, electronics, thermodynamics)* • regenerativ

regenerative gas/gas heater *<proc>* • Regenerativwärmetauscher *m* (REGAVO)

region *<geo> (e.g. urban, rural)* • Gebiet *n*; Region *f*
regional distribution network *<energ>* • regionales Verteilnetz *n*
region utilization plan *<build>* • Flächennutzungsplan *m*
register *ISO 12620 <term> (e.g. thsc, form, pract, coll, jarg)* • Sprachebene *f*
register *vt <tech.gen> (e.g. persons, inventory)* • erfassen *vt*; registrieren *vt*
register *vt <docu>* • aufzeichnen *vt*
register *vt <print> (adjust exactly; e.g. film, paper, overlays)* • ausrichten *vt*
registered design *<jur>* • Geschmacksmuster *n*
registered keeper *GB.form <mvhcl> (of an automotive vehicle)* • Fahrzeughalter *m form*; Halter *m ugs*; Autohalter *m ugs.rar*
registered trademark *<jur> (in patent office)* • eingetragenes Warenzeichen *n*
registering mark *<tech.gen>* • Passzeichen *n*; Positioniermarke *f*
register mark *<print> (guide mark on sheets, plates, films, overlays)* • Ausrichtemarke *f*
register mark *<print> (printing plate registration)* • Passermarke *f*; Passerkreuz *n*; Passkreuz *n*
register ton *<nav>* • Registertonne *f*; Vermessungstonne *f rar*
register with *vi <mech> (e.g. mating parts, female and male connectors)* • decken *vr*
registration *<mvhcl> (e.g. of cars, trucks)* • Zulassung *f*
registration mark *<aerosp>* • Eintragungszeichen *n*
registration papers *pl <mvhcl.docu>* • Fahrzeugpapiere *npl*; Wagenpapiere *npl*
registrations *<mvhcl> (of new cars; in statistics)* • Neuzulassungen *fpl*
regrind *vt <srfc.qualit> (to remove surface defects such as scratches)* • ausschleifen *vt*
reground material *<waste> (gen.)* • Regenerat *n*; Regranulat *n*
regular bus service *<traff> (system of transportation)* • Buslinie *f*; Omnibuslinie *f*; Buslinienverkehr *m*; Omnibuslinienverkehr *m*
regular unleaded *US <chem.petr> (lowest gasoline grade, 95 octane)* • Normal bleifrei *n*; Ottokraftstoff normal unverbleit *m DIN 51607*; Bleifrei (Normal) *n*; bleifreies Benzin *n ugs*; Normalbenzin *n ugs*
regulate *vt <tech.gen>* • regulieren *vt*
regulate *vt <i&c> (set, adjust)* • einstellen *vt*
regulated *<i&c> (controlled)* • geregelt
regulating valve *<pps> (a type of control valve)* • Regulierventil *n*
regulating valve *<pps.i&c> (gen.)* • Regelventil *n*; Stellventil *n*
regulation *<i&c> (adjustment)* • Einstellung *f*
regulator *<i&c> (gen.; stepless control element; e.g. a thumb wheel)* • Regler *m*
reheat *vi <aerosp> (fuel)* • nachbrennen *vi*
reheat *vt <food>* • aufwärmen *vt*
reheating time *<el>* • Aufwärmzeit *f*
reheat turbine *<energ.therm>* • Zwischenüberhitzungsturbine *f DIN 4304*
reignition *<aerosp> (rocket)* • Wiederzündung *f*
reinforce *vt <tech.gen> (manpower, material, efforts)* • verstärken *vt*
reinforce *vt <build> (concrete)* • bewehren *vt*; armieren *vt*
reinforce *vt <mat> (e.g. by embedding steel, glass fiber, carbon fiber)* • verstärken *vt*
reinforced *<tech.gen> (with inserts, such as rebar steel, glass fibers)* • verstärkt
reinforced concrete (RC) *<build.mat>* • Stahlbeton *m DIN 1045*; bewehrter Beton *m*
reinforced concrete slab *<build>* • Stahlbetonplatte *f*
reinforced-concrete slab *<build>* • Stahlbetonriegel *m*
reinforcement *<build> (of vinyl profiles; e.g. for windows, shutters)* • Armierung *f*; Verstärkung *f*; Versteifung *f*; Aussteifung *f*
reinforcement *<build.mat> (of concrete)* • Bewehrung *f*; Armierung *f*; Stahleinlage *f rar.did*
reinsert *vt <gen> (object into aperture)* • wieder einführen *vt*
reinstall *vt <tech.gen> (install again)*

• einbauen *vt*; wieder einbauen *vt*

reintroduce *vt* *<gen>* • wieder einführen *vt*

reiterate *vt* *<tech.gen>* *(repeat)* • wiederholen *vt*

reject *vt* *<av>* *(sound reaching a microphone from wrong direction)* • dämpfen *vt*; ausblenden *vt*; bedämpfen *vt*

reject *vt* *<hvac>* *(heat)* • abgeben *vt*

reject *vt* *<qualit>* *(supplies)* • abweisen *vt*; zurückweisen *vt*

reject *vt* *<qualit>* *(sort out)* • aussondern *vt*; ausfiltern *vt*

rejectable quality level *<qualit>* • Ausschussgrenze *f*

rejected part *<qualit>* • Ausschussteil *n*

rejected take-off (RTO) *<aerosp>* *(of rockets, missiles)* • Fehlstart *m*; abgebrochener Start *m*

rejected term *<term>* • abgelehnte Benennung *f*

rejection of heat *<hvac>* • Wärmeabgabe *f*

reject rate *<qualit>* • Ausschussquote *f*; Ausschussrate *f*

rejects *<prod.waste>* • Ausschuss *m*; Produktionsausschuss *m*; Ausschussware *fsg*

reject waste heat *vt* *<proc>* • Abwärme abführen *vt*

related concept *ISO 12620* *<term>* • verwandter Begriff *m*

related parts *<tech.gen>* • zugehörige Teile *npl*

relate to *vt* *<gen>* • beziehen auf *vr*

relation *<gen>* *(e.g. mathematical, social)* • Beziehung *f*

relational data base *<comp>* • relationale Datenbank *f*

relation between x and y *<gen>* • Beziehung zwischen X und Y *f*

relative atomic mass *<chem>* • relative Atommasse *f*; Atomgewicht *n obs*

relative humidity (RH) *<phys>* • relative Feuchte *f*; relative Feuchte *f*

relative motion *<mech>* *(of two objects)* • Relativbewegung *f*

relax *vi* *<textil>* *(loss of tenacity)* • nachlassen *vi*

relax *vt* *<mat>* *(material; e.g. frozen stress)* • entspannen *vt*

relax *vt* *<plast>* *(frozen orientation)* • entspannen *vt*

relaxed *<gen>* • entspannt

relay *<el>* • Relais *n*

relay language *<transl>* *(for interpreting)* • Relaissprache *f*

relay station *<av>* • Relaisstation *f*

relay valve *<brake>* • Relaisventil *n*

release *<tech.gen>* *(e.g. of a mechanism, spring-loaded actuator)* • Auslösung *f*

release *<chem>* *(emission of sth.)* • Abgabe *f*

release *<emiss>* *(of contaminants, radiation; stress on: into the environment)* • Freisetzung *f*

release *<mech.eng>* *(e.g. detent, pawl, limit switch)* • Auslöser *m*

release *<mech.eng>* *(letting loose, unclamping sth.)* • Lösen *n*; Loslassen *n*; Freigeben *n*; Lösung *f rar*

release *<prod>* *(workpiece from mold)* • Trennung *f*

release *ISO 9000* *<qualit>* *(to proceed to the next step of a process)* • Freigabe *f ISO 9000*

release *vt* *<tech.gen>* *(disengage; e.g. load, towed sailplane)* • ausklinken *vt*

release *vt* *<tech.gen>* *(into the open; e.g. emissions)* • freisetzen *vt*

release *vt* *<tech.gen>* *(grip, force, pressure)* • lockern *vt*

release *vt* *<autom>* *(unclamp; e.g. tool, workpiece)* • entspannen *vt*

release *vt* *<chem>* *(substance; result of a reaction; e.g. gas, vapors)* • freisetzen *vt*; abgeben *vt*; abspalten *vt*; entwickeln *vt*

release *vt* *<jur>* *(e.g. debtor, board)* • entlasten *vt*

release *vt* *<mil>* *(drop, e.g. bomb)* • abwerfen *vt*

release *vt* *<phys>* • freigeben *vt*

release *vt* *<prod>* *(detach; e.g. workpiece)* • ablösen *vt*

release *vt* *<prod>* *(from a vise, fixture; e.g. a workpiece)* • ausspannen *vt*

release *vt* *<prod>* *(e.g. a gripped part, tool)* • lösen *vt*; loslassen *vt*; freigeben *vt*

release agent *<srfc>* *(for molds, concrete formwork etc.)* • Trennmittel *n*; Gleitmittel *n*

release button *<i&c>* *(gen.)* • Auslösetaste *f*; Auslöseknopf *m*

release button *<mech>* *(gen.; e.g. for*

relasing a parking brake) • Entriegelungsknopf *m*

release cord *<aerosp> (parachute)* • Reißleine *f*

release lever *<mech.eng> (stress on: triggering function)* • Auslösehebel *m*

release lever *<mech.eng> (gen.)* • Ausrückhebel *m*; Entriegelungshebel *m*

release point *<aerosp> (e.g. of supplies, bombs)* • Abwurfpunkt *m*

release pulse *<el>* • Auslöseimpuls *m*

release relay *<el>* • Auslöserelais *n*

release safety *vt <mil> (of a firearm)* • entsichern *vt*; Sicherung lösen *vt*

release spring *<mech.eng>* • Auslösefeder *f*

release switch *<el>* • Auslöseschalter *m*

reliability *<tech.gen> (absence of breakdowns)* • Ausfallsicherheit *f*

reliability *<qualit> (in service)* • Zuverlässigkeit *f DIN 40041*

reliability code *ISO 12620 <term>* • Verlässlichkeitsangabe *f*

reliable *<tech.gen> (operation, service)* • betriebssicher; zuverlässig

reliable *<qualit> (in functioning)* • funktionssicher

reliable operation *<gen>* • sicherer Betrieb *m*

relief *<gen> (mechanical, psychological, financial)* • Entlastung *f*

relief *<proc> (of pressure, stress; e.g. by means of valve)* • Abbau *m*; Abbauen *n*

relief angle *<mach.tool>* • Freiwinkel *m*

relief aperture *<pps> (for pressurized fluids)* • Ablassöffnung *f*; Abblasöffnung *f*

relief map *<print>* • Reliefkarte *f*

relief valve *<tech.gen> (to release excessive pressure)* • Abblaseventil *n*; Überdruckventil *n*

relieve *vt <mech> (load, stress)* • entlasten *vt*

relieve *vt <pps> (pressure)* • ablassen *vt*

relieve *vt <proc> (pressure, stress; e.g. by means of valve)* • abbauen *vt*

relieve *vt <prod> (person at work)* • ablösen *vt*

relieve *vt <tool> (tool from work surface)* • abheben *vt*

relieve stresses *vi <mat>* • Spannungen abbauen *vi*; Spannungen beseitigen *vi*

relieving pressure *<proc>* • Abblasedruck *m*

reluctance *<phys> (magnetic)* • Widerstand *m*

remachining *<prod> (rework)* • Nacharbeit *f*

remachining: without ~ *<prod.qualit>* • nacharbeitsfrei

remain *vi <gen>* • bleiben *vi*

remainder *<tech.gen> (remaining part or parts of some quantity or number)* • Rest *m*

remainder *<math> (in division)* • Rest *m*

remaining *<gen>* • übrig bleibend

remaining life span *:V <tech.gen> (e.g. of bridges)* • Restlebensdauer *f*

remaining risk *<safe>* • Restrisiko *n*

remaining time display *<i&c> (e.g. of washers, dryers)* • Restzeitenanzeige *f*

remaining useful life *<tech.gen>* • Restnutzungsdauer *f*

remanent magnetic field *<phys>* • magnetisches Restfeld *n*; remanentes Magnetfeld *n*; Remanenzmagnetfeld *n*

remelt *vt <metal>* • umschmelzen *vt*

remote *<gen> (far away)* • fern; abgelegen

remote *<tech.gen> (separate; externally located; e.g. control unit)* • extern

remote *<prod> (control, actuation)* • fern-...

remote alarm *DIN EN 81-28 <alarm>* • Fern-Notruf *m DIN EN 81-28*

remote area *<tech.gen> (e.g. with regard to access, service, spare parts availability)* • abgelegenes Gebiet *n*

remote arming alarm system *<alarm>* • Alarmanlage mit Fernbedienung *f*

remote control *<tech.gen>* • Fernsteuerung *f*; Fernbedienung *f*

remote control *<phot>* • Fernbedienung *f*; Fernauslösung *f*

remote-controlled *<i&c>* • ferngesteuert

remote-controlled garage door opener *<mvhcl> (radio or IR device)* • Garagentor-Fernbedienung *f*; Garagentoröffner *m ugs*

remote control unit (RCU) *<i&c> (transmitter or receiver)* • Fernsteuerungsgerät *n*; Fernsteuergerät *n*; Fernsteuerung *f*

remote control [unit] (RC) <i&c> *(transmitter unit; e.g. for TV, camcorder, garage door, models)* • Fernbedienung *f* (FB); Handsender [der Ferndbedienung] *m*

remote handling device *ISO 17874-1* <nucl> *(in hot lab)* • Fernbedienungsgerät *n ISO 17874-1*

remotely operated <tech.gen> • fernbedient

remote monitoring system <i&c> • Fernüberwachungssystem *n*

remote transmission <i&c> • Fernübertragung *f*

removable <tech.gen> *(with some effort)* • demontierbar

removable <tech.gen> *(gen.)* • entfernbar

removable <comp> *(storage medium)* • auswechselbar; austauschbar; wechselbar

removable <rep> • ausbaubar

removable armour <garm> • austauschbarer Protektor *m*

removable tie bar <plast> *(of injection molding engine)* • ausziehbare Säule *f*

removal <gen> *(e.g. of objects, contaminants)* • Entfernen *n*; Entfernung *f*

removal <tech.gen> *(withdrawal of unwanted bulk matter)* • Abfuhr *f*

removal <tech.gen> *(of an object out of an assembly, with tools; e.g. HDD from a PC)* • Ausbau *m*

removal <comp> *(of a medium)* • Entnahme *f*

removal <docu> *(headline in service manuals)* • Ausbau *m*

removal <plast> *(of moldings from the machine)* • Entnahme *f*

removal <proc> *(of vitiated air, vapors, smoke etc. by means of an exhaust fan)* • Abzug *m*; Austrag *m*; Austragung *f*

removal <tool> *(of material; e.g. by machining)* • Abnahme *f*

remove *vt* <gen> *(e.g. spot, danger, odour, obstacle, refuse, traces)* • beseitigen *vt*

remove *vt* <gen> *(objects, substance from something)* • entnehmen *vt*

remove *vt* <gen> • herausnehmen *vt*

remove *vt* <tech.gen> *(particulate matter, fluids, energy; e.g. ash, heat)* • abführen *vt*

remove *vt* <tech.gen> *(strip off, skim off, erode, wear off, mill off; e.g. top layer)* • abtragen *vt*

remove *vt* <tech.gen> *(by means of tools, with some effort)* • ausbauen *vt*

remove *vt* <tech.gen> *(problems, damage, system trouble)* • beseitigen *vt*

remove *vt* <tech.gen> *(gen.)* • entfernen *vt*

remove *vt* <tech.gen> *(screw sth out from sth; e.g. spark plugs)* • herausdrehen *vt*

remove *vt* <tech.gen> *(pull sth out from sth; e.g. dipstick)* • herausziehen *vt*

remove *vt* <join> *(nuts, bolts, screws)* • lösen *vt*

remove *vt* <proc> *(separate chemically/ physically; e.g. dust, polluting particles)* • abscheiden *vt*; entfernen *vt*; ausscheiden *vt rar*

remove *vt* <rep> *(e.g. damage)* • beheben *vt*

remove *vt* <srfc> *(stains, contamination)* • entfernen *vt*

remove and refit <docu> *(e.g. headline in service manual or item on repair bill)* • Aus- und Einbau *m* (A+E)

remove dents *vt* <mech> *(sheet metal; e.g. in car body panels)* • ausbeulen *vt*

remove from service *vt* <econ> • ausmustern *vt*

render *vt* <comp> *(image)* • rendern *vt*

render *vt* <proc> • schmelzen *vt*

rendering plant <bio.waste> *(converting of waste animal tissue)* • Tierkörperverwertung *f*; Tierkörperverwertungsanlage *f*

render services *vt* <econ> • Dienstleistungen erbringen *vt*

rendezvous <aerosp> *(space travel)* • Rendezvous *n*

rendition <art> *(e.g. of color, shades, detail)* • Wiedergabe *f*

renew *vt* <gen> • erneuern *vt*

renewable <ecol> • erneuerbar

renewable energies act <jur.energ> • Erneuerbare-Energien-Gesetz *n* (EEG)

renewable energy <energ> *(solar energy, geothermal energy, tidal power)* • erneuerbare Energie *f*; regenerative Energie *f*; alternative

Energie *f*

renewable raw material *<bio>* • nachwachsender Rohstoff *m*

renewal *<gen>* • Erneuerung *f*

renewal *<tech.gen> (replacement)* • Ersatz *m*

renovate *vt <build>* • erneuern *vt*; renovieren *vt*

renovation *<tech.gen>* • Renovierung *f*

renovation *<build.rep> (of buildings, plants)* • Sanieren *n VDMA 24196*

rental car *<mvhcl>* • Mietwagen *m*

rented car *<mvhcl>* • Mietwagen *m*

reorganize *vt <gen>* • umgestalten *vt*

repair *vt <rep> (minor damage, holes; in a hasty or makeshift way; e.g. cracks, cables)* • ausbessern *vt*; notdürftig reparieren *vt*; flicken *vt ugs*

repair *vt <rep> (damage)* • beheben *vt*; reparieren *vt*

repair *vt <rep>* • instandsetzen *vt*; reparieren *vt ugs*

repair shop *<railw>* • Ausbesserungswerk *n*; Instandhaltungswerk *n form*; Bahnwerk *n prakt*

repair shop *<rep>* • Instandsetzungsbetrieb *m*

repayment *<econ>* • Amortisation *f*

repeat *vt <gen>* • wiederholen *vt*

repeatability *<autom> (of a specified position; e.g. +- 0.02mm)* • Positioniergenauigkeit *f*; Wiederholfehler *m*; Wiederholgenauigkeit *f*

repeatability *<i&c> (e.g. of measurments, positions)* • Wiederholgenauigkeit *f DIN 5008*; Wiederholpräzision *f DIN ISO 5725,2*

repeater *<comp> (in networks)* • Repeater *m*; Zwischenverstärker *m rar*

repeater *<tele>* • Verstärker *m*

repel *vt <phys> (e.g. positive and negative charges, water and oil)* • abstoßen *vt*

repel *vt <srfc> (water; e.g. fabric, paint coat, waxed surface)* • abweisen *vt*

repellent *<bio> (for pests)* • Abschreckmittel *n*

repellent *<srfc> (e.g. water, dirt)* • abweisend; abstoßend

repellent finish *<textil>* • Abweisendausrüstung *f*

repetition *<gen>* • Wiederholung *f*

repetitive *<gen>* • wiederholend

repetitive accuracy *<qualit> (measuring, manufacturing)* • Reproduktionsgenauigkeit *f*

replace *vt <tech.gen> (failed/damaged parts/components; e.g. alternator)* • austauschen *vt*

replace *vt <tech.gen> (old by new; expendable parts; e.g. filters, lining)* • erneuern *vt*; auswechseln *vt prakt.ugs*; austauschen *vt*; ersetzen *vt*

replaceable *<gen>* • ersetzbar

replaceable *<tech.gen> (e.g. printer cartridge, brake pads, wiper blades)* • austauschbar; auswechselbar

replacement *<gen> (the act of replacing)* • Austausch *m*

replacement *<tech.gen> (a thing that replaces another)* • Austauschteil *n*

replacement *<tech.gen> (e.g. worn part by a new one)* • Ersatz *m*

replacement ... *<tech.gen> (e.g. drive belt, water pump)* • Ersatz…; Austausch…

replacement blade *<tool>* • Ersatzmesser *n*

replacement filter cartridge *<proc>* • Ersatzfilterpatrone *f*; Ersatzpatrone *f*

replacement [part] *<tech.gen>* • Auswechselteil *n*

replacement vehicle *<mvhcl>* • Ersatzfahrzeug *n*; Ersatzauto *n ugs*

replenish *vt <tech.gen> (contents; e.g. engine oil, printer paper, vending machine merchandise)* • nachfüllen *vt*

replenish *vt <logist> (warehouse inventory)* • auffüllen *vt*

replica *<tech.gen>* • Nachbildung *f*; Replik *f*

replicate *<tech.gen> (e.g. of art object, storage medium)* • Replikat *n*

report *vt <gen> (e.g. an incident, accident)* • melden *vt*

report *vt <gen> (e.g. an event, accident)* • mitteilen *vt*; berichten *vt*

represent *vt <gen>* • darstellen *vt*; repräsentieren *vt*

representation *ISO 10209-2 <docu>* • Darstellung *f DIN ISO 10209-2*

representative *<math> (e.g. sample, inquiry)* • aussagekräftig; repräsentativ

represent graphically *vt <docu>* • grafisch darstellen *vt*; graphisch darstellen *vt*

reprint *<print>* • Nachdruck *m*; unveränderte Neuauflage *f*

reprint *vt <print>* • nachdrucken *vt*; abdrucken *vt*

reprocess *vt <proc> (any valuable, spent or discarded material)* • aufarbeiten *vt*

reprocessing *<proc> (gen.)* • Wiederaufbereitung *f*; Wiederaufarbeitung *f*

reprocessing plant *<waste> (gen.)* • Wiederaufbereitungsanlage *f*

reproduce *vt <prod> (a product)* • nachbauen *vt*

reproducibility *US <tech.gen> (gen.; doing sth again; e.g. production process conditions)* • Reproduzierbarkeit *f*

reproduction *<tech.gen>* • Reproduktion *f*

reproduction ratio *<opt> (object size ./. image size)* • Abbildungsmaßstab *m*

reprogram *vt <comp>* • umprogrammieren *vt*

repulp *vt <pap>* • chemisch aufschließen *vt*

repulp *vt <pap.waste> (waste paper)* • auflösen *vt*

repulsion *<phys> (particles of like charges)* • Abstoßung *f*

repulsion *<phys>* • Rückstoß *m*

repulsive *<gen>* • abstoßend

repulsive force *<phys>* • abstoßende Kraft *f*

request for information *<gen>* • Auskunftsersuchen *n*

request stop *<traff>* • Bedarfshaltestelle *f*

require *vt <gen>* • erfordern *vt*

required value *<tech.gen>* • Sollwert *m*

requirement *<tech.gen> (in specification, regulation etc.)* • Anforderung *f*

re-radiation *<energ.sol> (of collectors; energy loss)* • Abstrahlung *f*

re-radiation loss *<energ.sol> (of collectors)* • Abstrahlungsverlust *m*

rerail *vt <railw> (derailed loco, cars)* • aufgleisen *vt*

rerailer *<railw>* • Aufgleisvorrichtung *f*; Aufgleisgerät *n*

reroute *vt <build> (e.g. road, access ramp, cable or pipe run)* • verlegen *vt*

rerun oil *<tribo>* • aufgearbeitetes Altöl *n*

resale value *<econ> (e.g. house, car)* • Wiederverkaufswert *m*

resaturate *vt <chem>* • aufsättigen *vt*

rescue *vt <safe>* • bergen *vt*

rescue boat *<nav>* • Rettungsboot *n*

rescue cruiser *<nav>* • Seenotrettungskreuzer *m*; Seenotkreuzer *m*; Rettungskreuzer *m*

research and development *sg* (R&D) *<gen>* • Forschung und Entwicklung *fsg* (F+E)

research center *US <tech.gen>* • Forschungszentrum *n*

research facility *<gen>* • Forschungsanlage *f*

research octane number (RON) *<mvhcl.mot>* • Research-Oktanzahl *f* (ROZ)

research project *<gen>* • Forschungsprojekt *n*

research reactor *<nucl>* • Forschungsreaktor *m*; Versuchsreaktor *m*

research vessel *<nav>* • Forschungsschiff *n*

reserve *<tech.gen>* • Reserve *f*

reserve *<ecol>* • Naturschutzgebiet *n*

reserve *<i&c> (of mech. clockworks, watches; e.g. 3 days, 1 week)* • Gangreserve *f*; Gangdauer *f*; Réserve de Marche *f*

reserve *vt <gen> (a seat, deck chair, by placing something on it)* • belegen *vt*

reserve *vt <gen> (a seat, table, by advance booking; e.g. on a train, in a restaurant)* • reservieren *vt*

reserve capacity *<tech.gen> (e.g. of a battery)* • Kapazitätsreserve *f*

reserve fuel *<aerosp>* • Treibstoffreserve *f*

reserve power *<i&c> (of mains--powered clocks with battery buffer; e.g. 2 weeks)* • Gangreserve *f*

reserves *<tech.gen>* • Reserven *fpl*; Vorräte *mpl*

reservoir *<tech.gen> (anything that acts as a supply of sth)* • Reservoir *n*

reservoir *<tech.gen> (collecting tank, basin)* • Sammelbecken *n*

reservoir *<tech.gen> (gen.; any kind, also for liquids)* • Vorratsbehälter *m*

reservoir *<build> (basin; e.g. for*

drinking water) • Becken *n*
reservoir *<energ> (gen. hydroelectric power station)* • Staubecken *n*; Speicherbecken *n*; Talsperrenbecken *n*; Speichersee *m rar*
reservoir *<logist> (stress on: storage of sth.; e.g. of fluid)* • Speicher *m*
reservoir *<logist>* • Tank *m*
reservoir rock *<geo>* • Speichergestein *n*; Trägergestein *n*
reset *<tech.gen> (edp, measurement apparatus)* • Rückstellung *f*
reset *<comp.av> (re-initialization of a device)* • Zurücksetzen *n*; Rücksetzen *n*; Rückstellen *n*; Initialisieren *n*; Reset *m jarg*
reset *vt <comp> (initialize; e.g. printer)* • initialisieren *vt*
reset *vt <i&c>* • rückstellen *vt*
reset button *<tech.gen> (gen.)* • Rückstellknopf *m*
reset button *<comp>* • Resettaste *f*
reset device *<tech.gen>* • Rückstelleinrichtung *f*
resetting *<tech.gen>* • Neueinstellung *f*
resetting *<mach.tool> (for different products, processes)* • Umrüstung *f*; Umrichtung *f rar*
resetting time *<prod>* • Umrüstzeit *f*; Umrichtzeit *f*
reset to zero *vt <i&c> (instrument)* • nullen *vt*; zurücksetzen *vt*; Null *f*: auf ~ abgleichen *vt*; abgleichen *vt*: auf Null ~; nullsetzen *vt*
residence time *<prod>* • Verweilzeit *f*; Verweildauer *f*; Durchlaufzeit *f*
resident *<comp> (in memory)* • speicherresident; resident; festgespeichert *rar*
residential area *<build>* • Wohngebiet *n*; Wohngegend *f*; Wohnviertel *n*
residential building *<build>* • Wohngebäude *n*
residential heating *US <hvac> (space heating in private homes)* • Wohnraumbeheizung *f*
residual *<phys> (e.g. magnetism)* • remanent
residual affinity *<tech.gen>* • Restaffinität *f*
residual fuel oil *<chem.petr> (distillation bottom product)* • Rückstandsöl *n*
residual heat *<tech.gen> (e.g. in reactor, heating system)* • Restwärme *f*
residual oxygen *<emiss> (in exhaust gas)* • Restsauerstoff *m*
residual waste *<waste> (anything worthless, discarded)* • Restmüll *m*; Müll *m ugs*; Abfall *m*; Restabfälle *mpl*
residue *<gen>* • Überrest *m*
residue *<math> (e.g. complex functions)* • Rest *m*
residue *<proc> (sth. that remains; e.g. after a process)* • Rückstand *m*; Rest *m ugs*
residue *<srfc> (deposits; e.g. on electrode, pipe, valve seat, cylinder)* • Ablagerung *f*
residue landfill *<waste>* • Reststoffdeponie *f*; Rückstandsdeponie *f*
resilience *<mat> (elasticity)* • Elastizität *f*
resilience *<mat> (of elastic material)* • Federwirkung *f*; Nachgiebigkeit *f*
resilient *<mat> (yielding elastically)* • federnd
resilient *<srfc> (e.g. surface, skin, anti--chipping primer)* • elastisch
resiliently mounted *<join>* • federnd befestigt
resin *<mat> (e.g. in adhesives, plastics, varnishes, sizes, printing inks)* • Harz *n*
resin bolt *<build.mat>* • Klebeanker *m*; Klebedübel *m*
resin pocket *<wood>* • Harznest *n*
resin transfer molding [method] (RTM) *<plast>* • RTM-Verfahren *n*
resist *<srfc> (dimensional etching)* • Abdeckmittel *n*
resistance *<gen> (against, to sth)* • Widerstand *m*
resistance *<tech.gen> (e.g. to wear, heat, corrosion)* • Beständigkeit *f*; Dauerhaftigkeit *f*
resistance (R) *<el> (in ohm)* • Widerstand *m* (R); elektrischer Widerstand *m*
resistance *<qualit.mat> (e.g. to bending, impact, wear)* • Festigkeit *f*
resistance projection welding (RPW) *<join> (a resistance fusion welding process)* • Buckelschweißen *n*; Warzenschweißen *n rar.obs*
resistance seam welding (RSEW) *<join> (spot-weld seams by means of rolling electrodes)*

• Rollennahtschweißen *n*; Rollnahtschweißen *n*; Widerstandsnahtschweißen *n*; Widerstandsrollennahtschweißen *n*
resistance spot welding (RSW) *<join>* • Punktschweißen *n*
resistance to breakage *<tech.gen> (of glass panes etc.; e.g. of solar collectors)* • Bruchfestigkeit *f*
resistance to deflection *<mech> (e.g. of members, girders, booms, robot arms)* • Biegesteifigkeit *f*; Biegesteife *f*; Biegesteifheit *f*
resistance welding (RW) *<join> (e.g. spot welding)* • Widerstandsschweißen *n*
resistant *<qualit.mat> (to forces, effects etc.)* • widerstandsfähig
resistant against vandalism *<qualit> (e.g. ATM keyboards, controls, vending machines)* • vandalismusresistent; vandalensicher; vandalismussicher
resistant to *<tech.gen> (e.g. light, water, acid)* • beständig gegen
resistant to aging *US <qualit.mat> (resistant to age-induced deterioration)* • alterungsbeständig
resistant to buckling *<mech>* • knickfest
resistant to marine climate *<qualit>* • meeresklimabeständig
resistant to seawater *<mat> (material, fabrics)* • meerwasserfest
resistant to touch *<srfc> (e.g. paint coat)* • grifffest
resistivity *<el>* • spezifischer elektrischer Widerstand *m*; spezifischer Widerstand *m*
resistor *<el>* • Widerstand *m*; elektrischer Widerstand *m*
resist technology *<ic>* • Resisttechnik *f*
resolution *<tech.gen> (of signal or image; e.g. in pixels/area, angular degrees, dpi)* • Auflösung *f*
resolution *<opt> (minimal distance of two discernible adjacent lines)* • Auflösung *f*; Ortsauflösung *f*
resolvable *<mat>* • lösbar
resolvable *<opt> (image)* • auflösbar
resolve *vt <av.opt> (picture, image; e.g. into pixels)* • auflösen *vt*; zerlegen *vt*
resolving power *<opt> (of any optical system; e.g. camera lens, scanner, printing plate)* • Auflösungsvermögen *n*; Auflösung *f prakt*
resonance *<tech.gen> (gen.)* • Resonanz *f*
resonance circuit *<phys>* • Resonanzkreis *m*; Resonanzschwingkreis *m*; Schwingkreis *m*; Resonanzschaltung *f*
resonance-free *<tech.gen>* • resonanzfrei
resonant *<phys>* • mitschwingend
resonant cavity *<tech.gen>* • Resonanzkörper *m*; Resonator *m*
resonant circuit *<phys> (e.g. an oscillator circuit)* • Schwingkreis *m*
resonant vibration *<phys>* • Resonanzschwingung *f*
resonate *vi <phys>* • mitschwingen *vi*
resonator *<tech.gen> (gen.; e.g. mechanical, electrical)* • Resonator *m*
resorption *<chem.proc>* • Resorption *f*
resource *<tech.gen>* • Ressource *f*
resource recovery *<waste> (retrieval of recycable materials from waste)* • Materialrückgewinnung *f*; Materialrecycling *n*; Rohstoffrückgewinnung *f*; Rekuperation *f*
resources *pl <tech.gen> (operating equipment, tools)* • Betriebsmittel *npl*
respirable *ISO 17191 <med>* • einatembar *ISO 17191*
respirable dust *<emiss> (particle size < 10 µm; e.g. asbestos fibers, nano particles)* • lungengängiger Staub *m*; lungengängiger Feinststaub *m form*
respiration filter *<safe> (e.g. for work in noxious or dust-loaded environments)* • Atemfilter *n*
respirator *<garm.safe> (usu. full-face; filter with activated charcoal)* • Atemschutzmaske *f*; Schutzmaske *f ugs*; Atemschutzgerät *n form*
respiratory frequency monitor *<med.tech>* • Atemfrequenzüberwachungsgerät *n*
respiratory gas analyzer *US <med.tech>* • Atemgasanalysator *m*
respiratory protective device *EN 12941 <safe>* • Atemschutzgerät *n DIN EN 12941*
respirometer *ISO 9408 <med.bio>* • Respirometer *n DIN EN 29408*
respond [to] *vi <med.pharm> (patient/*

disease) • ansprechen [auf] *vi*
response <*tech.gen*> *(reaction; e.g. to events, measures)* • Antwort *f*
response <*i&c*> *(sensitivity; e.g. of a detector)* • Empfindlichkeit *f*
response characteristic <*el*> *(e.g. of relay, sensor)* • Ansprechcharakteristik *f*
response sensitivity <*i&c*> • Ansprechempfindlichkeit *f*
response time <*tech.gen*> *(e.g. of a system, device)* • Ansprechdauer *f*
response time <*tech.gen*> • Ansprechzeit *f*
responsibility *ISO 12620* <*term*> • verantwortliche Person *f*
responsive <*tech.gen*> *(to sth; reacting in a desired way)* • empfindlich
respot line <*prod*> *(finish welding; e.g. of car bodies)* • Ausschweißlinie *f*
respray <*srfc*> • Reparaturlackierung *f*; Nachlackierung *f prakt*; Neulackierung *f prakt*
rest <*gen*> *(temporary stop)* • Halt *m*
rest <*int*> *(chair: backrest, armrest)* • Lehne *f*
rest <*mach.tool*> *(at grinding wheel)* • Auflage *f*
restock *vt* <*logist*> *(increase inventory)* • aufstocken *vt*
rest on *vi* <*mech.eng*> *(one object on another object)* • aufsitzen *vi*
restoration project <*tech.gen*> • Restaurierungsobjekt *n*
restore *vt* <*tech.gen*> *(condition, data, file)* • wiederherstellen *vt*
restore *vt* <*i&c*> • rückstellen *vt*
restore the upright position *vi/vt* <*gen*> • aufrichten *vr/vt*
restoring force <*tech.gen*> *(gen.)* • Rückstellkraft *f*
rest period <*tech.gen*> *(vehicle, machine)* • Ruhezeit *f*
rest period <*tech.gen*> • Stillstandszeit *f*
rest position <*tech.gen*> • Grundstellung *f*
restraighten *vt* <*prod*> *(e.g. warped parts)* • nachrichten *vt*
restrain *vt* <*gen*> *(movement)* • einschränken *vt*
restrained <*build*> *(e.g. member)* • eingespannt
restrained <*vhcl.safe*> *(person; with seat belt)* • angeschnallt; angegurtet
restraining force <*mech*> • Festhaltekraft *f*
restraint <*gen*> *(mechanical)* • Beschränkung *f*
restretch *vt* <*prod*> • nachspannen *vt*
restrict *vt* <*gen*> *(e.g. access to sensitive areas)* • begrenzen *vt*; einschränken *vt*
restrict *vt* <*gen*> *(e.g. access)* • beschränken *vt*
restrict *vt* <*gen*> • einengen *vt*
restrict *vt* <*pps*> *(flow)* • drosseln *vt*
restricted <*gen*> *(area, options; e.g. access)* • begrenzt
restricted <*tech.gen*> *(e.g. possibilities, freedom of movement)* • eingeschränkt
restriction <*gen*> *(of options, rights; e.g. of access)* • Begrenzung *f*; Einschränkung *f*
restrictor <*tech.gen*> *(stress on: reduced size; e.g. diameter)* • Reduzierstück *n*
restrictor <*pps*> • Drossel *f*
result <*gen*> *(e.g. of an evolution)* • Resultat *n*; Ausgang *m ugs*; Ergebnis *n*
result: as a ~ of <*gen*> • bedingt durch
result *vi* <*gen*> • folgen *vi*
resurfacing <*build*> *(of road pavement)* • Deckenerneuerung *f*; Aufbringen einer neuen Decklage *n*; Aufwalzen einer neuen Decke *n*
resurfacing <*srfc*> *(gen.; e.g. of roads, tools)* • Aufbringen einer neuen Oberfläche *n*
retailer <*econ*> • Einzelhändler *m*
retain *vt* <*tech.gen*> *(keep sth. in a given place, prevent dislocation)* • halten *vt*; festhalten *vt*
retain *vt* <*tech.gen*> *(stop, impede, hold back)* • hemmen *vt*
retain *vt* <*tech.gen*> *(fluid, pressure)* • zurückhalten *vt*
retain *vt* <*mech.eng*> *(lock in place)* • sperren *vt*
retaining bail <*mvhcl.brake*> *(e.g. of covers)* • Haltebügel *m*
retaining basin <*hydr*> • Staubecken *n*
retaining bush <*mech.eng*> • Spannhülse *f*
retaining clip <*tech.gen*> • Halteklammer *f*

retaining clip *<mech.eng>* • Haltebügel *m*

retaining device *<mech.eng>* • Halteeinrichtung *f*; Halter *m*

retaining force *<mech>* • Festhaltekraft *f*

retaining pawl *<mech.eng>* • Sperrklinke *f*

retaining pin *<mech.eng>* • Haltestift *m*; Vorsteckstift *m*

retaining ring *<mech.eng>* • Haltering *m*

retaining spring *<mech.eng> (gen.)* • Haltefeder *f*; Sicherungsfeder *f*

retaining strap *<gen>* • Spannband *n*

retard *vi <tech.gen> (to be delayed; development, process)* • verzögern *vr*

retard *vt <gen> (e.g. progress, process)* • aufhalten *vt*; verzögern *vt*

retard *vt <gen> (slow down; e.g. development, growth; chem. process)* • hemmen *vt*

retard *vt <tech.gen> (development, process)* • verzögern *vt*; abbremsen *vt*

retardation *<tech.gen> (of a process, effect; e.g. of a chemical reaction)* • Verzögerung *f*; Retardierung *f wiss*; Verlangsamung *f ugs*

retarder *<comvhcl.brake>* • Retarder *m*; Verlangsamer *m rar*

retarder *<railw> (in classification yards)* • Gleisbremse *f*; Bremsschiene *f*

retarding basin *<proc>* • Rückhaltebecken *n*

retention basin *<build.hydr>* • Rückhaltebecken *n*

retention tank *<railw.waste>* • Fäkalientank *m*; Abwassertank *m*

reticular *<tech.gen>* • netzartig

retighten *vt <mech.eng>* • nachziehen *vt*

retighten *vt <prod>* • nachspannen *vt*

retorque *vt <join>* • nachziehen *vt*

retort *<chem> (gen.)* • Retorte *f*

retouching *sg <phot> (of film, prints)* • Retusche *f*; Retuschieren *nsg*

retract *vi <mvhcl.safe> (seat belt)* • aufrollen *vr*

retract *vt <gen> (withdraw from inside sth)* • herausziehen *vt*

retract *vt <tech.gen> (e.g. tool)* • ausfahren *vt*

retract *vt <aerosp> (e.g. the landing gear, flaps)* • einfahren *vt*; einziehen *vt*

retract *vt <mach.tool> (tool; e.g. drill)* • ausheben *vt*

retractable *<tech.gen> (e.g. antenna, landing gear)* • einziehbar

retractable landing gear (RG) *form <aerosp>* • Einziehfahrwerk *n*; einziehbares Fahrwerk *n*; einfahrbares Fahrwerk *n rar*; Verschwindfahrwerk *n obs*

retractable long-hair trimmer *<hygi> (of shaver)* • ausfahrbarer Langhaarschneider *m*

retractable spoiler *<mvhcl>* • ausfahrbarer Spoiler *m*

retractor mechanism *<mvhcl.safe>* • Aufrollautomatik *f*

re-treat *vt <tech.gen>* • nachbehandeln *vt*

retrieve *vt <gen> (catch, collect)* • fangen *vt*

retrieve *vt <gen> (lost objects, data)* • wieder auffinden *vt*

retrieve *vt <tech.gen> (stored data)* • abrufen *vt*; abfragen *vt*

retrieve *vt <logist> (loads from a warehouse)* • auslagern *vt*

retroactive *<tech.gen>* • rückwirkend

retroactive effect *<tech.gen>* • Rückwirkung *f*

retrofit *<build>* • Umbau *m*

retrofit *vt <tech.gen> (e.g. catalytic converter)* • nachrüsten *vt*; umrüsten *vt*

retrofit *vt <tech.gen>* • nachträglich einbauen *vt*

retrofitting *<tech.gen> (old plant)* • Nachrüstung *f*; Umrüstung *f*

retrofitting *<comp> (of hardware)* • Umrüstung *f*

retrograde *<gen>* • rückwärtsgerichtet

retroreflector *<tech.gen>* • Rückstrahler *m*

return *<gen>* • Rückkehr *f*

return *<tech.gen>* • Rücklauf *m*

return *vt <tech.gen>* • rückführen *vt*

returnable container *<pack>* • Mehrwegverpackung *f DIN 55 405*

return bend *<pps>* • U-Stück *n*; Umkehrbogen *m*; U-Bogen *m*

return channel *<tech.gen>* • Rücklaufkanal *m*

return drum *<convey>* • Umlenktrommel *f*

return flow *<tech.gen>* • Rückstrom *m*

return flow *<pps> (of a fluid)* • Rücklauf *m*; Rückströmung *f*

return line *<mvhcl> (e.g. of fuel, oil, automatic transmission fluid)* • Rückleitung *f*; Rücklauf *m*; Rücklaufleitung *f*

return motion *<mech.eng> (of machine parts)* • Rücklauf *m*; Rückwärtsbewegung *f*

return movement *<tech.gen>* • Rückbewegung *f*; Rückwärtsbewegung *f*

return movement *<tech.gen> (stress on: guided movement)* • Rückführbewegung *f*

return speed *<tech.gen> (e.g. of machine tool carriage, tool)* • Rücklaufgeschwindigkeit *f*

return spring *<mech.eng> (pushing)* • Rückdruckfeder *f*; Rückdrückfeder *f*

return spring *<mech.eng> (gen.; pulling action; e.g. in drum brakes)* • Rückholfeder *f*; Rückzugfeder *f*

return spring *<mot> (of valves)* • Schließfeder *f*

return stroke *<mech.eng> (of reciprocating motions; e.g. of a piston, carriage)* • Rücklauf *m*

return temperature *<tech.gen> (e.g. lubricating oil, water in central heating)* • Rücklauftemperatur *f*

retype *vt <comp> (e.g. a command)* • erneut eingeben *vt*

re-usage *<tech.gen> (e.g. of engines, transmissions, starters)* • Wiederverwendung *f*

reuse *vt <gen>* • wiederverwenden *vt*

reused wool *<waste>* • Altwolle *f*

reveal *<build> (of a window)* • Fensterlaibung *f*; Fensterleibung *f ugs*

reveal *<build> (gen.)* • Leibung *f*; Laibung *f*; Mauerleibung *f*

revegetation *<ecol> (e.g. of landfill sites, strip-mining areas)* • Rekultivierung *f*

reverberant *<acoust> (sound)* • hallig

reverberation *<acoust>* • Halleffekt *m*; Hall *m prakt*

reverberation *<av>* • Nachhall *m*; Hall *m prakt*

reversal *<tech.gen> (e.g. piston, carriage)* • Richtungsumkehr *f*

reversal *<tech.gen> (return)* • Rückkehr *f*

reversal film *<phot> (usu. for color transparencies)* • Umkehrfilm *m*

reversal point *<tech.gen> (of movements)* • Umkehrpunkt *m*

reverse *<gen> (backward)* • rückwärts

reverse *<gen>* • umgekehrt

reverse *vt <tech.gen> (switch to backward movement; linear or rotational)* • rückwärts laufen lassen *vt*

reverse *vt <tech.gen> (switch; e.g. direction, polarity)* • umschalten *vt*

reverse crown *<mvhcl> (concave)* • gegenläufige Blechversteifung *f*

reverse current *<tech.gen>* • Gegenstrom *m*

reverse flow *<tech.gen> (fluid)* • Gegenströmung *f*; Strömung in umgekehrter Richtung *f*

reverse flow cleaning *<proc> (of filters, screens)* • Rückspülen *n*

reverse gear *<mech.eng> (type of transmission)* • Wendegetriebe *n*

reverse gear *<mvhcl.drive> (as opp. to forward gears)* • Rückwärtsgang *m*

reverse image *<tech.gen> (on screen or in print)* • Inversdarstellung *f*; Negativdarstellung *f*; Inverswiedergabe *f*

reverse osmosis *<proc>* • Umkehrosmose *f* (RO); Revers--Osmose *f*

reverse polarity protection *<el> (connector)* • Verpolungsschutz *m*; Verpolschutz *m*; Verpolungssicherheit *f*

reverse speed *<mvhcl.drive> (e.g. a tractor with 24 ~s)* • Rückwärtsgang *m*

reverse the direction *vi <gen>* • Richtung ändern *vi*

reverse the direction *vi <nav>* • umsteuern *vi/vt*

reverse thrust *<aerosp>* • Schubumkehr *f*; Umkehrschub *m*

reversibility *<tech.gen>* • Umkehrbarkeit *f*

reversible *<tech.gen> (process of any kind)* • reversibel; umkehrbar *prakt.ugs*

reversible process *<tech.gen>* • umkehrbarer Prozess *m*; reversibler Prozess *m wiss*; umkehrbarer Vorgang *m ugs*

reversible reaction *<tech.gen> (e.g. physics, chemistry)* • reversible

Reaktion *f*
reversing *<mach.tool> (of a tool operating with rotary motion; feature)* • Rechts-/Linkslauf *m*
reversing blooming mill train *<metal>* • Reversierblockwalzstraße *f*
reversing dog *<mach.tool> (of reciprocating motion)* • Anschlag zum Umsteuern *m*
reversing motion *<tech.gen>* • rückläufige Bewegung *f*
reversing switch *<el>* • Umschalter *m*; Umkehrschalter *m*; Umsteuerschalter *m*; Wendeschalter *m*
reversion *<tech.gen>* • Rückführung *f*
revet *vt <build> (slope, embankment)* • befestigen *vt*
revetment *<build>* • Befestigung *f*; Böschungsverkleidung *f*; Böschungsbelag *m*; Deckwerk *n*
review *<av> (picture search in backward direction)* • Bildsuchlauf rückwärts *m*; Rückwärts-Bildsuchlauf *m*; Rückwärtssuchlauf *m*; Bildlauf rückwärts *m rar*; sichtbarer Schnellrücklauf *m rar*
revised edition *<print>* • überarbeitete Auflage *f*
revision *<docu> (status of a document)* • Änderungsstufe *f*
revision *<qualit> (checking; e.g. of documents, systems)* • Durchsicht *f*
revision level *GE Aero <docu> (e.g. of technical drawing)* • Änderungsversion *f*
revision status *<docu> (e.g. of eng. drawings, product documentation)* • Bearbeitungsstand *m*; Revisionsstand *m*
revolution *<tech.gen>* • Umdrehung *f*
revolution counter *<i&c> (totalizes shaft revolutions)* • Umdrehungszähler *m*
revolutions per minute *pl* (rpm) *<mech.eng> (of shafts etc.; e.g. engine speed)* • Umdrehungen pro Minute *fpl* (UpM); 1/min; U min^{-1}; U/min *obs*; Umlaufzahl *f obs.rar*
revolved section *<docu>* • eingeklappter Querschnitt *m*
revolved view *<docu> (e.g. of a detail)* • gedrehte Ansicht *f*
revolver *<mil>* • Revolver *m*; Trommelrevolver *m ugs*; Drehpistole *f obs*
revolving *<tech.gen> (more than 360 degrees)* • drehbar; rotierend
revolving *<mach.tool> (e.g.tailstock quill)* • mitlaufend
revolving damper *<hvac>* • Drehklappe *f*
revolving door *<build> (air-lock door with three or more wings, vanes)* • Drehtür *f*; Karusselltür *f form*; Drehkreuztür *f rar*
revolving stage *<theat>* • Drehbühne *f*
rewind (REW) *<av> (tape; without picture or sound)* • schneller Rücklauf *m*; Rücklauf *m*; Schnellrücklauf *m*; Rückspulen *n*
rewind *vt <av> (tape, film)* • umspulen *vt ['um]*
rewind *vt <av.phot> (film, tape)* • zurückspulen *vt*
rewind speed *<tech.gen> (on reel; e.g. of magnetic tape, rope, cable)* • Rücklaufgeschwindigkeit *f*
rework *vt <prod.qualit> (to eliminate deficiencies, flaws)* • nachbessern *vt*; nacharbeiten *vt*; nachbearbeiten *vt*
reworking *<prod>* • Nachbearbeitung *f*; Zweitbearbeitung *f rar*
rewritable *<comp> (medium; e.g. CD)* • wiederbeschreibbar; wiederholt beschreibbar
Reynolds number *<phys> (fluid dynamics)* • Reynolds-Zahl *f*; Reynolds'sche Zahl *f*; reynoldssche Zahl *f*; Reynoldszahl *f*; Re-Zahl *f*
RF controlled door lock *<tech.gen> (keyless entry)* • Funk-Türschloss *m*
RFID chip *<el> (e.g. for biometrics)* • RFID-Chip *m*
RFI shield *<el>* • Entstörabschirmung *f*
RFI suppressor *<mvhcl.el> (for spark plugs)* • Entstörstecker *m*
RGB model *<phys>* • RGB-Modell *n*; RGB-Farbsystem *n*
RGB monitor *<comp>* • RGB-Monitor *m*
rhenium (Re) *<chem>* • Rhenium *n* (Re)
rheological behavior *US <phys>* • rheologisches Verhalten *n*
rheological properties *pl <phys> (gen.)* • Fließverhalten *n*; Fließfähigkeit *f*
rheology *<phys>* • Rheologie *f*
rheostriction *<tech.gen>* • Rheostriktion *f*
rhodium (Rh) *<chem>* • Rhodium *n* (Rh)

RH side *<gen> (of anything)* • rechte Seite *f*
rib *<tech.gen> (gen.; for reinforcement)* • Rippe *f*
rib *<aerosp> (in wing, empennage)* • Rippe *f*
rib *<proc> (helical guide in vortex reactors)* • Rippe *f*
ribband *<build.wood> (bar-shaped wooden brace)* • Riegel *m*; Verbindungsholz *n*
ribbed *<metal> (panel; to stiffen; one or several ribs)* • gesickt
ribbed *<srfc> (with ribs, fins; usu. to increase the surface area; e.g. a heat sink)* • gerippt
ribbed surface *<srfc>* • geriffelte Oberfläche *f*
ribbing *<prod> (of sheet metal panels, for stiffness)* • Sicke *f*
ribbon *<textil>* • Band *n*
ribbon cassette *<print>* • Farbbandkassette *f*
ribbon loudspeaker *<av>* • Bändchen-Lautsprecher *m*; Bändchen-Hochtöner *m*; Bändchenlautsprecher *m*
ribbon microphone *<av>* • Bändchenmikrofon *n*
ribbon resistor *<el>* • Streifenwiderstand *m*
ribonucleic acid (RNA) *<bio.chem>* • Ribonucleinsäure *f* (RNS) *wiss*; RNA *f ugs*
rib-type radiator *<hvac>* • Rippenheizkörper *m*
rich *<mat> (coal, clay)* • fett
rich *<srfc> (color)* • kräftig
rich air/fuel mixture *<mot>* • fettes Kraftstoff-Luft-Gemisch *n*; fettes Gemisch *n*
rich in ore *<min>* • erzreich
ricochet *<mil> (deflected by an object)* • Prellschuss *m*; Prallschuss *m*; Rikoschett *m*; Abpraller *m prakt*
ride *<vhcl> (with motorcycle, train)* • Fahrt *f*
ride *vt <vhcl> (a bicycle, motorbike, scooter)* • fahren *vt*
ride comfort *<vhcl>* • Fahrkomfort *m*
rider *<traff> (of a bicycle, motorcycle, scooter)* • Fahrer *m*
ridership *<traff>* • Fahrgastaufkommen *n*
ride the sprocket *vi <mech.eng> (chain on sprocket)* • aufklettern *vi*
ridge *<build>* • Dachfirst *m*; First *m ugs*; Dachsattel *m*
ridge *<geo>* • Kamm *m*; Gebirgskamm *m*
ridge *<tool> (caused by wear; e.g. on lathe cutting tool)* • Grat *m*
ridge capping *<build>* • Firstabdeckung *f*
ridge purlin *<build>* • Firstpfette *f*
ridges *pl <brake> (on brake discs)* • Riefen *fpl*
ridge stringer *<build> (timber)* • Firstlatte *f*; Firstbohle *f*; Firstholm *m*; Firstbrett *n*
ridge tent *ISO 7152 <tour>* • Hauszelt *n DIN ISO 7152*; Firstzelt *n*
riding style *<vhcl> (bike)* • Fahrstil *m*
rifle *<mil> (hunting)* • Büchse *f*
rifle *<mil> (gen.)* • Gewehr *n*; Langwaffe *f*
rifle *<mil> (spiral groove within a gun or pipe barrel, as opp. to land)* • Zug *m*
rifled *<mil> (barrel)* • gezogen
rift *<geo> (in rocks)* • Spalte *f*
rig *<tech.gen> (apparatus designed for some purpose; e.g. test rig, oil rig)* • Anlage *f*
rig *<tech.gen> (apparatus designed for some purpose)* • Ausrüstung *f*
rig *vt <tech.gen> (install, erect; equipment, facilities)* • aufstellen *vt*
rig *vt <tech.gen>* • rüsten *vt*
rigging *<nav> (a ship's masts and sails and the way they are arranged)* • Takelage *f*; Takelwerk *n*; Betakelung *f*; Riggung *f*; Rigg *n*
rigging *<petr>* • Verankerung *f*
rigging-up *<petr> (of oil rigs)* • Aufbau *m*
right angle *<math>* • rechter Winkel *m*
right-hand (RH) *<gen>* • rechts
right-hand drive (RHD) *<mvhcl> (used as an adjective)* • rechtsgesteuert (RHD)
right-hand drive (RHD) *<mvhcl>* • Rechtslenkung *f*
right-hand drive vehicle *<mvhcl> (steering wheel on the RH side)* • Fahrzeug mit Rechtslenkung *n*; Rechtslenker *m*
right-hand thread (RH) *<mech.eng>* • Rechtsgewinde *n* (RH);

rechtsgängiges Gewinde *n*; rechtsläufiges Gewinde *n rar*

right-hand turn *<tech.gen>* • Rechtswendung *f*

right hinge *<build> (of window, door, gate)* • Anschlag rechts *m*; Bandseite rechts *f*; rechts angeschlagen

righting moment *<phys> (e.g. of boats, ships)* • aufrichtendes Moment *n*; Aufrichtmoment *n*; Standmoment *n*

right-lay rope *<tech.gen>* • rechtsgängig geschlagenes Seil *n*

rigid *<mech> (stress on: very high resistance against bending)* • biegesteif

rigid *<qualit.mat> (gen.; so stiff that it cannot be bent w/o breaking; e.g. corn flakes)* • starr

rigid airship *<aerosp> (lighter-than-air aircraft)* • Starrluftschiff *n*; starres Luftschiff *n*; Gerüst-Luftschiff *n*; Zeppelin *m ugs*

rigid foam *<plast> (e.g. in boat hulls)* • Hartschaum *m*; Hartschaumstoff *m*

rigid frame *<tech.gen>* • biegesteifer Rahmen *m*

rigidity *<mat> (solidity, firmness)* • Festigkeit *f*

rigidity *<qualit.mat> (total lack of elasticity; e.g. of fresh potato chips)* • Starrheit *f*

rigidly attached *<tech.gen>* • fest angebaut

rigid occupant cell *<mvhcl.safe>* • stabile Fahrgastzelle *f*; Sicherheitszelle *f*

rigorous *<gen> (regulations, rules, etc.)* • streng

rigorousness *<chem> (reaction)* • Schärfe *f*

rig-up *<tech.gen>* • Montage *f*

rig up *vt <tech.gen> (equipment, installations; e.g. stage lighting)* • montieren *vt*

rig up *vt <nav> (ship; provide the necessary equipment)* • ausrüsten *vt*

rig up *vt <petr> (platform, oil rig)* • aufbauen *vt*

rig-up time *<tech.gen>* • Montagezeit *f*

rim *<mech.eng> (perimeter, annular ledge etc.)* • Kranz *m*

rim *<mvhcl> (of gauges)* • Einfassung *f*

rim *<vhcl> (of wheel)* • Felge *f*

rim *vt <prod>* • einfassen *vt*

rim clutch *<mech.eng> (centrifugal--type)* • Fliehkörperkupplung *f*

rim diameter *<mvhcl>* • Felgendurchmesser *m*; Felgennenndurchmesser *m norm*; Raddurchmesser *m prakt*

rimfire ammunition *<mil>* • Kleinkalibermunition *f*

rimfire cartridge *<mil>* • Randfeuerpatrone *f*; Kleinkaliberpatrone *f*

rim flange *<vhcl>* • Felgenhorn *n*; Horn *n prakt*; Felgenrand *m obs.ugs*

rimmed steel *<metal> (as opp. to killed steel)* • unberuhigter Stahl *m*; unberuhigt vergossener Stahl *m*

rim size *<mvhcl> (in inch; e.g. 6J x 14)* • Felgengröße *f*; Radgröße *f*

rim well width *<vhcl> (measured in inches)* • Felgenbettbreite *f*; Bettbreite *f prakt*

rim width *<mvhcl> (rim measurement)* • Maulweite *f*; Felgenmaulweite *f*; Felgeninnenmaß *n obs.rar*; Innenmaß *n*

ring *vi <acoust> (gen.)* • klingeln *vi*

ring gasket *<mech.eng> (flat)* • Ringdichtung *f*

ring gear *<mot.drive> (large, with external teeth; e.g. on flywheel, flexplate)* • Zahnkranz *m*

ring mounting *<tech.gen>* • Ringhalterung *f*

ring nozzle *<mech.eng> (e.g. gas turbine)* • Ringdüse *f*; ringförmige Düse *f*

ring of acanthus leaves *<build> (ornament; e.g. on Corinthian capital)* • Akanthusblattkranz *m*

ring of residue *<jur.tech> (around a gunshot entrance hole)* • Abstreifring *m*

ring packing *<mech.eng>* • Ringdichtung *f*

ring seal *<mech.eng> (gen.)* • Ringdichtung *f*

ring surface *<tech.gen>* • Ringfläche *f*

rinse *<tech.gen>* • Spülung *f*

rinse *vt <tech.gen> (e.g. hair)* • ausspülen *vt*

rinse *vt <tech.gen>* • spülen *vt*; abspülen *vt*

rinse *vt <proc> (from shower head; e.g. with water)* • abbrausen *vt*

rinse aid *<chem.hygi> (for dishwashers)* • Klarspüler *m*
rinse valve *<pps> (gen.)* • Spülventil *n*
rinsing water *<tech.gen> (to flush out unwanted material)* • Spülwasser *n*
riot control *<mil> (on a small scale; e.g. hooliganism)* • Eindämmung von Straßenunruhen *f*; Bekämpfung von Ausschreitungen *f*
rip *vi <tech.gen> (sever unintentionally; e.g. paper, fabrics, sheet metal)* • durchreißen *vi*
rip *vt <join> (tear open)* • auftrennen *vt*
ripen *vi <bio> (gen.)* • reifen *vi*
ripen *vt <food> (e.g. milk)* • säuern *vt*
rip open *vt <pack> (envelope, package, wrapping)* • aufreißen *vt*
ripper *<build.mach> (hook-type tool attachment)* • Aufreißhaken *m*
ripple counter *<i&c>* • asynchroner Zähler *m DIN 19237*
rippled *<el> (current; e.g. badly rectified DC)* • wellig
rip up *vt <gen>* • aufschlitzen *vt*
rip up *vt <build> (ground, pavement, walls)* • aufreißen *vt*
rise *<tech.gen>* • Hub *m*
rise *<tech.gen> (step up)* • Schwelle *f*
rise *<build> (of stairs)* • Steigung *f DIN 18065*; Steigungshöhe *f*
rise *vi <gen> (e.g. elevator, cloud)* • aufwärtsbewegen *vr*
rising edge *stand <comp> (of signal)* • steigende Flanke *f norm*
rising tide *<geo> (incoming tide)* • Flut *f*; Flutstrom *m*
risk acceptance *<tech.gen>* • Risikoakzeptanz *f*
risk analysis *<tech.gen> (e.g. edp, environment, nuclear power station, space flight)* • Risikoanalyse *f*
risk assessment *<tech.gen> (e.g. of new technologies)* • Gefährdungsabschätzung *f*; Risikobewertung *f*
risk of injury *<safe>* • Verletzungsrisiko *n*
river *<geo>* • Fluss *m*; Abflussgerinne *n wiss*
river *<geo.hydr> (big; e.g. the Mississippi, Amazon)* • Strom *m*
river bank *<build> (a slope immediately bordering a stream)* • Uferböschung *f*
river bed *<geo>* • Flussbett *n*; Strombett *n*
river cruise vessel *<nav>* • Flusskreuzfahrtschiff *n*
river dredge *<nav.convey>* • Flussbagger *m*
river engineering *<build>* • Flussbau *m*
river ferry *<nav>* • Flussfähre *f*
river navigation *<nav>* • Flussschifffahrt *f*
rivet *<join> (e.g. approx. 3 million rivets on each Boeing 747)* • Niet *m DIN 101*
rivet *vt <join>* • nieten *vt*; vernieten *vt rar*
rivet body *<join> (of pop rivet; hollow)* • Niethülse *f*
riveted *US <join>* • genietet; vernietet *ugs.rar*
riveted joint *US <join>* • genietete Verbindung *f*
riveted-on *<join>* • aufgenietet
riveter *<join.tool>* • Nietzange *f*; Nietpistole *f*
rivet expeller *<join.tool> (for drive chains; e.g. of bikes)* • Nietendrücker *m*
rivet head *<join> (gen.)* • Nietkopf *m*
riveting *<join>* • Nieten *n*
riveting hammer *<tool>* • Niethammer *m*
rivet joint *<join>* • Nietverbindung *f*
rivet pitch *<join>* • Nietabstand *m*; Nietteilung *f*
rivet shank *<join>* • Nietschaft *m*
rivet to *vt <join>* • annieten *vt*
rivet tool *<join.tool>* • Nietwerkzeug *n*
road *<traff>* • Straße *f*
road asphalt *US <build.mat> (for pavement)* • Straßenbaubitumen *n DIN 1995-3*; Heißbitumen *n DIN EN 12591*
road atlas *<mvhcl.navig>* • Autoatlas *m*
roadbed *<railw> (track bedding of streetcars)* • Bahnkörper *m*
road-bed *<build.traff> (of road, hwy)* • Unterbau *m*; Dammschüttung *f*
roadbed excavation *<build>* • Auskoffern *n*; Auskofferung *f*
road bump *<traff>* • Bodenwelle *f*
road conditions *pl <build.traff>* • Straßenverhältnisse *npl*; Straßenzustand *m*; Fahrbahnverhältnisse *fpl*
road construction *<build.traff> (part of transportation engineering)* • Straßenbau *m*; Wegebau *m*

road damage *<traff>* • Fahrbahnschäden *mpl*; Straßenschäden *mpl*

road dip *<traff>* • Bodenwelle *f*

road embankment *<build.traff> (fill material constructed to carry a traffic facility)* • Damm *m*; Auftrag *m*; Aufschüttung *f*; Straßendamm *m*

road engineering *<build>* • Straßenbautechnik *f*

road feel *:V <mvhcl>* • Fahrbahnkontakt *m*

road finisher *<build.mach>* • Deckenfertiger *m*; Straßenfertiger *m*; Fertiger *m*

road holding *<mvhcl> (driving properties)* • Fahreigenschaften *fpl*

road holding *<mvhcl> (of a vehicle)* • Straßenlage *f*

road improvement *<build.traff>* • Straßenausbau *m*

road-making machine *<build.mach>* • Straßenbaumaschine *f*

road metal *<build.mat.traff>* • Straßenschotter *m*; Schotter *m prakt*

road salt vehicle *<comvhcl>* • Streufahrzeug *n*

roadside ditch *<build>* • Straßengraben *m*

roadside emergency *<traff>* • Autopanne *f*

road speed *<mvhcl> (stress on: actual driving speed; e.g. 65 mph)* • Fahrgeschwindigkeit *f*; Fahrzeuggeschwindigkeit *f form*; Geschwindigkeit *f prakt.ugs*

road spray *<traff>* • Spritzwasser *n*; Sprühfahne *f*

road surface *<traff>* • Fahrbahn *f*

road tanker *<comvhcl>* • Tankfahrzeug *n*

road vehicle *<mvhcl> (as opp. to off--road vehicles)* • Straßenfahrzeug *n DIN 70010*

roadway *US <build.traff>* • Fahrbahn *f*; Richtungsfahrbahn *f*

roadway marking *<traff>* • Fahrbahnmarkierung *f*; Straßenmarkierung *f*

roadworks *pl <build.traff>* • Baustelle *f*; Straßenbaustelle *f*

road works *pl <build.traff>* • Straßenarbeiten *fpl*; Straßenbauarbeiten *fpl*

roadworthy *<mvhcl> (e.g. tuned car)* • straßentauglich

roadworthy *<vhcl> (vehicle)* • fahrtüchtig

roar *vi <acoust> (e.g. jet engines)* • dröhnen *vi*; brüllen *vt*

roasting plant *<proc> (gen.)* • Röstanlage *f*

robot *<autom> (gen.; e.g. household ~, industrial ~)* • Roboter *m*

robot assembly *<autom> (of components; e.g. loading of printed circuit boards)* • Roboterbestückung *f*

robot content *<autom>* • Roboterbestückung *f*

robust *<tech.gen> (material, construction)* • robust; stabil

rock *<build.mat> (as building material or foundation)* • Fels *m*; Festgestein *n*

rock *<geo.min>* • Gestein *n*

rock *vt <mvhcl> (car; e.g. to set it free)* • aufschaukeln *vt*

rock crusher *<min.tool>* • Gesteinsbrecher *m*; Brechanlage *f*; Brecheranlage *f*; Brecher *m*; Steinbrecher *m*

rock crystal *<min> (colorless variety of quartz)* • Bergkristall *m*; Deutscher Diamant *m prakt*; Böhmischer Diamant *m prakt*; Arkansas-Diamant *m prakt*; Mexikanischer Diamant *m prakt*

rock cutting saw *<build.tool> (typ. in a quarry; usu. a frame or wire saw; e.g. for marble, granite)* • Steinsäge *f*

rock drill *<tool>* • Gesteinsbohrer *m DIN 20302*; Felsbohrer *m*

rocker *<el> (in switch)* • Wippe *f*

rocker arm *<mech.eng> (of shaping machine)* • Kurbelschwinge *f*

rocker arm *ISO 7967-3 <mot> (valve control)* • Kipphebel *m DIN ISO 7967-3*

rocker switch *<el>* • Wippschalter *m*

rocket *<aerosp> (gen.; e.g. for pyrotechnic effect, signaling, transport)* • Rakete *f*

rocket-assisted take-off *<aerosp>* • Raketenstart *m*

rocket blast *<aerosp>* • Flammenstrahl *m*

rocket body *<aerosp> (without head and wings)* • Raketenrumpf *m*; Raketenkörper *m*

rocket chamber *<aerosp>* • Raketenkammer *f*
rocket-driven aircraft *<aerosp>* • Raketenflugzeug *n*
rocket engine *<aerosp>* • Raketenmotor *m*
rocket engineering *<aerosp>* • Raketentechnik *f*
rocket fuel *<aerosp>* • Raketentreibstoff *m*; Raketenbrennstoff *m*
rocket head *<aerosp>* • Raketenkopf *m*; Kopfteil *n*
rocket instrumentation *<aerosp>* • Rateninstrumentierung *f*
rocket launch *<aerosp>* • Raketenstart *m*
rocket launcher *<mil>* • Raketenwerfer *m*
rocket launcher rail *<aerosp>* • Startschiene *f*
rocket launching site *<aerosp>* • Raketenstartbasis *f*; Raketenstartplatz *m*
rocket payload *<aerosp>* • Raketennutzlast *f*
rocket-propelled *<aerosp>* • raketengetrieben
rocket-propelling charge *<aerosp>* • Raketentreibsatz *m*
rocket propulsion *<aerosp>* • Raketenantrieb *m*
rocket propulsion engine *<aerosp>* • Raketentriebwerk *n*
rocket stabilization *<aerosp>* • Raketenstabilisierung *f*
rocket stage *<aerosp>* • Raketenstufe *f*
rocket trajectory *<aerosp>* • Raketenflugbahn *f*
rocket wing *<aerosp>* • Raketenflügel *m*
rock fill *<build> (embankment)* • Steinschüttung *f*; Steinpackung *f*
rock formation *<geo>* • Gesteinsformation *f*; zusammengehöriger Gesteinsverband *m*
rock foundation *<build>* • Felsgründung *f*
rocking *<mech.eng> (of a machine part)* • Schwingung *f*
rocking *<mvhcl> (motion to free a vehicle stuck in snow, sand, or mud)* • Aufschaukeln *n*
rocking motion *<tech.gen>* • Schaukelbewegung *f*
rocking motion *<tech.gen>* • Schwingbewegung *f*
rocklouse *:V <bio> (petrophaga lorioti)* • Steinlaus *f*
rock mechanics *<geo>* • Gebirgsmechanik *f*
rock pressure *<geo> (roof pressure in a mine, tunnel)* • Gebirgsdruck *m*
rock pressure burst *<min>* • Gebirgsschlag *m*
rock salt *<chem>* • Steinsalz *n*
rock stratum *<geo>* • Gesteinsschicht *f*
Rockwell hardness *<qualit.mat>* • Rockwellhärte *f*
Rockwell hardness test[ing] *ISO 6508 <qualit.mat>* • Härteprüfung nach Rockwell *f* (HR) *DIN EN ISO 6508*; Rockwell-Härteprüfung *f*; Rockwell-Prüfverfahren *n*
rod *<tech.gen> (solid, round)* • Stab *m*; Stange *f ugs*
rod *<join.mat> (welding)* • Draht *m*
rodent repellent *<bio>* • Abschreckmittel gegen Nagetiere *n*
rod pulling *<petr>* • Ausfahren des Bohrgestänges *n*; Gestängeziehen *n*
rod-shaped *<tech.gen>* • stabförmig
roentgen (R) *obs <nucl> (obsolete unit of ionizing-radiation state)* • Röntgen *n* (R) *obs*
rogue wave *<nav> (more than 75 ft high)* • Riesenwelle *f*; Monsterwelle *f ugs*; Kaventsmann *m jarg*
roll *<autom> (end effector motion about z axis)* • Drehen *n*; Rollen *n*; Rollbewegung *f*
roll *<vhcl> (about longitudinal axis; in curves)* • Kurvenneigung *f*
roll *vi <tech.gen>* • rollen *vi*
roll *vi <aerosp> (rotation about the longitudinal axis)* • rollen *vi*
roll *vi <mech.eng> (gears)* • abwälzen *vr*
roll *vi <nav>* • schlingern *vi*
roll *vt <tech.gen> (wrap around an axis; e.g. paper, sheet metal, strip)* • aufrollen *vt*; aufwickeln *vt ugs*
roll *vt <metal> (plate, sheet, strip, shapes)* • walzen *vt*
roll angle *<vhcl> (e.g. in turns)* • Querneigungswinkel *m*
roll angle *<vhcl> (bike)* • Schräglagewinkel *m*;

Neigungswinkel *m*

roll angle *<vhcl> (e.g. of a car body)* • Wankwinkel *m*; Seitenneigung *f prakt*

rollator *<med.tech> (three- or four--wheeled, with or without basket)* • Gehhilfe *f*; Rollator *m*

roll axis *<aerosp>* • Flugzeuglängsachse *f*

roll axis *<aerosp> (longitudinal axis of an aircraft)* • Rollachse *f*

roll cladding *<srfc>* • Walzplattieren *n*

roll coating *<srfc> (chemical conversion coating)* • Roll-Coat-Verfahren *n*

roll damping *<nav>* • Schlingerdämpfung *f*

rolled gold *<garm.metal>* • Dublee *n*; Doublé *n*; Walzgold *n*

rolled plate *<metal>* • Walzblech *n*

rolled section *<metal> (usu. steel)* • Walzprofil *n*

rolled sheet *<metal>* • Walzblech *n*

rolled steel section *<metal>* • Walzstahlprofil *n*

roller *<tech.gen> (wheel or pulley, usually idle)* • Laufrolle *f*

roller *<tech.gen> (anything with a relatively small diameter that rolls)* • Rolle *f*

roller *<tech.gen> (rotating cylinder)* • Walze *f*

roller *<build.mach> (for lawns, pavement etc.)* • Walze *f*

roller *ISO 5593 <mech.eng> (non--spherical rolling element in roller bearings)* • Rolle *f DIN ISO 5593*

roller *<metal> (in rolling mill)* • Walze *f*

roller *<print> (for various functions; e.g. wetting, inking)* • Walze *f*

roller bearing *ISO 5593 <mech.eng> (bearing with non-spherical rolling elements; e.g. needles)* • Rollenlager *n DIN ISO 5593*

roller blind *<int>* • Springrollo *n*; Rollo *n*

roller breaker *<prod> (a gyratory breaker; e.g. for coal)* • Walzenbrecher *m*

roller brush *<hygi.tool> (on sweepers)* • Walzenbürste *f*

roller cage *<mech.eng> (roller bearings)* • Rollenkäfig *m*; Walzenkäfig *m*

roller chain *<mech.eng> (American type resp. European type)* • Rollenkette *f DIN 8187,8188*

roller-coat *vt <prod>* • aufwalzen *vt*

roller conveyor *<convey>* • Rollenbahn *f DIN 15201*; Rollenförderer *m*

roller drum gate *<build.hydr>* • Walzenwehr *n*; Walze *f DIN 4048*

roller idler *<convey>* • Bandrolle *f*

roller thrust bearing *<mech.eng>* • Axialrollenlager *n*

roller vane pump *<convey>* • Rollenzellenpumpe *f*

roll film *<phot>* • Rollfilm *m*

rollfilm camera *<phot>* • Mittelformatkamera *f*

roll forging *<prod>* • Reckwalzen *n*

roll forming *<prod> (e.g. of structural steel shapes)* • Walzprofilieren *n*

roll groove *<metal> (free cross--sectional area between rolls)* • Walzenkaliber *n*

rolling *<gen>* • rollend

rolling *<metal>* • Walzen *n DIN 8583-2*

rolling bearing *<mech.eng> (e.g. a ball bearing)* • Wälzlager *n*

rolling element *<mech.eng> (in bearings; e.g. a ball, needle)* • Wälzkörper *m*

rolling mill *<metal>* • Walzwerk *n*

rolling resistance *<tech.gen> (e.g. of tires)* • Rollwiderstand *m*; Abrollwiderstand *m*

rolling resistance *<mvhcl> (of a vehicle)* • Fahrwiderstand *m prakt*

rolling stock *<railw>* • rollendes Material *nsg*; Wagenmaterial *nsg*; Rollmaterial *nsg CH*

roll of film *<phot>* • Filmstreifen *m*; Streifen *m*

roll out *vt <tech.gen> (e.g. extension cord, carpet)* • ausrollen *vt*

roll out *vt <prod>* • auswalzen *vt*

rollover *<mvhcl> (accident, of a vehicle)* • Überschlag *m*; Überschlagen *n*

roll-over protection system (RPS) *<vhcl> (of cars, cabs)* • Überrollschutz *m*; Überrollschutzsystem *n*

roll pin *<join>* • Spannstift *m DIN 1481*; Spannhülse *f*

roll spot welding *<join>* • Rollenpunktschweißen *n*

ro-lo vessel *<nav>* • Ro/Lo-Schiff *n*

Roman blind *<int>* • Faltrollo *n*

roman clay tile *<build.mat>* • Römerziegel *m*; Römerpfanne *f*

romanized form *<term>* • latinisierte Schreibweise *f*

romanized form *ISO 12620 <term>* • romanisierte Form *f*

roman type *<print> (in contrast to sans serif typefaces)* • Antiqua *f*; serifennormale Schrift *f*

roof *<tech.gen> (of houses, buildings, vehicles etc.)* • Dach *n*

roof *<proc> (of large cabinets, filter housings etc.)* • Decke *f*

roof *vt <build> (e.g. with tiles, corrugated sheet, roofing felt)* • decken *vt*; eindecken *vt*

roof antenna *<tele> (gen.; e.g. on a house, car)* • Dachantenne *f*

roof batten *<build.wood>* • Dachlatte *f*

roof beam *<build>* • Dachbalken *m*

roof construction *<build> (type)* • Dachkonstruktion *f*

roofed wicker beach chair *<gen>* • Strandkorb *m*

roofing *<build> (over building structures)* • Überdachung *f*

roofing membrane *<build>* • Dachabdichtung *f DIN 18531*; Dachdichtung *f*; Abdichtung *f*

roofing shingle *<build.mat> (thin piece of wood, slate, metal, asbestos etc.)* • Dachschindel *f*; Schindel *f ugs*

roof liner *<mvhcl.int>* • Dachhimmel *m*

roof load *<tech.gen> (on houses, buildings, vehicles)* • Dachlast *f*

roof-mount *<build> (e.g. antenna, satellite dish, solar collector)* • Dachmontage *f*; Dachaufständerung *f rar*; Dachaufstellung *f*

roof-mounted system *<energ.sol>* • Aufdachanlage *f*

roof overhang *<build>* • Dachüberstand *m*

roof perimeter *<build>* • Abschluss *m DIN 18531*

roof prism *<tech.gen>* • Dachprisma *n*

roof rafter *<build>* • Dachsparren *m*; Sparren *m prakt*

roof rail *<mvhcl> (connects A, B and C pillars)* • Dachholm *m*; Dachrahmen *m*

roof rails *pl <mvhcl>* • Dachreling *f*; Dachgalerie *f rar*

roof structure *<build>* • Dachkonstruktion *f*; Dachtragwerk *n*; Dachtragsystem *n*

roof tile *<build.mat> (typ. burnt clay)* • Dachziegel *m DIN 456*; Ziegel *m ugs*

rooftop collector *<energ.sol>* • Dachkollektor *m*

roof window *coll <build> (in any kind of roof)* • Dachfenster *n ugs*

room air conditioner *<hvac> (thru-the--wall or window installation, or mobile unit)* • Klimagerät *n*

room air-conditioner *<hvac>* • Raumklimagerät *n*

room lighting *<light>* • Raumbeleuchtung *f*; Zimmerbeleuchtung *f*

roomy *<build> (e.g. flat, office, living room)* • geräumig

roomy *<vhcl> (interior, passenger cabin)* • geräumig

roomy *<vhcl> (luggage compartment, trunk)* • geräumig

root *<mech.eng> (thread)* • Grund *m*

root diameter *<mech.eng> (the largest diameter of an internal thread)* • Außendurchmesser *m*; Gewindeaußendurchmesser *m*; Gewindedurchmesser *m*; Nenndurchmesser *m ISO*; Gewindenenndurchmesser *m*

root diameter *<mech.eng> (at the thread root; the smallest diameter of an external thread)* • Kerndurchmesser *m*; Gewindekerndurchmesser *m*

root-mean-square value *<tech.gen> (of a periodically varying quantity; e.g. of voltage)* • Effektivwert *m*; quadratisches Mittel *n prakt.ugs*; RMS-Wert *m prakt.ugs*; quadratischer Mittelwert *m*

root penetration *<join> (welding)* • Wurzeleinbrand *m*

root penetration damage *<build.hydr> (e.g. of sewage ducts)* • Wurzelschaden *m*

root-resistant *<build> (e.g. roofing felt)* • durchwurzelungsfest

Roots blower *<tech.gen>* • Rootsgebläse *n*; Wälzkolbengebläse *n rar*

rope *<tech.gen> (of textile fibers or metal strands, thin or thick, rather flexible)* • Seil *n*

rope *<tech.gen> (of textile fibers or metal strands, thick, heavy)* • Tau *n*

rope bridge *<build> (primitive suspension bridge made of ropes and floor boards)* • Hängebrücke *f*; Hängeseilbrücke *f*; Hängesteg *m*;

Seilbrücke *f*

rope lay *<mech.eng> (e.g. long-lay, regular-lay)* • Seilschlag *m*

rope's end *<nav> (the end of a rope or hawser)* • Tampen *m*; Tamp *m*

ro-ro ship *<nav>* • Ro/Ro-Schiff *n*; Ro--Ro-Schiff *n*; Ro/Ro-Frachtschiff *n*; Roll-on/Roll-off-Schiff *n*

rosin *<mat.mus> (for string instruments)* • Kolophonium *n*; Geigenharz *n*

rosin flux *<join> (for soldering)* • Kolophoniumflussmittel *n*

rosin oil *<chem>* • Terpentinharzöl *n*

rot *<build> (fungal decay etc., in walls)* • Schwamm *m*

rot *vi <chem>* • faulen *vi*

rotary *<tech.gen> (system)* • rotatorisch

rotary actuator *<i&c> (e.g. for valves; as opp. to linear types)* • Dreh--Stellantrieb *m*; Dreh-Stellglied *n*; Drehantrieb *m*

rotary blower *<mech.eng>* • Drehkolbengebläse *n*

rotary brush *<tech.gen> (e.g. of tool, tooth brush)* • rotierende Bürste *f*

rotary control *<i&c> (usu. with several positions)* • Drehschalter *m*

rotary crane *<build.mach>* • Drehkran *m*; Schwenkkran *m*

rotary cutter *<tech.gen>* • Schneidrad *n*

rotary drill *<petr>* • Rotarybohrgerät *n*

rotary kiln *<comb> (gen.; e.g. for waste incineration, cement production)* • Drehrohrofen *m*; Drehtrommelofen *m rar*; Drehofen *m rar*

rotary kiln incinerator *<comb.waste> (for hazardous waste)* • Drehrohrofen *m*; Drehtrommelofen *m*

rotary milking parlor *US <agri.tech>* • Melkkarussell *n*; Karussellmelkstand *m*

rotary motion *<phys> (gen.)* • Drehbewegung *f*; drehende Bewegung *f*; Rotationsbewegung *f*

rotary piston *<mech.eng> (gen.)* • Drehkolben *m*

rotary piston engine *<mvhcl.mot> (e.g. on some Mazdas)* • Kreiskolbenmotor *m* (KKM); Rotationskolbenmotor *m*; Drehkolbenmotor *m*; Wankelmotor *m ugs*; Umlaufmotor *m rar*

rotary potentiometer *<i&c> (voltage divider)* • Drehpotentiometer *n*; Drehregler *m ugs*

rotary printing *<print>* • Rotationsdruck *m DIN 16500/2*

rotary pump *<convey> (fluid-dynamic type; high flow rate)* • Kreiselpumpe *f DIN EN 12262*

rotary shaft lip seal *<mech.eng>* • Radialwellendichtring *m* (RWDR); Simmerring *m* ™

rotary snow plough *<traff>* • Schneefräse *f*

rotary sprinkler *<agri> (for irrigation, any type; e.g. for gardens)* • Kreisregner *m*

rotary stage *<mach.tool>* • Drehtisch *m*

rotary switch *<i&c> (usu. an ON/OFF switch)* • Drehschalter *m*

rotary table *<tech.gen>* • Drehtisch *m*; Drehscheibe *f rar*

rotary-wing aircraft *<aerosp> (e.g. helicopter)* • Drehflügelflugzeug *n*; Drehflügler *m*

rotatable *<tech.gen>* • schwenkbar

rotate *vi <tech.gen> (turn fast; e.g. disk drives)* • rotieren *vi*; drehen *vr*

rotate *vi <mech.eng> (by more than 360 deg, with any speed; e.g. drive shafts)* • drehen *vr*; rotieren *vi*; umlaufen *vi rar*

rotate *vi/vt <tech.gen> (swivel, usu. rather slowly)* • schwenken *vi/vt*

rotate *vt <tech.gen> (any object; e.g. control knob, shaft)* • drehen *vt*

rotate *vt <comp> (computer graphics; turn an object; e.g. by 90 deg)* • drehen *vt*; rotieren *vt rar*

rotate clockwise *vi <tech.gen> (e.g. clock hand)* • drehen *vr*: im Uhrzeigersinn ~; Uhrzeigersinn *n*: im ~ drehen *vr*; rechtsherum drehen *vr*

rotate clockwise *vt <tech.gen> (e.g. control knob)* • drehen *vt*: im Uhrzeigersinn ~; Uhrzeigersinn *n*: im ~ drehen *vt*; rechtsherum drehen *vt*

rotate counterclockwise *vi <tech.gen> (e.g. a shaft)* • Gegenuhrzeigersinn *m*: im ~ drehen *vr*; drehen *vr*: im Gegenuhrzeigersinn ~; drehen *vr*: gegen den Uhrzeigersinn ~; linksherum drehen *vr*; drehen *vr*: nach links ~

rotate counterclockwise *vt <tech.gen> (e.g. a control knob)* • Gegenuhrzeigersinn *m*: im ~ drehen *vt*; drehen *vt*: im Gegenuhrzeigersinn

~; drehen *vt*: gegen den Uhrzeigersinn ~; linksherum drehen *vt*; drehen *vt*: nach links ~

rotate freely *vi* <tech.gen> • lose laufen *vi*

rotating base <mech.eng> *(e.g. of robot)* • Drehgestell *n*

rotating beacon light <aerosp.light> *(exterior lighting)* • Drehwarnlicht *n*

rotating bezel <mech> *(on watches)* • drehbare Lünette *f*

rotating-cup anemometer <meteo> • Flügelradanemometer *n*

rotating drum <proc> • Drehtrommel *f*

rotating part <tech.gen> • Rotationsteil *n*

rotating screw compressor <mech.eng> *(e.g. for refrigerant of heat pumps)* • Schraubenverdichter *m*; Schraubenkompressor *m*; Schneckenverdichter *m*

rotation <tech.gen> *(of any object; e.g. of a control knob, shaft)* • Drehung *f*

rotation <mech.eng> *(by more than 360 deg, with any speed; e.g. drive shafts)* • Drehung *f*; Rotation *f*

rotational <tech.gen> *(axis)* • rotatorisch

rotationally symmetric <math> • rotationssymmetrisch; drehsymmetrisch

rotational motion <gen> • Rotationsbewegung *f*

rotation axis <tech.gen> *(a straight line about which sth. rotates or may be supposed to rotate)* • Rotationsachse *f*; Drehachse *f*

rotation effect <tech.gen> • Rotationseffekt *m*

roto handle <build> *(of windows)* • Fensterkurbel *f*; Handkurbel *f*; Drehkurbel *f*; Kurbelgriff *m*; Kurbel *f ugs*

rotor <tech.gen> *(rotating component in general)* • Rotor *m*; Läufer *m*

rotor <aerosp> *(helicopter)* • Drehflügel *m*; Rotor *m*

rotor <el> *(of a DC or AC generator; as op. to stator)* • Läufer *m*; Generatorläufer *m*; Rotor *m rar*

rotor <energ.wind> • Rotor *m*; Windrad *n obs*; Windturbine *f rar*

rotor <i&c> *(pulse tachometer)* • Polrad *n*

rotor <mvhcl.el> *(in alternator)* • Klauenpolläufer *m*; Läufer mit Klauenpolen *m*; Läufer *m prakt*

rotor area *IEV 415* <energ.wind> *(swept area as defined by the rotor)* • Rotorfläche *f IEV 415*; Rotorkreisfläche *f*

rotor blade <aerosp> *(helicopter)* • Rotorblatt *n*

rotor blade <mech.eng> • Laufradschaufel *f*

rotor diameter <energ.wind> • Rotordurchmesser *msg*

rotor gear <convey> *(of gear pump)* • Antriebsrad *n*; Hauptrad *n*; antreibendes Zahnrad *n did*

rotor plane <energ.wind> • Rotorebene *f*

rotor screw <convey> *(screw pump)* • Antriebsspindel *f*; Hauptspindel *f*

rotor speed *IEV 415* <energ.wind> • Rotordrehzahl *f IEV 415*

rotor-type pump <mvhcl.convey> *(oil pump)* • Rotorpumpe *f*; Eatonpumpe *f*; Kapselpumpe *f*; Drehkolbenpumpe *f*

rotor winding <el> • Läuferwicklung *f*

rot-proof <qualit> *(e.g. timber, fabric, thread)* • fäulnisfest; nichtfaulend; verrottungsbeständig

rotproofing <gen> • fäulnishemmend

rot-resistant <qualit.mat> • fäulnisbeständig

rottenness <mat> *(e.g. of wood, timber structures, fabrics)* • Fäulnis *f*

rough <bio> *(skin)* • spröde

rough <fin> *(estimate)* • grob

rough <prod> • grob

rough <srfc> • rau; rauh *obs*

rough <srfc> *(uneven, unprocessed)* • roh

rough *vt* <srfc> *(any material)* • aufrauen *vt*; rauen *vt*

rough diamond <mat> • Rohdiamant *m*

roughen *vt* <srfc> *(e.g. preparation for painting)* • anrauen *vt*; anrauhen *vt obs*

roughing <prod> • Schruppen *n*

roughing-down <metal> *(rolling mill)* • Grobwalzen *n*; Streckung *f*

roughing mill <metal> • Halbzeugstraße *f*; Vorwalzwerk *n*

roughing tool <tool> *(turning)* • Schruppmeißel *m DIN 4951-4152*

rough-machine *vt* <prod> • schruppen *vt*; grob bearbeiten *vt*; vorschneiden

vt; ausschruppen *vt*
rough machining *<prod>* • Grobbearbeitung *f*
rough size *<tech.gen>* • Rohmaß *n*
round *<mil> (of ammunition, or shot)* • Schuss *m*
round *vt <math> (down; e.g. from 2.12 to 2.1 or 2.0; typ. to next lowest multiple of 5)* • abrunden *vt*
round *vt <math> (usu. to the next highest multiple of 5)* • aufrunden *vt*; runden *vt ugs*
round corner *<tech.gen> (inside or outside; e.g. a radiused chamfer or fillet)* • Ausrundung *f*
rounded *<math> (number)* • gerundet
rounded edge *<tech.gen>* • abgerundete Kante *f*
rounded end *<join>* • Linsenkuppe *f*
rounded-off *<math>* • abgerundet
round-ended *<tech.gen>* • rundstirnig
round file *<tool> (for metal shaping)* • Rundfeile *f DIN 7261 F*; runde Werkstattfeile *f norm*; Werkstatt--Rundfeile *f*
round head *<join> (approx. half--spherical)* • Halbrundkopf *m DIN ISO 1891*
round head *<join> (of screws, bolts and rivets)* • Rundkopf *m*
round head screw *<join> (with cup head or mushroom head)* • Rundkopfschraube *f*
rounding *<tech.gen> (making sth. round)* • Rundung *f*; Abrundung *f*
rounding *<math> (e.g. from 1.89 to 1.9 or 2.0)* • Rundung *f*; Aufrundung *f ugs*
rounding error *<math>* • Rundungsfehler *m*
rounding-off *<math> (of figures, results)* • Abrundung *f*
round key *<join> (cylindrical, looks like a pin; e.g. on shaft)* • Zylinderstift *m*
round log *<wood>* • Rundholz *n*
roundness *<tech.gen>* • Rundung *f*
round off *vt <gen>* • runden *vt*
round off *vt <prod>* • arrondieren *vt*
round turn *<nav> (knot)* • Rundtörn *m*
rout *vt <prod> (hollow out or furrow; e.g. groove, recess)* • ausarbeiten *vt*
rout *vt <prod> (to hollow or furrow, with a gouge or equivalent tool)* • ausschneiden *vt*; herausschneiden *vt*
route *<navig> (from A to B)* • Strecke *f*; Route *f*
route planning *<navig>* • Routenplanung *f*
router *<comp> (forwards traffic between networks, translates protocols)* • Router *m*
router *<tool> (round base, oscillating; for grinding/sanding/polishing)* • Tellerschleifer *m*; Exzenterschleifer *m*; Flächenschleifer *m*
routine monitoring *<tech.gen>* • routinemäßige Überwachung *f*
routing *<tech.gen> (of pipes, cables)* • Leitungsverlauf *m*; Leitungsführung *f*
routing *<tech.gen> (actual location of pipe, cable, ductwork)* • Verlauf *m*; Führung *f*; Trassierung *f*; Verlegung *f*
routing *<pps>* • Führung *f*; Leitungsführung *f*
roving *<textil> (spinning mill; fine)* • Lunte *f*; Vorgespinst *n*
rub *vi <tech.gen>* • reiben *vi*
rub *vi <prod>* • schleifen *vi*
rub *vt <textil>* • nitscheln *vt*
rubber *<mat> (vulcanized; soft or hard rubber)* • Gummi *m*; Gummi *n rar*
rubber *<mat> (raw rubber prior to vulcanization)* • Kautschuk *m*
rubber antenna *US <mvhcl>* • flexible Kurzstabantenne *f form*; Gummiantenne *f ugs.prakt*
rubber boot *<tech.gen> (gen.)* • Gummikappe *f*
rubber buffer *<plast>* • Gummipuffer *m*
rubber bushing *<tech.gen> (in a bore)* • Gummibuchse *f*
rubber cement *<join>* • Gummilösung *f*; Gummikleber *m ugs*; Gummiklebstoff *m ugs*; Kautschukklebstoff *m rar*; Kleber für Gummi *m rar*
rubber-coat *vt <srfc>* • Gummi *m*: mit ~ beschichten *vt*; beschichten *vt*: mit Gummi ~
rubber-coated *<srfc>* • gummiert; gummibeschichtet
rubber-coated fabric *<textil>* • gummiertes Gewebe *n*
rubber coating *<prod>* • Gummierung *f*; Gummischicht *f*
rubber compound *<prod> (gen., and of tires)* • Gummimischung *f*
rubber-covered roll *<print>* • gummierte Walze *f*; Gummiwalze *f*
rubber grommet *<el> (for wire and*

cable penetrations through metal panels) • Gummitülle *f*; Durchgangstülle *f*; Schutztülle *f*; Schutzmanschette *f*; Durchführung *f rar*

rubber hose *<pps>* • Gummischlauch *m*; Elastomerschlauch *m*

rubberize *vt <srfc>* • gummieren *vt*

rubber latex *<mat>* • Kautschuklatex *m*

rubber-lined *<srfc> (e.g. tank)* • gummiert; gummibeschichtet

rubber-lined pump *<proc>* • gummierte Pumpe *f*; Pumpe mit Schutzgummierung *f*

rubber lining *<srfc> (of inside surfaces; e.g. in tanks, pipes, pumps)* • Gummierung *f*; Gummiauskleidung *f*

rubber magnet *<mat>* • Magnetgummi *n*

rubber mallet *<tool>* • Gummihammer *m*; Gummikompositionshammer *m form.rar*

rubber mat *<tech.gen> (e.g. as stable mat)* • Gummimatte *f*

rubber modified *<plast>* • zähmodifiziert; gummimodifiziert

rubber modified *<plast.qualit> (e.g. power tool casings)* • schlagzäh modifiziert

rubber roll *<tech.gen>* • Gummiwalze *f*

rubber seal *<tech.gen>* • Gummidichtung *f*

rubber sealing ring *<tech.gen>* • Gummidichtring *m*

rubber sheet *<tech.gen> (heavy gauge, flexible)* • Gummimatte *f*

rubber sole *<garm> (shoe)* • Gummisohle *f*

rubber-sprung *<mech.eng>* • gummigefedert

rubber stop *<tech.gen>* • Gummianschlag *m*

rubber tubing *<pps>* • Gummischlauch *m*; Elastomerschlauch *m*

rubbery *<mat> (looks, feel)* • gummiartig; kautschukartig

rubble and debris *<mat> (e.g. of a collapsed building)* • Schutt und Trümmer

rub down *vt <srfc>* • abreiben *vt*

rubidium (Rb) *<chem>* • Rubidium *n* (Rb)

rubidium-strontium method of dating *<phys>* • Altersbestimmung nach der Rubidium-Strontium-Methode *f*

rub off *vt <srfc> (e.g. stains, dirt on surface)* • abreiben *vt*

ruby *<min> (red variety of corundum)* • Rubin *m*

rudder *<aerosp> (control surface; rotates the airplane around vertical axis; yaw)* • Seitenruder *n*

rudder *<nav> (steering plate in water, at rear of boat, ship)* • Ruder *n*; Steuerruder *n*

rudder blade *<nav>* • Ruderblatt *n*

ruffled pocket *<mvhcl.int>* • Pompadourtasche *f*; Ablagefach in der Rückenlehne der Frontsitze *n*

rugged *US <tech.gen> (design, construction; e.g. body)* • robust; widerstandsfähig; unempfindlich

rugged *<srfc> (ground, surface)* • holprig

ruggedized enclosure *US.GB <tech.gen>* • robustes Gehäuse *n*

rule *<math>* • Regel *f*

rule of thumb *<gen>* • Faustregel *f*

ruler *<tool> (strip of wood, metal, plastic with straight edge; typ. marked with sca)* • Lineal *n*

run *<nav> (sailing course ahead of the wind)* • Vorwindkurs *m*; Kurs vor dem Wind *m*

run *<prod> (machine operation, production step)* • Durchgang *m*; Durchlauf *m*

run *<srfc.qualit> (local painting defect)* • Nase *f*

run *vi <tech.gen> (e.g. plant, system, machine, engine)* • arbeiten *vi*; laufen *vi*

run *vi <tech.gen> (bus, train from A to B)* • fahren *vi*

run *vi <tech.gen> (flow rapidly or under pressure; e.g. water)* • laufen *vi*

run *vi <tech.gen> (to operate; shaft, engine, pump, generator)* • laufen *vi*

run *vt <i&c> (a survey, measurements, tests)* • fahren *vt*

run *vt <jur> (e.g. enterprise)* • führen *vt*

runaway *<tech.gen> (uncontrolled; e.g. of processes, reactions)* • Durchgehen *n*

rung *<build> (of a ladder)* • Sprosse *f*

run idle *vi <tech.gen>* • leer laufen *vi*; Leerlauf *m*: im ~ laufen *vi*

runner *<bio> (of a plant)* • Ausläufer *m*

runner *<build.int> (a single horizontal wood framing member)* • Latte *f*

runner *<plast> (in injection mold; between sprue and cavity)* • Verteilerkanal *m*; Verteiler *m*

runner *<sport> (of sleds)* • Kufe *f*

runner *ISO 2424 <textil> (oblong carpet)* • Läufer *m DIN ISO 2424*

runner blade *<energ.hydr> (of impulse and Francis turbines)* • Laufschaufel *f*; Laufradschaufel *f*

runner blade *<turb> (Kaplan turbine)* • Flügel *m*

runnerless mold *<plast>* • angussloses Werkzeug *n*

runnerless molding *<plast>* • angussloses Spritzgießen *n*

runner vane *<turb>* • Laufradschaufel *f*

running *<prod> (of a system etc. by an operator; e.g. of a machine)* • Bedienung *f*

running characteristics *<mvhcl.mot> (of an engine)* • Laufkultur *f*

running gear *<tech.gen> (for heavy objects; e.g. gas cylinder, compressor)* • Fahrgestell *n*

running gear *<mvhcl> (stress on: frame structure; e.g. of cars)* • Fahrgestell *n*; Chassis *n prakt*; Rahmen *m ugs*; Chassisrahmen *m rar*

running gear *<railw> (of railway engines etc.)* • Laufwerk *n DIN 25602*

running-in period *<mech.eng> (e.g. of transmissions, engines)* • Einlaufzeit *f*

running-in phase *<tech.gen> (e.g. vehicle, engine, system, biological filter, pavement)* • Einfahrphase *f*; Einfahrzeit *f*

running maintenance *<tech.gen>* • laufende Wartung *f*

running noise *<tech.gen> (gen.; e.g. of motors, engines, disk drives)* • Laufgeräusch *n*

running order: in ~ *<tech.gen>* • lauffähig

running rigging *<nav>* • laufendes Gut *n*

running speed *<tech.gen>* • Laufgeschwindigkeit *f*

running speed *<traff> (of trains, road vehicles)* • Fahrgeschwindigkeit *f*

running text *<print>* • Fließtext *m*; Lauftext *m*; Mengentext *m*; laufender Text *m rar*

running time *<tech.gen> (e.g. of plants, machines)* • Laufzeit *f*

running time *<av> (e.g. of tape, CD)* • Spieldauer *f*; Spielzeit *f*

running water *<gen>* • fließendes Wasser *n*

run-off *<tech.gen> (hole, valve for gravity drainage; e.g. for water)* • Ablass *m*; Auslauf *m*

run off *vi <drive> (e.g. flat belt on pulley, paper chart on roller)* • seitlich wandern *vi*

run off *vi <textil> (thread)* • ablaufen *vi*; abrollen *vi ugs*

run-off area *<mvhcl.sport> (of racing course)* • Auslaufzone *f*

run-of-river plant *US <energ.hydr>* • Laufwasserkraftwerk *n*; Flusskraftwerk *n*; Laufkraftwerk *n rar*

run on *vi <mot>* • nachdieseln *vi*

run on *vi <vhcl> (type of fuel; e.g. gasoline, diesel)* • fahren mit *vi*

runout *<tech.gen> (causing imbalance/ wobble; e.g. of wheels, tires)* • Unrundheit *f*

run-out *ISO 1925 <mech.eng> (gen.; of rotating parts; e.g. wheels)* • Rundlauffehler *m DIN ISO 1925*

run-out *<mech.eng> (of a rotating part: rotor, wheel, shaft, drill bit, milling cutter)* • Schlag *m*

run-out version *<econ>* • Auslaufmodell *n*

run quietly *vi <tech.gen> (e.g. engine, machinery)* • geräuscharm laufen *vi*; ruhig laufen *vi*

run short *vi <logist> (warehouse inventory)* • ausgehen *vi*

run through *vt <tech.gen> (liquid, gas, workpiece; girder)* • durchlaufen *vt*

runtime license *<jur> (e.g. for programs)* • Laufzeit-Lizenz *f*

run-up time *<light> (of lamps, esp. of xenon, sodium type lamps)* • Anlaufzeit *f*; Einbrennvorgang *m*; Einbrennzeit *f*

run-up time *<mech.eng> (of a machine)* • Anlaufzeit *f*

runway (RWY) *<aerosp>* • Start- und Landebahn *f* (SLB); Landebahn *f prakt*; S/L-Bahn *f*; Piste *f ugs*; Runway *m rar*

runway turn-off and taxi light *<aerosp.light>* • Rollscheinwerfer *m*

rupture *<pps> (of piping, tubing)*

• Bruch *m*; Riss *m*
rupture *vi <tech.gen> (due to excessive tensile stress)* • abreißen *vi*
rupture *vi <tech.gen> (due to excessive tensile stress; e.g. cable, rope, tie-rod)* • reißen *vi*
ruptured *<tech.gen> (gen.; e.g. pipe, tube, hose, drive belt, accelerator cable)* • gerissen
rupture disk *US <mech.eng>* • Berstscheibe *f*; Sprengscheibe *f rar*
rural highway *US <traff>* • Landstraße *f*
rush airing *:V <hvac> (brief high-volume ventilation of rooms by opening several windows)* • Fenster--Stoßlüftung *f*; Stoßlüftung *f prakt*
rush hour *<traff> (city traffic)* • Hauptverkehrszeit *f*; verkehrsstarke Zeit *f form*; Rush-Hour *f ugs*; Spitzenverkehrszeit *f*
rust *ISO 8044 <srfc> (corrosion product of iron and steel)* • Rost *m DIN EN ISO 8044*; Eisenrost *m*; Eisenkorrosionsprodukt *n*
rust *vt <srfc> (cause to corrode; e.g. concrete reinforcement)* • korrodieren *vt*
rusted area *<srfc>* • angerosteter Bereich *m*
rust penetration *<metal> (of sheet steel)* • Durchrostung *f*; Rostdurchbruch *m ugs*
rust-proof *<mat>* • rostbeständig
rust spot *<srfc>* • Roststelle *f*
rust through *vi <metal> (iron and steel)* • durchrosten *vi*
ruthenium (Ru) *<chem>* • Ruthenium *n* (Ru)
rutherfordium (Rf) *<chem> (radioactive)* • Rutherfordium *n* (Rf); Unnilquadium *n obs*; Kurtschatovium *n*; Ku *russ*
rutted *<build.traff> (road pavement)* • ausgefahren

S

sack *<pack> (not textile; typ. of paper or plastic)* • Beutel *m*
sack *<pack> (big, sturdy; typ. textile or plastic)* • Sack *m DIN 55 405*
sack *vt <pack>* • absacken *vt*; einsacken *vt*; Säcke *mpl*: in ~ abfüllen *vt*
sacrificial anode *<srfc> (cathodic protection)* • Opferanode *f DIN EN ISO 8044*; Aktivanode *f*; selbstverzehrende Anode *f*
saddle *<geo> (rock strata inclining downward on both sides)* • Antiklinale *f*; Gewölbe *n*; Sattel *m*
saddle *<vhcl> (on bicycles and vintage motorcycles)* • Sattel *m*
saddle key *<join> (hollow version only)* • Hohlkeil *m DIN 6881*
safe *<gen> (free from injury, risk, harm, danger)* • sicher
safe *<tech.gen> (operation)* • betriebssicher
safe *<mil> (hand gun)* • gesichert
safeguard *<gen> (against something)* • Schutz *m*
safeguard *<tech.gen>* • Sicherheitseinrichtung *f*
safeguard *<safe> (provision, feature)* • Sicherung *f*
safeguard [feature] *<tech.gen>* • Schutzeinrichtung *f*; Sicherheitsvorkehrung *f*
safety *<tech.gen> (freedom from risk; of equipment, systems, plants, processes)* • Sicherheit *f*
safety *<mil> (gun part)* • Sicherung *f*
safety boot *<garm>* • Arbeitsschutzschuh *m*
safety cage *<autom.safe> (to prevent access; e.g. around robots)* • Abschrankung *f*
safety-catch *<tech.gen> (e.g. car, door)* • Sicherungsriegel *m*
safety catch *<mvhcl> (of front hood)* • Fanghaken *m*; Sicherheits--Arretierhaken *m*
safety check *<tech.gen>* • Sicherheitsüberprüfung *f*; Sicherheitskontrolle *f prakt*; Sicherheitscheck *m ugs.rar*
safety clearance *<safe> (safe distance to be kept to a source of danger)* • Sicherheitsabstand *m*; Abstand *m*
safety clothing *sg <garm>* • Arbeitsschutzkleidung *f*
safety factor *<tech.gen>* • Sicherheitsfaktor *m*
safety feature *<tech.gen>* • Sicherheitsmerkmal *n*
safety footwear *<garm.safe>* • Arbeitsschutzschuhwerk *n*

safety goggles *<garm>* • Arbeitsschutzbrille *f*

safety interlock *<tech.gen>* • Sicherheitsverriegelung *f*

safety latch *<mech.eng> (pawl-type)* • Sperrklinke *f*

safety lock *<tech.gen>* • Sicherheitsschloss *n*

safety lock *<mech.eng> (mech. catch)* • Sicherung *f*; Sicherheitsverriegelung *f*

safety margin *<tech.gen> (with regard to limits; e.g. of pressure, temperature)* • Sicherheitsabstand *m*

safety margin *<tech.gen>* • Sicherheitszuschlag *m*

safety regulations *<jur>* • Arbeitsschutzvorschriften *fpl*

safety release *<tech.gen>* • Sicherheitsauslösung *f*

safety shutter *<el> (in power outlets)* • Kindersicherung *f*

safety steering column *<mvhcl>* • Sicherheitslenksäule *f*; Sicherheitslenkrohr *n*

safety system *<tech.gen>* • Sicherheitssystem *n*

safety-tested *<qualit> (certified with German GS label)* • GS-geprüft

safety valve *<tech.gen> (gen., any type, any function)* • Sicherheitsventil *n*

safety-valve *<pps> (pressure relief)* • Entlastungsventil *n*

safety warning *<docu>* • Gefahrenhinweis *m*

safranin *<jur.tech> (dactyloscopy)* • Safranin *n*

sag *<tech.gen> (of joists, beams, girders, frames, floors)* • Durchhang *m*

sag *<srfc> (paint coating or surface defect)* • Läufer *m*; Vorhang *m*

sag *vi <tech.gen> (drop abruptly; e.g. aircraft, floor, girder, bridge)* • absacken *vt*; durchsacken *vi*

sag *vi <tech.gen> (process, usu. slow; e.g. members, floors, roofs, panels)* • absinken *vi*; heruntersinken *vi*; herabsinken *vi*

sag *vi <mech> (present condition; e.g. girder, wire rope, roof)* • durchhängen *vi*

sag *vi <mech.eng> (spring elements; e.g. of cars, trucks)* • setzen *vr*

sag *vi <srfc> (fresh paint)* • laufen *vi*

sag *vt <energ.el> (adjust the sag of overhead power lines)* • einstellen *vt*; regulieren *vt*

sagging *<tech.gen> (of girders, floors, roofs)* • Durchhängen *n*; Durchbiegung *f*

sagging *<tech.gen> (hanging down, being bent down; e.g. frame, roof)* • durchhängend; hängend

sagging *<tech.gen> (abrupt drop; e.g. of a floor, roof, girder)* • Durchsacken *n*

sagging *<srfc> (of paint)* • Vorhangbildung *f*

sail *<nav>* • Segel *n*

sail area *<nav>* • Segelfläche *f*

sail close-hauled *vi <nav>* • segeln *vi*: am Wind ~; Wind *m*: am ~ segeln *vi*

sailcloth *<nav.textil>* • Segeltuch *n*; Tuch *n*

sailing ship *<nav>* • Segelschiff *n*; Segler *m*

sail training ship *<nav> (of the navy; a sailing ship; e.g. the U.S. bark Eagle)* • Segelschulschiff *n*; Schulsegler *m*; Schulschiff *n prakt*

sail with the wind abeam *vi <nav>* • segeln *vi*: mit halben Wind ~; Wind *m*: mit halbem ~ segeln *vi*

sales representative *<ad>* • Außendienstmitarbeiter *m*

sales respray *<srfc>* • Verkaufslackierung *f*

salient *<tech.gen> (projecting beyond a line, surface, level)* • vorspringend; herausragend; hervorstehend; überstehend

saline *<min>* • Salzbergwerk *n*; Saline *f*

salt deposit *<min>* • Salzlagerstätte *f*; Salzvorkommen *n*

salt dome *<logist>* • Solekaverne *f*; unterirdische Solekaverne *f*

saltpeter *US <chem> (any salt of nitric acid; e.g. naturally occurring potassium nitrate)* • Salpeter *m*

salt-water-proof *<qualit.mat>* • seewasserbeständig

salvage *<gen>* • Bergungsgut *n*

salvage *<nav>* • Bergung *f*

salvage *vt <nav> (ship)* • bergen *vt*

salvage service *<traff>* • Bergungsdienst *m*

salvage vessel *<nav>* • Bergungsschiff *n*; Bergeschiff *n*; Bergungsfahrzeug *n*

sam *vt <leath>* • abwelken *vt*

samarium (Sm) *<chem>* • Samarium *n* (Sm)

samming float *<leath>* • Abwelkflotte *f*

samming machine *<leath>* • Abwelkmaschine *f*

sample *<qualit> (tangible, solid specimen)* • Muster *n*; Probestück *n*; Probe *f*

sample *<qualit> (gen.; solid, liquid, or gaseous)* • Probe *f*

sample *vt <tech.gen> (provide samples of products; e.g. styles, color shades)* • bemustern *vt*

sample *vt <i&c> (scan for data)* • abtasten *vt*

sample workpiece *<prod.qualit> (to demonstrate the skills of a worker, machine operator etc.)* • Arbeitsprobe *f*

sampling *<tech.gen> (of data, test specimens, signals; e.g. in statistics, polling)* • Sampling *n*

sampling *<qualit> (selecting of items)* • Auswahl *f*

sampling *<qualit>* • Probenahme *f*; Probenentnahme *f*; Probenehmen *n rar*

sampling action *<i&c> (scanning)* • Abtastung *f*

sampling element *<i&c> (for data sampling)* • Abtastelement *n*

sampling error *<i&c>* • Abtastfehler *m*

sampling error *<qualit>* • Stichprobenfehler *m*

sampling point *<qualit>* • Probenahmestelle *f*

sampling rate *<av> (e.g. of CD drives)* • Abtastfrequenz *f*; Samplingrate *f prakt*; Ausleserate *f*; Abtastrate *f rar*

sampling system *<qualit>* • Stichprobensystem *n DIN 55350-31*

sand *<build.mat>* • Sand *m DIN 4047-3*

sand *vt <srfc> (manually; e.g. filler, paint)* • schleifen *vt*; abschleifen *vt*

sand blasting *<srfc> (with sand)* • Sandstrahlen *n*

sandblasting abrasive *<srfc>* • Sandstrahlmittel *n*

sand casting *<proc> (process)* • Sandguss *m*

sander *<tool> (for smoothing, polishing of flat surfaces; e.g. belt-type)* • Schleifmaschine *f*; Schleifer *m*

sand erosion *<energ.hydr> (e.g. of turbines)* • Sanderosion *f*

sandfaced *<build.srfc> (e.g. concrete tile, asphalt roll roofing)* • besandet

sand-float *vt <build.srfc> (plaster)* • abreiben *vt*

sanding-up *<geo> (e.g. of a river bed)* • Versandung *f*

sand mold *<metal> (foundry)* • Sandform *f*

sandpaper *<tool>* • Sandpapier *n*; Nass-/Trockenpapier *n prakt*

sandpaper *vt <prod>* • abschleifen *vt*

sand reclamation *<metal> (foundry)* • Altsandaufbereitung *f*

sandstone *<geo.min> (rock type)* • Sandstein *m*

sand trap *<tech.gen>* • Sandfang *m*

sandwich construction *<tech.gen>* • Sandwichbauweise *f*; Sandwichaufbau *m*; Sandwichkonstruktion *f*; Verbundbauweise *f*; Stützstoffbauweise *f rar*

sandwich element *<tech.gen>* • Sandwichelement *n*

sanforizing *<textil.proc> (mech. finishing)* • Sanforisieren *n*; Sanfor--Verfahren *n*; Cluett-Verfahren *n*

sanitary engineering *<build> (discipline dealing with sewage and waste; not "Sanitärtechnik"!)* • Kanalisationstechnik *f*; Ortsentwässerungstechnik *f*

sanitary landfilling *<waste> (of solid waste, on landfill site)* • geordnete Ablagerung *f*; Deponierung *f form*; Deponie *f*

sanitary landfill [site] *form <waste> (stress on: controlled disposal)* • geordnete Deponie *f form*; Deponie *f*; Mülldeponie *f ugs*

sanitary sewage *<waste> (stress on: feces)* • Fäkalienschmutzwasser *n*; Fäkalwasser *n*

sanitary sewer *US <waste.hydr>* • Schmutzwasserkanal *m*; Schmutzwasserleitung *f*

sans serif font *<print> (typeface without serifs; e.g. Arial)* • Serifenlose *f*; Groteskschrift *f*; Sans Serif *f prakt*

sap *vt <food> (plants; e.g. trees)* • entsaften *vt*

saponification *<chem.proc>* • Verseifung *f*

sapphire *<min> (a variety of corundum; bluish, clear, pink, orange, yellow, green, bla)* • Saphir *m*

sapphire crystal *<mech> (for watches)* • Saphirglas *n*; Saphiruhrglas *n rar*

sapwood *<wood> (living, softer part of the wood; betw. bark and heartwood)* • Mantelholz *n*; Splintholz *n*

sapwood tree *<wood>* • Splintholzbaum *m*

sash window *<tech.gen> (vertical; typ. in trains and in the UK, USA)* • Schiebefenster *n*; geteiltes Fenster *n*

satchel *<gen>* • Tasche *f*

sateen *<textil> (strong, lustrous cotton fabric constructed in satin weave)* • Atlas *m*; Baumwollatlas *m rar*; Baumwollsatin *m*

satellite *<tech.gen> (sth. located around a bigger central object)* • Satellit *m*

satellite *<aerosp> (spaceflight)* • Satellit *m*

satellite communications (SATCOM) *<navig>* • Satellitenkommunikation *f* (SATCOM)

satellite dish *<av>* • Satellitenschüssel *f*

satellite navigation system *<navig>* • Satellitennavigationssystem *n*; Satellitensystem *n*

satellite orbit *<aerosp>* • Satelliten-Umlaufbahn *f*; Satellitenbahn *f*

satellite receiver *<av>* • Satellitenempfänger *m*; Satellitenreceiver *m*; Receiver *m*; Set-Top-Box *f*

satellite solar power station (SSPS) *<energ.sol>* • Satellitenkraftwerk *n* (SSPS)

satellite television *<av>* • Satellitenfernsehen *n*

satin *<textil> (soft, slippery, glossy fabric; made of silk, acetate, rayon, nylon)* • Satin *m*

satin weave *<textil>* • Satinbindung *f*; Atlasbindung *f*; Duchesse-Bindung *f*

satisfy *vt <gen> (expectations, needs)* • entsprechen *vt*; erfüllen *vt*

saturate *vt <gen>* • sättigen *vt*

saturate *vt <nucl>* • absättigen *vt*

saturated *<chem.phys>* • gesättigt

saturated steam *<therm>* • Sattdampf *m*; gesättigter Dampf *m rar*

saturated with water vapor *<phys>* • feuchtigkeitsgesättigt

saturation *<tech.gen>* • Sättigung *f*

saturation point *<hvac>* • Sättigungspunkt *m*

sauce pot *<gastr.tool> (size between sauce pan and stock pot)* • Bratentopf *m*; runder Bräter *m*; Topf *m ugs*

save *vt <tech.gen>* • retten *vt*

save *vt <comp> (data, file; e.g. to disk)* • abspeichern *vt*; sichern *vt prakt.ugs*; speichern *vt rar*

save spacer spare wheel *<mvhcl>* • Faltrad *n*; Falt-Notrad *n*

Savonius rotor *<energ.wind> (a small vertical axis WECS)* • Savonius-Rotor *m*

saw *<tool>* • Säge *f*

saw-band guide *<mach.tool>* • Bandführung *f*

saw blade *<tool>* • Sägeblatt *n*

saw-cut *<hygi.tool> (comb)* • gesägt

sawdust *<wood>* • Sägemehl *n*

saw frame *<mach.tool> (gen.; for logs or stone)* • Sägegatter *n*

sawing *<prod>* • Sägen *n*

sawmill *<wood>* • Sägewerk *n*; Sägemühle *f*

saw off *vt <prod>* • absägen *vt*

saw off to length *vt <prod>* • ablängen *vt*

saw-tooth roof *<build> (typ. on factories; gen., any style)* • Sheddach *n*

saw-tooth voltage generator *<el>* • Sägespannungsgenerator *m*

scaffold *<build>* • Gerüst *n*; Einrüstung *f*; Baugerüst *n*; Arbeitsgerüst *n*

scaffold *vi <build>* • Gerüst aufstellen *vt*; Gerüst bauen *vt*

scaffold *vt <build>* • aufstellen *vt*; bauen *vt*; rüsten *vt*

scald *vt <gen> (unintentional; e.g. skin by hot water, steam)* • verbrühen *vr*

scald *vt <food> (intentional; e.g. rice)* • abbrühen *vt*

scald *vt <food> (e.g. for poultry processing)* • brühen *vt*

scale *<docu> (of drawing, map)* • Maßstab *m*

scale *<i&c> (showing degrees)* • Gradeinteilung *f*

scale *<i&c> (on meter, instrument, dial)* • Skala *f*; Skale *f rar*; Skalierung *f*; Maßeinteilung *f*

scale *<i&c> (for weighing)* • Waage *f*; Wägeeinrichtung *f form*

scale *<pps> (deposits in pipes, boilers)* • Kesselstein *m*; Wasserstein *m rar*

scale *ISO 8785 <srfc.qualit> (any thin platelike piece or flake that peels off a surface)* • Schuppe *f DIN ISO 8785*

scale *vi <metal>* • verzundern *vi*; zundern *vi*

scale *vi <pps>* • ansetzen *vi*

scale *vi <srfc>* • Kesselstein bilden *vi*

scale *vt <food> (fish)* • abschuppen *vt*

scale *vt <i&c>* • graduieren *vt*

scale *vt <math>* • skalieren *vt*

scale effect *<tech.gen> (model test)* • Maßstabseinfluss *m*

scale enlargement *<tech.gen>* • Maßstabsvergrößerung *f*

scale error *<tech.gen>* • Maßstabsfehler *m*

scale factor *<tech.gen>* • Maßstabsfaktor *m*

scale graduation *<i&c>* • Skaleneinteilung *f DIN 2257*; Skalenteilung *f*

scale illumination *<i&c>* • Skalenbeleuchtung *f*

scale interval *<tech.gen>* • Skalenintervall *m*

scale interval *<i&c> (marking)* • Skalenwert *m*

scale layer *<metal>* • Zunderschicht *f*

scale model *<tech.gen>* • maßstabsgetreues Modell *n*; Maßstabsmodell *n*; vorbildgetreues Modell *n*

scale off *vi <srfc> (paint etc.)* • abblättern *vi*

scale [off] *vi <srfc>* • abschälen *vr*

scale range *<i&c>* • Skalenbereich *m*; Anzeigebereich *m*

scale reading *<i&c> (displayed value)* • Skalenwert *m*

scale span *<i&c>* • Messbereich *m*; Messumfang *m rar*

scaling *<metal>* • Verzunderung *f*

scaling *<proc> (of piping, chimneys)* • Verkrustung *f*

scaling-off *<srfc> (of paint)* • Abblättern *n*; Abschuppung *f*; Abschilfern *n*

scallop *<gastr> (thin slice of meat, flattened by pounding)* • Schnitzel *n*

scallop *<prod> (series of curved projections along an edge)* • gezackter Rand *m*

scalp *vt <tech.gen> (remove an upper part from sth.)* • abziehen *vt*; trennen *vt*

scammer *<comp.jur> (advance-fee fraud)* • Vorschussbetrüger *m*

scan *<comp> (result of scanning)* • Abtastung *f*; Scan *m*

scan *vt <tech.gen> (search; e.g. terrain, with searchlight, radar)* • absuchen *vt*

scan *vt <tech.gen> (e.g. surface, image, text)* • abtasten *vt*

scan *vt <comp> (retrieve; e.g. addresses from register)* • abfragen *vt*

scan *vt <comp> (for files, folders, character strings)* • durchsuchen *vt*

scan *vt <comp> (machine-readable data; e.g. text, barcode)* • erfassen *vt*; einlesen *vt*; abtasten *vt*; scannen *vt*; lesen *vt*

scan *vt <el>* • prüfen *vt*; scannen *vt*

scan beam *<comp>* • Abtaststrahl *m*; Lesestrahl *m*; Scannerstrahl *m*

scan coil assembly *<av> (of CRT)* • Ablenkeinheit *f*

scandium (Sc) *<chem>* • Scandium *n* (Sc)

scan element *<el> (e.g. in scanner, copier)* • Abtastelement *n*

scan error *<comp> (e.g. of barcode readers)* • Abtastfehler *m*; Lesefehler *m*

scanner *<av>* • Scanner *m*; Stift zum Einlesen von Strichcodes *m*; Einlesegerät *n*

scanning *<comp> (process; e.g. reading of text, images, barcode)* • Scannen *n*; Einlesen *n*; Abtasten *n rar*; Abtastung *f rar*

scanning *<qualit> (for examination purposes)* • Prüfung *f*

scanning electron microscope (SEM) *<el> (device)* • Rasterelektronenmikroskop *n* (REM)

scanning field *<comp>* • Abtastfläche *f*

scanning tunneling microscope (STM) *US <i&c> (device)* • Rastertunnelmikroskop *n* (STM); Tunnelmikroskop *n*; RTM *n*; Rastertunnelelektronenmikroskop *n rar*

scanning width *<comp>* • Abtastbreite *f*

scan rate *<comp> (of scanners, barcode readers, CD drives)*

• Abtastfrequenz *f*; Abtastrate *f*; Leserate *f*; Lesefrequenz *f*; Lesegeschwindigkeit *f*

scan resolution *<comp>* • Scanauflösung *f*

scantling *<build.mat>* • Kantholz *n*

scan unit *<el> (gen.)* • Abtasteinheit *f*

SCARA robot *<autom> (Selective Compliance Assembly Robot Arm)* • SCARA-Roboter *m*; Horizontal--Knickarmroboter *m*

scarf *vt <build> (to form a scarf; e.g. on timber)* • abschrägen *vt*

scarf joint *<build.join> (gen.; any type, straight or wedge)* • Schäftverbindung *f*; Verblattung *f*

scarifier *<build.mach> (road-breaking machine with spikes)* • Belagbrecher *m*

scarify *vt <build> (pavement)* • aufreißen *vt*

scaryfying *<build> (of pavement)* • Aufreißen *n*

scatter *vt <phys> (radiation, light, particles)* • streuen *vt*; zerstreuen *vt*

scattered light *<light> (e.g. as found on overcast days)* • Streulicht *n*

scattering *<owg>* • Streuung *f*

scattering *<phys>* • Streuung *f*

scavenge *vt <mvhcl> (combustion chamber in two-stroke engine)* • spülen *vt*

scavenging gas *<mvhcl.mot>* • Spülgas *n*

scavenging valve *<mvhcl.emiss> (of activated carbon canister)* • Spülventil *n*; Spülluftventil *n*; Regenerierventil *n*; Absaugventil *n*

scene mode *<phot> (camera function; presets for specific shooting situations)* • Motivprogramm *n*; Motivbereich-Modus *m Canon*; Bildmodus *m Pentax*; Szenen-Modus *m Panas*; Szenenwahlmodus *m Sony*

scent *<gen> (smell)* • Geruch *m*

scent *<hvac> (pleasant smell)* • Duft *m*

scent *<hvac> (stress on: the substance, particles)* • Duftstoff *m*

scent *vt <hvac> (to fill with a pleasant odor, perfume; e.a. a space)* • beduften *vt*

scent blend *<gen>* • Duftkomposition *f*

scent branding *<econ>* • Duftbranding *n*

scent emitting device *<hvac> (gen.; e.g. at PoS)* • Beduftungsgerät *n*; Duftgerät *n*

scent generator *<hvac> (e.g. for tracing in search and rescue)* • Dufterzeuger *m*

scent-tight *<pack>* • aromadicht

schedule *<prod> (stress on: sequence of events; e.g. of work)* • Ablauf *m*

schedule *US <traff> (e.g. of train, bus connections)* • Fahrplan *m*

scheduled *<gen>* • geplant

scheduled aircraft *<aerosp>* • Linienmaschine *f*; Linienflugzeug *n*

scheduled flight *<aerosp>* • Linienflug *m*

schematic circuit diagram *<el>* • Prinzipschaltbild *n*

schematic representation *<docu> (e.g. a skeleton sketch)* • schematische Darstellung *f*

schlieren photograph *<phot>* • Schlierenbild *n*

Schmelzschweißen-subcategory of German welding processes *<join>* • Schmelzschweißen *n DIN 1910*

Schmitt trigger *<el>* • Schmitt-Trigger *m*

schooner *<nav>* • Schoner *m*; Schuner *m*

Schraeder valve *<vhcl> (bicycle)* • Auto-Ventil *n*; Schrader-Ventil *n*

Schroedinger's cat *<phys> (quantum theory)* • Schrödingers Katze *f*

science of colors *US <cpt>* • Farbenlehre *f*

science of electricity *<el>* • Elektrizitätslehre *f*

scientific *<gen>* • wissenschaftlich

scientific committee (SC) *ISO <stand>* • wissenschaftlicher Ausschuss *m ISO*; SC *m jarg*

scintillate *vi <opt> (light source)* • funkeln *vi*

scintillation *<astron> (of stars)* • Flimmern *n*

scintillation *<phys>* • Szintillation *f*

scissor lift *<convey>* • Scherenhebebühne *f*; Scherenhubplattform *f*

scissors *pl <tool> (two blades, ring--shaped handle)* • Schere *f DIN 32613*

scissors jack *<mvhcl.tool> (with horiz. screw and crank)*

• Scherenwagenheber *m*

scoop *<build.mach> (of excavator or dredger)* • Baggerlöffel *m*; Baggerschaufel *f*

scoop *<build.mach> (gen.)* • Löffel *m*; Aushublöffel *m*

scoop *vt <build> (empty sth. or remove soil etc. with a small shovel)* • ausschaufeln *vt*

scoop *vt <convey> (a liquid)* • ausschöpfen *vt*

scoop wheel *<convey>* • Schöpfrad *n*

scope *<docu> (headline)* • Anwendungsbereich *m*

scope *<docu> (subject)* • Bereich *m*

scope *<docu> (subject, theme)* • Gebiet *n*

scope *<docu>* • Geltungsbereich *m*; Reichweite *f rar*

scope *<docu> (of application; e.g. of a standard)* • Gültigkeitsbereich *m*

scope of supplies (SOS) *<econ> (document title)* • Lieferumfang *m*

scope of supplies and services (SOS) *<econ> (also used as document title)* • Liefer- und Leistungsumfang *m*

scorch *<gen> (a singed, blackish spot)* • Brandfleck *m*

scorch *vi <el> (cable, wire insulation)* • durchschmoren *vi*

scorch *vi <food>* • anschmoren *vi*

score *<srfc> (notch)* • Kerbe *f*

score *ISO 8785 <srfc> (surface damage, notch; e.g. due to excessive wear or vandalism)* • Kratzer *m DIN ISO 8785*; Riefe *f*

score *vt <tech.gen>* • anreißen *vt*

score mark *<tech.gen> (damage)* • Riefe *f*

scoring *ISO 4378-2 <srfc.tribo> (wear; e.g. in plain bearings)* • Riefenbildung *fsg DIN ISO 4378-2*; Riefen *fpl*

scotch *vt <gen> (make a deep cut)* • einschneiden *vt*; aufschlitzen *vt*

scotch *vt <mech> (block with wedge; e.g. wheels, barrels; impede any process)* • blockieren *vt*

scour *vt <tech.gen> (clean or get rid of impurities, debris; with lots of fluid)* • ausspülen *vt*

scour *vt <geo> (dig, erode by the force of water etc.; e.g. embankments, pylons)* • auswaschen *vt*; auskolken *vt*; aushöhlen *vt*

scour *vt <textil> (remove sericin from silk yarns or fabric)* • entbasten *vt*; degummieren *vt*; abkochen *vt*; entleimen *vt*; entschälen *vt*

scour *vt <textil.prod> (clean by hard rubbing and washing; e.g. cotton)* • waschen *vt*

scramjet *<aerosp.drive>* • Scramjet--Triebwerk *n*

scrap *vt <waste> (metal objects; e.g. cars)* • verschrotten *vt*

scrap component *<waste>* • Ausschussteil *n*

scrape *vt <tech.gen>* • schaben *vt*

scrape *vt <srfc.wood> (with blade)* • abziehen *vt*

scrape off *vt <srfc> (surface irregularities)* • abschaben *vt*; abstreichen *vt*

scrape [off] *vt <srfc>* • abkratzen *vt*

scrape out *vt <srfc> (container etc.)* • auskratzen *vt*

scraper *<min>* • Schrapper *m*

scraper *<pps> (cleaning of pipelines, sewage lines)* • Molch *m*

scraper *<tool> (stripper)* • Abstreifer *m*

scraper *<tool> (gen.)* • Schaber *m*; Schabeisen *n*; Abkratzer *m ugs*

scraper *<waste.hydr> (for sludge removal)* • Räumer *m DIN 4045*

scraper knife *<tool>* • Abstreifermesser *n*

scraper plane *<tool.wood>* • Ziehklingenhobel *m*

scraper plow *US <min>* • Schälschrapper *m*

scraper [rake] *<build.tool> (for soft material)* • Abstreicher *m*

scraper ring *<tribo>* • Abstreifring *m*

scraping *<tech.gen> (undesired friction; e.g. noise)* • Schaben *n*

scrap metal *<metal>* • Schrott *m*

scrap metal *<waste>* • Altmetall *n*

scrap recycling *<waste>* • Schrottverwertung *f*

scrap rubber *<waste>* • Altgummi *m*; Gummiabfälle *mpl*; Abfallgummi *m*

scrap section *<docu> (in eng. drawing)* • Ausbruch *m*

scrapyard *<waste> (gen.)* • Schrottplatz *m*

scratch line *<srfc> (e.g. in paintwork)* • Kratzer *m*

scratch 'n sniff fragrance *<srfc>*

• Aufreibduft *m*
scratch-resistant *<srfc> (gen.; e.g. polycarbonate, finish)* • kratzfest
scree *<geo>* • Geröll *n*; Steingeröll *n*
screed *<build.mat>* • Estrich *m DIN 18560-1*
screed *vt <build> (e.g. flooring, plaster)* • abziehen *vt*
screed board *<build.tool>* • Abziehbrett *n*; Abziehbohle *f*
screed coat *<build.srfc> (plaster)* • abgezogener Putz *m*
screed topping *<build>* • Estrich *m DIN 18560-1*
screen *<tech.gen>* • Rasterplatte *f*
screen *<comp> (of CRT tube, monitor)* • Bildschirm *m*
screen *<proc> (for solids)* • Sieb *n*; Siebmatte *f*
screen *vt <tech.gen> (with X-ray machine; also fig.: examine selectively)* • durchleuchten *vt*
screen *vt <proc> (also fig.: selective examination)* • sichten *vt*
screen cleaning *<proc.hydr>* • Rechenreinigung *f*
screened ... *<el> (e.g. against electrosmog, interference)* • Abschirm...; abgeschirmt
screenings *pl <waste.hydr>* • Rechengut *n*; Rechenrückstand *m rar*
screen mesh *<tech.gen>* • Siebgewebe *n*
screen out *vt <proc>* • aussieben *vt*
screen printing *BS 3130 <print> (printing technique)* • Siebdruck *m DIN 55405*; Serigrafie *f*; Serigraphie *f*; Durchdruck *m*
screen saver *<comp>* • Bildschirmschoner *m*
screen size *<proc>* • Korngröße *f*
screen undersize *<proc>* • Feinkorn *n*
screen wire *<build.mat>* • Maschendraht *m*
screw *<convey> (conveying element in screw pump)* • Förderspindel *f*; Schraubenspindel *f*; Förderschnecke *f*; Spindel *f*
screw *ISO 4017 <join> (similar to bolt, but fully threaded and any head; engages a threaded h)* • Schraube *f DIN 933*; Maschinenschraube *f ugs*
screw *<join> (with tapered shank and helical thread)* • Schraube *f*
screw *vt <join> (detach from sth with a twisting motion; e.g. nut, lid, cover)* • abschrauben *vt*
screw *vt <join> (attach on or to sth with a twisting motion; e.g. nut, lid)* • aufschrauben *vt*
screw *vt <join> (fasten by means of a screw)* • schrauben *vt*
screw blank *<prod>* • Schraubenrohling *m*
screw cap *<el>* • Gewindesockel *m*
screw cap *<pack>* • Schraubdeckel *m DIN 55405*; Gewindedeckel *m*; Schraubverschlussdeckel *m*
screw cap *<pack> (e.g. bottle, tube)* • Schraubkappe *f DIN 55405*
screw closure *<prod> (e.g. cap, lid)* • Schraubverschluss *m DIN 55405*
screw connection *<join> (threaded connection)* • Schraubenverbindung *f*
screw conveyor *<convey> (gen.)* • Schneckenförderer *m DIN 15262*
screw die *<tool> (gen.)* • Gewindebacke *f*
screw drive *<mech.eng> (worm gear with endless screw)* • Spindelgetriebe *n*; Schneckengetriebe *n*
screwdriver *<tool> (gen.; any type)* • Schraubendreher *m DIN 898*; Schraubenzieher *m ugs*
screwdriver *<tool> (power-driven; e.g. electric, pneumatic)* • Schrauber *m*; Maschinenschrauber *m form*; Kraftschrauber *m form*
screwdriver bit *<tool> (with hex shank, no female square drive!)* • Schraubendreher-Bit *n*; Schraubendrehereinsatz *m DIN 898*; Bit-Einsatz *m prakt*; Bit *n prakt.ugs*
screw flight *<tech.gen> (of extruder, injection molding machine screw)* • Schneckengang *m*; Gang *m prakt*
screw head *<join>* • Schraubenkopf *m*
screw housing *<mech.eng> (of conveyor screws)* • Schneckengehäuse *n*
screw in *vt <tech.gen> (threaded object; e.g. screw, bolt, bulb)* • einschrauben *vt*; hineindrehen *vt ugs*; eindrehen *vt ugs.rar*
screwing motion *<tech.gen>* • Schraubbewegung *f*; schraubenförmige Bewegung *f*

screw injection machine *<plast> (typ. injection molding machine)* • Schneckenspritzgießmaschine *f*; Schneckenmaschine *f*; Schneckenkolbenmaschine *f*

screw jack *<mvhcl.tool> (with vertical or horiz. screw and crank; as opp. to hydraulic jack)* • Spindelwagenheber *m*; Kurbelwagenheber *m ugs*

screw-on *<join>* • aufschraubbar

screw on *vt <join> (attach sth on sth with screws)* • aufschrauben *vt*

screw plate stock *<tool> (to cut threads, esp. Whitworth on pipes)* • Gewindeschneidkluppe *f*; Schneidkluppe *f*; Gewindekluppe *f*; Kluppe *f*

screw plug *<join> (e.g. as drain plug on tanks, engine sumps)* • Verschlussschraube *f*; Verschlussstopfen *m prakt*; Stopfen *m ugs*

screw plug *<mech.eng>* • Gewindestopfen *m*

screw pump *<convey> (rotary displacement p., axial flow, high press.; e.g. for hydraulics)* • Schraubenspindelpumpe *f*; Schraubenpumpe *f prakt*; Spindelpumpe *f prakt*

screw stock *<prod> (blanks for screws and bolts)* • Schraubenrohmaterial *n*

screw thread *<join>* • Schraubengewinde *n DIN 202*

screw thread *<mech.eng> (gen.; screw or pipe thread, external or internal)* • Gewinde *n DIN 2244*; Schraubengewinde *n*

screw to *vt <join> (attach sth to sth with screws)* • anschrauben *vt*

screw trough *<tech.gen> (e.g. of Archimedean screw pump, compactor)* • Schneckengehäuse *n*

screw-type press *<tech.gen> (gen.)* • Schneckenpresse *f*

scribe *vt <tech.gen> (stress on: mark sth.; e.g. position of parts)* • markieren *vt*; kennzeichnen *vt*

scribe *vt <prod>* • anzeichnen *vt*

scriber *<tool>* • Reißnadel *f*; Anreißnadel *f prakt*

scroll *vt <comp> (screen display)* • rollen *vi*; blättern *vi*

scroll saw *<mach.tool> (electric machine saw with narrow, vertically mounted blade)* • Dekupiersäge *f*; Motor-Laubsäge *f*

scrub *vt <proc> (gases)* • waschen *vt*; reinigen *vt*

scrub *vt <proc>* • waschen *vt*

scrubber *<agri> (typ. drawn by tractor)* • Ackerschleppe *f*

scrubbing process *<proc.emiss> (wet process to separate NOx or SOx)* • Waschverfahren *n*

scrubbing tower *<proc> (gen., any design)* • Waschturm *m*; Rieselturm *m*

scuffing *<mech.eng> (of bearing, friction surfaces; e.g. of plain bearings)* • Fressen *n*

scuffing mark *<srfc.qualit>* • abgewetzte Stelle *f*

scuff rib *<vhcl> (on tire side wall)* • Scheuerleiste *f*

sculptured solid *<comp> (cannot be described by analytic equations; numeric approximation)* • Freiformkörper *m*

scum *<proc> (foul matter stripped from surface)* • Abstrich *m*

scum *<proc> (on a liquid)* • Schaum *m*

scum *vt <proc> (gen.)* • abschöpfen *vt*

scum *vt <proc> (remove scum from surface)* • entschäumen *vt*; Schaum abstreifen *vt*

scupper hole *<nav>* • Speigatt *n*; Gatt *n*; Gat *n*

scuttled *<nav> (ship)* • versenkt

scythe *<agri.tool>* • Sense *f*

S-direction of twist *<tech.gen> (e.g. of ropes, cables)* • S-Drehung *f DIN 60900-2*

SDS drill bit *<tool> (heavy-duty masonry drill bit for pneumatic drills)* • SDS-Bohrer *m*; Hammerbohrer *m*

sea anchor *<nav>* • Treibanker *m*; Seeanker *m*

seabag *<gen>* • Seesack *m*

seabed foundation *<build>* • Meeresboden-Gründung *f*

seaborne *<tech.gen>* • seegestützt

sea-going *<nav> (boat, ship)* • seetüchtig; seetauglich; hochseetauglich; hochseetüchtig; seefähig *rar*

seal *<tech.gen> (sealing function)* • Abdichtung *f*; Dichtung *f prakt*

seal *<tech.gen> (component)*

• Dichtung *f DIN 3750*

seal *<pack> (to prevent tampering of packages; e.g. lead, plastic)* • Plombe *f DIN 55405*; Verschließplombe *f*

seal *vt <tech.gen> (e.g. gas-, air-, watertight)* • abschließen *vt*

seal *vt <build> (with putty)* • verkitten *vt*

seal *vt <el> (with potting material; e.g. power cables, cable joints)* • ausgießen *vt*

seal *vt <plast> (by welding; e.g. plastic bags)* • verschweißen *vt*

seal *vt <srfc> (protect against deterioration; e.g. with wax, oil, paint)* • konservieren *vt*

seal *vt <srfc.wood> (wood and finish)* • absperren *vt*

sea lane *<nav>* • Seestraße *f*

sealant *<tech.gen> (for seams, joints, cracks; typ. silicone)* • Dichtstoff *m*; Dichtmasse *f*; Dichtungsmasse *f*; Abdichtmasse *f rar.ugs*

sea-launched *<aerosp> (missile, rocket)* • seegestützt

seal coat *<srfc>* • Absperranstrich *m*

sealed *<tech.gen> (tight)* • dicht; abgedichtet

sealed filler cap *<mvhcl> (of fuel tank)* • gasdichter Tankverschluss *m*

sealed-in *<tech.gen> (potted; e.g. electronic device)* • vergossen

sealed-in *<waste> (fused to prevent release; e.g. contaminants in glass)* • eingeschmolzen

sealed unit *<tech.gen>* • gekapselte Baugruppe *f*

sea level *<geo>* • Meeresspiegel *m*

seal hermetically *vt <tech.gen> (a room, space)* • hermetisch verschließen *vt*; hermetisch abschließen *vt*

sealing *<pack>* • Abschluss *m*

sealing *:V <plast>* • Siegeln *n*

sealing compound *<tech.gen>* • Dichtmasse *f*

sealing compound *<mat>* • Vergussmasse *f*

sealing compound *<pack> (rubber)* • Gummierung *f*; Compound *m prakt*

sealing lip *<mech.eng> (gen.; e.g. on hydraulic pistons)* • Dichtlippe *f*

sealing liquid *<mech.eng> (e.g. centrifugal pump for acid)* • Sperrflüssigkeit *f*; Trennflüssigkeit *f*; Absperrflüssigkeit *f*

sealing profile *<tech.gen> (gen.; of rubber or rubber-like material)* • Dichtprofil *n*; Dichtungsprofil *n*

sealing ring *<tech.gen> (gen.)* • Dichtring *m*

sealing strip *<build> (stiff usually straight)* • Dichtleiste *f*

sealing surface *<tech.gen> (sealing interface)* • Dichtfläche *f*

seal [off] *vt <tech.gen> (e.g. seams, joints, flanges; with or without sealant)* • abdichten *vt*

seal rail *<tech.gen>* • Dichtleiste *f*

seal tightness *<qualit>* • Dichtheit *f*; Dichtigkeit *f prakt.ugs*

seal washer *<tech.gen>* • Dichtring *m*

seal with hot wax *vt <srfc> (e.g. wood, paint)* • heißwachskonservieren *vt*

seam *<tech.gen> (gen.; e.g. bonded, welded, stitched, riveted)* • Naht *f*

seam *<build> (metal roofing)* • Falz *m*

seam *<min> (e.g. of coal)* • Flöz *m*; Ader *f*

seam *<textil> (border of the cloth)* • Saum *m*

seam *<textil>* • Naht *f*; Nähnaht *f*

seamanlike *<nav>* • seemännisch

seamanship *<nav>* • Seemannschaft *f*

sea mark *<nav> (allow boats and ships to navigate safely)* • Tonne *f*

seamfree *<garm> (e.g. bras, hipster briefs)* • nahtlos

seaming *<pack> (e.g. can, tin)* • Falzen *n*

seaming machine *<mach.tool> (e.g. for producing cans)* • Falzmaschine *f*; Blechfalzmaschine *f*

seamless *<gen> (e.g. pipes, nylons, tanned body)* • nahtlos

seamless pipe *<pps>* • nahtloses Rohr *n*

seamless tube *<mat> (e.g. of a bicycle frame)* • nahtloses Rohr *n*

seam pattern *<mvhcl.int> (finish of trim operation system)* • Abheftgrafik *f*

seam thickness *<min>* • Flözmächtigkeit *f*

seam welding *<join> (gen.; e.g. roller spot welding)* • Nahtschweißen *n*

sea navigation *<nav>* • Seefahrt *f*

seaplane *US.GB <aerosp> (water--based aircraft)* • Wasserflugzeug *n*

seaplane *<aerosp.nav> (fuselage*

designed as a floating hull) • Flugboot *n*

search *<gen> (for persons, objects, data; e.g. in databases, in the internet)* • Suche *f*

search *<av> (gen.; for channels, radio stations, recordings)* • Suchlauf *m*

search *vt <gen> (e.g. for drugs, arms)* • durchsuchen *vt*

search engine *<comp> (e.g. Yahoo, Google)* • Suchmaschine *f*

search for *vt <gen>* • suchen [nach] *vt*

search for prior art *<jur> (patent)* • Neuheitsrecherche *f*

search key *<comp>* • Suchschlüssel *m*

searchlight *<vhcl> (e.g. on trucks, offroad vehicles, boats)* • Suchscheinwerfer *m*

searchlight illumination *<light> (e.g. for night game safari drives)* • Anleuchten mit Suchscheinwerfer *n*

search option *<comp> (e.g. in data bases, with search engines)* • Suchmöglichkeit *f*

search process *<gen>* • Suchvorgang *m*

season *vt <wood> (timber)* • ablagern *vt*; auslagern *vt*; trocknen *vt*

seasoning *<wood> (of timber)* • Ablagerung *f*

seasoning *<wood>* • Alterung *f*; Trocknung *f*

seat *<tech.gen> (e.g. of machine elements, valves)* • Sitz *m*

seat *<tech.gen> (for people; e.g. in theater, car, bus, airplane, on bike)* • Sitz *m*

seat *<mech.eng> (contact surface of mounted parts)* • Anlagefläche *f*

seat *<mvhcl> (motorbike)* • Sitzbank *f*

seat *<tool> (receptacle)* • Aufnahme *f*

seat *vt <prod> (work in, make to sit or fit properly)* • einarbeiten *vt*

seat adjuster *<int> (lever, knob, button; e.g. of car seat, office chair)* • Sitzversteller *m*

seat belt *<aerosp.safe>* • Sitzgurt *m*; Anschnallgurt *m*

seatbelt system *<mvhcl.safe>* • Gurtsystem *n*; Sicherheitsgurt--System *n*

seat-belt tensioner (SBT) *<mvhcl.safe> (restraint system)* • Gurtstraffer *m*; Gurtstrammer *m obs.rar*

seat-belt warning light *<mvhcl.i&c>* • Gurtwarnleuchte *f*; Warnleuchte für nicht angelegte Sicherheitsgurte *f form.did*; Gurtkontrollleuchte *f*

seat belt webbing *<mvhcl.safe> (of seat belt)* • Gurtband *n*

seat comfort *<tech.gen>* • Sitzkomfort *m*

seat heater *<mvhcl.int>* • Sitzheizung *f* (SH)

seating *<int> (e.g. of a theater, aircraft)* • Bestuhlung *f*

seating capacity *<vhcl>* • Anzahl der Sitzplätze *f*

seating space *<vhcl>* • Insassenraum *m*

seat occupancy *<tech.gen> (e.g. in cars, concert halls)* • Sitzbelegung *f*

seat post *<vhcl> (bicycle)* • Sattelstütze *f*

seat preference *<gen> (when booking flights, concerts etc.)* • Sitzplatzpräferenz *f*

seat row *<int>* • Sitzreihe *f* (SR)

seat runner *<int> (for longitudinal adjustment)* • Sitzschiene *f*; Sitz--Laufschiene *f*; Sitzführungsschiene *f*

seat tilt *<vhcl>* • Sitzflächenneigung *f*

sea turn *<nav>* • Törn *m*; Turn *m*

seawards *<nav>* • seewärts

sea-water desalination plant *<proc>* • Entsalzungsanlage *f*; Meerwasserentsalzungsanlage *f*

seaworthiness *<nav>* • Seetüchtigkeit *f*

secondary air *<tech.gen>* • Sekundärluft *f*

secondary circuit *<tech.gen> (e.g. nuclear reactor)* • Sekundärkreislauf *m*; sekundärer Kreislauf *m*; Sekundärsystem *n*

secondary coil *<el>* • Sekundärspule *f*

secondary combustion chamber *<comb>* • Sekundärbrennkammer *f*; Sekundärverbrennungszone *f*; Sekundärreaktor[bereich] *m rar*; Sekundärzone *f*

secondary coolant circuit *<nucl> (of NPP with PWR)* • Sekundärkühlkreis *m DIN 25401-3*; Sekundärkreis *m prakt*

secondary cooling system *<tech.gen> (e.g. of a PWR)* • Sekundärkühlsystem *n*

secondary cutting edge *<tool>*

• Nebenschneide *f*

secondary digestion tank *<waste>* • Nachfaulbecken *n*

secondary key *<mvhcl> (no access to cargo area, trunk, or glove box etc.)* • Nebenschlüssel *m*; Sekundärschlüssel *m*

secondary winding *<el> (gen.; e.g. of transformers)* • Sekundärwicklung *f*

second-grade road *<traff>* • Nebenstraße *f*; Straße zweiter Ordnung *f*

secondhand part *<tech.gen>* • Gebrauchtteil *n*

section *<gen> (part; e.g. of a document)* • Teil *m*

section *<tech.gen> (e.g. of program, book, railway line)* • Abschnitt *m*

section *<docu> (part of sth, technical drawing)* • Ausschnitt *m*

section *<docu> (in eng. drawings)* • Schnitt *m*

section *<org> (unit)* • Abteilung *f*

section *<prod> (e.g. rolled, extruded; steel, alloy, PVC; L, T, U shapes)* • Profil *n*

section *vt <gen> (e.g. organizationally, administratively)* • abteilen *vt*

section *vt <tech.gen> (route, network, utility grid)* • teilen *vt*

section *vt <docu> (engineering drawing)* • darstellen *vt*: im Schnitt ~; Schnitt *m*: im ~ darstellen *vt*

sectional *<tech.gen> (e.g. radiator)* • mehrteilig

sectional area *<tech.gen>* • Schnittfläche *f*

sectional enlargement *<phot>* • Ausschnittvergrößerung *f*

sectionalized *<tech.gen>* • mehrteilig

sectional radiator *<hvac>* • Gliederheizkörper *m*

sectional view *<docu> (gen.; a drawing, photo etc.)* • Schnittdarstellung *f*; Schnittansicht *f*; Darstellung im Schnitt *f*

section blocking *<railw> (action)* • Fahrstreckenverriegelung *f*

sectioned *<gen>* • geteilt

section lining *<docu>* • Schnittflächenschraffur *f*

section repair *<mvhcl.rep> (of car body)* • Abschnitt-Reparatur *f*; partielle Karosseriereparatur *f*

sector *<comp>* • Sektor *m*; Plattensektor *m*

sector *<math>* • Ausschnitt *m*; Sektor *m*

securable *<mech.eng> (lockable; e.g. brake)* • feststellbar

secure *vt <tech.gen> (prevent inadvertent motion)* • sichern *vt*

secure *vt <join> (e.g. with screws, bolts)* • befestigen *vt*

secure *vt <logist> (load, freight; e.g. by lashing)* • sichern *vt*

securely fastened [with threaded fasteners] *<join>* • fest verschraubt

secure mode *<alarm>* • Abwesenheitsüberwachung *f*; externer Scharfzustand *m*; Nacht--Betrieb *m prakt*

securing *<tech.gen> (e.g. with nuts and bolts)* • Befestigung *f*

securing pin *<mech.eng> (gen.; relatively small)* • Befestigungsstift *m*; Haltestift *m*

securing wire *<tech.gen> (to hold on)* • Sicherungsdraht *m*

security camera *<av> (in shops, malls, subways, tunnels, etc.)* • Überwachungskamera *f*; Videoüberwachungskamera *f*

security cleared area *<aerosp>* • Sicherheitsbereich *m*

security glass *<silic> (gen.; e.g. tempered glass, shatterproof glass, acrylic glass)* • Sicherheitsglas *n DIN 18 361*; Sigla *n*

security glazing *<tech.gen>* • Sicherheitsverglasung *f*

security key *<tech.gen> (for locks; e.g. a sidewinder key)* • Sicherheitsschlüssel *m*

security lapses *<tech.gen> (e.g. in aviation security)* • Sicherheitspannen *fpl*

security perimeter *<tech.gen> (around a building etc.)* • Sicherheitszone *f*

security screening *<aerosp>* • Sicherheitskontrolle *f*

security screening system *<aerosp>* • Sicherheitskontrollanlage *f*; Sicherheitskontrollgerät *n*; Sicherheitssystem *n prakt*

sedan *US <mvhcl> (typical type of family car)* • Limousine *f*; Innenlenker *m obs*

sedentary work *<gen>* • sitzend ausgeführte Arbeit *f*

sediment <geo> *(e.g. sand stone)* • Sediment *n*
sediment <proc> *(e.g. on bottom of tank, lake, river)* • Ablagerung *f*; Ausscheidung *f rar*
sediment *vr* <proc> *(from a liquid)* • ablagern *vr*
sedimentation <proc> *(e.g. on bottom of tank, lake, river)* • Ablagerung *f*; Ausscheidung *f rar*
sedimentation <proc> *(process)* • Absetzen *n*; Sedimentierung *f wiss*
seed <food> *(e.g. in grapes)* • Kern *m*
seed <mat> • Keim *m*
seed *vt* <food> *(grapes etc.)* • entkernen *vt*
seed *vt* <mat> *(e.g. to grow crystals)* • impfen *vt*
seed crystal <bio> • Kristallisationskeim *m*; Primärkristall *m rar*; Saatkristall *m rar*
seed crystal <ic.prod> • Impfkristall *m*; Keim *m*; Saatkristall *m*
seed drill coulter <agri> • Säschar *n*
seed harrow <agri> • Saategge *f*
seedless <food> *(fruit; e.g. grapes)* • kernlos
seepage <tech.gen> *(liquid)* • Sickerflüssigkeit *f*
seepage <tech.gen> *(process)* • Sickerung *f*
seepage <geo> *(of petroleum, bitumen)* • Ausbiss *m*
seep in *vi* <tech.gen> *(into sth., through cracks, pores etc.; e.g. water)* • einsickern *vi*
segment <math> *(e.g. of circle)* • Segment *n*; Abschnitt *m*
segmental bearing <mech.eng> *(gen.: e.g. a pad bearing)* • Segmentlager *n*
segmentation <tech.gen> • Segmentierung *f*; Segmentation *f rar*
segment gear <mech.eng> • Zahnsegment *n*; Zahnradsegment *n*
segregate *vi/vt* <metal> • entmischen *vt/vr*
segregation <tech.gen> *(of mixtures; usu. unwanted; e.g. of asphalt pavement mix)* • Entmischung *f*; Entmischen *n*
segregation <metal> • Seigerung *f*
segregation of parts <autom> • Teilevereinzelung *f*
segregation of persons <safe> • Personenvereinzelung *f*; Vereinzelung von Personen *f*
Segway scooter <vhcl> • Segway-Roller *m*
seine <nav> *(vertical fishing net, with floats at the upper edge)* • Treibnetz *n*
seismic area <geo> • Erdbebengebiet *n*
seismic loading <build> • Erdbebenbelastung *f*; seismische Belastung *f*
seismic-mass system <i&c> • Feder-Masse-System *n*
seismic wave <geo> • seismische Welle *f*; Erdbebenwelle *f*
seize *vi* <mech.eng> *(e.g. piston, bearing)* • festfressen *vr*; fressen *vi*
seize *vi* <mech.eng> *(piston, slide, tool)* • klemmen *vi*
seize *vi* <srfc> *(e.g. piston, drill bit)* • anfressen *vi*
seize *vt* <gen> *(object, opportunity)* • ergreifen *vt*
seize *vt* <nav> • zurren *vt*; festzurren *vt*
seizure <mech.eng> *(of bearing, friction surfaces; e.g. piston in cylinder)* • Fressen *n*
select *vt* <gen> *(acc. to specific criteria)* • auswählen *vt*; selektieren *vt*
select *vt* <gen> *(e.g. options from a menu)* • wählen *vt*
select *vt* <i&c> *(address, activate; e.g. a certain valve, storage space)* • ansteuern *vt*
selectable <tech.gen> *(e.g. option, speed, frequency)* • wählbar
selection <tech.gen> • Auslese *f*; Selektion *f*
selection of position <gen> • Stellenwahl *f*
selective <tech.gen> • selektiv
selective absorber <energ.sol> • selektiver Absorber *m*
selective catalytic reduction (SCR) *ISO 3977-4* <emiss.proc> *(reduces NOx emissions; e.g. on diesel engines)* • selektive katalytische Reduktion *f* (SCR)
selector lever <mvhcl> *(automatic transmission; gen., on steering column or center console)* • Wählhebel *m*; Automatikwählhebel *m*; Gangwahlhebel *m*; Getriebewählhebel *m*
selector lever knob <mvhcl>

• Wählhebelknauf *m*

selector lever lock *<mvhcl.drive> (automatic transmission)* • Wählhebelsperre *f*

selector switch *<el> (with 2 or more positions)* • Umschalter *m*

selector switch *<el>* • Wahlschalter *m*

selenium (Se) *<chem>* • Selen *n* (Se)

self-addressed stamped envelope (SASE) *<logist>* • frankierter und adressierter Rückumschlag *m*

self-adhesive label *<pack>* • Haftetikett *n DIN 55 405*; Selbstklebeetikett *n*

self-advancing support *<min>* • Schreitausbau *m*; schreitender Ausbau *m*

self-aligning ball bearing *SKF <mech.eng>* • Pendelkugellager *n SKF*

self-aligning roller bearing *<mech.eng>* • Radial--Pendelrollenlager *n*

self-balancing *<el.i&c>* • selbstabgleichend

self-check *<gen> (person, automat)* • Selbstkontrolle *f*

self-cleaning capability *<tech.gen>* • Selbstreinigungsvermögen *n*

self coiling cable lock *<vhcl>* • Spiral--Kabelschloss *n*

self-contained *<gen>* • geschlossen: in sich ~

self-contained component *<gen>* • selbstständige Baugruppe *f*; Baugruppe *f*: für sich alleine verwendbare ~

self-destruct feature *<mil> (e.g. of munitions)* • Selbstzerstörungsfähigkeit *f*

self-diagnosis *<i&c>* • Eigendiagnose *f*

self-dressing *<tool> (grinding wheel)* • selbstschärfend

self-elevating platform *<petr> (gen.)* • Hubinsel *f*

self-erecting box *<pack>* • Aufrichteschachtel *f*; Aufrichtekarton *m*

self-excitation *<phys> (vibration)* • Eigenerregung *f*; Selbsterregung *f*

self-excited *<el>* • selbsterregt

self-excited *<phys>* • eigenerregt

self-exciting *<el>* • selbsterregend

self-healing *<tech.gen>* • selbstheilend

self-healing *<el> (of capacitors)* • Ausheilvorgang *m*

self-heating *ISO 13943 <tech.gen> (e.g. of copra)* • Selbsterhitzung *f ISO 13943*

self-leveling screed *US <build>* • Fließestrich *m DIN 18560-1*

self-loading *<tech.gen>* • selbstladend

self-locking *<tech.gen> (gear; e.g. garage door drive)* • selbstsperrend

self-locking *<mech.eng> (jamming; e.g. nut)* • selbsthemmend; selbstsichernd

self-locking nut *US <join> (prevailing torque nut with a Nylon ring insert)* • selbsthemmende Mutter *f*; Sechskantmutter mit Klemmteil *f DIN 985*; selbstsichernde Mutter *f prakt*; Sicherungsmutter *f ugs*; Stoppmutter *f ugs*

self-oscillation *<tech.gen>* • Schwingungs-Selbstanregung *f*

self-oscillation *<phys> (electromagnetic)* • Eigenschwingung *f*

self park *US <traff> (on ground level only, outdoors)* • Parkplatz *m*

self-propelled *<tech.gen>* • selbstgetrieben

self-propelled excavator *<build.mach>* • Mobilbagger *m*

self-resetting *<i&c> (e.g. counter)* • Selbstrückstellung *f*

self-sealing coupling *<pos> (for pipe, hose)* • Schnellkupplung *f*

self-sharpening *<tool> (gen.; incl. scissors)* • selbstschärfend

self-skinning rigid foam *<plast.nav>* • Strukturschaumstoff *m*

self-starting rotor *<energ.wind>* • selbstanlaufender Rotor *m*

self-steering effect *<mvhcl> (e.g. of tires)* • Eigenlenkverhalten *n*

self-sufficiency *<tech.gen>* • Selbstversorgung *f*

self-support *<gen>* • Selbstversorgung *f*

self-supporting *<tech.gen> (design principle)* • selbsttragend

self-supporting tire *SUS SP-1338 <mvhcl>* • Reifen mit Notlaufeigenschaften *m*

self-sustaining *<tech.gen> (e.g. motion, process)* • selbstständig

self tapping screws *<join> (generic term)* • Schneidschrauben *fpl*

self-test *<tech.gen>* • Selbsttest *m*

self-zeroing *<i&c> (e.g. counter)* • Selbstrückstellung *f*

selvage *<tech.gen> (surrounding surplus material; e.g. around postage stamps)* • Rand *m*

selvage *<textil> (edge of woven fabrics, prevents raveling)* • Leiste *f*

semi-automated *<tech.gen>* • teilautomatisiert

semiautomatic *<tech.gen> (e.g. transmission, gun)* • halbautomatisch

semi-automatic firearm *<mil> (gun, rifle, pistol)* • Selbstladewaffe *f*; halbautomatische Waffe *f*; selbstladende Waffe *f*

semi-automatic gun *<mil>* • halbautomatische Waffe *f*; Halbautomat *m*; Selbstlader *m*

semi-automatic operation *<logist> (S/R machine)* • teilautomatischer Betrieb *m*

semicircle *<math>* • Halbkreis *m*

semicircular *<gen> (two-dimensional)* • halbrund

semiconductor *<el> (e.g. silicon)* • Halbleiter *m*

semiconductor depletion region *<el.ic.prod>* • Elektronenverarmungszone *f*

semiconductor diode *<el>* • Halbleiterdiode *f*

semiconductor physics *<phys>* • Halbleiterphysik *f*

semi-detached house *<build>* • Doppelhaushälfte *f*

semi-finished product *<prod> (gen.; e.g. sheets, shapes, tubing)* • Halbzeug *n*; Halberzeugnis *n*; Halbfabrikat *n*; Halbfertigerzeugnis *n rar*

semikilled steel *<metal>* • halbberuhigter Stahl *m*

semilunar *<gen>* • halbmondförmig

semimonocoque construction *<aerosp> (fuselage)* • Halbschalenbauweise *f*; Semimonocoque-Bauweise *f*; Semimonocoque-Konstruktion *f*

semipermeable *<phys>* • semipermeabel; halbdurchlässig

semipermeable *<phys> (partially permeable)* • teildurchlässig

semipermeable membrane *<phys>* • halbdurchlässige Membran *f*; halbdurchlässige Wand *f*

semiprecious gemstone *<mat>* • Halbedelstein *m*

semi-precious stone *<min>* • Schmuckstein *m*; Halbedelstein *m obs*

semirigid airship *<aerosp> (lighter--than-air aircraft)* • halbstarres Luftschiff *n*; Kielgerüst-Luftschiff *n*

semiskilled *<did>* • angelernt

semispherical *<tech.gen>* • halbkugelförmig

semitrailer *<comvhcl> (connected via a tractor fifth wheel)* • Sattelanhänger *m*; Sattelauflieger *m*; Auflieger *m ugs*; aufgesattelter Anhänger *m obs.rar*

semitrailer unit *<comvhcl> (fifth-wheel tractor and trailer)* • Sattelschleppzug *m*; Sattelschlepper *m ugs*

semi-trailing arm rear axle *<mvhcl> (rear suspension)* • Schräglenkerachse *m*; Schräglenkerhinterachse *m*

semi-trailing link *<mvhcl>* • Schräglenker *m*

semi-transparent *<opt>* • teildurchlässig

semivolatile organic compound (SVOC) *<chem>* • schwerflüchtige organische Verbindung *f*

send *vt <tech.gen> (material; e.g. parcel, letter, data)* • senden *vt*

sender *<gen> (of a message)* • Sender *m*

sendzimized *<srfc> (steel)* • sendzimirverzinkt

sense *vt <i&c>* • abtasten *vt*

sense *vt <i&c> (by means of sensors; e.g. temperature, pressure, radiation, motion)* • erfassen *vt*; detektieren *vt*; abtasten *vt*; fühlen *vt rar*; registrieren *vt rar*

sense *vt <i&c>* • fühlen *vt*

sensibility *<gen> (physiological)* • Empfindlichkeit *f*

sensible heat *<therm>* • fühlbare Wärme *f*; sensible Wärme *f*

sensing *<i&c> (e.g. electrical, mechanical, optical)* • Abtasten *n*

sensing device *<i&c>* • Abtasteinrichtung *f*

sensing element *<i&c> (part of a transducer)* • Messwertaufnehmer *m*; Messaufnehmer *m DIN 1319-1*; Messgrößenaufnehmer *m*; Aufnehmer *m*; Fühlerelement *n*

sensing head *<i&c> (part of a sensor)* • Messkopf *m*

sensitive *<gen> (delicate; e.g. system, area, skin)* • empfindlich

sensitive *<gen>* • feinfühlig

sensitive *<el> (in an electrotechnical context)* • empfindlich; sensibel

sensitive to impact *<tech.gen>* • stoßempfindlich

sensitive to vibration *<tech.gen>* • erschütterungsempfindlich

sensitivity *<tech.gen>* • Empfindlichkeit *f*

sensitivity *<av> (of microphone)* • Empfindlichkeit *f*; Übertragungsfaktor *m*; Übertragungsmaß *n*; Übertragungskoeffizient *m rar.DIN*

sensitivity *<i&c> (of instruments)* • Empfindlichkeit *f*

sensitized side *<tech.gen> (emulsion surface)* • Schichtseite *f*

sensor (SENS) *<i&c> (complete unit)* • Sensor *m*; Messfühler *m*; Fühler *m prakt*

sensor face *<i&c>* • Fühlerfläche *f*

sensor summary *<gen>* • Sensor-Übersicht *f*

sensory threshold *<bio>* • Reizschwelle *f*

separable *<mech.eng>* • lösbar

separate *vi <phys> (e.g. boundary layer, vortices)* • ablösen *vr*

separate *vi <phys> (fluid flow)* • abreißen *vi*

separate *vi <srfc> (e.g. wall paper from wall)* • ablösen *vr*

separate *vi/vt <proc>* • entmischen *vt/vr*

separate *vt <tech.gen> (one element from the rest)* • absondern *vt*

separate *vt <tech.gen> (sth from sth; e.g. by cutting off)* • abtrennen *vt*

separate *vt <chem.proc> (in traps, separators; e.g. dust, oil, heavy matter)* • trennen *vt*; abtrennen *vt*

separate *vt <proc> (sort; e.g. acc. to size, density, weight)* • sortieren *vt*; klassieren *vt*

separate *vt <prod> (physically, into two or more parts; e.g. by cutting)* • zerteilen *vt*

separate by distillation *vt <phys>* • abtrennen *vt*

separate cooling *<hvac> (e.g. electric device, motor)* • Fremdkühlung *f*

separated collection *<waste> (of different types of materials; e.g. glass, plastics, paper, refuse)* • getrennte Erfassung *f*; Mülltrennung [am Entstehungsort] *f*; getrennte Sammlung *f*

separate out *vi <chem.proc> (e.g. solids from a fluid)* • abscheiden *vr*

separate the dross *vt <metal>* • abziehen *vt*

separating paper *<pap>* • Trennpapier *n*

separation *<tech.gen> (of one element from the rest)* • Absonderung *f*

separation *<agri> (of straw and chaff from the grain)* • Abscheidung *f*

separation *<chem> (of emulsions etc.; e.g. of paint and filler)* • Ausscheidung *f*

separation *<phys> (of fluid flow; e.g. of boundary layer, vortices)* • Ablösung *f*

separation *<proc> (chemical/physical; e.g. of dust, polluting particles)* • Abscheidung *f*; Abscheiden *n*

separation *sg <aerosp> (of aircraft; e.g. in approach)* • Staffelung *fsg*; Separation *f*

separation efficiency *<proc> (gen.; mechanical or chemical; e.g. of a filter, separator)* • Abscheidegrad *m*; Trennungsvermögen *n*

separation process *<proc> (e.g. by sorting, classifying, chem. reaction)* • Trennverfahren *n*

separator *<proc> (e.g. for particles, oil, vapor)* • Abscheider *m*; Separator *m rar*

sequence *<gen> (connected series)* • Abfolge *f*; Aufeinanderfolge *f*

sequence *<gen> (order of succession)* • Reihenfolge *f*

sequence *<tech.gen> (of steps, events)* • Abfolge *f*; Reihenfolge *f*

sequence *<tech.gen> (of a motion, process)* • Ablauf *m*

sequence *<bio.chem>* • Sequenz *f*

sequence *<math>* • Folge *f*

sequence *vt <tech.gen>* • aufreihen *vt*

sequence *vt <tech.gen> (sort)* • sortieren *vt*

sequence chart *<tech.gen>* • Folgediagramm *n*

sequence indicator *<gen>* • Richtungsanzeiger *m*
sequence of events *<tech.gen> (gen., any event)* • Ereignisabfolge *f*; Ereignisablauf *m*
sequence of events *<tech.gen> (of an operational disorder or accident without injury)* • Störfallablauf *m*
sequence of motions *<tech.gen>* • Bewegungsablauf *m*
sequence of operations *<prod> (of work)* • Arbeitsablauf *m*; Ablauf der Arbeitsgänge *m*
sequential access *<comp> (on a medium)* • sequentieller Zugriff *m*; linearer Zugriff *m*; eindimensionaler Zugriff *m*; serieller Zugriff *m*
sequential control *<i&c> (automatic, closed-loop)* • Folgeregelung *f*
sequential control *<i&c> (open loop)* • Folgesteuerung *f DIN 19237*; Ablaufsteuerung *f*; sequentielle Steuerung *f*
sequential fuel injection (SFI) *GM <mvhcl.mot>* • sequentielle Kraftstoffeinspritzung *f* (SFI); sequentielle Einspritzung *f prakt*; sequentielle elektronische Kraftstoffeinspritzung *f form*; sequentielle Fuel Injection *f Opel.werb*
sequential relation *ISO 12620 <term>* • sequentielle Beziehung *f*
serial *<tech.gen> (e.g. sequence, interface)* • seriell
serial interface *<comp> (slow)* • serielle Schnittstelle *f*; serieller Port *m*; serielles Interface *n*; serieller Anschluss *m*; COM-Port *m*
serial number *<tech.gen>* • Seriennummer *f*; Nummer der Produktionsserie *f rar*; Fabriknummer *f*
sericultural industry *<textil>* • Seidenzuchtindustrie *f*; Seidenraupenindustrie *f*
series *<gen> (sequence; e.g. of books, products, accidents)* • Serie *f*
series *<tech.gen>* • Reihe *f*
series *<comp>* • Folge *f*
series *<prod> (model; e.g. BMW 7 series)* • Baureihe *f*; Reihe *f prakt*; Typ *m*
series arrangement *<tech.gen>* • Reihenanordnung *f*
series-connected *<tech.gen> (e.g. resistors, pumps, chemical equipment)* • hintereinandergeschaltet; geschaltet: in Serie ~; geschaltet: in Reihe ~; Serie *f*: in ~ geschaltet; Reihe *f*: in ~ geschaltet
series-connected *<el>* • reihengeschaltet
series connection *<el>* • Reihenschaltung *f*; Hintereinanderschaltung *f rar*; Serienschaltung *f rar*; Serienverschaltung *f*
series of measurement *<gen>* • Reihenmessung *f*
series of tolerances *<gen>* • Toleranzreihe *f*
series parallel connection *<energ.sol> (of solar collectors, solar cells)* • kombinierte Parallel-/ /Serienschaltung *f*
series-produced component *<prod>* • Serienteil *n*
series production *<plast>* • Serienfertigung *f*
series small-batch production *<prod>* • Kleinserienfertigung *f*
series switch *<el>* • Reihenschalter *m*; Serienschalter *m*
serif font *<print> (e.g. Times New Roman)* • Serifenschrift *f*
serpentine belt *<mvhcl.mot>* • Keilrippenriemen *m*; Flachriemen *m*; Rippenkeilriemen *m rar*; Poly-V-Riemen *m rar*; Rippenriemen *m rar*
serrated *<tech.gen>* • gezahnt
serrated external tooth lock washer *<join>* • außengezahnte Fächerscheibe *f*; Fächerscheibe Form A *f*
serrated faces on grips *<qualit.mat> (e.g. tensile test)* • geriffelte Klemmoberfläche *f*
serrated lock washer *<join>* • Fächerscheibe *f DIN 6798*
serrated tear bar *<tech.gen> (for paper, film; e.g. tape dispenser, cling film box)* • gezahnte Abreißkante *f*
serration *<mech.eng> (of shaft and hub)* • Kerbverzahnung *f*
server *<comp>* • Server *m*
service *<econ> (e.g. of shop, restaurant, gasoline station)* • Bedienung *f*
service *<rep> (stress on: event, as in a*

schedule) • Wartung *f*; Inspektion *f ugs*

service *<tele> (e.g. mobile phone communication)* • Dienst *m*

serviceability *<tech.gen>* • Gebrauchstauglichkeit *f*

serviceable *<tech.gen>* • brauchbar; dienlich; verwendbar

serviceable *<tech.gen> (fit for use)* • einsatzfähig; einsetzbar; tauglich

service area *<tele> (of cell phone network, radio stations)* • Empfangsbereich *m*

service brake system *<mvhcl.brake> (stress on: the system)* • Betriebsbremsanlage *f* (BBA); Betriebsbremse *f prakt*; Fußbremse *f ugs*

service ceiling *<aerosp>* • Dienstgipfelhöhe *f*; Betriebsgipfelhöhe *f*; praktische Gipfelhöhe *f*

service center *US <econ>* • Kundendienstzentrum *n*

service denial *<tele>* • Anschlusssperrung *f*

service door *<tech.gen> (e.g. boiler, furnace, bunker)* • Zugangsklappe *f*

service entrance *<energ.el>* • Hausanschluss *m*

service entrance box *<energ.el>* • Hausanschlusskasten *m*

service failure *<tech.gen> (e.g. of an elevator)* • Betriebsstörung *f*

service fluids *<tribo> (lubricants, fuel)* • Betriebsmittel *npl*

service instructions *<docu.rep> (for service, reconditioning and repair ; typ. a manual)* • Instandsetzungsanleitung *f*; Instandsetzungsanweisungen *fpl*

service interval *<rep> (time between service efforts)* • Wartungsintervall *n*; Zeitspanne zwischen Wartungsmaßnahmen *f form*; Inspektionsintervall *n ugs*; Serviceintervall *n*

service life *<build> (of building structures)* • Nutzungsdauer *f*

service limit *<qualit> (e.g. machine, tool)* • Verschleißgrenze *f*

service load *<build> (e.g. on floors, bridges)* • Gebrauchslast *f*

service manual *<docu.rep> (for service, reconditioning and repair work; in print)* • Instandsetzungshandbuch *n*; Reparaturhandbuch *n ugs*

service manual *<docu.rep> (in print; may have several volumes; e.g. Boeing 747: 41,000 pp)* • Wartungshandbuch *n*; Instandhaltungshandbuch *n*

service pipe *<pps.build>* • Anschlussrohr *n*

service provider *<econ>* • Dienstleister *m*; Dienstleistungsanbieter *m*

service record *<mvhcl.docu>* • Kundendienst-Scheckheft *n*; KD-Scheckheft *n prakt*; Scheckheft *n ugs*

service robot *<autom> (for cleaning tasks)* • Reinigungsroboter *m*; Putz- und Reinigungsroboter *m form*; Serviceroboter *m*; Putzroboter *m prakt*; Service-Roboter *m*

service speed *<nav>* • Dienstgeschwindigkeit *f*

services sector *<econ>* • Dienstleistungssektor *m*

service station *<mvhcl> (large; e.g. with car wash, tire repair)* • Großtankstelle *f*

service temperature *<tech.gen> (of small user products)* • Gebrauchstemperatur *f*

service weight *<vhcl> (without load, passengers)* • Eigengewicht *n*

servicing time *<qualit> (stress on: time lost due to downtime)* • Ausfallzeit durch Reparatur und Wartung *f*

serving trolley *<gen>* • Servierwagen *m*

servo drive *<tech.gen>* • Servoantrieb *m*

servo motor *<i&c> (typ. an electric motor; also hydraulic motor)* • Stellmotor *m*

servo piston *<mech.eng>* • Arbeitskolben *m*

set *<tech.gen> (e.g. machine, measurement instrument)* • eingestellt

set *<tech.gen> (a totality of related parts)* • Einheit *f*

set *<tech.gen> (of related objects; e.g. of wheels, drawings)* • Satz *m*

set *<tele> (appliance; e.g. TV, radio etc.)* • Gerät *n*

set *vi <tech.gen> (become hard; e.g. adhesives, cement, bentonite, resins)* • abbinden *vi*; hart werden *vi ugs*; fest werden *vi ugs*; erhärten *vi rar*; verfestigen *vr*

set *vi <build.mat> (become solid, hard; e.g. plastics, cement)* • erstarren *vi*;

abbinden *vi*; fest werden *vi ugs*

set *vi <mat> (start to become solid; e.g. putty, adhesive)* • anziehen *vt*

set *vt <i&c> (e.g. machine, tool)* • justieren *vt*

set *vt <phot> (the aperture, shutter speed, etc.)* • einstellen *vt*

set *vt <prod> (gemstones)* • einfassen *vt*; fassen *vt*

set *vt <textil> (dyes)* • fixieren *vt*

set at an angle *vt <tech.gen> (e.g. slide, sight)* • schrägstellen *vt*

set off *vi <print> (fresh ink, on adjacent sheet)* • abschmieren *vi*; abschmutzen *vi*; abliegen *vi*

set off *vt <tech.gen> (shift, move)* • absetzen *vt*

set off *vt <tech.gen> (a process; e.g. a chain reaction)* • einleiten *vt*

set of taps *<tool>* • Gewindebohrersatz *m*

set out *vt <tech.gen> (put in a specific place; e.g. tools, component parts)* • anordnen *vt*; arrangieren *vt*; platzieren *vt*; plazieren *vt obs*; positionieren *vt*

setscrew *ISO 7435 <mech.eng> (stress on: shape; usu. very small)* • Gewindestift *m DIN 417*; Madenschraube *f ugs*; Wurmschraube *f ugs*

set solid *vt <print> (arrange lines without leading)* • kompress setzen *vt*

set square *ISO 9960-1 <tool.docu> (T-shaped; for drawing, marking)* • Winkel *m DIN ISO 9960-1*

set supports *vt <min>* • ausbauen *vt*

set theory *<math>* • Mengenlehre *f DIN 5473*

setting *<garm> (for gems)* • Fassung *f*

setting *<i&c> (of configurations, process parameters etc.)* • Einstellung *f DIN 2257*

setting *<mat> (turning hard, solid; e.g. of adhesives, concrete, resins)* • Abbinden *n*; Erhärten *n*; Erhärtung *f*

setting *<mech> (clockwork; metal ring holding a jewel bearing)* • Futter *n*

setting *<textil> (of synth. fibers)* • Fixierung *f*

setting accelerator *<tech.gen> (gen.; e.g. for adhesives, concrete, resins)* • Abbindebeschleuniger *m*

setting angle *<mach.tool> (tool)* • Einstellwinkel *m*

setting angle *<tool> (of a cutting tool)* • Anstellwinkel *m*

setting control *<el> (e.g. for date, time, brightness, contrast)* • Einstellknopf *m*

setting mark *<i&c>* • Einstellmarke *f*

setting-out drawing *ISO 10209-4 <build.docu>* • Vermessungsplan *m DIN ISO 10209-4*

setting range *<tech.gen> (of machine, measurement apparatus, camera etc.)* • Einstellbereich *m*

setting repeatability *<tech.gen>* • Einstellwiederholgenauigkeit *f*

setting time *<mat> (gen. time to turn solid)* • Abbindezeit *f*; Abbindedauer *f*

setting-up *<tech.gen> (of hardware, furniture, apparatuses)* • Aufbau *m*

settle *vi <tech.gen> (e.g. dust, pointer of an instrument)* • beruhigen *vr*

settle *vi <build> (ground, building, structure)* • setzen *vr*

settle *vi <chem.proc> (due to a separation process)* • niederschlagen *vr*; ausfällen *vi*; abscheiden *vr*

settle *vi <i&c> (oscillations, deviations in a closed-loop control system)* • ausregeln *vr*

settle *vt <phys> (go down; e.g. oscillation, curve in diagram)* • abklingen *vi*

settle down *vt <chem.proc>* • absetzen *vr*

settlement *<geo> (of ground; e.g. due to building loads)* • Absenkung *f*; Setzung *f*

settlement crack *<build>* • Setzungsriss *m*

settle [on] *vi <srfc> (particles, suspended solids; e.g. pigments)* • abscheiden [auf] *vr*; niederschlagen [auf] *vr*; ablagern [auf] *vr*

settling *<phys> (of suspended particles)* • Ablagerung *f*; Ausscheiden *n*

settling material *<waste>* • Sinkstoffe *mpl*

settling pond *<waste>* • Klärteich *m*

settling rate *<proc> (of suspended particles, sediments)* • Sinkgeschwindigkeit *f*; Absetzgeschwindigkeit *f*; Absenkungsgeschwindigkeit *f rar*

settling surface *<agri.tech> (for microorganisms; e.g. for biogas* *production)* • Ansiedelungsfläche *f*; Kontaktfläche *f*; Siedlungsfläche *f*

settling tank *<proc.hydr> (closed vessel)* • Absetzbehälter *m*; Absetztank *m prakt*; Absetzgefäß *n form*; Klärtank *m*; Klärgefäß *n*

settling tank *<waste.hydr> (open basin; water treatment)* • Absetzbecken *n*; Sedimentationsbecken *n*; Klärbecken *n*

settling time *<mech> (of vibrations)* • Ausschwingzeit *f*

settling velocity *<proc> (of suspended particles; e.g. in separators, precipitators)* • Fallgeschwindigkeit *f*; Sinkgeschwindigkeit *f*

set-up *<mach.tool>* • Aufspannung *f*

set up *vt <tech.gen> (mount; e.g. booth, stand, machine)* • aufstellen *vt*

set up *vt <build> (e.g. monument, stage; company)* • errichten *vt*

set up *vt <prod> (e.g. workpiece)* • spannen *vt*

set up *vt <theat> (stage)* • aufbauen *vt*

set-up time *<tech.gen>* • Vorbereitungszeit *f*

set value *<i&c> (of a controlled system; e.g. a specific temperature)* • Sollwert *m*

sevenfold *<gen>* • siebenfach

seven-segment display *<el> (e.g. LED, LCD)* • Siebensegmentanzeige *f*

sever *vt <prod>* • durchtrennen *vt*

severe *<tech.gen> (e.g. error, damage)* • gravierend

severe *<tech.gen> (conditions)* • rau

sew *vt <print>* • heften *vt*

sew *vt <textil.join> (with yarn)* • nähen *vt DIN 55 405*

sewage collection system *<build.waste> (sanitary engineering)* • Kanalisation *f*; Kanalisationsnetz *n*

sewage power plant *US <energ.hydr> (driven by waste water, effluents)* • Abwasser-Kraftwerk *n*

sewage sludge *<waste>* • Klärschlamm *m*; Abwasserschlamm *m*

sewage treatment plant *<waste.hydr> (for wastewater purification)* • Kläranlage *f DIN 4045*; Abwasserreinigungsanlage *f*; ARA *A*; Klärwerk *n prakt*; Abwasseraufbereitungsanlage *f*; Abwasserkläranlage *f*

sewer *<waste> (artificial conduit for waste water and refuse; usu. underground)* • Abwasserkanal *m*; Abflusskanal *m*; Abwasserleitung *f*; Siel *n*

sewer *vt <build> (drain water)* • entwässern *vt*

sewer *vt <waste> (sanitary sewage and storm water)* • kanalisieren *vt*

sewerage *<proc> (draining of water)* • Entwässerung *f*

sewerage *<waste>* • Abwasserkanalisation *f*

sewerage system *<build>* • Schmutzwasserkanalisation *f*

sewer pipe *<build.waste> (sanitary engineering)* • Kanalisationsrohr *n*

sewer pipe *<waste.hydr>* • Abwasserrohr *n*; Kanalrohr *n*

sewer rehabilitation *BS 6100 <pps.rep>* • Kanalsanierung *f DIN EN 752-5*

sewing machine *<textil>* • Nähmaschine *f DIN 5307*

sewing thread *<textil> (e.g. made of cotton)* • Nähgarn *n*; Nähzwirn *m*; Nähfaden *m*

sew-on badge *<garm>* • Aufnäher *m*

shackle *<tech.gen> (of a padlock)* • Bügel *m*

shackle *<join> (gen.; usu. U-shaped)* • Schäkel *m*

shackle insulator *<energ.el>* • Schäkelisolator *m*

shackle lock *<vhcl> (for bike)* • Bügelschloss *n*

shackle pin *<mech.eng> (e.g. threaded or with cotter pin)* • Schäkelbolzen *m*

shade *<build> (building element)* • Abschattungselement *n*

shade *<light> (e.g. of lamp)* • Schirm *m*

shade *<opt> (stress on: fine difference in color)* • Farbnuance *f*; Farbschattierung *f*; Schattierung *f*

shade *<srfc> (of color; e.g. in dyeing, labeling of garments)* • Farbton *m*; Ton *m*

shade *vt <tech.gen>* • beschatten *vt*

shade *vt <comp> (image rendering)* • schattieren *vt*

shade *vt <light> (e.g. solar collector)* • abschatten *vt*

shade *vt <srfc>* • abtönen *vt*

shade of grey *<phot> (black-and-white*

photography) • Grauwert *m*; Graustufe *f*; Grauton *m*
shading *<tech.gen> (e.g. of solar collectors, parking lots, buildings)* • Abschattung *f*; Beschattung *f*
shading *<comp> (special rendering method)* • Schattierung *f*; Shading *n*
shading dye *<textil>* • Abtönungsfarbstoff *m*
shadow *<gen>* • Schatten *m*
shadow detail *<phot>* • Durchzeichnung der Schatten *f*
shadow effect *<tele>* • Abschattungsverlust *m*
shadow gap *<build.int>* • Schattenfuge *f*
shadow mask *<av> (in CRT, gen.; circular apertures, slots, Trinitron)* • Schattenmaske *f*
shaft *<mech.eng> (e.g. a drive shaft)* • Welle *f*
shaft *<mil> (of firearm; made of wood, vinyl, or metal)* • Schaft *m*
shaft *<min> (vertical)* • Schacht *m*
shaft *<tool> (of axe, hammer)* • Schaft *m*
shaft seal *<mech.eng> (e.g. of pumps, crankshafts)* • Wellendichtung *f*; Wellenabdichtung *f rar*
shaft sealing *<mech.eng>* • Wellenabdichtung *f*
shaft tower *<min>* • Förderturm *m*
shagreen paper *<pap>* • Chagrinpapier *n*
shake *<qualit.mat> (internal)* • Riss *m*
shake *vt <gen>* • erschüttern *vt*
shake *vt <tech.gen> (e.g. grate, sieve)* • rütteln *vt*
shaker conveyor *<convey>* • Schüttelförderer *m*
shale *<geo.build.mat>* • Schiefer *m*
shallow *<tech.gen> (e.g. lake, river, foundation, screw head, dish)* • flach
shallow out *vi <prod> (e.g. groove)* • auslaufen *vi*
shallow water *<geo>* • Flachwasser *n*
shank *<join> (of bolts; may be fully or partially threaded)* • Schaft *m*; Schraubenschaft *m*; Schraubenbolzen *m*
shank *<tool> (gen. of a tool)* • Griff *m*
shank diameter *<tech.gen>* • Schaftdurchmesser *m*
shank taper *<mach.tool> (on tools)* • Konus *m*; konusförmiger Schaft *m*
shape *<tech.gen> (outline, form)* • Form *f*
shape *<math> (geometr.)* • Figur *f*
shape *vt <tech.gen> (bring into shape)* • formen *vt*
shape *vt <prod> (with a shaper; e.g. keyways)* • stoßen *vt*
shaped *<prod>* • geformt
shaped bloom *<metal> (after pre- -rolling)* • Block *m*
shape distortion *<tech.gen>* • Formverzerrung *f*
shapeless *<gen>* • gestaltlos
shapeless *<tech.gen> (e.g. trousers)* • formlos
shape memory alloy (SMA) *<metal>* • Formgedächtnislegierung *f*; Formgedächtnismetall *n*
shape retaining *<qualit.mat> (seat pad)* • formbeständig; formstabil
shaping *<prod> (gen.; any method of producing a shape)* • Formgebung *f*
shaping *<prod> (cutting)* • Waagerechtstoßen *n*; Waagrechtstoßen *n*
shaping machine *<mach.tool> (tool is pushed against the stationary work)* • Waagerechtstoßmaschine *f*; Horizontal-Stoßmaschine *f*; Stoßmaschine *f prakt*
shard *<mat> (sharp fragment; typ. of glass)* • Splitter *m*
shared component *:V <prod> (in several product lines)* • Gleichteil *n*
sharp-edged *<tech.gen>* • scharfkantig
sharp-edged *<tool> (blade, cutting tool)* • scharf
sharp-edged orifice *<tech.gen>* • scharfkantige Öffnung *f*
sharpen *vt <prod> (grinding wheel)* • aufrauen *vt*
sharpen *vt <tool> (e.g. pencil)* • anspitzen *vt*
sharpen *vt <tool>* • schärfen *vt*; schleifen *vt*
sharply selective *<tech.gen>* • scharf trennend
sharpness *<docu> (of images)* • Schärfe *f*; Deutlichkeit *f rar*
shatter *vt <tech.gen> (destroy, physically or metaphorically; e.g. glass, stone)* • zertrümmern *vt*
shave *vi <drive> (gears)* • schaben *vi*
shave *vt <hygi> (facial or body hair)*

• rasieren *vt*

shave *vt <textil.prod> (e.g. sheep)* • scheren *vt*

shave off *vt <proc> (filter cake, crud, deposits; e.g. from filter screen)* • abschälen *vt*

shaver *<hygi> (gen.; wet or dry)* • Rasierapparat *m*; Rasierer *m*

shaver *<hygi.tool>* • Trockenrasierer *m*; Elektrorasierer *m*

shaving *<wood.prod> (chip)* • Span *m*

shaving foil *<hygi>* • Scherblatt *n*; Scherfolie *f rar*; Rasierfolie *f rar*

shear: subject to ~ *vt <mech> (with regard to type of load, forces involved)* • Scherkräfte *fpl*: auf ~ beanspruchen *vt*

shear *<meteo> (wind; e.g. dangerous for aircraft and wind turbines)* • Scherung *f*

shear *vt <prod> (separating by means of shear stress)* • scheren *vt*

shear *vt <prod> (cutting; e.g. with metal snips)* • schneiden *vt*

shear angle *<tech.gen> (gen.)* • Scherwinkel *m*

shear direction *<tech.gen>* • Scherungsrichtung *f*

shear edge *<plast> (e.g. of blow mold)* • Abquetschrand *m*

shear fracture *<qualit.mat>* • Scherbruch *m*; Schubbruch *m*

shear modulus (G) *<qualit.mat>* • Schubmodul *m* (G); Elastizitätsmodul bei Schub *m*; Schubelastizitätsmodul *m*; Scherungsmodul *m*; Gleitmodul *m*

shear [off] *vt <mech.eng> (e.g. pin, bolt, overload protection)* • abscheren *vt*

shear pin *<mech.eng> (stress on: heavy gage)* • Abscherbolzen *m*; Scherbolzen *m*

shear pin *<mech.eng> (small)* • Abscherstift *m*; Scherstift *m*

shear plane *<mech>* • Scherebene *f*; Schubebene *f*

shears *pl <tool> (heavy-duty tool; e.g. for hair, metal, tree cutting)* • Schere *f*

shear stress *<mech> (lateral thrust)* • Schubspannung *f*; Scherspannung *f*; Schubbeanspruchung *f*; Scherbeanspruchung *f*; Schub *m*

shear velocity *<tech.gen> (e.g. of oil, plasticized plastic)* • Schergeschwindigkeit *f*; Schergefälle *n rar*

sheath *<energ.el> (of cables; polymer or metal)* • Kabelmantel *m*; Mantel *m prakt*

sheath *<pack> (e.g. for sliding calipers, knife)* • Futteral *n*

sheath *<pack> (for protection, carrying; e.g. of weapons, knifes, fishing tackle, ins)* • Futteral *n*

sheath *<pps> (around a pipe)* • Hüllrohr *n*

sheath *vt <el> (cable)* • bewehren *vt*; armieren *vt*

sheathe *vt <prod>* • ummanteln *vt*

sheathing *<tech.gen> (envelope; usu. soft)* • Hülle *f*

sheathing *<tech.gen> (cylindrical, hard)* • Hülse *f*

shed *<build> (slight or rude structure, usu. built for storage)* • Schuppen *m*; Hütte *f*

shed *vt <gen> (water)* • ableiten *vt*

shed *vt <gen> (liquid)* • verschütten *vt*

shed roof *US <build> (stand-alone or lean-to)* • Pultdach *n*; Halbdach *n*

sheer *<garm> (transparently thin, diaphanous fabrics; e.g. nylons, lingerie)* • durchscheinend

sheer *<textil> (fine, delicate; e.g. stockings, nylons)* • fein

sheet *<mat> (e.g. metal sheet)* • Platte *f*

sheet *<math> (surface of a geometrical body)* • Schale *f*

sheet *<metal> (gauge 0.008 … 5mm)* • Feinblech *n*

sheet *<metal> (of metal; very thin gauge only)* • Folie *f*

sheet *<pap> (paper, carton)* • Blatt *n*

sheet *<plast> (of plastic, vinyl; gauge > 0.25 mm)* • Folie *f*; Kunststofffolie *f*; Plastikfolie *f ugs*

sheet *<print> (e.g. of paper, carton)* • Bogen *m*

sheet *vt <metal>* • auswalzen *vt*

sheet asphalt *<build.mat> (top layer of asphalt mastic)* • Asphaltdeckschicht *f*; Asphaltmastixdeckschicht *f*

sheet blowing *<plast>* • Folienblasen *n*

sheet brass *<mat>* • Messingblech *n*

sheet die *<plast.tool>* • Folienwerkzeug *n*

sheet extrusion *<plast>* • Folienextrusion *f*; Folienstrangpressen *n rar*

sheeting *<plast> (e.g. for covering)* • Folie *f*

sheet metal *<metal> (any metal; e.g. of steel, aluminum, brass, copper)* • Blech *n*

sheet-metal bending machine *<mach.tool>* • Blechbiegemaschine *f*

sheet-metal case *<tech.gen>* • Blechgehäuse *n*

sheetmetal crimping tool *<tool> (to step panel edges)* • Absetzzange *f*

sheet-metal-enclosed *<tech.gen>* • blechgekapselt

sheet metal folder *<mach.tool>* • Abkantbank *f*

sheet metal screw *ISO 1891 <join> (for use with sheet metal; pointed tip, various heads)* • Blechschraube *f DIN 7981*

sheet-metal spinning *<prod.metal> (e.g. can production)* • Drücken *n DIN 8585*; Blechdrücken *n*

sheet molding compound (SMC) *<plast>* • Sheet-Moulding-Compound *n* (SMC); SMC-Formmasse *f*

sheet-pile wall *<build> (of trenches, pits, river embankments)* • Spundwand *f*; Spundwerk *n*

sheet piling *<build> (apron-style; e.g. in front of platform)* • Spundwandschürze *f*

sheet rolling *<metal> (gen.; of coilable sheet metal)* • Blechwalzen *n*

sheet rolling *<metal> (of thin sheet metal)* • Feinblechwalzen *n*

sheet scrap *<waste>* • Blechschrott *m*

sheet separator *<print>* • Abstreicher *m*

sheet size *<pap>* • Blattformat *n*; Blattgröße *f*; Bogenformat *n*; Bogengröße *f*

sheet welding device *<plast.join>* • Folienschweißgerät *n*

shelf *<int> (a unitary bookshelf etc., with one board only)* • Regal *n DIN 68880-1*

shelf *pl*: **shelves** *US <logist> (of storage rack; e.g. in a bookcase)* • Regalfach *n*

shelf *pl*: **shelves** *<logist> (one board in a rack, book shelves etc.; usu. of metal, wood)* • Fachboden *m*; Einlegeboden *m*; Regalboden *m*; Bord *n ugs*

shelf level *<logist> (shelving)* • Fachebene *f*

shelf life *<tech.gen> (gen.; durability, the period of time during which sth. lasts)* • Haltbarkeit *f*

shelf life *<qualit.mat> (period of time during which a product may be stored)* • Lagerbeständigkeit *f*; Lagerfähigkeit *f*; Lagerungsfähigkeit *f*

shell *<tech.gen> (housing; usu. hard)* • Gehäuse *n*

shell *<tech.gen> (hard housing etc.; usu. of sheet steel; e.g. of mufflers, doors)* • Schale *f*

shell *<food> (e.g. of eggs, nuts)* • Schale *f*

shell *<metal> (of blast furnace)* • Panzer *m*

shell *<nav> (outer skin of a boat, ship)* • Außenhaut *f*

shell *<phys> (atom)* • Schale *f*

shell *<proc> (of cylindrical components; e.g. of a steam generator)* • Mantel *m*

shellac *<srfc>* • Schellack *m*

shell bearing *<mech.eng> (split friction bearing)* • Schalenlager *n*; Gleitlager *n*

shell blank *<prod>* • Zuschnitt *m*

shell construction *<tech.gen> (design principle)* • Schalenbauweise *f*

shell drill *ISO 5419 <tool>* • Aufsteckbohrer *m DIN ISO 5419*

shell element model *<tech.gen>* • Schalenelement-Modell *n*

sheller *<food.prod> (removes shell; e.g. from nuts)* • Schalenentferner *m*

shell model *<phys>* • Schalenmodell *n*

shell plate *<proc> (e.g. of cylindrical tanks, vessels, steam generators)* • Mantelblech *n*

shell structure *<tech.gen> (actual object so designed)* • Schalenkonstruktion *f*

shell structure *<tech.gen> (building, roof; vehicle)* • Schalenstruktur *f*

shelter *<build> (for weather protectionof people, animals, equipment; hut etc.)* • Unterstand *m*

shelve *vi <geo>* • allmählich abfallen *vi*

shelve *vt <logist> (put on shelves)* • einstellen *vt*

shelving *<logist>* • Fachbodenregal *n*

shield *<tech.gen> (protecting function; e.g. made of steel, acrylic)* • Schutzschild *m*; Schild *m prakt*

shield *<phys> (e.g. aluminum foil tape, tinned copper braid, lead, concrete)* • Abschirmung *f*

shield <*phys*> *(against radiation)* • Schirm *m*
shield *vt* <*tech.gen*> *(from external influence; e.g. precipitation, radiation, fields)* • abschirmen [gegen] *vt*; schützen [vor] *vt*
shield bag <*pack*> *(e.g. for electronic devices, films)* • Abschirmbeutel *m*
shield braid <*el*> *(e.g. of coaxial antenna cable)* • Abschirmlitze *f*; Abschirmgeflecht *n*
shielded <*el*> *(e.g. conductor, wire, cable, device, appliance, system)* • abgeschirmt; geschirmt
shielded <*el*> • geschützt
shielded ... <*phys*> *(e.g. against nuclear radiation, x-rays)* • Abschirm...; abgeschirmt
shielded cable <*el*> • geschirmtes Kabel *n*; abgeschirmtes Kabel *n*; Kabel mit Abschirmung *n*; Abschirmkabel *n rar*
shielded enclosure <*tech.gen*> • abgeschirmtes Gehäuse *n*
shielded twisted pair CAT-5 cable <*comp*> • geschirmtes TP--CAT.5-Kabel *n*
shielding <*phys*> *(process; e.g. against EMI, radiation)* • Abschirmung *f*
shielding concrete <*build.mat*> • Abschirmbeton *m*
shielding layer <*tech.gen*> • Schutzschicht *f*
shielding material <*tech.gen*> • Abschirmmaterial *n*; Abschirmwerkstoff *m*
shielding slab <*nucl*> *(concrete)* • Abdeckriegel *m*
shield tunneling *US* <*min*> • Schildvortrieb *m*
shift <*econ*> *(working schedule)* • Schicht *f*
shift *vi* <*tech.gen*> *(from A to B)* • wechseln *vi*
shift *vt* <*tech.gen*> *(position; by pushing, over a small distance; e.g. furniture)* • rücken *vt*
shift *vt* <*tech.gen*> *(in space, time)* • verschieben *vt*
shift *vt US* <*mvhcl.drive*> *(gears)* • schalten *vt*
shift *vt* <*term*> *(e.g. accent, stress)* • verlagern *vr*
shift-by-wire <*mvhcl*> *(transmission)* • elektrisch geschaltet
shift gate <*mvhcl*> • Schaltkulisse *f*
shifting <*gen*> *(e.g. accent, production, center of gravity)* • Verlagerung *f*
shifting <*tech.gen*> *(replacement)* • Umsetzung *f*
shifting lever <*vhcl*> *(on bicycles; usu. a very short, button-style lever)* • Schalthebel *m*; Gangschalthebel *m*
shifting register <*comp*> *(stores and transports binary data)* • Schieberegister *n DIN19237*; Verschieberegister *n*
shift key <*comp*> *(on keyboard)* • Umschalttaste *f*
shift lever knob <*mvhcl*> • Schalthebelknauf *m*
shift paddle <*mvhcl*> *(on steering column)* • Schaltwippe *f*; Schaltpaddel *n*
shift paddle <*mvhcl*> *(on steering wheel; for up- and downshifting)* • Schaltwippe *f*
shift program <*mvhcl.i&c*> *(of automatic transmissions; e.g. fuel saving, performance, snow)* • Schaltprogramm *n*; Fahrprogramm *n*
shift speed <*mvhcl.drive*> *(of automatic transmissions; typ. 0.2 seconds)* • Schaltgeschwindigkeit *f*
shim <*mech.eng*> *(gen.; any shape, usu. a thin plate, washer, spacer)* • Beilegscheibe *f*; Beilegescheibe *f*; Beilagscheibe *f A*; Beilage *f*
shim <*mech.eng*> *(heavy gauge)* • Unterlegplatte *f*
shim *vt* <*mech.eng*> *(bolster, pad with shims; e.g. to set correct dimensions)* • unterlegen *vt*; ausdistanzieren *vt*
shimmer *vi* <*phot*> *(microprisms)* • flimmern *vi*
shimmy *vi* <*vhcl*> *(wheel)* • flattern *vi*
shimmy damper <*vhcl*> *(e.g. of nose gear)* • Flatterdämpfer *m*
shimmying <*vhcl*> *(lateral vibration of a wheel)* • Flattern *n*
shine *vi* <*srfc*> *(polished surface)* • glänzen *vi*
shingle <*build*> *(gen. of wood; e.g. larch)* • Schindel *f DIN 68119*
ship <*nav*> • Schiff *n*
ship *vt* <*logist*> *(finished product, major item; e.g. car, steam generator)* • ausliefern *vt*

ship *vt <logist> (goods etc.; by ship, airplane, train, truck)* • verfrachten *vt*; befördern *vt*

shipboard *<nav>* • Schiffswand *f*; Bordwand *f*

shipbuilding *<nav>* • Schiffbau *m*; Schiffsbau *m ugs*

ship class *<nav> (ships of a similar design)* • Schiffsklasse *f*

ship crew *<nav>* • Schiffsbesatzung *f*

shipment *<logist> (of goods; e.g. ex factory, warehouse)* • Auslieferung *f*

shipment *<logist> (delivery item; e.g. a parcel)* • Sendung *f*

shipping *<logist> (transport)* • Beförderung *f*

shipping charges *pl <logist.econ> (for heavy cargo or bulk material)* • Frachtkosten *fpl*

shipping route *<nav.econ>* • Schifffahrtsweg *m*; Schifffahrtsstraße *f*

ship's bottom *<nav>* • Schiffsboden *m*

ship's equipment *<nav>* • Schiffsausrüstung *f*

ship's helm *<nav> (wheel for steering; usu. wood with spokes)* • Steuerrad *n*; Steuerruder *n*; Schiffsruder *n*; Ruder *n*

ship's time *<nav>* • Bordzeit *f*

ship-to-air missile *<mil>* • Schiff-Luft-Rakete *f*; See-Luft-Rakete *f*

ship-to-ground missile *<mil>* • Schiff-Boden-Rakete *f*; See-Boden-Rakete *f*

ship-to-ship missile *<mil>* • Schiff-Schiff-Rakete *f*; See-See-Rakete *f*

ship type *<nav> (ships of different design with similar function)* • Schiffstyp *f*

shipyard *<nav>* • Werft *f*; Schiffsbauwerft *f form*; Schiffswerft *f*; Dock *n ugs*

shipyard basin *<nav>* • Werftbecken *n*; Werfthafenbecken *n*

shoal *<nav> (below the surface)* • Untiefe *f*

shock *<gen>* • Erschütterung *f*

shock *<tech.gen> (e.g. due to pothole)* • Stoß *m*

shock *<mech> (sudden impact)* • Schlag *m*

shock *vt <gen>* • erschüttern *vt*

shock absorber *<vhcl> (in wheel suspension)* • Stoßdämpfer *m*; Schwingungsdämpfer *m*; Dämpfer *m prakt*

shock current *<el.bio> (likely to cause pathophysiol. effects when passing through living body)* • gefährlicher Körperstrom *m DIN VDE 0100*

shock-resistant *<mech>* • stoßfest

shock strut *<aerosp> (shock absorber)* • Federbein *n*

shoe *vt <mech.eng>* • anschuhen *vt*

shoe collector *<railw.el>* • Schienenstromabnehmer *m*; Stromabnehmer für die Stromschiene *m*

shoot *<convey> (for liquids)* • Auslaufrinne *f*

shoot *vt <av> (pictures, video, film)* • aufnehmen *vt*

shoot *vt <cine>* • drehen *vt*

shoot *vt <mil> (target; e.g. with gun)* • abschießen *vt*

shoot *vt <phot>* • aufnehmen *vt*; belichten *vt*

shooting *<av> (of a film)* • Aufnahme *f*

shooting distance *<phot>* • Aufnahmeentfernung *f*; Aufnahmeabstand *m*; Objektabstand *m*; Objektentfernung *f*; Dingweite *f obs.rar*

shooting range *<mil>* • Schießstand *m*; Stand *m*; Schießanlage *f*

shop manual *<docu.rep> (with workshop instructions for service and repair)* • Werkstatthandbuch *n*

shopping cart *US <vhcl> (for shopping)* • Einkaufswagen *m*

shore *<tech.gen> (supporting prop, beam; e.g. of wall, ship in drydock)* • Stütze *f*; Abstützung *f*

shore *vt <tech.gen>* • abspreizen *vt*

shore *vt <build> (e.g. wall)* • abfangen *vt*

shore structure *<build>* • Küstenbauwerk *n*

shore up *vt <build> (e.g. a wall)* • verstempeln *vt*

shore [up] *vt <tech.gen> (with shores, props, beams; e.g. wall, ship in drydock)* • abstützen *vt*; abstreben *vt*; stützen *vt*

shoring *<tech.gen> (lateral bracing)* • Absteifen *n*

short *<gen> (in space, time)* • kurz

shortage *<gen> (inadequate availability of sth.)* • Fehlen *n*

short block [engine] *<mvhcl.mot>*

(engine with a shorter crankshaft than another engine) • Kurzblockmotor *m*

short-bodied version *<tech.gen>* • kurze Bauform *f*

short circuit *<el>* • Kurzschluss *m*; Kurzer *m ugs*

short-circuit *vt <el>* • kurzschließen *vt*

short-circuit *vt <el> (with a bridge)* • überbrücken *vt*

short-circuit current *<el>* • Kurzschlussstrom *m DIN EN 60865*

short-circuited *<el>* • kurzgeschlossen

short circuit protection *<el>* • Kurzschlusssicherung *f*; Kurzschlussschutz *m*

short-cut *<gen>* • Abkürzung *f*

short-cut method *<gen>* • Schnellverfahren *n*

short-cut method *<tech.gen>* • abgekürztes Verfahren *n*

short-distance operation *<traff> (gen.)* • Kurzstreckenbetrieb *m*

short-distance traffic *<traff>* • Nahverkehr *m*

short-distance trip *<traff> (with a car, on the bus, train etc.)* • Kurzstrecke *f*; Kurzstreckenfahrt *f*; Kurztrip *m ugs*

short-duration *<gen> (over a short period of time)* • kurzzeitig

shorten *vt <gen> (reduce the length of sth.)* • kürzen *vt*

shorten *vt <gen> (to)* • verkürzen *vt*

shortened *<gen>* • gekürzt

shortening *<gen> (reduction in length)* • Kürzung *f*; Längenverkürzung *f*

short fiber *US <tech.gen> (e.g. pulp, cotton, glass)* • Kurzfaser *f*; kurze Faser *f*

short-fiber *adj US <tech.gen>* • kurzfaserig

short form *ISO 12620 <term> (of a multi-word term)* • Kurzform *f*

shorthand notation *<docu>* • abgekürzte Schreibweise *f*

short haul *<aerosp> (range)* • Kurzstrecke *f*

short-haul aircraft *<aerosp>* • Kurzstreckenflugzeug *n*

short-haul transport *<logist> (goods)* • Güternahverkehr *m*

short-lived *<tech.gen> (e.g. isotopes)* • kurzlebig

short-radius turn *<traff>* • enge Kurve *f*

short-range *<gen>* • kurzreichweitig

short-run production *<prod>* • Kleinserienfertigung *f*

short-staple *<textil> (fiber; e.g. cotton)* • kurzstapelig

short-stroke engine *<mot> (e.g. bore 90 mm, stroke 80 mm)* • Kurzhubmotor *m*; Motor mit überquadratischem Hubverhältnis *m form*; überquadratischer Motor *m prakt*; Kurzhuber *m prakt.ugs*

short take-off and landing aircraft (STOL) *<aerosp>* • STOL-Flugzeug *n*; Kurzstart- und -landeflugzeug *n*

short-term *<gen>* • Kurzzeit…

short-term *<jur>* • kurzfristig

short term storage *<tech.gen> (of materials, energy etc.)* • Kurzzeit--Speicherung *f*

short-time service *<tech.gen>* • Kurzzeitbetrieb *m*

short to earth *vt <el>* • Erde *f*: gegen ~ kurzschließen *vt*; kurzschließen *vt*: gegen Erde ~

short ton *US <phys> (0.907 metric ton; 2000 pounds avoirdupois)* • amerikanische Tonne *f*

short-travel keyboard *<comp>* • Kurzhubtastatur *f*

shortwave radiation *<phys> (wavelength < 3 micrometer)* • kurzwellige Strahlung *f*

shot *<mat>* • Schrot *n*

shot *<metal> (die casting)* • Füllung *f*

shot *<mil>* • Schuss *m*

shot *<phot> (shooting process)* • Aufnahme *f*; Belichtung *f*

shot *<plast> (melt injection)* • Schuss *m*

shotblast *vt <srfc>* • abstrahlen *vt*; strahlen *vt rar*

shot blasting *ISO 4618-3 <srfc> (usu. with small metal spheres)* • Kugelstrahlen *n DIN EN ISO 4618*

shotcrete *<build.mat>* • Spritzbeton *m DIN 18 551*

shotgun *<mil>* • Flinte *f*; Schrotflinte *f*; Schrotgewehr *n ugs*

shot peening *<srfc>* • Kugelstrahlen *n*

shot size *<mil> (American, English and European sizes; e.g. 1 - 12)* • Schrotkaliber *n*

shot weight *<prod>* • Füllmasse *f*

shoulder *<tech.gen> (shape; metaphorical)* • Schulter *f*

shoulder *<aerosp> (of runway or*

taxiway) • Schulter *f*
shoulder *<build.traff> (of a road, highway; soft or hard)* • Seitenstreifen *m*; Randstreifen *m*; Bankett *n*
shoulder *<mech.eng> (e.g. axle, shaft)* • Absatz *m*
shoulder *<mvhcl> (of tire; between tread and sidewall)* • Schulter *f*
shoulder *vt <build> (verge, margin)* • befestigen *vt*
shoulder belt *<mvhcl.safe>* • Schultergurt *m*; Schultergurtteil *n*; Diagonalgurt *m*; Brustgurt *m*; Schulterschräggurt *m obs*
shouldering *<build>* • Randbefestigung *f*
shoulder-wing airplane *<aerosp.safe> (aircraft)* • Schulterdecker *m*
shove *vt <tech.gen> (sth. that slides)* • schieben *vt*
shovel *<build.tool>* • Schaufel *f*
shovel bucket *<build.mach>* • Baggerkübel *m*
shovel excavator *<build.mach>* • Löffelbagger *m*
shower *vt <tech.gen>* • abbrausen *vt*
shower fitting *<pps>* • Duschbatterie *f*; Duscharmatur *f*
showroom *<ad> (e.g. of a car dealership)* • Ausstellungsraum *m*
showroom condition *<mvhcl> (of used car)* • Neuzustand *m*
show through *vi <tech.gen>* • durchscheinen *vi*
shredder light fraction (SLF) *<waste>* • Schredderleichtfraktion *f* (SLF); Schredderleichtmüll *m prakt*; SLF--Gemisch *n*; Shredderleichtfraktion *f*
shredding of waste *<waste>* • Abfallzerkleinerung *f*
shrink *vi <tech.gen>* • schrumpfen *vi*
shrink *vi <textil> (e.g. due to washing)* • eingehen *vi*
shrink *vt :V <comp>* • stauchen *vt*
shrinkage *<mat> (gen.; of concrete, wood, metal castings etc.)* • Schwinden *n*
shrinkage *<prod> (of a casting; size before and after shrinking)* • Schwindmaß *n*
shrinkage cavity *ISO 6520-1 <metal>* • Lunker *m DIN EN ISO 6520*
shrinkage fit *<mech.eng>* • Schrumpfsitz *m*; Schrumpfverbindung *f*; Schrumpfpassung *f*; Einschrumpfverbindung *f ugs.rar*
shrinkage stress *<mech>* • Schwindspannung *f*
shrink film *<pack.mat>* • Schrumpffolie *f DIN 55405*
shrinking *<mvhcl.rep> (body panels)* • Einziehen *n*; Schrumpfen *n*
shrink on *vt <tech.gen> (machine elements, packaging material)* • aufschrumpfen *vt*
shroud *<nav> (gen.)* • Want *n pl*: -en
shroud *vt <tech.gen> (isolate, insulate)* • abschließen *vt*
shrunk *<textil>* • eingelaufen; gekrumpft
shrunk-on *<mech.eng> (e.g. ring, collar, sleeve, hub on shaft)* • aufgeschrumpft [auf]
shunt *<el> (resistance)* • Nebenschluss *m*; Nebenschlusswiderstand *m*; Messwiderstand *m*
shunt *vt <tech.gen>* • schalten *vt*: im Nebenschluss ~; Nebenschluss *m*: im ~ schalten *vt*; parallel schalten *vt*
shunt circuit *<el>* • Nebenschlussstromkreis *m*
shunting operation *<railw>* • Rangierbetrieb *m*
shunt line *<tech.gen> (e.g. for current, liquid, gas)* • Abzweigleitung *f*
shut *vt <gen> (a hinged lid, cover)* • zuklappen *vt*
shutdown *<tech.gen> (process; e.g. of circuit, machine, system, plant)* • Abschaltung *f*
shutdown *IEV 415 <energ.wind> (transition between power production and idling/standstill)* • Abschaltung *f IEV 415*
shut down *vt <tech.gen> (complex system; e.g. machine, plant, operating system; not final)* • herunterfahren *vt*; abfahren *vt prakt*; ausschalten *vt ugs*
shut down *vt <mech.eng> (machine; e.g. pump, engine)* • abschalten *vt*; abstellen *vt*; stillsetzen *vt*; abfahren *vt rar*
shut-down period *<tech.gen> (of a factory, production plant)* • Betriebsstillstand *m*
shut-off *<gen>* • gesperrt
shut off *vt <pps> (a pipe, duct; by means of gate valve or sluice gate)*

• abschiebern *vt*
shut-off device *<pps>* • Absperrorgan *n*; Absperrvorrichtung *f*; Rohrleitungsschalter *m form.rar*
shut-off valve *<pps>* • Absperrventil *n*; Sperrventil *n rar*
shutter priority *<phot> (mode of automatic exposure control with automatic aperture)* • Blendenautomatik *f*; Belichtungsautomatik mit Verschlusszeitvorwahl *f did*
shutter release *<phot>* • Verschlussauslöser *m*
shutter release button *<phot> (on camera or camera remote control)* • Auslöser *m prakt*; Auslöseknopf *m form*; Knopf *m ugs*
shutter speed *<phot>* • Verschlusszeit *f*
shutter speed *<phot>* • Belichtungszeit *f*; Verschlusszeit *f wiss*
shuttle *vi <tech.gen>* • hin- und herbewegen *vr*
shuttle bus *<comvhcl.traff> (e.g. from city to airport)* • Zubringerbus *m*; Pendelbus *m*; Shuttle-Bus *m*; Bus--Shuttle *n*; Shuttle *n*
siccative *stand <srfc> (additive)* • Sikkativ *n DIN 7732*; Trocknungsbeschleuniger *m*; Trockenstoff *m DIN 55 945*
side *<gen>* • Seite *f*
side: on the nozzle ~ *<plast>* • düsenseitig
side arm *<build.el> (of high-voltage towers)* • Mastausleger *m*
side arm *<mech.eng> (outrigger)* • Ausleger *m*
side band *<tech.gen> (acoustics, edp, telecommunication, broadcasting, TV)* • Seitenband *n*
side bearings *<print>* • Fleisch *n*
side board *<comvhcl> (truck)* • Bordwand *f*
side bumper panels *pl <mvhcl> (on car body; e.g. on earlier MBs)* • Flankenbeplankung *f*; Flankenschutz *m*; Seitenbeplankung *f*; seitlicher Rammschutz *m bei 4WD, SUV*
side by side *<gen>* • nebeneinanderliegend
sidecar machine *<mvhcl> (motorcycle)* • Gespann *n*
side effect *<gen>* • Nebeneffekt *m*; Nebenwirkung *f*
side effect *<pharm>* • Nebenwirkung *f* (NW); unerwünschte Arzneimittelwirkung *f wiss*; UAW; unerwünschter Begleiteffekt *m*; adverser Effekt *m*
side face *<tool> (of lathe tool side--cutting edge)* • Freifläche der Hauptschneide *f*
side face *<tool> (of cutting tool)* • Freifläche *f*
side impact air bag *<mvhcl.safe>* • Seitenairbag *m*; Seiten-Airbag *m*; Thorax-Airbag *m*; Thoraxbag *m*
side impact door beam *<mvhcl.safe>* • Seitenaufprallschutz *m*; Flankenschutz *m*; Seitenaufprallträger *m*; Seitencrashbarriere *f BMW*; Sicherheitstürverstärkung *f werb.rar*
side launching *<nav>* • Querstapellauf *m*; Querablauf *m*
side length *<gen>* • Seitenlänge *f*
side-lift jack *<mvhcl.tool> (with vertical screw, cantilever and crank)* • Spindelwagenheber *m*
side panel *<tech.gen> (gen.)* • Seitenwand *f*
side pressure *<tech.gen>* • seitlicher Druck *m*; Querdruck *m*
side-pull brake *<vhcl>* • Seitenzugbremse *f*
sides: on both ~ *<tech.gen> (e.g. machining)* • beidseitig
side-slip *vt <tech.gen>* • abrutschen *vi*
sidestick *<aerosp.i&c>* • Sidestick *m prakt*; Seitensteuergriff *m*
side-trim *vt <metal> (strip)* • besäumen *vt*
side view *<docu> (techn. drawing)* • Seitenansicht *f*
sidewalk *US <build.traff> (at the side of a street; usu. paved)* • Gehweg *m*; Bürgersteig *m*; Trottoir *n CH*; Gehsteig *m rar*
sidewall *<tech.gen> (gen.)* • Seitenwand *f*
sidewall *<mvhcl> (of tires)* • Seitenwand *f*; Flanke *f*
side wall *<tech.gen> (of cuboid hollow bodies; e.g. of box girders, containers, waveguides)* • Längsseite *f*
side wall fusion *<join> (welding)* • Flankeneinbrand *m*
sideways [directed] *<gen>* • seitwärts

sidewinder key *US <tech.gen> (fully guided lock system; e.g. for car doors, ignition locks)* • Innenbahnschlüssel *m*; Schlüssel mit Innenbahn--Schließsystem *m*

siding *<railw>* • Nebengleis *n*

SI engine *<mvhcl.mot> (as opp. to CI engine)* • Ottomotor *m*; Motor mit Fremdzündung *m form*; Benzinmotor *m ugs*; Fremdzünder *m rar*

sieve *<proc> (with perforated or meshed surface)* • Sieb *n*; Durchschlag *m rar*

sieve *vt <proc> (e.g. gravel, flour)* • durchsieben *vt*; sieben *vt*

sift *vt <proc>* • sichten *vt*

sight *<opt>* • Visier *n*

sighted-in *<mil> (gun; e.g. ex factory)* • eingeschossen

sight glass *<pps> (gen.)* • Schauglas *n*

sighting hole *<opt>* • Diopter *n*

sights *<mil.opt> (for aiming; on a firearm)* • Visierung *f*; Visiervorrichtung *f*; Visiereinrichtung *f*; Zielvorrichtung *f*

sign *<gen>* • Zeichen *n*

signal *<tech.gen> (acoust., visual, electr.; e.g. for railway, navigation, communication)* • Signal *n*

signal attenuation *<tech.gen>* • Signaldämpfung *f*; Signalabschwächung *f*

signal channel *<tele>* • Signalkanal *m*

signal code *<tech.gen>* • Signalcode *m*; Signalkode *m*

signal discrimination *<tech.gen>* • Signalunterscheidung *f*

signal identification *<tech.gen>* • Signalerkennung *f*

signalize *vt <tech.gen> (an event; e.g. a train)* • melden *vt*

signal level *<el>* • Signalstärke *f*; Signalpegel *m rar*

signal noise *<el>* • Signalrauschen *n*

signal path *<el>* • Signalweg *m*

signal processing *<el>* • Signalverarbeitung *f*

signal splitter *US <av>* • Signalweiche *f*

signal-to-noise ratio (SNR) *<phot>* • Signal-Rausch-Abstand *m* (SNR); Signal-Rauschabstand *m*; Signal--Rausch-Verhältnis *n*

significance *<gen>* • Bedeutung *f*

signposted *<traff> (road, street)* • beschildert

silage fodder *<agri.food> (result)* • Silage *f*; Gärfutter *n*

silence *vt <acoust> (noise, sound)* • dämpfen *vt*

silencer *<acoust> (for noise and sound in general)* • Dämpfer *m*

silencer *<acoust> (for noise in gen.)* • Geräuschdämpfer *m*

silencer *<mvhcl> (gen.; any noise--reducing component)* • Dämmelement *n*

silent *<acoust> (low-noise)* • geräuscharm

silent block *<mech.eng> (metal/rubber vibration damping unit; e.g. a support)* • Silentblock *m*

silica *<chem>* • Siliciumoxid *n*

silica gel *<chem> (desiccant; e.g. in packaging, double-glazed windows)* • Kieselgel *n DIN 55 405*; Silicagel *n*; Silikagel *n*

silica-gel desiccant *<proc>* • Silikageltrockenmittel *n*

silica sand *<srfc> (used for sherardizing or mechanical plating)* • Quarzsand *m*

silica tire *US <tech.gen> (as opp. to carbon-black tire)* • Silica-Reifen *m*

silicon (Si) *<chem> (do not confuse with silicone!)* • Silicium *n* (Si); Silizium *n ugs*

silicon carbide *<chem> (SiC)* • Siliciumkarbid *n*

silicon chip *<el>* • Siliciumchip *m*

silicone *<plast> (typical lubricant; do not confuse with silicon)* • Silikon *n*

silicone-coated *<srfc>* • silikonbeschichtet

silicone finish *<textil>* • Silikonausrüstung *f*

silicone-free *<tech.gen> (e.g. body)* • silikonfrei

silicone lubricant *<tribo>* • Silikonschmiermittel *n*

silicone rubber *<plast>* • Silikonkautschuk *m*; Silikon--Kautschuk *m*; Silicon-Kautschuk *m*; Silikongummi *m*; Silicongummi *m*

silicon-killed steel *<mat> (no gas evolution on solidification)* • siliciumberuhigter Stahl *m*

silicon solar cell *<energ.sol>* • Siliciumsolarelement *n*

silicon wafer *<mat>* • Siliciumscheibe *f*

silk *<textil>* • Seide *f*

silk fabric *<textil>* • Seidengewebe *n*
silky *<gen> (e.g. surface, skin, leather, engine, ride)* • seidig; seidenweich
sill *<build> (threshold of a door)* • Schwelle *f*; Türschwelle *f*; Grundschwelle *f*
silo *<build.logist> (any above or underground structure; e.g. for grain, food, missiles)* • Silo *m/n*
silo *<logist> (storage facility for food, coal etc.)* • Silo *m/n*
silt *<geo> (sediment)* • Schluff *m*; Silt *m*
silt *vt <geo> (river, stream)* • anschwemmen *vt*
silting *<tech.gen> (e.g. of pits, canals; undesirable)* • Verschlammung *f*
silver (Ag) *<chem>* • Silber *n* (Ag)
silver ore mining *<min>* • Silbererzbergbau *m*
silver recovery *<chem.proc>* • Silberrückgewinnung *f*
SIM card (SIM) *<tele> (also as a removable part of ISO SIM)* • SIM--Karte *f* (SIM); Kundenidentifikationskarte *f did*
similar *<gen>* • gleichartig
similar *<tech.gen> (of the same composition)* • artgleich
similarity *<gen>* • Ähnlichkeit *f*
SIMM slot *<comp>* • SIMM-Steckplatz *m*
simple *<gen> (task)* • einfach; unkompliziert; leicht
simple yarn *<textil>* • Monofilament *n DIN 60900*
simplicity *<gen>* • Einfachheit *f*
simplified analysis *<math>* • Näherungsverfahren *n*
simplified representation *<tech.gen> (e.g. bolt, weld)* • vereinfachte Darstellung *f*
simplify *vt <gen>* • vereinfachen *vt*
simulate *vt <tech.gen> (conditions, situation)* • nachbilden *vt*; simulieren *vt*
simulate *vt <tech.gen> (abstract; e.g. processes with mathematical models)* • simulieren *vt*; modellieren *vt*
simulation *<tech.gen> (reconstruction)* • Nachbildung *f*
simulation model *<tech.gen>* • Simulationsmodell *n*
simulation test *<tech.gen>* • Simulationstest *m*
simulator *<comp> (e.g. flight simulator)* • Simulator *m*; Simulationsprogramm *n*; Simulator *m rar*
simulcast recording *<av> (of TV and radio programs)* • Simultanaufnahme *f*; Simulcastaufnahme *f*
simultaneous *<gen> (e.g. vaccination, translation)* • simultan
simultaneous occurrence *<tech.gen> (of individual events)* • Gleichzeitigkeit *f*
simultaneous processing *<comp>* • Simultanverarbeitung *f*
simultaneous read-write *<comp>* • gleichzeitiges Lesen und Schreiben *n*
sine generator *<el>* • Sinusgenerator *m*
sine-shaped *<tech.gen>* • sinusförmig
sine signal *<el> (a sine wave)* • Sinussignal *n*
sine wave *<phys> (gen.)* • Sinuswelle *f*
sine-wave power output *<av>* • Sinus--Ausgangsleistung *f*
sing *<drive> (unwanted noise of transmission, drive train)* • Singen *n*
singe *vt <srfc> (burn superficially, burn the ends of strings etc.; subject to a flame)* • ansengen *vt*
singe *vt <textil> (intentionally; finishing of fabrics etc.)* • absengen *vt*; abflammen *vt*; sengen *vt f*
single *<gen> (as opp. to double, triple etc.)* • einfach
single *<tech.gen> (e.g. in production)* • einzeln
single … *<mech.eng> (see: …-start)* • eingängig
single-acting *<mech.eng> (e.g. pump)* • einfachwirkend
single-arm robot *<autom>* • einarmiger Roboter *m*
single-axle *<tech.gen>* • einachsig
single-bevel groove weld *<join>* • HV--Naht *f*
single-bevel tee butt weld *<join>* • HY--Naht *f*; Halb-Y-Naht *f rar*
single-cell battery *<el>* • Monozelle *f*
single-colored *US <gen>* • einfarbig
single-cylinder *<mech.eng> (e.g. piston engine)* • einzylindrig
single-cylinder engine *<mvhcl.mot>* • Einzylinder-Motor *m*; Einzylindermotor *m*; 1-Zylinder-Motor *m*; Einzylinder *m prakt*
single-digit number *<math>*

• einstellige Zahl *f*
single-disc clutch *<mvhcl.drive>* • Einscheibenkupplung *f*
single-edge *<tech.gen> (blade; e.g. knife, razor, sabre)* • einschneidig
single-engine airplane *US <aerosp>* • einmotoriges Flugzeug *n*
single-family home *<build>* • Einfamilienhaus *n*
single-filament lamp *<light>* • Einfadenlampe *f*
single-floored building *<build>* • Flachbau *m*
single footing *<build> (individual footing for separate structures)* • Einzelfundament *n*
single footing *<build> (stress on: only one foundation)* • Einzelfundament *n*
single-key locking [system] *<tech.gen> (e.g. of buildings, cars)* • Ein-Schlüssel-System *n*
single-lane *<traff> (road)* • einspurig; einstreifig *rar*
single-layer *<tech.gen> (e.g. ceramic capacitor)* • einschichtig
single-lens *<phot> (camera)* • einäugig
single-lens reflex camera *<phot> (usu. 35 mm)* • einäugige Spiegelreflexkamera *f*; SLR-Kamera *f*
single-loop *<tech.gen> (e.g. control system, circuit, frame)* • einschleifig
single-office and home office (SOHO) *<tech.gen> (typical environment for computers and IT equipment)* • kleines Büro oder häusliches Arbeitszimmer *n*; kleines Geschäftsbüro oder Büro im eigenen Heim *n*
single-operator control *<tech.gen>* • Einmannbedienung *f*
single out *vt <tech.gen>* • aussondern *vt*
single-phase *<tech.gen>* • einphasig
single point injection (SPI) *<mvhcl.mot>* • Zentraleinspritzung *f*
single-shaft *<mech.eng>* • einwellig
single shot *<phot>* • Einzelbild *n*; Einzelaufnahme *f*
single-stage *<mech.eng> (e.g. pump, turbine)* • einstufig
single-start thread *<mech.eng>* • eingängiges Gewinde *n*
single-step *<tech.gen> (process, procedure)* • einstufig; Einschritt...
single-step reaction *<chem>* • Einstufenreaktion *f*; Einzelreaktion *f*
single-story building *US <build>* • einstöckiges Gebäude *n*
singlet *<phys> (spectrum)* • Singulett *n*
single-tooth[ed] *<tech.gen>* • einzahnig
single-track *<railw>* • eingleisig; einspurig
single turn *<tech.gen> (e.g. coil)* • einzelne Windung *f*
single-V groove weld *US <join>* • V-Naht *f*
single-vision lens *EN ISO 8980 <med.tech> (spectacle lens)* • Einstärkenglas *n DIN EN ISO 8980*
sink *vi <tech.gen> (abruptly; part of a flat surface; e.g. pavement, floor)* • einsacken *vi*
sink *vi <tech.gen> (heavy load; slowly, in soft ground; e.g. vehicle, foundation)* • einsinken *vi*
sink *vi <nav> (ship)* • sinken *vi*; untergehen *vi*
sink *vt <build> (foundation)* • absenken *vt*
sink *vt <build> (piling)* • abtreiben *vt*
sink *vt <min> (shaft)* • abteufen *vt*
sink *vt <prod> (work in, make flush)* • einarbeiten *vt*
sink *vt <prod> (by milling)* • einfräsen *vt*
sinkage *<srfc.qualit> (paint fault, process)* • Einfallen *n DIN EN ISO 4618*; Nachfallen *n DIN EN ISO 4618*; Einsinken *n*
sink in *vi <rep> (hardened body filler)* • einfallen *vi*
sink mark *<plast> (molding defect)* • Einfallstelle *f*; Einsackstelle *f obs.rar*
sinter *<mat>* • Sinter *m*
sinter *vt <metal> (powder metals)* • sintern *vt*
sintered *<mat> (e.g. clay tiles, piston rods)* • gesintert
sintered material *<mat>* • Sinterwerkstoff *m*; gesinterte Stoffe *mpl*
sintering *<prod> (method)* • Sintern *n*
sinter technology *<prod>* • Sintertechnik *f*
sinuosity *<gen>* • Gewundenheit *f*; Kurvigkeit *f*
sinuous *<gen> (having many curves; e.g. country road)* • kurvenreich; kurvig

sinusoidal curve *<math> (geometrical characteristic)* • Sinuskurve *f*
sinusoidal function *<math>* • Sinusfunktion *f*
sinusoidal movement *<mech>* • sinusförmige Bewegung *f*
sinusoidal voltage *<el>* • Sinusspannung *f*
sipes *pl <mvhcl> (in tire tread)* • Lamellen *fpl*
siphon *<proc> (for liquids)* • Saugheber *m*; Heber *m*
siphon *<tool> (for liquids)* • Heber *m*
siphon *vi/vt <proc> (liquids)* • hebern *vt*
siphon *vt <tech.gen> (draw off; e.g. gasoline from tank)* • absaugen *vt*
siphon *vt <proc> (liquids)* • abhebern *vt*
siphonic closet *<hygi> (e.g. bus, aircraft)* • Absaugklosett *n*
siphon trap *<pps.hygi> (odor trap under sinks, basins, tubs)* • Siphon *m*; Sifon *m CH*
siren *<alarm>* • Sirene *f*
sisal *<textil>* • Sisal *m*
site *<build> (general location; e.g. of a building, town)* • Lage *f*
site *<build> (specific place; e.g. of a building, plant)* • Standort *m*; Ort *m*
site *vt <gen> (objects; with some effort)* • unterbringen *vt*
site assembly *<build> (e.g. of components, machinery)* • Baustellenmontage *f*; Montage vor Ort *f*; Zusammenbau am Einbauort *m*; Zusammenbau an Ort und Stelle *m*
site concrete *DIN EN 206-1 <build.mat> (mixed on the construction site)* • Baustellenbeton *m DIN 1045-2*; Beton *m*: auf der Baustelle gemischter ~
site factor *<tech.gen>* • Standortfaktor *m*
site hopper *<logist>* • Baustellensilo *n*
site inspection (SI) *<tech.gen>* • Standortbegehung *f*
site office *<build>* • Baubüro *n*
site preparation *<build>* • Baustellenaufschluss *m*
site survey *<build>* • Baustellenvermessung *f*
site surveying *<build>* • Baustellenvermessung *f*
site test *<build.qualit> (on construction site)* • Baustellenprüfung *f*
siting *<build> (of industrial plants)* • Standortauswahl *f*; Standortwahl *f*; Standortbestimmung *f*; Geländeauswahl *f*
six-cylinder in-line engine *<mvhcl.mot>* • Sechszylinder-Reihenmotor *m*; Reihensechszylinder *m prakt.ugs*; Sechszylinderreihenmotor *m*
sixfold *<gen>* • sechsfach
size *<gen> (of book, journal)* • Format *n*
size *<srfc> (for filling the pores of paper, cloth etc.)* • Leim *m*; Leimungsstoff *m*; Leimungsmittel *n*
size *vt <tech.gen> (sort acc. to size)* • sortieren *vt*
size *vt <tech.gen> (cut to specific size, shape; e.g. paper, sheet metal, fabrics)* • zuschneiden *vt*
size *vt <pap>* • leimen *vt*
size *vt <textil.srfc>* • schlichten *vt*
size classification *<proc>* • Klassierung *f DIN ISO 9045*
sized *<pap>* • geleimt
size of a defect *<qualit>* • Ausmaß eines Mangels *n*
sizing *<tech.gen> (e.g. with a screen, sieve)* • Klassierung *f*
sizing mandrel *<plast> (inside extruded shapes)* • Kalibrierdorn *m*
sizing roll *<prod>* • Kalibrierwalze *f*
skeleton *<aerosp> (airplane)* • Skelett *n*
skeleton *<mvhcl> (body in white w/o doors/gates/lids)* • Gerippe *n*
skeleton construction *<tech.gen>* • Skelettbauweise *f*
sketch *<docu> (as a preliminary version of sth.)* • Entwurf *m*
skew-symmetric *<tech.gen>* • schiefsymmetrisch
ski *<sport> (e.g. for downhill skiing)* • Ski *m DIN ISO 6289*; Schi *m A*
ski binding *<sport> (equipment)* • Skibindung *f*; Bindung *f prakt*
skid *<tech.gen> (support rail allowing a sliding motion)* • Kufe *f*; Gleitkufe *f*
skid *<mech.eng> (inclined surface)* • Rutsche *f*
skid *vi <mvhcl> (in a straight line, with locked wheels)* • rutschen *vi*
skid *vi <mvhcl> (in a non-linear, often uncontrolled motion)* • schleudern *vi*
skidding *<gen>* • Gleitvorgang *m*
skid landing gear *<aerosp>*

• Landekufen *fpl*
skim *vt <food> (remove cream from milk)* • entrahmen *vt*
skim *vt <petr.proc> (lighter fractions)* • abtoppen *vt*; skimmen *vt*
skim *vt <proc> (thin layer from surface)* • abtragen *vt*
skim *vt <prod> (brake discs)* • abdrehen *vt*
skimmer *<metal> (mechanical)* • Kratze *f*
skimmer *<proc> (foam removal device, by any method)* • Abschäumer *m*
skimmer *<proc> (doctor blade type)* • Abstreicher *m*
skim milk *<food>* • Magermilch *f*; entrahmte Milch *f*
skim milk powder (SMP) *<food>* • Magermilchpulver *n* (MMP)
skimming *<proc> (of floating substances; e.g. froth, foam, oil on water)* • Abstreifen *n*
skim off *vt <proc> (foam, froth; on liquid)* • abschäumen *vt*
skim off *vt <proc> (froth, foam, oil; with ladle, spoon)* • abschöpfen *vt*
skim off *vt <proc> (by stripping action)* • abstreifen *vt*
skim off *vt <proc> (foam, scum; from a surface)* • entschäumen *vt*
skim [off] *vt <metal> (slag from surface)* • abschlacken *vt*
skin *<aerosp> (of fuselage, wing, tail assembly)* • Beplankung *f*; Außenhaut *f*; Haut *f*; Behäutung *f*
skin *<bio> (a stripped integument; pelt; e.g. a beaver skin)* • Balg *m*
skin *<bio> (raw or dressed pelt of a small animal)* • Fell *n*
skin *<bio> (of small animals)* • Haut *f*
skin *<food> (on milk)* • Haut *f*
skin *<food> (e.g. of tomatoes)* • Schale *f*
skinning *<tech.gen> (on the surface of a liquid during storage)* • Hautbildung *f*
skip *<convey> (car; usu. tippable)* • Förderkübel *m*; Transportkübel[wagen] *m*; Förderwagen *m*; Kübel *m*
skip *vt <comp> (a step, option)* • auslassen *vt*; überspringen *vt*
skip car *<min>* • Förderkorb *m*
skip hoist *<convey>* • Kippkübelaufzug *m*; Kippaufzug *m*; Kübelaufzug *m*; Skipaufzug *m*
skip hoist *<convey> (inclined elevator)* • Schrägaufzug *m*
skipper *<nav>* • Segler *m*
skip search *<av>* • Szenensuchlauf *m*; Überspringfunktion *f*; Titelsprung *m*; Programm-Überspringfunktion *f*; Sprungfunktion *f*
skirt *<mvhcl> (gen.; on front, sides, or rear)* • Schürze *f*
sky *<gen>* • Himmel *m*
sky advertising *<ad>* • Luftwerbung *f*
skylight *<tech.gen> (horizontal window in a roof, deck)* • Oberlicht *n*
skylight *<build> (in a flat roof; usu. a dome)* • Dachfenster *n*
slab *<tech.gen> (heavy plate; e.g. concrete, stone, metal)* • Platte *f*
slab *EN 10079 <metal> (long, thick, flat piece of metal, rectangular cross--section)* • Bramme *f EN 10079*; Rohbramme *f*
slab *vi <min>* • ablösen *vr*
slabbing *<metal> (in rolling mill)* • Flachwalzen *n*
slab bridge *<build>* • Plattenbrücke *f*
slab foundation *<build> (extended layer of reinforced concrete)* • Plattenfundament *n*
slab mold *<metal>* • Brammenform *f*
slab rolling *<metal> (flat-rolling process)* • Brammenwalzen *n*; Walzen von Brammen *n*
slack *<tech.gen>* • loser Durchhang *m*
slacken *vt <tech.gen> (e.g. rope)* • nachlassen *vt*
slacken *vt <mech.eng> (tensile force; e.g. belt, rope)* • lockern *vt*
slack off *vt <mech.eng> (rope, cable, chain, belt etc.)* • entspannen *vt*
slag *<metal>* • Schlacke *f*
slag inclusion *ISO 6520-1 <qualit> (gen. undesired; e.g. in welds)* • Schlackeneinschluss *m DIN EN ISO 6520*
slag ladle *<convey> (steelworks)* • Schlackenpfanne *f*
slake *vt <build.mat> (lime)* • ablöschen *vt*; löschen *vt*
slant *<build> (e.g. of a roof)* • Neigung *f*
slant *vi <gastr> (ground)* • schräg abfallen *vi*
slant *vt <build> (ground, gen.)* • abböschen *vt*
slanted *<print> (digitally generated italic*

version of typeface) • schräg gestellt; verschieft; oblique

slat *<aerosp>* • Vorflügel *m*

slat *<build.mat> (long, narrow strip of wood, metal, plastic etc.)* • Latte *f*; Leiste *f*

slat conveyor *<convey> (endless chain with metals slats)* • Plattenbandförderer *m*

slate *<build.mat> (thin piece of slate)* • Schiefer *m*; Dachschiefer *m form.rar*; Schieferplatte *f*; Schieferschindel *f*

slated *<gen> (for something)* • vorgesehen

slate roof *<build>* • Schieferdach *n*

slatted floor *<nav> (e.g. in an inflatable boat)* • gelatteter Boden *m*

slatted frame *<int> (of beds; under the mattress)* • Lattenrost *m*

slatted grille *<mvhcl>* • Lamellen--Kühlergrill *m*

sleeper *<railw> (private sleeping accomodation)* • Schlafwagen *m* (WL)

sleeve *<tech.gen> (gen.)* • Hülse *f*

sleeve *<garm>* • Ärmel *m*

sleeve *<mech.eng> (short length of tube; e.g. on a shaft, usu. not fixed)* • Hülse *f*; Buchse *f*

sleeve *ISO 4135 <mech.eng> (adaptor which alters the external diameter)* • Muffe *f DIN ISO 4135*

sleeve coupling *<pps>* • Muffenkupplung *f*

sleeve joint *<pps>* • Vermuffung *f*

sleigh *US <vhcl> (a strong sled; usu. drawn by horses or tractor)* • Schlitten *m*

slender *<tech.gen> (shape)* • schlank

slew *<tech.gen> (turn, usu. less than 360 deg, slowly; e.g. of a mast, crane)* • Drehung *f*

slew *vi/vt <tech.gen> (swing around, turn, usu. less than 360 deg, slowly; e.g. a mast)* • drehen *vr/vt*; herumschwingen *vi/vt*

slewing *<convey> (motion; of a crane)* • Drehbewegung *f*; Schwenkbewegung *f*

slewing *<mech.eng>* • drehbar; schwenkbar

slewing journal *<mech.eng>* • Drehzapfen *m*

slice *<agri>* • Schnitzel *n*

slice *<el>* • Plättchen *n*

slice *<mat> (e.g. of bread, sausage, silicon rod)* • Scheibe *f*

slice *vt <prod> (small, irregular pieces)* • schnitzeln *vt*

slice *vt <prod>* • zerteilen *vt*

slick *vt <tech.gen> (contour, outline, shape)* • glätten *vt*; schlüpfrig machen *vt*

slidable *<tech.gen>* • verschiebbar

slide *<tech.gen> (gen.; any sliding part; e.g. of sliding calipers, zipper)* • Schieber *m*

slide *<aerosp.safe> (emergency equipment)* • Notrutsche *f*; Rettungsrutsche *f*

slide *<mech.eng> (machine element)* • Schlitten *m*

slide *<opt> (microscope)* • Objektglas *n*

slide *vi <tech.gen> (over a smooth, slippery surface; e.g. down a chute)* • rutschen *vi*

slide *vt <tech.gen> (move by pushing)* • schieben *vt*

slide *vt <tech.gen>* • verschieben *vt*

slide hammer *<tool> (for loosening or pulling off tight parts)* • Gleithammer *m*; Schlaghammer *m prakt.ugs*

slide holder *<phot>* • Diarähmchen *n*; Wechselrähmchen *n*

slide projection *<phot>* • Diaprojektion *f*

slide projector *<phot>* • Diaprojektor *m*; Bildwerfer *m obs.rar*

slider *<el> (slide control)* • Schieberegler *m*

slide raft *<aerosp.safe> (emergency equipment)* • Schlauchboot--Notrutsche *f*

slide rail *<mvhcl.mot> (of a timing chain)* • Gleitschiene *f*

slider crank *<mech.eng> (kinematics)* • Kurbelschleife *f*

slide scanner *<phot.comp>* • Diascanner *m*; Dia-Scanner *m*; Diaabtaster *m rar*

slideshow *<phot>* • Diashow *f*; Diaschau *f*

slide surface *<tech.gen>* • Gleitfläche *f*

slide through *vi <tech.gen> (e.g. vee belt)* • durchrutschen *vi*

slideway *<mach.tool>* • Gleitfläche *f*

slideway *<mech.eng> (guide rail; e.g. for ship launching)* • Gleitbahn *f*; Gleitschiene *f*

sliding *<gen>* • verschiebbar
sliding action *<mech.eng>* • gleitender Eingriff *m*
sliding block *<tech.gen> (stress on: jaw-shape)* • Gleitbacke *f*
sliding-caliper disc brake *<mvhcl.brake> (gen.; any type)* • Faustsattelbremse *f*; Schwimmsattelbremse *f ugs*
sliding canvas sunroof *<mvhcl>* • Faltschiebedach *n :V*; Stoffschiebedach *n*
sliding carriage *<print> (e.g. typewriter, printer)* • Schlitten *m*
sliding construction technique *<build> (concrete; e.g. of towers, highrises, bridges)* • Gleitbauweise *f*; Gleitbau *m*
sliding contact *<el>* • Gleitkontakt *m*; Schleifkontakt *m*
sliding core *<prod> (of a diecasting die or injection mold)* • Schieber *m*
sliding door *<tech.gen> (building, vehicle)* • Schiebetür *f*
sliding fit *<mech.eng>* • Gleitpassung *f*; Gleitsitz *m*
sliding formwork *<build> (concrete)* • Gleitschalung *f*
sliding gear *<mech.eng> (transmission)* • Schieberad *n*; verschiebbares Zahnrad *n*; Schiebezahnrad *n*
sliding key *<mech.eng>* • Gleitfeder *f*
sliding member *<tech.gen>* • Gleitkörper *m*
sliding movement *<mech>* • Gleitbewegung *f*
sliding-pin handle *<tool> (e.g. on a vise)* • Knebel *m*
sliding seat *<tech.gen>* • Schiebesitz *m*
sliding surface *<aerosp.safe> (escape slide)* • Gleitfläche *f*; Gleitbahn *f*
sliding surface *<mech.eng>* • Gleitfläche *f*; Lauffläche *f*
sliding track *<tech.gen> (e.g. of sliding door, window)* • Gleitschiene *f*
sliding-vane pump *<convey>* • Drehflügelpumpe *f*; Treibschieberpumpe *f*
sliding window *<tech.gen> (horizontal and vertical sliding windows)* • Schiebefenster *n*
slight *<gen> (e.g. damping, smell, intelligence)* • schwach
slim fan *<comp>* • Flachlüfter *m*
sling *<tech.gen> (e.g. in a rope)* • Schlinge *f*
sling rope *<convey>* • Anschlagseil *n*
slip *<tech.gen> (gen.; relative motion between driving and driven parts)* • Schlupf *m*
slip *<mech> (motion)* • Gleitbewegung *f*
slip *<mech.eng> (of friction joints, drive components; e.g. of a belt, clutch, wheel)* • Gleitschlupf *m*; Schlupf *m*
slip *<silic> (mixture of clay and water; for pottery etc.)* • Schlicker *m*
slip *vi <gen> (move with a smooth sliding motion)* • gleiten *vi*
slip *vi <tech.gen> (give way, yield)* • nachgeben *vi*
slip *vt <tech.gen> (move by pushing)* • schieben *vt*
slip additive *<plast> (e.g. for film extrusion compounds)* • Gleitmittel *n*
slip casting *<prod>* • Schlickergießen *n*
slip clutch *<drive> (a friction clutch)* • Rutschkupplung *f*
slip down *vt <tech.gen> (e.g. belt from drum)* • abrutschen *vt*
slip-form *vt <build>* • Gleitbauweise *f*: in ~ errichten *vt*
slip-form paver *<build.mach>* • Gleitfertiger *m*
slip joint *<build>* • Gleitfuge *f*
slip joint *US <mech.eng> (in drive shafts)* • Verschiebegelenk *n*; Wellengelenk mit Längenausgleich *n*
slip joint *<pps> (of pipes; e.g. of exhaust pipes)* • Steckverbindung *f*
slip joint *<tool> (of pliers)* • Gleitgelenk *n*; Verschiebegelenk *n*
slip off *vi <tech.gen> (shoe from pedal, hose from nozzle)* • abgleiten *vi*
slip off *vi <tech.gen> (e.g. shoe from pedal)* • abrutschen *vi*
slip-on *<tech.gen>* • aufsteckbar
slip-on *<mech> (e.g. sleeve, collar)* • aufschiebbar
slip on *vt <tech.gen> (elastic, flexible material; e.g. rubber, dust boot)* • aufstreifen *vt*
slip on *vt <mech> (slide on; e.g. sleeve on pipe)* • aufschieben *vt*
slip over *vt <join> (e.g. collar, sleeve, cap)* • aufstecken *vt*
slipped disc *<med> (long-term effect of static sitting posture)* • Bandscheibenvorfall *m*; Diskusprolaps *m*

slipperiness <srfc> *(as an unwanted effect; e.g. of wet floor)* • Glätte *f*

slipperiness <srfc> *(rather wet)* • Schlüpfrigkeit *f*

slippery <srfc> *(road)* • glatt

slippery road conditions <traff> *(undesirable; e.g. due to rain, snow, ice)* • Straßenglätte *f*; Glätte *f*

slip-proof <qualit> *(e.g. floor, sole, road paving)* • rutschsicher

slip resistance <traff> • Griffigkeit *f DIN EN 13036-4*; Gleitsicherheit *f*; Rutschsicherheit *f*; Fahrbahngriffigkeit *f*

slip-resistant <srfc> *(e.g. shoe sole)* • rutschfest; gleitfest

slip ring <tech.gen> • Schleifring *m*

slip ring *DIN EN 60276* <el> *(on alternator rotor shaft)* • Schleifring *m DIN EN 60276*

slip-ring end bearing <mvhcl.el> *(of alternator)* • Schleifringlager *n*

slip-ring induction motor <el.mot> • Asynchronmotor mit Schleifringläufer *m*

slipshod <qualit> *(craftsmanship, work quality; e.g. paint job, wiring)* • schlampig

slip through *vi* <mech.eng> *(e.g. clutch, belt, rope)* • durchrutschen *vi*

slipway <nav> *(for boats, ships)* • Slipanlage *f*; Aufschleppe *f*; Schlipp *m*; Slip *m*

slit <tech.gen> *(any narrow hole)* • Schlitz *m*

slit *vt* <prod> • schlitzen *vt*; aufschlitzen *vt*

slit lamp <light.med> *(eye examination)* • Spaltlampe *f*; Spaltleuchte *f*

sliver <wood> • Splitter *m*; Spreißel *m ugs*

slope <gen> *(downhill)* • Gefälle *n*; Neigung *f*

slope <build> *(inclining ground)* • Böschung *f*

slope <build> *(roof)* • Schräge *f*

slope <geo> *(terrain)* • Hang *m*; Abhang *m*; Abfall *m*

slope <phys> *(of curves, characteristics, signal pulses)* • Flanke *f*

slope *vt* <build> *(e.g. roof)* • abschrägen *vt*

sloped <build> *(profile)* • abgeschrägt; schräg

slope line <geo> • Falllinie *f*

sloping <tech.gen> *(e.g. hillside)* • geneigt; schräg

slot <tech.gen> *(e.g. for coins; in screw head)* • Schlitz *m*

slot <tech.gen> *(in a schedule, for a certain activity)* • Zeitfenster *n*; Zeitrahmen *m*

slot <comp> *(e.g. for memory and PCM cartridges)* • Schacht *m*; Kartenschacht *m*

slot <comp> *(for boards, cards, pcb; e.g. on mainboard)* • Steckplatz *m*; Kartensteckplatz *m form*; Slot *m prakt*; Steckkartenfassung *f rar*

slot *vt* <prod> *(groove)* • nuten *vt*

slot *vt* <prod> • schlitzen *vt*

slot *vt* <prod> *(with a shaper)* • stoßen *vt*

slot antenna *US* <el> • Schlitzantenne *f*

slot-head screwdriver <tool> • Schlitzschraubendreher *m*; Schraubendreher für Schlitzschrauben *m*; normaler Schraubenzieher *m ugs*; Querschlitzschraubendreher *m rar*; Flachschlitzschraubendreher *m rar*

slot in ... <tech.gen> *(e.g. kitchen equipment, cooking range, dishwasher)* • Einbau...

slot machine <play> *(gambling machine; typ. in Las Vegas)* • einarmiger Bandit *m ugs*

slot-mill *vt* <prod> • schlitzen *vt*

slotted <el> • genutet

slotted <waste> *(wall, pipe, sheetpiling, sheeting)* • geschlitzt

slotted cable <tele> *(e.g. in tunnels, for cell phone signals)* • Schlitzkabel *n*

slotted-head screw <join> • Schlitzkopfschraube *f*; Schlitzschraube *f prakt*

slotted nut *pract* <join> *(to be used with cotter pin)* • Kronenmutter *f DIN ISO 1891*

slotted nut <join> *(a type of prevailing--torque jam nut, deformed by lateral slot)* • Schlitzmutter *f DIN ISO 1891*

slotted pan head screw with large head and full dog point *DIN 922* <join> • Flachkopfschraube mit Schlitz, kleinem Kopf und Zapfen *f DIN 922*

slotted setscrew <join> • Gewindestift mit Schlitz *m DIN 926*

slotted waveguide <tele> *(for radio*

communication; e.g. in tunnels) • Schlitzhohlleiter *m* (SHL)

slot terminal time *<gen>* • Schlitzzeit *f LAN*

slot wall *<build>* • Schlitzwand *f*

slough *<geo.hydr>* • Priel *m DIN 4047-2*

slough *vi <tech.gen> (become loose, shed; fall away; e.g. dead tissue)* • lösen *vr*

slow-acting *<tech.gen>* • langsamwirkend

slow-acting *<i&c> (e.g. fuse, relay)* • ansprechverzögert

slow airing [by tilting windows] *:V <hvac>* • Fenster-Kipplüftung *f*; Kipplüftung *f rar*

slow down *vi <tech.gen>* • verlangsamen *vr*

slow down *vi <vhcl>* • Fahrt verlangsamen *vi*

slowing down *<tech.gen> (of moving objects; e.g. of a vehicle)* • Abbremsen *n*; Verlangsamen *n*; Verzögern *n*

slow lane *<traff> (for trucks etc.)* • Kriechspur *f*

slow lens *<phot>* • lichtschwaches Objektiv *n*

slow motion *<av.cine> (playback at reduced speed, forward or backward)* • Zeitlupe *f*; Zeitlupenwiedergabe *f*

slow neutron *<nucl>* • langsames Neutron *n*

slow response *<i&c>* • träges Ansprechen *n*

slow-running *<tech.gen>* • langsamlaufend

slow-setting *<mat> (e.g. mortar, cement, adhesive)* • langsam abbindend

slubbing *<textil> (spinning mill; coarse)* • Lunte *f*; Vorgespinst *n*

sludge *<chem>* • Dicktrübe *f*

sludge *<proc>* • Schlamm *m*

sludge blow-off *<proc>* • Abschlämmung *f*

sludge caking *<pps> (e.g. in pipes, fittings, filters)* • Anbackung *f*

sludge digester *<waste.hydr> (open pool, of sewage plant)* • Faulbecken *n*

sludge digestion *<waste.hydr>* • Schlammfaulung *f*

sludge scraper *<waste> (sewage treatment plant)* • Schildräumer *m DIN 19551,19552*; Schildschlammräumer *m*

sludge treatment plant *<waste>* • Schlammbehandlungsanlage *f*

sluggish *<tech.gen> (slow to act or respond, slow-moving; e.g. reaction, engine, sales)* • zäh; lahm *ugs*

sluggish *<mvhcl.mot> (engine; slow to react)* • zäh

sluggishness *<tech.gen> (of reaction, engin)* • Zähigkeit *f*

sluice *US <build.hydr> (confined section of a canal or river; flow regulation with sluice gate)* • Schleuse *f*

sluice gate *US.GB <build.hydr> (part of weir, sluice)* • Schütz *n*

sluice gate *<pps> (heavy shut-off device)* • Absperrschieber *m*; Absperrschütz *n*

slurry *<proc> (thin mixture; e.g. of cement, coal in water; thinner than pulp)* • Schlämme *fsg*; aufgeschlämmte Masse *f*

slurry *<proc>* • Schlamm *m*

slurry shield *<build.mach> (usu. a bentonite shield; for tunneling)* • Flüssigkeitsschild *m*; Suspensionsschild *m*; Hydroschild *m Wayss&Freytag*; Thixschild *m Philip Holzmann*

slush pump *<convey> (gen.)* • Dickstoffpumpe *f*

small *<gen> (number, extent, amount)* • gering

small *<gen> (surface area, body)* • klein

small and medium-sized enterprises (SME) *<econ>* • kleine und mittelständische Unternehmen *npl* (KMU); Klein- und Mittelbetriebe *mpl*

small-area *<gen>* • kleinflächig

small arm *<mil>* • Handfeuerwaffe *f*

small-bore *<tech.gen>* • kleinkalibrig

small-caliber *US <mil>* • kleinkalibrig

small capitals *pl <print>* • Kapitälchen *npl*; Small Caps *pl*

small car *<mvhcl> (car category; e.g. Chevy Matiz, Smart ForTwo, Mini, Suzuki Swift)* • Kleinstwagen *m*; Mini--Pkw *m*

small car *<mvhcl> (gen.)* • kleiner Pkw *m*

small computer systems interface (SCSI) *<comp>* • SCSI-Schnittstelle *f* (SCSI)

small frame *<gen>* • Schmalrahmen *m*

small furnace *<comb> (heat output less than a few MW)* • Kleinfeuerungsanlage *f*; Kleinfeuerung *f*

small parts *<prod> (gen.)* • Kleinteile *npl*

small-scale … *<gen>* • Klein…; Maßstab *m*: in kleinem ~; kleinmaßstäblich

small-scale application *<tech.gen>* • Kleinanwendung *f*; Kleingerät *n*

small-scale experiment *<tech.gen>* • Kleinversuch *m*

small side *<math> (of right-angled triangle)* • Kathete *f*

small size *<gen>* • Kleinformat *n*

small-size *<tech.gen>* • kleindimensioniert

small-size *<proc> (e.g. coal, pellets)* • feinstückig

small-sized *<gen> (format; e.g. paper, book)* • kleinformatig

smart appliances *pl <el> (e.g. refrigerator with internet access)* • intelligente Haushaltsgeräte *npl*

smear *<gen>* • Schmierfleck *m*

smear effect *<av> (stripe; caused by recording very light sources)* • Nachzieheffekt *m*; Schlierenbildung *f*; Smear-Effekt *m*

smell *<gen> (gen.; pleasant or bad)* • Geruch *m*

smell attractant *<bio> (typ. of animals)* • Duftstoff *m*

smell sensing chip *<i&c>* • Geruchschip *m*

smelting furnace *<metal>* • Schmelzofen *m*

smelting plant *<metal>* • Hütte *f*; Hüttenwerk *n*

smog *ISO 4225 <emiss> (derived from smoke and fog)* • Smog *m DIN ISO 4225*

smoke *ISO 13943 <comb> (visible part of fire effluent)* • Rauch *m ISO 13943*

smoke *vi <tech.gen> (develop smoke; e.g. machine, process)* • rauchen *vi*

smoke detector *BS 4422-4 <i&c.fire>* • Rauchmelder *m*; Ionisationsmelder *m*; Rauchwarnmelder *m*

smoke gas *<comb>* • Rauchgas *n*

smoke tint *<srfc> (e.g. face shield)* • getönt

smooth *<gen> (metaphorical usage: without problems; e.g. operations)* • glatt; reibungslos; problemlos

smooth *<mvhcl.mot> (engine operation)* • gleichmäßig; rund

smooth *<srfc> (surface)* • glatt

smooth *vt <build> (with filler, plaster etc.)* • ausspachteln *vt*

smooth *vt <el> (wave form)* • glätten *vt*

smooth *vt <prod.srfc> (after roughing)* • schlichten *vt*

smooth *vt <srfc>* • glätten *vt*

smooth barrel *<mil> (e.g. of shotgun)* • glatter Lauf *m*

smoothed current *<el>* • geglätteter Strom *m*

smoothing out *<srfc> (adhesive film)* • Anreiben *n*

smooth leather *<leath>* • Glattleder *n*

smoothness *<srfc>* • Ebenheit *f*

smoothness *<srfc> (usu. a desirable property)* • Glätte *f*

smooth planer *<mach.tool>* • Abrichtmaschine *f*

smooth running *<tech.gen> (of a machine, plant)* • Laufruhe *f*

smooth running *<mech.eng> (of rotating parts; e.g. of motors, engines, gear trains)* • Laufruhe *f*; gleichförmiger Lauf *m*; ruhiger Lauf *m*

smoulder *vi <comb> (e.g. wood)* • glimmen *vi*

SMS message *<tele> (short text message on cell phone display)* • Kurznachricht *f*; Kurzmitteilung *f*; SMS-Mitteilung *f*; Textnachricht *f*; SMS *f ugs*

smudge *<srfc> (surface defect; e.g. of molded parts)* • Schmierstelle *f*

smudge *<srfc>* • Schmutzfleck *m*

smudge *vt <srfc> (with dirt, displaced matter)* • beschmutzen *vt*; beflecken *vt*

smut *<srfc> (deposit, layer)* • Belag *m*

snap fastener *US <join> (consists of stud and cap)* • Druckknopf *m*

snap fastener cap *<join> (engages the press stud)* • Druckknopfkappe *f*; Druckknopfoberteil *n*

snap-in … *<tech.gen> (e.g. bezel, trim, tool)* • einrastbar; Einrast…

snap into place *vi <tech.gen>* • einschnappen *vi*

snap-on … *<tech.gen> (lightweight, small parts; e.g. trim, bezel, vinyl* *panels)* • aufgeklipst; aufgerastet

snap-on ... *<tech.gen> (gen.; e.g. tools)* • aufgesteckt; Aufsteck...

snap-on cap *<pack>* • Schnappdeckel *m DIN 55405*; Klemmdeckel *m*

snap-on closure *<pack>* • Schnappverschluss *m DIN 55405*

snap-on face shield *<garm> (of helmet)* • anknöpfbares Visier *n*

snap-on fastener *:V <plast>* • Schnappverbindung *f*

snap-on fitting on mounting rails *:V <el>* • Hutschienenmontage *f DIN EN 50 022*

snap-on fixing *<join>* • Schnellbefestigung *f*

snap-on installation *<el> (e.g. on switchboards, in equipment cabinets)* • Aufschnappmontage *f*

snap-on profile *<build>* • Aufrastprofil *n*

snapping off the throttle at the limit *<mvhcl>* • abruptes Gaswegnehmen im Grenzbereich *n*

snap radius *<comp> (CAD, graphics)* • Fangradius *m*

snap ring *<mech.eng> (external, for shafts)* • Sicherungsring *m DIN 6799, 471*

snap ring *<mech.eng> (internal, for hubs/housings)* • Sicherungsring *m DIN 6799,472*

snap ring pliers *US <tool> (for internal and external snap rings)* • Zange für Sicherungsringe *f*; Einsprengzange für Sicherungsringe *f*; Montagezange für Sicherungsringe *f*; Sicherungsringzange *f*; Seegerringzange *f prakt*

snapshot *<phot>* • Momentaufnahme *f*; Schnappschuss *m ugs*

snarl *<gen> (unwanted loop in a thread, rope, cable)* • Schlinge *f*

snatch *vt <mil> (firearm)* • reißen *vt*

snifter valve *<pps> (automatic vent valve; e.g. on heating systems, steam engines)* • Schnüffelventil *n*; Schnüffelstück *n prakt*; selbsttätiger Be- und Entlüfter *m form*; Schnarchventil *n ugs.rar*

snips *pl <tool> (for cutting sheet metal material; for straight or curved cuts)* • Blechschere *f*; Handblechschere *f form*

snow gun *pract <tour>* • Schneekanone *f*

snowplow *<comvhcl> (vehicle)* • Schneepflug *m DIN 30702-4*

snubber *<tech.gen> (gen.; vibration or impact damper; e.g. with rubber or spring element)* • Puffer *m*; Anschlagdämpfer *m*; Stoßbremse *f*; Dämpfer *m*

snuff *vt <leath> (grain side)* • schleifen *vt*

snug-fitting *<garm> (e.g. overall, protective clothing, jeans)* • eng anliegend

soak *vi/vt <tech.gen>* • eindringen *vi*

soak *vi/vt <proc>* • einweichen *vi/vt*

soak *vt <tech.gen>* • tränken *vt*

soak-through secure *Tempo <hygi> (paper handkerchiefs)* • durchschnupfsicher *Tempo*

soap bubble test *<qualit>* • Dichtheitsprüfung *f*

soap-bubble test *<qualit.mat>* • Nekaltest *m*

soap dispenser *<int>* • Seifenspender *m*

socket *<el> (for lamps/bulbs)* • Fassung *f*

socket *<join> (of ball joints; e.g. insulator coupling)* • Pfanne *f*

socket *<mech.eng>* • Aufnahme *f*

socket *<tool> (for ratchet, Tee handle etc.)* • Steckschlüsseleinsatz *m*; Steckschlüssel *m*; Stecknuss *f*; Nuss *f prakt*

socket [outlet] *<el> (e.g. for mains power)* • Steckdose *f*

socket set *<tool> (a tool kit with sockets and drive tools)* • Steckschlüsselsatz *m*; Nusskasten *m prakt*; Ratschensatz *m rar*; Steckschlüsselgarnitur *f rar*; Stecknusssatz *m rar*

socket wrench *<tool> (gen.; with socket end[s] or a drive tool combined with a socket)* • Steckschlüssel *m*; Aufsteckschlüssel *m rar*

sod *<bio>* • Grasnarbe *f*

soda lime *<chem>* • Natronkalk *m*

sodium (Na) *<chem>* • Natrium *n* (Na)

sodium bicarbonate (E500) *<chem> ($NaHCO_3$; used as an antacid and in baking powder)* • Natriumhydrogencarbonat *n* (E500); Natriumbicarbonat *n*; Bicarbonat *n*; Natron *n prakt*; Kaisernatron *n ugs*

sodium carbonate *<chem> (Na_2CO_3)*

• Natriumcarbonat *n* (E 500); Soda *n* *ugs*
sodium chloride <*chem*> *(NaCl; e.g. as cooking salt)* • Natriumchlorid *n*
sodium chlorite <*chem*> *($NaClO_2$)* • Natriumchlorit *n*
sodium-cooled <*tech.gen*> *(e.g. exhaust valves in high-performance engines)* • natriumgekühlt
sodium-cooled fast reactor (SFR) <*nucl*> • schneller natriumgekühlter Reaktor *m* (SNR)
sodium D line <*phys*> • Natrium-D-Linie *f*; Na-D-Linie *f*
sodium hydrogen sulfate <*chem*> *($NaHSO_4$)* • Natriumhydrogensulfat *n*
sodium hydroxide *IUPAC* <*chem*> *(NaOH; strong caustic)* • Natriumhydroxid *n* (E524) *IUPAC*; Ätznatron *n* *ugs*
sodium-sulfur battery *US* <*el*> • Natrium-Schwefel-Batterie *f* *ABB*
sodium-vapor lamp *US* <*light*> • Natriumdampflampe *f*
soft <*gen*> • weich
soft <*chem*> *(water)* • weich
soft <*light*> *(image, lighting condition)* • weich
soft <*textil*> *(thread)* • weich
soft drink machine <*tech.gen*> • Getränkeautomat *m*; Cola-Automat *m* *ugs*
soften *vi* <*mat*> *(e.g. thermoplastics)* • erweichen *vi*; weich werden *vi*
soften *vt* <*gen*> • weichmachen *vt*
soften *vt* <*chem*> • enthärten *vt*
soften *vt* <*phot*> *(contrast, sharpness)* • abschwächen *vt*
soften *vt/vi* <*mat*> *(e.g. paper)* • aufweichen *vt/vi*
softening <*mat*> *(not intended)* • Erweichen *n*; Erweichung *f*
softening temperature <*plast*> • Erweichungspunkt *m*; Erweichungstemperatur *f*; Entfestigungspunkt *m* *obs.rar*
soft iron <*mat*> • Weicheisen *n*
soft-iron core <*el*> • Weicheisenkern *m*
soft paint <*srfc*> *(paint fault)* • Farberweichung *f*
soft rubber <*mat*> • Weichgummi *n*
soft sectored <*comp*> *(magnetic disk)* • weichsektoriert
soft shoulder <*traff*> *(4of hwy)* • unbefestigter Seitenstreifen *m*
soft-start <*el*> *(feature; e.g. of async motors)* • Sanftanlauf *m*
soft trim <*mvhcl.int*> *(vehicle interior)* • Auskleidung *f*
software *ISO 2382/1-1984* <*comp*> • Software *f* *DIN 44300*
software error <*comp*> • Softwarefehler *m*
software library <*comp*> • Softwarebibliothek *f*
softwood <*wood*> *(wood of a coniferous tree; e.g. fir or pine wood; usu. soft)* • Nadelholz *n*
soft wood <*wood*> *(especially soft wood; e.g. pine, balsa)* • Weichholz *n*
soil <*agri*> *(e.g. for cultivation, farming)* • Boden *m*
soil <*build*> *(ground)* • Erdboden *m*; Erde *f*; Boden *m*
soil <*build.mat*> • Boden *m*; Lockergestein *n*
soil *vt* <*tech.gen*> • verunreinigen *vt*; beschmutzen *vt*
soil *vt* <*textil*> • anschmutzen *vt*
soil bearing capacity <*build.mach*> • Bodentragfähigkeit *f*
soil cementation <*agri*> *(usu. undesirable)* • Bodenverfestigung *f*
soil erosion <*geo*> • Bodenerosion *f*; Bodenabtrag *m*; Bodenabtragung *m*
soil improvement <*build*> • Baugrundverbesserung *f*
soiling *ISO 2424* <*textil*> *(e.g. carpet)* • Anschmutzung *f* *DIN ISO 2424*
soil layer <*agri*> • Erdschicht *f*
soil pipe <*waste.hydr*> • Fallrohr *n*; Fallleitung *f*
soil pressure <*build*> • Erddruck *m*
soil quality *ISO 11074-1* <*geo.agri.build*> *(e.g. for farming, building construction)* • Bodenbeschaffenheit *fsg* *DIN ISO 11074-1*; Bodenart *f*; Bodentyp *m*
soil sewerage <*build*> • Gebäudeentwässerung *f*
soil stabilization <*build*> *(stress on: as a construction site)* • Baugrundverfestigung *f*; Baugrundstabilisierung *f*
soil stabilization *US* <*build*> *(intentional; e.g. on hillsides)* • Bodenverfestigung *f*; Bodenstabilisierung *f*;

Bodenbefestigung *f*; Erdstabilisierung *f*

soil testing <*tech.gen*> *(e.g. building foundation, agriculture, landfill)* • Bodenuntersuchung *f*

solar cell <*energ.sol*> *(converts light into el. voltage; typ. efficiency 15 %)* • Solarzelle *f*; photovoltaischer Wandler *m wiss*; Sonnenzelle *f obs*

solar-cell paddle <*aerosp*> *(of spacecraft)* • Sonnenpaddel *n*; Solarpaddel *n*; Sonnenzellenausleger *m rar*

solar collector <*energ.sol*> *(for heat generation)* • Sonnenkollektor *m*; Solarkollektor *m*; Kollektor *m prakt*; thermischer Kollektor *m*

solar collector system <*energ.sol*> • Solarkollektoranlage *f*

solar constant <*energ.sol*> *(1367 W/m², +/- 7 percent)* • Solarkonstante *f*

solar drying <*energ.sol*> • Solartrocknung *f*

solar energy <*energ.sol*> *(solar heat and photo voltaics)* • Solarenergie *f*; Sonnenenergie *f*; solare Energie *f*

solar farm system <*energ.sol*> • Solarfarmanlage *f*; Solarfarmkraftwerk *n*; Solarfarmsystem *n*; Solarfarm *f prakt*

solar field <*energ.sol*> • Solarfeld *n*

solar furnace <*energ.sol*> • Sonnenofen *m*

solar generated steam <*energ.sol*> • Solardampf *m*; solar erzeugter Dampf *m*

solar grade silicon (SoG-Si) <*energ.sol*> • Solarsilicium *n* (SoG-Si); SILSO-Material *n*; Solar-Grade--Silicium *n rar*; Silicium für Photovoltaik-Anwendungen *n did*

solar grade silicon <*ic*> *(half price of electronics grade)* • Silicium in Photovoltaikqualität *n*; Silizium in Solarqualität *n*

solar heat <*energ.sol*> • Solarthermie *f VDI4640*; Solarwärme *f prakt*

solar industrial process heat system <*energ.sol*> • solares Prozesswärmesystem *n*

solar panel <*energ.sol*> *(assembly of PV modules)* • Solarpanel *n*; Solarpaneel *n*; Solarplatte *f rar*; Solarzellenplatte *f rar*; Sonnenzellenplatte *f rar*

solar power <*energ.sol*> *(solar--generated electricity)* • Solarstrom *m*

solar-powered <*energ.sol*> • solarbetrieben; Solarenergie *f*: mit ~ betrieben; sonnenbetrieben; Sonnenenergie *f*: mit ~ betrieben

solar power plant <*energ.sol*> *(gen.; thermal or photovoltaic)* • Solarkraftwerk *n*; Sonnenkraftwerk *n*

solar process heat <*energ.sol*> • solare Prozesswärme *f*

solar prominence <*astron*> *(sun)* • Protuberanz *f*

solar receiver <*energ.sol*> *(of solar radiation, in concentrating systems)* • Empfänger *m*; Strahlungsempfänger *m form*; Receiver *m prakt*

solar roof <*energ.sol*> • Solardach *n*

solar-thermal energy conversion <*energ.sol*> • solarthermische Energieumwandlung *f*

solar thermal power plant <*energ.sol*> *(with collectors and/or concentrators)* • solarthermisches Kraftwerk *n*

solar thermal system <*energ.sol.therm*> • solarthermische Anlage *f*; Solarthermie-Anlage *f*; solarthermisches System *n*; thermische Solaranlage *f*; Solaranlage *f*

solar tower <*energ.sol*> • Solarturm *m*

solar tower power station <*energ.wind*> *(updraft type)* • Aufwindkraftwerk *n*

solar wall <*energ.sol*> • Absaugfassade zur solaren Lufterwärmung *f*; Solarwand *f*; Solar Wall *f*

solar wind <*astron*> • Sonnenwind *m*

solder <*join*> • Lötmittel *n*

solder <*join*> *(e.g. for electr. joints, PCBs)* • Lötzinn *n*; Lot *n prakt*; Weichlot *n rar*

solder <*join*> • Lot *n*

solder *vt* <*join*> *(e.g. electrical connections)* • löten *vt DIN 55405*

solderable <*join*> • lötbar

soldered connection <*el*> • Lötanschluss *m*

soldered connection <*join*> • Lötverbindung *f*; Weichlötverbindung *f*

soldering <*join*> *(non-fusion welding; temperature < 450 °C / 800 F)* • Weichlöten *n*

soldering bit *<join.tool>* • Lötkolben *m*
soldering flux *<join>* • Lötflussmittel *n*
soldering gun *<tool>* • Lötpistole *f*
soldering pad *<el> (on PCB)* • Lötinsel *f*
soldering paste flux *<join> (for copper and copper alloys)* • Lötfett *n DIN 8511*; Flussmittel zum Weichlöten *n*
soldering terminal *<el> (e.g. a soldering tag)* • Lötanschluss *m*
solder on *vt <join>* • auflöten *vt*
solder tail *<el> (short sheet metal or wire; e.g. of resistor, diode, switch)* • Lötfahne *f*; Anschlussfahne *f*
solder to *vt <join>* • anlöten *vt*
sole *<garm> (footwear)* • Sohle *f*
sole inventor *<jur>* • Alleinerfinder *m*
solenoid *<el> (electric magnet; e.g. of relay, actuator)* • Elektromagnet *m*; Magnetspule *f*; Hubmagnet *m*
solenoid actuator *<el> (e.g. ov valves)* • Magnetstellantrieb *m*; Elektromagnetstellantrieb *m*
solenoid armature *<el>* • Magnetanker *m*
solenoid-operated *<el> (e.g. switch, valve, lock)* • elektromagnetisch betätigt
solenoid switch *<el> (gen.; relay)* • Magnetschalter *m*
solenoid valve *<tech.gen>* • Magnetventil *n*
solenoid winding *<el>* • Magnetwicklung *f*
solid *<docu> (line)* • ausgezogen
solid *<mat> (e.g. wood, metal; as opposed to composite material)* • massiv
solid *<math> (a body, object)* • Körper *m*
solid *<phys> (state of matter)* • fest
solid *<phys> (matter)* • Feststoff *m*; fester Stoff *m*
solid brick construction *<build> (type of wall construction; wythe is all brick)* • Massivmauerwerk *n*; Massivbauweise *f*; Massivbau *m prakt*
solid circular shaft *<mech.eng> (as opposed to hollow shaft)* • Vollwelle *f*; massive Welle *f*
solid conductor *<el>* • eindrähtiger Leiter *m*; Massivleiter *m*; massiver Leiter *m*; Vollseil *n*
solid fuel *<comb>* • Festbrennstoff *m*; fester Brennstoff *m*
solid ground *<geo>* • fester Untergrund *m*
solidification *<mat> (of a melt)* • Erstarrung *f*
solidification point *<metal>* • Erstarrungspunkt *m*
solidify *vi <tech.gen>* • erstarren *vi*; fest werden *vi*
solidify *vi <phys> (liquid state to solid state)* • erstarren *vi*
solidity *<energ.wind>* • Blattflächendichte *f*; Flächenbelegung *f*; Bedeckungsgrad *m rar*
solidity *<phys>* • Festigkeit *f*
solid masonry construction *<build> (gen.; solid brick and/or concrete)* • Massivbau *m*
solid masonry home *<build> (brick and/or concrete construction)* • Massivhaus *n*
solid matter *<print>* • kompresser Satz *m*
solid model *<comp> (incl. material type information)* • Volumenmodell *n*; Festkörpermodell *n*; Körpermodell *n*
solid object *<math> (in geometry, CAD, graphics)* • Festkörper *m*; Körper *m prakt*
solid parquet *<build.int>* • Massivparkett *n*
solid polymer fuel cell (SPFC) *<el>* • Festelektrolyt-Brennstoffzelle *f*
solid propellant *<aerosp> (e.g. for rocket engines)* • Festtreibstoff *m*; fester Treibstoff *m*; fester Raketentreibstoff *m*
solid-propellant rocket *<aerosp>* • Feststoffrakete *f*
solid propulsion charge *<aerosp>* • Raketentreibsatz *m*
solid rock *VDI4640 <geo>* • Festgestein *n VDI4640*; Fels *m*; verfestigtes Gestein *n*
solids content *<tech.gen>* • Festgehalt *m*
solid state *<phys>* • fester Zustand *m*; Festzustand *m*; fester Aggregatzustand *m*
solid-state ... *<comp.ic>* • Festkörper...
solid-state laser *<phys>* • Festkörperlaser *m*
solid-state physics *<phys> (includes semi-conductor physics)*

• Festkörperphysik *f*

solid-state technology *<el>* • Halbleitertechnologie *f*

solid tire *US.ISO 5053 <comvhcl> (e.g. on trolley, fork truck)* • Vollgummireifen *m DIN ISO 5053*

solidus *<print> (punctuation mark / used for fractions)* • Bruchstrich *m*

solidus curve *<metal>* • Soliduslinie *f*

solidus line *<phys.chem>* • Festlinie *f*; Soliduslinie *f*

solid waste *<waste>* • fester Abfall *m*; Festabfall *m*; Festmüll *m*

solid wood *<wood>* • Massivholz *n*

solubility *<chem>* • Löslichkeit *f*

solution *<chem>* • Lösung *f*

solution *<math> (of a problem; e.g. result of an equation)* • Lösung *f*

solvable *<math> (equation)* • auflösbar

solvable *<math> (equation, problem)* • lösbar

solve *vt <gen> (problem, equation)* • lösen *vt*

solve *vt <math> (equation)* • auflösen *vt*

solve in terms of *vt <math>* • auflösen nach *vt*

solvent *<chem> (gen.; e.g. for dissolving, cleaning sth.)* • Lösungsmittel *n*; Lösemittel *n prakt.ugs*

solvent adhesive *<join> (e.g. for PMMA)* • Lösungsmittelklebstoff *m*; Lösungsmittelkleber *m*; Lösemittelkleber *m*; Lösungskleber *m*; Kleblack *m*

solvent cement *<join>* • Lösungsmittelklebstoff *m*; Lösungsmittelkleber *m*; Lösungskleber *m*; Lösemittelkleber *m*

solvent-free *<chem>* • lösungsmittelfrei; lösemittelfrei *prakt*

solvent-resistant *<qualit.mat>* • lösungsmittelbeständig

solvent-thinned *<tech.gen>* • lösungsmittelverdünnt

solvent vapors *pl US <chem>* • Lösungsmitteldämpfe *mpl*

sonar *<navig> (for depth measurement)* • Echolot *n*; Sonar *n prakt*; Lot *n rar*

sonar *<navig> (gen.)* • Sonar *n*; hydroakustisches Ortungsgerät *n*; Unterwasserortungsgerät *n*

sonic boom *<aerosp>* • Überschallknall *m*; Mach'scher Knall *m rar*; machscher Knall *m rar*

sonic log *<petr>* • Akustiklog *n*

sonic precipitation *<proc>* • akustisches Abscheiden *n*

sonotrode *<join> (ultrasonic welding; e.g. of nonwovens, wire bonds)* • Sonotrode *f*; Ultraschall--Schwingeinheit *f*; Schwingeinheit *f*

soon: as ~ as possible (ASAP) *<tech.gen> (e.g. erection, delivery)* • bald: so ~ wie möglich

soot *ISO 13943 <comb> (dirt)* • Ruß *m ISO 13943*

sophisticated *<tech.gen>* • technisch ausgereift

sorbate *<proc>* • Sorptiv *n*; sorbierter Stoff *m*

sorbent *<proc>* • Sorptionsmittel *n*; Sorbens *n*; Sorptionsmaterial *n*

sorption refrigeration system *<hvac>* • Sorptionskälteanlage *f*; Absorberkälteanlage *f*

sort *<gen> (example of sth., variety; e.g. of molecule)* • Art *f*; Sorte *f*; Typ *m*

sort *vt <gen>* • sortieren *vt*

sort in *vt <gen>* • einsortieren *vt*

sorting *<tech.gen> (process, function, menu option)* • Sortieren *n*

sorting belt *<convey>* • Sortierband *n*; Ausleseband *n*; Verleseband *n*; Leseband *n*

sorting criterion *<comp>* • Sortierkriterium *n*; Sortiermerkmal *n*

sorting operation *<tech.gen> (e.g. edp, process engineering)* • Sortiervorgang *m*

sorting out *<tech.gen>* • Aussortierung *f*

sorting plant *<waste>* • Sortieranlage *f*; Sortierbetrieb *m*

sort into sizes *vt <proc> (acc. to size)* • klassieren *vt*; trennen *vt*

sort key *<comp>* • Sortierschlüssel *m*

sort pocket *<tech.gen>* • Ablagefach *n*

soufflé *<gastr>* • Auflauf *m*

sound *<tech.gen> (e.g. wood, metal, wine)* • gesund

sound *<tech.gen> (e.g. coatings, materials)* • unbeschädigt

sound *<phys> (gen.)* • Schall *m*

sound *<qualit.mat> (material)* • fehlerfrei; fehlerlos; makellos; tadellos

sound *<qualit.mat> (casting or molding*

without voids, cavities) • lunkerfrei
sound *vt <gen> (depth of sth.; e.g. of the sea or a deep hole; a situation)* • ausloten *vt*
sound *vt <tech.gen> (sonar checking; e.g. of soil, rock)* • sondieren *vt*; abklopfen *vt prakt*
sound-absorbing liner *<mat.acoust> (e.g. vehicle, machinery)* • schallabsorbierende Auskleidung *f*
sound-absorbing material *En 60947 <mat.acoust>* • schallabsorbierender Werkstoff *m EN 60947*
sound-absorbing material *<mat.acoust> (e.g. in buildings, vehicles)* • schalldämmendes Material *n*; Schallschluckmaterial *n*; schallschutztechnische Produkte *npl prakt.ugs form*
sound barrier *<aerosp>* • Schallmauer *f*
sound bridge *<build.phys>* • Schallbrücke *f*
sound card *<comp>* • Soundkarte *f*; Audiokarte *f*
sound engineering *<av>* • Tontechnik *f*
sounding rocket *<aerosp> (unmanned)* • Höhenrakete *f*; Höhenforschungsrakete *f*; Forschungsrakete *f*
sound pick-up *<av>* • Tonabnehmer *m*
sound pressure level *EN ISO 3745 <acoust>* • Schalldruckpegel *m* (SPL) *DIN EN ISO 3745*
sound pressure measurement *EN ISO 3745 <acoust>* • Schalldruckmessung *f DIN EN ISO 3745*
sound-proof *<acoust>* • schalldicht; schallsicher
sound-proofing *<acoust> (process, effect)* • Geräuschdämpfung *f*; Geräuschdämmung *f*
sound proofing *<build.acoust> (process and material)* • Schalldämmung *f DIN 4109*
sound propagation *<acoust>* • Schallausbreitung *f*; Schallfortpflanzung *f*
sound ranger *<i&c.acoust>* • akustischer Entfernungsmesser *m*
sound reinforcement *<av>* • Beschallungstechnik *f*
sound transmission *<acoust> (gen.)* • Schallübertragung *f*
souped up *coll.press <mvhcl> (looks; show tuning of cars)* • aufgemotzt *ugs.press*
sour *<agri> (soil)* • sauer; kalkarm
sour *<petr> (oil)* • doktorpositiv
source *<gen> (e.g. of information, data)* • Quelle *f*; Herkunft *f*
source *<tech.gen> (e.g. energy, sound, radiation)* • Quelle *f*
source directory *<comp>* • Quellverzeichnis *n*
source file *<comp>* • Quelldatei *f*
source language (SL) *<docu.transl> (of translations)* • Ausgangssprache *f* (AS); Quellensprache *f DDR*; Quellsprache *f DDR*
source material *<prod> (for further processing)* • Ausgangsstoff *m*; Ausgangsmaterial *n*; Grundstoff *m*; Basismaterial *n*
source of errors *<qualit>* • Fehlerquelle *f*
source of losses *<gen>* • Verlustquelle *f*
source of raw material[s] *<mat>* • Rohstoffquelle *f*
source text (ST) *<docu.transl> (basis of a translation)* • Ausgangstext *m* (AT); Quelltext *m*
sow *vt <agri> (seed)* • säen *vt*
sowing machine *<agri> (gen.; e.g. a drill coulter)* • Sämaschine *f*
space *<gen> (extent of space occupied by or available for sth. or sb.)* • Raum *m*; Platz *m ugs*
space *<tech.gen> (distance between sth)* • Abstand *m*
space *<tech.gen> (gap)* • Spalt *m*
space *<docu> (ASCII character 32)* • Leerzeichen *n*; Leerschritt *m*
space *vt <gen> (divide, partition)* • teilen *vt*
space *vt <tech.gen>* • einteilen *vt*
space *vt <tech.gen> (e.g. holes, conductors)* • Abstand *m*: mit ~ anordnen *vt*
space *vt <print> (characters)* • sperren *vt*
space application *<tech.gen> (e.g. of photovoltaics)* • Raumfahrtanwendung *f*
space bar *<comp> (key)* • Leertaste *f*; Leerzeichentaste *f*
space capsule *<aerosp>* • Raumkapsel *f*
space-charge density *<el>*

• Raumladungsdichte *f*
space cooling *<hvac> (air conditioning)* • Gebäudekühlung *f*
spacecraft propulsion *<aerosp>* • Raumfahrtantrieb *m*
spaced *<print> (characters)* • gesperrt
space-fixed *<tech.gen> (e.g. coordinate axes; kinematics)* • raumfest
spaceflight *<aerosp> (actual flight)* • Raumflug *m*
spaceflight *<aerosp> (gen.)* • Raumfahrt *m*
space frame *<comvhcl> (e.g. bus)* • Gitterrahmen *m*; Gitterrohrrahmen *m*
space frame *<mvhcl> (motorbike; e.g. of Ducati Monster)* • Gitterrohrrahmen *m*
space framework *<tech.gen> (three-dimensional framework; e.g. of car bodies)* • Raumtragwerk *n*; räumliches Tragwerk *n*; Space-Frame-Konstruktion *f*
space heating *<hvac> (gen.; residential and office)* • Raumheizung *f*
space heating heat pump *<hvac>* • Heizwärmepumpe *f*; Heiz-Wärmepumpe *f*
space junk *<aerosp.waste>* • Weltraummüll *m*
space laboratory *<aerosp>* • Weltraumlaboratorium *n*; Weltraumlabor *n prakt*; Raumlaboratorium *n*; Raumlabor *n prakt*
spaceport *<aerosp>* • Raumfahrtzentrum *n*; Weltraumbahnhof *m*; Kosmodrom *n DDR*
space probe *<aerosp>* • Raumsonde *f*
spacer *<tech.gen> (gen.; any type and shape)* • Abstandhalter *m*; Distanzstück *n form*; Abstandshalter *m rar*; Zwischenstück *n*; Zwischenlage *f*
spacer *<tech.gen> (flat, shim-type)* • Distanzscheibe *f*
spacer bush *<mech.eng>* • Distanzbuchse *f*
space requirements *pl <tech.gen>* • Raumbedarf *m*; Platzbedarf *m*
space research *<astron>* • Weltraumforschung *f*; Kosmologie *f*
space rocket *<aerosp>* • Weltraumrakete *f*; Raumrakete *f*; kosmische Rakete *f DDR*
space-saving *<tech.gen>* • platzsparend
space saving *<tech.gen>* • raumsparend
spaceship *<aerosp>* • Raumschiff *n*; Raumfahrzeug *n*; Raumflugkörper *m*
space shuttle *<aerosp> (e.g. the Columbia)* • Raumfähre *f*; Space Shuttle *n*; Shuttle *n prakt*
space station *<aerosp>* • Raumstation *f*
space suit *<aerosp>* • Raumanzug *m*
space truss *<build> (e.g. in tall buildings)* • Mega-Fachwerk *n*; Raumfachwerk *n*; Mega-Raumfachwerk *n*; Megaraumfachwerkröhre *f*
space walk *<aerosp>* • Aufenthalt außerhalb des Raumflugkörpers *m*; Raumspaziergang *m ugs*; Ausstieg *m*
spacing belt *<comp.print>* • Zahnriemen *m*
spacing material *<print> (hot-metal setting; e.g. spaces and quads)* • Blindmaterial *n DIN 16514*; Füllmaterial *n rar*
spall *<build.mat>* • Splitter *m*
spall *vi <build> (come off in little bits; e.g. rock, stone wall, plaster)* • abbröckeln *vi*
spall *vi <srfc> (break off by internal stress, in chips, bits; e.g. rock, ore)* • abplatzen *vi/vt*; absplittern *vi*
spalling *<build.mat>* • Absprätzen *n*
spalling *ISO 4378-2 <srfc> (by fatigue wear; e.g. in plain bearings)* • Ausbröckeln *n DIN ISO 4378-2*
spamdexer *<comp> (manipulates search engine's website ranking)* • Index-Spammer *m*; Spamdexer *m*
spam filter *<comp>* • Werbemail-Filter *m :V*; Filter zum Entfernen unerwünschter E-Mails *m :V*; Spamfilter *m jarg*; Junk-Mail-Filter *m jarg*
spammer *<comp>* • Massenversender *m*; Massenmailer *m*; Spammer *m*; Junk-E-Mailer *m*
spamming *<comp> (e-mail)* • Massenversand von E-Mails *m*
span *<gen> (of space, time)* • Bereich *m*
span *<build> (distance between two supports; e.g. of a roof, bridge)*

• Spannweite *f*
span *<build> (of a bridge)* • Stützweite *f*; Öffnungsweite *f*; Spannweite *f*; Feldweite *f*
span *vt <build> (a gap, distance; e.g. with a bridge, girder)* • überbrücken *vt*
span length *<build> (of girders, beams, bridges)* • Stützweite *f*
spanner wrench *US <tool> (with hook or pin)* • Hakenschlüssel *m*
span pole *<energ.el> (for branchings, angular deviations)* • Abspannmast *m*
spar *<aerosp> (wing, empennage)* • Holm *m*
spar *<min>* • Spat *m*
spare ... *<tech.gen> (equivalent part, system)* • Ersatz...
spare fuel capacity *<aerosp>* • Brennstoffreserve *f*
spare part *<tech.gen>* • Ersatzteil *n*; Reserveteil *n*
spare-parts list *<logist>* • Ersatzteilliste *f*; Teileliste *f ugs*
spare-parts warehouse *<logist>* • Ersatzteillager *n*
spare tire *US <mvhcl>* • Ersatzreifen *m*
spare wheel *<mvhcl> (identical with the standard wheels used on a car)* • Reserverad *n*; Ersatzrad *n*
sparge *vt <food> (fermentation)* • anschwänzen *vt*
spark *<el>* • Funke *m*
spark *vi <el> (contacts)* • feuern *vi*
spark *vi <el>* • funken *vi*
spark *vi <tool> (grinding wheel, disk)* • ausfunken *vi*
spark-eroded *<prod>* • funkenerodiert
spark-erosion machine *<mach.tool>* • Funkenerodiermaschine *f*; Funkenerosionsmaschine *f*; Ausfunkgerät *n*; Funkenerosionsgerät *n*; Funkenerodiergerät *n*
spark-erosion machining *<prod>* • elektrochemisches funkenerosives Abtragen *n*
spark gap *<el>* • Funkenstrecke *f*; Funkenkanal *m*; Entladungsstrecke *f*
spark ignition *<mvhcl.el>* • Fremdzündung *f*; Funkenzündung *f*
sparkle *vi <srfc> (shine, glisten with little gleams of light; e.g. jewelry)* • glitzern *vi*
spark pattern *<qualit.mat>* • Funkenbild *n*; Schleiffunkenbild *n*
spark plug *<mvhcl.el>* • Zündkerze *f*; Kerze *f prakt*
spark plug cable *<mvhcl.el> (of SI engine; high-voltage cables to the spark plugs)* • Zündkabel *n*
spark plug gap *<mvhcl.el>* • Elektrodenabstand *m*
spark quenching *<el>* • Funkenlöschung *f*
sparsely built-up area *<build>* • Gebiet mit offener Bebauung *n*
spatial configuration *<tech.gen>* • räumliche Anordnung *f*
spatial distribution *<tech.gen>* • räumliche Verteilung *f*
spatial relation *ISO 12620 <term>* • räumliche Beziehung *f*
spatter *vi <join> (welding)* • spritzen *vi*
spatter *vi <srfc>* • klecksen *vi*
spatula *<tool> (e.g. used in labs)* • Spatel *m*
special character *<print>* • Sonderzeichen *n*; Spezialzeichen *n rar*
special machine *<tech.gen>* • Sondermaschine *f*
special pattern *<gen>* • Sondertafel *f*
specialty shape *<tech.gen>* • Sonderform *f*
specialty tool *<tool>* • Sonderwerkzeug *n*; Spezialwerkzeug *n prakt*
special value package *<tech.gen>* • Sonderausstattungspaket *n*
species *<bio> (e.g. in an eco system)* • Gattung *f*; Art *f*
species appropriate livestock management *<bio>* • artgerechte Haltung *f*
specification *<gen> (characteristic value)* • Kennwert *m*
specification: is outside ~s *<qualit>* • entspricht nicht der Spezifikation
specification *ISO 9000 <qualit.docu> (document stating requirements)* • Spezifikation *f ISO 9000*
specifications *<tech.gen> (e.g. dimensions, weight, performance, power ratings)* • technische Daten *pl*
Specifications *<docu> (headline in product information)* • Technische Daten
specific volume (v) *<therm> (volume per mass unit)* • spezifisches Volumen *n* (v)

specific weight *<phys> (ratio weight to volume)* • spezifisches Gewicht *n*; Wichte *f*

specify *vt <tech.gen> (in detail)* • detailliert angeben *vt*

specify in detail *vt <tech.gen> (list)* • detaillieren *vt*; einzeln aufführen *vt*

specimen *<bio> (specially prepared; e.g. for microscopic analysis)* • Präparat *n*

specimen *<opt> (under microscope)* • Objekt *n*

speck *<pap> (dirt)* • Fleck *m*

spectral analysis *<phys>* • Spektralanalyse *f*

spectral line *<phys>* • Spektrallinie *f*

spectral-line shift *<phys>* • Spektrallinienverschiebung *f*; Verschiebung der Spektrallinien *f*

spectral region *<phys>* • Frequenzbereich *m*

spectrophotometric method *ISO/DIS 17053 <i&c>* • spektrophotometrisches Verfahren *n ISO/DIS 17053*

speech recognition *<comp>* • Spracherkennung *f*

speed (n) *<mech.eng> (of shafts etc.; usu. in revolutions per minute)* • Drehzahl *f* (n); Drehgeschwindigkeit *f rar*; Umdrehungsgeschwindigkeit *f rar*

speed *<phot> (of film material)* • Lichtempfindlichkeit *f*

speed *<vhcl> (e.g. at full speed)* • Fahrt *f*

speed *<vhcl> (gen. of ground vehicles; e.g. of cars)* • Geschwindigkeit *f*; Fahrgeschwindigkeit *f*

speedboat *<nav>* • Rennboot *n*

speed brake *<aerosp> (on wing)* • Bremsklappe *f*; Geschwindigkeitsbremse *f*; Interzeptor *m DDR*

speed camera *<traff>* • Radarfallenkamera *f*

speed-dependent *<tech.gen> (rotational speed; e.g. of shafts, wheels)* • drehzahlabhängig

speeding offence *<jur.traff>* • Geschwindigkeitsüberschreitung *f*

speed limit *<traff> (stress on limit; e.g. 55 mph)* • Geschwindigkeitsbegrenzung *f*; Geschwindigkeitsbeschränkung *f*; Tempolimit *n prakt.ugs*

speed nut *<join> (clipped on sheet metal panel edges)* • Blechmutter *f DIN 7970*; Federmutter *f*; Klemm--Mutter *f*; Klemmmutter *f*

speedometer *<mvhcl.i&c> (instrument indicating driving speed, in mph or km/h)* • Tachometer *m*; Geschwindigkeitsmesser *m form*; Tacho *m ugs*

speedometer cable *<mvhcl>* • Tachowelle *f*

speed range *<tech.gen> (gen.; of engines, motors)* • Drehzahlbereich *m*

speed ratio *<drive> (gear, any kind)* • Übersetzungsverhältnis *n*

speed-reading *<jur.traff>* • Geschwindigkeitsüberschreitung *f*

speed-related variable steering assistance *<mvhcl>* • geschwindigkeitsabhängige Lenkunterstützung *f form*; geschwindigkeitsabhängige Servolenkung *f prakt*

speed-sensitive wiper system *<mvhcl>* • geschwindigkeitsabhängige Anpressdruckregelung *f*

speed through water *<nav>* • Fahrt durch Wasser *f* (FdW); Geschwindigkeit durch Wasser *f*

speed up *vt <tech.gen> (a process, machine)* • schneller laufen lassen *vt*

speedway *<traff>* • Schnellstraße *f*

spelling checker *ISO/IEC 2382-23 <comp>* • Rechtschreibprüfprogramm *n ISO/IEC 2382-23*; Rechtschreibprogramm *n*

spend *vi <prod> (e.g. electrode, electrolyte)* • verbrauchen *vr*

spent bark *<leath>* • ausgelaugte Gerberlohe *f*

spent fuel *<nucl>* • abgebrannter Kernbrennstoff *m*; abgebrannter Brennstoff *m prakt*

spent fuel element *<nucl>* • abgebranntes Brennelement *n*

spent gas *<comb>* • Altgas *n*

sphere *<gen> (any spherical body)* • Kugel *f*

spherical *<tech.gen>* • sphärisch; kugelförmig *prakt*; kugelig *ugs*

spherical *<srfc> (domed; e.g. as on a ball-peen hammer)* • ballig; halbkugelförmig

spherical-coordinate robot *<prod.autom>* • Roboter mit kugelförmigem Koordinatensystem *m*

spherical head *<print> (typewriter)* • Kugelkopf *m*

spherical indentation *<qualit.mat> (e.g. Brinell hardness test)* • Kugeleindruck *m*

spherical lens *<opt> (for eye glasses)* • achsensymmetrisches Brillenglas *n*

spherical reflector *<tech.gen> (e.g. solar collector, antenna)* • sphärischer Spiegel *m*; sphärischer Reflektor *m ugs*; Kugelspiegel *m*

spherical robot *<autom>* • Polarroboter *m*

spherical roller bearing *ISO 5593 <mech.eng>* • Pendelrollenlager *n DIN ISO 5593*

spherical roller bearing *<mech.eng>* • Radial-Tonnenlager *n*

spherical surface *<math>* • Kugelfläche *f*; Kugelkalotte *f*; Kalotte *f*

spherical valve *<pps> (with a rotating closing body; any size)* • Kugelhahn *m DIN 4048-2*; Kugelventil *n prakt*; Kugelschieber *m ugs*

spheroidized *US <tech.gen> (shaped into a globule)* • kugelig

spheroidizing *<metal> (annealing)* • Weichglühen *n DIN17014*; sphäroisierendes Glühen *n*

spice industry *<food.prod>* • Gewürzindustrie *f*

spigot *<pps> (in faucet, cock, vent of a cask)* • Zapfen *m*

spigot *<pps> (in barrel bung hole)* • Zapfhahn *m*

spigot nut *<join.pps>* • Überwurfmutter *f*

spike *<tech.gen> (peak value; e.g. a pressure spike)* • Nadel *f*

spike to *vi <tech.gen> (e.g. pressure, temperature)* • kurzzeitig auf einen Höchstwert ansteigen *vi*

spiking *<tech.gen> (peak formation of values; e.g. of pressure, temperature)* • Spiking *n*

spill *<energ.hydr>* • überlaufendes Wasser *n*; Überfallmenge *f*

spill *vt <gen> (allow to flow from a container, accidentally; e.g. oil from a tanker)* • auslaufen lassen *vt*

spill *vt <gen> (allow to fall from a container; small amounts; e.g. milk, sugar)* • verschütten *vt*

spillproof *<tech.gen> (e.g. wash basin,tank)* • überlaufsicher

spillway *<energ.hydr> (weir)* • Überlauf *m*; Überfall *m*; Hochwasserüberlauf *m*; Entlastungswehr *n*; Überfallwehr *n*

spillway channel *<build> (duct for surplus water; e.g. from a reservoir)* • Entlastungskanal *m*; Überlaufkanal *m*

spillway crest *<build.hydr> (dam, dike)* • Überfallkrone *f*; Überlaufkrone *f*

spin *<tech.gen> (fast rotation; e.g. of electrons, projectiles)* • Drall *m*

spin *<mil> (of projectile)* • Drall *m*

spin *<phys> (elementary particles)* • Eigendrehimpuls *m*; Spin *m*

spin *vt <prod> (to shape sheet metal; e.g. beverage cans)* • drücken *vt*

spin *vt <srfc> (coating)* • schleudern *vt*

spin *vt <textil> (in spinning mill; fibers)* • spinnen *vt*

spinal column *<bio> (of vertebrates)* • Wirbelsäule *f*; Rückgrat *n ugs*

spin axis *<tech.gen>* • Drehachse *f*

spin coat *vt <srfc> (e.g. photoresist on wafer)* • aufschleudern *vt*

spin coating *<srfc> (e.g. of wafers)* • Aufschleudern *n*

spindle *<textil> (winding or twisting head; mandrel)* • Spindel *f*

spindle sleeve *<mach.tool>* • Pinole *f*; Spindelhülse *f*; Spindelpinole *f rar*

spin dry *vt <hygi> (laundry)* • schleudern *vt*

spin magnetism *<phys>* • Spinmagnetismus *m*

spinneret *<textil> (synthetic fibers)* • Spinndüse *f*

spinning frame *<textil>* • Spinnmaschine *f DIN ISO 2187*

spinning mill *<textil>* • Spinnerei *f*

spin-off [enterprise] *<econ>* • ausgegründetes Unternehmen *n*; Spin-off *n jarg*

spin resonance *<phys>* • Spinresonanz *f*

spin-stabilized *<aerosp> (e.g. projectile)* • drallstabilisiert

spiral *<math>* • Spirale *f*

spiral classifier *<proc>* • Spiralklassierer *m*

spiral-cut *<mech.eng> (gears)* • bogenverzahnt; spiralverzahnt
spiral-pin *<join>* • Spannhülse *f*
spiral ratchet screwdriver *<tool>* • Drillschraubendreher *m*
spiral spring *<mech.eng> (e.g. the balance spring in watches)* • Spiralfeder *f*
spiral stairs *<build>* • Spindeltreppe *f*
spiral teeth gear *<drive>* • bogenverzahntes Zahnrad *n*
spiral-toothed *<mech.eng> (bevel gear)* • spiralverzahnt
spiral tube *<pps> (gen.)* • Spiralrohr *n*
spire *<tech.gen> (a usu. tall, acutely pointed object; e.g. a church tower)* • Spitze *f*
spirit level *<i&c.tool> (for determining true horizontal/vertical orientation of sth)* • Wasserwaage *f*; Richtwaage *f rar*
spirit of turpentine *<chem> (distilled form of turpentine)* • Terpentinöl *n*
spirit vial *<i&c> (in spirit level)* • Libelle *f*
splash *<gen> (liquid; e.g. water, paint)* • Spritzer *m*
splash *vi <gen> (typ. water)* • spritzen *vi*
splash *vt <srfc> (wet by dashing water etc. on sth.)* • bespritzen *vt*
splash board *<tech.gen>* • Spritzbrett *n*
splashes of water *<tech.gen>* • Spritzwasser *n*
splash guard *<tech.gen> (gen.)* • Spritzblech *n*
splash guards *<tech.gen>* • Spritzwasserschutz *m*
splash on *vt <srfc> (e.g. water)* • aufspritzen *vt*
splash plate *<tech.gen>* • Spritzteller *m*
splashproof *<tech.gen> (resistant to water spray, splash water; e.g. camera)* • spritzwassergeschützt
splash-water-proof *<tech.gen>* • schwallwassergeschützt
splice *<tech.gen>* • Spleiß *m*
splice *vt <tech.gen> (join strands of a rope, cable, OWG)* • spleißen *vt*
splice *vt <energ.el> (conductors or cables)* • verbinden *vt*
splice *vt <join> (with adhesive; e.g. magnetic tape)* • kleben *vt*
splicing tape *<av> (e.g. for audio or video tapes)* • Klebeband *n*
spline *<mech.eng> (roughly rectangular profile; e.g. in a shaft)* • Keilnut *f*; Keilwellennut *f*
spline *<mech.eng> (any axial groove on a shaft or in a hub)* • Längsnut *f*
splined *<mech.eng> (shaft, hub)* • kerbverzahnt
splined *<mvhcl>* • drehfest gelagert
splined hub *<mech.eng>* • Keilnabe *f*
splined shaft *<mech.eng> (longitudinal, roughly rectangular grooves; as opp. to serrated shaft)* • Keilwelle *f*; Keilnutenwelle *f*; Mehrfachkeilwelle *f rar*; Vielnut-Keilwelle *f rar*; Federwelle *f rar*
spline fitting *<mech.eng> (of hub on shaft)* • Keilnabenprofilsitz *m*
splinter [off] *vi <wood>* • absplittern *vi*
split *<tech.gen> (narrow break made by or as if by splitting)* • Riss *m*
split *adj <mech.eng> (e.g. bearing, collar)* • geteilt
split *vi <tech.gen> (into two or more parts)* • spalten *vi*; aufspalten *vr*
split *vi <tech.gen>* • teilen *vr*
split *vt <mech.eng> (e.g. casing, bearing)* • teilen *vt*
split bearing *<mech.eng> (e.g. of connecting rods)* • geteiltes Gleitlager *n*
split casing *<mech.eng> (e.g. gear, pump)* • geteiltes Gehäuse *n*
split folding rear seats *<mvhcl.int>* • geteilt umklappbare Rücksitze *mpl*; geteilte Rückbanklehne *f ugs*; geteilte Rücksitzlehne *f ugs*
split-friction road surface *<build.traff>* • Fahrbahn unterschiedlicher Griffigkeit *f*; Fahrbahn von unterschiedlicher Griffigkeit *f*; µ-Split-Fahrbahn *f*; Split-µ-Belag *m*; Fahrbahnbelag mit unterschiedlichen Reibwerten *m*
split leather *<leath>* • Spaltleder *n*
split response *<navig> (e.g. of radar)* • Doppelzeichen *n*
split sleeve *<join>* • Spannhülse *f*
split-system heat pump *<hvac> (consists of two separate assemblies)* • Split-Wärmepumpe *f*; Wärmepumpe in mehrgehäusiger Bauweise *f did*; Wärmepumpe in Splitbauweise *f*; mehrgehäusige Wärmepumpe *f*; Splitwärmepumpe *f*
splitting *<tech.gen>* • Splitten *n*
splitting chisel *<tool> (very flat chisel*

for body work, spot weld splitting) • Schlitzmeißel *m*; Karosserieblechmeißel *m*; Punktschweißmeißel *m*; Karosseriemeißel *m*

split up *vt* *<gen> (divide into distinct parts or portions; e.g. profit, material)* • aufteilen *vt*

split up *vt* *<tech.gen> (e.g. budget, profit)* • aufteilen *vt*

split washer *pract* *<join> (locking device for threaded fasteners)* • Federring *m*

spoil *<min> (excavated earth and rock)* • Abraum *m*

spoil *vt* *<min>* • absetzen *vt*

spoiler *<aerosp>* • Spoiler *m*; Störklappe *f*

spoil ground *<waste>* • Abladeplatz *m*

spoke *<mech.eng> (of wheels; between hub and rim)* • Speiche *f*

spokeshave *<tool.wood>* • Schabhobel *m*

spoke wheel *<mvhcl> (alloy wheel design)* • Speichenrad *n*; Rad im Speichendesign *n*; Rad mit Speichenoptik *n werb*

sponge piping *<mvhcl> (for weatherstrips)* • Moosgummi *m prakt*

spongy *<tech.gen>* • schwammig

spongy *<mat> (porous)* • porös

sponsored industrial research *<econ>* • Auftragsforschung *f*

spontaneous ignition *<tech.gen> (of any combustible material)* • Selbstzündung *f*

spoof *vt* *<tech.gen> (by means of false signals)* • irreführen *vt*

spool *vt* *<textil> (wind yarn, thread etc. on a spool)* • aufwickeln *vt*

sport utility vehicle (SUV) *<mvhcl> (combines features of a sedan, van, sports car and offroader)* • Sport--Utility-Vehicle *n* (SUV); Sport-Utility--Fahrzeug *n*; geländetaugliche Limousine *f did*; Sport Utility Wagon *m Audi*; Sport-Utility-Car *n rar*

spot *<gen> (accurate location)* • Ort *m*

spot *<srfc> (contamination)* • Fleck *m*

spot *vt* *<gen> (find, locate accurate position of sth.)* • orten *vt*

spot cooler *<hvac>* • Ausströmer *m*; Luftaustrittsdüse *f*

spot-drill *vt* *<prod>* • anbohren *vt*

spotfacing *<prod>* • Flachsenken *n*; Plansenken *n*; Abflächen *n rar*

spot facing *<tool>* • Flächen *n*

spot lamp *<light> (narrow beam reflector lamp)* • Spotlampe *f*

spotlight *<light>* • Punktstrahler *m*; Punktlichtscheinwerfer *m*; Scheinwerfer *m ugs*; Spot *m jarg*

spot painting *<srfc.rep> (respraying)* • Beispritzen kleiner Flächen *n*; Beilackieren kleiner Flächen *n*

spot radiation *<astron>* • Fleckenstrahlung *f*

spot remover *<chem>* • Fleckentferner *m*

spot repair *<srfc.rep> (of paint finish; e.g. on cars)* • Ausbesserung kleinerer Lackschäden *f*; Lackausbesserungsarbeit *f*

spot-weld *vt* *<join> (attach by a few spot welds; e.g. a bracket to a panel)* • aufpunkten *vt*; anpunkten *vt*

spot-welded *<join>* • punktgeschweißt; gepunktet

spot welding robot *<autom> (e.g. for body-in-white)* • Punktschweißroboter *m*

spout *<tech.gen> (for tank, tubing)* • Einfüllstutzen *m*; Einlassstutzen *m*

spout *<pack>* • Ausgießer *m*

spouting velocity *<proc>* • Auslaufgeschwindigkeit *f*

spray *vt* *<tech.gen> (e.g. paint, pesticides, water)* • spritzen *vt*; sprühen *vt*

spray *vt* *<agri.chem> (liquid pesticides, herbicides etc.)* • ausbringen *vt*; anwenden *vt*; versprühen *vt*; aussprühen *vt*

spray *vt* *<proc> (with plenty of water)* • brausen *vt*; überbrausen *vt*; abbrausen *vt*

spray *vt* *<srfc> (sprinkle or treat with a spray; e.g. water, oil, paint, pesticide)* • besprühen *vt*

spray-apply *vt* *<srfc> (e.g. paint, pesticide)* • spritzen *vt*

spray atomized liquid *vt* *<gen> (e.g. perfume)* • sprühen *vt*

spray bar *<tech.gen>* • Spritzbalken *m*

spray charge *<tech.gen>* • Sprühaufladung *f*

spray-coat *vt* *<srfc> (panels, car body)* • spritzen *vt*

sprayer *<tech.gen>* • Sprüher *m*; Sprühgerät *n*
sprayer *<agri.tool> (any type or size; e.g. for pesticides)* • Sprühgerät *n*; Spritzgerät *n*; Spritze *f*
spray gun *<srfc> (for powder application)* • Spritzpistole *f*; Sprühpistole *f*
spraying *<tech.gen> (ejection of a liquid in fine particles; e.g. of paint, water)* • Sprühen *n*; Spritzen *n*
spraying compound *<tech.gen>* • Spritzmasse *f VDI 3469-5*
spray mist *<srfc> (spray painting)* • Spritznebel *m*; Farbnebel *m*
spray mounting *<art> (of pictures)* • Aufziehen mit Sprühkleber *n*
spray on *vt <srfc> (e.g. paint)* • aufsprühen *vt*
spray [on] *vt <srfc>* • sprühen [auf] *vt*; spritzen [auf] *vt ugs*
spray-painting robot *<srfc>* • Lackierroboter *m*; Spritzroboter *m*
spray time *<tech.gen> (of a spray nozzle, spraying head, spraying gun)* • Spritzzeit *f*
spread *<gen> (e.g. disease, knowledge)* • Verbreitung *f*
spread *vt <gen> (opening etc.)* • aufhalten *vt*
spread *vt <gen> (e.g. arms, wings, polythene sheeting)* • ausbreiten *vt*
spread *vt <tech.gen> (extend out, move apart; e.g. wings)* • spreizen *vt*
spread *vt <metal>* • ausschmieden *vt*
spread *vt <srfc> (viscous, soft substance onto a surface; e.g. mortar, butter)* • auftragen *vt*; verteilen *vt*
spreader *<agri> (for seeds or polythene sheeting)* • Ausbreiter *m*
spreader *<comvhcl> (add-on equipment; e.g. for sand, road salt)* • Streuautomat *m*
spreader *<fire.tool> (rescue and extraction equipment)* • Spreizwerkzeug *n*
spreader *<srfc.tool> (for filler; e.g. for car body filler)* • Flächenspachtel *m*; Ziehspachtel *m*
spreader bar hammock *<gen>* • Hängematte mit Spreizstäben *f*
spread fertilizer *US <agri>* • düngen *vt*; Dünger ausbringen
spreading *<tech.gen> (e.g. of fire, waves, corrosion)* • Ausbreitung *f*
spreading *<food> (on toast, bread etc.)* • Aufstrich *m*
spreading *<proc> (e.g. of sand, road salt, fertilizer)* • Streuung *f*
spread on *vt <tech.gen> (pelletized material; e.g. fertilizer)* • aufstreuen *vt*
spreadsheet software *<comp>* • Tabellenkalkulationsprogramm *n*
sprig *<join.wood> (slender wire nail without head)* • Drahtstift *m*
sprig *vt <join>* • heften *vt*
spring *<hydr> (source issuing from the ground)* • Quelle *f*
spring *<mech.eng> (elastic; e.g. coil, leaf, torsion spring)* • Feder *f DIN ISO 2162-3*
spring action *<mech>* • Federwirkung *f*
spring-applied parking brake *<brake>* • Federspeicherbremse *f* (FspBr)
spring balance *<i&c>* • Federwaage *f*; Federdynamometer *n*
spring brace *<join> (elastic wire or strip; e.g. to secure covers, caps)* • Federklammer *f*; Federklemme *f*
spring brake actuator *<comvhcl.brake> (of trucks, trains)* • Federspeicherbremszylinder *m*
spring caliper *<i&c>* • Federtaster *m*
spring-carrier bracket *<railw>* • Federbock *m*
spring catch *<tech.gen>* • Schnappverschluss *m*
spring catch *<join> (e.g. for climbing ropes, bondage)* • Karabinerhaken *m*; Schnappkarabiner *m*
spring characteristics *pl <mech.eng>* • Federkennung *f*; Feder-Kennlinie *f*; Feder-Charakteristik *f*
spring coil *<mvhcl> (coil spring)* • Federwindung *f*; Federwicklung *f*
spring compressor *<mvhcl.tool>* • Federspanner *m*; Federspanngerät *n*; Federniederdrücker *m*
spring constant *<mech> (linear characteristic)* • Federkonstante *f*
spring contact *<el>* • Federkontakt *m*
spring deflection *<mech>* • Federweg *m*; Federdurchbiegung *f*
spring detent *<mech.eng>* • Federraste *f*
springer stone *<build> (on a column plate, supporting an arch or vault)* • Kämpfer *m*; Anfänger *m prakt*

spring eye *<mech.eng> (leaf spring end)* • Federauge *n*
spring eye *<mech.eng> (of leaf springs, tensile coil springs)* • Federöse *f*
spring hanger *<vhcl> (for leaf spring eye)* • Federbock *m*; Blattfederaufnahme *f form*; Federaufnahme *f*
springing *<tech.gen>* • Federung *f*; Federaufhängung *f*; federnde Aufhängung *f*; gefederte Aufhängung *f*
spring leaf suspension *<mvhcl>* • Blattfederung *f*; Blattfederaufhängung *f*; Fahrwerk mit Blattfedern *n*
spring-loaded *<tech.gen> (yielding, elastic; e.g. contacts)* • abgefedert; gefedert
spring loaded *<tech.gen> (e.g. valve)* • federbelastet
spring-loaded *<tech.gen> (e.g. clamping jaws)* • federgespannt; federbelastet
spring lock washer with square ends *<join>* • Federring Form A *m DIN 127*; glatter Federring *m did*; Federring *m prakt*
spring lock washer with tang ends *DIN ISO 1891 <join>* • Federring Form B *m DIN 127*; aufgebogener Federring *m did*; Federring *m prakt.ugs*
spring-mounted *<mech.eng>* • federnd gelagert
spring-mounted *<mech.eng> (provided with springs)* • gefedert
spring retaining collar *<mech.eng>* • Federteller *m*
spring seating pan *<mech.eng>* • Federteller *m*
spring sleeve *<gen>* • Toleranzhülse *f*
spring steel *<metal>* • Federstahl *m*
spring suspension *<mvhcl>* • Federung *f*
spring switch blade *<railw>* • federnde Weichenzunge *f*; Federschiene *f*
spring tension *<mech>* • Federspannung *f*
spring tide *<geo>* • Springflut *f DIN 4049-3*; Springtide *f*
spring tine *<agri.tech>* • Federzinken *m*
spring-toothed weeder *<agri>* • Ackerstriegel *m*
spring washer *<join> (gen., no locking device)* • Federscheibe *f DIN 137*
spring wire *<mat>* • Federdraht *m*
sprinkle *vt <gen> (moisten with water)* • einsprengen *vt*; anfeuchten *vt*; befeuchten *vt*
sprinkle *vt <tech.gen> (disperse or distribute here and there)* • streuen *vt*
sprinkle *vt <agri> (with a sprinkler system; e.g. lawns, farmland)* • beregnen *vt*; künstlich bewässern *vt*
sprinkle *vt <agri> (with sprinkler irrigation; e.g. lawn)* • sprengen *vt*; besprengen *vt rar*
sprinkle *vt <proc> (rinse, spray; e.g. for cooling)* • brausen *vt*
sprinkler *<fire> (spray head)* • Feuerlöschbrause *f*
sprinkler irrigation *<agri>* • Beregnung *f*
sprinkler irrigation system *<agri>* • Beregnungsanlage *f*
sprinkler system *<fire>* • Sprinkleranlage *f*; Feuerlöschberieselungsanlage *f*
sprinkling range *<agri.hydr>* • Wurfweite *f DIN 4047-6*
sprinkling system *<proc>* • Berieselungsanlage *f*
sprocket *<mech.eng> (of chain drive; e.g. on bicycle, in engines)* • Kettenrad *n*
sprocket hole *<tech.gen> (in continuous forms, film)* • Transportloch *n*
spruce *<wood> (conifer)* • Fichte *f*
spruce *<wood> (softwood)* • Fichtenholz *n*
sprue *<plast> (plastic cone generated in the injection path)* • Anguss *m*; Angusskegel *m rar*
sprue bush *<plast> (of injection mold)* • Angussbuchse *f*
sprung mass *<railw>* • gefederte Masse *f*; abgefederte Masse *f rar*
spun *<metal> (shaped)* • gedrückt
spun concrete *<build.mat>* • Schleuderbeton *m*
spun-staple yarn *<textil>* • Gespinst *n*
spun yarn *<textil>* • Spinnfasergarn *n DIN 53818*; Spinngarn *n*
spur gear *<mech.eng> (concrete gear wheel)* • geradverzahntes Zahnrad *n*; geradeverzahntes Zahnrad *n*; Zahnrad mit Geradverzahnung *n*
spur gear *<mech.eng> (type of gearing)*

• Geradverzahnung *f*
spurious *<tech.gen> (e.g. signal, effect)* • falsch; unerwünscht; ungewollt; Neben…; Stör…
spurious *<tech.gen> (e.g. signal, pulse)* • Fehl-…; Falsch-…; falsch; unecht
spurious *<tech.gen> (undesired; e.g. emission, radiation)* • unerwünscht
spurious effect *<tech.gen>* • Nebeneffekt *m*
spurious light *<light>* • Streulicht *n*
spy drone *<mil> (gen.; fixed-wing or helicopter)* • Aufklärungsdrohne *f*
square *:V <build> (altar space between nave, apse, and side aisles)* • Geviert *n*
square *<math>* • Quadrat *n*
square *<mech.eng> (driving feature, approx. cubical; on shafts, screws)* • Vierkant *m*; Würfel *m ugs*
square box-section column *<mech.eng> (e.g. machine tool)* • Kastenständer *m*
square corner *<gen>* • scharfe Ecke *f*
square cross-section *<tech.gen>* • quadratischer Querschnitt *m*
square cut *<garm.min> (cutting form)* • Carréschliff *m*; Karreeschliff *m*
square file *<tool> (for metal shaping)* • Vierkantfeile *f*
square groove weld *US <join>* • I-Naht *f*; I-Stumpfnaht *f*
square head bolt *<join>* • Vierkantschraube *f DIN ISO 1891*; Vierkantkopfschraube *f*
squareness *<tech.gen>* • Rechtwinkligkeit *f*
square nut *<join>* • Vierkantmutter *f DIN 557*
square on shaft *<mech.eng>* • Vierkantansatz [an Welle] *m*
square root *<math>* • Quadratwurzel *f*; zweite Wurzel *f rar*
square-sawn timber *<build.mat>* • Kantholz *n*
square-wave frequency *<el>* • Rechteckfrequenz *f*; Frequenz der Rechteckspannung *f*
squash *vt <tech.gen> (crush completely; e.g. fruit)* • zerquetschen *vt*; zusammenquetschen *vt*
squash *vt <prod> (compress, upset)* • stauchen *vt*
squat *US <nav>* • Fahrttrimm *m*
squat *<vhcl> (motor car, vessel)* • Anfahrnicken *n*
squeak *vi <tech.gen>* • quietschen *vi*
squeaking noise *<tech.gen>* • Quietschgeräusch *n*
squeaks or rattles *<tech.gen>* • Quietsch- und Klappergeräusche *npl*
squeal *<tech.gen> (rubber; e.g. of tires)* • Quietschen *n*
squeegee *<mvhcl.tool> (made of rubber or plastic, for body repair)* • Spachtel *m*
squeegee *<phot> (photo lab; for photo paper)* • Quetschwalze *f*
squeegee *vt <print>* • abrakeln *vt*; rakeln *vt*
squeegeeing *<phot> (water from films)* • Abstreifen *n*; Abquetschen *n*
squeegee to *vt <phot> (print; e.g. to a glazing sheet)* • aufquetschen *vt*
squeeze *vt <food>* • pressen *vt*
squeeze out *vt <gen>* • ausdrücken *vt*
squeeze out *vt <food> (fruit, juice)* • auspressen *vt*
squeeze out *vt <proc> (e.g. fruit, sponge)* • ausquetschen *vt*
squeezer *<food> (e.g. for fruit)* • Presse *f*
squeeze the trigger *vt <mil>* • Abzug betätigen *vt*; abdrücken *vi*
squeezing roll *<textil>* • Abquetschwalze *f*
squib *US <mvhcl.safe> (of air bag and belt tensioner)* • Zündpille *f*
squirrel-cage induction motor *IEC/TS 60034 <el.mot> (type of asynchronous motor)* • Kurzschlussläufermotor *m IEC/TS 60034*; Käfigläufermotor *m*; Käfigankermotor *m*; Käfigläufer *m prakt*
squirrel-cage rotor *<el>* • Käfigläufer *m*; Kurzschlussläufer *m*
squirrel-cage winding *<el>* • Käfigwicklung *f*; Kurzschlusskäfig *m*
squirt *vi/vt <gen>* • spritzen *vi/vt*
stability *<tech.gen> (e.g. material, state)* • Beständigkeit *f*
stability *<tech.gen>* • Stabilität *f*
stability *<qualit.mat> (e.g. with respect to environmental attack)* • Festigkeit *f*; Stabilität *f*; Widerstandsfähigkeit *f*
stability *<qualit.mat> (storage life, keeping quality)* • Haltbarkeit *f*
stabilization *<tech.gen>* • Stabilisierung *f*

stabilize *vi <phys> (e.g. oscillation, pitching, roll)* • beruhigen *vr*
stabilize *vt <tech.gen>* • stabilisieren *vt*
stabilized *<gen>* • konstant
stabilized power supply *<el>* • stabilisierte Stromversorgung *f DIN 41745*
stabilizer *US.GB <tech.gen> (device or substance used to keep something stable)* • Stabilisator *m*
stabilizing *<tech.gen>* • stabilisierend
stabilizing surface *<tech.gen> (e.g. of a ship, aircraft)* • Stabilisierungsfläche *f*
stable *<tech.gen> (firm)* • fest
stable *<chem> (e.g. a compound)* • stabil; beständig
stable *<mech> (position)* • stabil
stable *<phys> (state; e.g. equilibrium)* • stabil
stable isotope *<chem>* • stabiles Isotop *n*
stack *<metal> (of blast furnace; between throat and bosh)* • Schacht *m*
stack *vt <logist> (flat items; e.g. papers, sheets, panels)* • aufeinanderlegen *vt*; stapeln *vt*
stack *vt <logist> (typ. square or flat objects; e.g. blocks, boxes, panels)* • aufstapeln *vt*
stack *vt <logist> (bulk items; e.g. boxes, containers, tires)* • stapeln *vt*; aufeinanderstapeln *vt*
stackable *<logist> (e.g. pallet, container, chairs)* • stapelbar
stackable container *<logist> (stackable, usu. PE or PP)* • Stapelbox *f*
stacked *<logist> (flat items; e.g. panels, sheets, boards)* • geschichtet
stack effect *<fire.hvac> (upward movement of fire effluent in vertical enclosure)* • Kamineffekt *m ISO 13943*; Kaminwirkung *f*; Schornsteineffekt *m rar*
stacker *<logist> (gen.)* • Stapler *m*
stacker select *<comp> (printer, copier)* • Ablagefachauswahl *f*
stack gas *<emiss>* • Abgas *n*
stack gas *<waste>* • Kaminabgas *n*; Kamingas *n*
stack-gas monitor *<emiss.i&c> (e.g. of NPP)* • Abgasmessgerät am Kamin *n*; Abgasmessgerät am Schornstein *n*
stacking armchair *<gen>* • Stapelsessel *m*
stacking chair *<gen>* • Stapelstuhl *m*
stack mold *<plast>* • Etagenwerkzeug *n*
stack pipe *<comvhcl> (exhaust pipe; typ. on US trucks)* • Auspuffendrohr *n*
stadia rod *<geo> (graduated staff for surveying)* • Messlatte *f*; Pegellatte *f DIN 4049-3*; Stab *m*; Latte *f ugs*
stage *<tech.gen> (of a process, development)* • Phase *f*; Stufe *f*
stage *<aerosp> (of rocket)* • Stufe *f*
stage *<mech.eng> (of pumps, turbines)* • Stufe *f*
stage left (L) *<theat> (when facing the audience; in Germany the other way round)* • rechts
stage of completion *<tech.gen> (e.g. of a network, plant)* • Ausbaustufe *f*
stage of operation *<prod>* • Arbeitsstufe *f*
stage right (R) *<theat> (when facing the audience; in Germany the other way round)* • links
stagger *vt <tech.gen> (arrange in zigzag or overlapping positions)* • staffeln *vt*; gestaffelt anordnen *vt*; versetzt anordnen *vt*
staggered *<tech.gen>* • gegeneinander versetzt
staggered arrangement *<tech.gen> (e.g. of joints)* • versetzte Anordnung *f*; gegeneinander versetzte Anordnung *f*
staging *<tech.gen> (arrangement in several stages)* • mehrstufige Anordnung *f*
staging *<build> (scaffolding with working platforms)* • Gerüst *n*
stagnant *<phys> (e.g. air, water)* • unbewegt
stagnate *vi <gen> (e.g. progress, development)* • stillstehen *vi*; stagnieren *vi*
stagnate *vi <gen> (process, motion; e.g. inflation, flow, growth)* • stocken *vi*
stain *<silic>* • Farbstoff *m*
stain *<srfc> (spot)* • Fleck *m*
stain *<srfc.wood>* • Beize *f*
stain *<wood>* • Farbstoff *m*
stain *vi <srfc> (unintentional; e.g. due to UV exposure, washing)* • verfärben *vr*
stain *vt <srfc> (glass, paper)* • färben *vt*
stain *vt <srfc.wood>* • beizen *vt*
stained *<av> (screen image, photo)* • farbstichig

stained glass *<silic>* • Farbglas *n*

staining *<srfc.wood>* • Beizen *n*

staining technique *<srfc> (for wood, glass, paper)* • Färbeverfahren *n*

stainless *<qualit.mat> (iron, steel; unlikely to rust, not rustable)* • rostfrei; nicht rostend

stainless *<srfc> (free from stains; e.g. fabrics, textiles, paint, tools)* • fleckenfrei

stainless steel (SS) *EN 10088 <mat> (a high-grade steel; ca. 0.2 % C, 12 % Cr, < 8 % Ni, 0.2 % Si)* • rostfreier Stahl *m EN 10088*; nichtrostender Stahl *m form*; Nirosta-Stahl *m ® Krupp*; Edelstahl Rostfrei *m ® Thyssen*; Edelstahl *m prakt.ugs*

stainless steel cutlery *<int> (knifes, forks, spoons)* • Edelstahlbesteck *f*

stainless steel kitchen sink *<int>* • Edelstahlspüle *f*

stain-repellent *<textil.qualit>* • fleckabweisend; fleckenabweisend; fleckengeschützt; fleckgeschützt; fleckgeschützt ausgerüstet

stairs *BS 5578 <build>* • Treppe *f DIN 18065*

stake *<build>* • Pfahl *m*

stake *vt <geo> (geodesy)* • auspflocken *vt*

stake [out] *vt <build> (construction site, property)* • abstecken *vt*; abpflocken *vt*

stalagmite *<geo> (bottom-up)* • Stalagmit *m*

stalagtite *<geo> (top-down; t as in top)* • Stalagtit *m*

stalk *<agri.bio> (stem or main axis of herbaceous plants)* • Halm *m*

stalk separator *<agri>* • Entstielungsmaschine *f*; Entstielmaschine *f*

stall *<phys> (airfoil effect; e.g. on rotor blades, wings)* • Strömungsabriss *m*; Stall *m prakt*; Abreißen der Strömung *n*; Strömungsablösung *f rar*

stall *vi <mvhcl.mot> (completely)* • absterben *vi*; ausgehen *vi ugs*; stehen bleiben *vi ugs*

stall *vi <mvhcl.mot> (intermittently, while driving)* • stocken *vi*

stall *vt <aerosp> (aircraft)* • überziehen *vt*

stall *vt <mot> (stop to standstill; e.g. car engine)* • abwürgen *vt*

stalling *<aerosp> (aircraft)* • Überziehen *n*

stalling angle *<aerosp> (angle of attack greater than the angle of maximum lift)* • kritischer Anstellwinkel *m*

stalling at idle *<mvhcl.mot>* • Absterben im Leerlauf *n*

stall speed *<aerosp> (minimum airspeed)* • Überziehgeschwindigkeit *f*; Stallgeschwindigkeit *f*; Durchsackgeschwindigkeit *f rar*

stamp *vt <logist> (attach a postage stamp)* • frankieren *vt*

stamp *vt <print> (imprint)* • aufdrucken *vt*

stamp *vt <prod> (by deep-drawing)* • pressen *vt*

stamped *<prod.metal> (panel)* • gepresst

stamped and cut *<prod.metal> (panel)* • gestanzt

stamping *<prod> (usu. shallow; e.g. of sheet steel; e.g. car body panels)* • Pressen *n*; Formpressen *n*; Formstanzen *n*

stanchion *<tech.gen> (of a handrail; e.g. on platforms, stairways, locomotives)* • Handlaufstütze *f*

stanchion *<railw> (on sides of a freight car)* • Runge *f*

stanchion wagon *<railw>* • Rungenwagen *m*

stand *<metal> (rolling mill)* • Gerüst *n*

stand *<rep> (support fixture; e.g. for an out-of-vehicle engine)* • Ständer *m*; Bock *m prakt*

stand-alone operation *<tech.gen>* • Inselbetrieb *m*

standalone PC *<comp>* • Einzelplatz-PC *m*

stand-alone unit *<tech.gen>* • autonomes Gerät *n*; eigenständiges Gerät *n*

standard *<gen> (design, model)* • Standard *m*

standard *<gen>* • üblich

standard *<tech.gen> (ordinary, usual; e.g. procedure, design)* • gewöhnlich

standard *<econ> (product, any kind)* • gängig; serienmäßig

standard *<mvhcl> (equipment)* • serienmäßig

standard *<mvhcl> (car category; e.g.*

Ford Mondeo, Vauxhall Insignia, Chevy Monte Carlo) • Standardklasse *f*

standard *<stand> (e.g. ANSI, ASTM, BS, DIN, ISO, ÖN)* • Norm *f*

standard *adj <tech.gen> (same, identical; e.g. design, process, procedure)* • einheitlich

standard application *<comp> (e.g. word processing)* • Standardanwendung *f*

standard atmosphere *<phys> (basis for design, testing; e.g. aircraft power plant)* • Normatmosphäre *f DIN ISO 2533*

standard cabochon *<garm.min> (gemstone cut)* • Flachcabochon *m*

standard container *<nav>* • Standardcontainer *m*

standard deviation *<tech.gen>* • Normalabweichung *f*

standard dimension *<tech.gen> (size acc. to standards; e.g. acc. to ASTM, BS, DIN, ISO)* • Normmaß *n*

standard equipment *<tech.gen>* • Normalausrüstung *f*

standard equipment *<tech.gen> (at no extra cost, without options)* • Serienausstattung *f*; Standardausstattung *f*

standardization *EN 60957 <tech.gen> (by means of standards, such as ANSI, ASTM, BSI, DIN, ISO, ÖN, SAE)* • Normung *f EN 60947*

standardization date *ISO 12620 <term>* • Normungsdatum *n*

standardize *vt <tech.gen>* • vereinheitlichen *vt*; standardisieren *vt*

standardize *vt <chem> (chemicals)* • einstellen *vt*

standardized *<stand>* • genormt

standardized component *<tech.gen> (acc. to standards; e.g. screw, bolt, pipe fitting, connector)* • Normbauteil *n*; genormtes Bauteil *n*

standardized term *<term>* • genormte Benennung *f*

standard lens *<phot>* • Normalobjektiv *n*; Standard-Objektiv *n*; Normalbrennweite *f*

standard load *<tech.gen> (e.g. bridge)* • Normalbelastung *f*; Normallast *f*

standard module *<tech.gen> (stress on: standardized, e.g. acc. to ISO, BS, ANSI, SAE)* • Normmodul *m*

standard of measurement *<i&c> (embodiment of a unit of measurement)* • Grundnormal *n*; Messnormal *n*; Normal *n*; Standard *m*

standard pitch *<acoust.mus> (A above middle C; 440 Hz)* • Kammerton *m*; Stimmton *m*; eingestrichenes A *n*

standard pressure *<meteo> (atmospheric, at sea level)* • Normaldruck *m*; Normalluftdruck *m*

standard reference *<gen>* • Normenbezug *m*

standards *pl*: **conform to ~** *vt <gen>* • Standards *mpl*: den ~ entsprechen *vt*

standards *pl <ecol> (e.g. regarding max. permissible emissions)* • Grenzwerte *mpl*

standard size *<gen> (typical size, commercially available size)* • Standardgröße *f*; übliche Größe *f*

standard steel *<mat> (e.g. plain carbon steel)* • Massenstahl *m*

standard surface *<i&c>* • Flächennormal *n*

standard test specimen *<qualit.mat>* • Normprobekörper *m*; Normprüfkörper *m*

standard text *<term> (a fixed chunk of recurring text)* • Standardtext *m*; Textbaustein *m*

standard thread *<mech.eng>* • Normalgewinde *n*

standard version *<tech.gen>* • Normalausführung *f*

standard wallboard *<build.mat>* • Gipskarton-Bauplatte *f* (GKB); GK--Platte *f prakt*; Bauplatte *f ugs*

standard weave *<textil> (one of three basic weave types: plain, twill or satin weave)* • Grundbindung *f*

stand by *<tech.gen> (system status, mode of operation)* • Bereitschaft *f*; Standby *m prakt*

stand-by *<tech.gen> (mode)* • Betriebsbereitschaft *f*; Standby--Zustand *m*

standby mode *<comp>* • Schlummerschaltung *f*; Bereitschaftsmodus *m*

stand-by mode *<comp>* • Wartebetrieb *m*

stand-by switch *<el>* • Bereitschaftsschalter *m*

stand-by system *<tech.gen> (as a*

back-up; e.g. in case of failure) • Ersatzanlage *f*

stand-by unit *<tech.gen> (ready for operation; e.g. diesel generator, pump)* • Reserveaggregat *n*

standing upright *<gen>* • aufrecht stehend; aufrecht

stand out *vi <tech.gen> (against something; e.g. background, also fig.)* • abheben *vr*

standstill *<gen>* • Stillstand *m*

stand upright *vi <gen>* • stehen *vi*

staple *<join> (U -shaped piece of wire etc., to fasten paper, sheeting, fabrics)* • Klammer *f*

staple *<pack> (usu. double-point)* • Heftklammer *f DIN 55 405*

staple *vt <join> (e.g. in copy machine)* • heften *vt*

staple fiber *US <textil> (synthetic)* • Spinnfaser *f*; Stapelfaser *f*

stapler *<tool> (for staples; manual, electric or air-operated)* • Tacker *m*; Klammergerät *n form*; Heftgerät *n*

stapling machine *<print>* • Drahtheftmaschine *f*; Heftmaschine *f*

starboard (Stb.) *<nav> (RH-side of vessels and aircraft; marked green)* • Steuerbord *n* (S.B.); Steuerbordseite *f*

starch *<food> (in vegetable foods)* • Stärke *f*; Speisestärke *f*; Amylose *f wiss*

starch *<textil> (for finishing)* • Appretur *f*

star-delta connection *<el>* • Stern--Dreieck-Schaltung *f*

star handle *<tech.gen> (e.g. on valves)* • Handkreuz *n*

star-shaped *<gen>* • sternförmig

start *<gen> (begin of a process, activity)* • Einsetzen *n*

start *<tech.gen> (of a process)* • Einsatz *m*

start *vi <gen>* • starten *vi*

start *vi <mech.eng> (machine, plant)* • anlaufen *vi*

start *vi <mvhcl.mot> (engine)* • anspringen *vi*

start *vi <traff> (trip; without schedule; e.g. person, car)* • abfahren *vi*; losfahren *vi ugs*

start *vi/vt <gen> (motion, process, activity)* • beginnen *vi/vt*

start *vt <mvhcl.mot> (engine; to make it run)* • starten *vt*; anlassen *vt ugs*

starter *<vhcl.el>* • Starter *m*; Anlasser *m*

starter alternator *:V <mvhcl.el> (2-function unit)* • Starter-Generator *m*; Dynastarter *m obs*

starter battery *<el>* • Anlassbatterie *f*

starter capacitor *<el> (e.g. of fluorescent tube)* • Anlass--Kondensator *m*; Anlasskondensator *m*

starter motor *<turb>* • Anwurfmotor *m*

starter punch *US <tool> (conical)* • Durchtreiber *m*

starting *<mot> (of an engine)* • Anlassen *n*

starting acceleration *<vhcl>* • Anfahrbeschleunigung *f*

starting button *<el> (of engines, motors, machines)* • Anlassdrucktaste *f*; Startertaste *f*; Starttaste *f prakt*; Anlassdruckknopf *m ugs.rar*

starting current *<el> (electric motor)* • Anfahrstrom *m*

starting current *<el>* • Anlassstrom *m*

starting cut *<prod>* • Anschnitt *m*

starting difficulty *<mech>* • Anlaufschwierigkeit *f*

starting friction *<mech.eng> (of bearings, moving parts)* • Anlaufreibung *f*

starting interlock *<mvhcl>* • Anlasssperre *f*; Startsperre *f*

starting material *<prod>* • Ausgangsmaterial *n*

starting point *<tech.gen> (for any kind of motion, of changes of state, curves etc.)* • Ausgangspunkt *m*

starting relay *<el>* • Anlassrelais *n*

starting torque *<mech> (of rotating parts)* • Anlaufmoment *n*; Anlaufdrehmoment *n*; Losbrechmoment *n*; Anfahrmoment *n*; Anzugsmoment *n rar*

starting torque *<mot>* • Anlassdrehmoment *n*

starting torque *<mvhcl>* • Anfahrdrehmoment *n*

start-stop operation *<tech.gen>* • Start-Stop-Betrieb *m*

start thrust *<aerosp> (airplane)* • Startschub *m*

startup *<tech.gen> (of a system; procedure; also typical title in manual)* • Inbetriebnahme *f*

start-up *<tech.gen> (of a process,*

activity) • Ingangsetzen *n*

start-up *<mech.eng> (of machine, system, plant)* • Anfahren *n*; Inbetriebnahme *f*

start-up *<mech.eng>* • Anlauf *m*

start up *vt <tech.gen> (machine, system, plant)* • anfahren *vt*; starten *vt*; anschalten *vt rar*

start [up] *vt <tech.gen> (plant, machine, system)* • hochfahren *vt*

start-up control *<i&c>* • Anfahrregelung *f*

startup time *<tech.gen> (span between power on and readiness for operation)* • Einschaltzeit *f*

start-up time *<tech.gen> (gen.; of any operating system or component; e.g. of a machine)* • Anlaufzeit *f*; Zeit für den Startvorgang *f*

start-up voltage *<el> (of el. motors, plants)* • Anlaufspannung *f*

start-up wind speed *<energ.wind>* • Anlaufwindgeschwindkeit *f*; Anlaufgeschwindkeit *f*

state *<gen> (in statements: state of affairs, of the nation)* • Lage *f*

state *<gen> (e.g. of the development, of the art)* • Stand *m*

state *<phys> (of aggregation, equilibrium)* • Zustand *m*

statement *<math>* • Aussage *f*; Satz *m*; Ansatz *m*

statement of compliance *<qualit> (e.g. with EU regulations, guidelines, standards)* • Konformitätserklärung *f*

state of maintenance *<tech.gen> (of equipment, vehicles; e.g. of a second--hand car)* • Erhaltungszustand *m*

state-of-the-art engineering *<tech.gen>* • modernste Technik *f*

state of the sea *<nav> (acc. to Beaufort scale from 0 calm, glassy to 8 very high)* • Seegang *m*

static *<phys>* • ruhend; statisch

statically balanced *<mech> (gen.)* • statisch ausgeglichen

statically balanced *<mech> (rotary parts; e.g. wheels)* • statisch ausgewuchtet

static bed *<proc> (e.g. pellets in separators, ion exchangers, catalysts)* • Festbett *n*; ruhendes Bett *n*; statisches Bett *n*

static dissipative polymer *<plast>* • antistatischer Kunststoff *m*

static interference *<meteo.el> (noise; e.g. influence on radio communication)* • atmosphärische Störungen *fpl*; atmosphärische Funkstörung *f*

static seal *<tech.gen>* • ruhende Dichtung *f*; statische Dichtung *f*

station *<av> (radio, TV)* • Sender *m*; Kanal *m*

station *<mach.tool> (on production line)* • Arbeitsplatz *m*

stationary *<tech.gen> (not moving, not movable; e.g. plant, equipment)* • ortsfest; ortsgebunden; stationär

stationary *<tech.gen> (not movable)* • unbeweglich

stationary *<mech.eng> (e.g. gear, stator winding)* • feststehend; stationär

stationary *<mvhcl> (side window glass)* • nicht versenkbar

stationary *<phys> (e.g. field, charge, state)* • stationär

stationary *<traff>* • ruhend

stationary bicycle *<sport> (home exercise equipment)* • Ergometer--Fahrrad *n*

stationary contact *<mvhcl.el>* • Ambosskontakt *m*; Amboss *m*

stationary gas turbine *ISO 11086 <turb>* • stationäre Gasturbine *f*

stationary platen *<plast>* • Aufspannplatte Düsenseite *f*; düsenseitige Aufspannplatte *f*

stationary platen *<print> (copy machine)* • feststehendes Vorlagenglas *n*

stationary state *<tech.gen> (gen.; e.g. of a process, control circuit element)* • Beharrungszustand *m*

stationary traffic *<traff>* • ruhender Verkehr *m*

station name *<av>* • Sendername *m*

station wagon (wgn) *US <mvhcl>* • Kombilimousine *f form*; Kombi *m prakt.ugs*; Kombiwagen *m obs*

stator *<el> (alternator)* • Ständer *m*; Ständerpaket *n*; Stator *m*

statue of saint on a bridge *<gen>* • Brückenheiliger *m*; Brückenfigur *f*; Heiliger Nepomuk *m*

status *<tech.gen> (of procedure, program)* • Zustand *m*

statutory provisions *<jur>* • gesetzliche Vorschriften *fpl*

stay *<build> (vertical)* • Stütze *f*

stay *<nav> (rope used to steady masts etc.)* • Stag *n*

stay below *vt <tech.gen> (a value; e.g. emission limit)* • unterschreiten *vt*

stay-down key *<comp>* • arretierbare Taste *f*

stay-on tab *<pack> (SOT-end nomenclature)* • SOT-Lasche *f*

stay on the air *vi <av>* • Sendung *f*: auf ~ bleiben *vi*

steadiness *<gen> (of a development, process)* • Stetigkeit *f*

steadiness *<tech.gen> (of a condition, process, measurement)* • Stabilität *f*

steady *<jur> (e.g. post, job)* • fest

steady *vi <tech.gen> (process, state)* • stabilisieren *vi*

steady-flow conveyor *<convey>* • Stetigförderer *m DIN 15201*

steady state *<tech.gen>* • stabiler Zustand *m*

steady-state *<el> (operation, process parameters)* • stabil

steady-state *<phys> (e.g. field)* • stationär

steady-state value *<tech.gen>* • Dauerwert *m*; Beharrungswert *m*

stealth fighter *<mil> (typ. F-117)* • Tarnkappenkampfflugzeug *n*; Tarnkappenbomber *m ugs*

steam *<phys> (of water; invisible)* • Wasserdampf *m*; Dampf *m ugs*

steam *vi <tech.gen>* • dampfen *vi*

steam *vt <food> (veggies; e.g. potatoes, cabbage)* • dämpfen *vt*

steam accumulator *<tech.gen> (e.g. steam boiler, paper mill)* • Dampfspeicher *m*

steam bubble *<tech.gen> (e.g. in fuel line, brake line)* • Dampfblase *f*

steam cleaning *ISO 4618-3 <srfc>* • Dampfstrahlen *n DIN EN ISO 4618*; Dampfstrahlreinigung *f*

steam cracking *<chem.petr> (e.g. for ethylene synthesis)* • Dampfcracken *n*; Dampfkracken *n*

steam-cure *vt <proc> (concrete)* • bedampfen *vt*

steam-cured *<mat> (e.g. concrete)* • dampfbehandelt

steam drier *<proc>* • Dampftrockner *m*

steam-driven *<tech.gen> (e.g. locomotive, vessel)* • dampfangetrieben

steam engine *<mech.eng>* • Dampfmaschine *f*

steamer *<nav>* • Dampfer *m*; Dampfschiff *n*; dampfgetriebenes Schiff *n*

steam formation *<phys>* • Dampfbildung *f*

steam generator *<energ> (in power plants in gen.)* • Dampferzeuger *m*

steam generator *<energ> (in NPP; U-tube or OTSG)* • Dampferzeuger *m*

steam isolation valve *<pps>* • Dampfabsperrventil *n*

steam-powered *<vhcl> (locomotive, vessel)* • dampfbetrieben

steam separator *<proc>* • Dampfabscheider *m*

steam stripper *<proc>* • Dampfabstreifer *m*

steam superheater *<energ>* • Dampfüberhitzer *m*

steam turbine (ST) *IEC 45-1 <turb>* • Dampfturbine *f DIN 4304*

steam valve *<pps>* • Dampfventil *n*

steel *<mat>* • Stahl *m*

steel armored *US <tech.gen>* • stahlgepanzert

steel belted radial tire *<mvhcl>* • Stahlgürtelreifen *m*

steel blue *<srfc> (dark bluish gray)* • stahlblau

steel casting *<metal> (process)* • Stahlguss *m*; Stahlgießen *n*; Gießen von Stahl *n*

steel casting *<metal> (a product)* • Stahlgussstück *n*

steel coil *<metal> (coiled sheet steel)* • Stahlcoil *m*

steel-encapsulated *<tech.gen>* • stahlgekapselt

steel frame *<tech.gen>* • Stahlrahmen *m*

steel grade *<mat>* • Stahlsorte *f DIN EN 10020*

steel ingot *<metal>* • Stahlblock *m*

steelmaking *<metal>* • Stahlerzeugung *f*

steelmaking pig iron *<metal>* • Stahlroheisen *n*

steel mesh *<tech.gen> (heavy gage; stiff)* • Maschendrahtgitter *n*

steel mesh *<tech.gen> (thin gage; flexible)* • Stahldrahtgewebe *n*

steel mesh fabric *<build.mat>* • Baustahlgewebe *n*
steel nut *<tech.gen>* • Stahlmutter *f*
steel piling *<build>* • Stahlspundwand *f*
steel pipe *<pps>* • Stahlrohr *n DIN EN 10266*
steel plate *<metal> (steel mill product)* • Stahlblech *n*; Stahlblech-Tafel *f*; Stahlgrobblech *n*
steel plating *<tech.gen>* • Stahlplattierung *f*
steel scrap *<waste>* • Stahlschrott *m*
steel sheet *<metal> (wound on coils)* • Stahlblech *n*; Blech *n prakt.ugs*
steel sheet pile *<build>* • Stahlspundbohle *f*; Spundbohle *f*
steel shot *<srfc> (e.g. shot blasting)* • Stahlschrot *n*; Schrot *n*
steel slab *<metal>* • Stahlbramme *f*
steel spring *<tech.gen>* • Stahlfeder *f*
steel strip *<mat>* • Bandstahl *m*; Stahlband *n rar*
steel thrust belt *<mvhcl.drive> (of CVT)* • Schubgliederband *n*; Schubgliederkette *f*
steel tube *<pps>* • Stahlrohr *n DIN EN 10266*
steel-wire-armored *US <tech.gen>* • stahldrahtbewehrt
steep *vi <tech.gen> (e.g. beans, peas, flax)* • quellen *vi*
steep *vt <chem.proc>* • eintauchen *vt*
steeping bath *<textil>* • Abkochbad *n*
steeply banked curve *<traff> (of a racing circuit; e.g. NSC Velodrome in Blaine)* • Steilkurve *f*
steepness *<gen>* • Steilheit *f*
steep turn *<aerosp>* • Steilkurve *f*
steer *vt <mvhcl> (a vehicle; as a driver)* • steuern *vt*; lenken *vt*
steer *vt <nav> (a naval vessel)* • steuern *vt*
steered axle *<mvhcl> (usu. the front axle)* • gelenkte Achse *f*; lenkbare Achse *f*
steer for *vt <nav> (a destination; with ship)* • ansteuern *vt*
steering axis *<mvhcl> (near-vertical pivot centerline of steered wheels)* • Lenkachse *f*; Spreizungsachse *f rar*; Lenkzapfenachse *f rar*
steering column *<mvhcl>* • Lenksäule *f*
steering column controls *pl <mvhcl.i&c> (for direction indicators, wiper/washer, high-beam etc.)* • Bedienungselemente an der Lenksäule *npl*
steering damper *<mvhcl> (gen.; also on motorbikes)* • Lenkungsdämpfer *m*
steering effort *<mvhcl>* • Lenkkraft *f*
steering engine *<nav>* • Rudermaschine *f*; Ruderanlage *f*
steering gear *<mvhcl>* • Lenkgetriebe *n*
steering geometry *<mvhcl>* • Lenkgeometrie *f*
steering knuckle *<mvhcl> (of steered axle)* • Achsschenkel *m*; Radträger *m*
steering lock *<mvhcl>* • Lenkschloss *n*
steering stop *<mvhcl>* • Lenkanschlag *m*; Lenkungsanschlag *m*
steering wheel *<mvhcl> (in front of driver's seat)* • Lenkrad *n*; Steuer *n ugs*; Steuerrad *n ugs.rar*; Volant *n werb.rar*
steer into the oversteer *vi <mvhcl>* • gegenlenken *vi*
stellar wind *<astron>* • Sternwind *m*
stellite *<mat>* • Stellit *n*
stem *<build> (rib-shaped, for reinforcement)* • Rippe *f*
stem *<pps> (valve)* • Spindel *f*
stem *vt <gen> (e.g. flood)* • hemmen *vt*
stem *vt <agri.food>* • entstielen *vt*
stem *vt <build.hydr> (river water etc., by means of a dam)* • anstauen *vt*
stem *vt <expl>* • stopfen *vt*
stench *<gen> (very strong, intensive smell)* • stechender Geruch *m*; stechender Gestank *m*
stencil *<docu> (for characters, symbols, artwork)* • Schablone *f*
stent graft *<med.tech>* • Stentprothese *f*; Stent-Graft *m*; Stentgraft *m*
step *<gen>* • Schritt *m*
step *<tech.gen> (ramp; e.g. in voltage curve)* • sprunghafte Änderung *f*
step *<build> (of stairs)* • Stufe *f*
step *<build>* • Treppenstufe *f DIN 18065*
step *<math> (in a function, curve)* • Sprung *m*
step *<mech.eng> (e.g. shaft)* • Absatz *m*
step *<mech.eng> (in hole)* • Ansatz *m*
step *<prod> (a recessed edge, for overlap joining of sheet metal panels)* • Absetzkante *f*
step *vt <tech.gen> (quantities; e.g. exposure time, speed)* • abstufen *vt*
step *vt <prod> (shape; e.g. forging)*

• absetzen *vt*

step-by-step *<tech.gen> (e.g. explanation, procedure)* • schrittweise; Schritt für Schritt *ugs*; stufenweise; Stufen *fpl*: in ~

step down *vt <drive> (transmission gear)* • ins Langsame übersetzen *vt*

step-down *vt <el> (voltage)* • abspannen *vt*; heruntertransformieren *vt prakt*

step-down transformer *<el> (gen.; also small units)* • Abwärtstransformator *m*

step-down transformer *<el.energ> (in power plants or distribution substations)* • Abspanntransformator *m*; Abspanntrafo *m prakt*; Abspanner *m prakt*; Trafo *m ugs*

step [from] *vi <mvhcl> (a car, truck, bus)* • aussteigen [aus] *vi*

step function *<i&c>* • Sprungfunktion *f*

steplessly adjustable *<tech.gen> (e.g. thermostat, resistor)* • stufenlos einstellbar

steplessly variable *<i&c>* • stufenlos regelbar

stepped *<gen> (e.g. increase, development)* • stufenförmig

stepped *<tech.gen> (shape, sequence, process)* • abgestuft; gestuft

stepped *<prod> (shape of workpiece; e.g. shaft)* • abgesetzt; abgestuft

stepped hole *<mech.eng>* • Ansatzbohrung *f*

stepper motor *<el>* • Schrittmotor *m*; Steppermotor *m rar*; Schrittantriebsmotor *m rar*

stepping relay *<el>* • Schrittschaltrelais *n*; Stufenrelais *m*

stepping sequence *<tech.gen>* • Schrittpositionierfolge *f*

step response *<i&c> (control circuit reaction to an abrupt input signal change)* • Sprungantwort *f*

step up *vt <prod> (e.g. production rate)* • erhöhen *vt*

step-up transformation *<el>* • Aufwärtstransformation *f*

step-up transformer *<el> (gen.; also small units)* • Aufspanntransformator *m*

step width *<gen>* • Schrittweite *f*

stereophonic sound *<acoust.av>* • Stereoton *m*; Zweikanalton *m*

stereo sound system *<av>* • Stereoanlage *f*

sterile *<med.tech>* • steril

sterile blow molding *<pack.plast> (e.g. on shuttle machines)* • Sterilblasen *n*

sterilize *vt <proc.med>* • keimfrei machen *vt*; entkeimen *vt*

stern *<nav>* • Heck *n*

stern-heavy *<nav>* • hecklastig; achterlastig

stern light *<nav> (white)* • Hecklicht *n*

stern thruster *<nav>* • Heckstrahlruder *n*

stern transom *<nav> (on stern of boat; gen. any type)* • Heckspiegel *m*; Achterspiegel *m*; Spiegel *m*; Plattgatt *n*

stern wave *<nav>* • Heckwelle *f*

stick *<hygi> (e.g. deodorant, lipstick)* • Stift *m*

stick *vi <gen> (to sth; to somebody; e.g. suspicion)* • hängen bleiben *vi*

stick *vt <join> (sth onto sth.; e.g. paper on paper)* • kleben *vt*; ankleben *vt*

sticker *<docu> (e.g. with price, name, serial no., bar code)* • Klebeetikett *n*; Selbstklebeetikett *n*; Aufklebeetikett *n*; Haftetikett *n*; Aufkleber *m ugs*

sticker *<docu> (gen.; e.g. bumper sticker)* • Aufkleber *m*

stickiness *<srfc>* • Klebrigkeit *f*

sticking *<qualit> (relay, starter solenoid)* • hängt; klebt

stick on *vt <join> (e.g. a label, sticker)* • aufkleben *vt*

stick-slip motion *<tech.gen> (e.g. drawer, tool, workpiece)* • Ruckgleiten *m*; Stick-Slip-Effekt *m*

sticky *<mat> (adhesive)* • klebrig

sticky contaminants *pl <pap.waste> (in waste paper intended for recycling)* • Kleberrückstände *mpl*; klebende Verunreinigungen *fpl*; Kleber *mpl prakt*; Stickies *npl prakt*

stiff *<tech.gen> (gen.; difficult or impossible to bend)* • steif

stiff *<mech.eng> (joint; e.g. nut, bolt)* • schwergängig

stiff *<mvhcl> (e.g. cabin structure on impact)* • formstabil

stiff cabin structure *<mvhcl>* • gestaltfester Fahrgastraum *m form*; steife Fahrgastzelle *f prakt.ugs*

stiffen *vt <tech.gen> (by external means, supports, props, stays)*

• absteifen *vt*

stiffen *vt* <tech.gen> *(by internal means; e.g. with reinforcement bars, inserts)* • aussteifen *vt*

stiffness <tech.gen> *(any resistance against bending; e.g. of mild steel, copper)* • Steifigkeit *f*; Steifheit *f rar*; Steife *f rar*

stile <build> *(vertical member of a window sash or paneled door)* • aufrechtes Flügelprofil *n*; aufrechtes Flügelholz *n DIN*; senkrechtes Flügelprofil *n*; vertikales Flügelprofil *n*; Höhenschenkel *m obs*

still <av> *(picture)* • feststehend

still <phys> *(air)* • ruhend

still <phys> *(gas, liquid)* • unbewegt; ruhig

still image <av> • Standbild *n*; Stehbild *n rar*; stehendes Bild *n rar*; Bildstop *m rar*

stilting <build> *(of road)* • Aufstelzung *f*

stimulate *vt* <gen> *(actions, reactions, ideas, fantasies)* • anregen *vt*; stimulieren *vt*

stimulation <gen> • Anregung *f*

stir *vt* <tech.gen> *(liquid in container, with spatula etc.)* • umrühren *vt*; rühren *vt*; durchrühren *vt*

stir *vt* <proc> *(e.g. paint, pigments)* • aufrühren *vt*

stirred <proc> *(gen.; e.g. in an agitated mixer)* • gerührt

stirrup <tech.gen> *(bracket)* • Bügel *m*

stitch-bonded textiles *pl* <textil> • Nähgewirke *n*

stitch weld <join> • Steppnaht *f*

stochastic <math> • zufallsabhängig

stock <pap> *(mass)* • Masse *f*

stock <pap.prod> *(wet papermaking material in all stages)* • Stoff *m*

stock <prod> *(blank)* • Rohling *m*

stock *vt* <logist> • vorrätig halten *vt*; Lager *n*: auf ~ halten *vt*

stock *vt* <logist> *(material, goods, merchandise, spare parts)* • aufbewahren *vt*

stock ... *US* <tech.gen> *(as supplied ex factory, without extras)* • Serien...; serienmäßig

stock keeping unit (SKU) <logist> *(individual item or component)* • Artikel *m*; Produkt *n*; Teil *n*; Verkaufseinheit *f form*

stock of replacement parts <logist> • Ersatzteillager *n*

stockpile *vt* <logist> *(material; e.g. in warehouse)* • anlegen *vt*

stock-pile <logist> *(large, rather unnecessary inventory)* • Halde *f*

stock pot <gastr.tool> • Fleischtopf *m*; großer Topf *m ugs*

stock solution <chem> *(titration)* • Stammlösung *f*

stocktaking <fin> • Inventur *f*

stock temperature <plast> *(e.g. in extruder, blow molding machine)* • Massetemperatur *f*; Verarbeitungstemperatur *f*

stoichiometric <mvhcl.mot> *(fuel/air ratio; 14.7:1 air:fuel)* • stöchiometrisch

stoke *vt* <comb> *(the fire)* • schüren *vt*

stoking <comb> *(of furnaces)* • Beschickung *f*

stone *vt* <food> *(fruit; e.g. cherries, plums)* • entkernen *vt*; entsteinen *vt*

stone *vt* <prod> *(dress, sharpen; e.g. cutting edge, blade)* • abziehen *vt*

stone cutting saw <tool> *(e.g. for granite, marble, concrete, bricks)* • Steinsäge *f*

stone facing <build> *(e.g. ashlar)* • Steinverblendung *f*

stoneware <silic> *(opaque, vitrified ceramic ware; harder than earthenware)* • Steingut *n*

stoneware <silic> *(e.g. for dinnerware)* • Steinzeug *n*

stop <gen> *(standstill)* • Halt *m*; Stopp *m*; Stop *m obs*

stop <tech.gen> *(in any predefined path; e.g. of bus, robot)* • Haltepunkt *m*

stop <build> *(molding on the inside of a window frame)* • Anschlagleiste *f*; Anschlagsleiste *f*; Schlagleiste *f*

stop <mech.eng> *(physical component limiting a motion/travel/stroke)* • Anschlag *m*

stop <mech.eng> *(stroke limiting device)* • Hubbegrenzer *m*

stop <traff> *(for buses, trains)* • Haltepunkt *m*; Haltestelle *f*

stop *vi* <tech.gen> *(intermittently, abruptly; motion, machine etc.)* • stocken *vi*

stop *vi/vt* <gen> *(doing sth.)* • aufhören *vi/vt*

stop *vt* <gen> *(motion, slow down to*

stand-still) • aufhalten *vt*

stop *vt <tech.gen> (process, motion; e.g. reaction, car, train, clock)* • anhalten *vt*; stoppen *vt ugs*

stop *vt <jur> (e.g. payments, work)* • einstellen *vt*

stop *vt <jur> (e.g. payments)* • sperren *vt*

stop *vt <pps> (e.g. flow of gas, liquid)* • absperren *vt*

stop *vt <proc> (e.g. leak, tapping hole)* • stopfen *vt*

stop a leak *vt <pps>* • dichten *vt*; abdichten *vt*; Leck abdichten *vt*

stop block *<mech.eng>* • Anschlagblock *m*

stop button *<tech.gen>* • Aus-Knopf *m*; Ausschaltknopf *m*

stop cock *<pps>* • Absperrhahn *m*

stop collar *<mech.eng>* • Anschlagbund *m*

stop down *vi <phot> (close the lens aperture)* • abblenden *vi*

stop-gap ... *<tech.gen> (temporary, remedial measure)* • Ersatz…; Behelfs…

stop lamp *US <mvhcl.el> (as a lighting unit)* • Bremsleuchte *f*; Bremslicht *n ugs*

stop light *<mvhcl.el>* • Bremslicht *n*

stop line *<traff>* • Haltelinie *f*

stopover *<aerosp>* • Zwischenlandung *f*

stopped *<jur> (e.g. payments, work)* • eingestellt

stop pin *<mech.eng>* • Anschlagbolzen *m*

stop pin *<mech.eng>* • Haltestift *m*; Anschlagstift *m*

stopping distance *<traff.brake> (reaction distance+braking distance)* • Anhalteweg *m*

stop plate *<mech.eng>* • Anschlagblech *n*

stop position *<tech.gen> (e.g. crane, robot arm, slide)* • Endposition *f*

stop shoulder *<join> (bolt)* • Anschlagbund *m*

stop signal *<tech.gen> (e.g. railway)* • Haltsignal *n*

stopwatch function *<av>* • Stoppuhr--Funktion *f*; Stoppuhr-Einblendung *f*

storage *US <tech.gen> (anything that collects and keeps sth.)* • Speicher *m*

storage *<logist> (act of storing, generating an inventory of goods)* • Vorratsbildung *f*

storage bag *<pack> (with handle)* • Tragetasche *f*

storage basin *<build.hydr>* • Speicherbecken *n*; Wasserstaubecken *n*

storage battery *<el> (rechargeable; e.g. lead-acid, NiCd, NiMH)* • Akkumulator *m*; Sekundärbatterie *f wiss*; Akkumulatorenbatterie *f form*; wiederaufladbare Batterie *f did*; Akku *m prakt.ugs*

storage bin *<logist> (for small parts)* • Vorratsbehälter *m*

storage box *<mvhcl.int>* • Ablagebox *f*; Ablagefach *n*; Ablage *f*

storage capacity *<tech.gen> (gen.)* • Speicherkapazität *f*

storage density *<tech.gen>* • Speicherdichte *f*

storage feature *<logist>* • Ablagemöglichkeit *f*

storage level *<hydr> (in a reservoir; e.g. of a hydroelectric power plant)* • Stauspiegel *m*

storage level *<logist> (pallet racking)* • Feldebene *f*

storage medium *<tech.gen> (for anything; e.g. data, heat, electrical energy)* • Speichermedium *n*

storage place *<logist> (for temporary parking of bulk items)* • Abstellplatz *m*

storage power plant *<energ.hydr>* • Speicherwasserkraftwerk *n*; Speicherkraftwerk *n*

storage requirement *<comp>* • Speicherbedarf *m*; Speicheranforderung *f*; Speicherplatzbedarf *m*

storage reservoir *<logist>* • Vorratsbehälter *m*

storage/retrieval machine *<logist>* • Regalförderzeug *n* (RFZ)

storage space *<tech.gen> (for concrete objects or data)* • Speicherplatz *m*; Speicherkapazität *f*

storage space *US <tech.gen> (e.g. small items, luggage)* • Stauraum *m*

storage tank *<logist>* • Behälter *m*

storage tank *<logist> (stress on: as a reservoir)* • Vorratsbehälter *m*; Vorratstank *m*

storage tank *<proc> (gen.)* • Speichertank *m*

store *<logist>* • Lager *n*

store *vt <mach.tool> (in a magazine; e.g. fasteners, components, tools)* • magazinieren *vt*

stored *<comp> (data in memory; e.g. RAM, ROM, BIOS, cache)* • abgelegt; gespeichert

stored energy *<phys> (e.g. in batteries, latent heat stores)* • gespeicherte Energie *f*; gebundene Energie *f*

storekeeping *<logist>* • Lagerhaltung *f*

storing *<tech.gen> (process; of data, objects)* • Speichern *n*

storm sewage *<build.waste>* • Niederschlagswasser *n*; Regenwasser *n*

storm sewer *<build.pps> (sanitary engineering pipe, ductwork)* • Kanalisationsrohr *n*; Regenwasserleitung *f*

storm surge *<geo>* • Sturmflut *f DIN 4049-3*

storm-water *BS 4118 <waste>* • Regenwasser *n DIN EN 752-1*; Niederschlagswasser *n*; Oberflächenwasser *n*

stormwater drainage *<build.hydr>* • Regenwasserableitung *f*; Oberflächenentwässerung *f*

stove *<hvac.food> (for cooking, heating)* • Ofen *m*

stove *<silic> (for firing pottery etc.)* • Ofen *m*

stoving *<srfc> (e.g. of enamel)* • Einbrand *m*; Einbrennen *n*

stow *vt <vhcl> (e.g. luggage)* • verstauen *vt*

stowage compartment *JAR 25.787 <aerosp.int>* • Staukasten *m*; Staufach *n*

stowage rate *<nav>* • Räumte *f*

straight *<tech.gen> (without bend; e.g. line or motion)* • gerade

straight *<sport> (section of a track; e.g. in a stadium, racing circuit)* • Gerade *f*

straight axle *US <mvhcl>* • Starrachse *f*

straight box wrench *US <tool>* • gerader Ringschlüssel *m*

straight-cut *<mech.eng> (gear)* • geradeverzahnt

straight-cut *<mech.eng> (meshing parts; e.g. gears)* • geradverzahnt

straight edge *<build>* • Richtlatte *f*

straight-edge *<tool> (typ. made of steel; very precise, for testing plane surfaces)* • Haarlineal *n*

straighten *vt <tech.gen> (to achieve a straight line)* • begradigen *vt*

straighten *vt <prod> (e.g. a bent bar, beam)* • richten *vt*

straightened panel *<mvhcl.rep> (panel repair)* • ausgebeultes Blech *n*

straightening *<prod.rep> (e.g. body panel repair)* • Richtarbeiten *fpl*; Richten *n*

straight flute *<tool> (for chips; as opp. to spiral or helical flute)* • gerade Spannut *f*; gerade Nut *f*

straight line *<math>* • Gerade *f*

straight-profile *<tech.gen> (e.g. signal, tooth)* • geradflankig

straight run *<tech.gen> (e.g. of road, pipe line)* • gerade Strecke *f*

straight-run gasoline *US <chem.petr>* • Straight-run-Benzin *n*

straight-set saw blade *<tool>* • geschränktes Sägeblatt *n*

straight-toothed *<mech.eng> (gears)* • geradverzahnt

straight-tube steam generator *<energ> (OTSG type; typ. in NPP in the USA)* • Geradrohrdampferzeuger *m*; Geradrohr-DE *m*

strain *<mech> (due to tensile force; elastic)* • Dehnung *f*

strain *<mech> (change in shape)* • Formänderung *f*

strain *vt <tech.gen> (stretch)* • dehnen *vt*

strain *vt <proc>* • filtern *vt*; seihen *vt*

strainability *<mat>* • Dehnbarkeit *f*

strainable *<mat>* • dehnbar

strainer *<proc> (for liquids)* • Sieb *n*

strain-free *<mech>* • entlastet; entspannt; dehnungsfrei

strain gauge *<i&c> (gen.; any type)* • Dehnungsmesser *m*; Dehnungsaufnehmer *m*; Extensometer *m*

strain gauge *US.GB <i&c> (wire or foil type)* • Dehnungsmessstreifen *m* (DMS); Dehnmessstreifen *m*

strain-hardening *<metal> (by cold plastic deformation)* • Kaltverfestigung *f*; Kalthärtung *f*

strain insulator *<energ.el> (in guy wire)* • Ei-Isolator *m DIN IEC 62223*; Abspannisolator *m*; Isolierei *n prakt*;

Nussisolator *m rar*; Trennisolator *m rar*

strand *<tech.gen>* • Litze *f*; Kabelstrang *m*; Strang *m*

strand *<convey> (rope)* • Litze *f*

strand *<mat> (e.g. of thin wires, glass)* • Faserbündel *n*

strand *<nav> (single fiber of a heavy rope, cable)* • Kardeel *f DIN 83305*; Kardeele *f*

stranded *<el>* • verseilt

stranded copper wire *<el>* • Kupferlitze *f*

stranded wire *<el>* • Litze *f*; gelitzter Draht *m rar*

stranded wire rope *<build> (e.g. on bridges)* • Litzenseil *n*; Litzenkabel *n*; Parallellitzenkabel *n*

strap *<tech.gen> (for carrying, holding, attaching)* • Riemen *m*

strap *<garm> (elastic; e.g. on bra)* • Träger *m*

strap *<pack> (flexible strip material; usu. steel, GRP)* • Umreifungsband *n DIN 55405*

strap *vt <logist> (tie)* • festbinden *vt*

strap wrench *<mvhcl.tool> (e.g. for oil filters)* • Bandschlüssel *m*; Gurtschlüssel *m rar*

strategy *<gen>* • Strategie *f*

stratified charge engine *<mvhcl.mot>* • Schichtlademotor *m*; Schichtladungsmotor *m*

stratified leaf spring *<vhcl> (e.g. truck)* • geschichtete Blattfeder *f*

stratosphere *<aerosp> (second layer of the Earth's atmosphere)* • Stratosphäre *f*

stratum *<geo>* • Lage *f*; dünne Schicht *f*; Gang *m*

straw baler *<agri>* • Strohballenpresse *f*

straw chopper *<agri.tool>* • Häcksler *m*; Häckselmaschine *f*

straw clay *<build.mat>* • Strohlehm *m*; Faserlehm *m*

stray bullet *<mil> (a shot hole away from a group of shots on the target)* • Ausreißer *m*

stray current *<el> (leakage current)* • Streustrom *m*; vagabundierender Strom *m*; Leckstrom *m*

streakless *<mvhcl> (e.g. body finish, windshield wiper efficiency)* • streifenfrei

streaks *pl <srfc> (on glass; e.g. caused by windshield wipers)* • Schlieren *fpl*

stream *<comp> (of data)* • Strom *m*

stream *<geo.hydr> (any size, from creek to big river)* • Fließgewässer *n*

streaming video *<av.tele> (e.g. via the Internet)* • Streaming Video *n*

streamline *vt <vhcl> (car body or truck cab)* • glätten *vt*

streamlined *<vhcl> (to reduce drag)* • stromlinienförmig; windschlüpfrig

street *<build.traff>* • Straße *f*; Ortsstraße *f*; Stadtstraße *f*

street car *US <railw>* • Straßenbahn *f*; Trambahn *f süddt*; Tram *f A*; Tram *n CH*

street lighting *<build.light> (road/highway lighting)* • Straßenbeleuchtung *f*

street-sprinkler *<comvhcl>* • Sprengwagen *m*

strength *<gen> (of living beings; metaphorical; e.g. mental power)* • Kraft *f*

strength *<chem> (of a solution, acid)* • Konzentration *f*

strength *<econ> (of a country, company; e.g. economic, innovative)* • Kraft *f*

strength *<qualit.mat> (tensile, compressive; stress at which a material ruptures or fails)* • Festigkeit *f*

strength *<tele> (signal)* • Stärke *f*

strength *<textil> (of fiber, yarn, thread)* • Festigkeit *f*

strengthen *vt <gen>* • stärken *vt*

strength of current [flow] (I) *<el> (measured in amperes)* • Stromstärke *f* (I)

stress *<mech> (load; e.g. on structural parts, girders, bridges)* • Beanspruchung *f*; Belastung *f*

stress *<mech> (tensile or compressive force per unit area; in N/mm^2)* • Spannung *f*; mechanische Spannung *f rar*

stress *vt <mech> (with tensile or compressive forces)* • beanspruchen *vt*; belasten *vt*

stress *vt <mech> (material, structural parts)* • belasten *vt*

stress *vt <mech> (spring)* • spannen *vt*

stressability *<mech> (in N/mm^2)* • Belastbarkeit *f*

stress concentration *<mech> (local; e.g. due to notches)*

• Spannungsspitze *f*; Spannungskonzentration *f*
stress corrosion *ISO 8044 <mech.chem> (e.g. in cracks)* • Spannungskorrosion *f DIN EN ISO 8044*
stress crack *<qualit.mat>* • Spannungsriss *m*
stress curve *<mech> (in a diagram)* • Spannungsverlauf *m*; Spannungskurve *f*
stress distribution *<mech> (over a part, cross-section)* • Spannungsverteilung *f*; Spannungsverlauf *m*
stressed *<mech>* • beansprucht
stressed *<mech> (under tensile stress)* • gespannt
stress-free *<mech>* • spannungslos; spannunglos *rar*
stress relaxation *<qualit.mat> (of plastics)* • Spannungsrelaxation *f*
stress relief *<prod>* • Spannungsabbau *m*; Abbau von Spannungen *m*
stress-relief annealing *<metal> (reduces residual stresses; e.g. caused by shaping processes)* • Spannungsarmglühen *n*; Spannungsfreiglühen *n prakt*
stress-strain curve *<qualit.mat>* • Spannungs-Dehnungs-Linie *f*
stress-strain diagram *<qualit.mat>* • Spannung-Dehnung-Diagramm *n*; Spannungs-Dehnungs-Diagramm *n*; Spannung-Dehnung-Schaubild *n*
stretch *<traff> (of a road)* • Strecke *f*
stretch *vt <tech.gen>* • dehnen *vt*
stretch *vt <prod>* • auseinanderziehen *vt*
stretch *vt <prod> (make tight, elastically; e.g. rubber band)* • spannen *vt*
stretchability *<mat> (e.g. of rubber, stretch fabrics)* • Dehnbarkeit *f*
stretchable *<mat> (e.g. rubber, stretch fabrics)* • dehnbar
stretch blow molding *:V <plast> (of PET bottles)* • Streckblasen *n*
stretched *<mech.eng> (elongated due to overuse; e.g. parking brake cable, spring)* • überdehnt
stretched version *<tech.gen> (e.g. of cars, airplanes)* • gestreckte Version *f*
stretcher *<build> (brick installed lengthwise; as opp. to hader)* • Läufer *m*
stretcher *DIN EN 1865 <med.tech>* • Krankentrage *f DIN EN 1865*
stretching *<vhcl> (of cables; e.g. of clutch, brake or accelerator cables)* • Längung *f*
stretching ring *<tech.gen>* • Spannring *m*
stretching wire *<tech.gen>* • Spanndraht *m*
stretch yarn *<textil> (crimped, textured)* • Kräuselgarn *n*
strew *vt <tech.gen> (scatter freely; e.g. seed, road salt, sand, sawdust)* • streuen *vt*; ausstreuen *vt ugs*
strict cost/benefit analysis *<econ>* • strenge Kosten/Nutzen-Analyse *f*
strike *vt <gen> (the ground; e.g. bomb, person in an accident)* • aufschlagen *vt*
strike *vt <tech.gen> (a surface, target etc.; e.g. with hammer, bullet, shell; beam)* • treffen *vt*
strike *vt <build> (formwork, scaffolding)* • abbauen *vt*
strike *vt <el> (arc)* • zünden *vt*
strike *vt <mus> (bell, string, key)* • anschlagen *vt*
strike *vt <prod> (e.g. coins)* • prägen *vt*
strike against *vi <gen> (hard obstacle)* • anschlagen *vi*
strike formwork *vt <build> (of concrete structures)* • ausschalen *vt*; entschalen *vt*
strike off *vt <print>* • abziehen *vt*
strike out *vt <leath> (hide)* • ausstoßen *vt*
strike through *vt <mech>* • durchschlagen *vt*
striking *<build> (of scaffolding)* • Abbauen *n*
striking *<el> (of an arc)* • Zündung *f*; Zünden *n*
striking *<prod> (stamping; e.g. of coins)* • Prägen *n*
string *<tech.gen> (slender but strong cord for binding, tying)* • Bindfaden *m*; Schnur *f ugs*
string *<comp> (of characters)* • Kette *f*; String *m prakt*; Zeichenreihe *f*
string *<energ.sol> (solar cells connected in series)* • Strang *m*; String *m*
string *<petr> (oil drilling)* • Strang *m*; Tour *f*

string *vt <mus> (e.g. a violin)* • besaiten *vt*

string *vt <sport> (a racket)* • beziehen *vt*; besaiten *vt*

stringent requirements *<prod>* • strenge Anforderungen *fpl*

stringer *<tech.gen> (girder, usu. longitudinal)* • Stringer *m*; Strebe *f ugs*

stringer *<aerosp> (longitudinal stiffener in fuselage, wing, tail assembly)* • Stringer *m*; Längsversteifung *f*; Längsspant *m rar*

stringer *<logist> (pallet)* • Träger *m*; Kantholzträger *m*

stringing *<silic>* • Fadenziehen *n*

strip *<tech.gen> (trim, reinforcement etc.; e.g. of metal, wood, plastic)* • Leiste *f*

strip *<metal> (e.g. steel)* • Band *n*

strip *ISO EN 7369 <pps> (for metal stripwound and corrugated hoses)* • Band *n ISO EN 7369*

strip *vt <tech.gen> (mounted parts; e.g. car body trim)* • abmontieren *vt*

strip *vt <tech.gen> (remove parts; e.g. to make sth accessible)* • entfernen *vt*

strip *vt <build> (concrete)* • entschalen *vt*

strip *vt <chem.proc> (distillation)* • ausdämpfen *vt*

strip *vt <el> (insulation from conductor, wire, cable)* • abisolieren *vt*

strip *vt <mech.eng> (thread)* • ausreißen *vt*

strip *vt <mil> (gun)* • zerlegen *vt*

strip *vt <min>* • abtragen *vt*

strip *vt <srfc> (paint on wood; with chemicals)* • abbeizen *vt*

strip *vt <srfc> (skin, layer or thick flexible film from sth)* • abschälen *vt*

strip *vt <textil> (dyeing)* • abziehen *vt*

strip casting *:V <metal> (hot strip 6.35 to 0.8 mm gauge, 900-1600 mm wide)* • Dünnbrammenguss *m*; Dünnbrammentechnologie *f*

strip-chart recorder *<i&c>* • Bandschreiber *m*

strip [insulation] *vt <el> (cable, wire)* • abmanteln *vt*; blanklegen *vt*

strip mining *US <min> (e.g. of brown coal, lignite)* • Abbau im Tagebauverfahren *m*; Abbau im Tagebau *m*; Tagebau *m prakt*; Tagbau *m A*; Tagebaubetrieb *m rar*

strip off *vt <tech.gen>* • abstreifen *vt*

strip off *vt <mech.eng> (external thread, on bolt)* • ausreißen *vt*

strip off *vt <owg> (outer sheath)* • absetzen *vt*

strip [off] *vt <plast> (remove molding from mold core)* • abstreifen *vt*; abwerfen *vt*

strip [off] *vt <srfc> (thin film, coating; e.g. label, sticker, paint)* • ablösen *vt*

strip out *vt <chem.phys> (a substance from a mixture)* • austreiben *vt*

strip out *vt <mech.eng> (internal thread, in nut)* • ausreißen *vt*

strippable coating *<srfc>* • Abziehlack *m*; abziehbarer Lack *m rar*

stripped *<el> (conductor, wire, cable)* • abisoliert

stripper *<chem>* • Stripper *m*

stripper *<proc> (on bar screen; e.g. water treatment)* • Abstreifer *m*; Abstreifvorrichtung *f*; Abstreifleiste *f*; Abwurfblech *n*

stripper *<prod> (of wall-ironing machine, punch press)* • Abstreifer *m*

stripper *<srfc> (for paint on wood)* • Abbeizmittel *n*; Abbeizer *m*

stripper plate *<mech.eng> (e.g. for molded parts)* • Abstreifplatte *f*

stripping *<chem.proc> (desorption of sorbed gases)* • Desorption *f*

stripping *<srfc> (of paint, coatings, film)* • Ablösung *f*

stripping capacity *<min>* • Abtragsleistung *f*

stripping column *<proc>* • Abtreiberkolonne *f*

stripping film *<srfc>* • Abziehfilm *m*

stripping knife *<el.tool>* • Abisoliermesser *n*

stripping oil *<prod.tribo> (e.g. for deep drawing)* • Abstreiföl *n*

stripping operation *<chem.petr>* • Abstreifen *n*; Stripping *n*

stripping shovel *<build.mach>* • Abraumbagger *m*

strip rolling *<metal>* • Bandwalzen *n*

strip spring *<mech.eng>* • Bandfeder *f*

strip width *<metal>* • Bandbreite *f*

strobe [flash] *<phot> (camera function)* • Stroboskopblitz *m*

strobe light *<aerosp.light> (exterior lighting)* • Blitzlicht *n*

stroboscope *<tool> (e.g. for rpm*

measurement) • Stroboskop *n*
stroke *<tech.gen> (intentional act of striking; e.g. with hammer)* • Schlag *m*
stroke *<mot>* • Takt *m*
stroke *<mvhcl.mot> (linear reciprocating movement; e.g. piston in engine, distance TDC-BDC)* • Hub *m*; Kolbenhub *m rar*
stroke *<prod>* • Strich *m*
Stromberg carburetor *<mvhcl.mot>* • Stromberg-Vergaser *m*
strong *<gen> (e.g. argument, glasses, nerves, odor, poison)* • stark
strong offensive smell *<gen> (very unpleasant odor)* • sehr unangenehmer Geruch *m*; Gestank *m ugs*
strongroom *VDMA 24990 <safe>* • Tresoranlage *f VDMA 24990*
strontium (Sr) *<chem>* • Strontium *n* (Sr); Strontium metallicum *n*
strop *<tool> (for sharpening razors; e.g. strip of leather)* • Abziehriemen *m*; Streichriemen *m*
strop *vt <tool> (razor blade)* • abziehen *vt*
structural adhesive *<join>* • Strukturklebstoff *m DIN EN 12701*; struktureller Klebstoff *m*; Konstruktionsklebstoff *m*
structural calculation *<build.mech>* • baustatische Berechnung *f*
structural concrete *<build.mat>* • Konstruktionsbeton *m*
structural condition *<build.qualit> (of houses, buildings, bridges etc.)* • Bauzustand *m*
structural corrosion *<srfc>* • Korrosion an tragenden Bauteilen *f*; strukturelle Korrosion *f*
structural defect *<qualit.mat>* • Strukturfehler *m*; Gefügefehler *m*
structural design *<tech.gen>* • Konstruktion *f*; strukturelle Auslegung *f*; konstruktive Auslegung *f*
structural element *<tech.gen>* • Strukturelement *n*
structural engineering *<build>* • Ingenieurhochbau *m*
structural engineering drawing *ISO 10209-4 <build.docu>* • Tragwerksplan *m DIN ISO 10209-4*
structural foam *<plast> (e.g. for cavities)* • Strukturschaum *m*
structural formula *<chem>* • Strukturformel *f*
structural loading *<build> (dead weight plus live loads, wind loads etc.; e.g. of a bridge)* • Bauwerksbelastung *f*; Bauwerkslast *f*
structural part *<tech.gen> (stressed, load-carrying)* • tragendes Teil *n*; tragende Komponente *f*; tragendes Element *n*; tragendes Bauteil *n*; Strukturkomponente *f rar*
structural statics *<build.mech>* • Baustatik *f*
structural steel *<mat> (steel shapes; e.g. L, T, U, I)* • Profilstahl *m*; Baustahl *m*; Formstahl *m*
structural steel *<metal> (0.05 to 0.25% carbon, typically 0.2% carbon; for general engineering)* • Baustahl *m*; allgemeiner Baustahl *m did*
structural steel section *<mat>* • Stahlbauprofil *n*
structural stiffness *<tech.gen> (e.g. of a building, vehicle body)* • Struktursteifigkeit *f*
structural timber *<wood.build> (for construction purposes)* • Bauholz *n*
structure *<gen>* • Gefüge *n*; Struktur *f*
structure *<tech.gen> (of materials, components, assemblies, systems)* • Aufbau *m*
structure *<tech.gen> (physical structure, result of design engineering)* • Konstruktion *f*
structure *<tech.gen> (internal; e.g. of a material)* • Struktur *f*; Gefüge *n*
structure *<build> (a house, building, edifice, bridge, tower etc.)* • Bau *m*
structure *<build> (building, bridge, house)* • Bauwerk *n*
structure-borne noise *<acoust>* • Körperschall *m* (KS)
structure clearance *<railw.build> (of tunnels)* • Lichtraumprofil *n*
structured-light topometry (SLT) *:V <i&c>* • Streifenlichttopometrie *f* (SLT)
structure model *<tech.gen> (e.g. atom, building, organisation)* • Strukturmodell *n*
strut *<tech.gen> (holds things apart; a brace subjected to compressive stress)* • Strebe *f*
strut *<build> (gen.; accommodates longitudinal compression)*

• Druckstrebe *f*; Stütze *f*
strut *<build> (support, prop; on construction sites)* • Stempel *m*
strut *<build.mach>* • Stab *m*; Strebe *f*; Mastelement *n*
strut *vt <tech.gen> (stiffen; e.g. scaffold, wall)* • absteifen *vt*
strut-braced arch bridge *<build>* • Sprengwerkbogenbrücke *f*
strut frame *<build>* • Sprengwerk *n*
stub *<gen>* • Stumpf *m*
stub line *<el>* • Stichleitung *f*
stucco ceiling *<build>* • Stuckdecke *f*
stud *<build.int> (vertical wooden framing member)* • Ständer *m*; Holzständer *m*
stud *<join> (threaded fastener without head)* • Stiftschraube *f DIN 938-949*; Bolzenschraube *f DIN 918*; Stehbolzen *m prakt*; Bolzen *m ugs*
stud *<sport.garm> (on sports footwear; e.g on sole of football shoes)* • Stollen *m*
studded tire *US <mvhcl> (illegal in Germany)* • Spikereifen *m*; Winterreifen mit Spikes *m*; bespikter Reifen *m*
studding *<build.join> (fully threaded tie rods, typ. in lengths of 1 mtr)* • Gewindestange *f*; Gewindestab *m*
stud gun *<build.tool> (air or cartridge--operated)* • Bolzenschussgerät *n DIN 7260-1*; Bolzenschießgerät *n*
stud welding (SW) *<join>* • Bolzenschweißen *n*; Aufschweißen von Bolzen *n*; Bolzenaufschweißen *n*
stuff *vt <garm>* • füttern *vt*
stuff *vt <prod> (hole, opening)* • stopfen *vt*
stuffing *<food> (e.g. of Xmas turkey)* • Füllung *f*
stuffing-box packing *<mech.eng> (pump)* • Stopfbuchspackung *f*; Packung *f*
stuff up *vt <gen>* • verstopfen *vt*
sturdy *<mat> (robust, strong)* • kräftig
sturdy *<qualit> (solid, massive; e.g. construction)* • massiv
style *<tech.gen> (one of several design options of a product; e.g. a door style)* • Ausführung *f*
style *ISO/IEC 2382-23 <comp>* • Druckformat *n ISO/IEC 2382-23*
styling *<tech.gen> (shape, appearance)* • Design *n*; Formgestaltung *f*
styling *<prod>* • Formgebung *f*; Styling *n*
stylus *<comp> (gen.)* • Tablettstift *m*
stylus *<comp> (for PDAs; e.g. for Palm)* • Eingabestift *m*; Stylus *m*
stylus *<i&c> (e.g. for digitizing or accuracy checking of bodies)* • Fühler *m*; Taststift *m*
stylus *<tool> (pen for tracing lines, outlines)* • Abtaststift *m*
styrene *<chem>* (C_6H_5-CH=CH_2) • Styrol *n*; Vinylbenzol *n*; Phenylethen *n wiss*; Styren *n rar*
styrene-butadiene rubber *<plast>* • Butadien-Styrol-Kautschuk *m*
subcompact *<mvhcl> (car category; e.g. Chevrolet Aveo, Vauxhall Corsa, VW Polo, Swift)* • Kleinwagen *m*
subcompact cars *<mvhcl.ecol> (U.S. category; 85-99 ft³ of passenger & luggage volume; e.g. 3-series)* • Subcompact-Klasse *f*
subcontracted *<econ> (e.g. services)* • eingekauft
subcontractor *ISO 8402 <econ>* • Subunternehmer *m DIN 8402*; Unterauftragnehmer *m*
subcritical *<tech.gen> (operating conditions; e.g. pressure, temperature, speed)* • unterkritisch
Sub-D connector *<comp> (9, 15, 25, 37 and 50-pin)* • Sub-D-Stecker *m DIN 41652*; D-Sub-Stecker *m*
subdivide *vi <gen>* • aufgliedern *vt*
subdivide *vt <gen> (abstract; in categories, classes, grades)* • aufteilen *vt*
subdivide *vt <gen> (e.g. content, program)* • untergliedern *vt*
subdivide *vt <gen>* • unterteilen *vt*
subdivide *vt <docu> (e.g. book, list)* • gliedern *vt*
subdivided *<gen>* • unterteilt
subdivision *<gen> (e.g. of a subject field, enterprise)* • Teilbereich *m*
subdivision *<docu> (e.g. book, list)* • Gliederung *f*
subdued light *<light>* • Dämmerlicht *n*
subframe *<mech.eng>* • Unterbau *m*
subfunction *<gen>* • Teilfunktion *f*
subgrade *<build> (of a construction project, building, bridge, tower)* • Baugrund *m DIN 4020*; Boden *m ugs*

subgrade *<build.traff> (basis for the pavement structure)* • Untergrund *m*

subgroup *<gen>* • Untergruppe *f*

sub-harmonic *DIN IEC 50 <phys>* • Unterschwingung *f DIN IEC 50*; Subharmonische *f*; harmonische Unterschwingung *f*

subject *<did> (of studies, knowledge)* • Gebiet *n*

subject *<phot> (of a picture; e.g. person, landscape, still life)* • Motiv *n*; Objekt *n*; Aufnahmegegenstand *m*

subjected to *<gen> (conditions, influences)* • ausgesetzt; unterworfen

subject field *ISO 12620 <term>* • Sachgebiet *n*; Fachgebiet *n*

subject-matter of the application *<jur> (patent)* • Anmeldungsgegenstand *m*

subject of a patent *<jur>* • Patentgegenstand *m*

subject to *vt <qualit.mat> (e.g. loads, weather)* • aussetzen *vt*

subject to wear *<tech.gen> (e.g. surface, component)* • verschleißbeansprucht

sublimation *<therm> (vaporization of a solid substance without liquid state)* • Sublimation *f*

sublimation heat *<therm>* • Sublimationswärme *f*

submarine *<nav>* • Unterseeboot *n*; U-Boot *n*

submarine *adj <gen>* • submarin

submarine cable *<el>* • Unterseekabel *n*; Tiefseekabel *n*

submarine cable *<energ.el>* • Seekabel *n*; Unterwasserkabel *n*

submarine laying *<tech.gen> (of cables, pipelines)* • Meerverlegung *f*

submenu *<comp> (e.g. a cascaded menu)* • Untermenü *n*

submerge *vi/vt <gen>* • eintauchen *vi/vt*

submerge *vt <gen>* • untertauchen *vt*; tauchen *vt*

submerged *<tech.gen> (put under water)* • versenkt; untergetaucht

submerged-arc welding (SAW) *<join>* • UP-Schweißen *n* (UP); Unterpulverschweißen *n*

submersible *<gen> (e.g. device, machinery)* • tauchfähig

submersible *<petr>* • flutbar

submersible pump *<convey> (pump immersed, motor above surface)* • Tauchpumpe *f*

submersible rig *<petr>* • flutbare Bohrinsel *f*

submersion *<proc>* • Eintauchen *n*

submicroscopic *<gen>* • submikroskopisch

subordinate concept *ISO 12620 <term>* • untergeordneter Begriff *m*

subproblem *<gen>* • Teilproblem *n*

subrange *<gen>* • Teilbereich *m*

subroutine *<comp>* • Unterprogramm *n*; Unterroutine *f rar*

subscriber *<tele> (to a cell phone service)* • Teilnehmer *m*

subscriber network *<tele>* • Anschlussnetz *n*

subscription fee *<fin> (gen.; e.g. for information services)* • Abonnementgebühr *f*; Abogebühr *f ugs*

subside *vi <build> (abruptly)* • absacken *vi*; einsacken *vi*

subsidence break *<min>* • Abbauriss *m*

subsoil *<build>* • Unterboden *m*

subsoil *<build> (footing)* • Untergrund *m*

subsoil sealing *<build>* • Untergrundabdichtung *f*

subsonic aircraft *<aerosp>* • Unterschallflugzeug *n*

substance *<tech.gen>* • Substanz *f*

substance to be adsorbed *<proc>* • Adsorbend *m*

substandard ship *<nav> (vessel)* • Substandardschiff *n*

substantiate *vt <gen> (e.g. a decision, design)* • begründen *vt*

substation *<energ.el> (e.g. 100 kV to 380 V)* • Umspannwerk *n*

substitute *vt <gen> (e.g a character)* • austauschen *vt*

substitute *vt <gen> (replace; parts, persons)* • auswechseln *vt*

substitute *vt <gen> (persons, objects, numbers etc.)* • ersetzen *vt*; substituieren *vt*

substitute ... *<tech.gen> (imitation, usually an inferior one; e.g. for coffee)* • Ersatz...

substitute item *<logist> (e.g. similar spare part)* • Ausweichartikel *m*

substitution *<gen> (replacement)* • Austausch *m*

substitution *<gen>* • Substitution *f*

substrate *<tech.gen> (gen. of layers, films)* • Schichtträger *m*; Substrat *n*

substrate *<tech.gen>* • Substrat *n*

substrate *<opt> (as a part of an atomic force microscope)* • Träger *m*; Plättchen *n*; Chip *m*

substrate *<srfc> (surface serving as a base for another layer)* • Träger *m*; Substrat *n*

substrate *<srfc> (for paint, ink, lettering etc.)* • Untergrund *m*; Substrat *n*

substructure *<build> (gen.)* • Unterbau *m*

subsurface *<gen> (below)* • oberflächennah; Untergrund *m*: im flachen ~; untief

subsurface *<tech.gen> (e.g. storage, parking, production facilities)* • unterirdisch

subsurface conditions *<geo> (e.g. below landfill site, in oil well)* • Untergrundverhältnisse *npl*

subterranean *<geo>* • unterirdisch

subtle tone *<srfc>* • dezenter Farbton *m*

subtract *vt <math> (numbers)* • subtrahieren *vt*; abziehen *vt ugs*

subtractive color mixing *<phys>* • subtraktive Farbmischung *f*

subtractive process *<prod.metal> (machining; e.g. milling)* • subtraktives Verfahren *n*

suburban traffic *<traff>* • Vorstadtverkehr *m*

subway *<traff>* • Straßenunterführung *f*

subway system *US <traff.railw>* • U-Bahn-Netz *n*

subwoofer-satellite speaker system *<av>* • Subwoofer-Satelliten-System *n*

succeed *vt <gen>* • folgen *vt*

succession *<gen> (stress on: not to be confused with sequence in mathematics)* • Folge *f*

successive *<gen>* • nacheinander

successive *<tech.gen>* • schrittweise

successor *<econ> (of a product; e.g. printer, car, combat aircraft)* • Nachfolger *m*; Nachfolgemodell *n*

sucker *<tech.gen>* • Saugnapf *m*

sucker *<mech.eng> (vacuum device for handling of sheet material; e.g. paper, glass)* • Sauger *m*; Saugnapf *m*

suck off [from] *vt <tech.gen>* • absaugen *vt*

suction *<phys> (flow due to depression)* • Sog *m*

suction blowing *<plast>* • Saugblasen *n*

suction connection *<mech.eng> (of compressor, engine, pump)* • Ansaugstutzen *m*

suction-feed spray gun *<srfc.tool>* • Saugbecherpistole *f*

suction line *<mech.eng> (gen.; pipe or hose)* • Saugleitung *f*; Ansaugleitung *f rar*

suction pipe *<tech.gen>* • Saugrohr *n*

suction port *<mech.eng> (gen.; e.g. of sweepers, vacuum cleaners)* • Saugmund *m*

suction port *<mech.eng> (of rotary pumps)* • Saugöffnung *f*

suction pump *<convey>* • Saugpumpe *f*

suction valve *<mech.eng> (stress on: induction, on vacuum side; e.g. piston pump)* • Saugventil *n*; Einlassventil *n*

sudden *<gen>* • stoßartig; jäh; plötzlich

sudorific *<mvhcl.int> (e.g. seats. temperature)* • schweißtreibend

suede *<leath> (gen.; sanded on the inner layer of the skin; as opp. to Nubuck)* • Veloursleder *n ugs*

Suezmax *<nav>* • Suezmax

sugar-beet harvesting machine *<agri>* • Zuckerrübenerntemaschine *f*

sugar-cane harvester *<agri>* • Zuckerrohrerntemaschine *f*

sugar refining *<food.chem>* • Zuckerraffination *f*

suggested retail [price] *<econ>* • empfohlener Verkaufspreis *m*; empfohlener VK *m prakt*; empfohlener Verkaufspreis des Herstellers *m rar*

suit *<garm>* • Anzug *m*

suitability *<gen> (for sth)* • Eignung *f*

suitable *<gen> (for, to sth)* • einsatzfähig

suitable *<gen> (gen.; e.g. answer, device, tool)* • passend

suitable for *<gen>* • passend zu

suitable for microwave ovens *<mat> (e.g. plastic wrap)* • mikrowellengeeignet

suitable for off-road use *<vhcl>* • geländegängig

suitable for the handicapped *<build> (access)* • behindertengerecht; rollstuhlgerecht

suitcase *<pack.tour>* • Koffer *m*

sulfate *US.IUPAC <chem> (salt of*

sulfuric acid) • Sulfat *n*
sulfide *US <chem> (salt of hydrogen sulfide)* • Sulfid *n*
sulfite *US <chem> (salt of sulfurous acid)* • Sulfit *n*
sulfite pulp *<pap>* • Sulfitzellstoff *m*; Bisulfitzellstoff *m*
sulfur (S) *US <chem>* • Schwefel *m* (S); Sulfur *m*
sulfur dioxide (SO_2) *US <chem>* • Schwefeldioxid *n* (SO_2)
sulfuric acid *US <chem> (sulfuricum acidum H_2SO_4; e.g. in lead-acid batteries)* • Schwefelsäure *f*
summer operation *<tech.gen> (e.g. air conditioning, car)* • Sommerbetrieb *m*
summer overheating *<hvac> (result)* • Barackenklima *f ugs*
summing element *<comp>* • Summierglied *n*
summit *<build.traff> (of a road)* • Kuppe *f*
sump *<mech.eng> (oil pan etc.)* • Sumpf *m*
sumptuous comfort *<gen> (e.g. of a car)* • üppiger Komfort *m*; reichhaltige Ausstattung *f*
sun bed *<hygi>* • Sonnenbank *f*; Sonnenliege *f*; Bräunungsliege *f*; Toaster *m jarg*
sunbed pad *<gen>* • Liegeauflage *f*
sunfuel *<mvhcl> (synthetic fuel derived from bio mass)* • Sunfuel *m*
sun gear *<drive> (planetary gearset; e.g. in automatic transmission)* • Sonnenrad *n DIN 3998*; Innenrad *n*; Zentralrad *n*
sun gear *<mech.eng>* • Festrad *n*
sunk *<tech.gen> (e.g. lights in runway; camera lens)* • versenkt
sunk *<min>* • abgeteuft
sunk key *<join>* • Einlegekeil *m DIN 6886*
sun lounger *<gen> (garden, pool, beach)* • Sonnenliege *f*; Liege *f*
sun protection factor (SPF) *DIN 67502 <hygi> (filter effect of sun lotions etc.)* • Lichtschutzfaktor *m* (LSF) *DIN 67502*; Sonnenschutzfaktor *m*
sun roof top *<mvhcl> (a folding-style canvas sun roof in sub-compacts)* • Faltdach *n*; Klappverdeck *n ugs*
sunset *<gen> (flight rules; photography)* • Sonnenuntergang *m*
sunspot activity *<astron>* • Sonnenfleckenaktivität *f*; Sonnenfleckentätigkeit *f*
superalloy *<mat>* • Superlegierung *f*
supercharge *vt <mot> (engine; e.g. with roots blower)* • aufladen *vt*
supercharged engine *<mot> (engine with any type of blower)* • aufgeladener Motor *m*; Motor mit Lader *m*; Aufladeмotor *m rar*; Gebläsemotor *m rar*
supercharged engine *<mot> (with positive displacement blower)* • Kompressormotor *m*
supercharger *<mot> (engine performance booster; e.g. a turbocharger, Roots blower)* • Lader *m*
supercharging *<mot> (of engines; positive displacement and turbocharging)* • Aufladung *f*; Aufladen *n*
superconducting *<phys>* • supraleitend; supraleitfähig
superconducting motor *<el.mot>* • supraleitender Motor *m*
superconduction *<phys>* • Supraleitung *f*
superconductor *<phys>* • Supraleiter *m*; supraleitender Stoff *m*
supercritical *<phys> (e.g. speed of a rotor, shaft)* • überkritisch
superelevation *<build.traff> (of roads, rail tracks in curves)* • Kurvenüberhöhung *f*
superfast adhesive *<join>* • Sekundenkleber *m*; Blitzkleber *m werb*; Cyanacrylatklebstoff *m*
superheat *vt <chem.proc> (intentionally; e.g. steam)* • überhitzen *vt*
superheated steam *<phys> (as opp. to wet steam)* • Heißdampf *m*; überhitzter Dampf *m*; Trockendampf *m*
superheated steam *<turb>* • überhitzter Dampf *m*; Heißdampf *m*; Überhitzerdampf *m*
superheater *<proc>* • Überhitzer *m*
superimpose *vi <tech.gen> (e.g. motions, liquids)* • überlagern *vr*
superimpose *vt <tech.gen> (e.g. images, windows, signals)* • überlagern *vt*; übereinanderlagern *vt*; überdecken *vt rar*
superimposed load *<build>* • Auflast *f*

superior *<qualit> (e.g. performance)* • überlegen
superordinate concept *ISO 12620 <term>* • übergeordneter Begriff *m*
Super Plus *<chem.petr> (gasoline grade, unleaded; 98 Oct)* • Super plus *n*
superpure aluminum *US <mat>* • Reinstaluminium *n*
supersaturation *<phys>* • Übersättigung *f*
supersonic aircraft *<aerosp>* • Überschallflugzeug *n*
supersonic flight *<aerosp>* • Überschallflug *m*
supersonic speed *<aerosp>* • Überschallgeschwindigkeit *f*
supersonic transport (SST) *<aerosp> (e.g. Concorde)* • Überschallverkehrsflugzeug *n*; Überschall-Verkehrsflugzeug *n*; Überschallflugzeug *n*
supersonic travel *<aerosp>* • Überschallflugverkehr *m*
supersonic wind tunnel *<aerosp>* • Überschall-Windkanal *m*; Überschallkanal *m*
superstructure *<tech.gen>* • Oberbau *m*
superstructure *<build> (gen.)* • Überbau *m*; Überbauten *mpl*
superstructure *<railw> (on the underframe)* • Aufbauten *mpl*; Aufbau *m*
superstructure[s] *<nav>* • Decksaufbauten *mpl*; Aufbauten *mpl*
supertanker *<nav>* • Großtanker *m*
super tanker *<nav>* • Supertanker *m*
Super Ultra Low Emission Vehicle (SULEV) *<vhcl.emiss>* • Fahrzeug nach SULEV-Standard *n*
Super VGA (SVGA) *<comp> (1024 x 768)* • Super-VGA *n* (SVGA)
Super-VHS (S-VHS) *<av> (video format)* • Super-VHS *n* (S-VHS)
supervise *vt <tech.gen>* • beaufsichtigen *vt*
supple *<garm> (e.g. leather)* • weich
supple *<qualit.mat> (gen.; e.g. leather, tire)* • geschmeidig
supple *<textil> (thread)* • geschmeidig; schmiegsam
supplement *<gen> (to sth.)* • Ergänzung *f*
supplement *vt <gen>* • ergänzen *vt*
supplementary *<gen> (in addition to sth.)* • ergänzend
supplementary *<gen> (acting as a supplement to sth.)* • Ergänzungs…
supplementary *<gen>* • supplementär
supplementary building *<build>* • Anbau *m*
supplementary firing *pract <energ>* • Zusatzfeuerung *f*
suppleness *<mvhcl> (of tire sidewalls)* • Geschmeidigkeit *f*; Wandsteifigkeit *f*
supplier *ISO 9000 <qualit> (organisation or person that provides a product)* • Lieferant *m ISO 9000*
supplies *<tech.gen>* • Hilfs- und Betriebsstoffe *mpl*
supplies *<logist> (for production processes)* • Betriebsstoffe *mpl*
supply *<tech.gen> (of sth; e.g. electricity, gas, water)* • Versorgung *f*
supply *<tech.gen> (feeding; e.g. of products, workpieces)* • Zuführung *f*
supply *<econ> (of goods, available products)* • Angebot *n*
supply *<econ> (of goods)* • Zufluss *m*
supply *vt <tech.gen> (e.g. gas, air, electric current, water)* • speisen *vt*
supply *vt <tech.gen> (energy, power, electricity, gas, water, food etc.)* • liefern *vt*
supply and demand *<econ>* • Angebot und Nachfrage
supply boat *<nav> (relatively small; e.g. for oil rigs)* • Versorgungsschiff *n*
supply chain management (SCM) *<logist>* • Supply-Chain-Management *n* (SCM); Management der Logistik--Kette *n rar*; Organisation der Zulieferkette *f*
supply line *<tech.gen> (gen.; e.g power, liquid, gas, pressurized air)* • Versorgungsleitung *f*
supply meter point *<energ>* • Zählerstandort *m*
supply of potable water *<gen>* • Trinkwasserbedarf *m*
supply point *<energ> (at end user facility)* • Letztverbraucher--Ausspeisepunkt *m*
supply ship *<nav> (gen.)* • Versorgungsschiff *n*; Mutterschiff *n*
supply terminals *<build.hvac> (e.g. district heating, gas, water)*

• Hausanschlüsse *mpl*

supply voltage *<el> (gen.; e.g. 9, 110, 230 volts)* • Versorgungsspannung *f*

supply voltage *<el>* • Speisespannung *f*

supply well *<pps> (e.g. of groundwater heat pumps)* • Saugbrunnen *m*; Förderbrunnen *m*

support *<tech.gen> (frame)* • Gestell *n*

support *<tech.gen> (fixture, holder)* • Halt *m*

support *<tech.gen> (of load, component)* • Stütze *f*; Abstützung *f*

support *<mech.eng> (holder)* • Stütze *f*; Halterung *f*; Halter *m*

support *<min>* • Ausbau *m*

support *<prod> (e.g. for tool, workpiece)* • Auflage *f*

support *vt <gen>* • unterstützen *vt*

support *vt <tech.gen> (a load, component)* • abstützen *vt*; stützen *vt*

support *vt <tech.gen> (hold, carry; e.g. filter, hose, sieve)* • halten *vt*

support *vt <tech.gen> (e.g. beam, shaft)* • lagern *vt*

support *vt <tech.gen> (carry)* • stützen *vt*

support area *<mech> (e.g. in in^2, mm^2)* • Auflagefläche *f*; tragende Fläche *f*; lastaufnehmende Fläche *f*

supported *<tech.gen> (e.g. axle, shaft; beam, bridge)* • gelagert

supported by five bearings *<mvhcl.mot> (crankshaft)* • fünffach gelagert

supported in friction bearings *<mech.eng> (e.g. crankshaft)* • gleitgelagert

supporting material *<mat> (e.g. for magnetic coating)* • Träger *m*

supporting reaction *<mech>* • Auflagerreaktion *f*

supporting structure *<tech.gen> (for flexible parts; e.g. filter, net, sieve)* • Stützkonstruktion *f*

supporting structure *<build>* • Tragwerk *n*

support magnet (SM) *<railw> (maglev system)* • Tragmagnet *m* (TM)

support member *<tech.gen> (for flexible structures)* • Stützglied *n*; Stützelement *n*

support pad *<tech.gen>* • Auflage *f*

support ring *<tech.gen>* • Stützring *m*

support tube *<tech.gen>* • Stützrohr *n*

suppress *vt <tech.gen> (peaks)* • dämpfen *vt*

suppression *<gen> (of signals, actions, reactions etc.)* • Unterdrücken *n*; Unterdrückung *f*

suppression *<el> (blanking; of interference, devices)* • Ausblendung *f*

suppressor *<mil> (on firearms)* • Schalldämpfer *m* (SD)

surface *<tech.gen> (gen.)* • Oberfläche *f*

surface *vt <wood.srfc> (smooth, make flat; e.g. with a planer, abrasive paper)* • abrichten *vt*

surface-active *<chem> (e.g. a detergent)* • grenzflächenaktiv; oberflächenaktiv

surface-active agent *<chem>* • oberflächenaktive Substanz *f*; oberflächenaktive Verbindung *f*; grenzflächenaktive Verbindung *f*; grenzflächenaktives Mittel *n*

surface-active agent *<chem> (in detergents)* • Tensid *n*; grenzflächenaktiver Stoff *m*; oberflächenaktiver Stoff *m*

surface appearance *<mech.eng> (with regard to wear; e.g. of gears, bearings, cylinders)* • Tragbild *n*

surface area *<tech.gen> (e.g. in in^2, ft^2 m^2)* • Oberfläche *f*; Fläche *f ugs*

surface area *<math> (e.g. of a triangle, circle)* • Flächeninhalt *m*

surface charge *<el>* • Flächenladung *f*

surface-coated *<opt> (lens)* • oberflächenvergütet

surface condition *<tech.gen>* • Oberflächenbeschaffenheit *f*; Oberflächenzustand *m prakt*; Zustand der Oberfläche *m ugs*

surface course *<build.traff> (of pavement)* • Decke *f*; Fahrbahndecke *f*

surface course *US <build.traff>* • Deckschicht *f*; Asphaltdeckschicht *f*

surface defect *<qualit.mat>* • Oberflächenfehler *m DIN ISO 8785*

surface effect *<tech.gen>* • Oberflächeneffekt *m*

surface evaporation *<phys>* • Oberflächenverdunstung *f*

surface film *<tech.gen>* • Oberflächenschicht *f*

surface film *<srfc> (gen.; incl. oxide layer)* • Deckschicht *f*

surface finishing *<prod>*

• Oberflächenbearbeitung *f*

surface finishing *<srfc> (of surfaces)* • Oberflächenveredelung *f*; Veredelung *f*

surface gap *<mvhcl.el> (spark plug; sparks glide over insulator)* • Gleitfunkenstrecke *f*

surface grinding *ISO 603 <prod>* • Flächenschliff *m DIN ISO 603*; Flächenschleifen *n*

surface inspection *<qualit>* • Oberflächenprüfung *f*

surface layer *<tech.gen>* • Oberflächenschicht *f*

surface leakage *<el>* • Kriechen *n*

surface leveling *US <geo.i&c>* • Flächennivellement *n*

surface machining *<prod>* • Oberflächenbearbeitung *f*

surface model *<comp>* • Flächenmodell *n*

surface-mount ... *<tech.gen>* • montierbar auf der Oberfläche

surface-mount ... *<build> (e.g. switch, power outlet)* • Aufputz...

surface-mount ... *<el> (device; e.g. capacitor, diode)* • SMT-...; SMT--geeignet; SMT-Technik *f*: in ~

surface mounted design (SMD) *<el> (of PCBs)* • SMD-Technik *f*

surface mounted device (SMD) *<el>* • oberflächenmontierbares Bauteil *n*; SMD-Bauteil *n prakt*; oberflächenmontiertes Bauteil *n*

surface-mounted instrument *<i&c>* • Aufbauinstrument *n*

surface mounting *<tech.gen>* • Aufbaumontage *f*

surface mounting *<tech.gen>* • Oberflächenmontage *f*

surface-plane *vt <wood>* • abrichten *vt*

surface pressure *<tech.gen>* • Anpressdruck *m*

surface pressure *<mech> (gen.)* • Flächendruck *m*

surface pressure *<mech> (gen.)* • Flächenpressung *f*

surface rate *<prod> (surface area per unit time; e.g. for machining, treatment)* • Flächenrate *f*

surface reflectance *prEN 13721 <srfc>* • Oberflächenreflexionsgrad *m prEN 13721*

surface soil *<agri> (of arable land)* • Ackerkrume *f*

surface structure *<tech.gen>* • Oberflächenstruktur *f*; Oberfläche *f prakt*

surface tension *<phys.chem>* • Oberflächenspannung *f DIN 13310*; Grenzflächenspannung *f*

surface transfer impedance *IEC 62153-4-3 <el>* • Kopplungswiderstand *m DIN IEC 62153-4*; Transferimpedanz *f*; Koppelimpedanz *f*

surface treatment *<tech.gen> (gen.)* • Oberflächenbehandlung *f*

surface wiring *<build.el> (over-plaster mounting)* • Aufputzverlegung von elektrischen Leitungen *f*

surface wiring *<build.el>* • Leitungsverlegung auf Putz *f*

surfacing *<nav> (of submarine)* • Auftauchen *n*

surfacing *<prod> (producing a flat surface, with any cutting process)* • Abflächen *n*

surge *<el> (e.g. voltage, current)* • Stoß *m*

surge arrester *<el>* • Überspannungsableiter *m*; Überspannungsschutz *m prakt*; Überspannungsschutzgerät *n form.rar*

surge tank *<energ.hydr> (for water storage and to prevent water hammer)* • Wasserschloss *n*

surge tank *<nucl> (of PWR reactor coolant system)* • Ausgleichsbehälter *m*

surge tank *<proc>* • Druckausgleichtank *m*

surplus *<econ>* • Überschuss *m*

surrounding property *<build> (buildings, houses)* • angrenzende Bebauung *n*

surround-sound *<av>* • Raumklang *m*; Raumklangeffekt *m*; räumlicher Klangeffekt *m*

survey *vt <geo.i&c>* • vermessen *vt*

survey *vt <i&c> (collect data)* • aufnehmen *vt*

surveying *<geo.i&c>* • Vermessung *f*

surveying *<i&c>* • Aufnahme *f*

survey ship *<nav>* • Vermessungsschiff *n*

survival probability *<gen>* • Überlebenswahrscheinlichkeit *f*

survival space *<mvhcl.safe> (passenger compartment)* • Überlebensraum *m*
survival wind speed *<energ.wind>* • Überlebenswindgeschwindigkeit *f*; Auslegungswindgeschwindigkeit *f*; extreme Windgeschwindigkeit *f IEV 415*
susceptibility *<tech.gen> (to damage, defects)* • Anfälligkeit *f*; Empfindlichkeit *f*
susceptible *<tech.gen> (to sth; reacting in an undesirable way; e.g. to antibiotics)* • empfindlich
susceptible to aging *US <qualit.mat>* • alterungsempfindlich
susceptible to corrosion *<qualit.mat>* • anfällig für Korrosion
susceptible to corrosion *<srfc.chem>* • korrosionsanfällig
susceptible to cracking *<qualit.mat>* • rissanfällig
susceptible to faults *<qualit> (component, system)* • störungsanfällig; störanfällig
suspend *vt <tech.gen> (from sth)* • aufhängen *vt*
suspend *vt <jur> (e.g. a sentence, legal proceedings)* • aussetzen *vt*
suspended *<tech.gen> (supported from above; e.g. icicles, stalagtites, pipe hangers)* • hängend
suspended action *<mus> (organ)* • hängende Traktur *f*; angehängte Traktur *f*; aufgehängte Traktur *f*
suspended ceiling *<build>* • untergehängte Decke *f*; abgehängte Decke *f*; Hängedecke *f*
suspended deck *<build.traff> (of bridge)* • angehängte Brückenbahn *f*
suspended luminaire *US <light>* • Hängeleuchte *f*; Pendelleuchte *f*; Hängelampe *f ugs*
suspended solids *pl <proc> (particulate matter in gases or liquids)* • Schwebstoffe *mpl*; suspendierte Stoffe *mpl*
suspend in a liquid *vt <proc> (creating a slurry)* • aufschlämmen *vt*
suspension *<gen> (of a schedule; e.g. train timetable)* • Außerkraftsetzung *f*
suspension *<tech.gen> (particulate matter in a liquid or gas)* • Suspension *f*
suspension *<jur> (stoppage; of payments, work)* • Einstellung *f*
suspension *<mech.eng> (gen.; support from above)* • Aufhängung *f*
suspension *<proc> (slurry)* • Aufschlämmung *f*; Aufschwemmung *f*; Suspension *f*
suspension bridge *<build> (with vertical towers)* • Hängebrücke *f*; Seilbrücke *f rar*
suspension cable *<build> (suspension bridge)* • Tragseil *n*; Tragkabel *n*; Hängeseil *n*; Tragband *n*; Hängegurt *m*
suspension gear *<tech.gen> (hangers etc.)* • Gehänge *n*
suspension gear *<railw>* • Aufhängung *f*; Federungsteile *npl*
suspension link *<mvhcl>* • Lenker *m*
suspension mount *<tech.gen>* • Aufhängungspunkt *m*; Befestigungspunkt *m*
suspension mounting *<mvhcl> (points of fixity on a vehicle body or frame)* • Achsaufnahmepunkt *m*; Radaufhängungs-Befestigungspunkt *m form*; Achsaufhängung *f prakt*
suspension point *<mech.eng> (gen.)* • Aufhängepunkt *m*
suspension shackle *<vhcl> (leaf spring suspension; e.g. of railroad freight cars)* • Federgehänge *n*; Federschake *f*; Federlasche *f*
suspension strut *<mvhcl> (vertical, spring/shock combination)* • Federbein *n*
suspension subframe *<mvhcl> (wheel suspension structure)* • Fahrschemel *m*
suspension travel *<vhcl> (max. vertical suspension stroke)* • Federweg *m*
suspension-type insulator *<energ.el>* • Hängeisolator *m*
superseded term *<term>* • überholte Benennung *f*
sustain *vt <gen> (e.g. development, ecological balance)* • aufrechterhalten *vt*
sustained *<tech.gen> (e.g. development, power supply)* • nachhaltig; kontinuierlich
sustained energy supply *<energ>* • nachhaltige Energieversorgung *f*
sustained load *<build>* • Dauerbelastung *f*; Langzeitbelastung

f

sustainer rocket engine <*aerosp*> *(rocket)* • Haupttriebwerk *n*

swage *vt* <*prod*> *(e.g. sawteeth)* • stauchen *vt*

swage line <*mvhcl*> *(as a styling element)* • Sicke *f*

swap *vt* <*comp*> *(files, from RAM to HD)* • auslagern *vt*

swap file <*comp*> • Auslagerungsdatei *f*

swapping area <*comp*> • Auslagerungsbereich *m*

swarf-clearing stroke <*prod*> • Aushub *m*

swash plate pump <*convey*> • Taumelscheibenpumpe *f*

swath <*agri*> *(of grass, crops)* • Schwad *m*; Längsschwad *m*

sweep <*aerosp*> • Pfeilung *f*; Pfeilform *f*; Pfeilstellung *f*; Tragflügelpfeilung *f*

sweep *vi* <*el*> *(oscillating ray, signal)* • kippen *vi*

sweep *vt* <*tech.gen*> *(search; e.g. area, horizon, with radar, searchlight)* • absuchen *vt*

sweep *vt* <*tech.gen*> *(electronically, optically)* • abtasten *vt*

sweep *vt* <*el*> *(beam)* • ablenken *vt*

sweeper seal <*tech.gen*> *(along moving surfaces; e.g. on hydraulic pistons, car windows)* • Abstreifdichtung *f*

sweet corn *US* <*food*> *(suitable for eating)* • Gemüsemais *m*; Mais *m ugs*

sweetened with sugar <*food*> • gezuckert

sweetener <*food*> *(e.g. sugar)* • Süßungsmittel *n*

sweet natural gas <*chem.petr*> • entschwefeltes Erdgas *n*

sweet oil <*petr*> • doktornegatives Öl *n*

sweet whey powder <*food*> • Süßmolkenpulver *n*

swell <*geo*> • Dünung *f DIN 4049-3*

swell *vi* <*tech.gen*> *(due to gases)* • aufblähen *vr*

swell *vi* <*tech.gen*> *(developing a domed shape)* • aufwölben *vi*

swell *vi* <*acoust*> *(noise)* • anschwellen *vi*

swell *vi* <*build.mat*> *(due to absorption of water, air humidity)* • quellen *vi*

swell *vi* <*food*> *(dough, batter)* • aufgehen *vi*

swell *vi* <*mat*> • aufquellen *vi*

swell *vi* <*mat*> *(due to moisture or chem. reaction: e.g. plastics, wood)* • quellen *vi*

swelling <*tech.gen*> *(increase in size due to humidity; e.g. timber, paper, plastics)* • Quellen *n*

swelling agent <*tech.gen*> • Quellungsmittel *n*

swept area *IEV 415* <*energ.wind*> *(rotor area as defined by wind stream)* • überstrichene Fläche *f IEV 415*; Rotorkreisfläche *f*; überstrichene Kreisfläche *f rar*; bestrichene Kreisfläche *f rar*

swept-back <*aerosp*> *(wing, stabilizer)* • gepfeilt

swept-back <*aerosp*> • pfeilförmig

swept solid <*comp*> *(CAD; along a straight line or a curve)* • Translationskörper *m*

swept volume <*mech.eng*> *(of piston/ cylinder devices w. reciprocating piston; betw. LDC and TDC)* • Hubraum *m*; Hubvolumen *n wiss*; Zylinderinhalt *m rar*

swerving <*mvhcl*> *(bike riding style in curves)* • Drücken *n*

swing <*tech.gen*> *(turn, rotation; e.g. of a crane boom)* • Drehung *f*; Schwenk *m*

swing <*tech.gen*> *(rotate about vertical axis; e.g. crane)* • Drehen *n*; Schwenken *n*

swing <*el*> • Hub *m*

swing <*phys*> • Ausschlag *m*

swing *vi* <*tech.gen*> *(turn, rotate; e.g. a crane boom)* • drehen *vr*; schwenken *vi*

swing *vi* <*mech*> *(pendulum)* • ausschlagen *vi*

swing axle <*mvhcl*> • Pendelachse *f*; Schwingachse *f obs*

swinging door <*build*> *(swings open when pushed from either side and swings closed by itself)* • Pendeltür *f*; Schwingtür *f ugs*

swinging seat <*gen*> • Hollywoodschaukel *f*

swinging upwards <*tech.gen*> *(with horizontal axis; e.g. flap, lid, window)* • aufklappbar

swing-out <*tech.gen*> *(e.g. arm, window)* • ausschwenkbar

swing out *vi/vt* <*tech.gen*> *(e.g. bridge,*

crane) • ausschwenken *vi/vt*

swirl *<tech.gen> (of liquids and gases)* • Drall *m*

swirl chamber *<mot> (of diesel engines)* • Wirbelkammer *f*

swirl nozzle *<comb> (e.g. burner)* • Dralldüse *f*

switch (SW) *<el> (e.g. on/off, button)* • Schalter *m*

switch *US <railw> (of a railway track)* • Weiche *f*

switch *vi <railw>* • rangieren *vi*

switch *vt <el> (circuit, el. load)* • schalten *vt*

switch *vt <energ> (supplier; e.g. of electricity or gas)* • wechseln *vt*

switch *vt <railw> (cars)* • verschieben *vt*

switchable *<tech.gen>* • schaltbar

switchboard *<el>* • Schalttafel *f*

switch cabinet *<el> (small, wall--mounted)* • Schaltkasten *m*

switched off *<el> (major electr. plant, system, component)* • abgeschaltet; ausgeschaltet *rar*

switched off *<el> (minor consumers; e.g. lights, household appliances)* • ausgeschaltet

switched on *<el> (el. loads, appliances; e.g. lights, PCs, office equipment, machines)* • eingeschaltet; an *ugs*

switcher locomotive *US <railw>* • Rangierlokomotive *f*; Rangierlok *f ugs*

switching amplifier *<el>* • Schaltverstärker *m*; Trennschaltverstärker *m*

switching arrangement *<tech.gen> (electric, hydraulic, pneumatic)* • Schaltanordnung *f*

switching behavior *US <el>* • Schaltverhalten *n*

switching cabinet *<el> (large)* • Schaltschrank *m*

switching capacity *<tech.gen>* • Schaltvermögen *n*

switching cycle *<tech.gen>* • Schaltspiel *n*

switching cycle *<tech.gen>* • Schalttakt *m*

switching detent *<tech.gen>* • Schaltsperre *f*

switching device *<tech.gen> (small element)* • Schaltelement *n*

switching device *<tech.gen> (assembly, unit)* • Schaltgerät *n*

switching diode *<el> (as opp. to diode switch)* • Schaltdiode *f*

switching equipment *<tech.gen>* • Schalteinrichtung *f*

switching frequency *<tech.gen>* • Schaltfrequenz *f*

switching-off *<el>* • Abschaltung *f*

switching system *<tech.gen>* • Schaltsystem *n*

switch lever *<el>* • Schalthebel *m*

switch off *vt <el> (minor appliances; e.g. lights, dish washer, TV)* • ausschalten *vt*; abschalten *vt*; abstellen *vt ugs*; abdrehen *vt ugs.rar*

switch off *vt <el> (gen.; plants, systems, devices, loads)* • ausschalten *vt*; abschalten *vt*

switch on *vt <el> (minor consumers, appliances; e.g. lights, ceiling fan, radio, TV)* • einschalten *vt*; anmachen *vt ugs*

switch over *vt <tech.gen>* • umschalten *vt*

switch-over valve *<tech.gen>* • Umschaltventil *n*

switch pipe *<tech.gen> (e.g. in semi--active exhaust mufflers)* • Schaltrohr *n*

switch point *US <railw>* • Weichenzunge *f*

switch-tower *<railw>* • Stellwerk *n*

swivel *vi <tech.gen> (around a hinge, pivot pin)* • drehen *vr*

swivel caster *<tech.gen> (small swiveling wheel; e.g. on office chairs, shopping carts)* • Lenkrolle *f*

swivel chair *<int>* • Drehstuhl *m*

swivel head *<tool>* • Gelenkkopf *m*

swiveling motion *<tech.gen> (around a hinge, pivot pin)* • Drehung *f*

swivel joint *<mech.eng>* • Drehgelenk *n*

swivel-mounted *<tech.gen>* • schwenkbar angeordnet; schwenkbar montiert

swivel truck *US <railw> (under locomotive or railway car)* • Drehgestell *n DIN 25604*; Regeldrehgestell *n*; Fahrwerk *n*

swivel truck pin *US <railw> (between car body and swivel truck)* • Drehzapfen *m*; Drehgestellzapfen *m*

syllabification *ISO 12620 <term>* • Silbenzerlegung *f*

symbol *<gen>* • Symbol *n*

symbol *ISO 12620 <term>* • Symbol *n*
symbolic notation *<comp.print>* • Symbolschreibweise *f*
symmetrical *<gen>* • symmetrisch
symmetry *<gen>* • Symmetrie *f*
symmetry axis *<phys.math>* • Symmetrieachse *f*; Drehachse *f ugs.rar*
synchro *<tech.gen> (device)* • Synchro *m*
synchronism: in ~ *<tech.gen>* • synchron
synchronization *<tech.gen> (of processes, moving parts)* • Synchronisation *f*; Synchronisierung *f*
synchronization *<av> (of image and voice; esp. with regard to translated versions)* • Synchronisation *f*
synchronization *<traff> (of traffic lights)* • Abstimmung *f*
synchronize *vt <tech.gen> (motions, events; e.g. tools, traffic lights)* • aufeinander abstimmen *vt*
synchronize *vt <tech.gen> (e.g. film, motors, tools, wheels)* • synchronisieren *vt*
synchronize *vt <i&c> (harmonize parallel process steps)* • takten *vt*
synchronized *<tech.gen> (temporally)* • abgestimmt
synchronized *<autom> (clocked)* • getaktet; synchronisiert
synchronized timing: operate in ~ *vi <tech.gen>* • Gleichzug *m*: im ~ arbeiten *vi*
synchronizer [ring] *<mvhcl.drive> (transmission synchromesh)* • Synchronring *m*
synchronous belt drive *ISO 7967-3 <drive>* • Zahnriementrieb *m DIN ISO 7967-3*
synchronous belt drive *<mech.eng>* • Synchronriementrieb *m*; Zahnriementrieb *m*
synchronous motor *<mvhcl.el> (e.g. drive motor of electric powered vehicles)* • Synchronmotor *m*
synchronous operation *<tech.gen> (of machines, parts, systems)* • Gleichlauf *m*; Synchronbetrieb *m*
sync terminal *<phot> (for flash connector)* • Synchronisationsanschluss *m*; X-Anschluss *m prakt*
synergy *<gen> (fig.: commercial advantages of mergers)* • Synergie *f*; Synergismus *m*; synergistische Wirkung *f*; synergistischer Effekt *m*; potenzierende Wirkung *f rar*
synonym *ISO 12620 <term>* • Synonym *n*
syntax error *<comp> (in command string, source code)* • Syntaxfehler *m*; Formfehler *m rar*
synthesis *<gen> (e.g. chemistry, electronics)* • Synthese *f*
synthetic *<mat> (material, substance)* • künstlich
synthetic cloth *<textil>* • synthetischer Stoff *m*
synthetic enamel *<srfc> (type of paint)* • Kunstharzlack *m*; KH-Lack *m prakt*
synthetic fiber *US <mat>* • Kunstfaser *f*; Chemiefaser *f DIN 60001-1*; synthetische Faser *f DIN 83305-2*; Synthetikfaser *f*
synthetic fuel *<mvhcl>* • synthetischer Kraftstoff *m*
synthetic leather *<mat> (e.g. used for shoes, bags, wallets)* • Kunstleder *n*; Synthetikleder *n*; Synthetik *n prakt*
synthetic material *<plast>* • synthetischer Werkstoff *m*; synthetisches Material *n*; Synthetikmaterial *n ugs*
synthetic resin *<plast> (gen.)* • Kunstharz *m*
synthetic rubber (SR) *<plast> (resistant to abrasion, aging, oil, gasoline)* • Synthesekautschuk *m* (SR); Synthese-Kautschuk *m*; Kunstkautschuk *m*; Kunstgummi *m ugs*
synthetics *<plast> (fiber; typ. nylon 66)* • Synthesefaser *f*; synthetische Faser *f*; synthetisch hergestellte Faser *f*; Synthetics *npl*; Synthesefaserstoff *m rar*
synthetic scent *<gen>* • synthetischer Duft *m*
synthetic vascular graft *<med.tech> (vascular prosthesis, patch graft)* • alloplastischer Gefäßersatz *m*; künstlicher Gefäßersatz *m prakt.ugs*; künstliches Blutgefäß *n ugs*
syringe *vt <med>* • spritzen *vt*
syrupy *<chem.petr>* • sirupartig

system *<tech.gen> (major functional unit; e.g. air con, demineralization)* • Anlage *f*
system *ISO 9000 <tech.gen>* • System *n ISO 9000*
systematic error *<qualit> (occurs repeatedly for the same reasons)* • systematischer Fehler *m*
systematic name *<term>* • systematische Benennung *f*; rationeller Name *m rar*
system availability *<tech.gen> (e.g. of the GPS)* • Systemverfügbarkeit *f*
system behavior *US <tech.gen> (e.g. under spec. operating conditions)* • Systemverhalten *n*
system configuration *<tech.gen>* • Gerätekonfiguration *f*
system control *<i&c>* • Systemsteuerung *f*
system crash *<comp>* • Systemabsturz *m*
System Display (SD) *<aerosp.i&c> (ECAM)* • Systemanzeige *f* (SD); Systemdisplay *n*
system error *<tech.gen>* • Systemfehler *m*
system failure *<tech.gen>* • Systemausfall *m*
system malfunction *<navig>* • Systemstörung *f*
system of coordinates *<math>* • Achsenkreuz *n*
system of units *<phys> (of measurement; e.g. the SI system)* • Maßeinheitensystem *n*; Einheitensystem *n*; Maßsystem *n*
system outage *<qualit>* • Systemausfall *m*
system performance check *<qualit>* • Funktionsprüfung *f*; Systemprüfung *f*; Systemcheck *m prakt*
system requirement *<tech.gen>* • Systemanforderung *f*
system self check *<tech.gen> (e.g. of a printer)* • Selbsttest *m*
system software *<comp>* • Systemsoftware *f*
system user *<energ> (gen.)* • Netznutzer *m*

T

tab *<join> (on washer)* • Lappen *m*
tab *<logist> (identification)* • Fahne *f*
tab connector *<el> (connector with male tab, for insertion in female disconnect)* • Flachstecker *m*; Kfz--Flachstecker *m*
tablet PC *<comp> (between notebook and PDA)* • Tablet-PC *m*
tablet press *<prod.pharm>* • Tablettiermaschine *f*; Tablettenpresse *f*
tableware *<gastr>* • Geschirr *n*
tabloid *<pharm> (small)* • Pastille *f*; Tablette *f ugs*
tab ring *<pack> (of beverage cans)* • Lasche *f*
tab washer *<mech.eng> (e.g. for bolts, nuts)* • Sicherungsblech *n*
tab washer with long tab *<join>* • Scheibe mit Lappen *f DIN ISO 1891*; Sicherungsblech mit Lappen *n*
tachograph *<comvhcl>* • Fahrtenschreiber *m*
tachometer *<mvhcl.i&c> (shows engine rpm; do not confuse with German Tachometer!)* • Drehzahlmesser *m*; Umdrehungszähler *m form.rar*; Tourenzähler *m ugs*
tack *<build.join> (big, round U-shape; e.g. to fix cables, insulation)* • Krampe *f*; Stahlkrampe *f*
tack *vt <join>* • heften *vt*
tacked in place *<join> (e.g. soldered, spot-welded, cemented)* • angeheftet
tack-free *<srfc>* • nicht klebrig
tack-free *<srfc> (fresh paint)* • staubtrocken
tackiness *<srfc> (e.g. of paint coats)* • Klebrigkeit *f*
tackiness *<tribo> (of oil on surface)* • Haftfähigkeit *f*; Haftfestigkeit *f*; Haftvermögen *n*; Haftungseigenschaft *f*
tackle *<convey>* • Geschirr *n*
tackle and block *<convey>* • Hebezeug *n*
tack weld *<join> (welding)* • Heftnaht *f*
tack welding *<join> (provisional attaching; e.g. of panels)* • Heften *n prakt*
tack welding *<join> (a type of spot*

welding) • Heftschweißen *n*

tacky *<plast.srfc> (undesirable stickiness; e.g. of plastic trim, gearlever knob)* • klebrig

tag *<docu> (label; e.g. with price)* • Etikett *n*

tag *<logist> (for goods, baggage)* • Anhängeetikett *n*; Anhänger *m ugs*

tag *vt <tech.gen> (attach; e.g. a price tag)* • etikettieren *vt*

tag lift axle *<comvhcl>* • anhebbare Nachlaufachse *f*

tail *<aerosp>* • Rumpfheck *n*; Rumpfhinterteil *n*; Rumpfende *n*; Heck *n*

tail *<chem.proc> (distillation)* • Schwanz *m*

tail *<phys> (of a pulse)* • Rücken *m*

tail *<vhcl> (aircraft, car, vessel)* • Heck *n*

tail board *<comvhcl>* • Ladeklappe *f*

tail cone *<aerosp>* • Heckkonus *m*; Schwanzkonus *m*

tail fin *<aerosp.mvhcl>* • Heckflosse *f*

tailgate *<mvhcl> (of station wagons and 3-, 5-door sedans)* • Heckklappe *f*

tailgate *vi <traff>* • dicht auffahren *vi*

tailgating *<mvhcl.traff>* • Auffahren *n*

tail-heavy *<vhcl>* • hecklastig

tail in *vt <build> (fasten by one end; a beam, stone)* • einbauen *vt*

tailings *<tech.gen> (residue separated in the preparation of various products)* • Rest *m*

tailings *<chem.proc> (of distillation)* • Nachlauf *m*

tail lamp *US <mvhcl> (red)* • Rückleuchte *f*; Heckleuchte *f*; Schlussleuchte *f*

tail light *US <railw> (red)* • Schlusslicht *n*

tail light *US <vhcl> (of bikes)* • Rücklicht *n DIN ISO 8090*

tailored blank *<mvhcl.prod> (stress on: laser-cut panel)* • Laserplatine *f BMW*

tailored blank *<prod> (gen.; e.g. panels with varying thickness)* • Tailored Blank *n*

tailor-made *<garm>* • maßgeschneidert

tailor-make *vt <prod> (to meet specific requirements)* • gezielt anfertigen *vt*; maßschneidern *vt*; anpassen *vt*

tailor to specific needs *vt <qualit>* • Anforderungen *fpl*: an bestimmte ~ anpassen *vt*; anpassen *vt*: an bestimmte Anforderungen ~

tailpipe *<mvhcl.emiss> (of exhaust system)* • Endrohr *n*; Abgasendrohr *n form*; Auspuffendrohr *n prakt*; Auspufföffnung *f ugs*

tailplane *US <aerosp>* • Höhenflosse *f*

tailplane *<aerosp>* • Seitenleitwerk *n* (SLW)

tail plane *<aerosp> (of rocket)* • Flosse *f*

tail rotor *<aerosp> (helicopter)* • Heckrotor *m*

tails assay *<nucl> (in percent)* • Restkonzentration *f*; Restanreicherungsgrad *m*; Verarmungskonzentration *f*; Tails Assay *m prakt*; Endgehalt *m*

tail skid *<aerosp>* • Sporn *m*

tailspin *<aerosp>* • Trudeln *n*

tailstock *<mach.tool> (lathe)* • Reitstock *m*

tailstock center *US <mach.tool> (lathe)* • Reitstockspitze *f*

tailstock quill *<mach.tool> (of lathe)* • Reitstockpinole *f*; Pinole *f prakt*

tail unit *pract <aerosp>* • Leitwerk *n*; Heckleitwerk *n*

tail vane *<energ.wind>* • Windfahne *f*

tailwater *<energ.hydr>* • Unterwasser *n*

tailwater *<hydr>* • Unterlauf *m*

tail water *<waste>* • Abwasser *n*

tailwheel gear *<aerosp>* • Heckfahrwerk *n*; Heckradfahrwerk *n*; Spornfahrwerk *n*; Spornradfahrwerk *n*

tailwind *<aerosp>* • Rückenwind *m*

take *<cine>* • Aufnahme *f*

take *vi <srfc> (adhere to sth.; leading of panels)* • haften *vi*

take *vt <gen>* • fassen *vt*

take away *vt <gen> (food from restaurant)* • mitnehmen *vt*

take down *vt <textil> (the needles)* • abziehen *vt*

take down [the fabric] *vt <textil>* • abziehen *vt*

take into consideration *vt <gen>* • berücksichtigen *vt*

take-off *<aerosp>* • Start *m*

take-off *<logist> (e.g. from stock)* • Entnahme *f*

take off *vi <aerosp> (e.g. airplane, rocket)* • abheben *vi*

take off *vi <aerosp> (aircraft)* • starten *vi*

take off *vt <tech.gen> (lift sth off from sth; e.g. cover, cap)* • abnehmen *vt*

take off *vt <garm> (garments, clothing)* • ablegen *vt*

take off *vt <garm> (e.g. shoes)* • ausziehen *vt*

take-off and landing *<aerosp>* • Start und Landung

take-off clearance *<aerosp>* • Startfreigabe *f*

take-off distance *<aerosp> (of airplane)* • Startstrecke *f*; Anlaufstrecke *f*

take off from the last *vt <garm> (shoe from last)* • ableisten *vt*

take-off mass *<aerosp> (airplane)* • Startmasse *f*

take-off power *<aerosp>* • Startleistung *f*

take-off run *<aerosp>* • Startlauf *m*

take-off speed *<aerosp>* • Startgeschwindigkeit *f*; Abhebegeschwindigkeit *f*

take-off weight (TOW) *<aerosp>* • Startgewicht *n*; Startmasse *f*; Abfluggewicht *n*; Abflugmasse *f*

take out *vt <logist> (of a container etc.)* • entnehmen *vt*

take thrust *vi <mech.eng> (e.g. pump, turbine)* • Axialdruck aufnehmen *vi*

take-up *<mech.eng> (of wear; e.g. by readjustment of gaps)* • Ausgleich *m*

take-up *<proc> (e.g. of dye, liquid)* • Aufnahme *f*

take up *vi <drive> (clutch)* • greifen *vi*; packen *vi ugs*

take up *vt <mech.eng> (wear; e.g. by automatic gap adjustment)* • ausgleichen *vt*

take up *vt <textil> (absorb dyestuff etc.)* • aufnehmen *vt*; absorbieren *vt*

take-up bobbin *<textil>* • Auflaufspule *f*

take-up mechanism *<mech.eng> (gen.)* • Aufwickelvorrichtung *f*

take up slack *vt <tech.gen> (tension; e.g. chain, belt)* • spannen *vt*

take-up spool *<av> (magnetic tape; audio, video, streamer)* • Aufwickelspule *f*; Bandaufnahmespule *f*; Aufnahmespule *f*

take-up spool *<phot> (film, in camera)* • Aufwickelspule *f*

taking into consideration *<gen>* • Berücksichtigung *f*

taking of a swab *<med>* • Abstrich *m*

talcum powder *<chem.hygi>* • Talkum *n*

tall ship *<nav>* • Großsegler *m*

tally *<gen> (counting mark; usu. in groups of five)* • Zählstrich *m*; Markierung zum Zählen *f rar*; Kontrollmarke *f rar*; Zähler *m rar*

tamp *vt <build> (soil, subgrade)* • feststampfen *vt*; stampfen *vt*

tamped concrete *<build>* • Stampfbeton *m*

tamper alarm signal *:V <alarm>* • Sabotagealarm *m*; Sabotagemeldung *f*

tamper-evident closure *<prod>* • fälschungskenntlicher Verschluss *m DIN 55 405*; Originalitätsverschluss *m*; fälschungssicherer Verschluss *m*

tampering *<tech.gen>* • unsachgemäßer Eingriff *m*; Eingreifen *n*

tampering *<jur>* • unbefugter Eingriff *m*

tamper-proof *<tech.gen> (enclosure, software)* • geschützt: gegen unautorisierte Eingriffe ~

tamper-proof *<alarm> (resists malicious attack; e.g. components of burglar alarms)* • sabotagegeschützt

tamper-proof *<pack> (label; e.g. price tag)* • manipulationssicher; manipulationsgeschützt

tamper-proof illuminated mechanical switch *<el>* • beleuchteter vandalensicherer Taster *m*

tamping *<min.expl>* • Besatz *m*

tamping bar *<min.expl>* • Besatzstock *m*

tan *vt <leath>* • gerben *vt*

tanbark *<leath>* • Lohe *f*; Gerberlohe *f*

tandem arrangement *<tech.gen>* • Tandemanordnung *f*

tandem axle *<comvhcl> (unit of two axles)* • Tandemachse *f*; Doppelachse *f*

tandem axle trailer *<comvhcl>* • Tandemachsanhänger *m*

tandem master cylinder *<mvhcl.brake>* • Tandem-Hauptzylinder *m*

tandem operation *<tech.gen> (e.g. of locomotives)* • Tandembetrieb *m*

tandem operation *:V <hvac> (heat pump)* • bivalente Betriebsweise *f*

tandem rolling mill *<metal>* • Tandemwalzwerk *n*

tandem turn-out *<railw> (switch)* • Doppelweiche *f*

tang *<mach.tool> (on tool shank; e.g. on twist drill)* • Austreiberlappen *m*; Keillappen *m*; Keilzapfen *m*; Lappen *m*

tang *<mech.eng> (driving projection on a moving part; positive engagement)* • Mitnehmer *m*

tang *<tool> (file)* • Angel *f*

tang slot *<tool>* • Austreiberschlitz *m*

tank *<tech.gen> (container for liquids or gases; open or closed)* • Behälter *m*; Tank *m ugs*

tank *<build> (foundation)* • Gründungswanne *f*

tank *<logist> (for storage)* • Kessel *m*

tank *<mil.vhcl> (armored vehicle; e.g. battle tank)* • Panzer *m*

tank *<nav> (for ship fuel)* • Bunker *m*

tank capacity *<tech.gen>* • Tankvolumen *n*; Tankinhalt *m*; Tankfassungsvermögen *n rar*; Behälterfassungsvermögen *n rar*

tank car *<railw> (w/ one or more domes)* • Kesselwagen *m DIN 25632*

tank container *ISO <logist>* • Tankcontainer *m*; Flüssiggutcontainer *m*

tank container *<nav>* • Tank-Container *m*

tank development *<phot>* • Dosenentwicklung *f*

tank dome *<railw>* • Kesseldom *m*

tanker *<nav>* • Tanker *m*; Tankschiff *n*

tank farm *<logist> (for crude, petroleum, gasoline etc.)* • Tanklager *n*

tank steering *<comvhcl>* • Panzerlenkung *f*

tank tread *<mil> (chain)* • Panzerkette *f*

tank truck *<comvhcl>* • Tanklastkraftwagen *m*; Tanklastwagen *m ugs*; Tankwagen *m ugs*; Straßentankwagen *m rar*; STW *m rar*

tannery *<leath>* • Gerberei *f*

tanniferous *<chem>* • gerbsäurehaltig

tannin *<chem> (e.g. in wine)* • Tannin *n*; Gerbstoff *m*; Gerbsäure *f*

tantalum (Ta) *<chem>* • Tantal *n* (Ta)

tap *<tech.gen> (on line; e.g. pipe, cable, wire, phone line)* • Abgriff *m*; Anzapfstelle *f*

tap *<tech.gen> (e.g. electric line, pipe, stock)* • Anzapfung *f*

tap *<metal> (on melting furnace)* • Abstich *m*

tap *<tool> (thread cutting)* • Gewindebohrer *m DIN 352*; Gewindeschneidbohrer *m rar*

tap *vt <gen>* • klopfen *vt*

tap *vt <tech.gen> (pipe, line, cable, wire; e.g. phone line)* • anzapfen *vt*

tap *vt <food> (barrel)* • anstechen *vt*

tap *vt <metal> (blast furnace)* • anstechen *vt*

tap *vt <prod> (draw off; e.g. slag)* • abziehen *vt*

tap *vt <qualit.mat> (knock; e.g. acoustic testing)* • abklopfen *vt*

tap *vt <tele> (a line, to listen in)* • mithören *vi*

tap and die set *<tool>* • Gewindeschneidzeugsatz *m*; Gewindeschneidsatz *m*

tap [cock] *<pps>* • Abzapfhahn *m*

tape *<tech.gen> (e.g. adhesive, insulating, magnetic)* • Band *n*

tape: record on ~ *vt <av>* • Band *n*: auf ~ aufzeichnen *vt*

tape *vt <prod> (wrap with tape)* • Band *n*: mit ~ umwickeln *vt*; umwickeln *vt*: mit Band ~

tape abrasion *<av>* • Bandabrieb *m*

tape coating *<av> (magnetic media)* • Bandbeschichtung *f*

tape counter *<av> (e.g. on tape or cassette recorders)* • Bandzählwerk *n*; Zählwerk *n prakt*; Bandzähler *m rar*

taped *<prod> (delivered in tape and reel for automatic processing)* • Band *n*: auf ~ geliefert; Rolle *f*: von der ~; geliefert: auf Band ~

tape deck *<av> (any type)* • Bandgerät *n*; Magnetbandgerät *n form*

tape deck *<av> (open-reel type, high--end machine)* • Tonbandmaschine *f*; Bandmaschine *f prakt*; Tonbandgerät *n ugs.rar*

tape drive *<av>* • Bandantrieb *m*

tape guidance *<av>* • Bandführung *f*

tape measure *<tool.i&c> (general)* • Bandmaß *n*; Maßband *n*; Metermaß *n ugs.rar*

tape noise *<av>* • Bandrauschen *n DIN 45510*; Hintergrundrauschen *n rar*; Betriebsrauschen *n*

taper *<tech.gen>* • Abschrägung *f*

taper *<tech.gen> (e.g. of piston, bore, etc.)* • Kegeligkeit *f*; Konizität *f*

taper *<mech.eng> (cone)* • Kegel *m*

taper *vi <tech.gen>* • verjüngen *vr*; spitz zulaufen *vi*
taper *vt <prod>* • abschrägen *vt*
taper *vt <prod>* • anschärfen *vt*
tape record *<av>* • Bandaufnahme *f*
tape recorder *<av>* • Bandgerät *n*; Bandaufnahmegerät *n*
tape recorder *<av> (usu. a small appliance; home entertainment)* • Tonbandgerät *n*
tape recording *prEN 62356-1 <av> (process and result; audio and/or video)* • Bandaufzeichnung *f prEN 62356-1*
tapered *<tech.gen> (slanted, beveled)* • abgeschrägt
tapered *<tech.gen> (cone-shaped; e.g. a bore)* • kegelförmig
tapered end *<mech.eng>* • Konus *m*; Ansatzkegel *m*
tapered roller *<mech.eng> (gen.)* • Kegelrolle *f*
tapered roller bearing *ISO 5593 <mech.eng>* • Kegelrollenlager *n DIN ISO 5593*; Schrägrollenlager *n*
tapered wing *<aerosp>* • Trapeztragfläche *f*; Trapezflügel *m*
tape reel *<av>* • Bandspule *f*
tape rewind *<av>* • Bandrücklauf *m*
taper key *<join> (tapered faces)* • Treibkeil *m DIN 6886*
taper key driver *<tool>* • Keiltreiber *m*
taper pin *<join>* • Kegelstift *m DIN 1-9*
taper reamer *<tool>* • Kegelreibahle *f*
taper screw-thread *<mech.eng>* • kegeliges Gewinde *n*; konisches Gewinde *n*; Kegelgewinde *n rar*
taper seat *<join> (for centering; e.g. on wheel bolts)* • Kegelbund *m*
taper seat *Champion <mot.el> (of spark plug)* • Kegeldichtsitz *m*; kegeliger Dichtsitz *m norm*; Konusdichtsitz *m*; Kegelsitz *m prakt*
taper shank *<mech.eng> (e.g. tool)* • Kegelschaft *m DIN 228*
taper start *<tool> (entrance cone on the leading edge of each land of a chaser, tap, die)* • Anschnittkegel *m*; Fase *f*; Anfasung *f*; Anschnitt *m*
tape-to-head pressure *<av>* • Bandandruck *m*
tape width *<av> (e.g. of audio or video tape)* • Bandbreite *f*
tap [off] *vt <metal> (melting furnace)* • abstechen *vt*
tapped *<el> (signal, voltage)* • abgegriffen
tapped hole *<join> (hole with interior thread)* • Gewindebohrung *f*; Bohrung mit Innengewinde *f*; Gewindeloch *n*
tapped voltage transformer *<el>* • Anzapftransformator *m*
tappet *<mvhcl.mot> (in valve gear; typ. a bucket tappet)* • Ventilstößel *m*; Stößel *m*
tapping *<metal> (melt from furnace)* • Abstich *m*
tapping *<pps> (on pipe, tank, turbine)* • Anzapfung *f*; Abzweig *m*
tapping *<prod> (screw thread)* • Gewindebohren *n*
tapping clamp *<el>* • Abzweigklemme *f*
tapping point *<tech.gen> (line, pipe)* • Abzweigpunkt *m*
tapping point *<el>* • Abgreifpunkt *m*
tapping-screw thread (ST) *ISO 1478 <join>* • Blechschraubengewinde *n* (Bg) *DIN EN ISO 1478*; Blechgewinde *n rar*; Blechschneidgewinde *n rar*
tap point *<el>* • Abzweigpunkt *m*
tap water *<tech.gen>* • Leitungswasser *n*; Frischwasser *n*
tap wires *vt <tele>* • abhören *vt*
tar *<chem> (e.g. building material and ingredient of cigarette smoke)* • Teer *m*
tar *vt <tech.gen> (smear tar over any surface; e.g. road)* • teeren *vt*
tare *vt <tech.gen> (weight)* • austarieren *vt*
target *<tech.gen> (object)* • Objekt *n*
target *<nucl>* • Target-Nuklid *n*
target date *<jur>* • Endtermin *m*
target language (TL) *<docu.transl>* • Zielsprache *f* (ZS)
target text (TT) *<docu.transl> (result of a translation process)* • Zieltext *m* (ZT); Übersetzung *f*; Translat *n wiss*
tarnish *<metal> (undesired, due to heat; e.g. exhaust manifold)* • Anlauffarbe *f*
tarnish *vi <srfc> (metal; getting dull; e.g. due to oxidation)* • anlaufen *vi DIN 5090082*
tarnish resistance *<metal>* • Anlaufbeständigkeit *f*
tarpaulin *<tech.gen> (usu. of strong PE or PP fabric)* • Abdeckplane *f*; Planentuch *n*
tarpaulin *<nav> (protective covering;*

typ. waterproofed canvas, for boats, cargo) • Persenning *f*; Abdeckplane *f prakt*; Plane *f ugs*
tarpaulin *<textil>* • Plane *f*
tar remover *<srfc.waste>* • Teerentferner *m*
tar residue *<waste>* • Teerrückstand *m*
tarry *<build>* • teerig
task *<gen> (work assignment)* • Arbeit *f*
task-oriented *<tech.gen> (e.g. program, person)* • aufgabenorientiert
task sharing *<comp>* • Aufgabenteilung *f*
tasteful *<gen> (trim, colors etc.)* • geschmackvoll; gediegen
taste improver *<food>* • Geschmacksverstärker *m*; Geschmacksverbesserer *m*; Aromaverstärker *m*
taut *<tech.gen> (not slack; e.g. rope, tarpaulin)* • straff
tautness *<tech.gen> (of wires, ropes, cables, strings, fabric covers, soft tops)* • Spannung *f*
taxi *vi <aerosp> (airplane; slow rolling on ground)* • rollen *vi*
taxiway (TWY) *<aerosp> (connects runways to aprons; blue TXE)* • Rollbahn *f*; Rollweg *m*; Taxiway *m*
taxiway bridge *<build.aerospace> (usu. over a highway; e.g. of Columbus airport, Ohio)* • Rollbrücke *f*
taxiway centerline marking (TCX) *US <navig.aerosp> (yellow line and green lights)* • Rollbahnmittellinienmarkierung *f*; Rollbahnmittellinienmarke *f*
taxiway lights (TWYL) *<aerosp> (blue)* • Rollbahnbefeuerung *f*
T-beam *<build>* • T-Träger *m*
teachware *<comp.did>* • Lernprogramm *n*; Unterrichtsprogramm *n*
tear *<qualit.mat> (in fabrics, paper)* • Riss *m*
tear *vi <tech.gen> (fabric, paper)* • zerreißen *vi*; reißen *vi*
tear *vi/vt <gen> (e.g. paper, fabrics)* • einreißen *vi/vt*
tear *vt <gen> (rip into parts, intentionally; e.g. paper, fabrics)* • durchreißen *vt*
tear bar *<print> (usu. with serrated edge; for paper; e.g. on calculator printer)* • Abreißkante *f*
tear-gas *<chem>* • Tränengas *n*
tear off *vi <gen> (e.g. thread)* • losreißen *vr*
tear off *vt <gen> (abruptly)* • wegreißen *vt*
tear off *vt <tech.gen> (e.g. piece of paper)* • abreißen *vt*
tear-off closure *<prod>* • Abreißverschluss *m DIN 55 405*
tear-off detector *<alarm> (tamper switch)* • Abreißkontakt *m*
tear-off pad *<pap>* • Abreißblock *m*
tear out *vi <tool> (abrasive particles)* • ausbrechen *vi*
tear tab *<pack>* • Abreißlasche *f DIN 55 405*; Aufreißlasche *f*; Abreißventil *n*
tear tape *<pack>* • Aufreißstreifen *m DIN 55 405*; Aufreißband *n*
tear up *vt <gen> (into small shreds; e.g. paper, fabrics)* • zerreißen *vt*
technetium (Tc) *<chem> (radioactive)* • Technetium *n* (Tc)
technical *<gen> (related to any specialized subject; e.g. economics, legal matters)* • fachlich
technical *<prod> (relating to, or produced by ordinary commercial processes)* • technisch
technical aids for disabled persons *DIN EN 12182 <med.tech>* • technische Hilfen für behinderte Menschen *fpl DIN EN 12182*
technical aptitude test *<qualit>* • technische Eignungsprüfung *f*
technical assistance *<tech.gen>* • technische Hilfeleistung *f*
technical chemistry *<chem>* • technische Chemie *f*
technical committee (TC) *ISO <stand>* • technisches Komittee *n ISO*; TC *n jarg*
technical drawing *<docu> (result: engineering drawing)* • technisches Zeichnen *n*
technical engineering *<tech.gen>* • Ingenieurtechnik *f*
technical illustration *<docu>* • technische Illustration *f*
Technical Instructions (TI) *<docu> (FRG legislation)* • Technische Anleitung *f* (TA)
technical journal *<print>* • Fachzeitschrift *f*

technically feasible *<tech.gen> (e.g. a design)* • technisch ausführbar; technisch machbar *prakt*

technical modification *<tech.gen>* • technische Änderung *f*

technical product documentation *DIN EN ISO 3098 <docu>* • technische Produktdokumentation *f DIN EN ISO 3098*

technical query *<tech.gen>* • technische Frage *f*

technical report (TR) *ISO <stand.docu>* • technischer Bericht *m ISO*; TR *m jarg*

technical support *<tech.ökon>* • technischer Kundendienst *m*

technical support *<tech.gen>* • technische Betreuung *f*

technical translator *<docu> (specialist for engineering-related documentation)* • technischer Übersetzer *m*; Fachübersetzer für technische Dokumentation *m form*; Technik-Übersetzer *m ugs*

technical writing *<docu>* • fachliches Schreiben *n*

technician *<gen> (specialist in the technical details of a subject or occupation)* • Techniker *m*; Technikerin *f*

technician *<gen> (one who has acquired the technique of an art or special area)* • Techniker *m*; Technikerin *f*

technique *<gen> (procedure)* • Technik *f*; Methode *f*

technique *<gen> (approach; e.g. to solve a problem)* • Weg *m*

technological *<tech.gen>* • technologisch

technology *<tech.gen>* • Technologie *f*

technology assessment *<tech.gen>* • Technikbewertung *f*

technology carrier *<mvhcl>* • Technologieträger *m*

tectonics *<geo>* • Tektonik *f*

tee *<pps> (fitting; pipe, tube, hose)* • T-Stück *n*

teem *vt <tech.gen> (liquids or bulk material)* • ausschütten *vt*

teetering hub *<energ.wind> (generic term for any non-rigid hub)* • gelenkige Rotornabe *f*

teetering hub *<energ.wind> (specific hub design)* • Pendelnabe *f*

teething troubles *pl <qualit> (metaph.; starting problems)* • Kinderkrankheit *f*

teflon graft *<med.tech> (synthetic vascular graft)* • Teflon-Prothese *f*; PTFE-Prothese *f*

Teflon-Kapton-Teflon (TKT) *<el.mat> (cable insulation; e.g. used by Boeing)* • teflonummanteltes Kapton *n* (TKT)

telecommunication cable *<tele>* • Fernmeldekabel *n*

telecommunication network *<tele> (gen.)* • Fernmeldenetz *n*

telecommunications *<tele>* • Telekommunikation *f* (TK)

telecommunication system *<tele>* • Fernmeldeanlage *f*

telecommunication technology *<tele>* • Fernmeldetechnik *f*; Nachrichtentechnik *f*; Fernmeldewesen *n*

telematics *<tele>* • Telematik *f*

telematics services *<traff.tele>* • Telematikdienste *mpl*

telematic system *<traff> (traffic control)* • Telematiksystem *n*; telematisches System *n*

telemetry *<i&c> (radio transmission of measurements)* • Telemetrie *f*

telephone call *<tele> (on the phone)* • Anruf *m*; Telefonanruf *m*

telephone call *<tele>* • Gespräch *n*; Telefongespräch *n form*

telephone channel *<tele>* • Fernsprechkanal *m*; Telefoniekanal *m*

telephone country code *<tele> (e.g. 001 for the USA, 0044 for GB, 0049 for Germany)* • Ländervorwahl *f*

telephone line *<tele>* • Telefonleitung *f*; Fernsprechleitung *f*

telephone network *<tele>* • Fernsprechnetz *n*; Telefonnetz *n ugs*

telephone traffic *<tele>* • Fernsprechverkehr *m*; Telefonverkehr *m*

telephoto lens *<phot>* • Teleobjektiv *n*; Tele *n ugs*

telephoto zoom *:V <phot>* • Telezoom *n*

teleprompter *<av> (TV studio)* • Teleprompter *m*

telescope *<opt> (gen., incl. astron.)* • Fernrohr *n*

telescopic antenna *US <el> (gen.)* • Teleskopantenne *f*

telescopic fork *<vhcl> (front wheel suspension of a bike)* • Teleskopgabel *f*; Telegabel *f prakt*; Tauchgabel *f rar*

telescopic shock absorber *<mvhcl>* • Teleskopstoßdämpfer *m*

telescopic tube *<mech.eng>* • Teleskoprohr *n*

television (TV) *<av>* • Fernsehen *n*

television broadcast *<av>* • Fernsehsendung *f*; Fernsehrundfunksendung *f obs.rar*

television engineering *<av>* • Fernsehtechnik *f DIN 45060*; TV--Technik *f*

television picture *<av>* • Fernsehbild *n*

television receiver *<av>* • Fernsehgerät *n*; Fernseher *m prakt*; Fernsehempfänger *m*

television screen *<av>* • Fernsehbildschirm *m*; Mattscheibe *f ugs*; Fernsehschirm *m*

television transmitter *<av>* • Fernsehsender *m*; Fernsehsendeanlage *f*; Fernsehrundfunksendeanlage *f form.rar*

tellurium (Te) *<chem>* • Tellur *n* (Te)

telpher *<convey> (traveling bucket in a telpherage)* • Lore *f*

temper *vt <build.mat> (work into proper consistency; e.g. mortar, plaster)* • anmachen *vt*

temper *vt <metal> (heat treatment to improve hardness and strength; iron, steel)* • tempern *vt*

temper *vt <prod> (for stress-relieving; metals, alloys, plastics)* • tempern *vt*; spannungsfrei machen *vt*

tempera *<srfc>* • Temperafarbe *f*; Eitempera *f*; Tempera *f*

temperature control *<i&c> (process; maintaining a specific temperature by heating/cooling)* • Temperierung *f*; Temperaturführung *f*

temperature controlled *<i&c> (e.g. process, system, component, freight)* • temperaturgeführt; temperaturgeregelt; temperiert

temperature controller *<i&c> (unit in a control loop)* • Temperaturregler *m*

temperature control valve *<i&c.pps>* • Temperaturregelventil *n*

temperature-dependent *<tech.gen>* • temperaturabhängig

temperature drop *<phys>* • Temperaturabfall *m*

temperature gradient *<phys> (gen.; e.g. during system start-up and shut--down)* • Temperaturgradient *m*; adiabatischer Temperaturgradient *m*

temperature range *<tech.gen> (gen.; e.g. of a sensor)* • Temperaturbereich *m*

temperature reduction at night *:V <hvac>* • Nachtabsenkung *f*

temperature resistance *<qualit> (e.g. of properties, materials, tools)* • Temperaturbeständigkeit *f*; Temperaturfestigkeit *f*; thermische Stabilität *f*; thermische Standfestigkeit *f*

temperature sensor *<i&c> (temperature detector)* • Temperaturfühler *m* (TF); Thermofühler *m prakt*; Temperaturgeber *m*; Temperatursensor *m*

temper-brittle *<qualit.mat>* • anlasssspröde

temper color *US <metal>* • Anlassfarbe *f*

tempered *<metal>* • angelassen

tempered safety glass *<silic>* • gehärtetes Sicherheitsglas *n*

tempered steel *<metal> (hardened)* • gehärteter Stahl *m*

temper hardening *<metal>* • Anlasshärtung *f*

tempering *<metal> (heating to reduce hardness/brittleness, increase ductility/toughness)* • Anlassen *n*; Tempern *n rar*

tempering curve *EN 10052 <metal>* • Anlassschaubild *n EN 10052*

tempering oil *<metal>* • Anlassöl *n*

tempering temperature *<metal>* • Anlasstemperatur *f*

template *<metal>* • Schablone *f*

template *<prod> (pattern)* • Muster *n*

temporal qualifier *ISO 12620 <term> (of terms; e.g. obsolete)* • Gültigkeit *f*

temporal qualifier *<term> (of an entry, record)* • Zeitgültigkeit *f*

temporal relation *ISO 12620 <term>* • zeitliche Beziehung *f*

temporary *<tech.gen>* • behelfsmäßig

temporary license plate *US <mvhcl.traff> (used by dealerships;*

e.g. on demonstrators) • Überführungskennzeichen *n*; Rotes Kennzeichen *n ugs*
tenacity *<qualit.mat> (physical material property of solids; e.g. of plain carbon steel)* • Zähigkeit *f*; Festigkeit *f*
tend *vi <gen> (usu. followed by to, towards etc.)* • neigen *vt*
tendency *<gen> (to, toward something)* • Tendenz *f*
tender *<econ> (in writing, for supplies/ services at a stated price)* • Angebot *n*
tender *<nav>* • Tender *n*
tender *<nav> (also a inflatable boat)* • Beiboot *n*
tender *GB <railw>* • Tender *m*
tenon *<build.join> (for insertion into a mortise)* • Zapfen *m*
tenon *<mach.tool> (e.g. on twist drill)* • Mitnehmerlappen *m*
tenon and mortise *<wood.join>* • Zapfenverbindung *f*
tensile creep strength *<qualit.mat>* • Zeitstandzugfestigkeit *f*
tensile force *<tech.gen> (in tensioning applications; e.g. of chains)* • Spannkraft *f*
tensile strength [at rupture] *<qualit.mat> (rupture strength; of textiles, tissues, leather, paper)* • Reißfestigkeit *f*; Zerreißfestigkeit *f*
tensile stress *<mech>* • Zugbeanspruchung *f*
tensile stress *<mech> (in N/mm²)* • Zugspannung *f*
tensile test *<qualit.mat> (gen.; e.g. of steel, plastic)* • Zugfestigkeitsprüfung *f*; Zugversuch *m*; Zugprüfung *f rar*
tensile test specimen *<qualit.mat>* • Probekörper für Zugversuch *m*; Zugprobe *f prakt*
tensile-test specimen *<qualit.mat>* • Zugfestigkeitsprobe *f*
tension: subject to ~ *vt <mech>* • Zug *m*: auf ~ beanspruchen *vt*; Zugspannung aussetzen *vt*
tension *<phys>* • Zug *m*; Zugkraft *f*
tension *vt <mech.eng> (belt, chain, rope; e.g. timing chain, bike chain)* • spannen *vt*; anspannen *vt rar*
tension *vt <mech.eng> (belt, chain, rope etc.)* • spannen *vt*
tension chain *<tech.gen>* • Spannkette *f*
tensioned *<tech.gen> (taut; e.g. drive belt)* • straff
tensioned *<mech.eng> (e.g. belt, chain, rope)* • gespannt
tensioner *<drivee> (of chains, belts; e.g. idler, guide rail)* • Spanner *m*
tensioning lever *<tech.gen> (e.g. on cables, ropes, tie rods)* • Spannhebel *m*
tensioning pulley *<drive> (gen. idler wheel for belt, chain, rope drives)* • Spannrolle *f*; Spannscheibe *f*
tensioning spring *<mvhcl.brake> (in drum brake)* • Anlagefeder *f*
tension-pressure forming *<prod>* • Zugdruckumformen *n DIN 8584*; Zug-Druck-Umformen *n*
tension pulley *<vhcl> (of rear derailleur)* • Spannrolle *f*
tensor *<math>* • Tensor *m DIN 1303*
tera (T) *<phys.i&c> (prefix of units; e.g. terawatt = 10^{12} watt)* • Tera… (T)
terabyte (TB) *<comp> (storage capacity; = 1024 GB)* • Terabyte *n* (TB); TByte *n*; Tbyte *n*
terbium (Tb) *<chem> (rare metallic element)* • Terbium *n* (Tb)
term *<math>* • Ausdruck *m*
term *<math> (meaningful mathematical expression; e.g. operands, variables)* • Term *m*
term *<phys> (set of all states with a given configuration)* • Term *m*
term *ISO 1087 <term> (as opp. to concept; not "Fachbegriff")* • Benennung *f DIN 2342*; Terminus *m*; Fachausdruck *m*
termbank *ISO 1087 <term>* • Terminologiedatenbank *f ISO 1087*
term element *ISO 12620 <term>* • Benennungselement *n*
term formation *ISO 12620 <term>* • Benennungsbildung *f*; Fachwortbildung *f ugs*
terminal *<el>* • Anschluss *m*
terminal *<el> (stress on: for electrical connections)* • Klemme *f*; Anschlussklemme *f* Leiterklemme *f*
terminal area *<el>* • Kontaktstelle *f*
terminal assignment *<el>* • Klemmenbelegung *f*
terminal box *<el>* • Klemmenkasten *m*
terminal control area (TMA) *<aerosp>* • Nahverkehrsbereich *m*

terminal equipment (TE) <tele> *(e.g. telephone, fax or answering machine, modem)* • Endgerät *n* (TE); Endeinrichtung *f*; Endstelleneinrichtung *f*; Terminal Equipment *n*

terminal impedance <el> • Abschlussscheinwiderstand *m*; Abschlussimpedanz *f*

terminal lug <el> • Anschlusslasche *f*

terminally decommissioned <econ> • endgültig stillgelegt

terminally removed from service <tech.gen> • endgültig stillgelegt

terminal pad <el> • Kontaktstelle *f*

terminal port <nav> • Endhafen *m*

terminal post <el> • Batteriepol *m*

terminal resistance <el> • Abschlusswiderstand *m*

terminal strip <el> *(several terminals, arranged longitudinally)* • Klemmenleiste *f*; Anschlussleiste *f*; Schaltleiste *f rar*

terminal voltage <el> *(e.g. of a battery)* • Klemmenspannung *f*

terminate *vt* <gen> *(process, ongoing project, activity, stay)* • beenden *vt*

terminating impedance <el.qualit> *(simulating a defined load at the outlet of an EUT)* • Abschlusswiderstand *m*; Last *f prakt*

terminating resistor <el> *(e.g. of SCSI devices, ethernet LAN)* • Abschlusswiderstand *m*; Last *f ugs*

termination <tech.gen> *(of a process, ongoing project, activity, stay etc.)* • Beendigung *f*

termination <el> • Abschluss *m*

terminology management functions *ISO 12620* <term> • Verwaltungscode *m*

terminus <traff> *(of municipal transport; bus, streetcar)* • Endhaltestelle *f*

term provenance *ISO 12620* <term> • Benennungsherkunft *f*

term-related information *ISO 12620* <term> • Benennungsbezogene Information *f*

term status *ISO 12620* <term> *(in a terminological entry)* • Benennungsstatus *m*; Bearbeitungsstand *m*; Revisionsstatus *m*

term type <term> • Benennungstyp *m*

ternary alloy <mat> • ternäre Legierung *f*

terrace <build> • Terrasse *f*

terrace <geo> *(face)* • Absatz *m*

terra-cotta <silic> • Terrakotta *f*; Terrakotte *f*

terrazzo tile *DIN EN 13748* <build.mat> • Terrazzoplatte *f DIN EN 13748*

terrestrial <geo> • terrestrisch

terrestrial radiation <geo.phys> • terrestrische Strahlung *f*

tertiary <gen> • tertiär

Terylene ™ <plast> *(e.g. for synthetic fiber ropes)* • Terylene *n* ™

tesla (T) <phys> *(SI-unit of magnetix flux density: 1 Wb per square meter)* • Tesla *n* (T) *DIN 1301*

tesselated *US* <srfc> *(repeating cube pattern)* • gewürfelt

tesselated *US* <srfc> *(mosaics, tilings, repeating patterns)* • mosaikartig

tesselation <comp> • Tesselation *f*; Parkettierung *f*

test <qualit> *(thoroughly, usu. with tools)* • Prüfung *f*; Test *m*

test <qualit> *(technical operation to determine characteristics)* • Test *m*

test *vt* <el> • prüfen *vt*

test *vt* <qualit> • prüfen *vt*; testen *vt*; erproben *vt*

test accuracy <qualit.mat> • Prüfgenauigkeit *f*; Testgenauigkeit *f*

test conditions <qualit> • Prüfbedingungen *fpl*

test drive <mvhcl.qualit> • Probefahrt *f*; Testfahrt *f*

test environment <qualit> • Testumgebung *f*

test facility <tech.gen> • Versuchsanlage *f*

test facility <qualit> • Forschungsanlage *f*

test flight <aerosp> • Testflug *m*

test-fly *vt* <aerosp> • einfliegen *vt*

test ground <qualit> *(e.g. for cars, weapons)* • Erprobungsgelände *n*

test ground <qualit> • Versuchsgelände *n*

testing facilities <qualit> *(in and outdoors)* • Prüffeld *n*

testing ground *US* <mvhcl> • Teststrecke *f*; Testareal *n press*; Einfahrbahn *f MB*; Prüfgelände *n*

testing head <i&c> *(e.g. ultrasonics)*

• Prüfkopf *m*

testing laboratory *<qualit>* • Prüflabor *n*; Testlabor *n*; Prüffeld *n rar*

test light *US.coll <mvhcl>* • Prüflampe *f*; Auto-Prüflampe *f*; Auto-Lichtprüfer *m rar*

test method *<qualit> (stress on: technique)* • Prüfverfahren *n*; Testverfahren *n*

test out *vt <qualit>* • austesten *vt*; ausprüfen *vt*; durchprüfen *vt*

test pattern *<av> (gen.; for TV, scanners, cameras)* • Testbild *n*

test point *<qualit>* • Prüfstelle *f*

test probe *<i&c> (stress on: tip of probe)* • Prüfspitze *f*

test requirements *<qualit>* • Prüfbedingungen *fpl*

test run *<tech.gen>* • Probelauf *m*; Versuchsbetrieb *m*; Testlauf *m*

test set-up *<chem.phys> (hardware; e.g. in lab)* • Versuchsaufbau *m*; Versuchsanordnung *f*

test set-up *<qualit> (method, design)* • Versuchsanordnung *f*

test site *<qualit>* • Prüfstelle *f*

test specimen *<qualit.mat> (especially made for materials testing; e.g. for tensile test)* • Probekörper *m*; Prüfkörper *m*; Probe *f prakt*; Versuchsprobe *f obs*

test stand *<tech.gen>* • Prüfstand *m*

test terminal *<el>* • Prüfklemme *f*; Messklemme *f*

test track *<mvhcl.qualit> (for cars)* • Teststrecke *f*

test track *<railw>* • Versuchsstrecke *f*; Erprobungsstrecke *f*; Teststrecke *f*

test tube *<chem>* • Reagenzglas *n*

tetracene *:V <el> (organic semiconductor)* • Tetrazen *n*

tetraethyl lead (TEL) *<chem>* • Tetraethylblei *n* (TEL); Tetraäthylblei *n obs*; Bleitetraethyl *n*; Bleitetraäthyl *n obs*

tetrafluorethane *<hvac> (extremely harmful to the environment; typ. in automotive air con)* • Tetrafluorethan *n*; Kältemittel R134a *n*

tetrahedron *<math>* • Tetraeder *n*; Vierflach *n*; Vierflächner *m*

tetramethyl lead (TML) *<chem>* • Tetramethylblei *n* (TML); Bleitetramethyl *n*

text file *<comp>* • Textdatei *f*

textile *<textil> (any fabric made of fibers; typ. a woven or knit cloth)* • Textilie *f*; Textil *n DIN 60000.rar*

textile finishing *<textil> (finishing)* • Appretur *f*; Nachveredlung *f*; Nachappretur *f*

textile glass *<textil>* • Textilglas *n DIN 61850*

textile machinery *<textil>* • Textilmaschinen *fpl*

textile-reinforced *<build.mat> (e.g. facing panels)* • textilbewehrt

texture *<mat> (surface structure)* • Struktur *f*; Textur *f*

texture *<srfc> (gen.; surface characteristics)* • Textur *f*; Oberflächeneigenschaft *f*; Oberflächenmuster *n*; Oberflächenstruktur *f*

textured concrete *<build.mat>* • Strukturbeton *m*

textured surface *<srfc>* • texturierte Oberfläche *f*

TFT display *<tech.gen>* • TFT-Monitor *m*; TFT-Display *n*; TFT-Bildschirm *m*

thallium (Tl) *<chem> (rare metallic element)* • Thallium *n* (Tl)

T-handle *<tool> (tools; general)* • T-Griff *m*: mit ~

thatch *vt <build> (roof)* • eindecken *vt*

thatched roof *<build>* • Reetdach *n*; Strohdach *n*

thaw *vi/vt <food>* • auftauen *vi/vt*

T-head bolt *<join>* • Hammerschraube *f DIN 261*; Hammerkopfschraube *f prakt*

theft loss waiver *<insur> (car rental)* • Diebstahlversicherung *f*

theft-proof *<safe>* • diebstahlsicher

theft protection *<mvhcl> (gen.; active and passive devices; e.g. locks, immobilizer, motion sens)* • Diebstahlsicherung *f*

theodolite *<opt>* • Theodolit *m*

theoretical *<gen>* • theoretisch

thermal anneal[ing] *<metal>* • thermisches Ausheilen *n*

thermal aquifer *<hydr>* • Thermalwasseraquifer *m*; thermalwasserführende Schicht *f*

thermal bridge *<tech.gen> (bad thermal insulation; e.g. of buildings, cars)* • Kältebrücke *f*

thermal bridge *ISO 14683 <build.phys>*

• Wärmebrücke *f ISO 14683*

thermal column *<aerosp> (phenomenon)* • Thermik *f*; thermischer Aufwind *m*

thermal compound *<el.mat> (e.g. for heat sinks on processors)* • Wärmeleitpaste *f*

thermal conduction *<phys>* • Wärmeleitung *f*; Wärmeübergang *m*

thermal conductivity *<mat> (physical material property as such;)* • Wärmeleitfähigkeit *f*; thermische Leitfähigkeit *f*

thermal conductivity coefficient *<phys>* • Wärmeleitkoeffizient *m*; spezifisches Wärmeleitvermögen *n*; Wärmeleitzahl *f prakt*

thermal convection *<meteo>* • Thermik *f*

thermal convection *<phys>* • Wärmeströmung *f*; Wärmekonvektion *f*; Konvektion *f prakt*

thermal cutting *<prod>* • thermisches Schneiden *n DIN 2310*

thermal degradation *<plast> (gen. and of plastics)* • thermische Schädigung *f*; thermische Schäden *pl*

thermal endurance *<qualit.mat>* • thermische Dauerstandfestigkeit *f*

thermal energy *<phys>* • thermische Energie *f*; Wärmeenergie *f*; Wärme *f ugs*

thermal equilibrium *<phys>* • thermisches Gleichgewicht *n*

thermal expansion *<phys> (gen., of heated matter; material property and process)* • Wärmeausdehnung *f*; Wärmedehnung *f*; thermische Ausdehnung *f*

thermal imaging *<build.phot>* • Aufnahme von Wärmebildern *f*

thermal insulation *<build>* • Wärmedämmung *f*; Wärmeschutz *m*

thermal insulation material *<mat>* • Wärmedämmmaterial *n VDI4640*

thermal load *<tech.gen>* • thermische Belastung *f*; Wärmebelastung *f*

thermal load *<ecol> (of rivers; e.g. due to industry)* • Wärmebelastung *f*

thermally stable *<qualit.mat> (material, property)* • temperaturstabil

thermal neutron *<nucl>* • thermisches Neutron *n*

thermal neutron reactor *<nucl>* • thermischer Reaktor *m DIN 25401-3*; langsamer Reaktor *m*

thermal neutrons *<nucl>* • thermische Neutronen *npl*

thermal pollution *<hydr.qualit> (waters)* • Aufwärmung *f DIN 4049-2*

thermal power *<nucl>* • thermische Leistung *f*

thermal printer *<print>* • Thermodrucker *m*

thermal radiation *<phys>* • Wärmestrahlung *f*

thermal shock endurance *EN ISO 7459 <qualit.mat>* • Temperaturwechselbeständigkeit *f DIN EN ISO 7459*; Haltbarkeitsdauer gegen Wärmeschock *f obs*

thermal solar system *DIN EN ISO 9488 <energ.sol>* • thermische Solaranlage *f DIN EN ISO 9488*

thermal stability *<qualit.mat>* • Wärmebeständigkeit *f*; thermische Festigkeit *f*; Hitzebeständigkeit *f ugs*

thermal stress *<mech>* • thermische Spannung *f*; Wärmespannung *f*

thermal stress *<phys> (any temperature-induced load)* • Temperaturbelastung *f*; Wärmebelastung *f*; thermische Beanspruchung *f*

thermal transfer printer *<print>* • Thermotransferdrucker *m*

thermit welding (TW) *<join>* • Thermitschweißen *n*; AT-Schweißen *n*; AT-Schmelzschweißen *n*; aluminothermisches Schweißen *n*; Aluminothermschweißen *n rar*

thermocouple *<i&c>* • Thermoelement *n*

thermodynamics *<therm>* • Thermodynamik *f DIN 1345*; Wärmelehre *f*; Wärmetheorie *f rar*

thermoelectric voltage *<el>* • Thermospannung *f*

thermoforming *<plast>* • Thermoformen *n*; Warmformen *n*; Warmumformung *f rar*; Thermoformung *f rar*

thermojunction *<i&c> (of a thermocouple)* • Kontaktstelle *f*

thermometer *<i&c>* • Thermometer *n DIN 16160*

thermonuclear bomb *<mil>* • thermonukleare Bombe *f*

thermoplastic *<plast>* • Thermoplast *m DIN 55405*; thermoplastischer Kunststoff *m prakt*; Plastomer *n rar*
Thermoselect process *<waste>* • Thermoselect-Verfahren *n*
thermoset *<plast> (tightly cross-linked; e.g. for ash-trays, power outlets)* • Duroplast *m*; Duromer *n*
thermoset *<plast> (general term for all cross-linked resins, incl. elastomers!)* • vernetzter Kunststoff *m*
thermoset *vi <plast>* • aushärten *vi*
thermosetting *EN 60893 <qualit.mat>* • warmhärtend *EN 60893*
thermostat *<i&c>* • Temperaturregler *m DIN 58966-1*; Thermostat *m*
thermostat *<mvhcl.hvac>* • Thermostat *m*; Kühlwasserthermostat *m form*; Thermostatventil *n prakt*
thermostatically controlled *<i&c>* • thermostatgesteuert
thesaurus descriptor *ISO 12620 <term>* • Deskriptor *m*
thesaurus name *ISO 12620 <term>* • Thesaurus *m*
thick chain line *<docu> (special surface requirements etc.)* • breite Strichlinie *f*
thickener *<chem>* • Verdickungsmittel *n*; Dickungsmittel *n*
thick-film ... *<el.ic> (in connection with integrated circuits)* • Dickschicht...
thick-film hybrid technology *<el>* • Dickschichthybridtechnik *f*
thickness *<gen>* • Dicke *f*
thickness *<tech.gen> (e.g. of walls, plate, sheet)* • Stärke *f*
thickness *<geo> (of a geological stratum; e.g. of a coal bed)* • Mächtigkeit *f*
thick-walled *<tech.gen>* • dickwandig
thigh support *<int> (of seats)* • Oberschenkelauflage *f*
thimble *<tech.gen> (metal ring with a groove on the outside; prevents rope chafing)* • Seilkausche *f DIN 3090,3091*; Kausch *f*
thin *<gen> (dimension)* • dünn
thin *<min> (e.g. vein, stratum)* • geringmächtig
thin *vi <gen>* • dünner werden *vi*
thin *vt <metal>* • ausschmieden *vt*
thin chain line *<docu> (center, symmetry, pitch lines/circles, trajectories)* • schmale Strichpunktlinie *f*
thin film *<el.ic.prod> (conductive, resistive, and/or capacitive passive network)* • Dünnschicht *f*
thin-film PV module *<energ.sol>* • Dünnschicht-PV-Modul *n*; dünnschichtiges Photovoltaik-Modul *n*; Photovoltaik-Modul in Dünnschichttechnik *n*
thin-film solar cell *<energ.sol>* • Dünnschichtsolarzelle *f*; Dünnfilmsolarzelle *f obs*
thin-film strain gauge *US/GB <i&c>* • Dünnfilm-DMS *m*; Dünnschicht-DMS *m*
thin-film technology *<el.ic.prod> (for hybrid circuits)* • Dünnfilmtechnik *f*; Dünnschichttechnik *f*
thinning *<ecol> (of the ozone layer)* • Ausdünnen *n*
thinning scissors *<hygi.tool>* • Effilierschere *f*; Kammschere *f*
thin out *vt <agri> (plants; e.g. fruit trees)* • ausdünnen *vt*
thin slab *EN 10079 <metal> (long, rectangular metal plate)* • Dünnbramme *f*
thin-wall casting method *<prod> (e.g. for lightweight engines)* • Dünngusstechnik *f*
thin-walled *<tech.gen> (e.g. body, pipe, tank)* • dünnwandig
third angle projection *ISO 10209-2 <docu> (engineering dwg.; USA and UK; left side view is shown on LH side)* • Projektionsmethode 3 *f DIN ISO 10209-2*; ISO-Projektionsmethode 3 (A) *f form*; ISO-Methode 3 *f did*; amerikanische Darstellungsweise *f did*; ISO-Methode A *f obs*
third party call *<tele> (with feature telephone)* • Dreierkonferenz *f*; Konferenzgespräch *n*; Dreiergespräch *n*; 3er Konferenzgespräch *n*
third-party manufacturer *<prod>* • Fremdhersteller *m*; Drittanbieter *m*
third-party utilization of the power supply network *:V <el>* • Durchleitung *f*
third rail *<railw.el> (parallel to the running rails; e.g. of sub, underground, tube)* • Stromschiene *f*; Stromschienenleitung *f*
thixo casting *<prod> (casting with*

highly viscous melt) • Thixogießen *n*

thixoforming *<prod>* • Thixoformen *n*; Thixoforming *n jarg*

thixotropy *<srfc> (property of gels of becoming fluid by mechanical agitation)* • Thixotropie *f*

Thomas meal *<agri> (fertilizer; by--product of basic Bessemer process)* • Thomasmehl *n*

thomas process *<metal> (air converter)* • Thomas-Verfahren *n*

Thomas slag *<metal.agri> (fertilizer)* • Thomasschlacke *f*

thorium (Th) *<chem>* • Thorium *n* (Th)

thorium high-temperature reactor (THTR) *<nucl>* • Thorium--Hochtemperaturreaktor *m* (THTR)

thoroughfare *<traff> (a route, course, passageway)* • Durchfahrt *f*

thread *<textil> (e.g. for sewing)* • Faden *m*; Garn *n*

thread *vt <textil>* • einziehen *vt*; einfädeln *vt ugs*

thread ... *<mech.eng>* • Gewinde...

thread chasing *<prod>* • Gewindestrehlen *n*; Strehlen *n*

thread core *<mech.eng>* • Gewindekern *m*

thread count *<textil> (warp yarns and filling yarns per in^2; in Germany per cm)* • Fadendichte *f*; Fadenfeinheit *f*; Fadenzahl *f*; Einstellung *f*; Feinheit *f*

thread cutting *US <prod> (gen.)* • Gewindeschneiden *n*

thread-cutting chaser *<tool> (multi--point threading tool)* • Gewindestrehler *m*; Gewindeschneidbacke *f*; Strehlwerkzeug *n*; Strehler *m*; Schneidbacke *f*

thread-cutting die *<tool> (for external thread cutting)* • Gewindeschneideisen *n*; Schneideisen *n prakt*; Schneidmutter *f rar*; Schneidbacke *f rar*; Gewindeschneidbacke *f rar*

thread-cutting head *<tool> (gen.; for external or internal threads)* • Gewindeschneidkopf *m*; Gewindeschneideinheit *f*; Gewindeschneideinrichtung *f*; Strehlerbackenkopf *m rar*; Gewindestrehlerkopf *m rar*

thread-cutting screw (TEKS) *ISO 1479 <join>* • Gewindeschneidschraube *f DIN 7513/7516*; gewindeschneidende Schraube *f*; selbstschneidende Schraube *f*; Schneidschraube *f*

threaded ... *<mech.eng>* • Gewinde...

threaded assembly *<join> (gen.; screws, nuts, bolts, pipe unions)* • Schraubverbindung *f*; Verschraubung *f*

threaded fasteners *pl <join> (generic term)* • Schrauben *fpl*

threaded part *<mech.eng>* • Gewindeteil *n*

threaded pipe connection *<pps.join>* • Gewinderohrverbindung *f*

threaded portion *<mech.eng> (of a part, component, workpiece)* • Gewindeteil *m*

threaded ring *<mech.eng>* • Gewindering *m*

threaded sleeve *<join>* • Gewindemuffe *f*

thread end *<join>* • Gewindeende *n*; Gewindespitze *f*; Schraubenende *n*; Schraubenspitze *f*; Schaftende *n*

thread flank *<mech.eng> (between crest and root)* • Gewindeflanke *f*; Flanke *f*

thread forming screw *ISO 7085 <join> (thread rolling)* • gewindefurchende Schraube *f DIN EN ISO 7085*; Gewindefurchschraube *f*; Furchschraube *f*; gewindeformende Schraube *f*; selbstfurchende Schraube *f*

thread grinding *<prod>* • Gewindeschleifen *n*

thread groove *<join> (of nuts and bolts)* • Gewindegang *m*; Gewindeprofilrille *f*; Gewinderille *f DIN 2244*; Gang *m*

thread guide *<textil>* • Fadenauge *n*

thread hobbing *<prod>* • Gewindewälzfräsen *n*

threading *<prod>* • Gewindeherstellung *f*; Gewindefertigung *f*; Gewinden *n rar*

threading tool *<tool>* • Gewindewerkzeug *n*

thread insert *<join.rep> (thread repair; gen. any type)* • Gewindeeinsatz *m*; Einsatzgewinde *n obs*; Innengewindeeinsatz *m*

thread-lasted *<leath.prod>* • fadengezwickt

thread length *<join> (bolt)* • Gewindelänge *f*

thread milling *<prod>* • Gewindefräsen *n*
thread-milling cutter *<tool>* • Gewindefräser *m* (GF); Gewindeschneidfräser *m rar*
thread mount *<join> (any receptacle with interior thread)* • Gewindefassung *f*
thread pitch *<mech.eng>* • Gewindeteilung *f prakt*; Steigung *f norm*
thread pressing *<prod>* • Gewindedrücken *n*; Gewindepressen *n rar*
thread profile *<join> (thread type)* • Gewindeprofil *n*; Gewindeform *f*
thread repair insert *<join.rep> (bushing-type)* • Gewindebuchse *f*; Ensat-Büchse *f prakt*
thread roll *<mach.tool> (thread-rolling attachment)* • Gewinderolle *f*
thread rolling *<prod>* • Gewindewalzen *n*; Gewinderollen *n*
thread root *<mech.eng>* • Gewindegrund *m*; Gewindelücke *f rar*
thread runout *<mech.eng> (end of thread)* • Gewindeauslauf *m*
thread sewing *<print>* • Fadenheftung *f*
thread size *<textil> (labeling)* • Fadenstärke *f*; Nähfadenstärke *f*
thread start *<mech.eng>* • Gewindeanfang *m*
thread turning *<prod>* • Gewindedrehen *n*
thread whirling *<prod>* • Gewindewirbeln *n*; Gewindeschälen *n*; Einzahnfräsen *n*; Schlagzahnfräsen *n*; Gewindeschlagfräsen *n*
three-axis *<tech.gen>* • dreiachsig
three-axle tractor *<comvhcl> (with one front and two rear axles)* • dreiachsige Sattelzugmaschine *f*
three-bladed rotor *<energ.wind>* • Dreiblattrotor *m*; Dreiflügler *m obs*
three-cornered *<tech.gen>* • dreikantig
three-cylinder engine *<mot>* • Dreizylindermotor *m*; 3-Zylinder--Motor *m*; Dreizylinder *m ugs*
three-dimensional (3D) *<gen> (object, representation, CAD-System)* • dreidimensional (3D); plastisch
three-dimensional *<tech.gen>* • räumlich
three-door ... *<mvhcl> (body design)* • dreitürig
threefold *<gen>* • dreifach
three jaw drill chuck *DIN ISO 10887 <tool>* • Dreibacken-Bohrfutter *n DIN ISO 10887*
three-liter car *US <mvhcl>* • Drei-Liter--Auto *n*
three-phase AC motor *<el.mot>* • Drehstrommotor *m*
three-phase alternating current *<el>* • Drehstrom *m*; Dreiphasenwechselstrom *m*
three-phase-current generator *<el> (gen.)* • Drehstromgenerator *m prakt*
three-phase network *<el>* • Drehstromnetz *n*
three-piece *<tech.gen>* • dreiteilig
three-point retractor seat belt *<mvhcl.safe>* • Dreipunkt--Automatikgurt *m*
three-point seat belt *<mvhcl.safe> (with or without automatic belt retractor)* • Dreipunkt-Sicherheitsgurt *m*; 3-Punkt-Gurt *m prakt*; Dreipunktgurt *m*; Dreipunktsicherheitsgurt *m rar*
three-point suspension *<tech.gen>* • Dreipunktaufhängung *f*; Dreieckaufhängung *f*
three-pole *<el> (e.g. connector)* • dreipolig
three-position control *<i&c>* • Dreipunktregelung *f*
three-row *<tech.gen>* • dreireihig
three-stage *<tech.gen>* • dreistufig
three-stage rocket *<aerosp>* • Dreistufenrakete *f*
three-way catalytic converter *<mvhcl.emiss>* • Dreiweg-Katalysator *m*; Drei-Wege-Katalysator *m*; 3-Weg--Katalysator *m*; Dreiweg-Kat *m*
three-way loudspeaker *<av>* • Dreiwege-Lautsprecher *m*; Dreiwege-System *n*; Dreiwege-Box *f ugs*; Dreiwegsystem *n rar*
three-way system *<tech.gen>* • Dreiwegesystem *n*; 3-Weg-System *n*
three-way valve *<pps>* • Dreiwegeventil *n*; Drei-Wege-Ventil *n*; 3-Wege-Ventil *n*; Dreiwege-Ventil *n*
threshed grain *<agri>* • Drusch *m*
threshing machine *<agri>* • Dreschmaschine *f*

threshold *<tech.gen> (limit)* • Grenze *f*

threshold *<tech.gen> (value)* • Schwelle *f*

threshold criteria *pl <qualit> (to be met; e.g. for promotion or acceptance)* • Mindestkriterien *npl*

threshold current *<el> (e.g. of relay, fuse)* • Ansprechstrom *m*

threshold value *<tech.gen>* • Schwellenwert *m*; Schwellwert *m*

threshold value *<i&c> (of sensors, transducers, safety systems)* • Ansprechwert *m VDI/VDE 2600*

throat *<mach.tool>* • Maul *n*

throat *<mech.eng> (neck; e.g. of funnel, nozzle)* • Hals *m*

throat *<pps> (e.g. venturi tube)* • Kehle *f*

throttle *<mvhcl.mot> (relating to accelerator application, driving speed)* • Gas *n*

throttle *<pps>* • Drossel *f*; Drosselelement *n*

throttle *vt <tech.gen> (air supply; e.g. to engine)* • drosseln *vt*

throttle control cable *<mvhcl> (betw. accelerator pedal and throttle butterfly)* • Gaszug *m*

throttle grip *<mvhcl> (bike)* • Gasdrehgriff *m*

throttle lever *US <aerosp.i&c>* • Leistungshebel *m*

throttle response *<mvhcl.mot>* • Gasannahme *f*

throttle valve *<mvhcl.mot> (butterfly valve in engine air intake; e.g. in carburetor)* • Drosselklappe *f* (DK)

throttle valve *<pps>* • Drosselventil *n*

throttling element *<hvac> (e.g. a butterfly valve, damper)* • Drosselorgan *n*

through coach *<railw>* • Kurswagen *m*

through crack *<tech.gen> (in any material except glass, china etc.)* • durchgehender Riss *m*

through crack *<silic> (in glass, china, ceramics)* • durchgehender Sprung *m*

through-hardened *<metal>* • durchgehärtet

through hole *<prod>* • Durchgangsbohrung *f*; Durchgangsloch *n ugs*; durchgehende Bohrung *f*

throughput *<tech.gen>* • Durchsatz *m*

through road *<build.traff>* • Ortsdurchfahrt *f* (OD); Durchgangsstraße *f*

through road *<traff>* • Durchgangsstraße *f*

through switch *<el> (inline, in power cord)* • Leitungsschalter *m :V*

throw *<gen> (sport, engineering)* • Wurf *m*

throw *vt <gen>* • schleudern *vt*

throw *vt <gen> (e.g. a ball)* • werfen *vt*

throwaway product *<waste>* • Wegwerfprodukt *n*

thrown-in position *<el> (of levers, circuit breakers)* • Ein-Stellung *f*

thrust *<tech.gen> (e.g. of jet engines)* • Schub *m*

thrust *<aerosp> (of aircraft: in kN; e.g. 740 kN)* • Schub *m*; Vortrieb *m*

thrust *vt <tech.gen> (push)* • schieben *vt*

thrust ball bearing *ISO 5593 <mech.eng>* • Axialkugellager *n DIN ISO 5593*

thrust bearing *<mech.eng> (friction-type or roller bearing; accommodates axial loads)* • Axiallager *n*; Drucklager *n*; Längslager *n rar*; Axial-Drucklager *n rar*

thrust bearing *<mvhcl.mot> (of crankshaft)* • Führungslager *n*

thrust collar *<mech.eng> (usu. on shafts)* • Bund *m*

thrust cut-off *<aerosp>* • Schubabschaltung *f*

thruster *<nav> (bow or stern; for manoeuvering in confined spaces)* • Strahlruder *n*

thrust-loaded shaft bearing *<mech.eng>* • axial belastetes Wellenlager *n*; Drucklager einer Welle *n*; Drucklager *n*

thrust reverser *<aerosp.mot>* • Schubumkehrer *m*

thrust tapered roller bearing *ISO 5593 <mech.eng>* • Axial-Kegelrollenlager *n DIN ISO 5593*; Axialkegelrollenlager *n*

thrust-to-weight ratio *<aerosp> (rockets and jet engines)* • Schub-Gewichts-Verhältnis *n*; Schub-Gewicht-Verhältnis *n*

thrust vector *<aerosp>* • Schubvektor *m*

thrust vectoring *<aerosp>* • Schubvektorsteuerung *m*

thrust washer <mech.eng> *(gen.; axially loaded washer; e.g. of shaft bearing)* • Druckscheibe *f*; Anlaufscheibe *f*; Druckring *m*
thulium (Tm) <chem> • Thulium *n* (Tm)
thumbclip <gen> • Klemme *f*
thumbnails *pl* <comp> *(usu. clickable to enlarge)* • Miniaturansichten *fpl*
thumb rest <mvhcl> *(on steering wheel)* • Daumenablage *f*
thumb rule <tech.gen> • Faustregel *f*
thumbtack *US* <join> *(short nail with broad, flat head)* • Reißnagel *m*; Reißzwecke *f*; Heftzwecke *f*; Reißbrettstift *m form.obs*
thumbwheel <mvhcl.i&c> *(regulating control; e.g. for headlight leveling)* • Rändelrad *n*; Einstellrad *n MB*
thumb wheel <i&c> *(control element)* • Daumenrad *n*
thunderstorm <meteo> • Gewitter *n*
thyristor (SCR) <el> • Thyristor *m DIN 41786*; Siliziumgleichrichter *m*
thyristor-controlled <el.i&c> *(e.g. locomotive)* • thyristorgesteuert
ticket counter <aerosp> • Buchungsschalter *m*; Ticketschalter *m*; Flugscheinschalter *m rar*
ticketing area <aerosp> • Abfertigungshalle *f*; Abfertigungsbereich *m*; Check-in--Bereich *m prakt*
tidal energy <geo.energ> • Gezeitenenergie *f*
tidal power <energ.hydr> • Gezeitenwasserkraft *f*; Gezeitenenergie *f*
tidal power plant *US* <energ.hydr> • Gezeitenkraftwerk *n*
tidal power station <energ.hydr> • Flutkraftwerk *n*
tidal range <geo> • Tidenhub *m DIN 4049-3*; Tidehub *m*
tide gauge <hydr> • Pegel *m*
tide lock <build.hydr> *(high tide protection)* • Flutschleuse *f*
tides <geo> • Ebbe und Flut *fsg*; Gezeiten *pl*; Tide *f*
tides <hydr> • Gezeiten *pl*
tide wave <geo> • Flutwelle *f*
tie *vt* <join> *(bind or fasten with a cord, string, wire etc.; a bundle, shoe laces)* • binden *vt*
tie bar <build.mat> • Anker *m*; Fugenbewehrung *f rar*
tie bar <plast> *(of injection molding machine; for platens)* • Säule *f*; Holm *m rar*
tied <tech.gen> *(firmly)* • fest
tie-down straps <tech.gen> • Sicherungshalter *m*
tie-down strap with cam-release buckle <tech.gen> *(e.g. to secure load)* • Zurrgurt mit Klemmbügel *m*
tie ends *vt* <textil> • anknüpfen *vt*
tie plate <tech.gen> • Verbindungsplatte *f*
tie plate <build> • Ankerplatte *f*
tier <build> *(of structures; e.g. of a bridge)* • Ebene *f*
tiered <build> *(different levels)* • abgetreppt; abgestuft
tie rod <tech.gen> *(for tensile loads; e.g. in buildings, machinery)* • Zugstange *f*; Zuganker *m*
tie rod <mvhcl> *(steering)* • Spurstange *f*
tie rod end <mech.eng> *(gen.)* • Kugelkopf *m*
tie rope <build.mach> *(wire rope for supporting or operating the boom of cranes etc.)* • Abspannseil *n*
tie to *vt* <gen> • festbinden an *vt*
tie [to] *vt* <join> • anbinden *vt*
tie up *vt* <textil> • anschnüren *vt*
tie wire <tech.gen> • Abbindedraht *m*
tight <gen> *(space)* • eng
tight <tech.gen> *(impermeable; seals, hoses, joints)* • dicht
tight <join> *(firmly secured)* • fest
tighten *vi/vt* <tech.gen> • spannen *vi/vt*
tighten *vt* <join> *(nuts, bolts, screws)* • anziehen *vt*
tighten *vt* <join> *(nut, screw)* • festdrehen *vt*
tighten *vt* <mvhcl.safe> *(seat belt)* • straffen *vt*; vorspannen *vt*
tightener <tool> • Spannvorrichtung *f*
tightening ring <tech.gen> • Spannring *m*
tightening sequence <join> *(e.g. of flanges, cylinder head bolts; usu. criss--cross)* • Anzugsreihenfolge *f*; Anziehreihenfolge *f rar*
tighten manually *vt* <join> *(threaded fastener)* • anziehen *vt*: von Hand ~; Hand *f*: von ~ anziehen *vt*
tight fit <join> • fester Sitz *m*
tight-fitting <tech.gen> *(mating parts)*

• genau passend

tightness *<tech.gen> (condition; impervious to liquids, gas)* • Dichtigkeit *f*; Dichtheit *f*

tightness *<qualit>* • Dichtheit *f*; Dichtigkeit *f prakt.ugs*

tight riveting *<join> (for liquid- or pressure-tight rivet joints)* • Dichtnietung *f*

tight space *<tech.gen>* • beengter Raum *m*

tile *<build>* • Platte *f*

tile *<build.mat> (natural stone or ceramic; for floors and walls)* • Fliese *f*; Kachel *f ugs*

tile *<comp> (repeatable texture element)* • Kachel *f*

tile *vt <build> (roof)* • decken *vt*; eindecken *vt*

tile *vt <build.int> (e.g. bathroom)* • fliesen *vt*

tiled roof *<build>* • Ziegeldach *n*

tiling *<build> (process)* • Fliesen *n*; Kacheln *n ugs*

tiling *<comp> (of bitmaps)* • Kacheln *n*

till *vt <agri> (farmland etc.)* • bestellen *vt*; beackern *vt ugs*

tilled soil *<agri>* • Ackerboden *m*; Ackerkrume *f*

tiller *<agri> (for farming)* • Ackerfräse *f*

till-plow *GB <agri>* • Schälpflug *m*

tilt *<tech.gen> (deviation from the horizontal position)* • Kippung *f*; Kippen *n*

tilt *<tech.gen> (inclination)* • Neigung *f*

tilt *vi/vt <tech.gen> (not upside down)* • kippen *vi/vt*

tilt *vt <gen>* • neigen *vt*; schrägstellen *vt*

tilt *vt <prod> (usu. undesirable; e.g. a workpiece, tool)* • verkanten *vt*

tiltable *<tech.gen>* • kippbar; schwenkbar *rar*

tiltable *<tech.gen> (folding)* • klappbar

tiltable parasol *<gen>* • neigbarer Sonnenschirm *m*

tilted position *<tech.gen>* • Schräglage *f*

tilting *<gen>* • Umklappen *n*

tilting arrangement *<mech.eng> (assuming a slanting position)* • Kippvorrichtung *f*

tilting motion *<tech.gen> (gen.)* • Kippbewegung *f*; Schwenkbewegung *f*

tilting technology *<railw>* • Neigetechnik *f* (GSt); gleisbogenabhängige Wagenkastensteuerung *f form*; Wagenkastenneigeeinrichtung *f*; Neitech *f DB*

tilting train *Amtrak <railw>* • Neigezug *m*; Pendolino *m Fiat ®*

tilting truck *US <comvhcl> (any type)* • Kipper *m*

tilt rotor *<aerosp>* • Kipprotor *m*; Schwenkrotor *m*; Schwenkpropeller *m*; Schwenkluftschraube *f*

tilt-rotor aircraft *<aerosp>* • Schwenkrotorflugzeug *n*; Kipprotorflugzeug *n*

tilt-turn window *<build> (a dual action window)* • Drehkippfenster *n*; Drehkippflügelfenster *n*; Drehkipp--Fenster *n*; DK-Fenster *n*

tiltwing *<aerosp>* • Kippflügel *m*

timber *<wood> (wood for building or other industrial purposes)* • Nutzholz *n*

timber connector *<build.join> (e.g. nail--on plate)* • Bauholzverbinder *m*

timber connector *<join>* • Holzdübel *m*

timber construction *<build>* • Holzkonstruktion *f*; Holzbau *m DIN 1080-5*

timbered building *<build.wood>* • Fachwerkgebäude *n*

timber framing *<build>* • Holzfachwerk *n*

timber industry *<wood>* • Bauholzindustrie *f*

timber industry *<wood.econ>* • Holzindustrie *f*

time axis *<i&c>* • Zeitachse *f*

time behaviour *<tech.gen>* • Zeitverhalten *n*

time-dependent *<gen>* • zeitabhängig

time display *<i&c>* • Uhrzeitanzeige *f*

time-division multiple access (TDMA) *<tele> (multiple access scheme)* • Zeitvielfachzugriff *m* (TDMA); Zeitmultiplex *n*; Vielfachzugriff im Zeitmultiplex *m*; Mehrfachzugriff im Zeitmultiplex *m*

time interval *<gen>* • Zeitspanne *f*; zeitlicher Abstand *m*

time lapse photography *<phot>* • Zeitrafferfotografie *f*

time-multiplexed *<comp.tele>* • zeitmultiplex; zeitgeschachtelt *rar*

time of climb *<aerosp>* • Steigzeit *f*

time of day *<gen>* • Tageszeit *f*

time of flight (TOF) *<aerosp>* • Flugzeit *f*

timepiece *<i&c> (watches, clock)* • Uhr *f*; Zeitmesser *m rar*

time pulse *<i&c.tele> (e.g. to synchronize radio clocks)* • Zeitimpuls *m*; Zeitsteuerimpuls *m*

timer *<gastr> (separate or integrated in kitchen appliances)* • Küchenzeitschaltuhr *f*; Zeitschaltuhr *f*; Eieruhr *f ugs*

time response *<i&c>* • Zeitverhalten *n*

time restriction *ISO 12620 <term>* • zeitliche Einschränkung *f*

time sequence *<tech.gen>* • zeitliche Abfolge *f*; Zeitfolge *f*

time-sequence control *<i&c>* • Zeitfolgeregelung *f*

time-shifted *<tech.gen>* • zeitversetzt

time zone *<geo>* • Zeitzone *f*

timing belt *<mvhcl.mot> (for camshafts)* • Steuerriemen *m*; Nockenwellen--Antriebsriemen *m form*; Steuerzahnriemen *m DIN ISO 7967-3*; Synchronriemen *m*; Zahnriemen *m prakt*

timing belt cover *<mvhcl.mot>* • Steuerriemenabdeckung *f*; Synchronriemenabdeckung *f*; Zahnriemenabdeckung *f prakt*

timing chain *ISO 7967-3 <mot> (of valves, camshaft)* • Steuerkette *f DIN ISO 7967-3*; Nockenwellenantriebskette *f rar*

timing cover *<mvhcl.mot> (gen.)* • Steuergehäusedeckel *m*

timing device *<tech.gen> (for injection, spraying)* • Spritzversteller *m*

tin (Sn) *<chem> (stannum metallicum)* • Zinn *n* (Sn)

tine *<tool.agri> (of fork, tiller, cultivator)* • Zinke *f*; Zahn *m rar*

tined cultivator *<agri>* • Zinkengrubber *m*

tin foil *<mat>* • Stanniol *n*; Zinnfolie *f*; Stanniolpapier *n*; Stanniolfolie *f*

tinge *<srfc> (shade of color)* • Färbung *f*

tinge *vt <srfc>* • färben *vt*

tinplate *<pack.mat>* • Weißblech *n DIN 55405*

tin sheet *<mat>* • Zinnblech *n*

tint *<srfc>* • Ton *m*

tint *vt <silic> (e.g. window glass)* • färben *vt*

tinted windows *<mvhcl>* • Colorverglasung *fsg* (CV); athermische Scheiben *fpl wiss*; Wärmeschutzverglasung *f form*; getönte Scheiben *fpl ugs*; WD-Glas *n*

tinting agent *<chem>* • Abtöner *m*; Toner *m*

tinting paste *<chem>* • Abtönpaste *f*

tint tone *<srfc> (for color matching)* • Abtönfarbton *m*

tip *<gen> (pointed; e.g. of a stick, wing)* • Ende *n*

tip *<tech.gen> (mouthpiece; e.g. of blowpipe, nozzle)* • Mundstück *n*

tip *<bio> (finger, nose, tongue, wing)* • Spitze *f*

tip *<tool> (cutting blowpipe)* • Düse *f*

tip *vt <gen>* • stürzen *vt*

tip *vt <tool> (braze cutting edge on tool)* • auflöten *vt*

tipping skip *<convey> (typical)* • Kippkübel *m*

tiptoe pump *<mvhcl> (for tires)* • Fußluftpumpe *f*; Fußpumpe *f ugs*

tip-up seat *<tech.gen> (e.g. theater, vehicle, auditorium)* • Klappsitz *m*

tire *US <mvhcl> (pneumatic tire)* • Reifen *m*; Pneu *m press.CH*

tire *vt US <mvhcl> (wheels)* • bereifen *vt*

tire bead *US <vhcl> (of rubber tire)* • Reifenwulst *m*; Wulst *m prakt*

tire contact point *US <vhcl> (with rubber tires a patch rather than a point)* • Reifenaufstandspunkt *m*

tire denomination *US <mvhcl> (on sidewall)* • Reifenbezeichnung *f*; Reifenkennzeichnung *f*

tired surface *<srfc.wood>* • glanzlose Oberfläche *f*

tire failure *US <mvhcl> (gen.)* • Reifenpanne *f*

tire pressure *US <vhcl> (in vehicle tires)* • Reifendruck *m*; Innendruck *m*; Luftdruck *m*; Reifenluftdruck *m*

tire pressure monitoring system (TPMS) *US <mvhcl.i&c>* • Reifendruckkontrollsystem *n* (RDKS)

tire pressure warning system *US <mvhcl.i&c>* • Reifendruck--Kontrollsystem *n*; Reifendruck--Kontrolle RDC *f BMW*; Reifenluftdruck-Warnsystem *n*; Reifendruck-Kontrollanzeige *f Audi*

tires *pl US <mvhcl> (of a vehicle)* • Bereifung *f*

tire size designation *US <vhcl>* • Reifengrößenbeschreibung *f*

tire slip angle *US <mvhcl>* • Schräglaufwinkel *m*; Schlupfwinkel *m*

tire spinning *US <mvhcl.traff> (on loose ground or slippery surface)* • Durchdrehen der Räder *n*; Durchdrehen der Reifen *n*

tire wear *US <vhcl>* • Reifenverschleiß *m*

tissue *<bio> (of human or animal body)* • Gewebe *n*

tissue paper *<pap.pack>* • Seidenpapier *n DIN 6730*

titanium (Ti) *<chem>* • Titan *n* (Ti)

titanium dioxide *<chem.srfc> (TiO_2; white pigment; e.g. on salami, in cigars, cosmetics, paint)* • Titandioxid *n*

titanium zinc *<build.mat> (e.g. for sheet metal roofing)* • Titanzink *n*

titer *US <textil> (numbering; silk)* • Titer *m*

titrimetry *<chem> (process)* • Titrimetrie *f*; Titrieranalyse *f*; titrimetrische Analyse *f*; volumetrische Analyse *f*; Maßanalyse *f*

toggle *<mech.eng> (e.g. on switch, valve)* • Kipphebel *m*

toggle joint *<mech.eng>* • Kniehebel *m*; Gelenkhebel *m rar*

toggle mechanism *<mech.eng>* • Kniehebelmechanismus *m*; Kniehebelgetriebe *n*; Kniegelenkgetriebe *n*

toggle switch *<el>* • Kippschalter *m*; Kipphebelschalter *m*; Tumblerschalter *m rar*

toilet flushing system *<hygi>* • Toilettenspülung *f DIN 19542*; Wasserspülung *f*

toilet pan *<hygi> (of WC)* • Toilettenbecken *n*; Toilettenschüssel *f ugs*

toilet pan *<int>* • Klosettbecken *n*; WC--Becken *n*; Kloschüssel *f ugs*

toilet seat *<hygi>* • Toilettensitz *m*; Toilettenbrille *f*; WC-Sitz *m prakt*; Brille *f ugs*; Klobrille *f ugs.derb*

toilet suite *<hygi> (pan and cistern)* • Toilettenbecken inkl. Spülkasten *n*

tolerance *<tech.gen> (+/-)* • Toleranz *f*; zulässige Abweichung *f*

tolerance limit *<tech.gen>* • Toleranzgrenze *f*

toll enrichment *<nucl>* • Auftragsanreicherung *f*; Lohnanreicherung *f*

toll road *<build.traff>* • gebührenpflichtige Straße *f*; Mautstraße *f*; Mautstrecke *f*

toll road *<traff.fin> (all users must pay a fee)* • Mautstrecke *f*; Mautstraße *f*

toll sticker *:V <traff.fin>* • Autobahn--Vignette *f*; Vignette *f*; Pickerl *n A*

tombac *<mat> (typ. 85% copper plus zinc and lead; e.g. for cheap jewelry)* • Tombak *m*; Trompetengold *n*; Goldmessing *n*; Schmuckgold *n*; Autobahngold *n jarg*

tommy *<mech.eng> (driving feature; bar, pin)* • Knebel *m DIN ISO 1891*

tonal range *<print>* • Tonwertumfang *m*

tonal reversal *<phot> (eg. as occuring in pseudo-solarization)* • Tonwertumkehrung *fsg*

tonal separation *<phot>* • Tonwertabstufung *f*

tone *<acoust.mus>* • Ton *m DIN 1320*

tone *<phot> (brightness)* • Tonwert *m*

tone *<phot.print> (certain shade of color or gray)* • Ton *m*

tone *vt <phot> (print; e.g. sepia brown)* • abtönen *vt*; tonen *vt*

toner (EP) *<print> (e.g. for copy machine, laser printer)* • Toner *m*; Trockentinte *f rar*; Trockenfarblack *m rar*

tone reproduction *<comp.print>* • Tonwertwiedergabe *f*

tone wedge *<phot>* • Gradationskeil *m*

tongue *<garm> (of shoes)* • Lasche *f*; Zunge *f*

tongue *<mus> (inside a bell)* • Klöppel *m*

tongue and groove *<wood>* • Spundung *f*

tongue and groove (T&G) *<wood.join> (edge connection of panels)* • Nut und Feder *f*; Feder und Nut *f*

tongued *<wood> (board)* • gefedert

tonnage *<nav>* • Tonnage *f*; Raumgehalt *m*

tonneau cover *<mvhcl> (for cargo bays; typ. of pick-up trucks)* • Abdeckplane *f*; Pritschenabdeckung *f*

tonneau cover <mvhcl> *(of convertibles, covering entire cockpit)* • Persenning *f*; Vollpersenning *f*

tons per year *pl* (t/a) *US* <prod> *(e.g. refinery, steel works)* • Jahrestonnen *fpl* (jato)

tool <gen> *(any instrument for accomplishing work)* • Arbeitsmittel *n*; Werkzeug *n*

tool <tech.gen> *(gen.; e.g. hammer, terminology management tool)* • Werkzeug *n*

tool <agri> *(usu. tractor-mounted)* • Gerät *n*

tool <mach.tool> *(machining, cutting; e.g. for turning)* • Meißel *m*

tool and instrument oil <tribo> *(lubricates precision machinery, tools, weapons; e.g. Starret)* • Feinmechaniköl *n*

tool bar <agri> *(on farm tractor)* • Ackerschiene *f*

tool blank <prod> • Rohling *m*; Werkzeugrohling *m*

tool box <tech.gen> • Werkzeugkasten *m*

tool carrier <agri> *(on tractor, front and/or rear)* • Geräteträger *m*

tool change <prod> *(gen.)* • Werkzeugwechsel *m*

tool changer <autom> • Werkzeugwechsler *m*; automatisches Wechselsystem für Endeffektoren *n DIN*; Werkzeugwechselsystem *n*

tool cutting edge <tool> • Meißelschneide *f*

tool flank wear <tool.prod> • Freiflächenverschleiß *m*

tool geometry <tool> • Schneidengeometrie *f*; Geometrie der Schneide *f*

tooling <mach.tool> *(of machine tools)* • Werkzeugbestückung *f*

tool-making <tool> • Werkzeugbau *m*

tool post <mach.tool> *(lathe; on compound rest and slide)* • Werkzeughalter *m*; Meißelhalter *m*

tool set <tool> *(an assembly of various hand tools; e.g. in a tool box)* • Handwerkszeug *n ugs*; Werkzeug *n*

tool steel <metal> *(0.6 - 1.3 %C; a high--carbon steel)* • Werkzeugstahl *m*; Wz--Stahl *m prakt*

tool tip <mach.tool> *(on cutting tools; e.g. on masonry drills, lathe tools)* • Schneidplatte *f*; Plättchen *n*

tool tip <tool> *(actual cutting edge)* • Meißelschneide *f*

tooth <tech.gen> • Zahn *m*

tooth <hygi.tool> *(of a comb)* • Kammzinke *f*; Zahn *m*

tooth backlash <drive> *(gear)* • Zahnflankenspiel *n*

toothed <tech.gen> • gezahnt

toothed belt <mech.eng> *(gen.; stress on type of belt)* • Zahnriemen *m*; Synchronriemen *m*

toothed chain <mech.eng> • Zahnkette *f*

toothed ratchet wheel <mech.eng> *(of a ratchet and pawl mechanism)* • Klinkenrad *n*

tooth engagement <mech.eng> • Zahneingriff *m*

tooth flank <mech.eng> *(gear)* • Zahnflanke *f DIN 3998*

tooth lock washer <join> *(gen., internal or external tooth)* • Zahnscheibe *f DIN 6797*; federnde Zahnscheibe *f rar*

tooth pitch <mech.eng> • Zahnteilung *f*; Zahnabstand *m*

tooth profile <mech.eng> • Flankenprofil *n DIN 3998*

tooth system <mech.eng> *(e.g. straight, herringbone, hypoid)* • Verzahnung *f*

top <gen> *(position; e.g. in a ranking table)* • Spitze *f*

top <tech.gen> *(upper half or portion; e.g. of casing, enclosure, body, bikini)* • Oberteil *n*

top <join> *(of a key)* • Rücken *m*

top *vt* <tech.gen> *(cover sth completely with a topping)* • abdecken *vt*; bedecken *vt*

top block <convey> *(of block and tackle lifting gear)* • Oberflasche *f*

top-blown basic oxygen converter <metal> *(e.g. LD converter)* • Aufblasekonverter *m*; Oberwindkonverter *m*; Sauerstoffaufblaskonverter *m*

top chord <build> *(of a bridge)* • Obergurt *m*; Fachwerkobergurt *m*; oberer Gurt *m*

top coat <srfc> *(layer)* • Decklack *m*; Decklackierung *f*; Decklackschicht *f*;

Finish *n prakt.ugs*; Endlackierung *f rar*

top die *<metal>* • Gesenkoberteil *n*

top die *<prod.tool> (gen.; forging, pressing etc.)* • Obergesenk *n*; Obersattel *m rar*

top-down approach *<gen>* • Top--down-Ansatz *m*

top face *<tool> (anvil)* • Bahn *f*

top grade *<qualit> (best quality)* • Spitzenklasse *f*; erste Sahne *f ugs*

top-heavy *<tech.gen>* • kopflastig

top layer *<srfc> (finish, covering)* • Decklage *f*

top light *<nav> (white)* • Topplicht *n*; Topplaterne *f*

top-load washer *<hygi> (typ. in the U.S.A.)* • Toplader *m*

topographical survey *<geo.i&c>* • topographische Aufnahme *f*; Geländeaufnahme *f*

topology *<comp> (LAN)* • Topologie *f*

top out *vi <mvhcl> (suspension elements)* • Anschlag *m*: bis zum ~ ausfedern *vi*

top plate *<tech.gen> (horizontal cover)* • Deckplatte *f*

topsail *<nav> (on square-riggers)* • Marssegel *n*; Mars *n*

topsides *pl <nav> (as opp. to underwater hull)* • Überwasserschiff *n*; Überwasserschiffsteil *m*; totes Werk *n obs*

top soil *<agri> (gen., of any land)* • Mutterboden *m*

top speed is electronically regulated to 250 km/h *<mvhcl> (155 mph)* • elektronisch auf 250 km/h begrenzte Höchstgeschwindigkeit *f*; Höchstgeschwindigkeit wird bei 250 km/h abgeregelt *f*

top structure *<tech.gen> (upper part of sth.; e.g. of oil rig)* • Oberteil *n*

top surface *<tech.gen> (e.g. of a workpiece)* • obere Fläche *f*

top term *ISO 12620 <term>* • Topterm *m*

top tool *<prod>* • Oberwerkzeug *n*

top tube *<vhcl> (of bicycle frame)* • Oberrohr *n*; oberes Rahmenrohr *n*

top up *vt <tech.gen> (reservoir, tank; e.g. with engine oil, coolant, washing fluid)* • auffüllen *vt*

top view *<docu> (technical drawing)* • Draufsicht *f*; Grundrissansicht *f ugs.rar*

torch *<gen> (burnable resinous stick)* • Fackel *f*

torchiere lamp *US <light> (typically on pole)* • Deckenfluter *m*

torcrete *<build>* • Torkret *m*

torispherical *<tech.gen>* • torisphärisch

toroidal *<tech.gen>* • torusförmig

toroidal system *<nucl>* • toroidales System *n*

torque *<join> (of threaded fasteners; e.g. 110 Nm for wheel lugs)* • Drehmoment *n*; Anzugsmoment *n*; Anziehmoment *n*; Anziehdrehmoment *n rar*; Anzugsdrehmoment *n rar*

torque *<mot> (of motors, engines; e.g. 440 Nm at 3600 rpm)* • Drehmoment *n*

torque *vi/vt <tech.gen>* • spannen *vi/vt*

torque *vt <join> (nuts, bolts, screws; e.g. to 70 Nm)* • anziehen *vt*

torque band *<mech.eng>* • Drehmomentverlauf *m*

torque control *<tool> (feature of power tools; adjustable cut-out torque)* • Drehmomentvorwahl *f*

torque converter *<drive>* • Drehmomentwandler *m*; Strömungswandler *m*; hydraulischer Wandler *m*; Föttinger--Drehmomentwandler *m*; Föttinger--Wandler *m*

torque to X Nm *vt <join> (nuts/bolts/screws)* • anziehen *vt*: mit einem Drehmoment von X Nm ~; Drehmoment *n*: mit einem ~ von X Nm anziehen *vt*

torque wrench *<tool>* • Drehmomentschlüssel *m DIN 898*; Kraftmessschlüssel *m form.obs*

Torsen differential *<mvhcl.drive>* • Torsen-Differential *n*; Schneckenraddifferential *n*

torsion *<phys>* • Torsion *f*

torsional fatigue test *<qualit.mat>* • Dauerschwingversuch bei Verdrehbeanspruchung *m*

torsionally stiff *<tech.gen> (resistant to torsion; e.g. vehcile body, track bed)* • torsionssteif; verwindungssteif; verdrehungssteif; drillungssteif *rar*; drillsteif *rar*

torsionally stiff *<qualit> (e.g. car body, frame)* • verwindungssteif

torsionally stressed *<mech>* • torsionsbeansprucht
torsional restraint *<tech.gen>* • Drehbehinderung *f*
torsional stiffness *<tech.gen> (e.g. of drive shafts, enclosures, car bodies)* • Verdrehsteifigkeit *f*; Verwindungssteifheit *f*; Torsionssteifheit *f*
torsional stress *<phys>* • Verdrehbeanspruchung *f*; Verwindungsbeanspruchung *f*
torsion bar spring *<mech.eng>* • Drehstabfeder *f*; Torsionsstab *m*; Drehstab *m*; Stabfeder *f*; gerade Torsionsfeder *f*
torsion damper *<tech.gen> (gen.; any device that reduces torsional vibrations)* • Torsionsdämpfer *m*; Drehschwingungsdämpfer *m*
torsion-free *<tech.gen> (free from twist about longitudinal axis; e.g. car body)* • verwindungsfrei; torsionsfrei; verdrehfrei
torsion spring *<drive> (curved coil spring in torsion damper)* • Bogenfeder *f*
torsion spring *<mech.eng> (coil spring with angled ends)* • Torsionsfeder *f*; Drehfeder *f*; Schenkelfeder *f*
torsion strength *<qualit.mat>* • Drehfestigkeit *f*; Torsionsfestigkeit *f wiss*; Verdrehfestigkeit *f*
tortuous path *<chem.proc> (through filter media, aggregate beds)* • Kanal *m*
torus *<tech.gen>* • Torus *m*
torus *<math>* • Ringkörper *m*
total *<fin> (price)* • Gesamtbetrag *m*; Endsumme *f*; Endbetrag *f*
total *<math> (of an addition)* • Summe *f*
total cost of ownership (TCO) *<econ> (e.g. of office equipment, machines)* • Gesamtbetriebskosten *pl*
total hardness *<chem> (water)* • Gesamthärte *f*
total harmonic distortion (THD) *<av> (of amplifiers, audio equipment; < 1 or specified in percent)* • Klirrfaktor *m* (k); Klirrgrad *m*; Klirrverzerrung *f*
total harmonic distortion (THD) *<phys> (gen.)* • Gesamt--Oberschwingungsverhältnis *n* (THD) *EN 61000-4-7*; Oberschwingungs--Gesamtverzerrung *f*; Verzerrungsgehalt *m*; Gesamtverzerrung *f*
total hydrocarbons *pl* (THC) *<chem>* • Gesamt-Kohlenwasserstoffe *mpl* (THC)
totalization *<gen>* • Summierung *f*; Aufaddierung *f ugs*
totalizer *<comp>* • Summenzählwerk *n*
totalizer *<i&c>* • Zählwerk *n*
total print run *<print> (e.g. 130,000 copies)* • Gesamtauflage *f*
total solids (TS) *<mat> (dry residue after total evaporation)* • Trockensubstanz *f* (TS); Trockenmasse *f*; Feststoffgehalt *m*
total to *vt <gen> (gen. with respect to costs, price)* • belaufen auf *vr*
total weight *<tech.gen>* • Gesamtgewicht *n*
tote bag *<pack> (large handbag or shopping bag)* • Tragetasche *f*
tote box *<logist> (for storage)* • Aufbewahrungsbox *f*
tote box *<logist> (for transport)* • Transportbox *f*
touch *<gen>* • Berührung *f*
touch *vt <gen>* • berühren *vt*
touchdown *pract <aerosp> (landing)* • Aufsetzen *n*
touch down *vi <aerosp> (landing)* • aufsetzen *vi*
touchdown point *<aerosp> (landing)* • Aufsetzpunkt *m*
touchdown zone (TDZ) *<aerosp>* • Aufsetzzone *f*
touch-dry *<srfc>* • grifffest
touch-sensitive membrane keyboard *<comp>* • Folientastatur *f*
touch-up *<srfc> (minor modification, esp. of appearance)* • Retusche *f*
touch up *vt <srfc> (paint defects)* • nachbessern *vt*; beilackieren *vt ugs*
touch-up paint *<srfc> (for minor repairs)* • Ausbesserungslack *m*
tough *<qualit.mat> (solid)* • zäh
toughened *<silic> (glass)* • gehärtet
tow *vt <mvhcl.traff> (a disabled vehicle)* • abschleppen *vt*
tow *vt <nav> (vessel)* • schleppen *vt*
tow away *vt <mvhcl.traff> (unauthorized vehicles)* • abschleppen *vt*
tow bar *<mvhcl> (for towing of a disabled vehicle)* • Abschleppstange *f*

tow cable <mvhcl> *(wire rope)* • Abschleppseil *n*
tower <build> *(pole, mast; any material; e.g. concrete, steel)* • Mast *m*
tower <build> *(vage concept of relatively tall buildings; e.g. ~ of Babel, TV ~)* • Turm *m*
tower <build.mach> *(of tower cranes)* • Turm *m*; Kranturm *m*; Mast *m*
tower <energ.wind> *(of wind turbines)* • Turm *m*; Mast *m*
tower <petr> *(oil rig)* • Schaft *m*
tower crane <build.mach> • Turmdrehkran *m*; Turmkran *m prakt*
tower height <energ.wind> • Turmhöhe *f*
tower shadow <energ.wind> • Turmschatten *m*
towing capacity <mvhcl> • Anhängelast *f*
towing lug <mvhcl> • Abschleppöse *f*
towing service *US* <mvhcl.traff> *(for disabled vehicles)* • Abschleppdienst *m*
towing vehicle <aerosp> *(gen.; for aircraft or ground equipment)* • Schleppfahrzeug *n*; Schlepper *m prakt*; Zugfahrzeug *n rar*; Zugmaschine *f rar*
town light <mvhcl.light> *(AFS beam pattern)* • Stadtlicht *n*
tow rope <mvhcl> *(usu. Nylon)* • Abschleppseil *n*
tow start <mvhcl> • Anschleppen *n*
tow-start *vt* <mvhcl> *(vehicle with discharged battery)* • anschleppen *vt*
tow strap <mvhcl> • Abschleppgurt *m*
toxicity <ecol> • Toxizität *f*
toxicity <qualit.mat> • Giftigkeit *f*; Toxizität *f wiss*
toxic potency *ISO/DIS 13344* <chem.bio> *(e.g. of fire effluents)* • Giftwirkung *f ISO/DIS 13344*
toxic substance <chem.bio> • Giftstoff *m*; toxischer Stoff *m*; Toxin *n*; Gift *n ugs*
toxic waste <waste> • Giftmüll *m*
toxic waste disposal plant <waste> • Giftmüllentsorgungsanlage *f*
T-piece <tech.gen> • T-Stück *n*
trace <gen> *(e.g. of feet, skis, wheels)* • Spur *f*
trace *vt* <gen> *(whereabouts of sth.; e.g. a parcel)* • verfolgen *vt*
trace *vt* <gen> *(lines, outlines)* • nachfahren *vt*; nachzeichnen *vt*
trace *vt* <med> • fühlen *vt*
trace *vt* <prod> *(shape; e.g. with tool)* • abfahren *vt*; entlangfahren *vt*
trace *vt* <prod> *(record; e.g. outline, shape)* • aufnehmen *vt*
trace *vt* <tool> *(body outline, shape)* • abtasten *vt*; nachfahren *vt*
trace element <chem> • Spurenelement *n*
tracer <tech.gen> *(substance)* • Markierungssubstanz *f*; Markierungsmittel *n*; Tracer *m jarg*
tracer <el> *(in cable)* • Beilauffaden *m*
tracer isotope <nucl.chem> • Markierungsisotop *n*
tracing <tool> *(of outlines, shapes)* • Abtasten *n*; Abfahren *n*
track <aerosp> *(on radar screen; e.g. of an aircraft)* • Spur *f*
track <av> *(on a data storage medium; e.g. on a HD, CD, DVD)* • Spur *f DIN 44300*
track <comvhcl> • Laufkette *f*
track <convey> *(of a crane)* • Fahrbahn *f*
track <railw> *(a line of rails forming a road for trains)* • Gleis *n*; Geleis *n obs.rar*
track <railw> *(route)* • Strecke *f*
track *DIN EN 14969* <railw> • Oberbau *m DIN EN 14969*
track <sport> *(in stadium)* • Bahn *f*
track *vt* <gen> *(e.g. with a radio transmitter)* • folgen *vt*; verfolgen *vt*
track *vt* <energ.sol> *(collector arrays, solar cells)* • nachführen *vt*
trackage <convey> *(for a trolley, crab etc.)* • Fahrbahn *f*; Laufschiene *f*
trackball <comp> *(mouse alternative)* • Trackball *m*; Rollkugel *f*; Rollkugelsteuerung *f rar*
track bed <railw> • Gleisbett *n*; Schienenkörper *m*
track bedding <railw> • Gleisbettung *f*
track bench <railw> • Gleisbankett *n*
track bicycle <vhcl.sport> • Bahnrad *n*
track chain <vhcl.drive> *(e.g. of a snow mobile, crawler, tank)* • Kette *f*; Raupenkette *f*; Gleiskette *f*
track chain link <vhcl> *(e.g. of a crawler, tank)* • Kettenglied *n*
track clearance envelope <railw> • Lichtraumprofil *n*

track construction laying *<railw>* • Gleisbau *m*
track curve *<railw>* • Gleisbogen *m*
tracker *<mus> (organ)* • Abstrakte *f*; Abstraktenzug *m*; Zugrute *f*
track-guided vehicle *<railw>* • spurgeführtes Fahrzeug *n*
track idler *<comvhcl> (track chain)* • Stützrolle *f*
tracking *<navig> (of satellites)* • Verfolgen *n*; Tracking *n*
tracking control *<av.i&c>* • Spurregler *m*; Spurlage-Justierung *f*
tracking speed *<tech.gen>* • Nachführgeschwindigkeit *f*
tracking system *<energ.sol> (for mirror arrays)* • Nachführeinrichtung *f*; Spiegelnachführsystem *n*; Nachführsystem *n*
track-laying machine *<railw>* • Gleisverlegemaschine *f*; Gleislegemaschine *f*
track layout *<railw> (also for model railroad)* • Gleisbild *n*
track lock signal *<railw>* • Gleissperrsignal *n*
track maintenance *<railw>* • Gleisunterhaltung *f*
track motor car *<railw>* • Draisine *f*
track noise *<railw.acoust>* • Schienenlärm *m*
track roller *<tech.gen> (e.g. for curtain rail)* • Laufrolle *f*
track roller *ISO 5593 <vhcl> (of track chains; e.g. of a bulldozer, excavator, battle tank)* • Laufrolle *f DIN ISO 5593*
track shoe *<vhcl.drive> (link in a track chain)* • Glied *n*
track sprocket *<mvhcl> (e.g. of a bulldozer, tank)* • Triebrad *n*
track vehicle *<mil> (e.g. a tank)* • Kettenfahrzeug *n*
track vehicle *<vhcl> (e.g. bulldozer, tank)* • Raupenfahrzeug *n*
traction *<railw>* • Fahrantrieb *m*
traction and braking control *DIN VDE 0119-20 <railw.i&c>* • Fahr-/ /Bremssteuerung *f DIN VDE 0119-20*
traction-assist feature *<mvhcl>* • Anfahrhilfe *f*
traction control system (TCS) *<mvhcl.i&c>* • Antriebsschlupfregelung *f* (ASR); Antischlupfregelung *f*; Anfahrschlupfregelung *f*; Anti-Schlupf- -Control *f*; ASC; automatische Stabilitätskontrolle *f*
traction current *<railw>* • Fahrstrom *m*
traction drive *<agri.tech> (tractor, combine harvester)* • Fahrantrieb *m*
traction motor *<railw.drive>* • Fahrmotor *m*; Bahnmotor *m*
traction pole *<railw> (for catenary system)* • Fahrleitungsmast *m*
tractive effort (TE) *<gen>* • Zugkraft *f*
tractive power *<drive> (of an engine, ground vehicle; e.g. on mud, snow)* • Vortrieb *m*
tractive power *<railw>* • Fahrleistung *f*; Zugleistung *f*
tractor *<agri> (for pulling farm equipment etc.)* • Traktor *m*; Landwirtschaftstraktor *m form*; Ackerschlepper *m*; Schlepper *m ugs*; Trecker *m ugs.rar*
tractor *<comvhcl> (short truck with a driver's cab but no body; for semitrailers)* • Sattelzugmaschine *f* (SZM) *DIN*; Zugmaschine *f*; Sattelschlepper *m ugs*
tractor *<comvhcl> (European-type truck designed to tow a trailer)* • Zugmaschine *f*
tractor shovel *<convey>* • Frontlader *m*
tractor-trailer *US <comvhcl> (tractor with semitrailer; typ. US-truck)* • Sattelkraftfahrzeug *n DIN*; Sattelzug *m prakt*; Lkw *m ugs*
trade *<econ>* • Gewerbe *n*
traded-in vehicle *<mvhcl.econ>* • Fahrzeug *n*: in Zahlung gegebenes ~
trade discount *<econ>* • Händlerrabatt *m*
trade magazine *<print>* • Fachzeitschrift *f*
trade visitor *<econ> (of industry fair)* • Fachbesucher *m*
trading port *<nav>* • Handelshafen *m*
traffic *<traff>* • Verkehr *m*; Straßenverkehr *m*; Autoverkehr *m ugs*
traffic artery *<tele>* • Verkehrsader *f*
traffic-calmed area *<build.traff>* • verkehrsberuhigte Zone *f*
traffic camera *<traff>* • Verkehrüberwachungskamera *f*
traffic capacity *<tele> (of cables)* • Aufnahmefähigkeit *f*
traffic controls *<traff.i&c>*

• Verkehrsleiteinrichtungen *fpl*
traffic density *<traff>* • Verkehrsdichte *f*
traffic flow balance *<traff>* • Massenfluss-Bilanz *f*
traffic guidance system *<traff.i&c>* • Verkehrsbeeinflussungsanlage *f* (VBA); Verkehrsleitsystem *n*
traffic junction *<traff>* • Verkehrsknotenpunkt *m*
traffic lane *<build.traff> (width in the U.S.A 3.0 - 3.6 m, in Germany 2.75 - 3.75 m)* • Fahrstreifen *m*; Verkehrsstreifen *m*; Fahrspur *f prakt*; Spur *f ugs*; Verkehrsspur *f obs*
traffic lights *pl <traff.i&c> (for traffic guidance; e.g. on road junctions, intersections)* • Lichtsignalanlage *f* (LSA); Lichtzeichenanlage *f StVO*; LZA *StVO*; Verkehrsampel *f ugs*; Ampel *f ugs*
traffic load *<build.traff> (on roads, bridges, buildings etc.)* • Verkehrsbelastung *f*; Verkehrsaufkommen *n*; Verkehrsvolumen *n*; Verkehrsdichte *f*
traffic message channel (TMC) *<tele> (RDS radio)* • Verkehrskanal *m* (TCM); Traffic Message Channel *m*; TMC--Kanal *m*; Verkehrsnachrichtenkanal *m*; Traffic-Message-Kanal *m*
traffic noise *<traff.acoust>* • Verkehrslärm *m*
traffic rotary *US <traff>* • Kreisverkehr *m*
traffic sign *<traff> (the physical object)* • Verkehrsschild *n*
traffic sign *<traff> (the symbols)* • Verkehrszeichen *n*
traffic signal camera *<traff>* • Ampelüberwachung *f*
trailer *<cine> (at end of movie)* • Abspann *m*; Filmende *n ugs*
trailer *<railw> (between head and tail of push-pull trains)* • Mittelwagen *m*; Zwischenwagen *m*
trailer *<vhcl> (pulled by a motor vehicle)* • Anhänger *m*; Fahrzeuganhänger *m form*; Anhängefahrzeug *n rar*; Hänger *m ugs*
trailer brake *<vhcl>* • Anhängerbremse *f DIN 70024-3*
trailer braking system *<vhcl>* • Anhängerbremsanlage *f*
trailer hitch *<comvhcl> (on trucks, for trailers)* • Anhängekupplung *f*; Anhängevorrichtung *f ugs*
trailer hitch *<mvhcl> (on cars, for trailers)* • Anhängekupplung *f* (AHK); Anhängevorrichtung *f ugs*; Anhängerkupplung *f*
trailer hitch ball *<mvhcl> (on cars and light trucks; for trailer towing)* • Kugelkopf *m*; Anhängekugelkopf *m*; Kupplungskugel *f*
trailer load *<mvhcl>* • Anhängelast *f*; Zuglast *f*; Anhängegewicht *n ugs*
trailer towing *<mvhcl>* • Anhängerbetrieb *m*
trailing axle *<comvhcl> (undriven axle; lifted from the ground when running light)* • dritte Achse *f*
trailing axle *<railw> (of locomotive; rear of drive wheels)* • Nachlaufachse *f*; Schleppachse *f*
trailing edge *<tech.gen> (of moving objects, pulses)* • hintere Kante *f*
trailing edge *<aerosp> (e.g. of wings, stabilizers)* • Hinterkante *f*
trailing edge *<el> (of signal, wave)* • abfallende Flanke *f*; negative Flanke *f*
trailing edge *<energ.wind> (of rotor blade)* • Blatthinterkante *f*
trailing edge *<mech.eng>* • ablaufende Kante *f*
trailing edge *<vhcl> (for flow; e.g. of air foil, spoiler)* • Abrisskante *f*; Abreißkante *f rar.ugs*
trailing link *<mvhcl>* • Längslenker *m*
trailing link fork *<vhcl>* • gezogene Schwinge *f*
train *<metal> (rolling mill)* • Straße *f*
train *<pps> (of pipes)* • Strang *m*
train *<railw> (locomotive plus cars)* • Zug *m*
train *vt <did> (personnel, manpower)* • anlernen *vt*
train *vt <did> (personnel, staff, workers; e.g. machine operators)* • ausbilden *vt*
train *vt <did> (persons; to a job)* • einarbeiten *vt*
trainer *<did>* • Ausbilder *m*
train ferry *US <nav.railw>* • Eisenbahnfähre *f*; Trajekt *n/m rar*
train from opposite direction *<railw>* • Gegenzug *m*
train heating *<railw.hvac>* • Zugheizung *f*; Zugheizeinrichtung *f*; Zugheizanlage *f*

training *<did>* • Ausbildung *f*
training scheme *<did>* • Ausbildungsplan *m*
training ship *<nav> (gen., any type)* • Schulschiff *n*
train wheel rim *<railw> (tread and flange)* • Radkranz *m*
trajectory *<phys> (ballistic; e.g. of a ball, bullet, missile)* • Flugbahn *f*; Bahnkurve *f*; Bahn *f prakt*
trajectory parameter *<aerosp> (gen.)* • Bahnparameter *m*; Flugbahnparameter *m*
trajectory peak *<phys>* • Flugbahnscheitel *m*
tramp [ship] *<nav>* • Trampschiff *n*
transaction *<econ>* • Geschäft *n*
transaxle *<mvhcl.drive> (combined unit of transmission and final drive; typ. on fwd-cars)* • Getriebe/Differentialeinheit *f*; Transaxle-Einheit *f prakt*; Getriebe *n ugs*
transaxle housing *<mvhcl.drive>* • Getriebegehäuse *n*
transcribed form *<term>* • transkribierte Form *f*
transducer *<el> (converts a signal from one form of energy to another; e.g. microphone)* • Umformer *m*
transducer *<i&c> (converts a physical signal to an analog electrical signal)* • Messwandler *m VDI/VDE-2600*; Messwertumformer *m*; Signalwandler *m*; Messumformer *m*; Messgrößenumformer *m*
transfer *<gen> (e.g. armed forces, place of residence)* • Verlegung *f*
transfer *vt <gen> (power, heat, signals, data, rights)* • übertragen *vt*
transfer *vt <gen> (e.g. armed forces, company, place of residence)* • verlegen *vt*
transfer *vt <convey> (move from A to B)* • transportieren *vt*; weitertransportieren *vt*
transfer *vt <mach.tool> (e.g. tools, workpieces)* • fördern *vt*
transfer *vt <mech> (load; e.g. into foundation)* • weiterleiten *vt*
transfer *vt <print>* • abziehen *vt*
transferable *<gen> (e.g. data, force, heat, power, rights)* • übertragbar
transfer case *<mvhcl.drive> (e.g. four--wheel drive)* • Verteilergetriebe *n*
transfer comment *ISO 12620 <term>* • Transferkommentar *m*
transfer fluid *<i&c> (protection of pressure transducers)* • Druckvorlage *f*
transfer fluid loop *<energ.sol> (of solar collector)* • Absorberkreis *m*; Wärmeträgerkreis *m*; Kollektorkreis *m*
transfer line *<prod>* • Transferstraße *f*; Fertigungskette *f*
transfer medium *<phys> (gen.; e.g. for sound, heat, signals)* • Übertragungsmedium *n*
transfer molding *<prod>* • Fließformen *n*
transfer of force *<build> (e.g. in prestressed concrete)* • Kraftübertragung *f*
transfer printer *<comp>* • Transferdrucker *m*
transfer rate *<tech.gen> (data, energy; e.g. heat)* • Übertragungsrate *f*
transfer station *<logist> (AS/RS)* • Übergabestelle *f*
transform *<math>* • Transformierte *f*
transform *vt <energ.el> (voltage)* • transformieren *vt*; umspannen *vt*; umformen *vt*
transformation *<gen> (e.g. of energy, rights, signals, structure)* • Umwandlung *f*
transformation product *<chem>* • Umwandlungsprodukt *n*
transformer *<el> (to change voltage a./o. current level between different circuits)* • Transformator *m*; Trafo *m prakt*; AC/AC-Wandler *m rar*; Umformer *m rar*; Umspanner *m rar*
transient *<gen>* • kurzzeitig; vorübergehend
transient *<chem.phys> (phase, process, state)* • instabil
transient *adj <tech.gen> (short-lived, volatile)* • flüchtig
transient *adj DIN IEC 50 <tech.gen> (change from one steady state to another)* • transient *DIN IEC 50*; Übergangs…
transient response *<i&c> (performance during a transition phase)* • Übergangsverhalten *n*
transient state *<tech gen>* • Übergangszustand *m*
transient time *<tech.gen> (settling period)* • Einschwingzeit *f*

transistor *<el> (semiconductor switching device)* • Transistor *m*

transistor-transistor logic (TTL) *<comp.av>* • Transistor-Transistor-Logik *f* (TTL); TTL-Logikschaltkreis *m*; TTL-Schaltkreis *m*

transit *<gen> (of any material or immaterial objects through any spaces)* • Durchgang *m*

transit area *<aerosp>* • Transitbereich *m*; Durchgangsbereich *m*

transit check *<aerosp>* • Preflight Check *m*; Transitkontrolle *f*; Umkehrkontrolle *f*; Vorflugkontrolle *f rar*; Flugklarkontrolle *f rar*

transition *<phys> (quantum mechanics)* • Sprung *m*

transitional provision *<jur> (patent)* • Auslaufklausel *f*

transition fit *<mech.eng> (between clearance and interference fit)* • Übergangspassung *f*; Übergangssitz *m rar*

transition metal *<chem> (in periodic table; 21-30, 39-48, 72-80, 104-112)* • Übergangsmetall *n*

transition period *<tech.gen>* • Übergangszeit *f*

transition period *<phys>* • Übergangsperiode *f*

transition radius *<tech.gen> (of two planes; usu. a fillet radius)* • Übergangsradius *m*

transition region *<tech.gen>* • Übergangsbereich *m*

transition zone *<phys> (gen.; e.g. of fluid flow, from laminar to turbulent)* • Übergangsgebiet *n*

transit passenger *<aerosp>* • Transitpassagier *m*

transit time *<el> (of electrical signals in passing through a device)* • Laufzeit *f*

transit traffic *<tech.gen>* • Durchgangsverkehr *m*

transit traffic *<traff>* • Durchgangsverkehr *m*

translate *vt <transl> (a source text into a target text)* • übersetzen *vt*

translation *<transl.docu> (e.g. of manuals; process and product)* • Übersetzung *f*

translational *<mech> (motion)* • translatorisch

translational axis *<autom>* • translatorische Achse *f*; Linearachse *f*

translation and interpretation *<transl>* • Translation *f*

translation and interpretation (T&I) *<transl>* • Übersetzen und Dolmetschen *n*; Translation *f wiss*

translation-memory system (TMS) *<transl.tool> (word processor, terminology data base and translation memory)* • integriertes Übersetzungssystem *n* (TMS); Übersetzungssystem mit Translation-Memory *n*; TM-System *n prakt*

translation service provider (TSP) *EN 15038 <transl> (e.g. a translation agency, freelance translator)* • Übersetzungsdienstleister *m*; TSP *m jarg*

translation software *<transl.tool> (gen.; for computer-assisted translation; e.g. TMS, MT software)* • Übersetzungsprogramm *n*

translation tool *<transl>* • Übersetzungswerkzeug *n*

translator *<transl> (male)* • Übersetzer *m*

translator *<transl> (female)* • Übersetzerin *f*

transliterated form *<term>* • transliterierte Form *f*

translucent *<qualit.mat> (permitting light to pass through, diffuse)* • transluzent; durchscheinend; lichtdurchlässig; halbtransparent; transluzid *wiss.rar*

transmissible *<opt>* • durchlässig

transmission *<av>* • Sendung *f*

transmission (trans) *US <drive> (physical unit; any type with gears)* • Getriebe *n*

transmission *US.GB <drive> (physical unit for changing speed/torque; any kind, incl. belt types)* • Getriebe *n*

transmission *<energ.gas> (of gas; process)* • Fernleitung *f*

transmission *<phys> (of radiation, through matter)* • Durchgang *m*

transmission case *<drive> (gen.; any type)* • Getriebegehäuse *n*; Getriebekasten *m*

transmission frequency *<av.tele>* • Sendefrequenz *f*

transmission line *<energ.el> (usu. high*

or extra high voltage) • Übertragungsleitung *f*

transmission loss *<tech.gen> (loss of energy; e.g. due to friction, resistance, leak current etc.)* • Übertragungsverlust *m*

transmission losses *pl <energ.sol>* • Transmissionsverluste *mpl*

transmission oil *<tribo>* • Getriebeöl *n*

transmission output shaft *<mvhcl.drive>* • Getriebeabtriebswelle *f form*; Getriebeausgangswelle *f*; Abtriebswelle *f prakt*; Ausgangswelle *f prakt*; Hauptwelle *f prakt.ugs*

transmission path *<tech.gen> (e.g. mechanical, electrical, metaphorical)* • Übertragungsweg *m*

transmission pipeline *<energ.gas>* • Fernleitung *f*

transmission range *<av.tele>* • Senderreichweite *f*

transmission system *<energ.gas>* • Fernleitungsnetz *n*

transmissivity *<opt> (for light, radiation)* • Durchlässigkeit *f*

transmissivity *<opt>* • Transmissionsgrad *m*; Durchlässigkeitsgrad *m*

transmit *vt <mech.eng> (power, shaft speed)* • übersetzen *vt*

transmit *vt <tele> (message, signal etc.)* • übermitteln *vt*

transmit *vt <tele.comp.av> (via cable or radio; data, signals)* • senden *vt*; übertragen *vt*

transmitted light *<opt>* • Durchlicht *n*

transmitter *<av.tele> (gen.; e.g. for CB, radio, TV, cell phones, remote control)* • Sender *m*

transmitter *<i&c> (sends an analog signal to a remote instrument display)* • Messwertgeber *m*; Geber *m prakt*; Messwertübertrager *m rar*

transmitter-receiver system *EN 300718-3 V 1 <tele>* • Sender--Empfänger-System *n DIN EN 300718-3*

transoceanic cable *<el.tele>* • Überseekabel *n*

transom *<build> (a window above a door crosspiece)* • Oberlicht *n*

transom bar *<build> (horizontal bar separating door and window or two windows)* • Kämpfer *m*; Riegel *m*

transonic velocity *<aerosp> (0,8 < Ma < 1,2)* • transsonische Geschwindigkeit *f*

transparency *<phot>* • Diapositiv *n*; Dia *n ugs*

transparency *<qualit.mat> (for rays, any kind; e.g. of glass)* • Durchlässigkeit *f*

transparency *<qualit.mat> (in various degrees)* • Transparenz *f*; Lichtdurchlässigkeit *f*; Durchsichtigkeit *f*

transparency film *<phot> (b&w or color; usu. color)* • Diafilm *m*

transparent *<opt>* • durchsichtig

transparent *<phys> (for waves, particles)* • durchlässig; transparent

transparent *<qualit.mat> (objects situated beyond are clearly visible)* • transparent; durchsichtig

transparent film *<plast.pack>* • Klarsichtfolie *f*

transponder *<el>* • Transponder *m*

transport *<logist> (delivery via ground vehicle)* • Anfahrt *f*

transport *<logist> (of goods, people)* • Beförderung *f*; Transport *m*

transport *<traff> (of cargo or people)* • Beförderung *f*

transport *vt <tech.gen> (people, goods)* • transportieren *vt*; befördern *vt*

transport *vt <convey> (in any direction; e.g. with elevator, crane, hoist, conveyor belt)* • fördern *vt*

transport aircraft *<aerosp.mil> (military cargo aircraft)* • Transportflugzeug *n*; Transporter *m*

transportation engineering *<build> (design and construction of roads, airports etc.)* • Verkehrswegebau *m*

transportation space *<vhcl>* • Laderaum *m*

transport container *<logist> (gen.; any type and size)* • Transportbehälter *m*

transshipment *<logist.nav> (of cargo)* • Umschlag *m*; Umschlagen *n*

transversal motion *<tech.gen>* • quergerichtete Bewegung *f*

transverse acceleration *<vhcl>* • Querbeschleunigung *f* (g)

transverse bracing *<build>* • Querverband *m*

transverse bulkhead *<nav>* • Querschott *n*

transverse control arm *<mvhcl> (wheel suspension)* • Querlenker *m*

transverse crack *ISO 6520-1 <qualit.mat> (gen.; e.g. in welds)* • Querriss *m DIN EN ISO 6520*
transverse deflection *<tech.gen>* • Durchbiegung *f*; transversale Durchbiegung *f*
transverse engine *<vhcl>* • Quermotor *m*; quer eingebauter Motor *m ugs*; querstehender Motor *m rar*
transverse field *<el>* • Querfeld *n*
transverse flow *<tech.gen>* • Querfluss *m*
transverse frame *<nav>* • Querspant *n*
transversely adjustable *<tech.gen>* • querverstellbar
transversely stiffened *<tech.gen>* • querversteift
transverse motion *<tech.gen>* • Querbewegung *f*
transverse movement *<tech.gen>* • Querbewegung *f*
transverse sum *<math>* • Quersumme *f*
trap *<tech.gen>* • Falle *f*
trap *vt <tech.gen> (catch, collect)* • fangen *vt*
trap *vt <phys> (catch)* • auffangen *vt*
trap door *<build>* • Falltür *f*; Fallklappe *f*
trapezoidal distortion *<opt>* • Trapezverzeichnung *f*
travel *<join> (direction of welder movement)* • Schweißrichtung *f*
travel *<mech.eng> (e.g. piston, slide)* • Arbeitsbewegung *f*
travel *<mech.eng> (movement; e.g. along ways, rails)* • Bewegung *f*
travel *<mech.eng> (e.g. crane)* • Lauf *m*
travel *<metal> (passage; e.g. of strip through a rolling mill)* • Durchgang *m*
travel *vi <tech.gen> (gen. translationally)* • fortbewegen *vr*
travel *vi <mech.eng> (move; e.g. along rails)* • bewegen *vr*
travel *vi <mech.eng> (e.g. crane, slide)* • fahren *vi*
travel *vi <mech.eng> (usu. line.g. piston, slide)* • laufen *vi*
travel *vt <tech.gen> (distance; e.g. vehicle, tool)* • zurücklegen *vt*
traveling comfort *US <tour>* • Fahrkomfort *m*
traveling crane *US <convey>* • Laufkran *m*
traveling drive *US <convey> (of a crab, crane)* • Fahrantrieb *m*
traveling field *US <el.phys>* • Wanderfeld *n*
traveling-field induction motor *US <el>* • Wanderfeldlinearmotor *m*
traveling grate *US <comb>* • Wanderrost *m*
traveling mechanism *US <min> (slow motion undercarriage; e.g. of a crusher)* • Fahrgestell *n*
traveling-salesman problem *US <math> (shortest-route problem)* • Sammelfahrtproblem *n*
traveling speed *US <convey>* • Fahrgeschwindigkeit *f*
traveling-wave linear accelerator *US <nucl>* • Wanderwellenlinearbeschleuniger *m*
travelling overhead crane *<convey>* • Deckenlaufkran *m*
travel rail *<mech.eng> (e.g. of an overhead conveyor trolley, sliding door)* • Laufschiene *f*
travel time *<phys> (of a signal through matter; e.g. of ultrasound through steel)* • Durchlaufzeit *f*
travel trailer *US <mvhcl.tour>* • Caravan *m DIN 7941*; Wohnwagen *m ugs*; Wohnanhänger *m rar*
traversable *<tech.gen> (e.g. gantry, mast, table)* • verfahrbar
traverse *vi <mach.tool>* • fahren *vi*
traverse *vt <tech.gen>* • bewegen *vr*
trawler *<nav>* • Trawler *m*
trawl net *US <nav> (dragged along the sea bottom for fishing, by a trawler)* • Schleppnetz *n*; Zugnetz *n rar*
tray *<mech.eng> (e.g. to collect chips, cutting fluid)* • Wanne *f*
tray *<pack> (e.g. for food)* • Schale *f DIN 55 405*
tray *<proc> (in distillation column)* • Boden *m*; Trennboden *m*
tray *<proc> (dished; e.g. in a column)* • Schale *f*; Mulde *f*
tray *<prod>* • Horde *f*
tread *<tech.gen> (contact surface of shoe or boot soles, wheels, tires)* • Lauffläche *f*
tread bar *<vhcl> (tire)* • Profilblock *m*
tread brake *<railw.brake> (typ. on cargo trains)* • Klotzbremse *f*; Laufflächenbremse *f*
tread depth *<mvhcl> (of tire)* • Profiltiefe *f*

tread design *<mvhcl> (tire)* • Reifenprofil *n*; Laufflächenprofil *n form*; Profil *n ugs*
tread groove *<mvhcl> (tire)* • Profilrille *f*
tread life *<vhcl>* • Lebensdauer *f*
treadmill *<sport> (home exercise equipment)* • Laufband *n*
tread pressure *<mvhcl> (tire)* • Anpressdruck *m*
tread rib *<mvhcl> (tire)* • Profilrippe *f*
tread wear *<vhcl> (gen.)* • Laufflächenverschleiß *m*
treat *vt <prod> (e.g. a surface)* • behandeln *vt*
treat *vt <srfc>* • bearbeiten *vt*
treat *vt <waste>* • behandeln *vt*
treat chemically *vt <srfc> (by surface impregnation)* • imprägnieren *vt*
treating *<tech.gen> (e.g. of surfaces)* • Behandeln *n*; Behandlung *f*
treatment *<tech.gen>* • Behandlung *f*
treatment *<proc> (conditioning for some subsequent process, step)* • Aufbereitung *f*
treatment *<srfc> (e.g. of wood; e.g. with wax)* • Bearbeitung *f*; Bearbeiten *n*
treatment plant *<proc> (for water)* • Aufbereitungsanlage *f*
treat subsequently *vt <prod>* • nachbehandeln *vt*
tree bench *<gen>* • Baumbank *f*
tree-lined avenue *<traff>* • Allee *f*
tree-lined highway *<traff>* • Allee *f*
tree species *<wood>* • Baumart *f*
tremble *vi <gen> (persons; when cold)* • zittern *vi*
trench *<build>* • Graben *m*
trepanning drill *<tool> (rotary cutter)* • Kernbohrer *m*
trial *<qualit>* • Prüfung *f*; Erprobung *f*
trial operation *<qualit>* • Probebetrieb *m*
trial stage *<qualit>* • Versuchsstadium *n*; Erprobungsphase *f*
triangle head bolt *<join> (gen.; with and without collar)* • Dreikantschraube *f DIN 22424*
triangle-shaped *<gen>* • dreieckförmig
triangular *<gen>* • dreieckig
triangulation network *<geo.i&c>* • Triangulationsnetz *n*
tribology *<tribo>* • Tribologie *f DIN 50323*; Schmierungstechnik *f*
tributary *<geo> (water stream that flows to a larger stream or lake)* • Zufluss *m*
tributyl tin (TBT) *<chem> (e.g. used in anti-fouling agent for ships, diapers, shoe polish; toxic)* • Tributylzinn *n* (TBT)
trickle *vi <gen>* • tröpfeln *vi*
trickle system *<tech.gen>* • Rieseltechnik *f*
trickle through *vi <tech.gen> (gradually, very slowly)* • durchsickern *vi*; versickern *vi*
tricycle landing gear *form <aerosp>* • Dreipunktfahrwerk *n form*; Dreibeinfahrwerk *n*; 3-Beinfahrwerk *n rar*
trigger *<el.i&c> (gen.)* • Grenzwertgeber *m*; Trigger *m prakt*
trigger *<mil> (of firearm)* • Abzugshebel *m*; Abzug *m*
trigger *<mil> (firearm)* • Abzug *m*
trigger *vt <tech.gen> (e.g. action, signal)* • auslösen *vt*
trigger *vt <i&c> (address a certain device; e.g. an actuator)* • ansteuern *vt*
trigger *vt <mvhcl.safe> (air bag and pretensioner)* • auslösen *vt*; aktivieren *vt*; zünden *vt*
trigger circuit *<el> (bistable; e.g. a multivibrator, flip-flop)* • Kippschaltung *f*; bistabiles Kippglied *n*
trigger circuit *<el>* • Triggerschaltung *f*
trigger guard *<mil>* • Abzugsbügel *m*
triggering *<i&c> (of a sensor)* • Anregung *f*; Triggerung *f*
triggering condition *<i&c> (of a sensor)* • Anregekriterium *n*; Triggerbedingung *f*
trigger pin *<mil> (of firearm)* • Abzugsstange *f*; Abzugsachse *f*
trigger pulse *<i&c>* • Ansteuerimpuls *m*
trigger safety *<mil> (of firearm)* • Abzugssicherung *f*
trigger spring *<mil>* • Abzugsfeder *f*
trigger switch *<comp> (of hand scanner, laser gun)* • Auslöser *m*
trigger switch *<el>* • Auslöseschalter *m*
trihedral *<mat.math>* • dreiflächig; triedrisch
tri-jet *<aerosp>* • dreistrahlig; dreimotorig
trilateral *<tech.gen>* • dreiseitig
trillion *US.GB <math> (1,000,000,000,000)* • Billion *f*
trim *<mvhcl> (stress on: looks)*

• Verkleidung *f*; Verblendung *f*

trim *<vhcl> (condition of an aircraft, ship)* • Trimmung *f*

trim *vt <docu> (certain image areas)* • ausklinken *vt*; trimmen *vt*

trim *vt <i&c> (adjust)* • justieren *vt*

trim *vt <nav> (sail, boat)* • trimmen *vt*

trim *vt <prod> (outer coating, layer, edge; e.g. steel strip, fingernails)* • beschneiden *vt*

trim *vt <textil> (attach ornaments etc.)* • besetzen *vt*

trim *vt <vhcl> (aircraft, ship)* • trimmen *vt*

trimaran *<nav>* • Trimaran *m*; Dreirumpfschiff *n*

trim code *<mvhcl>* • Ausstattungscode *m*

trim level *<mvhcl>* • Ausstattungsstufe *f*

trim line *<mvhcl> (version of a car model)* • Ausstattungsvariante *f*

trim line *<mvhcl.prod> (final stage of car assembly)* • Endmontagelinie *f*

trimmed *<el> (e.g. with potentiometer)* • abgeglichen

trimmer *<tech.gen> (mech. cutting)* • Trimmer *m*

trimmer *<agri> (for lawn care, weed and grass cutting)* • Rasentrimmer *m*

trimmer *<el> (for electr. adjustment)* • Trimmer *m*

trimmer capacitor *<el>* • Trimmkondensator *m*

trimming *<tech.gen> (e.g. of photos, printed matter)* • Beschnitt *m*

trimming capacitor *<el> (capacitance)* • Abgleichkondensator *m*

trimming device *<nav>* • Trimmeinrichtung *f*

trimmings *<waste>* • Beschneideabfall *m*

trimmings *pl <prod> (waste; e.g. of sheet metal, leather)* • Abschnitte *pl*; Beschnitt *m*

trimming shears *<tool>* • Besäumschere *f*; Abgratschere *f*

trim molding *<tech.gen>* • Zierleiste *f*

trim strip *<tech.gen> (strip-shaped)* • Zierleiste *f*

trinitrotoluol (TNT) *<expl> (typical products are Triton, Trotly, Trilite, Trinol, Tritolo)* • Trinitrotoluol *n* (TNT)

trio mill *<metal>* • Drillingswalzwerk *n*

trip *<mech.eng> (triggering device; e.g. limit stop, dog)* • Anschlag *m*

trip *vi <tech.gen> (abruptly cease to operate; e.g. motor, pump, turbine, reactor)* • ausfallen *vi*

trip *vi <i&c> (sensor; trigger a response action)* • ansprechen *vi*

trip *vt <tech.gen> (stop or shut down abruptly; e.g. a reactor, turbine)* • abschalten *vt*

trip *vt <el.light> (a xenon lamp)* • zünden *vt*

trip *vt <mech> (e.g. a limit switch, mechanism)* • auslösen *vt*

tripartition *<gen>* • Dreiteilung *f*

trip dog *<mech.eng> (e.g. a pin)* • Anschlag *m*; Auslösungsanschlag *m*

trip dog *<mech.eng>* • Anschlagbolzen *m*; Auslösungsanschlag *m*

triphenyl tin (TPT) *<chem> (e.g. in fungicides)* • Triphenylzinn *n* (TPT)

trip in *vt <petr> (drill stem)* • einbauen *vt*

triple-acting *<tech.gen>* • dreifachwirkend

triple headlights *<railw>* • Dreilichtspitzenbeleuchtung *f*

triplet *<phys>* • Triplett *n*

tripod *<tech.gen> (e.g. for camera, flash, theodolite)* • Stativ *n*; Dreibeinstativ *n*; Dreibein *n rar*

trip out *vt <petr>* • ausbauen *vt*

tripping mechanism *<mech.eng>* • Auslöseeinrichtung *f*

trip recorder *US <mvhcl.i&c>* • Tageskilometerzähler *m*; Kurzstreckenzähler *m VAG*; Teilstreckenzähler *m Ford*; Kilometerzähler *m ugs.rar*; Trip-Counter *m ugs*

tritium *<chem>* • Tritium *n*; schweres Deuterium *n*; überschwerer Wasserstoff *m*

triturate *vt <proc> (pulverize very thoroughly)* • triturieren *vt*; zerreiben *vt*; verreiben *vt*

triturate *vt <proc> (stress on: by rubbing)* • zerreiben *vt*; verreiben *vt*

trivalency *<chem>* • Dreiwertigkeit *f*; Trivalenz *f*

trivalent *<chem>* • dreiwertig; trivalent

trivalent element *<chem>* • dreiwertiges Element *n*

trojan horse *<comp> (computer security)* • Trojanisches Pferd *n*; Trojaner *m ugs*

trolley *<aerosp.int> (galley)*

• Servicewagen *m*

trolley *<build.mach> (on a horizontal tower crane jib)* • Laufkatze *f*; Auslegerkatze *f*

trolley bus *<comvhcl>* • Oberleitungsbus *m*; Oberleitungsomnibus *m form*; Trolleybus *m*; O-Bus *m*; Obus *m rar*

trolley jack *<mvhcl.tool>* • Rangierwagenheber *m*

trolley wire *<el.comvhcl> (of trolley bus)* • Fahrleitung *f*; Oberleitung *f ugs*

trouble code *<i&c> (indicated by monitoring systems)* • Fehlercode *m*

trouble-free *<qualit>* • störungsfrei; störfrei

trouble-free operation *<tech.gen>* • störungsfreier Betrieb *m*

troubleshooting *<qualit> (problem identification plus remedial action)* • Fehlerbeseitigung *f*; Störungsbehebung *f*

troubleshooting *<qualit> (identification and locating of problems; also as headline over tables)* • Fehlersuche *f*; Fehlerdiagnose *f*; Störungssuche *f*

trouble source *<qualit> (in hardware, systems, plants)* • Störungsursache *f*; Fehlerquelle *f ugs*

trough *<tech.gen>* • Trog *m*

trough conveyor *<convey>* • Trogförderer *m*

trouser crease *<garm> (intentional; e.g. in the front and back of trousers)* • Bügelfalte *f*

trousers *pl GB.US <garm>* • Hose *f*; Hosen *fpl*

trowel *<build.tool> (for applying, spreading plaster, mortar etc.; offset handle)* • Kelle *f*

trowel *vt <build> (apply)* • aufspachteln *vt*

trowel *vt <build> (smooth)* • glätten *vt*

Truarc retaining ring *<join> (with holes; internal/external)* • Sicherungsring *m DIN471/472*; Seegerring *m prakt*

truck *US.GB <comvhcl> (gen.)* • Lastkraftwagen *m* (Lkw); Laster *m prakt*; Lastauto *n ugs*; Truck *m jarg*

truck attachment *<comvhcl> (e.g. mower, snow plow)* • Anbaugerät *n*

truck crane *US <comvhcl> (on a truck chassis)* • Autokran *m*; Mobilkran *m*; Fahrzeugkran *m*

truck-mixed concrete *<build.mat> (ready-mix concrete delivered by truck)* • Transportbeton *m DIN 1045-2; DIN*; Lieferbeton *m*

truck-mounted mobile crane *<comvhcl>* • Autodrehkran *m*

truck stop *<mvhcl> (service area for trucks and truck drivers)* • Autohof *m*

true *<chem> (e.g. acid)* • echt

true *vt <tech.gen> (bring or restore to a desired mechanical accuracy or shape)* • abrichten *vt*

true *vt <build> (make even, symmetrical, level etc.; e.g. framework, beams)* • ausrichten *vt*

true *vt <mil> (firearm)* • justieren *vt*

true *vt <prod> (by turning on engine lathe)* • abdrehen *vt*

true *vt <prod> (grinding wheel)* • abrichten *vt*; dress *vt*

true air speed (TAS) *<aerosp>* • wahre Fluggeschwindigkeit *f*; wahre Fahrt *f*

true north *<navig>* • rechtweisend Nord *n*; geographisch Nord *n*

true running *<mech.eng> (of machines)* • Rundlauf *m*

true-running *<mech.eng> (e.g. wheel, shaft)* • unwuchtfrei; perfekt rundlaufend

true seating *<tech.gen>* • satte Auflage *f*

true to scale *<tech.gen> (e.g. drawing, model)* • maßstabsgetreu; maßstabsgerecht; maßstäblich

truncate *vt <prod> (cut end)* • abrunden *vt*

truncated cone *<math>* • Kegelstumpf *m*; Stumpfkegel *m rar*

truncation *<join> (of thread crests and roots)* • Abflachung *f*

trunk *US <mvhcl> (cargo/luggage area in car)* • Kofferraum *m*

trunk connection *<tele>* • Fernverbindung *f*

trunking *<tele> (arrangement)* • Bündelung *f*; Gruppenbildung *f*; Gruppierung *f*

trunk lid *US <mvhcl>* • Kofferraumdeckel *m*; Kofferdeckel *m*; Heckklappe *f ugs*; Kofferklappe *f ugs*; Kofferraumhaube *f rar*

trunk network *<tele>* • Fernleitungsnetz *n*

trunk route *<traff>*

• Fernverkehrsstrecke *f*

trunnion *US <mech.eng> (cylindrical projection, on either side of heavy, tiltable objects)* • Drehzapfen *m*; Kippachse *f*; Zapfen *m*

truss *<build> (structural framework of straight members; e.g. of rafters, struts, bea)* • Fachwerk *n*

truss *vt <build> (transversely)* • ausstreben *vt*

truss bridge *<build>* • Fachwerkbrücke *f*; Fachwerkträgerbrücke *f*

trussed arch *<build> (of a bridge; single arch)* • Fachwerkbogen *m*; bogenförmiges Fachwerk *n*; Bogenfachwerk *n*

trussed arch bridge *<build>* • Fachwerkbogenbrücke *f*

trussed beam *<build> (stiffened by a system of braces)* • Fachwerkträger *m*; unterspannter Balken *m*; Fachwerkbalken *m*

truss element *<build>* • Fachwerkelement *n*

truss joint *<build>* • Knotenpunkt *m*; Fachwerkknoten *m*; Knoten *m*

truss-like *<build> (e.g. deck support of a bridge)* • fachwerkartig; fachwerkförmig

truss member *<build> (in a truss, diagonal or vertical)* • Fachwerkstab *m*; Stab *m*

truss structure *<tech.gen> (typ. timber, steel; e.g. bridge, mast, vehicle)* • Gittertragwerk *n*

try *vt <gen>* • versuchen *vt*

try *vt <qualit> (put to test or trial)* • prüfen *vt*; erproben *vt*; ausprobieren *vt*

T-slot *US <mach.tool> (clamping of workpieces)* • T-Nut *f*

T-slot screw *<join>* • T-Nutenschraube *f DIN ISO 1891*

T-slot table *<tech.gen> (for clamping work pieces, specimens)* • Kreuztisch *m*

TSOP casing *IEC 47D/169 <ic> (thin small outline package; e.g. for SDRAMs)* • TSOP-Gehäuse *n IEC 47D/169*

tsunami *<geo>* • Flutwelle *f*; Tsunami *m Pazifik*

T-tail *<aerosp>* • T-Leitwerk *n*

TTL circuit *<el> (transistor-transistor logic)* • TTL-Schaltkreis *m*

TTL metering *<phot> (through the lens)* • TTL-Messung *f*

tub *<gen> (a broad, round open container; usu. heavy, sturdy)* • Kübel *m*; Bottich *m*

tub *US <pack.plast> (small, usu. round container; e.g. for margerine, butter)* • Becher *m*

tube *<tech.gen> (short)* • Hülse *f*

tube *<tech.gen> (not primarily for fluid transport; e.g. structural or heat transfer ~)* • Rohr *n*

tube *<pps> (for fluid transport; flexible; typ. of rubber; e.g. for engine coolant)* • Schlauch *m*

tube *<vhcl> (in tire)* • Schlauch *m*

tube flange *<mech.eng>* • Rohrflansch *m*

tubeless *<mvhcl> (tire)* • schlauchlos

tube sheet *<pps> (in heat exchanger)* • Rohrboden *m*

tubing *EN ISO 8330 <pps> (flexible, non-reinforced, homogeneous; rubber or plastics)* • Schlauch ohne Einlage *m EN ISO 8330*; Laborschlauch *m prakt*; Maschinenschlauch *m prakt*; Schlauch *m ugs*

tubing section *<tech.gen>* • Rohrabschnitt *m*

tubing segment *<build> (gen.; e.g. made of steel, cast iron, concrete)* • Tübbing *m*

tubular *<tech.gen>* • rohrförmig; röhrenförmig

tubular backbone chassis *<mvhcl>* • Zentralrohrrahmen *m*

tubular construction *<tech.gen>* • Rohrkonstruktion *f*

tubular die *<plast> (extruder)* • Ringdüse *f*

tubular frame *<mvhcl>* • Rohrrahmen *m*

tubular handle *<tool> (tubular extension für wrenches, to increase leverage and torque)* • Aufsteckrohr *n*; Rohrverlängerung *f*; Verlängerungsrohr *n*

tubular radiator *<tech.gen> (for cooling)* • Röhrenkühler *m*

tubular section *<tech.gen>* • Hohlprofil *n*

tubular tower *<energ.wind> (typ. WECS design)* • Rohrturm *m*

tubule *<tech.gen>* • Kanüle *f*; winziges

Röhrchen *n ugs*
tuck stitch *<textil>* • Fangmasche *f*
tug *vt <nav> (ship with tugboat)* • schleppen *vt*
tugboat *<nav>* • Schlepper *m*
tumble *vi <gen> (over something)* • stürzen *vi*
tumbler *<safe> (pin in lock cylinders)* • Zuhaltungsstift *m*
tumbling barrel *<proc>* • Mischtrommel *f*
tun *<pack>* • Fass *n*
tune *vt <av> (to station, frequency, channel)* • einstellen *vt*
tune *vt <i&c> (settings, controls)* • abstimmen *vt*
tune *vt <mvhcl.mot>* • einstellen *vt*
tuned *<tech.gen> (electronic, mechanical systems)* • abgestimmt
tuned traffic lights *pl US <traff> (e.g. at 30 mph)* • Grüne Welle *f*
tuner *<av> (for radio broadcasts; Hifi system module without amplifier)* • Tuner *m*; Empfangsteil *n*; Empfänger *m*; Radioempfänger *m*
tune-up *<tech.gen> (e.g. of electronic, mechanical systems)* • Einstellung *f*
tungsten (W) *<chem>* • Wolfram *n* (W)
tungsten carbide (C-2) *<chem>* • Wolframcarbid *n* (W2C); Wolframkarbid *n ugs*
tungsten filament lamp *EN 60432-1 <light>* • Wolframfadenlampe *f EN 60432-1*
tungsten inert gas welding *ISO/FDIS 636 <join>* • Wolfram--Inertgasschweißen *n ISO/FDIS 636*
tuning *<tech.gen> (of systems or subsystems; mech. or electrically)* • Abstimmung *f*
tuning circuit *<el>* • Abstimmkreis *m*
tuning range *<av>* • Abstimmbereich *m*
tunnel *<build.traff>* • Tunnel *m DIN 1076*; Tunell *n süddt.CH.A*
tunnel *<min>* • Strecke *f*
tunnel boring machine (TBM) *<build.mach>* • Tunnelbohrmaschine *f* (TBM); Tunnelvortriebsmaschine *f*; Tunnelauffahrmaschine *f*
tunneling *US <build.traff>* • Tunnelbau *m*; Untertunnelung *f*
tunneling machine *US <min>* • Streckenvortriebsmaschine *f*
tunnel portal *<build>* • Tunneleingang *m*
tunnel portal *<build.traff>* • Tunnelportal *n*; Portal *n ugs*; Tunnelmund *m rar*
tunnel tube *pract <build.traff>* • Tunnelröhre *f prakt*; Röhre *f ugs*
tunnel ventilation system *<traff.hvac>* • Tunnellüftungssystem *n*
tup *<build.mach>* • Fallbär *m*
tup *<build.mach>* • Rammklotz *m*; Rammbär *m*
tup *<metal> (hammer head; e.g. of a pile driver)* • Bär *m*
turbidity *<qualit.opt> (of a liquid)* • Trübheit *f*
turbine *<tech.gen> (e.g. in jet engines or turbine generator sets)* • Turbine *f*
turbine blade *<turb>* • Laufschaufel *f*; Turbinenschaufel *f*
turbine blading *<turb>* • Turbinenbeschaufelung *f*; Beschaufelung einer Turbine *f*
turbine bypass *<energ>* • Turbinenumleitstation *f*
turbine generator [unit] *<energ> (turbine plus generator)* • Turbogenerator *m*; Turbosatz *m*
turbine governor *<turb.i&c>* • Turbinenregler *m*
turbine hall *<energ> (of power plants; accommodates turbines and generators)* • Maschinenhaus *n*; Krafthaus *n obs.rar*
turbine intake *<turb>* • Turbineneinlauf *m*
turbine propulsion *<vhcl> (e.g. aircraft, hovercraft, vessel)* • Turbinenantrieb *m*
turbine rotor *ISO 11086 <turb>* • Turbinenrotor *m*; Turbinenläufer *m*; Turbinenlaufrad *n*
turbine set *<energ.hydr>* • Turbinensatz *m*
turbine stage *<turb>* • Turbinenstufe *f*
turbine valve *<energ.hydr>* • Turbineneinlaufverschluss *m*
turbine with uncontrolled extraction *<energ.therm> (steam turbine)* • Anzapfturbine *f DIN 4304*
turboblower *<mech.eng>* • Turbogebläse *n*
turbo-charged *<mot>* • turboaufgeladen
turbocharger *ISO 7967-3 <mot>* • Abgasturbolader *m* (ATL) *DIN ISO*

7967-3; Turbolader *m prakt.ugs*

turbocharging *<vhcl.mot>* • Turboaufladung *f*; Abgas-Turboaufladung *f*

turbo diesel engine *<mvhcl.mot>* • Turbo-Dieselmotor *m*; Turbodiesel *m prakt.ugs*

turbo diesel engine with direct injection (TDI) *<mvhcl.mot>* • Turbo-Dieselmotor mit Direkteinspritzung *m*; direkteinspritzender Turbo-Diesel *m*; direkteinspritzender Turbo-Dieselmotor *m*; Turbodiesel mit Direkteinspritzung *m*

turbodrill *<med.tech> (dentist)* • Turbinenbohrer *m*

turbojet engine *<aerosp>* • Turbinen-Luftstrahltriebwerk *n*; TL-Triebwerk *n*

turbo lag *<mvhcl.mot>* • Turboloch *n*; Turboverzögerung *f form*

turboprop engine (TPE) *<aerosp>* • Propellerturbinen-Luftstrahltriebwerk *n* (PTL); Turboproptriebwerk *n*; Turboprop *n prakt*

turn *<gen> (right or left; street, road, flightpath)* • Kurve *f*

turn *<el> (part of a winding)* • Windung *f*

turn *vt <prod> (machine on lathe)* • drehen *vt*

turn around *vt <gen>* • herumdrehen *vt*

turn around *vt <gen> (vertcally or horizontally)* • umdrehen *vt*

turn coordinator *<aerosp.i&c> (new form)* • Wendezeiger *m*

turned component *<prod>* • Drehteil *n*

turn indicator *<aerosp.i&c> (old form)* • Wendezeiger *m*

turning *<prod> (machining on lathe)* • Drehen *n DIN 8589-1*

turning circle *<vhcl>* • Wendekreis *m*; kleinster Wendekreisdurchmesser *m*; Wendekreisdurchmesser *m*

turning knob *<mech.eng> (tommy bar style)* • Knebel *m*

turning point *<gen>* • Umkehrpunkt *m*

turning traffic *<traff>* • Abbiegeverkehr *m*

turn inside diameters *vt <prod> (with engine lathe)* • ausdrehen *vt*

turnkey *<prod> (e.g. erection, building construction)* • schlüsselfertig

turnkey delivery *<prod>* • schlüsselfertige Lieferung *f*

turnkey plant *<tech.gen>* • schlüsselfertige Anlage *f*

turnoff *<traff> (road)* • Abzweigung *f*

turn off *vi <aerosp> (from flight route)* • abdrehen *vi*

turn off *vi <traff> (pedestrian, vehicle; right or left)* • abbiegen *vi*

turn off *vt <pps> (e.g. cock, valve)* • schließen *vt*; zudrehen *vt*

turn on *vt <pps> (e.g. cock, valve, water)* • aufdrehen *vt*

turn-on delay *<i&c> (intentional feature; usu. to prevent excessive in-rush current)* • Einschaltverzögerung *f*; Anlaufüberbrückung *f rar*

turnout *<railw>* • Abzweig *m*; Abzweigung *f*

turnout *US <traff> (of a single-lane or narrow highway)* • Ausweichstelle *f*; Ausweiche *f*

turnout *US <traff> (on highway)* • Rastplatz *m*; Parkplatz *m*

turn-out *<railw> (siding)* • Nebengleis *n*

turn out *vi <railw> (track)* • abzweigen *vi*

turn out *vt <prod> (workpieces)* • ausstoßen *vt*

turnout position *<railw> (switch)* • Abbiegestellung *f*

turn over *vi/vt <tech.gen> (upside down; e.g. boat, workpiece)* • kippen *vi/vt*

turn over *vt <gen>* • herumdrehen *vt*

turn over *vt <gen> (upside down; e.g. hay, steak)* • wenden *vt*; umdrehen *vt*; umwenden *vt*

turnpike *US <traff> (high-speed highway, typically one with tollgates)* • Schnellstraße *f*

turn signal *<mvhcl>* • Abbiegesignal *n*

turn signal flasher *<el> (controls the flashing intervals; usu. a module)* • Blinkgeber *m*; Blinkerrelais *n*; Blinker *m ugs*; Blinksignalrelais *n rar*

turn signal indicator *<mvhcl.i&c>* • Blinkerkontrollleuchte *f*; Blinker-Kontrollleuchte *f*

turn signal lever *US <mvhcl.i&c>* • Blinkerhebel *m*; Hebel für den Fahrtrichtungsanzeiger *m form*; Fahrtrichtungsanzeigerhebel *m*

turn signal [light] *<mvhcl.el>* • Fahrtrichtungsanzeiger *m*; Blinker *m prakt.ugs*

turnstile *<traff> (access control; e.g. in supermarkets, subway stations)*

• Drehkreuz *n*
turntable *<comvhcl> (of trailer)* • Drehschemel *m*
turntable *<convey>* • Drehscheibe *f*
turntable *<convey> (roller conveyor)* • Drehtisch *m*
turn-up *<prod> (folded edge of sheet metal)* • Falz *m*
turn up *vt <prod> (sheet metal edge; usu. by 90 degrees)* • falzen *vt*; hochstellen *vt*
turn upwards *vt <tech.gen>* • aufklappen *vt*; hochklappen *vt*
turn wood *vt <prod.wood>* • drechseln *vt*
turn X fully CCW *vt <tech.gen> (e.g. controller, lever, key)* • Anschlag *m*: X bis zum ~ nach links drehen *vt*; drehen *vt*: X ganz nach links ~; drehen *vt*: X bis zum Anschlag nach links ~
turn X fully CW *vt <tech.gen> (e.g. controller, lever, key)* • Anschlag *m*: X bis zum ~ nach rechts drehen *vt*; drehen *vt*: X ganz nach rechts ~; drehen *vt*: X bis zum Anschlag nach rechts ~
turpentine *<chem> (terebinthinae oleum)* • Terpentin *n*
turpentine substitute *<srfc>* • Terpentinersatz *m*
turret *<mach.tool> (e.g. tool carrier)* • Revolver *m*
turret head *<mach.tool>* • Revolverkopf *m*
turret lathe *<mach.tool>* • Revolverdrehmaschine *f*
tuyere *<metal> (blast furnace)* • Blasform *f*
tuyere *<metal> (on blast furnace)* • Düse *f*
TV antenna *US <av>* • Fernsehantenne *f*
TV camera *<av> (for television broadcasting)* • Fernsehkamera *f*; Kamera *f prakt*
TV channel *<av> (e.g. CNN, BBC World)* • Fernsehsender *m*
TV commercial *<ad> (audiovisual advertising material placed in TV)* • Fernsehspot *m*; TV-Werbespot *m*; TV-Spot *m prakt*
tweezers *<tool> (gen.)* • Pinzette *f*
twelve point socket *<mech.eng> (driving feature)* • Innenzwölfzahn *m DIN ISO 1891*; Innenzwölfkant *m*
Twenty-foot Equivalent Unit (TEU) *<nav>* • Twenty-foot Equivalent Unit *n* (TEU)
twill *<textil> (fabric in twill weave)* • Köper *m*
twin-arm robot *<autom>* • zweiarmiger Roboter *m*
twine *<tech.gen> (strong thread or string, composed of several strands)* • Schnur *f*
twine *<textil>* • Garn *n*
twine *<textil> (strong thread or string, composed of twisted strands)* • Kordel *f*
twin-engined *<vhcl> (e.g. airplane)* • zweimotorig
twin-jet *<aerosp>* • zweistrahlig
twinkle *vi <gen> (stars)* • funkeln *vi*
twin lens reflex camera *<phot>* • zweiäugige Spiegelreflexkamera *f*; TLR-Kamera *f*
twin room *<tour> (separate beds)* • Zweibettzimmer *n*
twin-screw extruder *<plast>* • Doppelschneckenextruder *m*
twin tailpipes *<mvhcl>* • doppelte Endrohre *npl*
twin tires *US <comvhcl> (two tires next to each other; typ. on truck wheels)* • Zwillingsbereifung *f*
twin-wire *<el> (cable)* • doppeladrig
twist *<aerosp> (of propeller blades)* • Schränkung *f*
twist *<mil> (of helical grooves in rifled barrel)* • Drall *m*
twist *<nav> (direction; of ropes, cables)* • Schlag *m*
twist *vt <textil> (in the S/Z direction)* • drehen *vt*; drillen *vt*; zwirnen *vt*
twist drill *<tool> (bit)* • Spiralbohrer *m DIN 338*; Wendelbohrer *m did*
twist drill set *<tool>* • Spiralbohrersatz *m*
twisted *<textil>* • gezwirnt
twisted pair cable (TP) *<comp> (for networks)* • Twisted-Pair-Kabel *n* (TP)
twisted yarn *<textil>* • Spinnfaserzwirn *m DIN 53818:2000*
two-barrel progressive downdraft carburetor *<mvhcl.mot>* • Doppelfallstromregistervergaser *m*
two-bladed rotor *<energ.wind>* • Zweiblattrotor *m*; Zweiflügler *m obs*
two-coat *<srfc> (e.g. film, paint)*

• zweilagig

two-component adhesive *<join> (usu. epoxy)* • Zweikomponentenklebstoff *m*; Zweikomponentenkleber *m*; 2-Komponenten-Klebstoff *m*; 2-K-Klebstoff *m rar*; zweikomponentiger Klebstoff *m rar*

two-component epoxy adhesive *<join>* • Zweikomponenten-Expoxidharz-Klebstoff *m*; 2-Komponenten-Kleber auf Epoxidharzbasis *m*

two-component propellant *<aerosp> (rocket)* • Zweikomponententreibstoff *m*

two-cycle engine *US <mot> (e.g. on cars, bikes, lawn-mowers)* • Zweitaktmotor *m*; Zweitakt-Verbrennungsmotor *m form*; Zweitakter *m prakt*

two-cylinder engine *<mvhcl.mot> (piston engine; typ. on Harley-Davidson bikes)* • Zweizylindermotor *m*; Zweizylinder *m*

two-dimensional (2D) *<tech.gen> (e.g. representation, design)* • zweidimensional (2D)

two-electron shell *<phys>* • Zweierschale *f*

two-family house *<build>* • Zweifamilienhaus *n*

two-floor *<build> (house, building, construction)* • zweigeschossig; zweistöckig *ugs*

two-high blooming mill *<metal>* • Duoblockwalzwerk *n*

two-high mill *<metal>* • Doppelwalzwerk *n*

two-hinged frame bridge *<build.traff>* • Zwei-Gelenkrahmenbrücke *f*

two-layer *<mat> (e.g. toilet paper)* • zweilagig

two-leaf door *<build.vhcl>* • zweiflügelige Tür *f*; zweiflüglige Tür *f rar*

two-masted ship *<nav>* • Zweimaster *m*; zweimastiges Segelschiff *n*

two-pass operation *<mach.tool>* • Arbeit in zwei Durchgängen *f*

two-phase *<tech.gen> (e.g. process, action, reaction)* • zweistufig; zweiphasig

two-pin *<el> (connector)* • zweipolig

two-sided *<gen>* • zweiseitig

two-sided copying *<print>* • doppelseitiges Kopieren *n*

two-side galvanized *<srfc>* • beidseitig verzinkt; verzinkt: auf beiden Seiten ~

two-speed *<tech.gen> (e.g. fan, wiper sweep rate)* • zweistufig

two-stage *<tech.gen> (with two sections; e.g. extruder screw, pump)* • zweistufig

two-stage stretch blow molding *:V <plast> (of PET bottles)* • zweistufiges Streckblasen *n*

two-step *<tech.gen> (e.g. process)* • zweistufig

two-terminal *<el>* • zweipolig

two-tier *<build> (e.g. bridge)* • doppelstöckig

two-track *<railw>* • zweispurig

two-way reinforced *<mat> (e.g. concrete, GFP)* • kreuzweise bewehrt

two-wheel *<vhcl> (stress on: on one axle)* • einachsig

tying of rebar steel *<build> (with wire)* • Rödeln *n*

type *<tech.gen> (product variant; e.g. infrared or radio remote control)* • Ausführung *f*; Modell *n*

type *vt <print>* • schreiben *vt*

type approval *<jur>* • Bauartzulassung *f*

type area *<print>* • Satzspiegel *m*

type-code *<gen>* • Typenbezeichnung *f*

typeface *<print>* • Schriftart *f*; Schrift *f ugs*; Font *m*

type of fuel *<chem.petr> (e.g. regular, premium, leaded, unleaded)* • Benzinqualität *f*

type plate *<tech.gen> (electric applicances etc.)* • Typenschild *n*

typeset *vt <druck> (a text)* • setzen *vt*; absetzen *vt*; setzen *vi*

type size *<print> (height of the printed character; e.g. 10 point)* • Schriftgrad *m*; Schriftgröße *f*

typical application *<tech.gen> (of a product etc.)* • Anwendungsbeispiel *n*; Applikationsbeispiel *n rar*; Einsatzbeispiel *n rar*

typical value *<tech.gen>* • Anhaltswert *m*

typical values for … *<tech.gen>* • Richtwerte für … *mpl*

typography *<print> (appearance of printed matter)* • Typografie *f* (Typo); Typographie *f*

U

U-bolt *<join> (square and round styles)* • Bügelschraube *f DIN ISO 1891*
U-bolt *<join> (e.g. for span insulators)* • U-Bügel *m*; Rundstahlbügel *m*
U-bolt *<vhcl.join> (leaf spring attachment)* • Federbride *f*; Bride *f*; Federbügel *m*
u-brake *<vhcl.brake> (on bicycles; type of center-pull brake)* • U-Bremse *f*
ultimate *<gen>* • endgültig; ultimativ *ugs*
ultimate tensile strength (UTS) *<qualit.mat> (breaking stress under tensile load)* • Zugfestigkeit *f*; Reißfestigkeit *f ugs.rar*; Reißlast *f rar*; Bruchfestigkeit *f rar*
ultracentrifugation *<bio.tech> (e.g. used for the classification of lipoproteins)* • Ultrazentrifugation *f*; Ultrazentrifugierung *f*
ultrafiltration *<proc>* • Feinstfilterung *f*
ultra light *<print> (font style with extreme light weight)* • extraleicht; ultra light
ultralight aircraft *<aerosp>* • Ultraleicht-Flugzeug *n*; UL-Flieger *m ugs*
ultra low *<tech.gen>* • extrem niedrig; ultraniedrig
ultra low emission vehicle (ULEV) *<mvhcl.ecol>* • Niedrigst-Emissionen--Fahrzeug *n* (ULEV); Fahrzeug mit sehr geringem Schadstoffausstoß *n*; Fahrzeug nach ULEV-Standard *n*; ULEV-Fahrzeug *n*
ultra-soft *<qualit.mat> (e.g. leather upholstery of seats)* • handschuhweich; butterweich *ugs*
ultrasonic (US) *<phys> (in compositions)* • Ultraschall... (US)
ultrasonic atomizer *<proc>* • Ultraschallzerstäuber *m*
ultrasonic distance measurement *<i&c>* • Ultraschall--Entfernungsmessung *f*
ultrasonic flaw detector *<qualit.mat>* • Ultraschallprüfgerät *n*; Ultraschalldefektoskop *n*
ultrasonic generator *<acoust>* • Ultraschallerzeuger *m*; Ultraschallgenerator *m*; US-Generator *m*; Ultraschallgeber *m*
ultrasonic inspection *<qualit.mat>* • Ultraschallprüfung *f DIN 54119*; US--Prüfung *f*; Ultraschalldefektoskopie *f*; Ultraschallwerkstoffprüfung *f*
ultrasonic motion detector *<alarm>* • Ultraschall-Bewegungsmelder *m* (US); Ultraschallbewegungsmelder *m*; Ultraschallmelder *m*; Ultraschall--Dopplergerät *n*; Ultraschalldoppler *m*
ultrasonic probe *<i&c>* • Ultraschallsonde *f*
ultrasonic proximity switch *EN 60947 <alarm>* • Ultraschallnäherungsschalter *m EN 60947*
ultrasonic sound *<phys>* • Ultraschall *m*
ultrasonic thickness gage *<i&c>* • Ultraschall-Dickenmessgerät *n*; US--Dickentester *m*
ultrasonic welding (USW) *<join> (a solid-state pressure welding process)* • Ultraschallschweißen *n* (US) *DIN 1910*
ultra-thin *<tech.gen> (e.g. diaphragm, film, coating)* • hauchdünn
ultraviolet (UV) *<phys>* • ultraviolett (UV)
ultraviolet irradiation *<phys>* • Ultraviolettbestrahlung *f*
ultraviolet light *<light>* • ultraviolettes Licht *n*; UV-Licht *n*
ultraviolet radiation *<phys> (wavelength shorter than 380 nm but longer than X rays)* • ultraviolette Strahlung *f*; UV-Strahlung *f prakt*; Ultraviolettstrahlung *f*
umbrella reflector *<phot> (white or silver)* • Aufhellschirm *m*
unaffected *<gen>* • unbeeinflusst; unbeeinträchtigt
unalloyed *<metal> (without alloying constituents; e.g. carbon steel)* • unlegiert
unambiguity *<gen> (having only one possible meaning or interpretation)* • Eindeutigkeit *f*
unambiguous *<gen>* • eindeutig
unambiguous *<math>* • unzweideutig
unapplicable *<docu> (e.g. question, box in questionnaire)* • unzutreffend; nicht zutreffend
unarmored *US <el> (cable)* • unbewehrt

unarrest *vt <mech.eng> (e.g. lever, lock bolt, shutter)* • entarretieren *vt*

unassisted *<gen>* • selbstständig

unattended *<tech.gen> (e.g. machine, process)* • unbeaufsichtigt

unattended *<autom> (e.g. gasoline station, elevator)* • bedienungslos; Bedienung *f*: ohne ~; bedienungsfrei

unauthorized access *<comp>* • unberechtigter Zugriff *m*

unbalanced *<gen> (e.g. financially, optically, technically)* • unausgeglichen

unblock *vt <el> (function)* • freigeben *vt*; freischalten *vt*

unblocking *<mech.eng>* • Entsperrung *f*

unbound *<phys>* • frei

unbreakable *<qualit.mat> (e.g. glass)* • unzerbrechlich; bruchsicher; splitterfest; splittersicher

unbridle *vt <sport>* • abzäumen *vt*

unbuckle *vt <safe> (seat belt)* • lösen *vt*

uncage *vt <min>* • abziehen *vt*

uncertain *<gen> (e.g. consequences)* • unbestimmt; ungewiss

uncertainty *<gen>* • Unbestimmtheit *f*

unchuck *vt <tool> (tool, workpiece)* • ausspannen *vt*

unclamp *vt <mech.eng>* • entriegeln *vt*

unclamp *vt <tool>* • freigeben *vt*

unclutch *vt <mech.eng>* • entkuppeln *vt*

uncluttered *<mvhcl.i&c> (instrument panel)* • aufgeräumt

uncoated *<srfc> (bare, unprotected, exposed; e.g. metal, wood)* • blank

uncoil *vi <tech.gen> (from reel, coil; e.g. wire, steel sheet, paper)* • ablaufen *vi*; abrollen *vi ugs*

uncoil *vt <prod>* • abspulen *vt*

uncoiler *<metal> (feeds sheet, panel and strip material to presses)* • Haspel *f*; Ablaufhaspel *f*

uncoiling *<prod> (from reel, roll, coil)* • Abhaspeln *n*; Abspulen *n*

unconditional statement *<comp>* • unbedingte Anweisung *f*

unconsolidated rock *VDI4640 <geo>* • Lockergestein *n VDI4640*; lockeres Gestein *n*

unconstrained *<phys> (e.g. mass, system)* • frei

uncontrolled *<tech.gen>* • ungeregelt

uncontrolled *<mvhcl.emiss> (without catalytic emission control)* • kat-los *press*

uncontrolled dump *US <waste> (unsanitary disposal of domestic refuse or industrial waste)* • Müllkippe *f*; Müllhalde *f*; wilde Müllkippe *f ugs*; Schutthalde *f ugs*; Kippe *f ugs.rar*

uncouple *vt <railw> (cars)* • entkuppeln *vt*; abkuppeln *vt*

uncouple *vt <railw> (engine, wagon)* • abkuppeln *vt*

uncover *vt <tech.gen>* • abdecken *vt*

uncover *vt <tech.gen> (hidden objects; e.g. layer, picture, wound, ore, coal)* • freilegen *vt*; bloßlegen *vt*

uncovered *<gen>* • unabgedeckt

undamaged *<gen>* • unbeschädigt

undamped *<i&c> (sensor state)* • unbedämpft; frei; unbedeckt

undelete *vt ISO/IEC 2382-23 <comp>* • Löschung rückgängig machen *vi ISO/IEC 2382-23*

underbody *<mvhcl>* • Unterbau *m*

underbody *<mvhcl> (the underside of a car)* • Unterboden *m*; Unterseite des Aufbaus *f*

underbody [structure] *<mvhcl> (of a unitized car body shell)* • Bodengruppe *f*; Fahrzeugunterboden *m form*; Unterboden *m prakt*

undercoat *<srfc> (all paint coats applied prior to the topcoat, incl. primer)* • Grundlack *m*; Grundierung *f*

undercut *<mech.eng> (intended result, feature)* • Unterschnitt *m*; Unterschneidung *f*

undercut *<prod> (annular groove; e.g. in fillets, at thread ends)* • Freistich *m DIN 509*

underdeveloped *<gen>* • unterentwickelt

underestimate *vt <gen> (e.g. value, risk, effort)* • unterschätzen *vt*

underfeed stoker firing *<comb> (horizontal fuel feeding into a retort)* • Unterschubfeuerung *f*; Muldenfeuerung *f rar*

underfeed stoker [firing] *<comb> (underfeeding into a retort)* • Retortenfeuerung *f*; Unterschub-Retortenbrenner *m*

underfloor mounting *<vhcl>* • Unterfluranordnung *f*

underframe *<railw>* • Untergestell *n DIN*

25603

underground *VDI4640 <tech.gen>* • unterirdisch *VDI4640*; untertägig; Tage *mpl*: unter ~; unter Tage

underground cable *<el>* • Erdkabel *n*; erdverlegtes Kabel *n*

underground car park *<mvhcl.build>* • Tiefgarage *f*

underground distribution chamber *<build.el>* • Kabelkeller *m*

underground mining *<min>* • Untertagebau *m*; untertägiger Bergbau *m*; Förderung im Tiefbau *f*; Abbau unter Tage *m*; Tiefbau *m*

underground power station *<energ.hydr>* • Kavernenkraftwerk *n*

underground reservoir *<logist>* • Untergrundspeicher *m*

underground storage *<logist>* • Untergrundspeicherung *f*

underinflation *<vhcl> (of tires)* • Reifenunterdruck *m*

undermine *vt <hydr> (e.g. river banks)* • auskolken *vt*; unterspülen *vt*

undermining *<build> (due to underwashing; e.g. of bridge pylons)* • Auskolkung *f*; Aushöhlung *f*; Unterspülung *f*

underpass *<traff>* • Straßenunterführung *f*

underpowered *<mvhcl.mot>* • untermotorisiert

underroof space *<build> (gen.)* • überdachte Fläche *f*

under-run guard *<comvhcl> (front, rear, lateral)* • Unterfahrschutz *m*

undershot wheel *<energ.hydr>* • unterschlächtiges Wasserrad *n*

underside *<gen>* • Unterseite *f*

undersize *<tech.gen>* • Untermaß *n*

undersized *<tech.gen>* • unterdimensioniert

underslung *adj <aerosp> (located under the wing)* • unterbaut

understeer *vi <mvhcl>* • untersteuern *vi*

understructure *<metal> (blast furnace)* • Sockel *m*

undertighten *vt <mech.eng> (nut, screw)* • anziehen *vt*: zu locker ~

underwater hull *<nav>* • Unterwasserschiff *n*; lebendes Werk *n obs*; Unterwasserteil des Schiffes *m*

undesired *<gen> (e.g. side-effect)* • unerwünscht

undetectable *<i&c>* • nicht nachweisbar

undeterminable *<gen>* • unbestimmbar

undisguised *<gen> (e.g. prototype during road testing)* • ungetarnt

undistorted *<opt.av> (e.g. projection, television picture)* • verzeichnungsfrei

undisturbed *<tech.gen> (process, state, any kind)* • unbeeinflusst

undisturbed *<phys> (fluid flow)* • störungsfrei

undo *vt <tech.gen> (processes, any kind)* • rückgängig machen *vt*

undock *vi <aerosp> (from space station)* • ablegen *vi*; abdocken *vi*

undress *vi <garm> (a person)* • ausziehen *vr*

undulated *<phys> (e.g. surface)* • gewellt; wellig

undulatory *<gen> (movement)* • wellenartig

unequal *<gen>* • ungleich

uneven *<qualit> (e.g. road, track, technical surface)* • wellig

unexplored *<gen> (geographical area, subject field)* • unerforscht

unexposed *<phot> (film, photoconductor)* • unbelichtet

unfasten *vt <tech.gen> (by turning; e.g. lid, screw, nut)* • abdrehen *vt*

unfasten *vt <tech.gen> (e.g. connector, threaded fastener, seatbelt)* • lösen *vt*

unfilled *<gen>* • ungefüllt

unfinished *<prod> (raw)* • roh

unfit to drive *<traff> (driver; gen.)* • fahruntüchtig

unfold *vt <tech.gen> (carton, tripod)* • auseinanderklappen *vt*

unfold *vt <tech.gen> (e.g. deck chair, window)* • ausklappen *vt*

unformatted *<comp> (data carrier; e.g. hard disk)* • unformatiert; nichtformatiert

unglazed *<tech.gen>* • unverglast

ungrounded *US <el> (usu. disadvantageous)* • ungeerdet

unguided *<aerosp> (missile)* • ungelenkt

unhair *vt <leath> (hides)* • enthaaren *vt*

unhinge *vt <build> (door)* • ausheben *vt*

unhook *vi/vt <tech.gen>* • aushaken *vr/vt*

uniaxial *<mat> (crystal)* • einachsig

unidirectional *<tech.gen> (process, effect; e.g. measurement, motion,*

radiation) • einseitig gerichtet; unidirektional *wiss*
unidirectional *<tech.gen> (e.g. measuring device, transducer)* • einseitig wirkend
unidirectional traffic *<traff>* • Richtungsverkehr *m* (RV); Einbahnverkehr *m*
uniform *<gen> (appearance, color, shape etc.)* • einheitlich
uniform *<tech.gen> (e.g. appearance, quality; processes of any kind)* • gleichmäßig
uniform *<mech> (acceleration, velocity; motion)* • gleichförmig
uniform *<srfc> (layer, coating; without irregularities)* • gleichmäßig
uniformly loaded *<tech.gen> (electrically, mechanically)* • gleichmäßig belastet
unify *vi/vt <gen>* • unifizieren *vi/vt*
unify *vt <gen>* • vereinheitlichen *vt*
unimpeded *<gen>* • unbehindert
uninflammable *<textil.qualit>* • flammfest ausgerüstet
uninfluenced *<gen>* • unbeeinflusst
uninsulated *<el> (cable, wire)* • blank
unintersected *<traff> (roads)* • kreuzungsfrei
union *<pps> (pipe connection)* • Anschlussstück *n*
union nut *<join.pps> (for pipe connections, tubing)* • Überwurfmutter *f*; Rohrverschraubung *f*
unique *<gen>* • unique; einzigartig
unit *<tech.gen> (part of a bigger complex)* • Anlage *f*; Anlagenteil *m*; System *n*; Nebenanlage *f*; Prozesseinheit *f*
unit *<tech.gen> (e.g. a complete item, device, assembly, module)* • Einheit *f*
unit *<tech.gen> (device, appliance, instrument; e.g. recording unit)* • Gerät *n*
unit *<energ> (of power plant)* • Block *m*
unit *<mech.eng> (prime mover plus machine; e.g. generator ~, pump ~)* • Aggregat *n*
unit *ISO 12620 <term>* • Einheit *f*
unit area *<math.phys>* • Flächeneinheit *f*
unitary heat pump *<hvac>* • anschlussfertige Wärmepumpe *f*
unit injector (UI) *<mvhcl.mot>* • Pumpe--Düse-Einheit *f* (PDE); Pumpe-Düse *f*
unit injector system *<mvhcl.mot>* • Pumpe-Düse-System *n* (PD)
unitized body design *<mvhcl>* • selbsttragende Bauweise *f*; selbsttragender Aufbau *m*
unitized part *<tech.gen> (fully integrated, non-removable)* • integraler Bestandteil *m*
unit load *<logist> (a unit to be moved or handled at one time)* • Ladeeinheit *f* (LE); Lagereinheit *f*
unit load *<mech> (per unit surface area)* • Einzellast *f*
unit of force *<phys> (SI: newton)* • Krafteinheit *f DIN 1301*
unit of length *<phys> (SI: meter)* • Längeneinheit *f DIN 1301*
unit of mass *<phys> (SI: kg)* • Masseeinheit *f DIN 1301*; Einheit der Masse *f*
unit of measurement *<phys> (e.g. mile, meter, gram)* • Maßeinheit *f*; Einheit *f prakt*
universal *<gen>* • universell
universal blower *<agri> (e.g. for hay)* • Allesförderer *m*
universal coal cutter *<min>* • Schräm- und Kerbmaschine *f*
universal joint (UJ) *<drive> (in shafts)* • Kreuzgelenk *n*; Kardangelenk *n ugs*; Wellengelenk *n rar*
universal joint *<tool> (accessory for socket wrenches)* • Kardangelenk *n*; Universalgelenk *n form*; Gelenkstück *n prakt*; Kreuzgelenk *n rar*
universal mobile telecommunication system (UMTS) *<tele>* • UMTS--Mobilfunk *m*
Universal Serial Bus (USB) *<comp>* • universeller serieller Bus *m* (USB)
Universal Serial Bus (USB) *<comp>* • Universal Serial Bus *m* (USB)
univibrator *<el> (as opp. to flip-flop)* • Univibrator *m*
unjustified right margin *<docu> (result of left-justified format)* • Flattersatz *m*; Flatterrand *m*
unlace *vt <join> (e.g. package, bodice)* • aufschnüren *vt*
unlatch *vt <mech> (release; e.g. control rods in PWR)* • ausklinken *vt*
unlatch *vt <mech.eng>* • entriegeln *vt*
unlatch *vt <mech.eng> (a lock, ratchet)*

• lösen *vt*

unleaded *US <chem.petr> (fuel)* • bleifrei; unverbleit *form*

unleaded fuel *<chem.petr>* • bleifreier Kraftstoff *m*

unlimited *<gen> (number, value, distance; e.g. mileage)* • unbegrenzt

unload *vt <logist> (cargo, freight)* • abladen *vt*

unload *vt <logist> (carrier or cargo; e.g. truck, ship, aircraft; boxes, containers)* • ausladen *vt*

unload *vt <logist> (e.g. freight car, truck)* • entladen *vt*

unload *vt <logist> (e.g. a hopper, tank, container)* • leeren *vt*

unload *vt <mach.tool> (workpieces from machine)* • abführen *vt*; ausbringen *vt*; ausgeben *vt*; abnehmen *vt*

unload *vt <mil> (firearm)* • entladen *vt*

unload *vt <nav.logist> (cargo from a ship)* • löschen *vt*; entladen *vt*

unload *vt <phot> (film)* • entnehmen *vt*

unload *vt <qualit.mat> (specimen)* • entlasten *vt*

unloaded *<mech>* • entlastet; spannungsfrei

unloading *<logist> (freight car, truck)* • Entladung *f*

unloading *<mach.tool> (of workpieces from machines)* • Entnahme *f*

unloading *<nav> (vessel)* • Löschung *f*

unloading device *<tech.gen>* • Entladeeinrichtung *f*

unloading operation *<convey>* • Entladevorgang *m*

unloading ramp *<logist>* • Entladebühne *f*

unloading site *<logist>* • Abladeplatz *m*

unlock *vt <tech.gen> (e.g. brake, door, window regulator)* • entriegeln *vt*

unlock *vt <tech.gen>* • entsichern *vt*

unlock *vt <build> (door, room)* • aufschließen *vt*

unlock *vt <mech.eng> (a blocked system)* • lösen *vt*

unmachined *<prod>* • unbearbeitet

unmaneuverability *US <vhcl>* • Manövrierunfähigkeit *f*

unmaneuverable *US <vhcl> (ship, vessel, spacecraft)* • manövrierunfähig

unmanned *<tech.gen>* • unbemannt

unmanned combat air vehicle (UCAV) *<mil> (e.g. Boeing X-45)* • Kampfdrohne *f*

unmanned rocket *<aerosp>* • unbemannte Rakete *f*

unmoor *vt <nav> (boat or ship)* • losmachen *vt*; loswerfen *vt*

unnavigable *<geo.nav> (waters; e.g. lake, river)* • nicht schiffbar; unbefahrbar

unobstructed *<build> (e.g. access, passage, road)* • unbehindert

unoccupied *<tech.gen> (e.g. address, flat, seat, telephone line)* • frei

unoccupied *<build> (e.g. flat, house)* • leer

unoperated position *<tech.gen> (e.g. gear lever, pointer, tool)* • Ruhestellung *f*

unordered *<gen> (e.g. list, set)* • ungeordnet

unoriented *<gen> (e.g. effect, search, radiation)* • ungerichtet

unpaved road *<build.traf> (road without pavement)* • unbefestigte Straße *f*; Feldweg *m ugs*

unplasticized polyvinyl (PVC-U) *<plast>* • weichmacherfreies Polyvinylchlorid *n* (PVC-U)

unplasticized polyvinyl chloride (UPVC) *<plast>* • Hart-Polyvinylchlorid *n* (UPVC); Polyvinylchlorid-hart *n*; PVC-hart *n*; Hart-PVC *n prakt*

unpleasant odor *US <gen>* • unangenehmer Geruch *m*; übler Geruch *m*

unprocessed *<term> (terminologically)* • noch nicht bearbeitet

unproductive *<tech.gen> (mine, negotiation, oil field, source)* • unergiebig

unqualified person *<tech.gen>* • fachfremde Person *f*

unravel *vt <textil> (separate or disentangle; threads of a fabric)* • aufgehen *vi*; aufziehen *vr*; aufribbeln *vr ugs*; aufräufeln *vr ugs*

unrebated *<build> (sash or frame profile)* • stumpf

unrecoverable error *<comp>* • nichtbehebbarer Fehler *m*

unreel *vt <tech.gen> (e.g. film, tape, wire)* • abwickeln *vt*

unreel *vt <av> (tape, film)* • abspulen *vt*

unreinforced *<build.mat> (concrete)* • unbewehrt

unrelated *<gen> (to something)* • beziehungslos; Beziehung *f*: ohne ~

unrelated *<tech.gen> (to a given discipline, subject field)* • fachfremd

unreserved *<railw>* • frei

unresisted *<phys> (fluid flow)* • frei

unrestrained *<gen>* • unbehindert

unrestricted *<gen> (e.g. access, operation)* • unbehindert

unroasted coffee *<food>* • Rohkaffee *m*; Coffea cruda

unrove *vt <textil> (a fabric)* • auftrennen *vt*

unsaturated *<tech.gen> (e.g. steam, fat, hydrocarbon, polyester, magnetization)* • ungesättigt

unscrew *vt <join> (open sth with a twisting motion; e.g. container, bottle)* • aufschrauben *vt*

unscrewable *<mech.eng>* • abschraubbar

unshielded *<el> (cable)* • ungeschirmt

unsolder *vt <el>* • auslöten *vt*

unsolder *vt <join.rep> (e.g. devices from pcb)* • ablöten *vt*

unsorted *<gen>* • unsortiert

unsprung mass *<railw>* • ungefederte Masse *f*; unabgefederte Masse *f rar*

unstable *<phys> (e.g. equilibrium, fluid flow, isotope)* • instabil

unstable equilibrium *<tech.gen> (chemical; electric, mechanical, thermal)* • labiles Gleichgewicht *n*

unstable system *<tech.gen> (e.g. PC operating system)* • instabiles System *n*

unsteady *<tech.gen> (state, motion; e.g. fluid flow)* • unstetig

unstitch *vt <textil> (a seam)* • auftrennen *vt*

unstressed *<build> (reinforcement)* • schlaff

unstructured *<gen>* • unstrukturiert

unsuitable *<tech.gen> (for a certain purpose; e.g. part, tool, measure)* • ungeeignet; untauglich; nicht geeignet

unsupported *<tech.gen> (self--supporting)* • selbsttragend

unsurfaced *<traff> (road)* • unbefestigt

unsystematic designation *<term>* • unsystematische Bezeichnung *f*

unsystematic term *<term>* • unsystematische Benennung *f*; unsystematischer Terminus *m*

untearable *<qualit.mat>* • unzerreißbar

untensioned *<tech.gen> (slack, not taut; e.g. belt, chain, rope)* • spannungslos; spannunglos

untensioned *<mech.eng> (e.g. belt, chain, rope)* • schlaff

unterminated *<el> (cable, antenna outlet)* • nicht terminiert

unthread *vt <av> (magnetic tape)* • ausfädeln *vt*

unthreaded *<mech.eng>* • gewindelos; Gewinde *n*: ohne ~

unthreaded shank *<join> (of bolts)* • Schaft *m*; Schraubenschaft *m*

untie *vt <tech.gen> (knot)* • lösen *vt*

untie *vt <textil>* • abknüpfen *vt*

untreated *<gen> (material of any kind, incl. subject, theme)* • unbearbeitet

untreated *<food> (e.g. fish, fruit, meat, vegetable)* • roh

unweighable *<gen> (physically; fig.: inestimable)* • unwägbar

unwind *vt <tech.gen> (e.g. wire rope)* • abrollen *vt*

unwind *vt <textil> (thread)* • abhaspeln *vt*; abspulen *vt*; abwickeln *vt*; abwinden *vt*

unworked piece *<prod>* • Rohling *m*

unworn *<tech.gen>* • nicht abgenutzt

unwrap *vt <pack> (parcel, package etc.)* • auswickeln *vt*

unyielding *<qualit>* • unnachgiebig

update *vt <tech.gen> (e.g. report, software)* • aktualisieren *vt*; updaten *vt ugs*

updated version [of a program] *<comp>* • aktualisierte Programmversion *f*; Update *n prakt*

updater *ISO 12620 <term>* • Bearbeiter *m*

updating *<gen>* • Aktualisierung *f*

upgrade *<comp> (new software version with extended features and different bugs)* • Upgrade *n*

upgrade *vt <comp> (hardware performance; e.g. CPU or RAM)* • aufrüsten *vt*

upgradeability *<tech.gen> (of hardware; usu. a theoretical feature)* • Aufrüstoption *f*; Erweiterungsmöglichkeit *f*

uphill grade *<traff> (road; upwards)* • Steigung *f*

uphill run *<tech.gen>* • Bergfahrt *f*
upholster *vt <int> (furniture, seats)* • polstern *vt*; aufpolstern *vt*
upholstery *<mvhcl.int> (interior trim: seats, carpets, door trim, etc.; e.g. leather, walnut)* • Ausstattung *f*; Polsterung *f rar*
upholstery *<textil> (e.g. of furniture)* • Polster *n*
upholstery fabric *<textil>* • Polsterstoff *m*
uplink (UL) *<tele> (direction from the mobile station to the base station)* • Aufwärtsstrecke *f* (UL); Uplink *m*; Mobilstations-Sendeband *n rar*
upper *<garm> (of shoes)* • Obermaterial *n*
upper chamber *<tech.gen> (e.g. in K/KE-Jetronic fuel distributor)* • Oberkammer *f*
upper deck *<build> (of a bridge)* • Oberdeck *n*; oberes Deck *n*
upper deck *<comvhcl> (of a double--decker bus)* • Oberdeck *n*
upper deck *<nav>* • Oberdeck *n*; Hochdeck *n*
upper die part *<prod.tool>* • Oberwerkzeug *n*
upper half *<gen>* • Oberhälfte *f*; obere Hälfte *f*
upper leather *<garm.mat>* • Oberleder *n*
upper limit *<tech.gen>* • obere Grenze *f*
upper limit value *<tech.gen>* • oberer Grenzwert *m*; Obergrenze *f*
upper member *<tech.gen> (upper part)* • Oberteil *n*
upper punch *<prod>* • Oberstempel *m*
upper range *<tech.gen>* • Oberbereich *m*
upper reservoir *<energ.hydr> (pumped storage electrical hydro-power station)* • Oberbecken *n*; Hochspeicher *m*; oberes Speicherbecken *n*
upper roll *<tech.gen> (e.g. rolling mill, drum press)* • Oberwalze *f*
upright freezer *<food>* • Gefrierschrank *m*
upright grass shear handle *<agri.tool> (for battery-operated grass shears)* • Fahrstiel *m*
upright standard *<mach.tool> (e.g. of portal-type machine tools)* • Ständer *m*
U-profile *<tech.gen> (component; e.g. U-shaped steel section, flexible weatherstrip)* • U-Profil *n*
upset *vt <prod> (length reduction and increase in diameter; e.g. wire parts)* • stauchen *vt*; anstauchen *vt*
upsetting *<metal>* • Anstauchen *n DIN 8583-3*
upshift indicator light *<mvhcl.i&c>* • Schaltanzeige *f*
upstream [of] *<proc> (of a barrage, dam; e.g. system component)* • vorgeschaltet; davor angeordnet
upstroke *<print> (of a letter)* • Anstrich *m*
uptake *<logist> (of material to be hauled)* • Aufnahme *f*
upward camber *<gen> (plain tile)* • Aufwölbung *f*
upward compatibility *<comp>* • Aufwärtskompatibilität *f*
upward compatible *<comp>* • aufwärtskompatibel
upward component *<phys> (of a vector; e.g. force, velocity)* • Aufwärtskomponente *f*
upward current *<phys>* • Aufstrom *m*; Aufwärtsstrom *m*
upward-current classification *<proc>* • Aufstromklassieren *n*
upward-current classifier *<proc>* • Aufstromklassierer *m*
upward lip *<mech.eng> (of panels; e.g. of storage rack shelves)* • Aufkantung *f*
upwardly inclined *<tech.gen> (e.g. curve in diagram, ground, road)* • schrägansteigend
upwind *IEV 415 <energ.wind> (anemometer, sailboat, wind-electric power station)* • luv *IEV 415*; Luv-Seite *f*
upwind turbine *<energ.wind>* • Luvläufer *m*
uranium (U) *<chem>* • Uran *n* (U)
uranium ammo *<mil>* • uranhaltige Munition *f*
uranium dioxide *<nucl.chem>* • Urandioxid *n*
uranium enrichment *<nucl>* • Urananreicherung *f*
uranium ore *<min>* • Uranerz *n*
uranium pellet *<nucl> (UO_2)* • Urandioxidtablette *f*; Uranbrennstofftablette *f*
urban consumption *<mvhcl> (in*

liters/100km) • Verbrauch innerorts *m*
urban driving *<traff.mvhcl> (driving conditions; e.g. for fuel consumption test)* • Stadtverkehr *m*; Stadtfahrt *f rar*
urban water supply *<build.hydr>* • Stadtwasserversorgung *f*
urea *<chem>* • Harnstoff *m*
ureaformaldehyde plastic (UF) *<plast> (e.g. Formica)* • Harnstoffharz *n* (UF); Harnstoff-Formaldehyd-Harz *n*; Carbamidharz *n*
urethane *<plast>* • Urethan *n*
urethane polyester (UP) *<plast> (e.g. Mylar®)* • Polyesterharz *n* (UP); Urethanpolyesterharz *n*; Polyesterkunststoff *m*
uric acid *<chem>* • Harnsäure *f*
usability *<gen>* • Brauchbarkeit *f*
usable *<gen> (ready for use)* • einsatzfähig
usable space *<tech.gen> (surface area; e.g. in ft²)* • Nutzfläche *f*
usable space *<tech.gen> (volume; e.g. in ft³)* • Nutzraum *m*
usage note *ISO 12620 <term>* • Anmerkung zur Verwendung *f*
USB flash drive (UFD) *<comp>* • USB--Speicher-Stick *m*; USB-Stick *m ugs*; USB-Massenspeicher *m*
USB interface *<comp>* • USB--Schnittstelle *f*
use *<gen>* • Verwendung *f*
use *vt <gen> (gen.; e.g. a towel, tool, truck, technology)* • benutzen *vt*; benützen *vt CH*
U-section *<tech.gen> (shape; e.g. of a seal, channel iron)* • U-Profil *n*
used *<waste> (adsorbent)* • beladen *adj*; befrachtet; verbraucht
used air *<hvac>* • Abluft *f*
used car *<mvhcl>* • Gebrauchtwagen *m*; Gebrauchtfahrzeug *n*
used-car dealer *<mvhcl.econ>* • Gebrauchtwagenhändler *m*
used-car lot *<mvhcl.econ>* • Gebrauchtwagenmarkt *m*
used-car market[place] *<mvhcl.econ>* • Gebrauchtwagenmarkt *m*
used-car salesman *<mvhcl.econ>* • Gebrauchtwagenverkäufer *m*
used foundry sand *<metal.waste>* • Altsand *m*
used material *<waste>* • Altmaterial *n*
used oil *<tribo.waste>* • Altöl *n*; Gebrauchtöl *n*
used oil disposal *<tribo.waste>* • Altölbeseitigung *f*
used sand *<prod.waste>* • Altsand *m*
used tire *US <vhcl> (remaining tread depth permits further use)* • gebrauchter Reifen *m*; Gebrauchtreifen *m*
useful life *<qualit> (stress on: actual availability for use)* • Nutzungsdauer *f*; Betriebslebensdauer *f*; Lebensdauer *f*
useful power output *<tech.gen> (electrical, mechanical)* • Effektivleistung *f*
useful screen area *<tech.gen> (of CRTs, TFT displays)* • Nutzbildfläche *f*; Schirmnutzfläche *f*
use of the material itself *:V <tech.gen>* • stoffliche Nutzung *f*
user *<gen>* • Benutzer *m*; Benützer *m CH*
user *<tech.gen> (of services)* • Nutzer *m*
user *<comp> (of software)* • Anwender *m*; Benutzer *m*
user acceptance *<tech.gen>* • Nutzerakzeptanz *f*
user adjustable *<tech.gen>* • frei einstellbar
user-adjustable *<i&c> (e.g. threshold)* • benutzereinstellbar
user data *<comp>* • Benutzerdaten *pl*; Nutzerdaten *pl*; Anwenderdaten *pl*
user-defined *<tech.gen> (adapted to specific needs)* • anwenderspezifisch
user-friendly *<qualit> (e.g. device, dictionary, machine, tool, vehicle)* • anwenderfreundlich
user friendly *<qualit>* • benutzerfreundlich; bedienerfreundlich; leicht bedienbar
user-friendly *<qualit>* • nutzerfreundlich
user instructions *<docu> (for minor appliances, devices; e.g. for a salad spinner, tick picker)* • Gebrauchsanleitung *f*; Benutzeranleitung *f*
user instructions *<docu> (for minor appliances, devices; with authority to issue directives)* • Gebrauchsanweisung *f*
user interface *<tech.gen>* • Anwenderschnittstelle *f*; Benutzerschnittstelle *f*
user interface *<i&c> (stress on: physical*

part, module; e.g. removable) • Bedienteil *n*; Benutzerschnittstelle *f*; Nutzer-Schnittstelle *f*

user manual *<docu>* • Benutzerhandbuch *n*

user-oriented *<tech.gen> (e.g. operation, program)* • anwenderorientiert; benutzerorientiert

user-specific *<tech.gen> (individually adapted to specific needs)* • anwenderspezifisch

user-specified *<comp>* • anwenderdefiniert

U-shaft *<drive> (gen.)* • Gelenkwelle *f*

U-shaped *<tech.gen>* • hufeisenförmig; U-förmig

utility gloves *<garm>* • Arbeitshandschuhe *mpl*; Schutzhandschuhe *mpl rar*; Arbeitsschutzhandschuhe *mpl*

utility model *<jur> (legal protection of designs)* • Gebrauchsmuster *n*

utility pole *<energ.el> (support of overhead power lines; usu. wood or concrete)* • Freileitungsmast *m*; Leitungsmast *m*

utility recess *US <mvhcl.int> (e.g. in trunk, normally with open top)* • Ablagefach *n*

utility sector *<energ.el.econ>* • Elektrizitätswirtschaft *f*

utility trailer *<mvhcl> (for cars, light trucks)* • Kleinanhänger *m*; Nutzanhänger *m*

utility value *<econ>* • Gebrauchswert *m*

utilization *<gen>* • Nutzung *f*

utilization category *EN 60947 <el>* • Gebrauchskategorie *f EN 60947*

U-tube *<pps>* • U-Rohr *n*

U-tube steam generator *<energ.nucl>* • U-Rohr-Dampferzeuger *m*

UV curing *ISO 4618-3 <mat> (of coating materials)* • UV-Härten *n DIN EN ISO 4618*

UV resistance *<plast.qualit> (of plastics)* • Lichtbeständigkeit *f*

UV-resistant *<qualit.mat>* • UV--beständig

UV shielding *<phys>* • Abschirmung gegen UV-Strahlen *f*

vacancy *<gen> (in a structure; e.g. in a lattice, organization, company)* • freie Stelle *f*; freie Position *f*

vacant *<gen> (location of any kind, also time; e.g. seat, slot, toilet)* • frei

vacant *<tech.gen> (location of any kind; e.g. flat, house, seat)* • leer

vacant electron site *<phys>* • Elektronenleerstelle *f*

vaccine *<pharm>* • Impfstoff *m*; Vakzin *n*

vacuum *<phys> (any pressure below atmospheric pressure; e.g. in intake duct of engine)* • Unterdruck *m*

vacuum *<phys>* • Vakuum *n*

vacuum *vt <tech.gen> (carpeting, upholstery)* • absaugen *vt*; saugen *vt*; staubsaugen *vt*

vacuum brake booster *<mvhcl.brake>* • Unterdruck-Bremskraftverstärker *m*; Unterdruckbremskraftverstärker *m*; Vakuum-Bremskraftverstärker *m rar*; Saugluft-Bremskraftverstärker *m rar*

vacuum-cleaning and blower services *<hygi> (facility management)* • Saug- und Blasarbeiten *fpl*

vacuum closure *<pack>* • Vakuumverschluss *m DIN 55405*

vacuum controlled *<mot.i&c>* • unterdruckgesteuert

vacuum distillation *<chem.proc>* • Vakuumdestillation *f*; Destillation im Vakuum *f*; Destillation unter vermindertem Druck *f did*

vacuum drying *<proc>* • Vakuumtrocknung *f DIN 28400-5*

vacuum gas oil (VGO) *<chem.petr> (petroleum fraction)* • Vakuumgasöl *n* (VGO)

vacuum line *<i&c>* • Unterdruckleitung *f*

vacuum metallize *vt <prod>* • bedampfen *vt DIN 55 405*; vakuumbedampfen *vt*

vacuum nutsche *<chem> (lab device)* • Vakuumfilternutsche *f*; Vakuumfilter *n*; Saugnutsche *f*; Nutsche *f*

vacuum operated *<i&c>* • unterdruckbetätigt

vacuum port *<mvhcl.mot> (nozzle for connecting a vacuum line)* • Unterdruckanschluss *m*

vacuum pump *<tech.gen> (gen.)* • Vakuumpumpe *f DIN 28400-2*; Saugluftpumpe *f*

vacuum suction cup *<tech.gen> (rubber or rubber-like; e.g. for handling glass panes, panels)* • Saugteller *m*; Gummi-Saugteller *m*

vacuum technology *<mech.eng>* • Vakuumtechnik *f DIN 28400*

vacuum toilet and wash basin *DIN 25630-2 <railw.hygi>* • Vakuum-WC mit Wascheinrichtung *n DIN 25630-2*

valance *<mech.eng> (of sheet metal; for shielding)* • Abschirmblech *n*

valency band *<chem>* • Valenzband *n*

valency electron *<phys>* • Valenzelektron *n*

valet parking *US <traff> (outdoors)* • Parkplatz *m*

valid *<tech.gen>* • gültig

validation *ISO 8402 <qualit>* • Validierung *f DIN EN ISO 8402*

validity check *<comp>* • Gültigkeitsprüfung *f*

valley *<build> (depression or angle between inclined sides of a roof)* • Kehle *f*; Ixe *f A*

value *<gen>* • Wert *m*

value *<math> (of a complex number)* • Betrag *m*

value *<phys> (of a kind of quantity)* • Größe *f*

valve *<tech.gen> (gen.)* • Ventil *n*

valve *<pps> (gen.; for liquids, usu. a shut-off or drain valve)* • Ventil *n*

valve *<pps> (simple drain valve; e.g. on a radiator, tank)* • Ventil *n*; Hahn *m ugs*; Hahnventil *n rar*

valve actuation *<mech.eng> (process)* • Ventilbetätigung *f*

valve ball *<pps> (of ball check valve)* • Ventilkugel *f*

valve-controlled *<mech.eng>* • ventilgesteuert

valve cover *<mvhcl.mot> (gen.; any type of engine)* • Ventildeckel *m*; Zylinderkopfdeckel *m*; Zylinderkopfhaube *f MB*

valve cover gasket *<mvhcl.mot>* • Ventildeckeldichtung *f*

valve disk *US <mech.eng>* • Ventilteller *m*

valve head *<mvhcl.mot>* • Ventilteller *m*; Ventilkopf *m*

valve lash *<mot>* • Ventilspiel *n*

valve port *<mvhcl.mot> (of four-stroke piston engines)* • Kanal *m*

valves and fittings *pl <pps> (shut-off devices etc.)* • Armaturen *fpl DIN 25801-3*; Rohreinbauten *mpl*; Rohrleitungsschalter *mpl rar.did*

valve seat *<pps> (gen.; e.g. in engine)* • Ventilsitz *m*

valve seat face *<pps>* • Ventilsitzfläche *f*

valve seat ring *<mot>* • Ventilsitzring *m*

valve spring *<mot>* • Ventilfeder *f*

valve spring retainer *ISO 7967-3 <mot> (valve train; inlet/outlet valves, top or bottom)* • Federteller *m DIN ISO 7967-3*; Ventilfederteller *m*

valve stroke *<tech.gen> (distance)* • Ventilhub *m*

valve timing *<mot> (of 4-stroke engine)* • Ventilsteuerung *f*

valve train *<mot>* • Ventiltrieb *m*; Ventilmechanismus *m*

vanadium (V) *<chem>* • Vanadium *n* (V)

Van Allen radiation belt *<astron>* • Van--Allen-Gürtel *m*

van body *<comvhcl>* • Kastenaufbau *m*

van body *<comvhcl> (box-shaped body made of straight panels)* • Kofferaufbau *m*; Koffer *m ugs*

vandal scratch *:V <mvhcl.srfc> (in car paintwork)* • Neidkratzer *m*

Van de Graaff accelerator *<phys>* • Van-de-Graaff-Beschleuniger *m*

Van der Waals force *<phys.chem>* • Van-der-Waals'sche Kraft *f*; van-der--waalssche Kraft *f*

vane *<hvac> (louver, slat)* • Lamelle *f*

vane *<mech.eng> (long, narrow blade; e.g. propeller, turbine, fan)* • Blatt *n*

vane *<mech.eng> (rotary vane pump)* • Flügel *m*

vane *<mech.eng> (pump, turbine)* • Schaufel *f*; Schaufelblatt *n*

vane pump *<convey> (gen.; any type)* • Flügelpumpe *f*

vane pump *<convey> (with sliding or hinged vanes)* • Flügelzellenpumpe *f*; Zellenpumpe *f DDR*

vanishing point *ISO 10209-2 <docu> (perspective drawing)* • Fluchtpunkt *m DIN ISO 10209-2*

vapor *US <tech.gen>* • Dampf *m*

vapor barrier *<tech.gen> (usu. plastic*

sheeting; e.g. in walls, floors) • Dampfsperre *f*

vapor-coat *vt <srfc> (a surface, substrate)* • bedampfen *vt*

vapor-deposit *vt <srfc> (a coating material on a substrate)* • aufdampfen *vt*

vapor-deposited film *<srfc>* • aufgedampfte Schicht *f*

vapor drier *US <proc>* • Dampftrockner *m*

vapor lock *US <mvhcl> (in fuel line)* • Blasenbildung *f*; Dampfblasenbildung *f*

vapor-phase cracking *<chem.petr>* • Gasphasekracken *n*; Gasphasecracken *n*

vapor phase epitaxy *<comp.ic>* • Gasphasenepitaxie *f*

vapor pressure *<tech.gen>* • Dampfdruck *m*

vapor pressure *<phys> (of saturated vapor in contact with the liquid phase)* • Dampfdruck *m*; Verdampfungsdruck *m*; Sättigungsdruck *m*; Dampfspannung *f*

vapor recovery *ISO 13331 <mvhcl.emiss> (gasoline station)* • Gaspendelung *f DIN ISO 13331*; Gasrückführung *f*; Gasrückpendelung *f rar*

vapor-retarder *US <build.mat> (as opp. to vapour barrier)* • Dampfbremse *f*

vapors *US <chem.proc>* • Brüden *m*; Brüdendampf *m*

vapor separator *US <proc>* • Dampfabscheider *m*

vapor-tight *<qualit.mat>* • dampfundurchlässig

variable *<tech.gen>* • anpassungsfähig

variable *<tech.gen> (adjustable; e.g. propeller, pump)* • verstellbar

variable *<i&c> (controlled)* • Größe *f*

variable belt transmission *<mvhcl.drive>* • Keilriemengetriebe *n*; automatisches Riemengetriebe *n*; stufenlose Riemenautomatik *f*; Variomatikgetriebe *n DAF.Volvo*; Variomatic *f DAF.Volvo*

variable-geometry airplane *<aerosp>* • Schwenkflügelflugzeug *n*; Schwenkflügler *m*

variable-geometry wing *<aerosp>* • Schwenkflügel *m*; variable Flügelgeometrie *f*

variable-pitch propeller *<aerosp>* • Verstellpropeller *m*; einstellbare Luftschraube *f*

variable-speed switch *<tool.el>* • Gas--Gebe-Schalter *m*

variable-speed transmission *<tech.gen>* • Wechselgetriebe *n*

variable time fuse *<mil>* • Zeitzünder *m*

variable to be controlled *<i&c>* • gesteuerte Größe *f*

variable valve timing control (VVT) *<mvhcl.mot> (system)* • variable Ventilsteuerung *f* (VVS); variable Nockenwellenverstellung *f*; variable Nockenwellensteuerung *f*; variables Ventilsystem *n Porsche*; VANOS *f BMW*

variable-venturi carburetor *<mvhcl.mot> (SU and Stromberg carburetors)* • Gleichdruckvergaser *m*

variance *<math> (of statistical data)* • Dispersion *f*; Streuung *f*; Varianz *f*

variant *ISO 12620 <term> (spelling alternative of a term; e.g. gauge, gage)* • orthographische Variante *f*

variant *<term> (alternative term, designation)* • Variante *f*

variation *<gen>* • Änderung *f*

variation *<gen> (e.g. of a text, climate)* • Veränderung *f*

variation *<tech.gen>* • Schwankung *f*

variety meat *<food> (edible; e.g. liver, heart, tongue)* • Innereien *fpl*

variometer (VSI) *<aerosp>* • Variometer *n*; Steig- und Sinkgeschwindigkeitsmesser *m*; Steigmesser *n*

varnish *<srfc> (hard lustrous coating, typ. transparent)* • Lack *m*

varnish *<srfc> (transparent paint layer)* • Lasur *f*

varnish *<srfc.wood> (clear resinous final coat)* • Firnis *m*

varnish *vt <srfc.wood> (finish with resinous or oil-based varnish)* • firnissen *vt*

varnish *vt <srfc.wood>* • lackieren *vt*

vary *vt <gen>* • variieren *vt*

vary *vt <tech.gen> (quantities, values)* • schwanken *vt*

vary *vt <tech.gen> (e.g. color, frequency, position, speed)* • wechseln *vt*

vascular graft *<med.tech> (vessel*

transplants, surgical prostheses and patch grafts) • Gefäßersatz *m*

vat *<gen> (longish open vessel)* • Trog *m*

vat *<pack.food> (barrel or drum container for liquids)* • Fass *n*

vat *<textil> (with dyestuff)* • Küpe *f*

vat dyestuff *<textil>* • Küpenfarbstoff *m*

vat paper *<pap>* • Büttenpapier *n DIN 6730*; Handbütten *n*; handgeschöpftes Papier *n*; Schöpfpapier *n*

vault *<build> (type of roof, ceiling; e.g. of churches)* • Gewölbe *n*

vaulted *<build> (ceiling, roof)* • gewölbt

V-belt *<drive> (gen.)* • Keilriemen *m*; Antriebsriemen *m*

V-belt drive *<drive>* • Keilriemenantrieb *m*

V-belt pulley *<drive>* • Keilriemenscheibe *f*

V-brake *<vhcl.brake> (bicycle)* • V-Bremse *f*

vector *<math>* • Vektor *m DIN 1303*

vector analysis *<math>* • Vektoranalysis *f*

vector calculus *<math>* • Vektorrechnung *f*

vector graphics *<comp>* • Vektorgrafik *f*; Vektorgraphik *f obs*

vectorial representation *<math>* • vektorielle Darstellung *f*

veer *vi <nav>* • drehen *vi*; abdrehen *vi*

veer *vt ISO 3828 <nav> (to relieve tension on a rope)* • fieren *vt DIN ISO 3828*; Lose geben *vi*

veer [off] *vi <navig> (from course; e.g. ship, boat, aircraft)* • abweichen *vi*; abkommen *vi*

vee-shaped *<mech.eng>* • prismenförmig

vegetable cannery *<food.prod>* • Gemüsekonservenfabrik *f*

vegetable methyl ester (VME) *<chem> (fuel extracted from the seeds of sun flowers, soy beans, olives etc.)* • Pflanzenmethylester *n* (PME); Pflanzenölmethylester *n*; Biodiesel *m ugs*

vegetable oil as fuel *<agri.chem> (CN 40-44, for diesel engines; e.g. farming tractors)* • Pflanzenöl als Kraftstoff *n*

vegetation *<build> (man-made)* • Begrünung *f*

vehicle *<vhcl>* • Fahrzeug *n*

vehicle body *<vhcl> (of trucks, buses, railway cars)* • Wagenkasten *m*

vehicle brake *<vhcl.brake>* • Fahrzeugbremse *f*

vehicle carrier (PCTC) *<nav>* • Fahrzeugtransporter *m* (PCTC); Fahrzeugtransportschiff *n*

vehicle disassembly *<mvhcl.waste> (waste disposal)* • Fahrzeugdemontage *f*

vehicle footprint *:V <mvhcl> (track x wheelbase)* • Aufstandsfläche *f*

vehicle identification card *<mvhcl.docu>* • Fahrzeugschein *m*

vehicle identification number (VIN) *<mvhcl>* • Fahrgestellnummer *f*; Fahrzeug-Identifizierungs-Nummer *f*

vehicle in safe and roadworthy condition *:V <mvhcl>* • Fahrzeug in verkehrssicherem Zustand *n*; verkehrssicheres Fahrzeug *n*

vehicle key *<mvhcl>* • Fahrzeugschlüssel *m*

vehicle lighting *<vhcl.light>* • Fahrzeugbeleuchtung *f*

vehicle location system *<navig>* • Fahrzeugortungssystem *n*

vehicle manufacturer *<vhcl.prod>* • Fahrzeughersteller *m*

vehicle navigation system *<navig>* • Fahrzeugnavigationssystem *n*

vehicle occupant *<vhcl.insur> (driver and passengers)* • Fahrzeuginsasse *m*; Insasse *m*

vehicle painting *<srfc> (process)* • Fahrzeuglackierung *f*

vehicle recycling operator *<mvhcl.waste>* • Altfahrzeugverwerter *m*

vehicle refinisher *<vhcl.srfc.rep>* • Fahrzeuglackierer *m*

vehicle registration document *GB <vhcl.docu>* • Fahrzeugbrief *m*; Kraftfahrzeugbrief *m form*

vehicle safety *<mvhcl.safe>* • Fahrzeugsicherheit *f*

vehicle seat *<vhcl.int>* • Fahrzeugsitz *m*

vehicle structure *<vhcl> (gen.)* • Fahrzeugstruktur *f*

vehicle weight *<vhcl>* • Fahrzeuggewicht *n*

vehicle with manual transmission *<mvhcl> (as opp. to automatic)* • Fahrzeug mit Schaltgetriebe *n*; Handschalter *m ugs*

vehicular traffic *<traff>* • Fahrzeugverkehr *m*
vehicular tunnel *<build.traff>* • Autotunnel *m*
V-eight engine (V8) *<mvhcl.mot>* • Achtzylinder-V-Motor *m* (V8); Achtzylinder in V-Anordnung *m form*; V8-Motor *m prakt*
vein *<bio> (gen., any blood vessel)* • Ader *f*
veined *<bio> (plant leaves, darter wings etc.)* • geadert
veined *<srfc> (e.g. rock, meat, wood)* • gemasert
Velcro strip *<join.textil> (hook & loop; e.g. Dual Lock™)* • Klettband *n*
vellum *<mat> (smooth parchment made from calf skin)* • Pergament *n*
velocity (v) *<phys> (speed of a body in linear motion)* • Geschwindigkeit *f* (v)
velocity measurement *<i&c> (of a flow; e.g. in ft/sec m/s)* • Strömungsmessung *f*
velocity of fall *<phys>* • Fallgeschwindigkeit *f*
velocity of light (c) *<phys> (ca. 300,000 kilometers/sec)* • Lichtgeschwindigkeit *f* (c)
velocity-sensitive *<comp.mus> (keyboard)* • anschlagsdynamisch
velvet *<textil> (cut warp-pile fabric)* • Samt *m*
vending machine *<mech.eng> (operated by inserting coins, bills, credit cards etc.)* • Verkaufsautomat *m*; Automat *m ugs*
veneer *<srfc.wood>* • Furnier *n DIN 68330*
veneered *<wood>* • furniert
veneering *<srfc.wood>* • Furnieren *n*
venetian blind *<build.int> (window blind with overlapping horizontal slats)* • Jalousie *f*
V-engine *<mot> (e.g. V2, V4, V6, V8, V10, V12)* • V-Motor *m*
vent *<tech.gen> (aperture)* • Öffnung *f*
vent *<hvac> (e.g. for vitiated air, vapors, smoke)* • Abzug *m*
vent *vt <tech.gen> (discharge; e.g. gas, air)* • ablassen *vt*; auslassen *vt ugs.rar*
vent *vt <pps> (remove air from liquid systems; e.g. cooling or heating loops)* • entlüften *vt*
vent duct *<mvhcl.hvac>* • Entlüftungskanal *m*; Entlüftungsrohrkanal *m*
vent hole *<tech.gen>* • Abblasöffnung *f*
vent hole *<tech.gen> (e.g. in closure caps, walls)* • Belüftungsbohrung *f*
ventilate *vt <tech.gen> (gen.; rooms, cavities, walls, soil, landfills)* • belüften *vt*
ventilate *vt <hvac> (rooms)* • durchlüften *vt*
ventilate *vt <hvac> (exhaust air)* • entlüften *vt*
ventilated brake disk *<brake>* • innenbelüftete Bremsscheibe *f*
ventilation *<tech.gen> (providing fresh air circulation in spaces, rooms, garments)* • Belüftung *f*
ventilation *<hvac> (in and out)* • Be- und Entlüftung *f*; Luftzirkulation *f*
ventilation and air-conditioning technology *<hvac>* • Raumlufttechnik *f* (RLT)
ventilation damper *<hvac>* • Lüftungsklappe *f*
ventilation duct *<tech.gen> (narrow opening, for cooling)* • Kühlschlitz *m*
ventilation duct *<hvac> (for fresh or used air)* • Lüftungskanal *m*; Luftkanal *m*
ventilation system *<tech.gen> (gen.; e.g. in walls, windows)* • Lüftungssystem *n*
ventilation system *<hvac> (e.g. of buildings, vehicles)* • Lüftungsanlage *f DIN10505*; Belüftungsanlage *f*
vent opening *<tech.gen> (air in)* • Belüftungsöffnung *f*; Lüftungsöffnung *f prakt*; Lüftungsloch *n ugs*
vent opening *<tech.gen> (air out)* • Entlüftungsöffnung *f*; Entlüftung *f*
vent [opening] *<pps> (for gases, steam)* • Ablassöffnung *f*
vent pipe *<pps>* • Abzugsrohr *n*; Abblasrohr *n rar*
vent pipe *<proc>* • Abblaseleitung *f*
vent plug *<tech.gen>* • Entlüftungsstopfen *m*
vent plug *<el> (on lead-acid battery)* • Verschlussstopfen *m*
vent slot *<hvac> (gen.)* • Lüftungsschlitz *m*
venturi tube *<pps>* • Venturi-Düse *f*; Venturi-Rohr *n*

vent valve <tech.gen> *(air out; e.g. hydraulic systems, hydronic heating systems)* • Entlüftungsventil *n*

verdigris <min> *(copper oxide)* • Patina *f*

verdigris <srfc> *(green or bluish patina on copper or bronze surfaces)* • Grünspan *m*; Spanisches Grün *n rar*

verge <build> *(edge of a sloping roof which overhangs a gable)* • Ortgang *m*; Ort *m ugs*; Giebelort *m A*; Giebelkante *f rar*

verification <tech.gen> • Nachweis *m*; Bestätigung *f*

verification <qualit> • Prüfung *f*

verify *vt* <gen> *(experimentally, mathematically)* • beweisen *vt*

verify *vt* <tech.gen> *(confirm)* • nachweisen *vt*; bestätigen *vt*

verify *vt* <qualit> • nachprüfen *vt*; verifizieren *vt wiss*

verify *vt* <qualit> *(e.g. that sth. is in good or proper condition)* • prüfen *vt*; überprüfen *vt*; kontrollieren *vt*

verify experimentally *vt* <tech.gen> • experimentell bestätigen *vt*

vernier <i&c> • Nonius *m*

vernier caliper <tool> *(slide-type caliper with vernier scale)* • Messschieber *m*; Schiebelehre *f ugs*; Schieblehre *f ugs.rar*

vernier dial <i&c> • Feineinstellskala *f*; Feineinstellskale *f rar*; Noniusskala *f*

vernier drive <i&c> *(very fine drive, adjustment)* • Feinantrieb *m*; Feintrieb *m*

vernier graduation <i&c> • Noniusteilung *f DIN 2257*

versatile <tech.gen> *(adaptable)* • anpassungsfähig

versatile <tech.gen> *(material, product with various uses, applications)* • flexibel einsetzbar; vielseitig einsetzbar; vielseitig verwendbar; vielseitig

verso printing <print> • Widerdruck *m*

vertical <gen> *(usu. pointing toward the center of the Earth)* • vertikal; senkrecht; lotrecht *rar*

vertical axis <aerosp> • Hochachse *f*; Gierachse *f*

vertical force <mech> *(on mounts, supports)* • Auflagedruck *m*

vertical integration <prod> • Fertigungstiefe *f*

vertical landing <aerosp> • Senkrechtlandung *f*

vertical launching <aerosp> *(rocket)* • Senkrechtstart *m*

vertical-lift gate <hydr.build> • Hubtor *n*

vertically adjustable <tech.gen> • höhenverstellbar; höheneinstellbar

vertically arranged <tech.gen> • senkrecht angeordnet

vertical member <tech.gen> • Ständer *m*

vertical-shaft turbine <energ.hydr> • vertikale Turbine *f*; stehende Turbine *f*

vertical sliding window <build> *(with one or two vertically sliding sashes)* • Vertikalschiebefenster *n*; Senkrechtschiebefenster *n*; vertikales Schiebefenster *n*

vertical speed (VS) <aerosp> • Steig- oder Sinkfluggeschwindigkeit *f*; Steig- und Sinkgeschwindigkeit *f*; Steig- und Sinkrate *f*

vertical take-off <aerosp> *(airplane)* • Senkrechtstart *m*

vertical take-off [and landing] airplane (VTOL) <aerosp> • Senkrechtstarter *m*; senkrechtstartendes Flugzeug *n*; VTOL-Flugzeug *n*

vertical turning and boring mill <mach.tool> • Karusselldrehmaschine *f*

Very Large Crude Carrier (VLCC) <nav> • Very Large Crude Carrier *m* (VLCC)

vessel <tech.gen> *(typically large, any content; also for pressurized content)* • Behälter *m*

vessel <bio> *(e.g. blood vessel)* • Gefäß *n*

vessel <chem> *(in laboratory; e.g. a dish, flask)* • Gefäß *n*

V-groove <mech.eng> *(e.g. in pulleys for Vee belts, poly-V belts)* • Keilrille *f*

vial <pack.chem> *(small container, usu. of glass, for liquids; reusable)* • Phiole *f*; Fläschchen *n ugs*

vibrate *vi* <phys> • vibrieren *vi*; schwingen *vi*

vibrate *vt* <build> *(e.g. concrete)* • rütteln *vt*

vibrate *vt* <mech> • erschüttern *vt*

vibrating apparatus <tech.gen> *(for*

compacting, testing) • Rüttelgerät *n*
vibrating compactor *<build.mach>* • Rüttelverdichter *m*
vibrating conveyor *<convey>* • Schwingförderer *m VDI 2333*
vibrating conveyor *<convey> (gen.)* • Vibrationsförderer *m*
vibrating plate compactor *<build.mach> (large plate, heavy machine)* • Flächenrüttler *m*; Bodenverdichter *m*; Rüttelplatte *f*; Rüttler *m prakt*
vibrating screen *ISO 9045 <proc> (gen.)* • Schwingsieb *n DIN ISO 9045*
vibration *<build> (of building; e.g. caused by an earthquake)* • Schwankung *f*
vibration *<mech>* • Schwingung *f DIN 1311*; Vibration *f*
vibration-damped *<tech.gen>* • schwingungsgedämpft
vibration damper *<mech.eng> (gen.)* • Schwingungsdämpfer *m*; Puffer *m ugs*
vibration-damping *<tech.gen>* • schwingungsdämpfend
vibration engineering *<tech.gen>* • Schwingungstechnik *f*
vibration-free *<tech.gen> (e.g. installation, manufacturing)* • erschütterungsfrei
vibration-free *<tech.gen>* • schwingungsfrei
vibration-free operation *<tech.gen> (e.g. of motors, engines, pumps)* • schwingungsfreier Lauf *m*
vibration guard *<energ.wind> (e.g. in rotor blades or tower)* • Schwingungswächter *m*
vibrator *<tech.gen>* • Vibrator *m*; Rüttler *m*; Rüttelvorrichtung *f*
vibrator *<prod>* • Rüttelmaschine *f*
vibratory feeder *<convey>* • Vibrationsförderer *m*
vibratory hopper *<convey>* • Vibrationsförderer *m*
vibratory loading *<mach.tool>* • Beschickung durch Vibrationsförderer *f*
vibratory screen *<proc> (gen.; to separate material; e.g. bigger from smaller parts)* • Schüttelsieb *n*; Rüttelsieb *n*
Vicat softening temperature *ISO 306 <plast.qualit>* • Vicat-Erweichungstemperatur *f ISO 306*
Vickers hardness (HV) *<qualit.mat>* • Vickershärte *f* (HV); Pyramidenhärte *f*; Vickershärtezahl *f*
Vickers hardness test[ing] *ISO 6507 <qualit.mat>* • Härteprüfung nach Vickers *f DIN EN ISO 6507*; Vickers-Härteprüfung *f*
video camera *<av> (gen. for videos)* • Videokamera *f*; Kamera *f ugs*
video conference *<tele>* • Videokonferenz *f*
video conference with integrated simultaneous interpreting *<transl>* • Videokonferenz mit integriertem Simultandolmetschen *f* (ViKiS)
video [data] *ISO 12620 <term>* • Videodaten *pl*
video head drum *<av>* • Kopftrommel *f*; Bandführungstrommel *f norm*; Videokopftrommel *f*; Kopfrad *n*
Video Home System (VHS) *<av>* • VHS-System *n* (VHS); Video Home System *n*; Video Heim System *n*
video recorder (VTR) *<av> (e.g. VHS, S-VHS)* • Videorekorder *m*; Videokassettenrekorder *m*; Videoaufzeichnungsgerät *n form*; Videobandgerät *n norm*; Videogerät *n rar*
video resolution *<comp>* • Videoauflösung *f*
video tape *<av> (cassette incl. tape)* • Videokassette *f*; Videoband *n*; Kassette *f prakt*; Band *n ugs*
view *<docu> (e.g. elevation, front, rear, end, top, bottom)* • Ansicht *f*; Darstellung *f*; Riss *m obs*
viewing angle *<tech.gen> (from a certain viewpoint; e.g with camera)* • Blickwinkel *m*
viewing image *<phot>* • Sucherbild *n*
view over the shoulder *<mvhcl>* • Sicht nach schräg hinten *f*
vigorous *<chem> (shaking, agitation)* • kräftig
vintage *<gen> (old)* • alt
vintage performance *<gen>* • einmalige Leistung *f*
vintage port *<food>* • Jahrgangs-Portwein *m*
vinyl cleaner *<plast>* • Kunststoffreiniger *m*

vinyl-coated <srfc> *(e.g. a soft-top)* • kunststoffbeschichtet
virgin <mat> *(metal produced directly from the ore)* • gediegen
virtual reality (VR) <comp> *(computer simulation)* • virtuelle Realität *f* (VR); Virtual Reality *f jarg*
virtual walkthrough <comp> *(of buildings; in virtual reality)* • virtuelle Begehung *f*
virus attack <comp> • Virusangriff *m*
viscid <tech.gen> *(viscous and sticky)* • zähflüssig-klebrig
viscoelastic behavior of plastics <plast.qualit> • viskoelastisches Verhalten *n*; Viskoelastizität *f*
viscose rayon <chem.textil> • Viskoseseide *f*
viscosity <phys> *(of liquids)* • Viskosität *f DIN 1342*; Zähflüssigkeit *f*; Zähigkeit *f ugs*; Dickflüssigkeit *f ugs.rar*
viscosity grade <tribo> *(lubricant, esp. lubricating oil)* • Viskositätsklasse *f*
viscous <phys> *(liquid)* • zähflüssig; viskos *wiss*; dickflüssig *prakt*; zäh *ugs*; strengflüssig *rar*
viscous coupling <mvhcl.drive> • Viskosekupplung *f*; Visko-Kupplung *f prakt*; viskose Kupplung *f did*; Visko--Mehrlamellenkupplung *f form*; Ferguson-Kupplung *f*
viscous flow <phys> • viskoses Fließen *n*
viscous friction <phys> • Flüssigkeitsreibung *f*
vise *US.GB* <tool> *(small non-stationary unit; usu. handheld)* • Kloben *m*
vise *US* <tool> *(clamping device; any size)* • Schraubstock *m*
visibility <opt> *(e.g. good or poor)* • Sicht *f*
visible edge <docu> • sichtbare Körperkante *f*; Sichtkante *f*
visual check <qualit> *(brief examination without testing equipment)* • Sichtkontrolle *f*; optische Kontrolle *f*; visuelle Kontrolle *f*
visual display unit (VDU) <comp> *(complete visual output device)* • Bildschirm *m*; Bildschirmeinheit *f form*; Bildschirmgerät *n form*; Datensichtgerät *n form*; Monitor *m prakt*
visual field <opt> *(e.g. glasses, helmet)* • Gesichtsfeld *n*
visual flight <aerosp> *(opp. to instrument flight)* • Sichtflug *m*
visual-flight rules *pl* (VFR) <aerosp> *(opp. to instrument flight rules)* • Sichtflugregeln *fpl* (VFR)
visualization <tech.gen> • Sichtbarmachung *f*; Visualisierung *f*
visualize *vt* <tech.gen> • sichtbar machen *vt*
visual meteorological conditions *pl* (VMC) <aerosp> *(for visual-flight rules flight)* • Sichtflugbedingungen *fpl* (VMC); Sichtflugwetterbedingungen *fpl*
vitiated air <hvac> • verbrauchte Luft *f*
vitreous phase <mat> • Glasphase *f*
vitrification <chem.proc> *(gen.; intentional or spurious)* • Verglasung *f*
vitroceramic hob <gastr> • Glaskeramik-Kochfeld *n*
vocational training <did> • Berufsausbildung *f*; Berufsschulausbildung *f*
voice-actuated <tech.gen> • sprachbetätigt
voice-controlled <tech.gen> • sprachgesteuert
voice output <el> *(gen.; e.g. of PCs, navigation systems, el. appliances)* • Sprachausgabe *f*; Sprachwiedergabe *f*
voice over DSL (VoDSL) <comp> • DSL-Telefonie *f* (VoDSL); Telefonie via DSL *f*
voice over IP (VoIP) <tele> *(telephony, teleconferencing)* • Internet-Telefonie *f* (VoIP); Telefonie via Internet *f did*; VoIP-Telefonie *f*; IP-Telefonie *f*; Sprachübermittlung über Internet *f*
voice recognition software <comp> • Spracherkennungssoftware *f*
voice recording <comp> • Sprachaufzeichnung *f*; Sprachaufnahme *f*; Digitalisieren von Sprache *n rar*; Sampeln von Sprache *n rar*
voice speech <av.comp> • gesprochene Sprache *f*
void <mat.qualit> *(very small, tiny cavity; usu. a defect)* • Pore *f*
void <qualit.mat> *(cavity in moldings and castings, in metals and plastics; defect)* • Lunker *m*

voidable *<jur> (e.g. contract)* • anfechtbar

void fill *<pack> (material; e.g. peanuts, wrapping tissue)* • Füllmaterial *n*

volatile *<chem> (e.g. solvent)* • flüchtig

volatile *<comp> (memory)* • flüchtig

volatile matter *<chem>* • flüchtige Bestandteile *mpl*

volatile organic compound (VOC) *<chem> (e.g. hydrocarbons)* • flüchtige organische Verbindung *f* (VOC)

volcanism *<geo>* • Vulkanismus *m*

volt (V) *<el> (SI unit of electric potential, voltage)* • Volt *n* (V) *DIN 1301*

voltage *<el> (potential difference; in volts; e.g. mains voltage 110 volts)* • Spannung *f*; elektrische Spannung *f*

voltage (U) *<el>* • elektrische Spannung *f* (U); Spannung *f*

voltage-controlled amplifier (VCA) *<el>* • Analogverstärker *m* (VCA); spannungsgesteuerter Verstärker *m*

voltage curve *<el>* • Spannungsverlauf *m*

voltage drop (Ud) *<i&c> (across resistors, sensors etc.)* • Spannungsabfall *m* (Ud); Potentialabfall *m wiss*

voltage increase *<el>* • Spannungsanstieg *m*

voltage loss *<el> (e.g. of batteries, long power lines)* • Spannungsverlust *m*

voltage peak *<el>* • Spannungsspitze *f*

voltage selector *<el>* • Spannungswahlschalter *m*; Spannungswähler *m*

voltage surge *<energ.el>* • Spannungsüberschreitung *f*

voltage transformer *<el> (transformer plus electronic circuitry; usu. from low to high)* • Spannungswandler *m*; Wandler *m*

voltammetry *<el.chem>* • Voltammetrie *f*

voltmeter *<el.i&c>* • Voltmeter *n*; Spannungsmesser *m rar*

volume (V) *<tech.gen> (cubic capacity in general)* • Volumen *n* (V); Rauminhalt *m form*; Inhalt *m ugs*

volume (VOL) *<av>* • Lautstärke *f*; Lautstärkepegel *m*

volume *<print> (book)* • Band *m*

volume-built *<prod>* • serienmäßig gefertigt

volume control *<av.i&c>* • Lautstärkeregelung *f*; Lautstärkesteuerung *f*; Klangregelung *f*

volume control (VOL) *<av.i&c> (e.g. a button, slider, knob)* • Lautstärkeregler *m*

volume control *<i&c>* • Mengenregelung *f*

volume percent (vol%) *<chem>* • Volumenprozent *n* (Vol.-%); Volumenanteil in Prozent *m DIN 1310*; Volumengehalt in Prozent *m*

volumetric efficiency *<mech.eng> (e.g. compressor, pump, turbine)* • volumetrischer Wirkungsgrad *m*; Füllungsgrad *m*

volumetric efficiency *<mvhcl.mot> (ratio of air or air/fuel mixture drawn into)* • Füllungsgrad *m*; Liefergrad *m*; volumetrischer Wirkungsgrad *m rar*

volumetric flow *<tech.gen> (e.g. pipeline, turbine)* • Mengenstrom *m*

volumetric flow measurement *<i&c>* • Mengenmessung *f*; Mengenstrommessung *f*

volumetric flow rate *<tech.gen> (flow rate through pipelines, pumps etc.; e.g. m^3/h)* • Volumenstrom *m DIN 5485*; Volumendurchsatz *m rar*

volute *<mech.eng> (e.g. of centrifugal pump, Francis turbine, Kaplan turbine)* • Spiralgehäuse *n*; Spirale *f prakt*; Einlaufspirale *f*

volute *adj <tech.gen>* • schneckenförmig

volute pump *<convey> (with impeller wheel, no auger-type screw)* • Spiralgehäusepumpe *f*; Spiralgehäuse-Kreiselpumpe *f*; Schneckenpumpe *f ugs*

vortex *<phys> (in fluid flow; e.g. in water, air)* • Wirbel *m*

vortex shedding *<phys> (fluid flow; e.g. at trailing edges of rotor blades)* • Wirbelablösung *f*

vortex wake *<aerosp>* • Wirbelschleppe *f*

voting system *<i&c>* • Auswahlsystem *n*

voucher *<docu> (as evidence)* • Beleg *m*

V-pulley *<drive> (stress on: a pair of*

cup-shaped disks, adjustable) • Kegelscheibenpaar *n*

V-six cylinder engine (V6) *<mvhcl.mot>* • Sechszylinder-V-Motor *m* (V6); V-Sechszylindermotor *m*; V6-Motor *m prakt*

V-tail *<aerosp>* • V-Leitwerk *n*

vulcanization *<plast> (of elastomeres)* • Vulkanisierung *f*

vulcanize *vt US <proc> (rubber)* • vulkanisieren *vt*; vernetzen *vt rar*

vulnerability *<tech.gen>* • Anfälligkeit *f*; Empfindlichkeit *f*

W

wad *<textil> (e.g. a cotton wool dabber)* • Bausch *m*

wadding *<tech.gen> (soft filler; e.g. of cushions, armchairs, sofas)* • Füllung *f*; Polsterung *f*

wadding *<textil.mat> (filler)* • Füllmaterial *n*; Füllung *f*

wafer *<ic> (typ. silicon; 200 - 300 mm diam.)* • Wafer *m*; Halbleiterscheibe *f rar*

wainscot *<build.int> (wall lining; typ. of wood panels)* • Wandtäfelung *f*; Holztäfelung *f*; Wandverkleidung *f*; Täfelung *f*; Innenverkleidung *f*

waistband *<garm>* • Bund *m*

waisted pellet *<mil> (pellet-type ammunition for air or CO_2 guns)* • Diabolo *n*; Diabolokugel *f*

waisted shank *<join> (bolt, screw)* • Dehnschaft *m*

waist joint *<prod.autom> (robot)* • Hüftgelenk *n*

waiting line *<gen> (conveying, manufacturing, traffic; e.g. at bus stop, cashier)* • Warteschlange *f*

waiting list *<gen> (booking of seats in aircrafts, trains; doctor's practice)* • Warteliste *f*

waiting loop *<tech.gen> (e.g. approach flight, data processing)* • Warteschleife *f*

waiting time *<gen>* • Wartezeit *f*

waive *vt <jur> (right)* • aufgeben *vt*

wale *<textil> (parallel rib or ridge of a fabric; e.g. of corduroy)* • Rippe *f*

walk-around inspection *<qualit> (e.g. of jet turbines)* • Sichtprüfung von außen *f*

walkie-talkie *<tele> (hand-held two--way radio)* • Funksprechgerät *n*; Sprechfunkgerät *n*; Funkgerät *n*; Walkie-Talkie *n ugs*

walkie-type *pract <convey> (e.g. fork lift)* • gehgelenkt

walk-in *<gen> (e.g. cold storage room, duct, wardrobe)* • begehbar

walking comfort *ISO 2424 <build.int> (floor covering)* • Gehkomfort *m DIN ISO 2424*

walk-off *<tool> (drill)* • Abweichung *f*

walk [off] *vi <petr> (drill, drill hole direction)* • abweichen *vi*

walk-test indicator *<alarm> (LED on a motion detector)* • Gehtestanzeige *f*; Gehtest-Leuchtdiode *f*

walkthrough *<autom.prod> (motion path of industrial robot)* • Abfahren der Bahn *n*

walkthrough *<autom.prod>* • Anfahren der Bahn *n*

walkway *<build> (narrow; aisle)* • Gang *m*

walkway *<build> (very narrow, elevated; e.g. on cranes, scaffolds, in factories)* • Laufsteg *m*

walkway *<mech.eng> (narrow elevated operator's platform on large machinery)* • Galerie *f*; Bedienungsgalerie *f*

wall *<build> (stonework)* • Mauer *f*

wall *<build> (gen., any kind; e.g. brick, concrete)* • Wand *f*

wallboard *US <build.mat>* • Gipskartonplatte *f* (GK); GK-Platte *f prakt*; Rigips®-Platte *f prakt*

wall bracket *<tech.gen>* • Halterung für Wandmontage *f*

wallcovering adhesive *<join>* • Tapetenkleber *m*; Tapetenkleister *m*

wallet *US.GB <gen> (for men only; for money, credit cards, driver's license etc.)* • Brieftasche *f*; flache Geldbörse *f*

wall-ironing machine (WIM) *<pack.prod> (beverage can prod.)* • Abstreckpresse *f* (WIM)

wall lining *<build> (inside or outside)* • Vorsatzschale *f*

wall lining *<build.sport> (of bob/luge track)* • Bande *f*

wall-mount *<build> (suspended rather than supported; e.g. central heating* *unit)* • wandhängend

wall panel *<build> (gen.; structural part or lining; e.g. precast concrete slab or wood)* • Wandtafel *f*

wall paper stripping agent *<srfc.tool> (chemical)* • Tapetenlöser *m*; Tapetenablöser *m*

wall penetration *<build> (process and result; e.g. for pipes, cables, ducts)* • Wanddurchbruch *m*; Wandddurchdringung *f*; Durchdringung *f prakt*

wall plug *<build.mat>* • Wanddübel *m*

wall sconce *<light.int>* • Wandleuchte *f*

wall thickness *<tech.gen> (e.g. of carton, sheet metal, pipe)* • Wandstärke *f*; Wanddicke *f*

wall thickness *VDI4640 <pps>* • Wanddicke *f VDI4640*; Wandstärke *f*

wall tile *<build.mat>* • Wandfliese *f*

wall-to-wall carpeting *ISO 2424 <build.int>* • Teppichboden *m DIN ISO 2424*; Auslegeware *f*

wandering *<tech.gen> (e.g. of a pointer, drill bit)* • Auswandern *n*

WAP service *<tele>* • WAP-Dienst *m*

warehouse (whse) *<logist> (stress on: building)* • Lager *n*; Lagergebäude *n*; Depot *n rar*

warhead *<mil> (e.g. on missile, torpedo)* • Gefechtskopf *m*; Sprengkopf *m*

warm boot *<comp>* • Warmstart *m*

warmed up *<tech.gen>* • betriebswarm

warm-up *<tech.gen> (e.g. global)* • Erwärmung *f*

warm-up *<light> (of xenon lamps)* • Anlauf *m*

warm-up period *<tech.gen>* • Anwärmperiode *f*; Aufwärmperiode *f*

warm-up time *<tech.gen> (until achievement of operating temperature)* • Anlaufzeit *f*

warm-up time *<tech.gen> (e.g. of lamps, devices, appliances, machines)* • Aufwärmzeit *f*; Aufwärmphase *f*

WARNING *<docu> (head word of safety warnings: risk of injury and damage)* • Vorsicht!

warning display (WD) *<aerosp.i&c> (cockpit)* • Warnanzeige *f*; Warndisplay *n*

warning lamp *<i&c> (stress on: faulted or abnormal condition; typ. red or yellow)* • Warnlampe *f*

warning light (WRNG LITE) *<i&c> (indicates faulted or abnormal condition; typ. red or yellow)* • Warnleuchte *f*; Meldeleuchte *f rar*

warnings and cautions *<docu> (e.g. in manuals)* • Warnhinweise *mpl*

warp *vi <prod> (workpiece; due to heating, cooling, drying etc.)* • verziehen *vr*; verformen *vr*

warp density *<textil>* • Kettdichte *f*; Kettendichte *f rar*

warper *<textil>* • Zettelmaschine *f*

warp knitted fabric *<textil>* • Kettenware *f*

warp knitting machine *ISO 7839 <textil>* • Kettenwirkmaschine *f DIN ISO 7839*; Kettenstuhl *m*

warp thread *<textil> (lengthwise threads in a woven material; as opp. to weft)* • Kette *f*; Kettfaden *m*; Webkette *f*; Kettgarn *n*; Zettel *m rar*

warrant *vt <jur>* • gewährleisten *vt*

warranty *<jur>* • Gewährleistung *f*; Garantie *f prakt.ugs*

warranty card *<jur>* • Garantiekarte *f*

warranty for defects *<qualit.jur>* • Mängelhaftung *f*

warranty package *<jur>* • Gewährleistungspaket *n*; Garantiepaket *n*

warted plate *<mat>* • Warzenblech *n*

wash *<nav> (behind a boat, ship)* • Kielwasser *n*

wash *vt <tech.gen>* • waschen *vt*

wash *vt <proc> (by rinsing, flushing, wiping the surface; e.g. of products, dishes, ha)* • abwaschen *vt*

wash *vt <proc> (as a pretreatment)* • aufbereiten *vt*

wash *vt <proc> (inside of containers; e.g. bottles)* • auswaschen *vt*

wash *vt <proc> (e.g. dishes, fabric)* • spülen *vt*

wash ashore *vt <waste> (e.g. litter, rubbish)* • anspülen *vt*

washed coal *<min>* • sortierte Kohle *f DIN 22005-2*

washer face *<join> (bearing surface of screw/bolt)* • Auflagefläche *f norm*; Kopfauflagefläche *f*; Kopfauflage *f*; Schraubenkopfauflage *f*

washer fluid reservoir tank *<mvhcl>* • Waschflüssigkeitsvorratsbehälter *m*

washer head *<join> (gen.)* • Bundkopf

m

washer head bolt *<join>* • Bundschraube *f*

wash-out *<geo> (process forming a cauldron)* • Auskesselung *f*

wash out *vt <tech.gen>* • ausspülen *vt*

wash out *vt <tech.gen>* • herausspülen *vt*

waste *<waste> (discarded material, potentially recyclable)* • Abfall *m*; Abfallstoffe *mpl*; Abprodukte *npl rar*

waste container *<waste.logist>* • Abfallbehälter *m*

waste disposal *<waste> (collection, transport, treatment, use and deposition of wastes)* • Abfallentsorgung *f*; Entsorgung *f prakt*; Abfallbeseitigung *f*; Müllbeseitigung *f ugs*

waste fiber content *<pap.waste> (in recycled paper; may differ from country to country)* • Altpapieranteil *m*; Altpapiergehalt *m*

waste gas *<emiss>* • Abgas *n*

waste glass *<waste.silic>* • Altglas *nsg*

waste glass recycling *<waste.silic>* • Altglasverwertung *fsg*; Altglasrecycling *nsg*

waste heat *<comb>* • Abwärme *f*; Abhitze *f ugs*; Abfallwärme *f rar*

waste heat boiler *<proc>* • Abhitzekessel *m*

waste heat exchanger *<turb>* • Abwärmetauscher *m*; Abwärmeaustauscher *m rar.ugs*

waste heat recovery *<energ.therm>* • Abwärmenutzung *f*; Abwärmerückgewinnung *f form*; Abhitzeverwertung *f rar*

waste heat turbine *<energ.therm>* • Abwärmeturbine *f DIN 4304*

waste incineration *<waste.comb>* • Müllverbrennung *f*; Abfallverbrennung *f form*

waste incineration plant *<waste.comb>* • Müllverbrennungsanlage *f* (MVA); Abfallverbrennungsanlage *f form*; Kehrichtverbrennungsanlage *f CH*; Müllofen *m ugs.rar*

wasteland *<geo>* • Ödland *n DIN 4047-1*

waste management *<waste>* • Abfallwirtschaft *f*

waste management and recycling industry *<waste>* • Entsorgungs- und Recyclingwirtschaft *f*

waste material *<waste> (gen.)* • Abfallmaterial *n*; Abfallstoff *m*

waste minimization *<waste.ecol>* • Abfallvermeidung *f*; Müllvermeidung *f*

waste paper *<pap.waste> (old writing paper, newspapers, cartons, magazines etc.)* • Altpapier *n DIN EN 643*; Abfallpapier *n ugs*; altes Papier *n ugs*

waste paper container *<pap.waste>* • Altpapiercontainer *m*

waste-paper recovery *<pap.prod>* • Altpapieraufbereitung *f*

waste paper recycling ratio *<pap.waste>* • Altpapier--Rücklaufquote *f*

waste pipe *<build.waste>* • Fallrohr *n*

waste processing *<waste.proc> (for recycling)* • Abfallaufbereitung *f*; Abfallaufarbeitung *f*; Müllaufbereitung *f*

waste product *<waste>* • Abfallprodukt *n*

waste reclamation plant *<waste>* • Aufbereitungsanlage *f*; Abfallverwertungsanlage *f*; Rohstoffrückgewinnungsanlage *f*

waste recovery system *<waste.proc>* • Abfallaufbereitungsanlage *f*

waste reduction *<waste.ecol>* • Abfallreduzierung *f*; Abfallverringerung *f*

waste steam *<emiss>* • Abdampf *m*

waste-to-energy plant (WTE-plant) *<waste.energ>* • Müllheizkraftwerk *n* (MHKW)

waste toner *<print> (of laser printer, copy machine)* • Alttoner *n*

waste treatment *<waste.proc> (gen.; for disposal or recycling)* • Abfallbehandlung *f*

waste utilization *<waste> (recycling or use of the energy content of waste)* • Abfallverwertung *f*

waste water *<waste>* • Abwasser *n*; Schmutzwasser *n rar*

wastewater collection system *<waste.hydr>* • Abwassersammelanlage *f*

waste water engineering *stand*

<proc.waste> • Abwassertechnik *f norm*

waste water plume *<waste.hydr>* • Abwasserfahne *f DIN 4049-2*

waste water treatment *<waste.hydr>* • Abwasserbehandlung *f*; Abwasseraufbereitung *f*; Abwasserreinigung *f*; Abwasserklärung *f*; Klärung *f prakt*

waste weir *<hydr.waste>* • Überfallwehr *n*

watch *<i&c> (small; e.g. wrist-watch)* • Uhr *f DIN 8230,8231*

watch *vt <gen> (typ. visually; also acoustically)* • beobachten *vt*

watch case *<i&c>* • Uhrgehäuse *n*; Gehäuse *n ugs*; Schale *f rar*

watch crystal *US <i&c.silic>* • Uhrglas *n*; Uhrenglas *n ugs.rar*

watch hand *<i&c>* • Uhrzeiger *m*

water additon *<gen>* • Wasserzugabe *f*

water aerodrome *<aerosp>* • Wasserflugplatz *m*

water balance *<tech.gen> (e.g. of chemical industry, urban areas)* • Wasserhaushalt *m*

water body *<geo> (lakes and rivers)* • Gewässer *n*

water-borne *<tech.gen>* • schwimmend

water canal *<build.hydr> (open)* • Wasserkanal *m*

water cannon *<tech.gen> (for washing; e.g. of heavy equipment, tracked vehicles)* • Hochdruckwäscher *m*

water catchment area *<geo>* • Wassereinzugsgebiet *n*

water column (wc) *<phys> (meter water column as a unit of pressure: 9806,65 Pa)* • Wassersäule *f* (WS) *DIN 1314*

water conduit *<build.hydr> (gen.; any type)* • Wasserkanal *m*

water container *<tech.gen>* • Wasserbehälter *m*

water content *<geo> (sediment, sedimentary rock, soil)* • Wassergehalt *m DIN 18121-2*

water-cooled *<tech.gen>* • wassergekühlt

water course *<geo.hydr> (surface water; e.g. brook, creek, river)* • Wasserlauf *m DIN 4047-5*

watercraft *<nav>* • Wasserfahrzeug *n*

water damage *<tech.gen> (e.g. due to water ingress, flooding)* • Wasserschaden *m*

water-dilutable *<srfc> (paint)* • wasserverdünnbar

watered *<food> (e.g. soup, wine)* • gestreckt; überstreckt; gepantscht

water entrained with the steam *<energ>* • mitgerissenes Wasser *n*

water faucet *<pps> (e.g. in bathrooms, kitchen sinks)* • Wasserhahn *m*; Armatur *f*

water film *<srfc>* • Wasserfilm *m*; Wasserhaut *f rar*

water fire main *<pps.fire>* • Löschwasserleitung *f*

water flow rate *<tech.gen> (volume per unit time)* • Wasserstrom *m*

water gas *<chem> (e.g. ammonia production)* • Wassergas *n*; Synthesegas *n*

water glass *<chem>* • Wasserglas *n*

water hammer *<pps> (in water pipes)* • Druckstoß *m*; hydraulischer Stoß *m wiss*; Wasserschlag *m prakt*; Wasserhammer *m ugs*

water hardness *<chem>* • Wasserhärte *f*

water ingress *<tech.gen> (e.g. into car interior/trunk; into vessel)* • Eindringen von Wasser *n*; Wassereinbruch *m*; Wassereindringen *n*

water-in-oil emulsion *<chem> (e.g. cooling/lubricating of cutting tools, body lotions)* • Emulsion von Wasser in Öl *f*

water jacket *<tech.gen> (for cooling, heating)* • Wassermantel *m*

water jet *<gen>* • Wasserstrahl *m*

water jet *<tech.gen>* • Wasserstrahl *m*

water jet propulsion *<nav>* • Wasserstrahlantrieb *m*; Hydrojetantrieb *m*; Hydrojet

water-jet pump *<convey> (ejector pump)* • Wasserstrahlpumpe *f*

water level *<hydr> (of rivers, lakes etc.)* • Pegel *m*

water-level measuring post *<geo.i&c>* • Pegel *m*

waterline *<nav>* • Wasserlinie *f*

water mark *<pap>* • Wasserzeichen *n DIN 6730*

water-moderated *<nucl> (nuclear reactor, neutrons)* • wassermoderiert; wassergebremst *rar*

water monitor <*fire*> *(on fire engine; e.g. with 1000 g.p.m. delivery)* • Wasserwerfer *m*; Wasserkanone *f rar*
water power <*energ.hydr*> • Wasserkraft *f*
water power utilization <*energ.hydr*> • Wasserkraftnutzung *f*
waterproof <*tech.gen*> *(preventing ingress of water; e.g. convertible top, tonneau cover)* • dicht
waterproof <*tech.gen*> *(resistant to ingress of water; e.g. a watch, garments)* • wasserdicht
waterproof *vt* <*srfc*> *(materials of any kind: fabric, leather, wood)* • imprägnieren *vt*
waterproof fabric <*textil*> *(gen.; with membrane, rubber lining, water--reppellant finish)* • wasserdichtes Gewebe *n*
waterproofing <*srfc*> • Imprägnierung *f*
waterproofing agent <*build.mat*> • Dichtungsmittel *n*
waterproofing [of building structures] <*build*> • Bauwerksabdichtung *f*
water-quenched <*metal*> • abgeschreckt in Wasser
water-receptive <*qualit.mat*> • wasserannehmend
water repellency <*srfc*> *(e.g. of impregnated fabric, paint coat)* • Abperleffekt *m*; wasserabweisende Wirkung *f*
water-repellent <*srfc*> • wasserabstoßend; wasserabweisend
water reservoir <*tech.gen*> • Wasserbehälter *m*
water-resistant <*qualit.mat*> *(e.g. paint, adhesive, material)* • wasserfest; wasserunlöslich
water return <*hvac*> *(of a hydronic heating system; pipe or water between heater and boiler)* • Heizwasserrücklauf *m*; Rücklauf *m prakt*
water rights *VDI4640* <*gen*> • Wasserrecht *n VDI4640*; wasserrechtliche Bestimmungen *fpl*
water seal <*mech.eng*> • Vorlage *f*
water separator <*proc*> • Wasserabscheider *m DIN 4319*
water slurry <*proc*> • Aufschlämmung *f*
water softener <*tech.gen*> *(any type and method)* • Wasserenthärter *m*
water-soluble <*qualit.mat*> *(e.g. paint, adhesive, substance)* • wasserlöslich
water spray <*tech.gen*> • Spritzwasser *n*
water supply <*hvac*> *(of a hydronic heating system)* • Heizwasservorlauf *m*; Vorlauf *m*
water supply <*logist*> • Wasserversorgung *f*
water table <*geo*> *(usu. with regard to ground water)* • Wasserspiegel *m*
water tank <*tech.gen*> *(usu. a closed container; also an open pool)* • Wasserbehälter *m*
watertight <*join*> *(joint, connection)* • wasserdicht
water turbine <*energ.hydr*> • Wasserturbine *f DIN 4320*
water vapor permeability *US* <*qualit.mat*> • Wasserdampfdurchlässigkeit *f*
waterway <*nav.traff*> • Schifffahrtsweg *m*; Wasserstraße *f*
waterway <*nav.traff*> *(rivers, lakes, seas, oceans, canals)* • Wasserstraße *f*; Schifffahrtsweg *m*
waterway engineering <*build.hydr*> • Verkehrswasserbau *m DIN 4054*
wattage <*phys*> *(power output in Watts)* • Leistung *f*
wave <*hydr*> *(water; e.g. on the sea)* • Welle *f*; Woge *f*
wave <*phys*> *(oscillation)* • Welle *f*
wave-corpuscle duality <*phys*> • Dualismus von Welle und Teilchen *m*; Dualismus *m*
waved spring washer <*join*> *(no locking device)* • Federscheibe *f DIN 137*
wave energy converter <*energ.hydr*> *(gen.)* • Wellenenergiekonverter *m*
waveguide <*el*> • Wellenleiter *m*; Hohlleiter *m*
wavelength *DIN IEC 50* <*phys*> • Wellenlänge *f DIN IEC 50*
wave spring lock washer <*join*> • gewellter Federring *m DIN ISO 1891*
wave spring washer *DIN 137* <*join*> • gewellte Federscheibe *f DIN 137*; Wellscheibe *f*
wax *vt* <*srfc*> *(treat with wax; e.g. wood, vehicle underbody, cavities)* • Wachs *n*: mit ~ behandeln *vt*; einwachsen *vt prakt*

wax coating *<srfc.food> (e.g. on fruit)* • Wachsüberzug *m*

waxed dental floss *<hygi.tool>* • gewachste Zahnseide *f*

way (s) *<gen> (path, route; e.g. of a tool, a vehicle)* • Weg *m* (s)

way *<mech.eng> (path; e.g. of a tool)* • Bahn *f*

waypoint (WPT) *<navig>* • Wegpunkt *m* (WPT); Ortungspunkt *m*; Festpunkt *m*; Waypoint *m jarg*

wayside propulsion *<railw> (of maglev system)* • fahrwegseitiger Antrieb *m*; fahrwegseitiges Antriebssystem *n*

weak *<chem> (solution)* • arm

weaken *vi <phys> (effect, influence)* • nachlassen *vi*

weaken *vt <phys.jur> (e.g. effect, energy, force; e.g. position of opposed party)* • schwächen *vt*

weakened *<mech>* • geschwächt; abgeschwächt

weapon *<mil> (gen.; e.g. a gun)* • Waffe *f*

weapons-grade *<nucl.mil> (fissionable material)* • atomwaffenfähig

weapons of mass destruction (WMD) *<mil> (ABC weapons)* • Massenvernichtungswaffen *fpl*

wear *vi/vt <tech.gen> (cause to deteriorate, diminish; e.g. clothing, furniture, tool)* • verschleißen *vi/vt*; abnutzen *vr/vt*

wear *vt <garm> (to the end of life span; fabric, shoes)* • abtragen *vt*

wearable computers *<comp.garm> (e.g. BAN)* • intelligente Kleidung *fsg*; intelligente Textilien *fpl*; Digitalkleidung *f*

wear and tear *<tech.gen> (gen.)* • Verschleiß *m*

wear and tear *<tech.gen> (mechanical, abrasive; e.g. of fabrics, friction surfaces)* • mechanischer Verschleiß *m*; Verschleiß *m*; Abnutzung *f*; Abrieb *m*

wear away *vt <srfc> (material, surface, coating; e.g. due to attrition)* • abtragen *vt*

wearing part *<mech.eng>* • Verschleißteil *n*

wearing surface *<mech.eng> (of wheels)* • Lauffläche *f*

wear limit *<qualit> (e.g. brake lining, tire)* • Abnutzungsgrenze *f*

wear out *vi <tech.gen> (e.g. clothing, tool)* • abnutzen *vr*; abnützen *vr*

wear out *vi <mech.eng> (friction bearing)* • auslaufen *vi*

wear-out failure *<qualit> (e.g. belt, electronic component, wire rope)* • Alterungsausfall *m*

wear-out failure *<qualit> (e.g. clutch, bearing, tool)* • Ausfall durch Verschleiß *m*

wear particles *pl <mech.eng> (e.g. metal particles from gears)* • Verschleißpartikel *npl*; Abrieb *m*

wear pattern *<mech.eng> (on gears)* • Tragbild *n*

wear-reducing *<qualit> (coating, lubrication, measures)* • verschleißmindernd

wear resistance *<qualit.mat> (gen.)* • Verschleißfestigkeit *f*; Abnutzungsbeständigkeit *f ugs*

wear-resistant *<qualit> (gen.)* • verschleißfest; abnutzungsbeständig; verschleißarm

weather *vi <srfc> (coatings)* • verwittern *vi*

weather *vt <build.mat> (roof tile)* • abschrägen *vt*

weather *vt <mat>* • aussetzen *vt*

weather *vt <srfc>* • bewittern *vt*

weatherproof *US <qualit> (e.g. thread, fabric, paint)* • wetterfest

weatherseal *<build> (between window or door frame and wall)* • Anschlussdichtung *f*; Dichtung *f prakt*

weather service *<meteo>* • meteorologischer Dienst *m*

weather [side] *<nav>* • Luv *fsg*; Luv *nsg rar*; Luvseite *f*

weatherstrip *<tech.gen> (any shape, usually soft; e.g. on edge of sth.)* • Dichtkeder *m*

weatherstrip *<tech.gen> (between door, window sash and frame)* • Dichtprofil *n*; Dichtungsprofil *n*; Dichtung *f*

weathertight *<tech.gen>* • dicht; wetterdicht

weave *<textil>* • Bindung *f DIN 61101-1*

weaver scope rail *<mil> (on firearms)* • Weaver-Schiene *f*

web *<build> (a wide and thin part*

connecting thicker or more solid parts) • Rippe *f*; Steg *m*

web *<build> (of steel sections)* • Steg *m*; Trägersteg *m*

web *ISO 5419 <tool> (twist drill)* • Kern *m DIN ISO 5419*

web *<tool> (of twist drills)* • Seele *f*

web access provider (WAP) *<tele.comp>* • Internetprovider *m*

web-based *<comp>* • webbasiert

webbing grabber *<mvhcl.safe>* • Gurtklemmer *m*; Gurtbandklemmer *m*; Gurtstopper *m BMW.prakt*; Klemmautomat *m BMW*; Gurtbandklammer *f wiss.rar*

web in *vt <print> (paper)* • einziehen *vt*

weblog *<comp>* • Weblog *n*; Blog *n ugs*; Webtagebuch *n*

web offset press *<print>* • Rollenoffset-Druckmaschine *f*; Rollenoffsetrotation *f*; Rollenoffsetmaschine *f*; Rollenoffsetdruckmaschine *f*

web offset printing *<print>* • Rollenoffsetdruck *m*

web page *<comp> (page of a website)* • Webseite *f*

web site *<comp> (on the Internet/ WWW; usu. several web pages)* • Internetpräsenz *f*; Web-Site *f jarg*; Homepage *f ugs*

web width *<print>* • Bahnbreite *f*

wedge *<tech.gen>* • Keil *m*

wedge gate valve *<pps>* • Keilschieber *m*; Keilplattenschieber *m*

wedge insertion tool *<tool>* • Keiltreiber *m*

wedge-like *<tech.gen> (shape)* • keilartig

wedge-shaped *<tech.gen>* • keilförmig

wedge-shaped *<prod> (chip)* • kommaförmig

wedge-shaped piece *<tech.gen>* • Keilstück *n*

wedging action *<mech>* • Klemmwirkung *f*

weft *<textil> (threads across the width of woven material)* • Schuss *m*; Querfaden *n*; Einschuss *m*; Eintrag *m*; Schussfaden *m*

weft-knitting machine *ISO 7839 <textil>* • Kulierwirkmaschine *f ISO 7839*

weigh *vt <i&c> (to determine a specified amount; e.g. of certain ingredients)* • abwiegen *vt*

weigh *vt <i&c> (to determine the weight)* • wiegen *vt*

weighed-in quantity *<i&c>* • Einwaage *f*

weighing machine *<i&c>* • Wägemaschine *f DIN 8120*; Waage *f prakt*

weight *<phys> (gen.)* • Gewicht *n*

weight *<phys>* • Gewichtskraft *f DIN 1305*

weight *vt <pap>* • füllen *vt*

weight gain *<tech.gen>* • Gewichtszunahme *f*

weighting sequence *<gen> (e.g. of error categories)* • Gewichtungssequenz *f*

weightlessness *<aerosp>* • Schwerelosigkeit *f*

weight percent *<tech.gen> (mixture)* • Masseprozent *n*

weight per unit area *<mat.i&c> (e.g. metal sheet, paper, fabrics, nonwovens)* • Flächengewicht *n*; Flächenmasse *f*

weight per unit area *<srfc> (of coatings; e.g. in* g/m^2*)* • flächenbezogene Masse *f*; Flächengewicht *n*

weight reduction *<tech.gen> (typ. design objective; e.g. for vehicles)* • Gewichtsreduzierung *f*; Massereduzierung *f form*; Gewichtsverringerung *f ugs*; Verringerung des Gewichts *f ugs*

weight saving *<tech.gen> (in design, construction, operation)* • Gewichtseinsparung *f*; Gewichtsersparnis *f*

weight-saving *<tech.gen>* • gewichtssparend

weight transfer [away from an axle] *<mvhcl> (during acceleration, braking)* • Achsentlastung *f*

weir *<build.hydr> (gen.)* • Wehr *n*

weld *vt <join> (fusion-welding)* • schweißen *vt DIN 55405*

weldability *<qualit.mat> (of metals and plastics)* • Schweißbarkeit *f DIN 8528*

weld bead *<join>* • Schweißraupe *f*

weld cladding *<srfc> (process; for build-up of thickness or hard-facing)* • Schweißplattieren *n*; Auftragschweißen *n*; Schweißplattierung *f*;

Plattierungsschweißen *n rar*; Auftragsschweißen *n rar*
weld cladding *<srfc> (result of process; layer)* • Schweißplattierung *f*
welded *<join>* • geschweißt
welded-steel structure *<tech.gen>* • Stahlschweißkonstruktion *f*
welded structure *<tech.gen> (structure)* • Schweißkonstruktion *f*
welding *<join>* • Schweißen *n DIN EN 1792*
welding electrode *<join.el>* • Schweißelektrode *f*
welding engineering *<join>* • Schweißtechnik *f*
welding line *<join.prod>* • Schweißanlage *f*; Schweißstraße *f*
welding processes involving mechanical pressure *US <join>* • Pressschweißen *n DIN 1910*; Druckschweißen *n DIN EN ISO 6520*
welding robot *<prod>* • Schweißroboter *m*
welding rod *<join> (gen.)* • Schweißstab *m DIN 8571*
welding rod *<join.mat> (gas/arc welding)* • Schweißdraht *m*
welding spot *<join> (gen.)* • Schweißpunkt *m*
welding torch *<join> (for gas welding)* • Schweißbrenner *m DIN 8543*
welding to the cutting faces *<mach.tool> (unwanted effect)* • Aufschweißung auf den Schneidflächen *f*
welding wire *<join.mat> (MIG welding)* • Schweißdraht *m DIN 8571*
weld line *<plast.join>* • Bindenaht *f*
weld mark *<join>* • Kaltschweißstelle *f*
weld nugget *<join> (spot weld between two panels)* • Schweißpunkt *m*
weld on *vt <join>* • anschweißen *vt*
weld onto *vt <join>* • aufschweißen *vt*
weld penetration *<join> (of a weld seam, bead)* • Einbrandtiefe *f*; Einbrand *m prakt*
weld preparation *<join>* • Schweißnahtvorbereitung *f*
weld root *<join>* • Schweißnahtwurzel *f*
weld stud *<join>* • Anschweißschraube *f DIN ISO 1891*
well *<build> (e.g. staircase, elevator)* • Schacht *m*
well *VDI4640 <build.hydr> (artificial ground water source)* • Brunnen *m VDI4640*
well *<geo.petr>* • Quelle *f*
well *<petr>* • Bohrung *f*
well appointed *<tech.gen> (e.g. vehicle, home, kitchen)* • gut ausgestattet
well-balanced *<qualit> (properties; e.g. of a vehicle, of tires)* • ausgewogen; harmonisch
well built *<tech.gen>* • gut verarbeitet
well defined *<gen>* • genau festgelegt
well-defined *<opt> (image, resolution)* • scharf
well-lit *<light>* • gut beleuchtet
well specced *<tech.gen> (e.g. motor bike)* • gut ausgestattet
well-suited for *<tech.gen>* • gut geeignet für
well suited for use in ... *<tech.gen>* • ideal für den Einsatz in ...
welt *<textil> (elastic edge of a knitted fabric)* • Bund *m*
welted footwear *<garm>* • rahmengenähtes Schuhwerk *n*
W-engine *<mvhcl.mot> (e.g. a W12 in the Volkswagen Phaeton)* • W-Motor *m*
wet *<gen>* • nass
wet *vt <build> (plaster surface)* • annässen *vt*
wet *vt <proc> (with a sprinkling system)* • berieseln *vt*
wet *vt <srfc> (moisten)* • befeuchten *vt*; anfeuchten *vt*; nass machen *vt*
wet *vt <srfc>* • benetzen *vt*
wet and dry sanding paper *<tool>* • Nassschleifpapier *n*
wet-bulb thermometer *<meteo.i&c>* • Feuchtthermometer *n*; feuchtes Thermometer *n*
wet dust collector *<waste>* • Nassentstauber *m*
wet filter *<proc>* • Nassfilter *n*
wet grinding *<prod>* • Nassschleifen *n*; Nassschliff *m*
wet grip *<traff.mvhcl> (of tires)* • Haftung auf nasser Straße *f*
wetland *<hydr>* • Feuchtgebiet *n*
wet mix shotcrete *<build.mat>* • Nassspritzbeton *m*
wet mix shotcrete method *<build>* • Nassspritzen *n*; Nassspritzverfahren *n*

wet-on-wet application *<srfc> (e.g. paint)* • Nass-in-Nass-Auftrag *m*

wet process *<proc> (gen.)* • Nassverfahren *n*; nasses Verfahren *n*

wet scrubber *<proc> (gen.)* • Nassabscheider *m*; Nasswäscher *m*; Nassabsorber *m*; Wäscher *m prakt*

wet scrubbing *<proc> (gen.; of gases, e.g. to remove particulate matter)* • Nasswäsche *f*

wet shaving *<hygi.tool>* • Nassrasur *f*

wet sludge *<waste>* • Nassschlamm *m*

wet steam *<phys> (of water; visible, condensed droplets, as in a cloud)* • Nassdampf *m*; Dampf *m ugs*

wet strength *<tech.gen> (e.g. of paper)* • Nassfestigkeit *f*

wetsuit *<garm.nav>* • Neoprenanzug *m*

wet sump lubrication *<mvhcl.mot>* • Nasssumpfschmierung *f*; Druckumlaufschmierung mit Nasssumpf *f norm*; Nasssumpf *m press.ugs*

wettability *<srfc> (interaction between solid surface and liquid)* • Benetzbarkeit *f*

wettable *<phys.srfc> (e.g. with water)* • benetzbar

wetted *<pps.srfc> (in contact with a liquid)* • flüssigkeitsberührt; flüssigkeitsbenetzt; flüssigkeitsbeaufschlagt; mediumberührt

wetted surface *<pps> (surfaces in contact with a fluid; e.g. inside of pipes, valves)* • mediumberührte Oberfläche *f*

wetted surface *<srfc> (slightly wetted)* • benetzte Oberfläche *f*

wetting agent *<chem>* • Netzmittel *n*

whale factory vessel *<nav>* • Walfangfabrikschiff *n*

wheel *<tech.gen>* • Rad *n*

wheel *<mech> (gear in clockworks)* • Zahnrad *n*; Mobile *n rar*

wheel *ISO 8090 <vhcl> (of a bicycle)* • Laufrad *n DIN ISO 8090*

wheel-and-tire assembly *US <mvhcl>* • Komplettrad *n*

wheel axle *<vhcl>* • Radachse *f*; Achse *f*

wheel balancer *<mvhcl.tool>* • Auswuchtmaschine *f*; Wuchtmaschine *f prakt*

wheelbarrow *<convey.build> (typ. with one wheel, tray, two handle bars)* • Schubkarre *f*; Schiebtruhe *f A*

wheelbase *<vhcl> (distance between front and rear axle)* • Radstand *m*; Achsstand *m rar.ugs*

wheel bearing *<vhcl>* • Radlager *n*

wheel bolt *<mvhcl>* • Radschraube *f*; Radbolzen *m prakt*; Bolzen *m prakt.ugs*

wheelchair *<vhcl> (mobility device)* • Rollstuhl *m*; Rolli *m ugs*

wheelchair-accessible bus *<comvhcl>* • rollstuhlgerechter Bus *m*; Bus mit Rollstuhleinstieg *m*

wheelchair-accessible toilet *<build>* • behindertengerechte Toilette *f*; rollstuhlzugängliche Toilette *f*

wheel cleaner *<mvhcl> (esp. for alloy wheels)* • Felgenreiniger *m*

wheel formula *<railw> (of locomotives; e.g. 2-8-4 or o0000oo)* • Achsfolge *f*; Achsanordnung *f*

wheel grip *<mvhcl> (of tires)* • Bodenhaftung *f*; Grip *m ugs*

wheel-lift type tow truck *<mvhcl>* • Abschleppfahrzeug mit Hubbrille *n*; Abschleppfahrzeug mit Abschleppbrille *n*

wheel load *<vhcl>* • Radlast *f*

wheel loader *<build.mach>* • Radlader *m*; Trax *m CH*

wheel lock *<mvhcl> (any anti-theft device)* • Radsicherung *f*; Felgenschloss *n prakt.ugs*

wheel lock *<vhcl> (during braking)* • Blockieren der Räder *n*; Blockade der Räder *f*; Radblockade *f*; Radblockieren *n*

wheel/rail-system (w/r-system) *<railw>* • Rad-Schiene-System *n* (R/S-System); Rad/Schiene-System *n*

wheel rotation *<mvhcl>* • Umsetzen der Räder *n*; Umsetzen der Laufräder *n did*

wheelset *<railw>* • Radsatz *m*

wheel speed sensor *<mvhcl.i&c> (e.g. for ABS, navigation)* • Raddrehzahlsensor *m*; Raddrehzahlfühler *m*

wheel spin *<vhcl> (e.g. of a car, locomotive)* • Durchdrehen der Räder *n*; Durchdrehen der Antriebsräder *n*

wheels-up landing *<aerosp>* • Bauchlandung *f*

wheel suspension *<mvhcl> (front and rear)* • Radaufhängung *f*; Aufhängung *f prakt*

wheel tire *<railw>* • Radreifen *m*

wherein: ... *<did> (in equations)* • dabei gilt: ...

whet *vt <tool> (e.g. scythe, sickle)* • abziehen *vt*; wetzen *vt ugs*

whetstone *<tool> (for sharpening cutting tools such as blades, abrasive wheels)* • Abziehstein *m*; Wetzstein *m*

whey *<food>* • Molke *f*

whey powder *<food>* • Molkenpulver *n*

whip *vi <tech.gen> (rope)* • schwingen *vi*

whip *vt <food.prod> (ice cream, cream)* • aufschlagen *vt rar*

whiplash injury *<mvhcl.med> (effect during accident, collision)* • Peitscheneffekt *m*

whipping *<mech> (of ropes, chains)* • Schwingung *f*

whisker wire *<mat> (very fine wire)* • Haardraht *m*

white balance (WB) *<phot>* • Weißabgleich *m* (WB)

white cast iron *<metal>* • Hartguss *m DIN 17006-4*; Weißguss *m*

white gold *<mat> (e.g. for jewelry)* • Weißgold *n*

white-heart malleable cast iron *<metal>* • entkohlend geglühter Temperguss *m* (GTW); weißer Temperguss *m obs.prakt*; Weißkerntemperguss *m obs*

white heat (WH) *<metal>* • Weißglut *f*

white level *<av>* • Weißpegel *m*

white lithium grease *<mvhcl.tribo> (e.g. for hinges)* • weißes Lithiumfett *n*; weißes Spezialschmierfett *n ugs*

white metal *<mat> (plain bearing)* • Weißmetall *n*

whiteness *<pap.qualit> (of paper)* • Helligkeit *f*

white pig iron *<metal> (used for steel making)* • weißes Roheisen *n*

whitewash *<build.srfc>* • Tünche *f*

white-water kayak *<nav>* • Wildwasserkajak *n*

whiting *<srfc>* • Schlämmkreide *f*

Whitworth thread *<join> (gen.)* • Whitworth-Gewinde *n*; WW--Gewinde *n*

wholesale pack[age] *<pack>* • Großhandelspackung *f DIN 55 405*

wick *<tech.gen> (e.g. of oil lamp, oiler)* • Docht *m*

wicker furniture *<gen>* • Korbmöbel *npl*

wickerwork *<prod> (e.g. of wood, metal wire; for baskets, sieves)* • Flechtwerk *n*

wickerwork *<prod>* • Geflecht *n*

wicking *<gen> (transmission of a fluid by capillary action)* • Dochtwirkung *f*

wick oiler *<tribo>* • Dochtöler *m*

wide *<gen>* • breit

wide-angle lens *<phot>* • Weitwinkelobjektiv *n*

wide-angle zoom *<phot>* • Weitwinkelzoom *n*

Wide Area Network (WAN) *<comp>* • Weitbereichsnetz *n* (WAN)

wide-body aircraft *<aerosp>* • Großraumflugzeug *n*

wide gauge *US <railw> (any railway gauge wider than standard gauge)* • Breitspur *f*

widely spaced ratios *<mvhcl.drive> (transmission)* • lang gestufte Gänge *mpl*

wide-meshed *<tech.gen> (tissue, wickerwork)* • grobmaschig

widen *vi/vt <gen> (make or become wide or wider; e.g. a hole)* • ausweiten *vr/vt*

widening test *prEN ISO 10484 <qualit.join> (e.g. on nuts)* • Aufweitversuch *m prEN ISO 10484*

wide plank floor *<build>* • Dielenfußboden *m*

wide-screen *<av> (T.V. set)* • Großbildschirm *m*

wide strip *<metal> (sheet metal)* • Breitband *n*

widow *ISO/IEC 2382-23 <docu> (last line of a paragraph standing alone at the beginning of the next p)* • Hurenkind *n ISO/IEC 2382-23*; Witwe *f*

width *<tech.gen> (lateral dimension)* • Breite *f* (b)

width of cut *<mach.tool> (feed)* • Schnittbreite *f*

wild oat *<agri>* • Flughafer *m*

willow *vt <textil>* • klopfen *vt*

winch *<min.convey>* • Haspel *f*

winch *<nav> (with horizontal spindle)* • Winsche *f*; Winsch *f*; Winde *f*

winch cable *<aerosp> (for winch launching of gliders)* • Schleppseil *n*

winch launch[ing] *<aerosp>* • Windenstart *m*

wind *vt <tech.gen> (e.g. rope, cable)* • aufrollen *vt*

wind *vt <tech.gen> (on spools, reels; e.g. thread, wire, film)* • aufspulen *vt*

wind *vt <tech.gen> (gen.)* • aufwickeln *vt*

wind *vt <mech.eng> (clockwork)* • aufziehen *vt*

wind blast *<mvhcl> (e.g. on the face; open driving or motorbiking)* • Fahrtwind *m*

wind bracing *<build> (in truss or arch bridges)* • Windverband *m*; Aussteifungsverband *m*

wind cone *<nav>* • Windsack *m*

wind convection *<energ.sol>* • Windkonvektion *f*

wind energy *<energ.wind>* • Windenergie *f*; Windkraft *f*

wind energy business *<energ.wind>* • Windbranche *f*

wind farm *<energ.wind> (array of multiple wind turbines operated as one unit)* • Windpark *m IEV 415*

wind indicator *<nav>* • Verklicker *m*

winding *<tech.gen> (e.g. tape, thread, rope, wire)* • Aufwickeln *n*

winding *<convey.min> (vertical)* • Förderung *f*

winding *<el> (coil; e.g. of a relay, solenoid, armature, rheostat)* • Wicklung *f*

winding bobbin *<textil>* • Aufwickelspule *f*; Aufnahmespule *f*

winding equipment *<min> (vertical; shaft mining)* • Förderanlage *f*

winding handle *<mech.eng> (crank)* • Kurbelgriff *m*; Kurbel *f*

winding mechanism *<mech> (e.g. of a clockwork)* • Aufzug *m*

winding speed *<convey>* • Fördergeschwindigkeit *f*

wind instrument *<mus>* • Blasinstrument *n*

windlass *<convey> (gen.; for cable, rope or chain)* • Winde *f*

wind load *<build>* • Windbelastung *f*

wind loads *pl <build> (e.g. on buildings, solar collectors, wind turbines)* • Windlasten *fpl*

windmill *<energ.wind>* • Windmühle *f*

wind off *vt <tech.gen> (e.g. rope, tape, wire)* • abwickeln *vt*

wind off *vt <mech.eng> (cable, wire)* • abspulen *vt*

wind of the boat's own speed *<nav>* • Fahrtwind *m*

window *DIN EN 12519 <build> (glazed)* • Fenster *n DIN EN 12519*

window *<comp> (for selecting screen elements)* • Fenster *n*

window *<vhcl>* • Fenster *n*

window air-conditioning unit *<hvac>* • Fensterklimagerät *n*

window-cleaning cradle *<build>* • Fassadenlift *m*

window display *<ad>* • Auslage *f*

window glass *<build.silic>* • Fensterglas *n*; Tafelglas *n obs*; Ziehglas *n obs*

window header *<build> (top member of window openings; e.g. of stone, concrete, timber)* • Fenstersturz *m*; Sturz *m prakt*; Sturzriegel *m*

window lift *<mvhcl>* • Fensterheber *m* (FH)

window pane *<build.mat> (prior to installation)* • Fensterscheibe *f*; Einzelscheibe *f*; Glasscheibe *f*

window sash *<build>* • Fensterrahmen *m*

window sash *<build>* • Flügel *m*; Flügelrahmen *m*; Fensterflügel *m*

window sill *<build> (at the bottom of window opening)* • Fensterbank *f*; Fensterbrett *n*; Fensterbord *n*; Fenstersims *n*; Sohlbank *f*

wind power generation *<energ.wind>* • Windstromproduktion *f*

wind pressure *<tech.gen> (e.g. on buildings)* • Winddruck *m*

wind-pump *<energ.wind>* • Windpumpe *f*

windshield *US/JAR 25.775 <aerosp> (cockpit)* • Frontscheibe *f*

windshield *US <mvhcl>* • Windschutzscheibe *f*; Frontscheibe *f*

windshield washer system *US <mvhcl>* • Scheibenwaschanlage *f*; Scheibenwascher *m prakt.ugs*

windshield wiper and washer system *US <mvhcl>* • Scheibenwisch-/-waschanlage *f*

windshield wiper delay control

<mvhcl.el> • Intervallschaltung *f*
wind speed *IEV 415 <energ.wind>* • Windgeschwindigkeit *f IEV 415*
wind tunnel (WTL) *<phys> (for aerodynamic response testing)* • Windkanal *m*; Strömungskanal *m*
wind turbine generator system (WTGS) *IEV 415 <energ.wind>* • Windenergieanlage *f* (WEA) *IEV 415*; Windkraftanlage *f*; WKA; Windenergiekonverter *m*; WEK *rar*; Windkraftwerk *n rar*; Windturbine *f obs.rar*
wing *<aerosp> (of airplane)* • Tragfläche *f*; Tragflügel *m*; Flügel *m ugs*
wing *<build> (building; e.g. castle)* • Flügel *m*
wing aspect ratio *<aerosp>* • Flügelstreckung *f*; Streckung *f*
wing center box *US <aerosp>* • Flügelmittelkasten *m*; Flügel-Mittel--Kasten *m*; Flügelmittelstück *n*
wing illumination light *<aerosp.light> (exterior lighting)* • Tragflächenbeleuchtung *f*; Tragflächenvorderkantenbeleuchtung *f*
wing leading edge *<aerosp>* • Flügelvorderkante *f*; Tragflügelvorderkante *f*; Flügeleintrittskante *f*
winglet *<aerosp>* • Winglet *n*; Endscheiben *fpl*; Flügelohren *npl*
wing loading *<aerosp> (measure in flight mechanics)* • Flächenbelastung *f*
wing nut *<tech.gen> (gen., any nut with wings)* • Flügelmutter *f DIN 315*
wing root *<aerosp>* • Tragflächenwurzel *f*; Tragflügelwurzel *f*; Flügelwurzel *f*
wing span *<aerosp>* • Flügelspannweite *f*; Spannweite *f*; Tragflügelspannweite *f*
wing-tip *<aerosp>* • Flügelende *n*
wing tip *<aerosp>* • Tragflächenspitze *f*; Tragflügelspitze *f*; Flügelspitze *f*
wipe off *vt <tech.gen> (e.g. dust, liquid from surfaces)* • abwischen *vt*; abstreifen *vt*
wipe out *vt <did> (text or drawing on whiteboard etc.)* • löschen *vt*
wiper *<hygi.tool> (hand tool for window glass)* • Abzieher *m*; Fensterwischer *m*
wiper *<tool> (stripper)* • Abstreifer *m*
wiper blade sweep *<vhcl> (of windshield wipers)* • Wischbewegung *f*
wiper lift *<mvhcl> (at high speeds)* • Abheben der Scheibenwischer *n*
wire *<el> (conductor; usu. insulated)* • Draht *m*
wire *<mat> (gen.; of any metal, for any purpose)* • Draht *m*
wire *vt <el>* • verdrahten *vt*
wire *vt <el>* • verkabeln *vt*
wire bonding *<el.ic.prod> (of chips)* • Drahtbonden *nsg*
wire-braid reinforcement *ISO 11237 <pps>* • Drahtgeflechteinlage *f ISO 11237*
wire brush *<tool> (for hand use)* • Drahtbürste *f*; Handdrahtbürste *f*; Draht-Handbürste *f*; Stahldrahtbürste *f*
wire cable *<convey> (for mechanical pulling action; unsheathed)* • Drahtseil *n*; Seil *n*
wire cloth *<mat>* • Metallgewebe *n*
wire comb *<build.tool>* • Kratzer *m*; Kratzeisen *n*
wire conductor *<el>* • Ader *f*
wired glass *<alarm.mat> (laminated safety glass)* • Alarmdrahtglas *n* (ADG); Alarmglas *n prakt*; Verbundsicherheitsglas mit Alarmdrahteinlage *n form*; Verbund--Alarmglas *n*; VSG-Alarmscheibe *f*
wired polyethylene sheeting *:V <alarm> (typ. for window panes)* • Alarm-Sicherheitsfolie *f*; Überwachungsfolie *f*; Flächenschutzfolie *f*; Alarmfolie *f prakt*
wire drawing *<metal.prod>* • Drahtziehen *n*; Drahtzug *m rar*
wire electrode *<join> (welding; e.g. for GMAW)* • Drahtelektrode *f DIN 8571*
wire end sleeve *<el>* • Aderendhülse *f DIN 46228*
wire erosion *<prod> (e.g. of molds, tools)* • Drahterodieren *n*
wire fabric *<build.mat>* • Maschendraht *m*
wire fence *<build>* • Drahtzaun *m*
wire-frame model *<comp> (CAD view of a 3D object)* • Drahtmodell *n*; Kantenmodell *n*; Mesh-Objekt *n*; Gittermodell *n*; Netzmodell *n*
wire fuse *<el>* • Schmelzdrahtsicherung *f*
wire gauge *<tech.gen>* • Drahtstärke *f*; Drahtdurchmesser *m*; Drahtdicke *f ugs*

wire gauge (WG) *<i&c>* • Drahtlehre *f*; Querschnittslehre *f*

wire gauze *<build.mat>* • Maschendraht *m*

wire glass *<build.mat>* • Drahtglas *n*; Glas mit Drahtnetzeinlage *n*

wire grating *<mat>* • Drahtgitter *n*

wire helix *<light> (incandescent lamp)* • Drahtwendel *f*

wireholder *<el>* • Schelle *f*

wire jumper *<el>* • Drahtbrücke *f*

wireless *<tech.gen> (via radio, IR signals)* • drahtlos; kabellos; schnurlos *ugs.*

wireless local area network (WLAN) *<comp> (e.g. radio; bluetooth)* • drahtloses lokales Netzwerk *n*; Drahtlosnetzwerk *n MS*; WLAN *n prakt*

wireless local area network (WLAN) *<comp>* • lokales Funknetz *n* (WLAN)

wire locking *<join> (of nuts and bolts)* • Drahtsicherung *f*

wire loop *<tech.gen>* • Drahtschleife *f*

wire mesh *<tech.gen> (e.g. for safety glass)* • Drahtgewebe *n*; Drahtgeflecht *n*

wire mesh guard *<tech.gen>* • Drahtmaschenschutz *m*

wire nail *<join> (a brad or sprig)* • Drahtstift *m*

wire netting *<build.mat>* • Maschendraht *m*

wire netting *<mat>* • Drahtgeflecht *n*

wire netting *<mat>* • Metallgewebe *n*

wire-netting fence *<build.mat>* • Maschendrahtzaun *m*

wire on the surface *vt <build.el>* • Kabel auf Putz verlegen *vt*

wire reel *<mech.eng> (gen.)* • Drahtspule *f*

wire rope *<build.mach>* • Drahtseil *n*

wire screen *<proc> (sieve)* • Sieb *n*

wire spoke *<vhcl> (of wire spoke wheel)* • Drahtspeiche *f*; Speiche *f prakt.ugs*

wire stripper *<tool.el> (any type)* • Abisolierwerkzeug *n*

wire stripping pliers *<el.tool>* • Abisolierzange *f*

wiretapping *<tele.comp>* • Abhören *n*

wiring *<el>* • Verdrahtung *f*

wiring harness *US.GB <el>* • Kabelbaum *m*

wiring map *<build.el.docu>* • Verkabelungsplan *m*

wiring pig-tail *<el> (connecting lead, cable)* • Anschlussleitung *f*

wiring plan *GE Aero <el.docu>* • Verdrahtungsplan *m*

withdraw *vt <gen> (e.g. motion, order, petition, protest, question, product, troops)* • zurückziehen *vt*

withdraw *vt <tech.gen> (sth from sth.; e.g. key from hole)* • abziehen *vt*

withdraw *vt <chem.proc> (fractionating)* • abziehen *vt*

withdraw *vt <energ.gas> (gas)* • ausspeichern *vt*

withdraw *vt <nucl> (control rods from core)* • ausfahren *vt*

withdraw *vt <prod> (workpiece)* • entnehmen *vt*

withdrawal date *ISO 12620 <term>* • Zurückziehungsdatum *n*

withdrawal from the nuclear energy program *US <nucl>* • Ausstieg aus der Kernenergie *m*

withdrawal symptom *<med>* • Entzugserscheinung *f*; Entzugssymptom *n ugs*

withdrawal system *<tech.gen>* • Abführvorrichtung *f*

withstand *vi <qualit> (e.g. check, stress, test)* • standhalten *vi*

withstand *vt <tech.gen> (influence of any kind; e.g. force, temperature, weather)* • aushalten *vt*; widerstehen *vt*

wobble *<vhcl> (bike)* • Pendeln *n*

wobbling *<mech> (rotation together with axial eccentricity)* • Taumelbewegung *f*

woman driver *<mvhcl>* • Autofahrerin *f*

women parking *<traff>* • Frauenparkplatz *m*

wood *<mat>* • Holz *n*

wood adhesive *<join.wood>* • Holzkleber *m*; Holzklebstoff *m DIN EN 204*; Holzleim *m prakt*; Leim *m ugs*

wood chip *<pap.prod> (raw material for paper)* • Holzschnitzel *n*

wood chips *pl <energ.comb> (e.g. from forest refuse)* • Holzhackschnitzel *npl*

wood chips *pl <mat> (e.g. for pulp production)* • Hackschnitzel *mpl*; Holzspäne *mpl*; Holzschnitzel *mpl*

wooden boat *<nav>* • Holzboot *n*

wooden construction *<tech.gen>* • Holzbauweise *f*

wooden floor *<build.int>* • Holzboden *f*

wooden handle *<tool> (axe, hammer)* • Holzstiel *m*

wooden screw *<join>* • Schraube aus Holz *f*

wood fiber board *US <build.mat>* • Holzfaserplatte *f DIN 68753*

wood fiber insulating board *<build.mat>* • Holzfaserdämmplatte *f*

wood filler *<srfc.wood> (usu. pigmented)* • Füllmittel *n*; Füllstoff *m*; Füller *m prakt*

wood finish *<srfc>* • Holzpolitur *f*

wood-fired *<comb> (e.g. boiler, power plant)* • holzbefeuert

woodfree paper *<pap>* • holzfreies Papier *n*; holzstofffreies Papier *n*

woodgrain lamination *<build> (e.g. for vinyl windows)* • Kaschierfolie mit Holzmaserung *f*

wood lathe *<mach.tool>* • Drechsel--Drehbank *f*; Drechslerbank *f*

wood-panelled *<build>* • holzgetäfelt

wood preservative *<wood.srfc>* • Holzschutzmittel *n*

woodruff key *<join>* • Scheibenfeder *f DIN 6888*

wood screw *<join>* • Holzschraube *f*

wood trim *<mvhcl.int>* • Holzausstattung *f*

woodwind instrument *<mus>* • Holzblasinstrument *m*

wood window *<build>* • Holzfenster *n*; Naturholzfenster *n HBI*; Baumfenster *n WERU*

woody biomass *<energ.bio> (incl. bark)* • holzartige Biomasse *f*

wool *<textil>* • Wolle *f*

wool-washing machine *<term>* • Wollwaschmaschine *f*

word processing *<comp>* • Textverarbeitung *f*

word selection *<term>* • Wortwahl *f*

work (W) *<phys> (quantity; SI unit: Joule)* • Arbeit *f* (W) *DIN 1345*

work *<prod> (result of activity)* • Werk *n*

work *vi <gen> (person, machine)* • arbeiten *vi*

work *vt <gen> (knead)* • walken *vt*

work *vt <prod> (e.g. forge, draw, hammer)* • bearbeiten *vt*; umformen *vt*

workability *<mat>* • Bearbeitbarkeit *f*

workable *<mat>* • bearbeitbar; umformbar; verformbar; verarbeitbar

workable *<min>* • gängig

work area *<tech.gen>* • Arbeitsbereich *m*

workbench *<tool>* • Werkbank *f*

work-boat *<nav>* • Arbeitsboot *n*

work cycle *<tech.gen> (of piston engines, production cycles)* • Arbeitstakt *m*

work cycle *<mech.eng> (e.g. of piston engines, machine tools)* • Arbeitsspiel *n*; Arbeitszyklus *m*; Spiel *n prakt*; Zyklus *m*; Betriebsspiel *n*

work done *<gen> (man and machine)* • geleistete Arbeit *f*

work driver *<mach.tool>* • Mitnehmer *m*

worked-out example *<did>* • Anwendungsbeispiel *n*

worker *<gen>* • Arbeiter *m*

worker *<bio> (bee keeping)* • Arbeiterin *f*; Arbeitsbiene *f*

work flow *<prod>* • Arbeitsfluss *m*

work flow diagram *<docu>* • Arbeitsablaufplan *m*

work-holding fixture *<prod>* • Aufnahmevorrichtung *f*

work in *vt <prod> (add; e.g. a pattern, decoration)* • einarbeiten *vt*

working *<mech.eng> (of machines)* • Gang *m*; Lauf *m*; Funktionieren *n*

working *<mech.eng>* • Lauf *m*

working aperture *<phot>* • Arbeitsblende *f*

working clearance *<mach.tool>* • Arbeitsfreiheit *f*

working clothes *<garm>* • Arbeitsbekleidung *f*

working conditions *<tech.gen>* • Arbeitsbedingungen *fpl*

working cycle *<tech.gen>* • Arbeitszyklus *m*

working deck *<tech.gen> (rather large)* • Arbeitsdeck *n*

working depth *<mach.tool> (of tool)* • Eingriffstiefe *f*

working envelope *<tech.gen> (of robot, crane etc.; space covered by movements)* • Arbeitsraum *m*

working face *<min> (excavation face; e.g. of a mine, tunnel)* • Ortsbrust *f*; Brust *f*; Ort *n*

working fluid *<proc> (liquid or gas; e.g. of a collector system, heat pump, air con)* • Arbeitsmedium *n*; Arbeitsmittel *n*; Prozessmedium *n*; Arbeitsfluid *n*

working footwear *<garm>*

• Arbeitsschuhwerk *n*
working hour meter *<i&c> (gen.)* • Betriebsstundenzähler *m*
working hours *<gen> (person)* • Arbeitszeit *f*
working joint *<join> (welding)* • Arbeitsfuge *f*
working order *<tech.gen> (good or bad condition)* • Betriebszustand *m*
working piston *<mvhcl> (of shock absorber)* • Arbeitskolben *m*; Dämpferkolben *m*; Dämpfungskolben *m*
working platform *<tech.gen> (any size, shape, type)* • Arbeitsbühne *f*
working position *<prod> (of machine, tool, workpiece)* • Arbeitsstellung *f*
working pressure (WP) *EN ISO 8330 <pps>* • Betriebsdruck *m DIN 4319*; Arbeitsdruck *m*
working recommendation *<tech.gen>* • Arbeitsrichtwert *m*
working roll *<metal>* • Arbeitswalze *f*
working space *<tech.gen> (e.g. of personnel, robots)* • Arbeitsbereich *m*
working speed *<prod> (of persons, machines)* • Arbeitsgeschwindigkeit *f*
working standard *<stand>* • Arbeitsnorm *f*
working stroke *<mach.tool>* • Arbeitshub *m*
working stroke *<mach.tool>* • Arbeitsweg *m*
working surface *<tech.gen>* • Arbeitsfläche *f*
working surface *<mech.eng> (of running parts)* • Lauffläche *f*
working width *<tech.gen> (e.g. paper machine, weaving loom, lawn mower, road sweeper)* • Arbeitsbreite *f*
work interruption *<prod>* • Arbeitsunterbrechung *f*
work load *<prod> (on workforce, machines, facilities)* • Arbeitsbelastung *f*
work load *<psych>* • Arbeitsbelastung *f*
work loose *vi <join> (inadvertently)* • lockern *vr*
workmanship *<tech.gen> (of a product; e.g. good or poor ~)* • Ausführung *f*
workmanship *<prod.qualit> (gen.; e.g. of furniture, suits, cars)* • Verarbeitungsqualität *f*; Verarbeitung *f*; Finish *n*
work out *vt <tech.gen> (e.g. plan, schedule, theory)* • ausarbeiten *vt*
workover of oil and gas wells *<petr>* • Aufwältigen von Erdöl- und Erdgasbohrungen *n*
workpiece *<prod> (part or component subject to working, machining)* • Werkstück *n*; Stück *n ugs*; Teil *n ugs*
workpiece removal rate *<mach.tool> (amount of material machined off per unit time)* • Abtragsleistung *f*
work-place *US <gen> (office, station, laboratory, etc.)* • Arbeitsplatz *m*; Arbeitsstätte *f rar*
work planning *<prod>* • Arbeitsvorbereitung *f*
work process *<prod>* • Arbeitsablauf *m*; Arbeitsfolge *f*; Workflow *m jarg*
works *<tech.gen> (plant, facility; e.g. water works)* • Werk *n*
work schedule *<prod>* • Arbeitsplan *m*; Ablaufplan *m*
worksheet *<prod.docu>* • Arbeitsblatt *n*
workshop *<gen> (gen.; e.g. factory, repair, body, art, literature, seminar)* • Werkstatt *f*
work site *<gen>* • Arbeitsplatz *m*
work spindle *<mach.tool>* • Arbeitsspindel *f*; Hauptspindel *m*
work starting time *<gen>* • Arbeitsbeginn *m*
work station *<mach.tool> (in a flexible manufacturing cell)* • Bearbeitungsstation *f*; Bearbeitungszentrum *n*
work steady *<mach.tool> (gen.)* • Lünette *f*
work study *<econ>* • Arbeitsstudie *f*
work support *<prod>* • Werkstückauflage *f*
work transfer unit *<prod.convey>* • Fördereinrichtung *f*
world record *<gen>* • Weltrekord *m*
worm *<drivee> (in a worm drive, gear in the form of a screw; drives the worm gear)* • Schnecke *f DIN 3998*
worm drive *<drive> (complete drive unit; the worm turns the gear; no reverse)* • Schneckengetriebe *n DIN 3975*; Schneckentrieb *m*; Schneckenradgetriebe *n*
worm-drive hose clip *<pps>* • Schneckengewinde- -Schlauchschelle *f*

worm housing *<mech.eng> (of worm drives)* • Schneckengehäuse *n*

worm wheel *<drive> (driven by a worm in a worm drive)* • Schneckenrad *n DIN 3998*

worn *<gen>* • verbraucht

worn *<tech.gen> (stress on: due to manual contact)* • abgegriffen

worn-out *<gen>* • abgenutzt

worn-out *<mech.eng> (plain bearing)* • ausgelaufen

worn-out *<mech.eng> (e.g. linkage, ball-joint)* • ausgeschlagen

worn-out tire *US <mvhcl> (stress on: worn tread)* • abgefahrener Reifen *m*

worst case conditions *pl <tech.gen>* • ungünstigste Bedingungen *fpl*; ungünstigster Betriebsfall *m*; Worst--Case-Bedingungen *fpl prakt*; ungünstigster Fall *m ugs*

worsted fabric *<textil>* • Kammgarngewebe *n DIN 60900*; Kammgarnstoff *m ugs*

worsted yarn *<textil>* • Kammgarn *n DIN 60900*

worst [value] *<gen>* • schlechtester Wert *m*

wound *<el> (coil)* • gewickelt

woven fabric *<textil> (as opp. to non--woven fabrics; consists of warp and weft threads)* • Gewebe *n*

woven glass fabric *<mat> (regularly structured)* • Glasfasergewebe *n*; Glasseidengewebe *n*

woven hose *EN ISO 8330 <pps> (e.g. fire fighting hose)* • Gewebeschlauch *m EN ISO 8330*; gewebter Schlauch *m rar*

wow and flutter (W/F) *<av> (capstan speed deviation in percent from setpoint)* • Gleichlaufschwankungen *fpl*; Gleichlauffehler *mpl*; ungleichmäßiger Bandlauf *m*

wow and flutter *vt <av> (e.g. tape recorder)* • jaulen *vt*

wrap *<med.tech> (elastic bandage)* • Bandage *f*

wrap *vt <pack> (e.g. with paper, polythene)* • einwickeln *vt DIN 55 405*; umhüllen *vt*; umwickeln *vt [um'wik]*

wrapper *<pack>* • Hülle *f*; Schutzhülle *f*

wreath *<gen> (of foliage, flowers)* • Kranz *m*

wreck *vt <build> (stationary structure; e.g. building, house)* • abreißen *vt*; abbrechen *vt*; einreißen *vt ugs.rar*; niederreißen *vt rar*; umreißen *vt rar*

wreck *vt <waste> (intentional, final disassembly; vehicle, machine, plant. ship)* • abwracken *vt*

wrecker towing *<mvhcl.traff>* • Abschleppen durch einen Abschleppdienst *n*; Abschleppen durch ein Abschleppfahrzeug *n*

wrecking *<build> (of a stationary structure; e.g. building, house)* • Abriss *m*; Abbruch *m*

wrecking ball *<build.mach> (gen.; in the US usu. spherical, in Germany usu. pear shaped)* • Abrissbirne *f*; Abbruchbirne *f*; Abrisskugel *f*; Prallkugel *f*

wrecking bar *<tool> (usu. with cameltoe on one end)* • Brechstange *f*; Brecheisen *n prakt*; Kuhfuß *m jarg*

wrecking permit *<build.jur>* • Abbruchgenehmigung *f*

wrench *US.GB.form <tool> (for tightening/removing nuts/bolts/ screws)* • Schraubenschlüssel *m*; Schlüssel *m ugs.prakt*; Mutternschlüssel *m prakt*

wrenches and screwdrivers *pl <tool>* • Schraubwerkzeuge *npl DIN 898*

wringer *US <textil.tool> (for pressing out moisture)* • Mangel *f*; Quetschwerk *n rar*

wringing fit *<tech.gen> (zero-to--negative allowance)* • Haftsitz *m*

wrinkle *<plast.prod> (in extruded film, sheeting)* • Falte *f*

wrinkle *vi <tech.gen> (e.g. fabric, sheet)* • Falten bilden *vi*

wrinkle paint *<srfc>* • Schrumpflack *m*

wrinkle-resistant *<textil>* • knitterfest

wrinkling *<srfc>* • Faltenbildung *f*; Runzelbildung *f*; Runzelung *f*

wrist joint *<autom> (robot)* • Handgelenk *n*

wristwatch *<i&c>* • Armbanduhr *f*

writable *<comp> (storage medium)* • beschreibbar; bespielbar

write *vt <docu> (gen.; manually or mechanically)* • schreiben *vt*

write access *<comp>* • Schreibzugriff *m*

write data *vt <comp> (medium; e.g. tape, disk)* • beschreiben *vt*

write down *vt <docu>* • aufschreiben *vt*
write protection *<comp> (physical or as a file attribute)* • Schreibschutz *m*; Schreibsperre *f*
writing permission *<comp>* • Schreibrecht *n*
wrong *<gen>* • falsch
wrong color of weft *US <textil>* • Farbband *n*
wrong fish *:V <food> (in dredge nets, trawl nets etc.; e.g. dolphins)* • Beifang *m*
wrong-reading *<print>* • seitenverkehrt
wrought iron *<tech.gen>* • Schmiedeeisen *n*
wythe *<build> (inner or outer)* • Wandschale *f*

X

xanthan gum (E 415) *<food> (stabilizer)* • Xanthan *n* (E 415)
x-axis *<math> (horizontal)* • X-Achse *f*; Abszissenachse *f*
X band *<tele.mil> (8 GHz to 12,5 GHz; e.g. satellite radio band)* • X-Band *n*
X by wire *<i&c>* • X-by-Wire; elektronische Steuerung [von System X] *f*; X-by-Wire-Technik *f*
x Digital Subscriber Line (xDSL) *<tele> (general term for HDSL, ADSL, SDSL, VDSL)* • x Digital Subscriber Line *f* (xDSL)
xenogenic graft *<med.tech> (consisting of denaturated material)* • xenogene Prothese *f*
xenomorphic *<geo>* • xenomorph
xenon (Xe) *<chem> (noble gas)* • Xenon *n* (Xe)
xenon flashlight *<light>* • Xenonblitzlicht *n*
xenon flash tube *<light> (e.g. in copy machine, photoflash)* • Xenonblitzlampe *f*
xenon headlight *<mvhcl.light>* • Xenon--Scheinwerfer *m*
XLPE insulation *<el>* • VPE-Isolierung *f*
x mm rail to DIN y *<tech.gen>* • Normschiene x mm nach DIN y *f*
X-plate *<el.av>* • X-Ablenkplatte *f*
X-ray ... *<phys>* • Röntgen...
X-ray analysis *<tech.gen>* • Röntgenanalyse *f*
X-ray diffraction technology *<aerosp>* • Röntgenbeugungstechnologie *f*
X-ray dosage *<phys.med>* • Röntgendosis *f*
X-ray dose *<med>* • Röntgendosis *f*
X-ray drawing *<docu> (normally in perspective)* • Phantombild *n*; Röntgendarstellung *f DIN ISO 10209-2*; Röntgenzeichnung *f rar*
X-ray image *<tech.gen>* • Röntgenaufnahme *f*; Röntgenbild *n ugs*
X-ray image intensifier *<tech.gen>* • Röntgenbildverstärker *m*
X-ray security screening *<aerosp>* • Röntgenkontrolle *f*
X-ray unit *<tech.gen>* • Röntgengerät *n*
X-type frame *<mvhcl>* • X-Rahmen *m*; X-Form-Rahmen *m*
xylene *pract <chem.petr>* • Xylol *n prakt*; Dimethylbenzol *n*; Dimethylbenzen *n IUPAC*
xylenol resin *<chem>* • Xylenolharz *n*
xylitol *<chem> (derived from xylose)* • Xylit *n*
XY plotter *<print> (for measurements; e.g. a strip-chart recorder)* • Kurvenschreiber *m*

yacht *<nav> (at least 7 m long)* • Yacht *f*; Jacht *f*
Yagi antenna *<el>* • Yagi-Antenne *f*
YAG laser *<prod.phys>* • YAG-Laser *m*
yarn *<textil>* • Garn *n DIN 60900*
yarn abrasion *<textil> (fuzzy textile matter; e.g. on machine parts)* • Fadenabrieb *m*
yarn-dyed *<textil>* • Garn *n*: im ~ gefärbt; garngefärbt
yarn fault *<textil> (yarn)* • Garnfehler *m*; Fadenfehler *m*
yarn guide *<textil> (gen.; e.g. in winding machines, twisting machines)* • Fadenführer *m*; Fadenleger *m*
yarn number *<textil>* • Garnnummer *f*
yarn numbering system *<textil>* • Garnnummerierung *f*
yarn package *<textil> (package from which the yarn is drawn)* • Spule *f*
yarn supply *<textil> (feeding process)* • Fadenzuführung *f*

yaw *<tech.gen> (e.g. aircraft, robot, vessel)* • Gierbewegung *f*; Schwenkbewegung *f*; Gieren *n*
yaw *vi <aerosp> (rotation about the vertical axis)* • gieren *vi*
yaw *vi <vhcl> (rotation about the vertical center axis)* • gieren *vi*
yaw angle *<tech.gen> (e.g. robot, vehicle, wind turbine)* • Gierwinkel *m*
yaw angle *<energ.wind> (between wind direction and horizontal rotor axis)* • Gierwinkel *m*; Azimutwinkel *m rar*
yaw angle *<mvhcl> (bw. longitudinal axis of a vhcl. and its actual direction of travel)* • Gierwinkelfehler *m*; Gierwinkel *m*
yaw control *<energ.wind>* • Windnachführung *f*; Windrichtungsnachführung *f*; Richtungsnachführung *f*; Nachführung *f*
yaw drive *<energ.wind>* • Gierantrieb *m*; Drehantrieb *m*; Azimutantrieb *m rar*
yawing moment *<phys>* • Giermoment *n*; Seitenmoment *n rar*
yaw rate sensor *<vhcl.i&c>* • Gierratensensor *m*
y-axis *<math> (vertical)* • y-Achse *f*; Ordinatenachse *f*
Y-branch *<pps> (pipe fitting, duct)* • Abzweigstück *n*; Rohrabzweig *m*; Gabelung *f*
Y-connection *IEC 50-131-04-0 <el>* • Sternschaltung *f*
Y-connection *<el>* • Y-Schaltung *f*
year of manufacture *<prod>* • Baujahr *n* (Bj.)
yellow (Y) *<print> (one of the primary printing colors; a greenish yellow shade)* • Yellow *n* (Y); Gelb *n*
yellow *<srfc>* • Gelb *n*
yellow *vi <pap.srfc> (become yellow; paper, paint)* • vergilben *vi*
yellow gold *<mat>* • Gelbgold *n*
yellow, magenta, cyan (YMC) *<print> (multicolor printing)* • Yellow, Magenta, Cyan (YMC)
yield *<gen>* • Leistung *f*
yield *<tech.gen> (e.g. of useful power, heat, material, products)* • Ausbeute *f*; Ertrag *m*
yield *<mat> (slow permanent deformation under stress)* • Fließen *n*
yield *<prod>* • Ausstoß *m*; Produktion *f*; Ertrag *m*
yield *vi <tech.gen> (give way, give in; physically and metaphorically)* • nachgeben *vi*
yield *vi <mat> (under stress)* • fließen *vi*
yield improvement *<econ>* • Ausbeuteverbesserung *f*
yield point *<qualit.mat> (material test)* • Fließgrenze *f*; Fließspannung *f*; Fließpunkt *m*
yield point (Re) *<qualit.mat> (tensile test; in N/mm²)* • Streckgrenze *f* (Re) *DIN EN 10002-5*; Fließgrenze *f*; Fließspannung *f*; Streckspannung *f rar*
yield strength *<qualit.mat> (at 0.2% elongation)* • Dehngrenze *f*
Y-junction *<tech.gen>* • Gabelung *f*
yocto (y) *<phys.i&c> (prefix of units: 1 yocto = 10^{-24})* • Yokto… (y)
yoghurt maker *<gastr>* • Joghurtbereiter *m*
yoke *<tech.gen>* • Joch *n*
yoke-suspended motor *<railw>* • Achsmotor *m*
yotta (Y) *<phys.i&c> (prefix of units: 10^{24})* • Yotta… (Y)
Y-pipe *<mvhcl> (exhaust system)* • Hosenrohr *n*; Doppelflammrohr *n*
Y-pipe *<pps> (gen.)* • Hosenrohr *n*
Y-plate *<el>* • Y-Ablenkplatte *f*
yttria-stabilized zirconium dioxide (YSZ) *<chem> (e.g. for fuel cells)* • yttriumstabilisiertes Zirconiumdioxid *n* (YSZ); yttriumdotiertes Zirconiumdioxid *n*
yttrium (Y) *<chem>* • Yttrium *n* (Y)
YUV signal *<av>* • YUV-Signal *n*

Z

z-axis *<math>* • z-Achse *f*
Zener diode *<el>* • Zener-Diode *f*; Zenerdiode *f*; Referenzdiode *f*; Z-Diode *f prakt*
zenith *<astron>* • Zenit *m*; Scheitelpunkt *m*
zepto (z) *<phys.i&c> (prefix of units: 1 zepto = 10^{-21})* • Zepto… (z)
zero *<tech.gen>* • Null *f*
zero *<tech.gen> (initial point of sth.)* • Nullpunkt *m*
zero: set to ~ *vt <i&c> (e.g. counter)* • Null *f*: auf ~ einstellen *vt*; einstellen

vt: auf Null ~; Null *f*: auf ~ setzen *vt prakt*; setzen *vt*: auf Null ~
zero *adj* <*gen*> • null
zero adjustment screw <*tech.gen*> • Nullpunkt-Justierschraube *f*
zero crossing <*tech.gen*> *(gen.; e.g. of a function, curve, sine wave)* • Nulldurchgang *m*
zero-emission <*mvhcl.emiss*> *(e.g. electric vehicle)* • emissionslos *:V*; schadstofffrei
zero-emission vehicle (ZEV) <*mvhcl.emiss*> • emissionsloses Fahrzeug *n :V*; Zero-Emission--Fahrzeug *n wiss*; schadstofffreies Auto *n ugs*
zero position <*tech.gen*> • Nulllage *f*
zero series <*prod*> *(before start of production)* • Nullserie *f* (OS); 0-Serie *f*
zigzag ... <*gen*> *(as an attribute)* • Zickzack-...
zinc (Zn) <*chem*> • Zink *n* (Zn); Zincum metallicum *n*
zinc-base primer <*srfc*> • Zinkgrundierung *f*; Zinkstaubgrundierung *f*
zinc bromine battery <*el*> *(used on some electric cars)* • Zink-Brom--Batterie *f*
zinc phosphating <*srfc*> *(process)* • Zinkphosphatieren *n*
zincrometal ® <*mat*> • Zincrometall *n* ®
zinc sheet <*mat*> • Zinkblech *n*
zip fastener <*join*> • Reißverschluss *m DIN 3416*
zipper closure <*pack.join*> *(of folders, bags etc.)* • Reißverschluss *m*
zirconium (Zr) <*chem*> • Zirconium *n* (Zr)
zone of protection <*gen*> *(gen.)* • Schutzbereich *m*
zone purification <*metal*> • Zonenreinigung *f*
zoom lens <*opt*> *(of photo, video, film cameras, projectors)* • Zoomobjektiv *n*; Zoom *n prakt*; Varioobjektiv *n form.rar*; Gummilinse *f obs.rar*
zotta (Z) <*phys.i&c*> *(prefix of units: 10^{21})* • Zotta... (Z)
zymogenic <*bio.chem*> • gärungserregend

Deutsch – Englisch

16:9-Bildformat *n* *<av>* • 16:9 wide screen

24-Stunden-Anzeige *f* *<msr>* *(von Digitaluhren)* • 24-hour clock; military time; 24-hour notation *ISO 8601*; astronomical time *rare.US*

2-Zylinder-Motor *m* *<kfz.mot>* *(typ. bei Harley-Davidson)* • 2-cylinder engine

3-adriges Kabel *n* *<el>* • 3-core cable; 3-wire cable; three-wire cable; three-conductor cable

5-Gang-... *<kfz.antr>* • 5-speed; five-speed

7-Segment-Anzeige *f* *<el>* *(LED, LCD)* • 7-segment display

8-polig *DIN EN 61076* *<tele>* *(z. B. Steckverbinder)* • 8-way *DIN EN 61076*

A

abarbeiten *vt* *<comp>* *(Programmroutine, Algorithmus; betont: Schritt für Schritt)* • execute *vt*

abarbeiten *vt* *<comp>* *(Daten; allg.)* • process *vt*

Abätzen *n* *DIN EN ISO 461* *<obfl>* *(chem. Verfahren zum Verbessern des Haftens neuer Schichten)* • etching *ISO 4618-3*

Abbau *m* *<tech.allg>* *(Zerlegen größerer Objekte; z. B. Gerüst, Turmdrehkran)* • dismantling

Abbau *m* *<bio.chem>* *(biologisch und/oder chemisch; z. B. von Abfall, Schadstoffen)* • decomposition; degradation; disintegration

Abbau *m* *<chem>* *(Zerfall von chem. Verbindungen)* • disintegration

Abbau *m* *<min>* *(von Lagerstätten, Ressourcen; z. B. Erz, Kohle)* • exploitation; mining

Abbau *m* *<ökon>* *(von Kosten)* • reduction; lowering

Abbau *m* *<verf>* *(von Druck, Spannungen)* • relief

abbaubar *<tech.allg>* *(Anbauten; z. B. Wandhalterung)* • detachable

abbaubar *<bio.chem>* *(biologisch und/oder chemisch)* • decomposable; degradable; disintegratable

abbaubar *<min>* *(Lagerstätte, Erz)* • minable; workable; mineable *rare*

Abbaueigenschaft *f* *<ents>* • degradation property

Abbauen *n* *<bau>* *(eines Gerüsts)* • striking

abbauen *vr* *<bio.chem>* *(biochemischer Vorgang)* • decompose *vi*; degrade *vi*; disintegrate *vi*

abbauen *vr* *<chem>* *(chem. Verbindungen)* • disintegrate *vi*

abbauen *vt* *<tech.allg>* *(Aufsätze, Aufbauten; z. B. Luftfiltergehäuse, Podium, Tribüne)* • demount *vt*

abbauen *vt* *<tech.allg>* *(zusammenlegen, -falten, -klappen; z. B. Zelt, Gerüst, Gestell)* • knock down *vt*

abbauen *vt* *<tech.allg>* *(Anbauten; z. B. Wandhalterung)* • detach *vt*

abbauen *vt* *<tech.allg>* *(zerlegen; z. B. Gerüst, Turmdrehkran)* • dismantle *vt*

abbauen *vt* *<bau>* *(Schalung, Gerüst)* • strike *vt*

abbauen *vt* *<min>* *(Lagerstätten, Ressourcen; z. B. Erz, Kohle)* • exploit *vt*; mine *vt*

abbauen *vt* *<ökol>* *(biologisch; unerwünschte Stoffe in der Umwelt)* • biodegrade *vt*; break down *vt*; degrade *vt*

abbauen *vt* *<ökon>* *(Kosten)* • reduce *vt*

abbauen *vt* *<verf>* *(Druck, Spannungen)* • relieve *vt*

Abbau im Tagebauverfahren *m* *<min>* *(z. B. von Braunkohle)* • strip mining *US*; opencast mining *GB*; open-pit mining; surface mining

Abbauprodukt *n* *<chem>* • decomposition product; degradation product

Abbaurate *f* *<bio.chem>* *(z. B. von Schadstoffen)* • rate of degradation

Abbaureaktion *f* *<chem>* *(z. B. NOx-Abbaureaktion)* • decomposition reaction; degradation reaction

Abbauriss *m* *<min>* • subsidence break

Abbautest *m* *<ökol>* • biodegradability test; test for biodegradability; test for ready biodegradability

Abbauverfahren *n* *<min>* • mining method; working method; winning method

Abbauverhalten *n* *<bio.chem>* • degradation behavior *US*; degradation behaviour *GB*

Abbau von Steinen und Erden *m* *<min>* • quarrying

Abbauweg *m* *<bio.ents>* *(Stoffwechsel-*

weg) • degradation pathway

abbauwürdig *<min> (Lagerstätte, Vorkommen, Bodenschätze)* • exploitable; workable; productive; worth mining; minable

Abbeizbad *n <metall>* • pickling bath; pickling solution

abbeizen *vt <obfl> (Holz; zum Entfernen alter Anstriche)* • strip *vt*

Abbeizmittel *n <obfl> (für Metall)* • pickling agent; pickling chemical

Abbeizmittel *n <obfl> (für Holz)* • stripper; paint stripper; paint remover; varnish remover

Abbiegelicht *n <kfz.licht>* • cornering light; turning light; front cornering light

abbiegen *vi <verk> (Fahrzeug, Fußgänger; nach rechts oder links)* • turn off *vi*

abbiegen *vt <prod> (nach unten; z. B. Blech)* • bend down *vt*

Abbiegescheinwerfer *m <kfz.el>* • cornering lamp; front cornering lamp

Abbiegesignal *n <kfz>* • turn signal

Abbiegestellung *f <bahn> (Weiche)* • turnout position; deflected guideway

Abbiegestreifen *m <verk>* • diverging lane; turning lane; turning traffic lane; lane for turning traffic

Abbiegeverkehr *m <verk>* • turning traffic

Abbiegung *f <tech.allg> (z. B. Rohr, Straße, Bewehrungsstahl)* • bend

Abbild *n <opt> (wahrnehmbare Wiedergabe von etw.; z. B. als Fotografie)* • image

Abbild *n <opt> (Reflektion im Spiegel)* • image

abbilden *vt <math> (als Mapping)* • map *vt*

abbildender Reflektor *m <energ.sol>* • imaging reflector; imaging concentrator

abbildendes System *n <tech.allg> (allg.)* • image-forming system; imaging system

Abbildung *f* (Abb.) *<doku> (in Dokument; z. B. Grafik, Foto)* • figure (fig.)

Abbildung *f <math> (von Werten, grafisch; zwei- od. dreidimensional)* • mapping

Abbildung *f <opt> (betont: optisches Abbild; z. B. durch Linse, auf Film, Chip)* • optical image

Abbildungsfehler *m <opt> (von Linsen, Spiegeln; z. B.chromatische Aberrationen, Verzeichnungen)* • aberration; image error; image defect *rare*

Abbildungsmaßstab *m <opt> (Objektgröße:Abbildgröße)* • reproduction ratio; reproduction scale; scale of reproduction; image scale; image ratio

Abbildungssystem *n <opt>* • imaging system; image-forming system

Abbindebeschleuniger *m <tech.allg> (allg.; z. B. Beton, Kleber, Kunstharz)* • setting accelerator; setting accelerating agent; accelerating admixture

Abbindedraht *m <tech.allg>* • tie wire

Abbinden *n <mat> (allg.; Binder, Kleber, Beton etc.)* • setting

abbinden *vi <tech.allg> (Binder, Kleber, Beton etc.)* • set *vi*; harden *vi coll*; set hard *vi rare*

abbinden *vi <bau.mat> (betont: durch Hydratation; z. B. Beton, Mörtel)* • hydrate *vi*

abbinden *vi <kst> (durch Vernetzung; bei Polymeren; z. B. Kunstharzkleber, Vergussmasse)* • cure *vi*

Abbindezeit *f <mat> (allg. Zeit bis zum Erhärten)* • setting time; set-up time *rare*

Abbindezeit *f <mat> (Härtezeit bei Vernetzung polymerer Stoffe)* • curing time; setting time

Abbindezeit *f <mat> (von Kleber, Spachtelmasse)* • pot life

Abblasedruck *m <tech.allg>* • blow-off pressure

Abblasedruck *m <verf> (zur Druckentlastung)* • relieving pressure; relief pressure

Abblaseleitung *f <verf>* • vent pipe

abblasen *vt <tech.allg> (Partikel von einer Oberfläche; z. B. Staub, Tropfen)* • blow off *vt*

abblasen *vt <verf> (Druck entweichen lassen; z. B. Luft, Dampf, Gas)* • blow off *vt*; vent off *vt*; bleed *vt*

Abblasetank *m <verf> (allg.)* • blow-down tank; blow-down vessel; blow-off tank; relief tank

Abblaseventil *n <tech.allg> (allg. zur Druckentlastung)* • relief valve; blow-off valve

Abblaseventil *n <kfz> (Turbolader; verringert Turboloch)* • overrun control valve

Abblaseventil *n <rls> (für eher kleine Mengen; z. B. eingeschlossene Luft)* • bleeder valve; bleeder

Abblasöffnung *f <tech.allg>* • vent hole

Abblättern *n <obfl> (z. B. von Lack, Beschichtung; harte, eher kleine Stücke)* • chipping

Abblättern *n <obfl> (Farbe, Lack; flächig, zäh, hautartig)* • peeling-off

Abblättern *n <obfl> (Anstrich etc.; schuppig)* • scaling-off

Abblättern *n <obfl> (Lackfehler; eher spröde Stücke)* • flaking; delamination; shelling; blowing off

abblättern *vi <obfl> (Farbe, Lack; flächig, zäh, hautartig)* • peel off *vi*

abblättern *vi <obfl> (Anstrich etc.; schuppig)* • scale off *vi*; scale *vi*; exfoliate *vi*

abblättern *vi <obfl> (Lack, Anstrich; eher spröde Stücke)* • flake off *vi*; flake *vi*

Abblättern der Lackschicht *n <obfl> (Lackfehler durch schlechte Haftung)* • adhesion loss; adhesion peeling; loss of adhesion

Abblättern des Lacks *n <obfl> (bei Mehrschichtlackierung; schlechte Haftung zw. Schichten)* • intercoat adhesion failure

abblenden *vi <phot> (eine niedrigere Blende einstellen)* • stop down *vi*

abblenden *vt <av> (Bild)* • fade out *vi*; fade down *vi*

abblenden *vt <kfz> (Scheinwerfer; Licht nach unten richten)* • dip *vt*

abblenden *vt <licht> (Lichtquelle dunkler machen)* • dim *vt*

Abblendhebel *m <kfz.msr> (für Scheinwerfer; an Lenksäule)* • headlight dimmer switch *US*; headlight dimmer *US*; high/low beams change-over switch *US.rare*; headlamp dipper lever *GB*; headlamp dipper *GB*

Abblendhebel *m <kfz.msr> (an Innenspiegel)* • day/night lever; anti-dazzle lever; anti-glare lever; tab *coll*

Abblendlicht *n <kfz.el>* • low beam *US*; dipped beam *GB*; dipped headlight

Abblendschalter *m <kfz.licht> (allg.; hand- oder fußbetätigt)* • headlight dimmer [switch] *US*; dimmer [switch] *US.pract*; headlamp dipper [switch] *GB*; dipper [switch] *GB.pract*; high/low beam change-over switch *US.rare*

Abblendspiegel *m <kfz.innen>* • dipping mirror; day/night rearview mirror; inside day/night mirror; anti-dazzle mirror; dimming mirror

abbocken *vt <tech.allg> (z. B. angehobenes Fahrzeug)* • lower *vt*

abböschen *vt <bau> (Gelände, allg.)* • slant *vt*; slope *vt*

Abbrand *m <tech.allg>* • burnout

Abbrand *m DIN 1910-11 <el> (Verschleiß von Elektroden, Kontakten)* • electrode consumption; flash-off; burn-off

Abbrand *m <nukl> (Kernbrennstoff; als Vorgang)* • depletion

abbrausen *vt <tech.allg> (duschen, mit viel Flüssigkeit)* • shower *vt*

abbrausen *vt <verf> (spülen, wenig Druck)* • rinse *vt*

abbrechen *vi <tech.allg> (dünnes, fragiles Objekt; z. B. Nadel)* • break off *vi*; snap off *vi*

abbrechen *vt <tech.allg> (Ablauf vorzeitig beenden; z. B. Programm, Raketenstart)* • abort *vt*

abbrechen *vt <tech.allg> (ein Stück vom Ganzen)* • break away *vt*

abbrechen *vt <tech.allg> (durch Abtragen, nicht sprengen; z. B. Gebäude)* • demount *vt*

abbrechen *vt <tech.allg> (durch Zerlegen; z. B. Apparate, Anlagen)* • dismantle *vt*

abbrechen *vt <tech.allg> (Vorgang; betont: nicht fortsetzen)* • discontinue *vt*

Abbrechklingenmesser *n <wz> (mit sehr scharfen, abbrechbaren Klingen)* • cutter

Abbrechkürzung *f <term> (z. B. ugs. "der Foto" statt "der Fotoapparat")* • clipped term

Abbremsen *n <tech.allg> (von Bewegungen; z. B. eines Fahrzeugs)* • slowing down

abbremsen *vi/vt <tech.allg>* • decelerate *vi/vt* (DEC); slow down *vi/vt*

Abbrennrate *f <kfz.emiss> (Rußfilter)* • burn-off rate

Abbrennstumpfschweißen *n <füg> (ein Widerstands-Pressschweißverfahren)* • flash welding (FW); flash butt welding

Abbrennstumpfschweißnaht *f <füg>* • flash butt weld

abbröckeln *vi* <bau> *(Gestein, Fels, Wand, Verputz)* • spall *vi*

Abbruch *m* <tech.allg> *(eines Vorgangs; betont: nicht fortsetzen)* • discontinuation

Abbruch *m* <tech.allg> *(vorzeitiges Beenden eines Ablaufs; z. B. Programm, Raketenstart)* • abortion

Abbruch *m* <tech.allg> *(durch Zerlegen; z. B. Apparate, Anlagen, Kraftwerk, Raffinerie)* • dismantling

Abbruch *m* <tech.allg> *(durch Abtragen, nicht Sprengen; z. B. Gebäude)* • demounting

Abbrucharbeit *f* <bau> • demolition work

Abbruchbefehl *m* <comp> • abort instruction

Abbruchgenehmigung *f* <bau.jur> • wrecking permit

abbrühen *vt* <nahr> • scald *vt*; parboil *vt*

ABC-Waffen *fpl* <mil> *(Massenvernichtungswaffen)* • ABC weapons *pl*; atomic, biological and chemical weapons *pl*

Abdachung *f* <geo> *(Steilhang, überhängender Fels o. Ä.)* • escarpment; scarp

abdämmen *vt* <bau> *(z. B. Feuchtigkeit, Wasser, Wärme)* • block off *vt*; dam off *vt*

abdämmen *vt* <bau> *(Bauwerk; z. B. Keller gegen Feuchtigkeit)* • dam up *vt*; seal *vt*

Abdampf *m* <tech.allg> *(allg.)* • exhaust steam; exhaust

Abdampf *m* <tech.allg> *(betont: entspannt; z. B. nach Turbine)* • dead steam

Abdampf *m* <emiss> *(betont: verbraucht, überschüssig)* • waste steam

Abdampfen *n* <phys> *(durch Verdunstung; z. B. von Weichmachern)* • evaporation

Abdampfturbine *f* <turb> • exhaust-steam turbine

Abdeckblech *n* <tech.allg> *(z. B. aus Stahl, Alu, Kupfer)* • cover sheet; cover panel; cover plate

Abdeckblech *n* <tech.allg> *(Schürze; senkrecht)* • apron plate

Abdeckblende *f* <tech.allg> • mask

abdecken *vt* <tech.allg> *(mit Kappe, Deckel u. Ä.)* • cap *vt*

abdecken *vt* <tech.allg> *(Objekt zudecken; z. B. mit Plane; Thema behandeln, z. B. in Vortrag)* • cover *vt*

abdecken *vt* <tech.allg> *(Oberfläche; ganz obenauf mit Überzug versehen)* • top *vt*

abdecken *vt* <tech.allg> *(Abdeckung, Deckel etc. entfernen)* • uncover *vt*; remove a cover from sth *vt*

abdecken *vt* <tech.allg> *(mit Deckel)* • cover *vt*; place a cover over *vt*

abdecken *vt* <phot> *(beim Belichten)* • mask *vt*

abdecken *vt* <verf> *(mit Schutzgas)* • blanket *vt*

Abdeckfolie *f* <druck> *(z. B. für die Retusche)* • masking film

Abdeckfolie *f* <kst> *(dünn; als Schutz; z. B. von Möbeln bei Malerarbeiten)* • polyethylene sheeting; polyethene sheeting *coll*; PE sheeting

Abdeckhaube *f* <tech.allg> *(z. B. für Gerät, Maschine)* • covering hood

Abdeckleiste *f* <tech.allg> *(z. B. aus Holz, Metall, Kunststoff)* • cover fillet; cover strip

Abdeckmaterial *n* <tech.allg> • cover material; covering material

Abdeckmaterial *n* <energ.sol> *(Glas; Kollektorabdeckung)* • glazing material

Abdeckmittel *n* <obfl> *(Tiefätzen)* • resist

Abdecknetz *n* <agri> *(für Obstbäume, Beerenstauden etc.)* • protective netting

Abdeckplane *f* <tech.allg> *(gewebeverstärkt, schwer)* • tarpaulin; tarp *coll*

Abdeckplane *f* <kfz> *(für Ladefläche)* • tonneau cover

Abdeckplatte *f* <tech.allg> *(Schürze; senkrecht; jedes Material)* • apron plate

Abdeckplatte *f* <tech.allg> • cover plate

Abdeckrahmen *m* <comp> *(an PC-Gehäusefront)* • faceplate

Abdeckriegel *m* <nukl> *(Beton)* • shielding slab

Abdeckrosette *f* <hlk> *(an Armaturen, Leitungen)* • collar

Abdeckscheibe *f* <tech.allg> *(jedes Material)* • cover plate

Abdeckscheibe *f* <energ.sol> *(äußere Glasscheibe auf Flachkollektor)* • cover plate; cover sheet; cover window;

outer cover

Abdeckscheibe der Instrumente *f <kfz.msr> (über Kombiinstrument, Tacho, Drehzahlmesser etc.)* • instrument cluster lens

Abdeckung *f <tech.allg> (mit Stoff oder Schutzgas)* • blanket

Abdeckung *f <tech.allg> (jede Form; z. B. von Gehäuseöffnungen, Mechanikteilen)* • cover

abdichten *vt <tech.allg> (allg.; z. B. Nähte, Fugen, Flansche; mit oder ohne Dichtmittel)* • seal [off] *vt*; close *vt coll*; stop up *vt*; obturate *vt obs*; seal (up) *vt*

abdichten *vt <tech.allg> (mit Dichtmasse verschließen; z. B. einen Spalt)* • caulk *vt US.GB*; calk *vt rare*

abdichten *vt <tech.allg> (verstopfen, schließen; z. B. Leck)* • plug *vt*

abdichten *vt <bau> (gegen eindringendes Wasser)* • coffer *vt*

abdichten *vt <bau> (mit Vergussmasse; z. B. Mörtel, Beton)* • grout *vt*

abdichten *vt <bau> (mit Kitt, Dichtungsmasse)* • lute *vt*

abdichten *vt <rls> (mit Stopfbuchspackung)* • pack *vt*

Abdichtung *f <tech.allg> (Funktion des Dichtens)* • seal

Abdichtung *f <bau> (durch Verstopfen, Verpressen, Verkitten; z. B. von Fugen, Rissen)* • caulking

Abdichtungsbahn *f DIN EN 14909 <bau.mat>* • flexible sheet for waterproofing *DIN EN 14909*

abdrehen *vi <aerosp> (vom Kurs)* • turn off *vi*; peel off *vi coll*

abdrehen *vt <tech.allg> (lösen; z. B. Deckel)* • unfasten *vt*

abdrehen *vt <prod> (richten, zentrieren, Oberfläche planen)* • true *vt*; dress *vt*

abdrehen *vt <prod> (Bremsscheiben)* • skim *vt*

Abdrift *f <tech.allg>* • drift

Abdrift *f <navig> (Kursabweichung)* • leeway; drift

Abdruck *m <obfl> (Eindruck, Vertiefung, Marke in Oberfläche)* • impression; mark; indentation

Abdrücken *n <rls> (Druckprobe; z. B. Behälter, Rohr)* • proof testing

abdrücken *vt <mech> (z. B. durch Abhebeln)* • force off *vt*; push off *vt*

abdrücken *vt <prod> (Schlauch, Leitung)* • pinch off *vt*; squeeze off *vt*

abdrücken *vt <rls> (Druckprobe; z. B. Behälter, Rohr)* • pressure-test *vt*

abdunkeln *vt <comp> (Bildschirmanzeige ausschalten)* • blank out *vt*

abdunkeln *vt <licht> (Licht; etwas dunkler)* • dim *vt*

Abdunsten *n <obfl> (Lack)* • flashing-off; flash-off

Aberration *f <astron>* • aberration

Abfackeleinrichtung *f <verbr>* • gas flare facility; gas flare

abfackeln *vt <verbr> (von Gas; z. B. in Ölraffinerie)* • flare off *vt*; burn off *vt*; flare *vt*

Abfackeln von Gas *n <verbr> (z. B. Bohrplattform, Erdölraffinerie)* • flaring of excess gas; burning of excess gas; excess-gas burning; flaring

abfahren *vi <verk> (nach Plan; Zug, Schiff)* • depart *vi*; leave *vi coll*

abfahren *vi <verk> (allg.; ohne Fahrplan; z. B. Auto)* • start *vi*

abfahren *vi <verk> (z. B. von Autobahn)* • egress *vi*

abfahren *vt <prod> (Kontur; z. B. mit Werkzeug)* • trace *vt*; follow *vt*

Abfahren der Bahn *n <autom.prod> (Roboter-Bewegungsablauf)* • walk-through

Abfahrsignal *n <bahn>* • departure signal

Abfahrtsgleis *n <bahn>* • departure track

Abfahrtshafen *m <nav>* • port of departure; port of sailing; harbor of departure

Abfall *m <tech.allg> (z. B. Spannung, Druck)* • decrease; drop-off; drop; fall-off *rare*

Abfall *m <ents> (betont: weggeworfener oder wegzuwerfender Gegenstand)* • discard

Abfall *m <ents> (evtl. verwertbar)* • waste

Abfallaufbereitung *f <ents.verf> (zur Rohstoff-Rückgewinnung)* • waste processing; refuse processing; waste preparation; waste treatment

Abfallaufbereitungsanlage *f <ents.verf>* • waste recovery system

Abfall aus maschineller Produktion *m <ents>* • machinery waste

Abfallbehälter *m <ents.logist> (allg.;*

eher groß) • waste container; receptacle for waste; container for refuse
Abfallbehandlung *f <ents.verf> (allg.; zur Deponierung oder Verwertung)* • waste treatment; refuse treatment
Abfallcontainer *m <ents> (z. B. an Baustelle, Werkstatt)* • dumpster *US*; waste skip *GB*
Abfalleimer *m <ents> (für Hausmüll)* • garbage can *US*; trash can *US*; waste bin *GB*; rubbish bin *GB.coll*; dustbin *GB.coll*
abfallen *vi <tech.allg> (rasch, steil; z. B. Spannung, Druck)* • decrease *vi*; drop *vi*; drop off *vi*; fall *vi*
abfallen *vi <tech.allg> (allmählich)* • decline *vi*
abfallen *vi <el> (Relais)* • drop out *vi*
abfallen *vi <navig> (Richtungsänderung vom Wind weg)* • fall off *vi*
abfallen *vi <phys> (sich lösen; z. B. Tropfen von Elektrode, Hahn)* • detach *vi*
abfallend *<tech.allg> (Gelände, Diagrammlinie, Straße)* • downward sloping
abfallende Flanke *f <el> (Signal, Welle)* • trailing edge; negative-going slope; negative-going edge
Abfallentsorgung *f <ents>* • waste disposal; refuse disposal *rare*
Abfallgemisch *n <ents>* • refuse mix; refuse mixture
Abfallmaterial *n <ents> (allg.)* • waste material
Abfallprodukt *n <ents>* • waste product
Abfallreduzierung *f <ents.ökol>* • waste reduction; reduction of waste
Abfallsammelfahrzeug *n <nfz.ents> (betont: Lkw mit Müllverdichter)* • compactor truck
Abfallsortieranlage *f <ents>* • refuse sorting plant; waste separation plant
Abfallvermeidung *f <ents.ökol>* • waste minimization; waste prevention; minimization of waste; minimisation of waste *GB*
Abfallverwertung *f <ents> (Recycling oder Nutzung des Energiegehalts von Abfällen)* • waste utilization; waste reclamation
Abfallwirtschaft *f <ents> (Vorgang)* • waste management
Abfallzeit *f <el> (allg.)* • fall time
Abfallzerkleinerung *f <ents>* • shredding of waste; shredding of refuse
abfangen *vt <aerosp> (Flugzeug; aus Sturzflug)* • pull up *vt*
abfangen *vt <bau> (seitlich; z. B. Mauer)* • shore *vt*
abfangen *vt <mil> (Flugzeuge, Raketen, Funksprüche usw.)* • intercept *vt*; capture *vt*
abfangen *vt <min> (Hangendes, Gestein; in Stollen etc.)* • prop *vt*
Abfanglinie *f <aerosp>* • line of interception
abfeilen *vt <prod>* • file off *vt*
abfertigen *vt <logist> (losschicken; Züge, Sendungen)* • dispatch *vt*
abfertigen *vt <verk> (z. B. zur Abfahrt, zum Abflug freigeben)* • clear *vt*
Abfertigung *f <aerosp>* • handling; handling procedures *pl*; processing
Abfertigung *f <tour> (von Reisenden, Gepäck)* • check-in
Abfertigungshalle *f <aerosp>* • ticketing area; check-in area; check-in concourse
Abfertigungsschalter *m <aerosp>* • check-in counter; check-in desk; check-in facility *form*; ticket counter *rare*; ticket desk *rare*
abfeuern *vt <mil> (Schusswaffe)* • fire *vt*; discharge *vt*
abfilzen *vt <bau.obfl> (Putz)* • felt-treat *vt*
abflachen *vi <el> (z. B. Kurve, Signal)* • level off *vi*; flatten out *vi*
abflachen *vt <prod> (Werkstück; z. B. durch Hämmern)* • flatten *vt*
Abflächen *n <prod> (Stirnseite; jedes Verfahren)* • end-facing
Abflächen *n <prod> (allg.; planen, jedes Verfahren)* • surfacing
Abflachung *f <füg> (an Gewindespitzen und -grund)* • truncation
Abflachung *f <fz> (an Rad, Lauffläche)* • flat spot
abflammen *vt <el.ic.prod>* • flame off *vt*
abflauen *vi <meteo> (Wind, Sturm)* • abate *vi*; calm down *vi*
abfließen *vi <tech.allg> (Flüssigkeit, el. Strom)* • drain off *vi*
abfließen *vi <tech.allg> (Flüssigkeit)* • flow off *vi*; run off *vi*
abfließen *vi <el> (Strom; unbeabsichtigt)* • leak away *vi*

abfließen *vi <ents> (unbeabsichtigt entkommen)* • escape *vi*

Abflug *m <aerosp> (Flugzeug)* • departure

Abfluggate *n <aerosp>* • departure gate; boarding gate

Abflughalle *f <aerosp>* • departure concourse; departure hall; departure area

Abfluss *m <tech.allg> (Vorgang des Entleerens)* • draining-off

Abfluss *m <tech.allg> (Wasser; insbes. Regenwasser; Vorgang, System, Medium)* • drainage; run-off *coll*

Abfluss *m <tech.allg>* • outflow

Abfluss *m <bau> (Übergabepunkt für Abwasser)* • discharge point

Abfluss *m <geo> (aus See, Teich)* • effluence; efflux; effluent

Abfluss *m <verf> (mit Druck oder rasch; z. B. aus Behälter, Rohr, Wärmetauscher)* • discharge

Abflussöffnung *f <tech.allg> (Auslass; z. B. an Behälter, Waschmaschine)* • discharge outlet

Abflussöffnung *f <tech.allg> (Aus- oder Einlass; Ablaufen durch Schwerkraft; z. B. für Schmieröl)* • drain

Abflussrohr *n <ents> (für Regenwasser)* • drainage pipe

Abflussrohr *n <rls>* • discharge pipe

Abflussspirale *f <rls.wz> (zum Reinigen von Siphons)* • plumbing snake

abfluten *vt <verf>* • blowdown *vt*; bleed off *vt*; purge *vt*

Abflutleitung *f <verf>* • blowdown line; bleed line; purge line

Abfolge *f <allg>* • sequence; succession

Abfolge *f <tech.allg> (von Einzelschritten, Ereignissen)* • sequence

Abfrage *f <comp> (als Suche; in Programmen, Datenbanken)* • inquiry; query

abfragen *vt <comp> (der Reihe nach, scannen; z. B. Speicherplätze)* • scan *vt*

Abfuhr *f <tech.allg> (allg. Entfernen unerwünschter Gegenstände)* • removal

Abfuhr *f <ents> (z. B. Müll, Abfall)* • disposal

Abfuhr *f <phys> (betont: fein verteilte Zerstreuung; z. B. von Wärme)* • dissipation

Abfuhr *f <wz.masch> (von Spänen; zum Freimachen des Werkzeugs)* • clearance

abführen *vt <tech.allg> (betont: verteilen, fein, gleichmäßig; z. B. Wärme an Umgebung)* • dissipate *vt*

abführen *vt <tech.allg> (Feststoffe, Gase, Energie; z. B. Asche, Wärme)* • remove *vt*; carry off *vt*; carry away *vt*; lead off *vt*

abführen *vt <wz.masch> (Werkstücke aus Maschine)* • unload *vt*

Abführrutsche *f <förd> (allg.; für Schüttgut, Kleinteile, Pakete; z. B. Trogkettenförderer)* • delivery chute

Abführvorrichtung *f <tech.allg>* • withdrawal system

Abfüllanlage *f <pack> (allg.; Gesamtanlage)* • filling plant

Abfüllautomat *m <prod>* • automatic filling machine

abfüllen *vt <pack> (Flüssigkeit; z. B. in Dosen, Flaschen)* • fill [into] *vt*

abfüllen *vt <pack> (Flüssigkeit in Flaschen; allg.)* • bottle *vt*

abfüllen *vt <pack> (Flaschen, Dosen; mit beliebigem Inhalt)* • fill *vt*

Abfüllen [in Flaschen] *n <pack> (z. B. Saft, Wein)* • bottling; bottle filling

Abfüll- und Packstraße *f <pack>* • filling and packaging line

Abgabe *f <chem> (Freisetzung)* • release

Abgabe *f <masch> (z. B. von Leistung, Wärme)* • output

Abgabe *f <phys> (Lieferung von Energie; z. B. Wärme)* • delivery

Abgabe *f <phys> (betont: fein verteilte Zerstreuung; z. B. von Wärme)* • dissipation

Abgabeseite *f <tech.allg> (von Maschinen; z. B. von Leistung, Produkten)* • output side

Abgas *n <emiss> (betont: abgeführt am Prozessausgang)* • effluent gas; off-gas *coll*; exit gas *rare*

Abgas *n <emiss> (betont: verbraucht)* • waste gas; spent gas

Abgas *n <emiss> (betont: Freisetzung über Kamin)* • stack gas; chimney gas *rare*

Abgas *n <emiss.msr> (betont: in Abgasmessgerät eingespeistes Gas)* • feedgas

Abgas *n <kfz.emiss> (aus Kfz)* • exhaust

gas; exhaust *coll*
Abgas *n DIN 4319 <therm>* • exhaust gas
Abgas *n <verbr> (von Brennern, Öfen; über Kamin)* • flue gas; stack gas
Abgas *n <verbr.emiss> (betont: aus Verbrennung)* • combustion gas; burnt gas *rare*
Abgas... *<kfz.emiss> (in Zusammensetzungen)* • exhaust ...
Abgasanlage *f <kfz.emiss> (von Kfz)* • exhaust system
Abgasanlage *f <verf> (z. B. KKW, Raffinerie)* • effluent gas treatment; off-gas treatment; waste gas treatment
Abgasemission *f <kfz.mot> (Vorgang)* • exhaust emission
Abgasemissionen *fpl <kfz.emiss> (von Verbrennungsmotoren)* • exhaust emissions *pl*; exhaust pollutants *pl*
Abgasgrenzwert *m <kfz.emiss>* • exhaust emission standard
Abgaskatalysator *m* (Kat) *<kfz.emiss> (Bauteil der Auspuffanlage)* • catalytic converter (CC); automotive exhaust gas [catalytic] converter *form*; catalytic exhaust gas converter *form*; cat *press. coll*; converter
Abgaskrümmer *m <mot> (meist aus Gusseisen; auch aus Blech, doppelwandig)* • exhaust manifold *ISO 7967-4*
Abgasleitung *f <kfz.emiss>* • exhaust pipe
Abgasmessgerät am Kamin *n <emiss.msr> (z. B. von KKW)* • stack-gas monitor
Abgasmessung *f <kfz.emiss> (bei Kfz)* • measurement of exhaust emissions
Abgasmessung *f <verbr.emiss> (bei Brennern, Öfen)* • measurement of flue-gas emissions
Abgas-Nachbehandlung *f <emiss> (allg.)* • emissions aftertreatment *SP-1544*
Abgasnorm Euro 4 *f <kfz.emiss> (Kategorie, in die ein Kfz eingestuft wird)* • exhaust emission category Euro 4
Abgasprüfgerät *n <emiss.msr>* • exhaust-gas analyser
Abgasprüfung *f <emiss.msr> (von Verbrennungsmotoren)* • exhaust test
Abgasreinigung *f <emiss.verf> (von Brennern, Öfen)* • flue-gas cleanup (FGC); waste gas cleaning; waste gas purification; flue gas cleaning; flue-gas cleaning
Abgasreinigung *f <kfz.emiss> (von Dieselmotoren)* • exhaust gas purification
Abgasreinigungsanlage *f <emiss.verf> (von Brennern, Öfen)* • flue-gas cleanup system (FGC); waste gas cleaning plant; waste gas purification plant; flue gas cleaning plant; flue gas purification plant
Abgasreinigungsanlage *f <kfz.emiss> (allg.; insbes. für Otto- und Treibgasmotoren)* • exhaust emission control system
Abgasreinigungsanlage *f <kfz.emiss> (von Dieselmotoren)* • exhaust gas purification system
Abgasrückführung *f* (AGR) *<kfz.emiss> (Vorgang)* • exhaust gas recirculation (EGR)
Abgasrückführventil *n <kfz.emiss>* • exhaust gas recirculation valve; EGR valve *pract*
Abgassonderuntersuchung *f* (ASU) *<kfz.emiss>* • exhaust-emission check; annual exhaust test
Abgasstaudruck *m <kfz.emiss> (Druckaufbau in Abgasanlage; allg. und Viertaktmotor)* • exhaust back-pressure; exhaust gas back pressure; backpressure *pract*
Abgasstrom *m <emiss>* • exhaust gas stream; exhaust gas flow
Abgasturboaufladung *f <mot>* • exhaust turbo supercharging
Abgasturbolader *m* (ATL) *DIN ISO 7967-3 <mot>* • turbocharger *ISO 7967-3*; turbo-supercharger *form*; turbo blower *pract*; turbo *coll*; exhaust-driven [turbo-]supercharger *rare*
Abgasvorwärmer *m <verf>* • economizer *US.GB*; economiser *GB.rare*
Abgaswärme *f <verbr>* • exhaust gas heat
abgeben *vt <tech.allg> (zur Verfügung stellen)* • provide *vt*
abgeben *vt <hlk> (Wärme)* • reject *vt*
abgeben *vt <phys> (liefern; z. B. Wärme, Leistung)* • deliver *vt*
abgeben *vt <phys> (absondern; z. B. Wärme)* • give off *vt*; shed *vt*
abgebrannter Kernbrennstoff *m*

wooden handle <*tool*> *(axe, hammer)* • Holzstiel *m*

wooden screw <*join*> • Schraube aus Holz *f*

wood fiber board *US* <*build.mat*> • Holzfaserplatte *f DIN 68753*

wood fiber insulating board <*build.mat*> • Holzfaserdämmplatte *f*

wood filler <*srfc.wood*> *(usu. pigmented)* • Füllmittel *n*; Füllstoff *m*; Füller *m prakt*

wood finish <*srfc*> • Holzpolitur *f*

wood-fired <*comb*> *(e.g. boiler, power plant)* • holzbefeuert

woodfree paper <*pap*> • holzfreies Papier *n*; holzstofffreies Papier *n*

woodgrain lamination <*build*> *(e.g. for vinyl windows)* • Kaschierfolie mit Holzmaserung *f*

wood lathe <*mach.tool*> • Drechsel--Drehbank *f*; Drechslerbank *f*

wood-panelled <*build*> • holzgetäfelt

wood preservative <*wood.srfc*> • Holzschutzmittel *n*

woodruff key <*join*> • Scheibenfeder *f DIN 6888*

wood screw <*join*> • Holzschraube *f*

wood trim <*mvhcl.int*> • Holzausstattung *f*

woodwind instrument <*mus*> • Holzblasinstrument *m*

wood window <*build*> • Holzfenster *n*; Naturholzfenster *n HBI*; Baumfenster *n WERU*

woody biomass <*energ.bio*> *(incl. bark)* • holzartige Biomasse *f*

wool <*textil*> • Wolle *f*

wool-washing machine <*term*> • Wollwaschmaschine *f*

word processing <*comp*> • Textverarbeitung *f*

word selection <*term*> • Wortwahl *f*

work (W) <*phys*> *(quantity; SI unit: Joule)* • Arbeit *f* (W) *DIN 1345*

work <*prod*> *(result of activity)* • Werk *n*

work *vi* <*gen*> *(person, machine)* • arbeiten *vi*

work *vt* <*gen*> *(knead)* • walken *vt*

work *vt* <*prod*> *(e.g. forge, draw, hammer)* • bearbeiten *vt*; umformen *vt*

workability <*mat*> • Bearbeitbarkeit *f*

workable <*mat*> • bearbeitbar; umformbar; verformbar; verarbeitbar

workable <*min*> • gängig

work area <*tech.gen*> • Arbeitsbereich *m*

workbench <*tool*> • Werkbank *f*

work-boat <*nav*> • Arbeitsboot *n*

work cycle <*tech.gen*> *(of piston engines, production cycles)* • Arbeitstakt *m*

work cycle <*mech.eng*> *(e.g. of piston engines, machine tools)* • Arbeitsspiel *n*; Arbeitszyklus *m*; Spiel *n prakt*; Zyklus *m*; Betriebsspiel *n*

work done <*gen*> *(man and machine)* • geleistete Arbeit *f*

work driver <*mach.tool*> • Mitnehmer *m*

worked-out example <*did*> • Anwendungsbeispiel *n*

worker <*gen*> • Arbeiter *m*

worker <*bio*> *(bee keeping)* • Arbeiterin *f*; Arbeitsbiene *f*

work flow <*prod*> • Arbeitsfluss *m*

work flow diagram <*docu*> • Arbeitsablaufplan *m*

work-holding fixture <*prod*> • Aufnahmevorrichtung *f*

work in *vt* <*prod*> *(add; e.g. a pattern, decoration)* • einarbeiten *vt*

working <*mech.eng*> *(of machines)* • Gang *m*; Lauf *m*; Funktionieren *n*

working <*mech.eng*> • Lauf *m*

working aperture <*phot*> • Arbeitsblende *f*

working clearance <*mach.tool*> • Arbeitsfreiheit *f*

working clothes <*garm*> • Arbeitsbekleidung *f*

working conditions <*tech.gen*> • Arbeitsbedingungen *fpl*

working cycle <*tech.gen*> • Arbeitszyklus *m*

working deck <*tech.gen*> *(rather large)* • Arbeitsdeck *n*

working depth <*mach.tool*> *(of tool)* • Eingriffstiefe *f*

working envelope <*tech.gen*> *(of robot, crane etc.; space covered by movements)* • Arbeitsraum *m*

working face <*min*> *(excavation face; e.g. of a mine, tunnel)* • Ortsbrust *f*; Brust *f*; Ort *n*

working fluid <*proc*> *(liquid or gas; e.g. of a collector system, heat pump, air con)* • Arbeitsmedium *n*; Arbeitsmittel *n*; Prozessmedium *n*; Arbeitsfluid *n*

working footwear <*garm*>

• Arbeitsschuhwerk *n*

working hour meter *<i&c> (gen.)* • Betriebsstundenzähler *m*

working hours *<gen> (person)* • Arbeitszeit *f*

working joint *<join> (welding)* • Arbeitsfuge *f*

working order *<tech.gen> (good or bad condition)* • Betriebszustand *m*

working piston *<mvhcl> (of shock absorber)* • Arbeitskolben *m*; Dämpferkolben *m*; Dämpfungskolben *m*

working platform *<tech.gen> (any size, shape, type)* • Arbeitsbühne *f*

working position *<prod> (of machine, tool, workpiece)* • Arbeitsstellung *f*

working pressure (WP) *EN ISO 8330* *<pps>* • Betriebsdruck *m DIN 4319*; Arbeitsdruck *m*

working recommendation *<tech.gen>* • Arbeitsrichtwert *m*

working roll *<metal>* • Arbeitswalze *f*

working space *<tech.gen> (e.g. of personnel, robots)* • Arbeitsbereich *m*

working speed *<prod> (of persons, machines)* • Arbeitsgeschwindigkeit *f*

working standard *<stand>* • Arbeitsnorm *f*

working stroke *<mach.tool>* • Arbeitshub *m*

working stroke *<mach.tool>* • Arbeitsweg *m*

working surface *<tech.gen>* • Arbeitsfläche *f*

working surface *<mech.eng> (of running parts)* • Lauffläche *f*

working width *<tech.gen> (e.g. paper machine, weaving loom, lawn mower, road sweeper)* • Arbeitsbreite *f*

work interruption *<prod>* • Arbeitsunterbrechung *f*

work load *<prod> (on workforce, machines, facilities)* • Arbeitsbelastung *f*

work load *<psych>* • Arbeitsbelastung *f*

work loose *vi <join> (inadvertently)* • lockern *vr*

workmanship *<tech.gen> (of a product; e.g. good or poor ~)* • Ausführung *f*

workmanship *<prod.qualit> (gen.; e.g. of furniture, suits, cars)* • Verarbeitungsqualität *f*; Verarbeitung *f*; Finish *n*

work out *vt <tech.gen> (e.g. plan, schedule, theory)* • ausarbeiten *vt*

workover of oil and gas wells *<petr>* • Aufwältigen von Erdöl- und Erdgasbohrungen *n*

workpiece *<prod> (part or component subject to working, machining)* • Werkstück *n*; Stück *n ugs*; Teil *n ugs*

workpiece removal rate *<mach.tool> (amount of material machined off per unit time)* • Abtragsleistung *f*

work-place *US <gen> (office, station, laboratory, etc.)* • Arbeitsplatz *m*; Arbeitsstätte *f rar*

work planning *<prod>* • Arbeitsvorbereitung *f*

work process *<prod>* • Arbeitsablauf *m*; Arbeitsfolge *f*; Workflow *m jarg*

works *<tech.gen> (plant, facility; e.g. water works)* • Werk *n*

work schedule *<prod>* • Arbeitsplan *m*; Ablaufplan *m*

worksheet *<prod.docu>* • Arbeitsblatt *n*

workshop *<gen> (gen.; e.g. factory, repair, body, art, literature, seminar)* • Werkstatt *f*

work site *<gen>* • Arbeitsplatz *m*

work spindle *<mach.tool>* • Arbeitsspindel *f*; Hauptspindel *m*

work starting time *<gen>* • Arbeitsbeginn *m*

work station *<mach.tool> (in a flexible manufacturing cell)* • Bearbeitungsstation *f*; Bearbeitungszentrum *n*

work steady *<mach.tool> (gen.)* • Lünette *f*

work study *<econ>* • Arbeitsstudie *f*

work support *<prod>* • Werkstückauflage *f*

work transfer unit *<prod.convey>* • Fördereinrichtung *f*

world record *<gen>* • Weltrekord *m*

worm *<drivee> (in a worm drive, gear in the form of a screw; drives the worm gear)* • Schnecke *f DIN 3998*

worm drive *<drive> (complete drive unit; the worm turns the gear; no reverse)* • Schneckengetriebe *n DIN 3975*; Schneckentrieb *m*; Schneckenradgetriebe *n*

worm-drive hose clip *<pps>* • Schneckengewinde--Schlauchschelle *f*

worm housing *<mech.eng> (of worm drives)* • Schneckengehäuse *n*

worm wheel *<drive> (driven by a worm in a worm drive)* • Schneckenrad *n DIN 3998*

worn *<gen>* • verbraucht

worn *<tech.gen> (stress on: due to manual contact)* • abgegriffen

worn-out *<gen>* • abgenutzt

worn-out *<mech.eng> (plain bearing)* • ausgelaufen

worn-out *<mech.eng> (e.g. linkage, ball-joint)* • ausgeschlagen

worn-out tire *US <mvhcl> (stress on: worn tread)* • abgefahrener Reifen *m*

worst case conditions *pl <tech.gen>* • ungünstigste Bedingungen *fpl*; ungünstigster Betriebsfall *m*; Worst-Case-Bedingungen *fpl prakt*; ungünstigster Fall *m ugs*

worsted fabric *<textil>* • Kammgarngewebe *n DIN 60900*; Kammgarnstoff *m ugs*

worsted yarn *<textil>* • Kammgarn *n DIN 60900*

worst [value] *<gen>* • schlechtester Wert *m*

wound *<el> (coil)* • gewickelt

woven fabric *<textil> (as opp. to non-woven fabrics; consists of warp and weft threads)* • Gewebe *n*

woven glass fabric *<mat> (regularly structured)* • Glasfasergewebe *n*; Glasseidengewebe *n*

woven hose *EN ISO 8330 <pps> (e.g. fire fighting hose)* • Gewebeschlauch *m EN ISO 8330*; gewebter Schlauch *m rar*

wow and flutter (W/F) *<av> (capstan speed deviation in percent from setpoint)* • Gleichlaufschwankungen *fpl*; Gleichlauffehler *mpl*; ungleichmäßiger Bandlauf *m*

wow and flutter *vt <av> (e.g. tape recorder)* • jaulen *vt*

wrap *<med.tech> (elastic bandage)* • Bandage *f*

wrap *vt <pack> (e.g. with paper, polythene)* • einwickeln *vt DIN 55 405*; umhüllen *vt*; umwickeln *vt [um'wik]*

wrapper *<pack>* • Hülle *f*; Schutzhülle *f*

wreath *<gen> (of foliage, flowers)* • Kranz *m*

wreck *vt <build> (stationary structure; e.g. building, house)* • abreißen *vt*; abbrechen *vt*; einreißen *vt ugs.rar*; niederreißen *vt rar*; umreißen *vt rar*

wreck *vt <waste> (intentional, final disassembly; vehicle, machine, plant, ship)* • abwracken *vt*

wrecker towing *<mvhcl.traff>* • Abschleppen durch einen Abschleppdienst *n*; Abschleppen durch ein Abschleppfahrzeug *n*

wrecking *<build> (of a stationary structure; e.g. building, house)* • Abriss *m*; Abbruch *m*

wrecking ball *<build.mach> (gen.; in the US usu. spherical, in Germany usu. pear shaped)* • Abrissbirne *f*; Abbruchbirne *f*; Abrisskugel *f*; Prallkugel *f*

wrecking bar *<tool> (usu. with cameltoe on one end)* • Brechstange *f*; Brecheisen *n prakt*; Kuhfuß *m jarg*

wrecking permit *<build.jur>* • Abbruchgenehmigung *f*

wrench *US.GB.form <tool> (for tightening/removing nuts/bolts/screws)* • Schraubenschlüssel *m*; Schlüssel *m ugs.prakt*; Mutternschlüssel *m prakt*

wrenches and screwdrivers *pl <tool>* • Schraubwerkzeuge *npl DIN 898*

wringer *US <textil.tool> (for pressing out moisture)* • Mangel *f*; Quetschwerk *n rar*

wringing fit *<tech.gen> (zero-to-negative allowance)* • Haftsitz *m*

wrinkle *<plast.prod> (in extruded film, sheeting)* • Falte *f*

wrinkle *vi <tech.gen> (e.g. fabric, sheet)* • Falten bilden *vi*

wrinkle paint *<srfc>* • Schrumpflack *m*

wrinkle-resistant *<textil>* • knitterfest

wrinkling *<srfc>* • Faltenbildung *f*; Runzelbildung *f*; Runzelung *f*

wrist joint *<autom> (robot)* • Handgelenk *n*

wristwatch *<i&c>* • Armbanduhr *f*

writable *<comp> (storage medium)* • beschreibbar; bespielbar

write *vt <docu> (gen.; manually or mechanically)* • schreiben *vt*

write access *<comp>* • Schreibzugriff *m*

write data *vt <comp> (medium; e.g. tape, disk)* • beschreiben *vt*

write down *vt* *<docu>* • aufschreiben *vt*
write protection *<comp>* *(physical or as a file attribute)* • Schreibschutz *m*; Schreibsperre *f*
writing permission *<comp>* • Schreibrecht *n*
wrong *<gen>* • falsch
wrong color of weft *US* *<textil>* • Farbband *n*
wrong fish *:V* *<food>* *(in dredge nets, trawl nets etc.; e.g. dolphins)* • Beifang *m*
wrong-reading *<print>* • seitenverkehrt
wrought iron *<tech.gen>* • Schmiedeeisen *n*
wythe *<build>* *(inner or outer)* • Wandschale *f*

xanthan gum (E 415) *<food>* *(stabilizer)* • Xanthan *n* (E 415)
x-axis *<math>* *(horizontal)* • X-Achse *f*; Abszissenachse *f*
X band *<tele.mil>* *(8 GHz to 12,5 GHz; e.g. satellite radio band)* • X-Band *n*
X by wire *<i&c>* • X-by-Wire; elektronische Steuerung [von System X] *f*; X-by-Wire-Technik *f*
x Digital Subscriber Line (xDSL) *<tele>* *(general term for HDSL, ADSL, SDSL, VDSL)* • x Digital Subscriber Line *f* (xDSL)
xenogenic graft *<med.tech>* *(consisting of denaturated material)* • xenogene Prothese *f*
xenomorphic *<geo>* • xenomorph
xenon (Xe) *<chem>* *(noble gas)* • Xenon *n* (Xe)
xenon flashlight *<light>* • Xenonblitzlicht *n*
xenon flash tube *<light>* *(e.g. in copy machine, photoflash)* • Xenonblitzlampe *f*
xenon headlight *<mvhcl.light>* • Xenon--Scheinwerfer *m*
XLPE insulation *<el>* • VPE-Isolierung *f*
x mm rail to DIN y *<tech.gen>* • Normschiene x mm nach DIN y *f*
X-plate *<el.av>* • X-Ablenkplatte *f*
X-ray ... *<phys>* • Röntgen...
X-ray analysis *<tech.gen>* • Röntgenanalyse *f*
X-ray diffraction technology *<aerosp>* • Röntgenbeugungstechnologie *f*
X-ray dosage *<phys.med>* • Röntgendosis *f*
X-ray dose *<med>* • Röntgendosis *f*
X-ray drawing *<docu>* *(normally in perspective)* • Phantombild *n*; Röntgendarstellung *f DIN ISO 10209-2*; Röntgenzeichnung *f rar*
X-ray image *<tech.gen>* • Röntgenaufnahme *f*; Röntgenbild *n ugs*
X-ray image intensifier *<tech.gen>* • Röntgenbildverstärker *m*
X-ray security screening *<aerosp>* • Röntgenkontrolle *f*
X-ray unit *<tech.gen>* • Röntgengerät *n*
X-type frame *<mvhcl>* • X-Rahmen *m*; X-Form-Rahmen *m*
xylene *pract* *<chem.petr>* • Xylol *n prakt*; Dimethylbenzol *n*; Dimethylbenzen *n IUPAC*
xylenol resin *<chem>* • Xylenolharz *n*
xylitol *<chem>* *(derived from xylose)* • Xylit *n*
XY plotter *<print>* *(for measurements; e.g. a strip-chart recorder)* • Kurvenschreiber *m*

yacht *<nav>* *(at least 7 m long)* • Yacht *f*; Jacht *f*
Yagi antenna *<el>* • Yagi-Antenne *f*
YAG laser *<prod.phys>* • YAG-Laser *m*
yarn *<textil>* • Garn *n DIN 60900*
yarn abrasion *<textil>* *(fuzzy textile matter; e.g. on machine parts)* • Fadenabrieb *m*
yarn-dyed *<textil>* • Garn *n*: im ~ gefärbt; garngefärbt
yarn fault *<textil>* *(yarn)* • Garnfehler *m*; Fadenfehler *m*
yarn guide *<textil>* *(gen.; e.g. in winding machines, twisting machines)* • Fadenführer *m*; Fadenleger *m*
yarn number *<textil>* • Garnnummer *f*
yarn numbering system *<textil>* • Garnnummerierung *f*
yarn package *<textil>* *(package from which the yarn is drawn)* • Spule *f*
yarn supply *<textil>* *(feeding process)* • Fadenzuführung *f*

yaw *<tech.gen> (e.g. aircraft, robot, vessel)* • Gierbewegung *f*; Schwenkbewegung *f*; Gieren *n*

yaw *vi <aerosp> (rotation about the vertical axis)* • gieren *vi*

yaw *vi <vhcl> (rotation about the vertical center axis)* • gieren *vi*

yaw angle *<tech.gen> (e.g. robot, vehicle, wind turbine)* • Gierwinkel *m*

yaw angle *<energ.wind> (between wind direction and horizontal rotor axis)* • Gierwinkel *m*; Azimutwinkel *m rar*

yaw angle *<mvhcl> (bw. longitudinal axis of a vhcl. and its actual direction of travel)* • Gierwinkelfehler *m*; Gierwinkel *m*

yaw control *<energ.wind>* • Windnachführung *f*; Windrichtungsnachführung *f*; Richtungsnachführung *f*; Nachführung *f*

yaw drive *<energ.wind>* • Gierantrieb *m*; Drehantrieb *m*; Azimutantrieb *m rar*

yawing moment *<phys>* • Giermoment *n*; Seitenmoment *n rar*

yaw rate sensor *<vhcl.i&c>* • Gierratensensor *m*

y-axis *<math> (vertical)* • y-Achse *f*; Ordinatenachse *f*

Y-branch *<pps> (pipe fitting, duct)* • Abzweigstück *n*; Rohrabzweig *m*; Gabelung *f*

Y-connection *IEC 50-131-04-0 <el>* • Sternschaltung *f*

Y-connection *<el>* • Y-Schaltung *f*

year of manufacture *<prod>* • Baujahr *n* (Bj.)

yellow (Y) *<print> (one of the primary printing colors; a greenish yellow shade)* • Yellow *n* (Y); Gelb *n*

yellow *<srfc>* • Gelb *n*

yellow *vi <pap.srfc> (become yellow; paper, paint)* • vergilben *vi*

yellow gold *<mat>* • Gelbgold *n*

yellow, magenta, cyan (YMC) *<print> (multicolor printing)* • Yellow, Magenta, Cyan (YMC)

yield *<gen>* • Leistung *f*

yield *<tech.gen> (e.g. of useful power, heat, material, products)* • Ausbeute *f*; Ertrag *m*

yield *<mat> (slow permanent deformation under stress)* • Fließen *n*

yield *<prod>* • Ausstoß *m*; Produktion *f*; Ertrag *m*

yield *vi <tech.gen> (give way, give in; physically and metaphorically)* • nachgeben *vi*

yield *vi <mat> (under stress)* • fließen *vi*

yield improvement *<econ>* • Ausbeuteverbesserung *f*

yield point *<qualit.mat> (material test)* • Fließgrenze *f*; Fließspannung *f*; Fließpunkt *m*

yield point (Re) *<qualit.mat> (tensile test; in N/mm^2)* • Streckgrenze *f* (Re) *DIN EN 10002-5*; Fließgrenze *f*; Fließspannung *f*; Streckspannung *f rar*

yield strength *<qualit.mat> (at 0.2% elongation)* • Dehngrenze *f*

Y-junction *<tech.gen>* • Gabelung *f*

yocto (y) *<phys.i&c> (prefix of units: 1 yocto = 10^{-24})* • Yokto… (y)

yoghurt maker *<gastr>* • Joghurtbereiter *m*

yoke *<tech.gen>* • Joch *n*

yoke-suspended motor *<railw>* • Achsmotor *m*

yotta (Y) *<phys.i&c> (prefix of units: 10^{24})* • Yotta… (Y)

Y-pipe *<mvhcl> (exhaust system)* • Hosenrohr *n*; Doppelflammrohr *n*

Y-pipe *<pps> (gen.)* • Hosenrohr *n*

Y-plate *<el>* • Y-Ablenkplatte *f*

yttria-stabilized zirconium dioxide (YSZ) *<chem> (e.g. for fuel cells)* • yttriumstabilisiertes Zirconiumdioxid *n* (YSZ); yttriumdotiertes Zirconiumdioxid *n*

yttrium (Y) *<chem>* • Yttrium *n* (Y)

YUV signal *<av>* • YUV-Signal *n*

Z

z-axis *<math>* • z-Achse *f*

Zener diode *<el>* • Zener-Diode *f*; Zenerdiode *f*; Referenzdiode *f*; Z-Diode *f prakt*

zenith *<astron>* • Zenit *m*; Scheitelpunkt *m*

zepto (z) *<phys.i&c> (prefix of units: 1 zepto = 10^{-21})* • Zepto… (z)

zero *<tech.gen>* • Null *f*

zero *<tech.gen> (initial point of sth.)* • Nullpunkt *m*

zero: set to ~ *vt <i&c> (e.g. counter)* • Null *f*: auf ~ einstellen *vt*; einstellen *vt*: auf Null ~; Null *f*: auf ~ setzen *vt prakt*; setzen *vt*: auf Null ~

zero *adj* <*gen*> • null

zero adjustment screw <*tech.gen*> • Nullpunkt-Justierschraube *f*

zero crossing <*tech.gen*> *(gen.; e.g. of a function, curve, sine wave)* • Nulldurchgang *m*

zero-emission <*mvhcl.emiss*> *(e.g. electric vehicle)* • emissionslos *:V*; schadstofffrei

zero-emission vehicle (ZEV) <*mvhcl.emiss*> • emissionsloses Fahrzeug *n :V*; Zero-Emission--Fahrzeug *n wiss*; schadstofffreies Auto *n ugs*

zero position <*tech.gen*> • Nulllage *f*

zero series <*prod*> *(before start of production)* • Nullserie *f* (OS); 0-Serie *f*

zigzag ... <*gen*> *(as an attribute)* • Zickzack-...

zinc (Zn) <*chem*> • Zink *n* (Zn); Zincum metallicum *n*

zinc-base primer <*srfc*> • Zinkgrundierung *f*; Zinkstaubgrundierung *f*

zinc bromine battery <*el*> *(used on some electric cars)* • Zink-Brom--Batterie *f*

zinc phosphating <*srfc*> *(process)* • Zinkphosphatieren *n*

zincrometal ® <*mat*> • Zincrometall *n* ®

zinc sheet <*mat*> • Zinkblech *n*

zip fastener <*join*> • Reißverschluss *m DIN 3416*

zipper closure <*pack.join*> *(of folders, bags etc.)* • Reißverschluss *m*

zirconium (Zr) <*chem*> • Zirconium *n* (Zr)

zone of protection <*gen*> *(gen.)* • Schutzbereich *m*

zone purification <*metal*> • Zonenreinigung *f*

zoom lens <*opt*> *(of photo, video, film cameras, projectors)* • Zoomobjektiv *n*; Zoom *n prakt*; Varioobjektiv *n form.rar*; Gummilinse *f obs.rar*

zotta (Z) <*phys.i&c*> *(prefix of units:* 10^{21}*)* • Zotta... (Z)

zymogenic <*bio.chem*> • gärungserregend

Deutsch – Englisch

16:9-Bildformat *n* <av> • 16:9 wide screen

24-Stunden-Anzeige *f* <msr> *(von Digitaluhren)* • 24-hour clock; military time; 24-hour notation *ISO 8601*; astronomical time *rare.US*

2-Zylinder-Motor *m* <kfz.mot> *(typ. bei Harley-Davidson)* • 2-cylinder engine

3-adriges Kabel *n* <el> • 3-core cable; 3-wire cable; three-wire cable; three-conductor cable

5-Gang-... <kfz.antr> • 5-speed; five-speed

7-Segment-Anzeige *f* <el> *(LED, LCD)* • 7-segment display

8-polig *DIN EN 61076* <tele> *(z. B. Steckverbinder)* • 8-way *DIN EN 61076*

A

abarbeiten *vt* <comp> *(Programmroutine, Algorithmus; betont: Schritt für Schritt)* • execute *vt*

abarbeiten *vt* <comp> *(Daten; allg.)* • process *vt*

Abätzen *n DIN EN ISO 461* <obfl> *(chem. Verfahren zum Verbessern des Haftens neuer Schichten)* • etching *ISO 4618-3*

Abbau *m* <tech.allg> *(Zerlegen größerer Objekte; z. B. Gerüst, Turmdrehkran)* • dismantling

Abbau *m* <bio.chem> *(biologisch und/oder chemisch; z. B. von Abfall, Schadstoffen)* • decomposition; degradation; disintegration

Abbau *m* <chem> *(Zerfall von chem. Verbindungen)* • disintegration

Abbau *m* <min> *(von Lagerstätten, Ressourcen; z. B. Erz, Kohle)* • exploitation; mining

Abbau *m* <ökon> *(von Kosten)* • reduction; lowering

Abbau *m* <verf> *(von Druck, Spannungen)* • relief

abbaubar <tech.allg> *(Anbauten; z. B. Wandhalterung)* • detachable

abbaubar <bio.chem> *(biologisch und/oder chemisch)* • decomposable; degradable; disintegratable

abbaubar <min> *(Lagerstätte, Erz)* • minable; workable; mineable *rare*

Abbaueigenschaft *f* <ents> • degradation property

Abbauen *n* <bau> *(eines Gerüsts)* • striking

abbauen *vr* <bio.chem> *(biochemischer Vorgang)* • decompose *vi*; degrade *vi*; disintegrate *vi*

abbauen *vr* <chem> *(chem. Verbindungen)* • disintegrate *vi*

abbauen *vt* <tech.allg> *(Aufsätze, Aufbauten; z. B. Luftfiltergehäuse, Podium, Tribüne)* • demount *vt*

abbauen *vt* <tech.allg> *(zusammenlegen, -falten, -klappen; z. B. Zelt, Gerüst, Gestell)* • knock down *vt*

abbauen *vt* <tech.allg> *(Anbauten; z. B. Wandhalterung)* • detach *vt*

abbauen *vt* <tech.allg> *(zerlegen; z. B. Gerüst, Turmdrehkran)* • dismantle *vt*

abbauen *vt* <bau> *(Schalung, Gerüst)* • strike *vt*

abbauen *vt* <min> *(Lagerstätten, Ressourcen; z. B. Erz, Kohle)* • exploit *vt*; mine *vt*

abbauen *vt* <ökol> *(biologisch; unerwünschte Stoffe in der Umwelt)* • biodegrade *vt*; break down *vt*; degrade *vt*

abbauen *vt* <ökon> *(Kosten)* • reduce *vt*

abbauen *vt* <verf> *(Druck, Spannungen)* • relieve *vt*

Abbau im Tagebauverfahren *m* <min> *(z. B. von Braunkohle)* • strip mining *US*; opencast mining *GB*; open-pit mining; surface mining

Abbauprodukt *n* <chem> • decomposition product; degradation product

Abbaurate *f* <bio.chem> *(z. B. von Schadstoffen)* • rate of degradation

Abbaureaktion *f* <chem> *(z. B. NOx-Abbaureaktion)* • decomposition reaction; degradation reaction

Abbauriss *m* <min> • subsidence break

Abbautest *m* <ökol> • biodegradability test; test for biodegradability; test for ready biodegradability

Abbauverfahren *n* <min> • mining method; working method; winning method

Abbauverhalten *n* <bio.chem> • degradation behavior *US*; degradation behaviour *GB*

Abbau von Steinen und Erden *m* <min> • quarrying

Abbauweg *m* <bio.ents> *(Stoffwechsel-*

weg) • degradation pathway

abbauwürdig *<min> (Lagerstätte, Vorkommen, Bodenschätze)* • exploitable; workable; productive; worth mining; minable

Abbeizbad *n <metall>* • pickling bath; pickling solution

abbeizen *vt <obfl> (Holz; zum Entfernen alter Anstriche)* • strip *vt*

Abbeizmittel *n <obfl> (für Metall)* • pickling agent; pickling chemical

Abbeizmittel *n <obfl> (für Holz)* • stripper; paint stripper; paint remover; varnish remover

Abbiegelicht *n <kfz.licht>* • cornering light; turning light; front cornering light

abbiegen *vi <verk> (Fahrzeug, Fußgänger; nach rechts oder links)* • turn off *vi*

abbiegen *vt <prod> (nach unten; z. B. Blech)* • bend down *vt*

Abbiegescheinwerfer *m <kfz.el>* • cornering lamp; front cornering lamp

Abbiegesignal *n <kfz>* • turn signal

Abbiegestellung *f <bahn> (Weiche)* • turnout position; deflected guideway

Abbiegestreifen *m <verk>* • diverging lane; turning lane; turning traffic lane; lane for turning traffic

Abbiegeverkehr *m <verk>* • turning traffic

Abbiegung *f <tech.allg> (z. B. Rohr, Straße, Bewehrungsstahl)* • bend

Abbild *n <opt> (wahrnehmbare Wiedergabe von etw.; z. B. als Fotografie)* • image

Abbild *n <opt> (Reflektion im Spiegel)* • image

abbilden *vt <math> (als Mapping)* • map *vt*

abbildender Reflektor *m <energ.sol>* • imaging reflector; imaging concentrator

abbildendes System *n <tech.allg> (allg.)* • image-forming system; imaging system

Abbildung *f* (Abb.) *<doku> (in Dokument; z. B. Grafik, Foto)* • figure (fig.)

Abbildung *f <math> (von Werten, grafisch; zwei- od. dreidimensional)* • mapping

Abbildung *f <opt> (betont: optisches Abbild; z. B. durch Linse, auf Film, Chip)* • optical image

Abbildungsfehler *m <opt> (von Linsen, Spiegeln; z. B.chromatische Aberrationen, Verzeichnungen)* • aberration; image error; image defect *rare*

Abbildungsmaßstab *m <opt> (Objektgröße:Abbildgröße)* • reproduction ratio; reproduction scale; scale of reproduction; image scale; image ratio

Abbildungssystem *n <opt>* • imaging system; image-forming system

Abbindebeschleuniger *m <tech.allg> (allg.; z. B. Beton, Kleber, Kunstharz)* • setting accelerator; setting accelerating agent; accelerating admixture

Abbindedraht *m <tech.allg>* • tie wire

Abbinden *n <mat> (allg.; Binder, Kleber, Beton etc.)* • setting

abbinden *vi <tech.allg> (Binder, Kleber, Beton etc.)* • set *vi*; harden *vi coll*; set hard *vi rare*

abbinden *vi <bau.mat> (betont: durch Hydratation; z. B. Beton, Mörtel)* • hydrate *vi*

abbinden *vi <kst> (durch Vernetzung; bei Polymeren; z. B. Kunstharzkleber, Vergussmasse)* • cure *vi*

Abbindezeit *f <mat> (allg. Zeit bis zum Erhärten)* • setting time; set-up time *rare*

Abbindezeit *f <mat> (Härtezeit bei Vernetzung polymerer Stoffe)* • curing time; setting time

Abbindezeit *f <mat> (von Kleber, Spachtelmasse)* • pot life

Abblasedruck *m <tech.allg>* • blow-off pressure

Abblasedruck *m <verf> (zur Druckentlastung)* • relieving pressure; relief pressure

Abblaseleitung *f <verf>* • vent pipe

abblasen *vt <tech.allg> (Partikel von einer Oberfläche; z. B. Staub, Tropfen)* • blow off *vt*

abblasen *vt <verf> (Druck entweichen lassen; z. B. Luft, Dampf, Gas)* • blow off *vt*; vent off *vt*; bleed *vt*

Abblasetank *m <verf> (allg.)* • blow-down tank; blow-down vessel; blow-off tank; relief tank

Abblaseventil *n <tech.allg> (allg. zur Druckentlastung)* • relief valve; blow-off valve

Abblaseventil *n <kfz> (Turbolader; verringert Turboloch)* • overrun control valve

Abblaseventil *n <rls> (für eher kleine Mengen; z. B. eingeschlossene Luft)* • bleeder valve; bleeder

Abblasöffnung *f <tech.allg>* • vent hole

Abblättern *n <obfl> (z. B. von Lack, Beschichtung; harte, eher kleine Stücke)* • chipping

Abblättern *n <obfl> (Farbe, Lack; flächig, zäh, hautartig)* • peeling-off

Abblättern *n <obfl> (Anstrich etc.; schuppig)* • scaling-off

Abblättern *n <obfl> (Lackfehler; eher spröde Stücke)* • flaking; delamination; shelling; blowing off

abblättern *vi <obfl> (Farbe, Lack; flächig, zäh, hautartig)* • peel off *vi*

abblättern *vi <obfl> (Anstrich etc.; schuppig)* • scale off *vi*; scale *vi*; exfoliate *vi*

abblättern *vi <obfl> (Lack, Anstrich; eher spröde Stücke)* • flake off *vi*; flake *vi*

Abblättern der Lackschicht *n <obfl> (Lackfehler durch schlechte Haftung)* • adhesion loss; adhesion peeling; loss of adhesion

Abblättern des Lacks *n <obfl> (bei Mehrschichtlackierung; schlechte Haftung zw. Schichten)* • intercoat adhesion failure

abblenden *vi <phot> (eine niedrigere Blende einstellen)* • stop down *vi*

abblenden *vt <av> (Bild)* • fade out *vi*; fade down *vi*

abblenden *vt <kfz> (Scheinwerfer; Licht nach unten richten)* • dip *vt*

abblenden *vt <licht> (Lichtquelle dunkler machen)* • dim *vt*

Abblendhebel *m <kfz.msr> (für Scheinwerfer; an Lenksäule)* • headlight dimmer switch *US*; headlight dimmer *US*; high/low beams change-over switch *US.rare*; headlamp dipper lever *GB*; headlamp dipper *GB*

Abblendhebel *m <kfz.msr> (an Innenspiegel)* • day/night lever; anti-dazzle lever; anti-glare lever; tab *coll*

Abblendlicht *n <kfz.el>* • low beam *US*; dipped beam *GB*; dipped headlight

Abblendschalter *m <kfz.licht> (allg.; hand- oder fußbetätigt)* • headlight dimmer [switch] *US*; dimmer [switch] *US.pract*; headlamp dipper [switch] *GB*; dipper [switch] *GB.pract*; high/low beam change-over switch *US.rare*

Abblendspiegel *m <kfz.innen>* • dipping mirror; day/night rearview mirror; inside day/night mirror; anti-dazzle mirror; dimming mirror

abbocken *vt <tech.allg> (z. B. angehobenes Fahrzeug)* • lower *vt*

abböschen *vt <bau> (Gelände, allg.)* • slant *vt*; slope *vt*

Abbrand *m <tech.allg>* • burnout

Abbrand *m DIN 1910-11 <el> (Verschleiß von Elektroden, Kontakten)* • electrode consumption; flash-off; burn-off

Abbrand *m <nukl> (Kernbrennstoff; als Vorgang)* • depletion

abbrausen *vt <tech.allg> (duschen, mit viel Flüssigkeit)* • shower *vt*

abbrausen *vt <verf> (spülen, wenig Druck)* • rinse *vt*

abbrechen *vi <tech.allg> (dünnes, fragiles Objekt; z. B. Nadel)* • break off *vi*; snap off *vi*

abbrechen *vt <tech.allg> (Ablauf vorzeitig beenden; z. B. Programm, Raketenstart)* • abort *vt*

abbrechen *vt <tech.allg> (ein Stück vom Ganzen)* • break away *vt*

abbrechen *vt <tech.allg> (durch Abtragen, nicht sprengen; z. B. Gebäude)* • demount *vt*

abbrechen *vt <tech.allg> (durch Zerlegen; z. B. Apparate, Anlagen)* • dismantle *vt*

abbrechen *vt <tech.allg> (Vorgang; betont: nicht fortsetzen)* • discontinue *vt*

Abbrechklingenmesser *n <wz> (mit sehr scharfen, abbrechbaren Klingen)* • cutter

Abbrechkürzung *f <term> (z. B. ugs. "der Foto" statt "der Fotoapparat")* • clipped term

Abbremsen *n <tech.allg> (von Bewegungen; z. B. eines Fahrzeugs)* • slowing down

abbremsen *vi/vt <tech.allg>* • decelerate *vi/vt* (DEC); slow down *vi/vt*

Abbrennrate *f <kfz.emiss> (Rußfilter)* • burn-off rate

Abbrennstumpfschweißen *n <füg> (ein Widerstands-Pressschweißverfahren)* • flash welding (FW) flash butt welding

Abbrennstumpfschweißnaht *f <füg>* • flash butt weld

abbröckeln *vi* *<bau>* *(Gestein, Fels, Wand, Verputz)* • spall *vi*

Abbruch *m* *<tech.allg>* *(eines Vorgangs; betont: nicht fortsetzen)* • discontinuation

Abbruch *m* *<tech.allg>* *(vorzeitiges Beenden eines Ablaufs; z. B. Programm, Raketenstart)* • abortion

Abbruch *m* *<tech.allg>* *(durch Zerlegen; z. B. Apparate, Anlagen, Kraftwerk, Raffinerie)* • dismantling

Abbruch *m* *<tech.allg>* *(durch Abtragen, nicht Sprengen; z. B. Gebäude)* • demounting

Abbrucharbeit *f* *<bau>* • demolition work

Abbruchbefehl *m* *<comp>* • abort instruction

Abbruchgenehmigung *f* *<bau.jur>* • wrecking permit

abbrühen *vt* *<nahr>* • scald *vt*; parboil *vt*

ABC-Waffen *fpl* *<mil>* *(Massenvernichtungswaffen)* • ABC weapons *pl*; atomic, biological and chemical weapons *pl*

Abdachung *f* *<geo>* *(Steilhang, überhängender Fels o. Ä.)* • escarpment; scarp

abdämmen *vt* *<bau>* *(z. B. Feuchtigkeit, Wasser, Wärme)* • block off *vt*; dam off *vt*

abdämmen *vt* *<bau>* *(Bauwerk; z. B. Keller gegen Feuchtigkeit)* • dam up *vt*; seal *vt*

Abdampf *m* *<tech.allg>* *(allg.)* • exhaust steam; exhaust

Abdampf *m* *<tech.allg>* *(betont: entspannt; z. B. nach Turbine)* • dead steam

Abdampf *m* *<emiss>* *(betont: verbraucht, überschüssig)* • waste steam

Abdampfen *n* *<phys>* *(durch Verdunstung; z. B. von Weichmachern)* • evaporation

Abdampfturbine *f* *<turb>* • exhaust-steam turbine

Abdeckblech *n* *<tech.allg>* *(z. B. aus Stahl, Alu, Kupfer)* • cover sheet; cover panel; cover plate

Abdeckblech *n* *<tech.allg>* *(Schürze; senkrecht)* • apron plate

Abdeckblende *f* *<tech.allg>* • mask

abdecken *vt* *<tech.allg>* *(mit Kappe, Deckel u. Ä.)* • cap *vt*

abdecken *vt* *<tech.allg>* *(Objekt zudecken; z. B. mit Plane; Thema behandeln, z. B. in Vortrag)* • cover *vt*

abdecken *vt* *<tech.allg>* *(Oberfläche; ganz obenauf mit Überzug versehen)* • top *vt*

abdecken *vt* *<tech.allg>* *(Abdeckung, Deckel etc. entfernen)* • uncover *vt*; remove a cover from sth *vt*

abdecken *vt* *<tech.allg>* *(mit Deckel)* • cover *vt*; place a cover over *vt*

abdecken *vt* *<phot>* *(beim Belichten)* • mask *vt*

abdecken *vt* *<verf>* *(mit Schutzgas)* • blanket *vt*

Abdeckfolie *f* *<druck>* *(z. B. für die Retusche)* • masking film

Abdeckfolie *f* *<kst>* *(dünn; als Schutz; z. B. von Möbeln bei Malerarbeiten)* • polyethylene sheeting; polyethene sheeting *coll*; PE sheeting

Abdeckhaube *f* *<tech.allg>* *(z. B. für Gerät, Maschine)* • covering hood

Abdeckleiste *f* *<tech.allg>* *(z. B. aus Holz, Metall, Kunststoff)* • cover fillet; cover strip

Abdeckmaterial *n* *<tech.allg>* • cover material; covering material

Abdeckmaterial *n* *<energ.sol>* *(Glas; Kollektorabdeckung)* • glazing material

Abdeckmittel *n* *<obfl>* *(Tiefätzen)* • resist

Abdecknetz *n* *<agri>* *(für Obstbäume, Beerenstauden etc.)* • protective netting

Abdeckplane *f* *<tech.allg>* *(gewebeverstärkt, schwer)* • tarpaulin; tarp *coll*

Abdeckplane *f* *<kfz>* *(für Ladefläche)* • tonneau cover

Abdeckplatte *f* *<tech.allg>* *(Schürze; senkrecht; jedes Material)* • apron plate

Abdeckplatte *f* *<tech.allg>* • cover plate

Abdeckrahmen *m* *<comp>* *(an PC-Gehäusefront)* • faceplate

Abdeckriegel *m* *<nukl>* *(Beton)* • shielding slab

Abdeckrosette *f* *<hlk>* *(an Armaturen, Leitungen)* • collar

Abdeckscheibe *f* *<tech.allg>* *(jedes Material)* • cover plate

Abdeckscheibe *f* *<energ.sol>* *(äußere Glasscheibe auf Flachkollektor)* • cover plate; cover sheet; cover window;

outer cover

Abdeckscheibe der Instrumente *f <kfz.msr> (über Kombiinstrument, Tacho, Drehzahlmesser etc.)* • instrument cluster lens

Abdeckung *f <tech.allg> (mit Stoff oder Schutzgas)* • blanket

Abdeckung *f <tech.allg> (jede Form; z. B. von Gehäuseöffnungen, Mechanikteilen)* • cover

abdichten *vt <tech.allg> (allg.; z. B. Nähte, Fugen, Flansche; mit oder ohne Dichtmittel)* • seal [off] *vt*; close *vt coll*; stop up *vt*; obturate *vt obs*; seal (up) *vt*

abdichten *vt <tech.allg> (mit Dichtmasse verschließen; z. B. einen Spalt)* • caulk *vt US.GB*; calk *vt rare*

abdichten *vt <tech.allg> (verstopfen, schließen; z. B. Leck)* • plug *vt*

abdichten *vt <bau> (gegen eindringendes Wasser)* • coffer *vt*

abdichten *vt <bau> (mit Vergussmasse; z. B. Mörtel, Beton)* • grout *vt*

abdichten *vt <bau> (mit Kitt, Dichtungsmasse)* • lute *vt*

abdichten *vt <rls> (mit Stopfbuchspackung)* • pack *vt*

Abdichtung *f <tech.allg> (Funktion des Dichtens)* • seal

Abdichtung *f <bau> (durch Verstopfen, Verpressen, Verkitten; z. B. von Fugen, Rissen)* • caulking

Abdichtungsbahn *f DIN EN 14909 <bau.mat>* • flexible sheet for waterproofing *DIN EN 14909*

abdrehen *vi <aerosp> (vom Kurs)* • turn off *vi*; peel off *vi coll*

abdrehen *vt <tech.allg> (lösen; z. B. Deckel)* • unfasten *vt*

abdrehen *vt <prod> (richten, zentrieren, Oberfläche planen)* • true *vt*; dress *vt*

abdrehen *vt <prod> (Bremsscheiben)* • skim *vt*

Abdrift *f <tech.allg>* • drift

Abdrift *f <navig> (Kursabweichung)* • leeway; drift

Abdruck *m <obfl> (Eindruck, Vertiefung, Marke in Oberfläche)* • impression; mark; indentation

Abdrücken *n <rls> (Druckprobe; z. B. Behälter, Rohr)* • proof testing

abdrücken *vt <mech> (z. B. durch Abhebeln)* • force off *vt*; push off *vt*

abdrücken *vt <prod> (Schlauch, Leitung)* • pinch off *vt*; squeeze off *vt*

abdrücken *vt <rls> (Druckprobe; z. B. Behälter, Rohr)* • pressure-test *vt*

abdunkeln *vt <comp> (Bildschirmanzeige ausschalten)* • blank out *vt*

abdunkeln *vt <licht> (Licht; etwas dunkler)* • dim *vt*

Abdunsten *n <obfl> (Lack)* • flashing-off; flash-off

Aberration *f <astron>* • aberration

Abfackeleinrichtung *f <verbr>* • gas flare facility; gas flare

abfackeln *vt <verbr> (von Gas; z. B. in Ölraffinerie)* • flare off *vt*; burn off *vt*; flare *vt*

Abfackeln von Gas *n <verbr> (z. B. Bohrplattform, Erdölraffinerie)* • flaring of excess gas; burning of excess gas; excess-gas burning; flaring

abfahren *vi <verk> (nach Plan; Zug, Schiff)* • depart *vi*; leave *vi coll*

abfahren *vi <verk> (allg.; ohne Fahrplan; z. B. Auto)* • start *vi*

abfahren *vi <verk> (z. B. von Autobahn)* • egress *vi*

abfahren *vt <prod> (Kontur; z. B. mit Werkzeug)* • trace *vt*; follow *vt*

Abfahren der Bahn *n <autom.prod> (Roboter-Bewegungsablauf)* • walk-through

Abfahrsignal *n <bahn>* • departure signal

Abfahrtsgleis *n <bahn>* • departure track

Abfahrtshafen *m <nav>* • port of departure; port of sailing; harbor of departure

Abfall *m <tech.allg> (z. B. Spannung, Druck)* • decrease; drop-off; drop; fall-off *rare*

Abfall *m <ents> (betont: weggeworfener oder wegzuwerfender Gegenstand)* • discard

Abfall *m <ents> (evtl. verwertbar)* • waste

Abfallaufbereitung *f <ents.verf> (zur Rohstoff-Rückgewinnung)* • waste processing; refuse processing; waste preparation; waste treatment

Abfallaufbereitungsanlage *f <ents.verf>* • waste recovery system

Abfall aus maschineller Produktion *m <ents>* • machinery waste

Abfallbehälter *m <ents.logist> (allg.;*

eher groß) • waste container; receptacle for waste; container for refuse

Abfallbehandlung *f* <ents.verf> *(allg.; zur Deponierung oder Verwertung)* • waste treatment; refuse treatment

Abfallcontainer *m* <ents> *(z. B. an Baustelle, Werkstatt)* • dumpster *US*; waste skip *GB*

Abfalleimer *m* <ents> *(für Hausmüll)* • garbage can *US*; trash can *US*; waste bin *GB*; rubbish bin *GB.coll*; dustbin *GB.coll*

abfallen *vi* <tech.allg> *(rasch, steil; z. B. Spannung, Druck)* • decrease *vi*; drop *vi*; drop off *vi*; fall *vi*

abfallen *vi* <tech.allg> *(allmählich)* • decline *vi*

abfallen *vi* <el> *(Relais)* • drop out *vi*

abfallen *vi* <navig> *(Richtungsänderung vom Wind weg)* • fall off *vi*

abfallen *vi* <phys> *(sich lösen; z. B. Tropfen von Elektrode, Hahn)* • detach *vi*

abfallend <tech.allg> *(Gelände, Diagrammlinie, Straße)* • downward sloping

abfallende Flanke *f* <el> *(Signal, Welle)* • trailing edge; negative-going slope; negative-going edge

Abfallentsorgung *f* <ents> • waste disposal; refuse disposal *rare*

Abfallgemisch *n* <ents> • refuse mix; refuse mixture

Abfallmaterial *n* <ents> *(allg.)* • waste material

Abfallprodukt *n* <ents> • waste product

Abfallreduzierung *f* <ents.ökol> • waste reduction; reduction of waste

Abfallsammelfahrzeug *n* <nfz.ents> *(betont: Lkw mit Müllverdichter)* • compactor truck

Abfallsortieranlage *f* <ents> • refuse sorting plant; waste separation plant

Abfallvermeidung *f* <ents.ökol> • waste minimization; waste prevention; minimization of waste; minimisation of waste *GB*

Abfallverwertung *f* <ents> *(Recycling oder Nutzung des Energiegehalts von Abfällen)* • waste utilization; waste reclamation

Abfallwirtschaft *f* <ents> *(Vorgang)* • waste management

Abfallzeit *f* <el> *(allg.)* • fall time

Abfallzerkleinerung *f* <ents> • shredding of waste; shredding of refuse

abfangen *vt* <aerosp> *(Flugzeug; aus Sturzflug)* • pull up *vt*

abfangen *vt* <bau> *(seitlich; z. B. Mauer)* • shore *vt*

abfangen *vt* <mil> *(Flugzeuge, Raketen, Funksprüche usw.)* • intercept *vt*; capture *vt*

abfangen *vt* <min> *(Hangendes, Gestein; in Stollen etc.)* • prop *vt*

Abfanglinie *f* <aerosp> • line of interception

abfeilen *vt* <prod> • file off *vt*

abfertigen *vt* <logist> *(losschicken; Züge, Sendungen)* • dispatch *vt*

abfertigen *vt* <verk> *(z. B. zur Abfahrt, zum Abflug freigeben)* • clear *vt*

Abfertigung *f* <aerosp> • handling; handling procedures *pl*; processing

Abfertigung *f* <tour> *(von Reisenden, Gepäck)* • check-in

Abfertigungshalle *f* <aerosp> • ticketing area; check-in area; check-in concourse

Abfertigungsschalter *m* <aerosp> • check-in counter; check-in desk; check-in facility *form*; ticket counter *rare*; ticket desk *rare*

abfeuern *vt* <mil> *(Schusswaffe)* • fire *vt*; discharge *vt*

abfilzen *vt* <bau.obfl> *(Putz)* • felt-treat *vt*

abflachen *vi* <el> *(z. B. Kurve, Signal)* • level off *vi*; flatten out *vi*

abflachen *vt* <prod> *(Werkstück; z. B. durch Hämmern)* • flatten *vt*

Abflächen *n* <prod> *(Stirnseite; jedes Verfahren)* • end-facing

Abflächen *n* <prod> *(allg.; planen, jedes Verfahren)* • surfacing

Abflachung *f* <füg> *(an Gewindespitzen und -grund)* • truncation

Abflachung *f* <fz> *(an Rad, Lauffläche)* • flat spot

abflammen *vt* <el.ic.prod> • flame off *vt*

abflauen *vi* <meteo> *(Wind, Sturm)* • abate *vi*; calm down *vi*

abfließen *vi* <tech.allg> *(Flüssigkeit, el. Strom)* • drain off *vi*

abfließen *vi* <tech.allg> *(Flüssigkeit)* • flow off *vi*; run off *vi*

abfließen *vi* <el> *(Strom; unbeabsichtigt)* • leak away *vi*

abfließen *vi <ents> (unbeabsichtigt entkommen)* • escape *vi*

Abflug *m <aerosp> (Flugzeug)* • departure

Abfluggate *n <aerosp>* • departure gate; boarding gate

Abflughalle *f <aerosp>* • departure concourse; departure hall; departure area

Abfluss *m <tech.allg> (Vorgang des Entleerens)* • draining-off

Abfluss *m <tech.allg> (Wasser; insbes. Regenwasser; Vorgang, System, Medium)* • drainage; run-off *coll*

Abfluss *m <tech.allg>* • outflow

Abfluss *m <bau> (Übergabepunkt für Abwasser)* • discharge point

Abfluss *m <geo> (aus See, Teich)* • effluence; efflux; effluent

Abfluss *m <verf> (mit Druck oder rasch; z. B. aus Behälter, Rohr, Wärmetauscher)* • discharge

Abflussöffnung *f <tech.allg> (Auslass; z. B. an Behälter, Waschmaschine)* • discharge outlet

Abflussöffnung *f <tech.allg> (Aus- oder Einlass; Ablaufen durch Schwerkraft; z. B. für Schmieröl)* • drain

Abflussrohr *n <ents> (für Regenwasser)* • drainage pipe

Abflussrohr *n <rls>* • discharge pipe

Abflussspirale *f <rls.wz> (zum Reinigen von Siphons)* • plumbing snake

abfluten *vt <verf>* • blowdown *vt*; bleed off *vt*; purge *vt*

Abflutleitung *f <verf>* • blowdown line; bleed line; purge line

Abfolge *f <allg>* • sequence; succession

Abfolge *f <tech.allg> (von Einzelschritten, Ereignissen)* • sequence

Abfrage *f <comp> (als Suche; in Programmen, Datenbanken)* • inquiry; query

abfragen *vt <comp> (der Reihe nach, scannen; z. B. Speicherplätze)* • scan *vt*

Abfuhr *f <tech.allg> (allg. Entfernen unerwünschter Gegenstände)* • removal

Abfuhr *f <ents> (z. B. Müll, Abfall)* • disposal

Abfuhr *f <phys> (betont: fein verteilte Zerstreuung; z. B. von Wärme)* • dissipation

Abfuhr *f <wz.masch> (von Spänen; zum Freimachen des Werkzeugs)* • clearance

abführen *vt <tech.allg> (betont: verteilen, fein, gleichmäßig; z. B. Wärme an Umgebung)* • dissipate *vt*

abführen *vt <tech.allg> (Feststoffe, Gase, Energie; z. B. Asche, Wärme)* • remove *vt*; carry off *vt*; carry away *vt*; lead off *vt*

abführen *vt <wz.masch> (Werkstücke aus Maschine)* • unload *vt*

Abführrutsche *f <förd> (allg.; für Schüttgut, Kleinteile, Pakete; z. B. Trogkettenförderer)* • delivery chute

Abführvorrichtung *f <tech.allg>* • withdrawal system

Abfüllanlage *f <pack> (allg.; Gesamtanlage)* • filling plant

Abfüllautomat *m <prod>* • automatic filling machine

abfüllen *vt <pack> (Flüssigkeit; z. B. in Dosen, Flaschen)* • fill [into] *vt*

abfüllen *vt <pack> (Flüssigkeit in Flaschen; allg.)* • bottle *vt*

abfüllen *vt <pack> (Flaschen, Dosen; mit beliebigem Inhalt)* • fill *vt*

Abfüllen [in Flaschen] *n <pack> (z. B. Saft, Wein)* • bottling; bottle filling

Abfüll- und Packstraße *f <pack>* • filling and packaging line

Abgabe *f <chem> (Freisetzung)* • release

Abgabe *f <masch> (z. B. von Leistung, Wärme)* • output

Abgabe *f <phys> (Lieferung von Energie; z. B. Wärme)* • delivery

Abgabe *f <phys> (betont: fein verteilte Zerstreuung; z. B. von Wärme)* • dissipation

Abgabeseite *f <tech.allg> (von Maschinen; z. B. von Leistung, Produkten)* • output side

Abgas *n <emiss> (betont: abgeführt am Prozessausgang)* • effluent gas; off-gas *coll*; exit gas *rare*

Abgas *n <emiss> (betont: verbraucht)* • waste gas; spent gas

Abgas *n <emiss> (betont: Freisetzung über Kamin)* • stack gas; chimney gas *rare*

Abgas *n <emiss.msr> (betont: in Abgasmessgerät eingespeistes Gas)* • feedgas

Abgas *n <kfz.emiss> (aus Kfz)* • exhaust

gas; exhaust *coll*

Abgas *n DIN 4319 <therm>* • exhaust gas

Abgas *n <verbr> (von Brennern, Öfen; über Kamin)* • flue gas; stack gas

Abgas *n <verbr.emiss> (betont: aus Verbrennung)* • combustion gas; burnt gas *rare*

Abgas... *<kfz.emiss> (in Zusammensetzungen)* • exhaust ...

Abgasanlage *f <kfz.emiss> (von Kfz)* • exhaust system

Abgasanlage *f <verf> (z. B. KKW, Raffinerie)* • effluent gas treatment; off-gas treatment; waste gas treatment

Abgasemission *f <kfz.mot> (Vorgang)* • exhaust emission

Abgasemissionen *fpl <kfz.emiss> (von Verbrennungsmotoren)* • exhaust emissions *pl*; exhaust pollutants *pl*

Abgasgrenzwert *m <kfz.emiss>* • exhaust emission standard

Abgaskatalysator *m* (Kat) *<kfz.emiss> (Bauteil der Auspuffanlage)* • catalytic converter (CC); automotive exhaust gas [catalytic] converter *form*; catalytic exhaust gas converter *form*; cat *press. coll*; converter

Abgaskrümmer *m <mot> (meist aus Gusseisen; auch aus Blech, doppelwandig)* • exhaust manifold *ISO 7967-4*

Abgasleitung *f <kfz.emiss>* • exhaust pipe

Abgasmessgerät am Kamin *n <emiss.msr> (z. B. von KKW)* • stack-gas monitor

Abgasmessung *f <kfz.emiss> (bei Kfz)* • measurement of exhaust emissions

Abgasmessung *f <verbr.emiss> (bei Brennern, Öfen)* • measurement of flue-gas emissions

Abgas-Nachbehandlung *f <emiss> (allg.)* • emissions aftertreatment *SP-1544*

Abgasnorm Euro 4 *f <kfz.emiss> (Kategorie, in die ein Kfz eingestuft wird)* • exhaust emission category Euro 4

Abgasprüfgerät *n <emiss.msr>* • exhaust-gas analyser

Abgasprüfung *f <emiss.msr> (von Verbrennungsmotoren)* • exhaust test

Abgasreinigung *f <emiss.verf> (von Brennern, Öfen)* • flue-gas cleanup (FGC); waste gas cleaning; waste gas purification; flue gas cleaning; flue-gas cleaning

Abgasreinigung *f <kfz.emiss> (von Dieselmotoren)* • exhaust gas purification

Abgasreinigungsanlage *f <emiss.verf> (von Brennern, Öfen)* • flue-gas cleanup system (FGC); waste gas cleaning plant; waste gas purification plant; flue gas cleaning plant; flue gas purification plant

Abgasreinigungsanlage *f <kfz.emiss> (allg.; insbes. für Otto- und Treibgasmotoren)* • exhaust emission control system

Abgasreinigungsanlage *f <kfz.emiss> (von Dieselmotoren)* • exhaust gas purification system

Abgasrückführung *f* (AGR) *<kfz.emiss> (Vorgang)* • exhaust gas recirculation (EGR)

Abgasrückführventil *n <kfz.emiss>* • exhaust gas recirculation valve; EGR valve *pract*

Abgassonderuntersuchung *f* (ASU) *<kfz.emiss>* • exhaust-emission check; annual exhaust test

Abgasstaudruck *m <kfz.emiss> (Druckaufbau in Abgasanlage; allg. und Viertaktmotor)* • exhaust back-pressure; exhaust gas back pressure; backpressure *pract*

Abgasstrom *m <emiss>* • exhaust gas stream; exhaust gas flow

Abgasturboaufladung *f <mot>* • exhaust turbo supercharging

Abgasturbolader *m* (ATL) *DIN ISO 7967-3 <mot>* • turbocharger *ISO 7967-3*; turbo-supercharger *form*; turbo blower *pract*; turbo *coll*; exhaust-driven [turbo-]supercharger *rare*

Abgasvorwärmer *m <verf>* • economizer *US.GB*; economiser *GB.rare*

Abgaswärme *f <verbr>* • exhaust gas heat

abgeben *vt <tech.allg> (zur Verfügung stellen)* • provide *vt*

abgeben *vt <hlk> (Wärme)* • reject *vt*

abgeben *vt <phys> (liefern; z. B. Wärme, Leistung)* • deliver *vt*

abgeben *vt <phys> (absondern; z. B. Wärme)* • give off *vt*; shed *vt*

abgebrannter Kernbrennstoff *m*

<nukl> • spent fuel
abgebranntes Brennelement *n <nukl>* • spent fuel element
abgebremstes Neutron *n <nukl>* • moderated neutron
abgebrochen *<tech.allg> (Vorgang allg.; z. B. Programm, Ablauf)* • aborted
abgedichtete Deponie *f <ents> (mit Liner)* • lined landfill; secured landfill
abgefahrener Reifen *m <kfz> (allg.; Profil verschlissen)* • worn-out tire *US*; worn-out tyre *GB*; bald tire *US.coll*; bald tyre *GB.coll*
abgefast *<tech.allg> (Kante; 45°)* • beveled *US*; bevelled *GB*; chamfered *US*
abgefedert *<tech.allg> (mit Feder vorbelastet, vorgespannt; z. B. Kontakt)* • spring-loaded
abgefedert *<masch> (betont: gepolstert)* • cushioned
abgeflacht *<tech.allg> (an der Oberseite)* • flat-topped
abgeflacht *<tech.allg> (durch Druck)* • flattened
abgegebene Leistung *f <tech.allg> (typ. in Watt)* • output power; power output; output
abgeglichen *<tech.allg> (betont: ausgewogen)* • balanced
abgeglichen *<tech.allg> (betont: auf gleichem Niveau)* • leveled *US*; levelled *GB*
abgeglichen *<tech.allg> (betont: angepasst; z. B. Spannungen, Farbtöne)* • matched
abgeglichen *<el> (betont: fein abgestimmt; z. B. mit Potentiometer)* • trimmed
abgegriffen *<tech.allg> (durch Benutzung von Hand; z. B. Beschriftung auf Tasten)* • worn
abgegriffen *<el> (durch Anzapfen einer Leitung; z. B. Signal, Spannung)* • tapped
abgehen *vi <tech.allg> (sich lösen; z. B. Farbe, Aufdruck, Aufkleber)* • come off *vi*
abgehendes Gespräch *n <tele>* • outgoing call
abgekürzte Schreibweise *f <doku> (allg.)* • abbreviated notation
abgekürzte Schreibweise *f <doku> (Stenographie)* • shorthand notation
abgekürztes Verfahren *n <tech.allg>* • short-cut method
abgelagert *<tech.allg> (abgelegt)* • deposited
abgelagert *<qualit.mat> (gealtert)* • aged
abgelängt *<prod> (z. B. Stangenmaterial, Draht)* • cut-off [to proper length]
abgelegenes Gebiet *n <tech.allg> (z. B. hinsichtlich Zugänglichkeit, Service, Ersatzteilversorgung)* • remote area
abgelegt *<comp> (Daten; in Arbeitsspeicher, ROM, BIOS, Cache)* • stored
abgelegt *<doku> (Dokumente, Akten)* • filed
abgelehnt *<allg>* • non-approved
abgelehnte Benennung *f <term>* • rejected term
abgeleitete Einheit *f <phys> (z. B. Joule, Pascal)* • derived unit
abgeleitete Größe *f <phys> (z. B. Druck, elektr. Widerstand)* • derived quantity; derived physical quantity
abgelenkte Bohrung *f <geo> (beabsichtigt von der Lotrechten abweichend; z. B. Erdöl, Erdwärme)* • deviated well; deviated borehole; deflected borehole; deviated hole
abgelenkter Strahl *m <phys> (z. B. Lichtstrahl)* • deflected ray
abgemagert *<verbr> (Kraftstoff/Luft--Gemisch)* • leaned out
abgenutzt *<allg>* • worn-out
abgereichert *<mat> (z. B. Uran)* • depleted
abgerundet *<math> (Rechnungsresultat)* • rounded-off
abgerundet *<prod> (betont: mit bestimmtem Radius; z. B. Kante, Spitze)* • radiused
abgerundete Kante *f <tech.allg>* • rounded edge; radiused edge; soft edge
abgerutscht *<rls> (Schlauch von Schlauchstutzen)* • dislocated
abgeschaltet *<tech.allg> (betont: getrennt von etw.; z. B. von Stromzufuhr)* • disconnected
abgeschaltet *<tech.allg> (größere Anlage, System; Komponente einer Anlage)* • off-line *adj*
abgeschaltet *<el> (größere elektr. Anlage, System, Komponente)* • switched off; shut down
abgeschirmt *<el> (z. B. Leiter, Draht,*

Kabel, Baustein, Gerät, System) • shielded; screened

abgeschirmtes Gehäuse *n <tech.allg>* • shielded enclosure

abgeschlossen *<sich> (durch Schloss, Verriegelung)* • locked

abgeschlossene Deponie *f <ents>* • completed fill; finished landfill site

abgeschlossenes System *n <tech.allg>* • closed system

abgeschrägt *<tech.allg> (keilförmig)* • tapered

abgeschrägt *<bau> (größere Fläche; z. B. Dach, Terrasse, abschüssiges Gelände)* • sloped

abgeschrägte Kante *f <prod>* • beveled edge *US*; bevelled edge *GB*; canted edge; bevel [edge]

abgeschreckt *<verf> (durch starkes Temperaturgefälle; z. B. in Luft, Öl, Wasser)* • quenched

abgeschreckt in Öl *<metall> (Stahl)* • oil-quenched

abgeschreckt in Wasser *<metall>* • water-quenched

abgesetzt *<prod> (Werkstückform; z. B. Welle)* • stepped; shouldered

abgesetzt *<wz> (rotationssymmetrischer Körper; z. B. Bohrer)* • multidiameter *adj*

abgesichert *<el> (Stromkreis; mit Sicherung)* • fused; protected by fuses

abgesichert *<el> (geschützt; z. B. Betriebsart)* • protected

abgesicherter Modus *m <comp>* • protected mode

abgespannt *<bau> (mit Spannseilen; z. B. Mast, Turm, Antenne)* • guyed

abgestanden *<nahr> (z. B. Mineralwasser, Sekt, Bier)* • dead; flat

abgestimmt *<tech.allg> (zeitlich)* • synchronized

abgestimmt *<tech.allg> (elektronische, mechanische Systeme)* • tuned

abgestimmt *<kfz.antr> (Getriebe, Gangstufen)* • matched

abgestorben *<agri> (Baum; Schadstufe der Waldschadenserhebung)* • dead

abgestuft *<tech.allg> (sortiert; z. B. nach Größe, Qualität)* • graded

abgestuft *<tech.allg> (Form, Reihenfolge, Verfahren)* • stepped

abgestürzt *<tech.allg> (z. B. Flugzeug, Hängelast, Schreibe/Lesekopf, Programm)* • crashed

abgeteuft *<min>* • sunk

abgetreppt *<bau> (z. B. Theatersitzreihen, Gebäudeebenen)* • tiered

abgewalmt *<bau> (Dachfläche)* • hipped

abgewetzte Stelle *f <obfl.qualit>* • scuffing mark

abgewickelte Form *f <math> (z. B. für Blechteil-Zuschnitt)* • developed shape

abgewinkelt *<tech.allg>* • angular; angled

abgezogener Putz *m <bau.obfl>* • screed coat

Abgleich *m <el> (betont: Ausgewogenheit, gleiches Niveau)* • balancing

Abgleich *m <msr> (betont: Einstellen; z. B. Messeinrichtung, Werte)* • adjustment

Abgleich... *<msr> (durch Einstellen; z. B. Messeinrichtung, Werte)* • adjusting

abgleichen *vt <tech.allg> (betont: ins Gleichgewicht bringen)* • equilibrate *vt*

abgleichen *vt <bau> (Höhenunterschiede)* • make level *vt*

abgleichen *vt <el> (z. B. Brückenschaltung)* • balance *vt*; adjust for balance *vt*

abgleichen *vt <el> (Stromkreiselemente)* • align *vt*

abgleichen *vt <el> (z. B. Spannungen, Widerstände, Ströme in diversen Bauteilen)* • equalize *vt*

abgleichen *vt <masch> (anpassen)* • match *vt*

abgleichen *vt <msr> (z. B. Messeinrichtung, Werte)* • adjust *vt*; trim *vt*

Abgleichkondensator *m <el>* • trimming capacitor; trimmer *pract*; balancing capacitor

Abgleichnetz *n <tech.allg>* • balancing network

Abgleichwiderstand *m <el> (Bauteil; betont: Funktion)* • balancing resistor; calibration resistor; compensating resistor

abgleiten *vi <tech.allg> (z. B. Fuß vom Pedal, Schlauch vom Stutzen)* • slip off *vi*; glide off *vi rare*; slide off *vi rare*

Abgleitschutz *m <kfz> (beim 30-Grad-Aufprall)* • anti-slide device

Abgraten *n <prod>* • deburring; burr

removal; burring

Abgraten *n <prod> (von Gussteilen; z. B. an Spritzlingen)* • deflashing

Abgratwerkzeug *n <wz> (für Schwimmhäute an Formteilen)* • flash--trimming tool; trimming tool; clipping tool

abgreifen *vt <el> (z. B. Spannung, Signal)* • pick off *vt*

Abgreifpunkt *m <el>* • tapping point

Abgriff *m <tech.allg> (an Leitung; z. B. Kabel, Rohr)* • tap; branch connection; tap connection

Abgriff *m <el> (Potentiometer; betont: der bewegliche Arm)* • moving arm

abhaken *vt <allg> (Positionen einer Liste, einer Datei)* • check *vt* (chk); check off *vt*

abhaken *vt <doku> (z. B. Positionen einer Liste)* • check off *vt*

Abhang *m <geo> (betont: abwärts)* • declivity; downward slope

Abhang *m <geo> (betont: aufwärts)* • acclivity; upward slope

Abhang *m <min.geo> (eines Hügels)* • hillside; flank of hill

Abhängigkeit *f <allg>* • dependence

abhäsiv *<obfl>* • abhesive

Abhaspelgeschwindigkeit *f <prod> (Draht)* • payoff speed

Abhaspeln *n <prod> (von Rolle, Spule)* • uncoiling; unwinding; reeling off

abhaspeln *vt <textil> (Faden)* • unwind *vt*; unreel *vt*; wind off *vt*; run off *vt*; reel off *vt*

Abhebebewegung *f <tech.allg>* • lifting [motion]

abhebeln *vt <tech.allg> (z. B. Blende, Deckel, Verkleidung)* • prise off *vt*; lever off *vt*; prise away *vt*; pry off *vt*

abheben *vi <aerosp> (Trägerrakete, Hubschrauber)* • lift off *vi*

abheben *vi <aerosp> (z. B. Rakete, Flugzeug)* • take off *vi*

abheben *vr <tech.allg> (gegen etwas; z. B. Hintergrund, auch fig.)* • stand out *vi*

abheben *vr <obfl> (z. B. Farbe, Verputz)* • peel *vr*

abheben *vt <tech.allg> (etw. nach oben entfernen)* • lift off *vt*; lift *vt*

abheben *vt <wz> (Werkzeug vom Werkstück)* • relieve *vt*; bring clear [off] *vt*; clear *vt*; lift *vt*

Abheben der Scheibenwischer *n <kfz> (bei hoher Geschwindigkeit)* • wiper lift

abhebern *vt <verf> (Flüssigkeiten)* • siphon *vt*; siphon off *vt*

Abheftgrafik *f <kfz.innen> (Abheftsystem)* • seam pattern

Abhitzekessel *m* (AHK) *<energ>* • heat recovery steam generator (HRSG) *ISO 11086*; waste-heat boiler; waste heat recovery boiler; wasteheat boiler; heat recovery boiler

Abhitzekessel *m <verf>* • waste heat boiler; heat-recovery boiler

abhobeln *vt <holz>* • plane [off] *vt*

abholen *vt <allg> (beweglicher Gegenstand; z. B. Ware vom Händler)* • collect *vt*

Abholzung *f <holz> (allg.)* • deforestation; woodland clearance; forest clearance; clearance *pract*

Abhören *n <akust> (Lauschangriff allg.; z. B. durch Richtmikrofone, Wanzen)* • eavesdropping

Abhören *n <tele.comp> (Lauschangriff durch Anzapfen von Leitungen)* • wiretapping

abhören *vt <tele> (betont: Abfangen; z. B. Funkverkehr, Voice-Mail)* • intercept *vt*

abhören *vt <tele> (betont: Lauschen, Lauschangriff; z. B. Telefongespräche)* • listen in *vt*

abhören *vt <tele> (betont: Leitungen anzapfen)* • tap wires *vt*

abhören *vt <tele> (betont: ständig überwachen; z. B. Leitung)* • monitor *vt*

abhörsicher *<tele>* • interception-proof

abiotisch *<allg> (ohne Bezug auf Organismen)* • abiotic

abisolieren *vt <el> (Draht)* • strip *vt*; skin *vt*; bare *vt*

Abisoliermesser *n <el.wz>* • stripping knife; cable stripping knife

abisoliert *<el> (Draht)* • stripped; skinned; bared

Abisolierwerkzeug *n <wz.el> (jede Art)* • wire stripper; stripping tool; stripper *coll*

Abisolierzange *f <el.wz>* • wire stripping pliers; stripping pliers; hand stripper *coll*

Abkantbank *f <wz.masch> (für Blech)* • sheet metal folder; sheet metal bender; sheet metal brake *US*; leaf brake *US*

Abkanten *n <druck> (Druckplattenherstellung)* • plate bending

Abkanten *n <prod> (ein Umformverfahren von Blech; jeder Winkel)* • edging; folding; braking *US*

Abkanten *n <prod> (Abschrägen der Kanten von Massivteilen)* • bevelling; chamfering

Abkanten *n <prod> (Umformverfahren von Blech; rechtwinklig, zur Erzeugung eines Flansches)* • flanging

abkanten *vt <prod> (Blech; rechtwinklig, zur Erzeugung eines Flansches)* • flange *vt*

abkanten *vt <prod> (Blech; jeder Winkel)* • edge *vt*; fold *vt*

Abkantmaschine *f <wz>* • edging machine

Abkantpresse *f <wz> (allg.)* • edging press; folding press; bending press

Abkantpresse *f <wz> (zum Abkanten; z. B. für Karosserieblech)* • press brake; sheet metal brake; brake press; brake *pract*

Abkantwinkel *m <prod> (von Blechen, Profilen)* • bending-off angle; angle of bending; angle of bend

abkippen *vt <förd> (absichtlich; z. B. Schüttgut, Aushub, Müll)* • dump *vt*; tip *vt GB.rare*

Abkippstelle *f <förd> (allg. Ort für Schüttgut, Abraum, Müll; z. B. Deponie)* • dumping site

abklappbar *<tech.allg> (mit Scharnier)* • hinged

abklappbare Bordwände *fpl <nfz>* • drop sides and end

abklatschen *vi <druck>* • offset *vi*

Abklebeband *n <obfl> (für Lackier-, Malerarbeiten; typ. Kreppband)* • masking tape

abkleben *vt <obfl> (maskieren mit Band, Folie; z. B. beim Lackieren, Malen)* • mask [off] *vt*

abklemmen *vt <tech.allg> (durch Zusammenquetschen Durchfluss verhindern; z. B. Schläuche)* • pinch off *vt*; squeeze off *vt*

abklemmen *vt <el> (elektrische Anschlüsse lösen)* • disconnect *vt*

Abklingbecken *n <nukl>* • decay tank; neutralizing tank

Abklingen *n <nukl> (von Radioaktivität)* • decay

Abklingen *n <phys> (einer Schwingung)* • decrease in amplitude; settling

abklingen *vi <phys> (nachlassen, zerfallen; z. B. Radioaktivität, Wärmeentwicklung)* • decay *vi*

abklingen *vi <phys> (leiser, schwächer werden; eher unerwünscht; z. B. Tonsignal)* • fade [away] *vi*; die away *vi*

abklingen *vi <phys> (ruhiger werden; z. B. Schwingung, Kurve in Diagramm)* • settle *vt*

abklopfen *vt <tech.allg> (zum Säubern; z. B. Gussstücke, Kleidung)* • knock off *vt*

abklopfen *vt <tech.allg> (durch Schlagen abtrennen; z. B. Kacheln, Putz von der Wand)* • knock off *vt*

abklopfen *vt <metall> (mit schnellen, kurzen Schlägen; z. B. Gussstück)* • rap *vt*

abklopfen *vt <qualit.mat> (leicht anschlagen; z. B. akustische Prüfung, Klangprobe)* • tap *vt*

abknallen *vi <hlk> (Brenner, Flamme)* • backfire *vi*

abknallen *vi <prod> (Flamme)* • pop *vi*

abkneifen *vt <prod> (trennen)* • nip *vt*; nip off *vt*; pinch off *vt*

abknicken *vi/vt <tech.allg> (flaches Teil; z. B. Blech, Karton, Papier)* • fold *vt*

abknicken *vi/vt <tech.allg> (rundes Teil; z. B. Rohr, Draht, Haar)* • kink *vt*

abknüpfen *vt <textil>* • untie *vt*

Abkochbad *n <textil> (betont: zum Tränken, Sättigen, Einwirken)* • steeping bath

abkochen *vt <tech.allg> (zum Reinigen; z. B. Wasser)* • boil *vt*

abkochen *vt <verf> (Extraktion; z. B. zur Gewinnung von Essenzen, Geschmacksstoffen)* • decoct *vt*

Abkochung *f <verf> (zur Exktraktion; z. B. für Nahrung, Pharma)* • decoction

Abkohlung *f DIN 17014 <metall>* • partial decarburization

abkommen *vi <allg> (vom Kurs, Fahrbahn, Start-, Landebahn, rechten Weg)* • deviate from *vi*

Abkömmling *m <bio>* • derivative

abkratzen *vt <obfl>* • scrape [off] *vt*

abkühlen *vi/vt <tech.allg>* • cool down *vi*; cool *vi*

abkühlen *vt <verf> (rasch und/oder stark)* • chill *vt*

abkühlen *vt <verf> (Medium, Komponente, System; auf eine best. Temperatur)* • cool down *vt*; cool *vt*

Abkühlen der Anlage auf Umgebungstemperatur *n <nukl>* • plant cooldown

Abkühlung *f <tech.allg> (Vorgang)* • cooling

Abkühlung *f <verf> (rasch und/oder stark)* • chilling

Abkühlungsgeschwindigkeit *f <tech.allg> (System, Bauteil; z. B. bei Wärmebehandlung)* • cooling rate

abkuppeln *vt <tech.allg> (Gerät, Verbraucher; z. B. via Steckverbindung, Schlauch)* • disconnect *vt*

abkuppeln *vt <bahn> (Wagen, Lok)* • uncouple *vt*

abkuppeln *vt <masch> (mechanisch)* • disengage *vt*

Abkürzung *f <allg> (Weg, Strecke)* • short-cut

Abkürzung *f <term> (eines Worts, Ausdrucks; z. B. ABS)* • abbreviation *ISO 12620*

abladen *vt <logist> (allg.; z. B. Ladegut)* • unload *vt*

abladen *vt <logist> (abkippen; z. B. unsortiert, haufenweise)* • dump *vt*; tip *vt GB.rare*

Abladeplatz *m <ents> (für Abraum, Aushub)* • spoil ground

Abladeplatz *m <logist>* • unloading site

Ablage *f <kfz.innen> (auf Mittelkonsole, ohne Deckel)* • floor tray

Ablagebox *f <kfz.innen> (auf Mittelkonsole, mit Deckel)* • storage box; center console storage compartment *US.-form*; cubby box *GB.coll.rare*

Ablagefach *n <tech.allg> (betont: zum Sortieren; z. B. für Post, Kopien)* • sort pocket

Ablagefach *n <kfz.innen> (allg.; z. B. im Kofferraum seitlich; meist offen)* • utility recess *US*; storage bin

Ablagefach *n <logist> (betont: zum Hineinfallen von etw.)* • drop pocket

Ablagefach *n <logist> (für Post etc.)* • pigeon-hole

Ablagefachauswahl *f <comp> (Drucker, Kopierer)* • stacker select

Ablagemöglichkeit *f <logist>* • storage feature

ablagern *vr <verf> (aus einer Flüssigkeit)* • sediment *vr*

ablagern *vt <holz> (Nutzholz)* • season *vt*

ablagern *vt <logist> (abkippen; z. B. Müll, Schutt, Abraum)* • dump *vt*

ablagern *vt <verf> (zum Reifenlassen)* • mature *vt*

Ablagerung *f <holz> (Nutzholz)* • seasoning

Ablagerung *f <obfl> (Rückstände; z. B. an Elektrode, Rohr, Ventil)* • residue

Ablagerung *f <obfl> (Ergebnis; an Wandung, Boden; z. B. Rückstände, Schlacke, Kalk)* • deposit

Ablagerung *f <phys> (von Sedimenten, Schwebstoffen; Vorgang)* • settling; settlement

Ablagerung *f <verf> (Ergebnis; am Boden; z. B. von Behälter, See)* • sediment; crud

Ablagerung *f <verf> (Vorgang und Ergebnis; am Boden; z. B. von Behälter, See)* • sedimentation

Ablagerungen *fpl <verf>* • deposits *pl*; deposit build-up

Ablagerung von Sonderabfall *f <ents>* • hazardous waste disposal

Ablagetisch *m <druck> (für Druck-Erzeugnisse)* • delivery table; delivery board

Ablagetisch *m <prod> (zur Endbearbeitung)* • finish table

ablandig *<nav>* • offshore

Ablängen *n <prod> (z. B. Stabstahl, Holzleiste)* • cutting to length

ablängen *vt <holz> (mit Säge; z. B. auf Sägebock)* • buck *vt*

ablängen *vt <prod> (z. B. Stangenmaterial, Holzleisten)* • cut to length *vt*; cut off to length *vt*

ablängen *vt <prod> (mit Säge)* • saw off to length *vt*

ablängen *vt <rls>* • cut to length *vt*; cut to fit *vt*

Ablass *m <tech.allg> (Öffnung, Ventil; z. B. für Wasser)* • run-off; outlet; drain

ablassen *vt <tech.allg> (Luft, Gas; z. B. ins Freie)* • vent *vt*

ablassen *vt <tech.allg> (eher große Mengen; z. B. Wasser aus Speicher)* • discharge *vt*

ablassen *vt <tech.allg> (Flüssigkeit ab-*

laufen lassen, z. B. Öl, Kühlmittel) • drain *vt*; drain off *vt*; discharge *vt*
ablassen *vt <rls> (Flüssigkeit ablaufen lassen; z. B.: Öl, Kühlmittel)* • drain *vt*
ablassen *vt <rls> (Druck reduzieren)* • relieve *vt*
Ablasshahn *m <rls> (betont: zum Entleeren)* • drain cock; drainage tap *rare*
Ablassöffnung *f <rls> (allg.; für Fluide, Schüttgut; eher größere Mengen)* • discharge aperture
Ablassöffnung *f <rls> (für Gase, Dampf)* • vent [opening]
Ablassöffnung *f <rls> (zur Druckentlastung; z. B. von Wasser, Dampf)* • relief aperture; relief
Ablassschraube *f <masch> (zum Entleeren; z. B. für Kühlwasser, Schmieröl)* • drain plug
Ablassstopfen *m <tech.allg>* • drain plug
Ablassventil *n <rls> (zum Entlüften)* • bleeder valve
Ablassventil *n <rls> (zum Entleeren)* • drain valve
Ablauf *m <tech.allg> (Drainageöffnung; z. B. für Regenwasser)* • drain
Ablauf *m <tech.allg> (Reihenfolge; einer Bewegung, eines Prozesses)* • sequence
Ablauf *m <prod> (von Ereignissen gemäß Terminplan)* • schedule
Ablauf *m <rls> (betont: zum Entweichenlassen einer Flüssigkeit; z. B. Öffnung, Rohr)* • escape
Ablauf *m <rls> (allg. Auslassöffnung)* • outlet
Ablaufberg *m <bahn> (im Rangierbahnhof)* • railroad hump; uncoupling ramp; shunting slope; hump *pract*; gravity shunting incline *form.rare*
Ablaufbergrangieranlage *f <bahn>* • hump yard; gravity yard; gravity-operated hump classification yard
Ablaufbetrieb *m <bahn> (Rangierbahnhof)* • gravity shunting; gravity sorting
Ablaufbrett *n <gastr> (Küche)* • draining board
Ablaufdiagramm *n <turb.doku> (betont: eines Prozesses)* • flow diagram (F&ID) *GE Aero*
Ablaufen *n <tech.allg> (von Flüssigkeiten; Vorgang; z. B. von Regenwasser, Motoröl)* • drainage
ablaufen *vi <allg> (Frist, Parkuhr)* • expire *vi*
ablaufen *vi <tech.allg> (Flüssigkeit; z. B. Regenwasser, Motoröl)* • drain *vi*; run off *vi*; drain off *vi*; flow off *vi*
ablaufen *vi <tech.allg> (von Rolle, Coil; z. B. Schweißdraht, Blech, Papier)* • uncoil *vi*
ablaufen *vi <textil> (Faden)* • run off *vi*
ablaufende Kante *f <masch> (Hinterkante)* • trailing edge
Ablauf-Endschalter *m <allg>* • discharge limit switch
ablaufen lassen *vt <tech.allg> (Seil, Kette)* • pay out *vt*
ablaufen lassen *vt <nav> (Schiff)* • launch *vt*
Ablaufgleis *n <bahn>* • hump track
Ablauföffnung *f <tech.allg> (z. B. für Regenwasser)* • drain opening; drainage aperture
Ablaufplan *m <doku> (grafische Darstellung des Arbeitsfortschritts)* • progress chart
Ablaufrinne *f <tech.allg> (geringe Neigung; parallel zu etw.; z. B. Rinnstein, Bowlingbahn)* • gutter
Ablaufrinne *f <tech.allg> (steil; z. B. für Flüssigkeiten, Schüttgut)* • discharge chute
Ablaufrohr *n <bau> (zur Drainage; z. B. für Regenwasser)* • drainage pipe
Ablaufrohr *n <ents> (für Abwasser)* • effluent pipe
Ablaufschema *n <doku> (typ. Muster)* • flow pattern
Ablaufschlauch *m <rls> (allg. bzw. verstärkter Polymerschlauch)* • drain hose
ablecken *vt <allg> (eine Oberfläche; z. B. bei Geschmackstest)* • lick *vt*
ablegen *vi <aerosp> (von Raumstation)* • undock *vi*
ablegen *vi <nav> (Liege-, Ankerplatz verlassen; Schiff)* • cast off *vi*; sail *vi*
ablegen *vt <allg> (z. B. auf den Boden)* • put down *vt*
ablegen *vt <bekl> (allg. Kleidung)* • take off *vt*
Ableger *m <druck>* • distributor
Ablegevorrichtung *f <prod> (z. B. für Produkte, Werkstücke)* • delivery mechanism
ableisten *vt <bekl> (Schuh von Leisten)* • take off from the last *vt*

ableitbar *<math> (z. B. durch Berechnung, logisches Schließen)* • deducible; derivable

ableiten *vt <allg> (Niederschlag)* • shed *vt*; drain *vt*

ableiten *vt <tech.allg> (Flüssigkeit, durch Schwerkraft)* • drain off *vt*

ableiten *vt <el> (Überspannung, Blitz)* • arrest *vt*

ableiten *vt <el> (unabsichtlich; Leckstrom)* • leak *vt*

ableiten *vt <math> (z. B. Schlussfolgerung, Formel)* • deduce *vt*; derive *vt*

ableiten *vt <phys> (Wärme)* • abduct *vt*

ableiten *vt <phys> (großflächig verteilt; z. B. Wärme, Strom, Spannung)* • dissipate *vt*

ableiten *vt <verf> (kleine Mengen Flüssigkeit, Gas, Luft)* • bleed off *vt*

Ableiter *m <el> (von Überspannung, Blitzschlag)* • arrester

Ableitkondensator *m <el>* • bypass capacitor

Ableitung *f <el> (an Erde)* • down conductor

Ableitung *f <math>* • differentiation; differential coefficient; differential quotient; derivative

Ableitung *f <phys> (Abzug von Energie, meist aktiv; z. B. Wärme)* • abstraction

Ableitung *f <phys> (von Energie, fein verteilt, großflächig, meist passiv; z. B. Wärme)* • dissipation

Ableitung *f <rls> (Drainage einer Flüssigkeit)* • draining; drainage

Ableitungswiderstand *m <el> (in Ohm)* • leak resistance; leakage resistance

Ableitungswiderstand *m <el> (Bauteil; parallelgeschaltet)* • leak resistor; bleeder resistor

Ableitung überschüssiger Wärme *f <phys>* • excess heat dissipation; dissipation of excess heat

Ableitung von Abwässern *f <ents>* • discharge of effluents; diversion of effluents

Ableitvermögen *n <bau> (Regenwasser; Volumen pro Zeiteinheit)* • discharge capacity

Ablenkblech *n <tech.allg> (z. B. für Fördergut, Strahl, Strömung)* • deflector [plate]

Ablenkeinheit *f <tech.allg>* • deflection unit

Ablenkeinheit *f <av> (Bildröhre)* • scan coil assembly

Ablenkeinrichtung *f <masch> (z. B. für Düsenstrahl von Pelton-Turbine, Späne, Fördergut)* • deflector

ablenken *vt <tech.allg> (z. B. Strömung, Strahl, Zeiger, Kompassnadel)* • deflect *vt*

ablenken *vt <el> (Elektronenstrahl, über Bildschirm)* • sweep *vt*

ablenken *vt <geo> (Bohrung; absichtlich)* • deviate *vt*; deflect *vt*

ablenken *vt <petr> (Bohrrichtung, am Ablenkpunkt)* • kick off *vt*

Ablenkplatte *f <tech.allg> (allg. für Förderströme; z. B. Luft, Schüttgut)* • deflector [plate]; deflection plate

Ablenkspule *f <av> (Bildröhre)* • deflection coil; deflector coil; sweeping coil; scanning coil; scan coil

Ablenkspulen *fpl <av> (um Bildröhre; komplette Baugruppe)* • deflection yoke; DY assembly

Ablenkung *f <tech.allg> (einer Bewegung; z. B. von Förderstrom, Lichtstrahlen)* • deflection

Ablenkungswinkel *m <tech.allg> (unerwünschte Abweichung)* • deviation angle

Ablenkvorrichtung *f <tech.allg> (für Strahl, Strömung, Späne)* • deflector

Ablesefehler *m <qualit> (durch Mensch oder Maschine)* • reading error

Ablesefehler *m <qualit> (durch Maschine; z. B. Scanner)* • read-out error

Ablesegenauigkeit *f <tech.allg> (Skala, Schaubild)* • reading accuracy

ablesen *vt <doku> (z. B. Manuskript, Teleprompter)* • read off *vt*

ablesen *vt <msr> (Instrument, Skala, Anzeigewert, Messwert)* • read *vt*; take the reading [of] *vt*; reading: take the ~ [of] *vt*

Ablesung *f <tech.allg> (z. B. Skala, Zähler)* • reading

Ablesung *f <energ> (Strom-, Gaszähler)* • meter reading

ablöschen *vt <bau.mat> (Kalk)* • slake *vt*

ablöschen *vt <chem.verf> (z. B. Koks)* • quench *vt*

ablösen *vr <tech.allg> (loskommen, abgehen)* • detach *vi*

ablösen *vr <holz> (Laminatschichten)* • delaminate *vi*

ablösen *vr <min> (auseinandergehen)* • part *vi*
ablösen *vr <min> (Platten)* • slab *vi*
ablösen *vr <obfl> (hautförmig; z. B. Anstrich, Verputz)* • peel [off] *vi*
ablösen *vr <obfl> (sich trennen von etw.; z. B. Tapete von Wand)* • separate *vi*
ablösen *vr <obfl> (in Schuppen; z. B. Verputz, Anstrich)* • flake off *vi*
ablösen *vr <phot> (Emulsion)* • frill *vi*
ablösen *vr <phys> (z. B. Grenzschicht, Wirbel)* • separate *vi*
ablösen *vr <phys> (Strömung; z. B. Luft an Abrisskante)* • break away *vi*
ablösen *vt <obfl> (dünne Schicht; z. B. Aufkleber, Folie, Lackfilm)* • strip [off] *vt*
ablösen *vt <prod> (freigeben, losmachen, ausklinken; z. B. Werkstück)* • release *vt*
ablösen *vt <prod> (Person, bei der Arbeit)* • relieve *vt*
ablösen *vt <verf> (festhängende Teile lockern, entfernen; z. B. Filterkuchen)* • dislodge *vt*
Ablösung *f <tech.allg> (mechanisch; z. B. Bauteile, Schichten)* • detachment
Ablösung *f <obfl> (von Beschichtungen; selbsttätig, meist unerwünscht)* • peeling
Ablösung *f <obfl> (von Schichten, Überzügen; absichtlich; mech. od. chem.)* • stripping
Ablösung *f <phys> (einer Strömung; z. B. der Grenzschicht, von Wirbeln)* • separation
abloten *vt <bau> (vertikal)* • plumb *vt*
ablöten *vt <füg.rep>* • unsolder *vt*
Abluft *f <tech.allg> (allg.)* • outlet air; outgoing air; exit air
Abluft *f <hlk> (betont: verbrauchte Luft)* • used air
Abluft *f <hlk> (betont: schlechte, übelriechende Luft)* • foul air
Abluft *f <verf> (betont: großer Durchsatz, abgezogen oder abgeblasen)* • exhaust air; discharged air
Abluftabsaugung *f <agri> (betont: übelriechende Luft)* • extraction of foul air
Abluftabsaugung *f <verf> (allg.)* • off-air extraction
ablüften *vi <obfl> (frischer Lack)* • flash off *vi*
Abluftkanal *m <bau.hlk>* • exhaust duct; exhaust air duct; vitiated air duct *form*
Ablufttemperatur *f <hlk>* • outlet air temperature
Abluftventilator *m <hlk>* • exhaust air fan; exhaust fan
abmagern *vt <bau> (Lehm)* • make lean *vt*; weaken *vt*
abmanteln *vt <el> (z. B. Draht, Kabel)* • strip [insulation] *vt*; bare *vt*
Abmaß *n <prod> (Abweichung vom Sollmaß; oberes, unteres)* • dimensional deviation; dimensional variation
Abmaß *n <prod> (Grenzdimension)* • limit of size
abmeißeln *vt <prod>* • chisel off *vt*; chip off *vt*
abmelden *vr <comp> (aus System, LAN)* • log off *vi*; log out *vi*
abmessen *vt <msr> (Chargen, Zuschläge, Lose)* • batch *vt*
abmessen *vt <msr> (Längenmaße; z. B. Größe)* • measure *vt*; meter *vt*
Abmessungen *fpl <tech.allg> (z. B. in techn. Daten)* • dimensions *pl*; size *sg*
abmontierbar *<tech.allg> (Teil, das auf einem anderen Teil sitzt; z. B. Antenne)* • detachable
abmontieren *vt <tech.allg> (Anbauteile, Zierleisten, Blenden)* • strip *vt*
Abnäher *m <bekl>* • gusset
Abnahme *f <allg>* • decrease; reduction; diminution; lessening
Abnahme *f <el> (Strom einspeisen; z. B. mit Stromabnehmer)* • collection
Abnahme *f <jur> (Akzeptanz; z. B. Fertigteil, Anlage, Lieferung)* • approval
Abnahme *f <qualit> (von Waren etc.; Akzeptieren des Ist-Zustands)* • acceptance
Abnahme *f <wz> (Entfernen von Material; z. B. spanend)* • removal
Abnahmekriterium *n <qualit>* • accept/reject criterion; acceptance criterion
Abnahmeprüfung *f <qualit> (allg.)* • acceptance test
Abnahmeprüfung *f <qualit> (betont: Sichtprüfung)* • acceptance inspection
Abnahmeprüfung *f <qualit> (betont: Sichtprüfung bei Wareneingang, Materialempfang)* • receiving inspection
Abnahmeprüfung *f <qualit> (betont: Endabnahme nach Fertigung)* • final

test

Abnahmeprüfung f <qualit> (betont: letzte Erprobung) • final trial

abnehmbar <tech.allg> (z. B. Deckel, Griff, Kapuze, Kurbel) • detachable; removable

abnehmbar <qualit> (Ware; z. B. bei Wareneingangsprüfung) • acceptable

abnehmen vi <tech.allg> (allg.; z. B. Druck, Temperatur) • decrease vi

abnehmen vi/vt <tele> (Telefonanruf) • answer vt

abnehmen vt <tech.allg> (entfernen, in beliebiger Richtung; z. B. Griff, Kurbel) • detach vt

abnehmen vt <tech.allg> (nach oben entfernen; z. B. Deckel, Kappe) • take off vt; remove vt

abnehmen vt <el> (Spannung) • collect vt

abnehmen vt <metall> (Abdruck, Abguss, Form) • cast off vt

abnehmen vt <qualit> (akzeptieren; Ware, Lieferungen) • accept vt

Abnehmer m <el> (Kontakt; Strom) • pick-up

abnutzen vr <tech.allg> (Gebrauchsgegenstände; z. B. Kleidung, Werkzeug) • wear out vi

abnutzen vt <wz> (abrasiv) • abrade vt

Abnutzungsgrenze f <qualit> (z. B. Bremsbelag, Reifen) • wear limit

A-Bock m <bau.masch> • A frame; gantry

Abonnementgebühr f <fin> (allg.; z. B. für Info-Dienste) • subscription fee

Abperleffekt m <obfl> (von Lack, Wachsschicht, Imprägnierung) • water repellency

abperlen vi <obfl> (z. B. Wasser auf gewachstem Lack) • bead vi

abplatzen vi/vt <obfl> (durch Innendruck; in kleinen Stücken; z. B. Gestein, Erz) • spall vi

Abplatzung f <obfl> (in Schuppen, kleinen Platten) • chipping; scaling-off; flaking; spalling

abprallen vi <tech.allg> (von harter Fläche; z. B. Hammer, Geschoss) • rebound vi; ricochet vi

abpumpen vt <tech.allg> (z. B. Wasser aus überschwemmten Kellern, Öl aus Tanks) • pump out vt

abpumpen vt <förd> (z. B. Grundwasser aus Baugrube) • pump off vt; draw off vt

Abpumpen von Grundwasser n VDI4640 <bau> • pumping off of groundwater; pumpage of groundwater

Abquetschfläche f <kst.wz> (an Formwerkzeug) • land; land area

Abquetschrand m <kst> (z. B. in Blasform-Werkzeug) • shear edge

Abquetschwalze f <prod> (z. B. bei Folienextrusion) • nip roll; squeegee roll; squeeze roll rare

Abquetschwalze f <textil> • squeezing roll

abrakeln vt <druck> (Siebdruck) • squeegee vt

abrasiv <tech.allg> • abrasive adj

Abraum m <min> (allg.) • excavated material; strippings

Abraum m <min> (betont: Abfall, wertlos) • spoil; waste material

Abraum m <min> (betont: Deckschicht, Hangendes) • overburden; cap rock; barren rock; overlay

Abraumbagger m <bau masch> • stripping shovel

abräumen vt <tech.allg> (hinderliche, unerwünschte Gegenstände) • clear away vt

Abraumhalde f <min.ents> • overburden dump; spoil dump pract; pit tip coll; stripping dump rare; spoil heap

Abrechnung nach Zeitaufwand f <ökon> (pauschal, nach Standardzeiten) • flat time billing

Abrechnung nach Zeitaufwand f <ökon> (nach tatsächlicher Arbeitszeit) • billing on the clock

Abrechnung zum Pauschalpreis f <ökon> (unabhängig vom Zeitaufwand) • flat rate billing

Abregler m <kfz.msr> (für Höchstgeschwindigkeit; typ. bei 250 km/h) • limiter; top speed limiter; speed-limiter

abreiben vi/vt <obfl> (abrasiv verschleißen; z. B. Gummireifen) • abrade vi/vt; chafe vi/vt

abreiben vt <bau.obfl> (Putz) • sand-float vt

abreiben vt <obfl> (Fläche; z. B. zum Reinigen, Massieren) • rub down vt

abreiben vt <obfl> (durch festes Reiben

entfernen; z. B. Fleck) • rub off *vt*
abreichern *vt <nukl>* • deplete *vt*
Abreißblock *m <pap>* • tear-off pad
abreißen *vi <tech.allg> (z. B. Seil, Draht)* • rupture *vi*
abreißen *vi <tech.allg> (unabsichtlich, bei Belastung; Faden, Schnur, Draht, Seil)* • break *vi*; snap *vi*
abreißen *vi <phys> (Strömung)* • separate *vi*
abreißen *vt <tech.allg> (durch Ziehen; absichtlich; z. B. Kalenderblatt)* • tear off *vt*; pull off *vt*
abreißen *vt <bau> (völlig zerstören; z. B. Gebäude, Brücke)* • wreck *vt*; demolish *vt*; pull down *vt*; tear down *vt*
Abreißen des Förderstroms *n <förd> (in Pumpen)* • flow separation
Abreißfestigkeit *f DIN <qualit> (Schicht)* • bond strength
Abreißkante *f <druck> (für Rollenpapier; z. B. an Tischrechner mit Drucker)* • tear bar
Abreißkontakt *m <alarm> (Sabotagekontakt)* • tear-off detector
Abreißlasche *f DIN 55 405 <pack>* • tear tab
Abreißverschluss *m DIN 55 405 <prod>* • tear-off closure
Abrichteinrichtung *f <wz.masch>* • dressing fixture; truing fixture
abrichten *vt <tech.allg> (in die richtige Form bringen; z. B. planen, zentrieren, auswuchten)* • true *vt*
abrichten *vt <holz> (ebnen; mit Hobel)* • surface-plane *vt*
abrichten *vt <holz.obfl> (Oberfläche glätten; z. B. mit Hobel, Schleifpapier)* • surface *vt*
abrichten *vt <prod> (Schleifscheibe)* • true *vt*
Abrichtmaschine *f <wz.masch> (zur Erzielung ebener Oberflächen)* • smooth planer
Abrieb *m <obfl> (von Beschichtungen, durch Vibration; z. B. von Katalysatorpellets)* • attrition
Abrieb *m <obfl> (Vorgang; allg. Abnutzung durch Reibung)* • attrition; abrasive wear; abrasion wear; abrasion
abriebfest *<qualit.mat> (allg. widerstandsfähig gegen Abrieb; z. B. Anstrich, Aufdruck)* • abrasion-resistant; abrasion-resisting; abrasion-proof; resistant to abrasion; non-abrasive
Abriebfestigkeit *f <qualit.mat> (abrasive Beanspruchung; z. B. von Anstrichen, Textilien, Reifen)* • abrasion resistance; resistance to abrasion; attrition resistance; abrasion strength
Abrieb verursachen *vt <allg>* • abrade *vt*
abriegeln *vt <tech.allg> (Raum, Gelände; Ein-/Ausgang blockieren)* • block *vt*
abriegeln *vt <tech.allg> (mit Riegel)* • bolt *vt*
Abriss *m <bau> (völlige Zerstörung; z. B. Gebäude, Brücke)* • wrecking; demolishing; pulling down
Abrissbirne *f <bau.masch> (in D eher auberginenförmig, in den USA kugelförmig)* • wrecking ball; demolition ball; wrecker's ball; drop ball
Abrisskante *f <fz> (Strömungsabriss; z. B. an Heckspoiler)* • trailing edge
Abrissstelle *f <bau> (Bauwerk)* • demolition site
abrollen *vt <tech.allg> (nach und nach; z. B. Seil)* • pay off *vt*
abrollen *vt <tech.allg> (von Winde; z. B. Drahtseil)* • unwind *vt*
abrufen *vt <tech.allg> (Daten)* • retrieve *vt*; recall *vt*
Abrufmenü *n <comp>* • pop-up menu
abrunden *vt <comp> (Linie, Ecke; z. B. per CAD)* • fillet *vt*; round *vt*
abrunden *vt <math> (Zahl; typ. auf das nächstniedrigere Vielfache von 5)* • round *vt*; round off *vt*
abrunden *vt <prod> (Kante mit Radius versehen)* • radius *vt*
abrunden *vt <prod> (Ende abschneiden)* • truncate *vt*
Abrundung *f <comp> (konkav; Hohlkehle)* • fillet
Abrundung *f <math> (Zahl; Rechnungsergebnis)* • rounding-off
abrupter Übergang *m <füg> (an einer Verbindung)* • abrupt junction
abruptes Gaswegnehmen im Grenzbereich *n <kfz>* • snapping off the throttle at the limit
abrutschen *vi <tech.allg> (seitlich)* • side-slip *vt*
abrutschen *vi <tech.allg> (von einer Unterlage; z. B. Schuh vom Pedal)* • slip off *vi*

abrutschen *vt <tech.allg> (betont: nach unten; z. B. z. B. Fördergurt von Trommel)* • slip down *vt*

absacken *vi <bau> (z. B. Boden)* • subside *vi*; slump *vi*

absacken *vt <tech.allg> (z. B. Flugzeug, Decke, Träger, Brücke)* • sag *vi*

absacken *vt <pack> (verpacken in Säcken)* • sack *vt*

absägen *vt <prod>* • saw off *vt*

absättigen *vt <nukl>* • saturate *vt*

Absatz *m <bau.geo> (schmaler Vorsprung; z. B. an Wand, Fels, Abhang)* • ledge

Absatz *m <bekl> (Schuh)* • heel

Absatz *m <doku> (deutliche Trennung im Text)* • break

Absatz *m <doku> (in Text)* • paragraph

Absatz *m <geo> (Felswand)* • terrace

Absatz *m <masch> (abgewinkelter, gestufter Maschinenteil)* • offset

Absatz *m <masch> (z. B. Achse, Welle)* • shoulder

Absatz *m <masch> (z. B. Welle)* • step

Absatzzeichen *n <druck>* • paragraph mark; break mark

Absaufen des Motors *n ugs <kfz> (beim Startversuch)* • flooding of the engine

Absaugeinrichtung *f <verf> (Abzug; z. B. für Dämpfe)* • exhaust system; extraction system

absaugen *vt <tech.allg> (etwas von oder aus etwas durch starken Sog entfernen)* • suck off [from] *vt*; suck [out of] *vt*

absaugen *vt <tech.allg> (Flüssigkeit, durch Siphoneffekt; z. B. Kraftstoff aus Tank)* • siphon *vt*

absaugen *vt <tech.allg> (mit Staubsauger; z. B. Teppiche, Polster)* • vacuum *vt*

absaugen *vt <hlk> (Abluft, Rauchgase)* • extract *vt*

absaugen *vt <verf> (z. B. Staub, Dämpfe abziehen)* • draw off *vt*; exhaust *vt*; extract *vt*; withdraw *vt*

Absaugfassade zur solaren Lufterwärmung *f <energ.sol> (Luftkollektor-System)* • solar wall

Absaugklosett *n <hygi> (z. B. Bus, Flugzeug)* • siphonic closet

abschaben *vt <obfl> (allg. Unebenheiten, überschüssiges Material)* • scrape off *vt*

abschaben *vt <obfl> (betont: mit scharfer Klinge)* • doctor *vt*

abschälen *vr <obfl> (hautartig)* • peel *vi*

abschälen *vr <obfl> (in Schuppen)* • scale [off] *vi*

abschälen *vr <obfl>* • flake [off] *vi*

abschälen *vt <obfl> (Haut, Schicht u. dgl.)* • strip *vt*

abschälen *vt <verf> (Ablagerungen; z. B. von Filtersieb)* • shave off *vt*

Abschaltautomatik *f <tech.allg>* • automatic shut-down device

abschaltbar *<antr> (z. B. Allradantrieb)* • disengageable

abschalten *vt <tech.allg> (abrupt, sofort herunterfahren; z. B. Reaktor, Turbine)* • trip *vt*

abschalten *vt <masch> (Aggregat; z. B. Pumpe, Triebwerk)* • shut down *vt*; stop *vt*; deactivate *vt*

Abschaltstrecke *f <bahn.el> (Zug rollt stromlos weiter, Bügel unten)* • power--off section *:V*

Abschaltung *f <tech.allg> (Vorgang; z. B. Stromkreis, Maschine, System, Anlage)* • shutdown

Abschaltung *f <el> (betont: Trennung)* • disconnection; cut-off

Abschaltung *f <el> (des Stromversorgungsnetzes)* • power cut

Abschaltung *f <el> (elektr. Verbraucher; mit Schalter)* • switching-off

Abschaltung *f IEV 415 <energ.wind> (Übergangszustand zwischen Leistungserzeugung und Leerlauf/Stillstand)* • shutdown *IEV 415*

abschärfen *vt <prod> (allg. Scharfkantigkeit entfernen, abrunden)* • chamfer *vt*; bevel *vt*

abschatten *vt <licht> (abdunkeln, verdecken; z. B. Sonnenkollektor)* • shade *vt*

Abschattung *f <tech.allg> (z. B. von Solarkollektoren, Parkplätzen, Gebäuden)* • shading; shadowing *rare*

Abschattungselement *n <bau>* • shade

Abschattungsverlust *m <tele> (durch Berge)* • mountain effect

Abschattungsverlust *m <tele> (allg.)* • shadow effect

abschätzen *vt <allg> (z. B. Gesamtkosten, Konsequenzen)* • figure out *vt*

abschäumen *vt <verf> (Flüssigkeit)*

• skim off *vt*
Abschäumer *m <verf> (allg.)* • skimmer
Abscheidegrad *m <ents> (betont: Sammeln; z. B. von Wertstoffen in Abscheider)* • collection efficiency
Abscheidegrad *m <verf> (allg.; z. B. eines Filters, Abscheiders)* • separation efficiency
Abscheidegüte *f <verf> (von Filtern, Abscheidern; in Volumen oder Masse pro Zeiteinheit)* • collection efficiency; removal rate
abscheiden *vr <chem.verf> (allg. aus einer Suspension; z. B. als Schaum oder Bodensatz)* • separate out *vi*
abscheiden *vt <verf> (chemisch/physikalisch trennen/entfernen; z. B. Staub, Schadstoffe)* • remove *vt*
abscheiden *vt <verf> (allg. sammeln in Filter/Abscheider; z. B. Staub, Verunreinigungen)* • collect *vt*; remove *vt*; separate *vt*; trap *vt*; catch *vt*
abscheiden *vt <verf> (als Niederschlag, Beschichtung, Überzug)* • deposit *vt*
abscheiden [auf] *vr <obfl> (Partikel, Schwebstoffe; z. B. Pigmente)* • settle [on] *vi*; deposit [on] *vi*
abscheiden [auf] *vt <obfl> (aufbringen; z. B. Lack, Überzug)* • deposit [on] *vt*
Abscheider *m <verf> (betont: durch Fällung)* • precipitator
Abscheider *m <verf> (allg.; z. B. für Öl, Staub, Dämpfe, Brüden)* • separator; collector *pract*; trap *coll*
Abscheidung *f <agri> (von Stroh und Spreu vom Korn)* • separation; precipitation
Abscheidung *f <el.chem> (Vorgang; als Niederschlag)* • deposition
Abscheidung *f <verf> (Vorgang, chemisch/physikalisch; z. B. von Staub, Schadstoffen)* • separation; segregation; removal *coll*
Abscheidung *f <verf> (Vorgang; z. B. sammeln von Staub, Verunreinigungen in Filter/Abscheider)* • collection
Abscherbolzen *m <masch>* • shear pin; shearing pin
abscheren *vt <masch> (absichtlich oder unabsichtlich; z. B. Bolzen, Überlastsicherung)* • shear [off] *vt*
abscheren *vt <prod> (mit Schere; z. B. Blechabschnitt)* • clip off *vt*
Abscherstift *m <masch> (Überlastsicherung)* • shear pin
abschiebern *vt <rls> (Leitung, Kanal schließen)* • shut off *vt*; isolate *vt*
abschiefern *vr <obfl>* • exfoliate *vi*
abschießen *vt <mil> (Ziel)* • shoot *vt*
Abschirm... *<el> (elektromagnetisch)* • screened ...; screening ...; shielded ...; shielding ...
Abschirm... *<phys> (gegen Strahlung; z. B. Röntgen-, Gammastrahlung)* • shielded ...; shielding ...
Abschirmbeton *m <bau.mat> (allg.)* • shielding concrete
Abschirmbeutel *m <pack> (z. B. metallisiert für Elektronikteile oder Filme)* • shield bag
Abschirmblech *n <masch> (in Form einer Schürze, Blende; eher senkrecht)* • valance
Abschirmblech *n <masch> (gegen Wärme)* • heat shield
abschirmen [gegen] *vt <tech.allg> (durch Abdeckung, Schirm; z. B. vor Niederschlag, Strahlung)* • shield *vt*; screen *vt*; protect *vt*
Abschirmlitze *f <el> (z. B. um Koaxial-Antennenkabel)* • shield braid; shielding braid
Abschirmmaterial *n <tech.allg>* • shielding material; shield material
Abschirmung *f <phys> (Vorgang; z. B. gegen EMI, Strahlung)* • shielding
Abschirmung *f <phys> (konkret; z. B. Drahtgeflecht, Metallmantel, Bleiglas, Beton)* • shield; shielding
Abschirmung *f <tele> (gegen Funkinterferenz)* • radio shielding
Abschirmung gegen UV-Strahlen *f <phys>* • UV shielding
abschlacken *vt <metall>* • skim [off] *vt*; slag off *vt*; deslag *vt*
abschlämmen *vt <verf> (Flüssigkeit und Feststoffe trennen)* • elutriate *vt*; drain the sludge *vt*
Abschlämmung *f <verf> (durch Dekantieren, Ablaufenlassen)* • elutriation
Abschlämmung *f <verf> (durch Abblasen)* • sludge blow-off
Abschleifen *n <prod>* • abrasive machining; grinding-off *coll*
abschleifen *vt <led> (Narbenschicht)* • buff off *vt*
abschleifen *vt <prod> (betont: entfernen von etw.; z. B. Rost, Lackreste)*

• grind off *vt*

abschleifen *vt <prod> (betont: mit Schleifpapier)* • sandpaper *vt*

abschleifen *vt <prod> (allg. mit Schleifmittel)* • abrade *vt*

Abschleppdienst *m <kfz.verk>* • towing service *US*; breakdown recovery service; recovery service; wrecker service *US.coll*; tow service *US.coll*

abschleppen *vt <kfz.verk> (ein betriebsunsicheres od. betriebsunfähiges Fahrzeug; Notbehelf)* • tow *vt*

abschleppen *vt <kfz.verk> (widerrechtlich geparkte Fahrzeuge)* • tow away *vt*

Abschleppen durch einen Abschleppdienst *n <kfz.verk>* • wrecker towing

Abschleppfahrzeug *n <kfz> (Abschleppdienst; meist ein Lkw)* • breakdown vehicle; recovery vehicle

Abschleppfahrzeug mit Hubbrille *n <kfz>* • wheel-lift type tow truck

Abschleppfahrzeug mit Rollrampe--Pritschensystem *n :V <kfz> (Spezial--Lkw für Abschleppdienste)* • flatbed--rollback truck; recovery vehicle with flatbed rollback; rollback *coll*

abschleppfreundlich *<kfz> (im Ggs. zu Fahrzeugen mit Automatikgetriebe)* • easily towable; easy to tow

Abschleppgurt *m <kfz>* • tow strap; emergency tow strap

Abschleppöse *f <kfz>* • towing lug

Abschleppseil *n <kfz> (nicht aus Metall; z. B. Nylon)* • tow rope

Abschleppseil *n <kfz> (aus Metall oder anderen Fasern; Drahtseil)* • tow cable; towing cable

Abschleppstange *f <kfz>* • tow bar

abschleudern *vt <verf>* • centrifuge *vt*; spin off *vt pract*

abschließbar *<tech.allg> (mit Schloss; z. B. Tür, Behälter, Fenstergriff)* • lockable

abschließbare Autoradio-Abdeckung *f <kfz>* • in-dash radio safe; in-dash stereo safe

abschließbare Garage *f <bau.kfz>* • lock-up garage

abschließbarer Kraftstofftankdeckel *m <kfz> (Verschluss des Einfüllstutzens)* • locking fuel filler cap; locking gas cap *US.pract*; locking petrol cap *GB.pract*; locking gasoline cap *US.rare*

abschließbarer Tankverschlussdeckel *m <kfz>* • locking gas cap *US*

abschließen *vt <tech.allg> (komplett zu Ende bringen; z. B. Auftrag, Lieferung, Montagearbeit)* • complete *vt*

abschließen *vt <tech.allg> (Vorgang, Arbeit zu Ende bringen)* • finish *vt*; end *vt*

abschließen *vt <tech.allg> (z. B. gas-, luft-, wasserdicht)* • seal *vt*

abschließen *vt <tech.allg> (ummanteln, einhüllen)* • shroud *vt*

abschließen *vt <tech.allg> (mit Schloss, Schlüssel)* • lock *vt*

abschließen *vt <jur> (Vereinbarung, Vertrag)* • conclude *vt*

Abschluss *m <tech.allg> (vollständige Beendigung eines Vorgangs; z. B. Auftrag, Lieferung)* • completion

Abschluss *m DIN 18531 <bau> (eines Daches)* • roof perimeter

Abschluss *m <el> (Widerstand)* • termination

Abschluss *m <pack> (Abdichtung; z. B. luftdicht)* • sealing

Abschlussprüfung *f <qualit>* • final test; final examination

Abschlussscheinwiderstand *m <el>* • terminal impedance; terminating impedance

Abschlussstück *n <tech.allg> (Abdeckkappe; z. B. seitlich an Stoßfängern, Leisten, Rohrmöbeln)* • end cap

Abschlusswiderstand *m <el> (elektrische Größe)* • terminal resistance

Abschlusswiderstand *m <el> (Bauteil; in Gerätekette oder Bus-Netzwerk)* • terminating resistor; terminator *pract*; load *coll*; end-of-line resistor *rare*; resistor terminator cap *rare*

Abschlusswiderstand *m <el.qualit> (beim Prüfen; zur Simulation einer definierten Last)* • terminating impedance; load *pract*

abschmelzbare Elektrode *f <füg> (MSG-Schweißen)* • consumable electrode; fusible electrode

Abschmelzen *n <tech.allg> (Vorgang des Niederschmelzens, meist unerwünscht; z. B. von Speiseeis)* • meltdown

abschmieren *vi <druck> (frische Druckfarbe auf den darüber liegenden Bogen)* • set off *vi*

abschmieren *vt* *<tribo>* *(mit Fett; über Schmiernippel)* • lubricate *vt*; grease *vt coll*
abschmirgeln *vt* *<prod>* • abrade with emery *vt*; emery *vt*
abschneiden *vt* *<tech.allg>* *(durch kurzen, schlagartigen Schnitt; z. B. Blech, Draht, Papier, Blumen)* • clip [off] *vt*
abschneiden *vt* *<tech.allg>* *(z. B. mit Schere, Schneidmaschine)* • cut off *vt*
Abschnitt *m* *<tech.allg>* *(Teil einer Menge, portionierter Teil)* • portion
Abschnitt *m* *<tech.allg>* *(z. B. von Programm, Buch, Eisenbahnstrecke)* • section
Abschnitt *m* *<prod>* *(allg.)* • cut-off piece; cutting
Abschnitt *m* *<prod>* *(zum Entsorgen; z. B. Blechrest, Holzverschnitt)* • discard
Abschnitte *pl* *<prod>* *(Abfall; z. B. Bleche, Leder)* • trimmings *pl*
Abschnitt-Reparatur *f* *<kfz.rep>* *(von lokal begrenzten Schäden)* • section repair; sectional repair; cut-and-shut repair *coll*
a/b-Schnittstelle *f* *<tele>* *(für Analoggeräte an ISDN-Anschluss)* • a/b interface
abschnüren *vt* *<el>* • pinch off *vt*
abschöpfen *vt* *<verf>* *(Abschaum)* • scum *vt*
abschöpfen *vt* *<verf>* *(allg. schwimmende Schicht; z. B. Fett, Öl, Schaum)* • skim off *vt*
abschrägen *vt* *<bau>* *(Böschung, Bankett)* • bank *vt*
abschrägen *vt* *<bau>* *(für Schäftverbindung)* • scarf *vt*
abschrägen *vt* *<bau>* *(größere Fläche; z. B. Dach, Böschung)* • slope *vt*
abschrägen *vt* *<bau.mat>* *(Dachziegel)* • weather *vt*
abschrägen *vt* *<comp>* *(CAD; Brechen von scharfen Kanten)* • bevel *vt*
abschrägen *vt* *<prod>* *(Bauteil; keilförmig)* • taper *vt*
abschrägen *vt* *<prod>* *(schräg formen, schneiden)* • bevel *vt*; cant *vt*
Abschrägung *f* *<tech.allg>* *(keilförmig)* • taper
Abschrankung *f* *<autom.sich>* *(Zugangsschutz)* • safety cage
abschraubbar *<masch>* • unscrewable
abschrauben *vt* *<füg>* *(Teil mit Gewinde; z. B. Schraube, Mutter, Deckel)* • screw *vt*; screw off *vt*; unscrew *vt*; unbolt *vt*
Abschrecken *n* *<metall>* *(Wärmebehandlung von Metallen; z. B. in Salzbad, Wasser, Öl, Luft)* • quenching; rapid chilling
Abschrecken *n* *<verf>* *(schnell; z. B. in Wasser)* • quenching
abschrecken *vt* *<metall>* *(durch rasches Abkühlen)* • quench *vt*
Abschreckflüssigkeit *f* *<metall>* *(normalerweise Wasser, Öl)* • quenching liquid; quenchant; liquid quenchant
Abschreckhärten *n* *<metall>* • quench hardening
Abschreckmittel *n* *<bio>* *(für Ungeziefer)* • repellent
Abschreckmittel *n* *<metall>* *(zum schlagartigen Abkühlen; z. B. Luft, Öl, Wasser)* • quenching agent; quenchant
Abschreckmittel *n* *<sich>* *(gegen Feinde, Einbrecher)* • deterrent
Abschreckmittel gegen Nagetiere *n* *<bio>* • rodent repellent
Abschreckung durch gesicherte Zweitschlagkapazität *f* *<mil>* • deterrence based on assured nuclear second-strike ability
Abschrot *m* *<metall.wz>* *(Einsteckkeil im Amboss; zum Abtrennen)* • hardie; hardy; blacksmith's hardy *rare*
abschroten *vt* *<prod>* • chisel off *vt*
abschuppen *vr* *<obfl>* *(Farbe, Anstrich)* • flake off *vi*
abschuppen *vt* *<nahr>* *(Fisch)* • scale *vt*
Abschussrampe *f* *<aerosp>* *(allg.)* • launcher
Abschussrampe *f* *<aerosp>* *(Plattform)* • launching pad
abschwächen *vt* *<masch>* *(z. B. Kräfte, Stöße)* • deaden *vt*
abschwächen *vt* *<navig>* *(Signale)* • attenuate *vt*
abschwächen *vt* *<phot>* *(Kontrast, Schärfe)* • soften *vt*
abschwächen *vt* *<phot>* *(Kontrast, Sättigung)* • reduce *vt*; tone down *vt rare*
absengen *vt* *<textil>* *(von Textiloberflächen; Ausrüstung)* • singe *vt*
absenken *vt* *<bau>* *(Fundament)* • sink

vt

absenken *vt* <bau> *(Grundwasser)* • lower *vt*

absenken *vt* <masch> *(Bauteil; z. B. Getriebe, Motorblock)* • lower *vt*

Absenkhydraulik *f* <kfz> *(für Fahrzeugheck; z. B. für Rollstuhlzugänglichkeit)* • kneeling rear suspension

Absenkung *f* <tech.allg> *(von Gegenständen, physik. Größen; z. B. Lasten, Druck, Temperatur)* • lowering

Absenkung *f* <geo> *(Boden; z. B. durch Baulasten)* • settlement; subsidence

Absenkung des Bodens *f* <geo> *(allg.; z. B. durch Grundwasserabsenkung)* • ground subsidence; soil subsidence; subsidence

Absenkung des Grundwasserspiegels *f* <bau> *(Vorgang und Ergebnis)* • depression of the groundwater table; lowering of the groundwater table; drawdown of the groundwater table; ground-water lowering

Absetzbecken *n* <ents.hydr> *(offen, groß; zur Entfernung von Sinkstoffen; Wasseraufbereitung)* • settling tank; precipitation tank; sedimentation tank; clarifying basin; subsidence basin

Absetzbehälter *m* <verf.hydr> *(eher geschlossen)* • settling tank; precipitation tank; clarifier *pract*; settling chamber *rare*

Absetzen *n* <bahn> *(Magnetbahnfahrzeug)* • de-levitation; delevitation

Absetzen *n* <verf> *(Vorgang)* • sedimentation; settlement; settling *coll*; gravity settling *rare*

absetzen *vr* <chem.verf> • settle down *vt*; settle *vt*; set *vi*; deposit *vi*; sediment *vi rare*

absetzen *vt* <tech.allg> *(räumlich, farblich)* • set off *vt*

absetzen *vt* <bahn> *(Magnetbahnfahrzeug)* • de-levitate *vt*; set down *vt*; delevitate *vt*

absetzen *vt* <druck> *(Text, Druckvorlage)* • compose *vt*; typeset *vt*

absetzen *vt* <lwl> *(Entfernen der Faserhülle)* • strip off *vt*

absetzen *vt* <min> *(Abraum)* • spoil *vt*

absetzen *vt* <nav> *(Boot vom Steg)* • push off *vt*

absetzen *vt* <nav.navig> *(Kurs)* • plot *vt*

absetzen *vt* <prod> *(Formteil; z. B. beim Schmieden)* • step *vt*; shoulder *vt*; offset *vt*

absetzen *vt* <prod> *(Blech; Herstellen einer Absetzkante)* • joddle-join *vt*; joddle *vt*; joggle *vt*

Absetzkante *f* <prod> *(zum glattflächigen Verbinden zweier Bleche)* • step; joddle *pract*

Absetzkipper *m* <nfz> • bucket loader

Absetztank *m* <verf> *(Trennung Wasser von anderen Komponenten)* • dewatering classifier

Absetzzange *f* <wz> *(zum Ausformen von Absetzkanten)* • sheetmetal crimping tool; panel flanger *US*; edge setter; joddler *GB.pract*; joggler *GB.pract*

ABS-Gehäuse *n* <el> *(z. B. für Elektronikgeräte)* • ABS enclosure

absichern *vt* <tech.allg> *(z. B. Stromkreis)* • protect *vt*

absinken *vi* <tech.allg> *(z. B. Träger, Decke, Verkleidung, Gipskartonplatten)* • sag *vi*

absolut anzeigender Höhenmesser *m* <navig> • absolute altimeter

absoluter Nullpunkt *m* <phys> • absolute zero

absolute Zahl *f* <math> • absolute number

absondern *vt* <tech.allg> *(ein Teil vom Rest trennen)* • separate *vt*; single [out] *vt*; segregate *vt*; isolate *vt*

absondern *vt* <tech.allg> *(durch kleine Öffnungen, Poren; typ. Flüssigkeit)* • exude *vt*; ooze [out] *vt coll*; sweat *vt*

Absonderung *f* <tech.allg> *(aus Poren; z. B. Flüssigkeit)* • exudation

Absonderung *f* <tech.allg> *(eines Teils vom Rest)* • separation; segregation; isolation

Absorbat *n* <chem> • absorbate; absorbed substance

Absorbens *n* <chem> • absorbent; absorbing substance; absorbing material; absorbing agent; sorbent

Absorber *m* <tech.allg> *(allg.; für Energie, Flüssigkeiten, Gase)* • absorber

Absorber *m* <energ.sol> *(eines Sonnenkollektors; meist eine schwarze Platte)* • absorber; solar absorber

Absorber *m* <geo.therm> *(Erdreichwärmetauscher)* • heat collector

Absorber... <tech.allg> *(vgl.: Absorpti-*

ons...) • absorber ...
Absorberkanal *m <energ.sol> (in Solarkollektor)* • fluid tube; fluid passage; flow passage; fluid flow tube; riser tube
Absorberkreis *m <energ.sol>* • transfer fluid loop; collector loop; primary circuit
Absorberrohr *n <energ.sol> (in Parabolrinnenkollektor)* • absorber tube; absorber pipe; tube absorber; tubular absorber; receiver tube
absorbieren *vt <mech> (Energie; z. B. beim Aufprall)* • absorb *vt*
absorbieren *vt <metall> (Gase und Fremdkörper)* • occlude *vt*
absorbieren *vt <phys> (allg.; z. B. Energie, Flüssigkeit, Gas, Strahlung, Licht)* • absorb *vt*; imbibe *vt*; soak up *vt coll*
absorbierender Kern *m <pap> (z. B. in Windeln)* • absorbent core
Absorption *f <tech.allg>* • absorption
Absorptions... *<tech.allg> (vgl.: Absorber...)* • absorption ...
absorptionsfähig *<tech.allg>* • absorptive *adj*; absorbing
Absorptionsfläche *f <tech.allg>* • absorptive area
Absorptionskühlschrank *m <hlk.nahr>* • absorption refrigerator
Absorptionsmittel *n DIN 55 405 <pack>* • absorbent material *ISO/WD 21076*
Absorptionsschalldämpfer *m <kfz.emiss> (gerader Durchgang; z. B. mit Glaswollefüllung)* • absorption-type muffler; straight-through muffler *pract*; bullet-type muffler; glasspack muffler
abspalten *vr <chem> (Elektronen)* • detach *vi*
abspalten *vt <chem> (entfernen; z. B. Atome von Molekül)* • abstract *vt*; eliminate *vt*; remove *vt*
abspanen *vt <prod> (z. B. durch Drehen, Fräsen)* • cut [off] *vt*
Abspann *m <kino>* • trailer
Abspannanker *m <el> (für Abspannseile, -drähte)* • guy anchor
Abspannbügel *m <energ.el> (Isolatorbefestigung)* • anchoring bracket
Abspanndraht *m <tech.allg> (diagonal, über Kreuz, quer)* • bracing wire
Abspanndraht *m <tech.allg> (zum Halten und Stabilisieren, auch horizontal; z. B. für Hängeampeln)* • guy wire; stay wire; anchor wire
abspannen *vt <tech.allg> (stabilisieren; z. B. Mast, Turm, mit Spanndrähten)* • guy *vt*
abspannen *vt <el> (Freileitungen; am Endmast abführen)* • dead-end *vt*
abspannen *vt <el> (Spannung)* • step--down *vt*
Abspannmast *m <energ.el> (klein; Pfahl, massiv)* • anchor pole; terminal pole
Abspannmast *m <energ.el> (groß; Gitterstruktur; von Freileitung)* • anchor tower; terminal tower; anchoring tower; section support
Abspannmast *m <energ.el> (massiv)* • span pole; section support; strain pole
Abspannseil *n <tech.allg> (textil)* • anchoring rope; rope guy; guy rope
Abspannseil *n <bau> (aus Metall; typ. Stahl)* • anchor cable; guy cable
Abspannseil *n <bau.masch> (für Kran-, Baggerausleger)* • tie rope; boom line
Abspannseil *n <energ.el>* • guy wire
Abspanntransformator *m <el.energ> (zur Spannungsreduzierung; z. B. in Kraftwerken, Umspannwerken)* • step--down transformer
Abspannung *f <tech.allg> (von Masten etc.)* • guy
abspeichern *vt <comp> (Daten, Datei; z. B. auf Platte)* • save *vt*
Absperranstrich *m <obfl>* • seal coat; sealing coat
Absperrband *n <sich> (z. B. an Baustellen, Unfallort, Gefahrenstelle; in D rot/weiß)* • barricade tape
Absperrbauwerk *n <energ.hydr>* • dam structure *:V*
absperren *vt <tech.allg> (z. B. Raum, Rohrleitung, Tür, Ventil)* • close *vt*; shut off *vt*
absperren *vt <bau> (z. B. gegen Wassereintritt)* • block off *vt*
absperren *vt <bau.hydr> (Wasserlauf; z. B. Bach, Fluss mit Damm)* • dam up *vt*
absperren *vt <obfl.holz> (gegen Verzug und Rissbildung)* • seal *vt*; block *vt*
absperren *vt <rls> (z. B. Zufluss, Zustrom)* • stop *vt*; shut off *vt*; cut off *vt*
absperren *vt <sich> (Tür; mit Schloss)*

<nukl> • spent fuel
abgebranntes Brennelement *n <nukl>* • spent fuel element
abgebremstes Neutron *n <nukl>* • moderated neutron
abgebrochen *<tech.allg> (Vorgang allg.; z. B. Programm, Ablauf)* • aborted
abgedichtete Deponie *f <ents> (mit Liner)* • lined landfill; secured landfill
abgefahrener Reifen *m <kfz> (allg.; Profil verschlissen)* • worn-out tire *US*; worn-out tyre *GB*; bald tire *US.coll*; bald tyre *GB.coll*
abgefast *<tech.allg> (Kante; 45°)* • beveled *US*; bevelled *GB*; chamfered *US*
abgefedert *<tech.allg> (mit Feder vorbelastet, vorgespannt; z. B. Kontakt)* • spring-loaded
abgefedert *<masch> (betont: gepolstert)* • cushioned
abgeflacht *<tech.allg> (an der Oberseite)* • flat-topped
abgeflacht *<tech.allg> (durch Druck)* • flattened
abgegebene Leistung *f <tech.allg> (typ. in Watt)* • output power; power output; output
abgeglichen *<tech.allg> (betont: ausgewogen)* • balanced
abgeglichen *<tech.allg> (betont: auf gleichem Niveau)* • leveled *US*; levelled *GB*
abgeglichen *<tech.allg> (betont: angepasst; z. B. Spannungen, Farbtöne)* • matched
abgeglichen *<el> (betont: fein abgestimmt; z. B. mit Potentiometer)* • trimmed
abgegriffen *<tech.allg> (durch Benutzung von Hand; z. B. Beschriftung auf Tasten)* • worn
abgegriffen *<el> (durch Anzapfen einer Leitung; z. B. Signal, Spannung)* • tapped
abgehen *vi <tech.allg> (sich lösen; z. B. Farbe, Aufdruck, Aufkleber)* • come off *vi*
abgehendes Gespräch *n <tele>* • outgoing call
abgekürzte Schreibweise *f <doku> (allg.)* • abbreviated notation
abgekürzte Schreibweise *f <doku> (Stenographie)* • shorthand notation
abgekürztes Verfahren *n <tech.allg>* • short-cut method
abgelagert *<tech.allg> (abgelegt)* • deposited
abgelagert *<qualit.mat> (gealtert)* • aged
abgelängt *<prod> (z. B. Stangenmaterial, Draht)* • cut-off [to proper length]
abgelegenes Gebiet *n <tech.allg> (z. B. hinsichtlich Zugänglichkeit, Service, Ersatzteilversorgung)* • remote area
abgelegt *<comp> (Daten; in Arbeitsspeicher, ROM, BIOS, Cache)* • stored
abgelegt *<doku> (Dokumente, Akten)* • filed
abgelehnt *<allg>* • non-approved
abgelehnte Benennung *f <term>* • rejected term
abgeleitete Einheit *f <phys> (z. B. Joule, Pascal)* • derived unit
abgeleitete Größe *f <phys> (z. B. Druck, elektr. Widerstand)* • derived quantity; derived physical quantity
abgelenkte Bohrung *f <geo> (beabsichtigt von der Lotrechten abweichend; z. B. Erdöl, Erdwärme)* • deviated well; deviated borehole; deflected borehole; deviated hole
abgelenkter Strahl *m <phys> (z. B. Lichtstrahl)* • deflected ray
abgemagert *<verbr> (Kraftstoff/Luft-Gemisch)* • leaned out
abgenutzt *<allg>* • worn-out
abgereichert *<mat> (z. B. Uran)* • depleted
abgerundet *<math> (Rechnungsresultat)* • rounded-off
abgerundet *<prod> (betont: mit bestimmtem Radius; z. B. Kante, Spitze)* • radiused
abgerundete Kante *f <tech.allg>* • rounded edge; radiused edge; soft edge
abgerutscht *<rls> (Schlauch von Schlauchstutzen)* • dislocated
abgeschaltet *<tech.allg> (betont: getrennt von etw.; z. B. von Stromzufuhr)* • disconnected
abgeschaltet *<tech.allg> (größere Anlage, System; Komponente einer Anlage)* • off-line *adj*
abgeschaltet *<el> (größere elektr. Anlage, System, Komponente)* • switched off; shut down
abgeschirmt *<el> (z. B. Leiter, Draht,*

Kabel, Baustein, Gerät, System) • shielded; screened

abgeschirmtes Gehäuse *n* <*tech.allg*> • shielded enclosure

abgeschlossen <*sich*> *(durch Schloss, Verriegelung)* • locked

abgeschlossene Deponie *f* <*ents*> • completed fill; finished landfill site

abgeschlossenes System *n* <*tech.allg*> • closed system

abgeschrägt <*tech.allg*> *(keilförmig)* • tapered

abgeschrägt <*bau*> *(größere Fläche; z. B. Dach, Terrasse, abschüssiges Gelände)* • sloped

abgeschrägte Kante *f* <*prod*> • beveled edge *US*; bevelled edge *GB*; canted edge; bevel [edge]

abgeschreckt <*verf*> *(durch starkes Temperaturgefälle; z. B. in Luft, Öl, Wasser)* • quenched

abgeschreckt in Öl <*metall*> *(Stahl)* • oil-quenched

abgeschreckt in Wasser <*metall*> • water-quenched

abgesetzt <*prod*> *(Werkstückform; z. B. Welle)* • stepped; shouldered

abgesetzt <*wz*> *(rotationssymmetrischer Körper; z. B. Bohrer)* • multidiameter *adj*

abgesichert <*el*> *(Stromkreis; mit Sicherung)* • fused; protected by fuses

abgesichert <*el*> *(geschützt; z. B. Betriebsart)* • protected

abgesicherter Modus *m* <*comp*> • protected mode

abgespannt <*bau*> *(mit Spannseilen; z. B. Mast, Turm, Antenne)* • guyed

abgestanden <*nahr*> *(z. B. Mineralwasser, Sekt, Bier)* • dead; flat

abgestimmt <*tech.allg*> *(zeitlich)* • synchronized

abgestimmt <*tech.allg*> *(elektronische, mechanische Systeme)* • tuned

abgestimmt <*kfz.antr*> *(Getriebe, Gangstufen)* • matched

abgestorben <*agri*> *(Baum; Schadstufe der Waldschadenserhebung)* • dead

abgestuft <*tech.allg*> *(sortiert; z. B. nach Größe, Qualität)* • graded

abgestuft <*tech.allg*> *(Form, Reihenfolge, Verfahren)* • stepped

abgestürzt <*tech.allg*> *(z. B. Flugzeug, Hängelast, Schreibe/Lesekopf, Programm)* • crashed

abgeteuft <*min*> • sunk

abgetreppt <*bau*> *(z. B. Theatersitzreihen, Gebäudeebenen)* • tiered

abgewalmt <*bau*> *(Dachfläche)* • hipped

abgewetzte Stelle *f* <*obfl.qualit*> • scuffing mark

abgewickelte Form *f* <*math*> *(z. B. für Blechteil-Zuschnitt)* • developed shape

abgewinkelt <*tech.allg*> • angular; angled

abgezogener Putz *m* <*bau.obfl*> • screed coat

Abgleich *m* <*el*> *(betont: Ausgewogenheit, gleiches Niveau)* • balancing

Abgleich *m* <*msr*> *(betont: Einstellen; z. B. Messeinrichtung, Werte)* • adjustment

Abgleich... <*msr*> *(durch Einstellen; z. B. Messeinrichtung, Werte)* • adjusting

abgleichen *vt* <*tech.allg*> *(betont: ins Gleichgewicht bringen)* • equilibrate *vt*

abgleichen *vt* <*bau*> *(Höhenunterschiede)* • make level *vt*

abgleichen *vt* <*el*> *(z. B. Brückenschaltung)* • balance *vt*; adjust for balance *vt*

abgleichen *vt* <*el*> *(Stromkreiselemente)* • align *vt*

abgleichen *vt* <*el*> *(z. B. Spannungen, Widerstände, Ströme in diversen Bauteilen)* • equalize *vt*

abgleichen *vt* <*masch*> *(anpassen)* • match *vt*

abgleichen *vt* <*msr*> *(z. B. Messeinrichtung, Werte)* • adjust *vt*; trim *vt*

Abgleichkondensator *m* <*el*> • trimming capacitor; trimmer *pract*; balancing capacitor

Abgleichnetz *n* <*tech.allg*> • balancing network

Abgleichwiderstand *m* <*el*> *(Bauteil; betont: Funktion)* • balancing resistor; calibration resistor; compensating resistor

abgleiten *vi* <*tech.allg*> *(z. B. Fuß vom Pedal, Schlauch vom Stutzen)* • slip off *vi*; glide off *vi rare*; slide off *vi rare*

Abgleitschutz *m* <*kfz*> *(beim 30-Grad-Aufprall)* • anti-slide device

Abgraten *n* <*prod*> • deburring; burr

removal; burring
Abgraten n <prod> *(von Gussteilen; z. B. an Spritzlingen)* • deflashing
Abgratwerkzeug n <wz> *(für Schwimmhäute an Formteilen)* • flash--trimming tool; trimming tool; clipping tool
abgreifen vt <el> *(z. B. Spannung, Signal)* • pick off *vt*
Abgreifpunkt m <el> • tapping point
Abgriff m <tech.allg> *(an Leitung; z. B. Kabel, Rohr)* • tap; branch connection; tap connection
Abgriff m <el> *(Potentiometer; betont: der bewegliche Arm)* • moving arm
abhaken vt <allg> *(Positionen einer Liste, einer Datei)* • check *vt* (chk); check off *vt*
abhaken vt <doku> *(z. B. Positionen einer Liste)* • check off *vt*
Abhang m <geo> *(betont: abwärts)* • declivity; downward slope
Abhang m <geo> *(betont: aufwärts)* • acclivity; upward slope
Abhang m <min.geo> *(eines Hügels)* • hillside; flank of hill
Abhängigkeit f <allg> • dependence
abhäsiv <obfl> • abhesive
Abhaspelgeschwindigkeit f <prod> *(Draht)* • payoff speed
Abhaspeln n <prod> *(von Rolle, Spule)* • uncoiling; unwinding; reeling off
abhaspeln vt <textil> *(Faden)* • unwind *vt*; unreel *vt*; wind off *vt*; run off *vt*; reel off *vt*
Abhebebewegung f <tech.allg> • lifting [motion]
abhebeln vt <tech.allg> *(z. B. Blende, Deckel, Verkleidung)* • prise off *vt*; lever off *vt*; prise away *vt*; pry off *vt*
abheben vi <aerosp> *(Trägerrakete, Hubschrauber)* • lift off *vi*
abheben vi <aerosp> *(z. B. Rakete, Flugzeug)* • take off *vi*
abheben vr <tech.allg> *(gegen etwas; z. B. Hintergrund, auch fig.)* • stand out *vi*
abheben vr <obfl> *(z. B. Farbe, Verputz)* • peel *vr*
abheben vt <tech.allg> *(etw. nach oben entfernen)* • lift off *vt*; lift *vt*
abheben vt <wz> *(Werkzeug vom Werkstück)* • relieve *vt*; bring clear [off] *vt*; clear *vt*; lift *vt*
Abheben der Scheibenwischer n <kfz> *(bei hoher Geschwindigkeit)* • wiper lift
abhebern vt <verf> *(Flüssigkeiten)* • siphon *vt*; siphon off *vt*
Abheftgrafik f <kfz.innen> *(Abheftsystem)* • seam pattern
Abhitzekessel m (AHK) <energ> • heat recovery steam generator (HRSG) *ISO 11086*; waste-heat boiler; waste heat recovery boiler; wasteheat boiler; heat recovery boiler
Abhitzekessel m <verf> • waste heat boiler; heat-recovery boiler
abhobeln vt <holz> • plane [off] *vt*
abholen vt <allg> *(beweglicher Gegenstand; z. B. Ware vom Händler)* • collect *vt*
Abholzung f <holz> *(allg.)* • deforestation; woodland clearance; forest clearance; clearance *pract*
Abhören n <akust> *(Lauschangriff allg.; z. B. durch Richtmikrofone, Wanzen)* • eavesdropping
Abhören n <tele.comp> *(Lauschangriff durch Anzapfen von Leitungen)* • wiretapping
abhören vt <tele> *(betont: Abfangen; z. B. Funkverkehr, Voice-Mail)* • intercept *vt*
abhören vt <tele> *(betont: Lauschen, Lauschangriff; z. B. Telefongespräche)* • listen in *vt*
abhören vt <tele> *(betont: Leitungen anzapfen)* • tap wires *vt*
abhören vt <tele> *(betont: ständig überwachen; z. B. Leitung)* • monitor *vt*
abhörsicher <tele> • interception-proof
abiotisch <allg> *(ohne Bezug auf Organismen)* • abiotic
abisolieren vt <el> *(Draht)* • strip *vt*; skin *vt*; bare *vt*
Abisoliermesser n <el.wz> • stripping knife; cable stripping knife
abisoliert <el> *(Draht)* • stripped; skinned; bared
Abisolierwerkzeug n <wz.el> *(jede Art)* • wire stripper; stripping tool; stripper *coll*
Abisolierzange f <el.wz> • wire stripping pliers; stripping pliers; hand stripper *coll*
Abkantbank f <wz.masch> *(für Blech)* • sheet metal folder; sheet metal

bender; sheet metal brake *US*; leaf brake *US*

Abkanten *n <druck> (Druckplattenherstellung)* • plate bending

Abkanten *n <prod> (ein Umformverfahren von Blech; jeder Winkel)* • edging; folding; braking *US*

Abkanten *n <prod> (Abschrägen der Kanten von Massivteilen)* • bevelling; chamfering

Abkanten *n <prod> (Umformverfahren von Blech; rechtwinklig, zur Erzeugung eines Flansches)* • flanging

abkanten *vt <prod> (Blech; rechtwinklig, zur Erzeugung eines Flansches)* • flange *vt*

abkanten *vt <prod> (Blech; jeder Winkel)* • edge *vt*; fold *vt*

Abkantmaschine *f <wz>* • edging machine

Abkantpresse *f <wz> (allg.)* • edging press; folding press; bending press

Abkantpresse *f <wz> (zum Abkanten; z. B. für Karosserieblech)* • press brake; sheet metal brake; brake press; brake *pract*

Abkantwinkel *m <prod> (von Blechen, Profilen)* • bending-off angle; angle of bending; angle of bend

abkippen *vt <förd> (absichtlich; z. B. Schüttgut, Aushub, Müll)* • dump *vt*; tip *vt GB.rare*

Abkippstelle *f <förd> (allg. Ort für Schüttgut, Abraum, Müll; z. B. Deponie)* • dumping site

abklappbar *<tech.allg> (mit Scharnier)* • hinged

abklappbare Bordwände *fpl <nfz>* • drop sides and end

abklatschen *vi <druck>* • offset *vi*

Abklebeband *n <obfl> (für Lackier-, Malerarbeiten; typ. Kreppband)* • masking tape

abkleben *vt <obfl> (maskieren mit Band, Folie; z. B. beim Lackieren, Malen)* • mask [off] *vt*

abklemmen *vt <tech.allg> (durch Zusammenquetschen Durchfluss verhindern; z. B. Schläuche)* • pinch off *vt*; squeeze off *vt*

abklemmen *vt <el> (elektrische Anschlüsse lösen)* • disconnect *vt*

Abklingbecken *n <nukl>* • decay tank; neutralizing tank

Abklingen *n <nukl> (von Radioaktivität)* • decay

Abklingen *n <phys> (einer Schwingung)* • decrease in amplitude; settling

abklingen *vi <phys> (nachlassen, zerfallen; z. B. Radioaktivität, Wärmeentwicklung)* • decay *vi*

abklingen *vi <phys> (leiser, schwächer werden; eher unerwünscht; z. B. Tonsignal)* • fade [away] *vi*; die away *vi*

abklingen *vi <phys> (ruhiger werden; z. B. Schwingung, Kurve in Diagramm)* • settle *vt*

abklopfen *vt <tech.allg> (zum Säubern; z. B. Gussstücke, Kleidung)* • knock off *vt*

abklopfen *vt <tech.allg> (durch Schlagen abtrennen; z. B. Kacheln, Putz von der Wand)* • knock off *vt*

abklopfen *vt <metall> (mit schnellen, kurzen Schlägen; z. B. Gussstück)* • rap *vt*

abklopfen *vt <qualit.mat> (leicht anschlagen; z. B. akustische Prüfung, Klangprobe)* • tap *vt*

abknallen *vi <hlk> (Brenner, Flamme)* • backfire *vi*

abknallen *vi <prod> (Flamme)* • pop *vi*

abkneifen *vt <prod> (trennen)* • nip *vt*; nip off *vt*; pinch off *vt*

abknicken *vi/vt <tech.allg> (flaches Teil; z. B. Blech, Karton, Papier)* • fold *vt*

abknicken *vi/vt <tech.allg> (rundes Teil; z. B. Rohr, Draht, Haar)* • kink *vt*

abknüpfen *vt <textil>* • untie *vt*

Abkochbad *n <textil> (betont: zum Tränken, Sättigen, Einwirken)* • steeping bath

abkochen *vt <tech.allg> (zum Reinigen; z. B. Wasser)* • boil *vt*

abkochen *vt <verf> (Extraktion; z. B. zur Gewinnung von Essenzen, Geschmacksstoffen)* • decoct *vt*

Abkochung *f <verf> (zur Exktraktion; z. B. für Nahrung, Pharma)* • decoction

Abkohlung *f DIN 17014 <metall>* • partial decarburization

abkommen *vi <allg> (vom Kurs, Fahrbahn, Start-, Landebahn, rechten Weg)* • deviate from *vi*

Abkömmling *m <bio>* • derivative

abkratzen *vt <obfl>* • scrape [off] *vt*

abkühlen *vi/vt <tech.allg>* • cool down *vi*; cool *vi*

abkühlen *vt <verf> (rasch und/oder stark)* • chill *vt*

abkühlen *vt <verf> (Medium, Komponente, System; auf eine best. Temperatur)* • cool down *vt*; cool *vt*

Abkühlen der Anlage auf Umgebungstemperatur *n <nukl>* • plant cooldown

Abkühlung *f <tech.allg> (Vorgang)* • cooling

Abkühlung *f <verf> (rasch und/oder stark)* • chilling

Abkühlungsgeschwindigkeit *f <tech.allg> (System, Bauteil; z. B. bei Wärmebehandlung)* • cooling rate

abkuppeln *vt <tech.allg> (Gerät, Verbraucher; z. B. via Steckverbindung, Schlauch)* • disconnect *vt*

abkuppeln *vt <bahn> (Wagen, Lok)* • uncouple *vt*

abkuppeln *vt <masch> (mechanisch)* • disengage *vt*

Abkürzung *f <allg> (Weg, Strecke)* • short-cut

Abkürzung *f <term> (eines Worts, Ausdrucks; z. B. ABS)* • abbreviation *ISO 12620*

abladen *vt <logist> (allg.; z. B. Ladegut)* • unload *vt*

abladen *vt <logist> (abkippen; z. B. unsortiert, haufenweise)* • dump *vt*; tip *vt GB.rare*

Abladeplatz *m <ents> (für Abraum, Aushub)* • spoil ground

Abladeplatz *m <logist>* • unloading site

Ablage *f <kfz.innen> (auf Mittelkonsole, ohne Deckel)* • floor tray

Ablagebox *f <kfz.innen> (auf Mittelkonsole, mit Deckel)* • storage box; center console storage compartment *US.-form*; cubby box *GB.coll.rare*

Ablagefach *n <tech.allg> (betont: zum Sortieren; z. B. für Post, Kopien)* • sort pocket

Ablagefach *n <kfz.innen> (allg.; z. B. im Kofferraum seitlich; meist offen)* • utility recess *US*; storage bin

Ablagefach *n <logist> (betont: zum Hineinfallen von etw.)* • drop pocket

Ablagefach *n <logist> (für Post etc.)* • pigeon-hole

Ablagefachauswahl *f <comp> (Drucker, Kopierer)* • stacker select

Ablagemöglichkeit *f <logist>* • storage feature

ablagern *vr <verf> (aus einer Flüssigkeit)* • sediment *vr*

ablagern *vt <holz> (Nutzholz)* • season *vt*

ablagern *vt <logist> (abkippen; z. B. Müll, Schutt, Abraum)* • dump *vt*

ablagern *vt <verf> (zum Reifenlassen)* • mature *vt*

Ablagerung *f <holz> (Nutzholz)* • seasoning

Ablagerung *f <obfl> (Rückstände; z. B. an Elektrode, Rohr, Ventil)* • residue

Ablagerung *f <obfl> (Ergebnis; an Wandung, Boden; z. B. Rückstände, Schlacke, Kalk)* • deposit

Ablagerung *f <phys> (von Sedimenten, Schwebstoffen; Vorgang)* • settling; settlement

Ablagerung *f <verf> (Ergebnis; am Boden; z. B. von Behälter, See)* • sediment; crud

Ablagerung *f <verf> (Vorgang und Ergebnis; am Boden; z. B. von Behälter, See)* • sedimentation

Ablagerungen *fpl <verf>* • deposits *pl*; deposit build-up

Ablagerung von Sonderabfall *f <ents>* • hazardous waste disposal

Ablagetisch *m <druck> (für Druck-Erzeugnisse)* • delivery table; delivery board

Ablagetisch *m <prod> (zur Endbearbeitung)* • finish table

ablandig *<nav>* • offshore

Ablängen *n <prod> (z. B. Stabstahl, Holzleiste)* • cutting to length

ablängen *vt <holz> (mit Säge; z. B. auf Sägebock)* • buck *vt*

ablängen *vt <prod> (z. B. Stangenmaterial, Holzleisten)* • cut to length *vt*; cut off to length *vt*

ablängen *vt <prod> (mit Säge)* • saw off to length *vt*

ablängen *vt <rls>* • cut to length *vt*; cut to fit *vt*

Ablass *m <tech.allg> (Öffnung, Ventil; z. B. für Wasser)* • run-off; outlet; drain

ablassen *vt <tech.allg> (Luft, Gas; z. B. ins Freie)* • vent *vt*

ablassen *vt <tech.allg> (eher große Mengen; z. B. Wasser aus Speicher)* • discharge *vt*

ablassen *vt <tech.allg> (Flüssigkeit ab-*

laufen lassen, z. B. Öl, Kühlmittel) • drain *vt*; drain off *vt*; discharge *vt*

ablassen *vt* <rls> *(Flüssigkeit ablaufen lassen; z. B.: Öl, Kühlmittel)* • drain *vt*

ablassen *vt* <rls> *(Druck reduzieren)* • relieve *vt*

Ablasshahn *m* <rls> *(betont: zum Entleeren)* • drain cock; drainage tap *rare*

Ablassöffnung *f* <rls> *(allg.; für Fluide, Schüttgut; eher größere Mengen)* • discharge aperture

Ablassöffnung *f* <rls> *(für Gase, Dampf)* • vent [opening]

Ablassöffnung *f* <rls> *(zur Druckentlastung; z. B. von Wasser, Dampf)* • relief aperture; relief

Ablassschraube *f* <masch> *(zum Entleeren; z. B. für Kühlwasser, Schmieröl)* • drain plug

Ablassstopfen *m* <tech.allg> • drain plug

Ablassventil *n* <rls> *(zum Entlüften)* • bleeder valve

Ablassventil *n* <rls> *(zum Entleeren)* • drain valve

Ablauf *m* <tech.allg> *(Drainageöffnung; z. B. für Regenwasser)* • drain

Ablauf *m* <tech.allg> *(Reihenfolge; einer Bewegung, eines Prozesses)* • sequence

Ablauf *m* <prod> *(von Ereignissen gemäß Terminplan)* • schedule

Ablauf *m* <rls> *(betont: zum Entweichenlassen einer Flüssigkeit; z. B. Öffnung, Rohr)* • escape

Ablauf *m* <rls> *(allg. Auslassöffnung)* • outlet

Ablaufberg *m* <bahn> *(im Rangierbahnhof)* • railroad hump; uncoupling ramp; shunting slope; hump *pract*; gravity shunting incline *form.rare*

Ablaufbergrangieranlage *f* <bahn> • hump yard; gravity yard; gravity-operated hump classification yard

Ablaufbetrieb *m* <bahn> *(Rangierbahnhof)* • gravity shunting; gravity sorting

Ablaufbrett *n* <gastr> *(Küche)* • draining board

Ablaufdiagramm *n* <turb.doku> *(betont: eines Prozesses)* • flow diagram (F&ID) *GE Aero*

Ablaufen *n* <tech.allg> *(von Flüssigkeiten; Vorgang; z. B. von Regenwasser, Motoröl)* • drainage

ablaufen *vi* <allg> *(Frist, Parkuhr)* • expire *vi*

ablaufen *vi* <tech.allg> *(Flüssigkeit; z. B. Regenwasser, Motoröl)* • drain *vi*; run off *vi*; drain off *vi*; flow off *vi*

ablaufen *vi* <tech.allg> *(von Rolle, Coil; z. B. Schweißdraht, Blech, Papier)* • uncoil *vi*

ablaufen *vi* <textil> *(Faden)* • run off *vi*

ablaufende Kante *f* <masch> *(Hinterkante)* • trailing edge

Ablauf-Endschalter *m* <allg> • discharge limit switch

ablaufen lassen *vt* <tech.allg> *(Seil, Kette)* • pay out *vt*

ablaufen lassen *vt* <nav> *(Schiff)* • launch *vt*

Ablaufgleis *n* <bahn> • hump track

Ablauföffnung *f* <tech.allg> *(z. B. für Regenwasser)* • drain opening; drainage aperture

Ablaufplan *m* <doku> *(grafische Darstellung des Arbeitsfortschritts)* • progress chart

Ablaufrinne *f* <tech.allg> *(geringe Neigung; parallel zu etw.; z. B. Rinnstein, Bowlingbahn)* • gutter

Ablaufrinne *f* <tech.allg> *(steil; z. B. für Flüssigkeiten, Schüttgut)* • discharge chute

Ablaufrohr *n* <bau> *(zur Drainage; z. B. für Regenwasser)* • drainage pipe

Ablaufrohr *n* <ents> *(für Abwasser)* • effluent pipe

Ablaufschema *n* <doku> *(typ. Muster)* • flow pattern

Ablaufschlauch *m* <rls> *(allg. bzw. verstärkter Polymerschlauch)* • drain hose

ablecken *vt* <allg> *(eine Oberfläche; z. B. bei Geschmackstest)* • lick *vt*

ablegen *vi* <aerosp> *(von Raumstation)* • undock *vi*

ablegen *vi* <nav> *(Liege-, Ankerplatz verlassen; Schiff)* • cast off *vi*; sail *vi*

ablegen *vt* <allg> *(z. B. auf den Boden)* • put down *vt*

ablegen *vt* <bekl> *(allg. Kleidung)* • take off *vt*

Ableger *m* <druck> • distributor

Ablegevorrichtung *f* <prod> *(z. B. für Produkte, Werkstücke)* • delivery mechanism

ableisten *vt* <bekl> *(Schuh von Leisten)* • take off from the last *vt*

ableitbar <math> *(z. B. durch Berechnung, logisches Schließen)* • deducible; derivable

ableiten *vt* <allg> *(Niederschlag)* • shed *vt*; drain *vt*

ableiten *vt* <tech.allg> *(Flüssigkeit, durch Schwerkraft)* • drain off *vt*

ableiten *vt* <el> *(Überspannung, Blitz)* • arrest *vt*

ableiten *vt* <el> *(unabsichtlich; Leckstrom)* • leak *vt*

ableiten *vt* <math> *(z. B. Schlussfolgerung, Formel)* • deduce *vt*; derive *vt*

ableiten *vt* <phys> *(Wärme)* • abduct *vt*

ableiten *vt* <phys> *(großflächig verteilt; z. B. Wärme, Strom, Spannung)* • dissipate *vt*

ableiten *vt* <verf> *(kleine Mengen Flüssigkeit, Gas, Luft)* • bleed off *vt*

Ableiter *m* <el> *(von Überspannung, Blitzschlag)* • arrester

Ableitkondensator *m* <el> • bypass capacitor

Ableitung *f* <el> *(an Erde)* • down conductor

Ableitung *f* <math> • differentiation; differential coefficient; differential quotient; derivative

Ableitung *f* <phys> *(Abzug von Energie, meist aktiv; z. B. Wärme)* • abstraction

Ableitung *f* <phys> *(von Energie, fein verteilt, großflächig, meist passiv; z. B. Wärme)* • dissipation

Ableitung *f* <rls> *(Drainage einer Flüssigkeit)* • draining; drainage

Ableitungswiderstand *m* <el> *(in Ohm)* • leak resistance; leakage resistance

Ableitungswiderstand *m* <el> *(Bauteil; parallelgeschaltet)* • leak resistor; bleeder resistor

Ableitung überschüssiger Wärme *f* <phys> • excess heat dissipation; dissipation of excess heat

Ableitung von Abwässern *f* <ents> • discharge of effluents; diversion of effluents

Ableitvermögen *n* <bau> *(Regenwasser; Volumen pro Zeiteinheit)* • discharge capacity

Ablenkblech *n* <tech.allg> *(z. B. für Fördergut, Strahl, Strömung)* • deflector [plate]

Ablenkeinheit *f* <tech.allg> • deflection unit

Ablenkeinheit *f* <av> *(Bildröhre)* • scan coil assembly

Ablenkeinrichtung *f* <masch> *(z. B. für Düsenstrahl von Pelton-Turbine, Späne, Fördergut)* • deflector

ablenken *vt* <tech.allg> *(z. B. Strömung, Strahl, Zeiger, Kompassnadel)* • deflect *vt*

ablenken *vt* <el> *(Elektronenstrahl, über Bildschirm)* • sweep *vt*

ablenken *vt* <geo> *(Bohrung; absichtlich)* • deviate *vt*; deflect *vt*

ablenken *vt* <petr> *(Bohrrichtung, am Ablenkpunkt)* • kick off *vt*

Ablenkplatte *f* <tech.allg> *(allg. für Förderströme; z. B. Luft, Schüttgut)* • deflector [plate]; deflection plate

Ablenkspule *f* <av> *(Bildröhre)* • deflection coil; deflector coil; sweeping coil; scanning coil; scan coil

Ablenkspulen *fpl* <av> *(um Bildröhre; komplette Baugruppe)* • deflection yoke; DY assembly

Ablenkung *f* <tech.allg> *(einer Bewegung; z. B. von Förderstrom, Lichtstrahlen)* • deflection

Ablenkungswinkel *m* <tech.allg> *(unerwünschte Abweichung)* • deviation angle

Ablenkvorrichtung *f* <tech.allg> *(für Strahl, Strömung, Späne)* • deflector

Ablesefehler *m* <qualit> *(durch Mensch oder Maschine)* • reading error

Ablesefehler *m* <qualit> *(durch Maschine; z. B. Scanner)* • read-out error

Ablesegenauigkeit *f* <tech.allg> *(Skala, Schaubild)* • reading accuracy

ablesen *vt* <doku> *(z. B. Manuskript, Teleprompter)* • read off *vt*

ablesen *vt* <msr> *(Instrument, Skala, Anzeigewert, Messwert)* • read *vt*; take the reading [of] *vt*; reading: take the ~ [of] *vt*

Ablesung *f* <tech.allg> *(z. B. Skala, Zähler)* • reading

Ablesung *f* <energ> *(Strom-, Gaszähler)* • meter reading

ablöschen *vt* <bau.mat> *(Kalk)* • slake *vt*

ablöschen *vt* <chem.verf> *(z. B. Koks)* • quench *vt*

ablösen *vr* <tech.allg> *(loskommen, abgehen)* • detach *vi*

ablösen *vr* <holz> *(Laminatschichten)* • delaminate *vi*

ablösen *vr <min> (auseinandergehen)* • part *vi*
ablösen *vr <min> (Platten)* • slab *vi*
ablösen *vr <obfl> (hautförmig; z. B. Anstrich, Verputz)* • peel [off] *vi*
ablösen *vr <obfl> (sich trennen von etw.; z. B. Tapete von Wand)* • separate *vi*
ablösen *vr <obfl> (in Schuppen; z. B. Verputz, Anstrich)* • flake off *vi*
ablösen *vr <phot> (Emulsion)* • frill *vi*
ablösen *vr <phys> (z. B. Grenzschicht, Wirbel)* • separate *vi*
ablösen *vr <phys> (Strömung; z. B. Luft an Abrisskante)* • break away *vi*
ablösen *vt <obfl> (dünne Schicht; z. B. Aufkleber, Folie, Lackfilm)* • strip [off] *vt*
ablösen *vt <prod> (freigeben, losmachen, ausklinken; z. B. Werkstück)* • release *vt*
ablösen *vt <prod> (Person, bei der Arbeit)* • relieve *vt*
ablösen *vt <verf> (festhängende Teile lockern, entfernen; z. B. Filterkuchen)* • dislodge *vt*
Ablösung *f <tech.allg> (mechanisch; z. B. Bauteile, Schichten)* • detachment
Ablösung *f <obfl> (von Beschichtungen; selbsttätig, meist unerwünscht)* • peeling
Ablösung *f <obfl> (von Schichten, Überzügen; absichtlich; mech. od. chem.)* • stripping
Ablösung *f <phys> (einer Strömung; z. B. der Grenzschicht, von Wirbeln)* • separation
abloten *vt <bau> (vertikal)* • plumb *vt*
ablöten *vt <füg.rep>* • unsolder *vt*
Abluft *f <tech.allg> (allg.)* • outlet air; outgoing air; exit air
Abluft *f <hlk> (betont: verbrauchte Luft)* • used air
Abluft *f <hlk> (betont: schlechte, übelriechende Luft)* • foul air
Abluft *f <verf> (betont: großer Durchsatz, abgezogen oder abgeblasen)* • exhaust air; discharged air
Abluftabsaugung *f <agri> (betont: übelriechende Luft)* • extraction of foul air
Abluftabsaugung *f <verf> (allg.)* • off-air extraction
ablüften *vi <obfl> (frischer Lack)* • flash off *vi*
Abluftkanal *m <bau.hlk>* • exhaust duct; exhaust air duct; vitiated air duct *form*
Ablufttemperatur *f <hlk>* • outlet air temperature
Abluftventilator *m <hlk>* • exhaust air fan; exhaust fan
abmagern *vt <bau> (Lehm)* • make lean *vt*; weaken *vt*
abmanteln *vt <el> (z. B. Draht, Kabel)* • strip [insulation] *vt*; bare *vt*
Abmaß *n <prod> (Abweichung vom Sollmaß; oberes, unteres)* • dimensional deviation; dimensional variation
Abmaß *n <prod> (Grenzdimension)* • limit of size
abmeißeln *vt <prod>* • chisel off *vt*; chip off *vt*
abmelden *vr <comp> (aus System, LAN)* • log off *vi*; log out *vi*
abmessen *vt <msr> (Chargen, Zuschläge, Lose)* • batch *vt*
abmessen *vt <msr> (Längenmaße; z. B. Größe)* • measure *vt*; meter *vt*
Abmessungen *fpl <tech.allg> (z. B. in techn. Daten)* • dimensions *pl*; size *sg*
abmontierbar *<tech.allg> (Teil, das auf einem anderen Teil sitzt; z. B. Antenne)* • detachable
abmontieren *vt <tech.allg> (Anbauteile, Zierleisten, Blenden)* • strip *vt*
Abnäher *m <bekl>* • gusset
Abnahme *f <allg>* • decrease; reduction; diminution; lessening
Abnahme *f <el> (Strom einspeisen; z. B. mit Stromabnehmer)* • collection
Abnahme *f <jur> (Akzeptanz; z. B. Fertigteil, Anlage, Lieferung)* • approval
Abnahme *f <qualit> (von Waren etc.; Akzeptieren des Ist-Zustands)* • acceptance
Abnahme *f <wz> (Entfernen von Material; z. B. spanend)* • removal
Abnahmekriterium *n <qualit>* • accept/reject criterion; acceptance criterion
Abnahmeprüfung *f <qualit> (allg.)* • acceptance test
Abnahmeprüfung *f <qualit> (betont: Sichtprüfung)* • acceptance inspection
Abnahmeprüfung *f <qualit> (betont: Sichtprüfung bei Wareneingang, Materialempfang)* • receiving inspection
Abnahmeprüfung *f <qualit> (betont: Endabnahme nach Fertigung)* • final

test

Abnahmeprüfung *f* <*qualit*> *(betont: letzte Erprobung)* • final trial

abnehmbar <*tech.allg*> *(z. B. Deckel, Griff, Kapuze, Kurbel)* • detachable; removable

abnehmbar <*qualit*> *(Ware; z. B. bei Wareneingangsprüfung)* • acceptable

abnehmen *vi* <*tech.allg*> *(allg.; z. B. Druck, Temperatur)* • decrease *vi*

abnehmen *vi/vt* <*tele*> *(Telefonanruf)* • answer *vt*

abnehmen *vt* <*tech.allg*> *(entfernen, in beliebiger Richtung; z. B. Griff, Kurbel)* • detach *vt*

abnehmen *vt* <*tech.allg*> *(nach oben entfernen; z. B. Deckel, Kappe)* • take off *vt*; remove *vt*

abnehmen *vt* <*el*> *(Spannung)* • collect *vt*

abnehmen *vt* <*metall*> *(Abdruck, Abguss, Form)* • cast off *vt*

abnehmen *vt* <*qualit*> *(akzeptieren; Ware, Lieferungen)* • accept *vt*

Abnehmer *m* <*el*> *(Kontakt; Strom)* • pick-up

abnutzen *vr* <*tech.allg*> *(Gebrauchsgegenstände; z. B. Kleidung, Werkzeug)* • wear out *vi*

abnutzen *vt* <*wz*> *(abrasiv)* • abrade *vt*

Abnutzungsgrenze *f* <*qualit*> *(z. B. Bremsbelag, Reifen)* • wear limit

A-Bock *m* <*bau.masch*> • A frame; gantry

Abonnementgebühr *f* <*fin*> *(allg.; z. B. für Info-Dienste)* • subscription fee

Abperleffekt *m* <*obfl*> *(von Lack, Wachsschicht, Imprägnierung)* • water repellency

abperlen *vi* <*obfl*> *(z. B. Wasser auf gewachstem Lack)* • bead *vi*

abplatzen *vi/vt* <*obfl*> *(durch Innendruck; in kleinen Stücken; z. B. Gestein, Erz)* • spall *vi*

Abplatzung *f* <*obfl*> *(in Schuppen, kleinen Platten)* • chipping; scaling-off; flaking; spalling

abprallen *vi* <*tech.allg*> *(von harter Fläche; z. B. Hammer, Geschoss)* • rebound *vi*; ricochet *vi*

abpumpen *vt* <*tech.allg*> *(z. B. Wasser aus überschwemmten Kellern, Öl aus Tanks)* • pump out *vt*

abpumpen *vt* <*förd*> *(z. B. Grundwasser aus Baugrube)* • pump off *vt*; draw off *vt*

Abpumpen von Grundwasser *n* *VDI4640* <*bau*> • pumping off of groundwater; pumpage of groundwater

Abquetschfläche *f* <*kst.wz*> *(an Formwerkzeug)* • land; land area

Abquetschrand *m* <*kst*> *(z. B. in Blasform-Werkzeug)* • shear edge

Abquetschwalze *f* <*prod*> *(z. B. bei Folienextrusion)* • nip roll; squeegee roll; squeeze roll *rare*

Abquetschwalze *f* <*textil*> • squeezing roll

abrakeln *vt* <*druck*> *(Siebdruck)* • squeegee *vt*

abrasiv <*tech.allg*> • abrasive *adj*

Abraum *m* <*min*> *(allg.)* • excavated material; strippings

Abraum *m* <*min*> *(betont: Abfall, wertlos)* • spoil; waste material

Abraum *m* <*min*> *(betont: Deckschicht, Hangendes)* • overburden; cap rock; barren rock; overlay

Abraumbagger *m* <*bau.masch*> • stripping shovel

abräumen *vt* <*tech.allg*> *(hinderliche, unerwünschte Gegenstände)* • clear away *vt*

Abraumhalde *f* <*min.ents*> • overburden dump; spoil dump *pract*; pit tip *coll*; stripping dump *rare*; spoil heap

Abrechnung nach Zeitaufwand *f* <*ökon*> *(pauschal, nach Standardzeiten)* • flat time billing

Abrechnung nach Zeitaufwand *f* <*ökon*> *(nach tatsächlicher Arbeitszeit)* • billing on the clock

Abrechnung zum Pauschalpreis *f* <*ökon*> *(unabhängig vom Zeitaufwand)* • flat rate billing

Abregler *m* <*kfz.msr*> *(für Höchstgeschwindigkeit; typ. bei 250 km/h)* • limiter; top speed limiter; speed-limiter

abreiben *vi/vt* <*obfl*> *(abrasiv verschleißen; z. B. Gummireifen)* • abrade *vi/vt*; chafe *vi/vt*

abreiben *vt* <*bau.obfl*> *(Putz)* • sand-float *vt*

abreiben *vt* <*obfl*> *(Fläche; z. B. zum Reinigen, Massieren)* • rub down *vt*

abreiben *vt* <*obfl*> *(durch festes Reiben*

entfernen; z. B. Fleck) • rub off *vt*

abreichern *vt <nukl>* • deplete *vt*

Abreißblock *m <pap>* • tear-off pad

abreißen *vi <tech.allg> (z. B. Seil, Draht)* • rupture *vi*

abreißen *vi <tech.allg> (unabsichtlich, bei Belastung; Faden, Schnur, Draht, Seil)* • break *vi*; snap *vi*

abreißen *vi <phys> (Strömung)* • separate *vi*

abreißen *vt <tech.allg> (durch Ziehen; absichtlich; z. B. Kalenderblatt)* • tear off *vt*; pull off *vt*

abreißen *vt <bau> (völlig zerstören; z. B. Gebäude, Brücke)* • wreck *vt*; demolish *vt*; pull down *vt*; tear down *vt*

Abreißen des Förderstroms *n <förd> (in Pumpen)* • flow separation

Abreißfestigkeit *f DIN <qualit> (Schicht)* • bond strength

Abreißkante *f <druck> (für Rollenpapier; z. B. an Tischrechner mit Drucker)* • tear bar

Abreißkontakt *m <alarm> (Sabotagekontakt)* • tear-off detector

Abreißlasche *f DIN 55 405 <pack>* • tear tab

Abreißverschluss *m DIN 55 405 <prod>* • tear-off closure

Abrichteinrichtung *f <wz.masch>* • dressing fixture; truing fixture

abrichten *vt <tech.allg> (in die richtige Form bringen; z. B. planen, zentrieren, auswuchten)* • true *vt*

abrichten *vt <holz> (ebnen; mit Hobel)* • surface-plane *vt*

abrichten *vt <holz.obfl> (Oberfläche glätten; z. B. mit Hobel, Schleifpapier)* • surface *vt*

abrichten *vt <prod> (Schleifscheibe)* • true *vt*

Abrichtmaschine *f <wz.masch> (zur Erzielung ebener Oberflächen)* • smooth planer

Abrieb *m <obfl> (von Beschichtungen, durch Vibration; z. B. von Katalysatorpellets)* • attrition

Abrieb *m <obfl> (Vorgang; allg. Abnutzung durch Reibung)* • attrition; abrasive wear; abrasion wear; abrasion

abriebfest *<qualit.mat> (allg. widerstandsfähig gegen Abrieb; z. B. Anstrich, Aufdruck)* • abrasion-resistant; abrasion-resisting; abrasion-proof; resistant to abrasion; non-abrasive

Abriebfestigkeit *f <qualit.mat> (abrasive Beanspruchung; z. B. von Anstrichen, Textilien, Reifen)* • abrasion resistance; resistance to abrasion; attrition resistance; abrasion strength

Abrieb verursachen *vt <allg>* • abrade *vt*

abriegeln *vt <tech.allg> (Raum, Gelände; Ein-/Ausgang blockieren)* • block *vt*

abriegeln *vt <tech.allg> (mit Riegel)* • bolt *vt*

Abriss *m <bau> (völlige Zerstörung; z. B. Gebäude, Brücke)* • wrecking; demolishing; pulling down

Abrissbirne *f <bau.masch> (in D eher auberginenförmig, in den USA kugelförmig)* • wrecking ball; demolition ball; wrecker's ball; drop ball

Abrisskante *f <fz> (Strömungsabriss; z. B. an Heckspoiler)* • trailing edge

Abrissstelle *f <bau> (Bauwerk)* • demolition site

abrollen *vt <tech.allg> (nach und nach; z. B. Seil)* • pay off *vt*

abrollen *vt <tech.allg> (von Winde; z. B. Drahtseil)* • unwind *vt*

abrufen *vt <tech.allg> (Daten)* • retrieve *vt*; recall *vt*

Abrufmenü *n <comp>* • pop-up menu

abrunden *vt <comp> (Linie, Ecke; z. B. per CAD)* • fillet *vt*; round *vt*

abrunden *vt <math> (Zahl; typ. auf das nächstniedrigere Vielfache von 5)* • round *vt*; round off *vt*

abrunden *vt <prod> (Kante mit Radius versehen)* • radius *vt*

abrunden *vt <prod> (Ende abschneiden)* • truncate *vt*

Abrundung *f <comp> (konkav; Hohlkehle)* • fillet

Abrundung *f <math> (Zahl; Rechnungsergebnis)* • rounding-off

abrupter Übergang *m <füg> (an einer Verbindung)* • abrupt junction

abruptes Gaswegnehmen im Grenzbereich *n <kfz>* • snapping off the throttle at the limit

abrutschen *vi <tech.allg> (seitlich)* • side-slip *vt*

abrutschen *vi <tech.allg> (von einer Unterlage; z. B. Schuh vom Pedal)* • slip off *vi*

abrutschen *vt <tech.allg> (betont: nach unten; z. B. z. B. Fördergurt von Trommel)* • slip down *vt*

absacken *vi <bau> (z. B. Boden)* • subside *vi*; slump *vi*

absacken *vt <tech.allg> (z. B. Flugzeug, Decke, Träger, Brücke)* • sag *vi*

absacken *vt <pack> (verpacken in Säcken)* • sack *vt*

absägen *vt <prod>* • saw off *vt*

absättigen *vt <nukl>* • saturate *vt*

Absatz *m <bau.geo> (schmaler Vorsprung; z. B. an Wand, Fels, Abhang)* • ledge

Absatz *m <bekl> (Schuh)* • heel

Absatz *m <doku> (deutliche Trennung im Text)* • break

Absatz *m <doku> (in Text)* • paragraph

Absatz *m <geo> (Felswand)* • terrace

Absatz *m <masch> (abgewinkelter, gestufter Maschinenteil)* • offset

Absatz *m <masch> (z. B. Achse, Welle)* • shoulder

Absatz *m <masch> (z. B. Welle)* • step

Absatzzeichen *n <druck>* • paragraph mark; break mark

Absaufen des Motors *n ugs <kfz> (beim Startversuch)* • flooding of the engine

Absaugeinrichtung *f <verf> (Abzug; z. B. für Dämpfe)* • exhaust system; extraction system

absaugen *vt <tech.allg> (etwas von oder aus etwas durch starken Sog entfernen)* • suck off [from] *vt*; suck [out of] *vt*

absaugen *vt <tech.allg> (Flüssigkeit, durch Siphoneffekt; z. B. Kraftstoff aus Tank)* • siphon *vt*

absaugen *vt <tech.allg> (mit Staubsauger; z. B. Teppiche, Polster)* • vacuum *vt*

absaugen *vt <hlk> (Abluft, Rauchgase)* • extract *vt*

absaugen *vt <verf> (z. B. Staub, Dämpfe abziehen)* • draw off *vt*; exhaust *vt*; extract *vt*; withdraw *vt*

Absaugfassade zur solaren Lufterwärmung *f <energ.sol> (Luftkollektor-System)* • solar wall

Absaugklosett *n <hygi> (z. B. Bus, Flugzeug)* • siphonic closet

abschaben *vt <obfl> (allg. Unebenheiten, überschüssiges Material)* • scrape off *vt*

abschaben *vt <obfl> (betont: mit scharfer Klinge)* • doctor *vt*

abschälen *vr <obfl> (hautartig)* • peel *vi*

abschälen *vr <obfl> (in Schuppen)* • scale [off] *vi*

abschälen *vr <obfl>* • flake [off] *vi*

abschälen *vt <obfl> (Haut, Schicht u. dgl.)* • strip *vt*

abschälen *vt <verf> (Ablagerungen; z. B. von Filtersieb)* • shave off *vt*

Abschaltautomatik *f <tech.allg>* • automatic shut-down device

abschaltbar *<antr> (z. B. Allradantrieb)* • disengageable

abschalten *vt <tech.allg> (abrupt, sofort herunterfahren; z. B. Reaktor, Turbine)* • trip *vt*

abschalten *vt <masch> (Aggregat; z. B. Pumpe, Triebwerk)* • shut down *vt*; stop *vt*; deactivate *vt*

Abschaltstrecke *f <bahn.el> (Zug rollt stromlos weiter, Bügel unten)* • power-off section *:V*

Abschaltung *f <tech.allg> (Vorgang; z. B. Stromkreis, Maschine, System, Anlage)* • shutdown

Abschaltung *f <el> (betont: Trennung)* • disconnection; cut-off

Abschaltung *f <el> (des Stromversorgungsnetzes)* • power cut

Abschaltung *f <el> (elektr. Verbraucher; mit Schalter)* • switching-off

Abschaltung *f IEV 415 <energ.wind> (Übergangszustand zwischen Leistungserzeugung und Leerlauf/Stillstand)* • shutdown *IEV 415*

abschärfen *vt <prod> (allg. Scharfkantigkeit entfernen, abrunden)* • chamfer *vt*; bevel *vt*

abschatten *vt <licht> (abdunkeln, verdecken; z. B. Sonnenkollektor)* • shade *vt*

Abschattung *f <tech.allg> (z. B. von Solarkollektoren, Parkplätzen, Gebäuden)* • shading; shadowing *rare*

Abschattungselement *n <bau>* • shade

Abschattungsverlust *m <tele> (durch Berge)* • mountain effect

Abschattungsverlust *m <tele> (allg.)* • shadow effect

abschätzen *vt <allg> (z. B. Gesamtkosten, Konsequenzen)* • figure out *vt*

abschäumen *vt <verf> (Flüssigkeit)*

• skim off *vt*

Abschäumer *m <verf> (allg.)* • skimmer

Abscheidegrad *m <ents> (betont: Sammeln; z. B. von Wertstoffen in Abscheider)* • collection efficiency

Abscheidegrad *m <verf> (allg.; z. B. eines Filters, Abscheiders)* • separation efficiency

Abscheidegüte *f <verf> (von Filtern, Abscheidern; in Volumen oder Masse pro Zeiteinheit)* • collection efficiency; removal rate

abscheiden *vr <chem.verf> (allg. aus einer Suspension; z. B. als Schaum oder Bodensatz)* • separate out *vi*

abscheiden *vt <verf> (chemisch/physikalisch trennen/entfernen; z. B. Staub, Schadstoffe)* • remove *vt*

abscheiden *vt <verf> (allg. sammeln in Filter/Abscheider; z. B. Staub, Verunreinigungen)* • collect *vt*; remove *vt*; separate *vt*; trap *vt*; catch *vt*

abscheiden *vt <verf> (als Niederschlag, Beschichtung, Überzug)* • deposit *vt*

abscheiden [auf] *vr <obfl> (Partikel, Schwebstoffe; z. B. Pigmente)* • settle [on] *vi*; deposit [on] *vi*

abscheiden [auf] *vt <obfl> (aufbringen; z. B. Lack, Überzug)* • deposit [on] *vt*

Abscheider *m <verf> (betont: durch Fällung)* • precipitator

Abscheider *m <verf> (allg.; z. B. für Öl, Staub, Dämpfe, Brüden)* • separator; collector *pract*; trap *coll*

Abscheidung *f <agri> (von Stroh und Spreu vom Korn)* • separation; precipitation

Abscheidung *f <el.chem> (Vorgang; als Niederschlag)* • deposition

Abscheidung *f <verf> (Vorgang, chemisch/physikalisch; z. B. von Staub, Schadstoffen)* • separation; segregation; removal *coll*

Abscheidung *f <verf> (Vorgang; z. B. sammeln von Staub, Verunreinigungen in Filter/Abscheider)* • collection

Abscherbolzen *m <masch>* • shear pin; shearing pin

abscheren *vt <masch> (absichtlich oder unabsichtlich; z. B. Bolzen, Überlastsicherung)* • shear [off] *vt*

abscheren *vt <prod> (mit Schere; z. B. Blechabschnitt)* • clip off *vt*

Abscherstift *m <masch> (Überlastsicherung)* • shear pin

abschiebern *vt <rls> (Leitung, Kanal schließen)* • shut off *vt*; isolate *vt*

abschiefern *vr <obfl>* • exfoliate *vi*

abschießen *vt <mil> (Ziel)* • shoot *vt*

Abschirm... *<el> (elektromagnetisch)* • screened ...; screening ...; shielded ...; shielding ...

Abschirm... *<phys> (gegen Strahlung; z. B. Röntgen-, Gammastrahlung)* • shielded ...; shielding ...

Abschirmbeton *m <bau.mat> (allg.)* • shielding concrete

Abschirmbeutel *m <pack> (z. B. metallisiert für Elektronikteile oder Filme)* • shield bag

Abschirmblech *n <masch> (in Form einer Schürze, Blende; eher senkrecht)* • valance

Abschirmblech *n <masch> (gegen Wärme)* • heat shield

abschirmen [gegen] *vt <tech.allg> (durch Abdeckung, Schirm; z. B. vor Niederschlag, Strahlung)* • shield *vt*; screen *vt*; protect *vt*

Abschirmlitze *f <el> (z. B. um Koaxial--Antennenkabel)* • shield braid; shielding braid

Abschirmmaterial *n <tech.allg>* • shielding material; shield material

Abschirmung *f <phys> (Vorgang; z. B. gegen EMI, Strahlung)* • shielding

Abschirmung *f <phys> (konkret; z. B. Drahtgeflecht, Metallmantel, Bleiglas, Beton)* • shield; shielding

Abschirmung *f <tele> (gegen Funkinterferenz)* • radio shielding

Abschirmung gegen UV-Strahlen *f <phys>* • UV shielding

abschlacken *vt <metall>* • skim [off] *vt*; slag off *vt*; deslag *vt*

abschlämmen *vt <verf> (Flüssigkeit und Feststoffe trennen)* • elutriate *vt*; drain the sludge *vt*

Abschlämmung *f <verf> (durch Dekantieren, Ablaufenlassen)* • elutriation

Abschlämmung *f <verf> (durch Ablasen)* • sludge blow-off

Abschleifen *n <prod>* • abrasive machining; grinding-off *coll*

abschleifen *vt <led> (Narbenschicht)* • buff off *vt*

abschleifen *vt <prod> (betont: entfernen von etw.; z. B. Rost, Lackreste)*

• grind off *vt*

abschleifen *vt <prod> (betont: mit Schleifpapier)* • sandpaper *vt*

abschleifen *vt <prod> (allg. mit Schleifmittel)* • abrade *vt*

Abschleppdienst *m <kfz.verk>* • towing service *US*; breakdown recovery service; recovery service; wrecker service *US.coll*; tow service *US.coll*

abschleppen *vt <kfz.verk> (ein betriebsunsicheres od. betriebsunfähiges Fahrzeug; Notbehelf)* • tow *vt*

abschleppen *vt <kfz.verk> (widerrechtlich geparkte Fahrzeuge)* • tow away *vt*

Abschleppen durch einen Abschleppdienst *n <kfz.verk>* • wrecker towing

Abschleppfahrzeug *n <kfz> (Abschleppdienst; meist ein Lkw)* • breakdown vehicle; recovery vehicle

Abschleppfahrzeug mit Hubbrille *n <kfz>* • wheel-lift type tow truck

Abschleppfahrzeug mit Rollrampe--Pritschensystem *n :V <kfz> (Spezial--Lkw für Abschleppdienste)* • flatbed--rollback truck; recovery vehicle with flatbed rollback; rollback *coll*

abschleppfreundlich *<kfz> (im Ggs. zu Fahrzeugen mit Automatikgetriebe)* • easily towable; easy to tow

Abschleppgurt *m <kfz>* • tow strap; emergency tow strap

Abschleppöse *f <kfz>* • towing lug

Abschleppseil *n <kfz> (nicht aus Metall; z. B. Nylon)* • tow rope

Abschleppseil *n <kfz> (aus Metall oder anderen Fasern; Drahtseil)* • tow cable; towing cable

Abschleppstange *f <kfz>* • tow bar

abschleudern *vt <verf>* • centrifuge *vt*; spin off *vt pract*

abschließbar *<tech.allg> (mit Schloss; z. B. Tür, Behälter, Fenstergriff)* • lockable

abschließbare Autoradio-Abdeckung *f <kfz>* • in-dash radio safe; in-dash stereo safe

abschließbare Garage *f <bau.kfz>* • lock-up garage

abschließbarer Kraftstofftankdeckel *m <kfz> (Verschluss des Einfüllstutzens)* • locking fuel filler cap; locking gas cap *US.pract*; locking petrol cap *GB.pract*; locking gasoline cap *US. rare*

abschließbarer Tankverschlussdeckel *m <kfz>* • locking gas cap *US*

abschließen *vt <tech.allg> (komplett zu Ende bringen; z. B. Auftrag, Lieferung, Montagearbeit)* • complete *vt*

abschließen *vt <tech.allg> (Vorgang, Arbeit zu Ende bringen)* • finish *vt*; end *vt*

abschließen *vt <tech.allg> (z. B. gas-, luft-, wasserdicht)* • seal *vt*

abschließen *vt <tech.allg> (ummanteln, einhüllen)* • shroud *vt*

abschließen *vt <tech.allg> (mit Schloss, Schlüssel)* • lock *vt*

abschließen *vt <jur> (Vereinbarung, Vertrag)* • conclude *vt*

Abschluss *m <tech.allg> (vollständige Beendigung eines Vorgangs; z. B. Auftrag, Lieferung)* • completion

Abschluss *m DIN 18531 <bau> (eines Daches)* • roof perimeter

Abschluss *m <el> (Widerstand)* • termination

Abschluss *m <pack> (Abdichtung; z. B. luftdicht)* • sealing

Abschlussprüfung *f <qualit>* • final test; final examination

Abschlussscheinwiderstand *m <el>* • terminal impedance; terminating impedance

Abschlussstück *n <tech.allg> (Abdeckkappe; z. B. seitlich an Stoßfängern, Leisten, Rohrmöbeln)* • end cap

Abschlusswiderstand *m <el> (elektrische Größe)* • terminal resistance

Abschlusswiderstand *m <el> (Bauteil; in Gerätekette oder Bus-Netzwerk)* • terminating resistor; terminator *pract*; load *coll*; end-of-line resistor *rare*; resistor terminator cap *rare*

Abschlusswiderstand *m <el.qualit> (beim Prüfen; zur Simulation einer definierten Last)* • terminating impedance; load *pract*

abschmelzbare Elektrode *f <füg> (MSG-Schweißen)* • consumable electrode; fusible electrode

Abschmelzen *n <tech.allg> (Vorgang des Niederschmelzens, meist unerwünscht; z. B. von Speiseeis)* • meltdown

abschmieren *vi <druck> (frische Druckfarbe auf den darüber liegenden Bogen)* • set off *vi*

abschmieren *vt <tribo> (mit Fett; über Schmiernippel)* • lubricate *vt*; grease *vt coll*

abschmirgeln *vt <prod>* • abrade with emery *vt*; emery *vt*

abschneiden *vt <tech.allg> (durch kurzen, schlagartigen Schnitt; z. B. Blech, Draht, Papier, Blumen)* • clip [off] *vt*

abschneiden *vt <tech.allg> (z. B. mit Schere, Schneidmaschine)* • cut off *vt*

Abschnitt *m <tech.allg> (Teil einer Menge, portionierter Teil)* • portion

Abschnitt *m <tech.allg> (z. B. von Programm, Buch, Eisenbahnstrecke)* • section

Abschnitt *m <prod> (allg.)* • cut-off piece; cutting

Abschnitt *m <prod> (zum Entsorgen; z. B. Blechrest, Holzverschnitt)* • discard

Abschnitte *pl <prod> (Abfall; z. B. Bleche, Leder)* • trimmings *pl*

Abschnitt-Reparatur *f <kfz.rep> (von lokal begrenzten Schäden)* • section repair; sectional repair; cut-and-shut repair *coll*

a/b-Schnittstelle *f <tele> (für Analoggeräte an ISDN-Anschluss)* • a/b interface

abschnüren *vt <el>* • pinch off *vt*

abschöpfen *vt <verf> (Abschaum)* • scum *vt*

abschöpfen *vt <verf> (allg. schwimmende Schicht; z. B. Fett, Öl, Schaum)* • skim off *vt*

abschrägen *vt <bau> (Böschung, Bankett)* • bank *vt*

abschrägen *vt <bau> (für Schäftverbindung)* • scarf *vt*

abschrägen *vt <bau> (größere Fläche; z. B. Dach, Böschung)* • slope *vt*

abschrägen *vt <bau.mat> (Dachziegel)* • weather *vt*

abschrägen *vt <comp> (CAD; Brechen von scharfen Kanten)* • bevel *vt*

abschrägen *vt <prod> (Bauteil; keilförmig)* • taper *vt*

abschrägen *vt <prod> (schräg formen, schneiden)* • bevel *vt*; cant *vt*

Abschrägung *f <tech.allg> (keilförmig)* • taper

Abschrankung *f <autom.sich> (Zugangsschutz)* • safety cage

abschraubbar *<masch>* • unscrewable

abschrauben *vt <füg> (Teil mit Gewinde; z. B. Schraube, Mutter, Deckel)* • screw *vt*; screw off *vt*; unscrew *vt*; unbolt *vt*

Abschrecken *n <metall> (Wärmebehandlung von Metallen; z. B. in Salzbad, Wasser, Öl, Luft)* • quenching; rapid chilling

Abschrecken *n <verf> (schnell; z. B. in Wasser)* • quenching

abschrecken *vt <metall> (durch rasches Abkühlen)* • quench *vt*

Abschreckflüssigkeit *f <metall> (normalerweise Wasser, Öl)* • quenching liquid; quenchant; liquid quenchant

Abschreckhärten *n <metall>* • quench hardening

Abschreckmittel *n <bio> (für Ungeziefer)* • repellent

Abschreckmittel *n <metall> (zum schlagartigen Abkühlen; z. B. Luft, Öl, Wasser)* • quenching agent; quenchant

Abschreckmittel *n <sich> (gegen Feinde, Einbrecher)* • deterrent

Abschreckmittel gegen Nagetiere *n <bio>* • rodent repellent

Abschreckung durch gesicherte Zweitschlagkapazität *f <mil>* • deterrence based on assured nuclear second-strike ability

Abschrot *m <metall.wz> (Einsteckkeil im Amboss; zum Abtrennen)* • hardie; hardy; blacksmith's hardy *rare*

abschroten *vt <prod>* • chisel off *vt*

abschuppen *vr <obfl> (Farbe, Anstrich)* • flake off *vi*

abschuppen *vt <nahr> (Fisch)* • scale *vt*

Abschussrampe *f <aerosp> (allg.)* • launcher

Abschussrampe *f <aerosp> (Plattform)* • launching pad

abschwächen *vt <masch> (z. B. Kräfte, Stöße)* • deaden *vt*

abschwächen *vt <navig> (Signale)* • attenuate *vt*

abschwächen *vt <phot> (Kontrast, Schärfe)* • soften *vt*

abschwächen *vt <phot> (Kontrast, Sättigung)* • reduce *vt*; tone down *vt rare*

absengen *vt <textil> (von Textiloberflächen; Ausrüstung)* • singe *vt*

absenken *vt <bau> (Fundament)* • sink

vt

absenken *vt <bau> (Grundwasser)* • lower *vt*

absenken *vt <masch> (Bauteil; z. B. Getriebe, Motorblock)* • lower *vt*

Absenkhydraulik *f <kfz> (für Fahrzeugheck; z. B. für Rollstuhlzugänglichkeit)* • kneeling rear suspension

Absenkung *f <tech.allg> (von Gegenständen, physik. Größen; z. B. Lasten, Druck, Temperatur)* • lowering

Absenkung *f <geo> (Boden; z. B. durch Baulasten)* • settlement; subsidence

Absenkung des Bodens *f <geo> (allg.; z. B. durch Grundwasserabsenkung)* • ground subsidence; soil subsidence; subsidence

Absenkung des Grundwasserspiegels *f <bau> (Vorgang und Ergebnis)* • depression of the groundwater table; lowering of the groundwater table; drawdown of the groundwater table; ground-water lowering

Absetzbecken *n <ents.hydr> (offen, groß; zur Entfernung von Sinkstoffen; Wasseraufbereitung)* • settling tank; precipitation tank; sedimentation tank; clarifying basin; subsidence basin

Absetzbehälter *m <verf.hydr> (eher geschlossen)* • settling tank; precipitation tank; clarifier *pract*; settling chamber *rare*

Absetzen *n <bahn> (Magnetbahnfahrzeug)* • de-levitation; delevitation

Absetzen *n <verf> (Vorgang)* • sedimentation; settlement; settling *coll*; gravity settling *rare*

absetzen *vr <chem.verf>* • settle down *vt*; settle *vt*; set *vi*; deposit *vi*; sediment *vi rare*

absetzen *vt <tech.allg> (räumlich, farblich)* • set off *vt*

absetzen *vt <bahn> (Magnetbahnfahrzeug)* • de-levitate *vt*; set down *vt*; delevitate *vt*

absetzen *vt <druck> (Text, Druckvorlage)* • compose *vt*; typeset *vt*

absetzen *vt <lwl> (Entfernen der Faserhülle)* • strip off *vt*

absetzen *vt <min> (Abraum)* • spoil *vt*

absetzen *vt <nav> (Boot vom Steg)* • push off *vt*

absetzen *vt <nav.navig> (Kurs)* • plot *vt*

absetzen *vt <prod> (Formteil; z. B. beim Schmieden)* • step *vt*; shoulder *vt*; offset *vt*

absetzen *vt <prod> (Blech; Herstellen einer Absetzkante)* • joddle-join *vt*; joddle *vt*; joggle *vt*

Absetzkante *f <prod> (zum glattflächigen Verbinden zweier Bleche)* • step; joddle *pract*

Absetzkipper *m <nfz>* • bucket loader

Absetztank *m <verf> (Trennung Wasser von anderen Komponenten)* • dewatering classifier

Absetzzange *f <wz> (zum Ausformen von Absetzkanten)* • sheetmetal crimping tool; panel flanger *US*; edge setter; joddler *GB.pract* joggler *GB.pract*

ABS-Gehäuse *n <el> (z. B. für Elektronikgeräte)* • ABS enclosure

absichern *vt <tech.allg> (z. B. Stromkreis)* • protect *vt*

absinken *vi <tech.allg> (z. B. Träger, Decke, Verkleidung, Gipskartonplatten)* • sag *vi*

absolut anzeigender Höhenmesser *m <navig>* • absolute altimeter

absoluter Nullpunkt *m <phys>* • absolute zero

absolute Zahl *f <math>* • absolute number

absondern *vt <tech.allg> (ein Teil vom Rest trennen)* • separate *vt*; single [out] *vt*; segregate *vt*; isolate *vt*

absondern *vt <tech.allg> (durch kleine Öffnungen, Poren; typ. Flüssigkeit)* • exude *vt*; ooze [out] *vt coll*; sweat *vt*

Absonderung *f <tech.allg> (aus Poren; z. B. Flüssigkeit)* • exudation

Absonderung *f <tech.allg> (eines Teils vom Rest)* • separation; segregation; isolation

Absorbat *n <chem>* • absorbate; absorbed substance

Absorbens *n <chem>* • absorbent; absorbing substance; absorbing material; absorbing agent; sorbent

Absorber *m <tech.allg> (allg.; für Energie, Flüssigkeiten, Gase)* • absorber

Absorber *m <energ.sol> (eines Sonnenkollektors; meist eine schwarze Platte)* • absorber; solar absorber

Absorber *m <geo.therm> (Erdreichwärmetauscher)* • heat collector

Absorber... *<tech.allg> (vgl.: Absorpti-*

ons...) • absorber ...
Absorberkanal *m <energ.sol> (in Solarkollektor)* • fluid tube; fluid passage; flow passage; fluid flow tube; riser tube
Absorberkreis *m <energ.sol>* • transfer fluid loop; collector loop; primary circuit
Absorberrohr *n <energ.sol> (in Parabolrinnenkollektor)* • absorber tube; absorber pipe; tube absorber; tubular absorber; receiver tube
absorbieren *vt <mech> (Energie; z. B. beim Aufprall)* • absorb *vt*
absorbieren *vt <metall> (Gase und Fremdkörper)* • occlude *vt*
absorbieren *vt <phys> (allg.; z. B. Energie, Flüssigkeit, Gas, Strahlung, Licht)* • absorb *vt*; imbibe *vt*; soak up *vt coll*
absorbierender Kern *m <pap> (z. B. in Windeln)* • absorbent core
Absorption *f <tech.allg>* • absorption
Absorptions... *<tech.allg> (vgl.: Absorber...)* • absorption ...
absorptionsfähig *<tech.allg>* • absorptive *adj*; absorbing
Absorptionsfläche *f <tech.allg>* • absorptive area
Absorptionskühlschrank *m <hlk.nahr>* • absorption refrigerator
Absorptionsmittel *n DIN 55 405 <pack>* • absorbent material *ISO/WD 21076*
Absorptionsschalldämpfer *m <kfz.emiss> (gerader Durchgang; z. B. mit Glaswollefüllung)* • absorption-type muffler; straight-through muffler *pract*; bullet-type muffler; glasspack muffler
abspalten *vr <chem> (Elektronen)* • detach *vi*
abspalten *vt <chem> (entfernen; z. B. Atome von Molekül)* • abstract *vt*; eliminate *vt*; remove *vt*
abspanen *vt <prod> (z. B. durch Drehen, Fräsen)* • cut [off] *vt*
Abspann *m <kino>* • trailer
Abspannanker *m <el> (für Abspannseile, -drähte)* • guy anchor
Abspannbügel *m <energ.el> (Isolatorbefestigung)* • anchoring bracket
Abspanndraht *m <tech.allg> (diagonal, über Kreuz, quer)* • bracing wire
Abspanndraht *m <tech.allg> (zum Halten und Stabilisieren, auch horizontal; z. B. für Hängeampeln)* • guy wire; stay wire; anchor wire
abspannen *vt <tech.allg> (stabilisieren; z. B. Mast, Turm, mit Spanndrähten)* • guy *vt*
abspannen *vt <el> (Freileitungen; am Endmast abführen)* • dead-end *vt*
abspannen *vt <el> (Spannung)* • step-down *vt*
Abspannmast *m <energ.el> (klein; Pfahl, massiv)* • anchor pole; terminal pole
Abspannmast *m <energ.el> (groß; Gitterstruktur; von Freileitung)* • anchor tower; terminal tower; anchoring tower; section support
Abspannmast *m <energ.el> (massiv)* • span pole; section support; strain pole
Abspannseil *n <tech.allg> (textil)* • anchoring rope; rope guy; guy rope
Abspannseil *n <bau> (aus Metall; typ. Stahl)* • anchor cable; guy cable
Abspannseil *n <bau.masch> (für Kran-, Baggerausleger)* • tie rope; boom line
Abspannseil *n <energ.el>* • guy wire
Abspanntransformator *m <el.energ> (zur Spannungsreduzierung; z. B. in Kraftwerken, Umspannwerken)* • step-down transformer
Abspannung *f <tech.allg> (von Masten etc.)* • guy
abspeichern *vt <comp> (Daten, Datei; z. B. auf Platte)* • save *vt*
Absperranstrich *m <obfl>* • seal coat; sealing coat
Absperrband *n <sich> (z. B. an Baustellen, Unfallort, Gefahrenstelle; in D rot/weiß)* • barricade tape
Absperrbauwerk *n <energ.hydr>* • dam structure *:V*
absperren *vt <tech.allg> (z. B. Raum, Rohrleitung, Tür, Ventil)* • close *vt*; shut off *vt*
absperren *vt <bau> (z. B. gegen Wassereintritt)* • block off *vt*
absperren *vt <bau.hydr> (Wasserlauf; z. B. Bach, Fluss mit Damm)* • dam up *vt*
absperren *vt <obfl.holz> (gegen Verzug und Rissbildung)* • seal *vt*; block *vt*
absperren *vt <rls> (z. B. Zufluss, Zustrom)* • stop *vt*; shut off *vt*; cut off *vt*
absperren *vt <sich> (Tür; mit Schloss)*

• lock *vt*

Absperrhahn *m <rls>* • stop cock

Absperrklappe *f <hlk> (für gasförmige Medien; z. B. in Lüftung)* • isolation damper; isolating damper; shut-off damper *pract*; shut-off door *coll*

Absperrklappe *f <rls> (mit mittiger Achse)* • butterfly isolating valve

Absperrorgan *n <rls>* • shut-off device

Absperrschieber *m <rls> (großes Absperrorgan)* • sluice gate

Absperrung *f <tech.allg> (jedes phys. Hindernis; z. B. Schranke)* • barrier

Absperrventil *n* (AV) *<bahn.brems> (von Bremsleitungen)* • isolating cock

Absperrventil *n <rls> (allg.)* • shut-off valve; isolation valve; stop valve

Absperrventil *n <rls.nav> (zur Abschottung; z. B. auf Tankern; typ. als Rückschlagventil)* • bulkhead valve

abspielen *vt <av> (Speichermedium; z. B. Band, CD, DVD)* • play *vt*

abspielen *vt <av> (Aufnahme; z. B. Musikstück, Band, Video)* • play back *vt*; replay *vt*; reproduce *vt rare*

Abspielgerät *n form <av> (z. B. für Platten, Bänder, Cassetten, CD, DVD)* • player

absplittern *vi <holz>* • splinter [off] *vi*

absplittern *vi <obfl> (Lack; harte, eher kleine Stücke; z. B. durch Schlag)* • chip [off] *vi*

Absplitterung *f <obfl> (allg.; z. B. von Lack)* • chipping

Abspratzen *n <bau.mat>* • spalling

abspreizen *vt <tech.allg>* • shore *vt*

absprengen *vt <druck> (Ablation-Technologie)* • blast off *vt/vi*

absprengen *vt <obfl> (in flächigen Stücken; z. B. Lack, harte Beschichtung)* • cause to flake off *vt*

abspringen *vi <aerosp> (mit Fallschirm)* • parachute *vi*; bail out *vi coll*

abspringen *vi <obfl> (spröder Überzug)* • crack [off] *vi*

abspringen *vi <prod> (Späne, Splitter)* • chip off *vi*

abspritzen *vt <tech.allg> (mit Schlauch; z. B. Auto)* • hose [down] *vt*

abspulen *vt <av> (Film, Video-, Tonband)* • unreel *vt*; reel off *vt*

abspulen *vt <masch> (von Rolle, Winde; z. B. Faden, Seil, Kabel)* • wind off *vt*

abspulen *vt <prod> (von Coils)* • uncoil *vt*

Abstand *m <tech.allg> (Teilung; z. B. Maschen, Gitterstäbe, Zahnradzähne)* • pitch

Abstand *m <tech.allg> (Raum zwischen etw.)* • space; spacing

Abstand *m <tech.allg> (zwischen Gegenständen oder um etw. herum)* • clearance

Abstand *m*: **mit ~ anordnen** *vt <tech.allg> (z. B. Bohrungen, Leiterbahnen)* • space *vt*; arrange apart *vt*

Abstandhalter *m <tech.allg> (jede Art und Form)* • spacer

Abstands-Warn-Radar *n <kfz.msr>* • proximity radar [warning system] *:V*

Abstands-Warnsystem *n <kfz.msr> (allg.; vorne und/oder hinten; z. B. zum Einparken)* • proximity warning system *:V*

Abstands-Warnsystem *n <kfz.msr> (vorne; gegen zu dichtes Auffahren)* • proximity warning system *:V*; tailgating alarm *US*

abstauben *vt <obfl> (allg.; z. B. Möbel, Werkstücke)* • dust [off] *vt*

abstechen *vt <metall> (Schmelzofen)* • tap [off] *vt*; drain off *vt*; draw off *vt*

abstechen *vt <prod> (Werkstück auf Futterdrehmaschine)* • cut off *vt*; part off *vt*

Abstech- und Einstechmeißel *m <wz>* • parting-off and recessing tool

abstecken *vt <bau> (Bauplatz, Grundstück; z. B. mit Schnurgerüst)* • stake [out] *vt*; set out *vt*; trace *vt*; peg out *vt*; mark off *vt*

Absteifen *n <tech.allg> (durch seitliche Stützen)* • shoring

absteifen *vt <tech.allg> (steif machen)* • stiffen *vt*

absteifen *vt <tech.allg> (durch Stützen, Ständer; z. B. Gerüst, Mauer)* • strut *vt*

abstellen *vt <tech.allg> (temporär deponieren; z. B. Paket, Werkstück, Fahrrad, Auto)* • park *vt*

Abstellgleis *n <bahn> (normalerweise mit Prellbock)* • dead-end track; pocket track

Abstellplatz *m <logist> (für Waren, Güter)* • storage place

abstemmen *vt <prod> (mit Meißel, Stemmeisen)* • chisel off *vt*

absterben *vi <kfz.mot> (Motor)* • stall *vi*

Absterben im Leerlauf *n <kfz.mot>* • stalling at idle

Abstich *m <metall> (Öffnung am Schmelzofen)* • tap

Abstich *m <metall> (der Schmelze; Vorgang)* • tapping; drawing

Abstimmbereich *m <av>* • tuning range

abstimmen *vt <msr> (Einstellungen, Sollwert)* • tune *vt*

abstimmen *vt <obfl> (z. B. Farben, Aussehen)* • match *vt*

Abstimmkreis *m <el>* • tuning circuit

Abstimmung *f <tech.allg> (von Zielen, Verfahren, Prozessen)* • coordination

Abstimmung *f <tech.allg> (von Systemen, Teilsystemen; mech. od. elektr.)* • tuning

Abstimmung *f <verk> (von Verkehrssignalanlagen; z. B. Grüne Welle)* • synchronization

abstoßen *vt <phys> (Gegensätze; z. B. positive und negative Ladungen, Wasser und Öl)* • repel *vt*

abstoßend *<allg> (widerlich; z. B. Aussehen, Geruch)* • repulsive; repugnant

abstoßende Kraft *f <phys>* • repulsive force

abstoßendes Prinzip *n <phys> (PMS, EDS)* • principle of magnetic repulsion; repulsive principle

Abstoßung *f <phys> (von Teilchen gleichnamiger Ladung)* • repulsion

Abstract *m <doku> (eines wiss. Fachartikels)* • abstract

abstrahieren *vt <allg>* • abstract *vt*

abstrahlen *vt <obfl> (mit Sand, Schrot, Trockeneis etc.)* • blast-clean *vt*; blast *vt pract*

abstrahlen *vt <obfl> (mit Schrot)* • shot-blast *vt*

abstrahlen *vt <phys> (Strahlung, Licht; von einem Punkt aus)* • radiate *vt*; emit *vt*

Abstrahlung *f <energ.sol> (Rückstrahlung von Kollektoren an die Umgebung)* • re-radiation

Abstrahlungsverlust *m <energ.sol> (von Kollektoren)* • re-radiation loss

Abstrakte *f <mus> (Orgel)* • tracker

Abstraktion *f wiss <allg>* • abstraction *thsc*

Abstraktionsbeziehung *f <term>* • generic relation *ISO 12620*

Abstrecken *n <metall> (Blech)* • ironing

Abstreckpresse *f* (WIM) *<pack.prod> (für Dosen)* • wall-ironing machine (WIM); wall-ironing press; wall ironer; bodymaker *US*

Abstreckring *m <prod> (Abstreckpresse)* • ironing ring

Abstreckwerkzeug *n <metall>* • ironing die

abstreichen *vt <bau.obfl> (eben machen; z. B. Verputz, Estrich)* • level *vt*; scrape level *vt*

Abstreicher *m <bau.wz> (z. B. für Estrich, Putz)* • scraper [rake]

Abstreicher *m <druck> (für Bögen, Blätter)* • sheet separator

Abstreicher *m <verf> (entfernt Schicht auf Flüssigkeit; z. B. Schaum, Öl)* • skimmer

Abstreifdichtung *f <tech.allg> (entlang beweglicher Flächen; z. B. an Hydraulikkolben, Kurbelfenstern)* • sweeper seal; sweeper *pract*

Abstreifdüse *f <obfl> (z. B. beim Feuerverzinken)* • air-jet knive; jet finishing nozzle; air knive *pract*

Abstreifen *n <chem.petr> (Trennprozess)* • stripping operation

Abstreifen *n <phot> (Wasser von Filmen)* • squeegeeing

Abstreifen *n <verf> (Rechengut; z. B. von Sieb, Rechen)* • discharge

Abstreifen *n <verf> (von Schwimmstoffen; z. B. Schaum, Öl auf Wasser)* • skimming

abstreifen *vt <tech.allg>* • strip off *vt*

abstreifen *vt <kst> (Spritzling von Formwerkzeug-Kern)* • strip [off] *vt*; eject *vt*

abstreifen *vt <verf> (Schicht; z. B. Öl, Schaum auf Wasser)* • skim off *vt*

Abstreifer *m <förd> (reinigt Fördergurt)* • cleaner

Abstreifer *m <prod> (an Abstreckpresse, Stanzwerkzeug)* • stripper

Abstreifer *m <verf> (an Rechen; z. B. zur Abwasserreinigung)* • stripper; stripping device; scraper blade; wiper blade

Abstreifer *m <verf> (an Spaltsieb)* • doctor blade; solids discharge doctor blade; doctor cleaning blade

Abstreifer *m <verf> (vertikale Siebtrommel)* • platform wiper

Abstreifer *m <wz> (schabend)* • scraper

Abstreifer *m* <wz> *(wischend)* • wiper

Abstreifermesser *n* <wz> *(allg.)* • scraper knife

Abstreiföl *n* <prod.tribo> *(z. B. beim Stanzen, Tiefziehen)* • stripping oil

Abstreifplatte *f* <masch> *(z. B. für Formteile, Spritzlinge)* • stripper plate; stripping plate

Abstreifring *m* <jur.tech> *(um ein Einschussloch; z. B. Schmauch)* • ring of residue

Abstreifring *m* <tribo> *(allg. für Schmieröl)* • scraper ring

Abstrich *m* <med> • taking of a swab

Abstrich *m* <verf> *(z. B. von Abschaum)* • scum

abströmen *vi* <tech.allg> *(jedes Fluid; z. B. an Oberfläche, durch Öffnung)* • flow off *vi*; run off *vi*

Abströmöffnung *f* <kfz.sich> *(im Airbag)* • exhaust vent; discharge hole; vent hole; vent *pract*

abstufen *vt* <tech.allg> *(Qualität, Merkmale)* • graduate *vt*

abstufen *vt* <tech.allg> *(Größen; z. B. Belichtungszeit, Drehzahl)* • step *vt*

Abstufung *f* <tech.allg> *(nach Grad, Rangfolge)* • graduation

abstumpfen *vi* <obfl> *(Glanz, Lack)* • dull *vi*

abstumpfen *vi* <wz> *(Schneide)* • blunt *vi*; dull *vi*

abstumpfen *vt* <prod> *(Kante)* • blunt *vt*; dull *vt*

Absturz *m* <tech.allg> *(z. B. Flugzeug, Schreib/Lese-Kopf)* • crash

Absturz *m* <geo> *(z. B. Klippe)* • precipice

Absturz *m* <verf> *(Wasser)* • cascade

absturzsicher <aerosp> *(hält einen Absturz aus; z. B. FDR)* • crashproof

Absturzstelle *f* <aerosp> • crash site

abstützen *vt* <tech.allg> *(seitlich, schräg, gegen Umkippen; z. B. Wand, Schiff)* • shore [up] *vt*

abstützen *vt* <tech.allg> *(von unten nach oben; z. B. Bauteil, Träger, Last)* • support *vt*

abstützen *vt* <bau> *(gegen Durchhängen oder Umfallen, mit Stempeln, Stützen, Ständern)* • prop [up] *vt*; stay *vt*

Abstützpratzen *fpl* <bau.masch> • outrigger

Abstützträger *m* <bau> *(auskragend; z. B. Gerüst, Vordach)* • outrigger beam

absuchen *vt* <tech.allg> *(systematisch; z. B. Gelände, mit Scheinwerfer, Radar)* • scan *vt*

absuchen *vt* <tech.allg> *(mit Schwenkbewegung; z. B. Gelände, mit Radar, Scheinwerfer)* • sweep *vt*

Absud *m* <chem> • decoction

Abszisse *f* <math> *(X-Koordinate eines Punktes)* • abscissa

Abtastbreite *f* <comp> *(Scanner allg.)* • scanning width

Abtasteinheit *f* <el> *(allg.)* • scan unit

Abtasteinrichtung *f* <msr> *(z. B. Fühler)* • sensing device

Abtastelement *n* <el> *(z. B. in Scanner, Kopierer)* • scan element

Abtastelement *n* <msr> *(zur Probenahme; z. B. für Messdaten)* • sampling element; sampler

Abtasten *n* <msr> *(mit Fühler; z. B. elektrisch, mechanisch, optisch)* • sensing

Abtasten *n* <wz> *(von Konturen)* • tracing

abtasten *vt* <tech.allg> *(berührungslos; z. B. Oberfläche, Bild, Text, Zeile für Zeile)* • scan *vt*

abtasten *vt* <tech.allg> *(elektronisch, optisch; z. B. mit Schwingspiegel, Kathodenstrahl)* • sweep *vt*

abtasten *vt* <msr> *(Probenahme, Datensampling)* • sample *vt*

abtasten *vt* <msr> *(mit Fühler)* • sense *vt*

abtasten *vt* <wz> *(Kontur, Körper)* • trace *vt*; follow *vt rare*

Abtastfehler *m* <comp> *(von Scanner, Strichcodeleser)* • scan error; reading error

Abtastfehler *m* <msr> *(bei Probenahme)* • sampling error

Abtastfläche *f* <comp> *(auf Objekt oder Scanner-Glasplatte)* • scanning field; scanned area

Abtastfrequenz *f* <av> *(Tonaufzeichnung; z. B. von CD-Laufwerken)* • sampling rate; sample rate

Abtastfrequenz *f* <comp> *(von Scannern, CD-Laufwerken)* • scan rate; scan frequency; read rate; read frequency; scan repetition rate

Abtaststift *m <wz> (zum Nachfahren von Konturen)* • stylus; tracer
Abtaststrahl *m <comp>* • scan beam; scanner beam
Abtastung *f <comp> (Resultat)* • scan
Abtastung *f <msr> (Datensampling)* • sampling action
Abtau-Einrichtung *f <hlk> (z. B. Kühlschrank)* • defrosting device
Abtauen *n <hlk>* • defrosting
abtauen *vt <hlk> (Kühlschrank)* • defrost *vt*
Abteil *n <bahn>* • compartment; passenger compartment; closed saloon
abteilen *vt <allg> (in Sektionen; z. B. organisatorisch, administrativ)* • section *vt*
abteilen *vt <bau> (Räume)* • partition *vt*
abteilen *vt <mech> (Material trennen)* • part [off] *vt*
Abteil mit Bad *n <bahn>* • en suite shower; en suite bathroom
Abteilung *f <org> (Organisationseinheit)* • section; department
abteilungsspezifische Beduftung *f <hlk>* • departmental scenting
Abteilwagen *m <bahn>* • compartment car *US*; corridor carriage *GB*; compartment coach *GB*
abteufen *vt <min> (Schacht)* • sink *vt*
abteufen *vt <petr> (Bohrung)* • drill *vt*; sink *vt*; sink a bore *vt*; bore *vt*
abtönen *vt <obfl> (Farbe)* • shade *vt*; tint *vt*
abtönen *vt <phot> (Foto; z. B. mit Sepiatoner)* • tone *vt*
Abtöner *m <chem>* • tinting agent
Abtönfarbton *m <obfl> (zur Farbtonbestimmung)* • tint tone
Abtönpaste *f <chem>* • tinting paste
Abtönungsfarbstoff *m <textil>* • shading dye; shading dyestuff
abtoppen *vt <petr.verf> (leichte Anteile entfernen)* • skim *vt*
abtragen *vt <tech.allg> (allg.)* • remove *vt*
abtragen *vt <bekl> (Textilien, Schuhe)* • wear *vt*
abtragen *vt <min> (Gestein, Deckgebirge)* • strip *vt*
abtragen *vt <obfl> (durch Verschleiß, Abnutzung, Abrieb)* • wear away *vt*
abtragen *vt <prod> (abrasiv; durch Reiben, Schleifen)* • abrade *vt*
abtragen *vt <prod> (mit Fräser)* • mill [off] *vt*
abtragen *vt <verf> (schwimmende Schicht)* • skim *vt*
abtragend *<tech.allg> (durch Erosion, Erodieren)* • eroding
abtragendes Bearbeitungsverfahren *n DIN 8590 <prod>* • eroding process
Abtragsleistung *f <bau> (beim Aushub)* • digging capacity
Abtragsleistung *f <min> (Tagebau; z. B. Braunkohle)* • stripping capacity
Abtragsleistung *f <wz.masch> (z. B. durch spanende Bearbeitung)* • workpiece removal rate; rate of material removal
Abtrag und Auftrag *m <bau.verk>* • cut and fill; cutting and filling; dig and fill; digging and filling; excavating and filling
abtreiben *vi <nav> (vom Kurs, Liegeplatz; z. B. Schiff, Boot)* • drift [off] *vi*; float off *vi*
abtreiben *vt <bau> (Pfahl, Spundwand)* • sink *vt*
abtreiben *vt <chem.verf> (Destillat)* • distil off *vt*
abtreiben *vt <metall> (Treibofen)* • cupel *vt*
Abtreiberkolonne *f <verf> (allg.)* • stripping column; column stripper; stripping still; stripper *pract*
abtrennen *vt <tech.allg> (z. B. Durchschrift vom Original, Kapuze vom Mantel)* • detach *vt*
abtrennen *vt <tech.allg> (räumlich isolieren)* • isolate *vt*
abtrennen *vt <tech.allg>* • separate *vt*
abtrennen *vt <el> (von Stromkreis, Spannungsquelle)* • cut off *vt*
abtrennen *vt <phys> (durch Destillieren)* • separate by distillation *vt*
abtrennen *vt <prod> (mech., mit Werkzeug; z. B. Schere, Messer, Meißel)* • cut off *vt*
abtrennen *vt <prod> (mech., mit gewisser Kraft- und Gewalteinwirkung; z. B. mit Werkzeug)* • part off *vt*; sever *vt*
abtreten *vt <jur> (Rechte/Pflichten)* • abandon *vt*; cede *vt*; give up *vt coll*
Abtrieb *m <antr> (Getriebeausgang)* • output
Abtrieb *m <antr> (Zapfwelle)* • power

take-off (PTO)

Abtrieb *m <phys> (aerodynamisch; z. B. durch Spoiler)* • downforce

Abtriebsdrehmoment *n <masch> (Nm am Ausgang)* • output torque

Abtriebsdrehzahl *f <masch> (z. B. von Motor, Getriebe)* • output speed

Abtriebsglied *n <masch> (z. B. in kinematischen Getrieben)* • driven member; output member; output link; driven link

Abtriebsrad *n DIN 3998 <antr> (im Rädergetriebe)* • driven gear; follower gear *rare*

Abtriebsscheibe *f <antr> (Zugmittelgetriebe)* • driven pulley

abtrocknen *vt <allg> (Waschgut; z. B. Geschirr)* • dry *vt*

abtropfen *vi <tech.allg> (z. B. Lack von Pinsel, Speiseeis)* • drip [off] *vi*

abwälzen *vr <masch> (Zahnräder)* • roll *vi*

abwandeln *vt <allg>* • modify *vt*

abwandern *vi <msr> (Messwert, Signal)* • drift *vi*

Abwanderung von Wissenschaftlern *f <ökon> (insbes. ins Ausland)* • brain drain

Abwärme *f <verbr>* • waste heat; excess heat; exhaust heat; waste thermal heat *rare*

Abwärme abführen *vt <verf>* • reject waste heat *vt*; remove waste heat *vt*; dissipate waste heat *vt*

Abwärmenutzung *f <energ.therm>* • waste heat recovery; exhaust heat recovery; waste-heat utilization; waste heat usage *coll*

Abwärmetauscher *m <turb>* • waste heat exchanger

Abwärmeturbine *f DIN 4304 <energ.therm>* • waste heat turbine

Abwärtsbewegung *f <tech.allg> (einer Hubbewegung; z. B. von Kolben, Reinigungsrechen)* • descending stroke; downward stroke

Abwärtsbewegung *f <tech.allg> (z. B. Kolben, Werkzeug, Seilbahngondel)* • downward movement; downward travel; descent

Abwärtshub *m <masch> (z. B. Kolben, Ventil, Pressenstempel)* • downstroke; downward stroke

abwärtskompatibel *<comp> (Soft-, Hardware)* • downward compatible; backward compatible *rare*

Abwärtskompatibilität *f <comp> (von Soft-, Hardware)* • downward compatibility; backward compatibility *rare*

Abwärtsstrecke *f* (DL) *<tele> (Übertragungsrichtung von der Basisstation zur Mobilstation)* • downlink (DL); forward link *US*

Abwärtstransformator *m <el> (allg.)* • step-down transformer

Abwärtszähler *m <msr>* • down-counter

abwaschen *vt <verf> (z. B. Produkte, Geschirr, Hände)* • wash *vt*

Abwasser *n <tech.allg> (ablaufendes Wasser; z. B. Regenwasser, Brauchwasser)* • drain water

Abwasser *n <ents> (von chem. Prozessen)* • tail water

Abwasser *n <ents> (gebrauchtes Wasser)* • waste water; sewage *coll*; sewage water; liquid effluent *form*

Abwässer *npl <ents>* • effluents

Abwasserbehandlung *f <ents.hydr>* • waste water treatment; sewage treatment; sewage purification; sewage clarification; wastewater purification

Abwasserfahne *f DIN 4049-2 <ents.hydr>* • waste water plume

Abwasserkanal *m <ents>* • sewer; sewer line

Abwasserkanalisation *f <ents> (für Schmutzwasser)* • sewerage; sewer system

Abwasserkanalnetz *n <ents> (betont: für Oberflächenwasser, Regenwasser)* • drainage system; drainage channel network

Abwasser-Kraftwerk *n <energ.hydr>* • sewage power plant *US*; sewage power station *GB*

Abwasserlast *f <ents> (Schadstoffe im Abwasser)* • pollution burden; pollution load

Abwasserrohr *n <ents.hydr>* • sewer pipe; sewage pipe

Abwassersammelanlage *f <ents.hydr>* • wastewater collection system

Abwassertechnik *f norm <verf.ents>* • waste water engineering *stand*; sewage engineering; wastes engineering

abwedeln *vt <phot> (Bildpartien, beim Vergrößern)* • dodge *vt*; shade *vt rare*
Abwedler *m <phot>* • dodge tool
abweichen *vi <tech.allg> (vom Sollweg; z. B. Werkzeug, Fahrzeug, Regelstrecke)* • deviate *vi*; depart *vi*
abweichen *vi <navig> (vom Kurs; z. B. Schiff, Flugzeug)* • veer [off] *vi*; deviate *vi*
abweichen *vi <petr> (Bohrer, Bohrrichtung)* • walk [off] *vi*; wander *vi*
Abweichung *f <tech.allg> (von Sollweg, -wert, Verfahrensvorschriften)* • departure
Abweichung *f <tech.allg> (Abkehr vom Normalen, Gewünschten; z. B. Istwert vs. Sollwert; Qualität)* • deviation; divergence
Abweichung *f DIN 1319-1 <msr> (eines Messinstruments)* • error; error of measurement *rare*
Abweichung *f <navig> (Abstand zw. Ist- und Sollposition)* • offset
Abweichung *f <phys> (magnetisch, aerodynamisch; z. B. von Kompass, Flugbahn)* • deviance
Abweichung *f <wz> (Bohrer)* • walk-off
Abweichungsgenehmigung *f <qualit>* • deviation permit
abweisen *vt <obfl> (Wasser; z. B. Gewebe, Lack, Wachs)* • repel *vt*
abweisen *vt <qualit> (mangelhafte Lieferung)* • reject *vt*
abweisend *<obfl> (z. B. Schmutz, Wasser)* • repellent
Abweisendausrüstung *f <textil>* • repellent finish
Abweiser *m <tech.allg> (z. B. für Wind, Strömung, Partikel)* • deflector
abwelken *vt <led>* • sam *vt*; sammy *vt*; wring *vt US*
Abwelkflotte *f <led>* • samming float
Abwelkmaschine *f <led>* • samming machine; wringer *US*
abwerfen *vt <aerosp> (Ballast)* • jettison *vt*
abwerfen *vt <el> (Last aus dem Netz)* • discharge *vt*
abwerfen *vt <förd> (Fördergut)* • drop *vt*
abwerfen *vt <mil> (ausklinken; z. B. Bombe)* • release *vt*
abwerten *vt <tech.allg>* • down-grade *vt*
Abwesenheitsüberwachung *f <alarm>* • secure mode; secure condition; protection on; night operation; night setting
abwickelbar *<math> (Fläche)* • developable
Abwickeleinrichtung *f <prod> (z. B. für Stahlcoils)* • decoiler; decoiling cradle
abwickeln *vt <tech.allg> (von Bund, Coil, Trommel; z. B. Blech, Kabel)* • decoil *vt*; uncoil *vt*
abwickeln *vt <tech.allg> (von Spule; z. B. Band, Draht, Streifen)* • unreel *vt*; reel off *vt*
abwickeln *vt <tech.allg> (von Winde, Trommel; z. B. Seil, Band, Draht)* • wind off *vt*; unwind *vt*
abwickeln *vt <math> (gekrümmte Flächen in die Ebene)* • develop *vt*
Abwickelspule *f <av> (Magnetband)* • feed reel; supply spool; feed spool; supply hub; supply reel
Abwickler *m <prod> (Rolle, Spule)* • pay-off stand
Abwicklung *f <doku> (techn. Zeichnung)* • developed view
abwiegen *vt <msr> (bestimmte Menge)* • weigh *vt*; weight out *vt*
Abwind *m <aerosp> (z. B. Segelflug)* • downwash
abwischen *vt <tech.allg> (z. B. Flüssigkeit, Staub von Oberflächen)* • wipe off *vt*
abwracken *vt <ents> (Fahrzeug, Maschine, Anlage, Schiff)* • wreck *vt*; break up *vt*
Abwurf *m <aerosp> (von Ballast, abgebrannten Triebwerken etc.)* • jettisoning
Abwurf *m <förd> (z. B. Gurtförderer: Abwurf über Kopf)* • discharge
Abwurfpunkt *m <aerosp> (z. B. von Material, Bomben)* • release point
Abwurfschacht *m <ents> (für Müll)* • discharge chute
Abwurfschurre *f <förd> (z. B. Schüttgutentladung von Silo, Waggon)* • discharge chute; unloading chute
abwürgen *vt <mot> (blockieren; z. B. Automotor)* • stall *vt*
Abyssalregion *f <geo>* • abyssal realm
abyssisch *<geo>* • abyssal
abzählbar *<math> (endliche Menge)* • countable; denumerable *rare*
abzählen *vt <math> (vorliegende Men-*

ge) • count *vt*

abzapfen *vt <rls> (Flüssigkeit aus Gefäß, Rohr)* • draw off *vt*; tap *vt*

abzapfen *vt <verf>* • bleed off *vt*

Abzapfhahn *m <rls>* • tap [cock]

Abzapfventil *n <rls> (für kleine Mengen)* • bleeder [valve]

abzäumen *vt <sport>* • unbridle *vt*

Abziehbild *n <doku> (z. B. Dekor od. Beschriftung von Modellbauteilen)* • decal

Abziehbrett *n <bau.wz>* • screed board; screeding plate; floating rule; derby float; patter

abziehen *vi <emiss> (z. B. Rauch, Giftgaswolke)* • escape *vi*

abziehen *vt <tech.allg> (durch mech. Ziehen entfernen; z. B. Deckel, Schalterknopf, Zündkabel)* • pull [off] *vt*; remove *vt*

abziehen *vt <tech.allg> (von etwas; z. B. Schlüssel von Schloss)* • withdraw *vt*

abziehen *vt <tech.allg> (oberes Material von unterem Material)* • scalp *vt*

abziehen *vt <agri> (Boden, Acker)* • draw off *vt*

abziehen *vt <bau> (mit Abziehlineal etc. glätten; z. B. Estrich, Putz)* • screed *vt*

abziehen *vt <chem.verf> (Fraktionieren)* • withdraw *vt*

abziehen *vt <druck> (Druckfahne)* • proof *vt*; proof: pull a ~ *vt*

abziehen *vt <druck>* • strike off *vt*

abziehen *vt <druck> (übertragen)* • transfer *vt*

abziehen *vt <ents> (Flüssigkeit; nach unten; z. B. Sicker-, Regenwasser)* • drain [off] *vt*

abziehen *vt <förd> (durch Unterdruck, Saugluft; z. B. Gase, Dämpfe, Schwebstoffe)* • exhaust *vt*

abziehen *vt <math> (Rabatt, Ermäßigung, Abschlag)* • deduct *vt*

abziehen *vt <metall> (Schlacke, Metallschaum von Schmelze)* • separate the dross *vt*

abziehen *vt <mil> (Schusswaffe)* • pull *vt*

abziehen *vt <min>* • uncage *vt*

abziehen *vt <nahr> (auf Flaschen; Wein)* • bottle *vt*

abziehen *vt <nahr> (Wein)* • rack *vt*

abziehen *vt <obfl> (z. B. Folie, Film, Überzug)* • peel off *vt*; strip *vt*; strip off *vt*; peel *vt*; strip away *vt rare*

abziehen *vt <obfl.holz> (mit Ziehklinge schaben)* • scrape *vt*

abziehen *vt <pack> (auf Fässer)* • barrel *vt*

abziehen *vt <phot> (Bild, Fotografie)* • print *vt*

abziehen *vt <prod> (honen)* • hone *vt*

abziehen *vt <prod> (mit Ölstein)* • oilstone *vt*

abziehen *vt <prod> (mit Abziehstein; z. B. Schneide, Klinge)* • stone *vt*

abziehen *vt <prod> (Flüssigkeit, Schaum; z. B. Schlacke)* • tap *vt*

abziehen *vt <textil> (Faden)* • draw off *vt*; take off *vt*

abziehen *vt <textil> (Nadeln in die Ruhestellung)* • take down *vt*

abziehen *vt <textil> (Färberei)* • strip *vt*

abziehen *vt <textil> (fertige Maschenware)* • take down [the fabric] *vt*

abziehen *vt <textil> (Spule)* • doff *vt*

abziehen *vt <verf> (z. B. Flüssigkeit, Schlacke, Schlamm)* • draw off *vt*

abziehen *vt <wz> (z. B. Schleifscheibe)* • dress *vt*; true *vt*

abziehen *vt <wz> (Rasiermesser; mit Riemen)* • strop *vt*; strap *vt*

abziehen *vt <wz> (z. B. Sense, Sichel)* • whet *vt*

Abzieher *m <hygi.wz> (für Fensterscheiben; Handgerät)* • wiper

Abzieher *m <wz> (allg.)* • puller

Abziehfilm *m <obfl> (allg.; abziehbare Folie)* • stripping film

Abziehlack *m <obfl>* • strippable coating; peelable lacquer *rare*; strippable lacquer *rare*

Abziehriemen *m <wz> (für Rasiermesser)* • strop

Abziehstein *m <wz> (zum Werkzeugschärfen; für Klingen, Schleifscheiben)* • whetstone; hone

Abziehwerk *n <kst> (Folienextruder)* • haul-off unit; take-off mechanism; pull rolls

Abziehwerkzeug *n <wz> (für Schleifscheibe)* • abrasive-wheel dresser; abrasive-wheel truer; truing device; dresser *pract*

Abzug *m <bau> (für Gase; z. B. Rauch)* • escape

Abzug *m <druck> (zur Korrektur)* • proof

Abzug *m <hlk> (z. B. für Abluft, Dunst, Dämpfe, Rauch)* • vent

Abzug *m <kst> (Folienextruder)* • haul-off system; take-off equipment
Abzug *m <math> (z. B. als Rabatt, Preisnachlass)* • deduction
Abzug *m <mil> (Schusswaffe)* • trigger
Abzug *m <verf> (aktiv)* • removal
Abzug *m <verf.hlk> (Vorgang des Absaugens; z. B. von Dämpfen, Abgasen)* • eduction
Abzug *m <verf.hlk> (Haube über Labortisch)* • laboratory hood
Abzug *m EN 14175 <verf.hlk> (in Labors, groß, schrankartig; für große Apparaturen u. Aufbauten)* • fume cupboard *EN 14175*
Abzug betätigen *vt <mil>* • squeeze the trigger *vt*; pull the trigger *vt*
Abzugsbügel *m <mil>* • trigger guard
Abzugsfeder *f <mil>* • trigger spring
Abzugshaube *f <verf.hlk> (Labor; für Dämpfe, Rauch)* • extractor hood
Abzugshebel *m <mil> (Schusswaffe)* • trigger; firing lever *rare*
Abzugskanal *m <ents> (für Wasserdrainage)* • draining trench
Abzugskanal *m <rls> (allg. für Flüssigkeiten, Gase)* • discharge duct
Abzugsrohr *n <emiss> (für Abgas, Abwasser)* • effluent pipe
Abzugsrohr *n <rls> (allg.; für Gase, Flüssigkeiten)* • discharge pipe
Abzugsrohr *n <rls> (für Gase)* • exhaust pipe
Abzugsrohr *n <rls> (zum Entlüften)* • vent pipe; blow-off pipe *rare*
Abzugsrohr *n <verf> (für Dämpfe, Rauch)* • fume pipe
Abzugssicherung *f <mil>* • trigger safety; safety lock
Abzugsstange *f <mil> (Schusswaffe)* • trigger pin; trigger bar; sear bar
Abzweig *m <tech.allg>* • branch
Abzweig *m <bahn> (Streckenverzweigung)* • turnout
Abzweig *m <ents.hydr>* • branch
Abzweigdose *f <el>* • junction box; branch box
abzweigen *vi <tech.allg> (Leitung, Strecke)* • branch off *vi*
abzweigen *vi <bahn> (Strecke, Gleis)* • turn out *vi*
Abzweigklemme *f <el> (allg.)* • branch terminal
Abzweigklemme *f <el> (zum Anzapfen)* • tapping clamp
Abzweigleitung *f <tech.allg>* • branch line
Abzweigleitung *f <tech.allg> (im Nebenschluss; z. B. für Strom, Flüssigkeit, Gas)* • shunt line
Abzweigleitung *f <el>* • branch
Abzweigmuffe *f <el> (Kabel)* • cable joint sleeve; cable jointing sleeve
Abzweigmuffe *f <opt.lwl>* • branch closure
Abzweigmuffe *f <rls> (Rohrfitting)* • branch tee; T-joint
Abzweigpunkt *m <tech.allg> (Leitung, Rohr)* • tapping point
Abzweigpunkt *m <el> (Anzapfung)* • tap point
Abzweigpunkt *m <rls>* • branch point
Abzweigrohr *n <rls>* • branch pipe; branch; sidearm
Abzweigstück *n <rls> (Formstück, Fitting; für Rohre, Kanäle)* • Y-branch; pipe lateral; lateral *pract*; Y-joint *rare*
Abzweigung *f <verk> (Straße)* • turnoff; branchoff
abzwicken *vt <prod> (z. B. Draht)* • nip off *vt*; pinch off *v*
Accessoire *n <bekl> (zu Bekleidung, Innenarchitektur; real oder als Clipart)* • accessory
Access Point *m* (AP) *<comp> (WLAN)* • access point (AP); base station
Acetat *n <chem> (allg.)* • acetate
Acetat *n <textil.chem> (als Chemiefaser; typ. für Innenfutter u. Dessous)* • acetate
Acetatfolie *f <kunst> (zum Maskieren)* • acetate film; acetate *pract*
Aceton *n <chem>* • acetone *IUPAC*; dimethylketone *IUPAC*; 2-propanone; methylacetyl; ketopropan
Acetonlack *m <obfl>* • acetone lacquer
acetonlöslich *<chem>* • acetone-soluble
Acetylcystein *n* (ACC) *INN <pharm> (Mukolytikum)* • acetylcysteine (ACC) *INN*; N-acetyl-L-cysteine; NAC
Acetylenentwickler *m <chem.verf>* • acetylene generator
Acetylenflasche *f <füg>* • acetylene cylinder; acetylene-gas bottle
Acetylengas *n <chem>* • acetylene gas
Acetylen-Sauerstoff-Brennschneiden *n <füg>* • oxyacetylene cutting

Acetylen-Sauerstoff-Schneidbrenner *m <füg>* • oxyacetylene cutting torch; oxyacetylene cutting blowpipe *GB*

Acetylen-Sauerstoff-Schweißbrenner *m <füg>* • oxyacetylene welding torch

Acetylenschweißen *n <füg>* • acetylene welding

Acetylenüberschuss *m <füg>* • acetylene excess

Acetylsalicylsäure *f* (ASS) *<pharm> (Analgetikum)* • acetyl-salicylic acid (ASA); aspirin *coll*; acetyl salicylate; acetyl-salicyclic acid

Achondrit *m <min>* • achondrite

Achromat *m DIN 19040 <phot>* • achromatic lens

achromatisch *<phys>* • achromatic

achromatische Farbe *f <druck> (weiß, grau, schwarz)* • achromatic color *US*; achromatic colour *GB*; neutral colour *GB*; neutral color *US*

Achsabstand *m DIN 3998 <masch> (z. B. Zahnradgetriebe)* • center distance *US*; centre distance *GB*; center-to-center distance *US*; centre-to-centre distance *GB*; axial distance

Achsanordnung *f <fz> (z. B. Lkw, Lokomotive)* • axle arrangement

Achsantrieb *m <kfz.antr> (allg.; z. B. vorn, hinten)* • final drive; axle drive

Achsantrieb der Hinterachse *m <kfz.antr> (Teil des Antriebsstrangs; Differential, Halbwellen, Vorgelege etc.)* • rear axle final drive

Achsantrieb der Vorderachse *m <kfz.antr> (Teil des Antriebsstrangs)* • front axle final drive

Achsantriebsübersetzung *f <kfz.antr>* • final drive ratio; axle drive ratio; axle ratio *pract*; final drive reduction *rare*; final reduction gear ratio *rare*

Achsaufnahmepunkt *m <kfz> (Fixpunkte an der Karosserie bzw. am Rahmen)* • suspension mounting

Achsbruch *m <fz> (z. B. von Starrachsen, Bahn-Radsätzen)* • axle break

Achsdifferential *n <kfz.antr>* • axle differential

Achse *f <tech.allg> (abstrakt, geometrisch; z. B. gedachte Linie durch die Mitte)* • axis

Achse *f <tech.allg>* • axle

Achse *f <aerosp> (Flugzeugbewegungen)* • axis *pl*: axes

Achse *f <autom> (geführtes Glied)* • link

Achse *f <fz> (z. B. Vorder-, Hinterachse; auch metaphorisch)* • axle

Achse *f <masch> (Bauteil, um das sich etwas dreht)* • axle

Achsenbezeichnung *f <comp>* • axis label; axis labelling

Achsenfluchtung *f <masch> (von Wellen)* • axial alignment; center-line alignment

Achsenkreuz *n <math>* • system of coordinates

Achsensymmetrie *f <tech.allg>* • axial symmetry

achsensymmetrisch *<math> (Körper; z. B. in Zeichnung)* • axially symmetric; axisymmetric; symmetrical about the axis

achsensymmetrisches Brillenglas *n <opt>* • spherical lens

Achsentlastung *f <kfz> (beim Bremsen, Beschleunigen)* • weight transfer [away from an axle]

Achsenversatz *m <masch> (radial, seitlich; z. B. von Rohren, Wellen, Leitungen)* • axial offset

Achsfolge *f <bahn> (von Loks; z. B. 2-8-4 oder o0000oo)* • wheel formula; wheel arrangement

Achsgehäuse *n <fz> (nicht rotierend; umfasst Antriebswellen etc.)* • axle housing; axle casing *GB*; axle body; axle carrier

Achsgetriebe *n <kfz.antr> (meist in Einheit mit dem Ausgleichsgetriebe)* • axle drive; gear and pinion *US*; ring and pinion *GB*

Achslager *n <bahn> (Waggon)* • axle box

Achslager *n <fz> (allg.)* • axle bearing; suspension bearing

Achslast *f <kfz>* • axle load; axle loading; axle weight

Achslastverteilung *f <fz>* • axle load distribution; weight distribution *pract*

Achsmanschette *f <fz> (allg.)* • axle boot

Achsmanschette *f <kfz> (für Gleichlaufgelenk)* • CV-joint boot

Achsmitte *f <masch> (von Achsen und Wellen)* • centerline *US*; centreline *GB*

Achsmotor *m <antr> (betont: getriebelos)* • gearless motor

Achsmotor *m <bahn>* • yoke-suspended motor

Achsmotor *m <fz.antr> (Direktantrieb; z. B. Straßenbahn)* • direct-drive motor

achsparallel *<tech.allg>* • axially parallel

Achsrohr *n <fz>* • axle tube

Achsrohr *n <kfz> (Auspuffbogen über der Hinterachse)* • kick-up pipe; over-axle pipe

Achsschenkel *m <kfz> (gelenkte Achse)* • steering knuckle; hub carrier; steering swivel *GB*; knuckle *US.pract*; axle stub *rare*

Achsschenkelbolzen *m <kfz> (zum Schwenken des Radträgers)* • kingpin; fulcrum pin *GB*; steering swivel pin *GB*; knuckle pin; pivot pin

achsseitig angeregt *<fz> (Schwingungen; z. B. Vibrationen, Lärm)* • induced by the wheels

Achsträger *m <aerosp> (Verbindung zw. Laufrädern und Fahrwerksbein)* • bogie beam; truck beam

Achstrampeln *n <kfz> (unerwünschtes Verhalten von Starrachsen)* • axle tramp; tramp *pract*

Achsverschränkung *f <nfz> (z. B. in schwerem Gelände)* • axle articulation

Achteck *n <math>* • octagon

achteckig *<math>* • octagonal

Achter *m <nav.sport>* • octuple scull

achteraus *<nav> (Richtung)* • astern; abaft

Achterbündel *n <energ.el> (Bündelleiter)* • eight conductor bundle

achterlich *<nav>* • abaft; aft

Achtermikrofon *n <av>* • bidirectional microphone

achtern *<nav> (Ortsangabe, hinten; Schiff, Luftschiff, Raumschiff)* • astern; aft

Achterschiff *n <nav>* • afterbody; afterquarter; aft ship *pract*; afterend arrangement *rare*

Achterverseilung *f <el>* • quad-pair twisting

achtfach *<allg>* • eightfold; octuple *thsc*

achtflächig *<math>* • octahedral

achtförmig *<allg>* • eight-shaped; 8-shaped

Achtkantschraube *f DIN ISO 1891 <füg>* • octagon bolt; octagonal head bolt

Achtung! *<doku> (Signalwort von Sicherheitshinweisen: Sachschadenrisiko)* • CAUTION

achtwertig *<chem>* • octavalent

Achtzylinder *m ugs <kfz> (Fahrzeug mit Achtzylindermotor)* • eight cylinder *coll*

Achtzylindermotor *m <kfz.mot> (bei Pkw typ. als V-8)* • 8-cylinder engine; 8-pot motor *GB.coll*

Achtzylinder-V-Motor *m* (V8) *<kfz.mot>* • V-eight engine (V8); eight-cylinder engine in a Vee configuration *form*; Vee-eight *pract*

Ackerboden *m <agri> (allg.; für Anbau geeignete Deckschicht)* • arable soil; topsoil; surface soil *rare*

Ackerboden *m <agri> (betont: bereits beackert)* • tilled soil

Ackerfräse *f <agri>* • tiller; cultivator

Ackerkrume *f <agri> (betont: oberste Schicht)* • surface soil

Ackerland *n <agri> (pflügbar)* • arable land; plow land *coll.US*; plough land *coll.GB*

Ackerschiene *f <agri> (am Traktor)* • tool bar; tractor linkage drawbar *form*

Ackerschleppe *f <agri>* • scrubber; leveler *US*; leveller *GB*; float

Ackerstriegel *m <agri>* • spring--toothed weeder

Acryl *n <kst>* • acrylic

Acrylabdeckung *f <kst> (klare Kunststoffhaube o. Ä.; z. B. für Lampen, Solarkollekt.; typ. PMMA)* • acrylic cover

Acrylamid *n <chem> (toxisch; z. B. in frittierten Nahrungsmitteln, Keksen, Knäckebrot)* • acrylamide solid *CCOHS*; acrylamide monomer; acrylic-acid amide; acrylic amide; vinyl amide

Acrylat *n <chem>* • acrylate

Acrylatklebstoff *m <füg> (z. B. verwendet für Tesafilm)* • acrylate adhesive

Acryl-Butadien-Kautschuk *m <kst>* • acrylate-butadiene rubber

Acrylfarbe *f <kunst> (Malerei)* • acrylic paint

Acrylfaser *f <textil.kst>* • acrylic fiber *US*; polyacrylonitrile fiber *thsc*; acrylic fibre *GB*

Acrylharz *n <kst>* • acrylic resin

Acryllack *m <obfl> (allg.)* • acrylic paint;

acrylic

Acryllack *m <obfl> (trocknet durch Verdunstung und Oxidation; kein Nachpolieren nötig)* • acrylic enamel

Acryllack *m <obfl> (Allzwecklack, trocknet durch Verdunstung; Nachpolieren nötig)* • acrylic lacquer

Acrylnitril *n <chem.petr>* • acrylonitrile

Acrylnitril-Butadien-Kautschuk *m <kst>* • acrylonitrile-butadiene rubber

Acrylnitril-Butadien-Styrol *n* (ABS) *<kst> (z. B. Ronfalin, Urtal, IMAC, Telloran)* • acrylonitrile-butadiene-styrene (ABS); acrylonitrile-butadiene-styrene polymer

Acrylnitril-(chloriertes Polyethylen)-Styrol *n* (ACS) *DIN EN ISO 6402 <kst>* • acrylonitrile-(chlorinated polyethylene)-styrene (ACS) *DIN EN ISO 6402*

Acrylnitril-(Ethylen-Propylen-Dien)-Styrol *n* (AEPDS) *DIN EN ISO 6402 <kst>* • acrylonitrile-(ethylene-propylene-diene)-styrene (AEPDS) *DIN EN ISO 6402*

Acrylnitril-Styrol-Acrylat *n* (ASA) *DIN EN ISO 6402 <kst>* • acrylonitrile-styrene-acrylate (ASA) *DIN EN ISO 6402*

Acrylnitril-Styrol-Acrylester *m* (ASA) *<kst>* • acrylonitrile-styrene-acrylate (ASA)

Acrylonitril-Styrol *n* (SAN) *<kst>* • acrylonitrile styrene (AS)

Actinium *n* (Ac) *<chem>* • actinium (Ac)

Actinoide *npl <chem> (seltene Erden; in Periodensystem: Kernladungszahl 89-103)* • actinides *pl*; actinoids *pl*; actinide series; actinoid elements *pl*

Actionfotografie *fsg <phot> (Teilbereich der Fotografie)* • action photography *sg*

Active Pixel Sensor *m* (APS) *<phot>* • active pixel sensor (APS); APS sensor *scien*

Adamantan *n <chem> (diamantähnliche kristalline Verbindung)* • adamantane

Adapter *m <tech.allg> (allg.; jede Form und Funktion)* • adapter

Adapter für DIN-Schienen *m <el> (zum Montieren von Komponenten auf DIN-Schienen; z. B. Sicherungen)* • DIN rail mounting bracket

Adapter für Kraft-Steckschlüsseleinsätze *m <wz>* • impact adapter; impact converter *rare*

Adapterkassette *f <av>* • adapter cassette

Adapterstecker *m <el>* • adapter plug

adaptive Bremsleuchte *f <kfz.el>* • adaptive brake lamp; progressive brake lamp; adaptive stop-lights system

adaptive Fahrwerksregelung *f <kfz>* • adaptive suspension control [system]; Computer Active Technology Suspension CATS *Jaguar*; adaptive suspension system

adaptive Frontbeleuchtung *f* (AFS) *<kfz.licht>* • adaptive front-lighting system (AFLS); adaptive forward-lighting system; advanced front-lighting system; adaptive front-light system; active front-lighting system

adaptive Frontscheinwerfer *mpl* (AFS) *:V <kfz.licht>* • adaptive front-lighting [system] (AFL) *Opel*; advanced front-light system AFS *VW*

adaptive Funktionen *fpl <msr> (z. B. einer Automatikgetriebesteuerung)* • adaptive functions

adaptive Getriebesteuerung *f* (AGS) *<kfz.msr> (von Automatikgetrieben)* • adaptive transmission control (ATC)

adaptive Regelung *f <msr>* • adaptive control; self-optimizing control

adaptives Bremslicht *n <kfz.licht>* • adaptive brake light

adaptive Schaltpunktsteuerung *f <kfz.msr> (von Automatikgetrieben)* • adaptive shift point control

adaptives Rücklicht *n :V <kfz> (Helligkeitsregelung je nach Sichtverhältnissen)* • adaptive tail light

Adaptronik *f <msr>* • adaptronics

addieren *vt <math> (Zahlen)* • add *vt*; sum [up] *vt coll*

addieren mit Übertrag *vi <math>* • add with carry *vi*

Addition *f <math> (allg.; Prozess und seine Aufzeichnung)* • addition

Additionspolymerisation als Kettenreaktion *f* (APK) *IUPAC <kst> (radikalisch, anionisch, kationisch oder stereospezifisch)* • addition polymerization *IUPAC*; chain-growth polymerization

Additionspolymerisation als Stufenreaktion *f* (APS) *IUPAC <kst>* • addition polymerization *IUPAC*; step-growth polymerization

Additionsübertrag *m <math>* • add carry

Additiv *n <tech.allg> (z. B. in Öl, Kraftstoff, Kühl-, Schmiermittel, Farben, Kunststoff)* • additive

Additiv *n <kst> (z. B. Antiblockmittel, -statikum, Cling-Additiv, Gleitmittel)* • additive

additive Farben *fpl <phys>* • additive colors *US*; additive colours *GB*

additive Farbmischung *f <phys> (Farbe)* • additive color mixing *US*; additive colour mixing *GB*; additive mixture of color stimuli *US*

Adduktion *f <tech.allg> (Heranziehen)* • adduction

Adenin *n* (A) *<chem.bio> (Base)* • adenine (A); aminopurine

Adenosindiphosphat *n* (ADP) *<chem.-bio>* • adenosine diphosphate (ADP)

Adenosintriphosphat *n* (ATP) *<chem.-bio>* • adenosine triphosphate (ATP)

Ader *f <bio>* • vein

Ader *f <el> (in einadrigem Kabel)* • cable core

Ader *f <el> (allg. Einzelleiter in Kabel)* • wire conductor

Ader *f <energ.el> (eines Kabels)* • core

Ader *f <opt.lwl>* • buffered fiber *US*; buffered fibre *GB*

Aderendhülse *f DIN 46228 <el>* • wire end sleeve; wire end ferrule; wire end tube

Aderisolierung *f <el> (Material und Vorgang)* • conductor insulation; core insulation

Aderkennzeichnung *f <el> (z. B. durch Noppen)* • conductor labeling

ädern *vt <obfl> (lederartig; z. B. Kunststoff)* • grain *vt*

Adernpaar *n <el> (z. B. in Twisted-Pair--Kabel)* • pair

Adhäsionsklebung *f <füg>* • adhesive bond

Adhäsionskraft *f <phys>* • adhesive force

adhäsives Greifsystem *n <prod> (z. B. an Roboter)* • adhesive gripping system

Ad-hoc-Netzwerk *n <comp> (Bluetooth)* • ad hoc network

Adiabate *f <phys> (therm.)* • adiabatic [curve]

adiabatisch *<phys.therm>* • adiabatic

adiabatische Zustandsänderung *f <phys>* • adiabatic change [of state]

adiatherman *<phys> (nicht wärmeleitend)* • athermous; athermanous; adiathermic; non-diathermic

Adipinsäure *f <chem.verf>* • adipic acid

Adjektivklasse *f <term>* • adjective class *ISO 12620*

administrativer Status *m <term>* • administrative status *ISO 12620*

Administratorrrechte *f <comp>* • administrator rights

Adressbereich *m <comp>* • address space; address range; memory address [space]

Adressbuch *n <logist>* • directory

Adresse *f <tech.allg>* • address

Adressenformat *n <allg>* • address format

Adressfeld *n <logist> (auf Briefbogen, Umschlag)* • address space

adressierbar *<allg>* • addressable

adressieren *vt <allg>* • address *vt*

Adressierung *f <allg>* • addressing

Adsorbat *n <verf> (nur die angelagerte Substanz, im Ggs. zum Adsorbens)* • adsorbate; adsorbed substance; adsorptive *rare*

Adsorbend *m <verf>* • substance to be adsorbed

Adsorbens *n pl*: **-zien**, **-tia**, **-tien** *<verf> (die aufnehmende Substanz)* • adsorbent; adsorbing substance

Adsorber *m <verf>* • adsorber

Adsorberharz *n <verf.ents>* • adsorber resin; scavenger resin

adsorbierbar *<phys>* • adsorbable

adsorbieren *vt <phys> (an der Oberfläche; z. B. von Filtern)* • adsorb *vt*

Adsorption *f <phys> (allg.)* • adsorption

Adsorptionsvermögen *n <phys>* • adsorption capacity; adsorption power

adstringierend *<nahr> (z. B. Wein)* • astringent

AEG-Waffe *f <mil> (Airsoft)* • automatic electric gun (AEG)

aerob *<ents>* • aerobic; oxybiotic *rare*

aerobe biologische Abbaubarkeit organischer Stoffe *f DIN EN ISO 9888 <ents>* • aerobic biodegradability of organic compunds *DIN EN ISO 9888*

aerobe Zersetzung *f <ents>* • aerobic decomposition; aerobic degradation

Aerodynamik *f <aerosp>* • aerodynamics *sg*
Aerodynamik *f <phys>* • aerodynamics *pl*
Aerodynamik-Anbauteile *npl <kfz> (Front-, Heckspoiler, Flügel, Schürzen etc.)* • ground effects package; body styling kit
aerodynamisch *<tech.allg>* • aerodynamic[al]
aerodynamischer Auftrieb *m <phys> (Aerodynamik; Luftfahrzeuge schwerer als Luft)* • aerodynamic lift; aerodynamic buoyancy *thsc*; dynamic lift *pract*
Aeroelastizität *f <aerosp> (Verformungen/Schwingungen durch Luftströmung)* • aeroelasticity
Aerometer *n <wz> (Dichtemessung von Gasen, Luft)* • aerometer
Aerosol *n <tech.allg> (Suspension von Partikeln mit vernachlässigbarer Sinkgeschwindigkeit)* • aerosol
Aerosoldose *f DIN 55 405 <pack>* • aerosol can
Aerosolflasche *f DIN 55 405 <pack>* • aerosol bottle
Aerosolgenerator *m <hlk>* • aerosol generator
aerosolieren *vi/vt <tech.allg>* • nebulize *vi/vt*
Aerosolzerstäuber *m <tech.allg>* • aerosol dispenser
AER-Versicherung *f <vers> (Mietwagen)* • accident excess reduction
Agar-Agar *n* (E 406) *<nahr> (Gel; Stabilisator, Verdickungsmittel, Klebstoff)* • agar (E 406); agar-agar
Agens *n wiss <chem> (allg.)* • agent
Agglomerat *n <mat> (zusammenhängende Partikel)* • agglomerate
agglomerieren *vt <tech.allg>* • agglomerate *vt*
agglutinieren *vi <tech.allg>* • agglutinate *vi*
agglutinieren *vt <tech.allg> (zusammenbacken)* • agglutinate *vt*
Aggregat *n <masch> (Kraftmaschine plus Arbeitsmaschine; z. B. Notstrom~, Pumpen~)* • unit; set *pract*; aggregate *rare*
Aggregation *f <tech.allg> (von Partikeln)* • aggregation
Aggregatzustand *m <phys> (fest, flüssig oder gasförmig)* • physical state of matter; state of matter; state of aggregation; physical aggregation state
Aggregatzustandsänderung *f <phys> (Schmelzen, Verdampfen, Kondensieren, Erstarren)* • change of state
aggressiv *<tech.allg> (z. B. Chemikalie, Umgebung)* • aggressive
aggressive Flüssigkeit *f <chem>* • aggressive liquid
aggressives Medium *n <verf>* • aggressive medium; aggressive agent
aggressives Wasser *n <verf>* • aggressive water
agil *<fz> (Fahrzeug)* • nimble; agile
Agrarchemikalien *fpl <chem> (25 % aller ~ eingesetzt im Baumwollanbau)* • agrochemicals
Agrarflugzeug *n <aerosp>* • agricultural aircraft
Agrartechnologie *f <agri>* • agricultural technology
Agrarwissenschaft *f <agri>* • agricultural science
AGR-Reaktor *m <nukl> (graphitmoderiert, CO_2-gekühlt; typisch in GB)* • advanced gas-cooled reactor (AGR)
Ahle *f <wz> (zum Lochstechen; z. B. in Leder; rund oder kantig)* • awl; bodkin; pricker
Ähnlichkeit *f <allg>* • similarity
Ailanthusspinner *m <textil>* • ailanthus silkworm
Airbag *m <kfz.sich> (der eigtl. Sack)* • air bag; air-bag cushion *rare*
Airbag *m <kfz.sich> (System)* • air bag; airbag; inflatable restraint
Airbag in der Kopfstütze *m <kfz.sich>* • head restraint air bag; head restraint bag
Airbag-Lenkrad *n <kfz>* • air-bag steering wheel
Airbag-Rückhaltesystem *n <kfz.sich> (Gesamtsystem; den Gurt ergänzendes Rückhaltesystem)* • air-bag supplemental restraint system (SRS); air-bag restraint system; supplemental restraint system; supplemental inflatable restraint system
Airbrush-Farbe *f <kunst>* • airbrush paint; concentrated pigmented fine airbrush paint *form*
Airbrushpistole *f <kunst.wz> (für Grafikarbeiten)* • airbrush gun; airbrush

coll; air gun *coll*; spray gun *form*; spraying pistol *rare*

Airbrush-Technik *f <kunst> (Maltechnik)* • airbrushing; airbrush *US*; spray painting *form*; airbrush painting; air-painting

Airless-Spritzen *n <obfl> (betont: durch hydraul. Druck)* • hydraulic spraying

Airless-Spritzen *n DIN EN ISO 4618 <obfl> (allg.)* • airless spraying *ISO 4618-3*

Airless-Spritzgerät *n <obfl.wz>* • airless spray gun

Airliftkrackverfahren *n <chem.verf>* • air-lift process

Air-slip-Verfahren *n <kst>* • air-slip forming

Airy'sches Beugungsscheibchen *n <phys>* • Airy diffraction disk *US*; diffraction disk *US*; diffraction disc *GB*

Akanthusblattkranz *m <bau> (Schmuck; z. B. an Korinthischem Kapitell)* • ring of acanthus leaves

Akaziengummi *n <chem> (typ. Gummiarabikum)* • acacia gum

Akklimatisierung *f <hlk> (an Klimasituation)* • acclimatization

Akkreditierung *f <qualit>* • accreditation

Akkubetrieb *m <tech.allg>* • battery operation

Akku-Bohrer *m <wz>* • cordless drill

Akku-Entriegelungstaste *f <av> (z. B. an Videokameras)* • battery eject button

Akkulampe *f <el>* • rechargeable flashlight *US*; rechargeable torch *GB*

Akkulaufzeit *f <phot>* • battery life

Akkulturation *f <allg>* • acculturation

Akkumulator *m <el> (wiederaufladbar; z. B. Bleiakku, NiCd, NiMH)* • storage battery; secondary battery *thsc*; accumulator battery *form*; rechargeable battery *did*; battery *pract*

Akkumulatorensäure *f <el>* • battery acid; storage battery acid

Akkumulatorplatte *f <el>* • battery plate

Akkumulatorzelle *f <el>* • battery cell; storage cell

Akkupack *m <el> (z. B. an Werkzeugen, Modellautos, Videokameras)* • battery pack; power supply *rare*

Akkuschrauber *m <wz>* • cordless screwdriver

Akku-Werkzeug *n <wz>* • electric tool battery driven; ETB [tool]

Akronym *n <term> (z. B. Modem, Laser, Radar)* • acronym *ISO 12620*

Aktenkoffer *m <doku>* • briefcase

Aktennotiz *f <doku>* • memorandum; memo *pract*; file memo[randum]

Aktionsrad *n <turb>* • impulse wheel

Aktionsradius *m <fz> (allg.; zivil)* • operating range; touring range *GB*; cruise range *US*

Aktionsradius *m <mil> (z. B. Panzer, Kampfflugzeug)* • cruising radius; fuel endurance; radius of action

aktiv *<tech.allg> (freigegeben; z. B. Funktion)* • enabled

aktiv *<tech.allg>* • active

Aktivator *m <tech.allg> (allg.; auch chem.)* • activator; promoter; promoting agent

Aktivator *m <chem> (für chem. Reaktionen; Katalysator)* • accelerator; accelerating agent; promoter; booster *coll*

aktive Federung *f <kfz>* • active body control (ABC)

aktive Geräuschreduzierung *f <akust> (durch Gegengeräusch-Lautsprecher)* • active noise control; noise cancellation

aktive Kopfstütze *f <kfz.innen>* • active head restraint; active headrest; crash-active headrest *DC*; dynamic head restraint

aktive Masse *f <el> (Batterie)* • active material

aktive Neigetechnik *f <bahn>* • active tilting system; active body tilt; forced tilt; active tilting

aktiver Bestandteil *m <tech.allg>* • active constituent

Aktiverde *f <chem>* • activated earth; active earth

aktiver Melder *m <alarm> (Einbruchwarnanlage)* • active intrusion sensor; active detector; active sensor

aktives Bauelement *n <el> (allg. spannungsführendes Bauteil)* • active component

aktives Geräuschreduzierungssystem *n* (ANS) *<kfz> (z. B. für Innengeräusch oder Auspufflärm)* • anti-noise system (ANS); noise cancellation system *Wal-*

ker; active noise-control system
aktives Hinterradlenksystem *n <kfz>* • active rear-wheel steering [system]
aktive Sicherheit *f <kfz.sich> (Unfallvermeidung)* • active safety; primary safety
aktives Rückhaltesystem *n <kfz.sich>* • active restraint system; active restraint
aktive Windnachführung *f <energ.-wind>* • active yaw; powered yaw
aktiv gekühlt *<tech.allg> (mit Lüfter, Pumpe)* • actively cooled
aktivierbares Beduftungsgerät *n <hlk>* • on demand scent dispersion system
aktivieren *vt <allg>* • activate *vt*
aktivieren *vt <comp> (Funktion; z. B. in Setup / Schaltung; z. B. mit Brücke / DIP-Schalter)* • enable *vt*
aktivieren *vt <navig> (z. B. einen Wegpunkt)* • activate *vt*
aktivieren *vt <nukl> (Material; z. B. durch Bestrahlung)* • radio-activate *vt*; activate *vt*
aktivieren *vt <obfl> (vor dem Phosphatieren bzw. Chromatieren)* • activate *vt*
Aktivierung *f <tech.allg>* • activation
Aktivkohle *f <verf> (allg.)* • activated carbon; activated charcoal; absorbent carbon *rare*
Aktivkohlebett *n <verf>* • charcoal bed
Aktivkohlefilter *m <verf> (allg.)* • activated carbon filter
Aktivlautsprecher *m <av> (mit eigenem Verstärker)* • active loudspeaker; active speaker *coll*
Aktiv-Matrix-OLED *n* (AMOLED) *<comp>* • active-matrix OLED (AMOLED)
Aktorhub *m <rls> (z. B. von Ventilen)* • actuator stroke
aktualisieren *vt <tech.allg> (z. B. Dokument, Software)* • update *vt*
aktualisierte Programmversion *f <comp> (Ergebnis des Aktualisierens)* • updated version [of a program]; update *pract*
Aktualisierung *f <allg>* • updating
Akustik *f DIN 1320 <akust> (als Disziplin, Teilbereich der Physik)* • acoustics
Akustik *f <akust> (als technische Disziplin)* • acoustical engineering; sound engineering
Akustikdecke *f <bau.innen>* • acoustic ceiling
Akustikgitarre *f <mus>* • acoustic guitar
Akustikkoppler *m <el> (z. B. zwischen Computer und Telefonleitung)* • acoustic coupler
Akustiklabor *n <akust>* • acoustic lab; sound lab *pract*; noise measurement laboratory *form*
Akustiklog *n <petr> (Exploration, Bodenuntersuchung)* • sonic log; acoustic log
Akustikmelder *m <alarm> (Einbruchmeldeanlage)* • acoustic glassbreak detector; acoustic glassbreak sensor; non-contact acoustic detector; audio discriminator; sound discriminator
akustisch *<akust> (akustisches Phänomen; z. B. Schwingung)* • acoustic
akustisch *<akust> (die Akustik betreffend; z. B. Methode, Techniker, Symbol, Glossar)* • acoustical
akustische Linse *f <av> (Lautsprecher)* • acoustic lens
akustischer Alarm *m <msr> (Meldeart)* • audible alarm; acoustic alarm
akustischer Entfernungsmesser *m <msr.akust>* • sound ranger
akustischer Sensor *m <msr>* • acoustic sensor
akustische Rückkopplung *f <av>* • acoustic feedback
akustisches Abscheiden *n <verf>* • sonic precipitation
akustische Schwingung *f <phys>* • acoustic vibration; acoustic oscillation; sound vibration; sound oscillation
akustisches Lot *n <msr>* • echo sounder
Akzent *m <druck> (Betonungszeichen)* • accent
Akzentbuchstabe *m <doku>* • accented letter; accentuated letter; accented character
Akzentlicht *n <licht> (stark gebündeltes Licht; z. B. mit Spotscheinwerfer)* • key light; accent light; directional light
Akzentuierung *f <el> (Vorverzerrung)* • pre-emphasis
akzeptabel *<qualit> (allg.; Ware, Material, Fehler)* • acceptable
Akzeptor *m <phys> (allg.; z. B. f. Elektronen)* • acceptor
Akzidenzarbeit *f <druck>* • jobbing

work

Akzidenzdruck *m* <*druck*> *(Privat-, Geschäfts- und Werbedrucksachen)* • job printing; commercial printing

Akzidenzmaschine *f* <*druck*> • jobbing press; commercial press; jobbing printing press

Akzidenzschrift *f* <*druck*> • jobbing type[face]

Alarm *m* <*msr*> *(Signal, Meldevorgang)* • alarm signal; alarm; alert

Alarmanlage *f* <*tech.allg*> • alarm system

Alarmanlage mit Fernbedienung *f* <*alarm*> • remote arming alarm system

Alarmbereitschaft *f* <*alarm*> *(Betriebszustand)* • alert condition; alarm readiness

Alarmdraht *m* <*alarm*> *(in Alarmfolie)* • lacing wire

Alarmdrahtglas *n* (ADG) <*alarm.mat*> • wired glass

Alarmempfangsstelle *f* <*alarm*> *(für Einbruch, Überfall, Feuer)* • monitoring station; monitoring center *US*; remote center *US*

Alarmfolie *f* <*alarm*> *(dünne Metallstreifen)* • foil tape; window foil; window tape; window strip

Alarmglas *n* <*alarm*> *(Oberbegriff)* • alarm glass

alarmieren *vt* <*alarm*> *(z. B. Polizei, Feuerwehr, Sicherheitspersonal)* • alarm *vt*; alert *vt*; warn *vt*

Alarmselbsthaltung *f* <*alarm*> • alarm hold; alarm memory; latch

Alarm-Sicherheitsfolie *f* <*alarm*> *(Kunststofffolie mit Alarmdrahteinlage; typ. für Fensterglas)* • wired polyethylene sheeting *:V*; alarm polythene sheeting *:V*

Alarmzustand *m* <*alarm*> • alarm condition

Alaun *m* <*chem.pap*> *(z. B. Kaliumalaun)* • alum

Alaunstein *m* <*chem*> • alunite; alumstone

Albedo *f* <*phys*> *(z. B. von Planeten, Satelliten)* • albedo

Albuminkleber *m* <*füg*> • albumin glue; blood glue *coll.obs*

Alcantara *n* (ALC) <*mat*> *(z. B. für Sitzbezug)* • Alcantara (ALC); Ultrasuede *US*

Aldehyd *m* <*chem*> • aldehyde

aldehydfrei <*chem*> • aldehyde-free

Aldrey *n* (Alx) <*energ.el*> • aluminium-magnesium-silicon alloy (Alx); aluminium alloy

Aldrey-Leiter *m* <*energ.el*> • aluminum-alloy conductor *US*; aluminium-alloy wire *GB*

Aldrey-Stahlseil *n* <*energ.el*> • aluminium-alloy conductor steel reinforced (AACSR)

Alexandrit *m* <*min*> • alexandrite

Alfin-Verfahren *n* <*metall*> • Alfin process; Al-Fin process

AlGaAs-Laser *m* <*opt*> • AlGaAs laser; Aluminum Gallium Arsenid laser

algebraische Oberfläche *f* <*comp*> *(z. B. bei CAD)* • algebraic surface; virtual surface

Algenbekämpfung *f* <*chem.verf*> *(z. B. in Tanks, Leitungen)* • algae control

Algenbekämpfungsmittel *n* <*chem*> • algaecide; algicide

Algenwachstum *n* <*bio*> • algal growth

Alginat *n* <*nahr*> *(Stabilisator)* • algin

algorithmisch <*math*> • algorithmic

Algorithmus *m* <*comp*> *(formale Beschreibung eines Lösungswegs)* • algorithm

Alhidade *f* <*opt*> *(z. B. ein Peilgerät mit Skala, Peilaufsatz auf Kompass)* • alidade; sight rule *coll*; index bar

Aliasing *n* <*comp*> *(pixelbedingt gezackte Linien und Kanten)* • aliasing

Aliasing *n* <*comp.av*> *(unerwünschter Effekt beim Digitalisieren analoger Signale)* • aliasing; foldover [effect]

Alicyclen *pl* <*chem*> • alicyclic compounds

Aliphaten *pl* <*chem*> • aliphatics

Aliphatenchemie *f* <*chem*> • aliphatic chemistry

aliphatisch <*chem*> *(z. B. Kohlenwasserstoffe)* • aliphatic; acyclic; acyclical; open-chain; open-chained

aliphatische Carbonsäure *f* <*chem*> • aliphatic carbonic acid; aliphatic acid

aliphatischer Kohlenwasserstoff *m* <*chem*> • aliphatic hydrocarbon

aliphatisches Polyamin *n* <*kst*> • aliphatic polyamine

aliphatische Verbindung *f* <*chem*> • aliphatic compound

alitieren *vt <metall>* • alitize *vt*
alitierter Stahl *m <mat>* • alitized steel
Alizarinprobe *f <chem.verf> (Milchuntersuchung)* • alizarin test
Alkali *n pl*: **-lien** *<chem> (arab. al-qaly 'Pottasche')* • alkali *pl*: -li[e]s
alkaliarm *<chem>* • low-alkali; poor in alkali
alkalibeständig *<qualit>* • alkali-resistant; resistant to alkali; alkali-fast; fast to alkali
alkalibildend *<chem>* • alkaligenous
Alkalielement *n <el>* • caustic soda cell
alkaliempfindlich *<qualit>* • alkali-sensitive; sensitive to alkali
Alkaligehalt *m <chem>* • alkali content
alkalihaltig *<chem>* • alkali-containing
Alkalikarbonat *n <chem>* • alkali carbonate
Alkali-Kieselsäure-Reaktion *f* (AKR) *<bau> (Beton)* • alkali-silica reactivity (ASR); concrete cancer *pract*; alkaline corrosion of concrete *rare*
alkalilöslich *<chem>* • alkali-soluble; soluble in alkali
Alkalimetalle *npl <chem> (Elemente der 1. Hauptgruppe: Li, Na, K, Rb, Cs, Fr)* • alkali metals
Alkalimetallpolymerisat *n <kst>* • alkali metal polymer
Alkalisalz *n <chem>* • alkali salt
alkalisch *<chem> (pH-Wert > 7)* • alkaline; basic
alkalisch aufgeschlossener Zellstoff *m <pap>* • alkali pulp; alkaline-cooked pulp
alkalische Batterie *f <el>* • alkaline battery; alkaline cell
alkalische Brennstoffzelle *f* (A-BZ) *<el>* • alkaline fuel cell (AFC)
alkalische Fallfilm-Brennstoffzelle *f Hoechst <el>* • alkaline falling-film fuel cell (FFFC) *Hoechst*
alkalische Reaktion *f <chem.verf>* • alkaline reaction
alkalische Zelle *f <el>* • alkaline cell
alkalisieren *vt <chem>* • alkalize *vt*; alkalinize *vt*; alkalify *vt*; make alkaline *vt*
Alkalität *f <chem>* • alkalinity
Alkaloid *n <chem>* • alkaloid
Alkaloidvergiftung *f <med>* • alkaloid poisoning
Alkanreihe *f <chem>* • alkane series; alkane family; paraffine series
Alken *n IUPAC <chem> (ungesättigter aliphatischer Kohlenwasserstoff)* • alkene *IUPAC*; olefin *pract*; monoolefin; olefin hydrocarbon
Alkenreihe *f <chem>* • alkene series; alkene family; olefin series
Alkin *n IUPAC <chem.petr> (ungesättigter aliphatischer Kohlenwasserstoff)* • alkyne *IUPAC*; alkine; acetylenic hydrocarbon; unsaturated aliphatic hydrocarbon
Alkohol *m <chem> (allg.)* • alcohol
Alkohol am Steuer *<verk>* • drinking and driving
Alkoholentwöhnungsmittel *n <pharm> (z. B. Antabus)* • alcohol-abuse deterrent; alcohol deterrent
alkoholfrei *<nahr> (z. B. Getränk)* • non--alcoholic; alcohol-free
Alkoholgehalt *m <chem>* • alcohol content; alcohol concentration; alcoholic content *rare*
alkoholhaltig *<nahr> (z. B. Getränk)* • alcoholic
Alkohol-Interlock *n <kfz> (promilleabhängige Wegfahrsperre)* • Alcolock
alkoholisches Getränk *n <nahr>* • liquor; alcoholic beverage
Alkoholprobe *f <msr> (allg.)* • alcohol test
Alkoholtest *m <verk.chem>* • breathalyzer test; breath test *coll*
Alkoholtester *m <verk.chem> (zum Pusten)* • breathalyzer
Alkydharz *n <chem>* • alkyd; alkyd resin
Alkydharzanstrichstoff *m <obfl>* • alkyd paint
Alkydharzeinbrennlack *m <obfl>* • alkyd-stoving enamel
Alkydharzlack *m <obfl>* • alkyd enamel
Alkyl *n <chem> (einwertiger Kohlenwasserstoffrest)* • alkyl
Alkylphenolharz *n <chem>* • alkylphenol resin
Allee *f <verk> (baumgesäumte breite, große Straße in Stadt)* • tree-lined avenue; tree-lined boulevard
Allee *f <verk> (mit Bäumen od. Büschen gesäumter Fußweg in Parks, Gärten)* • allee; xystus; alley
Allee *f <verk> (baumgesäumte Straße außerhalb v. Ortschaften)* • tree-lined highway
alle Extras *<kfz> (Gebrauchtwagen mit*

Sonderaustattungsmerkmalen) • all refinements; fully equipped

Alleinerfinder *m* <*jur*> • sole inventor

Alleinfuttermittel *n* <*agri*> • complete feed

Alleinlizenz *f* <*jur*> *(Patent)* • exclusive license; sole license

Alleinverwertung *f* <*jur*> • exclusive right of exploitation

Allel *n* <*med.jur*> *(DNA-Abschnitt)* • allele

allelische Leiter *f* <*med.jur*> *(DNA-Analyse)* • allele ladder

Allergen *n* <*med*> • allergen

Allergie *f* <*med*> • allergy

allergisch <*med*> • allergic

allergisches berufsbedingtes Asthma *n* <*med*> • allergic occupational asthma

Allesförderer *m* <*agri*> *(Gebläseförderer; z. B. für Häcksel, Heu)* • universal blower

Allesförderer *m* <*förd*> *(allg.)* • general-purpose elevator

Alleskleber *m* <*füg*> *(z. B. UHU)* • general-purpose adhesive; all-purpose adhesive; universal adhesive *rare*

Alles-rot-Phase *f* <*verk*> *(Lichtsignalsteuerung)* • all-red period

Allgebrauchslampe *f* <*licht*> • general-service lamp; general-lighting service lamp; GLS lamp

Allgemeine Luftfahrt *f* <*aerosp*> • General Aviation (GA)

allgemeine Relativitätstheorie *f* <*phys*> • general theory of relativity

allgemeines Zugangsprofil *n* (GAP) *DIN EN 300474* <*comp.tele*> • generic access profile (GAP) *DIN EN 300474*

Alligatorschere *f* <*wz*> *(mit Übersetzung; z. B. für Blech)* • alligator shear

allmählich abfallen *vi* <*geo*> *(z. B. Gelände)* • shelve *vi*

allmählich abnehmen *vi* <*allg*> • decrease gradually *vi*

allochthon <*geo*> • allochthonous

allogene Gefäßprothese *f* <*med.tech*> • allogenic vascular graft; vascular allograft; vascular homograft

allogene Herzklappe *f* <*med.tech*> *(Herzklappenersatz)* • allograft valve [substitute]; homograft valve [replacement]; allograft cardiac valve; tissue valve; cadaveric valve *pract*

allogene Prothese *f* <*med.tech*> • allograft; allogenic graft; homograft

Allokation *f* <*energ.gas*> *(von Gasmengen auf Transportkunden)* • allocation; attribution

allokieren *vt* <*ökon*> *(Produkte; z. B. Gasmenge, auf Kunden)* • allocate *vt*; attribute *vt*

alloplastischer Gefäßersatz *m* <*med.tech*> *(Gefäßprothese, Patch)* • synthetic vascular graft; synthetic vessel substitute; synthetic vascular replacement; alloplastic vascular replacement *rare*

allotrop <*chem*> • allotropic

Allpassfilter *n* (APF) <*av*> • all-pass filter (APF)

Allradantrieb *m* <*kfz.antr*> *(bei vier Rädern; typischer Fall)* • four wheel drive (4WD); 4x4 drive; 4-by-4 drive

Allradantrieb *m* <*nfz.antr*> *(jede Anzahl von Rädern)* • all-wheel drive (AWD)

Allradfahrzeug *n* <*kfz*> *(vierrädrig)* • four wheel drive vehicle; four wheeler; 4wd vehicle; 4x4 vehicle; 4-by-4 [vehicle]

Allradfahrzeug *n* <*kfz*> *(allg.; jede Radanzahl)* • all-wheel drive vehicle; awd vehicle

Allradlenkung *f* <*nfz*> *(z. B. von mehrachsigen Schwerlast-Lkw)* • coordinated steer

Allschriftleser *m* <*comp*> • omni-font reader

allseitig bearbeiten *vt* <*prod*> • machine all over *vt*

Alltagstauglichkeit *f* <*tech.allg*> *(von Produkten; z. B. eines Autos)* • everyday practicality; suitability for day-to-day use; adaptability to everyday use; suitability for everyday purposes

All-Terrain-Bike *n* (ATB) <*fz*> *(wie MTB + Beleuchtung)* • all-terrain bike (ATB)

All-Terrain-Kran *m* <*bau.masch*> • all-terrain crane (ATEC)

Allwellenempfang *m* <*tele*> *(Abdeckung aller Frequenzbereiche; Funk, Radio)* • general radio coverage

Allwetterabfangjäger *m* <*mil*> • all-weather interceptor

Allwetter-Anzug *m* <*bekl*> *(z. B. Arbeitsanzug, Motorradkombi)* • all-weather suit

Allwetterkampfflugzeug *n* <*mil*> • all-weather fighter

Allylharz *n <kst>* • allyl resin
Almandin *m <min> (violette Varietät des Granats)* • almandine; American ruby *pract.coll*; candy spinel *pract.coll*
Alpakawolle *f <textil>* • alpaca wool; alpaca
Alphaaktivität *f <nukl>* • alpha radioactivity; alpha activity
alphabetisches Zeichen *n <tech.allg>* • alphabetic character; letter *coll*
Alphaeisen *n <metall>* • alpha iron
Alphaeisenmischkristalle *mpl <metall>* • alpha-iron solid solution
Alpha-Helix *f <bio.chem> (Proteinstruktur)* • alpha helix *pl*: -ces
alphanumerisch *<comp>* • alphanumeric (A/N); alphameric *rare*
alphanumerischer Code *m <autom>* • alphanumerical code
alphanumerisches Tastenfeld *n <tech.allg>* • alphanumeric keypad
alphanumerisches Zeichen *n <tech.allg>* • alphanumeric character
Alphastrahl *m <nukl>* • alpha ray
Alphastrahlung *f <nukl>* • alpha radiation; alpha emission *rare*
Alphateilchen *n <nukl>* • alpha particle
Alpha-Umschlingung *f <av> (Videoband)* • alpha wrap; alpha tape guidance; a-wrap
alt *<allg> (Lebewesen, Gegenstände, Verfahren etc.)* • old
alt *<allg> (positiv konnotiert, wertvoll; z. B. Wein, Antiquität)* • vintage
Altablagerung *f <ents> (stillgelegte Anlage zum Ablagern von Abfällen)* • abandoned waste-disposal site *BMFT*
Altautoverordnung *f* (AltautoV) *<kfz.ents>* • end-of-life vehicle act (ELV Act)
Altblei *n <ents>* • lead scrap *[led]*; scrap lead *[led]*
Altbohrung *f <geo.therm> (z. B. aus Erdöl- oder Erdgassuche)* • existing borehole; pre-existing borehole; existing hole
alte Ausführung *f <tech.allg>* • early type
Alter *n <allg>* • age
ältere Anmeldung *f <jur> (Patent)* • prior application
altern *vi <qualit> (reifen; besser werden; z. B. Wein)* • mature *vi*
altern *vi <qualit> (schlechter werden; z. B. Material)* • deteriorate *vi*
altern *vi <qualit> (allg.)* • age *vi*
altern *vt <metall> (Leichtmetall)* • age-harden *vt*
alternativer Kraftstoff *m <kfz> (als Ersatz für Benzin und Diesel)* • alternative fuel; alternate fuel
Alternator *m ISAD <kfz.el> (Drehstromgenerator und Startermotor integriert)* • alternator
Altersbestimmung *f <phys> (von Gegenständen)* • age determination; dating *pract*
Altersbestimmung nach der Rubidium-Strontium-Methode *f <phys>* • rubidium-strontium method of dating
Alterssichtigkeit *f <med>* • presbyopia
Alterung *f <holz>* • seasoning
Alterung *f <pap>* • aging *US*; ageing *GB*
Alterung *f <qualit> (bei Alu; erwünschter Effekt)* • age-hardening
Alterung *f DIN 50035 <qualit.mat> (allg.; erwünscht oder unerwünscht; z. B. v. Kunststoff, Stahl, Wein, Öl)* • aging *US*; ageing *GB*
Alterung durch Lichteinwirkung *f <mat>* • light aging *US*; light ageing *GB*
Alterungsausfall *m <qualit> (von Verschleißteilen; z. B. Drahtseil, Elektronik, Keilriemen)* • wear-out failure
alterungsbeständig *<qualit.mat>* • resistant to aging *US*; resistant to ageing *GB*; non-aging *US*; non-ageing *GB*; stable
Alterungsbeständigkeit *f <tech.allg> (z. B. von Werk-, Anstrich-, Schmierstoffen)* • aging stability *US*; ageing stability *GB*; aging characteristics *US*; ageing characteristics *GB*
Alterungsbeständigkeit *f <rls>* • aging resistance *US*; ageing resistance *GB*; aging stability *US*; ageing stability *GB*
alterungsempfindlich *<qualit.mat>* • susceptible to aging *US*; susceptible to ageing *GB*
alterungsunempfindlich *<mat>* • insusceptible to aging *US*; insusceptible to ageing *GB*
alter Wein *m <nahr>* • aged wine; old wine
Altfahrzeug *n <kfz.ents>* • end-of-life vehicle (ELV); wrecked car; scrap car;

junk car *coll*

Altfahrzeugverwerter *m <kfz.ents>* • vehicle recycling operator

Altgas *n <verbr> (nach Verbrennung)* • spent gas; exhaust gas

Altglas *nsg <ents.silik>* • waste glass

Altglascontainer *m <ents>* • bottle bank; waste glass container

Altglasverwertung *fsg <ents.silik>* • waste glass recycling

Alt-Gr-Taste *f <comp> (rechts)* • Alt Gr key; Alternate Gr key *did*

Altgummi *m <ents>* • scrap rubber; rubber waste; rubber scrap

Altholz *n <holz>* • mature wood

Altlast *f <ents> (Altablagerungen; z. B. Gelände mit Giftmüll)* • abandoned hazardous-waste site *US*; inactive hazardous-waste site *US*

Altlast *f <ökol> (potentiell oder tatsächl. kontaminierter Ort; z. B. ehem. Chemiefabrik)* • abandoned hazardous site *BMFT*; problem site; polluted area

Altlasten *fpl <allg> (historische Belastung; metaphorisch)* • historical burdens

Altlastensanierung *f <ents>* • hazardous waste cleanup; hazardous waste remediation; problem site cleanup

Altlast, für die kein Verursacher vorliegt *f <ents>* • orphan site

Altmaterial *n <ents> (allg. gebraucht, benutzt)* • used material

Altmetall *n <ents>* • scrap metal; metal scrap

altmodisch *<allg> (Design, Stil, Mode, Arbeitsgeräte, Arbeitsweise etc.; meist negativ)* • old-fashioned

Altöl *n <tribo.ents>* • used oil; waste oil

Altölaufbereitung *f <ents>* • oil reclamation

Altölbeseitigung *f <tribo.ents>* • used oil disposal

Altölverwertung *f <ents>* • recycling of used oil

Altpapier *n DIN EN 643 <pap.ents> (Makulatur, Papier nach Gebrauch; z. B. im Papiermüll)* • waste paper; postconsumer waste paper *form*; old paper *coll*

Altpapier *n <pap.prod> (betont: gesammelt zur Wiederverwertung, Grundstoff)* • recovered paper

Altpapieranteil *m <pap.ents> (in Recyclingpapier; variiert von Land zu Land)* • waste fiber content; waste paper content

Altpapieraufbereitung *f <pap.prod>* • waste-paper recovery; waste paper processing; waste paper stock preparation

Altpapiercontainer *m <pap.ents>* • waste paper container

Altpapier-Rücklaufquote *f <pap.ents>* • waste paper recycling ratio

Altreifen *m DIN EN 14243 <tech.allg> (Recycling)* • post-consumer tire *EN 14243*; post-consumer tyre *GB*

Altreifen *m <fz.ents> (bereits ausgemustert)* • discarded tire; worn-out tire; worn tire *pract*; used tire *coll*; scrap tire *rare*

Altrohr *n <ents.hydr> (Rohr, das in der geschlossenen Bauweise erneuert wird)* • carrier pipe

Altsand *m <metall.ents> (aus Gießerei)* • used foundry sand

Altsand *m <prod.ents> (allg.)* • used sand

Altsandaufbereitung *f <metall> (Gießerei)* • sand reclamation; sand recovery

Altschliff *m <bekl.min> (Diamant-Schliffart)* • antique cut; cushion cut

Altstandort *m <ökol>* • abandoned industrial site *BMFT*

Alt-Taste *f <comp> (links)* • Alt-key; Alternate key *did*

Alttoner *n <druck> (betont: geklumpt, nicht mehr aktivierbar)* • caked toner

Alttoner *n <druck> (allg.; Laserdrucker, Kopierer)* • waste toner

Altwasser *n DIN 4047-3 <geo.hydr>* • bayou

Altwolle *f <ents>* • reused wool

Alumetieren *n <obfl>* • alumetizing

Aluminieren *n <obfl>* • aluminizing

aluminisiert *<obfl> (z. B. Auspuffrohre)* • aluminized

Aluminium *n* (Al) *<chem> (Element; betont: genau dieses Leichtmetall)* • aluminum (Al) *US*; aluminium *GB*

aluminiumberuhigter Stahl *m <metall>* • aluminum-killed steel *US*; aluminium-killed steel *GB*

Aluminiumblech *n DIN 55 405 <bau.-mat>* • aluminum sheet *US*; aluminium sheet *GB*; sheet aluminum *US*; sheet aluminium *GB*

Aluminiumbronze *f <obfl> (Anstrichstoff)* • aluminum paint *US*; aluminium paint *GB*; aluminum bronze *US.coll*; aluminium bronze *GB.coll*

Aluminiumchinolat *n <comp> (für OLEDs)* • aluminum chelate *US*; aluminium chelate *GB*

Aluminiumdraht *m <agri> (Floristik)* • aluminum florist wire *US*; aluminum floral wire *US*; aluminium florist wire *GB*; aluminium floral wire *GB*

Aluminiumdruckguss *m <metall>* • aluminum die casting *US*; aluminium die casting *GB*

Aluminium-Druckguss *m <mat>* • die-cast aluminum *US*; die-cast aluminium *GB*

Aluminiumfenster *n <bau>* • aluminum window *US*; aluminium window *GB*

Aluminiumfolie *f DIN 55 405 <mat>* • aluminum foil *US*; aluminium foil *GB*

Aluminiumguss *m <metall>* • cast aluminum *US*; cast aluminium *GB*

Aluminiumgussteil *n <metall>* • aluminum casting *US*; aluminium casting *GB*

Aluminium-Karosserie *f <kfz>* • aluminum body *US*; aluminium body *GB*; alloy body *pract*

aluminiumlegiert *<metall>* • aluminum-alloyed *US*; aluminium-alloyed *GB*

Aluminiumlegierung *f DIN EN 12258 <metall>* • aluminum alloy *US*; aluminium alloy *GB*

Aluminiumleiter *m <energ.el>* • aluminum conductor *US*; aluminium wire *GB*

Aluminium-Messing *n <mat> (z. B. für Euro-Münzen)* • aluminum brass *US*; aluminium brass *GB*

Aluminiumoxid *n <silik>* (Al_2O_3) • alumina; aluminum oxide *US*; aluminium oxide *GB*

Aluminiumoxidschneide *f <wz>* • aluminum-oxide tool tip *US*; aluminium-oxide tool tip *GB*

Aluminium-Profil *n <bau.mat>* • aluminum section *US*; aluminium section *GB*

Aluminiumraffination *f <metall>* • aluminum refining *US*; aluminium refining *GB*

Aluminium-Schaum *m <mat> (z. B. in Sandwichstrukturen)* • aluminum foam *US*; aluminium foam *GB*; alloy foam *pract*

Aluminiumschaum-Sandwich *n* (ASS) *<kfz>* • aluminum-foam sandwich (AFS) *US*; aluminium-foam sandwich *GB*

Aluminiumschrott *m <ents>* • aluminum scrap *US*; aluminium scrap *GB*; scrap aluminum *US*; scrap aluminium *GB*

Aluminiumseil *n <energ.el> (für Freileitungen)* • all-aluminum conductor (AAC) *US*; aluminium conductor *GB*; stranded aluminum conductor *US*; stranded aluminium conductor *GB*; aluminium rope *coll.rare*

Aluminium-Stahlseil *n <energ.el>* • aluminum conductor steel reinforced (ACSR) *US*

Aluminium-Stehleiter *f <bau>* • aluminum stepladder *US*; aluminium stepladder *GB*; alloy step ladder

Aluminium-Strangpressprofil *n <bau.-mat>* • extruded aluminum profile *US*; aluminum extruded profile *US*; aluminium extruded section *GB*; aluminum extruded section *US*; aluminium extruded profile *GB*

Aluminiumtoxizität *f <ökol> (Bodenversauerung)* • aluminum toxicity *US*; aluminium toxicity *GB*

aluminiumüberzogen *<obfl>* • aluminum-coated *US*; aluminium-coated *GB*

Always-on-Verbindung *f <tele> (bei GPRS; z. B. für Instant Messenger)* • always-on connection

Amalgamation *f <metall>* • amalgamation

Amalgam-Füllung *f <med>* • amalgam filling

amalgamieren *vt <prod>* • amalgamate *vt*

A-Mast *m <energ.el>* • A-type pole; A-shaped pole; A-pole

Amateurfotografie *fsg <phot> (Teilbereich der Fotografie)* • amateur photography *sg*

Amateurfunkband *n <tele>* • amateur radio band; amateur radio frequency band

Ambientebeleuchtung *f <kfz.licht> (Innenbeleuchtung)* • ambient lighting

Amboss *m <tech.allg>* • anvil

Amboss *m <msr> (Bügelmessschraube)* • fixed end

Ambossbahn *f <metall.wz> (ebene Oberseite eines Ambosses)* • anvil face; face *pract*; anvil top face *rare*

Ambosshilfswerkzeug *n <metall.wz> (zum Einstecken in Ambossvierkantloch)* • hardie

Ambosskontakt *m <kfz.el> (Unterbrecherkontakt)* • stationary contact; fixed contact *pract*; stationary arm

Ambossrundhorn *n <wz>* • anvil beak

Ambossrundloch *n <metall.wz> (in Ambossbahn; z. B. für Sperrhorn)* • pritchel hole; anvil pritchel hole

Ambossstock *m <wz>* • anvil block; anvil body; anvil stand

Ambossvierkantloch *n <wz> (für Ambosshilfswerkzeuge; z. B. für Abschrot, Spitzstöckel)* • anvil hardie hole; square hardie hole; hardie hole *pract*; hardy hole *pract*

Ameisenbekämpfungsmittel *n <chem>* • ant poison

Ameisensäure *f <chem>* • formic acid

Americium *n* (Am) *<chem>* • americium (Am)

amerikanischer Polizeihelm *m <kfz.bekl>* • police style helmet *US*

Amerikanisches Buttress-Gewinde *n <masch>* • American buttress (ABUTT); American National Standard buttress inch screw thread

Amerikanisches Gasgewinde *n <rls>* • national gas outlet thread (NGO)

Amerikanisches Gewinde für Mikroskopobjektive *n <masch>* • American Standard microscope objective thread (AMO) *ANSI B1.11*

Amerikanisches kegeliges Rohrgewinde *n <rls> (allg.)* • American Standard taper pipe thread (NPT) *ANSI B1.20.1*; ANPT

Amerikanisches kegeliges Rohrgewinde *n <rls.aerosp>* • aeronautical national form taper pipe thread (ANPT)

Amerikanisches Nummerngewinde *n <masch> (Unified-System)* • American number thread

Amerikanisches Rohrgewinde *n <masch>* • American Standard hose coupling thread *ANSI B1.20.7*; hose coupling thread

amerikanisches Verdeck *n <kfz> (aus Segeltuch; für Roadster etc.)* • American canvas top

Amerikanisches zylindrisches Gasgewinde *n* (NGS) *<rls>* • national gas straight thread (NGS)

Amerikanisches zylindrisches Rohrgewinde *n <rls> (allg.)* • American Standard straight pipe thread (NPS) *ANSI B1.20.1*; American parallel pipe thread

amerikanische Tonne *f <phys> (0,907 metrische Tonne; 2000 Pounds)* • short ton *US*; ton *US.coll*

Amerikanische Windmühle *f <energ.wind> (Langsamläufer, zum Wasserpumpen)* • American farm windmill; American windmill

Amethyst *m <mat>* • amethyst

Amid *n <chem>* • amide

Amin *n <chem>* • amine

Aminogruppe *f <chem> (NH_2-)* • amino group; amino residue

Aminoplast *m <kst>* • amino resin

Aminosäure *f <chem>* • amino acid

Aminosäurekette *f <chem>* • amino acid chain

Aminosäurerest *m <chem>* • amino-acid residue

Aminotriazol *n <chem.agri>* • aminotriazole

Amitrol *n <chem.agri>* • amitrole

Ammoniak *n <chem> (NH_3; stechend riechendes, farbloses Gas; stark alkalisch)* • ammonia

Ammoniakabwasser *n <ents>* • ammonia waste liquor; spent ammonia liquor

Ammoniakbegasung *f <chem> (z. B. von Formaldehydquellen)* • ammonia fumigation

Ammoniakkältemaschine *f <verf>* • ammonia refrigerator; ammonia refrigerating machine

Ammoniaklösung *f <chem> (NH_4OH; in Wasser gelöstes Ammoniakgas)* • ammonia solution; ammonium hydroxide *thsc*; aqueous ammonia *did*; household ammonia; ammonia water *coll*

Ammoniak-Soda-Verfahren *n <chem.verf>* • ammonia soda process; Solvay's ammonia soda process

Ammonium *n <chem>* • ammonium

Ammoniumdinitramid *n* (ADN) *<spreng>* • ammonium dinitramide (ADN)

Ammoniumhydrogencarbonat *n* (E503) *<chem.nahr> (als Backtriebmittel)* • ammonium hydrogen carbonate

Ammoniumsulfat *n <chem> (z. B. für Dünger)* • ammonium sulfate

amorph *<tech.allg>* • amorphous; shapeless; unstructured

amorphes Silicium *n* (a-Si) *<mat> (mit ungeordneter Kristallstruktur; z. B. für Wafer, Photozellen)* • amorphous silicon (a-Si); hydrogenated amorphous silicon *obs*

Amortisation *f <ökon>* • repayment

amortisieren *vr <ökon>* • pay back *vi*; pay off *vi*

Ampelüberwachung *f <verk>* • traffic signal camera

Ampere *n* (A) *<el>* • ampere (A); amp *coll*

Amperemeter *n <msr>* • ampere meter; ammeter *pract*

Amperesekunde *f <phys> (Einheit der elektr. Ladung)* • coulomb; ampere--second

Amphetamin *n <chem> (z. B. Methadrin, Benzedrin, Dexedrin)* • amphetamine

Amphibienfahrzeug *n <kfz> (meist für milit. Zwecke)* • amphibious vehicle; duck *US*

Amphibienflugzeug *n <aerosp>* • amphibious aircraft

amphibisch *<tech.allg>* • amphibious

Amphibol *m <min> (als Oberbegriff; u. a. Asbest, Hornblende)* • amphibole

Ampholyt *m <chem>* • ampholyte

Amplitude *f DIN IEC 50 <phys> (Größtwert einer sinusförmigen Größe; maximaler Schwingungsausschlag)* • amplitude *DIN IEC 50*

Amplitudenmodulation *f* (AM) *<el> (Prinzip)* • amplitude modulation (AM)

Ampulle *f DIN 55 405 <med.tech>* • ampule *US*; ampul *US*; ampoule *GB*

Ampullenspritze *f DIN EN ISO21533 <med>* • cartridge syringe *DIN EN ISO21533*

Amtsfreizeichen *n <tele> (Signal für freie Telefonleitung nach außen)* • exchange tone

Amtsgespräch *n <tele>* • external call; exchange line call *obs*

Amtssprache *f <allg>* • official language

Amwindkurs *m <nav>* • close-hauled course

Amylgruppe *f <chem> (allg.)* • amyl group

Anabolismus *m <bio>* • anabolism; constructive metabolism

anaerob *<bio.chem> (ohne Sauerstoff)* • anaerobic

anaerobe Bakterien *fpl <agri>* • anaerobic bacteria *pl*

anaerobe Fermentation *f <agri.tech>* • anaerobic fermentation; anaerobic digestion

anaerobe Zersetzung *f <ents>* • anaerobic decomposition; anaerobic degradation

Analgetikum *n <pharm>* • analgesic

anallaktisch *<opt>* • anallactic

analog *<tech.allg>* • analog *adj US*; analogue *adj GB*

Analoganzeige *f <msr> (allg.)* • analog display

Analogausgabe *f <el>* • analog output

Analogausgang *m <el>* • analog output

analog/digital (A/D) *<comp>* • analog/digital (A/D)

Analog-Digital-Umsetzer *m* (ADU) *<comp>* • analog-to-digital converter (ADC) *US*; A/D converter; analog-digital converter *US*; digitizer *US*; analogue-digital converter *GB*

Analog-Digital-Wandlung *f <comp> (z. B. bei Soundkarten)* • analog-to--digital conversion; AD conversion; A-to-D conversion; analog-digital conversion; digitization

Analogeingabe *f <el>* • analog input

Analogeingang *m <el>* • analog input

analoge Messwerterfassung *f <msr>* • analog-data logging

analoge Regelung *f <msr> (mit Analogsignalen)* • analog control

analoge Schaltung *f <el>* • analog circuit

analoges Mobilfunknetz *n <tele> (C-Netz)* • analog cellular radio system

analoges Signal *n <msr>* • analog signal

analoge Steuerung *f <msr> (mit Analogsignalen)* • analog control

Analogfarbbildschirm *m <comp>* • color analog display *US*; colour analog display *GB*

Analogie *f <allg>* • analogy

Analog-Kombiinstrument *n <kfz.msr>* • analog cluster; needles-and-numbers cluster *coll*
Analogverstärker *m* (VCA) *<el>* • voltage-controlled amplifier (VCA); analog amplifier; analogue amplifier
Analysator *m <tech.allg>* • analyzer *US*; analyser *GB*
Analyse *f <tech.allg> (allg.; Vorgang und Ergebnis)* • analysis
Analyse *f <metall> (von Legierungen und Erzen)* • assay
analysenrein *<chem>* • analytical-grade; reagent-grade
Analysenwaage *f <metall.msr>* • assay balance
analysieren *vt <allg> (kritisch, genau, im Detail)* • analyze *vt US*; analyse *vt GB*
Analytiker *m <chem>* • analytical chemist
analytisch *<allg>* • analytic[al]
analytische Chemie *f <chem>* • analytical chemistry
analytische Geometrie *f <math>* • analytical geometry; Cartesian geometry
Anämie *f <bio> (Absinken der Erythrozytenzahl)* • anemia *US*; anaemia *GB*
Anamnese *f <med.bio> (Krankenvorgeschichte)* • anamnesis
Ananas-Schneider *m <gastr.wz>* • pineapple cutter
Anaphorese *f <chem> (Teilchenwanderung)* • anaphoresis
Anaphoresegrundierung *f <obfl> (Vorgang)* • anodic electro-priming; anodic electro-application of primer; anaphoretic priming
Anaphoreselack *m <obfl>* • anodic electrocoat primer; anodic electrodeposition primer
Anaphoreseschicht *f <obfl>* • anaphoretic coat; anaphoretic coating
Anaphoresetauchgrundierung *f <obfl> (Schicht)* • anaphoretic dip primer coat
Anaphoresetauchgrundierung *f <obfl> (Vorgang)* • anaphoretic dip priming
anaphoretische Lackapplikation *f <obfl> (allg.)* • anodic electropainting; anaphoresis
anaphylaktischer Schock *m <med.-bio>* • anaphylactic shock
Anästhesie- und Beatmungsgeräte *npl DIN EN 13014 <med.tech>* • anaesthetic and respiratory equipment *DIN EN 13014*
anatomische Prothesen *fpl <mech.-tech> (z. B. künstl. Nasen, Ohren)* • ana-plastic prosthetics
Anätzen *n <obfl> (zur Pittingbildung)* • etch pitting
Anätzen *n <obfl> (z. B. als Vorbehandlung von Oberflächen)* • pre-etching
Anbackung *f <rls> (von Schlamm, Sedimenten; z. B. in Leitungen, Fittings, Filtern)* • sludge caking; caking
Anbau *m <agri> (z. B. von Getreide, Gemüse, Obst)* • cultivation; growing
Anbau *m <bau> (an Gebäude)* • annex; addition; extension
Anbau *m <bau> (betont: Hilfs- oder Ergänzungsfunktion eines Gebäudeanbaus)* • supplementary building
Anbau... *<masch> (angeschraubt)* • bolt-on ...
Anbaueinheit *f <tech.allg>* • add-on unit
anbauen *vt <agri> (z. B. Getreide, Gemüse, Reis)* • cultivate *vt*; crop *vt*
anbauen *vt <bau> (an bestehendes Gebäude)* • add *vt*
anbauen *vt <bau> (Nebengebäude)* • add a supplementary building *vt*
anbauen *vt <bau> (an ein Gebäude)* • annex *vt*; build an annex *vt*; extend a building *vt*
anbauen *vt <prod> (z. B. Bauteil an Baugruppe)* • attach sth to sth *vt*; fit sth to sth *vt*; mount sth to sth *vt*
Anbaufederzinkengrubber *m <agri>* • mounted spring-tine cultivator
Anbaufeld *n <logist> (Regalfeld zum Anbau an ein Grundfeld)* • extension bay
Anbaufläche *f <agri> (z. B. für Obst, Gemüse, Getreide)* • cultivated acreage; acreage [under cultivation]
Anbaufladenverteiler *m <agri>* • mounted dung-spreading harrow
Anbaugerät *n <nfz> (z. B. an Traktor, Pistenraupe)* • mounted implement; implement *pract*
Anbaugerät *n <nfz> (an Lkw, Unimog; z. B. Kran, Rasenmäher, Schneepflug)* • truck attachment
Anbaumodul *n <tech.allg> (zum Anschrauben)* • bolt-on module
Anbausystem *n <logist> (Regale)* • extension system

Anbauteil *n <tech.allg>* • attachment
Anbauwinde *f <nfz> (z. B. an Geländewagen, Unimog)* • mounted winch
anbinden *vt <füg>* • tie [to] *vt*
anblasen *vt <hlk> (mit Lüfter, Gebläse; z. B. zum Kühlen)* • fan *vt*
Anblaston *m <akust>* • Aeolian tone
anbohren *vt <prod>* • spot-drill *vt*
andere Binärdaten *pl <term>* • other binary data *ISO 12620*
ändern *vt <allg> (z. B. Form, Stoff, Zustand, Gefüge)* • change *vt*
Anderthalbdecker *m <nfz> (Bus)* • one-and-a-half-decker; one-and-a-half-deck bus; 1½-decker bus; 1½-deck bus
Änderung *f <allg> (z. B. an Dokument, Konstruktion, Planung, Organisation, Ablauf)* • change
Änderung *f <allg> (variierend)* • variation
Änderungen vorbehalten *<doku>* • design and specifications are subject to change without notice
Änderungsgeschwindigkeit *f <tech.allg> (z. B. von Frequenz, Signal)* • rate of change
Änderungsstufe *f <doku>* • revision
Änderungsversion *f <doku> (z. B. von technischer Zeichnung)* • revision level *GE Aero*
Andesit *m <geo> (vulkanisches Gestein)* • andesite
andocken *vi <aerosp> (allg.)* • dock *vi*
Andockmanöver *n <aerosp>* • docking manoeuvre *GB*; docking maneuver *US*
andrehen *vt <textil> (Faden)* • piece *vt*; join by twisting *vt*; join up by twisting *vt*; piece a broken end *vt*; twist (on/in) *vt*
Andruck *m <druck> (zur Endkontrolle, Imprimatur)* • hardproof; final proof; proof *pract*
Andruckrolle *f <tech.allg> (z. B. in Drucker, Kopierer)* • pressure roller
aneinanderliegend *<allg> (z. B. Flächen, Kristalle)* • contiguous
aneinanderliegend *<tech.allg> (Teile, Oberflächen)* • adjacent
aneinanderpassend *<tech.allg> (z. B. Teile, Flansche)* • mating
anellieren *vt <chem.verf> (zu Ringverbindungen)* • anellate *vt*; fuse *vt*; annulize *vt*
Anergie *f <phys> (nicht beliebig umwandelbarer Energieanteil)* • anergy
anerkannte internationale Norm *f <norm>* • recognized international standard
anextrudiert *<kst> (z. B. Dichtung an Profil)* • coextruded
anfachen *vt <verbr> (Feuer, Flamme)* • fan *vt*
Anfachung *f <phys> (Schwingung; z. B. Brücke durch Wind)* • building-up
Anfahrbeschleunigung *f <fz>* • starting acceleration
Anfahrdrehmoment *n <kfz>* • starting torque
Anfahren *n <masch> (Maschine, Anlage, System)* • start-up
Anfahren *n <verk> (Annähern an ein Ziel)* • approach
anfahren *vt <tech.allg> (Maschine, System, Anlage)* • start up *vt*; start *vt*
anfahren *vt <fz> (zusammenstoßen; z. B. mit Hindernis, Fahrzeug)* • hit *vt*
anfahren *vt <min> (Bergwerk)* • encounter *vt*; enter *vt*
anfahren *vt <verk> (ein Ziel)* • approach *vt*
Anfahren am Berg *n <kfz>* • hill start
Anfahren der Bahn *n <autom.prod> (Roboter-Teach-in)* • walkthrough
Anfahrgenauigkeit *f <autom>* • positioning accuracy
Anfahrhilfe *f <kfz>* • traction-assist feature
Anfahrnicken *n <fz> (Kraftfahrzeug, Schiff)* • squat
Anfahrregelung *f <msr>* • start-up control
Anfahrschutz *m <logist> (an Lagerregalen)* • collision protection; collision guard
Anfahrstrom *m <el> (E-Motor)* • starting current
Anfahrt *f <logist> (von Transportgut)* • transport
anfällig *<qualit> (für Schaden, Fehler, Störung; z. B. Rissbildung)* • prone; susceptible
anfällig für Korrosion *<qualit.mat>* • susceptible to corrosion
Anfälligkeit *f <tech.allg> (betont: Verwundbarkeit)* • vulnerability
Anfälligkeit *f <tech.allg> (allg.; z. B. für Störungen, Schäden, Rissbildung)* • susceptibility

Anfänger *m <allg>* • novice

Anfangsbeanspruchung *f <tech.allg>* • initial load; initial loading

Anfangsbeanspruchung *f <mech> (Zug- oder Druckspannung)* • initial stress

Anfangsbuchstabe *m <druck>* • initial letter

Anfangsdruck *m <tech.allg>* • initial pressure

Anfangsphase *f <tech.allg>* • initial phase

Anfangsstellung *f <tech.allg>* • initial position

Anfärbbarkeit *f <textil.obfl> (von Stoffen; z. B. von Seide, Synthetik)* • dye affinity; affinity to dyes; affinity to dyestuffs; dyeability; dye receptivity

anfechtbar *<jur> (z. B. Beschluss, Vertrag)* • voidable; contestable; disputable

anfertigen *vt <prod> (von Hand; behelfsmäßig)* • fashion *vt*

anfeuchten *vt <tech.allg> (z. B. Luft, Papier)* • humidify *vt*; moisten *vt*

anfeuchten *vt <textil> (Stoff)* • dampen *vt*; make damp *vt*

anflanschen *vt <prod>* • flange *vt*; flange-mount *vt*; flange-connect *vt*

anfliegen *vt <aerosp> (Ziel; z. B. Flughafen)* • approach *vt*

Anflugbefeuerung *fsg* (ALS) *<navig. aerosp> (Flughafen)* • approach lighting *sg* (ALS); approach-lighting system; approach lights *pl pract*; approach-light system; lighting approach aid *rare*

Anflugsektor *m <aerosp>* • approach area; approach corridor; approach lane

Anforderung *f <tech.allg> (durch Spezifikation, Vorschriften etc.)* • requirement

Anforderung *f <comp> (Programm, Befehl)* • call[ing]

Anforderungen *fpl*: **an bestimmte ~ anpassen** *vt <qualit>* • tailor to specific needs *vt*

Anforderungprofil *n <qualit>* • performance profile; performance requirement

Anfrage *f <comp>* • inquiry; request

anfressen *vi <obfl> (z. B. Kolben, Bohrer)* • seize *vi*; grab *vi*; hook *vi*; bind *vi*; eat *vi*

anfressen *vt <obfl> (Erosion, Pitting durch aggressives Medium)* • pit *vt*; erode *vt*

anfügen *vt <füg>* • adjoin *vt*

Anführungszeichen *npl <druck> (Interpunktion)* • quotation marks *pl*; inverted commas; quotes *pract*

angeben *vt <doku> (Daten, Informationen; z. B. in Datenblättern, Formularen)* • indicate *vt*; state *vt*

Angebot *n <ökon> (als Reaktion auf eine Ausschreibung)* • tender; bid *GB*; offer *coll*

Angebot *n <ökon> (am Markt od. ab Lager verfügbare Waren)* • supply

Angebot *n <ökon> (Vorschlag; nicht verbindlich; u. U. ohne Preise)* • proposal

Angebot *n*: **im ~** *<ökon>* • offer: on ~

Angebot für Erwachsene *n <comp.-werb> (z. B. im Internet)* • adult content

Angebot und Nachfrage *<ökon>* • supply and demand

angefault *<nahr> (z. B. Obst, Gemüse)* • putrid; rotten *coll*

angegossen *<prod>* • cast-on; cast integrally

angehängte Brückenbahn *f <bau.verk>* • suspended deck

angeheftet *<füg> (z. B. gelötet, geschweißt, geklebt)* • tacked in place

Angel *f <av> (für Mikrofon; z. B. im Studio)* • boom arm; fishpole *pract*

Angel *f <bau> (Tür, Fenster)* • pintle

Angel *f <nahr> (zum Fischen)* • fishing rod *US*; fishpole

Angel *f <wz> (Feile)* • tang

angelassen *<metall>* • tempered

Angelegenheit *f <jur>* • matter

angelegte Spannung *f <el>* • applied voltage

angelenkt *<mech> (mit Scharnier)* • hinged to

angelernt *<did>* • semiskilled

Angelschnur *f <nahr>* • fish-line; fishing line

Angelzeug *n <nahr>* • fishing tackle

angemieteter Bus *m <nfz>* • charter bus; charter coach

angenähert *<math>* • approximate

angenommener Wert *m <tech.allg>* • assumed value

angepasstes Bauelement *n <tech.allg>*

• matched component

angeregt *<tech.allg>* • excited

angeregter Kernzustand *m <phys>* • excited nuclear state

angeregter Zustand *m <phys>* • excited state

angereicherter Brennstoff *m DIN 25401-3 <nukl>* • enriched fuel

angerosteter Bereich *m <obfl>* • rusted area; rust affected area

angeschlossen *<tech.allg> (mech., elektr. verbunden; z. B. elektr. Gerät, Pumpe, Rohrleitung)* • connected

angeschlossen *<comp> (an Netz, Standleitung, Internet)* • online; on-line

angeschnallt *<fz.sich> (Person)* • restrained; buckled up *coll*; belted

angeschrägt *<tech.allg> (Kante; jeder Winkel)* • angled; beveled *US*; bevelled *GB*

angeschwemmter Boden *m <geo>* • alluvial soil

angespritzte Leitung *f <el>* • potted-in cable

Angestellter *m <org>* • employee; nonmanual employee; salaried employee; salary worker; white-collar worker *coll*

angetrieben *<tech.allg> (allg.; z. B. ein Zahnrad durch ein anderes)* • driven

angetrieben *<tech.allg> (betont: Kraft-, Energiequelle; Arbeitsmaschine durch Kraftmaschine)* • powered

angetriebene Rolle *f <förd> (Rollenbahn)* • driven roller; live roller

angetriebener Radsatz *m <bahn.antr>* • power axle; powered axle; driven axle

angetriebenes Teil *n <masch>* • driven member

angetriebenes Zahnrad *n <kfz> (allg.; z. B. in Getriebe)* • driven gear

angewandt *<allg>* • applied

angewandte Chemie *f <chem>* • applied chemistry

angewandte Physik *f <phys>* • applied physics

angleichen *vt <tech.allg> (z. B. an Umgebungsbedingungen)* • accommodate *vt*

angleichen *vt <bau> (aneinander anpassen; z. B. Oberflächen, Farben)* • match *vt*

angleichen *vt <obfl> (Oberflächen)* • even *vt*

Angleichung *f <allg> (an Umgebungsbedingungen)* • accommodation

Angleichung *f <tech.allg> (an Situation, Umgebung, Form, Anforderungen)* • adaptation; adjustment

angreifen *vt <obfl>* • affect *vt*; attack *vt*

angreifende Kraft *f <phys>* • active force; acting force

angrenzen *vi <allg>* • adjoin *vt*; border *vt*

angrenzend *<allg>* • adjacent

angrenzende Bebauung *n <bau>* • surrounding property

angrenzendes Teil *n <doku> (in techn. Zeichnung)* • adjacent part

Angriff *m <tech.allg> (z. B. chemisch, militärisch, durch Hacker)* • attack

angriffhemmende Verglasung *f <silik>* • high security glazing *:V*

Angriff mit roher Gewalt *m <sich> (z. B. Juwelierfenster mit Lkw durchbrechen)* • brute-force attack

Angriffspunkt *m <phys.wz> (eines Werkzeugs)* • point of action; point of application

Angriffspunkt einer Last *m <mech>* • application point of a load

Angriffsszenario *n <comp> (von Hackerattacken)* • attack scenario

Angriffstiefe *f DIN EN ISO 8044 <obfl>* • corrosion depth *ISO 8044*

Angriffswaffe *f <mil> (allg.; alles vom Messer bis zum Marschflugkörper)* • offensive weapon

Angström *n* (Å, A) *<phys>* • angstrom (Å, A); Angstrom unit

Angularbewegung *f <rls> (unerwünschte Drehung von Rohren, Kompensatoren)* • angular rotation; angular movement

Anguss *m <kst> (Kunststoff in der Angussbuchse)* • sprue

Angussbuchse *f <kst> (in Spritzgießwerkzeug)* • sprue bush; sprue bushing

angussloses Spritzgießen *n <kst>* • runnerless molding

angussloses Werkzeug *n <kst>* • runnerless mold; sprueless mold

Angussmarkierung *f <kst>* • gate mark; vestige *['westidsch]*

Angus-Steak *n <nahr>* • Angus steak

anhaften *vi <tech.allg> (z. B. Partikel an*

Oberfläche) • adhere *vi*; stick *vi*
Anhaftungen *fpl <obfl> (von Verunreinigungen)* • built-up [of deposits]
anhalten *vi <meteo> (weitermachen; z. B. Niederschlag, Wind, Überschwemmung, Sturmflut)* • continue *vi*
anhalten *vt <tech.allg> (Vorgang, Bewegung zum Stillstand bringen; z. B. Reaktion, Kfz, Zug, Uhr)* • stop *vt*; bring to rest *vt rare*; arrest *vt rare*
anhalten *vt <kfz.verk> (ein anderes Auto, bei einer Panne)* • flag down *vt*
anhaltend *<allg> (Niederschlag, Wirtschaftswachstum, Krankenstände)* • continuous
anhaltend *<allg>* • persistent
Anhalteweg *m <verk.brems> (Reaktionsweg+Bremsweg)* • stopping distance
Anhaltswert *m <tech.allg>* • typical value
Anhang *m <doku> (am Dokumentende; z. B. Zeichnungen, Tabellen)* • appendix *pl*: -dices
Anhängeetikett *n <logist> (für Ware, Gepäckstück)* • tag; tie-on label
Anhängekupplung *f* (AHK) *<kfz> (für Anhänger an Pkw)* • trailer hitch; tow bar *GB*; trailer coupling; towing device; t/bar *GB.advert*
Anhängekupplung *f <nfz> (Lastkraftwagen)* • trailer hitch; towing jaws *GB*; towing fork *GB*; towing device
Anhängelast *f <förd> (an Kran, Hängebahn etc.)* • hauling load
Anhängelast *f <kfz> (spezifiziert)* • towing capacity
Anhängelast *f <kfz> (tatsächlich)* • trailer load
anhängen *vt <doku> (Anlage, Anhang; z. B. an Dokument, E-Mail)* • attach *vt*
Anhänger *m <bekl> (Schmuck)* • pendant
Anhänger *m <fz> (z. B. Lastanhänger, Wohnwagen, Boot)* • trailer
Anhängerbetrieb *m <kfz>* • trailer towing; trailering *coll*
Anhängerbremsanlage *f <fz>* • trailer braking system
Anhängerbremse *f DIN 70024-3 <fz>* • trailer brake
anhäufeln *vt <agri> (Erde um Jungpflanze)* • earth up *vt*; ridge *vt*; hill *vt*
anhebbare Nachlaufachse *f <nfz>* • tag lift axle
anhebbare Vorlaufachse *f <nfz>* • pusher lift axle
Anhebeeinrichtung *f <förd> (z. B. Hubbühne, Plattform; meist geringer Hub)* • elevating device; lifting device
Anheben *n <tech.allg> (z. B. Fahrzeug, Werkstück)* • elevation
anheben *vt <tech.allg> (Gegenstand; z. B. Fahrzeug)* • elevate *vt*; lift *vt*; raise *vt*
anheben *vt <akust> (Frequenz)* • boost *vt*; lift *vt*
anheben *vt <av> (betonen; z. B. Höhen, Bässe)* • emphasize *vt*
anheben *vt <förd> (mit Hebegeschirr)* • hoist *vt*
Anhebepumpe *f <turb> (Turbine)* • jacking oil pump *GE Aero*
Anhebepunkt *m <bahn> (von Wagen, Loks)* • lifting point
Anhebung *f <tech.allg> (Verstärkung; z. B. von Signal, Effekt, Schub)* • boost
anheften *vt <füg> (mit Nadeln)* • pin *vt*
Anheizen *n <tech.allg>* • heating-up; heat-up
anheizen *vt <tech.allg>* • heat up *vt*
Anhörung *f <jur> (von Einzelpersonen, Gruppen)* • hearing
anhydrid *<chem>* • anhydrous
Anhydrid *n <chem>* • anhydride
Anhydrit *m <chem>* • anhydrite
Anhydritestrich *m <bau.mat> (Fließestrich)* • anhydrite screed; anhydrite flooring plaster *rar*
Anilindruckfarbe *f <druck>* • aniline ink; flexographic ink *rare*
Anilinfarbstoff *m <chem>* • aniline dye
Anilinleder *n <mat> (Sitzbezugsstoff)* • aniline leather; pure aniline leather *rare*; full aniline leather *rare*
Animation *f <comp> (z. B. in Computergrafik, Film)* • animation
animierbar *<comp> (Grafikobjekt)* • animatable
animieren *vt <comp> (Objekt, Grafik)* • animate *vt*
animpfen *vt <bio.chem> (Nährmedium)* • inoculate *vt*
Anion *n <chem> (griech. ana 'hinauf', griech. ion 'wandern')* • anion
anisotrop *<chem.phys>* • anisotropic
anisotrope holographische Wärmeschutzverglasung *f <kfz>* • aniso-

tropic holografic heat-protection glazing
Anisotropie *f <chem.phys>* • anisotropy
Ankathete *f <math> (im rechtw. Dreieck)* • adjacent leg; adjacent side; adjacent small side
Anker *m <bau.mat>* • tie bar
Anker *m <el> (in Generator, Elektromotor; drehend)* • armature; rotor
Anker *m <mech> (jede Art mechanischer Verankerung; z. B. in Wand, Boden)* • anchor
Anker *m <mech>* • lever
Anker *m <nav> (von Schiff, Boot)* • anchor
Ankerblech *n <el>* • armature lamination
Ankerblock *m <bau> (Spannbeton)* • anchor block
Ankerblock *m <bau> (für die Tragkabelverankerung an Hängebrücken)* • anchorage; anchorage block
Ankerboje *f <nav> (Liegeplatzmarkierung)* • mooring buoy
Ankerfeld *n <el>* • armature field
Ankergrund *m <nav>* • anchorage ground
Ankerhemmung *f <masch> (in Uhrwerk)* • escapement [mechanism]
Ankerhub *m <el> (Relais)* • armature stroke
Ankerkern *m <el>* • armature core
Ankerkette *f <nav>* • anchor chain
Anker mit Hammerkopf *m <bau.füg> (Schraube)* • foundation bolt with hammerhead
Ankern *n <nav>* • anchoring; anchorage
ankern *vi <nav>* • anchor *vi*
Ankernut *f <el>* • armature slot
Ankerpaket *f <el>* • armature lamination
Ankerplatte *f <bau> (allg.; in Wand oder Boden; z. B. für Rohrhalterungen)* • anchor plate
Ankerplatte *f <bau> (Befestigungsplatte im oder am Boden)* • foundation plate
Ankerplatte *f <bau> (für Verstrebungen)* • tie plate
Ankerplatz *m <nav>* • anchorage
Ankerprellen *n <el>* • armature chatter
Ankerschraube *f <füg> (allg.)* • anchor bolt
Ankerschraube *f <füg> (mit Öse und Mutter)* • lag bolt
Ankerschraube *f <füg> (mit hakenförmigem Ende und Spitzgewinde)* • lag screw hook
Ankerseil *n <tech.allg> (von Mast, Turm)* • guy [rope]; stay [rope]
Ankerspule *f <el>* • armature coil
Ankertau *n <nav>* • anchor cable; anchor rope
Ankerwicklung *f <el>* • armature winding
Ankerwinde *f DIN ISO 3828 <nav>* • anchor windlass *ISO 3828*; windlass
anketten *vt <füg>* • chain *vt*
Anklage wegen Umweltverschmutzung *f <jur.ökol>* • environmental lawsuit
anklammern *vt <bau> (mit großen Bauklammern; z. B. Steine, Balken)* • fasten with cramps *vt*
anklammern *vt <füg> (mit kleinen Klemmverbindern; z. B. Verkleidungen, Blenden)* • clip *vt*; fasten by means of clips
anklemmen *vt <el> (Leitung, Kabel; an Klemme)* • connect *vt*
anklemmen *vt <mech> (mit Klammer befestigen)* • clamp to *vt*
anklicken *vt <comp> (mit Maus, Taste; z. B. Option in Menü, Fenster)* • click *vt*
Anklopfsignal *n <tele> (normalerweise ein Ton)* • call waiting signal
Anklopfton *m <tele>* • call waiting tone
anknöpfbares Visier *n <bekl> (Schutzhelm)* • snap-on face shield
anknüpfen *vt <textil> (Fadenenden)* • tie ends *vt*
ankommend *<tech.allg> (z. B. Anruf, Waren, Flugzeug)* • incoming
ankommend *<verk> (z. B. Bus, Zug, Fahrgäste)* • arriving
ankoppeln *vi <aerosp> (Raumfahrzeuge)* • dock *vi*
ankoppeln *vt <el>* • couple *vt*
Ankopplung *f <tech.allg> (z. B. mech., elektr., akust.)* • coupling
ankörnen *vt <prod> (mit Körner; z. B. Bohrung)* • center-punch *vt US*; center *vt US*; centre-punch *vt GB*; centre *vt GB*
Ankörnung *f <prod> (Markierung der Bohrmitte; Resultat)* • center mark *US*; centre mark *GB*
ankreuzen *vt <doku> (Kästchen; z. B. in Formular, Fragebogen)* • mark *vt*; check in appropriate space *vi form*;

mark the appropriate box with a cross *vt form*; check off *vt pract*; tick off *vt coll*

Ankündigungssignal *n* <*tech.allg*> • presignal

Ankunft *f* <*logist*> *(von Waren, Personen; z. B. im Lager, Bahnhof, Flughafen, Hafen)* • arrival

Ankunftsgate *n* <*aerosp*> • arrival gate

Ankunftshafen *m* <*nav*> • port of arrival; port of entry

Ankunftshalle *f* <*aerosp*> • arrival concourse; arrivals concourse; arrival hall

ankuppeln *vt* <*bahn*> *(Waggon)* • couple *vt*

ankuppeln *vt* <*kfz*> *(Anhänger)* • hitch up *vt*; couple up *vt coll*

ankuppen *vt* <*metall*> *(spitz)* • point *vt*

ankurbeln *vt* <*masch*> • crank *vt*

Anlage *f* <*tech.allg*> *(z. B. Fabrik, Werk, Kläranlage)* • plant

Anlage *f* <*tech.allg*> *(größere Einrichtung; z. B. Montagehalle, Werk)* • facility

Anlage *f* <*tech.allg*> *(Installation; z. B. Druckluftnetz, Heizung)* • installation

Anlage *f* <*tech.allg*> *(für einen bestimmten Zweck aufgestellte Einrichtung, Apparatur)* • rig

Anlage *f* <*tech.allg*> *(komplexe, meist größere funkt. Einheit; z. B. Klima, Wasserenthärtung)* • system

Anlage *f* <*tech.allg*> *(Teil eines größeren Komplexes)* • unit; plant; plant section; system; process unit

Anlage *f* <*doku*> *(zu einem Brief)* • attachment; enclosure

Anlage *f* <*druck*> *(Papierführung; z. B. an Drucker, Kopierer)* • feed guide; infeed

Anlage *f* <*el*> *(in einem EMV-Kontext)* • installation

Anlage *f* <*wz.masch*> *(Anschlag für Werkstück)* • abutting piece

Anlagedurchmesser *m DIN 69882-3* <*wz*> *(Aufsteckfräserdorn)* • contact surface diameter *DIN 69882-3*

Anlagefeder *f* <*kfz.brems*> *(in Trommelbremse)* • tensioning spring

Anlagefläche *f* <*tech.allg*> *(von benachbarten Teilen)* • mating surface

Anlagefläche *f* <*masch*> *(Sitz)* • seat

Anlagefläche *f* <*prod*> *(zum Greifen von Werkstücken)* • gripping surface

Anlagefläche *f* <*prod*> *(zum Montieren)* • mounting surface

Anlage mit Abwärmeauskopplung *f* <*energ*> • combined heat and power plant *GB*; cogeneration plant *US*; total energy plant; CHP plant; combined heating and power station *GB*

Anlage mit Kraft-Wärme-Kopplung *f* <*energ*> • cogeneration plant *US*; combined heat and power plant *GB*; CHP plant; combined heating and power station *GB*; total energy plant

Anlagenauslegung *f* <*tech.allg*> • plant design; plant configuration

Anlagenfahrer *m* <*tech.allg*> *(von größeren Systemen, Anlagen; meist in einer Warte)* • operator

Anlagen im Bau *fpl* <*bau*> • buildings under construction; plant under construction; construction in progress

Anlagenperipherie *f* <*tech.allg*> *(die übrigen Anlagenteile, nicht das Kernsystem)* • balance of plant (BOP)

Anlagenplan *m* <*doku*> *(von Gebäuden)* • layout plan; layout; site plan

Anlagensteuerung *f* <*msr*> • plant control

Anlagentechnik *f VDI 6027* <*tech.allg*> • building services equipment *VDI 6027*

anlagern *vr* <*tech.allg*> *(z. B. Rückstände, Filterkuchen, Staubteilchen)* • add *vi*

anlagern *vr* <*tech.allg*> *(z. B. Sedimente, Kristalle)* • accrete *vr*

Anlagerung *f* <*tech.allg*> • accretion

Anlagerung *f* <*phys*> *(von Elektronen, Protonen)* • attachment; trapping

Anlage zur direkten Erdwärmenutzung *f* <*geo.therm*> • direct-use facility *ASTM E957-98*

Anlassbatterie *f* <*el*> • starter battery

Anlassdrehmoment *n* <*mot*> • starting torque

Anlassdrucktaste *f* <*el*> *(zum Starten von Maschinen, Motoren)* • starting button; starting push-button; start button *pract*

Anlassen *n* <*metall*> *(Abbau von Spannungen, Steigerung der Zähigkeit auf Kosten der Härte)* • tempering; drawing *rare*

Anlassen *n* <*mot*> *(eines Motors)* • starting; start-up *rare*; starting-up *rare*

anlassen *vt <metall> (Teil des Vergütens)* • draw the temper *vt*

Anlassfarbe *f <metall>* • temper color *US*; temper colour *GB*

Anlasshärtung *f <metall>* • temper hardening

Anlass-Kondensator *m <el> (z. B. von Leuchtstoffröhre)* • starter capacitor; starting capacitor

Anlassöl *n <metall>* • tempering oil

Anlassrelais *n <el>* • starting relay

Anlassschaubild *n EN 10052 <metall>* • tempering curve *EN 10052*

Anlasssperre *f <kfz>* • starting interlock; starter interlock; starter lockout; start inhibitor

Anlasssperrschalter *m <kfz> (bei Automatikgetriebe)* • park/neutral safety switch

anlassspröde *<qualit.mat>* • temper-brittle

Anlassstrom *m <el>* • starting current

Anlasstemperatur *f <metall>* • tempering temperature; drawing temperature

Anlauf *m <licht> (Gasentladungslampe)* • warm-up

Anlauf *m <masch> (Maschinenstart)* • start-up

Anlaufbeständigkeit *f <metall>* • tarnish resistance

Anlaufen *n <obfl>* • blooming

anlaufen *vi <masch> (in Gang kommen; z. B. Maschine, Anlage)* • start *vi*

anlaufen *vi DIN 5090082 <obfl> (Metall; verfärben, stumpf werden; z. B. durch Oxidation)* • tarnish *vi*; discolor *vi*

Anlauffarbe *f <metall> (unerwünscht, durch Hitze; z. B. Auspuffkrümmer)* • tarnish

Anlaufhafen *m <nav>* • port of call

Anlaufmoment *n <mech> (beim Ingangsetzen drehender Teile)* • starting torque; break-away torque; start-up torque; initial torque

Anlaufreibung *f <masch> (von Lagern, beweglichen Teilen)* • starting friction

Anlaufschwierigkeit *f <tech.allg> (z. B. Fertigungsprobleme)* • initial difficulty

Anlaufschwierigkeit *f <mech> (von Maschinen, Anlagen)* • starting difficulty

Anlaufspannung *f <bahn>* • breakaway voltage

Anlaufspannung *f <el> (von el. Anlagen, Motoren)* • start-up voltage

Anlaufweg *m <wz.masch> (Werkzeug; z. B. von Fräser)* • approach

Anlaufwindgeschwindkeit *f <energ.-wind>* • start-up wind speed; start-up speed

Anlaufzeit *f <tech.allg> (betont: bis Betriebstemperatur)* • warm-up time

Anlaufzeit *f <tech.allg> (betont: Beschleunigung; z. B. von Band- oder Plattenlaufwerk)* • acceleration time

Anlaufzeit *f <tech.allg> (allg.; eines Systems, einer Komponente, Maschine)* • start-up time; starting time

Anlaufzeit *f <licht> (von Lampen, insbes. Scheinwerfer; z. B. Xenon, Natrium etc.)* • run-up time; warm-up time

Anlaufzeit *f <masch> (betont: Hochfahren einer Maschine)* • run-up time

Anlegekante *f <druck> (für Papier; z. B. in Drucker, Kopierer, Fax)* • edge guide

Anlegeleiter *f <tech.allg>* • leaning ladder

Anlegemarke *f <druck> (Papierzufuhr)* • feeding mark

Anlegen *n <nav> (Schiff am Pier)* • landing; berthing

anlegen *vt <tech.allg> (z. B. Lineal, Werkzeug)* • put against *vt*

anlegen *vt <comp> (Verzeichnis, Ordner)* • create *vt*

anlegen *vt <druck> (Bogen an Papiereinzug)* • lay on *vt*; feed *vt*

anlegen *vt <energ.el> (Strom bzw. Spannung)* • apply *vt*

anlegen *vt <logist> (Vorrat)* • stockpile *vt*

anlegen *vt <nav> (Schiff, Boot; an Liegeplatz, Kai, Ufer)* • berth *vt*; wharf *vt*

anlegen *vt <nav> (Schiff, Boot; festmachen, an Ufer, Kai)* • moor *vt*

anlegen *vt <phys> (Spannung, Magnetfeld, Signal)* • apply *vt*

Anlegen verboten *<nav>* • no mooring

Anlegestelle *f <nav> (zum Festmachen)* • mooring place

Anlegestelle *f DIN EN 14504 <nav> (allg.; z. B. am Pier)* • landing stage *EN 14504*

anleimen *vt <füg>* • glue on *vt*

anleiten *vt <did> (Person)* • guide *vt*; instruct *vt*

Anleitung *f <did> (Vorgang, Effekt)* • guidance

Anleitung *f <doku> (z. B. Handbuch)* • guide; instruction

Anleitung *f <doku> (in Druckform; z. B. als Broschüre, Heft, Loseblattordner)* • manual

anlenken *vt <masch> (gelenkig verbinden)* • articulate *vt*; hinge *vt*

anlernen *vt <did> (Personal)* • train *vt*; instruct *vt*

Anleuchten mit Suchscheinwerfer *n <licht> (z. B. von Wildtieren, auf Nachtsafaris)* • searchlight illumination

Anlieferzustand *m <prod>* • as-delivered condition; as-received condition

anliegen an *vi <mech>* • bear against *vi*

anliegende Spannung *f <energ.el>* • applied voltage

Anliegerstraße *f <verk>* • access road; service road; frontage road

Anliegerverkehr *m <verk>* • access traffic

Anlockstoff *m <chem> (für Insekten)* • attractant

anlösen *vt <chem.obfl> (z. B. oberste Schicht)* • dissolve partially *vt*

anlösen *vt <chem.obfl> (mit Ätzmittel)* • etch *vt*

anlöten *vt <füg> (hart)* • braze to *vt*; join by brazing *vt rare*

anlöten *vt <füg> (weich)* • solder to *vt*; join by soldering *vt rare*

anmachen *vt <bau.mat> (z. B. Mörtel, Gips)* • temper *vt*

anmachen *vt <nahr> (mischen, umrühren)* • mix *vt*

Anmachwasser *n <bau.mat> (für Baulehm)* • mixing water; gauging water *GB*; gaging water *US*

anmelden *vr <comp> (in System, LAN)* • log on *vi*; log in *vi*

Anmeldetag *m <jur> (von Patenten; Pos. 22)* • date of filing

Anmeldung *f <jur> (Patent)* • application

Anmeldungsfrist *f <jur> (Patent)* • period for filing an application

Anmeldungsgegenstand *m <jur> (Patent)* • subject-matter of the application

Anmeldungsunterlagen *fpl <jur> (Patent)* • application documents

Anmerkung *f <term>* • note *ISO 12620*

Anmerkung zur Verwendung *f <term>* • usage note *ISO 12620*

annageln *vt <füg>* • nail to *vt*

annähern *vr <allg> (z. B. Wert)* • approximate *vi*; come close *vi*

annähernd *<allg> (nicht ganz genau)* • approximate

Annäherung *f <allg> (räumlich)* • approach

Annäherungsgeschwindigkeit *f <tech.allg>* • approach speed; approach rate

Annäherungsmelder *m <alarm>* • proximity detector

annäherungsweise *<allg>* • approximately

Annahme *f <allg>* • assumption; hypothesis; supposition

Annahme *f <qualit> (z. B. Wareneingang)* • acceptance; reception

annässen *vt <bau> (Putzoberfläche)* • wet *vt*

annehmbare Qualitätsgrenzlage *f* (AQL) *form <qualit>* • acceptable quality level (AQL); limit of acceptability

annehmen *vt <allg> (vermuten)* • assume *vt*

annehmen *vt <qualit>* • accept *vt*

Annehmlichkeit *f <tech.allg> (z. B. Whirlpool, Sitzheizung, Lederausstattung)* • amenity

annieten *vt <füg>* • rivet to *vt*; attach by riveting *vt*

Annullieranweisung *f <comp>* • cancel statement

annullieren *vt <jur> (Vertrag, Klausel)* • nullify *vt*

Annullierung *f <jur> (z. B. Vertrag)* • nullification

Annullierung *f <ökon> (z. B. Auftrag)* • cancellation

Anode *f DIN EN ISO 8044 <el> (z. B. von galv. Element)* • anode *ISO 8044*; positive electrode

anodisch *<el>* • anodic

anodische Elektrotauchlackierung *f* (ATL) *<obfl> (Vorgang)* • anodic dip painting

anodische Oxidschicht *f <obfl> (auf Aluminium)* • anodic oxide layer; anodic coating; anodic film

anodisch erzeugte Oxidschicht *f <obfl>* • anodized oxide layer; anodized coating; anodised coating *GB*

Anodisierbad *n <obfl> (Behälter)* • anodizing tank; anodising bath *GB*;

bath for anodic oxidation *form*

Anodisierbad *n <obfl> (Tauchvorgang)* • anodizing bath *US*; anodising bath *GB*

anodisiertes Aluminium *n <druck> (Druckplatte)* • anodized aluminum *US*; electrochemically grained aluminum *US*; anodised aluminium *GB*

Anomalie *f <tech.allg>* • anomaly; abnormal condition

anordnen *vt <allg> (Objekte, räumlich)* • arrange *vt*

anordnen *vt <tech.allg> (flächig; z. B. Text, Bilder im Druckerzeugnis; Beete im Garten; Räume)* • lay out *vt*

anordnen *vt <tech.allg> (z. B. Werkzeuge, Bauteile)* • set out *vt*; place *vt*; locate *vt*; position *vt*; site *vt*

Anordnung *f <tech.allg> (Vorgang des Platzierens; z. B. von Bauteilen)* • placement

Anordnung *f <tech.allg> (physisch; allg. Ergebnis des Anordnens von Teilen im Raum)* • arrangement; configuration

Anordnung *f <tech.allg> (physisch; betont: flächig)* • layout

anorganische Chemie *f <chem>* • inorganic chemistry

anorganischer Dünger *m prakt <agri>* • inorganic fertilizer *US*; inorganic fertiliser *GB*; mineral fertilizer *US*; mineral fertiliser *GB*

anorganische Verbindung *f <chem>* • inorganic compound

anpassen *vt <tech.allg> (einstellen, verändern)* • adjust *vt*

anpassen *vt <tech.allg> (so bearbeiten, dass etw. passt)* • condition *vt*

anpassen *vt <tech.allg> (allg.; konkret und abstrakt; z. B. Form, Farbe, el. Spannung)* • match *vt*

anpassend *<tech.allg> (automatisch; z. B. Regelung, Bremse, Abtastung, Antenne)* • adaptive

anpassungsfähig *<tech.allg> (angleichend)* • adaptive; adaptable

anpassungsfähig *<tech.allg> (verträglich)* • compatible

anpassungsfähig *<tech.allg> (flexibel)* • flexible

anpassungsfähig *<tech.allg> (variierbar)* • variable

anpassungsfähig *<tech.allg> (vielseitig)* • versatile

Anpassungsvermögen *n <tech.allg> (z. B. an Einsätze, Umgebungsbedingungen, andere Komponenten)* • adaptability

anpeilen *vt <navig>* • bearing: take a ~ [from] *vt*; bear *vt*

Anprall *m <tech.allg> (z. B. starker Wasserstrahl, Splitter)* • impingement

anprallen *vi <tech.allg> (hart, konkret; z. B. Geschoss, Splitter, Trümmer)* • impact *vi*

anprallen *vi <tech.allg> (konkret und abstrakt; eher nicht hart; z. B. Wasser- od. Lichtstrahl)* • impinge [on] *vi*

Anpressdruck *m <tech.allg> (zwischen Kontaktflächen allg.)* • contact pressure

Anpressdruck *m <tech.allg> (betont: auf Oberfläche wirkende Kraft)* • surface pressure

Anpressdruck *m <bau> (von Fenster-, Türdichtungen)* • closing pressure

Anpressdruck *m <fz> (zw. Fahrzeug und Fahrbahn; u. a. abhängig von Aerodynamik)* • ground pressure

Anpressdruck *m <kfz> (Reifenaufstandsfläche auf Fahrbahn)* • tread pressure

Anpressdruck *m <masch> (in Lagern)* • bearing pressure

Anpressdruck *m <masch> (zwischen verschraubten, vernieteten Bauteilen; im Gewinde)* • clamping pressure

anpressen an *vt <tech.allg>* • force against *vt*

Anpresskraft *f <mech> (z. B. zwischen Schraube und Mutter, Kopf und Unterlegscheibe)* • contact force

anquetschen [an] *vt <tech.allg>* • crimp [to] *vt*

anrauen *vt <obfl> (allg.)* • roughen *vt*

anregbar *<tech.allg> (z. B. durch Schwingungen)* • excitable

Anregekriterium *n <msr> (eines Sensors)* • triggering condition

Anregelzeit *f <msr> (bis zum Erreichen des Sollwerts)* • correction time; settling time

anregen *vt <allg> (Reaktionen, Handlungen, Vorstellungen, Fantasien)* • stimulate *vt*

anregen *vt <tech.allg> (Handlung, Prozess)* • initiate *vt*

anregen *vt <phys> (Schwingung)* • excite *vt*

anregen *vt <phys> (aktivieren; z. B. Atom)* • activate *vt*

Anregung *f <allg> (Stimulierung)* • stimulation

Anregung *f <msr> (eines Sensors)* • triggering; initiation

Anregung *f <phys> (Schwingung)* • excitation

Anregung *f DIN 32511 <phys> (Energieübertragung auf das aktive Medium im Laser)* • pumping

Anreiben *n <obfl> (Selbstklebefolie; blasenfrei glätten)* • smoothing out

anreichern *vt <chem.verf> (verbessern, verstärken)* • enhance *vt*

anreichern *vt <metall> (Erz)* • beneficiate *vt*

Anreicherung *f <tech.allg>* • enrichment

Anreicherung *f <chem.verf> (Verstärkung; z. B. Kochsäure)* • fortification

Anreicherung *f <nahr> (Erhöhung des natürlichen Alkoholgehaltes durch Zusätze)* • enrichment; improvement; amelioration

Anreicherung *f <verf> (betont: Konzentrierung)* • concentration

Anreicherung mit Sauerstoff *f <verf>* • oxygenation

anreihbar *<tech.allg> (nebeneinander; Module; z. B. Sicherungsautomaten)* • mountable side by side

anreißen *vt <tech.allg> (einritzen; z. B. mit Reißnadel)* • score *vt*; scribe *vt*

anreißen *vt <prod> (markieren allg.)* • mark off *vt*; line out *vt*; mark out *vt*; set out *vt*; lay out *vt*

Anriss *m <prod> (Arbeitsmarkierungen auf Werkstück)* • layout; marking

Anriss *m <qualit.mat> (Vorgang; Beginn der Bildung eines Risses)* • incipient crack[ing]

Anruf *m <allg>* • call

Anruf *m <tele> (via Telefon)* • telephone call; phone call *pract*; call *coll*

Anrufbeantworter *m* (AB) *<tele>* • answering machine; answering set; telephone answering set

Anruferidentifizierung *f <tele> (Zusatzdienst)* • malicious call identification (MCID)

Anrufumleitung *f <tele> (allg.; Vorgang und Gerätefunktion)* • call diversion; call transfer; call redirection

Anrufumleitung im Besetztfall *f <tele>* • call diversion upon busy signal

Anrufumleitung wenn keine Antwort erfolgt *f <tele>* • call diversion upon no response

Anrufweiterschaltung *f* (CF) *DIN EN 300392-1 <tele>* • call forwarding (CW) *DIN EN 300392-1*

ansammeln *vr <tech.allg> (z. B. Rückstände, Ablagerungen; meist unerwünscht)* • accumulate *vi*

ansammeln *vt <allg>* • accumulate *vt*

Ansammlung *f <tech.allg>* • accumulation

Ansammlung *f <verf> (von unerwünschten Ablagerungen etc.; z. B. in Apparaten und Leitungen)* • accumulation; aggregation

Ansatz *m <allg> (Methode, Weg)* • approach

Ansatz *m <masch> (Vorsprung zum Halten, Heben, Stützen; z. B. Zapfen)* • lug

Ansatz *m <masch> (je nach Formähnlichkeit)* • nose; shoulder; nipple; tongue; lip

Ansatz *m <masch> (Vorsprung, vorstehendes Teil)* • projection

Ansatz *m <masch> (Stufe in Bohrung)* • step

Ansatz *m <prod> (Ausgangsgemisch)* • batch; charge; charging stock; formulation

Ansatz *m <rls> (harte Ablagerung)* • crust

Ansatz *m <verf> (in Apparaten, Leitungen; unerwünscht; z. B. Schimmel, Algen)* • accretion

Ansatzbohrung *f <masch>* • stepped hole; shouldered hole

Ansatzkuppe *f <füg> (Schraubenende)* • half dog point with rounded end

Ansatzpunkt *m <kfz> (für Wagenheber)* • hard point

Ansatzspitze *f <füg> (allg.)* • half dog point with cone end

Ansatzstück *n <masch> (allg.; jede Form)* • attachment

Ansatzstück *n <masch> (Verlängerung)* • extension

ansäuern *vt <chem> (allg.)* • acidify *vt*; acidulate *thsc*; sour *vt coll*; make acidic *vt rare*

Ansaugdruck *m <masch> (Unterdruck; z. B. von Motor, Pumpe)* • induction pressure; intake pressure; suction pressure *rare*

ansaugen *vt <tech.allg> (Luft, Gas)* • aspirate *vt*

ansaugen *vt <masch> (z. B. Luft, Flüssigkeit)* • draw [in] *vt*; induce *vt form*; suck in *vt coll*

Ansaughub *m <masch> (von Kolbenpumpe, -motor)* • induction stroke; intake stroke *pract*; suction stroke *rare*

Ansaugkanal *m <kfz.mot> (im Zylinderkopf)* • intake port; inlet port *GB*; intake passage *rare*; inlet passage *rare*

Ansaugkrümmer *m <mot>* • intake manifold; inlet manifold *ISO 7967-4*; induction manifold *GB*

Ansaugkrümmer *m <rls> (saugseitiger Rohrbogen; z. B. an Pumpe)* • inlet elbow

Ansaugluft *f <tech.allg> (allg. Einlass)* • intake air; inlet air; ingoing air *rare*

Ansaugluft *f <tech.allg> (betont: angesaugt; z. B. bei Kolbenmotor)* • induction air

Ansaugluftsammler *m <kfz.mot>* • intake plenum; intake air plenum; plenum *pract*; plenum chamber *Ford*

Ansaugöffnung *f <tech.allg>* • intake; suction intake

Ansaugrohr *n <rls> (z. B. von Pumpen, Gebläsen)* • induction pipe; intake pipe *US*; inlet pipe *GB*; suction pipe *rare*

Ansaugrohr mit Resonanzaufladung *n <kfz.mot>* • intake manifold with resonance characteristics

Ansaugschlitz *m <mot> (2-Takter)* • induction port; inlet port

Ansaugstutzen *m <masch> (von Motor, Pumpe, Verdichter)* • suction connection; suction nozzle; intake nozzle

Ansaugtakt *m <mot> (Kolbenmotor; von OT nach UT)* • intake stroke *US*; intake cycle; inlet stroke; inlet cycle; induction stroke

Ansaugung *f <phys> (bei Kolbenmaschine; z. B. Motor, Pumpe)* • induction; suction

Ansaugunterdruck *m <kfz.mot>* • manifold absolute pressure (MAP); intake vacuum

Ansaugventil *n <masch> (allg.; z. B. bei Motor, Pumpe)* • induction valve

Ansaugvolumen *n <masch> (gasförmiges Medium)* • aspirated volume

Ansaugvolumen *n <masch> (allg.; jedes Medium; z. B. bei Pumpe, Verdichter, Motor, Turbine)* • intake volume

Anschaffungskosten *pl* (AK) *<fin>* • original cost; acquisition cost; initial cost; prime cost; first cost

Anschaffungsnebenkosten *pl <fin>* • incidental acquisition cost

anschärfen *vt <prod> (keil-, kegelförmig zuspitzen)* • taper *vt*

Anschauungsmaterial *n <did> (Unterricht, Ausbildung)* • demonstration material; illustrative material; visual aid

Anschauungsmodell *n <did>* • instruction model

Anscheuerung *f <prod>* • chafing

Anschieben *n <kfz> (Fahrzeug mit entladener Batterie)* • push starting

anschieben *vt <kfz> (Fahrzeug mit entladener Batterie)* • push-start *vt*

Anschlag *m*: **X bis zum ~ nach links drehen** *vt <tech.allg> (z. B. Regler, Hebel, Schlüssel)* • turn X fully CCW *vt*

Anschlag *m*: **X bis zum ~ nach rechts drehen** *vt <tech.allg> (z. B. Regler, Hebel, Schlüssel)* • turn X fully CW *vt*

Anschlag *m <bau> (für Tür, Fensterflügel etc., als Nut oder Falz in Holzrahmen)* • rabbet

Anschlag *m <bau.masch>* • fixed stop

Anschlag *m <kfz> (Lenkung)* • lock; hard over *US*

Anschlag *m*: **bis zum ~ ausfedern** *vi <kfz> (Federelemente)* • top out *vi*

Anschlag *m <masch> (mechanisch; betont: absolut, fest)* • dead stop; positive stop

Anschlag *m <masch> (mechanisch; z. B. Stift)* • dog

Anschlag *m <masch> (betont: für Grenzposition)* • limit stop; mechanical stop; bump stop

Anschlag *m <masch> (betont: Auslöser einer Aktion)* • trip

Anschlag *m <masch> (betont: mechanischer Auslöser; z. B. Stift, Bolzen)* • trip dog

Anschlag *m <masch> (allg. Bauteil zur Bewegungsbegrenzung)* • stop; abutment; dog

Anschlagblech *n <masch>* • stop plate

Anschlagblock *m <masch>* • stop

block

Anschlagbolzen *m <masch> (fester Anschlag)* • stop pin

Anschlagbolzen *m <masch> (zum Auslösen von etw.)* • trip dog

Anschlagbund *m <füg> (Schraube)* • stop shoulder

Anschlagbund *m <masch> (allg.)* • stop collar

Anschlagdichtung *f <bau> (von Fenster, Tür)* • compression seal [weatherstrip]; compression weatherstrip; weather seal; weatherstrip *pract*

anschlagen *vi <allg>* • strike against *vi*; knock against *vi*

anschlagen *vt <comp> (Tastaturtaste)* • hit *vt*; strike *vt*; tap *vt*

anschlagen *vt <förd> (Last, mit Seil, Kette etc.)* • fasten *vt*; attach *vt*; lash [on] *vt*

anschlagen *vt <mus> (Glocke, Saite, Taste)* • strike *vt*

Anschlaggarnitur *f DIN 12079-2 <förd>* • lifting set *DIN 12079-2*

anschlaggesteuert *<masch>* • dog-controlled

Anschlagkette *f <förd> (z. B. Last am Kranhaken)* • lashing chain; sling chain

Anschlagleiste *f <bau> (Profil auf Fensterrahmeninnenseite)* • stop; bead; stop bead; window stop

Anschlag links *m <bau> (Fenster, Tür)* • left hinge; hinged left

Anschlagmittel *n <förd> (an Hebezeug, Kran etc.; z. B. Haken für Kette, Seil, Last)* • lifting tackle; hoisting tackle

Anschlagpuffer *m <kfz> (typ. ein Gummikegel)* • bump stop; jounce bumper; snubber *coll*; height hamper pitch control *rare*

Anschlagpunkt *m <förd> (für Hebezeug; z. B. Hebeöse)* • attaching point

Anschlag rechts *m <bau> (Fenster, Tür)* • right hinge; hinged right

Anschlagschnur *f <bau.wz> (zum Anreißen, Markieren)* • chalkline; snapping line

anschlagsdynamisch *<comp.mus> (Tastatur)* • velocity-sensitive; touch-sensitive; key dynamic

Anschlagseil *n <bau.masch>* • main hoist line; main falls *pl rare*

Anschlagseil *n <förd>* • sling rope

Anschlag zum Umsteuern *m <wz.masch> (einer Hin- und Herbewegung)* • reversing dog

anschleifen *vt <obfl> (zur Haftverbesserung)* • grind *vt*

Anschleppen *n <kfz>* • tow start

anschleppen *vt <kfz> (Fahrzeug mit entladener Batterie)* • tow-start *vt*

anschließen *vt <tech.allg> (z. B. Gerät, Maschine, Kabel, Rohrleitung)* • connect *vt*

anschließen *vt <tech.allg> (mechanisch)* • link *vt*; attach *vt*

anschließen *vt <el> (mit Kabel o. Ä.; z. B. an Steckdose, Drucker an PC)* • connect *vt*; hook up *vt coll*

Anschliff *m <qualit.mat> (Mikroskopie; Querschnittsprobe aus Werkstoff)* • polished specimen; polished section

Anschluss *m <tech.allg> (Kupplung; z. B. für Rohr, Schlauch)* • coupling

Anschluss *m <tech.allg> (Anbindung; z. B. elektrisch, mechanisch, verkehrstechnisch)* • junction

Anschluss *m <tech.allg> (Vorgang und Ergebnis des Anschließens)* • connection; hook-up

Anschluss *m <bau> (Installation; Fenster-, Türrahmen an Bauwerk)* • installation

Anschluss *m <bau> (an einem Dach)* • abutment

Anschluss *m <comp>* • connector; mechanical interface

Anschluss *m <el> (Kontakt)* • contact

Anschluss *m <el> (Stift, Zunge, in Steckverbinder)* • pin

Anschluss *m <el> (Leitung)* • lead *[li:d]*

Anschluss *m <el> (Klemme u. Ä.)* • terminal

Anschluss *m EN 61000-4-x <el> (bei EMV-Prüfungen, Schnittstelle des betrachteten Prüflings)* • port; cable port

Anschluss *m VDMA 24560 <förd> (von Wellen, zum Fördervolumen)* • port connection *VDMA 24560*

Anschluss *m <hydr> (für Hydraulikleitungen)* • port

Anschlussbelegung *f <comp>* • pin assignment

Anschlussbild *n <el.doku> (von el. Bauteilen)* • connection diagram; wiring diagram; connections

Anschlussbuchse *f <el> (für Stecker; typ. an Geräterückseite)* • jack; socket

Anschlussdichtung *f <bau> (zwischen Fenster, Tür und Bauwerk; z. B. Silikon)* • weatherseal
Anschlussdose *f <el.bau> (für Stecker; in oder an der Wand; z. B. für Telefon)* • jack *US*; wall socket; socket
Anschlusseinheit *f <tech.allg>* • connecting unit
anschlussfähig *<tech.allg> (verträglich)* • compatible
Anschlussfaser *f <lwl>* • pigtail
anschlussfertig *<el>* • pre-wired
anschlussfertige Wärmepumpe *f <hlk> (komplette Einheit)* • unitary heat pump
Anschlussflug *m <tour>* • connect flight; connecting flight
Anschlussgewinde *n <tech.allg>* • connection thread
Anschlusskabel *n <el> (allg.)* • connecting cable; connection cable; connector cable; connecting cord *coll*
Anschlusskanal *m <bau.hydr> (allg.)* • connecting canal
Anschlusskanal *m <ents.hydr> (zw. öffentl. Abwasserkanal und Grundstückanschlusspunkt)* • connecting sewer; branch sewer; connection
Anschlusskasten *m <bau> (allg.; für Strom, Telefon, Wasser)* • conduit box
Anschlussknotenpunkt *m <verk>* • access junction
Anschlusslasche *f <el>* • terminal lug
Anschlussleistung *f <el> (in Watt)* • connected load
Anschlussleitung *f <el> (Kabel, Draht; z. B. Netzkabel)* • connecting lead; connection lead; lead *pract*
Anschlussleitung *f <el> (unlösbar am Bauteil; relativ kurz)* • wiring pig-tail; pigtail *coll*
Anschlussleitung *f <el> (Verlängerungskabel; z. B. zw. Caravan und Steckdosensäule)* • connector cable
Anschlussleitung *f <el> (für Netzstrom)* • mains power supply line; mains line
Anschlussnetz *n <tele>* • subscriber network
Anschlussplan *m DIN ISO 10209-4 <el.doku>* • connection diagram *ISO 10209-4*
Anschlussprofil *n <bau> (z. B. von Fensterrahmen, Türen)* • installation profile *:V*
Anschlussrohr *n <rls.bau> (zum Gebäude)* • service pipe
Anschlusssäule *f <el.tour> (auf Campingplätzen)* • electric hook-up point
Anschlussschraube *f <el> (in Kabelklemme, Steckerstift)* • connector screw
Anschlusssperrung *f <tele>* • service denial; freeze-out *coll*
Anschlussstück *n <tech.allg> (jede Form)* • connecting piece
Anschlussstück *n <rls> (für Rohr)* • union
Anschlussstutzen *m <rls> (kurzes Rohrstück an Behälter, Apparat etc., meist mit Flansch)* • pipe connection; pipe nozzle; nozzle *pract*; piping connection
Anschlusszug *m <tour>* • connect train
anschmoren *vi <nahr>* • scorch *vi*
anschmutzen *vt <textil>* • soil *vt*
Anschmutzung *f DIN ISO 2424 <textil> (z. B. Teppich)* • soiling *ISO 2424*
Anschnitt *m <kst> (zwischen Anguss und Spritzgussteil)* • gate; mold gate *US*; mould gate *GB*
Anschnitt *m <prod> (der erste Schnitt, Schneidvorgang)* • starting cut; first cut
Anschnitt *m DIN ISO 5419 <wz> (am Spiralbohrer)* • bevel *ISO 5419*
Anschnittform *f <wz>* • chamfer form
Anschnittkegel *m <wz> (an Gewindeschneidwerkzeugen)* • taper start; starting taper; chamfer
Anschnittschneide *f <wz> (von Spanwerkzeugen)* • leading edge; chamfer cutting edge; bevel-lead cutting edge
Anschnittsystem *n <metall> (eines Formwerkzeugs)* • gating system; gate system
anschnüren *vt <textil>* • tie up *vt*
anschrämen *vt <min>* • jib in *vt*
anschrauben *vt <füg> (mit Schrauben, insbes. Spitzschrauben befestigen)* • screw to *vt*
anschrauben *vt <füg> (mit Schrauben und Muttern befestigen)* • bolt to *vt*
anschuhen *vt <masch> (z. B. Mast)* • shoe *vt*
anschütten *vt <bau> (verfüllen)* • fill *vt*
anschütten *vt <bau> (Böschung)* • embank *vt*
anschütten *vt <min> (Abraum)* • pile *vt*

Anschüttung *f <bau> (Bankett, Straßenrand, Uferbefestigung)* • embankment

anschwänzen *vt <nahr> (Gärungstechnologie)* • sparge *vt*

anschweißen *vt <füg>* • weld on *vt*; attach by welding *vt*

Anschweißschraube *f DIN ISO 1891 <füg>* • weld stud; single end stud

anschwellen *vi <akust> (z. B. Lärm)* • swell *vi*

anschwemmen *vt <geo> (Schlamm, Sedimente)* • silt *vt*; deposit *vt*

Anschwemmfilter *n <verf>* • precoat filter

Anschwemmklärfilter *n <verf>* • precoat clarifier

anschwöden *vt <led>* • flood *vt*

ansengen *vt <obfl> (oberflächlich anbrennen)* • singe *vt*; scorch slightly *vt*

ansenken *vt <prod> (Bohrung anschrägen; meist f. Senkkopfschrauben)* • countersink *vt*; spotface *vt*

ansetzen *vi <rls> (Kesselstein)* • scale *vi*

ansetzen *vt <chem> (Chemikalie, Lösung etc.; nach Rezeptur)* • formulate *vt*; prepare *vt*

ansetzen *vt <mech> (Kraft, Hebel; z. B. mit Schraubenschlüssel)* • apply *vt*

ansetzen *vt <phot> (Entwickler, Fixierbad)* • make up *vt*; mix [up] *vt*

ansetzen *vt <wz> (Modul, Teil befestigen; z. B. Nuss oder Verlängerung an Knarre)* • attach *vt*; fit *vt*

Ansicht *f <doku> (z. B. von vorn, hinten, rechts, links, oben, unten)* • view

Ansiedelungsfläche *f <agri.tech> (für Mikroorganismen; z. B. für Biogasentwicklung)* • settling surface; contact surface

anspannen *vt <bio> (Muskel)* • flex *vt*

Anspielautomatik *f <av> (Wiedergabe der ersten Sekunden; z. B. eines Musikstücks, Senders)* • intro scan; intro search

anspitzen *vt <tech.allg>* • point *vt*

anspitzen *vt <wz> (schärfen; z. B. Bleistift)* • sharpen *vt*

Ansprechcharakteristik *f <el> (z. B. Relais, Sensor, Sicherung)* • response characteristic; operating characteristic; response curve

Ansprechdauer *f <tech.allg> (z. B. System, Relais)* • response time

Ansprechempfindlichkeit *f <msr> (von reaktionsauslösenden Geräten)* • response sensitivity; actuation characteristics; power sensitivity

Ansprechempfindlichkeit *f <msr> (von Messgeräten)* • measuring sensitivity

ansprechen *vi <el> (z. B. Relais, Elektromagnet, System)* • react *vi*; respond *vi*; operate *vi*; answer *vi*

ansprechen *vi <msr> (Melder, Sensor; betont: Auslösung einer Aktion; z. B. Warnsignal)* • trip *vi*

ansprechen auf *vt <el>* • react to *vt*

ansprechen [auf] *vi <med.pharm> (Patient/Krankheit)* • respond [to] *vi*

ansprechend *<nahr> (Wein: angenehm im Geschmack)* • pleasant; savoury

Ansprechen des Motors *n <kfz.mot>* • reaction of the engine

Ansprechstrom *m <el> (Mindest-Betriebsstrom)* • minimum operating current

Ansprechstrom *m <el> (Relais)* • pick-up current

Ansprechstrom *m <el> (Reaktionsschwelle; z. B. von Sicherung)* • threshold current; response current

ansprechverzögert *<msr> (z. B. Sicherung, Relais)* • slow-acting; delay before action: with ~; time delay: with ~

Ansprechwert *m VDI/VDE 2600 <msr> (von Fühlern, Sensoren, Sicherheitseinrichtungen)* • threshold value; responding value

Ansprechzeit *f <tech.allg>* • response time

anspringen *vi <kfz.mot>* • start *vi*

Anspringverhalten *n <kfz.emiss> (Katalysator)* • light-off performance; light-off characteristics

Anspruch *m <jur> (in Patent)* • claim; patent claim

anspülen *vt <ents> (z. B. Abfall, Unrat, Schwemmholz)* • wash ashore *vt*; wash up *vt*

Anstauchen *n DIN 8583-3 <metall>* • upsetting

anstauen *vt <bau.hydr> (Wasser, Fluss)* • stem *vt*; pond *vt*; dam up *vt*

anstechen *vt <metall> (Hochofen)* • tap *vt*; open the furnace *vt*

anstechen *vt <nahr> (Fass)* • tap *vt*

anstecken *vt <allg> (mit Nadel; z. B. Namensschild)* • pin on *vt*

anstecken *vt* <*med*> *(jemanden mit einer Krankheit)* • infect *vt*

Ansteckmikrofon *n* <*av*> • lavalier [microphone]; lapel [microphone]; clip-on microphone

anstehend <*min.geo*> *(Bodenschätze; z. B. Erz, Kohle)* • place: in ~; solid: in the ~; solid; in situ

anstehender Boden *m* <*geo*> • in-situ soil; natural soil

ansteigen *vi* <*allg*> *(z. B. Straße, Eisenbahntrasse, Temperatur, Druck, Kosten)* • climb *vi*; ascend *vi*; mount [up] *vi*; rise *vi*; go up *vi*

ansteigende Flanke *f* <*el*> *(von Kurven)* • leading edge; positive-going slope; positive-going edge

ansteigendes Gelände *n* <*geo*> *(an Hügel, Berg)* • acclivity; upward slope *coll*

anstellen *vt* <*ökol*> *(Personen, Beschäftigte)* • employ *vt*; engage *vt*; hire *vt*

anstellen *vt* <*prod*> *(Werkzeug)* • adjust *vt*

Anstellwinkel *m* <*tech.allg*> *(gegen Strömung allg.; z. B. Flugzeugruder, Propellerblatt)* • angle of incidence (AOI); angle of attack; attack angle *rare*; pitch angle *rare*

Anstellwinkel *m* <*energ.wind*> *(Winkel zwischen Rotorblattprofilsehne und effektiver Windrichtung)* • angle of attack (AOA)

Anstellwinkel *m* <*wz*> *(eines Meißels)* • setting angle

ansteuerbar <*msr*> *(z. B. Stellglied)* • addressable

Ansteuerimpuls *m* <*msr*> *(zum Auslösen von etw.)* • trigger pulse

Ansteuerkreis *m* <*msr*> *(z. B. von Ventil-Stellantrieben)* • pilot circuit

ansteuern *vt* <*el*> *(Gatter; Transistor)* • gate *vt*

ansteuern *vt* <*msr*> *(betont: gezielt auswählen; z. B. ein bestimmtes Ventil, Lagerfach)* • select *vt*

ansteuern *vt* <*msr*> *(auslösen, aktivieren; durch Impuls; z. B. einen Aktor)* • trigger *vt*

ansteuern *vt* <*nav*> *(Ziel; per Schiff)* • steer for *vt*

ansteuern *vt* <*navig*> *(ein Ziel; zu Fuß, mit Fahrzeug)* • head for *vt*

Ansteuersignal *n* <*el*> *(z. B. für Relais)* • control pulse

Anstich *m* <*metall*> *(Walzwerk)* • leading pass; initial pass; first pass

Anstieg *m* <*tech.allg*> *(konkret; z. B. Straße, Eisenbahntrasse)* • climb; ascend

Anstiegsantwort *f* <*msr*> *(Reaktion auf eine lineare Änderung des Eingangssignals)* • ramp response

Anstiegsflanke *f* <*av*> *(Impuls)* • leading edge

Anstiegszeit *f* <*phys*> *(allg.; z. B. Druck, Signal)* • build-up time; rise time

anstiften *vt* <*prod*> *(provisorisch fixieren, positionieren)* • locate by pins *vt*

Anstoßmaschine *f* <*textil.masch*> *(mech. Appretur)* • planking machine

Anstrahlung *f* <*licht*> *(zur Akzentuierung)* • accent lighting

Anstrahlung *f* <*licht*> *(großflächig; z. B. Gebäudefassaden)* • floodlighting

anstreichen *vt* <*obfl*> *(betont: mit Pinsel)* • brush *vt*

anstreichen *vt* <*obfl*> *(betont: beschichten; z. B. mit Schutzlack)* • coat *vt*

anstreichen *vt* <*obfl*> *(mit Farbe anmalen)* • paint *vt*

Anstrich *m* <*druck*> *(eines Buchstabens)* • upstroke; upward line in writing

Anstrich *m* <*obfl*> *(Auftrag per Pinsel od. Walze; z. B. auf Wand)* • paint coat; paint

Anstrich *m* <*obfl*> *(betont: mit Pinsel)* • brushed paint coat

Anstrichaufbau *m norm* <*obfl*> • paint system; varnish system

Anstrichstoff *m DIN 7732* <*obfl*> • coating material; paint *DIN EN 971*; varnish

Anteil *m* <*allg*> *(betont: klein)* • fraction

Anteil *m* <*allg*> *(verhältnismäßig)* • proportion; ratio; quota; contingent

Anteil *m* <*chem*> *(einer Substanz; z. B. Komponente einer Lösung, eines Gemischs)* • component

anteilmäßig <*allg*> • proportional

Antenne *f DIN 45030* <*tele*> • antenna *US*; aerial *GB*

Antenne mit starker Richtwirkung *f* <*el*> • highly directional antenna *US*; highly directional aerial *GB*

Antennenanschluss *m <el>* • antenna terminal *US*; aerial terminal *GB*; antenna feedpoint *US*

Antennenbuchse *f <el> (allg.; Ein- oder Ausgang)* • antenna jack *US*; aerial jack *GB*; antenna socket *US*

Antennencharakteristik *f <el> (allg. Sende- und Empfangsantenne)* • directional characteristic

Antennenschüssel *f <tele>* • dish antenna *US*; dish aerial *GB*; dish *coll*

Antennenstab *m <tele> (Stabelement einer Antenne; z. B. von VHF-, UHF-Antenne)* • antenna rod *US*

Antennenstecker *m DIN EN 300113-1 <tele>* • antenna connector *DIN EN 300113-1*

Antennenverstärker *m <el>* • antenna booster *US*; aerial amplifier *GB*

Antennenweiche *f <el>* • combiner; antenna combining unit *US.form*; aerial combiner *GB*

Antennenzuführung *f <el> (Steigleitung)* • antenna down lead *US*; aerial down lead *GB*

Anthracenfarbstoff *m <chem.obfl>* • anthracene dye stuff; anthracene dye

Anthracenöl *n <chem.obfl> (z. B. als Bestandteil von Beschichtungen im schweren Korrosionsschutz)* • anthracene oil

Anthrachinonfarbstoff *m <chem.obfl>* • anthraquinone dye stuff; anthraquinone dye

Anthrazit *m <min> (Kohle mit dem höchsten Inkohlungsgrad; 91,5 % C, höchster Heizwert)* • anthracite; hard coal *US.pract*

Antiabsetzmittel *n <chem.verf>* • antisettling agent; suspension agent

Anti-Aliasing-Filter *m <comp> (Software)* • anti-aliasing filter; anti-aliasing *press.did*; antialias *scien*

Antibackmittel *n <chem> (für Granulat; z. B. Dünger)* • anticaking agent

antibakterielles Mittel *n <textil.chem> (chem. Appretur)* • antibacterial agent; antimicrobiotic

Antibiotikum *n pl*: **-a** *<pharm>* • antibiotic; antibiotic drug; antibiotic agent; antimicrobial drug *rare*

Antiblockiersystem *n* (ABS) *<kfz.brems>* • anti-lock braking system (ABS); anti-lock brakes; ALB; anti-skid *coll*; electronic anti-locking; antilock brake system *SAE*

Antidröhnmittel *n <obfl>* • antidrum compound; anti-drum material; antidrumming compound

Antifoulinganstrich *m <obfl> (z. B. von Booten, Schiffen)* • antifouling coating; anti-fouling paint

Anti-Graffiti-Folie *f <bau.mat>* • anti-graffiti film

antihaftbeschichtet *<obfl> (Pfanne etc.)* • nonstick

Antihaftoberfläche *f <obfl> (z. B. Teflonbeschichtung von Pfannen, Backformen)* • non-stick surface

Antihaft-Pfanne *f <gastr.wz>* • nonstick skillet

Anti-Icing *n <tech.allg> (Maßnahmen zur Verhinderung von Vereisung; z. B. im Flugverkehr)* • anti-icing

Antiklinale *f <geo> (kuppelartige Gesteinsschicht)* • saddle; anticline; arch

Antiklopfmittel *n <chem.petr> (Benzinadditiv)* • anti-knock additive; anti-knock agent; knock inhibitor; octane improver; anti-detonant

Antikollisionslicht *n <aerosp.licht> (Außenbeleuchtung)* • anti-collision light *FAR/JAR 25.1401*

antimagnetisch *<mat>* • antimagnetic

Antimaterie *f <phys>* • antimatter

antimikrobiell *<bio.chem>* • antimicrobial; microbicide

antimikrobielle Ausrüstung *f <textil> (chem. Appretur)* • antimicrobial finish; antibacterial finish; bactericidal finish

Antimon *n* (Sb) *<chem>* • antimony (Sb)

Antimonblei *n <mat>* • antimonial lead; hard lead *coll*

Antimykotikum *n <textil.chem> (chem. Appretur)* • antimycotic

antimykotische Ausrüstung *f <textil> (chem. Appretur)* • antimycotic finish; fungicide finish; mildew proof finish; finished with a fungicidal agent

Antioxidationsmittel *n <chem> (Alterungsschutzmittel gegen Oxidation; z. B. in Öl, Reifengummi)* • antioxidant; antioxidant agent; oxidation inhibitor; antioxidizer

Antipanikschloss *n <bau.sich>* • anti-panic lock

Antipilling-Ausrüstung *f <textil> (chem.*

Appretur) • antipilling finish

Anti-Produktpiraterie-Maßnahme *f <tech.allg>* • anti-counterfeit measure

Antiqua *f <druck> (mit Serifen, im Gegensatz zu serifenlosen Schriften)* • roman type; roman *pract*

Antireflexbeschichtung *f <obfl> (allg.; z. B. auf Linsen, Bildschirmen, Sonnenkollektoren)* • antireflection coating; antireflex coating; antireflective coating; antireflection layer; AR-coating

Anti-Rückschlag-Einrichtung *f <wz> (Kettensäge)* • anti-kickback feature; anti-kickback device

Antirutschbelag *m <obfl>* • non slip surface

Antischaum-Wirkstoff *m <tribo> (Additiv; z. B. in Motoröl)* • antifoam agent; antifoam inhibitor; foam inhibitor

Anti-Schleuder-Bremssystem *n* (ASBS) *<kfz.brems>* • anti-skid braking system (ASBS)

antiseptische Ausrüstung *f <textil> (chem. Appretur)* • antiseptic finish

Anti Shake System *n* (AS) *KM <phot>* • Anti Shake system (AS) *KM*; Anti--Shake technology *KM*

Anti-Spiel-Mutter *f :V <masch> (für Spindel-, Linearantriebe; eliminiert Flankenspiel)* • anti-backlash nut

Antistatikmittel *n <chem> (Ausrüstung, Additiv; von Kunststoffen, Textilien)* • antistatic agent; antistatic additive; antistatic *pract*; destaticizer *rare*

antistatisch *EN 61000-4-2 <el>* • antistatic *EN 61000-4-2*

antistatischer Kunststoff *m <kst> (ladungsableitend)* • static dissipative polymer

antistatische Schutzhülle *f <comp.-pack> (z. B. für bestückte Leiterplatten)* • anti-static protective bag

Anti-Submarining-Effekt *m <kfz.sich>* • anti-submarining effect; anti-submarining

Antitoxin *n <med> (bei Vergiftungen)* • antitoxin; toxolysin *thsc*; toxinicide *thsc*; antidote *pract*; counter-poison *coll*

Antivalenz *f <math> (Boole'sche Algebra)* • exclusive OR operation; non--equivalence operation

Antonovgetriebe *n <antr>* • Antonov transmission

antreiben *vt <tech.allg> (betätigen)* • actuate *vt*

antreiben *vt <tech.allg> (allg.; Arbeitsmaschine; z. B. Generator, Pumpe)* • drive *vt*

antreiben *vt <tech.allg> (betreiben)* • operate *vt*

antreiben *vt <tech.allg> (vorwärtsbewegen; z. B. Fahrzeug, Geschoss, Rakete)* • propel *vt*

antreiben *vt <tech.allg> (betont: mit Energie versorgen; z. B. mit Strom)* • power *vt*

antreten *vt <kfz> (Motor mit Kickstarter)* • kick *vt*

Antrieb *m <antr> (konkrete Baugruppe; z. B. Motor)* • drive; drive mechanics; drive system; drive unit

Antrieb *m <antr> (Getriebeeingang)* • input

Antrieb *m <antr>* • driving unit; drive

Antrieb *m <füg> (von Schrauben; formschlüssig)* • driving feature; driving medium

Antrieb *m <mech> (Vorgang des Antreibens)* • drive

Antriebsachse *f <kfz>* • drive axle; driving axle; driven axle; powered axle

Antriebsdrehmoment *n <masch> (von Motoren; in Nm)* • drive torque; driving power *coll*

Antriebsdrehzahl *f <tech.allg>* • driving speed

Antriebsflansch *m <masch> (z. B. am Spindelkopf von Drehmaschinen)* • drive flange

Antriebskegelrad *n <antr> (allg.)* • bevel drive gear

Antriebskette *f <masch> (z. B. von Förderbändern, Fahrrädern, Nockenwellen)* • drive chain

Antriebskomponenten *fpl <kfz.antr> (z. B. Motor, Kupplung, Getriebe, Gelenkwellen, Differential, Halbwellen)* • driveline components

Antriebskonzept *n <masch> (z. B. von Kfz)* • drive layout; drive concept

Antriebskraft *f <mech>* • driving force

Antriebskraftverteilung *f <kfz.antr> (bei Allradantrieb)* • power distribution; drive torque distribution *form*; torque distribution; torque split *pract*; power split *coll*

Antriebslager *n <kfz.el> (Lager an der Riemenscheibe; z. B. bei Generator)* • drive end bearing

Antriebslagerschild *n <kfz.el> (von Generator, Starter)* • drive end fitting; drive end bracket *GB*; drive end frame *US*; drive end shield; drive end housing

Antriebsleistung *f <tech.allg>* • drive power; driving power

Antriebsmechanismus *m <tech.allg>* • driving mechanism

Antriebsmodul *n <tech.allg>* • drive module

Antriebsmotor *m <tech.allg> (allg.; jede Motorart)* • drive motor

Antriebsmotor *m <tech.allg> (betont: Verbrennungskraftmaschine)* • drive engine

Antriebsrad *n <tech.allg> (z. B. von Fahrzeugen, Mechanismen)* • drive wheel

Antriebsrad *n <förd> (in Zahnradpumpe)* • rotor gear; driving gear; impeller gear

Antriebsriemen *m <tech.allg>* • drive belt; driving belt *rare*

Antriebsriemenscheibe *f <masch> (für Keilriemen, Band, Gurt)* • drive pulley

Antriebsritzel *n <masch> (meist klein; z. B. von Automotor-Starter)* • drive pinion; driving pinion *rare*

Antriebsritzel *n <masch> (von Kettentrieb; z. B. Fahrrad)* • drive sprocket

Antriebsrolle *f <masch> (allg.; z. B. Seilbahn, Elektrohängebahn)* • drive roller; drive wheel

Antriebsschlupf *m <masch> (z. B. zwischen Rad und Fahrbahn, Scheibe und Keilriemen)* • drive slip

Antriebsschlupfregelung *f* (ASR) *<kfz.msr>* • traction control system (TCS); acceleration spin control; ASC; electronic traction control; ETC; anti-spin regulation; ASR; automatic slip reduction; ASR

Antriebsseite *f <masch> (von Kraftmaschinen; meist die Rückseite; z. B. von Motoren)* • drive side; drive end; power end; driving side

Antriebsseite *f <masch> (von Arbeitsmaschinen; meist die Vorderseite; z. B. von Pumpen)* • drive side; driven end; driven side

Antriebsspindel *f <comp> (Welle; z. B. Plattenlaufwerk)* • drive spindle

Antriebsspindel *f <förd> (Schraubenspindelpumpe)* • rotor screw; driving screw; power screw

Antriebsspindel *f <masch> (mit Gewinde; z. B. Presse, Ventil)* • drive screw

Antriebsstrang *m <antr> (konkrete Komponenten; z. B. Kupplung, Getriebe, Wellen)* • drive train; power train; driveline *GB*; transmission *GB.rare*; power-transmission chain *rare*

Antriebstechnologie *f <fz> (z. B. Verbrennungs-, Stirling-, Elektromotor, Brennstoffzelle)* • propulsion technology

Antriebsverteilung auf Vorder- und Hinterachse *f <kfz>* • power split between front and rear axles

Antriebswelle *f <fz> (allg. für Vortrieb; z. B. Kardanwelle, Flugzeugpropeller, Schiffsschrau)* • prop shaft

Antriebswelle *f <kfz.antr> (zwischen Differential und Antriebsrädern)* • drive shaft; axle shaft *pract*; half shaft *pract*

Antriebswelle *f <masch> (allg.)* • drive shaft; driving shaft *rare*

Antriebszahnrad *n <masch> (z. B. Ölpumpe)* • drive gear

Antwort *f <tech.allg> (Reaktion; z. B. auf Ereignisse, Maßnahmen)* • response

An- und Abflugkontrolle *fsg* (APP) *<aerosp.sich>* • approach control *sg* (APP); APC

Anwahl *f <el>* • dialup

anwählen *vt <tele> (eine Nummer)* • dial *vt*

anwärmen *vt <tech.allg> (z. B. Werkstück)* • pre-heat *vt*

Anwärmloch *n <silik>* • glory hole

Anwärmperiode *f <tech.allg>* • warm--up period; warming-up period; warm-up [period] *pract*

anweisen *vt <allg> (Personen; etwas zu tun, zu unterlassen)* • direct *vt*

Anweisung *f <allg> (an Person)* • assignment

Anweisung *f <doku> (im Handbuch)* • instruction; operation; step

anwendbare Normen *fpl <norm>* • applicable standards

Anwendbarkeit *f <tech.allg> (Regeln,*

Verfahren, Technologie etc.) • applicability

Anwendbarkeit *f <jur> (einer Erfindung)* • applicability; practicability; usability

anwenden *vt <tech.allg> (z. B. Methode, Werkzeug, Produkt)* • apply *vt*; employ *vt*; use *vt*

Anwender *m <comp> (von Software)* • user

anwenderdefiniert *<comp>* • user-specified

anwenderfreundlich *<qualit> (z. B. Fahrzeug, Gerät, Maschine, Werkzeug, Wörterbuch)* • user-friendly

anwenderorientiert *<tech.allg> (z. B. Bedienung, Programm)* • user-oriented

Anwenderschnittstelle *f <tech.allg>* • user interface; man/machine interface; human/machine interface *rare*

anwenderspezifisch *<tech.allg> (angepasst)* • user-specific; user-customized

anwenderspezifisch *<tech.allg> (vom Anwender selbst festgelegt)* • user-defined

Anwendungsbeispiel *n <tech.allg> (für ein Produkt etc.)* • typical application; typical case of application; application example

Anwendungsbeispiel *n <did> (zur Illustration; in Lehrbuch)* • worked-out example

Anwendungsbereich *m <tech.allg> (eines Produkts, Verfahrens)* • range of application; field of application; fields of use

Anwendungsbereich *m <doku> (Überschrift)* • scope

anwendungsbereit *<tech.allg>* • ready-to-use

anwendungsbezogene Norm *f <norm>* • companion standard

anwendungsgerecht *<tech.allg>* • application-oriented

Anwendungshinweis *m <doku> (z. B. für Maschinen)* • application information

anwendungsorientiert *<allg> (z. B. Forschung)* • application-oriented

Anwendungsprogramm-Schnittstelle *f* (API) *ISO IEC 14360 <comp>* • application-program interface (API) *ISO IEC 14360*; application-programming interface

Anwendungssoftware *f <comp> (z. B. für Textverarbeitung, Grafik, Datenbanken, Tabellenkalkulation)* • application software; application program; user software; user program *rare*

anwendungsspezifisch *<tech.allg>* • application-specific

Anwendungsweise *f <allg>* • mode of application

Anwendungszweck *m <allg>* • application

anwerfen *vt ugs <kfz> (Hubkolbenmotor)* • crank *vt*

Anwuchs *m <nav> (an Schiffsrumpf; allg.; Algen, Muscheln etc.)* • marine fouling; fouling; fouling of the ship hull *rare*

Anwuchs *m <nav> (an Schiffsrumpf; speziell Muscheln, Krustentiere)* • barnacles

anwuchsverhindernder Anstrich *m <obfl.nav>* • antifouling paint [coating]

Anwurfmotor *m <turb> (Gasturbine)* • starter motor

Anzahl *f <allg> (Stückzahl)* • number; quantity

Anzahl der Sitzplätze *f <fz>* • seating capacity

Anzahl fehlerhafter Einheiten *f DIN 55350-31 <qualit>* • nonconforming fraction

Anzahlung *f <fin>* • payment on account; advance payment; down payment; deposit

anzapfen *vt <tech.allg> (Leitung; z. B. Rohr, Kabel, Draht, Telefonleitung, Ölpipeline)* • tap *vt*

Anzapftransformator *m <el>* • tapped voltage transformer

Anzapfturbine *f DIN 4304 <energ.therm> (nicht mit Entnahmeturbine verwechseln)* • turbine with uncontrolled extraction

Anzapfung *f <tech.allg> (z. B. elektr. Leitung, Fass, Rohr, Vorrat)* • tap

Anzapfung *f <rls> (zum Ablassen relativ kleiner Mengen; z. B. Flüssigkeit, Dampf, Luft)* • bleed connection

Anzapfung *f <rls> (an Behälter, Rohr, Turbine)* • tapping

Anzapfventil *n <rls>* • extraction valve; bleeder valve

Anzeichen *n <allg>* • indication; mark

anzeichnen *vt <prod> (allg.; z. B. Umriss, Position)* • mark *vt*

anzeichnen *vt <prod> (betont: durch an- oder einritzen)* • scribe *vt*

Anzeige *f <allg> (Meldung, Ankündigung)* • announcement

Anzeige *f <tech.allg> (visuell wahrnehmbare Darstellung von Daten)* • display

Anzeige *f <msr> (Meldung von Zuständen; z. B. mit Signalleuchte, Tonsignal, Digitalcode)* • indication

Anzeige *f DIN 2257 <msr> (ablesbare Information, auf Skala, Display; z. B. von Messgerät, Zähler)* • reading; read-out; display reading; indicated value

Anzeige *f <msr> (Einrichtung zum Melden; z. B. Signalleuchte, Tonsignal, Digitalcode)* • indicator

Anzeige *f <werb> (in Zeitungen etc.)* • advertisement; ad

Anzeigebereich *m <msr> (eines digitalen Anzeigefeldes; z. B. LED-, LCD--Display)* • display range

Anzeigebereich *m <msr> (allg.)* • indicating range; indicating span

Anzeigebereich *m <msr> (betont: eines Instruments)* • instrument range

Anzeigefehler *m <msr> (allg.)* • indication error

Anzeigefehler *m <msr> (falscher Messwert, falsche Ablesung)* • read-out error

Anzeigefeld *n <msr> (für Messwerte, Maschinendaten etc.)* • display panel; indicator panel; display *pract*; indicator board *rare*

Anzeigefenster *n <msr> (für Messwerte, Maschinendaten etc.)* • display window; read-out window

Anzeigegenauigkeit *f <msr> (z. B. Anzahl der Nachkommastellen)* • indicating accuracy; reading accuracy

Anzeigeinstrument *n <kfz.msr> (in der Instrumentenanlage)* • gauge

Anzeigeinstrument *n <msr> (allg.)* • indicating device; indicating instrument; indicating meter; read-out meter

Anzeigeinstrumente *npl <msr.doku> (z. B. Überschrift im Handbuch)* • meters and gauges

Anzeigelampe *f <msr>* • indicator lamp; tell-tale lamp *rare.coll*

Anzeigemittel *n <qualit.mat> (für Materialfehler etc.; z. B. Magnetpulver, Farbe, Nekal)* • detecting agent

Anzeigemodul *m <msr>* • display module; display device

Anzeigemodus *m <comp> (von Grafikkarte, Bildschirm)* • display mode

anzeigen *vi <msr> (Messgerät)* • read *vi*

anzeigen *vt <comp> (Daten etc. auf dem Bildschirm)* • display *vt*; show *vt coll*

anzeigen *vt <mil> (Treffer; auf Zielscheibe)* • mark *vt*

Anzeigeneinrichtung *f <alarm> (zur opt. / akust. Statusanzeige von Überwachungssystemen)* • annunciator panel; alarm receiver; monitor panel; security monitor; annunciator

anziehen *vi <el> (z. B. Relais, Elektromagnet)* • pick up *vi*

anziehen *vt <tech.allg> (befestigen, anzurren)* • fasten *vt*

anziehen *vt*: **zu straff ~** *<tech.allg> (z. B. Gummiband, Kette, Riemen)* • overtighten *vt*

anziehen *vt <el> (Relais)* • become operative *vi*

anziehen *vt <füg> (Schraubverbindungen; allg.)* • tighten *vt*

anziehen *vt <füg> (Schraubverbindungen; betont: mit bestimmtem Drehmoment; z. B. mit 70 Nm)* • torque *vt*

anziehen *vt*: **mit einem Drehmoment von X Nm ~** *<füg> (Mutter, Schraube, Spannschloss)* • torque to X Nm *vt*

anziehen *vt*: **von Hand ~** *<füg> (Schraubverbindung)* • tighten manually *vt*

anziehen *vt*: **zu locker ~** *<masch> (Mutter, Schraube)* • undertighten *vt*

anziehen *vt <mat> (durch Vernetzung; z. B. Spachtelmasse, Kleber)* • set *vi*; cure *vi*

anziehen *vt <phys> (elektrostatisch, magnetisch; z. B. Toner- oder Eisenpartikel)* • attract *vt*

Anziehung *f <phys> (allg.)* • attraction

Anzug *m <bekl>* • suit

Anzug *m <kst> (Gesenk, Formwerkzeug; z. B. beim Spritzgießen)* • draft; taper

Anzugsreihenfolge *f <füg> (z. B. bei Flanschen, Zylinderkopfschrauben; meist über Kreuz)* • tightening sequence; tightening pattern

Anzugsvermögen *n* <kfz> *(Beschleunigungsvermögen)* • acceleration; getaway power *coll*
anzünden *vt* <feuer> *(allg. brennbares Material; z. B. mit Streichholz, Feuerzeug)* • light *vt*
anzünden *vt* <feuer> *(insbes. durch Funken)* • ignite *vt*
anzünden *vt* <feuer> *(erste kleine Flamme, mit Reisig etc.; z. B. offener Kamin, Lagerfeuer)* • kindle *vt*
Anzündhilfe *f DIN EN 1860-3* <gastr> *(zum Grillen)* • firelighter *DIN EN 1860-3a*
Apastron *n* <astron> *(sternfernster Punkt einer Umlaufbahn)* • apastron
Apatit *m* <min> • apatite
aperiodisch <phys> *(Schwingung)* • aperiodic; non-resonant; dead-beat *coll*
Apertur *f* <opt.astron> *(Öffnungsdurchmesser; Objektiv, Reflektorspiegel, Antennenschüssel)* • aperture
Apex *m* <astron> • apex
Apfelsäure *f* <nahr> • malic acid
Apfelschneider *m* <gastr> *(in Achtelstücke)* • apple wedger
Aphel *n* <astron> *(fernster Punkt einer Umlaufbahn; z. B. von Planeten, Satelliten)* • aphelion
API-Qualität *f* <tribo> *(von Öl; z. B. SF/CD ist eine höhere Qualität als SF/CC)* • API quality level
Aplanat *m* <opt> • aplanatic lens
Apogäum *n* <astron> *(fernster Punkt einer elliptischen Umlaufbahn um die Erde)* • apogee
Apolipoproteinmuster *n* <bio> • apolipoprotein pattern
Apoplast *m* <chem> • apoplast
Aposelenium *n* <astron> • apolune
Apostroph *m* <druck> • apostrophe
Apparat *m* <tech.allg> *(jede komplexe; z. B. mech., elektr. od. chem. Funktionseinheit)* • apparatus
Apparat *m* <chem.verf> *(z. B. Säule, Filter, Ionenaustauscher)* • apparatus
Apparatebau *m* <chem.verf> • apparatus construction
apparativ <tech.allg> • instrumental
Apparatur *f* <mech> *(Geräte, maschinelle Anlagen)* • machinery
Apparatur *f* <msr> *(Instrumente, messtechnischer Aufbau)* • instrumentation; equipment
Appleton-Schicht *f* <geo> *(Ionosphäre)* • Appleton layer
Applikation *f* <comp> *(Software)* • application
Applikations-Gateway *n* <comp> *(Firewall)* • application gateway
Applikationsgerät *n* <tech.allg> • applicator
Applikator *m* <pack> *(für Etiketten)* • applicator
Appreteur *m* <textil> • finisher
appretieren *vt* <led> • polish *vt*
appretieren *vt* <textil> *(Veredlung)* • finish *vt*
Appretiermaschine *f* <textil> • finishing frame; dressing frame
Appretur *f* <textil> *(Mittel; Stärke)* • starch
Appretur *f* <textil> *(Veredlung)* • textile finishing
Appreturflotte *f* <textil> *(chem. Appretur)* • finishing liquor
Appreturmittel *n* <textil chem> *(Veredlungsmittel)* • finishing agent; finish
Approximation *f* <math> • approximation
approximativ <allg> • approximative; approximate
Apsis *f pl*: **-siden** <bau> *(Kirche)* • apse
APS-Scanner *m* <phot> • APS scanner
Aquädukt *m* <bau> • aqueduct [bridge]
Aquamarin *m* <min> • aquamarine
Aquaplaning *n* <fz> *(als Vorgang; z. B. auf Straßen, Start-, Landebahnen)* • aquaplaning; hydroplaning
Aquaplaning *n* <verk> *(als Verkehrsschild)* • aquaplaning
Aquarium *n* <allg> *(jede Größe)* • aquarium
Äquator *m* <geo> *(allg.; auch des Himmels)* • equator
Äquatorebene *f* <geo> • equatorial plane
Aquifer *m* <geo> *(betont: Grundwasser)* • aquifer; groundwater bearing layer *vdi4640*; groundwater horizon; groundwater story *US*; groundwater storey *GB*
Aquiferspeicher *m VDI4640* <geo.-therm> • aquifer store *VDI4640*; aquifer storage system
Äquinoktium *n* <astron> • equinox; equinoctial point

äquivalent *DIN 4898 <tech.allg> (z. B. Gleichungen, physikalische Größen, Wirkungen)* • equivalent *adj*

Äquivalent *n <tech.allg>* • equivalent

Äquivalentbrennweite *f <opt>* • equivalent focal length

Äquivalentdosis *f <nukl>* • dose equivalent; biological dose

Äquivalenz *f <term>* • equivalence *ISO 12620*

ARA-Bereich *m DIN 66010 <comp> (Anfang des Magnetbandes)* • Automatic Read Amplification area

Arabeske *f <bau> (florale Verzierung)* • arabesque

Aramid *n <kst> (Duroplast)* • aramid

Aramid-Faser *f <kst> (z. B. Kevlar, Twaron, Technora)* • aramid fiber *US*; aramid fibre *GB*; aramid staple fiber *US*

aramidfaserverstärkter Kunststoff *m* (SFK) *<kst>* • aramid fiber re-reinforced plastic (SFRP) *US*; aramid fibre re-reinforced plastic *GB*

Aräometer *n <chem> (für Flüssigkeiten)* • hydrometer; densimeter

Arbeit *f <allg> (jede produktive Aktivität)* • labor *US*; labour *GB*

Arbeit *f <allg> (Aufgabe; auferlegt, befohlen)* • task

Arbeit *f <ökon> (Beschäftigung, Anstellung)* • employment; occupation; work; labor *US*; job

Arbeit *f* (W) *DIN 1345 <phys> (Größe; SI--Einheit: Joule)* • work (W)

arbeiten *vi <allg> (Mensch, Maschine)* • work *vi*

arbeiten *vi <tech.allg> (funktionieren)* • function *vi*

arbeiten *vi <tech.allg> (z. B. Anlage, Maschine)* • run *vi*; operate *vi*

arbeiten *vi <mat> (durch Schrumpfen und Ausdehnen; z. B. Holz)* • contract and expand *vi*

Arbeiter *m <allg>* • worker

Arbeiter *m <tech.allg> (betont: Bedienungsperson)* • operator

Arbeiterin *f <bio> (Imkerei)* • worker; worker bee

Arbeitgeber *m <ökon>* • employer

Arbeit in drei Schichten *f <prod>* • 3-shift operation

Arbeit in zwei Durchgängen *f <wz.masch>* • two-pass operation

Arbeitnehmer *m <ökon>* • employee; employed person

Arbeitnehmererfinder *m <jur>* • employed inventor

Arbeitsablauf *m <prod> (allg.; zeitlich, linear)* • work process; workflow; flow of work

Arbeitsablauf *m <prod> (betont: zyklisch, wiederkehrende Takte etc.)* • operation cycle; work cycle

Arbeitsablauf *m <prod> (betont: Vorgehensweise)* • operating procedure

Arbeitsablauf *m <prod> (betont: Reihenfolge)* • sequence of operations; process sequence

Arbeitsablaufplan *f <prod> (allg.)* • flow sheet

Arbeitsablaufplan *m <doku> (betont: als Diagramm)* • work flow diagram

Arbeitsablaufplan *m <prod> (betont: Terminplanung)* • operations schedule

Arbeitsaufwand *m <ökon> (Kosten)* • labour expenditure

Arbeitsaufwand *m <prod> (eines Produkts, Prozesses)* • amount of labour; labour content; work content

Arbeitsausnutzung *f DIN 25401-3 <nukl> (Kernkraftwerk)* • load factor

Arbeitsbedingungen *fpl <tech.allg> (für Menschen)* • working conditions

Arbeitsbedingungen *fpl <masch> (für Maschinen, Systeme, Anlagen)* • operating conditions

Arbeitsbeginn *m <allg>* • work starting time; starting time

Arbeitsbekleidung *f <bekl>* • working clothes; work clothing

Arbeitsbelastung *f <mech> (von Maschinen)* • operating stress

Arbeitsbelastung *f <prod> (von Personal, Maschinen, Anlagen etc.)* • work load

Arbeitsbelastung *f <psych> (von Menschen)* • work load

Arbeitsbereich *m <tech.allg> (Fläche oder Raum, in dem gearbeitet wird)* • work area

Arbeitsbereich *m <tech.allg> (eher räumlich; z. B. von Personen, Robotern)* • working space

Arbeitsbewegung *f <masch> (linear; z. B. Kolben, Schlitten)* • travel

Arbeitsblatt *n <prod.doku>* • worksheet

Arbeitsblende *f <phot>* • working aperture

Arbeitsboot *n* <*nav*> • work-boat

Arbeitsbreite *f* <*tech.allg*> *(z. B. Baumaschine, Kehrmaschine, Papiermaschine, Webstuhl, Rasenmäher)* • working width

Arbeitsbühne *f* <*tech.allg*> *(jede Form, Größe, Bauart; z. B. schmaler Gittersteg, Betondecke)* • working platform; operating platform; operating floor; work platform

Arbeitsbühne *f* <*petr*> *(Bohrplattform)* • derrick floor; drill floor; rig floor; derrick platform

Arbeitsdeck *n* <*tech.allg*> *(eher großflächig, eher geschlossene Oberfläche)* • working deck

arbeitsfähig <*tech.allg*> *(Maschine, Anlage)* • operable

Arbeitsfläche *f* <*tech.allg*> *(Oberfläche, auf der gearbeitet wird)* • working surface

Arbeitsfluss *m* <*prod*> • work flow

Arbeitsfreiheit *f* <*wz.masch*> *(Abstand)* • working clearance

Arbeitsfuge *f* <*bau*> • construction joint; daywork joint

Arbeitsfuge *f* <*füg*> *(Schweißen)* • working joint

Arbeitsgang *m* <*prod*> *(z. B. Vorbohren, Aufbohren, Senken, Gewindeschneiden)* • operation; step *pract*

Arbeitsgang *m* <*prod*> *(eine Bewegung über das Werkstück; z. B. eine Schweißlage, Spanabnahme)* • pass

Arbeitsgeschwindigkeit *f* <*comp*> *(Computersystem insgesamt)* • operating speed

Arbeitsgeschwindigkeit *f* <*prod*> *(allg.; von Personen, Maschinen)* • working speed; speed of work

Arbeitsgeschwindigkeit *f* <*wz.masch*> *(spanend)* • cutting speed

Arbeitshandschuhe *mpl* <*bekl*> • utility gloves; work gloves; safety gloves; protective gloves

Arbeitshub *m* <*wz.masch*> *(beim Spanen, Trennen)* • working stroke; cutting stroke

Arbeitsinformation *f* <*wz.masch*> *(für spanende Bearbeitung)* • machining data

arbeitsintensiv <*ökon*> • labor-intensive

Arbeitskolben *m* <*kfz*> *(im Stoßdämpfer)* • working piston; damper piston

Arbeitskolben *m* <*masch*> *(im Ggs. zum Steuerkolben)* • power piston

Arbeitskolben *m* <*masch*> *(Hydraulik, Pneumatik)* • servo piston

Arbeitslohn *m* <*doku.fin*> *(Posten in Werkstattrechnung)* • labor charge

Arbeitsmaschine *f* <*masch*> *(wandelt Kraft in Arbeit um; z. B. Pumpe, Generator)* • machine

Arbeitsmedium *n* <*verf*> *(Flüssigkeit, Gas; z. B. in Klimaanlage, Solaranlage, Wärmepumpe)* • working fluid

Arbeitsmittel *n* <*allg*> *(jedes Hilfsmittel zum Arbeiten)* • tool; implement; utensil

Arbeitsnorm *f* <*norm*> *(qualitative Vorgabe)* • working standard

Arbeitsnorm *f* <*prod*> *(quantitative Vorgabe)* • output quota

Arbeitsparameter *m* <*prod*> *(z. B. Drehzahl, Druck, Temperatur, Zykluszeit)* • operating variable; operating parameter

Arbeitsplan *m* <*prod*> *(Terminplan für Arbeitsschritte)* • work schedule

Arbeitsplatz *m* <*allg*> *(Büro, Werkstatt, Labor etc.)* • work-place *US*; workplace *GB*

Arbeitsplatz *m* <*allg*> *(betont: Ort)* • work site

Arbeitsplatz *m* <*wz.masch*> *(Station an Taktstraße, Fließband)* • station

Arbeitsplatzabbau *m* <*ökon*> • job cuts

Arbeitsplatzbeleuchtung *f* <*licht*> • local lighting; spot lighting

Arbeitspreis *m* <*energ.el*> *(per kWh)* • commodity tariff

Arbeitsprobe *f* <*prod.qualit*> • sample workpiece

Arbeitsraum *m* <*tech.allg*> *(Roboter, Kran etc.)* • working envelope; working space; sphere of influence *rare*

Arbeitsrichtwert *m* <*tech.allg*> • working recommendation

Arbeitsschuhwerk *n* <*bekl*> • working footwear; heavy industrial shoes

Arbeitsschutzbrille *f* <*bekl*> • safety goggles

Arbeitsschutzhelm *m* <*bekl*> • protective helmet

Arbeitsschutzkleidung *f* <*bekl*> • safety clothing *sg*; work protective clothing *sg*; protective clothing *sg*

Arbeitsschutzschuh *m <bekl>* • safety boot

Arbeitsschutzschuhwerk *n <bekl.sich>* • safety footwear; industrial safety footwear; safety shoes

Arbeitsschutzvorschriften *fpl <jur>* • safety regulations

Arbeitsspeicher *m* (RAM) *DIN 44300 <comp> (flüchtig)* • random access memory (RAM); memory *coll*; working storage *rare*

Arbeitsspiel *n <masch> (Abfolge von Takten; z. B. Kolbenmaschinen, Werkzeugmaschinen)* • work cycle; working cycle; cycle *pract*; duty cycle *rare*

Arbeitsspindel *f <wz.masch>* • work spindle; head spindle; stock spindle; main spindle

Arbeitsstellung *f <prod> (von Maschine, Werkstück, Werkzeug)* • working position; operating position

Arbeitsstudie *f <ökon>* • work study; case study; method study; job analysis

Arbeitsstufe *f <prod> (allg.)* • stage of operation; operational step

Arbeitsstunde *f <tech.allg>* • man-hour (mhr)

Arbeitstakt *m <tech.allg> (allg. bei Kolbenmaschinen, zyklischen Produktionsprozessen)* • work cycle

Arbeitstakt *m <mot> (beim Kolbenmotor; von OT nach UT)* • power stroke; expansion stroke; power cycle; expansion cycle; firing stroke

Arbeitsunfall *m <sich>* • occupational accident; industrial accident; accident at work; work accident

Arbeitsunterbrechung *f <prod>* • work interruption

Arbeitsvorbereitung *f <prod> (allg.)* • work planning; operation planning; job planning; job preparation

Arbeitswalze *f <metall>* • working roll; work roll

Arbeitsweg *m <wz.masch> (Hub)* • working stroke; work length

Arbeitszeit *f <allg> (Mensch)* • working hours

Arbeitszyklus *m <tech.allg>* • working cycle

Arcatom-Schweißen *n <füg>* • atomic hydrogen welding (AHW)

archimedische Schnecke *f <förd> (theoret. Prinzip und konkrete Realisierung; rotierende Förderspindel)* • Archimedean screw

archimedische Spirale *f <math> (geometrische Figur und konkrete Form; z. B. zum Ziehen der Lottozahlen)* • Archimedean spiral

Architektur *f <bau>* • architecture

Architekturfotografie *fsg <phot> (Teilgebiet der Fotografie)* • architectural photography *sg*

Architrav *m <bau> (Träger von Fries und Kranzgesims)* • architrave; epistyle

Archiv *n <comp> (z. B. mit Clipart)* • library

archivfest *<doku> (z. B. Fotopapier, Ausdrucke, magnetische Medien)* • archive-proof; storage-proof

Archivfestigkeit *f <doku> (z. B. von Fotos, Ausdrucken, magnet. Datenträgern, CDs)* • archive stability; storage stability

archivieren *vt <comp> (Dateien, an sicherem Ort)* • archive *vt*

Archivierung *fsg <doku> (allg.; von Dokumenten, Medien; z. B. in Ablage, Archiv)* • filing *sg*

Archivierungsmedium *n <comp> (z. B. Band, CD, DVD)* • archive medium

Archivolte *f <bau> (ornamentale Einfassung von Rundbogenfenstern, -portalen)* • archivolt

Argentorat *n <jur.tech> (Adhäsionspulver)* • argentorate

AR-Gerät *n <comp> (für erweiterte Realität; z. B. Datenbrille)* • AR device

Argon *n* (Ar) *<chem>* • argon (Ar)

Argonfluorid-Excimerlaser *m* (ArF) *<opt>* • argon fluoride excimer laser (ArF)

Argonfüllung *f <bau> (Isolierglas; im Scheibenzwischenraum)* • argon filling

Argon-Ionen-Laser *m <druck> (Laser)* • argon-ion laser; argon laser *pract*; Ar++ laser

ARI-Bereichskennungs-Anzeige *f <kfz.av>* • ARI zone indicator; ARI zone identification display

Arithmetik *f <math>* • arithmetic; arithmetics

arithmetischer Mittelrauwert *m DIN 4762 <obfl.qualit> (Maß für Oberflächengüte)* • center-line average (CLA)

US; centre-line average height *GB*; CLA height

arithmetisches Mittel *n* <*math*> *(rechnerisch bestimmter Mittelwert; z. B.: 50+100=150; 150:2=75)* • arithmetic mean; average; arithmetic average

Arkade *f* <*bau*> *(Bogenreihe mit Stützelementen; z. B. Pfeiler, Säulen)* • arcade

Arkadengang *m* <*bau*> *(zu einer Seite offener Gang innerhalb der Gebäude-Kubatur)* • arcade

Arkansas-Ölstein *m* <*wz*> *(Schleifstein für feine Arbeiten)* • Arkansas stone; grinding stone; grind stone

arm <*chem*> *(Lösung)* • weak

arm <*min*> *(Erz)* • lean; low-grade

arm <*nahr*> *(Wein: im Geschmack)* • poor

Arm *m* <*tech.allg*> *(jeder armähnliche Gegenstand)* • arm

Arm *m* <*masch*> *(Ausleger)* • arm; boom

Armatur *f* <*rls*> *(Rohrleitungseinbauteil; z. B. Hahn, Ventil)* • fitting

Armatur *f* <*rls*> *(zum Messen; an Rohr, Behälter etc.)* • instrument

Armatur *f EN ISO 8330* <*rls*> • coupling *EN ISO 8330*

Armaturen *fpl DIN 25801-3* <*rls*> *(Ventile, Schieber)* • valves and fittings *pl*

Armband *n* <*bekl*> • bracelet

Armbanduhr *f* <*msr*> • wristwatch

Armbrust *f* <*mil*> • crossbow

Ärmel *m* <*bekl*> • sleeve

Armierung *f* <*bau*> *(von Kunststoffprofilen; z. B. für Fenster, Rollläden)* • reinforcement

Armierung *f* <*verf*> *(von Filtergeweben)* • armament

Armlehne *f* <*kfz.innen*> • armrest

Aroma *n* <*nahr*> • aroma

Aroma *n* <*nahr*> *(allg. beim Essen, Trinken)* • flavor *US*; flavour *GB*; aroma

aromadicht <*pack*> • scent-tight

Aromastoff *m* <*nahr*> • flavoring agent *US*; flavouring *GB*; flavor *US*; flavouring substance *GB*; aromatic substance *rare*

aromatisch <*chem*> *(z. B. Kohlenwasserstoffe)* • aromatic *adj*

aromatischer Kohlenwasserstoff *m* <*chem*> *(meist pl.)* • aromatic hydrocarbon; aromatic

aromatischer Ring *m* <*chem*> • aromatic ring

aromatisiert <*nahr*> • flavored *US*; flavoured *GB*

arretierbare Taste *f* <*comp*> • stay-down key

arretieren *vt* <*tech.allg*> • lock in position *vt*; lock in place *vt*; block *vt*; detent *vt*; fix *vt*

Arretierfeder *f* <*masch*> *(z. B. von Sperrklinke, Rastkugel)* • detent spring; click spring *rare*

Arretierhebel *m* <*masch*> *(betont: zum Fangen, Stoppen einer Bewegung; z. B. als Klinke)* • catch

Arretierstift *m* <*prod*> *(zum Positionieren)* • locating pin

Arretierstift *m* <*prod*> *(zum Fixieren)* • locking pin; retention pin; stop pin

Arretierung *f* <*tech.allg*> *(Sperrvorrichtung, um Bewegung zu verhindern)* • lock

Arretierung *f* <*masch*> *(Klinke, Schnappverschluss etc.; z. B. an Werkzeug, Deckel)* • catch

Arretierung *f* <*masch*> *(mit federbelastete Raste, Klinke o. Ä.)* • detent

Arretierung *f* <*masch*> *(allg.)* • locking device

arrondieren *vt* <*prod*> • round off *vt*

Arsen *n* (As) <*chem*> • arsenic (As)

arsendotiert <*el.ic.proc*> *(Halbleiter)* • arsenic-doped

arsenhaltig <*chem*> • arsenic *adj*

Arsenik *n* <*chem*> • arsenic trioxide; white arsenic; arsenic(III) oxide

Art *f* <*allg*> *(Erscheinungsform von etwas; z. B. von Molekülen)* • sort; type; kind

Artefakt *n* <*comp*> *(fehlerhafte visuelle Darstellung; z. B. eckige Falschfarbenflächen, Moi)* • art fact *US*; artefact *GB*

Arterie *f* <*bio*> *(fördert Blut vom Herzen)* • artery

artesischer Brunnen *m* <*geo*> • artesian well

artfremd <*tech.allg*> *(biologisch, chemisch, technisch)* • dissimilar

artfremder Zusatzwerkstoff *m* <*füg*> *(beim Schweißen)* • non-matching filler [metal]

artgerechte Haltung *f* <*bio*> • species appropriate livestock management

artgleich <*tech.allg*> • similar

artgleicher Zusatzwerkstoff *m <füg> (beim Schweißen)* • matching filler metal; matching filler

Artikel *m <tech.allg> (konkret oder abstrakt; z. B. Gliederungspunkt oder Bauteil)* • item

Artikel *m <logist>* • stock keeping unit (SKU); item; line item; article; material *US*

Artikelbezeichnung *f <logist> (Etikettierung)* • designation of article

Artikelnummer *f <logist> (EAN)* • item code; product code; product identifier; item ID

Art und Wahrscheinlichkeit von Schäden *f <qualit>* • failure mode and likelihood

Art und Weise *f <allg> (Methode, Vorgehensweise, angewandte Technik)* • method; technique; way

artungleich *<allg>* • dissimilar

Arylgruppe *f <chem> (bei substituierten Benzolderivaten)* • aryl group; aryl residue

ASA/DIN-Vergleichsskala *f <phot>* • ASA/DIN conversion scale

A-Säule *f <kfz> (Karosserie; allg.)* • A-pillar; A post; front pillar

Asbest *m <mat>* • asbestos

Asbestdichtung *f <masch>* • asbestos packing; asbestos gasket

Asbestfaser *f <mat>* • asbestos fiber *US*; asbestos fibre *GB*

Asbestfaserreibbelag *m <tech.allg> (z. B. von Bremsen)* • asbestos fiber friction lining *US*; asbestos fibre friction lining *GB*

Asbestfeuerschutzanzug *m <bekl>* • asbestos fireproof suit

asbestfrei *<tech.allg> (z. B. Brems-, Kupplungsbeläge, Dichtungen)* • asbestos-free; non-asbestos

Asbestzement *m* (AZ) *<bau.mat>* • asbestos cement; Transite asbestos *pract*; Transite ®

Asche *f ISO 13943 <verbr> (mineralischer Rückstand nach vollständiger Verbrennung)* • ash *ISO 13943*

aschearm *<tech.allg>* • low-ash

Aschegehalt *m <chem>* • ash content; mineral content

aschereich *<tech.allg>* • high-ash

äschern *vt <led> (beim Gerben)* • lime *vt*

asche- und wasserfrei *<verbr> (Rauchgas)* • dry and ash-free; dry ash-free; daf

ASCII-Datei *f <comp>* • ASCII file

aseptisch *<hygi>* • aseptic

aseptisches Verpacken *n DIN 55 405 <prod>* • aseptic packaging

Askarel *n <el> (Isolierung)* • ascarel

Aspektverhältnis *n <el.opt>* • aspect ratio

Asphalt *m <bau.mat> (Gemisch aus Bitumen und Zuschlägen)* • asphalt; road asphalt

Asphaltbelag *m <bau> (Straßenbau)* • asphalt carpet; asphalting

Asphaltbeton *m <bau.mat>* • asphaltic concrete (AC); asphalt concrete

Asphaltbinder *m <bau.mat>* • asphaltic binder; asphalt binder

Asphaltbitumen *n <chem.petr>* • asphaltic bitumen; asphalt bitumen

Asphaltdecke *f <bau.verk> (flexible Straßendecke)* • bituminous surfacing; bituminous pavement; asphalt-concrete pavement; asphalt surfacing; black top [pavement] *pract*

Asphaltdeckschicht *f <bau.mat> (dünn)* • sheet asphalt

asphaltieren *vt <bau>* • asphalt *vt*

asphärisch *<math> (z. B. Fläche, Raum)* • aspherical; non-spherical

asphärische Linse *f <opt> (z. B. in Projektionssystemen)* • aspheric lens; aspherical lens; non-sperical lens

asphärischer Spiegel *m <kfz> (Rückspiegel)* • convex mirror; nonplanar rearview mirror *thsc*; large-radius convex rearview mirror *thsc*

asphärischer Spiegel *m <opt> (allg.)* • aspherical mirror; aspherical reflector

Assemblerprogramm *n <comp>* • assembler program; assembler routine; assembly program; assembly routine; assembler *pract*

Assemble-Schnitt *m* (AE) *<av> (von Ton- und/oder Videoaufnahmen)* • assemble editing (AE); assembling; assemble cut

assemblieren *vt <comp> (Software)* • assemble *vt*

Asservat *n <jur>* • piece of evidence; court exhibit

assoziative Beziehung *f <term>* • associative relation *ISO 12620*

assoziieren *vi/vt <allg>* • associate *vi/vt*
Ast *m <tech.allg>* • branch
Astat *n* (At) *<chem> (radioaktiv)* • astatine (At)
astatisch *<el>* • astatic
Asteriskus *m <doku>* • asterisk
Asthenosphäre *f <geo>* • asthenosphere
astigmatisch *<opt>* • astigmatic
Astknoten *m <holz> (besonders harte und sichtbare Stelle in Schnittholz)* • knot
astrein *<holz.qualit>* • knotless
Astrometrie *f <aerosp> (Position und Bewegung von Gestirnen)* • astrometry
Astronaut *m <aerosp>* • astronaut; spaceman *coll*; cosmonaut *russ*
Astronautik *f <aerosp> (allg.)* • astronautics; space aviation; cosmonautics *russ*; spaceflight; space flight
Ästung *f <holz>* • pruning
ASU-Plakette *f <kfz.emiss>* • ASU sticker *:V*; emission control label *:V*
Asymmetrie *f <tech.allg>* • asymmetry
asymmetrisch *<tech.allg>* • asymmetric[al]; non-symmetric[al]; unsymmetrical[al]
asymmetrische Verteilung *f <math> (Statistik)* • asymmetric distribution; skew distribution
asymmetrisch geteilt *<kfz.innen> (Rücksitze)* • asymmetrically split
Asymptote *f <math>* • asymptote
asymptotisch [verlaufend] *<math>* • asymptotic
asynchron *<tech.allg>* • asynchronous; non-synchronous; out-of-step; async
asynchrone Datenübertragung *f <tele>* • asynchronous data transfer
asynchroner Zähler *m DIN 19237 <msr>* • ripple counter
Asynchrongenerator *m <el>* • asynchronous alternator; asynchronous generator; induction generator
Asynchronmaschine *f <el>* • asynchronous machine; induction machine
Asynchronmotor *m <el.mot> (Drehstrommotor; Drehzahl unabhängig von Netzfrequenz regelbar)* • asynchronous motor; induction motor
Asynchronmotor mit Schleifringläufer *m <el.mot>* • slip-ring induction motor; slip-ring motor
Asynchronous Transfer Mode *m* (ATM) *<tele> (Übermittlungsverfahren)* • asynchronous transfer mode (ATM)
atemberaubende Aussicht *f <bau.ökon> (z. B. Hanglage, Seeblick)* • awesome view
Atemfilter *n <sich> (z. B. für Staub- und Lackierarbeiten)* • respiration filter
Atemfrequenzüberwachungsgerät *n <med.tech>* • respiratory frequency monitor
Atemgasanalysator *m <med.tech>* • respiratory gas analyzer *US*; respiratory gas analyser *GB*
Atemschutzgerät *n DIN EN 12941 <sich>* • respiratory protective device *EN 12941*
Atemschutzmaske *f <bekl.sich> (gegen giftige Gase, Dämpfe)* • respirator; gas mask *rare*; respiratory protection mask *rare*
ätherisches Öl *n <bio>* • essential oil; volatile oil
Atlas *m <textil> (schwerer, glänzender Baumwollstoff in Satin-Bindung)* • sateen
Atmosphärendruck *m <tech.allg> (Druck von 1,01325 bar = 1 atm)* • atmospheric pressure; ambient pressure *rare*
atmosphärische Beanspruchung *f <obfl> (durch Verwitterung, Korrosion)* • atmospheric exposure
atmosphärische Entladung *f <meteo>* • atmospheric discharge
atmosphärische Korrosion *f DIN EN ISO 8044 <obfl> (Erdatmosphäre als Korrosionsmedium)* • atmospheric corrosion *ISO 8044*
atmosphärischer Niederschlag *m DIN 4045 <meteo>* • atmospheric precipitation
atmosphärisches Rauschen *n <el>* • atmospheric noise
atmosphärische Störungen *fpl <meteo.el> (z. B. Einfluss auf Funkverkehr)* • static interference; atmospheric interference; atmospherics
atmosphärische Wirbelschichtfeuerung *f* (AWSF) *<verbr>* • atmospheric fluidized-bed combustion (AFBC)
atmungsaktiv *<qualit.mat> (Materialeigenschaft; z. B. von Sitzen, Stoffen)* • breathable

Atom *n <phys.chem>* • atom

Atomabsorptionsspektrometrie *f* (AAS) *DIN 51401-1 <chem.verf>* • atomic absorption spectrometry (AAS) *DIN 51401-1*; atomic absorption spectroscopy

atomar *<phys>* • atomic

atomarer Sprengkopf *m <mil>* • atomic warhead

atomarer Zustand *m <phys>* • atomic state

Atombindung *f <chem> (durch Elektronenpaar)* • atomic bond; homopolar bond; covalent bond; nonpolar bond; electron-pair bond

Atombindungszahl *f <chem>* • covalence; covalency

Atombombe *f <mil.nukl>* • A-bomb; atomic bomb; nuclear bomb; atom bomb *rare*; fission bomb *rare*

Atombunker *m <bau>* • atomic bomb shelter; atomic shelter

Atomgitter *n <phys>* • atom lattice; atomic lattice

Atomkern *m <phys> (aus Protonen und Neutronen)* • core; atomic nucleus; nucleus

Atommasse *f <phys> (absolut)* • atomic mass

Atommodell *n <phys>* • atom model; atomic model

Atommülldeponie *f <nukl.ents>* • nuclear waste disposal site; radioactive waste disposal site; radwaste disposal site; atomic waste dumping site *coll.-derog*

Atommüllentsorgung *f <nukl.ents>* • radioactive waste disposal

Atomsprengkopf *m <mil>* • nuclear warhead

Atom-U-Boot *n <nav.mil>* • nuclear submarine; nuclear-powered submarine *rare*

Atomuhr *f <msr>* • atomic clock; atomic timing device

atomwaffenfähig *<nukl.mil> (Spaltmaterial)* • weapons-grade

Atomzerfall *m <phys>* • atomic disintegration; atomic decay

Atrazin *n <chem>* • atrazine

Atrophie *f <bio>* • atrophy

Atropinspritze *f <mil>* • atropine syringe; atropine syrette

Attika *f <bau> (Flachdach)* • parapet wall

Atto... (a) *<phys.msr> (SI-Vorsilbe; z. B. Attofarad = 10^{-18} Farad)* • atto (a)

Attrappe *f <allg> (die Realität simulierender Gegenstand)* • dummy; mock-up

Attribut *n <allg>* • attribute

Ätzbad *n <metall>* • etching bath

Ätzbild *n <obfl>* • etch pattern

Ätzen *n <prod> (Oberflächenabtragung durch aggressive Medien)* • etching

ätzen *vt <chem.prod> (allg.; z. B. Oberfl. von Metall, Glas; Muster)* • etch *vt*

ätzend *<chem> (Wirkung)* • caustic

ätzend *<obfl> (Oberfläche chemisch angreifend)* • etching

Ätzflüssigkeit *f <chem> (allg.)* • etching fluid

Ätzmaske *f <prod> (z. B. bei Chipherstellung)* • etching mask; etch mask

Ätzmittel *n <chem> (allg.; z. B. für Oberflächenabtrag)* • etchant; etching solution; etch *rare*

Ätzmittel *n <med> (zur Wundbehandlung)* • cauterant; caustic agent; caustic

Audioanschluss *m <comp.av> (allg.)* • audio connection

Audioausgang *m <comp> (Speaker-Buchse an Soundkarte)* • audio output; phone-out; speaker-out; speaker output; phone output

Audioausgang *m <comp> (allg.; markiert OUT)* • audio out[put]

Audio-CD *f <av> (für Tonwiedergabe; typ. Musik)* • compact audio disc; digital audio disc; audio disc *pract*; CD *coll*

Audiodaten *pl <term>* • audio [data] *ISO 12620*

Audio-Eingang *m <av>* • audio-in; audio input; sound input

audiovisuell *<av>* • audio-visual

Auditauftraggeber *m ISO 9000 <qualit>* • audit client *ISO 9000*

Auditierter *m ISO 9000 <qualit>* • auditee *ISO 9000*

Auditnachweis *m ISO 9000 <qualit>* • audit evidence *ISO 9000*

Auditumfang *m ISO 9000 <qualit>* • audit scope *ISO 9000*

aufarbeiten *vt <tech.allg> (Originalzustand wiederherstellen, zur Wiederverwendung; z. B. Formsand)* • recondition *vt*

aufarbeiten *vt <rep> (Instandsetzung in optisch guten Zustand; z. B. Gebrauchtwagen)* • refurbish *vt*; furbish *vt*

aufarbeiten *vt <verf> (verbrauchtes Material mit Restwert)* • reprocess *vt*

Aufbau *m <tech.allg> (Vorgang des Ansammelns, Anschwellens; z. B. von Druck, Schwingungen)* • building-up; build-up

Aufbau *m <tech.allg> (z. B. eines Computers)* • configuration

Aufbau *m <tech.allg> (Konzeption, Struktur; z. B. von Plänen, Maschinen, Baugruppen)* • design

Aufbau *m <tech.allg> (Vorgang; z. B. Errichten einer Bühne, Plakatwand, eines Gerüstes)* • erection

Aufbau *m <tech.allg> (Vorgang des Errichtens; z. B. eines Systems, von Möbel, Apparaten)* • setting-up; set--up

Aufbau *m <tech.allg> (innere Struktur; z. B. von Werkstoffen, Bauteilen, Baugruppen, Systemen)* • structure

Aufbau *m <kfz> (bei Pkw und Lkw; insbes. bei Rahmenbauweise)* • bodywork; bodyshell *pract*; body *pract*; coachwork *GB.obs*

Aufbau *m <kfz> (eines Caravans)* • body shell

Aufbau *m <petr> (von Bohranlagen)* • rigging-up

Aufbau an der Schneide *m <wz.masch> (unerwünscht)* • chip build-up

Aufbau emotionaler Markenwelten *m <ökon>* • emotional branding

aufbauen *vr <tech.allg> (Spannung, Druck)* • build up *vi*

aufbauen *vt <tech.allg> (ein größeres Gebilde; z. B. Gebäude, Brücke, Turmdrehkran)* • erect *vt*

aufbauen *vt <tech.allg> (montieren, aus Einzelteilen; z. B. Bausatz, Mitnahmemöbel)* • assemble *vt*

aufbauen *vt <tech.allg> (z. B. Vorrichtung, System)* • construct *vt*

aufbauen *vt <tech.allg> (Druck)* • generate *vt*; produce *vt*

aufbauen *vt <el> (elektr. Feld)* • activate *vt*

aufbauen *vt <petr> (Bohranlage)* • rig up *vt*

aufbauen *vt <theat> (Bühne, Kulisse)* • set up *vt*

Aufbauinstrument *n <msr> (allg.)* • surface-mounted instrument

aufbäumen *vr <wz> (unerwünscht)* • lift *vr*

aufbäumen *vt <textil> (Weberei)* • beam *vt*

Aufbäummaschine *f <textil>* • beaming machine

Aufbaumontage *f <tech allg>* • surface mounting

Aufbauten *mpl <bahn> (auf dem Laufwerk; z. B. Wagenkasten)* • superstructure

aufbereiten *vt <tech.allg> (für Folgeprozess vorbereiten)* • prepare *vt*

aufbereiten *vt <comp> (Daten)* • edit *vt*

aufbereiten *vt <ents> (verbessern)* • improve *vt*

aufbereiten *vt <metall> (Erz; vor dem Schmelzen)* • beneficiate *vt*

aufbereiten *vt <min> (reinigen, waschen; Kohle)* • clean *vt*

aufbereiten *vt <msr> (Signal)* • condition *vt*; preprocess *vt rare*

aufbereiten *vt <pap> (Hadern)* • break *vt*

aufbereiten *vt <prod> (Werkzeuge; schärfen, in Form bringen)* • dress *vt*; recondition *vt*

aufbereiten *vt <verf> (als Vorstufe für Folgeprozess)* • process *vt*; treat *vt*

aufbereiten *vt <verf> (reinigen; z. B. Wasser)* • purify *vt*

aufbereiten *vt <verf> (wiederverwerten, nutzen; Abfall, Altstoff)* • reclaim *vt*

aufbereiten *vt <verf> (durch waschen)* • wash *vt*

aufbereitetes Erz *n <min>* • dressed ore

Aufbereitung *f <tech.allg> (Vorbereitung)* • preparation

Aufbereitung *f <verf> (z. B. von Erz, Erdgas)* • processing

Aufbereitung *f <verf> (Reinigung)* • purification

Aufbereitung *f <verf> (zur Wiedergewinnung von etw.)* • recovery

Aufbereitung *f <verf> (jede Form der Vorbehandlung)* • treatment

Aufbereitungsanlage *f <ents> (für Abfälle)* • waste reclamation plant; waste recovery plant; recovery plant; reclamation plant

Aufbereitungsanlage *f <pap.prod>* • preparation plant; stock preparation plant

Aufbereitungsanlage *f <verf> (zum Reinigen)* • cleaning plant

Aufbereitungsanlage *f <verf> (für Wasser)* • treatment plant; treatment works

aufbewahren *vt <logist> (vor dem Verfall, Verderb retten; z. B. Lebensmittel)* • preserve *vt*

aufbewahren *vt <logist> (in Lagerbestand aufnehmen; Handelsware, Ersatzteile)* • stock *vt*

aufbewahren *vt <pack> (nicht wegwerfen; z. B. Verpackung, Originalkarton)* • keep *vt*

Aufbewahrungsbox *f <logist>* • tote box

aufblähen *vr <tech.allg>* • swell *vi*

aufblasbares Boot *n DIN 7871 <nav> (eher klein, wenig robust)* • inflatable *US*; rubber dinghy *GB*; inflatable boat

aufblasbares Dichtprofil *n <masch>* • inflatable sealing strip

Aufblasdruck *m <tech.allg> (von Ballons; z. B. von Ballon-Gasspeichern)* • inflation pressure

Aufblasekonverter *m <metall> (z. B. LD-Konverter)* • top-blown basic oxygen converter; basic oxygen converter *pract*

aufblasen *vt <tech.allg> (z. B. Ballon)* • inflate *vt*

aufblasen *vt <kst> (beim Blasformen, bei Schlauchfolienextrusion)* • blow up *vt*

aufblättern *vr <mat> (Schichtstoffe; z. B. durch Feuchtigkeit)* • delaminate *vi*

aufblenden *vi <licht> (stufenlos heller werden)* • fade in *vi*

aufblenden *vi <phot>* • open the diaphragm *vt*; increase the aperture *vt*; open up the aperture *vt*

aufblitzen *vi <licht> (z. B. als Signal)* • flash *vi*

aufbocken *vt <rep> (z. B. Kfz, Boot)* • jack up *vt*

Aufbohren *n <prod> (allg.)* • boring

aufbördeln *vt <prod> (Blech)* • flange at the edge[s] *vt*

aufbrauchen *vt <tech.allg> (Vorräte, Ressourcen; z. B. Trinkwasser, Öl, Kohle)* • deplete *vt*; exhaust *vt*

aufbrechen *vt <tech.allg> (z. B. verriegelte Klappe, Deckel, Tür, Kiste, Container)* • force open *vt*; break open *vt*

aufbrechen *vt <chem> (Verbindungen)* • break down *vt*

Aufbringen *n <tech.allg> (von Etiketten, Aufklebern u. Ä.)* • application

Aufbringen einer neuen Oberfläche *n <obfl> (allg.; z. B. auf Fahrbahn, Werkzeugen)* • resurfacing

Aufbringen einer Schutzschicht *n <obfl> (z. B. Schutzlack, Firnis)* • coating application

Aufbügelfolie *f <druck>* • hot transfer film

Aufdachanlage *f <energ.sol>* • roof--mounted system

aufdampfen *vt <obfl> (einen Beschichtungswerkstoff, Überzug, Film; im Vakuum)* • vapor-deposit *vt*; vacuum--deposit *vt*; deposit by evaporation *vt rare*; evaporate *vt rare*

aufdornen *vt <prod> (auf einen Dorn, eine Pinole od. Spindel aufspannen)* • force on a mandrel *vt*

aufdornen *vt <prod> (durchlöchern)* • pierce *vt*

aufdornen *vt <rls> (Rohrenden aufweiten)* • expand tube ends *vt*

aufdrehen *vt <rls> (z. B. Hahn, Ventil, Wasser)* • turn on *vt*

aufdringlich *<emiss> (z. B. Motor-, Auspuffgeräusch)* • obtrusive

Aufdruck *m <druck>* • imprint

aufdrucken *vt <druck> (allg.)* • imprint *vt*

aufdrucken *vt <druck> (stempeln)* • stamp *vt*

aufdrücken *vt <el> (Spannung, Signal)* • impress *vt*

aufdrücken *vt <mech> (Tür, Fenster, Deckel)* • force open *vt*

aufdrücken *vt <prod> (kräftig; mit Presssitz; z. B. Hülse, Kappe, Klemmdeckel, Dichtung)* • press on *vt*

aufeinander *<allg>* • on top of each other; top: on ~ of each other

aufeinander abgestimmt *<tech.allg> (z. B. in Farbe, Form, Größe)* • matched; compatible; complementary; attuned

aufeinander abstimmen *vt <allg> (allg.; inhaltlich od. zeitlich; z. B. Tätigkeiten,*

Verfahren, Pläne) • coordinate *vt*

aufeinander abstimmen *vt <tech.allg> (zeitlich; z. B. Verkehrsampeln, Werkzeuge)* • synchronize *vt*

aufeinander einwirken *vi <allg>* • interact *vi*

aufeinanderfolgend *<tech.allg> (z. B. Daten, Signale, Befehle, Arbeitsschritte)* • consecutive; sequential; successive

aufeinanderlegen *vt <logist> (flache Objekte; z. B. Papier, Platten, Bleche)* • stack *vt*

aufeinandertreffen *vi <tech.allg> (von Zahnradzähnen)* • abut *vi*

Aufenthalt außerhalb des Raumflugkörpers *m <aerosp>* • space walk

auffächern *vt <comp.druck> (Papierstapel)* • fan *vt*

Auffahren *n <kfz.verk> (zu dichtes Hintereinanderherfahren)* • tailgating

Auffahrt *f <verk> (Zufahrtstraße allg.; z. B. zu Privatgrundstück)* • approach road

Auffahrt *f <verk> (zu Autobahn, Schnellstraße)* • access ramp; ramp lane

Auffahrtsklappe *f <kfz> (z. B. auf Rollenprüfstand, Autotransportwaggon, Tieflader)* • drive-on flap

Auffahrtsrampe *f <verk>* • access ramp

Auffahrunfall *m <kfz.verk>* • rear-end collision

Auffahrwarnsystem *n <kfz>* • front scan [assistant] (FAS) *VW*

Auffangbecken *n <verf> (allg.)* • catch basin; catch pit

Auffangbehälter *m <verf> (für Flüssigkeiten)* • receiver tank; receptacle; receiver

auffangen *vt <el> (gezielt; Signal, Funkspruch)* • pick up *vt*

auffangen *vt <phys> (z. B. Druck, Gewicht, Strahl, Welle)* • receive *vt*

auffangen *vt <phys> (erwischen; kleines, schnelles, kurzlebiges Objekt)* • trap *vt*

Auffangfläche *f <verf> (z. B. von Auffanggefäßen in Sprühnebelprüfkammern)* • collecting area

Auffangschale *f <verf>* • collecting tray

Auffangvorrichtung *f <tech.allg> (betont: zum Sammeln)* • collecting device; collector

Auffangvorrichtung *f <tech.allg> (betont: zum Aufnehmen)* • receiving device

Auffangwanne *f <tech.allg> (z. B. für Öl, Kühlmittel)* • drain pan

Auffinden *n <tech.allg> (versteckte, schwer sichtbare Objekte; z. B. v. Fehlern, Lagerstätten)* • detection; detecting

auffinden *vt <tech.allg> (versteckte, schwer sichtbare Objekte; z. B. Fehler, Lagerstätten)* • detect *vt*; discover *vt*; spot *vt*

auffinden *vt <tech.allg> (Ort feststellen; z. B. Personen, Fahrzeuge)* • locate *vt*; spot *vt coll*

aufforsten *vt <holz.ökon>* • afforest *vt*

auffrischen *vi <meteo> (Wind)* • brisk up *vi*

auffrischen *vt <tech.allg> (z. B. Daten in flüchtigem Speicher)* • refresh *vt*

auffrischen *vt <textil> (Stoffe, Fasern)* • regenerate *vt*; revive *vt*

Auffrischoperation *f <comp>* • refresh operation

Auffrischzyklus *m <comp> (für dynamische RAMs)* • refresh cycle

Auffüllen *n <pack> (zum Polstern; z. B. Verpackung)* • padding

auffüllen *vt <tech.allg> (Behälter, fehlende Menge bis zum Sollstand; z. B. Öl, Kühlmittel)* • top up *vt*

auffüllen *vt <tech.allg> (vorher entleertes Gefäß wieder füllen; z. B. Kühlsystem mit Kühlmittel)* • refill *vt*

auffüllen *vt <logist> (Lager, Vorräte)* • replenish *vt*; resupply *vt*; restock *vt*

auffüllen *vt <pack> (Hohlraum in Verpackung, zum Polstern)* • pad *vt*

Auffüllen mit Mustern *n <comp> (Zeichnungsflächen; z. B. Schraffieren)* • pattern-filling

Auffüllung *f <bau> (von Senken etc.; z. B. mit Mutterboden, Füllmaterial, Bauschutt)* • fill; earthfill; filling; made ground

Aufgabe *f <allg> (Funktion; von Personen, Systemen, Maschinen)* • function

Aufgabe *f <allg> (Arbeit, Pflicht einer Person)* • assignment; task *pract*; job *coll*

Aufgabe *f <förd> (Vorgang des Aufbringens von Ladegut)* • charging; feeding

Aufgabe *f <förd> (Beschickung; z. B. Hochofen mit Möller)* • loading
Aufgabe *f <math> (zum Berechnen)* • problem
Aufgabe außerhalb des Raumfahrzeugs *f <aerosp>* • extravehicular activity (EVA)
Aufgabegut *n <förd> (allg.; fest od. flüssig; z. B. in Hochofengicht)* • charge
Aufgabegut *n <verf> (Schlämme)* • feed slurry
aufgabenorientiert *<tech.allg> (z. B. Programm, Person)* • task-oriented; job-oriented *coll*
aufgabenspezifisch *<tech.allg> (z. B. Software)* • customized
Aufgabenstellung *f <tech.allg> (Formulierung)* • problem formulation
Aufgabenteilung *f <comp>* • task sharing
Aufgabeöffnung *f <förd> (mit Deckel, Klappe; z. B. Ofen)* • charging door
Aufgabeöffnung *f <förd> (allg.)* • charging hole; feed inlet; filling inlet
Aufgabetrichter *m <verf> (sehr groß; für Prozessmaterial; z. B. für Zuschläge, Kohle, Müll)* • feed hopper; charging hopper; input hopper; hopper *pract*
Aufgabevorrichtung *f <ents> (z. B. Rutsche, Schurre, Schütte, Trichter)* • feeding device; feeding mechanism; feeder
aufgearbeitetes Altöl *n <tribo>* • rerun oil
aufgeben *vt <allg> (allg.; z. B. Projekt, Vorhaben, Bohrung, Bergwerk, Schiff)* • abandon *vt*
aufgeben *vt <aerosp> (Gepäck)* • check in *vt*
aufgeben *vt <förd> (Material in einen Prozess; z. B. Zuschläge, Kohle, Müll)* • feed *vt*
aufgeben *vt <förd> (Gut auf Fördereinrichtung; z. B. auf Band)* • load *vt*; charge *vt*
aufgeben *vt <jur> (Recht)* • waive *vt*
aufgeben *vt <logist> (Brief, Paket, Gepäck, Frachtgut)* • dispatch *vt*
aufgeben *vt <petr> (Bohrung)* • abandon *vt*
aufgedampfte Schicht *f <obfl>* • vapor-deposited film
aufgedrückte Schwingung *f <phys>* • forced oscillation; constraint oscillation
aufgefülltes Baugelände *n <bau>* • made ground
aufgegebenes Gepäck *n <aerosp>* • checked baggage; hold baggage; registered baggage
aufgehen *vi <math> (ohne Rest; Division)* • divide without remainder *vi*; leave no remainder *vi*
aufgehen *vi <nahr> (Teig)* • swell *vi*; rise *vi*
aufgehen *vi <textil> (Fäden, Gestrick, Gewirke)* • unravel *vt*
aufgehen lassen *vt <nahr> (Teig; durch Zusatz von Backpulver, Treibmittel)* • leaven *vt*; raise *vt*
aufgeklipst *<tech.allg> (z. B. Zierleiste)* • snap-on …
aufgeladener Motor *m <mot> (mit Turbolader oder Kompressor)* • supercharged engine; blown engine *coll*; forced-induction engine *rare*
aufgelaufen *<tech.allg> (angesammelte Daten; z. B. Fehlermeldungen)* • accumulated
aufgelötete Schneidplatte *f <wz> (z. B. Steinbohrer, Drehmeißel)* • brazed-on tip
aufgemotzt *ugs.press <kfz> (Showtuning)* • souped up *coll.press*; dolled up
aufgenietet *<füg>* • riveted-on
aufgenommene Leistung *f <tech.allg>* • input power
aufgeräumt *<kfz.msr> (Instrumentenanlage)* • uncluttered
aufgeraut *<bekl> (Gewebe)* • napped
aufgeschnittene Darstellung *f <doku> (normalerweise nur teilweise aufgeschnitten)* • cutaway view; cutaway illustration
aufgeschrumpft [auf] *<masch> (z. B. Hülse, Kragen, Ring, Nabe auf Welle)* • shrunk-on
aufgeschütteter Boden *m <bau> (Resultat; z. B. Mutterboden)* • made-up ground; filled ground
aufgeständert *<bau.verk> (z. B. Straße, Bahnstrecke)* • elevated; stilted
aufgeständerter Fahrweg *m <bahn.-bau>* • elevated guideway; elevated track
aufgesteckt *<tech.allg> (mit Raste; z. B. Werkzeug)* • snap-on …

Aufglasurdekor *n* <obfl> • on-glaze decoration

aufgleisen *vt* <bahn> *(entgleiste Waggons, Lok)* • rerail *vt*; retrack *vt*

Aufgleisvorrichtung *f* <bahn> • rerailer; retracker

Aufgleitfront *f* <meteo> • anafront

aufgliedern *vt* <allg> • subdivide *vi*; subdivide into *vt*; break down *vi*; break down into *vt*

Aufgliederung *f* <allg> • breakdown; subdivision

aufhalden *vt* <tech.allg> *(z. B. Aushub, Kohle, Kali)* • heap *vt*

aufhalden *vt* <min> *(Abraum)* • bank out *vt*

aufhalten *vt* <allg> *(durch Hindernisse, Widrigkeiten; Vorgang, Bewegung)* • impede *vt*

aufhalten *vt* <allg> *(einen zeitlichen Ablauf; z. B. Fortschritt, Vorgang)* • retard *vt*; delay *vt*

aufhalten *vt* <allg> *(Bewegung; Objekt bis zum Stillstand abbremsen)* • stop *vt*; arrest *vt*

aufhalten *vt* <allg> *(eine Öffnung weiterhin geöffnet halten)* • keep open *vt*

aufhalten *vt* <allg> *(Öffnung manuell spreizen)* • spread *vt*

aufhängen *vt* <allg> • hang up *vt*

aufhängen *vt* <tech.allg> *(an etwas)* • suspend *vt*

Aufhängepunkt *m* <masch> *(allg.)* • suspension point; center of suspension *US*; fulcrum of suspension

Aufhänger *m* <tech.allg> • hanger

Aufhängung *f* <bahn> *(Gesamtheit der Feder- und Dämpfungselemente)* • suspension gear

Aufhängung *f* <masch> *(allg.; Befestigung, Lagerung; eher von oben)* • suspension

Aufhängung *f* <rls> *(von Rohren; an der Decke, am Unterboden; z. B. Kfz-Abgasleitung)* • hanger

Aufhängungspunkt *m* <tech.allg> *(von Stützlagern, Federn, Puffern, Hängern u. dgl.)* • suspension mount

aufhärten *vt* <metall> • add hardness *vt*

aufhaspeln *vt* <masch> *(z. B. Blech, Draht, Faden)* • reel up *vt*; wind on reels *vt*; wind upon reels *vt*

aufhäufen *vt* <tech.allg> *(ansammeln)* • accumulate *vt*; heap *vt*; pile up *vt*

aufheben *vt* <allg> *(Last, Belastung; z. B. Gewicht, Verbot, Embargo)* • lift *vt*

aufheben *vt* <allg> *(kleines Objekt, ohne Schwierigkeiten; z. B. Münze vom Boden)* • pick up *vt*; take up *vt*

aufheben *vt* <tech.allg> *(eine Wirkung)* • neutralize *vt*

aufheben *vt* <math> *(sich wechselseitig ausgleichen)* • equalize *vt*; balance *vt*; cancel out *vt*

aufheizen *vt/vr* <tech.allg> • heat up *vi/vt*

Aufheizperiode *f* <el> *(bis Betriebsbereitschaft v. Komponenten, Geräten; z. B. Röhre, Kopierer)* • coming-up time; coming-up period

Aufheizung *f* <tech.allg> • heatup

Aufhellblitz *m* <phot> • fill-in flash; fill flash

aufhellen *vt* <obfl> • brighten *vt*

aufhellen *vt* <phot> *(Bild, Schatten)* • light *vt*; lighten up *vt*; light up *vt*

aufhellen *vt* <textil> *(z. B. bleichen)* • clear *vt*

Aufhellschirm *m* <phot> *(weiß oder silber)* • umbrella reflector

aufhören *vi/vt* <allg> *(mit etw.)* • stop *vi/vt*; discontinue *vi/vt*; finish *vi/vt*; cease *vi/vt*

Aufkantung *f* <masch> *(an Blechen; z. B. von Regalfachböden)* • upward lip

Aufkedern *n* <led> • rand laying

aufkitten *vt* <füg> • cement on *vt*

aufkitten *vt* <opt> *(Linsen miteinander)* • block *vt*

aufklappbar <tech.allg> *(mit horizontaler Achse; z. B. Deckel, Fenster)* • swinging upwards; folding upwards; hinge-type; hinged

aufklappen *vt* <tech.allg> • turn upwards *vt*; tip up *vt*

Aufklärungsdrohne *f* <mil> *(allg.; Starr- od. Drehflügler)* • spy drone

aufkleben *vt* <füg> *(mit Kleister)* • paste on *vt*

aufkleben *vt* <füg> *(allg.; z. B. Selbstklebefolie, Etikett)* • stick on *vt*

Aufkleber *m* <doku> *(allg.; auch als Dekor, z. B. Auto- od. Gepäckaufkleber)* • sticker

aufklettern *vi* <tech.allg> *(meist unerwünscht; z. B. Auto auf Auto bei Unfall)*

• override *vi*

aufklettern *vi* <bahn> *(Spurkranz auf Schiene)* • override *vi*

aufklettern *vi* <masch> *(Kette auf Kettenrad, Ritzel)* • ride the sprocket *vi*; ride on the teeth *vi*

aufkochen *vt* <allg> • boil up *vt*

Aufkohlen *n DIN 17014* <metall> *(von Stahl; beim Einsatzhärten)* • carburization; carburizing; cementation

aufkohlen *vt* <metall> *(Stahl; beim Einsatzhärten)* • carburize *vt*; carbonize *vt*; carbonise *vt GB*; cement *vt*

aufkohlen *vt*: **in der Randzone ~** <metall> *(Einsatzhärten)* • case-carburize *vt*

Aufkohlungsmittel *n* <metall> *(beim Einsatzhärten von Stahl; z. B. Graphitpulver, Cyansalz)* • carburizing medium; carburizing material; case-hardening carburizer; carburizer *pract*

aufkonzentrieren *vt* <chem.verf> *(allg.; z. B. Lösung)* • concentrate *vt*

aufkonzentrieren *vt* <chem.verf> *(Säure)* • fortify *vt*

aufkratzen *vt* <bau> *(Putz)* • devil *vt*

aufkrausen *vt* <led> • pommel *vt*

aufladbar <el> *(Akku)* • rechargeable

aufladen *vt* <el> *(elektrostatisch)* • charge *vt*

aufladen *vt* <mot> *(Motor; z. B. mit Turbolader)* • supercharge *vt*; boost *vt coll*

Aufladung *f* <el> *(Ergebnis; statische Elektrizität)* • charge

Aufladung *f* <el> *(Vorgang; Aufbau statischer Elektrizität)* • charging

Aufladung *f* <mot> *(von Motoren)* • supercharging; forced induction *did*

Aufladungsstörungen *fpl* <navig> *(durch atmosphärische Niederschläge)* • precipitation interference; precipitation noise

Auflage *f* <tech.allg> *(gepolstert)* • support pad

Auflage *f* <bau> *(Unterlage)* • base

Auflage *f* <druck> *(Anzahl gedruckter Expl.; von Büchern, Zeitschriften, Druckschriften)* • print run; run; print--run; impression; circulation

Auflage *f* <druck> *(Buchausgabe, Edition; z. B. 2. überarbeitete Auflage)* • edition

Auflage *f* <jur> *(behördliche Forderung)* • authority requirement

Auflage *f* <obfl> *(Schutzschicht auf Verschleißflächen; z. B. auf Kanten, Zähnen)* • facing

Auflage *f* <prod> *(Belag, Futter; z. B. Gummi)* • lining

Auflage *f* <prod> *(Stütze, Halter; z. B. für Werkzeug, Werkstück)* • support

Auflage *f* <wz.masch> *(an Schleifmaschine)* • rest

Auflagedruck *m* <mech> *(vertikale Kraft auf Stützlagern)* • vertical force

Auflagefläche *f norm* <füg> *(bei Schraubenkopf ohne Bund o. Ä.)* • bearing face; bearing surface

Auflagefläche *f norm* <füg> *(bei Schraubenkopf mit Bund, Flansch o. Ä.)* • washer face

Auflagefläche *f* <masch> *(kraftaufnehmende Fläche von Lagern, Stützen etc.)* • bearing surface; supporting surface

Auflagefläche *f* <mech> *(betont: Größe, Abmessungen; z. B. in mm²)* • support area; bearing area; load-carrying area

Auflagefläche *f* <prod> *(zum An- oder Auflegen von Teilen, Werkstücken)* • locating surface

Auflagefläche *f* <prod> *(zur Montage)* • mounting surface

Auflage für Liegestühle *f* <allg> • lounger cushion; sunbed cushion

Auflage Hochlehner *f* <allg> • recliner cushion

Auflagenstabilität *f DIN 16620* <druck> *(Druckplatte)* • print run stability; run length; length of run

Auflageplatte *f* <masch> • bolster plate

Auflageprisma *n* <prod> *(z. B. für Proben, Werkstücke)* • prismatic support

Auflager *n* <tech.allg> *(Brücke, Träger, Achse, Welle)* • end bearing

Auflager *n* <masch> • pedestal

Auflagerdruck *m* <masch> • bearing pressure; support pressure

Auflagerreaktion *f* <mech> • supporting reaction; support reaction

Auflagerspannung *f* <bau> • bearing stress

Auflandung *f* <geo> *(Flussbett, -ufer)* • aggradation; accretion; silting-up; silting

Auflast *f* <bau> • superimposed load; applied load

Auflauf *m <gastr>* • soufflé

Auflauf-Bremsanlage *f <kfz.brems> (von kleinen Anhängern)* • inertia braking system; overrunning brake *pract*

auflaufen *vi <nav> (auf Grund, Sandbank etc.)* • ground *vi*; strand *vi*

auflaufen *vi <textil> (Faden)* • be wound onto *vi*

Auflaufspule *f <textil>* • take-up bobbin; take-up package

auflecken *vt <allg> (mit der Zunge, etw. von einer Oberfläche; z. B. eine Flüssigkeit)* • lick *vt*; lick up *vt*

auflegen *vi <tele> (Telefon; Gespräch beenden)* • hang up *vi*

auflegen *vt <allg> (ein Objekt auf ein anderes)* • place on *vt*

auflegen *vt <allg> (z. B. CD, Schallplatte, Schminke)* • put on *vt*

auflegen *vt <antr> (Riemen auf Riemenscheibe)* • fit *vt*

auflegen *vt <druck> (Buch)* • publish *vt*

aufleuchten *vi <licht> (blinkend; z. B. Warnleuchte)* • flash *vi*

aufleuchten *vi <licht> (Lampe; vom ausgeschalteten in den eingeschalteten Zustand)* • light up *vi*

Auflichtmikroskop *n <opt>* • reflected-light microscope

aufliegen auf *vi <tech.allg>* • bear on *vi*; rest on *vi*; be supported by *vi*

auflisten *vt <allg>* • list *vt*

auflockern *vt <tech.allg> (zum Belüften; z. B. Boden, Formsand)* • aerate *vt*

auflockern *vt <agri> (mit Hacke; Boden, Erdreich)* • hoe *vt*; loosen *vt*

auflockern *vt <metall> (Formsand)* • fluff *vt*

auflösbar *<math> (Gleichung)* • solvable

auflösbar *<opt> (Bild, in Bildpunkte)* • resolvable

auflösen *vr <tech.allg> (in Teile, Bruchstücke)* • disintegrate *vi*; decompose *vi*

auflösen *vt <av.opt> (Bild; z. B. in Bildpunkte)* • resolve *vt*

auflösen *vt <chem> (Feststoff in Flüssigkeit aktiv in Lösung bringen; z. B. Salz in Wasser)* • dissolve *vt*; put into solution *vt*

auflösen *vt <math> (Gleichung)* • solve *vt*

auflösen *vt <pap.ents> (Altpapier)* • repulp *vt*

auflösen nach *vt <math>* • solve in terms of *vt*; solve for *vt*

Auflösung *f <tech.allg> (Signal, Bild; z. B. in Anzahl Bildpunkte pro Fläche oder Winkelgrad)* • resolution; definition

Auflösung *f <chem> (einer Substanz in Lösungsmittel; Vorgang)* • dissolution

Auflösung *f <opt> (kleinster Abstand getrennt wahrnehmbarer Bildpunkte)* • resolution

Auflösungsvermögen *n <opt> (z. B. Objektiv, Mikroskop, Scanner, Druckplatte)* • resolving power; resolution capability; resolution *pract*

Auflösungsvermögen *n <tele> (Signaltrennung; z. B. Funkortung)* • discrimination

auflöten *vt <füg> (hart)* • braze on *vt*

auflöten *vt <füg> (weich)* • solder on *vt*

auflöten *vt <wz> (Plättchen)* • tip *vt*

aufmachen *vt <allg>* • open *vt*

aufmachen *vt <werb>* • make up *vt*

aufmodulieren *vt <el> (Signale auf eine Trägerfrequenz)* • modulate *vt*

aufmontieren *vt <prod>* • mount on *vt*; fit on *vt*; fit to *vt*; fix to *vt*

Aufnäher *m <bekl>* • sew-on badge

Aufnahme *f <allg> (Vorgang; z. B. Person in Haus, Gegenstand in Gehäuse, Medium in Behälte)* • accommodation

Aufnahme *f <tech.allg> (Gehäuse, in das etw. eingesetzt wird)* • housing

Aufnahme *f <tech.allg> (Vorgang; z. B. von Wasser, Kraftstoff beim Befüllen, Betanken eines Fz.)* • intake

Aufnahme *f <tech.allg> (Gefäß, Vertiefung, Buchse; z. B. für Flüssigkeiten, Module, Stecker)* • receptacle

Aufnahme *f <av> (Fernsehen, Film)* • shooting

Aufnahme *f <kino>* • take

Aufnahme *f <logist> (von Fördergut, Last)* • uptake

Aufnahme *f <masch> (Vorgang, physisch; von etw. in etw.)* • acceptance

Aufnahme *f <masch> (Vertiefung, Sackbohrung)* • socket

Aufnahme *f <msr> (Vermessung)* • surveying

Aufnahme *f <phot> (für Objektiv, Filter)* • mount

Aufnahme *f <phot> (auf einem Film;*

z. B. 36er) • exposure; frame

Aufnahme *f <phot> (Bilderzeugung)* • shot; exposure; capture

Aufnahme *f <phot> (Ergebnis; fotografisches Bild)* • image; photo; shot; pictur; photography

Aufnahme *f <phys> (Verschlucken von Energie; z. B. Wärme, Kraft, Leistung)* • absorption

Aufnahme *f <psych> (z. B. eines Buchs, Theaterstücks; neuen Wissens)* • reception

Aufnahme *f <verf> (z. B. von Farbe, Flüssigkeit)* • take-up

Aufnahme *f <wz> (Sitz)* • seat

Aufnahme *f DIN 69882-4 <wz> (Werkzeughalter an Fräsmaschinen)* • holding fixture *DIN 69882-4*

Aufnahme aus der freien Hand *f <av>* • handheld shot

aufnahmebereit *adj <phot>* • ready *adj*

Aufnahmebohrung *f <prod> (z. B. in Vorrichtung)* • mounting hole; seating hole; seating bore; location hole

Aufnahmedorn *m <wz.masch>* • mounting mandrel

Aufnahmeentfernung *f <phot>* • shooting distance; camera-to-subject distance; object distance

Aufnahmefähigkeit *f <tele> (von Leitungen)* • traffic capacity

Aufnahmefähigkeit *f <verf> (eines Gefäßes)* • receiving capacity

Aufnahmegerät *n <av> (allg.; Bild und Ton)* • recording unit; recorder

Aufnahmekegel *m <wz.masch> (z. B. an Frässpindel)* • mounting taper; machine taper

Aufnahmekopf *m <av> (von Magnetbandgeräten; z. B. Videorecorder)* • recording head; record head

Aufnahmequalität *f <av>* • recording quality

Aufnahmesperre *f <av> (an Kassette; allg.; auch mit Schieber)* • erasure lock; lug

Aufnahme und Wiedergabe *f <av>* • record and play; recording and playback; audio recording and playback; sampling record and playback

Aufnahme von Wärmebildern *f <bau.-phot>* • thermal imaging

Aufnahmevorrichtung *f <prod>* • work--holding fixture; work-supporting fixture; holding fixture

Aufnahmezähler *m <phot>* • exposure counter

aufnehmen *vt <allg> (z. B. Person in Haus, Gegenstand in Gehäuse, Medium in Behälter)* • accommodate *vt*

aufnehmen *vt <tech.allg> (etw. in etw.; genau passend; z. B. Welle in Bohrung)* • accept *vt*

aufnehmen *vt <tech.allg> (verbrauchen; z. B. Strom, Leistung, Energie, Arbeit)* • consume *vt*

aufnehmen *vt <av> (Bilder allg.: Fotos, Video, Film)* • shoot *vt*

aufnehmen *vt <bau> (Spannungen, Zugkräfte)* • absorb tension *vi*

aufnehmen *vt <chem> (z. B. Elektronen)* • gain *vt*

aufnehmen *vt <förd> (z. B. mit Baggerschaufel, Schürfkübel, Greifer)* • grab *vt*

aufnehmen *vt <masch> (Kraft, Last)* • carry *vt*; support *vt*

aufnehmen *vt <msr> (Datenmapping)* • map *vt*

aufnehmen *vt <msr> (Messwerte, Signale)* • pick up *vt*

aufnehmen *vt <msr> (Vermessungsdaten)* • survey *vt*

aufnehmen *vt <phot> (Foto, Standbild)* • photograph: take a ~ *vt*; picture: shoot a ~ *vt coll*; exposure: make an ~ *vt form.rare*

aufnehmen *vt <phot>* • shoot *vt*; expose *vt*; capture *vt*

aufnehmen *vt <phys> (Energie; z. B. Wärme)* • collect *vt*; pick up *vt pract.-coll*

aufnehmen *vt <prod> (Kontur, Umriss, Form)* • trace *vt*

aufnehmen *vt <textil> (z. B. Farbstoff, Imprägnierung)* • take up *vt*

aufnehmen *vt <wz.masch> (z. B. Werkstück in Spannvorrichtung, Palette, Träger)* • mount *vt*

aufnehmen *vt <wz.masch> (empfangen; z. B. Werkstück)* • receive *vt*

aufnehmendes Teil *n <tech.allg> (allg.; mit Öffnung, Vertiefung etc.)* • female part; female piece

aufpfropfen *vt <agri>* • graft *vt*

Aufpolieren *n <obfl> (z. B. von Holz, Möbel)* • refinishing

Aufprall *m <tech.allg> (gegen ein Hin-*

dernis; z. B. Auto gegen Eiche, Flugzeug auf Boden) • impact

Aufprall *m <verf> (von Schwebstoffen in Trägheits-Schwebstoffabscheidern)* • impaction; inertial impaction; impingement

aufprallen auf *vi <tech.allg> (bes. hart; z. B. Fahrzeuge, Flugkörper, Splitter auf Oberfläche)* • impact on *vi*

aufprallen auf *vi <phys> (allg.)* • impinge on *vi*

Aufprallenergie *f <phys>* • impact energy

aufprallschluckender Asphalt *m <bau.mat> (Belag; z. B. für Spiel- und Sportplätze)* • impact-absorbing asphalt *:V*; Sureflex ®

Aufprallsensor *m <kfz.msr> (von Airbag-System)* • crash sensor; impact sensor; shock sensor; inertia deceleration sensor *Autodata*

Aufpreis *m <ökon>* • extra cost

Aufpreis *m*: **gegen ~ lieferbar** *<ökon>* • extra cost: available at ~

Aufpreis *m*: **ohne ~** *<ökon>* • extra cost: at no ~ (ANC)

Aufpreis *m*: **ohne ~ lieferbar** *<ökon>* • extra cost: available at no ~

aufpreispflichtiges Ausstattungsdetail *n <ökon> (z. B. Ledersitze, Wurzelholz)* • extra-cost item

aufpreispflichtige Sonderausstattung *f <ökon>* • cost option

aufpressen *vt <füg> (mit Hammer klopfend, schlagend)* • drive on *vt*

aufpudern *vt <obfl> (Puderemail auf heiße Werkstücke)* • dust on *vt*; powder *vt*; dredge *vt*

aufpumpen *vt <tech.allg> (z. B. Reifen, Schlauchboot)* • inflate *vt*; pump up *vt*; blow up *vt*

aufpunkten *vt <füg> (z. B. Haltewinkel auf Blech)* • spot-weld *vt*

Aufputz... *<bau> (z. B. Dose, Verteiler, Schalter, Leitung; im Ggs. zu Unterputz)* • surface-mount ...; over-plaster ...

Aufputzinstallation *f <bau> (z. B. von Rohren, Leitungen, Steckdosen)* • over-plaster installation; surface installation; surface mounting

Aufputzverlegung von elektrischen Leitungen *f <bau.el>* • surface wiring; surface-mounted wiring

aufquellen *vi <mat>* • swell *vi*

aufquetschen *vt <phot> (z. B. Vergrößerung auf Hochglanzfolie)* • squeegee to *vt*; squeegee on *vt*

Aufrahmen *n <chem> (Stabilitätsproblem von Emulsionen; z. B. Lack, Arzneimittel)* • creaming

Aufrahmen *n <nahr> (Effekt beim Lagern von Rohmilch; trennt Milchfett und Magermilch)* • creaming; rising of cream

aufrahmen *vi <chem> (Effekt von Emulsionen; leichtere Phase steigt nach oben)* • form a creamy layer *vi*; cream *vi*

Aufrahmungsmittel *n <chem> (zur Phasentrennung von Emulsionen, Dispersionen)* • creaming agent

Aufrastprofil *n <bau>* • snap-on profile

aufrauen *vt <obfl> (beliebiges Material)* • rough *vt*; roughen *vt*; roughen up *vt*

aufrauen *vt <pap> (Papierkanten)* • distress *vt*

aufrauen *vt <prod> (Schleifscheibe)* • sharpen *vt*

aufrecht *<allg> (im Ggs. zu liegend)* • erect

aufrechterhalten *vt <allg> (unterstützen; z. B. Entwicklung, ökologisches Gleichgewicht)* • sustain *vt*

aufrechterhalten *vt <allg> (Istzustand)* • maintain *vt*

Aufrechterhaltung *f <allg> (eines Zustands, Rechts, Anspruchs)* • maintenance; maintaining

Aufrechterhaltungsgebühren *fpl <jur> (Patent)* • maintenance fees

aufrechtes Flügelprofil *n <bau> (vertikales Element eines Tür- od. Fensterflügelrahmens)* • stile

aufrecht stehend *<allg> (vertikal)* • standing upright; upstanding; upright

Aufreibduft *m <obfl>* • scratch 'n sniff fragrance

aufreiben *vt <prod> (Bohrung)* • ream *vt*

aufreihen *vt <tech.allg> (in einer Reihe, Linie)* • line up *vt*

aufreihen *vt <tech.allg> (in bestimmter Reihenfolge)* • sequence *vt*

Aufreißdeckel *m <pack> (von Dosen)* • easy-opening end; easy-open end; EO-end

Aufreißdeckel *m DIN 55 405 <pack>* • pop-top lid; pull-tab lid

Aufreißdose *f DIN 55 405 <pack>* • pop-top can; pull-tab can

Aufreißduft *m <obfl>* • lift 'n smell fragrance

Aufreißen *n <bau> (von Straßendecken)* • scaryfying

aufreißen *vi <tech.allg> (wegen Überfüllung; z. B. Papiersack, Kunststofffolie)* • burst *vi*

aufreißen *vi <mat> (Risse bilden)* • crack *vi*

aufreißen *vt <bau> (Boden, Belag, Wände)* • rip up *vt*; break up *vt*

aufreißen *vt <bau> (Straße, Fahrbahnbelag)* • scarify *vt*

aufreißen *vt <doku> (skizzieren)* • delineate *vt*

aufreißen *vt <pack> (Umschlag, Hülle etc.)* • rip open *vt*

Aufreißhaken *m <bau.masch> (für Boden, Fahrbahn)* • ripper

Aufreißstreifen *m DIN 55 405 <pack>* • tear tape; pull strip; tear strip; tab

Aufreißvorrichtung *f <ents> (für Müllsäcke)* • bag burster

aufrichten *vr <allg>* • erect *vi*

aufrichten *vr/vt <allg> (nach Sturz, Umfallen etc.)* • restore the upright position *vi/vt*

aufrichten *vt <tech.allg> (aus liegender Position; z. B. Mast, Turmkran)* • erect *vt*

aufrichten *vt <tech.allg> (montieren; z. B. Antenne, Mast)* • mount *vt*

aufrichten *vt <textil> (Flor)* • raise *vt*

aufrichtendes Moment *n <phys> (z. B. bei Booten, Schiffen)* • righting moment; restoring moment

Aufrichteschachtel *f <pack>* • self--erecting box

Aufrollautomatik *f <kfz.sich>* • retractor mechanism; retractor system

aufrollbares Abschleppseil *n <kfz>* • automatic tow rope; self-rolling tow rope

aufrollen *vr <kfz.sich> (Automatik-Sicherheitsgurt)* • retract *vi*

aufrollen *vt <tech.allg> (auf schmale Spulen; z. B. Draht, Faden, Band)* • reel *vt*

aufrollen *vt <tech.allg> (mit Winde; z. B. Seil)* • wind *vt*

aufrollen *vt <tech.allg> (auf breite Rollen; z. B. Papier, Blech, Folie)* • roll *vt*

aufrufen *vt <comp> (z. B. ein Programm, Makro etc.)* • invoke *vt*; call *vt*

aufrühren *vt <tech.allg>* • agitate *vt*

aufrühren *vt <verf> (z. B. Anstrichstoff, Pigmente)* • stir *vt*

aufrunden *vt <math> (Zahl; nach oben; typ. auf das nächsthöhere Vielfache von 5)* • round *vt*; round up *vt*

aufrüsten *vt <comp> (Hardwareleistung; z. B. CPU od. RAM)* • upgrade *vt*

Aufrüstoption *f <tech.allg> (von Hardware)* • upgradeability; upgrade option

aufsättigen *vt <chem> (i. S. von Konzentration bis zur Sättigung steigern)* • resaturate *vt*

aufsaugen *vt <tech.allg> (absorbieren; z. B. Flüssigkeit)* • absorb *vt*; imbibe *vt*; suck *vt coll*

Aufschalten *n <tele> (mit einem bereits besetzten Anschluss verbinden)* • intrusion; offering; trunk offer; entering; breaking-in

Aufschaukeln *n <kfz> (Bewegung zum Flottmachen eines festsitzenden Autos)* • rocking

Aufschaukeln *n <phys> (von Schwingungen)* • build-up

aufschaukeln *vr <phys> (Schwingung)* • build up *vr*

aufschaukeln *vt <kfz> (Auto; z. B. zum Flottmachen)* • rock *vt*

aufschäumbar *<kst> (z. B. Polystyrol)* • expandable; foamable *coll*

aufschäumen *vi <chem.verf> (z. B. Öl, Abwasser)* • froth *vi*; foam *vi*

aufschäumen *vt <el> (Milchschaum für Kaffeegetränke; z. B. für Caffè Latte)* • froth *vt*; steam *vt*

aufschäumen *vt <kst.prod> (z. B. Polystyrol)* • expand *vt*; foam *vt*

aufschäumen *vt <prod> (beschichten mit Schaumstoff)* • foam onto *vt*

aufschichten *vt <bau> (als Haufen)* • pile up *vt*

aufschiebbar *<allg> (zeitlich)* • postponable

aufschiebbar *<mech> (konkret; z. B. Hülse)* • slip-on

aufschieben *vt <allg> (auf später; jede Art von Handlung, Entscheidung; z. B. Zahlung)* • defer *vt*

aufschieben *vt <allg> (verzögern; z. B. Lieferung)* • delay *vt*

aufschieben *vt <allg> (Aktion, auf spä-

teren Termin; z. B. Besprechung, Entscheidung) • postpone *vt*

aufschieben *vt <mech> (kräftig, ein Teil auf ein anderes)* • push on *vt*

aufschieben *vt <mech> (leichtgängig; z. B. Muffe auf Rohr)* • slip on *vt*

Aufschlag *m <tech.allg> (eher von oben nach unten; z. B. Partikel, Splitter, Geschoss, Rakete)* • impact; impingement

aufschlagen *vi <allg> (hart auftreffen)* • impact *vi*; impinge on *vi*

aufschlagen *vt <allg> (auf dem Boden; z. B. Bombe, Person bei Unfall)* • strike *vt*

aufschlagen *vt <nahr.prod> (Speiseeis, Sahne, Eiweiß)* • whip *vt*

aufschlagen *vt <pap> (Zellstoff)* • break down *vt*; clear *vt*; refine *vt*

Aufschlagzünder *m <mil> (Kapsel)* • percussion cap; impact fuze; percussion primer *rare*

aufschlämmen *vt <bau> (Lehmgemisch)* • liquefy *vt*

aufschlämmen *vt <verf>* • suspend in a liquid *vt*; suspend *vt*

Aufschlämmung *f <verf>* • suspension

Aufschlämmung *f <verf> (betont: auf Wasserbasis)* • water slurry

Aufschleudern *n <obfl> (Beschichtungsverfahren; z. B. von Photolack auf Wafer)* • spin coating

aufschleudern *vt <obfl> (z. B. Photolack auf Wafer)* • spin coat *vt*; spin on *vt rare*; apply by spinning *vt rare*

aufschließen *vt <bau> (Tür, Zimmer)* • unlock *vt*

aufschließen *vt <min> (Bergwerk)* • open *vt*; open up *vt*; approach *vt*; develop *vt*

aufschließen *vt <verf> (z. B. Zellstoff, Abfall)* • comminute *vt*

aufschließen *vt <verf> (biochemisch od. physikalisch zersetzen, zerlegen)* • disintegrate *vt*

aufschlitzen *vt <allg> (reißend)* • rip up *vt*

Aufschluss *m <chem> (mit Aufschlussreagenzien)* • digestion

Aufschluss *m <min> (z. B. eines Flözes)* • development; exposure; opening-up; opening

Aufschluss *m <pap> (von Zellstoff)* • pulping; cooking

Aufschlussbohrung *f <bau.petr> (Resultat)* • exploratory borehole; stratigraphic test hole; test hole *pract*

Aufschlussbohrung *f DIN 4021 <bau.-petr> (Vorgang; z. B. für Ölsuche, Baugrunduntersuchung)* • exploratory drilling; exploratory boring

Aufschlüsselung *f <allg> (v. Summenwerten; z. B. von Lieferungen, Leistungen)* • breakdown

Aufschmelzlöten *n <füg>* • reflow soldering

Aufschmelzzone *f <metall> (allg.)* • melted zone

Aufschnappmontage *f <el> (z. B. in Verteilerkästen, Schaltschränken)* • snap-on installation

Aufschnittdeckung *f <bau> (Dachdeckung)* • fourfold-lap covering *:V*

aufschnüren *vt <füg> (z. B. Paket, Mieder)* • unlace *vt*; untie *vt*

aufschraubbar *<füg> (mit Gewinde zu befestigen)* • screw-on

aufschrauben *vt <füg> (schraubend befestigen; z. B. Mutter, Schraubverschluss, Deckel)* • screw *vt*; screw on *vt*

aufschrauben *vt <füg> (schraubend öffnen)* • unscrew *vt*

aufschrauben *vt <füg> (mit Schrauben befestigen)* • screw on *vt*

aufschreiben *vt <doku>* • write down *vt*; record *vt*

aufschrumpfen *vt <tech.allg> (Bauteile, Verpackungen)* • shrink on *vt*

aufschütten *vt <bau> (Graben, Böschung, Grube, Bodensenke)* • fill *vt*; make up *vt*

aufschütten *vt <logist> (Schüttgut)* • pile *vt*

Aufschüttung *f <bau> (allg.; z. B. Uferdamm, Deich, Fahrbahndamm, Hügel)* • embankment

aufschweißen *vt <füg> (befestigen)* • weld onto *vt*

aufschweißen *vt <rep> (Auftragen mehrerer Schweißlagen)* • build up with weld *vt*

Aufschweißung auf den Schneidflächen *f <wz.masch> (Aufbauschneide, unerwünscht)* • welding to the cutting faces

Aufschwimmen *n <obfl.qualit> (Trennen von Pigmenten aus einer Beschich-*

tung) • flooding

aufschwimmen *vi <verf>* • float *vi*

Aufsetzen *n <aerosp> (Landung)* • touchdown *pract*; ground contact *rare*

aufsetzen *vi <aerosp> (Landung)* • touch down *vi*; contact *vi*

aufsetzen *vi <kfz>* • bottom *vi*; have ground contact *vi*

aufsetzen *vt <allg> (z. B. Brille, Hut, Topf; Lächeln)* • put on *vt*

aufsetzen *vt <prod> (z. B. Werkstück, Mutter)* • place on *vt*; mount on *vt*

Aufsetzpunkt *m <aerosp> (Landung)* • touchdown point; touchdown zone aiming point; aiming point *pract*

Aufsetzzone *f <aerosp>* • touchdown zone (TDZ)

Aufsichtvorlage *f <druck>* • reflection copy

aufsitzen *vi <masch> (ein Teil auf einem anderen)* • rest on *vi*; be seated on *vi*; sit on *vt*

aufsitzen *vi <nav>* • be grounded; be aground

aufspachteln *vt <bau>* • trowel *vt*; trowel on *vt*

aufspalten *vr <chem> (Verbindung)* • decompose *vi*

aufspalten *vt <chem> (Verbindung)* • crack *vt*; crack up *vt*; break up *vt*

Aufspaltung *f <chem> (chemische Verbindung)* • breaking; breakdown

Aufspaltung *f <mat.qualit> (von Schichten, Laminat; z. B. durch Feuchtigkeit)* • delamination

Aufspaltung *f <prod> (in zwei Teile; meist entlang natürlicher Linien)* • cleaving; cleavage

Aufspannplatte Düsenseite *f <kst>* • stationary platen

Aufspannplatte Schließseite *f <kst>* • moving platen; moveable platen

Aufspanntransformator *m <el> (allg.)* • step-up transformer

Aufspannung *f*: **in einer ~ bearbeiten** *vt <prod>* • machine in one setting [of the work] *vt*

Aufspannung *f <wz.masch>* • set-up; setting

Aufspannvorrichtung *f <prod> (z. B. für Rohlinge, Werkstücke)* • clamping device; set-up fixture

Aufspielen der Basis-Software *n <prod> (bei Handys)* • flexing and flashing

aufsprengen *vt <tech.allg> (von innen heraus)* • burst *vt*

aufspringen *vi <tech.allg> (z. B. Fenster, Tür; durch Windstoß)* • pop open *vi*

aufspritzen *vt <obfl> (in größeren Spritzern, schwallweise; z. B. Wasser)* • splash on *vt*

aufsprühen *vt <obfl> (fein vernebelt; z. B. Lack mit Sprühdose, Spritzpistole)* • spray on *vt*

aufspulen *vt <tech.allg> (auf schmale Spulen; z. B. Kinofilm, Tonband)* • reel up *vt*; wind on reels *vt*

aufspulen *vt <tech.allg> (z. B. Draht, Faden, Film)* • wind *vt*

Aufstandsfläche *f <fz> (von Reifen; Teil der Lauffläche)* • contact patch; ground contact area; foot print; tire contact area; contact area

Aufstandsfläche *f <kfz> (gesamtes Fahrzeug; Spur x Radstand)* • vehicle footprint *:V*

aufstapeln *vt <tech.allg> (relativ hoch; z. B. Steine, Kisten)* • pile up *vt*

aufstapeln *vt <logist> (quaderförmige oder flache Objekte; z. B. Steine, Kisten, Bleche)* • stack *vt*

aufstäuben *vt <obfl> (sehr fein)* • dust *vt*; powder *vt*

aufstauen *vt <energ.hydr> (Fluss, Speicherbecken)* • impound *vt*; dam up *vt*; bank *vt*

aufsteckbar *<tech.allg> (mit Schnappverschluss, Clip)* • clip-on

aufsteckbar *<tech.allg> (ohne Raste aufgleitend)* • slip-on

Aufsteckbohrer *m DIN ISO 5419 <wz>* • shell drill *ISO 5419*

Aufsteckbürste *f <hygi> (für el. Zahnbürsten)* • brush attachment *:V*

aufstecken *vt <tech.allg> (etw. auf etw. befestigen; z. B. mit Clips, Stiften)* • fit on *vt*

aufstecken *vt <tech.allg> (einführen; Stift etc. in eine Öffnung, Vertiefung)* • insert *vt*

aufstecken *vt <tech.allg> (durch Andrücken befestigen; z. B. Objektiv-Schutzdeckel)* • push on *vt*

aufstecken *vt <füg> (Hohlkörper; z. B. Hülse, Kappe, Muffe)* • slip over *vt*

Aufsteckfräser *m <wz>* • arbor milling

cutter; arbor cutter

Aufsteckfräserdorn *m DIN 69882-3* *<wz.masch>* • milling cutter arbor *DIN 69882-3*

Aufsteckhalter *m <wz.masch> (mit Kegelsitz)* • arbor

Aufsteckkamera *f <el.phot> (auf Handy, PDA etc.)* • plug-on camera

Aufsteckkarte *f <comp>* • piggyback board

Aufsteckrohr *n <wz> (für Schraubenschlüssel, zum Verlängern des Hebelarms)* • tubular handle; detachable handle

aufsteigen *vi <allg>* • ascend *vi*

aufsteigend *<allg>* • ascending

aufsteigende Reihenfolge *f <allg> (alphanumerisch; z. B. 1, 2, 3 ...; a, b, c, ...z)* • ascending order; ascending sequence

aufstellen *vt <allg> (z B. Plan, Organisation, Theorie)* • establish *vt*

aufstellen *vt <tech.allg> (z. B. Arbeitsbühne, Gerüst, Mast)* • erect *vt*

aufstellen *vt <tech.allg> (montieren; z. B. Gerüst, Werkzeugmaschine)* • mount *vt*

aufstellen *vt <tech.allg> (Anlagen, Ausrüstungen)* • rig *vt*

aufstellen *vt <tech.allg> (z. B. Bude, Messestand, Maschine)* • set up *vt*

aufstellen *vt <tech.allg> (Hubdach oder Dachhaube)* • lift *vt*

aufstellen *vt <bau> (Gerüst)* • scaffold *vt*

aufstellen *vt <kfz> (Motorhaube)* • prop up *vt*

aufstellen *vt <tour> (Zelt, Caravan auf dem Standplatz)* • pitch *vt*; site *vt*

Aufstellung *f <doku> (von einzelnen Positionen, in Liste, Rechnung)* • itemization

Aufstelzung *f <bau> (Straße)* • stilting

aufsteppen *vt <textil>* • quilt on *vt*

Aufsticken *n DIN 17014 <metall> (Wärmebehandlung von Stahl)* • nitrogen content increase

Aufstieg *m <geo> (von Magma)* • ascent; upwelling

aufstocken *vt <bau> (Gebäude)* • raise by a storey *vt*; add a storey *vt*

aufstocken *vt <logist> (Lagerbestand)* • restock *vt*; resupply *vt*

aufstreichen *vt <obfl> (Anstrichstoff; z. B. Farbe)* • apply by brushing *vt*; apply by brush *vt*; brush on *vt*; brush *vt*

aufstreifen *vt <tech.allg> (z. B. Gummitülle, Manschette)* • slip on *vt*

aufstreuen *vt <tech.allg> (feines Pulver, Puder)* • dust on *vt*

aufstreuen *vt <tech.allg> (verteilen; z. B. Dünger)* • spread on *vt*

Aufstrich *m <nahr> (auf Brot u. dgl.)* • spreading

Aufstrom *m <phys>* • upward current; ascending current

Aufstromklassieren *n <verf> (allg.)* • upward-current classification

Aufstromklassierer *m <verf> (allg.)* • upward-current classifier

auftanken *vt <fz> (erneut auffüllen; z. B. Auto, Flugzeug)* • refuel *vt*

Auftauchen *n <nav> (U-Boot)* • surfacing

auftauchen *vi <nav> (U-Boot)* • break surface *vi*; surface *vi*

auftauen *vi/vt <nahr>* • thaw *vi/vt*

auftauen *vt <hlk> (Gefriergut, Eisbelag; z. B. Lebensmittel)* • defrost *vt*

Auftausalz *n <chem> (allg.; z. B. als Streusalz für Straßen, Start- u. Landebahnen)* • de-icing salt; deicing salt

aufteilen *vt <allg> (konkret; z. B. Gewinn, Material)* • split up *vt*; split *vt*

aufteilen *vt <allg> (konkret oder abstrakt; in Einzelteile, Untergruppen)* • break up *vt*

aufteilen *vt <allg> (abstrakt; in Unterkategorien, Gruppen, Klassen)* • subdivide *vt*

aufteilen *vt <tech.allg> (z. B. Budget, Finanzmittel)* • split up *vt*; allocate *vt*; apportion *vt*; divide *vt*

Auftrag *m <logist> (im Lager, beim Kommissionieren; Summe aller gewünschten Artikel)* • order; pick order; pick

Auftrag *m <mil>* • mission; task

Auftrag *m <ökon>* • purchase order; sales order; order *pract*

Auftragen *n <doku> (von Messwerten, Punkten in Diagramm)* • plotting

Auftragen *n <obfl> (einer Schicht, nass od. trocken; z. B. mit Pinsel od. Spray; z. B. Lack)* • application

auftragen *vt <doku> (Maße, Objekte, Linien in techn. Zeichnung)* • protract *vt*

auftragen *vt <obfl> (allg.; Schicht,*

Überzug; z. B. Farbe, Lack, Fett) • apply *vt*; deposit *vt rare*
auftragen *vt <obfl> (gleichmäßig über eine Fläche; viskose Masse; Putz, Estrich, Butter)* • spread *vt*
Auftraggeber *m DIN 8402 <ökon>* • purchaser *ISO 8402*; buyer; acquirer *rare*
Auftragnehmer *m DIN EN ISO 8402 <ökon>* • contractor *ISO 8402*
Auftragsanreicherung *f <nukl>* • toll enrichment
auftragsbezogen *<tech.allg>* • job-oriented
Auftragschweißen *n <obfl> (Aufbringen harter, verschleißfester Schichten)* • hard-face welding
auftragschweißen *vt <obfl> (allg.)* • deposit-weld *vt*; weld-surface *vt*; weld-face *vt*; surface *vt pract*
auftragschweißen *vt <obfl> (zum Erhöhen der Wandstärke)* • build up by welding *vt*
auftragschweißen *vt <obfl> (zum Aufbringen verschleißfester Schichten; z. B. an Kanten, Zähnen)* • hard-face *vt*
Auftragsfilz *m <tech.allg> (zum Auftragen von Farbe, Kleber, Schmiermittel etc.)* • felt applicator
Auftragsforschung *f <ökon>* • sponsored industrial research; sponsored research
Auftragwalze *f <tech.allg> (betont: zum Zuführen)* • feed roll
Auftragwalze *f <obfl> (allg.)* • applicator roll
Auftragwalze *f <prod.obfl> (für flächige Beschichtungen; z. B. Farbe, Anstrich)* • coating roller
auftreffen *vt <phys> (Strahlung; z. B. Licht)* • be incident *vt*
auftreffen auf *vi <mech>* • impact on *vi*; impinge on *vi*
Auftreffpunkt *m <tech.allg>* • point of impact
Auftreffpunkt *m <phys> (von Strahlen; z. B. Licht)* • incidence point
auftreiben *vt <prod> (Teil mit Presssitz; z. B. Hülse, Kragen, Nabe auf Welle)* • force on *vt*
auftreiben *vt <textil> (Nadel mit Schloss auf ihren Einschlusspunkt zubewegen)* • raise *vt*
auftrennen *vt <füg> (durch Reißen)* • rip *vt*
auftrennen *vt <füg> (eine Schweißnaht)* • break *vt*
auftrennen *vt <füg> (durch Schneiden; z. B. Bleche, Profile, Hohlräume)* • cut *vt*
auftrennen *vt <textil> (genähte Naht)* • unstitch *vt*
auftrennen *vt <textil> (Gewebe)* • unrove *vt*
auftreten *vi <allg> (z. B. Ereignis, Fehler)* • occur *vi*
Auftrieb *m <aerosp> (Aerodynamik)* • lift
Auftrieb *m <phys> (in Flüssigkeiten)* • buoyancy
Auftrieb *m <phys> (statisch od. aerodynamisch; in Luft, Gasen)* • lift; uplift
Auftriebshilfe *f <aerosp> (am Tragflügel; Klappen etc.)* • high lift device *JAR 25.345*
Auftriebskörper *m <nav> (steif od. aufblasbar)* • buoyancy unit; buoyancy element
Auftriebskraft *f <phys> (in Flüssigkeit)* • buoyant force; buoyancy force
Auftriebskraft *f <phys> (in Luft, Gasen)* • lift force; uplift force
Auftriebsläufer *m <energ.wind> (typ. Bauart von Windkraftanlagen)* • lift device; lift-type device; lifting translator *obs*
auftrommeln *vt <prod> (aufwickeln zu großen Coils; z. B. Blechband, Papier)* • coil *vt*
Aufwachsverfahren *n <mat>* • epitaxial growth process; epitaxial growth technique
aufwallen *vi <tech.allg> (schäumende, kochende Flüssigkeit)* • boil up *vi*; bubble up *vi*; bubble *vi*
aufwallend *<phys> (siedende Flüssigkeit)* • ebullient
Aufwältigen von Erdöl- und Erdgasbohrungen *n <petr>* • workover of oil and gas wells
aufwalzen *vt <prod>* • roller-coat *vt*; roll on *vt*
Aufwand *m <allg> (aufgewendete Energie, physische oder mentale Leistung)* • effort; power input
aufwärmen *vt <nahr> (erneut warm machen)* • reheat *vt*
Aufwärmung *f DIN 4049-2 <hydr.qualit> (nicht: Aufheizung)* • thermal pollution

Aufwärmzeit *f <tech.allg> (z. B. von Lampen, Bildschirmen, Geräten, Maschinen)* • warm-up time; warm-up phase

Aufwärmzeit *f <el> (nach Abkühlung, Ausschaltzeit)* • reheating time

aufwärtsbewegen *vr <allg> (z. B. Aufzug, Wolke)* • rise *vi*; ascend *vi*

Aufwärtshub *m <masch> (von zyklischen Auf- und Abbewegungen; z. B. von Kolben, Ventilen)* • ascending stroke; upward stroke; upward travel

aufwärtskompatibel <*comp*> • upward compatible

Aufwärtskompatibilität *f <comp>* • upward compatibility

Aufwärtskomponente *f <phys> (einer vektoriellen Größe; z. B. Geschwindigkeit, Kraft)* • upward component

Aufwärtsstrecke *f* (UL) *<tele> (Übertragungsrichtung von der Mobilstation zur Basisstation)* • uplink (UL); reverse link *US*

Aufwärtstransformation *f <el>* • step-up transformation; upward transformation

aufweichen *vt/vi <mat> (z. B. Papier)* • soften *vt/vi*

aufweitbar *<tech.allg> (Öffnung; durch Dehnen nach und nach größer zu machen)* • dilatable

aufweiten *vr <tech.allg>* • bulge *vi*

aufweiten *vt <allg> (eine Öffnung; durch Dehnen nach und nach größer machen)* • dilate *vt*

aufweiten *vt <tech.allg> (nach außen ausstellen; z. B. Kotflügel)* • flare *vt*

aufweiten *vt <tech.allg> (z. B. Rohr, Schuh)* • expand *vt*; widen *vt*

aufweiten *vt <kst> (Schlauchfolie, nach Extruder; durch Aufblasen)* • expand *vt*; inflate *vt*

aufweiten *vt <prod> (Muffe, Rohrende)* • bell *vt*

Aufweitkopf *m <bau.min> (Bohrkopf zur Bohrlocherweiterung in Vorwärtsrichtung)* • reamer; expander

Aufweitung *f <tech.allg> (Vergrößern von Öffnungen; meist elastisch)* • dilatation

Aufweitung *f <rls> (z. B. Muffe an Rohrende)* • bell mouth

Aufweitversuch *m prEN ISO 10484 <qualit.füg> (z. B. an Muttern)* • widening test *prEN ISO 10484*

Aufweitversuch *m <qualit.mat> (z. B. an Rohren)* • drift expanding test

Aufwickelhülse *f DIN 55 405 <pack> (für Stoffe, Papier, Folien etc.)* • core; center *US*; centre *GB*

Aufwickeln *n <tech.allg> (z. B. Band, Blech, Draht, Faden, Seil)* • winding; reeling[-up]

aufwickeln *vt <tech.allg> (allg.)* • wind *vt*

aufwickeln *vt <prod> (z. B. Draht, Blech)* • coil *vt*

aufwickeln *vt <textil> (Faden, Garn; als konische Spule)* • cop *vt*

aufwickeln *vt <textil> (Faden, Garn; auf Spule)* • spool *vt*

Aufwickelspule *f <av> (Magnetband; Audio-, Video-, Datenband)* • take-up spool; take-up reel; take-up hub; TU spool; T spool

Aufwickelspule *f <phot> (Film, in Kamera)* • take-up spool

Aufwickelspule *f <textil> (für Garn, Faden)* • winding bobbin

Aufwickelvorrichtung *f <masch> (allg.)* • take-up mechanism; winder

aufwinden *vt <förd>* • hoist up *vt*

Aufwindkraftwerk *n <energ.wind> (Solarturm)* • solar tower power station

aufwölben *vi <tech.allg> (anschwellen)* • swell *vi*

aufwölben *vr <tech.allg> (von innen nach außen hervortreten, -quellen)* • bulge *vi*

Aufwölbung *f <allg> (eines Dachziegels)* • upward camber

Aufwölbung *f <geo> (Vorgang)* • doming

Aufwölbung *f <geo> (Ergebnis)* • dome

Aufzählungszeichen *n <druck.symb>* • bullet [point]

aufzeichnen *vt <av> (Ton, Video; auf beliebiges Medium; z. B. Diskette, CD-ROM)* • record *vt*

aufzeichnen *vt <av> (Ton, Video; auf Band)* • record *vt*; tape *vt*

aufzeichnen *vt <doku> (in Tabellen, Grafiken erfassen)* • chart *vt*

aufzeichnen *vt <doku> (Linien, Kurve, Diagramme, Werte; mit Plotter)* • plot *vt*

aufzeichnen *vt <doku> (registrieren)* • register *vt*

Aufzeichnung *f <av> (Vorgang und Er-*

gebnis: Ton-, Videosignale; z. B. auf Band, CD-ROM) • recording

Aufzeichnung *f* <doku> *(Dokumentation; z. B. schriftliches Protokoll)* • record

Aufzeichnung *f* <druck> *(Ergebnis der Plotterausgabe)* • plot

Aufzeichnung *f* <msr> *(Vorgang der Plotterausgabe, grafisch, in Diagrammform)* • plotting

Aufzeichnung *f* <msr> *(von Messdaten; Vorgang)* • recording

Aufzeichnungen *fpl* <doku> *(dokumentiert, protokolliert; z. B. von Geschäftsvorgängen, Laborwerten)* • records; books and records; notes

Aufzeichnungsdichte *f* <comp> *(allg.; jeder Datenträger)* • recording density; character density; storage density; data density

Aufzeichnungsgerät *n* <msr> *(allg.; im Ggs. zu Anzeigeinstrument)* • recording device; recording instrument; recorder; recording unit

Aufzeichnungsintervalle *npl* <comp> • logging intervals *pl*

Aufzeichnungsspalt *m* <av> *(zwischen Schreibkopf und magnetischer Schicht)* • recording gap

Aufzeichnungsverfahren *n* <tech.allg> *(z. B. von Ton-, Videosignalen auf Bändern)* • recording method

Aufziehen *nsg* <phot> *(Bild)* • mounting *sg*

aufziehen *vi* <textil> *(Färberei; auf die Faser)* • be absorbed

aufziehen *vt* <chem> *(Farbstoff absorbieren)* • absorb *vt*

aufziehen *vt* <förd> *(Seil; auf Rollen, Hebezeug u. dgl.)* • reeve *vt*

aufziehen *vt* <masch> *(Uhrwerk)* • wind *vt*; wind up *vt*

aufziehen *vt* <phot> *(Foto; z. B. auf Karton, Hartschaumplatte)* • mount *vt*

Aufziehen mit Sprühkleber *n* <kunst> *(von Bildern, z. B. Fotos)* • spray mounting

Aufziehfolie *f* <phot> • dry mounting film

aufzinnen *vt* <kfz.rep> *(Blech)* • build up with lead *vt*

Aufzug *m* <tech.allg> *(für Personen)* • elevator *US*; lift *GB*

Aufzug *m* <förd> *(für Lasten)* • hoist

Aufzug *m* <mech> *(zum Spannen einer Feder; z. B. Uhrwerk, Kameraverschluss)* • winding mechanism

Aufzugschacht *m* <bau> • elevator shaft *US*; elevator well *US*; lift shaft *GB*

Aufzugskrone *f* <mech> *(an Uhr)* • crown; winding crown; winder *rar*

aufzwicken *vt* <led> • last *vt*

Augapfel *m* <bio> • eyeball

Auge *n* <allg> • eye

Augenblick *m* <allg> *(Zeitpunkt)* • instant; moment

augenblicklich <allg> *(sofort)* • instantaneous

augenblicklich <allg> *(momentan)* • momentary

Augenbolzen *m* <füg> *(für Schäkel)* • eye pin; shackle eye pin

Augenhöhe *f* <tech.allg> • eye level

Augenmuschel *f* <phot> • eyepiece cup

augenreizend <chem> *(die Tränensekretion fördernd)* • lachrymatory

Augenstab *m* <bau.tech> *(bei Kettenhängebrücken)* • eye bar; eyebar

Auger-Effekt *m* <phys> • Auger effect

Auger-Elektronenspektroskopie *f* (AES) *ISO/DIS 24236* <el.msr> • Auger electron spectroscopy (AES); Auger spectroscopy

Augpunkt *m* <kfz> *(Bezugspunkt auf das linke oder rechte Auge des Fahrers)* • eye point; E-point

Aureole *f* <astron> *(allg.; um Sonne, Mond etc.)* • aureole

aus <el> *(ausgeschaltet)* • off

ausarbeiten *vt* <tech.allg> *(z. B. Plan, Studie, Theorie)* • work out *vt*; elaborate *vt*

ausarbeiten *vt* <doku> *(z. B. Besprechungsbericht, Präsentation)* • prepare *vt*

ausarbeiten *vt* <prod> *(Vertiefung; z. B. manuell mit Stechbeitel, maschinell mit Fräser)* • rout *vt*

ausbacken *vi* <obfl> *(z. B. Lack)* • bake *vi*

ausbaggern *vt* <bau> *(allg.; eher trocken)* • excavate *vt*; dig *vt*; scoop *vt*

ausbaggern *vt* <bau> *(mit Schürfkübel, eher nass; z. B. Kanal, Fahrrinne)* • dredge *vt*

ausbalancieren *vt* <mech> *(betont: durch ein Gegengewicht)* • counterbalance *vt*

ausbalancieren *vt <mech> (allg. Massen)* • balance *vt*; equilibriate *vt*
Ausbau *m <tech.allg> (Einzelteil aus einer Baugruppe; z. B. Festplatte aus PC)* • removal
Ausbau *m <bau> (Vergrößerung eines bestehenden Gebäudes)* • extension
Ausbau *m <bau>* • interior work; finishing work; finishing and completion
Ausbau *m <doku> (als Überschrift in Werkstattliteratur)* • removal; removing
Ausbau *m <min> (Stützen, Streben etc.)* • support
ausbaubar *<rep>* • removable
ausbauchen *vt DIN 8583-3 <prod>* • bulge *vt*; expand *vt*
ausbauen *vt <tech.allg> (Teile aus einer Baugruppe)* • remove *vt*
ausbauen *vt <bau> (z. B. schlüsselfertig, bezugsfertig)* • complete and finish *vt*
ausbauen *vt <min> (allg.)* • set supports *vt*; set support *vt*; prop *vt*
ausbauen *vt <petr> (Bohrstrang; aus dem Bohrloch ziehen)* • trip out *vt*
ausbaufähig *<comp> (Speicher)* • expandable
Ausbaufallhöhe *f <energ.hydr> (Kraftwerksfallhöhe)* • rated head; design head
Ausbauleistung *f <energ.hydr>* • rated capacity
Ausbau mit Spritzbeton *m <bau> (Tunnelbau)* • permanent lining of shotcrete; shotcrete lining
Ausbaurahmen *m <min>* • frame set; framing; set
Ausbaustufe *f <tech.allg> (z. B. Netz, Fabrik)* • stage of completion
ausbessern *vt <rep> (kleinere Schäden; z. B. Löcher, Risse, Leitungen, Kabel)* • repair *vt*; patch *vt*; mend *vt*
Ausbesserung kleinerer Lackschäden *f <obfl.rep>* • spot repair
Ausbesserungslack *m <obfl>* • touch--up paint; repair enamel
Ausbesserungswerk *n <bahn> (Werkstätten für rollendes Material)* • repair shop
Ausbeulen *n <rep> (von Blech; z. B. von Karosserien)* • dent removal; panel beating *GB*
ausbeulen *vi <mech> (geknickt werden; Blech, Platte, Schale)* • buckle *vi*
ausbeulen *vt <mech> (Blech, allg.; mit beliebiger Methode; z. B. Karosserieblech)* • remove dents *vt*; flatten *vt*; planish *vt*; straighten *vt*
ausbeulen *vt <mech> (Blech, durch Hämmern)* • beat out dents *vt*; hammer out dents *vt*
Ausbeulung *f <tech.allg> (Beule nach außen; z. B. in Kartons, Blech, Leder)* • bulge
Ausbeute *f <tech.allg> (z. B. an nutzbarer Energie, Produktion)* • yield
Ausbeute *f <min> (eines Bergwerks)* • production; produce; output
ausbeuten *vt <min> (Lagerstätten, Bodenschätze; komplett abräumen, bis zur Neige)* • deplete *vt*
ausbeuten *vt <min> (abbauen; z. B. Kohle, Erz)* • mine *vt*
ausbeuten *vt <ökon> (Ressourcen; z. B. Rohstoffe, Bodenschätze)* • exploit *vt*
Ausbeuterate *f <ents>* • recovery rate
Ausbeuteverbesserung *f <ökon>* • yield improvement; yield enhancement
Ausbeutung *f <ökon> (von Ressourcen; z. B. von Material, Arbeitskraft)* • exploitation
ausbilden *vr <allg> (entwickeln; z. B. Merkmale, Eigenschaften)* • develop *vi*; form *vi*
ausbilden *vt <did> (Personal, Arbeitskräfte; z. B. Maschinenführer)* • train *vt*
Ausbilder *m <did> (allg.)* • trainer; instructor
Ausbildung *f <tech.allg> (Entwicklung; von Eigenschaften etc.)* • development; formation
Ausbildung *f <did> (Schulung; z. B. am Arbeitsplatz)* • training
Ausbildung *f <did> (schulisch)* • education
Ausbildungsplan *m <did>* • training scheme
Ausbildungswerkstatt *f <did>* • apprentice-training workshop
Ausbiss *m <geo> (von Kohle, Erz)* • outcrop
Ausbiss *m <geo> (von Erdöl, Asphalt)* • seepage
ausblasen *vt <tech.allg> (z. B. Kessel, Rohre, Pumpen, Turbinen)* • blow out *vt*
Ausbleichen *n <obfl.qualit> (einer Beschichtung)* • fading

ausbleichen *vi <obfl> (allg.; z. B. Farbe, Ausdrucke, Fotopapier)* • fade *vi*; bleach *vi*

ausblenden *vt <akust> (Ton, allmählich)* • fade down *vt*

ausblenden *vt <el> (z. B. Impulse, Signale)* • gate *vt*

ausblenden *vt <licht> (allmählich dunkler werden lassen)* • fade out *vt*

ausblenden *vt <opt> (völlig abschirmen)* • block out *vt*

ausblenden *vt <opt> (abdecken, mit Maske abschirmen)* • mask out *vt*

ausblenden *vt/vi <av> (Bild, Ton)* • fade out *vt/vi*

Ausblenden verdeckter Flächen *n <comp>* • hidden surface removal (HSR)

Ausblenden verdeckter Kanten *n <comp>* • hidden line removal (HLR); hidden-edge removal

Ausblendung *f <el> (Unterdrücken; von Störeinflüssen, Bauelementen)* • suppression

ausblühen *vi <obfl>* • bloom *vi*; effloresce *vi*

Ausblühung *f DIN EN ISO 4618 <bau.obfl> (Austreten von Ablagerungen, Salzen etc. aus einer Oberfläche)* • blooming *ISO 4618*; efflorescence

Ausbluten *n <obfl> (Lackfehler)* • bleeding; staining; migratory staining

Ausblutung *f <doku.rep> (von Farbe, Tinte, Klebstoffen)* • bleeding

Ausbrand *m <nukl> (von Kernbrennstoff)* • burn-up

Ausbrand *m <verbr> (von Brennstoff)* • burn-out; complete combustion

ausbrechen *vi <kfz> (Fahrzeug)* • come off-line *vi*; swerve *vi*

ausbrechen *vi <prod> (absplittern; z. B. Teile der Schneide)* • chip *vi*

ausbrechen *vi <wz> (Schleifkorn)* • tear out *vi*; break loose *vi*

ausbreiten *vr <allg> (in der Fläche)* • expand *vi*

ausbreiten *vt <allg> (Nachrichten etc.)* • broadcast *vt*

ausbreiten *vt <allg> (z. B. Arme, Flügel, Abdeckplane)* • spread *vt*

Ausbreiter *m <agri> (für Saatgut oder Folien)* • spreader

Ausbreitung *f <tech.allg> (z. B. von Feuer, Wellen, Korrosion)* • spreading

Ausbreitung *f <phys> (von Wellen; z. B. von Licht in Leitern)* • propagation

ausbrennen *vi <tech.allg>* • burn out *vi*

Ausbringen *n <agri> (Saatgut)* • placement

ausbringen *vt <agri> (z. B. Sämereien, Herbizide, Dünger)* • apply *vt*; place *vt*

ausbringen *vt <agri.chem> (von flüssigem Pflanzenschutzmittel)* • spray *vt*; apply *vt*; discharge *vt*

Ausbröckeln *n DIN ISO 4378-2 <obfl> (durch Ermüdungsverschleiß; z. B. in Gleitlagern)* • spalling *ISO 4378-2*

ausbröckeln *vi <obfl>* • crumble *vi*

Ausbruch *m <astron> (von Materie oder Strahlung)* • outburst

Ausbruch *m <doku> (in techn. Zeichnung)* • scrap section

Ausbruch *m <petr> (Bohrloch)* • blowout; blow-out

Ausbruch *m <prod> (abgebrochenes, abgeplatztes Werkstoffteilchen)* • chip

Ausbruch *m <prod> (Stelle, an der etw. ausgebrochen ist; z. B. an Werkzeugschneide)* • chipped spot

ausbuchsen *vt <prod> (allg.)* • bush *vt*

ausbuchsen *vt <rep> (neue Buchsen einsetzen)* • rebush *vt*

ausdämpfen *vt <chem.verf> (Destillation)* • strip *vt*

Ausdauer *f <allg>* • endurance

ausdehnen *vr <allg> (größer werden; z. B. Stadt, Straßennetz, Einzugsgebiet, Markt)* • expand *vi*

ausdehnen *vt <prod> (länger machen)* • lengthen *vt*

Ausdehnung *f <allg> (zweidimensional; z. B. eines Fabrikgeländes)* • extension

Ausdehnung *f <phys> (dreidimensional; von Stoffen bei Erwärmung)* • expansion

Ausdehnungsgefäß *n <rls> (in geschlossenen Kreisläufen; z. B. Kühlkreislauf, Heizanlage)* • expansion tank

Ausdehnungskoeffizient *m <phys>* • coefficient of expansion; expansion coefficient

Ausdehnungsmesser *m <msr>* • dilatometer; extensometer

ausdiffundieren *vi <phys> (Gas, Flüssigkeit; z. B. aus Holz, Textilien, Kunststoffen)* • diffuse outwards *vi*

ausdocken *vi/vt <nav>* • dock out *vi/vt*; undock *vi/vt*

ausdrehen *vt <prod> (Innendrehen tiefer Öffnungen; mit Drehmaschine)* • turn inside diameters *vt*; bore with single-point tool *vt*

Ausdruck *m <comp.druck> (ausgedruckte Computerdaten; z. B. Text auf Papier)* • printout; hardcopy

Ausdruck *m <math>* • term

ausdrucken *vt <comp> (Text, Daten)* • print out *vt*

ausdrücken *vt <allg> (Begriff, Ideen, Gedanken; in Worten)* • express *vt*

ausdrücken *vt <allg> (quetschen; z. B. Schwamm, Tube)* • squeeze out *vt*

Ausdrückplatte *f <prod> (z. B. in Spritzgießwerkzeug)* • ejector plate; knock-out plate

Ausdrückstange *f <kst> (z. B. Spitzgießmaschine)* • ejector bar; knock-out bar

Ausdrückstange *f <verf> (z. B. Kokerei, Ofen)* • pusher ram; pusher rack; ram bar

Ausdrückstift *m <prod.kst> (Spritzguß)* • ejector pin; knock-out pin; lifting pin *rare*

Ausdünnen *n <ökol> (der Ozonschicht)* • thinning

ausdünnen *vt <agri> (Pflanzen beschneiden; z. B. Obstbäume)* • thin out *vt*

auseinanderdrücken *vt <tech.allg>* • force apart *vt*

auseinanderfallen *vt <allg>* • fall apart *vt*

auseinanderklappen *vt <tech.allg> (Schachtel, Stativ)* • unfold *vt*

auseinanderlaufen *vi <allg> (z. B. Linien, Entwicklungen, Messwerte)* • diverge *vi*

auseinanderlaufend *<allg> (z. B. Linien, Gleise, Entwicklungen)* • diverging

auseinanderziehen *vt <allg>* • draw apart *vt*

auseinanderziehen *vt <prod> (spannen)* • stretch *vt*

ausentwickelt *<phot>* • fully developed

Ausfachung *f <bau> (allg.; z. B. Fachwerkstruktur mit Mauerwerk)* • infilling

Ausfachung *f <bau> (Türblatt)* • panel

Ausfachung *f <bau> (Holzständer- oder Fachwerkbau)* • infilling; infill; nogging

ausfädeln *vt <av> (Magnetband)* • unthread *vt*; unload *vt*

ausfahrbarer Langhaarschneider *m <hygi> (Rasierer)* • retractable long-hair trimmer

ausfahrbarer Spoiler *m <kfz>* • retractable spoiler

ausfahrbarer Stützfuß *m <nfz> (z. B. von Autokran)* • outrigger

ausfahren *vi <min> (Grubenbelegschaft)* • climb up *vi*; come up *vi*

ausfahren *vt <tech.allg> (auf volle Länge bringen; z. B. Mast, Teleskopantenne)* • extend *vt*

ausfahren *vt <tech.allg> (aus etwas heraus bewegen; z. B. Tieflochbohrer)* • retract *vt*; move out *vt*

ausfahren *vt <aerosp> (z. B. Fahrwerk, Klappen)* • extend *vt*; lower *vt*

ausfahren *vt <nukl> (Steuerstäbe aus Kern heraus)* • withdraw *vt*

Ausfahren des Bohrgestänges *n <petr> (heraus aus dem Bohrloch)* • rod pulling

Ausfahrt *f <bahn> (Zug aus dem Bahnhof)* • departure

Ausfahrt *f <bau.verk>* • exit; exit point; exit ramp; slip road *GB*

Ausfahrt *f <min> (aus Grube nach oben)* • ascent; climbing-up

Ausfahrt *f <nav> (eines Hafens)* • mouth

Ausfahrt *f <verk> (allg.; z. B. Autobahn, Parkhaus)* • exit

Ausfahrt *f <verk> (Autobahn, Schnellstraße)* • exit point; exit ramp

Ausfall *m <tech.allg> (Zusammenbruch, totale Funktionsstörung; z. B. von Anlagen, Systemen)* • breakdown; failure

Ausfall *m <tech.allg> (völliger Verlust einer Funktion od. eines Merkmals; z. B. Bild, Ton)* • loss

Ausfalldiagnose *f <qualit>* • failure diagnosis

Ausfall durch Ermüdung *m <qualit.-mat> (allg.; jede Versagensart, meist Bruch)* • fatigue failure

Ausfall durch Verschleiß *m <qualit> (z. B. Kupplung, Lager, Werkzeug)* • wear-out failure

ausfallen *vi <tech.allg> (versagen; z. B. Bauteile, Systeme, Anlagen, Funktionen)* • fail *vi*; become unavailable *vi*; go out of service *vi*; break down *vi*

ausfallen *vi <tech.allg> ("stolpern", zum Ausfall kommen; z. B. Pumpe, Motor, Turbine, Reaktor)* • trip *vi*

ausfallen *vi* <*chem*> *(z. B. Salze)* • precipitate *vi*
Ausfallende *n* <*fz*> *(Fahrradgabel)* • dropout; fork end; road end; end tip; fork tip
Ausfallkriterien *npl* <*qualit*> • failure criteria *pl*
Ausfallöffnung *f* <*prod*> *(z. B. für Fertigteile)* • discharge opening
Ausfallsicherheit *f* <*tech.allg*> *(Zuverlässigkeit)* • reliability
Ausfallstraße *f* <*verk*> *(führt aus der Stadt hinaus)* • exit road
Ausfallswinkel *m* <*opt*> • reflection angle; angle of reflection; specular angle
Ausfällung *f* <*chem.verf*> *(Vorgang)* • precipitation
Ausfallursache *f* <*qualit*> *(Grund)* • cause of failure
Ausfallwahrscheinlichkeit *f* <*qualit*> • failure probability; probability of failure; failure likelihood
Ausfallzeit *f* <*qualit*> *(allg.; durch Störung, Wartung, Instandsetzung etc.; z. B. bei Lkw)* • downtime; down time; outage time
Ausfallzeit durch Reparatur und Wartung *f* <*qualit*> • servicing time
ausfiltern *vt* <*el*> *(Signale, Frequenzen)* • filter out *vt*
ausfiltern *vt* <*verf*> *(Schwebstoffe)* • filter out *vt*
ausflocken *vi* <*chem.verf*> • coagulate *vi*; flocculate *vi*
Ausflockung *f* <*chem.verf*> • flocculation; coagulation; clotting *coll*
Ausfluss *m* <*tech.allg*> *(Drainageöffnung)* • drain
Ausfluss *m* <*tech.allg*> *(ausströmendes Medium; z. B. aus Behälter, Rohrleitung)* • outflow; effluence *form*; efflux *rare*
Ausfluss *m* <*rls*> *(Rohr, Stutzen u. dgl.; aus Gefäß, Leitung)* • discharge
Ausformen *n* <*kst*> *(nicht mit "Entformen" verwechseln)* • final shaping
Ausfransen *n* <*textil*> *(Gewebekante)* • fraying
ausfugen *vt* <*bau*> *(Natursteinmauerwerk)* • joint *vt*; point *vt*
ausfugen *vt* <*bau*> *(Fliesen, Kacheln)* • fill in *vt*
ausführbar <*comp*> *(Programm, Datei; z. B. EXE-Datei)* • executable
ausführen *vt* <*allg*> *(Tätigkeit)* • perform *vt*
ausführen *vt* <*tech.allg*> *(z. B. Anweisungen, Messungen, Versuche)* • execute *vt*; carry out *vt*
ausführen *vt* <*tech.allg*> *(Konstruktion realisieren)* • engineer *vt*
ausführen *vt* <*tech.allg*> *(Plan, Projekt, Maßnahmen; z. B. Verbesserungen)* • realize *vt*; implement *vt*
ausführliche Beschreibung *f* <*doku*> • detailed description
Ausführung *f* <*allg*> *(z. B. von Anweisungen, Befehlen, Arbeiten)* • execution
Ausführung *f* <*tech.allg*> *(Vorgang; z. B. von Konstruktionen)* • design
Ausführung *f* <*tech.allg*> *(der Oberflächenqualität; z. B. verchromt, lackiert, verzinkt)* • finish
Ausführung *f* <*tech.allg*> *(Produktvariante mit bestimmten Designmerkmalen; z. B. Türstil)* • style
Ausführung *f* <*tech.allg*> *(Produktvariante mit best. Merkmalen; z. B. Infrarot- od. Funksender)* • type; model
Ausführung *f* <*tech.allg*> *(handwerkliche Qualität, Fertigungsqualität; z. B. gute oder schlechte ~)* • workmanship
Ausführung *f* <*tech.allg*> *(z. B. eines Plans, Projekts)* • realization; implementation
Ausführung einer Erfindung *f* <*jur*> *(Patentschrift)* • embodiment of an invention
Ausführungsmuster *n* <*prod*> *(betont: die wichtigsten Merkmale darstellen, Design)* • prototype
Ausführungsplanung *f* <*bau*> *(Projektplanung)* • final design
ausfüllen *vt* <*comp*> *(Grafikflächen)* • fill *vt*
ausfüllen *vt* <*doku*> *(Formular)* • complete *vt*; fill in *vt*
ausfunken *vi* <*wz*> *(Schleifkörper)* • spark *vi*
ausfüttern *vt* <*bau*> *(mit Unterlagen, Polstern, Füllmaterial)* • pad *vt*
ausfüttern *vt* <*masch*> *(mit Buchse)* • bush *vt*
ausfüttern *vt* <*textil*> *(Kleidung)* • line *vt*
Ausgabe *f* <*comp*> *(von Daten)* • output
Ausgabe *f* <*druck*> *(Version eines*

Buchs; z. B. als Taschenbuch oder bibliophil, in Leder) • edition

Ausgabe *f <druck> (von periodischen Publikationen; z. B. Tageszeitung, Wochenmagazin)* • issue

Ausgabesignal *n <el>* • output signal

Ausgabeverzeichnis *n <comp>* • output directory

Ausgabewarteschlange *f <comp>* • output queue

Ausgang *m <el> (für Daten, Signale; z. B. als Klemme, Buchse)* • output

Ausgang *m <verk> (für Fußgänger)* • exit

Ausgangsbasis *f <allg> (Grundlage; z. B. von Überlegungen, Entscheidungen)* • basis

Ausgangsbuchse *f <el>* • output jack

Ausgangsdaten *pl <comp> (ausgegebene oder auszugebende Daten)* • output data

Ausgangsdaten *pl <doku> (ursprüngliche Angaben)* • original data; original information

Ausgangsdrehzahl *f <masch> (ursprüngliche Drehzahl)* • initial speed

Ausgangsdrehzahl *f <masch> (am Getriebeausgang)* • output speed

Ausgangsklemme *f <el>* • output terminal

Ausgangsmaterial *n <prod>* • starting material

Ausgangspunkt *m <tech.allg> (für Bewegungen, Zustandsänderungen, Kurven etc.)* • starting point; point of initiation; point of origin; origin *coll*

Ausgangspunkt *m <prod> (Bezugspunkt, -maß; z. B. bei Teilefertigung)* • datum

Ausgangsschwankung *f <tech.allg>* • output variation

Ausgangssignal *n <msr>* • output signal; output *pract*

Ausgangsspannung *f <el>* • output voltage

Ausgangssprache *f* (AS) *<doku.transl> (von Übersetzungen)* • source language (SL)

Ausgangsstellung *f <tech.allg> (z. B. von beweglichen Maschinenteilen, Werkstücken, Werkzeugen)* • home position *ISO 2806*; starting position; initial position

Ausgangsstoff *m <prod> (für weitere Bearbeitung)* • source material; parent material; starting material; base material

Ausgangstext *m* (AT) *<doku.transl> (Basis einer Übersetzung)* • source text (ST); source document

Ausgangsverstärker *m <el>* • output amplifier

Ausgangswelle *f <antr> (allg.)* • output shaft

Ausgangswellenform *f <el>* • output waveform

Ausgangswert *m <tech.allg> (vor weiterer Bearbeitung)* • initial value

Ausgangswert *m <tech.allg> (ausgegebener Wert)* • output value

Ausgangszustand *m <tech.allg>* • initial state

ausgasen *vi <chem> (Material, Oberfläche)* • gas *vi*; liberate gas *vi*

ausgeben *vt <allg> (z. B. Befehl, Banknoten)* • issue *vt*

ausgeben *vt <tech.allg> (Ware etc. durch Automaten, Maschinen)* • deliver *vt*

ausgeben *vt <comp> (Daten etc., in beliebiger Form)* • output *vt*

ausgeben *vt <msr> (via Anzeige, Display; z. B. Messwerte)* • read out *vt*

ausgebeult *<pap> (Papier, Taschen, Kleidung)* • baggy

ausgebeultes Blech *n <kfz> (Karosserieschaden; Blech nach außen gedrückt)* • bowed-out panel

ausgebeultes Blech *n <kfz.rep> (Blechreparatur; gerichtetes, entbeultes Blech)* • straightened panel

ausgedrückt in *<tech.allg> (Währungen, Maßeinheiten; z. B. in USD, Euro m^3/h etc.)* • expressed in

ausgefahren *<bau.verk> (Straßendecke; z. B. mit Spurrillen)* • rutted; rutty *pract*

ausgefranster Stanzgrat *n <prod> (an ausgestanzten Blechteilen)* • feather edge burr

ausgefressene Lichter *npl <phot> (bei Überbelichtung oder zu starkem Kontrast)* • burned-out highlights *pl*; washed-out highlights *pl*; blown-out highlights *pl*

ausgegründetes Unternehmen *n <ökon>* • spin-off [enterprise]

ausgehärteter Zustand *m <obfl> (von Lackierungen etc.)* • hard-dry condition

ausgehen *vi* <*allg*> *(z. B. Feuer, Licht)* • go out *vi*

ausgehen *vi* <*logist*> *(Ware im Lager)* • run short *vi*

ausgelaufen <*masch*> *(Gleitlager)* • worn-out; worn

ausgelaugte Gerberlohe *f* <*led*> • spent bark

ausgelegt für <*tech.allg*> *(Einsatzzwecke, Betriebsbedingungen, Nenn-Belastungen etc.)* • designed for; rated for

ausgeprägtes Merkmal *n* <*allg*> • distinct feature

ausgereift <*tech.allg*> *(Produkt etc.)* • matured; advanced; sophisticated; perfected

ausgerichtet <*tech.allg*> *(Antenne, Satellitenschüssel, Solarabsorber, Rinnenspiegel etc.)* • oriented

ausgerückt <*masch*> *(Kupplung allg.; Mitnehmer, Sperrklinke)* • disengaged; thrown out *coll.rare*

ausgerückt <*masch*> *(nicht im Eingriff; z. B. formschlüssige Kupplung, Zahnräder)* • out-of-mesh

ausgerüstet <*textil*> *(z. B. wasserabweisend, knitterfrei, flammhemmend)* • finished

ausgerüstet [mit] <*tech.allg*> *(Personen, Anlagen; z. B. Fotograf, Taucher, Schiff)* • equipped [with]

ausgeschaltet <*el*> *(Kleinverbraucher; z. B. Licht, Hausgeräte)* • switched off; turned off

ausgeschalteter Zustand *m* <*tech.allg*> • OFF state; off state

ausgeschlagen <*masch*> *(z. B. Gelenk, Kugelkopf, Schmiedegesenk)* • worn-out

ausgesetzt <*allg*> *(Bedingungen, Einflüssen)* • subjected to

ausgesetzt <*obfl*> *(z. B. Licht, Strahlung)* • exposed to

ausgespart <*prod*> *(vertieft)* • recessed

ausgesperrt <*tech.allg*> *(Person draußen, Tür verriegelt, Schlüssel drinnen)* • locked out

ausgesprochenes Kennzeichen der Erfindung *n* <*jur*> • marked feature of the invention

ausgesteifter Rahmen *m* <*bau*> *(von Hochhäusern)* • braced frame; vertical truss; shear truss

ausgesteiftes Tragwerk *n* <*bau*> • braced structure

ausgetrockneter Boden *m* <*agri*> • dried-up soil

ausgewogen <*qualit*> *(Eigenschaften; z. B. eines Fahrzeugs, von Reifen)* • well-balanced

ausgewuchtet <*masch*> *(rundlaufende Teile; statisch, dynamisch; z. B. Räder, Wellen)* • balanced; balance: in ~

ausgezogen <*doku*> *(Linie)* • solid

ausgezogen <*obfl*> *(ohne Überzug, Beschichtung etc.)* • exposed; stripped

ausgießen *vt* <*tech.allg*> *(Flüssigkeit, Schüttgut)* • pour out *vt*

ausgießen *vt* <*el*> *(abdichten; z. B. Starkstromkabel, Kabelmuffen)* • seal *vt*

Ausgießer *m* <*pack*> • spout

Ausgleich *m* <*allg*> *(elektrisch, mechanisch, thermisch, finanziell)* • compensation

Ausgleich *m* <*tech.allg*> *(Eliminieren von Unterschieden)* • equalization

Ausgleich *m* <*tech.allg*> *(durch Nachjustieren, Einstellen)* • adjustment

Ausgleich *m* <*masch*> *(von Verschleiß; z. B. durch automatisches Nachstellen)* • take-up

Ausgleich *m* <*mech*> *(von Massen)* • counterbalance

Ausgleichbohrung *f* <*brems*> *(in Hauptbremszylinder; im Ggs. zur Nachlaufbohrung)* • compensating port; vent port

Ausgleichbrückenschaltung *f* <*el*> • balanced bridge transition

Ausgleicheinrichtung *f* <*tech.allg*> *(zum Ausgleich, zur Kompensation von etw.)* • compensating device; correcting device; compensator

ausgleichen *vt* <*allg*> *(z. B. Nachteile, Kosten, Konstruktionsmängel)* • offset *vt*; adjust *vt*; equalize *vt*; balance *vt*; compensate *vt*

ausgleichen *vt* <*tech.allg*> *(Unterschiede; durch Abhilfe-, Korrektur-, Einstellmaßnahmen)* • adjust *vt*

ausgleichen *vt* <*tech.allg*> *(Verluste; z. B. Verdunstungsverluste durch Zusatzwasser)* • make up for *vt*

ausgleichen *vt* <*tech.allg*> *(ins Gleich-*

gewicht bringen) • balance *vt*; compensate *vt*

ausgleichen *vt <masch> (Verschleiß; z. B. durch automatische Nachstellung)* • take up *vt*

ausgleichen *vt <obfl> (Unebenheiten)* • level *vt*

ausgleichen *vt <phys> (Kräfte, Wirkungen)* • neutralize *vt*

Ausgleichmasse *f <masch> (zum Auswuchten von Rotationsteilen; z. B. an Wellen, Rädern)* • compensating mass; balancing mass; counterweight *coll*

Ausgleichmoment *n <mech>* • balancing moment

Ausgleichritzel *n <antr> (im Differential)* • differential pinion

Ausgleichsbecken *n <bau.hydr> (z. B. Speicherkraftwerk, Kläranlage)* • compensation reservoir; compensation basin; equalizing reservoir; balancing basin; regulation tank *rare*

Ausgleichsbehälter *m <tech.allg> (zum Auffangen der Volumenvergrößerung bei Erwärmung)* • compensation tank

Ausgleichsbehälter *m <nukl> (im Primärkreis von DWR)* • surge tank

Ausgleichsbohrung *f <kfz.brems> (Hauptbremszylinder)* • compensating port

Ausgleichschleife *f <rls> (z. B. in Pipelines)* • loop expansion pipe; expansion loop

Ausgleichsenergie *f <energ> (allg.; für Energiebilanzausgleich)* • balancing energy

Ausgleichsfeder *f <tech.allg> (als Gegenkraft; z. B. von Garagenkipptor, Motorhaube)* • balance spring

Ausgleichsgehäuse *n <kfz.antr> (innerhalb des Differentials)* • differential cage; differential carrier *US*; differential body *GB*; differential case; differential casing *GB*

Ausgleichsgetriebe *n <kfz.antr>* • differential; diff *coll*

Ausgleichsgewicht *n <kfz.mot> (von Kurbelwellen)* • counterweight

Ausgleichsschicht *f <bau.verk> (Straßenbelag)* • leveling course *US*; levelling course *GB*; leveling layer; regulating course *GB*; regulation layer *GB*

Ausgleichwellrohr *n <rls>* • corrugated expansion pipe

Ausgleichwicklung *f <el>* • compensating winding; compensation winding

Ausgleichwiderstand *m <el>* • compensating resistor

Ausguss-Shredder *m :V <innen> (im Wasserablauf der Spüle integrierter Shredder für Küchenabfall)* • disposer

aushaken *vr/vt <tech.allg>* • unhook *vi/vt*

aushalten *vt <tech.allg> (z. B. Kraft, Strahlung, Temperatur, Witterung)* • withstand *vt*; resist *vt*

aushämmern *vt <prod> (in Form bringen)* • hammer-dress *vt*

aushämmern *vt <rep> (Beulen, Dellen in Blech beseitigen)* • hammer out *vt*; beat out *vt*

aushärtbar *<kst> (durch Vernetzung)* • curable

aushärtbar *<metall> (Stahl)* • age-hardenable

Aushärten *n <kst> (von Kunststoff; z. B. Acrylharz, Spachtelmasse, 2K-Kleber)* • hardening; curing; setting

aushärten *vi <kst> (Duroplaste)* • thermoset *vi*

aushärten *vi <kst> (Kunststoff; z. B. Acrylharz, Spachtelmasse, 2K-Kleber)* • harden *vi*; set *vi*; cure *vi*

aushärten *vi <kst> (betont: vernetzen)* • cure *vi*

aushärten *vi <obfl> (Lack)* • harden *vi*

aushärten *vt <metall> (Stahl; durch Altern)* • age-harden *vt*

aushärten *vt <metall> (durch Ausscheidungshärten)* • precipitation-harden *vt*; age-harden *vt*

aushärten *vt <metall> (betont: durch Abschrecken)* • quench-age *vt*

Aushärtung *f <metall> (betont: durch Altern)* • age-hardening

Aushärtung bei Raumtemperatur *f <füg> (z. B. 2-Komponenten-Kleber)* • curing at room temperature

Aushärtzeit *f <kst> (Spachtelmasse, Lack)* • curing time; hard drying time

Aushaustempel *m <wz> (allg.)* • punching die

aushebeln *vt <bau.alarm> (Fenster, Tür; bei Einbruch)* • lift out *vt*

Aushebelsicherung *f <bau> (von Fenstern, Türen)* • anti-lift device

ausheben *vt <bau> (z. B. Graben, Bau-*

grube) • excavate *vt*; dig out *vt coll*; sink *vt rare*

ausheben *vt <bau> (aus den Angeln; z. B. Tür)* • unhinge *vt*

ausheben *vt <prod> (Gussteil aus Form)* • lift off *vt*; extract

ausheben *vt <wz.masch> (Werkzeug; z. B. Bohrer)* • retract *vt*; withdraw *vt*

Aushebeschräge *f <metall> (von Gussteilen, Gussformen, Schmiedegesenken)* • draft; taper

ausheilen *vt <metall> (Gefügefehler etc., durch Wärmebehandlung)* • anneal out *vt*; correct with annealing *vt*

Ausheilvorgang *m <el> (nach Kondensatordurchschlag)* • self-healing

Ausheizung *f <kst> (von Gummi)* • complete cure; complete vulcanization; full cure

aushöhlen *vt <prod>* • hollow out *vt*

Aushub *m <bau> (Vorgang und Ergebnis; z. B. Baggern und Baugrube)* • excavation

Aushub *m <bau> (Vorgang; Boden oder Grube ausgraben)* • excavation; excavating; digging-out *rare*

Aushub *m <bau.mat> (das ausgegrabene Bodenmaterial)* • excavated material; excavated soil; excavated earth; excavated ground; spoil

Aushub *m <prod> (zum Entfernen von Spänen)* • swarf-clearing stroke

Aushubtiefe *f <bau.masch>* • dig depth; digging depth

auskehlen *vt <bau> (Hohlkehle erzeugen)* • groove *vt*

auskehlen *vt <prod> (Innenecke, Eckverbindung)* • fillet *vt*

auskehlen *vt <prod> (tiefe, lange Längsnut)* • channel *vt*

auskehlen *vt <prod> (Längsnuten, -rillen)* • flute *vt*

auskehlen *vt <prod> (Passfeder)* • hollow *vt*

auskehlen *vt <prod> (vertiefen)* • recess *vt*

Auskesselung *f <geo> (Oberflächenform; z. B. Vulkan)* • cauldron; caldron

Auskesselung *f <geo> (Prozess; durch Erosion, Auswaschung)* • wash-out

auskippen *vt <tech.allg> (Flüssigkeit, Schüttgut)* • pour out *vt*

auskippen *vt <logist> (Schüttgut aus Lkw, Kippwaggon etc.; z. B. auf Halde)* • dump *vt*; dump out *vt*

ausklammern *vt <tech.allg> (irrelevante Faktoren, Einflüsse)* • factor out *vt*; leave aside *vt*; disregard *vt*; ignore *vt*

ausklappen *vt <tech.allg> (z. B. Fenster, Liegestuhl)* • unfold *vt*

auskleiden *vt <obfl> (Innenseite; mit bel. Material; z. B. Stoff, Gummi, Leder, Edelstahl)* • line *vt*

Auskleidung *f <tech.allg> (mit bel. Material; z. B. Behältergummierung, Plattierung)* • lining; liner

Auskleidung *f <kfz.innen> (Fahrzeuginnenraum)* • soft trim

Auskleidung *f <rls.obfl> (von Rohren, Armaturen)* • lining *BS 6100*

ausklingen *vi <akust> (Ton)* • die away *vi*

Ausklinken *n DIN 8588 <prod> (einhubiges Herausschneiden von Flächenteilen)* • notching

ausklinken *vt <tech.allg> (freigeben; z. B. Abwurflast, geschlepptes Segelflugzeug)* • release *vt*

ausklinken *vt <doku> (bestimmte Bildelemente abschneiden)* • trim *vt*

ausklinken *vt <masch> (z. B. Mitnehmer, Sperre, Verriegelung, Last)* • disengage *vt*; trip out *vt*; unlatch *vt*

ausklinken *vt <mech> (mech. Verriegelung freigeben; z. B. Steuerstäbe in DWR)* • unlatch *vt*

Ausklopfer *m <verf.hydr> (zum Säubern von Rechen, Räumern etc.)* • knocker

ausknicken *vi <mech> (unter Last; Balken, Träger, Rohr, Stabelement)* • buckle *vi*

Ausknickung *f <mech> (Vorgang; seitl. Ausweichen unter axialer Druckspannung; z. B. Balken)* • buckling

Aus-Knopf *m <tech.allg>* • stop button

Auskoffern *n <bau> (Straßenunterbau)* • roadbed excavation

auskoffern *vt <bau> (Tiefbau; z. B. Fundamente für Brücken, Straßen)* • excavate *vt*

auskolken *vi <wz.masch> (Spanfläche am Werkzeug; durch Verschleiß, Spanreibung)* • erode *vi*; cup *vi*; crater *vi*; groove out *vi*; pit *vi*

auskolken *vt <hydr> (z. B. Uferböschungen)* • undermine *vt*

Auskolkung *f <bau> (durch Wasserströmung; z. B. unter Brückenpfeilern)*

• undermining; washout
Auskolkung *f* <wz.masch> *(Krater in der Werkzeug-Spanfläche)* • crater
Auskoppelfenster *n DIN 32511* <phys> *(Laser)* • output window
auskoppeln *vt* <phys> *(Strahl)* • couple out *vt*
Auskoppelspiegel *m* <opt> *(Laser)* • output mirror; output coupler
auskragen *vi* <bau> • cantilever *vi*; overhang *vi*; protrude *vi*; project *vi*; corbel out *vi*
auskragend <bau> *(Gebäudeteil)* • overhanging
Auskragung *f* <tech.allg> *(z. B. an einer Wand)* • overhang; cantilever; projection
auskratzen *vt* <obfl> *(Behälter etc.)* • scrape out *vt*; scratch out *vt*
Auskunft *f* <allg> • information
Auskunftsersuchen *n* <allg> • request for information
auskuppeln *vi* <kfz.antr> • declutch *vi*; de-clutch *vi GB*; disengage the clutch *vt*
auskuppeln *vt* <masch> *(ausrückbare Kupplung allg.)* • disengage *vt*
ausladen *vt* <logist> *(etwas komplett leer machen; z. B. Lkw)* • empty *vt*
ausladen *vt* <logist> *(Carrier oder Ware; z. B. Lkw, Schiff, Flugzeug; Kisten, Container)* • unload *vt*; discharge *vt*
ausladend <tech.allg> *(über normalen Umriss hinausgehend; z. B. Lkw-Ladung)* • projecting
Ausladung *f* <bau> *(von Kragträgern, Balken, Balkons etc.)* • outreach
Ausladung *f* <förd> *(Kran)* • radius
Auslage *f* <druck> *(allg.)* • delivery
Auslage *f* <werb> *(im Schaufenster gezeigte Ware und Werbung)* • window display; goods on display
auslagern *vt* <comp> *(Dateien; vom RAM auf Festplatte)* • swap *vt*
auslagern *vt* <logist> *(Ladeeinheiten aus Lager abziehen)* • retrieve *vt*
Auslagerung *f* <ökon> *(von Produktion, Projekten, Aufgaben)* • outsourcing; subcontracting
Auslagerungsbereich *m* <comp> • swapping area
Auslagerungsdatei *f* <comp> • swap file
ausländisch <allg> *(Produkt; z. B. Fahrzeug)* • foreign
Auslandsgespräch *n* <tele> • international call
auslassen *vt* <allg> *(bewusst weglassen; z. B. Textstelle, Zahlen)* • omit *vt*
auslassen *vt* <comp> *(Arbeitsschritt, Menüoption)* • skip *vt*
Auslasshub *m* <mot> *(4. Takt beim Viertaktmotor)* • exhaust stroke; exhaustion
Auslasskanal *m* <kfz.mot> • exhaust port; outlet *coll*; exhaust passage
Auslassnocken *m* <kfz.mot> • exhaust cam
Auslassnockenwelle *f* <kfz.mot> • exhaust camshaft
Auslassseite *f* <kfz.mot> • exhaust side
Auslassung *f* <allg> *(z. B. eines Zeichens, Worts, von Ziffern, Informationen)* • omission
Auslassventil *n* (AV) <kfz.mot> *(für Abgas)* • exhaust valve; outlet valve
Auslassventil *n* <rls> *(für alle Fluide; z. B. Abgas, Wasser, Schlämme)* • outlet valve; discharge valve
Auslassventil öffnet (Aö) <kfz.mot> • exhaust valve opens
Auslassventil schließt (As) <kfz.mot> • exhaust valve closes
auslaufen *vi* <tech.allg> *(langsam, mit geringem Volumenstrom)* • bleed *vi*
auslaufen *vi* <tech.allg> *(bis Stillstand; z. B. Maschine, Fahrzeug, Schwungrad)* • coast down *vi*; come to rest *vi*
auslaufen *vi* <tech.allg> *(Flüssigkeit aus Gefäß, Rohr etc.; unbeabsichtigt, als Leckage)* • leak *vi*; leak out *vi*
auslaufen *vi* <masch> *(verschleißen; Gleitlager)* • wear out *vi*
auslaufen *vi* <nav> *(Schiff aus Hafen)* • clear the port *vi*; leave the port *vi*
auslaufen *vi* <prod> *(abflachen; z. B. Nut, Rille)* • shallow out *vi*
auslaufen lassen *vt* <allg> *(Flüssigkeit, unabsichtlich; z. B. Öl aus Havarietanker)* • spill *vt*
Ausläufer *m* <bio> *(einer Pflanze)* • runner
Ausläufer *m* <geo> *(eines Gebirges)* • foothill
Ausläufer *m* <geo> *(eines Erdbebens)* • coda
Ausläufer *mpl* <meteo> *(von Hoch- und Tiefdruckgebieten)* • fringes *pl*

Auslaufgeschwindigkeit *f <prod>* • delivery speed
Auslaufgeschwindigkeit *f <verf> (an einem Auslassstutzen, Zapfhahn etc.)* • spouting velocity
Auslaufkanal *m <kst> (Folienextrusionsdüse)* • final land
Auslaufklausel *f <jur> (Patentrecht)* • transitional provision
Auslaufmodell *n <ökon>* • run-out version
Auslaufrille *f <prod>* • lead-out groove
Auslaufrinne *f <förd>* • shoot
Auslaufrohr *n <rls>* • discharge pipe
Auslaufschurre *f <nfz> (für Beton aus Mischtrommel)* • discharge chute; chute *pract*
Auslaufspur *f <comp.av> (von Speichermedien)* • lead-out; lead-out track; lead-out area; run-out section
Auslauftrichter *m <logist> (z. B. von Silos)* • outlet hopper; outlet cone
Auslaufversuch *m <masch> (z. B. zum Bestimmen der Lagerreibung)* • deceleration test; coast-down test
Auslaufzone *f <kfz.sport> (auf Rennstrecke)* • run-off area
Auslaugbehälter *m <verf>* • leaching tank; leaching vessel; leaching vat; leach tank
auslaugen *vt <chem.verf> (extrahieren)* • extract *vt*
auslaugen *vt <chem.verf>* • leach *vt*; leach out *vt*; lixiviate *vt rare*
auslaugen *vt <geo> (Boden)* • eluviate *vt*
Auslauglösung *f <chem>* • leaching solution
Auslaugrate *f <ents>* • leaching rate; leach rate
Auslaugungsverhalten *n prCEN/TS 14429 <chem> (z. B. von Müll und Sickerwasser auf Mülldeponie)* • leaching behavior *prCEN/TS 14429*; leaching behaviour *GB*; leaching property
ausleeren *vt <allg> (Behälter; z. B. Flasche, Mülleimer)* • empty *vt*
auslegen *vt <tech.allg> (für bestimmte Belastungen konstruieren; z. B. eine Brücke)* • design *vt*
auslegen *vt <doku> (zur Ansicht; z. B. öffentlich)* • put on display *vt*
auslegen *vt <innen> (Boden; z. B. mit Teppichbelag)* • cover *vt*
auslegen *vt <mil> (Minen)* • lay *vt*
auslegen *vt <nav> (Fischereinetze)* • put out *vt*
Ausleger *m <tech.allg> (einseitig befestigter, relativ dünner Arm, Balken, Träger)* • outrigger
Ausleger *m <tech.allg> (Kragarm, Kragträger)* • cantilever
Ausleger *m <bau> (von Hochhäusern)* • outrigger
Ausleger *m <bau.masch> (Kran; z. B. Turmkran)* • boom *US*; jib *GB*
Ausleger *m <el> (Hochspannungsmasten)* • cross arm
Ausleger *m <kfz> (Rahmenteil zwischen Längsträger und Fz-Außenkante)* • outrigger
Ausleger *m <masch> (betont: seitlich auskragend)* • side arm
Ausleger *m <wz.masch> (radialer Arm; z. B. von Radialbohrmaschine)* • radial arm
Auslegung *f <tech.allg> (konstruktiv, rechnerisch; z. B. für bestimmte Lastfälle)* • design
Auslegungs... *<tech.allg> (Nennbelastung + Sicherheitszuschlag; z. B. ~druck, ~temperatur)* • design ...
Auslegungsdaten *pl <tech.allg>* • design data
Auslegungsdruck *m <verf>* • design pressure
Auslegungsfehler *m <qualit> (falsch dimensioniert)* • design fault; dimensioning error
Auslegungsgesichtspunkte *fpl <prod>* • design considerations
Auslegungsgrundlage *f <prod> (z. B. bestimmte Lastannahmen, gesetzl. Vorgaben, Normen)* • design basis
Auslegungsklausel *f <jur>* • application clause
Auslegungslast *f <tech.allg>* • design load
Auslegungsparameter *mpl <tech.allg>* • design parameters *pl*
Auslegungsstörfall *m <tech.allg> (z. B. für KKW)* • design-basis accident
Ausleitungskraftwerk *n DIN 4048-2 <energ.hydr>* • canal power plant; diversion canal plant; diversion power plant
auslenken *vi <mech> (unter Druckspannung seitl. ausweichen; z. B. kni-*

cken) • deflect *vi*
auslenken *vt <mech> (aus Ruheposition verdrängen)* • displace *vt*
auslenken *vt <mech> (aus Ruhestellung; seitlich, durch Krafteinwirkung; z. B. einen Kragarm)* • deflect *vt*
Auslenkung *f <bau> (durch Horizontalbelastung; von Hochhäusern, Türmen)* • deflection; displacement; drift
Auslenkung *f <mech> (unter Druckspannung; z. B. Knicken)* • deflection
Auslenkung *f <mech> (Verdrängung aus Ruheposition)* • displacement
Auslese *f <tech.allg>* • selection
Auslesen *n DIN 44300 <comp> (von Daten)* • read-out
Auslesevorgang *m <comp> (aus Speicher)* • read process
ausleuchten *vt <phot> (z. B. Szene, Studio, Stillleben, Model)* • illuminate *vt*
ausliefern *vt <logist> (fertiges Produkt; z. B. Auto, Dampferzeuger)* • ship *vt*
Auslieferung *f <logist> (z. B. ab Werk, Lager)* • shipment
Auslitern *n <kfz> (Kofferraumvolumen)* • cargo capacity measurement *:V*
Auslitern *n <kfz.mot> (Hubraum)* • cc--ing *pract*
auslöschen *vt <tech.allg> (absolut ausradieren, völlig tilgen)* • obliterate *vt*
auslöschen *vt <el> (Lichtbogen; z. B. zwischen Leistungsschalterkontakten)* • quench *vt*
Auslöschung *f <bio> (von Spezies; z. B. einer Tierart)* • extinction
Auslöseeinrichtung *f DIN EN 12094-5 <feuer.sich> (z. B. in Löschanlagen)* • actuator *EN 12094-5*
Auslöseeinrichtung *f <masch>* • tripping mechanism; kick-out
Auslösefeder *f <masch>* • release spring
Auslösehebel *m <masch> (allg.)* • release lever; trip lever; actuating lever; actuating arm
Auslöseimpuls *m <el> (zum Initiieren von Vorgängen)* • initiating pulse; trigger pulse; starting pulse; pilot pulse
Auslöseimpuls *m <el> (zum Freigeben, Entriegeln von etw.)* • release pulse
auslösen *vi/vt <kfz.sich> (Airbag)* • deploy *vi/vt*; actuate *vi/vt*; trigger *vt*
auslösen *vt <tech.allg> (z. B. Kettenreaktion, Riss)* • initiate *vt*
auslösen *vt <tech.allg> (z. B. Aktion, Signal, Impuls)* • trigger *vt*; actuate *vt*
auslösen *vt <kfz.sich> (Airbag u. Gurtstraffer)* • trigger *vt*; actuate *vt*; activate *vt*; deploy *vt*
auslösen *vt <mech> (z. B. einen Endschalter, Mechanismus)* • trip *vt*
Auslöser *m <comp> (Handscanner, Hand-Lesepistole, EIN/AUS-Schalter)* • trigger switch
Auslöser *m <masch> (z. B. Sperre, Klinke, Endschalter)* • release; tripping device; trip
Auslöser *m prakt <phot> (für Kameraverschluss)* • shutter release button; operating button; shutter release; shutter button
Auslöserelais *n <el> (zum Starten eines Vorgangs)* • initiating relay
Auslöserelais *n <el> (zum Freigeben, Entriegeln)* • release relay; tripping relay
Auslöseschalter *m <el> (zum Freigeben, Entriegeln)* • release switch; tripping switch; trip switch
Auslöseschalter *m <el> (zum Starten eines Vorgangs)* • trigger switch
Auslöseschwelle *f <kfz.sich> (Airbag)* • deployment threshold; airbag-enabled threshold
Auslöseschwelle *f <msr> (Messwert, Impulsamplitude; für Sensoren, Warnmelder etc.)* • minimum triggering level; threshold
Auslösetaste *f <msr> (allg.)* • release button; action key
Auslösung *f <tech.allg> (z. B. einer Kettenreaktion)* • actuation; triggering; initiation
Auslösung *f <tech.allg> (Freigabe; z. B. einer Feder)* • release
ausloten *vt <allg> (Tiefe, Meer, tiefes Loch; Situation, Ansichten von Personen)* • sound *vt*; plumb *vt*
ausloten *vt <nav> (Tiefe)* • fathom *vt*
auslöten *vt <el> (Bauteile aus einem Schaltkreis)* • unsolder *vt*
Ausmaß *n <allg> (Reichweite; z. B. von Schäden, Einflüssen)* • extent
Ausmaß *n <tech.allg> (Größenordnung; z. B. von Schäden)* • amount; degree
Ausmaß der Verschmutzung *n <ökol>* • pollution level

Ausmaß der Verseuchung *n* <ökol> • level of contamination

Ausmaß eines Mangels *n* <qualit> • size of a defect

ausmauern *vt* <bau> *(Gebäude, Ofen, Herd)* • brick-line *vt*

Ausmauerung *f* <bau> *(allg.; Gebäude, Ofen, Herd)* • brick lining; brickwork; bricking *pract*

ausmessen *vt* <msr> *(z. B. Zimmer, Behälter, Raum)* • check the dimension of *vt*; check the dimensions of *vt*; measure *vt*

ausmustern *vt* <ökon> • remove from service *vt*; take out of service *vt*

Ausnahme *f* <allg> • exception

Ausnahmebedingung *f* <comp> • exceptional condition; exception condition

Ausnahmefall *m* <allg> • exceptional case

auspflocken *vt* <geo> *(Vermessungswesen)* • stake *vt*

auspressen *vt* <tech.allg> • press out *vt*

auspressen *vt* <masch> *(z. B. Keil, Stift)* • drive out *vt*; force out *vt*

auspressen *vt* <nahr> *(Frucht, Saft)* • squeeze out *vt*

Auspuffdichtung *f* <mot.emiss> *(in Abgasanlagen; z. B. von Kfz-Motoren, Schiffs-, Notstromdieseln)* • exhaust gasket

Auspuffendrohr *n* <nfz> *(senkrecht nach oben; typ. für US-Trucks)* • stack pipe

Auspufftakt *m* <mot> *(Kolbenmotor; von UT nach OT)* • exhaust stroke; exhaust cycle

auspumpen *vt* <förd> *(Behälter, Raum, System; betont: völlig leer; auch luftleer)* • evacuate *vt*

auspumpen *vt* <förd> *(eine Flüssigkeit, einen Behälter, Raum; z. B. einen überfluteten Keller)* • pump out *vt*

ausquetschen *vt* <verf> *(z. B. Frucht, Schwamm)* • squeeze out *vt*

ausrasten *vt* <masch> *(z. B. Stift, Klinke)* • disengage *vt*

ausräuchern *vt* <hygi> *(Schädlinge)* • fumigate out *vt*; fumigate *vt*

ausrechnen *vt* <allg> *(z. B. Summe, Preis, Wahrscheinlichkeit)* • calculate *vt*; compute *vt*

ausregeln *vr* <msr> *(System)* • settle *vi*

ausregeln *vt* <msr> *(Abweichungen korrigieren)* • correct *vt*

Ausregelzeit *f* <msr> • correction time; settling time

ausreiben *vt* <wz> *(Bohrung)* • ream *vt*; ream out *vt*

ausreißen *vt* <allg> *(z. B. Haar)* • pull out *vt*; tear out *vt*

ausreißen *vt* <masch> *(Gewinde allg.)* • strip *vt*

ausreißen *vt* <masch> *(Außengewinde)* • strip off *vt*

ausreißen *vt* <masch> *(Innengewinde)* • strip out *vt*

Ausreißer *m* <mil> *(Schuss, der abseits einer Gruppe von Schüssen auf der Scheibe liegt)* • stray bullet; flyer

Ausreißer *m* *DIN ISO 5725-1* <qualit.msr> *(in statistischer Reihe; z. B. Messreihe)* • outlier *ISO 5725-1*

Ausrichtemarke *f* <druck> *(auf Bögen, Platten, Filmen, Overlays)* • register mark

Ausrichten *n* <tech.allg> *(in eine Reihe/ Linie bringen)* • alignment

ausrichten *vr/vt* <phys> *(Magnetpartikel; z. B. auf magn. Datenträgern)* • orient *vi/vt*; align *vi/vt*

ausrichten *vt* <tech.allg> *(auf ein entferntes Objekt oder eine Richtung; z. B. nach Norden)* • orient *vt*; orientate *vt*

ausrichten *vt* <tech.allg> *(in einer Linie; z. B. Projektor und Leinwand)* • align *vt*

ausrichten *vt* <bau> *(symmetrisch, horizontal etc.; z. B. Rahmen, Balken)* • true *vt*

ausrichten *vt* <druck> *(Papierbogen, Filme, Druckplatten)* • register *vt*

ausrichten *vt* <druck> *(einen Text, z. B. linksbündig)* • justify *vt*

ausrichten *vt* <mil> *(in einer Linie; z. B. Soldaten beim Antreten, Fahrzeuge)* • line up *vt*; arrange in line *vt*

ausrichten *vt* <prod> *(Formen, Komponenten aneinander angleichen)* • fair *vt*

Ausrichtung *f* <tech.allg> *(Lage von Objekten zueinander; z. B. Fasern, Magnetpartikel, Gebäude)* • alignment; orientation

Ausrichtung *f* <tech.allg> *(in einer Ebene)* • leveling *US*; levelling *GB*

Ausrichtung *f* <tech.allg> *(Orientierung; z. B. nach Osten, Norden etc.)* • orientation

Ausrichtung *f <bau> (Vorgang; von Bauteilen; z. B. von Fenster-, Türrahmen)* • orientation

Ausrichtung *f <druck> (Textverarbeitung, z. B. Blocksatz)* • justification

ausrollen *vi <fz> (ohne zu bremsen, bis zum Stillstand; z. B. Auto)* • coast down *vi*

ausrollen *vt <tech.allg> (z. B. Verlängerungskabel, Teppich)* • roll out *vt*

ausrückbare Kupplung *f <antr> (allg. Oberbegriff für formschlüssige und Reibungskupplungen)* • clutch

Ausrückeinrichtung *f <masch> (z. B. Klaue, Gabel, Nocke)* • disengagement device; disengaging device; cut-out device; throwout

ausrücken *vt <druck>* • outdent *vt*

ausrücken *vt <masch> (Reibungskupplung)* • declutch *vt*; release *vt*

ausrücken *vt <masch> (z. B. Kupplung, Schlossmutter, Schnecke)* • disengage *vt*; disconnect *vt*; cut out *vt*; throw out *vt*

ausrücken *vt <prod> (Zahnräder, Getriebe)* • demesh *vt*; unmesh *vt*

Ausrückhebel *m <masch> (allg.)* • release lever; disengaging lever; disconnecting lever

ausrunden *vt <prod> (scharfe Kante)* • ease *vt*

ausrunden *vt <prod> (Ecke, Kante)* • radius *vt*

ausrunden *vt <prod> (Kehlnaht, Innenseite eines Eckstoßes)* • fillet *vt*

Ausrundung *f <tech.allg> (einer Ecke, innen oder außen; z. B. Abrundung, Hohlkehle)* • round corner

ausrüsten *vt <tech.allg> (z. B. Gebäude, Schiff)* • equip *vt*; fit out *vt*

ausrüsten *vt <nav> (Schiff)* • rig up *vt*

ausrüsten *vt <textil> (mit Appretur etc.)* • finish *vt*

Ausrüstung *f <tech.allg> (für einen Zweck, für Handlungen; z. B. Werkstatt, Freizeit, Sport)* • equipment; outfit *coll*

Ausrüstung *f <tech.allg> (Gerätetechnik, Anlagen)* • rig

Aussage *f <math>* • statement; proposition

aussagekräftig *<allg> (mit Informationswert; z. B. Mess-, Testergebnisse)* • meaningful

aussagekräftig *<math> (realistisch; z. B. Stichprobe, Umfrage)* • representative

ausschachten *vt <bau>* • excavate *vt*

Ausschalen *n <bau> (Betonverschalung)* • form stripping; striking

ausschalen *vt <bau> (Beton-Schalung entfernen)* • strike formwork *vt*; strip formwork *vt*; dismantle the formwork *vt*

ausschalten *vt <tech.allg> (eliminieren; z. B. Störungsursachen, Fehlerquellen)* • eliminate *vt*

ausschalten *vt <el> (Kleingeräte; z. B. Licht, Geschirrspüler, Fernseher)* • switch off *vt*; turn off *vt coll*

ausschalten *vt <el> (trennen; z. B. Maschine vom Netz)* • cut off *vt*; disconnect *vt*

ausschalten *vt <el> (betont: Stromversorgung trennen; kleine und große Verbraucher)* • de-energize *vt*

ausschalten *vt <el> (allg.; z. B. Anlagen, Systeme, Geräte, Verbraucher)* • switch off *vt*

ausschalten *vt <masch> (abkoppeln; z. B. Antrieb)* • disengage *vt*

ausschalten *vt <masch> (betont: laufenden Vorgang stoppen; z. B. Maschine, Förderband)* • interrupt *vt*

Ausschaltstrom *m <el> (Stromstärke beim Ausschalten)* • interrupting current; breaking current

Ausschaltstrom *m <el> (als Kenngröße von Unterbrechern; maximal schaltbare Stromstärke)* • breaking capacity

Ausschalttaste *f <el> (zum vorübergehenden Stilllegen einer Funktion; z. B. ESP)* • override button

Ausschaltwindgeschwindigkeit *f IEV 415 <energ.wind>* • cut-out wind speed *IEV 415*; cut-out speed; furling speed *obs*

Ausschaltzeit *f <tech.allg> (Zeitraum, in dem etw. ausgeschaltet ist)* • off-period

Ausschaltzeit *f <av> (Ende von Timer-Aufnahmen)* • ending time

Ausschaltzustand *m <el>* • off-state

ausschaufeln *vt <bau> (mit kleiner Handschaufel)* • scoop *vt*

ausschäumen *vt <tech.allg> (z. B. Hohlräume in Booten)* • fill with foam *vt*

ausscheiden *vt* <tech.allg> *(entfernen; z. B. Ausschuss)* • eliminate *vt*

ausscheiden *vt* <bio> *(aus Drüsen etc.; Exkremente)* • excrete *vt*

Ausscheidung *f* <chem> *(Trennung; z. B. von Emulsionen; z. B. Lacke und Spachtelmasse)* • separation

Ausscheidung *f* <obfl> *(aus feinen Poren; z. B. von Feuchtigkeit)* • exudation; exudate

Ausscheidung *f* <qualit> *(Vorgang; Auswahl schlechter Objekte)* • elimination

ausscheidungshärtbar <metall> *(z. B. Federstahldraht)* • precipitation-hardenable

ausschieben *vt* <masch> *(Teleskoparm etc.)* • extend *vt*

ausschiffen *vr* <nav> *(Fahrgäste gehen von Bord)* • disembark *vi*

ausschiffen *vt* <nav> *(Fahrgäste, Ladung)* • disembark *vt*

Ausschiffung *f* <nav> *(von Passagieren, Ladung)* • disembarkation; debarkation

ausschlachten *vt* <ents> *(allg.; brauchbare Teile aus einer stillgelegten Einheit entfernen)* • cannibalize *vt*; salvage *vt*

ausschlachten *vt* <ents.kfz> *(bes. in Bezug auf Ersatzteile; z. B. Autos)* • break for spares *vt coll*; part out *vt US.coll*; cut up for spares *vt coll*; cut up *vt*; cannibalize *vt coll*

Ausschlag *m* <msr> *(z. B. Zeiger, Nadel, Schreibstift)* • deflection

Ausschlag *m* <phys> *(Pendel, Oszillographkurve)* • swing

ausschlagen *vi* <mech> *(Pendel)* • swing *vi*

ausschlagen *vt* <allg> *(Angebot)* • decline *vt*

ausschlagen *vt* <prod> *(auskleiden; z. B. Schublade, Kiste, Sarg, mit Papier, Stoff)* • line *vt*

Ausschlagwinkel *m* <tech.allg> • angle of deflection

ausschlämmen *vt* <verf> *(schlammfrei machen; z. B. durch Dekantieren, Waschen, Filtern)* • elutriate *vt*; levigate *vt*

ausschleifen *vt* <obfl.qualit> *(Oberflächenfehler beseitigen; z. B. Kratzer, Schrammen)* • regrind *vt*

ausschleppen *vt* <obfl> *(von Tauchbädern; z. B. in Galvanotechnik)* • drag out *vt*

Ausschleppverlust *m* <obfl> *(aus Tauchbädern)* • drag-out loss

ausschleusen *vi* <nav> • lock out *vi*

Ausschleuser *m* <förd> *(angetriebene Rollenbahnweiche)* • diverter

ausschließen *vt* <allg> *(z. B. Möglichkeit, Fehler, Aktion)* • exclude *vt*; rule out *vt*

Ausschluss *m* <allg> *(z. B. der Öffentlichkeit)* • exclusion

ausschmelzen *vt* <prod> • melt out *vt*

Ausschmelzkerntechnik *f* <kst> *(z. B. für Ansaugkrümmer)* • fusible core process

Ausschmelzmodell *n* <prod> • investment pattern

Ausschmelzverfahren *n* <prod> *(Feinguss; z. B. Wachsausschmelzmethode)* • investment molding process; investment casting

ausschmieden *vt* <metall> *(in die Breite)* • spread *vt*

ausschmieden *vt* <metall> *(dünner machen)* • thin *vt*

Ausschneiden *n* <prod> *(von Blechteilen, manuell od. mit Stanzwerkzeug)* • blanking

ausschneiden *vt* <prod> *(jedes Material; z. B. Papier, Holz, Blech v. Hand od. maschinell)* • cut out *vt*

ausschneiden *vt* <prod> *(Vertiefung, Furche etc., mit einem Hohlmeißel u. dgl.)* • rout *vt*

ausschneiden und einfügen *vt* <comp> • cut and paste *vt*

Ausschnitt *m* <tech.allg> *(z. B. aus Bildern, Blechen)* • cut-out

Ausschnitt *m* <bekl> • neckline; neck

Ausschnitt *m* <doku> *(techn. Zeichnung)* • section

Ausschnitt *m* <math> *(Kreis)* • sector

Ausschnittvergrößerung *f* <phot> *(Ergebnis)* • sectional enlargement; selective enlargement

ausschöpfen *vt* <tech.allg> *(Wasser)* • bail *vt*

ausschöpfen *vt* <förd> *(mit Kelle, Eimer etc.)* • scoop *vt*; ladle *vt*

ausschreiben *vt* <ökon> *(zum Einholen von Angeboten)* • invite tenders *vt*

Ausschuss *m* <admin> *(Personengrup-*

pe) • board

Ausschuss *m <prod.ents> (Abfall)* • rejects; scrap work; scrap; broke

Ausschussgrenze *f <qualit> (allg.)* • rejectable quality level; rejection limit

Ausschussquote *f <qualit>* • reject rate; scrap rate

Ausschussteil *n <ents> (schrottreif)* • scrap component

Ausschussteil *n <qualit> (unterhalb der Qualitätsgrenze)* • rejected part; defective *n*; reject *n*

ausschütten *vt <allg> (ausgießen; z. B. Flüssigkeit)* • pour out *vt*

ausschütten *vt <tech.allg> (Flüssigkeit, Schüttgut; größere Mengen, absichtlich)* • dump *vt*

ausschütten *vt <tech.allg> (Flüssigkeit, Schüttgut; absichtlich)* • teem *vt*

Ausschweißlinie *f <prod> (allg.; z. B. Karosseriefertigung)* • finish welding line

Ausschweißlinie *f <prod> (beim Punktschweißen)* • respot line

ausschwenkbar *<tech.allg> (z. B. Arm, Fenster, Plattform, Rückspiegel)* • swing-out; swing-away; swivelling

ausschwenken *vi/vt <tech.allg> (z. B. Brücke, Kran)* • swing out *vi/vt*; swivel out *vi/vt*

ausschwimmen *vi <obfl> (Pigmente an Lackoberfläche)* • float *vi*; flood *vi*

ausschwingen *vi <phys> (einer Schwingung, Welle)* • decay *vi*; die away *vi*

Ausschwingzeit *f <mech> (von Bewegungen, Vibrationen bis zur Ruhelage)* • settling time

Ausschwitzung *f <tech.allg> (von Feuchtigkeit etc.; Vorgang)* • exudation; exuding

Ausschwitzung *f <obfl> (Ergebnis; z. B. Feuchtigkeit)* • exudate

Außenabzieher *m <wz>* • external puller

Außenangriff *m <füg>* • external drive

Außenanlage *f <tech.allg>* • outdoor installation

Außenanlagenzeichnung *f DIN ISO 10209-4 <bau.doku> (Gelände für Straßen, bepflanzte Flächen usw.)* • landscape drawing *ISO 10209-4*

Außenansicht *f <doku> (beim Halbschnitt; zeigt keine verdeckten Einzelheiten)* • external view

Außenanstrich *m <obfl> (z. B. von Gebäuden)* • outdoor finish; exterior finish

Außenanstrichstoff *m <obfl>* • exterior paint

Außenanwendung *f <tech.allg>* • outdoor application

Außenarbeiten *fpl <tech.allg>* • field-work

Außenaufnahmen *fpl <phot> (z. B. Werbe-, Modefotos)* • location shooting

Außenaufstellung *fsg <hlk>* • outdoor installation

Außenbeleuchtung *f <aerosp.licht> (des Flugzeugs)* • exterior lighting; exterior lights *pl*

Außenbeleuchtung *f <licht>* • exterior lighting; outdoor lighting

Außenbeständigkeit *f <qualit> (Witterungsbeständigkeit; z. B. von Material, Lack etc.)* • exterior durability; outdoor durability

Außenbewitterung *f <obfl> (von Material, Oberflächen; z. B. von Lack)* • outdoor exposure; exterior exposure; outdoor weathering; natural weathering; exterior weathering

Außenblech *n <kfz> (bei doppelwandigen Blechen)* • outer panel

Außenbordmotor *m <nav.mot>* • outboard engine; outboard motor *rare*

außenbords *<nav>* • outboard

aussenden *vt <phys> (allg.; z. B. Strahlung)* • emit *vt*; emanate *vt*

Außendichtung *f <bau.hydr> (auf Wasserseite von Dämmen, Uferböschungen, Kanälen etc.)* • facing

Außendienstmitarbeiter *m <werb>* • sales representative; salesman

Außendurchmesser *m <masch> (größter Durchmesser von Innengewinden)* • root diameter; major diameter; major thread diameter; nominal thread diameter *ISO*

Außendurchmesser *m <masch> (größter Durchmesser von Außengewinden)* • crest diameter (OD); major diameter; outside diameter; nominal thread diameter; major thread diameter

Außendurchmesser *m* (OD) *DIN 24950-1 <rls>* • outside diameter (OD) *DIN 24950-1*; external diameter *EN ISO 7369*; outer diameter

Außeneinsatz *m <tech.allg>* • outdoor use

Außenflügel *m <aerosp>* • outer wing; outboard wing

Außengewinde *n <füg> (von Schrauben)* • external thread; male thread; bolt thread; screw thread; A thread *US*

Außengewinde *n DIN 2244 <masch> (allg.; an der Außenfläche eines Zylinders od. Kegels)* • external thread; male thread

Außengewinde… *<prod> (z. B. -fräsen, -schneiden; -strehler)* • external thread … (OD …); external …; outside diameter …

außengezahnte Fächerscheibe *f <füg>* • serrated external tooth lock washer

außengezahnte kegelige Fächerscheibe *f DIN ISO 1891 <füg>* • countersunk serrated external tooth lock washer; countersunk serrated external toothed lock washer *stand*

außengezahnte kegelige Zahnscheibe *f DIN ISO 1891 <füg>* • countersunk external tooth lock washer; countersunk external toothed lock washer *stand*

außengezahnte Zahnscheibe *f <füg>* • external tooth lock washer; external lock washer

Außenhandel *m <ökon>* • foreign trade

Außenhaut *f <tech.allg> (z. B. von Gebäuden, Schiffen, Flugzeugen, Raumsonden, Autos)* • outer skin; outer shell; shell *pract*; skin *coll*

Außenhaut *f <nav> (Bootsschale, Schiffsrumpf)* • shell

Außenhautmelder *m <alarm>* • perimeter detector; perimeter sensor; perimeter guarding sensor

Außenhülle *f <bau>* • building shell

Außenlackierung *f <obfl> (Beschichtung; z. B. von Getränkedosen)* • outside coat[ing]; external coat[ing]

Außenläufermotor *m <el> (z. B. für Ventilator)* • external-rotor motor

Außenleuchte *f <licht> (im Freien montiert)* • outdoor luminaire; outdoor lighting fixture; exterior luminaire

Außenlicht *n <licht> (im Freien)* • outdoor light

Außenluft *f <tech.allg> (freie Atmosphäre)* • outdoor air; outside air; ambient air

Außenluftwärmepumpe *f <hlk>* • air-source heat pump (ASHP); air-to-water heat pump

Außenmantel *m <tech.allg> (Hülle, Abdeckung; hart oder weich; z. B. Rohrisolierung)* • covering

Außenmantel *m <el> (Kabel)* • outer cable jacket

Außenmantel *m <masch> (hart; z. B. ein Gehäuse)* • outer casing

Außenmantel *m <verf>* • outer shell; external jacket

Außenmauer *f <bau>* • external wall

Außenmessung *f <msr> (an der Außenseite)* • external measurement

Außenmessung *f <msr> (im Freien)* • outdoor measurement

Außenmessung *f <msr> (vor Ort)* • field measurement

Außenplatz *m <fz> (Sitzplatz am Fenster)* • outboard seating position

Außenpolgenerator *m <el> (Anker-Spule dreht sich im Stator-Magnetfeld)* • external-pole generator

Außenschicht *f EN ISO 8330 <rls> (von Schläuchen)* • cover *EN ISO 8330*; outer cover

Außenspiegel *m <kfz>* • external mirror; outside mirror; side-view mirror; exterior mirror; wing mirror *GB*

Außenspiegel in Wagenfarbe *mpl <kfz>* • color-coded mirrors *US*; colour-coded mirrors *GB*

Außentank *m <aerosp>* • outboard tank

Außentemperatur *f <hlk>* • outdoor temperature (OAT); outside air temperature; outdoor air temperature; outside ambient air temperature; outside temperature

Außenvergabe *f <ökon> (von Aufträgen)* • outsourcing; farming-out *rare*

Außenverkleidung *f <obfl> (eng anliegend)* • exterior lining

Außenwand *f <bau> (von Gebäuden)* • external wall

Außerbetriebnahme *f <tech.allg> (endgültige Stilllegung von Systemen, Anlagen; z. B. Fertigungsstraße)* • closing-down; shut-down

Außerbetriebnahme *f <tech.allg> (offizielle Stilllegung genehmigungspflichtiger Objekte; z. B. Kraftwerk)* • decommissioning

Außer-Betrieb-Schild *n <tech.allg>*

• out-of-order sign

äußere Abdeckung *f* <energ.sol> *(Kollektor)* • exterior glazing; outer cover

außerirdisch <tech.allg> *(z. B. Strahlung, Applikation von Systemen etc.)* • extraterrestrial

Außerkraftsetzung *f* <allg> *(eines Zeitplans, vorübergehend; z. B. Fahrplan)* • suspension

außerplanmäßige Wartung *f* <rep> • non-regular maintenance

Aussetzen *n* <allg> *(z. B. einer Strahlung, dem Tageslicht, der Witterung)* • exposure

Aussetzen *n* <allg> *(Unterbrechung)* • interruption

Aussetzen *n* <nav> *(von Rettungsbooten, -inseln etc.)* • lowering

Aussetzen *n* <qualit> *(vorübergehender Ausfall; z. B. Motor, Stromversorgung)* • failure

aussetzen *vi* <allg> *(Betrieb, Vorführungen etc.; bis auf weiteres)* • discontinue *vi*

aussetzen *vi* <allg> *(Betrieb; vorübergehend)* • interrupt *vi*

aussetzen *vi* <tech.allg> *(versagen, ausfallen)* • fail *vi*

aussetzen *vi* <tech.allg> *(in kurzen Abständen; z. B. Motor)* • intermit *vi*

aussetzen *vi* <kfz.el> *(Zündfunke)* • miss *vi*

aussetzen *vt* <tech.allg> *(z. B. einer Strahlung, dem Licht)* • expose *vt*

aussetzen *vt* <jur> *(z. B. Strafvollzug, Urteil, Verfahren)* • suspend *vt*

aussetzen *vt* <mat> *(der Witterung)* • weather *vt*

aussetzen *vt* <nav> *(z. B. Rettungsboote von einem Schiff)* • lower *vt*

aussetzen *vt* <qualit.mat> *(äußeren Einflüssen; z. B. Belastung, Klima)* • subject to *vt*

Aussetzer *m* DIN 45510 <av> *(Bild- od. Tonsignal)* • drop-out

aussieben *vt* <tech.allg> *(nach Korngrößen; z. B. Sand, Kies)* • classify *vt*; screen *vt*; screen in sizes *vt*

aussieben *vt* <verf> *(betont: eine Substanz von anderen trennen, isolieren)* • screen out *vt*

aussondern *vt* <tech.allg> *(z. B. einzelne Werkstücke, Teile)* • single out *vt*

aussondern *vt* <qualit> *(eliminieren; z. B. fehlerhafte Einheiten)* • eliminate *vt*; remove *vt*

aussondern *vt* <qualit> *(verwerfen)* • reject *vt*

Aussortierung *f* <tech.allg> • sorting out

ausspachteln *vt* <bau> *(glätten)* • smooth *vt*; level out *vt*

ausspannen *vt* <prod> *(freigeben allg.; z. B. ein Werkstück)* • release *vt*; unclamp *vt*

ausspannen *vt* <wz> *(aus Spannfutter; Werkstück, Werkzeug)* • unchuck *vt*

aussparen *vt* <bau> *(Betonbau)* • block out *vt*

aussparen *vt* <druck> *(z. B. Zeile)* • omit *vt*

aussparen *vt* <prod> *(Vertiefung)* • recess *vt*

Aussparung *f* <tech.allg> *(Vorgang und Ergebnis; z. B. nutförmig)* • recess

Aussparung *f* <bau> *(Betonbau)* • block-out

Aussparung *f* <bau> *(Vertiefung, Loch)* • hole

Aussparung *f* <prod> *(in einem Werkstück; jede Form)* • cut-out

Aussparung *f* <prod> *(kleine Vertiefung, Höhlung)* • pocket

ausspeichern *vt* <energ.gas> *(Gas)* • withdraw *vt*

Ausspeiseentgelt *n* <energ.ökon> • exit charge

ausspeisen *vt* <energ> *(Energie aus einem Versorgungsnetz)* • offtake *vt*; output *vt*

Ausspeisenetzbetreiber *m* (ANB) <energ> • offtake network operator

Ausspeisepunkt *m* <energ> *(für Strom, Gas)* • exit point

Aussprache *f* <term> • pronunciation *ISO 12620*

ausspritzen mit *vt* <obfl> *(Hohlräume; z. B. Karosseriehohlräume mit Wachs)* • inject *vt*

ausspülen *vt* <tech.allg> *(heftig, mit viel Flüssigkeit; z. B. Toilette, Siebanlagen)* • flush out *vt*

ausspülen *vt* <tech.allg> *(langsam, mit relativ wenig Flüssigkeit; z. B. Haare mit Wasser)* • rinse *vt*

ausspülen *vt* <tech.allg> *(zum Reinigen, Schrubben; mit Reibeeffekt)* • scour *vt*

ausspülen *vt* <tech.allg> *(mit Material-

abtrag; auch unerwünscht; z. B. mit Auskolkung) • wash out *vt*

ausspuren *vi/vt <kfz.el> (Starterritzel)* • disengage *vi/vt*

ausstanzen *vt <prod> (allg.; jede Form; z. B. Blech, Karton, Folie; z. B. Disketten, Konfetti)* • punch out *vt*; die-cut *vt*

ausstanzen *vt <prod> (Rohling; z. B. Bleche, Tailored Blanks)* • blank *vt*

ausstanzen *vt <prod> (Löcher; meist mehrere)* • perforate *vt*

Ausstattung *f <tech.allg> (allg.; eher stationär; z. B. für Komfort)* • equipment

Ausstattung *f <kfz.innen> (des Innenraums; Teppiche, Sitze, Verkleidungen; z. B. Leder, Wurzholz)* • upholstery; cushioning

ausstattungsbereinigt *<ökon> (Preis; z. B. von Autos)* • options-adjusted *:V*; adjusted for options *:V*

Ausstattungscode *m <kfz>* • trim code

Ausstattungsdetails *npl <kfz.innen> (z. B. Intarsien in Wurzelholz, beleuchteter Kosmetikspiegel)* • interior touches

Ausstattungspaket *n <kfz>* • equipment package

Ausstattungsstufe *f <kfz> (betont: Niveau)* • trim level

Ausstattungsvariante *f <kfz> (betont: Vielfalt)* • trim line

Ausstecher *m <nahr> (für Plätzchen)* • cookie cutter

aussteifen *vt <tech.allg> (durch Verstrebungen u. dgl.; z. B. Rahmen)* • brace *vt*

aussteifen *vt <tech.allg> (steif machen; eher von innen; z. B. durch Stäbe, Einlagen)* • stiffen *vt*; reinforce *vt*

Aussteifung *f <bau> (Vorgang; durch Streben)* • bracing

Aussteifung *f <bau> (Bauteil; Verstrebungen)* • bracing

aussteigen *vi <aerosp> (aus einem Flugzeug)* • deboard *vi*; disembark *vi GB*; deplane *vi US*

aussteigen [aus] *vi <kfz> (aus einem Auto, Lkw, Bus)* • step [from] *vi*

ausstellen *vt <tech.allg> (öffnen; z. B. Kippfenster, Drehfenster)* • open *vt*

ausstellen *vt <doku> (z. B. Rechnung, Frachtpapiere)* • issue *vt*; draw up *vt*; make out *vt*; prepare *vt*

Ausstellung *f <kunst>* • exhibition; exposition

Ausstellungsgelände *n <werb>* • exhibition site

Ausstellungshalle *f <werb>* • exhibition hall

Ausstellungsland *n <doku> (z. B. Reisepass, Zeugnis)* • issuing country

Ausstellungsraum *m <werb> (z. B. eines Autohändlers)* • showroom

Ausstellungsschiff *n <nav>* • exhibition vessel

Ausstellungsstück *n <werb> (z. B. in Gallerie, Museum)* • exhibit

ausstemmen *vt <prod> (Material, für eine Nut- und Feder- oder Zapfenverbindung)* • mortise *vt*

ausstemmen *vt <prod> (betont: mit Meißel, Stemmeisen)* • chisel out *vt*

aussteuern *vt <av.msr> (einen Aufnahmepegel)* • control *vt*

aussteuern *vt <el> (allg.; etw. modulieren)* • modulate *vt*

Aussteuerung *f <av.msr> (Pegel)* • level control

Aussteuerungsanzeige *f <av> (z. B. bei Bandgeräten)* • recording level indicator; signal level indicator; level indicator

Aussteuerungsautomatik *f <av> (für Bild- und/oder Tonsignale)* • automatic level control (ALC)

Ausstieg *m <bau> (Tür, Klappe, Luke, Öffnung; z. B. aus Schacht, Tunnel)* • exit door

Ausstieg *m <nfz> (aus einem Bus; Vorgang)* • disembarking; egress; alighting; exiting; exit

Ausstieg aus der Kernenergie *m <nukl>* • withdrawal from the nuclear energy program *US*; backing out of the nuclear energy programme *GB*

Ausstiegsleuchte *f <kfz.el> (unten in der Türverkleidung)* • curb light

Ausstoß *m <prod> (von Abwässern, Abgasen u. dgl.)* • discharge

Ausstoß *m <prod> (eines fertigen Teils; z. B. Spritzgussteil)* • ejection

Ausstoß *m <prod> (in Produktionseinheiten pro Zeiteinheit)* • rate of production; production output *pract*

Ausstoß *m <prod> (Ertrag des Aufwandes)* • yield; turn-out

ausstoßen *vt* <emiss> *(Abgas, Rauch etc.; z. B. aus einem Kamin)* • emit *vt*

ausstoßen *vt* <hlk> *(Luft)* • exhaust *vt*; expel *vt*

ausstoßen *vt* <kfz.emiss> *(aus dem Abgassystem)* • exhaust *vt*

ausstoßen *vt* <led> *(Häute)* • strike out *vt*; flesh *vt*

ausstoßen *vt* <mech> *(allg.)* • push out *vt*

ausstoßen *vt* <mil> *(Patronenhülse)* • eject *vt*; expel *vt*

ausstoßen *vt* <prod> *(entladen; z. B. Werkstücke, Ladung, Produkte, Speicherinhalt)* • discharge *vt*

ausstoßen *vt* <prod> *(schlagartig, mit Auswerfer; z. B. Werkstück)* • knock out *vt*

ausstoßen *vt* <prod> *(Werkstücke)* • turn out *vt*

Ausstoßzone *f* <kst> *(Spritzgießschnecke)* • metering section; pumping section; metering zone

ausstrahlen *vi* <licht> *(von einer Quelle aus)* • emanate *vi*

ausstrahlen *vt* <phys> *(von einem Punkt aus radial)* • radiate *vt*

ausstrahlen *vt* <tele> *(gerichtet; z. B. mit Richtfunk)* • beam *vt*

ausstrahlen *vt* <tele> *(über Sender; z. B. Signale, Radio-, TV-Programme)* • broadcast *vt*

Ausstrahlung *f* <phys> *(allg.; von Strahlung, Partikeln, Wellen)* • emission; emittance *rare*

Ausstrahlung *f* <phys> *(von sich aus, von einer Quelle aus ausströmend; eher allmählich)* • emanation

Ausstrahlung *f* <phys> *(eher von einer punktförmigen Quelle aus)* • radiation

ausstreben *vt* <bau> *(fachwerkartig)* • truss *vt*

ausstrecken *vt* <allg> *(z. B. Arm)* • extend *vt*

ausstreichen *vt* <doku> *(betont: völlig unleserlich machen)* • blot out *vt*

ausstreichen *vt* <doku> *(z. B. Name auf einer Liste, TOP auf Tagesordnung)* • cancel *vt*

ausstreichen *vt* <obfl> *(Anstrichstoffe, aus Pinsel)* • brush out *vt*

ausströmen *vi* <tech.allg> • flow out *vi*

ausströmen *vi* <tech.allg> *(unbeabsichtigt, als Leckage; Flüssigkeit, Gas)* • leak *vi*

ausströmen *vi* <hlk> *(z. B. kalte Luft, Frischluft aus Luftauslass)* • discharge *vi*

ausströmen *vi* <rls> *(unbeabsichtigt; z. B. Gas, Dampf)* • escape *vi*

ausströmendes Medium *n* <tech.allg> *(Flüssigkeit, Gas; z. B. aus Behälter, Rohr)* • effluent

Ausströmer *m* <hlk> *(allg.)* • air outlet

Ausströmer *m* <hlk> *(mit Gitterblende)* • air outlet; air register

Ausströmer *m* <hlk> *(mit Lamellen)* • air outlet

Ausströmer *m* <hlk> *(betont: Punktdüse, gezielter, kühlender Luftstrom)* • spot cooler

austarieren *vt* <tech.allg> *(Gewicht)* • tare *vt*

Austastsignal *n* <av> • blanking signal

Austausch *m* <allg> *(wechselseitig)* • interchange

Austausch *m* <allg> • replacement

Austausch *m* <allg> *(Ersetzen)* • substitution

Austausch *m* <tech.allg> *(z. B. von Daten, Wärme, Ionen)* • exchange

Austausch... <rep> *(in Zusammensetzungen; z. B. Motor, Ersatzteil)* • rebuilt ...; reconditioned ...; remanufactured ...; recon ... *pract.coll*

austauschbar <tech.allg> *(wechselweise, gegenseitig; z. B. Ionen, Ersatzteile, Module)* • exchangeable

austauschbar <tech.allg> *(ersetzbar nach Verschleiß, Verbrauch, Schaden; z. B. Farbpatrone)* • replaceable

austauschbarer Protektor *m* <bekl> *(z. B. in Motorradbekleidung an Ellenbogen, Schultern, Knien etc.)* • removable armour; armour kit *GB*

Austauschbarkeit *f DIN EN ISO 8402* <tech.allg> *(z. B. von Ersatzteilen)* • interchangeability *ISO 8402*

austauschbar während des Betriebs <comp> • hot swappable; hot-swappable

Austauschbaueinheit *f* <tech.allg> • interchange assembly

austauschen *vt* <allg> *(z. B. Daten, Nachrichten, Wärme, Ionen)* • exchange *vt*

austauschen *vt* <allg> *(ersetzen; z. B. Zeichen)* • substitute *vt*

austauschen *vt <tech.allg> (defekte Teile, Baugruppen; z. B. Generator, Motor)* • replace *vt*

Austauschmotor *m* (ATM) *<kfz.mot. rep>* • rebuilt engine; remanufactured engine; reconditioned engine; recon engine *pract.coll*

Austauschteil *n <tech.allg>* • replacement; exchange item

Austausch von Systemkomponenten während des Betriebs *m <comp>* • hot swapping of system components

Austenit *m <metall>* • austenite

Austenitbildung *f <metall>* • austenite formation; austenitizing

austenitisch *<metall>* • austenitic

austenitischer Stahl *m <metall>* • austenitic steel

austesten *vt <qualit>* • test out *vt*; check out *vt*; debug *vt coll*

Austrag *m <chem> (aus Bad herausgeschleppt; z. B. in Galvanotechnik)* • drag-out

Austrag *m <förd> (geförderte Menge)* • discharge

austreiben *vt <chem> (Gase, flüchtige Stoffe)* • dispel *vt*; expel *vt*; sweep out *vt*

austreiben *vt <chem.phys> (Stoff aus einem Gemenge durch Destillation)* • strip out *vt*; strip *vt*

austreiben *vt <masch> (z. B. Keil, Stift)* • drive out *vt*

austreiben *vt <prod> (z. B. Dorn, Keil)* • drift out *vt*

Austreiberlappen *m <wz.masch> (an Werkzeugschaft; z. B. Spiralbohrer)* • tang; flat driving tang; tanged end

Austreiberschlitz *m <wz>* • tang slot

austreten *vi <tech.allg> (unbeabsichtigt, als Leckage, eher allmählich; Flüssigkeit, Gas)* • leak *vi*; leak out *vi*

austreten *vi <emiss> (unbeabsichtigt, aus geschlossenen Kreisläufen, insbes. unter Druck)* • escape *vi*

austreten *vi <phys> (zum Vorschein kommen, insbes. auch unerwartet; z. B. Lichtstrahl aus Li)* • emerge *vi*

austreten *vi <prod> (Blech aus Walzenstraße)* • leave the pass *vi*

austretendes Sickerwasser *n <ents>* • migrating leachate

Austreten von Klebstoff *n <comp> (an Etikettenrändern)* • glue ooze

Austritt *m <tech.allg> (Vorgang; Erscheinen von etw.; aus einer Oberfläche herauskommen)* • emergence

Austritt *m <tech.allg> (Vorgang; ungewollt, von Flüssigkeit, Gas; meist unter Druck)* • escape

Austritt *m <tech.allg> (Vorgang; von Flüssigkeit, Gas)* • exit

Austritt *m <tech.allg> (infolge einer Undichtigkeit; z. B. von Schmieröl, Kühlmittel)* • leakage

Austritt des Bohrers auf der Werkstückrückseite *m <wz>* • break-through of the drill bit

Austrittsdurchmesser *m <tech.allg>* • exit diameter

Austrittsfenster *n <tech.allg> (z. B. für Lüftung, Röntgenröhre)* • exit window

Austrittsgeschwindigkeit *f <tech.allg> (eines Strahls; z. B. bei Strahltriebwerken, Einspritzventilen)* • exit velocity; jet velocity

Austrittsgeschwindigkeit *f <emiss> (von Gasen; z. B. von Rauchgas)* • emission velocity; emission rate

Austrittsgeschwindigkeit *f <förd> (z. B. an Pumpenausgang)* • delivery speed

Austrittsgeschwindigkeit *f <turb> (Strahltriebwerk)* • nozzle exhaust velocity; exhaust velocity

Austrittsgeschwindigkeit *f <verf> (von flüssigen oder gasförmigen Stoffen; z. B. Abgas, Abwasser)* • efflux velocity; efflux rate

Austrittsöffnung *f <tech.allg>* • exit opening; outlet opening; outlet port; exit

Austrittsquerschnitt *m <verf>* • outlet cross sectional area

Austrittsrohr *n <rls> (allg.)* • discharge pipe; offtake pipe; outlet pipe

austrocknen *vi/vt <allg> (Mauerwerk, Gewässer, Sumpf)* • dry up *vi/vt*

austrocknen *vi/vt <bau> (Neubau)* • dry out *vi/vt*

austrocknen *vi/vt <verf> (durch Wasserentzug; z. B. mit Silikagel)* • exsiccate *vi/vt*

Austrocknung *f <tech.allg> (aktiv oder passiv)* • desiccation; drying

Austrocknung *f <bio> (durch Wassermangel)* • dehydration

Austrocknungsdauer *f <bau> (von*

Baustoffen, Bauten) • drying time

Ausübungspflicht *f <jur>* • obligation to exploit the license

Aus- und Einbau *m* (A+E) *<doku> (z. B. Überschrift in Rep.-Handbuch oder Position auf Rep.-Rechnung)* • remove and refit; remove and install; replacement

ausvulkanisiert *<kst> (Gummi)* • fully cured

Auswahl *f <allg> (Spektrum verschiedener Exemplare; z. B. feine Confiserie-Pralinen)* • assortment; selection; choice

Auswahl *f <qualit> (Vorgang der Probenahme)* • sampling

auswählen *vt <allg> (betont: einzelne, wenige Exemplare)* • pick out *vt*

auswählen *vt <allg> (nach irgendwelchen Kriterien)* • select *vt*

Auswahlschaltung *f <msr> (z. B. 2 von 4, bei 4facher Geräteredundanz)* • coincidence logic; concurrency logic; selection logic *rare*

Auswahlsystem *n <msr> (bei Majoritätssystemen)* • voting system

auswalzen *vt <metall> (Brammen)* • bloom *vt*

auswalzen *vt <metall> (Bleche)* • sheet *vt*

auswalzen *vt <prod> (allg.)* • roll out *vt*

Auswandern *n <tech.allg> (z. B. eines Zeigers, Bohrers)* • wandering

Auswandern *n <msr> (von Regelgrößen, Istwerten)* • excursion

auswaschen *vt <chem.verf> (auslaugen)* • leach out *vt*

auswaschen *vt <geo> (durch massive Erosion; z. B. Böschungen, Brückenpfeilerfundamente)* • scour *vt*; underwash *vt*

auswaschen *vt <geo> (eher oberflächlich; z. B. Uferböschung, Felsen durch Fluss)* • erode *vt*

auswaschen *vt <geo> (Nährstoffe aus Boden, Schadstoffe aus Abfall; z. B. durch Sickerwasser)* • dilute *vt*; leach out *vt*; lixiviate *vt rare*

auswaschen *vt <verf> (Hohlgebinde reinigen; z. B. Mehrwegflaschen)* • wash *vt*; wash out *vt*

Auswaschung *f <agri> (von Nährstoffen aus dem Boden)* • dilution

Auswaschung *f DIN ISO 11074-1 <ents> (durch Sickerwasser; z. B. von deponiertem Abfall)* • leaching *ISO 11074-1*

Auswaschung *f <geo> (im Boden; z. B. durch Grundwasserströme)* • eluviation

Auswaschung *f <geo> (durch Fließgewässer, Gezeiten, Brandung)* • erosion

auswechselbar *<tech.allg> (ersetzbar durch anderes, gleichartiges Teil)* • exchangeable

auswechselbar *<comp> (Datenträger)* • removable; changeable

auswechselbar *<phot> (Objektiv)* • interchangeable

auswechseln *vt <allg> (ersetzen; Teile, Personen)* • substitute *vt*

auswechseln *vt <allg> (kreuzweise)* • interchange *vt*

auswechseln *vt <tech.allg> (z. B. Handyoberschale)* • exchange *vt*

Auswechselteil *n <tech.allg>* • replacement [part]

Ausweichartikel *m <logist> (z. B. ähnliches Ersatzteil)* • substitute item

Ausweichflughafen *m <aerosp> (betont: für Notfall)* • emergency airport

Ausweichflughafen *m <aerosp> (alternativer Landeplatz)* • alternate airport (ALTN)

Ausweichgleis *n <bahn>* • passing track; siding; turn-out

Ausweichstelle *f <verk> (an schmaler Straße)* • turnout *US*; lay-by *GB*; passing place *rare*

ausweiten *vr/vt <allg> (eine Öffnung)* • widen *vi/vt*

ausweiten *vt <allg> (ausdehnen)* • extend *vt*; draw outward *vt*; stretch outward *vt*

ausweiten *vt <tech.allg> (in der Fläche, abstrakt oder konkret; z. B. Einflussbereich, Material)* • enlarge *vt*

ausweiten *vt <ökon> (Produktion, Markt)* • expand *vt*

Auswerfeinrichtung *f <tech.allg> (für Kassette, Werkstück)* • ejection mechanism

auswerfen *vt <tech.allg> (z. B. Kassette, Patronenhülse, Spritzling, Fadenspule)* • eject *vt*

Auswerferplatte *f <kst>* • knockout plate

Auswerferstange *f <kst> (in Spritzgieß-*

maschinenwerkzeug) • knockout bar; KO bar; ejector rod

Auswerteelektronik *f* <el> • evaluation circuit

Auswertelogik *f* <msr> *(für Auswahlschaltungen)* • decision logic

Auswertelogik *f* <msr> *(von Messergebnissen, Analysen)* • analyzer logic *US*; evaluation logic

auswerten *vt* <tech.allg> *(Daten aller Art; z. B. Statistiken, Luftaufnahmen)* • evaluate *vt*

auswerten *vt* <tech.allg> *(interpretieren; Resultate, Messergebnisse)* • interpret *vt*

Auswertung *f* <allg> *(z. B. von Testergebnissen)* • evaluation

auswickeln *vt* <pack> *(Paket etc.)* • unwrap *vt*

Auswirkung *f* <allg> *(Einflüsse aller Art)* • consequence; effect

auswuchten *vt* <masch> *(Rotationskörper; Rad, Welle etc.)* • balance *vt*

Auswuchtgewicht *n* <kfz> *(an Felgen)* • balance weight; balancing weight; lead weight *pract*; weight *pract*

Auswuchtmaschine *f* <kfz.wz> *(für Räder)* • wheel balancer; balancer *pract*; wheel balancing machine *form*

Auswuchtmaschine *f* <masch> *(allg.)* • balancing machine; balancer

Auswurfeinrichtung *f* <tech.allg> *(z. B. für Tonband/Video-Kassette, Werkstück)* • ejector

Auswurfmechanismus *m* <tech.allg> *(z. B. für Cassetten, Memory Sticks)* • ejection mechanism; ejector

Auswurftaste *f* <comp> *(Laufwerk; z. B. Diskette, CD)* • eject button

auszeichnen *vt* <druck> *(Textteile hervorheben, z. B. durch unterschiedlichen Schriftschnitt o.)* • emphasize *vt US*; emphasise *vt GB*; display *vt rare*

auszeichnen *vt* <ökon> *(Waren, mit Preisangabe)* • label *vt*

ausziehbar <masch> *(allg.; z. B. teleskopartig)* • extendable; extendible; extractable

ausziehbare Säule *f* <kst> *(entfernbar; Spritzgießmaschine)* • removable tie bar

ausziehen *vi* <allg> *(aus Büro, Wohnung, Haus)* • move out *vi*

ausziehen *vr* <bekl> *(Person)* • undress *vi*; get undressed *vi*

ausziehen *vt* <agri> *(Wurzelfrüchte)* • lift *vt*

ausziehen *vt* <bekl> *(Kleidungsstücke)* • take off *vt*

ausziehen *vt* <doku> *(z. B. punktierte Linie als Volllinie; Bleistiftskizze mit Tusche)* • draw solid lines *vt*

ausziehen *vt*: **[mit Tusche] ~** <doku> *(Linien, Zeichnung)* • ink *vt*

ausziehen *vt* <kst> *(Folien, auf Sollstärke)* • draw down *vt*; stretch down *vt*; draw out *vt*; thin out *vt*

ausziehen *vt* <masch> *(z. B. Teleskop, Antenne)* • extend *vt*

ausziehen *vt* <mil> *(Hülse oder Patrone aus der Kammer)* • extract *vt*

ausziehen *vt* <textil> *(Spinnerei; Faden)* • draw *vt*; draft *vt*

Ausziehtisch *m* <innen> *(z. B. Esstisch)* • extending table

Ausziehtusche *f* <doku> • drawing ink

Auszubildender *m* <ökon> • apprentice; trainee; business apprentice; business trainee

Auszug *m* <chem> • extract

Autoabdeckung *f* <kfz> *(z. B. für Liebhaberfahrzeuge und Museumsexponate)* • car cover

Autoatlas *m* <kfz.navig> • road atlas

Autoaufkleber *m* <kfz> • bumper sticker

Autobahn *f* <bau.verk> *(USA)* • freeway (Fwy) *US*; expressway *US*; superhighway *US*

Autobahngeschwindigkeit *f* <verk> *(120-250 km/h; typ. 130 km/h)* • expressway speeds

Autobahnkreuz *n* <bau.verk> • cloverleaf interchange; cloverleaf *coll*

Autobahnlicht *n* <kfz.licht> *(AFS-Lichtverteilung)* • motorway light

Autobahn-Vignette *f* <verk.fin> • toll sticker *:V*

Autobahnzubringer *m* <verk> • feeder [road] *US*; slip road *GB*

Autobranche *f* <kfz.ökon> • auto sector *US*

Autodrehkran *m* <nfz> • truck-mounted mobile crane

Autoersatzteil *n* <rep> • car spare

Autofähre *f* <nav> • car ferry; vehicular ferry *rare*

Auto fahren *vt* <kfz> *(selbst)* • drive [a

car] *vt*
Auto fahren *vt <kfz> (als Mitfahrer)* • go by car *vt*
Autofahrer *m <kfz>* • car driver; motorist *GB*
Autofahrerin *f <kfz>* • woman driver; lady driver
Autofahrer-Rundfunk-Information *f* (ARI) *<kfz.av>* • ARI driver information system *:V*
Autofokus *m* (AF) *<opt> (z. B. von Foto-, Videokameras, Projektoren, Belichtern)* • auto focus (AF); automatic focusing *US*; automatic focussing *GB*
Autofokus-Hilfslicht *n <phot>* • AF illuminator *KM.Olymp*; AF assist; AF--assist illuminator *Canon.Nikon*; AF assist light; AF assist beam *Canon*
Autofokus-Messfeld *n <phot>* • focus area; focus point *Pentax.Canon*; focus frame *Sony*; AF area *Olymp.Sony*; AF frame *Olymp*
Autofokusmodus *m Pentax <phot>* • autofocus mode *Pentax*; AF mode *Canon.Sony*; focus mode *KM*
Autogas *n* (LPG) *<chem.petr> (Kraftstoff aus Propan u. Butan; ROZ 105-115)* • liquefied petroleum gas (LPG); liquid petroleum gas; liquefied petroleum gas *rare*
autogen *<füg> (Schweißen)* • autogenous
Autogenbrennschneiden *n <prod>* • autogenous cutting; oxygen-gas cutting; flame cutting
Autohersteller *m <kfz>* • car manufacturer; automaker *US*; carmaker; automobile manufacturer *US*; automotive manufacturer
Autohof *m <kfz> (Raststätte mit speziellen Einrichtungen für Lkw und Lkw--Fahrer)* • truck stop
Autoinsasse *m <kfz>* • car occupant
Autokarosserie *f <kfz> (von Pkw)* • car body; body
Autokindersitz *m <kfz.sich> (Kombination aus Sitzschale, Gurtsystem und/oder Fangkörper)* • child car seat; child safety seat; child restraint seat; child seat; belt-positioning booster car seat
Autoklavbehandlung *f <prod> (allg.)* • autoclaving
autoklavenfest *<med.tech> (sterilisierbar im Autoklaven)* • autoclaveable
Autokran *m <nfz> (auf Lkw-Fahrgestell)* • truck crane *US*; mobile crane *GB*; truck-mounted crane *US*; truck type crane; self-propelled mobile crane *rare*
Autolack *m <obfl.kfz>* • automotive paint
Autolackiererei *f <kfz> (Betrieb)* • paint shop; painters *pl coll*; auto paint shop
Autolackierung *f <kfz.obfl> (die lackierte Oberfläche)* • paintwork
Autoleder *n <kfz> (Fz-Wäsche)* • chamois *[shammy]*; English chamois *US*
Autolyse *f <chem>* • autolysis
Automarke *f <kfz>* • make [of car]
Automat *m <tech.allg>* • automatic machine; automaton *obs.rare*
Automatenstahl *m <mat> (allg.)* • free--cutting steel; free machine steel
Automatikbetrieb *m <tech.allg>* • automatic mode; automatic operating mode
Automatikgetriebe *n <kfz.antr> (Getriebevollautomat)* • automatic transmission; auto transmission *pract*; automatic gearbox *GB.rare*; auto trans *US.coll*; auto [box] *GB.coll*
Automatikgetriebeöl *n* (ATF) *<tribo>* • automatic transmission fluid (ATF)
Automatikgetriebe-Verriegelungssystem *n <kfz> (Wählhebel geht nur aus P, wenn Fussbremse betätigt)* • automatic transaxle shift lock control system
Automatikgurt *m <kfz.sich> (typ. Dreipunktgurt mit Aufrollautomatik; muss manuell angelegt werden)* • inertia-reel seat belt *US*; inertia seat belt *US*; automatic-reel seat belt; retractor seat belt; automatic seat belt
Automatikkaliber *n <msr> (Uhr; z. B. ETA 2824-2)* • automatic caliber; self--winding movement; automatic movement
Automatikuhr *f <msr>* • automatic watch; self-winding watch; perpetual watch
Automation *f <tech.allg>* • automation
automatisch betrieben *<tech.allg>* • automatically operated; automatically driven
automatische Abschaltung *f AEG <el> (von Küchengeräten; z. B. Wasserkocher, Kaffeemaschine)* • auto power

off *Krups*; auto shut off *Cuisinart*; auto safety shut-off *Capresso*; safety cut--out; automatic cut-out

automatische Abstandsregelung *f* *<kfz.msr>* • adaptive cruise control (ACC); active cruise control

automatische Fahrzeugidentifizierung *f* *<verk>* • automatic vehicle identification (AVI)

automatische Farbregelung *f* (ACC) *<av>* • automatic color control (ACC) *US*; automatic colour control *GB*; automatic chroma control

automatische Filmempfindlichkeitseinstellung *f* *<phot>* • automatic film speed setting; auto film speed setting

automatische Landung *f* *<aerosp>* • automatic landing

automatischer Weißabgleich *m* (AWB) *<phot>* *(von Kameras)* • automatic white balance (AWB); auto white balance; auto WB

automatisches Ausgleichsventil *n* *<nukl>* *(zur Druckentlastung; z. B. am Druckhalter)* • pilot-operated relief valve (PORV)

automatisches Gebärdesprachdolmetschsystem *n* *<transl>* • body tracking system

automatisches Hochregallager *n* *<logist>* • automatic storage/retrieval warehouse

automatisches Melksystem *n* (AMS) *<agri.tech>* • automatic milking system (AMS); automatic milking machine; robotic milking machine; voluntary milking system ® *DeLaval*

automatische Steuerung *f* *<aerosp>* • automatic flight control (AFC(S)); automatic flight control system

automatisches Vorbremsen *n* *<kfz.msr>* *(bei ausbleibender Fahrerreaktion auf Hindernis; ACC-Funktion)* • prebrake

automatisch zuschaltender Allradantrieb *m* *<kfz.antr>* • real-time four wheel drive; automatically engaging four wheel drive

automatisieren *vt* *<tech.allg>* *(einen Vorgang, Ablauf)* • automate *vt*

automatisiert *<tech.allg>* • automated

automatisierte Installation *f* *<comp>* *(von Software)* • auto setup

automatisierter Zugbetrieb *m* *<bahn>* *(allg.)* • automatic train operation (ATO)

automatisiertes Schaltgetriebe *n* *<kfz.antr>* *(Schaltgetriebe mit automatischer Kupplung: z. B. F1, Smart)* • automated manual transmission (AMT) *US*; semi-automatic clutchless transmission *did*; semi-automatic transmission; semi-automatic gearbox *GB*; automatic clutch *pract*

Automatisierung *f* *<msr>* • automation

Automatisierungsgrad *m* *<prod>* *(z. B. Teilautomatisierung, Vollautomatisierung; in Prozent)* • automation level; degree of automation; level of automation; automaticity

Automobilwerk *n* *<kfz.prod>* • automobile manufacturing plant

autonome Arbeitsweise *f* *<allg>* • autonomous working

autonomer mobiler Roboter *m* *<autom>* • autonomous mobile robot

autonomes Gerät *n* *<tech.allg>* • stand-alone unit; standalone unit

autonomes System *n* *<tech.allg>* • autonomous system

Autopanne *f* *<verk>* • roadside emergency

Autopilot *m* (A/P) *<aerosp>* • autopilot (A/P); automatic pilot

Autopilot *m*: **mit ~ landen** *vi* *<aerosp>* • autopilot: land on ~ *vi*

Autopilot *m* *<navig>* *(allg.)* • autopilot; automatic pilot *rare*; robot pilot *rare*

Autopolitur *f* *<kfz.obfl>* *(zur Grundreinigung verwitterter Lacke)* • finish restorer; cleaner

Autoreparaturwerkstatt *f* *<kfz.rep>* • garage *US.GB*; motor-car repair shop

Auto-Reverse-Betrieb *m* *<av>* • auto reverse mode

Autorotation *f* *<aerosp>* • autorotation

Autoschlüssel *m* *<kfz>* • car key

Autoschnellstraße mit Richtungsfahrbahnen *f* *<bau.verk>* • dual expressway; divided highway

Autositz *m* *<kfz.innen>* • car seat; automotive seat *form*

Autotelefon *n* *<kfz.tele>* • car phone

Autotelefon mit Freisprecheinrichtung *n* *<kfz.tele>* • hands-free car phone [system]

Autotransportschiff *n* *<nav>* • pure car carrier (PCC); car carrier *pract*

Autotransportwagen *m* (ATW) *<bahn>* • auto carrier; autorack *US*; car carrier; rack car *US*; car transporter wagon *GB*

Autotunnel *m <bau.verk>* • vehicular tunnel

Auto-Ventil *n <fz> (Fahrrad)* • Schraeder valve; American valve; Auto valve

Autowachs *n <kfz.obfl> (Lackschutz; z. B. mit Carnauba, ohne Reiniger)* • car wax; non-abrasive car wax; automobile polish; car polish

Autowaschanlage *f <kfz> (meist an Tankstelle)* • car wash; automatic car wash

Avalanche-Effekt *m <el> (in Halbleitern)* • avalanche effect

Avionik *f <aerosp>* • avionics

axial *<tech.allg> (z. B. Krafteinleitung, Zuführung)* • axial

axial beansprucht *<mech> (Zug oder Druck)* • axially stressed; stressed in axial direction; axially loaded; stressed endwise; loaded endwise

Axialbeaufschlagung *f <förd> (Pumpenlaufrad)* • axial admission

axial belastetes Wellenlager *n <masch>* • thrust-loaded shaft bearing; axially loaded shaft bearing

Axialbelastung *f <mech> (auf Bauteile jeder Art; Zug oder Schub)* • axial load; longitudinal load

Axialdruck aufnehmen *vi <masch> (z. B. Pumpe, Turbine)* • take thrust *vi*

axiale Annäherung *f EN 60947 <msr> (in Bezug auf die Stirnfläche eines Sensors)* • axial approach *EN 60947*; head-on [approach]

Axialgebläse *n <masch>* • axial-flow blower

Axial-Kegelrollenlager *n DIN ISO 5593 <masch>* • thrust tapered roller bearing *ISO 5593*; taper-roller thrust bearing

Axialkompensator *m <rls>* • axial expansion joint

Axialkugellager *n DIN ISO 5593 <masch>* • thrust ball bearing *ISO 5593*; axial ball bearing

Axiallager *n <masch> (Gleitlager oder Wälzlager; nimmt Axialkräfte auf)* • thrust bearing; axial bearing *rare*; end-thrust bearing *rare*

Axiallüfter *m <hlk>* • propeller fan; axial-flow fan; axial fan; screw fan

Axialpumpe *f <förd> (eine Kreiselpumpe; im Ggs. zu Zentrifugalpumpe)* • axial-flow pump; propeller pump; axial-flow propeller pump; axial pump *pract*; screw-propeller pump *rare*

Axialrad *n <masch> (von Verdichter, Pumpe, Turbine)* • axial-flow impeller; axial impeller; axial-flow propeller; axial-flow rotor; axial-flow wheel *rare*

Axialrollenlager *n <masch>* • roller thrust bearing

Axialschub *m <masch> (auf Welle, Laufrad, schrägverzahntes Zahnrad)* • axial thrust; axial load; end thrust

Axialspiel *n <masch> (von Wellen)* • end play; axial clearance; end clearance; side shake *coll*; end float *coll*

Axialströmung *f <phys>* • axial flow

Axialturbine *f <turb> (Turbinenart)* • axial-flow turbine

Axialverdichter *m DIN 4340 <turb> (Verdichterart)* • axial-flow compressor *ISO 11086*; axial compressor

Axiom *n <math>* • axiom

axonometrische Darstellung *f DIN ISO 10209-2 <doku>* • axonometric representation *ISO 10209-2*; axonometric perspective

Axt *f <wz>* • ax *US*; axe *GB*

Azimut *n <navig>* • azimuth

Azofarbstoffe *mpl <chem> (z. B. in Textilien, Lebensmitteln)* • azo dyes

azurblau *<obfl> (Farbton RAL 5009)* • azure blue; mountain blue; azure

B

B2B-Marke *f <ökon>* • B2B brand

B2B-Produktmarkt *m <ökon>* • B2B product market

Babcock-Kugelringmühle *f <masch>* • Babcock mill; Babcock ball-and-ring mill

Babyschale *f <kfz.sich> (typ. auf Beifahrersitz, in Reboard-Position; im Ggs. zu Kindersitz)* • infant carrier; infant seat; baby seat; infant-only seat

Babywanne *f <kfz.sich> (quer auf Rücksitzbank)* • car bed

BACAT *n <nav>* • BACAT; Barges Aboard Catamaran

Backbone-Architektur *f <comp>*

• backbone architecture

Backbord *n* <nav> *(linke Seite von Schiffen und Flugzeugen; rot markiert)* • port; port side

Backbordmotor *m* <nav> • port engine

Backdoor-Trojaner *m* <comp> *(Virustyp)* • backdoor trojan

Backe *f* <wz> *(Spannfutter, Schraubstock)* • jaw

Backe mit gerauter Greiffläche *f* <wz> *(Spannfutter, Schraubstock)* • chequered jaw

backen *vi* <verf> *(klumpen, anhaften; z. B. Verunreinigungen, Granulat)* • cake *vi*

Backenbrecher *m* <bau.masch> *(allg.)* • jaw breaker; jaw crusher

Backenfutter *n VDI 3106* <wz.masch> *(Drehfutter; Werkzeughalter an Fräsmaschinen)* • jaw chuck *VDI 3106*

backofenfest <gastr> • oven safe

Backsteinfassade *f* <bau> *(nur äußere Schale Mauerwerk; innen z. B. Beton od. Holz)* • brick veneer

Backup-Software *f* <comp> • back-up software

Baco-Liner *m* <nav> • barge container liner; baco liner

Bad *n* <füg> *(Schweißbad)* • puddle; pool

Bad *n* <obfl> *(Tauchvorgang)* • bath; dipping

Badewannenkurve *f* <qualit.doku> *(typ. für Fehler vs. Zeit)* • bathtub curve

Badge Engineering *n* <prod> *(unterschiedl. Marken, gleiche Technik)* • badge engineering

Bagatellunfall *m* <verk> • minor accident

Baggerfahrer *m* <bau.masch> • operator

Baggergreifer *m* <bau.masch> • excavator grab; digging grab

Baggergut *n* <bau> *(beim Trockenbaggern)* • excavation spoil

Baggergut *n* <ents> *(beim Nassbaggern)* • dredging spoil; dredgings

Baggerkübel *m* <bau.masch> • shovel bucket

Baggerlöffel *m* <bau.masch> • scoop

baggern *vt* <bau.masch> *(mit einem Trockenbagger)* • excavate *vt*

baggern *vt* <bau.masch> *(mit einem Nassbagger)* • dredge *vt*

Baggerschute *f* <nav> *(zum Transport des Baggergutes)* • hopper barge; dredging barge; mud lighter; mud boat

Baggersee *m* <geo> • flooded gravel pit; quarry pond *GB*

Bahn *f* <bau.mat> *(aus Dämmmaterial etc.; z. B. Glaswolle, Folie)* • blanket

Bahn *f* <masch> *(Führungsbahn)* • way

Bahn *f* <pap.textil> *(fortlaufend, endlos; z. B. Stoffbahn aus Maschine)* • continuous web

Bahn *f* <sport> *(im Stadion)* • track

Bahn *f* <textil> *(Stoff, Tuch; z. B. für Segel, Gleitschirm, Vorhänge)* • panel

Bahn *f* <wz> *(flache Hammer-Stirnfläche)* • face

Bahn *f* <wz> *(Amboss)* • top face

Bahnberechnung *f* <aerosp> • path computation; trajectory computation

Bahnbetriebswerk *n* <bahn> • engine terminal; engine facilities

Bahnbreite *f* <druck> • web width

Bahndaten *pl* <navig> *(eines Satelliten)* • orbital data *pl*

Bahngenauigkeit *f* <autom> • path accuracy; path playback

bahngesteuerter Industrieroboter *m* <autom> • continuous-path-controlled robot

Bahnhof *m* <bahn> • railway station; station

Bahnkörper *m* <bahn> *(von Gleisen)* • railway bed; track bed; track bedding; track formation

Bahnkörper *m* <bahn> *(von Straßenbahngleisen)* • roadbed

Bahnlinie *f* <bahn> • railway line

Bahnlinie *f* <mil> • flight trajectory

Bahnnetz *n* <bahn> • railway network; railway system

Bahnparameter *m* <aerosp> *(allg.)* • trajectory parameter

Bahnparameter *mpl* <aerosp> *(Umlaufbahn)* • orbital parameters *pl*; orbit parameters *pl*

Bahnrad *n* <fz.sport> *(Rennrad)* • track bicycle

Bahnsteig *m* <bahn> • platform

Bahnsteuerung *f* <msr.autom> *(z. B. Werkzeugmaschine, Roboter)* • continuous-path control; contouring control system *ISO 2806*

Bahnstrom *m* <bahn.el> *(einphasiger Wechselstrom mit 15 kV und 16 2/3*

Hz) • railway power

Bahnübergang *m <bahn.verk>* • railway crossing; level crossing; grade crossing

Bahn-Wiederholgenauigkeit *f <autom.qualit>* • path repeatability

Bajonettfassung *f <tech.allg>* • bayonet mount; bayonet socket; bayonet holder; twist-lock socket

Bajonettfassung *f <el.licht> (von Lampen)* • bayonet fitting

Bajonettfassung *f <phot> (für Wechselobjektive)* • bayonet mount

Bajonettkupplung *f <tech.allg>* • bayonet coupling

Bajonettsockel *m <el> (von Lampen)* • bayonet base; bayonet cap *GB*

Bajonettverschluss *m <autom> (für Schnellwechsel von Werkzeugen, Greifern etc.)* • bayonet lock; bayonet joint; bayonet socket; bayonet fixing; bayonet catch

Bake *f <verk> (am Straßenrand)* • distance marker

Bakelit *n* ® *<kst> (Phenolharz; dunkelbraun bis schwarz, spröde)* • bakelite ®

bakterieller Abbau *m <agri.tech>* • bacterial decomposition

bakteriendichter Filter *m <verf>* • bacteriological filter; germ-tight filter

bakteriostatische Ausrüstung *f <obfl>* • bacteriostatic finish

bakterizider Packstoff *m DIN 55 405 <mat>* • bactericidal packaging material

Balanceregler *m <av> (für linken und rechten Kanal)* • balance control

bald: so ~ wie möglich *<tech.allg> (z. B. Lieferung, Fertigstellung, Montage)* • soon: as ~ as possible (ASAP)

Balg *m <tech.allg> (Membran~, Well~, Falten~ etc.; z. B. an Kameras, Gelenkmanschetten)* • bellows *sg=pl*

Balg *m <bio> (präparierte Tierhaut, Fell; zum Ausstellen)* • cabinet skin; scientific skin; study skin

Balg *m <bio> (abgezogene Tierhaut, Fell; z. B. ein Biberbalg)* • skin

Balgengerät *n <phot> (für Nahaufnahmen)* • bellows; extension bellows attachment *rare*; extension bellows *rare*

Balgwelle *f <tech.allg> (kleinstes flexibles Element eines Wellbalgs)* • convolution; corrugation

Balken *m <bau> (waagerecht, auf Biegung belastet, meist massiv, groß, schwer)* • beam; beam girder; girder; stringer

Balken *m <opt> (Licht)* • bar

Balkenbrücke *f <bau> (Brücke, deren Hauptträger ein Balken ist)* • beam bridge; span bridge *US*; girder bridge; stringer bridge; slab girder bridge

Balkendecke *f <bau> (mehrere parallele Beton-, Holz- oder Stahlträger)* • joist floor

Balkendiagramm *n <doku>* • bar chart

Balkon *m <bau>* • balcony; gallery *rare*

Balkon *m <bau.theat> (oberster Rang im Theater)* • gallery

Balkonhängetisch *m <allg>* • folding balcony table; balcony table

Ballast *m <tech.allg> (allg.)* • ballast

Ballast *m <nav> (Metallballast im Rumpf, Kiel)* • kentledge

Ballast *m <nav>* • jetsam

Ballastkiel *m <nav>* • ballast keel

Ballaststoff *m <nahr>* • bulk *sg*; roughage *sg thsc*; fiber *US.coll*; fibre *GB.coll*

Ballaststoffgehalt *m <nahr>* • bulk content; content of inert ingredients; crude fiber content *US*; fiber content *US*; fibre content *GB*

Ballasttank *m <nav> (meist mit Wasser)* • ballast tank

Ballastwiderstand *m <el> (Messgröße)* • ballast resistance

Ballastwiderstand *m <el> (Bauteil)* • ballast resistor (BAL RES); load resistor

Ball-Bonden *nsg <el.ic.prod>* • ball bonding; ball-wedge bonding

Ballen *m <allg> (sehr klein; zum Tupfen, Abtupfen; z. B. Wattebausch)* • dabber

Ballen *m <bio> (Hand, Fuß)* • ball

Ballen *m <pack> (große Packungseinheit von weichem Material; Stroh, Papier, Stoff)* • bale; bai *rare*

Ballenbrecher *m <textil>* • bale breaker; bale opener

Ballenpackpresse *f <tech.allg> (Heu, Stroh, Altmaterial)* • baling press; baler; bundling press

ballig *<obfl> (ausgeprägte Wölbung)* • spherical; hemispherical

ballig *<obfl> (eher geringe Wölbung)*

• domed; convex; cambered

ballige Laufbahn *f DIN ISO 5593 <masch>* • crowned raceway *ISO 5593*

ballige Rolle *f <masch>* • convex roll

Balligkeit *f <masch>* • convexity; camber; crowning; doming

Ballistik *f <phys>* • ballistics

ballistische Kurve *f <phys> (Flugbahn eines Geschosses etc.)* • ballistic curve; trajectory

ballistischer Flugkörper *m <mil>* • ballistic missile

Ballon *m <allg>* • balloon

Ballon *m <aerosp> (Luftfahrzeug)* • balloon *FAR 1.1*

Ballon *m DIN 55 405 <pack> (aus Glas, Keramik; zylindr. od. birnenförmig, ohne Korb; z. B. f. Säure)* • carboy

Ballonhülle *f <aerosp>* • balloon envelope

Ballungsgebiet *n <geo> (von Städten; z. B. Ruhrgebiet)* • conurbation

Ballut *m :V <mil> (Kombination aus Ballon und Fallschirm; z. B. für BATs)* • ballute

Balsaholz *n <mat>* • balsa wood

Baluster *m <bau> (dicht beieinander stehend, eher dick; typ. bei Balustrade)* • baluster

Balustrade *f <bau> (Reihe von Stützen mit Handlauf; z. B. an Balkonen, Veranden)* • balustrade

Bananafeile *f <hygi.wz>* • banana file

Bananenbank *f <allg>* • banana bench

Bananensattel *m DIN ISO 8090 <fz> (bes. bei Polorädern)* • high-rise saddle *ISO 8090*; banana saddle

Bananensoftware *f <comp>* • banana software

Bananenstecker *m <el>* • banana plug

Bananensteckerbuchse *f <el>* • banana jack

Band *m <druck> (eines mehrbändigen Werkes)* • volume

Band *n <tech.allg> (z. B. Isolierband, Klebeband, Magnetband)* • tape

Band *n*: **auf ~ aufzeichnen** *vt <av>* • tape: record on ~ *vt*; tape-record *vt*

Band *n <bau> (Scharnier)* • hinge

Band *n <bio> (Bindegewebe)* • ligament

Band *n <geo> (schmaler Absatz in einer Wand)* • ledge

Band *n <metall> (z. B. Bandstahl)* • strip

Band *n*: **auf ~ geliefert** *<prod> (Lieferform von Kleinteilen für automat. Montage; z. B. el. Bauteile)* • taped

Band *n*: **mit ~ umwickeln** *vt <prod>* • tape *vt*

Band *n ISO EN 7369 <rls> (für Metallwickel- und Metallwellschläuche)* • strip *ISO EN 7369*

Band *n <textil>* • ribbon

Bandabrieb *m <av>* • tape abrasion; tape particles *Pan*

Bandage *f <med.tech> (elastische Binde)* • wrap

bandagieren *vt <el> (Kabel)* • bandage *vt*

Bandandruck *m <av>* • tape-to-head pressure; head-to-tape pressure

Bandanodisieren *n <obfl> (von Aluminiumbändern)* • coil anodizing; coil anodising *GB*; strip anodizing; strip anodising *GB*

Bandanschnitt *m <kst> (Spritzgussteil)* • film gate; flash gate

Bandantrieb *m <av> (Magnetbandgerät allg.)* • tape drive

Bandantriebswelle *f <tech.allg> (Bandlaufwerk allg.; z. B. Audio-, Video-, Datenband, Streamer)* • capstan; tape drive capstan; driving capstan; drive capstan

Bandaufnahme *f <av> (Resultat)* • tape record

Bandaufzeichnung *f prEN 62356-1 <av> (Vorgang und Ergebnis; Ton und/oder Video)* • tape recording *prEN 62356-1*

Bandbeschichten *n <metall.obfl> (allg.; kontinuierliche Oberflächenveredelung von Endlosbändern)* • coil coating; strip coating

Bandbeschichtung *f <av> (Magnetband; z. B. Audio-, Videoband)* • tape coating

Bandbreite *f <av> (Magnetbandbreite)* • tape width

Bandbreite *f <av> (Frequenzbereich)* • frequency range; waveband

Bandbreite *f <el> (allg.; z. B. eines Filters, einer Frequenzgruppe)* • bandwidth

Bandbreite *f <förd> (Förderband)* • belt width

Bandbreite *f <metall> (Blechband; z. B. Bandstahl)* • strip width

Bandbreite *f <tele> (Maß für die Übertragungskapazität; in bit/s oder Hz)* • bandwidth

Bandbreite *f <tele> (Differenz zw. höchsten und niedrigsten Frequenzen; in Hz)* • bandwidth

Bandbremse *f <brems> (z. B. in Planetengetrieben)* • band brake; strap brake *obs*

Bändchen-Lautsprecher *m <av>* • ribbon loudspeaker; ribbon tweeter

Bändchenmikrofon *n <av>* • ribbon microphone

Bande *f <bau.sport> (Spielfeldumgrenzung; z. B. Eisstadion)* • boards *pl*; barriers *pl coll*

Bande *f <bau.sport> (Bobbahn-Bahnbegrenzung)* • wall lining

Bande *f <phys> (Spektrum)* • band

Bändererz *n <min>* • banded ore

Bändermodell *n <phys>* • band model; energy band model; band theory of solids

Bandfeder *f <masch>* • strip spring

Bandförderer *m DIN 22101 <förd>* • belt conveyor; band conveyor *rare*

Bandführung *f <av> (f. Magnetband; Vorgang)* • tape guidance

Bandführung *f <wz.masch> (Bandsäge)* • saw-band guide

Bandgenerator *m <el>* • belt generator; Van de Graaff generator

Bandgerät *n <av> (allg.)* • tape deck; tape recorder; magnetic tape recorder *rare*; magnetic-tape deck *rare*

Bandgerät *n <av> (auch zur Aufnahme)* • tape recorder

Bandlackieren *n DIN EN ISO 4618 <obfl> (kontinuierliche Lackapplikation in Walzstraße)* • coil coating *ISO 4618-3*; strip coating

Bandmaß *n <wz.msr>* • tape measure; measuring tape; tape rule *US*; tape *coll*

Bandmaterial *n <prod> (in Form von Rollen)* • coil stock; coiled stock

Bandmontage *f <prod>* • line assembly [work]

Bandpassfilter *m/n* (BPF) *DIN IEC 50 <av>* • band-pass filter (BPF) *DIN IEC 50*; bandpass; passband filter *rare*

Bandrauschen *n DIN 45510 <av>* • tape noise; tape background noise *rare*; bias noise

Bandrolle *f <förd> (Gurtbandförderer)* • roller idler; idler roller

Bandrost *m <verbr>* • endless grate

Bandrücklauf *m <av>* • tape rewind

Bandsäge *f <wz>* • bandsaw

Bandscheibenvorfall *m <med> (langfristige Folge einer statischen Sitzhaltung)* • slipped disc; herniated vertebral disc; herniated disc

Bandschleifer *m <wz> (Handgerät)* • belt sander

Bandschleifmaschine *f <wz.masch> (Standgerät)* • belt sander; abrasive-band grinding machine

Bandschlüssel *m <kfz.wz> (z. B. für Ölfilter)* • strap wrench; strap spanner *GB*

Bandschreiber *m <msr> (auf Papierstreifen)* • strip-chart recorder; paper tape recorder

Bandspule *f <av>* • tape reel

Bandstacheldraht *m <mil>* • razor barbed wire *GB*; razor barb *GB.pract*

Bandstahl *m DIN EN 10140 <mat> (Halbzeug; betont: kaltgewalzt)* • cold-rolled steel strip; cold-rolled narrow steel strip

Bandstahl *m <mat> (Halbzeug)* • steel strip; strip steel

Bandtaktung *f <prod>* • production line timing *:V*; line clocking *:V*

Bandverzinken *n <obfl>* • continuous sheet galvanizing; continuous sheet galvanising *GB*; continuous strip galvanizing; continuous strip galvanising *GB*

Bandwalzen *n <metall>* • strip rolling

Bandzählwerk *n <av> (z. B. von Tonband- oder Cassettengeräten)* • tape counter; counter *coll*

Banjoachse *f <kfz> (angetriebene Starrachse)* • banjo axle

Bank *f <el> (Bauteilgruppe; z. B. von SIMMs)* • bank

Bank *f <geo> (Stein, Sand; z. B. Sandbank)* • bank

Bank *f DIN 68880-1 <innen>* • bench

Bankauflage *f <allg>* • bench cushion

Bankschraubstock *m <wz>* • bench vice

Bannerwerbung *f <werb> (als Schleppfahne hinter Flugzeug)* • advertising on aerial banners

Bannerwerbung *f <werb> (allg.; z. B. im*

Internet, auf Web-Seiten) • banner advertising

Bar *n* <*phys*> *(Einheit des Druckes; 100 000 Pascal)* • bar

Bär *m* <*metall*> *(Fallhammerkopf)* • tup; salamander; ram

Barackenklima *f ugs* <*hlk*> *(Ergebnis schneller Aufheizung von Räumen im Sommer)* • summer overheating

Baratte *f* <*textil*> *(Sulfidiertrommel)* • baratte; churn; xanthator

Barbiturat *n* <*chem*> *(als Droge; z. B. Amytal, Nembutal, Tuinal, Seconal)* • barbiturate

Barend *n* <*fz*> *(am Fahrradlenker)* • bar end

Barge-Carrier *m* <*nav*> *(für den Seetransport von Schwimmcontainern)* • barge carrier; barge-carrying ship; LASH carrier; lighter-aboard-ship carrier

Barium *n* (Ba) <*chem*> • barium (Ba)

Barkhausen-Effekt *m* <*el*> • Barkhausen effect

Barn *n* (b) <*nukl*> *(Maßeinheit des Wirkungsquerschnittes)* • barn (b)

Barometer *n* <*meteo.msr*> *(für atmosphärischen Luftdruck; z. B. in Wetterstation)* • barometer

barometrischer Höhenmesser *m* <*msr*> • barometric altimeter; pressure altimeter; aneroid altimeter

Barrel *n* <*phys*> *(Volumenmaß für Erdöl; 159 Liter)* • barrel (bbl)

Barrel *n* <*phys*> *(brit. Volumenmaß für Bier; 163,7 Liter)* • barrel *GB*

Barrel *n* <*phys*> *(U.S. Volumenmaß für Bier; 117,3 Liter)* • barrel *US*

Barrel *n* <*phys*> *(U.S. Volumenmaß für Flüssigkeiten außer Bier und Öl; 119,2 Liter)* • barrel *US*

Barren *m* <*mat*> *(Gold oder Silber)* • bullion bar; bullion

Barren *m* <*sport*> *(Gerätturnen)* • parallel bars *pl*; even bars *rare*

Barriere *f* <*allg*> *(konkretes od. abstraktes Hindernis)* • barrier

Barrique *n*: **im ~ ausgebaut** <*nahr*> • barrique-fermented

Bart *m* <*metall*> *(nach dem Walzen)* • burr

Baryon *n* <*phys*> • baryon

Baryt *m* <*min*> *($BaSO_4$)* • barite; barium sulfite; heavy spar *coll*

Barytbeton *m* <*bau.mat*> • barite concrete

Barytpapier *n* <*phot*> • fiber-base paper *US*; barite-coated paper; baryta paper; paper-based paper

Barytweiß *n* <*obfl*> • permanent white; fixed white; blanc fixe

Baryzentrum *n* <*aerosp*> • barycenter *US*; barycentre *GB*; center of mass

Barzahlung *f* <*fin*> • cash payment; cash: in ~ *pract*; hard cash *coll*

Basalt *m* <*geo*> • basalt

Base *f* <*bio.chem*> *(Bausteine der Nucleinsäuren)* • base

Basic Input-Output System *n* (BIOS) <*comp*> • Basic Input-Output System (BIOS)

Basilika *f* <*bau.rel*> • basilic

Basis *f* <*allg*> *(konkret und abstrakt; z. B. Fundament von Maschinen, Ideen)* • basis

Basis *f* <*tech.allg*> *(unteres Ende; z. B. Sockel)* • bottom

Basis *f* <*el*> • base

Basis *f* <*geo*> *(Bezugslinie; z. B. bei Vermessung)* • base line

Basis *f* <*math*> *(geometrische Figur)* • base

Basis *f* <*math*> *(Potenz, Zahlensystem)* • radix

Basisabdichtung *f* <*ents*> *(von Deponien)* • bottom sealing

Basisanschluss *m* (BaAs) <*tele*> *(ISDN; 3 Nummern; 2 B-Kanäle je 64 kbit/s, 1 D-Kanal mit 16 kbits/s)* • Basic Rate Access (BRA); Basic Rate Interface; 2B+D *pract*; basic access *coll*; basic rate *coll*

basisches Futter *n* <*verf*> *(z. B. Konverter)* • basic lining

basisch zugestellt <*metall*> *(Ggs.: sauer; z. B. Konverter, Ofen, Reaktionsapparat)* • basic; basic-lined

Basisgerät *n* <*tech.allg*> • main unit

Basislack *m* <*obfl*> *(für die erste farbige Lackschicht bei Metallic-Lackierungen)* • base coat paint; base paint

Basislack *m* <*obfl*> *(erste Decklackschicht bei Metallic-Lackierungen)* • base coat [finish]

Basismodell *n* <*tech.allg*> *(Grundausführung eines Produkts; z. B. eines Autos)* • base model

Basisstation *f* <*tech.allg*> • base station

Basslautsprecher *m <av>* • bass loudspeaker; LF unit; woofer *pract*; bass driver; boomer *jarg*

Basswiedergabe *f <av>* • bass response

Bast *m <agri>* • bast; bast fibre *GB*; bast fiber *US*

Bastelgeschäft *n <allg>* • craft store

Bastfaser *f <textil> (Flachs)* • bast fiber *US*; bast fibre *GB*

Batch-File *f <comp> (Stapelverarbeitung)* • batch file

Batholith *m <geo> (Intrusion)* • batholith

Batikdruck *m <textil>* • batik printing

Batikfärberei *f <textil>* • batik dyeing

BAT-Panzerabwehr-Flugkörper *m <mil>* • Brilliant Anti-Tank missile (BAT); BAT glide bomb

Batterie *f <tech.allg> (Gruppe parallel angeordneter Einzelelemente; z. B. Zellen, Geschütze)* • battery

Batterie *f <el> (nicht wiederaufladbar; eine oder mehrere Primärzellen)* • battery; primary battery *thsc*; galvanic battery; voltaic battery

Batterie *f <kfz.el> (von E-Autos; in 2008 typ. Li-Ionen, 500 kg, 500 Ladezyklen, 22000 EUR)* • battery

Batterie *f <mil> (von Geschützen)* • battery

Batterie-... *<el> (elektr. Gerät mit Batteriestromversorgung)* • battery-powered; battery-operated

Batterieanschlussklemme *f <el> (allg.)* • battery terminal

Batterieanschlussklemme *f <el> (eher klein, federnd)* • battery clip

batteriebetrieben *<tech.allg>* • battery operated

batteriebetriebener Interdentalreiniger *m :V <hygi.wz>* • battery operated interdental cleaning device *:V*

Batteriedauer *f <el>* • battery life

Batterie-Energiemanagement *n* (BEM) *<kfz.el>* • battery energy management

Batterie-Entladeanzeige *f <el>* • battery state-of-charge indicator

Batteriefach *n <el>* • battery chamber

Batteriefachdeckel *m <el>* • battery cover; battery chamber cover

Batteriefach-Verriegelung *f <el>* • battery cover release

batteriegepuffert *<el>* • battery-backed; battery buffered

batteriegepuffertes RAM *n <comp>* • battery-buffered RAM

Batteriehaltung *f <agri> (Geflügelhaltung)* • battery keeping

Batteriehauptschalter *m <kfz.el>* • battery disconnect switch; battery master switch; power cut off switch; battery safety switch; power cut off *pract*

Batteriekapazität *f <el> (von Akkus, Batterien; in Ah oder mAh)* • battery capacity; rated battery capacity; ampere-hour capacity; Ah capacity *pract*; capacity *pract*

Batterieladeanzeige *f <el> (zeigt Ladezustand der Batterie an; z. B. von E-Autos, Werkzeugen)* • battery discharge indicator; battery charge indicator; battery discharge meter; battery state indicator; discharge indicator *pract*

Batterieladegerät *n <el>* • battery charger; charger *pract*; charging device

Batteriepol *m <el> (Plus- od. Minuspol zum Anklemmen)* • terminal post

Batterieprüfer *m <el.wz> (allg.)* • battery charge tester; charge tester *pract*

Batterie-Restanzeige *f <el> (z. B. in Camcordern)* • battery remaining indicator; remaining battery power indicator

Batteriespannung *f <el> (allg.; Gesamtbatterie od. Monozelle)* • battery voltage

Batteriespannung *f <el> (Monozelle)* • cell voltage

Batteriesparschaltung *f <el> (bei batteriebetriebenen Geräten; z. B. Notebook)* • battery saver mode

Batterieteil *n <el> (z. B. abnehmbar)* • battery pack

Batteriezelle *f <el> (Batterie)* • battery cell; cell *pract*

Bau *m <bau> (Vorgang, z. B. von Häusern, Brücken, Türmen, Masten)* • erection; construction; building

Bau *m <bau> (Resultat des Hochbaus; Privat-, Geschäftshaus, Brücke etc.)* • structure

Bauabnahme *f <bau.qualit>* • final inspection

Bauakustik *f <bau>* • architectural acoustics

Bauart *f <tech.allg> (Realisierung mit*

bestimmten Merkmalen; z. B. robust, ex-geschützt) • construction

Bauart *f <tech.allg> (konzeptionell)* • design

Bauart geprüft *<qualit>* • design-approved; certified design; certified

Bauartzulassung *f <jur>* • type approval

Baubeschläge *mpl <bau.mat>* • builders' hardware; constructional hardware; building hardware

Bauboom *m <bau.ökon>* • massive construction boom

Baubüro *n <bau>* • site office; construction site office; on-site office

Bauch *m <nav> (von Schiffen)* • bilge

Bauchgurt *m <aerosp.sich>* • lap belt

bauchig *<tech.allg> (birnenförmig; insbes. ein Ende schlank, das andere ballonförmig)* • bulbous; bulb-shaped

Bauchlandung *f <aerosp>* • wheels-up landing; wheels-gear-up landing; belly landing *coll*

Baud *n* (Bd) *<tele> (1 bit/s)* • baud

Baudrate *f <comp> (in Symbolen/Sekunde; Einheit Baud)* • baud rate

Bauelement *n <tech.allg> (betont: als Teil einer Konstruktion, Baugruppe)* • component part; construction element

Bauelement *n <el> (in Schaltkreisen, ICs, auf Leiterplatten)* • circuit element; component; element; device *pract*

Bauelementdichte *f <el>* • packing density [of microcircuitry]

bauen *vt <tech.allg>* • build *vt*

bauen *vt <bau> (allg.; Hoch- und Tiefbauprojekte; z. B. Straße, Brücke, Haus)* • construct *vt*; build *vt*

bauen *vt <bau> (Hochbauprojekte; z. B. Brücke, Halle, Turm)* • erect *vt*

Baufahrzeug *n <nfz>* • building vehicle

baufällig *<bau>* • dilapidated; disrepair: in ~

Baufortschrittsplan *m <bau.doku> (für Errichtung)* • construction progress chart

Baugebiet *n <bau.jur>* • development area

Baugelände *n <bau> (für geplante oder beginnende Bauarbeiten)* • building site; building area

Baugenehmigung *f <bau.jur>* • construction permit

Baugips *m <bau.mat>* • building plaster; calcined gypsum

Baugröße *f <tech.allg>* • physical size; size *pract*

Baugrube *f <bau>* • building pit; building excavation; foundation pit; excavation

Baugrund *m DIN 4020 <bau> (unterhalb eines Fundaments; z. B. von Gebäuden, Brücken, Masten)* • subgrade; subsoil

Baugrundentwässerung *f <bau>* • foundation drainage

Baugrundverbesserung *f <bau>* • soil improvement; ground improvement

Baugrundverdichtung *f <bau>* • ground consolidation; soil consolidation; soil compaction; ground compaction

Baugrundverfestigung *f <bau>* • soil stabilization; ground stabilization

Baugruppe *f <tech.allg> (aus einzelnen zusammengebauten Komponenten)* • assembly (assy); unit *pract*; group *rare*; package *rare*; assemblage *rare*

Baugüte *f <bau.qualit>* • build quality *:V*

Bauhöhe *f <bau> (betont: zu bauende oder gebaute Höhe)* • construction height

Bauhöhe *f <bau> (lichte Weite bis zur Decke)* • headroom

Bauhöhe *f <comp> (von PC-Baueinheiten; z. B. von Laufwerken)* • height

Bauholz *n <holz.bau> (Material)* • structural timber; construction timber; timber *pract*

Bauholz *n <holz.bau> (betont: bereits geschnitten; z. B. Bretter, Bohlen, Balken etc.)* • lumber

Bauholzindustrie *f <holz>* • timber industry

Bauholzverbinder *m <bau.füg>* • timber connector

Baujahr *n* (Bj.) *<prod>* • year of manufacture

Baukastensystem *n DIN 30798-1 <tech.allg> (Ergebnis)* • modular system; modular design; modular construction

Baukastensystem *n*: **im ~ aufgebaut** *<tech.allg>* • modular; unitized

Bauklasse *f <bau.verk>* • construction category; construction class

Bauklebstoff *m <füg>* • construction

adhesive; building construction adhesive *rare*

Baukonstruktionszeichnung *f DIN ISO 10209-4 <bau.doku>* • construction drawing *ISO 10209-4*

Baukran *m <bau.masch>* • erection crane

Bauland *n <bau.jur> (im Ggs. zu Ackerland; gem. Bebauungsplan)* • building land

Baulast *f <jur>* • construction responsibility *:V*

Baum *m <aerosp> (Ausleger; z. B. an Raumfähre, Raumstation)* • boom

Baum *m <nav> (Segelboot; Mastausleger)* • boom

Baumangel *m <bau.qualit>* • construction defect *US*; building defect *GB.AU*

Baumarkt *m <bau>* • DIY store

Baumart *f <holz>* • tree species

Baumaschinenindustrie *f <ökon>* • construction machinery and equipment industry; building machinery and equipment industry

Baumbank *f <allg>* • tree bench; tree seat

Bäumen *n <textil>* • beaming

Bäummaschine *f <textil>* • beaming machine

Bäumsäge *f <agri.wz> (manuell od. mit Motor)* • pole pruner

Baumschere *f <agri.wz> (z. B. mit Teleskopgriffen u. Knarrengelenk)* • lopper; pruning shears; pruner; lopping shear; secateurs *GB.rare*

Baumuster *n <tech.allg> (Modell)* • model

baumustergeprüft *<jur>* • approved

Baumusterprüfung *f DIN EN 61672 <tech.allg>* • pattern evaluation test *DIN EN 61672*

Baumwolle *f <textil>* • cotton

Baumwollfarbstoff *m <textil.obfl>* • cotton dye; cotton dyestuff

Baumwollfaser *f <textil>* • cotton fiber

Baumwollgewebe *n <textil>* • cotton fabric; cotton cloth

Baumwollmischgewebe *n <bekl>* • cotton blend fabric; cotton mixture *rare*

Baumwollpresse *f <agri>* • cotton baling press

Baumwollspinnerei *f <textil> (Anlage)* • cotton spinning mill

Baumwollweberei *f <textil> (Anlage)* • cotton weaving mill

Bauplan *m <bau.doku>* • construction plan; construction diagram; structural drawing; architect's plan; building plan

Bauplan *m <doku> (Montagezeichnung)* • assembly plan

Baurecht *n <bau.jur>* • building legislation

baureife Planung *f <bau>* • final constructing design

Baureihe *f <tech.allg> (betont: Kategorie, Wertung; z. B. Mercedes S-Klasse)* • class

Baureihe *f <bahn> (von Loks)* • class

Baureihe *f <prod> (Modellreihe allg.; ohne Wertung; z. B. BMW 7er-Reihe)* • series; production series; type

Bausatz *m <tech.allg>* • kit

Bausch *m <textil> (z. B. aus Watte)* • wad

Bauschutt *m <bau.ents> (allg. von Baumaßnahmen, Baustellen)* • construction waste; waste building material; builders' rubble; building rubbish; rubble *coll*

Baustahl *m <metall> (0,03 % bis 0,2 % Kohlenstoff; ein relativ weicher Massenstahl)* • structural steel; low-carbon steel; plain carbon steel; carbon steel *pract*; structural carbon steel

Baustahl *m <metall> (mittlerer C-Gehalt; 0,3 - 0,55 % C; für Maschinenbauzwecke)* • medium-carbon steel; machinery steel

Baustähle *mpl <metall> (diffuser Oberbegriff)* • constructional steels

Baustahlgewebe *n <bau.mat> (für Stahlbeton)* • steel mesh fabric

Baustahlgewebematte *f <bau.mat> (für Stahlbeton)* • rebar mat; reinforcement bar mat *form*; bar mat *rare*; welded wire fabric; wire mesh

Baustatik *f <bau.mech>* • structural statics

baustatische Berechnung *f <bau.-mech>* • structural calculation

Baustelle *f <bau>* • construction site; building site; erection site *rare*; field *rare*

Baustelle *f <bau.verk>* • roadworks *pl*; construction site; building site; roadwork site *GB*; road construction site

Baustellenaufschluss *m <bau>* • site

preparation
Baustellenaufwand *m <bau>* • on-site labor
Baustellenbeton *m DIN 1045-2 <bau.-mat> (wird komplett vor Ort gemischt; kein Transportbeton)* • site concrete *DIN EN 206-1*; job-mixed concrete; site-mixed concrete; job-mix concrete
Baustelleneinrichtung *f <bau> (Vorgang)* • construction site erection
Baustelleneinrichtung *f <bau> (Geräte, Material)* • construction site equipment
Baustellenfertigung *f <prod>* • on-site manufacturing; site manufacturing; site work
Baustellenlabor *n <bau>* • field laboratory
Baustellenmontage *f <bau> (Errichtung größerer Objekte; z. B. von Anlagen, Rohrleitungssystemen)* • field erection; erection in the field
Baustellenmontage *f <bau> (Assemblierung; z. B. von Komponenten, Maschinen)* • site assembly; on-site assembly; in-situ assembly; field assembly; field assy
Baustellenniet *m <füg>* • field rivet; site rivet
Baustellenprüfung *f <bau.qualit>* • site test; on-site test; in-situ test; field test; at-site testing
Baustellenschweißnaht *f <füg> (vor Ort geschweißt)* • field weld; site weld
Baustellensilo *n <logist>* • site hopper
Baustellenvermessung *f <bau> (Resultat)* • site survey
Baustellenvermessung *f <bau> (Vorgang)* • site surveying
Baustil *m <bau>* • architectural style
Baustoff *m <bau.mat>* • building material; construction material; structural material
Baustoffhandel *m prakt <bau> (Beschaffungsmarkt für Bauunternehmer und Handwerker)* • building supplies [store] *pract*; building supplies wholesalers and retailers
Baustoffindustrie *f <bau>* • industry of building materials
Baustraße *f <bau.verk>* • construction site road; temporary road; site road *pract*
Bautechnik *f <bau> (befasst sich mit Tief- und Hochbau; z. B. Gebäude, Brücken, Dämme)* • construction engineering
bautechnisch *<bau>* • constructional
Bauteil *n <tech.allg> (als Bestandteil z. B. von Baugruppen, Systemen, Anlagen, Maschinen)* • component part; component; part *pract*
Bauteileausfall *m <tech.allg>* • component failure; part failure
Bauteilliste *f <doku> (Stückliste)* • component list; parts list; list of parts
Bauteilprüfung *f <qualit.mat>* • component testing
Bauübergabe *f <bau> (von Objekten; z. B. schlüsselfertiges Haus)* • handover; handing over
Bauunternehmer *m <bau>* • building contractor
Bauweise *f <bau> (Methode; z. B. Ortbeton, Lieferbeton, Fertigteilmontage etc.)* • constructional method; construction method
Bauwerk *n <bau>* • structure
Bauwerksabdichtung *f <bau>* • waterproofing [of building structures]
Bauwerksbelastung *f <bau> (Eigengewicht plus Verkehrslasten, Windlast etc.; z. B. einer Brücke)* • structural loading; structural load
Bauxit *m <min>* • bauxite
Bauzaun *m <bau>* • hoarding; site fence; hoard
Bauzustand *m <bau.qualit> (z. B. von Gebäuden, Brücken)* • structural condition
BB *f <mil> (aus Plastik oder Kupfer; für Airsoft-Waffen)* • ball bullet (BB)
beanspruchen *vt <tech.allg> (z. B. mechanisch, elektr., thermisch, durch Witterung, Strahlung)* • load *vt*
beanspruchen *vt <jur> (z. B. Patent, Land, Schürfrecht)* • claim *vt*
beanspruchen *vt <mech> (durch Zug- od. Druckspannung)* • stress *vt*; load *vt*
beansprucht *<mech> (Zug, Druck, Biegung, Abscherung, Torsion)* • stressed
Beanspruchung *f <tech.allg> (Zustand, statisch; z. B. durch Kräfte, Temperatur, Strahlung, Witterung)* • load
Beanspruchung *f <mech> (durch Zug- od. Druckspannung)* • stress
beantragen *vt <jur> (Patent)* • apply for *vt*; claim *vt*

bearbeitbar *<mat> (spanend; mit Werkzeugmaschine)* • machinable

bearbeitbar *<mat> (durch Umformen; z. B. Tiefziehen)* • workable; formable; moldable

Bearbeitbarkeit *f <mat> (spanend, mit Werkzeugmaschine)* • machinability

Bearbeitbarkeit *f <mat> (Umformbarkeit; z. B. durch Tiefziehen)* • workability

bearbeiten *vt <comp> (z. B. Text, Bild, Programm, Datei)* • edit *vt*

bearbeiten *vt <jur> (z. B. einen Fall, eine Causa)* • process *vt*

bearbeiten *vt <obfl> (behandeln; z. B. Holz)* • treat *vt*

bearbeiten *vt <prod> (Oberfläche richten, glätten etc.)* • dress *vt*

bearbeiten *vt <prod> (spanend; z. B. mit Dreh-, Fräsmaschine)* • machine *vt*

bearbeiten *vt <prod> (thermisch, elektrochemisch abtragen)* • erode *vt*

bearbeiten *vt <prod> (z. B. Tiefziehen, Schmieden)* • work *vt*

Bearbeiter *m <term>* • updater *ISO 12620*

bearbeitete Fläche *f <obfl> (spanend)* • machined surface

Bearbeitung *f <allg> (von Vorgängen, Angelegenheiten; z. B. durch Behörden)* • handling

Bearbeitung *f <admin> (von Akten, Vorgängen)* • processing

Bearbeitung *f <agri> (von Land, Äckern etc.)* • cultivation

Bearbeitung *f <av.kino> (Vorgang des Bearbeitens von Videos, Filmen)* • editing; cutting

Bearbeitung *f <doku> (von Texten, Dokumenten)* • editing

Bearbeitung *f <obfl> (z. B. von Holz, mit Wachs, Fungizid)* • treatment

Bearbeitung *f <prod> (spanend)* • machining

Bearbeitung *f <prod> (z. B. Glätten, Richten)* • dressing

Bearbeitungsangabe *f <prod> (in techn. Zeichnungen)* • machining symbol; machining datum; finish mark

Bearbeitungsaufmaß *n <wz.masch>* • machining allowance

Bearbeitungsgenauigkeit *f <wz.masch>* • machining accuracy

Bearbeitungsstand *m <doku> (z. B. von techn. Zeichnungen, Produktdokumentationen)* • revision status

Bearbeitungsstand *m <term> (in der Terminologienormung)* • process status *ISO 12620*

Bearbeitungsstation *f <wz.masch> (als Teil einer Fertigungszelle)* • work station

Bearbeitungstoleranz *f <wz.masch>* • machining tolerance

Bearbeitungszentrum *n* (BAZ) *DIN ISO 10791 <wz.masch> (allg.)* • machining center *US.ISO 10791*; machining centre *GB.ISO 10791*; work center *US*; work centre *GB*

Beaufortskala *f <meteo> (Windstärke)* • Beaufort wind scale

beaufschlagen mit *vt <energ.hydr> (Laufrad; z. B. Turbine mit Triebwasser)* • impinge on *vt*

beaufschlagen mit *vt <rls> (mit Druck; z. B. Behälter, Rohrleitungen)* • pressurize *vt*

beaufschlagen mit *vt <turb> (Turbine; z. B. mit Wasser, Dampf, Gas)* • admit *vt*

beaufschlagen mit *vt <verf> (belasten; z. B. mit Chemikalien, Dampf, Druck)* • load *vt*

Beaufschlagung *f <energ.hydr> (Wasserturbine; z. B. volle ~)* • gateage

Beaufschlagung *f <turb> (z. B. mit Wasser, Dampf. Gas)* • admission; inlet *rare*

Beaufschlagung *f <verf> (Ausgesetztsein; z. B. widrigen Einflüssen, Chemikalien, Witterung)* • exposure

Beaufschlagung mit Druck *f <rls> (z. B. Kessel, Leitungen)* • pressurization

beaufsichtigen *vt <tech.allg> (Anlagen; Maschinen, Prozesse)* • attend *vt*

beaufsichtigen *vt <tech.allg> (Personal)* • supervise *vt*

bebauen *vt <agri> (z. B. Acker, Feld)* • cultivate *vt*

bebauen *vt <bau>* • build up *vt*

bebautes Gebiet *n <geo>* • built-up area

Bebauungsplan *m <bau>* • land-use plan; master plan; zoning map

Becher *m DIN 15231-15236 <förd> (Becherwerk)* • bucket

Becher *m <pack.kst> (Durchmesser größer als Höhe, meist konisch; z. B.*

für Butter) • tub *US*; pot *GB*

Becherförderer *m* <förd> • bucket conveyor

Becherschaufel *f* <energ.hydr> *(Peltonturbine)* • Pelton wheel bucket *US*; bowl of the Pelton wheel

Becherwerk *n DIN 15231-15236* <förd> • bucket elevator; bucket conveyor

Becken *n* <bau> *(betont: Vorrat; z. B. für Trinkwasser)* • reservoir

Becken *n* <bio> • pelvis

Becken *n* <geo> *(große Senke)* • basin; depression

Becken *n* <nav> *(Liegeplatz; z. B. Jachthafenbecken)* • basin

Becken *n* <verf> *(Behälter)* • basin; tank; pool

Beckengurt *m* <fz.sich> *(Teil des Dreipunktgurtes)* • lap belt; lap belt portion; lap strap

Becquerel *n DIN 1301* <nukl> *(Einheit der Radioaktivität: 1 Zerfall/Sekunde)* • becquerel

bedampfen *vt* <obfl> *(eine Oberfläche)* • vapor-coat *vt*

bedampfen *vt DIN 55 405* <prod> • vacuum metallize *vt*

bedampfen *vt* <verf> *(Beton)* • steam-cure *vt*

bedämpfen *vt* <el> *(eine Leitung, etc.)* • attenuate *vt*

Bedarfshaltestelle *f* <verk> • request stop; flag stop *US*

Bedarfsspitze *f* <ökon> *(z. B. Strom-, Wasser-, Gasverbrauch, Osterhasen)* • peak demand; maximum demand

bedecken *vt* <tech.allg> *(ab-, zudecken; z. B. Boden mit Matten, Steinen, Platten)* • cover *vt*

bedeckt <allg> • covered

Bedeutung *f* <allg> *(Relevanz)* • significance

Bedeutung *f* <transl> • meaning

Bedienbarkeit *f* <tech.allg> • operability

Bedienbühne *f* <tech.allg> *(z. B. Ofen)* • operator platform; operating floor *rare*

bedienen *vt* <tech.allg> *(eine Maschine, ein Gerät)* • operate *vt*

Bedienereingriff *m* <tech.allg> *(in Prozesse, Programme)* • operator intervention; intervention *pract*

bedienerfreundlich <tech.allg> *(Gerät, Maschine, Werkzeug)* • easy to handle

Bedienerschnittstelle *f* <tech.allg> • operator interface; user interface

Bedienfehler *m* <qualit> • operator error

Bedienfeld *n* <msr> *(allg.; z. B. an Druckern, Kopierern, Spritzgießmaschinen)* • control panel; operator control panel; operating panel

Bedienfeld *n* <msr> *(betont: an der Gerätevorderseite)* • front panel

Bedientaste *f* <msr> • control key; push-button

Bedienteil *n* <msr> *(betont: konkretes Teil, Modul; z. B. abnehmbar)* • user interface; control panel

Bedien- und Anzeigeteil *n* <msr> *(mit Tastatur, Bedienungselementen, Kontrollleuchten, Display etc.)* • control station; system keypad; user interface; system pad

Bedienung *f* <tech.allg> *(Handhabung; z. B. von Hebeln)* • handling; manipulation

Bedienung *f* <tech.allg> *(eines Gerätes etc. durch Anwender, Operator)* • operation

Bedienung *f* <ökon> *(z. B. in Laden, Restaurant, Tankstelle)* • service

Bedienung *f* <prod> *(eines laufenden Systems; z. B. einer Maschine)* • running

Bedienungsanleitung *f* <doku> *(für kleinere Produkte; z. B. Taschenrechner, Hifi-Anlage, Camcorder)* • operating instructions; operating manual; operation manual; user manual

Bedienungseinrichtungen *fpl* <bahn.msr> • driving controls *pl*; controls *pl*

Bedienungselement *n* <msr> *(allg.; z. B. Schalter, Knopf, Taste, Hebel, Regler)* • control [element]

Bedienungselemente *npl* <msr> *(Schalter, Regler, Instrumente, Anzeigen)* • controls *pl*

Bedienungselemente an der Lenksäule *npl* <kfz.msr> *(für Blinker, Scheibenwischer, Fern-/Abblendlicht etc.)* • steering column controls *pl*

Bedienungselemente für Heizung/Lüftung/Klima *npl* <kfz.msr> • climate controls *pl*

Bedienungsfehler *m* <tech.allg> • operator error; operating fault; faulty oper-

ation
bedienungslos <autom> *(z. B. Tankstelle, Aufzug)* • unattended
Bedienungspersonal *n* <tech.allg> • operating staff; operating personnel
Bedienungspersonal *nsg* <tech.allg> • operators *pl*
Bedienung von Hand *f* <tech.allg> • manual operation; manual control; hand operation
bedingt <comp> *(z. B. Befehl)* • conditional
bedingt durch <allg> • result: as a ~ of
bedingte Anweisung *f* <comp> • conditional statement; IF-statement; IF--instruction; IF-command
bedingter Sprungbefehl *m* <comp> • conditional jump instruction
bedingte Sprunglogik *f* <comp> • conditional branch logic
Bedingung *f* <allg> • condition
bedruckbar <mat> • printable
bedrucken *vt* <druck> *(Oberfläche, Material)* • print *vt*; print on *vt*
bedrucken *vt* <pack> *(Dosen)* • decorate *vt*
Bedruckstoff *m* <druck> • printing substrate; printing material; substrate *pract*; stock
beduften *vt* <hlk> *(z. B. einen Raum)* • scent *vt*
Beduftung *f* <hlk> *(z. B. von Verkaufsräumen, Büros)* • fragrancing; fragrance dispersal; scent dispersal
Beduftungsgerät *n* <hlk> *(allg.; z. B. am PoS, an Werbesäulen)* • scent emitting device
beeinflussen *vt* <allg> *(nachteilig)* • affect *vt*
beeinträchtigen *vt* <qualit> *(einschränken; z. B. Funktionen)* • impair *vt*
Beeinträchtigung *f* <allg> • impairment
beenden *vt* <allg> *(Prozess, Vorgang, Tätigkeit, Aufenthalt)* • terminate *vt*
Beendigung *f* <tech.allg> *(eines Prozesses, Vorgangs, Aufenthalts etc.)* • termination
beengter Raum *m* <tech.allg> • tight space
beerenförmig <allg> • aciniform
befahrbar <bahn> *(Strecke, für bestimmte Waggontypen, Züge)* • negotiable
befahrbar <verk> *(Straße, Strecke; z. B. für normale Limousinen)* • passable; practicable
befahrbare Schachtabdeckung *f* <bau> • passable manhole cover; roadway-type margin
befahren *vt* <nav> *(Gewässer)* • navigate *vt*
Befehl *m* <allg> • command; order
befehlen *vt* <allg> • command *vt*; order *vt*
Befehlsabbruch *m* <comp> • instruction abort
Befensterung *f* <bau> • fenestration
befestigen *vt* <agri> *(Pflanzen and Rankhilfen u. dgl.)* • fasten *vt*; fix *vt*; attach *vt*
befestigen *vt* <bau> *(Böschung; mit Mauerwerk, Beton)* • revet *vt*
befestigen *vt* <bau> *(Böschung, Seitenstreifen, Bankette; durch Verdichten, Schotter)* • shoulder *vt*
befestigen *vt* <bau.verk> • pave *vt*
befestigen *vt* <füg> *(an bestimmter Stelle)* • place *vt*
befestigen *vt* <füg> *(allg.; an/auf etw.)* • fasten *vt*; mount *vt*; attach *vt*; install *vt*; fix *vt coll*
befestigen *vt* <füg> *(mit Klammern, Clips)* • clip *vt*
befestigen *vt* <füg> *(etwas Loses, Lockeres)* • fix *vt*
befestigen *vt* <füg> *(mit Passfeder, Keil)* • key [to] *vt*
befestigen *vt* <füg> *(mit Stift)* • pin *vt*
befestigen *vt* <füg> *(sichern, festmachen; z. B. mit Schrauben)* • secure *vt*
befestigt <tech.allg> • fixed
befestigter Seitenstreifen *m* <bau> *(befahrbar)* • hard shoulder
befestigte Straße *f* <bau.verk> *(außerhalb geschlossener Ortschaften)* • highway (hwy) *US*; paved road *rare*; pavement *rare*
befestigte Straße *f* <bau.verk> *(allg.)* • paved road; improved road
Befestigung *f* <tech.allg> *(Vorgang des Anbringens)* • attachment
Befestigung *f* <tech.allg> *(allg.; an/ auf etwas)* • fastening
Befestigung *f* <tech.allg> *(von etwas Losem, Lockerem)* • fixing
Befestigung *f* <tech.allg> *(Vorgang; z. B. einer Schleifscheibe)* • mounting
Befestigung *f* <tech.allg> *(Festmachen;*

z. B. mit Schrauben) • securing

Befestigung *f <bau> (von Böschungen)* • revetment; slope revetment

Befestigungs... *<tech.allg> (in Zusammensetzungen)* • mounting ...; attaching ...

Befestigungsflansch *m <tech.allg> (z. B. an Rohren, Getrieben, Steckern)* • mounting flange; attachment flange; fixing flange; flange *pract*

Befestigungspunkt *m <tech.allg> (z. B. von Anbauteilen, Tragriemen etc.)* • attaching point

Befestigungsschelle *f <tech.allg> (eher klein, aus Kunststoff oder Metall; z. B. für Kabel, Schlauch)* • fixing clip

Befestigungsschelle *f <tech.allg> (aus Metall, eher groß; z. B. für Regenwasser-Fallrohr)* • mounting bracket; fixing clamp; mounting clamp

Befestigungsschraube *f <masch> (ohne Mutter, eher klein; typ. mit Spitzgewinde)* • mounting screw

Befestigungsschraube *f <masch> (mit Mutter, eher groß)* • mounting bolt

Befestigungsstift *m <masch> (allg.)* • securing pin; mounting pin; fastening pin; fixing pin

Befestigungsvorrichtung *f <tech.allg>* • fastening device; fixing accessory; fixing device

befeuchten *vt <obfl> (mit viel Flüssigkeit)* • wet *vt*

Befeuchter *m <hlk> (allg.)* • humidifier; moistener

befeuern *vt <aerosp> (Flughafen; z. B. Startbahn)* • light *vt*

befeuern *vt <hlk> (Heizung; z. B. mit Kohle, Öl, Erdgas)* • heat *vt*

befeuern *vt <navig> (mit Baken, Signalen etc.)* • beacon *vt*

befeuern *vt <verbr> (Öfen)* • fire *vt*

Befeuerung *f <nav>* • beaconing

Beflammen *n DIN EN ISO 4618 <obfl>* • flame treatment *ISO 4618-3*

beflammen *vt <obfl> (z. B. zur Adhäsionsverbesserung)* • flame treat *vt*

beflocken *vt DIN 55 405 <kst.obfl>* • flock *vt*

befördern *vt <tech.allg> (Fahrgäste, Güter; z. B. per Bahn, Flugzeug)* • carry *vt*

befördern *vt <aerosp> (einen Satelliten, ins All)* • launch *vt*

befördern *vt <förd> (mit Förderanlage; z. B. mit Förderband)* • convey *vt*

Beförderung *f <förd> (mit LKW)* • haulage

Beförderung *f <logist> (von Gütern, Personen)* • transport; transportation; carriage; movement; transport operation

Beförderung *f <logist> (Versand von Waren, Frachtgut)* • shipping

Beförderung *f <logist> (mit Fördermitteln; von Waren, Poststücken)* • conveyance

Beförderung *f <verk> (von Gütern oder Personen)* • transport; transportation

befrachten *vt <logist> (mit Ladegut; z. B. Schiff, Lkw)* • freight *vt*

befreien *vt <allg> (von etwas)* • free *vt*

Befüllung *f <tech.allg> (von Behältern)* • filling

begasen *vt <agri> (Pflanzenschutz)* • fumigate *vt*; gas *vt*

begehbar *<allg> (z. B. Kühlraum, Kanal, Wandschrank)* • walk-in

begehbar *<verk> (z. B. Weg, Eingang)* • passable

Beginn *m <allg> (eines Vorgangs)* • beginning; commencement; onset; start

Beginn *m <allg> (Ausgangspunkt)* • origin

beginnen *vi/vt <allg> (z. B. Arbeit, Vorgang)* • commence *vi/vt*

beginnen *vi/vt <allg> (Bewegung, Prozess, Tätigkeit)* • start *vi/vt*; begin *vi/vt*; commence *vi/vt*

beginnen *vt <allg> (initiieren)* • initiate *vt*

Begleitfahrzeug *n <fz>* • escort vehicle

begradigen *vt <tech.allg>* • straighten *vt*; true *vt*

begrenzbar *<allg>* • limitable

begrenzen *vt <allg> (Gebiet, Bewegungsfreiheit, Zuständigkeit)* • limit *vt*; restrict *vt*; bound *vt*

begrenzen *vt <allg> (Fläche)* • border *vt*

begrenzen *vt <allg> (Umrisse, Flächen, Bereiche)* • delimit *vt*

begrenzen *vt <allg> (nach bestimmten Kriterien; z. B. Zugang)* • restrict *vt*

begrenzen *vt <tech.allg> (strikt; z. B. Platz, Thema, Dehnung)* • confine *vt*

begrenzen *vt <tech.allg> (Werte; z. B. Druck, Durchsatz, Last, Temperatur)* • limit *vt*

begrenzt *<allg> (eingeengt; z. B. Be-*

reich, Zugang) • restricted

begrenzt *<allg> (endlich, nicht endlos vorhanden; z. B. Mittel, Budget)* • finite; limited

begrenzt *<tech.allg> (Mittel, Werte; z. B. max. Drehzahl, Höchstgeschwindigkeit)* • limited

begrenzte Mittel *pl <allg> (finanzieller oder anderer Art)* • limited resources

Begrenzung *f <allg> (einer Fläche)* • boundary; bounds

Begrenzung *f <allg>* • limitation; limit

Begrenzung *f <allg> (von Optionen, Rechten; z. B. des Zugangs)* • restriction

Begrenzung *f <tech.allg> (von Prozesswerten; z. B. des Drucks, Volumens od. d. Temperatur)* • limit; limitation

Begrenzung *f <verk> (Durchfahrtshöhe, -breite; z. B. Brückendurchfahrt)* • clearance

Begrenzungsleuchte *f <kfz> (weiß; NICHT "side marker light")* • front parking lamp; sidelamp; sidelight

Begrenzungsleuchte *f <nfz>* • clearance light

Begrenzungslinie *f <doku> (z. B. technische Zeichnung)* • boundary line

Begriff *m <allg> (Idee, Vorstellung)* • notion

Begriff *m DIN 2342 <term> (im Ggs. zu Benennung; nicht "term")* • concept *ISO 1087*

Begriffsbeziehungen *fpl <term>* • concept relations *ISO 12620*

begriffsbezogene Beschreibung *f <term>* • concept-related description *ISO 12620*

Begriffserklärung *f <term>* • explication

Begriffsposition *f <term> (in einem Begriffssystem)* • concept position *ISO 12620*

Begriffsstrukturen *fpl <term>* • conceptual structures *ISO 12620*

Begriffssystem *n <term>* • concept system *ISO 12620*

begründen *vt <allg> (mit Gründen belegen; z. B. eine Entscheidung, Konstruktion)* • substantiate *vt*; justify *vt*; give reasons for

Begrünung *f <bau>* • vegetation

Behaglichkeit *f <innen> (Wohnung, Hotelzimmer, Raumklima)* • comfort

Behälter *m <tech.allg> (oben offen, eher klein)* • bin

Behälter *m <tech.allg> (allg.; jede Größe, jeder Inhalt; rundum geschlossen)* • container

Behälter *m <tech.allg> (betont: Auffanggefäß)* • receptacle

Behälter *m <tech.allg> (für Flüssigkeit und Gase; relativ groß, offen oder geschlossen)* • tank

Behälter *m <tech.allg> (eher klein, transportabel, dünnwandig aus Blech oder Kunststoff)* • canister

Behälter *m <tech.allg> (eher groß, jeder Inhalt; rundum geschlossen, auch für Druck)* • vessel

Behälter *m <logist> (betont: Speicher für Flüssigkeiten/Gase)* • storage tank

Behälterglas *n DIN 55 405 <pack> (betont: das Behältnis; z. B. Flasche, Flakon)* • glass container

Behälterglas *n <silik> (betont: das Material)* • container glass

Behältnis *n DIN 55 405 <pack>* • container

Behandeln *n <tech.allg> (z. B. von Oberflächen)* • treating; treatment

behandeln *vt <ents> (aufbereiten; z. B. Abwasser)* • treat *vt*

behandeln *vt <nahr> (verarbeitend)* • process *vt*

behandeln *vt <prod> (z. B. eine Oberfläche)* • treat *vt*

Behandlung *f <tech.allg>* • treatment

Beharrlichkeit *f <allg> (von Personen; z. B. bei Arbeiten, Forschungen)* • persistence

Beharrungsvermögen *n <mech>* • inertness; inertia

Beharrungszustand *m <tech.allg> (Prozesse aller Art; z. B. von Regelkreisgliedern)* • stationary state; steady-state condition; steady state

behauen *vt <obfl> (Stein)* • dress *vt*

behauen *vt <prod> (allg.; Steine, Holz)* • hew *vt*

beheben *vt <rep> (z. B. Fehler, Pannen)* • eliminate *vt*; clear up *vt*

beheben *vt <rep> (entfernen; z. B. Schaden)* • remove *vt*

beheben *vt <rep> (Schaden)* • repair *vt*

beheizen *vt <tech.allg> (allg. Objekt; z. B. Lambdasonde, Ansaugkrümmer, Glasscheiben)* • heat *vt*

Behelfsbrücke *f <mil>* • emergency bridge
Behelfsflugplatz *m form <aerosp>* • airstrip
behelfsmäßig *<tech.allg> (vorübergehend)* • temporary; provisional
behelfsmäßige Lösung *f <tech.allg> (minderwertiger Behelf)* • makeshift solution
beherrschbar *<allg>* • controllable
Beherrschbarkeit *f <tech.allg> (von Fahrzeugen, Betriebsbedingungen, Reifen etc.)* • control
beherrschen *vt <tech.allg> (Abläufe, Grenzwerte, Systeme; Störfälle)* • control *vt*
behindern *vt <allg> (hemmen)* • impede *vt*
behindern *vt <allg> (nachteilig, bremsend beeinflussen)* • interfere with *vt*
behindern *vt <allg> (konkret, massiv; z. B. Zugang)* • obstruct *vt*
behindern *vt <mech> (eingrenzen, einengen; z. B. Dehnung, Bewegung)* • constrain *vt*
behindert *<allg> (körperlich und/oder geistig; z. B. Anwender, Benutzer von Systemen etc.)* • handicapped; challenged
behindertengerecht *<bau> (Zugang)* • suitable for the handicapped; catering for people with disabilities; wheelchair-accessible; handicapped accessible
behindertengerechte Toilette *f <bau>* • wheelchair-accessible toilet
Behindertenparkplatz *m <verk>* • disabled parking; parking space for the disabled; disabled drivers car space *GB*
Behinderung *f <tech.allg> (z. B. einer Bewegung, Dehnung)* • constraint
Behinderung *f <tech.allg> (konkret, massiv; z. B. des Zugangs)* • obstruction
Behinderung *f <med> (Schädigung auf Organebene)* • impairment
Behinderung *f <med> (körperliche, geistige o. seelische Fähigkeitsstörung)* • disability
Behinderung *f <med> (Beeinträchtigung im gesellschaftlichen Leben)* • handicap
Behörde *f <admin>* • authority; public authority; administrative agency; public agency
beibehalten *vt <tech.allg> (Zustand, Wert)* • maintain *vt*
Beiboot *n <nav> (auch als Schlauchboot)* • tender
beidseitig *<tech.allg> (z. B. bearbeiten)* • sides: on both ~
beidseitig eingespannt *<mech> (z. B. Träger, Werkzeug)* • fully restrained; fixed at both ends
beidseitiges Drucken *n <druck>* • duplex printing; duplex print
beidseitig verzinkt *<obfl>* • two-side galvanized; galvanised on both sides *GB*; double-sided galvanized; two-sided galvanized
Beifahrer *m <kfz> (Motorrad, Roller)* • passenger
Beifahrer *m <kfz> (auf Vordersitz)* • front-seat passenger; front passenger
Beifahrerairbag *m <kfz.sich>* • passenger air bag (PAB); passenger airbag; front-passenger airbag; passenger-side air bag; passenger's airbag *GB*
Beifahrerseite *f <kfz>* • passenger side; nearside *GB*
Beifahrersitz *m <kfz.innen>* • front passenger seat; front passenger's seat; co-driver's seat; death seat *coll. OZ*; front-outboard passenger seat
Beifang *m <nahr> (beim Hochseefischen, mit Schleppnetzen etc.; z. B. Delfine)* • wrong fish *:V*; inadvertent catch *:V*; unwanted catch *:V*
Beigeschmack *m <nahr>* • foreign taste; foreign flavor
Beil *n <wz> (kleine Axt)* • hatchet
Beiladung *f <logist> (Fracht; z. B. auf Lkw)* • additional load
Beilage *f <bau> (an Stirnfläche, Kopfende; Zwischenstück in/an Widerlager o. Ä.)* • abutting piece
Beilaufdraht *m <el>* • drain wire
Beilauffaden *m <el> (in Kabel)* • tracer
Beilegscheibe *f <masch> (allg.; jede Form, meist dünn, aus Blech)* • shim
Beiluft *f <verbr> (z. B. Ofen, Vergaser)* • admixed air
beimengen *vt <tech.allg> (z. B. Additive, Zuschläge)* • admix *vt*; add *vt coll*
Beimengung *f <tech.allg>* • admixture
Beimengungen *fpl <tech.allg> (Verun-*

reinigungen) • impurities
Bein *n <allg> (auch metaphorisch)* • leg
Beinahe-Zusammenstoß *m <aerosp>* • near miss
Beinfreiheit *f <fz.innen> (vorn und hinten)* • legroom; leg room
beiordnen *vt <allg> (Person; z. B. als Assistent)* • assign to *vt*
beiordnen *vt <allg>* • coordinate *vt*
Beipacklösung *f <tech.allg>* • by-pack solution; by-pack method; by-pack approach
Beischleifen *n DIN EN ISO 4618 <obfl> (abtragendes Angleichen der Beschichtung an den Rändern)* • feather edging *ISO 4618-3*
beischleifen *vi/vt <obfl> (Handschliff von Spachtel, Lack usw.)* • flat *vt*; scuff back *vt*; rub down *vt*
Beispiel *n <term>* • example *ISO 12620*
Beispiele sind ... *<allg>* • examples include ...
beispielhafte Ausführung *f <jur> (Prototyp etc.; z. B. einer Erfindung)* • exemplary embodiment
Beispritzen kleiner Flächen *n <obfl.rep> (Reparaturlackierung)* • spot painting; touch-up spraying; spotting in
Beistellgerät *n <tech.allg>* • add-on unit
Beitel *n DIN 5155 <wz.holz>* • chisel; wood chisel
beitragen *vt <allg> (finanziell, ideell, thematisch)* • contribute *vt*
Beizbad *n <obfl> (allg.)* • pickling bath
Beizbad *n <obfl> (nur bei Aluminium; Vorgang und Behälter)* • etching bath
Beize *f <obfl.holz>* • stain
Beize *f <obfl.metall> (allg.; sauer od. alkalisch; oberflächenabtragend)* • pickling solution; etching solution; etchant; pickle; pickling liquid
Beizen *n <obfl> (Entfernen einer Oxidschicht; z. B. von Alu)* • deoxidizing; deoxidising *GB*; desoxidising *GB.obs*
Beizen *n <obfl> (mit Natronlauge)* • caustic etching
Beizen *n DIN EN ISO 4618 <obfl> (Entfernen von Rost/Walzhaut/Zunder mit saurer od. alkalischer Lösung)* • pickling *ISO 4618-3*
Beizen *n <obfl.holz>* • staining
Beizen *n <textil>* • mordanting
beizen *vt <agri> (Saatgut)* • dress *vt*
beizen *vt <led>* • bate *vt*
beizen *vt <obfl> (allg. Entfernen einer Oxidschicht; z. B. von Alu)* • deoxidize *vt*; deoxidise *vt GB*
beizen *vt <obfl.holz>* • stain *vt*
beizen *vt <obfl.metall> (allg.; sauer od. alkalisch)* • pickle *vt*; clean by pickling *vt*; clean *vt*
bekämpfen *vt <ökol> (Umweltverschmutzung; z. B. Lärm)* • control *vt*
bekannte Ausführung *f <jur> (in Patentschriften)* • known art; prior art
bekannte Größe *f <math>* • known quantity
Bekanntgabe *f <allg> (z. B. von internen Daten)* • disclosure; publication
Bekanntmachung *f <jur> (Patent)* • official publication
Bekanntmachungstag *m <jur> (von Patenten; Pos. 44)* • Complete Specification Published
Beklebepapier *n DIN 6730 <pap>* • lining paper; pasting paper; liner paper
Bekleidungsindustrie *f <bekl>* • clothing industry; garment industry
Bekleidungssektor *m <textil>* • apparel sector
beladen *adj <ents> (Adsorbens; z. B. mit Schadstoffen)* • used; spent
Beladeöffnung *f <tech.allg> (z. B. Silo, Bunker, Tankwagen)* • charging hole; filling hole
Belag *m <bau> (z. B. Straßenbelag)* • coating; coat
Belag *m <bau> (Abdeckung; z. B. Teppichboden)* • cover; covering
Belag *m <bau> (Fußboden; z. B. Fliesen, Teppich)* • flooring
Belag *m <bau> (Straße)* • pavement surface
Belag *m <masch> (Verschleiß-, Reibfläche; z. B. Reib-, Bremsbelag)* • lining
Belag *m <nahr.obfl> (Ausblühung; z. B. auf Schokolade)* • bloom
Belag *m <obfl> (betont: oberste Schicht, Nutzschicht, z. B. gehärtet)* • facing
Belag *m <obfl> (Schicht, Lage)* • layer
Belag *m <obfl> (unerwünscht; z. B. Schmutz, Rost, Beizbelag)* • smut
Belagbildung *f <obfl> (z. B. bei Lebensmitteln)* • blooming
Belagbrecher *m <bau.masch>* • scarifi-

er

belastbar *<tech.allg>* • loadable

Belastbarkeit *f <el> (Nennwert, in Watt)* • power rating

Belastbarkeit *f <el> (von Sicherungen, insbes. Schmelzsicherungen)* • fuse capacity; fuse load capacity; amp rating

Belastbarkeit *f <masch>* • loadability; load-bearing capacity; carrying capacity; load capacity; load rating

Belastbarkeit *f <mech> (in N/mm^2)* • stressability

belasten *vt <fin> (ein Konto)* • debit *vt*

belasten *vt <masch> (allg. einer Last aussetzen; z. B. Brücke, Lkw, Motor)* • load *vt*

belasten *vt <mech> (Werkstoffe, Strukturteile)* • stress *vt*

belasten *vt <phys> (Druck, Gewicht aufbringen; z. B. den Talski)* • put weight onto *vt*

belastet *<mech> (unter Last; z. B. Strukturteil)* • loaded; subjected to forces *rare*

belastet *<ökol> (z. B. Abwasser, Böden, Nahrung)* • contaminated; polluted; loaded

Belastung *f DIN 1305 <el> (z. B. für Netz, Generator)* • load

Belastung *f <mech> (Vorgang)* • loading; application of a load

Belastung *f <mech> (allg.; z. B. von Strukturteilen)* • load; stress

Belastung *f <tele>* • intensity of traffic carried

Belastungsannahme *f <mech> (Festigkeitsberechnung)* • load assumption

Belastungsgrenze *f <tech.allg> (durch Kraft, Gewicht)* • load limit; loading limit; maximum permissible load

belaufen auf *vr <allg> (im Allg. bezogen auf Geldbeträge)* • total to *vt*

Belebtheit *f <term>* • animacy *ISO 12620*

Belebtschlamm *m <verf.ents> (Abwasserreinigung)* • activated sludge; activated sewage sludge *form*; aerated sludge *rare*; bio sludge *rare*

Belebtschlammverfahren *n <verf.ents>* • activated-sludge process

Beleg *m <doku> (als Nachweis)* • voucher

belegen *vt <allg> (einen Sitzplatz, Liegestuhl; z. B. im Zug, Schwimmbad)* • reserve *vt*

belegen *vt <bau> (Boden; z. B. mit Matten, Platten)* • cover *vt*

belegen *vt <comp> (z. B. Speicherplatz; Steckplätze)* • occupy *vt*

belegen *vt <verf> (verstopfen; Filter)* • clog *vt*

Belegexemplar *n <werb>* • checking copy; file copy

belegt *<tech.allg> (z. B. Telefonleitung)* • busy; engaged

Belegung *f <tech.allg> (z. B. von Speicherplätzen, Sitzen)* • occupancy

Belegungsplan *m <el> (Leiterplatte)* • components layout; components layout diagram

Belegungsplan *m <el> (Pins)* • pin assignment plan

beleuchten *vt <tech.allg> (allg.; z. B. Raum, Instrumente, Studio, Szene, Model)* • illuminate *vt*; light *vt*

beleuchtet *<tech.allg> (allg.; z. B. Display, Handschuhfach, Zigarettenanzünder etc.)* • illuminated

beleuchtet *<el> (Display, von hinten)* • backlit

beleuchtete Bedienungselemente *npl <msr>* • illuminated controls

beleuchteter vandalensicherer Taster *m <el> (mechanisch, Piezo)* • tamper-proof illuminated mechanical switch; anti-vandalism illuminated mechanical switch

Beleuchtung *f <aerosp.licht> (eines Flugzeugs)* • lights *pl JAR 25.1381*

Beleuchtung *fsg <licht> (allg.; z. B. eines Raums, Objekts)* • lighting *sg*; illumination *sg*

Beleuchtung *fsg <licht> (Vorrichtung, Vorgang des Beleuchtens, Ergebnis)* • illumination *sg*; lighting *sg*

Beleuchtung mittels Lichtleitfaser *f <lwl>* • fiber-optic lighting *US*; fibre-optic lighting *GB*

Beleuchtungsanlage *f <licht> (allg.; auch Büro-, Bühnenbeleuchtung)* • lighting installation; lighting installations *pl*

Beleuchtungsintensität *f <licht>* • lighting level; illumination level

Beleuchtungsstärke *f <licht> (Lumen pro Flächeneinheit; in Lux)* • illuminance; illumination intensity *did*; illumination *coll*

belichten *vt <druck> (Druckplatte)* • image *vt*; expose *vt*

belichten *vt <phot> (Film, Fotopapier)* • expose *vt*; expose to light *vt*

belichtet *<phot> (Film, Fotopapier)* • exposed

Belichtung *f <phot> (Produkt aus Beleuchtungsstärke und Belichtungsdauer)* • exposure

Belichtungsautomatik *f <tech.allg> (Funktionseigenschaft, Betriebsart von Kameras, Kopierer etc.)* • automatic exposure (AE); automatic exposure control *form*; autoexposure

Belichtungsautomatik *f <tech.allg> (betont: das System; von Kamera, Kopierer etc.)* • automatic exposure control system

Belichtungsfehler *m <phot>* • exposure error

Belichtungsmesser *m <phot> (allg.; separat od. integriert)* • exposure meter *US*; exposure metre *GB*; light meter

Belichtungsreihe *f <phot>* • exposure series *ISO 12231*; exposure bracket

Belichtungssteuerung *f <phot>* • exposure control

Belichtungswert *m* (EV) *DIN 19017 <phot>* • exposure value (EV) *stand*

Belichtungszeit *f <phot>* • shutter speed; exposure time *wiss*

beliebig *<allg>* • arbitrary

beliebige Taste *f <comp>* • any key

Beliebigkeit *f <allg> (einer Reihenfolge, Position, von Ereignissen etc.)* • randomness

belüfted *<bekl> (z. B. Helm)* • air vented

belüften *vt <tech.allg> (allg.; z. B. Räume, Hohlräume, Wände, Böden, Mülldeponien)* • ventilate *vt*

belüften *vt <tech.allg> (z. B. Formsand, Boden, Abwasser)* • aerate *vt*

belüften *vt <hlk> (mit Gebläse, Lüfter)* • fan *vt*

Belüfter *m <verf> (für Flüssigkeit, typ. Wasser)* • aerator

Belüftung *f <tech.allg> (von Räumen, Kleidung)* • ventilation

Belüftungsbohrung *f <tech.allg> (z. B. in Abdeckungen, Behälterdeckeln, Wänden)* • vent hole

Belüftungsöffnung *f <tech.allg> (allg.; Betonung auf Luftzufuhr)* • vent opening; vent; vent hole

bemannt *<fz> (z. B. Raumfahrzeug)* • manned; piloted

bemannte Raumfahrt *f <aerosp>* • manned space flight

bemaßen *vt <doku> (techn. Zeichnung)* • dimension *vt*

Bemaßung *f DIN 406-10 <doku> (techn. Zeichnung)* • dimensioning

Bemaßung von Durchmessern *f <doku>* • dimensioning of diameters

Bemaßung von Kreisen *f <doku>* • dimensioning of circles

Bemaßung von Winkeln *f <doku>* • dimensioning of angles

bemessen *vt <tech.allg> (Festlegen von Maßen)* • dimension *vt*; size *vt coll*

bemessen *vt <tech.allg> (Leistungsabgabe, -aufnahme, Nenndrehzahl etc.)* • rate *vt*

bemessen *vt <msr> (dosieren, Flüssigkeitsmengen)* • meter *vt*

bemessen *vt <prod> (Zuschläge, Losgrößen)* • batch *vt*

Bemessung *f <tech.allg> (z. B. Leistung, Durchsatz)* • rating

Bemessung *f <prod> (von Bauteilen, Wandstärken etc.)* • dimensioning; sizing

bemustern *vt <tech.allg> (verschiedene Produktbeispiele liefern; z. B. Farben, Stoffe)* • sample *vt*

benachbart *<allg>* • adjacent; adjoining; neighbouring

benennen *vt <term> (Begriff mit Benennung, Terminus)* • designate *vt*; denominate *vt*

Benennung *f DIN 2342 <term> (nicht: Fachbegriff)* • term *ISO 1087*

Benennungsbezogene Information *f <term>* • term-related information *ISO 12620*

Benennungsbildung *f <term>* • term formation *ISO 12620*

Benennungselement *n <term>* • term element *ISO 12620*

Benennungsherkunft *f <term>* • term provenance *ISO 12620*

Benennungsstatus *m <term> (einer Benennung in einem Terminologieeintrag)* • term status *ISO 12620*

Benennungstyp *m <term>* • term type

benetzbar *<phys.obfl> (z. B. mit Was-*

ser) • wettable
Benetzbarkeit *f* <obfl> *(Haften einer Flüssigkeit an fester Oberfläche)* • wettability
benetzen *vt* <obfl> • wet *vt*
benetzte Oberfläche *f* <obfl> • wetted surface
Bentonit *m* <bau.mat> *(feines Tonmineral, Schichtsilikat; u. a. Basis für Katzenstreu)* • bentonite; bentonite clay *rare*
benutzen *vt* <allg> *(allg.; z. B. Füllhalter, Fahrzeug, Formel, Verfahren, Werkzeug)* • use *vt*
Benutzer *m* <allg> • user
Benutzerdaten *pl* <comp> • user data
benutzereinstellbar <msr> *(z. B. Grenzwert)* • user-adjustable
benutzerfreundlich <qualit> • user friendly; easy-to-use
Benutzerfreundlichkeit *f* <tech.allg> • ease-of-use
Benutzerhandbuch *n* <doku> • user manual
Benutzung *f* <allg> *(von Geräten, Mitteln, Werkzeugen)* • employment; usage; use
Benzedrin *n* <chem> *(ein Amphetamin)* • Benzedrine ®; benny *coll*
Benzenring *m* <chem> *(aromatischer Ring)* • benzene ring; benzene nucleus
benzinbeständig <mat> • gasoline-resistant *US*; petrol-resistant *GB*
Benzin-Direkteinspritzung *f* <kfz.mot> • gasoline direct injection (GDI)
Benzineinspritzanlage *f* <mot> • gasoline-injection system *US*; petrol-injection system *GB*
Benzinfeuerzeug *n* <allg> • gasoline cigarette lighter *US*
Benzinkanister *m* <kfz.logist> *(aus Metall oder Kunststoff)* • gasoline can *US*; gas can *US.pract*; petrol can *GB*
Benzinqualität *f* <chem.petr> *(Güte)* • gasoline quality *US*; petrol quality *GB*; fuel quality; fuel grade
Benzinqualität *f* <chem.petr> *(Sorte; z. B. Normal, Super, verbleit, unverbleit)* • type of fuel; type of gasoline *US*; type of petrol *GB*; type of gas *pract.US*
Benzoesäure *f* <chem> • benzoic acid; benzoicum acidum; benzenecarboxylic acid
Benzol *n prakt* <chem> *(C_6H_6)* • benzene *IUPAC*; cyclohexatriene; benzol *obs*
Benzpyren *n* <chem> • benzopyrene
beobachtbar <allg> *(sichtbares Ereignis)* • observable
beobachten *vt* <allg> • observe *vt*
beobachten *vt* <allg> *(typ. visuell; auch akustisch)* • watch *vt*
Beobachtung *f* <allg> • observation
Beobachtungssatellit *m* <aerosp> • observation satellite
Beplankung *f* <aerosp> *(z. B. des Rumpfes, der Tragfläche, des Leitwerks)* • skin; outside skin
Beplankung *f* <bahn> *(eines Wagenkörpers)* • body paneling *US*; body panelling *GB*
Beplankung *f* <bau> *(Fußboden)* • planking
Beplankung *f* <bau.innen> *(von Wänden, Decken; z. B. mit Gipskartonplatten, Paneelen)* • layer of boards
Beplankung *f* <kfz> *(Karosserieverkleidung etc.; z. B. Kunststoff-Formteile, Rammschutz)* • cladding
Beplankung *f* <nav> • planking
Beplankung *f* <nfz> *(Lkw-Aufbau)* • paneling
bequem angeordnet <tech.allg> *(gut zugänglich; z. B. Bedienungselemente)* • conveniently placed
Bequemlichkeit *f* <allg> *(z. B. Sitzmöbel, Arbeitsplatz, Fahrzeugkabine)* • comfort
beräumen *vt* <allg> • clear *vt*
berechenbar <tech.allg> *(voraussehbar; z. B. Systemverhalten, Fahrverhalten)* • predictable
berechenbar <math> *(tatsächlich ausrechenbar)* • calculable; computable
berechnen *vt* <math> • compute *vt*; calculate *vt*
Berechnung *f* <math> • calculation; computation
Berechnungsannahmen *fpl* <tech.allg> • design assumptions
beregnen *vt* <agri> *(mit Sprühanlage; z. B. Rasen, Grünanlagen, Äcker)* • sprinkle *vt*; irrigate *vt*; wet *vt*
Beregnung *f* <agri> • sprinkler irrigation
Beregnungsanlage *f* <agri> • sprinkler irrigation system
Bereich *m* <allg> *(abgedeckt; z. B.*

durch Erfassung, Versorgung, Versicherung) • coverage

Bereich *m* <allg> *(z. B. Wissensbereich, Fach)* • domain; area

Bereich *m* <allg> *(zeitlich)* • interval

Bereich *m* <allg> *(räumlich, zeitlich)* • span

Bereich *m* <doku> *(thematisch; z. B. Geltungsbereich)* • scope; field

Bereichswahl *f* <msr> *(Messbereich)* • range selection

Bereichswahl *f* <tele> *(Frequenz; Vorgang)* • band selection

bereifen *vt* <agri> *(z. B. Nutzpflanzen zum Frostschutz)* • frost over *vt*; frost *vt*

bereifen *vt* <kfz> *(Räder)* • tire *vt US*; tyre *vt GB*

bereifen *vt* <pack> *(z. B. Fass, Ballen)* • hoop *vt*

Bereifung *f* <kfz> *(eines Fahrzeugs)* • tires *pl US*; tire equipment *US.form*; tyres *pl GB*; tyre equipment *GB.form*

bereinigen *vt* <allg> *(z. B. Konflikt, Inkompatibilität)* • clear *vt*; clear away *vt*

bereinigen *vt*: **von Fehlern ~** <comp> *(Programm etc.)* • debug *vt*

Bereitschaft *f* <allg> • readiness

Bereitschaft *f* <tech.allg> *(Betriebszustand)* • stand by

Bereitschaftsanzeigelampe *f* <el> *(z. B. Kopierer)* • ready lamp

Bereitschaftsschalter *m* <el> • stand-by switch

Bereitschaftssystem *n* <tech.allg> *(als Ersatz bei Ausfall des Hauptsystems)* • back-up system; stand-by system

Bereitschaftszustand *m* <tech.allg> *(z. B. Bildschirm, Kopierer)* • ready state; stand-by state; stand-by condition

bereitstellen *vt* <allg> *(zugänglich machen)* • provide *vt*; place at disposal *vt*; make available *vt*

Bergabfahrassistent *m* <kfz> • hill descent control [system]; hill-descent assist [function]

Berganfahrassistent *m* <kfz> • hill start assist [system] (HSA)

Bergbahn *f* <bahn> • mountain railway

Bergbau *m* <min> • mining

Bergbaurevier *n* <min> • mining district

Bergbausenkung *f* <min.geo> • mining subsidence

Bergbautechnik *f* <min> • mining engineering

Berge *mpl* <min> *(im Ggs. zu Erz, Kohlenflöz)* • dead rock; waste rock

Berge *mpl* <min> *(nach Aufbereitung)* • discard; refuse; tailings; rejects

Berge *mpl* <min> *(Versatz)* • filling material

bergen *vt* <tech.allg> *(Unfallopfer, havariertes Fahrzeug)* • recover *vt*

bergen *vt* <nav> *(Schiff)* • salvage *vt*; salve *vt*

bergen *vt* <sich> *(retten)* • rescue *vt*

Bergepanzer *m* <mil> • recovery tank; tank recovery vehicle

Bergeversatz *m* <min> *(allg.)* • mine filling; rock filling

Bergfahrt *f* <tech.allg> • uphill run

bergiges Gelände *n* <geo> • mountainous terrain

Bergkristall *m* <min> *(farblose Quarz-Varietät)* • rock crystal; German diamond *pract*; Bohemian diamond *pract*; Arkansas diamond *pract*; Mexican diamond *pract*

Bergrecht *n* <jur.min> • mining legislation; mining laws

Bergrennen *n* <kfz.sport> • hillclimb

Bergsteigerausrüstung *f* <tech.allg> • mountaineering equipment

Bergung *f* <allg> *(von Personen, Sachen)* • recovery

Bergung *f* <nav> *(von Schiffen)* • salvage

Bergungsarbeiten *fpl* <tech.allg> • recovery operations

Bergungsdienst *m* <verk> • salvage service

Bergungsfahrzeug *n* <nfz> *(z. B. Feuerwehr, Militär)* • recovery vehicle

Bergungsgut *n* <allg> • salvage

Bergungsschiff *n* <nav> • salvage vessel; salvage ship

Bergwerk *n* <min> • mine; pit

berichtigen *vt* <tech.allg> *(Defekte, Fehler)* • correct *vt*; adjust *vt rare*

berichtigend <allg> • corrective

Berichtigung *f* <allg> *(von Fehlern, Abweichungen)* • correction; adjustment *rare*

berieseln *vt* <verf> • wet *vt*; sprinkle *vt*

Berieselungsanlage *f* <verf> • sprinkling system; sprinkler system; drencher system

Berkelium *n* (Bk) *<chem> (radioaktiv)* • berkelium (Bk)
Bernoulli-Gleichung *f <phys> (Energieerhaltungssatz für Strömungen)* • Bernoulli's Equation
Bernstein *m <mat>* • amber; succinite
bernsteinfarben *<tech.allg>* • amber *adj*
Berryllium *n* (Be) *<mat.metall>* • beryllium (Be)
Berstdruck *m EN ISO 8330 <rls.qualit> (z. B. von Behältern, Leitungen)* • burst pressure *EN ISO 8330*; bursting pressure *rare*
bersten *vi <masch> (z. B. Rohr, Gasflasche)* • burst *vi*; rupture *vi*
Berstfestigkeit *f <qualit.mat>* • bursting strength
Berstscheibe *f <masch>* • rupture disk *US*; bursting disc *GB*
berücksichtigen *vt <allg>* • take into consideration *vt*; consider *vt*
Berücksichtigung *f <allg>* • taking into consideration
beruflich *<allg>* • occupational; professional
beruflich strahlenexponierte Person *f <nukl>* • occupational exposed person; occupational irradiated person
Berufsausbildung *f <did>* • vocational training
berufsbedingte Exposition *f <nukl>* • occupational exposure
Berufsbild *n <ökon>* • career specification; job specification
Berufshaftpflichtversicherung *f <vers>* • professional liability insurance (PLI)
Berufskrankheit *f <med>* • professional disease
Berufspendelverkehr *m <verk>* • commuter traffic
beruhigen *vr <tech.allg> (z. B. Zeiger, aufgewirbelter Staub)* • settle *vi*
beruhigen *vr <phys> (z. B. Schwingung, Schlingern)* • stabilize *vi*
beruhigen *vt <metall> (Stahl)* • kill *vt*
beruhigter Stahl *m <metall>* • killed steel
Beruhigungsmittel *n <metall>* • killing agent
berühren *vt <allg>* • touch *vt*
Berührung *f <allg>* • touch
Berührung *f <tech.allg> (mech., chem., elektr.)* • contact
Berührungsdichtung *f <masch>* • friction seal
Berührungsfläche *f <tech.allg>* • contact surface
berührungsfreie Messung *f <msr>* • non-contacting measurement; non--contact measurement
berührungslos *<tech.allg> (Vorgang; z. B. messen, scannen, lesen, abdichten)* • non-contact; contactless; contact: without ~; non-contacting
berührungslose Armatur *f <rls.hygi> (typ. in öffentlichen Toiletten)* • automatic water faucet; automatic faucet; electronic faucet; touchless water faucet; auto sensing faucet
Berührungspunkt *m <tech.allg>* • contact point; point of contact
Berührungsschutz *m <tech.allg>* • accidental-contact protection; protection against contact
Beryll *m <min> (allochromatisches Mineral, Aluminium-Beryllium-Silikat)* • beryl
Beryllium *n* (Be) *<chem> (z. B. zum Härten)* • beryllium (Be)
besaiten *vt <mus> (mit Saiten; z. B. Violine)* • string *vt*
besandet *<bau.obfl> (z. B. Betondachstein, Bitumenbahn)* • sandfaced; sand-faced; sanded
Besatz *m <min.spreng> (Sprengarbeit)* • tamping; stemming
Besatzstock *m <min.spreng>* • tamping bar; tamper
Besatzung *f <fz> (eines Schiffs, Flugzeugs)* • crew
besäumen *vt <metall> (Bandstahl)* • side-trim *vt*
Besäumschere *f <wz>* • trimming shears; trimming shear
beschädigen *vt <allg>* • damage *vt*
beschädigt *<comp> (z. B. Datei, Datenkopf, Datenpaket-Header, FAT)* • corrupted
Beschädigung *f <tech.allg> (mech.; z. B. durch Schlag, Reibung, Verschleiß)* • damage
Beschaffenheit *f <qualit>* • quality
Beschaffenheitsmerkmale *npl <tech.allg>* • physical characteristics
beschallen *vt <akust>* • expose to sound *vt*; irradiate acoustically *vt*
Beschallungstechnik *f <av>* • sound

reinforcement

beschatten *vt* *<tech.allg>* • shade *vt*

beschaufeln *vt* *<turb>* *(Turbinenläufer)* • blade *vt*

bescheinigen *vt* *<doku>* *(durch Attest u. Ä.)* • certify *vt*; attest *vt*

Bescheinigung *f* *<doku>* • certificate; certification; attestation

Beschichten *n* *DIN 6730* *<obfl>* *(allg.; Vorgang)* • coating

beschichten *vt* *<obfl>* *(nichtmetallische Schutzschicht aufbringen)* • coat *vt*

beschichten *vt* *<obfl>* *(durch Ablagerung, Abscheiden)* • deposit *vt*

beschichten *vt* *<obfl>* *(laminieren)* • laminate *vt*

beschichtet *<obfl>* • coated

beschichtetes Gewebe *n* *<textil>* • coated fabric

beschichtetes Papier *n* *<pap>* • coated paper

Beschichtung *f* *<obfl>* *(Vorgang)* • coating; coating process

beschicken *vt* *<tech.allg>* *(Maschine, Lkw, Behälter, mit Material; z. B. Granulat via Fülltrichter)* • charge *vt*; load *vt*; feed *vt*

beschicken *vt* *<verf>* *(mit Brennstoff)* • feed *vt*

beschicken *vt* *<wz.masch>* *(Maschine, Revolver, Gestell, Trichter etc.; mit Werkstücken, Material)* • load *vt*

Beschickung *f* *<ents>* *(von Kläranlagen, Deponien)* • infeed; feeding; charge

Beschickung *f* *<förd>* *(von Behältern, Systemen)* • feeding; loading; charging; filling

Beschickung *f* *<verbr>* *(von Öfen)* • stoking

Beschickung *f* *<verf>* *(zugeführtes Material; z. B. Möller, Granulat, Kies)* • charge stock; feed stock; batch; feed

Beschickung *f* *<verf>* *(Feststoffe)* • feeding

Beschickung durch natürlichen Zulauf *f* *<förd>* • gravity feeding

Beschickung durch Vibrationsförderer *f* *<wz.masch>* • vibratory loading

Beschickungsbehälter *m* *<logist>* *(für Flüssigkeiten)* • feed tank

Beschickungsbehälter *m* *<logist>* *(für Kleinteile)* • feed tray

Beschickungsbehälter *m* *<verf>* *(für Schüttgut; Trichter)* • hopper

Beschickungsbühne *f* *<metall>* *(Hochofen)* • charging deck; charging platform

Beschickungsbunker *m* *<förd>* *(z. B. für Kohle)* • feed hopper

Beschickungszone *f* *<förd>* • feed section; feed zone

beschildert *<verk>* *(z. B. Straße)* • signposted

Beschläge *mpl* *<innen>* *(z. B. an Möbeln)* • fittings

beschlagen *vi* *<phys>* *(Fenster, Glasscheibe)* • fog *vi*; mist *vi*; steam up *vi coll*

beschlagfrei *<obfl>* *(z. B. Brille, Visier, Linse)* • anti-fog

beschleunigen *vt* *<allg>* *(allg.; konkreter Gegenstand oder Vorgang, auch chem. Prozess)* • accelerate *vt*; speed up *vt*

beschleunigen *vt* *<chem>* *(Reaktion)* • promote *vt*

Beschleuniger *m* *<tech.allg>* *(allg.)* • accelerator

beschleunigt *<allg>* • accelerated

beschleunigt gealtert *<qualit.mat>* • artificially aged

Beschleunigung *f* (a) *<tech.allg>* *(allg.; eines konkreten Gegenstands, Vorgangs)* • acceleration (a)

beschmutzen *vt* *<obfl>* • smudge *vt*; soil *vt*; stain *vt*; smear *vt*; foul *vt*

Beschneideabfall *m* *<ents>* • trimmings

beschneiden *vt* *<prod>* *(Kanten, Ecken etc.; z. B. Stahlblech, Fingernagel)* • trim *vt*; clip *vt*

Beschnitt *m* *<tech.allg>* *(z. B. von Fotos, Drucksachen)* • trimming; trim

beschränken *vt* *<allg>* *(Anzahl, Wert; z. B. Drehzahl, Emissionen, Auflage)* • limit *vt*

beschränken *vt* *<allg>* *(z. B. Zutritt)* • restrict *vt*

beschränken *vt* *<tech.allg>* *(Spielraum, Bewegungsmöglichkeit)* • confine *vt*

Beschränkung *f* *<allg>* *(durch Grenzen; z. B. von Ressourcen, Mitteln)* • limitation

Beschränkung *f* *<allg>* *(mechanisch)* • restraint; constraint

beschreibbar *<comp>* *(Datenträger)* • writable; recordable; writeable

beschreiben *vt* *<aerosp>* *(Umlaufbahn)*

• circle *vi*
beschreiben *vt <comp> (Datenträger; z. B. Band, Platte)* • write data *vt*
beschreiben *vt <doku> (z. B. Liefer- und Leistungsumfang; System)* • describe *vt*
beschriften *vt <doku> (Zeichnung)* • letter *vt*
beschriften *vt <druck> (Etikett, Aufkleber)* • mark *vt*
Beschriftung *f <tech.allg> (von Gegenständen; z. B. von Modellbahnen)* • lettering
Beschriftung *f <doku> (von Abbildungen)* • legend
beseitigen *vt <allg> (z. B. Fleck, Gefahr, Geruch, Hindernis, Schutt, Spuren)* • remove *vt*; eliminate *vt*; clear *vt*
beseitigen *vt <tech.allg> (Probleme, Schäden, Systemstörungen)* • remove *vt*; sort out *vt*
Beseitigung *f <tech.allg>* • elimination
besetzen *vt <ökon> (mit Arbeitskräften; z. B. Baustelle, Fabrik, Maschine)* • man *vt*
besetzen *vt <phys> (Elektronenschalen mit Elektronen)* • populate *vt*; fill *vt*
besetzen *vt <textil> (mit Applikationen; z. B. mit Strass, Dekormaterial)* • trim *vt*
besetzt *<phys> (Energieband)* • filled
besetzt *<tele> (Leitung)* • busy; engaged *form*
besetzte Leitung *f <tele>* • busy line; engaged line
Besonnung *f <energ.sol>* • insolation
bespritzen *vt <obfl> (schwallweise od. in einzelnen Spritzern; z. B. mit Wasser)* • splash *vt*
besprühen *vt <obfl> (z. B. mit Wasser, Öl, Farbe, Pestizid)* • spray *vt*
Bessemerkonverter *m <metall>* • Bessemer converter; acid Bessemer converter; acid-lined converter; acid converter
Bessemerstahl *m <metall>* • Bessemer steel; acid converter steel; acid Bessemer steel; converter steel; acid steel
Bessemerverfahren *n <metall>* • Bessemer process; acid converter process; acid Bessemer process; acid process
beständig *<qualit> (haltbar; z. B. lichtechte Farbe, Textilien)* • durable; permanent; fast
beständig gegen *<tech.allg> (z. B. Licht, Wasser, Säure)* • resistant to
Beständigkeit *f <allg> (betont: Existenz über lange Zeiträume)* • permanence
Beständigkeit *f <tech.allg> (gegen äußere Einflüsse; z. B. Abrieb, Hitze, Korrosion)* • resistance
Beständigkeit *f <tech.allg> (Stabilität gegen Zerfall; z. B. Stoff, Zustand)* • stability
Beständigkeit *f <obfl> (gegen Strahlung; z. B. Lichtechtheit von Farben)* • fastness
Beständigkeit *f <qualit> (z. B. von Farben, Aufdrucken, Oberflächen)* • durability
Bestandsbeziehung *f <term>* • partitive relation *ISO 12620*
Bestandteil *m <tech.allg> (allg.; z. B. von Material, Methoden)* • constituent
Bestandteil *m <chem> (von Verbindungen)* • component
Bestandteil *m <masch> (von Baugruppen)* • component part
Bestandteil *m <nahr>* • ingredient
bestätigen *vt <tech.allg> (Erhalt, Eingang; z. B. von Meldungen, Nachrichten)* • acknowledge *vt*
bestätigen *vt <tech.allg> (z. B. Passwortabfrage, PIN-Eingabe, Entscheidung, Einstellwerte)* • confirm *vt*
bestäuben *vt <nahr> (z. B. mit Mehl, Zucker)* • dust *vt*
bestäuben *vt <obfl> (mit Pulver bedecken)* • powder *vt*
bestehen aus *vi <tech.allg> (unter anderem enthalten, umfassen)* • comprise *vt*
bestehen aus *vi <tech.allg> (sich zusammensetzen aus etw., aus etw. gefertigt)* • consist of *vt*
bestellen *vt <agri> (Feld, Acker; betont: mit Mühe, durch Hacken, Pflügen etc.)* • till *vt*
bestellen *vt <ökon> (Lieferungen, Leistungen; z. B. mit Katalog, im Internet)* • order *vt*; place an order [for] *vt*
Bestellnummer *f <ökon>* • order number
bestimmen *vt <allg> (entscheiden, berechnen, festlegen)* • determine *vt*
bestimmen *vt <tech.allg> (z. B. Datum, Termin)* • fix *vt*

bestimmen *vt <tech.allg> (Lage, Ort)* • localize *vt*
Bestimmung *f <tech.allg> (feststellen von Werten, Zahlen; z. B. durch Messung, Zählung)* • determination
Bestimmung *f <tech.allg> (Identifizierung von Teilen, Defekten, Zuständen etc.)* • identification
bestrahlen *vt <phys> (einer Strahlung aussetzen; z. B. mit UV, IR, Gamma)* • expose to radiation *vt*; irradiate *vt*
bestrahlt *<phys>* • irradiated
bestrahltes Brennelement *n <nukl>* • irradiated fuel element
Bestrahlung *f <phys> (z. B. mit ionisierender Strahlung)* • exposure to radiation; irradiation
Bestrahlungsstärke *f <phys> (in W/m²; z. B. von Sonnen-, Röntgenstrahlung)* • irradiance; radiation intensity; radiant flux density
Bestrahlungsversprödung *f <qualit.-mat>* • radiation-induced embrittlement; irradiation embrittlement
bestreichen *vt <obfl> (Oberfläche beschichten; betont: mit Pinsel; z. B. Farbe auftragen)* • coat by brushing *vt*; brush on *vt*
bestücken *vt <tech.allg> (ausrüsten; z. B. Leiterplatte, Fertigungszelle)* • equip *vt*
bestücken *vt <prod> (einsetzen)* • insert *vt*
bestücken *vt <wz.masch> (z. B. Maschine mit Rohlingen, Revolverkopf mit Werkzeugen)* • load *vt*
bestückte Leiterplatte *f IEC 61068-2 <el.ic>* • loaded printed circuit board *IEC 61068-2*; loaded pcb
Bestückungsplan *m <el.doku> (von Leiterplatten; z. B. von Mainboards)* • component location drawing; component mounting diagram
Bestuhlung *f <innen> (z. B. eines Theaters, Flugzeugs)* • seating
Bestwert *m <allg>* • best [value]
betanken *vt <tech.allg> (z. B. Auto, Flugzeug)* • fuel *vt*
Betankung in der Luft *f <aerosp> (von Luftfahrzeugen)* • in-flight refueling *US*; midair refueling *US*; midair refuelling *GB*; in-air-to-air refuelling *GB*; mid-air--to-air refueling *US*
Beta-Software *f <comp>* • beta software; pre-release software
Betastrahl *m <nukl>* • beta ray
Betastrahlung *f <nukl>* • beta radiation; beta emission
betätigen *vt <tech.allg> (allg.; z. B. Schalter)* • actuate *vt*
Betätigungshebel *m <masch>* • operating lever; actuating lever
Betätigungsknopf *m <el> (zum Drücken; z. B. Gerät, Schaltpult, Führerstand)* • control button
Betätigungsorgan *n <msr> (z. B. ein Elektromagnet, Schrittmotor)* • actuator; effector; operator
Betätigungsstange *f <tech.allg>* • operating pole
Beton *m DIN 1045 <bau.mat>* • concrete
Betonbau *m <bau>* • concrete engineering
Betonbewehrung *f <bau.mat>* • concrete reinforcement
Betondecke *f <bau.verk>* • concrete pavement
Betonfertigteil *n DIN 1045-2 <bau.mat>* • precast concrete element *DIN EN 206-1*; prefabricated concrete unit; precast concrete unit
Betonfundament *n <bau>* • concrete foundation
betonieren *vt <bau> (gießen)* • cast concrete *vt*
betonieren *vt <bau> (allg.)* • concrete *vt*
betonieren *vt <bau> (betont: einbringen)* • place concrete *vt*
Betonmischer *m <bau.masch> (allg.; fahrbar od. stationär)* • concrete mixer
Betonnung *f <nav> (Fahrrinne)* • buoyage
Betonpflasterstein *m <bau.mat> (DIN EN 1338)* • cast concrete stone; concrete stone; concrete block; precast concrete block; artificial cement stone *obs*
Betonplatte *f <bau.mat>* • concrete slab
Betonrüttler *m <bau.wz> (zum Einführen in nassen Beton)* • concrete vibrator; vibrator *pract*
Betonschalung *f <bau> (z. B. aus Sperrholz, Multiplexplatten)* • concrete formwork *US*; concrete shuttering *GB*
Betonung *f <allg> (z. B. auf ein Wort, Thema)* • emphasis

Betonverkleidung *f <bau.obfl>* • concrete lining

Betonzusatzmittel *n <bau.mat> (kein Volumenanteil; DIN 1045-2; DIN EN 206-1)* • concrete admixture; concrete admix; concrete agent

Betonzusatzstoff *m <bau.mat> (Volumenanteil; DIN 1045-2; DIN EN 206-1)* • concrete additive

Betonzuschlag *m <bau.mat> (z. B. Kies)* • concrete aggregate; aggregate

Betrachtungseinheit *f <qualit>* • item; unit

Betrag *m <math> (einer Größe)* • amount

Betrag *m <math> (einer komplexen Zahl)* • value

Betreiber *m <tech.allg> (einer Anlage; z. B. Kraftwerk)* • operator

Betrieb *m VDI 2264 <tech.allg> (von Anlagen, Systemen)* • operation

Betrieb *m*: **außer ~** *<tech.allg> (Einrichtung; z. B. Geldautomat, Fahrstuhl; z. B. wg. Störung)* • order: out of ~; out-of-duty

Betrieb *m*: **in ~** *<tech.allg> (System, Anlage)* • operation: in ~; active

Betriebsanleitung *f* (BA) *<doku> (allg.; jede Form; z. B. gedruckt, auf CD, Online)* • operator instructions; operating instructions; operating manual; operator's manual

Betriebsanleitung *f <doku.kfz> (von Kfz)* • owner's manual; driver's handbook; operating information; owner guide; operating instructions & product information

Betriebsanweisung *f <doku> (mit Weisungsbefugnis; z. B. für Vertragswerkstatt-Einrichtungen)* • operator instructions; operating instructions

Betriebsanzeige *f <el.msr> (Stromversorgung eingeschaltet)* • power lamp

Betriebsart *f <tech.allg> (z. B. manuell, automatisch)* • mode of operation; operating mode; mode *pract*

Betriebsart *f <verf> (einer größeren Anlage)* • operation mode; operating mode; mode of operation

Betriebsartenschalter *m <el>* • mode switch; mode selector switch; operating-mode switch

Betriebsausgaben *pl* (BA) *<fin>* • business expenses; business related expenses; business expenditure; operating expenses

Betriebsbedingungen *fpl <tech.allg> (allg.)* • operating conditions *pl*; working conditions *pl*

Betriebsbedingungen *fpl <tech.allg> (betont: äußere Einflüsse, wie z. B. Staub, Feuchtigkeit, Temperatur)* • environmental requirements; field conditions

Betriebsbelastung *f <tech.allg> (mechanisch od. elektrisch)* • operating load; service load

Betriebsbereich *m <tech.allg> (betriebl. Einsatzbereich gemäß techn. Daten; von Maschinen, Anlagen)* • operating range

betriebsbereit *<tech.allg> (allg. Zustand)* • operational; operating condition: in ~; ready to operate; serviceable; operable

betriebsbereit halten *vt <tech.allg>* • keep ready for service *vt*

Betriebsbereitschaft *f <tech.allg> (betriebsfähiger Zustand; verfügbar)* • operational availability; readiness for operation; operability; serviceability; readiness

Betriebsbereitschaft *f <tech.allg> (Modus; sofort aktivierbar)* • stand-by

Betriebsbremsanlage *f* (BBA) *<kfz.brems> (betont: als System)* • service brake system; service brakes *pl pract*; foot brake *coll*

Betriebscharakteristik *f <tech.allg> (allg.)* • operating characteristics *pl*

Betriebsdaten *pl <tech.allg> (in Bezug auf Kapazität; z. B. Volumen, Förderstrom)* • capacity rating

Betriebsdaten *pl <tech.allg>* • operating data

Betriebsdrehzahl *f <tech.allg> (von Wellen etc.; z. B. in U/min)* • operating speed

Betriebsdruck *m <tech.allg> (z. B. von Behältern, Hydraulik-, Pneumatiksystemen)* • operating pressure; working pressure; service pressure

Betriebsdruck *m DIN 4319 <rls>* • working pressure (WP) *EN ISO 8330*; operating pressure; service pressure

Betriebserfahrung *f <tech.allg> (betont: vor Ort)* • field experience

Betriebserfahrung *f <tech.allg> (allg.)*

• operating experience
Betriebsgenehmigung *f <jur>* • operating approval; operating licence
Betriebsgrenzwerte *mpl <tech.allg> (von Komponenten, Anlagen)* • operating limits
Betriebshandbuch *n <doku> (für komplexere Produkte, Systeme; z. B. eines Kraftwerks)* • operating manual
betriebsintern *<ökon>* • in-house
Betriebskennlinie *f <tech.allg>* • operating characteristic [curve]
Betriebskosten *pl <ökon> (z. B. einer Anlage, Maschine)* • operating expense[s]; operating costs; operational costs; running costs *pract*
Betriebsmittel *npl <tech.allg> (Ausrüstungen, Einrichtungen)* • resources *pl*; operating resources *pl*
Betriebsmittel *npl <tribo> (Öle, Fette, Kraftstoffe)* • service fluids
Betriebsprogramm *n <comp>* • operating program
betriebssicher *<tech.allg> (betont: Unfallsicherheit)* • safe
betriebssicher *<tech.allg> (betont: störungsfrei verfügbar im Einsatz, Betrieb)* • reliable; operationally reliable; dependable
Betriebsspannung *f <el> (allg. elektr. Spannung beim Betrieb)* • operating voltage; service voltage; working voltage; running voltage *rare*
Betriebsspannung *f <mech> (mechanische Belastung, in N/mm²)* • operating stress; service stress; working stress
Betriebsstellung *f <tech.allg>* • operating position; running position
Betriebsstillegung *f <ökon>* • factory closing-down; factory closure
Betriebsstillstand *m <tech.allg>* • shut-down period; down period; down time; outage
Betriebsstoffe *mpl <logist> (Versorgungsgüter für Produktion)* • supplies; operating supplies; factory supplies
Betriebsstoffe *mpl <logist> (für Fahrzeuge)* • fuels and lubricants
Betriebsstörung *f <tech.allg> (eines Systems; z. B. Lift)* • service failure
Betriebsstundenzähler *m <msr> (allg.)* • working hour meter; operating hour meter; elapsed time indicator; elapsed-time meter; time totalizing meter
Betriebssystem *n <comp> (z. B. DOS, Windows NT)* • operating system (OS)
Betriebstemperatur *f <tech.allg> (tatsächlich oder als Nennwert)* • operating temperature; service temperature
Betriebs- und Hilfsstoffe *mpl <prod> (für die Fertigung)* • auxiliary material; auxiliaries; supplies; factory supplies; manufacturing supplies
Betriebs- und Wartungskosten *pl <ökon>* • operating and maintenance cost; O&M cost
betriebsunfähig *<tech.allg> (z. B. Bauteil, System, Anlage)* • inoperable; unserviceable
Betriebsverhalten *n <tech.allg> (von Maschinen, Anlagen, Fahrzeugen)* • operating behaviour; operational behaviour; service behaviour; performance
betriebswarm *<tech.allg>* • warmed up
Betriebszeit *f <tech.allg> (betont: Zeit im eingeschalteten Zustand)* • power--on time; up-time
Betriebszustand *m <tech.allg> (von Bauteilen, Maschinen, Anlagen)* • operating condition; operating state
Betriebszustand *m <tech.allg> (gute oder schlechte Verfassung)* • working order
Bett *n <allg> (zum Schlafen, Möbel)* • bed
Bett *n <wz.masch> (z. B. Drehmaschine)* • bed
beuchen *vt <textil>* • kier-boil *vt*; kier *vt*; buck *vt*; bowk *vt*
beugen *vt <bio> (z. B. Arm)* • flex *vt*
beugen *vt <phys> (Wellen; z. B. Licht)* • diffract *vt*
Beugung *f <phys> (von Wellen; z. B. Licht, Wasser, an Hindernis, Spalt)* • diffraction
Beulen *n <mech> (bei Platten und Schalen; entspricht dem Knicken)* • buckling
Be- und Entladerampe *f <logist>* • loading bay
Be- und Entlüftung *f <hlk> (Vorgang)* • ventilation
Beutel *m <pack> (allg.)* • bag
Beutel *m <pack> (groß)* • sack; bag
bevorzugt *<tech.allg> (z. B. Maße, To-*

leranzen) • preferential; preferred

bevorzugte Abfertigung beim Check--in *f <tour>* • priority check-in

bevorzugte Behandlung beim Einsteigen *f <tour>* • priority boarding

bewachsen *<nav> (Rumpf; Boot, Schiff)* • foul; fouled

Bewaffnung *f <mil>* • armament; arming

bewährt *<allg>* • proven

bewährte Fertigungspraxis *f :V <prod>* • good manufacturing practice (GMP)

Bewässerung *f DIN19655 <agri>* • irrigation

Bewässerungstechnik *f <bau>* • irrigation engineering

bewegen *vr <tech.allg> (quer zu etwas)* • traverse *vt*

bewegen *vr <masch> (geradlinig; z. B. Schlitten auf Bett, Schiene)* • travel *vi*

bewegen *vr/vt <allg>* • move *vi/vt*

bewegen *vt <tech.allg> (Flüssigkeit in Behälter; z. B. durch Schütteln, Rühren)* • agitate *vt*

beweglich *<allg> (von sich aus bewegend)* • moving

beweglich *<tech.allg> (locker; eher unerwünscht)* • loose

beweglich *<tech.allg> (leichtgängig, eher erwünscht; z. B. auf Rollen, Rädern verfahrbar)* • mobile

beweglich *<tech.allg> (im Ggs. zu fest, steif, starr)* • movable

beweglich *<tech.allg> (gelenkig)* • articulated

bewegliche Last *f <mech>* • moving load

bewegliches Glied *n <mech> (Kinematik)* • moving member

bewegliche Teile *npl <tech.allg>* • moving parts

Bewegtbett *n <chem>* • moving bed

Bewegung *f <masch> (typ. geradlinig; z. B. auf Schienen, Führungsbahnen)* • travel

Bewegung *f <phys>* • motion; movement

Bewegungsablauf *m <tech.allg> (allg.)* • sequence of motions

Bewegungsfreiheit *f <tech.allg>* • freedom of movement; freedom of motion

Bewegungsmelder *m <alarm>* • motion sensor; movement detector *GB*; motion detector

Bewegungsstudie *f <tech.allg> (z. B. Ergonomie, Sport)* • motion study

Bewegungsunschärfe *f <phot>* • motion blur

bewehren *vt <bau> (Stahlbeton)* • reinforce *vt*

bewehren *vt <el> (Kabel)* • sheath *vt*; armor *vt US*; armour *vt GB*

bewehrtes Kabel *n <el> (meist aus Metall)* • armored cable *US*; armoured cable *GB*; sheathed cable

Bewehrung *f <bau.mat> (von Beton)* • reinforcement

Bewehrung *f <energ.el> (eines Kabels)* • armouring *GB*; armoring *US*; armour *GB*; armor *US*; sheathing

Bewehrungsstahl *m <bau.mat> (für Stahlbeton)* • rebar steel; concrete reinforcement steel; reinforcement steel; reinforcing steel; rebars *coll*

Beweis *m <allg> (durch Vorführen, Vorrechnen)* • demonstration

Beweisbarkeit *f <allg> (z. B. Behauptung, Hypothese, mathemat. Ableitung)* • demonstrability; provability

beweisen *vt <allg> (Hypothese, Ursache-Wirkung-Beziehung demonstrieren)* • demonstrate *vt*

beweisen *vt <allg> (experimentell, mathematisch als wahr bestätigen)* • verify *vt*

Beweismittel *n <jur>* • evidence; proof

bewerten *vt <allg> (Wert einschätzen; z. B. eine Erfindung)* • assess *vt*

bewerten *vt <tech.allg> (z. B. Testergebnisse)* • evaluate *vt*; rate *vt*

Bewertungskriterium *n <allg>* • evaluation criterion

bewettern *vt <min.hlk>* • air *vt*; ventilate *vt*

bewirken *vt <allg>* • cause *vt*; effect *vt*

bewittern *vt <obfl>* • weather *vt*

Bewitterung im Freien *f DIN EN ISO16871 <qualit.mat>* • direct weathering *DIN EN ISO16871*; natural weathering *DIN EN ISO16871*

Bewuchs *m <obfl.nav> (am Schiffskörper)* • fouling

Bewuchshemmer *m <obfl.nav> (für Schiffsrumpf)* • anti-fouling agent

Bewusstsein *n <allg>* • awareness

bezeichnen *vt <allg> (beim Namen nennen)* • name *vt*

bezeichnen *vt <term> (einen Begriff; mit einem Ausdruck, einer Benennung)*

• denote *vt*; designate *vt*
Bezeichnung *f DIN 2342 <term>* • designation *ISO 1087*; designator *rare*
Bezeichnungsschild *n <tech.allg>* • legend plate
beziehen *vt <fin> (Einkommen)* • derive *vt*; receive *vt*
beziehen *vt <sport> (mit Saiten; z. B. Tennisschläger)* • string *vt*
beziehen *vt <textil.obfl> (Möbel; z. B. Sessel, Sofa)* • cover *vt*; face *vt*
beziehen auf *vr <allg>* • relate to *vt*
Beziehung *f <allg> (z. B. mathematisch, sozial)* • relation; relationship
beziehungslos *<allg> (zu etwas)* • unrelated
Beziehung zwischen X und Y *f <allg>* • relation between x and y
Bézier-Kurve *f <math.comp>* • Bézier curve; Bézier spline; Bezier curve
beziffern *vt <math>* • denumerate *vt*; specify the number of *vt*; number *vt*; figure *vt*
Bezug *m <allg> (Referenz auf etw.)* • reference
Bezugsachse *f <tech.allg>* • reference axis; axis of reference
Bezugsbasis *f <allg> (z. B. Statistik)* • basis of reference; reference basis; basis
Bezugsdaten *pl <allg>* • reference data
Bezugsebene *f <tech.allg> (z. B. Geodäsie, Bemaßung, CNC)* • reference plane; plane of reference
Bezugsfläche *f <tech.allg> (z. B. zur Definition von Rauheitsmaßen, Formtoleranzen)* • datum surface
Bezugsgröße *f <tech.allg> (allg.)* • reference quantity; reference value; reference magnitude *rare*
Bezugsmarke *f <tech.allg> (z. B. Geodäsie, Hochwasser)* • reference mark; fiducial [mark]
Bezugsmarke *f <el> (auf Leiterplatten)* • fiducial mark
Bezugsmaßsystem *n <tech.allg> (z. B. kartesische Koordinatenachsen)* • datum system
Bezugsnormal *n <msr>* • reference standard
Bezugspunkt *m <tech.allg> (allg.)* • reference point; point of reference
Bezugspunkt *m <tech.allg> (eher geometrisch, räumlich, zeitlich)* • datum point
Bezugssystem *n <tech.allg> (z. B. Koordinatensystem)* • frame of reference; reference frame
Bibeldruckpapier *n <druck> (dünn, leichtgewichtig, hohe Opazität und Festigkeit)* • Bible paper; bibulous paper
Biberschwanzziegel *m <bau.mat> (Dachziegel)* • clay plain tile; plain tile *coll*; double-lap clay tile *rare*; flat clay tile *US*; beavertail tile *GB.rare*
Bidet *n <bau.innen>* • bidet
bidirektional *<tech.allg> (z. B. Druck, Scannen)* • bidirectional; boustrophedon
biegbar *<mech>* • bendable
Biegebeanspruchung *f <mech>* • bending stress; bending load; bending strain; flexural load
Biegefestigkeit *f norm <qualit.mat> (allg.; z. B. von Blech, Holz, Kunststoff, Karton)* • flexural strength *stand*; bending strength; deflective strength; flexural resistance
biegen *vt <tech.allg>* • bend *vt*
Biegeprüfung *f norm <qualit.mat>* • bend test *stand*; bending test; bend-over test
Biegeradius *m <tech.allg>* • bending radius; bend radius; radius of bend
Biegestab *m <tech.allg> (konkret oder bei FIM)* • flexural member; flexural bar
biegesteif *<mech>* • rigid; flexurally rigid
biegesteifer Rahmen *m <tech.allg>* • rigid frame
Biegesteifigkeit *f <mech> (z. B. von Trägern, Kranauslegern, Roboterarmen)* • resistance to deflection; bending stiffness; bending resistance; stiffness under flexural load; bending rigidity *rare*
Biegesteifigkeit *f <qualit.mat> (Materialeigenschaft)* • flexural strength; flexural rigidity; flexural stiffness; bending stiffness
Biegeumformen *n DIN 8586 <prod> (ein Umformverfahren)* • bend forming; forming by bending; bending *pract*
biegsam *<tech.allg> (allg.)* • flexible
biegsam *<mat> (mit sehr geringem Kraftaufwand)* • pliable; pliant

Biegung *f <masch> (Ergebnis des Biegens; Kurve, Krümmung)* • bend

Biegung *f <mech> (Vorgang)* • flexure; bending

Biegung *f <mech> (Auslenkung infolge Biegebeanspruchung)* • deflection

Biergarnitur *f <allg>* • beer table and benches; beer table set

Bifilament-Borsten *fpl <hygi.wz> (Zahnbürste)* • bifilament bristles

Bifokalglas *n ISO 13666 <opt> (zum Sehen in die Ferne und in die Nähe)* • bifocal lens *ISO 13666*; bifocal

Big-Block-Motor *m <kfz> (7 Liter Hubraum)* • big block *US*; rat engine *US.-coll*

Bikini *m <bekl> (zweiteiliger Badeanzug f. Frauen)* • bikini

bikonkave Linse *f <opt>* • biconcave lens

bilateral *<allg>* • bilateral

Bild *n <allg> (Abbild)* • image; pictorial representation *form*

Bild *n <av> (auf Fernsehbildschirm, Monitor)* • picture

Bild *n <av> (Teil einer Sequenz; z. B. aus Film, Fotoserie)* • frame; individual frame; individual picture; picture; image

Bild *n <doku> (jegliche sichtbare Abbildung)* • picture

Bild *n <doku> (Grafik, Diagramm)* • graph

Bild *n <doku> (betont: zur visuellen Verdeutlichung)* • illustration

Bild-ab-Taste *f <comp>* • PgDn key; Page-Down key

Bildaufbau *msg <phot> (Komposition seitens des Fotografen)* • picture composition; arrangement of the picture elements

Bildaufbau *msg <phot> (Entstehen des Bildes durch techn. Prozesse)* • image formation

Bild-auf-Taste *f <comp>* • PgUp key; Page-Up key

Bildausschnitt *m <phot> (gewählter Ausschnitt der Wirklichkeit; z. B. im Sucher)* • picture area; image area

Bildausschnitt *m <phot> (betont: beschnitten, befreit von unerwünschter Umgebung)* • frame

Bildbearbeitung *f <phot>* • image editing; picture editing

Bildbearbeitungssoftware *n <comp>* • image editing software

Bilddatei *f <comp>* • image file; picture file

bilden *vt <allg> (z. B. Vermögen)* • generate *vt*

bilden *vt <allg> (schaffen)* • create *vt*

bilden *vt <prod> (etwas Konkretes; z. B. eine Verbindung, Bogen, Brücke)* • form *vt*

bilden *vt <verf> (etwas Abstraktes; z. B. Geruch, Abgase, Lärm)* • produce *vt*

Bilderkennung *f <comp>* • image recognition; picture recognition

Bilder pro Sekunde *<tech.allg>* • frames per second (fps); frames/sec

Bildflug *m <aerosp> (für Luftaufnahmen; z. B. für Kartographie)* • photographic flight; survey flight

Bildflugzeug *n <aerosp>* • photographic aircraft

Bildformat *n <allg>* • image format; image size; picture size

Bildformat *n <phot> (Größe des fertigen Bildes; z. B. 13x18 cm, 50x70 cm)* • picture format; print format; photo format; photo size

Bildgröße *f <tech.allg>* • image size; picture size

Bildhöhe *f <allg>* • image height

bildliche Darstellung *f <doku> (Abbild; z. B. im Ggs. zur schematischen Darstellung)* • pictorial representation

Bildmaßstab *m <allg>* • image scale

Bildqualität *f DIN EN 1330-1 <tech.allg> (von Fotos, Röntgenaufnahmen etc.)* • image quality; picture quality

Bildrauschen *n <av> (in Digitalbildern, -anzeigen; spez. in dunklen Partien)* • noise

Bildschärfe *f <opt> (Auflösung; z. B. abhängig von Objektiv, Film-Korngröße, Raster)* • image definition; image acuity; image distinctness; image sharpness; definition

Bildschärfe *f <phot> (in Bezug auf Fokussierung)* • image sharpness

Bildschirm *m <comp> (Anzeigefläche bei Monitor mit Elektronenstrahlröhre)* • screen

Bildschirm *m <comp> (Anzeigefläche bei Geräten ohne Elektronenstrahlröhre; z. B. LCD, TFT)* • panel

Bildschirm *m <comp> (Gerät insge-*

samt) • visual display unit (VDU); display; display device; monitor

Bildschirmanzeige *f* (OSD) *<av> (von aktuellen Funktionen oder Menüs)* • on-screen display (OSD)

Bildschirmarbeitsplatz *m DIN 66233 <comp>* • display work station *ISO 9241*; display console

Bildschirmauflösung *f <comp> (LCD oder TFT Display)* • display resolution

Bildschirmausdruck *m <comp> (Ausdruck der Bildschirmanzeige)* • hardcopy; printed screenshot; screenshot printout; screen capture printout

bildschirmfüllend *<comp>* • full-screen

Bildschirmmenü *n <comp.av> (z. B. PC, TV, Geldautomat)* • on-screen menu; display menu; screen menu

Bildschirmschoner *m <comp>* • screen saver

Bildseitenverhältnis *n <comp.av> (Bildschirm)* • aspect ratio

Bildsensor *m <phot>* • image sensor; imager

Bildstabilisator *m <phot.av> (z. B. Camcorder)* • image stabilizer (IS); image stabilizing system; image stabilization; Automatic Image Stabilizer; AIS

Bildsuchlauf *m <av> (zum schnellen Auffinden bestimmter Bandstellen)* • picture search; video search; shuttle search

Bildsuchlauf rückwärts *m <av>* • review

Bildsuchlauf vorwärts *m <av>* • cue

Bildunschärfe *f <opt> (verschwommenes Foto, Fernsehbild)* • image blurring

Bildunschärfe *f <opt> (mangelnde Auflösung)* • lack of image definition

Bildverarbeitungssystem *n <tech.allg>* • image processing system; image processor

Bildvorlage *f <comp.kunst> (fertiges Bildmaterial aus Bildbibliotheken)* • clip art

Bildwandler *m <av> (in Camcorder, Digitalkamera; typ. ein CCD-Element)* • image converter; image sensor; image device; picture sensor

Bildwiederholfrequenz *f <comp> (Anzahl Vollbilder pro Sek. von Monitor, Grafikkarte; in Hz; z. B. 70 Hz)* • refresh rate; scanning frequency; video refresh cycle; vertical refresh rate; screen refresh rate

Bildzählwerk *n <phot> (in Kamera; belichtete Bilder oder noch verfügbare Aufnahmen)* • exposure counter; frame counter; film frame counter; film exposure counter

Bilgewasserpumpe *f <nav.förd>* • bilge pump

Billigflagge *f <nav>* • flag of convenience

Billigflug *m <aerosp>* • cheap flight; low-budget flight

Billigplastik-... *<kst> (z. B. Innenverkleidung billiger Autos)* • plasticky

Billion *f <math> (1.000.000.000.000)* • trillion *US.GB*; million millions *GB.coll*; billion *GB.obs*

Biluxlampe *f <kfz.el>* • bilux headlamp

Bimetall *n <mat> (z. B. in Bimetallfeder)* • bimetal

bimetallisch *<tech.allg>* • bimetallic

Bimetallstreifen *m <tech.allg> (z. B. in Ein-Aus-Regler)* • bimetallic strip; bimetal strip

Bimini[-Top] *n <nav> (Sonnensegel über Cockpit)* • bimini top

Bims *m <bau.mat>* • pumice

Bimsstein *m <wz.mat> (Schleifmittel)* • pumice stone; pumice *coll*

binär *<math> (Zahlen; Logik)* • binary

Binärcode *m <comp>* • binary code; digital code

binäres System *n <tech.allg> (z. B. Ziffern, Werte, Material)* • binary system

binäre Steuerung *f <msr>* • binary control

Binärsignal *n <tech.allg> (allg.)* • binary signal

Binärzahl *f <comp>* • binary number

Bindedraht *m <tech.allg> (allg.)* • binding wire

Bindegewebe *n <bio>* • connective tissue

Bindeglied *n <tech.allg> (z. B. mech., chem., elektr., funktionell)* • link

Bindekraft *f <tech.allg>* • binding force

Bindemittel *n <tech.allg>* • binding material; binding agent; binder *pract*

bindemittelfrei *<tech.allg>* • binderless

binden *vt <tech.allg> (durch irgendeine Verbindung; z. B. Atome, Papierblätter)* • bind *vt*

binden *vt <chem> (Stoffe)* • bind *vt*

binden *vt <druck> (z. B. Buch, Diplomarbeit)* • bind *vt*

binden *vt <füg> (mit Schnur, Draht; z. B. Bündel, Ballen, Schuhe)* • tie *vt*

Bindenaht *f <kst.füg>* • weld line

Binderstein *m <bau> (Mauerwerk; Kopfseite sichtbar; im Ggs. zu Läufer)* • header brick; header *pract*; binding stone

Bindestrich *m <doku>* • hyphen

Bindestrichschreibung *f <term>* • hyphenation

Bindfaden *m <tech.allg> (relativ dünn, bis 1 mm; zum Binden, Verpacken)* • string; binder twine

bindig *<mat> (z. B. Lehm)* • cohesive

bindiger Boden *m <geo>* • cohesive soil; cohesional soil

Bindung *f <chem> (Zustand; zwischen Atomen, Elementen)* • link; chemical bond; linkage; bond

Bindung *f <füg> (Fixierung an etw.)* • fixation

Bindung *f <füg> (durch Verschmelzung)* • fusion

Bindung *f DIN 61101-1 <textil>* • weave

Bindungsenergie *f <phys>* • binding energy; bonding energy; bond energy

Bindungszahl *f <chem>* • bond valence; bond number

Binnen... *<allg> (z. B. Handel, Verkehr, Flug)* • domestic ...; inland ...; internal ...

binnenbords *<nav>* • inboard

Binnenfischerei *f <nav>* • freshwater fishing; inland waters fishing

Binnengüterschiff *n form <nav>* • inland cargo vessel *form*; inland goods carrier; inland cargo freighter *rare*

Binnenhafen *m <nav>* • inland port; river port; inland harbor *US*; inland harbour *GB*; close port

Binnenmajuskel *m <druck>* • internal letter capital; medial capital; internal capital

Binnenschiff *n <nav>* • inland vessel; inland navigation vessel; home trading vessel; inland waterways vessel; inland waterways craft

Binnenschifffahrt *f <nav>* • inland navigation; interior navigation; inland waterways traffic; inland waters navigation

Binnenwasserstraße *f <nav>* • inland waterway

Binomialverteilung *f <math> (Wahrscheinlichkeit)* • binomial distribution

Bio-Bauer *m <agri>* • organic farmer

Biochemie *f <chem.bio>* • biochemistry

Bioethanol *n <kfz.chem> (ROZ 111; z. B. als Kraftstoff)* • bioethanol

Biogas *n <energ.bio> (ROZ 130; z. B. für Ottomotoren)* • bio gas

Biogasanlage *f <agri.verf>* • biogas plant; digester; reactor

Bioinformatik *f <bio.comp>* • bioinformatics

Biokontamination *f DIN EN ISO 1469 <bio>* • biocontamination *EN ISO 14698*

Biokraftstoff *m <energ> (z. B. Bioethanol)* • bio fuel

biologisch abbaubar *<ökol> (z. B. Wasch- und Spülmittel, Verpackungen)* • biodegradable; biologically degradable

biologisch abbaubarer Wertstoff *m* (BAW) *<ents>* • biodegradable material *:V*; biologically degradable substance

biologisch abbauen *vr <ents>* • biodegrade *vi*

biologisch bewirtschaftete Landwirtschaftsflächen *fpl <agri>* • organic-farm land

biologische Landwirtschaft *f <agri>* • organic farming

biologischer Abbau *m DIN ISO 11074-1 <ents>* • biodegradation *ISO 11074-1*; microbial degradation; microbial breakdown; biotic decomposition

biologischer Schild *m <nukl> (KKW)* • biological shield

biologisch rasch abbaubar *<ökol>* • readily biodegradable

Biolumineszenz *f <bio.licht>* • bioluminescence

Biomasse *f <energ.bio>* • biomass

biometrischer Reisepass *m <doku>* • biometric-enabled passport

biometrisches Merkmal *n <doku> (für Ausweise, etc.; z. B. Fingerabdruck, Gesichtsgeometrie, Auge)* • biometric feature; biometric characteristic

Bionik *f <bio.tech> (z. B. Kieselalgen als Konstruktionsvorbild)* • bionics

bionischer Computer *m <comp>* • bionic computer

Biopolymer *n <kst> (z. B. für kompostierbare Verpackungen)* • bio polymer

Biosphäre *f <ökol>* • biosphere; ecosphere

Biotechnik *f <bio.tech>* • bioengineering

Biotechnologie *f <bio.tech>* • biotechnology; biotech *coll*

biotisch *<chem>* • biotic

biotische Schäden *pl <holz>* • biotic damage

Biotop *m/n <ökol>* • biotope

Bioverfügbarkeit *f <ents>* • bioavailability; biological availability

bipolar *<allg>* • bipolar

bipolarer Transistor *m <el.ic>* • bipolar transistor

birnenförmig *<allg>* • pear-shaped

bistabile Kippschaltung *f <el>* • bistable circuit

bistabiler Multivibrator *m <el> (Kippschaltung; liefert fortlaufend Schaltimpulse; z. B. als Taktgeber)* • bistable multivibrator; Eccles-Jordan multivibrator

bistabiles Bauelement *n <el> (allg.; Schaltelement einer Kippschaltung; z. B. ein Flip-Flop)* • bistable device; two-state device; bistable *pract*

Bit *n <comp> (0 oder 1)* • binary digit (bit); binary character; data bit; information bit; bit

bitadressierbarer Speicher *m <comp>* • bit-mapped memory

Bitdichte *f DIN 66010 <comp> (Bits pro Flächeneinheit auf einem Datenträger)* • bit density; linear bit density; linear density

Bitfehlerrate *f* (BER) *<comp> (fehlerhafte:insgesamt übertragene Bits)* • bit error rate (BER); bit error ratio; bit error probability

Bitmap *f <comp> (Grafikformat ohne Kompression, nicht vektorisiert; *.bmp)* • bitmap; raster graphics

Bitrate *f <tele> (Daten je Zeiteinheit in Bit je Sekunde; bit/s)* • bit rate; data rate; transmission rate; transmission speed

bitseriell *<comp>* • bit-serial

Bits-Halter *m <wz> (Adapter zw. Steckschlüssel-Wz. u. Bit-Einsatz)* • bit holder; bit adapter; bit adaptor; hex socket; insert bit socket *rare*

Bits pro Sekunde *npl* (bps) *<comp> (Datenübertragungsrate; z. B. 56000 bps od. 56 kbps)* • bits per second (bps); bits/sec *rare*

bituminös *<bau.mat> (asphalt-, pech- oder teerhaltig; z. B. Kohle, Straßenbelag)* • bituminous; asphalted

bituminöse Kohle *f <min> (dunkelbraun-schwarz; flüchtig: 19-28%; Wasser: 2-4 %; hoher Heizwert)* • bituminous coal; soft coal; hard coal *GB.rare*

bituminöser Lignit *m <min> (tiefschwarzglänzende, spröde, bituminöse Kohle)* • bituminous lignite; pitch coal *pract*; black lignite

bivalent *<chem>* • bivalent; divalent

bivalente Betriebsweise *f <hlk> (Wärmepumpe)* • tandem operation *:V*

Biwak *m <allg>* • bivouac; bivi site

biwakieren *vi <allg>* • bivouac *vi*; bivi *vi*

Bi-Xenon-Fahrlicht *n <kfz.licht> (Abblend- und Fernlicht)* • bi-xenon driving lights

Bi-Xenon-Scheinwerfer *m <kfz.licht>* • bi-xenon projection system; bi-xenon headlight; bi-xenon headlamp

B-Kanal *m <tele> (ISDN)* • B channel; bearer channel; information channel

Blähton *m <bau.mat> (z. B. als Betonzuschlag)* • expanded clay; light-weight expanded clay [aggregate]; foamclay *pract*

blank *<el> (Draht, Kabel ohne Isolierung)* • uninsulated; bare; naked

blank *<obfl> (ungeschützt, unisoliert, nackt)* • bare

blank *<obfl> (unbeschichtet; z. B. unlackiert)* • uncoated

blank *<obfl.metall> (glänzend, unlackiert, nicht korrodiert; z. B. Stahl)* • bright

blank *<obfl.metall> (betont: bearbeitet; z. B. blankgedreht, poliert)* • bright-finished

blanker Draht *m <mat> (unbeschichtet; z. B. Bindedraht)* • bare wire; naked wire

blanker Leiter *m <energ.el>* • bare conductor; plain conductor; uninsulated conductor; noninsulated conductor; uncoated conductor

blankgezogener Draht *m <prod>* • bright-drawn wire; grease-drawn wire

Blase *f <tech.allg> (z. B. Gas-, Luft-, Dampfblase)* • bubble

Blase *f <obfl> (zwischen Schicht und Substrat)* • blister

Blasebalg *m <prod>* • bellows

blasen *vt <tech.allg>* • blow *vt*

Blasen bilden *vi <bau.obfl> (Anstrich)* • blister *vt*

Blasen bilden *vi <prod> (in Flüssigkeiten)* • bubble *vi*

Blasenbildung *f <kfz> (blockiert Kraftstoffleitungen)* • vapor lock *US*; vapour lock *GB*; fuel vapor lock *US*; fuel vapour lock *GB*

Blasenbildung *f DIN EN ISO 8044 <obfl> (an der Oberfläche fester Stoffe)* • blistering *ISO 8044, 4617*; formation of blisters

Blasenbildung *f <verf> (in Flüssigkeiten)* • formation of bubbles; bubble formation; bubbling

blasenfrei *<kfz.mot> (Kraftstoff)* • bubble-free; free of air bubbles

blasenfrei *<mat> (z. B. Gussteil)* • non-porous

blasenfrei *<obfl> (Anstrich, Lackierung)* • non-blistered

Blasenprüfung *f DIN EN 1330-8 <qualit.mat> (Dichtheitsprüfung)* • bubble test *EN 1330-8*

Bläser *m <aerosp.mot>* • fan

Bläser *m <aerosp.mot> (Mantelstromtriebwerk)* • fan

Blasform *f <metall> (Hochofen)* • tuyere

Blasformen *n <kst> (Vorgang)* • blow molding

Blasformmaschine *f <kst>* • blow-molding machine

Blasformteil *n <kst>* • blow molding; blow-molded part

blasgeformter Artikel *m <kst> (z. B. Flasche, Kraftstofftank, Surfbrett, Bobby-Car)* • blow-molded product; blow-molded article; blow-molded hollow article *rare*

blasig *<obfl> (z. B. Anstrich, Lack)* • blistered; blistery

Blasinstrument *n <mus>* • wind instrument

Blaskopf *m <metall>* • blow head

Blaslanze *f <metall> (Sauerstofflanze; z. B. für LD-Verfahren)* • oxygen lance; lance

blass *<obfl> (Farbe; z. B. Haut)* • pale; light

Blasverfahren *n <verf> (allg.; z. B. beim Blasformen)* • blowing process

Blaswerkzeug *n <kst>* • blow mold

Blatt *n <allg> (Pflanze, Papier, Feder, Tür)* • leaf

Blatt *n <tech.allg> (Rotor; z. B. Schiffschraube, Flugzeugpropeller, Hubschrauberrotor)* • blade

Blatt *n <druck> (allg.; bedruckte Seite)* • page

Blatt *n <masch> (schlank, schmal; z. B. Propeller, Turbine, Ventilator)* • vane

Blatt *n <pap> (Papier und Karton, ungefalzt; < A3)* • sheet

Blättchen *n <allg>* • flake

Blatteinstellwinkel *m IEV 415 <energ.-wind>* • pitch angle *IEV 415*; rotor blade pitch angle *form*; blade pitch angle; blade pitch *pract*; blade angle *pract*

Blatteinstellwinkelregelung *f <energ.-wind>* • pitch control

blättern *vt <comp>* • page *vt*

Blattfeder *f <fz> (typ. bei dt. Güterwagen)* • leaf spring; semi-elliptic leaf spring; half-elliptic spring; laminated spring; flat spring

Blattfederung *f <kfz>* • spring leaf suspension; cart spring suspension

Blattflächendichte *f <energ.wind>* • solidity; blade solidity; solidity ratio

Blattformat *n <pap>* • sheet size

Blattgold *n <mat.obfl> (aurum foliatum, echtes Gold; hauchdünne Folie)* • leaf gold; gold leaf

Blatthinterkante *f <energ.wind> (Rotorblatt)* • trailing edge

Blattnase *f <energ.wind> (Rotorblatt)* • leading edge

Blattsehne *f <energ.wind> (Rotor)* • chord line

Blattspitze *f <masch> (Rotor; z. B. Propeller, Windkraftanlage)* • blade tip

Blattvergoldung *f <obfl> (als Prozess und Resultat)* • gilding with gold leaf

Blattverstellmechanismus *m <masch> (eines Rotors, Propellers)* • pitch mechanism

blaustichig *<phot>* • blue-tinged

Blech *n <metall> (allg. dünngewalztes Metall; z. B. aus Stahl, Alu, Messing, Kupfer)* • sheet metal; sheet

Blech *n <metall> (ein bestimmtes Blechteil, -stück)* • metal sheet

Blech *n DIN 55 405 <metall> (Mittel-, Grobblech; als Tafel, nicht als Coil geliefert)* • plate

Blechbiegemaschine *f <wz.masch> (allg.; für Fein- od. Grobbleche)* • sheet-metal bending machine; sheet bending machine

blechen *vt <el.prod> (z. B. Trafokern, Anker eines Elektromotors)* • laminate *vt*

Blechgehäuse *n <tech.allg>* • sheet--metal case

blechgekapselt *<tech.allg>* • sheet--metal-enclosed

Blechkanister *m <pack> (quaderförmig, meist mir Tragegriff; z. B. für Lösungsmittel)* • F-style can *US*; oblong tin *GB*

Blechkern *m <el> (z. B. Trafo, Anker eines Elektromotors)* • laminated core; sheet pack[et]

Blech mit unterschiedlicher Blechdickenabstufung *n <prod> (Tailored Blank)* • panel with varying thickness

Blechmutter *f DIN 7970 <füg> (aus Blech gestanzte Mutter für Blechschrauben)* • speed nut; single-thread nut; sheet metal nut; Tinnerman Speed Nut ®

Blechschere *f <wz> (kleines Handwerkzeug)* • snips *pl*; tinmen's shears *pl GB.form*; tin snips *pl GB.coll*; metal snips *pl*; metal shears *pl US*

Blechschraube *f DIN 7981 <füg> (sehr spitz; sehr grobes Gewinde; verschiedene Kopfarten)* • sheet metal screw *ISO 1891*; tapping screw; self-tapping screw

Blechschraubengewinde *n* (Bg) *DIN EN ISO 1478 <füg>* • tapping-screw thread (ST) *ISO 1478*; spaced thread

Blechschrott *m <ents>* • sheet scrap; plate scrap

Blechtafelschere *f <wz.masch> (für dicke Bleche, stationär)* • plate shears; plate shear; guillotine shear; guillotine shears; plate shearing machine

Blechwalzen *n <metall> (Tafeln)* • plate rolling

Blechwalzen *n <metall> (wickelbare Bleche; bis ca. 30 mm)* • sheet rolling

Blechzuschnitt *m <metall>* • metal--sheet blank; sheet blank

Blei *n* (Pb) *<chem> (Plumbum metallicum)* • lead (Pb) *[led]*

Blei-Akkumulatoren-Starterbatterie *f EN 50342/A3 <el>* • lead-acid starter battery *EN 50342/A3*

Bleibatterie *f <el> (z. B. als Starterbatterie in Kfz; ca. 35 Wh/kg)* • lead-acid battery; lead-acid storage battery

bleiben *vi <allg>* • remain *vi*; stay *vi*

Bleichen *n <chem.verf> (allg.; z. B. von Zellstoff, Textilien, Holz)* • bleaching

bleichen *vt <chem.verf> (allg.)* • bleach *vt*

Bleichfixierbad *n <phot>* • bleach fixing bath

Bleifolie *f <mat>* • lead foil

bleifrei *<chem.petr> (Kraftstoff)* • unleaded *US*; lead-free *GB*; non-leaded; nonleaded; non-lead

bleifrei *<mat> (allg.; z. B. Benzin, Lot)* • lead-free; Pb-free *thsc*; leadfree *rare*

bleifreier Kraftstoff *m <chem.petr>* • unleaded fuel

Bleigehalt *m <tech.allg>* • lead content

Bleigummischürze *f <nukl.med> (Schutz gegen Röntgenstrahlen)* • lead-rubber apron; body apron; lead apron

Bleikristallglas *n <silik>* • lead-crystal glass

Bleimantel *m <el> (Kabel)* • lead sheath; lead sheathing; lead jacket

Bleimennige *f <chem> (als Korrosionsschutzmittel verwendet)* • red lead *[led]*; lead tetroxide *thsc*; red lead oxide; saturnium red; minium

Bleimine *f <wz> (zum Schreiben; allg. z. B. aus Graphit, enthält kein Blei)* • pencil lead

Bleistiftzeichnung *f <doku>* • penciled drawing; pencil drawing

Blende *f <masch> (zum Verdecken unattraktiver Technikteile; z. B. über Hebelgelenk)* • hider

Blende *f <phot> (von der Hardware freigegebene Öffnung; z. B. von Objektiv)* • aperture

Blende *f <phot> (auf Blendenring angegebene Zahl)* • f-stop; f-number; f/stop; f/number; focal ratio *rare*

blenden *vi <licht>* • glare *vi*

blenden *vt <allg> (durch grelles Gegenlicht)* • dazzle *vt*

blenden *vt <petr> (mischen; Erdöl)* • blend *vt*

Blendenautomatik *f <phot> (Belichtungsautomatik)* • shutter priority

Blendeneinstellring *m <phot>* • aperture ring; diaphragm setting ring *rare*

Blendenskala *f <phot>* • aperture scale

Blendrahmen *m DIN 68121 <bau> (Fenster, Tür; sichtbar, nicht durch Abdeckrahmen überdeckt)* • frame

Blendschutz *m <tech.allg>* • antidazzle device

Blendschutz *m <tech.allg>* • glare protection; glare screen; light screen

Blendung *f <opt>* • dazzlement; dazzle

blendungsfreie Beleuchtung *f <licht>* • glareless lighting

Blickfeld *n <tech.allg>* • field of view (FOV); vision range; vision field

Blickwinkel *m <tech.allg>* • viewing angle; aspect angle; angle of view

blind *<tech.allg>* • blind

blind *<el> (Blindkomponente, Blindstrom)* • idle

blind *<obfl> (Spiegel, Lack)* • dull

Blindanflug *m <aerosp>* • blind approach; instrument approach

Blindflansch *m <rls>* • blind flange; blank flange

Blindlast *f <el>* • reactive load; wattless load

Blindmaterial *n DIN 16514 <druck> (Bleisatz; z. B. Spatien, Gevierte, Regletten)* • spacing material; furniture; blanks

Blindniet *m DIN 7337 <füg> (ein Hohlniet; z. B. für Alu-Haushaltsleitern)* • pop rivet; break-stem blind rivet *form*; blind rivet

Blindniet-Handzange *f <füg.wz> (mechanisch, mit Hebel)* • pop riveting tool; blind riveting tool; hand riveting tool [for blind rivets]

Blindöse *f <led>* • blind eyelet

Blindspannung *f <el>* • reactive voltage; wattless voltage; idle voltage

Blindstrom *m <el>* • reactive current; wattless current; idle current

Blindtext *m <druck> (bedeutungsloser Platzhalter-Text)* • filler text; dummy text; sample text; placeholder text; Lorem ipsum

Blindwiderstand *m <el> (Imaginärteil eines Scheinwiderstands)* • reactance; reactive impedance

blinken *vi <licht> (z. B. Fahrtrichtungsanzeiger)* • flash *vi*

Blinkerglas in Brillantoptik *n <kfz>* • clear glass indicator lens; unpatterned clear glass indicator cover *rare*

Blinkerhebel *m <kfz.msr>* • turn signal lever *US*; turn signal lights switch lever *US*; direction indicator control *GB*; direction indicator lever *GB*

Blinkerkontrollleuchte *f <kfz.msr>* • turn signal indicator; flashing direction-indicator light *rare*

Blinkfeuer *n <navig> (z. B. an Landebahn, auf Hochhaus)* • flashing light; blinker light *US*; intermittent light

Blinkgeber *m <el> (steuert das Blinkintervall; typ. ein Steckmodul)* • turn signal flasher; flasher relay

Blinkleuchte *f <licht> (allg. irgendeine blinkende Lichtquelle; z. B. Leuchtturm, Kontrolllampe)* • flashlight; flashing light; intermittent light

Blisterpackung *f DIN 55 405 <pack> (Folie wölbt sich steif über dem Packgut; typ. f. Batterien)* • blister pack *BS 3130*; blister package

Blitz *m <allg> (kurzer intensiver Lichtstoß; z. B. Gewitter, Blitzlampe, Explosion)* • flash

Blitz *m <meteo>* • lightning

Blitzableiter *m <bau> (außen am Gebäude)* • lightning arrester; lightning conductor; lightning rod

Blitzautomatik *f <phot>* • auto flash; automatic flash *Canon*; intelligent flash *Fuji*

Blitzbereitschaftsanzeige *f Canon.Nikon <phot>* • flash-ready indicator *Canon.Nikon*; flash indicator *Minolta*; ready light *Fuji*; flash ready LED

Blitzeinschlag *m <meteo>* • lightning stroke; stroke of lightning; lightning discharge

Blitzgerät *n <phot> (allg.)* • flash unit; photoflash; flash *pract.coll*; flashgun *rare*; flasher *rare*

Blitzlicht *n <aerosp.licht> (Außenbeleuchtung)* • strobe light

Block *m <bahn> (Streckenabschnitt)* • block; block section; section blocking

Block *m <bau.mat> (z. B. Stein, Poroton, Hohlblock)* • building block

Block *m <energ> (Kraftwerkseinheit)* • unit

Block *m <holz> (größerer Abschnitt, meist des Baumstammes)* • log

Block *m <metall> (Gussblock zur Weiterverarbeitung)* • ingot; raw ingot

Block *m <metall> (nach dem Vorwalzen; Ausgangsmaterial für Träger)* • shaped bloom; cogged ingot; beam blank

Block *m <metall> (Rohling zum Walzen, quadratischer od. rechteck. Querschnitt)* • bloom

Blockbatterie *f <el> (z. B. 9 V)* • block battery

Block-Copolymer *n <kst>* • block copolymer

blocken *vt <tech.allg> (z. B. Arbeitsvorgänge)* • block *vt*

Blockhaus *n <bau> (zum Wohnen, eher geräumig)* • log home; log house

Blockhaus *n <bau> (eher klein; z. B. als Waldhütte)* • log house; block house

Blockheizkraftwerk *n* (BHKW) *<energ> (allg.)* • combined heat and power plant (CHP) *US*; combined heat and power station *GB*; CHP plant *US.pract*; block-unit heating power plant; block heat and power plant

Blockheizkraftwerk *n* (BHKW) *<energ> (betont: dezentral)* • decentral CHP plant *US*; decentral CHP station *GB*

blockieren *vi <brems>* • lock *vi*; bind *vi rare*

blockieren *vt <allg> (massiv behindern; z. B. Straße, Verhandlungen)* • obstruct *vt*

blockieren *vt <tech.allg> (unterbrechen; z. B. Betrieb, Verkehr)* • interrupt *vt*

blockieren *vt <tech.allg> (unterbinden)* • inhibit *vt*

blockieren *vt <tech.allg> (lahm legen, verstopfen; z. B. Leitung, Internet)* • jam *vt*

blockieren *vt <masch> (verriegeln; z. B. Tür, Abdeckung, Deckel)* • interlock *vt*; lock *vt*

blockieren *vt <mech> (absolut festhalten, verriegeln; z. B. Tür im Eisenbahnwagen)* • block *vt*

blockieren *vt <mech> (mit Bremsklotz, Hemmschuh; auch fig.)* • scotch *vt*

Blockieren der Räder *n <fz> (beim Bremsen)* • wheel lock; locking of wheels

blockiert *<tech.allg> (funktionsunfähig; z. B. Leitung, Gerät, Sicherung)* • disabled

Blocksatz *m <druck> (Satzart)* • justified setting; justified text

Blockschaltbild *n <doku.el> (betont: gesamte Schaltung, Verdrahtung)* • comprehensive wiring diagram

Blockschaltbild *n <el.doku> (von Schaltungen, Signalfluss)* • block diagram

Blockschutz *m <el> (allg.)* • block protection

Blockstraße *f <metall>* • blooming mill; blooming train; slabbing train; cogging train

Blockzeit *f <aerosp> (Zeit zw. Triebwerkstart vor Abflug u. Triebwerkstillstand nach Landung)* • chock-to--chock time

bloß *<allg> (z. B. Oberfläche)* • bare; naked

bloß *<opt> (Auge; ohne Brille, Fernrohr)* • naked; unaided

Blow-out-Preventer *m <petr> (Bohrlochabsperrvorrichtung)* • blow-out preventer; preventer

Bluetooth-... *<tele> (Kurzstreckenfunktechnik, typ. bis 10 m; z. B. zur Gerätekommunikation)* • Bluetooth ...

Blu-Ray-... *<comp> (DVD-Technik mit blauem Laser)* • Blu-Ray ...

BNC-Buchse *f <el>* • BNC connector

BNC-Stecker *m <el>* • BNC connector

Boarding *n <aerosp>* • boarding; embarkation

Boarding Time *f <aerosp>* • boarding time

Bock *m <tech.allg> (Gestell; A-Stützen mit Querträger)* • horse; buck; trestle

Bock *m <masch> (Sockel; z. B. Lagerbock)* • pedestal

Boden *m <allg> (Erde)* • ground; earth

Boden *m <tech.allg> (Basis)* • base

Boden *m <tech.allg> (ganz unten, unteres Ende)* • bottom

Boden *m <agri> (z. B. Ackerboden)* • soil

Boden *m <bau> (begehbar)* • floor

Boden *m <bau.mat> (DIN 4020, DIN 4022, DIN 18196)* • soil

Boden *m <verf> (in Destillationskolonne)* • tray; plate

Bodenanlage *f <aerosp> (z. B. Flugsi-*

cherung) • ground installation; ground installations *pl*

Bodenannäherungs-Warnsystem *n* (EGPWS) *<aerosp.navig> (schaut auch nach vorne; Vorwarnzeit 60 sek)* • enhanced ground proximity warning system (EGPWS)

Bodenbelag *m <bau.innen>* • floor cover; floor surface

Bodenbeschaffenheit *fsg DIN ISO 11074-1 <geo.agri.bau> (z. B. Eignung für Bebauung, Gebäudegründung)* • soil quality *ISO 11074-1*; character of soil; nature of soil; soil type

Bodenblech *n <kfz> (Karosserie)* • floor pan

Bodendruck *m <bau.masch> (in kg/cm^2)* • ground pressure

Bodenerosion *f <geo>* • soil erosion

Bodenfliese *f <bau.mat> (eher dünn, glasiert od. unglasiert)* • floor tile

Bodenfreiheit *f <kfz> (Abstand zwischen Fahrbahn und tiefstem Bauteil des Kfz)* • ground clearance; chassis clearance; road clearance; clearance height; ride height *pract.coll*

bodengleich *<bau> (Soll-Aufzugsposition beim Türöffnen)* • floor-levelled

Bodengruppe *f <kfz> (gesamter tragender Unterbau einer Pkw-Karosserie)* • underbody [structure]; undercarriage *form*; substructure; platform *pract*; floor pan *coll*

Bodenhaftung *f <fz> (Fz. insgesamt)* • ground adhesion

Bodenhaftung *f <kfz> (Reifen)* • wheel grip; road adhesion *thsc*; roadholding *coll*

Bodenhöhe *f <aerosp>* • ground level

Bodenklappe *f <allg>* • bottom opening

Bodenmatte *f <tech.allg> (z. B. in Ställen, Autos)* • floor mat

Bodenpersonal *nsg <aerosp>* • ground staff *sg*

Bodenplatte *f <tech.allg> (z. B. einer Maschine)* • base plate

Bodensenke *f <geo> (Geländemulde)* • depression; dip *pract.coll*; sink

Bodensetzung *f <geo> (z. B. durch Grundwasserabsenkung, Bergbau)* • ground settlement; surface subsidence; subsidence; settlement; settling

Bodentragfähigkeit *f <bau.masch>* • soil bearing capacity

Bodenunebenheit *f <bau>* • floor unevenness

Bodenuntersuchung *f <tech.allg> (z. B. Gebäudefundament, Landwirtschaft, Mülldeponie)* • soil testing

Bodenventil *n <verf> (von Behältern, Tanks)* • bottom valve; foot valve

Bodenverfestigung *f <agri> (eher unerwünscht; schlecht zum Anbau)* • soil cementation; soil solidification

Bodenverfestigung *f <bau> (absichtlich; z. B. an Hanglagen, Böschungen)* • soil stabilization *US*; soil stabilisation *GB*; soil solidification; stabilization of earthwork

Bodenverkehrskontrolle *fsg <aerosp>* • ground control *sg*; ground *sg pract*

Bodenwelle *f <verk> (in Straße; konvex nach oben)* • road bump

Bodenwelle *f <verk> (in Straße; konkav nach unten)* • road dip

Bodenwrange *f <nav> (aus Holz)* • floor timber

Bogen *m <tech.allg>* • arc

Bogen *m <tech.allg> (Biegung)* • bend

Bogen *m <bahn> (Gleisbogen)* • curve; bend

Bogen *m <bau> (Strukturteil)* • arch

Bogen *m <druck> (z. B. Papier, Karton)* • sheet

Bogen *m <rls> (z. B. Rohr, Lüftungskanal)* • conduit elbow; elbow

Bogen *m <rls> (Rohr oder Kanal)* • bend *BS 4118*

Bogenbrücke *f <bau>* • arch bridge; arched bridge; arched-span bridge; arch span *US*

Bogenfeder *f <antr> (in Drehschwingungsdämpfer)* • torsion spring

Bogenfeder *f <masch> (axial gekrümmte Schraubenfeder; z. B. in Drehschwingungsdämpfer)* • curved coil spring

Bogenfeder *f <wz> (kreisförmig gebogene Blattfeder; typ. an Zirkel, Innen- u. Außentaster)* • bow spring

bogenförmig *<bau> (z. B. Gesims)* • arched; arcuate; arch-shaped

Bogenkämpfer *m <bau> (z. B. einer Brücke)* • arch springing; arch springer; arch impost; springing; springing point of the arch

Bogenlampe *f <licht> (allg.)* • carbon-

arc lamp; arc lamp
Bogenmaß n <msr> *(Einheit: Radiant)* • circular measure
Bogenminute f <phys> • arc minute
Bogensekunde f <phys> *(SI-fremde Einheit des ebenen Winkels)* • arc second; second of arc; second *pract*
Bogenstaumauer f <bau.hydr> • arch dam
Bogenstück n <rls> *(allg.; Rohr oder Kanal; 1 bis 90°; z. B. 45-Grad-Bogen)* • elbow
bogenverzahnt <masch> *(Zahnräder)* • spiral-cut
bogenverzahntes Zahnrad n <antr> • spiral teeth gear; curved-tooth gear *rare*
Bogenweiche f <bahn> • bent switch *US*; curved points *GB*
Bohle f <bau.mat> *(allg. aus Holz)* • plank
bohren vt <min> *(Kern holen)* • core *vt*
bohren vt <prod> *(allg.; in jedes Material, ins Volle; z. B. in Holz, Metall, nach Erdöl)* • drill *vt*
bohren vt <prod> *(vorhandene Bohrung aufweiten)* • bore *vt*
Bohrer m <wz> *(austauschbarer Werkzeug-Einsatz)* • drill bit; drill
Bohrer m <wz> *(allg.; manuell oder z. B. elektrisch, groß oder klein)* • drill; drilling tool *form*
Bohrerschaft m <wz> • drill shank
Bohrerspitze f <wz> *(typ. 120°)* • drill point
Bohrfortschritt m <tech.allg> *(bei Bohrarbeiten)* • penetration rate; drilling progress; drilling rate
Bohrfutter n <wz> *(von Bohrmaschinen mit Spannfutter)* • drill chuck; chuck
Bohrfutterschlüssel m <wz> • drill chuck key; chuck key
Bohrgerüst n <petr> *(Turmgerüst über dem Bohrloch)* • derrick; drill tower; drill derrick
Bohrhammer m <bau.wz> *(mit Elektromotor, pneum. Schlagwerk; Meißel- u. Bohrfunktion)* • hammer drill
Bohrhammer m <min.wz> • percussion drill; reciprocating rock drill; jackhammer; stoper *pract*
Bohrinsel f <petr> *(Offshore)* • drilling rig; oil-rig; drilling platform; boring platform; oil production platform
Bohrkern m <tech.allg> *(z. B. Bodenprobe, Beton)* • drill core; drilling core; core *pract*; center core *US.rare*; center plug *US.rare*
Bohrmaschine f <wz> *(Elektrogerät für Handgebrauch)* • drill *pract*; power drill; electric drill *rare*; portable drill *rare*
Bohr'sches Atommodell n <chem.-phys> • Bohr atom [model]
Bohrschiff n <nav> • drilling ship
Bohrschrauber m <wz> • cordless drill/driver; cordless combi drill *GB*
Bohr- und Hubinsel f <petr> • drilling and lifting platform
Bohrung f <tech.allg> *(Resultat des Bohrens)* • bore; boring; hole *coll*; borehole *rare*
Bohrung f <masch> *(Innendurchmesser eines Zylinders; z. B. Kolbenmaschine, Hydraulik)* • bore; cylinder bore *rare*
Bohrung f <petr> *(Ergebnis aller Bohrarbeiten, Gesamtprojekt)* • well
Bohrung mit Spiel f <masch> • clearance hole
Boje f <nav> *(Markierung, Navigationshilfe)* • buoy
Bojenboot n <nav> • buoy boat
Bolzen m <masch> *(als Verbindungsgelenk, mit Splint od. Mutter gesichert; z. B. in Schäke)* • pin
Bolzen mit Splint m <füg> • cotter bolt
Bolzenschneider m <wz> *(mit Kniehebelmechanik)* • bolt cutter; cable cutter *US*; bolt clipper
Bolzenschussgerät n <agri.wz> *(für Tiere)* • cattle stunner; captive bolt stunner; stunbolt gun; cattle gun; stunner
Bolzenschussgerät n *DIN 7260-1* <bau.wz> *(allg.; mit Patronen od. Druckluft)* • stud gun; bolt gun
Bolzenschweißen n <füg> *(ähnl. Abbrennstumpfschweißen)* • stud welding (SW); stud arc welding
bombieren vt <prod> *(nach außen wölben; z. B. Bleche)* • camber *vt*; crown *vt*
bombiert <tech.allg> *(Blech)* • convex
bombierte Rolle f *DIN ISO 5593* <masch> *(Wälzlager)* • crowned roller *ISO 5593*
Bonden n <ic> *(von Chips und Anschlussdrähten)* • bonding

bonden *vt <ic> (Anschlussdrähte an Chip)* • bond *vt*

bonderisieren *vt <obfl> (Oberflächenvergütung)* • bonderize *vt*

Boole'sche Algebra *f <math>* • Boolean algebra; switching algebra

Boole'sche Operation *f <comp>* • Boolean operation

Boot *n <nav>* • boat

booten *vi/vt <comp> (Computersystem)* • boot *vi/vt*

Bootsausrüstung *f <nav>* • boat's outfit; boat equipment

Bootsbau *m <nav>* • boatbuilding

Bootshafen *m <nav> (auch als Bootsverleih)* • boatyard

Bootshaken *m <nav>* • grappling hook; boat hook

Bootsklasse *f <nav>* • class

Bootskörper *m <nav> (klein)* • hull

Bootsname *m <nav>* • name of craft

Bootssteg *m <nav> (z. B. an Fluss-, Seeufer)* • landing stage

Bootswerft *f <nav>* • boatbuilding yard

Bor *n* (B) *<chem>* • boron (B)

Borcarbid *n <chem> (B_4C; härtester Stoff nach Diamant)* • boron carbide

Bord *m*: **an ~ gehen** *vi <allg> (Fahrgäste von Schiffen, Flugzeugen, Zügen, Reisebussen)* • embark *vi*

Bord *m*: **von ~ gehen** *vi <allg> (Fahrgäste von Schiffen, Flugzeugen, Zügen, Reisebussen)* • disembark *vi*

Bord *m <nav>* • board

Bord-... *<aerosp> (in einem Flugzeug etc. mitfliegend)* • airborne

Bordbuch *n <aerosp.doku> (betont: Flugaufzeichnungen)* • flight log

Bordbuch *n <aerosp.doku> (betont: für Flugzeug)* • aircraft log; aircraft log book

Bordcomputer *m <kfz.el>* • on-board computer; body computer *Chrysler*

Bördel *f <prod>* • edge-flange; flange

Bördeln *n <prod> (Umbiegen einer Blechkante zum Entschärfen und Versteifen)* • beading; bead forming; edge-beading; clinching; bordering

Bördeln *n <rls> (Rohrenden flanschartig aufweiten; z. B. Hydraulikleitungen)* • flaring; flanging

bördeln *vt <prod> (Blechkante ganz umbiegen, dadurch entschärfen und versteiften)* • clinch *vt*; edge-bead *vt*; bead *vt*; flange *vt*; border *vt*

bördeln *vt <rls> (Rohrenden flanschartig aufweiten; z. B. Hydraulikleitungen)* • flare *vt*; flange *vt*

Bördelnaht *f <füg> (Bleche Bördelkante an Bördelkante verschweißt; typ. punktgeschweißt)* • flanged butt weld; flange weld; coach joint; pinch weld

Bördelrand *m <masch> (ganz umgefalzte Blechkante)* • clinched edge; flange edge; bead

Bordenergieversorgung *f <fz.el>* • on-board power supply; on-board energy supply

Bordkamera *f <aerosp>* • airborne camera

Bordkarte *f <aerosp>* • boarding pass

Bordkontrolle *f <aerosp>* • boarding control

Bordküche *f <aerosp.innen>* • galley *JAR 25.819*

Bordnetz *n <el> (allg.; Stromnetz in Fahrzeug etc.)* • on-board power supply

Bordnetz *n <el.fz> (de facto 14 Volt; wird aber oft noch als 12-Volt-Bordnetz bezeichnet)* • 14-volt electrical system

Bordsprechanlage *f <tele> (allg.)* • intercom system; intercom

Bordtreppe *f <aerosp>* • airstair

Bordwand *f <nfz> (Lkw)* • side board

Bordzeit *f <aerosp>* • plane time

Bordzeit *f <nav>* • ship's time

Borosilicatglas *n <silik> (temperaturbeständiges Glas; typ. für Labor od. Küche)* • borosilicate glass; heat-resisting glass; fire-proof glass

Borste *f <allg> (z. B. für Bürsten, Pinsel, Besen)* • bristle

Böschung *f <bau> (z. B. eines Dammes, i.d.R. steil)* • escarp

Böschung *f <bau> (allg. Hang)* • slope

Böschung *f <bau> (an Ufer)* • bank

boshafte Absicht *f <allg> (z. B. von Programmen, Viren, Würmern, Trojanern)* • malicious intent

böswillig *<tech.allg> (z. B. Versuch, Attacke)* • malicious

Bottom-up-Ansatz *m <tech.allg> (im Ggs. zum Top-Down-Ansatz; vom Detail zum Ganzen)* • bottom-up approach

Bourdon-Rohr *n <msr> (Manometer)*

• Bourdon tube; Bourdon gauge

bovine spongiforme Enzephalopathie *f* (BSE) *<agri.med> (schwammartige Hirnerkrankung bei Rindern)* • bovine spongiform encephalopathy (BSE); mad-cow disease *coll*; MCD

Bowdenzughülle *f <fz> (z. B. von Gaszug, Fahrradbremsenzug)* • outer cable; outer casing; sheath

Boxenstopp *m <kfz.sport>* • pit stop

Boxermotor *m <kfz.mot> (typ. in VW Käfer, Porsche 911, BMW-Motorrad)* • flat engine; horizontally-opposed engine *form*

Boxpalette *f <logist>* • box pallet

brackig *<allg> (Wasser)* • brackish

Brackwasser *n <hydr>* • brackish water

Braille-Schrift *f <druck>* • Braille alphabet; Braille

Bramme *f EN 10079 <metall> (dicke rechteckige Platte, typ. 150-250 mm breit)* • slab *EN 10079*; slab ingot

Bramme *f <metall> (Reinkupfer, rechteckiger Querschnitt, ca. 20 cm dick, bis 9 m lang)* • cake

Brammenform *f <metall>* • slab mold

Brammenwalzen *n <metall>* • slab rolling

Brand *m ISO 13943 <feuer> (räumlich und zeitlich unkontrollierte selbstständige Verbrennung)* • fire *ISO 13943*

Brandbekämpfung *f <feuer>* • fire fighting

Brandfleck *m <allg>* • scorch; burn

Brandgefahr *f ISO 13943 <feuer>* • fire hazard *ISO 13943*

Brandschutztür *f <bau.feuer>* • fire door; emergency fire door

Brandsohle *f <bekl> (Schuhbodenteil, Verbindung zwischen Schaft und Boden)* • insole; innersole

Bratentopf *m <gastr.wz> (mittelhoch, rund, zwei gegenüberliegende Griffe)* • sauce pot

Bratpfanne *f <gastr.wz>* • fry pan

brauchbar *<allg> (anwendbar)* • applicable

brauchbar *<tech.allg> (nützlich)* • serviceable; usable

Brauchbarkeit *f <allg>* • usability

Brauchwasser *n <hlk> (im Haushalt; z. B. zum Waschen, für Toilettenspülung)* • domestic water

Brauchwasser *n <hydr>* • industrial water

Braunkohle *f <min> (braun bis schwarz; faserig; Wasser bis 67%; wenig C; niedr. Heizwert)* • lignite; brown coal *coll*

Braunkohlekraftwerk *n <energ>* • lignite-fired power plant

Braunkohlenbergbau *m <min>* • brown-coal mining; lignite mining

Braunkohlentagebau *m <min> (Anlage)* • opencast brown-coal mine; opencast lignite mine; lignite opencast; lignite opencut

brausen *vi <allg> (aufschäumen; z. B. Cola beim Eingießen)* • effervesce *vi*

brausen *vt <verf> (fein besprühen)* • spray *vt*

brausen *vt <verf> (grob besprühen; z. B. zur Kühlung)* • sprinkle *vt*

brausend *<allg> (aufschäumend)* • effervescent

Brechanlage *f <verf> (allg.; jedes Material)* • crushing plant; breaking plant; crusher

brechen *vi <tech.allg> (z. B. Werkzeug, Träger, Knochen)* • break *vi*

brechen *vi <tech.allg> (besonders bei sprödem Material)* • fracture *vi*

brechen *vt <bau> (im Steinbruch)* • quarry *vt*

brechen *vt <opt> (Strahl, z. B. Licht)* • diffract *vt*

brechen *vt <phys> (Licht, Schall)* • refract *vt*

brechen *vt <prod> (Kante abschrägen, fasen)* • bevel *vt*

brechen *vt <verf> (durch Zusammendrücken; z. B. Gestein; Kohle)* • crush *vt*

Brecher *m <min> (für Gestein)* • crusher; crushing machine; rock breaker; breaker

Brechstange *f <wz> (typ. ein Ende flach, eines gebogen; meist mit V-Schlitz als Nagelauszi)* • wrecking bar; crow bar; pry [bar]

Brechung *f <opt> (von Lichtstrahlen an Grenzfläche; z. B. an Prisma)* • refraction of light; refraction

Brechung *f <phys> (allg.; von Wellen an Grenzfläche von Medien unterschiedl. Dichte)* • refraction

Brei *m <tech.allg> (weiche, feuchte und zusammenhängende Masse)* • pulp

breit *<allg>* • wide

Breitband *n <el.tele> (Frequenz)* • broadband; wide frequency band; wide band

Breitband *n <metall> (Blech)* • wide strip; wide band

Breitbandnetz *n <tele>* • broad-band network; wide-band network

Breite *f* (b) *<tech.allg>* • width

Breite *f <nav>* • beam; breadth

breite Strichlinie *f <doku> (im D nicht üblich)* • dashed thick line

breite Strichlinie *f <doku> (Schnittebene, Behandlungsart etc.)* • thick chain line

Breite über alles *f <nav>* • breadth over all; overall breadth; extreme breadth

breite Volllinie *f <doku> (für sichtbare Kanten, Umrisse)* • continuous thick line

Breitspur *f <bahn> (jede Spurweite größer als Normalspur)* • wide gauge *US*; broad gauge *GB*

Bremsanlage *f DIN ISO 611 <brems> (z. B. von Kraftfahrzeugen)* • brake system; braking system *ISO 611*

Bremsbacke *f <brems> (nur bei Trommelbremsen)* • brake shoe

Bremsband *n <brems> (allg.)* • brake strap; brake collar

Bremsband *n <kfz.antr> (in alten Automatikgetrieben)* • brake band; braking band; band *pract*

Bremsbelag *m <kfz.brems> (bei Trommelbremsen)* • brake lining

Bremsbelag *m <kfz.brems> (von Scheibenbremsen; Belagträger mit Bremsbelag)* • brake pad; friction pad

Bremse *f <brems> (allg.; an Fahr-, Flugzeugen, drehenden Maschinenteilen etc.)* • brake

bremsen *vi/vt <fz.brems> (durch Bremsbetätigung)* • brake *vi/vt*

bremsen *vt <tech.allg> (z. B. Fahrzeug, Kran, Hauptspindel, Schlitten)* • decelerate *vt*; brake *vt*; apply the brake *vt*

Bremsfallschirm *m <aerosp> (Flugzeuglandung)* • brake parachute; drag parachute; deceleration parachute; retarder parachute

Bremsflüssigkeit *f <brems>* • brake fluid

Bremsklappe *f <aerosp> (ausfahrbare Klappe an der Tragfläche)* • speed brake; ground spoiler; brake flap; air brake; air deflector

Bremskraft *f <brems>* • brake force

Bremskraft *f <brems> (zum Betätigen der Bremseinrichtung nötige Kraft)* • braking effort

Bremskraft *f <nukl> (in Bezug auf schnelle Neutronen; z. B. von Bor)* • moderating power; slowing-down power; slowing-down force

Bremskraftverstärker *m <kfz.brems>* • power brake [unit]; brake servo [unit]; power booster; brake booster *Chrysler*; power assist

Bremsleuchte *f <kfz.el> (betont: die Baueinheit)* • stop lamp *US*; rear stop lamp *US*; rear brake lamp *GB*; brake lamp *GB*; stop light *US.coll*

Bremslicht *n <kfz.el> (betont: das Licht)* • stop light; brake light *GB.rare*

Bremsmanöver *n <aerosp>* • braking manoeuvre; deceleration manoeuvre

Bremspedal *n <kfz.brems>* • brake pedal; service brake pedal

Brems-PS *f <kfz>* • brake horsepower (bhp)

Bremsrakete *f <aerosp>* • brake rocket; retardation rocket; retrorocket

Bremssattel *m <kfz.brems> (Scheibenbremse)* • brake caliper; disk brake caliper *US.form*; disc brake caliper *GB.form*; caliper *pract.coll*

Bremsscheibe *f <brems> (bei Scheibenbremsen)* • brake disk *US*; brake disc *GB*; brake rotor; rotor *pract*; disk *pract*

Bremsschlauch *m <brems> (allg.)* • brake hose

Bremsspiel *n <brems>* • brake clearance

Bremsstrahlung *f <phys>* • bremsstrahlung; bremsstrahlung radiation

Bremsstreifen *m <aerosp.sich> (Notrutsche)* • brake

Bremstriebwerk *n <aerosp>* • brake engine; braking engine

Bremstrommel *f <kfz.brems>* • brake drum

Bremsung *f <tech.allg> (Fahrzeug, Kran)* • deceleration; braking

Bremszug *m <fz> (Fahrradbremse)* • brake cable

brennbar *<tech.allg> (allg. brennfähig)* • combustible; burnable *coll*

brennbares Material *n <feuer>* • combustible material; combustible matter; combustible

Brennbarkeit *f <verbr> (betont: zum Verbrennen; z. B. Brennstoff, Abfall)* • combustibility; burnability

Brenndauer *f <aerosp> (Rakete)* • combustion time; combustion duration; burning time

Brennelement *n* (BE) *DIN 25401-3 <nukl> (für Kernreaktoren)* • fuel assembly (FA); nuclear fuel assembly *form*; nuclear fuel element *form*; fuel element; fuel bundle *rare*

Brennelementkreislauf *m <nukl>* • fuel element loop

Brennelementwiederaufbereitung *f <nukl>* • fuel assembly reprocessing; nuclear fuel assembly reprocessing; fuel element reprocessing

Brennelement-Zwischenlager *n* (BZ) *<nukl>* • facility for interim storage of spent nuclear fuel; interim storage facility for spent fuel elements; intermediate storage site for spent fuel assemblies; FE interim storage site

brennen *vi <verbr> (Flamme, Feuer; z. B. Kerze, Zündflamme)* • burn *vi*

brennen *vt <comp> (Daten auf CD)* • burn *vt*

brennen *vt <nahr> (Alkohol)* • distil *vt*

brennen *vt <silik> (Ziegel)* • burn *vt*

brennen *vt <silik>* • fire *vt*; bake *vt*

Brenner *m <füg> (Schweißbrenner)* • blowpipe; torch

Brenner *m <verbr> (z. B. Teil der Brennkammer in Öfen, Gasturbinen)* • burner

Brennfleck *m <opt>* • focal spot

Brennkammer *f <tech.allg> (getrennte Kammer)* • combustion chamber

Brennkammer *f DIN 4340 <aerosp.mot> (Mantelstromtriebwerk)* • combustion chamber *ISO 11086*; combustor

Brennraum *m <kfz.mot> (in Kolbenmotor)* • combustion chamber

Brennschluss *m <aerosp> (Rakete; Abstellen der Triebwerke)* • burn-out; combustion cut-off; combustion termination

Brennschneiden *n DIN 8522 <prod>* • oxyfuel gas cutting (OFC); oxygen cutting; flame cutting; gas cutting; torch cutting

Brennschneider *m <prod>* • flame-cutting torch

Brennspiritus *m <mat>* • methylated spirit; mineralized methylated spirit

Brennstab *m DIN 25401-3 <nukl>* • fuel rod; fuel pin; nuclear fuel rod; rod-type fuel element *rare*

Brennstabhüllrohr *n <nukl> (für Pellets)* • fuel rod cladding; cladding tube; fuel cladding *pract*

Brennstoff *m <energ> (für Kraftwerke; z. B. Kohle, Öl, Gas, Uran)* • fuel

Brennstoff *m <hlk> (für Heizungen, Öfen; z. B. Holz, Kohle, Heizöl, Erdgas)* • fuel

Brennstoff *m <verbr> (für Öfen, Brenner, Heizungen)* • fuel; feedstock; fuel feedstock; feed

Brennstoffbehälter *m <hlk> (z. B. Heizöl)* • fuel tank

Brennstoffpellet *n <verbr> (allg.)* • fuel pellet

Brennstoffreserve *f <aerosp>* • spare fuel capacity

Brennstoffverbrauch *m <tech.allg>* • fuel consumption

Brennstoffzelle *f* (BZ) *<el>* • fuel cell (FC)

Brennstoffzufuhr *f <verbr> (z. B. für Kesselfeuerung)* • fuel supply; fuel input

Brennwertkessel *m <hlk>* • condensing boiler; condensation boiler

Brennwerttechnik *f <hlk>* • condensing boiler technology

Brennzone *f <verbr> (Öfen allg.)* • combustion zone

Brett *n <bau.mat> (eher flächig, eher dünn)* • board

Bretterzaun *m <bau>* • hoarding; hoard

Brieftasche *f <allg> (nur für Herren)* • wallet *US.GB*; pocketbook *GB*

Briefumschlagfutterseidenpapier *n <pap>* • envelope lining tissue; envelope lining

Brikett *n <verbr.mat> (z. B. Kohle, Biomasse)* • briquet; briquette; pressed fuel; brick fuel

Brillanz *f <obfl> (z. B. von geschliffenen Edelsteinen)* • brilliance; brilliancy

Brille *f <masch> (über Stopfbuchse)* • gland

Brinellhärte *f* (HB) *norm <qualit.mat>*

• Brinell hardness (HB) *stand*; Brinell hardness number

bringen *vt* <*allg*> • bring *vt*

Brisanz *f* <*spreng*> *(von Sprengstoffen)* • brisance; explosive power; shattering power *rare*; shattering force *rare*; shattering effect *rare*

britische Tonne *f* <*phys*> *(1,016 metrische Tonnen; 2240 Pounds)* • long ton *GB*; ton *GB.coll*

bröckeln *vt* <*allg*> • crumble *vt*

bröcklig <*mat*> • crumbly; friable

Brom *n* (Br) <*chem*> • bromine (Br)

Bronze *f* <*metall*> • bronze

Bronzegießerei *f* <*metall*> • bronze foundry

Bronzelager *n* <*masch*> • bronze bearing

broschiert <*druck*> • paperback

Broschüre *f* <*doku*> • booklet; brochure

Bruch *m* <*bau*> *(von Glasscheiben)* • breakage

Bruch *m* <*comp*> *(der Computersicherheit)* • breach

Bruch *m* <*math*> *(z. B. ein Achtel)* • fraction

Bruch *m* <*nahr*> *(geronnene Milch; z. B. Käse, Quark)* • curd

Bruch *m* <*qualit.mat*> *(Vorgang u. Ergebnis)* • fracture

Bruch *m* <*qualit.mat*> *(Versagen)* • failure

Bruch *m* <*rls*> *(von Rohren, Leitungen)* • rupture

Bruchbelastung *f* <*qualit.mat*> *(Belastung beim Bruch; Zug-, Druck-, Scher- oderTorsionsfestigkeit)* • breaking stress; ultimate [breaking] stress; rupture stress; fracture load; load at failure

Bruchbild *n* <*qualit*> • fracture pattern

Bruchdehnung *f* <*qualit.mat*> *(beim Zugversuch ermittelte Verlängerung der Messlänge; in %)* • elongation at break; elongation after fracture; elongation at rupture; elongation at failure; ultimate elongation

Brucheinschnürung *f* <*qualit.mat*> *(Zugversuch)* • reduction of area; percentage reduction at fracture; percentage reduction of area; necking at fracture; necking *pract*

Bruchfestigkeit *f* <*tech.allg*> *(von Glasscheiben u. Ä.; z. B. von Solarkollektoren)* • resistance to breakage

Bruchglas *n* <*silik*> • cullets *pl*; crushed glass

Bruchgrenze *f* <*qualit.mat*> *(in der Praxis od. im Zugversuch)* • fracture limit; fracture strength limit; breaking limit; breaking point

brüchig <*mat.qualit*> *(krümelig, leicht zerkrümelnd; z. B. Sandstein, Zwieback)* • crumbly; friable

Bruchlandung *f* <*aerosp*> • crash landing

Bruchmechanik *f* <*mech*> • fracture mechanics

Bruchstrich *m* <*druck*> *(Satzzeichen / für Brüche, schräger als normaler Schrägstrich)* • solidus

Bruchstück *n* <*tech.allg*> • fragment

Bruchzähigkeit *f ISO 12737* <*qualit.-mat*> • fracture toughness *ISO 12737*

Brücke *f* <*tech.allg*> *(Bauwesen, Kran, Elektrotechnik, Chemie)* • bridge

Brücke *f DIN 1076* <*bau.verk*> • bridge; span *US*; crossing

Brücke *f*: **in ~ schalten** *vt* <*el*> • bridge *vt*

Brücke *f* <*nav*> • bridge

Brückenauffahrt *f* <*bau.verk*> • bridge approach road; bridge approach

Brückenbau *m* <*bau*> • bridge engineering; bridge building

Brückenbildung *f* <*verf*> *(von Schüttgut; z. B. in Silo, Trichter, Plastifiziereinheit)* • bridging

Brückenheiliger *m* <*allg*> • statue of saint on a bridge

Brückenkran *m* <*förd*> *(mit Laufkatze)* • overhead traveling crane (OET); bridge crane; overhead crane; overhead electric traveling crane

Brückenpfeiler *m* <*bau*> *(Abstützung zwischen Brückenfeldern)* • bridge pier; bridge pillar; pier *pract*

Brüden *m* <*chem.verf*> • vapors *US*; vapours *GB*

Brühe *f* <*bio.chem*> *(für Bakterienkulturen)* • broth

Brühe *f* <*led.chem*> • liquor

brühen *vt* <*nahr*> *(z. B. Geflügel, Shrimps)* • scald *vt*

Brühsystem *n* <*gastr*> *(für Filterkaffee)* • drip brewer

Brünieren *n* <*metall*> *(blauschwarz; z. B. Stahl von Waffen)* • black-finishing;

browning treatment; browning

Brünierung *f <obfl.metall> (schwarz bis dunkelblau)* • black-finishing; blueing; browning

Brunnen *m VDI4640 <bau.hydr>* • well *VDI4640*

Brust *f <allg>* • breast

Brüstung *f <bau> (z. B. einer Brücke)* • parapet

Brute-Force-Angriff *m <comp> (durch Hacker; z. B. auf LANs, Mail-Konten)* • brute-force attack

Brutreaktor *m DIN 25401-3 <nukl>* • breeder reactor; nuclear breeder; breeder *pract*

Brutschrank *m <med.tech>* • cabinet incubator; incubator

Bruttoraumzahl *f* (BRZ) *<nav> (Größenangabe für Schiffe)* • gross tonnage (GT)

Bruttoregistertonne *f* (BRT) *<nav>* • Gross Register Tonnage (GRT); Gross register ton

B-Säule *f <kfz> (Autokarosserie)* • B-pillar; B-post; center pillar *US*; lock pillar; door latch pillar

Buchdruck *m <druck> (betont: Druck von Büchern)* • letterpress printing; book printing; letterpress

Buchse *f <el> (für Stecker; typ. mit Öffnungen f. Kontaktstifte, Pins; fest eingebaut)* • female connector; socket *pract*; female socket *rare*; receptacle *rare*

Buchse *f <masch> (allg.; z. B. in Gleitlager, Rollenkette)* • bush; bushing

Buchse *f <masch> (zum Auskleiden; z. B. in Bohrung, Zylinder)* • liner

Büchse *f <mil> (Jagd)* • rifle

Buchstabe *m*: **mit ~n bezeichnen** *vt <allg>* • letter *vt*

Buchungsschalter *m <aerosp>* • ticket counter; ticket desk

Buckelschweißen *n <füg> (ein Widerstands-Pressschweißverfahren)* • resistance projection welding (RPW); projection welding

buckelschweißen *vt <füg>* • projection-weld *vt*

Buckelschweißnaht *f <füg>* • projection weld

bücken *vr <allg> (Person)* • bend over *vi*

Buckminster-Fulleren *n <chem> (z. B. C60; dritte Form d. reinen Kohlenstoffs neben Diamant und Graphit)* • Buckminster Fullerene; bucky ball *pract*; footballen *jarg*

Bucky Tube *f <msr> (z. B. als Aktuator)* • bucky tube; carbon muscle *coll*

Bug *m <fz>* • bow

Bug *m <nav>* • bow; head

Buganker *m <nav>* • bower anchor; bower

Bügel *m <tech.allg> (henkelartige dünne Querspange, typ. klappbar)* • bail

Bügel *m <tech.allg> (U-förmiger Halter)* • stirrup

Bügel *m <tech.allg> (an Vorhängeschloss)* • shackle

Bügel *m <masch> (längliches Teil zum Befestigen; z. B. Lichtmaschine an Motor)* • bracket; mounting bracket; support bracket

Bügeleisen *n <hygi.wz>* • iron

Bügelfalle *f <allg> (Jagd)* • jaw-trap

Bügelfalte *f <bekl> (an Hosen)* • trouser crease; crease *pract*

bügelfrei *<kfz> (offenes Auto ohne Überroll- oder Targabügel; z. B. Roadster)* • all open

bügelfrei *<textil>* • non-iron

Bügelmaschine für Oberbekleidung *f <textil.wz>* • garment press

Bügelmessschraube *f DIN 863 <wz> (für Außenmessungen)* • outside micrometer; external micrometer; micrometer caliper; micrometer *pract*; outside mike *coll*

bügeln *vt <textil>* • press *vt*; iron *vt*

Bügelsäge *f <wz.masch>* • hack sawing machine; power hacksaw

Bügelschloss *n <fz> (für Zweirad)* • shackle lock; U-shackle lock

Bügelschraube *f DIN ISO 1891 <füg> (runde und eckige Typen)* • U-bolt

Bugfahrwerk *n <aerosp>* • nose landing gear (NLG) *form*; nosewheel [landing gear]; nose undercarriage *GB*; nose gear *pract*; noseleg *pract*

buglastig *<fz> (Flugzeug, Fahrzeug)* • nose-heavy

buglastig *<nav> (Schiff)* • bow-heavy

Buglastigkeit *f <tech.allg> (Flugzeug, Fahrzeug)* • nose heaviness

Bugrad *n <aerosp>* • nose wheel (N/W); nosewheel

Bugsierschlepper *m <nav>* • berthing tug; ship handling tug

Bugstrahlruder *n* *<nav>* • bow thruster; transversal bow thruster; traversal bow thruster *rare*
Bugwelle *f* *<nav>* • bow wave
Bühne *f* *<tech.allg> (Arbeitsbühne, temporär oder fest installiert)* • platform
Bulk-Container *m* *<nav>* • bulk container
Bulkladung *f* *<nav>* • bulk dry cargo; dry-bulk cargo
Bulk-Molding-Compound *n* (BMC) *<kst> (glasfaserverstärktes PE-Harz)* • bulk molding compound (BMC) *US*; bulk moulding compound *GB*
Bullauge *n* *<nav> (Fenster, welches geöffnet werden kann)* • bull's eye; scuttle; port-hole; side scuttle
Bullauge *n* *<nav> (nicht zu öffnendes Fenster)* • deadlight
Bund *m* *<bekl> (im Taillenbereich; z. B. unten an Jacken, oben an Hosen)* • waistband
Bund *m* *<füg> (unter Schraubenkopf)* • collar; underhead collar; washer
Bund *m* *<masch> (flanschartig; z. B. an Wellen)* • flange
Bund *m* *<masch> (zur Aufnahme axialer Lagerkräfte an Wellen)* • thrust collar
Bund *m* *<textil> (elast. Abschluss eines Gestricks od. Gewirks)* • welt
Bund *n* *<pack> (Lieferform von Draht; aufgehaspelt)* • coil
Bund *n pl*: **-e** *<bau> (Reet, Stroh)* • bundle
Bündel *n* *<allg>* • bunch
Bündel *n* *<tech.allg> (weiches, längliches Material; z. B. Fasern, Adern, Reisig, Stoff)* • bundle
bündeln *vt* *<tech.allg>* • bundle *vt*
Bündelung *f* *<allg>* • bunching
Bündelung *f* *<tech.allg> (in Gruppen)* • grouping
Bündelung *f* *<tele> (im Bündelfunk)* • trunking
bündig *<obfl> (auf gleicher Höhe)* • flush
bündig mit *<tech.allg>* • flush with
Bundkopf *m* *<füg>* • washer head
Bundlager *n* *<masch> (Gleitlagerbuchse)* • collar end bearing
Bundlager *n DIN ISO 4378-1 <masch> (geteiltes Gleitlager mit zwei Lagerschalen)* • flanged half-bearing *ISO 4378-1*
Bundschraube *f* *<füg>* • washer head bolt; bolt with collar; collar screw *pract*
Bunker *m* *<bau.mil> (Personenschutz; über- od. unterirdisch)* • bunker; bomb shelter
Bunker *m* *<logist> (trichterförmig)* • hopper
Bunker *m* *<logist> (für Schüttgut; z. B. von Schiffen)* • bunker
Bunker *m* *<nav> (für Treibstoff)* • tank
bunkern *vt* *<logist> (allg.)* • bunker *vt*
bunkern *vt* *<logist.nav> (Kraftstoff)* • fuel *vt*
Bunkeröl *n* *<chem.petr> (Schweröl als Schiffstreibstoff)* • bunker oil
Bunkerschiff *n* *<nav> (Versorgung anderer Schiffe)* • bunkering boat; refuelling ship
Bunsenbrenner *m* *<chem.wz>* • Bunsen burner
Buntmetall *n* *<min>* • non-ferrous metal
Buntsandstein *m* *<geo>* • mottled sandstone; variegated sandstone
Buntton *m* *<obfl> (im Ggs. zu unbunten Farben)* • chromatic color *US*; chromatic colour *GB*; color *US.coll*; colour *GB.coll*
Bürette *f* *<chem>* • burette
Bürojob *m* *<allg>* • clerical job
Bürste *f* *<wz> (allg.; jede Sorte)* • brush
bürsten *vt* *<tech.allg> (z. B. reinigen)* • brush *vt*
Bürstenhalter *m DIN EN 60276 <el> (z. B. E-Motor, Generator)* • brush holder; brush plate
bürstenlos *<el> (E-Motor)* • brushless
Bus *m* *<el> (für elektrische Signale; Sammelleitung)* • data bus; bus
Bus *m* (KOM) *<nfz> (allg.)* • bus; coach *US*; motorbus *rare*; autobus *obs*; omnibus *obs*
Busarchitektur *f* *<comp>* • bus architecture
Business Class *f* *<aerosp.innen>* • Business Class
Busleitung *f* *<comp>* • bus line
Buslinie *f* *<verk>* • regular bus service; scheduled bus service; regular bus transportation service; bus line; fixed-route bus service *US*
Busspur *f* *<verk> (allg.)* • bus lane
Busspur *f* *<verk> (eigener Fahrweg)* • busway; dedicated busway; exclusive busway

Bustier *n <bekl> (Oberteil, ärmellos, miederartig anliegend, reicht nicht bis zur Taille)* • crop top; cami top
Bustier *n <bekl> (Oberteil, nahtlos, eng anliegend, mit Ärmeln)* • pullover bra
Butadien *n <chem.petr>* • butadiene; 1,3-butadiene *IUPAC*; divinyl; vinylethylene; erythrene
Butadien-Acrylnitril-Kautschuk *m <kst> (Copolymer)* • nitrile-butadiene rubber (NBR)
Butadien-Styrol-Kautschuk *m <kst>* • styrene-butadiene rubber
Büttenpapier *n DIN 6730 <pap>* • vat paper; genuine paper; hand-made paper; deckle edge paper
Buttersäure *f <chem>* • butyric acid; butanoic acid
Butylkautschuk *m <kst>* • butyl rubber; sticky rubber *coll*
Bypass *m <tech.allg> (Leitung, die etw. umgeht)* • bypass
Bypasstriebwerk *n <aerosp> (typ. Flugzeugtriebwerk)* • bypass engine; turbofan engine; double-fan jet engine *rare*; ducted-fan jet engine *rare*; double-flow engine *rare*
Bypassventil *n <rls> (allg.)* • bypass valve
Byte *n <comp> (8 bit)* • byte
Bytes pro Sekunde (B/s) *<comp> (= 8 bit pro Sek.; meist mit Präfix, z. B. kBps, MBps, GBps)* • Bytes per second (Bps)

C

Cabochon *m <bekl.min> (mugelig geschliffener Edelstein)* • cabochon; cab *coll*
Cabriolet *n <kfz> (betont: im Ggs. zu anderen offenen Autos)* • cabriolet
Cabrioverdeck *n <kfz> (betont: von Cabrios, im Ggs. zu Roadstern m. Verkleid., voluminös)* • convertible top
Cache-Speicher *m <comp>* • cache memory; cache *pract*; cache buffer
Cadmieren *n <obfl>* • cadmium plating
Cadmium *n* (Cd) *<chem>* • cadmium (Cd)
Cadmiumbatterie *f <el>* • cadmium cell
Cadmiumsulfid *n* (CdS) *<energ.sol> (n-leitendes Material; z. B. für Dünnschichtsolarzellen)* • cadmium sulfide (CdS)
Cadmium-Tellurit *n* (CdTe) *<energ.sol> (für Solarzellen)* • cadmium tellurite (CdTe)
Caesium *n* (Cs) *<chem>* • cesium (Cs); caesium *GB*
Caisson *m <tech.allg> (f. Unterwasserarbeiten)* • caisson; air caisson; air working chamber
Calcium *n* (Ca) *<chem>* • calcium (Ca)
Calciumcarbonat *n <chem> ($CaCO_3$; kohlensaurer Kalk; z. B. für Zement, Baustoffe)* • calcium carbonate; calcarea carbonica
Caldera *f <geo> (Vulkankrater)* • caldera
Californium *n* (Cf) *<chem> (radioaktiv)* • californium (Cf)
Camcorder *m <av> (Videokamera mit integriertem Recorder)* • camcorder; camera recorder; video camera *coll*; movie camera *coll*; cam *rare*
CAN-Bus *m <kfz.comp>* • CAN bus; Controller Area Network; CAN
Candela *f* (cd) *<licht> (SI-Basiseinheit der Lichtstärke)* • candela (cd); candlepower *coll*
Candela je Quadratmeter *f* (cd/m^2) *<licht> (Einheit der Leuchtdichte)* • candela per square metre (cd/m^2); apostilb *obs*
Cantileverbremse *f <brems> (z. B. bei Fahrrad)* • cantilever brake
CAPI-Schnittstelle *f <comp.tele>* • Common ISDN Application Program Interface (CAPI); Common ISDN API
Carat *n* (ct.) *<bekl> (Gewichtseinheit für Edelsteine)* • carat (ct.)
Caravan *m DIN 7941 <kfz.tour> (Pkw--Anhänger, für Wohnzwecke bestimmt und eingerichtet)* • travel trailer *US*; house trailer *US*; touring caravan *GB*; trailer caravan *GB*; caravan *GB*
Carbid *n <chem>* • carbide
Carbonat *n <chem>* • carbonate
Carbonathärte *f* (KH) *<qualit.mat>* • carbonate hardness; temporary hardness
carbonisieren *vt <nahr> (Getränk)* • carbonate *vt*; aerate *vt rare*
carbonisieren *vt <textil>* • carbonize *vt*
Carbonylgruppe *f <chem>* • carbonyl group; keto group
Carborundum *n <mat> (Schleifstoff)*

• carborundum; silicon carbide

Carboxylgruppe *f <chem>* • carboxyl group; COOH group *thsc*

Carnot-Maschine *f <therm> (theoret. Wärmekraftmaschine mit Carnot-Prozess)* • Carnot heat engine; Carnot engine

Carnot-Prozess *m <therm> (thermischer Vergleichsprozess)* • Carnot working cycle; Carnot cycle

Carotin *n* (E 160a) *<nahr> (Farbstoff)* • carotene (E 160a); carotin

Carrageenan *n* (E 407) *<nahr> (Stabilisator; aus Carrageen extrahiert)* • carrageenan (E 407)

Carréschliff *m <bekl.min> (Schliffform)* • square cut

Caseinleim *m <füg.holz>* • casein glue; casein adhesive; cold glue

Castor-Behälter *m <nukl.logist>* • cask for storage and transport of radioactive material (Castor)

Catboot *n <nav>* • cat-boat

Catering *nsg <aerosp.gastr>* • catering *sg*; galley service

C-Band *n <tele> (Satellitenfunk-Frequenzband; 4 GHz - 8 GHz)* • C band

CB-Funkgerät *n <tele>* • CB radio

CCD-Bildsensor *m <av>* • CCD-image sensor

CD-Box *f <comp.pack>* • CD jewel box

CD-Brenner *m <comp>* • CD-R drive; CD recorder system *form*; CD-ROM recorder *form*; CD-R unit; CD-R device *rare*

CD-Rohling *m <comp>* • blank CD-R

CD-ROM *f <comp> (compact disc read-only memory)* • CD-ROM; data CD

CD-ROM-Laufwerk *n <comp>* • CD-ROM drive; CD-ROM reader; CD-ROM player; CD-ROM unit; CD drive

CD-Wechsler *m <av>* • CD changer; jukebox *coll*

CE-Kennzeichnung *f <el>* • CE marking

Cellophanfolie *f <pack>* • cellophane film

Celluloid *n <kst>* • celluloid

Cellulose *f <bio>* • cellulose

Celluloseacetat *n* (CA) *DIN 55 405 <kst>* • cellulose acetate (CA)

Celluloselack *m <obfl>* • cellulose lacquer

Celsiustemperatur *f <msr> (Siedepunkt des Wassers: 100 Grad Celsius)* • Celsius temperature; centigrade temperature

Centronics-Schnittstelle *f <comp> (parallel)* • Centronics interface

Cer *n* (Ce) *<chem>* • cerium (Ce)

Cetanzahl *f* (CZ) *<petr> (von Diesel)* • cetane rating; cetane number

C-Gehalt *m <metall> (z. B. von Stahl)* • carbon content

C-Gestell *n <masch> (allg.; ausladendes, offenes, C-förmiges Gestell)* • C-frame; gap frame *rare*

Chagrinpapier *n <pap>* • shagreen paper

changieren *vi <prod> (seitliches Hin- und Herbewegen; z. B. von Walzen, Wickeln)* • oscillate *vi*; traverse *vi*

changierend *<obfl> (Farbton; z. B. von Lack, Textilien)* • iridescent

Charakterisierung *f <allg>* • characterization *US.GB*; characterisation *GB*

Charge *f DIN 55350-31 <prod> (Menge eines Produktes, die unter einheitlichen Bedingungen entsteht)* • batch; production run; lot

Charge *f <prod> (Materialeinspeisung; z. B. zur Weiterverarbeitung)* • charge; feed

Charge *f <prod> (zudosierte Materialmenge)* • batch

Charge *f <verbr> (eines Ofens; z. B. Hochofen, Müllverbrennung)* • furnace charge; furnace load; burden

chargieren *vt <prod> (Material einspeisen; z. B. zur Weiterverarbeitung)* • charge *vt*; feed *vt*

chargieren *vt <prod> (Materialmenge zudosieren)* • batch *vt*

chargieren *vt <verbr> (Ofen; z. B. Hochofen, Müllverbrennung)* • load *vt*; stoke *vt*

Charpy-Schlagzähigkeit *f ISO 179 <qualit.mat> (von Kunststoff)* • Charpy impact strength *ISO 179*

Charterflug *m <aerosp>* • charter flight

Charterschiff *n <nav>* • chartered ship

Chassis *n [sch] <tech.allg> (allg.; Rahmen, Grundplatte u. Ä.)* • chassis *[sh]*

Check-in *nsg <aerosp>* • check-in *sg*

Checkliste *f <aerosp.sich> (für Piloten)* • checklist

Chemie *f <chem>* • chemistry

Chemieabfall *m <ents>* • chemical waste

Chemieanlagenbau *m <chem.verf> (Bau)* • chemical engineering; chemical plant construction

Chemikalie *f <chem> (allg.)* • chemical

chemikalienbeständig *<qualit.mat> (z. B. Werkstoff, Überzug, Baustoff, Textilfasern)* • chemical-resistant; resistant to chemicals

Chemikalientanker *m <nav>* • chemical tanker; chemical carrier

Chemilumineszenzanalyse *f <msr.e-miss> (zur Messung des NOx-Gehaltes in Verbrennungsgasen)* • chemiluminescent analysis

chemisch *<chem>* • chemical

chemisch aufschließen *vt <chem> (zersetzen; mittels Hitze od. Aufschlussreagenzien)* • digest *vt*; decompose *vt*

chemisch aufschließen *vt <pap> (zu Halbstoff)* • pulp *vt*; reduce to pulp *vt*

chemisch aufschließen *vt <pap> (Altpapier)* • repulp *vt*

chemisch aufschließen *vt <verf> (durch kochen; z. B. Zellstoff)* • cook *vt*

chemische Korrosion *f DIN EN ISO 8044 <obfl> (durch Säuren, Laugen etc.)* • chemical corrosion *ISO 8044*; non-electrochemical corrosion; direct chemical corrosion

chemische Oberflächenbehandlung *f <obfl> (z. B. Phosphatieren, Chromatieren)* • chemical surface treatment

chemische Reaktion *f <chem>* • chemical reaction

chemische Reinigung *f <allg> (Geschäft)* • dry cleaners

chemisches Element *n <chem>* • chemical element; element

chemisches Fräsen *n <prod> (Tiefätzverfahren)* • chemical milling; chemical machining; photoetching

chemische Verbindung *f <chem>* • chemical compound; compound *pract*

chemische Verfahrenstechnik *f <chem.verf>* • chemical process engineering; chemical engineering; engineering chemistry

chemisch gebundenes Wasser *n <chem>* • combined water

chemisch rein *<mat>* • chemically pure

chemisch reinigen *vt <bekl>* • dry-clean *vt*; dryclean *vt*

Chip *m <ic> (einzelnes viereckiges Plättchen mit Schaltung, aber unverdrahtet)* • die *pl*: dice; chip

Chipkartenleser *m <comp>* • chip card reader

Chipsatz *m <comp>* • chip set

Chip-Vergussmasse *f <ic.prod> (z. B. UV-härtende Epoxidharze)* • chip potting compound; chip potting material

Chlor *n* (Cl) *<chem>* • chlorine (Cl)

chloren *vt <tech.allg> (z. B. Trinkwasser)* • chlorinate *vt*

Chlorid *n <chem> (allg.; z. B. NaCl, HCl)* • chloride

chlorieren *vt <chem.verf> (mit Chlor oder Chlorid behandeln)* • chloridize *vt*; chloridise *vt GB*

chlorierte Kohlenwasserstoffe *mpl <chem>* • chlorinated hydrocarbons

chloriertes Polyvinylchlorid *n* (PVC-C) *<kst>* • chlorinated polyvinyl chloride (PVC-C)

Chlorierung *f <chem> (Einführg. von Chlor in Verbindungen)* • chlorination

Chlorkautschukanstrichstoff *m <obfl>* • chlorinated rubber paint

Chlorkohlenwasserstoff *m <chem>* • chlorinated hydrocarbon

Chlorophyll *n <bio>* • chlorophyll; leaf green *coll*

Chloroprenkautschuk *m <kst>* • chloroprene rubber (CR)

Chlorsäure *f <chem>* ($HClO_3$) • chloric acid

Chlorung *f <chem.verf> (z. B. von Trink-, Badewasser)* • chlorination

Choke *m <kfz.msr> (Bedienungselement der Starterklappe; meist Zugknopf)* • choke control knob; mixture control knob *form*; choke control *pract*; choke *coll*

Chopper *m <kfz> (Motorrad)* • chopper

Chrom *n* (Cr) *<chem>* • chromium (Cr); chrome

Chroma *m <av> (durch einen Grauton definierter Helligkeitsunterschied)* • chroma

Chromatieren *n EN ISO 4618 <obfl> (chem. Vorbehandlung, nicht mit "Verchromen" verwechseln)* • chromating *ISO 4618-3*; chromatizing; chromate coating; chromate treatment; chromate conversion treatment

chromatisch *<mus> (Tonleiter, Tonfol-*

ge) • chromatic
chromatisch *<opt> (Licht)* • chromatic
Chromgelb *n <obfl> (Farbpigment)* • chrome yellow; lemon chrome
Chromgerbung *f <led>* • chrome tanning; chrome tannage; chroming
Chromleder *n <led>* • chrome leather
Chrom-Molybdän-Stahl *m <mat>* • chromium molybdenum steel; chrome molybdenum steel
Chromnickelstahl *m <mat> (nicht rostend, austenitisch)* • chromium-nickel steel
Chromosphäre *f <astron>* • chromosphere
Chromschicht *f <obfl>* • chromium coating; chromium film; chromium layer
Chromstahl *m <mat> (Edelstahl, rostfrei)* • chromium steel; chrome steel
Chronograph *m <msr> (Armbanduhr mit Kurzzeitmessung)* • chronograph
chronologische Folge *f <tech.allg>* • chronological order
Chronometer *n <msr> (Schweizer Präzisonsuhr; meist mit Messfunktionen)* • chronometer
Cinch-Steckverbinder *m <el> (2-polig)* • cinch connector
City Bike *n <fz> (Fahrradtyp; z. B. für Pendler)* • city bike; commuter bicycle
Citybus *m <nfz> (Kleinbus für kurze Haltestellenabstände, bes. für Fußgängerzonen)* • city shuttle bus *:V*
City-Maut *f <verk.fin>* • congestion charge (CC) *GB*
City-Roller *m <fz> (Tretroller, kompakt, typ. aus Alu, klappbar)* • miniscooter; funscooter
Clip *m <tech.allg> (kleines Befestigungselement mit Schnappeffekt; typ. aus Kunststoff)* • clip
CMOS-Halbleiter *m <el>* • complementary metal oxide semiconductor (CMOS)
CMYK-Farbraum *m <comp.druck>* • CMYK color space *US*; CMYK colour space
CMYK-Modell *n <phys>* • CMYK model
CMY-Modell *n <phys>* • CMY model; CMY color model
CNC-Maschine *f <autom>* • CNC-machine; computer numerical control machine
CNC-Steuerung *f <wz.masch>* • computer numerical control (CNC)
CO2-Kapsel *f <tech.allg> (z. B. für CO_2-Pistolen, selbstgemachtes Sprudelwasser)* • CO_2 capsule
CO2-Schusswaffe *f <mil>* • CO_2 firearm; CO_2 gun *coll*
CO2-Schutzgasschweißen *n <füg>* • CO_2-shielded arc welding; CO_2-shielded welding; CO_2 welding *pract*
Cobalt *n* (Co) *<chem>* • cobalt (Co)
Cockpit *n prakt <aerosp>* • cockpit *pract*; pilot compartment *JAR 25.771*; flight deck
Cockpit *n <fz.msr> (Fahrerplatz inkl. aller Bedienungselemente)* • cockpit
Code *m <tech.allg>* • code
Codec *m <av> (Video-Compression/ /Decompression)* • codec; coder-decoder *rare*
Codeleser *m <tech.allg> (z. B. für Strichcode, Magnetstreifen)* • code reader
Codemuster *n <msr> (z. B. EAN- -Strichcode, Winkelkodierer)* • code pattern; coding pattern
codieren *vt <tech.allg> (allg. Nachricht in Zeichen umsetzen; ohne Verschlüsselung)* • encode *vt*; code *vt*
codierende DNA *f <bio>* • encoding dna
Codierung *f <tech.allg> (Vorgang u. Ergebnis)* • coding; encoding; encodation *rare*
coextrudierte Folie *f DIN 55 405 <kst>* • coextruded film
Coffein *n <chem>* • caffeine
coffeinfrei *<nahr> (Kaffee)* • decaffeinated
Coil *n/m <metall>* • coil
Coil-Coating-Lackierung *f <obfl> (Ergebnis)* • coil-coating paint coat
Colordiapositivfilm *m <phot>* • color transparency film *US*; film for color transparencies *US.form*; color slide film *US.coll*; color reversal film *US. rare*; reversal film *rare*
Colorverglasung *fsg* (CV) *<kfz> (wärmedämmendes Glas)* • tinted windows; tinted glass; tints *coll*; t/glass *advert*
Common Rail (CR) *<kfz.mot> (HDI- -Einspritzsystem)* • Common Rail (CR); Common Rail system

Compact-Disc *f <comp> (allg.; für Ton, Daten, Bild)* • compact disc (CD)
Compact Disc-Erasable *f* (CD-E) *<comp>* • Compact Disc-Erasable (CD-E)
Compact Disc-Read Only Memory *n* (CD-ROM) *<comp> (für digitale Daten)* • Compact Disc-Read Only Memory (CD-ROM); read-only optical data disc *form*; CD-ROM disc *pract*; CD *coll*
CompactFlash-Karte *f <comp>* • CompactFlash card; CF card
Compiler *m <comp> (übersetzt Programmiersprache automatisch in Maschinensprache)* • compiler; compiling program; compiling routine; translator *rare*
Comprex-Druckwellenlader *m* ® *<kfz> (ein Druckwellenlader entwickelt von BBC/ABB)* • Comprex pressure wave supercharger ®; Comprex supercharger *pract*
Computer *m <comp> (typ. ein PC)* • computer
Computer-Aided Design *n* (CAD) *<prod>* • computer-aided design (CAD)
Computer-Aided Engineering *n* (CAE) *<prod>* • Computer-Aided Engineering (CAE)
Computer-Aided Manufacturing *n* (CAM) *<prod>* • computer-aided manufacturing (CAM)
Computer-Aided Terminology System *n* (CATS) ® *<term.comp>* • Computer-Aided Terminology System (CATS) ®
Computer-Aided Translation *f* (CAT) *<transl>* • computer-aided translation (CAT); computer-assisted translation
Computerblitz *m <phot>* • computer flash; automatic computer flash; auto flash unit
computergesteuert *<msr> (Prozess, Objekt)* • computer-controlled
computergestützt *<comp> (auf Computer angewiesen)* • computer-based
computergestützte numerische Steuerung *f DIN ISO 2806 <msr> (z. B. Werkzeugmaschine)* • computerized numerical control (CNC) *ISO 2806*
Computergrafik *f <comp>* • computer graphics; graphical processing
Computernetzwerk *n <comp> (z. B. LAN, W-LAN, WAN, Internet)* • computer network
Computerprogramm *n <comp>* • computer program
Computerschnittstelle *f <comp>* • computer interface
Computersprache *f <comp>* • computer language; machine language
Computertomograph *m* (CT) *<med.-tech>* • computer tomograph (CT); CT scanner
Computertomographie *f* (CT) *DIN EN 1330-3 <phys> (zerstörungsfreie Werkstoffprüfung; Medizin)* • computer tomography (CT); computerized tomography
Computer-to-Plate-Technologie *f* (CtP) *<druck> (Druckvorstufe)* • computer-to-plate technology (ctp); ctp technology
computerunterstützt *<comp> (mit optionaler Hilfe eines Computers; z. B. zur Beschleunigung)* • computer-aided; computer-assisted
computerunterstützte menschliche Übersetzung *f <transl>* • machine-aided human translation (MAHT); machine-assisted human translation
Condock *n <nav>* • Condock; container/dock ship
Container *m <aerosp.logist> (spez. für Luftfracht)* • container
Container *m <logist> (Großbehälter zur Güterbeförderung od. -aufbewahrung)* • container
Container-Feederschiff *n <nav>* • container feeder ship
Containerhafen *m <nav>* • container port
Containerliner *m <nav>* • container liner
Containerschiff *n <nav>* • container ship; container vessel
Co-Pilot *m <aerosp>* • co-pilot *JAR 1.1*; copilot
Copolymer *n <kst> (Polymer, durch Copolymerisation hergestellt; z. B. ABS)* • copolymer
Copolymerisation *f <chem>* • copolymerization; copolymerisation *GB*
Cord *m <fz> (Reifen; Gewebeeinlage)* • cord
Cord *m <textil.bekl> (geripptes Baumwollgewebe; Cordsamt, Reit-, Fein-, Genua-, Trenkercord)* • corduroy

Cordierit *n* ® *<kfz.emiss> (kristallines Mg-Al-Silikat; Trägermaterial f. keram. Katalysatoren)* • Cordierite ®
Coriolis-Kraft *f <phys> (Relativbewegung)* • Coriolis force
Corporate Design *n* (CD) *<ökon>* • Corporate Design (CD)
Coulomb *n* (C) *DIN 1301 <phys> (SI--Einheit der elektrischen Ladung; 1 C = 1 As)* • coulomb (C); coul
Coupé *n <kfz> (zweitüriger Karosseriestil; zumindest optisch ohne B-Säule)* • coupe *US.GB*; sport sedan *US*; hardtop *US*; coupé *GB*
CPM-Verfahren *n <prod> (Netzplantechnik; z. B. Produktionsplanung)* • critical path method
C-Profilschiene *f <tech.allg>* • C-rail
CPU-Kühler *m <comp> (allg.; aktiv oder passiv)* • CPU cooler
CPU-Kühler *m <comp> (aktiv; typ. 5 bis 16 m³/h Luftdurchsatz)* • CPU cooler; CPU fan
Crackbenzin *n <chem.petr>* • cracked petrol
Crashtest *m <kfz.qualit> (Prüfverfahren z. Untersuchung v. Karosserieverformungen bei Unfall)* • crash test; crash *pract*
Crimpanschluss *m <el>* • crimp connector
Crimpzange *f <el.wz> (zum Anquetschen von Kabelschuhen etc.)* • crimp tool
Cruise Ferry *f <nav>* • cruise ferry
C-Säule *f <kfz> (Autokarosserie)* • C-pillar; C-post *pract.coll*; rear pillar *US.-coll*; rear cabin pillar; dogleg pillar *rare*
Curium *n* (Cm) *<chem> (radioaktiv)* • curium (Cm)
Cursor *m <comp> (Positionsmarkierung auf dem Bildschirm; z. B. ein Pfeil)* • cursor; screen cursor
Cursortaste *f <comp> (auf Tastatur)* • cursor control key; cursor key; arrow key; direction key
Curtain-Airbag *m* (IC) *<kfz.sich> (eine Art Seitenairbag)* • curtain air bag (IC); side curtain [airbag]; roof-rail airbag; inflatable curtain; head curtain air bag
Cw-optimiert *<kfz> (Karosserieteile; in Bezug auf Luftwiderstand)* • aero *adj*
Cyan *n <druck> (Primärfarbe; Blaugrün)* • cyan; process blue
Cyclic Redundancy Checking (CRC) *<comp> (Fehlerkorrekturmechanismus)* • Cyclic Redundancy Checking (CRC)
Czochralski-Verfahren *n* (CZ) *<el.ic>* • Czochralski process (CZ); Czochralski pulling process

D

DAB-Doppeltuner *m <av>* • dual DAB tuner
dabei gilt: … *<did> (Gleichungserklärung)* • wherein: …; where: …
Dach *n <tech.allg> (von Gebäuden, Fahrzeugen etc.)* • roof
Dachabdichtung *f DIN 18531 <bau>* • roofing membrane; membrane *coll*; weatherproof layer; waterproofing system
Dachantenne *f <tele> (allg.; z. B. auf Haus, Auto)* • roof antenna; roof aerial *GB*
Dachbalken *m <bau>* • roof beam
Dachboden *m <bau> (oberstes Stockwerk, direkt unter dem Dach)* • attic; loft; garret
Dachfenster *n <bau> (in einem kleinen Dachboden; jede Orientierung)* • garret window
Dachfenster *n <bau> (in Flachdach; horizontale Fensterebene; auch als Kuppel)* • skylight; roof window; roof light
Dachfenster *n ugs <bau> (allg.; in jeder Dachform)* • roof window *coll*
Dachfirst *m <bau>* • ridge; roof ridge
Dachgaube *f <bau> (Dachvorsprung mit senkrechter Fensterfläche)* • dormer
Dachhimmel *m <kfz.innen> (am Fahrzeugdach innen)* • roof liner; headliner
Dachholm *m <kfz> (verbindet A-, B- und C-Säule)* • roof rail; cant rail *GB*
Dachkollektor *m <energ.sol>* • rooftop collector
Dachkonstruktion *f <bau> (Typ; z. B. Sparrendach, Pfettendach, Kehlbalkendach)* • roof construction
Dachkonstruktion *f <bau> (Gesamtheit der tragenden Bauteile)* • roof structure
Dachlast *f <tech.allg> (auf Gebäuden, Fahrzeugen)* • roof load

Dachlatte *f <bau.holz>* • roof batten; roofing batten; batten *coll*; lath; tile batten
Dachluke *f <bau> (in Dach oder Dachboden)* • access trap
Dachmontage *f <bau> (z. B. Antenne, Sat-Schüssel, Solarkollektor)* • roof--mount; roof top installation; roof installation
Dachpappe *f <bau.mat>* • coated roofing felt; building board; building felt; roofing felt
Dachpfanne *f <bau.mat> (flämischer Ziegel, Ziegelhacke; liegendes S mit Aufhängenase)* • pantile; crooked tile; Flemish tile; S-tile *US*
Dachpfette *f <bau>* • purlin; side waver
Dachprisma *n <tech.allg>* • roof prism
Dachreling *f <kfz>* • roof rails *pl*
Dachrinne *f <bau>* • rain gutter; gutter *coll*; eaves-trough; eaves gutter; rain--water gutter
Dachschindel *f <bau.mat> (jedes Material; z. B. Schiefer, Eternit, Blech, Holz)* • roofing shingle; shingle *pract*; roof shingle; slate *GB.rare*
Dachsparren *m <bau> (beim Sparrendach)* • roof rafter; rafter *pract*
Dachtraufe *f <bau>* • eaves *pl*
Dachüberstand *m <bau>* • roof overhang
Dachziegel *m DIN 456 <bau.mat> (typ. aus gebranntem Ton)* • roof tile; roofing tile
Dacron *n <nav>* • Dacron
Daisy-Chaining *n <comp>* • daisy chaining
Daktyloskopie *f <jur.tech>* • dactyloscopy
Damastbindung *f <textil>* • damask weave
Damenrad *n <fz> (Fahrrad)* • ladies' bicycle
Damen-Rahmen *m DIN ISO 8090 <fz> (Fahrrad)* • ladies' frame *ISO 8090*
Damm *m <tech.allg> (jede Art)* • dam
Damm *m <bau> (weniger hoch als ein Deich; an Fluss, Bewässerungsfläche, Reisterrasse)* • levee
Damm *m <bau> (zur Um- od. Begrenzung von etwas; typ. aus Erde)* • dam; embankment
Damm *m <bau.verk> (Unterbau von Straßen)* • road embankment; embankment; bank; fill
Dammbruch *m <bau> (allg.)* • dam break
Dämmeigenschaft *f <mat>* • insulating property
Dämmelement *n <kfz> (allg.; jedes zur Schalldämmung verwendete Bauteil)* • silencer
Dämmerlicht *n <licht>* • subdued light
Dammfuß *m <bau>* • dam toe
Dammkrone *f <bau>* • dam crest
Dämmmasse *f <mat>* • insulating compound
Dämmschicht *f <bau.mat>* • insulating layer; insulating course
Dämmstoffplatte *f <bau.mat> (aus Fasermaterial)* • batt
Dämmstoffplatte *f <bau.mat> (steif; z. B. aus Hartschaum)* • insulating board
Dämmung *f <bau.mat> (für Wärme, Schall; z. B. Mineralwolle)* • insulation; insulating material; insulant
Dämmung *f <phys> (von Wärme, Schall; abstrakt; Vorgang, Funktion)* • insulation
Dampf *m <tech.allg> (allg.)* • vapor *US*; vapour *GB*
Dampfabscheider *m <verf> (Wasserdampf)* • steam separator
Dampfabscheider *m <verf> (Dämpfe allg.)* • vapor separator *US*; vapour separator *GB*
Dampfabsperrventil *n <rls>* • steam isolation valve; steam stop valve *rare*
Dampfabstreifer *m <verf>* • steam stripper
dampfangetrieben *<tech.allg> (z. B. Lokomotive, Schiff)* • steam-driven
dampfbehandelt *<mat> (vernetzt, ausgehärtet durch Dampf; z. B. Beton)* • steam-cured
dampfbetrieben *<fz> (Lokomotive, Schiff)* • steam-powered; steam-driven
Dampfbildung *f <phys> (Wasserdampf)* • steam formation
Dampfblase *f <tech.allg> (z. B. in Kraftstoffleitung, Bremsleitung)* • steam bubble; vapor bubble
Dampfbremse *f <bau.mat> (im Ggs. zu Dampfsperre; z. B. im Trockenbau)* • vapor-retarder *US*; vapour-retarder *GB*

Dampfcracken *n* <chem.petr> *(zur Herstellung z. B. von Ethen, Ethylen, Propylen)* • steam cracking

Dampfdruck *m* <tech.allg> *(Dämpfe allg.; jede Temp.)* • vapor pressure

Dampfdruck *m* <phys> *(im Gleichgewicht mit der flüssigen Phase)* • vapor pressure; steam pressure; vapor tension

dampfen *vi* <tech.allg> • steam *vi*; emit steam *vi*

dämpfen *vt* <tech.allg> *(Maxima)* • suppress *vt*

dämpfen *vt* <akust> *(Geräusche, Lärm)* • silence *vt*; quiet *vt*

dämpfen *vt* <akust> *(Lärm; durch physische Maßnahmen quasi ersticken)* • muffle *vt*

dämpfen *vt* <av> *(Lautstärke)* • mute *vt*

dämpfen *vt* <av> *(Schall aus unerwünschter Richtung; Mikrofon)* • reject *vt*

dämpfen *vt* <el> *(Oszillationen)* • damp *vt*; damp down *vt*

dämpfen *vt* <el> *(eine Störung, etc.)* • attenuate *vt*

dämpfen *vt* <masch> *(puffern)* • cushion *vt*; buffer *vt*

dämpfen *vt* <nahr> *(Gemüse; z. B. Kartoffeln, Kohl)* • steam *vt*

dämpfen *vt* <pap> *(Vorbehandlung)* • presteam *vt*

dämpfen *vt* <phys> *(Schwingungen)* • attenuate *vt*; absorb *vt*

dämpfen *vt* <verf> *(in Dampfatmosphäre erhitzen; z. B. Holz)* • heat in steam *vt*

Dampfer *m* <nav> • steamer; steamship; steam ship; screw steamer

Dämpfer *m* <tech.allg> *(Prallblech)* • baffle plate; baffle

Dämpfer *m* <akust> *(Schall allg.)* • silencer; muffler; sound damper

Dämpfer *m* <bahn> *(in Drehgestellen)* • damper; bogie damper *GB*; shock absorber

Dämpfer *m* <masch> *(mech.; betont: stoßabsorbierend)* • absorber

Dämpfer *m* <masch> *(z. B. Anschlaggummi; für Klappen, Deckel, Rampen etc.)* • bumper

Dämpfer *m* <mech> *(für mech. Schwingungen allg.)* • damper; vibration absorber

Dämpfer *m* <mus> *(auf Musikinstrument; z. B. auf Geige, in Trompete)* • mute

Dämpferbein *n* <kfz> *(im Ggs. zum McPherson-Federbein)* • damper strut

Dampferzeuger *m* <energ> *(in Wärmekraftwerk allg.)* • steam generator; boiler

Dampferzeuger *m* <energ> *(in KKW; U-Rohr- oder Geradrohr-Dampferzeuger)* • steam generator

Dampfmaschine *f* <masch> • steam engine

Dampfspeicher *m* <tech.allg> *(z. B. Dampferzeuger, Papierfabrik)* • steam accumulator

Dampfsperre *f* <tech.allg> *(typ. eine Folie; z. B. unter Laminat)* • vapor barrier

Dampfstrahlen *n DIN EN ISO 4618* <obfl> *(Reinigungsverfahren z. B. für metallische Oberflächen)* • steam cleaning *ISO 4618-3*

Dampftrockner *m* <verf> *(Wasserdampf)* • steam drier; steam drying apparatus

Dampftrockner *m* <verf> *(Dämpfe allg.)* • vapor drier *US*; vapour drier *GB*

Dampfturbine *f DIN 4304* <turb> • steam turbine (ST) *IEC 45-1*; Rankine fluid turbine

Dampfüberhitzer *m* <energ> *(Dampfkessel)* • steam superheater

dampfundurchlässig <qualit.mat> • vapor-tight

Dämpfung *f* <tech.allg> *(allg.; absichtlich oder unabsichtlich; z. B. v. Schall, Signalen, Licht)* • attenuation; damping

Dämpfung *f* <opt.lwl> *(des Lichts in LWL)* • loss; attenuation

Dämpfung *f* <phys> *(mech.; absorbieren von Schwingungen, Stoß, Schlag)* • absorption; attenuation

Dämpfungseinrichtung *f* <mech> *(mechanisch)* • damper; damping device

Dämpfungselement *n* <tech.allg> *(zum Entkoppeln; z. B. Gummipuffer)* • isolator

Dämpfungsglied *n* <el> • attenuation device; attenuator; attenuation element; damping device

Dampfventil *n* <rls> • steam valve

dann und nur dann, wenn <math> • if

and only if (iff)

Darre *f <agri> (allg.)* • drying room; drying chamber

Darrieus-Rotor *m <energ.wind> (ein VAWK)* • Darrieus rotor; troposkien type rotor *thsc*; eggbeater *coll*

Darrmasse *f <tech.allg> (z. B. bei Nahrung, Papier)* • moisture-free weight

darrtrocken *<tech.allg> (z. B. Lebensmittel, Textilien)* • oven-dry

darstellen *vt <allg> (stehen für etw.)* • represent *vt*

darstellen *vt <chem> (Verbindung, Reaktionsprodukt)* • prepare *vt*

darstellen *vt <doku> (als Text, Bild präsentieren)* • display *vt*; show *vt*

darstellen *vt*: **im Schnitt ~** *<doku> (technische Zeichnung)* • section *vt*

Darstellung *f <chem.verf> (Separierung, Produktion einer einzelnen Substanz)* • isolation; preparation

Darstellung *f DIN ISO 10209-2 <doku>* • representation *ISO 10209-2*

Datasuit *m <comp>* • data suit

DAT-Band *n* (DAT) *<comp>* • digital audio tape (DAT); DAT tape

Datei *f <comp> (gespeicherte Dateneinheit; z. B. eine Textdatei text.doc)* • file; data file

Dateiaktualisierung *f <comp>* • file updating

Dateiattribut *n <comp> (z. B. System, versteckt, nur Lesen)* • file attribute; attribute *pract*

Dateiname *m <comp>* • file name; file identifier

Datei nicht gefunden *<comp> (z. B. Fehler 404)* • file not found

Dateistruktur *f <comp>* • file structure

Dateisuche *f <comp>* • file scan; file search

Dateisystem *n <comp>* • file system; file structure *ECMA*

Dateityp *m <comp>* • file type

Dateiumwandlung *f <comp>* • file conversion

Dateiverriegelung *f <comp>* • file locking

Dateiverwaltungsprogramm *n <comp>* • file manager

Dateivorspann *m <comp>* • file header

Dateizugriff *m <comp>* • file access

Dateizuordnungstabelle *f* (FAT) *<comp>* • file allocation table (FAT)

Daten *pl DIN 44300 <tech.allg> (betont: einzelne Angaben; z. B. Testresultate)* • data *pl*

Daten *pl <tech.allg> (als Gesamtpaket von Informationen)* • data *sg*

Datenabbildung *f prEN 62356-3 <av>* • datamapping *prEN 62356-3*

Datenabruf *m <comp>* • data polling; polling of data

Datenadresse *f <comp>* • data address

Datenanforderung *f <comp>* • data request

Datenarchivierung *f <comp>* • data archiving; archiving

Datenaufbereitung *f <tech.allg> (für nachfolgende Schritte)* • data preparation

Datenausgabe *f <comp>* • data output

Datenausgabegerät *n <comp>* • data terminal

Datenaustausch *m <comp>* • data interchange; data exchange; information interchange

Datenautobahn *f <tele>* • information superhighway (Iway); data superhighway; Information Highway; electronic highway; Information Autobahn *rare*

Datenbank *f <comp> (Datenbasisdateien und zugehörige Datenbankmaschine)* • data bank

Datenbankindex *m <comp>* • data base index

Datenbankmaschine *f <comp> (Kern einer Datenbank)* • database engine

Datenbankschlüssel *m <comp>* • data base key

Datenbanksystem *n <comp>* • data base system

Datenbankverwaltungsprogramm *n <comp>* • data base manager

Datenbankverwaltungssystem *n* (DBMS) *<comp>* • data base management system

Datenbasis *f <comp> (enthält die Datendateien einer Datenbank)* • data base

Datenbasisdatei *f <comp> (enthält die Daten einer Datenbank)* • data base file

Datenbegrenzungszeichen *n <comp>* • data limiter

Datenblatt *n <doku>* • data sheet; specification sheet; spec sheet *coll*

Datenbrille *f <comp> (z. B. für erwei-*

terte Realität) • head-mounted display (HMD)

Datenbus *m* <comp> • data bus

Dateneingabe *f* <comp> *(Vorgang)* • data entry; data input

Dateneingabegerät *n* <comp> • data input unit; data entry device

Dateneinheit *f* <comp> • data unit

Datenelement *n* <comp> • data item

Datenelementtyp *m EN 61360-1/A1* <comp> • data element type *EN 61360-1/A1*

Datenendeinrichtung *f* (DEE) <comp> *(z. B. Bildschirm, Tastatur, Drucker)* • data terminal equipment (DTE); data processing terminal; processing terminal; terminal device

Datenentnahme *f* <tech.allg> *(teil-, stichprobenweise)* • data sampling

Datenerfassung *f* <tech.allg> *(allg. Vorgang des Sammelns von Informationen)* • data acquisition (DAQ); data collection; data capture *rare*; data gathering *rare*; gathering of data

Datenerfassung *f* <tech.allg> *(betont: protokollieren; z. B. chronologisch)* • data logging

Datenerfassungsgerät *n* <tech.allg> • data acquisition device

Datenerfassungsgerät *n* <comp> *(betont: zum Protokollieren von Ereignissen; z. B. chronologisch)* • data logger

Datenexport *m* <comp> *(z. B. aus Datenbanken)* • data export; export of data

Datenfeld *n* <comp> • data field

Datenfeldbeschreibung *f* <comp> • data field descriptor

Datenfernübertragung *f* (DFÜ) <comp.tele> *(meist über das Telefonnetz)* • long-distance data transmission; remote data transmission; telecommunication

Datenfluss *m* <comp> • data flow; data stream *rare*; data flowing; information stream

Datenformat *n DIN 44300* <comp> • data format; data configuration; data allocation; format

Datenfreigabe *f* <comp> • data enable

Datenhafen *m* <comp> *(Mulde für externe Festplatten)* • data bay; hard-disk docking station

Datenhandschuh *m* <comp> • data glove

Datenkabel *n* <comp> • data cable

Datenkassette *f* <comp> *(zur Datensicherung)* • data cartridge; magnetic tape cartridge; streamer cartridge; tape cartridge

Datenkategorie *f* <term> • data category *ISO 12620*

Datenkennzeichen *n DIN 1571* <comp> • data identifier (DI)

Datenkommunikation *f DIN V 44302-2* <tele> • data communication; data communications

Datenkommunikationsprotokoll *n DIN EN ISO16484* <comp> • data communication protocol *DIN EN ISO16484*

Datenkomprimierung *f* <comp> *(von Daten, Dateien; verlustfrei oder mit Verlust; z. B. ZIP vs. JPEG)* • data compression; compression; data compaction; data reduction; packing

Datenkopf *m* <comp> *(von Dateien, E-Mails)* • header; head

Datenleitung *f* <el> *(z. B. ein Bus)* • data line

Daten-Memory-Adresse *f* (DMA) <comp> • data memory address (DMA)

Datenmenge *f* <comp> • amount of data; volume of data; aggregate

Datenmissbrauch *m* <jur> • data abuse

Datennetz *n* <comp> • data network

Datenpaket *n* <comp> • information packet; data packet

Datenprojektor *m* <comp> *(allg.)* • data projector

Datenprüfung *f* <tech.allg> • data validation

Datenrekonstruktion *f* <comp> *(allg.)* • data reconstruction

Datenrettung *f* <comp> *(nach massiver Störung, Absturz, Headcrash etc.)* • disaster recovery

Datensammlung *f* <tech.allg> *(Vorgang und Ergebnis; z. B. in Form einer Datenbasis)* • data collection

Datensatz *m* <comp> *(in Datenbasis)* • record; data record *rare*

Datensatznummer *f* <comp> *(Datenbasis)* • record number

Datenschnittstelle *f* <msr> • data interface

Datenschutz *m* <comp> *(Maßnahmen zur Datensicherheit)* • data protection

Datenschutz *m <jur> (von Personen)* • privacy protection; data protection

Datenschutzgesetz *n <jur>* • data protection act

Datensicherheit *f DIN 44300-1 <comp> (Sachlage, bei der Daten so weit wie möglich sicher sind)* • data safety

Datensicherheit *f <comp> (Zustand, bei dem Daten vor unberechtigtem Zugriff geschützt sind)* • data security

Datensicherheit *f <comp> (Zustand, bei dem gespeicherte Daten vor Fehlern geschützt sind)* • data integrity; data reliability; reliability of data *rare*

Datensicherung *f <comp> (Gesamtheit aller Maßnahmen)* • data security; data securing

Datensicherung *f <comp> (konkreter Sicherungsvorgang)* • backup; data backup

Datensicherungsmedium *n <comp> (z. B. externe Festplatten, Band, RAID--System, DVD)* • backup medium; backup storage medium; peripheral memory; backing store

Datenspeicherung *f <comp> (Vorgang; z. B. auf Band, Festplatte)* • data storage; storage

Datenspeicherung *f <comp> (Beharrung auf einem Datenträger; z. B. in ROMs; z. B. 10 Jahre)* • data retention

Datenstruktur *f <comp>* • data structure

Datenübertragung *f DIN 44302 <comp> (z. B. via Kabel, Funk)* • data transfer; data transmission

Datenübertragungsblock *m DIN ISO 3309 <comp>* • frame *ISO 3309*

Datenübertragungsprotokoll *n DIN EN 14908 <comp>* • data transfer protocol

Datenübertragungsrate *f <comp> (einer Verbindung; Signale pro Zeiteinheit)* • data transfer rate; transfer rate; throughput rate; data rate *coll*; data throughput

Daten- und Videoprojektor *m <av> (für PC und TV)* • data and video projector

datenverarbeitend *<comp>* • data--processing

Datenverarbeitung *f* (DV) *<comp>* • data processing (DP)

Datenverlust *m <comp>* • data loss; loss of data

Datenverschlüsselung *f <tele> (als Datenschutzmaßnahme)* • data encryption; data encipherment *rare*

Datenwiederherstellung *f DIN ISO 2382-8 <comp> (z. B. nach Backup, Festplattenschaden)* • data restoration *ISO/IEC 2382-8*; data recovery

Datenwort *n <comp> (Dateneinheit mit festgelegter Länge; typ. 8 Datenbits, 1 Byte)* • data symbol; data word; item

Datenzuverlässigkeit *f <tech.allg>* • data reliability

Datieren *n <doku> (Datum angeben; z. B. von Dokumenten, Dateien, Datensätzen)* • dating

DAT-Streamer *m <comp> (zur Datensicherung)* • DAT drive; DAT streamer; DAT data streamer; DAT device; DAT unit

Datum *n <allg>* • date; calendar date *form*

Datumsangaben erfolgen im Format Tag/Monat/Jahr *<allg>* • dates are in day/month/year format

Datumsanzeige *f <tech.allg> (von PCs, Uhren, Kameras etc.)* • date display

Datumsgrenze *f <geo> (im pazifischen Ozean)* • date line; international date line

Datum und Uhrzeit *<allg>* • date and time

Dauer *f <allg> (Zeitraum, in dem etwas stattfindet; z. B. ~ eines Ereignisses)* • duration

Dauerbeanspruchung *f <mech> (führt u. U. zu Materialermüdung)* • continuous load; continuous stress; fatigue load; fatigue loading; permanent stress

Dauerbelastung *f <bau>* • sustained load; sustained loading

Dauerbetrieb *m <tech.allg> (z. B. von Bauteilen, Funktionseinheiten, Systemen, Anlagen)* • continuous operation; continuous running; continuous duty; continuous service; continuous use

Dauerbiegefestigkeit *f <qualit.mat>* • bending stress fatigue limit; repeated flexural strength; bending endurance; flexing life *pract*; flex life *pract*

Dauerbiegeversuch *m <qualit.mat>* • fatigue bending test

Dauereingriff *m <masch> (z. B. von Zahnrädern)* • permanent mesh

dauerelastische Nahtdichtmasse *f* *<tech.allg>* • mastic seam sealant

dauerfest *<qualit> (haltbar, widerstandsfähig gegen Dauerbelastung)* • durable; enduring; fatigue-resisting; antifatigue *rare*

Dauerfestigkeit *f <qualit.mat> (mech.; bei statischer od. dynamischer Dauerbelastung)* • fatigue strength; fatigue limit; endurance strength; endurance limit

dauergeschmiert *<tribo>* • lubricated-for-life

dauergeschmiertes Kugellager *n <masch>* • prelubricated life-sealed ball bearing

dauerhaft *<allg> (bleibend)* • long-lasting; lasting

Dauerhaftigkeit *f <allg> (einer Wirkung)* • permanence

Dauerlast *f <tech.allg> (im Ggs. zu transienter Belastung)* • constant load; permanent load; steady load; steady-state load

Dauerlauf *m <tech.allg> (z. B. von E-Motoren, Lüftern)* • continuous running

Dauerlauf *m <tech.allg> (von Maschinen, Anlagen)* • continuous working

Dauerleistung *f <allg> (von Arbeitskräften, Personal)* • long-term performance

Dauerleistung *f <tech.allg> (abgegebene Leistung, in Watt; z. B. von Triebwerken, Kraftwerken)* • constant power output

Dauerlösung *f <allg>* • durable solution; permanent solution

Dauerschmierung *f <tribo>* • for-life lubrication; permanent lubrication

Dauerschwingfestigkeit *f <qualit.mat> (max. Spannung, mit der ein Mat. beliebig oft zyklisch belastbar ist)* • fatigue limit; endurance limit; fatigue strength; dynamic strength

Dauerschwingversuch *m DIN 15100 <qualit.mat>* • fatigue test; continuous vibration test

Dauerschwingversuch bei Biegebeanspruchung *m <qualit.mat>* • bending fatigue test; flexural fatigue test

Dauerschwingversuch bei Druck-Zug-Beanspruchung *m <qualit.mat>* • push-pull fatigue test

Dauerschwingversuch bei Verdrehbeanspruchung *m <qualit.mat>* • torsional fatigue test

dauerstandfest *<qualit> (Haltbarkeit)* • durable

Dauerstandfestigkeit *f <qualit.mat> (max. Belastbarkeit, bei statischer Last; in N/mm^2)* • fatigue strength; endurance strength; creep rupture resistance; limiting creep stress; creep rupture strength

Dauerstrom *m <el> (allg.)* • continuous current; steady current; permanent current

Dauerton *m <akust> (allg.)* • continuous tone; continuous sound; sustained audio signal

Dauerwert *m <tech.allg>* • steady-state value

Daumenablage *f <kfz> (am Lenkrad, zw. Kranz u. Oberseite des Speichenansatzes)* • thumb rest

Daumenrad *n <msr> (Bedienungselement)* • thumb wheel

Davit *m <nav> (für Rettungsboot)* • boat davit; davit

Day-Cruiser *m <nav> (Sportmotorboot)* • day-cruiser

DDR-SDRAM *m <comp> (Double Data Rate Synchronous Dynamic Random Access Memory)* • DDR-SDRAM

DDR-Speicher *m <comp>* • DDR memory

DDR-Unterstützung *f <comp> (Chipsatz-Merkmal)* • DDR support

deaktivieren *vt <comp> (Funktion, Baustein etc.)* • disable *vt*; inactivate *vt*

Deakzentuierung *f <tech.allg>* • de-emphasis

Debugger *m <comp> (hilft beim Beheben von Fehlern, insb. von Programmierfehlern)* • debugger; debugging program; debugging routine; software debugger; debugger program

Deck *n <nav>* • deck; topside

Decke *f <bau> (sichtbare obere Flächenbegrenzung eines Raumes)* • ceiling

Decke *f <bau.verk> (oberer Teil des Straßenoberbaus; z. B. aus Asphalt, Beton)* • surface course; surface layer; top course; surfacing

Decke *f <fz> (von Reifen)* • outer cover; outer casing; tire cover *US*; cover

pract

Decke *f <verf> (von großen Gehäusen etc.; z. B. von großen Filtern)* • roof

Deckel *m <tech.allg> (allg.; meist leicht entfernbar; jede Form und Größe)* • cover; lid

Deckel *m <bau> (Platte; z. B. über Schacht, Maueröffnung)* • cover plate

Deckel *m <pack> (einer Getränkedose)* • end

Deckel *m DIN 55 405 <pack> (zum Verschließen dienender Teil eines Packmittels)* • lid; cover

Deckeldichtung *f <masch> (Flachdichtung; z. B. Ventildeckel)* • cover gasket

decken *vr <allg> (zeitlich; z. B. Ereignisse, Abläufe)* • coincide *vi*

decken *vr <allg> (inhaltlich; z. B. Meinungen)* • coincide *vi*; agree *vi*

decken *vr <mech> (genau gegenüberliegen, fluchten; z. B. Verbindungselemente)* • register with *vi*; agree with *vi*

decken *vt <bau> (Dach allg.; z. B. mit Schindeln, Wellblech, Dachpappe)* • roof *vt*

decken *vt <bau> (Dach, mit Schindeln; z. B. aus Schiefer, Ziegel, Beton)* • tile *vt*; slate *vt*; shingle *vt*

decken *vt <bau> (ein Dach)* • cover *vt*

decken *vt <fin> (Kosten, Risiko; z. B. Budget, Versicherung)* • cover *vt*

decken *vt <obfl> (Farbauftrag)* • opacify *vt*

decken *vt <ökon> (Bedarf, Nachfrage)* • meet *vt*; satisfy *vt*

Deckenbalken *m <bau> (allg.; z. B. aus Stahl, Stahlbeton, Holz)* • ceiling beam; floor beam

Deckeneinbauleuchte *f <licht>* • recessed luminaire

Deckenerneuerung *f <bau> (Straße)* • resurfacing

Deckenfertiger *m <bau.masch> (Fahrbahn)* • road finisher; road finishing machine; paver-finisher; paver; spreader finisher

Deckenfluter *m <licht> (allg.)* • torchiere lamp *US*; uplighter

Deckenfluter *m <licht> (als Stehleuchte)* • freestanding uplight

Deckenförderer *m <förd>* • overhead conveyer; overhead mechanical handling system *rare*

Deckenlaufkran *m <förd>* • travelling overhead crane; ceiling travelling crane *rare*

Deckenleuchte *f <kfz.el> (diffuse Innenraumbeleuchtung)* • dome lamp; roof lamp

Deckenleuchte *f <licht> (in Gebäuden)* • ceiling light fitting; ceiling fitting; ceiling light

Deckenschalttafel *f <aerosp.msr> (Cockpit)* • overhead panel

Deckfähigkeit *f <obfl> (von Lack, Malfarbe, Anstrichstoffen)* • covering quality; opacifying power; covering properties; covering capacity; hiding power *coll*

Deckfarbe *f <druck> (gut deckende Druckfarbe)* • opaque ink

Deckfarbe *f <kunst> (deckende Wasserfarbe; für Gouachen)* • gouache color *US*; gouache colour *GB*

Deckfarbe *f <obfl> (deckender Anstrich)* • opaque paint

Deckglas *n <tech.allg> (z. B. Feuermelder, Zähler, Anzeigeinstrument)* • cover glass

Deckglas *n <chem> (Labor)* • cover slip

Decklack *m <obfl> (betont: das Material)* • finishing enamel; finishing paint

Decklack *m <obfl> (betont: die Schicht)* • top coat; final paint coat; top paint coat; finish coat; finish *pract*

Decklage *f <füg> (beim Schweißen, oberste Schweißraupe)* • finishing pass; final pass

Decklage *f <obfl> (oberste Schicht)* • top layer

Deckplatte *f <tech.allg> (horizontal od. vertikal)* • cover plate

Deckplatte *f <tech.allg> (horizontal, ganz oben)* • top plate

Decksaufbauten *mpl <nav>* • superstructure[s]; upper works

Decksausrüstung *f <nav>* • deck fittings *pl*

Decksbalken *m <nav>* • deck beam

Deckschicht *f <bau.verk>* • surface course *US*; wearing course *GB*

Deckschicht *f <obfl> (allg. Beschichtung, Überzug; z. B. Farbe, Lack, Gummi, Zuckerguss)* • final coating; finish coating

Deckschicht *f <obfl> (allg.; auch das Fortschreiten v. Korrosion hemmende Oxidschicht)* • surface film; surface layer

Decksplan *m <nav>* • deck plan; floor plan

Deckstein *m <allg> (Schmuck)* • cap jewel

Deckung *f <mil> (Schutz gegen Sicht, Beschuss)* • cover

Deckung *f <mil> (gegen Sicht)* • concealment

Deckung *f <mil> (Ort, Position, die Deckung bietet)* • covered position

Deckung *f <vers> (durch Versicherung, Vertrag)* • coverage

Deckung aus der Luft *f <mil>* • air cover

Deckung im Vollton *f <druck>* • coverage in solid areas

Deckungsgenauigkeit *f <tech.allg> (z. B. von benachbarten Teilen mit Indexmarkierungen; z. B. Overlays)* • accuracy of registration

Deckweiß *n <obfl.kunst>* • opaque white

deduktiv *<philos> (Gedankengang, Methode; im Ggs. zu induktiv)* • deductive

defekt *<qualit> (Bauteil, System)* • faulty; defective; faulted *rare*

defekt bei Lieferung (DOA) *<qualit> (Reklamationsgrund)* • dead on arrival (DOA)

defensives Fahren *n <verk> (Fahrstil)* • defensive driving

definieren *vt <term> (Begriff)* • define *vt*

definierte Schwachstelle *f <tech.allg>* • defined weak point

Definition *f DIN 2342 <term>* • definition *ISO 12620*

Definitionshoheit *f <allg>* • authority of definition

definitiv *<allg>* • definite

Deflagration *f ISO 13943 <feuer> (Verbrennungswelle infolge einer Explosion)* • deflagration *ISO 13943*

Deformation *f <tech.allg> (Vorgang und Ergebnis; absichtlich oder unabsichtlich)* • deformation

defragmentieren *vt <comp> (Daten auf Festplatte)* • defragment *vt*

Defroster *m* (DEF) *<kfz.hlk> (gegen beschlagene oder zugefrorene Fahrzeugscheiben)* • defroster (DEF); defogger; demister

degradieren *vt <allg>* • degrade *vt*

dehnbar *<mat> (durch Ziehen elastisch oder plastisch verformbar)* • expandable; expansible; expandible; extensible; extensile *rare*

dehnbar *<mat> (durch Dehnung belastbar)* • strainable

dehnbar *<mat> (mit relativ geringer Kraft; z. B. Gummi, Stretch-Textilien)* • stretchable

Dehnbarkeit *f <mat> (mit relativ geringer Kraft; z. B. von Gummi, Stretch-Textilien)* • stretchability

Dehnbarkeit *f <mat> (durch Dehnung belastbar)* • strainability

Dehnbarkeit *f <mat> (durch Ziehen elastisch oder plastisch verformbar)* • expandability; expansibility; expandibility; extensibility

dehnen *vt <tech.allg> (elastisches Material)* • stretch *vt*

dehnen *vt <tech.allg> (durch Zugspannung elastisch oder plastisch verformen)* • strain *vt*

Dehngrenze *f <qualit.mat> (allg. bei 0,2 % Dehnung, wenn Fließgrenze nicht ausgeprägt)* • yield strength; percentage proof stress *rare*

Dehnschaft *m <füg> (von Dehnschrauben)* • waisted shank

Dehnung *f <mech> (elastische Verformung aufgrund von Zugspannung)* • strain; tensile strain *form*

Dehnung *f <mech> (bleibende Längenzunahme aufgrund von Zugspannung; in mm)* • elongation; permanent strain *form*

Dehnungsfuge *f <bau> (von Gebäuden, Brücken etc.)* • expansion joint; movement control joint *rare*; expansion gap *rare*; joint clearance *rare*; contraction joint *rare*

Dehnungsmesser *m <msr> (allg.)* • strain gauge; displacement transducer; strain transducer; extensometer; strainometer *rare*

Dehnungsmessstreifen *m* (DMS) *<msr> (Folie oder Draht)* • strain gauge *US.GB*

Dehnungsriss *m <qualit.mat>* • extension crack; expansion crack

Dehydratation *f <tech.allg> (zum Trocknen, Konzentrieren)* • dehydration

Deich *m <bau.hydr> (Küstenschutz)* • dike; dyke

Deichschleuse *f <bau.hydr>* • dike lock

Deichsel *f <fz> (gerade Stange; z. B. an Caravan oder Kleinanhänger)* • drawbar; tow bar; shaft *rare*; pole *rare*

Deichselanhänger *m <nfz> (mit einer Vorder- und einer oder mehreren Hinterachsen)* • full trailer; drawbar trailer *GB*; pony trailer *US.coll*; dog trailer *AUS.coll*

Deinking *n <pap.ents>* • deinking; ink removal

Deionat *n <chem.verf> (allg.)* • deionized water; demineralized water

deionisieren *vt <chem.verf> (Wasser; mit Ionenaustauscher)* • deionize *vt*; demineralize *vt*

Deka... (da) *<phys.msr> (Vorsilbe für Einheiten: 10)* • deca (da)

Dekade *f <allg>* • decade

Dekaeder *n <math>* • decahedron

Dekanei *f <bau.rel>* • deanery

Dekantat *n <chem>* • decantate

dekantieren *vt <chem.verf> (Flüssigkeit, ohne Sedimente aufzuwirbeln)* • decant *vt*; pour off *vt coll*

Deklaration *f <allg>* • labeling *US*; labelling *GB*

Deklination *f <astron> (Breitenangabe in Grad für Himmelsobjekte)* • declination

Dekodierung *f <comp>* • decoding

Dekompression *f <tech.allg> (z. B. Druckluftanlage, Bremszylinder, Taucherglocke)* • decompression

dekomprimieren *vt <comp> (Daten)* • decompress *vt*; unpack *vt*

Dekontamination *f <nukl> (von radioaktiv verseuchten Flächen)* • radioactive decontamination; decontamination

Dekontamination *f <ökol> (allg.; z. B. von chemisch belasteten Flächen, Böden, Erdreich)* • decontamination

dekontaminierbar *<obfl>* • decontaminable

dekontaminieren *vt <nukl> (Oberflächen, Boden, Personen)* • decontaminate *vt*

dekontaminieren *vt <obfl> (allg.)* • decontaminate *vt*

Dekor *m <allg>* • decoration

Dekor *m <textil>* • pattern

Dekorationsstoff *m <textil> (eher teuer, aufwändige Gewebe; z. B. für Vorhänge, Möbel etc.)* • furnishing fabric; tapestry *rare*

Dekorationsstoff *m <textil> (eher einfaches, billiges Stretchmaterial; z. B. für Schaufensterdeko)* • decorative cloth; decorative fabric

dekorativ *<allg>* • decorative

Dekorfolie *f <obfl.holz> (auf Spanplatten)* • overlay

Dekupiersäge *f <wz.masch>* • scroll saw; jigsaw

Deleatur *n <druck>* • deletion mark

Delle *f <tech.allg> (Vertiefung, Eindruck; kleine, leicht konkave Stelle)* • depression

Delle *f <tech.allg> (konkav, in Blech; z. B. in Karosserie)* • dent

Delta-Eisen *n EN 10052 <metall>* • delta iron

Deltaflügel *m <aerosp>* • delta wing; triangular wing *coll*

Deltaflugzeug *n <aerosp> (mit Dreieckflügel)* • delta aircraft; delta--wing aircraft

deltaförmig *<tech.allg> (z. B. Zeichen, Flugdrachen, Tragflügel)* • deltoid *adj*

Demijohn *m DIN 55 405 <pack.silik> (Großglasbehältnis, birnenförmig, mit Korbgeflecht; bes. für Säuren)* • demijohn; carboy

demineralisieren *vi/vt <tech.allg>* • demineralize *vi/vt*

Demodulation *f <tech.allg>* • demodulation

Demolition Derby *n <kfz.sport>* • demolition derby

Demonstrationsanlage *f <tech.allg> (z-B. eine Pilotanlage)* • demonstration plant; demonstration facility

Demontage *f <tech.allg> (von zerlegbaren Konstruktionen jeder Größe)* • disassembly

demontierbar *<tech.allg> (mit etwas Aufwand entfernbar)* • removable

denaturierter Alkohol *m <chem>* • denaturated alcohol; methylated spirit

Dendrit *m <mat> (z. B. in Gussteilen)* • dendrite; fir-tree crystal

Denier *n* (den) *<textil>* • denier (den)

denitrieren *vt <chem.verf>* • denitrate *vt*

denitrifizieren *vt <chem.verf>* • denitrify *vt*

DeNOx-Verfahren *n <ents>* • DeNOx process

Densimeter *n <msr>* • densimeter; density gauge; density indicator

Densitometer *n <phot.msr>* • densitometer

Dentalimplantat *n <med>* • dental implant

depilieren *vt <hygi>* • depilate *vt*

Deponie *f <ents> (betont: Ort der Endablagerung)* • disposal site

Deponiegas *n <ents>* • landfill gas

Deponiekörper *m <ents>* • landfill; fill *pract*

deponierbar *<ents> (Abfall)* • landfillable

deponieren *vt <ents> (Müll, Abfall; auf geordnete Deponie)* • landfill *vt*

deponieren *vt <logist> (geordnet; z. B. Baumaterial, Müll)* • deposit *vt*

Deponiesickerwasser *n <ents>* • leachate

Depot *n <logist> (groß; typ. mehrere Gebäude auf großem Gelände)* • depot; storage facility

Depot *n <logist> (Zwischenlager; z. B. für Umzugsgut, Möbel etc. im Zollbereich)* • depository; warehouse

Depot *n <pharm>* • depot

Depot *n <verk> (Halle für Straßenbahnen, Busse)* • depot; garage

Deregulierung *f <allg> (des Energiemarktes)* • deregulation

Derivat *n <chem>* • derivative

Derrickkran *m <förd>* • derrick; stiff-leg derrick; boom crane; post crane

DE-Scheinwerfer *m <kfz.el> (Projektionsscheinwerfer)* • DE headlight

Design *n <tech.allg> (betont: ästhetische Gestaltung)* • styling

Desinfektion *f <hygi>* • disinfection

Desinfektionsmittel *n <chem.hygi>* • disinfectant

desinfizieren *vt <hygi>* • disinfect *vt*

desinfizierend *<hygi>* • disinfectant; germicidal

Deskriptor *m <term>* • thesaurus descriptor *ISO 12620*

Desktop *n <comp> (von Windows)* • desktop

Desktop-Publishing *n* (DTP) *<comp.-druck>* • desktop publishing (DTP)

Desodorans *n <chem> (Mittel zur Beseitigung übler Gerüche)* • deodorant; deodorizer *pract*

Desorientierung *f <allg>* • desorientation

Desorption *f <chem.verf> (aktiv; Austreiben sorbierter Gase)* • stripping

Desorption *f <chem.verf> (passiv; Entweichen sorbierter Gase)* • desorption

Desoxidation *f <chem.verf>* • deoxidization; deoxidation; reduction

desoxidieren *vt <chem.verf> (Sauerstoff entziehen)* • deoxidize *vt*; deoxidate *vt*; reduce *vt*; deoxygenate *vt rare*

Desoxyribonukleinsäure *f* (DNS) *<chem>* • deoxyribonucleic acid (DNA); deoxyribonucleic acid *obs*

Dessin *n <textil> (z. B. Hahnentritt, Millefleurs, Nadelstreifen)* • design; pattern

Destillat *n <chem>* • distillate; distillation product

Destillatfraktion *f <chem>* • distillate fraction

Destillationsanlage *f <verf>* • distillation plant; distillery

Destillationsturm *m <verf>* • distillation tower; distillation column

destillieren *vt <chem.verf>* • distil *vt*

destilliertes Wasser *n <chem>* • distilled water

Detail *n <allg> (z. B. in techn. Zeichnungen)* • detail

Detailauswertung *f <allg>* • detailing

detaillieren *vt <tech.allg>* • specify in detail *vt*; enumerate *vt*

detailliert *<tech.allg> (mit vielen Details; z. B. Modellbau)* • finely detailed

detailliert angeben *vt <tech.allg>* • specify *vt*

detaillierte Aufschlüsselung *f <allg> (v. Summenwerten; z. B. von Lieferungen, Leistungen)* • detailed breakdown

Detailzeichnung *f <doku>* • detail drawing; part drawing; component drawing

determiniert *<allg>* • determinate

Determiniertheit *f <allg>* • determinacy

Detonation *f ISO 13943 <feuer.spreng>* • detonation *ISO 13943*

Detonator *m <spreng> (Zündmittel für Initiierung einer Hauptladung)* • detonator; exploder

detonieren *vi <spreng>* • detonate *vi*

Deuterium *n* (D) *<chem>* • deuterium (D); heavy hydrogen

deutlich erkennbar *<allg> (Merkmal)* • distinct

Deutlichkeit *f <allg> (Unterscheidbarkeit, Kontrast; z. B. von Details)* • distinctness

Deutlichkeit *f <doku> (Klarheit von Text, Bild; gut wahrnehmbar und/oder verständlich)* • clearness

Deutsches Institut für Normung e. V. *n* (DIN) *<org>* • Deutsches Institut für Normung (DIN); German standards institute; German national organization for standardization; German Institute for Standardization

Deutsches Patentamt *n* (DPA) *<jur> (München)* • German Patent Office (GPO)

Dextrinkleber *m <füg>* • dextrin adhesive; dextrin-based adhesive; dextrin glue *pract*

Dextrose *f <nahr>* • dextrose; dextroglucose *thsc*; d-glucose *pract*; grape sugar *coll*

dezenter Farbton *m <obfl>* • subtle tone; subtle shade

dezentrale Betriebsleittechnik *f* (BLD) *<bahn.msr>* • decentralized operation control (DOC); decentral operation control system; DOCS

dezentrales System *n <tech.allg> (z. B. EDV, Organisation)* • distributed system

dezentriert *<tech.allg> (nicht zentriert)* • off-center *US*; off-centre *GB*; eccentric

Dezibel *n* (dB) *<phys.akust>* • decibel (dB)

dezimal *<math> (Zahl, Bruch, Stelle)* • decimal *adj*

Dezimalbruch *m <math>* • decimal fraction

Dezimaldarstellung *f <tech.allg> (Anzeige; z. B. Skala, Anzeige, Schreiber)* • decimal representation

dezimales Zahlensystem *n <math>* • decimal number system

Dezimalklassifikation *f <term> (Ordnen von Begriffen)* • decimal classification

Dezimalkomma *n <math> (bei Dezimalzahlen; dem entspricht im Engl. ein Punkt)* • decimal point

Dezimalschreibweise *f <math> (z. B. im Ggs. zu Brüchen)* • decimal notation

Dhrystone *m <comp> (PC-Performance-Maßstab)* • Dhrystone

Diabolo *n <mil> (Munition f. Luft- od. CO_2-Waffen)* • waisted pellet; air-gun pellet; pellet *pract*; diablo pellet *Walther*

Diafilm *m <phot> (SW oder Farbe; meist Farbe)* • transparency film

Diagnose *f <tech.allg>* • diagnosis

Diagnose-Center *n <tech.allg> (z. B. Werkstatt)* • diagnostic center *US*; diagnostic centre *GB*

Diagnose-Handgerät *n <kfz.wz>* • portable diagnostic unit (PDU)

diagonal *<tech.allg>* • diagonal *adj*

Diagonalreifen *m <aerosp> (Laufrad)* • bias tire *US*; bias-ply tire *US*; diagonal tire *US.rare*; cross-ply tire *US. rare*; bias tyre *GB*

Diagonalreifen *m <prod> (im Ggs. zu Gürtelreifen)* • cross ply tire; bias angle tire *thsc*; bias ply tire *rare*; diagonal tire *US.rare*; conventional tire *obs.rare*

Diagonalrippe *f <tech.allg>* • diagonal rib

Diagonalstrebe *f <bau> (in Gitterkonstruktionen, zugbelastet; z. B. Brücke, Kran, Mast)* • diagonal brace; diagonal member; diagonal bar; diagonal tie

Diagonalverband *m <tech.allg> (zur Aufnahme von Schubkräften)* • bracing

Diagramm *n <doku> (von Werten; z. B. Linien-, Balken-, Säulen-, Tortendiagramm)* • diagram; graph; chart

diakritisch *<tech.allg>* • diacritic[al]

Dialog *m <allg>* • dialog *US*; dialogue *GB*

dialogfähig *<tech.allg> (z. B. EDV, Fernsehen)* • interactive

Dialogfenster *n <comp>* • dialog box *US*

Dialysator *m <med.tech>* • dialyzer *US*; dialyser *GB*; dialysis machine; artificial kidney *coll*; kidney machine *coll*

Dialyse *f <med>* • dialysis

Diamant *m <mat.min>* • diamond

diamantartig *<qualit.mat>* • adamantine

diamantbestückt *<wz> (Spitze, Kante, Schneide)* • diamond-tipped

Diamantbohrer *m <wz>* • diamond drill

diamanthart *<qualit.mat>* • adamantine

Diamantrahmen *m <fz> (Herrenfahrradrahmen in typischer Rautenform)* • diamond frame

diametral entgegengesetzt *<allg>* • diametrically opposite

Diamin *n <chem.petr>* • diamine
diaphan *<qualit.mat> (zwischen transluzent und transparent; z. B. ein Schleier)* • diaphanous; very sheer *coll*
Diapir *m <geo>* • diapir
Diapositiv *n <phot>* • transparency; slide *coll*
Diaprojektion *f <phot>* • slide projection
Diaprojektor *m <phot>* • slide projector; transparency projector *rare*
Diarähmchen *n <phot>* • slide holder; transparency frame; transparency mount
Diascanner *m <phot.comp>* • slide scanner
Diashow *f <phot>* • slideshow
Diazofarbstoff *m <obfl>* • diazo dye
Diazotypie *f <druck>* • diazo printing; diazotype photocopying process; diazotype process; white-print process
Dibromethan *n <chem> (giftiger Benzinzusatz gegen Bleiablagerungen)* • 1.2 dibromethane
Dichlordiethylsulfid *n <chem.mil> (Kampfstoff)* • dichlorodiethyl sulfide; mustard gas *pract*
Dichlorethan *n <chem> (Benzinadditiv, gesundheitsschädlich)* • 1.2 dichlorethane
dichroitisch *<phys>* • dichroic
dichromatisch *<chem>* • dichromatic; dichroic
dicht *<tech.allg> (undurchdringlich)* • impervious; impermeable
dicht *<tech.allg> (verschlossen)* • sealed
dicht *<tech.allg> (gegen Witterungseinflüsse)* • weathertight
dicht *<tech.allg> (Dichtungen, Schläuche etc.)* • tight
dicht *<tech.allg> (betont: gegen Wassereintritt; z. B. Cabrioverdeck, Regenjacke)* • waterproof
dicht *<tech.allg> (gegen Auslaufen)* • leakproof
dicht *<phys> (hohes spezifisches Gewicht)* • dense
dicht am Wind *<nav> (segeln)* • close-hauled; close to the wind
dicht auffahren *vi <verk>* • tailgate *vi*
dichtbebautes Gebiet *n <geo>* • closely built-up area; closely built-up district
dicht bewehrt *<bau.mat>* • heavily reinforced
Dichte *f <phot> (von Negativen, Diapositiven; Farbsättigung, Schwärzung)* • density
Dichte *f DIN 1306 <phys> (Masse pro Raumeinheit; in kg/dm^3, g/cm^3, t/m^3)* • density; mass density *obs.rare*
Dichtekorrektur *f <allg>* • density correction
dichten *vt <rls> (Leck, undichte Stelle)* • stop a leak *vt*
Dichtfläche *f <tech.allg>* • sealing surface; mating surface; gasket surface; seal face
Dichtheit *f <qualit> (allg.)* • tightness
Dichtheit *f <qualit> (betont: von Dichtungen)* • seal tightness
Dichtheitsprüfung *f DIN EN 1330-8 <qualit> (allg.)* • leak test; leakage test; seal test
Dichtheitsprüfung *f <qualit> (Testmittel Nektal)* • soap bubble test
Dichtheitsprüfung *f <qualit> (Testmittel Wasser)* • hydrostatic test *form*; system hydro *coll*
Dichtheitsprüfung *f <qualit> (Testmittel Helium)* • helium leak test
dichtholen *vt <nav>* • haul tight *vt*
Dichtigkeit *f <tech.allg>* • tightness
Dichtkeder *m <tech.allg> (jede Form, üblicherweise weich; z. B. an Kofferraumkanten)* • weatherstrip; sealing strip
Dichtleiste *f <tech.allg> (betont: steif, hart)* • seal rail
Dichtleiste *f <bau> (allg.)* • sealing strip
Dichtlippe *f <masch> (allg.; z. B. an Hydraulikkolben)* • sealing lip
Dichtmasse *f <tech.allg> (allg.)* • sealing compound
Dichtmasse *f <tech.allg> (betont: zum Verstopfen von Ritzen, Spalten)* • caulk; caulking compound; calking compound *rare*
Dichtnietung *f <füg> (minimaler Abstand der Niete)* • close riveting
Dichtnietung *f <füg> (flüssigkeits- oder gasdichte Naht)* • tight riveting
Dichtprofil *n <tech.allg> (allg.; aus gummi- oder schaumgummiartigem Material)* • sealing profile
Dichtprofil *n <tech.allg> (Abdichtung zwischen Fenster-, Türrahmen und Flügel)* • weatherstrip; weatherstripping

Dichtring *m <tech.allg> (eher flach, scheibenförmig)* • seal washer
Dichtring *m <tech.allg> (allg.)* • sealing ring
Dichtstoff *m <tech.allg> (für Nähte, Fugen, Risse; typ. auf Silikonbasis)* • sealant; sealer; sealing compound; sealing agent; jointing compound *rare*
Dichtstoff *m <bau> (formlose Dichtmasse)* • caulking
Dichtstoff *m <bau> (zur Glasabdichtung)* • glazing compound; sealant
Dichtung *f DIN 3750 <tech.allg> (Bauteil)* • seal
Dichtung *f <tech.allg> (Flachdichtungen und besonders profilierte Dichtungen)* • gasket
Dichtungskitt *m <bau.mat> (z. B. Fensterkitt)* • luting; luting agent; lute *pract*
Dichtungsmittel *n <bau.mat> (betont: gegen eindringende Nässe)* • waterproofing agent
dick *<tech.allg> (mit großem Durchmesser; z. B. Rohr, Schlauch, Leitung)* • large
dick *<tech.allg> (Blech, Kabel)* • heavy; heavy-gauge
Dicke *f <allg>* • thickness
Dicke *f <tech.allg> (von Blech, Folien)* • gauge
Dickschicht... *<el.ic> (bei integrierten Schaltkreisen)* • thick-film ...
Dickschicht... *<obfl> (Lackierungen u. dgl.)* • high-build ...; heavy
Dickschichthybridtechnik *f <el>* • thick-film hybrid technology
Dickschichtkataphoresegrundierung *f <obfl> (betont: die Schicht)* • high-build cathodic electrocoat (HBCE)
Dickstoffpumpe *f <förd> (allg.)* • slush pump; solids handling pump
Dicktrübe *f <chem> (allg.)* • sludge
dickwandig *<tech.allg>* • thick-walled
diebstahlhemmende Radschraube *f <kfz> (Radbolzen)* • anti-theft wheel lug bolt; anti-theft lug bolt
diebstahlsicher *<sich>* • theft-proof
Diebstahlsicherung *f <kfz> (allg.; aktiv und passiv; z. B. Schlösser, Wegfahrsperre, Bewegungsmelde)* • theft protection; anti-theft security system
Diebstahlversicherung *f <vers> (bei Mietwagen)* • theft loss waiver
Diebstahlwarnanlage *f <kfz> (passiv; z. B. Bewegungsmelder, Hupe)* • anti-theft alarm [system]; theft-deterrent system
Dieder *n <math>* • dihedron
Diele *f <bau> (Vorraum einer Wohnung; breiter als ein Flur)* • hall; vestibule
Diele *f <bau.mat> (aus Tannen- od. Kiefernholz)* • deal
Diele *f <bau.mat> (Fußboden)* • floor board
dielektrisch *<el>* • dielectric *adj*; non-conducting
Dielenfußboden *m <bau> (allg.)* • boarded floor; wooden plank floor
Dielenfußboden *m <bau> (lange breite Dielen)* • wide plank floor
dienen als *vi <allg>* • act as *vi*; serve as *vi*; be used for *vi*; be utilized for *vi*
Dienst *m <allg> (Aufgabe, Pflicht; z. B. von Personen, Maschinen)* • duty
Dienst *m*: **außer ~ stellen** *vt <nav>* • commission: put out of ~ *vt*
Dienst *m*: **in ~ stellen** *vt <nav> (Schiff)* • commission *vt*
Dienst *m <tele> (z. B. Mobilfunk)* • service
Dienstgeschwindigkeit *f <nav>* • service speed
Dienstgipfelhöhe *f <aerosp>* • service ceiling
Dienstgüte *f* (QoS) *<tele.qualit>* • quality of service (QoS); grade of service
diensthabend *<allg> (z. B. Polizist, Wachmann)* • duty: on ~
Dienstleister *m <ökon>* • service provider
Dienstleistungen erbringen *vt <ökon>* • render services *vt*; provide services *vt*; supply services *vt*; perform services *vt*
Dienstleistungssektor *m <ökon>* • services sector
Diesel-Abgaskatalysator *m <kfz.emiss>* • diesel exhaust catalytic converter; diesel cat *coll*
Dieselaggregat *n <energ> (Stromerzeuger, Kleinkraftwerk)* • diesel-electric generating set
Dieselantrieb *m <mot> (z. B. Kraftfahrzeug, Lokomotive, Schiff, Notstromaggregat)* • diesel drive
Diesel-Direkteinspritzung *f* (DDI) *<kfz.mot>* • diesel direct injection

(DDI)

dieselelektrisch *<antr>* • diesel-electric

dieselelektrischer Antrieb *m <antr> (Dieselmotor plus Generator plus E-Motor)* • diesel-electric drive; oil--electric drive

Dieselgenerator *m <energ> (typ. Notstromdiesel)* • diesel generator [set]

dieselhydraulisch *<mot>* • diesel-hydraulic

Dieselkraftstoff *m* (DK) *DIN 51601 <chem.petr> (Gasöl-Destillat; Siedeber. 170...350 °C; Kraftstoff für Dieselmotoren)* • diesel fuel; diesel oil *pract*; diesel *coll*

Diesellokomotive *f <bahn>* • diesel locomotive; diesel loco *coll*

Dieselmotor *m <kfz.mot> (im Ggs. zu Ottomotor)* • diesel engine; compression-ignition engine; CI engine; diesel *coll*; constant-pressure engine *thsc.rare*

Dieselmotorschiff *n <nav>* • Diesel motorship

Dieselnageln *n <kfz>* • diesel knock; diesel rattle *coll*; diesel clatter *coll*

Dieselöl *n <chem.petr>* • gas oil

Dieselpartikelfilter *m* (DPF) *<kfz.emiss>* • diesel particulate filter (DPF); diesel exhaust particulate filter *thsc.did*; diesel filter *pract*; diesel trap *coll*; soot filter *SAE-SP1313*

Dieselruß *m <kfz.emiss> (betont: Partikel im Dieselabgas; typisch für Dieselmotoren)* • diesel exhaust particulate; particulate emissions *pl*; particulate matter *sg*; particulates *pl*

Diesel-Rußfilter mit katalytischer Abbrenneinrichtung *m <kfz.emiss> (vermeidet Zusetzen des Katalysators)* • catalytically activated diesel filter; catalytically activated diesel exhaust filter

Diesel-Winteradditiv *n <chem.petr> (gegen Filterverstopfung)* • diesel fuel anti-gel liquid

Diethyhexylphthalat *n* (DEHP) *<kst> (typ. Weichmacher; z. B. für Folien)* • diethylhexyl-phthalate (DEHP)

Diffamierung über das Internet *f :V <comp>* • cyberstalking

Differential *n <tech.allg> (Mathematik, Physik; z. B. Druck-, Temperaturunterschied)* • differential; delta *pract*

Differentialglied *n <math>* • differential term; derivative term

Differentialglied *n <msr> (Regler)* • differential element; derivative element; rate time element; rate element

Differential-GPS *n* (DGPS) *<navig> (Verfahren)* • differential GPS (DGPS); differential global positioning system

Differentialrechnung *f <math>* • differential calculus

Differentialsperre *f <kfz.antr> (formschlüssig; blockiert das Differential)* • differential lock; power lock *coll*; diff lock *coll*

differentiell *<math>* • differential

Differenz *f <allg> (Restbetrag, übrige Kosten, Fehlendes zu einem Gesamtbetrag)* • difference; balance

Differenzdruckgeber *m <msr>* • differential pressure transducer; differential pressure measuring transducer *rare*

differenzieren *vi/vt <math>* • differentiate *vi/vt*

diffundieren *vi <chem.phys>* • diffuse *vi*

diffus *<tech.allg> (z. B. Licht)* • diffuse; diffused

diffuse Reflexion *f <licht>* • diffuse reflection *stand*; bounce light *coll*; diffuse reflectance *rare*; reflectance *rare*

diffuses Licht *n <licht>* • diffused light; diffuse light

diffuse Strahlung *f <phys> (allg.; z. B. Licht)* • diffuse radiation; scattered radiation; stray radiation

Diffusion *f <phys> (allg.)* • diffusion

Diffusionsbarriere *f <tech.allg> (z. B. in elektrochemischem Sensor)* • diffusion barrier; diffusion membrane

diffusionsdotiert *<obfl>* • diffusion--doped

Diffusionsschweißen *n* (D) *DIN 1910 <füg> (ein Pressschweißverfahren; bes. für ungleiche Metalle)* • diffusion welding (DFW); diffusion bonding

Diffusor *m <tech.allg> (für strömende Medien, Strahlen; z. B. für Gas, Wasser, Licht)* • diffuser; diffusor *rare*

Diffusor *m <masch> (an Pumpe, Turbine; zur Rückgewinnung von Druckenergie)* • recuperator; diffuser

Diffusor *m <phot> (für Handbelichtungsmesser, Blitzgeräte)* • diffusor

Difluorethan *n <hlk> (klimaschädliches Treibhausgas)* • difluorethane; refrigerant R152a

digital *<comp>* • digital

digital *adj* *<phot>* • digital *adj*

digital/analog (D/A) *<comp>* • digital/analog (D/A)

Digital-Analog-Wandler *m* (DAU) *<el>* • digital-to-analog converter (DAC) *US*; digital-to-analogue converter *GB*; D/A converter

Digitalanzeige *f* *<msr>* *(im Ggs. zu Analoganzeige)* • digital display; digital read-out

digitale Anzeige *f* *<msr>* *(betont: in Ziffern)* • numerical display; numerical readout

digitale Kompaktkamera *f* *<phot>* • digital compact camera; compact digital camera

digital-elektronischer Bildstabilisator *m* (DEIS) *<av>* • digital-electronic image stabilizer (DEIS); digital-electronic image stabilization [system]

Digitalempfänger *m* *<av>* • digital receiver

Digital Enhanced Cordless Telecommunications (DECT) *<tele>* *(Standard für schnurlose Kurzstreckenkommunikation)* • Digital Enhanced Cordless Telecommunications (DECT); Digital European Cordless Telephone *obs*

digitaler Bildstabilisator *m* (DIS) *<av>* • digital image stabilizer (DIS); digital image stabilization; digital image stabilizing system

digitale Regelung *f* *<msr>* • digital control

digitaler Stimmabdruck *m* *<comp.jur>* *(zur Identifizierung)* • digital voiceprint

digitale schnurlose Telekommunikation *f* (DECT) *DIN EN 300176* *<comp.tele>* • digital enhanced cordless telecommunication (DECT) *DIN EN 300176*

digitale Signatur *f* *<comp>* • digital signature

digitale Spiegelreflexkamera *f* (DSLR) *<phot>* • digital single lens reflex camera (DSLR); single lens reflex *coll*

digitale Steuerung *f* *<msr>* *(z. B. von Werkzeugmaschinen, Robotern)* • digital control

Digitalfotografie *f* *<phot>* • digital photography

digitalisieren *vt* *<tech.allg>* • digitize *vt*

Digitalisierung *f* *<tech.allg>* • digitization

Digitalkamera *f* *<phot>* • digital camera; digital still camera *ISO 12231*

Digitalkopierer *m* *<druck>* • digital copier

Digital Mirror Device *n* *<opt>* *(z. B. für digitale Kinoprojektoren, Autoscheinwerfer)* • digital mirror device (DMD)

Digital-Multimeter *n* *<msr.wz>* • digital multimeter

Digital Subscriber Line (DSL) *<comp>* • Digital Subscriber Line (DSL)

digital terrestrisches Fernsehen *n* (DVB-T) *<tele>* • digital video broadcasting terrestrial (DVB-T)

Digital Versatile Disc *f* (DVD) *<comp>* *(für Bild-, Ton- und andere Daten)* • digital versatile disc (DVD); digital video disc *rare*

Digital Video Broadcasting *n* (DVB) *<comp>* • Digital Video Broadcasting (DVB)

Dilatation *f* *<tech.allg>* • dilatation

Dimension *f* *<tech.allg>* *(Maße, Größe; z. B. Länge, Breite, Höhe)* • dimension; size

dimensionslos *<phys>* *(Größe; z. B. Radiant, Reibungszahl, Wirkungsgrad)* • dimensionless; non-dimensional; zero-dimensional; non-dimensionalized

dimensionslose Größe *f* *<phys>* *(z. B. Radiant)* • dimensionless quantity

dimensionsloser Parameter *m* *<tech.allg>* *(z. B. Reynolds-Zahl)* • non-dimensional parameter

Dimensionsveränderung *f* *<tech.allg>* *(z. B. durch Wärmedehnung, Schrumpfung)* • dimensional change

Dimethoxymethan *n* (DMM) *<chem.petr>* *(Kraftstoff)* • dimethoxy methane (DMM)

Dimethylether *m* (DME) *<chem>* *(CZ 55-60; für Dieselmotoren)* • dimethyl ether (DME)

Dimethyltriptamin *n* (DMT) *<chem>* *(Droge)* • dimethyltryptamine (DMT)

Dimetrie *f* *<doku>* *(techn. Zeichnung)* • dimetric representation

Dimmer *m* *<el.licht>* • dimmer

DIMM-Speichermodul *n* *<comp>* • dual in-line memory module (DIMM)

DIN-Empfindlichkeit *f* *<phot>* • DIN

photographic film speed factor
Dinghy *n <nav>* • dinghy
dingseitig *<opt>* • object-side
DIN-Hutschiene *f DIN EN 50 022 <el> (zur Schnappbefestigung von Geräten; z. B. in Schaltschränken)* • DIN mounting rail *DIN EN 50 022*
DIN-Norm *f <norm>* • DIN-standard
DIN-Schiene *f <el> (für Komponentenmontage; z. B. Hutschiene 35 mm)* • DIN rail
DIN-Schienenmontage *f <el> (von Modulen)* • mounting on DIN rails; installation on DIN rails
DIN-Verbrauch *m <kfz>* • fuel mileage according to DIN *:V*
Diode *f <el> (allg.)* • diode
Diode *f <el> (Röhre)* • diode; two-electrode tube
diodengepumpt *<prod> (Laser)* • diode-pumped
Diodengleichrichter *m <el>* • diode rectifier
Diodenlaser *m <opt> (allg.)* • diode laser; semiconductor laser; laser diode
Diodenstecker *m <el>* • diode plug
Diodenträger komplett mit Dioden *m <kfz.el> (Drehstromgenerator)* • rectifier pack; rectifier assembly
Diopter *n <opt>* • sighting hole; peep--sight
Dioptrie *f* (dpt) *ISO 13666 <opt> (Einheit des Brechwertes einer Linse)* • diopter (dpt) *ISO 13666*; dioptre *GB*
Dioptrieneinstellung *f Nikon <phot>* • diopter adjustment
Diorit *m <geo>* • diorite
Dioxid *n <chem>* • dioxide
Dioxin *n <chem>* • dioxin
dioxinverseucht *<ökol> (z. B. Böden, Nahrung)* • dioxin-contaminated
Diphenylfarbstoff *m <chem>* • diphenyl dye
Dipolantenne *f <el> (Antenne)* • dipole antenna *pl*: -s, -e; dipole
DIP-Schalter *m <comp>* • DIP switch; setup switch *rare*; dipswitch *rare*; dual in-line package switch *rare*
direkt adressierbarer Speicher *m <comp>* • direct-addressable memory
Direktantrieb *m <tech.allg>* • direct drive (DD)
Direktantrieb-WKA *f <energ.wind>* • direct-drive wind turbine
Direktbelichter *m <el.ic.prod> (für Wafer, mit Eximerlaser und Lichtmodulatorspiegel)* • direct-light wafer printer *:V*
Direkteinspritzung *f* (DI) *<kfz.mot> (bei Diesel- und Benzinmotoren)* • direct injection (DI)
direkter Blitz *m <phot>* • flat flash; direct flash
direkter Gang *m <antr> (Mehrganggetriebe)* • direct drive
direkte Strahlung *f <energ.sol>* • direct radiation; beam radiation
Direktflug *m <aerosp>* • non-stop flight; direct flight
Direktionalität *f <term>* • directionality *ISO 12620*
Direktor *m <el> (Antenne)* • director
Direktrix *f <math> (Leitlinie von Kegelschnitten)* • directrix
Direktschmelzverfahren *n <verf>* • direct-melt process
direktwirkend *<tech.allg> (unmittelbar; z. B. Steuerung, Armatur, Einflussgröße)* • direct-acting
Disjunktionsschaltung *f <msr>* • OR circuit; logical OR circuit
Diskette *f* (FD) *<comp>* • floppy disk (FD); diskette *pract*; floppy *coll*; flexible disk cartridge *rare*
Diskettenlaufwerk *n <comp> (z. B. 3,5")* • floppy-disk drive (FDD) *US.GB*; flexible disk drive; diskette drive; FD drive
diskontinuierlich *<tech.allg> (in Intervallen; z. B. Betrieb, Last)* • intermittent
diskontinuierlich beschickt *<tech.allg> (im Batch-Betrieb beschickt; z. B. Feuerung)* • batch-type [intermittent]; batch; batch-fed
diskontinuierlicher Betrieb *m <tech.allg> (zeitlich; z. B. Aufzug)* • intermittent operation; intermittent action
Diskontinuum *n <tech.allg>* • discontinuum
diskret *<tech.allg>* • discrete
diskretes Bauelement *n <el.ic>* • discrete device; discrete component
Disparität *f <tech.allg>* • disparity
dispergieren *vt <verf>* • disperse *vt*
dispergierte Phase *f <tech.allg>* • disperse phase; dispersed phase; continuous phase
Dispergierung *f <chem.verf> (feine*

Verteilung, Auflösung von Ausfällungen in Flüssigkeiten) • deflocculation

dispers *<chem>* • disperse

Dispersion *f <tech.allg> (z. B. Chemikalien, Farbstoffe, Licht)* • dispersion

Dispersion *f <math> (statistischer Daten)* • variance; straggling

Dispersion *f <verf> (Ergebnis der Dispergierung)* • dispersion

Dispersionsfarbe *m <obfl>* • emulsion coating material; emulsion coating; emulsion paint; latex paint

Dispersionsfarbstoff *m <textil> (Färberei)* • dispersion dyestuff; dispersed dyestuff; disperse dye[stuff]

Dispersionshärten *n <metall>* • precipitation hardening; structural hardening *rare*; hardening by precipitation *rare*

Display *n <werb> (Verkaufsförderungsmaßnahme; z. B. an Kasse, Theke)* • display; silent salesman *coll*

Displaysprache *f <msr>* • display language

Dissipation *f <phys> (allg.)* • dissipation

dissipativ *<phys> (Energieverlust durch Abstrahlung, Ableitung)* • dissipative; lossy

dissonant *<akust> (in Bezug auf Intervalle und Akkorde)* • dissonant; discordant *rar*

Dissoziation *f <chem>* • dissociation

Distanzbuchse *f <masch>* • spacer bush; distance bush *rare*

Distanzscheibe *f <tech.allg> (allg.)* • spacer; spacer washer

distributiv *<math>* • distributive

Distributive Lighting System *n* (DLS) *<kfz.licht> (Scheinwerfer)* • Distributive Lighting System (DLS)

Dithering *n <comp>* • dithering

Diuron *n <chem.agri> (Bodenherbizid, Photosynthesehemmer)* • diuron

divergent *<tech.allg> (Linien, Reihen, Strömungsquerschnitt, Frequenzen)* • divergent

Divergenz *f <tech.allg>* • divergence

divergieren *vi <tech.allg> (z. B. Linien, Reihen, Entwicklungen, Strömungen)* • diverge *vi*

divergierend *<allg>* • diverging

divergierende Strömung *f <phys>* • diverging flow; broomy flow *coll.rare*

diversitäre Redundanz *f <sich>* • heterogeneous redundancy

dividieren *vt <math>* • divide *vt*

D-Kanal *m <tele> (ISDN)* • D channel; data channel; delta channel; signaling channel *US*; signalization channel

DMA-Anfrage *f <comp>* • DMA request

DMA-Kanal *m <comp>* • DMA channel; direct memory access channel

DNA-Analyse *f <med>* • dna analysis

Docht *m <tech.allg> (z. B. Lampe, Öler)* • wick

Dochtöler *m <tribo>* • wick oiler

Dochtwirkung *f <allg> (Weiterleitung von Flüssigkeit durch Kapillarwirkung)* • wicking

Dock *n <nav> (allg.; Trocken- od. Schwimmdock)* • dock

Dockanlage *f <nav>* • dock installation

docken *vi/vt <nav> (in ein Trockendock)* • dry-dock *vi/vt*; dock *vi/vt*

Docking-Station *f <comp> (z. B. für Notebooks)* • docking station; communications unit; transceiver-charger

Dodekansäure *f <chem>* • dodecoic acid; dodecanoic acid

DOHC-Motor *m <kfz.mot>* • dohc engine; double overhead camshaft engine; twin overhead camshaft engine; double cammer; twin camshaft engine

Doktorbehandlung *f <petr>* • doctor treatment; doctor sweetening

doktornegativ *<petr>* • doctor-sweet

doktornegatives Öl *n <petr>* • sweet oil

doktorpositiv *<petr>* • sour

Dokument *n <doku> (allg.)* • document

Dokumentation *f <doku>* • documentation

Dokumentationssprache *f <term>* • documentary language *ISO 12620*

dokumentenecht *<doku> (nicht löschbar; z. B. Tinte, Stempelfarbe)* • indelible

dokumentenecht *<doku> (langzeitstabil; z. B. Papier, Druckfarbe, Bild)* • archival quality

Dokumentenmanagement *n prEN ISO 11442 <doku>* • document management *prEN ISO 11442*

Dokumentenpapier *n DIN 6730 <pap> (z. B. für Banknoten)* • document paper; archival paper

Dolby-C-Ton *m <av>* • Dolby-C sound

Doline *f <geo>* • doline; collapse sink; sinkhole

Dolmetscher *m <transl> (für Gesprä-*

che, Konferenzen) • interpreter

Dolmetscheranlage *f <transl>* • interpreting facilities; interpreter installation

Dolmetschkabine *f <transl>* • interpreters' booth; interpretation booth

Dolomit *m <min>* • dolomite; dolomite rock

Dolomitzustellung *f <metall>* • dolomite lining

Domäne *f <tech.allg> (z. B. Wissensgebiet, Einfluss- oder FuE-Bereich)* • domain

Domäne *f <comp> (im Internet, WWW)* • domain

Domänen-Name-System *n* (DNS) *<comp>* • domain name system (DNS)

Donatorstörstelle *f <phys>* • donor impurity

Donau-Pfanne *f <bau> (Betondachstein)* • Danude pantile *:V*

Donegal Tweed *m <textil> (aus Noppengarn)* • donegal tweed

Dopingmittel *n <sport.pharm>* • dope

Doppelabdeckung *f <energ.sol> (von Kollektoren)* • double glazing

doppeladrig *<el> (Kabel)* • twin-wire; twin-wired; bifilar

Doppelbelichtung *f <phot> (bei Aufnahme)* • double exposure

Doppelbereifung *f <kfz>* • dual tires *US*; dual tyres *GB*

Doppelbett *n <tour> (Bett für zwei Personen mit einer oder zwei Matratzen)* • double bed

Doppeldecker *m <aerosp> (Luftfahrzeug)* • biplane

Doppeldecker *m <nfz>* • double-decker; double-decker bus; double-deck bus

Doppel-Ellipsoid *n* (DE) *<kfz.el> (von Scheinwerfern)* • double ellipsoid (DE)

Doppelfallstromregistervergaser *m <kfz.mot>* • two-barrel progressive downdraft carburetor

Doppelfalz *m <pack>* • double seam

doppelflutige Abgasanlage *f <kfz>* • dual-flow exhaust system

Doppelgabelschlüssel *m DIN 3110 <wz>* • double open-end wrench *US.GB*; double open-end spanner *GB*; double-ended open-jawed spanner *GB.obs*

Doppelhaushälfte *f <bau>* • semi-detached house

Doppelhobelmaschine *f <wz.masch>* • duplex planer; duplex planing machine

Doppelkabine *f <nfz>* • crew cab; double cab *AUS*

Doppelkammer-Teebeutel *m <nahr>* • dual-chamber tea bag

Doppelkette *f <masch>* • double-strand chain

Doppelklick *m <comp>* • double-click

doppelklicken *vt <comp>* • double-click *vt*

Doppelkupplungsgetriebe *n* (DKG) *<kfz.antr> (trocken oder nass; z. B. in Audi, VW)* • dual-clutch transmission (DCT); direct-shift gearbox *VW.Audi*; DSG *VW.Audi*; DualTronic transmission *BorgWarner*; electro-mechanical transmission *Chrysler*

doppelläufig *<mil> (Waffe)* • double-barrel

Doppeln *n <prod> (Schichten aufeinanderlegen; z. B. Blech, Leder)* • doubling

Doppeln *n <textil> (Vernähen)* • lockstitching

doppeln *vt <prod> (Lagen; z. B. Holz, Gewebe)* • ply *vt*

doppeln *vt <prod> (z. B. Blech, Leder, Stofflagen)* • double *vt*

Doppelnockenwellen *fpl* (DOHC) *<kfz.mot>* • double overhead camshaft (DOHC); twin overhead camshaft *rare*

doppelpolig *<phys.el>* • bipolar

doppelpolig *<textil>* • double-face pile

doppelreihig *<tech.allg> (z. B. Nietung)* • double-row

Doppelrollenkette *f <antr> (z. B. Nockenwellenantrieb)* • double roller chain; two-strand roller chain

Doppelschneckenextruder *m <kst>* • twin-screw extruder

doppelseitig *<tech.allg> (mit zwei gleichen Enden)* • double-ended

doppelseitig *<tech.allg> (mit zwei Oberflächen)* • double-faced

doppelseitiger Druck *m <druck>* • printing on both sides

doppelseitiges Klebeband *n <füg>* • double-sided tape *Scotch*; double-sided sticky tape *coll*

doppelseitiges Kopieren *n <druck>* • two-sided copying; duplex copying

doppelsinnige Bewegung *f <tech.allg>* • bidirectional movement
doppelstöckig *<bau> (z. B. Brücke)* • two-tier
doppelstöckig *<fz> (Bus, Eisenbahnwagen)* • double-deck
Doppelstockwagen *m <bahn>* • bi--level car *US*; double-deck passenger coach *GB*; double-deck coach *GB*; double-decker *coll*; double-deck car
doppelte Endrohre *npl <kfz>* • twin tailpipes
Doppel-T-Querschnitt *m did <masch> (von irgendeinem Bauteil; z. B. eines Trägers)* • I-section
Doppel-T-Träger *m <bau> (schmaler als ein H-Träger)* • double-T beam; I-beam; I-girder
doppelt verglast *<bau> (Fenster)* • double glazed; dual glazed
doppeltwirkend *<tech.allg> (z. B. Presse, Pumpe, Verdichter)* • double-acting; dual-acting
Doppel-U-Naht *f <füg> (Schweißtechnik)* • double-U butt weld
Doppelung *f <qualit> (Lösung von Schichten, Trennung von Laminaten)* • lamination
Doppelverglasung *f <tech.allg> (Fenster)* • double glazing
Doppelverglasung *f <fz> (bei Luxusautos, Reisezugwagen)* • double glazing
Doppelwalzwerk *n <metall>* • two-high mill
doppelwandig *<tech.allg> (z. B. Behälter)* • double-walled
Doppelwegthyristor *m <el>* • bidirectional thyristor
Doppelweiche *f <bahn>* • tandem turn--out; three-throw turn-out
Doppelzeichen *n <navig> (z. B. Radar)* • split response
Doppelzweier *m <nav.sport>* • pair sciff
Doppler-Effekt *m <phys>* • Doppler effect; Doppler shift; Doppler frequency shift
Dorn *m <bau> (in Schloss)* • pin
Dorn *m <kst> (Blasnadel beim Blasformen)* • piercer
Dorn *m <kst.prod> (in Schlauchfolien--Extruderdüse)* • mandrel; extruder core; tapered mandrel; core *pract*
Dorn *m <wz> (Räumnadel)* • broach
Dorn *m <wz> (zum Austreiben)* • drift
Dorn *m <wz.masch> (zum Aufspannen von Fräsern etc.)* • arbor
dornen *vt DIN 8583-5 <prod> (aufweiten)* • expand *vt*; open out *vt*
dornen *vt <prod> (an-, einstechen)* • pierce *vt*
Dornkopf *m <füg> (Blindniet)* • mandrel head
Dose *f DIN 55 405 <pack> (für Konserven, Getränke, etc.)* • can *US*; tin *GB*
Dosenentwicklung *f <phot>* • tank development
Dosenkonserve *f <nahr>* • canned food
Dosenlibelle *f DIN 2277 <msr>* • circular level *DIN 2277*; circular bubble *coll*; box level; circular spirit level
Dosieraerosol *n* (DA) *<pharm> (z. B. Asthmaspray)* • metered dose inhaler [aerosol] (MDI); controlled dosage aerosol; metered aerosol [apparatus]; puffer
Dosieranlage *f <verf> (eher größere Mengen; z. B. für Zuschläge)* • batching plant; batcher
Dosieranlage *f <verf> (allg.; eher geringe Mengen)* • dosing plant
Dosierbarkeit von Bremsen *f <fz.brems>* • brake control
Dosiereinrichtung *f <msr> (allg.)* • metering device; dosing device
Dosieren *n <verf> (allg.; Zumessen von Flüssigkeiten, Gasen; z. B. mit Pumpen, Ventilen)* • metering
dosieren *vt <kfz> (Gas, Bremsen)* • modulate *vt*
dosieren *vt <verf> (allg.; relativ kleine Mengen zugeben; z. B. Arznei, Chemikalien)* • dose *vt*
dosieren *vt <verf> (bestimmte Mengen; z. B. Chemikalien, Zuschläge)* • batch *vt*; meter out *vt*; measure out *vt*
dosieren *vt <verf> (anteilig)* • proportion *vt*
Dosierkasten *m <tech.allg> (für Zuschläge etc.)* • batch box
Dosierpumpe *f <förd>* • metering pump; proportioning pump; dosing pump; metering and proportioning pump *rare*; controlled-volume pump *rare*
Dosierschnecke *f <verbr>* • metering screw
dosiert abgeben *vt <verf>* • meter out *vt*

dosiert zuführen *vt <verf>* • meter in *vt*

Dosierung *f <verf> (Vorgang; allg.)* • metering; proportioning

Dosierung *f <verf> (Vorgang; eher kleinere Mengen)* • dosage; dosing

Dosierventil *n DIN ISO 4135 <rls.msr> (Durchflussregelung)* • flow control valve *ISO 4135*; proportioning valve; dosing valve; metering valve

Dosimeter *n <nukl.msr> (Strahlung)* • dosimeter; dosemeter; dose meter; dosage meter

Dosimetrie *f <nukl.msr>* • radiation dosimetry; dosimetry; dosage measurement *rare*

Dosis *f <pharm> (Arzneigabe)* • dose

Dosisleistung *f <nukl>* • dose rate; dosage rate

DOT-Code *m <prod> (z. B. auf Reifenflanke)* • DOT Code

dotieren *vt <phys.chem> (Halbleiter)* • dope *vt*

dotiert: mit Donatoren ~ *<ic>* • donor-doped

dotierter Übergang *m <el>* • doped junction

dots per inch (dpi) *<comp>* • dots per inch (dpi)

doubliertes Garn *n <textil>* • doubled yarn; folded yarn

Download *m <comp> (Vorgang; z. B. aus dem Internet)* • download

Draht *m <el> (metallischer Leiter, meist isoliert)* • wire; electric wire

Draht *m <füg.mat> (Schweißen)* • rod; welding wire

Draht *m <mat> (allg.; beliebiger Zweck; aus Metall)* • wire

Drahtbonden *nsg <el.ic.prod> (von Chips)* • wire bonding

Drahtbrücke *f <el>* • wire jumper; wiring jumper; wire bridging link; wire link; jumper wire

Drahtbürste *f <wz> (für Einsatz von Hand)* • wire brush; wire scratch brush; wire hand brush

Drahtelektrode *f DIN 8571 <füg> (Schweißen; z. B. beim MAG-Schweißen)* • wire electrode; solid wire electrode

Drahterodieren *n <prod> (z. B. von Werkzeugeinsätzen)* • wire erosion; wire spark erosion; wire electrical discharge machining; wire spark eroding *rare*

Drahtgeflecht *n <mat>* • wire netting; wire screen

Drahtgeflechteinlage *f ISO 11237 <rls>* • wire-braid reinforcement *ISO 11237*

Drahtgewebe *n <tech.allg> (grobmaschig; z. B. für Sicherheitsglas)* • wire mesh

Drahtgewebe *n <tech.allg> (feinmaschig; z. B. Filter, Sieb)* • metal cloth; metal fabric; wire cloth; woven wire

Drahtgitter *n <mat>* • wire grating; wire screen

Drahtglas *n <bau.mat>* • wire glass; wired glass; armoured glass *GB*

Drahtheftmaschine *f <druck> (heftet mit Draht)* • stapling machine; wire stapling machine

Drahtlehre *f <msr>* • wire gauge (WG)

drahtlos *<tech.allg> (über Funk, IR)* • wireless

drahtloses lokales Netzwerk *n <comp> (z. B. Funk; Bluetooth)* • wireless local area network (WLAN); wireless-LAN

Drahtmaschenschutz *m <tech.allg>* • wire mesh guard

Drahtmodell *n <comp> (im 3D-Grafikprogramm; CAD)* • wire-frame model; mesh object; wire model

Drahtschleife *f <tech.allg>* • wire loop

Drahtseil *n <bau.masch>* • wire rope; cable

Drahtseil *n <förd> (allg.; aus Metall, typ. Stahl)* • wire cable; wire rope; cable

Drahtseil *n <prod> (in Reifen)* • cable wire

Drahtsicherung *f <füg> (von Schraubverbindungen)* • wire locking

Drahtspeiche *f <fz> (von Drahtspeichenrad)* • wire spoke; spoke *pract*

Drahtspule *f <masch> (allg.)* • wire reel; wire bobbin; wire spool

Drahtstärke *f <tech.allg>* • wire gauge; wire diameter; wire size; gauge *pract*

Drahtstift *m <füg> (allg.)* • wire nail

Drahtstift *m <füg> (mit kleinem, angestauchtem Kopf)* • brad; wire brad

Drahtstift *m <füg.holz> (ohne Kopf)* • sprig; headless brad

Drahtwendel *f <licht> (Glühlampe)* • wire helix; wire filament

Drahtzaun *m <bau>* • wire fence

Drahtziehen *n <metall.prod>* • wire

drawing

Drain *m <el.ic> (im Transistor)* • drain

Drainagesystem *n <bau> (allg.; z. B. für Terrasse, Mauer, Tunnel, Mülldeponie)* • drainage system; underdrain system

Draisine *f <bahn> (mit Motorantrieb)* • track motor car; line inspection trolley

Draisine mit Handantrieb *f <bahn>* • gandy dancer handcar

Drall *m <tech.allg> (betont: schnelle Drehung, um freie oder feste Achse; z. B. Elektronen)* • spin

Drall *m <tech.allg> (von Flüssigkeiten und Gasen)* • swirl

Drall *m <mil> (Züge und Felder in gezogenem Lauf)* • twist; rifling

Drall *m <mil> (Geschoss)* • spin

Dralldüse *f <verbr> (z. B. Brenner)* • swirl nozzle

drallgenutet *<prod>* • helically grooved; helically fluted; twist-fluted

Drallnutenräumen *n <prod>* • helical broaching

drallstabilisiert *<aerosp> (z. B. Geschoss)* • spin-stabilized

Dränrohr *n <bau> (allg.)* • drainage pipe; drainage tile

Draufsicht *f <doku> (technische Zeichnung)* • top view; plan view; top plan view

Drechsel-Drehbank *f <wz.masch>* • wood lathe; wood-turning lathe

drechseln *vt <prod.holz>* • turn wood *vt*

Drehachse *f <tech.allg> (für schnelle Drehung)* • spin axis

Drehachse *f <tech.allg> (Gelenk)* • pivot; fulcrum

Drehachse *f <phys> (von rotierenden Körpern; z. B. Planet, Kreisel)* • axis of rotation

Dreharm *m <prod> (Roboter, Werkzeugmaschine)* • radius arm

drehbar *<tech.allg> (um mehr als 360 Grad)* • revolving; rotatable; rotating; free to rotate

drehbar *<masch> (z. B. Kranausleger)* • slewing; swivelling

drehbar befestigen *vt <tech.allg> (mit Scharnier etc.)* • hinge *vt*; pivot *vt*

drehbare Lünette *f <mech> (an Uhren)* • rotating bezel

drehbar gelagert *<masch> (Welle)* • journaled

Drehbehinderung *f <tech.allg>* • torsional restraint

Drehbereich *m <tech.allg> (allg.)* • range of turning

Drehbewegung *f <förd> (um Hochachse; weniger als 360°)* • slewing

Drehbewegung *f <phys> (allg.)* • rotary motion; angular motion *thsc*; rotational motion

Drehbolzen *m <masch> (in Scharnieren, Gelenken)* • fulcrum pin; knuckle pin; pivot pin

Drehbühne *f <theat>* • revolving stage; revolve; turnable stage

Dreheisenmesswerk *n <el>* • moving--iron meter; moving-iron instrument; iron-vane meter; soft-iron meter; soft--iron instrument

Drehen *n <tech.allg> (um Hochachse; z. B. Turmkran)* • swing; slew; slewing

Drehen *n <autom> (Roboter-Endeffektorbewegung um z-Achse, Arm--Längsachse)* • roll; swivel; wrist swivel *Unimation*; twist *rare*; turn *rare*

Drehen *n DIN 8589-1 <prod> (Zerspanung auf Drehmaschine)* • turning

drehen *vi <nav>* • veer *vi*

drehen *vr <tech.allg> (um weniger als 360 Grad; z. B. Kranausleger)* • swing *vi*

drehen *vr <tech.allg> (um weniger als 360 Grad; z. B. um Gelenk)* • swivel *vi*; pivot *vi*

drehen *vr*: **im Uhrzeigersinn ~** *<tech.allg> (z. B. Zeiger)* • rotate clockwise *vi*

drehen *vr <masch> (um mehr als 360 Grad; jede Drehgeschwindigkeit; z. B. Antriebswellen)* • rotate *vi*

drehen *vr/vt <tech.allg> (um die Hochachse, langsam; eher weniger als 360 Grad; z. B. Mast)* • slew *vi/vt*

drehen *vt <tech.allg> (von Hand oder mit Antrieb, jedes Objekt; z. B. Regler, Welle)* • rotate *vt*; turn *vt*

drehen *vt*: **im Uhrzeigersinn ~** *<tech.allg> (z. B. Regler)* • rotate clockwise *vt*

drehen *vt <comp> (Computergrafik; Objekt drehen; z. B. um 90 Grad)* • rotate *vt*; revolve *vt rare*

drehen *vt <füg> (Schrauben, Muttern; anziehen, lösen)* • drive *vt*; turn *vt*

drehen *vt <kino> (Filmszene, auch In-*

dustrievideos) • shoot *vt*

drehen *vt* <prod> *(spanend; auf Drehmaschine)* • turn *vt*

drehen *vt* <textil> *(Zwirnerei; zusammendrehen)* • twist *vt*; ply *vt*; double *vt*; twine *vt rare*

drehfest gelagert <kfz> *(Lamelle in Lamellen- oder Viskosekupplung)* • splined

Drehfestigkeit *f* <qualit.mat> • torsion strength; torsional strength; twisting strength

Drehflügel *m* <aerosp> *(Hubschrauber)* • rotor; rotating wing

Drehflügelflugzeug *n* <aerosp> *(z. B. Hubschrauber)* • rotary-wing aircraft; rotorcraft

Drehflügelpumpe *f* <förd> *(Flügelzellenpumpe)* • sliding-vane pump; guided-vane pump; internal vane pump; vane-in-rotor pump *rare*

Drehgelenk *n* <masch> *(mit Stift, Bolzen)* • pin joint

Drehgelenk *n* <masch> *(für Schwenkbewegungen; z. B. Scharnier)* • pivot joint

Drehgelenk *n* <masch> *(eher mit Kugelkopf)* • swivel joint

Drehgestell *n DIN 25604* <bahn> *(unter Lok oder Wagen)* • swivel truck *US*; bogie *GB*; truck *US.pract*

Drehgestell *n* <masch> *(drehbarer Fuß, Sockel; z. B. von Roboter)* • rotating base

Drehimpuls *m* <phys> • angular momentum; moment of momentum

Drehkippfenster *n* <bau> *(ein Doppelfunktionsfenster)* • tilt-turn window; tilt and turn window; tilt/turn window; inswing tilt-turn window *rare*

Drehklappe *f* <hlk> • revolving damper; swivel damper; rotary damper

Drehkolben *m* <masch> *(allg.)* • rotary piston

Drehkolbengebläse *n* <masch> • rotary blower; positive-displacement blower

Drehkran *m* <bau.masch> • rotary crane; revolving crane; slewing crane

Drehkreuz *n* <aerosp> *(für Passagiere z. B. FRA, MUC; für Fracht z. B. LEJ)* • hub airport; hub; gateway *rare*; transit airport

Drehkreuz *n* <verk> *(zur Eingangskontrolle; z. B. in Supermarkt, U-Bahn-station)* • turnstile

Drehmaschine *f* <wz.masch> • lathe; engine lathe *obs*; turning machine *rare*

Drehmaschinenbett *n* <wz.masch> *(trägt den Bettschlitten)* • lathe bed; bed *pract*

Drehmaschinenfutter *n* <wz.masch> • lathe chuck

Drehmaschinenkopf *m* <wz.masch> • lathe headstock

Drehmaschinenleitspindel *f* <wz.masch> • lathe leadscrew

Drehmaschinenreitstock *m* <wz.masch> • lathe tailstock

Drehmaschinenspitze *f* <wz.masch> • lathe center *US*; lathe centre *GB*

Drehmeißel *m DIN 495x-496x* <wz.masch> • lathe tool; turning tool

Drehmoment *n* <füg> *(bei Schraubverbindungen, in Nm; z. B. 110 Nm für Radschrauben)* • torque; tightness *coll.rare*

Drehmoment *n* <mot> *(von Motoren; z. B. 440 Nm bei 3600 U/min)* • torque

Drehmomentschlüssel *m DIN 898* <wz> • torque wrench; torque handle *rare*; torque-controlled spanner *GB.rare*; torque-limiting wrench *US.-rare*

Drehmomentverlauf *m* <masch> • torque band

Drehmomentvorwahl *f* <wz> *(z. B. Funktion von Akkuschraubern)* • torque control

Drehmomentwandler *m* <antr> • torque converter; hydraulic torque converter; hydraulic converter; fluid converter; Föttinger-type torque converter

Drehmomentwandler mit Überbrückungskupplung *m* <kfz.antr> • lock-up torque converter; locking torque converter

Drehpotentiometer *n* <msr> *(Spannungsteiler)* • rotary potentiometer; control knob *coll*

Drehpunkt *m* <tech.allg> *(von Schwenk- und Kippbewegungen)* • pivot point

Drehpunkt *m* <mech> *(einer schnellen Drehung; z. B. bei Kreisel)* • center of gyration *US*; centre of gyration *GB*; center of rotation *US*; centre of rotation *GB*

Drehpunkt *m <mech> (eines Drehmoments)* • moment center *US*; moment centre *GB*

Drehpunkt *m <mech> (eines Gelenks)* • fulcrum

Drehrichtung *f <tech.allg>* • direction of rotation (d.o.r.); sense of rotation

Drehrohrofen *m <verbr> (allg.; z. B. zur Müllverbrennung, Zementproduktion)* • rotary kiln; rotary furnace *rare*; revolving kiln *rare*; revolving cylindrical furnace *rare*; revolving tubular kiln *rare*

Drehrohrofen *m <verbr.ents> (betont: zur Sondermüllverbrennung, Veraschung)* • rotary kiln incinerator

Drehschalter *m <msr> (betont: Schaltfunktion; eher ein EIN/AUS-Schalter)* • rotary switch; turn switch *coll*; revolving switch *rare*

Drehschalter *m <msr> (allg.; zum Schalten, Einstellen; meist mit mehreren Schaltstellungen)* • rotary control

Drehscheibe *f <förd>* • turntable

Drehschemel *m <nfz> (Anhänger)* • turntable

Drehspule *f <msr> (in Messgerät)* • moving coil

Drehspulinstrument *n <el>* • moving--coil instrument; moving-coil meter *rare*; moving-coil indicator *rare*

Drehstabfeder *f <masch> (gerader Draht/Stab mit abgewinkelten Enden)* • torsion bar spring; torsion bar; bar spring

Dreh-Stellantrieb *m <msr> (z. B. für Armaturen)* • rotary actuator

Drehstrom *m <el>* • three-phase alternating current; three-phase current; three-phase AC

Drehstromgenerator *m <el> (allg.)* • three-phase-current generator; three-phase alternator

Drehstromgenerator *m <kfz.el> (für 3-phasige Wechselsp., mit integr. Gleichrichter; typ. 12 od. 42 V)* • alternator (ALT); three-phase-current generator *rare*; three-phase AC generator *rare*; three-phase alternator *rare*

Drehstrommotor *m <el.mot>* • three--phase AC motor; three-phase alternating current motor; AC motor *pract*

Drehstromnetz *n <el>* • three-phase network; three-phase system

Drehstuhl *m <innen>* • swivel chair

Drehteil *n <prod> (Rohling vor dem Drehen)* • part to be turned

Drehteil *n <prod> (gedrehtes Werkstück)* • turned component; turned part

Drehtisch *m <tech.allg> (Plattform; z. B. zum Aufspannen)* • rotary table; revolving table

Drehtisch *m <förd> (Rollenbahn)* • turntable

Drehtisch *m <wz.masch> (zum Aufspannen)* • rotary stage

Drehtrommel *f <verf> (allg.)* • rotating drum

Drehtür *f <bau> (Luftschleusentür mit drei oder mehr Flügeln, Drehwinkel beliebig)* • revolving door

Drehung *f <tech.allg> (um weniger als 360 Grad; z. B. eines Kranauslegers)* • swing

Drehung *f <tech.allg> (um weniger als 360 Grad; z. B. um Gelenk)* • swiveling motion; pivoting motion

Drehung *f <tech.allg> (um die Hochachse, langsam; eher weniger als 360 Grad; z. B. Mast)* • slew

Drehung *f <tech.allg> (von Hand oder mit Antrieb, jedes Objekt; z. B. eines Regler, einer Well)* • rotation; turn

Drehung *f <masch> (um mehr als 360 Grad; jede Drehgeschwindigkeit; z. B. Antriebswellen)* • rotation

Drehung um 360° *f <tech.allg>* • full--circle rotation; full rotation; full circle *coll*

Drehwarnlicht *n <aerosp.licht> (Außenbeleuchtung)* • rotating beacon light

Drehwinkel *m <tech.allg>* • angle of rotation; rotational angle; rotation angle

Drehzahl *f* (n) *<masch> (von Wellen etc.; typ. in Umdrehungen/Minute)* • speed (n); rpm *pract*; rev *coll*; rotational speed *rare*; speed of rotation *rare*

drehzahlabhängig *<tech.allg>* • speed--dependent; speed-sensitive

Drehzahlbegrenzer *m <msr> (für max. UpM; mech.)* • governor

Drehzahlbegrenzer *m <msr> (allg.; mech. od. elektr.)* • overspeed limiter; speed limiter

Drehzahlbereich *m <tech.allg> (z. B. von Motoren)* • speed range; rpm range; rev range

drehzahlkonstanter Betrieb *m <energ.wind>* • fixed-speed operation; constant-speed operation

Drehzahlmesser *m <kfz.msr> (zeigt Motordrehzahl an; in U/min)* • tachometer; revolution counter *form*; rev-counter *GB*; tacho *coll*; tach *coll*

Drehzapfen *m <bahn> (von Drehgestell)* • swivel truck pin *US*; bogie pin *GB*; bogie pivot *GB*; center pivot *US*

Drehzapfen *m <masch> (allg.)* • center pin *US*; fulcrum; pivot; gudgeon; king pin

Drehzapfen *m <masch> (senkrecht; für Schwenkbewegung)* • slewing journal

Drehzapfen *m <masch> (in Gelenk, Scharnier)* • pivot

Drehzapfen *m <masch> (zum Lagern, Stützen; z. B. seitlich an alten Kanonenrohren)* • trunnion *US*; gudgeon

dreiachsig *<tech.allg>* • three-axis; triaxial

dreiachsige Sattelzugmaschine *f <nfz> (mit einer Vorder- und zwei Hinterachsen)* • three-axle tractor; two-axle tractor *US.EastCoast*

Dreibacken-Bohrfutter *n DIN ISO 10887 <wz>* • three jaw drill chuck *DIN ISO 10887*

Dreiblattrotor *m <energ.wind>* • three-bladed rotor

dreidimensional (3D) *<allg> (Gegenstand, Darstellung, CAD-System)* • three-dimensional (3D)

Dreieck *n*: **im ~ geschaltet** *<el>* • delta-connected

dreieckförmig *<allg>* • triangle-shaped

dreieckig *<allg>* • triangular

Dreiecksquerlenker *m <kfz>* • A-arm *US*; wishbone *GB*

Dreiecksschaltung *f <el>* • delta configuration

Dreieckverband *m <tech.allg> (z. B. Fachwerk, Turmdrehkran)* • diagonal tieing; diagonal bracing

Dreierkonferenz *f <tele> (mit Komforttelefon)* • third party call; 3-party call

dreifach *<allg>* • threefold; treble; triple

dreifachwirkend *<tech.allg>* • triple-acting

dreiflächig *<mat.math>* • trihedral

dreikantig *<tech.allg>* • three-cornered; three-square; three-edged; three-edge

Dreikantschraube *f DIN 22424 <füg> (allg.; mit und ohne Bund)* • triangle head bolt

Dreilichtspitzenbeleuchtung *f <bahn>* • triple headlights

Drei-Liter-Auto *n <kfz>* • three-liter car *US*; three-litre car *GB*; hundred-miles-per-gallon car *VW*

dreipolig *<el> (allg.; z. B. Stecker, Anschluss)* • three-pole; three-terminal; triple-pole; tripolar; three-pin

Dreipunktaufhängung *f <tech.allg>* • three-point suspension

Dreipunkt-Automatikgurt *m <kfz.sich>* • three-point retractor seat belt; continuous-loop lap/shoulder belt

Dreipunktfahrwerk *n form <aerosp>* • tricycle landing gear *form*; tricycle gear *pract*; tricycle undercarriage *GB*; nosewheel landing gear

Dreipunktregelung *f <msr>* • three-position control; three-step control; dead-zone control

Dreipunkt-Sicherheitsgurt *m <kfz.sich> (mit oder ohne Aufrollautomatik)* • three-point seat belt; three-point seatbelt *GB*; 3-point safety belt; lap-shoulder belt; unibelt *Chrysler*

dreireihig *<tech.allg>* • three-row; triple-row

dreiseitig *<tech.allg>* • trilateral

dreistrahlig *<aerosp>* • tri-jet; three-engine

Dreistufenrakete *f <aerosp>* • three-stage rocket

dreistufig *<tech.allg>* • three-stage

dreiteilig *<tech.allg>* • three-piece; three-part; tripartite

Dreiteilung *f <allg>* • tripartition

dreitürig *<kfz> (Karosserieausführung)* • three-door …; 3-door

Dreiwege-Lautsprecher *m <av>* • three-way loudspeaker; three-way system; 3-way system; three-way box *coll*

Dreiwegesystem *n <tech.allg>* • three-way system; 3-way system

Dreiwegeventil *n <rls>* • three-way valve

Dreiweg-Katalysator *m <kfz.emiss> (als Bauteil der Auspuffanlage)* • three-way catalytic converter; 3-way catalytic converter

dreiwertig *<chem>* • trivalent

dreiwertiges Element *n <chem>* • trivalent element

Dreiwertigkeit *f <chem>* • trivalency; tervalency

Dreizonenschnecke *f <kst> (Spritzgießen)* • metering screw; three-section screw

Dreizylindermotor *m <mot>* • three-cylinder engine; 3-cylinder engine

Dreschmaschine *f <agri>* • threshing machine; thresher

Dreschpanzer *m <mil.fz> (zum Minenräumen)* • flail tank

Drift *f <tech.allg> (allg.; allmählichen Abweichen vom Sollzustand, Kurs etc.)* • drift

driften *vi <allg>* • drift *vi*

Drilling *m <mil> (Büchse/Flinte mit drei Läufen)* • drilling

Drillingswalzwerk *n <metall>* • trio mill

Drillschraubendreher *m <wz>* • spiral ratchet screwdriver

Dringlichkeitsgrad *m <allg>* • degree of urgency; degree of priority

dritte Achse *f <nfz> (nicht angetrieben; bei geringer Last angehoben)* • trailing axle; auxiliary axle

dritte Bremsleuchte *f <kfz.el>* • center high-mounted stop light (CHMSL) *US*; high-mount stop light *pract*; center-mounted stop light *US.pract*; high-mount brakelamp *Ford*; hi-mount stoplamp *Ford*

dröhnen *vi <akust> (hohl, dumpf; durch Resonanzschwingungen)* • drone *vi*

dröhnen *vi <akust> (besonders laut; z. B. Strahltriebwerke)* • roar *vi*

Dröhngeräusch *n <akust> (tiefes Wummern; z. B. in Autos im Fond, bei offenen Fenstern)* • booming noise

Dröhngeräusche *npl <akust> (allg.)* • droning noise; boom and drone

Drossel *f <el> (im elektrotechnischen Sinn)* • inductor; choke; reactance coil; reactor

Drossel *f <rls> (Verengung)* • restrictor; restriction

Drossel *f <rls> (Verengung mit Klappe)* • throttle

Drosselblende *f <rls> (eine Lochblende)* • orifice plate

Drosselklappe *f <hlk> (z. B. Ofen, Lüftungsrohr)* • damper

Drosselklappe *f* (DK) *<kfz.mot> (im Motor-Ansaugtrakt; z. B. im Vergaser)* • throttle valve; throttle

Drosselklappenventil *n <tech.allg> (Klappe mit mittiger Schwenkachse)* • butterfly valve; throttle valve

drosseln *vt <tech.allg> (Strom, Strömung verringern)* • choke *vt*

drosseln *vt <tech.allg> (Luftzufuhr, mit Klappe; z. B. zu Verbrennungsmotor)* • throttle *vt*

drosseln *vt <rls> (Strömung)* • restrict *vt*

Drosselorgan *n <hlk> (allg.; z. B. eine Klappe)* • throttling element; throttling device

Drosselspule *f <el> (Induktanz)* • choking coil; choke *pract*

Drosselspule *f <licht> (von Entladungslampen)* • choke ballast; choke *pract*; ballast *pract*

Drosselventil *n <rls> (allg.)* • throttle valve; throttling valve

Drosselventil *n <rls.msr> (betont: Durchflussregelung, -begrenzung)* • flow control valve; throttle valve; restriction valve *rare*; volume-control valve *rare*

Druck *m*: **mit ~ zuführen** *vt <tech.allg>* • force-feed *vt*

Druck *m <druck> (Erzeugnis des Druckens auf e. Druckmaschine)* • print

Druck *m <druck> (Vorgang)* • printing; printing process

Druck *m <mech> (Beanspruchungsart, im Ggs. zu Zug, Torsion)* • compression

Druck *m* (p) *DIN 1314 <phys> (Kraft pro Flächeneinheit; z. B.* N/mm^2*)* • pressure (p)

Druckabfall *m <msr> (allg.; erwünscht oder als Störfall)* • pressure drop

druckabhängig *<tech.allg>* • pressure-dependent

Druckanzug *m <aerosp> (für Piloten, Raumfahrer)* • high-pressure suit; high-altitude suit; pressure suit

Druckaufbau *m <tech.allg>* • pressure build-up; rise in pressure

Druckausgleich *m <tech.allg>* • pressure compensation; pressure balance; equalization of pressure

Druckausgleichtank *m <verf>* • surge tank

Druckausgleichventil *n <rls>* • pressure-compensating valve

Druck ausüben *vt <allg>* • exert pressure *vt*

druckbeansprucht *<tech.allg>* • pressure-loaded

druckbeaufschlagt *<aerosp.innen> (z. B. Passagierkabine, Frachträume)* • pressurized *US*; pressurised *GB*

druckbeaufschlagter Behälter *m <verf>* • pressurized vessel

Druckbehälter *m <tech.allg> (kleine Patrone; z. B. von* CO_2*-Waffen, Reifenfüllern)* • pressure cylinder

Druckbehälter *m* (DB) *<verf> (allg.; meist groß)* • pressure vessel (PV); pressure tank

Druckbereich *m <druck>* • print area

Druckbild *n <druck.qualit>* • print quality

druckdicht *<tech.allg> (gegen Druck von außen od. innen)* • pressure-sealed; pressure-tight

druckempfindlich *<tech.allg>* • pressure-sensitive

druckempfindliche Folie *f <mat> (auf Druck reagierend; z. B. PP-Folie mit piezolektrischer Eigenschaft)* • pressure-sensitive film

Druckempfindlichkeit *f <obfl>* • pressure sensitivity

drucken *vi/vt <druck>* • print *vi/vt*

drücken *<allg> (Aufschrift an Türen)* • push

Drücken *n <kfz> (Motorrad-Kurventechnik)* • swerving

Drücken *n <prod> (allg.)* • pressing

Drücken *n DIN 8585 <prod.metall> (Zugdruckumformen von Blechen; z. B. Dosenherstellung)* • sheet-metal spinning; spinning

drücken *vi <wz> (Werkzeug auf Werkstückoberfläche; unerwünscht)* • drag *vi*; rub *vi*

drücken *vt <tech.allg> (z. B. Knopf, Taste)* • press *vt*

drücken *vt <kunst> (Metall; zur Reliefherstellung)* • pounce *vt*

drücken *vt <prod> (Umformtechnik f. rotationssymmetrische Blech-Hohlkörper; z. B. Dosen)* • spin *vt*

Drucken bei Bedarf *n <druck> (Digitaldruck)* • print on demand (PoD); print-on-demand; on-demand printing

Druckentlastung *f <tech.allg> (zur Vermeidung von Überdruck)* • pressure relief

Drucker *m DIN 9784-1 <druck> (Gerät)* • printer

Drucker *m <druck> (Person)* • printer; press operator

Druckeranschluss *m <comp>* • printer interface

Druckerei *f <druck> (privatwirtschaftlich)* • printing company; printers; printing shop; print shop; printing house

Druckerkabel *n <comp>* • printer cable

Druckerlaubnis *f <druck.jur>* • imprimatur

druckertüchtigt (de) *<bahn> (Personenzugwagen)* • pressure-sealed

Druckerzeugnis *n <druck>* • print product; printed product

Druckerzeugung *f <verf>* • generation of pressure

Druckfarbe *f <druck> (flüssig oder pastös)* • printing ink; printer's ink; wet ink; ink

Druckfeder *f <tech.allg> (z. B. in Kugelschreiber)* • compression spring

Druckfehler *m <druck>* • misprint; setting error *obs*; erratum *rare*

druckfest *<tech.allg> (gegen Druck von außen)* • pressure-resistant

Druckfestigkeit *f <qualit.mat> (Druck, unter dem ein Probekörper kollabiert; analog Zugfestigkeit)* • compressive strength; crushing strength *pract.coll*

Druckfestigkeit *f <qualit.mat> (Fließgrenze/Fließspannung, analog zur Streckgrenze im Zugversuch)* • compressive yield strength; compression yield point; compression yield strength; crushing yield strength

Druckflasche *f <pack>* • compressed-gas cylinder; pressure cylinder

Druckformat *n <comp> (z. B. Randeinstellungen)* • print format

Druckformat *n ISO/IEC 2382-23 <comp> (Vorlage, Stil)* • style *ISO/IEC 2382-23*

Druckfortpflanzung *f <phys>* • pressure propagation

Druckfühler *m <msr>* • pressure sensor

druckgasbelastet *<tech.allg>* • gas-loaded

Druckgasflasche *f <tech.allg>* • compressed gas cylinder

Druckgeber *m* <*msr*> • pressure transducer; pressure transmitter

druckgeschmiert <*tribo*> • pressure-lubricated; force-lubricated

Druckgeschwindigkeit *f* <*druck*> • printing speed; printing rate; print speed

druckgießen *vt* <*prod*> • die-cast *vt*

Druckgießmaschine *f* <*wz.masch*> • die-casting machine; die caster

Druckguss *m* <*metall*> *(Einspritzdruck bis 1000 bar; Alu, Zink, Magnesium)* • die casting

Druckgusslegierung *f* <*mat*> • die-casting alloy

Druckgussteil *n* <*tech.allg*> *(z. B. aus Aluminium; z. B. Getriebegehäuse)* • die casting

Druckhalter *m* <*nukl*> *(im DWR)* • pressurizer

Druckhalter-Abblasetank *m* <*nukl*> • pressurizer relief tank; reactor coolant drain tank; quench tank *pract*

Druckindustrie *f* <*druck*> • printing industry

Druckkabine *f* <*aerosp*> • pressurized cabin; positive-pressure cabin; pressure cabin; airtight cabin

Druckkammer *f* <*tech.allg*> • pressure chamber; compression chamber

Druckknopf *m* <*füg*> *(Verschluss; z. B. an Kleidung, Roadsterverdeck)* • snap fastener *US*; press stud *GB*; snap *US.coll*

Druckknopfkappe *f* <*füg*> • snap fastener cap; press-stud cap; upper part of snap fastener

Druckknopfkugelteil *n* <*füg*> • press stud; lower part of snap fastener

druckkompensiert <*tech.allg*> • pressure-compensated

Druckkopf *m* <*druck*> • print head; printing head

Druckkopflebensdauer *f* <*druck*> • print head life

Druckkörper *m* <*nav*> *(U-Boot)* • pressure hull

Druckkraft *f* <*mech*> *(im Ggs. zur Zugkraft)* • compressive force

Druckleitung *f* <*tech.allg*> *(jedes Medium, jede Leitung)* • pressure line

Druckleitung *f* <*förd*> *(am Pumpenausgang)* • outlet pipe; discharge pipe; delivery pipe; discharge line; delivery line

drucklos <*tech.allg*> • pressureless

Druckluft *f* <*tech.allg*> • compressed air

Druckluft... <*wz*> *(Dauerbetrieb mit Druckluft; z. B. Schlagschrauber, Spritzpistole)* • air ...; air-operated; air-powered; compressed-air operated *rare*

Druckluftanlage *f* <*pneum*> • compressed-air system

Druckluftanschluss *m* <*pneum*> *(z. B. zum Anschluss von Schlagschraubern)* • air-supply nipple

Druckluftbehälter *m* <*tech.allg*> *(allg.; z. B. stationär oder in Druckluftbremsanlagen)* • compressed air tank; air tank *pract*; air reservoir

druckluftbetätigt <*msr*> *(betont: aktiviert durch Druckluft)* • air-actuated

druckluftbetätigt <*pneum*> *(Kolben, Werkzeuge etc.)* • air operated; compressed-air operated

Druckluftbremse *f DIN 25609-1* <*brems*> • air brake[s]; compressed-air brake; air-brake system; pneumatic brake; Westinghouse brake *GB.obs*

Drucklufthammer *m* <*bau.wz*> *(zum Abbruch von Gebäuden, Aufreißen von Straßenbelag etc.)* • air hammer; pneumatic hammer

Druckluftleitung *f* <*prod*> *(z. B. zum Anschluss von Druckluftwerkzeugen)* • air line; compressed-air line

Druckluftnagler *m* <*wz*> • air nail gun; air nailer; pneumatic nail gun

Druckluftpistole *f* <*mil*> *(zum Schießen)* • compressed-air pistol

Druckluftpistole *f* <*obfl*> *(Sprühpistole)* • compressed-air spray gun; air-atomizing spray gun

Druckluftschlauch *m* <*pneum*> • compressed-air hose

Druckluftspannung *f* <*wz.masch*> *(Werkzeug in Spannfutter)* • compressed-air chucking; air chucking *pract*; pneumatic chucking

Druckluftspannung *f* <*wz.masch*> *(Werkstück in Spannvorrichtung)* • compressed-air clamping

Druckluftspeicher *m* <*pneum*> • air accumulator

Druckluftstampfer *m* <*bau.masch*> *(zum Bodenverfestigen)* • air tamper; air rammer; pneumatic rammer

Druckluftwerkzeug *n <wz> (z. B. Schlagschrauber)* • air tool; pneumatic tool; compressed-air tool

Druckmaschine *f DIN 8730 <druck> (Offsetdruck)* • printing machine *DIN 8730*; printing press; press *pract*

Druckmessdose *f <msr> (allg.)* • pressure cell; compression-type load cell

Druckminderer *m <füg> (an Gasflasche; mit Inhalts- und Arbeitsmanometer)* • gas regulator

Druckminderventil *n* (DMV) *<rls>* • pressure-relief valve; pressure-reducing valve; pressure reducer; pressure regulator *prEN ISO 1052*

Drucknadel *f <druck> (Nadeldrucker)* • pin

Drucknadel *f <verf> (steiler Druckanstieg; z. B. in Druckkurve)* • pressure spike

Druckplatte *f <tech.allg> (Platte, die Druck ausübt; z. B. in Kupplung)* • pressure plate

Druckplatte *f <druck>* • printing plate

Druckprobe *f <tech.allg> (Vorgang; Kontrolle auf Dichtheit)* • pressure test; leak test

Druckprobe *f <qualit.mat> (Probenkörper für Druckversuch)* • compression specimen

Druckprüfung *f <rls> (Vorgang; Prüfung auf Systemintegrität)* • pressure test

Druckpunkt *m <mil> (Abzug e. Schusswaffe)* • let-off point; pull-off

Druckraum *m <tech.allg> (allg.; z. B. in Bremshauptzylinder)* • pressure chamber

Druckregelung *f <msr>* • pressure control

Druckregelventil *n <tech.allg>* • pressure regulating valve

Druckregelventil *n <rls>* • pressure control valve; pressure regulating valve

Druckregler *m <msr> (manuell oder automatisch)* • pressure controller

Druckregler *m <msr> (betont: Begrenzer)* • pressure governor

Drucksache *f <druck>* • printed matter

Druckschacht *m <energ.hydr> (vertikale Druckleitung)* • pressure shaft; vertical shaft

Druckschalter *m <el>* • pressure switch; press switch

Druckscheibe *f <masch> (allg.; axial belastet)* • thrust washer; thrust plate

Druckschieferung *f <geo>* • induced cleavage; flow cleavage

druckschmieren *vt <tribo>* • pressure-lubricate *vt*; force-lubricate *vt*

Druckschraube *f <masch> (zum Einstellen)* • adjusting screw

Druckschwankung *f <tech.allg>* • pressure fluctuation

Druckseite *f <druck>* • printed page

Druckseite *f <förd> (von Pumpen, Verdichtern)* • delivery side; outlet side; discharge side; discharge end; outlet end

Druckspannung *f <mech>* • compressive stress; compression stress

Druckspeicher *m <tech.allg> (jedes Medium)* • pressure accumulator; pressure tank *pract*

Druckspeicher *m <comp> (für Druckerdaten)* • print buffer

Druckstab *m <mech> (Bauteil unter Druckbeanspruchung; allg.)* • compression member

Druckstelle *f <agri.logist> (bei Obst)* • bruise

Druckstelle *f <kfz> (Blechschaden; flache, mittelgroße Delle ohne verfestigte Ränder)* • gouge

Druckstelle *f <obfl.holz> (z. B. in Möbeloberflächen)* • dent; indenture; pit

Druckstollen *m <energ.hydr> (geneigte Wasserleitung zu den Wasserturbinen)* • pressure tunnel; power tunnel; penstock; pressure tube; gallery

Druckstoß *m <rls> (in Wasserleitungen)* • water hammer

Druckstrebe *f <bau> (allg.; nimmt längseitigen Druck auf)* • strut

Drucktaste *f <el> (Schaltelement)* • push button; press button *rare*; press key *rare*; pushbutton key *rare*

Drucktaster *m <el>* • push-button

Drucktest *m <druck>* • print test; printer test

druckumformen *vt DIN 8583 <prod> (walzen, freiformen, gesenkformen, eindrücken, durchdrücken)* • form by compression *vt*; compress-form *vt*

Druckumlauf *m <tech.allg> (z. B. Wasser, Schmieröl)* • forced-feed circulation; pressure circulation; feed forcing

Druckumlaufschmierung *f <tribo> (mit*

Öl) • force-feed lubrication; pressure-feed lubrication; forced oil lubrication; pressure lubrication; forced-feed circulation lubrication

Druckumlaufschmierung mit Hauptstromfilter *f <tribo>* • pressure feed lubrication with full flow filtration; pressure-feed full-flow filtration lubrication

druckunabhängig *<tech.allg>* • pressure-independent

Druckverlust *m <rls>* • pressure loss; pressure drop

Druckversuch *m <qualit.mat> (analog zum Zugversuch; bis zum Kollaps des Probenkörpers)* • compression test; pressure test; collapse test; upsetting test; crushing test

Druckvorlage *f <druck> (von Bildmaterial)* • artwork *sg*

Druckvorlage *f <druck> (Reinzeichnung)* • master drawing

Druckvorlage *f <el.prod> (von gedruckten Schaltungen)* • master pattern; photomaster

Druckvorlage *f <msr> (Schutz von Drucksensoren)* • transfer fluid; fill fluid

Druckvorstufe *f <druck>* • prepress; pre-press

Druckwalze *f <druck> (zum Drucken)* • printing roller; print roll

Druckwalze *f <masch> (betont: Druck ausübend)* • pressure roll

Druckwasserreaktor *m* (DWR) *DIN 25401-3 <nukl> (ein LWR; z. B. in Biblis, Philippsburg-2, Gösgen; typ. in Frankreich)* • pressurized-water reactor (PWR)

Druckwelle *f <phys> (allg.; z. B. bei Explosionen, in Auspuffgasen, bei Überschallknall)* • pressure wave

Druckwellenlader *m <kfz> (ein Verdrängerverdichter plus Abgasturboaufladung; Comprex®)* • pressure wave supercharger

Druckwerk *n <comp.druck> (Teil eines Druckers; mehr od. weniger mechanisch)* • printing unit

Druckzone *f <tech.allg> (unter Druckspannung)* • compression zone

Druckzylinder *m <druck> (Offsetdruckmaschine)* • impression cylinder; printing cylinder; rubber cylinder

Druckzylinder *m <kst> (Spritzgießen)* • pressure cylinder

Drusch *m <agri> (Ertrag; gedroschenes Getreide)* • threshed grain

drusig *<geo>* • pockety; vuggy; drusy

D-Säule *f <kfz> (4. Säule beim Kombi)* • D-pillar

DSL-Telefonie *f* (VoDSL) *<comp>* • voice over DSL (VoDSL)

D-TTL-Steuerung *f* (D-TTL) *Nikon <phot>* • D-TTL control (D-TTL) *Nikon*

dual *<allg>* • dual

Dual-Boot-Maschine *f <comp> (z. B. für Windows+Linux)* • dual-boot machine

Dualismus von Welle und Teilchen *m <phys>* • wave-corpuscle duality; dualism

Dualphasenstahl *m <metall> (z. B. weicher Ferrit mit harten Martensitinseln)* • dual-phase steel

Dübel *m <bau.füg> (zum Befestigen an Wänden)* • dowel pin; dowel

Dübel *m <füg> (allg.; Stift aus Metall, Holz)* • plug; peg

dübeln *vt <bau.füg>* • dowel *vt*

dübeln *vt <holz>* • peg *vt*

Dublee *n <bekl.metall>* • rolled gold

Dublieren *n DIN 16529 <druck>* • doubling

Dubnium *n* (Db) *<chem> (Ordnungszahl 105; radioaktiv)* • dubnium (Db); unnilpentium *obs*; hahnium; Ha; nielsbohrium *russ*; joliotium

Duckdalbe *f <bau.hydr> (in den Hafengrund gerammte Pfahlgruppe)* • pile dolphin; dolphin *pract*

Duckroll *f <comp> (Ente auf Rädern; Hackersymbol)* • duckroll

Duft *m <hlk> (angenehmer Geruch)* • scent

Duft *m <hygi> (Parfümnote)* • fragrance

Duftbranding *n <ökon>* • scent branding; olfactory branding

Dufterzeuger *m <hlk>* • scent generator; scent pump apparatus; scent pump

Duftkomposition *f <allg>* • scent blend

Duftpyramide *f <allg>* • fragrance triangle

Duftstoff *m <bio> (zum Anlocken: bes. bei Tieren)* • smell attractant

Duftstoff *m <hlk> (allg.; geruchsbildende Substanz, wohlriechend oder übelriechend)* • odoriferous substance

Duftstoff *m <hlk> (eher angenehm)* • scent

Düker *m DIN 4047-5 <bau.hydr> (Gewässer wird unter einem Hindernis durchgeleitet)* • inverted siphon; dive culvert

duktil *<metall> (relativ leicht umformbar; durch Umformverfahren)* • ductile; flowable *rare*

duktiles Eisen *n <mat>* • ductile iron

duktiles Gusseisen *n <mat>* • ductile cast iron *ISO 7186:1996*

Duktilität *f <metall>* • ductility

dümmster anzunehmender User *m* (DAU) *ugs <comp>* • most stupid user imaginable *coll*

Dummy *m <kfz> (Crashtests)* • dummy

Düne *f DIN 4047-2 <geo>* • dune

Düngemittelindustrie *f <agri.prod>* • fertilizer industry

düngen *vt <agri> (organisch, mit Gülle u. dgl.)* • manure *vt*; dung *vt*

düngen *vt <agri> (allg.; eher chemisch)* • fertilize *vt US*; fertilise *vt GB*; spread fertilizer *US*; spread fertiliser *GB*; apply fertilizer *US*

düngen *vt <agri> (großflächig)* • spread fertilizer *US*; spread fertiliser *GB*

Dünger *m <agri> (allg.; eher chemisch)* • fertilizer *US*; fertiliser *GB*

Düngung *f <agri> (mit organischem Material)* • manuring; fertilization *US*; fertilisation *GB*

Düngung *f <agri> (allg.; eher chem.)* • fertilizer application *US*; fertiliser application *GB*; fertilization *US*; fertilisation *GB*

Dunkelkammer *f <phot>* • darkroom; photo laboratory; photo lab

Dunkelperiode *f <tech.allg>* • dark interval; dark period

Dunkelstrahler *m <phys>* • black-body radiator; infrared emitter; infrared radiator; dark radiator

Dunkelwerden *n <allg>* • darkening

Dunkelziffer *f <math> (z. B. von Straftaten, Mängeln, Krankheiten, Betriebsstörungen)* • estimated number of undetected cases; estimated number of unreported cases

Dunlop-Ventil *n <fz> (Fahrradreifen)* • dunlop valve; Woods valve *GB*; English pattern valve *JAP*

dünn *<allg> (Dimension)* • thin

Dünnblech *n <mat>* • light-gauge sheet metal; thin sheet metal; thin panel; thin steel

Dünnbramme *f <metall> (dünne rechteckige Platte)* • thin slab *EN 10079*

Dünnbrammenguss *m <metall> (Warmband mit Stärken von 6,35 bis 0,8 mm, Breiten 900-1600 mm)* • strip casting *:V*; sheet casting *:V*; thin-slab casting *:V*

Dünndraht *m <el.ic.prod> (zum Drahtbonden von ICs; Drahtstärke 0,008 bis max. 0,1 mm)* • fine wire

Dünndruckpapier *n DIN 6730 <pap>* • India paper; light weight printing paper; thin-printing paper *rare*

dünner werden *vi <allg>* • thin *vi*

Dünnfilm-DMS *m <msr>* • thin-film strain gauge *US/GB*; thin-film gauge *US/GB*

Dünnfilmtechnik *f <el.ic.prod> (für Hybridschaltungen)* • thin-film technology

dünnflüssig *<tech.allg> (z. B. Öl, Lack, Lasur)* • low-viscosity; thin-bodied; thin *pract*; easily flowing *coll*

Dünngusstechnik *f <prod> (z. B. für leichtere Motoren)* • thin-wall casting method; thin-wall casting

Dünnsäureverklappung *f <ents> (seit 1989 verboten)* • dumping of dilute acid [at sea]; disposal of dilute acid at sea

Dünnschicht *f <el.ic.prod> (typ. auf Glas- oder Keramiksubstrat)* • thin film

Dünnschicht-PV-Modul *n <energ.sol> (z. B. für Photovoltaikfassaden)* • thin--film PV module; thin-film photovoltaic module

Dünnschichtsolarzelle *f <energ.sol> (allg.)* • thin-film solar cell

Dünnschicht-Solarzelle aus amorphem Silicium *f <energ.sol>* • amorphous silicon thin film solar cell

dünnwandig *<tech.allg> (z. B. Gehäuse, Behälter, Rohr)* • thin-walled; thin-wall

Dunstabzugshaube *f <hlk> (allg.; für Dämpfe aller Art)* • fume hood

Dunstabzugshaube *f DIN EN 13141-3 <hlk> (Küche; über Herd)* • range hood; cooking hood; hood *coll*

Dunststreuung *f <opt>* • haze scattering

Dünung *f DIN 4049-3 <geo>* • swell

Duoblockwalzwerk *n <metall>* • two--high blooming mill
Duplikation *f <allg>* • duplication
Düppel *m <mil> (zur Störung gegnerischen Radars)* • radar chaff; chaff
durchbiegen *vr <mech> (z. B. Balken, Träger, Brücke)* • deflect *vi*
durchbiegen *vr <mech> (quer; z. B. Träger, Balken)* • deflect transversely *vt*
durchbiegen *vr <mech> (elastisch nachgeben)* • flex *vi*
Durchbiegung *f <tech.allg> (seitl. Ausweichen unter Last; z. B. Träger, Balken, Achse, Formhälften)* • deflection
Durchbiegung *f <tech.allg> (federnd)* • flexure
Durchbiegung *f <tech.allg> (betont: quer zur Längsachse)* • transverse deflection
Durchbiegung durch eigene Schwerkraft *f <mech> (z. B. lange Träger, Decken, Hochspannungsleitungen)* • natural sag
Durchblättern *n ISO/IEC 2382-23 <comp>* • browsing *ISO/IEC 2382-23*
durchbohren *vt <tech.allg> (löchern; meist unabsichtlich)* • puncture *vt*
durchbohren *vt ['---] <prod> (mit Bohrer)* • drill through *vt*; bore through *vt*; through-drill *vt rare*
durchbohren *vt [-'--] <prod> (Loch stechen, mit Nadel etc.)* • pierce *vt*
durchbrechen *vi <tech.allg> (z. B. Isolierung, Funke)* • break through *vi*
durchbrennen *vi <el> (Sicherung)* • blow *vi*
durchbrennen *vi <licht> (Lampe)* • burn out *vi*
Durchbruch *m <tech.allg> (z. B. in FuE)* • breakthrough
Durchbruchspannung *f <el> (allg.)* • flashover voltage; sparkover voltage; breakdown voltage; arcing voltage
durchdrehen *vt <kfz.mot> (Motor; ohne Zündung; z. B. bei Kompressionstest)* • crank *vt*; crank over *vi*
Durchdrehen der Räder *n <fz> (durch Leistungsüberschuss; z. B. Pkw, Lokomotive)* • wheel spin; wheelspin
Durchdrehen der Räder *n <kfz.verk> (durch losen/rutschigen Untergrund)* • tire spinning *US*; tyre spinning *GB*
durchdringend *<tech.allg> (z. B. Geräusch, Ton)* • penetrating
durchdringend *<akust> (Geräusch; z. B. Sirene)* • ear-piercing
Durchdringung *f <tech.allg> (Vorgang)* • penetration
Durchdringung *f <tech.allg> (Vorgang; allmählich, durch feine Poren)* • permeation
Durchdringung *f <tech.allg> (von Wänden, Decken; z. B. für Rohrleitungen, Kabel)* • penetration
durchfahren *vi <nav> (durch Schiffschleuse)* • lock through *vi*
Durchfahrt *f <verk> (Vorgang)* • passage
Durchfahrt *f <verk> (Straße, Kanal etc.)* • thoroughfare; passage
Durchfahrt *f <verk> (zw. Gebäuden; zum Hinterhaus od. Innenhof)* • alley
Durchfahrtshöhe *f <bau> (für Schiffe unter einer Brücke auf schiffbaren Gewässern)* • clear headway; headroom; headroom for shipping; clearance above water
Durchfahrtshöhe *f <verk> (Tunnel, Unterführung, Brücke, Gebäudeeinfahrt)* • clearance height
durchfallen *vi <verf> (Sieb)* • pass through *vi*; pass *vi*
durchfedern *vi <masch> (z. B. Werkzeug, Werkstück, elastische Aufhängung)* • deflect *vi*
Durchfluss *m <tech.allg> (Vorgang allg.)* • flow
Durchfluss *m <el> (im Ggs. zu Sperrung)* • passage
Durchflussbegrenzer *m <verf>* • flow restrictor; flow limiter
Durchflussmengenregler *m <tech.allg> (als Ventil)* • flow control valve
Durchflussmesser *m <rls.msr>* • flow meter; flow-rate meter; rate-of-flow meter; fluid meter
Durchflussmessung *f DIN EN 24006 <msr>* • flow rate metering; flow measurement; measurement of fluid flow *EN 24006*; fluid-flow metering
Durchführbarkeitsstudie *f <tech.allg>* • feasibility study; project feasibility study *rare*
durchführen *vt <allg> (Auftrag, Aufgabe, Projekt, Experiment, Versuch etc.)* • carry out *vt*; perform *vt*; conduct *vt*; execute *vt*

durchführen *vt <tech.allg> (z. B. Kabel durch eine Öffnung, Rohr durch eine Wand)* • lead through *vt*; pass through *vt*

Durchführung *f <allg> (Tätigkeit)* • performance

Durchführung *f <tech.allg> (z. B. Messung, Prüfung, Versuch, Zusammenbau)* • execution

Durchführung *f <masch> (Buchse, Futterrohr; z. B. für Kabel, Rohr)* • bushing

Durchgang *m <allg> (von beliebigen Objekten durch beliebige Räume)* • transit

Durchgang *m <bau> (lichte Weite)* • daylight

Durchgang *m <metall> (relativ langsame Bewegung; z. B. Walzgut durch Walzstraße)* • travel

Durchgang *m <phys> (Durchdringung von etw.; z. B. Strahlung durch eine Wand)* • penetration

Durchgang *m <phys> (Strahlung, durch Feststoffe)* • transmission

Durchgang *m <prod> (Produktionsschritt, Maschinenoperation)* • run

Durchgang *m <prod> (Arbeitsablauf, über od. durch ein Werkstück)* • pass

Durchgang *m <prod> (spanender Bearbeitungsschritt)* • machining operation

Durchgang *m*: **in einem ~ bearbeiten** *vt <prod>* • machine in one pass *vt*

Durchgang *m <verk> (für Personen; z. B. eine Passage)* • passageway

durchgängig *<tech.allg>* • continuous

Durchgangsbohrung *f <prod>* • through hole; through bore

Durchgangshöhe *f <tech.allg> (z. B. von Öffnungen, Toren, Klappen)* • clearance height

Durchgangsprüfer *m <el.wz> (typ. Leitungsprüfer)* • continuity tester

Durchgangsstation *f <tech.allg>* • pass-through station

Durchgangsstraße *f <verk>* • through road; thoroughfare *GB*

Durchgangsverkehr *m <tech.allg>* • transit traffic; through traffic

Durchgangsverkehr *m <verk>* • transit traffic; through traffic

durchgebrannt *<el> (Sicherung)* • blown

durchgebrannt *<el> (Glühfaden)* • burnt-out

durchgebrannt *<masch> (Dichtung; z. B. Zylinderkopfdichtung)* • blown

durchgehärtet *<mat> (erstarrt, fest; z. B. Kunststoff, Kleber)* • hardened all through; hard all through

durchgehärtet *<metall>* • through-hardened; fully hardened

Durchgehen *n <tech.allg> (unkontrolliert; von Reaktionen, Prozessen)* • runaway

durchgehen *vi <tech.allg> (durch eine Öffnung passen)* • pass *vi*

durchgehender Riss *m <tech.allg>* • through crack

durchgehender Sprung *m <silik> (in Glas, Porzellan)* • through crack

durchgeladen *<mil> (Waffe)* • fully loaded

durchgescheuert *<fz> (an den Kanten; z. B. Sicherheitsgurt)* • frayed; worn

Durchhang *m <tech.allg> (z. B. von Trägern, Balken, Decken)* • sag

Durchhängen *n <tech.allg> (nach unten; z. B. von Decken, Seilen)* • sagging; sag

durchhängen *vi <mech> (z. B. Träger, Drahtseil, Dach)* • sag *vi*

durchhängend *<tech.allg> (absackend; z. B. Rahmen, Decke)* • sagging; drooping

Durchlass *m <tech.allg> (Öffnung)* • opening

Durchlass *m DIN 4047-5 <bau.hydr> (Kreuzungsbauwerk für Gewässer)* • culvert; conduit

durchlassen *vt <allg>* • admit *vt*

durchlassen *vt <allg> (z. B. Gas, Flüssigkeit, Antrag)* • pass *vt*

durchlässig *<allg> (langsames Eindringen über kleine Poren)* • permeable

durchlässig *<mat> (physisch durchdringbar)* • penetrable

durchlässig *<opt>* • transmissible; transmissive

durchlässig *<phys> (für Wellen, Teilchen)* • transparent

durchlässig *<phys> (für etwas, auch Flüssigkeit)* • pervious

durchlässige Schicht *f <geo>* • permeable layer; permeable bed

Durchlässigkeit *f <tech.allg> (allmähliches Eindringen über viele Poren; z. B. von Erdreich)* • permeability; perviousness

Durchlässigkeit *f <opt> (für Licht, Strahlen)* • transmissivity

Durchlässigkeit *f <qualit.mat> (für Strahlen aller Art; z. B. von Glas)* • transparency

Durchlässigkeit *f prEN 12697-40 <qualit.mat>* • drainability *prEN 12697-40*

Durchlassrichtung *f <el> (z. B. von Transistoren, Dioden, Sperrschichten)* • conducting direction; forward direction; low-resistance direction

Durchlassrichtung *f*: **in ~ betrieben** *<el> (Transistor)* • forward biased

Durchlassrichtung *f <rls> (z. B. von Ventilen, Klappen)* • flow direction

Durchlassspannung *f <el> (in Durchlassrichtung)* • forward voltage; direct forward voltage; on-state voltage

Durchlassstrom *m <el>* • forward current; on-state current

Durchlaufbetrieb *m <tech.allg> (zeitlich ununterbrochen; z. B. von Maschinen, Anlagen)* • continuous operation; continuous duty

durchlaufen *vi <tech.allg> (Flüssigkeit)* • flow through *vi*

durchlaufen *vi <verf> (langsam, allmählich; z. B. Flüssigkeit durch ein Filter)* • percolate *vi*

durchlaufen *vt <tech.allg> (konkret durch etwas hindurch gehen; z. B. Werkstück durch Maschine)* • pass through *vt*; go through *vt*

durchlaufen *vt <tech.allg> (Flüssigkeit, Gas, Werkstück; Träger)* • run through *vt*

durchlaufend *<allg> (zeitlich und räumlich; z. B. Vorgang, Träger)* • continuous; full-length

durchlaufene Wegstrecke *f <allg>* • distance moved

Durchlauferhitzer *m <tech.allg> (für bel. Flüssigkeiten)* • flow heater

Durchlaufträger *m <bau> (als Bauteil; i. Allg. statisch unbestimmt)* • continuous girder; continuous beam; multi-span beam

Durchlaufzeit *f <phys> (Signal durch ein Medium; z. B. Ultraschall durch Stahl)* • travel time

Durchlaufzeit *f <prod> (allg.; zur Verarbeitung, Herstellung)* • processing time

Durchleitung *f <el> (von Strom, durch andere Netze)* • third-party utilization of the power supply network *:V*

durchleuchten *vt <tech.allg> (mit Röntgengerät oder fig.: selektiv untersuchen)* • screen *vt*

Durchlicht *n <opt>* • transmitted light

durchlochen *vt <prod> (Loch stechen)* • pierce *vt*

durchlöchern *vt <prod> (perforieren)* • perforate *vt*

durchlüften *vt <tech.allg> (lockern; z. B. Boden)* • aerate *vt*

durchlüften *vt <tech.allg> (frischer Luft aussetzen; z. B. Bettzeug, Räume)* • air *vt*

durchlüften *vt <hlk> (Räume)* • ventilate *vt*

Durchmesser *m* (d) *<tech.allg>* • diameter (d)

durchnummerieren *vt <allg>* • number *vt*

durchpressen *vt <tech.allg> (etwas Weiches od. Flüssigkeit; z. B. Saft)* • press through *vt*; squeeze through *vt*

durchpressen *vt <mech> (etwas Hartes; z. B. Buchse, Hülse)* • force through *vt*

durchreißen *vi <tech.allg> (unabsichtlich; flächiges Material; z. B. Papier, Stoff, Blech)* • rip *vi*; tear *vi*

durchreißen *vt <allg> (absichtlich zerteilen; z. B. Papier, Textilien)* • tear *vt*

Durchrosten *n <metall> (von Eisen und Stahl)* • corrosion perforation; rust-through corrosion; perforation by rusting

durchrosten *vi <metall> (Eisen und Stahl)* • rust through *vi*; corrode through *vi*

Durchrostung *f <metall> (in Stahlblech; betont: Ergebnis)* • rust penetration; rust breakthrough; rot *coll*

durchrutschen *vi <tech.allg> (z. B. Keilriemen)* • slide through *vi*

durchrutschen *vi <masch> (z. B. Kupplung, Riemen, Seil)* • slip through *vi*

Durchsacken *n <tech.allg> (z. B. einer Decke, eines Dachs, Trägers)* • sagging

Durchsatz *m <tech.allg>* • throughput

Durchsatz *m <förd> (Kapazität; z. B. einer Rohrleitung, Pumpe; als Massen-

od. Volumenstrom) • capacity

durchscheinen *vi <tech.allg>* • show through *vi*

durchscheinend *<bekl> (Textilien; z. B. Unterwäsche)* • sheer

durchscheuern *vi <textil> (Stoff; z. B. exponierte Kanten)* • chafe *vi*; wear *vi*; fray *vi*

Durchschlag *m <doku> (Kopie mit Kohlepapier)* • carbon copy (cc)

Durchschlag *m <doku.rep> (von Farbe, Tinte, Klebstoffen)* • bleed-through

Durchschlag *m <el> (als Funken, Lichtbogen)* • disruptive discharge; breakdown; puncture

Durchschlag *m <energ.el> (eines Isolators)* • puncture; internal flash

Durchschlag *m <mil> (eines Geschosses)* • penetration

Durchschlagen *n DIN 16500 <druck> (von Druckfarbe durch den Bedruckstoff, von Vorder- zur Rückseite)* • grinning through; soaking through; soaking effect; soaking; printing through

Durchschlagen *n <fz> (der Federelemente)* • bottoming out; bottoming

Durchschlagen *n <obfl> (von Farbe, Lack; z. B. beim Abkleben)* • bleeding through; bleeding

durchschlagen *vi <druck> (Druckfarbe, Tinte)* • bleed through *vi*

durchschlagen *vi <el> (Funke durch Isolierung)* • break down *vi*

durchschlagen *vi <kfz> (Federelemente)* • bottom out *vi*

durchschlagen *vi <obfl>* • bleed through *vi*

durchschlagen *vt <tech.allg> (punktieren, lochen)* • pierce *vt*; punch through *vt*

durchschlagen *vt <el> (Funke durch Dielektrikum)* • puncture *vt*

durchschlagen *vt <mech> (z. B. mit Hammer)* • strike through *vt*

durchschlagen *vt <mil> (Ziel, Armierung)* • penetrate *vt*

durchschlagen *vt <min>* • break through *vt*

durchschlagen *vt <prod> (Niet)* • drive through *vt GB*

durchschleusen *vt <nav>* • pass through sluices *vt*; tow through sluices *vt*; lock through *vt*; pass through *vt*; tow through *vt*

durchschmelzen *vi <tech.allg>* • melt through *vi*

durchschmoren *vi <el> (Kabelisolierung)* • scorch *vi*

Durchschnitt *m <allg>* • average

durchschnittlich *<allg>* • average

durchschnittlicher Kraftstoffverbrauch *m <kfz>* • average fuel consumption

Durchschnittsbestimmung *f <allg>* • average determination; averaging

Durchschnittsgeschwindigkeit *f <allg>* • average speed

Durchschnittsverbrauch *m <tech.allg> (z. B. von Kraftstoff, Heizöl, Erdgas, Lebensmitteln)* • average consumption

Durchschnittsverbrauch *m <kfz> (eines einzelnen Fahrzeugs, aus Stadt- und Autobahnverkehr)* • composite mileage

Durchschnittsverbrauch *m <kfz.msr> (Anzeige des Bordcomputers)* • average fuel economy (AVE ECON)

durchschnupfsicher *Tempo <hygi> (Papiertaschentuch)* • soak-through secure *Tempo*

Durchschuss *m <druck> (Freiraum zwischen Zeilen)* • leading; lead

Durchschuss *m <obfl> (Emailfehler)* • bleed-through

durchschusshemmende Verglasung *f <bau>* • bullet-resistant glazing; bulletproof glazing; bulletresistant glass; bulletproof glass

durchsetzen *vt <allg> (z. B. Absicht, Plan)* • put through *vt*

Durchsicht *f <qualit> (Wartung von Maschinen, Anlagen)* • overhaul

Durchsicht *f <qualit> (Überprüfung, Kontrolle; z. B. von Unterlagen, Systemen)* • revision; inspection

durchsichtig *<opt>* • transparent

durchsickern *vi <tech.allg> (aus undichter Stelle; unerwünscht)* • leak out *vi*; leak *vi*

durchsickern *vi <tech.allg> (Flüssigkeit; betont langsam durchlaufen)* • trickle through *vi*; ooze through *vi*; percolate *vi*; seep *vi*

durchsieben *vt <verf> (z. B. Kies, Mehl)* • sieve *vt*; sift *vt*; screen *vt*

durchstarten *vi <aerosp> (Flugzeug)*

• go around *vi*

durchstrahlen *vt <phys> (mit Röntgen- oder Gammastrahlen)* • radiograph *vt*

Durchstrahlungsprüfung *f <qualit.mat>* • radiographic testing; X-ray inspection *pract*; radiographic test; penetrating radiation test *rare*

durchströmen *vt <tech.allg> (z. B. Wasser, Kühl-, Kältemittel, Öl durch Kühler etc.)* • flow through *vt*; travel through *vt*

durchsuchen *vt <allg> (z. B. nach Drogen, Waffen)* • search *vt*

durchsuchen *vt <aerosp> (bei Sicherheitskontrollen)* • hand-search *vt*; search *vt*

durchsuchen *vt <comp> (nach Dateien, Ordnern, Zeichenfolgen)* • scan *vt*

Durchtreiber *m <wz> (konischer Schaft, eher lang; im Ggs. zu Splinttreiber)* • drift punch *US*; tapered punch *US*; taper pin punch *GB*; nail punch *GB.rare*; pin punch *GB.rare*

Durchtreiber *m <wz> (konischer Schaft, eher kurz; zum Lösen z. B. von Splinten, Bolzen)* • starter punch *US*; starting punch *US*

durchtrennen *vt <prod>* • sever *vt*

durchtreten *vt <tech.allg> (z. B. Flüssigkeit, Gas)* • pass *vt*; leak *vt*

Durchtritt *m <tech.allg> (unerwünscht; von Flüssigkeit, Gas)* • passage; leakage

Durchwahl *f <tele>* • direct dial

durchwirkt *<textil>* • interwoven

durchwurzelungsfest *<bau> (z. B. eine Dachbahn)* • root-resistant

Durchzeichnung der Lichter *f <phot>* • highlight detail

Durchzeichnung der Schatten *f <phot>* • shadow detail

durchzugsschwach *<kfz.mot> (Motor)* • low-torque

durchzugsstark *<kfz.mot> (Motor)* • high-torque; torquey *rare*

Duroplast *m <kst> (engmaschig vernetzt; z. B. für Aschenbecher, Steckdosen)* • thermoset; thermosetting plastic; thermoset resin

Duschbatterie *f <rls>* • shower fitting

Düse *f <tech.allg> (Öffnung, aus der etwas mit hoher Geschwindigkeit austritt)* • nozzle

Düse *f <kfz.mot> (Vergaser)* • jet

Düse *f <kfz.mot> (Einspritzventil)* • nozzle; injector nozzle

Düse *f <kst> (Extruder)* • die; extrusion die

Düse *f <metall> (Hochofen)* • tuyere

Düse *f <wz> (Schneidbrenner)* • tip

Düsenaustritt *m <aerosp>* • nozzle outlet

Düsenbohrung *f <tech.allg>* • nozzle bore; nozzle hole; jet bore

Düsenhals *m <tech.allg>* • nozzle throat

Düsenmund *m <tech.allg>* • nozzle orifice; nozzle opening; nozzle outlet

Düsenmündung *f <tech allg>* • nozzle tip

düsenseitig *<kst>* • side: on the nozzle ~

Düsenspitze *f <kst> (im Heißkanalwerkzeug; beheizt den Anschnittbereich)* • nozzle tip; hot tip

Düsenstrahl *m <tech.allg>* • jet

DVD-R *<comp> (einmal beschreibbar, Laser Power Modulation)* • DVD-R

DVD-RAM *f <comp> (ca. 100.000 mal beschreibbar; Phase Change)* • DVD-RAM; DVD-Random Access Memory

DVD-ROM *f <comp> (nicht beschreibbar)* • DVD-ROM; read-only digital versatile disc *rare*

DVD+RW-Technologie *f <comp>* • DVD+RW technology

dwars *<nav> (rechtwinklig zur Schiffsachse)* • abeam; athwartship; athwartships

DX-Filmempfindlichkeitsabtastung *f <phot>* • DX-coded film speed setting

Dynamic Random Access Memory *n* (DRAM) *<comp>* • dynamic random access memory (DRAM); dynamic RAM; DRAM chip *pract*; dynamic random-access memory

Dynamik *f <phys> (Lehre der Bewegungen und ihrer Ursachen)* • dynamics

Dynamikumfang *m <av> (z. B. Bach Toccata vs. Panflötenmelodie)* • dynamic range; volume range; sound range

dynamisch *<tech.allg>* • dynamic

dynamisch ausgewuchtet *<masch> (Ziel: Drehachse wird Hauptträgheitsachse; z. B. Rad, Welle)* • dynamically balanced

dynamische Achslastverlagerung *f*

<kfz> (allg.) • dynamic axle load shift; dynamic axle load transfer

dynamische Belastung *f <tech.allg> (Zustand; von außen einwirkende Kraft oder innere Spannung)* • dynamic load

dynamische Belastung *f <mech> (flächenbezogene innere Spannung; in N/mm^2)* • dynamic stress

dynamischer Kopfhörer *m <av>* • moving-coil headset

dynamisches Auswuchten *n <tech.allg> (z. B. von Rädern)* • dynamic balancing

dynamische Tempo- und Abstandsregelung *f* (ACC) *<kfz.msr>* • Adaptive Cruise Control® (ACC) *ContiTeves*; intelligent cruise control

dynamische Unwucht *f <mech> (z. B. Reifenunwucht)* • dynamic imbalance

Dynamit *n <spreng>* • dynamite

Dynastarter *m <kfz>* • dynastarter

Dysprosium *n* (Dy) *<chem>* • dysprosium (Dy)

E

Ebbe *f <geo.hydr> (Gezeiten; niedrigster Pegel; i. Ggs. zu Flut)* • ebb; ebb-tide; low tide; low water

Ebbe *f <geo.hydr> (Gezeiten; Vorgang fallender Pegel)* • ebb tide; receding tide; outgoing tide; falling tide

Ebbe und Flut *fsg <geo>* • tides; ebb and flood; ebb and flow

eben *<allg> (nicht hügelig; z. B. Land, Feld, Straße)* • level *adj*

eben *<tech.allg> (flach)* • flat; planar; plane

eben *<tech.allg> (gleichmäßig; Oberfläche)* • even

Ebene *f <tech.allg> (Niveau; z. B. Gebäude, Füllstand, Rang)* • level

Ebene *f <tech.allg> (Schicht)* • layer

Ebene *f <bau> (in Fachwerk, Tragwerk; z. B. von Brücken)* • tier

Ebene *f <comp> (CAD, Computergrafik; zum Strukturieren von Zeichnungen)* • layer

Ebene *f <math>* • plane

ebenerdiger Fahrweg *m <bahn.bau>* • at-grade guideway

ebenerdige Straße *f <bau.verk>* • ground-level road; ground-level highway

Ebenheit *f <tech.allg> (z. B. von Karton, Papier, Blech)* • flatness

Ebenheit *f <obfl> (Glattheit, Sanftheit; z. B. von Haut)* • smoothness

Ebenheit *f <prod> (z. B. von gehobelten Oberflächen)* • planeness

ebnen *vt <bau> (planen, planieren)* • planish *vt*

ebnen *vt <prod> (flach machen, Unebenheiten u. Knicke entfernen)* • flatten *vt*; make level *vt*

Ebonit *n <mat> (Hartgummi aus Naturkautschuk; schwarz)* • ebonite

ECE-Zyklus *m <kfz.emiss> (Abgastest)* • ECE test cycle; European test procedure *did*

Echo *n <akust> (auch Ultraschall)* • echo

Echolot *n <navig> (Tiefenmessung)* • sonar; echo sounder; echo depth finder; acoustic depth finder; depth sounder

echt *<allg> (unverfälscht; z. B. Ersatzteile, Markenware)* • genuine

echt *<allg> (Material, Farbe; z. B. Holz, Haarfarbe)* • natural

echt *<chem> (z. B. Säure)* • true

echt *<mat> (rein; z. B. Gold)* • pure

echt *<mat> (wirklich, real; z. B. Diamant, Gold, Seide)* • real

echt *<math> (eigen)* • proper

echt *<obfl> (beständig; Farbe; z. B. lichtecht)* • fast

echtes Leder *n <bekl>* • genuine leather

echtgefärbt *<obfl.textil>* • fast-dyed

Echtheit *f <allg> (Original; von Ersatzteilen, Markenartikeln)* • genuineness

Echtleder-Innenausstattung *f <kfz>* • genuine leather interior trim

Echtzeitsimulation *f <tech.allg>* • real-time simulation

Echtzeitverarbeitung *f <comp>* • real-time processing

Eckabrundung *f <masch> (einer vorstehenden Ecke, Spitze)* • nosing

Eckabrundung *f <prod> (allg.)* • radiusing

Eckaussteifung *f <tech.allg> (durch äußere Verstärkungsmaßnahmen, Streben u. dgl.)* • corner bracing

Eckbank *f <allg>* • corner bench

Eckbeschläge *mpl <tech.allg> (z. B. Möbel, Container, Koffer)* • corner fittings; corner plates

Eckblech *n <tech.allg> (Stahlbau)* • gusset

Ecke *f <allg> (allg.)* • corner

Ecke *f <allg> (betont: außen)* • outer corner

Ecke *f <allg> (betont: innen)* • inner corner

Eckeinsatz *m <tech.allg>* • gusset

Eckenrundung *f <tech.allg> (Radius)* • corner radius; nose radius

eckig *<tech.allg> (mit Ecken und Kanten)* • angular

Eckstein *m <bau.mat>* • cornerstone; quoin

Eckstoß *m DIN EN 12345 <füg> (im rechten Winkel; z. B. geschweißt)* • corner joint; angle joint *DIN EN 12345*

Eckventil *n <rls>* • angle valve; angle-body valve

Eckverbindung *f <tech.allg> (von Rahmenprofilen allg.; Tür-, Fenster-, Bilderrahmen)* • corner joint

Eckverstärkung *f <tech.allg>* • gusset

Economy Class *f <aerosp.innen>* • economy class

edel *<allg> (Material, Ausstattung; z. B. Gas, Metall, Leder, Interieur)* • noble

edel *<mat> (kostbar)* • precious

Edelgasatmosphäre *f <tech.allg>* • inert-gas atmosphere; inert atmosphere

Edelmetall *n <mat> (z. B. Platin, Gold etc.)* • noble metal; precious metal

Edelstahl *m <mat> (Stahlkategorie; im Ggs. zu allg. Bau- u. Qualitätsstahl)* • premium steel; high-grade steel *rare*

Edelstahlbesteck *f <innen> (Messer, Gabel, Löffel)* • stainless steel cutlery

Edelstahlpfanne mit Antihaftbeschichtung *f <gastr.wz>* • nonstick stainless steel skillet

Edelstahlspüle *f <innen>* • stainless steel kitchen sink

Edelstein *m <mat>* • precious stone; gemstone; gem

Edison-Fassung *f <licht> (Glühlampe)* • Edison socket; Edison lampholder; screwed socket

Effekt *m <allg>* • effect

effektiv *<allg>* • effective

Effektivleistung *f <tech.allg> (elektrische, mechanische Leistungsabgabe)* • useful power output

Effektivwert *m <tech.allg> (quadratisches Mittel einer periodischen Größe; z. B. el. Spannung)* • root-mean-square value; rms value *pract*; root mean square; virtual value *rare*

Effilierschere *f <hygi.wz>* • thinning scissors; thinning shears; blending scissors

effizient *<tech.allg> (z. B. Maßnahme, System)* • efficient

Effizienz *f ISO 9000 <qualit>* • efficiency *ISO 9000*

Effusivgestein *n <geo>* • effusive rock

Egge *f <agri>* • harrow

egrenieren *vt <textil> (Baumwolle)* • gin *vt*

Egreniermaschine *f <textil> (Baumwolle)* • cotton gin; gin [machine]

EG-Richtlinie *f <jur> (EG-Gesetzgebung)* • EC Directive; Council Directive; Directive

Eichblock *m <msr>* • calibration block

eichen *vt <msr.jur> (durch Eichamt; z. B. Waagen, Gefäße)* • calibrate *vt*; standardize *vt rare*; adjust *vt rare*

Eichfehler *m <msr.jur>* • calibration error

Eichnormal *n <msr.wz>* • calibration standard; master standard; calibration block; calibration gauge

Eichstrich *m <msr> (an Gefäßen)* • calibration mark; gauge mark

Eigenbedarf *m <energ> (eig. Strombedarf eines Kraftwerks)* • house load

Eigenbedarfsversorgung *f <energ>* • house load power supply

Eigendiagnose *f <msr>* • self-diagnosis

Eigendrehimpuls *m <phys> (Elementarteilchen)* • spin; intrinsic angular momentum

eigenerregt *<phys> (allg.)* • self-excited

Eigenerregung *f <phys> (Schwingungen)* • self-excitation; natural excitation

Eigenfrequenz *f <phys> (Eigenschwingung)* • characteristic frequency; eigenfrequency; Eigen frequency; natural frequency

Eigengeschwindigkeit *f <aerosp> (eines Flugzeugs)* • airspeed; true airspeed

Eigengewicht *n <bau> (die aus der Eigenmasse resultierende Kraft; im Ggs. zu Verkehrslast)* • dead weight; permanent weight; permanent load; own weight

Eigengewicht *n <bau> (von Brücken)* • dead load; self-weight

Eigengewicht *n <fz> (unbeladen, aber inkl. aller Betriebsflüssigkeiten)* • service weight; service mass *stand*; dead weight *pract.coll*; unladen weight *coll*

Eigenheit *f <allg>* • characteristic; property; peculiarity

Eigenleitung *f <el>* • intrinsic conduction

Eigenlenkverhalten *n <kfz> (z. B. von Reifen)* • self-steering effect

Eigenschwingung *f <phys> (gekoppelte Systeme)* • fundamental oscillation

Eigenschwingung *f <phys> (elektromagnetisch)* • self-oscillation; autooscillation; natural oscillation; eigenoscillation [mode]

Eigenschwingung *f <phys> (eines Körpers; mech.)* • natural vibration; natural frequency; vibrational mode; characteristic vibration; eigenvibration

eigensicher *<tech.allg>* • intrinsically safe

Eigensicherheit *f <tech.allg> (z. B. eines Reaktors, Tragschraubers)* • intrinsic safety

Eigenspannung *f <mech> (ohne äußere Krafteinwirkung)* • internal stress; residual stress; self-contained stress

eigenspannungsfrei *<mech>* • free from internal stress; free from residual stress

Eigensteifigkeit *f <qualit> (z. B. von Spinnvlies, Kunststofffolien, Bauelementen)* • inherent stiffness

Eigentum *n <jur>* • property; ownership

Eigentümer *m <jur> (natürliche oder juristische Person, der etwas tatsächlich gehört)* • owner

Eigentumswohnung *f <bau.fin>* • condominium *US*; cooperative apartment *GB*; freehold flat *GB*; condo *US.coll*

Eigenvektor *m <math>* • characteristic vector; proper vector; eigenvector

Eigenverlust *m <tech.allg>* • internal loss

Eigenwert *m <math> (Differentialgleichung)* • eigenvalue; intrinsic value; proper value; characteristic value

Eignung *f <allg> (für, zu etwas)* • suitability

Ei-Isolator *m DIN IEC 62223 <energ.el> (in Abspanndraht)* • strain insulator; egg-type insulator *rare*

Eilbewegung *f <wz.masch> (allg.)* • rapid motion; rapid movement

Eilgang *m*: **im ~ bewegen** *vt <wz.masch> (Werkzeug, Werkstück, Schlitten)* • fast-traverse *vt*; rapid-traverse *vt*

Eilrücklauf *m <wz.masch>* • rapid return; fast return; quick return; rapid idle movement

Eilvorlauf *m <wz.masch>* • rapid advance; rapid approach

Eimer *m <allg>* • bucket

Eimer *m DIN 55 405 <pack> (mit Tragegriff; für Industrie und als Spielzeug)* • pail *ISO/WD 21076*

einachsig *<tech.allg>* • single-axle

einachsig *<fz> (z. B. Anhänger)* • two-wheel

einachsig *<mat> (Kristall)* • uniaxial

einachsige Spannungen *fpl <mech>* • monaxial stress

einarbeiten *vr <allg> (Person; in Situation, Aufgabe, neue Arbeit)* • acquaint *vr*; familiarize *vr*

einarbeiten *vt <chem.verf> (einfügen, zumischen)* • incorporate *vt*

einarbeiten *vt <did> (Personen; in Arbeitsplatz)* • train *vt*; introduce *vt*

einarbeiten *vt <prod> (Sitze, Aufnahmen; z. B. Ventilsitze)* • seat *vt*

einarbeiten *vt <prod> (senken, oberflächenbündig machen)* • sink *vt*

einarbeiten *vt <prod> (einfügen; z. B. Muster, Verzierungen)* • work in *vt*

einarmiger Bandit *m ugs <spiel> (Münz-Glückspielautomat; typ. für Las Vegas)* • slot machine; one arm bandit *coll*

einarmiger Roboter *m <autom>* • single-arm robot

Einarmschwinge *f <kfz>* • monolever; monolever fork; single-arm pivoted fork; single-sided swingarm *Triumph*

einatembar *ISO 17191 <med>* • respirable *ISO 17191*

einatmen *vt <bio>* • inhale *vt*

einäugig *<phot> (Kamera)* • single-lens

einäugige Kleinbildspiegelreflexkamera *f <phot>* • 35mm single-lens reflex camera; 35mm SLR camera; 35mm SLR *coll*

einäugige Spiegelreflexkamera *f*

<phot> (meist KB) • single-lens reflex camera; SLR camera

Ein/Aus-Schalter *m <el> (allg.; Netz- od. Batteriebetrieb, z. B. an Kameras)* • on/off switch; power switch; main switch; IO switch

Ein-Aus-Steuerung *f <msr>* • on-off control; batching control *rare*

Einbahnstraße *f <bau.verk>* • one-way street; one-way road

Einband *m <druck>* • binding; case; cover; book case; book cover

einbasige Säure *f <chem>* • monoacid; monobasic acid

Einbau *m <tech.allg> (von Bauteilen; erstmals oder nach Ausbau; typ. Überschrift in Anleit.)* • installation

Einbau *m <bau> (von Beton)* • placing; placement

Einbau *m <comp> (von Hardware; z. B. Grafikkarte, Speicherbausteine)* • hardware installation; installation

Einbau *m <rep> (betont: Wiedereinbau)* • refitting

Einbau… *<tech.allg> (zum Einbau vorgesehen)* • build-in …; add-in …

Einbau… *<tech.allg> (bereits eingebaut)* • built-in …

Einbau… *<tech.allg> (in eine passende Lücke; z. B. Geschirrspüler, Herd)* • slot in …

Einbau… *<kfz> (in Instrumentenanlage; z. B. Zusatzinstrumente wie Kraftstoffanzeige)* • in-dash …

Einbauanleitung *f <doku>* • installation instructions

einbauen *vt <tech.allg> (einpassen, einsetzen etc.)* • build in *vt*; fit in *vt*

einbauen *vt <tech.allg> (Hardware, Bauteile; erstmals oder nach Ausbau)* • install *vt*

einbauen *vt <tech.allg> (betont: wieder einbauen nach vorigem Ausbau)* • reinstall *vt*; refit *vt*; replace *vt*

einbauen *vt*: **von Hand** ~ *<tech.allg>* • hand-fit *vt*

einbauen *vt <bau> (Naturstein, Trägerenden)* • tail in *vt*

einbauen *vt <chem.phys> (Fremdatome einfügen)* • incorporate *vt*; introduce *vt*

einbauen *vt <petr> (Bohrstrang)* • trip in *vt*; run *vt*; set *vt*

einbauen *vt <prod> (Bauelemente)* • insert *vt*

einbaufertig *<tech.allg>* • ready-to-fit; ready-to-mount; ready for installation; ready to be installed

einbaufertige Einheit *f <tech.allg>* • ready-to-install unit

Einbauhöhe *f <tech.allg> (Höhe, in der etwas zu montieren ist; z. B. von Hängeschränken)* • mounting height

Einbauhöhe *f <tech.allg> (Höhe im eingebauten Zustand; z. B. von Druck-Schraubenfedern)* • installed height

Einbauhöhe *f <tech.allg> (Gesamthöhe nach dem Einbau)* • overall height

Einbauinstrument *n <tech.allg> (betont: mit bündiger Oberfläche)* • flush-mounting instrument

Einbauküche *f <innen>* • fitted kitchen

Einbauleuchte *f <licht>* • recessed luminaire; built-in lamp

Einbaumöbel *npl <innen> (z. B. Schränke, Regale)* • built-in furniture; built-in fitments; fitted furniture

Einbauort *m <tech.allg>* • position of installation; building-in position *rare*

Einbauschalter *m <el> (allg.)* • built-in switch

Einbauschalter *m <el> (betont: oberflächenbündig, vertieft)* • flush-type switch; recessed switch

Einbauschrank *m <innen> (Küche)* • built-in cupboard; fitted cupboard

Einbauschrank *m <innen> (für Kleidung, Garderobe)* • built-in wardrobe; closet *US*

Einbauschrank *m <innen> (allg.)* • built-in cabinet

Einbauspüle *f <bau.innen>* • flush-mounted sink; flush-mount sink

Einbauten *mpl VDI4640 <energ.geo> (im Erdreich)* • installations *pl VDI4640*

Einbauwaschbecken *n <bau.innen>* • flush-mounted basin

einbetten *vt <tech.allg> (komplett in Matrix; z. B. in Gewebe, Kunststoff, Beton)* • embed *vt*

einbetten *vt <tech.allg> (Oberseite sichtbar; z. B. Schwellen in Schotter)* • embed *vt*

einbetten *vt <prod> (in Vergussmasse; z. B. ICs in Gehäuse)* • pot *vt*

einbetten *vt <rls> (komplett; z. B. Rohr in ein Kiesbett)* • bury *vt*; embed *vt*

einbeulen *vt <tech.allg> (Delle erzeugen, in Blech; z. B. Auto, Kotflügel)*

• dent *vt*

einbeziehen *vt* <allg> • include *vt*

einbinden *vt* <bau> *(durch Kleben; z. B. mit Bauschaum)* • bond in *vt*

einbinden *vt* <bau> *(allg. in ein Gefüge einsetzen, einbauen)* • fix in *vt*

einblasen *vt* <tech.allg> *(allg.; z. B. Luft in ein Gefäß, Sauerstoff)* • blow in *vt*

einblasen *vt* <verf> *(betont: mit Druck einspeisen)* • inject *vt*

einblatten *vt* <füg> • join by rabbets *vt*; join by scarfs *vt*

einblenden *vt* <av> *(z. B. Text in Bild)* • insert *vt*

einblenden *vt* <av> *(allg.; Ton, Licht)* • fade in *vt*

Einbrand *m* <obfl> *(z. B. von Lack)* • stoving; baking

Einbrandtiefe *f* <füg> *(einer Schweißnaht, -raupe)* • weld penetration; penetration depth; penetration *pract*

Einbrennemaillack *m* <obfl> • baking enamel; stoving enamel

Einbrenntemperatur *f* <tech.allg> *(allg.)* • burning-in temperature

einbringen *vt* <allg> *(in etwas; z. B. neue Gedanken in eine Diskussion, e. Antrag, e. Gesetz)* • introduce *vt*

einbringen *vt* <tech.allg> *(einführen, einsetzen; z. B. Rohre)* • insert *vt*

einbringen *vt* <bau.mat> *(Beton)* • place *vt*; pour *vt*

Einbruch *m* *BS 3618-4* <tech.allg> *(von Wasser in Tunnel, Bergwerk)* • inrush

Einbruch *m* <comp> *(in ein Netz; z. B. LAN, Intranet, durch Firewalls)* • penetration

Einbruch *m* <jur> *(Straftat)* • burglary

einbruchhemmende Tür *f* <bau> • forced entry resistant door

Einbruchmelder *m* <alarm> • intrusion detection device; intrusion detector; intrusion sensor

einchecken *vi ugs* <aerosp> • check in *vi*

eindämmen *vt* <tech.allg> *(die Ausbreitung verhindern; z. B. Strömung, Fluss, Feuer)* • dam *vt*; dam up *vt*; stem *vt*

eindämmen *vt* <bau.hydr> *(Binnengewässer; z. B. See, Hochwasser)* • embank *vt*

Eindämmung von Straßenunruhen *f* <mil> *(z. B. Straßenschlachten mit Hooligans)* • riot control

eindecken *vt* <bau> *(Dach, mit Reet oder Stroh)* • thatch *vt*

Eindecker *m* <aerosp> *(Luftfahrzeug)* • monoplane

eindeutig <allg> • unambiguous; unequivocal

Eindeutigkeit *f* <allg> • unambiguity; unequivocalness

eindeutig sicherheitsgerichtet <tech.allg> *(Ausfall führt sicheren Zustand herbei; z. B. durch autom. Abschaltung)* • fail-safe

eindicken *vi/vt* <chem> *(Anstrichstoffe, Öl)* • body *vt*; thicken *vi/vt*

eindicken *vi/vt* <chem> • concentrate *vi/vt*; thicken *vi/vt*; boil down *vt*

eindiffundieren *vi* <phys> *(Gas, Flüssigkeit im Feststoff)* • diffuse in[to] *vi*

eindimensional <tech.allg> • one-dimensional; unidimensional

eindocken *vi/vt* <nav> *(allg.)* • dock *vi/vt*; dock in *vi/vt*

Eindockung *f* <nav> • dockage; docking

eindosen *vt* <pack> • can *vt US*; tin *vt GB*

eindrähtiger Leiter *m* <el> *(im Ggs. zu Litze)* • solid conductor; single-wire conductor

Eindringen *n* <allg> *(unerlaubt; z. B. in ein Gebäude, Zimmer)* • intrusion

Eindringen *n* <tech.allg> *(z. B. Flüssigkeit in Risse)* • penetration

Eindringen *n* <tech.allg> *(z. B. Feuchtigkeit)* • ingress

eindringen *vi* <allg> *(z. B. in Material, einen Gegenstand, eine Öffnung)* • penetrate *vt*; enter *vt*

eindringen *vi* <tech.allg> *(unerlaubt, gewaltsam; z. B. in verschlossene Gebäude, Sperrbereiche)* • intrude *vt*

eindringen *vi* <tech.allg> *(allmählich, großflächig, durch feine Poren; Flüssigkeit, Gas)* • permeate *vt*

eindringen *vi* <tech.allg> *(tränken mit Flüssigkeit)* • soak *vi/vt*

Eindringen von Wasser *n* <tech.allg> *(eher wenig und langsam; z. B. im Pkw-Innenraum/Kofferraum)* • water ingress; water penetration

Eindringhärte *f* <qualit.mat> • indentation hardness; indenter hardness

Eindringkörper *m* <qualit.mat> *(Härteprüfung)* • indentation body; indenter

US; indentor *GB*; impressor; penetrator

Eindringtiefe *f* <allg> • penetration depth

Eindruck *m* <allg> *(visuell, mental; z. B. erster ~)* • impression

Eindruck *m* <obfl> *(Vertiefung, Delle)* • indentation

einebnen *vt* <tech.allg> *(Unebenheiten, Gelände)* • level *vt*; level out *vt*; even *vt*; even out *vt*

eineindeutig <math> • biunique

einengen *vt* <allg> *(konkret und abstrakt)* • restrict *vt*; confine *vt*; narrow *vt*; constrict *vt*

einfach <allg> *(Aufgabe)* • simple; straightforward; easy

einfach <allg> *(im Ggs. zu doppelt od. mehrfach)* • single

einfach <qualit> *(nichts Besonderes)* • ordinary; plain

Einfachheit *f* <allg> • simplicity

einfach ungesättigt <chem> • monounsaturated

einfachwirkend <masch> *(z. B. Pumpe)* • single-acting

einfädeln *vt* <av> *(ein Band)* • load *vt*

Einfadenlampe *f* <licht> • single-filament lamp

Einfahren *n* <kfz.mot> *(z. B. zur Vermeidung von Schäden an Lageroberflächen)* • break-in; running-in *GB*; breaking-in

einfahren *vi* <min> *(in die Grube)* • descend *vi*; enter *vi*; go down *vi*

einfahren *vt* <aerosp> *(z. B. das Fahrwerk, Klappen)* • retract *vt*; fold up *vt*; raise *vt*

einfahren *vt* <kfz.mot> *(eines neuen oder generalüberholten Motors)* • break in *vt*; run in *vt GB*

einfahren *vt* <masch> *(hineinbewegen)* • move in *vt*

einfahren *vt* <nukl> *(Steuerstäbe)* • insert *vt*

einfahren *vt* <wz.masch> *(in festgelegte Position)* • position *vt*

Einfahrphase *f* <tech.allg> *(z. B. Fahrzeug, Motor, Anlage, biologischer Filter, Straßenbelag)* • running-in phase; break-in period

Einfahrt *f* <bau> *(Tor)* • gateway

Einfahrt *f* <min> *(in den Schacht)* • descent

Einfahrt *f* <verk> *(Eingang eines Parkhauses, Bahnhofs, Hafens etc.)* • entrance

Einfahrt *f* <verk> *(zu Autobahn)* • ramp; entry

Einfahrvorschriften *fpl* <kfz.doku> • break-in recommendations *pl US*; running-in instructions *GB*

Einfall *m* <phys> *(z. B. Licht)* • incidence

Einfallen *n DIN EN ISO 4618* <obfl. qualit> *(Lackierfehler, Vorgang)* • sinkage; contouring

einfallen *vi* <licht> • be incident *vi*

einfallen *vi* <rep> *(durchgehärteter Spachtel)* • sink in *vi*

einfallendes Licht *n* <opt> • incident light

Einfallstelle *f* <kst> *(in Spritzlingoberfläche)* • sink mark; sunk spot *rare*

Einfallswinkel *m* <phys> *(z. B. von Licht, Strahlung)* • angle of incidence; incidence angle; incident angle; angle of entry

Einfamilienhaus *n* <bau> • single-family home; single-family unit; single-family house; single-family residence

Einfang *m* <phys> *(z. B. von Elektronen, Neutronen, Asteroiden)* • capture; trapping

einfangen *vt* <phys> *(sammeln; z. B. Lichtstrahlen, Funksignale)* • collect *vt*

einfärben *vt* <tech.allg> *(z. B. Kunststoffe, Textilien etc.)* • dye *vt*; color *vt US.coll*; colour *vt GB.coll*

einfarbig <allg> • single-colored *US*; single-coloured *GB*

einfarbig <tech.allg> • monochromatic; monochrome

Einfärbung *f* <obfl> *(Vorgang)* • coloring *US*; colouring *GB*; coloration *US*; colouration *GB*

Einfärbung *f* <obfl> *(Ergebnis; z. B. von Textilien, Kunststoff)* • coloring *US*; colouring *GB*; color *US*; colour *GB*

einfassen *vt* <bau> • border *vt*

einfassen *vt* <prod> *(mit Rand)* • rim *vt*

einfassen *vt* <prod> *(Edelstein)* • set *vt*

einfassen *vt* <textil> • bind *vt*

einfassen *vt* <textil> *(Stoffkante)* • edge *vt*

Einfassung *f* <bau> *(Tür, Fenster)* • jamb

Einfassung *f* <druck> *(Randleiste, Bordüre)* • border

Einfassung *f <kfz> (von Rundinstrumenten)* • rim
Einfassung *f <kfz> (kreisförmig, mit oder ohne Zierfunktion)* • collar
Einfassung *f <kfz.el> (Zierring, Blende; z. B. an Scheinwerfern, am Instrumentenblock u. Ä.)* • bezel; surround *GB*; trim
einfetten *vt <obfl> (z. B. als Korrosionsschutz oder Schmierung)* • grease *vt*
Einfg/Entf *<comp> (Zeichen, Buchstaben)* • Insert/Delete
einfliegen *vi <aerosp> (Landeanflug)* • approach *vi*; come in *vi*
einfliegen *vt <aerosp> (Fluggerät testen)* • test-fly *vt*; flight-test *vt*
einflügelig *<bau> (Fenster)* • one-sash; single-lite; single-light
Einfluss *m <tech.allg> (eher starke Auswirkungen)* • impact
Einflussfaktor *m <allg>* • influence factor; influential factor; factor of influence
Einflussgröße *f <tech.allg> (Wirkungsbeitrag)* • contributory effect
Einflussgröße *f DIN 1319-1 <msr>* • influence quantity; influencing variable; actuating variable *rare*
Einflusszone *f <tech.allg> (nachteilige Wirkungen; z. B. von Schweißwärme)* • affected zone
einfräsen *vt <prod>* • sink *vt*
Einfrieren *n <kst> (der Schmelze; z. B. im Anschnittbereich)* • freeze-up
einfrieren *vi <rls> (Leitungen)* • freeze *vi*; freeze up *vi*
einfrieren *vt <comp> (Animation anhalten)* • freeze *vt*; freeze in *vt*
einfrieren *vt <nahr.prod> (Lebensmittel)* • freeze *vt*; deep-freeze *vt*
einfrieren *vt <phot> (Bewegung)* • freeze *vt*
Einfriertemperatur *f <tech.allg> (Erstarrung; z. B. von Schmelzen)* • freezing temperature
einfügen *vt <allg> (z. B. organisatorisch, thematisch)* • incorporate *vt*
einfügen *vt <tech.allg> (genau passend)* • fit in *vt*
einfügen *vt <tech.allg> (z. B. Buchstaben, Seiten)* • insert *vt*
Einfügungszeichen *n <druck> (Typographie)* • caret
einführen *vt <allg> (z. B. Person vorstellen, neue Methoden implementieren)* • introduce *vt*
einführen *vt <tech.allg> (in eine Öffnung; z. B. Kolben in Zylinder, Endoskop)* • insert *vt*
einführen *vt <tech.allg> (einfädeln, führend nachhelfend)* • lead in *vt*
einführen *vt <tech.allg> (ohne Widerstand einlassen)* • let in *vt*
einführen *vt <tech.allg> (stecken, stopfen)* • plug in *vt*
einführen *vt <tech.allg> (Material in Maschine; z. B. Papier in Drucker)* • feed *vt*; load *vt*
Einführung *f <doku>* • introduction
einfüllen *vt <tech.allg> (Flüssigkeit, Schüttgut; in einen Behälter)* • pour in *vt*; fill in *vt*
Einfüllschlauch *m <tech.allg>* • filling hose
Einfüllschraube *f <tech.allg> (allg.; z. B. für Schmieröl, Hydrauliköl)* • fill plug
Einfüllstutzen *m <tech.allg> (für Behälter, Rohrsystem)* • spout; inlet piece *US*; inlet *US*; intake piece; intake
Einfüllverschluss *m <tech.allg>* • filler cap
Eingabe *f <tech.allg> (von Daten, Informationen; Vorgang und Ergebnis)* • input; entry
Eingabe *f <tech.allg> (in Formulare, Felder)* • filling-in
Eingabeaufforderung *f <comp>* • prompt; input prompt
Eingabe/Ausgabe *f* (E/A) *<comp>* • Input/Output (I/O)
Eingabe-Ausgabe-Anforderung *f <comp>* • I/O request; input-output request
Eingabe-Ausgabe-Kanal *m <comp>* • I/O channel; input-output channel
Eingabebefehl *m <comp>* • input command; input instruction
Eingabedaten *pl <comp>* • input data
Eingabe durch Tastenkombination *f ISO/IEC 2382-23 <comp>* • multi-stroke character entry *ISO/IEC 2382-23*
Eingabefehler *m <comp> (allg.)* • input error
Eingabefehler *m <comp> (betont: Tippfehler)* • keying error
Eingabeformat *n <comp>* • input for-

mat

Eingabegerät *n* <comp> *(Peripheriegerät; z. B. Tastatur, Grafiktablett, Scanner)* • input device; input unit *rare*

Eingabestift *m* <comp> *(für PDA; z. B. für Palm)* • stylus

Eingabetablett *n* <comp> • digitizer; digitizing tablet; graphics tablet; digitizer board; tablet *pract*

Eingabetaste *f* <comp> • Enter key; Return key *obs*

Eingabewarteschlange *f* <tech.allg> • input queue

Eingang *m* <allg> *(konkret, zu einem Raum oder Bereich; z. B. Tür)* • entrance

Eingang *m* <allg> *(konkret oder abstrakt, für Personen, Material, Daten)* • entry

Eingang *m* <el> *(für Daten, Signale; z. B. als Klemme, Buchse)* • input

eingängig <masch> *(siehe: …gängig)* • single …

eingängiges Gewinde *n* <masch> • single-start thread; single thread; single-lead thread; single-pitch thread

Eingangsdrehzahl *f* <masch> *(Getriebe; in U/min)* • input speed

Eingangshalle *f* <bau> *(Theater, Hotel, Wohnanlage; öffentl. Gebäude)* • entrance hall; vestibule; foyer; lobby

Eingangsleistung *f* <tech.allg> • input power

Eingangsstufe *f* <tech.allg> *(in Prozessfolge, Verstärker etc.)* • input stage

Eingangstür *f* <tech.allg> • entry door *JAR 25.783*; entrance door

Eingangsverstärker *m* <av> • input amplifier

Eingangswelle *f* <masch> *(allg.)* • input shaft; primary shaft

Eingangswert *m* <tech.allg> • input value

eingebaut <tech.allg> • built-in; integrated; inbuilt *rare*

eingebaut <tech.allg> *(zu einer Einheit verbunden; u. U. untrennbar)* • integral

eingebauter Blitz *m* <phot> • built-in flash; integrated flash; on-camera flash; pop-up flash

eingebautes Ladegerät *n* <el> • integral charging unit

eingeben *vt* <comp> *(Daten, in Massen; z. B. automatisch, durch Import etc.)* • feed *vt*; feed in *vt*

eingeben *vt* <comp> *(Daten, Zeichen; via Tastatur eintippen)* • enter *vt*; type *vt*; type into *vt*; input *vt*

eingeben *vt*: **von Hand ~** <comp> • enter manually *vt*

eingeben *vt*: **von Hand ~** <prod> *(Material, Rohlinge)* • feed by hand *vt*

eingebettet <bau> *(z. B. in Kies, Mörtel, Beton)* • embedded

eingebettet <kst> *(vergossen, gekapselt)* • encapsulated

eingebetteter Journalist *m* <mil> *(in die Truppen eingegliedert)* • embedded journalist; embedded correspondent; embed *jarg*

eingechecktes Gepäck *n* <aerosp> • checked-in luggage

eingefroren <tech.allg> *(in Eis, in erstarrtem Material; z. B. Spannungen in Formteilen)* • frozen; frozen-in

eingefroren <nav> *(in Eis)* • ice-bound

eingefrorene Spannung *f* <kst> • frozen-in stress

eingegossen <prod> *(in Gussteil; z. B. Einlegeteile)* • cast-in

eingehen *vi* <textil> *(z. B. nach Wäsche)* • shrink *vi*

eingehen *vt* <chem> *(chem. Verbindung)* • combine *vi*

eingekapselt <tech.allg> *(abgedichtet; z. B. gegen Feuchtigkeit, Schmutz, Gas)* • enclosed; encapsulated

eingekauft <ökon> *(an Unterauftragnehmer vergeben; z. B. Leistung)* • subcontracted

eingeklappter Querschnitt *m* <doku> • revolved section

eingelassen <tech.allg> *(in den Boden, in die Wand)* • flush-mounted; recessed; recess-mounted

eingelaufen <textil> • shrunk

eingemacht <nahr> *(Obst, Gemüse; in Gläsern)* • preserved

eingepasst <tech.allg> • fitted-in

eingeprägt <prod> • impressed

eingepresstes Gas *n* <verf> • injected gas

eingerastet <masch> *(z. B. Sperrklinke, Rastkugel)* • engaged

eingeschaltet <el> *(in Betrieb; el. Verbraucher, Geräte; z. B. Lampen, PCs, Maschinen)* • switched on; turned on; on *coll*

eingeschaltet *<masch> (in Eingriff; z. B. Getriebe, Hilfsmaschine, Vorschub)* • engaged

eingeschlossen *<tech.allg> (gesichert gegen unbeabsichtigtes Austreten; z. B. Schadstoffe)* • confined

eingeschlossen *<tech.allg> (in Gehäuse)* • enclosed

eingeschlossen *<ökon> (Lieferungen, Leistungen)* • included

eingeschmolzen *<ents> (versiegelt; z. B. Schadstoffe in Glas)* • sealed-in

eingeschossen *<mil> (Waffe; z. B. werksseitig)* • sighted-in

eingeschränkt *<tech.allg> (z. B. Möglichkeiten, Bewegungsspielraum)* • restricted; restrained; constrained

eingespannt *<tech.allg> (in Spannvorrichtung, Schraubstock etc.; z. B. Werkstück)* • clamped

eingespannt *<tech.allg> (betont: sicher befestigt)* • firmly secured

eingespannt *<bau> (z. B. Träger)* • restrained

eingespannt *<mech> (zwischen Festpunkten; z. B. Träger)* • constrained; restrained; encastré

eingespannter Bogen *m DIN 1075 <bau>* • fixed arch; hingeless arch; fixed-end arch

eingespannter Träger *m <bau> (Fixpunkt an einem Ende oder an beiden Enden)* • fixed-end beam; encastré beam

eingestellt *<tech.allg> (verlassen; z. B. Projekt, Ölbohrung, Bergwerk)* • abandoned

eingestellt *<tech.allg> (auf Sollwerte etc., justiert; z. B. Maschine, Messgerät)* • set

eingestellt *<jur> (gestoppt; z. B. Arbeit, Verfahren, Zahlung)* • stopped; discontinued

eingetragenes Warenzeichen *n <jur> (in Warenzeichenrolle eines Patentamtes)* • registered trademark

eingießen *vt <verf> (Flüssigkeit; in einen Behälter)* • pour in *vt*

eingleisig *<bahn>* • single-track; single--tracked

eingliedern *vt <allg> (organisatorisch)* • integrate *vt*

eingliedern *vt <tech.allg> (in ein Klassifikationssystem)* • classify *vt*

eingraben *vt <bau> (z. B. Rohre, Tanks)* • bury *vt*

eingravieren *vt <obfl>* • engrave *vt*; engrave on *vt*

eingreifen *vi <allg> (in einen Prozess, Ablauf)* • intervene *vt*

eingreifen *vi <allg> (in einen Prozess, Ablauf; störend)* • interfere *vt*

eingreifen *vi <masch> (formschlüssig; z. B. Zahnräder ineinander, Ritzel in Kette)* • mesh *vi*

eingreifen *vi <msr> (in automatische Abläufe, Regelungen)* • override *vt*

eingreifen in *vi <wz> (Werkzeug in Werkstoff)* • bite into *vi/vt*

Eingriff *m*: **außer ~ bringen** *vt <tech.allg> (formschlüssige Verbindung; z. B. Zahnräder, Klauenkupplung)* • disengage *vt*; demesh *vt*

Eingriff *m <aerosp> (durch Pilot in den Autopilot)* • override

Eingriff *m <antr> (kämmend; Zahnräder)* • meshing; meshing engagement *rare*

Eingriff *m <bekl> (Merkmal mancher Männerunterhosen)* • fly

Eingriff *m <masch> (betont: Kontakt, Berührung von gekoppelten Teilen)* • contact

Eingriff *m <masch> (von formschlüssigen Teilen; z. B. Zahnräder, Gewinde)* • engagement; interengagement *rare. obs*

Eingriff *m*: **in ~ bringen** *vt <masch> (formschlüssige Verbindungen; z. B. Zahnräder, Schnecke)* • engage *vt*

Eingriffstiefe *f <antr> (von Verzahnungen)* • depth of engagement; engagement depth

Eingriffstiefe *f <füg> (von Schraubköpfen mit Innenangriff)* • recess depth; depth of recess; depth of the driving feature

Eingriffstiefe *f <wz.masch> (Arbeitstiefe beim Spanen)* • working depth

einhaken *vt <tech.allg> (mit Haken befestigen)* • hook *vt*; hook in *vt*

einhalten *vt <allg> (z. B. Vorschriften)* • fulfill *vt US*; fulfil *vt GB*

einhalten *vt <allg> (z. B. Gesetze, Vorschriften, Normen)* • comply with *vi*; observe *vt*; respect *vt*; follow *vt*; meet *vt*

einhalten *vt <tech.allg> (z. B. Kurs, Richtung, Sollwert)* • hold *vt*

Einhaltung *f <allg> (von Gesetzen, Vorschriften, Regeln, Normen)* • compliance [with]; observance [of]

Einhandbedienung *f <tech.allg> (z. B. von Hebezeug, Maschinen)* • one-hand operation; single-hand operation; one-handle operation; single-handed operation

Einheit *f <tech.allg> (z. B. Baustein, Baueinheit, Baugruppe, Modul)* • unit

Einheit *f <tech.allg> (Satz von zusammengehörenden Elementen)* • set

Einheit *f <term>* • unit *ISO 12620*

einheitlich *<allg> (homogen)* • homogeneous

einheitlich *<allg> (Aussehen, Farbe, Form etc.)* • uniform

einheitlich *<tech.allg> (gleich, normal; z. B. Konstruktion, Vorgehensweise)* • standard *adj*

einholen *vt <nav> (nach binnenbords)* • haul in[board] *vt*; haul home *vt*; run in *vt*

einhüllen *vt <allg> (verstecken; z. B. in Rauch, Nebel)* • cover *vt*; shroud *vt*

Einkaufstüte *f <pack.nahr>* • grocery bag

Einkaufswagen *m <fz>* • shopping cart *US*; supermarket trolley *GB*; cart *US.pract*; trolley *GB.pract*

einklappen *vt <tech.allg> (etwas Aufgeklapptes; z. B. Karton, Mantelkragen)* • fold in *vt*

einklemmen *vt <tech.allg> (fest, mit Spannbacken etc., meist absichtlich; z. B. in Schraubstock)* • clamp *vt*

einklinken *vt <tech.allg> (z. B. Schalter, Riegel)* • latch *vt*

Einkomponententreibstoff *m <aerosp> (für Raketenmotor)* • monopropellant; one-component propellant

einkreisen *vt <tech.allg> (lokalisieren; z. B. Störungsursache)* • localize *vt*; isolate *vt*

Einlass *m <allg> (betont: Erlaubnis des Eintretens; z. B. von Personen, Stoffen)* • admission

einlassen *vt <tech.allg> (Flüssigkeit, Gas in Gefäß, Rohr; z. B. Dampf in Turbine)* • let in *vt*; take in *vt*; admit *vt*

einlassen *vt <tech.allg> (vertieft, oberflächenbündig einsetzen; z. B. Scanner im Kassentisch)* • recess *vt*; embed *vt*

Einlasskanal *m <tech.allg> (z. B. Lüftung, Motor, Turbine)* • inlet duct; intake duct

Einlassnocken *m <kfz.mot>* • inlet cam

Einlassnockenwelle *f <kfz.mot>* • intake camshaft; inlet camshaft

Einlassventil *n* (EV) *<kfz.mot> (Viertaktmotor)* • intake valve; inlet valve

Einlauf *m <aerosp.mot> (Triebwerk)* • air intake *JAR 25.1091*; air inlet

Einlauf *m <aerosp.mot> (Triebwerk)* • air intake *JAR 25.1091*; air inlet

einlaufen *vi <nav> (Schiff in den Hafen)* • enter *vi/vt*; enter a port *vi*; come in *vi*

Einlaufzeit *f <masch> (Anpassung beweglicher Teile; z. B. in Getriebe, Motor)* • running-in period; run-in period; break-in period; wear-in period; initial run time

Einlegekeil *m DIN 6886 <füg>* • sunk key

einlegen *vt <tech.allg> (z. B. CD in Abspielgerät)* • insert *vt*

einlegen *vt <tech.allg> (z. B. Film in Kamera; Werkstück)* • load *vt*

einleiten *vt <allg> (z. B. Vortrag, Buch, Interview)* • introduce *vt*

einleiten *vt <tech.allg> (Vorgang, Prozess initiieren; z. B. Reaktion, Gespräche)* • initiate *vt*

einleiten *vt <tech.allg> (plötzlich; Vorgang starten; z. B. Kettenreaktion)* • set off *vt*

Einleitung *f <allg> (von Handlungen, Bewegungen, Prozessen)* • initiation; start

einmalige Leistung *f <allg>* • vintage performance

Einmannbedienung *f <tech.allg>* • single-operator control; one-man control; one-man operation

einmotoriges Flugzeug *n <aerosp>* • single-engine airplane *US*; one-engined aeroplane *GB*

einnehmen *vt <allg> (Fläche)* • cover *vt*

einnehmen *vt <allg> (besetzen; z. B. Raum, Land)* • occupy *vt*

einordnen *vt <allg> (platzieren; räumlich, zeitlich)* • place *vt*

Einparkhilfe *f <kfz.msr> (meist Ultraschall)* • parking aid; electronic parking aid; park-distance control system; parking-distance warning system *VW.Audi*

einpassen *vt <tech.allg> (örtlich genau)*

• position *vt*
einpassen *vt <tech.allg> (mit wenig Spiel, exakt passend in etw. einführen; z. B. Ventil, Kolben)* • fit in *vt*; seat *vt rare*
einphasig *<tech.allg>* • single-phase; monophase; uniphase; one-phase
einpressen *vt <tech.allg> (allg.)* • press in *vt*; force in *vt*
einrastbar *<tech.allg> (z. B. Blende, Zierleiste, Werkzeug)* • snap-in …
einrasten *vi <tech.allg> (z. B. Klinke, Kugel)* • click in *vi*; snap into place *vi*; catch in *vi*; drop in *vi*; engage *vi*
einrasten *vi <tech.allg> (betont: fest verriegelt)* • lock in place *vi*; lock in position *vi*
einreißen *vi/vt <allg> (z. B. Papier, Stoff)* • tear *vi/vt*
Einrichtung *f <tech.allg> (im Ggs. zu Vorrichtung)* • equipment
Einrichtung *f <tech.allg> (Anlage; z. B. ein Werk, Produktionsanlage)* • facility
Einrichtung *f <aerosp.innen> (z. B. des Cockpits, der Kabine)* • furnishment
Einrichtung *f <nav> (von Schiffen)* • outfit
einrücken *vt <tech.allg> (in Eingriff bringen; z. B. Kupplung)* • engage *vt*
einsacken *vi <tech.allg> (punktuell plötzlich absinken; z. B. Fahrbahn, Boden)* • sink *vi*
einsammeln *vt <allg>* • collect *vt*
Einsatz *m <tech.allg> (von Bauteilen, Systemen, Maschinen, Methoden, Software)* • application
Einsatz *m <tech.allg> (von Mitteln, Personal)* • employment
Einsatz *m <tech.allg> (eingebettetes Teil; z. B. Hartmetall in Weichmetall)* • insert
Einsatz *m <tech.allg> (Start, Initialisierung eines Vorgangs)* • start; onset; initiation
Einsatzbedingungen *fpl <tech.allg> (betont: im Gebrauch)* • conditions of use
Einsatzbedingungen *fpl <tech.allg> (betont: an Ort und Stelle, insbes. im Freien)* • field conditions
Einsatzbedingungen *fpl <tech.allg> (betont: an Ort und Stelle)* • on-site conditions
Einsatzbedingungen *fpl <tech.allg> (betont: im Betrieb, arbeitend)* • operating conditions; service conditions; working conditions
Einsatzbereich *m <tech.allg> (von Geräten, Maschinen)* • functional range
einsatzbereit *<tech.allg> (betont: sofort)* • ready for service; ready for operation; ready-to-use; operational
einsatzfähig *<allg> (geeignet für etwas)* • suitable; suited
einsatzfähig *<allg>* • usable
einsatzfähig *<tech.allg> (betriebsbereit, in gebrauchsfähigem Zustand)* • serviceable
Einsatzgebiet *n <allg>* • field of application
Einsatzgebiet *n <tech.allg> (z. B. von Wasserturbinen: Fallhöhe, Volumenstrom)* • range of application
Einsatzhärten *n <metall> (Härten durch Randschichtaufkohlung; Vorgang)* • case hardening
Einschaltdauer *f <tech.allg> (von zyklisch arbeitenden Geräten; z. B. von Lüftern, Kompressoren)* • duty cycle
einschalten *vt <el> (kleine Verbraucher; z. B. Licht, Lampen, Radio, Fernseher)* • switch on *vt*; turn on *vt coll*
Einschaltstellung *f <tech.allg>* • on--position; energized position
Einschaltstrom *m <el> (betont: kurzzeitige hohe Stromstärke)* • inrush current
Einschaltung *f <allg> (Hinzuziehung, Zuhilfenahme; z. B. von Personen, Technologien)* • intervention
Einschaltverzögerung *f <el> (von Relais; meist unerwünscht)* • make-time
Einschaltverzögerung *f <msr> (erwünschte Funktion)* • turn-on delay; power-on delay time; on-delay
Einschaltwindgeschwindigkeit *f IEV 415 <energ.wind>* • cut-in wind speed *IEV 415*; cut-in speed
Einschaltzeit *f <tech.allg> (Dauer bis zur Betriebsbereitschaft; z. B. Hochfahren von Systemen)* • startup time; start-up time
Einscheibenkupplung *f <kfz.antr>* • single-disc clutch
einschichtig *<tech.allg> (z. B. Keramikkondensator)* • single-layer
einschiebbar *<tech.allg> (z. B. Stativbeine, Antenne)* • extending; tele-

scopic

Einschienenbahn *f* <*bahn*> • monorail train; monorail

einschiffen *vr/vt* <*nav*> • embark *vi/vt*

einschlagen *vt* <*füg*> *(z. B. Dübel, Nägel)* • drive in *vt*

einschleifen *vt* <*el*> *(in Stromkreis)* • loop in *vt*

einschleifig <*tech.allg*> *(z. B. Kreislauf, Rahmen, Regelung)* • single-loop

einschließen *vt* <*allg*> • enclose *vt*

einschließen *vt* <*allg*> *(z. B. Bauteile, Lieferungen, Leistungen, Themenpunkte)* • include *vt*

einschließen *vt* <*tech.allg*> *(einsperren)* • confine *vt*

einschließen *vt* <*tech.allg*> *(in Gehäuse)* • encase *vt*

einschließen *vt* <*tech.allg*> *(verschließen mit Schloss, Riegel)* • lock in *vt*; shut in *vt*; occlude *vt rare*

Einschluss *m* <*tech.allg*> *(räumlich; Verhindern des Austritts; z. B. von Strahlung, Magnetfeldern)* • confinement

Ein-Schlüssel-System *n* <*tech.allg*> *(für Schlösser, Schließanlagen; z. B. Gebäude, Kfz)* • single-key locking [system]

einschnappen *vi* <*tech.allg*> *(z. B. Schloss, Verriegelung, Rastfeder, Rastbolzen)* • click *vi*

einschnappen *vi* <*tech.allg*> *(Schloss)* • snap into place *vi*; snap *vi*

einschneiden *vt* <*allg*> *(allg.)* • cut in *vt*

einschneiden *vt* <*allg*> *(tief, klaffend)* • scotch *vt*; gash *vt*

einschneidig <*tech.allg*> *(Klinge; z. B. Messer, Rasierklinge, Säbel)* • single--edge; single-edged

Einschnürung *f* <*tech.allg*> *(konkret oder abstrakt; z. B. in Metallstab, Magnetfeld, Plasma)* • constriction; contraction

einschränken *vt* <*allg*> *(Bewegung)* • restrain *vt*

einschrauben *vt* <*tech.allg*> *(Objekt mit Gewinde; z. B. Schraube, Lampe)* • screw in *vt*; thread into *vt*

Einschwingzeit *f* <*tech.allg*> *(Übergang)* • transient time

einseitig <*tech.allg*> • one-sided; single-sided

einseitig gerichtet <*tech.allg*> *(Ablauf, Wirkung; z. B. Bewegung, Messung, Strahlung)* • unidirectional

einseitig wirkend <*tech.allg*> *(z. B. Messgerät, Übertrager, Verstärker)* • unidirectional; one-directional

Einsetzen *n* <*allg*> *(eines Vorganges)* • start; onset

Einsetzen *n* <*tech.allg*> *(Installation; z. B. einer Tintenpatrone)* • insertion

einsetzen *vt* <*allg*> *(einrichten; z. B. Gremium, Task Force)* • install *vt*

einsetzen *vt* <*tech.allg*> *(ein Teil in ein anderes Teil; z. B. Filter in Gehäuse)* • insert *vt*

einsetzen *vt* <*tech.allg*> *(für einen best. Zweck; z. B. Gerät, Maschine, Werkstoff)* • employ *vt*; use *vt coll*

einsickern *vi* <*tech.allg*> *(z. B. Wasser)* • seep in *vi*; trickle in *vi*; infiltrate *vi*

einsinken *vi* <*tech.allg*> *(schwere Last; z. B. Fahrzeug, Fundament)* • sink *vi*; sink in *vi*

einsortieren *vt* <*allg*> • sort in *vt*

einspeisen *vt* <*tech.allg*> *(z. B. Energie, Dampf)* • feed *vt*

einsprengen *vt* <*allg*> *(mit Wasser besprühen; z. B. Bügelwäsche)* • sprinkle *vt*; spray *vt*

Einspritzdüse *f* <*tech.allg*> • injection nozzle; injector nozzle

Einspritzen *n* <*tech.allg*> • injection

einspritzen *vt* <*tech.allg*> *(als Strahl od. in Spritzern)* • inject *vt*

Einspritzmotor *m* <*kfz.mot*> *(im Ggs. zu Vergasermotor)* • fuel injected engine; fuel injection engine; injected engine *pract*; engine with fuel injection *rare*

Einspritzöffnung *f* <*kfz*> • injection port; inlet port

Einspritzventil *n* <*kfz.mot*> *(für Kraftstoff; Baugruppe mit Einspritzdüse)* • injector; fuel injector

Einspritzventil *n* <*rls*> *(allg.)* • injection valve; injector valve

einsprühen *vt* <*tech.allg*> *(als Sprühnebel, zerstäubt; z. B. Treibstoff)* • inject into *vt*

einspurig <*verk*> *(Straße, Fahrbahn)* • single-lane

Einstärkenglas *n DIN EN ISO 8980* <*med.tech*> *(Brillenglas)* • single-vision lens *EN ISO 8980*

einstecken *vt* <*tech.allg*> *(z. B. Münze in Schlitz)* • insert *vt*

einstecken *vt* *<el>* *(Modul, Steckkarte)* • plug in *vt*

einstecken [in] *vt* *<el>* *(z. B. Stecker, Diagnosegerät in Buchse)* • plug into *vt*; plug in *vi*

Einsteigedokument *n* *<aerosp>* • boarding document

einsteigen *vi* *<aerosp>* *(in ein Flugzeug)* • board *vi*; embark *vi* *GB*; enplane *vi* *US*

Einsteinium *n* (Es) *<chem>* *(radioaktiv)* • einsteinium (Es)

einstellbar *<tech.allg>* *(Werte und Objekte; z. B. Lautstärke, Helligkeit, Abstand, Höhe, Ventil)* • adjustable

Einstellbereich *m* *<tech.allg>* *(Maschine, Messgerät, Fotoapparat etc.)* • setting range; adjustment range

Einstellbereich *m* *<opt>* *(Schärfe, Fokus)* • focusing range; focussing range

Einstellen *n* *<tech.allg>* *(von Reglern, Werten; z. B. Drehzahl, Druck, Abstand, Schärfe)* • adjustment; setting

einstellen *vt* *<tech.allg>* *(Regler, Werte, Anschläge; z. B. Drehzahl, Druck, Abstand, Schärfe)* • adjust *vt*; set *vt*

einstellen *vt*: **von Hand ~** *<tech.allg>* • adjust manually *vt*

einstellen *vt* *<av>* *(Sender, Frequenz, Kanal; mit Abstimmknopf, -regler etc.)* • tune *vt*; tune in *vt*

einstellen *vt* *<bahn>* *(Wagen in Zugverband)* • add *vt*

einstellen *vt* *<chem>* *(Chemikalien)* • standardize *vt*

einstellen *vt* *<energ.el>* *(den Durchhangs eines Leiterseils)* • sag *vt*

einstellen *vt* *<fz>* *(in eine Garage)* • garage *vt*

einstellen *vt* *<jur>* *(Arbeitnehmer)* • employ *vt*; hire *vt*

einstellen *vt* *<jur>* *(abrupt beenden; z. B. Arbeit, Verfahren, Zahlung)* • stop *vt*

einstellen *vt* *<kfz.el>* *(Zündkerze, Kontaktabstand)* • gap *vt*; set the gap

einstellen *vt* *<kfz.mot>* *(Gesamtsystem abstimmen)* • tune *vt*

einstellen *vt* *<logist>* *(in Fächer platzieren)* • shelve *vt*

einstellen *vt* *<metall>* *(Ausmauerung)* • line *vt*

einstellen *vt* *<mil>* *(Feuer, Kampfhandlungen)* • cease *vt*

einstellen *vt* *<msr>* *(mit Regler)* • regulate *vt*

einstellen *vt* *<ökon>* *(Personal, Mitarbeiter)* • recruit *vt*; engage *vt*; appoint *vt*; hire *vt*; take on *vt*

einstellen *vt* *<phot>* *(der Blende, Verschlusszeit etc.)* • set *vt*

einstellen *vt* *<wz.masch>* *(in Position bringen; z. B. Werkzeug, Werkstück)* • locate *vt*; position *vt*

einstellen auf *vt* *<msr>* *(Instrumente, Bedienungselemente auf bestimmte Werte)* • adjust to *vt*; set to *vt*

Einstellhülse *f* *<tech.allg>* *(z. B. von Spurstangen)* • adjusting sleeve; adjuster sleeve

einstellige Zahl *f* *<math>* • single-digit number; single-place number

Einstellknopf *m* *<el>* *(z. B. für Datum, Uhrzeit, Helligkeit, Kontrast)* • setting control

Einstellknopf *m* *<msr>* • adjusting knob; control knob

Einstellmarke *f* *<msr>* • setting mark

Einstellrad *n* *<msr>* *(z. B. an Kameras für Kamerafunktionen)* • control dial

Einstellring *m* *<tech.allg>* *(eher außen; Hülse o. ä.)* • adjusting collar; adjusting ring; setting ring

Einstellschraube *f* *<tech.allg>* • adjusting screw; set screw *pract*; setting screw *rare*

Einstellung *f* *<tech.allg>* *(Stoppen von Aktivitäten)* • cessation; ceasing

Einstellung *f* *<tech.allg>* *(betont: genaue Abstimmung; Vorgang)* • tune-up; tuning

Einstellung *f* *<tech.allg>* *(z. B. von Bedienungselementen, Werten; Vorgang und Ergebnis)* • adjustment; setting

Einstellung *f* *<jur>* *(vorübergehender Stopp; von Arbeit, Zahlungen)* • suspension

Einstellung *f* *<metall>* *(Ausmauerung; Vorgang und Ergebnis)* • lining

Einstellung *f* DIN 2257 *<msr>* *(von Konfigurationen, Prozessparametern etc.)* • setting; set-up

Einstellung *f* *<msr>* *(Regulieren, Vorgang)* • regulation

Einstellung *f* *<prod>* *(nicht Fortsetzen; z. B. einer Produktlinie)* • discontinuation

Ein-Stellung *f* *<tech.allg>* *(von Schal-*

tern u. dgl.) • on-position
Ein-Stellung *f <el> (von Hebeln, Leistungsschaltern)* • thrown-in position
Ein-Stellung *f <mech> (aktiv, im Eingriff)* • engaged position
Einstellvorrichtung *f <tech.allg>* • adjusting device
Einstellwert *m <tech.allg> (z. B. für Länge, Druck, Temperatur)* • adjustment value; setting value; setting
Einstellwert *m <tech.allg> (Längenmaße; z. B. Kontaktabstand, Spiel)* • adjustment value; setting value; setting
Einstellwiederholgenauigkeit *f <tech.allg>* • setting repeatability
Einstellwinkel *m <wz.masch> (Werkzeug)* • setting angle
einstemmen *vt <füg.holz> (Holzverbindung)* • mortise *vt*
Einstich *m <allg> (mit einer Nadel)* • puncture
Einstich *m <kfz.mot> (Ringnut im Ventilschaft, für Kegelstücke)* • groove
Einstich *m <prod> (eingedrehte Vertiefung, Nut)* • recess
Einstieg *m <fz> (Autobus, Waggon)* • entrance door; entry door
Einstieg *m <verk> (Vorgang; in Bahn, Bus, Flugzeug, Schiff)* • boarding; ingress; entry; embarking
Einstiegsbereich *m <fz>* • entry area
Einstiegsluke *f <tech.allg> (eher groß)* • entrance hatch
Einstiegsöffnung *f <tech.allg> (für Person allg.; keine Aussage über Verschlussart, aber eher eng)* • manhole; access opening
Einstiegsöffnung *f <tech.allg> (mit Tür/Klappe o. Ä.; eher klein/eng)* • access door
einstöckiges Gebäude *n <bau>* • single-story building *US*; single-floor building *US*; single-storey building *GB*
Einstreu *f <agri> (für Stall, Katzenklo)* • litter; bedding
Einströmen *n <tech.allg> (von Fluiden, betont: Erlaubnis des Eintritts)* • admission
Einströmen *n <tech.allg>* • inflow; influx
einströmen *vi <tech.allg>* • flow in *vi*; run in *vi*
einströmend *<tech.allg>* • influent
Einströmgeschwindigkeit *f <tech.allg> (z. B. in Triebwerke)* • admission velocity
Einströmungskanal *m <tech.allg>* • inlet runner
Einströmventil *n <tech.allg>* • admission valve
einstufen *vt <tech.allg> (in eine Gruppe, Klasse, Kategorie)* • grade *vt*; classify *vt*; rate *vt*
Einstufenreaktion *f <chem>* • single-step reaction; one-step reaction
einstufig *<tech.allg> (bei Abläufen; z. B. Prozess)* • single-step
einstufig *<masch> (z. B. Pumpe, Turbine)* • single-stage
Einstufung *f <allg>* • rating
Einstufung *f <tech.allg>* • classification
Einstufung *f <qualit> (nach Qualität)* • grading; classification
Einsturz *m <allg> (z. B. von Gebäuden, Brücken)* • collapse
Einsturz *m <tech.allg> (z. B. Decke, Gewölbe, Tunnel, Höhle, Stollen, Schacht)* • caving-in
einstürzen *vi <min> (Kavität; z. B. Höhle, Tunnel, Stollen)* • cave in *vi*; collapse *vi*
eintasten *vt <tech.allg> (z. B. einen Code)* • key in *vt*
Eintauchen *n <verf>* • submersion
eintauchen *vi <tech.allg> (tief)* • plunge *vi*
eintauchen *vi/vt <allg> (untertauchen)* • submerge *vi/vt*
eintauchen *vt <allg>* • dip *vt*; dip in *vt*
eintauchen *vt <chem.verf> (einweichen)* • steep *vt*
Eintauchflüssigkeit *f <verf>* • immersion liquid; dip *coll*
Eintauchtiefe *f <nav>* • depth of immersion
einteilen *vt <allg> (z. B. Gegenstände nach Merkmalen, Funktionen, Abnehmern)* • divide *vt*; subdivide *vt*
einteilen *vt <allg> (in Gruppen)* • group *vt*
einteilen *vt <tech.allg> (in Grade)* • graduate *vt*; scale *vt*
einteilen *vt <tech.allg> (nach Merkmalen)* • classify *vt*
einteilen *vt <tech.allg> (nach Größe)* • grade *vt*
einteilen *vt <tech.allg> (in Abstände)* • space *vt*
einteilig *<tech.allg>* • one-piece

Einteilung *f <allg> (nach Qualität)* • grading; graduation; ranking

Einteilung *f <allg> (nach Gesichtspunkten, Kriterien; z. B. thematisch, organisatorisch)* • division; subdivision

Einteilung *f <allg> (z. B. in Klassen)* • partitioning

Einteilung nach Größe *f <allg>* • grading according to size

Einteilung nach nur einem Merkmal *f <tech.allg>* • one-way classification

eintippen *vt <tech.allg> (Daten; z. B. Buchstaben, Ziffern, Texte)* • key in *vt*

Eintrag *m <chem> (unerwünschte Einschleppung; z. B. von Verunreinigungen)* • drag-in

Eintrag *m <doku> (in Formular, Maske, Tabelle, Datenbank)* • entry

Eintrag *m <füg> (von Wärme; beim Schweißen)* • input

eintragen *vt <chem.verf> (Beschickung)* • charge *vt*; feed in *vt*; load *vt*

eintragen *vt <doku> (Daten; z. B. Text, Zahlen, in Formular, Datenbank etc.)* • enter *vt*

eintragen *vt <doku> (in eine Liste; z. B. Teile, Messwerte)* • list *vt*

eintragen *vt <doku> (Werte; z. B. in Listen, Tabellen)* • record *vt*; register *vt*

eintragen *vt <druck> (Werte als Diagramme, Kurven)* • plot *vt*

eintragen *vt <mech> (Kraft in ein Gefüge, Tragwerk)* • apply *vt*

Eintragungszeichen *n <aerosp>* • registration mark

eintreffen *vi <allg> (z. B. Lieferungen, Passagiere)* • arrive *vi*

eintreiben *vt <füg> (z. B. Dübel, Keil)* • drive in *vt*; drive home *vt*

eintreiben *vt <prod> (Teile mit Presssitz; z. B. Keil, Buchse)* • force in *vt*; drive in *vt*; drive-fit *vt*

eintreten *vi <allg> (in einen Raum, ein Gebäude)* • enter *vt*

eintreten *vi <allg> (Ereignis; z. B. Unfall, Störfall)* • occur *vi*

Eintritt *m <tech.allg> (z. B. von Wasser, Dampf in Pumpen, Turbinen, Behälter)* • inlet; intake

Eintritt *m <tech.allg> (ungewollt, durch Leck)* • inleakage

Eintritt *m <tech.allg> (Vorgang; v. Gas, Dampf, Flüssigkeit)* • intake

Eintrittsstelle *f <tech.allg>* • entry point

Eintrittsstutzen *m <verf>* • inlet nozzle

Eintrittstemperatur *f <tech.allg>* • inlet temperature; entrance temperature; entering temperature

Eintrittsverlust *m <tech.allg> (Strömung)* • entrance loss; entry loss

Eintrittswinkel *m <opt>* • entrance angle; entry angle

Eintüten *n <pack>* • bagging

Einwaage *f <msr> (Menge, Volumen)* • weighed-in quantity

Einwahl *f <tele>* • dial-in

einwandern *vi <phys>* • migrate in *vi*

Einweg... *<tech.allg> (unidirektional; z. B. Ventil)* • one-way ...

Einweg... *<tech.allg> (zum nur einmaligen Gebrauch bestimmt; z. B. Spritze)* • disposable ...

Einwegflasche *f <ents>* • one-way bottle; non-returnable bottle; one-trip bottle; disposable bottle; single-trip bottle

Einweggetränkeverpackung *f <pack>* • disposable beverage container; disposable beverage packaging

Einwegrasierer *m <hygi.wz>* • disposable razor

Einwegventil *n <rls>* • one-way valve; monoway valve

Einwegverpackung *f DIN 55 405 <pack>* • non-returnable container; non-refillable container; one-way package; single trip package

einweichen *vi/vt <verf>* • soak *vi/vt*

einwellig *<lwl>* • monomode

einwellig *<masch>* • single-shaft

einwertig *<chem>* • monovalent; univalent

einwertig *<chem> (Alkohol)* • monohydric

einwickeln *vt DIN 55 405 <pack> (z. B. mit Papier, Folie, Band)* • wrap *vt*

einwirken auf *vt <allg>* • influence *vt*

einwirken [auf] *vt <tech.allg>* • act upon *vt*

Einwirkung *f <allg>* • influence

Einwirkungsdauer *f <tech.allg>* • exposure time

Einwohnerzahl *f DIN 4045 <allg>* • population; residential population

Einwurföffnung *f <tech.allg>* • charging hole; filling hole; feed hole; feed inlet

Einwurfschlitz *m <tech.allg> (Münzeinwurf)* • coin slot

einzahnig *<tech.allg>* • single-tooth[ed]

Einzelanfertigung *f <prod>* • one-off production; one-off; individual manufacture; single item production; jobbing [work]

Einzelantrieb *m <antr> (betont: direktverbundenen E-Motor; z. B. von Rädern, Rollen, Spulen)* • direct motor drive

Einzelantrieb *m <antr> (betont: jeweils separat; z. B. von Rädern, Maschinen, Schlitten)* • independent drive; separate drive

Einzelantrieb *m <antr> (betont: diverse einzelne Motoren)* • individual motor drive

Einzelantriebsmotor *m <tech.allg> (z. B. Fahrzeug, Pumpe, Werkzeugmaschine)* • direct-drive motor

Einzelbild *n <phot>* • single shot

Einzelbilder pro Sekunde *npl* (fps) *<av> (z. B. bei Kinofilm, Trickfilm, Video)* • frames per second (fps)

Einzeleinstellung *f <tech.allg>* • individual adjustment; individual setting

Einzelfundament *n <bau> (betont: jeweils separate Gründung)* • single footing; independent footing; separate footing; isolated footing

Einzelfundament *n <bau> (betont: nur ein Sockel)* • single footing

Einzelgründung *f <bau> (flach, einzelne Betonflächen)* • pad foundation

Einzelhändler *m <ökon>* • retailer; retail trader; retail dealer

Einzelheit *f <allg>* • detail; item; particular

Einzellast *f <mech> (pro Flächeneinheit)* • unit load

einzeln *<allg> (räumlich getrennt)* • apart; separate

einzeln *<allg> (unabhängig von anderen)* • independent; autonomous

einzeln *<allg>* • individual

einzeln *<tech.allg> (z. B. Impuls, Bauelement, Adresse)* • discrete

einzeln *<tech.allg>* • single

einzeln aufführen *vt <allg> (in Listen, Aufstellungen, Rechnungen)* • itemize *vt*

einzelne Windung *f <tech.allg> (z. B. Spule)* • single turn

einzeln nacheinander *<tech.allg>* • one by one

einzeln verstellbar *<tech.allg>* • individually adjustable

Einzelplatz-PC *m <comp>* • standalone PC

Einzelradaufhängung *f <kfz>* • independent suspension; individual suspension; single-wheel suspension *rare*

Einzelteil *n <tech.allg> (eher klein; z. B. als Bestandteil einer Baugruppe)* • component part

Einzelteil *n <prod> (betont: Unikat)* • one-off part

Einzelwert *m <allg>* • individual value

einziehbar *<tech.allg> (z. B. Antenne, Fahrgestell)* • retractable

Einziehen *n <kfz.rep> (Bleche)* • shrinking

Einziehen *n <pack> (Verkleinern der Querschnitte von Hohlkörpern; z. B. Getränkedosen)* • necking; necking-in

Einziehen *n DIN 62500 <textil> (von Kettfäden, durch die Fadenaugen von Weblitzen)* • drawing-in; drafting; threading

einziehen *vt <allg>* • draw in *vt*; pull in *vt*; retract *vt*

einziehen *vt <druck> (Zeilen einrücken)* • indent *vt*

einziehen *vt <druck> (Papierbahn)* • web in *vt*

einziehen *vt <druck> (Papier; z. B. in Drucker, Kopierer, Faxgerät)* • feed *vt*

einziehen *vt <druck> (Zeile, Absatz)* • indent *vt*

einziehen *vt <el> (Draht)* • fish *vt*

einziehen *vt <kst> (Granulat in die Schnecke)* • feed into *vt*; draw into *vt*

einziehen *vt <licht.theat> (allmählich dunkler machen)* • fade down *vt*

einziehen *vt <textil> (Faden)* • thread *vt*

Einziehfahrwerk *n <aerosp>* • retractable landing gear (RG) *form*; retractable gear *pract*; retractable undercarriage *GB*; retracts *coll.rare*

Einzug *m <agri> (Pflugeinstellwert)* • heeling; pitch adjustment

Einzug *m <druck> (von Zeilen)* • indentation; indention

Einzug *m <druck> (Abstand vom Seitenrand)* • indent; indention; paragraph indent; first-line indent

Einzug *m <förd> (in Schnecke; z. B. Förderschnecke, Extruder)* • feed

Einzug *m <metall> (Walzwerk)* • nip

Einzug *m <prod> (z. B. Blech in Walzgerüst; Draht in Ziehbank; Papier in Kopierer)* • draw-in; drawing-in

Einzug *m <prod> (Durchmesserverringerung)* • reduction

Einzugsgebiet *n DIN 4045 <ents.hydr> (einer Kanalisation)* • drainage area; catchment area

Einzugswalze *f <druck> (z. B. in Kopierer, Drucker)* • feed roller

Einzugswicklung *f <kfz.el> (Magnetschalter)* • pull-in winding

Einzugszone *f <kst> (Extruder, Plastifiziereinheit; unter Trichter)* • feed zone; feeding section; feed section; intake zone

Einzylinder-Motor *m <kfz.mot>* • single-cylinder engine; 1-cylinder engine

einzylindrig *<masch>* • single-cylinder

Eisbildung *f <tech.allg>* • ice formation

Eisbrecher *m <bau> (an Brückenpfeilern)* • ice apron

Eisbrecher *m <nav> (Schiffstyp)* • icebreaker

Eisen *n* (Fe) *<chem>* • iron (Fe); ferrum metallicum; easy-to-obtainium *coll*

Eisenbahn *f <bahn>* • railroad *US*; railway *GB*

Eisenbahnbrücke *f <bau>* • railroad bridge; railway bridge; railroad crossing; railway span

Eisenbahnfähre *f <nav.bahn> (Fahrschiff für Eisenbahnverkehr)* • train ferry *US*; railroad ferry *US*; railway ferry *GB*; traject; rail ferry *GB*

Eisenbahnknotenpunkt *m <bahn>* • railway junction

Eisenbahnschwelle *f <bahn>* • railroad tie *US*; cross tie *US*; tie *US.pract*; sleeper *GB*

Eisenbahntechnik *f <bahn>* • railway engineering

Eisenbahntunnel *m <bau.verk>* • railway tunnel; railroad tunnel; rail tunnel

Eisenbahnwagen *m <bahn> (allg.; für Personen od. Güter)* • car *US*; wagon *GB*

Eisenbegleiter *m <min> (in Eisenerz)* • accompanying element

Eisener Vorhang *m <theat>* • fireproof curtain *GB*; safety curtain *GB*; iron curtain *GB*; fire curtain *US*; asbestos curtain

Eisenerz *n <min>* • iron ore

Eisenerzbergwerk *n <min>* • iron mine

Eisenerzverhüttung *f <metall>* • iron-ore smelting

Eisenerzvorkommen *n <min>* • iron-ore deposit

eisenfrei *<tech.allg>* • iron-free; non-ferrous

eisenfreies Glas *n <energ.sol> (Weißglas)* • low-iron glass

Eisengehalt *m <chem>* • iron content

Eisengusswerkstoff *m <mat>* • ferrous casting material

eisenhaltig *<chem> (Metall, Legierung)* • iron-containing

eisenhaltig *<min> (Gestein, Erz)* • iron-bearing

Eisen(III)-oxid *n <chem>* • iron(III) oxide; ferric oxide

Eisen-Kohlenstoff-Diagramm *n <metall>* • iron-carbon diagram; Fe-C diagram

eisenlos *<el> (Spule, Anker)* • coreless

Eisenmassel *f <metall>* • iron pig

Eisenmetall *n DIN 17006 <mat>* • ferrous metal

Eisenmetalle *npl <mat>* • ferrous metals *pl*

Eisenmetallurgie *f <metall>* • iron and steel metallurgy; iron metallurgy; ferrous metallurgy

Eisenoxid *n <chem>* • iron oxide

Eisenwerkstoff *m <mat>* • ferrous material

eisgekühlt *<allg> (z. B. Getränk)* • ice-cooled

Eislast *f <mech> (z. B. auf Hochspannungsleitungen, Bäumen, Tragflügeln)* • ice load[ing]

Eiweiß *n <chem>* • protein; proteic substance

eiweißartig *<chem>* • albuminous; proteinaceous

Eiweißchemie *f <chem>* • protein chemistry

Eiweißchemiefaserstoff *m <mat>* • protein fiber (CE); protein man-made fiber

Eiweißstoffe *mpl <nahr>* • proteins *pl*

Eklipse *f <astron>* • eclipse

Ekliptik *f <astron>* • ecliptic

elastisch *<kfz.mot> (Motorverhalten; Durchzug bei niedrigen Drehzahlen)* • flexible

elastisch *<kst>* • elastomeric

elastisch *<obfl> (unter Druck federnd nachgiebig; z. B. Oberfläche, Haut, Füller, Füllgr)* • resilient

elastisch *<qualit.mat> (Werkstoffverhalten; nach Entlastung volle Rückkehr in Ausgangszustand)* • elastic

elastische Aufhängung *f <masch>* • flexible suspension; elastic suspension

elastische Dehnung *f <mech>* • elastic strain

elastischer Bereich *m <mech> (Verformung)* • elastic range

elastischer Stoß *m <mech>* • elastic collision; billiard-ball collision

elastische Spannung *f <mech>* • elastic stress

Elastizität *f <tech.allg> (allg.)* • elasticity

Elastizität *f <kfz> (eines Autos, Motors; z. B. Sek. für 80 - 100 km/h im obersten Gang)* • overtaking acceleration; flexibility; elasticity

Elastizität *f <mat> (betont: federnde Nachgiebigkeit)* • resilience

Elastizität *f <textil> (von dehnbaren Stoffen; z. B. Nylons, Bodies)* • elastic recovery

Elastizitätsbereich *m <mat> (von Zug- od. Druckbelastungen)* • elastic range

Elastizitätsbereich *m <mat> (im Spannungs/Dehnungs-Diagramm)* • elastic range

Elastizitätsgrenze *f <qualit.mat> (am Ende der Hooke'schen Gerade; vor Streckgrenze)* • elastic limit; true elastic limit; limit of elasticity; elasticity limit

Elastizitätsmodul *m* (E) *<qualit.mat> (Steigung der Hooke'schen Geraden; z. B. in GPa oder GN/m^2)* • modulus of elasticity (E); Young's modulus; modulus *pract*; coefficient of elasticity *rare*

Elastomer *n <kst> (weitmaschig vernetzt, gummielastisch; NR oder SR)* • elastomer; elastoplastic; thermoset *rare*

Elch-Ausweichtest *m <kfz.qualit>* • elk test *US*; moose test *DC*

Electronic Publishing *n <comp.druck>* • electronic publishing

elegant *<allg> (Stil, Design; z. B. geschmackvolle, gehobene Ausstattung)* • elegant; stylish; classy; sophisticated

Elektret-Kondensatormikrofon *n <av>* • electret condenser microphone; electret condenser; permanently polarized condenser microphone

Elektretmikrofon *n <av> (eine alternative Bauart des Kondensatormikrofons)* • electret microphone

elektrifizieren *vt <bahn> (Strecke, Schienennetz)* • electrify *vt*

Elektrik *f <el> (Gesamtheit einer elektrischen Anlage oder Einrichtung)* • electrical equipment; electrical system

Elektrikerzange *f DIN 5245 <energ.el.wz>* • lineman's pliers *pl IEC 60900*

elektrisch *<el>* • electric; electrical

elektrisch betätigtes Ventil *n <rls> (ein Magnetventil od. mit E-Motorantrieb)* • electric valve

elektrische Anlage *f <el> (als System, Schaltkreise)* • electric system

elektrische Anlage *f <el> (als Installation, Ausrüstung)* • electrical installation; electrical equipment

elektrische Bremse *f <brems> (brake by wire)* • electric brake; e-brake *pract*

elektrische Energie *f <phys>* • electric energy

elektrische Energietechnik *f DIN 13321 <el>* • electric power engineering; power engineering *pract*; heavy-current engineering *rare*

elektrische Energieversorgung *f <energ>* • electrical energy supply

elektrische Entladung *f <el>* • electric discharge

elektrische Feldstärke *f* (E) *<el> (vektorielle Größe; in Newton/Coulomb od. Volt/Meter; 1 N/C = 1 V/m)* • electric field strength (E); electric field intensity

elektrische Heckklappe *f <kfz>* • power lift gate (PLG)

elektrisch einstellbarer beheizter Außenspiegel *m <kfz>* • power mirror with defogging; pwr mirror with defog

elektrische Kapazität *f* (C) *<el>* • electric capacitance (C)

elektrische Kraftstoffpumpe *f <kfz.mot> (allg.; Benzin oder Diesel)* • electric fuel pump

elektrische Leistung *f <el>* • electric power; electrical power *rare*

elektrische Leitfähigkeit *f <el> (allg.;*

prinzipielle Werkstoffeigenschaft) • electric conductivity; conductivity

elektrischer Schlag *m DIN VDE 0100 <el.bio>* • electric shock

elektrischer Strom *m <el> (allg.)* • electric current; current *pract*

elektrischer Weidezaun *m <agri>* • electric fence; electric wire fence

elektrisches Feld *n <el> (Kraftfeld um einen geladenen Körper)* • electric field; E-field

elektrisches Gaspedal *n <kfz>* • drive-by-wire accelerator pedal

elektrische Sitzverstellung *f* (ESV) *<kfz.el>* • power seats *pl US*; electric seat adjustment; electric seats *pl*

elektrische Spannung *f* (U) *<el>* • voltage (U); pressure *infml., err.*

elektrische Stromstärke *f* (I) *<el> (in Ampere, A)* • electrical current (I); amperage *pract*; current *coll*; current strength *rare*; current intensity *rare*

elektrisches Verdeck *n <kfz> (rein elektr. od. elektro-hydraulisch)* • electric top; power soft top; power top

elektrisch geschaltet *<kfz> (Getriebe)* • shift-by-wire

elektrisch leitend *<el>* • electrically conducting

elektrisch leitfähiger Kunststoff *m <el>* • electrically conductive plastic

elektrisch verstellbarer Außenspiegel *m <kfz>* • power-adjustable mirror; electrically operated outside mirror *form*; electric remote control mirror *Ford*; power mirror *pract*; electric mirror *coll*

Elektrizität *f <el>* • electricity

Elektrizitätslehre *f <el>* • science of electricity

Elektrizitätsversorgung *f <el>* • electricity supply

Elektrizitätsversorgungsunternehmen *n* (EVU) *<energ.el>* • public utility; electric utility [company]

Elektrizitätswirtschaft *f <energ.el.ökon.>* • utility sector; electricity sector

Elektrizitätszähler *m <msr> (in kW/h)* • electricity meter; kilowatt-hour meter; energy meter; supply meter

Elektroabscheider *m wiss <emiss>* • electrostatic precipitator (ESP)

Elektroakustik *f <av>* • electroacoustics

Elektroantrieb *m <antr.el> (allg.)* • electric drive

Elektroauto *n <kfz> (ohne Verbrennungsmotor)* • electric car; electromobile; electric automobile; electric motor car; electric powered car

Elektrobike *n <fz> (Muskelkraft plus E-Motorunterstützung)* • electric bicycle; power-assist bicycle

Elektroblech *n <el> (Einzelblech, für Kerne; z. B. Trafoblech)* • core plate

Elektro-Blechschere *f <wz.el>* • power shears

Elektrochemie *f <el.chem>* • electrochemistry

elektrochemische Abscheidung *f <chem.verf>* • electrolytic deposition; electrodeposition

elektrochemische Brennstoffzelle *f <chem.el>* • electrochemical fuel cell

elektrochemische Korrosion *f DIN EN ISO 8044 <obfl>* • electrochemical corrosion *ISO 8044*

elektrochemische Metallbearbeitung *f <prod>* • electrochemical milling (ECM)

elektrochemisches Abtragen *n <prod>* • electrochemical machining (ECM); electrolytical machining

elektrochemisches Entgraten *n VDI 3401 <prod>* • electrochemical deburring; EC-deburring; electrolytic deburring

elektrochemisches funkenerosives Abtragen *n <prod>* • spark-erosion machining; spark machining

elektrochemische Spannungsreihe *f <el.chem>* • electrochemical series; electromotive force series; e.m.f. series

Elektrochirurgie *f <med> (z. B. Laserchirurgie)* • electrosurgery

elektrochromes Glas *n <bau.hlk> (Fensterscheibe)* • electrochromous glass; electrically controlled sun-shield glass

Elektrode *f <tech.allg>* • electrode

Elektrodenabbrand *m <el> (allg.; z. B. Schweißen, Zündkerzen)* • electrode burn-off; electrode consumption

Elektrodenabstand *m <el> (Distanz zwischen zwei Elektroden)* • electrode spacing; electrode separation; interelectrode gap; interelectrode distance

Elektrodenabstand *m* <*kfz.el*> *(in Zündkerze)* • spark plug gap; plug gap *pract*; electrode gap; spark gap *rare*

Elektrodenspitze *f* <*el*> • electrode tip

Elektrodenstandzeit *f* <*füg*> • life of an electrode

Elektrodenumhüllung *f* <*füg*> *(Schweißtechnik)* • electrode coating; electrode covering; electrode shell

Elektrodialysator *m* <*med.tech*> • electrodialyzer

Elektrodynamik *f* <*el*> • electrodynamics

elektrodynamische Betriebsbremse *f* <*bahn.brems*> *(induktive Nutz- und/oder Widerstandsbremse)* • electrodynamic service brake; electric induction brake; dynamic brake; electric brake *coll*

elektrodynamischer Tonabnehmer *m* <*av*> • moving-coil pick-up

elektrodynamisches Mikrofon *n* <*av*> • dynamic microphone; electrodynamic microphone

elektrodynamisches Schweben *n* <*bahn*> *(Magnetbahn)* • electrodynamic levitation

Elektroenzephalogramm *n* (EEG) <*med.tech*> • electroencephalogram (EEG)

Elektroerosivbearbeitung *f* <*prod*> • electro-discharge machining (EDM); electric discharge machining; electroerosive machining; ED machining *pract*

Elektrofahrzeug *n* <*kfz*> • electric vehicle (EV)

Elektro-Fuchsschwanz *m* <*wz.el*> • electric reciprocating saw

Elektrogasschweißen *n* <*füg*> *(maschinell)* • electrogas welding (EGW)

Elektrogerät *n* <*el*> *(z. B. Hausgeräte wie Herde, Toaster, Staubsauger)* • electrical appliance; appliance *coll*

Elektrogewinde *n* (E) *DIN 40400* <*el*> *(von Lampen)* • Edison screw-thread (E); electric-light-bulb thread *coll*

Elektrohängebahn *f* (EHB) <*förd*> *(als System; i. d. Produktion)* • overhead conveyor; overhead carrier

elektrohydraulisch <*tech.allg*> *(z. B. Antrieb, Steuerung)* • electrohydraulic

elektrohydraulische Bremse *f* (EHB) <*kfz.brems*> *(mit SBC)* • electrohydraulic brake (EHB)

Elektroinduktionsofen *m* <*metall*> • electric induction furnace

Elektrokardiogramm *n* (EKG) <*med.-tech*> • electrocardiogram (ECD)

Elektrokupplung *f* <*antr*> *(z. B. von Klimaanlagen-Kompressor)* • electromagnetic clutch

Elektrolumineszenz *f* (EL) <*licht*> • electroluminescence (EL)

Elektrolumineszenzdisplay *n* (ELD) <*comp*> • electroluminescent display (ELD); electro-luminescent display

Elektrolyse *f* <*chem*> • electrolysis

Elektrolysebad *n* <*el.chem*> • electrolytic bath

Elektrolyt *m* <*obfl*> *(Immersionsflüssigkeit beim Galvanisieren)* • electrolyte

elektrolytische Korrosion *f* <*obfl*> • electrolytic corrosion; wet corrosion *coll*

elektrolytisches Ätzen *n* <*obfl*> *(betont: für Gravur)* • electroengraving

elektrolytisches Ätzen *n* <*obfl*> *(allg.)* • electrolytic etching; electroetching

elektrolytisches Glänzen *n* <*obfl*> • electrobrightening; electropolishing; electrolytic brightening *form*; electrolytic polishing *form*

elektrolytisches Verzinken *n* <*obfl*> • electrogalvanizing (EG); electrodeposition of zinc *thsc.form*; zinc plating *pract*; cold galvanizing *pract*; electrolytic galvanizing

elektrolytische Verzinkungsanlage *f* <*obfl*> • electrogalvanizing line (EGL); EG-line

elektrolytische Zerlegung *f* <*el.chem*> • electrolysis

elektrolytisch plattieren *vt* <*obfl*> • electrocoat *vt*; electroplate *vt*; electro-plate *vt*; plate *vt*

elektrolytisch verzinken *vt* <*obfl*> • electrogalvanize *vt*; zinc plate *vt*; electroplate with zinc *vt*; zinc electroplate *vt*

Elektrolytkondensator *m* <*el*> • electrolytic capacitor

Elektrolytkupfer *n* <*metall*> • cathode copper; electrolytic copper

Elektromagnet *m* <*el*> *(z. B. als Lasthebemagnet an Kranen)* • electromagnet; electric magnet

Elektromagnet *m* <*el*> *(z. B. in Relais,*

Aktuator) • solenoid

elektromagnetisch betätigt *<el> (z. B. Schalter, Ventil, Verriegelung)* • solenoid-operated

elektromagnetische Kanone *f <mil>* • electromagnetic rail gun (EMRG); rail gun; Gauss gun; coil gun

elektromagnetischer Puls *m* (EMP) *<el>* • electromagnetic pulse (EMP)

elektromagnetischer Retarder *m <nfz.brems>* • electromagnetic retarder; eddy current retarder

elektromagnetisches Feld *n* (EMF) *<el>* • electromagnetic field (EMF); induced magnetic field; EM field

elektromagnetische Störaussendung *f* (EMA) *<el> (von elektrischen Einrichtungen)* • electromagnetic emission; emission *pract*

elektromagnetische Verträglichkeit *fsg* (EMV) *<el>* • electromagnetic compatibility *sg* (EMC)

elektromagnetisch verträglich *<el>* • EMC compliant

Elektromagnetismus *m <phys>* • electromagnetism

Elektromagnetkupplung *f <tech.allg> (schaltbar)* • electromagnetic clutch

elektromechanische Bremse *f <brems>* • electro-mechanical brake; EM brake *pract*

Elektromobil *n <fz> (3 od. 4 Räder, für Gehbehinderte)* • mobility scooter

Elektromotor *m <mot.el>* • electric motor; motor *pract.coll*

elektromotorische Kraft *f* (EMK) *<phys> (Spannung bei offenem Stromkreis)* • electromotive force (EMF)

Elektron *n <phys> (negativ geladenes Elementarteilchen)* • electron; negatron *rare*; negative electron *rare*

Elektronagler *m <wz>* • power nailer; electric nail gun

elektronenabgebend *<chem.phys>* • electron-donating

Elektronenablenkung *f <chem.phys>* • electron deflection

elektronenarm *<chem.phys>* • electron-deficient

elektronenaufnehmend *<chem.phys>* • electron-accepting

Elektronenbahn *f <chem.phys>* • electron trajectory; electron orbit; electron path

Elektronenbelegung *f <chem.phys>* • electron occupation; electron density

Elektronenbeweglichkeit *f <phys>* • electron mobility

Elektronenblitzgerät *n <phot>* • electronic flash [unit]; flashgun *rare*; flash *pract.coll*

Elektronenentladung *f <el>* • electron discharge

Elektronenkanone *f <el>* • electron gun

Elektronenkreisbahn *f <phys>* • electron orbit

Elektronenleerstelle *f <phys>* • vacant electron site

Elektronenmikroskop *n* (EM) *<msr.opt>* • electron microscope (EM)

Elektronenröhre *f <el>* • electron tube; tube *pract*; electronic tube *rare*; electron valve *rare.obs*; valve *rare.obs*

Elektronenschale *f <phys>* • electron shell

Elektronenspender *m <phys>* • electron donor

Elektronenspin *m <phys> (Elektronen)* • electron spin; spin

Elektronenspinresonanz *f* (ESR) *<phys>* • electron spin resonance (ESR)

Elektronenstrahlabtragverfahren *n <prod>* • electron-beam machining [process] *rare*

Elektronenstrahlhärten *n DIN EN ISO 4618 <obfl> (rasches Vernetzen von Beschichtungsstoffen)* • electron beam curing *ISO 4618-3*

Elektronenstrahlschweißen *n* (EBW) *<füg>* • electron-beam welding (EBW); EB-welding *rare*

Elektronenübergang *m <phys>* • electron transition; electron transfer

Elektronenüberschuss *m <phys>* • electron excess

Elektronenunterschuss *m <phys>* • electron deficit

Elektronenverarmungszone *f <el.i-c.prod>* • semiconductor depletion region; depletion region

Elektronenvolt *n* (eV) *<phys>* • electron volt (eV)

Elektronik *f <el>* • electronic engineering; electronics *pract*

Elektronikschrott *m <comp.ents>*

• electronic scrap
elektronisch *<tech.allg>* • electronic
elektronisch auf 250 km/h begrenzte Höchstgeschwindigkeit *f <kfz>* • top speed is electronically regulated to 250 km/h
elektronische Bremskraftverteilung *f* (EBV) *<kfz.brems>* • electronic brake pressure distributor (EBD); electronic brake force distribution
Elektronische Dämpfer-Control *f* (EDC) *BMW <kfz>* • electronic damper control (EDC) *BMW*
elektronische Datenverarbeitung *f* (EDV) *<comp>* • electronic data processing (EDP)
elektronische Dieselregelung *f* (EDC) *<kfz.msr>* • electronic diesel control (EDC); electronic governor
elektronische Differentialsperre *f* (EDS) *<kfz.antr>* • electronic differential lock (EDL)
elektronische Fußfessel *f <jur> (für Freigänger etc.)* • electronic tag
elektronische Gebührenerfassung *f* (EFC) *ISO/FDIS 14906 <qualit>* • electronic fee collection (EFC) *ISO/FDIS 14906*
elektronische Getriebesteuerung *f <kfz.antr> (betont: Funktion des Automatikgetriebes)* • electronic transmission control
elektronische Karte *f <navig> (allg.)* • electronic map
elektronische Kraftstoffeinspritzung *f <kfz.mot> (Gemischaufbereitungssystem)* • electronic fuel injection (EFI); electronically controlled fuel injection; electronically controlled injection; ECI
elektronische Maut *f :V <verk.fin> (mit Chip-Karte)* • electronic road-pricing
elektronische Motorregelung *f <kfz.el>* • electronic engine control (EEC); electronic engine management
elektronische Nase *f <msr> (allg.)* • electronic nose; e-nose
elektronische Parkbremse *f* (EPB) *<brems>* • electronic parking brake (EPB); electromechanical parking brake; electromechanically actuated parking brake *rare*
elektronischer Baustein *m <el>* • electronic component; electronic module
elektronischer Bildstabilisator *m <phot>* • electronic image stabilization *US*; electronic image stabilisation *GB*
elektronische Rechnungstellung *f <comp>* • e-billing
elektronischer Gleitschutz *m <bahn>* • electronic slip control
elektronischer Handel *m <comp> (elektronischer Geschäftsverkehr)* • electronic commerce; e-commerce
elektronisches CO-Spürgerät *n <msr.emiss>* • electronic canary
elektronische Servolenkung *f* (ESL) *<kfz>* • electronically controlled power steering [system] (EPS)
elektronisches Fahrwerk *n <kfz> (prozessorgesteuerte elektron. Einstellung)* • electronically controlled suspension (ECS); adaptive damping system; ADS *MB*; computer command ride system *coll*; electronic ride control *GM*; active suspension *pract*
Elektronisches Fluginstrumentensystem *n* (EFIS) *<aerosp.msr>* • Electronic Flight Instrumentation System (EFIS); Electronic Flight Instrument System
elektronisches Gaspedal *n <kfz>* • electronic gas pedal; e-gas
elektronisches Gerät *n <tech.allg>* • electronic device
elektronisches Geschäftswesen *n* (eb) *ISO/TS 15000-1 <comp>* • electronic business (eb) *ISO/TS 15000-1*
elektronisches Haus *n <el> (mit Bussystem zur Haussteuerung)* • electronic home; eHome
Elektronisches Instrumentensystem *n* (EIS) *<aerosp.msr>* • Electronic Instrument System (EIS)
elektronische Sitzplatzanzeige *f <bahn>* • electronic seat reservation display
elektronisches Kupplungsmanagement *n* (EKM) *<kfz.mot>* • electronic clutch management (ECM)
elektronisches Papier *n <comp.pap> (z. B. Gyricon)* • electronic paper; e-paper
Elektronisches Stabilitätsprogramm *n* (ESP) *Daimler <kfz.antr> (Antischleudersystem)* • electronic stability program (ESP); dynamic stability control *BMW*; DSC *BMW*; electronic stabilisation program *VW.Audi*

elektronisches Stellwerk *n* (ESTW) *<bahn>* • electronic signalling and interlocking center (ESIC) *:V*; Integrated Electronic Control Centre; IECC *GB*

elektronisches Steuergerät *n* *<kfz.msr>* • electronic control unit (ECU)

elektronisches Steuergerät *n* (ESG) *<msr>* • electronic control module (ECM)

elektronisches Ticket *n* (ETIX) *<aerosp>* • electronic ticket (ETIX)

Elektronisches Traktions-System *n* (ETS) *ContiTeves* *<kfz.antr>* • electronic traction system (ETS)

elektronisches Überwachungssystem *n* (ECAM) *<aerosp.msr> (Flugzeugüberwachung)* • Electronic Centralized Aircraft Monitoring (ECAM) *Airbus*; Electronic Centralized Aircraft Monitor

elektronisches Wörterbuch *n* *<doku>* • electronical dictionary

elektronische Wahl *f* *<comp> (mit Wahlcomputer)* • e-voting

elektronische Wegfahrsperre *f* *<kfz>* • electronic immobilizer *US*; electronic immobiliser *GB*

elektronische Zündung *f* (EZ) *<kfz.el> (allg.)* • electronic ignition system

Elektroofen *m* *<verf>* • electric furnace

elektrooptisch *<opt>* • electrooptic[al]

Elektrophorese *f* *<chem> (Teilchenwanderung im el. Feld)* • electrophoresis

Elektrophoresegrundierungslack *m* *<obfl>* • electrolytic primer paint; electrophoretic primer [paint] *pract*

Elektrophoreselack *m* *<obfl> (allg.)* • electro-paint; electrodeposition paint

Elektrophoreselackierung *f* *<obfl>* • electrophoretic painting; electropainting

Elektrophoreseschicht *f* *<obfl>* • electrocoat; electrodeposited coating; electrodeposited coat; electrocoat paint covering

Elektrophoresetauchgrundierung *f* *<obfl> (Material)* • electrophoretic dip-in primer; electrostatic dip primer; electrophoretic dip primer coat

Elektrophoresetauchgrundierung *f* *<obfl> (Vorgang)* • electrophoretic dip priming

elektrophoretisch *<obfl>* • electrophoretic

elektrophoretische Lackapplikation *f* *<obfl>* • electrophoretic painting (EC); electrocoating; electrophoresis; electrophoretic deposition of paint; electrophoretic paint application

Elektropneumatik *f* *<pneum>* • electropneumatics

elektropneumatisch *<pneum> (z. B. Antrieb, Regelung)* • electropneumatic

elektropolieren *vt* *<obfl>* • electropolish *vt*

Elektrorasierer *m* *<hygi.wz> (zum Anschluss an Netzsteckdose)* • mains shaver

Elektrorasierer *m* *<hygi.wz> (netzunabhängig)* • rechargeable shaver

Elektrorollstuhl *m* *<fz>* • power wheelchair; electric wheelchair; power chair; electrically powered wheelchair

Elektroschlackeschweißen *n* (RES) *<füg>* • electroslag welding (ESW)

Elektroschock *m* *<med>* • electric shock

Elektroschocker *m* *<mil> (zur Selbstverteidigung)* • electric stun-gun; stun gun *pract*

Elektrosmog *msg ugs* *<el>* • electromagnetic pollution *sg*; electrosmog *sg coll*

Elektrospeicherheizgerät *n* *<hlk>* • electric storage heater

Elektrostahl *m* *<metall>* • electric-furnace steel; electric steel *pract*

elektrostatisch aufladen *vr* *<el>* • build up an electrostatic charge *vi*; charge electrostatically *vt*

elektrostatische Aufladung *f* *<el>* • electrostatic charge

elektrostatische Entladung *f* (ESD) *IEC 60050(161)* *<el>* • electrostatic discharge (ESD) *IEC 60050(161)*; discharge of static electricity *thsc*

elektrostatische Pulverbeschichtung *f* (EPC) *<obfl>* • electrostatic powder coating (EPC)

elektrostatischer Abscheider *m* *<verf>* • electrostatic precipitator

elektrostatischer Drucker *m* *<druck>* • electrostatic printer

elektrostatisches Lackieren *n* *<obfl> (allg.)* • electrostatic painting

elektrostatische Staubabscheidung *f* *<emiss.verf>* • electrostatic dust pre-

cipitation
Elektrotacker *m* <*wz*> *(Eintreibegerät für Klammern; oft auch für Nägel)* • electric stapler
Elektrotacker/-nagler *m* <*wz*> *(Eintreibegerät für Klammern und Drahtstifte, Nägel)* • electric staple/nail gun
elektrotauchlackieren *vt* <*obfl*> • electrocoat *vt*; electropaint *vt*
Elektrotauchlackierung *f* (ETL) *DIN EN ISO 4618* <*obfl*> *(Vorgang)* • electrophoretic dip painting *ISO 4618-3*; electropainting; electrodeposition
Elektrotauchlackierung *f* <*obfl*> *(betont: die Schicht)* • electrophoretic paint coating; electrocoating
Elektrotechnik *f* <*el*> • electrical engineering; electrical technology *rare*
elektrotechnisch <*el*> • electrotechnic[al]
elektroviskose Flüssigkeit *f* (EVF) <*kfz*> • electroviscous fluid (EVF)
Elektrowerkzeuge *npl* <*wz*> • power tools *pl*
Element *n* <*allg*> • element
Element *n* <*allg*> *(Teil, Punkt; z. B. in einer Baugruppe, Liste)* • item
Element *n* <*comp.doku*> *(einzelnes Teil einer Zeichnung; z. B. Linie, Kurve, Kreis, Text)* • entity; element; item; object
elementar <*allg*> *(grundlegend)* • elementary; elemental; basic
elementarchlorfrei (ECF) <*pap*> • elemental chlorine free (ECF)
Elementarladung *f* <*el*> • elementary charge; elementary electronic charge; unit electric charge; electronic charge; unit charge
Elementarmagnet *m* <*mat*> • molecular magnet
Elementarschwefel *m* <*chem*> • elementar sulfur
Elementarteilchen *n* <*phys*> • elementary particle; fundamental particle
Elevation *f* <*navig*> *(eines Satelliten)* • elevation
Elevator *m* <*förd*> *(Silo, Be- und Entladeanlage für Getreide; z. B. im Hafen)* • elevator
Elfenbein *n* <*mat*> • ivory
eliminieren *vt* <*allg*> • eliminate *vt*
Ellipse *f* <*math*> *(Kegelschnitt-Linie, -Fläche)* • ellipse
Ellipsenbahn *f* <*aerosp*> • elliptical orbit
Ellipsoid *n* <*math*> • ellipsoid; spheroid; ellipsoid of revolution
elliptisch <*math*> • elliptical
eloxiert <*obfl*> *(Aluminium)* • anodized; anodically oxidized
Eluent *m* <*chem*> • eluent; eluting agent; eluting solvent
Eluvialzone *f* <*geo*> • eluviation zone
Elysieren *n* <*prod*> • electrolytic machining
Email *n pl*: **-s** *RAL 529A2* <*obfl*> *(fertige Schicht)* • porcelain enamel *US*; vitreous enamel *GB*
E-Mail *f* <*comp*> • e-mail; electronic mail *did*
E-Mail-Adresse *f* <*comp*> • e-mail address; mail address
E-Mail-Konto *n* <*comp*> • e-mail account; mail account
Emblem *n* <*ökon*> *(allg.; z. B. auf Autos)* • badge; medallion *US.rare*
EMI-Abschirmung *f* <*el*> • EMI shielding
EMI-Dichtung *f* <*el*> *(allg.: jede Form; z. B. für Schaltschränke, PC-Gehäuse)* • EMI seal
Emission *f* <*emiss*> *(Vorgang, Übertritt von Substanzen in die Luft)* • emission
Emission *f* <*emiss*> *(Ergebnis; von einer Anlage abgegebene Stoffe)* • emissions *pl*
emissionsbezogene Kfz-Steuer *f* <*kfz.fin*> • emission-based vehicle tax *:V*
emissionsfrei <*tech.allg*> *(z. B. Lack)* • emission-free
Emissionsgrenzwert *m* <*ents.emiss*> • emissions standard; emission limit; emissions target; release limit *GB*; limit value for emissions *rare*
emissionslos *:V* <*kfz.emiss*> *(z. B. Elektroauto)* • zero-emission
emissionsloses Fahrzeug *n :V* <*kfz.emiss*> • zero-emission vehicle (ZEV)
Emissionsspektrometrie *f* (ES) *DIN 51008-1* <*msr*> • emission spectrometry (ES) *DIN 51008-1*
emittieren *vt* <*phys*> *(Strahlung; z. B. Licht, Wärme)* • emit *vt*
emittieren *vt* <*phys*> *(puls-, schlagartig; z. B. Strahl)* • eject *vt*
Empfang *m* <*allg*> *(z. B. von Funkwellen, Telefonanruf; Gästen)* • reception

Empfang *m <logist> (von Waren)* • receipt

empfangen *vt <allg> (z. B. Post, Signale)* • receive *vt*

Empfänger *m <allg> (einer Nachricht; tatsächlicher Leser, Hörer)* • recipient

Empfänger *m <tech.allg> (Person oder Gegenstand)* • receiver

Empfänger *m <el> (z. B. einer IR- oder Funk-Fernbedienung)* • receiver

Empfänger *m <energ.sol> (für Sonnenstrahlung; z. B. in solarthermischen Kraftwerken)* • solar receiver; receiver *pract*

Empfängnisverhütungspille *f <pharm>* • birth control pill

Empfangsbereich *m <tele> (gewähltes Frequenzband)* • band selection

Empfangsbereich *m <tele> (räumliche Abdeckung; Gegend)* • service area

Empfangsgerät *n <tele> (allg.)* • receiver; receiving unit; receiving set

Empfehlung *f <allg>* • recommendation

empfindlich *<allg> (zart, fein; z. B. Struktur, Gefüge, Haut)* • delicate

empfindlich *<allg> (verletzlich, gefährdet; z. B. System, Bereich, Haut)* • sensitive

empfindlich *<tech.allg> (gut oder rasch auf etwas reagierend)* • responsive

empfindlich *<tech.allg> (unerwünscht auf etwas reagierend; z. B. gegenüber Antibiotika)* • susceptible

empfindlich *<el> (in einem elektrotechnischen Kontext)* • sensitive; susceptible

Empfindlichkeit *f <allg> (physiologisch)* • sensibility

Empfindlichkeit *f <tech.allg>* • sensitivity

Empfindlichkeit *f <av> (von Mikrofonen)* • sensitivity

Empfindlichkeit *f <msr> (von Messgeräten)* • sensitivity; sensitiveness

Empfindlichkeit *f <msr> (Ansprechverhalten; z. B. e. Detektors)* • response; responsivity *rare*

empfohlene Benennung *f <term>* • recommended term

empfohlene Einstellungen *fpl <tech.allg>* • recommended settings

empfohlener Verkaufspreis *m <ökon>* • suggested retail [price]; mfr. sugg. retail *pract*; manufacturer's suggested retail price *rare*

Empirie *f <allg>* • empirism

empirisch *<allg>* • empiric; empirical

empirisches Verfahren *n <tech.allg> (z. B. durch Praxisbeobachtung, Trial and Error)* • empirical method; empirical determination

Empore *f <bau.rel>* • gallery

Emulation *f <comp> (z. B. eines Druckers, Betriebssystems)* • emulation

Emulgator *m <chem.verf> (Mittel od. Gerät)* • emulsifier

emulgieren *vt <chem>* • emulsify *vt*

emulieren *vt <comp> (techn. Verhalten; z. B. Drucker)* • emulate *vt*

Emulsion *f <chem> (allg.)* • emulsion

Emulsion *f <phot> (auf Fotopapier, Film)* • emulsion; emulsion layer; emulsion coating; photographic layer; coating *pract*

Emulsion von Wasser in Öl *f <chem> (z. B. Kühl-Schmierung von Werkzeugschneiden, Kosmetika)* • water-in--oil emulsion

Encoder *m <comp>* • encoder

Endanflug *m <aerosp>* • final approach

Endanwender *m <tech.allg>* • end user

Endauflager *n <tech.allg> (z. B. von Brückenträger, Welle)* • end support

Endausbau *m <tech.allg> (z. B. von Produktionsanlagen)* • final capacity stage

Endbearbeitungsverfahren *n <prod> (allg.)* • finishing process

Endbenutzer-Lizenzvertrag *m <comp>* • end-user license agreement (EULA)

Ende *n <allg> (räumlich, zeitlich)* • end

Ende *n <allg> (spitz; z. B. a Flügel, Stange, Stock)* • tip

Endeffektor *m <autom>* • end of arm tooling (EOAT); end effector; robot tool *coll*

endemisch *<med> (Krankheit)* • endemic

Endergebnis *n <tech.allg> (z. B. Berechnung, Auszählung)* • end result; final result

Ende-Taste *f <comp>* • End key

Endfestigkeit *f <qualit.mat>* • final strength

Endgerät *n* (TE) *<tele> (z. B. Telefon, Fax, Anrufbeantworter, Modem, PC)* • terminal equipment (TE); terminating equipment

Endgeschwindigkeit *f <tech.allg>* • final speed; final velocity

endgültig *<allg> (z. B. Entscheidung, Ergebnisse, Messwerte)* • definite; final

endgültig *<allg> (nicht überbietbar, non plus ultra)* • ultimate

endgültig stillgelegt *<tech.allg> (allg.)* • terminally removed from service

endgültig stillgelegt *<ökon> (größere oder genehmigungspflichtige Anlagen)* • terminally decommissioned

Endhafen *m <nav>* • terminal port; terminal

Endhaltestelle *f <verk> (ÖPNV, Bus, Straßenbahn)* • terminus

Endkontrolle *f <qualit> (nur Sichtprüfung)* • final inspection

Endkontrolle *f <qualit> (u. U. mit Tests, Prüfungen, Messungen)* • final check; final testing

Endlager *n <bau.tech> (Brückenlager)* • end bearing

Endlager *n <ents> (z. B. für radioaktiven Abfall)* • final storage site

Endlager *n <masch> (von Wellen, Trägern)* • end bearing

Endlagerung *f <ents>* • final deposition

endlich *<tech.allg> (z. B. Vorräte an Bodenschätzen)* • finite

endliche Zahl *f <math>* • finite number

endlos *<tech.allg> (z. B. Prozess, Papier, Faden, Faser)* • continuous; endless

Endlosband *n <tech.allg>* • continuous tape

endlosfaserverstärkter Verbundwerkstoff *m ISO/DIS 20505 <mat>* • continuous fiber-reinforced composite *ISO/DIS 20505*; continuous fibre-reinforced composite *GB*

Endlosformular *n <comp.pap>* • continuous form; endless form

Endlosgarn *n <textil>* • filament yarn; continuous filament [yarn]; filament

Endmaß *n <msr> (endgültige Abmessung)* • final size

Endmaß *n*: **auf ~ bringen** *vt <prod>* • finish-size *vt*

Endmaßblock *m DIN EN ISO 3650 <msr.wz> (Maßverkörperung z. Kalibrieren v. Prüfmitteln; rechteckig od. zylindr.)* • gage block *ISO 3650*; block gage; slip gauge *GB*; precision gauge block *US*

Endmontage *f <bau> (Aufrichten, Errichtung von etw.)* • final erection

Endmontage *f <prod> (Zusammenbau; Station im Fertigungsablauf)* • final assembly

Endmontage *f <prod>* • final assembly

Endmontagelinie *f <kfz.prod> (Ein- und Anbau von Verkleidungen u. Ä.)* • trim line

Endmoräne *f <geo>* • end moraine

Endoskop *n <wz> (Hohlraumuntersuchung)* • endoscope; borescope

endotherm *<tech.allg> (z. B. chemische Reaktion)* • endothermal; endothermic; heat-absorbing

Endphase *f <tech.allg>* • final phase; end phase

Endposition *f <tech.allg> (z. B., Kran, Roboterarm, Schlitten)* • stop position

Endprodukt *n <tech.allg>* • end product

Endpunkt *m <tech.allg>* • final point; end point

Endrohr *n <kfz.emiss> (Abgasanlage)* • tailpipe; exhaust tailpipe *form*

Endschalter *m <el> (für Bewegungen; z. B. an Kran, Werkzeugmaschine)* • limit switch; overtravel limit switch *rare*

Endstadium *n <allg>* • final stage

Endstellung *f <tech.allg> (zeitlich zuletzt)* • final position

Endstück *n <tech.allg>* • end piece; tail piece

Endstufe *f <tech.allg>* • final stage

Endtermin *m <jur> (angestrebtes Zieldatum)* • target date

Endtermin *m <jur> (spätestes Datum; z. B. für eine Lieferung)* • deadline

Endverbraucher *m <ökon>* • end user; end consumer; final consumer; retail customer; ultimate consumer

Endverstärker *m <av> (Baustein einer Hifi-Anlage)* • power amplifier; power stage *rare*

Endverstärker *m <el> (allg.; betont: am Ende)* • final amplifier

Endwert *m <tech.allg>* • final value

Endzustand *m <tech.allg>* • final condition; final state

Energetik *f <phys>* • energetics

energetische Abfallverwertung *f <ents>* • conversion of refuse to energy (CRE)

energetischer Wirkungsgrad *m* *<phys> (allg.)* • energetic efficiency

energetische Verwertung *f <ents> (von Abfällen; d. h. Verbrennung)* • energetic recovery; energy recovery *DIN EN 13439*

Energie *f* (E) *DIN 1345 <phys> (Fähigkeit eines physikalischen Systems, Arbeit zu verrichten)* • energy (E)

Energie abgeben *vi <phys> (erwünscht, bereitstellen)* • deliver energy *vi*; provide energy *vi*

Energie abgeben *vi <phys> (unerwünscht, verlieren)* • lose energy *vi*

energieabsorbierend *<tech.allg>* • energy-absorbing

energiearm *<phys> (Strahlung)* • low-energy; non-penetrating; soft *rare*

Energieaufwand *m <allg> (Biologie, Technik)* • energy expenditure

Energieausbeute *f <phys>* • energy yield

Energieausgangsleistung *f <energ> (in W; z. B. kW, MW, GW)* • energy output

Energieausnutzung *f <tech.allg>* • energy utilization

Energieband *n <phys>* • energy band

Energiebedarf *m <allg> (Lebewesen, Maschine, Prozess)* • energy demand

Energiebedarf *m <tech.allg>* • power demand; power requirements *pl*

Energiebilanz *f <tech.allg> (chemische, physikalische Prozesse)* • energy balance

Energiedichte *f <phys>* • energy density

Energieerhaltung *f <phys>* • conservation of energy

Energieerhaltungssatz *m <phys>* • energy principle; energy theorem; energy conservation law

Energieerzeugung *f ugs <energ> (geht nicht; gemeint ist: Umwandlung einer Energieform in eine andere)* • energy generation *coll*

Energieflussdichte *f <nukl>* • energy flux density; energy flow density *rare*

Energieform *f <phys> (z. B. elektrisch, mechanisch, thermisch)* • energy form

Energiefreisetzung *f <phys>* • energy release

Energiegewinnung *f <ents.energ>* • energy recovery

energieoptimiertes Flugzeug *n :V <aerosp>* • power-optimized aircraft (POA)

Energiequelle *f <tech.allg>* • energy source; power source; source of energy; energy well *rare*

energiereich *<phys> (Strahlung)* • penetrating; hard; high-energy

energiesparend *<ökol> (z. B. E-Geräte, Ofen)* • energy-saving; power-saving

Energiesparlampe *f <el.licht>* • energy-saving lamp; energy-efficient light bulb; low energy bulb; low-energy light bulb; energy-efficient lamp

Energiespeicher *m <tech.allg> (z. B. Akkumulator, Schwungrad)* • energy storage device

Energiespeicherung *f <tech.allg> (elektrisch, mechanisch, thermisch)* • energy storage

Energieträger *m <energ>* • energy source; source of energy

Energieübertragung *f <tech.allg>* • energy transmission; power transmission; energy transfer

Energieumwandlung *f <phys> (z. B. Licht in Strom)* • energy conversion

Energieverbrauch *m <tech.allg> (von natürl. od. techn. Prozessen)* • energy consumption

Energieversorgung *f <energ> (allg.)* • power supply; energy supply

Energieversorgungsnetz *n <energ> (Gas oder Strom)* • energy network; network; grid *pract*

Energieversorgungssystem *n* (EV) *<energ.el>* • power supply system (PS); electric supply mains

Energiewirtschaft *f <ökon>* • power industry; power economy

eng *<allg> (z. B. Spalt)* • narrow

eng *<allg> (Raum)* • tight

eng anliegend *<bekl> (z. B. Schutz-, Arbeitskleidung, Jeans)* • snug-fitting; tight-fitting

enge Getriebeabstufung *f <antr> (geringer Drehzahlunterschied zw. benachbarten Gängen)* • close gearing; close gear ratio spread

enge Kurve *f <verk>* • short-radius turn; sharp turn

englische Einheiten *fpl <allg>* • English foot-pound system

engobieren *vt <silik.obfl> (mit Engobe überziehen; z. B. Dachziegel)* • engobe *vt*; slip *vt*

Engpass *m* <*allg*> • bottleneck

Engstelle *f* <*verk*> *(einer Straße)* • bottleneck

engtoleriert <*tech.allg*> *(z. B. Abmessung, zul. Druck, Temperatur)* • close-tolerance

entarretieren *vt* <*masch*> *(etwas Blockiertes; z. B. Hebel, Klinke, Riegel)* • unarrest *vt*

entartet <*phys.math*> • degenerate

entaschen *vt* <*verbr*> *(z. B. Ofen, Feuerraum)* • deash *vt*

entbasten *vt* <*textil*> *(Seide)* • scour *vt*; degum *vt*; boil off *vt*; cook *vt*

Entdeckung *f* <*allg*> • discovery

entdröhnen *vt* <*akust*> *(z. B. Autokarosserie)* • deaden *vt*

Entdröhnschicht *f* <*akust.obfl*> • anti-drum layer

enteisen *vt* <*tech.allg*> *(ganz oder teilweise auftauen; z. B. Lebensmittel)* • defrost *vt*

enteisen *vt* <*tech.allg*> *(eisfrei machen; z. B. Türschloss, Flugzeug)* • de-ice *vt*; free from ice *vt*; deice *vt*

enteisen *vt* <*aerosp*> *(Flugzeuge und Flugbetriebsflächen)* • de-ice *vt*; deice *vt*

Enteisung *f* <*aerosp*> • deicing; de-icing; anti-icing

Enteisung *f* <*verf*> *(vollständiges oder teilweises Auftauen)* • defrosting

Entenflugzeug *n* <*aerosp*> • canard airplane; canard wing airplane; tail-first airplane

entfärben *vr* <*obfl*> *(von allein ausbleichen)* • bleach out *vi*

entfärben *vt* <*tech.allg*> *(mit Bleichmittel)* • bleach *vt*

entfärbend <*allg*> • decolorant *US*; decolourant *GB*

entfernbar <*tech.allg*> • removable

Entfernen *n* <*allg*> *(z. B. von Gegenständen, Verunreinigungen)* • removal

entfernen *vt* <*tech.allg*> *(unerwünschte Objekte; z. B. Flecken, Fehler)* • eliminate *vt*

entfernen *vt* <*tech.allg*> *(allg.)* • remove *vt*

entfernen *vt* <*tech.allg*> *(Schichten, Verkleidungen etc.; um etwas frei- oder bloßzulegen)* • strip *vt*

entfernen *vt* <*obfl*> *(Fleck, Verunreinigung)* • remove *vt*

entfernt <*allg*> *(räumlich, zeitlich)* • distant; remote

Entfernung *f* <*tech.allg*> *(allg.; zwischen zwei Punkten, Orten)* • distance (DIST)

Entfernungsanzeige *f* <*navig*> *(allg.)* • distance indicator

Entfernungsanzeiger *m* <*navig*> *(Reichweite)* • range indicator

Entfernungsbestimmung *f* <*navig*> • ranging; distance measurement

Entfernungseinstellung *f* <*phot*> • focusing; focussing *GB*; focus adjustment

Entfernungsradar *n* <*navig*> • radar range finder; radar range meter

entfesselter Blitz *f* <*phot*> • off-camera flash

entfetten *vt* <*obfl*> • degrease *vt*

entfeuchten *vt* <*chem.verf*> *(Material)* • desiccate *vt*

entfeuchten *vt* <*verf*> *(Luft)* • dehumidify *vt*

Entfeuchtung *f* <*hlk*> *(von Luft; z. B. durch Klimaanlage, Trocknungsanlage)* • dehumidification

Entfeuchtung *f* <*nahr*> • desiccation

entflammbar *ISO 13943* <*qualit.mat*> *(fähig, unter festgelegten Bedingungen mit Flamme zu brennen)* • flammable *ISO 13943*; inflammable *coll*; combustible *rare*

Entflammbarkeit *f ISO 13943* <*qualit.-mat*> *(von Stoffen; z. B. von Textilien, Bau-, Kunst- oder Schmierstoffen)* • flammability *ISO 13943*; inflammability *coll*

Entflammbarkeitsprüfung *f* <*qualit.-mat*> • flammability test

entflammen *vi* <*mot*> *(Kraftstoff/Luft-Gemisch)* • ignite *vi*

entflammen *vi/vt* <*tech.allg*> • inflame *vi/vt*

Entflammpunkt *m* <*tech.allg*> • auto-ignition temperature

Entflammungstemperatur *f ISO 13943* <*feuer.mat*> *(niedrigste Temperatur zur Einleitung einer Verbrennung)* • ignition temperature *ISO 13943*; ignition point; kindling point

entflocken *vt* <*chem*> • deflocculate *vt*

Entflockungsmittel *n* <*chem*> • deflocculant; deflocculator; deflocculating agent

entformen *vt <prod> (Gussteil, Spritzling, Blasformling; aus Formwerkzeug)* • demold *vt US*; demould *vt GB*; release *vt*; remove *vt*

Entformung *f <kst> (Entfernen von Spritzlingen, Blasformlingen, Gussteilen aus Form-Wz.)* • demolding *US*; demoulding *GB*; removal

Entformungsschräge *f <kst> (von Formteilen und Formwerkzeugen)* • draft

Entfroster-Spray *n <kfz> (z. B. zum Auftauen vereister Türschlösser)* • de--icing spray; defroster spray *rare*

Entgasung *f <verbr> (Austreibung flüchtiger Brennstoff-Bestandteile)* • degasification; degassing; devolatising *GB*

Entgasungsschnecke *f <kst>* • devolatizing screw

entgegengesetzt *<allg>* • opposite; opposed

entgegengesetzt elektrisch geladen *<el>* • oppositely charged

entgegengesetzte Richtung *f <allg>* • opposite direction

entgegengesetztes Vorzeichen *n <math>* • opposite sign

entgegenkommend *<verk> (Fahrzeug, Verkehr)* • oncoming

entgegenwirken *vt <allg>* • counteract *vt*; oppose *vt*

Entglasung *f <silik>* • devitrification

entgleisen *vi <bahn>* • derail *vi*

Entgleisung *f <bahn> (von Schienenfahrzeugen)* • derailment

Entgraten *n DIN ISO 603 <metall>* • deburring *ISO 603*

entgraten *vt <metall> (z. B. nach dem Stanzen, Spanen)* • deburr *vt*; remove burrs *vi*

entgraten *vt <prod> (Schmiedestücke, Druckguss-, Spritzguss-, Blasformteile)* • deflash *vt*; flash *vt*; flash-trim *vt*; remove flashes [from] *vt*; trim *vt*

enthaaren *vt <hygi> (Haut)* • depilate *vt*; epilate *vt*

enthaaren *vt <led> (Tierhaut)* • unhair *vt*; dehair *vt*; depilate *vt*

Enthaarungsmittel *n <allg>* • hair remover; depilator[y]; depilatory agent

Enthalpie *f* (H) *DIN 1345 <therm> (eines thermodynamischen Systems; z. B. von Dampfsystem)* • enthalpy (H); heat content

enthalten *vt <allg> (umfassen)* • comprise *vt*

enthalten *vt <allg> (Behälter, Buch und Inhalt)* • contain *vt*

enthalten *vt <allg> (einschließen)* • include *vt*

enthärten *vt <chem> (Wasser)* • soften *vt*

enthülsen *vt <nahr> (trockene äußere Hülle/ Schale entfernen; z. B. von Mais)* • husk *vt*; shell *vt*; hull *vt*

entkalken *vt <tech.allg> (Entfernung von $CaCO_3$; z. B. in Wasser)* • decalcify *vt*

Entkernen *n <bau> (von Gebäuden, nur Fassade bleibt; engl. Entspr. sind negativ konnot.)* • façadism; façadomy

entkernen *vt <bio> (Zellkern)* • enucleate *vt*

entkernen *vt <metall> (Formteile, -werkzeuge)* • decore *vt*

entkernen *vt <nahr> (Steinobst; z. B. Kirschen, Pflaumen)* • stone *vt*

entkernen *vt <nahr> (Kernobst; z. B. Äpfel)* • core *vt*

entkernen *vt <nahr> (Kernobst; Trauben u. Ä.)* • seed *vt*; remove the pips from *vt*

entkohlen *vt <metall>* • decarburize *vt*

entkohlend geglühter Temperguss *m* (GTW) *<metall>* • white-heart malleable cast iron; European malleable cast iron

entkohlter Stahl *m <mat>* • decarburized steel *US*; decarburised steel *GB*; zero-carbon steel

entkonservieren *vt <obfl> (z. B. Entfernung der Transportschutz-Wachsschicht)* • dewax *vt*; remove wax *vt*

entkoppeln *vt <el> (Schaltkreise, Bausteine)* • isolate *vt*; decouple *vt*; uncouple *vt*

Entkopplung *f <msr> (betont: Abwesenheit von gegenseitiger Beeinflussung)* • non-interaction

Entkopplungseinrichtung *f <tech.allg>* • decoupling device

Entkopplungsschaltung *f <el>* • isolating circuit; decoupling circuit

Entkörnungsmaschine *f <nahr>* • husker; sheller

Entkörnungsmaschine *f <textil> (Baumwolle)* • gin [machine]

entkrusten *vt <obfl> (z. B. Rohre, Apparate)* • descale *vt*; scale *vt*

entkuppeln *vt <bahn> (von Wagen)* • uncouple *vt*; cut *vt*

entkuppeln *vt <masch> (Wellen, Antriebe)* • disengage *vt*

entkuppeln *vt <masch> (Reibungskupplungen)* • unclutch *vt*; declutch *v*

Entladebühne *f <logist>* • unloading ramp

Entladeeinrichtung *f <tech.allg>* • unloading device

Entladehafen *m <nav>* • port of discharge

entladen *<el> (Batterie)* • discharged; flat *pract.coll*; dead *coll*; low *coll*; run-down *coll*

entladen *<logist> (durch Fördern im Luftstrom, abgesaugt; z. B. Getreidesilo)* • exhausted

Entladen *n <tech.allg> (Schüttgut, Batterie)* • discharge

entladen *vr <el>* • discharge *vr*

entladen *vt <el> (Batterie, Kondensator)* • discharge *vt*

entladen *vt <logist> (z. B. LKW, Güterwagen)* • unload *vt*

entladen *vt <mil> (Schusswaffe)* • unload *vt*

Entladevorgang *m <förd>* • unloading operation

Entladung *f <el>* • discharge

Entladung *f <logist> (LKW, Waggon)* • unloading

Entladung *f <phys> (z. B. statische Elektrizität)* • discharge

entlassen *vt <ökon> (Personal, Mitarbeiter)* • dismiss *vt*; lay off *vt*; fire *vt coll.derog*; give the pink slip *vt US.coll*

entlasten *vt <jur> (z. B. Schuldner, Vorstand)* • release *vt*

entlasten *vt <masch> (durch Druckausgleich)* • pressure-balance *vt*

entlasten *vt <mech>* • relieve *vt*

entlasten *vt <qualit.mat> (Prüfkörper)* • unload *vt*

entlastet *<tech.allg> (durch beidseitig gleiche Kräfte; z. B. durch Druckausgleich)* • balanced

entlastet *<mech> (ohne innere Dehnspannungen)* • strain-free

entlastet *<mech> (keiner Kraft od. mech. Spannung ausgesetzt)* • unloaded; unstressed

Entlastung *f <allg> (mechanisch, psychologisch, finanziell)* • relief

Entlastungsbohrung *f <tech.allg>* • balance hole; balancing hole; pressure relief hole; compensating hole

Entlastungskanal *m <bau> (für Überschwemmungen)* • flood-relief channel; flood-relief canal

Entlastungskanal *m <bau> (für Überlaufwasser; z. B. aus Staubecken)* • spillway channel; spillway canal; spillway

Entlastungsventil *n <rls> (betont: Sicherheitsfunktion; z. B. Abblasen bei Überdruck)* • safety-valve

entleeren *vr <tech.allg> (etwas Aufgeblasenes; z. B. Ballon, Schlauchboot, Airbag)* • deflate *vi*

Entleerungsbehälter *m <verf> (allg.)* • drain tank

Entleerungsleitung *f <verf>* • drain line

entlüften *vt <brems> (Hydraulik)* • bleed *vt*

entlüften *vt <el.chem> (Sauerstoff abziehen)* • deaerate *vt*; de-aerate *vt*; deoxygenate *vt*; free from oxygen *vt*; sparge *vt*

entlüften *vt <förd> (Pumpensaugleitung)* • evacuate *vt*

entlüften *vt <hlk> (mit Saugzuggebläse abziehen)* • exhaust *vt*

entlüften *vt <hlk> (durch Ventilation)* • ventilate *vt*

entlüften *vt <kst> (Formwerkzeug)* • degas *vt*

entlüften *vt <rls> (Luft aus Flüssigkeitskreisläufen ablassen; z. B. Kühlsystem, Heizung)* • vent *vt*; deaerate *vt*

Entlüfter *m <hlk> (z. B. an Heizkörper)* • air bleeder; bleeder

Entlüfterventil *n <kfz.brems>* • bleeder valve

Entlüftung *f <chem.verf> (Entfernen des Luftsauerstoffs aus einer Lösung)* • deaeration; de-aeration; deoxygenation; sparging

Entlüftung *f <hlk> (Luftabzug mit Gebläse)* • air exhaustion; exhaustion

Entlüftung *f <hlk> (im Ggs. zu Belüftung)* • exhaust ventilation

Entlüftung *f <rls>* • bleeding

Entlüftungsbohrung *f <prod>* • air vent; air-bleeder hole

Entlüftungskanal *m <kfz.hlk> (Öffnung)*

• vent duct

Entlüftungsöffnung *f <tech.allg> (Öffnung, aus der Luft austritt)* • vent opening; vent

Entlüftungsrohr *n <hlk> (Auslass über Dach)* • air chimney; air flue; ventilation flue

Entlüftungsrohr *n <hlk> (für Abluft)* • exhaust pipe; air-vent pipe

Entlüftungsschraube *f <tech.allg>* • bleed screw; air-vent screw

Entlüftungsstopfen *m <tech.allg>* • vent plug; air-bleed plug

Entlüftungsventil *n <tech.allg> (z. B. in Hydrauliksystemen, Wasser-Heiz- und -Kühlsystemen)* • vent valve; air-release valve; air-vent valve

entmagnetisieren *vt <comp> (z. B. Computermonitor)* • degauss *vt*

Entmagnetisierung *f <comp>* • degaussing

Entmineralisierung *f <verf> (allg.)* • demineralization

entmischen *vt/vr <metall>* • segregate *vi/vt*

entmischen *vt/vr <verf>* • separate *vi/vt*; separate out *vt*

Entmischung *f <tech.allg> (von Mischungen; meist unerwünscht)* • segregation

Entnahme *f <comp> (eines Datenträgers)* • removal

Entnahme *f <kst> (von Formteilen aus der Maschine)* • removal; part removal

Entnahme *f <logist> (z. B. aus dem Lager)* • take-off

Entnahme *f <verf> (z. B. von Chemikalien aus e. Behälter)* • discharge

Entnahme *f <wz.masch> (von Werkstücken aus e. Maschine)* • unloading; removal

Entnahmeturm *m <energ.hydr> (im Speicherbecken, mit trichterförmiger Einlauföffnung)* • intake tower; morning glory *pract*

Entnahme von Analysenproben *f <chem.verf>* • analytical sampling

entnehmen *vt <allg> (Dinge, Stoff aus etwas)* • remove *vt*

entnehmen *vt <logist> (z. B. einem Behälter, Vorrat)* • take out *vt*

entnehmen *vt <logist> (Kommissionieren)* • pick *vt*

entnehmen *vt <phot> (Film)* • unload *vt*

entnehmen *vt <prod> (Werkstück)* • withdraw *vt*

entrahmen *vt <nahr> (Milch)* • skim *vt*; cream off *vt*; cream *vt*

entriegeln *vt <tech.allg> (z. B. Bremse, Fensterheber, Türschloss)* • unlock *vt*

entriegeln *vt <masch> (Klemmen, Spannbacken)* • unclamp *vt*

entriegeln *vt <masch> (Klinken)* • unlatch *vt*

Entriegelungsknopf *m <mech> (allg.; z. B. zum Lösen e. Feststellbremse)* • release button

entrinden *vt <holz> (Baumstamm)* • debark *vt*; bark *vt*

Entropie *f* (S) *DIN 1345 <therm> (kalorische Zustandsgröße)* • entropy (S)

entrosten *vt <obfl> (mechanisch, chemisch)* • derust *vt*; unrust *vt*; remove rust *vi*

entrußen *vt <verf>* • desoot *vt*

entsaften *vt <nahr> (z. B. Früchte)* • extract juice *vi*; express juice *vi*

entsaften *vt <nahr> (Bäume)* • sap *vt*

Entsafter *m <gastr.wz> (allg.; jede Bauart, mech. od. elektr.)* • juicer

Entsalzungsanlage *f <verf> (allg.)* • desalination plant

Entsalzungsanlage *f <verf> (für Meerwasser)* • sea-water desalination plant; sea-water desalting plant

entsättigen *vt <chem.verf>* • desaturate *vt*

entsäuern *vt <chem>* • deacidify *vt*; de-acidify

entschalen *vt <bau> (Beton)* • strip *vt*

entschalen *vt <bau> (kleinere Betonobjekte; z. B. Säulen)* • demold *vt*

entschärfen *vt <mil> (eine Bombe, Granate; Zünder entfernen)* • defuse *vt*

entschäumen *vt <mat> (Schaum verhindern, abbauen)* • defoam *vt*

entschäumen *vt <verf> (Abschaum entfernen)* • scum *vt*

entschäumen *vt <verf> (schwimmenden Schaum abziehen)* • skim off *vt*

Entschäumungsmittel *n <chem> (z. B. als Öl-, Lackadditiv)* • defoaming agent; defoamer; antifoaming agent; foam killer

entscheiden *vt <allg> (Entschluss fassen)* • decide *vt*

entscheiden *vt <allg> (beurteilen)* • judge *vt*

Entscheidung *f* <*allg*> • decision

Entscheidungsbaum *m* <*allg*> • decision tree

Entscheidungsfähigkeit *f* <*allg*> • decision-making ability

Entscheidungsfällung *f* <*allg*> • decision making; decision finding

Entscheidungsgehalt *m* <*allg*> • decision content

Entscheidungshilfe *f* <*allg*> • decision tool

Entscheidungshöhe *f* (DH) <*aerosp*> *(über Grund)* • decision height (DH)

Entscheidungshöhe *f* (DA) <*aerosp*> *(über Normalnull)* • decision altitude (DA)

Entscheidungsraum *m* <*allg*> • decision space

Entscheidungsregel *f* <*allg*> • decision rule

Entscheidungstabelle *f* <*allg*> • decision table

Entscheidungsverfahren *n* <*allg*> • decision procedure

entschlacken *vt* <*verf*> *(z. B. Ofen, Brennkammer)* • deslag *vt*; remove slag *vi*; slag *vt*

entschlammen *vt* <*bau*> • desludge *vt*

entschleimen *vt* <*petr*> • degum *vt*

entschleimen *vt* <*verf*> • deslime *vt*

entschlüsseln *vt* <*tele*> *(ein Signal)* • decrypt *vt*

entschwefeln *vt* <*chem.verf*> • desulphurize *vt US.GB*; desulfurize *vt US*; desulphurise *vt GB*

entschwefeltes Erdgas *n* <*chem.petr*> • sweet natural gas; sweet gas

Entschwefelung *f* <*emiss*> *(z. B. von Rauchgas)* • desulfurization; sulfur removal

entschweißen *vt* <*textil*> *(Wolle)* • degrease *vt*; scour *vt*

Entseuchungsanlage *f* <*mil*> • decontamination facility

entsichern *vt* <*tech.allg*> *(im Allg. mechanisch; z. B. Griff, Hebel, Riegel)* • unlock *vt*

entsichern *vt* <*mil*> *(Schusswaffe)* • release safety *vt*

entsorgen *vt* <*ents*> *(Abfall)* • dispose of *vt*

entsorgen *vt* <*ents*> *(z. B. alte Filter, Dichtungen, Verschleißteile)* • discard *vt*

Entsorgung *f* <*ents*> *(von Abfall, Müll)* • collection; removal

Entsorgungs- und Recyclingwirtschaft *f* <*ents*> • waste management and recycling industry

entspannen *vt* <*autom*> *(freigeben; z. B. Werkzeug, Werkstück)* • release *vt*

entspannen *vt* <*kst*> *(spez. Orientierungen)* • relax *vt*

entspannen *vt* <*masch*> *(lockern; Seil, Kabel, Kette, Riemen etc.)* • slack off *vt*; slacken off *vt*

entspannen *vt* <*mat*> *(Spannungen, Dehnungen allg.)* • relax *vt*; unstress *vt*

entspannen *vt* <*mil*> *(Schusswaffe, Abzug, Verschluss)* • decock *vt*

entspannen *vt* <*prod*> *(durch Wärmebehandlung)* • anneal *vt*

entspannen *vt* <*rls*> *(unter Druck stehendes System; z. B. Druckbehälter)* • decompress *vt*

entspannen *vt* <*verf*> *(Dampf)* • expand *vt*

entspannt <*allg*> • relaxed

entspannt <*energ*> *(Dampf)* • expanded

Entspannungsverdampfer *m* <*verf*> • flash evaporator; flasher *pract*

Entsperrung *f* <*masch*> • unblocking

entspiegelt <*opt*> *(z. B. Brillenglas)* • antireflection-coated

entsprechen *vt* <*allg*> *(den Regeln, Vorschriften, Normen)* • comply with *vt*; conform to *vt*; fulfill *vt*; fulfil *vt*

entsprechen *vt* <*allg*> *(z. B. rot entspricht Plus)* • correspond to *vt*

entsprechen *vt* <*allg*> *(Erwartungen, Vorstellungen, Wünsche)* • satisfy *vt*

entsprechend <*allg*> • corresponding; relevant

entsprechendes Signal *n* <*allg*> • appropriate signal

entspricht internationalen Normen <*qualit*> • follows international standards

entspricht nicht der Spezifikation <*qualit*> • specification: is outside ~s

Entstauben *n* <*verf*> • dust removal

entstauben *vt* <*obfl*> • dedust *vt*

entstauben *vt* <*verf*> *(Gase; z. B. Luftstrom)* • collect dust *vt*; remove dust *vt*; catch dust *vt*; separate dust *vt*; trap dust *vt*

Entstauber *m* <*verf*> *(allg.; trocken, nass, Filter od. elektrostatisch)* • dust

separator; dust collector; dust trap
Entstaubung *f <tech.allg>* • dust removal
Entstaubung *f <verf> (betont: durch Niederschlagen)* • dust precipitation
Entstehungsstelle *f <tech.allg>* • point of origin
Entstehung von Ablagerungen *f <rls> (z. B. Kalk, Schlamm)* • deposit build-up; build-up of deposits
Entstickung *f <ökol> (z. B. Wärmekraftwerk)* • NOx-reduction
entstielen *vt <agri.nahr>* • stem *vt*; separate the stalks *vt*; remove the stalks *vt*
Entstielungsmaschine *f <agri>* • stalk separator
Entstörabschirmung *f <el>* • RFI shield; radio-frequency interference shield *form*
Entstördrossel *f <el>* • radio choke; suppressor choke
Entstörstecker *m <kfz.el> (für Zündkerzen)* • RFI suppressor; radio-frequency interference suppressor *form*
entstört *<el>* • interference-free; interference-proof
Entstörung *f <tech.allg>* • interference suppression
Entwanzen *n <tele>* • debugging
entwässern *vt <tech.allg> (Boden, Gebäude)* • drain *vt*; dewater *vt*
entwässern *vt <bau> (Abwässer abführen)* • sewer *vt*
entwässern *vt <hlk> (z. B. Luftleitung, Blasinstrument)* • bleed *vt*
Entwässerung *f <tech.allg>* • dewatering
Entwässerung *f <bau> (z. B. von Boden, Mauerwerk, Straßen)* • drainage; draining
Entwässerung *f <verf> (Ableitung von Abwasser)* • sewerage; sewering
Entwässerungsanlage *f <bau> (z. B. Trockenlegung von Sümpfen)* • drainage plant; drainage system
Entwässerungsanlage *f <verf> (zur Konzentrationserhöhung)* • concentrator
Entwässerungsanlage *f <verf> (Herauslösen von Wasser aus chem. Verbindungen)* • dehydration plant
Entwässerungsgraben *m <bau> (z. B. von Deponien, Acker-, Bauland)* • drainage ditch; drainage trench
Entwässerungsleitung *f <tech.allg>* • drain line; drain pipe; drainage line
Entwässerungssystem *n <hydr>* • drainage system
entweichen *vi <tech.allg> (betont: durch Leck; Flüssigkeit, Gas)* • leak out *vi*; leak *vi*
entweichen *vi <emiss> (ungewollt; z. B. Schadstoffe)* • escape *vi*
Entweichgeschwindigkeit *f <aerosp>* • escape velocity from earth; escape velocity
entwerfen *vt <doku> (Rohfassung; z. B. Zeichnung, Text)* • draft *vt*
entwerfen *vt <prod> (Konstruktion, Design)* • design *vt*
entwerfen *vt <prod> (System, Anlage; Projekt)* • project *vt*
entwickeln *vr <ökon> (Markt)* • expand *vi*; develop *vi*
entwickeln *vt <allg> (z. B. Eigenschaften, Fähigkeiten)* • evolve *vi/vt*
entwickeln *vt <tech.allg> (z. B. Gas, Blasen)* • generate *vt*
entwickeln *vt <phot> (einen belichteten Film)* • develop *vt*
Entwickler *m <phot>* • developer
Entwicklung *f <allg>* • development
Entwicklung *f <allg> (Erzeugung)* • generation
Entwicklung *f <tech.allg> (aus sich selbst heraus; z. B. von Blasen, Wärme)* • formation
Entwicklungsingenieur *m <tech.allg> (Person im F+E-Bereich)* • R&D engineer
Entwicklungsstadium *n <allg>* • development stage
Entwicklungsstand *m <tech.allg>* • development state; state of development
Entwurf *m <tech.allg> (Konzept eines Projekts)* • project
Entwurf *m <tech.allg> (eines Dokuments, Bilds, Projekts)* • draft; preliminary version
Entwurf *m <doku> (Skizze)* • sketch
Entwurfsoptimierung *f <tech.allg>* • design optimization
Entwurfszeichnung *f <doku>* • draft [drawing]; sketch
entzerren *vt <phys> (akustisch, elektronisch, optisch)* • eliminate distortion *vt*; correct distortion *vt*; equalize *vt*

Entzerrung *f <opt> (von Objektiven)* • distortion correction; perspective correction

entziehen *vt <hlk> (Wärme)* • extract *vt*; remove *vt*

entziehen *vt <verf> (z. B. Flüssigkeit)* • extract *vt*; abstract *vt*

entziffern *vt <doku> (schwer Lesbares)* • decrypt *vt*; decipher *vt*

Entzug *m <allg>* • extraction; removal

Entzugserscheinung *f <med>* • withdrawal symptom; abstinence phenomenon

entzündbar *ISO 13943 <mat.feuer> (spontan, schlagartig; z. B. Sprengstoff, Kraftstoff, Stäube)* • ignitable *ISO 13943*; ignitible

Entzündbarkeit *f EN ISO 6940 <qualit.-mat>* • ease of ignition *EN ISO 6940*; ignitability *ISO 13943*

entzünden *vt <feuer> (Feuer machen; z. B. Kaminfeuer, mit Anfeuerungsmaterial; z. B. Reisig)* • kindle *vt*

entzünden *vt ISO 13943 <feuer> (Verbrennung einleiten)* • light *vt ISO 13943*; ignite *vt*

entzünden *vt/vr <feuer>* • inflame *vi/vt*

entzundern *vt DIN EN ISO 4618 <metall> (z. B. Walzgut)* • descale *vt ISO 4618-3*; scale off *vt*; scale *vt*

entzündungshemmend *<pharm>* • anti-inflammatory; antiphlogistic

Enzym *n <chem>* • enzyme; ferment

EON-Funktion *f <av> (bei RDS)* • Enhanced Other Network [function] (EON)

Epilation *f <hygi> (inkl. Haarwurzel)* • epilation; hair removal

Epiliergerät *n <hygi.wz>* • epilator

Epitaxie *f <comp.ic>* • epitaxy; epitaxial growth

Epizentrum *n <geo> (seismisch)* • epicenter *US*; epicentre *GB*; seismic focus; seismic center *US*; seismic centre *GB*

Epoxid *n* (EP) *<kst> (z. B. zum Kleben, Vergießen, GFK)* • epoxy (EP); epoxy resin [formulation]

Epoxid... *<obfl> (in Zusammensetzungen; z. B. Harz)* • epoxy base[d]; epoxy ...

Epoxidgießharz *n <kst>* • epoxy casting resin

Epoxidharzlack *m <obfl>* • epoxy finish

Epoxidklebstoff *m <füg>* • epoxy adhesive; epoxy glue *pract*; epoxy adhesive formulation; epoxy based adhesive

Erbium *n* (Er) *<chem>* • erbium (Er)

Erdalkalimetalle *npl <chem> (Elemente der II. Hauptgruppe; Be, Mg, Ca, Sr, Ba, Ra)* • alkaline metals

Erdanziehung *f <phys> (Gravitation der Erde)* • gravitation force; gravitational force; gravity

Erdarbeiten *fpl <bau> (betont: Aushub, Abtragen, Abfahren, Aufschütten etc.)* • earth movement; earth moving

Erdarbeiten *fpl <bau> (Vorgang, Tiefbau)* • earthwork; groundwork; earthworks

Erdatmosphäre *f <meteo>* • earth's atmosphere

Erdaufschüttung *f <bau> (Ergebnis)* • earth embankment; earth fill; bank

Erdaushub *m <bau>* • excavation; excavation of soil

Erdbaumaschine *f ISO/DIS 6393 <bau.masch>* • earth moving machinery *ISO/DIS 6393*

Erdbeben *n <geo>* • earthquake; quake

Erdbebenbelastung *f <bau>* • seismic loading; earthquake loading

erdbebenfrei *<geo> (Region)* • non-seismic; aseismic

Erdbebengebiet *n <geo>* • seismic area; seismic region

Erdbebenlast *f <bau>* • earthquake load

erdbebensicher *<bau>* • earthquake-proof

Erdbeschleunigung *f* (g) *<phys>* • gravity acceleration (g); gravitational acceleration; acceleration due to gravity *did*

Erdboden *m <allg>* • ground *US*; earth *GB*

Erdboden *m <bau> (im Freien)* • soil

Erdbohrer *m <bau.masch> (ganzes Gerät; z. B. für Zaunpfosten)* • hole digger; earth borer

Erdbohrer *m <bau.wz> (der Bohrer an sich)* • auger drill; auger *pract*

Erddamm *m <bau.hydr>* • earth dam; earth fill dam; earth embankment

Erddruck *m <bau> (relativ oberflächennah)* • soil pressure

Erddruck *m <geo.bau> (tief; Bodenme-*

chanik; z. B. auf Fundament, Schacht, Tunnel) • earth pressure

Erde *f*: **in der ~ verlegen** *vt <bau> (Leitung)* • bury *vt*; lay underground *vi*

Erde *f <el> (elektrischer Anschluss an Erde; nicht bei Kfz etc.)* • ground *US*; earth *GB*

Erde *f*: **gegen ~ kurzschließen** *vt <el>* • short to earth *vt*

Erde *f <geo> (Planet)* • earth

Erdefunkstelle *f <aerosp> (Raumfahrt)* • earth station

erdelektrisches Feld *n <geo>* • geo--electric field

erden *vt <el> (mit Erde verbinden)* • ground *vt US*; connect to ground *vt US*; connect to earth *vt GB*; short to earth *vt GB*; earth *vt GB*

Erderkundungssatellit *m <aerosp>* • earth resources technology satellite

Erdferne *f <astron>* • apogee

erdfeucht *<bau.mat> (allg.; z. B. Beton, Lehm)* • earth-moist

Erdgas *n <chem.petr>* • natural gas

erdgasbefeuert *<verbr> (z. B. Heizkessel)* • natural-gas-fired

erdgasbefeuerte GuD-Anlage *f <energ>* • natural-gas fired combined cycle power plant (NGCC); natural--gas-combined-cycle plant; natural gas-fuelled combined cycle power plant; gas-fired combined cycle power plant; GFCC power plant

erdgasbefeuertes Kraftwerk *n <energ>* • natural-gas-fired power plant *US*; natural-gas-fired power station *GB*

Erdgasfahrzeug *n <kfz>* • natural-gas vehicle (NGV)

Erdgasleitung *f <rls>* • natural gas pipeline; gas pipeline *coll*

Erdgasverflüssigung *f <verf>* • natural gas liquefaction; gas liquefaction

Erdgasvorkommen *n <petr>* • natural gas reservoir; deposit of natural gas; gas reservoir; gas field; gas pool

Erdgeschoss *n* (EG) *<bau>* • ground floor *US.GB*; first floor *US*; grade level

erdig *<allg>* • earthy

erdige Beimengungen *fpl <tech.allg> (Eisenerz)* • earthy impurities

Erdkabel *n <el> (unterirdisch verlegt)* • underground cable; buried cable; underground line

Erdkern *m <geo>* • earth core; earth's core; core

Erdkruste *f <geo>* • Earth's crust; crust of the Earth; crust

Erdmagnetfeld *n <geo.phys>* • geo-magnetic field; terrestrial magnetic field; earth's magnetic field

Erdmagnetismus *m <geo.phys>* • geo-magnetism; terrestrial magnetism; earth's magnetism

Erdmantel *m <geo>* • Earth's mantle

erdnahes Objekt *n <astron>* • near--earth object (NEO)

erdnahe Umlaufbahn *f* (LEO) *<aerosp> (Satellit)* • low earth orbit (LEO); near--earth orbit

Erdoberfläche *f <geo> (allg.)* • Earth's surface

Erdoberfläche *f <geo> (im Ggs. zur Wasseroberfläche)* • land surface

Erdoberfläche *f <navig> (als Bezugsfläche, -ebene)* • ground (GND)

Erdoberschicht *f <geo>* • Earth's top cap; top cap

Erdöl *n <chem.petr>* • petroleum; mineral oil; oil *pract.coll*

Erdölbohrturm *m <petr>* • oil derrick

Erdölbohrung *f <petr> (Vorgang)* • oil--well drilling; oil drilling

Erdölfeld *n <petr> (Fördergebiet)* • petroleum field; oil field

erdölfördernd *<petr>* • petroleum-producing; oil-producing

Erdölförderung *f <petr>* • oil production

Erdölprodukt *n <petr> (z. B. Benzin, mineralische Schmierstoffe, Asphalt)* • petroleum product

Erdölraffinerie *f <chem.verf>* • oil refinery; petroleum refinery; refinery *pract*

Erdölraffinierung *f <petr>* • petroleum refining; oil refining

Erdpech *n <min> (natürl. Asphalt)* • earth pitch

Erdsammelschiene *f <el>* • ground bus bar *US*; earth bus bar *GB*

Erdschicht *f <agri>* • soil layer; soil stratum *thsc*

Erdschluss *m <el> (allg.)* • ground fault *US*; short-circuit to ground/earth *US/GB*; earth fault *GB*; fault to ground *US*; line-to-ground fault *US*

Erdumlaufbahn *f <aerosp> (von Satelliten um die Erde)* • earth orbit; terrestrial orbit; circumterrestrial orbit

erdumlaufend *<aerosp>* • orbiting

Erdung *f <el> (Leitung, Anschluss)* • grounding *US*; earthing *GB*; earth connection; earth lead; ground

Erdung *f <el> (Vorgang)* • grounding *US*; earthing *GB*

erdverlegte Rohrleitung *f <rls>* • buried pipeline

Erdwärme *f VDI4640 <energ.geo>* • geothermal heat; geothermal energy; terrestrial heat; ground heat *rare*; heat from the earth *coll*

ereignen *vr <allg>* • occur *vi*

Ereignisabfolge *f <tech.allg>* • sequence of events; event course; course of events

Erfahrung *f <tech.allg> (betriebliche)* • practice

Erfahrungsaustausch *m <allg>* • exchange of experience

erfahrungsgestützt *<allg>* • based on experience

Erfahrungswert *m <allg>* • empirical value

erfassen *vt <tech.allg> (sammeln; Daten, Messwerte etc.)* • collect *vt*

erfassen *vt <tech.allg> (Bereich; räumlich, statistisch; z. B. mit Zahlen, Radar)* • cover *vt*

erfassen *vt <tech.allg> (Personen, Material, Bestände)* • register *vt*

erfassen *vt <comp> (Daten sammeln)* • capture *vt*; gather *vt*; acquire *vt*

erfassen *vt <comp> (maschinenlesbare Zeichen; z. B. Text, Strichcode)* • scan *vt*; machine-read *vt*; read *vt*

erfassen *vt <msr> (Daten protokollieren)* • log *vt*

erfassen *vt <msr> (als Feldliniengrafik)* • map *vt*

erfassen *vt <msr> (als Protokoll, Datensatz)* • record *vt*

erfassen *vt <msr> (durch Sensoren; z. B. Druck, Temperatur, Strahlung, Bewegung)* • sense *vt*; detect *vt*; register *vt rare*

Erfasser *m <term>* • inputter *ISO 12620*

Erfassung *f <allg> (Sammeln von Daten aller Art)* • collection

Erfassung *f <tech.allg> (Daten, Messwerte)* • acquisition

Erfassung *f <ents> (Sammeln und Sortieren von Abfällen)* • reclamation

Erfassungsbereich *m <alarm> (eines Alarmsensors; z. B. IR-Bewegungsmelder)* • detection zone; detection pattern; detection field; coverage

Erfassungsbereich *m <navig> (Winkel und Reichweite; z. B. Radar, Sonar)* • detection range; coverage

Erfassungsdatum *n <term>* • input date *ISO 12620*

Erfinder *m <jur>* • inventor

Erfindung *f <jur>* • invention

erfolgen *vi <allg>* • carry out *vi/vt*; be carried out *vi*

erfordern *vt <allg>* • require *vt*; demand *vt*

erforschen *vt <allg> (z. B. Gebiet, Region, Insel)* • explore *vt*

erforschen *vt <allg> (untersuchen allg.)* • investigate *vi/vt*; explore *vt*

erfüllen *vt <tech.allg> (Kundenwünsche, Vorschriften, Anforderungen, Erwartungen)* • meet *vt*; satisfy *vt*

erfüllen *vt <jur> (Bedingungen, Vertrag)* • comply with *vt*; fulfill *vt US*; fulfil *vt GB.US*

erfüllt *<tech.allg> (Vorschrift XYZ, Norm XYZ etc.; z. B. DIN 2336)* • compliant

Erg *n <phys> (Einheit der Arbeit im Zentimeter-Gramm-Sekunden-System)* • erg

ergänzen *vt <allg> (Fehlendes hinzufügen)* • complement *vt*

ergänzen *vt <allg> (etw. hinzufügen; z. B. zu Nahrung)* • supplement *vt*

ergänzen *vt <tech.allg> (vervollständigen)* • complete *vt*

ergänzend *<allg> (zur Vervollständigung)* • complementary

ergänzend *<allg> (zusätzlich)* • supplementary; supplemental

Ergänzung *f <allg> (z. B. Dokument, Vereinbarung, math. Wert)* • complement

Ergänzung *f <allg> (des Gegenstandes, zu einem Gegenstand)* • supplement

Ergänzungs... *<allg> (als Präfix i.S. von zusätzlich, ergänzend zu etw.)* • supplementary; additional ...

ergiebig *<tech.allg> (z. B. Erdölquelle)* • highly productive; high-yield

Ergometer-Fahrrad *n <sport> (Heimtrainer)* • stationary bicycle

Ergonomie *f <tech.allg>* • human engineering; ergonomics

ergonomisch *<tech.allg>* • ergonomic *adj*
ergreifen *vt <allg> (Gegenstand; fig.: Gelegenheit)* • seize *vt*
Ergussgestein *n <geo> (vulkanisches Gestein)* • extrusive rock; igneous rock; volcanic rock; effusive rock
erhaben *<obfl> (z. B. Relief)* • raised
erhalten *vt <allg> (z. B. Ergebnis, Genehmigung, Zutritt)* • obtain *vt*
erhalten *vt <allg> (z. B. Geld, Poststück)* • receive *vt*
erhalten *vt <tech.allg> (aufrechterhalten; z. B. einwandfreier Zustand von Werkzeugen)* • maintain *vt*
erhalten *vt <ökol> (z. B. Arten)* • preserve *vt*
erhalten *vt <phys> (Zustand, Energie etc.)* • conserve *vt*
Erhaltung *f <allg> (z. B. der Natur; Naturwissenschaft: Erhaltungssätze)* • conservation
Erhaltung *f <allg> (z. B. des Friedens, von Straßen)* • maintenance
Erhaltungsaufwand *m <tech.allg>* • maintenance expenses; maintenance expenditure; repair and maintenance expense; maintenance costs
Erhaltungssatz *m <phys> (z. B. Energieerhaltungssatz, Impulserhaltungssatz)* • conservation law
Erhaltungszustand *m <tech.allg> (von Material; z. B. von Anlagen, Gebrauchtwagen)* • state of maintenance
Erhärtungsbeschleuniger *m <chem> (allg.; z. B. für Beton)* • hardening accelerator
Erhebung *f <geo> (im Gelände)* • elevation
Erhebung *f <obfl> (z. B. in der Oberfläche von Blechen)* • high spot; high area
erhöhen *vr/vt <allg> (z. B. Gebäude; Lohn, Preis, Steuer)* • raise *vr/vt*
erhöhen *vt <allg> (z. B. Leistungsfähigkeit eines Systems)* • enhance *vt*
erhöhen *vt <tech.allg> (heftig; z. B. Druck)* • boost *vt*
erhöhen *vt <tech.allg> (z. B. Fahrbahn, Gleiskörper; Geschützrohr)* • elevate *vt*
erhöhen *vt <prod> (z. B. Produktionsrate, Durchsatz)* • step up *vt*
Erhöhung *f <allg> (z. B. Gewinn, Temperatur, Kapazität)* • increase
Erhöhung *f <tech.allg> (z. B. Druck, Flüssigkeitsspiegel)* • elevation
Erhöhung *f <bau> (Aufstockung)* • raise
erholen *vr <mat>* • recover *vi*
Erholungsvermögen *n <tech.allg>* • recuperative capacity
Erholungsvorgang *m <tech.allg>* • recovery process
erkennbar *<allg> (mit Anstrengung zu bemerken)* • detectable
erkennen *vt <tech.allg> (betont: unterscheiden; z. B. optisch, akustisch)* • distinguish *vt*
erkennen *vt <tech.allg> (betont: identifizieren; z. B. Person, Bauteiltyp, Bauteilhersteller)* • identify *vt*
erkennen *vt <tech.allg> (betont: anerkennen, wiedererkennen; durch Mensch, Maschine)* • recognize *vt*
Erkennung *f <tech.allg> (betont: suchen und finden; z. B. Fehler, vorhandene Hardware)* • detection
Erkennungskode *m <tech.allg>* • identifying code
Erker *m <bau> (allg.)* • bay [window]
Erklärung *f <term>* • explanation *ISO 12620*
erkunden *vt <allg> (z. B. Gebiet, Planeten)* • explore *vt*
erleichtern *vt <allg> (Belastung, Beanspruchung: technisch, psychologisch)* • ease *vt*
erleichtern *vt <allg> (z. B. Bürde, Last; auch übertr.)* • lighten *vt*
erleichtern *vt <tech.allg> (z. B. Zugang, Arbeit mit Programm/ Maschine etc.)* • facilitate *vt*
Erlenmeyerkolben *m <chem>* • Erlenmeyer flask
Erlkönig *m <kfz>* • camouflaged prototype; disguised prototype
erlöschen *vi <jur> (Patent)* • expire *vi*
Ermessen *n <allg>* • discretion
ermitteln *vt <tech.allg> (beschaffen; z. B. Daten, Messwerte)* • obtain *vt*
ermitteln *vt <tech.allg> (betont: suchen und finden; z. B. Schwachstellen)* • detect *vt*
ermitteln *vt <tech.allg> (z. B. Größen, Mengen)* • determine *vt*; establish *vt*
ermitteln *vt <tech.allg> (durch Suchen; z. B. Problemursache, Problemlösung)* • find *vt*; find out *vt*
ermöglichen *vt <tech.allg> (z. B. Aktion,*

Funktion) • enable *vt*; allow *vt*; permit *vt*; make it possible *vt*

Ermüdungsbeständigkeit *f <qualit.-mat> (Materialeigenschaft)* • fatigue resistance; fatigue strength

Ermüdungsbruch *m <qualit.mat>* • fatigue fracture; fatigue failure; endurance failure

Ermüdungsgrenze *f <qualit.mat>* • fatigue limit; endurance limit

Ermüdungsriss *m <qualit.mat>* • fatigue crack; endurance crack

Ermüdungsversuch *m <qualit.mat>* • fatigue test

Ernährung ohne genmanipulierte Lebensmittel *f <nahr>* • non-GM diet

Ernährungswissenschaft *f <nahr>* • nutrition science

erneuerbar *<ökol> (z. B. Energie)* • renewable

erneuerbare Energie *f <energ> (Solarenergie, Erdwärme, Gezeitenkraft)* • renewable energy; alternative energy; regenerative energy; sustainable energy; green energy

Erneuerbare-Energien-Gesetz *n* (EEG) *<jur.energ> (Gesetz für den Vorrang erneuerbarer Energien)* • renewable energies act

erneuern *vt <allg>* • renew *vt*

erneuern *vt <tech.allg> (Verschleißteile; z. B. Luftfilter, Beläge)* • replace *vt*; renew *vt GB*

erneuern *vt <bau> (z. B. Fassade)* • renovate *vt*

Erneuerung *f <allg>* • renewal; renovation

erneut eingeben *vt <comp> (allg.)* • re--enter *vt*; re-input *vt*

erneut eingeben *vt <comp> (via Tastatur; z. B. Befehl)* • retype *vt*

erniedrigen *vt <tech.allg> (z. B. Temperatur, Druck)* • decrease *vt*

erniedrigen *vt <tech.allg> (z. B. Füllstand, Druck, Temperatur)* • lower *vt*

Erntemaschine *f <agri>* • harvesting machine; harvester

ernten *vt <agri>* • harvest *vt*; gather *vt*

ernten *vt <agri> (einzeln oder mit Sorgfalt; z. B. Obst)* • pick *vt*

Erntetechnik *f <agri>* • harvesting technology

erodieren *vi <geo> (ungewollt: Abtragung durch Witterung etc.)* • erode *vi*

erodieren *vt <prod> (gewollt: Fertigungsverfahren)* • erode *vt*

erodierend *<tech.allg> (Wirkung; z. B. von Witterung, Flüssigkeit, Sand, Spänen)* • erosive; eroding

eröffnen *vt <allg> (z. B. Ausstellung, Konto, Kredit, Laden, Testament, Verhandlung)* • open *vt*

Eröffnung *f <allg> (z. B. einer Industriemesse, eines Ladens, von Verhandlungen)* • opening

Eröffnungsfeier *f <allg>* • opening ceremony

Erosion *f <tech.allg> (Vertiefungsbildung durch Wind, Wasser, Verschleiß)* • erosion

Erosion *f <obfl> (jeder Oberflächenabtragungseffekt, meist unerwünscht)* • erosion

Erosion *f <rls> (z. B. in Pumpen, Armaturen)* • erosion; abrasion

erosionsfest *<obfl>* • erosion-resistant

erosiv *<tech.allg> (Erosion verursachend)* • erosive

erprobt *<allg>* • proven

Erprobungsgelände *n <qualit> (z. B. für Kraftfahrzeuge, Waffen)* • test ground; trial ground; proof ground; proving ground

errechneter Wert *m <tech.allg> (z. B. Wahrscheinlichkeit, Temperatur, Querschnitt)* • calculated value

erregen *vt <phys>* • energize *vt*

erregen *vt <phys.el> (z. B. Schwingkreis)* • excite *vt*

Erregerspule *f <el>* • excitation coil; exciting coil

Erregerwicklung *f <el> (allg.; auch Motor, Generator)* • exciting winding; excitation winding

Erregerwicklung *f <el> (in Motor oder Generator, als Stator oder Rotor)* • field winding; field coil

Erregung *f <tech.allg> (akustisch, elektrisch, mechanisch)* • excitation

Erreichen der Umlaufbahn *n <aerosp>* • acquisition of orbit

errichten *vt <allg> (z. B. Barrikade, Denkmal, Haus; Lot, Senkrechte)* • raise *vt*

errichten *vt <tech.allg> (montieren)* • assemble *vt*

errichten *vt <bau> (z. B. Gebäude)* • erect *vt*; construct *vt*

errichten *vt* <bau> *(z. B. Denkmal, Plattform; Gesellschaft)* • set up *vt*

Errichtung vor Ort *f* <prod> *(z. B. Gebäude, Großkomponente, Kran)* • erection in the field; field erection

Ersatz *m* <tech.allg> *(Erneuerung; z. B. eines verschlissenen Bauteiles)* • renewal

Ersatz *m* <tech.allg> *(Austausch)* • replacement; substitution

Ersatz… <tech.allg> *(Provisorium)* • stop-gap …

Ersatz… <tech.allg> *(alt gegen neu; z. B. Riemen, Aggregat)* • replacement …

Ersatz… <tech.allg> *(in Ermangelung des echten Originals; z. B. für Kaffee)* • substitute …; ersatz-…

Ersatz… <tech.allg> *(gleichwertige Alternative, Reserve)* • spare …

Ersatzanlage *f* <tech.allg> *(als Einsatzreserve, z. B. bei Systemausfall)* • stand-by system; back-up system

Ersatzantenne *f* <el> • auxiliary antenna *US*; reserve aerial *GB*

Ersatzbrennstoff *m* (EBS) <verbr> • alternative fuel; alternate fuel

Ersatzfahrzeug *n* <kfz> *(während Reparatur des Erstfahrzeugs)* • replacement vehicle; courtesy car *GB*; loaner *US.coll*

Ersatzfilterpatrone *f* <verf> • replacement filter cartridge; replacement cartridge

Ersatzmesser *n* <wz> • replacement blade

Ersatzreifen *m* <kfz> • spare tire *US*; spare tyre *GB*

Ersatzschaltbild *n* <el.doku> • equivalent circuit diagram; equivalent circuit; equivalent network diagram

Ersatzteil *n* <tech.allg> • spare part; spare *coll*; replacement part *rare*

Ersatzteilkatalog *m* <doku> • parts catalog *US*; parts catalogue *GB*; spare-parts catalog *US.rare*; catalog of spares *US.rare*

Ersatzteillager *n* <logist> *(Gebäude)* • spare-parts warehouse

Ersatzteillager *n* <logist> *(Bestand)* • stock of replacement parts; stock of spare parts

Ersatzteilliste *f* <logist> • spare-parts list; parts list

erschließen *vt* <tech.allg> *(z. B. Ressourcen)* • develop *vt*; tap *vt*; open up *vt*

Erschließung *f* <tech.allg> *(einer Region, eines Geländes)* • development

erschöpfen *vt* <tech.allg> *(z. B. Brunnen, Erdölquelle)* • deplete *vt*

erschöpfen *vt* <logist> *(Vorräte, Reserven)* • exhaust *vt*

erschöpfend <allg> *(z. B. Aufzählung)* • exhaustive

erschöpft <min> *(Bergwerk, Erdölquelle, Brunnen)* • depleted; worked-out

erschüttern *vt* <allg> *(mit kurzen, schnellen Bewegungen)* • shake *vt*

erschüttern *vt* <allg> *(mit einer oder mehreren einzelnen Erschütterungen)* • shock *vt*

erschüttern *vt* <mech> *(mit Vibrationen)* • vibrate *vt*

Erschütterung *f* <allg> *(einmalig, stark)* • shock

erschütterungsempfindlich <tech.allg> • sensitive to vibration

erschütterungsfrei <tech.allg> *(vibrationsfrei; z. B. Aufstellung, Fertigung)* • vibration-free; vibrationless; antivibration

erschütterungsfreie Aufhängung *f* <tech.allg> • antivibration mounting

erschwinglich <ökon> *(preisgünstig; z. B. Produkt, techn. Lösung)* • affordable

ersetzbar <allg> *(untereinander austauschbar)* • interchangeable

ersetzbar <allg> • replaceable; substitutable

ersetzen *vt* <allg> *(Personen, Gegenstände, Zahlen etc.)* • substitute *vt*; replace *vt*

erstarren *vi* <tech.allg> *(in den festen Aggregatzustand übergehen)* • solidify *vi*; become solid *vi*; consolidate *vi*

erstarren *vi* <bau.mat> *(hart werden; z. B. Kunststoff, Zement, Klebstoff)* • set *vi*; bond *vi*

erstarren *vi* <metall> *(durch Wärmeabgabe)* • freeze *vi*

erstarren *vi* <phys> *(flüssig zu fest)* • solidify *vi*; congeal *vi*

Erstarrung *f* <mat> *(einer Schmelze)* • solidification

Erstarrung *f* <phys> *(durch Temperaturabsinken; z. B. Gefrieren)* • congealing; congelation

Erstarrungsgestein *n* <*geo*> • eruptive rock; igneous rock; magmatic rock

Erstarrungspunkt *m* <*metall*> *(von Schmelzen)* • solidification point; freezing point

Erstausstatter *m* (OEM) <*prod*> • original equipment manufacturer (OEM)

Erstausstatterqualität *f* <*prod*> • OEM quality

Erstausstattung *f* <*prod*> *(z. B. Katalysator in Kfz)* • original equipment (OE)

erstellen *vt* <*allg*> *(z. B. Liste, Plan, Verzeichnis)* • create *vt*

erster Gang *m* <*kfz.antr*> • first gear; bottom gear; low gear

erster Hauptsatz der Thermodynamik *m* <*therm*> • first law of thermodynamics

erstes Obergeschoss *n* <*bau*> • first floor *US*; second floor *GB*; second storey

erstrecken über *vr* <*allg*> *(z. B. Gelände, Anlage)* • extend over *vi*

Erstzulassung *f* (EZ) <*kfz*> *(maßgeblich für das Betriebsalter eines Kfz)* • initial registration; first registration

erteilen *vt* <*allg*> • impart *vt*

erwärmen *vt* <*tech.allg*> • heat *vt*; heat up *vt*

Erwärmung *f* <*tech.allg*> *(z. B. globale)* • warm-up; heating

Erweichen *n* <*mat*> *(nicht intendiert)* • softening

erweichen *vi* <*mat*> *(z. B. Thermoplaste bei Tempertauranstieg)* • soften *vi*

erweichen *vt* <*kst*> *(beabsichtigt)* • plastify *vt*; plasticize *vt*; plasticate *vt*; soften *vt*; flux *vt*

Erweichungspunkt *m* <*kst*> *(von Thermoplasten)* • softening temperature; softening point *rare*

erweitern *vr* <*rls*> *(z. B. Rohr, Diffusor, Spalt, Strömungskanal)* • diverge *vi*

erweitern *vt* <*allg*> *(z. B. Zuständigkeitsbereich, Angebot, Kundenkreis)* • extend *vt*; expand *vt*

erweitern *vt* <*allg*> *(Anzahl erhöhen; z. B. Angebot, Produktpalette)* • increase *vt*

erweitern *vt* <*tech.allg*> *(z. B. Blutgefäß)* • dilate *vt*

erweitern *vt* <*comp*> *(Speicherkapazität)* • expand *vt*

erweitern *vt* <*opt*> *(Sehfeld vergrößern)* • amplify *vt*

erweitern *vt* <*psych*> *(Gesichtskreis, Kenntnisse)* • enlarge *vt*

erweiterter ASCII-Zeichensatz *m* <*comp*> • extended ASCII code; extended ASCII [character set]

Erweiterung *f* <*allg*> • enlargement

Erweiterung *f* <*tech.allg*> • expansion; extension

erweiterungsfähig <*allg*> • extendable; expandable

Erweiterungsfähigkeit *f* <*allg*> *(z. B. Flughafen, Produktionsvolumen, Versorgungsnetz)* • expandability; extendibility

Erz *n* <*min*> • ore

Erzader *f* <*min*> *(z. B. Eisenerz)* • lode; vein; ore vein; ore-bearing vein; live lode

Erzanalyse *f* <*min*> *(z. B. von Uranerz)* • assay; ore assay

Erzanreicherung *f* <*verf*> *(z. B. Uranerz)* • ore enrichment; ore concentration

erzeugen *vt* <*tech.allg*> *(z. B. Gas, Strom)* • generate *vt*

Erzeugnis *n* <*allg*> *(Gegenstand)* • article

Erzeugnis *n* <*prod*> • product

Erzeugnisnorm *f DIN EN 523* <*norm*> • product standard *DIN EN 523*

Erzeugung *f* <*allg*> *(meist aktiv, absichtlich)* • generation

erzreich <*min*> • rich in ore

erzwingen *vt* <*allg*> *(e. Handlung, Resultat)* • enforce *vt*; force *vt*

erzwungen <*allg*> • forced; constrained

erzwungene Konvektion *f* <*energ.sol*> • forced convection

Eschenholzrahmen *m* <*kfz*> *(z. B. im Morgan)* • ash timber frame

Esc-Taste *f* <*comp*> • Esc key; Escape key *did*

ES-geschweißt <*füg*> • electroslag--welded

essenzielle Aminosäure *f* <*chem*> *(Aminosäuren)* • essential amino acid

Essigsäure *f* <*chem*> *(Acetum acidum; z. B. Färberei, Herbizid, Fotolabor)* • acetic acid; ethanoic acid *rare*

Esskohle *f* <*min*> *(zw. Fettkohle und Magerkohle; typ. als Kesselkohle)* • dry steam coal; steam coal

Ester *m* <*chem*> • ester

Estrich *m DIN 18560-1 <bau> (fertiger Belag)* • screed topping; screed flooring

Estrich *m DIN 18560-1 <bau.mat> (als Material)* • screed; floor screed

Estrichbeton *m DIN 1045 <bau.mat>* • flooring concrete

Etagenwerkzeug *n <kst>* • stack mold; stacking mold; multi-daylight mold

Etagenwohnung *f <bau>* • flat

Ethan *n IUPAC <chem>* • ethane *IUPAC*; dimethyl *obs*; bimethyl *rare*; methylmethane *rare*

Ethanol *n <chem> (C_2H_5OH; durch Fermentierung od. synth. hergestellter Alkohol)* • ethanol; ethyl alcohol; grain alcohol; alcohol *pract*; spirit *GB*

Ethen *n IUPAC <chem>* • ethylene; ethene *IUPAC*; etherene *obs*; acetene *obs*; olefiant gas *coll*

Ether *m <chem>* • ether

Ethin *n IUPAC <chem>* • acetylene *IUPAC*; ethyne *IUPAC*; ethine

Ethylacetat *n <chem>* • ethyl acetate; acetic ester

Ethylacrylat *n <chem>* • ethyl acrylate

Ethylalkoholtreibstoff *m <mot>* • power alcohol

Ethylbenzin *n <chem>* • ethyl gasoline

Ethylenglykol *n* (EG) *<chem>* • ethylene glycol (EG)

Ethylen-Propylen-Copolymer *n* (EPM) *<kst> (Elastomerblend)* • ethylene-propylene copolymer (EPM)

Ethylen-Propylen-Kautschuk *m* (EPM) *<kst>* • ethylene-propylene rubber (EPR); EP-rubber

Ethylen-Propylen-Terpolymer *n* (EPDM) *<kst>* • ethylene-propylene terpolymer (EPDM)

Ethyl-tert-butylether *m* (ETBE) *<chem> (Oktanzahlverbesserer)* • ethyl tert-butyl ether (ETBE)

Etikett *n <doku> (dünn, weich; z. B. Folie, Papier; meist selbstklebend)* • label

Etikett *n <doku> (Anhänger; z. B. als Preisschild)* • tag

Etikett *n DIN 55 405 <pack>* • label

Etikettendrucker *m <comp>* • label printer

etikettieren *vt <tech.allg> (mit einem Anhänger)* • tag *vt*

etikettieren *vt <tech.allg> (allg.)* • label *vt*

Etui *n <pack>* • case

Etymologie *f <term>* • etymology *ISO 12620*

Et-Zeichen *n <druck.symb> (&)* • ampersand

euklidisch *<math> (z. B. Bewegung, Raum, Ring)* • Euclidean

Euler'sche Konstante *f* (e) *<math> (Basis der natürlichen Logarithmen; entspricht ca. 2,71828)* • Euler constant (e); Euler's constant

Euro-AV-Buchse *f <av>* • Euro AV socket

Euro-ISDN *n <tele>* • Euro ISDN

Europäische Artikelnummerierung *f* (EAN) *<pack> (Strichcodetyp)* • European Article Numbering System (EANS)

Europäischer Installationsbus *m* (EIB) *<bau.el>* • European Installation Bus (EIB); Instabus

Europäisches Patentamt *n* (EPA) *<org.jur> (München)* • European Patent Office (EPO)

Europium *n* (Eu) *<chem>* • europium (Eu)

Eutektikum *n <mat> (feinkörniges Kristallgemisch)* • eutectic; eutectic mixture

eutektisch *<mat>* • eutectic *adj*

eutektischer Punkt *m <mat> (im Zustands-Schaubild; z. B. Eisen-Kohlenstoff)* • eutectic point

Eutektoid *n <mat>* • eutectoid

evakuieren *vt <allg> (Menschen, Haus, Stadt, Schiff)* • evacuate *vt*

evakuieren *vt <tech.allg> (luftleeren Raum schaffen)* • evacuate *vt*; create a complete vacuum *vt*

evakuiert *<allg>* • evacuated

Evakuierung *f <allg> (von Räumen; z. B. Stadt, Gebäude, Zug, Flugzeug)* • evacuation

Evolvente *f DIN 3998 <math> (z. B. bei Zahnrädern)* • involute [curve]

evolventenverzahnt *<masch>* • involute-toothed

Evolventenverzahnung *f <masch>* • involute toothing; involute gear teeth

Exa... (E) *<phys.msr> (Vorsilbe für Einheiten; z. B. Exajoule = 10^{18} Joule)* • exa (E)

exakt *<allg> (präzis, zuverlässig, ohne*

Fehler od. Abweichung; z. B. Anzeige, Arbeit) • exact; precise
Excimerlaser *m <opt>* • excimer laser
Exemplar *n <doku>* • copy
ex-geschützt *<el> (voll gekapselt, keine Zündquelle; z. B. Schalter, Motoren)* • ex-protected; explosion-proof
Exoskelett *n <msr>* • exoskeleton
Exosphäre *f <astron>* • exosphere; spray region
exotherm *<chem.phys> (z. B. chemische Reaktion)* • exothermal; exothermic
expandieren *vi <phys> (Stoffe bei Erwärmung)* • expand *vi*
expandierter Polyethylenschaum *m* (EPS) *<kst> (z. B. für Stoßfänger)* • expanded polyethylene foam
Expansionsventil *n <hlk> (z. B. von Wärmepumpen, Kühlschränken, Klimaanlagen)* • expansion valve; throttle valve; expansion device; orifice valve
Expektorans *n pl*: **-zien** *<pharm>* • expectorant [drug]
Experimentalchemie *f <chem>* • experimental chemistry
Experimentalphysik *f <phys>* • experimental physics
experimentell *<tech.allg>* • experimental
experimentell bestätigen *vt <tech.allg>* • verify experimentally *vt*
experimentell bestimmen *vt <tech.allg>* • determine experimentally *vt*
Experte *m <allg>* • expert
Expertensystem *n <tech.allg>* • expert system
explizit *<allg>* • explicit
explodieren *vi <tech.allg>* • explode *vi*; detonate *vi*; burst *vi*
Exploration *f <min>* • exploration
Explosion *f <tech.allg>* • explosion; detonation; blast
Explosionsdarstellung *f DIN ISO 10209-2 <doku> (auseinandergezogene Darstellung; z. B. in Zusammenbau-Anleitung)* • exploded view *ISO 10209-2*; exploded diagram; breakdown drawing
Explosionsgefahr *f <tech.allg>* • explosion hazard; explosion risk
explosionsgefährdet *<tech.allg> (Bereich; z. B. Labor)* • explosion-prone
explosionsgefährdeter Bereich *m <tech.allg> (mit explosionsfähiger Atmosphäre)* • explosion-risk zone (ERZ)
Explosionsschutz *m <tech.allg> (z. B. nach Atex 95)* • explosion protection
Exponent *m <math>* • exponent
Exponentialfunktion *f <math>* • exponential function
Exponentialverteilung *f DIN 55350-22 <math> (Statistik)* • exponential distribution
exponentiell *<tech.allg> (z. B. Zuwachs, Wachstum)* • exponential
exponieren *vt <tech.allg>* • expose *vt*
Export-Ausführung *f <tech.allg>* • export version
Exportdatum *n <term>* • exportation date *ISO 12620*
exportieren *vt <comp> (Daten; z. B. aus Datenbank)* • export *vt*
Export-Modell *n <tech.allg>* • export model
Exposition *f <ökol> (gegenüber Risiken; z. B. Emissionen, Strahlung, Schadstoffen)* • exposure
Expositionszeit *f <tech.allg> (Einflüsse aller Art; z. B. Strahlung)* • exposure time; exposure duration
Express-Cruiser *m <nav>* • express cruiser
Express-Service *m <logist> (auch bei Dienstleistungen)* • expedited service
Exsikkator *m <verf>* • desiccator; desicator *rare*
Exsudat *n <med> (serös, fibrinös, blutig oder eitrig)* • exudate
extended *<druck> (Schriftschnitt mit erweiterter Laufweite)* • extended; expanded
Extended Graphics Array *m* (XGA) *<comp> (Grafikstandard; Auflösung 1024 x 768)* • extended graphics array (XGA)
Extended-ISA (EISA) *<comp> (Bussystem)* • Extended ISA (EISA)
Extended Memory Specification *f* (XMS) *<comp> (für Speicherbereich oberhalb von 1 MB)* • Extended Memory Specification (XMS)
Extended Play *n* (EP) *:V <av> (bei NTSC; verdreifacht die Dauer)* • extended play (EP)
Extended Service Set *n* (ESS) *<comp> (WLAN)* • Extended Service Set (ESS)
extensiv *<allg>* • extensive

extern *<allg> (außerhalb, draußen angeordnet)* • external

extern *<tech.allg> (separat, fern; z. B. Bedienteil)* • remote

externer Speicher *m <comp> (jeder nichtflüchtige Speicher außerhalb der CPU)* • external storage; storage subsystem; secondary storage; peripheral storage; auxiliary storage

externe Schnittstelle *f <comp>* • external interface; I/O port; peripheral interface; device interface

Extinktion *f <phys> (Strahlungsabsorption eines Gases)* • absorbance

extra condensed *<druck> (extraschmaler Schriftschnitt)* • extra condensed

extra extended *<druck> (Schriftschnitt mit stark erweiterter Laufweite)* • extra extended

extrafett *<druck> (Schriftschnitt mit starkem Fettungsgrad)* • extra bold; heavy

extrahieren *vt <tech.allg>* • extract *vt*

Extraktionsanlage *f <verf>* • extraction plant; extraction unit

Extraktionskolonne *f <verf>* • extraction column; extraction tower

extraktiv *<tech.allg>* • extractive

extraleicht *<druck> (Schriftschnitt mit geringem Fettungsgrad)* • ultra light

Extrapolation *f <math> (allg.)* • extrapolation

extrapolieren *vi <math>* • extrapolate *vi*

Extras *npl*: **alle üblichen ~** *<kfz>* • options: all usual ~; refinements: all usual ~

extraterrestrische Sonnenstrahlung *f <energ.sol>* • extraterrestrial solar radiation

extraterrestrische Strahlung *f <astron>* • extraterrestrial radiation

extreme Einsatzbedingungen *fpl <tech.allg>* • extreme operating conditions

Extremfall *m <allg> (einer Applikation)* • critical application

extrem niedrig *<tech.allg>* • ultra low; extremely low

Extremposition *f <masch> (von Hebeln, Kolben etc.)* • extreme position

Extremwert *m <math> (höchster oder niedrigster Wert)* • extreme value; extremum *thsc*

Extremwetter *n <meteo> (z. B. Wirbelstürme, Flutkatastrophen)* • extreme weather

Extrudat *n <kst>* • extrudate; extrusion product

Extruder *m <prod> (z. B. für Alu, Kunststoff, Makkaroni, Speiseeis)* • extruder; extrusion press *obs*

Extruderschnecke *f <kst>* • extruder screw

Extruderzylinder *m <prod>* • extruder cylinder; extruder barrel

Extrudierdüse *f <prod>* • extrusion nozzle; extrusion die

extrudieren *vt <prod>* • extrude *vt*

Extrudierkopf *m <prod> (mit einer od. mehreren Extruderdüsen)* • extruder head

Extrusion *f <comp> (3D-Grafik)* • extrusion; lofting *rare*

Extrusion *f <prod> (z. B. von Kunststoff; z. B. von Profilen)* • extrusion; extrusion process

Extrusionsfolie *f DIN 55 405 <kst>* • extruded film

Exzenter *m <masch> (typ. ein Nocken)* • eccentric

Exzenterantrieb *m <masch> (allg.)* • eccentric drive

Exzenterrolle *f <masch> (auf Nocken)* • cam follower

exzentrisch *<tech.allg> (z. B. ein Nocken auf einer Welle)* • eccentric *adj*; off-center *US*; offset *adj*

exzentrische Lage *f <tech.allg>* • off-center position *US*; off-centre position *GB*

Exzentrizität *f <tech.allg>* • eccentricity

F

Fabrik *f <prod>* • factory

Fabrikabfälle *mpl <ents>* • factory waste; post mill waste

Fabrik der Zukunft *f <prod>* • factory of the future

fabrikmäßig geführte Landwirtschaft *f <agri>* • factory farming

fabrikneu *<tech.allg> (tatsächlich neu, unbenutzt)* • brand-new

fabrikneu *<tech.allg> (gebrauchter Gegenstand; z. B. Gebrauchtwagenzustand)* • mint condition

Fabrikschornstein *m* *<verbr>* • chimney stalk

Fabriktrawler *m* *<nav>* *(mit eigener Fangeinrichtung)* • fish-processing ship; fish-factory ship; factory ship *pract*

Fabrikverkaufszentrum *n* *<ökon>* • factory outlet center (FOC) *US*; factory outlet centre *GB*

facegeliftet *<kfz>* *(Modifikationen wie z. B. Zierstreifen, andere Scheinwerfer etc.)* • face-lifted

Facelift *n* *<kfz>* *(von Autos)* • facelift; makeover; freshening

Facette *f* *<tech.allg>* *(kleine, glatte, flache Fläche; z. B. geschliffen)* • facet

Facettenschliff *m* *<obfl>* *(Schliffart)* • faceted cut

Fach *n* *<tech.allg>* *(in Gehäuse, Schaltschrank, Regal etc.; z. B. für Einschübe, Lagerteile)* • partition; division; compartment; bay

Fach *n* *<tech.allg>* *(freie Öffnung zwischen den Trägern eines Fachwerk, Rahmens)* • bay

Fach *n* *<tech.allg>* *(die Füllung zwischen den Trägern eines Fachwerk, Rahmens)* • panel

Fach *n* *<did>* *(Studienrichtung, Arbeitsgebiet)* • discipline; field

Fach *n* *<logist>* *(offen, für hinterlegte Post, Nachrichten etc.)* • pidgeon hole

Fach *n* *<pack.tour>* *(abgeteiltes Einzelfach; z. B. in Aktenkoffer, Brieftasche)* • compartment

Fachbesucher *m* *<ökon>* *(auf Messe)* • trade visitor

Fachboden *m* *<logist>* *(in Regal; aus Blech, Holz)* • shelf *pl*: shelves

Fachboden *m* *<logist>* *(in großem Industrieregal; z. B. in Hochregallager)* • decking panel; decking

Fachbodenregal *n* *<logist>* *(allg.)* • shelving

Fachbodenregal *n* *<logist>* *(Seitenwände und Rückwand geschlossen, relativ kleine Fächer)* • bin rack; binning

Fachebene *f* *<logist>* *(Fachbodenregal)* • shelf level; level

fächerartig ausbreiten *vt* *<allg>* • fan out *vt*

Fächerdüse *f* *<hlk>* • fan nozzle

fächerförmig *<tech.allg>* *(z. B. Luftstrahl, Lichtstrahl)* • fan-shaped

Fächerkrümmer *m* *<kfz>* *(Stahl statt Gusseisen; Leistungssteigerung)* • high-performance header; performance header; tuned header; header *pract*

fächern *vt* *<allg>* • fan *vt*

Fächerscheibe *f DIN 6798* *<füg>* • serrated lock washer

fachfremd *<tech.allg>* *(nicht zum Fachgebiet gehörig)* • unrelated; alien

fachfremde Person *f* *<tech.allg>* • unqualified person

fachgerecht *<tech.allg>* *(z. B. gebaut, bearbeitet, zerlegt)* • according to good professional practice *:V*

Fachglossar *n* *<doku>* • glossary of terms

Fachhochregal *n* *<logist>* • high-rise shelving

fachlich *<allg>* • technical

fachliches Schreiben *n* *<doku>* • technical writing

Fachmesse *f* *<tech.allg>* • industry fair

Fachung *f* *<textil>* *(Zwirn)* • folding number

Fachvorzwirnmaschine *f* *<textil>* *(Stufen-Zwirnverfahren)* • assembly twister

Fachwerk *n* *<bau>* *(tragende Gitterkonstruktion aus geraden Stäben, Balken, Trägern)* • truss

Fachwerk *n* *<bau.masch>* *(gewichtsparende Stabkonstruktion; z. B. von Kranauslegern)* • lattice

Fachwerk *n* *<mech>* *(als mechanisches Modell: Stabwerk mit Gelenken)* • pin-jointed frame

fachwerkartig *<bau>* • truss-like

Fachwerkbogen *m* *<bau>* *(z. B. einer Brücke; einzelner Bogen)* • trussed arch; arched truss; brace-ribbed arch

Fachwerkbogenbrücke *f* *<bau>* • trussed arch bridge

Fachwerkbrücke *f* *<bau>* • truss bridge; trussed bridge; trussed girder bridge

Fachwerkdach *n* *<bau>* • framed roof

Fachwerkelement *n* *<bau>* • truss element; truss member; truss component

Fachwerkgebäude *n* *<bau.holz>* • timbered building; timber-framed building

Fachwerkkastenbrücke *f* *<bau>* • box girder bridge

Fachwerkkonstruktion *f* *<bau>* • lattice-type construction

Fachwerksrahmen *m <bau.masch>* • lattice frame

Fachwerkstab *m <bau> (Strebe oder Pfosten im Fachwerk)* • truss member; web member; rod

Fachwerkträger *m <bau> (Stabtragwerk mit Diagonalen)* • trussed beam; braced beam; framed beam; trussed girder; open-web beam

Fachzeitschrift *f <druck> (für Handel und Gewerbe)* • trade magazine; trade journal

Fachzeitschrift *f <druck> (allg.)* • technical journal; specialist journal *rare*

Fachzeitschrift *f <druck> (betont: berufsbezogen, für Fachleute)* • professional magazine

Fackel *f <allg>* • torch

Fackel *f <astron> (Stern)* • facula

Fackel *f <verbr>* • flare

Fackelgas *n <verbr>* • flare gas

Fadec-Regler *m <aerosp.msr>* • Full Authority Digital Engine Control (FADEC)

Faden *m <el> (aus Metall, Kohle; z. B. als Licht- od. Wärmequelle)* • filament

Faden *m <nav> (naut. Längenmaß für Tiefen; 1,83 m)* • fathom

Faden *m <textil> (allg.; z. B. zum Nähen)* • thread; yarn

Faden *m <textil> (Endlosgespinst; synth. od. von Seidenraupe)* • filament; continuous fiber *US*; continuous fibre *GB*

Fadenabrieb *m <textil> (z. B. auf Maschinenteilen)* • yarn abrasion; snow *pract*

Fadenauge *n <textil>* • thread guide

Fadendichte *f <textil> (in D: Anz. Fäden pro cm in Kette und Schuss; in UK: pro in^2)* • thread count; yarn count; count *pract*; number *pract*

fadenförmig *<allg>* • filamentary; filiform; threadlike

Fadenführer *m <textil> (allg.; z. B. in Spulmaschine, Zwirnmaschine)* • yarn guide; thread guide; feeder

fadengezwickt *<led.prod> (Schuhfertigung)* • thread-lasted; string-lasted

Fadenheftung *f <druck>* • thread sewing; thread stitching

Fadenkreuz *n <comp> (auf Bildschirm, Display, Lupe)* • cross hairs

Fadenkreuz *n <opt> (Visier)* • cross hairs; cross hair; cross wires; cross lines

Fadenkreuzlupe *f <comp> (für Grafiktablett)* • cursor puck; crosshair cursor; cursor with crosshairs; digitizing cursor; tablet cursor

Fadenstärke *f <textil> (Gespinst)* • count of yarn

Fadenstärke *f <textil> (Zwirn)* • thread size

Fadenwendel *f EN ISO 8330 <rls> (in verstärkten Schläuchen)* • helical cord *EN ISO 8330*; spiral reinforcement; spiraled ply *US*; spiralled ply *GB*

Fadenziehen *n <kst> (beim Spritzgießen; unerwünschter Effekt)* • cobwebbing

Fadenziehen *n <silik> (unerwünscht)* • stringing

Fadenzieher *m DIN ISO 2424 <textil> (Defekt)* • laddering *ISO 2424*; shooting

Fadenzubringer *m <textil> (Faden zu den Nadeln)* • feeder; yarn feed installation; feed device

Fadenzuführung *f <textil>* • yarn supply; yarn feed

Fader *m <av> (Ton; vorne und hinten)* • fader

Fahne *f <druck>* • galley; galley proof; galley copy

Fahne *f <el> (zum Löten)* • lug

Fahne *f <jur> (Stofftuch mit Gruppenzugehörigkeitszeichen etc.)* • flag

Fahne *f <logist> (Lasche o. Ä. zur Kennzeichnung)* • tab

Fahnenkorrektur *f <druck>* • galley proofreading

Fahnenstange *f <bau>* • flag pole; flag staff

Fahrantrieb *m <agri.tech> (Traktor, Mähdrescher)* • traction drive; ground drive

Fahrantrieb *m <bahn>* • traction

Fahrantrieb *m <förd> (Kran, Laufkatze)* • traveling drive *US*; travelling drive *GB*; travelling gear *GB*

Fahrbahn *f <bau.verk> (Fahrstreifen, ggf. plus Randstreifen)* • roadway *US*; pavement *US*; carriageway *GB*

Fahrbahn *f <förd> (z. B. für Laufkatze)* • trackage

Fahrbahn *f <förd> (über Kopf; für Laufkatze)* • overhead trackage

Fahrbahn *f <förd> (einen Schienenkranes)* • track
Fahrbahn *f <verk> (befestigte Straßenoberfläche)* • road surface; hard surface; pavement *US*; ground surface *rare*
Fahrbahnkontakt *m <kfz>* • road feel *:V*
Fahrbahnmarkierung *f <verk> (Absperrung durch Kegel)* • coning-off
Fahrbahnmarkierung *f <verk>* • roadway marking; road marking; pavement marking *US*; carriageway marking *GB*
Fahrbahnranderkennung *f <kfz.msr>* • lane edge detection
Fahrbahnschäden *mpl <verk>* • road damage
Fahrbahn unterschiedlicher Griffigkeit *f <bau.verk>* • split-friction road surface; asymmetrical road surface; surface of differing adhesion
fahrbar *<tech.allg> (z. B. Kran)* • mobile
fahrbarer Kran *m <bau.masch> (allg.; jede Art von Fahrwerk)* • mobile crane; portable crane *rare*
fahrbarer Turmdrehkran *m <bau.-masch>* • mobile tower crane
Fahrbereich *m <kfz> (Reichweite; in km)* • radius of operation; radius of action
Fahrbereich *m <kfz.antr> (bei Automatikgetrieben; z. B. P, R, N, D, 4, 3, 2)* • gear range; gear *coll*
Fahrbereichsanzeige *f <kfz.antr> (bei Automatikgetrieben; typ. D, 1, 2, 3, 4)* • gearshift selector indicator; gear selector indicator
Fahrbetriebsart *f <kfz>* • driving mode
Fahr-/Bremssteuerung *f DIN VDE 0119-20 <bahn.msr>* • traction and braking control *DIN VDE 0119-20*
Fahrdraht *m <bahn.el>* • contact wire; overhead wire
Fahrdynamikregelung *f* (FDR) *<kfz.msr> (mit Bremseneingriff; z. B. DSC, CBC)* • dynamic drive control
Fahreigenschaften *fpl <fz> (allg.; auch von Reifen)* • driving properties *pl*; driving qualities; roadability
Fahreigenschaften *fpl <kfz> (betont: Straßenlage)* • road holding
Fahren *n <kfz>* • driving
fahren *vi <tech.allg> (verkehren: ein Bus, ein Zug von A nach B)* • run *vi*
fahren *vi <fz> (betont: Bewegung; z. B. ein Zug)* • move *vi*
fahren *vi <masch> (relative kurze Strecken, meist hin und zurück; z. B. Kran, Schlitten)* • travel *vi*
fahren *vi <wz.masch> (quer)* • traverse *vi*
fahren *vt <tech.allg> (Maschine, System, Anlage etc.)* • operate *vt*; run *vt*
fahren *vt <fz> (als Mitfahrer; z. B. mit dem Zug)* • go *vt*
fahren *vt <fz> (ein Zweirad; z. B. Fahrrad, Motorrad, Roller)* • ride *vt*
fahren *vt <kfz> (selbst, als Fahrzeuglenker; z. B. Auto)* • drive *vt*
fahren *vt <msr> (Messungen, Tests, Versuchsbetrieb)* • run *vt*; conduct *vt*
fahren *vt <nav> (Segel)* • carry *vt*
Fahren bei Nacht *n <kfz>* • night driving; driving at night
Fahrenheit *n* (F) *<phys> (Temperaturskala)* • Fahrenheit (F)
Fahren im Gebirge *n <kfz>* • mountainous driving
fahren mit *vi <fz> (Kraftstoffart; z. B. mit Benzin, Super, Diesel)* • run on *vi*; operate with *vi*; use *vt*
Fahrer *m <agri.nfz> (z. B. von Traktor, Mähdrescher)* • operator; driver
Fahrer *m <kfz> (eines Pkw, Lkw)* • driver; operator *form.rare*
Fahrer *m <verk> (eines Zweirads)* • rider
Fahrerairbag *m <kfz.sich>* • driver air bag [system]; driver air bag; driver side airbag; driver's airbag
Fahrerassistenzsystem *n <kfz>* • driver assistance system
Fahrerhaus *n <bahn> (Lokomotive)* • cab; cabin
Fahrerhaus *n <nfz> (von Nutzfahrzeugen)* • cabin; driver's cabin *form*; cab *pract*; shed *coll*
Fahrerin *f <kfz> (eines Kfz; z. B. eines Lkw, Autos, Motorrads)* • driver; operator *form*
Fahrerkabine *f <tech.allg> (RFZ, Kran, Baumaschine)* • operator cab *US*; operator's cab; driver's cab *GB*; driver cab *GB*; cab *pract*
Fahrerkabine *f <tech.allg> (z. B. von Baumaschinen, Traktoren)* • operator cab
Fahrerlaubnis *f <kfz.jur> (Zulassung einer Person zum Straßenverkehr)* • driving licence
fahrerloses Transportsystem *n* (FTS)

<logist> • automated guided vehicle [system] (AGV); operatorless truck *rare*

Fahrerseite *f <kfz>* • driver's side; off-side

Fahrersitz *m <kfz>* • driver's seat; driving seat

Fahrer- und Beifahrerairbag *m <kfz.sich>* • dual airbags

Fahrgast *m <verk>* • passenger; rider *US*

Fahrgastabteil *n <bahn>* • passenger compartment

Fahrgastaufkommen *n <verk>* • ridership; passenger volume

Fahrgastbarkasse *f <nav>* • passenger launch

Fahrgastdeck *n <nav>* • passenger deck

Fahrgastinformationssystem *n* (FIS) *<bahn.av>* • passenger information system (PIS); public address system; PA system *pract*

Fahrgastkapazität *f <fz> (Bus, Bahn)* • passenger capacity; passenger-carrying capacity

Fahrgastraum *m <kfz>* • passenger cell; tonneau

Fahrgeräusch *n <kfz.emiss> (allg.)* • driving noise

Fahrgeschwindigkeit *f <förd> (von Fördereinrichtungen; e.g. Seilbahnen)* • traveling speed *US*; travelling speed *GB*

Fahrgeschwindigkeit *f <kfz> (betont: konkrete Geschwindigkeit; z. B. 130 km/h)* • road speed; vehicle road speed *form*; car speed *US*; vehicle speed; driving speed

Fahrgeschwindigkeit *f <verk> (von Zügen, Straßenfahrzeugen)* • running speed

Fahrgestell *n <tech.allg> (für schwere Geräte; z. B. Druckflasche, Kompressor)* • running gear

Fahrgestell *n <bahn>* • carriage

Fahrgestell *n <fz> (allg.; außer bei Flugzeug)* • chassis

Fahrgestell *n <kfz> (betont: Tragwerk; z. B. von Pkw)* • running gear; chassis frame; chassis *GB*; frame *US*; undercarriage

Fahrgestell *n <min> (zum langsamen Fortbewegen; z. B. für Brecheranlage)* • traveling mechanism *US*; travelling mechanism *GB*

Fahrgestell mit Fahrerhaus *n <nfz>* • chassis-cab; chassis and cab

Fahrgestellnummer *f <kfz>* • vehicle identification number (VIN); chassis type and identification number *form*; chassis number *rare*

Fährhafen *m <nav>* • ferry harbour; ferry terminal

Fahrkomfort *m <fz> (beeinflusst durch Laufruhe des Motors, Federung etc.)* • ride comfort; riding quality; ride quality; ride *coll*; driving comfort *rare*

Fahrkomfort *m <tour> (betont: auf Reisen)* • traveling comfort *US*; travelling comfort *GB*

Fahrkorb *m <förd> (z. B. Aufzug)* • car; lift car; lift cage

fahrlässig *<jur>* • negligent

Fahrlässigkeit *f <jur>* • negligence

Fahrleistung *f <bahn> (von Loks)* • tractive power

Fahrleistungen *fpl <kfz> (z. B. Beschleunigung Höchstgeschwindigkeit)* • performance; vehicle performance *form.rare*

Fahrleitung *f <bahn> (für E-Lok)* • catenary; catenary line; overhead conductor *did.rare*; overhead contact wire *rare*

Fahrleitung *f <el.nfz> (für Oberleitungsbus mit Rollenstromabnehmer)* • trolley wire; overhead conductor

Fahrleitungsmast *m <bahn> (allg.)* • traction pole

Fahrleitungsspanner *m <bahn>* • catenary wire strainer

Fahrleitungsspannung *f <bahn>* • catenary voltage

Fahrmotor *m <bahn.antr>* • traction motor; propulsion motor

Fahrmotor *m <kfz.el.antr> (von Elektrofahrzeugen)* • drive motor; traction motor

Fahrplan *m <verk> (z. B. für Bahn, Bus)* • schedule *US*; timetable *GB*

Fahrrad *n DIN ISO 8090 <fz> (Zweirad)* • bicycle; bike *coll*; pushbike *GB.AUS.coll*

Fahrraddynamo *m <fz.el> (Wechselstrom)* • bicycle dynamo

Fahrradkette *f <fz.antr>* • bicycle chain; track chain *rare*

Fahrrinne *f <nav>* • navigation channel;

navigational channel
Fahrschemel *m <kfz> (Hilfsrahmen für Radführungselemente)* • suspension subframe; subframe; stubframe; miniframe; cradle assy
Fährschiff *n <nav>* • ferry *US.GB*; ferryboat *US*
Fahrsicherheit *f <kfz>* • driving safety
Fahrspaß *m <kfz>* • driving pleasure
Fahrstabilität *f <kfz> (Fahrverhalten; Fahrzeug und/oder Reifen)* • driving stability; directional stability; directional control; lateral grip; lateral stability
Fahrsteig *m <verk>* • moving sidewalk *US*; moving pavement *GB*; autowalk *pract*; passenger conveyor *rare*
Fahrstiel *m <agri.wz> (für Akku-Rasenschere)* • upright grass shear handle
Fahrstil *m <fz> (Zweiradfz.)* • riding style
Fahrstil *m <kfz> (Fahrgeschwindigkeit)* • driving style
Fahrstreckenverriegelung *f <bahn>* • section blocking
Fahrstreifen *m <bau.verk> (Breite in Deutschland 2,75 - 3,75 m, in den USA 3,0 - 3,6 m)* • traffic lane; lane *pract*
Fahrstreifen-Begrenzungsnägel *mpl :V <verk> (z. B. in Baustellenbereichen)* • lane studs
Fahrstreifenmarkierung *f <verk> (Vorgang u- Ergebnis)* • lane marking
Fahrstreifen-Warnsystem *n :V <kfz> (warnt beim Abkommen aus der Fahrstreifenmitte)* • lane-warning system
Fahrstrom *m <bahn>* • traction current
Fahrt *f <fz> (mit Motorrad, Bahn)* • ride; riding
Fahrt *f <fz> (z. B. in voller Fahrt)* • speed
Fahrt *f <kfz> (mit dem Auto)* • drive
Fahrt *f <verk> (gerichtet, von A nach B)* • journey
Fahrt aufnehmen *vi <nav>* • gather speed *vi*; pick up speed *vi*
Fahrt durch Wasser *f* (FdW) *<nav>* • speed through water; water speed
Fahrtenschreiber *m <nfz>* • tachograph; recorder *US.AUS*
Fahrt in Kiellinie *f <nav>* • column movement
Fahrtmesser *m <aerosp>* • airspeed indicator (ASI); airspeed meter
Fahrtrichtung *f <tech.allg> (Fahrzeug)* • direction of travel
Fahrtrichtungsanzeiger *m <kfz.el>* • turn signal [light]; turn signal and lane-change indicator *form*
Fahrtrichtungswechsel *m <bahn> (Zug)* • change of direction
Fahrttrimm *m <nav>* • squat *US*; running trim
fahrtüchtig *<fz> (Fahrzeug)* • roadworthy
fahrtüchtig *<verk> (Fahrer; allg.)* • fit to drive
Fahrt verlangsamen *vi <fz>* • slow down *vi*; decelerate *vi*
Fahrtwind *m <kfz> (z. B im Gesicht, beim Cabrio- oder Motorradfahren)* • wind blast
Fahrtwind *m <nav>* • wind of the boat's own speed; created wind
fahruntüchtig *<kfz> (Fahrzeug)* • disabled; not roadworthy
fahruntüchtig *<verk> (Fahrer; allg.)* • unfit to drive
Fahrverhalten *n <kfz> (betont: Handling des Fahrzeugs, von Reifen etc.)* • handling properties; handling
Fahrverhalten *n <kfz> (eines Fahrzeugs, Motors im konkreten Fahrbetrieb)* • drivability
Fahrverhalten im Grenzbereich *n <kfz>* • handling at the limit
Fährverkehr *m <verk>* • ferry traffic
Fahrwasser *n <nav>* • fairway; navigation channel
Fahrwassertiefe *f <nav>* • depth of the navigable channel; depth of the channel; channel depth
Fahrweg *m* (FW) *<bahn.bau> (Transrapid)* • guideway
Fahrwegabschnitt *m* (FWA) *<bahn> (Magnetbahn)* • guideway segment (GS)
fahrwegseitiger Antrieb *m <bahn> (Magnetbahn)* • wayside propulsion; wayside propulsion power; wayside propulsion system
Fahrwerk *n <aerosp>* • landing gear (L/G) *JAR 25.727*; gear *pract*; undercarriage *GB*; alighting gear *rare*
Fahrwerk *n <förd> (Portalkran)* • bridge trolley
Fahrwerk *n <kfz> (betont: Komponenten zum Fahren; nicht bei Flugzeug)* • chassis *US*; running gear *GB*;

underpinnings *pl coll*

Fahrwerk ausfahren *vt <aerosp>* • extend the landing gear *vt*

Fahrwerksbein *n <aerosp>* • landing--gear leg; undercarriage leg *GB*

Fahrwiderstand *m prakt <kfz> (Rollwiderstand)* • rolling resistance

Fahrzeug *n <fz> (spez. für Wasser oder Luft)* • craft

Fahrzeug *n <fz> (allg.)* • vehicle

Fahrzeug *n*: **in Zahlung gegebenes ~** *<kfz.ökon>* • traded-in vehicle; trade--in *coll*

Fahrzeug aus Vorbesitz *n <kfz> (Euphemismus für gebrauchte Luxusautos)* • pre-driven car; pre-owned car

Fahrzeugbegrenzung *f <bahn>* • loading gauge

Fahrzeugbeleuchtung *f <fz.licht>* • vehicle lighting

Fahrzeugbremse *f <fz.brems>* • vehicle brake

Fahrzeugbrief *m <fz.doku> (Fahrzeugdokument)* • vehicle registration document *GB*

Fahrzeugdemontage *f <kfz.ents> (zur Abfallvolumenreduktion u. Materialwiederverwertung)* • vehicle disassembly

Fahrzeug-Diagnosesystem *n* (OBD) *form <kfz.msr>* • on-board diagnostic system (OBD); self-diagnostic system; diagnostic system

Fahrzeuggewicht *n <fz>* • vehicle weight

Fahrzeughalter *m form <kfz> (eines Kraftfahrzeugs)* • registered keeper *GB.form*; keeper; car keeper *coll*

Fahrzeughaut *f <bahn> (von Wagen)* • body shell; outer skin

Fahrzeughersteller *m <fz.prod>* • vehicle manufacturer

Fahrzeuginnenraum *m <kfz>* • car interior; passenger compartment *form*; occupant compartment; occupant cell; interior

Fahrzeuginsasse *m <fz.vers> (Fahrer und Passagiere)* • vehicle occupant; occupant

Fahrzeug in verkehrssicherem Zustand *n <kfz>* • vehicle in safe and roadworthy condition *:V*

Fahrzeuglackierer *m <fz.obfl.rep>* • vehicle refinisher

Fahrzeuglackierung *f <obfl> (Vorgang)* • vehicle painting; vehicle finishing

Fahrzeug mit Frontantrieb und Quermotor *n <kfz>* • front-wheel-drive vehicle with transverse engine

Fahrzeug mit Linkslenkung *n <kfz> (Lenkrad links)* • left-hand drive vehicle; LHD vehicle

Fahrzeug mit Ottomotor *n <kfz>* • gasoline engine car *US*; gasoline engined car *US*

Fahrzeug mit Rechtslenkung *n <kfz> (Lenkrad rechts)* • right-hand drive vehicle; RHD vehicle

Fahrzeug mit Schaltgetriebe *n <kfz> (im Ggs. zu Automatikfahrzeug)* • vehicle with manual transmission; manual shifter *coll*

Fahrzeug mit Tageszulassung *n <kfz>* • pre-driven car

Fahrzeug nach LEV-Standard *n <fz.emiss>* • Low Emission Vehicle (LEV)

Fahrzeug nach PZEV-Standard *n <fz.emiss>* • Partial Zero Emission Vehicle (PZEV)

Fahrzeug nach SULEV-Standard *n <fz.emiss>* • Super Ultra Low Emission Vehicle (SULEV)

Fahrzeugnavigationssystem *n <navig>* • vehicle navigation system

Fahrzeugortungssystem *n <navig>* • vehicle location system; vehicle tracking system

Fahrzeugpapiere *npl <kfz.doku>* • registration papers *pl*

Fahrzeugprüfstand *m <kfz> (Simulation von Betriebszuständen)* • chassis dynamometer

Fahrzeugrücksitz *m <kfz.innen> (in der 2. od. 3. Sitzreihe)* • back seat; rear seat; seat in the rear

Fahrzeugschein *m <kfz.doku> (enthält Halter und Kenndaten des Kfz)* • vehicle identification card

Fahrzeugschlüssel *m <kfz>* • vehicle key

fahrzeugseitig *<bahn> (montiert, angeordnet; z. B. Stromversorgung)* • on--board; train-borne

Fahrzeugsicherheit *f <kfz.sich>* • vehicle safety; automotive safety

Fahrzeugsitz *m <fz.innen>* • vehicle seat

Fahrzeugstruktur *f <fz> (allg.)* • vehicle

structure

Fahrzeugtransporter *m* (PCTC) *<nav>* • vehicle carrier (PCTC); pure car/truck carrier; car/truck carrier

Fahrzeugverkehr *m <verk>* • vehicular traffic

Fahrzyklus *m <kfz> (Testsequenz)* • driving cycle

Fail-Safe-Konstruktion *f <tech.allg>* • fail-safe design

Fäkalienschmutzwasser *n <ents>* • sanitary sewage; soil sewage

Fäkalientank *m <bahn.ents>* • retention tank; toilet retention tank; wastewater retention tank; waste disposal retention tank; wastewater tank

Faktoranalyse *f <math>* • factor analysis

Faktorenzerlegung *f <math>* • factorization; factoring

Faktor Mensch *m <prod>* • human factor

Fakultätsschreibweise *f <math>* • factorial notation

Fall *m <allg> (Vorgang des Hinunterfallens)* • drop

Fall *m <meteo> (Luftdruck, Temperatur)* • drop; decrease

Fall *m <textil> (Art des Faltenwurfs etc.; z. B. Kleid, Vorhang fällt schön)* • drape

Fällbad *n <verf> (betont: durch Zusammenklumpen)* • coagulation bath

Fällbad *n <verf> (allg.; Niederschlag bildend, ausfällend)* • precipitation bath

Fallbär *m <bau.masch>* • tup; drop ball; monkey

Falle *f <tech.allg>* • trap

Falle *f <bau.sich> (von Türschlössern; federbelastet, einschnappend; im Ggs. zu Riegel)* • latch bolt

fallen *vi <allg> (allmählich geringer werden; z. B. Druck, Temperatur, Preis)* • decrease *vi*; go down *vi*

fallen *vi*: **außer Tritt ~** *<allg>* • fall out of synchronism *vi*; fall out of step *vi*

fallen *vi <tech.allg> (abrupt geringer werden; z. B. Druck, Temperatur)* • fall *vi*; drop *vi*

fällen *vt <chem> (chem. Substanz)* • precipitate *vt*

fällen *vt <math> (Lot)* • drop *vt*

fallend *<allg> (Sortierfolge)* • in descending order; descending order: in ~

fallender Guss *m <metall>* • downhill casting; top casting

fallend gießen *vt <metall> (Gießerei; im Ggs. zu steigend gießen)* • cast downhill *vt*; top-cast *vt*; pour from the top *vt*

Fallgeschwindigkeit *f <phys>* • velocity of fall; rate of fall; fall velocity; terminal fall velocity

Fallgeschwindigkeit *f <verf> (von Schwebstoffen; z. B. in Abscheidern)* • settling velocity; free falling velocity; terminal settling velocity

Fallhärte *f <qualit.mat>* • impact ball hardness

Fallhöhe *f <allg>* • drop

Fallhöhe *f <energ.hydr> (Höhenunterschied zw. zwei Wasserspiegeln)* • head; potential head; fall

Fallhöhe *f <hydr> (Schleuse)* • lift of the lock

Fälligkeitstermin *m <ökon> (allg.; für Lieferungen, Leistungen; z. B. Wörterbücher)* • due date; deadline

Fällkasten *m <verf>* • precipitation box

Fallkern *m <kst>* • collapsible core

Fällkolonne *f <verf> (allg.)* • precipitation column; precipitation tower

Falllinie *f <geo> (allg.)* • line of fall

Falllinie *f <geo> (Böschung, Hang)* • slope line

Fällmittel *n <chem>* • coagulant; precipitant; precipitating agent; precipitator

Fallprüfung *f <qualit>* • drop shatter test; shatter test

Fallrohr *n <bau> (von Regenrinne nach unten)* • gutter pipe; downpipe

Fallrohr *n <bau.ents> (für Abwasser)* • waste pipe; soil pipe

Fallrohr *n <ents.hydr>* • soil pipe

Fallrohr *n <rls> (typ. senkrecht)* • downcomer; downpipe; fall pipe *rare*

Fallschachtbeschickung *f :V <verf>* • gravity feeding

Fallschirm *m <aerosp>* • parachute

Fallschirmkappe *f <aerosp>* • parachute canopy

Fallschirmreißleine *f <aerosp>* • parachute release cord

Fallschranke *f <bau.verk> (z. B. Garage, Parkplatz)* • lifting gate

Fallstromkühler *m <kfz> (bietet Natur-*

umlauf d. Kühlmittels) • downflow radiator

Fallstromvergaser *m <kfz.mot>* • downdraft carburetor *US*; down-draught carburettor *GB*; down-draught carburetter *GB*

Fallstudie *f <doku>* • case study

Falltestgerät *n <qualit.mat>* • drop weight tester

Falltreppe *f <bau> (z. B. Dachboden im Einfamilienhaus)* • dropping step

Falltür *f <bau> (vertikal; von oben nach unten schließend)* • guillotine door

Falltür *f <bau> (horizontal; Klappe)* • trap door

Fallturm *m <aerosp> (für Schwerelosigkeitstests)* • drop tower; zero-gravity testing tower

Fällverfahren *n <chem.verf>* • precipitation process

Fall-zu-Fall-Basis *f <tech.allg> (z. B. Entscheidungsgrundlage)* • case-by-case basis

falsch *<allg> (unecht, imitiert)* • false; spurious

falsch *<allg> (illegal nachgemacht)* • counterfeit; forged

falsch *<allg> (irrig, fehlerhaft)* • wrong

falsch *<tech.allg> (z. B. Signal, Effekt)* • spurious

falsch ablesen *vt <msr>* • misread *vt*

Falschalarm *m <alarm>* • false alarm; nuisance alarm; unwanted alarm; unwanted alarm signal

falsch anbringen *vt <prod>* • misplace *vt*

falsch behandeln *vt <allg>* • misuse *vt*; mistreat *vt*

falsche Ausrichtung *f <tech.allg>* • alignment error; misalignment

falscher Dateiname *m <comp>* • bad file name

falscher Freund *m <term>* • false friend *ISO 12620*

Falschfarbenaufnahme *f <phot>* • color-coded image *US*; colour-coded image *GB*; false color photo *US*; false colour photo *GB*

Falschkonturenfehler *m <av> (Artefakt; z. B. von Videoprojektoren)* • false contour effect

Falschlesung *f <comp> (eines Barcode-Scanners)* • misread; bad read; bad scan; wrong read; mis-scan

Falschluft *f <verbr> (betont: hereingezogen)* • entrained air

Falschluft *f <verf> (allg.; an undichter Stelle eingedrungen; z. B. an Filtern, Motoren)* • infiltrated air; false air

fälschungskenntlicher Verschluss *m DIN 55 405 <prod>* • tamper-evident closure; TE closure; tamper-proof closure; pilfer-proof closure

fälschungssicherer Strichcode *m <comp>* • non-forgeable bar code

Faltbodenschachtel *f DIN 55 405 <pack>* • automatic bottom carton; crash-bottom carton

Faltdach *n <kfz> (wie bei 2CV; zum Falten, Rollen)* • sun roof top

Falte *f <allg> (z. B. in Tuch, Papier, Haut)* • crease

Falte *f <bekl> (gebügelt, in Hosen)* • crease

Falte *f <bekl> (gebügelt; z. B. in Faltenrock)* • pleat

Falte *f <geo>* • fold

Falte *f <kst.prod> (in Folien)* • wrinkle

Falte *f <pap>* • fold

falten *vt <prod> (umbiegen; z. B. Blech)* • bend over *vt*

Faltenbalg *m <tech.allg> (z. B. Auszug an alten Fotoapparaten, Führungsbahnabdeckung)* • bellows; corrugated bellows

Faltenbalg *m <kfz> (Schutzkappe; i.d.R. Staubschutz)* • bellows *US*; gaiter *GB*

Faltenbalgkompensator *m <rls>* • bellows-type compensator; accordion expansion joint

Faltenbalgübergang *m <bahn>* • communication bellows; bellows gangway; railroad diaphragm *US*

Falten bilden *vi <tech.allg> (z. B. Stoff, Folie, Blech)* • wrinkle *vi*

Faltenbildung *f DIN ISO 2424 <bau.innen> (z. B. Spannteppich)* • creasing *ISO 2424*

Faltenbildung *f <obfl> (Lackfehler; durch zu schnelles Trocknen der ob. Lackschicht)* • wrinkling; puckering; shriveling

Faltengebirge *n <geo>* • folded mountain belt

Faltensack *m DIN 55 405 <pack>* • gusseted sack; gusseted bag *US*

Faltflasche *f <phot>* • accordion bottle; concertina bottle

Falt-Hardtop *n <kfz> (z. B. in Mercedes SLK)* • folding hardtop

Falthüllenschachtel *f DIN 55 429 <pack> (einteilig)* • one-piece folder (1PF)

Faltkajak *n <nav>* • folding kayak

Faltkiste *f <pack>* • collapsible box

Faltrad *n <kfz>* • save spacer spare wheel; space saving spare wheel; save spacer spare *pract*; collapsible spare tire

Faltrollo *n <innen>* • Roman blind

Faltschachtel *f <pack> (aus Karton)* • folding carton; folding boxboard carton

Faltschachtelkarton *m DIN 55 405 <pap> (Kartonmaterial für Faltschachteln)* • carton board; folding boxboard

Faltschiebedach *n :V <kfz>* • sliding canvas sunroof

Falttrennwand *f <bau> (z. B. in Konferenzsaal)* • accordion partition

Falttür *f <fz> (mit senkrechten Klappscharnieren; Bus, Bahn)* • bifold door; jackknife door

Faltung *f <geo>* • folding

Faltung *f <math>* • convolution

Faltverdeck *n <kfz> (allg. bei offenen Autos, betont: faltbar)* • folding top; fold-away top

Faltversuch *m <qualit.mat> (für Bleche)* • folding test

Falz *m <bau> (an einem Dachziegel oder Dachstein)* • lap; groove

Falz *m <bau> (bei Metalldachdeckungen)* • seam; welt

Falz *m <bau.holz> (Fuge, Nut; z. B. an Fenster- und Türrahmen)* • rabbet; rebate

Falz *m <druck> (Übergang zw. Buchrücken und -deckel)* • groove; joint

Falz *m <druck> (Buchbinderei; angehefteter Leinenstreifen)* • guard; stub

Falz *m DIN 55 405 <füg> (überlappende, gefalzte Naht)* • lock seam; double seam

Falz *m <metall> (abgewinkelte Blechkante)* • lip

Falz *m <pap> (scharfe Faltlinie)* • fold

Falz *m <prod> (hoch- od. umgebogener Rand; Blech)* • turn-up; bent-up; welt; hem

Falzboden *m DIN 55 405 <pack> (bei flexiblen Packmitteln)* • pinch bottom

Falzen *n <pack> (z. B. Dose)* • seaming

falzen *vt <bau.holz>* • rebate *vt*; rabbet *vt*; groove *vt*

falzen *vt <pap>* • fold *vt*

falzen *vt <prod> (Blechrand; typ. um 90 Grad)* • turn up *vt*; bend up *vt*; welt *vt*; seam *vt*

Falzhobel *m <wz>* • rabbet plane; rabbeting plane; rebate plane

Falzmaschine *f <wz.masch> (Papier)* • folding machine; folder

Falzmaschine *f <wz.masch> (z. B. Herstellung von Konservendosen)* • seaming machine

Falzzange *f <kfz.wz> (flache, verbreiterte u. glatte Backen)* • bending pliers; flanging tool; hand seamer *US.-rare*

Familienähnlichkeit *f <prod> (verschiedener Modellreihen eines Herstellers)* • family resemblance

Familienauto *n <kfz>* • family car

Fan *m <aerosp.turb> (Mantelstromtriebwerk)* • fan

Fang *m <nav> (Fischerei)* • catch

fangen *vt <allg>* • capture *vt*; catch *vt*

fangen *vt <allg> (etwas Verlorenes zurückholen)* • retrieve *vt*

fangen *vt <tech.allg> (mit Falle, Filter, Abscheider)* • trap *vt*; entrap *vt*

Fanggerät *n <petr> (zum Herausfischen von Teilen im Bohrloch)* • fishing equipment; fishing tool; fishing gear

Fanghaken *m <aerosp> (Flugzeugträger; zum Einfangen des Bremsseils)* • catch hook

Fanghaken *m <agri.nfz> (Schnellkupplung für Traktoranbauteile)* • quick--connect latch

Fanghaken *m <kfz> (z. B. für Fronthaube)* • safety catch

Fangkörper *m <kfz.sich> (Kindersitz, zusätzl. zu od. anstelle von Gurten)* • impact cushion *:V*; energy-absorbing shield; shield

Fangleine *f <nav> (dünn; an Bord von Booten befestigte Leine zum Festmachen)* • hawser

Fangleine *f <nav> (Boot; am Bug befestigte Leine zum Festmachen)* • mooring rope; painter

Fangmasche *f <textil>* • tuck stitch; cardigan stitch

Fangmaul *n <nfz> (an der Anhänger-*

kupplung) • funnel

Fangnetz *n <nav> (für Binnen-, Hochseefischerei)* • fish net; net *pract*

Fangradius *m <comp> (CAD, Grafik)* • snap radius

Fangriemen *m <sport.sich> (Ski)* • binding strap

Fangschaltung *f <tele> (Telefon)* • intercepting circuit; interception circuit; interceptor circuit

Fangschere *f <nav>* • fishing jars

Fangschiff *n <nav>* • fishing vessel; catcher ship; catcher

Farad *n* (F) *DIN 1301 <phys> (Einheit der Kapazität: As/V)* • farad (F)

Faraday'scher Käfig *m <el>* • Faraday cage; Faraday shield; Faraday screen; electrostatic screen; screened cage

Farbabstimmung *f <opt>* • color balance *US*; colour balance *GB*; color matching *US*; colour matching *GB*

farbabstoßend *<druck>* • ink-repellant

Farbabweichung *f <av>* • chromatic aberration

Farbabzug *m <phot> (eines Fotos; analog od. digital)* • color print *US*; colour print *GB*

Farbänderung *f <druck> (allg.)* • color change *US*; colour change *GB*; change in color *US*; change in colour *GB*

farbannehmend *<druck> (Platteneigenschaft)* • ink-attracting; oleophillic *thsc*; oil-attracting; ink-receptive

Farbanstrich *m <obfl> (Vorgang)* • painting

Farbartkanal *m <av>* • chrominance channel; chroma channel

Farbaufbau *m <druck>* • ink build up

farbaufnahmefähig *<druck>* • ink-receptive

farbaufnahmefähig *<textil>* • dye-receptive; dye-absorptive

Farbauftrag *m <druck> (auf Druckwalzen etc.)* • inking

Farbauftrag *m <obfl> (Vorgang, Aufbringen einer Farbschicht)* • painting; coating; application of a paint coat

Farbauftrag *m <obfl> (Resultat; Material auf dem Untergrund)* • paint; coat; coating

Farbauszug *m <druck> (Farbmanagement)* • color separation *US*; colour separation *GB*

Farbauszugsfilm *m <phot>* • color separation film *US*; colour separation film *GB*

Farbauszugsfilter *m/n <phot> (laborseitig)* • color separation filter *US*; colour separation filter *GB*; tricolor filter *US*; tricolour filter *GB*

Farbbad *n <textil>* • dye bath

Farbband *n <druck> (allg.; f. alle Anschlagdrucker)* • ink ribbon; inked ribbon

Farbband *n <textil> (Farbfehler in Gewebe)* • wrong color of weft *US*; wrong colour of weft *GB*

Farbbandkassette *f <druck>* • ribbon cassette; ribbon cartridge

färbbar *<textil.obfl>* • dyeable

Farbbild *n <tech.allg>* • color picture *US*; colour picture *GB*; color image *US*; colour image *GB*

Farbbildröhre *f <el> (Kathodenstrahltechnik; z. B. TV, PC-Monitor)* • color CRT *US*; colour CRT *GB*; color picture tube *US*; colour picture tube *GB*

Farbbildschirm *m <el> (eher größer; typ. bei Computermonitoren, TV-Geräten)* • color display *US*; colour display *GB*; color screen *US.rare*; color picture screen *US.rare*

Farbbindemittel *n <obfl>* • paint vehicle; paint binder

Farbcode *m <el> (z. B. von Widerständen)* • color code *US*; colour code *GB*

Farbdiapositiv *n <phot>* • color slide *US*; colour slide *GB*; color transparency *US*; colour transparency *GB*

Farbdichte *f <tech.allg>* • color density *US*; colour density *GB*

Farbdiffusionsverfahren *n <qualit.mat> (Oberflächenrissprüfung)* • penetrant-dye testing process; dye-penetrant inspection method

Farbdisplay *n <el> (bei Kleingeräten; z. B. Handy, PDA, Gameboy)* • color display *US*; colour display *GB*

Farbdrucker *m <druck>* • color printer *US*; colour printer *GB*

Farbduktor *m <druck> (im Farbkasten)* • ink ductor *US*; ink duct roller; ink fountain roller; duct roller; ductor

Farbe *f DIN 55 945 <phys> (als Sinnesempfindung, Lichtwahrnehmung)* • color *US*; colour *GB*

Färbebad *n <textil> (Färberei)* • dye

bath

farbecht *<obfl> (allg.)* • colorfast *US*; colour-fast *GB*; non-discoloring *US*; non-discolouring *GB*

Farbechtheit *f <obfl.qualit>* • color fastness *US*; colour fastness *GB*; color stability *US*; colour stability *GB*; colorfastness *US*

Färbeflotte *f <textil> (Färberei)* • dye liquor; dye bath

Farbeindringprüfung *f <qualit.mat> (zerstörungsfreies Prüfverfahren mit Farbstoff oder Fluoreszenzmittel)* • liquid penetrant testing; liquid penetrant inspection

Färbemethode *f <textil> (Färberei)* • dyeing method

farbempfindlich *<tech.allg>* • color-sensitive *US*; colour-sensitive *GB*

Farbempfindung *f <bio.opt>* • chromatic sensation; color sensation *US*; colour sensation *GB*; color perception *US*; colour perception *GB*

Färben *n <allg>* • coloring *US*; colouring *GB*

färben *vt <allg> (allg.)* • color *vt US*; colour *vt GB*

färben *vt <obfl> (durch Tränken, Spülen mit Farbstoff; z. B. Textilien, Haare)* • dye *vt*

färben *vt <obfl> (Glas, Papier)* • stain *vt*

färben *vt <obfl> (mit leichtem Farbton)* • tinge *vt*

färben *vt*: **in der Masse** ~ *<pap>* • dye in the stuff *vt*

färben *vt <silik> (Glas; z. B. Fensterglas)* • tint *vt*

färben *vt*: **im Garn** ~ *<textil>* • dye in the yarn *vt*; yarn-dye *vt*

Farbenlehre *f <opt>* • science of colors *US*; science of colours *GB*; chromatics

Farbenpalette *f <kfz> (Auswahl bei Neuwagenkauf)* • paintwork choice

Farbentferner *m <obfl>* • paint remover

Farben- und Kunststoffindustrie *f <tech.allg>* • paint and plastics industry

Farberweichung *f <obfl> (Lackierfehler; z. B. durch zu geringen Härteranteil in 2K-Lacken)* • soft paint

Färbeverfahren *n <obfl> (bei Holz, Glas, Papier)* • staining technique

Farbfehler *m <opt> (Farbtonverfälschung)* • chromatic aberration; off-color *US*; off-colour *GB*

Farbfernsehempfänger *m <av>* • color television receiver *US*; colour television receiver *GB*; color television set *US*; colour television set *GB*; color TV *US.pract*

Farbfernsehsystem *n <av> (z. B. PAL, SECAM, NTSC)* • color TV standard *US*; colour TV standard *GB*; color TV system *US*; colour TV system *GB*

Farbfilm *m <druck> (dünne Schicht Farbe)* • ink film

Farbfilm *m <phot>* • color film *US*; colour film *GB*

Farbfilter *m <phot> (an Kameraobjektiv)* • color filter *US*; colour filter *GB*

Farbflotte *f <textil.verf>* • dye bath

Farbfotografie *f <phot> (fotografische Aufnahme)* • color picture *US*; colour picture *GB*; color photograph *US*; colour photograph *GB*

Farbfotografie *fsg <phot> (Teilbereich der Fotografie)* • color photography *sg US*; colour photography *sg GB*; color film photography *US*; colour film photography *GB*

Farbführung *f <druck> (z. B. Schwärzung)* • inking

Farbgebung *f :V <nfz> (von Bussen, Bahnen; typ. f. bestimmte Betriebe, Strecken)* • paint scheme *US*; livery *GB*

Farbgebung *f <obfl> (Design; z. B. von Räumen, Gebäuden, Druckschriften)* • color scheme *US*; colour scheme *GB*

Farbglas *n <silik> (für Ornamente)* • stained glass

Farbglas *n <silik> (z. B. für Flaschen, Fenster)* • colored glass *US*; coloured glass *GB*; tinted glass

farbiges Papier *n <pap> (gleichmäßig eingefärbt)* • colored paper *US*; coloured paper *GB*; tinted paper

Farbkasten *m <druck> (im Farbwerk einer Druckmaschine)* • ink fountain; ink duct; ink supply; duct *pract*; ink well *rare*

Farbkennzeichnung *f <tech.allg>* • color coding *US*; colour coding *GB*; color marking *US*; colour marking *GB*

farbkodiert *<tech.allg>* • color-coded *US*; colour-coded *GB*

Farbkopierer *m <druck>* • color copier *US*; colour copier *GB*

Farbkorrektur *f* <*tech.allg*> • color correction *US*; colour correction *GB*
Farbkreidestift *m* <*tech.allg*> *(z. B. zum Markieren auf Gummiteilen)* • color crayon *US*; colour crayon *GB*
Farblaserdrucker *m* <*comp*> • color laser printer *US*; colour laser printer *GB*
farblich abgesetzte Nähte *fpl* <*textil*> *(z. B. an Polstern, Sitzen)* • contrastive stitching
farblich abgestimmt <*allg*> *(z. B. Kleidung, Möbel, Kfz-Innenausstattung)* • color-coded *US*; colour-coded *GB*; color-matched *US*; colour-matched *GB*; color-keyed *US*
farbliche Palette *f* <*obfl*> *(z. B. Produktvarianten)* • color range *US*; colour range *GB*
farblich markiert <*doku*> *(z. B. bestimmte Textpassagen)* • color-coded *US*; colour-coded *GB*; highlighted by color *US*; highlighted by colour *GB*
farblos <*mat*> *(z. B. Glas, Visier)* • clear
farbloses Klebeband *n* <*füg*> • clear adhesive tape
Farbmanagement *n* <*druck*> *(Druckvorstufe)* • color management *US*; colour management *GB*
Farbmischung *f* <*comp*> • color mixing *US*; colour mixing *GB*
Farbmittel *n* <*druck*> • colorant *US*; colourant *UK*
Farbmittel *npl* <*obfl*> • pigments and dyes
Farbmodell *n* <*phys*> • color model *US*; color system *US*; color mode *US*; colour model *GB*; colour mode *GB*
Farbmoiré *n* <*phot*> • color moiré; color aliasing
Farbmonitor *m* <*comp*> • color monitor *US*; colour monitor *GB*
Farbnapf *m* <*obfl.wz*> *(Airbrush)* • paint cup; paint reservoir; paint bowl; paint saucer
Farbnäpfchen *n* <*druck*> • ink cell
Farbnegativfilm *m* <*phot*> • color negative film *US*; colour negative film *GB*; color print film *US*; colour print film *GB*; film for color prints *US*
Farbnuance *f* <*opt*> • shade
Farbort *m* <*licht*> *(Lichtfarbe als Koordinaten auf der Normfarbtafel)* • chromaticity; color locus *US*; colour locus *GB*; spectrum locus
Farbpalette *f* <*obfl*> • color palette *US*; colour palette *GB*
Farbraum *m* <*av.phot*> • color space *US*; colour space *ISO 12231*
Farbreiber *m* <*obfl.wz*> *(Anstreichen)* • hand inking roller; hand roller
Farbreinheit *f* <*av*> • color purity *US*; colour purity *GB*
Farbreiz *m* <*phys*> • color stimulus *US*; colour stimulus *UK*
Farbroller *m* <*obfl.wz*> • paint roller
Farbrührwerk *n* <*verf*> • ink agitator
Farbsättigung *f* <*phot.av.comp*> • color saturation *US*; colour saturation *GB*; saturation *pract*; chroma *rare*
Farbsaumbildung *f* <*av*> • color fringing *US*; colour fringing *GB*
Farbscanner *m* <*comp*> • color scanner *US*; colour scanner *GB*
Farbschicht *f* <*obfl*> *(keine Lackierung; z. B. auf Wand, Möbel, Gemälde)* • paint coat; paint coating
Farbschieber *m* <*druck*> *(in Offsetdruckmaschine)* • ink lever
Farbschieberegler *m* <*comp*> *(beim RGB-Farbmischsystem)* • color slider *US*; colour slider *GB*
Farbsensor *m* <*av*> *(z. B. für Weißabgleich)* • color sensor *US*; colour sensor *GB*
Farbseparation *f* <*comp.druck*> • color separation *US*
Farbsignal *n* <*av*> • color signal *US*; colour signal *GB*
Farbskala *f* <*allg*> • color range *US*; colour range *GB*
Farbskala *f DIN 16544* <*druck*> *(Andruck; z. B. Europäische Farbskala)* • color scale *US*; colour scale *GB*; progressive proofs
Farbstaub *m* <*druck*> • ink mist
Farbstich *m* <*phot*> *(unerwünscht)* • color cast *US*; colour cast *GB*; color tinge *US*; colour tinge *GB*
farbstichig <*av*> *(Bild; auch Foto)* • stained
Farbstoff *m* <*bio*> • pigment
Farbstoff *m* <*holz*> *(zum Einfärben; eindringend)* • stain
Farbstoff *m* <*nahr*> *(natürlich od. künstlich)* • colorant *US*; colourant *GB*; coloring *US*; colouring *GB*
Farbstoff *m* <*silik*> *(durchfärbend)*

• stain

Farbstoff *m <textil> (lösliche oder gelöste organische Verbindung; zum Tränken)* • dyestuff; dye

Farbstoffchemie *f <chem>* • dye chemistry

Farbstofflaser *m <opt>* • dye laser

Farbsucher *m <av>* • color viewfinder *US*; colour viewfinder *GB*

Farbtemperatur *f <phys> (warm, kalt)* • color temperature *US*; colour temperature *GB*

Farbtestbild *n <av>* • color television test card *US*; colour television test card *GB*

Farbtiefe *f <comp>* • color depth *US*; colour depth *GB*; color bit depth *US*; colour bit depth *GB*; bit depth

Farbton *m <kunst> (Art der Buntheit einer Farbe; Tönung)* • hue; shade; color-tone *US*; tint; tinge

Farbton *m <obfl> (bei Unterscheidung ähnlicher Farben; z. B. von Textilien, Papieren)* • shade; hue

Farbton *m*: **im ~ abweichend** *<obfl>* • off-shade

Farbtonechtheit *f <pap>* • color retention *US*; colour retention *GB*; color fastness *US*; colour fastness *GB*

Farbtonregler *m <av>* • hue control; phase control; chroma control

Farbtreue *f <tech.allg>* • color fidelity *US*; colour fidelity *GB*

Farbumschlag *m <allg>* • color alteration *US*; colour alteration *GB*; change in color *US*; change in colour *GB*

Färbung *f <obfl> (Resultat: zarter Farbton)* • tinge

Färbung *f <obfl> (Ergebnis des Färbens)* • coloring *US*; colouring *GB*; coloration *US*; colouration *GB*

Farbverdünner *m <obfl>* • paint thinner

Farbvergrößerer *m <phot>* • color enlarger *US*; colour enlarger *GB*

Farbverlauf *m <comp> (nahtloser Farbtonübergang)* • color blending *US*; colour blending *GB*

Farbwahrnehmung *f <bio>* • color perception *US*; colour perception *UK*; perception of color *US*; perception of colour *UK*

Farbwalze *f <druck>* • ink roller; inking roller; inker

Farbwechsel *m <tech.allg> (z. B. in Spritzpistole, Spritzgießmaschine)* • color change *US*; colour change *GB*

Farbwerk *n <druck> (in Drucker; z. B. auch beim Bedrucken von Verpackungen, Dosen)* • inking system; inking station; inking unit; ink train; inker *pract*

Farbwert *m <tech.allg>* • color value *US*; colour value *GB*; chrominance; tristimulus value

Farbwiedergabe *f <phys>* • color rendering *US*; colour rendering *GB*; color rendition *US*; colour rendition *GB*; colour reproduction *GB*

Farbzerlegung *f <tech.allg>* • color dispersion *US*; colour dispersion *GB*

Faschine *f <bau.mat> (Rutenbündel; z. B. zur Deichverstärkung)* • fascine *US*; fagot *GB*

Fase *f DIN 52 460 <tech.allg> (abgeschrägte Bauteilkante)* • chamfer; chamfered edge; bevel

Fase *f <wz> (an Werkzeugschneide; z. B. Bohrer)* • land

fasen *vt <tech.allg> (Kante abschrägen, typ. 45°)* • chamfer *vt*

fasen *vt <comp> (in Zeichnung, CAD)* • chamfer *vt*

fasen *vt <masch> (breit abschrägen)* • bevel *vt*

Fasenbreite *f <masch>* • land width

Fasenwinkel *m <masch>* • chamfer angle

Faser *f <tech.allg> (Glas-~, Kunststoff-~, Mineral-~, Textil-~, Bio-~, Holz-~)* • fiber *US*; fibre *GB*

Faserbaustoffplatte *f <bau.mat>* • fiberboard *US*; fibreboard *GB*; fiber slab

Faserbeton *m <bau.mat>* • fiber concrete *US*; fibre concrete *GB*; fiber reinforced concrete *US*; fibre reinforced concrete *GB*

Faserbruch *m <qualit.mat> (allg.)* • fibrous fracture

Faserbündel *n <mat> (z. B. aus Kupfer, Glas)* • strand

faserförmige Stäube *mpl VDI 3469-5 <emiss>* • fibrous dusts *pl*

faserig *<förd> (mit Fasern; z. B. Fördermedium)* • fibrous

faserig *<mat> (mit faserförmiger Struktur)* • fibrous; stringy

Faserlänge *f <tech.allg>* • fiber length *US*; fibre length *GB*

Fasermantel *m <tech.allg> (Hülle aus Fasern oder Hülle um Fasern)* • fiber skin *US*; fibre sheath *GB*
Fasermasse *f <pap>* • pulp slurry; fibrous mass; fibrous pulp; pulp stock; pulpy mass [of fibers]
Fasermattenisolierung *f <bau.mat> (typ. Glaswolle, Steinwolle)* • batt insulation
fasern *vi <textil>* • ravel out *vi*; unravel *vt*
faseroptisch *<lwl>* • fiber-optical *US*; fibre-optical *GB*
faseroptisches Beleuchtungssystem *n <lwl>* • fiber-optic lighting system *US*; fibre-optic lighting system *GB*
Faserorientierung *f <tech.allg> (z. B. in Papier, Textilien, GFK)* • fiber orientation *US*; fibre orientation *GB*
Faserrohstoff *m <prod> (allg.; z. B. Holz)* • raw fibrous material
Faserseil *n DIN 83305-2 <textil>* • fiber rope *US*; fibre rope *GB*
Faserspachtel *m <kfz.rep> (Festigkeitserhöhung)* • glass-reinforced filler paste; chopped-strand impregnated filler; filler with reinforcing fibers; fiber paste *coll*
Faserstruktur *f <holz> (Maserung)* • grain
Faserstruktur *f <mat>* • fibrous structure
Faserverbundwerkstoff *m* (FVW) *<kst> (Verstärkungsfasern in Matrixwerkstoff)* • fibrous composite material
Faserverlauf *m <tech.allg> (z. B. Kunststoff)* • fiber direction *US*; fibre flow *GB*
faserverstärkt *<mat> (z. B. Kunststoff, Beton)* • fiber-reinforced *US*; fibre-reinforced *GB*
faserverstärkter Verbundwerkstoff *m <mat> (z. B. GFK)* • fiber-reinforced composite material *US*; fibre-reinforced composite material *GB*
Faservlies *n <pap> (feuchte Papierbahn am Anfang der Papiermaschine)* • fiber fleece *US*; fibre fleece *GB*
Faserzement *m* (FZ) *<bau.mat>* • fiber cement *US*; fibre cement *GB*; fibrated cement
Fa-Sockel *m <licht>* • Fa-cap
Fass *n <pack> (bauchig; aus Holz, Metall, Kunststoff)* • barrel
Fass *n <pack> (aus Holz, sehr groß)* • cask
Fass *n <pack> (klein)* • keg
Fass *n <pack> (groß)* • tun
Fass *n <pack.nahr> (großer Behälter für Flüssigkeiten)* • vat
Fassade *f <bau> (Vorderseite eines Gebäudes)* • façade; facade
Fassadenkraftwerk *n <energ.sol> (mit PV-Modulen)* • facade power plant *:V*; facade power station *:V*
Fassadenlift *m <bau>* • window-cleaning cradle
Fassadenplatte *f <bau>* • facade panel
fassen *vt <allg>* • grasp *vt*
fassen *vt <allg> (betont: Fassungsvermögen; z. B. Aufzug fasst 10 Personen)* • accommodate *vt*
fassen *vt <allg> (nehmen)* • take *vt*
fassen *vt <tech.allg> (fangen, ergreifen; z. B. Werkstück)* • catch *vt*
fassen *vt <tech.allg> (mit Volumenangabe; z. B. 0,7 Liter, 40 m³)* • contain *vt*; hold *vt*
fassen *vt <comp> (Daten auf Speichermedium; z. B. 4 GB auf DAT-Kassette)* • hold *vt*; take *vi*
fassen *vt <opt> (Linse; z. B. in Brille, Objektiv)* • mount *vt*
fassgefärbt *<led>* • drum-dyed
Fasslager *n <logist>* • drum store; drum storage area
fassonieren *vt <wz> (Schneidwerkzeug; z. B. Drehmeißel, Schleifscheibe)* • form *vt*; profile *vt*
Fassonrohr *n <rls> (zum Anpassen)* • adapting pipe; adapting piece; making-template pipe; making-up pipe; template pipe
Fassonschiene *f <bau.mat> (Übergangsschiene an Bodenbelagkanten)* • edge rail
Fassreifen *m DIN 55 405 <pack>* • hoop
Fassung *f <bekl> (für Schmucksteine)* • setting; mounting
Fassung *f <el> (allg. für Lampen)* • socket; bulb holder *rare.coll*
Fassung *f <opt> (Brille)* • frame
Fassung *f <phot> (Objektiv)* • mounting
Fassungsvermögen *n <tech.allg> (Rauminhalt; z. B. von Behältern, Ölwanne, Kofferraum)* • capacity (cap); volumetric capacity
Fassungsvermögen *n <logist> (für Fracht, Ladegut; z. B. von Lkw,*

Frachtraum) • loading capacity; carrying capacity; capacity

Fast SCSI *norm* <*comp*> • Fast SCSI *stand*

Faulbecken *n* <*ents.hydr*> *(in Kläranlage)* • sludge digester; digestion tank; digester

faulen *vi* <*allg*> • putrefy *vi*

faulen *vi* <*chem*> • rot *vi*

Faulgas *n* <*energ.bio*> *(Biogas)* • fermentation gas; digester gas; sewage gas; sludge digestion gas

faulig <*allg*> • putrid

Fäulnis *f* <*bio*> *(Zerfall von org. Substanzen)* • decomposition; decay

Fäulnis *f* <*bio*> *(durch anaerobe Bakterien, stinkend)* • putrefaction; putrescence; putridity

Fäulnis *f* <*mat*> *(Zustand; z. B. von Holzstrukturen, Geweben)* • rottenness

fäulnisbeständig <*qualit.mat*> • rot-resistant; rotproof *pract*

fäulnisfest <*qualit*> *(z. B. Holz, Gewebe, Faden)* • rot-proof; non-fouling

Fäulnisgas *n* <*med.jur*> • foul-smelling gas

fäulnishemmend <*allg*> *(z. B. Chemikalie)* • rotproofing; antirot

Faulschlamm *m* <*ents*> • anaerobic sludge

Fäustel *m* <*wz*> *(Hammer; kurzer Stiel, schwerer Kopf)* • drilling hammer *US*; hand drilling hammer *US*; club hammer *GB*

Faustregel *f* <*allg*> • rule of thumb; hard-and-fast rule

Faustregel *f* <*tech.allg*> • thumb rule; rule of thumb

Faustsattelbremse *f* <*kfz.brems*> *(allg.; jede Form)* • sliding-caliper disc brake

Faxgerät *n* <*tele*> • fax machine; facsimile machine *rare*

FCKW-frei <*kunst*> • CFC-free; FCHC-free

FCKW-Gase *npl* <*chem.emiss*> *(halogenierte Kohlenwasserstoffe)* • cfc gases

FCKW-Kältemittel *n* <*hlk*> • halocarbon refrigerant; chlorofluorocarbon refrigerant; halogenated hydrocarbon refrigerant; chlorflourcarbon refrigerant

FDDI-Technik *f* <*lwl*> • fiber distributed data interface (FDDI)

FDMA-Verfahren *n* <*tele*> • FDMA method

Feature-Connector *m* <*comp*> • feature connector

FE-Berechnung *f* <*mech*> • FE analysis; finite element analysis

Feder *f* <*bio*> • feather

Feder *f* <*doku*> *(zum Schreiben)* • pen

Feder *f* <*füg.holz*> *(für Nut-und-Feder-Verbindung; z. B. in Holzleiste, -paneel)* • feather; tongue

Feder *f* <*füg.masch*> *(in Nut, Verbindung Welle/Nabe; kein Keil, kein Anzug)* • feather key; parallel key; key *pract*

Feder *f DIN ISO 2162-3* <*masch*> *(elastisch; z. B. Schrauben-, Blatt-, Drehfeder)* • spring

Federauge *n* <*masch*> *(Ende einer Blattfeder)* • spring eye

Feder-Außentaster *m* <*wz.msr*> • outside spring caliper

Federbein *n* <*aerosp*> *(Stoßdämpfer)* • shock strut

Federbein *n* <*kfz*> *(Schraubenfeder-Teleskopdämpfer-Kombination)* • suspension strut; coil-over damper; strut *pract*

federbelastet <*tech.allg*> *(z. B. Ventil)* • spring loaded; spring biased; spring-loaded

Federbock *m* <*bahn*> *(f. jeden Federtyp)* • spring-carrier bracket; suspension bracket

Federbock *m* <*fz*> *(für Blattfederauge)* • spring hanger; spring bracket; spring mounting

Federbride *f* <*fz.füg*> *(von Blattfedern)* • U-bolt; spring U-bolt; spring U-clamp

Federdraht *m* <*mat*> • spring wire

Federführung *f* <*ökon.jur*> *(in einem Konsortium, Projekt)* • leadership

Federgehänge *n* <*fz*> *(Blattfederaufhängung, ringförmig, z. B. bei Güterwagen)* • suspension shackle; swinging shackle; spring shackle; shackle *pract*; suspension ring *rare*

federgespannt <*tech.allg*> *(z. B. Spannbacken)* • spring-loaded

Feder-Innentaster *m* <*wz.msr*> • inside spring caliper

Federkennung *f* <*masch*> • spring characteristics *pl*

Federklammer *f* <*füg*> *(federnde Klam-*

mer aus Draht oder Blech; z. B. als Deckelspannbügel) • spring brace; spring bracket; spring clip

Federklammer *f <fz> (hält Blattfederpaket zusammen)* • rebound clip; retaining clip; spring clip

Federkonstante *f <mech> (lineare Kennlinie)* • spring constant

Federkontakt *m <el>* • spring contact; spring-loaded contact

Feder-Masse-System *n <msr>* • seismic-mass system; seismic mass and spring arrangement *did*; spring-mass system

Federmotor *m <antr>* • clock-spring motor

federn *vi <masch> (z. B. Aufhängung)* • be elastic *vi*; be resilient *vi*; spring *vi*; yield elastically *vi*

federnd *<mat> (elastisch verformbar, nachgiebig)* • resilient

federnd befestigt *<füg> (nachgiebig)* • resiliently mounted

federnde Anstellung von Wälzlagern *f <masch>* • axially spring-loaded mounting of rolling bearings

federnde Weichenzunge *f <bahn>* • spring switch blade

federnd gelagert *<masch> (auf Federn)* • spring-mounted

Federöse *f <masch> (von Blattfedern, Zug-Schraubenfedern)* • spring eye; spring loop

Federpuffer *m <bahn>* • coil-spring buffer; spring buffer; spring bump pad

Federraste *f <masch>* • spring detent

Federring *m <füg> (allg.; Schraubensicherungsring mit einem Schlitz)* • split washer *pract*; split lock washer; spring lock washer *GB*; helical spring lock washer *GB.form*; spring washer *GB.rare*

Federring Form A *m DIN 127 <füg> (glatt)* • spring lock washer with square ends; single coil spring lock washer with square ends *stand*; plain helical spring washer; split washer *pract*

Federring Form B *m DIN 127 <füg> (mit aufgebogenen Enden)* • spring lock washer with tang ends *DIN ISO 1891*; single coil spring lock washer with tang ends *stand*; nonlink-positive helical spring washer; split washer *pract*; safety washer *obs.coll.rare*

Federscheibe *f DIN 137 <füg> (allg.; federndes Unterlegteil; keine Schraubensicherung)* • spring washer

Federscheibe *f <füg> (quer gewölbt)* • curved spring washer

Federscheibe *f DIN 137 <füg> (gewellt)* • waved spring washer; wave spring washer *DIN 137*

Federspanner *m <kfz.wz> (für Druck-Schraubenfedern)* • spring compressor; coil spring compressor; spring tensioner

Federspannung *f <mech>* • spring tension

Federspeicherbremse *f* (FspBr) *<brems>* • spring-applied parking brake; spring-actuated parking brake; spring-loaded brake; spring-operated parking brake; spring brake

Federspeicherbremszylinder *m <nfz.brems> (bei Lkw)* • spring brake actuator; spring-brake cylinder

Federstahl *m <metall>* • spring steel

Federtaster *m <msr>* • spring caliper

Federteller *m <masch> (oben)* • spring retaining collar; spring plate

Federteller *m <masch> (unten)* • spring seating pan; spring cup

Federteller *m DIN ISO 7967-3 <mot> (Ventiltrieb; Ein-/Auslassventile, oben oder unten)* • valve spring retainer *ISO 7967-3*; valve retainer; valve spring collar; valve-spring washer

Federung *f <tech.allg> (Dämpfung, Polsterung)* • cushioning

Federung *f <tech.allg>* • springing; spring suspension; spring mounting

Federung *f <kfz>* • spring suspension

Federwaage *f <msr>* • spring balance

Federweg *m <fz> (maximale Einfederstrecke; z. B. von Federbeinen)* • suspension travel; wheel travel

Federweg *m <mech> (Verformungsstrecke)* • spring deflection

Federwindung *f <kfz> (einer Schraubenfeder)* • spring coil

Federwirkung *f <mat> (von elastischem Material)* • resilience; compliance

Federwirkung *f <mech>* • spring action

Federzinken *m <agri.tech>* • spring tine; C-shaped tine; retracting tine

Federzirkel *m <doku.wz>* • bow-spring dividers

Federzungenweiche *f <bahn>* • flexible-tongue points

Feederschiff *n* <*nav*> *(kleines Containerschiff)* • feeder ship; feeder vessel; feeder *pract*

Fehl-... <*tech.allg*> *(spontan od. erratisch auftretend; z. B. Impuls, Signal)* • spurious

Fehlanflug *m* <*aerosp*> • missed approach

Fehlanpassung *f* <*tech.allg*> • mismatch

Fehlbedienung *f* <*tech.allg*> • misuse

Fehlberechnung *f* <*tech.allg*> • miscalculation

Fehleinstellung *f* <*tech.allg*> • misadjustment

Fehlen *n* <*allg*> *(betont: Knappheit von etw.)* • shortage

Fehlen *n* <*tech.allg*> *(allg.; Nichtanwesenheit von erwünschten Merkmalen etc.; statisch)* • lack

fehlendes Glied *n* <*tech.allg*> • missing link

Fehler *m* <*qualit*> *(von Personen)* • mistake

Fehler *m DIN EN ISO 8402* <*qualit.allg*> *(Nichterfüllung einer festgelegten Forderung)* • nonconformity *ISO 8402*

Fehler *m* <*qualit.comp*> *(Defekt in Programmen, Software)* • bug

Fehler *m* <*qualit.comp*> *(in der Funktion von Hardware, Software)* • error

Fehler *m* <*qualit.obfl*> *(Fleck, Kratzer etc.)* • blemish

Fehler *m* <*qualit.tech*> *(allg.; Zustand; in Systemen, Komponenten)* • fault; nonconformance *form*; defect; trouble *coll*; bug *coll*

Fehler *m* <*qualit.tech*> *(Funktionsausfall)* • failure

Fehler 404 *m* <*comp*> *(typ. www-Fehlermeldung)* • error 404

Fehleranalyse *f* <*tech.allg*> • fault analysis; disturbance analysis; error analysis

Fehleranfälligkeit *f* <*qualit*> • fault susceptibility; fault liability

Fehleranzeige *f* <*qualit*> *(visuell; z. B. als LCD-Display)* • error display; fail display

Fehlerbaumanalyse *f* <*qualit*> • fault--tree analysis

Fehlerbehebung *f* <*tech.allg*> *(in Systemen, Anlagen etc.)* • fault removal; fault clearance

Fehlerberichtigung *f* <*tech.allg*> *(menschlicher Fehler; z. B. Schreibfehler)* • error correction

Fehler beseitigen *vt* <*tech.allg*> • eliminate faults *vt*

Fehler beseitigen *vt* <*comp*> *(in Software)* • debug *vt*

Fehlerbeseitigung *f* <*comp*> *(Software)* • debugging

Fehlerbeseitigung *f* <*qualit*> *(z. B. Material-, Produktionsfehler)* • defect elimination

Fehlerbeseitigung *f* <*qualit*> *(bei System- oder Betriebsstörung)* • troubleshooting; fault elimination

Fehlerbestimmung *f* <*qualit*> *(abstrakter Fehler; Irrtum)* • error determination

Fehlerbestimmung *f* <*qualit*> *(Ortsbestimmung von konkretem Fehler; z. B. von Materialfehler)* • fault localization

Fehlerbezeichnung *f* <*qualit*> • error identification

Fehlercode *m* <*msr*> *(angezeigt von Überwachungssystemen)* • trouble code; fault code

Fehlerfortpflanzung *f* <*qualit*> • error propagation

fehlerfrei <*allg*> *(Betonung auf: Abwesenheit von Fehlern)* • accurate

fehlerfrei <*comp*> *(Programm; Fehler behoben)* • debugged

fehlerfrei <*druck*> *(sauber gedruckt)* • clean

fehlerfrei <*opt.qualit*> *(Linse)* • aberrationless

fehlerfrei <*qualit*> *(Zustand)* • free from defects; defect-free

fehlerfrei <*qualit*> *(richtig; z. B. Fakten, Zahlen)* • correct

fehlerfrei <*qualit*> *(gefertigtes Erzeugnis, Produkt)* • faultless; fault-free

fehlerfrei <*qualit.mat*> *(Materialbeschaffenheit)* • sound; faultless; flawless

Fehlerfreiheit *f* <*qualit*> *(z. B. Material, Werkstücke)* • freedom from defects; freedom from faults

fehlerhaft <*allg*> *(falsch)* • false; incorrect

fehlerhaft <*qualit*> • erroneous; imperfect

fehlerhaft <*qualit*> *(unrichtig)* • incorrect; wrong

Fehlerhäufung *f* <*qualit*> *(räumlich)* • clustered errors

Fehlerhäufung *f* <*qualit*> *(zeitlich)* • error burst

Fehlermeldung *f* <*tech.allg*> *(allg.; opt., akust., digital)* • fault indication; trouble indication; fault signal

Fehlermeldung *f* <*tech.allg*> *(Text od. Code-Meldung)* • error message

Fehlermeldung *f* <*comp*> *(mit Text)* • error message

Fehlermeldung *f* <*msr*> *(als Code angezeigt)* • error code

Fehlermeldung *f* <*msr*> *(Störungsnachricht)* • fault message

Fehlermeldung *f* <*msr*> *(Störungsanzeige auf Display)* • fault display

Fehler orten *vt* <*qualit*> • locate a fault *vt*

Fehlerquelle *f* <*qualit*> • source of errors; error source

Fehlerstelle *f* <*mat*> *(Kristallgefüge)* • discontinuity

Fehlerstromschutzschalter *m* <*el*> • earth leakage circuit breaker

Fehlersuche *f* <*comp*> *(in Hard- und Software)* • debugging

Fehlersuche *f* <*qualit*> *(allg.; auch als Überschrift über Tabellen und Suchbäumen)* • troubleshooting; fault diagnosis; fault tracing *rare*; fault tracking *rare*

Fehlerverträglichkeit *f* <*tech.allg*> *(d. h. ein Ausfall gefährdet nicht die Sicherheit)* • fault tolerance

fehlfarben <*obfl*> • off-color *US*

Fehlfunktion *f* <*el*> • malfunction; improper operation

Fehlguss *m* <*prod*> *(Vorgang)* • faulty casting; misrun casting; spoiled casting

Fehlguss *m* <*prod*> *(das Werkstück)* • off-cast; waster

Fehlmenge *f* <*qualit*> • outage

Fehlmessung *f* <*msr*> *(Messung fehlerhaft)* • erroneous measurement; faulty measurement

Fehlmessung *f* <*msr*> *(Resultat der Messung fehlerhaft)* • faulty measuring result

Fehlstart *m* <*aerosp*> *(von Raketen)* • rejected take-off (RTO); abortive take-off; aborted take-off

Fehlzündung *f* <*kfz*> *(in der Auspuffanlage; außerhalb des Fz. laut hörbar)* • backfire; backfiring; misfiring; misfire

Feile *f* <*wz*> *(allg.)* • file

feilen *vt* <*wz*> • file *vt*

Feilenhieb *m* <*wz*> • file cut

Feilkloben *m* <*wz*> *(kl. Schraubstock)* • hand vise *US*; hand vice *GB*; file jig *rare*

fein <*tech.allg*> *(z. B. Einstellung, Korn, Gewindesteigung)* • fine

fein <*msr*> *(z. B. Abstimmung, Abgleich)* • fine; precise

fein <*textil*> *(sehr dünn od. durchscheinend; z. B. Strümpfe)* • sheer

Feinabstimmung *f* <*tech.allg*> *(z. B. von Schaltkreisen, Systemen, Maschinenbauteilen, Signalen, Farben)* • fine adjustment; fine tuning; precision adjustment; sharp tuning

Feinantrieb *m* <*msr*> *(mit Mikrometer, Nonius)* • vernier drive

feinbearbeitet <*obfl*> *(spanend, mit Wz--Maschine)* • micro-machined

Feinbearbeitung *f* <*prod*> *(allg.; jedes Verfahren)* • finishing

Feinbearbeitung *f* <*prod*> *(abtragend mit unregelmäßiger Schneide)* • refined abrading

Feinbearbeitung *f* <*wz.masch*> *(spanend)* • finish-machining

Feinblech *n* <*metall*> *(Dicke 0,008 … 5 mm)* • sheet

Feinblechwalzen *n* <*metall*> • sheet rolling

Feinbohren *n* <*prod*> *(allg.)* • precision drilling; fine boring

Feindestillation *f* <*chem.verf*> • precision distillation

feindispers <*phys*> • finely dispersed; highly disperse

Feindrehmaschine *f* <*wz.masch*> • precision lathe; precision turning lathe

Feineinstellschraube *f* <*tech.allg*> • micrometer screw; fine adjustment screw

Feineinstellskala *f* <*msr*> *(allg.)* • fine--adjustment dial

Feineinstellskala *f* <*msr*> *(mit Nonius)* • vernier dial

Feineinstellung *f* <*msr*> *(statisch oder dynamisch; manuell od. automatisch; z. B. mit Regelung)* • fine control

feinen *vt* <*metall*> *(z. B. Stahl)* • refine *vt*

feinfühlig <*allg*> • sensitive

Feingefüge *n <mat> (allg.)* • fine structure

Feingehalt *m <metall> (von Legierungen in Teilen pro Tausend; z. B. Gold 585)* • fineness; purity *coll*

Feingewinde *n <masch> (allg.)* • fine-pitch thread; fine thread; fine screw thread *rare*

Feingold *n <mat>* • fine gold; proof gold

Feinguss *m <prod> (typ. mit Ausschmelzverfahren)* • precision-casting

Feingut *n DIN ISO 9045 <tech.allg> (kleiner als eine definierte Partikelgröße im Siebgut)* • fine fraction *ISO 9045*; fines

Feinheit *f <tech.allg>* • fineness

Feinhieb *m <wz> (Feile)* • finishing cut

Feinkeramik *f <silik>* • fine ceramics

Feinkies *m <bau.mat>* • fine gravel; pea gravel

Feinkitt *m <mat> (für Porzellan, Kacheln, Fliesen)* • cement

Feinkohle *f <min>* • fine coal; coal fines; fines; smalls

Feinkoks *m <verbr>* • breeze; coke screenings

Feinkorn *n <mil> (Visier)* • fine sight

Feinkorn *n <phot>* • fine grain

Feinkorn *n <verf> (beim Sieben durchfallend)* • screen undersize; minus material; smalls; fines

Feinkornentwickler *m <phot>* • fine-grain developer

feinkörnig *<bau.mat>* • fine grained

feinkörnig *<mat> (allg.)* • fine-grained; fine-granular

feinkörnig *<obfl> (gleichmäßig)* • even

feinkörnig *<phot> (Film, Aufnahme)* • fine-grain; fine-grained

feinkörnig *<wz> (Schleifpapier/Schmirgelleinen)* • fine-grit

Feinkornstahl *m ISO/FDIS 636 <mat>* • fine-grain steel *ISO/FDIS 636*

Feinlunker *m <metall>* • pin-hole

feinmaschig *<allg> (auch metaphorisch; z. B. Suche)* • narrow-meshed; close-meshed

feinmaschig *<tech.allg> (allg.; z. B. Gewebe, Sieb)* • fine-mesh; fine-meshed

feinmaschig *<tech.allg> (betont: sehr feinmaschig; z. B. Filter)* • micromesh

Feinmechanik *f <tech.allg>* • precision engineering; precision mechanics; light engineering *rare*

Feinmechaniköl *n <tribo> (zur Schmierung u. Pflege von Präzisionsmechanik; z. B. Ballistol)* • tool and instrument oil

feinmechanisch *<tech.allg>* • precision-mechanical

Feinmessschraublehre *f DIN 863 <wz.msr>* • micrometer caliper

Feinmesstechnik *f <msr>* • precision-measuring technology; dimensional metrology

Feinpappe *f DIN 6730 <pap>* • fine board

Feinrechen *m <verf.hydr> (für Abwasser; Spaltweite 1 - 25 mm)* • fine screen; fine screen unit; trashrack *US*

Feinreinigung *f <verf.hydr> (Maschenweite 3 bis 10 mm)* • fine screening

Feinschneiden *n <prod> (von Blechen; z. B. mit Laser)* • fine blanking; fine-edge blanking

Feinsicherung *f <el> (betont: empfindlich; sehr dünner Draht in Glasrohr; träge od. flink)* • miniature fuse; subminiature fuse; fine-wire fuse; microfuse

Feinsieb *n <allg> (im Haushalt)* • fine sieve

Feinsieb *n <verf> (allg.; für jedes Siebgut)* • fine screen

Feinsiebung *f <verf.hydr> (Maschenweite von weniger als 3 mm)* • fine screening

Feinsilber *n <mat>* • fine silver

Feinsortierung *f <pap.ents>* • fine screening; secondary screening; fine sorting

Feinspachtel *m <kfz.rep> (Einkomponentenspachtel)* • putty *US*; glazing putty *US*; spot putty; knifing stopper *GB*; stopper *GB*

Feinstaub *m <verf> (Partikelgröße < 1 μm)* • fine dust; fine particulate matter; fine particulates

Feinstäube *mpl <verf>* • fine dusts

Feinstblech *n DIN 90-1 <metall>* • light gauge metal

Feinstfilterung *f <verf>* • ultrafiltration

Feinstoffe *mpl <tech.allg>* • fines *pl*

Feinstraße *f <metall> (Walzwerk; walzt Brammen zu Blechen und geschweißten Rohren)* • light-section mill; slab mill

feinstreifig *<mat> (z. B. Perlitgefüge)* • fine-banded

feinstückig *<verf> (z. B. Kohle, Pellets)* • small-size; small-sized

feinverstellbar *<tech.allg>* • micro-adjustable

fein verteilt *<tech.allg> (z. B. Schwebstoffe)* • finely dispersed; highly dispersed

Feinwerkelement *n VDI/VDE 2255 <masch>* • precision engineering component *VDI/VDE 2255*

Feinzerkleinerung *f <ents> (durch Zerreißen, Zerfetzen; z. B. von Papier, Blech)* • fine shredding

Feinzerkleinerung *f <verf> (durch Zerdrücken)* • fine crushing

Feinzerkleinerung *f <verf> (durch Mahlen)* • fine grinding

Feinzuschlag *m prakt <bau.mat> (Korngröße 0,063 - 0,63 mm)* • fine aggregate; fines *pl coll*

Feld *n <allg> (z. B. Bereich, Gebiet, Region)* • field

Feld *n <tech.allg> (parallele Anordnung vieler identischer Teile; z. B. von Antennen)* • array

Feld *n <agri>* • field

Feld *n <bau> (Fachwerk; zwischen zwei benachbarten Fachwerkknoten)* • panel

Feld *n <doku> (in Tabelle, Formular, Maske; zum Ausfüllen)* • cell

Feld *n <mil> (schraubenförmige Erhöhung zwischen Zügen; z. B. in Gewehrlauf)* • land

Feld *n <phys> (elektr., magnet., gravit.)* • field

feldabhängig *<tech.allg>* • field-dependent

Feldarbeit *f <tech.allg>* • field-work

Feldbahn *f <bahn>* • agricultural railway

Feldberegnung *f <agri>* • field irrigation

Feldbett *n <mil>* • cot

Felddichte *f <el>* • field density

Feldebene *f <logist> (Palettenregal)* • storage level

Feldeffekttransistor *m* (FET) *<comp.i-c.el>* • field-effect transistor (FET); unipolar transistor; fieldistor

Feldemissionsmikroskop *n* (FEM) *<el.msr>* • field-emission microscope (FEM); point-projection microscope; field-emission electron microscope; field-electron microscope

Felderregung *f <el>* • field excitation

Feldflugplatz *m <aerosp>* • field aerodrome

Feldhäcksler *m DIN ISO 8909-1 <agri> (Traktor-Anbaugerät od. selbstfahrend; für Silage)* • forage harvester *ISO 8909-1*; silage harvester; forager; chopper

feldinduziert *<el>* • field-induced

Feldionenmikroskop *n* (FIM) *<el.phys>* • field-ion microscope (FIM); field ion microscope

Feldlänge *f <comp> (z. B. in Formularen, Tabellen, Eingabemasken)* • field length

Feldlinie *f <phys> (elektr., magnet.)* • field line; line of flux; line of force

Feldspat *m <min>* • feldspar; felspar *rare*

Feldstecher *m <opt.mil> (zweiäugiges Fernglas, bes. robust; auch f. d. Jagd)* • field glasses

Feldversuch *m <tech.allg> (allg.)* • field test; field testing

Feldversuch *m <tech.allg> (betont: vor Ort, am tatsächlichen Einsatzort)* • in--situ experiment; in-situ test

Felge *f <fz> (Speichenrad, altes Wagenrad)* • felloe; felly *rare*

Felge *f <fz> (äußerer Kranz; zur Aufnahme des Reifens)* • rim; wheel rim

Felgenbettbreite *f <fz> (gemessen in Zoll)* • rim well width; well width *pract*

Felgenbremse *f DIN ISO 8090 <fz> (Fahrrad)* • caliper brake *ISO 8090*; calliper brake *GB*; rim brake

Felgendurchmesser *m <kfz>* • rim diameter; specified rim diameter *stand*; nominal rim diameter *stand*; wheel diameter *pract*; fitting diameter *pract*

Felgengröße *f <kfz> (in Zoll; z. B. 6J x 14)* • rim size; wheel size

Felgenhorn *n <fz> (Rad)* • rim flange; flange *pract*

Felgenreiniger *m <kfz> (meist speziell f. LM-Räder)* • wheel cleaner

Fell *n <bio> (abgezogen, von großen Tieren; z. B. von einer Kuh)* • hide

Fell *n <bio> (abgezogen, von kleineren Tieren)* • skin

Fell *n <bio> (roh, noch unbearbeitet, von Pelztieren)* • pelt; fell; furskin

Fels *m <bau.mat> (als Baumaterial oder*

als Baugrund) • rock

Felsgründung *f* <*bau*> • rock foundation; foundation in rock

Felsit *m* <*silik*> • felsite; felstone

Femto-... <*allg*> *(SI-Vorsatz, 10^{-15}; z. B. Femtosekunde)* • femto

Femtomol *n* <*phys*> *(10 -15 Mol)* • femtomole

Femtosekundenlaser *m* <*mech.tech*> *(Ultrakurzpulslaser; z. B. zur Kariesbehandlung)* • femtosecond laser; femto laser; fs laser

Fender *m* <*nav*> *(z. B. an Schiffsrumpf, Kaimauer)* • fender; fender guard; fend-off *GB*

Feng-Shui-Harmonielehre in der Wirtschaft *f* <*philos.ökon*> *(z. B. bei der Gestaltung von Gebäuden, Arbeitsplätzen)* • business Feng Shui

Fenster *n DIN EN 12519* <*bau*> *(verglast)* • window *DIN EN 12519*

Fenster *n* <*comp*> *(zum Aufziehen und Identifizieren von Bildschirmelementen)* • window

Fenster *n* <*fz*> • window; light *GB*

Fensteranordnung *f* <*bau*> *(in einer Fassade, Gebäudefront)* • fenestration

Fensterbank *f* <*bau*> *(allg.)* • window sill; sill plate; sill *pract*

Fenster für den Nichtwohnungsbau *n :V* <*bau*> • commercial window

Fensterglas *n* <*bau.silik*> • window glass; sheet glass; flat-drawn glass

Fensterheber *m* (FH) <*kfz*> *(mechanisch oder elektrisch)* • window lift; window regulator *US*; regulator *US*; window winder *Opel*; window-winding mechanism *rare*

Fenster-Kipplüftung *f* <*hlk*> *(von Räumen; im Ggs. zur Stoßlüftung)* • slow airing [by tilting windows] *:V*

Fensterkitt *m* <*bau*> *(Verglasungsdichtstoff auf Ölbasis; für alte Fenster)* • putty

Fensterklimagerät *n* <*hlk*> *(typ. in USA und Asien)* • window air-conditioning unit; window-mount room air conditioner; room air conditioner for window installation

Fensterkurbel *f* <*bau*> *(zum Betätigen von Dreh- und Klappflügelfenstern)* • roto handle; rotary-gear operator *form*; crank handle; crank *coll*

Fensterlaibung *f* <*bau*> *(innere seitliche Flächen einer Fensteröffnung)* • reveal

Fensterrahmen *m* <*bau*> *(allg.)* • casement frame

Fensterrahmen *m* <*bau*> *(nur bei Schiebefenstern)* • window sash

Fensterscheibe *f* <*bau*> *(nach der Installation)* • pane; light; lite

Fensterscheibe *f* <*bau.mat*> *(vor der Installation)* • window pane; pane

Fenster-Stoßlüftung *f* <*hlk*> *(von Räumen; starker Durchzug durch kurzes Öffnen mehrerer Fenster)* • rush airing *:V*; inrush airing

Fenstersturz *m* <*bau*> *(obere Begrenzung der Fensteröffnung; z. B. aus Stein, Beton, Holz)* • window header; lintel; header *pract*

Fermi-Alter *n* <*nukl*> • Fermi age; neutron age

Fermi-Energie *f* <*phys*> • Fermi energy

Fermium *n* (Fm) <*chem*> *(radioaktiv)* • fermium (Fm)

fern <*allg*> *(räumlich, zeitlich)* • distant

fern <*allg*> *(räumlich)* • far

fern <*allg*> *(weit weg, schwer erreichbar)* • remote

fern <*astron*> *(im Weltraum)* • deep

fern-... <*prod*> *(gesteuert)* • remote

Fernaufnahme *f* <*phot*> • long-distance shot; telephoto

fernbedient <*tech.allg*> • remotely operated; remote-operated; remotely controlled

Fernbedienung *f* (FB) <*msr*> *(Sender, Handgerät; z. B. für TV, Camcorder, Garagentor, Modelle)* • remote control [unit] (RC); remote controller; remote commander; radio control hand transmitter; remote *coll*

Fernbedienung *f* <*phot*> • remote control; remote *Nikon*; remote release *Fuji*; remote shutter *Panasonic*; remote commander *Sony*

Fernbedienungsgerät *n ISO 17874-1* <*nukl*> *(für radioaktives Material)* • remote handling device *ISO 17874-1*; remote handling tool

Ferngas *n* <*verbr*> *(über Pipelines)* • pipeline gas

Ferngas *n* <*verbr*> *(öffentl. Gasversorgung)* • piped gas; grid gas

Ferngasleitung *f* <*rls*> • long-distance gas pipeline; long-distance gas main

Ferngespräch *n* <*tele*> • long-distance

call; long-distance telephone call; trunk call

ferngesteuert *<msr>* • remote-controlled; remotely controlled

Fernglas *n <opt> (zweiäugig)* • binoculars; pair of binoculars; binocular *rare*

Fernheizwerk *n <energ>* • district-heating plant *US*; district heating station *GB*

Fernkabel *n <tele> (elektr., LWL)* • long-distance cable; long-haul cable

Fernleitung *f <tech.allg> (für beliebiges Medium; z. B. Öl, Gas, Wasser, Strom)* • long-distance transmission line

Fernleitung *f <energ.gas> (Pipeline)* • transmission pipeline

Fernleitung *f <energ.gas> (von Gas; Vorgang)* • transmission

Fernleitungsnetz *n <energ> (z. B. Erdgas-, Ölleitungen)* • long-distance network

Fernleitungsnetz *n <energ.gas>* • transmission system; transmission network

Fernleitungsnetz *n <tele>* • trunk network

Fernlenkung *f <aerosp> (Lenkwaffe, Raumfahrzeug)* • distance control; remote control; remote piloting; remote guidance; guidance

Fernlicht *n <kfz.el> (Scheinwerfer)* • high beam[s] *US*; main beam *GB*; upper beam; full beam; country beam *rare*

Fernmeldeanlage *f <tele>* • telecommunication system; communication system; communication installation; communication facility; communication equipment

Fernmeldekabel *n <tele>* • telecommunication cable

Fernmeldenetz *n <tele> (allg.; alle Dienste)* • telecommunication network; communication network

Fernmeldesatellit *m <tele> (für Telefon, Radio, Fernsehen, Navigation)* • communication satellite; relay satellite

Fernmeldetechnik *f <tele>* • telecommunication technology; communication technology; telecommunications engineering; telecommunication engineering; telecommunications

Fernnetz *n <verk> (Buslinien, Eisenbahn)* • intercity service system

Fern-Notruf *m DIN EN 81-28 <alarm>* • remote alarm *DIN EN 81-28*

Fernreisebus *m <nfz>* • long-distance coach

Fernrohr *n <opt> (allg.; inkl. astron.)* • telescope

Fernsehantenne *f <av>* • TV antenna *US*; television aerial *GB*

Fernsehbild *n <av> (allg.)* • television picture; television image

Fernsehbildschirm *m <av> (TV)* • television screen; TV screen

Fernsehen *n <av>* • television (TV)

Fernsehgerät *n <av>* • television receiver; TV receiver; TV set *pract*; box *GB.coll*

Fernsehgroßprojektor *m <av> (Drei-Farbenprojektion; obsolete Technik)* • large-screen television projector; TV beamer

Fernsehkamera *f <av> (für Fernsehaufnahmen)* • TV camera; television camera; camera *pract*; telecamera *rare*

Fernsehsender *m <av> (als Sendeanstalt, Funkanlage)* • television transmitter; television broadcast transmitter station *form.rare*

Fernsehsender *m <av> (z. B. ARD, ZDFdokukanal)* • TV channel

Fernsehsendung *f <av>* • television broadcast; telecast *pract*; television transmission *rare*; television broadcasting *rare*

Fernsehspot *m <werb>* • TV commercial; television commercial; TV spot *pract*

Fernsehtechnik *f DIN 45060 <av>* • television engineering; TV engineering *pract*

Fernsprechkanal *m <tele>* • telephone channel

Fernsprechnetz *n <tele>* • telephone network; telephone system; voice network

Fernsprechverkehr *m <tele>* • telephone traffic

fernsteuern *vt <msr>* • operate by remote control *vt*

Fernsteuerung *f <tech.allg>* • remote control

Fernsteuerungsgerät *n <msr> (Sender oder Empfänger)* • remote control unit (RCU); RC unit

Fernstrecke *f <bahn>* • main line

Fernübertragung *f <msr>* • remote transmission; teletransmission

Fernüberwachungssystem *n <msr>* • remote monitoring system; remote area monitoring system

Fernverbindung *f <tele>* • trunk connection

Fernverbindung *f <verk>* • long-distance route

Fernverkehr *m <bahn>* • long distance traffic; long distance train operations; long distance service

Fernverkehr *m <verk>* • long-distance traffic; trunk traffic

Fernverkehr-Lkw *m <nfz>* • long-haul truck; Buster Brown *US.coll*

Fernverkehrsschnellstraße *f :V <bau.-verk> (landschaftlich schöne Strecke m. getr. Richtungsfahrbahnen)* • parkway; park highway; greenway *obs*; scenic motorway *GB*

Fernverkehrsschnellstraße *f <bau.-verk> (autobahnähnlich, meist mehrspurig u. kreuzungsfrei)* • expressway (expwy) *US*

Fernverkehrsstraße *f <bau.verk> (zw. Städten; nicht kreuzungsfrei)* • arterial highway *US*; trunk road; highway *US.coll*

Fernverkehrsstrecke *f <verk>* • trunk route

Fernverkehrszug *m <bahn>* • long-distance train

Fernwärmeheizung *f AGFW FW 517 <hlk>* • district heating *AGFW FW 517*; utility-supplied district heating; utility-supplied heat[ing] *rare*; teleheating *rare*

Ferrit *m <metall>* • ferrite

Ferritantenne *f <tele>* • ferrite antenna *US*; ferrite aerial *GB*

ferritischer Stahl *m <metall>* • ferritic steel

Ferritkopf *m <av>* • ferrite head

Ferritringkern *m <el>* • ferrite toroid

ferroelektrischer Stoff *m <mat>* • ferroelectric material; ferroelectric

Ferrofluid *n <av>* • ferrofluid; ferromagnetic fluid *form*

ferromagnetisch *<phys>* • ferromagnetic *adj*

ferromagnetischer Stoff *m DIN EN 1330-1 <mat>* • ferromagnetic material; ferromagnetic substance; ferromagnetic

Ferromagnetismus *m DIN IEC 50 <phys>* • ferromagnetism *DIN IEC 50*

Ferrozement *m <bau.mat> (Stahlbetonart; z. B. für Wassertanks)* • ferrocement

fertig *<allg> (Vorgang; am Ende, zu Ende geführt; z. B. Zusammenbau, Errichtung)* • finished; complete

fertig *<allg> (z. B. betriebsbereit)* • ready

Fertigbauteil *n <tech.allg>* • prefabricated component; prefabricated part; prefab *pract*

fertig bearbeitet *<term> (Eintrag)* • finalized

Fertigbearbeitung *f <prod> (allg.)* • finishing; final finishing steps

Fertigbeton *m <bau.mat>* • precast concrete

Fertigblasen *n <kst>* • final blowing

Fertigdecke *f <bau>* • precast floor

Fertigdrehen *n <prod>* • finish turning

fertige Kartonage *f <pap>* • final box

fertigen *vt <prod> (spanend)* • machine *vt*

Fertigerzeugnis *n <prod>* • end product; final product; finished product

Fertigfräsen *n <prod>* • finish milling

Fertighaus *n <bau> (allg.; jeder Typ)* • prefabricated home; prefabricated house; manufactured home; prefab home

Fertigmaß *n <prod>* • final size; finish size; finished size; developed dimension *rare*

Fertigmaß *n*: **auf ~ bearbeiten** *vt <prod>* • finish to size *vt*; machine to size *vt*; finish-machine *vt*

Fertigteil *n <prod>* • finished part; finished component

Fertigteilbauweise *f <tech.allg>* • prefabricated construction; construction using prefab components

Fertigteilbauweise *f <bau> (Beton)* • precast construction

Fertigteilplatte *f <bau> (Beton)* • precast slab

Fertigteilträger *m <bau>* • prefabricated girder; prefab girder *US*

Fertigungsablauf *m <prod> (zeitlicher Ablauf der Vorgänge)* • production process; manufacturing process; fabrication process; production run

Fertigungsanlage *f* <*prod*> *(Gesamtbetrieb, Werksanlage, Fabrik)* • production plant; production facility; fabrication plant; manufacturing plant; fab *jarg*

Fertigungsanlage *f* <*prod*> *(betont: als System)* • manufacturing system

Fertigungsautomation *f* (FA) <*autom*> • fabrication automation (FA)

Fertigungsfehler *m* <*qualit*> *(konkret)* • manufacturing defect; defect of fabrication

Fertigungsfehler *m* <*qualit*> *(abstrakt)* • manufacturing error

Fertigungsgeschwindigkeit *f* <*prod*> *(Teile pro Zeiteinheit)* • production rate

Fertigungsmethode *f* <*prod*> *(Techniken, Verfahren)* • production method; manufacturing method; fabrication method; production process

Fertigungsmittel *npl* <*prod*> • production facilities *pl*

Fertigungsstraße *f* <*prod*> *(allg.)* • production line; flow production line; process line *rare*; flow line *rare*; linked production line

Fertigungsstraße *f* <*prod.autom*> • automatic transfer line; automated linked line; linked line

Fertigungstechnik *f* <*prod*> • manufacturing engineering; production engineering

Fertigungstiefe *f* <*prod*> • vertical integration

Fertigungstoleranz *f* <*prod*> • manufacturing tolerance

Fertigungsverfahren *n DIN 8580* <*prod*> • manufacturing process; production technique; production method; process of manufacture; manufacturing technique

Fertigungszeichnung *f* <*doku*> *(enthält alle notwendigen Angaben für die Fertigung)* • manufacturing drawing

Fertigungszelle *f* <*prod*> • machining cell

Fertigungszwischenprüfung *f* <*qualit*> *(zwischen Fertigungsschritten)* • in-process inspection; in-process testing

Fesselballon *m* <*aerosp*> *(Luftfahrzeug leichter als Luft)* • captive balloon; tethered balloon; moored balloon

fest <*allg*> *(z. B. Standpunkt, Material, Fleisch)* • firm

fest <*tech.allg*> *(sicher befestigt)* • fastened; fixed; secure

fest <*tech.allg*> *(ungewollt gehemmt)* • jammed

fest <*tech.allg*> *(stabil)* • stable

fest <*tech.allg*> *(angebunden)* • tied

fest <*füg*> *(festsitzend)* • tight

fest <*jur*> *(Wohnsitz)* • permanent

fest <*jur*> *(z. B. Posten, Stelle)* • steady

fest <*masch*> *(verriegelt)* • locked

fest <*phys*> *(Aggregatzustand)* • solid

fest <*textil*> *(Gewebe)* • firm

fest angebaut <*tech.allg*> • rigidly attached

Festanschlag *m* <*autom*> • fixed stop; positive stop; dead stop

Festanschluss *m* <*tele*> • permanent connection

festbacken *vi* <*tech.allg*> *(z. B. Abrieb an Werkzeug- od. Maschinenteilen, Filterschlamm)* • cake together *vi*

festbacken *vi* <*tech.allg*> *(z. B. Abrieb, Rückstände, Schmutz)* • cake *vi*

Festbeton *m* <*bau.mat*> • hardened concrete

Festbett *n* <*verbr*> *(allg.; Brennstoffschicht nicht aufgewirbelt)* • fixed bed; moving bed; packed bed

Festbett *n* <*verf*> *(Schüttung; z. B. in Abscheidern, Ionenaustauschern, Katalysatoren)* • static bed; fixed bed

festbinden *vt* <*logist*> *(mit Riemen)* • strap *vt*

festbinden an *vt* <*allg*> • tie to *vt*

festbrennen *vi* <*füg*> *(Elektrode am Werkstück; unerwünscht)* • fuse [to] *vi*; stick *vi*

Festbrennstoff *m* <*verbr*> • solid fuel; combustible solid

Festbrennweite *f* <*phot*> • fixed focus

festdrehen *vt* <*füg*> *(Mutter, Schraube)* • tighten *vt*

Festeinbau *m* <*tech.allg*> • permanent installation

fest eingebaut <*tech.allg*> • permanently installed

Festelektrolyt-Brennstoffzelle *f* <*el*> • solid polymer fuel cell (SPFC)

fester Abfall *m* <*ents*> • solid waste; refuse

fester Schenkel *m* <*msr*> *(z. B. einer Schiebelehre)* • fixed caliper jaw; stock

fester Sitz *m* <*füg*> • tight fit

fester Untergrund *m* *<geo>* • solid ground

fester Zustand *m* *<phys>* • solid state

festes Lager *n* *<bau>* *(erlaubt Rotation, keine Axialbewegung)* • fixed bearing

festes Paraffin *n* *<chem>* • paraffin wax

feste Verdrahtung *f* *<el>* • permanent wiring; fixed wiring

festfressen *vr* *<masch>* *(z. B. Kolben, Lager)* • seize *vi*; jam *vi*

festfressen *vr* *<masch>* *(Bohrer)* • bind *vi*

festgefahren *<kfz>* *(in tiefem Sand, Schnee, Sumpf)* • bogged [down]

festgefressen *<qualit>* *(z. B. Pumpenläufer, Anker)* • frozen

Festgehalt *m* *<tech.allg>* • solids content

Festgelenk *n* *<masch>* *(ant: Verschiebegelenk)* • fixed joint

Festgestein *n* *VDI4640* *<geo>* • solid rock *VDI4640*; consolidated rock *vdi4640*; hard rock

festhaftend *<tech.allg>* *(z. B. Lackschicht, Etikett)* • firmly adhering; firmly bonded

Festhalteeinrichtung *f* *<tech.allg>* • clamping device; locking device; arrest *rare*

Festhaltekraft *f* *<mech>* *(zurückhaltend)* • restraining force

Festhaltekraft *f* *<mech>* *(allg.)* • retaining force

Festhaltekraft *f* *<mech>* *(nach unten)* • hold-down force

festhalten *vt* *<allg>* • arrest *vt*

festhalten *vt* *<tech.allg>* *(z. B. Seil, Werkzeug)* • hold *vt*; hold in place *vt*

festhalten *vt* *<tech.allg>* *(hindern)* • impede *vt*

Festigkeit *f* *<allg>* *(z. B. von Standpunkten, Material, Fleisch)* • firmness

Festigkeit *f* *<bau.mat>* *(z. B. Straßenbelag)* • compactness; massivity

Festigkeit *f* *<mat>* *(gegenüber Licht, Wasser, Chemikalien)* • fastness

Festigkeit *f* *<mat>* *(Starrheit)* • rigidity

Festigkeit *f* *<phys>* *(im Ggs. zum flüssigen oder gasförmigen Zustand)* • solidity

Festigkeit *f* *<qualit.mat>* *(Widerstand gegenüber Einflüssen; z. B. Biege- oder Stoßfestigkeit)* • resistance; resistivity

Festigkeit *f* *<qualit.mat>* *(z. B. gegenüber Umwelteinflüssen)* • stability

Festigkeit *f* *<qualit.mat>* *(in Bezug auf mech. Zug- od. Druckbelastung)* • strength

Festigkeit *f* *<textil>* *(Zugbelastbarkeit; v. Faser, Gespinst, Faden)* • strength

Festigkeit *f* *<textil>* *(von Gewebe; je nach Fadendichte)* • closeness

festkleben *vi* *<el>* *(Relais, Kontakte)* • freeze *vi*; stick *vi*

festklemmen *vi* *<masch>* *(unbeabsichtigt; z. B. Werkstück in Zuführung)* • jam *vi*

festklemmen *vt* *<tech.allg>* *(z. B. Kabel, Draht, Schlauch)* • clamp in place *vt*; clamp *vt*

Festklemmhebel *m* *<tech.allg>* *(z. B. Exzenterspanner, Schraubspanner)* • clamping lever

Festkomma *n* *<comp>* • fixed point; fixed decimal point

Festkommarechnung *f* *<comp>* • fixed-point computation; fixed-point calculation

Festkörper *m* *<math>* *(massiv; in Geometrie, Computergrafik-Volumenmodell)* • solid object; solid *pract*

Festkörper... *<comp.ic>* • solid-state ...

Festkörperlaser *m* *<phys>* • solid-state laser

Festkörperphysik *f* *<phys>* *(umfasst u. a. die Halbleiterphysik)* • solid-state physics

Festlager *n* *<masch>* *(im Ggs. zu Loslager; typ. ein Wälzlager auf e. Welle)* • fixed bearing

festlegen *vt* *<allg>* *(Parameter vorgeben)* • parametrize *vt*

festlegen *vt* *<tech.allg>* *(z. B. Sollwerte, Verfahren, Reihenfolge)* • define *vt*

Festlinie *f* *<phys.chem>* • solidus line; solidus; solidus curve

fest montiert *<tech.allg>* • permanently fixed

Festnetz *n* *<tele>* • landline

Festnetz/Mobilnetz-Konvergenz *f* *<tele>* • fixed/mobile convergence

Festnetztelefon *n* *<tele>* • landline phone

Festplatte *f* *<comp>* *(magnet. Speichermedium; einzelne Scheibe im Laufwerk)* • hard disk (HD); magnetic

hard disk *rare*; fixed disk *BASF.rare*
Festplattencontroller *m <comp>* • hard disk controller; HD controller
Festplattenfehler *m <comp>* • hard disk error
Festplattenlaufwerk *n <comp> (magnetischer Festplattenspeicher; Modul; z. B. 60 GB Kapazität)* • hard disk drive (HDD); hard drive *pract*; disk *coll*; fixed-disk drive *rare.BASF*; rigid-disk drive *rare*
Festplattenspeicherkapazität *f <comp>* • hard disk capacity
Festpreis *m* (FP) *<ökon> (allg.; im Ggs. zum gleitenden Preis)* • fixed price (FP)
festprogrammierte Steuerung *f DIN 19237 <autom> (Programmänderungen nicht vorgesehen)* • fixed programm controller; fix programm controller
Festpropeller *m <aerosp>* • fixed-blade propeller; fixed-pitch propeller
Festpunkt *m <bau> (allg.)* • anchor point; point of fixity
Festpunkt *m <msr> (z. B. Geodäsie, Vermessung)* • datum
Festpunkt *m <prod> (Bezugspunkt für Maße; z. B. bei CNC-Werkzeugmaschine)* • fixed datum point; fiducial point; bench mark
Festpunkt *m DIN 4048-2 <rls> (konkret od. abstrakt)* • pipe anchor; anchor point
Festpunkt *m DIN 4048-2 <rls> (Halterung, als Bauteil)* • pipe anchor; anchor chair; pipe chair
Festrad *n <kfz.antr> (in Schaltmuffengetriebe)* • fixed gear
Festrad *n <masch> (Planetengetriebe)* • sun gear; fixed gear; locked gear; central gear
festschrauben *vt <füg> (allg.)* • fasten *vt*; secure *vt*
Festspannloch *n <prod>* • mounting hole
Festspeicher *m <phot> (in Digitalkameras)* • buffer; frame buffer; intermediate storage
feststampfen *vt <bau> (Boden, Untergrund)* • tamp *vt*
feststehend *<tech.allg> (fixiert)* • fixed
feststehend *<tech.allg> (nicht einstellbar)* • non-adjustable
feststehend *<av> (Bild)* • still
feststehend *<masch> (z. B. Sonnenrad im Planetengetriebe, Ständerwicklung)* • stationary
feststehendes Vorlagenglas *n <druck> (Kopierer)* • stationary platen
feststellbar *<allg> (mit den Sinnen erkennbar)* • perceptible
feststellbar *<masch> (verriegel-, fixierbar)* • lockable
feststellbar *<masch> (in sicherer Stellung; z. B. Bremse)* • securable
Feststellbremse *f IEV 415 <energ.-wind> (für Rotor)* • parking brake *IEV 415*
Feststellbremse *f <kfz.brems> (hand- oder fußbetätigt, mit Hebel, Taste od. elektr. automatisch)* • parking brake; emergency brake *coll.rare*
Feststellbremse *f <kfz.brems> (nur bei Handbetätigung)* • hand brake
feststellen *vt <allg> (Statement, Fakten)* • determine *vt*
feststellen *vt <qualit> (entdecken; z. B. Fehler, Unregelmäßigkeit)* • detect *vt*; spot *vt*
Feststellmutter *f <masch> (allg.)* • locking nut
Feststellschraube *f <masch> (z. B. für Muffen, Hülsen, Stellring)* • clamping bolt
Feststellschraube *f <masch> (z. B. im Stellring, an Klemmhülsen)* • clamping screw
Feststoff *m <phys>* • solid; solid matter
Feststoffrakete *f <aerosp>* • solid-propellant rocket
Festtreibstoff *m <aerosp> (z. B. für Raketen)* • solid propellant; solid fuel; solid rocket propellant
fest verschraubt *<füg>* • securely fastened [with threaded fasteners]
fett *<allg> (dick)* • fat
fett *<comp.druck> (Schrift)* • bold
fett *<druck> (Schrift; im Druckereiwesen)* • extra-bold; heavy
fett *<mat> (Kohle, Ton, Beton)* • rich
fett *<min> (bituminös; Kohle)* • bituminous
fett *<nahr> (fettig)* • fatty
Fett *n <chem> (pflanzl. und tierisch)* • fat
Fett *n <chem> (tierisch; bes. im weichen Zustand)* • grease
Fett *n <nahr>* • fat
Fett *n <tribo>* • grease

Fettabscheider *m <hlk> (im Ggs. zu Fettfilter; in Dunstabzugshauben)* • grease trap; grease separator

fettarm *<nahr>* • low-fat; fat-reduced

fettdichtes Papier *n DIN 55 405 <pap>* • greaseproof paper

fetten *vt <led.obfl>* • oil *vt*; stuff *vt*

fetten *vt <tribo> (mit Schmierfett; z. B. Lager)* • grease-lubricate *vt*; grease *vt*

fettes Kraftstoff-Luft-Gemisch *n <mot>* • rich air/fuel mixture; rich mixture

Fettfilter *m <hlk> (im Ggs. zu Fettabscheider)* • grease filter

fettfreie Milchtrockenmasse *f* (MSNF) *<nahr>* • milk solids not fat (MSNF); serum solids; solids not fat; non-fat milk solids; SNF

fettgedruckt *<comp.druck>* • bold-type *adj*

Fettgehalt *m <nahr>* • fat content

Fettgerbung *f <led>* • oil tanning; chamois tannage; oil tannage

Fettgewebe *n <bio> (z. B. Lederherstellung)* • adipose tissue; fatty tissue; fat tissue

Fettglanz *m <obfl> (z. B. von Glanzkohle)* • greasy luster *US*; greasy lustre *GB*

fettig *<allg>* • fatty

fettig *<obfl> (schmierig; eher eklig)* • greasy

fettig *<obfl> (ölig)* • oily

Fettkreide *f <kunst>* • litho chalk; lithographic chalk *form*

fettlöslich *<mat>* • fat-soluble

Fettpackung *f <tribo> (z. B. in Wälzlagern)* • grease packing

Fettpresse *f <tribo.wz>* • pressure grease gun; grease gun *pract*; hand lubricator *rare*; hand grease gun *rare*

Fettreif *m <nahr> (auf Schokolade)* • chocolate bloom; fat bloom

Fettsäure *f <chem>* • fatty acid

Fettstift *m <kunst>* • colored-wax pencil *US*

Fettstift *m <wz>* • marking pencil

feucht *<allg> (allg.)* • moist; damp

Feuchtegehalt *m <tech.allg> (z. B. von Holz, Kohle, Luft)* • humidity; humidity content

feuchtegeschützt *<tech.allg> (z. B. Frachtgut)* • moisture-proof

Feuchtesensor *m <msr> (z. B. f. Innenraumfeuchte-Management)* • moisture sensor

feuchtes Tuch *n <tech.allg>* • damp cloth

Feuchtgebiet *n <hydr>* • wetland

Feuchthaltemittel *n <chem>* • moisturizer; humectant

Feuchtheber *m <druck>* • dampening vibrator; vibrating dampening roller; damping vibrator

Feuchtigkeit *f <allg> (leichte Nässe)* • moisture

Feuchtigkeit *f <tech.allg> (Kondensat, meist unerwünscht; z. B. in Bandgeräten)* • dew

Feuchtigkeit *f <tech.allg> (in Luft)* • humidity

Feuchtigkeit *f*: **gegen ~ abdichten** *vt <bau> (z. B. Mauer)* • dampproof *vt*

Feuchtigkeitsanalysator *m <msr> (Analysegerät; nicht nur für Luftfeuchte)* • humidity analyzer

Feuchtigkeitsaufnahme *f <qualit.mat> (z. B. von Textilien)* • moisture absorption

feuchtigkeitsgesättigt *<phys>* • saturated with water vapor

feuchtigkeitsregulierend *<bekl>* • moisture-regulating

Feuchtigkeitssensor *m <msr>* • moisture sensor

Feuchtluft *f <hlk>* • moisture-laden air

Feuchtmittel *n DIN 16529 <druck> (Druckmaschine)* • fountain solution; dampening solution; dampening water

Feuchtthermometer *n <meteo.msr>* • wet-bulb thermometer

Feuchtwalze *f <druck>* • damper-roller; water roller; dampener roll; damping roller; damper

Feuchtwerk *n <druck>* • dampening system; dampener; dampening unit; damping unit; moistener

Feuer *n ISO 13943 <feuer> (selbstständige Verbrennung)* • fire *ISO 13943*

Feueraluminieren *n <obfl>* • hot-dip aluminizing; aluminum dip coating; dip aluminizing

Feuerbeständigkeit *f <qualit.mat>* • fire resistance

Feuerdämpfer *m <mil>* • flash hider

Feuer fangen *vi <feuer> (zu brennen anfangen)* • catch fire *vi*; catch *vi*; ignite *vi*

feuerfest *<qualit.mat>* • fireproof

feuerfest ausgekleidet *<verf> (z. B. Ofen)* • refractory-lined

Feuerfestbeton *m <bau.mat>* • refractory concrete

feuerfeste Auskleidung *f <mat> (z. B. Konverter, Ofen)* • refractory lining

feuerfestes Geschirr *n <silik>* • oven-to-table ware; ovenware

feuergefährlich *<tech.allg> (als Warnung)* • inflammable

feuerhemmend *DIN 4102-2 <bau.mat>* • fire-retardant *adj*

feuerhemmendes Mittel *n <feuer>* • fire retardant; fire-retarding agent; fireproofing agent

Feuerlöschanlage *f <feuer>* • fire-extinguishing equipment

Feuerlöschbrause *f <feuer>* • sprinkler; fire sprinkler; safety shower; drench shower; emergency shower

Feuerlöschdecke *f <feuer>* • fire blanket

Feuerlöscher *m <feuer>* • fire extinguisher

Feuerlöschfahrzeug *n <feuer.nfz> (in EUR lackiert rot in RAL 3000 oder RAL 3024; anderswo alle Farben)* • fire fighting vehicle

Feuerlöschhauptleitung *f <feuer.rls>* • fire main

Feuerlöschschaum *m <feuer>* • fire-fighting foam

Feuerlöschschlauch *m <feuer.rls>* • fire-fighting hose; fire hose *pract*

Feuerlöschteich *m <feuer>* • emergency fire water pond

Feuermeldeanlage *f <feuer>* • fire-detecting system; fire-alarm system

Feuermelder *m <feuer.msr> (manuell)* • fire alarm

Feuermetallisieren *n <obfl> (Überziehen im Schmelzfluss; z. B. Feuerverzinken)* • hot dipping; hot-dip coating

feuern *vi <el> (Kontakte)* • spark *vi*

feuern *vi <mil> (mit Schusswaffe)* • fire *vi*

Feuerraum *m <ents.verbr>* • combustion chamber; incineration chamber

Feuerraumgeometrie *f <verbr>* • furnace geometry

Feuerschale *f <allg>* • fire pit

Feuerschutz *m <bau.feuer>* • fire protection

Feuerschutz *m <mil> (Feuerunterstützung)* • covering fire; coverage

Feuerschutzbekleidung *f <bekl.sich>* • fireproof clothing

Feuerschutztrennwand *f prEN 45545-3 <feuer.sich> (betont: Unterteilung eines größeren Raumes in kleinere Bereiche)* • fire partition *prEN 45545-3*

Feuerstoß *m <mil> (bei Automatikwaffen; z. B. mit MG, MP)* • burst mode; burst fire

Feuerung *f <verbr> (Vorgang)* • firing

Feuerung *f <verbr> (Hauptteil einer Kessel-Feuerungsanlage)* • combustor; boiler furnace; lower furnace; furnace; burner

Feuerung *f <verbr> (Gesamtanlage)* • combustor; furnace

Feuerungsraum *m <verbr> (von Feuerungsanlagen)* • combustion chamber; furnace

feuerungstechnischer Wirkungsgrad *m <hlk> (von Heizungsbrennern; Rauchgasanalyse)* • combustion efficiency

Feuerverzinken *n <obfl> (Oberflächenschutz)* • hot-dip galvanizing (HDG); dip galvanizing; pot galvanizing

feuerverzinkter Stahl *m <mat>* • hot-dip galvanized steel *US.GB*; hot-dipped galvanised steel *GB*; zinc-dipped steel

feuerverzinktes Blech *n <mat>* • hot-galvanized sheet steel *US.GB*

Feuerverzinnen *n <obfl>* • hot-dip tinning; fire tinning

Feuerwehr *f <feuer>* • fire department *US*; fire-brigade *GB*

Feuerwehrfahrzeug *n <kfz>* • fire-fighting vehicle; fire engine *US*; fire fighting truck *coll*; fire truck *coll*

Feuerwehrgeräte *npl DIN EN ISO 1008 <feuer>* • fire-fighting equipment

Feuerwerk *n <spreng> (als Ereignis, Show)* • fireworks

Feuerwerk *n <spreng> (Material; z. B. Raketen, Knallfrösche)* • fireworks

Feuerwiderstandsklasse *f DIN 4102-2 <bau.feuer>* • fire classification; fire rating

Feuerzeug *n <allg>* • lighter

Feuerzeugfüllung *f <tech.allg> (allg.; Benzin, Gas)* • lighter fuel

FF-Scheinwerfer *m <kfz.el> (Autoscheinwerfer mit freien Reflektorflä-*

chen) • FF headlight; headlamp with complex surface reflector *Chrysler.did*; CSR headlamp *:V*

Fiberoptikkabel *n* *<lwl>* • fiber cable *US*; fibre cable *GB*

fibrillar *<allg>* • fibrillar[y]

Fibrille *f* *<bio>* *(sehr feine Faser)* • fibril[la]

fibrillieren *vi/vt* *<pap>* • fibrillate *vi/vt*

Fibrinkleber *m* *<füg.med>* • fibrin glue

Fichte *f* *<holz>* *(Nadelbaum)* • spruce

Fichtenholz *n* *<holz>* *(Weichholz)* • spruce

Fick'sches Gesetz *n* *<phys>* *(Diffusionsgesetz)* • Fick's law

fieren *vt DIN ISO 3828* *<nav>* *(Seil unter Belastung abwickeln)* • veer *vt ISO 3828*; slacken *vt*; slack *vt*; ease *vt*

Fifo-Prinzip *n* *<logist>* *(Lagerein- und -ausgang)* • fifo method; first-in-first--out principle

FIFO-Speicher *m* *<comp>* • FIFO memory; first-in-first-out memory; FIFO store *rare*; first-in-first-out store *rare*

Figur *f* *<allg>* • figure

Figur *f* *<bio>* *(eher einer Frau)* • figure

Figur *f* *<bio>* *(eher eines Mannes)* • physique

Figur *f* *<math>* *(geometr.)* • shape

Figur *f* *<spiel>* *(Spielstein o. Ä.)* • piece

figürliche Darstellung *f* *<tech.allg>* *(z. B. Verkehrszeichen)* • pictograph *US*; pictogram *GB*

Filament *n* *<astron>* *(langgestreckte Struktur in Gasnebeln)* • filament; filament prominence

Filamentkop *m* *<textil>* *(Chemiefaserwerk)* • filament cop

Fileserver-Absturz *m* *<comp>* • file--server crash; loss of the file server

File Sharing *n* *<comp>* • file sharing

Filet *n* *<nahr>* *(Fisch oder Fleisch)* • fillet; filet

Filetgewirk *n* *<textil>* *(häkelähnliche Handarbeit mit quadratischen Maschen)* • filet; filet net

Filigran *n* *<verf.metall>* *(Technik)* • filigree

Filigranarbeit *f* *<kunst>* • filigree work

Film *m* *<obfl>* *(dünne Schicht auf einem Untergrund; z. B. Wasser, Öl, Lack)* • film

Film *m* *<phot.kino>* *(für Aufnahmen)* • film

Filmanfang *m* *<kino.phot>* • leader strip; leader

Filmbildung *f* *<obfl>* • film formation

Filmdicke *f* *<obfl>* *(sehr dünn)* • film thickness

Filmdosimeter *n* *<nukl.sich>* *(Arbeitssicherheit; zum Anstecken)* • film dosimeter; film badge; badge meter; film dosemeter *rare*

Filmempfindlichkeit *f* *<phot>* • film speed; film sensitivity; speed

Filmempfindlichkeitseinstellung *f* *<phot>* *(Funktion)* • film-speed setting; ISO-setting

Filmentwicklung *f* *<phot>* • film processing; film development

Filmkamera *f* *<kino>* *(für fotografischen Film)* • movie camera; motion-picture camera; cine camera

Filmkühleinbau *m* *<verf>* *(in Kühlturm)* • film-type filling *US*; film-type packing *GB*; film filling *US*; film-type fill *US*

Filmkühlung *f* *<tech.allg>* *(z. B. von Turbinenschaufeln)* • film cooling

Filmprojektor *m* *<kino>* • movie projector; motion-picture projector; cine projector; film projector

Filmsieden *n DIN 25401-3* *<nukl>* • film boiling

Filmstreifen *m* *<phot>* *(ganzer Film)* • roll of film

Filmstreifen *m* *<phot>* *(geschnitten; mit je 5-6 Einzelbildern; Negative od. Dias)* • film strip

Filmtransport *m* *<phot>* • film transport; film pull-down; film advance

FILO-Prinzip *n* *<tech.allg>* • first-in--last-out principle; FILO principle

Filter *n* *<tech.allg>* *(mechanisch, optisch, elektr.)* • filter

Filterbelastung *f* *<verf>* *(tatsächliche Belastung)* • filter loading

Filterbelastung *f* *<verf>* *(Kapazität, Leistung)* • filter rating; fluid-handling capacity

Filterbelastung *f* *<verf>* *(bei Gewebe--Luftfiltern; z. B. Staubfilter, Schlauchfilter)* • air/cloth ratio; air-to-cloth ratio; gas-to-cloth ratio; A/C ratio

Filterbeutel *m* *<tech.allg>* • filter bag

Filtereinsatz *m* *<tech.allg>* *(allg.; jede Art und Form)* • filter insert

Filtereinsatz *m* *<verf>* *(Einsatztopf,*

-wanne im Filter zum Auffangen abgeschiedener Teile) • catch pot
Filtereinsatz *m <verf> (betont: Patrone)* • filter cartridge
Filtereinsatz *m <verf> (betont: austauschbares Filtermedium)* • filter element
Filterfaktor *m <phot> (zur Kompensation des Lichtverlusts durch e. Filter)* • filter factor
Filtergehäuse *n <tech.allg> (eher klein)* • filter case
Filtergehäuse *n <verf> (groß; z. B. in HLK)* • filter casing; filter house; filter housing
Filterkammer *f <tech.allg>* • filter chamber
Filterkerze *f <verf> (zylindrisch)* • filter candle; filter cartridge; candle filter; filter tube
Filterkies *m VDI4640 <verf> (z. B. in Kläranlage)* • filter gravel
Filterkuchen *m <verf> (allg. auf Filter)* • filter cake; cake *pract*
Filterkuchen *m <verf> (trocken, auf der Oberfläche von Gewebefiltern)* • filter cake; dust cake; dust layer
Filtermaterial *n <verf> (Substanz, durch die gefiltert wird)* • filter medium; filter material; filter substrate; filtering medium; filtering septum
filtern *vt <tech.allg> (z. B. Licht, Frequenzen, Kaffee)* • filter *vt*
filtern *vt <chem.verf> (Flüssigkeit)* • filter *vt*
filtern *vt <verf> (Gas als Medium)* • filtrate *vt*
filtern *vt <verf> (mit Sieb, abgießen)* • strain *vt*
Filternutsche *f <chem> (Filter; typ. aus Porzellan)* • nutsch filter; porcelain funnel; nutsch
Filterpapier *n <verf> (allg.)* • filter paper
Filterpatrone *f <kfz> (für Luft-, Kraftstoff-, Öl-, Pollenfilter)* • filter cartridge
Filterregeneration *f <tech.allg> (z. B. automatisch; z. B. bei Partikelfilter)* • filter regeneration
Filterrückstand *m <verf> (allg.)* • filtration residue
Filtersack *m <tech.allg>* • filter bag
Filterschaltung *f <el>* • filter circuit; frequency-selective circuit; selective circuit
Filtersieb *n <verf>* • filter screen
Filtertechnik *f <verf>* • filter technology
Filz *m <mat>* • felt
Filzabstreifer *m <tech.allg>* • felt wiper
Filzdochtöler *m <tribo>* • felt-wick oiler
filzen *vi <textil> (Wolle; unerwünscht; z. B. durch Waschen)* • felt *vi*
filzen *vt <obfl> (mit Filzscheibe polieren)* • polish with felt wheel *vt*
Filzfreiausrüstung *f <textil> (Hochveredlung)* • antifelting finish
Filzöler *m <tribo>* • felt lubricator
Filzscheibe *f <wz> (Schleif- und Polierwerkzeug)* • polishing felt wheel; felt wheel
Finger *m <tech.allg>* • finger
Fingerabdruck *m <obfl> (meist unerwünscht)* • fingermark; fingerprint
Fingerabdrucksensor *m <msr> (zur Zugangskontrolle)* • fingerprint sensor
Fingergreifer *m <masch> (z. B. eines Manipulators)* • gripper finger; finger gripper
Fingermulde *f <wz>* • finger rest
Fingerschutz *m <sich> (hart, jede Art)* • fingershield; finger guard
FireWire *<av> (Schnittstelle)* • FireWire; IEEE 1394 *stand*; i.Link *Sony*
Firmenwagen *m <kfz> (für berufliche und private Nutzung zur Verfügung gestellt)* • company car; business car; company-supplied car
Firmware *f <comp>* • firmware
Firnis *m <obfl.holz> (klar, öl- od. harzbasiert)* • varnish
firnissen *vt <obfl.holz>* • varnish *vt*
Firstabdeckung *f <bau>* • ridge capping
First Class *f <aerosp.innen>* • First Class
first in - first out (FIFO) *<logist>* • first in - first out (FIFO)
Firstlatte *f <bau> (verbindet Sparren am First)* • ridge stringer; ridge board
Firstpfette *f <bau>* • ridge purlin
First-Tier-Zulieferer *m <prod.ökon> (Zulieferkette)* • first tier supplier; 1st tier supplier; 1st tier
Fischauge *n <phot>* • fisheye lens; fisheye; fish-eye
Fischerboot *n <nav>* • fishing boat
Fischereifahrzeug *n <nav>* • fishery vessel; fishing ship
Fischgrätenmelkstand *m <agri.tech>*

• herringbone milking parlor *US*; herringbone milking parlour *GB*
Fischgrätenparkett *n <bau.innen>* • herringbone parquet
Fischgrätmuster *n <bekl>* • herringbone
Fischhaut *f <mil> (Muster auf Gewehrschaft)* • diamond knurling
Fischkutter *m <nav>* • fishing cutter
Fischmehl *n <nahr>* • fish meal; fish flour
Fischtreppe *f DIN 4047-5 <energ.hydr> (z. B. für Lachse)* • fish ladder
Fischverarbeitungsschiff *n <nav> (ohne eigene Fangeinrichtung; Mutterschiff d. Fangflotte)* • fish-processing ship; fish factory ship
Fischzucht *f <allg>* • aquaculture; fish-farming
Fixfokusobjektiv *n <phot>* • fixed focus lens
Fixierbad *n <phot> (Arbeitslösung)* • fixing bath; fixer; hypo bath; fix *coll*; hypo *coll*
fixieren *vt <tech.allg>* • fix *vt*
fixieren *vt <druck> (durch Druck und/oder Wärmeeinwirkung; z. B. Toner auf Papier)* • fuse *vt*; fix *vt rare*
fixieren *vt <ents> (z. B. Risikoabfall vor Auswaschung und Erosion schützen)* • immobilize *vt*
fixieren *vt <kst> (Orientierungen, durch Wärmebehandlung)* • heat-set
fixieren *vt <phot> (entwickeltes Fotopapier, Film)* • fix *vt*
fixieren *vt <prod> (örtlich, in Position halten; z. B. Werkstück)* • fix in position *vt*; locate *vt*
fixieren *vt <textil> (Farben)* • set *vt*
Fixier-Gripzange *f <wz>* • positioning pliers
Fixiermittel *n <tech.allg>* • fixing agent; fixative; fixer
Fixiermittel *n <kunst> (z. B. für Kohlezeichnungen)* • fixative; fixing agent; fixer *pract.coll*
Fixierung *f <ents> (von Schadstoffen in Abfall)* • immobilization; stabilization; fixation
Fixierung *f <phot> (bel. Bild auf Film, Papier)* • fixation
Fixierung *f <prod> (an best. Ort)* • location
Fixierung *f <textil> (von synth. Fäden)* • setting
Fixierung *f <textil> (von Farben)* • fixation
Fixstern *m <astron>* • fixed star; star
flach *<allg> (z. B. Gelände, Oberfläche, Gurt, Band)* • flat
flach *<tech.allg> (z. B. Gewässer, Gründung, Schraubenkopf, Teller)* • shallow
flach *<tech.allg> (wenig Platz nach oben beanspruchend; z. B. el. Baustein)* • low-profile
flach *<bau> (Gebäude)* • low
flach abfallend *<kfz> (Motorhaube, Frontend)* • droopy
Flachbandkabel *n <el> (z. B. Verbindungskabel zwischen Controller und Laufwerk)* • flat ribbon cable; flat cable *pract*; ribbon cable *rare*
Flachbau *m <bau>* • single-floored building
Flachbett... *<tech.allg> (z. B. Scanner)* • flat-bed ...
Flachbettscanner *m <comp>* • flat-bed scanner; table-top scanner; desk scanner
Flachbildschirm *m <comp>* • flat screen; flat panel display
Flachbildschirm-Fernsehgerät *n <av>* • flat-panel TV
Flachcabochon *m <bekl.min> (Edelsteinschliff)* • standard cabochon
Flachdach *n <bau>* • flat roof; low-slope[d] roof
Flachdichtung *f <masch> (z. B. Zylinderkopfdichtung)* • gasket
Fläche *f <allg> (zweidimensionaler Bereich)* • area
Fläche *f <tech.allg> (Seite eines Objekts; z. B. dem Betrachter zugewandt; z. B. Stirn)* • face
Flächen *n <wz>* • spot facing
Flächenbedarf *m <tech.allg>* • floor space required
Flächenbelastung *f <aerosp> (Maßzahl der Flugmechanik)* • wing loading
flächenbezogene Masse *f <obfl> (von Überzügen, Beschichtungen; in g/m²)* • weight per unit area; coating weight
flächenbezogene Masse *f DIN 1301 <pap>* • grammage; basis weight *US*; substance; base weight
flächenbündig *<tech.allg>* • flush-mount

Flächendruck *m <mech> (allg.)* • surface pressure

Flächeneinheit *f <math.phys>* • unit area; unit surface area

Flächenfüllen *n <comp>* • area filling

Flächengewicht *n <mat.msr> (z. B. Blech, Papier, Gewebe, Vlies)* • weight per unit area; mass per unit area

Flächenheizkörper *m <hlk>* • panel heater

Flächeninhalt *m <math> (z. B. eines Dreiecks, Kreises)* • surface area

Flächenklang *m <el.mus> (Klangteppich)* • layer sound; pad *pract*

Flächenkorrosion *f <obfl> (großflächige Korrosion)* • general corrosion; overall corrosion

Flächenladung *f <el>* • surface charge

Flächenlast *f <tech.allg> (Statik)* • distributed load; surface load; area load

Flächenlast *f <mech> (Kraft pro Flächeneinheit; z. B. Rad auf Schiene)* • contact pressure

Flächenmodell *n <comp>* • surface model

Flächennivellement *n <geo.msr>* • surface leveling *US*; surface levelling *GB*

Flächennormal *n <msr> (Referenzfläche)* • standard surface

Flächennutzungsplan *m <bau>* • region utilization plan; zoning map

Flächenportal *n <autom> (eines Industrieroboters)* • area gantry

Flächenpressung *f <mech> (allg.)* • surface pressure; surface unit pressure; pressure intensity

Flächenrate *f <prod> (Fläche pro Zeiteinheit; z. B. zum Bearbeiten; z. B. 5 cm^2/min)* • surface rate

Flächenrüttler *m <bau.masch> (große Platte, selbstrutschendes Großgerät)* • vibrating plate compactor; earth rammer *rare*; tamping rammer *rare*

Flächenschliff *m DIN ISO 603 <prod> (Vorgang)* • surface grinding *ISO 603*

Flächenspachtel *m <obfl.wz> (zum Auftragen v. Spachtelmasse)* • spreader; application paddle; applicator

flächentreue Abbildung *f <tech.allg> (technische Zeichnung, Landkarte)* • equal-area projection

Flächenüberwachung *f <alarm> (zweidimensional)* • area protection

Flächenverhältnis *n <allg>* • area ratio

flächenzentriertes Gitter *n <mat>* • face-centered lattice *US*; face-centered lattice *GB*

Flachfeder *f <tech.allg> (z. B. in Autositzen)* • flat spring

Flachfolie *f <kst> (sehr dünne Kunststofffolie)* • flat film; wide film

Flachfolie *f <kst> (dicke Folie)* • flat sheeting; flat sheet; wide sheeting

Flachfolienanlage *f <kst> (allg.)* • flat film line; flat film plant

Flachfolienanlage *f <kst> (speziell bei Extrusion auf einer Kühlwalze)* • chill roll plant

Flachfolienanlage *f <kst.prod> (Extrusion; Gießen)* • cast film line; cast film system; cast film plant

flachgelegt *<kst> (Schlauchfolie)* • collapsed

Flachgestrick *n <bekl>* • flat-knit

Flachgewebe *n <textil>* • flat-woven material

Flachglas *n DIN 1249 <silik> (z. B. für Fensterbau)* • flat glass; sheet glass; plate glass

Flachkeil *m DIN 6883 <füg>* • flat plain taper key; flat saddle key; parallel key; rectangular key; flat key

Flachkollektor *m <energ.sol>* • flat-plate collector; flat-plate solar collector

Flachkopf *m DIN ISO 1891 <füg> (zylindrische Kopfform)* • pan head

Flachkopf... *<mil> (Munition, Geschoss; z. B. .454 Casull)* • flat point ...; flat-nose ...

Flachkopfschraube *f <füg>* • pan head screw; pan screw *pract*

Flachkopfschraube mit Schlitz, kleinem Kopf und Zapfen *f DIN 922 <füg>* • slotted pan head screw with large head and full dog point *DIN 922*

Flachlüfter *m <comp>* • slim fan

Flachmeißel *m <wz> (zum Schlagen mit Hammer)* • cold chisel; flat chisel

Flachmembran-Lautsprecher *m <av>* • disk diaphragm loudspeaker; honeycomb-type loudspeaker

Flachrundniet *m <füg>* • panhead rivet; large flange rivet *rare*

Flachrundschraube mit Nase *f DIN 603/555 <füg> (mit Vierkant unter Kopf)* • carriage bolt *US*; cup nib bolt; coach bolt; mushroom head nib bolt

Flachs *m <mat> (Faserpflanze)* • flax
Flachsack *m DIN 55 405 <pack>* • flat sack; flat bag *US*
Flachschlauch *m DIN EN 671-2/A1 <feuer> (z. B. Wandhydranten)* • lay-flat hose *DIN EN 671-2/A1*
Flachsenken *n <prod>* • spotfacing
Flachspule *f <el> (Korbspulentyp; z. B. nach Dr. Lertes; zweiseitig gewickelt)* • flat coil; disc coil *GB*; slab coil; pancake coil; duolateral coil
Flachspülklosett *n <bau.hygi>* • German flat toilet
Flachstecker *m <el> (zum Verbinden mit Flachsteckhülse)* • tab connector; male tab connector; tab *pract*; spade connector *GB*
Flachsteckhülse *f <el> (zum Verbinden mit Flachstecker; mit od. ohne Isolation)* • female disconnect; female quick disconnect
Flachstellenbildung *f <fz> (von Reifen, durch lange Stehzeit unter Last)* • flat spotting
Flachstrickmaschine *f DIN 62125 <textil> (Einfaden-Strickmaschine, Nadeln geradlinig angeordnet)* • flatbed weft knitting machine; flat weft knitting machine; flat-bed knitting machine; flat-bar knitting machine; flat knitting machine
Flachstromvergaser *m <kfz.mot> (Vergaserdurchlass waagerecht)* • horizontal draft carburetor *US*; horizontal draught carburetter *GB*; horizontal draught carburettor *GB*; cross-draft carburetor *US.pract.coll*; side-draft carburetor *US.pract.coll*
Flachstumpffeile *f DIN 7261 A <wz> (Querschnitt rechteckig, konstante Breite, 1 Schmalseite mit Hieb)* • hand file; engineers' flat hand file *ISO*; flat hand file; equalling needle file
Flachwagen mit Rungen *m <bahn>* • flat car with stakes; wagon with stanchions *rare*
Flachwalzen *n <metall> (im Walzwerk; Brammen, dicke Platten)* • slabbing
Flachwalzen *n <prod> (allg.)* • flat rolling
Flachwasser *n <geo>* • shallow water
Flachwebstuhl *m <textil>* • flat loom
flach werden *vi <tech.allg> (eher konkret; Form)* • flatten out *vi*
flach werden *vi <tech.allg> (eher abstrakt; z. B. Abnahme, Zunahme, Kurve im Schaubild)* • level off *vi*
Flachwirkmaschine *f DIN ISO 7839 <textil>* • flatbed knitting machine *ISO 7839*; flat knitting machine; straight-bar machine; flat weft knitting machine
Flachzange *f DIN ISO 5742 <wz>* • flat nose pliers *ISO 5742*; flat-nosed pliers; flat pliers; flat tongs
flackerfrei *<licht> (z. B. Neonleuchte)* • flicker-free
Flackern *nsg <licht>* • flicker
flackern *vi <allg> (große Flamme, Feuer, helles Licht)* • flare *vi*
Flag *n <comp>* • flag
Flagge *f <allg> (als Hoheitszeichen; z. B. bei Schiffen; od. zum Signalisieren)* • flag
Flagge auf halbmast setzen *vi <allg>* • display the flag at half-staff *vi*
Flaggensignal *n <nav>* • flag signal
Flagregister *n <comp>* • flag register
flammbeständig *<qualit.mat> (F90 bis F120; unter bestimmten Bedingungen eine Weile nicht entzündbar)* • flame-resistant
Flamme *f ISO 13943 <feuer>* • flame *ISO 13943*
Flammenausbreitung *f ISO 13943 <feuer>* • flame spread *ISO 13943*
Flammenausbreitung *f <verbr>* • flame propagation
Flammenausbreitungseigenschaften *fpl DIN EN ISO 6941 <qualit.mat>* • flame spread properties *pl EN ISO 6941*
Flammenfront *f ISO 13943 <feuer>* • flame front *ISO 13943*
Flammenionisationsdetektor *m* (FID) *<emiss.msr>* • flame ionization detector (FID) *US*; flame ionisation detector *GB*
Flammenkegel *m <verbr>* • flame cone
Flammensengen *n <textil>* • flame singeing
Flammenspektroskopie *f <msr>* • flame spectroscopy
Flammensperre *f <verf> (allg.; z. B. in Kurbelgehäuseentlüftung)* • flame trap; flame arrestor
Flammenstrahl *m <aerosp> (aus Raketentriebwerk)* • rocket blast
Flammentzunderung *f <prod>* • flame descaling

flammfest *<mat> (unter definierten Bedingungen)* • flameproof; uninflammable; non-inflammable; non-flammable

flammfest ausgerüstet *<textil.qualit>* • uninflammable; flameproofed

Flammgrundieren *n DIN 8522 <obfl>* • flame priming

flammhemmend *<qualit.mat> (flammverzögernde Einstellung, Ausrüstung; z. B. Kunststoff)* • flame-retardant

flammhemmende Ausrüstung *f <textil> (chem. Appretur)* • flame-retardant finish; fire-retardant finish

flammkaschiert *<textil>* • flame-laminated

Flammpolieren *n <prod> (von Pressglas)* • flame polishing

Flammpunkt *m DIN 51755 <tech.allg> (Beginn der Bildung brennbarer Gase)* • flash point; ignition temperature; flashpoint; flash

Flammrichten *n DIN 8522 <prod>* • flame straightening

Flammrohr *n <hlk> (in Heizkessel, Boiler)* • flame tube

Flammrohr *n <kfz> (der Abgasanlage; an Krümmer, typ. ein Hosenrohr)* • header [pipe]; front pipe; downpipe; head pipe

Flammrohr *n <turb> (zylindr. Einsatz in der Brennkammer)* • flame tube *ISO 11086*; flame-tube; combustion liner *ISO 11086*; combustor can *ISO 11086*; combustion-chamber liner

Flammrohrfeuerung *f <verbr>* • flue furnace

Flammrohrkessel *m <verbr>* • flame tube boiler

Flammschutzmittel *n <kst>* • flame retardant

Flammspritzen *n <obfl>* • oxy-fuel gas flame spraying; gas flame spraying; flame spray coating; flame spraying

Flammspritzverfahren *n*: **im ~ auftragen** *vt <obfl>* • flame-deposit *vt*

flammwidrig *<tech.allg>* • flame retardant

flammwidrig eingestellt *<mat> (z. B. Kunststoff)* • flame-resistant

Flanell *m <textil>* • flannel

Flanke *f <phys> (von Kurven, Kennlinien, Signalimpulsen)* • slope; edge

Flankenbeplankung *f <kfz> (auf Karosserieseite; typ. aus Kunststoff)* • side bumper panels *pl*; body side panels *pl*; below-the-beltline cladding

Flankeneinbrand *m <füg> (Schweißen)* • side wall fusion; V-side penetration; side fusion

Flankenprofil *n <el> (Signal)* • edge profile

Flankenprofil *n DIN 3998 <masch> (Zahn)* • tooth profile

Flankenschutz *m <kfz> (außen an Karosserie; relativ schmale Leiste)* • body side molding; protective molding

Flankenspiel *n <antr> (zwischen Zahnrädern im Eingriff)* • backlash; normal backlash

Flankenspiel *n <füg> (im Gewinde)* • flank clearance; side clearance *rare*

Flankensteilheit *f <phys.el> (von Impulsen, Signalen)* • edge steepness

Flankenwinkel *m <masch> (z. B. von Schrauben)* • included thread angle; included angle *stand*; thread angle; angle of thread; profile angle

Flansch *m <tech.allg> (jede Form, jeder Zweck)* • flange

Flanscharmatur *f <rls> (z. B. Ventil, Schieber)* • flanged fitting

flanschen *vt <prod>* • flange *vt*

Flanschschraube *f <füg> (Schraubenkopftyp mit flanschartigem Rand)* • flange bolt

Flanschschraube *f <masch> (Schraube zum Verbinden von Flanschen)* • flange bolt

Flanschstutzen *m <rls>* • flanged nozzle

Flanschverbindung *f <tech.allg>* • flange joint; flange coupling; flange connection; flanged joint

Flasche *f <tech.allg> (mit Druckgas; z. B. zum Schweißen)* • cylinder

Flasche *f <tech.allg> (bauchig od. flach)* • flask

Flasche *f <förd> (Flaschenzug)* • block

Flasche *f DIN 55 405 <pack> (jedes Material; typ. Glas)* • bottle

Flaschenabfüllanlage *f <pack>* • bottling plant; bottling line

Flaschenabfüllmaschine *f <pack>* • bottling machine; bottle-filling machine

Flaschenblasmaschine *f <pack.prod>* • bottle-blowing machine

Flaschengärung *f* <nahr> *(Sekt, Champagner)* • bottle fermentation
Flaschenglas *n* <silik> • bottle-glass
Flaschenkasten *m DIN 55 405* <pack> • crate
Flaschenöffner *m* <pack.wz> • bottle opener
Flaschenpresse *f* <silik.prod> • bottle-molding press
Flaschenrüttler *m* <bau> • immersion vibrator; internal vibrator; poker vibrator; spud vibrator
Flaschenspulmaschine *f* <textil> • bottle bobbin winder
Flaschenspülmaschine *f* <verf> • bottle-washing machine; bottle cleaner; bottle washer; bottle rinser
Flaschenzug *m* <förd> *(allg.)* • block and tackle; set of pulleys; tackle
Flaschenzug *m* <förd> *(mit Kette)* • chain block; chain hoist; chain fall
Flash-Eprom *m* <comp> *(nichtflüchtiger Speicher, für Firmware; Baustein)* • flash eprom; flash *pract*
Flash-RAM *n* <comp> • flash-RAM
Flash-Speicher *m* <comp> • flash memory
Flash-Speicherkarte *m* <comp> • flash memory card
Flat Pack *m* <ic> *(Pins flach zur Seite)* • flatpack; flat pack
Flatterdämpfer *m* <fz> *(z. B. an Bugfahrwerk)* • shimmy damper
Flattern *n* <fz> *(Seitwärtsschwingen e. Rads)* • shimmying
flattern *vi* <fz> *(Rad)* • shimmy *vi*
Flattersatz *m* <doku> *(Resultat bei linksbündiger Formatierung)* • unjustified right margin; unjustified text; ragged setting; unjustified matter
Flattersatz *m* <typo> *(Schriftsatzart)* • ragged setting; ragged composition
Flattersatz links *m ISO/IEC 2382-23* <doku> *(rechtsbündig)* • ragged left *ISO/IEC 2382-23*
Flattersatz rechts *m ISO/IEC 2382-23* <comp> *(linksbündig)* • ragged right *ISO/IEC 2382-23*
Flaum *m* <nahr.obfl> *(auf Früchten)* • bloom
Flaum *m* <textil> *(Faserflaum)* • fluff
Flaum *m* <textil> *(sehr zarte weiche Gewebeoberfläche)* • nap
flauschig <mat> • fluffy
flauschig <textil> *(Faden)* • fleecy
flauschig <textil.obfl> *(z. B. Futter, Sweaterinnenseite)* • fleeced
Flavour *n* <nahr> *(gesamter oraler Sinneseindruck: Geruch, Geschmack und Textur)* • flavor *US*; flavour *GB*
Flechtband *n* <bekl> *(auf Schuhen; typ. aus Leder)* • plaited tape; plaited strap
flechten *vt* <bau.mat> *(Bewehrungsstahl)* • fix steel *vt*; bind *vt*; fix *vt*
flechten *vt* <füg> *(miteinander)* • interlace *vt*
flechten *vt* <prod> *(z. B. Korb)* • plait *vt*; braid *vt*
Flechtmuster *n* <textil> • braiding pattern
Flechtwerk *n* <bau> *(Uferbefestigung)* • hurdle work
Flechtwerk *n* <prod> *(z. B. aus Holz, Draht; für Körbe, Siebe)* • wickerwork; wicker; basketwork
Flechtwerk *n* <textil> • plaiting; braiding
Fleck *m* <obfl> *(groß, hingespritzt)* • blotch
Fleck *m* <obfl> *(eher klein)* • spot
Fleck *m* <obfl> *(Verfärbung)* • stain
Fleck *m* <pap> *(Schmutz)* • speck
fleckabweisend <textil.qualit> • stain-repellent; stain-resistant
fleckenfrei <obfl> *(z. B. Lack, Gewebe, Werkzeug)* • stainless; stain-free
Fleckenstrahlung *f* <astron> *(der Sonne)* • spot radiation
Fleckentferner *m* <chem> • spot remover; spot lifter
fledermausfreundliche Brückenkonstruktion *f* <bau> • bat friendly bridge design
Fleecestoff *m* <textil> *(flauschiges Gewebe; z. B. synthetischer Webpelz; kein Vlies!)* • fleece
Fleisch *n* <bio> *(von Menschen, Tieren, Früchten)* • flesh
Fleisch *n* <druck> • side bearings; side spaces
Fleisch *n* <nahr> *(zum Essen)* • meat
Fleischseite *f* <led> *(Unterseite der Haut, im Ggs. zur Narbenseite)* • flesh side; flesh layer
Fleischtopf *m* <gastr.wz> *(höher als Bratentopf, niedriger als Spargeltopf)* • stock pot
Fleischwolf *m* <nahr.wz> *(allg.; f. Hackfleisch)* • meat mincer

Flektion *f <term>* • inflection

Flex-Fuel-Fahrzeug *n <kfz> (läuft mit Benzin und/oder Ethanol, Methanol)* • flexible-fuel vehicle (FFV); dual-fuel vehicle; flex-fuel vehicle *coll*

flexibel *<tech.allg>* • flexible

flexibel einsetzbar *<tech.allg> (Material, Produkt)* • versatile

flexible Fertigungszelle *f <prod>* • flexible manufacturing cell

flexible Kurzstabantenne *f form <kfz>* • rubber antenna *US*; rubber aerial *GB*

flexible Leiterplatte *f <el> (steif, aber biegbar)* • flexible printed circuit board; flexible circuit board

flexibles Fertigungssystem *n* (FFS) *<prod>* • flexible manufacturing system (FMS)

flexibles Solarmodul *n <energ.sol>* • flexible solar module

Flexicoilfeder *f <fz>* • flexicoil spring

Flexodruck *m DIN 55 405 <druck> (konventionelles Druckverfahren)* • flexography; aniline printing *obs*

Flic *m <comp> (durch Animation erstellter Film)* • flic

flicken *vt <metall.rep> (Herd; SM-Ofen)* • fettle *vt*

flicken *vt <obfl.rep> (m. Aufkleber, Aufnäher)* • patch *vt*

flicken *vt <textil> (Löcher in Gewebe)* • mend *vt*; repair *vt*

flicken *vt <textil> (Strümpfe)* • darn *vt*

fliegen *vi <aerosp>* • fly *vi*

fliegend angeordnet *<masch> (einseitig gelagert; z. B. Welle)* • cantilevered; unsupported; overhung

fliegend angeordnetes Laufrad *n <förd> (Pumpe)* • overhung impeller

fliegende Befehlsstelle *f <mil>* • airborne command post

fliegende Düse *f <kunst.wz> (Airbrush)* • floating nozzle

fliegende Schere *f <metall> (z. B. im Walzwerk zum Teilen der Coils)* • flying shears

fliegende Trümmer *pl <bau>* • missiles *pl*

Fliegenfänger *m <innen.hygi>* • fly strip

Fliehgewicht *n <masch> (allg.; z. B. auch in Automatikgetriebe)* • centrifugal weight; flyweight

Fliehkörperkupplung *f <masch>* • rim clutch

Fliehkraftabscheider *m <emiss>* • centrifugal separator; cyclone separator; cyclone *pract*

Fliehkraftentstauber *m <verf>* • centrifugal dust separator

Fliehkraftkupplung *f <antr> (Reibungskupplung)* • centrifugal clutch; self--operating clutch

Fliehkraftregler *m <msr> (allg.)* • centrifugal governor; flyball governor

Fliese *f <bau.mat> (Naturstein od. künstlich; als Wandverkleidung, Bodenbelag)* • tile

Fliesen *n <bau> (Vorgang; von Böden, Wänden)* • tiling

fliesen *vt <bau.innen> (z. B. Badezimmer)* • tile *vt*

Fließband *n <förd>* • conveyor belt; conveyor line

Fließband *n <prod> (Fertigungslinie)* • assembly line; continuous line; flow line

Fließbett *n :V <verf>* • moving bed *rare*

Fließbettreaktor *m <verf> (allg.)* • fluidized-bed reactor; fluidised-bed reactor *GB*

Fließdrücken *n <prod> (Art von Drückwalzen; variable Wandstärke)* • flow forming; shear forming

Fließen *n <tech.allg> (allg.; z. B. von Gas, Flüssigkeit, Strom, Neutronen)* • flow; flux

Fließen *n <mat> (langsame bleibende Verformung)* • yield; yielding

fließen *vi <allg> (Flüssigkeit)* • flow *vi*

fließen *vi <mat> (unter mech. Spannung)* • yield *vi*

fließender Verkehr *m <verk>* • moving traffic

fließendes Gewässer *n <geo>* • flowing waters; running waters

fließendes Wasser *n <allg>* • running water

Fließestrich *m DIN 18560-1 <bau>* • self-leveling screed *US*; self-levelling screed *GB*

fließfähig *<tech.allg> (Flüssigkeiten, Schüttgut; z. B. Öl, Salz)* • fluid *adj*; flowable

Fließfähigkeit *f <tech.allg> (von Flüssigkeiten, Schüttgut; z. B. Öl, Salz)* • flowing ability

Fließformen *n <prod>* • transfer molding

Fließgewässer *n <geo.hydr> (jede Größe, von Bach bis Strom)* • stream

Fließgrenze *f <qualit.mat> (Materialprüfung; allg.)* • yield point; flow point

Fließpressen *n DIN 8583-6 <prod.metall> (von Metall)* • extrusion; power-press extrusion *rare*

Fließrichtung *f VDI4640 <tech.allg>* • flow direction *VDI4640*; direction of flow

Fließspan *m <prod> (duktil und gekrümmt über Spanfläche ablaufend; erwünscht)* • continuous chip; flow chip; curly chip

Fließtext *m <druck>* • running text; body text; body type; body copy; straight matter *rare*

Fließverbesserer *m <chem.petr> (für Dieselkraftstoff)* • fluidity improver; flow improver

Fließverhalten *n <phys> (allg.)* • rheological properties *pl*; flow characteristics *pl*; rheological behavior *US*; flow behaviour *GB*

Fließwiderstand *m <phys>* • flow resistance; flow impedance; hydraulic impedance

Flimmerepithel *n <bio>* • ciliated epithelium

flimmerfrei *<av> (TV-/Videobilder)* • flicker-free; flickerless; non-flicker; no flicker

Flimmern *n <astron> (von Sternen)* • scintillation

Flimmern *n <av> (von Bildschirmen; z. B. TV, Video, Monitor)* • flicker

Flimmern *n <licht> (Augeneindruck, durch periodische Hell- und Dunkelfolgen)* • flicker *BS 5489-7*; flicker effect; flicker sensation

flimmern *vi <av> (Bildröhre; z. B. TV, Video, Monitor)* • flicker *vi*

flimmern *vi <phot> (Mikroprismen)* • shimmer *vi*

flinke Sicherung *f <el>* • fast-acting fuse; quick-break fuse *rare*; fast-action fuse *rare*; fast fuse *rare*; instantaneous fuse *rare*

Flint *m <mat>* • flint stone; firestone; flint

Flinte *f <mil>* • shotgun

Flip-Chip-Technik *f* (FC) *<el.ic.prod> (Direktmontage von Chips)* • flip-chip technology (FC)

Flip-Flops *mpl <bekl> (Sohle typ. aus Schaumgummi)* • flip-flops; zories; thongs; beach thongs; slippers

Flip-Flop-Schaltung *f <el> (eine Kippschaltung; jederzeit ansteuerbar)* • flip-flop circuit; trigger element; flip-flop *pract*; toggle *pract*

Floatglas *n <silik> (z. B. für Fensterbau)* • float glass

Flocke *f <allg> (fest)* • flake

Flocke *f <allg> (leicht und flauschig; z. B. Staub, Flaum)* • fluff

Flocke *f <allg> (Schaum; z. B. im Schaumbad, auf Gewässern)* • blob

Flocke *f <tech.allg> (kleines Plättchen; z. B. in Suspensionen, nach Flockulierung)* • flake; flakelet; floccule; floc

flocken *vt <chem> (z. B. Suspension)* • flocculate *vt*

flockig *<allg>* • flaky

Flockungsmittel *n <chem>* • flocculant; flocculation agent; flocculating agent; coagulant; coagulating agent

Floppy-Disk *f <comp> (1969 bis ca. 2011)* • floppy disc; magnetic flexible disc; flexible disc

Flor *m <textil> (weiche Gewebeoberfläche; z. B. von Samt, Plüsch, Teppich)* • nap

Floß *n <nav>* • raft

Flosse *f <aerosp> (Rakete)* • tail plane

Flosse *f <bio> (bei Wal, Delfin)* • flipper; fin

Flosse *f <sport> (zum Tauchen, Schnorcheln)* • flipper

Flotation *f <chem.verf>* • flotation *US.GB*; froth flotation; floatation *rare*

Flotte *f <bahn>* • fleet; carriage fleet *GB*; car fleet *US*

Flotte *f <chem.textil>* • liquor; bath

Flotte *f <fz> (allg.; z. B. von Schiffen, Autos, Lkw)* • fleet

Flotte *f <nav>* • navy

Flottenfahrzeug *n <kfz> (z. B. Taxis, Firmenwagen)* • fleet car

Flottengeschäft *n <kfz.ökon>* • fleet sales

Flottenmanagement *n <kfz.logist>* • fleet management

Flottenmanagementsystem *n <nfz.logist> (telematikgestützt; typ. für Lkw)* • fleet management system

Flottenverbrauch *m <kfz> (Durchschnitt aller Fahrzeuge eines Herstellers)* • corporate average fuel economy

(CAFE); corporate mileage *pract*; fleet mileage *pract*

flottmachen *vt <nav> (Wasserfahrzeug, von Hindernis; z. B. von Sandbank)* • refloat *vt*; get afloat *vt*

flottwerden *vi <nav> (Schiff)* • come off *vi*

Flöz *m <min> (z. B. Kohle)* • seam; bed; layer

Flözmächtigkeit *f <min>* • seam thickness

Flucht *f <bau> (von Gebäuden, Strukturmerkmalen)* • alignment

fluchten *vt <tech.allg> (z. B. zwei Kanten, mehrere Bohrungen etc.)* • align *vt*

fluchten *vt <masch> (betont: axial; z. B. Wellen)* • align axially *vt*

Fluchtgeschwindigkeit *f <astron>* • recession velocity

flüchtig *<allg> (Person; z. B. Gefangener)* • fugitive

flüchtig *<tech.allg> (übergangsweise, zeitweise vorhanden)* • transient *adj*

flüchtig *<chem> (z. B. Lösungsmittel)* • volatile

flüchtig *<comp> (Speicher)* • volatile

flüchtige Bestandteile *mpl <chem>* • volatile matter; volatiles

flüchtige organische Verbindung *f* (VOC) *<chem> (z. B. Kohlenwasserstoffe)* • volatile organic compound (VOC)

Fluchtpunkt *m DIN ISO 10209-2 <doku> (Perspektive)* • vanishing point *ISO 10209-2*

Fluchttunnel *m <bau.verk>* • evacuation tunnel; safety tunnel

Fluchttür *f <bau>* • emergency-exit door

Fluchtungsfehler *m <tech.allg> (Winkelabweichung, Knick statt geradlinig; z. B. von Rohren)* • angular misalignment; alignment error; misalignment

Fluchtweg *m <aerosp.sich> (Flugzeugevakuierung)* • escape route *JAR 25.810*; escape path

Fluchtweg *m <bau> (allg.)* • escape route

Fluchtweg *m <bau> (betont: bei Feuer)* • fire escape route

Fluchtwegmarkierung *f <aerosp.sich>* • escape path marking *JAR 25.812*; floor path marking; emergency floor lighting

Flug *m <allg>* • flight

Flugasche *f DIN EN 197-1 <verbr.emiss> (Verbrennungsrückstände; z. B. als Betonzusatz)* • pulverized fuel ash (PFA); fly ash *ISO 4225*; breeze *rare*; quick ash *rare*

Flugbahn *f <aerosp> (allg.; z. B. Marschflugkörper, Satellit)* • flight path; flying path

Flugbahn *f <phys> (ballistische Kurve; z. B. Wurfball, Geschoss)* • trajectory; flight trajectory; fly *coll*

Flugbahnscheitel *m <phys>* • trajectory peak; trajectory apex

Flugbegleiter *m <aerosp> (männlich)* • flight attendant; cabin attendant; steward

Flugbegleiterin *f <aerosp> (weiblich)* • flight attendant; cabin attendant; stewardess

Flugbenzin *n <aerosp>* • aviation gasoline *ASTM D910*; avgas *US.pract*; aviation petrol *GB*

Flugbesatzung *f <aerosp>* • flight crew

Flugbetriebs-Qualitätssicherung *f <aerosp>* • flight operations quality assurance (FOQA); flight data management; flight data analysis

Flugbewegung *f <aerosp>* • flight movement

Flugboot *n <aerosp.nav>* • seaplane; boat plane; flying boat

Flugdatenschreiber *m* (FDR) *<aerosp> (Daten; eine rote Kiste)* • flight data recorder (FDR); cockpit flight data recorder; flight recorder *pract*; Black Box [for the recording of flight data] *coll*

Flügel *m <bau> (eines Fensters)* • casement

Flügel *m <bau> (Tür)* • leaf

Flügel *m <bau> (Gebäude; z. B. Schloss)* • wing

Flügel *m <bau> (Rahmenkonstruktion, meist verglast)* • window sash; sash; casement frame

Flügel *m <hlk> (Lüfter, Ventilator)* • blade

Flügel *m <masch> (Flügelzellenpumpe)* • vane

Flügel *m <turb> (Kaplanturbine)* • runner blade; pitch runner blade

Flügel *m <verf> (in Rührwerk)* • paddle; blade; arm; beater

Flügelende *n <aerosp>* • wing-tip

Flügelmittelkasten *m <aerosp>* • wing center box *US*; wing centre box *GB*; center wing box *US*; centre wing box *GB*

Flügelmutter *f DIN 315 <tech.allg> (allg.; jede Mutter mit Flügeln)* • wing nut; thumb nut *US*; butterfly nut; fly nut *coll*

Flügelprofil *n <tech.allg> (aerodynamisch geformt; z. B. von Rotorblättern, Tragflächen)* • airfoil profile *US*; aerofoil profile *GB*

Flügelpumpe *f <förd> (zwei Bauarten: Flügelzellenpumpe versus Sperrschieberpumpe)* • vane pump

Flügelrad *n <förd> (allg.; z. B. in Verdichter, Pumpe, Turbolader)* • impeller

Flügelradanemometer *n <meteo>* • rotating-cup anemometer; vane anemometer

Flügelspannweite *f <aerosp>* • wing span; wingspan; span; spread

flügelstabilisiert *<aerosp> (z. B. Geschoss)* • fin-stabilized; finned

Flügelstreckung *f <aerosp>* • wing aspect ratio; aspect ratio

Flügeltür *f <kfz> (oben horizontal angeschlagen)* • gullwing door

Flügelvorderkante *f <aerosp>* • wing leading edge

Flügelzellenpumpe *f <förd> (ähnl. Drehschieberpumpe)* • vane pump; rotary vane pump; vane-type pump

Flugfeld *n <aerosp> (Start-/Landeplatz für Flugzeuge)* • airfield; landing field *rare*

Fluggastbrücke *f DIN EN 12312-4 <aerosp> (umschlossener Laufsteg)* • passenger boarding bridge (PBB) *BS EN 12312-4*; passenger loading bridge; passenger bridge; jet bridge *pract*

Fluggastgebäude *n <aerosp>* • passenger terminal; terminal *pract*; terminal building; passenger building

Fluggasttreppe *f DIN EN 12312-1 <aerosp>* • passenger steps; passenger stairs *ISO 12056*; passenger loading steps *BS EN 12312-1*; passenger boarding stairways; boarding stairs

Fluggerät *n <aerosp>* • flight vehicle; flying vehicle; flying machine

Fluggesellschaft *f <aerosp>* • airline

Flughafen *m <aerosp>* • airport (APT)

Flughafenbetreiber *m <aerosp>* • airport operator; airport authority; airport administration; aerodrome authority *GB*

Flughafengebühr *f <aerosp>* • airport charges *pl*; airport fee

Flughafen-Rundsichtradar *n* (ASR) *<navig.aerosp>* • airport surveillance radar (ASR); approach control radar *rare*; airport control radar *rare*

Flughafensicherheit *fsg <aerosp>* • airport security *sg*

Flughafer *m <agri>* • wild oat

Flughöhe *f <aerosp> (eines Fluggeräts)* • flight altitude; flying height *coll*; altitude

Flughöhe *f <comp> (Festplatten-Schreib/Lesekopf)* • flying height; fly height

Flugingenieur *m <aerosp> (Besatzung)* • flight engineer

Flug in geringer Höhe *m <aerosp>* • low-level flight

Fluglage *f <aerosp>* • flight attitude; attitude

Fluglageanzeige *f* (PFD) *<aerosp.msr> (EFIS)* • Primary Flight Display (PFD)

Fluglärm *m <ökol> (allg.)* • aircraft noise

Fluglärm *m <ökol> (beim Überfliegen)* • fly-over noise

Flugleistung *f <aerosp>* • flight performance parameter; performance parameter

Flugleitsystem *n <navig>* • flight-control system; flight-path correcting system *rare*

Fluglotse *m <aerosp>* • air-traffic controller (ATCO); controller *pract*

Flugmanagementsystem *n* (FMS) *<aerosp>* • flight management system (FMS)

Flugmechanik *f DIN 9300 <aerosp>* • flight mechanics; flight dynamics

Flugobjekt *m <aerosp> (allg. bemanntes Fluggerät)* • flying object

Flugobjekt *n <tech.allg> (allg. ein fliegender Gegenstand)* • flying object

Flugplan *m* (FLPL) *<aerosp>* • flight plan (FLPL)

Flugplatz *m <aerosp> (kleinere Anlage, für Sport-, Privatmaschinen, ohne Abfertigungseinr.)* • airfield; aerodrome *GB*; airdrome *US*; landing site *rare*

Flugplatzbezugspunkt *m* (ARP) *<aerosp>* • aerodrome reference point (ARP)

Flugplatzkontrolle *f* (TWR) *<aerosp> (im Tower)* • airport control (TWR); aerodrome control; ADC; tower *sg*; local control *US*

Flugpreis *m <aerosp>* • air fare

Flugrost *m <obfl> (ohne Unebenheiten abschleifbar)* • flash rust; surface rust; initial rust *stand*; rust bloom *rare*

Flugroute *f <aerosp> (Streckenverlauf)* • air route; air track *rare*; flight route; air course

Flugschein *m <aerosp>* • flight coupon; flight ticket; ticket

Flugschneise *f <aerosp>* • flying lane

Flugschrauber *m <aerosp>* • gyrodyne

Flugschreiber *m <aerosp> (Ton)* • cockpit voice recorder (CVR); voice recorder *pract*; Black Box [for cockpit voice recording] *coll*; flight recorder [for voice data]; data recorder [for cockpit voice data] *rare*

Flugsicherheit *f <aerosp>* • aviation security

Flugsicherung *f* (FS) *<aerosp.org>* • air-traffic control (ATC)

Flugsimulator *m <aerosp> (für reale Piloten)* • flight trainer

Flugsimulator *m <comp> (am PC)* • flight simulator

Flugstaub *m <tech.allg> (betont: umherfliegend, aufgewirbelt)* • fly dust

Flugstaub *m <tech.allg> (betont: sehr feinkörnig; auch abgelagert)* • fine dust

Flugstaub *m <emiss> (betont: aus Kamin)* • flue dust

Flugsteig *m <aerosp> (Flughafen)* • boarding gate; gate *pract*

Flugstreifen *m <aerosp>* • flight strip; strip

flugtauglich *<aerosp>* • airworthy

flugtechnisch *<aerosp>* • aerial *adj*

Flugüberwachung *f <aerosp>* • flight control; flight monitoring; flight tracking

Flugverbotszone *f <aerosp>* • no-fly zone (NFZ)

Flugverhalten *n <aerosp>* • flight characteristics

Flugverkehr *msg <aerosp>* • air traffic *sg*

Flugweg *m <aerosp> (Flugbahn)* • flight trajectory; flight path

Flugwegkarte *f <aerosp.doku>* • flight map

Flugwerk *n <aerosp>* • airframe *JAR 1.1*

Flugzeit *f <aerosp> (allg.)* • time of flight (TOF); flight time; flying time

Flugzeug *n <aerosp>* • aircraft; airplane *US/FAR 1.1*; aeroplane *GB/JAR 1.1*; plane *pract.coll*; craft *pract.coll*

Flugzeugabfertigung *fsg <aerosp>* • ground handling *sg ISO 10254*; ramp handling *sg*; on-ramp aircraft servicing *sg rare*; aircraft ramp servicing *sg rare*; apron handling of aircraft *sg rare*

Flugzeugbau *m <aerosp>* • aircraft construction

Flugzeuglängsachse *f <aerosp>* • roll axis

Flugzeugmotor *m <aerosp>* • aircraft engine; aviation engine; aero-engine

Flugzeugquerachse *f <aerosp>* • pitch axis

Flugzeugreifen *m <aerosp>* • aircraft tire *US*; aircraft tyre *GB*; avion tire *US*; avion tyre *GB*

Flugzeugreinigung *fsg <aerosp> (innen)* • cabin cleaning *sg*

Flugzeugschlepper *m DIN EN 12312-7 <aerosp> (speziell zum Bewegen von Luftfahrzeugen)* • aircraft tractor *BS EN 12312-7*; aircraft tug; tug *pract*; aircraft mover *rare*

Flugzeugstandplatz *m <aerosp>* • aircraft stand; stand *pract*; docking position; parking position; apron stand position

Flugzeugträger *m <nav>* • aircraft carrier

Flugzeugtriebwerk *n <aerosp> (allg.; Kolbenmotor oder Strahltriebwerk)* • aircraft engine; aviation engine; aero-engine

Flugzeugturbine *f <aerosp> (Strahltriebwerk oder Propellerturbine)* • aviation turbine; aircraft turbine engine

Fluid *n DIN 1342 <tech.allg> (Oberbegriff für Flüssigkeiten und Gase)* • fluid; fluid medium

Fluidik *f <phys> (Handhabung von Gasen, Flüssigkeiten; z. B. Pumpen)* • fluidics

fluidisieren *vt <verf>* • fluidize *vt*

fluidisiertes Brennstoffbett *n <verbr>* • fluidized fuel bed

Fluidisierungsmedium *n <verf> (Luft, Heißgas: z. B. im Wirbelschichtreaktor)* • fluidizing air

Fluidität *f DIN 1342 <phys> (Kennwert einer Flüssigkeit, ant.: Viskosität)* • fluidity

Fluidmechanik *f <masch>* • fluid mechanics

Fluke *f <bio> (Wal, Delfin)* • fluke

Fluor *n* (F) *<chem>* • fluorine (F)

Fluorchlorkohlenwasserstoffe *mpl* (FCKW) *<chem>* • chlorinated fluorocarbons (cfc); halogenated hydrocarbons; chlorofluorocarbons *pract*; cfc's *coll*

Fluoreszenz *f <phys>* • fluorescence

Fluoreszenzfarbstoff *m <chem> (z. B. für Proteomik)* • fluorescent dye; fluorochrome; fluorophore *rare*

fluoreszieren *vi <phys>* • fluoresce *vi*

fluoreszierend *<phys>* • fluorescent

fluoreszierender Stoff *m <allg>* • fluorescent material; fluorescer

fluoreszierendes OLED *n <comp>* • fluorescent OLED

Fluor-Excimerlaser *m* (F2) *<opt>* • fluorine excimer laser (F2)

Fluorid *n <chem>* • fluoride

fluoridieren *vt <chem>* • fluoridize *vt*; fluoridate *vt*

fluorieren *vt <chem>* • fluorinate *vt*

Fluorwasserstoff *m <chem>* • hydrogen fluoride

Flur *m <bau> (in Wohnhaus, Wohnung; eher schmaler als eine Diele)* • corridor; hallway

Flurbereinigung *f <agri>* • land consolidation

Flurförderzeug *n* (Ffz) *<logist>* • industrial truck; factory truck *pract*; shop truck *pract*

flurfrei *<förd> (Fördermittel)* • overhead

Fluse *f <textil>* • lint; nap

Flusen *n DIN ISO 2424 <textil>* • fluffing *ISO 2424*

Fluss *m <geo>* • river

Fluss *m <phys> (Magnetfeld, Energie, Neutronen)* • flux

Flussbagger *m <nav.förd>* • river dredge

Flussbau *m <bau>* • river engineering; river training works

Flussbett *n <geo>* • river bed; bed of a river; channel of a river; stream bed; river channel

Flussdiagramm *n <doku> (von Prozessen)* • flow diagram; flow chart

Flussdichte *f <phys> (z. B. Magnetfeld, Neutronenfluss)* • flux density

Flussfähre *f <nav>* • river ferry; cross-river ferry

flüssig *<phys>* • liquid *adj*

Flüssigdichtung *f <masch> (dauerelastische Masse aus der Tube)* • liquid gasket; room temperature vulcanizing gasket sealer; room temperature vulcanizing sealer; gasket in a tube; RTV gasket

Flüssigdünger *m <agri>* • liquid fertilizer *US*; liquid fertiliser *GB*

flüssige Luft *f <tech.allg>* • liquid air

flüssiger Aggregatzustand *m <phys>* • liquid state

flüssiger Sauerstoff *m <tech.allg>* • liquid oxygen

flüssiger Stickstoff *m <tech.allg>* • liquid nitrogen

flüssiger Wärmeträger *m <energ.sol>* • heat transfer liquid

Flüssiggas *n* (LPG) *<tech.allg> (allg.; z. B. für Heizzwecke, als Autogas)* • liquefied petroleum gas (LPG) *US.GB*; liquid petroleum gas; liquefied gas *US.GB.pract*; LP gas *pract*; liquefied petroleum gas *rare*

Flüssigkeit *f <tech.allg> (weder gasförmig noch fest; tropfbar)* • liquid

flüssigkeitsberührt *<rls.obfl>* • wetted

flüssigkeitsdicht *<tech.allg>* • liquid-tight

flüssigkeitsdichte Deckschicht *f <obfl> (z. B. von PU-Schaum)* • liquid-resistant skin

flüssigkeitsdichter Boden *m <ökol> (Wanne o. Ä.; z. B. für Tankaufstellung)* • impermeable floor

flüssigkeitsgekühlt *<tech.allg> (Motor, Werkzeug, Trafo, Reaktor etc.; z. B. mit Wasser, Öl, Natrium)* • liquid-cooled

Flüssigkeitskühlung *f <tech.allg> (z. B. Ölkühlung)* • liquid cooling system; liquid cooling

Flüssigkeitskupplung *f <antr>* • hydraulic clutch; fluid coupling

Flüssigkeitskupplung *f <rls> (Schlauch-Steckverbinder)* • fluid connector

Flüssigkeitsrakete *f <aerosp>* • liquid-fueled rocket *US*; liquid-propellant rocket; liquid rocket

Flüssigkeitsreibung *f <phys> (z. B. in Viskosekupplung)* • viscous friction; liquid friction

Flüssigkeitssäule *f <phys> (allg.; auch als Maß für Druck)* • liquid column

Flüssigkeitsschild *m <bau.masch> (typ. Bentonit; für Tunnelbohrungen)* • slurry shield

Flüssigkeitsschmierung *f DIN ISO 4378-3 <tribo> (mit oder ohne vollständige Trennung der Reibflächen)* • liquid-film lubrication *ISO 4378-3*; fluid lubrication

Flüssigkeitsspiegel *m <tech.allg>* • liquid level

Flüssigkeitsstandsanzeiger *m <msr>* • liquid-level indicator

Flüssigkeitsstand-Schwimmerschalter *m <msr>* • fluid-level float switch

Flüssigkeitsthermometer *n <msr> (allg.; auf Volumenänderung bei Temperaturänderung basierend)* • liquid expansion thermometer

Flüssigkeitsthermometer *n <msr> (Thermometerflüssigkeit in Glasröhrchen o. Ä.)* • liquid-in-glass thermometer

Flüssigkristallanzeige *f* (LCD) *<el>* • liquid crystal display (LCD); LCD display

Flüssigkristallbildschirm *m <el>* • liquid crystal display; LCD display; LCD screen

Flüssigmetall *n <tech.allg>* • liquid metal

Flüssigmetallkühlung *f <nukl> (Reaktor)* • liquid-metal cooling

Flüssigmetallreaktor *m <nukl>* • liquid-metal fuel reactor (LMFR); liquid-metal fuelled reactor; liquid-metal reactor

Flüssigsauerstoff *m <phys.chem>* • liquid oxygen (LOX)

Flüssigtreibstoff *m <aerosp>* • liquid propellant; liquid fuel

Flüssigwerden *n <tech.allg>* • liquefaction; liquifaction *rare*

Flusskreuzfahrtschiff *n <nav>* • river cruise vessel

Flusslauf *m <geo>* • course of a river

Flusslinienverteilung *f <phys>* • flux distribution

Flussmittel *n DIN EN ISO 9455 <füg.-metall> (z. B. beim Löten)* • flux; fluxing material; fluxing agent

flussmittelfrei *<füg> (Löten, Schweißen)* • flux-free; fluxless

Flussmittelseele *f <füg> (in Lötzinn)* • flux core

flussmittelumhüllte Elektrode *f <füg>* • flux-coated electrode

Flussschifffahrt *f <nav>* • river navigation

Flussstahl *m <metall> (faktisch meist Baustahl)* • mild steel (MS)

Fluss- und Seebau *m <bau.hydr>* • hydraulic engineering; water engineering

Flut *f <geo> (Gezeiten; Vorgang steigender Pegel)* • rising tide; flood-tide; flood

Flut *f <geo.hydr> (Gezeitenwasserstand; i. Ggs. zu Ebbe)* • high tide

flutbar *<bau>* • floodable

flutbar *<petr> (versenkbar)* • submersible

flutbare Bohrinsel *f <petr>* • submersible rig

Flutbecken *n <hydr>* • closed basin

fluten *vt <tech.allg> (z. B. Becken, Dock, Karosseriehohlräume mit Heißwachs)* • flood *vt*

fluten *vt <nav> (Tanker)* • ballast *vt*

fluten *vt <nav> (z. B. Schleusenkammer, U-Boot-Wassertank)* • flood *vt*

Fluting *n <pap> (zur Wellpappeherstellung)* • fluting; fluting medium; fluted paper

Flutkraftwerk *n <energ.hydr>* • tidal power station

flutlichtbeleuchtet *<licht>* • floodlit

Flutschleuse *f <bau.hydr>* • tide lock; guard lock

Fluttor *n <bau.hydr>* • flood tide gate

Flutwelle *f <geo> (durch Hochwasser)* • flood wave

Flutwelle *f <geo> (der Gezeiten)* • tide wave; tidal wave

Flutwelle *f <geo> (durch Seebeben hervorgerufen)* • tsunami

fluxen *vt <obfl>* • flux *vt*

Flyback-Mechanismus *m <mech> (Chronograph)* • flyback mechanism

Fly-by-Light *n* (FBL) *<aerosp>* • fly-by--light (FBL); Fly-by-Light

Fly-by-Wire *n* (FBW) *<aerosp>* • fly-by--wire (FBW); Fly-by-Wire

Flyrig *n <theat> (mit Laufkatze)* • flyrig

Föhn *m <meteo> (Wind)* • foen

Fokuseinstellung *f <av> (Vorgang)* • focus setting; focusing *US*; distance setting; focussing *GB*

Fokusnachführung *f <phot>* • focus tracking

Fokusring *m <phot>* • focus ring; focusing ring

Fokussierebene *f <phot>* • focal plane

fokussieren [auf] *vi/vt <phot> (Kamera, Objektiv)* • focus [on/at] *vi/vt*

fokussierende Wirkung *f ISO 13666 <opt> (Sammelbegriff für sphärische und astigmatische Wirkung)* • focal power *ISO 13666*

Fokussierlinse *f <opt>* • focusing lens *US*; focussing lens *GB*

Fokussierungsfehler *m <opt> (allg.; z. B. bei CD-Spielern, -Laufwerken)* • focus error; focusing error *US*; focussing error *GB*; defocus

Folge *f <allg> (Konsequenz von etwas)* • consequence

Folge *f <allg> (Abfolge)* • succession

Folge *f <comp> (Serie)* • series

Folge *f <math>* • progression

Folge *f <math> (Sequenz)* • sequence

Folgeausfall *m <qualit>* • dependent failure

Folgediagramm *n <tech.allg>* • sequence chart

Folgefehler *m <tech.allg> (Störung als Folge einer anderen Störung)* • consequential failure

Folgemaßnahme *f <allg>* • follow-up measure; follow-up action

folgen *vi <allg> (als Konsequenz)* • be the consequence of *vi*

folgen *vi <allg> (resultieren)* • result *vi*

folgen *vt <allg> (z. B. einem Fahrzeug)* • follow *vt*

folgen *vt <allg> (in Reihenfolge)* • follow in order *vt*

folgen *vt <allg> (zeitlich)* • succeed *vt*

folgen *vt <allg> (z. B. mit Peilsender)* • track *vt*

Folgenutzung *f <ents> (z. B. von Rezyklat)* • after-use; future use; reuse

Folgeregelung *f <msr>* • sequential control; automatic sequence control

folgeschadensicher *<tech.allg> (Bauteil, System, Funktion; der Ausfall gefährdet nicht die Sicherheit)* • fail-safe; fault-tolerant

Folgesteuerung *f DIN 19237 <msr>* • sequential control; sequencing control; sequence control; follow-up control

Folie *f <kst> (Kunststoff, als Bahn; Dicke > 0,25 mm; z. B. zum Abdecken großer Fläche)* • sheeting

Folie *f <kst> (Kunststoff, sehr dünn, Dicke < 0,25 mm)* • film

Folie *f <kst> (Kunststoff, als Platte; Dicke > 0,25 mm)* • sheet; plastic sheet

Folie *f <metall> (Metall, relativ dünn, Dicke > 0,15 mm)* • sheet

Folienblasen *n <kst> (dünne Folien)* • film blowing

Folienblasen *n <kst> (dicke Folien)* • sheet blowing

Folienextrusion *f <kst> (sehr dünne Folie)* • film extrusion

Folienextrusion *f <kst> (stärkere Folie)* • sheet extrusion

Folienkaschierung *f <phot> (z. B. von aufgezogenen Bildern, Postern)* • film lamination

Folienkondensator *m <el> (Kunststofffolie als Dielektrikum)* • film capacitor

Folienkondensator *m <el> (Platten in Form gewickelter Metallfolie)* • foil capacitor

Folienpapier *n <pack> (metallbeschichtet; z. B. für Kaugummi, Tee)* • foil paper

Folienschweißgerät *n <kst.füg>* • sheet welding device

Folientastatur *f <comp> (aus zwei durch Isolierungsfolie getrennten Kontaktfolien)* • touch-sensitive membrane keyboard

Folientastatur *f <msr> (durch Folie geschützt)* • membrane keyboard; sealed keypad

Folientunnel *m <agri>* • polythene tunnel; polytunnel

Folienwerkzeug *n <kst.wz> (Kunststoffverarbeitung)* • sheet die

Fond *m <kfz.innen>* • rear; back

Fondnote *f <allg> (eines Dufts, Parfums)* • background; base note

Font *m <druck> (digitale Schriftart)* • font

Förderanlage *f <förd> (horizontal)* • conveying plant; conveyor system; conveying system; transportation system; transfer equipment

Förderanlage *f* <min> *(horizontal, Streckenförderung)* • haulage installation

Förderanlage *f* <min> *(senkrecht; Schachtförderung)* • winding equipment; hoisting equipment

Förderband *n* <förd> • conveyor belt; conveying belt; belt *pract*; band conveyor

Förderdruck *m* <förd> *(z. B. Pumpe, Verdichter)* • discharge pressure; delivery pressure; output pressure; discharge-line pressure; outlet pressure

Fördereinrichtung *f* <förd> *(allg.; groß od. klein, jedes System, jede Richtung)* • conveyor; conveyor system; conveyer

Fördereinrichtung *f* <prod.förd> *(Materialfluss allg.)* • materials-handling equipment

Fördereinrichtung *f* <prod.förd> *(betont: für Werkstücke)* • work transfer unit; work transfer device

Fördergeschwindigkeit *f* <tech.allg> *(jede Art von Förderer)* • conveyor speed; conveying speed

Fördergeschwindigkeit *f* <förd> *(betont: Fördermenge pro Zeiteinheit)* • delivery rate

Fördergeschwindigkeit *f* <förd> *(betont: nach oben)* • hoisting speed

Fördergeschwindigkeit *f* <förd> *(betont: Schnelligkeit der Seilwinde, jede Richtung)* • winding speed

Fördergut *n* <förd> *(auf/in einem Förderer; fester Stoff)* • load; material being conveyed *rare*; material to be conveyed *rare*

Förderhöhe *f* <förd> *(von Lastaufnahmemitteln, Hebezeug etc.)* • lifting height

Förderkorb *m* <min> *(für Personen)* • hoisting cage; mine cage; drawing frame; pit cage

Förderkorb *m* <min> *(für Material)* • skip car

Förderkübel *m* <förd> *(allg.; meist ein Kippkübel)* • skip

Förderleistung *f* <förd> *(von Pumpe auf Förderstrom übertragene nutzbare Leistung)* • pump performance; pump power output

Förderleistung *f* <min> *(Produktion; z. B. Tonnen Kohle/Tag)* • production; mine output

fördern *vt* <allg> *(unterstützen)* • promote *vt*

fördern *vt* <förd> *(von einem Platz zum anderen, transportieren)* • convey *vt*

fördern *vt* <förd> *(eher horizontal)* • haul *vt*

fördern *vt* <förd> *(eher vertikal)* • hoist *vt*

fördern *vt* <förd> *(transportieren, jede Richtung, eher längere Wege)* • transport *vt*

fördern *vt* <förd> *(Fluide)* • pump *vt*; discharge *vt*; deliver *vt*; convey *vt*; transport *vt*

fördern *vt* <kst> *(Schmelze im Plastifizierzylinder)* • convey *vt*; transport *vt*; pump forward *vt*; feed forward *vt*

fördern *vt* <min> *(z. B. Erz, Kohle)* • mine *vt*; win *vt*; work *vt*

fördern *vt* <petr> *(Erdöl, Erdgas)* • produce *vt*

fördern *vt* <wz.masch> *(z. B. Werkstücke, Werkzeuge)* • transfer *vt*

Förderplattform *f* <petr> • production platform; pumping platform

Förderpumpe *f* <masch> *(allg.)* • feed pump

Förderrate *f* <petr> *(einer Bohrung; z. B. in l/s)* • production rate; flow rate

Förderrichtung *f* <förd> *(von Pumpen)* • flow direction; direction of flow; direction of discharge; discharge direction; direction of delivery

Förderrohrtour *f* <prod> • production string; production casing

Förderspiel *n* <förd> *(allg. Materialhandling; jede Richtung, jedes Fördermittel)* • handling cycle; round trip *coll*

Förderspindel *f* <förd> *(in Schneckenpumpe)* • screw; screw-shaped rotor *did*; screw spindle *rare*; spindle *rare*

Förderstrecke *f* <tech.allg> • conveyed length

Förderstrom *m* <förd> *(allg.; Volumen pro Zeiteinheit, z. B. m^3/h)* • flow rate; flow *pract*

Fördertechnik *f* <förd> • conveying engineering *stand*; hoisting and conveying; materials handling engineering

Förderturm *m* <min> • shaft tower; winding tower; pithead frame; pithead gear; headgear

Förder- und Transporttechnik *f* <förd> • material handling and conveyor industry

Förderung *f <förd> (allg.; Pumpen)* • delivery

Förderung *f <förd> (Vorgang allg.)* • conveying; conveyance; transport

Förderung *f <förd> (allg.; horizontal)* • haulage

Förderung *f <förd> (Materialbewegung)* • materials handling

Förderung *f <förd.min> (vertikal)* • winding; hoisting

Förderung *f <min>* • extraction; exploitation; production

Förderung *f <min.petr> (produzierte Menge)* • production; output

Fördervolumen *n VDMA 24560 <förd> (von Pumpen; Volumen pro Zeiteinheit; z. B. in m^3/h)* • capacity *VDMA 24560*; rate of delivery; discharge rate; discharge; pump capacity

Form *f <tech.allg> (Struktur, Anordnung)* • configuration

Form *f <tech.allg> (Umriss, Kontur)* • contour

Form *f <tech.allg> (Umriss, Abmessungen; z. B. e. Werkstücks)* • geometry

Form *f <tech.allg> (Modell, Prototyp, Vorbild)* • model; type

Form *f <tech.allg> (äußere Gestalt)* • shape

Form *f <prod> (beim Tiefziehen)* • die

Form *f <prod> (Schablone, Muster)* • pattern

Formaldehyd *n* (HCHO) *<chem> (z. B. als Konservierungsmittel in der Medizin)* • formaldehyde

Formaldehyd-ausgasend *<bau.mat> (z. B. Leimholz, Spannplatten)* • formaldehyde-degassing; formaldehyde--releasing

formaldehydearm *<bau.mat> (z. B. E1-Spanplatten)* • low in formaldehyde; low formaldehyde content: with a ~

Formänderung *f <mech> (Dehnung durch Krafteinwirkung)* • strain

Formänderung *f <prod> (allg.; absichtlich od. unabsichtlich; z. B. beim Umformen)* • change of shape; shape change

Formänderung *f <qualit.mat> (elastisch oder plastisch, eher unerwünscht)* • deformation

Format *n <allg> (z. B. Foto, Bild, Buch, Zeitschrift)* • size

formatieren *vt <comp> (Datenträger)* • format *vt*

formatieren *vt <doku> (Text, Dokument)* • format *vt*

formatiert *<comp> (Text, Datenträger)* • formatted

Formatierung *f <comp> (Resultat; von Texten, Datenträgern)* • format

Formatierung *f <comp> (eines Datenträgers; z. B. einer Festplatte; Vorgang und Resultat)* • formatting *ISO 2382-2*; data formatting

Formation *f <geo> (Ergebnis; z. B. Gestein)* • formation

Formationsflug *m <aerosp>* • formation of aircraft flight; formation flight

formbar *<metall> (durch Urformen; Gießverfahren)* • moldable

Formbarkeit *f <metall> (unter Druck-, Schlagbelastung; z. B. beim Hämmern, Schmieden)* • malleability

Formbarkeit *f <metall> (durch Urformen; Gießereitechnik)* • moldability

Formbarkeit *f <qualit.mat> (allg.)* • formability; workability

formbeständig *<qualit.mat> (Polster)* • shape retaining; resistant to deformation

Formbeständigkeit *f <qualit>* • dimensional stability

Formbeständigkeit in der Wärme *f ASTM D 648 <kst.qualit> (Werkstoffprüfung)* • heat deflection test (HDT) *ASTM D 648*; heat distortion test *ASTM D 1637*

Formbeständigkeit in der Wärme *f DIN 53461 <kst.qualit> (Eigenschaft; unter Biegebeanspruchung; z. B. nach ISO/R75)* • heat deflection temperature (HDT); deflection temperature under [flexural] load *US*; temperature of deflection under a bending stress *GB*; heat distortion temperature; deflection temperature

Formdrehen *n <prod>* • form turning; contour turning

Formel *f <tech.allg>* • formula

Formel *f <term> (z. B. H_2O)* • formula

formen *vt <tech.allg>* • shape *vt*

formen *vt <prod> (modellieren, urformen)* • form *vt*; mold *vt*; shape *vt*; mold to shape *vt*

Formenbau *m <kst.prod>* • mold making *US*; mould making *GB*; mold construction *US*; mould construction *GB*

Formenbau *m <metall>* • die construction

Formenbauer *m <prod.kst>* • moldmaker

Formenbauer *m <prod.metall>* • diemaker

Formfaktor *m <comp> (Größe eines Speichermediums)* • form factor; profile

Formfaktor *m <phys> (z. B. Leistung)* • form factor

formfest *<qualit> (allg.)* • dimensionally stable; stable

Formfräsen *n <prod>* • form milling; profile milling

Formgebung *f <innen> (Ergonomie; z. B. von Sitzen)* • contouring; shaping

Formgebung *f <prod> (allg.)* • shaping; forming

Formgebung *f <prod> (ästhetisch)* • styling

Formgedächtnislegierung *f <metall>* • shape memory alloy (SMA); shape memory metal

Formgips *m <prod> (für Formenbau; z. B. Wachsausschmelzverfahren)* • plaster of paris; plaster of Paris

Formgrat *m <prod> (an Gussteilen)* • fin

Formieren *n <el> (von Elkos, Kondensatoren)* • formation; forming

Formkasten *m <prod>* • molding box; flask

Formkern *m <metall>* • mold core

formlos *<tech.allg> (eher unerwünscht; z. B. ausgebeulte Hosen)* • shapeless; formless

Formnaht *f <metall> (als Abdruck am Gussteil)* • mold mark; parting line

Formnest *n <kst> (Hohlraum im Werkzeug, durch den ein Formteil geformt wird)* • cavity; molding cavity

Formnest *n <metall> (beim Druckguss, Schmieden)* • die cavity

Formpresse *f <prod>* • molding press

Formsand *m <metall> (Gießerei)* • molding sand; foundry sand; casting sand

formschlüssig *<masch> (im Ggs. zu stoffschlüssig, kraftschlüssig; z. B. Klauenkupplung)* • positive; form-closed

formschlüssiger Antrieb *m <antr> (Ggs. zu kraftschlüssiger Antrieb)* • positive drive; solid drive

formstabil *<kfz> (z. B. Fahrgastzelle bei Aufprall)* • stiff; impact-resistant; rigid

Formstück *n <tech.allg> (allg.; jede Form; zum Anpassen an etw.)* • adapting piece

Formstück *n <rls> (Bogen, T-Stück, Abzweig)* • pipe fitting; fitting *pract*

Formteil *n <bekl> (Polster; z. B. auf Schulter)* • preformed pad

Formteil *n norm <kst> (z. B. Spritzguss-Formteil)* • molding *US*; molded part

Formteil *n <prod> (Blechteil nach dem Pressen; für Kfz-Karosserie, Gehäuse)* • body panel; pressing; metal stamping; stamping

Formtrennebene *f <kst>* • mold parting plane

formtreu *<tech.allg>* • geometrically true

formulieren *vt <allg>* • formulate *vt*

Formulierung *f <chem> (Zusammensetzung eines Produkts; z. B. Kosmetik, Medikament, Reiniger)* • formulation

Formung *f <tech.allg> (allg.; Bilden eines Körpers)* • forming; shaping

Formverzerrung *f <tech.allg> (z. B. unter Last)* • shape distortion

Formwerkzeug *n <prod> (zur Formgebung; z. B. beim Gießen, Spritzgießen)* • mold *US*; mould *GB*; pattern; form *rare*

Forschungsanlage *f <allg> (betont: Grundlagenforschung)* • research facility

Forschungsanlage *f <qualit> (betont: praktische Erprobung)* • test facility

Forschungsprojekt *n <allg>* • research project

Forschungsreaktor *m <nukl>* • research reactor; experimental reactor

Forschungsschiff *n <nav>* • research vessel

Forschungszentrum *n <tech.allg>* • research center *US*; research centre *GB*

Forschung und Entwicklung *fsg* (F+E) *<allg>* • research and development *sg* (R&D)

Forstmaschinen *fpl <holz.wz>* • forest machinery

Forstschutz *m <holz>* • forest conservation

Forsttechnik *f <holz>* • forest engineering
Forsttechnologie *f <holz>* • forest technology
Forstwirtschaft *f <holz.ökon>* • forestry
Fortbestehen *n <allg>* • persistence
fortbewegen *vr <allg> (wegbewegen)* • move away *vi*
fortbewegen *vr <allg> (weiterbewegen)* • move on *vi*
fortbewegen *vr <tech.allg> (allg. linear, translatorisch)* • travel *vi*
fortbewegen *vr <phys> (Welle)* • progress *vi*
fortdauern *vi <allg> (z. B. Konflikt, Verhandlungen, Probleme)* • continue *vi*
Fortdruck *m DIN 16500/2 <druck> (Drucken der Auflage nach dem Einrichten der Druckmaschine)* • production printing; print run
fortlaufend *<allg> (z. B. Entwicklung, Zählung, Nummerierung)* • continuous
fortpflanzen *vr <feuer>* • propagate *vi*
fortpflanzen *vr <phys> (Wellen im Raum)* • propagate *vi*; travel *vi pract*
Fortschreibung *f <allg> (in die Zukunft; z. B. Kosten-/Gewinnentwicklung)* • forward projection
fortschreiten *vi <allg>* • proceed *vi*; make progress *vi*; progress *vi*
Fortschritt *m <allg> (z. B. von FuE)* • progress; advance
fossil befeuertes Kraftwerk *n <energ>* • fossil-fueled power plant; fossil power station
fossiler Brennstoff *m <energ>* • fossil fuel
Fotoapparat *m <phot> (für Fotos)* • photographic camera; camera
Fotoausrüstung *f <phot>* • photographic equipment
Fotodiode *f <el>* • photodiode (PD); photo diode; photoreceptor; photoelement; photodetector
Fotodrucker *m <druck>* • photo printer
Fotografie *f <phot> (fotografische Aufnahme)* • photograph; photo; picture; shot *coll*; exposure
Fotografie *f <phot> (Verfahren zur Herstellung fotografischer Bilder)* • photography
Fotohandy *n <phot>* • camera phone; camphone *coll*
Fotopapier *n <phot>* • photographic paper; photo paper *pract*; printing paper; enlarging paper *form*
Fotorezeptor *m <el>* • photoreceptor; photodetector; photoelement
Fotosatz *m <druck> (Verfahren zur Satzherstellung)* • phototypesetting; photosetting; filmsetting *BE*; photocomposition *US*
Fotozelle *f <el> (als Halbleiterphotoelement)* • photo cell; barrier-layer photocell *thsc*; blocking-layer photocell *thsc*; semiconductor photocell *thsc*; photovoltaic cell
Föttingerwandler *m <masch>* • Foettinger torque converter
Foucault'sches Pendel *n <mech>* • Foucault pendulum
Foulard *m <textil.prod> (z. B. zur mech. Appretur)* • padding machine; padder
Foulard *n <bekl> (bunt bedrucktes seidiges Vierecktuch)* • foulard
Foulard *n <textil.mat> (feinfädiges Seidengewebe; z. B. f. Krawatten, Schals)* • foulard
Fourier-Transformation *f DIN 5487 <math>* • Fourier transform; Fourier transformation
Frachtabfertigungsgebäude *n <aerosp>* • cargo terminal; cargo handling facility
Frachtfähre *f <nav>* • cargo ferry; freight ferry; ro-ro cargo ferry; ro-ro freight ferry
Frachtflugzeug *n <aerosp>* • cargo plane
Frachtgut *n <logist> (z. B. von Güterwagen, Frachtflugzeug)* • cargo; freight
Frachtkosten *fpl <logist.ökon>* • shipping charges *pl*
Frachtraum *m <logist>* • cargo compartment *JAR 25.855-858*; freight compartment
Frachtraumtür *f <aerosp>* • cargo door *pract*; cargo compartment door; freight door *rare*
Frachtschiff *n <nav>* • cargo ship; cargo vessel; cargo boat; cargo carrier; freighter
Frachtschifffahrt *f <nav>* • freight navigation
Fracht- und Fahrgastschiff *n <nav>* • cargo and passenger ship; cargo passenger ship; passenger/cargo

vessel

Fragmentierung *f <comp> (von Dateien; z. B. auf Festplatte)* • fragmentation

Fraktal *n <math> (z. B. Mandelbrot--Fraktale)* • fractal

Fraktion *f <chem.petr> (bei der Destillation entstehend; z. B. Asphalt, Bitumen, Diesel etc.)* • fraction

fraktionieren *vt <chem.verf> (z. B. Erdöl)* • fractionate *vt*; separate into fractions *vt*; fraction *vt*

Fraktionierkolonne *f <chem.petr>* • fractionation tower; fractionator; splitter; fractionation column; separation tower

fraktionierte Destillation *f <chem.verf>* • fractional distillation; fractionated distillation

Fraktionierung *f <verf> (von Dichteklassen; z. B. durch Destillation, Ultrazentrifugation)* • fractionation; separation *coll*

Francis-Turbine *f <energ> (Wasserturbine)* • Francis turbine

Francium *n* (Fr) *<chem> (radioaktiv)* • francium (Fr)

Frankfurter Pfanne *f <bau.mat>* • Frankfurt pantile *:V*

frankieren *vt <logist> (Briefmarke aufkleben)* • stamp *vt*

Frankiermaschine *f <logist> (stempelt)* • postage stamp machine; mailing machine

frankierter und adressierter Rückumschlag *m <logist>* • self-addressed stamped envelope (SASE)

Fräsautomat *m <wz.masch>* • automatic milling machine

Fräsdorn *m <wz>* • milling arbor; milling-machine arbor; cutter arbor

Fräsen *n <prod>* • milling

fräsen *vt <tech.allg>* • mill *vt*; mill-cut *vt*

fräsen *vt <prod.metall>* • mill *vt*; cut *vt*

Fräser *m <wz> (Fräsen)* • milling cutter; cutter

Fräskopf *m <wz.masch>* • milling-cutter head; milling-spindle head; milling head; cutter head

Fräsmaschine *f <wz.masch>* • milling machine; miller; mill

Frässupport *m <wz.masch> (allg.)* • cutter slide

Fräs- und Bohrwerk *n <wz.masch>* • boring and milling machine; horizontal boring and milling machine

Frauenparkplatz *m <verk>* • women parking; parking space for women; women drivers car space

Fraunhofer-Linien *fpl <phys>* • Fraunhofer absorption lines; Fraunhofer lines

Fraunhofer'sches Linienspektrum *n <phys>* • Fraunhofer line spectrum

Frearson-Kreuzschlitz *m <füg>* • Frearson drive; cross recess *stand*

Freeware *f <comp>* • freeware

Freezer *m <nahr.prod> (Speiseeis)* • freezer; ice cream freezer; ice-cream freezer

frei *<allg> (verfügbar)* • available

frei *<allg> (unbehindert; z. B. Sicht, Raum, Verkehrsfläche)* • clear

frei *<allg> (draußen)* • open-air

frei *<allg> (Platz jeder Art, Termin, Zeitpunkt; z. B. Sitzplatz, Slot, Toilette)* • vacant

frei *<tech.allg> (z. B. Kapazität)* • idle

frei *<tech.allg> (unbesetzt; z. B. Adresse, Sitzplatz, Telefonanschluss, Wohnung)* • unoccupied

frei *<bahn> (nicht reserviert)* • unreserved

frei *<comp> (Speicherplatz)* • empty

frei *<geo> (z. B. Feld, Land, Natur)* • open

frei *<masch> (nicht im Eingriff; z. B. Kupplungsscheibe, Bremsband)* • disengaged

frei *<phys> (nicht gebunden)* • unbound

frei *<phys> (z. B. Massenpunkt, System)* • unconstrained

frei *<phys> (Fluss, Strömung)* • unresisted; unobstructed

frei *<tele> (nicht besetzt)* • not busy

Freiarmschirm *m <allg>* • cantilever umbrella

Freiballon *m <aerosp> (Luftfahrzeug leichter als Luft)* • free balloon

frei beweglich *<allg>* • free to move

frei bewegliches Elektron *n <phys>* • free electron

Freibord *m/n <nav>* • freeboard

freie Berufe *mpl <ökon> (z. B. Ärzte, Anwälte, Architekten, Dolmetscher, Übersetzer)* • professions *pl*; liberal professions *pl*; professional services *pl*

freie Bezeichnung *f <term>* • non-proprietary name

freie Elektronen *npl* <*chem.phys*> • free electrons

freie Hand *f* <*allg*> *(nicht benutzte Hand)* • free hand

frei einstellbar <*tech.allg*> • user adjustable

freier Fall *m* <*phys*> • free fall

freies Radikal *n* <*chem*> • free radical

freie Stelle *f* <*allg*> *(in einer Struktur; z. B. in Kristallgitter, Organisation, Unternehmen)* • vacancy

freies Wasser *n* <*chem*> • free moisture

freie Werkstatt *f* <*kfz*> • independent garage

Freiexemplar *n* <*doku*> • free copy

Freifallvorrichtung *f* <*tech.allg*> • free-falling device

Freifläche *f* <*bau*> • open-air space

Freifläche *f* <*wz*> *(am Drehmeißel)* • side face

Freifläche der Hauptschneide *f* <*wz*> *(Drehmeißel)* • side face; side flank

Freifläche der Nebenschneide *f* <*wz*> *(Drehmeißel)* • end face

Freifläche der Nebenschneide *f* <*wz*> *(Spiralbohrer)* • land; margin

Freiflächenbeleuchtung *f* <*licht*> • outdoor area lighting; outdoor areas lighting

Freiflächenverschleiß *m* <*wz.prod*> • tool flank wear; flank abrasion; flank wear

Freiformkörper *m* <*comp*> *(mathematisch analytisch nicht beschreibbar; numerische Annäherung)* • sculptured solid; freeform solid

Freiformoberfläche *f* <*tech.allg*> • free-form surface

Freiformschmieden *n* <*prod*> *(zw. zwei völlig ebenen Gesenkhälften)* • open-die forging; flat-die forging; hammer forging

Freiformschmiedestück *n DIN 8583* <*prod*> • open-die forging *EN 10079*

Freigabe *f* <*aerosp*> • clearance; ATC clearance

Freigabe *f* <*el.comp*> • enable

Freigabe *f ISO 9000* <*qualit*> *(zur nächsten Stufe eines Prozesses)* • release *ISO 9000*

Freigabebefehl *m* <*comp*> • enable instruction

Freigabeschalter *m* <*el*> • clear switch

Freigängigkeit der Reifen *f* <*kfz*> • body-to-tire clearance *US*; body-to-tyre clearance *GB*

freigeben *vt* <*tech.allg*> *(Blockierung aufheben)* • enable *vt*

freigeben *vt* <*aerosp*> • clear *vt*

freigeben *vt* <*el*> *(blockierte Funktion)* • unblock *vt*

freigeben *vt* <*phys*> *(Energie, Elektronen)* • release *vt*

freigeben *vt* <*verk*> *(Flugzeug zum Start, LKW, Zug zur Abfahrt)* • clear *vt*

freigeben *vt* <*wz*> *(lockern)* • loosen *vt*

freigeben *vt* <*wz*> *(ausspannen)* • unclamp *vt*

freigegeben <*tech.allg*> • enabled

Freigeländeüberwachung *f* <*alarm*> • exterior perimeter protection

freigelegt <*allg*> • exposed

Freihafen *m* <*nav.ökon*> • free port

Freihandaufnahme *f* <*phot*> • hand-held shot; hand-held picture

Freihandblasen *n* <*prod*> *(Glasbläserei)* • off-hand glass-working; off-hand process

Freihandlinie *f* <*comp*> *(Grafik)* • freehand line

Freihandlinie *f* <*doku*> *(techn. Zeichnen; schmal; für unter-/abgebrochene Ansichten etc.)* • irregular line; continuous thin irregular line; continuous freehand line

Freihand-Spritzen *n* <*obfl*> • freehand spraying

Freilandversuch *m* <*qualit*> • field testing; field test

Freilaufeinrichtung *f* <*antr*> • freewheel device; free-wheel device

Freilaufkupplung *f* <*antr*> *(mit Nocken)* • cam clutch

Freilaufkupplung *f* <*antr*> • one-way clutch *US*; freewheel mechanism; freewheeling clutch; overrunning clutch; freewheel *pract*

Freilaufnabe *f* <*fz*> *(z. B. Geländewagen)* • freewheeling hub; freewheel hub; lock-up hub *pract*

Freilaufsperre *f* <*masch*> • freewheel lock

Freilaufüberholkupplung *f* <*masch*> • freewheel overrunning clutch

freilegen *vt* <*tech.allg*> *(bisher Verdecktes; z. B. Schicht, Bild, Wunde, Erzader, Kohleflöz)* • uncover *vt*; lay bare *vt*; expose *vt*

Freileitung *f <tech.allg> (allg.; jede über Kopf im Freien verlegte Leitung)* • overhead line

Freileitung *f <energ.el> (für Hochspannung an Masten; kein Kabel)* • overhead transmission line (OHTL); overhead power line; power transmission line *pract*; overhead line *pract*; power line

Freileitungskabel *n <el> (isoliert)* • outdoor cable

Freileitungsmast *m <energ.el> (Gittermast)* • overhead transmission tower; power line tower; electricity pylon *GB*; pylon *GB*; power transmission tower *rare*

Freileitungsmast *m <energ.el> (Vollwandmast; typ. Holz od. Beton)* • utility pole; power pole; power line transmission pole; transmission pole; transmission-line pole

Freileitungsnetz *n <energ.el>* • overhead transmission line system; overhead-line system; OHTL network

freiliegende Bewehrung *f <bau>* • exposed reinforcement steel; exposed rebars *coll*

freiliegende Leitungen *fpl <el>* • exposed wiring

Freiluftanlage *f <tech.allg> (z. B. Umspannwerk)* • outdoor installation; outdoor substation

Freiluftaufstellung *f <tech.allg> (Anlagen, Geräte)* • outdoor installation

freimachen *vt <allg> (z. B. Arbeitsplatz, Tisch, Regal)* • clear *vt*

freimachen *vt <comp> (Speicherplatz)* • free up *vt*

Freiraum *m <tech.allg>* • free space

freischalten *vt <msr> (z. B. Leitung; Kanal, Funktion)* • enable *vt*

Freischwinger *m <innen>* • cantilever chair

freisetzen *vt <tech.allg> (ins Freie; z. B. Emissionen)* • release *vt*

freisetzen *vt <chem> (Stoff; als Reaktionsresultat; z. B. Gase, Dämpfe)* • release *vt*; liberate *vt rare*

Freisetzung *f <emiss> (von Schadstoffen, Strahlung; betont: an die Umwelt)* • release

Freisignal *n <bahn>* • clear signal

Freisprecheinrichtung *f <tele> (Autotelefon)* • hands-free system

Freisprechen *n <tele>* • hands-free talking

freistehend *<tech.allg>* • free-standing; free on wheels

freistehend *<bau> (z. B. Wohnhaus etc.)* • detached; independent

Freistich *m DIN 509 <prod> (beim Drehen)* • undercut; relief groove

Freistrahlturbine *f <energ.hydr>* • Pelton turbine; Pelton wheel; impulse water turbine; Pelton free-jet turbine *rare*; free-jet turbine *rare*

freitragend *<bau> (Kragarmkonstruktion; z. B. Vordach, Bahnsteigdach)* • cantilevered; overhung

freitragende Tragfläche *f <aerosp>* • cantilever wing; full-cantilever wing

Freitreppe *f <bau> (prunkvoller Aufgang zu einer Hauseingangstür, Villa)* • front stairs

Freiwinkel *m <wz.masch>* • relief angle; lip relief angle; lip clearance angle; front clearance angle

Freizeichen *n <bahn> (Signal für freie Fahrt)* • clear signal

Freizeichen *n <tele> (vor dem Wählen)* • free-line signal; line-clear signal; clear signal

Freizeitgebrauch *m <tech.allg>* • recreational use

Fremdatom *n <phys>* • foreign atom; impurity; impurity atom

Fremdbestandteil *m <tech.allg>* • impurity

Fremdeinwirkung *f <tech.allg> (z. B. Beschädigung durch Dritte)* • external influence

fremderregt *<el>* • externally excited; separately excited

Fremdhersteller *m <prod>* • third-party manufacturer

Fremdkörper *m <tech.allg> (betont: klein, Partikel)* • foreign particle

Fremdkörper *m <tech.allg> (betont: Verunreinigung)* • impurity

Fremdkörper *m <tech.allg> (Objekt am falschen Ort; z. B. Verunreingungen, vergessenes Werkzeug)* • foreign object

Fremdkühlung *f <hlk> (z. B. Elektrogerät, E-Motor)* • separate cooling

Fremdlicht *n <licht> (z. B. bei LWL)* • extraneous light

Fremdlicht *n EN 60947 <opt> (aus Umgebung)* • ambient light *EN 60947*
Fremdstoff *m <allg> (allg.)* • foreign substance; foreign matter
Fremdstoff *m <allg> (Verunreinigung)* • impurity
Fremdstoff *m <min> (in Erz etc.; unerwünscht)* • admixture; contaminant; secondary constituent; impurity
Fremdzündung *f <kfz.el> (Ottomotor)* • spark ignition; externally supplied ignition; applied ignition; external ignition
Freon *n* (R-12) *<hlk> (Kältemittel)* • Freon (R-12); dichlorodifluoromethane
Frequenz *f <tech.allg>* • frequency
Frequenz *f* (f) *<phys> (Einheit: Schwingungen pro Zeiteinheit; z. B. 1/s=1 Hertz)* • frequency (FRQ); vibration frequency; vibrational frequency; oscillation frequency
Frequenz *f <term> (von Wörtern)* • frequency
frequenzabhängig *<tech.allg>* • frequency-dependent
Frequenzband *n <phys>* • frequency band
Frequenzband *n <tele> (z. B. von CB--Funk, Radiosender)* • frequency band; band *pract*
Frequenzbereich *m <phys> (Spektralbereich)* • spectral region; spectral range
Frequenzbereich *m <phys> (allg.)* • frequency range
Frequenzbereich *m <tele> (zugeteilter Bereich; Domäne; von Sender, Radiostation)* • frequency domain
Frequenzgang *m <av> (z. B. von Lautsprechern; z. B. 22...20.000 Hz)* • frequency response; frequency response curve; amplitude characteristic; harmonic response
Frequenzgenerator *m <el>* • frequency generator; frequency synthesizer *rare*; frequency-generating set *obs*
Frequenz halten *vi <tech.allg>* • hold frequency *vi*
Frequenzhub *m <el> (allg.)* • frequency sweep; frequency swing
Frequenzkanal *m <tele> (bestimmter Bereich des Frequenzspektrums; FDMA-Verfahren)* • frequency channel; radio frequency channel; frequency carrier; carrier *pract*
Frequenzmodulation *f* (FM) *<av> (Radio)* • frequency modulation (FM)
frequenzmoduliert *<el>* • frequency--modulated
Frequenzspektrum *n <akust> (hörbar)* • frequency spectrum; frequency band; audio-frequency spectrum; range of sounds; frequency of audio
Frequenzspektrum *n <phys> (allg.; von Strahlung, Wellen; Licht, Klang)* • frequency spectrum
Frequenzstromumsetzer *m <el>* • frequency-current converter
Frequenzteiler *m <el>* • frequency divider
Fresnelkollektor *m [fre'nel] <energ.sol>* • Fresnel collector *[fre'nel]*
Fresnel-Spiegel *m [fre'nel] <opt> (Lichtbeugung)* • Fresnel mirror *[fre'nel]*
Fressen *n <masch> (bis zum Stillstand; z. B. Gleitlager, Kolben in Zylinder)* • seizure
Fressen *n <masch> (exzessive Reibung, aber noch beweglich; z. B. Gleitlager)* • scuffing
Fries *m <bau> (zwischen Architrav und Kranzgesims)* • frieze; moulding
Friktionsantrieb *m <antr>* • friction drive
frisch *<allg>* • fresh
Frischbeton *m <bau.mat> (Transportbeton)* • ready-mixed concrete; concrete mix; mixed batch
Frischbeton *m DIN EN 206-1 <bau.-mat> (noch nicht eingebracht, noch nicht abgebunden)* • fresh concrete; wet concrete; freshly-mixed concrete; newly-mixed concrete
Frischdampf *m <energ> (Wärmekraftwerk; zum Antrieb der Turbosätze)* • main steam; direct steam *rare*; live steam *rare*
Frischdampf *m DIN 4319 <therm>* • live steam; main steam
Frischdampfdruck *m <energ> (Kraftwerk)* • main steam pressure; live steam pressure
Frischen *n <tech.allg> (Stahlerzeugung; zur Reduzierung des Kohlenstoffgehaltes)* • decarburization; decarburation; decarbonization; refining

frischen *vt* *<metall>* *(Stahl)* • decarburize *vt*; refine *vt*; oxidize *vt*

Frischluft *f* *<hlk>* *(von außen der Lüftung zugeführt)* • fresh air; inlet air; ambient air

frischtot *<bio>* • freshly killed

Frischwasser *n* *<tech.allg>* *(unverbrauchtes Wasser)* • fresh water

Frist *f* *<allg>* *(z. B. bis zu Liefer-, Zahlungstermin)* • period of time

Fristuntersuchung *f* *<tech.allg>* *(z. B. Fahrzeuge, Aufzüge, Kernkraftwerk)* • periodical inspection

fritten *vt* *<obfl>* *(abschrecken und granulieren)* • frit *vt*

Fritteofen *m* *<verf>* • frit kiln

Front *f* *<bau>* *(der Straße zugewandte Seite e. Gebäudes)* • frontage

Frontabdeckung *f* *<tech.allg>* • front cover

Frontairbag *m* *<kfz.sich>* • frontal air bag; front-impact airbag; front airbag; front-seat air bag

Frontalaufprall *m* *<kfz>* *(Fahrzeug)* • head-on impact; head-on crash *pract*; head-on collision; straight-on impact; frontal crash

Frontantrieb *m* *<kfz.antr>* • front-wheel drive (FWD); front drive *rare*

Frontend *n* *<tech.allg>* • front end

Frontlader *m* *<agri.tech>* *(Traktoranbauteil)* • front-end loader

Frontlader *m* *<bau.masch>* *(Radladertyp, z. B. auf Traktor- od. Unimog-Basis)* • front-end loader; head-end loader

Frontlader *m* *<förd>* *(auf Raupen)* • tractor shovel; tractor scoop

Frontlader *m* *<hygi>* *(Waschmaschine; im Ggs. zu Toplader)* • front-load washer

Frontlenker *m* *<nfz>* *(typ. Lkw-Typ in Europa; unübl. in USA; in Südamerika zunehmend)* • cab-over-engine truck (COE); COE truck; cabover *pract*; forward control truck *rare*

Frontmotor *m* *<kfz>* *(im Bereich der Vorderachse)* • front engine; front mounted engine

Frontplatte *f* *<tech.allg>* • front panel; faceplate

Frontplatte *f* *<tech.allg>* *(mit Schutz- od. Zierfunktion)* • escutcheon; escutcheon plate

Frontschaden *m* *<kfz>* *(z. B. nach Frontalkollision)* • front end damage

Frontscheibe *f* *<aerosp>* *(Cockpit)* • windshield *US/JAR 25.775*; windscreen *GB*

Frontschutzbügel *m* *<kfz>* *(an Off-Road-Fahrzeugen)* • front end guard; bumper cage *pract.coll*; grille guard; front bullbar *GB*; bullbar *GB*

Frontseilwinde *f* *<förd>* • front-mounted winch

Frontstapler *m* *<förd>* *(Flurförderzeug)* • end loader

Frontunterfahrschutz *m* *<nfz>* • front under-run guard; front under-run bumper; front under-run bar

Frontverkleidung *f* *<tech.allg>* • front cover

Frost *m* *<meteo>* • frost

frostbeständig *<mat>* • frost-resistant

Frosteindringtiefe *f* *<geo>* • frost penetration depth

frostempfindlich *<mat>* • frost sensitive

Frostriss *m* *<qualit.mat>* • frost crack

Frostschutzmittel *n* *<tech.allg>* • antifreeze agent *VDI4640*; antifreeze solution; antifreeze

Frostschutzmittel *n* *<hlk>* *(z. B. Kühlsystem, Scheibenwaschanlage, Kollektorkreislauf)* • antifreeze; antifreeze agent

Frostschutzstopfen *m* *<kfz.mot>* *(Motorschutz)* • freeze plug; core plug

Frostsprengung *f* *<allg>* • frost splitting; frost weathering

Fruchtgehalt *m* *<nahr>* • fruit content

Fruchtsaft *m* *<nahr>* • fruit juice

Fruchtsäure *f* *<nahr>* • fruit acid

Frühbeet *n* *<agri>* *(als Kastenrahmen mit Glas)* • cold frame

frühhochfester Beton *m* *ZTV Beton* *<bau.mat>* • concrete with high early stability; rapid hardening concrete *coll*; concrete with high early strength; high early strength concrete

Frühsommer-Meningoenzephalitis *f* (FSME) *norm* *<bio>* *(Infektionskrankheit, die durch Zecken übertragen wird)* • central european encephalitis (CEE); spring-summer encephalitis; Russian spring-summer encephalitis; tick-borne encephalitis

Frühstücksflocken *fpl* *<nahr>* • cereals

FTP-Fahrprogramm *n* *<kfz>* • FTP test

cycle

Fuchsschwanz *m* <wz> *(allg.)* • hand saw; jack saw *GB*

FuE-Bereich *m* <tech.allg> • R&D department; research and development department; development and research department *rare*

Fuge *f* <tech.allg> *(lange, schmale Vertiefung in Bauteil; z. B. Brett)* • groove

Fuge *f* <tech.allg> *(beabsichtigter und toleranzbedingter Raum zw. Bauteilen)* • gap

Fuge *f* <tech.allg> *(schmaler Raum zw. Bauteilen od. Gegenständen; z. B. zw. Zaunlatten)* • interstice

Fuge *f* <tech.allg> *(Mauer, Brücke, Schweißverbindung)* • joint

Fügen *n* <tech.allg> • jointing

fügen *vt* <füg> *(allg.)* • join *vt*; join together *vt coll*; fix together *vt coll*

fügen *vt* <holz> *(mit Nut und Feder; z. B. Deckenpaneele)* • rabbet *vt*

Fugenabdeckung *f* <bau.mat> *(allg.)* • cover strip

Fugenabdichtung *f* <bau> *(Vorgang)* • joint sealing

Fugenabdichtung *f* <bau> *(Ergebnis)* • joint seal

Fugendichtmasse *f* <bau.mat> *(Dichtmasse)* • joint sealant; jointing compound; jointing material

Fugendichtmasse *f* <bau.mat> *(betont: zum dauerelastischen Ausfugen mit Pistole)* • caulk

Fugenfüllpistole *f* <bau.wz> *(für Fugendichtmasse-Kartusche)* • caulking gun

Fugenhobeln *n* <prod> • gouging

Fugenkelle *f* <bau.wz> • joint trowel

Fugenleiste *f* <bau.mat> • cover strip; cover fillet

fugenlos <tech.allg> • jointless

Fugenmörtel *m* <bau.mat> *(fein; für Fliesen, Kacheln)* • grout

Fugenmörtel *m* <bau.mat> *(grob; für Steine)* • joint mortar

Fügestation *f* <prod> • marriage station

Fügeverfahren *n* <füg> *(Prozess)* • joining process

Fügeverfahren *n* <füg> *(Methode)* • bonding method; jointing method

fühlbare Wärme *f* <therm> • sensible heat

fühlen *vt* <allg> • feel *vt*

fühlen *vt* <med> *(ertasten)* • trace *vt*

fühlen *vt* <msr> • sense *vt*

Fühler *m* <bio> *(von Insekten)* • antenna

Fühler *m* <msr> *(zum Abtasten, Nachfahren von Körpern)* • stylus

Fühler *m* <wz> *(betont: zum Nachfahren von Konturen)* • profile tracer

Fühlerfläche *f* <msr> • sensor face

Fühlerlehre *f* <kfz.wz> *(mit Metallblättchen)* • feeler gauge; thickness gauge

Fühlerlehre *f* <kfz.wz> *(Einzelblatt)* • feeler gauge; feeler blade

Fühlerlehre *f DIN 2275* <wz> *(allg.; z. B. Blättchen od. Draht)* • feeler gauge

führen *vt* <allg> *(lenken, leiten; z. B. ein Unternehmen)* • direct *vt*

führen *vt* <tech.allg> *(von vorne; z. B. durch einen Zentrieransatz, Stift)* • pilot *vt*

führen *vt* <comp> *(Datei)* • maintain *vt*

führen *vt* <fz> *(Fahrzeug)* • drive *vt*

führen *vt* <jur> *(z. B. Betrieb)* • run *vt*

führen *vt* <masch> • lead *vt*; guide *vt*

führen *vt* <navig> *(z. B. Schiff)* • command *vt*; slave *vt*

führen *vt* <pap> *(den Bediener)* • prompt *vt*

führen *vt* <phys> *(tatsächlich, momentan; z. B. Strom, Wärme, Wasser)* • carry *vt*

führen *vt* <sport> *(Tiere)* • lead *vt*

führende Null *f* <msr> *(in Zahlenangaben, Formularen etc.)* • leading zero

Führerbremsventil *n* (FBV) <bahn.-brems> • driver's brake valve

Führerhaus *n* <bahn> *(Lok)* • control stand; cab; footplate *GB*

führerlos <fz> • driverless

Führerschein *m* <kfz.jur.doku> *(als Dokument; vom Fahrer eines Kfz mitzuführen)* • driver license *US*; drivers' license; driving license

führig <mil> *(Waffe; z. B. Gewehr, Pistole, Revolver)* • maneuverable

Fuhrpark *m* <nfz> • fleet; fleet of vehicles; car stock *rare*

Führung *f* <allg> • directing

Führung *f* <tech.allg> *(Vorgang)* • guidance

Führung *f* <füg> *(Flamme, Brenner beim Schweißen)* • manipulation

Führung *f* <masch> *(an der Spitze von etw.; z. B. Zapfen, Stift, Ansatz)* • pilot

Führung *f* <masch> *(z. B. Schiene)* • rail

Führung *f <ökon> (im Wettbewerb)* • lead *[li:d]*

Führung *f <rls> (von Leitungen)* • routing; run

Führungsbohrung *f <prod> (für folgendes Bohren)* • pilot hole; starting hole

Führungsbolzen *m <masch> (allg.)* • guide pin

Führungsbuchse *f <masch> (allg.)* • guide bushing; guide bush; pilot bush

Führungsgröße *f <msr> (im Regelkreis; Basis für Sollwert)* • command variable; command signal; reference input

Führungshülse *f <masch>* • guide sleeve

Führungslager *n <kfz.mot> (Drucklager der Kurbelwelle)* • thrust bearing

Führungslager *n <masch>* • guide bearing

Führungslager *n <masch> (z. B. in Schwungscheibe für Kupplungswelle)* • pilot bearing; spigot bearing *GB*

Führungsschiene *f <tech.allg> (z. B. für Nockenwellen-Steuerkette)* • guide rail

Führungsstift *m <masch> (allg. zur Lagefixierung; z. B. zwischen Motorblock und Zylinderkopf)* • index pin *US*; pilot pin; locating dowel; guide pin; alignment plug *rare*

Führungsstück *n <masch>* • guide piece

Führungszapfen *m <masch>* • pilot pin; guide

Führungszapfen *m DIN ISO 5419 <wz> (an Spiralbohrer)* • pilot *ISO 5419*

Füllbeton *m <bau.mat> (z. B. Magerbeton)* • backfill concrete

füllen *vt <brems> (mit Druckluft)* • charge *vt*

füllen *vt <comp> (Speicher mit Daten)* • load *vt*

füllen *vt <masch> (vor dem Betrieb; z. B. Pumpe)* • prime *vt*

füllen *vt <obfl> (Lack; mit Pigmenten)* • pigment *vt*

füllen *vt DIN 55 405 <pack> (Behälter; z. B. Flaschen, Dosen, Kartons)* • fill *vt*

füllen *vt <pap>* • weight *vt*

Fulleren *n <chem>* • fullerene

Füllgrund *m <obfl> (als Schicht)* • filler coat; filler *pract*

Füllgrund *m <obfl> (zum Auftragen)* • filler

Füllhöhe *f <tech.allg> (allg.; auch bei kleinen Mengen; z. B. Flaschen)* • filling level; fill level

Füllklappe *f <tech.allg> (z. B. Behälter, Container, Fülltrichter, Silo)* • charging door

Füllleitung *f <tech.allg> (für Druckluft)* • air-supply line

Füllmaschine *f DIN 8740-2 <pack> (für Flaschen, Dosen, Kartons; z. B. Getränke, Speiseeis)* • filling machine; filler *pract*

Füllmasse *f <mat> (zum Vergießen, Verpressen etc.)* • fill mass; filling compound; filler

Füllmasse *f <prod> (z. B. Spritzgießen)* • shot weight

Füllmaterial *n <tech.allg> (um Leerräume zu füllen od. Substanz zu erhöhen)* • filler; fill

Füllmaterial *n <bau> (Erdbau; zum Füllen von Senken, Löchern mit Fremdmaterial)* • borrow material

Füllmaterial *n <bau> (eher gepresst, gestopft; z. B. für Hohlräume)* • packing material; packing *pract*

Füllmaterial *n <pack> (für Packungshohlräume; z. B. Seidenpapier, Verpackungschips)* • void fill

Füllmaterial *n <textil.mat> (Wattierung)* • wadding

Füllmenge *f <logist> (z. B. Behälter, Dose, Kiste)* • capacity; filling volume

Füllmengen *fpl <doku> (Überschrift z. B. in Werkstatt-Handbuch)* • fluid capacities *pl*; fluid data *rare*

Füllmittel *n <obfl.holz> (für Holz; meist pigmentiert)* • wood filler; pore filler; filler *pract*

Füllöffnung *f <tech.allg> (z. B. Container, Silo)* • charging hole; filling hole

Füllort *m <tech.allg>* • filling station

Full-Service-Werbeagentur *f <werb>* • full-service advertising agency

Fullsize-Airbag *m <kfz.sich>* • full-size air bag

Füllstandsanzeige *f <msr> (Funktion; mit Skala, Schauglas etc.)* • level indication

Füllstandsanzeiger *m <msr> (Hardware; z. B. Rohr mit Schauglas und Skala)* • level indicator; indicating level meter; level meter

Füllstandsmessung *f <msr> (allg.; auch*

für Schüttgut wie z. B. Sand) • level measurement

Füllstandsmessung *f <msr> (nur für Flüssigkeiten)* • liquid-level measurement

Füllstandsregelung *f <verf.msr> (allg.; auch Schüttgut wie z. B. Sand)* • level control; filling level control *rare*

Füllstandssensor *m <msr>* • level sensor; level transducer; fill level sensor

Füllstoff *m <kst> (allg.; zur Modifizierung der Eigenschaften; z. B. in Reifengummi)* • filler

Füllstoff *m <mat> (zur Senkung des Preises; nicht aktiv; z. B. in Kunststoff)* • cheapener

Füllstoff *m <pap> (zur Verbesserung der Papiereigenschaften; i.d.R. Mineralstoffe)* • filler; loading; loading agent; filling agent; filling material

Füllstutzen *m <tech.allg> (kurz in Relation zum Durchmesser; z. B. an Kraftstofftank)* • filler neck

Füllstutzen *m <tech.allg> (lang in Relation zum Durchmesser; z. B. Zapfpistole)* • filling nozzle; filling spout

Fülltrichter *m <verf>* • feed hopper

Füllung *f <tech.allg> (Material)* • fill

Füllung *f <tech.allg> (von Behältern; Vorgang)* • filling; loading; charging

Füllung *f <tech.allg> (weich; z. B. von Kissen, Sesseln, Sofas)* • wadding

Füllung *f <innen> (Matratze; z. B. Federkern, Fasern)* • batting

Füllung *f <kfz.mot> (mit Kraftstoff/Luft-Gemisch)* • charge

Füllung *f <kst> (mit Pigmenten; Vorgang)* • pigment loading

Füllung *f <med> (in Zähnen; z. B. Amalgam, Kunststoff)* • dental filling; tooth filling; filling *pract*

Füllung *f <metall> (beim Druckguss)* • shot

Füllung *f <metall> (z. B. Hochofen, Konverter)* • charge

Füllung *f <nahr> (z. B. Weihnachtsgans)* • stuffing

Füllung *f <nahr> (von Pralinen; z. B. Marzipan)* • center *US*; centre *GB*

Füllung *f <verf> (Charge; z. B. Betonmischer)* • batch

Füllung *f <verf> (Material für einen Prozess)* • feed

Füllungsgrad *m <tech.allg>* • fill factor

Füllungsgrad *m <kfz.mot> (Verhältnis angesaugter zu theoret. möglicher Frischluftmasse)* • volumetric efficiency

Fundament *n <bau> (Teil des Fundaments, der direkt auf der Erde steht)* • footing

Fundament *n <bau> (Gebäude allg.; eher bei Hochbau)* • foundation; base

Fundament *n <bau> (eher bei Tiefbau und tiefgegründeten Bauwerken)* • groundwork

Fundament *n <masch> (z. B. von Werkzeugmaschine)* • bed

fundamentlose Aufstellung *f <tech.allg>* • foundationless installation

Fundamentsohle *f <bau> (Niveau des Erdbodens unter dem Fundament)* • final grade; formation level; foundation base

Fundort *m <allg> (z. B. eines Ausstellungsobjekts, von Erz)* • locality; discovery locality

fünffach gelagert *<kfz.mot> (Kurbelwelle)* • supported by five bearings; supported in five bearings

Fünfganggetriebe *n <kfz.antr> (allg.; automatisch oder manuell)* • five-speed transmission; five-speed gearbox *GB*; five-speed drive

fünftürig *<kfz> (Karosserieausführung; z. B. bei Schrägheck oder Kombi)* • five-door …; 5-door

Fünfventiler *m <kfz.mot> (Motor mit 3 Einlass-, 2 Auslassventilen je Brennraum)* • five-valve engine; five-valver

Fünfventil-Kopf *m <kfz.mot> (3 Einlass-, 2 Auslassventile je Brennraum)* • five-valve head

Fungizid *n <chem.agri>* • fungicide

Funk *m <av>* • radio

funk… *<msr>* • radio…

Funkbetrieb *m <tech.allg>* • radio service

Funkboje *f <navig.nav>* • radio beacon; radio buoy

Funke *m <el>* • spark

funkeln *vi <allg> (Sterne)* • twinkle *vi*

funkeln *vi <opt> (Lichtquelle)* • scintillate *vi*

Funkempfang *m <el>* • radio reception

funken *vi <el> (als Lichtbogen; z. B. über Isolator)* • arc over *vi*

funken *vi <el> (einzelne Funken)* • spark

vi

Funkenbild *n <qualit.mat>* • spark pattern; spark picture; abrasion-spark pattern

Funkenerodiermaschine *f <wz.masch>* • spark-erosion machine

funkenerodiert *<prod>* • spark-eroded

funkenerosives Abtragen *n* (EDM) *VDI 3400 <prod>* • electrodischarge machining (EDM)

Funkenlöschung *f <el>* • spark quenching

Funkenstrecke *f <el>* • spark gap; discharge gap

Funkentstörkondensator *m <el>* • noise-suppression capacitor; suppression capacitor

Funkentstörung *f <el>* • radio noise suppression

funkferngesteuert (RC) *<tech.allg>* • radio-controlled (RC)

Funkfernsteuerung *f <tech.allg> (Gerät; z. B. im Modellbau, für Garagentor)* • radio control (RC); radio remote control

Funkfeuer *n <navig> (allg.)* • radio beacon; beacon station; beacon transmitter; beacon carrier

Funkfrequenz *f <tele> (allg.)* • radio frequency (RF)

Funkkanal *m <tele>* • radio channel; channel *pract*

Funkloch *f <tele> (z. B. für Mobilfunk, UKW)* • dead zone

Funkmeldeempfänger *m* (FME) *<tele> (z. B. für Pflegepersonal)* • pager

Funkmeldung *f <tele>* • radio message

Funknetz *n <tele> (allg.)* • radio network

Funkortung *f <navig> (z. B. von Fahrzeugen, Tieren)* • radiolocation; radio position finding

Funkraum *m <nav.tele>* • radio room

Funkruf *m <tele> (als Service)* • radio paging [service]; paging [service]

Funkschatten *m <tele> (hinter Gebäuden, Bergen etc.; z. B. in Mobilfunknetzen)* • radio shadow; dead spot; blind spot

Funkschnittstelle *f <tele> (allg.; z. B. Verbindung zw. Mobilstationen und Basisstation)* • radio interface; wireless interface

Funksender *m <tele> (allg.; Radio, TV, Mobilfunk, Navigation, Fernbedienung)* • radio transmitter

Funksprechgerät *n <tele> (klein, handlich)* • walkie-talkie; radio transceiver

Funktechnik *f <tele>* • radio engineering

Funktion *f <tech.allg>* • function

Funktion *f*: **als ~ von x auftragen** *vt <doku>* • plot versus x *vt*; plot against x *vt*

funktionell *<msr> (z. B. Bedienungselemente)* • functional; well-planned; well-organized

funktionieren *vi <tech.allg> (prinzipiell betriebsfähig sein; z. B. Uhr, Maschine, System, Inet-Zugan)* • operate *vi*; function *vi*; work *vi coll*

Funktionsbaugruppe *f <tech.allg>* • functional assembly; functional module

Funktionsbeeinträchtigung *f <tech.allg>* • malfunction

Funktionsbereitschaft *f <tech.allg>* • operational readiness

Funktionsdiagramm *n <doku> (ein Blockdiagramm)* • functional block diagram

Funktionsfähigkeit *f <tech.allg> (Funktionalität)* • functionality

Funktionsfähigkeit *f <tech.allg> (Betonung auf: in der Lage sein, etw. zu tun)* • operational capability

Funktionskeramik *f <silik>* • functional ceramics *:V*

Funktionsmerkmal *n <tech.allg>* • functional characteristic

Funktionsmodell *n <tech.allg> (Modell, das funktioniert)* • functional model

Funktionsprüfung *f <qualit> (allg.; von kurz bis sehr aufwendig)* • functional test

Funktionsprüfung *f <qualit> (von Systemen, Anlagen)* • system performance check; system performance test

Funktionsschaltbild *n <doku>* • functional circuit element

funktionssicher *<qualit>* • reliable; reliable in performance; reliable in operation

Funktionsstörung *f <med> (z. B. der Schilddrüse)* • dysfunction; functional lesion; functional disturbance; functional disorder; functional impairment

Funktionsteil *n <tech.allg>* • functional part; functional component; working component; function part; working part

Funktionsweise *f <tech.allg> (Art und Weise)* • mode of operation; mode of functioning *rare*; operating mode

Funktionsweise *f <tech.allg> (theoret. Prinzip)* • operating principle

Funk-Türschloss *m <tech.allg> (ohne Schlüssel)* • RF controlled door lock; remote control door lock

Funkverbindung *f <tech.allg>* • radio link

Funkzelle *f <tele> (Versorgungsgebiet eines Mobilfunknetzes)* • cell; radio cell *rare*

Furnier *n DIN 68330 <obfl.holz>* • veneer; wood veneer

Furnieren *n <obfl.holz>* • veneering

furniert *<holz>* • veneered

Fusion *f <tech.allg>* • fusion

Fusionsenergie *f <nukl>* • fusion energy; nuclear fusion energy

Fusionsreaktor *m <nukl>* • fusion reactor; nuclear fusion reactor

Fuß *m <phys> (Längeneinheit; 12 Zoll = 30,5 cm)* • foot (ft)

fußbetätigt *<tech.allg> (via Pedal)* • foot-operated; pedal-operated; foot-actuated

Fußboden *m <innen>* • floor

Fußbodenbelag *m <bau> (textiler Belag)* • floor covering

Fußbodenbelag *m <bau> (Platten)* • floor paving

Fußbodenbelag *m <bau> (Werkstoff)* • flooring

Fußbremse *f <brems> (gesamtes System)* • foot brake; pedal brake; regular brake *coll*

Fußbremse *f <fz> (Bremspedal; z. B. Motorrad)* • brake pedal

Fußbremshebel *m <kfz.brems> (beim Motorrad, rechts unten)* • foot brake lever; rear brake lever

Füßchen *n <textil> (Nähmaschine)* • presser foot

fusselfreies Tuch *n <textil> (zum Polieren)* • lint-free rag

Fußgängerüberweg *m <bau.verk>* • pedestrian crossing; crosswalk *US*; zebra crossing *GB*; pelican crossing *GB*

Fußgängerunterführung *f <bau.verk>* • pedestrian subway; pedestrian underpass

Fußhebel *m <masch>* • foot lever; pedal

Fußhebelbetätigung *f <tech.allg>* • pedal operation; foot-pedal depression

Fußleiste *f <bau.innen> (allg.; z. B. Scheuerleiste an Wand)* • baseboard; skirting board; skirting; toeboard *rare*

Fußleiste *f <logist> (z. B. an Regal, unten)* • base plate *US*; plinth *GB*

Fußluftpumpe *f <kfz> (für Reifen)* • tiptoe pump

Fußplatte *f <masch>* • base plate

Fußraum *m <kfz> (Teilblech des Karosseriebodens)* • footwell

Fußstütze *f <tech.allg> (z. B. am Arbeitsplatz)* • footrest

Fußweg *m <verk> (eher ungepflastert, außerorts)* • foot path; footway

Futter *n <tech.allg> (Schicht oder Einlage auf der Innenseite; z. B. von Rohren)* • lining

Futter *n <bekl>* • lining; inner lining

Futter *n <mech> (Uhrwerk; Metallring als Lagerhalterung)* • setting

Futteral *n <pack> (hart, Etui; für Waffen, Messer, Angelgerät, Mess-, Musikinstrumente)* • case

Futteral *n <pack> (z. B. Messschieber, Messer)* • sheath

Futteral *n <pack> (weich; für Waffen, Messer, Angelgerät, Mess-, Musikinstrumente)* • sheath

Futteraufspannplatte *f <prod> (für Werkstücke)* • chuck faceplate

Futterdosierer *m <agri>* • metering feeder

Futtermais *m <agri> (als Tierfutter)* • corn *US*; maize *GB*

Futtermittel *n CEN/ISO/TS 1113 <agri>* • animal feeding stuff *CEN/ISO/TS 1113*

füttern *vt <bekl> (wattieren)* • stuff *vt*

füttern *vt <textil> (auch polstern)* • quilt *vt*

Futterrohr *n <bau> (für Wand- oder Deckendurchführungen)* • penetration sleeve

Futterrohr *n <bau> (Schutz für Produktrohre, Kabel)* • casing pipe; casing; sleeve pipe

Futterrohr *n <bau> (zur Unterstützung von Bohrlöchern; meist aus Stahl)* • drill casing; well casing; casing pipe;

casing

Futterstoff *m <textil>* • lining fabric

Futterstück *n <bau>* • filler

Futterwerkstoff *m <mat> (von Lagerbuchsen)* • bushing material

Futterwerkstoff *m <mat> (von Behältern, Öfen; z. B. Ausmauerung, Gummierung)* • lining material

Fuzzy-Logic-Steuerung *f <msr>* • fuzzy logic control

G

Gabel *f <tech.allg> (z. B. Essgabel, Mistgabel, Stimmgabel, Ausrückgabel)* • fork

Gabelachse *f <kfz> (Bauart von Starrachsen)* • Elliot axle

Gabelgelenk *n <masch>* • knuckle joint; clevis joint

Gabelkopf *m <fz> (Fahrrad)* • fork crown

Gabelkopf *m <masch> (U-förmiges Teil zum Einhängen, Ankuppeln)* • clevis

Gabel-Lasche-Verbindung *f <füg> (z. B. an Isolatoren v. Freileitungen)* • clevis and tongue coupling

gabeln *vr <allg>* • ramify *vi*; branch *vi*

gabeln *vr <allg> (z. B. Fluss)* • fork *vi*

gabeln *vr <verk> (z. B. Straße)* • bifurcate *vi*

Gabel-Ringschlüssel *m DIN 3113A <wz> (Schraubenschlüssel)* • combination wrench *US.GB*; combination spanner *GB*

Gabelschaft *m <fz> (Fahrrad)* • fork column; steering column

Gabelschlepphebel *m <kfz.mot> (Motorrad)* • forked rocker arm; forked rocker

Gabelschlüssel *m <wz>* • open-end wrench *US.GB*; open-end spanner *GB*; open-ended spanner *GB*; jaw spanner *GB*; open jaw wrench *rare*

Gabelstapler *m DIN ISO 2331 <förd>* • fork lift truck; fork-lift truck; fork stacker; pallet truck; forklift

Gabelung *f <allg> (Baum, Leitung, Verkehrsweg)* • embranchment

Gabelung *f <allg>* • ramification

Gabelung *f <tech.allg> (z. B. Straße)* • bifurcation

Gabelung *f <tech.allg> (Anschlussstück)* • Y-junction

Gabelung *f <geo> (z. B. Fluss)* • fork

Gabelzinke *f DIN ISO 5053 <förd> (Gabelstapler)* • fork arm *ISO 5053*

Gadolinium *n* (Gd) *<chem>* • gadolinium (Gd)

galaktisch *<astron>* • galactic

Galaxiehaufen *m <astron>* • cluster of galaxies

Galerie *f <bau.mil> (unterirdischer Gang; z. B. in Festungen)* • gallery

Galerie *f <kunst>* • gallery

Galerie *f <masch> (an Großmaschinen; z. B. Druckmaschine)* • walkway; catwalk

GALFAN *n ® <metall> (verzinkte Stahlblechsorte)* • GALFAN ®

Galgen *m <av> (für Mikrofon)* • boom

Gallium *n* (Ga) *<chem>* • gallium (Ga)

Galliumarsenid *n* (GaAs) *<el.ic.prod>* • gallium arsenide (GaAs)

Gallium-Arsenid-Chip *m <el.ic.prod>* • gallium arsenide chip; GaAs chip

Galliumarsenidlaser *m <licht>* • gallium-arsenide laser

Galliumarsenid-Solarzelle *f <energ.sol>* • gallium arsenide solar cell; GaAs solar cell *pract*

Gallium-Indium-Nitrid *n* (GaInN) *<mat> (Halbleiter für grüne Laserdioden)* • gallium indium nitride (GaInN)

Gallone *f <phys> (1 gal(US) = 3,785 Liter; 1 gal(UK) = 4,546 L)* • gallon

galvanisch *<el>* • galvanic; voltaic

galvanische Kopplung *f <el> (leitend)* • galvanic coupling; conductive coupling; direct coupling

galvanische Korrosion *f DIN EN ISO 8044 <obfl> (elektrochemisch; durch Kontakt ungleicher Metalle)* • bimetallic corrosion *ISO 8044*; galvanic corrosion *ISO 8044*; contact corrosion; couple corrosion; disimilar metals corrosion

galvanischer Schutz *m DIN EN ISO 8044 <obfl> (von Eisen und Stahl)* • galvanic protection *ISO 8044*; cathodic corrosion protection; electrolytic protection; cathodic protection; sacrificial protection

galvanischer Überzug *m <obfl>* • electrodeposit; electroplating; electroplate; plating *pract*; deposited metal

galvanisches Element *n <el.chem> (z. B. als Batterie, zum Galvanisieren* *od. bei Korrosion)* • galvanic cell; electrolytic cell; electrochemical element *rare*; electrochemical cell *rare*; voltaic cell *rare*

galvanische Spannungsreihe *f DIN EN ISO 8044 <chem.el>* • galvanic series *ISO 8044*

galvanische Trennung *f <el> (allg.; auch zur Korrosionsvermeidung)* • galvanic isolation; galvanic separation; contact separation

galvanische Verbindung *f <el>* • metallic connection; direct connection

galvanische Zersetzung *f <chem.el>* • electrodissolution

galvanisch getrennter Ausgang *m <el> (Netzteil)* • isolated output

Galvanisieranlage *f <obfl>* • electroplating plant; plating unit

Galvanisieren *n <obfl> (Aufbringen eines galvan. Überzugs; z. B. Nickel, Silber, Zinn)* • electroplating; electrodeposition; electrolytic deposition

GALVANNEALED-Stahlblech *n* ® *<mat>* • GALVANNEALED-sheet steel ®

Galvanotechnik *f <obfl>* • electroplating technology; electroplating and electroforming technology *did*; electrodeposition *pract*; electroplating *pract*; plating *pract.coll*

Gameport *m <comp>* • gameport; joystick interface

Gammaaktivität *f <nukl>* • gamma radioactivity; gamma activity *pract*

Gammadosimeter *n <nukl.msr>* • gamma-radiation dose-meter; gamma dose-meter *pract*

Gammaeisen *n <mat>* • gamma iron

Gammaspektrometrie *f ISO/FDIS 14850 <nukl>* • gamma spectrometry *ISO/FDIS 14850*; gamma-ray spectrometry

Gammastrahl *m <phys>* • gamma ray; γ-ray

Gammawert *m <phot> (auch bei Digitalfotobearbeitung)* • gamma value; gamma *pract*; photographic gamma *rare*

Gang *m <allg> (Prozess, Ablauf; z. B. Gang der Dinge)* • course

Gang *m <tech.allg> (begehbare Gasse zwischen Sitzen, Regalen etc.; z. B. in Flugzeug, Lager)* • aisle

Gang *m <aerosp>* • aisle *JAR 25.815*

Gang *m <antr> (bei Schaltgetrieben)* • gear; speed

Gang *m <bau> (Lauf-, Verbindungsgang; Durchgang, Steg)* • walkway; gangway; passageway

Gang *m <bio> (von Tieren, Insekten; z. B. in Erde, Holz)* • gallery

Gang *m <füg> (in Schraube)* • flight

Gang *m <fz> (zw. Schiffskabinen, in Eisenbahnwagen)* • corridor

Gang *m <geo> (schichtartige diskordante Intrusion)* • dike; dyke

Gang *m <masch> (Bewegung; z. B. in Gang setzen)* • motion

Gang *m <masch> (Bewegungsablauf von Maschinen)* • working; running; functioning; run

Gang *m <msr> (von Uhren; Abweichung in Sek. pro Tag)* • rate; daily error *ugs*

Gang *m <nav> (im Schiff)* • alleyway

Gang *m <nfz> (zwischen Bus-Sitzreihen)* • aisle; gangway

Gangabweichung *f <msr> (von Uhren)* • deviation from rate

Ganganzeige *f <kfz> (bei Schaltgetrieben)* • gear indicator

Gangart *f <min> (enthält andere Mineralien)* • gangue mineral; rocky matter; ledge matter; waste rock; matrix

Ganggenauigkeit *f <msr> (z. B. von Uhren)* • accuracy

gängig *<allg> (z. B. Rechtsprechung)* • normal

gängig *<min> (z. B. Kohleabbau)* • workable; free

gängig *<ökon> (käuflich leicht erhältlich; z. B. Ware, Erzeugnis)* • commercial

gängig *<ökon> (Produkte aller Art)* • standard

gängige Länge *f <tech.allg>* • popular length

gängig machen *vt <tech.allg> (ein schwergängiges oder klemmendes Bauteil)* • free off *vt*; free-off *vt*

Gangrad *n <fz.antr> (Fahrrad-Zahnkranz, Kettenrad einer Kettenschaltung)* • rear sprocket

Gangrad *n <msr> (in Uhrwerk)* • escapement wheel

Gangreserve *f <msr> (mech. Uhrwerk.; z. B. 3 Tage, 1 Woche)* • reserve; power reserve

Gangreserve *f <msr> (el. Uhr mit Bat-*

teriepuffer; z. B. 14 Tage) • reserve power

Gangschaltungszug *m <fz> (Fahrrad)* • gear change cable; gear shift cable; gear cable

Gangwahlhebel *m <kfz> (halbautomatisches Getriebe)* • gear selector switch

Gangway *f <tech.allg> (Zugangstreppe f. Schiffe, Flugzeuge)* • gangway

Gangwechsel ohne Zugkraftunterbrechung *f <antr> (bei Automatikgetriebe)* • gear change without interruption of traction; gear change with linear tractive force

Gangzahl *f <antr> (Getriebe)* • number of ratios; number of speeds; number of gears

Gangzahl *f <masch> (mehrgängiges Gewinde)* • number of starts; number of threads

Ganzaluminium... *<mat> (z. B. Karosserie, Motor, Rahmen)* • all-aluminum ... *US*; all-aluminium ... *GB*

ganze Zahl *f <math>* • integer; integer number *form*; whole number *coll*

Ganzheit *f <allg>* • integrity

Ganzjahresfrostschutzmittel *n <kfz>* • permanent anti-freeze coolant; year around ethylene glycol anti-freeze *did*; permanent anti-freeze *pract*

Ganzjahresreifen *m <prod>* • all-season tire *US*; all-weather tyre *GB*; all-weather tire *US*; all-weather tyre *GB*

Ganzlackierung *f <obfl.rep> (vollständige Reparaturlackierung)* • full respray; complete respray

Ganzmetallbauweise *f <tech.allg>* • all-metal construction

Ganzseitenanzeige *f <comp>* • full page display

Ganzstahlkarosserie *f <kfz>* • all-steel body; steel body; pressed-steel body *GB.obs*

Ganzstoff *m DIN 6730 <pap.prod> (fertige Suspension)* • finished stuff; paper stock; stock

ganzzahliges Vielfaches *n <math>* • integer multiple; integral multiple

Garage *f <bau> (zum Parken von Kfz)* • garage

Garagenauffahrt *f <bau> (geneigt oder abfallend)* • driveway

Garageneinfahrt *f <bau> (eben)* • driveway

Garagentorantrieb *m <kfz>* • garage door opener

Garagentor-Fernbedienung *f <kfz> (Funk oder IR)* • remote-controlled garage door opener; garage door opener; garage opener *coll*

Garagenwagen *m <kfz> (Pkw-Merkmal, Verkaufsargument auf dem Gebrauchtwagenmarkt)* • garaged car; garaged *advert*; gar'd *advert*

Garantie auf Motor und Getriebe *f <qualit>* • powertrain warranty

Garantiekarte *f <jur>* • warranty card

Garantie- und Servicepaket *n <jur>* • guarantee and service package

Gärbehälter *m <verf> (z. B. für Wein, Biogas, Biodiesel)* • fermenter; fermentation tank; fermenting vessel; fermenting tank

garen *vt <metall>* • finish-refine *vt*; refine *vt*

gären *vi <nahr>* • ferment *vi*

Gärfaulverfahren *n <ents>* • fermentation putrefaction

Gärfutterbereitung *f <agri>* • ensilage

gargeblasen *<metall>* • full-blown

Garn *n <textil> (Bindegarn)* • twine

Garn *n DIN 60900 <textil> (gesponnener Faden)* • yarn; spun yarn

Garn *n*: **im ~ gefärbt** *<textil>* • yarn-dyed

Garnfehler *m <textil> (Gespinst)* • yarn fault; faulty place

Garnnummer *f <textil>* • yarn number; count of yarn; number of yarn; yarn count; yarn size

Garnnummerierung *f <textil> (allg.)* • yarn numbering system

Gartenabfälle *mpl <ents>* • garden waste; yard trash *US*; yard waste *US*

Gartenarbeit *f <agri>* • gardening

Gartenbau *m <agri> (Wissenschaft und Handwerk des Nutz- u. Zierpflanzenanbaus)* • horticulture

Gartenerde *f <agri>* • garden soil

Gartenschlauch *m <rls>* • garden hose

Gärung *f <chem.nahr>* • fermentation

gärungserregend *<bio.chem>* • zymogenic

gärungsfähig *<nahr>* • fermentable

gärungshemmend *<chem>* • antifermentative

Gas *n <tech.allg> (Aggregatzustand, Material, Ausgangsstoff etc.)* • gas

Gas *n <kfz.mot> (in Bezug auf Motor und Gaspedal)* • throttle

Gasabscheider *m <verf>* • gas separator

Gasabsorptionsmittel *n <chem.verf>* • gas-absorbing agent

Gasannahme *f <kfz.mot>* • throttle response

gasarm *<mat>* • non-gassing

gasarme Kohle *f <verbr>* • low-volatile coal

Gasausbeute *f <chem.verf> (z. B. Biogas, Erdgas)* • gas yield

Gasaustritt *m <verf> (ungewollt)* • gas leakage; gas escape

gasbefeuerter Kessel *m <verbr>* • gas--fired boiler

Gasbehälter *m <energ> (großes Kessel--Bauwerk; für Stadtgas, Erdgas)* • gasometer; gasholder

Gasbehälter *m <logist> (allg.; jede Größe)* • gas container; gas vessel; gas tank

Gasbeton *m <bau.mat> (z. B. als Dämmbeton)* • aerated concrete; porous concrete *did*; gas concrete *pract*; cellular concrete; cellular expanded concrete

gasbetrieben *<tech.allg> (Verbrennung)* • gas-fired

gasbetrieben *<tech.allg> (Betrieb)* • gas-operated

Gasbildner *m <tech.allg>* • gas-forming substance; gas-forming agent

Gasbildung *f <tech.allg> (allg.)* • gas formation

Gasblase *f <tech.allg> (allg.; in Flüssigkeiten)* • gas bubble

Gasblase *f <kfz.mot> (z. B. in Kraftstoffzuleitung)* • gas bubble

Gasblase *f <prod> (z. B. in Gussstück)* • blister; gas cavity *did*; blow-hole *pract*

Gasbrenner *m <verbr> (kranz-, ringförmig; z. B. bei Gasherd)* • gas ring

Gasbrenner *m <wz> (z. B. zum Schweißen, Löten, Flambieren)* • gas blowpipe; gas torch

Gasbürette *f <chem> (zur Titration)* • gas burette

Gaschromatographie *f* (GC) *<chem.-verf> (Analyse- und Trennverfahren)* • gas chromatography (GC)

gasdicht *<tech.allg> (z. B. Tankverschluss)* • gas-tight; gas-proof

Gasdichte *f <phys>* • gas density

gasdichter Tankverschluss *m <kfz> (des Kraftstofftanks)* • sealed filler cap

Gasdrehgriff *m <kfz> (Motorrad)* • throttle grip; throttle twistgrip

Gasdruck *m <tech.allg>* • gas pressure

Gasdruckstoßdämpfer *m <kfz> (Fahrwerk)* • gas shock absorber; gas-assisted shock absorber; gas pressurized shock absorber; gas shock[er] *GB.coll*; gas damper *pract.coll*

Gasdruckstütze *f <kfz> (z. B. von Heckklappe, Flügeltüren)* • gas prop; strut

gasdurchlässige Membran *f <mat>* • gas permeable membrane

Gasdurchlässigkeit *f <mat> (allg.)* • permeability to gas; gas permeability

Gaseinpressen *n <petr> (in Bohrungen)* • gas injection

Gaseinschluss *m <tech.allg> (in Stoffen: Glas, Metall, Teig)* • entrapped gas

Gaseinschluss *m <tech.allg> (Betonung auf Einschluss)* • gas occlusion; gas entrapping

gasen *vi <tech.allg>* • outgas *vi*; gas *vi*

gasen *vi <verf> (Gas entwickeln)* • evolve gas *vi*

Gasentladungslampe *f <licht> (z. B. in Projektoren, Kfz-Scheinwerfern)* • gas discharge lamp; gaseous discharge lamp; discharge-type lamp

Gasentladungsscheinwerfer *m <licht> (z. B. von Kfz, Flugzeugen)* • gas discharge headlight; vehicle headlight with a gas discharge lamp *did*; gaseous discharge headlight; discharge--type headlight

Gasentwickler *m <verf>* • gas generator; gas producer

Gasentwicklung *f <chem> (Austreten von Gasen; z. B. beim Laden von Bleiakkus)* • gassing; outgassing *rare*

Gasexplosion *f <tech.allg>* • gas explosion

Gasfeder *f <masch>* • pneumatic spring

Gasfeuerung *f <verbr> (Ofen)* • gas--fired furnace

Gasflasche *f <pack>* • gas cylinder

Gasflaschen-Kennzeichnung *f DIN EN 1089-3 <pack> (z. B. Farbkodierung)* • cylinder identification *EN 1089-3*

gasförmig *<tech.allg>* • gaseous

gasförmige Brenn-, Kraft- und Treibstoffe *mpl <energ>* • gaseous fuels

gasförmige Freisetzungen *fpl <emiss>* • gaseous effluents

gasförmige Phase *f <phys>* • gas phase; gaseous phase

gasführend *<tech.allg> (Gelände, Leitung, Behälter)* • gas-containing

Gasfüllung *f <tech.allg>* • gas filling

Gas-Gebe-Schalter *m <wz.el>* • variable-speed switch

gasgefeuert *<verbr>* • gas fired

gasgekühlter-Hochtemperatur-Reaktor *m* (HTR) *<nukl> (z. B. THTR 300)* • high-temperature gas-cooled reactor (HTGR)

Gasgenerator *m <kfz.sich> (für Airbags)* • inflator unit; inflator module; gas generator; inflator *pract*; inflation system

Gasheizung *f VDI4640 <hlk>* • gas heating system *VDI4640*; gas heating; gas-fired heating

Gasherd *m <gastr>* • gas hob

Gashydrat *n <geo> (aus der Tiefsee)* • gas hydrate

gasisolierte Leitung *f* (GIL) *<energ.el>* • gas-insulated transmission line (GIL); gas-insulated conductor

Gaskanäle *mpl <el> (in Brennstoffzellen)* • gas distribution channels; fuel and air channels; channels for gas flow; flow channels

Gaskocher *m <gastr.tour> (klein; z. B. Caravan, Camping)* • gas hob

Gaslager *n <energ.logist> (z. B. für Erdgas)* • gas tank farm

Gaslieferant *m <energ.gas>* • gas supplier

Gasliftförderung *f <petr>* • gas-lift production; gas lifting

Gaslöten *n <füg> (hart)* • gas brazing; torch brazing

Gaslöten *n <füg> (weich)* • gas soldering

Gas-Luft-Gemisch *n <mat.füg> (z. B. beim Schweißen Mischung aus Acetylengas und Sauerstoff)* • gas-air mixture

Gaslunker *m <mat> (Gasblase in Gussteilen)* • gas pocket

Gasohol *m <kfz>* • gasohol

Gasöl *n <chem.petr> (Siedebereich zwischen 250…400 °C; Basis für Diesel und HEL)* • gas-oil; gas oil; gasoil *rare*

Gas-Öl-Verhältnis *n <petr>* • gas-oil ratio

Gasometer *m <chem> (Laborgerät, Analytik)* • gasometer

Gaspedal *n <kfz.msr>* • accelerator; accelerator pedal *form*; throttle *coll*; loud pedal *GB.coll*

Gaspendelung *f DIN ISO 13331 <kfz.emiss> (Tankstelle)* • vapor recovery *ISO 13331*; fuel vapor recovery *US*; vapor recycling *US*

Gasphase *f <phys>* • gas phase; gaseous phase

Gasphasekracken *n <chem.petr>* • vapor-phase cracking

Gasphasenepitaxie *f <comp.ic>* • vapor phase epitaxy

Gaspore *f <metall> (länglicher Gaseinschluss z. B. in Schweißnaht)* • gas pore; gas pocket; pin-hole pore

gasreiche Kohle *f <verbr>* • high-volatile coal

Gasreinigung *f <verf> (allg.)* • gas purification; gas cleaning

Gasreinigung *f <verf> (mit Nasswäscher)* • gas scrubbing; gas washing

Gasschlauch *m <rls> (allg.; auch verstärkter Polymerschlauch)* • gas hose

Gasschlauch *m <rls> (unverstärkter Polymerschlauch)* • gas tubing

Gasschweißanlage *f <füg>* • oxyfuel gas welding equipment

Gasschweißen *n DIN 8522 <füg>* • oxy-fuel gas welding (OFW); gas welding *pract*; torch welding *coll*

Gasschweißen mit Sauerstoff-Acetylen-Flamme *n DIN EN ISO 4063 <füg> (typ. Gasschweißverfahren)* • oxy-acetylene welding *ISO 4063*; oxyacetylene welding

Gasschweißstab *m <füg>* • filler rod

Gasse *f <verk> (schmale Straße zw. Gebäuden)* • alley

Gasspritzen *n <obfl>* • gas flame spraying; gas spraying

Gasspurkammer *f <phys>* • gas-discharge track chamber

Gasstrom *m <tech.allg>* • gas stream; gas flow

Gastronomieware *f <nahr.pack> (Großgebinde; z. B. von Fertiggerichten, Gewürzen, Speiseeis)* • catering product; catering container; bulk container *coll*

Gasturbine *f DIN 4340 <turb>* • gas turbine (GT) *ISO 11086*; combustion turbine

Gasturbinenmarkt *m <allg>* • gas-turbine market

gasundurchlässig *<tech.allg>* • impermeable to gas; gas-tight; impervious to gas[es]

Gasventil *n <rls>* • gas valve

Gasvergiftung *f <med>* • gas poisoning; gassing

Gasversorgung *f <energ>* • gas supply

Gasversorgungsnetzbetreiber *m <energ.gas>* • gas supply network operator; gas supply system operator; gas network operator *pract*; gas system operator *pract*

Gaswächtersystem *n <msr>* • gas detection system

Gaswarngerät *n <msr>* • gas-leak detector; gas detector; gas tracer *pract*; gas indicator; gas monitor

Gaswäscher *m <verf> (durch Berieselung, Sprühdüsen etc.)* • gas scrubber; gas washer; scrubber *pract*

Gaswasser *n <chem> (allg.)* • gas liquor

Gaswechsel *m <mot> (beim Kolbenmotor)* • charge exchange process; charge changing process

Gaswechseleigenschaften *fpl <mot> (eines Motors)* • breathing characteristics

Gaswegnehmen *n <kfz> (abrupt, Fuß vom Gas)* • power off; throttle lift off

Gas wegnehmen *vi <kfz>* • back off the throttle *vi*

Gaswerk *n <energ>* • gasworks; gas plant; gas generating plant; gas-making plant

Gaszähler *m <msr>* • gas meter

Gaszentrifuge *f <nukl>* • gas centrifuge

Gaszug *m <kfz> (zw. Gaspedal und Drosselklappe)* • throttle control cable

Gaszuleitung *f <tech.allg>* • gas supply line

Gate *n <el> (allg.; z. B. in Logikschaltungen)* • gate

Gate-Array *n <ic>* • gate array

Gatespannung *f <el> (am Gate; z. B. von Transistoren)* • gate voltage

Gatestrom *m <el> (z. B. bei Transistor)* • gate current

Gatter *n <agri> (Holzzaun)* • enclosure; fence; paling

Gatter *n <agri> (Holzlattentor)* • gate

Gatter *n <textil>* • creel

gattergesteuert *<el>* • gated

gattern *vt <prod> (Holz, Naturstein; z. B. Baumstämme, Marmor)* • frame-saw *vt*

Gattersägemaschine *f <wz.masch> (für Holz od. Stein)* • frame saw; sawmill saw; mill saw

gattieren *vt <bau> (z. B. von Beton)* • batch *vt*

gattieren *vt <metall> (Zuschläge)* • burden *vt*; make the burden *vt*; make up the charge *vt*; calculate the burden *vt*

gattieren *vt <prod.textil>* • blend *vt*

Gattierungsberechnung *f <metall> (Gießerei)* • mixture calculation

Gattierungswaage *f <metall> (Gießerei)* • charging scales

Gattung *f <bio> (z. B. in einem Öko-System)* • species

Gaubenfenster *n <bau>* • dormer window

Gaufrage *f <textil.obfl> (mech. Appretur; Resultat)* • embossing

gaufrieren *vt <pap>* • emboss *vt*; goffer *vt*

Gaze *f <bau> (Insektenschutzgitter)* • mesh

Gaze *f <textil> (schleierartiger, dünner Stoff in Taftbindung)* • gauze; leno

geadert *<bio> (Pflanzenblatt, Insektenflügel etc.)* • veined

gebändert *<doku> (z. B. Muster)* • banded

Gebäude *n <bau> (geschäftlich; z. B. Büro~)* • building

Gebäudeautomation *f* (GA) *VDI 3814 <comp.bau>* • building automation and control systems (BACS) *VDI 3814*

Gebäudeentwässerung *f <bau> (Sanitärtechnik)* • soil sewerage

Gebäudeflucht *f <bau> (von Gebäudefronten)* • building line; frontage line

Gebäudehöhe *f <logist>* • building height

Gebäudehülle *f <bau>* • external envelope

Gebäude im mexikanischen Adobe-Stil *n <bau>* • adobe

Gebäudekomplex *m <bau>* • group of buildings; building complex; complex

pract

Gebäudekühlung *f <hlk> (Raumklimatisierung)* • space cooling

Gebäudemanagement *n <bau>* • facility management

Gebäudeplanung *f DIN V ENV 14383 <bau>* • building design *DIN V ENV 14383*

gebauter Träger *m <bau.mat> (aus Blechen; geschweißt od. genietet)* • built girder

geben *vt <allg>* • give *vt*

Geberzylinder *m <hydr> (allg.; in Hydrauliksystemen)* • master cylinder

gebeugte Welle *f <phys>* • diffracted wave

Gebiet *n <allg> (Wissensgebiet, Fachgebiet)* • domain; field

Gebiet *n <did> (Fachgebiet, Sachgebiet)* • subject; field

Gebiet *n <doku> (fachlich, thematisch abgedeckter Bereich, Umfang)* • scope

Gebiet *n <geo> (geographisch, nicht politisch; z. B. städtisch, ländlich)* • region; area

Gebiet mit dichter Bebauung *n <bau>* • high-density area

Gebiet mit offener Bebauung *n <bau>* • sparsely built-up area

Gebinde *n <bau> (Dachdeckung; eine Reihe Decksteine, z. B. Dachziegel, Schindeln)* • course; row

Gebirgsdruck *m <geo> (Bergwerk, Tunnel)* • rock pressure

Gebirgsmechanik *f <geo>* • rock mechanics

Gebirgsschlag *m <min>* • rock pressure burst; rock burst

gebläht *<tech.allg> (allg.)* • blown

gebläht *<tech.allg> (geschäumt; z. B. Schlacke)* • foamed

Gebläse *n <tech.allg> (relativ hoher Durchsatz)* • blower; fan

gebläsegekühlt *<tech.allg> (z. B. Motor, Prozessor)* • blower-cooled; fan-cooled

Gebläseluftkühler *m <hlk> (z. B. Projektor, Motor, Prozessor)* • fan air cooler

Gebläsemotor mit Lüfterrad *m <hlk>* • blower motor and fan wheel assembly

geblasenes Öl *n <chem> (z. B. Grundstoff f. Weichmacher, Bestandteil v. Hydraulikflüssigkeiten)* • blown oil

Gebläserad *n <masch>* • impeller

gebläute Schrauben *f pl <füg> (typ. in hochwertigen Uhren)* • blued screws *pl*

geblecht *<el> (z. B. Anker eines Elektromotors)* • laminated

gebleicht *<chem> (z. B. Papier, Baumwolle)* • bleached

geblockt *DIN 66010 <comp> (Daten, Sätze)* • blocked

gebogen *<tech.allg>* • bent

Gebotsschild *n <verk>* • mandatory sign

gebrannte Glasur *f <obfl.silik>* • fired glaze

gebrannter Kalk *m <mat> (CaO)* • anhydrous lime; quicklime; caustic lime; burnt lime; calx

gebrannter Ton *m <mat>* • calcined clay; burnt clay; baked clay

gebrannter Ziegel *m <bau.mat>* • fired brick

Gebrauchsanleitung *f <doku> (für Kleingeräte und einfache Produkte; z. B. für eine Salatschleuder)* • user instructions; instructions for use; operating instructions

Gebrauchsanweisung *f <doku> (für Kleingeräte und einfache Produkte; Sender hat Weisungsbefugnis)* • user instructions; instructions for use; operating instructions

gebrauchsfertig *<tech.allg>* • ready to use; ready for use; ready-made

Gebrauchskategorie *f EN 60947 <el>* • utilization category *EN 60947*

Gebrauchslage *f <tech.allg> (z. B. in techn. Dokumentation)* • position of application; position of use

Gebrauchslast *f <bau> (z. B. auf Decken, Brücken)* • service load; working load

Gebrauchsmuster *n <jur> (Musterschutz)* • utility model; industrial design; useful model

Gebrauchstauglichkeit *f <tech.allg>* • serviceability

Gebrauchstauglichkeit *f DIN EN 1074-6 <qualit>* • fitness for purpose *DIN EN 1074-6*

Gebrauchstemperatur *f <tech.allg>* • service temperature

Gebrauchsverhalten *n <tech.allg>* • end-use performance

Gebrauchswert *m <ökon>* • utility value

gebrauchter Reifen *m <fz> (bereits gefahren, aber nicht abgefahren)* • used tire *US*; used tyre *GB*

Gebrauchtteil *n <tech.allg> (im Ggs. zu Neuteil)* • secondhand part; used part

Gebrauchtwagen *m <kfz> (im Ggs. zu Neuwagen)* • used car; second-hand car; pre-owned car *in ads*; pre-driven car *in ads*

Gebrauchtwagenhändler *m <kfz.ökon>* • used-car dealer; second-hand-car dealer

Gebrauchtwagenmarkt *m <kfz.ökon> (Parkplatz mit Gebrauchtwagen)* • used-car lot

Gebrauchtwagenmarkt *m <kfz.ökon> (Angebot und Nachfrage)* • used-car market[place]

Gebrauchtwagenverkäufer *m <kfz.ökon>* • used-car salesman; second-hand-car salesperson

gebrochen *<allg> (zerstört; z. B. Knochen)* • fractured

gebrochen *<math> (z. B. rationale Zahlen)* • fractional

gebrochen *<qualit> (Rohr; z. B. Kraftstoffleitung, Auspuffrohr)* • broken

gebrochene Kante *f <prod> (entschärft)* • chamfer; beveled edge *US*; bevelled edge *GB*; chamfered edge

Gebühren *fpl <jur>* • fees

Gebühreneinheit *f <tele>* • call-charge unit

gebührenfreies Service-Telefon *n <allg>* • free service hotline

gebührenpflichtiges Fernsehen *n <av>* • pay television; pay TV *pract.coll*

gebührenpflichtige Straße *f <bau.-verk>* • toll road; turnpike *US*; toll highway

Gebührentakt *m <tele>* • meter clock pulse

Gebührenzähler *m <tech.allg> (z. B. Telefon, Wasserversorgung, Elektrizität)* • charge meter

gebündelt *<allg> (z. B. Heu, Kleider)* • bundled

gebündelt *<phys> (parallel; z. B. Lichtstrahlen)* • collimated

gebündelt *<phys> (gerichtet; z. B. Licht)* • directional; directed

gebündelt *<phys> (fokussiert)* • focused *US*; focussed *GB*

gebundene Energie *f <energ> (in Primärenergieträgern; z. B. in Kohle, Öl, Uran)* • bound energy

gebundenes Korn *n <wz> (Schleifmittel; z. B. in Schleifscheibe)* • bonded abrasive grain

gebundenes Wasser *n <chem>* • bound water; bound moisture

gedämpft *<mech> (Aufhängung; z. B. gefedert)* • cushioned

gedämpft *<phys> (Schwingung, Schall)* • attenuated; damped

gedämpft *<verf> (mit Dampf behandelt; z. B. Holz, Lebensmittel)* • heated in steam; steamed

gedämpfte Schwingung *f norm <mech>* • damped vibration *stand*

gedämpfte Schwingung *f norm <phys> (allg.; mech. od. elektr.)* • damped oscillation *stand*

gedämpftes Licht *n <licht>* • dimmed light; subdued light *form*

Gedankenplan *m :V <psych>* • mind map

Gedankenplanung *f :V <psych>* • mind mapping

Gedankenstrich *m <druck>* • en dash; dash *pract*

gedeckter Güterwagen *m <bahn>* • box-car *US*; covered wagon; covered car *rare*

gediegen *<mat> (z. B. Gold, Kupfer)* • native; pure

gediegen *<mat> (durch direktes Schmelzen aus dem Erz gewonnen)* • virgin; elemental

gediegenes Metall *n <mat>* • native metal

gedrehte Ansicht *f <doku> (z. B. einer Einzelheit)* • revolved view

gedrosselt *<kfz.mot> (Motor; z. B. Motorradmotor od. Straßenversion von Rennautos)* • detuned

gedruckt *<tech.allg> (z. B. Text, Buch, Schaltung)* • printed

gedrückt *<tech.allg> (Taste, Knopf)* • pressed

gedrückt *<agri.logist> (Obst; Transport- oder Lagerschaden)* • bruised

gedrückt *<metall> (durch Umformen)* • spun

gedruckte Schaltung *f <el> (allg.; im*

Ggs. zu Verdrahtung) • printed circuit; printed wiring *obs.rare*

gedrungen *<tech.allg> (Bauweise, Form)* • compact *adj*

geeignet für *<allg>* • applicable to; usable for; fit for

geerdet *<el>* • grounded *US*; earthed *GB*

Gefährdungsabschätzung *f <tech.allg> (z. B. von neuen Technologien)* • risk assessment

Gefahrenhinweis *m <doku>* • safety warning

Gefahrenklasse *f <sich> (Lagerung, Transport gefährlicher Güter)* • dangerous-materials class; danger class

Gefahrenmeldeanlage *f* (GMA) *<alarm>* • alarm system

Gefahrenzone *f <sich> (z. B. unter schwebenden Lasten, im Schwenkbereich, Strahlung)* • danger zone; danger space; hazardous area

Gefahr für die Umwelt *f <ökol>* • environmental hazard; ecological hazard

Gefahrgut *n <nfz.logist>* • hazardous material

Gefahrguttransport *m <logist>* • hazardous goods transport; dangerous goods transport; transport of dangerous materials

gefährliche Abfälle *mpl 91/689/EWG <ents> (lt. EU-Richtlinie)* • hazardous waste

gefährlicher Körperstrom *m DIN VDE 0100 <el.bio> (hat beim Durchfließen des Körpers von Mensch u. Tier pathol. Folgen)* • shock current

gefährlicher Stoff *m <chem>* • hazardous substance

Gefahrstoffverordnung *f <chem.doku>* • Ordinance on Hazardous Substances

Gefälle *n <allg> (nach unten)* • slope; grade; falling gradient; incline; inclination

Gefälle *n <tech.allg> (z. B. einer Falllinie, math. Funktion, Kurve)* • descending gradient; falling gradient; descent

Gefälle *n <geo> (Gelände, Verkehrsweg, Fließgewässer)* • downward inclination; downward incline; downward slope

Gefälle *n <verk> (Straße, Eisenbahnstrecke)* • downhill grade *US*; downhill gradient *GB*; downhill slope; downgrade *pract*; grade *pract*

Gefälleförderung *f <förd>* • gravity feed

Gefällezuführung *f <prod>* • gravity feed

gefälzt *<bau> (Fenster-, Türflügel- oder Rahmenprofil)* • rebated

gefärbt *<mat> (Gewebe, Haare)* • colored *US*; coloured *GB*; dyed

Gefäß *n <tech.allg> (eher groß)* • container

Gefäß *n <bio> (z. B. Blutgefäß)* • vessel

Gefäß *n <chem> (in Labor; eher klein, z. B. Schale)* • vessel

Gefäßersatz *m <med.tech>* • vascular graft; blood vessel substitute; vessel substitute; vascular replacement

Gefechtskopf *m <mil> (z. B. auf Flugkörper, Torpedo)* • warhead

gefedert *<holz> (für Nut- und Feder--Verbindung)* • tongued

gefedert *<masch> (mit Federung versehen)* • spring-mounted; spring--cushioned; cushioned; sprung

gefederte Masse *f <bahn>* • sprung mass; suspended mass; sprung weight

gefertigt *<prod>* • manufactured; produced

gefertigt aus *<tech.allg>* • made of; fabricated of

Geflecht *n <prod> (Draht)* • plaiting

Geflecht *n <prod> (Korb)* • wickerwork; wicker; hurdle work

Geflecht *n EN ISO 8330 <rls> (von Schläuchen)* • braid *EN ISO 8330*

Geflecht *n <textil>* • braided fabric; braiding

Geflechtschlauch *m EN ISO 8330 <rls>* • braided hose *EN ISO 8330*; braid hose; braid reinforced hose

geflochtene Metallabschirmung *f <el>* • braided metal screen[ing]; braided shield

Geflügelverarbeitungsanlage *f <nahr>* • poultry processing plant

geformt *<prod>* • shaped; formed

Gefrieranlage *f <verf>* • freezing plant; freezer

gefrieren *vi <phys> (allg.)* • freeze *vi*

gefriergetrocknet *<allg> (z. B. Nahrung, Bakterien)* • freeze-dried; freeze-dry; dehydrofrozen *rare*

Gefrierkonservierung *f <allg>* • freezing preservation; cold-pack method

Gefriermischung *f <allg>* • freezing mixture

Gefrierpunkt *m <phys> (allg.)* • freezing point; freezing temperature *coll*; congealing point *thsc.rare*

Gefrierschrank *m <nahr>* • upright freezer; freezer *pract*; vertical freezer *rare*

Gefrierschutzmittel *n <mat>* • antifreeze agent; antifreeze *pract*

Gefriertruhe *f <nahr>* • chest freezer; horizontal freezer *rare*

Gefüge *n <allg> (Struktur)* • structure

Gefügeänderung *f <tech.allg> (z. B. durch Wärmebehandlung)* • change in structure; structural change

gefügelos *<mat>* • devoid of structure *stand*; structureless *pract*

Gefühl *n*: **nach ~ einstellen** *vt <tech.allg>* • feel: adjust by ~ *vt*

gefühllos *<med> (z. B. Finger, Haut)* • dead

gefüttert *<textil> (Kleidung, Lederwaren, Korb, Briefumschlag)* • lined

gefüttertes Verdeck *n <kfz> (Cabrio)* • lined top *US*; lined hood *GB*

gegabelt *<tech.allg> (allg.; unabhängig von Anzahl)* • forked

Gegenausleger *m <bau.masch>* • counter jib; counterweight jib

Gegenböschung *f <bau>* • counterslope; counterscarp

Gegendrehung *f <tech.allg>* • counterrotation

Gegendruck *m <tech.allg> (z. B. Kolben, Laufrad der Gegendruckturbine)* • counterpressure; back pressure

Gegendruckturbine *f DIN 4304 <turb>* • back-pressure turbine *IEC 45-1*

gegeneinander versetzt *<tech.allg>* • staggered

Gegenfläche *f <tech.allg> (z. B. eines Flansches)* • mating surface

Gegenflanke *f DIN 3998 <masch> (Zahnradgetriebe)* • mating flank *DIN 3998*; mating tooth flank *stand.did*

Gegenflansch *m <rls>* • mating flange; counter flange; companion flange

Gegenform *f <tech.allg>* • mating shape

Gegengewicht *n <tech.allg>* • counterweight; counterbalance; balance weight; balancing weight; counterpoise *rare*

Gegengewicht *n <bau.masch> (an Kran; typ. hinten am Ausleger od. unten am Turmsockel)* • kentledge; counterweight

Gegenhalter *m <wz.masch> (von Konsolfräsmaschine; horizontal über dem Fräsdorn)* • overarm

Gegenkathete *f <math> (im rechtwinkligen Dreieck)* • opposite leg; opposite side

Gegenkolbenmotor *m <kfz.mot> (nicht verwechseln mit Boxermotor)* • opposed pistons engine; horizontally opposed piston engine; horizontally opposed engine; opposed-piston engine

Gegenkraft *f <mech>* • counteracting force; counterforce; balancing force

Gegenkurs *m <nav>* • reciprocal course; countercourse

Gegenlager *n <wz.masch> (Waagrechtfräsmaschine; senkrecht, stützt Fräsdorn und Gegenhalter)* • over-arm support; outer arbor support; steady bearing *rare*

gegenläufig *<tech.allg> (allg.; jede Bewegung)* • opposite-sense

gegenläufig *<masch> (rotierend; z. B. Zahnräder, Wellen, Rotoren)* • opposite in rotation

gegenläufige Ausgleichswelle *f <kfz.mot> (zur Schwingungsminderung; typ. bei Vierzylindermotoren)* • counter-rotating balancer shaft; counter-rotating silencer shaft

gegenläufige Blechversteifung *f <kfz> (konkav)* • reverse crown; return sweep

gegenläufige Drehung *f <tech.allg>* • opposite rotation

gegenläufig gewickelt *<el>* • oppositely wound

gegenlenken *vi <kfz> (bei Übersteuern)* • steer into the oversteer *vi*

gegenlenken *vi <kfz> (allg.; nach links oder rechts)* • countersteer *vi*

Gegenlicht *n <phot> (Sonne hinter Objekt)* • backlight; backlight effect; backlighting

Gegenlichtaufnahme *f <phot>* • back--lit exposure; contre-jour picture

Gegenlicht-Aufnahmesituation *f <phot>* • back-lit lighting situation

Gegenlichtblende *f <phot> (an Kame-*

raobjektiv) • lens hood; sunshade; sunshield

Gegenlichtkorrektur *f <av> (z. B. bei Camcordern)* • backlight compensation

Gegenlicht-Modus *m Nikon <phot>* • back light mode *Nikon*

Gegenmittel *n <allg>* • antidote

Gegenrad *n DIN 3998 <antr> (in Eingriff stehend)* • meshing gear; mating gear

Gegenrichtung *f <tech.allg>* • opposite direction

gegenseitig abhängig *<allg>* • interdependent; interrelated

gegenseitig aufeinander wirkend *<allg>* • interactive

gegenseitig aufheben *vr <allg>* • annul each other *vi*

gegenseitig ausschließend *<allg>* • mutually exclusive

gegenseitig beeinflussen *vr <el>* • interfere *vi*; interfere with *vt*

gegenseitige Abhängigkeit *f <allg>* • interdependence

gegenseitige Beziehung *f <allg>* • interrelation; correlation

gegensinnig *<tech.allg>* • opposite direction: in ~; opposite sense: in ~; reverse

gegensinnig drehend *<tech.allg>* • counterrotating

Gegensprechanlage *f <tele> (Sprechen in beiden Richtungen gleichzeitig möglich)* • intercom system; intercommunication system *form*

Gegenstand *m DIN 2342 <term> (konkret, abstrakt; z. B. Motor, Temperatur, Ölwechsel)* • object *ISO 1087*

Gegenstrom *m <tech.allg>* • reverse current; back current

Gegenstromprinzip *n <tech.allg> (z. B. Wärmetauscher)* • counterflow principle; countercurrent principle

Gegenströmung *f <tech.allg> (Flüssigkeit, Gas)* • reverse flow

Gegenströmung *f <verf> (z. B. in Wärmetauschern)* • countercurrent

Gegenstromwärmetauscher *m <verf>* • counterflow heat exchanger; countercurrent heat exchanger

Gegenstück *n <tech.allg>* • counterpart; companion part; mating part

Gegentaktbetrieb *m <el>* • push-pull operation *stand*; push-pull action *pract*

gegenüberliegende Anordnung *f <tech.allg>* • opposed mounting

Gegenuhrzeigersinn *m <tech.allg>* • counterclockwise direction; anticlockwise direction; ccw direction

Gegenuhrzeigersinn *m*: **im ~ drehen** *vr <tech.allg> (z. B. eine Welle)* • rotate counterclockwise *vi*

Gegenuhrzeigersinn *m*: **im ~ drehen** *vt <tech.allg> (z. B. einen Regler)* • rotate counterclockwise *vt*

Gegenverkehr *m* (GV) *<verk>* • bidirectional traffic; bi-directional traffic; two-way traffic

Gegenverkehrskollision *f <kfz> (meist mit teilw. Überdeckung)* • car-to-car front-end impact; car-to-car head-on impact

Gegenverkehrstunnel *m <bau.verk>* • bidirectional tunnel

Gegenwind *m <aerosp>* • headwind

Gegenwirkung *f <allg> (Auswirkung, Effekt)* • countereffect

Gegenwirkung *f <tech.allg> (Handlung)* • counteraction

Gegenwirkung *f <phys> (Reaktion)* • reaction

Gegenwirkung *f <phys> (Kraft; als physikal. Größe)* • reactive force

Gegenwirkungsprinzip *n <mech> (3. Newton'sches Gesetz)* • principle of action and reaction; Newton's third law; action-reaction law

Gegenzug *m <bahn>* • train from opposite direction; opposing train

geglättet *<comp> (Kurven; ohne Treppeneffekt etc.)* • anti-aliased

geglätteter Strom *m <el>* • smoothed current

gegossen *<metall> (Bauteil; z. B. Motorblock)* • cast

Gehalt *m <tech.allg> (z. B. an Feststoff, Schadstoffen, Wasser)* • content

Gehalt *m <tech.allg> (prozentualer Anteil; z. B. von Wasser, Füllstoff; in %)* • percentage

Gehänge *n <tech.allg> (Aufhängung)* • suspension gear

Gehänge *n <förd> (Deckenförderer)* • hanger

gehärtet *<tech.allg> (allg.)* • hardened

gehärtet *<chem.nahr> (Fett)* • hydrogenated

gehärtet *<ic> (durch UV-Licht stabilisiert)* • photostabilized
gehärtet *<kst> (betont: vernetzt)* • cured
gehärtet *<mat> (durch Brennen, Backen)* • baked
gehärtet *<silik> (Glas)* • toughened
gehärteter Stahl *m <metall> (durch Wärmebehandlung)* • tempered steel
gehärteter Stahl *m <metall> (allg.)* • hardened steel
gehärtetes Sicherheitsglas *n <silik>* • tempered safety glass
Gehäuse *n <tech.allg> (betont: äußere Hülle, Schale, eher hart)* • shell; case
Gehäuse *n <tech.allg> (betont: Abdeckung)* • cover
Gehäuse *n <tech.allg> (relativ groß, kastenförmig, eher dünnwandig; z. B. Schrank)* • cabinet; housing
Gehäuse *n <tech.allg> (allg.)* • body; casing; housing
Gehäuse *n <comp> (eines Laufwerks)* • chassis; housing
Gehäuse *n <comp> (Kassette eines Speichermediums)* • case
Gehäuse *n <comp> (von PCs)* • housing; casing; enclosure; chassis
Gehäuse *n <ic> (von Chips, ICs)* • package
Gehäuse *n <masch> (hart, kistenähnlich; z. B. von Getriebe)* • box
Gehäuse *n <masch> (von Turbinen, Pumpen)* • casing; housing
Gehäuse *n <phot> (Kamera)* • body
Gehäusedeckel *m <tech.allg> (betont: wichtigster, größter Deckel; eher dünn; z. B. eines Druckers)* • main cover
Gehäusedeckel *m <masch> (eher bei Metallgehäusen; z. B. von Pumpen, Getrieben)* • casing cover
Gehäusedichtung *f <masch> (als Flachdichtung)* • body gasket
gehen *vi <allg>* • go *vi*
gehen *vi <allg> (verlassen; z. B. Besucher)* • leave *vi*
gehen *vi ugs <verk> (Zug, Schiff, Flugzeug)* • depart *vi*
gehgelenkt *<förd> (z. B. Hubstapler)* • walkie-type *pract*; pedestrian-controlled *stand*; walk-along *pract.coll*
Gehhilfe *f <med.tech> (drei- od. vierrädrig, mit od. ohne Korb)* • rollator; wheeled walking aid
Gehkomfort *m DIN ISO 2424 <bau.innen> (Bodenbelag, Teppich)* • walking comfort *ISO 2424*
gehörrichtige Wiedergabe *f <av> (Anhebung von Tiefen und Höhen bei geringer Lautstärke)* • automatic loudness; loudness *pract*
Gehörschutz *m <akust.sich> (z. B. Ohrenstöpsel, Ohrenschützer etc.)* • hearing protection; hearing conservation; ear protection
gehren *vt <füg> (schräges Eckverbinden; z. B. von Bilderrahmen)* • miter *vt US*; mitre *vt GB*; bevel *vt rare*
Gehrung *f <tech.allg> (z. B. von Bilder-, Fensterrahmen)* • miter *US*; mitre *GB*
Gehrungssäge *f <wz> (z. B. für Bilderrahmen)* • miter saw; mitre-cutting saw *GB*; mitre saw *GB*
Gehrungsschnitt *m <prod> (Ergebnis; z. B. von Bilderrahmen)* • miter cut *US*; diagonal cut; bevel cut *rare*
Gehtestanzeige *f <alarm> (LED an Bewegungsmelder)* • walk-test indicator; walk test light; pattern locator
Gehweg *m <bau.verk> (Fußweg neben Straße, meist gepflastert)* • sidewalk *US*; pavement *GB*; pedestrian way *rare*
Gehwegplatte *f DIN 485 <bau.mat> (f. Geh- und Radwege, meist quadratisch, typ. Beton)* • flagstone; pavement flag; paving stone
Geigerzähler *m <nukl.msr> (Gammastrahlungsmessgerät)* • Geiger counter; Geiger-Müller counter *form*; GM-counter; GM tube; geiger *coll*
Geisterbild *n <el> (auf Bildschirm; z. B. Radar, TV, Monitor)* • echo image; echoes; double image; ghost lines; multiple image
Geisterbild *n <el> (auf Magnetband)* • fold-over
Geisterbild *n <el> (als elektr. Effekt)* • multipath effect
geistig behindert *<allg>* • mentally challenged
gekapselte Baugruppe *f <tech.allg>* • sealed unit
gekapselte Maschine *f <masch> (z. B. Spritzwasser-, Schlagwetterschutz)* • enclosed machine
gekapselter Motor *m <el.mot> (z. B. Explosionsschutz)* • cased motor; totally enclosed motor

gekapselter Rotor *m <el>* • canned rotor
geklebt *<füg>* • adhesive-bonded; glued *coll*
geklebte Windschutzscheibe *f <kfz> (Normalfall)* • bonded windshield *US*; bonded windscreen *GB*
gekoppelt *<el> (z. B. Stromkreise, Oszillatoren, Verstärker)* • coupled
gekörnt *<allg> (körnig)* • grainy; grained
Gekrätz *n <metall> (metallische Schlacke, Abfall beim Schmelzen)* • dross; scoria; skimmings; blue dust
gekräuselter Pol *m DIN ISO 2424 <bau.innen> (textiler Bodenbelag)* • curled pile *ISO 2424*
gekreuzte Pinbelegung *f <comp>* • crossed pinning
gekröpft *<masch> (z. B. Welle, Kurbel)* • cranked
gekröpft *<masch> (abgewinkelt, abgesetzt; z. B. Werkzeug, Schraubenschlüssel)* • offset
gekröpfter Rahmen *m <fz> (in der Mitte tiefer; z. B. bei Tieflader)* • dropped frame
gekröpfter Ringschlüssel *m <wz> (flach oder tief gekröpft)* • offset box wrench *US*; offset box end wrench *US.form*; offset ring wrench *GB.form*; crank ring spanner *GB.coll*
gekröpftes Handrad *n DIN 390 <masch> (schüsselförmig)* • dished handwheel
gekrümmt *<tech.allg> (Linie, Fläche; z. B. Bahn, Werkzeug, Kante, Schneide)* • curved; curvilinear
gekrümmte Oberfläche *f <tech.allg>* • curved surface
gekrümmter Raum *m <math>* • curved space
gekühlt *<verf> (sehr kalt; z. B. eisgekühlt)* • chilled
gekühlt *<verf> (allg.)* • cooled
gekühlt *<verf> (mit Kühlaggregat)* • refrigerated
gekühlte Ladeluft *f <kfz> (durch Intercooler)* • chilled charge air
gekürzt *<allg> (etw. Abstraktes; z. B. Verfahren, Darstellung, Wort, Bruch)* • abbreviated
gekürzt *<allg> (Länge)* • shortened
Gel *n <chem>* • gel
geladen *<el> (mit Elektrizität; z. B. Batterie, Kondensator)* • charged
geladen *<mil> (Waffe; mit Munition)* • loaded
gelagert *<tech.allg> (allg.; z. B. Achse, Welle; Brücke, Träger)* • supported
Gelände *n*: **im ~** *<kfz> (Fahrbetriebssituation)* • off-road; off-highway *US*
Geländefahrzeug *n <kfz>* • all-terrain vehicle (ATV); off-road vehicle; off--roader *coll*
geländegängig *<fz>* • suitable for off--road use; off-highway; go-anywhere
Geländegängigkeit *f <kfz>* • off-road ability; off-road capability; off-road mobility; off-highway capability *US*
Geländer *n <bau> (Handlauf mit Stützen; z. B. an Treppen)* • banister
Geländer *n <bau> (betont: Schutzfunktion; z. B. auf Brücken)* • guard rail; guard railing
Geländereifen *m <fz> (grobstollig)* • off-road tire *US*; off-the-road tire *US*; cross-country tire *US*; ground-grip tire *US.rare*; offroad tyre *GB*
Geländeübersetzung *f <kfz.antr> (zuschaltbares Reduziergetriebe; verdoppelt Gängeanzahl)* • extra low ratio; extra low gearing; off-road gearing
gelappt *<tech.allg> (mit Lappen, Ausbuchtungen versehen)* • lobed; lobal
geläppt *<prod>* • lapped
gelartig *<mat>* • gel-like
Gelatine *f <tech.allg> (in Nahrung, Kosmetik, Pharmazie)* • gelatin *US.GB*; gelatine *US.GB*
Gelatinedynamit *n <spreng>* • gelatin dynamite
gelatinöser Sprengstoff *m DIN 20163 <spreng> (gewerbl. Sprengstoff; z. B. Eurodyn, Poladyn, Gelamon)* • gelatinous explosive
gelatteter Boden *m <nav> (z. B. in Schlauchboot)* • slatted floor
Gelb *n <obfl>* • yellow
Gelbatterie *f <el>* • gel battery
Gelbgold *n <mat>* • yellow gold
Gelbildung *f <chem> (z. B. bei Stabilisatoren)* • gel formation; gelation; gelling *US.GB*
Gelblicht *n <licht>* • amber light
Gelcoat *m <obfl> (äußerste, glatte Harzschicht von GFK-Teilen; z. B. von Booten)* • gelcoat
Geldautomat *m <autom.fin>* • automat-

ic telling machine (ATM) *US*; cash dispenser *GB*; automatic teller *US.-coll*; automated cash dispenser *GB*; ACD *GB*

geleimt *<pap>* • sized

geleistete Arbeit *f <allg> (Mensch und Maschine)* • work done

Gelenk *n <tech.allg> (allg.)* • link; joint

Gelenk *n <autom>* • joint

Gelenk *n <bau>* • hinge

Gelenk *n <bio> (z. B. Knie)* • joint

Gelenk *n <masch> (gelenkige Verbindung; z. B. mit Kugelkopf; eine od. mehrere Bewegungen)* • articulation; knuckle

Gelenk *n <masch> (von Wellen)* • joint

Gelenkarmroboter *m <autom>* • articulated arm robot; jointed arm robot; articulated robot

Gelenkausleger *m <förd> (Kran)* • articulated jib

Gelenkbolzen *m DIN 1433 <masch> (erlaubt Schwenk-, Kippbewegung; z. B. an Kfz-Generator)* • pivot bolt; pivot pin; hinge pin; fulcrum pin *GB*; pintle

Gelenkbus *m <nfz> (Stadtbus)* • articulated bus; bendy bus *GB.coll*; accordion bus; stretch bus; artic *coll*

gelenkig *<tech.allg> (um eine Achse; mit Scharnier)* • hinged; pivoted

gelenkig *<masch> (meist mit mehreren Freiheitsgraden)* • articulated

gelenkig anbringen *vt <prod> (mit einer Drehachse; z. B. einen Hebel, Deckel)* • mount pivotically *vt*

gelenkig angeschlossen *<masch> (mit Scharnier, Bolzen; um eine Achse drehbar)* • pin-connected; pin-jointed

gelenkiger Fachwerkknoten *m <bau>* • pin-connected truss joint

gelenkige Rotornabe *f <energ.wind>* • teetering hub

Gelenkkette *f <antr> (mit seitl. Laschen; meist eine Rollenkette; z. B. an Fahrrad)* • flat link-articulated chain; plate link chain; sprocket chain

Gelenkkette *f <bau> (bei Kettenhängebrücken)* • eyebar chain; bar chain

Gelenkknarre *f <wz>* • flex-head ratchet; flexible head ratchet; swivel-head ratchet

Gelenkkopf *m <wz>* • swivel head

Gelenkpunkt *m <masch> (von Schwenkbewegungen)* • fulcrum point; pivot point

gelenkt *<tech.allg> (geführt, gesteuert; z. B. Flugkörper)* • guided

gelenkt *<aerosp> (bemannt)* • piloted

gelenkte Achse *f <kfz> (meist die Vorderachse)* • steered axle; steerable axle; steer axle

Gelenkwelle *f <antr> (allg.; mit Kreuzgelenken beliebigen Typs)* • U-shaft; jointed shaft; articulated shaft *rare*; universally jointed shaft *rare*

Gelenkwelle *f <kfz.antr> (bei Kfz m. Frontmotor u. Heckantrieb; zw. Getriebe u. Achsdifferential)* • propeller shaft; prop shaft *pract*; drive shaft *coll*

gelförmig *<mat> (z. B. Farbkonsistenz)* • paste-like

gelieren *vi <tech.allg> (zu einer halbfesten, kolloidalen Masse)* • gel *vi*

Gelierharz *n <kst> (für GFK-Karosserien, Bootsrümpfe)* • gel-coat resin

geliftet *<tech.allg> (Nachfolger; z. B. Automodell)* • face-lifted

gelöscht *<chem> (z. B. Kalk)* • hydrated

gelöscht *<comp> (Datei, Speichermedium)* • deleted; erased *rare*

gelöster Stoff *m <chem>* • dissolved substance; solute *thsc*

Geltungsbereich *m <doku>* • scope

Geltungsbereich *m <jur>* • area of application; scope

gemasert *<obfl> (eher fein; z. B. Holz)* • grained

gemasert *<obfl> (deutliche Streifen; z. B. Gestein, Fleisch, Holz)* • veined

gemeinsam herstellen *vt <allg>* • co-produce *vt*

Gemeinschaftsantenne *f <av> (für Fernsehempfang)* • master TV antenna *US*; master TV aerial *GB*

Gemeinschaftsantenne *f <el> (allg.)* • community antenna *US*; community aerial *GB*

gemeinsprachliche Benennung *f <term>* • common name *ISO 12620*

Gemenge *n <phys> (im Ggs. zu Gemisch)* • heterogeneous mixture

Gemisch *n <tech.allg>* • mixture; mix *coll*

Gemisch *n*: **zu fettes** ~ *<mot>* • over-rich mixture

Gemischaufbereitung *f <kfz.mot> (System; Vergaser od. Einspritzanlage)*

• carburetion system; air/fuel mixture preparation system; air/fuel management; induction system

Gemischaufbereitung *f <kfz.mot> (Vorgang, alle Systeme)* • carburetion; mixture formation *SAE SP-1314*

Gemischmenge *f <tech.allg> (Volumen; z. B. von Kraftstoff/Luft-Gemisch)* • mixture volume

Gemischregulierschraube *f <kfz.mot> (an Vergaser, Einspritzanlage; z. B. an Jetronic)* • mixture control screw; CO adjustment screw

Gemischregulierventil *n <kfz.mot> (bei Motoren mit G-KAT; regelt Kraftstoff/Luft-Gemisch)* • fuel metering solenoid

gemischte Ladung *f <logist>* • general cargo; mixed cargo; parceled cargo *US*; parcelled cargo *GB*

gemittelt *<allg>* • averaged

gemittelt *<tech.allg>* • mean *adj*

Gemme *f <bekl.min>* • engraved gem

Gemmologie *f <min>* • gemology *US*; gemmology *GB*

gemufft *<fz> (Fahrradrahmen)* • lugged

Gemüsekonservenfabrik *f <nahr.prod>* • vegetable cannery

Gemüsemais *m <nahr> (zum Essen)* • sweet corn *US*; Indian corn *US*; maize *GB*; corn *US.coll*

gemustert *<obfl>* • patterned

Gen *n <bio>* • gene

genäherte Bestimmung *f <tech.allg>* • approximate determination

genarbt *<obfl> (allg.)* • grained

genarbt *<obfl.kst> (Leder-Look; z. B. Kfz-Innenverkleidungen, Sitzbezüge)* • leather-grain …

genau *<allg> (präzis, richtig; Daten allg.; z. B. Resultate)* • accurate

genau *<tech.allg> (eindeutig; z. B. Vorschrift, Betriebsanleitung)* • definite

genau festgelegt *<allg>* • well defined

Genauigkeit *f <allg> (z. B. einer Arbeit, Anzeige, Fertigung)* • exactness

Genauigkeit *f <allg> (Präzision)* • precision

Genauigkeit *f <tech.allg> (allg.; von Messungen, Rechnungen, Angaben etc.)* • accuracy

Genauigkeitsanforderung *f <tech.allg>* • precision requirement; accuracy requirement

genau passend *<tech.allg> (zusammengebaute Teile)* • tight-fitting

genau passend *<textil> (z. B. Bettzeug, Kleidung)* • fitted

Genehmiger *m <term>* • approver *ISO 12620*

Genehmigung *f <jur>* • approval

genehmigungsbedürftige Anlage *f <ents>* • facility subject to licensing

Genehmigungsverfahren *n <jur>* • licensing procedure

geneigt *<tech.allg> (Fläche)* • inclined

geneigt *<tech.allg> (abfallend; z. B. Hang)* • sloping; sloped; slanting

geneigt *<bau> (Dach)* • pitched; sloped

Generalinspektion *f <tech.allg>* • major service

General Packet Radio Service *m* (GPRS) *<tele>* • General Packet Radio Service (GPRS)

Generalüberholung *f <rep>* • complete overhaul; general overhaul

Generalunternehmer *m* (GU) *<ökon>* • main contractor; general contractor; prime contractor

Generation 2,5 *f* (2,5G) *<tele>* • generation 2.5 (2.5G)

Generator *m <tech.allg> (allg.; z. B. von Strom, Gas, Dampf)* • generator

Generator *m <el> (allg.; für Gleich- od. Drehstrom)* • generator; electric generator

Generator *m <fz.el> (für Gleich- od. Drehstrom; in Kfz heute immer Drehstrom)* • generator

Generatorgas *n <energ>* • generator gas; producer gas

Generatorgruppe *f <energ.el> (im Kraftwerk)* • generator set; generating set

Generatorschlupf *m <el> (zw. Volllastdrehzahl und Leerlaufdrehzahl)* • generator slip; slippage; slip *pract*

generieren *vt <tech.allg> (z. B. Strom, Dampf, Gas, Code, Klang etc.)* • generate *vt*

genetischer Fingerabdruck *m <med.-jur>* • genetic fingerprint; DNA fingerprint

genietet *<füg>* • riveted *US*; rivetted *GB*

genietete Verbindung *f <füg>* • riveted joint *US*; rivetted joint *GB*

genmanipuliert (GM) *<nahr> (z. B. Mais, Sojabohnen)* • genetically manipulated (GM)

genmanipulierte Nahrungsmittel *npl* (GMO) *<nahr>* • genetically manipulated foods (GMO); GM foods *pract*; Frankenstein foods *coll.derog*

Genom *n* *<bio>* • genome

Genomik *f* *<bio>* • genomics

genoppt *<obfl>* *(z. B. zur Erhöhung von Reibung od. Rutschfestigkeit)* • nubbed

genormt *<norm>* • standardized

genormte Benennung *f* *<term>* • standardized term; standard term

Genraps *m* *<agri>* • genetically modified rape [seed]

Gentechnik *f* *<bio.chem>* • genetic engineering

genügen *vt* *<allg>* *(Erwartungen, Bedingungen)* • comply with *vt*; comply *vt*; fulfil *vt*

genügen *vt* *<jur>* *(z. B. einer Anforderung)* • meet *vt*; satisfy *vt*

genullt *<el>* *(über den Neutralleiter geerdet)* • grounded on the neutral wire *US*; earthed on the neutral wire *GB*

Genus *n* *<term>* *(feminin, maskulin, neutrum)* • grammatical gender *ISO 12620*

genutet *<el>* *(z. B. Anker)* • slotted

genutet *<prod>* *(allg.)* • grooved; fluted

Geochemie *f* *<geo.chem>* • geochemistry *ASTME 957-98*

Geodäsie *f* *<geo.msr>* • geodesy; geodetics; geodetic surveying; geodetic engineering; surveying

geodätische Förderhöhe *f* *DIN 4048-2* *<energ.hydr>* *(Höhenunterschied zwischen Oberwasserspiegel und Unterwasserspiegel)* • geodetic delivery head; total static head

geöffnet *<allg>* • opened; open

geographische Breite *f* (LAT) *<geo>* • latitude (LAT); geographical latitude; latitude degree; degree of latitude

geographische Länge *f* (LON) *<geo.-navig>* • longitude (LON); geographical longitude; degree of longitude *rare*

geographischer Gebrauch *m* *<term>* *(von Benennungen; z. B. CH, GB, US)* • geographical usage

Geohydrologie *f* *<geo.hydr>* • geohydrology; hydrogeology

Geologie *f* *<geo>* • geology

geologisches Alter *n* *<geo>* • geological age; geologic age

geologische Uhr *f* *<geo>* • geological clock

geomagnetischer Sturm *m* *<geo>* • geomagnetic storm

Geomagnetismus *m* *<geo>* • geomagnetism; terrestrial magnetism *did*

Geometrie *f* *<tech.allg>* *(von Bauteilen, Gebäuden etc.)* • geometry

Geometrieverhältnis *n* *<tech.allg>* *(Verhältnis von Höhe zu Breite von etw.; z. B. Autoreifen)* • aspect ratio; geometric relation

Geometrieverhältnis *n* *<comp>* *(Höhe zu Breite eines Codes)* • aspect ratio

Geomorphologie *f* *<geo>* • geomorphology; morphological geology

Geophysik *f* *<geo.phys>* • geophysics

geordnete Ablagerung *f* *<ents>* *(von Müll; betont: Vorgang)* • sanitary landfilling; sound disposal; safe disposal; proper disposal

geordnete Deponie *f form* *<ents>* *(betont: für geordnete, sichere Ablagerung von Abfällen)* • sanitary landfill [site] *form*; secure landfill [site]; controlled tip; landfill site; landfill *coll*

geostationär *<aerosp>* *(allg.; Umlaufbahn; z. B. Satelliten)* • geostationary; geo-stationary

geostationärer Satellit *m* *<aerosp>* *(ca. 35 786 km über dem Erd-Äquator, Umlaufzeit 1 Tag)* • geostationary satellite; geo-synchronous satellite; synchronous satellite

geosynchron *<aerosp>* • geosynchronous

Geotextil *n* *<bau.mat>* *(z. B. wasserdurchlässige Vliesstoffe)* • geotextile

Geotherm *m* *<geo>* *(ca. 3 °C/100 m)* • geotherm; geothermal gradient

Geothermie *f* *<geo.therm>* • geothermics

Geothermiker *m* *<allg>* • geothermist; geothermalist

geothermisches Kraftwerk *n* *<energ.geo>* • geothermal power plant *US*; geothermal electric-generation plant *US*; geothermal power station *GB*

Geowissenschaften *fpl* *<geo>* • geosciences

Geowissenschaftler *m* *<allg>* • geoscientist

gepaart *<masch>* *(direkt zusammengehörende Teile; z. B. Kolben u. Zylinder)*

• mating

Gepäck *n <tour> (Koffer, Reisetasche, Seesack etc.)* • baggage *US.ISO 10254*; luggage *GB*

Gepäckabfertigung *fsg <aerosp>* • baggage handling *sg*; passenger baggage handling *sg*

Gepäckablage *f <fz> (oben; offen od. mit Klappen; z. B. im Zug, Flugzeug)* • luggage rack; storage rack; parcel rack; luggage tray

Gepäckanhänger *m <logist> (zur Identifikation von Koffern etc.)* • baggage tag *US*; luggage tag *GB*

Gepäckanhänger *m <nfz.aerosp>* • baggage trolley; baggage cart; bag cart *pract*; baggage trailer

Gepäckausgabe *fsg <aerosp>* • baggage claim *sg*; baggage reclaim *sg*; baggage retrieval *sg rare*

Gepäckband *n <aerosp>* • baggage conveyor

Gepäckbeleg *m <logist>* • reclaim tag; claim receipt; claim check *US*; baggage check *US*; baggage identification tag *form*

Gepäckermittlung *f <aerosp>* • baggage tracing

Gepäckfach *n <aerosp> (im Passagierflugzeug, über den Sitzen)* • overhead locker; overhead aircraft luggage bin *form*; overhead luggage bin; overhead bin *pract*

Gepäckförderanlage *f* (GFA) *<aerosp>* • baggage handling system

Gepäckkontrolle *f <tour> (Zoll, Flughafen; jede Methode)* • baggage check *US*; luggage screening *GB*

Gepäckraum *m <allg>* • bag room

Gepäckraum *m <fz> (allg.; z. B. in Bus, Eisenbahnwagen, Fähre)* • baggage compartment *US*; luggage space *GB*

Gepäckraum *m <nfz> (Bus)* • baggage compartment *US*; luggage bay *GB*; storage bay; luggage compartment *GB*

Gepäcksortieranlage *f <aerosp.logist>* • baggage sorting system *US*; luggage sorting system *GB*

Gepäckversicherung *f <vers> (Mietwagen)* • personal effects coverage (PEC)

Gepäckwagen *m <aerosp>* • baggage trolley; baggage cart *US*; self-help baggage trolley

gepanzert *<tech.allg> (z. B. Fahrzeug, Kabel)* • armored *US*; armor-clad *US*; armoured *GB*

gepanzert *<obfl> (z. B. Zähne und Kanten von Baggerschaufeln)* • hard-faced

gepanzertes Fahrzeug *n <mil>* • mobile armor *US*; mobile armour *GB*

gepanzertes Kraftfahrzeug *n <kfz>* • armored car *US*; armoured vehicle *GB*

gepfeilt *<aerosp> (Flügel, Leitwerk)* • swept-back; swept

gepierced *<bio> (z. B. Ohrläppchen, Zunge, Nabel etc.)* • pierced

geplant *<allg> (Vorhaben, Termin)* • planned

geplant *<allg> (konkret terminiert, mit Terminplan)* • scheduled

geplant *<wz.masch> (Oberfläche; z. B. mit Fräser, Stoß-, Drehmaschine)* • faced

gepolstert *<tech.allg> (z. B. als Schutz; z. B. Instrumentanlage, Überrollbügel, Bekleidung)* • padded

gepolt *<el>* • polarized *US.GB*; polarised *GB*

geprägt *<obfl> (Relief)* • embossed

gepresst *<prod.metall> (Blechteil)* • stamped

gepuderte Latexhandschuhe *mpl <med.bekl>* • powdered latex exam gloves

gepulster Laser *m <licht>* • pulsed laser

gepunktet *<doku> (Linie)* • dotted

gepunzt *<fz> (Fahrradfelge)* • dimpled

gepunzt *<obfl> (Blech; fein ziseliert; z. B. Ritterrüstung)* • chased

gerade *<tech.allg> (ohne Biegung, Krümmung; z. B. Linie oder Bewegung)* • straight

Gerade *f <math>* • straight line

Gerade *f <sport> (Teil einer Strecke zw. den Kurven; z. B. im Stadion, Rennstrecke)* • straight

Geradeauslaufstabilität *f <kfz> (von Fahrzeugen; typ. bei hoher Geschwindigkeit)* • directional stability; straight-line stability; tracking stability; tracking *pract*

gerade Parität *f <phys> (+1; z. B. in Quantenphysik)* • even parity

gerader Ringschlüssel *m <wz>*

• straight box wrench *US*; straight box end wrench *US.form*; flat ring wrench *GB*; flat ring spanner *GB*

gerade Spannut *f* <*wz*> *(zur Spanabfuhr; im Ggs. zu drallgenuteter Spannut)* • straight flute

gerade Strecke *f* <*tech.allg*> *(z. B. Weg, Straße, Rohrleitung)* • straight run

geradeverzahnt <*masch*> *(Zahnrad)* • straight-cut

gerade Zahl *f* <*math*> • even number

geradflankig <*tech.allg*> *(z. B. Signal, Zahn)* • straight-profile; straight-side

geradlinige Bewegung *f* <*mech*> • rectilinear motion; straight-line motion

Geradrohrdampferzeuger *m* <*energ*> *(z. B. in amerik. KKW)* • straight-tube steam generator

geradverzahnt <*masch*> *(Zahnrad)* • straight-toothed; straight-tooth

geradverzahnt <*masch*> *(allg.)* • straight-cut

geradverzahntes Zahnrad *n* <*masch*> *(konkretes Zahnrad)* • spur gear; straight-cut gear

Geradverzahnung *f* <*masch*> *(Verzahnungstyp)* • spur gear; straight-cut gear; straight teeth

geradzahlig <*math*> • even-numbered

Gerät *n* <*tech.allg*> *(mit spezieller Funktion, Applikation; eher komplex)* • apparatus; appliance

Gerät *n* <*tech.allg*> *(eher klein; z. B. elektronisch)* • device

Gerät *n* <*tech.allg*> *(Einheit; z. B. Aufzeichnungsgerät)* • unit

Gerät *n* <*agri*> *(zum Anbauen an Traktor, Schleppen)* • tool; implement

Gerät *n* <*msr*> *(Messgerät)* • instrument

Gerät *n* <*sport*> *(Gerätturnen)* • apparatus; artistic-gymnastics apparatus *form.rare*; gymnastic apparatus *form*

Gerät *n* <*tele*> *(relativ klein; z. B. Radio, Fernseher)* • set

Geräte *npl* <*tech.allg*> *(Ausrüstung, Ausstattung)* • equipment

geräteabhängig <*comp*> • device-dependent

Gerätefehler *m* <*comp*> *(im Ggs. zu Programmfehler)* • hardware failure; hardware fault; hardware malfunction

Gerätefehler *m* <*msr*> *(Messeinrichtungen allg.)* • instrument error; instrumental error

Gerätefehler *m* <*msr*> *(bei anzeigendem Messgerät)* • meter error

Gerätekonfiguration *f* <*tech.allg*> • system configuration

Gerätekonfiguration *f* <*comp*> • hardware configuration

Gerätekonstruktion *f* <*tech.allg*> • equipment design

Gerätepark *m* <*tech.allg*> *(z. B. Bauunternehmen, Feuerwehr)* • equipment fleet

Geräteselbstprüfung *f* <*comp*> • hardware check; built-in check

Gerätesteckdose *f* <*el*> *(Netzsteckdose am Gerät; z. B. an OH-Projektor)* • appliance outlet

Geräteträger *m* <*tech.allg*> *(für Zugehör etc.)* • accessory rack

Geräteträger *m* <*agri*> *(am Traktor, hinten und/oder vorn)* • tool carrier; implements carrier

geräteunabhängig <*comp*> • device-independent

geräumig <*bau*> *(z. B. Wohnung, Büro, Wohnzimmer)* • roomy

geräumig <*fz*> *(Innenraum, Fahrgastraum)* • roomy; airy

geräumig <*fz*> *(Kofferraum, Gepäckraum)* • roomy; cavernous

Geräusch *n* <*akust*> *(hörbare nichtperiodische Schwingung)* • noise

geräuscharm <*akust*> *(relativ leise)* • fairly silent; low-noise

geräuscharm <*akust*> *(leise)* • silent

geräuscharmer Betrieb *m* <*tech.allg*> *(allg.; z. B. von Maschinen, Reifen)* • quiet running; silent running; quiet run

geräuscharm laufen *vi* <*tech.allg*> *(z. B. Motor, Mechanik)* • run quietly *vi*

geräuschdämpfend <*tech.allg*> • noise-absorbing; sound-absorbing; noise-reducing; antinoise

Geräuschdämpfer *m* <*akust*> • silencer

Geräuschdämpfung *f* <*akust*> *(Vorgang, Effekt)* • sound-proofing; noise insulation; silencing; quieting

Geräuschemissionen *fpl* <*akust*> • noise emissions *pl*

Geräuschentwicklung *f* <*ökol*> *(z. B. von Fahrzeugen, Maschinen, Anlagen)* • noise emission

Geräuschkulisse *f* <*av*> *(eher unerwünscht; z. B. Stimmengewirr, Stra-*

ßenlärm) • background noise

geräuschlos *<akust> (allg.)* • noiseless; quiet; still

geräuschlos *<akust> (betont: völlig)* • absolutely silent

Geräuschniveau *n <akust> (in einer Umgebung; z. B. in der Nähe von Fahrzeugen, Maschinen, Anlagen)* • noise level

geräuschvoll *<akust>* • noisy

gerben *vt <led> (allg.)* • tan *vt*

Gerberei *f <led>* • tannery

gerbsäurehaltig *<chem>* • tanniferous

Gerbstoffgehalt *m <holz>* • amount of tannic acid

gereckt *<prod>* • fully oriented; fully drawn

geregelt *<tech.allg> (z. B. Temperatur, Druck, Verbrennung)* • controlled

geregelt *<msr> (betont: reguliert)* • regulated

geregelte Ausgangsgröße *f <msr>* • controlled output

geregelter Dreiwegekatalysator *m <kfz.emiss>* • controlled three-way catalytic converter

geregelter Katalysator *m* (G-KAT) *<kfz.emiss> (typ. ein Dreiweg-Kat.)* • computer controlled catalytic converter [system]; catalytic converter with lambda control [system] *thsc*; catalytic converter with oxygen sensor *did*; feedback catalytic converter *pract*

gereift *<qualit.mat>* • mature

gerettet *<comp> (Daten, Datei)* • recovered

gerichtet *<mat> (Anordnung von Verstärkungsmat.; z. B. Glas-, Karbonfasern in Kunststoff)* • directed; directional; unidirectional

gerichtet *<phys> (Impuls, Radar, Richtfunk, Strömung)* • directed; directional

gerichtet *<phys> (Magnetfeld)* • directional; directed; oriented

gerichteter Luftstrom *m <verf> (in eine Richtung orientiert)* • defined airflow

gerichteter Luftstrom *m <verf> (geglättet, nicht turbulent)* • rectified airflow

gerichtete Valenz *f <allg>* • directed valency

geriffelt *<obfl> (z. B. Terrassendielen)* • fluted

geriffelte Klemmoberfläche *f <qualit.-mat> (z. B. Zugversuch)* • serrated faces on grips

geriffelte Oberfläche *f <obfl>* • ribbed surface

gering *<allg> (z. B. Verunreinigung, Verfärbung, Problem)* • insignificant; minor

gering *<allg> (Niveau; z. B. Geräuschpegel, Füllstand, Qualität)* • low

gering *<allg> (Anzahl, Ausdehnung, Menge)* • small

geringfügig *<allg> (im Ggs. zu schwerwiegend)* • minor

geringfügig *<tech.allg> (z. B. Abweichung, Fehler)* • negligible; insignificant

geringfügiger Fehler *m <qualit>* • imperfection; minor flaw; blemish

geringmächtig *<min> (z. B. Flöz)* • thin

geringwertig *<allg>* • low-valued; low value; value: of minor ~; inferior

geringwertig *<mat.qualit> (z. B. Stahl, Kohle)* • low-grade

gerinnbar *<chem.bio>* • coagulable

Gerinne *n <bau.hydr> (mit starkem Gefälle)* • chute; raceway; flume

gerinnen *vi <allg> (z. B. Blut, Milch, Emulsion)* • coagulate *vi*; curdle *vi*; clot *vi*

Gerinnsel *n <bio> (Blut)* • clot

gerinnungshemmend *<chem>* • anticoagulant *adj*

Gerinnungsmittel *n <chem>* • coagulant

Gerippe *n <bahn>* • framing

Gerippe *n <bau> (Gebäude)* • carcass; shell

Gerippe *n <kfz> (Rohkarosse ohne Türen und Klappen)* • skeleton

Gerippe *n <nfz> (Bus)* • frame; framework; framing; truss *US*; trusswork *US*

gerippt *<obfl> (mit Rippen versehen; z. B. als Wärmesenke)* • ribbed

gerippt *DIN 6730 <pap.qualit>* • laid

gerippt *<prod> (wellig; z. B. Blech, Papier)* • corrugated

gerippt *<prod> (lamellenartig; z. B. Heizkörperrohre, Kühlkörper)* • finned

gerippt *<prod> (mit kleinen Rillen; Münzrand)* • reeded

gerissen *<tech.allg> (allg.; z. B. Rohr, Schlauch, Leitung, Antriebsriemen, Gaszug)* • ruptured

Germanium *n* (Ge) *<chem>* • germanium (Ge)

Geröll *n <geo> (klein, an Geröllhang)* • scree

Geröll *n DIN 4047-3 <geo> (abgerundete Gesteinsstücke von 63-200 mm Durchmesser)* • cobbles; boulders

Geröll *n <geo> (groß)* • boulder stones

Gerontotechnik *f <tech.allg>* • geriatric engineering

Gerste *f <agri.bot> (Hordeum vulgare)* • barley

Geruch *m <allg> (allg.; gut oder übel, stark oder schwach)* • smell

Geruch *m <allg> (eher gut, eher schwach)* • scent

Geruch *m <allg> (eher unangenehm)* • odor *US*; odour *GB*

Geruchsabsorber *m <tech.allg>* • odor absorber *US*; odour absorber *GB*

geruchsadsorbierend *<hlk>* • odor-adsorbing *US*; odour-adsorbing *GB*

Geruchsbelästigung *f <ents>* • odor nuisance *US*; odour nuisance *GB*

Geruchschip *m <msr>* • smell sensing chip

Geruchsdesign *n <chem>* • olfactory design

Geruchsentferner *m <hlk>* • odor eliminator

Geruchsneutralisation *f <hlk> (z. B. in Gebäuden nach Überschwemmungen)* • odor removal

Geruchsschwelle *f VDI 3881 <tech.allg>* • odor treshold *US*; odour treshold *GB*

Geruchsstoff *m <tech.allg> (erwünschte oder unerwünschte Substanz)* • odorant; odorous substance

Geruchsverbesserer *m <tech.allg> (gut riechendes Additiv; z. B. in Motoröl, Klimaanlagen)* • odorant; odour improver *GB*

Geruchsverschluss *m DIN 4045 <hygi> (Siphon; z. B. von Waschbecken, Toilette, Urinal)* • odor trap; drain trap; stench trap; stink trap *coll*; air trap *rare*

gerührt *<verf> (allg.; z. B. in Mischer mit Rührwerk)* • stirred

gerundet *<math> (Zahl)* • rounded

gerundet *<prod> (z. B. Kanten, Ecken, Spitzen)* • radiused

Gerüst *n <tech.allg> (gitterartige dreidimensionale Rahmenstruktur; Gerippe)* • frame; frame-work; skeleton *pract*

Gerüst *n <aerosp> (zur Montage von Raketen)* • gantry

Gerüst *n <bau>* • scaffold; scaffolding

Gerüst *n <bau> (Arbeitsbühne)* • staging; stage

Gerüst *n <metall> (Walzwerk)* • stand

Gerüst aufstellen *vt <bau>* • scaffold *vi*; erect the scaffolding *vt*

gesägt *<hygi.wz> (Kamm)* • saw-cut

Gesamtauflage *f <druck> (z. B. 130.000 Exemplare)* • total print run

Gesamtbetrag *m <fin> (Preis)* • total

Gesamtbetriebskosten *pl <ökon> (z. B. eines PCs, Autos, Geräts)* • total cost of ownership (TCO)

Gesamteindruck *m <qualit> (allg.; z. B. eines Produkts)* • overall impression

Gesamtgewicht *n <tech.allg>* • total weight

Gesamthaftung *f <jur> (für Produkte, Schäden, Kosten etc.)* • overall liability

Gesamthärte *f <chem> (Wasser)* • total hardness

Gesamthöhe *f <tech.allg> (betont: über alles)* • overall height; total height

Gesamt-Kilometerzähler *m <kfz.msr> (typ. im Tacho integriert)* • odometer; totalizer *US*

Gesamt-Kohlenwasserstoffe *mpl* (THC) *<chem>* • total hydrocarbons *pl* (THC)

Gesamtlänge *f* (Lüa) *<tech.allg> (bei größeren oder komplexeren Objekten; z. B. Schiffen, Nfz)* • overall length (LOA); length over all *rare*

Gesamtlänge *f <tech.allg> (allg.; auch von Kleinteilen; z. B. von Schrauben)* • overall length

Gesamt-Oberschwingungsverhältnis *n* (THD) *EN 61000-4-7 <phys> (allg.)* • total harmonic distortion (THD)

gesättigt *<chem.phys>* • saturated

gesäumt *<bekl> (z. B. mit Spitze)* • edged

Geschäft *n <ökon> (das getätigte oder zu tätigende)* • transaction; deal

Geschäftsbereich *m <ökon>* • division

Geschäftsbeziehungen *fpl <ökon>* • business relations; business dealings; business contacts; business connections

Geschäftsführer *m <ökon>* • managing director; general manager; managerial head; manager *pract*

Geschäftsräume *mpl <bau.fin>* • business premises
Geschäftsstelle *f <allg>* • office; branch office; field office; sub-office
Geschäftswagen *m <kfz> (nur für Unternehmenszwecke)* • company car
geschätzter Wert *m <tech.allg>* • estimated value
geschäumt *<kst>* • foamed
geschäumte Folie *f <kst>* • expanded sheet
geschäumtes Polypropylen *n* (EPP) *<kst>* • expanded polypropylene (EPP)
Geschenkpackung *f DIN 55 405 <pack>* • gift pack
Geschenkpapier *n <pack.pap>* • gift wrapping paper
geschichtet *<geo>* • bedded
geschichtet *<logist> (als Stapel; z. B. Bleche, Bretter)* • stacked
geschichtete Blattfeder *f <fz> (z. B. LKW)* • stratified leaf spring; laminated leaf spring
Geschiebe *n <geo> (eines Flusses)* • bed load
Geschiebe *n <geo> (allg.)* • debris; rubble
Geschiebe *n <geo> (eher große Blöcke)* • boulders *pl*
geschirmtes Kabel *n <el>* • shielded cable; screened cable *rare*
geschirmtes TP-CAT.5-Kabel *n <comp>* • shielded twisted pair CAT-5 cable
Geschirr *n <förd> (Hebezeug)* • tackle; gear
Geschirr *n <gastr> (Teller, Tassen etc.)* • tableware
Geschirr *n <masch> (z. B. für Seile, Kabel)* • harness
Geschirrspülmaschine *f <el.gastr>* • dish-washer; dish-washing machine
Geschirrspülmittel *n <chem.hygi> (für Geschirr; allg. f. manuelles od. maschinelles Spülen)* • dishwashing detergent
geschleudert *<prod> (z. B. Rohr, Lagerschale)* • centrifugally cast
geschliffen *<obfl>* • ground *adj*
geschliffen *<silik> (Glas, Edelstein)* • cut *adj*
geschlitzt *<ents> (Wand, Rohr, Spundwand, Plane)* • slotted
geschlitztes Kunststoffrohr *n <bau.rls>* • perforated plastic pipe
geschlossen *<allg> (z. B. Tür, Stromkreis, Gussform)* • closed
geschlossen: in sich ~ *<allg>* • self--contained
geschlossen *<bekl> (Kinnriemen, Gurt)* • buckled
geschlossene Benutzergruppe *f* (GBG) *<tech.allg>* • closed user group (CUG)
geschlossener Kreislauf *m <tech.allg> (z. B. Kühlsystem, Heizung, Wiederverwertung, Wiederaufbereitung)* • closed-circuit system
geschlossener Zyklus *m <tech.allg> (z. B. Lastspiel, Lastwechsel)* • complete cycle
geschlossenes Schuhwerk *n <bekl>* • closed footwear
geschlossenes System *n <tech.allg>* • closed system
geschlossenzelliger Schaum *m <kst>* • closed-cell foam
Geschmacksmuster *n <jur>* • registered design; ornamental design; design patent
Geschmacksverstärker *m <nahr>* • taste improver; flavor enhancer *US*; flavour enhancer *GB*; flavor modifier *US*; flavour modifier *GB*
Geschmacksverstärkung *f <nahr>* • flavor enhancement *US*; flavour enhancement *GB*
geschmackvoll *<allg> (Ausstattung, Farbgebung etc.)* • tasteful
geschmeidig *<qualit.mat> (weich, leicht bieg- und faltbar)* • pliable
geschmeidig *<qualit.mat> (allg.; z. B. Leder, Abrollverhalten von Reifen)* • supple
geschmeidig *<textil> (Faden)* • supple; flexible
Geschmeidigkeit *f <kfz> (Reifen)* • suppleness
Geschmeidigkeit *f <mat> (mit geringem Kraftaufwand verformbar)* • flexibility; pliability
geschmiedet *<tech.allg>* • forged
geschmolzen *<tech.allg> (Metall, Wachs, Butter, Schnee etc.)* • molten
Geschoss *n <bau> (eines Gebäudes)* • floor *US*; story *US.GB*; storey *GB*
Geschoss *n <mil> (einer Waffe)* • projectile; bullet *coll*

Geschossbahn *f <mil> (von ballistischer Munition)* • bullet trajectory; bullet's flight path; projectile trajectory; projectile path

Geschossfläche *f <bau> (Gesamtfläche aller Stockwerke eines Gebäudes)* • floor area; gross floor area

Geschosshöhe *f <bau>* • floor-to-floor height

geschränktes Sägeblatt *n <wz>* • straight-set saw blade; straight-tooth saw blade

Geschütz *n <mil> (Artillerie)* • cannon

Geschützbronze *f <mat> (CuZnSn-Legierung)* • gun metal; red brass *US.coll*

Geschütze *npl <mil> (Kanonen, Artillerie)* • ordnance

geschützt *<allg>* • protected; guarded

geschützt: gegen unautorisierte Eingriffe ~ *<tech.allg> (Gehäuse, Software)* • tamper-proof

geschützt *<el> (abgeschirmt)* • shielded

geschützter Bindestrich *m ISO/IEC 2382-23 <comp>* • hard hyphen *ISO/IEC 2382-23*; required hyphen

geschützter Modus *m <comp> (bestimmte Programme werden beim Rechnerstart nicht geladen)* • protected mode

geschütztes Leerzeichen *n <druck>* • nonbreaking space (NBSP); hard space; fixed space; no-break space *ISO/IEC 2382-23*

Geschützturm *m <mil> (z. B. auf Panzern, unter Hubschraubern, auf Schiffen)* • gun turret; turret *pract*

geschwächt *<mech>* • weakened

geschwärzt *<obfl>* • blackened

geschweift *<allg> (lange S-Kurve)* • curved

geschweifte Klammer *f <doku>* • curly bracket

geschweißt *<füg>* • welded

Geschwindigkeit *f <tech.allg> (Aktion, Ereignis, Menge etc. pro Zeiteinheit; z. B. Durchfluss)* • rate

Geschwindigkeit *f <fz> (allg.; bodengebundene Fz.)* • speed; driving speed

Geschwindigkeit *f* (v) *<phys> (eines Körpers in einer bestimmten Richtung)* • velocity (v)

geschwindigkeitsabhängige Anpressdruckregelung *f <kfz> (von Scheibenwischern)* • speed-sensitive wiper system

geschwindigkeitsabhängige Lenkunterstützung *f form <kfz>* • speed-related variable steering assistance; speed-regulated steering assist[ance]; parameter steering; speed-sensitive variable-assist power steering *Ford*

Geschwindigkeitsbegrenzung *f <verk> (z. B. 100 km/h)* • speed limit; speed limitation

Geschwindigkeitsüberschreitung *f <jur.verk> (als Messwert; z. B. an Radargerät)* • speed-reading

Geschwindigkeitsüberschreitung *f <jur.verk> (als Verkehrsdelikt)* • speeding offence

Geschwindigkeit über Grund *f* (GS) *<aerosp>* • ground speed (GS)

Gesenk *n*: **im ~ schmieden** *vt <metall> (kalt oder warm)* • drop forge *vt*; die-forge *vt*; swage *vt*

Gesenk *n <prod> (Umformen allg.)* • die

Gesenk *n*: **im ~ geformt** *<prod>* • die-formed

Gesenk *n*: **im ~ geschmiedet** *<prod>* • drop-forged

Gesenk *n*: **im ~ pressen** *vt <prod>* • die-press *vt*

Gesenkaushebeschräge *f <metall> (beim Gesenkschmieden)* • die draft *US*; die draught *GB*

Gesenkblock *m <metall> (Druckguss, Gesenkschmieden)* • die block

Gesenkblock *m <prod> (allg.)* • cavity block

Gesenkeinsatz *m <prod>* • die insert

Gesenkfräsen *n <prod>* • die milling; die sinking

Gesenkherstellung *f <prod>* • die making

Gesenkoberteil *n <metall>* • top die; top swage; upper die

Gesenkplatte *f <kst> (Spritzg.)* • cavity plate

Gesenkplatte *f <prod> (allg.)* • cavity block

Gesenkpressen *n <prod> (von Blech)* • die stamping

Gesenkschmieden *n DIN 8583-4 <prod> (allg.; im Ggs. zum Freiformschmieden)* • closed-die forging; die forging

Gesenkschmieden *n <prod> (mit Fallhammer)* • drop forging

Gesenkschmiedeteil *n* <*prod*> *(allg.; gehämmert od. gepresst)* • die-forged component; die-forged part; die forging

Gesenkschmiedeteil *n* <*prod*> *(gehämmert)* • drop-forge component; drop-forged component; drop forging

Gesenkschräge *f* <*metall*> *(beim Gießen, Schmieden, Pressen)* • die draft *US*; die taper; die draught *GB*

Gesenkunterteil *n* <*prod*> • lower die; bottom die *pract*

Gesetz *n* <*jur*> • law

Gesetz *n* <*phys*> *(Prinzip; z. B. Mach'-sches Gesetz)* • principle; law

Gesetzgeber *m* <*jur*> • lawmaker; legislator

gesetzlich <*jur*> • legal; statutory

gesetzliche Helmpflicht *f* <*kfz.sich*> *(beim Motorradfahren)* • mandatory helmet use

gesetzliche Rahmenbedingungen und Vorschriften *fpl* <*jur*> • legal conditions and regulations

gesetzliche Vorschriften *fpl* <*jur*> • statutory provisions; legal requirements; statutory requirements; legal provisions

gesetzlich vorgeschrieben <*jur*> • legally required; mandatory

gesichert <*mil*> *(Waffe)* • safe

gesicherte Zweitschlagkapazität *f* <*mil*> • assured nuclear second-strike ability

Gesichtserkennung *f* <*sich*> *(zur Überwachung, Zugangskontrolle)* • face detection

Gesichtsfeld *n* <*opt*> *(z. B. Brille, Motorradhelm)* • visual field; field of vision; viewing field

gesickt <*metall*> *(Blech)* • ribbed

Gesims *n* <*bau*> *(allg.; auch an Säulen)* • cornice

Gesims *n* <*bau*> *(relativ schmales, hervorstehendes Teil, auch an Felsen)* • ledge

Gesims *n* <*bau*> *(betont: hervorstehendes Formteil)* • molded projection; molding

Gesims *n* <*bau*> *(einer Brücke)* • fascia; bridge fascia; fascia strip; alignment

gesintert <*mat*> *(z. B. Dachziegel, Pleuel)* • sintered

Gespann *n* <*kfz*> *(Motorrad)* • sidecar machine

gespannt <*masch*> *(z. B. Kette, Riemen, Seil)* • tensioned; taut

gespannt <*mech*> *(unter Zugspannung)* • stressed

gespannt <*mil*> *(Schusswaffe)* • cocked

gespeicherte Energie *f* <*phys*> *(z. B. in Batterien, Wärmespeicher, Pumpspeicherbecken)* • stored energy

Gesperre *n* <*masch*> • pawl and ratchet mechanism; locking mechanism; safety catch

gesperrt <*allg*> *(allg.)* • shut-off

gesperrt <*tech.allg*> *(z. B. Funktion, Leitung, Anschluss, Gerät)* • disabled; off *coll*

gesperrt <*druck*> *(großer Druckzeichenabstand)* • spaced

gesperrt <*el*> *(z. B. Transistor)* • non--conducting; off

Gespinst *n* <*textil*> *(aus kurzen Filamenten)* • spun-staple yarn

Gespräch *n* <*tele*> • telephone call; call *coll*

Gesprächsdatenerfassung *f* <*tele*> • call data acquisition

Gesprächsdauer *f* <*tele*> • call duration; length of conversation

Gesprächseinheit *f* <*tele*> • call unit

gesprenkelt <*obfl*> • mottled; speckled

gesprochene Sprache *f* <*av.comp*> • voice speech

gespundet <*bau*> • grooved and tongued

Gestaltabweichung *f DIN 4760* <*tech.allg*> *(Werkstoffoberfläche)* • form deviation *DIN 4760*

gestalten *vt* <*tech.allg*> *(konfigurieren)* • configure *vt*

gestalten *vt* <*tech.allg*> *(Form, Aussehen festlegen)* • design *vt*

gestaltfester Fahrgastraum *m form* <*kfz*> • stiff cabin structure; rigid passenger compartment; rigid passenger cage; rigid safety cage

gestaltlos <*allg*> • shapeless

Gestaltung *f* <*tech.allg*> • design

Gestänge *n* <*masch*> *(mit Hebeln, Gelenken)* • bar linkage; linkage

gestanzt <*prod.metall*> *(Blech)* • stamped and cut

Gestein *n* <*geo.min*> • rock

Gesteinsbohrer *m DIN 20302* <*wz*> • rock drill; stone drill

Gesteinsbrecher *m <min.wz>* • rock crusher; stone crusher; rock breaker; stone breaker
Gesteinsformation *f <geo>* • rock formation
Gesteinsmehl *n <bau.mat> (betont: als Füllstoff)* • mineral filler
Gesteinsmehl *n DIN 4226-1 <bau.mat> (allg.)* • powdered minerals *pl*; rock flour; glacial meal
Gesteinsschicht *f <geo>* • rock stratum; rock bed; layer of rock
Gestell *n <tech.allg> (Regal o. Ä.: z. B. für Normeinschübe)* • rack
Gestell *n <tech.allg> (Ständer, Stütze)* • support; base; stand
Gestell *n <masch> (tragender Rahmen; z. B. von Werkzeugmaschine)* • frame
Gestell *n <verbr> (Flammofen)* • hearth
gesteuert *<allg> (z. B. Verbrauch, Geldumlauf, Aufzug, Werkzeugmaschine)* • controlled
gesteuerte Größe *f <msr>* • variable to be controlled; controlled variable
gestört *<tech.allg> (räumliche, zeitliche Anordnung; Ablauf)* • disordered
gestört *<tech.allg> (z. B. Funkverkehr, Kompass, Regelung)* • disturbed; perturbed
gestört *<tech.allg> (z. B. Maschine)* • out-of-order
gestreckt *<nahr> (z. B. Sauce, Suppe, Wein)* • watered
gestreckt *<prod> (Werkstück)* • elongated
gestreckte Folie *f DIN 55 405 <kst>* • oriented film
gestreckte Version *f <tech.allg> (z. B. von Autos, Flugzeugen)* • stretched version; stretch version
gestreut *<tech.allg> (z. B. Messungen)* • dispersed
gestrichenes Papier *n <pap>* • coated paper
Gestrick *n DIN 62055 <textil>* • knitted fabric
Gestricke und Gewirke *npl <textil>* • knitwear
gestutzt *<allg> (Ecken bei Dachziegel, Schiefer usw.)* • clipped
gesund *<tech.allg> (z. B. Holz, Metall, Wein)* • sound
gesundheitsschädlich *<med> (z. B. Substanzen)* • harmful
Gesundheitstechnik *f <med.tech>* • public health engineering
getaktet *<autom> (zeitgleich)* • synchronized; synchronous
getaktet *<comp> (Prozessor)* • clocked
getaktet *<el> (durch Impulse)* • pulsed
getarnt *<kfz> (z. B. Prototypen, "Erlkönige")* • disguised; camouflaged
geteilt *<allg> (in Abschnitte, Sektionen)* • sectioned; sectionalized
geteilt *<tech.allg> (z. B. Skala, Strecke, Winkel, Strömung)* • divided
geteilt *<masch> (in zwei Teile, Hälften; z. B. Lager, Muffe)* • split *adj*
geteiltes Gehäuse *n <masch> (z. B. Getriebe, Pumpe)* • split casing
geteiltes Gleitlager *n <masch> (z. B. von Pleueln)* • split bearing; half bearing
geteilt umklappbare Rücksitze *mpl <kfz.innen>* • split folding rear seats
getönt *<obfl> (z. B. Visier, Glas)* • smoke tint
Getränk *n <nahr>* • drink
Getränkeaufbau *m <nfz>* • beverage body
Getränkeautomat *m <tech.allg> (für kalte Getränke)* • soft drink machine
Getränkedose *f <pack>* • beverage can
Getränkeflasche *f DIN 55 405 <pack.-nahr>* • beverage bottle
Getränkehalter *m form <kfz.innen> (z. B. in Mittelkonsole, Klappe des Handschuhfachs)* • cup holder; beverage holder *US*; cupholder *GB*
Getreide *n <agri>* • cereal
Getreidesilo *m/n <logist>* • grain silo; grain storage bin; grain store
getrennte Erfassung *f <ents> (von verschiedenen Materialtypen; z. B. Glas, Papier, Plastik, Restmüll)* • separated collection; collection point separation; source separation
Getriebe *n <antr> (Zahnradgetriebe, jede Bauart, jede Anordnung)* • transmission (trans) *US*; gearbox *GB*; gearcase *US*; tranny *US.coll*; box *GB.coll*
Getriebe *n <antr> (allg.; jede Bauart, auch Riemengetriebe)* • transmission *US.GB*
Getriebeabstufung *f <antr> (Verteilung der Drehzahlunterschiede zw. den einzelnen Gängen)* • gear ratio spread;

gearing spread

Getriebeabtriebswelle *f form <kfz.antr>* • transmission output shaft; gearbox output shaft *GB*; driven shaft *pract*; output shaft *pract*; main shaft *pract*

Getriebe/Differentialeinheit *f <kfz.antr> (bei Frontantrieb oder Transaxle-Bauweise)* • transaxle

Getriebeeingangswelle *f <kfz.antr> (zwischen Kupplung und Getriebe)* • input shaft; primary shaft; clutch shaft; drive pinion

Getriebegehäuse *n <antr> (allg.; jeder Getriebetyp)* • transmission case; transmission housing

Getriebegehäuse *n <kfz.antr> (bei Frontantrieb oder Transaxle-Bauweise)* • transaxle housing

getriebelos *<tech.allg>* • gearless

Getriebe mit Pfeilverzahnung *n <antr>* • herringbone gearing

Getriebemotor *m <antr> (Elektromotor mit angeflanschtem Getriebe)* • geared motor

Getriebeöl *n <tribo>* • transmission oil

Getriebeölpumpe *f <aerosp.tribo>* • gearbox oil pump *rare*

Getrieberegner *m <agri>* • geared sprinkler

Geviert *n <bau> (Altarbereich zw. Langhaus, Apsis, Seitenschiffen)* • square *:V*

Geviertstrich *m <druck> (Gedankenstrich in der Länge eines Gevierts)* • em dash

gewachsener Boden *m <bau.mat>* • natural soil; unmade ground; undisturbed ground

gewachsener Fels *m <geo>* • native rock; native bedrock; solid rock; ledge rock

Gewächshaus *n <agri>* • greenhouse *US*; glasshouse *GB*; conservatory

gewachste Zahnseide *f <hygi.wz>* • waxed dental floss

gewährleisten *vt <jur>* • warrant *vt*; ensure *vt*; guarantee *vt*; represent *vt*

Gewährleistung *f <jur>* • warranty; guarantee

Gewährleistung gegen Durchrostung *f <kfz.qualit>* • anti-perforation warranty

Gewährleistungspaket *n <jur>* • warranty package

Gewässer *n <geo> (Fließgewässer, stehende Gewässer)* • water body; waters

Gewässerverunreinigung *f jurist <ökol>* • pollution of waters; contamination of waters; water pollution

Gewebe *n <bio> (menschl., tierisch)* • tissue

Gewebe *n*: **mit ~ kaschiert** *<mat>* • fabric-backed

Gewebe *n <textil> (aus zwei sich rechtwinklig kreuzenden Fadensystemen, Kette/Schuss)* • woven fabric; woven textile fabric; fabric cloth; fabric; cloth

Gewebe *n <textil> (Oberbegriff für gewebte und nicht gewebte Stoffe)* • fabric; cloth

gewebearmierte Dichtungsbahn *f <ents>* • fabric-reinforced liner sheet

Gewebefilter *m/n <verf> (Element aus Geflecht, Vlies oder Gewebe)* • fabric filter (FF)

Gewebefilter *m/n <verf> (Oberflächenfilter)* • cloth filter; fabric filter; woven-fabric filter

Gewebeklebeband *n <hlk.wz> (faserverstärkt, reißfest, wasserdicht, meist silber)* • duct tape

Gewebelage *f <fz> (in Reifen)* • ply; carcass ply; casing ply

Gewebelage *f <textil> (in mehrlagigem Material; z. B. in Schlauchbooten, Faltenbalgen)* • fabric layer

Gewebeschlauch *m <tech.allg> (gewebeverstärkt; für Druckleitungen; z. B. für Druckluft, Bremsanlage)* • braided hose; fabric-reinforced hose

Gewebeschlauch *m EN ISO 8330 <rls> (aus Gewebe; z. B. Feuerwehrschlauch)* • woven hose *EN ISO 8330*; circular woven hose; woven jacket hose

Gewehr *n <mil>* • rifle

Gewehrkolben *m <mil>* • butt

gewellt *<phys> (z. B. Oberfläche)* • undulated; wavy

gewellt *<prod> (z. B. Blech, Karton)* • corrugated

gewellte Federscheibe *f DIN 137 <füg>* • wave spring washer *DIN 137*

gewellter Federring *m DIN ISO 1891 <füg>* • wave spring lock washer; wave split lock washer

gewellter Metallschlauch *m EN ISO 7369 <rls> (mit wendel- od. ringförmi-*

gen Wellen) • corrugated metal hose *EN ISO 7369*

Gewerbe *n <ökon>* • trade; business

Gewerbe *n <wz> (Gelenk von Zangen, Scheren)* • joint

Gewerbeabfälle *mpl <ents> (produktionsspezifische Feststoffabfälle)* • commercial waste; trade waste; trade refuse

gewerblicher Hersteller *m <prod>* • professional builder

gewerbliche Schutzrechte *npl <jur>* • industrial property rights

Gewicht *n <phys> (allg.)* • weight

Gewichtsanteil *m* (GWT) *<tech.allg>* • parts by weight (pbw)

Gewichtseinsparung *f <tech.allg> (in Konstruktion, Produktion, Betrieb; z. B. durch Leichtbau)* • weight saving

Gewichtskraft *f DIN 1305 <phys> (als betonter Unterschied gegenüber Masse)* • weight

gewichtsoptimiert *<prod>* • reduced--weight *:V*

Gewichtsreduzierung *f <tech.allg> (typ. Konstruktionsziel; z. B. bei Fahrzeugen)* • weight reduction; mass reduction *rare*

gewichtssparend *<tech.allg>* • weight--saving

Gewichtsstaumauer *f <bau.hydr>* • gravity dam; gravity type dam

Gewichtsverteilung *f <tech.allg> (z. B. Decke, Schiff, Flugzeug)* • load distribution; distribution of load

Gewichtszunahme *f <tech.allg>* • weight gain

Gewichtungssequenz *f <allg> (z. B. von Fehlerkategorien)* • weighting sequence

gewickelt *<el> (Spule)* • wound

Gewinde *n DIN 2244 <masch> (allg. für Verschraubungen; innen u. außen)* • screw thread; thread

Gewinde... *<masch> (direkter Bezug zum Gewinde)* • thread ...; screw thread ...

Gewinde... *<masch> (betont: hat ein Gewinde)* • threaded ...

Gewindeanfang *m <masch>* • thread start; thread beginning

Gewindeauslauf *m <masch>* • thread runout; vanish thread *rare*; partial thread *rare*; washout thread *rare*

Gewindebacke *f <wz> (allg.)* • screw die

Gewindebohren *n <prod>* • tapping; cutting tapping; conventional tapping; thread tapping *form*; cut tapping

Gewindebohrer *m DIN 352 <wz> (allg.)* • tap; thread-cutting tap; thread tap *rare*; cutting tap *rare*; screwing tap *rare*

Gewindebohrersatz *m <wz>* • set of taps; tap set; set of hand taps; serial tap set; serial set

Gewindebohrung *f <füg>* • tapped hole; threaded hole; taphole *rare*; pre--tapped hole *rare*

Gewindebuchse *f <füg.rep> (zur Reparatur beschädigter Gewinde)* • thread repair insert; screw-thread insert

Gewindedrehen *n <prod>* • thread turning; single-point thread-turning; lathe threading; single-point lathe--threading; single-point thread-cutting

Gewindedrücken *n <prod> (Gewindeherstellung)* • thread pressing; thread spinning

Gewindeeinsatz *m <füg.rep> (zur Gewindereparatur; allg.; jeder Typ; z. B. Buchse od. Draht)* • thread insert; internal thread insert; screw-thread insert; thread repair insert

Gewindeende *n <füg>* • thread end; point style

Gewindefassung *f <füg> (allg.; Bauteil mit Innengewinde zur Aufnahme von Teil mit Außengewinde)* • thread mount; screw mount

Gewindeflanke *f <masch>* • thread flank; flank; thread side *rare*; face

Gewindefräsen *n <prod>* • thread milling

Gewindefräser *m* (GF) *<wz>* • thread--milling cutter; thread milling cutter; thread mill

Gewindefurchen *n DIN 8583-5 <prod> (Innengewindeherstellung)* • form tapping; roll form tapping; cold-form tapping

gewindefurchende Schraube *f DIN EN ISO 7085 <füg>* • thread forming screw *ISO 7085*; thread-rolling screw *DIN 7500*; thread-forming tapping screw *form*; thread rolling screw

Gewindegang *m <füg> (von Schrauben, Muttern)* • thread groove

Gewindegrund *m <masch>* • thread

root; root of thread; root

Gewindeherstellung *f <prod>* • threading; thread production; screw-thread production; thread manufacturing; screw-cutting *rare*

Gewindekern *m <masch>* • thread core; web of thread; core of thread

Gewindelänge *f <füg> (Schraube)* • thread length

gewindelos *<masch>* • unthreaded

Gewindemuffe *f <füg>* • threaded sleeve; screwed coupler

Gewindepaarung *f <füg>* • mating threads; thread assembly

Gewindeprofil *n <füg> (Gewindeart)* • thread profile; thread form; thread shape; screw-thread profile

Gewindering *m <masch>* • threaded ring; thread ring; ring nut

Gewinderohrverbindung *f <rls.füg>* • threaded pipe connection; screwed fitting *pract*

Gewinderolle *f <wz.masch> (Gewinderollkopf)* • thread roll; attachment thread-roll

Gewindeschleifen *n <prod>* • thread grinding

Gewindeschneidbacke *f <wz> (in Gewindeschneidkluppe oder Gewindeschneidkopf)* • chaser

Gewindeschneideisen *n <wz> (allg.; zum Außengewindeschneiden)* • thread-cutting die; threading die; screwing die; screw plate die; die *pract*

Gewindeschneiden *n <prod> (allg.)* • thread cutting *US*; screw cutting *rare*

Gewindeschneidkluppe *f <wz> (mit auswechselbaren Schneidbacken; für Whitworth-Rohrgewinde)* • screw plate stock; inserted-chaser solid die; screw stock; die stock

Gewindeschneidkopf *m <wz> (allg.; f. Außen- od. Innengewinde)* • thread--cutting head; threading attachment; threading die [head]; die head; chasing die head

Gewindeschneidschraube *f DIN 7513/7516 <füg> (für vorgebohrtes Kernloch; feine Steigung; nicht für Blech)* • thread-cutting screw (TEKS) *ISO 1479*; thread cutting tapping screw; metallic drive screw; drive screw; tapping screw

Gewindeschneidzeugsatz *m <wz>* • tap and die set

Gewindesockel *m <el>* • screw cap

Gewindespindel *f <masch>* • lead-screw; threaded spindle; worm gear spindle; screw *pract*

Gewindespitze *f <füg> (Spitze des Gewindezahns; z. B. abgeflacht)* • crest; thread crest

Gewindestange *f <bau.füg> (Meterware)* • studding; threaded rod

Gewindesteigung *f <füg> (Abstand d. Gewindegänge)* • lead *[li:d]*; flank lead *form*; thread pitch; pitch *pract*

Gewindestift *m DIN 417 <masch> (Gewinde über ganze Länge; meist sehr klein)* • setscrew *ISO 7435*; worm-screw; headless setscrew *did*; grub-screw

Gewindestift mit Innensechskant *m DIN 913-916 <füg>* • hexagon socket set screw; socket-type set screw

Gewindestift mit Schlitz *m DIN 926 <füg>* • slotted setscrew

Gewindestopfen *m <masch>* • screw plug

Gewindestrehlen *n <prod>* • thread chasing; chasing; screw chasing *rare*

Gewindestrehler *m <wz> (Gewindewerkzeug mit mehreren Schneiden)* • thread-cutting chaser; thread chaser; threading chaser; thread chasing tool; die-head thread chaser

Gewindeteil *m <masch> (mit Gewinde versehener Bereich)* • threaded portion; threaded section; tapped portion

Gewindeteil *n <masch> (Werkstück mit Gewinde)* • threaded part

Gewindeteilung *f prakt <masch>* • thread pitch

Gewindewalzen *n <prod> (ein Umformverfahren)* • thread rolling; roll threading *rare*

Gewindewälzfräsen *n <prod>* • thread hobbing

Gewindewerkzeug *n <wz>* • threading tool; threading toolbit

Gewindewirbeln *n <prod>* • thread whirling; fly cutting; thread peeling *rare*; fly milling *rare*

Gewinn *m <allg> (z. B. finanziell, elektronisch)* • gain

gewinnen *vt <allg> (Zuwachs)* • gain *vt*

gewinnen *vt <chem> (extrahieren; z. B.*

durch Druck, Lösungsmittel etc.) • extract *vt*

gewinnen *vt <min> (ausbeuten; Bodenschätze)* • exploit *vt*

gewinnen *vt <verf> (erhalten; z. B. Metall aus Erz, Medikamente aus Pflanzen)* • obtain *vt*

Gewinnschwelle *f <ökon>* • break-even point

Gewinnungsbohrung *f <petr>* • recovery well

Gewirk *n DIN 62055 <textil>* • knitted fabric

Gewitter *n <meteo>* • thunderstorm

gewöhnlich *<allg> (weit verbreitet, üblich)* • common

gewöhnlich *<tech.allg> (im Ggs. zu Hochtechnologie)* • conventional

gewöhnlich *<tech.allg> (allg. üblich; z. B. Vorgehensweise, Ausführung)* • standard

gewöhnungsbedürftige Formgebung *f <tech.allg> (z. B. Citroen DS21, BMW 7er 2002)* • controversial styling

Gewölbe *n <bau> (Deckentyp; z. B. in Kirche)* • vault

Gewölbe *n <metall> (Schmelzofen etc.)* • crown; arch crown; arch roof

gewölbt *<tech.allg> (Behälterboden; konvex od. konkav; z. B. von Getränkedose)* • domed

gewölbt *<tech.allg> (Fläche; bogenförmig)* • arched; curved

gewölbt *<bau> (Decke)* • vaulted

gewölbt *<kfz> (Frontscheibe)* • arched

gewölbt *<prod> (konkav, nach innen, vertieft)* • dished

gewölbte Bahn *f <kfz.wz> (leicht ballig; von Karosseriehammer)* • crowned face

gewölbte Federscheibe *f <masch>* • curved spring washer

gewölbter Kopf *m <füg> (Schraube)* • raised head

gewunden *<tech.allg> (z. B. Feder)* • convolute

gewunden *<prod>* • coiled

Gewundenheit *f <allg>* • sinuosity

gewürfelt *<allg> (z. B. Tuch)* • chequered

gewürfelt *<obfl> (Mosaik)* • tesselated *US*; tessellated *GB*

Gewürzindustrie *f <nahr.prod>* • spice industry

gezackter Rand *m <prod> (eher runde Zacken; z. B. Blechrand nach Tiefziehen)* • scallop

Gezähe *n <min.wz>* • miner's tool[s]; working gear

gezahnt *<tech.allg> (eher spitze Zähne; sägeartig)* • serrated

gezahnt *<tech.allg> (allg.; spitze oder stumpfe Zähne)* • toothed

gezahnte Abreißkante *f <tech.allg> (z. B. für Frischhaltefolie, Rollenpapier)* • serrated tear bar

Gezeiten *pl <hydr>* • tides

Gezeitenenergie *f <geo.energ>* • tidal energy

Gezeitenkraftwerk *n <energ.hydr>* • tidal power plant *US*; tidal power station *GB*

Gezeitenwasserkraft *f <energ.hydr>* • tidal power; tidal energy; tide power

gezielt anfertigen *vt <prod> (für spezifische Anforderungen)* • tailor-make *vt*; tailor *vt*

gezinktes Brett *n <bau.mat>* • dovetailed board

gezogen *<tech.allg> (z. B. Blech, Dose, Draht, Linie)* • drawn

gezogen *<mil> (Gewehrlauf, Geschützrohr)* • rifled

gezogene Schwinge *f <fz>* • trailing link fork

gezüchtet *<bio>* • grown

gezuckert *<nahr>* • sweetened with sugar

gezwirnt *<textil>* • twisted; thrown

GFK-Karosserie *f form <kfz> (z. B. in Kleinserien-Sportwagen)* • GRP body *form*; glass fibre bodywork *GB*; fiberglass body[work] *US*; glass body *coll*

Gicht *f <metall> (Beschickungsöffnung an Hochofen)* • furnace throat; furnace firing throat; furnace top

Gichtbühne *f <metall> (Hochofen)* • charging platform; charging gallery; charging floor; blast-furnace charging gallery; blast-furnace charging floor

Gichtgas *n <metall>* • blast-furnace gas; furnace gas

Giebel *m ugs <bau>* • gable

Gierantrieb *m <energ.wind>* • yaw drive; azimuth drive *rare*

Gierbewegung *f <tech.allg> (z. B. Flugzeug, Roboter, Schiff)* • yaw; yaw motion *rare*; yawing; yawing motion *rare*

gieren *vi <aerosp> (Drehen um die Hochachse)* • yaw *vi*

gieren *vi <fz> (Drehung um die Hochachse)* • yaw *vi*

Giermoment *n <phys>* • yawing moment

Gierratensensor *m <fz.msr>* • yaw rate sensor

Gierwinkel *m <tech.allg> (z. B. Fahrzeug, Roboter, Windrotor)* • yaw angle

Gierwinkel *m <energ.wind> (zwischen Windrichtung und einer horizontalen Rotorachse)* • yaw angle; azimuth angle *rare*

Gierwinkelfehler *m <kfz> (zwischen Fahrzeuglängsachse und tatsächlicher Fahrtrichtung)* • yaw angle; heading angle

Gießbarkeit *f <allg> (Ausgießbarkeit von Schüttgütern)* • pourability

Gießbarkeit *f <qualit.mat> (z. B. von Gusseisen, Aluminium, Kupfer)* • castability; moldability

Gießen *n <prod> (Vorgang; allg.; von Metall, Gips o. Ä. in eine Form)* • casting; shaping by casting

Gießen *n <prod> (Schmelzen und Gießen des Werkstoffes in eine Form)* • founding

Gießen *n <prod> (etw. ausgießen)* • pouring; teeming

gießen *vt <tech.allg> (Metall, Kunststoff, Beton in eine Form gießen)* • cast *vt*

gießen *vt <tech.allg> (ausgießen)* • pour *vt*; teem *vt*

gießen *vt <metall> (schmelzen und in eine Form gießen)* • found *vt*

Gießerei *f <prod.metall>* • foundry

Gießform *f <metall> (allg.; z. B. aus Sand)* • casting mold *US*; foundry mold *US*; casting mould *GB*; foundry mould *GB*

Gießkern *m <metall>* • core

Gießverfahren *n <metall> (Methode; z. B. Druckguss, Schleuderguss)* • casting method

Giftgas *n <allg>* • poison gas; poisonous gas

giftig *<qualit.mat>* • poisonous; toxic

Giftigkeit *f <qualit.mat>* • toxicity

Giftmüll *m <ents>* • toxic waste; poisonous waste *GB*

Giftmüllentsorgungsanlage *f <ents>* • toxic waste disposal plant

Giftstoff *m <chem.bio>* • toxic substance; toxic agent; toxicant; toxin; poison *coll*

Giftwirkung *f ISO/DIS 13344 <chem.-bio> (z. B. von Brandgasen)* • toxic potency *ISO/DIS 13344*

Giga... (G) *<phys.msr> (SI-Vorsilbe; z. B. Gigawatt = 10^9 Watt)* • giga (G)

Gigabyte *n* (GB) *<comp> (1 Gigabyte = 2^{30} = 1 073 741 824 bytes)* • gigabyte (GB); GByte; Gbyte

Gigahertz *n* (GHz) *<phys> (Frequenzeinheit)* • gigahertz (GHz)

GIL-Technik *f <el> (Weiterentwicklung der SF6-Rohrleitertechnik)* • gas-insulated conductor technology *:V*

Gipfelhöhe *f <aerosp>* • absolute ceiling

Gipfelpunkt *m <allg> (Verlauf, Entwicklung)* • peak point

Gipfelpunkt *m <tech.allg> (Kurve, Schaubild)* • peak

Gipfelpunkt *m <aerosp>* • apex of trajectory; vertex of trajectory

Gips *m <min> ($CaSO_4 * 2 H_2O$)* • gypsum

Gipskarton-Bauplatte *f* (GKB) *<bau.-mat>* • standard wallboard; regular wallboard

Gipskartonplatte *f* (GK) *<bau.mat>* • wallboard *US*; gypsum board *GB*; plasterboard; gypboard; drywall *US*

Gipsplatte *f prEN 14195 <bau.mat>* • gypsum plasterboard *prEN 14195*

Gipsputz *m <bau.mat>* • anhydrous plaster; gypsum plaster; stucco

Gitter *n <tech.allg> (Rost)* • grate; grating

Gitter *n <tech.allg> (Grill; z. B. als Lufteinlass, vor Lautsprechern etc.)* • grille

Gitter *n <tech.allg> (vor einer Öffnung)* • grating

Gitter *n <doku> (Linien; z. B. UTM auf Landkarten)* • grid

Gitter *n <el>* • grid

Gitter *n <mat> (innere Struktur)* • lattice

Gitteranordnung *f <tech.allg> (z. B. im Kristall)* • lattice arrangement

Gitterebene *f <tech.allg> (z. B. Kristall, Fachwerk)* • lattice plane

Gittermast *m <bau>* • lattice tower

Gitternetz *n <opt> (in Visier, Sucher, Messoptik)* • graticule

Gitterrahmen *m <nfz> (z. B. Autobus)* • space frame; lattice frame

Gitterrohrrahmen *m <kfz> (Motorrad; typ. bei Ducati Monster)* • space frame; triangulated tubular space frame *form*

Gitterrost *m <tech.allg> (z. B. Stahlbau, Feuerung)* • grate

Gitterrost *m <tech.allg>* • filter case divider

Gitterstörung *f <qualit.mat> (z. B. Fehlstelle im Kristallgitter)* • lattice imperfection; lattice defect; crystal defect; lattice disorder

Gitterstruktur *f <el> (z. B. von Solarzellen)* • grid pattern

Gitterträger *m <bau> (als Deckentragwerk)* • bar joist

Gittertragwerk *n <tech.allg> (typ. aus Holz od. Stahl; z. B. Brücke, Mast, Fahrzeug)* • truss structure; lattice structure; latticed structure

Gitterturm *m <bau> (z. B. für Sendemasten, Freileitungen)* • lattice tower; truss tower

Glanz *m <obfl> (aus der Tiefe kommend, intensiv)* • luster *US*; lustre *GB*; sheen; shine; gloss

Glanz *m <obfl> (Oberflächenmerkmal; z. B. definiertes Atttribut bei Computergrafik)* • brightness; shininess

Glanz *m <textil> (von Fasern, Geweben etc.)* • brightness

glänzen *vi <obfl> (blanke, glatte Oberfläche; z. B. Lack)* • shine *vi*

glänzen *vi <obfl> (feucht; z. B. Wasseroberfläche)* • glisten *vi*

glänzen *vt <obfl> (eine glänzende Oberfläche erzeugen)* • brighten *vt*

glänzend *<obfl> (z. B. Papier, Lack)* • glossy; shiny

glänzend *<obfl> (hell; z. B. blankes Metall)* • bright; lustrous

Glanzlackierung *f <obfl>* • high-gloss finish

Glanzlicht *n <kunst> (hellste Fläche, Lichtakzent; in Bildern allg.; z. B. Fotos, Gemälde)* • highlight; accent light

glanzlos *<obfl> (als Defekt; z. B. Lack)* • dull; dead *coll*; lusterless *US*; lacking luster *US*; lustreless *GB*

glanzlose Oberfläche *f <obfl.holz>* • tired surface

Glanzmesser *m <msr.obfl> (allg.; z. B. für Lackierungen; als Tisch- od. Handgerät)* • gloss meter; glarimeter; glossmeter

Glanzpapier *n <pap>* • glossy paper

Glas *n DIN 1259 <mat> (allg.)* • glass

Glasabdeckung *f <tech.allg> (z. B. von Solarkollektoren)* • glass cover [plate]; cover glass

Glasballon *m <logist> (für ätzende Flüssigkeiten)* • carboy

Glasblasen *n <prod>* • glass blowing

gläserne Fabrik *f <prod> (typ. mit Bezug auf VW in Dresden)* • glass-walled factory

Glasfalz *m <bau> (von Fenstern)* • glazing rebate; glass rebate; glazing channel; glazing cavity

Glasfaser *f <lwl> (für optische Zwecke)* • optical fiber

Glasfaser *f <silik> (als Verstärkungsmaterial; z. B. für GFK, Packbänder)* • glass fiber *US*; glass fibre *GB*

Glasfasergewebe *n <mat> (regelmäßig strukturiert)* • woven glass fabric; fiberglass cloth *US*; woven glass-fiber cloth *US*; glass fabric; glass cloth

Glasfaserkabel *n <lwl> (typ. LWL-Kabel)* • glass-fiber cable *US*; glass-fibre cable *GB*

Glasfasermantel *m <tech.allg> (Mantel aus Glasfasern oder Mantel um Glasfasern)* • glass-fiber sheath *US*; glass-fibre sheath *GB*

Glasfasermatte *f <mat>* • fiberglass mat *US*; glass-fibre mat *GB*

Glasfaseroptik *f <lwl>* • fiber optics *US*; fibre optics *GB*

Glasfaserstoff *m <silik> (allg.; als Einzelfaser, Gewebe, Matte)* • fiber glass *US*; fibre glass *GB*; fibrous glass *rare*; spun glass *rare*

glasfaserverstärkt *<mat> (durch Glaskurzfasern, Glasfasermatten; typ. bei Kunststoff; auch Beton)* • glass-fiber reinforced *US*; glass-fibre reinforced *GB*; fiber-reinforced *US*; glass-reinforced

glasfaserverstärkter Kunststoff *m* (GFK) *<kst>* • glass-fiber reinforced plastic (GFRP) *US*; glass-fibre reinforced plastic *GB*; glass reinforced plastic; GRP; glass fiber composite *US*

Glasfaserverstärkung *f <mat> (allg.;*

z. B. in GFK, Klebeband, Beton) • glass-fiber reinforcement *US*; glass-fibre reinforcement *GB*

Glashütte *f <prod>* • glassworks

glasieren *vt <obfl>* • glaze *vt*

glasiert *<silik.obfl> (Ton-, Keramikprodukte; z. B. Dachziegel)* • glazed

Glaskeramik-Kochfeld *n <gastr>* • vitroceramic hob

Glaskettenisolator *m <energ.el>* • glass string insulator unit

glasklar *<allg>* • glass-clear

Glaskolben *m <chem> (Laborgerät)* • glass flask; flask

Glasphalt *m <bau.mat> (Straßenbelag mit Altglasanteil; z. B. in Genf Cornavin)* • glasphalt

Glasphase *f <mat>* • vitreous phase; glassy phase

Glasschaber *m <wz>* • glass scraper

Glasscheibe *f <tech.allg> (betont: als Abdeckung)* • glass cover

Glasscheibe *f <silik> (allg.; z. B. für Fenster, Solarkollektoren)* • glass pane

Glasübergangstemperatur *f EN 61006 <kst> (von amorphen Polymeren)* • glass transition temperature; transition temperature

Glasur *f <obfl> (auf Keramik, Kuchen)* • glaze

Glaswolle *f <bau.mat> (als Dämmstoff)* • insulating wool

Glaswolle *f <silik> (allg.)* • glass wool

glatt *<allg> (metaphorisch: Ablauf von Ereignissen, Vorgängen)* • smooth

glatt *<tech.allg> (Schicht, Oberfläche; eben, flach)* • even

glatt *<obfl> (rutschig; z. B. Straße)* • slippery

glatt *<obfl> (Schicht, Oberfläche; nicht rau)* • smooth

glatt *<textil> (Strickart: im Ggs. zu verkehrt)* • plain

Glätte *f <obfl> (ebene Beschaffenheit; meist erwünscht)* • smoothness

Glätte *f <obfl> (unerwünschte Rutschigkeit; z. B. nasser Fußboden)* • slipperiness

Glatteisbekämpfung *f <verk> (typ. mit Streusalz)* • de-icing; deicing

glätten *vt <tech.allg> (Konturen, Formen; z. B. stromlinienförmig)* • slick *vt*; sleek *vt*

glätten *vt <bau> (Estrich)* • float *vt*; finish-smooth *vt*

glätten *vt <bau> (mit Glättkelle)* • trowel *vt*

glätten *vt <el> (Wellenform)* • smooth *vt*

glätten *vt <fz> (Karosserieform, Cw-Optimierung)* • streamline *vt*

glätten *vt <kfz> (Blechbearbeitung)* • level out *vt*

glätten *vt <obfl> (um eine glänzende Oberfläche zu erhalten)* • glaze *vt*

glätten *vt <obfl> (polieren)* • polish *vt*

glätten *vt <obfl> (weich, sanft)* • smooth *vt*

glätten *vt <pap> (durch Kalandrieren)* • calender *vt*

glätten *vt <prod> (oberflächenbündig machen, versenken)* • flush *vt*

glätten *vt <prod.obfl> (ebnen; Oberflächen)* • even *vt*; flatten *vt*; level *vt*

glatter Lauf *m <mil> (z. B. Schrotflinte)* • smooth barrel; smooth-bore barrel

Glattleder *n <led> (z. B. von Bekleidung, Sitzmöbeln)* • smooth leather

Glättmaschine *f <kfz.wz> (zum Treiben langer, schwachgewölbter Bleche)* • raising and wheeling machine *US*; wheeling machine; English wheel *US*; English roller *US*

gleich *<allg> (völlig gleich)* • equal

gleich *<allg> (sehr ähnlich)* • like

gleichartig *<allg> (homogen)* • homogeneous

gleichartig *<allg> (ähnlich)* • similar

gleichartig *<allg> (identisch)* • identical

gleichbleibend *<tech.allg> (z. B. Geschwindigkeit, Energieaufnahme, Temperatur)* • constant *adj*; invariable

Gleichdruckbrenner *m <füg> (typ. Schweißbrenner in den USA)* • medium-pressure torch; balanced-pressure torch

Gleichdruckprozess *m <therm> (Kreisprozess; z. B. für Gasturbine)* • constant-pressure process

Gleichdruckturbine *f DIN 4304 <turb>* • impulse turbine; action turbine

Gleichdruckvergaser *m <kfz.mot> (SU- und Strombergvergaser)* • variable-venturi carburetor; VV carburetor

gleichen *vr <allg>* • equal *vt*

gleichförmig *<mech> (Beschleunigung, Geschwindigkeit; Bewegung)* • uniform

Gleichgewicht *n <tech.allg> (mecha-*

nisch, elektrisch, chemisch) • equilibrium; equipoise

Gleichgewicht *n*: **im ~ halten** *vt* *<mech> (z. B. Kräfte, Momente, elektrische Spannung)* • equilibrate *vt*; equilibrium: keep in ~ *vt*

Gleichgewichtszustand *m <phys> (mechanisch, elektrisch, chemisch)* • equilibrium state

Gleichheit *f <allg>* • equality

Gleichklang *m <allg> (z. B. Musik, Meinungen, Erklärungen)* • concord

Gleichlauf *m <tech.allg> (von Maschinen, Teilen, Systemen)* • synchronous operation; synchronism; sync operation

Gleichlauffräsen *n <prod> (im Ggs. zu Gegenlauffräsen; Fräser rotiert gleichsinnig zum Vorschub)* • down-cut milling; cutting down

Gleichlaufgelenk *n <antr> (z. B. in Antriebswellen von Pkw mit Frontantrieb)* • constant velocity joint (CVJ); constant velocity universal joint *form*; homokinetic joint; CV-joint *pract*

Gleichlauf-Gelenkwelle *f <antr>* • constant-velocity shaft; CV shaft *pract*

Gleichlaufschwankungen *fpl <av> (Abweichung Bandantrieb-Ist- von Solldrehzahl; hörbarer Effekt)* • wow and flutter (W/F); flutter and wow; flutter; uneven tape run *rare*

gleichmäßig *<allg> (z. B. Verbrauch, Arbeitsgeschwindigkeit)* • constant *adj*

gleichmäßig *VDI4640 <allg>* • constant *adj VDI4640*; homogeneous; uniform

gleichmäßig *<tech.allg> (Aussehen, Farbe, Qualität, Vorgänge aller Art)* • uniform

gleichmäßig *<kfz.mot> (Motorlauf)* • smooth

gleichmäßig *<obfl> (Schicht, Farbauftrag)* • uniform; even

gleichmäßig *<prod> (verteilt: räumlich, zeitlich)* • even

gleichmäßig ausgeleuchtet *<phot> (z. B. Raum, Studio)* • evenly illuminated

gleichmäßig belastet *<tech.allg> (elektrisch, mechanisch)* • uniformly loaded

gleichmäßige Antriebskraftverteilung *f <kfz.antr>* • equal power split; equal power distribution; equal torque distribution; equal torque split

gleichmäßige Profilabnutzung *f <fz> (Reifen)* • even tread wear

gleichnamig *<allg>* • correspondent

gleichnamig *<phys> (Pol,* • like

gleichphasiger Strom *m <el>* • in-phase current; in-phase component of current

Gleichpolmaschine *f <el> (allg.; Generator oder Motor)* • homopolar machine; acyclic machine; unipolar machine

Gleichpolmaschine *f <el> (Synchrongenerator; alle Wicklungen auf Stator)* • inductor alternator

gleichrichten *vt <el> (Wechselstrom in Gleichstrom)* • rectify *vt*

Gleichrichter *m* (GR) *<el>* • rectifier (REC); mains rectifier

Gleichrichterdiode *f <el>* • rectifier diode

Gleichrichterschaltung *f <el>* • rectifier circuit; rectifying circuit

gleichschenklig *<tech.allg> (z. B. Dreieck, Winkelprofil)* • equal-sided; isosceles *thsc*; equal-leg; equal legs: with ~ *coll*

gleichseitig *<tech.allg> (z. B. Polygon, Winkelprofil)* • equilateral

gleichsetzen mit *vt <allg>* • equate to *vt*

gleichsinnig *<tech.allg>* • direction of rotation: in the same ~

gleichsinnig *<mech> (z. B. Dreh-, Schwenkbewegung)* • equidirectional

Gleichspannung *f <el>* • DC voltage; d.c. voltage; direct voltage

Gleichspannungsquelle *f <el>* • DC voltage source

Gleichstrom *m* (GS) *<el>* • direct current (DC)

Gleichstrom *m <verf> (in Fluiden, im Ggs. zu Gegenstrom; z. B. in Wärmetauschern)* • cocurrent [flow]; parallel flow; coflow

gleichstrombetrieben *<el>* • DC-operated

Gleichstrom-Eingangsbuchse *f <el> (z. B. an Videokameras)* • DC input socket

Gleichstromgenerator *m <kfz.el> (überholte Technik bei Kfz)* • generator; DC generator; dynamo *GB.obs.-coll*

gleichstromgespeist *<el>* • DC-powered

Gleichstrommaschine *f* (GSM) *<el>* • DC generator; dynamo *coll*

Gleichstrommotor *m* *<mot.el>* • DC motor; direct current motor; d.c. motor

Gleichstromquelle *f* *<el>* • DC power source; DC source

Gleichstromversorgung *f* *<el>* • DC power supply; DC supply

Gleichstromwärmetauscher *m* *<verf>* • parallel-flow heat exchanger

Gleichteil *n* *<prod> (in div. Produktlinien; zur Kostensenkung)* • shared component *:V*; identical part *did*

Gleichteile-Konzept *n* *<kfz.prod> (unveränderte Übernahme vieler Bauteile)* • component sharing principle; component sharing

Gleichung *f* *<math> (z. B.* $e = mc^2$*)* • equation

Gleichung ersten Grades *f* *<math>* • first-degree equation; first-simple equation; linear equation

gleichweit entfernt *<allg>* • equidistant

gleichwinklig *<math>* • isogonal; equiangular

gleichzeitig ablaufend *<tech.allg> (z. B. Drehen und Bohren; Schiebe- und Drehbewegung)* • concurrent

gleichzeitiges Lesen und Schreiben *n* *<comp>* • simultaneous read-write

Gleichzeitigkeit *f* *<tech.allg> (von Abläufen, Prozessen)* • concurrency

Gleichzeitigkeit *f* *<tech.allg> (von Einzelereignissen)* • simultaneous occurrence; simultaneity

Gleichzeitigkeitslogik *f* *<msr> (Auswahlschaltung; z. B. 2 von 4)* • coincidence logic; concurrency logic

Gleichzug *m*: **im ~ arbeiten** *vi* *<tech.allg>* • synchronized timing: operate in ~ *vi*

Gleis *n* *<bahn>* • track; railway *US*

Gleisbankett *n* *<bahn>* • track bench

Gleisbau *m* *<bahn>* • track construction laying

Gleisbett *n* *<bahn>* • track bed; track formation; road bed; subgrade

Gleisbettschotter *m* *<bahn.bau.mat>* • rail track ballast; track ballast

Gleisbettung *f* *<bahn>* • track bedding; track bed; railway bedding; bedding

Gleisbild *n* *<bahn> (auch Modelleisenbahn)* • track layout; track plan

Gleisbogen *m* *<bahn>* • track curve

Gleisbremse *f* *<bahn> (im Rangierbahnhof)* • retarder; wagon retarder; car retarder

gleisgebunden *<förd>* • rail-mounted

Gleiskettenfahrzeug *n* *<fz>* • crawler--type vehicle

Gleissperrsignal *n* *<bahn>* • track lock signal

Gleisüberhöhung *f* *<bahn>* • outer-rail superelevation

Gleisunterhaltung *f* *<bahn>* • track maintenance

Gleisverlegemaschine *f* *<bahn>* • track-laying machine

Gleitbacke *f* *<tech.allg>* • sliding block

Gleitbahn *f* *<masch> (allg.; z. B. für Stapellauf)* • slideway; track; skid; slide; glide path

Gleitbauweise *f* *<bau> (Beton; z. B. von Hochhäusern, Brücken)* • sliding construction technique; slip-form construction technique; slipforming

Gleitbauweise *f*: **in ~ errichten** *vt* *<bau>* • slip-form *vt*

Gleitbewegung *f* *<mech> (intentional)* • sliding movement

Gleitbewegung *f* *<mech> (eher unbeabsichtigt)* • slip

Gleitboot *n* *<nav>* • hydroplane glider; gliding boat; planing craft

Gleiteigenschaft *f* *<tech.allg>* • antifrictional property

gleiten *vi* *<allg> (mühelos, kontinuierlich fortbewegen)* • glide *vi*

gleiten *vi* *<allg> (auf glatter, rutschiger Fläche)* • slip *vi*

gleitender Eingriff *m* *<masch> (Kinematik)* • sliding action

Gleitfeder *f* *<masch> (in Längsnut, ohne Anzug)* • sliding key

Gleitfertiger *m* *<bau.masch> (Fahrbahnbelag; typ. Asphalt)* • slip-form paver

Gleitfläche *f* *<tech.allg>* • slide surface; sliding surface

Gleitfläche *f* *<aerosp.sich> (Notrutsche)* • sliding surface

Gleitfläche *f* *<masch> (von gleitenden Teilen; z. B. Zylinderwand)* • sliding surface

Gleitfläche *f* *<wz.masch> (Bahn, Schiene: z. B. für Bettschlitten)* • slideway

Gleitfuge *f* *<bau>* • slip joint

Gleitfunke *m <el>* • creepage spark
Gleitfunkenstrecke *f <kfz.el> (Zündkerze; Zündfunken gleiten über Isolator hinweg)* • surface gap
Gleitgel *n <hygi>* • personal lubricant jelly
gleitgelagert *<masch> (z. B. Kurbelwelle)* • supported in friction bearings
Gleitgelenk *n <wz> (von Zangen; z. B. Wasserpumpenzange)* • slip joint
Gleithammer *m <wz> (z. B. zum Lösen festsitzender Teile)* • slide hammer
Gleitkomma *n <comp>* • floating point; floating decimal point
Gleitkommaoperationen pro Sekunde *fpl* (FLOPS) *<comp>* • floating point operations per second (FLOPS)
Gleitkontakt *m <el>* • sliding contact
Gleitkörper *m <tech.allg> (eher länglich)* • sliding member
Gleitlager *n DIN 31651 <masch> (allg.; mit Lagerbuchse od. Lagerschalen; z. B. bei Kurbelwellen)* • plain bearing *ISO 4378-1*; friction bearing *pract*
Gleitlagerbuchse *f DIN ISO 4378-1 <masch>* • plain bearing bush *ISO 4378-1*; bearing bush
Gleitlagerschale *f DIN ISO 4378-1 <masch> (halbkreisförmig; typ. bei Kurbelwellen)* • half-bearing *ISO 4378-1*
Gleitlagerwerkstoff *m <mat>* • friction--bearing material
Gleitmittel *n <kst> (Granulatadditiv zur besseren Maschinengängigkeit; z. B. für Folien)* • slip additive; slip agent
Gleitmittel *n <masch> (zur Verhinderung von Festrosten, Festfressen, bes. bei Schrauben)* • antiseize; antiseize agent
Gleitmittel *n <metall> (im Presswerk; auf Blechen)* • pressing lubricant
Gleitmittel *n <tribo> (chem. Additiv oder äußerl.; z. B. Mehrzweckfett, Vaseline)* • lubricant
Gleitpassung *f <masch>* • sliding fit; slide fit
Gleitreibung *f <mech>* • dynamic friction; sliding friction; slip friction *coll*; friction of motion *rare*; kinetic friction *rare*
Gleitringdichtung *f* (GLRD) *<masch> (mechan. Wellenabdichtung; z. B. in Pumpen)* • mechanical seal; mechanical shaft seal; mechanical face seal; face-type seal; face seal *pract.coll*
Gleitschalung *f <bau> (Beton)* • sliding formwork; slip formwork; slipform
Gleitschiene *f <tech.allg> (z. B. von Schiebetür, Schiebefenster)* • sliding track
Gleitschiene *f <kfz.mot> (Steuerkette)* • slide rail
Gleitschirm *m <aerosp>* • paraglider
Gleitschlupf *m <masch> (bei reibschlüssigen Verbindungen; z. B. Keilriemen, Kupplung, Rad auf B)* • slip
Gleitschutzprofil *n <tech.allg> (z. B. in Reifen, Industriefußboden)* • antiskid pattern
gleitsicher *<tech.allg> (z. B. Bodenbelag, Schuhsohle, Deckanstrich)* • non--slip; non-skid; non-sliding; antiskid; skid-proof
Gleitsicht-Brillenglas *n DIN EN ISO 8980 <med.tech>* • progressive power lens *EN ISO 8980*
Gleitverhältnis *n <areosp> (Flugzeug, insbes. Segelflugzeug)* • glide ratio (L/D); lift-to-drag ratio; lift-drag ratio; l/d ratio; glide number
Gleitvorgang *m <allg>* • skidding
Gleitwinkel *m <aerosp> (beim Landeanflug)* • glide angle; gliding angle; glide slope; angle of glide; angle of descent
Gletscherbahn *f <bahn>* • glacier train
Glied *n <autom> (eines Industrieroboters)* • link
Glied *n <fz.antr> (einer Raupenkette)* • track shoe
Glied *n <masch> (Ketten-, Verbindungsglied; auch im übertragenen Sinn)* • link
Glied *n <math> (einer Gleichung, Reihe, eines Terms)* • member; term
Glied *n <msr> (eines Gliedermaßstabes)* • fold
Gliederbandförderer *m <förd> (mit Platten, Taschen)* • link-belt conveyor
Gliederheizkörper *m <hlk>* • sectional radiator
Gliedermaßstab *m form <msr.wz>* • folding rule; fold rule; zig-zag folding rule *coll*; carpenter's rule; multiple--folding rule *rare*
gliedern *vt <allg> (nach Gruppen sortieren)* • classify *vt*; break down *vt*

gliedern *vt <doku> (unterteilen; z. B. Buch, Liste)* • subdivide *vt*

Glied erster Ordnung *n <msr>* • first-order term

Gliederung *f <allg> (nach Gruppen)* • classification; breaking-down

Gliederung *f <doku> (z. B. Buch, Liste)* • subdivision

glimmen *vi <tech.allg> (schwaches Licht aussenden; z. B. Lampe)* • glow *vi*

glimmen *vi <verbr> (verbrennen; z. B. Holz)* • smoulder *vi*

Glimmer *m <mat>* • mica

Glimmlampe *f <el> (typ. Kontrolllampe für Dauerbetrieb; z. B. in Treppenhauslichtschaltern)* • neon lamp; neon glow lamp; glow-discharge lamp; negative glow lamp; glow lamp

Glimmlicht *n <el>* • glow light

glitzern *vi <obfl> (z. B. Kristalle, Schmuck)* • sparkle *vi*; glitter *vi*

globular *<tech.allg> (z. B. Graphit)* • globular

Glocke *f <akust> (groß; z. B. in Kirchturm)* • bell

Glocke *f <akust> (klein, z. T. Haustürsignal)* • bell

Glocke *f <verf> (z. B. Destillierkolonne)* • bubble cap; bubble cup; bubbler; cap

Glockenboden *m <verf> (in Destillierkolonnen, Wäschern)* • bubble tray; bubble-cup tray; bubble cap tray; bubble-cup plate

glockenförmig *<tech.allg>* • bell-shaped

Glockenisolator *m <el>* • bell insulator; dome-petticoat insulator; dome-shaped insulator; cup insulator

Glockenkurve *f <math> (z. B. Gauss'sche Normalverteilung)* • bell-shaped curve

Glockenschwengel *m <akust>* • bell clapper; clapper

Glockenstange *f <allg>* • bell beam

Glockenturm *m <bau.rel>* • bell tower; belfry

Glossar *n <doku>* • glossary

Glucose *f <chem> (süß)* • glucose; dextrose *obs*

Glühen *n ISO 13943 <opt> (Ausstrahlung von Licht durch erhitztes Material)* • incandescence *ISO 13943*; glow

Glühen *n <prod> (Wärmebehandlung; langsames Erwärmen, Halten, langsames Abkühlen)* • annealing

glühen *vi <allg> (z. B. durch intensive Hitze Licht abstrahlen)* • glow *vi*

glühen *vt <tech.allg>* • anneal *vt*

glühen *vt <prod> (Metall, Keramik, Glas; zum Entfernen innerer Spannungen)* • anneal *vt*

glühend *<tech.allg>* • incandescent; glowing

Glühfaden *m <el> (in Glühlampen; oft eine Wendel)* • filament; incandescent filament *rare*; glowing filament *rare*

Glühkerze *f <mot> (Dieselmotor; mit Stift od. Spirale)* • glow plug; heater plug *GB*; heating plug

Glühlampe *f DIN 5039 <licht> (mit Glühfaden; im Ggs. zu Leuchtstoff-, Gasentladungslampen)* • incandescent lamp; incandescent filament lamp *form*; lamp *pract*; light bulb *coll*; bulb *coll*

Glühlampenwechsel *m <kfz.el>* • bulb replacement

Glühofen *m <prod> (allg.; für Metall, Glas)* • annealing furnace

Glühstartschalter *m <kfz.msr> (Dieselfahrzeuge)* • glow plug and starter switch; glow plug/starter switch

Glühwendel *f <el> (allg.)* • incandescent coil

Glutamat *n <chem>* • glutamate

Gluten *n <nahr> (Klebemittel z. B. in Weizenkörnern)* • gluten

Glutinleim *m <obfl.holz>* • glutine glue; hot glue

Glutwolke *f <geo> (Nuée ardente)* • pyroclastic surge; surge

Glycerin *n <chem>* • glycerin (E422); glycerol; glycerine

Gneis *m <geo> (Gesteinsart)* • gneiss

gnomonisch *<tech.allg> (z. B. Sonnenuhr, Karte)* • gnomonic

Gold *n* (Au) *<chem>* • gold (Au); aurum metallicum

Goldbarren *m <mat>* • gold bullion

Goldbronze *f <mat>* • gold bronze

Golddraht *m <ic.prod> (zum Chip-Bonding)* • gold wire; Au wire

Goldener Schnitt *m <kunst> (göttliche Teilung)* • golden ratio; golden mean; golden proportion

Goldfolie *f <mat> (dicker als Blattgold)*

• gold foil

Goldschmied *m* <allg> *(handwerklich)* • goldsmith

Goldschmied *m* <allg> *(Vertreiber von Goldschmiedewaren)* • jeweler *US*; jeweller *GB*

Gondel *f IEV 415* <energ.wind> • nacelle *IEV 415*; machine cabin; gondola; equipment pod *rare*

Gondel *f* <förd> *(einer Seilbahn; z. B. in Skigebiet)* • gondola

GPRS-Backbone *m* <tele> • GPRS backbone

GPRS-Protokoll *n* <tele> • general packet radio service [protocol] (GPRS)

GPS-Empfänger *m* <navig> • GPS receiver; GPS navigator; navigator *coll*

GPS-Satellit *m* <navig> • GPS satellite

Graben *m* <bau> *(eher V-förmig schräge Flanken; z. B. Straßengraben)* • ditch

Graben *m* <bau> *(schmal, steile Flanken, eher tief; auch Schützengraben)* • trench

graben *vt* <bau> *(allg.; z. B. Loch, Gang)* • dig *vt*

Grabstein *m* <bau> • headstone; gravestone; tombstone

Grad *m* <allg> *(z. B. einer Veränderung)* • rate

Grad *m* <math> *(z. B. Gleichung n-ten Grades)* • order

Grad *m* <phys> *(als Einheit für Winkel, Anzahl der Freiheiten)* • degree

Grad *n* <phys> *(als Einheit für Temperatur; z. B. Celsius, Fahrenheit; nicht Kelvin)* • degree

Gradation *f* <phot> *(weich bis hart)* • gradation

Gradationskeil *m* <phot> • tone wedge

Grad Celsius *n* <phys> *(Temperatureinheit; Wassergefrierpunkt 0 °C, Siedepunkt 100 °C)* • degree centigrade; degree Celsius; deg C

Gradeinteilung *f* <msr> • scale; graduation

Grad Fahrenheit *n* <phys> *(Temperatureinheit)* • degree Fahrenheit

Gradiente *f* <bau.verk> *(allg.)* • gradient; gradient line; amount of incline

gradieren *vt* <allg> • graduate *vt*

graduieren *vt* <msr> *(z. B. Messgerät mit einer Skale versehen)* • scale *vt*

Graffiti *npl* <obfl> *(als Oberbegriff für Bilder und Tags)* • graffiti *pl*

Graffitientferner *m* <obfl> • graffiti remover; spray paint remover

Graffitischutz *m* <obfl> • graffiti repellant *:V*

Grafik-Controller *m* <comp> • graphics controller; video controller

Grafikformat *n* <comp> *(z. B. BMP, JPEG, GIF)* • graphics file format

Grafikkarte *f* <comp> *(Schnittstelle zw. CPU und Monitor)* • graphics card; graphics adapter; graphics controller; graphics adaptor

grafisch darstellen *vt* <doku> • represent graphically *vt*

grafische Benutzeroberfläche *f* <comp> • graphical user interface (GUI)

grafische Darstellung *f* <comp> *(auf einem Display)* • graphic presentation

grafische Darstellung *f* <doku> *(allg.)* • diagram

grafische Darstellung *f* <doku> *(mittels Diagramm)* • diagrammatic representation; graphic representation; chart; plot

Gramm *n* (g) *DIN 1301* <phys> *(Masseeinheit: 1000 g = 1 kg)* • gram (g); gramme

Grammatikprüfprogramm *n ISO/IEC 2382-23* <comp> • grammar checker *ISO/IEC 2382-23*

grammatische Information *f* <term> • grammar

Grän *n* <msr> *(Perlen; Gewichtseinheit)* • grain

Granat *m* <min> • garnet

Granit *m* <geo.min> *(Gesteinsart)* • granite

granitgepflastert <bau> *(z. B. Gehwege in Leipzig)* • granite-paved

Granulat *n* <tech.allg> *(allg.)* • granular material

Granulat *n* <kst> • pellets; granules *rare*

granulieren *vt* <kst> • pelletize *vt US.GB*; pelletise *vt GB*

granulieren *vt* <prod> *(allg.)* • granulate *vt*; grain *vt*

Graphit *m* <mat> *(stabilste Form des Kohlenstoffs)* • graphite

Graphit *n* <tribo> *(ein fester Schmierstoff)* • graphite; graphite powder

graphitmoderierter Reaktor *m* <nukl> *(z. B. in Tschernobyl)* • graphite-moderated reactor

Graphitschmierstoff *m <tribo>* • graphite lubricant

Gras *n <agri> (Familie Graminae; z. B. Rasen)* • grass

Gras *n <msr> (Oszilloskopbildstörung)* • grass

Grasnarbe *f <bio>* • sod

Grat *m <bau> (zw. zwei Gewölben, an Gurtbogen)* • groin

Grat *m <geo> (Gebirge; scharfer Kamm)* • crest; ridge

Grat *m <metall> (an Schmiedestücken, Gussteilen; in Gesenk-Trennebene)* • flash; fin

Grat *m <metall> (an Kanten; nach dem Stanzen, Spanen; unerwünscht)* • burr

Grat *m <wz> (Verschleißeffekt; z. B. an Drehmeißel)* • ridge

Gratbildung *f <fz> (Reifenverschleiß)* • feathering

Gratbildung *f <kst> (an Kunststoffen)* • flash formation

Gratbildung *f <prod>* • burr formation

gratis *<allg> (z. B. Muster, Produktexemplar)* • complimentary; free of charge

Gratisexemplar *n <tech.allg> (z. B. Produktprobe)* • free sample

Gratisexemplar *n <doku> (z. B. einer Druckschrift)* • complimentary copy

gratlos *<metall> (nach dem Spanen)* • burrless

gratlos *<prod> (Schmiede-, Gussteil)* • finless; flashless

grau *<obfl> (Tonwert)* • grey *US.GB*; gray *US*

Grauer Schleim *m <autom> (Nanoroboter)* • grey goo *US.GB*; gray goo *US*; gragu *rare*

graues Roheisen *n <mat> (siliciumhaltig; für Gusseisen)* • grey pig iron; foundry pig [iron]; gray pig iron *US*

Graufilter *m <phot>* • neutral-density filter; ND-filter; optic light filter *rare*

Grauguss… *<mat> (in Zusammensetzungen)* • grey cast iron … *US.GB*; gray cast iron … *US*

Grauguss mit Lamellengraphit *m* (GGL) *<mat>* • grey cast iron *US.GB*; gray cast iron *US*

Graugussstück *n DIN 1686-1 <prod>* • grey iron casting *US.GB*; gray iron casting *US*

Graukeil *m <druck> (allg.)* • neutral-density wedge; tone wedge

Graukeil *m <druck> (in Stufen, typ. in 10%-Schritten)* • grey step wedge *US.GB*; gray step wedge *US*

Grauwert *m <phot> (SW-Fotografie)* • shade of grey; tone of grey; grey tone

gravierend *<tech.allg> (z. B. Fehler, Faktor)* • severe

Graviernadel *f <wz> (Handwerkzeug)* • engraving stylus

Gravitation *f <phys> (als Phänomen, Effekt)* • gravitation; gravitational attraction

Gravitationsenergie *f <allg>* • gravitational energy

Gravur *f <prod> (Verfahren und Ergebnis)* • engraving

Gray *n* (Gy) *<nukl> (SI-Einheit der Energiedosis: 1 Gy = 1 J/kg)* • Gray (Gy)

Greifeinrichtung *f <prod>* • gripping device; gripper

greifen *vi <antr> (Kupplung)* • take up *vi*

greifen *vt <tech.allg>* • grab *vt*

greifen *vt <autom> (mit Endeffektor)* • grasp *vt*

greifen *vt <mech> (fest fassen, umspannen)* • grip *vt*; grasp *vt*; catch *vt*; grab *vt*; take hold of *vt*

Greifer *m <autom> (an Roboterarm, Handlingautomat)* • gripper

Greifer *m <bau.masch> (für Bagger; aus zwei oder mehreren Schalen)* • grab; grapple

Greifer *m <druck> (von Bogen-, Rollenoffsetmaschinen)* • gripper

Greifer *m <textil> (Nähmaschine; hakenartig)* • looper; loop taker

Greiferarm *m <autom> (bei Pick-and--place-Automaten)* • picker arm

Greiferarm *m <autom> (bei Manipulatoren, Robotern)* • gripper arm; outrigger arm

Greifwerkzeug *n <wz> (z. B. an Roboter)* • gripping device; gripper *pract*

Grenzbelastung *f <tech.allg> (jede Art von Belastung)* • load limit; limit load; limiting load

Grenzbereich *m <kfz> (von Fahrverhalten od. Leistung)* • limit

Grenzdrehzahl *f <tech.allg>* • limit speed; limiting speed

Grenze *f <allg> (z. B. Landesgrenze, Wissensgrenze)* • frontier; border

Grenze *f <allg> (abstrakt; z. B. der Vernunft)* • bounds *pl*; boundary

Grenze *f <tech.allg> (Schwelle)* • threshold

grenzenlos *<allg>* • boundless

Grenzfall *m <allg>* • boundary case; borderline case; limiting case

Grenzfläche *f <phys>* • interface; interfacial area

Grenzfläche *f DIN EN 1330-4 <phys> (zwischen zwei Medien)* • interface

grenzflächenaktiv *<chem> (z. B. Waschmittel)* • surface-active; interface-active; interfacially active *rare*

Grenzlast *f <mech> (betont: Gefahr des Versagens)* • critical load

Grenzlehre *f <msr>* • limit gauge

Grenzlinie *f <allg> (der konkrete Verlauf)* • borderline

Grenzschicht *f <phys> (Strömung, Wärmetauscher)* • boundary layer; boundary interface; boundary interface layer

Grenzschmierung *f DIN ISO 4378-3 <tribo> (mit Hochdruckadditiven)* • boundary lubrication *ISO 4378-3*; boundary-film lubrication; marginal lubrication; thin-film lubrication; semifluid lubrication

Grenzspannung *f <el>* • limiting voltage; voltage limit

Grenzspannung *f <mech> (z. B. Werkstoffprüfung)* • limiting stress

Grenzstandsschalter *m <msr>* • limit switch

Grenzstellung *f <doku> (beweglicher Teile)* • extreme position

Grenzwert *m <tech.allg> (höchster zulässiger Wert)* • maximum permissible value

Grenzwert *m <tech.allg> (allg.)* • limit value; limiting value; limit

Grenzwerte *mpl <ökol> (z. B. max. zulässige Emissionswerte)* • standards *pl*

Grenzwertgeber *m <el.msr> (allg.)* • trigger

Grenzwertüberschreitung *f <tech.allg>* • exceeding of the limit value

Grenzwertüberwachung *f <msr>* • limit monitoring; limit value monitoring; limit control; off-limit check

Grenzwertverletzung *f <msr>* • limit violation; off-limit condition

Griff *m <tech.allg> (allg.)* • grip

Griff *m <tech.allg> (zum Greifen durch Hand)* • handle; handgrip *rare*

Griff *m <tech.allg> (halbrunder Reif; typ. an Eimern)* • hoop-handle

Griff *m <mil> (Waffe)* • grip; stock; butt

Griff *m <textil> (Gefühl; eines Fadens, Gewebes)* • handle; feel; sense of touch

Griff *m <wz> (Heft; z. B. einer Feile)* • helve

Griff *m <wz> (allg. eines Werkzeugs)* • shank

grifffest *<obfl> (z. B. Beschichtung)* • resistant to touch

grifffest *<obfl> (Trocknungszustand nach dem Auftragen)* • touch-dry

griffgerecht *<tech.allg> (in Reichweite)* • easily reached; easy-to-reach

griffgerecht *<tech.allg> (betont: in Bezug auf Bedienungsperson)* • in operator's reach; operator: in ~'s reach

griffig *<textil> (Gefühl, haptisch, positiv)* • feel: of good ~; handle: of good ~

Griffigkeit *f <obfl> (z. B. Autoreifen, Bodenbelag, Schuhsohlen etc.)* • non--skid property

Griffigkeit *f DIN EN 13036-4 <verk> (der Fahrbahnoberfläche)* • slip resistance; skid-resisting property; skid resistance; nonskid property; pavement grip

Griffstange *f <tech.allg> (langer Stab; jede Ausrichtung; z. B. an Loks, Lkw, in Trams, Bussen)* • handrail; grab rail; grab handle

Gripzange *f <wz> (allg.)* • locking pliers; vise grip pliers *US*; mole grips *GB*; grip wrench *GB*; self-grip wrench *GB.form*

Gripzwinge *f <wz> (unterschiedliche Spannweiten möglich)* • locking bar clamp

grob *<fin> (Schätzung, Kostenvoranschlag)* • rough

grob *<mat> (Körnigkeit)* • coarse

grob *<prod>* • rough

Grobbearbeitung *f <prod> (spanend)* • rough machining

Grobblech *n <mat> (Dicke in D > 4,75 mm; in USA > 6 mm; bis ca. 300 mm)* • plate

Grobeinstellung *f <tech.allg> (z. B. Maschine, Vorrichtung)* • coarse setting

Grobeinstellung *f <tech.allg> (Anpassung)* • coarse adjustment; rough adjustment

grober Hieb *m <wz> (Feile)* • coarse cut

Grobgefüge *n <mat>* • macrostructure

Grobkohle *f <min> (klassierte Kohle; Körnungsbereich 6/10/30 bis 80/100/120 mm)* • large-graded coal

Grobkorn *n <tech.allg> (Kristallstruktur, Gefüge, Film, Foto etc.)* • coarse grain

grobkörnig *<mat> (Kristallstruktur, Gefüge; z. B. Stahl)* • coarse-grain; coarse-grained

grobmaschig *<tech.allg> (Geflecht, Gewebe)* • wide-meshed; large-meshed

Grobstaub *m DIN ISO 4225 <ents> (Feststoffteilchen mit einer Korngröße von 10 µm)* • grit *ISO 4225*; coarse particulates; coarse dust particles; coarse dust

grobstollig *<fz> (Reifen)* • knobby

grobstückig *<tech.allg> (klumpig)* • lumpy

grobstückig *<min> (z. B. Kohle, Erz, Gestein)* • coarse

Grobwalzen *n <metall>* • roughing-down; roughing

groß *<allg> (voluminös)* • big

groß *<allg> (Anzahl)* • great

groß *<allg> (z. B. Abmessungen; Format, Fläche)* • large; large-size; large-sized

groß *<tech.allg> (umfangreich; z. B. Auftrag)* • large-scale

Großbaum *m <nav>* • main boom

Großbaustelle *f <bau.masch>* • heavy construction site

Großbildprojektion *f <kino>* • large-screen projection

Großbildschirm *m <av> (Fernsehgerät)* • wide-screen

Großbuchstabe *m <druck>* • capital [letter]; uppercase [letter]; majuscule; cap *coll*

Größe *f <tech.allg> (Abmessungen insgesamt; z. B. einer Maschine)* • dimensions; size

Größe *f <tech.allg> (Ausmaß, Ausdehnung)* • extent

Größe *f <msr> (Stell-/Steuergröße)* • variable

Größe *f DIN 1313,5485 <phys>* • quantity

Größe *f <phys> (einer Größenart)* • value

Größe *f <phys> (Menge/Ausmaß)* • magnitude

große Inspektion *f <rep> (im Ggs. zu Ölwechsel)* • full service; comprehensive inspection

Größenbereich *m <tech.allg> (abstrakt; z. B. von Zahlen, Werten)* • magnitude range

Größenordnung *f <tech.allg> (z. B. eines Auftrags, Projekts, Störfalls)* • order of magnitude

Größenordnung *f <math> (Faktor 10)* • order of magnitude

großer Pkw *m <kfz> (allg.)* • large car

großer Pkw *m <kfz.ökol> (USA: > 4 m^3 Raum f. Personen & Gepäck; z. B. Cadillac Seville, Buick Pa)* • large car

Großfeuerungsanlage *f <energ> (Kraftwerk)* • fossil power plant *US*; fossil fuel power generating plant *US*; fossil fuel power generating station *GB*

großflächig *<allg>* • large; large-area

großflächig *<kfz> (z. B. Verglasung, Stoßfänger, Flankenschutz)* • generously sized *:V*

Großflughafen *m <aerosp>* • large airport

großformatig *<tech.allg>* • large-size; large-sized

Großhandelspackung *f DIN 55 405 <pack>* • wholesale pack[age]

großkalibrig *<prod>* • heavy-calibre

Großkraftwerk *n <energ>* • large-scale power plant; central power station

Großmast *m <nav>* • main mast

Großpackung *f <pack> (Packgut+Verpackung)* • big pack; jumbo package

großporig *<mat> (allg.)* • large-pored; macroporous

Großraum *m <tech.allg> (städtisch)* • metropolitan area

Großraumbeduftung *f <hlk>* • large-scale ambient scenting; large-scale space fragrancing

Großraumflugzeug *n <aerosp>* • wide-body aircraft; wide-body airplane; wide body *coll*

Großraumwagen *m <bahn> (für Personen)* • open coach; open carriage; open saloon coach; open-aisle coach; open *coll*

Großraumwagen *m <bahn> (für Güter, gedeckt)* • high-capacity box car; high-capacity mine car

Großrechner *m <comp>* • mainframe

computer; mainframe *pract*
Großsegler *m <nav>* • tall ship
Großserienauto *n <kfz> (z. B. Ford Mondeo, Opel Astra, VW Golf)* • mass-produced car; volume car
Großserienfertigung *f <prod>* • large-scale production; large-volume production; high-volume production; mass production *pract.coll*; quantity production *rare*
Großserienhersteller *m <prod>* • high-volume manufacturer
Großserienteile *npl <tech.allg> (aus Massenfertigung)* • mass-production parts
Großtanker *m <nav>* • supertanker
Großtankstelle *f <kfz> (typ. mit Waschanlage, Reifendienst)* • service station; gas station; petrol station
großtechnisch *<tech.allg> (Maßstab, Produktion)* • industrial-scale; large-scale
großtechnisch *<prod> (betont: kommerziell, profitorientiert)* • commercial
großtechnische Anlage *f <tech.allg>* • industrial-scale plant; large-scale plant; industrial plant
großtechnische Fertigung *f <prod>* • industrial-scale production
großtechnisches Verfahren *n <tech.allg>* • large-scale process; industrial process
größter anzunehmender Unfall *m* (GAU) *<nukl> (z. B. KüVeSt bei KKW mit DWR)* • design basis accident (DBA); maximum credible accident *rare*
Größtmaß *n <norm>* • maximum size
Größtspiel *n <masch>* • maximum clearance
Groß- und Kleinbuchstaben *mpl <druck>* • mixed case
Großverbraucher *m <energ> (z. B. Strom)* • industrial consumer
Großverbraucherpackung *f DIN 55 405 <pack>* • institutional pack
Großversuch *m <tech.allg>* • large-scale test; full-scale test
großvolumig *<kfz.mot> (Motor)* • large-displacement
großzügige Platzverhältnisse *npl <kfz.innen> (im Inneren eines Kfz)* • plenty of room
Grübchenbildung *f DIN ISO 4378-2 <obfl> (durch Verschleiß; z. B. in Gleitlagern)* • pitting *ISO 4378-2*
Grube *f <kfz.rep> (für Wartung u. Instandsetzung)* • pit
Grubengas *n <min> (Kohleflözgas; im Wesentl. Methan; explosiv)* • mine gas; fire damp *pract*; fulminating damp *rare*
Grubengebäude *n <min> (Schacht- u. Förderanlagen über Tage)* • pit building; mine building
Grubengebäude *n <min> (Gesamtstruktur aller Schächte, Stollen u. Strecken eines Bergwerks)* • mine cavities
grün *<allg>* • green
Grund *m <allg> (Grundlage)* • base; basis
Grund *m <allg> (Ursache)* • cause; reason
Grund *m*: **auf dem ~ auftreffen** *vi <allg>* • bottom: strike the ~ *vi*; bottom: hit the ~ *vi*
Grund *m <masch> (Gewinde)* • root
Grund *m <verf> (z. B. einer Bohrung)* • bottom
Grundausführung *f <tech.allg> (z. B. Kraftfahrzeug)* • basic model
Grundausrüstung *f <tech.allg>* • basic equipment
Grundbaustein *m <tech.allg>* • basic element; basic building block; basic unit; basic module
Grundbestandteil *m <tech.allg>* • basic component; basic constituent; basis
Grundbindung *f <textil> (drei Typen: Leinwand-, Köper-, Atlasbindung)* • standard weave
Grundeinheit *f <phys>* • basic unit; fundamental unit
Grundeinstellung *f <ms>* • basic adjustment; set the range; basic setting
gründen *vt <bau> (Bauwerk)* • found *vt*; lay the foundation *vt*
Grundfarbe *f DIN 16508 <druck> (Gelb, Cyan, Magenta)* • primary color; primitive color; primary
Grundfarbe *f DIN 5021 <kunst> (beim Malen; Karminrot, Ultramarinblau, Gelb)* • primary color; primitive color; primary
Grundfehler *m <qualit>* • intrinsic error
Grundfläche *f <bau> (innerhalb von Gebäuden; z. B. für Büros, Wohnungen)* • floor area; floor space

Grundform *f <tech.allg> (geometrisch)* • basic shape; basic form

Grundform *f <tech.allg> (Typ, Art)* • basic type

Grundformat *n <allg> (allg.)* • basic format

Grundfrequenz *f <phys>* • fundamental frequency

Grundgebirge *n <geo>* • basement rock; bedrock; foundation rock; basement; basement complex

Grundgeräusch *n <akust> (allg.; z. B. Straßenlärm, Bandrauschen)* • background noise

Grundgesamtheit *f DIN 55350-14 <math> (Statistik)* • population; parent population; infinite population; universe

Grundhelligkeit *f <licht>* • background brightness

Grundieranstrich *m <obfl>* • primer; prime coat; priming paint

grundieren *vt <obfl> (vor dem Aufbringen z. B. einer Farblackschicht)* • prime *vt*; prepaint *vt*; apply primer *vi*; bottom *vt*

Grundierung *f <obfl> (betont: die erste, unterste Schicht)* • priming coat *ISO 4618/1*; undercoating paint; primer coat; undercoat *pract*; primer *pract*

Grundkörper *m <tech.allg> (Grundstruktur; z. B. von Möbeln)* • carcass; frame; framework

Grundkörper *m <comp> (3D-Grafik, CAD; Quader, Kugel, Zylinder, Kegel, Torus)* • basic solid

Grundkörper *m <prod> (Ausgangsstoff)* • parent substance

Grundkreis *m <tech.allg>* • fundamental circle

Grundlack *m <obfl> (betont: alle unteren Schichten, Grundlage für den Decklack)* • undercoat; foundation coat; base coat

Grundlagenforschung *f <allg>* • basic research *:V*

Grundlast *f <tech.allg>* • base load

Grundlast *f <el.energ>* • base load

Grundlastkraftwerk *n <energ>* • base load power plant *US*; base load power station *GB*; base-load plant *US*

Grundlinie *f <doku> (im Aufriss von Zeichnungen, Bauplänen)* • datum line

Grundloch *n <masch>* • blind hole; bottoming hole

Grundlochgewinde *n <masch>* • blind-hole thread; blind tapped hole; bottoming tapped hole; threaded blind hole

Grundmauer *f <bau>* • foundation wall

Grundmetall *n <mat> (einer Legierung)* • main metal; base metal; parent metal

Grundmetall *n <obfl> (für Beschichtungen, Überzüge)* • base metal; substrate metal; metallic substrate; underlying metal *coll*

Grundnormal *n <msr> (Maßverkörperung, Referenzmaterial zur Festlegung von Einheiten)* • standard of measurement; measurement standard; standard

Grundöl *n DIN ISO 4378-3 <tribo>* • base oil *ISO 4378-3*; base [fluid]; base stock

Grundplatte *f <tech.allg> (allg.)* • base plate

Grundplatte *f <tech.allg> (betont: ganz unten)* • bottom plate

Grundplatte *f <tech.allg> (betont: Basis für die Montage)* • mounting base; mounting plate

Grundplatte *f <bau> (Fundament; Beton)* • foundation plate; foundation slab; foundation raft; base slab

Grundplatte *f <masch> (betont: Last tragend)* • bearing plate; bedplate

Grundpreis *m <ökon> (keine Extras)* • basic price; base price

Grundprofile *npl <metall> (z. B. von Profilstahl; z. B. I, L, T, U)* • basic shapes

Grundrauschen *n <comp.av> (z. B. Bandrauschen)* • background noise; background hiss

Grundrechnungsart *f <math>* • fundamental operation; fundamental arithmetic

Grundregel *f <tech.allg>* • fundamental rule; basic rule

Grundriss *m <bau> (Gebäude)* • layout; floor plan

grundsätzlich *<allg>* • generally; principle: in ~

Grundschaltung *f <el> (Schaltkreis)* • elementary circuit; basic circuit; fundamental circuit

Grundschwingung *f <phys> (niedrigste Frequenz einer harmonischen Reihe;*

Ordnungszahl 1) • fundamental frequency; fundamental oscillation; fundamental harmonic; first harmonic; base frequency

Grundstein *m <bau.mat>* • foundation stone

Grundstellung *f <tech.allg> (Anfangsstellung)* • initial position

Grundstellung *f <tech.allg> (z. B. Messgerät, Werkzeugmaschine)* • normal position

Grundstellung *f <tech.allg> (Ruhestellung)* • rest position

Grundstrahlung *f <phys> (allg.; jede Sorte; z. B. natürliche Radioaktivität)* • background radiation

Grundstück *n <bau.fin> (als Liegenschaft)* • land; real estate; site; plot of land; property

Grundtyp *m <tech.allg> (z. B. einer Baureihe)* • basic model; basic type

Gründung *f <bau>* • foundation; footing

Gründungspfahl *m <bau>* • foundation pile

Gründungswanne *f <bau>* • tank

Grundversion *f <ökon> (eines Produkts; z. B. Pkw in kleinster Motorversion, ohne Extras)* • base version; stripped version

Grundwasser *n <geo> (allg.)* • ground water; subsoil water; underground water; subsurface water

Grundwasserabsenkung *f VDI4640 <hydr>* • groundwater depression *VDI4640*; groundwater lowering; groundwater drawdown

Grundwasserspiegel *m <hydr>* • groundwater table *VDI4640*; groundwater line; groundwater level; water table; water level

Grundwerkstoff *m <mat> (allg.)* • parent material

grüner Beton *m <bau.mat> (gerade in die Form eingebracht, noch dickflüssig; nicht "junger B.")* • fresh concrete

grüner Beton *m <bau.ökol> (umweltfreundlich; z. B. geringer Klinkergehalt)* • green concrete

Grüner Punkt *m <ökol> (Umweltzeichen)* • Green Dot

grüner Strom *m <energ> (erzeugt in alternativen Kraftwerken)* • green electricity

Grüne Welle *f <verk> (Ampelschaltung; z. B. bei 50 km/h)* • tuned traffic lights *pl US*; synchronized traffic lights *pl US*; linked signals

Grünglasherstellung *f <silik.prod>* • green-glass production

Grünling *m <bau.mat> (ungebrannter Stein für die Ziegelindustrie)* • green brick; unfired brick

Grünspan *m <obfl> (Kupferpatina)* • verdigris

Gruppe *f <allg>* • group

Gruppe *f*: **in ~n anordnen** *vt <prod>* • group *vt*

Gruppenruf *m* (GC) *DIN EN 300392-3 <tele> (Netzzusatzfunktion)* • Group Call (GC)

Gruppensteuerung *f <msr> (allg.)* • group control

Gruppe von Bauteilen *f <tech.allg>* • group of parts

gruppieren *vt <tech.allg> (zusammensetzen in Sätzen; z. B. Werkzeuge, Abbildungen)* • group *vt*; gang *vt*

Gruppierung *f <allg>* • grouping

Grus *m <geo.mat>* • grit

Grus *m <mat> (z. B. Kohlen~)* • breeze

GS-geprüft *<qualit>* • safety-tested

GtL-Kraftstoff *m <petr> (synthetischer Kraftstoff aus Erdgas)* • GTL-fuel; gas-to-liquid fuel

Guarkernmehl *n* (E 412) *<nahr> (Stabilisator)* • guar gum (E 412)

GuD-Heizkraftwerk *n* (GuD-HKW) *<energ>* • combined-cycle cogeneration plant; combined cycle plant for cogeneration

GuD-Technik *f <energ>* • gas-fired combined-cycle technology

Gülle *f <agri> (organisch)* • dung; manure

gültig *<tech.allg>* • valid

Gültigkeit *f <term> (von Benennungen; z. B. obsolet)* • temporal qualifier *ISO 12620*

Gültigkeitsbereich *m <doku> (z. B. einer Vorschrift, Norm)* • scope

Gültigkeitsprüfung *f <comp>* • validity check

Gummi *m <mat> (vulkanisierter Kautschuk; als Weich- oder Hartgummi)* • rubber; vulcanized rubber

Gummi *m*: **mit ~ beschichten** *vt <obfl>* • rubber-coat *vt*

Gummianschlag *m <tech.allg>* • rubber

stop

Gummiarabikum *n <chem> (Klebe-, Bindemittel aus Akazien od. Mimosen; z. B. für Aquarellfarben)* • gum arabic; Arabic gum

gummiartig *<kst> (Materialtyp)* • elastomeric

gummiartig *<mat> (Aussehen, Anmutung, Gefühl)* • rubbery; rubber-like; gummy

Gummibär *m <nahr>* • gummi bear

Gummibuchse *f <tech.allg>* • rubber bushing; rubber bush

Gummidichtring *m <tech.allg>* • rubber sealing ring; rubber seal ring

Gummidichtung *f <tech.allg>* • rubber seal

gummieren *vt <obfl> (meist Innenflächen)* • line with rubber *vt*

gummieren *vt <obfl> (mit Gummi beschichten)* • rubberize *vt*; rubber-coat *vt*; rubber *vt*

gummieren *vt DIN 55 405 <obfl> (mit Klebstoffschicht; z. B. Briefmarken)* • gum *vt*

gummiert *<obfl> (mit Gummi beschichtet, ausgekleidet; z. B. Behälter)* • rubber-lined; rubberized

gummiert *<obfl> (allg. mit Gummibeschichtung)* • rubber-coated; rubber-backed

gummiert *<obfl> (Kleberückseite zum Anfeuchten; z. B. auf Briefmarken)* • gummed

gummierte Pumpe *f <verf>* • rubber-lined pump

gummiertes Gewebe *n <textil>* • rubber-coated fabric; proofed fabric

gummiertes Leinen *n <bekl.sport> (Kletterschuh)* • canvass with rubber sole

gummiertes Papier *n DIN 55 405 <pap>* • gummed paper

gummierte Walze *f <druck>* • rubber-covered roll

Gummierung *f <obfl> (von Innenflächen; z. B. in Behältern; ohne Eindringen in das Substrat)* • rubber lining

Gummierung *f <obfl> (als Klebeschicht zum Anlecken; typ. auf Briefmarken)* • gum

Gummierung *f <pack> (als Dichtmasse)* • sealing compound; compound *pract*

Gummierung *f <prod> (betont: Gummi in das Substrat eingedrungen)* • rubber coating

gummigefedert *<masch>* • rubber-sprung

Gummihammer *m <wz>* • rubber mallet; rubber-tipped hammer *US*; rubber-headed mallet *GB*; rubber hammer *pract*

Gummikappe *f <tech.allg> (allg.)* • rubber boot; rubber cap *rare*

Gummilösung *f <füg> (zum Verkleben von Gummi; z. B. Flicken von Schläuchen)* • rubber cement; rubber adhesive; solvent rubber cement *rare*; rubber solution adhesive *rare*

Gummimatte *f <tech.allg> (dick; z. B. als Stallmatte)* • rubber mat

Gummimatte *f <tech.allg> (dünn)* • rubber sheet

Gummimischung *f <prod> (allg.; auch v. Reifen; aus Kautschuk, Chemikalien u. Füllstoffen)* • rubber compound

Gummipuffer *m <kst> (z. B. Maschinenbau)* • rubber buffer

Gummischlauch *m <rls> (verstärkt)* • rubber hose; elastomeric hose

Gummischlauch *m <rls> (unverstärkt)* • rubber tubing; elastomeric tubing

Gummisohle *f <bekl> (Schuh)* • rubber sole

Gummitülle *f <el> (für Kabeldurchführungen durch Blechwände)* • rubber grommet; grommet *pract*

Gummiwalze *f <tech.allg>* • rubber roll

Gummizug *m <bekl> (z. B. in Bündchen, Hosen)* • elastic

günstig *<tech.allg> (techn. Lösung, Konstruktion)* • favorable

günstigster Wert *m <allg>* • optimum value

Gurt *m <tech.allg> (eines Trägers)* • flange

Gurt *m <bau> (durchzieht das ganze Fachwerk; meist paarweise)* • chord; truss chord; boom

Gurtband *n <kfz.sich> (Sicherheitsgurt)* • seat belt webbing; belt webbing; webbing; seat belt strap *coll*; strap *coll*

Gurtbringer *m MB <kfz.sich> (automatisch)* • belt hand-over *MB*

Gürtel *m <bekl>* • belt

Gürtel *m <prod> (Reifenherstellung)* • belt

Gürtellinie *f <kfz> (Linie unterhalb der*

Scheibenunterkanten) • belt line; window line; waistline *coll*

Gürtelreifen *m <prod> (Reifenbauart)* • radial tire *US*; radial tyre *GB*; radial ply tire *US.form*; belted-radial tire *US.rare*; radial *coll*

Gurtklemmer *m <kfz.sich>* • webbing grabber; clamping reel; belt stopper *BMW*; belt clamping device *BMW*

Gurtlose *f <kfz.sich> (Sicherheitsgurt)* • belt slack; slack

Gurtpeitsche *f <kfz.sich> (trägt das Gurtschloss)* • belt end

Gurtschloss *n <kfz.sich> (an Sicherheitsgurt)* • buckle; seat belt buckle *form*; belt catch *BMW*

Gurtstraffer *m <kfz.sich> (Rückhalteeinrichtung)* • seat-belt tensioner (SBT); self-tightening seat belt retractor *form*; seat-belt pretensioner; seat-belt tightener *pract*; belt tensioner *pract.coll*

Gurtsystem *n <kfz.sich>* • seatbelt system; belt system; belt assembly

Gurtwarnleuchte *f <kfz.msr>* • seat-belt warning light; seat-belt reminder light; fasten seat-belt warning light *Ford*; safety-belt warning light *Ford*; safety-belt reminder light *GM*

Gussasphalt *m DIN EN 12970 <bau.-mat> (Masse aus Bitumen, Naturasphalt, Splitt, Sand, Füller)* • mastic asphalt; asphaltic mastic; bituminous mastic [asphalt]

Gusseisen *n <tech.allg>* • cast iron

Gussfehler *m <qualit>* • casting defect; casting flaw

Gussgehäuse *n <tech.allg>* • cast housing

Gusshaut *f <metall> (hart, spröde, stört bei spanender Bearbeitung)* • cast-iron scale; casting scale; crust of scale; casting skin; outer skin

Gussputzen *n <metall> (von Gussteilen)* • fettling; snagging; tumbling; dressing-off

Gussstahl *m* (GS) *DIN 17006-4 <mat> (in Formen gegossener Stahl)* • cast steel

Gussstück *n <metall> (gegossenes Werkstück)* • casting

Gut *n <förd> (z. B. auf Förderband)* • material

Gut *n <ökon> (im Handel, Verkehr, Transport)* • merchandise; goods *pl*

gut ausgestattet *<tech.allg> (z. B. Fahrzeug, Wohnung, Küche)* • well appointed

gut ausgestattet *<tech.allg> (z. B. Fahrzeug)* • well specced

gut beleuchtet *<licht>* • well-lit

Güte *f <tech.allg> (Qualität)* • quality

Güteklasse *f <tech.allg>* • quality standard

Gütekriterium *n <qualit> (der Qualität)* • quality criterion

Güterbahnhof *m <bahn>* • freight station; freight depot; goods station

Güterfernverkehr *m <logist>* • long-haul traffic

Güternahverkehr *m <logist>* • short-haul transport

Güterumschlag *m <logist> (zwischen Verkehrsträgern)* • freight handling; cargo handling; goods handling

Güterverkehr *m <verk>* • freight traffic; goods traffic

Güterwagen *m <bahn>* • railroad freight car; freight car; freight wagon; railway goods wagon *rare*; goods wagon *rare*

Güterzug *m <bahn>* • freight train; goods train

gut geeignet für *<tech.allg>* • well-suited for

gut leitend *<el>* • highly conductive

gut leserlich *<doku> (z. B. Schriftart, -größe)* • easily legible; clearly readable

gutmütiges Fahrwerk *n <kfz>* • forgiving chassis

Gutseite *f <msr> (Lehre)* • go-end; go-side

gut verarbeitet *<tech.allg>* • well built

H

H2-Verbrennungsmotor *m <kfz.mot> (z. B. von BMW, Ford)* • hydrogen combustion engine; hydrogen engine

Haardraht *m <mat> (extrem fein)* • whisker wire

Haarlineal *n <wz> (zur Prüfung der Ebenheit)* • straight-edge

Haarnadelkurve *f <verk> (Straßenbau)* • hairpin curve; hairpin bend; hair pin *coll*

Haarriss *m <qualit.mat> (typ. in Lack*

od. Anzeichen v. Materialermüdung; fein, unverbunden) • check

Haarriss *m <qualit.mat> (dünner Riss; vor allem in Keramik, Glasur, Putz, Beton)* • craze

Haarriss *m <qualit.mat> (allg.)* • hairline crack; microfissure; capillary crack; line crack; microcrack

Haarrisse *mpl <obfl> (sehr feine, unverbundene Risse in Lack)* • checking

Haarrisse *mpl <qualit.silik> (Netzwerk sehr feiner Glasurrisse)* • craze

Haarrissglasur *f <obfl> (intentionaler Effekt)* • crackle glaze

Haartrockner *m <hygi.wz>* • hairdryer; hairdrier; blow-dryer

Hacke *f <agri.wz> (Blatt quer zum Stiel)* • hoe

Hackerangriff *m <comp>* • hacker attack

Hackmaschine *f <wz.masch> (z. B. für Granulat, Pelletierung)* • chopping machine; chipping machine

Hackschnitzel *mpl <mat> (z. B. zur Zellstoff- und Holzstoffproduktion)* • wood chips *pl*; chips *pl*

häckseln *vt <allg>* • lacerate *vt*

häckseln *vt <prod> (z. B. Gras, Laub, Äste)* • chop *vt*

Häckselwerk *n <agri.wz> (z. B. integriert in Laubsauger)* • chipper

Häcksler *m <agri.wz> (betont: für Stroh und Heu)* • straw chopper; hay chopper

Häcksler *m <agri.wz> (eher klein; für Äste, Zweige, Gartenabfälle)* • chipper; chipper-shredder; shredder

Häcksler *m <agri.wz> (eher groß; für Futtermittel, Silage)* • forage cutter

Hadern *mpl <pap>* • rags *pl*

Hafen *m <nav>* • harbor *US*; harbour *GB*

Hafenanlagen *fpl <nav>* • harbor facilities *US*; port facilities; port installations; harbor works *US*; harbour works *GB*

Hafen anlaufen *vi <nav>* • port: call at a ~ *vi*; port: put into a ~ *vi*

Hafenbarkasse *f <nav>* • harbor launch; harbor tender

Hafenbau *m <bau> (alle Hafeneinrichtungen; auch Krane, Trockendocks etc.)* • harbor engineering *US*; harbour engineering *GB*

Hafenbau *m <bau> (Hoch- und Tiefbau)* • port construction

Hafenbauten *pl <bau>* • port structures

Hafenbecken *n <nav>* • harbor basin *US*; port basin

Hafeneinfahrt *f <nav>* • harbor entrance *US*; port entrance

Hafnium *n* (Hf) *<chem>* • hafnium (Hf)

haften *vi <tech.allg> (fest; z. B. festgekrallt, oder großflächig; z. B. Frischhaltefolie)* • cling *vi*

haften *vi <jur> (haftbar sein)* • be liable *vi*; be responsible *vi*

haften *vi <obfl> (an, auf etw.; z. B. Zinn beim Verzinnen von Blech)* • take *vi*

haften bleiben *vi <füg>* • bind *vi*

Haftetikett *n DIN 55 405 <pack>* • self--adhesive label; pressure-sensitive label

Haftfähigkeit *f <füg> (betont: hohe)* • adhesive power

Haftfähigkeit *f <füg> (Klebrigkeit)* • adhesiveness; adhesivity

Haftfähigkeit *f <füg> (Verbindbarkeit)* • bondability

Haftfähigkeit *f <tribo> (von Schmieröl)* • tackiness; adhesive properties *pl*; adhesion

Haftfestigkeit *f <füg> (einer Kleber-verbindung)* • bond strength

Haftfolie *f <kst> (zum Bekleben/Dekorieren von Oberflächen)* • adhesive film; pressure-sensitive film

Haftgrund *m <obfl> (Material mit spez. Hafteigenschaften)* • primer surfacer

Haftklebstoff *m DIN 55 405 <füg> (klebt durch Andrücken)* • pressure-sensitive adhesive; impact adhesive

Haftreibung *f <phys> (betont: durch Kohäsion)* • adhesion; cohesive friction

Haftsitz *m <tech.allg>* • wringing fit; tucking fit

Haftung *f <tech.allg> (z. B. einer Beschichtung oder Folie auf Untergrund)* • adhesion; adhesive strength; adherence; bond

Haftung *f <jur> (Verantwortlichkeit)* • liability; legal liability; responsibility

Haftung auf nasser Straße *f <verk.kfz> (von Reifen)* • wet grip; wet road holding

Haftvermittler *m <obfl> (allg.; zwischen Substrat und Beschichtung)* • adhesion promoter; bond

Haftvermögen *n <tech.allg> (Griff, Halt)* • grip

hakelig *<kfz> (Schaltung, Getriebe; z. B. Rückwärtsgang)* • notchy

Haken *m <tech.allg> (zum Befestigen, Sichern, Fangen)* • hook

Hakenlast *f <tech.allg> (an Haken; von Kranen, Bohrtürmen oder sonstigem Hebezeug)* • hook load; load

Hakenschlüssel *m <wz> (für Fahrrad)* • C-spanner

Hakenschlüssel *m <wz> (allg.; mit Nase oder Zapfen)* • spanner wrench *US*

Hakenschraube *f <füg>* • hook bolt

halbautomatisch *<tech.allg> (z. B. Getriebe, Waffe)* • semiautomatic

halbautomatische Waffe *f <mil>* • semi-automatic gun; semiautomatic; autoloading gun

halbaxiale Propellerpumpe *f <förd> (Einlass axial, Auslass diagonal)* • mixed-flow propeller pump

Halbaxialpumpe *f <förd> (halbwegs e. Zentrifugalpumpe; axialer Einlass, schräger Auslass)* • mixed-flow pump; diagonal pump; diagonal flow pump; cone flow pump

halbberuhigter Stahl *m <metall>* • semikilled steel

Halbduplexbetrieb *m <comp>* • half-duplex operation

halbdurchlässige Membran *f <phys>* • semipermeable membrane

halbdurchlässiger Spiegel *m <opt> (z. B. für Beobachtungen)* • one-way glass; semi-transparent mirror

Halbedelstein *m <mat>* • semiprecious gemstone; semiprecious stone

Halbgeschoss *n <bau>* • mezzanine; entresol

Halbkreis *m <math>* • semicircle; half circle

Halbkugel *f <tech.allg>* • hemisphere

halbkugelförmig *<tech.allg>* • semispherical; half-spherical; hemispherical

halbkugelförmiger Brennraum *m <kfz.mot> (optimale Verbrennung)* • hemispherical combustion chamber

Halbkugelschale *f <tech.allg>* • hemispherical shell

Halbleiter *m <el> (z. B. Silicium)* • semiconductor

Halbleiterdiode *f <el>* • semiconductor diode

Halbleiterphysik *f <phys>* • semiconductor physics

Halbleitertechnologie *f <el>* • solid-state technology

halbmast *<allg>* • half-staff

halbmondförmig *<allg>* • semilunar

halbrund *<allg> (zweidimensional)* • semicircular

halbrund *<prod> (Ecke, Kante)* • radiused

Halbrundkopf *m DIN ISO 1891 <füg>* • round head; button head; cup head *rare*; snap head *rare*

Halbrundniet *m DIN 124, 660 <füg>* • button-head rivet *ISO 1051*; round head rivet *DIN 124, 660*; spherical-head rivet; dome head rivet *rare*; standard head rivet *rare*

Halbschalenbauweise *f <aerosp> (Rumpf)* • semimonocoque construction; semimonocoque design

Halbschnitt *m <doku>* • half section

halbstarres Luftschiff *n <aerosp> (Luftfahrzeug leichter als Luft)* • semirigid airship; semi-rigid airship; semirigid dirigible; semi-rigid dirigible

Halbtonbild *n <druck>* • continuous-tone image

Halbtöne *mpl <phot> (Tonwerte zw. Minimal- und Maximaldichte; z. B. Grautöne)* • halftones *pl*

Halbwelle *f <kfz.antr> (zw. Differenzial und Antriebsrad)* • half shaft

Halbwelle *f <phys> (betont: halber Zyklus; z. B. Sinusschwingung)* • half cycle

Halbwelle *f <phys> (allg.)* • half-wave

Halbwertszeit *f* (HWZ) *<phys> (z. B. von radioaktivem Material, Arzneimitteln)* • half-life; physical half-life; half-life period

Halbwindkurs *m <nav>* • beam reach

Halbzeug *n <prod> (betont: Zwischenform)* • intermediate shape

Halbzeug *n <prod> (allg.; z. B. Bleche, Rohre, Profile)* • semi-finished product; semi-manufactured product; semi *pract*; half-finished product *rare*

Halbzeugstraße *f <metall>* • roughing mill; rougher *pract*; breaking-down mill

Halde *f <logist> (großer, eher unerwünschter Vorrat)* • stock-pile

Halde *f <min> (Abraum)* • mine waste

dump

Hälfte *f <allg>* • half

Halleffekt *m <akust> (auch künstlich erzeugt)* • reverberation; reverberation effect; reverb effect; reverb *pract*

Hall-Effekt *m <phys>* • Hall effect

Hallengang *m <prod>* • aisleway; gangway

Hallenschießstand *m <mil>* • indoor range

Hallgeber *m <msr> (auf dem Hall-Effekt beruhender Impulsgeber)* • Hall generator; Hall element; Hall-effect sensor; Hall sensor; Hall-effect pickup [assembly]

hallig *<akust> (Klang)* • reverberant

Hallig *f DIN 4047-2 <geo> (unbedeichte Marschinsel im Watt)* • marsh island

Halm *m <agri.bio>* • stalk; stem

halmgutartige Biomasse *f <energ.bio> (Stroh, Getreideganzpflanzen, Gräser)* • grasses and straws *pl*; straws and herbaceous residues *pl*; herbaceous crops *pl*

Halo *m <astron.opt> (durch Lichtbrechung; z. B. i.d. Atmosphäre)* • halo; nimbus *thsc*

Halogen *n <chem>* • halogen

Halogen-Kaltlichtspiegellampe *f <phot>* • halogen cold-light mirror lamp

Halogenkohlenwasserstoff *m <chem>* • halogenated hydrocarbon; halocarbon

Halogenlampe *f <licht>* • halogen lamp; halogen bulb *coll*

Halogen-Metalldampflampe *f <licht>* • metal halide lamp; halogen quartz iodine light *form*; HQI-lamp; HQI-light *pract*

Halogenscheinwerfer *m <fz.licht> (Frontscheinwerfer; z. B. bei Pkw, Flugzeugen)* • halogen headlight

Halogenstrahler *m <licht> (Punktstrahler, mit Reflektor)* • halogen spotlight

Halon *n <feuer> (Löschgas; effektiv aber Ozonschicht schädigend)* • halon

Halonfeuerlöscher *m <feuer>* • Halon fire extinguisher

Hals *m <tech.allg> (auch metaphorisch)* • neck

Hals *m <masch> (Verengung; z. B. Düse, Trichter)* • throat

Halt *m <allg> (Ruhepause)* • rest

Halt *m <allg> (Stehenbleiben)* • stop; halt

Halt *m <tech.allg> (Stütze, Unterstützung)* • support

Halt *m <comp> (einer Programmfolge)* • breakpoint

Halt *m <masch> (Verweilzeit an einer Stelle; z. B. von Stößeln, Werkzeugen)* • dwell

Haltbarkeit *f <tech.allg> (allg.; auch metaphorisch)* • shelf life

Haltbarkeit *f <qualit> (Lagerfähigkeit; z. B. von Verarbeitungschemikalien)* • keeping properties *pl*; keeping qualities *pl*; shelf-storage life

Haltbarkeit *f <qualit.mat> (chem. od. strukturelle Stabilität)* • stability

haltbar machen *vt <nahr>* • preserve *vt*

Haltebucht *f <verk> (für Linienbus)* • bus bay; bus-stop bay; curb cut *US*

Haltebügel *m <kfz.brems> (eher drahtartig, schmal; z. B. von Verschlussdeckeln; Spannbügel)* • retaining bail

Haltebügel *m <masch> (klein, dünn, federnd)* • retaining clip

Haltedauer *f <masch> (bei periodischen Bewegungen)* • dwell period; length of dwell time

Halteeinrichtung *f <masch> (etw. fest- od. zurückhaltend)* • retaining device; holding device; keeper

Haltefeder *f <masch>* • retaining spring; spring clip

Haltegriff *m <tech.allg> (z. B. an Kameragehäuse)* • holding grip

Haltegriff *m <tech.allg> (Griffstange)* • hand rail

Halteklammer *f <tech.allg>* • retaining clip; fixing clip

Haltelinie *f <verk>* • stop line

halten *vi <tech.allg> (an einer Stelle verharren)* • dwell *vi*

halten *vi <tech.allg> (vorübergehend oder endgültig)* • halt *vi*; stop *vi*

halten *vi <tech.allg> (langlebig sein)* • last *vi*; be durable *vi*

halten *vt <allg> (greifen)* • grip *vt*

halten *vt <allg> (z. B. Abstand, Versprechen, Ordnung; einen Hund, Wagen)* • keep *vt*

halten *vt <tech.allg> (aufrechterhalten; einen Wert, Zustand; z. B. Drehzahl, Druck, Kurs)* • maintain *vt*; hold *vt*

halten *vt <tech.allg> (tragen; z. B. eine*

Last) • carry *vt*
halten *vt* <*tech.allg*> *(gegen Widerstand od. Tendenz)* • retain *vt*
halten *vt* <*tech.allg*> *(stützen, tragen; z. B. Filter, Sieb, Schlauch)* • support *vt*
Haltepunkt *m* <*tech.allg*> *(in vorgezeichnetem Bewegungspfad; z. B. von Bus, Roboter)* • stop
Haltepunkt *m* <*comp*> *(in Programm)* • breakpoint
Haltepunkt *m* <*metall*> *(im Zustandsdiagramm; z. B. Fe-C-Schaubild)* • critical point; transformation point; arrest point
Haltepunkt *m* <*mil*> *(beim Zielen)* • point of aim
Haltepunkt *m* <*verk*> *(für Busse, Züge)* • stop; stopping place; halt *rare*
Halter *m* <*tech.allg*> *(jede Form, jede Funktion)* • fastening device; fixture; holder
Halter *m* <*kfz.brems*> *(von Scheibenbremsen allg.)* • adapter
Halter *m* <*kfz.el*> *(für Schmelzsicherung)* • cavity
Halter *m* <*masch*> *(klemmend; z. B. Klammer, Klemme)* • clamp
Halterelais *n* <*el*> • latching relay; latch-in relay; locking relay; holding relay; remanent relay
Haltering *m* <*masch*> • retaining ring
Halterung für Wandmontage *f* <*tech.allg*> • wall bracket; wall mounting bracket
Halteschraube *f* <*füg*> *(zum Begrenzen einer Bewegung; ohne Mutter)* • check screw
Halteschraube *f* <*füg*> *(zum Verriegeln in einer best. Position; dicke Schraube)* • locking bolt
Halteseil *n* <*tech.allg*> *(zum Abspannen; z. B. von Masten)* • guy
Halteseil *n* <*förd*> *(bei Greifern: im Ggs. zum Hubseil)* • holding rope
Haltestift *m* <*masch*> *(betont: zum Verriegeln in einer best. Position)* • locking pin
Haltestift *m* <*masch*> *(betont: zurück oder nieder halten)* • retaining pin; detent pin
Haltestift *m* <*masch*> *(betont: als Wegbegrenzung)* • stop pin
Haltezeit *f* <*tech.allg*> • dwell time
Haltezone zum Be- und Entladen *f* <*verk*> • drop-off area *US*
Haltsignal *n* <*tech.allg*> *(z. B. Bahn)* • stop signal
Hammer *m* <*wz*> *(allg.; typ. in D ist ein Schlosser~, anderswo einer ein Klauen~)* • hammer
Hammer *m* <*wz*> *(nicht aus Metall)* • mallet
Hammerbahn *f* <*wz*> • hammer face; striking face
hämmern *vi/vt* <*allg*> *(schlagen, klopfen)* • beat *vi/vt*
hämmern *vt* <*prod*> *(mit der Finne)* • peen *vt*
Hammerschlaglack *m* <*cbfl*> • hammer enamel; hammer effect enamel
Hammerschraube *f DIN 261* <*füg*> • T-head bolt; hammer head bolt *form*; tee-head bolt
Hand *f* <*allg*> • hand
Hand *f*: **von ~ geformt** <*tech.allg*> • hand-molded
Handauflage *f* <*tech.allg*> *(an einer Bedieneinheit; z. B. Tastatur)* • hand rest; hand support
Handbediengerät *n* <*msr*> • hand control [unit]
handbeschickt <*tech.allg*> *(z. B. Vorrichtung, Werkzeugmaschine)* • loaded by hand; manually loaded; manually fed; hand-fed; manual feed: with ~
handbetätigt <*tech.allg*> • hand-operated; manually operated; manually actuated; actuated by hand
Handbetrieb *m* <*msr*> *(Vorgang allg.)* • manual operation
Handbohrmaschine *f* <*wz*> *(manuell, zum Kurbeln)* • hand drill; hand-held drill; drill *coll*
Handbuch *n* <*doku*> • manual; handbook
Handbügelsäge *f* <*wz*> • hand hacksaw
Handelsflotte *f* <*nav*> • commercial fleet; trade fleet; merchant fleet
Handelshafen *m* <*nav*> • trading port; commercial port
Handelsschiff *n* <*nav*> • merchant ship; trade ship; commercial ship; trading vessel; trader
Handelsschifffahrt *f* <*nav*> • commercial shipping; merchant shipping; commercial navigation
handelsüblich <*ökon*> *(z. B. Qualität,*

Marke, Produkt) • commercial

handelsübliches Bauelement *n <el> (Elektronik)* • commercial-grade component

handelsübliches Markenprodukt *n <tech.allg>* • good ordinary brand (GOB)

Handelsware *f <ökon>* • commercial grade product

Handfaust *f <kfz.wz> (allg.; zum Ausbeulen von Blech)* • dolly block *US*; hand dolly; dolly *pract*

handfest *<füg> (Anziehen z. B. von Schrauben)* • finger-tight

handfest anziehen *vt <prod> (Schraubverbindung)* • fasten finger tight *vt*

Handfeuerlöscher *m prakt <feuer>* • hand-held extinguisher; fire extinguisher *BS 4422-4*; portable fire extinguisher; fire drencher *rare*; hand-operated fire extinguisher

Handfeuerwaffe *f <mil>* • small arm

Handfläche *f <bio>* • palm

handgearbeitet *<tech.allg> (betont: Herstellung nicht maschinell)* • handmade

handgearbeitet *<tech.allg> (betont: mit guter handwerklicher Qualität)* • handcrafted; built by hand

handgeführt *<tech.allg> (von Hand bewegt)* • hand-manipulated

handgeknüpft *DIN ISO 2424 <textil> (Teppich)* • hand-knotted *ISO 2424*

Handgelenk *n <autom> (Roboter)* • wrist joint; wrist

Handgepäck *n <aerosp>* • hand baggage; cabin baggage; carry-on baggage

Handgerät *n <tech.allg>* • handheld unit; handheld device

handgespritzt *<obfl>* • hand-sprayed

Handhaben *n <autom>* • industrial handling

handhaben *vt <tech.allg> (Gegenstände; z. B. Werkzeuge)* • handle *vt*; manipulate *vt*

Handhabesystem *n <förd>* • handling system

Handhabung *f <logist> (von Werkzeugen, Rohmaterial, Halbzeug, Werkstücken, Produkten)* • handling; manipulating; manipulation

Handhabungsautomat *m <autom> (nicht frei programmierbar)* • handling robot

Handhabungseinrichtung *f <autom>* • handling system

Handhabungsgerät *n <autom> (fest programmiert)* • handling device; pick-and-place system

Handhabungsroboter *m <autom> (frei programmierbar)* • handling robot; material-handling robot

Handkreissäge *f <wz>* • circular saw

Handkreuz *n <tech.allg> (sternförmiger Griff zum Drehen von Spindeln u. Ä.)* • capstan handle; spider

Handkreuz *n <tech.allg> (mit mehreren Speichen; z. B. an Schiebern)* • star handle; star handwheel

Handlauf *m <bau> (Stange zum Festhalten, oberste Schiene etc. von Geländern)* • handrail; banister *rare*

Handlaufstütze *f <tech.allg> (von Geländern, Relingen etc.)* • stanchion; post; support

Händler *m <ökon>* • dealer

Händlernetz *n <ökon>* • dealership network; network of dealerships

Händlerrabatt *m <ökon>* • trade discount

Handmessgerät *n <msr>* • hand-held measuring instrument; hand-held instrument; hand set *rare*

Handpumpe *f <tech.allg>* • hand pump; manually operated pump

Handrad *n <tech.allg> (z. B. an Ventilen)* • handwheel

Handregelung *f <msr>* • manual control

Handreiniger *m <hygi> (z. B. Trockenhandreiniger, Handwaschpaste)* • hand cleaner

Handscanner *m <comp> (für Barcode etc.; Lesestift, Laser- od. CCD-Scanner)* • hand-held scanner; hand scanner

Handschaltung *f <antr> (Getriebe, Gänge)* • manual shifting; manual selection

Handschellen *fpl <jur.wz>* • handcuffs *pl*

Handschleifer *m <wz.holz>* • hand sander

Handschleifmaschine *f <wz.metall>* • off-hand grinder

Handschuh *m <bekl>* • glove

Handschuhfach *n <kfz.innen> (z. B.*

abschließbar) • glove compartment *US*; glovebox *GB*

Handschuhkasten *m DIN 25401-3 <nukl> (zum Handhaben kontaminierter Objekte)* • glove box

handschuhweich *<qualit.mat> (z. B. Lederpolsterung von Sitzen)* • ultra--soft; butter-soft *coll*

Handspannung *f <allg>* • clamping by hand

Handsteuerung *f <msr> (abstrakt, Betriebsweise)* • manual control; manual mode

Handwaschbecken *n <bau.innen> (eher klein; z. B. für Gästetoilette)* • handbasin

Handwäsche *f <bekl>* • hand wash; hand washing; manual laundering; washing by hand

Handwerk *n <allg>* • craft; trade

Handwerker *m <allg>* • craftsman; tradesman

Handwerkszeug *n ugs <wz> (Gesamtheit von Handwerkzeugen; z. B. in Werkzeugkiste)* • tool set; tools *pl coll*

Handwerkzeug *n <wz> (z. B. Seitenschneider, Kombizange)* • hand tool; tool *pract*

Handyoberschale *f <tele>* • faceplate

Handytasche *f <pack.tour>* • cell phone case *US*; mobile phone case *GB*; cellie holster *coll*

Hanfdichtung *f <masch> (z. B. Rohr)* • hemp packing

Hanfseil *n <tech.allg>* • hemp rope

Hang *m <geo> (Geländeform)* • slope

Hanganfahrwinkel *m <kfz> (vorn; z. B. 42°)* • approach angle; entry angle to gradients

Hangar *m <aerosp>* • hangar

Hängebahn *f <förd> (betont: die Schiene)* • overhead track; overhead runway

Hängebrücke *f <bau> (groß, mit Pylonen; z. B. Schrägseilbrücke)* • suspension bridge; cable suspension bridge; cable bridge

Hängebrücke *f <bau> (klein, primitiv; typ. aus durchhängenden Seilen und Bodenbohlen)* • rope bridge; suspended bridge

Hängegleiter *m <aerosp>* • hang glider

Hängeisolator *m <energ.el>* • suspension-type insulator; suspension insulator; hanging insulator

Hängeleuchte *f <licht>* • suspended luminaire *US*; pendant luminaire; hanging lamp *coll*

Hängematte mit Spreizstäben *f <allg>* • spreader bar hammock

Hängemattengestell *n <allg>* • hammock stand

hängen bleiben *vi <allg> (an etwas; an jemandem: z. B. Verdacht)* • stick *vi*

hängend *<tech.allg> (z. B. Eiszapfen, Stalagtiten, RL-Hänger)* • suspended; pendent

Hangende *n <min>* • hanging roof; hanging; hanging wall; roof *pract*; top *pract*

hängende Kommandotafel *f <tech.allg> (z. B. Elektrozug, Werkzeugmaschine)* • pendant push-button panel

hängender Buchblock *m <druck>* • loose text block

hängendes Ventil *n* (OHV) *<mot> (im Ggs. zu stehendem V.; heute Normalfall)* • overhead valve (OHV)

hängende Traktur *f <mus> (Orgel)* • suspended action; hanging action; hung action

Hängesteckdose *f <el>* • pendant socket outlet

hängt *<qualit> (Relais, Magnetschalter)* • sticking; frozen

Hangtauglichkeit *f <agri> (z. B. für Landmaschinen)* • permissible hillside slope

hantelförmig *<tech.allg>* • dumbbell--shaped

Haptik *f <obfl.qualit> (z. B. von Sitzbezugsmaterial)* • haptics; touch and feel; tactile qualities; surface feel

Hardtop *n <kfz> (hartes, abnehmbares Dach; auf Roadster, Spider)* • hardtop

Hardware *f <comp> (im Ggs. zu Programmen)* • hardware

Hardyscheibe *f <masch>* • flexible disk; Hardy disk

Harke *f <agri.wz>* • rake; soil rake

harmonische Reihe *f <math>* • harmonic series

harmonische Schwingung *f <akust>* • harmonic vibration; harmonic oscillation

Harnsäure *f <chem>* • uric acid

Harnstoff *m <chem>* • urea; carbamide

Harnstoffharz *n* (UF) *<kst> (z. B. Resopal)* • ureaformaldehyde plastic (UF); ureaformaldehyde resin; urea resin *pract*

hart *<qualit.mat> (Widerstand gegen Eindringen)* • hard

härtbarer Stahl *m <metall>* • hardening steel; hardenable steel

Härte *f <innen> (von Polstern, Matratzen)* • firmness

Härte *f <qualit.mat> (physikal. Materialeigenschaft; z. B. von gekohltem Stahl)* • hardness

härten *vt <metall>* • harden *vt*

härten *vt <metall> (durch Abschrecken)* • quench *vt*

härten *vt <nahr> (Fett)* • hydrogenate *vt*

härten *vt <obfl> (Lack)* • bake *vt*

Härteprüfmaschine *f <qualit.mat>* • hardness testing machine; hardness testing instrument; hardness tester *pract*

Härteprüfung *f <qualit.mat> (z. B. nach Brinell, Knoop, Rockwell, Vickers)* • hardness test; hardness testing

Härteprüfung nach Brinell *f DIN 50 351 <qualit.mat>* • Brinell hardness test *ISO 6506*; Brinell hardness testing *pract*; ball-indentation test; ball-indentation testing

Härteprüfung nach Knoop *f DIN ISO 4516 <qualit.mat>* • Knoop hardness test *ISO 4545*; Knoop hardness testing

Härteprüfung nach Rockwell *f* (HR) *DIN EN ISO 6508 <qualit.mat>* • Rockwell hardness test[ing] *ISO 6508*

Härteprüfung nach Vickers *f DIN EN ISO 6507 <qualit.mat>* • Vickers hardness test[ing] *ISO 6507*

Härter *m <kst>* • curing agent; cross-linking agent; hardening agent; hardener *pract*

Härter *m <mat> (für Spachtelmasse, Kleber)* • catalyst; hardener

Härter *m <obfl> (allg. u. für Zweikomponentenlack)* • hardener

Hartfaserplatte *f DIN 68753 <holz>* • hardboard; hard fiberboard *US.rare*; hard fibreboard *GB.rare*; fiber hardboard *US.rare*; fibre hardboard *GB.rare*

Hartgummi *m <mat> (aus Natur- oder Synthesekautschuk)* • hard rubber; vulcanite *rare*

Hartguss *m DIN 17006-4 <metall>* • white cast iron

Hartholz *n <holz> (besonders hartes Holz; z. B. Eiche, Buche)* • hard wood

Hartlot *n <füg> (meist Messing)* • brazing metal; brazing filler metal *form*; brazing alloy; hard solder

Hartlöten *n <füg> (T > 450 °C)* • brazing; braze welding *form*; torch soldering *coll*; bronze welding *obs*

Hartmetall *n* (HM) *<mat> (allg.)* • hard metal (HM)

Hartmetallauflage *f <mat> (z. B. Werkzeug, Gleitbahn)* • carbide tipping; carbide facing

hartmetallbestückt *<wz> (Werkzeug, Schneide)* • carbide-tipped; cemented-carbide-tipped; hard-tipped

Hartmetallbestückung *f <wz>* • cemented-carbide tipping; carbide tipping

Hartpappe *f <bau.mat>* • panel board

Hart-Polyvinylchlorid *n* (UPVC) *<kst> (PVC ohne Weichmacher)* • unplasticized polyvinyl chloride (UPVC); unplasticized PVC; unplasticized vinyl; rigid PVC *pract*; hard PVC *coll*

Hartschalenkoffer *mpl <pack.tour>* • hardsided luggage

Hartschaum *m <kst> (z. B. als Auftriebskörper in Booten)* • rigid foam; dense foam *rare*

hartsektoriert *<comp>* • hard sectored

Hartverchromung *f <obfl>* • hard-chrome plating

Hartwachspolitur *f <obfl>* • deep cleaning car wax

hart werden *vi <mat> (allg.)* • harden *vi*; stiffen *vi*

Harz *n <mat> (z. B. in Klebern, Kunststoffen, Lacken, Druckfarben)* • resin

Harznest *n <holz>* • resin pocket

Haspel *f <metall> (zum Abspulen von Bandmaterial; z. B. für Blech)* • uncoiler; dereeler

Haspel *f <min.förd> (Aufwickelhaspel)* • winch; whim

Haspelanlage *f <metall> (z. B. im Walzwerk, für Coils)* • reel station

Hassium *n* (Hs) *<chem> (Ordnungszahl 108, superschweres Element)* • hassium (Hs); unniloctium *obs*

Haube *f <tech.allg>* • hood; bonnet *GB*

Haube *f <masch> (eher klein, kappenartig, Deckel)* • cap
Haube *f <metall> (Schmelzofen)* • crown
Haube *f <verf> (glocken-, trichterförmig)* • bell
Haubenfahrzeug *n <nfz> (typ. Truck in den USA; in D nur noch selten)* • cab-behind-engine truck (CBE); conventional truck; conventional *pract*; long-nose *coll*
Hauchbildung *f <obfl> (von Lack)* • blooming; blushing
hauchdünn *<tech.allg> (z. B. Membran, Folie, Film, Schicht)* • ultra-thin
Haufen *m <allg> (z. B. Abfall)* • heap; pile
Haufen *m <astron> (z. B. von Sternen)* • cluster
häufig *<allg>* • frequent
Häufigkeit *f <allg> (des Auftretens von etw.)* • frequency
Häufigkeit *f <chem> (eher bei Reichlichkeit, häufigem Vorkommen; z. B. von Isotopen)* • abundance
Häufigkeit *f <term> (der Verwendung, von Benennungen; z. B. selten, rar)* • frequency *ISO 12620*
Hauptachse *f <phys> (abstrakt; z. B. Hauptträgheitsachse)* • main axis
Hauptanschluss *m <tele>* • main station; subscriber's main station
Hauptbaugruppe *f <masch>* • main assembly
Hauptbenennung *f <term> (betont: eines Eintrags)* • main entry term *ISO 12620*
Hauptbenennung *f <term> (allg.)* • main term
Hauptbestandteil *m <tech.allg>* • main component; major component; principal component; main constituent
Hauptbremszylinder *m <brems>* • brake master cylinder
Hauptdeck *n <nav>* • main deck
Hauptdüse *f <kfz> (im Vergaser)* • main jet
Hauptfahrwerk *n <aerosp>* • main landing gear (MLG) *form*; main gear *pract*; main undercarriage *GB*; main legs *coll*
Hauptfunktion *f <tech.allg>* • main function
Hauptkühlmittel *n <tech.allg>* • main coolant
Hauptleitung *f <tech.allg>* • main line; main
Hauptmenü *n <comp>* • main menu
Hauptplatine *f <comp> (mit CPU, BIOS, RAM, Steckplätzen etc.)* • mainboard; motherboard
Hauptregelgröße *f <msr>* • primary control variable; basic control variable
Hauptrotor *m <aerosp> (Hubschrauber)* • lifting rotor; helicopter rotor; primary rotor; main rotor
Hauptsatz *m <phys> (z. B. Thermodynamik)* • fundamental law; fundamental theorem
Hauptsatz der Algebra *m <math>* • fundamental theorem of algebra
Hauptschalter *m <el>* • main circuit breaker; master circuit breaker; master switch; main switch
Hauptschlüssel *m <tech.allg> (z. B. EDV, Kfz, Gebäude)* • primary key
Hauptschneide *f <wz.masch> (von Spanwerkzeug; im Ggs. zu Nebenschneide)* • primary edge; active cutting edge; active edge; principal edge
Hauptsicherung *f <el>* • main fuse
Hauptspant *m <nav> (allg.)* • main frame; midship frame; midship section; midship bend
Hauptspeisepumpe *f <rls> (allg.)* • main feed pump
Hauptspeisewasserpumpe *f <energ> (Dampferzeuger)* • main feed-water pump; main feed pump
Haupt-Start- und Landebahn *f <aerosp>* • primary runway; main runway
Hauptsteuerung *f <aerosp>* • primary flight controls *pl*; primary controls *pl*
Hauptstrahlrichtung *f <phys> (allg.)* • direction of maximum radiation
Hauptstrahlrichtung *f <tele> (von Sendern)* • primary transmitting direction
Hauptstrecke *f <bahn> (allg.; ein- oder mehrgleisig)* • main line; arterial railroad *US*; arterial railway *GB*; mainline railroad *US*; mainline railway *GB*
Hauptstrecke *f <verk> (allg.)* • main route
Hauptstrom *m <aerosp.mot> (Triebwerk)* • main flow; primary flow
Hauptstromfilter *m <kfz.mot> (Druckumlaufschmierung)* • full flow filter
Hauptstromkreis *m <el> (allg.)* • main

circuit

Hauptstromkreis *m <el> (Stromversorgung; z. B. Netzspannung)* • power circuit

Haupttank *m <aerosp>* • main tank

Hauptträger *m <bau> (Haupttragwerk; typ. ein Holzbalken oder Stahlprofil)* • main girder; main beam

Hauptträger *m <kfz> (im Rahmen; z. B. Lkw-Fahrgestell)* • main member; main chassis rail

Haupttragwerk *n <bau> (allg.)* • main load-bearing structure; main load-carrying structure

Haupttriebwerk *n <aerosp> (Flugzeug)* • main engine

Haupttriebwerk *n <aerosp> (Rakete)* • sustainer rocket engine

Hauptventil *n <rls>* • main valve; king valve *rare.coll*

Hauptverkehrsstraße *f <verk> (meist vorfahrtberechtigt, für Durchgangsverkehr)* • arterial road; arterial highway; main thoroughfare

Hauptverkehrszeit *f <verk> (auf Straßen)* • rush hour

Hauptwelle *f <masch>* • main shaft

Hauptziel *n <allg>* • key objective

Haus *n <bau> (privat)* • house

Haus *n <bau.theat> (z. B. Schauspiel~, Opern~)* • house

Hausanschluss *m <energ.el>* • service entrance; utility connection

Hausanschlüsse *mpl <bau.hlk> (z. B. Fernwärme, Gas, Wasser)* • supply terminals

Hausanschlusshahn *m <bau.rls> (Gas, Wasser)* • consumer's control [valve]

Hausanschlusskasten *m <energ.el>* • service entrance box; utilities entrance box

Hausentwässerung *f <ents>* • house sewage disposal

hausgemacht *<allg>* • home-made

Haushaltelektrogeräte *npl <innen.el> (Küchengeräte, Waschmaschinen, Trockner etc.)* • electric household appliances; white goods *GB*

Haushaltelektronik *f <innen.el>* • domestic electronics; domestic appliance electronics

Haushaltgeräte *npl <tech.allg> (allg.)* • household appliances; household equipment

Haushaltsabfall *m <ents>* • household waste; household refuse; domestic waste; residential waste; garbage

Haushaltsabwasser *n <ents>* • domestic waste water; domestic sewage; domestic wastewater; foul sewage *GB*; foul water *GB*

Hausinstallation *f <el> (Strom)* • house wiring

Hausmeisterdienste *mpl VDMA 24196 <bau> (Gebäudemanagement)* • caretaking

Haus mit Backsteinfassade. f *<bau> (typ. in den USA)* • brick veneer house; brick house

hausmüllähnliche Gewerbeabfälle *mpl <ents> (aus Handel, Handwerk, Gewerbe, Industrie u. Haushalten)* • household-type commercial waste; household-type trade waste; commercial waste *coll*

Hausmülldeponie *f <ents>* • municipal waste landfill; municipal refuse landfill

Hausmüllverbrennungsanlage *f* (HMVA) *<ents>* • municipal solid waste incineration plant; municipal waste incinerator

Haussprechanlage *f <bau.el>* • interphone [set]

Haustechnik *f <hlk> (umfasst Versorgungs-, Entsorgungs- und Förderanlagen)* • heating, ventilation, air-conditioning, plumbing *:V*; domestic engineering *rare*

Hauswärmepumpe *f <hlk>* • domestic heat pump; residential heat pump *US*

Hauszelt *n DIN ISO 7152 <tour>* • ridge tent *ISO 7152*

Haut *f <bio> (bei Menschen und kleinen Tieren)* • skin

Haut *f <led> (von Vieh)* • hide

Haut *f <nahr> (auf Milch)* • skin

Hautbildung *f <tech.allg> (an der Oberfläche einer Flüssigkeit bei Lagerung)* • skinning

hautfreundlich *<qualit.mat>* • easy on the skin

Havarie *f <tech.allg> (Betriebsstörung)* • breakdown

Havarie *f <nav> (Binnenschifffahrt- und Seerecht)* • average; sea damage

HDR-Verfahren *n <geo>* • hot dry rock process

Headup-Display *n* (HUD) *<msr> (z. B. in*

der Windschutzscheibe) • head-up display

Hebebrücke *f* <*bau.verk*> • lift bridge

Hebebühne *f* <*förd*> *(allg.)* • lifting platform; platform lift

Hebebühne *f* <*förd.kfz*> *(Werkstatt, Tankstelle, Parkturm)* • lifting platform; auto lift; car lift

Hebeeinrichtung *f* <*förd*> *(von oben; z. B. mit Hebegeschirr, Flaschenzug)* • hoisting device

Hebel *m* <*tech.allg*> • lever

Hebelarm *m* <*mech*> *(Kraftarm)* • lever arm [of a force]

hebelbetätigt <*tech.allg*> • lever-operated; lever-actuated

Hebelblechschere *f* <*wz*> *(mit zusätzlicher Hebelübersetzung für höhere Schneidkraft)* • compound leverage snips *US*; cantilever action shears *GB*

Hebelblechschere *f* <*wz*> *(einfache Ausführung)* • hand-lever shears

heben *vt* <*allg*> • lift *vt*; raise *vt*

heben *vt* <*tech.allg*> *(auf höheres Niveau; z. B. Last, Flüssigkeitsspiegel)* • elevate *vt*; hoist *vt*; lift *vt*

heben *vt* <*förd*> *(mit Derrick-Kran)* • derrick *vt*

heben *vt* <*förd*> *(mit Kran, Hebezeug)* • hoist *vt*; lift *vt*

Hebeöse *f* <*masch*> *(betont: ringförmig; starr oder mit Gelenk)* • hoist ring *US*

Hebeöse *f* <*masch*> *(zum Einhängen von Hebegeschirr etc.; mit M-Gewinde)* • eye bolt *US*; screw eye *coll*

Hebeöse *f* <*masch*> *(allg.; z. B. Ring od. Blechteil mit Langloch u. Bohrung zum Anschrauben)* • lifting lug; lifting ear; eye

Heber *m* <*tech.allg*> • lifter

Heber *m* <*wz*> *(allg. zum Anheben, Aufbocken; jede Bauart; z. B. Wagenheber)* • jack; lifting jack

Heber *m* <*wz*> *(allg. für Flüssigkeit)* • siphon; syphon

hebern *vt* <*verf*> *(kleine Mengen, bes. mit Pipette, abgemessen)* • pipette *vt*

hebern *vt* <*verf*> *(allg.; größere Mengen)* • siphon *vi/vt*; syphon *vi/vt*

Hebezeug *n* <*tech.allg*> *(ganz allg.)* • lifting device; lifting appliance

Hebezeug *n* <*förd*> *(betont: einfache Winde oder einfacher Flaschenzug)* • gin

Hebezeug *n* <*förd*> *(betont: Maschinerie)* • hoisting machine; hoisting unit

Hebezeug *n* <*förd*> *(allg.; z. B. Flaschenzug)* • lifting gear

Hebezeug *n* <*förd*> *(Flaschenzug)* • tackle and block

Hebezeugkette *f* <*förd*> *(allg.)* • hoist chain

Heck *n* <*fz*> *(Flugzeug, Kfz, Schiff)* • tail; rear [end]

Heck *n* <*kfz*> • rear; tail; end

Heck *n* <*nav*> • stern

Heckaufprall *m* <*kfz.sich*> • rear-end collision; rear-end impact; rear impact collision; bumper-to-bumper collision *coll*

Heckenschere *f* <*agri.wz*> *(mit Benzin- oder Elektromotor)* • hedge trimmer

Heckenschere *f* <*agri.wz*> *(manuell)* • hedge shear

Heckfahrwerk *n* <*aerosp*> • tailwheel gear; tail gear *pract*; tailwheel landing gear; tailwheel undercarriage *GB*; tail undercarriage *GB*

Heckflosse *f* <*aerosp.kfz*> • tail fin

heckgetrieben <*kfz.antr*> *(mit Hinterradantrieb)* • rear-wheel-driven

Heckklappe *f* <*kfz*> *(bei Kombis und 3-, 5-türigen Limousinen)* • tailgate; rear gate; liftgate *US*; hatch *coll*; boot lid *GB*

Heckkonus *m* <*aerosp*> • tail cone; tail conus

hecklastig <*fz*> • tail-heavy

hecklastig <*nav*> • stern-heavy; trimmed down by the stern; trimmed by the stern; down by the stern

Heckleuchte *f* <*fz*> *(allg.)* • rear lamp

Hecklicht *n* <*nav*> *(weiß)* • stern light

Heckmotor *m* <*kfz*> *(z. B. in Porsche 911)* • rear engine; rear mounted engine

Heckrotor *m* <*aerosp*> *(Hubschrauber)* • tail rotor; rudder fan *coll.US*

Heckscheibe *f* <*kfz*> *(betont: die Glasscheibe)* • rear window; rear body glass *form*; rear screen *GB*

Heckscheibe *f* <*kfz*> *(als Öffnung)* • rear window; rear light *GB* backlight *rare*

Heckscheibenheizung *f* <*kfz.el*> • rear window heating; electric rear window defroster *did*; rear window defogger; rear window demister; rear defroster *pract*

Heckspiegel *m <nav> (senkrecht stehende Abschlussplatte eines Bootsrumpfes)* • stern transom; aft transom; transom

Heckstrahlruder *n <nav>* • stern thruster

Heckwelle *f <nav>* • stern wave; wave of replacement

Heft *n <wz> (Werkzeuggriff; z. B. an Feile)* • handle; haft

Heften *n prakt <füg> (provisorisches Anschweißen; z. B. von Blechen)* • tack welding; tacking *pract*

heften *vt <druck> (mit Faden)* • sew *vt*

heften *vt <füg> (mit Drahtstift)* • sprig *vt*

heften *vt <füg> (beim Schweißen oder Nieten)* • tack *vt*

heften *vt <füg> (mit Drahtklammern; z. B. im Kopierer)* • staple *vt*

Heftklammer *f DIN 55 405 <pack> (meist U-förmig)* • staple; wire staple

Heftnaht *f <füg> (Schweißen)* • tack weld; stick weld *rare*

Heftschweißen *n <füg> (Variante des Punktschweißens)* • tack welding; tacking; stitch welding

heikel *<allg> (Thema, Problem)* • delicate

Heimathafen *m <nav>* • home port *US*; port of registry *GB*

Heimtrainer *m <sport> (komplexe Station mit div. Funktionen)* • home gym

Heimtrainer *m <sport> (allg.; jeder Typ)* • exerciser

Heimtrainer *m <sport> (fahrradähnlich mit Tretkurbel, meist mit Dynamometer)* • cycle exerciser

Heimwerker *m <tech.allg>* • do-it--yourselfer

heißabbindender Klebstoff *m <füg>* • hot-setting adhesive

heißapplizierbar *<obfl> (z. B. Lack, Korrosionsschutz)* • hot-applicable

Heißasphalt *m EN 12697 <bau.mat>* • hot mix asphalt *EN 12697*

Heißdampf *m <phys> (im Ggs. zu Nassdampf)* • superheated steam; high-temperature steam; high-enthalpy steam *thsc*; hot steam; dry steam

heiße Lötstelle *f <msr> (Thermoelement)* • hot junction

heißer Fleck *m <geo> (auf der Erdoberfläche)* • hot spot

heißer Strang *m <nukl> (vom RDB zum DE; typ. 330 °C)* • hot leg

heißes Labor *n <nukl>* • hot lab

heiße Stelle *f <tech.allg> (Temperaturspitze, meist unerwünscht)* • hot spot

Heißkanalwerkzeug *n <kst>* • hot runner mold

Heißklebedichtung *f <füg>* • hot melt sealant

Heißklebepistole *f <füg.wz> (allg.; insbes. als Heimwerkzeug)* • hot melt glue gun; glue gun *pract*

Heißklebepistole *f <füg.wz> (in Produktionsanlagen, mit zentraler Kleberzufuhr)* • hot melt adhesive applicator; hot melt applicator

Heißklebestab *m <füg> (für Heißklebepistole)* • hot melt glue stick; glue stick *pract*

Heißläufer *m <masch> (Lager)* • hot box

Heißluftgebläse *n <wz> (z. B. Lackentfernen, Verformen, Schrumpfen, Trocknen)* • hot air gun; heat gun; hot air stripper *GB*

heiß machen und süß würzen *vt <nahr> (typ. Glühwein)* • mull *vt*

heißsiegeln *vt DIN 55 405 <prod>* • heat seal *vt BS 3130*

Heißwachs *n <obfl> (beim Heißwachsfluten; lösemittelfrei)* • hot wax

Heißwachshohlraumfluten *n <obfl> (Hohlraumkonservierung; z. B. von Karosseriehohlräumen)* • hot-wax flooding

heißwachskonservieren *vt <obfl> (z. B. Holz, Lack)* • seal with hot wax *vt*

heizbare Heckscheibe *f <kfz.el>* • heated rear window (EBL); heated backlight *US.rare*; electrically heated backlight *US.rare*

Heizelement *n <el> (allg.; z. B. in Röhren, Glühkerzen, Zusatzheizungen, Teekesseln)* • heating element

heizen *vt <hlk> (Raum; z. B. Gebäude, Wohnung)* • heat *vt*

heizen *vt <hlk> (Ofen; z. B. mit Holz, Kohle, Öl, Gas)* • fire *vt*

Heizform *f <kfz> (für Reifen)* • mold *US*; mould *GB*

Heizgerät *n <el.hlk>* • heating appliance

Heizkessel *m DIN EN 303 <hlk> (zum Erzeugen von Warmwasser)* • heating boiler; boiler *pract*

Heizkörper *m DIN EN 442 <hlk>* • radiator

Heizkraftwerk *n <energ>* • combined heat and power plant *US*; heating and power station *GB*; heat-and-power plant *US*; combination steam-electric plant *US*; combination heating-power plant *US*

Heizleistung *f <hlk> (allg. von Heizungen, Heizgeräten)* • heating power; heating capacity; heat output

Heizlüfter *m <hlk>* • fan heater; fan--forced heater

Heizöl *n <chem.petr>* • fuel oil; oil fuel *rare*

Heizöl EL *n* (HEL) *<chem.petr> (Gasölderivat für Heizanlagen; ähnlich wie Dieselkraftstoff)* • light fuel oil; fuel oil No. 2 *US*; domestic fuel oil *pract*

Heizöl S *n <chem.petr> (hochviskoses Heizöl, vorwiegend in Großfeuerungsanlagen)* • heavy fuel oil (HFO); fuel oil No. 4 *US*; fuel oil No. 5 *US*; fuel oil No. 6 *US*; bunker oil *coll*

Heizperiode *f VDI4640 <tech.allg>* • heating period *VDI4640*

Heizperiode *f <hlk> (Jahreszeit)* • heating season

Heizperiode *f <msr> (Phase; z. B. von Temperiersystemen)* • heat phase

Heizpilz *m <hlk>* • patio heater; umbrella heater; mushroom heater

Heizspirale *f <el> (allg.; z. B. Durchlauferhitzer, Kessel, Heißwasserbereiter, Herdplatte)* • heating coil; heater coil; heating element

Heizstrahler *m <hlk> (allg.)* • radiant heater

Heizungs-, Lüftungs- und Klimaanlage *f* (HLK) *<hlk> (konkretes System)* • heating, ventilation and air conditioning system (HVAC)

Heizungs-, Lüftungs- und Klimatechnik *f* (HLK) *<hlk> (als Fachrichtung)* • heating, ventilation, and air conditioning (HVAC)

Heizungsumwälzpumpe *f DIN 4701 <förd.hlk>* • heating system circulating pump; heating loop recirculation pump

Heizungs- und Lüftungsanlage *f <hlk>* • heating and ventilating system

Heizungs- und Lüftungstechnik *f <hlk>* • heating and ventilation engineering

Heizwärme *f VDI4640 <hlk>* • heating energy *VDI4640*

Heizwärmepumpe *f <hlk>* • space heating heat pump

Heizwasserrücklauf *m <hlk> (Wasser oder Leitung zw. Heizkörper und Kessel)* • water return

Heizwasservorlauf *m <hlk>* • water supply

Heizwert *m* (UHW) *<therm>* • lower heating value (LHV) *US*; low heat value *GB*; net heating value; net calorific value; net specific energy *ISO 3977-3*

Hektar *n/m* (ha) *DIN 1301 <phys.msr> (Flächeneinheit: 10000 Quadratmeter)* • hectare (ha); 10000 square meter

Hekto... (h) *<phys.msr> (Vorsilbe für Einheiten: 100)* • hecto (h)

Heliostat *m <energ.sol>* • heliostat

Heliostatfeld *n <energ.sol>* • heliostat field

Helium *n* (He) *<chem>* • helium (He)

heliumgekühlt *<tech.allg>* • helium--cooled

Helix *f <tech.allg>* • helix; helical line

hell *<allg> (strahlend, leuchtend; z. B. Licht, Display)* • bright

Hellfeldmikroskop *n <opt>* • bright--field microscope

Helligkeit *f <tech.allg> (Licht, Lichtverhältnisse, Beleuchtung)* • brightness

Helligkeit *f <astron> (von Sternen)* • luminosity; intrinsic brightness

Helligkeit *f <licht> (von Beleuchtung)* • lightness; luminance; brightness

Helligkeit *f <pap.qualit> (von Papier)* • whiteness

Helligkeitsregler *m <licht> (allg.)* • lighting control

Helligkeitsregler *m <licht> (betont: zum Dimmen)* • lighting dimmer

Helling *f <nav> (in Werft; betont: zum Bauen)* • building berth; building slip; building ways

Helm *m <bekl>* • helmet

Helmgegensprechanlage *f <kfz>* • helmet-to-helmet intercom; two-way intercom

Helmhalter *m <allg>* • helmet holder

hemmen *vt <allg> (unterbinden; mechanisch, psychologisch, juridisch)* • inhibit *vt*

hemmen *vt <allg> (mittels Hindernis; z. B. Fortschritt, Strömung)* • obstruct *vt*

hemmen *vt <allg> (verzögern; z. B.*

Entwicklung, Wachstum; chem. Vorgang) • retard *vt*
hemmen *vt* *<allg>* *(eindämmen; z. B. Flut)* • stem *vt*; dam *vt*
hemmen *vt* *<tech.allg>* *(anhalten, unterbinden)* • arrest *vt*; stop *vt*
hemmen *vt* *<tech.allg>* *(fangen; z. B. durch Sperrklinke)* • catch *vt*
hemmen *vt* *<tech.allg>* *(zurückhalten)* • retain *vt*
hemmen *vt* *<tech.allg>* *(unerwünscht; z. B. Vorgang, Fortschritt)* • inhibit *vt*
Henkel *m* *<tech.allg>* *(Griff; z. B. an Eimer)* • bail
herausbewegen *vt* *<tech.allg>* *(rückwärts; z. B. Fahrzeug, Werkzeug)* • back out *vt*; withdraw *vt*
herausdrehen *vt* *<tech.allg>* *(z. B. Zündkerzen, Bolzen)* • remove *vt*
heraushebeln *vt* *<tech.allg>* *(aus Vertiefung)* • pry out *vt*
herauslassen *vt* *<tech.allg>* *(z. B. Flüssigkeit, Gas, Dampf)* • let out *vt*
herausnehmen *vt* *<allg>* *(entfernen)* • remove *vt*
herauspressen *vt* *<tech.allg>* *(mit Gewalt)* • force out *vt*
herausschleudern *vt* *<tech.allg>* *(Gegenstände, Personen; von außen betrachtet)* • eject *vt*; throw out *vt coll*
herausspülen *vt* *<tech.allg>* *(mit viel Flüssigkeit; z. B. Späne, Verunreinigungen)* • flush out *vt*
herausspülen *vt* *<tech.allg>* *(mit Flüssigkeit; aktiv auswaschen)* • wash out *vt*
herausziehen *vt* *<allg>* *(Faden aus Stoff; Papier aus Stapel; Aussage aus Zeugen)* • draw out *vt*
herausziehen *vt* *<allg>* *(zurückziehen)* • retract *vt*
herausziehen *vt* *<tech.allg>* *(rückwärts)* • back out *vt*
herausziehen *vt* *<tech.allg>* *(entfernen; z. B. Ölmessstab)* • remove *vt*; withdraw *vt*
hermetisch abgeschlossen *<tech.allg>* • hermetically sealed
hermetisch verschließen *vt* *<tech.allg>* • seal hermetically *vt*
herstellen *vt* *<chem>* *(chem. Substanz)* • prepare *vt*
herstellen *vt* *<prod>* *(komplexere Produkte; z. B. Computer, Autos)* • manufacture *vt*; produce *vt*; make *vt coll*
herstellen *vt* *<tele>* *(Verbindung, Gespräch)* • establish *vt*; set up *vt*
Hersteller *m* *<nav>* • builder; ship builder
Herstellerangaben *fpl* *<tech.allg>* • manufacturer's data
herumdrehen *vt* *<allg>* *(um vertikale Achse)* • turn around *vt*
herumdrehen *vt* *<allg>* *(um horizontale Achse)* • turn over *vt*
herunterdrücken *vt* *<allg>* *(z. B. Pedal)* • depress *vt*
herunterfahren *vt* *<tech.allg>* *(komplexes System; z. B. Anlage, Maschine, Betriebssystem)* • shut down *vt*; close down *vt*
hervorheben *vt* *<tech.allg>* *(Farben)* • bring out *vt*
hervorrufen *vt* *<tech.allg>* • cause *vt*; elicit *vt*; evoke *vt*
hervorstehen *vi* *<tech.allg>* *(aus einer Wand, Oberfläche; z. B. Absatz, Gesims)* • project *vi*
Herznote *f* *<allg>* *(von Düften, Parfums)* • heart note; bouquet; middle note; coeur
heterogen *<allg>* • heterogeneous; inhomogeneous; dissimilar *coll*; non--homogeneous *rare*
heulen *vi* *<allg>* • howl *vi*
Heuristik *f* *<allg>* • heuristics
Hierarchie *f* *<allg>* • hierarchy
hierarchisch *<allg>* • hierarchical
High-Cube-Container *m* *<nav>* • high--cube container
Hilfs... *<tech.allg>* • auxiliary ... (AUX)
Hilfseinrichtungen *fpl* *<bahn>* *(von Loks)* • auxiliaries *pl*; locomotive auxiliaries *pl*; ancillaries *pl*; auxiliary drives *pl*; auxiliary machines *pl*
Hilfsgasturbine *f* (APU) *<aerosp.mot>* • auxiliary power unit (APU) *JAR 25.25A903*; auxiliary power plant *APP*
Hilfs- und Betriebsstoffe *mpl* *<tech.allg>* • supplies; manufacturing supplies; material and supplies
Himmel *m* *<allg>* • sky
hinausschleudern *vt* *<tech.allg>* *(Gegenstände, Personen; von innen betrachtet)* • eject *vt*; throw out *vt coll*
Hindernisbefeuerung *f* *<aerosp>* • obstruction lights
Hindernisfeuer *n* *<navig>* *(z. B. auf*

Turmspitzen, in Rotorblättern von Windenergieanlagen) • obstruction warning light; obstruction light

hineinstecken *vt <tech.allg> (Stift etc. in Öffnung)* • insert *vt*

hintereinander angeordnet *<tech.allg> (Zweiergruppe)* • arranged in tandem

hintereinandergeschaltet *<tech.allg> (z. B. Widerstände, Pumpen, Apparate)* • series-connected; series connected; serially connected; series: in ~

hintereinanderschalten *vt <tech.allg> (z. B. Batterien, Pumpen, Förderbänder, el. Verbraucher)* • connect in series *vt*

hintere Kante *f <tech.allg> (von bewegten Objekten, Impulsen)* • trailing edge

hinteres Ende *n <allg>* • rear end; back

Hintergrund *m <tech.allg> (konkret od. abstrakt; z. B. Landschaft, Bild, Strahlung; Messbasis)* • background

Hintergrundprojektion *f <tech.allg>* • background projection

Hinterkante *f <aerosp> (z. B. des Tragflügels, der Leitwerke)* • trailing edge

hinterlegen *vt <tech.allg> (sichern, stützen)* • back up *vt*

hinterlüftet *<bau> (z. B. Fassade)* • back-ventilated

hin- und herbewegen *vr <tech.allg> (eher kurzhubig und frequent)* • oscillate *vi*

hin- und herbewegen *vr <tech.allg> (z. B. Hubkolben)* • reciprocate *vi*

hin- und herbewegen *vr <tech.allg> (zwischen zwei Endpositionen, eher längere Strecke)* • shuttle *vi*; move to and fro *vi*

Hin- und Herbewegung *f <tech.allg> (eher kurzhubig schwingend)* • oscillating motion; pendulum motion

Hin- und Herbewegung *f <tech.allg> (z. B. Hubkolben)* • reciprocating motion; reciprocation

hin- und hergehend *<tech.allg>* • reciprocating

hinzufügen *vt <allg>* • add *vt*

historisches Fahrzeug *n <fz>* • classic vehicle; vintage vehicle

Hitzeschaden *m <tech.allg>* • heat damage

Hitzeschild *n <aerosp> (z. B. Raumschiff)* • heat shield

Hitzeschildkachel *f <aerosp> (z. B. an Raumfähre)* • heat shield tile; heat tile *pract*

Hochachse *f <aerosp> (vertikal)* • vertical axis; yaw axis; normal axis

Hochbau *m <bau> (im Ggs. zu Tiefbau; Planung u. Errichtung von Gebäuden, Wohnbau)* • architectural engineering; building construction

hochbelastet *<tech.allg>* • heavily loaded; highly loaded

Hochdecker *m <aerosp>* • high-wing aircraft; shoulder-wing aircraft; high-wing monoplane; high-wing airplane

Hochdruck *m <tech.allg>* • high pressure

Hochdruckdampf *m <tech.allg>* • high-pressure steam; HP steam *pract*; H.P. steam *pract*

Hochdruck-Einspeisesystem *n <nukl>* • high-pressure injection system (HPI)

Hochdruckstufe *f <turb>* • high-pressure stage

Hochdruckteil *m <tech.allg> (z. B. von Pumpen)* • high-pressure section

Hochdruckverdichter *m <aerosp.mot>* • high-pressure compressor (HPC)

Hochdruckwäscher *m <tech.allg> (allg.)* • high-pressure washer

Hochdruckwäscher *m <tech.allg> (zum Abspritzen von Kettenfahrzeugen, Baumaschinen etc.)* • water cannon

hochempfindlich *<tech.allg>* • highly sensitive

hochempfindlich *<tech.allg> (betont: anfällig)* • highly susceptible

hochfahren *vt <tech.allg> (z. B. Motordrehzahl, Systemleistung, Durchsatz)* • accelerate *vt*

hochfahren *vt <tech.allg> (Anlage, Maschine, System)* • start [up] *vt*

hochfester Kunststoff *m <tech.allg>* • high-strength plastic

hochfest mikrolegiert (HSLA) *<tech.allg>* • high-strength low alloy (HSLA)

hochflüchtig *<tech.allg> (Flüssigkeit; z. B. Alkohol)* • high-volatile

Hochfrequenz *f* (HF) *<tech.allg>* • high frequency (HF)

Hochgeschwindigkeitszug *m <bahn> (z. B. ICE, TGV, Schinkansen)* • high-speed train (HST)

Hochlehner *m <allg>* • recliner

hochleistungsfähig *<tech.allg> (z. B. Batterien)* • high-performance

hochleistungsfähig *<tech.allg> (betont: Leistung, auch im übertragenen Sinn)* • high-powered; high-power

hochleistungsfähig *<tech.allg> (betont: äußerst effizient)* • highly efficient; high-efficiency; highly effective

Hochofen *m <metall>* • blast furnace (BF)

hochprozentig *<tech.allg> (Gemisch, Lösung, statistischer Anteil)* • high--percentage

hochrein *<tech.allg>* • high-purity ...; of extremely high purity; high purity: of extremely ~; highly purified; highly pure

Hochseejacht *f <nav> (z. B. 30-m-~)* • ocean-going cruiser; cruiser *pract*

Hochspannung *f <el>* • high voltage (HV); high tension *obs*

Höchstdauer *f <tech.allg>* • maximum duration; maximum period

hochstellen *vt <tech.allg> (aufrichten, hochkant)* • raise *vt*

Höchstgrenze *f <allg>* • maximum limit

Höchstleistung *f <tech.allg> (Leistung allg.; auch im übertragenen Sinn)* • maximum performance

Höchstleistung *f <tech.allg> (z. B. eines Motors)* • maximum power; peak power

Höchstwert *m <allg>* • maximum value; maximum; highest value; peak value

höchstzulässig *<allg>* • maximum permissible; maximum allowable

hochtemperaturbeständig *<tech.allg> (allg.)* • high temperature resistant

hochtemperaturbeständig *<tech.allg> (feuerfest; z. B. Glas)* • refractory

Hoch- und Tiefbau *m <bau> (Tiefbau, Hochbau, Wasserbau etc.)* • civil engineering

hochviskos *<tech.allg> (Flüssigkeit; z. B. Öl)* • high-viscosity; highly viscous *rare*

Hochwasserentlastung *f <energ.hydr>* • flood discharge

hochwirksam *<tech.allg> (z. B. chem. Aktivität)* • highly active

Höhe *f <allg> (z. B. Gebäude; Meereshöhe)* • elevation

Höhe *f* (h) *<allg>* • height (h)

Höhe gewinnen *vi <aerosp> (Fliegen, Ballonfahren)* • climb *vi*

Höhen-/Breiten-Verhältnis *n* (H/B) *<fz> (von Fahrzeugreifen)* • aspect ratio; profile *coll*; height/width ratio *rare*; H/W ratio *rare*

Höheneinstellung *f <tech.allg> (betont: Anpassung; z. B. Tisch, Mikrophon, Scheinwerfer)* • height adjustment

Höheneinstellung *f <tech.allg> (betont: Steuerung)* • height control

Höhenflosse *f <aerosp> (Höhenleitwerk)* • tailplane *US*; horizontal stabilizer; horizontal stabiliser *GB*; horizontal fin; fin

höhengleich *<allg>* • level: at the same ~

Höhenleitwerk *n* (HLW) *<aerosp> (für Rotation um Querachse)* • elevator assembly; elevator unit; horizontal tail surfaces; elevator *pract*; horizontal tail

Höhenrakete *f <aerosp> (unbemannt)* • sounding rocket; research rocket; high-altitude rocket

Höhenruder *n <aerosp> (Steuerfläche)* • elevator

Höhensteuerung *f <aerosp>* • longitudinal control *JAR 25.145*; pitch control *pract*

Höhen- und Querruder *n <aerosp>* • elevon

höhenverstellbar *<tech.allg>* • vertically adjustable; height-adjustable

Höhenwinkel *m <tech.allg> (z. B. Theodolit, Geschützrohr)* • elevation angle; vertical angle

Höhepunkt *m <allg> (eines Ereignisses)* • climax

hohe Temperatur *f <tech.allg>* • elevated temperature

hohl *<allg>* • hollow

Hohlkasten *m <bau> (Trägerform)* • box girder; hollow-box girder; box beam

Hohlkegeldüse *f <tech.allg> (in Sprühgeräten; z. B. in Nasskühltürmen)* • hollow-cone nozzle; hollow cone jet

Hohlkehle *f <tech.allg> (flach U-förmig; meist geradlinig; z. B. vertikale Kanneluren in Säulen)* • channel

Hohlkehle *f <tech.allg> (in Ecke, Winkel; L-förmig aber ausgerundet)* • fillet

Hohlkehle *f <tech.allg> (betont: sehr schmal)* • furrow

Hohlkeil *m DIN 6881 <füg>* • saddle key; hollow saddle key

Hohlkörper *m <tech.allg> (allg.)* • hollow part; hollow body
Hohlniet *m DIN 7338 C 1 <füg> (z. B. ein Blindniet)* • hollow core rivet; hollow rivet
Hohlprofil *n <tech.allg>* • hollow profile; hollow shape
Hohlprofil *n <tech.allg> (rohrförmig)* • tubular section
Hohlraum *m <allg>* • hollow space; empty space
Hohlraum *m <tech.allg>* • cavity
Hohlraumresonator *m <akust> (Helmholtzresonator; z. B. Violine)* • acoustic cavity resonator
Hohlraumresonator *m <el> (elektromagnetisch; z. B. in Mikrowellenherd)* • cavity resonator
Hohlschliff *m <prod> (Vorgang)* • hollow grinding
Hohlschliff *m <prod> (Ergebnis; z. B. in Schlittschuh-Kufe, seitl. an Messerschneiden)* • hollow ground
Hohlspiegel *m <opt>* • concave mirror; concave reflector; concentrating reflector; collecting mirror
Hohlspitzgeschoss *n <mil>* • hollow point bullet; HP bullet
Hohlwelle *f <masch>* • hollow shaft
Hohlziegel *m <bau.mat> (für Wände; gute Wärmedämmung)* • cavity brick; hollow brick
Hohlziegel *m <bau.mat> (Dachziegel; halbierter Hohlzylinder)* • barrel tile
Hohlzylinder *m <tech.allg>* • hollow cylinder
holen *vt <nav> (mit einem Tau ziehen; im Ggs. zu fieren)* • haul *vt*; pull *vt*
holistisch *<tech.allg> (z. B. Betrachtung eines Problems)* • holistic; overall; comprehensive; all-embracing; exhaustive
holistische Betrachungsweise *f <tech.allg> (z. B. von Technikfolgenabschätzung)* • holistic view
Hollywoodschaukel *f <allg>* • swinging seat; swing seat; framed hammock; porch swing *US*; swing canopy
Holm *m <aerosp> (in Längsrichtung)* • longeron; stringer
Holm *m <aerosp> (Tragfläche, Leitwerk)* • spar; wing spar
Holmantenne *f <kfz>* • pillar antenna *:V*
Holmium *n* (Ho) *<chem>* • holmium (Ho)
Hologramminterferometer *n <msr>* • hologram interferometer
holographischer Speicher *m <comp>* • holographic storage; holographic data memory; holographic memory
holprig *<obfl> (Boden, Fläche; z. B. Fahrbahn, befahrenes Gelände)* • rugged; bumpy
Holster *n <mil> (für Waffe)* • holster
Holz *n <mat>* • wood
holzartig *<mat>* • ligneous; woody *coll*
holzartige Biomasse *f <energ.bio> (Holz und Rinde)* • woody biomass
Holzausstattung *f <kfz.innen>* • wood trim
Holzbalken *m <bau.mat> (groß, schwer; z. B. als Dachbalken, Deckenbalken)* • balk *US*; baulk *GB*
Holzbauweise *f <tech.allg>* • wooden construction
holzbefeuert *<verbr> (z. B. Heizkessel, Heizkraftwerk)* • wood-fired
Holzblasinstrument *m <mus>* • woodwind instrument
Holzboden *f <bau.innen>* • wooden floor
Holzbohrer *m <wz> (großer Handbohrer)* • auger
Holzbohrer *m <wz> (Einsatz für Bohrmaschine)* • machine bit for wood; wood-boring bit
Holzboot *n <nav>* • wooden boat
Holzdübel *m <bau> (für Mauerwerk)* • nog
Holzdübel *m <füg> (für Bauholzverbindungen)* • timber connector
Holzdübel *m <holz> (aus Holz bestehend)* • dowel pin; dowel
Holzfachwerk *n <bau>* • timber framing
Holzfaserdämmplatte *f <bau.mat>* • wood fiber insulating board; wood--fibre insulating board
Holzfaserplatte *f DIN 68753 <bau.mat>* • wood fiber board *US*; wood fibre board *GB*; fiberboard *US*
Holzfenster *n <bau>* • wood window
holzfreies Papier *n <pap>* • woodfree paper; paper without cellulose; paper without wood pulp; free sheet *US*
holzgetäfelt *<bau>* • wood-panelled
Holzhackschnitzel *npl <energ.verbr> (z. B. zum Verbrennen)* • wood chips *pl*
holzhaltiges Papier *n DIN 55 405 <pap> (z. B. für Zeitungsdruck)* • me-

chanical paper; wood-containing paper *rare*

Holzimitat *n <mat> (z. B. Kfz-Innenausstattung)* • mock wood; ersatz wood *derog*; ecological wood *advert*

Holzindustrie *f <holz.ökon>* • timber industry

Holzkitt *m <obfl.holz>* • plastic wood; chemical wood *GB*; wood putty; joiner's putty; wood cement

Holzkleber *m <füg.holz>* • wood adhesive

Holzkohle *f <chem>* • charcoal; carbo vegetabilis *thsc*

Holzkonstruktion *f <bau>* • timber construction

Holzpolitur *f <obfl>* • wood finish; wood polish

Holzschnitzel *n <pap.prod> (Rohstoff zur Papiererzeugung)* • wood chip

Holzschraube *f <füg>* • wood screw

Holzschutzmittel *n <holz.obfl>* • wood preservative

Holzstiel *m <wz> (Axt, Hammer)* • wooden handle

Holzstift *m <füg.holz>* • peg

homogen *<qualit.mat>* • homogeneous

homogenisieren *vt <nahr.prod>* • homogenize *vt US.GB*; homogenise *vt GB*

Homogenisierung *f <tech.allg>* • homogenization *US*; homogenisation *GB*

Homogenität *f <tech.allg>* • homogeneity

homöopathische Dosis *f <med>* • homeopathic dose

Homophon *n <term>* • homophone

Honahle *f <wz>* • honing tool

Honen *n <prod>* • honing

Honigwabe *f <tech.allg> (z. B. als leichtes Strukturbauteil; typ. in Flugzeugen)* • honeycomb

Honstein *m DIN ISO 603-10 <wz>* • honing stone; stone for honing and superfinish *ISO 603-10*; oilstone

Hooke'sches Gesetz *n <mech> (Festigkeitslehre: Beziehung zw. Spannung und Dehnung)* • Hooke's law

Horde *f <prod> (zum Trocknen)* • tray; floor

Horizont *m <tech.allg>* • horizon

horizontal *<allg> (Ausrichtung)* • horizontal

horizontal *<verk> (eben, in einer Ebene; z. B. Flug, Straße)* • level *adj*

Horizontalachse *f <tech.allg>* • horizontal axis

Horizontale *f <allg> (allg.)* • horizontal

horizontale Auflösung *f <av>* • horizontal resolution; horizontal definition

Horizontalebene *f <allg>* • horizontal plane

horizontale Linie *f <allg>* • horizontal line

Horizontalflug *m <aerosp>* • horizontal flight; level flight; forward flight

Horizontal-Schlitzverschluss *m <phot>* • horizontal-run focal-plane shutter

Horn *n <mat>* • horn

Horn *n <mus>* • horn

Horn *n <nav> (Ecke eines Segels)* • horn

Horn *n <wz> (Amboss)* • beak

Hornlenker *m <fz> (Fahrrad)* • bullhorn bar

Hornstrahler *m <el> (z. B. Radar)* • horn radiator; horn antenna *US*; horn aerial *GB*; conical-horn antenna *US*; conical--horn aerial *GB*

Horologie *f <msr>* • horology

Hose *f <bekl>* • trousers *pl GB.US*; pants *pl US*

Hose mit Bügelfalten *f <bekl>* • dress pants

Hosenanzug *m <bekl>* • pantsuit

Hosenrohr *n <kfz> (Abgassystem, typ. Flammrohrbauart)* • Y-pipe; twin headpipe; twin header; twin front pipe

Hosenrohr *n <rls> (allg.)* • Y-pipe; wye *pract*

Hosenträgergurt *m <kfz.sich>* • harness system; safety harness; harness

Hot-Dry-Rock-Verfahren *n* (HDR) *<energ.geo>* • hot-dry-rock process (HDR); HDR process

Hotspot *m <comp> (für kabellose Datenübertragung; z. B. an Flughäfen)* • hotspot

H-Profil *n <bau.mat> (allg.; Stahlträger, Aluprofil, Kunststoffprofil etc.)* • H-section

H-Profil *n EN 10079 <bau.mat> (schwerer Stahlträger)* • broad flanged heavy section *EN 10079*

HQI-Leuchte *f <tech.allg>* • HQI-lamp

HQL-Leuchte *f <tech.allg>* • HQL-lamp

HSK-Schnittstelle *f VDMA 34181 <wz.masch>* • HSK interface *VDMA*

34181

HSS-Spiralbohrer *m norm <wz>* • high-speed steel twist drill; carbon-steel twist drill

H-Träger *m <bau.mat> (breiter als ein Doppel-T-Träger)* • H-beam; wide-flange beam; wide-flange girder; H-girder

Hub *m <tech.allg> (Vorgang; z. B. Aufzug, Ladeplattform)* • elevation

Hub *m <tech.allg> (betont: Aufwärtsbewegung)* • rise

Hub *m [hab] <comp> (Netzwerke)* • hub

Hub *m <el> (Frequenzhub)* • swing; frequency deviation; deviation

Hub *m <kfz.mot> (lineare, reziproke Bewegung; z. B. Kolben in Zylinder)* • stroke; travel

Hub *m <pharm.tech> (Dosieraerosolgerät)* • puff; spray

Hubbegrenzer *m <masch>* • stop; stroke-limiting stop

Hubbohrinsel *f <petr>* • jack-up oil rig; off-shore self-elevating drilling platform; self-elevating drilling platform; jack-up drilling platform

Hubdach *n <kfz.tour> (z. B. Wohnmobil)* • pop top; pop-up roof; elevating roof *form*

Hubende *n <masch> (allg.)* • end of stroke

Hubinsel *f <petr> (allg.)* • self-elevating platform; self-erecting platform; jack-up platform; jack-up rig *pract*; jack *coll*

Hubkolbenmotor *m DIN 1940 <mot>* • reciprocating internal combustion engine *ISO 7967-2*; reciprocating engine

Hublast *f <tech.allg> (von Hebezeug allg.; z. B. Gabelstapler, Hebebühne)* • lifting load

Hubraum *m <masch> (von Hubkolbenmaschinen allg.; Raum zw. UT und OT)* • swept volume; piston displacement

Hubraum *m <mot> (Bohrung x Hub von Hubkolbenmotoren; in Liter od. ccm, cm³)* • cubic capacity (cc); displacement *form*; capacity *pract*; swept volume *rare*; cylinder capacity *rare*

Hubschrauber *m <aerosp> (Luftfahrzeug)* • helicopter; chopper *coll*

Hubschrauberflugplatz *m <aerosp>* • helicopter aerodrome; heliport

Hubschrauberlandeplatz *m <tech.allg> (auf einem Gebäude; z. B. auf Krankenhaus, Hotel, Bohrinsel)* • helicopter landing deck; helicopter platform; helipad *US*; helicopter port; heliport

Hubschrauberlandeplatz *m <aerosp> (betont: im Gelände)* • helicopter landing field

Hubseil *n <bau.masch>* • hoist rope

Hubtisch *m <tech.allg> (betont: Höhe anpassbar)* • height-adjustable table

Hubtor *n <hydr.bau> (Schleuse, Wehr)* • vertical-lift gate

Hubtriebwerk *n <aerosp> (Senkrechtstarter)* • lifting engine; vertical-thrust generator

Hubvolumen *n <kst> (Dosierweg x wirksame Querschnittsfläche Spritzkolben bzw. Schnecke)* • injection volume; displacement; stroke volume

Hubwagen *m DIN ISO 5053 <förd> (Flurförderzeug)* • lift truck *ISO 5053*

hufeisenförmig *<tech.allg>* • U-shaped

Hüftgelenk *n <prod.autom> (Roboter)* • waist joint; waist

Hülle *f <tech.allg> (betont: harte Umhüllung)* • casing

Hülle *f <tech.allg> (metallisch; zum Schutz von darunterliegendem anderem Metall)* • cladding

Hülle *f <tech.allg> (eine oberflächenbedeckende Schicht; z. B. umhüllte Elektrode)* • coat

Hülle *f <tech.allg> (Schutz- oder Abdeckfunktion)* • cover

Hülle *f <tech.allg> (betont: von allen Seiten abgeschlossen)* • enclosure

Hülle *f <tech.allg> (betont: Umhüllung, eher weich)* • envelope

Hülle *f <tech.allg> (z. B. für Kabel, Instrumente, Bücher)* • jacket

Hülle *f <tech.allg> (betont: eng anliegend)* • sheathing; sheath

Hülle *f <bio> (natürlich; z. B. Haut, Schale, Rinde)* • integument

Hülle *f <pack> (betont: Transport- und/oder Schutzfunktion)* • encasement

Hülle *f <pack> (weich; zum Einwickeln)* • wrapper

Hüllkreis *m <math>* • enveloping circle

Hüllkurve *f <doku>* • envelope curve

Hüllkurvengenerator *m* (EG) *<comp.av>* • envelope generator (EG); contour generator

Hüllprotein *n <bio>* • envelope protein

Hüllrohr *n <rls> (z. B. für Durchführungen)* • casing duct; casing
Hüllrohr *n <rls> (als Schutz)* • sheath
Hüllrohrmaterial *n <nukl>* • cladding tube material
Hülse *f <tech.allg> (fest)* • case
Hülse *f <tech.allg> (Rohrform)* • tube
Hülse *f <tech.allg> (allg.)* • sleeve
Hülse *f <tech.allg> (eng anliegend)* • sheathing
Hülse *f <masch> (außen; z. B. auf Welle, eher lose)* • sleeve; quill
Hülse *f <mil> (z. B. Patronenhülse)* • cartridge; case
Hülsenboden *m <mil>* • cartridge head
Humidor *m <hlk> (für Zigarren; 70 % Luftfeuchte, 20 °C)* • humidor
Humifizierung *f DIN ISO 11074-1 <agri>* • humidification *ISO 11074-1*; formation of humus *did*; humification
Hundekurve *f <math> (zieht sich nach hinten zu)* • pursuit curve; pursuit path; dog-leg curve
Hurenkind *n ISO/IEC 2382-23 <doku> (Umbruchdefekt; letzte Absatzzeile steht allein am Anfang der neuen Sei)* • widow *ISO/IEC 2382-23*
Hurrikan *m <meteo> (in Äquatornähe)* • hurricane
Hutmutter *f DIN 1587 <füg> (allg.; jede Form)* • cap nut; domed nut
Hutmutter *f DIN ISO 1891 <füg> (hohe Form, Kuppe spitz)* • acorn nut; domed cap nut; cap nut; crown nut *GB.rare*
Hutschiene *f DIN EN 50 022 <el> (zur Schnappbefestigung von Geräten; z. B. in Schaltschränken)* • mounting rail *IEC 715*; snap-on mounting rail
Hutschienenmontage *f DIN EN 50 022 <el>* • snap-on fitting on mounting rails *:V*
Hütte *f <metall>* • smelting plant; smeltery; mill
Hüttenaluminium *n <mat>* • commercially pure aluminum *US*; commercially pure aluminium *GB*; primary aluminum [pig] *US*; primary aluminium *GB*
Hüttenkoks *m <verbr>* • blast-furnace coke; metallurgical coke
Hüttentechnik *f <metall> (betont: Schmelzen und Gießen)* • foundry technology
HV-Naht *f <füg>* • single-bevel groove weld
Hybridantrieb *m <kfz.antr> (z. B. Fzg. m. Verbrennungs- u. Elektromotor)* • hybrid drive; hybrid propulsion; hybrid-electric propulsion
Hybridfahrzeug *n <fz>* • hybrid vehicle
Hydrant *m <feuer> (Unterflur- oder Überflurausführung)* • fire hydrant
Hydrant *m <rls> (allg.)* • hydrant
Hydratation *f <tech.allg> (von Zement, Beton, Mörtel)* • hydration
Hydraulik *f <hydr>* • hydraulics *pl*
Hydraulikanlage *f <antr>* • hydraulic system
Hydraulikflüssigkeit *f <antr>* • hydraulic fluid; hydraulic oil
Hydraulikkreis *m <hydr>* • hydraulic circuit
Hydraulikleitung *f <hydr>* • hydraulic line
Hydraulikmotor *m <antr>* • hydraulic motor
Hydraulikpresse *f <tech.allg> (z. B. zum Verdichten)* • hydraulic press; ram--type press
Hydraulikpumpe *f <hydr> (für Hydrauliksysteme)* • hydraulic pump; hydraulic pressure pump; hydraulic oil pump; oil-hydraulic pump
Hydraulikschlauch *m <rls> (verstärkter Polymerschlauch)* • hydraulic hose
Hydraulikschnellkupplung *f <hydr>* • quick-release hydraulic coupling
Hydraulikstempel *m <bau.min> (als Stütze)* • hydraulic prop
Hydraulikstempel *m <hydr> (ausfahrbarer Kolben)* • hydraulic piston
Hydrauliksystem *n <hydr>* • hydraulic system
Hydraulik-Wagenheber *m <kfz.wz>* • hydraulic jack
hydraulisch *<tech.allg>* • hydraulic
hydraulisch betätigt *<hydr>* • hydraulically operated; hydraulically actuated; hydraulic-operated
hydraulische Kraftübertragung *f <hydr>* • hydraulic power transmission
hydraulische Kupplung *f <tech.allg> (allg.; Oberbegriff f. nichtmechan. Wellenkupplung)* • fluid coupling; hydraulic coupling
hydraulische Lenkhilfe *f <kfz>* • hydraulic power steering
hydraulische Presse *f <pack>* • hy-

draulic press

Hydrazin *n ISO 15859 <chem>* • hydrazine *ISO 15859*

hydrieren *vt <chem>* • hydrogenate *vt*; hydrotreat *vt*; hydrogenize *vt*

Hydrierung *f <chem>* • hydrogenation

Hydrocracken *n <chem.petr>* • hydrocracking; hydrogenation cracking

hydrodynamische Kupplung *f form <kfz.antr>* • fluid coupling; hydrodynamic clutch *form*; fluid flywheel *pract*; fluid clutch *pract.coll*; Foettinger coupling *rare*

hydrodynamischer Retarder *m <nfz.brems>* • hydraulic retarder; hydrodynamic retarder

hydrodynamisches Lager *n DIN ISO 4378-1 <masch>* • hydrodynamic bearing *ISO 4378-1*

hydroelektrisch *<tech.allg>* • hydroelectric

hydrogeformt *<prod.metall> (Hohlprofile aus Metall; z. B. A-Säule)* • hydroformed

Hydrogenkarbonat *n <chem>* • hydrogen carbonate

Hydrolager *n <kfz.mot> (z. B. Motorlager)* • anti-vibration mounting; hydro-mount

Hydrolyse *f <chem> (griech. hydor 'Wasser', lysis 'Auflösung')* • hydrolysis

hydrophil *<chem> (chem. Eigenschaft)* • hydrophilic

hydrophob *<chem> (chem. Eigenschaft)* • hydrophobic

hydropneumatische Federung *f <kfz>* • hydropneumatic suspension; Moulton Hydragas suspension *Leyland*; Hydragas suspension *Leyland*; oleo-pneumatic suspension *obs*

hydrostatischer Druck *m <tech.allg>* • hydrostatic pressure

hydrostatisches Lager *n DIN ISO 4378-1 <masch>* • hydrostatic bearing *ISO 4378-1*

Hydrostößel *m <kfz.mot>* • hydraulic valve lifter; hydraulic tappet; hydraulic lifter; auto lash adjuster; hydraulic lash adjuster *Chrysler*

Hydroxylgruppe *f* (OH-Gruppe) *<chem>* • hydroxyl group

Hygieneausrüstung *f <textil> (chem. Appretur)* • hygienic finish

Hygienetechnik *f <hygi>* • hygiene technology

Hygrometer *n <msr> (für Luftfeuchtigkeit)* • hygrometer

hygroskopisch *<chem> (z. B. Bremsflüssigkeit)* • hygroscopic; hygroscopical; water-absorbing; water-attracting

HY-Naht *f <füg>* • single-bevel tee butt weld

hyperbolischer Kühlturm *m <verf>* • hyperbolic cooling tower

Hypoidgetriebe *n <masch>* • hypoid gearing

Hypotenuse *f <math> (Dreieck)* • hypotenuse

Hypothese *f <allg> (einer Theorie, Gedankenführung)* • hypothesis

Hypozykloidenform *f <tech.allg>* • hypocycloidal shape

Hysterese *f <phys>* • hysteresis

Hysteresefehler *m <tech allg>* • hysteresis error

Hystereseschleife *f DIN IEC 50 <av>* • hysteresis loop *DIN IEC 50*; magnetic hysteresis loop

I

ICE *m <bahn>* • ICE high-speed train

ICE-Flotte *f <bahn>* • ICE fleet; Germany's bullet-train fleet

Icon *n <comp> (zum Anklicken)* • icon

ideal *<allg> (ohne etwaige praktische Probleme; z. B. Prozessablauf, Qualität)* • ideal

ideal *<allg> (bestmöglich)* • ideal

ideale Flüssigkeit *f DIN 4044 <phys>* • perfect fluid; inviscid fluid; ideal liquid

ideal für den Einsatz in ... *<tech.allg>* • well suited for use in ...

Idealverhalten *n <tech.allg>* • ideal behaviour

ideal zur Erzielung von ... *<tech.allg>* • optimal choice for ...

Ideenträger *m <kfz> (Einzelstück)* • concept car

Identifikation *f <tech.allg> (Vorgang)* • identification

Identität *f <tech.allg>* • identity

IDE-Schnittstelle *f <comp>* • IDE interface; AT interface *obs*; AT-bus interface *obs*; ATA interface *obs*

idiotensicher *ugs <tech.allg> (ganz einfach; z. B. Benutzeroberfläche)* • idiotproof *coll*

idiotensicher *ugs <tech.allg> (sicher funktionierend, ohne Risiko, Verletzungsgefahr)* • foolproof *coll*

iDrive *m ® BMW <kfz.msr> (Multifunktionsknopf)* • iDrive *® BMW*

IF-Stahl *m <metall> (von interstitiellen Elementen freier Stahl)* • interstitial-free steel; I-F steel

IHU-Bauteil *n <prod>* • hydroformed component

IHU-Presse *f <prod>* • hydroforming press

imaginär *<allg>* • imaginary

imaginäre Zahl *f <math>* • imaginary number

Imhoff-Trichter *m <chem>* • Imhoff sediment cone; Imhoff cone

Imitat... *<tech.allg>* • imitation ...; ersatz ... *derog*; fake .. *derog*

Imkerei *f <bio>* • beekeeping; apiculture

Immersionsflüssigkeit *f <chem> (allg.)* • immersion liquid

Immission *f <ökol> (Einwirkung von Emissionen auf die Bio- und Ökosphäre)* • immission

Immissionsschäden *mpl <ökol.emiss>* • damage by atmospheric pollution

immobilisieren *vt <tech.allg>* • immobilize *vt*

Impedanz *f* (Z) *<el>* • impedance (Z); electrical impedance

impfen *vt <tech.allg>* • inoculate *vt*

impfen *vt <mat> (z. B. zur Züchtung von Kristallen)* • seed *vt*

Impfkristall *m <ic.prod>* • seed crystal

Impfstoff *m <pharm>* • vaccine; vaccinum *thsc.rare*

Implantat *n <med.tech>* • implant; graft

Implantationstechnik *f <med.tech>* • implant technology; implantation technology

implementieren *vt <tech.allg> (z. B. Programm, System, Philosophie)* • implement *vt*

Implikation *f <allg>* • implication

implodieren *vi <tech.allg> (z. B. Bildröhre von Fernseher, Computer)* • implode *vi*

Import *m <comp> (von Daten; z. B. in Datenbank)* • import

Import *m <ökon> (Waren, Güter)* • import

Importdatum *n <term>* • importation date *ISO 12620*

importieren *vt <comp> (Daten; z. B. in Datenbank)* • import *vt*

importieren *vt <ökon> (Waren, Güter)* • import *vt*

imprägnieren *vt <tech.allg> (allg.)* • impregnate *vt*

imprägnieren *vt <obfl> (betont: beständig machen gegen etw.)* • proof *vt*

imprägnieren *vt <obfl> (betont: chemisch behandeln)* • treat chemically *vt*

imprägnieren *vt <obfl> (betont: wasserabweisend machen; z. B. Gewebe, Holz, Leder)* • waterproof *vt*

Imprägniermittel *n <obfl> (allg.)* • impregnating agent; impregnant; proofing agent

Imprägnierung *f <holz> (konservierend)* • preservation

Imprägnierung *f <obfl> (allg.)* • impregnation

Imprägnierung *f <obfl> (wasserabweisend)* • waterproofing

Impuls *m <psych> (Drang etw. zu tun)* • impulse

Impulsamplitude *f <phys>* • pulse amplitude; pulse height

Impulsanstiegszeit *f <el>* • pulse rise time

Impulsantwort *f <msr> (Reaktion auf einen Eingangsimpuls; z. B. Einschwingen auf den Beharrung)* • pulse response

Impulsartikel *m <ökon> (zum Spontankauf; meist in Kassennähe)* • impulse item; novelty [sales item] *US*

Impulsberegnung *f <agri>* • pulse irrigation

Impulsbetrieb *m <tech.allg> (Betrieb mit Unterbrechungen)* • intermittent operation

Impulsbreite *f <el>* • pulse width

Impulsdauer *f <tech.allg>* • pulse width; pulse time; pulse length; pulse duration

Impulsgeber *m <msr> (allg.)* • pulse generator; pulsing device; pulser

Impulssatz *m <mech>* • momentum equation

Impulssteuerung *f <el>* • pulse control

Impulssteuerung *f <el> (betont: Auslösen der Impulse)* • pulse triggering

Impulsträger *m* <*phys*> • pulse carrier
Impulswahl *f* <*tele*> *(altes Telefon, Fax)* • pulse dialing *US*; pulse dialling *GB*; impulse-action dialing *rare*
Impulszähler *m* <*msr*> *(allg.)* • pulse counter
I-Naht *f* <*füg*> *(geschweißt)* • square groove weld *US*; square butt weld *GB*
inaktiv <*tech.allg*> *(z. B. Bauteil, System)* • inactive; passive
inaktiv <*nukl*> *(nicht radioaktiv)* • non-radioactive; cold *coll*
Inaktivität *f* <*chem*> *(in Bezug auf chem. Reaktionen)* • inertness
Inbetriebnahme *f* <*tech.allg*> *(offizielle Übergabe größerer Objekte; z. B. Anlage, Fabrik, Schiff)* • commissioning
Inbetriebnahme *f* <*tech.allg*> *(erstes Anfahren)* • first start-up; initial start-up
Inbetriebnahme *f* <*tech.allg*> *(Vorgang des Inbetriebsetzens)* • putting into operation; putting into service
Inbetriebnahme *f* <*tech.allg*> *(eines Systems; Vorgang; auch typ. Überschrift in Handbuch)* • startup
Inbetriebnahme *f*: **vor ~** <*tech.allg*> • prior to initial start-up
Inbusschlüssel *m* <*wz*> *(für Innensechskantschrauben; jede Form)* • hex key *US*; hexagon key *GB*; Allen key *coll*
Inbusschlüssel *m* <*wz*> *(einseitig abgewinkelt; für Innensechskantschrauben; IKEA-Typ)* • hex-key wrench; Allen wrench *pract*; hexagon wrench; hex key *pract*; hexagon wrench key *GB*
Incabloc®-Stoßsicherung *f* <*mech*> *(von Uhren)* • Incabloc® shock absorption
Indanthren *n* <*textil*> *(Färberei)* • indanthrene
Indexeintrag *m* <*term*> • index heading *ISO 12620*
Indexfehler *m* <*comp*> • index error
Indexiertisch *m* <*wz.masch*> • indexing table
Indexraststift *m* <*prod*> • indexing latch pin
indexsequentieller Zugriff *m* <*comp*> • indexed sequential access
Index-Spammer *m* <*comp*> *(manipuliert Website-Rankings in Suchmaschinen)* • spamdexer
Index-Suche *f* <*av*> • index search; index scan
Indienststellung *f* <*nav*> *(Schiff)* • commissioning
indifferent <*tech.allg*> • indifferent
Indifferenz *f* <*tech.allg*> • indifference
Indigofarbstoff *m* <*chem*> • indigo dye; indigo-blue dye
Indikator *m* <*chem*> *(für chem. Elemente, Verbindungen)* • indicator
Indikator *m* <*msr*> *(Melder)* • annunciator
Indikator *m* <*msr*> *(zum Aufspüren)* • detector; tracer
Indikatorelement *n* <*chem*> • indicator element; tracer element
Indikatorpapier *n* <*chem*> *(z. B. für Lackmustest)* • indicator card; indicator paper; reaction paper; test paper
Indikatorversuch *m* <*tech.allg*> • indicator test
indirekt <*allg*> • indirect
indirekte Beleuchtung *f* <*licht*> *(von Räumen)* • indirect lighting; cove lighting; bounced lighting; diffuse lighting
indirekter Blitz *m* <*phot*> *(über die Decke oder Wand)* • bounce flash; bounced flash
indirekter Schaden *m* <*tech.allg*> *(Unfallschaden; nicht durch unmittelbaren Aufprall verursacht)* • indirect damage; secondary damage
indirekt proportional zu <*math*> • indirectly proportional to
Indium *n* (In) <*chem*> • indium (In)
Indiumgalliumnitrid *n* <*ic*> *(Halbleiter; z. B. für Solarzellen, LEDs, Flachbildschirme)* • Indium gallium nitride
individuelle Ruftöne *mpl* <*tech.allg*> *(Handy)* • customized ring tones
Indizes *n pl* <*mech*> *(auf Uhrzifferblatt; Stunden- und Minutenmarkierungen)* • dial markers *pl*; indices *pl*
indizieren *vt* <*tech.allg*> *(z. B. Datenbankfelder)* • index *vt*
indizierte Datei *f* <*comp*> • indexed file
Induktion *f* <*phys*> *(allg.; jede Art)* • induction
Induktionsfeld *n* <*el*> • induction field
induktionsfrei <*el*> • non-inductive
induktionsgehärteter Stahl *m* <*metall*> *(durch Induktionshärten)* • induction-

hardened steel

Induktionsglühen *n* <*metall*> • induction annealing

Induktionsheizung *f* <*el*> • induction heating

Induktionsschleife *f* <*el*> • induction loop

Induktionsspannung *f* <*el*> • induced voltage

Induktionsstrom *m* <*el*> • induced current; induction current

Induktionswicklung *f* <*el*> *(allg.)* • inductive winding

induktiv <*el*> • inductive

induktiv beheizt <*el*> • induction-heated

induktiver Geber *m* <*el*> • inductive pick-up; inductive transducer; magnetic pick-up

induktiver Näherungsschalter *m* <*msr*> • inductive proximity switch; inductive proximity sensor

induktives Bauelement *n* <*el*> • inductor

induktive Zugsicherung *f* (Indusi) <*bahn.msr*> *(der DB und ÖBB)* • Indusi inductive train control; triple-frequency Indusi system

Induktivität *f* (L) <*msr*> *(abstrakt; in Henry)* • inductance (L); inductivity

Induktivschleife *f* <*el*> *(z. B. im Fahrbahnbelag eingebettet)* • inductive loop

Induktor *m* <*el*> *(konkret; Bauteil, traditionell als Spule, im Ggs. zu Chipinduktivität)* • inductance coil; inductor [coil]; induction coil

Induktor *m* <*energ.el*> *(Generatorbauteil; z. B. im Kraftwerk ca. 95 t schwer)* • inductor

Industrie *f* <*ökon*> • industry

Industrieabfall *m* <*ents*> • industrial waste; industrial refuse *rare*

Industrieanlage *f* <*prod*> • industrial plant

Industrieanwendung *f* <*tech.allg*> • industrial application

Industriebau *m* <*bau*> *(Baubranche)* • industrial construction

Industriebau *m* <*bau*> *(Gebäude)* • industrial building

Industriehafen *m* <*nav*> • industrial port

industrielle Herstellung *f* <*prod*> *(fabrikmäßige Produktion)* • industrial production

industrielle Prozesswärme *f* <*verf*> • industrial process heat

Industrienorm *f* <*norm*> • industry standard

Industriequalität *f* <*prod*> • industrial quality

Industrieroboter *m* (IR) *VDI 2860* <*autom*> *(frei programmierbarer Bewegungsautomat)* • industrial robot (IR) *ISO 8373*; robot *coll*

Industrierobotertechnik *f* <*autom*> • industrial robotics; robotics

industrietauglich <*qualit*> *(für harten Einsatz geeignet)* • industrial-quality; industry-grade

Industrieumgebung *f* <*tech.allg*> *(Einsatzbedingungen eines Produkts)* • factory environment; industrial setting

Industrie- und Handelskammer *f* (IHK) <*org*> • Chamber of Industry and Commerce; chamber of commerce

induzieren *vt* <*phys*> *(Spannung)* • induce *vt*

induzierte Gamma-Aktivität *f* <*nukl*> • induced gamma activity

ineinandergeschachtelt <*tech.allg*> • nested

ineinandergreifen *vi* <*füg*> *(z. B. Dachziegel, Dachsteine)* • interlock *vi*

ineinandergreifen *vi* <*masch*> *(formschlüssige Teile; z. B. Zahnräder, Klauen)* • engage *vi*; mesh *vi*

ineinandergreifend <*masch*> *(beweglich; z. B. Zahnräder, Schnecke und Schneckenrad)* • engaging; meshing

ineinandergreifend <*masch*> *(verriegelnd)* • interlocking

inert <*chem*> *(Stoff)* • inert; chemically inert; chemically indifferent; chemically inactive

inerte Atmosphäre *f* <*chem*> *(z. B. beim Schutzgasschweißen, Explosionsschutz)* • inert atmosphere

Inertgas *n* <*chem*> *(chemisch fast völlig inaktiv; z. B. Neon, Argon, Krypton)* • inert gas; noble gas; rare gas

Infiltration *f* <*tech.allg*> *(allmähl. Eindringen v. Flüssigkeit in etw.; z. B. Schadstoff in Boden)* • infiltration

infizieren *vt* <*tech.allg*> *(mit Viren; z. B. einen Datenträger)* • infect *vt*

infiziert <*tech.allg*> *(Substanz; z. B. Le-*

bensmittel, Tier, Mensch, Computer) • infected

Inflight-Entertainment-System *n* (IES) *<aerosp>* • inflight entertainment system (IES)

Informatik *f <tech.allg>* • information science; informatics

Information *f <allg>* • information *sg*

Informationsaustausch *m <tech.allg>* • exchange of information; information exchange; information interchange

Informationsdichte *f <tech.allg> (allg.)* • information density

Informationsfluss *m <tech.allg>* • information flow

Informationstechnik *f* (IT) *<comp> (konkret)* • information engineering

Informationstechnologie *f* (IT) *<comp> (Branche)* • information technology (IT)

Informationstheorie *f DIN 44301-16 <tech.allg>* • information theory

Informationsverarbeitung *f DIN 44300 <comp>* • information processing

Infotainment-System *n <kfz.av>* • infotainment system

infrarot *adj <phys>* • infrared *adj*

Infrarotbild *n <phot>* • infrared image; thermal image

Infrarot-Fernbedienung *f <msr> (z. B. für Stereoanlage, Garagentor, Zentralverriegelung etc.)* • infrared remote control; IR remote control

Infrarotschnittstelle *f <comp> (z. B. an Mobiltelefon, Notebook, Maus, Tastatur, Kopfhörer etc.)* • infrared interface

Infrarotsuchscheinwerfer *m <mil> (z. B. auf Panzer)* • infrared searchlight

Infraschall *m <akust> (akust. Ereignis)* • infrasound

Infraschall *m <phys> (Bereich)* • infrasonics

Infrastruktur *f <tech.allg>* • infrastructure

Infusionsschlauch *m <rls>* • infusion tubing

Ingangsetzen *n <tech.allg> (eines Vorgangs)* • start-up; initiation; starting

Ingenieur *m <tech.allg>* • engineer

Ingenieurhochbau *m <bau>* • structural engineering

Ingenieurtechnik *f <tech.allg>* • technical engineering; engineering *pract*

Ingenieurwesen *n <tech.allg>* • engineering

Ingenieurwissenschaft *f <tech.allg>* • engineering science

Ingot *m <el.ic.prod> (Einkristallstab für Wafer)* • ingot

Inhaber *m <jur> (eines Patents)* • owner; proprietor

Inhalator *m <med.tech>* • nebulizer; inhaler [device]; aerosol generator

Inhalt *m <tech.allg> (eines Buchs, Behälters)* • contents; content *rare*

Inhalt *m <math> (einer zweidimensionalen geometrischen Figur; z. B. eines Dreiecks)* • area

Inhaltsverzeichnis *n <comp> (eines Datenträgers; z. B. Festplatte)* • directory

inhibieren *vt <tech.allg> (z. B. chemische Reaktion, Korrosion)* • inhibit *vt*

Inhomogenität *f <tech.allg> (z. B. im Material, Gefüge)* • inhomogeneity; heterogeneity; discontinuity

initialisieren *vt <tech.allg> (allg.)* • initialize *vt*

initialisieren *vt <comp> (durch Reset, Aus- und Einschalten; z. B. Drucker)* • reset *vt*

Initialisierung *f <tech.allg> (z. B. System, Drucker)* • initialization

Initialkürzung *f <term> (z. B. BSE für Bovine Spongiforme Enzephalopathie)* • initialism

Initialphase *f <tech.allg> (einer Entwicklung; z. B. eines Projekts)* • initial stage

Initialwort *n <term>* • initialism

Initiator *m <tech.allg> (Vorgangsauslöser; z. B. ein Katalysator, Näherungsschalter)* • initiator

Injektion *f <med>* • injection

Injektionsbohrung *f <min> (im Ggs. zu Förderbohrung)* • injection well; injection borehole; injection hole; injector *pract*

Injektionsspritze *f <med.tech>* • hypodermic syringe; syringe *coll*

Injektorbrenner *m <füg> (typ. Schweißbrenner in D)* • injector-type torch; low-pressure torch

injizieren *vt <allg> (Flüssigkeit, kleine Menge; typ. mit Spritze)* • inject *vt*

injizieren *vt <bau> (z. B. Beton, Bentonit, Mörtel; zum Verpressen)* • grout under pressure *vt*

Inklination *f <navig> (von Satelliten)*

• inclination
Inkohärenz *f <tech.allg>* • incoherence
Inkohlung *f <min>* • coalification; carbonification; incoalation *rare*
Inkohlungsgrad *m <min> (Inkohlung)* • degree of coalification; rank
inkompatibel *<tech.allg> (z. B. Komponenten, Systeme, Personen)* • incompatible
Inkompatibilität *f <tech.allg>* • incompatibility
inkorporieren *vt <bio> (z. B. radioaktive Partikel)* • incorporate *vt*
Inkraftsetzung *f <allg> (von Maßnahmen, Vorschriften)* • introduction; implementation
Inkreis *m <math>* • inscribed circle; incircle
Inkrementalgeber *m <msr> (typ. in Servomotoren)* • incremental encoder
inkrementell *<tech.allg> (z. B. Bemaßung, Anzeige)* • incremental
inkrementelles Backup *n <comp>* • incremental backup
Inlands-... *<allg> (z. B. Produktion, Anlagen, Markt, Einkommen)* • domestic; national; internal
Inlandsverkehr *m <verk>* • domestic traffic
Inlinepumpe *f <förd> (Saug- u. Druckstutzen in geradliniger Rohrleitung)* • in-line pump
Inliner *m <rls.rep> (in defektes Rohr eingezogenes Rohr od. Schlauch)* • liner; pipe liner
Inline-Skate *m <bekl> (4 Rollen auf 4 Achsen, einspurig)* • inline skate; Rollerblade ®
In-Mould-Coating *n* (IMC) *<kst> (Lackauftrag direkt im Werkzeug)* • in-mold coating (IMC)
Innenangriff *m <füg> (bei Schrauben)* • driving recess; internal drive
Innenanstrich *m <bau.obfl>* • indoor finish; interior painting; inside painting
Innenanstrichfarbe *f <obfl>* • indoor paint; interior paint; paint for internal walls
Innenantenne *f <av> (außerhalb des Geräts, aber innerhalb des Gebäudes)* • indoor antenna *US*; indoor aerial *GB*
Innenanwendung *f <tech.allg>* • indoor application
Innenarchitektur *f <bau.innen>* • interior design
Innenaufstellung *fsg <tech.allg> (von Geräten; z. B. Wärmepumpe)* • indoor installation
Innenausstattung *f <innen> (von Räumen, Gebäuden, Fahrzeugen)* • interior fittings; interior furnishings
Innenbahnschlüssel *m <tech.allg> (z. B. für Autotüren, Zündschlüssel)* • sidewinder key *US*; security key with internal track system *GB*; internal track key *GB*; inner-track key *GB*; sidewinder-cut key *US.rare*
Innenbeleuchtung *f <aerosp.innen>* • interior lighting; interior lights *pl*
Innenbeleuchtung *f <licht> (allg.; z. B. in Haus, Fahrzeug, Kühlschrank)* • interior lighting
innenbelüftete Bremsscheibe *f <brems>* • ventilated brake disk; ventilated disk
Innenbeschichtung *f <obfl> (allg.; z. B. von Rohr, Glühbirne)* • interior coating; inner coating; internal coating
Innenbordmotor *m <nav.mot>* • inboard engine; inboard motor *rare*
Innendrehen *n <prod>* • internal turning; turning of internal surfaces
Innendruck *m <phys> (allg.; z. B. in Behältern, Rohrleitungen)* • internal pressure
Innendurchmesser *m* (ID) *<tech.allg> (z. B. von runden Öffnungen, Bohrungen, Rohren)* • inside diameter (ID); internal diameter; inner diameter
Innendurchmesser *m <masch> (von kalibrierten Bohrungen; z. B. Düse, Waffenlauf)* • caliber *US*; calibre *GB*
Inneneinrichtung *f <aerosp.innen>* • compartment interiors *pl JAR 25.853*
Innenfläche *f <tech.allg>* • inner surface; inside surface; interior surface; internal surface
Innengeräuschpegel *m <fz.akust> (in dBA; bei Pkw typ. 40 dBA im Leerlauf bis 80 dBA bei Vollgas)* • interior noise level
Innengewinde *n <tech.allg> (allg.; z. B. von Bauteilen, Rohren, Lampenfassungen)* • female thread
Innengewinde *n <füg> (in Bohrungen, Muttern)* • internal thread; female thread; class B thread *US*; B thread *US*

Innengewinde... *<prod> (z. B. -fräsen, -schneiden, -wirbeln)* • internal-thread ...; internal ...

Innenhochdruckumformen *n* (IHU) *<prod> (von Hohlkörpern, Rohren)* • hydroforming; hydroforming process

Innenhochdruckumformtechnik *f <prod>* • hydroforming technology

innenliegend *<fz> (allg.; z. B. Scheibenbremsen, Motor)* • inboard

innenmattierte Lampe *f <licht>* • internally frosted lamp

Innenpolgenerator *m <el> (Magnetfeld--Anker dreht sich in Stator-Spule; WS; z. B. Fahrraddynamo)* • internal-pole generator; revolving-field machine

Innensechskantschraube *f <füg> (allg.; jede Form)* • hexagon socket head screw

Innenteil *n <tech.allg> (einer Steckverbindung)* • male member

Innentemperatur *f <tech.allg>* • internal temperature

Innenverkleidung *f <tech.allg> (zur Verschönerung, Verzierung, Abdeckung; jede Form)* • interior trim

Innenverkleidung *f <tech.allg> (aus glattflächigen Teilen; z. B. Holz)* • interior paneling *US*; interior panelling *GB*

Innenverkleidung *f <innen> (allg.; hart oder weich)* • inside lining; interior lining

innenverzahnt *<masch> (Zahnrad; z. B. Hohlrad)* • internally toothed; annular--toothed

Innenverzahnung *f <kfz.antr> (allg.; Zahnrad; z. B. Hohlrad)* • internal toothing

Innenvielzahn *f DIN 34824 <füg> (Schraubenkopf)* • internal serration *DIN 34824*

Innenwiderstand *m <el>* • internal impedance; internal resistance

Innenzahnrad *n DIN 3998 <masch>* • internal gear; annular gear

Innenzwölfzahn *m DIN ISO 1891 <masch> (Antriebsform)* • twelve point socket; bihexagon socket; 12-point socket

Innereien *fpl <nahr> (allg.; essbar; z. B. Leber, Herz, Zunge)* • variety meat; offals *pl*

innere Reibung *f <mech> (z. B. in Kraftmaschinen)* • internal friction

innere Schäden *mpl <tech.allg> (von außen nicht sichtbar; z. B. Rost)* • internal damage *sg*

innere Uhr *f <bio>* • body clock

innig *<allg> (z. B. Kontakt)* • intimate

Innovation *f <allg>* • innovation

Innovationszyklus *m <tech.allg>* • innovation cycle

innovativ *<tech.allg> (weitere Neuerungen stimulierend, richtungsweisend)* • innovative

innovative Konstruktionsdetails *npl <tech.allg>* • innovative design features

Insassenraum *m <fz>* • seating space; occupant space

Insassenschutz *m <fz.sich>* • occupant protection; passenger protection

Insassensicherheit *f <kfz.sich>* • occupant safety

Insektenschutzgitter *n <bau> (an Fenstern)* • insect screen; window screen; flyscreen

Insektenschutzmittel *n <bio.chem> (abweisende Wirkung; typ. durch Geruch)* • insect repellent

Insektizid *n <bio.chem> (typ. mit Pyrethroiden)* • insecticide; insect killer *DIN IEC 61/1860*; bug zapper *coll*

Inselbetrieb *m <tech.allg> (bel. Einrichtungen, Anlagen)* • stand-alone operation

Insert *n <kst> (in Spritzgießwerkzeugen)* • insert; inset

Insert-Schnitt *m <av>* • insert edit; insert editing; cut-in

ins Langsame übersetzen *vt <antr> (Getriebe)* • step down *vt*

Inspektion *f <qualit>* • inspection

Inspektionsluke *f <tech.allg>* • inspection hatch

Inspektionsöffnung *f <tech.allg> (Zugang; z. B. Luke, Mannloch, Handloch)* • inspection access; inspection opening

instabil *<chem.phys> (vorübergehender Übergangszustand, Phase, Vorgang)* • transient; unstable

instabil *<phys> (z. B. Gleichgewicht, Strömung, Isotop)* • unstable

instabiles System *n <tech.allg> (z. B. PC-Betriebssystem)* • unstable system

Instabilität *f <tech.allg>* • instability

Instabilitätsbereich *m <tech.allg>* • instability region

Installation *f <tech.allg>* • installation

Installation *f <bau> (Sanitär)* • plumbing

Installation *f <comp> (von Software; z. B. Programme, Treiber)* • installation

Installationstechnik *f <bau> (Rohrsysteme, Armaturen, für Wasser, Gas, Luft)* • domestic engineering

installieren *vt <bau> (Sanitärteile; z. B. Wasserleitung)* • plumb *vt*

installieren *vt <comp> (Software, Programm)* • install *vt*

installierte Leistung *f <tech.allg> (Fähigkeit, Kapazität; z. B. Förderstrom)* • installed capacity

installierte Leistung *f <el> (Stromversorgung)* • installed power

Instandhaltungen und Reparaturen *fpl <fin> (als Kostenfaktor)* • maintenance and repairs; repairs and maintenance

Instandhaltung, Instandsetzung und Überholung *f <tech.allg>* • maintenance, repair and overhaul

Instandhaltungsarbeiten *fpl <rep>* • maintenance efforts; maintenance measures; maintenance work

Instandhaltungsintervall *n <tech.allg>* • maintenance interval

Instandhaltungskosten *pl VDI 2885 <tech.allg>* • maintenance costs; repair and maintenance costs; maintenance charges; upkeep expenses

instandsetzen *vt <rep>* • repair *vt*; recondition *vt rare*

Instandsetzungsanleitung *f <doku.rep> (z. B. als Handbuch)* • service instructions; repair instructions

Instandsetzungsbetrieb *m <rep>* • repair shop

Instandsetzungshandbuch *n <doku.rep>* • service manual; repair manual

Instruktion *f <did>* • instruction

Instrument *n <tech.allg>* • instrument

Instrumentenanflug *m <navig.aerosp>* • instrument approach

Instrumentenanlage *f <kfz.msr> (Gesamtheit der Bedienungselemente und Anzeigen; Cockpit)* • instrument panel (IP); instrument board; dashboard; dash *US.coll*; fascia *GB*

Instrumentenbeleuchtung *f <msr>* • instrument lighting

Instrumentenblock *m <kfz.msr>* • instrument cluster

Instrumentenbrett *n <aerosp.innen> (Cockpit)* • instrument panel

Instrumentenflug *m <aerosp>* • instrument flight; blind flight

Instrumentenflugbedingungen *fpl* (IMC) *<aerosp>* • instrument meteorological conditions *pl* (IMC)

Instrumentenflugregeln *fpl* (IFR) *<aerosp>* • instrument-flight rules *pl* (IFR)

Instrumentenleuchte *f <tech.allg>* • instrument panel lamp

Instrumente und Bedienungselemente *npl <doku> (Überschrift in Betriebsanleitung)* • instruments and controls

Instrumentierung *f <msr>* • instrumentation

Intarsien *fpl <obfl.holz> (z. B. in Möbeln, Kfz-Innenausstattung)* • intarsia; wood inlay; inlaid wood; marquetry

Integral *n <math>* • integral

integraler Bestandteil *m <tech.allg> (unlösbarer Bestandteil von etw.)* • unitized part

Integralgleichung *f <math>* • integral equation

Integralhelm *m <bekl>* • full-face helmet

Integralmessung *f <phot>* • average metering; averaging metering; integral measurement

Integralrechnung *f <math>* • integral calculus

Integraltank *m <aerosp>* • integral fuel tank; integral tank

Integration *f <tech.allg>* • integration

Integrationsgrad *m <comp.ic> (Anzahl der Transistoren etc. pro Chip; z. B. SSI, MSI, LSI, VLSI)* • level of integration; scale of integration; packaging density; package density; device scale

integrierbar *<tech.allg>* • integrable

integrieren *vt <tech.allg> (mathematisch, technisch, organisatorisch)* • integrate *vt*

integriert *<tech.allg> (Bauteil, Funktion)* • integral; integrated

integriert *<comp> (auf der Platine vorhanden; z. B. Baustein, Funktion)* • on-board; on-chip; built-in; embedded

integrierte Antenne *f <tele> (im Innern, außen nicht sichtbar)* • built-in antenna *US*; built-in aerial *GB*

integrierte Kopfstütze *f <kfz.innen>* • integrated head restraint

integrierter GPS-Empfänger *m <navig>* • integrated GPS receiver

Integrierter Starter-Alternator-Dämpfer *m* (ISAD) *<kfz.el>* • Integrated Starter/Alternator Damper (ISAD)

integrierte Schaltung *f* (IC) *<comp.ic> (Mikrochip mit integrierter Halbleiterschaltung)* • integrated circuit (IC); chip *pract*; microcircuit *rare*; monolith *rare*

Integriertes Steuergerät *n <msr>* • integrated control unit (ICU)

integriertes Übersetzungssystem *n* (TMS) *<transl.wz> (Textverarbeitung, Terminologiedatenbank und Übersetzungsspeicher)* • translation-memory system (TMS); TM system *pract*

Integrität *f <tech.allg>* • integrity

intelligente Haushaltsgeräte *npl <el> (z. B. intelligenter Kühlschrank)* • smart appliances *pl*

intelligente Kleidung *fsg <comp.bekl> (als Oberbegriff; z. B. für BAN)* • wearable computers; wearables; i-wear

intelligentes System *n <tech.allg> (z. B. EDV, Regelung, Qualitätssicherung)* • intelligent system; smart system

Intensität *f <tech.allg>* • intensity

Intensitätspegel *m <phys>* • intensity level

Intensitätsschwankung *f <phys>* • intensity fluctuation

intensivieren *vt <tech.allg> (Eindruck, Effekt)* • intensify *vt*

Intensivstation *f* (IPS) *<med.tech>* • intensive care unit (ICU)

interaktiv *<tech.allg>* • interactive; conversational

Interferenz *f <tech.allg>* • interference

Interferenzerscheinung *f <phys>* • interference phenomenon

Interferenzfilter *n <tech.allg>* • interference filter

Interferenzmuster *n <astron>* • interference fringe pattern; fringe pattern

Interferenzspektroskopie *f <phys>* • interference spectroscopy; interferometric spectroscopy

Interferometrie *f <opt.msr>* • interferometry

Interferon *n <bio> (Protein)* • interferon

Interkontinentalrakete *f <mil>* • intercontinental ballistic missile (ICBM)

interkristallin *<mat>* • intercrystalline; intergranular

interkristalline Korrosion *f DIN EN ISO 8044 <obfl>* • intergranular corrosion *ISO 8044*; intercrystalline corrosion; grain-boundary corrosion

interkristalliner Riss *m <qualit.mat>* • grain boundary crack; intercrystalline crack; intergranular crack

interkristalline Spannungsrisskorrosion *f <qualit.mat>* • intergranular stress-corrosion cracking

Interleave-Faktor *m <comp>* • interleave ratio; interleave factor

Interlingua *f <transl>* • interlingua; intermediate language

Interlockware *f <textil>* • interlock fabric; interlock

Internalisierung *f <tech.allg>* • internalization

Internationale Raumstation *f* (ISS) *<aerosp> (Mir-Nachfolger)* • International Space Station (ISS)

internationaler Normentwurf *m ISO <norm.doku>* • draft international standard (DIS) *ISO*

Internationales Einheitensystem *n* (SI) *<phys>* • International System of Units (SI); SI-System *pract*; practical system of units *rare*

internationale wissenschaftliche Benennung *f <term>* • international scientific term *ISO 12620*

internationalisierter Domänenname *m* (IDN) *<comp> (erlaubt auch Umlaute)* • internationalized domain name (IDN)

Internationalismus *m <term> (z. B. dt: Alkohol, en: alcohol, fr: alcool; aus dem Arabischen al-kuhl)* • internationalism *ISO 12620*

Interne Mitteilung *f* (IM) *<doku>* • inter-office memo (IOM)

Internet *n <comp> (auch im Engl. meist großem I)* • Internet

Internetanschluss *m <comp> (z. B. im Büro, Hotelzimmer, Lkw-Parkplatz)* • linkup to the Internet

Internetcafé *n <comp.gastr>* • cybercafé

Internetfirma *f <comp.ökon>* • dot-com company; dot-com *coll*

Internet-Flatrate *f <comp> (Tarif)* • Internet flat rate; flat rate for Internet

access
Internetpräsenz *f* <comp> *(WWW; meist mehrere Webseiten)* • web site; home page *coll*
Internet-Protokoll *n* (IP) <comp> • Internet protocol (IP)
Internetprovider *m* <tele.comp> *(betont: Zugang zum WWW)* • web access provider (WAP)
Internet-Service-Provider *m* (ISP) <tele> *(z. B. AOL, CompuServe, Psinet, Uunet)* • Internet Service Provider (ISP)
Internet-Telefonie *f* (VoIP) <tele> *(Telefonieren via PC und Internet)* • voice over IP (VoIP)
Interoperabilität *f* <tech.allg> *(von Systemen, Komponenten; z. B. von Loks)* • interoperabilty
interplanetarisch <aerosp> *(z. B. Forschungssonde)* • interplanetary
Interpolation *f* <math> • interpolation; tweening *coll*
Interrupt *m* (IR) <comp> *(I/O)* • interrupt (IR)
Interrupt-Request *m* (IRQ) <comp> *(allg.)* • interrupt request (IRQ); interrupt *pract*
interstellar <astron> • interstellar
Intervall... <tech.allg> *(Betrieb; z. B. von Scheibenwischern)* • intermittent
Intervallbetrieb *m* <tech.allg> *(eher kurze Intervalle; z. B. Scheibenwischer)* • intermittent operation; interval operation; on/off operation
Intervallschalter *m* <tech.allg> • interval switch
Intervallschaltung *f* <kfz.el> *(Scheibenwischer)* • windshield wiper delay control; intermittent wiper control; interval wiper control *Ford*
Intoxikation *f* <med.jur> • intoxication; poisoning
Intrusion *f wiss* <tech.allg> *(allg.; unerwünschtes Eindringen von etw. in etw.; z. B. Crash, Alarm)* • intrusion
Invar *n* <mat.metall> *(typ. für Unruh-Spiralen)* • Invar
Invariabilität *f* <tech.allg> • invariability
Invariante *f* <math> • invariant
Inventar *n* <allg> • inventory
Inventar *n* <tech.allg> *(Ausrüstungen, Gegenstände)* • equipment
Inventur *f* <fin> *(Vorgang der Inventarerfassung)* • stocktaking; stock-taking; inventory taking
Inversdarstellung *f* <tech.allg> *(am Bildschirm oder gedruckt)* • reverse image; inverse image
Inversion *f* <tech.allg> • inversion
Inversionsschicht *f* <meteo> *(Wetterlage)* • inversion layer; atmospheric inversion layer
Inversionswetterlage *f* <meteo> *(Wetterlage)* • atmospheric inversion
Invertflüssigzucker *m* <nahr> • liquid invert sugar
invertierte Benennung *f* <term> • inverted term
invertierte Form *f* <term> • inverted form
Invertzucker *m* <nahr> • invert sugar; inverted sugar
Investment-Feinguss *m* <prod> • precision investment casting
I/O-Adresse *f* <comp> • I/O address; port address
Iod *n* (I, J) <chem> • iodine (I)
iodhaltig <chem> • iodine-containing
Ion *n* <phys.min> • ion
Ionenantrieb *m* <aerosp> • ion propulsion; ion-jet propulsion
Ionenaustauscher *m* <verf> *(allg.)* • ion exchanger
Ionenimplantation *f* <el.ic.prod> • ion implantation; ion implant
Ionenleerstelle *f* <chem> • ion vacancy
Ionenleiter *m* <el> • ionic conductor; second-class conductor; electrolytic conductor
Ionenstrahlätzen *n* <el.ic.prod> • ion--beam milling; ion-beam etching
Ionenstrahler *m* <phys> • ion gun
Ionentriebwerk *m* <aerosp> *(z. B. Rakete)* • ion thruster; ion engine
Ionisationskammer *f* <msr> *(FID-Bestandteil)* • ionization chamber
ionisieren *vt* <phys> *(Koronaentladung; z. B. in Kopierer)* • ionize *vt*
ionisierender Strahlung ausgesetzt <nukl> *(Personen, Gegenstände)* • exposed to ionizing radiation
ionisierende Strahlung *f* <nukl> • ionizing radiation
ionisierte Luft *f* <tech.allg> • ionized air
Ionisierung *f* <chem.el> • ionization; ionisation *GB*
Ionosphäre *f* <geo> • ionosphere

ionosphärische Streuung *f <tele>* • ionospheric scatter
IP-Adresse *f <comp> (im Netzwerk)* • IP address
IrDA-Kommunikationsschnittstelle *f <comp> (für Punkt-zu-Punkt IR-Verbindung bis zu 1,5 m)* • IrDA communications interface; IrDA link
IRIDIUM *<tele> (satellitengestütztes Telekommunikationssystem)* • IRIDIUM
Iridium *n* (Ir) *<chem>* • iridium (Ir)
Irisblende *f <opt> (variable runde Öffnung)* • iris diaphragm *GB*; iris shutter *US*; iris *pract*
irisierend *<obfl>* • iridescent
IR mit kartesischem Arbeitsraum *m <autom>* • rectangular coordinate robot
IR mit kugelförmigem Arbeitsraum *m <autom>* • polar coordinate robot
irrationale Zahl *f <math>* • irrational number; surd
irreführen *vt <tech.allg> (durch falsche Signale)* • spoof *vt*
irreführende Werbung *f <werb>* • deceptive advertising
irregulär *<allg>* • irregular
irreparabel *<tech.allg>* • irreparable; beyond repair
irreparabel beschädigt *<tech.allg>* • damaged beyond repair
irreversibel *<tech.allg> (Vorgang)* • irreversible; non-reversible
irreversibler Vorgang *m <tech.allg>* • irreversible process
IR-Strahler *m <tech.allg> (zum Heizen, Wärmen, Trocknen; z. B. in Badezimmern, Straßencafés)* • IR radiator; infrared radiator
ISBN-Code *m <druck> (als EAN-13--Strichcode dargestellte ISBN-Nummer)* • ISBN Code
Isobare *f <phys> (Linie gleichen Druckes; z. B. Wetterkarte)* • isobar; constant-pressure line
Isochore *f <therm> (Linie gleichen Volumens)* • isochor
ISO-Container *m ISO 668 <nav> (20 oder 40 ft)* • ISO container *ISO 668*
ISO-Empfindlichkeit *f <phot> (von Film oder Bildsensoren)* • ISO speed; ISO sensitivity; sensitivity; ISO equivalency; ISO speed rating
ISOFIX-Kindersitz *m <kfz.sich>* • ISOFIX child safety seat
Isolationsfestigkeit *f <el> (eines Dielektrikums)* • dielectric strength; electric strength; insulating strength; breakdown strength; puncture strength
Isolationsklasse *f <tech.allg>* • insulation class
Isolatorenkette *f <el>* • insulator chain; insulator string
Isolatorüberschlag *m <el>* • insulator arc-over
Isolier... *<el> (elektrisch/galvanisch trennen)* • insulating ...
Isolier... *<phys> (räumlich trennen)* • isolating ...
Isolierband *n <el> (ein Klebeband)* • insulating tape; adhesive insulating tape; insulation tape; friction tape
Isolier-Container *m <nav>* • insulated container
isolieren *vi/vt <phys> (gegen Wärme, elektr. Strom, Schall)* • insulate *vi/vt*
isolieren *vi/vt <phys> (räumlich trennen; belebte oder unbelebte Objekte)* • isolate *vt*; set apart *vt*
isolieren *vt <bau> (akustisch, thermisch)* • insulate *vt*
Isolierfolie *f <mat> (Metall oder metallbeschichtet; z. B. Goldfolie gegen Wärmeabstrahlung)* • insulating foil
Isolierfolie *f <pack> (Kunststoff; z. B. gegen Feuchtigkeit)* • insulating sheet
Isolierglasfenster *n <bau> (mit 2 Scheiben; 3-Scheibenglas analog)* • double-glazed window; insulating window; double-pane window; insulated glass window; insulating glass window
isoliert *<tech.allg> (akustisch, elektrisch, thermisch)* • insulated
isoliert *<tech.allg> (räumlich getrennt, einzeln)* • isolated
isolierter Leiter *m <el>* • insulated conductor
Isolierung *f <tech.allg> (elektrisch, thermisch, akustisch; Vorgang und Ergebnis)* • insulation
Isolierung *f <tech.allg> (mechanische, räumliche Trennung)* • isolation
Isolierverglasung *f <tech.allg>* • double-glazing; dual-pane windows
isometrisch *<tech.allg> (in allen Raumrichtungen gleich lang)* • isometric

isometrische Darstellung *f DIN ISO 10209-2 <doku> (techn. Zeichnung; Maßstäbe aller drei Achsen gleich)* • isometric projection; isometry *pract*; isometric drawing; isometric axonometry *ISO 10209-2*

Isoprenkautschuk *m* (IR) *<kst>* • isoprene rubber (IR)

Isostasie *f <geo> (Theorie vom Gleichgewichtsausgleich der Erdkruste)* • isostasy

Isotherme *f <phys> (Linie gleicher Temperatur)* • isotherm

Isotop *n <chem>* • isotope

Isotopenanreicherung *f <nukl>* • isotope enrichment

Isotropie *f <phys.chem> (von Eigenschaften)* • isotropy; isotropism

Istabmaß *n <prod>* • actual deviation

Istposition *f <autom>* • actual position

Istwert *m <msr> (Wert einer Regelgröße im betrachteten Zeitpunkt)* • actual value; real value

Istzustand *m <tech.allg>* • actual condition; actual state

Iterationsmethode *f <tech.allg>* • iteration method; method of successive approximation; iteration procedure; iterative method

iterativ *<tech.allg>* • iterative

I-Träger *m DIN 1025 <bau.mat> (breit; schmal; IPB, IPBl, IPBv)* • I-section *BS EN 10024*; I-beam *GB*; I-shape

Izod-Prüfung *f DIN EN ISO 180 <qualit.mat>* • Izod impact test; impact resistance test method A; Izod test

J

Jacquard *m <textil>* • jacquard fabric

Jacquardmaschine *f <textil>* • jacquard loom; jacquard machine

Jagdgewehr *n <mil> (Büchse)* • hunting rifle

Jagdgewehr *n <mil> (für Schrot)* • hunting shotgun

Jahresdosis *f <nukl>* • annual dose; yearly dose *rare*

Jahrestonnen *fpl* (jato) *<prod> (z. B. Ölraffinerie, Stahlwerk)* • tons per year *pl* (t/a) *US*; tonnes per year *pl GB*; MTA

Jahrgangs-Portwein *m <nahr>* • vintage port

Jakobs-Drehgestell *n <bahn> (typ. bei frz. TGV)* • Jacobs bogie; articulated bogie *GB*; inter-car truck *US*

Jalousie *f <bau> (allg.; Lamellen)* • louver; louvre

Jalousie *f <bau.innen> (an Fenster; mit verstellbaren horizontalen Lamellen)* • venetian blind; shutter *rare*

Jalousieklappe *f <hlk>* • multileaf damper; louver damper *US*

Japanlack *m <obfl>* • Japanese lacquer; Japan lacquer *pract*; japan *coll*; lacquer *coll*

Jaspis *m <min>* • jasper

Jauchepumpe *f <agri>* • liquid-manure pump

jaulen *vt <av> (z. B. Bandgerät)* • wow and flutter *vt*; howl *vi*

Jeansstoff *m <textil> (ursprgl. aus Nîmes: de Nîmes)* • denim

Jersey *m <textil>* • jersey; jersey fabric; single jersey

Jet Fuel *m <aerosp> (Treibstoff für Strahltriebwerke, kein Benzin)* • jet fuel; aviation turbine fuel *ASTM D1655*; kerosine *rare*; kerosene *rare*

Jet Fuel A-1 *m <aerosp> (Siedebereich 180…280 °C)* • jet fuel A-1; aviation turbine fuel Jet A-1 *form*; Jet A-1 *pract*

Jethelm *m <bekl>* • open-face helmet

Jet-Ski *m <nav>* • jet ski

JIT-Produktionsplanung *f <prod.logist> (ohne oder mit minimaler Lagerhaltung)* • JIT production planning

Joch *n <tech.allg>* • yoke

Joghurtbereiter *m <gastr>* • yoghurt maker

Jojobaöl *n <chem> (z. B. für Kosmetik, Schmierung, Dieselersatz)* • Jojoba oil

Jolle *f <nav>* • centerboarder *US*; sailing dinghi; centreboarder *GB*; jolly boat

Joule *n* (J) *DIN 1301 <phys> (SI-Einheit von Arbeit, Energie, Wärme)* • joule (J)

Joystick *m <comp.spiel> (für Computerspiele, Flugsimulator)* • joystick

Joystick *m <msr> (Steuerknüppel; z. B. für Bagger, Elektrorollstuhl)* • joystick

junger Beton *m <bau.mat> (Alter 1 Stunde bis 3 Tage; erstarrt, aber Hydratation noch im Gang)* • green concrete

justieren *vt <tech.allg> (z. B. Messgeräte, Regler, Werte, Anschläge)* • adjust *vt*

justieren *vt <mil> (Schusswaffe)* • true *vt*
justieren *vt <msr> (einstellen; z. B. Maschine, Werkzeug)* • set *vt*
justieren *vt <msr> (genau abgleichen, trimmen)* • trim *vt*
Justierfehler *m <tech.allg>* • adjustment error
Justierung *f <tech.allg> (z. B. von Bauteilen, Anordnungen, Werten)* • adjustment
Juwel *n <bekl> (Schmuckstück)* • jewel
Juxtaposition *f <allg>* • juxtaposition

K

Kabel *n <el> (Leiter aus mehreren gegeneinander isolierten Einzeladern)* • cable
Kabel *n <el> (eher dünn, sehr flexibel; z. B. Netzkabel, Telefonkabel)* • cord
Kabel-Abisolierwerkzeug *n <el.wz>* • cable stripping tool
Kabelabschluss *m <el>* • cable termination; cable head
Kabelader *f <el>* • cable conductor; cable core
Kabelanschluss *m <el> (Verbindung)* • cable connection
Kabelanschlusskasten *m <energ.el>* • cable terminal box; cable junction box
Kabelarmatur *f <el>* • cable fitting
Kabelaufbewahrung *f <el> (von Elektro-Kleingeräten)* • cord storage
Kabel auf Putz verlegen *vt <bau.el>* • wire on the surface *vt*
Kabelausgang *m <el>* • cable outlet
Kabelbaum *m <el> (eher dick)* • cable harness; cable loom
Kabelbaum *m <el> (eher dünn; z. B. bei Kfz)* • wiring harness *US.GB*; wiring loom *GB*
Kabelbewehrung *f <el>* • cable armoring *US*; cable armouring *GB*
Kabelbinder *m <el>* • cable tie; cable wrap
Kabeldurchführung *f <bau.el> (Loch durch Wand, Decke)* • cable penetration
Kabeldurchführung *f <bau.el> (mech. Schutz in Wand, Decke; typ. ein Rohr)* • cable penetration sleeve; cable bushing
Kabeldurchführung *f <el> (Schutz und Abdichtung; eher weich; z. B. Gummitülle)* • cable gland
Kabelfach *n <el> (z. B. bei kleinen Küchengeräten)* • cable compartment
Kabelfernsehanlage *f <av>* • cable television system; cable TV system *pract*
Kabelfernsehen *n <av>* • cable television; cable TV *pract*
Kabelfernsehnetz *n <av>* • cable television network; cable TV network; cable network
Kabelführung *f <el> (räumliche Anordnung)* • cable run; cable routing; cable layout
Kabelgestell *n <el>* • cable rack
Kabelgraben *m <bau.el>* • cable trench
Kabelhalter *m <bau.el> (von oben)* • cable suspender; cable hanger
Kabelhalter *m <bau.el> (Träger, Stütze von unten)* • cable support; cable bearer
Kabelhalter *m <comp> (z. B. Kunststoffclip für PC-Anschlusskabelbündel)* • cable retainer
Kabelhalter *m DIN EN 50368 <el> (betont: Klemme)* • cable cleat *EN 50368*
Kabelisolierung *f <el> (z. B. PVC, Teflon, Kapton, TKT)* • cable insulation
Kabelkanal *m <av> (Fernsehkanal)* • cable channel
Kabelkanal *m <bau.el> (geschlossen oder offene Pritsche)* • cable channel; cable duct; cable raceway; cable gallery *rare*
Kabelkanal *m <el> (in Gehäuse, Karosserie etc.)* • cable duct; cable tunnel; cable conduit
Kabelkeller *m <bau.el>* • underground distribution chamber
Kabelklemme *f <el>* • cable terminal; cable connecting terminal; cable lug; cable connector terminal
Kabelkran *m norm <bau.masch>* • cable crane; cableway crane; cableway; aerial cableway
kabellos *<el> (allg.; mit lösbarem Kabel oder für Akkubetrieb)* • cordless
Kabelmantel *m <el> (allg.; Isolierung und Schutz)* • cable jacket *US*; cable sheath *GB*; cable sheathing *GB*
Kabelmantel *m <energ.el> (von Kabeladern; aus Kunststoff od. Metall)* • sheath; sheathing; inner sheath

Kabelmesser *n <el.wz>* • cable sheath-splitting knife; cable dismantling knife; cable stripping knife; electrician's knife; stripper

Kabelmuffe *f <el> (Anschlusskasten)* • cable joint box; joint box

Kabelmuffe *f <el.füg>* • cable sleeve

Kabelpeitsche *f <el> (z. B. BNC aufgesplittet in Bananenstecker, Krokodilklemmen)* • breakout [cable]

Kabelplan *m DIN ISO 10209-4 <bau.-doku>* • cable diagram *ISO 10209-4*

Kabelpritsche *f <bau.el> (offen; Gitterkonstruktion)* • cable tray; cable support rack; cable shelf; wiring trough *rare*

Kabelschacht *m <bau.el> (allg.)* • cable runway

Kabelschacht *m <bau.el> (Tiefbau; begehbar; z. B. in Straße)* • manhole chimney; street manhole

Kabelschacht *m <bau.el> (vertikal; für Steigleitungen)* • cable chute; cable shaft

Kabelschelle *f <füg.el> (klein, zum Nageln; Kunststoff mit Nagel)* • cable clip; wire holding nail; nail cable clip

Kabelschuh *m <el> (U-förmige Zunge)* • fork terminal; spade terminal *US*; spade tongue terminal *US*

Kabelschuh *m <el> (an dicken Leitungen)* • cable lug; lug

Kabelschuh *m <kfz.el> (Verbindung zwischen Batteriekabel und Endpol)* • battery lug

Kabelschutzrohr *n <el>* • duct; conduit; cable duct; cable tube

Kabelseele *f <el> (z. B. von Koaxialkabeln)* • cable core; core *pract*

Kabelspleißung *f <füg>* • cable splice

Kabelsteckverbinder *m <el> (Buchse oder Stecker)* • cable connector; cable coupler

Kabelsuchgerät *n <el.wz>* • cable detector; cable locator; voltage detector

Kabeltrasse *f <el> (Route)* • cable route

Kabeltrasse *f <el> (das Kabel selbst)* • cable run

Kabeltrommel *f <el> (für Verlängerungskabel)* • cable extension reel; extension reel; cable reel

Kabeltrommel *f DIN 55 405 <pack.logist> (groß, aus Holz; zum Transport dicker Kabel)* • cable reel *BS 3130*; cable drum

Kabeltülle *f <el>* • cable grommet; cable bush; bushing

Kabelverbinder *m <el.füg> (allg.)* • cable connector; cable coupler; cable sleeve

Kabelverbinder *m <el.füg> (zum Verquetschen von zwei Kabelenden; isoliert od. unisoliert)* • butt connector; butt splice

Kabelverbindung *f <el> (konkret od. abstrakt)* • cable link

Kabelverbindung *f <el.füg> (konkret)* • cable connection; cable coupling; cable joint

Kabelverlegung *f <el> (Vorgang)* • cable laying

Kabelverlegung *f <el> (Ergebnis)* • cabling

Kabelverzweiger *m <el>* • cable distribution head; cable distribution box; cross connection point

Kabine *f <aerosp> (Strukturteil)* • nacelle

Kabine *f <bau> (kleiner Raum; z. B. für Konferenzdolmetscher)* • booth

Kabine *f <fz> (z. B. von Lkw)* • cab

Kabine *f <fz> (für Passagiere; Flugzeug, Schiff)* • cabin

Kabine *f <nav>* • cabin

Kabinenbesatzung *f <aerosp>* • cabin crew

Kabinendach *n <aerosp> (haubenartig; von Sport-, Segel-, Kampfflugzeug)* • cockpit canopy; canopy

Kabinendruck *m <aerosp.innen>* • cabin pressure

Kabinenfußboden *m <aerosp.innen>* • cabin floor

Kabinenhöhe *f <aerosp>* • cabin altitude; cabin pressure altitude *JAR 25.841*

Kabinenkreuzer *m <nav>* • cabin cruiser

Kachel *f <comp> (Grafik; wiederholbares Texturelement)* • tile

Kacheln *n <comp> (Nebeneinanderreihen von Bitmaps)* • tiling

Kadenz *f <mil> (Schussfolge; z. B. 600 Schuss/Min.)* • firing rate; shots per minute; spm; rounds per minute; rpm

kadmieren *vt <obfl>* • cadmium-plate *vt*

Kaffeeautomat *m <gastr> (für Filterkaffee; kompl. mit Wassertank, Brühsystem, Kanne)* • coffeemaker; drip

brewer
Käfigläufer *m <el> (Rotor; Teil des Motors)* • squirrel-cage rotor; cage rotor; short-circuited rotor
Käfigwicklung *f <el>* • squirrel-cage winding
Kai *m <bau.nav> (massiver, stationärer, künstlicher Anlegeplatz für Schiffe)* • quay
Kajak *n <nav> (geschlossenes Kanu; mit Doppelpaddeln angetrieben)* • kayak
Kajütboot *n <nav>* • cabin cruiser; cruiser
Kakao *m <nahr>* • cocoa
kakaohaltige Fettglasur *f <nahr>* • chocolate flavored coating *US*; chocolate flavoured coating *GB*; compound coating; fat coating
Kalander *m <prod>* • calender
Kalanderfolie *f <kst> (relativ dick; z. B. als Abdeckplane)* • calendered sheet
Kalanderfolie *f DIN 55 405 <kst> (sehr dünn)* • calendered film
Kalandern *n <prod> (allg.; z. B. von Textilien)* • calendering
Kalanderwalze *f <prod>* • calender roll
kalandrieren *vt <prod> (z. B. Folien, Laminate, Gewebe)* • calender *vt*
Kalbnappa *n <led>* • calf nappa
Kaliber *n <tech.allg> (exakter Durchmesser od. lichte Weite; meist von kleinen Bohrungen)* • caliber *US*; calibre *GB*
Kaliber *n <mech> (Uhrwerk; Form und Typ, z. B. ETA)* • caliber *US*; calibre *GB*
Kaliber *n <metall> (Walzenprofil)* • groove; pass
Kaliber *n <mil> (Schusswaffe)* • caliber *US*; calibre *GB*; bore; bore diameter *rare*
Kaliberfolge *f <metall> (Walzwerk)* • passes and reductions; pass sequence
Kaliberwalze *f <metall>* • grooved roll; groove roll
Kalibrierdorn *m <kst> (innerhalb von extrudierten Profilen)* • sizing mandrel
kalibrieren *vt <tech.allg>* • calibrate *vt*
kalibrieren *vt <msr> (mit Skala, Teilstrichen einteilen)* • graduate *vt*
kalibrierte Bohrung *f <masch> (sehr fein; z. B. von Einspritzdüsen, Verzögerungsventilen)* • metered port; metered drilling; metered bore; bore
kalibriertes Unterdrucksignal *n <kfz.msr> (allg.)* • ported vacuum
Kalibrierung *f <tech.allg> (Anpassung, Einstellung)* • calibration
Kalibrierwalze *f <prod>* • sizing roll
Kalidüngemittel *n <agri.chem>* • potash fertilizer
Kalisalz *n <chem> (natürl. od. synth.)* • potassiferous salt; potash salt; potash *coll*
Kalium *n* (K) *<chem>* • potassium (K)
Kaliumaluminiumsulfat *n <min> (KAl-$(SO_4)_2$)* • potassium alum; potash alum; kalinite
Kaliumcarbonat *n* (E501) *<chem> (K_2CO_3; z. B. für Glas)* • potassium carbonate; potash *coll*
Kaliumchlorat *n <chem> ($KClO_3$; für Zündhölzer, Feuerwerk, Sprengstoffe)* • potassium chlorate
Kaliumchlorid *n <chem>* • potassium chloride
Kaliumdisulfit *n* (E224) *<chem> ($K_2S_2O_5$; z. B. zum Schwefeln von Wein)* • potassium disulfite (E224); potassium metabisulfite; potassium pyrosulfite
Kaliumnitrat *n <chem> (Kaliumvariante KNO_3)* • potassium nitrate
Kaliumperchlorat *n <chem.spreng> ($KClO_4$)* • potassium perchlorate
Kaliumpermanganat *n <chem>* • potassium permanganate
Kalk *m <agri> (Pulver; z. B. zur Bodenbehandlung)* • lime
kalkarm *<geo>* • lime-deficient
Kalkausblühung *f <bau> (z. B. an Mauern)* • lime bloom
Kalkboden *m <agri>* • calcareous soil
Kalkbrennofen *m <prod>* • lime kiln
Kalkdüngemittel *n <agri>* • lime fertilizer; lime fertiliser *GB*
Kalken *n <tech.allg> (z. B. Böden, Wände, Oberflächen)* • liming
kalken *vt <agri> (Boden mit Kalk düngen)* • lime *vt*
kalken *vt <obfl.bau> (Wände, mit weißer Kalkfarbe)* • lime *vt*; whitewash *vt*; limewash *v*; whiten *vt*
kälken *vt <bau.obfl>* • lime-coat *vt*
Kalkestrich *m <bau>* • lime floor
kalkhaltig *<geo> (Boden)* • calcareous; limy *coll*
kalkhaltiges Wasser *n <tech.allg>*

• hard water

Kalklöser *m <tech.allg>* • lime remover; antiliming agent *rare*

Kalkmilch *f <emiss.verf> (als Waschsuspension zur Entschwefelung)* • calcium suspension; limestone slurry

Kalkputz *m <bau.mat>* • lime plaster

Kalksandstein *m <bau.mat>* • lime--sand brick; sand-lime brick

Kalksandstein *m <geo>* • calcareous sandstone; sandy limestone; lime sandstone

Kalkstein *m <geo.min>* • limestone; lime *coll*

Kalktünche *f <bau.obfl>* • lime whiting; limewash

Kalkzementmörtel *m <bau.mat>* • cement-lime mortar

Kalorie *f DIN 68035 <therm> (veraltete Einheit für Wärmemenge)* • calorie

kalorienarme Produkte *npl <nahr>* • low calorie products

kalorienreduziert *<nahr>* • calorie reduced

Kalorimeter *n <msr> (Messung von Wärmemengen)* • calorimeter

Kalotte *f <verf> (von Behältern, Kesseln, Wärmetauschern)* • hemispherical head

Kalotten-Lautsprecher *m <av>* • dome loudspeaker; dome midrange speaker; dome tweeter

kalt (C) *<licht> (Eigenschaft jeder Farbe, die Blau enthält; z. B. kalte Beleuchtung)* • cool (C); cold

Kaltbearbeitung *f <prod>* • cold working; cold processing

Kaltbiegen *n <prod>* • cold bending

Kaltbiegeversuch *m <qualit.mat>* • cold-bending test

kaltbrüchig *<qualit.mat>* • cold-brittle; cold-short

Kaltbrüchigkeit *f <qualit.mat> (z. B. von Stahl)* • cold brittleness; cold shortness

Kälte *f <allg> (Thermodynamik, Kältetechnik)* • cold

Kälte *f <allg> (als Empfindung)* • coldness

Kälteaggregat *n VDI 4640 <hlk>* • refrigeration unit; refrigerating machine; refrigeration machine *VDI 4640*; refrigerator; chiller *pract*

Kälteanlage *f <hlk> (allg.)* • refrigerating plant; refrigeration plant; cooling plant

kältebeständig *<qualit.mat> (z. B. Werkstoff, Schmierstoff, Baustoff)* • cold-resistant

Kältebeständigkeit *f <tech.allg> (z. B. von Klebeverbindungen)* • low-temperature resistance; cold resistance

Kältebrücke *f <tech.allg> (schlechte Isolierung; z. B. von Gebäuden, Fahrzeugen)* • thermal bridge; cold bridge; cold spot *coll*; heat bridge

kälteerzeugend *<tech.allg>* • frigorific

Kältefach *n <hlk>* • refrigeration compartment

kalte Lötstelle *f <füg> (Defekt)* • faulty soldered joint; dry soldered joint

kalte Lötstelle *f <msr> (Thermoelement; Vergleichspunkt außerhalb des Messorts)* • cold junction

Kältemittel *n <hlk> (in Kühlschränken, Klimaanlagen, Wärmepumpen; z. B. R134a, R152a, R744)* • refrigerant; refrigerant fluid; working fluid; coolant; refrigeration medium *rare*

Kältequelle *f VDI4640 <tech.allg>* • cold source *VDI4640*

kalter Strang *m <nukl> (im DWR; vom DE zum RDB; typ. 300 °C)* • cold leg

kalte Stelle *f <tech.allg>* • cold spot

Kältetechnik *f <hlk> (zum Kühlen)* • refrigerating engineering; refrigerating technology; refrigeration

Kaltformung *f <prod> (z. B. von Stahl)* • cold forming; cold working

Kaltgeräte-Anschlussleitung *f <el> (für Hifi-Geräte, PC, PC-Peripherie etc.)* • AC power cordset with IEC-320 male connector; IEC-320 AC power cordset

Kaltgerätebuchse *f <el> (Netzeingang direkt am Gerät, für Netzkabel mit Kaltgerätestecker)* • primary power receptacle *US.Newark*; recessed power receptacle *US.Belden*; AC receptacle *US.Belden*; appliance inlet connector *US.Feller*

kaltgeschlagenes Öl *n <nahr>* • cold--pressed oil; cold-drawn oil

kaltgewalzt *<metall> (z. B. Karosserieblech)* • cold-rolled

kaltgewalztes Blechband *n <metall>* • cold-rolled strip steel

kaltgewalztes Stahlblech *n <metall>* • cold rolled sheet steel

kaltgezogen *<metall> (z. B. Stahl)*

• cold-drawn

kalthärtend *<füg> (vernetzend; z. B. Klebstoff)* • cold-curing

kalthärtend *<mat> (allg.)* • cold-hardening; cold-setting

Kaltlaufeigenschaften *fpl <kfz>* • cold drivability

Kaltleim *m <füg>* • cold glue

Kaltlichtquelle *f <licht>* • cold-light source

Kaltlichtspiegel *m <licht>* • dichroic reflector; cold mirror; cold-light reflector *rare*

Kaltlufteinbruch *m <tech.allg>* • cold--air ingress

Kaltnieten *n <füg>* • cold riveting *US*; cold rivetting *GB*

Kaltprägung *f <prod.metall>* • cold coining

Kaltpressen *n <prod> (in Tiefziehpresse)* • cold pressing; cold drawing

Kaltpressschweißen *n* (KP) *DIN 1910 <füg> (z. B. Walzschweißen von Münzen)* • cold welding (CW); cold pressure welding

Kaltreiniger *m <kfz> (z. B. für Kfz-Motoren)* • degreaser; cold cleaner; cold--solvent cleaner *rare*

Kaltriss *m <qualit.mat>* • cold crack

Kaltschaum *m <kst> (PUR; für Polster, Matratzen)* • cold-cure foam; hr-foam

Kaltschaummatratze *f <innen>* • cold--cure PUR mattress; HR PUR slabstock mattress *form*; HR foam mattress *pract*

Kaltschweißstelle *f <füg>* • weld mark

Kaltschweißstelle *f <qualit.mat> (Gieß- oder Schmiedefehler)* • cold shut; cold lap

Kaltschweißverbindung *f <tech.allg>* • cold-welding fusion

Kaltstart *m <tech.allg> (Vorgang)* • cold starting

Kaltstart *m <tech.allg> (Resultat des Vorgangs)* • cold start

Kaltstart *m <kfz> (Warmlaufphase nach dem Kaltstartvorgang)* • cold drive-away

Kaltstartanreicherung *f <kfz.mot> (allg.; jede Form)* • cold-start enrichment

Kaltstartnageln *n <kfz.mot> (von Dieselmotoren)* • cold-start knock *:V*

Kaltstartventil *n <kfz.mot> (Bauteil der Kraftstoffeinspritzung)* • cold start injector; cold start valve

Kaltstartverhalten *n <fz>* • cold start performance

kaltverfestigt *<metall> (z. B. Stahl)* • hardened under cold work; hardened by cold working; hardened by cold forming; strain-hardened; work-hardened

Kaltverfestigung *f <metall> (Anstieg der Festigkeit und Härte nach Kaltumformung)* • strain-hardening; work-hardening; wear-hardening; cold-work hardening; hardening under cold work

Kaltverstrecken *n <kst>* • cold drawing

Kaltwachsstreifen *m <hygi.wz>* • cold--wax strip

Kaltwalzen *n <metall>* • cold rolling

kaltziehbar *<metall>* • cold-drawable

Kaltziehen *n <metall>* • cold drawing

kalzinieren *vt <verf> (Kalk)* • calcinate *vt*; calcine *vt*; burn *vt*

Kalzinierung *f <prod.silik>* • calcination

Kamelhaar *n <textil>* • camel hair

Kameragehäuse *n <phot>* • camera body; body *pract*

Kameramonitor *m <phot> (von Digicams)* • camera monitor; monitor; display; screen

Kameraobjektiv *n <phot> (z. B. Standard-, Weitwinkel-, Tele-, Zoomobjektiv)* • photographic lens; camera lens; photo lens; lens *pract*

Kameraüberwachung *f <av> (z. B. von öffentl. Plätzen, Banken)* • closed-circuit television (CCTV); video surveillance; video monitoring

Kamerawagen *m <av>* • camera dolly; dolly

Kamin *m <bau> (Rauchabzug, konkretes Bauteil)* • chimney; smokestack; stack; flue; chimney stack *rare*

Kamin *m <geo> (im Fels)* • chimney

Kaminabgas *n <ents>* • stack gas

Kamineffekt *m ISO 13943 <feuer.hlk> (thermischer Auftrieb; z. B. von Rauch, in schachtartigem Raum)* • stack effect; chimney effect *ISO 13943*

Kaminschacht *m <verbr>* • chimney flue

Kaminsims *n <bau.innen>* • mantlepiece

Kaminwirkung *f <phys> (allg. Sog, Saugzug aufgrund von Temperaturdif-*

ferenz) • chimney effect; draft effect *US*; draught effect *GB*

Kamm *m <geo>* • ridge; mountain ridge

Kamm *m <hygi.wz>* • comb

kämmen *vt <allg> (Haare etc.)* • comb *vt*

Kammer *f <allg> (ein beratender Ausschuss)* • cabinet

Kammerschleuse *f <bau.hydr>* • chamber navigation lock; chamber lock

Kammerton *m <akust.mus> (A 440 Hz; zum Stimmen v. Musikinstrumenten)* • standard pitch; standard musical pitch

Kammfilter *m <av> (zur Farbübersprechkompensation)* • combfilter; matched filter *rare*

Kammgarn *n DIN 60900 <textil>* • worsted yarn

Kammgarngewebe *n DIN 60900 <textil>* • worsted fabric

Kämmmaschine *f <textil>* • combing machine; comber *pract*

Kammzinke *f <hygi.wz> (von Haarkämmen)* • tooth

Kampfdrohne *f <mil> (z. B. Boeing X-45)* • unmanned combat air vehicle (UCAV)

Kämpfer *m <bau> (Fensterbauteil; betont: Anschlagsleiste, horizontal oder vertikal)* • abutment

Kämpfer *m <bau> (von Bögen; Stütze unterhalb des Anfängers)* • impost

Kämpfer *m <bau> (horizontaler Balken zw. Hauptflügel u. Oberlicht od. zw. zwei Fenstern)* • transom bar; transom; crossbar

Kämpfer *m <bau> (Stein, Block zw. Säulenplatte und Gurtbogen)* • springer stone; springer block; springer *pract*; springing stone *rare*

Kampfflugzeug *n <mil.aerosp>* • fighter plane

Kampfhubschrauber *m <mil.aerosp> (z. B. Bell UH1D, Apache, Mi-28N)* • attack helicopter; helicopter gunship; gunship [helicopter]; combat heli

Kampfpanzer *m <mil>* • battle tank; combat tank *rare*

Kampfsportwaffe *f <mil>* • martial arts weapon

Kampfstiefel *m <bekl> (Schuh)* • combat boots; jackboots; army boots *coll*; military boots; boondockers

Kampfstoff *m <mil>* • combat agent

Kan *n <msr> (Perlen; Gewichtseinheit)* • kan

Kanal *m <tech.allg> (für Fluide, allg.; jeder Querschnitt; vertikal od. horiz.)* • channel

Kanal *m <tech.allg> (betont: Durchdringung eines Körpers, Passage)* • passage

Kanal *m <tech.allg> (für Lüftung oder Kabel; jeder Querschnitt)* • duct; ductwork

Kanal *m <bau> (für Wasser; offen; z. B. für Schiffe)* • canal

Kanal *m <bau.nav> (betont: für Binnenschifffahrt)* • interior navigation canal

Kanal *m <chem.verf> (betont: labyrinthisch; durch Filtermedien oder Porensysteme)* • tortuous path

Kanal *m <el> (für elektr. Signale; z. B. Audio-, Videokanal)* • channel

Kanal *m <hlk> (z. B. für Zu- und Abluft, typ. rechteckig; meist Stahlblech)* • duct

Kanal *m <kfz.mot> (Ein- und Auslasskanal von Viertakt-Ottomotoren)* • valve port

Kanal *m <masch> (betont: Ein- oder Ausgangsöffnung einer Passage)* • port

Kanal *m <masch> (betont: Laufbahn; z. B. für Rollen, Kugeln, Schüttgut)* • race

Kanalabtastung *f <av>* • channel scanning

Kanalbelegung *f <av>* • channel allotment

Kanalcodierung *f <comp.tele>* • channel encoding; channel coding

Kanalisation *f <bau.ents> (allg.; einer Gemeinde)* • sewage collection system; sewerage system; public sewers

Kanalisationsrohr *n <bau.ents> (für Abwasser aus Gebäuden)* • sewer pipe; sewage pipe

Kanalisationsrohr *n <bau.rls> (für Oberflächenwasser, Regenwasser)* • storm sewer; storm drain; storm pipe

Kanalisationstechnik *f <bau>* • sanitary engineering

kanalisieren *vt <bau.hydr> (z. B. Fluss)* • canalize *vt*

kanalisieren *vt <ents> (Abwasser, Regenwasser in das Kanalssystem ableiten)* • sewer *vt*

Kanalisierung *f <bau.ents> (Bau von Abwasserkanälen)* • canalization *US*; canalisation *GB*

Kanalisierung *f <bau.hydr> (von Abwässern; Prinzip)* • canalization *US*; canalisation *GB*; sewerage; sewering

Kanalkennung *f* (CID) *<comp.av> (physikalischer oder virtueller Kanal)* • channel identifier (CID); channel number; CN

Kanalnebensprechen *n <tele>* • channel cross-talk

Kanalsanierung *f DIN EN 752-5 <rls.rep>* • sewer rehabilitation *BS 6100*; sewerage rehabilitation

Kanalschleuse *f <bau.hydr>* • canal lock

Kanalverstärker *m <el.akust> (z. B. Zwei-, Acht-~)* • channel amplifier

Kanalwahl *f <el.tele>* • channel selection

Kanalwähler *m <el.tele>* • channel selector

Kanister *m <pack> (für Kraftstoff oder Wasser; bes. die typ. Militärbauart)* • canister *US*; jerrycan *GB*; can *coll*

Kanne *f <pack> (Blech, rund, mit Griff, Ausgießöffnung)* • can

Kannelierung *f <obfl> (Längsrillen; z. B. von Säulen, Uhrgehäusen)* • fluting

Kanonenbohrer *m <wz>* • half-round bit; simple D-bit; cylinder bit

Kanonenboot *n <mil.nav>* • gunboat; gunship

kanonische Basis *f <math> (Vektorrechnung)* • canonical base

Kante *f <tech.allg> (Körper, Blech, Papier etc.)* • edge

kanten *vt <prod> (kippen; z. B. ein Werkstück)* • cant *vt*; tilt *vt*

Kanteneinfassung *f <innen> (von Webteppichen, Matten; z. B. farblich kontrastierend)* • edge binding

Kantenglättung *f <comp>* • anti-aliasing

Kantenpressung *f <bau> (allg.)* • edge pressure

Kantenriss *m <qualit.mat> (z. B. Glas, Keramik)* • edge crack

Kantenschleifen *n <prod> (z. B. von Glasscheiben; Vorgang)* • edge grinding; edging

Kantholz *n <bau.mat> (relativ schlank)* • scantling

Kantholz *n <bau.mat> (Balken)* • square-sawn timber; rectangular timber; squared timber

kantig *<tech.allg> (mit Ecken und Kanten)* • angular in shape; angular

kantig *<tech.allg> (z. B. Karosserieform)* • boxy

Kantigkeit *f <tech.allg> (Eigenschaft eines Körpers mit Ecken und Kanten)* • angularity

Kanu *n <nav> (Oberbegriff für Kajak und Kanadier)* • canoe *GB*

Kanüle *f <tech.allg>* • tubule

Kanüle *f <med.tech> (z. B. von Spritzen)* • cannula; needle *coll*

Kanzel *f <bau.rel>* • pulpit

Kaolin *m <mat>* • porcelain clay; china clay; kaolin

Kapazität *f <tech.allg> (Fähigkeit, Fassungs-, Leistungsvermögen)* • capacity

Kapazität *f <el>* • capacitance

kapazitätsarm *<el>* • low-capacitance

Kapazitätsengpass *m <ökon>* • capacity constraint; capacity bottleneck

Kapazitätsmesser *m <msr>* • capacitance meter; faradmeter

Kapazitätsreserve *f <tech.allg> (z. B. einer Batterie)* • reserve capacity

kapazitiv *<el> (z. B. Sensor)* • capacitive

kapazitiver Blindwiderstand *m* (XC) *DIN EN 1330-1 <el> (von Kondensatoren)* • capacitive reactance

Kapelle *f <bau> (kleine Kirche)* • chapel

Kapellenprobe *f <metall>* • cupel test

kapillar *<phys>* • capillary

Kapillare *f <tech.allg>* • capillary

kapillare Haftkräfte *fpl <phys>* • capillary attraction

Kapillarität *f <phys>* • capillary action; capillarity; capillary motion

Kapillarröhrchen *n <tech.allg>* • capillary tube; capillary

Kapillarwasser *n <tech.allg>* • capillary water

Kapitälchen *npl <druck>* • small capitals *pl*; small caps *pl coll*

Kapitän *m <nav>* • captain; master next God *obs*; master *rare*

Kaplanturbine *f <energ.hydr>* • Kaplan water turbine; Kaplan turbine

Kappe *f <tech.allg> (allg.; Abdeckung; z. B. auf Reifenventilen)* • cap; cap piece

Kappe *f <aerosp> (Fallschirm)* • canopy

Kappe *f <bau> (kuppelartig)* • dome

kappen *vt <tech.allg> (Vorgang vorzeitig beenden)* • cut off *vt*

Kappenisolator *m <energ.el>* • cap and pin insulator; disc-type insulator

Kapsel *f <tech.allg> (dichtes od. besonders widerstandsfähiges Gehäuse)* • jacket; enclosure; shell; case

Kapsel *f <pack> (auf Flaschenhals)* • capsule

Kapsel *f <pharm>* • capsule

kapselförmig *<tech.allg> (z. B. Raumfahrzeug, Behältnis)* • capsular

kapseln *vt <tech.allg> (in dichtem Gehäuse)* • enclose *vt*; encase *vt*; case *vt*

kapseln *vt <tech.allg> (isolieren)* • isolate *vt*

Kapselpumpe *f <förd> (Quecksilber als Sperrflüssigkeit gegen chemisch aggressive Stoffe)* • mercury rotating pump

Kapselpumpe *f <förd> (mit Drehflügel)* • lobe pump

Kapselung *f <el> (elektr. Bauteile; z. B. durch Vergießen)* • packaging

Kapselung *f <masch> (feste Umhüllung; meist aus Metall)* • canning; enclosure

Karabinerhaken *m <füg> (z. B. für Kletterseile)* • spring catch; spring hook; spring clip; snap hook

Karat *n* (ct) *DIN 1301-1 <msr> (Gewichtseinheit für Edelsteine; 0,2 Gramm)* • carat (ct); metric carat

Karat *n* (K, Kt) *<msr> (alte Maßeinheit für Feingehalt v. Goldlegierungen; in d. USA noch übl.)* • karat (K, Kt) *US*; carat *GB*

Karbon-Bremse *f <kfz.brems>* • carbon brake

Karbonisierung *f <chem.verf>* • carbonization

Kardanantrieb *m <antr> (für nicht fluchtende Wellen)* • cardan drive; cardan-shaft transmission

Kardangelenk *n <antr> (bekannteste Bauart eines Kreuzgelenks; z. B. in Kardanwellen)* • cardan joint

Kardangelenk *n <wz> (Verbindungsteil; für Steckschlüsseleinsätze)* • universal joint; U-joint *pract*

Kardanwelle *f <antr> (betont: Gelenkwelle mit echten Kardangelenken; Eigenname)* • Cardan shaft

Kardanwelle *f <antr> (allg.; Welle mit Kreuz- oder Kardangelenken)* • cardan shaft; universally jointed shaft

Kardeel *f DIN 83305 <nav> (Einzelfaser einer Trosse, eines Seils)* • strand

kardieren *vt <textil>* • comb *vt*; card *vt*

Kardiermaschine *f <textil.prod>* • carding machine

Kardinalpunkte *mpl <navig>* • conjugate points; cardinal points

Kardinalzahl *f <math> (z. B. eins, zwei)* • cardinal number

Karkasse *f <fz> (von Reifen)* • carcass; tire body *US*; body plies; body ply cord; casing *rare*

Karkasse *f EN ISO 8330 <rls>* • carcass *EN ISO 8330*

Karomuster *n <bekl>* • check pattern

Karosserie *f <kfz> (allg.; jeder Typ, mit Rahmen oder selbststragend)* • automotive body; motor-vehicle body; vehicle body; body *pract*

Karosserie *f <kfz> (das nackte Blechgerippe eines Autos, ohne An- und Einbauteile)* • body shell; hull *coll*

Karosserieaufbau *m <kfz.prod> (Prozess)* • body framing

Karosserieaufbaustation *f <kfz.prod>* • framing station

Karosserieaufbaustraße *f <kfz.prod>* • body framing line

Karosserie-Außenhautteil *n <kfz>* • body-shell panel; car body panel

Karosseriebauteil *n <kfz> (allg.)* • car body component; body component

Karosserieblech *n <kfz.prod> (geformte Platine im Karosseriebau)* • body panel; body sheet metal; body sheet

Karosserieblech *n <metall> (als Halbzeug; z. B. als Coil)* • body sheet metal

Karosseriedichtmasse *f <kfz.mat> (zur Nahtabdichtung)* • body sealer; body caulking compound

Karosseriehersteller *m <kfz.prod>* • body manufacturer; body builder *coll*

Karosseriepresswerk *n <kfz.prod>* • press shop

Karosseriestruktur *f <kfz>* • body structure

Karosserievariante *f <kfz>* • body variant

Karosseriewerk *n <kfz.prod>* • pressing plant

Karosseriewerkstatt *f prakt <kfz>* • body repair shop; body shop *pract*; smash repair shop *AUS*
Karosseriezusammenbau *m <kfz.prod>* • body assembly
Karte *f <el> (Platine, bestückt, mit Kontaktkamm zum Einstecken)* • card; printed-circuit board; board *pract*; plug-in board *rare*
Karte *f <navig.doku> (See-, Land-, Straßenkarte)* • map
Karte *f <navig.doku> (nur Seekarte)* • chart
Kartei *f <doku> (allg.; jede Größe)* • card index
Kartenleseleuchte *f <fz> (z. B. Boot, Flugzeug, Kfz)* • map reading light; map light *pract*
Kartenmaßstab *m <navig> (See-, Land-, Straßenkarte)* • map scale
Kartenmaßstab *m <navig> (nur Seekarte)* • chart scale
Kartentasche *f <kfz> (Motorrad; z. B. auf Tank od. Tankrucksack)* • map pouch
Kartentasche *f <kfz.innen> (Pkw/Lkw; z. B. in Türverkleidung oder Sonnenblende)* • map pocket
kartesisch *<math> (Koordinatensystem; rechtwinklig)* • Cartesian
kartesische Koordinaten *fpl <math> (z. B. für Roboter)* • Cartesian coordinates *pl*
kartesischer Roboter *m <autom>* • Cartesian coordinate robot; rectangular robot
kartieren *vt <doku> (Topographie etc. zeichnerisch erfassen)* • chart *vt*; map *vt*; plot *vt*
Kartierung *f <doku>* • charting; mapping; plotting
Kartoffelchips *mpl <nahr>* • potato chips *pl US*; crisps *pl GB*
Kartoffel-Erntemaschine *f <agri>* • potato harvester; potato digger
Karton *m <pack>* • cardboard box; carton
Karton *m DIN 55405 <pap> (200-600 g/m², meist hochwertiges Material; im Ggs. zu Packmittel)* • paperboard; cardboard *coll*
Karton *m ugs <pap> (im Dt. u. Engl. ungenaue Materialbezeichnung)* • cardboard *coll*
Kartonage *f <pack>* • paperboard packaging
Kartonagen *fpl <pack> (Schachteln aus Wellpappe)* • corrugated containers; corrugated boxes
Kartonierer *m <prod> (zum Verpacken von Einheiten in Kartons)* • cartonizer *US*; cartoniser *GB*; cartoning machine
Kartusche *f <bau.wz> (für Fugenfüllerpistole)* • cartridge
Kartusche *f DIN 55 405 <pack> (starres, rohrförmiges Packmittel; z. B. für Schmierfett, Fugenmasse)* • cartridge
Karusselldrehmaschine *f <wz.masch>* • vertical turning and boring mill
Karussellförderer *m <förd>* • carousel conveyor; merry-go-round conveyor
karzinogen *wiss <med>* • carcinogenic *adj*
kaschieren *vt <obfl> (Rückseite)* • back *vt*; coat *vt*
kaschieren *vt <obfl> (Folien, Platten, Gewebebahnen, Papier)* • laminate *vt*
Kaschierfolie mit Holzmaserung *f <bau> (z. B. für Kunststofffenster)* • woodgrain lamination
Kaschiermaschine *f <druck>* • laminating machine; laminator
kaschierte Folie *f <mat> (Metallfolie; z. B. Alu mit Papier kaschiert)* • laminated foil; backed foil
Kaschmir *m <textil>* • cashmere
Kaskade *f <tech.allg>* • cascade
kaskadenartig anordnen *vt <tech.allg>* • cascade *vt*
Kaskadenschaltung *f <tech.allg>* • cascade connection
Kaskadenteilchen *n <nukl>* • cascade particle; Xi hyperon
Kaskadenumformer *m <el>* • cascade converter; motor converter
kaskadiert *<el>* • cascade-connected
Kaskodenschaltung *f <el> (von Transistoren; Emitter an Kollektor)* • cascode circuit
Kaskoversicherung *f <vers> (Mietwagen)* • collision damage waiver (CDW)
Kasse *f <ökon> (zur Abfertigung der Kunden; z. B. im Supermarkt)* • checkout [stand]
Kassenautomat *m <verk> (z. B. im Parkhaus)* • pay machine *GB*
Kassenscanner *m <comp>* • point-of-sale scanner; checkout scanner; POS

scanner

Kassenterminal *n* <*comp*> • point-of-sale terminal; POS terminal

Kassette *f* <*tech.allg*> *(Einschubbehälter)* • cassette

Kassettendeck *n* <*av*> • cassette deck

Kassettenfeld *n* <*bau*> *(versenktes Paneel)* • coffer

Kassettenradio *n* (RC) <*kfz.av*> • radio/cassette deck (r/c); r/cass *advert*

Kassettenrekorder *m* <*av*> • cassette recorder; cartridge recorder

Kasten *m* <*tech.allg*> *(jede Form, jede Größe, jedes Material)* • box; case

Kasten *m* <*logist*> *(für Getreide, Kohle u. Ä.)* • bin

Kasten *m* <*logist*> *(mit Trichter; für Schüttgut; z. B. für Streusand)* • hopper

Kasten *m DIN 55 405* <*pack*> *(stapelbares Packmittel ohne Deckel; z. B. für Flaschen, Obst)* • crate; crate box; stacking crate; transport crate

Kastenaufbau *m* <*nfz*> *(leichte Nutzfahrzeuge)* • van body

kastenförmig ausgebildet <*tech.allg*> • box-like; box-shaped; boxy

Kastenguss *m* <*prod*> • box casting

Kastengussteil *n* <*prod*> • box casting

Kastenrahmen *m* <*kfz*> • perimeter frame; channel and box section frame *form*; box-section frame

Kastenständer *m* <*masch*> *(z. B. Werkzeugmaschine)* • square box-section column; box-section column; box upright; box column

Kastenträger *m* <*bau*> *(allg.)* • box beam

Kastenträger *m* <*bau*> *(Stahlbetonbau, Stahlbau; z. B. von Brücken)* • box girder

Kastenwagen *m* <*bahn*> *(hohe Seitenwände)* • high-sided gondola car; high-side gondola; high-sided gondola

Kastenwagen *m* <*nfz*> *(auf PKW-Basis)* • cube van *GB*

Kastenwagen *m* <*nfz*> *(Transporter)* • panel van; delivery van; van *coll*; box-type delivery van *rare*

Katalog *m* <*doku*> • catalog *US*; catalogue *GB*

katalogisieren *vt* <*doku*> • catalog *vt US*; catalogue *vt GB*

Katalysator *m* <*chem*> *(für eine chemische Reaktion)* • catalyst; reaction catalyst; catalyzer *US*; catalyser *GB*

Katalysator *m* <*kfz.emiss*> *(Funktionseinheit im Abgaskatalysator)* • catalyst

Katalysatorfahrzeug *n* <*kfz.emiss*> • controlled vehicle; catalytic converter equipped vehicle *form*; catalyst-equipped vehicle; cat car *GB.press*

Katalysatorschädigung *f* <*kfz.emiss*> *(z. B. durch Blei, Überhitzung)* • catalyst degradation

Katalyse *f* <*chem*> • catalysis

katalysieren *vt* <*chem*> • catalyze *vt US*; catalyse *vt GB*

katalytisch <*chem.verf*> • catalytic

katalytisches Cracken *n* <*chem.verf*> • catalytic cracking; cat cracking

katalytische Verbrennung *f* <*chem.verf*> *(flammenlose Oxidation von Brennstoffen)* • catalytic combustion

Katamaran *m* <*nav*> • catamaran; twin-hull *pract*; double-hull ship

Kataphoresegrundierung *f* <*obfl*> *(betont: das Verfahren)* • cathodic electro-priming; cathodic electro-application of primer; cataphoretic priming

kataphoretische Lackapplikation *f* <*obfl*> *(Aufbringung von Lack durch Kataphorese)* • cathodic electropainting (CED); cathodic painting; cathodic electro-coating; cathodic electrodeposition; cataphoresis

Katapultiereinrichtung *f* <*aerosp*> • catapulting device; catapult device

katapultieren *vt* <*tech.allg*> *(allg.)* • catapult *vt*

katapultieren *vt* <*tech.allg*> *(hinaus aus etw.; z. B. Schleudersitz)* • eject *vt*

katapultieren *vt* <*tech.allg*> *(starten mit Katapult; z. B. Flugkörper)* • launch by catapult *vt*

katapultieren *vt* <*aerosp*> *(hinweg von etw.; z. B. Flugzeug vom Flugzeugträger)* • catapult off *vt*

Katapultstart *m* <*aerosp*> *(Kampfflugzeug auf Flugzeugträger)* • catapult-assisted take-off; catapult launching; catapult take-off

Katastrophe *f* <*allg*> • disaster; catastrophe

Katastrophe *f*: **vom Menschen verursachte ~** <*allg*> • man-made disaster

Katastropheneinsatz *m* <*allg*> • emergency response

Katastrophenphase *f* <*allg*> • emergency phase

Katastrophenschutz *m* <*tech.allg*> *(als Maßnahmenbündel)* • disaster control

Katastrophenschutz *m* <*tech.allg*> *(als Organisation)* • disaster control services

Katenoide *f* <*math*> *(Kosinus hyperbolicus; Bogen nach unten oder oben)* • catenary; funicular curve; funicular line

Kathedralglas *n* <*silik*> • configurated glass; cathedral glass; diffusing glass

Kathete *f* <*math*> *(im rechtwinkligen Dreieck)* • small side; side

Kathode *f DIN EN ISO 8044* <*el*> *(z. B. bei Elektrolyse)* • cathode *ISO 8044*

Kathodenstrahl *m* <*el*> • cathode ray

Kathodenstrahlröhre *f* <*av*> *(z. B. in Fernseher, Monitor, Oszilloskop)* • cathode ray tube (CRT); picture tube

Kation *n* <*chem*> *(griech. kata 'hinab'; griech. ion 'wandernd')* • cation

Kationenaustauscher *m* <*verf*> • cation exchanger

kat-los *press* <*kfz.emiss*> *(ohne Abgaskatalysator)* • uncontrolled

Kattun *m* <*textil*> • calico

Katzenauge *n* <*fz*> *(Fahrrad)* • red-reflex reflector; rear reflector; retroreflector

Kausalzusammenhang *m* <*allg*> *(Ursache-Wirkungs-Beziehung)* • causal connection

kauterisieren *vt* <*med*> *(Blutung durch Hitzeeinwirkung stoppen)* • cauterize *vt*

Kautschuk *m* <*mat*> *(betont: unvulkanisierter Rohgummi)* • rubber; unvulcanized rubber *US.GB*; unvulcanised rubber *GB*

Kautschuklatex *m* <*mat*> • rubber latex

Kautschukmilch *f* <*bio*> *(Latex von Gummibäumen)* • latex *pl*: latices

Kavalierperspektive *f* <*doku*> *(Darstellungsart)* • cavalier perspective; cavalier axonometry *ISO 10209-2*; cabinet drawing

Kaverne *f* <*bau*> • cavern

Kaverne *f* <*energ.hydr*> *(unterirdisch angeordnetes Wasserkraftwerk)* • cavern; cave

Kavernenkraftwerk *n* <*energ.hydr*> • underground power station; underground hydro-electric power plant; cavern power station

Kavitation *f* <*förd*> *(von Pumpen)* • cavitation; cavity formation

Kavitation *f* <*phys*> *(Verdampfung der Flüssigkeit durch örtlichen Unterdruck)* • cavitation; cavity formation

Kavitationskorrosion *f* <*obfl*> *(Wasserturbine, Kreiselpumpe, Schiffsschraube)* • cavitation corrosion

kavitieren *vi* <*masch*> *(Pumpen, Wasserturbinen, Schiffsschrauben)* • cavitate *vi*

Keder *m* <*innen*> *(z. B. von Polstermöbeln, Ledersofas)* • edge stripping

Keder *m* <*kfz*> *(Dichtungsleiste zw. Karosserieteilen; aus Gummi od. Kunststoff)* • piping; beading; welting

Kegel *m* <*tech.allg*> *(nach vorne weisend)* • nose

Kegel *m* <*tech.allg*> • cone

Kegel *m* <*masch*> *(verstopfend, Verschluss; z. B. im Hahn)* • plug

Kegel *m* <*masch*> *(keilförmig)* • taper

Kegel *m* <*math*> *(allg.)* • cone

Kegelansatz *m* <*masch*> *(abgeschrägte Kanten; z. B. an Schrauben, Bolzen, Stiften)* • chamfered end

Kegelbremse *f* <*brems*> • cone brake

Kegelbund *m* <*füg*> *(zum Zentrieren; z. B. von Radschrauben)* • taper seat

Kegeldichtsitz *m* <*mot.el*> *(Abdichtung von Zündkerze)* • taper seat *Champion*; conical seating *form*; taper sealing seat *Beru*; conical seat *Bosch*

Kegelfeder *f* <*masch*> • cone spring; conical spring

Kegelfläche *f* <*tech.allg*> • conical surface

kegelförmig <*tech.allg*> *(keilförmig zulaufend; meist in Bezug auf Bohrungen)* • tapered; tapering; taper *adj*

kegelförmig <*tech.allg*> *(rotationssymmetrisch spitz zulaufend; meist ein Körper)* • cone-shaped; conical; conic

Kegelfräser *m* <*wz*> • bevel cutter

kegeliges Gewinde *n* <*masch*> • taper screw-thread; taper thread; tapered thread; tapering thread; conical thread *rare*

Kegeligkeit *f* <*tech.allg*> *(z. B. von Kolben, Bohrung etc.)* • taper; conicity

Kegelrad *n DIN 3998* <*antr*> • bevel gear; bevel wheel

Kegelradantrieb *m <antr>* • bevel gear drive

Kegelradgetriebe *n <antr>* • bevel gear system; bevel gear transmission; bevel gear train; bevel gears *pl*

Kegelradpaar *n <antr>* • bevel gear pair

Kegelreibahle *f <wz>* • taper reamer

Kegelritzel *n <antr>* • bevel gear pinion

Kegelrolle *f <masch> (allg.)* • tapered roller; taper roller

Kegelrollenlager *n DIN ISO 5593 <masch> (vollständiges Lager mit Lagerschale)* • tapered roller bearing *ISO 5593*; Timken [roller] bearing *pract*; taper roller bearing; inclined roller bearing; conical roller bearing

Kegelschaft *m DIN 228 <masch> (z. B. Werkzeug)* • taper shank

Kegelscheibenpaar *n <antr> (stufenlos verstellbares Riemengetriebe)* • V-pulley

Kegelschnitt *m <math> (z. B. Ellipse, Hyperbel)* • conic section; conic

Kegelspitze *f <füg> (konusförmiges Schraubenende)* • cone point

Kegelstift *m DIN 1-9 <füg>* • taper pin

Kegelstumpf *m <math> (geometr. Körper)* • truncated cone; frustum of a cone; cone frustum

kegelstumpfförmig *<tech.allg>* • frus-to-conical

Kehlblech *n <bau> (z. B. zw. Kamin und Dach)* • flashing

Kehle *f <bau> (zwischen Dachschrägen)* • valley

Kehle *f <rls> (z. B. Venturirohr)* • throat; restriction

Kehlkopfmikrofon *n <av>* • larynx microphone; throat microphone; laryngophone *rare*

Kehlleiste *f <bau> (Leiste mit einer Hohlkehle)* • fillet strip

Kehlnaht *f <füg> (geschweißt)* • fillet weld

Keil *m <tech.allg>* • wedge

keilartig *<tech.allg> (schräg zulaufend)* • wedge-like; tapered

keilen *vt DIN 6883ff. <füg> (mit Keil befestigen; z. B. Nabe auf Welle)* • key *vt*

Keile und Federn *pl DIN 6883ff. <füg> (als Oberbegriff)* • keys *pl*

keilförmig *<tech.allg>* • wedge-shaped; sphenoid; sphenoidal

Keilnabe *f <masch>* • splined hub

Keilnabenprofilsitz *m <masch> (von Nabe auf Welle)* • spline fitting

Keilnase *f <masch> (von Nasenkeil)* • key head; gib head

Keilnut *f <masch> (nahezu rechteckiger Querschnitt, für Längsverzahnung; z. B. in Welle)* • spline; female spline *rare*

Keilnut *f <masch> (zum Einsetzen von Keilen; in Nabe und Welle)* • keyway; keyseat; key groove; keyslot *rare*

Keilpaar *n <tech.allg> (zum Unterlegen, Distanzscheiben)* • angular parallels; taper parallels

Keilriemen *m <antr> (V-förmiger Querschnitt, Reibschluss)* • V-belt; Vee belt

Keilriemenantrieb *m <antr>* • V-belt drive; Vee belt drive

Keilriemengetriebe *n <kfz.antr>* • variable belt transmission; continuously variable belt transmission *form*; Variomatic [transmission] *DAF.Volvo*

Keilriemenscheibe *f <antr>* • V-belt pulley

Keilrille *f <masch> (z. B. in Riemenscheiben, für Keilriemen, Poly-V-Riemen)* • V-groove; vee groove

Keilrippenriemen *m <kfz.mot>* • serpentine belt; poly-V-belt; ribbed V-belt *rare*

Keilschieber *m <rls> (allg.)* • wedge gate valve; solid wedge gate valve; tapered slide valve

Keilstück *n <tech.allg>* • wedge-shaped piece; wedge member

Keiltreiber *m <wz> (für Kegelstifte, Splinte)* • cotter driver

Keiltreiber *m <wz> (allg. für Keile in Nuten)* • taper key driver

Keiltreiber *m <wz> (betont: zum Einsetzen von Keilen)* • wedge insertion tool

Keilverbindung *f <masch>* • keyed joint; key joint; key fastening *rare*

Keilwelle *f <masch> (Längsnuten mit etwa rechteckigem Querschnitt; im Ggs. zu Kerbzahnwelle)* • splined shaft; spline shaft; multiple spline shaft *rare*

Keilwinkel *m <wz> (z. B. von Drehmeißel)* • cutting-wedge angle; wedge angle

Keim *m <mat>* • seed

keimfrei machen *vt* *<verf.med>* • sterilize *vt*; degerm *vt rare*

keine Beeinflussung durch X *f* *<tech.allg>* *(z. B. el. Felder, Radiofrequenzen, Feuchtigkeit, Staub)* • immune to X

keine beweglichen Teile *npl* *<tech.allg>* • no moving parts

keine Trittfläche *f* *<aerosp>* *(Fläche, Vorsprung; z. B. Bereich auf Tragfläche, Klappe)* • no step

Kelle *f* *<bau.wz>* *(zum Auftragen, Verstreichen von Gips, Putz etc.; abgesetzter Griff)* • trowel

Keller *m* *<bau>* *(nicht ausgebaut, zum Lagern etc.)* • cellar

Kelter *f* *<nahr>* *(zum Auspressen von Maische)* • press

Kelvin *n* (K) *<phys>* *(Temperatureinheit; absolute Temperatur; -273 °C = 0 K)* • Kelvin (K)

Kennbuchstabe *m* *<tech.allg>* *(z. B. für Werkstoff, Güteklasse, Reifentyp)* • code letter; identifying letter

Kennfarbe *f DIN 5381* *<tech.allg>* *(z. B. für Sicherungen, Rohrleitungen: Luft, Wasser usw.)* • identification color *US*; identification colour *GB*

kennfeldgesteuert *<msr>* • map-controlled

Kennfeldzündung *f* *<kfz.el>* • electronic-map ignition [system]; grid-controlled ignition [system]; mapped ignition [system] *VW*; map-controlled ignition *VW*; microprocessor spark timing system MSTS *GM/Vauxhall*

Kenngröße *f* *<tech.allg>* *(z. B. Nenndruck, Nennleistung)* • characteristic quantity

Kennlinie *f* *<tech.allg>* *(z. B. Leistung, Temperatur, Druck, Frequenzgang, Spannung)* • characteristic curve; characteristic

Kennlinienfeld *n* *<tech.allg>* *(z. B. von Kraft- od. Arbeitsmaschinen)* • family of characteristics; characteristic curve family; characteristics *pl*

Kennnummer *f* *<tech.allg>* • identification number (ID); ID-number *pract*

Kennschild *n* *<doku>* *(hart)* • identification plate; ID-plate

Kennschild *n* *<doku>* *(weich; z. B. Aufkleber)* • identification label; ID-label

Kennung *f* *<allg>* • designation

Kennung *f* *<tech.allg>* *(Objekt; z. B. Etikett, Nummer)* • identifier (ID); identification

Kennwert *m* *<allg>* *(Spezifikation)* • specification

Kennwert *m* *<tech.allg>* • characteristic [value]

Kennwert *m* *<tech.allg>* • characteristic value

Kennwort *n* *<comp>* *(zum Zugang)* • password; keyword *rare*; codeword

Kennwortschutz *m* *<tech.allg>* • password protection

Kennzahl *f* *<tech.allg>* *(z. B. für Güteklasse, Werkzeuge)* • code number; characteristic number; code *pract*

Kennzeichen *n* *<allg>* *(Charakteristik; z. B. eines Produkts; meist ein Vorteil)* • characteristic feature; distinguishing feature; special feature; feature *pract*

kennzeichnen *vt* *<allg>* *(z. B. Betriebsverhalten, Verfahren, Mitarbeiter)* • characterize *vt US*; characterise *vt GB*

kennzeichnen *vt* *<tech.allg>* *(identifizieren, eindeutig markieren)* • identify *vt*; ID *vt pract*

kennzeichnen *vt* *<term>* *(z. B. durch Buchstabe, Zahl, Symbol)* • designate *vt*

kennzeichnende Eigenschaft *f* *<allg>* • characteristic; characteristical feature; feature

Kennzeichnung *f* *<allg>* *(zum Identifizieren)* • identification

Kennziffer *f* *<tech.allg>* *(Schlüsselnummer)* • index number

Kentern *n* *<nav>* *(Umkippen von Schiffen, Booten)* • capsizing

Kentern *n*: **zum ~ bringen** *vt* *<nav>* *(ein Boot, Schiff)* • capsize *vt*

kentern *vi* *<nav>* *(z. B. durch verrutschende Ladung, Sturm)* • capsize *vi*

Kepler'sche Gesetze *npl* *<astron>* • Kepler's laws

Keramik *f* *<silik>* *(Material)* • ceramics *pl*; ceramic materials

Keramik *f* *<silik>* *(Geschirr, Sanitär)* • ceramic ware; pottery *coll*; ceramic products

Keramikfliese *f* *<bau.mat>* *(künstlich; typ. als Bodenbelag)* • ceramic tile; quarry tile *US*

Keramikisolator *<el>* • porcelain insulator; ceramic insulator

Keramikkatalysator *m <kfz.emiss> (z. B. Keramikmonolith)* • ceramic catalyst

Keramikschneidplatte *f <wz>* • ceramic tip

Kerbe *f <tech.allg> (eher in einer Fläche; V-förmig)* • notch

Kerbe *f <obfl> (Kratzer)* • score

Kerbe *f <qualit.mat> (z. B. in Izod-Probekörper)* • notch

kerben *vt <obfl> (kleine Stelle einkratzen, einkerben; meist unabsichtlich)* • nick *vt*

Kerbschlagbiegeprobe *f <qualit.mat> (Probekörper allg.)* • notched-bar impact test specimen; notched-bar impact test piece

Kerbschlagbiegeversuch *m <qualit.-mat> (allg.)* • notched-bar impact test *BS 131*

Kerbschlagversuch nach Charpy *m DIN EN ISO 179 <qualit.mat> (Probestab horizontal, Pendelschlag mittig)* • impact resistance test according to Charpy method; Charpy impact resistance test; Charpy test *pract*

Kerbschlagzähigkeit *f <qualit.mat> (Materialeigenschaft)* • impact strength; impact resistance

Kerbstift *m DIN EN ISO 8739 <füg> (diverse Ausführungen)* • grooved pin *ISO 8739*; slotted pin; notched pin; splined pin *rare*; notched taper pin *rare*

kerbverzahnt *<masch> (Welle, Nabe)* • splined

Kerbverzahnung *f <masch> (von Welle und Nabe)* • serration

Kern *m <tech.allg> (Mitte)* • center *US*; centre *GB*

Kern *m <tech.allg> (allg.; z. B. beim Umformen; auch von elektr. Wicklungen)* • core

Kern *m <astron>* • center *US*; centre *GB*; nucleus; core

Kern *m <bau> (Hochhaus)* • core

Kern *m <füg> (einer Flamme; z. B. Schweiß-, Bunsenbrenner)* • inner core

Kern *m <nahr> (in Traubenfrüchten)* • seed

Kern *m <nahr> (von Nüssen)* • kernel

Kern *m DIN ISO 5419 <wz> (Spiralbohrer)* • web *ISO 5419*

Kern... *<nukl> (in Zusammensetzungen)* • nuclear

Kernblech *n <el> (z. B. Trafoblech)* • core lamination; core plate

Kernbohrer *m <wz> (für flache Kernbohrungen oder zum Ausschneiden von Kreisen)* • trepanning drill

Kernbrennstoff *m DIN 25401-3 <nukl>* • nuclear fuel; nuclear reactor fuel; fissile material; fissionable material; core material

Kernbrennstofftablette *f DIN 25705 <nukl> (zylindrisch, in Brennstäben; typ. mit Zircaloy-Hüllrohr)* • nuclear fuel pellet; fuel pellet; pellet *pract*

Kernbrennstoffwiederaufbereitungsanlage *f <nukl.verf>* • nuclear-fuel reprocessing plant; fuel reprocessing plant

Kernchemie *f <nukl.chem>* • nuclear chemistry

Kerndraht *m <tech.allg>* • core wire

Kerndraht *m <füg> (Stabelektrode)* • electrode

Kerndurchmesser *m <tech.allg>* • core diameter

Kerndurchmesser *m <masch> (kleinster Durchmesser; bei Innengewinden an den Gewindespitzen)* • crest diameter (I.D.); minor thread diameter *form*; inside diameter; minor diameter

Kerndurchmesser *m <masch> (kleinster Durchmesser; bei Außengewinden am Gewindegrund)* • root diameter; minor thread diameter *form*; minor diameter

Kernenergie *f <energ.nukl>* • nuclear power; nuclear energy; atomic energy; atomic power *coll*

Kernfusion *f* (KF) *<nukl> (z. B. in Kerntechnik, Sonnen)* • nuclear fusion

Kernholz *n <holz> (in Baumstamm; hart, umgeben vom Mantelhoz)* • heartwood; core; heart

Kerning *n <druck> (Zusammenrücken benachbarter Buchstaben)* • kerning

Kernkasten *m <prod> (Gießerei)* • core box

Kernkompetenz *f <allg>* • core competence

Kernkraftwerk *n* (KKW) *<energ.nukl> (allg.; typ. mit DWR)* • nuclear power plant (NPP) *US*; nuclear power station *GB*

Kernladung *f <phys>* • nuclear charge; electric charge of nuclei

kernlos *<nahr> (Obst; z. B. Trauben)* • seedless

Kernniederschmelzen *n <nukl>* • meltdown

Kernöl *n <nahr> (z. B. von Kürbissen, Nüssen)* • kernel oil

Kernphysik *f <nukl.phys>* • nuclear physics

Kernreaktion *f <nukl>* • nuclear reaction

Kernreaktor *m <nukl>* • nuclear reactor; reactor *pract*; atomic reactor *coll*; pile *obs*

Kernsand *m <prod> (Gussform)* • core sand

Kernspin *m <phys>* • nuclear spin

Kernstrahlung *f <nukl>* • nuclear radiation

Kerntechnik *f DIN 25401 <nukl>* • nuclear engineering; nuclear technology; nucleonics *rare*

kerntechnische Anlage *f <nukl> (z. B. BE-Fabrik, KKW, Zwischenlager)* • nuclear facility; nuclear installation

Kerntriebwerk *n <aerosp.mot>* • core engine

Kernwaffenarsenal *n <mil>* • nuclear weapons arsenal

Kernzerfall *m <nukl>* • nuclear decay; nuclear disintegration

Kerosin *n <chem.petr> (allg.)* • kerosene *US*; kerosine *GB*; paraffin oil

Kerze *f <licht>* • candle

Kessel *m <energ> (Kraftwerk)* • boiler; heat exchanger; convection section; boiler section

Kessel *m <gastr> (z. B. zum Wasserkochen)* • kettle

Kessel *m <logist> (zum Lagern)* • tank

Kesselbau *m <verf>* • boiler construction; boiler making

Kesselblech *n <mat>* • boiler plate

Kesseldom *m <bahn> (auf Tankwagen)* • tank dome

Kesselrohr *n <rls>* • boiler tube

Kesselspeisewasser *n* (KSW) *<verf> (für Dampferzeuger)* • boiler feedwater (BFW)

Kesselstein *m <rls> (Kalkablagerungen in Rohren, Behältern)* • scale; boiler scale; boiler incrustation; mineral scale *rare*; hard-water depositions *rare*

Kesselstein bilden *vi <obfl>* • scale *vi*

Kesselstein entfernen *vt <obfl>* • descale *vt*; scale *vt*

Kesselwagen *m DIN 25632 <bahn> (ein- oder mehrdomig)* • tank car; tank wagon

Keton *n <chem>* • ketone

Kettdichte *f <textil>* • warp density; warp setting

Kette *f <tech.allg> (als Lastaufnahmemittel, Verschluss, Schmuck usw.)* • chain

Kette *f <comp> (von Zeichen)* • string

Kette *f <fz.antr> (z. B. von Panzer, Pistenbully, Crawler)* • track chain; track; tread

Kette *f <textil> (längs laufende Fäden; i. Ggs. zu Schuss)* • warp thread; warp [yarn]; chain *GB*

Kettenantrieb *m <antr> (z. B. an Fahrrädern, Motorrädern)* • chain drive; chain and sprocket drive *rare*; chain transmission *rare*

Kettenblatt *n <fz> (Fahrrad; am Tretlager, treibt über Kette ein Ritzel an)* • chainwheel; chainring; front sprocket

Kettendurchhang *m <antr>* • chain sag

Kettenfahrzeug *n <fz> (Schwerlasttransportmittel)* • crawler vehicle

Kettenfahrzeug *n <mil> (z. B. ein Panzer)* • track vehicle; tracked vehicle

Kettenglied *n <fz> (z. B. von Crawler, Panzer)* • track chain link; chain tread

Kettenglied *n <masch> (z. B. Rollenkette)* • chain link; link

Kettenpolymerisation *f <kst>* • chain polymerization *US*; chain polymerisation *GB*

Kettenrad *n <masch> (z. B. Fahrrad, Motor)* • sprocket; sprocket wheel; chain-drive sprocket *rare*

Kettenreaktion *f <tech.allg>* • chain reaction

Kettenröhrenreiniger *m <tech.allg>* • chain tube cleaner

Kettensäge *f <wz>* • chain saw

Kettenschaltung *f DIN ISO 8090 <fz>* • derailleur *ISO 8090*; derailleur gear; derailer

Kettenschloss *n <fz> (z. B. zum Abschließen von Fahrrädern, Gittertoren)* • chain lock

Kettenware *f <textil>* • warp knitted fabric

Kettenwirkmaschine *f DIN ISO 7839*

<textil> • warp knitting machine *ISO 7839*; warp knitting loom; tricot machine

Kevlar *n <kst>* • Kevlar

Kickstarter *m <kfz> (Motorrad)* • kick-starter

Kiefer *f <bio> (Nadelbaum)* • pine

Kiefernholz *n <holz> (Weichholz)* • pine

Kiel *m <nav>* • keel

Kielboot *n <nav> (im Ggs. zu Schwertboot)* • keel boat; keeler

Kielflosse *f <nav>* • fin keel

Kieljacht *f <nav>* • keel yacht

Kiellegung *f <nav>* • keel laying; laying down

Kielwasser *n <nav>* • wash; wake

Kies *m DIN 4047-3 <bau.mat> (Lockergestein, abgerundet, 2-63 mm Durchmesser)* • gravel

Kiesbett *n <kfz.sport> (an Rennstrecken)* • gravel trap; gravel *coll*

Kiesbettfilter *m <verf>* • gravel aggregate filter; gravel aggregate bed filter

Kieselalge *f <bio> (u. a. Vorbild in der Bionik)* • diatom

Kieselgel *n DIN 55 405 <chem> (Trockenmittel; z. B. in Verpackungen, Isolierfenstern)* • silica gel; gelatinous silica

Kiesgrube *f <min> (Betriebsanlage)* • gravel working

Kiesgrube *f <min> (die ausgebaggerte Grube)* • gravel pit

Kilo... (k) *<comp> (Vorsilbe für Bit oder Byte, 2^{10}; z. B. 1 Kilobyte = 1024 Bytes)* • kilo (k)

Kilo... (k) *<phys.msr> (Vorsilbe für Einheiten: 10^{3})* • kilo (k)

Kilobyte *n* (KB) *<comp> (1 Kilobyte = 1024 Bytes)* • kilobyte (KB); KByte; Kbyte

Kilogramm *n* (kg) *<phys> (SI-Einheit der Masse)* • kilogram (kg) *US*; kilogramme *GB*

Kilohertz *n* (kHz) *<phys> (Frequenz; 1000 Hertz)* • kilohertz (kHz)

Kilojoule *n* (kJ) *<phys> (Einheit der Energie, Arbeit, Wärme; 1000 Joule)* • kilojoule (kJ)

Kilometer *m* (km) *<phys> (Längeneinheit, 1000 m)* • kilometer (km) *US*; kilometre *GB*

Kilometerleistung *f <kfz> (von Reifen oder Fahrzeugen)* • mileage

Kilometer pro Stunde *mpl* (km/h) *<phys> (Einheit der Geschwindigkeit, i. Allg. von Landfahrzeugen)* • kilometres per hour (kph)

Kilometerstand *m <kfz> (z. B. 160 000 km)* • mileage

Kilovolt *n* (kV) *<phys> (Einheit der elektr. Spannung; 1000 Volt)* • kilovolt (kV)

Kilovoltampere *n* (kVA) *<el> (Einheit der elektrischen Leistung)* • kilovoltampere (kVA)

Kilowatt *n* (kW) *<el> (Einheit der elektr. Leistung; 1000 Watt)* • kilowatt (kW)

Kilowattstunde *f* (kWh) *<el> (Einheit der elektr. Arbeit, Energie)* • kilowatt-hour (kWh); Board of Trade Unit; BTU

Kilowattstundenzähler *m <msr>* • kilowatt-hour meter

Kimm *f <nav> (Übergang vom Schiffsboden in die Bordwand)* • chine

Kimme *f <mil> (an Schusswaffe)* • rear sight

Kinderkrankheit *f <qualit> (metaph.; Anfangsprobleme)* • teething troubles *pl*

Kinder-Rückhaltesystem *n* (KSS) *<kfz.sich> (z. B. Babyschale, Kindersitz, Sitzkissen)* • child restraint system (CRS); child restraint

Kindersicherung *f <el> (in Steckdosen; Blende zum Aufschieben)* • safety shutter

Kindersicherung *f <kfz.sich> (für die hinteren Türen; meist kleiner Hebel)* • child lock [lever]; children safety catch

Kindersitz *m <tech.allg> (z. B. im Restaurant, auf Fahrrad, im Auto)* • child seat

Kinematik *f <mech>* • kinematics *pl*; theory of motion

kinetische Energie *f <phys>* • kinetic energy; energy of motion *rare*

Kinofilm *m <kino> (Material)* • motion-picture film; cine film

kippbar *<tech.allg> (um die Querachse)* • tiltable; tilting

Kippbewegung *f <tech.allg> (um die Querachse)* • tilting motion

kippen *vi <el> (Strahl, Signal)* • sweep *vi*

kippen *vi/vt <tech.allg> (in Schräglage bringen)* • tilt *vi/vt*; cant *vi/vt*

kippen *vi/vt <tech.allg> (auf den Kopf stellen; z. B. Boot, Werkstück)* • turn over *vi/vt*; upset *vi/vt*

Kipper *m <nfz> (jede Bauart; z. B. 3-Seiten-Kipper)* • tilting truck *US*; dump truck *US*; dumper *US*; tipping lorry *GB*; tipper *GB*

Kippfenster *n <bau> (nach innen öffnend)* • hopper window; bottom--hinged inswing window *did*; hopper *coll*

Kippflügel *m <aerosp>* • tiltwing; tilt--wing; tilting wing

Kipphebel *m <masch> (z. B. an Schalter, Ventil)* • toggle; toggle lever

Kipphebel *m DIN ISO 7967-3 <mot> (Ventilsteuerung)* • rocker arm *ISO 7967-3*; rocker

Kippkübel *m <förd> (typische Förderkübelbauart, mit kippbarer Wanne)* • tipping skip; dump skip

Kippkübelaufzug *m <förd>* • skip hoist

Kipprotor *m <aerosp>* • tilt rotor; tilting propeller

Kippschalter *m <el> (mit Kipphebel)* • toggle switch; tumbler switch *rare*; flip switch *coll.rare*

Kippschaltung *f <el> (allg.; zum Ansteuern; z. B. Schmitt-Trigger, Multivibrator, Flip-Flop)* • trigger circuit

Kippung *f <tech.allg> (Abweichung von der horizontalen Lage)* • tilt; tilting

Kippvorrichtung *f <masch> (allg. Erzielen einer Schräglage)* • tilting arrangement; tilting mechanism; tilting device; tilter

kitten *vt <bau> (breitere Fugen, mit Kittmasse)* • putty *vt*

kitten *vt <bau.füg> (Fugen, Risse; z. B. Glas, Porzellan, Holz)* • cement *vt*; lute *vt*

Kittfalz *m <bau> (in Fensterrahmen)* • rabbet; fillister; rebate

Klammer *f <bau> (für Mauern, Balken)* • cramp iron; cramp

Klammer *f <druck> (in Text)* • parenthesis

Klammer *f <füg> (klein; z. B. für Papier)* • clip

Klammer *f <füg> (zum Heften; z. B. von Papier, Stoff, Folien)* • staple

Klammer *f <masch> (zum Zusammenspannen)* • clamp

Klammer-Gripzange *f <wz> (Zangentyp)* • C-clamp; vise grip C-clamp *US*; self-grip C-clamp *GB*; C-clamp pliers

Klammerlasche *f <bau.füg> (zum Verbinden von Trägern)* • fishplate

klammern *vt <tech.allg> (einspannen)* • clamp *vt*

klammern *vt <bau.füg> (mit großen Klammern)* • cramp *vt*

klammern *vt <prod> (mit kleinen Klammern befestigen; z. B. mit Büroklammer)* • clip *vt*

Klampe *f <nav> (an Bord; zum Belegen e. Leine)* • cleat

Klangregler *m <av.msr> (zum Einstellen von Höhen und Tiefen)* • bass-treble control; tone control

klappbar *<tech.allg> (z. B. Container, Tisch)* • collapsible; folding

klappbar *<tech.allg> (mit Scharnier)* • hinged

klappbar *<tech.allg> (kippend)* • tiltable

klappbar *<tech.allg>* • fold-down …

klappbare Bordwand *f <nfz>* • drop-side; fold-down body side *rare*

klappbarer Sitz *m <kfz.innen>* • foldable seat

klappbare Trittstufe *f <fz> (z. B. an Bahnwaggons)* • folding step

Klappdeckel *m <tech.allg> (eher klein, jede Anordnung)* • flap

Klappdeckel *m <tech.allg> (betont: mit Scharnier)* • hinged lid

Klappe *f <druck> (Buchumschlag)* • flap

Klappe *f <hlk> (allg. Steuerelement in Luft-Kanälen/-Leitungen)* • damper; damper door; door *pract*; flap *coll*; flapper valve *rare*

Klappe *f <masch> (relativ groß)* • hatch

Klappe *f <mus> (von Blasinstrumenten; z. B. Klarinette, Oboe)* • key

Klappe *f DIN EN 593 <rls> (z. B. in Rückschlagventil)* • butterfly valve *EN 593*; pipe valve disk

klappen *vt <tech.allg> (allg.; z. B. Stuhl, Sitzlehne, Sonnenblende etc.)* • fold *vt*

Klappfahrrad *n <fz>* • folding bicycle

Klappmast *m <tech.allg> (z. B. an Binnenschiffen für Brückendurchfahrten)* • collapsible mast

Klappmesser *n <wz> (großes Taschenmesser)* • jack-knife; jackknife

Klappsessel *m <allg>* • folding arm chair

Klappsitz *m <tech.allg> (z. B. in Fahrzeug, Theater, Hörsaal)* • tip-up seat

Klappstuhl *m <allg>* • folding chair

Klapptisch *m <innen>* • folding table
klar *<allg> (z. B. Flüssigkeit, Glas, Logik)* • clear
Kläranlage *f DIN 4045 <ents.hydr>* • sewage treatment plant; sewage works *pl*; effluent treatment works *pl*; sewage treatment works *pl*; waste water facilities *pl*
klären *vt <allg> (offene Fragen, Probleme, Texte, Bedeutung)* • clarify *vt*; clear *vt*
klären *vt <verf> (Flüssigkeit)* • fine *vt*; purify *vt*
klarer Vorteil *m <allg>* • obvious advantage
Klarglas *n <silik>* • clear glass
Klarglasscheinwerfer in Brillantoptik *m <kfz.el> (auffallend verspiegelt; z. B. ab VW Golf IV)* • clear glass headlight; headlight with clear glass lens [cover]; clear-lens headlamp *GB*; headlights with clear glass optics *rare.VW*
Klarlack *m DIN 55 945 <obfl> (allg.; als Material)* • clear coat *ISO 4618/1*; clear lacquer; clear varnish *GB*; clear paint *coll*
Klärschlamm *m <ents>* • sewage sludge; wastewater sludge
Klarsichtfolie *f <kst.pack>* • transparent film
Klarspüler *m <chem.hygi> (für Geschirrspülmaschinen)* • rinse aid; rinse agent
Klärteich *m <ents>* • settling pond
Klasse *f <allg> (von Produkten, Anforderungen)* • class; category
klassieren *vt <verf> (nach Größe, Gewicht; z. B. mit Sieben)* • grade *vt*
klassieren *vt <verf> (nach Größe)* • sort into sizes *vt*; screen *vt*; size *vt*; classify *vt*
Klassierer *m <verf> (allg.)* • classifier
klassierte Kohle *f <verbr> (allg.; z. B. klein, mittel, groß)* • graded coal; sized coal
Klassierung *f <tech.allg> (allg.)* • classification
Klassierung *f <tech.allg> (nach Größe; z. B. mit Sieb)* • sizing
Klassierung *f <verf> (nach Qualität)* • grading
Klassierung *f DIN ISO 9045 <verf> (nach Größe)* • size classification; sizing *ISO 9045*
Klassifikationsnummer *f <term>* • classification number *ISO 12620*
Klassifikationssystem *n <term>* • classification system *ISO 12620*
Klaue *f <tech.allg> (allg.)* • claw
Klauenhammer *m <wz> (der typische Allzweckhammer in GB, USA)* • claw hammer
Klauenkupplung *f <antr>* • positive clutch; jaw clutch; dog clutch; square-tooth clutch *rare*; claw clutch *rare*
Klauenpolläufer *m <kfz.el> (in Drehstromgenerator)* • rotor; claw-pole rotor *rare*
Klavierlack *m <obfl>* • piano lacquer
Klebeanker *m <bau.mat>* • resin bolt; resin-anchored bolt
Klebeband *n <av> (für Magnetbänder)* • splicing tape
Klebeband *n DIN EN 12481 <füg> (Kunststoff, mit oder ohne Textilverstärkung)* • adhesive tape; self adhesive tape; pressure-sensitive tape *US*; tape *coll*
Klebebindung *f <druck>* • adhesive binding; flexible binding; perfect binding
Klebedichtstoff *m <füg>* • adhesive sealer; sealant-adhesive
Klebeetikett *n <tech.allg> (mit Gummierung zum Anfeuchten)* • gummed label
Klebeetikett *n <doku> (z. B. Preis-, Namens-, Typenschild, Strichcode)* • sticker; adhesive label *form*
Klebefolie *f <kst.obfl> (Kunststofffolie mit Klebeschicht)* • adhesive film; self-adhesive plastic sheeting
Klebelösung *f <füg> (für Gummi, PVC etc.)* • cement
kleben *vi <tech.allg> (allg.; Adhäsion mit oder ohne Kleber)* • adhere *vi*
kleben *vi <kst> (ohne Klebstoff; z. B. Frischhaltefolie)* • cling *vi*
kleben *vt <füg> (betont: mit Leim, Alleskleber)* • glue *vt*
kleben *vt <füg> (betont: zusammenpappen mit pastösem Kleber)* • paste *vt*
kleben *vt <füg> (zwei Enden zusammenflicken; z. B. Magnetbänder)* • splice *vt*
kleben *vt <füg> (allg.; z. B. mit Klebestift)* • stick *vt*

kleben *vt <füg> (betont: zuflicken, abdecken; z. B. Zielscheiben, Defekt, Riss)* • patch *vt*

kleben *vt <füg> (allg.; mit Klebstoff an-, auf-, verkleben)* • bond *vt*

kleben *vt <füg> (mit spurlos, glasklar und/oder steinhart aushärtendem Kleber; z. B. PS)* • cement *vt*

Kleberrückstände *mpl <pap.ents> (in Altpapier)* • sticky contaminants *pl*; stickies *pl pract*; adhesives *pl pract*; bonding agents *pl rare*

klebrig *<kst.obfl> (etwas; neutral oder unangenehm; z. B. Kunststoffteile, Schaltknauf)* • tacky

klebrig *<mat> (sehr; eher unangenehm)* • sticky

Klebrigkeit *f <obfl> (eher gering; z. B. von noch nicht trockenen Lacken)* • tackiness; tack

Klebrigkeit *f <obfl> (hoch)* • stickiness

Klebstoff *m DIN 16920 <füg> (allg.)* • adhesive *ASTM D1907-74*; glue *coll*

Klebstoffsystem *n DIN 16920 <füg>* • adhesive system *ASTM D1907-74*

klecksen *vi <obfl>* • spatter *vi*

Kleidungsstück *n <textil>* • garment

Kleidungsstücke *npl <textil>* • clothes *pl*; garments

klein *<allg> (Fläche, Körper)* • small; small-size

Klein… *<allg>* • small-scale …

Kleinanhänger *m <kfz> (für Pkw)* • utility trailer

Kleinanwendung *f <tech.allg>* • small--scale application

Kleinbildfilm *m <phot>* • 35mm film

Kleinbildkamera *f <phot>* • 35mm camera

Kleinbuchstabe *m <druck>* • lower case [letter]; lowercase [letter]; minuscule

Kleinbus *m <nfz> (in D < 7,5 t; GB: 9-16 Fahrgäste; USA: < 8,5 m)* • minibus; small bus; small-size bus; microbus; passenger van

kleindimensioniert *<tech.allg>* • small--size

kleine Metallsäge *f <wz>* • junior hacksaw; jab saw

kleiner Blechschaden *m <kfz>* • minor fender-bender

kleiner Pkw *m <kfz> (allg.)* • small car

kleines Büro oder häusliches Arbeitszimmer *n <tech.allg> (typ. Arbeitsumgebung für PC, Peripherie und IT-Einrichtungen)* • single-office and home office (SOHO); small office or home office; small business or home office

kleine und mittelständische Unternehmen *npl* (KMU) *<ökon>* • small and medium-sized enterprises (SME); small and medium-sized businesses; SMB

Kleinfeuerungsanlage *f <verbr> (Wärmeleistung max. einige MW)* • small furnace; small combustion plant; small heating installation

kleinflächig *<allg>* • small-area

Kleinformat *n <allg> (z. B. Papier)* • small size; small format

kleinformatig *<allg>* • small-sized; small-size

Kleinkalibergewehr *n <mil>* • .22 rifle; rimfire rifle

Kleinkalibermunition *f <mil>* • rimfire ammunition

kleinkalibrig *<tech.allg> (Bohrung)* • small-bore; small bore: of ~

kleinkalibrig *<mil>* • small-caliber *US*; small calibre: of ~ *GB*

Kleinkindabteil *n <bahn>* • parent-and--child compartment

Kleinlastkraftwagen *m <nfz> (allg.)* • light truck

kleinmaschig *<tech.allg>* • fine--meshed; close-meshed

Kleinserienfertigung *f <prod> (allg.)* • series small-batch production; small-batch production; small-batch manufacture; small-volume production

Kleinserienfertigung *f <prod> (betont: nur kurzzeitig)* • short-run production

kleinste Bauformen *fpl <allg>* • miniature construction

kleinster gemeinsamer Nenner *m <math> (kgV von Brüchen)* • lowest common denominator (lcd); least common denominator *rare*

kleinstes gemeinsames Vielfaches *n* (kgV) *<math> (allg.; z. B. von Nennern in Brüchen)* • least common multiple

kleinste und größte Werte *mpl <allg>* • minimum and maximum values

Kleinstmaß *n <tech.allg>* • minimum dimension; minimum size; minimum limit

Kleinstmotor *m* *<mot>* • micro motor; subfractional motor *rare*; subfractional horse-power motor *rare*

Kleinstwagen *m* *<kfz>* *(Pkw-Kategorie; z. B. Fiat 500, Mini, Smart ForTwo, Suzuki Swift)* • small car; mini car

Kleinstwert *m* *<tech.allg>* • minimum value; minimum

Kleinteile *npl* *<tech.allg>* *(betont: aus Massenfertigung)* • mass-production parts

Kleinteile *npl* *<prod>* *(allg.)* • small parts

Kleinversuch *m* *<tech.allg>* • small--scale experiment

Kleinwagen *m* *<kfz>* *(Pkw-Kategorie; z. B. Opel Corsa, VW Polo, Peugeot 207)* • subcompact

Kleister *m DIN 16920* *<füg>* • paste *ASTM D 907-74*

Klemme *f* *<allg>* • thumbclip

Klemme *f* *<tech.allg>* *(Befestigungsmittel; z. B. für Draht, Kabel, Schlauch)* • clamping device; clamp

Klemme *f* *<el>* *(für elektr. Anschlüsse)* • terminal

klemmen *vi* *<masch>* *(blockieren, verkanten; schiebende Teile; z. B. Schubladen)* • get jammed *vi*; jam *vi*

klemmen *vi* *<masch>* *(festfressen; Kolben, Schlitten)* • seize *vi*

klemmen *vi* *<mech>* *(unerwünscht festhängen, steckenbleiben; z. B. Gelenk, Kolben)* • bind *vi*; stick *vi*

Klemmenbelegung *f* *<el>* • terminal assignment

Klemmenkasten *m* *<el>* • terminal box

Klemmenleiste *f* *<el>* • terminal strip; connecting block

Klemmenleistung *f* *<el>* • output power

Klemmenspannung *f* *<el>* *(z. B. an Batterie)* • terminal voltage

Klemmhülse *f* *<tech.allg>* *(eher konisch)* • clamping collet; collet

Klemmhülse *f* *<masch>* *(allg.)* • clamping sleeve

Klemmschraube *f* *<masch>* *(eher mit Mutter, eher groß)* • clamping bolt

Klemmschraube *f* *<masch>* *(allg.; z. B. an Spannvorrichtungen, in Spannhülsen)* • clamping screw

Klemmstück *n* *<masch>* *(allg.)* • clamp

Klemmverbindung *f* *<tech.allg>* *(z. B. zw. Werkzeugen, Wellen)* • compression coupling

Klemmvermögen *n* *<allg>* • clamping ability

Klemmverschluss *m* *<tech.allg>* *(z. B. Ladebordwand, Kiste, Mannloch)* • clip seal

Klemmwirkung *f* *<tech.allg>* *(festhaltend)* • clamping action; clamping effect

Klemmwirkung *f* *<mech>* *(verkeilend)* • wedging action

Klemmwirkung *f* *<mech>* *(ein-, zusammendrückend)* • pinching effect

Klemmwirkung *f* *<prod>* *(greifend)* • gripping effect

Klettband *n* *<füg.textil>* *(Streifen; z. B. zum Aufbügeln; z. B. bei Verdeck und Abdeckplanen)* • Velcro strip; reclosable fastener *3M*

Kletterschalung *f* *<bau>* *(Beton)* • climbing formwork

Klettverschluss *m* *<bekl>* • hook-and--loop fastener; VELCRO®; velcro-type fastener; burr fastener *rare*

Klick *n* *<tech.allg>* • click

Klimaanlage *f* *<hlk>* *(allg.; z. B. in Wohnung, Hotel, Auto)* • air-conditioning system (a/c); air conditioning; air conditioner *pract*; air cond *advert*; aircon *coll*

Klimaanlage *f* *<hlk>* *(stationär; größere Anlage)* • air-conditioning plant; air--conditioning equipment

Klimaautomatik *f* *<kfz.hlk>* *(hält eine gewählte Temperatur durch Heizen/Kühlen selbsttätig aufrecht)* • automatic climate control system (ACC); climate control system; automatic climate control; automatic air conditioning system; automatic air conditioning

Klimagerät *n* *<hlk>* *(zum Wand- od. Fenstereinbau od. als Mobilgerät)* • room air conditioner; package conditioner; unit conditioner

Klimakiller *m* *<ökol>* • climate hazard; climate killer *coll*

klimatisiert *<hlk>* *(Haus, Raum, Fahrzeug)* • air-conditioned; conditioned *pract*; air conditioning: with ~; has ice *coll.advert*

Klinge *f* *<wz>* *(Messer)* • blade

klingeln *vi* *<akust>* *(allg.)* • ring *vi*

Klingeltransformator *m* *<el>* • bell--ringing transformer; bell transformer

pract

Klinke *f <tech.allg> (zum Verriegeln, Festhalten)* • catch

Klinke *f <el> (Stecker)* • jack

Klinkenrad *n <masch> (in Sperrklinkenmechanism)* • toothed ratchet wheel

Klinkenstecker *m <el>* • jack plug

Klinker *m <bau.mat> (glasierter Baustein)* • clinker brick; vitrified brick; clinker

Klinkerbauweise *f <bau>* • clinker construction

klipsen [auf/an] *vt <füg>* • clip [on/to] *vt*

Klirren *n <allg>* • clink

Klirrfaktor *m* (k) *<av> (von Verstärkern, Audioanlagen; stets < 1; angegeben in %)* • total harmonic distortion (THD)

Kloben *m <wz> (kleiner Handschraubstock)* • vise *US.GB*; vice *GB*

Klon *m <tech.allg>* • clone

Klonen *n prakt <bio.chem>* • cloning

Klopfeigenschaften *fpl <mot> (Benzin, Motor)* • knock characteristics

Klopfen *n <kfz.mot> (durch Selbstentzündung)* • engine knock; detonation *form*; knock[ing] *pract*; ping[ing] *pract*; spark knock *rare*

Klopfen *n <kfz.mot> (betont: durch Ölkohleablagerungen; v. a. bei alten Motoren)* • carbon knock

klopfen *vi <kfz.mot>* • knock *vi*

klopfen *vt <allg> (z. B. zum Reinigen: Filter, Teppich)* • rap *vt*

klopfen *vt <allg> (an, auf, gegen etwas; eher leicht)* • tap *vt*

klopfen *vt <textil>* • willow *vt*

klopfen *vt/vi <allg>* • beat *vt/vi*

Klopffestigkeit *f DIN 51 756 <chem.-petr> (Kennzahl von Ottokraftstoff)* • anti-knock index

Klopffestigkeit *f <mot> (allg.; Eigenschaft von Motoren und Kraftstoffen)* • anti-knock quality; knock resistance

Klöppel *m <mus> (in Glocke)* • tongue; clapper; hammer

Klöppel-Pfannen-Verbindung *f <energ.el> (Isolator)* • ball and socket coupling

Klöpperboden *m DIN 28011 <verf> (konvex gewölbt; typ. Behälterboden)* • dished head

Klosettbecken *n <innen>* • toilet pan; toilet bowl

Klotz *m <tech.allg> (zum Sichern, Stützen, Festklemmen)* • chock

Klotzbremse *f <bahn.brems> (typ. bei Güterwagen)* • tread brake; wheel-tread brake; block brake; shoe brake

Klumpen *m <tech.allg> (Erde, Ton, Erz, Mehl)* • clod; clot

Klumpen *m <tech.allg> (fest od. halbfest, bes. verstopfend; z. B. Blut)* • clot

Klumpen *m <tech.allg> (eher groß, fest, schwer)* • lump

Klumpen *m <silik> (hellglühender Glastropfen; Flaschenproduktion)* • gob

klumpen *vi <allg>* • clot *vi*

Klumpstreu *f <hygi> (für Katzenklo; typ. mit Natrium-Bentonit)* • clumping litter

Kluppe *f <wz> (zum Feilen)* • filing block

Klüse *f <nav> (Öffnung in Bug oder Heck)* • hawsehole; hawse *pract*

Klüse *f DIN ISO 3828 <nav> (Seilführung; z. B. in Flaschenzug)* • fairlead *ISO 3828*

Klutenabweiser *m <agri>* • clod deflector

Knabber *m <wz> (Elektrowerkzeug)* • nibbler

Knabberzange *f <wz> (Blechschere; für gratfreies Schneiden von Hand)* • nibbler; sheet metal cutter *form.rare*; Monodex-type cutter

Knagge *f <bau> (im Fachwerk; tragende, verstärkende Holzstücke od. Metallwinkel)* • cleat

Knagge *f <masch> (als massives Lager)* • bearing block

Knagge *f <masch> (als Mitnehmer, Auslöser)* • dog

Knall *m <akust> (z. B. Überschallknall)* • bang

knallen *vi <verbr> (Flamme)* • pop *vi*

Knallgas *n <chem> (Wasserstoff-Sauerstoff-Gemisch, hoch explosiv)* • oxy-hydrogen gas; hydrogen gas *pract*; detonating gas

Knalltrauma *n <med> (z. B. durch Schussknall, Explosion, Presslufthammer, Disco)* • acoustic trauma; ear damage due to noise overload

Knarre *f DIN 898 <wz> (Antriebswerkzeug für Steckschlüsseleinsätze)* • ratchet; ratchet handle; ratchet wrench

Knauf *m <allg> (Verdickung; z. B. am Griff eines Schwerts)* • pommel

Knauf *m <allg>* • knob

Knautschzone *f <kfz> (absorbiert Aufprallenergie)* • crumple zone; crash crumple zone; deformation zone; crush zone; crumble zone *rare*
Knebel *m <bekl> (für den Mund)* • gag
Knebel *m DIN ISO 1891 <masch> (Stange, Stab zum Drehen von etw.)* • tommy
Knebel *m <masch> (eher dick; runder Drehgriff)* • turning knob
Knebel *m <wz> (Drehgriff an Schraubzwinge; verschiebbar)* • sliding-pin handle
Kneifzange *f DIN 5241 <wz> (allg.)* • pincers; end-cutting nippers
kneten *vt <tech.allg>* • knead *vt*
Knetmaschine *f <verf> (allg.; für teigige, pastöse, viskose Medien)* • kneading machine; kneader
Knetmasse *f <mat> (zum Modellieren)* • modeling clay *US*; modelling clay *GB*; Plasticine®
Knick *m <tech.allg> (in Draht, Papier, Blech, Schlauch, Rohr, Diagrammkurve)* • kink
Knickarm *m <masch>* • articulated arm; elbow arm
Knickbeanspruchung *f <mech>* • buckling load
Knicken *n <mech> (von Stäben, Säulen; seitl. Ausweichen)* • buckling
knicken *vi/vt <mech> (verbiegen)* • bend *vi/vt*
knicken *vt <tech.allg> (z. B. Draht, Schlauch)* • kink *vt*
knicken *vt <kfz> (Schlauch)* • kink *vt*
knicken *vt <masch> (dünnes Blech)* • cripple *vt*
knickfest *<mech>* • resistant to buckling; non-buckling
knickfester Schlauch *m <rls>* • kink-resistant hose; buckling resistant hose
Knicklenkung *f <bau.masch>* • articulated steering
Knickschutztülle *f <el> (an Kabeleintritt in Gehäuse)* • insulator boot
Knickstelle *f <qualit.mat> (klein; z. B. in Schläuchen, Rohren)* • kink
Kniefreiheit *f <fz.innen> (vor einem Sitz allg.; z. B. in Flugzeugen, Bussen, Pkw)* • knee room; knee clearance; space at knee height
Kniehebel *m <masch>* • toggle joint; toggle linkage; toggle lever; toggle *pract*
Kniehebelmechanismus *m <masch>* • toggle mechanism; toggle linkage mechanism
knitterfest *<textil>* • wrinkle-resistant; crease-resistant; non-creasing
knollig *<allg>* • nodular
Knopf *m <tech.allg> (zum Ziehen und/oder Drehen)* • knob
Knopf *m <textil>* • button
Knopfdruck *m*: **per ~** *<allg>* • key: by pressing ~s
Knopfzelle *f <el> (z. B. in Taschenrechnern, Kameras, Hörgeräten)* • coin cell *US*; button cell; button battery
Knoten *m DIN IEC 50 <av> (einer stehenden Welle)* • node *DIN IEC 50*
Knoten *m <bau> (von Stabtragwerken)* • node; joint
Knoten *m <masch> (in Fachwerk)* • joint
Knoten *m* (kn) *<nav> (Einheit der Geschwindigkeit; 1,852 km/h; z. B. 10 kn)* • international knot (kn); nautical miles per hour; knot
Knoten *m <nav> (Verschlingung)* • knot
Knoten *m <pap.qualit> (Störstoff im Faserstoff)* • knot
Knoten *m <textil.qualit> (im Gespinst)* • knot
Knotenblech *n <bau> (Fachwerk; in Ecke zw. Stützen, Trägern, Streben)* • gusset plate; junction plate; joining plate; gusset
Knotenpunkt *m <bahn> (im Streckennetz)* • junction
Knotenpunkt *m <bau> (von Trägern)* • truss joint; joint
Knotenpunkt *m <bau.verk> (mit mind. einer Hauptverkehrsstraße)* • intersection *US*; junction; crossroads *sg*
Knotenpunkt *m <phys>* • nodal point; node
Knüppel *m <metall> (Halbzeug, eher quadratischer Querschnitt; für Rundstahl, Draht)* • billet
Knüppelwalzwerk *n <metall>* • billet rolling mill; billet mill
koagulieren *vi <chem>* • coagulate *vi*
Koaleszenz *f <chem>* • coalescence
koaxial *<tech.allg> (z. B. Strahlen, Kabel, Wellen)* • coaxial
Koaxialkabel *n <el>* • coaxial cable; coax cable *coll*; coax *pract.coll*; concentric cable

Kocher *m* <pap.prod> • digester; kier

Kochfeld *n* <gastr> *(Küche; z. B. Glaskeramik)* • range; hob *GB*

Kochfläche *f* <gastr> *(Oberseite des Herds mit Kochplatten)* • hob *EN 60335-2-36*

Kochplatte *f* <gastr> *(einzelne Platte beim Elektroherd)* • hob element *EN 60335-2-36*

Kochsalz *n* <nahr> *(NaCl)* • cooking salt; table salt; salt *coll*

Köder *m* <allg> *(zum Anlocken; z. B. als Falle, beim Angeln)* • bait

Koerzitivfeldstärke *f DIN IEC 50* <phys> *(eines Magnetfelds; in Oersted)* • coercitive field strength *DIN IEC 50*; coercivity; coercive force

Koffer *m* <pack.tour> *(allg.)* • suitcase

Kofferaufbau *m* <nfz> *(kastenförmiger Aufbau, aus flachen Paneelen gefertigt)* • van body

Kofferraum *m* <kfz> *(in Auto; Bereich für Gepäcktransport)* • trunk *US*; boot *GB*; deck [compartment] *US*; luggage boot *GB.rare*; turtle back *US.coll.obs*

Kofferraumdeckel *m* <kfz> • trunk lid *US*; luggage compartment door *form.rare*; deck lid *US*; boot lid *GB*

kohärent <allg> • coherent

Kohärenz *f* <allg> *(Zusammenhalt; z. B. logischer Zusammenhang)* • coherence

kohärieren *vi* <allg> • cohere *vi*

Kohäsion *fsg* <tech.allg> *(z. B. Zusammenhalt von Molekülen)* • cohesion

kohäsiv <tech.allg> • cohesive

Kohle *f* <verbr> • coal

Kohleabbau *m* <min> • coal mining; coaling

kohlebefeuert <verbr> *(allg.)* • coal-fired

Kohlebergwerk *n* <min> • coal mine; colliery; coal pit *coll*

Kohlebürste *f DIN EN 60276* <el> *(in Elektromotor oder Generator)* • carbon brush; brush; graphite brush *rare*

Kohlefadenlampe *f* <el> • carbon filament lamp

kohlefaserverstärkt <kst> • carbon reinforced

kohlefaserverstärkter Kunststoff *m* (CFK) <kst> • carbon fiber reinforced plastic (CFRP) *US*; carbon fibre reinforced plastic *GB*

kohlefaserverstärktes Bauteil *n* <tech.allg> • CFR component; carbon-fiber-reinforced component *US*; CFR part *pract*

kohlefaserverstärkte Siliciumkeramik *f* <mat> *(z. B. für Bremsscheiben, Raumfahrttechnikteile)* • carbon fiber-reinforced silicon carbide

Kohlefilter *m* <tech.allg> *(mit Aktivkohle)* • carbon filter; charcoal filter

kohlegefeuert <verbr> *(Ofen, Kraftwerk)* • coal-fired

Kohlehydrat *n* <chem> • carbohydrate

Kohlekraftwerk *n* <energ> • coal-fired power plant *US*; coal-fired power station *GB*; coal-burning power station *GB*; coal-burning power plant *US*

Kohlendioxid *n* <chem> *(CO_2; farbloses, schwach säuerlich schmeckendes/riechendes Gas)* • carbon dioxide

Kohlenflöz *n* <min> • coal stratum; coal seam; coal bed

Kohlenmonoxid *n* <chem> *(CO; farb- und geruchlos, giftig)* • carbon monoxide

Kohlensäure *f* <chem> *(H_2CO_3)* • carbonic acid

kohlensäurehaltiges Getränk *n* <nahr> • carbonated beverage

Kohlenstaub *m* <verbr> *(gemahlene Kohle als Brennstoff)* • pulverized coal; powdered coal; pulverised coal *GB*; dust coal

Kohlenstoff *m* (C) <chem> • carbon (C)

kohlenstoffarm <mat> *(z. B. Stahl)* • low-carbon

kohlenstoffarm <mat> *(betont: als Nachteil)* • poor in carbon

Kohlenstofffaser *f* <mat> *(typ. Verstärkungsmaterial; hochfest, sehr leicht)* • carbon fiber *US*; carbon fibre *GB*; C-fiber *US*; C-fibre *GB*; graphite fiber *US*

kohlenstoffhaltig <tech.allg> • carbon-containing; carbonaceous

Kohlenstoff-Nanoröhrchen *n* (CNT) <chem> *(Familie der Fullerene)* • carbon nanotube (CNT)

kohlenstoffreich <mat> • high-carbon; rich in carbon

Kohlenstoffstahl *m* <metall> *(harter Stahl mit hohem C-Gehalt; 0,5 - 2,2 %C; Werkzeugstahl)* • high-carbon steel; high steel *pract*; hard steel *coll.rare*

Kohlenwasserstoffe *mpl* (KW) *<emiss> (als Gruppe)* • hydrocarbons (HC)

Kohlestift *m <el> (z. B. als Zündverteiler-Mittelelektrode)* • carbon pin

Kohlestift *m <kunst>* • charcoal pen

Kohleveredlung *f <chem.verf>* • coal conversion

Kohleverflüssigung *f <chem.verf>* • coal liquefaction

Kohlevergasung *f <chem.verf>* • coal gasification; gasification of coal

Kohleverkokung *f <chem.verf>* • coal carbonization

Kohlevorkommen *n <min>* • coal deposit

Koinzidenzschaltung *f <msr>* • coincidence circuit

Koje *f <nav>* • berth; bunk

Kokerei *f <chem.verf>* • coking plant; cokery; coking unit; coke-oven plant; coke-carbonization plant *rare*

Kokille *f <metall> (Metallform für Kokillenguss)* • ingot mold; metal mold; permanent mold

kokillenberuhigter Stahl *m <metall>* • capped steel; ingot-killed steel

Kokillengießen *n <prod> (Vorgang allg.)* • permanent-mold casting; gravity die casting; chill casting

Kokon *m <textil> (Seide)* • cocoon

Kokosfaser *f <textil> (für Matten, Seile etc.; z. B. in Kopfstützen)* • coir; coconut fiber *US*; coconut fibre *GB*

Koks *m <chem.petr>* • coke

Kolben *m <chem> (Laborgerät)* • bulb

Kolben *m <el> (Glühlampe)* • envelope

Kolben *m <masch> (stoßend; z. B. in Hydraulikpresse)* • ram

Kolben *m <masch> (Tauchkolben)* • plunger

Kolben *m <masch> (allg. in Zylinder; z. B. in Motor, Pumpe, Verdichter, Hydraulik)* • piston

Kolben *m <mil>* • butt

Kolben *m <silik> (Glasbehälter)* • flask

kolbenbetätigt *<tech.allg>* • piston-operated

Kolbenboden *m DIN ISO 7967-2 <kfz.mot> (ventilseitige Fläche)* • piston top *ISO 7967-2*; piston crown; piston head

Kolbenbolzen *m <masch>* • piston pin; wrist pin *US*; gudgeon pin *GB*

Kolbenhemd *n DIN ISO 7967-2 <masch> (dient zur Führung des Kolbens)* • piston skirt *ISO 7967-2*

Kolbenhub *m <tech.allg>* • piston stroke

Kolbenkraftmaschine *f <masch> (allg.; Hub- und Kreiskolben)* • piston engine

Kolbenkraftmaschine *f <masch> (mit Hubkolben)* • reciprocating engine; reciprocating piston engine

Kolbenmaschine *f <masch> (allg.; Kraft- od. Arbeitsmaschine)* • piston machine

Kolbenmotor *m <kfz.mot> (Verbrennungskraftmaschine; Kreis-/Hubkolbenmotor)* • piston engine

Kolbenpumpe *f <förd> (allg.)* • piston pump

Kolbenring *m DIN ISO 6621-1 <mot>* • piston ring *ISO 7967-2*

Kolbenspritzgießmaschine *f <kst>* • piston injection molding machine; plunger injection molding machine; piston machine; plunger machine; ram machine

Kolbenstange *f <tech.allg>* • piston rod

Kolbenverdichter *m <tech.allg>* • reciprocating piston compressor; piston type compressor

kollabieren *vi <tech.allg> (Tragwerk, Strukturteile; z. B. Rahmen, Träger)* • collapse *vi*

Kollektor *m <tech.allg> (Sammler; z. B. f. Sonnenenergie, Strom, Wasser, Schmutz)* • collector

Kollektor *m <el> (in Motor oder Gleichstromgenerator)* • collector; commutator

Kollektorfeld *n <energ.sol>* • collector field

Kollektorgehäuse *n <energ.sol>* • collector box; collector casing; collector container; collector frame

Kollektorneigung *f <energ.sol>* • collector tilt

Kollektornutzleistung *f <energ.sol>* • collector performance

Kollektorpumpe *f <energ.sol> (Umwälzpumpe)* • collector pump

Kollektorspannung *f <el> (an Generator)* • commutator voltage; collector voltage

Kollektorwirkungsgrad *m <energ.sol>* • collector efficiency

Kollergang *m <prod> (Mühle, Mischtrommel)* • edge runner [mill]; edge-running machine; mulling machine; pan crusher/grinder; pug mill

kollern *vt <prod>* • mull *vt*

kollidieren *vi <tech.allg> (allg.; bewegte Objekte)* • collide *vi*; collision: come into ~ with *vi*

Kollimation *f <opt> (von Strahlen; z. B. von Laserstrahlen)* • collimation; parallel bundling *coll*

Kollimationslinse *f <opt> (zur Parallelbündelung)* • collimating lens

Kollision *f <allg> (z. B. von Fahrzeugen, Terminen, Atomen)* • collision

Kollisionsfreiheit *f <prod> (von Kränen, Robotern etc.)* • operating clearance

Kollisionsschutzradar *n <navig>* • anti-collision radar

Kollisionsvermeidung *f <autom.msr> (z. B. von Flugzeugen, Autos, FTS, Robotern)* • collision avoidance; obstacle avoidance

Kollo *n pl*: **Kolli** *<pack.logist>* • package unit; shipping unit; package *pract*

kolloidale Lösung *f <chem>* • colloidal solution; colloidal dispersion

Kollokation *f <term> (z. B. einen Vortrag halten, eine Schraube lösen)* • collocation *ISO 12620*

Kolonnade *f <bau> (überdachte Promenade)* • colonnade; gallery

Kolonne *f DIN 28016 <verf> (z. B. Destillation, Säure)* • column; tower

Kolophonium *n <mat.mus> (für Streichinstrumente; z. B. Geigenbögen)* • rosin; colophonium; colophony

Kolophoniumflussmittel *n <füg> (zum Löten)* • rosin flux; rosin-type flux

kolorieren *vt <obfl> (nachträglich mit Farbe versehen)* • color *vt US*; colour *vt GB*

Kolorimeter *n <tech.allg> (RGB-Analyse; z. B. für Displays, Fotografie, Medizin, Chemie)* • colorimeter; colourimeter *rare*; color-measuring instrument *US*; colour-measuring instrument *GB*

Kombi-Instrument *n <kfz.msr> (mehrere untrennbare Einzelinstrumente)* • instrument cluster

Kombikraftwerk *n <energ>* • combined cycle power plant (CCPP) *US*; combined cycle plant; CCGT power station *GB*; CCGT power plant *US*; combined heat and power station; CHP

Kombilimousine *f form <kfz>* • station wagon (wgn) *US*; estate car *GB*; wagon *US.pract.coll*; estate *GB.pract.coll*

Kombination *f*: **in ~ mit** *<allg>* • conjunction: in ~ with

Kombinationsimpfstoff *m <pharm>* • polyvalent vaccine; mixed vaccine; multivalent vaccine

Kombinationszange *f DIN ISO 5742 <wz> (gezahnte Greifbacken, Aussparung z. Greifen rd. Teile Drahtschneider)* • combination pliers *GB*; engineers' pliers *GB*; comb pliars *GB.pract*

kombinieren *vt <allg> (verbinden)* • combine *vt*

kombinierte Gas- und Dampfturbine *f* (GuD) *<energ>* • combined gas and steam turbine

kombinierte Parallel-/Serienschaltung *f <energ.sol> (von Sonnenkollektoren, Solarzellen)* • series parallel connection

kombinierter Bauch- und Schultergurt *m <aerosp.sich> (Pilotensitz)* • harness *JAR 1.1*

Kombiprozess *m <turb>* • combined cycle *ISO 3977-1*; combined gas and steam turbine cycle

Kombizange *f <wz> (eine typische Allzweckzange, unabhängig von Bauartdetails)* • general purpose pliers; combination pliers *GB*; slip joint pliers *US.pract*; comb pliars *GB.pract*

Kombüse *f <nav> (kitchen and cooking apparatus)* • galley; caboose *obs*

Komedonenentferner *m <hygi.wz>* • comedone extractor; blackhead and whitehead remover

Kometenbahn *f <astron>* • cometary orbit

Komfort *m <allg>* • comfort

Komforteinbuße *f <allg>* • comfort loss

Komfortsitz *m <fz.innen> (mit Lendenstütze etc.; meist elektr. verstellbar)* • comfort seat; luxury seat; deluxe seat

Komforttelefon *n <tele>* • feature telephone; added-feature telephone

Kommaautomatik *f <math>* • automatic decimal point positioning

kommaförmig *<allg>* • comma-shaped

kommaförmig *<prod> (Span)* • wedge-shaped

Kommasetzung *f <math> (in Dezimalzahlen)* • decimal point location; decimal point position

Kommaverschiebung *f <math> (in Dezimalzahlen)* • point shift; point shifting

Kommentar *m <allg>* • comment

Kommentarzeile *f <allg>* • comment line

Kommerzialisierung *f <allg>* • commercialization; commercialisation *GB*; commercial launch

Kommissionieren *n <logist> (auftragsweises Zusammenstellen von Artikeln)* • order picking; picking *pract*

Kommissionierfahrzeug *n <logist> (Flurförderer)* • order picker truck; order picker vehicle

kommunale Kläranlage *f <ents.hydr>* • municipal sewage treatment plant; municipal sewage purification plant; municipal sewerage disposal plant; municipal sewage treatment works; municipal water treatment plant

kommunales Abwasser *n <ents>* • municipal wastewater; municipal sewage

Kommunalfahrzeug *n <kfz>* • municipal vehicle

Kommunikation *f <allg> (zw. Menschen, Geräten)* • communication

Kommunikation Mensch-Maschine *f <tech.allg>* • man-machine communication

Kommunikationsfehler *m <tech.allg>* • communication error

Kommunikationskette *f <tech.allg>* • communication chain

Kommunikationssatellit *m <navig>* • communication satellite

kommunizieren *vi <allg>* • communicate *vi*

kommunizierende Röhren *fpl <phys> (Flüssigkeitsstatik)* • communicating tubes

kommutativ *<math> (z. B. Boole'sche Algebra)* • commutative

Kommutatorlamelle *f <el>* • commutator segment; commutator bar

Kommutierbarkeit *f <allg>* • commutability; commutativity

Kommutierbarkeit *f <math> (z. B. von Faktoren; z. B. a x b = b x a)* • permutability; commutability; commutativity

Kompaktbauweise *f <tech.allg> (konkrete Ausführung)* • compact construction

Kompaktbauweise *f <tech.allg> (Konzeption)* • compact design

Kompaktklasse *f <kfz> (Pkw-Kategorie; z. B. Audi A3, BMW 1er, Skoda Fabia, VW Golf)* • compact cars

Kompaktklasse *f <kfz.ökol> (USA: ca. 3 m³ Raum f. Personen & Gepäck; z. B. 5er, E-Klasse, Golf)* • compact cars

Kompassablenkung *f <navig> (durch äußere Einflüsse, z. B. Eisen)* • compass deviation

Kompass-Abweichung *f <navig> (zw. Magnetisch- u. Geographisch-Nord)* • compass variance

Kompasspeilung *f <navig>* • compass bearing

kompatibel *<tech.allg> (z. B. Geräte, Verfahren, Systeme, Programme)* • compatible

Kompatibilität *f <tech.allg> (z. B. von Geräten, Verfahren, Systemen, Programmen)* • compatibility

Kompatibilität *f <kfz> (Sicherheitsaspekt beim Crash)* • crash compatibility *:V*

Kompensator *m <rls> (zum Ausgleich von Rohrbewegungen)* • expansion joint; compensator *rare*

kompilieren *vt <comp> (Programm)* • compile *vt*

Komplementärfarbe *f <opt>* • complementary color *US*; complementary colour *GB*

Komplettrad *n <kfz> (betont: bestehend aus Rad und Reifen)* • wheel-and-tire assembly *US*; wheel-and-tyre assembly *GB*

Komplexität *f <allg>* • complexity

Komplikation *f <allg> (z. B. in Geschäft, Krankheit, Uhrwerk)* • complication

Komponente *f <tech.allg> (Teil einer größeren Einheit; z. B. ein Reaktor in einem KKW)* • component

Kompositbauweise *f <tech.allg> (aus mehreren Komponenten bestehend; z. B. laminiert)* • composite construction

Kompost *m <agri>* • compost

Komposterde *f <agri> (als Nährboden)* • compost

kompostieren *vt* *<ents>* • compost *vt*

kompoundieren *vt* *<tech.allg>* • compound *vt*

kompresser Satz *m* *<druck>* • solid matter; solid type

kompressibel *<phys>* *(Stoffeigenschaft)* • compressible

Kompression *f* *<tech.allg>* *(z. B. von Gas, Daten)* • compression

Kompression *f* *<kfz.mot>* *(Kraftstoff/Luft-Gemisch)* • compression

Kompressionsdruck *m* *<tech.allg>* *(z. B. in Motor, Reifen, Druckluftflasche)* • compression pressure

Kompressionskälteanlage *f* *<hlk>* *(z. B. Kühlhaus, Kunsteisbahn)* • compression refrigeration plant; compression refrigeration system

Kompressionsverhältnis *n* *<tech.allg>* *(z. B. von Kolbenmaschinen)* • compression ratio

Kompressor *m* *<tech.allg>* *(zum Füllen von Druckluftanlagen)* • air compressor

Kompressor *m* *<hlk>* *(Kältetechnik allg.)* • compressor

Kompressormotor *m* *<mot>* • supercharged engine; compressor engine; forced-induction engine *rare*

kompress setzen *vt* *<druck>* *(Zeilen ohne Abstand arrangieren)* • set solid *vt*; set closed up *vt*

komprimierbar *<tech.allg>* *(z. B. Abfall)* • compressible; compactible

komprimieren *vt* *<tech.allg>* *(z. B. Gas, Daten, Text)* • compress *vt*

komprimieren *vt* *<tech.allg>* *(verfestigen)* • consolidate *vt*

komprimiertes Erdgas *n* (CNG) *<petr>* *(v. a. Methan; ROZ 130; 200 bar)* • compressed natural gas (CNG)

Kompromiss *m* *<allg>* • compromise; trade-off

Kondensat *n* *<tech.allg>* • condensate

Kondensatabscheider *m* *<tech.allg>* *(z. B. in Druckluftsystemen)* • condensate trap

Kondensatbehälter *m* *<verf>* • condensate tank; condensate collector; condensate container

Kondensation *f* *<tech.allg>* *(Vorgang)* • condensation; condensate formation; formation of condensate

Kondensation *f* *<bau>* *(an relativ kalten Flächen; z. B. an Fensterscheiben, Fliesen)* • condensation

Kondensation *f* *<phys>* *(Änderung des Aggregatzustands von gasförmig zu flüssig)* • condensation; liquefaction

Kondensationskeim *m* *<meteo>* *(z. B. zur Nebel-, Wolken- und Regenbildung)* • condensation nucleus; nucleation center *US*; condensation site; condensation center *US*; nucleation centre *GB*

Kondensationspolymerisation *f* (KP) *IUPAC* *<kst>* • condensation polymerization *IUPAC*

Kondensator *m* *<el>* • capacitor

Kondensator *m* *<verf>* *(allg.; jede Bauart, jede Größe; für Wasserdampf oder andere Dämpfe)* • condenser

Kondensatpumpe *f* *<verf>* *(allg.)* • condensate pump

kondensieren *vi* *<phys.therm>* *(z. B. Wasserdampf)* • condense *vi*

kondensieren *vt* *<nahr>* *(zum Aufkonzentrieren, Eindicken)* • inspissate *vt*; boil down *vt*

kondensieren *vt* *<phys>* *(z. B. Dampf, Kältemittel)* • condense *vt*

Kondensmilch *f* *<nahr>* • evaporated milk *US*; condensed milk *GB*

Kondensor *m* *<opt>* *(opt. System, Linse; z. B. in Fotolabor-Vergrößerern, Scheinwerfern)* • condenser; condenser system

Kondenswasser *n* *<tech.allg>* *(allg.)* • condensed water; condensation water

konditionieren *vt* *<tech.allg>* • condition *vt*

Kondom *n* *<hygi>* *(typ. Verhütungsmittel)* • condom; rubber *US.coll*

Kondominium *n* *<bau.fin>* *(allg.; z. B. Wohn-, Bürogebäude, Geschäftshaus)* • condominium *US*

Konduktanz *f* (G) *DIN 40110* *<el>* *(Fähigkeit, Strom zu leiten; Kehrwert des Widerstands; Einheit: Siemens)* • conductance (G); electric conductance; specific conductance

Konduktanz *f* *<phys>* *(Fähigkeit, Wärme oder Strom zu leiten)* • conductance; modulus of admittance; susceptance; admittance

konduktive Verluste *mpl* *<energ.sol>* • conductive heat losses *pl*; conduction losses *pl*; heat losses by conduction *pl*

Konfektion *f <bekl> (Kleidung)* • ready-to-wear clothes; prêt-à-porter clothing; ready-made clothing *rare*

Konfektion *f <fz.prod> (Wickeln von Reifenrohlingen)* • final assembly

Konfektion *f <textil> (als Branche)* • garment industry

konfektionieren *vt <chem> (Substanz)* • formulate *vt*

konfektionieren *vt <el> (Kabel und Stecker etc., Kabelbäume)* • assemble *vt*

konfektionieren *vt <prod> (Reifen, Gummigewebe)* • build *vt*; assemble *vt*

konfektionieren *vt <textil>* • make up *vt*

konfektioniertes Anschlusskabel *n <el> (fertiges Kabel mit Stecker; z. B. Netzkabel, Verbindungskabel PC-Drucke)* • cable assembly; ready made-up connection cable

konfektioniertes Kabel *n <el> (auf individuelles Maß zugeschnitten)* • customized cable *US.GB*; customised cable *GB.rare*

konfektionierte Zuleitung *f <el> (Kabel+Netzstecker)* • power cord assembly

Konferenzdolmetscheranlage *f <transl>* • conference interpreting facilities

Konferenzschaltung *f <tele>* • conference connection

konfigurierbar *<tech.allg>* • configurable

konfigurieren *vt <comp> (ein System, Programm)* • configure *vt*

konform *<allg> (z. B. Tätigkeit, Methoden, Verlauf)* • conformal

Konformitätsbewertung *f <norm> (z. B. von Vorschriften, Normen)* • conformity assessment

Konformitätserklärung *f <qualit> (z. B. mit EU-Richtlinien, Vorschriften, Normen)* • statement of compliance; declaration of conformity

konglomerieren *vi <tech.allg>* • conglomerate *vi*

kongruent *<math> (z. B. geometr. Figuren, Flächen, Formen)* • congruent

Königswasser-Aufschluss *m DIN EN ISO 1558 <chem.verf>* • aqua-regia digestion *DIN EN ISO 1558*

Königswelle *f <masch> (senkrecht stehende Antriebswelle mit Kegelrädern)* • bevel shaft; vertical shaft

Königszapfen *m <nfz> (in Aufliegerplatte)* • king pin

konisch *<tech.allg> (Hohlkegel; z. B. große Düse)* • bell-mouthed

konisch zulaufend *<tech.allg>* • cone-ended; tapering; tapered; taper

Konizität *f <masch> (eines Hohlkegels)* • bell-mouthing

Konizität *f <masch> (von Formschrägen, Anzug von Kegelstiften)* • draft

Konizität *f <prod> (z. B. als Angabe in techn. Zeichnung)* • degree of taper

konjugiert *<tech.allg> (Winkel, Durchmesser, Zahlen, Ebenen, Punkte)* • conjugate

Konjunktion *f <tech.allg> (z. B. Logik, Schaltungen)* • conjunction

konkav *<tech.allg> (nach innen gewölbt; z. B. Kehle, Mulde, Spiegel, Linse)* • concave

konkav-konvex *<allg> (Form, Oberfläche)* • concavo-convex

konsekutiv *<tech.allg> (z. B. Arbeitsvorgänge, chem. Reaktionen)* • consecutive

konservativer Ansatz *m <tech.allg> (vorsichtig)* • conservative approach

Konservenfabrik *f <nahr.prod>* • cannery *US*; food-canning factory *GB*; canning factory *GB*; preserving plant *rare*; tinning factory *rare*

konservieren *vt <nahr> (z. B. Obst, Gemüse, Fisch)* • preserve *vt*

konservieren *vt <obfl> (versiegeln; mit Lack, Wachs, Öl etc.)* • seal *vt*

Konservierungsmittel *n <nahr>* • preservative

konsistent *<tech.allg>* • consistent

Konsistenz *f <qualit.mat>* • consistency; consistence

Konsistenzprüfung *f <comp>* • consistency check

Konsole *f <tech.allg> (z. B. Werkzeugmaschine, Kran, Möbel)* • console

Konsole *f <bau> (kurzer Kragarm in Wand, Stütze für Querträger; z. B. unter Fenstersims)* • corbel; bracket

Konsole *f <wz.masch> (Bedienpult)* • control panel

Konsole *f <wz.masch> (Tischträger)* • knee

Konsole *f <wz.masch> (mit Bedienfeld, Tastatur, Bildschirm)* • operator's console

konstant *<allg> (stabil)* • stabilized

konstant *<tech.allg> (unverändert über die Zeit; Größen, Zustände, Abläufe aller Art)* • constant *adj*

konstant halten *vt <tech.allg> (Variablen; z. B. Drehzahl, Geschwindigkeit, Temperatur)* • keep constant *vt*; maintain constant *vt*

Konstanthänger *m <rls>* • constant-hanger

Konstantspannungsquelle *f <el>* • constant-voltage source; constant-voltage supply

Konstellation *f <allg>* • constellation

konstruieren *vt <tech.allg> (entwerfen und berechnen; z. B. Bauteil, Maschine, System)* • design *vt*

konstruieren *vt <tech.allg> (z. B. geom. Figur, Maschine, Bauwerk)* • construct *vt*

Konstrukteur *m <tech.allg> (baut und entwickelt technische Produkte)* • design engineer

Konstruktion *f <tech.allg> (Dimensionierung eines Tragwerks etc.)* • structural design

Konstruktion *f <tech.allg> (als Disziplin)* • design engineering

Konstruktion *f <tech.allg> (Vorgang; z. B. rechnergestützt)* • design effort; design

Konstruktion *f <tech.allg> (Konzeption, Entwurf)* • design concept; design

Konstruktion *f <tech.allg> (allg. Bauart; technische Konzeption)* • design

Konstruktion *f <tech.allg> (konstruktive Anordnung, Geometrie)* • design configuration; design; layout

Konstruktion *f <tech.allg> (physikalische Struktur, Gefüge)* • structure

Konstruktion *f <tech.allg> (konkrete, physische, realisierte Bauweise)* • construction

Konstruktion *f <doku> (geometrisch; beim techn. Zeichnen)* • geometrical construction

konstruktionsbedingt *<tech.allg>* • inherent in design; design-inherent; due to this design; design-specific

konstruktionsbedingter Vorteil *m <tech.allg>* • advantage inherent in this design; design-specific advantage; advantage of this design

konstruktionsbedingtes Problem *n <tech.allg>* • problem inherent in this design; design-specific problem; problem of this design

Konstruktionsbeton *m <bau.mat> (tragender Beton)* • structural concrete

Konstruktionsfehler *m <qualit> (Baufehler, Fehler in der Ausführung)* • construction fault

Konstruktionsfehler *m <qualit> (konzeptueller Fehler; z. B. falsch berechnet)* • design fault

Konstruktionsmerkmal *n <tech.allg>* • design feature

Konstruktionsparameter *m <tech.allg>* • design parameter

Konstruktionszeichnung *f <doku>* • engineering structural drawing; engineering construction drawing

konstruktiv *<allg>* • constructive

konstruktive Änderung *f <tech.allg>* • design change

Konsumelektronik *f <el> (allg. Elektrogeräte)* • consumer electronics; home electronics

Konsumgütermarkt *m <ökon>* • B2C market; business-to-consumer market *rare*

Kontakt *m <tech.allg>* • contact

Kontaktabbrand *m <el> (bei Unterbrecherkontakten)* • contact erosion; burning

Kontaktabstand *m <el> (allg.)* • contact clearance; contact gap; contact distance *rare*

Kontaktbogen *m <phot> (Kontaktkopie eines ganzen Films)* • contact sheet; proof sheet; proofs *pl pract*

Kontaktbürste *f <el> (allg.; typ. Kupfer od. Kohle)* • contact brush

Kontaktfahne *f <el> (an Bausteinen)* • contact tag; tab

Kontaktfläche *f <tech.allg> (z. B. Flansch, Dichtung, Klebverbindung, Reibfläche)* • contact area; contact surface

kontaktfrei *<tech.allg>* • contactless

Kontaktheizung *f <tech.allg>* • contact heater

kontaktieren *vt <allg> (Kontakt aufnehmen; mit Objekten, Personen)* • contact *vt*

Kontaktierung *f <allg>* • contacting

Kontaktlinse *f ISO 8320-1 <opt> (statt Brille)* • contact lens *ISO 8320-1*

kontaktlose Transistorzündung *f <kfz.el>* • breakerless transistorized ignition [system]; contactless electronic ignition [system]

Kontaktprellen *n <el>* • contact bounce; contact chatter; bouncing; chattering

Kontaktstelle *f <el> (an einer Klemme)* • terminal area

Kontaktstelle *f <el> (auf einer Leiterplatte)* • terminal pad

Kontaktstelle *f <msr> (eines Thermoelements)* • thermojunction

Kontaktstift *m <el> (klein; typ. in vielpoligen Steckverbindungen)* • pin; connector pin; contact pin

Kontaktvoltmeter *n <el>* • contact-making voltmeter

Kontaktzunge *f <el> (allg.; steif oder federnd; z. B. an H4-Lampe, in Steckverbinder)* • contact blade

Kontaktzunge *f <kfz.el> (federnd; z. B. an Lampenfassung od. Verteilerfinger)* • contact spring

kontaminieren *vt <tech.allg> (allg. verunreinigen)* • contaminate *vt*; soil *vt*

kontaminieren *vt <tech.allg> (mit Strahlung, Chemikalien, Bakterien, Viren u. Ä.)* • contaminate *vt*

kontaminiert *<tech.allg> (allg.; z. B. Erdreich mit Altöl, Dioxin)* • contaminated; polluted

Kontermutter *f <füg> (zur Schraubensicherung)* • lock nut

Kontext *m <term>* • context *ISO 12620*

Kontinentalplatte *f <geo>* • continental plate

Kontinentalrift *n <geo>* • continental rift

Kontinentalsockel *m <geo>* • continental shelf; continental basement

Kontinentalverschiebung *f <geo> (Plattentektonik)* • continental drift

Kontingent *n <logist> (von Waren, Lieferungen)* • allotment; quota

kontinuierlich *<allg> (gleich bleibend; z. B. Auslastung, Nachfrage, Entwicklung)* • continuous; constant *adj*

kontinuierliche Nachführung *f <energ.sol> (von Konzentratoren; z. B. von Parabolrinnenspiegeln)* • continuous tracking; continuous adjustment

kontinuierlicher Betrieb *m <tech.allg>* • continuous operation

kontinuierliches Verfahren *n <tech.allg>* • continuous process

Kontinuität *f <allg> (einer Entwicklung, eines Ablaufes)* • continuity

Kontinuum *n <allg> (z. B. Raum, Zeit, Farbverlauf, Spektrum)* • continuum

Kontrast *m <tech.allg> (Licht, Farbe, Motiv; z. B. hell/dunkel, kalt/warm, hart/weich)* • contrast

kontrastarm *<phot> (Bild, Beleuchtung; als Nachteil)* • low in contrast; poor in contrast; flat; dull

Kontrastausgleich *m <phot>* • contrast adjustment

kontrastieren *vi <allg> (z. B. Helligkeit, Farben)* • contrast *vi*

Kontrastmittel *n DIN EN 1330-3 <opt> (z. B. für Durchstrahlungsprüfung von Lebewesen, Werkstoffen)* • contrast agent; contrast medium

Kontrastregelung *f <av>* • contrast control

Kontrastregler *m <av> (z. B. am Bildschirm)* • contrast control

kontrastreich *<phot> (Bild, Beleuchtung; vorteilhaft)* • high in contrast; crisp; contrasty; rich in contrast

Kontrastumfang *m <comp> (Bildschirm; Verhältnis)* • dynamic range

Kontrollbescheinigung *f <allg>* • inspection certificate

Kontrollbildschirm *m <comp> (bei DSLR; zur Anzeige der aktuellen Kameraeinstellungen)* • control panel; LCD panel

Kontrolle *f <allg> (eher kurzer Vorgang; z. B. von Füllstand, Verriegelung, Reisegepäck)* • check; checking

Kontrolle *f <allg> (Einfluss auf od. über etw.; z. B. über ein Fahrzeug, System, Gelände)* • control

Kontrolle vor Ort *f <qualit> (z. B. am Einbauort, auf der Baustelle)* • on-site inspection

Kontrollgerät *n <tech.allg> (zum Überprüfen von etw.)* • checking device; controlling device *rare*; control instrument *rare*

Kontrollgerät *n <tech.allg> (zur Überwachung)* • monitoring device; monitor device *rare*

kontrollieren *vt <allg> (eher kurzer Vor-*

gang; z. B. Füllstand, Verriegelung, Reisegepäck) • check *vt*

kontrollieren *vt <tech.allg> (eher langfristig; überwachen)* • monitor *vt*

kontrollierte Atmosphäre *f <hlk> (z. B. Verpackungsanlage, Verbrennung, Wärmebehandlung)* • controlled atmosphere

kontrollierter Bereich *m <tech.allg> (Zugang nur für Berechtigte; z. B. Labor, Reinraum, Waffenkammer)* • controlled-access area

Kontrolllampe *f <msr> (Anzeige, dass etwas betriebsbereit od. eingeschaltet ist; kein Blinker)* • pilot lamp; telltale lamp *rare.coll*; neon *rare.coll*

Kontrolllampe *f <msr> (allg. für Betriebszustand; z. B. EIN/AUS; jede Farbe möglich)* • indicator lamp

Kontrollleuchte *f <msr> (allg. für Betriebszustand; z. B. EIN/AUS; jede Farbe möglich)* • indicator light (IND LITE); indicator *pract.coll*; signal light *rare*

Kontrollpunkt *m <allg> (punktuelle Kontrolle; z. B. an Grenzübergang)* • checkpoint

Kontrollpunkt *m <tech.allg> (bei Überwachung)* • monitoring point

Kontrollstab *m <pack> (Pre-Necker/ /Necker)* • control rod

Kontrollstation *f <tech.allg> (z. B. Förderanlage, Hafenbehörde)* • control station

Kontrollsumme *f <tech.allg> (allg.; z. B. die Quersumme)* • check sum

Kontrollsystem *n <tech.allg>* • monitor system

Kontrollturm *m <aerosp> (Flughafen)* • control tower; tower *pract*; airport control tower; airport tower; air traffic control tower

Kontrollzentrum *n <tech.allg> (konkret od. figurativ)* • control center *US*; control centre *GB*

Kontrollzone *f* (CTR) *<aerosp>* • control zone (CTR)

Kontur *f <tech.allg>* • contour; outline

Konus *m <masch> (am Ende von etw.; z. B. an Wellen)* • tapered end

Konus *m <masch> (z. B. an Reibungskupplungen, Wellen)* • cone

Konus *m <wz.masch> (an Werkzeugen)* • shank taper

Konuskupplung *f <masch>* • cone clutch; conical clutch

Konuslautsprecher *m <av>* • cone-type loudspeaker; cone-type chassis; cone-type driver; cone loudspeaker

Konusverschraubung *f <rls> (von Rohren)* • conus connection; compression fitting

Konvektion *f <geo> (im Erdmantel)* • convection

Konvektionsheizkörper *m <hlk>* • convection heater

Konvektor *m DIN EN 442 <hlk> (Wärmetauscher)* • convector

konventionell *<allg>* • conventional; traditional

konventionelles Lackieren *n <obfl> (allg.; mittels Luftzerstäubung)* • conventional painting; orthodox painting

konvergent *<tech.allg> (zusammenlaufend, einschnürend; z. B. Rohr, Strömung)* • converging; convergent

konvergenter Strahl *m <phys> (allg.)* • convergent beam

konvergieren *vi <tech.allg>* • converge *vi*

Konversion *f <tech.allg>* • conversion

Konversionsverfahren *n <tech.allg>* • conversion process

Konverter *m <tech.allg>* • converter

Konvertierung *f <tech.allg> (z. B. Daten, Formate, Einheiten, Chemikalien)* • conversion; transformation

konvex *<tech.allg> (nach außen gewölbt)* • convex

Konvexität *f <tech.allg>* • convexity

Konzentrat *n <chem>* • concentrate

Konzentration *f <chem> (einer Lösung)* • strength

Konzentration von CO, NOx und KW *f <emiss> (z. B. in Fahrbahnnähe)* • NMHC concentrations

konzentrieren *vt <allg>* • concentrate *vt*

konzentrieren auf *vr <allg> (abstrakt; z. B. ein Thema, Gegenstand, Problem)* • concentrate on *vt*; focus on *vt*; deal with *vt*; cover *vt*

konzentriert *<allg>* • concentrated

konzentriert *<allg> (in Klumpen o. ä. zusammengefasst, geballt)* • lumped

konzentrierte Säure *f <chem>* • concentrated acid

konzentrisch *<tech.allg> (mit gleichem Mittelpunkt)* • concentric

Konzeptfahrzeug *n* *<fz>* • concept vehicle; demonstrator vehicle; concept car *coll*

Konzeptstudie *f* *<tech.allg>* • concept study

Konzern *m* *<ökon>* • group; combine *GB*; combination *US*; group of affiliated companies; consolidated companies

Koordinatenachse *f* *<tech.allg>* *(Mathematik, Schaubild, Werkzeugmaschine)* • coordinate axis

Koordinatenbezugssystem *n* *<tech.allg>* • coordinate reference system

Koordinatenmessgerät *n* (KMG) *DIN 32880-1* *<msr>* • coordinate measuring machine (CMM) *ISO/TS 15530-3*; 3-D-coordinate measuring machine; coordinate measuring instrument

Koordinatensystem *n* *<math>* *(allg.)* • coordinate system

Köper *m* *<textil>* *(Gewebe mit Köperbindung)* • twill

Kopf *m* *<allg>* • head

Kopfairbag *m* *<kfz.sich>* • head air bag; head airbag; head bag

Kopfbahnhof *m* *<bahn>* *(muss keine Endstation sein; z. B. Frankfurt, Leipzig, Stuttgart)* • dead-end station; railhead station; stub terminal

Kopfdurchmesser *m* *<tech.allg>* *(z. B. von Schrauben allg.)* • head diameter; diameter of the head

Kopffreiheit *f* *<fz.innen>* *(Abstand Kopfoberseite-Dachhimmel)* • headroom; head room; head clearance

Kopfhörer *m* *<av>* *(allg.)* • headphones *pl*; earphones *pl*; cans *pl coll*

Kopfhörerbuchse *f* *<av>* *(z. B. an CD--ROM-Laufwerk, Walkman)* • headphone jack; phone output; phone jack

Kopfhörergarnitur mit Mikrofon *f* *<av>* *(allg.; z. B. für Spracheingabe am PC, Call-Center, Intercom)* • headset with microphone; headgear with microphone; microphone headset

Kopfkontakt *m* *<tech.allg>* • head contact

kopflastig *<tech.allg>* • top-heavy

kopflastig *<fz>* • nose-heavy; nose--down

kopflos *<tech.allg>* *(z. B. Schraube, Niet)* • headless

Kopfnote *f* *<allg>* *(von Düften, Parfums)* • head note; top note

Kopfschraube *f rar* *<füg>* *(Schraube mit Kopf, im Ggs. zu Schrauben ohne Kopf)* • cap screw; headed screw *rare*

Kopfstein *m* *<bau.mat>* *(Mauerziegel mit halber Länge)* • half-length brick

Kopfstein *m* *<bau.verk>* *(Straßenpflaster; Oberseite gerundet)* • cobblestone; cobble; nigger head *jarg.obs*

Kopfsteinpflaster *n* *<bau.verk>* *(Straßenbelag)* • cobblestones; rubble pavement

Kopfstütze *f* (KS) *<kfz.innen>* • headrest; head rest; head restraint; head support

Kopftext *m* *<doku>* • header

Kopftrommel *f* *<av>* *(zylindr. Teil des Kopfaggregats beim Schrägspurverfahren)* • video head drum; head drum; drum

kopfverspiegelte Lampe *f* *<el.licht>* • crown mirrored lamp

Kopfzeile *f* *ISO/IEC 2382-23* *<druck>* *(einer Seite)* • page header *ISO/IEC 2382-23*; header; pagehead

Kopie *f* *<doku>* *(betont: zweites Exemplar; z. B. von Rechnung, Urkunde)* • duplicate

Kopie *f* *<kunst>* *(z. B. eines Bilds, einer Skulptur)* • copy

Kopie *f* *<phot>* *(Abzug)* • print

Kopierdrehen *n* *<prod>* • copy turning; duplicate turning

Kopierdrehmaschine *f* *<wz.masch>* • duplicating lathe; copying lathe; contouring lathe

kopieren *vt* *<tech.allg>* *(z. B. Dokument, Tonträger, Werkstück)* • copy *vt*; duplicate *vt*

kopieren und einfügen *vt* *<comp>* • copy and paste *vt*

kopiergeschützt *<comp>* *(Datenträger oder Datei; z. B. Diskette, CD, Band)* • copy-protected

Kopiergeschwindigkeit *f* *<tech.allg>* • copy speed

Kopierpapier *n* *<pap>* *(typ. 80 g/m^2)* • copy paper

Kopierschutz *m* *<comp>* *(z. B. von Software)* • copy protection; copy prevention *rare*

Kopierschutzstecker *m* *<comp>* *(typ. an Parallelschnittstelle)* • dongle

koplanar *<phys> (z. B. Vektoren, Licht)* • coplanar

Koppel *f <agri> (Weide)* • paddock

Koppel *f <masch> (Verbindungsstange; z. B. kinematisches Getriebe)* • connecting rod

Koppel *f <masch> (allg.; Verbindungsstück)* • connecting link; coupler

Koppel *n <bekl> (Gürtel; z. B. Uniform)* • belt

Koppelgerät *n <tech.allg>* • coupling device

Koppelgetriebe *n <masch> (mit Kurbel)* • crank mechanism; coupler mechanism

koppeln *vt <allg> (verbinden; z. B. technisch, thematisch)* • link *vt*

koppeln *vt <tech.allg> (elektrisch, mechanisch)* • couple *vt*

koppeln *vt <tech.allg> (miteinander verbinden; konkret od. abstrakt)* • interlink *vt*

koppeln *vt <el> (wechselseitig verbinden; z. B. Schaltkreise)* • interconnect *vt*

koppeln *vt <el> (über eine Schnittstelle; z. B. Peripheriegerät)* • interface *vt*

koppeln *vt <prod> (direkt verbinden, anschließen; z. B. Fertigungsvorgänge)* • connect *vt*

Koppelrastgetriebe *n <masch> (Antriebsseite stetig treibend, Abtriebsseite aussetzend bewegt)* • coupler dwell mechanism; coupler rest mechanism; coupler stop mechanism; linkage dwell mechanism

Koppler *m <tech.allg>* • coupler

Kopplung *f <av> (akustisch)* • coupling

Kopplung *f DIN IEC 50 <el> (z. B. von Stromkreisen)* • coupling *DIN IEC 50*

Kopplung *f <masch> (kinematisch; mit Gestängen, Gelenken etc.)* • linkage

Kopplungsdämpfung *f DIN IEC 62153-4 <el>* • coupling attenuation *IEC 62153-4-5*

Kopplungswiderstand *m DIN IEC 62153-4 <el>* • surface transfer impedance *IEC 62153-4-3*; coupling impedance; interaction impedance; coupling resistance

Kops *m <textil> (konisch aufgewickelte Garnspule)* • cop

Korall *m <mat> (als Schmuckstein)* • coral

Koralle *f <bio> (als Anthozoenart)* • coral

Koralle *f <geo> (als Material)* • corallum

Korallenbank *f <geo>* • coral reef

Korb *m <av> (Lautsprecher)* • frame; chassis; basket; bucket

Korb *m <bau.förd>* • bucket

Korb *m <min.förd> (Schachtförderanlage; z. B. Fahrkorb)* • cage

Korb *m DIN 55 405 <pack> (geflochten)* • basket

Korbflasche *f DIN 55 405 <pack.silik>* • carboy

Korbmöbel *npl <allg>* • wicker furniture

Korbspule *f <el> (z. B. Honigwabenspule, Flachspule)* • basket coil; spider-web coil

Kord *m <textil> (z. B. für Hosen)* • corduroy; cord

Kordeinlage *f <rls>* • cord reinforcement; cord fabric

Kordel *f <masch> (typ. rautenförmiges Rändelmuster; z. B. an Schrauben)* • diamond knurl; diamond pattern *rare*; diamond-shaped knurling *rare*

Kordel *f <textil> (Schnur, verdrillt; eher dick; auch als Verzierung)* • twine; cord; round twine *rare*

Kordieren *n <prod>* • diamond-shaped knurling; double-wheel knurling

kordieren *vt <obfl>* • knurl with double-wheel knurling tool *vt*

Kordlage *f <tech.allg> (z. B. in Autoreifen)* • carcass ply; casing ply; cord ply

kordumsponnener Schlauch *m <tech.allg> (Druckschlauch; z. B. Gartenschlauch, Bremsschlauch)* • cord-braided hose; cord-braid hose

Kork *m <mat>* • cork

Korkdämmplatte *f <bau.mat>* • corkboard

Korkdichtung *f <tech.allg>* • cork gasket

Korken *m <pack.nahr> (Flaschenverschluss)* • cork

Korkenzieherregel *f <el>* • corkscrew rule

Korn *n <tech.allg> (Kristallstruktur)* • grain

Korn *n <agri> (Getreide; z. B. Weizen, Hafer)* • corn

Korn *n <mat> (scharfkantig; z. B. Splitt)* • grit

Korn *n <mat> (Partikel; jede Form)* • particle; granule

Korn *n <mil> (Schrotkorn als Munition)* • pellet

Korn *n <mil> (Visier; vorne)* • front sight; foresight *GB*

Korn *n <verf.metall> (in Körnerfassungen)* • bead *US*; grain *GB*

Korn *nsg <phot> (Bildmerkmal)* • grain *sg*

Kornelevator *m <agri.tech>* • grain elevator

Körner *m <wz>* • center punch *US*; centre punch *GB*; puncher *coll*; pointed punch *rare*

Korngrenze *f <mat> (Kristallgefüge)* • grain boundary; crystal boundary

Korngröße *f <tech.allg> (von losen Teilchen; z. B. Schüttgut, Kies, Sand, Staub)* • particle size; grain size

Korngröße *f <bau.mat> (z. B. von Sand, Kies)* • grain size; particle size

Korngröße *f VDI4640 <geo>* • particle size *VDI4640*; grain size

Korngröße *f <verf> (Siebklassierung)* • screen size

Korngrößenanalyse *f DIN ISO 2395 <tech.allg> (allg.)* • particle-size analysis *ISO 2395*; grain-size analysis; granulometric analysis; grain-particle-size analysis

Korngrößenfraktion *f <verf> (alle Teilchen der gleichen Größe; z. B. Schwebstoff)* • particle size fraction; grain-size fraction; grain fraction; size category; size fraction

körnig *<mat> (kies-, splittähnlich)* • gritty

körnig *<mat> (Form, Struktur)* • granular

körnig *<phot> (Film, Bild)* • grainy

Körnigkeit *f <tech.allg> (Feinheit der Struktur von Material od. Oberflächen)* • granularity; graininess; grain *pract*

Kornschnecke *f <agri.tech>* • grain auger

Körnung *f <wz> (von Schleifpapier, Schmirgelleinen etc.; z. B. Körnung 320)* • grit; grit size; grade *GB*; grain size

Körnung 180 *f <wz> (Beispiel für Schleifpapier)* • 180 grit

Körnungsnummer *f <tech.allg> (Korngröße)* • grain-size number

Kornwachstum *n <metall> (Stahl)* • grain growth; grain coarsening; grain-size enlargement *rare*; grain-size increase *rare*

Korona *f <astron> (Sonne; aus ionisierten Gasen)* • corona; aureole

Koronaaufladung *f <druck>* • corona charging

Koronadraht *m <druck>* • corona wire

Korona-Effekt *m <energ.el>* • corona effect; corona; corona discharge; corona phenomenon

Koronaeinheit *f <druck>* • corona unit

Körper *m <bio> (von Lebewesen)* • body

Körper *m <math> (betont: massiv)* • solid

Körper *m <math>* • object

Körper *m <nahr> (z. B. von Wein, Speiseeis)* • body

Körper *m <phys> (betont: materiell im Ggs. zu immateriell)* • material body

körperlich *<allg>* • physical

Körperpflegewerkzeug *n <hygi.wz>* • body tool; cosmetic tool

körperreich *<nahr> (Wein)* • full-bodied

Körperscanner *m <bekl>* • body scanner

Körperschall *m* (KS) *<akust>* • structure-borne noise; solid-borne noise; structure-borne sound

Körperschutz *m DIN EN ISO14876 <sich> (z. B. schusssichere Weste)* • personal protection; body protection

Korpuskularstrahlung *f <phys>* • corpuscular radiation; particle radiation

Korpuskulartheorie *f <phys>* • corpuscular theory

korrekt *<allg> (richtig, bes. in Zweifelsfällen; z. B. Wert)* • correct

korrekt eingestellt *<tech.allg>* • correctly adjusted

Korrektionsglas *n ISO 13666 <opt> (Glas bzw. Brillenglas mit dioptrischer Wirkung)* • corrective glass *ISO 13666*

Korrektur *f <allg>* • correction

Korrektur *f <comp> (Programmergänzung)* • patch

Korrektur *f <msr> (von Störeinflüssen, Messfehlern)* • correction; compensation

Korrekturabzug *m <druck> (z. B. Fahne)* • copy proof

Korrekturfaktor *m <tech.allg>* • correction factor; corrective factor

korrekturlesen *vt <doku>* • proofread *vt*

Korrekturzeichen *n <druck> (DIN 16511)* • proof correction mark; proofreading symbol *rare*

Korrelation *f <tech.allg>* • correlation

Korrelator *m <tech.allg>* • correlator

korrelieren *vi/vt <math> (z. B. Werte, Größen)* • correlate *vi/vt*

korrespondierend *<allg>* • corresponding; conjugate *adj*

korrigieren *vt <allg> (durch Modifikation)* • modify *vt*

korrigieren *vt <tech.allg> (durch Nachstellen, Justieren)* • readjust *vt*

korrodierbar *<qualit.mat>* • corrodible

korrodieren *vi <obfl> (Zerstörung durch chemische/elektrochemische Vorgänge)* • corrode *vi*

korrodieren *vt <obfl> (betont: durch Lochfraß, Pitting)* • pit *vt*

korrodieren *vt <obfl> (Stahl, Eisenteile; z. B. Betonarmierung)* • rust *vt*

korrodieren *vt <obfl> (chemisch/elektrochemisch angreifen)* • corrode *vt*

Korrosion *f DIN 50900 <obfl> (chemischer/elektrochemischer Vorgang)* • corrosion *ISO 8044*; deterioration

Korrosion an tragenden Bauteilen *f <obfl>* • structural corrosion

korrosionsanfällig *<obfl.chem> (z. B. rostanfällig)* • susceptible to corrosion; prone to corrosion

korrosionsbeständig *<obfl>* • corrosion-resistant; non-corroding

Korrosionsbeständigkeit *f DIN EN ISO 8044 <obfl>* • corrosion resistance *ISO 8044*; resistance to corrosion; non-corrodibility

Korrosionselement *n <obfl> (galvan. Element; unterschiedl. Teilstromdichten)* • corrosion cell; corrosion couple

korrosionsgeschützt *<obfl>* • corrosion-protected

Korrosionsprodukt *n DIN EN ISO 8044 <obfl> (bei Korrosionsreaktionen entstehender Stoff; z. B. Rost)* • corrosion product *ISO 8044*; corrosion

Korrosionsschaden *m DIN EN ISO 8044 <obfl>* • corrosion damage *ISO 8044*

Korrosionsschutzadditiv *n <tech.allg> (z. B. in Lack, Schmieröl)* • corrosion inhibitor; corrosion-preventive additive; anti-corrosion additive

Korrosionsschutzfarbe *f <obfl>* • anticorrosive paint; corrosion-protective paint

Korund *m <min> (rhomboedrisches Aluminiumoxid)* • corundum

kosmische Geschwindigkeit *f <aerosp>* • cosmic speed

kosmische Strahlung *f <astron>* • cosmic radiation

kostengünstig *<tech.allg> (wirtschaftlich; z. B. Lösung, Konstruktion, Produkt)* • cost-effective

kostengünstig *<ökon> (wettbewerbsfähig; Produkt, Ware)* • competitive in price; well priced

Kote *f <geo> (Gelände)* • level; altitude

Kotflügel *m <kfz>* • fender *US*; mudguard *GB.AUS*; wing *GB*

Kotflügelverbreiterung *f <kfz> (meist nur im Radlaufbereich u. sanft verlaufend, eher diskret)* • fender flare *US*; wing arch *GB*; flared wing arch *GB*; flared wheel arch; arch *coll*

Kovalenzbindung *f <chem> (zwei Atome haben ein Elektronenpaar gemeinsam)* • covalent bond; non-polar atomic bond; shared-pair chemical bond; shared-electron-pair bond; covalency

Kraft *f <allg> (von Lebewesen; körperlich, metaphorisch; z. B. geistig, kreativ)* • strength

Kraft *f <ökon> (eines Landes, Unternehmens; z. B. Wirtschafts-, Innovationskraft)* • strength; power

Kraft *f* (F) *DIN 1305 <phys> (in Newton, N)* • force (F)

Kraft *f <phys> (Fähigkeit, Arbeit zu verrichten; Energie)* • power

Kraftabgabeseite *f <mot> (hinten am Motor)* • power end

Kraftangriffspunkt *m <phys>* • point of force application; point of applied force; point of application of force *rare*

Kraftarm *m <mech> (Hebel)* • moment arm; force arm; effort arm *rare*

Kraftaufnehmer *m* (KA) *<msr> (allg.)* • load transducer; load cell *pract*; force transducer *rare*

kraftbetätigt *<masch> (mit Hilfskraft; elektr., hydraulisch, pneum.; z. B. Bremse, Ruder)* • power-actuated

Kräftediagramm *n <mech>* • force diagram

Krafteinheit *f DIN 1301 <phys> (SI-Einheit: Newton)* • unit of force; force unit

Krafteintrag *m <mech>* • force application; application of a force

Kraftfahrzeug *n* (Kfz) *<kfz> (allg.; für Straße und/oder Gelände; z. B. Pkw, Lkw, Motorräder)* • motor vehicle

Kraftfahrzeugabgase *npl <kfz.emiss>* • automotive exhaust emissions *pl*

Kraftfahrzeugelektrik *f <kfz.el> (elektrische Anlage)* • automotive electric system; automotive electrical equipment; motor-vehicle electrical equipment

Kraftfahrzeugemissionen *fpl <kfz.emiss> (mehr als die Auspuffgase; u. a. Kraftstoffverdunstung, Lärm, Bremsstaub)* • automotive emissions; motor vehicle emissions

Kraftfahrzeugindustrie *f <kfz.ökon>* • automotive industry; automobile industry; motor industry *GB*; auto industry *pract*; car industry *coll*

Kraftfahrzeugmechaniker *m <kfz> (obs.; heute ein Mechatroniker)* • automobile mechanic; car mechanic *coll*; motor mechanic *rare*

Kraftfahrzeugmotor *m <kfz.mot>* • automotive engine; motor-vehicle engine

Kraftfahrzeugtechnik *f <kfz> (als Fach, Disziplin)* • automobile engineering; automotive engineering; auto engineering *pract*

Kraftfeld *n <phys>* • force field; field of force[s]

Kraftfluss *m <antr>* • power flow; flow of power

kräftig *<chem> (schütteln, umrühren)* • vigorous

kräftig *<masch> (Querschnitt; z. B. Blech, Rohrwand)* • heavy

kräftig *<mat> (robust)* • sturdy

kräftig *<obfl> (Farbe)* • rich

Kraftkomponente *f <mech> (Vektor)* • component force; force component

Kraftlenkung *f <kfz> (ohne mechanische Verbindung; vollhydraulisch od. elektrisch)* • power steering

Kraftschluss *m <masch> (Zusammenhalt durch äußere Kraft; im Ggs. zu Form-, Stoffschluss)* • force closure; non-positive closure; frictional connection

kraftschlüssige Verbindung *f <masch> (im Ggs. zu formschlüssig)* • force-closed joint; non-positive joint; non-positive connection

Kraft-Steckschlüsseleinsatz *m <wz> (Einsatz für Maschinenschrauber)* • impact socket; power socket *rare*

Kraftstoff *m <kfz> (für Verbrennungsmotoren; Benzin, Diesel, RME)* • fuel

Kraftstoffanzeige *f <kfz.msr>* • fuel gauge *US.GB*; fuel level gauge *rare*; fuel gage *US.rare*

Kraftstoffbehälter *m <kfz>* • fuel tank

Kraftstoffdämpfe *mpl <kfz> (Explosionsgefahr)* • fuel vapors *pl US*; fuel fumes *pl*; fuel vapours *pl GB*

Kraftstoff-Direkteinspritzung *f <mot>* • direct fuel injection

Kraftstoffeinspritzanlage *f <mot>* • fuel injection system; FI system

Kraftstoff-Einspritzpumpe *f DIN 7876-1 <kfz.mot>* • fuel injection pump; fuel-injection pump

Kraftstoffeinspritzung *f <mot>* • fuel injection (FI)

Kraftstoffleitung *f <kfz> (allg.)* • fuel line

Kraftstoff/Luft-Gemisch *n <mot>* • air/fuel mixture; A/F mixture; air/fuel mix *pract*; fuel/air mixture *Ford*

Kraftstoff/Luft-Verhältnis *n <mot> (typ. 14,7 Teile Luft auf 1 Teil Kraftstoff)* • air/fuel ratio; A/F ratio *pract*

Kraftstoffmehrverbrauch *m <kfz> (z. B. durch Betrieb einer Klimaanlage)* • fuel economy penalty; reduced fuel economy; lower mileage

Kraftstoffpumpe *f <kfz> (allg.; für Otto- oder Dieselkraftstoff)* • fuel pump

Kraftstofftankdeckel *m <kfz> (verschließt den Einfüllstutzen)* • fuel filler cap; gas cap *US.pract*; petrol cap *GB.pract*; gasoline cap *US.rare*

Kraftstofftankinhalt *m <kfz> (Fassungsvermögen)* • fuel tank capacity

Kraftstofftankinhalt *m <kfz> (tatsächlicher Inhalt)* • fuel tank inventory

Kraftstofftankklappe *f <kfz> (Karosserieteil, das den eigentlichen Tankdeckel verdeckt)* • fuel filler door; fuel filler flap; fuel filler lid

Kraftstoffverbrauch *m form <kfz>* • fuel consumption; fuel economy *in specs*; fuel mileage *pract*; fuel con *in tables*

Kraftstoffzufuhr *fsg <kfz>* • fuel supply

Kraftstoffzuleitung *f <kfz.mot> (Rohr, Schlauch)* • fuel supply line

Kraftstoffzusatz *m <kfz> (z. B. Reinigungsadditive)* • fuel additive

Kraftübertragung *f <antr> (abstraktes Konzept)* • power transmission; transmission *pract*

Kraftübertragung *f <bau> (z. B. in Spannbeton)* • transfer of force; stress transfer; load transfer

Kraftumlenkung *f <tech.allg> (in die Gegenrichtung)* • force reversal

Kraftvektor *m <mech>* • force vector

Kraftvornschneider *m <wz> (mit Spezialgelenk zur Kraftvervielfachung)* • high leverage end cutting pliers; heavy duty end cutting pliers

Kraftwagen *mpl <kfz> (als Oberbegriff für Pkw, Busse und Lkw)* • cars, buses and trucks; cars and trucks *coll*

Kraftwerk *n <energ> (als Großkraftwerk; konventionell od. nuklear)* • power plant *US*; power station *GB*; generating plant/station *US*; central power station *GB*; electric power station *GB*

Kraftwerk *n <energ> (allg.; jede Größe, jeder Typ; z. B. Kohle-, Windkraftw.)* • power plant *US*; power generating station *GB*; power station *GB*; generating facility; electricity plant *coll*

Kraftwerksbetreiber *m <energ.el> (meist ein EVU)* • power plant operator

Kraftwerkshersteller *m <allg>* • power plant producer; power plant builder

Kraftwerksleistung *f <energ> (in MW oder GW; z. B. 1.300 MW)* • power plant capacity *US*; power plant output *US*; generating-station capacity *GB*; station capacity *GB*

Kraftwerksmarkt *m <allg>* • power plant market

Kraftwerkstechnik *f <allg>* • power--plant engineering

Kragarm *m <tech.allg> (ausragend, an einem Ende befestigt; z. B. Konsolträger, Balkonträger)* • cantilever; semibeam *rare*

Kragstein *m <bau> (als Stütze für Balken; z. B. in Burgen)* • corbel

Kragträger *m <tech.allg> (einseitig eingespannt)* • cantilever beam; semibeam

Krählwerk *n <ents.hydr> (Eindicker)* • rabble rake; raking mechanism

Krakelee *n <obfl> (Rissmuster)* • crackle pattern

Krampe *f <bau.füg> (groß; für Holzbalken)* • cramp iron; cramp *pract*

Krampe *f <bau.füg> (klein, U-förmig; z. B. zum Festnageln von Kabeln, Isolierung)* • tack; tack staple

Kran *m DIN 15001 <förd> (pl.: Krane, nicht Kräne)* • crane

Kranführer *m <bau>* • crane operator; crane driver

Kranführerkabine *f <förd>* • crane operator cabin; crane cabin; crane cab

krängen *vi <nav> (Schiff)* • heel *vi*; list *vi*

Krängung *f <nav> (eines Schiffs)* • heel; list; cant *coll*; heeling; lopside *rare*

Krängungswinkel *m <nav>* • heeling angle

Krankenfahrzeug *n <nfz.med>* • ambulance vehicle; ambulance

Krankenhaus *n <bau.med>* • hospital *US*

Krankenhausabfall *m <med.ents>* • medical waste; hospital waste

Krankentrage *f DIN EN 1865 <med.-tech>* • stretcher *DIN EN 1865*

Kranwagen *m <bahn>* • crane car; crane wagon

Kranz *m <allg> (Gebinde, Geflecht; z. B. Blumen, Lorbeer)* • wreath

Kranz *m <masch> (Rand; z. B. von Riemenscheiben, Zahnrädern)* • rim

Krater *m <geo> (Vulkan)* • crater

Kraterbildung *f DIN EN ISO 4618 <obfl.qualit> (Lackfehler: kleine runde Vertiefungen)* • cratering *ISO 4618-2*

Kratze *f <metall> (zum Abschöpfen, Abschäumen)* • skimmer

Kratzer *m <bau.wz> (zur Außenputzbearbeitung)* • wire comb

Kratzer *m DIN ISO 8785 <obfl> (Defekt; z. B. durch Verschleiß, Vandalismus)* • score *ISO 8785*; scratch mark; scratch

Kratzer *m <obfl> (betont: lang gezogene Linie; z. B. Lackschaden)* • scratch line

Kratzer *m <rls.wz> (Reiniger für Rohre, Kamine)* • go-devil

kratzfest *<obfl> (allg.; z. B. Kunststoff, Lack)* • scratch-resistant; resistant to scratches; scratch-proof

kratzfest *<obfl> (durch spezielle Behandlung, Beschichtung; z. B. Visier)* • anti-scratch

Kräuselgarn *n <textil> (betont: strukturiert)* • crimped yarn; textured yarn; crimp yarn; crinkled yarn

Kräuselgarn *n <textil> (betont: dehn-*

elastisch) • stretch yarn

krebserregende Substanz *f <chem>* • carcinogen; carcinogenic substance

kreiden *vi <obfl> (Anstriche)* • chalk *vi*

Kreis *m <allg>* • circle

Kreis *m <tech.allg> (betont: endlos, Schleife; z. B. Regelkreis)* • loop

Kreisbahn *f <aerosp> (von Objekten in genau kreisförmigem Orbit; z. B. Erdsatellit)* • circular orbit; circular trajectory

Kreisbahn *f <masch> (Schiene, Führung; z. B. Lokomotivdrehscheibe)* • circular track

Kreisberegnungsanlage *f <agri> (drehender Großflächenregner; typ. selbstfahrend)* • circular irrigation system; pivot circular irrigation system; center pivot spraying system *US*

Kreisbogenverzahnung *f <masch> (im Ggs. zu Evolventenverzahnung)* • circular-arc curved teeth

Kreisdiagramm *n <doku>* • circle diagram

Kreisel *m VDI/VDE 2171 73 <navig> (Sensor für Drehbewegungen)* • gyroscope; gyro *pract*

Kreiselbewegung *f <phys>* • gyration; gyroscopic motion

Kreiselkompass *m DIN EN ISO 8728 <navig> (Gerät zur Bestimmung der geographischen Nordrichtung)* • directional gyro (DG) *ISO 8728*; gyro compass

Kreiselkraft *f <phys>* • gyroscopic force

Kreiselpumpe *f DIN EN 12262 <förd> (hoher Durchsatz)* • rotary pump; impeller pump; rotodynamic pump *rare*; impeller-driven pump *rare*

Kreiselradpumpe *f <förd> (z. B. Kreisel-, Seitenkanal-, Peripheralpumpe)* • impeller pump; rotodynamic pump; rotary impeller pump

Kreiselstabilisator *m <msr> (z. B. im Segway Human Transporter)* • gyroscopic stabilizer *US*; gyroscopic stabiliser *GB*

kreiselstabilisiert *<tech.allg> (z. B. Flugkörper, Kamera)* • gyrostabilized *US*; gyrostabilised *GB*

Kreiselstabilisierung *f <tech.allg>* • gyroscopic stabilization *US*; gyroscopic stabilisation *GB*

Kreiselverdichter *m <masch> (allg.)* • centrifugal compressor

kreisen *vi <tech.allg> (im Kreis laufen, fahren, fliegen)* • circle *vi*

Kreisförderer *m <förd> (allg.; jede Bauart)* • circular conveyor

kreisförmige Öffnung *f <tech.allg>* • circular aperture; round aperture

Kreiskolbenmotor *m* (KKM) *<kfz.mot> (Wankel-Bauart; z. B. bei NSU und Mazda)* • rotary piston engine; rotary engine *pract*; Wankel engine *rare*

Kreiskolbenpumpe *f <förd>* • lobe pump; lobular pump; lobe type pump; lobular type pump; lobar type pump

Kreislaufwirtschaft *f <ents.ökon>* • recycling industry

Kreisprozess *m <phys> (z. B. Carnot-Prozess, Joule-Prozess)* • cycle; working cycle

Kreisquerschnitt *m <tech.allg> (z. B. von Stäben)* • circular cross-section; circular section

Kreisregner *m <agri> (allg., jede Bauart; z. B. für Gärten, Grünanlagen)* • rotary sprinkler

Kreissäge *f <wz>* • circular saw

Kreisscheibe *f <tech.allg>* • circular disk

Kreissegment *n <math> (entsteht durch Sekante; im Ggs. zu Kreissektor)* • circle segment; segment of a circle

Kreissektor *m <math> (Kreisfläche im Innern eines Zentriwinkels)* • circle sector; circular sector

Kreisstraße *f <bau.verk>* • county road; district road

Kreisteilung *f <masch> (regelmäßiger Abstand; z. B. von Zahnradzähnen, Flanschbohrungen)* • circular pitch

Kreisteilung *f <math> (Aufteilung eines Kreises, auch unregelmäßig)* • circle division

Kreisverkehr *m <verk> (Anlage)* • traffic rotary *US*; roundabout *GB*; rotary *US.pract*

Kreuz *n <allg>* • cross

kreuzen *vi <nav> (Segelmanöver hart am Wind)* • beat *vi*

kreuzen *vi <nav> (Meere; z. B. Kreuzfahrtschiff, Kreuzer)* • cruise *vi*

kreuzen *vr <allg> (z. B. Linien, Straßen, Leitungen)* • intersect *vi*; cross *vi*

kreuzen *vt <agri> (verschiedene Pflanzen)* • hybridize *vt*

kreuzen *vt <bio> (Tiere)* • interbreed *vt*
Kreuzer *m <mil.nav>* • cruiser
Kreuzfahrtschiff *n <nav>* • cruise liner; cruise ship; cruise vessel
kreuzförmig *<allg>* • cruciform; cross--shaped
Kreuzgang *m <bau.rel>* • cloister
Kreuzgelenk *n <antr> (in Antriebswellen)* • universal joint (UJ); U-joint *pract*; cardan joint *rare*; universal coupling
Kreuzgewölbe *n <bau> (z. B. Kirche, Kloster)* • cross vault; groin vault; intersecting vault
Kreuzkopf *m <masch> (allg.)* • crosshead
Kreuzschlagseil *n <förd>* • ordinary-lay rope; regular-lay rope
Kreuzschlitten *m <wz.masch>* • compound rest slide; swivel slide
Kreuzschlitz *m <füg> (Schraubenkopfart; z. B. Phillips, Pozidriv)* • cross recess; cruciform [drive]
Kreuzschlitzschraube *f DIN 967/968 <füg>* • cross recessed head screw; recessed-head screw
Kreuzschlitzschraubendreher *m <wz> (allg.; z. B. Phillips, Pozidriv, Supadriv)* • cross-head screwdriver; cross-point screwdriver *GB*
Kreuzschlitzschraubendreher *m <wz> (Phillips-Typ; verbreitetste Ausführung)* • Phillips screwdriver; Phillips head screwdriver *US*; Phillips-type screwdriver *US*; cross-head screwdriver *GB*; cross-point screwdriver *GB*
Kreuzschlüssel *m <kfz.wz> (für Radschrauben, -muttern)* • 4-way lug wrench *US*; 4-way wheel-nut wrench *GB*; four-way wheel wrench *GB*; 4-arm wheel-nut wrench *GB*; cross-rim wrench *rare*
Kreuzstrebe *f <tech.allg>* • diagonal cross brace
Kreuzstück *n <tech.allg> (allg.; z. B. in Lüftungskanälen etc.)* • cross
Kreuztisch *m <tech.allg> (mit T-Nuten; z. B. zur Probeneinspannung)* • T-slot table
Kreuzung *f <tech.allg> (z. B. von Straßen, Wegen, Gleisen, Leitungen)* • crossing
Kreuzung *f <bau.verk> (Straße allg.)* • crossing; crossroads
Kreuzungsbauwerk *n <verk.bau> (Brücken, Unterführungen etc.; z. B. bei Autobahnen)* • interchange
kreuzungsfrei *<verk> (Straße)* • unintersected
Kreuzungspunkt *m <tech.allg> (z. B. von Geraden, Kurven, Straßen)* • crossing point
Kreuzverband *m <tech.allg> (verhindert seitl. Schwanken von Rahmenkonstruktionen; z. B. von Regalen)* • cross brace; side sway brace; side cross brace; diagonal bracing; diagonal tie
Kreuzverbund *m <bau> (von Fachwerkverbundstützen im Stahlbau)* • cross bracing
Kreuzverstrebung *f <tech.allg>* • cross bracing
Kreuzverstrebung *f <bau> (allg.)* • diagonal bracing; cross bracing; X-bracing *pract*
kreuzweise bewehrt *<mat> (z. B. Beton, GFK)* • two-way reinforced
Kriechen *n <tech.allg> (schleichende Bewegung)* • creep
Kriechen *n <el> (Vorgang; schleichender Stromverlust)* • surface leakage; surface creepage
Kriechen *n <kfz> (Kfz mit Automatikgetriebe)* • idling drag; creep *coll*
Kriechen *n <kst> (reversible Verformung unter konstanter Belastung)* • creep
Kriechen *n <mat> (betont: unmerklich langsames Fließen; z. B. v. Kunststoff, Glas, Metall)* • cold flow
kriechen *vi <tech.allg> (z. B. Werkstoff, Strom, Fahrzeug)* • creep *vi*
Kriechfähigkeit *f <obfl> (z. B. von Rostlösern)* • creeping capability; penetration ability
Kriechgang *m <tech.allg> (z. B. Skilift, Förderband)* • creep motion
Kriechgeschwindigkeit *f <tech.allg> (Strecke pro Zeiteinheit)* • creep rate
Kriechöl *n <tribo> (z. B. als Rostlöser)* • penetrating oil
Kriechspur *f <verk> (für Lkw etc.)* • slow lane; creeper lane *rare*; crawler lane *rare*
Kriechstrom *m <el> (allg.)* • leakage current; creeping current; tracking current
Kristall *m <mat.min>* • crystal
Kristallgitter *n <phys>* • crystal lattice
kristallines Silicium *n* (c-Si) *<energ.sol>*

(mono- od. polykristallin) • crystalline silicon (c-Si)

Kristallisationskeim *m <bio>* • seed crystal; nucleus; starter crystal

kristallklar *<allg> (Flüssigkeit, Glas etc.)* • crystal-clear

kritisch *<tech.allg> (z. B. Last, Drehzahl, Druck, Temperatur)* • critical

kritische Größe *f <tech.allg>* • critical size

kritische Masse *f <nukl> (Auslösung der Kernspaltung)* • critical mass; chain-reacting mass *rare*

kritischer Anstellwinkel *m <aerosp> (Flügel, Rotorblatt)* • stalling angle; angle of stall; critical angle [of attack]

kritischer Fehler *m <qualit> (kann z. B. zum Ausfall ganzer Systeme führen)* • critical defect; critical nonconformance

kritischer Pfad *m <ökon> (Netzplantechnik, Projektplanung)* • critical path

kritischer Reaktor *m <nukl>* • critical reactor

kritischer Wert *m <tech.allg> (z. B. für Druck, Temperatur)* • critical value

Krokodilklemme *f <el> (für temporäre el. Anschlüsse)* • alligator clip

Krone *f <bau> (Oberseite einer freistehenden Mauer)* • crown; top

Krone *f <bau> (Abdeckung einer freistehenden Mauer)* • coping; cope; cap; crowncope; top

Krone *f <bau.hydr> (oberer Abschluss eines Absperrbauwerkes; z. B. Deich, Staudamm)* • crest

Krone *f <med> (dental; z. B. aus Gold, Keramik)* • crown

Kronenbohrer *m <petr>* • annular bit

Kronenmutter *f DIN ISO 1891 <füg> (Krone in Mutter integriert)* • slotted nut *pract*; hexagon slotted nut *BS 3692*; slotted hex nut

Kronenmutter *f DIN 534, 979 <füg> (mit Kronenaufsatz)* • castle nut; hexagon castle nut *ISO 1891*; castellated nut

Kronenverschluss *m <pack> (Flasche)* • crown cap; crown closure

Kröpfung *f <tech.allg> (z. B. Welle, Werkzeug, Kurbel)* • offset

krümelig *<allg>* • crumbly

krümmen *vr <allg>* • arch *vi*

Krümmer *m <kfz.mot> (Ein-, Auslass-, Ansaug-, Abgaskrümmer)* • manifold

Krümmung *f <tech.allg> (gebogene, gekrümmte Linie, Form)* • curvature

Krümmung *f <bau> (z. B. Weg, Fassade, Fluss)* • curve

Krümmung *f <mech> (unter Last; Durchbiegung)* • deflection

Krustenbildung *f <allg>* • incrustation; encrustation; crust formation

kryogener Speicher *m <el> (Supraleitungsspeicher)* • cryogenic memory; cryotron memory; cryogenic store *rare*

Kryomotor *m <el.mot> (für elektr. Antriebe; z. B. von Schiffen)* • cryogenic motor

Kryophysik *f <phys>* • cryophysics; low-temperature physics

Kryotechnik *f <verf> (extrem niedrige Temp.; theoret. bis -273 °C; z. B. für Supraleitung)* • cryogenic engineering; cryogenics

kryotechnisch *<verf>* • cryogenic

Kryptographie *f <comp> (als Wissensgebiet)* • cryptography

Krypton *n* (Kr) *<chem>* • krypton (Kr)

Kübel *m <allg> (z. B. großer Holzkübel)* • tub

Kübel *m <bau> (z. B. Baggergefäß)* • bucket

kubisch-flächenzentriert (kfz) *<mat> (Kristallgitter; z. B. Austenit)* • cubic face-centered *US*; cubic face-centred *GB*; face-centered cubic *US*; face--centred cubic *GB*

kubisch-raumzentriert (krz) *<metall> (Kristallgitter; z. B. Ferrit)* • body-centered cubic (BCC) *US*; body-centred cubic *GB*; cubically centered *US.obs.rare*

Küchenabfälle *mpl <ents>* • kitchen waste; garbage *GB*

Küchenabfallzerkleinerer *m <ents> (im Ablauf e. Küchenspüle)* • garbage disposer; food waste disposer; disposer *pract*

Küchenherd *m <gastr> (mit Backofen und Kochfeld)* • kitchen range *US*; oven-and-hob unit *GB*

Küchenmaschine *f <el>* • food processor

Küchenwaage *f <gastr>* • diet scale

Küchenzeitschaltuhr *f <gastr> (separat od. integriert; z. B. im Herd)* • timer

Kufe *f <tech.allg>* • skid; sliding shoe; shoe skid

Kufe *f <sport> (Bob, Rodel)* • runner
Kufe *f <sport> (Schlittschuh)* • blade
Kugel *f <allg> (kugelförmiges Objekt)* • sphere; globe
Kugel *f <tech.allg> (Bauteil; eher klein; z. B. in Kugellager, Rückschlagventil)* • ball
Kugelausströmer *m <hlk>* • eyeball vent
Kugelbund *m <füg> (für exakte Zentrierung; z. B. von Radschrauben)* • radius seat
Kügelchen *n <allg> (z. B. Fett)* • globule
Kügelchen *n <mat> (z. B. Schrot)* • pellet
Kugeldruckhärte *f DIN 53 456 <kst.qualit> (z. B. Brinell, Rockwell HRB)* • ball indentation hardness; ball-impression hardness; ball thrust hardness *obs*
Kugeleindringkörper *m <qualit.mat>* • ball penetrator
Kugeleindruck *m <qualit.mat> (z. B. Brinell-Härteprüfung)* • spherical indentation; ball impression
Kugelfang *m <mil> (allg.; Schießstand)* • backstop
Kugelfangkasten *m <mil> (für Diabolos)* • pellet trap; pellet catcher
Kugelfläche *f <math>* • spherical surface
kugelgelagert *<masch>* • ball-bearing *adj*; carried in ball bearings; supported by ball bearings
Kugelgelenk *n <masch> (z. B. an Spurstangenköpfen)* • ball joint; ball-and-socket joint; spherical joint; tilting head
Kugel-Gleichlaufgelenk *n <kfz.antr> (Gleichlaufgelenk mit Stahlkugeln zur Drehmomentübertragung)* • constant-velocity ball joint
Kugelgraphit *m <mat>* • nodular graphite; spheroidal graphite; nodulized graphite *US*; nodulised graphite *GB*
Kugelhahn *m DIN 4048-2 <rls> (Absperrarmatur mit drehbarem Verschlusskörper; jede Größe)* • spherical valve; ball valve *pract*; plug valve; ball cock *coll*; globe valve
Kugelhaufenreaktor *m <nukl> (typ. HTR-Bauart)* • pebble bed reactor
kugelig *<tech.allg> (in Kugelform gebracht; eher klein)* • spheroidized *US*; spheroidised *GB*
Kugelkopf *m <druck> (Schreibmaschine)* • spherical head; type ball; golf ball *coll*; spherical printball *rare*
Kugelkopf *m <kfz> (Anhängekupplung; z. B. an Pkw u. leichten Lkw)* • trailer hitch ball; hitch ball; trailer ball; tow ball; ball
Kugelkopf *m <masch> (allg.; z. B. für Spurstangen)* • tie rod end; rod end *pract*
Kugellager *n <masch> (Wälzlager mit kugelförmigen Wälzkörpern)* • ball bearing
Kugellageraußenring *m <masch>* • ball-bearing outer race
Kugellagerinnenring *m <masch>* • ball-bearing inner race
Kugellagerringkäfig *m <masch>* • ball-bearing retainer; ball-bearing spacer
Kugellampe *f <licht>* • globe lamp; globular lamp *rare*
Kugelmühle *f <verf> (allg.)* • ball mill; ball crusher; pebble mill
Kugelpfanne *f <masch> (Kugelgelenk; z. B. an Spurstangen)* • ball socket; ball cup
Kugel-Rückschlagventil *n <rls> (als Einwegeventil)* • ball-type check valve
Kugelschale *f <tech.allg>* • ball cup
kugelsicheres Glas *n <silik> (z. B. VIP-Limousine)* • bullet-proof glass
Kugelstrahlen *n DIN EN ISO 4618 <obfl> (zum Reinigen; typ. mit Metallkugeln)* • shot blasting *ISO 4618-3*
Kugelstrahlen *n <obfl> (als Oberflächenbehandlung)* • shot peening
Kugelumlauflenkung *f <kfz> (Sonderform der Schraubenlenkung)* • recirculating ball steering; ball-and-nut steering
Kugelventil *n <rls> (allg.)* • ball valve; globe valve
Kuhhaut *f <led>* • cow hide
Kühlaggregat *n <logist.hlk> (zur Kühlung von Frachtgut; in Lkw, Güterwaggon)* • refrigeration unit; reefer unit *pract*; reefer *coll*
Kühlanlage *f <nahr> (über 0 °C)* • refrigerating plant
Kühlbehälter *m <tech.allg> (eher klein; z. B. für Nahrungsmittel, Medikamente)* • cool box

Kühlbehälter *m <logist> (jede Größe; geschlossen)* • cooling container
Kühlbehälter *m <verf> (eher groß; offen oder geschlossen)* • cooling tank
Kühlblech *n <tech.allg> (betont: Rippe oder Finne als Wärmesenke)* • cooling fin
Kühlblech *n <tech.allg> (betont: als Wärmesenke)* • heat sink
Kühlblech *n <el> (eher dick)* • cooling plate
Kühlcontainer *m <logist> (für verderbliche Güter; z. B. Fleisch, Obst, Gemüse)* • refrigerated container; refrigeration container
Kühlcontainer *m <nav>* • reefer container
Kühlcontainerschiff *n <nav>* • all-reefer container vessel; all-reefer container ship; reefer container ship
kühlen *vt <hlk> (Nahrungsmittel etc.)* • refrigerate *vt*
Kühler *m <kfz> (im Motorkühlkreislauf)* • radiator; rad *coll*
Kühler *m <kfz> (für Motoröl, Getriebeöl, Benzin)* • cooler
Kühler *m <verf> (zum Kondensieren von etw.; z. B. in Destillierapparat)* • condenser; vapor condenser; refrigerator
Kühlergrill *m <kfz>* • radiator grille; grille *coll*
Kühlfläche *f <tech.allg>* • cooling surface; cooling area
Kühlfläche *f <verf> (als Flächenangabe; z. B. von Wärmetauschern; z. B. in m²)* • cooling surface; cooling area
Kühlgebläse *n <tech.allg> (z. B. von luftgekühlten Motoren, schnell laufend, häufig laut)* • cooling fan; blower
Kühlkanal *m <verf> (allg.)* • cooling duct; cooling channel
Kühlkörper *m <el> (meist ein Strangguss-Rippenprofil; z. B. auf CPU)* • heat sink
Kühlkreislauf *m <tech.allg> (System)* • cooling circuit; cooling loop *pract*
Kühlkreislauf *m <tech.allg> (betont: Vorgang, Zyklus)* • cooling cycle
Kühllamelle *f <tech.allg> (eher dünn)* • cooling fin
Kühllamelle *f <tech.allg> (eher dick)* • cooling rib
Kühllast *f <hlk> (z. B. von Klimaanlagen, Kühlgeräten, Kältemaschinen)* • cooling load
Kühlluft *f <tech.allg>* • cooling air
Kühlluftgebläse *n <masch> (allg.)* • air--cooling fan
Kühlluftmantel *m <tech.allg> (z. B. von Motoren)* • cooling-air jacket; cooling--air casing
Kühlmittel *n <tech.allg> (flüssig; z. B. Wasser, Glykol, Öl)* • coolant
Kühlmittel *n <tech.allg> (ein Fluid; Gas, Flüssigkeit)* • cooling agent; cooling medium; cooling fluid
Kühlmittelmantel *m <tech.allg> (z. B. um Zylinder, Werkzeugnester)* • coolant jacket; water jacket *pract*
Kühlmittelpumpe *f <tech.allg>* • coolant pump
Kühlmittelpumpe *f <mot> (für Motorkühlmittel)* • coolant pump; water pump *pract.coll*
Kühlmittelschlauch *m <rls>* • coolant hose; coolant tubing
Kühlmitteltemperatur *f <tech.allg> (allg.)* • coolant temperature
Kühlmittelverluststörfall *m* (KüVeSt) *<nukl> (GAU bei DWR)* • loss-of--coolant accident (LOCA)
Kühlnebel *m <tech.allg>* • coolant mist
Kühlprozess *m <tech.allg>* • cooling process
Kühlrippe *f <masch> (z. B. an Zylindern, CPU-Kühlkörpern)* • cooling fin; cooling rib *rare*
Kühlrohr *n <tech.allg>* • cooling tube
Kühlschiff *n <nav>* • refrigerated carrier; refrigerated cargo ship; reefer [ship] *pract*
Kühlschlange *f <hlk> (in Kühlschrank, Klimagerät)* • refrigerating coil
Kühlschlange *f <rls> (allg.)* • cooling coil
Kühlschlitz *m <tech.allg> (Lüftungskanal)* • ventilation duct; venting slot
Kühlschmierstoff *m* (KSS) *DIN 51385 <wz.masch> (allg. beim Zerspanen; typ. Öl/Wasser-Emulsion)* • cutting fluid; metalworking fluid; lubricating coolant; cooling lubricant; cutting compound
Kühlschrank *m <hlk.nahr>* • refrigerator; fridge *coll*
Kühlsystem *n <tech.allg> (z. B. mit Wasser befüllt)* • cooling system
Kühlsystem-Entlüftungsventil *n <tech.allg> (meist Ventil oder Schraube)*

• cooling system bleed valve
Kühlsysteminhalt *m <tech.allg>* • cooling system capacity
Kühlturm *m <verf> (z. B. von Kraftwerk)* • cooling tower
Kühlung *f <tech.allg> (Vorgang und System)* • cooling
Kühlung *f <hlk> (in Kälteanlagen)* • refrigeration
Kühlventilator *m <tech.allg> (jede Größe; z. B. in Projektor, Kühlturm)* • cooling fan
Kühlvitrine *f <nahr> (für Kühlgutangebot; z. B. im Supermarkt)* • chill show--case; display refrigerator
Kühlwagen *m <bahn> (z. B. Interfrigo)* • reefer car *US*; refrigerator wagon *GB*; refrigerator car; refrigerated car; reefer *coll*
Kühlwasser *n <tech.allg>* • cooling water
Kühlwasserkreislauf *m <tech.allg> (Vorgang; durch Pumpe oder Naturumlauf)* • cooling-water circulation
Kühlwirkung *f <tech.allg> (z. B. durch Luftbewegung, Verdunstung)* • cooling effect; cooling action
Kühnheit *f <bau> (einer Brücke; Quotient aus Stützweite und lichter Höhe einer Öffnung)* • boldness
Küken *n <rls> (Hahnküken)* • plug
Kulierwirkmaschine *f ISO 7839 <textil>* • weft-knitting machine *ISO 7839*
Kulisse *f <masch> (schlitzförmige Führungsbahn; für oszillierende Hebel, Pleuel u. Ä.)* • gate
Kulissenbühne *f <theat> (klassische Bühne)* • picture-frame stage; picture stage; wing-and-border system [stage]; carriage-and-frame system [stage] *rare*; chariot-wing system [stage] *rare*
kultiviert *<kfz> (z. B. Motorlauf)* • refined
kultiviertes Fahrverhalten *n <kfz>* • refined ride
Kulturlandschaft *f DIN 4047-1 <geo.agri>* • man-made landscape
kümpeln *vt <prod> (Bleche)* • dish *vt*
kumulative Wirkung *f <allg> (von Einflüssen aller Art)* • cumulative effect; cumulative action
Kunde *m DIN EN ISO 8402 <ökon> (Organisation oder Person, die ein Produkt empfängt)* • customer *ISO 8402*; client
Kundendienst-Scheckheft *n <kfz.doku> (z. B. Eintragung der Wartungsarbeiten)* • service record; maintenance record *Ford*; maintenance booklet; maintenance book
Kundendienstzentrum *n <ökon>* • service center *US*; service centre *GB*; technical service center *US*; technical service centre *GB*
kundenspezifisch *<allg> (auf die Kundenwünsche abgestimmt)* • customized; customised *GB*
kundenspezifisch *<allg> (speziell angefertigt)* • custom-made
kundenspezifische Anpassung *f <tech.allg> (von Bauteilen, Systemen, Anlagen)* • customization *US*; customisation *GB*
kundenspezifische Gestaltung *f <tech.allg>* • custom design; customized design
kundenspezifisch gestalten *vt <tech.allg>* • customize *vt*; customise *vt GB*
Kunstdruckkarton *m <druck>* • art board; art card board
Kunstdruckpapier *n <pap> (besonders glatte Oberfläche)* • art paper; supercalendered paper *form*
Kunstdünger *m <agri.chem>* • artificial fertilizer; artificial fertiliser *GB*; fertilizer *pract*
Kunsteis *n <allg> (jegliches von Menschen geschaffene Eis)* • manufactured ice; artificial ice
Kunstfaser *f <mat>* • synthetic fiber *US*; synthetic fibre *GB*; man-made fiber *US*; man-made fibre *GB*; artificial fiber *US.rare*
Kunstflug *m <aerosp>* • acrobatic flying
Kunstharz *m <kst> (allg.; z. B. in Farben, GFK-Teilen, Bindemitteln)* • synthetic resin; resin *pract*
Kunstharzlack *m <obfl> (trocknet durch Verdunstung und Oxidation)* • synthetic enamel; enamel *pract*; synthetic--resin varnish *rare*; synthetic varnish *rare*
Kunstleder *n <mat> (als Ledererersatz; z. B. bei Schuhen, Handtaschen, Mappen)* • synthetic leather; artificial leather; man-made leather
künstlich *<allg> (artifiziell)* • artificial

künstlich *<tech.allg> (etw. vortäuschend; z. B. Leder, Seide; im Ggs. zu original, echt)* • imitated

künstlich *<tech.allg> (betont: von Menschen hergestellt, im Ggs. zu natürlich)* • man-made

künstlich *<mat> (Substanz, Werkstoff etc.)* • synthetic

künstlich bewässert *<agri> (z. B. Felder, Plantagen, Äcker, Rasen)* • irrigated

künstliche Alterung *f <mat>* • artificial aging

Künstliche Intelligenz *f* (KI) *<comp>* • artificial intelligence (AI)

künstlicher Satellit *m <astron>* • artificial satellite

künstlicher Werkstoff *m <mat> (z. B. Glas, Keramik, Kunststoff)* • man-made material

künstliche Veralterung *f <ökon>* • built-in obsolence; planned obsolence

Kunstmarmor *m <bau.mat>* • manufactured marble; imitation marble; artificial marble; man-made marble; marrezzo

Kunstpelz... *<bekl> (in Komposita; z. B. Jacke, Kragen)* • faux fur ...

Kunstschnee *m <sport>* • artificial snow; man-made snow *form*

Kunstseide *f <textil>* • rayon

Kunststoff *m <kst> (künstlicher Werkstoff; z. B. ABS, PE, PVC)* • plastic material; plastic *coll*; vinyl *coll*; plastics *GB*

Kunststoffabdeckung *f <tech.allg> (steif)* • molded cover

Kunststoffabfälle *mpl <kst.ents>* • plastic waste *sg*

kunststoffbeschichtet *<obfl> (eher hart, steif)* • plastic-coated

kunststoffbeschichtet *<obfl> (eher flexibel; z. B. mit Weich-PVC)* • vinyl-coated

Kunststoffbeschichtung *f VDI4640 <tech.allg>* • plastic coating *VDI4640*

Kunststoffdichtungsbahn *f <bau.mat> (z. B. als Deponiesohle)* • plastic liner; plastic liner sheet

Kunststoffe *mpl <kst> (Thermoplaste, Duroplaste und Elastomere)* • plastics *pl*; synthetic polymers

Kunststoffformteil *n <prod>* • plastic molding

Kunststoffgehäuse *n <tech.allg>* • plastic housing

Kunststoffgriff *m <tech.allg> (z. B. von Werkzeug, Pfannen, Essbesteck)* • plastic handle

Kunststoffindustrie *f <kst.ökon>* • plastics industry

kunststoffisoliert *<tech.allg> (gegen el. Strom, Feuchtigkeit, Wärme)* • plastic-insulated

Kunststoffisolierung *f <el> (Kabel)* • polymer insulation; plastic insulation; synthetic insulation

Kunststoffkabel *n <el> (extrudierte Polymerisolierung typ. aus PVC, VPE)* • polymeric cable; polymeric-insulated cable *form*; plastic-insulated cable; plastic cable *coll*; synthetic-insulated cable

Kunststoffklebstoff *m <füg> (typ. für PVC, Polystyrol; nicht für PE, PP)* • plastic adhesive; vinyl bond *Loctite*; plastic-bonding adhesive *US.rare*

Kunststoffreiniger *m <kst>* • vinyl cleaner

Kunststoffsack *m <pack> (typ. aus PE oder PP)* • polythene bag

Kunststoffschlauch *m <rls> (verstärkt)* • plastic hose; plastics hose *GB*

Kunststoffschlauch *m <rls> (unverstärkt)* • plastic tubing; plastics tubing *GB*

Kunststoffschweißen *n <füg> (Thermoplaste)* • plastic welding; welding of plastics; plastics welding *rare*

Kunststofftechnik *f <kst>* • plastics engineering

Kunststoffteil *n <kst>* • plastic component

Küpe *f <textil> (zum Färben)* • vat

Kupelle *f <metall> (bes. für Edelmetalle)* • cupel

Kupellieren *n <metall> (von Edelmetallen; durch Oxidation unedler Begleitmetalle)* • cupellation; cupellation assay; cupel assay

Küpenfarbstoff *m <textil> (Färberei)* • vat dyestuff; vat dye

Kupfer *n* (Cu) *<metall>* • copper (Cu)

Kupferblech *n <mat> (eher dick)* • copper plate

Kupferblech *n <mat> (eher dünn)* • copper sheet; sheet copper

Kupferdraht *m <el>* • copper wire

Kupferfolie *f <mat>* • copper foil

kupferhaltig *<min> (Erz)* • copper-bearing; cupriferous

Kupfer-Indium-Diselenid *n* (CIS) *<el> (Verbindungshalbleiter; z. B. für Solarzellen)* • copper indium diselenide (CIS)

Kupferlegierung *f <mat> (z. B. Messing, Bronze)* • copper alloy; copper-base alloy

Kupferlitze *f <el>* • stranded copper wire; copper strand; copper litz wire

Kupferrückgewinnung *f <ents>* • copper recovery

Kupferstich *m <kunst.druck>* • copper-plate engraving

Kuppe *f <allg>* • crest

Kuppe *f <bau.verk> (einer Straße)* • summit; crest

Kuppel *f <bau> (z. B. Kirche)* • dome; cupola

Kuppeldach *n <tech.allg> (Bau, auch bei Kfz)* • domed roof; dome-shaped roof

kuppelförmig *<tech.allg>* • dome-shaped

kuppeln *vi <kfz> (mit lösbarer Kupplung)* • clutch *vi*

kuppeln *vt <tech.allg> (anschließen)* • connect *vt*

kuppeln *vt <tech.allg>* • couple *vt*

kuppeln *vt <tech.allg> (hintereinander; z. B. Kondensatoren, Werkzeuge)* • gang *vt*

kuppeln *vt <tech.allg> (miteinander verbinden, wechselseitig verriegeln)* • interlock *vt*

kuppeln *vt <bahn> (Wagen)* • couple [up] *vt*; add *vt*

kuppeln *vt <masch> (formschlüssig)* • engage *vt*

Kupplung *f <antr> (Wellenverbindung; ausrückbar; zur Kraftübertragung)* • clutch

Kupplung *f <antr> (starre ~)* • coupling

Kupplung *f <el> (Übertrager; z. B. optisch, opto-elektronisch)* • coupler

Kupplung *f <el> (komplett mit Kabel)* • female plug cable

Kupplung *f <el> (zur Aufnahme eines Steckers)* • female connector; female plug *coll*

Kupplung *f <masch> (Verbindung von Wellen, nicht schaltbar)* • coupling

Kupplung *f <mech>* • coupler *GB*; knuckle *US*; coupling; coupling gear

Kupplung *f <rls>* • coupling

Kupplungsausrücklager *r <kfz.antr> (stark axial belastet)* • clutch release bearing; throwout bearing *pract*; release bearing *pract*; clutch throw-out bearing *rare*

Kupplungsbelag *m <kfz.antr> (Reibbelag)* • clutch lining; clutch facing

Kupplungsdruckplatte *f <kfz.antr>* • clutch pressure plate; clutch thrust plate *rare*; clutch presser plate *rare*

Kupplungsglocke *f <kfz.antr> (an Schaltgetriebe)* • clutch bell housing; clutch housing; bell housing *pract*

Kupplungshebel *m <kfz> (am Motorradlenker; links)* • clutch lever

Kupplungspedal *n <kfz>* • clutch pedal

Kupplungsrutschen *n <antr> (von Reibungskupplungen allg.)* • clutch slip

Kupplungsscheibe *f <kfz.antr> (in Trockenkupplung; inkl. Reibbelag)* • clutch disc *US.GB*; clutch disk *US*; friction plate; friction disc; driven plate *US.rare*

Kupplungszug *m <kfz> (Hülle und Seil; z. B. Motorrad)* • clutch cable

Kurbel *f <tech.allg> (Teil eines Kurbeltriebs)* • crank

Kurbelfenster *n <tech.allg>* • crank-operated window

Kurbelgehäuse *n DIN ISO 7967-1 <mot> (unterer Teil des Motorblocks)* • crankcase *ISO 7967-1*; bottom end assembly *coll*; bottom end *coll*

Kurbelgetriebe *n <antr>* • crank mechanism; crank driving mechanism *rare*

Kurbelgriff *m <masch> (zum Hochdrehen von etw.; z. B. an Fenster, Seilwinde)* • winding handle

Kurbelkröpfung *f DIN ISO 7967-2 <masch> (Abstand zw. Kurbelzapfen und Kurbelwellenachse; halber Hub; z. B. 40 mm)* • crank throw *ISO 7967-2*

Kurbelschleife *f <masch> (Kinematik)* • slider crank

Kurbelschwinge *f <masch> (v. Kurbel angetriebene Schwinge; Pleuel)* • crank arm

Kurbelschwinge *f <masch> (Waagrechtstoßmaschine, Hobler)* • rocker arm; pivoted link

Kurbelschwinge *f <masch> (allg.; Kop-

pelgetriebe; verwandelt Rotation in Oszillation) • crank-and-rocker mechanism

Kurbeltrieb *m <masch> (allg.)* • crank mechanism; crank driving mechanism

Kurbeltrieb *m <mot> (im Kurbelgehäuse)* • crankshaft drive; bottom end *coll*

Kurbelwange *f DIN ISO 7967-2 <mot> (Kurbelkröpfung)* • crank web *ISO 7967-2*; crankshaft web; crank cheek *rare*

Kurbelwelle *f <mot> (in Hubkolbenmotor)* • crankshaft

Kurbelwellenhauptlager *n <mot> (Hubkolbenmotor)* • crankshaft main bearing; crankshaft bearing; main bearing

Kurbelwellenhauptlagerdeckel *m <mot> (Hubkolbenmotor)* • crankshaft main bearing cap; main bearing cap *pract*

Kurbelwellenkröpfung *f <masch> (betont: Maß)* • crank throw

Kurbelwellenkröpfung *f <mot> (zwei Kurbelwangen und dazwischen ein Pleuelzapfen)* • crank

Kurbelwellenlager *n <masch>* • crankshaft bearing

Kurbelwellenlagerdeckel *m <masch>* • crankshaft bearing cap; main bearing cap

Kurbelwellenlagerzapfen *m <mot> (im Kurbelwellen-Hauptlager)* • crankshaft journal; crank journal *ISO 7967-2*; journal *pract*

Kurbelwellenriemenscheibe *f <mot>* • crankshaft pulley

Kurbelwellen-Startergenerator mit integriert. Drehschwingungstilger *m* (ISAD) *<kfz.mot>* • integrated starter--alternator-damper system (ISAD); ISAD system

Kurbelwinkel *m <mot> (bei Kolbenmotoren; in Grad, nach OT)* • crank angle; crankshaft angle *rare*

Kurs *m <navig> (eines Fahrzeugs allg.; z. B. Schiff, Flugzeug)* • course

Kursivschrift *f <doku>* • italics

Kurskreisel *m VDI/VDE 2171 73 <navig> (Lagekreisel mit Azimutwinkelmessung; Trägheitsnavigation)* • directional gyro *IEEE 528 75*; azimuth gyro; azimuth gyroscope

Kursrechner *m <aerosp.navig>* • arbitrary course computer

kursstabil *<fz> (z. B. Kraftfahrzeug, Schiff, Flugzeug)* • directionally stable

kursstabil *<navig>* • course-keeping

Kurswagen *m <bahn>* • through coach

Kurve *f <allg> (jede Richtung; in Schaubild, Straße, Eisenbahntrasse, Flugbahn etc.)* • curve

Kurve *f <allg> (nach rechts oder links; Straße, Flugbahn)* • turn

Kurve *f <msr> (Kennlinie; z. B. Drehmomentverlauf über Drehzahl)* • characteristic

Kurve *f <verk> (Straße außerhalb von Ortschaften)* • bend

Kurve *f <wz.masch> (Exzenter, Nocken; z. B. zum mech. Steuern von Bewegungen)* • cam

Kurvenabtaster *m <prod> (mechanisch, zum Nachfahren; z. B. beim Kopierfräsen)* • curve follower

Kurvenfahrverhalten *n <kfz> (im Grenzbereich)* • cornering performance; cornering ability; cornering power

kurvenförmig *<allg>* • curve-shaped

Kurvengetriebe *n <masch> (Kinematik, Steuerung)* • cam mechanism

kurveninneres Rad *n <kfz>* • inside wheel

Kurvenlicht *n <kfz.licht>* • bend lighting; dynamic cornering light; dynamic bend lighting

Kurvenneigung *f <fz>* • roll; lateral sway

kurvenreich *<allg> (z. B. Landstraße)* • sinuous; curvy

Kurvenrolle *f <masch> (allg.)* • follower roll

Kurvenschar *f <math>* • family of curves; group of curves; set of curves

Kurvenscheibe *f <autom> (Exzenter, Nocken; zur Steuerung)* • radial cam; cam disk *US*; cam disc *GB*; edge cam

Kurvenschreiber *m <druck> (für Messwerte)* • XY plotter; graph plotter; function plotter; curve plotter

Kurvenüberhöhung *f <bau.verk> (von Straßen, Gleisen, Rennstrecken)* • superelevation; banking; cant

kurz *<allg> (räumlich, zeitlich)* • short

kurz bauender Motor *m <kfz> (Motor)* • compact engine

Kurzbedienungsanleitung *f <doku>*

(meist auf festem Papier, Karton) • quick reference guide; quick reference card

Kurzblockmotor *m <kfz.mot> (relativ kurz bauend; z. B. V6 ist kürzer als Reihe 6 oder V8)* • short block [engine]; short engine

kurze Ansprechzeit *f <msr> (von Sensoren)* • quick response

kurze Bauform *f <tech.allg>* • short--bodied version

kürzen *vt <allg> (Länge reduzieren)* • shorten *vt*

kurzes Übersetzungsverhältnis *n <antr> (Getriebe)* • low gearing ratio; low gearing

Kurzfaser *f <tech.allg> (z. B. Textil, Zellstoff, Glas)* • short fiber *US*; short fibre *GB*

kurzfaserig *<tech.allg>* • short-fiber *adj US*; short-fibre *adj GB*

Kurzform *f <term> (einer Mehrwortbenennung)* • short form *ISO 12620*

kurzfristig *<jur>* • short-term

kurzgeschlossen *<el> (Stromkreis, Kontakte)* • short-circuited; shorted *pract*

Kurzhubmotor *m <mot> (z. B. Bohrung 90 mm, Hub 80 mm)* • short-stroke engine; oversquare engine

Kurzhubtastatur *f <comp>* • short--travel keyboard

kurzlebig *<tech.allg> (z. B. Isotopen)* • short-lived

Kurznachricht *f <tele> (auf Handy)* • SMS message; short message; text message; SMS *coll*

kurzreichweitig *<allg>* • short-range

Kurzrufnummer *f <tele>* • abbreviated directory number

kurzschließen *vt <el>* • short-circuit *vt*; short *vt pract*

Kurzschluss *m <el>* • short circuit; short *coll*

Kurzschlussläufermotor *m IEC/TS 60034 <el.mot> (Asynchronmotor mit Kurzschlussläufer)* • squirrel-cage induction motor *IEC/TS 60034*; squirrel--cage motor; cage induction motor; cage motor

Kurzschlusssicherung *f <el>* • short circuit protection

Kurzschlussstrom *m DIN EN 60865 <el>* • short-circuit current

Kurzschwinge *f <fz> (Motorrad; meist gezogen)* • link fork

kurzstapelig *<textil> (Faser; z. B. Baumwolle)* • short-staple; short-stapled

Kurzstrecke *f <aerosp> (Reichweite)* • short haul; short range

Kurzstrecke *f <verk> (mit Auto, Bus, Bahn etc.)* • short-distance trip; short journey *GB*

Kurzstreckenbetrieb *m <verk> (allg.)* • short-distance operation

Kurzstreckenflugzeug *n <aerosp>* • short-haul aircraft; short-range aircraft

kurz übersetzt *<antr> (Gang)* • low geared

Kürzung *f <allg> (kürzer machen oder werden; Vorgang und Ergebnis)* • shortening

Kürzung *f <ents> (durch Abschneiden, Zerhacken; z. B. von Fasern)* • cutting

Kürzung *f <fin> (von Finanzmitteln, Budgets, Haushalt)* • cut; deduction; cutback; reduction; curtailment

Kürzung *f <math> (bei Brüchen)* • cancellation

Kurzwahl *f <tele>* • abbreviated dialing *US*; abbreviated dialling *GB*; compressed dialling *US*

Kurzwelle *f* (KW) *<tele> (Radiofrequenz zwischen Mittelwelle und 30 MHz)* • high frequency (HF)

kurzwellige Strahlung *f <phys> (Wellenlänge < 3 Mikrometer)* • shortwave radiation

Kurzzeichen *n <term> (z. B. A für Bruchdehnung)* • designating symbol

Kurzzeit... *<allg>* • short-term

Kurzzeitbetrieb *m <tech.allg>* • short--time service; short-time duty

Kurzzeit-Hocherhitzung *f <nahr.prod> (Pasteurisierung, von Milch)* • high--temperature short-time pasteurization; HTST-pasteurization; flash pasteurization

kurzzeitig *<allg> (für kurze Dauer)* • short-duration; short-term

kurzzeitig *<allg> (temporär)* • transient; temporary

kurzzeitig auf einen Höchstwert ansteigen *vi <tech.allg> (z. B. Druck, Temperatur)* • spike to *vi*

Kurzzeit-Speicherung *f <tech.allg>*

(von Gütern, Energie etc.) • short term storage
Küstenbau *m <bau>* • coastal engineering
Küstenbauwerk *n <bau>* • shore structure; shore-protective structure
Küstenfischerei *f <nav>* • inshore fishery; coastal fishery
Küstenmotorschiff *n <nav>* • coastal cargo liner; short-sea cargo liner; motor coastal ship; motor coaster; coaster *pract*
Küvette *f <chem>* • cuvette; glass cell; test cell
Kybernetik *f <msr>* • cybernetics
kybernetisches Modell *n <tech.allg> (z. B. von Maschinen, Systemen)* • cybernetic model

L

labiles Gleichgewicht *n <tech.allg> (chemisch; elektrisch, mechanisch, thermisch)* • unstable equilibrium; labile equilibrium
Labor *n <tech.allg> (z. B. Chemie-, Prüf-, Foto-, Sprachlabor)* • lab
Laboratorium *n <chem>* • laboratorium; lab *pract*
Laborbedingungen *fpl <tech.allg>* • laboratory conditions
Labordaten *pl <tech.allg>* • laboratory data
Laboreinrichtung *f <tech.allg>* • laboratory equipment
Laborgerät *n <tech.allg>* • laboratory apparatus; laboratory instrument
Labortisch *m <tech.allg>* • laboratory bench
Laborversuch *m <tech.allg>* • laboratory test; laboratory experiment
Labyrinthdichtung *f <masch> (Bauteil; z. B. an Wellen)* • labyrinth seal
Lack *m <obfl> (Oberflächenbeschichtung, meist glänzend)* • coating; finish
Lack *m <obfl> (auf Cellulosebasis; typ. hochglänzend)* • lacquer; lac
Lack *m <obfl> (hart, hochglänzend, meist klar)* • varnish
Lack *m* DIN 55 945 *<obfl.mat> (Material zur Oberflächenbeschichtung; typ. in Dosen)* • paint; enamel
Lackdraht *m <el> (typ. für Spulen)* • enameled wire; enamel-insulated wire; lacquered wire
Lackieranlage *f <obfl>* • painting plant
lackieren *vt <obfl> (Lackauftrag im Spritzverfahren)* • paint *vt*; spray *vt pract*
lackieren *vt <obfl> (betont: Decklack aufbringen)* • finish *vt*
lackieren *vt <obfl> (allg.; alle Verfahren)* • coat *vt*
lackieren *vt <obfl.holz>* • varnish *vt*; finish *vt*
Lackiererei *f <obfl>* • paint shop
Lackierfehler *m <obfl> (z. B. Lackläufer etc.)* • paintwork defect; paint defect
Lackierkabine *f <obfl> (allg.; alle Verfahren; Station in einer Lackierstraße)* • paint booth
Lackierroboter *m <obfl> (Industrieroboter)* • spray-painting robot; painting robot
Lackierstraße *f <obfl> (allg.)* • painting line; paint line
Lackierung *f <obfl> (Ergebnis des Lackierens; z. B. von Autos)* • paint coating; paintwork; paint job *pract*; finish *pract*; paint *coll*
Lackleder *n <bekl.led>* • patent leather
Lackmuspapier *n <chem>* • litmus test paper; litmus paper
Lackschaden *m <obfl> (z. B. Kratzer, Splittschaden an Autokarosserie)* • damage to the finish
Lackschicht *f <obfl> (hart, meist glänzend; meist gesprüht; z. B. auf Fahrzeugen)* • paint coat; coat of paint; paint film
Ladeanzeige *f <el>* • charging indication; charge indicator
Ladebaum *m <nav.förd> (Kran)* • boom; derrick
Ladedruck *m <kfz.mot> (Aufladung; z. B. in Turbolader)* • boost pressure; supercharging pressure; supercharge pressure; charging pressure; boost *pract.coll*
Ladeeinheit *f* (LE) *<logist>* • unit load; load [unit]
Lade/Entlade-Zyklus *m <el> (von Batterien)* • charge/discharge cycle
Ladefähigkeit *f <fz> (obere Grenze)* • load limit
Ladefähigkeit *f <logist> (allg.; z. B. LKW, Güterwagen, Schiff)* • carrying

capacity; loading capacity; load capacity

Ladefähigkeit *f <nav.logist>* • net capacity; cargo carrying capacity; cargo deadweight; useful deadweight

Ladefläche *f <fz.logist> (von Kombis, Pick-ups, Lkw, Schiffen, Flugzeugen)* • cargo area

Ladegerät *n <el>* • battery charger

Ladekante *f <kfz> (betont: deren Höhe)* • liftover height; load sill *GB*; sill *GB.coll*

Ladeklappe *f <nfz>* • tail board

Ladekontrollleuchte *f <kfz.el> (leuchtet auf, wenn Batterie nicht geladen wird)* • alternator charging light (ALT CHG LI); battery charge indicator; charge indicator *pract*

Ladeluftkühler *m <mot> (zwischen Lader und Motor)* • intercooler

Ladeluke *f <nav>* • cargo hatch; cargo hatchway; loading trap

laden *vt DIN 44300-8 <comp> (Programm, Daten)* • load *vt*

laden *vt <el> (Energiespeicher; z. B. Akku, Starterbatterie, Kondensator)* • charge *vt*

laden *vt <logist> (Frachtträger; Schiff, Güterwagen, Flugzeug, Lkw etc.)* • load *vt*

laden *vt <mil> (Schusswaffe; z. B. Pistole, Gewehr)* • load *vt*; charge *vt*

Ladepritsche *f <nfz> (auf LKW)* • loading platform

Lader *m <bau.masch> (z. B. Schaufellader)* • loader

Lader *m <mot> (zur Kompressionssteigerung; z. B. Turbolader, Roots-Lader)* • supercharger; blower *coll*

Laderampe *f <logist>* • loading dock *US*; loading bay *GB*; platform; dock *pract*

Laderaum *m <fz> (Schiff, Flugzeug, LKW)* • cargo hold

Laderaum *m <fz> (allg.)* • transportation space

Laderaum *m <kfz> (bei Kombis, Pick-ups; betont: Fassungsvermögen)* • cargo bay; cargo area

Ladestation *f <el> (für Akku-Geräte; z. B. Telefon, Zahnbürste, Rasierer, Akkuschrauber)* • charging stand

Ladestrom *m <el> (von Batterien; in Ampere)* • charging current; charging amperage; charging rate *coll*

Lade- und Entladeeinrichtung *f <logist>* • loading and unloading device

Lade- und Löschausrüstung *f <nav.logist>* • cargo-handling equipment

Ladezustandsanzeige *f <el> (Batterie)* • battery condition indicator; battery test indicator; test indicator

Ladung *f <fz> (LKW, Schiff)* • load

Ladung *f <nav> (nur: eines Schiffes)* • freight of ship

Ladungsanzeige *f <el> (für Batterie; z. B. Lampe an Camcorder, Balken auf Handy-Display)* • charge indicator

Ladungsübergang *m <el.chem>* • electron transfer

Lage *f <allg> (in Erklärungen: Lage der Dinge, Lage der Nation)* • state

Lage *f <tech.allg> (Ort im Raum)* • location; position

Lage *f <tech.allg> (allg.; Schicht)* • layer

Lage *f <tech.allg> (Schicht in mehrlagigem, laminiertem Teil; z. B. in Metallbalg, Reifen)* • ply; lamination *rare*

Lage *f <bau> (z. B. Ziegel, Blocksteine)* • course

Lage *f <bau> (Ort, Grundstück; z. B. Gebäude, Stadt)* • site

Lage *f <füg> (beim Schweißen)* • pass; run

Lage *f <geo> (geol. Schicht)* • stratum; band; seam

lageabhängig *<msr>* • position-dependent

lageempfindlich *<tech.allg> (z. B. Messgerät)* • position-sensitive

Lageerfassung *f <allg>* • position detection *RS*

Lagegenauigkeit *f <tech.allg> (allg.; von Teilen, Merkmalen; z. B. in der Fertigung)* • position accuracy; accuracy of position

Lageplan *m DIN ISO 10209-4 <bau.doku>* • location drawing *ISO 10209-4*

Lageplan *m <doku.bau> (Flächenbelegung, Gebäude)* • location plan; ground plan

Lageplan *m <doku.masch> (betont: Anordnung von Einzelteilen)* • parts placement diagram

Lager *n <logist> (eher klein; zum Aufbewahren von Ersatzteilen, Gütern etc.)* • store

Lager *n <logist> (betont: Gebäude; zum*

Aufbewahren von Gütern; eher groß) • warehouse (whse); warehousing facility; stores building; storehouse

Lager *n <masch> (Bauteil; von Achsen, Wellen etc.)* • bearing

Lager *n <min> (z. B. Kohle)* • deposit; seam

Lagerbeständigkeit *f <qualit.mat>* • shelf life; storage life

Lagerbock *m <masch> (allg.; nimmt ein Lager auf, z. B. für eine Welle)* • bearing block; pillow block; bearing pedestal

Lagerbuchse *f <masch> (rund, hülsenförmig; typ. bei Gleitlagern)* • bearing bush[ing]; bearing sleeve

Lagerfläche *f <tech.allg> (tragend, unter Flächenpressung)* • bearing surface

Lagerfläche *f <logist> (Bodenfläche)* • floor area; floor space

Lagerhaltung *f <logist>* • storekeeping; stock-keeping; stockholding; storage; warehousing

lagerichtig *<tech.allg>* • position: in [the] correct ~; positionally accurate

Lagerkäfig *m <tech.allg> (für Wälzlager)* • bearing cage

lagern *vt <tech.allg> (z. B. Träger, Welle)* • support *vt*; support in a bearing *vt*; carry *vt*

Lagersatz *m <tech.allg>* • bearing package; bearing assembly

Lagerstuhl *m <tech.allg> (z. B. Maschinenbau)* • bearing block; bearing pedestal

Lagerung *f <tech.allg> (Befestigung, Montage)* • mounting; mount

Lake *f <nahr> (kochsalzhaltiges Wasser)* • brine; salt brine *rare*

Lambdaregelung *f <kfz.emiss> (allg.)* • A/F control

Lambda-Sonde *f <kfz.emiss> (für geregelten Katalysator)* • oxygen sensor (OXS); exhaust gas oxygen sensor *form*; lambda sensor; lambda probe

lamellar *<mat> (z. B. Grauguss)* • lamellar

Lamelle *f <tech.allg> (sehr dünne Lage, Schicht)* • lamella; folium

Lamelle *f <antr> (in Lamellenkupplung)* • disk *US*; disc *GB*; plate

Lamelle *f <bau> (Jalousie)* • louver *US*; slat; louvre *GB*

Lamelle *f <hlk> (dünne Rippe; typ. an Heiz- oder Kühlkörpern)* • fin

Lamelle *f <hlk> (dünn, schmal)* • vane

Lamelle *f <hlk> (Lüftung; Ausströmer; meist Pl.)* • louver

Lamelle *f <phot> (in Blende, Verschluss)* • blade; leaf

Lamellen *fpl <kfz> (im Reifenprofil; z. B. in Winterreifen)* • sipes *pl*; kerfs *pl*

Lamellen-Kühlergrill *m <kfz> (aerodynamischer Kühlergrill)* • slatted grille

Lamellenkupplung *f <antr> (typ. in Automatik- und Motorradgetrieben)* • multi-plate clutch; multiple-disc clutch; multi-disc clutch; multiplate clutch; multiple-plate clutch

Lamellenreifen *m <fz>* • multi-siped tire *US*; multi-siped tyre *GB*

Lamellenverschluss *m <phot> (Metalllamellen; Zentralverschluss od. vertikaler Schlitzverschluss)* • leaf shutter; bladed shutter

laminare Strömung *f DIN EN 1330-1 <phys> (z. B. in Rohrleitungen)* • laminar flow; streamline flow

Laminatboden *m <bau.innen> (Parkettimitat)* • laminate flooring

laminieren *vt <prod> (allg.)* • laminate *vt*

laminiert *<tech.allg> (mehrere verbundene Lagen; z. B. Glas, Kunststoff, Holz)* • laminated

Lampe *f DIN 5039,5040 <licht> (allg.; z. B. Glüh- od. Glimmlampe, Neonröhre, Gasentladungslampe)* • lamp

Lampenfassung *f <el>* • lamp socket; bulb holder *pract.coll*; lampholder; lamp base

Lampenfassung mit Bajonettsockel *f <licht>* • bayonet lampholder

Lampenkolben *m <licht>* • bulb; envelope; jacket; light bulb; lamp bulb

Lampentableau *n <allg>* • indicator board

Land *n <tech.allg> (fester Boden)* • ground

Land *n <geo> (im Ggs. zum Meer)* • land

Landaufstellung *f <energ.wind>* • onshore installation

Landeanflug *m <aerosp> (letzter Flugabschnitt vor der Landung)* • approach (APPR); closing-in; landing approach

Landebahn *f <aerosp>* • landing runway

Landedeck *n <aerosp> (z. B. auf Ölbohrplattform, Schiff, Gebäude)*

• landing deck

Landefläche *f* *<aerosp>* • landing area

Landegeschwindigkeit *f* *<aerosp>* • landing speed

Landegewicht *n* (LAW) *<aerosp>* • landing weight (LW)

Landeklappe *f* *<aerosp>* *(Tragfläche)* • flap; trailing-edge flap; landing flap

Landekufen *fpl* *<aerosp>* • skid landing gear; skid under-carriage

landen *vi/vt* *<allg>* *(Flugzeug, Schiff; Treffer beim Boxen; im Gefängnis)* • land *vi/vt*

landen *vt/vi* *<aerosp>* *(Flugzeug)* • land *vt/vi*

Landen bei Seitenwind *n* *<aerosp>* • crosswind landing

Landephase *f* *<aerosp>* • landing phase

Landeplatz *m* *<aerosp>* *(allg.; jede zum Landen geeignete freie Fläche, z. B. f. Notlandung)* • landing place

Länderkennzeichen *n* *<tech.allg>* *(z. B. die ersten zwei Stellen des EAN--Codes)* • country code

Ländervorwahl *f* *<tele>* *(z. B. 0049 für Deutschland, 001 für die USA, 0044 für Großbritannien)* • telephone country code

Landescheinwerfer *m* *<aerosp.licht>* • landing light *FAR/JAR 25.1383*

Landeskennzahl *f* *<term>* • country code

Landestrecke *f* *<aerosp>* • landing distance; landing run

Landesvermessung *f* *<geo>* • land survey; survey; property survey; cadastral survey *obs*

Landesvermessung *f* *<geo>* *(amtlich)* • ordnance survey

Landfahrzeug *n* *<fz>* • ground vehicle

Landseite *fsg* *<aerosp>* • landside *sg*; land side *sg*

Landstraße *f* *<verk>* • rural highway *US*; country lane *GB*

Landtechnik *f* *<agri>* • agricultural engineering; farm machinery

Land- und Forstwirtschaft *f* *<agri>* • agriculture and forestry

Landung *f* *<aerosp>* *(Flugzeug, Hubschrauber)* • landing *JAR 25.125*

Landungsbrücke *f* *<bau.nav>* *(stationär oder halb auf Pontons)* • landing pier; wharf

Landungsbrücke *f* *<nav>* *(Verbindung zw. Schiff und Ufer)* • landing stage

landwirtschaftliche Geräte *npl* *<agri>* • agricultural implements; farm implements

lang *<allg>* • long

Langblockmotor *m* *<kfz.mot>* *(z. B. 6-Zylinder-Reihenmotor)* • long block engine; long engine *pract.coll*; long block *pract.coll*

langbrennweitiges Objektiv *n* *<opt>* • long-focal-length lens

Länge *f* (l) *<tech.allg>* *(Basisgröße)* • length (l)

lange Lebensdauer *f* *<qualit>* *(relativ zum Einsatzzweck)* • long service life

Längenausdehnung *f* *<tech.allg>* • linear expansion

Längeneinheit *f* *DIN 1301* *<phys>* *(SI: Meter)* • unit of length; length unit

Längeneinstellung *f* *<tech.allg>* • length adjustment

Längenkontraktion *f* *<tech.allg>* *(z. B. beim Abkühlen)* • linear contraction

Längenmaß *n* *<tech.allg>* • linear measure; length measure

längentreu *<tech.allg>* *(z. B. Darstellung, Fertigung)* • length-preserving

langer Radstand *m* *<kfz>* *(länger als Standard; z. B. BMW 740 L)* • extended wheelbase

langer Radstand *m* *<kfz>* • long wheelbase

langes Übersetzungsverhältnis *n* *<antr>* *(Getriebe)* • high gearing [ratio]

Länge über alles *f* (LüA) *<fz>* *(z. B. von Schiffen)* • length over all (LOA); overall length

Länge über Puffer *f* (LüP) *<bahn>* • length over buffers (LOB)

Langform *f* *<term>* *(einer Kurzform; z. B. Acrylnitril-Butadien-Styrol)* • full form *ISO 12620*; expanded form *rare*; expansion *rare*

langfristig *<allg>* • long-term

langfristige Speicherung *f* *<energ.sol>* • long-term storage

lang gestufte Gänge *mpl* *<kfz.antr>* *(Getriebe)* • widely spaced ratios

langlebig *<allg>* *(Erzeugnisse, Gesetze, Gewohnheiten)* • durable

Langloch *n* *<tech.allg>* • oblong hole; slotted hole

langreichweitig *<allg>* • long-range

Längsachse *f* *<tech.allg>* • longitudinal

axis

langsam abbindend <mat> *(z. B. Mörtel, Zement, Klebstoff)* • slow-setting

langsames Neutron *n* <nukl> • slow neutron

Langsamgang *m* <tech.allg> *(allg.)* • jog speed

langsamlaufend <tech.allg> • slow--running; slow-speed

Langsamläufer *m* <energ.wind> *(z. B. Amerikanische Windmühle)* • low speed wind turbine; low speed device; slow running wind turbine

langsamwirkend <tech.allg> • slow--acting

Längsansicht *f* <doku> *(in einer Zeichnung)* • longitudinal view

Längsbewegung *f* <tech.allg> • longitudinal motion; longitudinal movement

Längsfuge *f* <tech.allg> *(z. B. Rohr, Behälter)* • longitudinal joint

Längsgleiten *n* <allg> • lengthwise sliding

Längsholm *m* <aerosp> *(in Flugzeugrumpf)* • longeron

Längskeilverbindung *f* <masch> *(von Welle und Nabe)* • longitudinal taper key joint

Längslenker *m* <tech.allg> • longitudinal control arm

Längslenker *m* <kfz> *(Achse wird gezogen)* • trailing link

Längslenker *m* <kfz> *(Achse wird geschoben)* • leading link

Längsmotor *m* <kfz> *(traditionelle Einbaulage: Motor längs in Fahrtrichtung)* • longitudinal engine

Längsnaht *f* <füg> *(allg.)* • longitudinal seam

Längsneigung *f* <aerosp> *(Flugzeug)* • pitch attitude; pitch

Längsnut *f* <masch> *(für eine Nut-und--Feder-Verbindung)* • longitudinal keyway

Längsnut *f* <masch> *(für Längsverzahnung, in Welle oder Bohrung)* • spline

Längsnut *f* <masch> *(allg.)* • longitudinal slot

Längsrichtung *f* <tech.allg> • longitudinal direction

längsschiffs <nav> • fore and aft; fore--and-aft

Längsschnitt *m* <tech.allg> • longitudinal cut

Längsschnitt *m* <doku> *(Ansicht; z. B. in techn. Zeichnungen)* • longitudinal view

Längsschnittsdarstellung *f* <tech.allg> • longitudinal sectional view; longitudinal cross-sectional view

Längsseite *f* <tech.allg> *(von quaderförmigen Hohlkörpern; z. B. Kastenträger, Behälter, Hohlleite)* • side wall

Längsstapellauf *m* <nav> *(v. a. Hochseeschiffe)* • end launching

langstapelige Baumwolle *f* <textil> • long-staple cotton; long-stapled cotton

Längsträger *m* <tech.allg> • longitudinal beam

Langstrecke *f* <aerosp> *(Reichweite)* • long haul; long range

Langstreckenbetrieb *m* <kfz> *(Fahrten auf Autobahnen und Landstraßen)* • highway driving *US*; cruising; cruise; touring [conditions]; extra-urban [driving] *GB*

längsverschiebbar <tech.allg> • longitudinally displaceable

längsverstellbar <tech.allg> • longitudinally adjustable

Längsverstellung *f* <kfz.innen> • fore and aft adjustment; longitudinal seat adjustment; lengthwise seat adjustment; seat-track adjustment; fore/aft seat control

lang übersetzter Gang *m* <kfz.antr> *(Getriebe)* • high gear

Längung *f* <tech.allg> *(durch Überdehnung; z. B. von Antriebsriemen, Ketten)* • lengthening; elongation; axial elongation *rare*

Längung *f* <fz> *(von Seilzügen; unerwünscht)* • stretching

langweilig <allg> *(z. B. eine schlechte Präsentation)* • boring; dull

Langwelle *f* (LW) <tele> *(alles unter 500 kHz; Radio 30 kHz bis 300 kHz)* • low--frequency wave (LF); kilometric wave; long wave

lang wirkend <tech.allg> • long-acting

Langzeitschutz *m* <tech.allg> • long--term protection

Langzeitstabilität *f* <tech.allg> • long--term stability

Langzeitverhalten *n* <qualit.mat> • long-term behavior *US*; long-term behaviour *GB*

Lanthan *n* (La) *<chem>* • lanthanum (La)

Lanthanoide *npl <chem> (seltene Erden; in Periodensystem: Kernladungszahl 57-71)* • lanthanides *pl*; lanthanide series; lanthanoids *pl rare*; lanthanoid series *rare*; lanthanoid group *rare*

Laplace-Operator *m <math>* • Laplacian operator; Laplace operator

Lappen *m <füg> (an Scheibe, als Schraubensicherung)* • tab

Lappen *m <masch> (z. B. von Rotor)* • lobe

Lappen *m <masch> (Öse o. ä.)* • lug

Lappen *m <wz.textil> (zum Abwischen, Reinigen)* • rag

läppen *vt DIN 8589-1 <prod> (glätten mit rollendem Korn)* • lap *vt*

Laptop *m obs <comp> (Größe > DIN A4, Gewicht > 3 kg; Vorläufer der Notebooks)* • laptop computer; laptop

Laptop-Tasche *f <pack.tour>* • computer case; computer brief

Lärm *m <akust> (laut, als unangenehm empfunden)* • noise

Lärmbelästigung *f <emiss>* • noise pollution; sound pollution *rare*; disturbance caused by noise *rare*; noise nuisance *rare*

Lärmminderung *f <tech.allg>* • noise reduction

Lärmschutzzaun *m <bau.verk>* • acoustic fence; acoustic fencing

Lärmschutzzone *f <verk>* • noise abatement area; noise abatement zone; noise control area

Lasche *f <antr> (von Rollenketten; z. B. von Fahrrad-, Steuerkette)* • link plate

Lasche *f <bau> (zum Verbinden von Trägern; z. B. bei Fachwerkbrücken)* • fish-plate; flitch; link plate; sideplate *coll*

Lasche *f <bekl> (vorne an Schuhen)* • tongue; latchet; tab

Lasche *f <masch> (zum Verbinden von Stumpfstößen)* • cover plate; covering plate; butt plate; covering butt strap; covering strap

Lasche *f <pack> (Ring zum Aufreißen, am Getränkedosendeckel)* • tab ring

Lasche *f DIN 55 405 <pack> (z. B. Einstecklasche, Heftlasche, Klebelasche)* • flap

Laschenkette *f <antr> (statt Riemen od. Schubgliedern in stufenlosen Getrieben; Multitronic)* • leaf chain

Laschennietung *f <füg> (überlappende Bleche)* • lap-riveted joint *US*; lap-rivetted joint *GB*

Laschenstoß *m <füg> (Stumpfstoß mit Verbindungsblechen auf beiden Seiten)* • butt-strapped joint; fished joint

Laser *m <licht>* • laser; light amplification by stimulated emission of radiation *rare*

Laserbearbeitung *f <prod>* • laser machining

Laserdrucker *m prakt <druck>* • laser printer; laser-jet printer

Laserentfernungsmesser *m <msr>* • laser range finder

Laserplatine *f BMW <kfz.prod>* • tailored blank

Laserschweißen *n* (LA) *<füg> (im Ggs. zu Lichtstrahlschweißen)* • laser beam welding (LBW); laser welding *pract*

Laserstrahl *m <comp>* • laser beam

Laserstrahlschneiden *n DINENISO 9013 <prod> (thermisches Schneiden)* • laser beam cutting *EN ISO 9013*

LASH *n <nav>* • lighter aboard ship (LASH)

lasieren *vt <silik.obfl>* • glaze *vt*

lasierend *<obfl.holz> (pigmentierte aber transparente Beschichtung)* • glazed

Last *f <tech.allg>* • load

lastabhängig *<tech.allg> (gesteuert von der anliegenden Last)* • load-controlled; load-sensitive; load-dependent *rare*

lastabhängig *<tech.allg> (Verhalten, Wirkungsgrad; z. B. E-Motor, Turbine)* • depending on load

Lastabwurf *m <energ.hydr> (Trennung des Generators vom Netz unter Last)* • load rejection; load shedding

Lastangriff *m <mech>* • load application

Lastannahme *f <bautech.allg> (Grundlage der Auslegung, Konstruktion)* • design load

Lastaufnahmemittel *n <förd> (zum Heben)* • lifting attachment; lifting and handling device

Lastenaufzug *m <förd>* • freight elevator *US*; goods lift *GB*; material lift *GB*

Lastenheft *n <doku>* • product design specification (PDS); product concept catalogue; specifications sheet; specification book

Lastkahn *m <nav> (für Transportzwecke; breit, flacher Boden)* • barge; scow; lighter; pram

Lastkraftwagen *m* (Lkw) *<nfz> (allg.)* • truck *US.GB*; lorry *GB*

Lastschwerpunkt *m <energ> (im Stromnetz, räumlich; z. B. urbanes Ballungszentrum, Industrieregion)* • load center *US*; load centre *GB*

Lastseil *n <förd> (Kran)* • fall rope

Lastspiel *n <mech>* • load cycle; loading cycle

Lastwechselreaktion *f <kfz> (Fahrverhalten; Reaktionen in Antriebsstrang oder Lenkung)* • load alteration effect; load alternation effect; load alternation reaction; power-off effect *coll*

Lasur *f <obfl> (hauchdünn, durchsichtig; z. B. als Schutz)* • varnish

lateinisches Alphabet *n <allg>* • Latin alphabet

lateinische Ziffern *fpl <allg>* • Latin numerals

latentes Bild *n <phot>* • latent image; latent photographic image

Latenzzeit *f <allg>* • latency period; latent period; latency

Lateralplan *m <nav>* • lateral plane; lateral plan; lateral underway body *rare*

Lateralwiderstand *m <tech.allg> (durch Reibung; auch in Fluiden)* • lateral resistance

Latex *m <mat> (z. B. für Matratzen, Kleidung)* • latex; natural latex

Latex *n <bekl.mat> (z. B. für Handschuhe)* • latex; rubber *coll*

Latexallergie *f <med> (z. B. durch Reinraumhandschuhe)* • latex allergy

latexfreie Handschuhe *mpl <med.-bekl>* • latex-free exam gloves

Latexmatratze *f <innen>* • latex mattress; natural latex foam rubber mattress *form*; latex foam mattress; foam rubber mattress *coll*

Latexschaumgummi *m <mat>* • foamed latex rubber; latex foam [rubber]

latinisierte Schreibweise *f <term>* • romanized form

Latte *f <bau.innen> (einzelnes horizontales Holzbauteil; im Ggs. zu Ständer)* • runner

Latte *f <bau.mat> (aus Holz, Metall, Kunststoff etc.)* • slat; batten

Latte *f DIN 55 405 <mat> (aus Holz; Querschnitt bis 60 x 40 mm)* • lath; batten

Lattenrost *m <innen> (Bett; unter Matratze)* • slatted frame

Laubholz *n <holz> (typ. Eiche; meist, aber nicht immer härter als Nadelholz; z. B. Balsa)* • hardwood; deciduous wood

Laubsäge *f <wz> (Säge mit sehr schmalem, in U-förmigen Bügel eingespanntem Blatt)* • fretsaw *GB*

Laub- und Abfallsauger *m <agri> (zum Saugen und Blasen; mit Fangsack)* • multi-purpose vacuum/blower

Lauf *m <masch> (z. B. einer Maschine, eines Motors)* • motion

Lauf *m <masch> (z. B. Kran)* • travel

Lauf *m <masch>* • working; action

Lauf *m <mil> (Schusswaffe)* • barrel

Laufbahn *f DIN ISO 3395 <masch> (Wälzlager)* • raceway *ISO 3395*

Laufband *n <ökon> (für eingekaufte Waren, an Kasse)* • checkout conveyor; checkout moving belt; checkout belt

Laufband *n <sport> (Heimtrainer)* • treadmill

Laufband *n <verk.förd> (für Personen; z. B. in Flughäfen)* • moving walkway

Laufbrücke *f <tech.allg> (Fabrikhallen, Gerüst, Kran)* • catwalk

Lauf der Sonne *m <energ.sol>* • movement of the sun; solar path; path of the sun; route of the sun

laufen *vi <tech.allg> (fließen, rasch od. unter Druck; z. B. Wasser in od. aus einer Leitung)* • run *vi*

laufen *vi <tech.allg> (in Betrieb sein; z. B. eine Maschine, Anlage)* • operate *vi*

laufen *vi <tech.allg> (in schneller Bewegung sein; z. B. Welle, Motor, Pumpe, Aggregat)* • run *vi*

laufen *vi <masch> (auf einer Bahn, meist linear, hin und her; z. B. Kolben, Schlitten)* • travel *vi*

laufen *vi <obfl> (zu dick aufgetragener Lack, nach unten)* • sag *vi*

laufendes Gut *n <nav>* • running rigging

laufende Wartung *f <tech.allg>* • running maintenance

Läufer *m <bau> (im Mauerverband; Stein längs eingebaut; im Ggs. zu Binder)* • stretcher

Läufer *m <el> (Generator; im Ggs. zum Ständer)* • rotor; generator rotor

Läufer *m <obfl> (Lackierfehler)* • sag; curtain

Läufer *m DIN ISO 2424 <textil> (schmaler Teppich)* • runner *ISO 2424*

Läuferwicklung *f <el>* • rotor winding

lauffähig *<tech.allg>* • running order: in ~

Lauffläche *f <tech.allg> (bodenberührende Fläche von Schuhsohlen, Rädern, Reifen)* • tread

Lauffläche *f <masch> (von Wälzlagern)* • bearing race; race; raceway

Lauffläche *f <masch> (von Gleitlagern)* • bearing surface

Lauffläche *f <masch> (allg. von gleitenden oder rollenden Teilen)* • face

Lauffläche *f <masch> (betont: Verschleißfläche; z. B. von Rädern, Rollen)* • wearing surface

Lauffläche *f <masch> (betont: Arbeits-, Wirkfläche)* • working surface

Laufflächenverschleiß *m <fz>* • tread wear

Laufgang *m <bau> (lang, schmal, meist überdacht, an einem oder beiden Enden offen)* • gallery

Laufgeräusch *n <tech.allg> (allg.; z. B. von Motoren, Lüftern, PC-Laufwerken)* • running noise

Laufgeschwindigkeit *f <tech.allg>* • running speed

Laufkatze *f <bau.masch> (auf horizontalem Turmkranausleger)* • trolley; crab; carrier

Laufkatze *f <förd> (allg.; z. B. von Portalkran, Theatertechnik)* • crab; trolley; swivel truck

Laufkatze *f <förd> (betont: zum Heben)* • lifting crab; hoist trolley

Laufkette *f <nfz> (Raupenkette)* • track

Laufkran *m <förd>* • traveling crane *US*; travelling crane *GB*

Laufkultur *f <kfz> (meist positiv wertend; Gesamtfahrzeug oder Motor)* • refinement

Laufkultur *f <kfz.mot> (von Motoren allg.; neutral, ohne Wertung)* • running characteristics

laufmaschenfest *<textil> (Nylonstrümpfe)* • ladder-proof; run-resistant; runproof

Laufrad *n <tech.allg> (mit Schaufeln; z. B. in Pumpe)* • blade wheel

Laufrad *n <tech.allg> (lasttragend)* • carrying wheel

Laufrad *n DIN ISO 8090 <fz> (Fahrrad, vorn oder hinten)* • wheel *ISO 8090*

Laufrad *n <fz> (einer Raupenkette; z. B. Planierraupe, Bagger, Panzer)* • idler

Laufradsatz *m <bahn> (Lok; nicht angetrieben; vor od. hinter Antriebsachsen)* • carrying axle; load-carrying axle; unpowered axle; idler axle

Laufradschaufel *f <masch>* • rotor blade

Laufradschaufel *f <turb>* • runner vane

laufrichtungsgebundenes Profil *n <fz> (von Reifen)* • directional tread pattern

Laufring *m <masch> (Wälzlager; innen und außen)* • race; bearing race; track ring *rare*

Laufrolle *f <tech.allg> (nachlaufendes Rädchen; z. B. Einkaufswagen, Rollmöbel, Bürostuhl)* • caster [wheel] *US*; castor [wheel] *GB*

Laufrolle *f <tech.allg>* • roller

Laufrolle *f <tech.allg> (in Schiene laufend; z. B. Schiebetür, Vorhang)* • track roller

Laufrolle *f DIN ISO 5593 <fz> (Raupenfahrwerk; z. B. von Bulldozer, Panzer)* • track roller *ISO 5593*; support roller

Laufrolle *f <masch> (betont: ohne Drehmomentübertragung; z. B. in Riemen-, Kettentrieb)* • idler

Laufruhe *f <tech.allg>* • quietness of operation; quietness of running

Laufruhe *f <tech.allg> (einer Maschine, Anlage)* • smooth running; smooth operation; quiet running

Laufruhe *f <masch> (von rotierenden Teilen; z. B. Wellen, Motoren, Getrieben)* • smooth running; running smoothness

Laufschaufel *f <energ.hydr> (Gleichdruckturbine und Francisturbine)* • runner blade; runner vane; runner bucket; moving blade

Laufschaufel *f <förd> (Kreiselpumpe)* • impeller vane; impeller blade

Laufschaufel *f <turb> (von Turbinen)* • turbine blade; turbine bucket *US*; turbine vane *US*; rotor blade *ISO*

11086

Laufschiene *f <masch> (z. B. einer Elektrohängebahn, Schiebetür)* • travel rail; roller rail; running rail

Laufsteg *m <bau> (meist hoch oben, schmal)* • catwalk

Laufsteg *m <bau> (z. B. auf Gerüsten, Kranen, in Werkshallen)* • walkway

Laufwasserkraftwerk *n <energ.hydr>* • run-of-river plant *US*; run-of-river power station *GB*; run-of-river power plant

Laufwerk *n DIN 25602 <bahn> (von Loks, Wagen)* • running gear

Laufwerk *n <comp> (für Datenträger; z. B. Diskette, Band, Festplatte, CD, DVD)* • drive; drive unit

Laufwerksbuchstabe *m <comp>* • drive letter

Laufwerkschacht *m <comp>* • drive bay; chassis bay; bay *pract*

Laufzeit *f <tech.allg> (Dauer eines Ablaufs; z. B. Uhr, Uhrwerk)* • operating time; running time

Laufzeit *f <tech.allg> (Betriebsdauer; z. B. von Anlagen, Maschinen)* • running time; runtime

Laufzeit *f <el> (von Signalen in el. Komponenten; betont: Durchgang)* • transit time; travel time

Laufzeit *f <phys> (Ausbreitung von Wellen, Signalen; z. B. Schockwelle, Schall, Funksignal)* • propagation time

Laufzeit *f <phys> (eines reflektierten Signals; z. B. bei Radar, Sonar)* • reflection time

Laufzeit-Lizenz *f <jur> (z. B. für Programme)* • runtime license

Lauge *f <chem> (Ergebnis des Auslaugens)* • liquor; leachate; leach

Lauge *f <chem> (alkalische Lösung)* • lye

Lauge *f <metall> (zum Herauslösen von Metallen aus festen Stoffen; kann auch Säure sein)* • leach

laugen *vt <metall>* • leach *vt*; lixiviate *vt*

laugen *vt <textil>* • buck *vt*

laugenbeständig *<qualit.mat> (gegen alkalische Angriffe)* • caustic-proof; alkali-proof; lye-proof; fast to lye

Lauschangriff *m <jur>* • eavesdropping operation

Lautsprecher *m <av>* • loudspeaker; loudspeaker system; speaker system; speaker *pract.coll*

Lautstärke *f DIN 1318 <akust> (Einheit: Phon)* • loudness level

Lautstärke *f <av> (in dB)* • volume (VOL); loudness level; loudness; sound volume

Lautstärkeregelung *f <av.msr> (Funktion)* • volume control; volume adjustment; sound control

Lautstärkeregler *m <av.msr> (Bedienungselement; z. B. Knopf, Taste oder Schieberegler am Gerät)* • volume control (VOL)

Lautstärkeumfang *m <akust>* • dynamic range; volume range

Lavaldüse *f <phys> (Anwendung: Dampfturbine, Windkanal, Raketentriebwerke)* • de Laval nozzle; convergent-divergent nozzle; CD nozzle; con-di nozzle

Lavaliermikrofon *n <av>* • Lavalier microphone

Lavastrom *m <geo>* • lava flow

Lawinendiode *f <el>* • avalanche diode

Lawrencium *n* (Lr) *<chem> (radioaktiv)* • lawrencium (Lr)

Layout *n <tech.allg> (Anordnung von Elementen in der Fläche; z. B. von Anlagen, Seiten)* • layout

LCD-Bildschirm *m <tech.allg> (eher groß)* • LCD screen

LCD-Display *n <tech.allg> (eher klein; z. B. zur Anzeige von Einstellwerten)* • LCD display

LCD-Monitor *m <tech.allg> (allg.; jede Größe, jeder Zweck)* • LCD monitor

LD-Sauerstoffaufblasverfahren *n <metall> (Stahlherstellung)* • basic oxygen furnace process; BOF process; L-D process; Linz-Donawitz process *rare*; Linz-Donawitz basic oxygen process *rare*

Lebensdauer *f <tech.allg> (betont: gemäß Auslegung)* • design life

Lebensdauer *f <fz> (von Reifen; betont: bis das Profil abgefahren ist)* • tread life

Lebensdauer *f <qualit> (theoretisch; ohne Rücksicht auf konkreten Einsatz)* • physical life

Lebensdauer *f <qualit> (betont: ganzheitliche Betrachtung)* • overall life

Lebensdauer *f <qualit> (Haltbarkeit von Bauteilen und Material; z. B. von La-*

gern, Werkzg.) • durability; service life; physical lifespan; life *coll*

Lebensdauer *f <qualit.el> (einer Batterie)* • battery life; battery cycle life; cycle life

Lebensdauer *f <qualit.mat> (Volllastspiele bis zum Ermüdungsbruch; z. B. von Kompensatoren)* • cyclic life; fatigue life expectancy *form*; fatigue life; life expectancy *coll*

Lebensdauer *f <qualit.wz> (eines Werkzeugs od. einer Schneide)* • cutting life

Lebenserhaltungssystem *n <aerosp>* • life support system

Lebensmittelfarbstoff *m <nahr> (z. B. zum Kuchenbacken, Ostereierfärben)* • food color *US*; food colour *GB*; edible color *US*; edible colour *GB*; food dye

Lebensmittelkonservierung *f <nahr>* • food preservation

lebensmitteltauglich *<prod> (Material in Lebensmittelproduktion; z. B. Schmier-, Kühlmittel)* • foodgrade

Lebensraum *m <bio> (von Pflanzen, Tieren)* • habitat

lebhaft *<allg>* • quick

lebhaft *<chem> (z. B. Reaktion)* • brisk

Leck *n <nav>* • leak; leakage

Leckage *f <tech.allg> (betont: Austrittsort)* • leakage

Leckage *f <tech.allg> (Ausströmgeschwindigkeit)* • leak rate

leckagefrei *<tech.allg> (betont: es tritt keine Flüssigkeit aus)* • leakproof; leak-tight; leak-free; leakage-free; zero-leakage

lecken *vi <tech.allg> (undicht sein; z. B. Behälter, Rohr, Boot)* • leak *vi*

lecken *vt <allg> (einen Gegenstand; z. B. zum Anfeuchten; z. B. Briefmarke, Eiscreme)* • lick *vt*

Leckluft *f <tech.allg> (allg.)* • leakage air

Leckmenge *f <tech.allg> (Menge des Fluids)* • amount of leakage; leakage

Leckstelle *f <tech.allg>* • leakage point

Leckstrom *m <el> (allg.)* • leakage current

Lecksuche *f <tech.allg> (bereits vorhandene Leckstellen)* • leak detection

Lecksuche *f <tech.allg> (auf Dichtigkeit prüfen)* • leak testing; testing for leak tightness

Leckverlust *m <tech.allg> (allg.)* • leakage loss

Leckverlust *m <tech.allg> (betont: Ausströmgeschwindigkeit)* • leakage rate

Leder *n <mat>* • leather; hide *GB*

Leder... *<obfl> (Polster, Sitze, Lenkrad etc.)* • leather ...

Lederausstattung *f <kfz.innen>* • leather interior trim; leather trim; leather interior

Lederbekleidung *f <bekl>* • leather apparel *US*; leathers *pl GB*

Lederkombi *f <kfz.bekl>* • leather suit

Ledern *n <wz> (von Messerklingen)* • buffing

Ledersitze *mpl <innen>* • leather seats

LED-Tagfahrlicht *n <kfz.licht>* • LED daytime running light[s]; LED daytime driving light[s]

lee *IEV 415 <energ.wind>* • downwind *IEV 415*; lee side; leeward

Leeläufer *m <energ.wind>* • downwind turbine; downwind machine; downwind system; downwind rotor

leer *<allg> (z. B. Blatt Papier, Blick etc.)* • blank

leer *<allg> (nicht gefüllt; z. B. Behälter, Tank, Kanister etc.)* • empty

leer *<tech.allg> (frei und verfügbar; Platz jeder Art; z. B. Haus, Sitz, Wohnung)* • vacant

leer *<bau> (nicht bewohnt; z. B. Büro, Haus, Wohnung)* • unoccupied

Leerbaustein *m <allg> (Mosaikbaustein)* • module receptacle

Leere *f <allg>* • emptiness

leeren *vt <allg> (z. B. Behälter)* • empty *vt*

leeren *vt <logist> (z. B. Silo, Tank, Container, Waggon)* • unload *vt*

Leerfahrt *f <förd>* • no-load trip

Leergewicht *n DIN 70020 <kfz> (ohne Anbauteile, Sonderausstattungen etc.)* • curb weight; kerb weight *GB*

Leergut *n DIN 55 405 <logist.pack>* • empties

Leerhub *m <masch>* • idle stroke

Leerlauf *m <tech.allg> (von in Betrieb befindlichen Geräten, Maschinen, Motoren, Rotoren)* • idle running; idling

Leerlauf *m <tech.allg> (betont: Betrieb ohne Last)* • no-load operation; no-load running

Leerlauf *m* (N) *<kfz.antr> (Getriebeschaltstellung; Schalt- und Automatikgetr.)* • neutral (N); neutral position

Leerlauf *m <kfz.mot> (Motor-Betriebszustand; typ. < 1000 U/min)* • idle; idling; engine idle *form*

Leerlaufdrehzahl *f <tech.allg> (von Motoren, Rotoren, Generatoren)* • idle running speed; idling speed

Leerlaufdrehzahl *f <kfz.mot> (Drehzahl; z. B. 600 U/min)* • idle speed

leer laufen *vi <tech.allg>* • run idle *vi*; idle *vi*

leer laufen *vi <tech.allg> (Flüssigkeit)* • drain *vi*

leer laufend *<tech.allg>* • idling

Leerlauffrequenz *f <el>* • idle frequency

Leerlaufleistung *f <tech.allg>* • idle power; no-load power; no-load input power

Leerlaufverbrauch *m <tech.allg> (z. B. Motor, Stetigförderer)* • idle power consumption

Leerlaufzeit *f <tech.allg>* • idle time

Leermasse *f <nav>* • light weight

Leermeldung *f <allg>* • empty signal

Leerrücklauf *m <tech.allg> (z. B. Schlitten einer Werkzeugmaschine)* • idle return stroke

Leertakt *m <allg>* • idle stroke

Leertaste *f <comp>* • space bar; space key; space

Leerweg *m <tech.allg>* • idle movement

Leerweg *m <kfz> (z. B. von Gaspedal)* • free travel

Leerzeichen *n <doku> (ASCII-Zeichen 32)* • space; blank; blank space; blank character

legen *vt <allg> (z. B. Kabel, Eier, Grundstock, Betonung auf etwas)* • lay *vt*

legen *vt <tech.allg> (Leitung; z. B. Kabel, Rohr)* • install *vt*; lay *vt*

legen *vt <bau.innen> (Parkett, Bodenbelag, Laminat)* • lay *vt*

legen *vt <mil> (Minen)* • plant *vt*

Legende *f <doku> (bei Karten)* • legend

legierter Stahl *m <mat> (Qualitätsstähle, Edelstähle)* • alloy steel

Legierung *f <metall> (allg.)* • alloy

Legierungsbestandteil *m <mat>* • alloying component; alloying constituent

Lehm *m <bau.mat> (Gemenge von Sand, Schluff und Ton)* • earth; loam

Lehmbau *m <bau> (Bauwerk)* • earthen building; earthen structure; mudbrick building; adobe building

Lehne *f <allg> (Stuhl, Sessel, Sofa, Bank)* • back

Lehne *f <innen> (Stuhl: Rückenlehne, Armlehne)* • rest

Lehnenneigungsverstellung *f <innen> (von Sitzen)* • backrest tilt adjustment; backrest angle adjustment

Lehre *f <msr>* • gage *US*; gauge *GB*

Lehrring *m <msr>* • plain ring gauge; female gauge; ring gauge

Lehr- und Lernsoftware *f <comp.did>* • educational software

Leibung *f <bau> (innere seitliche Flächen einer Wand-, Fenster-, Türöffnung)* • reveal

leicht *<allg> (im Ggs. zu kompliziert)* • easy

leicht *<allg> (z. B. Koffer, Mahlzeit, Wein, Zigarre, Kleidung)* • light

leicht *<allg> (im Ggs. zu schwer; bezogen auf das Gewicht)* • lightweight

leicht ablesbar *<msr> (z. B. Skala, Tabelle)* • easy-to-read

Leichtbauteil *n <tech.allg> (betont: als Strukturteil)* • light-weight structural component

Leichtbauweise *f <tech.allg> (betont: Konzeption, Konstruktion, Auslegung)* • light-weight design

leichte Montage *f <allg>* • ease of installation

leicht entzündbar *<tech.allg>* • highly inflammable

leichtes Nutzfahrzeug *n <nfz> (bis 7,5 t zulässiges Gesamtgewicht)* • light commercial vehicle; light duty truck

leichtes Wasser *n <chem>* • light water

leichtflüchtig *<tech.allg>* • high-volatile; highly volatile

Leichtfraktion *f <ents>* • light fraction

leichtgängig *<tech.allg> (Bedienungselemente; z. B. Lenkung, Kupplung)* • light

Leichtheit *f <tech.allg> (in Bezug auf Masse, Gewicht)* • lightness

leicht löslich *<chem>* • readily soluble; easily soluble

Leichtmetall *n <mat> (betont: Alu oder Alu-basierte Leichtmetalllegierung)* • alloy

Leichtmetall *n DIN EN 23134 <mat> (im*

Ggs. zu Schwermetall; z. B. Aluminium, Magnesium, Titan) • light metal

Leichtmetallmotor *m* *<mot>* *(Motor und Zylinderkopf aus LM, meist Alu)* • all-alloy engine

Leichtmetallrad *n form* *<fz>* • alloy wheel; alloy *coll*; mag *US.coll*

Leichtmetallschmiederad *n* *<fz>* *(typ. aus Alu; auch aus Magnesium)* • forged alloy wheel

Leichtöl *n* *<chem.petr>* *(dünnflüssig)* • light oil; low-viscosity oil; thin-bodied oil

leichtsiedend *<chem.petr>* • low boiling; low-boiling

leichtwassermoderiert *<nukl>* • light-water-moderated

Leichtwasserreaktor *m* (LWR) *<nukl>* *(als SWR oder DWR)* • light water reactor (LWR); light-water reactor; light water moderated reactor

leicht zugänglich *<tech.allg>* *(z. B. Bauteil)* • readily accessible; easy-to-get-to

Leim *m* *<obfl>* *(zum Porenfüllen; z. B. von Papier, Geweben)* • size; sizing material *did*

leimen *vt* *<füg.holz>* • glue *vt*

leimen *vt* *<pap>* • size *vt*

Lein *m* *<textil>* *(zur Flachsproduktion)* • flax

Leine *f* *<allg>* *(für Tiere; z. B. Hunde)* • leash

Leine *f* *<tech.allg>* *(geflochten, gewebt)* • cord

Leine *f* *<tech.allg>* *(z. B. Wäscheleine, Angelschnur)* • line

Leinen *n* *<druck>* *(als Textur)* • cloth

Leinen *n* *<textil>* • linen

Leinöl *n* *<mat>* • linseed oil

Leinsamen *m* *<textil>* • linseed; flaxseed

Leinwand *f* *<kunst>* • canvas

Leinwandbindung *f* *<textil>* • plain weave; linen weave; calico weave

Leiste *f* *<tech.allg>* *(Zier, Versteifung etc.; z. B. aus Metall, Holz, Kunststoff)* • strip

Leiste *f* *<bau.mat>* *(meist aus Holz)* • batten

Leiste *f* *<bau.mat>* *(zum Abdecken von Kehlnähten)* • fillet

Leiste *f* *<holz>* *(Latte)* • lath

Leiste *f* *<holz>* *(halbrundes Profil)* • beading

Leiste *f* *<kst>* *(Profil; Formteil)* • molding

Leiste *f* *DIN 55 405* *<pack>* • batten

Leiste *f* *<textil>* *(an Stoffrand, als Sicherung gegen Ausfasern)* • selvage; selvedge

Leisten *m* *<wz>* *(z. B. für Schuhreparatur)* • last

Leistung *f* *<allg>* • yield

Leistung *f* *<tech.allg>* *(Kapazität; z. B. Stetigförderer, Flughafen)* • capacity

Leistung *f* *<tech.allg>* *(Effizienz, Produktivität)* • efficiency; productivity

Leistung *f* *<tech.allg>* *(z. B. Motor, Transformator, Pumpe)* • output

Leistung *f* *<tech.allg>* *(umfassend, nicht nur auf kW bezogen)* • performance

Leistung *f* *<tech.allg>* *(Verhalten im Betrieb; z. B. von Fahrzeugen)* • performance

Leistung *f* *<kfz.mot>* *(von Kfz-Motoren; als Messgröße; z. B. 210 kW 8 [286 PS] bei 5400 U/Min)* • power (pwr); engine power; muscle *coll*

Leistung *f* (P) *<phys>* *(Arbeit je Zeiteinheit)* • power (P)

Leistung *f* *<phys>* *(z. B. von elektr. Anlagen; in Watt)* • wattage

Leistung aufnehmen *vi* *<tech.allg>* *(Stromverbraucher, Pumpe, Werkzeugmaschine)* • consume power *vi*

Leistungsabfall *m* *<tech.allg>* *(mechanische, elektrische Leistung)* • decrease in power; drop in power *coll*

Leistungsangabe *f* *<tech.allg>* *(allg. Kraftmaschinen)* • power rating; output rating

Leistungsaufnahme *f* *<el>* *(elektr. Energiekonsum; z. B. von Maschinen, typ. in W/h od. kW/h)* • power consumption; input power; power demand; power requirements *pl*; power drain *rare*

Leistungsdaten *pl* *<tech.allg>* • performance specifications; performance data

Leistungsdiode *f* *<el>* • power diode

Leistungselektronik *f* *DIN IEC 60050-5* *<el>* • power electronics *DIN IEC 60050-5*

Leistungsendstufe *f* *<el>* • power output stage

Leistungsgewicht *n* *<kfz>* *(wird in Masseeinheiten u. umgekehrter Folge*

angegeben; z. B. 6 kg/PS) • power-to--weight ratio (p/w)

Leistungshebel *m <aerosp.msr>* • throttle lever *US*; thrust lever *GB*

Leistungskenngrößen *fpl DIN EN 13142 <qualit>* • performance characteristics *pl DIN EN 13142*

Leistungskennlinie *f <verf> (für Betriebsverhalten, Leistungsabgabe; z. B. von Arbeitsmaschinen)* • performance curve; characteristic curve *pract*

Leistungskurve *f <tech.allg> (z. B. von Turbinen, Motoren)* • performance curve

Leistungsloch *n <kfz.mot> (beim Beschleunigen)* • flat spot

Leistungsmerkmal *n <tech.allg> (eines Produkts)* • feature

Leistungsparameter *m <tech.allg>* • performance parameter

Leistungsprüfstand *m <kfz> (z. B. Rollenprüfstand)* • dynamometer; dyno *coll*

Leistungsregelung *f <energ> (z. B. von Kraftwerken)* • power control; power regulation

Leistungsregler *m <msr>* • power controller

Leistungsschalter *m <energ.el> (größer als eine Person; im Freien aufgestellt)* • power circuit breaker

Leistungsschild *n <tech.allg> (z. B. an Motor, Pumpe)* • data plate; rating plate; nameplate *rare*

Leistungsschwankung *f <tech.allg>* • power fluctuation

Leistungstransformator *m <el>* • power transformer

Leistungsverstärker *m <el>* • power amplifier; power booster

Leistungsverteilung *f <phys> (z. B. Strom, Antriebskraft)* • power distribution

Leitapparat *m <masch> (nicht rotierende Elemente zur Lenkung der Strömung; z. B. in Turbinen)* • guide vanes; fixed guides

Leitapparat *m <masch> (zur Reduzierung der Strömungsgeschwindigkeit und Druckerhöhung)* • diffuser; recuperator; diffusing system; diffuser system; vaned diffuser

Leitblech *n <verf> (in Leitungen, Konvertern, Mischern)* • deflector plate

leiten *vt <allg> (ein Unternehmen, eine Abteilung usw.)* • direct *vt*

leiten *vt <tech.allg> (durch Rohre etc.; z. B. Gas, Flüssgkeit)* • lead *vt*

leiten *vt <aerosp> (Flugsicherung)* • correct the flight path *vt*

leiten *vt <phys> (Strom, Wärme)* • conduct *vt*

leitend *<allg>* • conductive; conducting

Leiter *f DIN EN 131-1 <tech.allg> (z. B. Sprossenleiter)* • ladder

Leiter *m <el> (in einem Kabel)* • core

Leiterwagen *m <nfz.feuer>* • ladder truck; aerial ladder truck; aerial truck

Leitfähigkeit *f <tech.allg> (für Wärme, Strom)* • conductivity; conductivity capacity

Leitrechner *m <comp> (übergeordneter Computer)* • host computer; host *coll*

Leitschiene *f <tech.allg>* • guide rail

Leitstrahl *m <aerosp.navig> (ILS)* • guide beam; beam

Leitstreifen *m <bau.verk> (typ. Beton)* • marginal strip

Leitung *f <tech.allg> (Vorgang; z. B. von el. Strom, Flüssigkeit, Gas)* • conduction

Leitung *f <tech.allg> (Kanal; eher für Luft)* • duct; ducting

Leitung *f <bau> (allg.; auch Leerrohr für Kabel)* • conduit

Leitung *f <el> (allg. Verbindung für el. Strom)* • lead *[li:d]*; connection

Leitung *f <rls> (Rohr etc. für Flüssigkeit, Gase)* • conduit

Leitung *f <rls> (Rohrleitung)* • line

Leitungen *fpl <bau> (allg.; Rohre, Kabel; z. B. in einer Raffinerie)* • lines

Leitungsabschnitt *m <tech.allg> (Strom, Wasser, Gas)* • line section

Leitungsbruch *m <tech.allg> (Rohr, Kabel)* • line break; line rupture

Leitungsgefälle *n <ents.hydr>* • pipe grade

Leitungsprüfer *m <el.wz> (typ. ein Durchgangsprüfer)* • line tester

Leitungsquerschnitt *m <el>* • line cross-section

Leitungsschalter *m :V <el> (in Netzkabel eingesetzt; z. B. an Tischleuchten, Stehleuchten)* • through switch

Leitungsschutzschalter *m <el> (betont: schmales Modul im Haus-Sicherungskasten)* • miniature circuit-breaker; fuse *coll*

Leitungsschutzschalter *m DIN EN 60898* <el> *(allg.; nach VDE 0641, VDE 0660)* • circuit breaker for overcurrent protection *EN 60898-1*; circuit breaker; automatic cut-out

Leitungssystem *n* <tech.allg> *(Rohre, Kabel)* • line system

Leitungssystem *n* <hlk> • ductwork

Leitungsverbindung *f* <tech.allg> *(Rohr, Kabel)* • line connection

Leitungsverlauf *m* <tech.allg> *(von Rohren, Kabeln)* • routing

Leitungsverlegung auf Putz *f* <bau.el> • surface wiring; surface installation

Leitungsverlegung unter Putz *f* <bau.el> • buried wiring; buried installation

Leitungsverlust *m* <el> *(Spannungsabfall, vor allem über längere Strecken)* • line loss; line drop; transmission loss; conduction loss

Leitungswasser *n* <tech.allg> • tap water; plain water; mains water

Leitwerk *n* <aerosp> • tail unit *pract*; tail assembly *pract*; empennage *rare*

Leitzahl *f* (LZ) <phot> • flash guide number; guide number

Lendenwirbelstütze *f* <kfz.innen> *(z. B. in Fahrer-, Beifahrersitz)* • lumbar support

Lenkachse *f* <kfz> *(Hochachse, um die die Räder geschwenkt werden)* • steering axis; kingpin axis; pivot axis; steering-swivel axis *GB*; swivel axis *GB*

Lenkanschlag *m* <kfz> • steering stop

lenken *vt* <allg> *(dirigieren, leiten; z. B. ein Unternehmen, den Verkehr)* • direct *vt*

lenken *vt* <tech.allg> *(gezielt beeinflussen; z. B. Verkehr, Produktion, Prozess)* • control *vt*

lenken *vt* <tech.allg> *(durch Führung)* • guide *vt*

lenken *vt* <kfz> *(ein Fahrzeug)* • drive *vt*

Lenker *m* <kfz> *(Fahrwerk)* • suspension link; link; control arm

Lenkgeometrie *f* <kfz> • steering geometry

Lenkgetriebe *n* <kfz> • steering gear; steering box *GB*

Lenkhebel *m* <kfz> *(am Ausgang des Lenkgetriebes; bewegt die Spurstangen)* • pitman arm; steering gear arm; drop arm *GB*; steering lever

Lenkkopf *m* <fz> *(von Zweirädern usw.; führt den Gabelschaft)* • head tube

Lenkkraft *f* <kfz> • steering effort

Lenkrad *n* <kfz> *(zum Lenken e. Kfz; z. B. Sport-, Lederlenkrad)* • steering wheel; driving wheel *GB.obs.rare*

Lenkrakete *f* <mil> • guided rocket

Lenkrolle *f* <tech.allg> *(schwenkbar; z. B. an Rollcontainern, Bürostühlen, Einkaufswagen)* • swivel caster; swivel castor

Lenksäule *f* <kfz> • steering column

Lenksäulenhebel *m* <kfz.el> *(an der Lenksäule; Schalter für Blinker, Wischer etc.)* • control stalk; antennae switch *GB*

Lenkschloss *n* <kfz> *(betont: Verriegelung der Lenkung)* • steering lock; steering-column lock

Lenkstange *f* <fz> *(Fahrrad, Motorrad, Quad, Schnee-Scooter usw.)* • handle bar

Lenksystem *n* <mil> • guidance system

Lenkungsdämpfer *m* <kfz> *(allg.; auch von Motorrädern; bes. Sportmotorrädern)* • steering damper

lenzen *vt* <nav> *(Schiff; Wasser abpumpen)* • pump out *vt*

lenzen *vt* <nav> *(Boot; Wasser mit Eimer o. Ä. ausschöpfen)* • bail out *vt*

Leporello... <pap> *(Faltungsart; in Zusammensetzungen; z. B. Endlosetiketten)* • fanfold[ed] ...; fan-fold[ed] ...

lernfähig <comp> *(EDV-Programm, künstliche Intelligenz)* • adaptive; self-adaptive; learning

lernfähiges System *n* <tech.allg> • learning system

Lernprogramm *n* <comp.did> *(Softwaretyp)* • teachware

lesbar <doku> *(allg.; für Mensch od. Maschine)* • readable

Lesbarkeit *f* <doku> *(von Ziffern, Markierungen, Strichcodes; z. B. durch Scanner)* • readability

Lesbarkeit *f* <doku> *(von Texten)* • readability

Lesefehler *m* <comp> • read error; reading error

Lesegerät *n* <tech.allg> *(z. B. für Speicherkarten, Microfiches)* • reader

lesegeschützt <comp> • read-protected

Lesegeschwindigkeit *f <comp>* • reading speed; read speed

Leseleuchte *f <innen.licht>* • reading light

lesen *vi/vt <allg>* • read *vi/vt*

Leserecht *n <comp>* • reading permission

Leserlichkeit *f DIN 1450 <doku> (von Schrift)* • legibility

Lesestift *m <comp> (als Strichcode--Lesegerät)* • light pen; wand [reader]; light wand; wand scanner; scanning wand

Letaldosis *f <med> (z. B. eines Toxins)* • lethal dose

Letter of Intent *m* (LOI) *<ökon>* • letter of intent (LOI)

letzte Meile *f <tele> (Leitung zum Kunden)* • local loop; last mile

Letztsignalmeldung *f <allg>* • last signal alarm

Letztverbraucher-Ausspeisepunkt *m <energ> (Zählerstandort)* • supply point

Leuchtanzeige *f <msr> (betont: beleuchtetes Display)* • illuminated display

Leuchtanzeige *f <msr> (betont: leuchtender Anzeiger)* • light indicator

Leuchtbake *f <navig>* • light beacon

Leuchtbalkenanzeige *f <msr>* • bar--graph display

Leuchtboje *f <navig>* • light buoy

Leuchtdichte *f* (L) *<licht> (in cd/m^2)* • luminance (L) *BS 5489-7*; photometric brightness; brightness *coll*

Leuchtdiode *f* (LED) *<el>* • light-emitting diode (LED); luminescence diode *rare*

Leuchte *f DIN 5039 <licht.innen> (allg.; z. B. Decken-, Wand-, Steh-, Tischleuchte)* • light; luminaire *BS 5489*

Leuchte *f <licht.innen> (fest installiert; z. B. Decken-, Wandleuchte)* • lighting fixture; lighting fitting; light *coll*

Leuchteneinheit *f <kfz> (Scheinwerfer oder Rückleuchten)* • light cluster

Leuchtfarbe *f <obfl> (Anstrichstoff)* • luminescent paint; luminous paint

Leuchtfeuer *n <navig> (für Schifffahrt, Flugbetrieb)* • beacon light

Leuchtkraft *f <allg> (z. B. von Farben)* • brilliance

Leuchtkraft *f <tech.allg> (Helligkeit)* • brightness

Leuchtkraft *f <licht> (von Leuchtmitteln)* • luminous power; luminosity

Leuchtkugel *f <mil>* • flare

Leuchtpistole *f <alarm> (zum Abschießen von Leuchtkugeln)* • flare gun; signalling gun *GB*

Leuchtpunktvisier *n <mil> (versch. Bauarten)* • red dot sight; red dot optical sight

Leuchtröhre *f <licht> (gerade)* • fluorescent strip [light]; tubular discharge lamp

Leuchtschrift *f <licht> (mit Neonröhren)* • neon sign

Leuchtstoffröhre *f <licht>* • fluorescent tube; tubular fluorescent lamp *form*; fluorescent lamp; neon lamp *coll*; neon tube *coll*

Leuchtweitenregulierung *f <kfz.el> (manuell oder automatisch)* • headlight leveling

Leuchtzeichen *n <tech.allg>* • illuminated sign

Leuchtzifferblatt *n <msr>* • luminous dial

Libelle *f <msr> (in Wasserwaage)* • spirit vial

Liberalisierung der Strommärkte *f <allg>* • liberalization in the energy markets

Liberty-Schiff *n <nav> (Serienfrachter mit 10.000 t Tragfähigkeit)* • liberty ship

Licht *n <licht> (allg.; Lampen und Leuchten)* • light; lights *pl*

Lichtanlage *f <licht>* • electric lighting installation; lighting installation

lichtbeständig *<obfl> (Pigmente)* • non--fading; light stable; lightfast

Lichtbeständigkeit *f <kst.qualit> (von Kunststoffen)* • UV resistance

Lichtblitz *m <tech.allg>* • flash of light

Lichtbogen *m <el>* • arc; electric arc; voltaic arc *rare*

Lichtbogenbildung *f <el> (z. B. zwischen Kontakten)* • arcing; arc formation; flash-over; spark-over; spark arc--over

Lichtbogenlampe *f <el>* • arc lamp

Lichtbogenofen *m <metall> (z. B. für Edelstähle, zum Verglasen von Rückständen)* • electric arc furnace (EAF) *prEN 60239*; arc furnace; arc-heated furnace

Lichtbogenschneiden *n <prod>* • arc cutting

Lichtbogenschweißen *n DIN 1910 <füg>* • electric arc welding *ISO 4063*; arc welding *pract*

Lichtbogentemperatur *f <füg> (beim Schweißen; typ. 3900 °C)* • arc temperature

lichtbrechend *<opt>* • refracting; refractive

Lichtbündelung *f <allg>* • optical beaming; focusing

lichtdicht *<phot>* • light-proof; light-fast; light-tight

Lichtechtheit *f DIN 53 388 <obfl.qualit> (von Farben, Pigmenten)* • lightfastness; light resistance; resistance to fading; fastness to light

lichte Einbauhöhe *f <tech.allg>* • daylight height

lichte Höhe *f <tech.allg> (verbleibender Abstand; z. B. zwischen Fahrzeug und Tunneldecke)* • clearance; headroom; overhead clearance; free headroom; daylight

Lichteinfall *m <licht>* • light incidence

lichtempfindlich *<tech.allg>* • light-sensitive; sensitive to light; photosensitive

lichtempfindliches Material *n <mat> (allg.)* • photosensitive material

Lichtempfindlichkeit *f <phot> (von Film)* • speed

lichten *vt <nav> (Anker)* • lift *vt*

lichter Raum *m <tech.allg> (freier Raum um Objekte)* • clearance

lichte Weite *f <tech.allg>* • daylight; clear span; inside width

Lichtfalle *f <licht>* • light trap

lichtgeschützt *<tech.allg>* • protected from light; screened from light

lichtgeschützt aufbewahren *vt <logist>* • keep screened from light *vt*

Lichtgeschwindigkeit *f* (c) *<phys> (ca. 300.000 km/s)* • velocity of light (c); speed of light; light velocity

Lichthärtung *f <tech.allg> (z. B. bestimmte Kunststoffe unter UV-Licht)* • light hardening

Lichthof *m <bau> (in Gebäude)* • light well

Lichthupe *f <kfz.el> (Fernlichtschaltung oder sep. Scheinwerfer)* • passing lights; high-beam flasher; flash-to-pass *Chevrolet*; flasher *coll.rare*

Lichthupenhebel *m <kfz.msr>* • passing light lever *US*; flash-to-pass lever; headlamp flasher *GB*; headlight flasher *GB*

Lichtimpuls *m <msr>* • light pulse

Lichtleiter *m <lwl>* • light guide; light conduit

Lichtleitertechnik *f <licht> (z. B. für Bedienungselemente)* • fiber optics

Lichtleitfolie *f <licht>* • optical lighting film (OLF) *3M*

Lichtleitstab *m <lwl>* • light-conducting rod; rigid-fiber rod

Lichtmast *m <verk.licht> (z. B. zur Straßenbeleuchtung)* • lamp pole; lamp post; lightpole

Lichtnetz *n <el> (zur Dekoration; z. B. Weihnachten)* • light net

Lichtpausverfahren *n <druck>* • diazo process

Lichtquelle *f <licht>* • light source; illuminant; luminous source; source of light

Lichtraumprofil *n <bahn> (von Gleisanlagen)* • track clearance envelope

Lichtraumprofil *n <bahn.bau> (von Tunneln)* • structure clearance; clearance

Lichtschalter *m <el> (allg.; auch für Kfz-Beleuchtung)* • light switch

Lichtschranke *f* (LS) *<tech.allg> (allg.; als Funktionseinheit; z. B. an Wz-Maschinen)* • light barrier; photoelectric barrier; optical barrier

Lichtschutz *m <tech.allg>* • light protection; protection from light; light shield

Lichtschutzfaktor *m* (LSF) *DIN 67502 <hygi> (von Sonnenschutzcremes etc.)* • sun protection factor (SPF) *DIN 67502*

lichtschwaches Objektiv *n <phot>* • slow lens

Lichtsignalanlage *f* (LSA) *<verk.msr> (zur Verkehrslenkung; z. B. an Einmündungen, Kreuzungen)* • traffic lights *pl*; traffic signals *pl GB*; lights *pl coll*; robot *RSA*

Lichtstärke *f <licht> (physikal. Größe, in Candela)* • luminous intensity; emissivity; light intensity *coll*; intensity of light *coll*; candlepower *coll*

Lichtstärke *f <phot> (von Objektiven; allg.; ohne Zahlenwert)* • lens speed; speed *coll*; light-transmitting power *rare*

Lichtstärke *f <phot> (konkret, mit Zahlenangabe; z. B. 50 mm f/2.8)* • maximum aperture; maximum opening; f-number

lichtstarkes Objektiv *n <phot>* • fast lens

Lichtstift *m <comp> (lichtempfindliches Eingabegerät)* • light pen; electronic pen

Lichtstreuung *f <opt>* • light scattering

Lichtstrom *m <licht> (in Lumen, lm)* • luminous flux *thsc*; light output *pract*

Lichttechnik *f <licht>* • illumination engineering; lighting technology; lighting engineering; light engineering

Lichttonspur *f <kino>* • optical sound track; optical motion-picture sound track

Lichtwellenleiter *m* (LWL) *<lwl> (typ. Glasfaser)* • optical waveguide (OWG); optical fiber waveguide *form*; fiber-optic light guide; optical guide; optical fiber *coll*

Liebhaberei *f <allg>* • hobby [activity]

Lieferant *m ISO 9000 <qualit> (Organisation oder Person, die ein Produkt bereitstellt)* • supplier *ISO 9000*

lieferbar *<tech.allg> (Produkte od. Ausstattungsmerkmale; z. B. bei Kfz-Kauf)* • available

Liefergeschwindigkeit *f <tech.allg> (Output pro Zeiteinheit)* • delivery rate; rate of delivery

liefern *vt <tech.allg> (Energie, Strom, Gas, Wasser, Nahrung etc.)* • supply *vt*; deliver *vt*; provide *vt*

Lieferumfang *m <ökon> (Gegenstand eines Auftrags)* • scope of supplies (SOS)

Lieferumfang *m <ökon> (Inhalt einer Produktverpackung)* • package contents

Lieferumfang *m*: **nicht im ~ enthalten** *<ökon>* • furnished: not ~

Liefer- und Leistungsumfang *m <ökon> (auch als Dokument-Titel)* • scope of supplies and services (SOS)

Lieferzeit *f <tech.allg> (aus der Sicht des Auftraggebers)* • lead time

Liegeauflage *f <allg>* • sunbed pad; sunbed cushion

Liegegebühr *f <nav> (auf Reede)* • anchorage; groundage

Liegegebühr *f <nav> (Liegeplatz an Kai, Ufer)* • mooring fee

liegen *vi <allg> (betont: ist dort platziert worden)* • be placed *vi*

liegen *vi <allg> (sich befinden)* • be situated *vi*; be located *vi*

liegen *vi <nav> (z. B. vor Anker, auf Reede)* • lie *vi*

Liegeplatz *m <nav> (für Schiffe, Boote; abgegrenzter Bereich)* • berth

Liegeplatz *m <nav> (zum Vertäuen, Ankern von Schiffen, Booten)* • mooring place; berthage; mooring *pract*

Liegerad *n <fz>* • recumbent bicycle; recumbent

Liegesitz *m <fz> (Kfz, Eisenbahn, Flugzeug)* • reclining seat; full recliner *US*

Liegestuhl *m <allg> (typ. aus Holz)* • deckchair

Liegewagen *m <bahn>* • couchette coach; couchette [car]; slumber coach

Liek *n <nav> (Spriet- und Schratsegel)* • edge of a sail

Liek *n <nav> (Achterliek)* • leach *US*; leech *GB*

Lifo-Verfahren *n <tech.allg> (last in - first out)* • LIFO-method; last in, first out method; LIFO principle

Lignin *n <holz>* • lignin

limitierte Stückzahl *f <prod>* • limited run

Limnologie *f DIN 4049-2 <ökol> (Ökologie der Binnengewässer)* • limnology

Limousine *f <kfz> (vorherrschende Pkw-Bauart, übliches Familienauto)* • sedan *US*; saloon *GB*

Limousine *f <kfz> (betont: komfortables Luxusauto, meist Chauffeur-Fahrzeug)* • limousine *US.GB*; limo *coll*

Lineal *n <wz> (zum Zeichnen, Ziehen von Linien; mit Maß-Skala)* • ruler; rule *rare*

linear *<tech.allg>* • linear

Linearantrieb *m <tech.allg>* • linear drive

Linearbewegung *f <phys>* • linear motion; straight-line motion

lineares Voreilen *n <tech.allg> (z. B. Kolben, Strömung)* • linear lead

Lineargenerator *m <bahn> (Magnet-*

bahn) • linear generator

Linearkugellager *n <masch> (z. B. von Schlittenführungen)* • linear ball bearing

Linearmotor *m* (LIM) *<el> (allg.)* • linear motor

Line Printer *m* (LPT) *<comp> (direkt an PC angeschlossener Drucker)* • Line Printer (LPT)

Linie *f <verk> (regelmäßiger Liniendienst; z. B. Bahn-, Bus-, Schiffs-, Fluglinie)* • line

Linienflug *m <aerosp>* • scheduled flight

Linienmaschine *f <aerosp>* • scheduled aircraft

Linienzeichnung *f <doku> (allg.)* • line drawing

linke Seite *f <allg>* • LH side; lefthand side

links *<allg>* • left hand (LH)

links: nach ~ *<tech.allg> (drehen)* • counterclockwise (CCW)

links *<theat> (auf der Bühne, aus der Sicht der Zuschauer; im Engl. umgekehrt)* • stage right (R); opposite prompt side *coll*; O.P. *coll*; right *coll*

links... *<masch> (Gewinde, Schraube, Schnecke)* • left-hand ...; left-handed ...

Linksabweichung *f <tech.allg>* • left-hand deviation

linksbündig *<doku> (Satzspiegel)* • left-adjusted; left-justified; flush left; range left

Linksdrall *m <tech.allg>* • left-hand twist

linksdrehende Säure *f <chem.bio>* • levorotatory acid; laevorotatory acid *rare*

Linksdrehung *f <tech.allg> (allg.; z. B. Welle, Hebel, Regler)* • counterclockwise rotation *US*; ccw rotation *US*; anticlockwise rotation *GB*; left-hand rotation *rare*; LH rotation *rare*

linksgängig geschlagenes Seil *n <tech.allg> (z. B. Drahtseil)* • left-lay rope

Linksgewinde *n <masch>* • left-hand thread

linksläufig *<masch> (Wellendrehbewegung)* • anticlockwise; left-hand

Linkslenkung *f <kfz> (zum Fahren bei Rechtsverkehr)* • left-hand drive (LHD)

Linksumdrehung *f <tech.allg>* • anticlockwise turn

links- und rechtsbündig *<tech.allg>* • full flush

Linse *f <geo> (im Gestein)* • lentil

Linse *f <opt> (z. B. in Auge, Objektiv, Okular)* • lens

Linsenfassung *f <opt>* • lens mount; lens mounting

linsenförmig *<tech.allg>* • lenticular

Linsengruppe *f <phot>* • lens system

Linsenkopfschraube *f <füg> (allg.; Zylinder- od. Senkkopf)* • oval-head screw; fillister-head screw; fillister-headed screw

Linsenkuppe *f <füg> (Schraubenende)* • rounded end; rounded thread end; round point *US*; oval point *GB*

Linsenschraube mit Kreuzschlitz *f DIN ISO 1891 <füg>* • cross recessed raised cheese fillister head screw; cross recessed raised cheese head screw

Linsensenk-Blechschraube mit Kreuzschlitz *f DIN ISO 1891 <füg>* • cross recessed raised countersunk oval head tapping screw; cross recessed raised countersunk head tapping screw

Linsensenk-Holzschraube mit Kreuzschlitz *f DIN ISO 1891 <füg>* • cross recessed raised countersunk oval head wood screw; cross recessed raised countersunk head wood screw

Linsensenkkopf *m DIN ISO 1891 <füg>* • oval head; oval countersunk head *form*; raised countersunk head; instrument head; French head

Linsensenkschraube *f <füg>* • oval head screw; raised countersunk head screw

Linsensenkschraube mit Kreuzschlitz *f DIN ISO 1891 <füg>* • cross recessed raised countersunk oval head screw; cross recessed raised countersunk head screw

Linsensystem *n <opt> (z. B. in Fotoapparat, Fernrohr, Mikroskop)* • compound lens; lens combination; lens system

Linsenzylinderkopf *m DIN ISO 1891 <füg>* • fillister head raised cheese head

Linsenzylinderschraube *f <füg>* • fillister head screw; raised cheese head screw; fillister screw

Linz-Donawitz-ARBED-Centre-National-Verfahren *n <metall> (Stahlfrischen)* • LDAC process

Lippendichtung *f <tech.allg>* • lip seal

Liquid Crystal Display *n* (LCD) *<comp>* • liquid crystal display (LCD)

Liquiduslinie *f <mat> (Zustandsdiagramm; z. B. Eisen-Kohlenstoff-Diagramm)* • liquidus; liquidus curve; liquidus line

Lisene *f <bau> (flach hervortretender Mauerstreifen)* • lisene

Liter *m* (l) *DIN 1301 <phys> (SI-fremde Volumeneinheit: 0,001 Kubikmeter)* • liter (l) *US*; litre *GB*

Literleistung *f <verf.hydr> (Wasseraufbereitung)* • performance in litres per hour (LPH) *:V*

Literleistung des Motors *f <mot> (allg.; ohne Zahlenangabe)* • engine output per unit of displacement; engine power per unit cc

Literleistung des Motors *f <mot> (mit konkreter Zahlenangabe; z. B. 60 kW/l)* • engine output per liter *US*; engine output per litre cylinder capacity *GB*

Lithium *n* (Li) *<chem>* • lithium (Li)

Lithiumfett *n <tribo>* • lithium-base grease; lithium-based grease

Lithium-Ionen-Akku *m <el> (z. B. für Notebooks; ca. 120 Wh/kg)* • lithium ion battery; Li-ion battery

Lithium-Polymer-Batterie *f <el> (z. B. für ZEV, Handys, Notebooks; ca. 150 Wh/kg)* • lithium polymer battery; lithium ion polymer battery

Lithographie *f <druck> (ein typisches Flachdruckverfahren)* • lithographic printing; litho printing; lithography

Lithosphärenplatte *f <geo>* • lithospheric plate; tectonic plate

Litze *f <tech.allg> (bei Drahtkabeln)* • strand; cable strand

Litze *f <el> (dünn, flexibel)* • stranded wire; flexible stranded conductor *form*; stranded conductor; strand *pract*

Litze *f <förd> (Seil)* • strand

Litze *f <textil> (z. B. an Uniformen, Schulterstücken)* • braid

Litzenseil *n <bau> (bei Hänge- und Schrägseilbrücken)* • stranded wire rope

Lizenz *f <jur>* • license *US*; licence *GB*

Lizenzgeber *m <jur>* • licensor

Lizenznehmer *m <jur>* • licensee *US*; licencee *GB*

LNG-Tanker *m <nav> (meist Methan)* • LNG carrier; LNG tanker

Locator Beacon *m <aerosp.navig> (Funkfeuer; z. B. Kennung MNW, MSW)* • locator beacon

Loch *n <tech.allg> (Öffnung allg.)* • opening; aperture

Loch *n <bau> (Vertiefung)* • pit

Loch *n <bekl> (für Schnürsenkel)* • eyelet

Loch *n <obfl> (nadelfein)* • pinhole

Lochblech *n <mat>* • perforated sheet [metal]; perforated plate

Lochblende *f <rls> (z. B. zur Durchflussmessung; meist senkrecht)* • orifice plate; orifice *pract*

Lochdurchmesser *m <tech.allg> (von Löchern allg.; z. B. gebohrt, gestanzt, gesägt)* • hole diameter

Locher *m <prod> (allg.)* • perforator

Locher *m <wz> (zum Durchstechen)* • piercer

Locher *m <wz> (z. B. für Papier)* • puncher; punch

Lochfraß *m <kfz.el> (bei Unterbrecherkontakten)* • pitting

Lochfraß *m DIN 50900 <obfl> (als Korrosionserscheinung)* • pitting corrosion; pitting; pits *pl*

Lochkorrosion *f DIN 50900 <obfl> (als Vorgang)* • pitting corrosion *ISO 804480*; pitting

Lochkreis *m <doku> (in techn. Zeichnung; z. B. von Flanschbohrungen)* • pitch circle

Lochplatte *f <tech.allg>* • perforated plate; apertured plate

Lochsäge *f <wz> (runder Einsatz für Bohrmaschine)* • holesaw; hole cutting tool

Lochung *f <tech.allg> (z. B. von Papier, Blech)* • perforation

lockeres Material *n <tech.allg>* • loose material

Lockergestein *n VDI4640 <geo>* • unconsolidated rock *VDI4640*; sediment; loose rock *coll*; scall

lockern *vr <füg> (unabsichtlich)* • work loose *vi*

lockern *vt <tech.allg> (Griff, mech. Druck, Zugspannung)* • release *vt*

lockern *vt <tech.gen> (z. B. Boden)* • break up *vt*

lockern *vt <füg> (Schraubverbindungen; nicht vollständig lösen)* • loosen *vt*; slacken *vt*

lockern *vt <masch> (Zugspannung; z. B. Gurt, Riemen, Seil)* • slacken *vt*

lockern *vt <mech.füg> (lösbare Verbindung)* • ease *vt*; ease off *vt*; loosen *vt*

lockern *vt <sich> (den Sicherheitsgurt)* • add slack *vt*

Löffel *m <bau.masch> (allg.)* • scoop; shovel; bucket

Löffelbagger *m <bau.masch>* • shovel excavator; power shovel

Löffelbagger *m <bau.masch> (Nassbagger)* • dipper dredger; dipper dredge

logarithmische Teilung *f <math> (Skala, Diagrammachse)* • logarithmic graduation

Logarithmus *m <math>* • logarithm

Logbuch *n <nav>* • log; ship's log book

Logikschaltung *f <msr> (z. B. Regeltechnik)* • logic circuit

Logistik *f <logist>* • logistics

Logistikdienstleister *m <logist> (z. B. Spediteur)* • logistic service provider

Logostrahler *m <aerosp.licht> (Außenbeleuchtung)* • logo light

Lohe *f <led>* • tanbark; bark; tanning bark

Lohgerbung *f <led>* • bark tannage

LOI-Wert *m <textil> (für schwer entflammbare Faserstoffe)* • limiting oxygen index value; LOI value

Lokalelement *n <obfl>* • local-action cell; local galvanic element; microgalvanic cell; local element; local cell

lokales Funknetz *n* (WLAN) *<comp> (802.x)* • wireless local area network (WLAN)

lokales Netzwerk *n* (LAN) *<comp>* • local area network (LAN)

lokales Überhitzen *n <tech.allg>* • local overheating

lokalisieren *vt <tech.allg> (Fehler, Störungsursache finden)* • localize *vt*

lokalisieren *vt <doku> (an Zielkultur anpassen)* • localize *vt*

Lokalisierung *f <doku> (von Produkten und Dokumentation)* • localization

Lokasil-Verfahren *n <prod>* • Lokasil process

Lokomotive *f <bahn>* • locomotive; railroad locomotive *US*; engine *pract*; loco *coll*

Lokomotivschuppen *m <bahn> (jede Form; z. B. zweiständig)* • engine-house; roundhouse *pract*

Lo/Lo-Schiff *n <nav>* • lo-lo ship; lo-lo vessel; lift-on/lift-off vessel; lift-on/lift-off ship; lo-lo cargo ship *rare*

Longneck-Flasche *f <pack> (allg.; diverse Größen)* • longneck bottle

Lore *f <förd> (Hängeseilbahn)* • telpher

Lo/Ro-Schiff *n <nav>* • lo-ro ship; loro ship

lösbar *<tech.allg> (Verbindung; z. B. Schraubverbindung)* • detachable

lösbar *<tech.allg> (z. B. elektrische, mechanische Verbindung)* • disconnectable

lösbar *<masch> (trennbar)* • separable

lösbar *<mat> (in Lösungsmittel)* • resolvable

lösbar *<math> (Gleichung)* • solvable; resolvable; resoluble *rare*

lösbare Verbindungselemente *npl <tech.allg> (z. B. Klammer, Schraube)* • detachable fasteners; detachable fastening devices

Löschanlage *f <feuer>* • fire extinguishing system; fire suppression system

Löschblattprobe *f <chem>* • blotter test; lubricating oil drop test

Löschboot *n <nav>* • fire-fighting boat; fireboat

löschen *vt <allg> (allg.; unleserlich oder unbrauchbar machen)* • blot out *vt*

löschen *vt <comp> (Daten; z. B. von Festplatte, Band)* • delete *vt*; erase *vt*

löschen *vt <comp> (Daten in flüchtigem Speicher; z. B. in Register)* • clear *vt*; cancel *vt*

löschen *vt <did> (durch Abwischen; z. B. Tafelbild)* • wipe out *vt*

löschen *vt <el> (Lichtbogen)* • quench *vt*

löschen *vt <feuer> (Flammen, Feuer, Brand)* • extinguish *vt*

löschen *vt <nav.logist> (Schiffsladung)* • unload *vt*; unlade *vt*; unship *vt*; debark *vt*; unstow *vt*

löschen *vt <verf> (abschrecken, mit Wasser; z. B. Koks)* • quench *vt*

Löschkopf *m <av>* • erase head; erasing head

Löschmittel *n* *<feuer>* • fire-extinguishing agent

Löschpapier *n* *<pap>* *(zum Aufsaugen überschüssiger Tinte)* • blotting paper

Löschschutzlasche *f* *<av>* *(Audio-, Videocassette; zum Ausbrechen)* • erasure prevention tab; erasure lock

Löschtaste *f* *<tech.allg>* *(für falsche Eingaben; z. B. auf Taschenrechner)* • clear key; cancel button; CLR key; erase key *rare*; clearing button *rare*

Löschtaste *f* *<phot>* • delete button *ISO 12231*; trash button *press*

Löschung *f* *<nav>* *(der Ladung eines Schiffes)* • unloading; discharging; discharge

Löschung rückgängig machen *vi ISO/IEC 2382-23* *<comp>* • undelete *vt ISO/IEC 2382-23*

Löschwasserleitung *f* *<rls.feuer>* • water fire main

lose laufen *vi* *<tech.allg>* • rotate freely *vi*

lösemittelfreier Lack *m* *<obfl>* • low-emission paint

Lösen *n* *<masch>* *(z. B. von etwas Eingespanntem)* • release

lösen *vr* *<tech.allg>* *(betont: ohne Zutun)* • get loose *vi*

lösen *vr* *<tech.allg>* *(abfallen, sich abschälen; z. B. totes Gewebe)* • slough *vi*

lösen *vr* *<chem>* *(Feststoff in Flüssigkeit)* • dissolve *vi*; go into solution *vi*

lösen *vt* *<allg>* *(Problem, Aufgabe, Gleichung)* • solve *vt*

lösen *vt* *<tech.allg>* *(etwas Befestigtes, Festgeklebtes; z. B. Aufkleber)* • detach *vt*

lösen *vt* *<tech.allg>* *(befestigte Teile; z. B. Schraub-, Steckverbindung, Sicherheitsgurt)* • unfasten *vt*

lösen *vt* *<tech.allg>* *(Verknüpfung, Knoten)* • untie *vt*

lösen *vt* *<tech.allg>* *(verklebte, festhängende Dichtungen; z. B. Zylinderkopfdichtung)* • break *vt*

lösen *vt* *<chem>* *(auflösen; feste Substanz in Flüssigkeit)* • dissolve *vt*

lösen *vt* *<el>* *(z. B. elektr. Verbindung, Steckverbindung)* • disconnect *vt*

lösen *vt* *<füg>* *(betont: entfernen; z. B. Schrauben, Muttern)* • remove *vt*; loosen *vt*

lösen *vt* *<masch>* *(mech. Verbindung)* • disjoint *vt*

lösen *vt* *<masch>* *(Reibungskupplung)* • declutch *vi*

lösen *vt* *<masch>* *(im Eingriff stehende, blockierte Teile; z. B. Parkbremse)* • disengage *vt*

lösen *vt* *<masch>* *(Verriegelung, Sperre mit Klinke)* • unlatch *vt*

lösen *vt* *<masch>* *(Verriegelung)* • unlock *vt*

lösen *vt* *<min>* *(Erz)* • breast out *vt*; breast *vt*

lösen *vt* *<prod>* *(etwas Festgehaltenes)* • release *vt*

lösen *vt* *<sich>* *(Sicherheitsgurt)* • unbuckle *vt*

loser Durchhang *m* *<tech.allg>* • slack

lose Verlegung *f DIN ISO 2424* *<bau.innen>* *(textiler Bodenbelag)* • loose installation *ISO 2424*

Losgröße *f* *<prod>* *(als Anzahl oder Menge; z. B. 1000 Stück oder 1000 kg)* • batch size; batch quantity; lot size

Loslager *n* *<masch>* *(im Ggs. zu Festlager; typ. ein Wälzlager auf einer Welle)* • movable bearing; loose bearing

löslich *<chem>* *(Feststoff in Flüssigkeit; z. B. Salz in Wasser)* • dissoluble; soluble; dissolvable

Löslichkeit *f* *<chem>* • solubility

losmachen *vt* *<nav>* *(Boot oder Schiff)* • unmoor *vt*

losreißen *vr* *<allg>* • tear off *vi*; pull off *vi*

Lößboden *m* *<geo>* • loess soil

Lösung *f* *<chem>* *(z. B. von Feststoff in Wasser)* • solution

Lösung *f* *<math>* *(Ergebnis des Lösens einer Aufgabe, Gleichung)* • solution

Lösungsmittel *n* *<chem>* *(allg.; z. B. zum Auflösen, Reinigen etc.)* • solvent

lösungsmittelbeständig *<qualit.mat>* • solvent-resistant; solvent-resisting; fast to solvents

Lösungsmitteldämpfe *mpl* *<chem>* • solvent vapors *pl US*

lösungsmittelfrei *<chem>* • solvent-free; solventless

Lösungsmittelklebstoff *m* *<füg>* *(allg.; z. B. für PMMA Acrylglas)* • solvent adhesive; solvent-containing adhesive; solvent-based adhesive

Lösungsmittelklebstoff *m* *<füg>* *(be-*

tont: steinhart aushärtend) • solvent cement; solvent-containing cement; solvent-based cement

lösungsmittelverdünnt *<tech.allg>* • solvent-thinned

Lot *n <füg> (Metalllegierung zum Löten)* • solder

Lot *n <msr> (alte Feingehaltsangabe bei Silberlegierungen)* • lot

Lötabdeckung *f <el> (für Leiterplatten; Lack oder Folie)* • masking film

Lötanschluss *m <el> (betont: gelötete Verbindung)* • soldered connection

Lötanschluss *m <el> (allg.; z. B. als Lötfahne)* • soldering terminal; solder connector; soldering connection

Lötauge *n <el> (Loch; z. B. in Lötfahne)* • flow hole

Lötbad *n <füg>* • dipping solder bath; solder bath

lötbar *<füg> (Hartlöten)* • brazable

lötbar *<füg> (Weichlöten)* • solderable

löten *vt DIN 55405 <füg> (weichlöten; z. B. elektr. Verbindungen)* • solder *vt*

Lötfahne *f <el> (an el. Bauteilen)* • solder tail; pigtail; soldering tag; soldering lug; solder tag terminal

Lötfett *n DIN 8511 <füg> (pastös; für Kupfer und Kupferlegierungen)* • soldering paste flux

Lötflussmittel *n <füg>* • soldering flux; solder flux

Lötinsel *f <el> (auf Platine)* • soldering pad

Lötkolben *m <füg.wz>* • soldering bit; soldering iron; soldering copper

Lötlampe *f <wz> (allg.; zum Hart- oder Weichlöten)* • blow torch *US*; blow lamp *GB*

Lötmittel *n <füg>* • solder

Lötpistole *f <wz>* • soldering gun

lotrecht *<math> (im rechten Winkel zu oder auf etw. stehend)* • normal; perpendicular

Lotschnur *f <bau.wz> (konkrete Schnur; z. B. Maurerschnur)* • plumb line

Lotsenboot *n <nav>* • pilot boat; pilot tender

Lotuseffekt *m <obfl> (von Oberflächen; Hydrophobie plus spezielle Struktur; Bionik)* • lotus effect; self-cleaning effect *coll*

Lötverbindung *f <füg> (hartgelötet)* • brazed connection; brazed joint

Lötverbindung *f <füg> (weichgelötet)* • soldered connection; soldered joint; solder joint

Lötzinn *n <füg> (typ. ein Zinn-Blei-Lot; vor allem für elektr. Verbindungen)* • solder; soft solder

LPG-Tanker *m <nav>* • LPG carrier; LPG tanker

LPT-Port *m <comp> (typ. parallel)* • LPT port

Lücke *f <tech.allg>* • gap

Lücke *f <tech.allg> (z. B. zwischen Brettern, Latten, Blendleisten)* • interstice

Luft *f*: **in der ~** *<aerosp> (schwebend; z. B. Flugzeug)* • airborne

Luft ablassen *vi <tech.allg> (z. B. aus Reifen, Luftmatratze, Schlauchboot)* • deflate *vt*

Luftabschluss *m <tech.allg> (betont: Abdichtung; z. B. von Verpackung)* • hermetic seal

Luftabzug *m <tech.allg> (betont: zum Entweichen von Luft)* • air escape

Luftansaugrohr *n <tech.allg>* • air-intake pipe

Luftansaugschlauch *m <tech.allg>* • air-intake hose

Luftansaugsystem *n <tech.allg>* • air-induction system

Luftansaugung *f <tech.allg>* • air induction

Luftansaugungssystem *n <tech.allg>* • air-intake system

Luftaufnahme *f <tech.allg> (Absorption von Luft; meist unerwünscht; z. B. in Öl, Bremsflüssigkeit)* • aeration

Luftaufnahme *f DIN 18740 <aerosp> (Fotografie aus einem Luftfahrzeug)* • aerial photograph; air photograph; aerial photo *pract*; aerial view *coll*

Luftaustritt *m <allg> (Vorgang)* • air discharge

Luftaustritt *m <tech.allg> (ungewollt; Undichtigkeit)* • air leak

Luftaustritt *m <tech.allg> (konstruktive Öffnung)* • air outlet

Luftbefeuchter *m <hlk> (allg.)* • humidifier; air damper

Luftbehälter *m <tech.allg>* • air reservoir; air tank

Luftbereifung *f <kfz>* • pneumatic tires *US*; pneumatic tyres *GB*

Luftbetankung *f <aerosp>* • in-air refueling *US*; in-flight refuelling *GB*; air-to--air refueling *US*; midair refueling *US*

Luftbildfotografie *f <aerosp> (Vorgang)* • aerial photography; air photography

Luftbildinterpretation *f <aerosp>* • air-photo interpretation; aerial photographic interpretation *rare*; air-photographic interpretation *rare*

Luftbildkamera *f <aerosp> (für Kartographie und Vermessung)* • aerial-mapping camera; aerial-cartographic camera; aerial-survey camera; air-survey camera; air camera

Luftblase *f <tech.allg> (in Flüssigkeiten oder Feststoffen; erwünscht oder unerwünscht)* • air bubble; bubble of air

Luftbremse *f <aerosp> (für Landung)* • air brake; speed brake

Luft-Bypass *m <tech.allg>* • air bypass

luftdicht abschließen *vt <tech.allg>* • provide an airtight seal *vt*

Luftdosis *f <tech.allg> (bestimmte Luftmenge)* • air dose

Luftdruck *m <tech.allg> (allg.; z. B. atmosphärisch, in Pneumatiksystemen etc.)* • air pressure

Luftdurchlass *m <tech.allg>* • air passage

luftdurchlässig *<tech.allg>* • air-permeable

Luftdüse *f <tech.allg> (Einlass oder Auslass; eher groß)* • air nozzle

Luftdüse *f <tech.allg> (Auslass; eher klein)* • air jet

Lufteinlass *m <tech.allg> (allg.)* • air intake

Lufteinlasskanal *m <tech.allg>* • air-intake duct; air-inlet duct

Lufteinschluss *m <tech.allg> (unerwünschte Luftansammlung; z. B. in Rohrleitungen, beim Eintauchen)* • air pocket

Lufteinschluss *m <tech.allg>* • entrapped air

Lufteintritt *m <tech.allg> (Vorgang)* • air inlet

Lufteintrittsöffnung *f <tech.allg> (Öffnung, Kanal)* • air inlet

Lüften *n <tech.allg> (der Luft aussetzen, frische Luft zulassen; z. B. Raum)* • aeration; airing

lüften *vt <tech.allg> (frische Luft zuführen, an die Luft bringen; z. B. Räume, Bettwäsche)* • air *vt*; aerate *vt*

lüften *vt <agri> (Rasen, Boden)* • aerate *vt*

lüften *vt <masch> (abheben; z. B. Bremsbelag von Scheibe)* • lift *vt*

Luftentfeuchtung *f <hlk>* • air dehumidification

Lüfter *m <tech.allg> (relativ geringer Durchsatz; z. B. Kühlerlüfter)* • fan

Lüfter *m <agri.wz> (für Rasen, Boden)* • aerator

Lüfterantriebsriemen *m <kfz>* • fan belt

lüftergekühlt *<hlk>* • fan-cooled

Lüfterkühler *m <tech.allg> (z. B. für CPUs)* • fan heat sink; heat sink with fan

Lüftermotor *m <mot>* • fan motor

Luftfahrt *f <aerosp>* • aviation; aeronautics *rare*; aerial navigation *GB.rare*

Luftfahrtbetriebsstoff *m <aerosp> (Flugbenzin und Turbinenkraftstoff)* • aviation fuel

Luftfahrttechnik *f <aerosp>* • aviation engineering; aviation; aeronautical engineering *rare*

Luftfahrzeug *n* (Lfz) *<aerosp> (Flugzeug, Hubschrauber, Blimp etc.)* • aircraft *sg=pl* (A/C) *FAR/JAR 1.1*; ACFT

Luftfeder *f <fz.masch>* • pneumatic spring; air spring

Luftfederung *f <fz>* • air suspension; air ride suspension; pneumatic suspension; air springs

Luftfeuchtigkeit *f prakt <tech.allg>* • air humidity; air moisture *rare*

Luftfilter *m <tech.allg> (ganze Baugruppe oder Einsatz)* • air cleaner *US*; air filter *GB*

Luftfilterdeckel *m <kfz>* • air-filter cover

Luftfilterelement *n <tech.allg> (Patrone etc.; z. B. für Motoransaugluft, Lüftungsanl., Festplattenlaufw)* • air-filter element; air filter *pract*

Luftfiltergehäuse *n <tech.allg>* • air-filter body

Luftfilterung *f <tech.allg> (Vorgang)* • air filtration

Luftfracht *fsg <aerosp.logist>* • air cargo *sg*; air freight

Luftfrachtführer *m <aerosp>* • air carrier; carrier *pract*

Luftgebläse *n <tech.allg>* • air blower

luftgefüllt *<tech.allg>* • air-filled

luftgekühlt *<tech.allg>* • air-cooled

luftgekühlter Mantel *m <tech.allg>*

• cooling-air jacket

luftgestützt *<aerosp> (Flugkörper)* • air-launched

luftgetrocknet *<tech.allg>* • air-dried

Lufthutze *f <kfz> (hervorstehend)* • air scoop

luftisoliert *<tech.allg>* • air-insulated

Luftkammer *f <tech.allg>* • plenum chamber; plenum

Luftkammer *f <aerosp> (Luftkissenfahrzeug)* • plenum chamber

Luftkanal *m <tech.allg> (jede Form, jede Größe)* • air duct

Luftkissen *n <tech.allg> (tragend; z. B. Werkstücke, Hovercraft)* • air cushion

Luftkissenfahrzeug *n <fz>* • air-cushion craft; ground-effect craft *form*; surface-effect craft; hovercraft *pract*; air-cushion vehicle *rare*

Luftklappe *f <hlk> (allg.; jede Bauart)* • damper

Luftkühler *m <tech.allg>* • air-cooler; air cooler

Luftkühlung *f <tech.allg> (allg.; z. B. durch Wind, Gebläse)* • air cooling

Luftlagerung *f <tech.allg> (auf Luftkissen)* • air cushioning; air bearing

luftleer *<tech.allg> (durch Vakuumpumpe)* • evacuated

luftleerer Raum *m <tech.allg>* • physical vacuum; empty space; free space

Luftleitblech *n <tech.allg> (betont: Leitung)* • air baffle

Luft-Luft-Rakete *f <mil>* • air-to-air missile

Luftmantel *m <tech.allg>* • air jacket; air blanket

Luftmenge *f <tech.allg> (z. B. bei Verbrennungs- oder Lackierprozessen)* • air volume; amount of air *coll*

Luftpolster *n <tech.allg> (als Puffer, stoßdämpfend)* • air cushion; air bolster; air buffer

Luftpolster-Versandtasche *f <pack> (meist selbstklebend)* • bubble mailer; air-bubble mailer

Luftpumpe *f <tech.allg>* • air pump

Luftrakel *f <druck>* • air knife; air doctor

Luftraum *m <aerosp>* • air space

Luftregelventil *n <tech.allg>* • air control valve

Luftsauerstoff *m <tech.allg>* • atmospheric oxygen

Luftschadstoff *m <ökol>* • air pollutant *VDI 4203*; air contaminant; atmospheric pollutant

Luftschall *m* (LS) *<akust>* • airborne noise; airborne sound

Luftschicht *f <tech.allg>* • air layer

Luftschiff *n* (LS) *<aerosp>* • airship *FAR 1.1*; dirigible; dirigible balloon *rare*

Luftschlauch *m <tech.allg> (für Druckluft oder Unterdruck)* • air hose

Luftschleiertür *f <bau>* • air-curtain door

Luftseite *f <energ.hydr>* • downstream face

Luftseite *fsg <aerosp>* • airside *sg*; air side *sg*

Luftsheriff *m <aerosp>* • air marshal

Luftspalt *m <tech.allg> (allg.; z. B. zwischen Kontakten, Bauteilen)* • air gap

Luftstoß *m <tech.allg>* • air blast

Luftstrahl *m <tech.allg>* • air jet

Luftstrahltriebwerk *n <aerosp> (z. B. Staustrahl- oder Bypasstriebwerk)* • airbreathing engine; thermal-jet engine; atmospheric jet engine *rare*

Luftstraße *f <aerosp>* • airway

Luftstrom *m <tech.allg>* • air flow; airstream *rare*; stream of air *rare*

lufttrocknen *vt <tech.allg>* • air-dry *vt*

lufttrocknend *<tech.allg> (z. B. Lack, Kleber)* • air drying

Lufttrockner *m <tech.allg> (trocknet mithilfe von Luft)* • atmospheric drier

Lufttrockner *m <tech.allg> (zur Luftentfeuchtung)* • dehumidifier

Lufttrocknung *f <tech.allg> (allg.; z. B. von Lack, Tabak)* • air drying

Lufttrocknung *f <tech.allg> (betont: Aushärten durch Vernetzung)* • air curing

Lufttrocknung *f <tech.allg> (mithilfe von Luft)* • atmospheric drying

Lufttrocknung *f <holz>* • air seasoning; natural seasoning

Lufttrocknung *f <verf> (z. B. Holz)* • open-air drying

Luftüberschuss *m <tech.allg>* • excess air

Luftüberschuss *m <kfz.mot> (allg.)* • excess air

Luftumwälzung *f <tech.allg>* • air circulation

Luft- und Raumfahrtindustrie *f <aerosp>* • aerospace industry

Luft- und Raumfahrttechnik *f*

<aerosp> • aerospace engineering
Luft- und Raumfahrttechnologie *f* *<aerosp>* • aerospace technology
luftundurchlässig *<tech.allg>* • air-impermeable
Lüftungsanlage *f DIN10505 <hlk> (z. B. von Gebäuden, Fahrzeugen)* • ventilation system
Lüftungskanal *m <hlk> (allg.; Zu- od. Abluft)* • ventilation duct; air duct *pract*; ventilation conduit *rare*
Lüftungsklappe *f <hlk>* • ventilation damper
Lüftungsschlitz *m <hlk> (allg.)* • vent slot; venting slot
Lüftungssystem *n <tech.allg> (allg.; z. B. in Bauteilen, Wänden, Fenstern)* • ventilation system
Luftventil *n <tech.allg>* • air valve
Luftverbrauch *m <allg>* • air consumption
Luftverdichtung *f <allg>* • air compression
Luftverschmutzung *f DIN ISO 4225 <ökol> (Vorgang und Ergebnis)* • air pollution *ISO 4225*; air contamination; atmospheric pollution
Luftvorrat *m <tech.allg>* • air supply
Luftwaffenstützpunkt *m <mil.aerosp>* • air base (AB)
Luftwerbung *f <werb>* • sky advertising
Luftwiderstand *m <phys> (z. B. eines Kfz, Flugzeugs etc.)* • drag; aerodynamic drag *thsc*; air resistance *coll*
Luftwiderstandsbeiwert *m form <phys> (Kennwert für Luftwiderstand v. Fahrzeug, abhängig v. Karosserieform)* • Cd value; coefficient of drag *thsc*; drag coefficient *thsc.pract*
Luftwirbel *m <phys>* • air vortex
Luftzirkulation *f <tech.allg>* • air circulation
Luftzufuhr *f <tech.allg>* • air supply
Luftzuführung *f <tech.allg>* • air supply
Luftzuführungskanal *m <tech.allg>* • air supply duct
Luftzutritt *m <tech.allg> (erwünscht oder unerwünscht)* • air access
Luftzutritt *m <tech.allg> (zulässig)* • air admission
Luke *f <nav>* • hatch; hatchway
Lumen *n pl*: **-mina** (lm) *DIN 1301 <licht> (Einheit des Lichtstromes)* • lumen *pl*: -s, -mina (lm); candela steradian; spherical flow of light
Luminanzsignal *n <av> (Farbbild)* • luminance signal; y-signal; composite signal; composite video signal; composite picture signal
Lumpenreißer *m <pap>* • rag shredder
Lünette *f <wz.masch> (allg.)* • work steady; backstay; back rest; steady
Lungenbeatmungsgerät *n DIN ISO 4135 <med.tech>* • lung ventilator *ISO 4135*; mechanical ventilator; ventilator *pract*
lungengängiger Staub *m <emiss> (Partikelgröße < 10 µm; z. B. Asbestfasern, Nanoteilchen)* • respirable dust
Lungengängigkeit *f <tech.allg> (von Aerosolen, Partikeln; z. B. Dieselruß, Asbest)* • pulmonary intrusion
Lunker *m DIN EN ISO 6520 <metall> (betont: innerer Hohlraum durch Volumenkontraktion)* • shrinkage cavity *ISO 6520-1*; contraction cavity; shrink hole *coll*
Lunker *m <qualit> (Gasaustrittöffnung an Gussteiloberfläche)* • blow-hole
Lunker *m <qualit.mat> (schlauchförmig, durch Entgasung)* • pipe cavity; pipe *pract*
Lunker *m <qualit.mat> (Hohlraum in Gussteilen, Metall u. Kunststoff; luftleer; Materialfehler)* • void
lunkerfrei *<qualit.mat> (einwandfrei; tadelloses Gussteil)* • sound
Lunte *f <spreng>* • explosive fuse; match
Lunte *f <textil> (Spinnerei; fein)* • roving
Lunte *f <textil> (Spinnerei; grob)* • slubbing; slubber
Lupe *f <opt>* • magnifier; magnifying glass
Lupe *f <opt> (betont: zum Lesen)* • reading glass
lupenrein *<qualit.mat> (Edelstein, Diamant)* • flawless
Lüster *m <bekl> (bei Perlen)* • luster; lustre *GB*
Lüsterklemme *f <el> (typ. als Kunststoffstreifen, ablängbar)* • European-style terminal strip; Europa-series terminal strip
Lüsterleuchte mit Kristallbehang *f <licht>* • crystal glass chandelier
Lutetium *n* (Lu) *<chem>* • lutetium (Lu)
luv *IEV 415 <energ.wind> (Windkraft-*

werk, Segelschiff) • upwind *IEV 415*; upwind side; windward

Luv *fsg <nav>* • weather [side]; wind side; luff *obs*; loof *obs*

Luvläufer *m <energ.wind> (typ. Bauart)* • upwind turbine; upwind machine; upwind system; upwind rotor

Lux *n* (lx) *DIN 1301 <licht> (Beleuchtungsstärke; Lumen pro m²)* • lux (lx)

luxuriös *<allg> (Ausstattung; z. B. Wohnung, PKW)* • luxurious; posh *GB.coll*

Luxus... *<allg> (in Zusammensetzungen; z. B. ~limousine, ~reisebus, ~hotel)* • luxury ...

Luxusklasse *f <kfz> (Pkw-Kategorie; z. B. MB S-Klasse, BMW 7er, Audi A8, Phaeton)* • luxury class

Luxuslimousine *f <kfz>* • luxury sedan *US*; luxury saloon *GB*

M

Mäanderstruktur *f <allg>* • meander pattern; meander

Machmeter *n <aerosp> (in Überschallflugzeug)* • Machmeter; Mach indicator

Mach'scher Kegel *m <aerosp>* • Mach cone; Mach front

Mächtigkeit *f <geo> (von geologischen Schichten; z. B. Schicht, Flöz)* • thickness; size

Machzahl *f* (M) *<aerosp> (Mach 1 = Schallgeschwindigkeit)* • Mach number (M) *JAR 1.1*

MacPherson-Federbein *n <kfz> (Fahrwerk; typ. Bauart für Vorderachsen; nicht "McPherson"!)* • MacPherson strut

Made *f <bio>* • maggot

Magazin *n <mil> (von Schusswaffen)* • magazine

Magazin *n <prod> (betont: mit Zuführ-, Ladeeinrichtung)* • loader

Magazin *n <prod> (für Teile, Werkzeuge)* • magazine

Magazinfeder *f <masch> (z. B. in Waffen)* • magazine spring; magazine follower spring

magazinieren *vi <tech.allg> (betont: in Kassette)* • load into a cassette *vi*

magazinieren *vt <wz.masch> (lagern, speichern; z. B. Kleinteile, Werkzeuge)* • store *vt*

magazinierte Schnellbauschrauben *fpl <bau.mat> (auf ein Band gezogen)* • collated screws

Magazinschacht *m <mil> (in Waffe)* • magazine well

Magenta *n <druck> (Grundfarbe der subtraktiven Farbmischung, bläuliches Rot)* • magenta

mager *<bau.mat> (Lehm)* • lean; weak

mager *<druck> (Schriftschnitt mit geringerem Fettungsgrad)* • light; thin

mager *<kfz.mot> (Kraftstoff/Luft-Gemisch mit O_2-Überschuss)* • lean *US*; weak *GB*

Magerbeton *m <bau.mat>* • lean-mixed concrete; lean concrete; weak concrete; inferior concrete; poor concrete

Magerkalk *m <bau.mat>* • poor lime

Magermilch *f <nahr>* • skim milk; skimmed milk

Magermilchpulver *n* (MMP) *<nahr>* • skim milk powder (SMP); skimmed milk powder

Magerton *m <bau.mat> (Fließgrenze <50)* • lean clay

Magmakammer *f <geo>* • magma chamber; magma reservoir

magmatisches Gestein *n <geo>* • igneous rock

Magnesia *n <sport.mat> (griffverbesserndes weißes Pulver; zum Klettern, Geräteturnen)* • magnesia; carbonate of magnesia chalk; chalk *coll*

Magnesiaestrich *m DIN EN 14016-1 <bau.mat>* • magnesite screed *DIN EN 14016-1*

Magnesit *m <geo>* • magnesite; bitter spar

Magnesium *n* (Mg) *<chem>* • magnesium (Mg)

Magnet *m <tech.allg>* • magnet

Magnetanker *m <el> (in Relais, Magnetschalter)* • solenoid armature

Magnetband *n <av> (für Ton, Video, Daten)* • magnetic tape; tape *pract*

Magnetbandlaufwerk *n <comp> (zur Datensicherung)* • magnetic tape drive; tape drive; streamer *pract*; tape backup system; magnetic tape cartridge drive *rare*

Magnetfelderregung *f <el.phys>* • magnetic field excitation

magnetfeldfest *<tech.allg> (allg.)* • magnetic field immune; insensitive against magnetic fields

Magnetfutter *n <wz.masch>* • magnetic chuck

Magnetgummi *n <mat>* • rubber magnet

Magnethalter *m <innen> (für Notizzettel etc.; in USA, GB typ. an Kühlschranktüren)* • refrigerator magnet

Magnethalter *m <wz> (für Einsätze eines Handwerkzeugs)* • magnetic bit holder

magnetisch (MAG) *<allg>* • magnetic (MAG)

magnetische Abstoßung *f <phys>* • magnetic repulsion

magnetische Aufzeichnung *f <tech.allg>* • magnetic recording

magnetische Aufzeichnung *f* (MAZ) *<av> (von Ton und/oder Bild; typ. auf Band; Vorgang und Ergebnis)* • magnetic recording

magnetische Kraft *f <phys>* • magnetic force

magnetische Linse *f <phys>* • magnetic lens

magnetischer Datenträger *m <av.-comp> (z. B. Band, Diskette, Festplatte)* • magnetic data storage medium; magnetic storage medium; magnetic medium

magnetischer Nordpol *m <geo> (magnetis polus articus)* • magnetic north pole; north magnetic pole

magnetischer Pol *m <phys> (allg.)* • magnetic pole

magnetischer Südpol *m <geo> (magnetis polus australis)* • magnetic south pole; south magnetic pole

magnetischer Tankrucksack *m <kfz> (für Motorrad)* • magnetic-mount tank bag; magnetic tank bag

magnetisches Restfeld *n <phys>* • remanent magnetic field; residual magnetic field

magnetisches Wechselfeld *n <el>* • alternating magnetic field

magnetisierbar *<qualit.mat>* • magnetizable *US.GB*; magnetisable *GB*

magnetisieren *vt <phys>* • magnetize *vt US.GB*; magnetise *vt GB*

Magnetismus *m <phys>* • magnetism

Magnetit *m <min>* • magnetite; magnetic iron ore

Magnetkarte *f <comp> (mit Magnetstreifen; z. B. Bankkarte)* • magnetic card *ISO 4909:1987*

Magnetkartenspeicher *m <comp>* • magnetic card memory

Magnetkompasspeilung *f <navig>* • magnetic bearing

Magnetkupplung *f <masch>* • magnetic clutch

Magnetnadel *f <tech.allg>* • magnetic needle

magnetoelektrisch *<el>* • magnetoelectric

Magnetöl *n <qualit.mat> (Magnetpulverprüfung)* • detecting ink

Magnetpol *m <el.phys>* • magnetic pole; pole

Magnetpulver *n <mat>* • ferromagnetic powder; magnetic powder; magnetic particles

Magnetpulver *n <qualit.mat> (betont: zur Magnetpulverprüfung)* • magnetic inspection powder

Magnetpulverprüfung *f <qualit.mat> (zerstörungsfreies Prüfverfahren)* • magnetic particle test; magnetic particle inspection

Magnetresonanztomographie *f* (MRT) *<med.tech>* • magnetic resonance imaging (MRI)

Magnetschalter *m <el> (allg.; Relais)* • solenoid switch; contactor

Magnetschienenbremse *f <bahn.-brems> (zusätzliche Reibungsbremse für Schnell- und Notbremsungen)* • magnetic track brake (MTB); electro-magnetic rail brake; track brake; rail brake; electromagnetic brake

Magnetschnellbahn *f* (MSB) *<bahn>* • high-speed maglev system

Magnetschwebebahn *f <bahn> (betont: der komplette Zug; z. B. Transrapid)* • magnetic levitation train; maglev train

Magnetschwebebahn *f* (MB) *<bahn> (als System)* • magnetic levitation transport system; maglev system *pract*

Magnetschwebetechnik *f <bahn> (als Methode, Verfahren, physik. Prinzip)* • magnetic levitation (maglev); magnetic suspension [technique]

Magnetstellantrieb *m <el> (z. B. von*

Ventilen) • solenoid actuator

Magnetstreifen *m <comp> (z. B. auf Kreditkarten)* • magnetic stripe *ISO 4909:1987*; magnetic strip *rare*

Magnettonaufnahmeverfahren *n <av>* • magnetic sound-recording technique

Magnetventil *n <tech.allg>* • solenoid valve; solenoid-operated valve *form*; electrovalve *coll*; magnetic valve *rare*

Magnetwicklung *f <el>* • solenoid winding; electromagnet winding *rare*; magnet winding *rare*

Magnetzündung *f <kfz.el>* • magneto ignition

Magnus-Effekt *m <phys> (z. B. bei Vertikalachsen-Windenergiekonvertern, Fußbällen)* • Magnus effect; Magnus force

Mahagoni *n <holz>* • mahogany

Mähbalken *m <agri.tech> (Schneidwerk; z. B. von Mähdrescher)* • cutter bar; mower head; sickle bar; mowing bar; rotary mower

Mähdrescher *mpl <agri.tech> (für alle dreschbaren Körnerfrüchte)* • combine harvester; harvester *pract*; combine *pract*

Mäher *m <agri> (allg.; jede Größe)* • mower

mahlen *vt <pap> (im Holländer)* • refine *vt*; beat *vt*; grind *vt*

mahlen *vt <verf>* • grind *vt*; mill *vt*

Mahlgrad *m <nahr> (von Kaffee; z. B. fein, grob)* • grind

Mahlgut *n <verf> (nach dem Mahlen)* • ground material; ground stock

Mahlgut *n <verf> (vor dem Mahlen)* • material to be ground

Mahlgut *n <verf> (beim Mahlen)* • material being ground

Mähwerk *n <agri> (Traktoranbau od. Teil e. Mähmaschine)* • mower

Mail-Anhang *m <comp>* • mail attachment

Mailbox *f <comp>* • mail box

Maische *f <nahr> (Wein; zerkleinerte, gequetschte Trauben)* • mash; grape mash; crush; pulp; must

Maiserntemaschine *f <agri>* • corn harvester *US*; maize harvester *GB*; maize combine *GB*

Maishäcksler *m <agri.masch> (Großgerät, typ. 200.000 Euro)* • corn chopper; maize chopper; husker shredder

Majoritätslogik *f <msr>* • majority logic

Majuskel *f <druck> (ABC…XYZ)* • majuscule; capital letter; upper case letter; capital *coll*

Makadamdecke *f <bau.verk> (Straßenbelag nach McAdam)* • macadam [pavement]

makellos *<obfl.qualit> (ohne Flecken, Unreinheiten)* • blemish-free

Mako-Baumwolle *f <textil>* • Egyptian cotton

Makrobefehl *m <comp> (gespeicherte und aufrufbare Befehlsfolge)* • macroprogram; macro; script

Makrofotografie *f <phot> (Vorgang, Kategorie)* • macrophotography; photomacrography

Makromolekül *n <chem>* • macromolecule; chain molecule; linear molecular chain

Makro-Objektiv *n <opt>* • macro lens

Makrostruktur *f <tech.allg>* • macrostructure

Makulatur *f <druck.ents> (defektes Druck-Erzeugnis; z. B. fehlerhafte Bögen)* • paper spoilage; spoilage *pract*; paper wastage; wasted paper; spoiled sheets

Makulaturwert *m <druck> (sollte möglichst niedrig sein; z. B. 10 Bogen Anlaufmakulatur)* • paper spoilage; paper wastage

Malachit *m <min>* • malachite; green copper ore

Malteserkreuzscheibe *f <masch>* • Geneva wheel

Mälzerei *f <nahr> (Anlage)* • malt factory; malt house; malting plant

Malzwürze *f <nahr>* • malt wort

Mammutpumpe *f <förd> (allg.)* • air-lift pump; mammoth pump *rare*; air hoist

Managementsystem *n ISO 9000 <qualit>* • management system *ISO 9000*

Mandelbrot-Fraktal *n <math>* • Mandelbrot fractal

Mangan *n* (Mn) *<chem>* • manganese (Mn); manganum metallicum

Manganat *n <chem>* • manganate

Manganknolle *f <geo>* • manganese nodule

Manganknolle *f <geo> (betont: vom*

Meeresgrund) • ocean-floor manganese nodule

Manganstahl *m <mat>* • manganese steel

Mangel *f <textil.wz> (zum Glätten, Pressen)* • wringer *US*; mangle *GB*; clothes wringer *US*

Mangel *m <qualit> (qualitativ; biologisch, medizinisch, physikalisch, chemisch, technisch)* • deficiency; shortcoming *coll*

Mangel *m <qualit> (quantitativ; Fehlen von etw.)* • lack

Mangel *m ISO 9000 <qualit> (in Bezug auf beabsichtigten oder festgelegten Gebrauch)* • defect *ISO 9000*

mangelfrei *<qualit>* • perfect

mangelhafte Qualität *f <qualit>* • low quality; poor quality

mangelhaftes Durchschweißen *n DIN EN ISO 6520 <füg>* • lack of penetration *ISO 6520-1*; lack of fusion; incomplete fusion; poor fusion

Mängelhaftung *f <qualit.jur>* • warranty for defects

manipulationssicher *<pack> (Etikett; z. B. Preisschild)* • tamper-proof; tamper-resistant; tamper-evident

Manipulator *m <prod> (allg.; Handhabungseinrichtung)* • manipulator

manipulieren *vt <tech.allg> (unzulässiger Eingriff; z. B. Geräte, Messungen)* • manipulate *vt*

Mannloch *n <rls> (Zugangsöffnung; z. B. Behälter, Kanal)* • manhole; manway

Mannschaftstransportpanzer *m* (MTP) *<mil>* • armored personnel carrier (APC) *US*; armoured personnel carrier *GB*

Manometer *n <msr> (für Gas- oder Flüssigkeitsdruck)* • pressure gauge; manometer; pressure indicator

Manöver *n <nav>* • maneuver *US*; manoeuvre *GB*

manövrieren *vi <tech.allg> (ein bewegl. Objekt; z. B. ein Fahrzeug)* • maneuver *vi US*; manoeuvre *vi GB*

manövrieren *vt <aerosp> (ein Flugzeug am Boden)* • maneuver *vt US*; manoeuvre *vt GB*; taxi *vt pract*; taxy *vt rare*

manövrierunfähig *<fz> (Schiff, Raumfahrzeug)* • unmaneuverable *US*; unmanoeuvrable *GB*; not under command

Manövrierunfähigkeit *f <fz>* • unmaneuverability *US*; unmanoeuvrability *GB*

Mansardwalmdach *n <bau> (mit Walm; obere Dachfläche flach oder flacher geneigt als die untere)* • mansard roof

Manschette *f <tech.allg> (typ. aus gummiähnl. Mat.; z. B. Staubschutz-~)* • boot

Manschette *f <bekl>* • cuff

Manschette *f <masch> (Packungsdichtung)* • lip-type packing

Mantel *m <tech.allg> (Hülle; z. B. um Kabel, Ofen, Rohr)* • jacket

Mantel *m <bekl>* • coat; topcoat; great coat; overcoat

Mantel *m <el> (von Kabeln)* • jacket; outer sheath; sheathing; sheath

Mantel *m <kfz> (Reifen)* • outer cover

Mantel *m <math> (eines Zylinders)* • cylindrical surface

Mantel *m <obfl> (Beschichtung)* • coat

Mantel *m <verf> (von zylindr. Komponenten; z. B. Druckbehälter, Dampferzeuger)* • shell

Mantel... *<mil> (Munition mit Voll- oder Teilmantelgeschoss)* • jacketed ...

Mantelblech *n <verf> (z. B. von zylindr. Behältern, Dampferzeugern)* • shell plate

Mantelgeschoss *n <mil>* • jacketed bullet; jacketed projectile

Mantelholz *n <holz> (weich; zw. Borke und Kernholz)* • sapwood

Mantelrohr *n <bau> (Bohrtechnik)* • casing tube; casing pipe

Mantelrohr *n <hlk> (Wärmetauscher)* • jacket tube; shell tube

Mantelrohr *n <rls>* • jacket pipe; jacketed pipe; outer sleeve

Mantelstromtriebwerk *n prakt <aerosp.mot>* • bypass engine; turbofan engine; turbofan *pract*

Mantisse *f <math> (eines Logarithmus)* • mantissa

manuell *adj <tech.allg>* • manual *adj*

manuell *adv <tech.allg>* • manually; hand: by ~

manuelle Belichtungssteuerung *f <phot>* • manual exposure; manual shooting *Olymp*

manuelle Blendensteuerung *f <phot>*

• manual aperture control; manual aperture setting

manuelle Durchsuchung *f <sich> (z. B. von Fluggästen oder Gepäck)* • hand search

manuelle Einstellung *f <tech.allg>* • hand setting; manual setting; hand adjustment; manual adjustment

manuelle Fokussierung *f* (MF) *Canon <phot>* • manual focus (MF); manual focusing *Canon*; MFmode *Olympus*

manuell eingeben *vt <tech.allg>* • input manually *vt*

manueller Betrieb *m <tech.allg>* • manual mode; manual operating mode

manueller Eingriff *m <tech.allg>* • manual intervention; operator intervention

manuelle Sitzverstellung *f <kfz.msr>* • manual seat adjustment

manuell steuern *vt <msr>* • control manually *vt*

manuell zuschaltbarer Allradantrieb *m <kfz.antr>* • part-time four-wheel drive

Mapping *n <tech.allg> (Zuordnung, abbildende Übertragung)* • mapping

Marder-Schutzgerät *n <kfz>* • marten repeller

Marderverbiss *m <kfz.kst> (an Schläuchen, Kabeln)* • marten damage

Margarineherstellung *f <nahr.prod>* • margarine production

Marinechronometer *n <nav> (Navigation)* • chronometer; marine chronometer

marine Lagerstätte *f <min>* • marine deposit

Marinemessing *n <mat.nav> (40 % Zn, 1 % Sn; ähnl. wie Admiralitätsmessing)* • naval brass

Marinetechnik *f VG 85005-26 <nav>* • naval engineering *VG 85005-26*

Marke *f <comp> (Kennzeichnung bestimmter Objekte; z. B. an Dateien, in Dokumenten)* • flag; tag; sentinel

Marke *f <ökon> (eines Produkts)* • brand *US*; marque *GB*; make; label *coll*

Markenartikel *mpl <ökon>* • branded articles; trade-marked goods; trade-mark commodities

Markenimage *n <werb>* • brand image

Markenloyalität *f <ökon>* • brand loyalty

markieren *vt <allg> (z. B. mit Etikett, Aufschrift)* • mark *vt*; sign *vt rare*

markieren *vt <tech.allg> (mit Etikett, Aufkleber)* • label *vt*

markieren *vt <tech.allg> (durch Einritzen)* • scribe *vt*

markieren *vt <el> (konkret und metaphorisch; mit Fahne oder Attribut)* • flag *vt*

Markierer *m <tech.allg>* • marker

Markierung *f <tech.allg> (Kennzeichen)* • marker

Markierung *f <tech.allg> (Vorgang)* • marking

Markierung *f <tech.allg> (zur Kennzeichnung)* • mark

Markierungsisotop *n <nukl.chem>* • tracer isotope

Markierungssubstanz *f <tech.allg>* • tracer

Marktschirm *m <allg>* • market umbrella

Marmorieren *n DIN EN ISO 4618 <obfl> (Nachahmen des Erscheinungsbildes von poliertem Marmor)* • marbling *ISO 4618-3*

marmorieren *vt <obfl> (allg.)* • marble *vt*

marmorieren *vt <obfl> (Marmor imitierend)* • marbleize *vt*

marmorieren *vt <obfl> (wolkiges Muster erzeugen; z. B. Fliesen, Packpapier)* • mottle *vt*

Marmorplatte *f <bau.mat>* • marble slab

Marmorsteinbruch *m <min>* • marble quarry

Marschflugkörper *m <mil>* • cruise missile

Marssegel *n <nav>* • topsail; square top sail

Martensit *m <metall>* • martensite

martensitischer Stahl *m <metall>* • martensitic steel

Maschen *fpl <tech.allg> (Netzwerk, Linien- oder Drahtgeflecht; z. B. beim Siebdruck)* • mesh *sg*

Maschendraht *m <bau.mat> (einzelner Draht im Geflecht)* • screen wire; mesh wire

Maschendraht *m <bau.mat> (feinmaschig)* • wire fabric

Maschendraht *m <bau.mat> (sehr feinmaschig)* • wire gauze

Maschendraht *m <bau.mat> (grobma-

schig) • wire netting

Maschendrahtgitter *n <tech.allg> (aus Stahl)* • steel mesh

Maschendrahtzaun *m <bau.mat>* • wire-netting fence

maschenfest *<textil> (z. B. Strümpfe)* • ladder-proof; non-ravel; run-proof

Maschenstoff *m DIN EN ISO 8388 <textil>* • knitted fabric *DIN EN ISO 8388*

Maschenware *f <bekl>* • knitwear; knitted goods

Maschenweite *f DIN 66160 <verf> (Siebfilter; lichte Weite zwischen zwei benachbarten Drähten)* • pitch; mesh size; screen aperture; mesh aperture; mesh

Maschenzahl *f DIN ISO 9045 <verf> (Anzahl der Öffnungen pro Längeneinheit; z. B. Drahtsiebfilter)* • mesh count *ISO 9045*; mesh number; mesh *pract*

Maschine *f <masch> (allg. ein vorwiegend mechanisch arbeitendes Gerät)* • machine; engine *rare*

maschinelles Übersetzungssystem *n <transl>* • machine translation system; automatic translation system; MT system *pract*

maschinelle Übersetzung *f* (MÜ) *<transl>* • machine translation (MT); automatic translation

maschinelle Verarbeitung *f <bau.innen> (Auftrag, Applikation; z. B. Spachtel-, Fugenmassen, Putz, Estrich)* • machine-application; mechanical application

maschinell lesbar *<tech.allg> (z. B. Kodierung auf Werkstück, Werkzeug, Ladegut)* • machine-readable

Maschine mit Kühlluftführung *f <tech.allg> (z. B. E-Motor)* • duct-ventilated machine

Maschine mit Wahlscheibeneinstellung *f <tech.allg> (z. B. Näh-, Waschmaschine, Geschirrspüler)* • dial-type machine

Maschinenabzug *m <doku>* • machine proof

Maschinenausfall *m <prod>* • machine failure

Maschinenausfallzeit *f <prod>* • machine outage time; machine down time

Maschinenbau *m <masch>* • mechanical engineering

Maschinenbedienelemente *npl <masch>* • machine controls

Maschinenbett *n <wz.masch> (mit Führungsbahnen für Schlitten, Tisch etc.; z. B. von Drehmaschine)* • machine bed

Maschinenbreite *f <prod> (z. B. lichte Weite zwischen Säulen)* • machine width

Maschinenführer *m <tech.allg> (von Werkzeug-, Spritzgießmaschinen etc.)* • operator; machine operator

Maschinenfuß *m <wz.masch> (von Ständer-, Portalmaschinen)* • column base

Maschinenfuß *m <wz.masch> (ggf. unter dem Maschinenbett)* • machine base; machine pedestal *rare*

maschinengestützt *<tech.allg>* • machine-aided; machine-assisted

Maschinengrundzeit *f <prod> (betont: Bearbeitungszeit pro Werkstück)* • machining time per component

Maschinengrundzeit *f <wz.masch> (betont: Spanabnahme)* • metal-removal time

Maschinenhalle *f <bau> (insbes. von Kraftwerken)* • machine hall

Maschinenhaus *n <energ> (von Kraftwerken; mit Turbinen und Generatoren)* • turbine hall; power house; machine hall

maschinenlesbar *<comp>* • machine readable; machine-sensible *rare*; computer-readable *rare*

maschinenlesbarer Ausweis *m <doku>* • machine-readable travel document

Maschinenöl *n <tribo>* • machine oil

maschinenorientiert *<tech.allg>* • machine-oriented

maschinenorientierte Sprache *f <comp>* • machine-oriented language

Maschinenpark *m <tech.allg> (fahrbare Geräte; z. B. Bauunternehmen, Bauernhof)* • equipment fleet

Maschinenpark *m <tech.allg> (stationär od. mobil)* • machinery

Maschinenraum *m <tech.allg> (z. B. Seilbahn)* • machinery room; machinery compartment

Maschinenraum *m <bahn> (von Diesel- und E-Loks)* • power compartment;

engine compartment; engine room; engine and generator compartment

Maschinenraum *m <nav>* • engine room

Maschinenschaden *m <tech.allg> (schwer)* • machine breakdown

Maschinenschaden *m <tech.allg> (eher gering)* • machine defect

Maschinenspindel *f <wz.masch>* • machine spindle

Maschinenständer *m <wz.masch> (z. B. von Portalmaschinen)* • machine column; machine upright

Maschinenstillstandszeit *f <prod> (abgeschaltet, heruntergefahren)* • machine down time

Maschinenstillstandszeit *f <prod> (Leerlauf, Wartezeit; z. B. beim Be- und Entladen)* • machine idle time

Maschinen und Anlagen *fpl <ökon>* • plant and machinery

Maschinen- und Gerätebau *m <masch>* • machinery and equipment building

Maschinenwäsche *f <bekl.doku> (Waschanweisung; z. B. Maschinenwäsche bis 40 °C)* • machine wash

Maske *f <tech.allg>* • mask

Maskentechnik *f <tech.allg>* • mask technology; masking technology; masking method; masking

Maskierfilm *m <obfl>* • masking film

Maskierung *f <tech.allg>* • masking

Maskierungsmittel *n <tech.allg>* • masking agent; maskant

Maskierung von Gerüchen *f <hlk>* • odor masking *US*; odour masking *GB*

Maß *n <allg> (Grad)* • degree

Maß *n <allg> (für etw.)* • measure

Maß *n <doku> (Dimension; z. B. Länge, Breite, Höhe, Dicke)* • measurement; dimension; size

Maß *n*: **nach ~ anfertigen** *vt <prod>* • make to size *vt*

Maßabweichung *f <qualit>* • dimensional variation; size deviation; size variation; off-size

Massagegerät *n DIN EN 60335-2 <hygi>* • massage appliance *DIN EN 60335-2*

Maßanalyse *f <tech.allg> (allg.)* • mensuration analysis

Maßbereich *m <tech.allg> (z. B. tatsächliche Abmessungen od. von Messungen)* • dimensional range

Maßbezugskante *f <doku> (techn. Zeichnung)* • reference edge; dimensional reference edge *rare*

Maßbezugslinie *f <doku> (techn. Zeichnung)* • reference line; auxiliary line

Maßbild *n <doku> (bemaßte Skizze)* • dimensioned drawing

Masse *f <tech.allg> (große Menge; z. B. Schüttgut)* • bulk

Masse *f <el> (z. B. Blechkarosserie, Metallchassis; meist Minuspol)* • ground (GND) *US*; earth *GB*

Masse *f*: **an ~ legen** *vt <el> (z. B. Kabel, Gehäuse, Stromverbraucher)* • ground *vt US*; earth *vt GB*

Masse *f <mat> (pastöse Mischung)* • compound

Masse *f <pap>* • stock; stuff

Masse *f* (m) *DIN 1305 <phys>* • mass (m)

Masse *f <silik>* • paste

Masseanschluss *m <el> (betont: am Rahmen)* • frame connection

massearm *<astron>* • low-mass

Masseband *n <el> (z. B. zw. el. Bauteil und Rahmen)* • ground strap *US*; earth connection *GB*; earth strap *GB*

Masseeinheit *f DIN 1301 <phys> (SI: kg)* • unit of mass; mass unit

Masseelektrode *f <kfz.el> (der Zündkerze)* • ground electrode *US*; side electrode; earth electrode *GB*; outer electrode; tip *pract*

Masseerhaltung *f <phys>* • mass conservation

Maßeinheit *f <phys> (z. B. Meter, Kilogramm)* • unit of measurement; measuring unit; unit of measure; unit *pract*

Maßeinheitensystem *n <phys> (z. B. das SI-System)* • system of units

Massekabel *n <el> (Verbindung zur Masse; meist das Minuskabel)* • ground lead *US*; earth lead *GB*; GND cable *US*

Massekabel *n <el> (an Batterie; Minus an Masse; z. B. zw. Batterie und Karosserie)* • battery ground cable; negative battery cable

Massel *f DIN EN 1676 <metall> (Halbzeug)* • ingot *DIN EN 1676*

Massel *f <metall> (festes Roheisen)* • pig

Masselgießmaschine *f <metall>* • pig casting machine

masselos *<phys>* • massless; zero--mass

Massenanziehungskraft *f <phys>* • gravitation force

Massenausgleich *m <masch> (Effekt; z. B. bei Kolbenmaschinen)* • balancing of masses; compensating of masses; mass compensation; counterbalancing; mass balancing

Massendrucksache *f <werb>* • bulk mail

Massenfertigung *f <ökon>* • mass production

Massenfertigung *f <prod>* • mass manufacture

Massenfluss-Bilanz *f <phys>* • mass flow balance

Massenfluss-Bilanz *f <verk>* • traffic flow balance

Massengalvanisieren *n <obfl>* • bulk plating

massengefertigt *<prod>* • mass-produced; mass-manufactured

Massengut *n <nav>* • bulk cargo

Massengutfrachter *m <nav>* • bulk carrier; bulk cargo ship; dry-bulk carrier; bulker

Massengutladung *f <logist>* • bulk cargo; cargo in bulk

Massenkräfte *fpl <mech> (z. B. von oszillierenden Massen; z. B. in Hubkolbenmotoren)* • inertia forces *pl*

Massen-Kunststoffe *mpl <kst> (z. B. PVC, PE, PS, PP)* • commodity plastics

Massenspeicher *m <comp>* • mass storage device; mass storage system; mass storage

Massenspektrometer *n <phys>* • mass spectrometer

Massenspektrum *n <bio.chem.phys>* • mass spectrum

Massenstahl *m <mat> (z. B. Baustahl)* • standard steel

Massenstrom *m <phys> (Masse pro Zeiteinheit; z. B. g/s, t/h)* • mass flow rate; mass flow *pract*; mass throughput *rare*

Massenstückgut *n <nav>* • break bulk cargo; general cargo; neo bulk cargo

Massentierhaltung *f <agri>* • large--scale animal husbandry

Massenträgheit *f <phys>* • inertia

Massenvernichtungswaffen *fpl <mil> (ABC-Kampfmittel)* • weapons of mass destruction (WMD)

Massenversand von E-Mails *m <comp> (unerwünscht)* • spamming

Massenversender *m <comp> (von unerwünschter E-Mail)* • spammer; SPAM mailer; sender of junk E-mail

Masseprozent *n <tech.allg> (Mischung)* • weight percent; percentage by weight

Massereduzierung *f <phys> (allg.)* • mass reduction

Masseschluss *m <el> (beabsichtigt oder unbeabsichtigt)* • ground connection *US*; earth contact *GB*

Masseteilchen *n <phys>* • mass particle

Massetemperatur *f <kst> (allg.; z. B. beim Extrudieren, Blasformen)* • stock temperature

Masseverlust *m <tech.allg>* • loss of mass

Maßfehler *m <qualit>* • dimensional error; faulty dimension; size error

maßgenau *<qualit>* • dimensionally accurate; dimensionally correct; dimensionally true; accurate to size; true to size

maßgeschneidert *<tech.allg> (Konstruktion, Konzept)* • custom-designed

maßgeschneidert *<tech.allg> (speziell angefertigt)* • custom-made

maßgeschneidert *<bekl> (nach Maß angefertigt)* • tailor-made; made-to--measure

maßgeschneiderter Duft *m <allg>* • custom fragrance; custom-designed scent

maßhaltig *<qualit.mat>* • dimensionally stable

Maßhaltigkeit *f <prod.qualit> (gleiche Maße aller Fertigteile)* • dimensional consistency

Maßhaltigkeit *f <qualit> (von Werkstoffen, Fertigprodukten, über längeren Zeitraum)* • dimensional stability; dimensional accuracy

Maßhilfslinie *f <doku> (zw. Gegenstand und Maßlinie)* • extension line; projection line

massiv *<allg> (groß, schwer, solid)* • massive

massiv *<tech.allg> (schwer, dick, solid; z. B. Bauweise)* • heavy

massiv *<mat> (z. B. Holz, Metall; im Gegensatz zu Verbundmaterial)* • solid; one-piece

massiv *<qualit> (robust; z. B. Konstruktion, Möbel)* • sturdy

Massivbau *m <bau> (allg.; gemauert und/oder Beton)* • solid masonry construction

Massivhaus *n <bau> (aus Stein und/oder Beton)* • solid masonry home

Massivholz *n <holz>* • solid wood; all-wood

Massivmauerwerk *n <bau> (Wände komplett gemauert; z. B. mit Porotonziegel)* • solid brick construction; solid masonry *pract*; double brick; brick and block

Massivparkett *n <bau.innen>* • solid parquet

Maßlinie *f <doku>* • dimension line

Maßnahme *f <allg>* • measure

Maßnahme *f <allg> (betont: Aktion)* • action

Maßpfeil *m <doku> (Maßlinien)* • arrow head; arrow

Maßreihe *f <masch> (z. B. Wälzlager)* • dimension series

Maßstab *m <doku> (einer Zeichnung, Karte)* • scale

Maßstabseinfluss *m <tech.allg> (Modellversuch)* • scale effect

Maßstabsfaktor *m <tech.allg>* • scale factor

Maßstabsfehler *m <tech.allg>* • scale error

maßstabsgetreu *<tech.allg> (z. B. Modell, Zeichnung)* • true to scale

maßstabsgetreues Modell *n <tech.allg>* • scale model; true-to-scale model

Maßstabsvergrößerung *f <tech.allg>* • scale enlargement

Maßtoleranz *f DIN 406-12 <qualit>* • dimensional tolerance; tolerance *coll*; size tolerance *rare*

Maßzahl *f <doku>* • dimension value

Maßzeichnung *f <doku> (mit Bemaßung)* • dimension drawing; dimensioned drawing

Maßzugabe *f <tech.allg> (z. B. für Sicherheit, Verschleiß, Bearbeitung)* • dimensional allowance

Mast *m <tech.allg>* • mast

Mast *m <bau> (für Tragseile, Brücken etc.; meist sehr groß, hohl; z. B. aus Stahl)* • pylon

Mast *m <bau> (groß, jedes Material; z. B. Beton, Gitter; z. B. für Hochspannungsleitun)* • tower

Mast *m <nav>* • mast

Mastausleger *m <bau.el> (von Hochspannungsmasten)* • side arm; cantilever

Mastausleger *m <förd> (Kran)* • derrick boom; derrick; jib

Masttransformator *m <el> (typ. außerhalb von Europa; z. B. in den USA, Korea)* • pole transformer

Materialeinsparung *f <prod.ökon>* • material saving

Materialermüdung *f <qualit.mat>* • material fatigue; fatigue

Materialfluss *m <logist>* • material flow; flow of materials

Materialflusstechnik *f <logist>* • material handling engineering

Materialisierung *f <allg>* • materialization

Materialkosten *pl <tech.allg>* • material costs

Materialrückgewinnung *f <ents> (aus Abfällen)* • resource recovery; materials recovery; material recovery; salvage of materials

Materialtransport *m <tech.allg> (z. B. in Drucker)* • material feed

Materialversagen *n <qualit.mat>* • material failure

Materialverwaltungskategorie *f <term>* • materials management category *ISO 12620*

Materie *f <phys>* • matter

mathematischer Koprozessor *m <comp>* • math coprocessor

Matratze *f <innen>* • mattress

Matrix *f <tech.allg>* • matrix

Matrixdrucker *m <comp.druck>* • matrix printer; dot matrix printer; dot-matrix impact printer *rare*; stylus printer *rare*

matrixförmige Anordnung *f <tech.allg>* • matrix array

Matrize *f <druck> (für Lettern)* • matrix; mat

Matrize *f <metall> (allg.; enthält die Formkavität, meist unten)* • female die

Matrizeneinsatz *m <metall>* • bottom plug

matt *<obfl> (stumpf, nicht glänzend; z. B. Papier, Lack, Möbel)* • mat *adj US.GB*; matt *adj US.GB*; matte *adj US*

mattätzen *vt <verf> (z. B. Glas)* • frost *vt*

matte Farbe *f <kunst> (stumpf)* • dull color *US*; dull colour *GB*

matte Farbe *f <obfl>* • matte color *US*; matt colour *GB*; mat colour *GB*

matte Oberfläche *f <obfl> (allg.)* • mat finish; flat finish

matte Oberfläche *f <obfl> (als Nachteil, Defekt)* • lusterless finish *US*; lustreless finish *GB*

Mattglanz *m <obfl>* • dull finish; dull gloss; dull luster *US*; dull lustre *GB*; low lustre *GB*

Mattglas *n <silik> (geätzt)* • frosted glass

Mattglas *n <silik> (geschliffen)* • ground glass

mattiert *<holz> (ohne Spiegelglanz; z. B. Holz)* • dulled

mattiert *<obfl> (weiß, raureifähnlich; z. B. Glühlampe)* • frosted

Mattscheibe *f <phot> (betont: zum Fokussieren)* • focusing screen *US*; focussing screen *GB*

mattschwarz *<obfl> (totale Absorption, völlig reflexionsfrei)* • flat black; mat black *US.GB*; matte black *US*

matt werden *vi <obfl>* • dull *vi*; haze *vi*

Mauer *f <bau>* • wall

Maueranker *m <bau> (Spreizdübel in der Wand; z. B. Schwerlastdübel)* • anchor [bolt]; wall anchor; expansion bolt

Mauerbauweise *f <bau> (von Mauern, Wänden; im Ggs. zu Leicht- u. Holzbau)* • masonry wall construction

Mauerbohrer *m <bau.wz>* • masonry drill; stone drill; wall drill

Mauerwerk *n <bau> (aus Steinen, Ziegeln)* • masonry; brickwork

Maul *n <wz> (z. B. Gabelschlüssel, Rachenlehre)* • jaw; mouth

Maul *n <wz.masch> (z. B. Presse)* • throat

Maulweite *f <kfz> (beim Rad; Felgenmaß)* • rim width; nominal rim width *form*; flange-to-flange width

Maulweite *f <wz> (Gabelschlüssel)* • jaw opening; wrench opening *US*; spanner opening *GB*

Maurerhammer *m DIN 5108 <bau.wz>* • mason's hammer

Maurerkelle *f <bau.wz>* • filling trowel

Maus *f <comp> (Eingabegerät)* • mouse

Mauszeiger *m <comp> (u. U. anders als Schreibmarke im Text)* • mouse cursor

Mautstrecke *f <verk.fin> (gebührenpflichtig)* • toll road; turnpike *US*

Maximalabstand *m <tech.allg> (z. B. beim Vergrößern: zw. Gerätekopf und Grundbrett)* • maximum distance

Maximalauslöser *m <tech.allg> (Überlastungsschutz)* • overload release

Maximalbelastung *f <tech.allg> (allg.)* • maximum load; maximum loading

Maximaldrehzahl *m <tech.allg> (z. B. von Motoren, Rotoren)* • maximum speed

maximale Dauerbetriebstemperatur *f <tech.allg> (z. B. Ofen, Gasturbine)* • maximum continuous service temperature

maximal erzielbare Reichweite *f <tech.allg> (z. B. Flugzeug, Sender)* • maximum operating range

maximale Sicherheit *f <tech.allg> (eines Orts, Systems)* • maximum safety; zero risk *coll*

Maximalgröße *f <tech.allg>* • maximum size

Maximalleistung *f <tech.allg>* • maximum output; maximum power

maximal zulässige Konzentration *f <tech.allg> (z. B. v. Schadstoffen)* • maximum allowable concentration (MAC); maximum permitted concentration

maximal zulässiger Luftdruck *m <tech.allg> (von aufgeblasenen Objekten; z. B. Reifen, Ballons, Schlauchbooten)* • maximum permissible inflation pressure

maximieren *vt <tech.allg> (z. B. Wert, Abmessung)* • maximize *vt US*; maximise *vt GB*

Mazeral *m DIN 22005-2 <min.geo> (Grundbestandteil von Kohle)* • maceral

McPherson-Vorderachse *f <kfz>* • MacPherson front suspension; MacPherson strut front suspension *form*; strut front suspension *pract.coll*; MacPherson strut suspension; MacPherson suspension

Mechanik *f <mech>* • mechanics

mechanisch *<mech>* • mechanical

mechanische Beanspruchung *f <tech.allg>* • mechanical stress

mechanischer Aufbau *m <tech.allg>* • mechanical construction

mechanischer Verschleiß *m <tech.allg> (z. B. von Polstern, Gleitflächen)* • wear and tear; wear

mechanisches Uhrwerk *n <msr>* • mechanical motion

mechanische Verspannung *f <tech.allg>* • mechanical strain

mechanische Windnachführung *f <energ.wind>* • passive yaw; free yaw

mechanisch verriegeln *vt <masch> (wechselseitig; z. B. verschiedene Klappen, Türen)* • interlock mechanically *vt*

mechanisch verriegeln *vt <masch> (allg.; z. B. durch Riegel, Schließbolzen)* • lock mechanically *vt*

mechanisieren *vt <autom>* • mechanize *vt US*; mechanise *vt GB*

mechanisierter Ausbau *m DIN 21549 <min> (z. B. Schreitausbau)* • powered support

Mechanisierung *f <autom>* • mechanization *US*; mechanisation *GB*

Mechanisierungsgrad *m <autom>* • level of mechanization

Mechanismus *m <tech.allg>* • mechanism

Mechatronik *f <masch.el> (Integration von Mechanik und Elektronik)* • mechatronics; mechanical and electronics engineering

Mechatroniker *m <tech.allg>* • mechanotrician

Mechatroniksoftware *f <prod>* • mechatronics software

Medium *n <tech.allg>* • medium

mediumberührte Oberfläche *f <rls> (z. B. Innenseite von Rohren, Armaturen)* • wetted surface

medizinische Elektronik *f <med.tech>* • medical electronics

medizinischer Edelstahl *m <mat.med>* • medical grade [stainless] steel; surgical grade [stainless] steel; 316L stainless steel; medical steel; 316L steel *pract*

Medizintechnik *f <med.tech>* • medical engineering; medical device technology *rare*

Meeresbergbau *m <min>* • ocean mining; marine mining; undersea mining

Meeresboden *m <geo>* • ocean floor; sea bed; sea floor; sea bottom

Meeresboden-Gründung *f <bau>* • seabed foundation

meeresklimabeständig *<qualit> (Korrosion)* • resistant to marine climate

Meeresspiegel *m <geo>* • sea level

Meeresströmung *f <geo>* • ocean current; sea current

Meerestechnik *f <bau.hydr>* • marine engineering (ME); ocean engineering; offshore engineering

Meeres- und Offshore-Technik *f <petr>* • marine and offshore engineering

Meereswellenenergiekonverter *m <energ.hydr> (mit Wassersäulen)* • maritime oscillating water column converter (MOWC); MOWC power plant *US*; MOWC power station *GB*

Meerverlegung *f <tech.allg> (von Pipelines, Kabeln)* • submarine laying

meerwasserecht *<obfl> (Farbe, Lack)* • fast to sea-water

Meerwasserentsalzung *f <verf> (z. B. mit Solarenergie)* • desalination; sea--water desalination; sea-water desalting

meerwasserfest *<mat> (Material, Gewebe)* • resistant to seawater

Meerwasserkorrosion *f DIN EN ISO 8044 <obfl> (Meerwasser als Hauptbestandteil des Korrosionsmediums)* • marine corrosion *ISO 8044*

Mega... (M) *<comp> (Vorsilbe für Bit oder Byte, 2^{20}; z. B. 1 Megabyte = 1048576 Bytes)* • mega (M)

Mega... (M) *<phys.msr> (Vorsilbe für Einheiten, z. B. Megawatt: 10^6)* • mega (M)

Megaelektronenvolt *n* (MeV) *<phys>* • mega-electron volt (MeV)

Mega-Fachwerk *n <bau> (z. B. im Hochhausbau)* • space truss; space frame; super-trussed tube; mega truss

Megahertz *n* (MHz) *<phys> (1.000.000 Schwingungen od. Takte pro Sekunde)*

• megahertz (MHz)

Megaphon *n* *<akust>* • megaphone

Megapixel *npl* (MP) *<phot>* • megapixels *pl* (MP)

mehrachsig *<fz> (z. B. LKW)* • multiaxle

mehrachsig *<wz.masch>* • multidirectional

mehradriges Kabel *n* *<el>* • multicore cable; multi-core cable; multiconductor cable; multiple-conductor cable

Mehrbelastung *f* *<allg> (physisch und geistig; z. B. von Personal oder Hardware)* • additional load

Mehrbenutzerbetrieb *m* *<comp>* • multiuser operation; multiuser mode

Mehrbereichsöl *n* *<tribo> (mit mehreren Viskositätsklassen; z. B. 10W-40)* • multigrade oil

mehrdimensional *<tech.allg>* • multidimensional; poly-dimensional

mehrdrähtig *<el> (Leiter)* • multi-wired

Mehrebenensystem *n* *<tech.allg>* • multilevel system

Mehrfachadressierung *f* *<comp>* • multiaddressing

Mehrfachbelichtung *f* *<phot> (Kamerafunktion, Vorgang, Ergebnis)* • multiple exposure

mehrfach programmierbarer Nur-Lese-Speicher *m* (EEPROM) *<comp> (elektrisch löschbar)* • electrically erasable programmable read-only memory (EEPROM); erasable electrical programmable read-only memory; EEPROM chip

mehrfach programmierbarer Nur-Lese-Speicher *m* (EPROM) *<comp> (durch UV-Licht löschbar)* • erasable programmable read-only memory (EPROM); erasable programmable ROM

Mehrfach-Schnellkupplungsanschlüsse *mpl* *<tech.allg>* • multi quick-release connectors; manifold quick-release connectors

Mehrfachstecker *m* *<el>* • multi-plug [connector]; multiple-cavity connector *US*; multiple plug; multicontact plug; multipoint plug

Mehrfachverglasung *f* *<bau> (von Fenstern)* • multiple glazing

mehrfach verstellbar *<tech.allg> (z. B. Sitze)* • multi-adjustable

Mehrfachwerkzeug *n* *<kst> (mit mehreren Formnestern; z. B. zum Spritzgießen)* • multi-cavity mold *US*; multi-impression mold *US*; multi-cavity mould *GB*

mehrfachwirkend *<tech.allg>* • multiaction

Mehrfachzugriff *m* *<comp>* • multiple access; multiaccess

Mehrfamilienhaus *n* *<bau>* • apartment house *US*; home in multiple occupation *form*; multiple dwelling unit *form*; multi-family unit *form*

mehrfarbig *<tech.allg> (z. B. Druck, Bild)* • polychrome; polychromatic; multicolor *US*; multicolour *GB*; multicolored *US*

Mehrfeldmessung *f* *<phot>* • matrix metering; segmented metering; multi-segment metering; evaluative metering *Canon*

mehrfeldrig *<tech.allg> (z. B. Regal)* • multibay

mehrfeldrige Brücke *f* *<bau>* • multi-span bridge

mehrflächig *<tech.allg> (mit vielen Facetten)* • multifacetted

mehrflächig *<tech.allg> (allg.)* • multiple-area

mehrflutig *<masch> (z. B. Pumpe, Turbine)* • multiflow

mehrflutige Dampfturbine *f DIN 4304* *<turb>* • multi-flow steam turbine

Mehrfrequenzmonitor *m* *<comp>* • multiscan monitor; MultiSync monitor ® *NEC*; freescan monitor *rare*; variable frequency display; VFD

mehrgängig *<masch> (Gewinde, Schnecke)* • multistart; multiple-threaded; multi-threaded; multithread

mehrgängig *<masch> (siehe auch unter: …gängig)* • multiple …; multi…

mehrgeschossig *<bau> (Gebäude, Bauweise)* • multistory *US*; multistorey *GB*; multi-floor

mehrgleisig *<bahn>* • multitrack

Mehrkanalbetrieb *m* *<tech.allg> (zeitgleiches Verarbeiten)* • multichannel operation; multichannel mode; multiplex operation; multiplexing

Mehrkanalempfänger *m* *<navig>* • multichannel receiver; multi-channel receiver; continuous tracking receiver; continuous receiver; parallel receiver

Mehrkontaktschalter *m* *<el> (z. B. ein*

Stufen- od. Wahlschalter) • multicontact switch; multiple-contact switch
mehrlagig *<tech.allg> (Gewebe)* • multi--ply
mehrlagig *<tech.allg> (allg.)* • multilayer; multilayered *rare*
mehrlagig *<füg> (Schweißnaht)* • multiple-pass; multirun
mehrlinsig *<opt> (Objektiv; z. B. 7 Linsen in 3 Gruppen)* • multicomponent; multilens
Mehrlochsonde *f <msr> (typ. für Rauchgas)* • multi-hole probe
mehrphasig *<tech.allg> (z. B. Stoff, Wechselstrom)* • polyphase; multiphase
mehrpoliger Schalter *m <el>* • multipole switch; multipolar switch
mehrpoliger Stecker *m <el>* • multipin plug
mehrpoliger Steckverbinder *m <el>* • multipole connector
mehrreihig *<tech.allg>* • multirow
Mehrschalengreifer *m <bau.masch> (z. B. für Bauschutt, Schrott)* • multijaw grab; multisegment grab; multiple tine grapples; orange-peel grab; cactus grab
Mehrscharpflug *m <agri>* • gang plow *US*; multiple-furrow plough *GB*; gang plough *GB*
Mehrschicht... *<obfl> (Überzug, Beschichtung; z. B. Lackierung)* • multi--layer
mehrschichtig *<tech.allg> (z. B. Sperrholz, Reifen, Papiertaschentücher)* • multi-ply
mehrschichtig *<tech.allg> (z. B. Leiterplatten, ICs)* • multilayer
Mehrschichtlacksystem *n <obfl>* • multicoat paint system
Mehrschicht-Sicherheitsglas *n <silik>* • laminated safety glass
mehrschneidig *<wz>* • multi-point; multiple-edged; multiedged
Mehrspindelbohrmaschine *f <wz.masch> (Säulenbohrmaschine; vertikal)* • multi-spindle drill press
Mehrspindelbohrwerk *n <wz.masch> (horizontal und/oder vertikal)* • multispindle drilling machine
Mehrspindeldrehautomat *m <wz.masch>* • multispindle automatic lathe; multispindle automatic
Mehrspindelpumpe *f <förd>* • multi--screw pump; multiple screw pump; multiple-rotor screw pump; multi--spindle screw pump *rare*
Mehrspuraufzeichnung *f <av>* • multi--track recording
mehrspurig *<verk> (Straße, Fahrbahn)* • multi-lane
Mehrstärkenglas *n DIN EN ISO13666 <med.tech> (Brillenglas)* • multifocal lens *EN ISO 13666*
mehrstellig *<comp>* • multidigit
mehrsträngig *<tech.allg> (z. B. Seil)* • multistrand
Mehrstufenrakete *f <aerosp>* • multistage rocket; multi-stage rocket
mehrstufig *<tech.allg> (z. B. Pumpe, Verdichter, Turbine, Verstärker, Rakete)* • multi-stage
mehrstufige Anordnung *f <tech.allg>* • staging
mehrteilig *<tech.allg> (zusammengesetzt; z. B. Glasscheibe, Gussform)* • composite
mehrteilig *<tech.allg> (aus mehreren od. vielen Einzelteilen bestehend)* • multipart; multiple-part
mehrteilig *<tech.allg> (aus Abschnitten bestehend; z. B. Rippenheizkörper)* • sectional
mehrteilig *<tech.allg> (in Abschnitte aufgeteilt)* • sectionalized
mehrteilig *<bau> (zusammenmontiert; z. B. geschweißter, genieteter Doppel-T-Träger)* • built-up
Mehrventiltechnik *f <kfz.mot>* • multi--valve technology
Mehrwegverpackung *f DIN 55 405 <pack>* • returnable container; refillable container; multi-way package *SO/WD 21076*
mehrwertig *<chem>* • polyvalent; multivalent
Mehrwortbenennung *f <term>* • multi--word term
Mehrzweckfahrzeug *n <kfz>* • general purpose vehicle (GPV); allrounder *coll*
Mehrzweckfett *n <tribo>* • multi-purpose grease (MPG); MP grease
Mehrzweckfrachter *m <nav>* • multi--purpose ship (MPC); multi-purpose carrier; multipurpose ship
Mehrzweckgerät *n <tech.allg>* • general-purpose device; general-purpose

equipment

Mehrzwecköl *n <tribo>* • multipurpose oil

Meile *f <msr> (1 Meile = 1,6093472 km)* • mile (mi)

Meiler *m <verbr>* • charcoal-burning pile; charcoal pile

M-Einfädelungssystem *n <av> (von Videobändern)* • M-loading system

Meißel *m <wz> (Handwerkzeug)* • chisel

Meißel *m <wz.masch> (spanend; z. B. Drehmeißel)* • tool

Meißelhammer *m <wz> (manuell)* • chipping hammer

Meißelhammer *m <wz> (mit Druckluft)* • pneumatic chipping hammer; chipping hammer; air hammer

Meißelschneide *f <wz> (Schnittkante)* • tool cutting edge

Meißelschneide *f <wz> (Spitze, Ecke)* • tool tip

Melaminformaldehydharz *n* (MF) *<kst> (z. B. Resopal)* • melamine-formaldehyde resin (MF); melamine resin; MF resin

Meldeleitung *f <tech.allg>* • message line

melden *vt <allg> (z. B. e. besonderes Vorkommnis, Störfall, Unfall)* • report *vt*

melden *vt <tech.allg> (signalisieren; Ereignis; z. B. einen Zug)* • signalize *vt*

melden *vt <msr> (Messwerte; z. B. Druckabfall, Temperaturanstieg)* • indicate *vt*

Melder *m <alarm> (erkennt und meldet ein Alarmereignis)* • detector; sensor; alarm; detection device; sensing device

Melder *m <alarm> (optische und/oder akustische Anzeige)* • annunciator

Meldung *f <allg>* • message

Meldung *f <comp> (auf dem Bildschirm; z. B. Fehlermeldung)* • message

meliert *<obfl.textil>* • mottled; mixed

Melkanlage *f DIN ISO 5707 <agri.tech>* • milking plant *ISO 5707*; milking installation

melken *vt <agri>* • milk *vt*

Melkkarussell *n <agri.tech>* • rotary milking parlor *US*; rotary milking parlour *GB*; rotary milking shed; milking carousel *US*; revolving milking parlour *GB.rare*

Melkmaschine *f DIN ISO 3918 <agri.tech>* • milking machine; mechanical milker

Membran *f <tech.allg> (z. B. in Lautsprechern, Pumpen, Unterdruckdosen)* • diaphragm; membrane

Membran *f <bekl>* • membrane

Membranauslenkung *f <masch> (z. B. Pumpe)* • diaphragm displacement

Membranbrennstoffzelle *f <el>* • proton exchange membrane fuel cell (PEMFC); polymer electrolyte [membrane] fuel cell; ion exchange membrane fuel cell; Solid Polymer Electrolyte Fuel Cell *GE*; SPFC *GE*

Membrandose *f <kfz.el> (Unterdruck)* • aneroid capsule *Bosch*

Membrandose *f <msr> (betont: Überdruck)* • pressure capsule

Membranfeder *f <masch> (eher groß, geschlitzte Innenseite; z. B. in Pkw-Kupplungen)* • diaphragm spring; belleville spring; membrane spring *VDI/VDE 2255*

Membranstellantrieb *m <msr> (z. B. von Ventilen)* • diaphragm actuator; diaphragm actuating mechanism; diaphragm drive

Membranventil *n <masch> (allg.)* • reed valve; leaf valve *US*; blade-type valve *did*; diaphragm valve *rare*

Membranventil *n DIN EN ISO 1613 <rls>* • diaphragm valve *EN ISO 16138*

Membranzunge *f <masch> (von Membranventil)* • reed; petal; blade *rare*

Memoryeffekt *m <tech.allg> (z. B. von Batterien, Werkstoffen)* • memory effect

Mendelevium *n* (Md) *<chem> (radioaktiv)* • mendelevium (Md)

Menge *f <tech.allg> (Anzahl)* • amount; quantity

Mengenlehre *f DIN 5473 <math>* • set theory; theory of sets; theory of aggregates

mengenmäßig angeben *vt <allg>* • quantify *vt*

Mengenmesser *m <msr> (statisch)* • quantity meter

Mengenmesser *m <msr> (dynamisch; Menge pro Zeiteinheit)* • rate meter

Mengenmessung *f <msr> (zählbare Mengen)* • quantity measurement

Mengenmessung *f <msr> (Volumenstrom pro Zeiteinheit)* • volumetric flow

measurement
Mengenregelung *f* <msr> *(allg.)* • quantity control; quantity governing *rare*
Mengenregelung *f* <msr> *(Volumen)* • volume control
Mengenstrom *m* <tech.allg> *(z. B. Rohrleitung, Turbine)* • volumetric flow
Mennige *f* <obfl> *(rotes Rostschutzmittel; nicht mehr erlaubt)* • red lead oxide
menschenähnlicher Roboter *m* <autom> • anthropomorphic robot
menschenunterstützte maschinelle Übersetzung *f* <transl> • human-aided machine translation (HAMT)
Mensch-Maschine-Schnittstelle *f* <comp> • man-machine interface
Mensch-Maschine-System *n* <tech.allg> • man-machine system
Menü *n* <comp> *(mit Auswahloptionen)* • menu
Menü *n*: **im ~ XYZ wählen Sie: A** <comp> • menu: From the XYZ ~ choose: A; From XYZ choose: A
Menübalken *m* <navig> *(Display)* • menu bar
menügesteuert <comp> • menu-driven; menu-controlled
Menüpunkt *m* <comp> • menu item
Mergel *m DIN 4047-3* <bau> • marl
Meridian *m* <astron> *(durch Zenit und Nadir des Horizonts)* • meridian
Meridianlinie *f* <tech.allg> *(auch an Laufrädern)* • meridian line
Meridionalschnitt *m* <tech.allg> *(z. B. an Laufrädern)* • meridian section
Merkator-Projektion *f* <navig> • Mercator map projection; Mercator projection; rhumb projection *rare*
Merkmal *n ISO 9000* <tech.allg> *(von Produkten)* • characteristic *ISO 9000*; property; feature
Merkmal *n* <term> *(von Begriffen)* • characteristic
Messabweichung *f DIN 1319* <qualit.-mat> • measuring error; error of measurement
Messadaptersystem *n* <allg> • measuring and valve control system
Messband *n DIN 6403* <msr> *(z. B. aus Stahl mit Aufrollrahmen oder Aufrollkapsel)* • measuring tape; tape measure; tape rule
Messbecher *m* <chem> • beaker; measuring jug; graduated jug
Messbereich *m DIN 2257* <msr> *(Teil des Anzeigebereiches innerhalb der Fehlergrenzen)* • measuring range; measuring span; measuring effective range; range of measurement; range *pract*
Messbereich *m* <msr> *(Gesamtbereich der Anzeige)* • scale span
Messblende *f* <rls.msr> *(allg.)* • measuring orifice; orifice plate; aperture restrictor; calibrated orifice; metering orifice
Messbrief *m* <nav> • measurement certificate
Messdatenerfassung *f* <msr> • measurement data acquisition; measuring data acquisition
messen *vt* <msr> *(Dicke, Stärke; z. B. von Blech, Draht, Folie)* • gauge *vt*
messen *vt* <msr> *(allg.)* • measure *vt*
messen *vt* <msr> *(mit Maß, Messinstrument; z. B. Länge, Temperatur, Spannung)* • meter *vt*
Messer *n* <tech.allg> *(allg.)* • knife
Messergebnis *n* <msr> *(allg.)* • measurement result; measuring result
Messfolgefrequenz *f* <allg> • reading rate frequency
Messgefäß *n* <msr> • calibrated vessel; measuring vessel
Messgenauigkeit *f* <msr> • measuring accuracy; accuracy
Messgerät *n DIN 1319-1* <msr> • measuring instrument; gauge *US.GB*; gage *rare*; measuring device
Messgröße *f DIN 1319-1* <msr> *(die zu messende physikalische Größe)* • measurand *ISO 10012-1*; quantity; variable; measured variable; measured parameter
Messing *n* <metall> • brass
Messingblech *n* <mat> *(betont: Blech aus Messing)* • brass sheet
Messingblech *n* <mat> *(betont: Messing in Blechform)* • sheet brass
Messkette *f DIN 1319-1* <msr> *(z. B. Sensorelement, Messverstärker, Ausgabegerät)* • measuring chain
Messkopf *m* <msr> *(Teil eines Fühlers)* • sensing head; measuring head; gauging head; probe
Messkurve *f* <tech.allg> *(zum Einmessen, Kalibrieren, Eichen)* • calibration curve

Messlatte *f* *<geo>* *(zur Landvermessung)* • stadia rod; surveyor's rod; graduated rod; measuring staff; stadia *sg pract*

Messleitung *f* *<msr>* *(Anschluss eines Messinstruments)* • instrument lead

Messmedium *n* *<tech.allg>* • measuring medium

Messschieber *m* *<wz>* *(mit Noniuseinteilung)* • vernier caliper; sliding vernier caliper; vernier gauge; vernier; caliper gauge

Messschieber mit Digitalanzeige *m form* *<wz>* • digital caliper; electronic caliper

Messschieber mit Messuhr *m* *<wz>* • dial caliper

Messschraube *f DIN 863* *<wz>* *(allg.)* • micrometer; micrometer caliper *GB*; mike *US.coll*

Messspitze *f* *<msr>* *(von Sonden, Messgeräten)* • probe tip

Messstab *m* *<msr>* *(Flüssigkeitsstand)* • dip stick; gauge stick

Messstelle *f* *<msr>* *(Ort, an dem Messwerte erfasst werden)* • measuring point; measuring position; point of measurement

Messstelle *f* *<msr>* *(Thermoelement)* • hot junction

Mess-, Steuer- und Regelsysteme *npl* *<msr>* *(Gesamtheit der Einrichtungen zum Messen, Steuern, Regeln)* • instrumentation and control systems; I&C systems

Mess-, Steuer- und Regeltechnik *f* (MSR) *<msr>* *(als Fachrichtung)* • instrumentation and control (I&C)

Messtechnik *f DIN 1319* *<msr>* *(konkret)* • measurement engineering

messtechnisch *<msr>* • metrological

Messuhr *f ISO 463* *<wz>* *(Präzisionsmessgerät)* • dial indicator; dial gauge

Messung *f DIN 1319-1* *<msr>* *(Messergebnis, Anzeige)* • measurement; reading

Messung *f ISO 9000* *<msr>* *(Gesamtheit der Tätigkeiten zur Ermittlung eines Größenwertes)* • measurement *ISO 9000*; measuring; metering *rare*

Messunsicherheit *f DIN ISO 10012-1* *<msr>* *(umfasst alle zufälligen und systematischen Fehler)* • measurement uncertainty *ISO 10012-1*; uncertainty of measurement; measuring uncertainty; uncertainty *pract*

Messwandler *m VDI/VDE-2600* *<msr>* *(wandelt e. physik. Größe in ein el. Signal um; z. B. Druck in Spannung)* • transducer; measuring transducer *rare*

Messwert *m DIN 1319-1* *<msr>* *(allg.)* • measured value

Messwertaufnehmer *m* *<msr>* *(erstes Glied in der Messkette; Fühler)* • sensing element; sensor; primary measuring element *rare*; pick-up

Messwertgeber *m* *<msr>* *(sendet ein Analogsignal an eine Anzeige)* • transmitter; measured-value transmitter *rare*; measuring transmitter *rare*

Messwertspeicher *m* *<phot>* • AE/AF lock

Messzelle *f* *<msr>* *(allg.)* • measuring cell

Metadaten *pl* *<tech.allg>* • meta data *sg*; meta information *sg*

Metall *n DIN 55 405* *<mat>* • metal

Metall-... *<tech.allg>* *(aus Metall gefertigt)* • metal *adj*; metallic *rare*

Metall-Aktivgas-Schweißen *n* *<füg>* *(ein MSG-Verfahren; im Ggs. zu MIG; z. B. CO_2-Schweißen)* • metal active gas welding; MAG-welding *pract*

Metallband *n* *<mat>* • metal strip

Metallbearbeitung *f* *<prod>* *(spanend)* • metal machining

Metallbearbeitung *f* *<prod>* *(allg.)* • metal working

Metalldetektor *m* *<tech.allg>* • metal detector

Metalldrücken *n* *<prod>* *(allg.; div. Verfahren)* • flow-forming

Metallfolie *f* *<metall>* *(sehr dünnes Metall, Dicke < 0,15 mm; z. B. Alu-Folie für Schokolade)* • foil; metal foil *rare*; leaf *rare*

metallfrei *<tech.allg>* • metal-free

Metallgeflecht *n* *<tech.allg>* *(als Ummantelung; z. B. für Stahlflex-Bremsleitungen)* • metal braid

Metallgehäuse *n* *<tech.allg>* • metal housing

metallgekapselt *<tech.allg>* *(z. B. aus Blech)* • metal-encapsulated; metal-enclosed; encapsulated in metal

Metallgewebe *n* *<mat>* *(sehr feinmaschig)* • wire cloth

Metallgewebe *n <mat> (eher netzartig weitmaschig)* • wire netting

Metallgliederband *n <antr>* • metal belt

Metallic-Lack *m <obfl> (Effektlack)* • metallic paint

metallisch *<tech.allg> (z. B. Oberfläche, Eigenschaft)* • metallic

metallisieren *vt <obfl> (z. B. Kunststoffe, Textilien)* • metalize *vt*; metal-coat *vt*; metallise *vt GB*

Metallkleber *m <füg>* • metal adhesive; metal-bonding adhesive; structural metal adhesive

Metallleichtbau *m <tech.allg>* • light-weight metal construction

Metall-Lichtbogenschweißen *n DIN 1910 <füg>* • metal-arc welding; arc welding *pract*; stick welding *coll*

Metall-Lichtbogenschweißen mit Fülldrahtelektrode *n DIN EN ISO 4063 <füg>* • flux-cored arc welding (FCAW); self-shielded tubular-cored arc welding *ISO 4063*

Metallmonolith *m <kfz.emiss> (Katalysator)* • metal monolith

Metalloxid-Feldeffekttransistor *m* (MOSFET) *<el>* • metal-oxide semiconductor field-effect transistor (MOSFET); metal-oxide silicon field-effect transistor

Metallpartikel *n <tech.allg>* • metal particle

Metallsäge *f <wz>* • hacksaw

Metall-Schutzgasschweißen *n* (MSG) *<füg> (abschmelzende Drahtelektrode auf Spule, Gleichstrom; MIG oder MAG)* • gas metal arc welding (GMAW) *US*; gas-shielded arc welding; gas-shielded welding

Metallsuchgerät *n <msr> (z. B. Entminung, Schatzsuche)* • metal detector

Metallurgie *f <metall> (betont: Verfahrenstechnik und Metallkunde)* • metallurgy

metallurgische Verbindung *f <tech.allg> (wie verschweißt)* • metallurgical bond

metallverarbeitende Industrie *f <ökon>* • metal-processing industry

metallverkleidet *<prod>* • metal-clad

metastabiler Zustand *m <tech.allg>* • metastable state

Meteoritenschutzschild *m <aerosp> (z. B. an der ISS)* • meteorite shield

meteorologischer Dienst *m <meteo>* • weather service

meteorologische Station *f <meteo>* • meteorological observatory; weather observatory

Meter *n* (m) *<phys> (SI-Einheit der Länge)* • meter (m) *US*; metre *GB*

Methan *n <chem> (CH_4; Hauptbestandteil aller Erdgase; z. B. als Grubengas, Sumpfgas)* • methane; methane gas

Methanol *n <chem> (CH_3OH aus Erdgas od. Biomasse; z. B. als Kraftstoff)* • methanol; methyl alcohol *coll*; wood alcohol *obs.rare*

Methode *f <tech.allg> (gewählte technische Lösung; z. B. Heizungs-~)* • method

Methode *f <tech.allg> (Ansatz; z. B. in der Forschung)* • approach

Methylenblau-Test *m <chem>* • methylene blue test

Methylgruppe *f <chem> (funktionelle Gruppe)* • methyl group; methyl substituent

Methyl-tert-butylether *m* (MTBE) *<chem> (Kraftstoffzusatz)* • methyl tertiary-butyl ether (MTBE)

metrische Ausführung *f <tech.allg>* • metric style

metrisches Einheitensystem *n <phys>* • metric system of units; metric system

metrisches Feingewinde *n <füg>* • metric fine pitch thread *form*; metric fine thread

metrisches Regelgewinde *n <füg>* • metric coarse pitch thread; metric coarse thread

metrisches Sägengewinde *n* (S) *DIN 513 <masch> (33° Flankenwinkel)* • buttress thread (S); buttress screw-thread

Mezzanin *n/m <bau> (auskragend in Form einer Empore)* • mezzanine

MHD-Generator *m <phys.el>* • magnetohydrodynamic generator; magnetohydrodynamic power generator *thsc*; MHD generator *pract*

Microbatterie *f <el> (R03)* • AAA battery

Microbatterie *f <el> (R03)* • AAA battery

Microficheleser *m <doku>* • microfiche reader; microfiche viewer

Midi-Containerschiff *n Hansa <nav>*

• midi container vessel *Hansa*
MIDI-Standard *m <comp.av>* • MIDI standard
Midsize-Pkw *m <kfz.ökol> (USA: ca. 3,8 m³ Raum f. Personen & Gepäck; z. B. Ford Taurus)* • mid-size [car]
Mieder *n <bekl> (eng)* • basque; bodice
mietbar *<tech.allg> (z. B. Baumaschinen, Gartengeräte)* • available for hire
Mietwagen *m <kfz> (allg.)* • rental car
Mietwagen *m <kfz> (im gemieteten Zustand)* • rented car
Mignonbatterie *f <el> (R06)* • AA battery; AA cell; penlight-size cell
migrieren *vi <tech.allg>* • migrate *vi*
MIG-Schweißen *n DIN EN ISO 4063 <füg> (ein MSG-Verfahren; im Ggs. zu MAG-Schweißen)* • MIG-welding *ISO 4063*; SIGMA-welding; shielded inert gas metal arc welding *rare*
Mihrab *f <bau.rel> (Gebetsnische in Moscheen)* • mihrab
Mikro... *<phys.msr> (Vorsilbe für Einheiten: 10^{-6})* • micro
mikro-elektromechanisches System *n* (MEMS) *<el.mech>* • micro electro--mechanical system (MEMS)
Mikroelektronik *fsg <el>* • microelectronics *pl*
Mikroexplosion *f <tech.allg>* • microexplosion
Mikrofiche *n <doku> (typ. 105 mm x 148 mm, DIN A6; 180 x 240 mm)* • microfiche
Mikrofilm *m <doku>* • micro film
Mikrofon *n <comp.av>* • microphone (mic); micro; mic
Mikrofonanschlusstecker *m <av>* • microphone connector
Mikrofonaufnahme *f <av>* • microphone recording
Mikrofonbuchse *f <av>* • microphone socket; external microphone socket; microphone input socket
Mikrofoneingang *m <comp.av>* • microphone input; microphone-in; mic--in; micro-in
Mikrofon-Kopfhörer-Kombination *f <av>* • headset
mikrolegierter Stahl *m <metall>* • micro alloy steel
Mikrolunkerung *f <mat>* • pinhole porosity
Mikrometer *n* (µm) *<phys> (0,000001 m)* • micrometer (µm); micron *obs*
Mikrometerschraube *f <mil> (an Visierungen)* • micrometer screw
Mikrominiaturisierung *f <tech.allg>* • microminiaturization
Mikromotor *m <wz>* • micromotor
Mikroorganismus *m <bio>* • microorganism
mikroporöser Gummi *m <kst>* • microcellular rubber
Mikroprozessor *m <ic>* • microprocessor
Mikroprozessortechnik *f <ic>* • microprocessor technology
Mikroriss *m <qualit.mat> (nur unter dem Mikroskop sichtbar)* • microcrack; microfissure
Mikroschalter *m <el>* • microswitch
Mikroskop *n <opt>* • microscope
Mikroskopie *f <opt>* • microscopy
Mikroskopokular *n <opt>* • microscopic eyepiece
Mikroskoptubus *m <opt>* • microscope tube
Mikrosonde *f <tech.allg>* • microprobe
Mikroteilchen *n <allg>* • microparticle
Mikrotommesser *n <qualit.mat>* • microtome blade
Mikrotomschnitt *m <qualit.mat>* • microtome section
mikroverfilmen *vt <phot>* • microfilm *vt*
Mikroverfilmung *f <phot> (z. B. von Büchern)* • microfilming
Mikroverkapselung *f <mat>* • micro encapsulation *:V*
Mikrowaage *f <chem> (betont: für Chemikalien; Genauigkeit 0,001 mg)* • microchemical balance
mikrowellengeeignet *<mat> (Geschirr)* • microwave safe
mikrowellengeeignet *<mat> (allg.; z. B. Folien)* • suitable for microwave ovens
mikrowellengeeignet *<nahr> (z. B. Fertiggericht)* • microwaveable
Mikrowellenherd *m <gastr>* • microwave oven
Mikrowellentrocknung *f <tech.allg> (z. B. von Wasserlacken, Mauerwerk)* • microwave drying
mil *<msr> (Angelsächs. Maßeinheit, 1/1000 Zoll = 0,0254 mm)* • mil
Milcherhitzer *m <nahr.prod>* • milk pasteurizer
Milchertrag *m <agri> (pro Kuh und Tag)*

• milk yield

Milchfett *n* <*nahr*> • milk fat

Milchglas *n* <*silik*> *(weißes Glas; z. B. für dekoratives Geschirr, Vasen etc.)* • milk glass

Milchkühleinrichtung *f* <*nahr*> • milk cooling equipment

Milchpulver *n* <*nahr*> • milk powder; dried milk

Milchpumpe *f* <*agri*> • milk pump

Milchpumpe *f* <*hygi*> • breast pump

Milchsäure *f* (E 270) <*chem*> • lactic acid (E 270); lacticum acidum; hydroxypropionic acid

Milchschäumer *m* <*gastr.wz*> *(z. B. an Espressomaschine od. als separates Gerät)* • milk frother

Milchstraße *f* <*astron*> *(unsere Galaxis)* • milky way

Milchtrockenmasse *f* <*nahr*> • milk solids

Milch und Milcherzeugnisse <*nahr*> *(als Zutaten, Inhaltsstoffe)* • dairy ingredients

Milch und Milcherzeugnisse <*nahr*> *(allg.)* • dairy products

Milchwirtschaft *f* <*nahr*> • dairy industry

Militärflugplatz *m* <*aerosp*> • air base; military airport; military airfield; military aerodrome *rare*; military airdrome *US.rare*

Milli... (m) <*phys.msr*> *(Vorsilbe für Einheiten: 10^{-3})* • milli (m)

Milliarde *f* <*math*> *(1.000.000.000)* • billion *US.GB*; 1000 million *GB.coll*

Millimeter *n* <*msr*> *(0,001 m)* • millimeter *US*; millimetre *GB*

Millimeterpapier *n* <*pap*> • graph paper with millimeter squares; squared paper with millimeter squares

Million *f* <*math*> *(1.000.000)* • million

Millionen Instruktionen pro Sekunde *pl* (MIPS) <*comp*> *(Rechengeschwindigkeit eines Mikroprozessors)* • mega instructions per second (MIPS); million instructions per second; mega instructions per second

Milzbrand *m* <*med*> • anthrax; splenic fever; anthrax blain

Mimik-Display *n :V* <*msr*> *(imitiert Realität; z. B. Tastatur auf Smartphone)* • mimic display

Minbar *f* <*bau.rel*> *(Kanzel in Moschee)* • minbar; mimber

mindern *vt* <*tech.allg*> *(z. B. Anteil, Konzentration, Kosten)* • reduce *vt*

minderwertig <*qualit*> *(von minderer Qualität)* • low-grade; substandard; low-quality; inferior; poor

Mindestabstand *m* <*tech.allg*> • minimum distance; minimum clearance; minimum spacing

Mindestdicke *f* <*tech.allg*> • minimum thickness

Mindestdruck *m* <*tech.allg*> • minimum pressure

Mindestfettgehalt *m* <*nahr*> • minimum fat content

Mindestgeschwindigkeit *f* <*tech.allg*> • minimum speed

Mindesthaltbarkeitsdatum *n* (MHD) <*tech.allg*> • best-before date

Mindesthöhe *f* <*allg*> • minimum height

Mindestkriterien *npl* <*qualit*> *(zu erfüllende Grenzwerte; z. B. zur Abnahme od. Beförderung)* • threshold criteria *pl*

Mindestschaltabstand *m EN 60947* <*allg*> • ninimum operating distance *EN 60947*

Mine *f* <*mil*> *(Sprengkörper)* • mine

Minensuchgerät *n* <*mil*> • mine detector; mine locator

Mineraldünger *m* <*agri*> • inorganic fertilizer; mineral fertilizer

Mineralfaser *f* <*bau.mat*> • mineral fiber

Mineralfaserplatte *f* <*bau.mat*> • mineral fiber board *US*; mineral fibre board *GB*

mineralgefüllt <*kst*> • mineral filled

Mineralglas *n* <*mat*> *(sehr hart und kratzfest, als Uhrglas)* • mineral crystal

Mineralöl *n* <*tribo*> • mineral oil; petroleum oil

Mineralölerzeugnis *n ISO 20844* <*petr*> • petroleum product *ISO 20844*

mineralstofffrei <*tech.allg*> • mineral-matter-free

Mineralwasser *n* <*nahr*> • mineral water

Mineralwolle *f* (MW) *prEN 14064* <*bau.mat*> *(Wärmeisolierung)* • mineral wool; rock wool

Miniaturansichten *fpl* <*comp*> *(stark verkleinerte Bilder; meist durch Anklicken vergrößerbar)* • thumbnails *pl*; thumbs *pl*

Miniaturisierung *f* <*tech.allg*> • miniaturization *US*; miniaturisation *GB*

Minicompact-Klasse *f <kfz.ökol> (USA: weniger als ca. 3 m^3 Raum f. Personen u. Gepäck; z. B. Porsche 911)* • minicompact car

minimalinvasiv *<mech.tech> (Chirurgie; z. B. Herzchirurgie)* • minimally invasive

Minimalmengenschmierung *f* (MMS) *<wz.masch>* • minimum volume lubrication *:V*

Minimierung *f <tech.allg>* • minimization

Minimum-Alarm *m <allg>* • minimum alarm

Minium *m <min>* • minium; red lead

Minivan *m prakt <kfz> (Mehrzweckauto auf Pkw-Basis)* • multi-purpose vehicle (MPV) *US*; mini-van; multi-purpose van; space wagon *advert*; people carrier

Minuskel *f <druck> (abc…xyz)* • minuscule; upper case letter *coll*; small letter *coll*; lower case [letter]

Minuspol *m <el> (allg.)* • negative terminal

Minute *f DIN 1301 <phys.msr> (Einheit des ebenen Winkels, der Zeit)* • minute

Minutentakt *m <allg>* • minute interval

mischbar *<tech.allg> (Schmier-, Kühlmittel, Hydraulikflüssigkeit, Lacke etc.)* • miscible; mixable *coll*

Mischbarkeit *f <tech.allg>* • miscibility; mixability

Mischbatterie *f <rls.hygi> (Badezimmer)* • mixer tap; mixing valve; valve mixer

Mischbauweise *f <bau> (Städtebau)* • mixed development

Mischbett *n <verf>* • mixed bed

Mischeinrichtung *f <tech.allg>* • mixing device

mischen *vt <tech.allg> (allg.; z. B. Kleinteile, Flüssigkeiten, Gase)* • mix *vt*

mischen *vt <av> (überlagern mit Ton, Stimmen)* • dub *vt*

mischen *vt <av> (Bild, Ton)* • mix *vt*

mischen *vt <nahr> (untrennbar; z. B. Teesorten, Tabak, Whisky)* • blend *vt*

mischen *vt <obfl> (Farben, Lacke)* • blend *vt*; mix *vt*

mischen *vt <verf> (knetbare Masse)* • compound *vt*

mischen *vt <verf> (verschiedene Substanzen, lose; z. B. durch Verrühren)* • mingle *vt*

Mischer *m <tech.allg> (z. B. für Beton, elektr. Signale, Licht)* • mixer

Mischgefäß *n <verf> (offen od. geschlossen)* • mixing tank; blending tank; mixing vessel

Mischgefäß *n <verf> (oben offen)* • mixing vat

Mischgewebe *n <textil>* • blended fabric; union fabric

Mischgut *n <prod> (als Zuschlag)* • batch

Mischgut *n <verf> (vor dem Mischen)* • material to be blended; material to be mixed

Mischgut *n <verf> (beim Mischen)* • material being blended; material being mixed

Mischgut *n <verf> (nach dem Mischen)* • mix

Mischkammer *f <tech.allg>* • mixing chamber

Mischkristall *m <mat>* • mixed crystal

Mischoxidbrennstoff *m <nukl>* • mixed-oxide fuel; MOX fuel

Mischpult *n <av>* • mixing desk; mixing control desk; mixing console; mixer console; mixer *pract*

Mischschnecke *f <verf> (in Rührwerk; eher wendelförmig)* • helix agitator

Mischschnecke *f <verf> (eher spindelförmig)* • mixing screw

Mischstufe *f <tech.allg>* • mixing stage

Mischtrommel *f <nfz> (auf Frischbeton--Lkw)* • agitator drum

Mischtrommel *f <verf> (allg.)* • mixing drum; blending drum

Mischtrommel *f <verf> (das Mischgut umwälzend; eher horizontal)* • tumbling barrel

Mischungsrezept *n <prod>* • mixing formula

Mischungsverhältnis *n <tech.allg>* • mixing ratio

Mischventil *n <rls> (allg.)* • mixing valve

Mischverfahren *n <tech.allg>* • mixing method; mixing technique

Mischwalze *f <tech.allg>* • mixing roll

Mischwasserkanalnetz *n <ents.hydr>* • rainwater and sewage water system

Mischwerk *n <verf> (z. B. durch Drehen, Umwälzen, Umrühren, Rütteln)* • agitator

Missbrauch *m <allg> (z. B. einer Ma-*

schine) • abuse

Missbrauch ist strafbar *<jur> (z. B. einer Notbremse)* • misuse will be prosecuted; any misuse will be prosecuted; fine for misuse xx $

missbräuchlich *<allg>* • abusive

missweisende Peilung *f <navig>* • aberrational bearing

missweisend Nord *<navig>* • magnetic north

Mist *m <agri> (z. B. Stallmist, Schweinemist)* • manure

Mistbreiter *m <agri>* • manure spreader

mitfahrendes Kind *n <kfz>* • child passenger

mitgeltend *DIN IEC 61513 <norm>* • co--valid *DIN IEC 61513*

mitgerissenes Wasser *n <energ> (in Dampf)* • water entrained with the steam

mitgeschleppter Fehler *m <qualit>* • inherited error

Mitglied *n <allg> (z. B. einer Gesellschaft, eines Vereins, einer Schiffsbesatzung)* • member

Mithöreinrichtung *f <tele> (an Telefonapp.)* • monitor

mithören *vi <tele> (Gespräch)* • listen in *vi*

mithören *vi <tele> (eine Leitung anzapfen)* • tap *vt*

mitlaufend *<wz.masch> (z. B. Reitstockpinole)* • revolving

mitnehmen *vt <allg>* • carry along *vt*

mitnehmen *vt <allg> (Getränke, Speisen vom Restaurant)* • take away *vt*

Mitnehmer *m <tech.allg> (an bewegtem Teil; in Form von Fanghaken, Klinke)* • catch

Mitnehmer *m <förd> (an Schleppkreisförderer)* • drive dog

Mitnehmer *m <masch> (allg.)* • dog

Mitnehmer *m <masch> (stoßend, schiebend)* • pusher dog

Mitnehmer *m <masch> (Nase, Vorsprung, Ansatz an einem bewegten Teil)* • tang; lug; tab; dog

Mitnehmer *m <prod> (anhebend)* • lifter dog

Mitnehmer *m <wz.masch> (für ein Werkstück)* • work driver

Mitnehmerbolzen *m <förd> (z. B. Transferstraße)* • driving pin

Mitnehmerflansch *m <masch> (an Wellen)* • companion flange; driver flange

Mitnehmerlappen *m <wz.masch> (z. B. am Spiralbohrer)* • tenon

Mitnehmerstift *m <prod> (klein, rund)* • driving pin

Mitnehmerzapfen *m <tech.allg> (eher kurz und dick, jede Form)* • drive dog

Mitreißen *n <verf> (von Partikeln, in Strömung)* • entrainment

mitreißen *vt <verf> (allg.; Partikel im Förderstrom)* • entrain *vt*; carry away *vt coll*; carry off *vt coll*

mitschwingen *vi <phys> (durch Resonanz)* • resonate *vi*

mitschwingend *<phys>* • resonant; sympathetic

mitteilen *vt <allg> (z. B. Nachricht)* • communicate *vt*

mitteilen *vt <allg> (z. B. Ereignis, Störfall)* • report *vt*

Mittel *n <jur> (in Patenten; Hilfsmittel, diffus beschriebener Gegenstand)* • means

Mittelabtrieb *m <kfz.mot>* • center drive *US*; centre drive *GB*

Mittelachse *f <tech.allg> (Gebäude, Brücke, Fahrzeug, Maschine, Werkzeug)* • central axis

Mittelarmlehne *f <kfz.innen>* • center armrest *US*; centre armrest *GB*

Mittelausströmer *m <kfz.hlk>* • center air outlet *US*; centre air outlet *GB*

Mittelblech *n <metall> (Dicke 3,0 … 4,75 mm)* • medium gauge sheet

Mitteldeck *n <nav>* • middle deck

Mitteldecker *m <aerosp>* • mid-wing airplane; mid-wing monoplane

mitteldichte Faserplatte *f* (MDF) *<bau.mat>* • medium-density fiber board *US*; medium-density fibre board *GB*; chip-board of medium density

Mitteldruckturbine *f <energ.hydr> (Francis-Turbine)* • medium-head turbine; medium-pressure turbine

Mitteldruckturbine *f <turb>* • intermediate-pressure turbine; IP turbine *pract*

Mitteleinstieg *m <fz> (z. B. Bus)* • central entrance

Mittelelektrode *f <kfz.el> (der Zündkerze)* • center electrode *US*; central electrode; centre electrode *GB*; firing tip

Mittelformatkamera *f <phot>* • rollfilm

camera; medium-format camera

Mittelgang *m <tech.allg> (betont: in der Mitte od. der mittlere von mehreren; z. B. in Flugzeug)* • central aisle; center aisle *US*

mittelgewichtig *<allg>* • medium-weight

mittelgrob *<tech.allg> (z. B. Korn)* • medium-coarse; moderately coarse

mittelgroß *<allg> (Format, Größe; z. B. Pizza, T-Shirt)* • medium *adj*

Mittelklasse *f <kfz> (dt. Pkw-Kategorie; z. B. Audi A4, BMW 3er, MB C-Klasse)* • medium class

Mittelkonsole *f <kfz.innen>* • center console *US*; centre console *GB*

Mittellage *f <tech.allg> (horizontal)* • central layer

Mittellage *f <tech.allg> (Stellung in der Mitte)* • mid-position; central position; center position *US*; centre position *GB*

Mittelleiter *m <el> (Koaxialkabel)* • center conductor *US*; center core *US*; middle conductor *coll*; inner conductor *coll*; central wire *coll*

Mittellinie *f <tech.allg>* • centerline *US*; centreline *GB*

Mittelmotor *m <kfz>* • mid-engine; mid-mounted engine

mitteln *vt <math> (Durchschnitt errechnen)* • average *vt*

Mittelöffnung *f <bau> (einer Brücke)* • central span; central opening; main span

Mittelpfeiler *m <bau> (einer Brücke)* • central pier; median pier

Mittelpfette *f <bau> (Dachkonstruktion)* • central purlin

Mittelpunkt *m <math> (z. B. eines Kreises)* • center point *US*; centre point *GB*; midpoint; center *US.pract*; centre *GB.pract*

Mittelschiff *n <bau.rel> (Kirche)* • nave

Mittelschiff *n <nav>* • midship body; middle body

Mittelspannung *f* (MV) *DIN EN 60 071 <energ.el> (>1 kV bis 60 kV; typ. 10, 20, 30 kV)* • medium voltage (MV) *DIN EN 60 071*

Mittelständer *m <fz> (Motorrad)* • center stand *US*; centre stand *GB*

Mittelsteg *m <fz> (bei grobstolligen Mountain-Bike-Reifen)* • center ridge *US*; centre ridge *GB*

Mittelstellung *f <allg> (in einem Feld; z. B. im Wettbewerb)* • mid-position

Mittelstellung *f <comp.av> (eines Reglers, Joysticks)* • center position *US*; centre position *GB*

Mittelstellung *f <masch> (betont: exakt in der Mitte)* • dead-center position *US*; dead-centre position *GB*

Mittelstellung *f <masch> (einer Hubbewegung; z. B. von Kolben)* • midtravel position

Mittelstellung *f <masch> (neutrale Stellung, ohne Kräfte, Eingriff etc.)* • neutral position

Mittelstellung *f <prod> (Werkzeug, Werkzeugschlitten, Messgerät)* • center setting *US*; centre setting *GB*

Mittelstellung *f <rls> (eines Kompensators)* • neutral position; natural free position

Mittelstrecke *f <aerosp> (Reichweite)* • medium haul; medium range

Mittelstreifen *m <bau.verk> (zw. Fahrbahnen)* • median *US*; median strip *US*; central reserve *GB*

Mittelton... *<av> (Frequenzbereich 300 Hz bis 3000 Hz)* • middle-frequency … (MF); mid-frequency …

Mittelträgerbrücke *f <bau>* • centrally supported cable-stayed bridge; mono cable bracing cable-stayed bridge

Mitteltunnel *m <kfz>* • center tunnel *US*; centre tunnel *GB*

Mittelung *f <math> (von Werten, Messungen)* • averaging

Mittelwagen *m <bahn> (bei Wendezügen)* • trailer; trailer car

Mittelwasserstand *m <hydr>* • mean water level

Mittelwelle *f* (MW) *<tele> (Radiofrequenzbereich 500 bis 1600 kHz)* • amplitude modulation (AM)

Mittelwert *m <math> (arithmetisch, geometrisch, harmonisch, quadratisch)* • mean value; mean

Mittelwertbildung *f <allg> (i. Allg. arithmetischer Mittelwert)* • averaging

Mittelzapfen *m <masch> (als Drehachse)* • king-pin; central pintle *rare*

Mittelzugbremse *f <fz.brems> (Fahrrad)* • center-pull brake *US*; centre-pull brake *GB*

Mittenabstand *m <tech.allg> (z. B. zw. Bohrungen)* • center-to-center spacing *US*; center-to-center distance *US*; centre-to-centre distance *GB*; pitch *pract*

mittenbetont *<phot> (Messung)* • center-weighted *US*; centre-weighted *GB*

Mittendifferential *n <kfz.antr> (zw. Vorder- und Hinterachse)* • central differential; inter-axle differential; center differential *US*; centre differential *GB*

Mittenkontaktschuh *m <phot> (Zubehörschuh mit Kontakt[en])* • hot shoe

mittig *<allg>* • central

mittig angeordnet *<tech.allg>* • arranged centrally

mittige Last *f <mech>* • concentric load

mittlere Erdumlaufbahn *f <aerosp> (in 8000-20 000 km Höhe über der Erde)* • medium earth orbit (MEO)

mittlere Lebensdauer *f <qualit> (allg.)* • mean life; mean life period

mittlere Lebensdauer *f <qualit> (betont: bis zum Ausfall)* • mean time to failure

mittlere Reparaturdauer *f* (MTTR) *<rep>* • mean time to repair (MTTR)

mittleres Drittel *n <allg>* • middle third

mittlere Windgeschwindigkeit *f IEV 415 <energ.wind>* • mean wind speed *IEV 415*

mittlere Zeitspanne zwischen zwei Ausfällen *f* (MTBF) *<qualit> (durchschnittliche Zeitspanne zwischen zwei Fehlern; in Std.)* • mean time between failures (MTBF); MTBF reliability

mittlere Zugriffszeit *f <comp> (für einen zufälligen Zugriff auf einen bestimmten Plattensektor)* • average access time; average access speed; effective access time; mean access time

mittschiffs *<nav>* • amidship[s]; midships

Mittschiffslinie *f <nav> (längsschiffs verlaufend)* • fore and aft centerline *US*; fore and aft centreline *GB*

Mittschiffslinie *f <nav> (allg.)* • midship line; center line *US*; centre line *GB*

Mitziehen *n <phot> (seitl. bewegte Motive; z. B. Fahrzeug in Vorbeifahrt)* • panning

MKS-System *n <phys> (Meter, Kilogramm, Sekunde)* • meter-kilogram-second system of units; MKS system of units

Mnemotechnik *f <psych>* • mnemonics

Möbel *n DIN 68880-1 <innen>* • furniture *DIN 68880-1*

Mobilbagger *m <bau.masch>* • self-propelled excavator

mobiler Einsatz *m <tech.allg>* • mobile use

mobiler Reinigungsroboter *m <autom> (Service-Roboter; z. B. auf Leipziger Messehallendach)* • mobile cleaning robot

mobile Satellitenkommunikation *f <tele>* • mobile satellite communication

Mobilfunkdienst *m form <tele>* • mobile radio telephone service (MRTS); cellular telephony

Mobilfunksystem *n <tele>* • cellular system; mobile cellular system; cellular radio system; cellular communication system; mobile cellular radio system

Mobilfunktelefon *n <tele> (portables zellulares Funktelefon)* • mobile cellular telephone; cellular [phone] *US*; portable telephone *did*; mobile [phone] *GB.coll*; cell phone; cellie *US.coll*

Mobilheim *n <kfz>* • mobile home *US*; holiday caravan

Mobilitätshilfe *f <med.tech>* • mobility device

Mobilkran *m <bau.masch> (gummibereift)* • mobile crane; wheel-mounted crane; wagon crane *rare*

Modell *n <tech.allg> (maßstabsgerechter Nachbau; z. B. von Fahrzeug, Gebäude)* • model

Modell *n <prod> (Vorläufer, Prototyp)* • prototype

Modellbau *m <prod> (allg.)* • model making; model construction; modeling *US*; modelling *GB*

Modellbau *m <prod> (zum Ur- und Umformen)* • patternmaking

Modelleisenbahner *m <bahn>* • model railroader

modellieren *vt <tech.allg> (Vorlage, Realität)* • model *vt*

Modelljahr *n <tech.allg>* • model year (MY)

Modellmaßstab *m <tech.allg> (z. B. 1:87)* • model scale; scale ratio of a model

Modellpflege *f <kfz> (z. B. Konstruktionsverbesserungen)* • model refine-

ment; model improvement
Modellvariante *f <tech.allg> (eine von mehreren Ausführungsmöglichkeiten eines Produkts)* • model; version; type; style; build *rare*
Modellversuch *m <tech.allg> (z. B. im Windkanal)* • model test; model experiment; model trial; scale model test; scale model testing
Modem *n <el>* • modem; modulator-demodulator *did.rare*
Moderator *m <nukl>* • moderator
moderieren *vt <tech.allg>* • moderate *vt*
Moderierung *f <tech.allg>* • moderation
modernes Styling *n <tech.allg>* • contemporary styling
Modernisierung *f <tech.allg>* • modernization
modernste Technik *f <tech.allg> (auf dem neuesten Stand der Technik)* • state-of-the-art engineering
Modifikationsdatum *n <term>* • modification date *ISO 12620*
Modul *m pl*: **-n** *[módul] <math> (Divisor kongruenter Zahlen)* • modulus (MOD)
Modul *n pl*: **-e** *[modúl] <tech.allg> (austauschbare Baueinheit)* • module; modular component; module component; modular unit *pract*; building block *coll.rare*
modular *<tech.allg> (nach dem Baukastenprinzip konstruiert)* • modular; unitized
modulare Systemarchitektur *f <tech.allg>* • modular system architecture
Modularisierung *f <prod>* • modularization *US*; modularisation *GB*
Modulation *f <el> (Veränderung der kennzeichnenden Größen einer Trägerfrequenz)* • modulation
Modulationsrate *f <tech.allg> (div. Bedeutungen; z. B. bei Radar)* • modulation rate
Modulator *m <tech.allg>* • modulator
Modulstecker *m <el>* • modular connector
Modultechnik *f <tech.allg>* • modular technique
Mofa *n <kfz>* • moped
Mofette *f <geo> (vulkanische Exhalation)* • mofette
Mogelpackung *f DIN 55 405 <pack>* • deceptive packaging
Mohs-Härte *f <qualit.mat>* • Mohs' hardness; scratch hardness
Moiré *n <phot> (typ. Aliasing-Effekt)* • moiré; moiré pattern
moiriertes Gewebe *n <textil>* • moiré fabric
Mol *n* (mol) *<chem.phys>* • mole (mol); gram molecule
molare Masse *f* (M) *DIN 32625 <chem> (in g/mol)* • molar weight; molar mass
Molch *m <rls> (zur Reinigung von Rohrleitungen, Abwasserkanälen)* • scraper; pipeline scraper; go-devil
Mole *f <bau> (als Wellenbrecher oder Pier)* • mole; jetty; harbor mole
Molekül *n <chem>* • molecule
Molekularbewegung *f <chem.phys>* • molecular motion; molecular movement
Molekülmasse *f <chem>* • molecular mass
Moleskin *n <textil.mil> (bes. dichtes Baumwollgewebe)* • moleskin
Molke *f <nahr>* • whey
Molkenpulver *n <nahr>* • whey powder; dried whey
Molkereimaschine *f <nahr>* • dairy machine
Möller *m <metall> (Hochofenbeschickung)* • charge of ore and fluxes; batch of ore and fluxes; burden *pract*
Möllerung *f <metall> (Vorgang)* • blast-furnace burdening; furnace burdening
Molprozent *n <chem>* • mole percent
Molwärme *f <chem.phys>* • molar heat; molecular heat *rare*
Molybdän *n* (Mo) *<chem>* • molybdenum (Mo)
Molybdändisulfid *n <tribo> (ein fester Schmierstoff)* • molybdenum disulfide
Moment *m <allg> (Zeitpunkt)* • instant
Moment *n <mech> (Kraftvektor)* • momentum
Momentanleistung *f <tech.allg>* • instantaneous power
Momentaufnahme *f <phot>* • snapshot; instantaneous exposure *form.rare*
Mondlandekapsel *f <aerosp>* • lunar landing module; moon capsule
Mondphasenanzeige *f <mech> (Uhrenkomplikation)* • moon phase display
Mondsonde *f <aerosp>* • lunar probe; moon probe

Monelmetall *n* <*mat*> *(Nickel-Kupfer--Legierung)* • monel; monel metal
Monitor *m* <*comp*> • display; monitor; screen
Monocoque-Chassis *n* <*kfz*> • monocoque chassis
Monofilament *n DIN 60900* <*textil*> • simple yarn
monoklines System *n* <*min*> • monoclinic system
monokristallines Silicium *n* (CZ-Si) <*energ.sol*> • monocrystalline silicon (CZ-Si)
monolithisch <*tech.allg*> *(fugenlos, in einem Stück)* • monolithic
monolithische Bauweise *f* <*tech.allg*> • monolithic construction
Monomer *n* <*kst*> • monomer
Monosaccharid *n* <*chem*> • monosaccharide; monosaccharose; simple sugar *coll*
monoseme Benennung *f* <*term*> • monosemic term; monoseme
monostabile Kippstufe *f* <*el*> *(einkanaliges Flip-Flop)* • monostable flip--flop
monovalent <*tech.allg*> • monovalent
Monozelle *f* <*el*> • single-cell battery
Montage *f* <*tech.allg*> *(von Bühnen, Gerüsten, Turmdrehkranen)* • erection
Montage *f* <*tech.allg*> *(Installation)* • installation
Montage *f* <*tech.allg*> *(Aufbauen an oder auf etw.)* • mounting
Montage *f* <*tech.allg*> *(von Anlagen oder Ausrüstungen)* • rig-up
Montage *f* <*prod*> *(Anbauen von Teilen an größere Einheiten)* • fitting
Montageabstand *m* <*allg*> • mounting mode clearance
Montageanleitung *f* <*doku*> *(bei Bausätzen, Baugruppenmontage)* • assembly instruction
Montageanleitung *f* <*doku*> *(für anzubauende Teile)* • fitting instructions; mounting instructions
Montageband *n* <*förd*> *(Förderband)* • assembly belt
Montagefehler *m* <*qualit*> *(allg.; z. B. Leitungen, Gerüste, Inneneinrichtungen)* • installation error; mounting error
Montagefehler *m* <*qualit*> *(bei Baugruppen)* • assembly error
Montagegerüst *n* <*prod*> *(allg.)* • erecting scaffold; assembly scaffold
Montagehilfe *f* <*tech.allg*> • mounting aid
Montagemaß *n* <*allg*> • mounting dimension
Montageroboter *m* <*autom*> • assembly robot
Montageschaum *m prakt* <*bau.mat*> *(PU-Schaum aus der Dose)* • PU-foam *pract*; 1-component PU foam; expanding foam
Montageteil *n* <*tech.allg*> *(zum Zusammenbauen)* • assembly component
Montageteil *n* <*tech.allg*> *(zum Aufbauen)* • mounting device
Montage vor Ort *f* <*prod*> • assembly in the field; field assembly; in-situ assy
Montagewerkzeug *n* <*wz*> *(zum Zusammenbauen)* • assembling tool
Montagewerkzeug *n* <*wz*> *(zum Errichten, Aufrichten)* • erecting tool
Montagewerkzeug *n* <*wz*> *(zum Anbauen, Anpassen)* • fitting tool
Montagewerkzeug *n* <*wz*> *(zum Montieren)* • mounting tool
Montagewinkel *m* <*tech.allg*> • mounting bracket
Montagezeit *f* <*tech.allg*> *(für ein Gerüst u. Ä.)* • rig-up time
Montage-Zubehör *n* <*allg*> • mounting accessories
montierbar auf der Oberfläche <*tech.allg*> • surface-mount …
montieren *vt* <*tech.allg*> *(an oder auf etw.)* • install *vt*
montieren *vt* <*tech.allg*> *(Anlage einrichten, Ausrüstung anbringen; z. B. Bühnenbeleuchtung)* • rig up *vt*
Moosgummi *m prakt* <*kfz*> *(Gummidichtprofil für Kfz; z. B. für Fensterdichtungen)* • sponge piping
Moosgummi *m* <*mat*> *(allg.; z. B. zum Unterfüttern von Leder-Innenverkleidungen)* • microcellular rubber; sponge rubber *pract*
Moped *n* <*kfz*> *(Kleinkraftrad; V_{max} 50 km/h, mit Startpedalen zum Anlassen)* • moped
Morphem *n* <*term*> • morphological element *ISO 12620*
Morphing *n* <*comp*> *(Formveränderung von Grafikobjekten)* • morphing; metamorphosis *obs*
Morphologie *f* <*term*> • morphology

ISO 12620

Morseaußenkegel *m <wz.masch> (an Werkzeugschaft)* • Morse external taper; Morse male taper

Morseinnenkegel *m <wz.masch> (z. B. Werkzeughalter)* • Morse internal taper; Morse female taper

Morsekegel *m <wz.masch> (innen oder außen)* • Morse taper

Mörser *m <mil> (Waffe)* • mortar

Mörser *m <pharm>* • mortar

Mörtel *m DIN 1053 <bau.mat>* • mortar

Mörtelfuge *f <bau>* • mortar joint

mosaikartig *<allg> (z. B. Steinpflaster, Fliesenanordnung, Stoffmuster)* • mosaic-like

mosaikartig *<obfl> (sich wiederholende Muster; z. B. Mosaike, Fliesen)* • tesselated *US*; tessellated *GB*

Moschee *f <bau.rel>* • mosque

Moschus *m <bio>* • musk; moschus moschiferus

Most *m <nahr>* • must; grape must

MOST-Bus *m <kfz.msr>* • MOST bus

Motiv *n <phot> (Gegenstand einer Fotografie; z. B. Person, Landschaft)* • subject; scene

Motivprogramm *n <phot> (Kamerafunktion; Programme f. spezielle Aufnahmesituationen)* • scene mode; picture mode *Pentax*; basic zone mode *Canon*; digital vari-program *Nikon*; digital subject program *KM*

Motor *m <mot> (allg.; jede Bauart; el., hydr., pneum.)* • motor

Motor *m <mot> (Verbrennungskraftmaschine; z. B. in Kfz)* • engine; motor *rare*

Motorabgas *n <kfz.emiss>* • engine exhaust gas; engine exhaust *pract.coll*

Motorantrieb *m <tech.allg> (Motor z. B. elektrisch, hydraulisch, pneumatisch)* • motor drive

Motorantrieb *m <mot> (Verbrennungsmotor)* • engine drive

Motor/Antriebsstrang *m <kfz.antr>* • power train *US*

Motoraufhängung *f <mot> (im Fahrzeug; nicht bei Stationärmotoren)* • engine mounting; engine suspension; engine support; engine mount

motorbetätigt *<tech.allg> (z. B. Klappe, Ventil)* • motor-actuated

motorbetrieben *<tech.allg>* • motor--driven

Motorblock *m DIN ISO 7967-1 <kfz.mot>* • engine block *ISO 7967-1*; cylinder block; block *coll*

Motorboot *n <nav> (allg.)* • motor boat; motor craft

Motorboot *n <nav> (betont: starker Motor)* • powerboat

Motorboot fahren *vi <nav>* • motor boat *vi*

Motorbremse *f <nfz.mot>* • exhaust brake; exhaust brake retarder; engine retarder

Motordrehmoment *n <tech.allg> (el., hydr., pneum.)* • motor torque

Motordrehmoment *n <mot> (Verbrennungsmotor)* • engine torque

Motorgeräusch *n <kfz.mot>* • engine noise

Motor-Getriebe-Einheit *f <kfz.antr>* • engine transmission unit

motorgetrieben *<tech.allg> (mit Verbrennungsmotor)* • engine-driven

motorgetrieben *<tech.allg> (meist elektr.; z. B. Rasenmäher)* • motor--driven

Motorgondel *f <aerosp> (für Triebwerk)* • engine nacelle; motor nacelle *rare*; nacelle

Motor-Hammer *m Wagner <wz>* • power hammer *Wagner*

Motorhaube *f <kfz> (allg.; meist vorn)* • hood *US*; bonnet *GB*

Motor-Kettensäge *f <wz> (Kettensäge mit Benzinmotor)* • gas saw; gas chain saw

Motorkreuzer *m <nav>* • motor cruiser; cruiser *pract*

Motorkühlmittel *n <kfz.mot> (typ. ein Gemisch aus 50 % Wasser und 50 % Frostschutzmittel)* • engine coolant; coolant *pract*

Motorleistung *f <fz.mot> (bei Verbrennungsmotoren; Leistungsverhalten)* • engine performance

Motorleistung *f <fz.mot> (bei Verbrennungsmotoren; spezifiziert in PS, kW)* • engine rating; engine output

motorloser Flug *m <aerosp>* • powerless flight; engine-inoperative flight; gliding flight; gliding; glide

Motor-Management-System *n Bosch <kfz.el>* • engine management system *Bosch*; injection and ignition system;

Motronic *Bosch*; General Engine Management System *Jaguar*; GEMS *Jaguar*

Motor-Oktanzahl *f* (MOZ) *<chem.petr>* • motor octane number (MON)

Motoröl *n <kfz.tribo>* • motor oil *on cans*; engine oil *in manuals*; automotive engine oil *ASTM D5533*

Motorölwanne *f DIN ISO 7967-1 <kfz> (unter Kurbelgehäuse)* • engine oil pan *US*; engine oil sump *GB*; engine sump *pract*

Motorrad *n* (Krad) *<kfz>* • motorcycle; motorbike; bike *coll*

Motorradbekleidung *f <kfz.bekl> (nicht zwangsläufig auch mit Schutzfunktion)* • motorcycle apparel; motorcycle riding apparel; motorcycle clothing; motorcycle garments; riding gear

Motorradkombi *f <kfz.bekl> (z. B. Leder-, Regenkombi)* • combi suit; riding suit

Motorrad ohne Verkleidung *n <kfz>* • naked bike

Motorraum *m <kfz>* • engine compartment *US*; underhood area *US*; engine bay *GB*; under-the-hood area *US.rare*; under-bonnet area *GB*

Motorreiniger *m <kfz>* • engine degreaser

Motorroller *m <kfz>* • motor scooter; scooter *coll*

Motorsäge *f <wz.masch>* • power saw; machine saw *rare*

Motorschiff *n* (MS) *<nav>* • motor ship (MS)

Motorsegelflugzeug *n <aerosp>* • motor glider; powered glider; powered sailplane

Motorsegelschiff *n <nav>* • motor sailer

Motortemperaturfühler *m <kfz.msr> (Überwachung der Motortemperatur)* • engine temperature sensor; engine temperature sender

Motoryacht *f <nav>* • motor-yacht

Mountainbike *n* (MTB) *<fz> (kein Licht, kein Gepäckträger)* • mountain bike (MTB)

moussieren *vi <tech.allg> (aufschäumen; z. B. kohlensäurehaltige Flüssigkeit; z. B. Cola)* • effervesce *vi*

Muffe *f <fz> (Fahrradrahmen)* • lug

Muffe *f DIN ISO 4135 <masch> (Adapter, der den äußeren Durchmesser verändert)* • sleeve *ISO 4135*

Muffelofen *m <silik> (insbes. für Glas, Keramik)* • muffle

Muffenende *n <rls> (Rohr)* • bell

Muffenkupplung *f <rls>* • sleeve coupling

muffenlos *<fz> (Fahrradrahmen)* • lugless

Muffenrohr *n <rls>* • bell-and-spigot pipe; spigot-and-socket pipe

mugelig *<min.obfl> (Edelsteinschliff; glatt, leicht gewölbt, nicht facettiert)* • cabochon: en ~

Mühle *f <verf> (betont: Quetschmühle)* • crusher

Mühle *f <verf> (Mahlwerk; z. B. für Kaffee)* • grinder

Mühle *f <verf> (allg.; kleines Gerät od. große Anlage)* • mill

Mühle *f <verf> (Feinstmühle)* • pulverizer

Mulch *m <agri> (Bodenabdeckung; z. B. Rinde, Stroh, PE-Folie)* • mulch

Muldenkipper *m <nfz> (mit Stahl- oder Alu-Mulde)* • dumper *US*; dump truck *US*; tipper *GB*

Mülldeponie *f <ents> (allg.)* • landfill site; landfill *coll*; waste site *coll*; refuse disposal site *rare*

Müllheizkraftwerk *n* (MHKW) *<ents.energ>* • waste-to-energy plant (WTE--plant); waste-to-energy facility

Müllkippe *f <ents> (ungeordnete Ablagerung von Abfällen)* • uncontrolled dump *US*; uncontrolled tip; illegal dump site; waste dump; dump *coll.-rare*

Müllverbrennung *f <ents.verbr>* • waste incineration; waste combustion; refuse incineration

Müllverbrennungsanlage *f* (MVA) *<ents.verbr>* • waste incineration plant; waste incinerator *GB*; refuse incineration plant *rare*

Multibeam-Sensor *m <allg>* • Multibeam sensor

multidirektional *<tech.allg> (z. B. Scannermerkmal)* • multi-directional

Multifunktionsanzeige *f* (MFA) *<msr> (allg.; typ. in LCD- oder LED-Technik)* • multi-functional display (MFD)

Multifunktionshebel *m <agri.tech> (an Landmaschinen)* • multifunction lever

Multifunktionshebel *m <kfz.msr> (an der Lenksäule; z. B. m. Blinker, Schei-

benwischer, Tempomat) • multi-function control stalk

Multimedia-Heimplattform *f* (MHP) *<av> (vereint TV und Internet)* • multi--media home platform (MHP)

Multimedia-Messaging-Service *m* (MMS) *<tele> (SMS-Nachfolger für Mobiltelefonie)* • multi-media messaging service (MMS)

Multimedia-PC *m* (MPC) *<comp>* • multimedia PC (MPC)

Multimeter *n <msr.wz>* • multimeter; multipurpose measuring instrument *rare*; universal measuring instrument *rare*

Multi-Mode-Modell *n <tech.allg> (z. B. Handy)* • multi-mode model

Multiplexbetrieb *m <el>* • multiplex operation; multiplex mode

Multiplexing *n <el> (Simultanübertragung mehrerer Signale über denselben Übertragungsweg)* • multiplexing; multichannelling

Multiplexsystem *n <allg>* • multiplex system

Multipoint-Einspritzung *f* (MPI) *<kfz.mot> (im Ggs. zur Zentraleinspritzung)* • multi-point injection (MPI); multiple-point injection; port fuel injection *GM*; port injection *pract*

Multipositionssessel *m <allg>* • recliner

Multi-Tasking *n <comp>* • multi-tasking; multitasking

Mundstück *n <tech.allg> (z. B. von Blasinstrumenten)* • mouthpiece

Mundstück *n <tech.allg> (Spitze; z. B. von Brenner, Düse)* • tip

Mundstück *n DIN 55 405 <pack> (starre Packmittelöffnung zum Befüllen, Verschließen, Entleeren)* • finish; ring

Mundstück *n <pharm.tech> (Inhalator)* • mouthpiece

Mundstück *n <rls> (Düse, Austrittsstutzen)* • nozzle

Mundstück *n <sport> (Pferdegebiss)* • mouthpiece

Mundstück *n <wz> (Einsatz für Blindnietzangen)* • nosepiece

Mündung *f <mil> (vorderes Ende eines Laufs)* • muzzle

Mündungsbremse *f <mil> (von Schusswaffen)* • muzzle brake; compensator

Mündungsbund *m <mil>* • fillet

Munition *f <mil>* • ammunition; ammo *coll*

MÜ-Programm *n <transl.wz> (zum automatischen Übersetzen; z. B. PT+, Systran, T1,)* • machine translation program; MT software; translation software *coll*

Muster *n <tech.allg> (auf Oberflächen; z. B. Farbmuster etc.)* • pattern

Muster *n <comp> (Strichcode)* • pattern

Muster *n <prod> (zum Ur- od. Umformen)* • master form; master; pattern; model

Muster *n <prod> (Schablone)* • template

Muster *n <qualit> (repräsentatives Exemplar; Feststoff)* • sample; sample piece

Mustererkennung *f <tech.allg>* • pattern recognition

Mutter *f <comp> (CD-Produktion; Positiv-Replikat der Masterplatte)* • mother; metal mother; mother disc; positive

Mutter *f <füg> (auf Schraube; typ. mit Sechskant)* • nut

Mutterboden *m <agri> (oberste, fruchtbare Erdschicht)* • top soil; surface soil; root soil *rare*

Muttergestein *n <geo> (fester Fels oder Untergrund; z. B. als Fundament)* • bedrock; living rock; native rock

Muttergestein *n <geo> (als Ggs. zu Ganggestein)* • host rock; parent rock; native rock

Muttergewinde *n <füg> (in Muttern)* • nut thread *ISO*; internal thread

Muttersprenger *m <wz> (z. B. zum Aufbrechen von festsitzenden Muttern)* • nut splitter; nut cracker

Mutterschiff *n <nav> (einer Flotte, eines Schiffsverbands)* • basis ship; mother ship

N

Nabe *f IEV 415 <energ.wind>* • hub *IEV 415*; rotor hub; wind turbine hub

Nabe *f <masch> (z. B. von Rädern, Riemenscheiben, Propellern, Windturbinen)* • hub

Nabenhöhe *f IEV 415 <energ.wind>* • hub height *IEV 415*; centerline height *US.rare*; centreline height *GB.rare*

Nabenschaltung *f* <fz> *(Fahrrad)* • internal gear hub *Shimano*; hub gear *GB*

Nacharbeit *f* <prod> *(letzte Bearbeitungsstufe, letzter Schliff; z. B. Entgraten, Polieren)* • finishing

Nacharbeit *f* <prod> *(spanend; z. B. zur Behebung von Mängeln)* • remachining

Nacharbeit *f* <prod.qualit> *(zur Behebung von Mängeln)* • correction; reworking; rework

nacharbeiten *vt* <prod> *(letzte Arbeitsschritte; z. B. entgraten, polieren, säubern)* • finish *vt*

nacharbeitsfrei <prod.qualit> *(spanend)* • remachining: without ~

Nachbarkanal *m* <tele> • adjacent channel

Nachbarkanalstörung *f* <tele> • adjacent-channel interference; sideband splash

Nachbarschaft *f* <tech.allg> *(nähere Umgebung; z. B. von Bauteilen, Systemen, Wärmequellen)* • proximity; vicinity

Nachbarspur *f* <el> *(magn. Aufzeichnung; Disketten, Platten, Bänder)* • adjacent track

Nachbarwindungen *fpl* <tech.allg> *(in Spulen, Wicklungen, Schraubenfedern)* • adjacent turns *pl*

Nachbau *m* <prod> *(von techn. Erzeugnissen aller Art; legal oder als Produktpiraterie)* • copy construction; reproduction; copy *coll*

nachbauen *vt* <prod> *(ein Produkt, Vorbild)* • reproduce *vt*; copy *vt*

Nachbearbeitung *f* <prod> *(allg.; zum Ausbessern etc.)* • reworking

nachbehandeln *vt* <tech.allg> *(betont: nach dem Hauptarbeitsgang)* • aftertreat *vt*

nachbehandeln *vt* <tech.allg> *(betont: erneut behandeln)* • re-treat *vt*

nachbehandeln *vt* <prod> *(in Reihenfolge o. Ä.)* • treat subsequently *vt*

Nachbehandlung *f* <tech.allg> *(z. B. durch mech. oder chem. Prozesse)* • aftertreatment; post-treatment

Nachbehandlung *f* <bau> *(von Beton)* • curing; aftertreatment

Nachbehandlung *f* <med> *(Therapie)* • follow-up measures; follow-up action

nachbessern *vt* <obfl> *(Lackierungsfehler)* • touch up *vt*

nachbessern *vt* <prod.qualit> *(zum Beseitigen von Mängeln)* • rework *vt*

Nachbild *n* <el> *(nachleuchtend auf Bildschirm)* • afterimage

nachbilden *vt* <allg> *(Modell, Vorlage, Vorbild, Muster)* • imitate *vt*; copy *vt*

nachbilden *vt* <tech.allg> *(Situation)* • simulate *vt*

Nachbildung *f* <tech.allg> *(Imitat eines Originals)* • replica

Nachbildung *f* <tech.allg> *(Simulation)* • simulation

Nachbrennen *n ISO 13943* <feuer> *(Flamme, die nach Entfernen der Zündquelle anhält)* • afterflame *ISO 13943*

nachbrennen *vi* <aerosp> *(Treibstoff)* • reheat *vi*

Nachbrenner *m* <tech.allg> *(allg.; zur Leistungssteigerung od. Abgasreinigung; z. B. Triebwerk)* • afterburner

Nachbrenner *m* <aerosp> • afterburner; reheat; tail-pipe burner

Nachdieseln *n* <kfz.mot> *(Ottomotor)* • dieseling; running-on; run-on; postignition *rare*; afterfire *rare*

nachdieseln *vi* <mot> *(Ottomotor)* • run on *vi*; diesel *vi*

Nachdruck *m* <druck> *(z. B. eines Buches)* • reprint

Nachdruck *m norm* <kst> *(beim Spritzgießen)* • holding pressure; hold pressure; dwell pressure; second-stage pressure; 2nd-stage pressure

nachdrucken *vt* <druck> • reprint *vt*

nachdunkeln *vi* <obfl> *(Holz, Anstrich, Tapete)* • darken *vi*; deepen *vi*; sadden *vi rare*

nacheichen *vt* <msr> *(Messgerät)* • recalibrate *vt*

Nacheilung *f* <tech.allg> • lag; lagging

nacheinander <allg> • successive

nachfahren *vt* <allg> *(mit Schreibstift; Linien, Konturen)* • trace *vt*

Nachfaulbecken *n* <ents> *(Abwasserbehandlung)* • secondary digestion tank

Nachfolger *m* <ökon> *(eines Produkts; z. B. Drucker, Auto, Kampfflugzeug)* • successor

Nachformen *n* <prod> *(spanend; z. B. Drehen, Fräsen)* • copy machining;

duplicate machining; duplicating; copying

Nachfrage *f* <ökon> *(nach Waren, Dienstleistungen)* • demand

Nachführ-Autofokus *m* <phot> • continuous AF; dynamic AF; autofocus servo; continuous-servo autofocus *Nikon*; continuous mode *Pentax*

Nachführeinrichtung *f* <energ.sol> • tracking system

nachführen *vt* <energ.sol> *(Kollektoren, Sonnenzellen, Teleskopspiegel)* • track *vt*

Nachführgeschwindigkeit *f* <tech.allg> • tracking speed

Nachfüll... <tech.allg> • refill ...

nachfüllen *vt* <tech.allg> • fill up *vt*; refill *vt*

nachfüllen *vt* <tech.allg> *(Vorrat wieder auffüllen; z. B. Motoröl, Papier, Ware im Verkaufsautomat)* • replenish *vt*

Nachfüllöffnung *f* <tech.allg> • refill opening

Nachfüllpackung *f* <tech.allg> *(z. B. Flasche, Beutel)* • refill pack; refill *pract*

nachgeben *vi* <tech.allg> *(konkret und abstrakt)* • yield *vi*

nachgeben *vi* <tech.allg> *(rutschen)* • slip *vi*

nachgelagertes Netz *n* <energ.gas> • downstream system; downstream network

nachgeschaltet <allg> • downstream

nachgeschaltete Prozesseinheiten *fpl* <chem.verf> • downstream processing equipment; downstream equipment; downstream processing units

Nachgeschmack *m* <nahr> *(allg.)* • aftertaste

nachgießen *vt* <tech.allg> *(z. B. Kühlwasser, Öl, Waschflüssigkeit)* • refill *vt*

Nachhall *m* <av> • reverberation; reverb *pract*; reverberant sound *rare*; reverberation sound

Nachhaltezeit *f* <tech.allg> • hold time

nachhaltig <tech.allg> *(z. B. Entwicklung, Energieversorgung)* • sustained

nachhaltige Energieversorgung *f* <energ> • sustained energy supply

Nachkommastellenanzahl *f* <comp> • number of decimals; no of dec

Nachkühler *m* <tech.allg> • aftercooler

nachladen *vt* <el> *(Akku, Batterie)* • recharge *vt*

nachladen *vt* <mil> *(Waffe)* • recharge *vt*; reload *vt*

nachlassen *vi* <tech.allg> *(Eigenschaften; z. B. Qualität, Festigkeit)* • decrease *vi*; diminish *vi*

nachlassen *vi* <tech.allg> *(Schwingungen; z. B. Schall, mech. Vibration)* • die away *vi*

nachlassen *vi* <tech.allg> *(Belastung)* • ease off *vi*

nachlassen *vi* <tech.allg> *(locker werden)* • loosen *vi*

nachlassen *vi* <meteo> *(aufhören; Niederschlag)* • cease *vi*

nachlassen *vi* <phys> *(schwächer werden: Einfluss, Wirkung)* • weaken *vi*

nachlassen *vi* <textil> *(Spannung, Elastizität; schlaff werden)* • relax *vi*

nachlassen *vt* <tech.allg> *(Seil)* • pay out *vt*

nachlassen *vt* <tech.allg> *(lockern; z. B. Seil)* • slacken *vt*

Nachlauf *m* <chem.verf> *(Destillation)* • tailings; tails

Nachlauf *m* <kfz> *(positiv; Lenkachse vor Aufstandspunkt; Normalfall)* • positive caster *US*; positive castor *GB*

Nachlaufachse *f* <bahn> *(Lokomotive; z. B. bei OOo, 2-1)* • trailing axle; trailing truck *GB*; idler *US*; trailer *US*

Nachlaufeinrichtung *f* <tech.allg> • follow-up device

nachlaufen *vi* <tech.allg> *(folgen)* • follow *vi*; trail *vi*

Nachlaufregelung *f* <msr> • follow-up control

Nachlinksschweißen *n* <füg> *(bis 3 mm Blechdicke; Brenner pendelt, Schweißstab ruhig)* • forehand welding; forward welding; left-hand welding; push-angle [welding]

nachmessen *vt* <qualit> *(Abmessungen überprüfen)* • check the dimensions *vt*

nachprüfen *vt* <qualit> *(sicherheitshalber, erneut; z. B. Ergebnisse, Zahlen, Zustand)* • check *vt*

nachprüfen *vt* <qualit> *(betont: erneut gründlich prüfen, untersuchen)* • re-examine *vt*

nachprüfen *vt* <qualit> *(betont: nochmals, erneut kontrollieren)* • recheck *vt*

nachprüfen *vt* <qualit> *(betont: sicherheitshalber)* • verify *vt*

Nachrechtsschweißen *n <füg> (über 3 mm Blechdicke; Brenner ruhig, Schweißstab pendelt)* • backhand welding; backward welding; right--hand welding; drag-angle [welding]

Nachreinigung *f <tech.allg>* • post-cleaning

Nachricht *f <tech.allg> (z. B. als Notiz, E-Mail)* • message (MSG)

nachrichten *vt <bau> (Bauteile; z. B. rechtwinklig, parallel)* • realign *vt*

nachrichten *vt <prod> (z. B. Schleifscheibe)* • redress *vt*

nachrichten *vt <prod> (geraderichten; z. B. verzogene Teile nach dem Schweißen)* • restraighten *vt*

Nachrichtendienst *m <allg> (Presse)* • news agency

Nachrichtensatellit *m <tele> (für Telefon, TV etc.)* • communication satellite; radio relay satellite *obs*; relay satellite *rare*

Nachrichtentechnik *f* (NT) *<tele> (als Disziplin)* • communication engineering; communications *pl pract*

Nachrichtentheorie *f <allg>* • communication theory

nachrüsten *vt <tech.allg> (betont: nachträglicher Einbau; z. B. Kat)* • retrofit *vt*; backfit *vt*

Nachrüstsatz *m <tech.allg>* • bolt-on kit

Nachrüstung *f <tech.allg>* • backfitting; retrofitting

Nachrüstung *f <tech.allg> (Altanlage)* • retrofitting

Nachschalldämpfer *m <kfz>* • rear muffler *US*; rear silencer *GB*

nachschleppen *vt <tech.allg> (z. B. Anker, Fischernetz, Rad)* • drag *vt*; trail *vt*

Nachschub *m <mil> (Teil der Technischen Truppen)* • ordnance

nachspannen *vt <prod> (betont: dehnen)* • restretch *vt*

nachspannen *vt <prod> (betont: wieder fest einspannen)* • retighten *vt*

nachstellbar *<tech.allg> (betont: später anpassbar)* • adjustable

nachstellbar *<tech.allg> (betont: erneut)* • readjustable

Nachstellen *n <tech.allg> (z. B. von Reibbelägen bei Bremsen, Kupplungen)* • adjustment

nachstellen *vt <tech.allg> (betont: anpassen; z. B. Instrument, Uhr)* • readjust *vt*

Nachtabsenkung *f <hlk>* • temperature reduction at night *:V*

Nachtauskühlung *f <hlk> (von Räumen, Gebäuden)* • nocturnal cooldown *:V*

Nachteil *m <jur> (in Patenttext; Kritik am Stand der Technik)* • disadvantage; disadvantageous

Nachtfähre *f <nav>* • overnight ferry

Nachtflugbetrieb *m <aerosp>* • night operations *pl*; night flights *pl*

Nachtflugverbot *n <aerosp>* • night curfew

nachträglich einbauen *vt <tech.allg>* • retrofit *vt*

Nachtrockner *m <verf>* • afterdrier

Nachtsichtgerät *n <mil>* • night vision device; infrared device; infrared equipment

Nachtspeicherheizgerät *n <hlk>* • night-time charge storage heater

Nachtstrom *m <el> (allg. niedriger Tarif)* • night current; night-time electricity

nachverbrennen *vt <tech.allg> (z. B. zur Leistungssteigerung oder Abgasreinigung)* • afterburn *vt*

Nachvertonung *f <av> (Vorgang)* • dubbing; audio dubbing

nachwachsender Rohstoff *m <bio>* • renewable raw material

Nachwärme *f <rls> (z. B. Dampferzeuger)* • postheat

Nachweis *m <tech.allg> (Überprüfung zur Sicherheit)* • verification

Nachweis *m <chem> (z. B. von Verunreinigungen)* • detection

nachweisbar *<allg>* • provable

nachweisbar *<tech.allg> (erkennbar; z. B. Fehler, Überlastung, Schadstoff)* • detectable

nachweisen *vt <tech.allg> (beweisen)* • prove *vt*

nachweisen *vt <tech.allg> (vergewissern, dass etw. zutrifft)* • verify *vt*

Nachweisgrenze *f <msr>* • detection limit; detectable level

Nachwirkung *f <tech.allg> (später einsetzender Effekt)* • aftereffect

Nachwirkung *f <tech.allg> (besonders lang andauernder Effekt)* • persistence

Nachzerfallswärme *f DIN 25401-3 <nukl>* • decay heat; afterheat *rare*

Nachzieheffekt *m <av> (Strich; beim Filmen sehr heller Lichtquellen)* • smear effect; smearing effect; streaking effect

nachziehen *vt <füg>* • retorque *vt*

nachziehen *vt <masch> (z. B. Schraube, Mutter)* • retighten *vt*

Nackenpolster *n <allg>* • headrest

Nadel *f <tech.allg> (klein, meist spitz)* • needle; pin

Nadel *f <tech.allg> (markanter Spitzenwert; z. B. in Druckkurve)* • spike

Nadel *f DIN ISO 5593 <masch> (als Wälzkörper)* • needle roller *ISO 5593*; needle

Nadelbarre *f <textil>* • needle bar

Nadeldruckkopf *m <druck>* • needle print head

Nadeldüse *f <tech.allg> (z. B. Vergaser)* • needle nozzle

Nadeldüse *f <energ.hydr> (in Peltonturbine)* • jet nozzle; nozzle

Nadelfilz *m <verf>* • needle felt; needled felt

Nadelholz *n <bio> (als Baumart)* • conifer trees; coniferous trees

Nadelholz *n <holz> (als Rohstoff)* • softwood; deal *rare*

Nadellager *n DIN ISO 5593 <masch>* • needle-roller bearing *ISO 5593*; needle bearing *pract*

Nadellochbildung *f <obfl.qualit> (Lackfehler; z. B. durch zu hohe Temperatur)* • pinholing

Nadelöhr *n <textil>* • needle eye

Nadelreihe *f <tech.allg>* • needle row

Nadelstichbildung *f <obfl.qualit> (Oberflächenfehler; z. B. von Keramik)* • pinholing

Nadelteilung *f* (t) *<textil> (Nadelabstand in mm)* • needle pitch *:V*; needle-space; gauge

Nadelteilung *f <textil> (Nadelanzahl pro Zoll)* • needles per inch gauge; NPI gauge

Nadelventil *n <med.tech>* • needle valve

Nadelventilhub *m <tech.allg>* • needle valve lift

Nadelverschlussdüse *f <kst>* • needle shut-off nozzle

Nagel *m <bau>* • nail

Nagelloch *n <allg>* • nail hole

nageln *vi prakt <kfz.mot> (Motor; schädlich)* • knock *vi*

nageln *vt <prod>* • nail *vt*

Nagelschraube *f <füg>* • drive screw

Nagler *m <wz> (für Drahtstifte, Stauchkopfnägel; elektr. od. pneumat.)* • brad nailer

Nagler *m <wz> (allg.; diverse Typen; für Klammern und Drahtstifte)* • nailer; nailing gun

Nahaufnahme *f <av>* • close-up; close-up shot

Nahbereich *m <tech.allg>* • close range; local range; near range

Nahbrille *f <opt>* • reading glasses

Naheinstellgrenze *f <phot>* • closest focusing distance; minimum focus

nähen *vt DIN 55 405 <textil.füg> (mit Nähgarn verbinden)* • sew *vt*; stitch *vt*

Näherung *f <allg>* • approximation; approach

Näherungsschalter *m <el>* • proximity switch

Näherungssensor *m <msr> (berührungslos)* • proximity sensor; proximity detector *GB*; proximity switch

Näherungsverfahren *n <tech.allg>* • approximation method; approximate method

Näherungsverfahren *n <math>* • simplified analysis

näherungsweise bestimmen *vt <tech.allg>* • approximate *vt*

Nahfeld *n <tech.allg>* • near field

Nähgarn *n <textil> (z. B. aus Baumwolle)* • sewing thread

Nähgewirke *n <textil> (Wirkwaren)* • stitch-bonded textiles *pl*; stitch-bonded fabric

Nähmaschine *f DIN 5307 <textil>* • sewing machine

Nährmedium *n pl*: **-ien** *CEN/ISO/TS 1113 <agri> (z. B. für Bakterienkulturen)* • culture medium *pl*: -ia *CEN/ISO/TS 1113*

Nährstoff *m <bio> (allg.)* • nutrient

Nahrungsmittelchemie *f <chem.nahr>* • food chemistry

Nahrungsmittelindustrie *f <nahr.prod>* • food processing industry; food-processing industry; food industry

Nährwert *m <nahr>* • nutritive value

Naht *f <tech.allg> (allg.; z. B. geschweißt, geklebt, genäht, genietet)* • seam

Naht *f <füg> (zwischen Blechen, Platten)* • panel-to-panel joint

Naht *f <prod> (Teilungslinie der Gießform)* • parting line

Naht *f <textil>* • seam; sewn seam

nahtlos *<allg> (z. B. Rohre, Damenstrümpfe, gebräunter Körper)* • seamless

nahtlos *<bekl> (z. B. BHs, Slips)* • seamfree; seamless

nahtloses Rohr *n <mat> (als Strukturteil; z. B. Fahrradrahmen)* • seamless tube

nahtloses Rohr *n <rls> (für Fluid-Transport)* • seamless pipe

Nahtschweißen *n <füg> (allg.; z. B. Rollennahtschweißen)* • seam welding

Nahverkehr *m <verk>* • short-distance traffic; short-haul traffic

Nahverkehrsbereich *m <aerosp>* • terminal control area (TMA); terminal maneuvering area

Nähzeug *n <textil.tour> (für unterwegs)* • mending kit

Name *m <allg>* • name

Namensschild *n <allg> (an Kleidung sichtbar getragen; z. B. von Personal, Tagungsteilnehmern)* • name badge

Namensschild *n <allg> (an Türen etc.)* • nameplate

Nano... (n) *<phys.msr> (Vorsilbe für Einheiten: 10^{-9})* • nano (n)

Nanochemie *f <chem>* • nano chemistry

Nanoelektronik *f <ic>* • nanoelectronics

Nanoingenieur *m <tech.allg> (z. B. als Verfahrenstechniker, Chemiker, Elektroingenieur)* • nano engineer

Nanometer *m/n* (nm) *<phys> (10^{-9} Meter)* • nanometer (nm) *US*; nanometre *GB*

Nanometerbereich *m <allg>* • nanometer scale *US*; nanometre scale *GB*; nanoscale

Nanoröhrchen *n <prod>* • nano tube (NT)

Nanosekunde *f* (ns) *<allg>* • nanosecond (ns)

Nanosekundenbereich *m <tech.allg>* • nanosecond region

nanoskalig *<allg>* • nanoscale *adj.*

nanoskalig *<tech.allg> (im Nano-Maßstab; z. B. Oberflächenstruktur, Partikel)* • nano-scale

Nanotechnik *f <prod>* • nano engineering

Nanotechnologie *f <prod> (Objektgrößen im Bereich von 1 millionstel Millimeter)* • nano technology; nanotechnology

Nanowürfel *m <mat> (1 µm - 60 µm; z. B. für MOFs)* • nano cube

Napf *m <tech.allg> (eher tief)* • bowl

Napf *m <prod> (Tiefziehen)* • cup

Napffließpressen *n DIN 8583 <prod>* • can extrusion

Napfziehen *n <prod> (eher tief; z. B. für Getränkedosen)* • cupping

Napfziehen *n <prod> (eher flach)* • dishing; shallow forming

Naphtene *npl <chem> (Hauptbestandteil von Heizöl EL)* • naphtenes *pl*

Naphtha *n/f <chem.petr> (Benzinfraktion für techn. Zwecke; Siedebereich 90-120 °C)* • naphtha; heavy naphtha

Naphthalin *n <chem>* • naphthalene; naphthalin[e]; tar camphor

Nappaleder *n <led> (sehr weich; nach d. kaliforn. Stadt Napa (1 p!); typ. für Handschuhe)* • napa leather

Narben *m <led> (Leder-Oberseite; im Ggs. zur Fleischseite)* • grain; grain surface

Narbenbild *n <led>* • grain pattern; grain structure

Narbenseite *f <led> (von Leder)* • grain side; grain

Nase *f <aerosp> (Flugzeug; spitz oder parabolisch; oft klappbar)* • nose cone

Nase *f <füg> (an Nasenkeil)* • gib head; gib

Nase *f <obfl.qualit> (Lack, Farbe; Fehler)* • run

Nasenflachkeil *m <masch>* • flat gib-head key; gib-head flat key; gib-head flat saddle key

Nasenhohlkeil *m DIN 6889 <füg>* • gib-head saddle taper key; gib-head hollow saddle key

Nasenkeil *m DIN 6887 <füg>* • gib-head taper stock key; taper-key with gib head; taper-key with gib; gib-head key

nass *<allg> (feucht)* • moist; damp

nass *<allg>* • wet

Nassabscheider *m <verf> (allg.)* • wet scrubber; wet scrubbing device; wet collector; scrubber *pract*; wet precipitator

Nassbagger *m <bau.masch>* • dredger; floating dredge[r]; dredge *pract*

Nassbeständigkeit *f <qualit.mat>* • moisture resistance

Nassdampf *m <phys> (sichtbar; z. B. als Wolke)* • wet steam; water vapor *US*; water vapour *GB*; steam *coll*

Nassentstauber *m <ents>* • wet dust collector; wet deduster

Nassfestigkeit *f <tech.allg> (z. B. von Papier)* • wet strength

Nassfilter *n <verf>* • wet filter

Nass-in-Nass-Auftrag *m <obfl> (z. B. Lack)* • wet-on-wet application

Nassrasierer *m <hygi>* • razor

Nassrasur *f <hygi.wz>* • wet shaving

Nassschlamm *m <ents>* • wet sludge

Nassschleifen *n <prod>* • wet grinding

Nassschleifpapier *n <wz>* • wet and dry sanding paper; water sanding paper *US*; wet sanding paper

Nassspritzbeton *m <bau.mat>* • wet mix shotcrete; wet-mix concrete

Nassspritzen *n <bau>* • wet mix shotcrete method; wet shotcreting

Nasssumpfschmierung *f <kfz.mot> (Viertaktmotor; Art der Druckumlaufschmierung)* • wet sump lubrication; wet sump *press.coll*

Nassverfahren *n <verf> (allg.)* • wet process

Nasswäsche *f <verf> (allg.; von Gasen, z. B. zur Abtrennung von Schwebstoffen)* • wet scrubbing

Nasszelle *f <bau> (allg.; z. B. Küche, Bad, WC)* • plumbing unit; services unit

Nasszelle *f <bau> (Badezimmer)* • bathroom unit; plumbing unit

Natrium *n* (Na) *<chem>* • sodium (Na)

Natriumcarbonat *n* (E 500) *<chem>* *(Na_2CO_3)* • sodium carbonate

Natriumchlorid *n <chem> (NaCl; z. B. als Kochsalz)* • sodium chloride

Natriumchlorit *n <chem>* *($NaClO_2$)* • sodium chlorite

Natriumdampflampe *f <licht>* • sodium-vapor lamp *US*; sodium-vapor discharge lamp *US*; sodium-vapour lamp *GB*; sodium lamp

Natrium-D-Linie *f <phys> (Spektrallinie)* • sodium D line

natriumgekühlt *<tech.allg> (z. B. Auslassventile in Hochleistungsmotor)* • sodium-cooled

Natriumhydrogencarbonat *n* (E500) *<chem>* *($NaHCO_3$; Speisenatron; z. B. in Backpulver, geg. Sodbrennen)* • sodium bicarbonate (E500); sodium hydrogen carbonate *thsc*; bicarbonate of soda *pract*; baking soda *coll*

Natriumhydrogensulfat *n <chem>* *($NaHSO_4$; z. B. für WC-Reiniger)* • sodium hydrogen sulfate

Natriumhydroxid *n* (E524) *IUPAC <chem> (NaOH; stark ätzend; z. B. als WC-Reiniger und für Laugenbrezeln)* • sodium hydroxide *IUPAC*; caustic soda; caustic

Natrium-Schwefel-Batterie *f ABB <el> (z. B. in Elektroautos)* • sodium-sulfur battery *US*; sodium-sulphur battery *GB*

Natronkalk *m <chem> (Ätznatron-Ätzkalk-Gemisch)* • soda lime

Naturasphalt *m DIN 55946 <mat> (natürl. Rohstoff)* • natural asphalt; native asphalt; bituminous pitch; asphalt *pract*

Naturborste *f <mat>* • natural bristle; pure bristle

Naturfaser *f <textil>* • native fiber *US*; native fibre *GB*; natural fiber *US*

naturidentische Aromastoffe *mpl <nahr>* • nature identical flavourings; nature identical flavours

naturidentischer Duft *m <allg>* • nature-identical scent

Naturkautschuk *m* (NR) *<mat> (allg.; noch unvulkanisiert)* • natural rubber (NR); rubber *coll*; unvulcanized rubber *rare*; raw rubber *rare*; caoutchouc *rare*

Naturkautschuklatex *m <mat> (typ. für Kondome)* • natural-rubber latex

natürliche Aromastoffe *mpl <nahr>* • natural flavourings; natural flavours

natürlicher Farbstoff *m <nahr>* • natural colorant *US*

natürlicher Farbstoff *m <obfl> (z. B. für Textilien)* • natural dye

natürliche Sprache *f <term>* • natural language

natürlich vorkommend *<allg> (z. B. Radioaktivität)* • found free in nature; found in nature; natural

Naturschutz *m <ökol>* • nature conservation

Naturschutzgebiet *n <ökol>* • reserve

Naturstein *m DIN EN 12670 <bau.mat>* • natural stone; quarry stone; rough-hew stone
Naturumlauf *m <energ>* • natural circulation; thermal circulation; thermally induced circulation
Natururan *m <geo>* • natural uranium
Naturwissenschaft *f <allg>* • natural science; science
Naturzugkühlturm *m <verf>* • natural draft cooling tower *US*; natural draught cooling tower *GB*
nautische Instrumente *npl <nav>* • navigational instruments; navigational aids
Navgiationsdisplay *n <msr> (allg.; auch bei Haushaltsgeräten)* • navigation display
Navigationsinstrument *n <navig>* • navigation instrument
Navigationsleuchte *f <nav> (grün auf Steuerbord, rot auf Backbord)* • navigation light
Navigationssystem *n <navig>* • navigator system; navigational system; navigation system; route-finder system
NC-gesteuert *<wz.masch>* • numerically controlled
NC-Maschine *f <autom>* • numerical control machine; NC-machine
NC-Steuerung *f <autom> (konkret, Hardware)* • numerical control system; NC system
NDIR-Gasanalysegerät *n <verbr.emiss>* • NDIR gas analyzer *US*; NDIR analyser *GB*; nondispersive infrared analyzer *US*
n-dotiert *<ic.prod>* • n-doped
Nebel *m <meteo> (dicht; Tropfen sichtbar)* • fog
Nebel *m DIN ISO 4225 <meteo> (Tropfengrößen < 1 µm; Sichtweite 1 bis 2 km)* • mist *ISO 4225*; haze
Nebelmaschine *f <theat> (für Veranstaltungen, Diskos, Theater)* • fog machine; smoke machine; fogger
Nebelscheinwerfer *m <kfz.el>* • front fog light; front fog lamp; fog light; fog lamp
Nebelschlussleuchte *f <kfz.el> (nur bei Sichtweiten unter 50 m zulässig)* • rear fog light; rear fog lamp; rear fog guard light *GB*; rear foglight *GB*
Nebenaggregate *npl <tech.allg> (z. B. Automotoren: Generator, Servolenkpumpe etc.)* • ancillary components
Nebenanlagen *fpl <tech.allg>* • ancillary equipment
Nebenantrieb *m <nfz.antr> (z. B. als Zapfwelle)* • power take-off (pto)
Nebenarbeiten *fpl <prod> (Verrichtungen im Zusammenhang mit einem Auftrag)* • auxiliary work
Nebeneffekt *m <allg>* • side effect; by-effect
Nebeneffekt *m <tech.allg> (unverhofft, unregelmäßig)* • spurious effect
nebeneinander angeordnet *<tech.allg>* • arranged side by side
nebeneinanderliegend *<allg> (benachbart)* • adjacent
nebeneinanderliegend *<allg> (betont: Seite an Seite)* • side by side
nebengeordneter Begriff *m <term>* • coordinate concept *ISO 12620*
Nebengleis *n <bahn> (allg.; z. B. zum Überholen, Rangieren, Abstellen)* • siding; railroad side track; secondary track; shunt; shunt siding
Nebengleis *n <bahn> (Abzweig, zum Ausweichen)* • turn-out
Nebenprodukt *n <prod> (eher unerwünscht)* • by-product
Nebenprodukt *n <prod> (meist nützlich)* • coproduct; by-product; side product *rare*
Nebenschluss *m <el> (Widerstand)* • shunt
Nebenschlüssel *m <kfz> (erlaubt keinen Zugang zu Kofferraum, Handschuhfach etc.)* • secondary key
Nebenschlussstromkreis *m <el>* • shunt circuit
Nebenschneide *f <wz>* • secondary cutting edge; trail edge
Nebensprechdämpfung *f <tele>* • crosstalk damping
Nebensprechen *n <el> (allg.; benachbarte Leitungen; z. B. in Nachrichtentechnik)* • crosstalk
Nebenstellenanlage *f <tele> (einer Tk-Anlage)* • private branch exchange (PBX)
Nebenstellenapparat *m <tele>* • extension telephone; extension set
Nebenstraße *f <verk>* • second-grade road
Nebenstrecke *f <bahn>* • branch line;

railway *US*

Nebenstrom *m prakt <aerosp.mot> (Triebwerk)* • bypass flow; secondary flow; cold airflow

Nebenstromfilter *m <mot.tribo> (Ölfilter)* • bypass filter; partial-flow filter; by-flow filter

Nebenstromfilter *n <verf> (allg.)* • partial-flow filter

Nebenwelle *f <kfz.mot> (Motor; parallel zur Kurbelwelle)* • auxiliary drive shaft; intermediate shaft; layshaft

Nebenwirkung *f* (NW) *<pharm>* • side effect; adverse effect; adverse reaction

Nebenzeit *f <prod>* • non-productive time; non-machining time; idle time; auxiliary time; outage time

negativ *<allg> (Befund, Polarität, Vorzeichen, Einfluss etc.)* • negative

Negativ *n <phot>* • negative; photographic negative; negative image; neg *coll*; image recorded on the film

Negativbeurteilung *f <qualit>* • negative assessment; negative evaluation

negative Drehung *f <tech.allg> (entgegen dem Uhrzeigersinn)* • negative rotation

negative Ladung *f <el>* • negative charge

negative Parität *f <phys> (-1; z. B. in Quantenphysik)* • odd parity

negative Pfeilform *f <aerosp> (Flugzeugflügel)* • forward sweep; sweep-forward; negative sweep

negatives Vorzeichen *n <math>* • minus sign; negative sign

Negativfilm *n <phot>* • negative film; print film

Negativform *f <verf>* • female mold *US*; female mould *GB*; negative mold *US*; negative mould

Negativlack *m <el.ic>* • negative resist; negative photoresist

Negierbefehl *m <comp>* • ignore instruction

negiertes ODER *n <comp>* • NOR

negiertes UND *n <msr>* • NAND

Neidkratzer *m <kfz.obfl> (im Lack)* • vandal scratch *:V*; envy scratch *:V*

neigbarer Sonnenschirm *m <allg>* • tiltable parasol

neigen *vr <allg> (durch größeres Gewicht nach unten; z. B. Waagschale)* • preponderate *vi*

neigen *vr <allg> (Gelände, Straße talwärts)* • decline *vi*; slope downwards *vi*; dip *vi*

neigen *vt <allg> (zu etwas)* • tend *vi*

neigen *vt <allg> (um einige Grad um die Quer- od. Längsachse kippen)* • tilt *vt*

Neigetechnik *f* (GSt) *<bahn>* • tilting technology; tilting mechanism; body tilting [equipment]

Neigezug *m <bahn>* • tilting train *Amtrak*

Neigung *f <tech.allg> (Abweichung von Normal, horizontal oder vertikal; auch übertragen)* • inclination

Neigung *f <tech.allg> (nach unten, Senkung)* • declination

Neigung *f <tech.allg> (um die Querachse)* • tilt

Neigung *f <bau> (gegen Waagerechte; z. B. Schrägfläche, Dach)* • slant; slope

Neigung *f <logist> (Schrägstellung; z. B. von Rollenbahnen, Lagerebenen im Durchlaufregal)* • gradient

Neigungsachse *f <tech.allg>* • inclination axis; tilt axis

Neigungswechsel *m <tech.allg> (z. B. einer Straße, Eisenbahntrasse, Böschung)* • change of gradient

Neigungswinkel *m <tech.allg> (relativ zu einer Bezugsebene; z. B. von Solarkollektoren)* • inclination angle; angle of inclination *form*; tilt angle; tilt *coll*

Neigungswinkel *m <tech.allg> (einer aufwärts gerichteten Bewegung)* • ascent angle

Neigungswinkel *m <tech.allg> (einer abwärts gerichteten Bewegung)* • descent angle

Neigungswinkel *m <tech.allg> (jede Richtung)* • gradient angle

Nekaltest *m <qualit.mat>* • soap-bubble test

Nennanschlussspannung *f <el>* • rated supply voltage

Nennausgangsleistung *f <el>* • rated power output

Nennbelastung *f <tech.allg> (elektr., mech.)* • rated load; nominal load; load rating

Nennbereich *m <msr> (eines Messinstruments)* • rated range; rating

Nennbetriebsdauer *f <tech.allg>* • rated service time

Nennbetriebsspannung *f* <*el*> • rated operating voltage; rated operational voltage *rare*; nominal operating voltage *rare*

Nenn-Betriebstemperatur *f* <*tech.allg*> • rated operating temperature

Nennbetriebswert *m* <*tech.allg*> • nominal operating value

Nennbreite *f* <*tech.allg*> • rated width

Nenndauerleistung *f* <*tech.allg*> *(z. B. Notstromaggregat, Pumpe)* • continuous-duty rating

Nenndrehmoment *n* <*mot*> *(Drehmoment bei Nenndrehzahl)* • rated torque; torque rating; torque at rated load

Nenndrehzahl *f* <*tech.allg*> *(z. B. von Motoren, Pumpen, Turbinen, Wellen)* • rated speed; nominal speed

Nenndrehzahl *f* <*tech.allg*> *(betont: ausgelegt für diesen Wert)* • design speed

Nenndrehzahl *f* <*kfz.mot*> *(in U/min)* • rated speed; speed rating; nominal engine speed; nominal speed

Nenndruck *m* (PN) *EN ISO 7369* <*rls*> *(z. B. Hahn, Rohr, Schieber)* • nominal pressure (PN) *EN ISO 7369*; working pressure; rated pressure; pressure rating

Nenndurchmesser *m* <*tech.allg*> *(außen oder innen)* • nominal diameter; rated diameter

Nenndurchmesser *m* (DN) *DIN 4045* <*rls*> *(von Rohren, Stutzen; innen, in mm)* • nominal diameter (DN) *EN ISO 7369*; nominal size *pract*; nominal pipe size

Nenner *m* <*math*> *(in Brüchen)* • denominator

Nennfrequenz *f* <*el*> • rated frequency; nominal frequency

Nennkapazität *f DIN* <*kfz.el*> *(einer Batterie)* • rated capacity; nominal capacity; capacity rating

Nennlebensdauer *f* <*qualit*> • rated life

Nennleistung *f* <*tech.allg*> *(betont: Ausgangsleistung)* • nominal output

Nennleistung *f* <*tech.allg*> *(z. B. von Motoren, Turbinen; in Watt; z. B. 100 kW, 1.300 MW)* • power rating; rated power; rating *coll*; rated output

Nennleistung *f* <*tech.allg*> *(Kapazität; z. B. Durchsatz pro Zeiteinheit; z. B. 2 m³/h)* • rated capacity; nominal capacity

Nennleistung *f* <*energ*> *(von Stromerzeugungsanlagen; z. B. 1.300 MW per Block)* • rated power; installed capacity; rated capacity

Nennmaß *n* <*tech.allg*> *(z. B. Gewinde, Rohr)* • nominal dimension; nominal size

Nennspannung *f* <*el*> • nominal voltage; rated voltage; voltage rating

Nennspannung *f* <*masch*> *(z. B. Zugfestigkeit von Schrauben)* • nominal stress

Nennstromstärke *f* <*el*> *(eines Geräts)* • amperage rating

Nenntemperatur *f* <*tech.allg*> *(z. B. E-Motor, Ofen, Waschmaschine)* • rated temperature; nominal temperature

Nennweite *f* <*tech.allg*> *(von Bohrungen u. Ä.)* • nominal bore

Nennwert *m* <*tech.allg*> *(z. B. Leistung, Spannung)* • rating; rated value; nominal value

Nennwindgeschwindigkeit *f* <*energ.-wind*> • rated wind speed *IEV 415*

Neodym *n* (Nd) <*chem*> • neodymium (Nd)

Neodymlaser *m* <*opt*> *(Festkörperlaser)* • neodymium laser; neodymium glass laser

Neologismus *m* <*term*> • neologism

Neon *n* (Ne) <*chem*> • neon (Ne)

Neoprenanzug *m* <*bekl.nav*> • wetsuit

Neoprendichtungsring *m* <*tech.allg*> • neoprene gasket

Neoprenkautschuk *m* <*mat*> • neoprene rubber

Neptunium *n* (Np) <*chem*> *(radioaktiv)* • neptunium (Np)

Nettokapazität *f* <*comp*> *(von Speichermedien, z. B. Festplatten, USB-Sticks)* • formatted capacity; user capacity

Nettoraumzahl *f* (NRZ) <*nav*> *(neue Bezeichnung)* • Net Tonnage (NT)

Nettoregistertonne *f* (NRT) <*nav*> *(alte Bezeichnung)* • Net Register Tonnage (NRT); Net register ton *rare*

Netz *n* <*tech.allg*> *(allg.; auch Netzwerk)* • net

Netz... <*bekl.textil*> *(in Zusammensetzungen; Gewebeart; z. B. ~strümpfe,*

~kleid) • fishnet ...

Netzanbindung *f <el>* • grid connection; interconnection *IEV 415*; utility interconnection

Netzanschluss *m <el> (betont: am Stromnetz)* • power supply; mains supply *coll*; mains connection

Netzanschluss *m <energ> (an Strom, Gas)* • network connection

Netzarchitektur *f <comp>* • network architecture

netzartig *<tech.allg>* • reticular; reticulate; reticulated; netlike

Netzausfall *m <el>* • power failure; mains failure; power-line failure; electric supply failure; line failure

Netzbetreiber *m <energ.el>* • grid operator

Netzbetreiber *m* (NB) *<energ.gas>* • network operator; system operator; gas transporter

Netzbetreiber *m <tele> (Mobilfunk)* • mobile carrier; carrier *pract*

Netzbetrieb *m <el> (im Ggs. zu Batteriebetrieb)* • mains operation; mains power supply

Netzentgelt *n <energ.ökon> (in Rechnung gestellte Summe)* • network charge

Netzentgelt *n <energ.ökon> (Tarifpreis für Strom, Gas)* • network tariff

Netzfrequenz *f <el> (typ. 50 od. 60 Hz)* • mains frequency; system frequency; power frequency; supply frequency; grid frequency

Netzkabel *n <tech.allg> (zwischen Verbraucher und Netzsteckdose; 230 V bzw. 110 V; flexibel)* • power cord; power supply cord; mains lead *coll*; supply cord *coll*; flex *GB.coll*

Netzkabelanschluss *m <el>* • mains input

Netzknoten *m <allg>* • network junction

Netzkonfiguration *f <energ>* • network configuration

Netzmittel *n <chem>* • wetting agent; humectant

Netznutzer *m <energ> (allg.)* • system user; network user

Netzschalter *m <el> (für Netzstromversorgung, typ. 230 od. 400 V)* • power switch; on/off switch; mains switch *rare*; power-supply switch *rare*

Netzschalter-Taste *f <el> (für Netzstromversorgung, typ. 230 od. 400 V)* • power button; on/off button; mains button *rare*; power-supply button *rare*

Netzsicherung *f <el>* • mains fuse

Netzsteckdose *f <el.bau>* • mains outlet; wall socket; power outlet; AC outlet *coll*

Netzstecker *m <el>* • power plug; mains plug; wall plug *coll*

Netzsteuerprogramm *n <allg>* • network control program (NCP)

Netzstörung *f <energ.el> (Störung des Stromversorgungsnetzes)* • grid failure; line disturbance; line failure; mains interruption; blackout *coll*

Netzstruktur *f <tech.allg> (Gefüge)* • network structure; cancellated structure

Netzteil *n <el> (mit Trafo/Gleichrichter; integriert od. separat)* • power supply; power pack *pract*; power supply unit *form*; power entry module *rare*; mains power pack

Netztransformator *m <el>* • mains transformer; distribution transformer

Netzüberlastung *f <tech.allg> (z. B. Fernmeldewesen, EDV)* • network congestion

Netzwerk *n <tech.allg> (z. B. von Computern, Personen)* • network

Netzwerkbetriebssystem *n <comp>* • network operating system (NOS)

Netzwerkzugriff *m <comp>* • network access

neuartig *<allg>* • novel

neue Benennung *f <term>* • new term

neu einstellen *vt <tech.allg>* • readjust *vt*

Neueinstellung *f <tech.allg>* • resetting; reset

Neuheit *f <jur>* • novelty

Neuheitsprüfung *f <jur> (Patent)* • examination as to novelty

Neuheitsrecherche *f <jur> (Patent)* • search for prior art

neuheitsschädlich *<jur> (Patent)* • detrimental as to novelty; anticipation by prior publication or prior use; destroying novelty; anticipatory

neuheitsschädliche Kenntnisse *fpl <jur> (Patent)* • anticipating facts

Neukonstruktion *f <prod> (betont: von Grund auf neu)* • ab initio design

Neupreis *m* (NP) *<ökon>* • original price

neuronales Netz *n <comp>* • neural network *SUS SP-1356,57*
Neusilber *n <mat>* • nickel silver; German silver; new silver *rare*; Alpaca silver *rare*
Neustart *m <comp> (eines Computers)* • reboot
neustarten *vt <comp> (Computersystem)* • reboot *vt*
neutral *<tech.allg>* • indifferent
neutral (N) *<tech.allg> (allg.)* • neutral (N)
neutral *<chem> (pH=7)* • neutral
neutrale Flamme *f <füg> (Autogenschweißen; 1:1 Brenngas:Sauerstoff)* • neutral flame
Neutralgrau *n <phot>* • neutral gray *US*; neutral grey *GB*
Neutralisation *f <chem> (Verschiebung des pH-Wertes nach 6,5-9; z. B. von Abfallstoffen)* • neutralization
neutralisieren *vt <tech.allg> (allg.; z. B. pH-Wert, Kräfte, Einflüsse)* • neutralize *vt*; neutralise *vt GB*
Neutralisisierung *f <tech.allg> (von Kräften, Wirkungen)* • neutralization
Neutralleiter *m* (N) *<el> (bei Dreiphasenstrom, Drehstrom)* • neutral conductor; neutral *pract*; zero conductor
Neutralleiter *m* (N) *<el> (allg.; Isolierung blau; an Steckdose normalerweise ohne Spannung)* • neutral conductor *NEC 725*; neutral
neutralweiß *<licht> (Lichtfarbe 4 500 K bei Halogen-Metalldampflampen)* • neutral white
Neutron *n <phys>* • neutron
Neutronenabschirmung *f <nukl> (Kernreaktor)* • neutron shielding; neutron shield
Neutronenabsorber *m <nukl> (z. B. Bor)* • neutron absorbing material; neutron absorber; neutron poison *jarg*
Neutronenbremsung *f <nukl>* • neutron moderation; neutron slowing-down
Neutroneneinfang *m <nukl>* • neutron capture
Neutronenfluss *m <nukl>* • neutron flux
neutroneninduzierte Gamma-Aktivität *f <nukl>* • neutron-induced gamma activity (NIGA)
Neutronenmoderator *m <nukl> (z. B. Wasser, Graphit)* • neutron moderator
Neuzulassungen *fpl <kfz> (von FZ; in Statistik)* • registrations
Neuzustand *m <kfz> (Gebrauchtwagenmerkmal)* • showroom condition
Newton *n* (N) *<mech> (SI-Einheit der Kraft)* • newton (N)
Newtonmeter *n* (Nm) *<mech> (SI-Einheit für Drehmoment)* • Newton meter (Nm) *US*; Newton metre *GB*
Newton'sche Axiome *npl <mech>* • Newton's laws [of motion]
Newton'sche Flüssigkeit *f <tribo>* • Newtonian liquid
Newton'sche Ringe *mpl <phot> (typ. beim Projizieren von Dias)* • Newton's rings *pl*
n-Gebiet *n <el>* • n-type region; n-region
nicht-abbildend *<tech.allg>* • nonimaging
nicht abgenutzt *<tech.allg>* • unworn
nicht abschmelzbare Elektrode *f <füg> (WIG-Schweißen)* • nonconsumable electrode
nichtabschmelzende Elektrode *f <füg> (Schweißen)* • non-consumable electrode
nichtaktiv *<tech.allg>* • inactive
nicht arbeitsfähig *<tech allg>* • inoperative
Nichtauftreten *n <allg> (allg.; von erwünschten oder unerwünschten Ereignissen, Wirkungen)* • non-occurrence
nicht ausführbar *<tech.allg> (z. B. Befehl)* • non-executable; non-operable
nicht ausgewuchtet *<masch> (rotierende Masse; z. B. Welle, Rad)* • out-of-balance
nichtaustauschbar *<tech.allg>* • non-exchangeable
nicht begehbar *<tech.allg> (Bereich, Raum, Öffnung; z. B. Abwasserkanal)* • non-man entry; non-accessible
nichtbehebbarer Fehler *m <comp>* • unrecoverable error
nicht belegt *<el> (Steckplatz, Pin)* • not used; spare; no connection
nicht berücksichtigen *vt <allg>* • ignore *vt*
nicht betriebsbereit *<tech.allg>* • inoperable; non-ready
nichtbindig *<tech.allg> (Bodenmechanik)* • non-cohesive; cohesionless
nicht brennbar (nbr) *ISO 13943 <mat.-feuer> (Baustoffklasse A; z. B. Beton,*

Stein, Metalle) • incombustible *ISO 13943*; non-combustible; fireproof

Nichtdeskriptor *m <term>* • nondescriptor *ISO 12620*

nichteigensicher *<el> (z. B. Speisung, Stromkreis, Signal)* • non-intrinsically safe

Nichteisenmetall *n DIN 17600 <mat> (Schwer- u. Leichtmetalle; z. B. Aluminium, Blei, Kupfer, Magnesium)* • non-ferrous metal

nicht entflammbar *ISO 13943 <mat.feuer>* • non-flammable *ISO 13943*; non-inflammable; flame-resistant

nichtentkohlend geglühter Temperguss *m* (GTS) *<metall>* • black-heart malleable cast iron

nicht essbar *<nahr>* • inedible

nichtfasernd *<textil> (Tuch; z. B. zum Objektivreinigen)* • non-linting

nichtflüchtig *<tech.allg> (z. B. Stoff, Daten, Speicher)* • non-volatile

nicht-flüchtiger Speicher *m <comp>* • nonvolatile storage

nichtflüchtige Speicherung *f <comp> (z. B. auf Festplatte, CD, DVD, Tontafeln)* • non-volatile storage

nichtgenormte Benennung *f <term>* • nonstandardized term

nichtgewerblicher Einsatz *m <tech.allg>* • domestic use; non-commercial application

Nichtkarbonathärte *f* (NKH) *<tech.allg> (Wasser)* • permanent hardness; non-carbonate hardness

nicht klebrig *<obfl>* • tack-free

nicht kompatibel *<comp>* • incompatible

nicht komprimierbar *<phys>* • incompressible

nicht konzentrisch *<tech.allg>* • out-of-truth

nichtkritisch *<tech.allg>* • non-critical

nichtkritischer Fehler *m <qualit>* • non-critical defect

nichtleitend *<phys> (z. B. für Wärme, Strom)* • non-conductive; non-conducting

nichtleitender Stoff *m <mat>* • non-conducting material

Nichtleiter *m <el>* • dielectric; non-conducting material; nonconductor; insulating material; insulator *pract*

nicht lesbar *<comp>* • non-readable

nicht lieferbar *<ökon>* • not available

nicht linear *<tech.allg>* • non-linear

nicht löslich *<tech.allg>* • insoluble; non-soluble

nichtmagnetisch *<qualit.mat>* • non-magnetic

nicht maßstäblich *<doku>* • not to scale

Nichtmetall *n <mat> (natürliche und künstliche Werkstoffe; z. B. Holz, Leder, Glas, PVC)* • non-metal

nichtmetallisch *<tech.allg>* • non-metallic

nicht-nachgeführt *<tech.allg>* • non-tracking

nicht nachweisbar *<msr>* • undetectable

Nichtraucherausstattung *f <kfz> (z. B. ohne Aschenbecher)* • non-smoker package

nichtschaltbare Kupplung *f <masch>* • permanent coupling

nicht schienengebunden *<förd>* • railless

nicht schiffbar *<geo.nav> (Gewässer; z. B. Fluss, Kanal, See)* • unnavigable; innavigable

nicht schmelzbar *<tech.allg>* • infusible

nicht-selektiv *<tech.allg>* • non-selective; nonselective

nichtsperrend *<tech.allg> (kein Hindernis bildend)* • non-blocking; non-barrier

nicht spezifikationsgerecht *<tech.allg> (Konstruktion, Ausführung, Produkt)* • off-spec *adj*

nicht stationär *<phys> (z. B. Strömung, Feld, Wellen)* • non-stationary; non-steady; mobile; unsteady

nicht terminiert *<el> (Leitung, Antennensteckdose)* • unterminated

nichttextliche Illustrationen *fpl <term>* • nontextual illustrations *ISO 12620*

nichttödliche Waffe *f <mil>* • non-lethal weapon

nichttoleriertes Maß *n <tech.allg> (techn. Zeichnung)* • dimension without tolerance

nichttragend *<tech.allg> (z. B. Karosserie, Niet)* • non-bearing; non-load-bearing; non-structural

nichttragend *<tech.allg> (Bauteil, Wand etc.)* • non-loadbearing

Nichtumkehrbarkeit *f <tech.allg> (z. B.*

eines Prozesses) • irreversibility

nicht verfärbend *<mat> (betont: entfärbt sich nicht)* • non-discoloring *US*

nicht verfärbend *<mat> (betont: verfärbt andere Dinge nicht)* • non-staining

nicht versenkbar *<kfz> (Seitenscheibe)* • stationary

nichtwässrig *<tech.allg>* • nonaqueous; non-aqueous

Nickbewegung *f <autom> (Roboterarmdrehung um die Querachse)* • pitch; wrist bend

Nickel *n* (Ni) *<chem>* • nickel (Ni)

Nickel-Cadmium-Akku *m <el>* • nickel cadmium battery; NiCd battery; cadmium-nickel storage battery *rare*

Nickel-Metallhydrid-Akku *m <el> (ca. 80 Wh/kg)* • nickel metal hydride battery; Ni-MH battery *pract*

nicken *vi <tech.allg> (Drehen um die Querachse; z. B. Flugzeug, Roboter)* • pitch *vi*

Niederbordwagen *m <bahn>* • low-sided wagon; low-side gondola; low-sided open wagon

Niederdruck *m* (ND) *<tech.allg>* • low pressure (LP)

Niederdruckpumpe *f <tech.allg>* • low-pressure pump; low head pump; low-head pump

Niederdruckteil *m <masch> (Pumpe, Turbine)* • low-pressure section

Niederdruckturbine *f <turb> (Gasturbine; z. B. zweite Turbine eines Mantelstromtriebwerks)* • low-pressure turbine (LPT)

Niederflurbus *m <nfz> (Kraftomnibus in Niederflurbauweise)* • low-floor bus

niederfrequent *<allg> (außer im Audio-Bereich!)* • low-frequency *adj*

Niederfrequenz *f <el> (30 kHz bis 300 kHz Radiofrequenzband)* • low frequency

Niederfrequenztechnik *f <av>* • audio-frequency engineering

Niedergang *m <tech.allg> (unerwünschter Effekt)* • decline

niedergehen *vi did <aerosp> (Flugzeug)* • descend *vi*; go down *vi*

niederohmig *<el>* • low-impedance *adj*; low-resistance *adj*; low-resistivity

Niederquerschnitt-Reifen *m <prod> (Querschnittsverhältnis 0,88 : 1)* • low profile tire *US*; low profile tyre *GB*; low section tire *US*; low section tyre *GB*

Niederschlag *m <chem.verf> (Ergebnis des Fällungsprozesses)* • precipitate; precipitation; deposit *pract*; bottom settlings *coll.rare*

Niederschlag *m <el.chem> (galvanische Abscheidung)* • deposit

Niederschlag *m <meteo> (z. B. Regen, Schnee)* • precipitation

niederschlagen *vr <chem.verf> (am Boden absetzen)* • settle *vi*; precipitate *vi*; deposit *vi*; sediment *vi*

niederschlagen *vr <hlk> (als Kondensat; z. B. an Wand, Boden)* • condense *vi*

Niederschlagsmenge *f <tech.allg>* • quantity of precipitate; amount of precipitate

Niederschlagsmesser *m <meteo> (allg.; für jede Art Niederschlag)* • precipitation gauge; precipitation meter

Niederschlagswasser *n <bau.ents>* • storm sewage

Niederschlagswasser *n <meteo>* • rainwater; surface water; atmospheric water

Niederspannung *f* (LV) *DIN EN 60 071 <energ.el> (< 1 kV; typ. 230/400 V)* • low voltage (LV) *IEEE, EN 60 071*

Niederspannungslampe *f <licht>* • low-voltage lamp

Niedervoltlampe *f <licht>* • low-voltage lamp

niedrig *<tech.allg> (z. B. Wert, Temperatur, Druck, Preis, Kosten, Brücke, Durchfahrt, Raum)* • low

Niedrigenergiehaus *n <bau>* • energy efficient house; low energy house; Lo-Cal house

niedrigerer Verbrauch *m <kfz> (von Benzin, Diesel)* • better mileage

niedriger Kraftstoffverbrauch *m <kfz>* • good fuel economy; low fuel consumption; high fuel mileage

niedriglegierter Stahl *m <metall> (Legierungsbestandteile in Summe < 5 %; C zählt nicht)* • low-alloy steel

niedrigsiedend *<tech.allg>* • low-boiling

Niedrigst-Emissionen-Fahrzeug *n* (ULEV) *<kfz.ökol> (besonders abgasarmes Auto)* • ultra low emission vehicle (ULEV); ultra low emission car

Porsche

niedrigthermal *<allg>* • low-temperature; low-enthalpy

Niedrigwasser *n <energ.hydr>* • low water

Nierencharakteristik *f <av> (Mikrofon)* • cardioid polar pattern; unidirectional polar pattern

Niet *m DIN 101 <füg> (nicht: Niete! z. B. ca. 3 Mio Niete pro Boeing 747 Jumbo Jet)* • rivet

Nietabstand *m <füg>* • rivet pitch

Nietdorn *m <füg> (beim Blindniet)* • mandrel

Nieten *n <füg> (Vorgang)* • riveting

nieten *vt <füg>* • rivet *vt*

Nietendrücker *m <füg.wz> (für Rollenketten; z. B. für Motorradketten)* • rivet expeller; rivet remover

Niethammer *m <wz>* • riveting hammer; rivet hammer

Niethülse *f <füg> (beim Blindniet)* • rivet body

Nietkopf *m <füg> (Setz- oder Schließkopf)* • rivet head

Nietschaft *m <füg>* • rivet shank; rivet body

Nietverbindung *f <füg>* • rivet joint; riveted joint; rivet connection; rivet fastening

Nietwerkzeug *n <füg.wz> (aus Oberstempel und Unterstempel)* • rivet tool; riveting tool *US*; rivetting tool *GB*

Nietzange *f <füg.wz> (z. B. für Blindnieten)* • riveter; rivet tool *US*; rivet gun; rivetting pliers *GB*

Niob *n* (Nb) *<chem>* • niobium (Nb)

Nippel *m <tech.allg> (kl. Stutzen; z. B. zum Entlüften, Schlauchanschluss)* • fitting; nipple

Nippel *m <tech.allg> (z. B. zum Entlüftung, Abschmieren)* • nipple

Nippel *m <fz> (Mutter für Fahrradspeiche)* • nipple

Nische *f <bau>* • niche

Nischenanwendung *f <tech.allg>* • niche application

Nisse *f <textil> (unerwünschtes Knötchen in Baumwolle)* • nep

Nitratkonzentration *f <chem>* • nitrate level

Nitratsprengstoff *m <spreng>* • nitrate explosive

Nitrierbad *n <metall>* • nitriding bath

nitrieren *vt <chem>* • nitrate *vt*

nitrierhärten *vt <metall>* • nitrogen--case-harden *vt*; nitrogen-harden *vt*; nitride *vt*

Nitrocarburierung *f <metall> (Oberflächenbehandlung)* • carbonitriding; gas cyaniding; dry cyaniding

Nitrocellulose *f <chem> (löslich; weniger nitriert als Schießbaumwolle;* C_6H_3O*)* • nitrocellulose (NC); cellulose nitrate; collodion wool; soluble gun cotton; pyroxylin

Nitrocelluloselack *m <obfl>* • nitrocellulose lacquer; cellulose nitrate lacquer; nitrocellulose paint; lacquer *coll*

Nitroglyzerin *n <chem> (als Sprengstoff, Raketentreibstoff, Vasodilator)* • nitroglycerin[e]; glyceryl trinitrate; trinitroglycerin; glonoin

nitscheln *vt <textil>* • rub *vt*

niveaugleich [mit] *<tech.allg>* • level with; level: at the same ~

Niveauregulierung *f <kfz> (System)* • automatic level control system; self--leveling suspension [system]; automatic leveling system; electronic load--leveling system *Chrysler*; ride levelling system *GB.Jaguar*

Niveauwächter *m <msr> (für Flüssigkeit oder Schüttgut; z. B. in Tanks od. Silos)* • level switch

n-leitendes Material *n <el>* • n-type material; n-material

Nobelium *n* (No) *<chem> (radioaktiv)* • nobelium (No)

noch nicht bearbeitet *<term> (terminologisch)* • unprocessed

Nocken *m DIN ISO 7967-3 <masch>* • cam *ISO 7967-3*

nockengesteuert *<msr>* • cam-controlled

Nockenschaltwerk *n <allg>* • camshaft gear

Nockenscheibe *f <masch> (allg.)* • plate cam; disk cam *US*; disc cam *GB*

Nockenstößel *m <msr>* • cam follower

Nockenwelle *f DIN ISO 7967-3 <mot>* • camshaft *ISO 7967-3*; cam *coll*

Nockenwellenantrieb *m <kfz.mot> (z. B. durch Zahnriemen, Kette, Welle etc.)* • camshaft drive; cam gear

Nockenwellengehäuse *n <kfz.mot> (DOHC-Motor)* • camshaft housing

Nockenwellenrad *n <mot> (allg.; ohv,*

ohc, dohc; Stirnrad-, Ketten-, Riemenantrieb) • cam wheel

Nockenwellenrad *n <mot> (für Steuerkette)* • camshaft sprocket; cam sprocket *pract*; camshaft drive sprocket *rare*

Nockenwellenrad *n <mot> (für Zahnriemen)* • camshaft pulley; camshaft sprocket *rare*

Nomenklatur *f <tech.allg>* • nomenclature

Nomenklaturregel *f <term>* • nomenclature rule

Nonius *m <msr>* • vernier

Noniusteilung *f DIN 2257 <msr>* • vernier graduation; vernier division

Noppe *f <textil> (Verdickung in Gewebe, Garn; unerwünscht od. Dekor)* • burl; knop; knob

Norm *f <norm> (z. B. ANSI, ASTM, BS, DIN, ISO, ÖN)* • standard

normal *<allg> (allg. üblich)* • common; regular

normal *<tech.allg> (nichts Besonderes, unauffällig)* • ordinary; normal

Normalabweichung *f <tech.allg>* • standard deviation

Normalausführung *f <tech.allg>* • standard version; standard type

Normalausrüstung *f <tech.allg>* • standard equipment

Normalbedingungen *fpl DIN 1343 <tech.allg> (hinsichtlich Druck u. Temperatur)* • normal temperature and pressure (NTP)

Normalbelastung *f <tech.allg> (z. B. Brücke, Fußboden, Elektrogerät)* • standard load; standard loading; normal load

Normalbeton *m* (C) *<bau.mat> (DIN 1045-2; DIN EN 206-1)* • normal concrete (C); normal-weight concrete

Normalbetrieb *m <tech.allg>* • normal operation; normal operating mode

Normal bleifrei *n <chem.petr> (niedrigste Benzinsorte, MOZ >= 82,5 und ROZ >= 91)* • regular unleaded *US*; regular *US.on gas pump*; unleaded premium *GB.BS 7070*; unleaded *GB.on gas pump*; premium unleaded *GB.rare*

Normaldruck *m <meteo> (Normatmosphäre: 101325 Pascal in Meereshöhe)* • standard pressure; normal pressure

Normale *f <math> (senkrecht stehend auf einer Bezugsebene)* • normal; surface normal; perpendicular

Normalgewinde *n <masch> (z. B. Metrisches ISO-Gewinde)* • standard thread

Normalisieren *n <metall> (von Stahl; erzeugt feines, homogenes Gefüge)* • normalizing

normalisieren *vt <tech.allg> (z. B. Stahl, Signalpegel)* • normalize *vt*

Normalkomponente *f <tech.allg> (z. B. Beschleunigung, Geschwindigkeit, Kraft)* • normal component

Normalnull *n* (NN) *<geo>* • mean sea level (msl); sea-level datum plane; reference level; zero level; ordnance datum

Normalobjektiv *n <phot>* • standard lens

normativer Status *m <term>* • normative authorization *ISO 12620*

Normatmosphäre *f DIN ISO 2533 <phys> (Grundlage für Bemessung, Prüfung; z. B. Flugtriebwerke)* • standard atmosphere

Normbauteil *n <tech.allg> (z. B. Schraube, Wälzlager, Armatur, Stecker)* • standardized component; standard component

Normenbezug *m <allg>* • standard reference

normgemäß *<tech.allg>* • according to standards

Normmaß *n <tech.allg> (genormte Größe; z. B. gem. DIN, ÖNorm, BS, ASTM, ISO)* • standard dimension

Normmodul *m <tech.allg> (z. B. gem. DIN, ÖN, ISO)* • standard module

Normprobekörper *m <qualit.mat>* • standard test specimen

Normschiene x mm nach DIN y *f <tech.allg>* • x mm rail to DIN y

Normung *f EN 60947 <tech.allg>* • standardization *EN 60957*; standardisation *GB*

Normungsdatum *n <term>* • standardization date *ISO 12620*; standardisation date *GB*

Not... *<tech.allg> (Teil, System, Einrichtung für Notfälle)* • emergency ...

Notabschaltung *f <tech.allg> (von Anlagen, Systemen, Maschinen)* • emergency shut-down; emergency shut-down

Notausgang *m <tech.allg> (allg.; z. B. im Theater, Kino, Flugzeug, Tunnel)* • emergency exit

Notausrüstung *f prakt <aerosp.sich>* • emergency equipment

NOT-AUS-Schalter *m <tech.allg> (allg.; mech. Drucktaste oder optoelektronischer Sensor)* • emergency-stop switch

NOT-AUS-Schalter *m <el.sich> (mechanisch, Drucktaste; meist rot auf gelb markiert)* • emergency-stop pushbutton; emergency pushbutton

Notausstieg *m form <aerosp.sich>* • emergency exit *JAR 25.807*; escape hatch *rare*; emergency-exit hatch *rare*

Notbeleuchtung *f <licht>* • emergency lighting *BS 4422-6*; security lighting

Notbremsfunktion *f <kfz.brems> (als System; elektronische Parkbremse)* • emergency braking system

Notebook *n <comp> (volle PC-Funktionalität; DIN A4-Format, Dicke < 5 cm; Gewicht ca. 2-3)* • notebook [computer]

Notfall *m <tech.allg>* • emergency; emergency situation

Notfallmanagement *n <tech.allg>* • emergency management

Nothalt *m <tech.allg> (z. B. von Maschinen, Rolltreppen, Aufzügen etc.)* • emergency stop

Notrutsche *f <aerosp.sich> (Sicherheitsausrüstung)* • slide; escape slide

Notschaltung *f <tech.allg>* • emergency connection

Notschleuse *f <sich> (Gebäude, Schiff, Raumfahrzeug)* • escape lock

Notspeisewasserpumpe *f <energ>* • emergency feedwater pump

Notstromaggregat *n <energ.el> (allg.; stationär od. mobil)* • emergency power-generating set; emergency set *pract*

Notstromdiesel *m <energ.el> (stationäres Notstromaggregat; z. B. in Krankenhäusern)* • emergency diesel

Notstromversorgung *f <energ.el>* • emergency-power supply; reserve-power supply *rare*; stand-by power supply *rare*

notwassern *vi <aerosp> (Notfall)* • ditch *vi*

Notwasserung *f <aerosp> (Notfall)* • ditching *JAR 25.801*

n-stellige Zahl *f <math>* • n-digit number; n-place number

nuklearangetrieben *<nukl> (z. B. U-Boot, Eisbrecher)* • nuclear-powered; nuclear-driven; atomic-powered *coll*

nukleare Kettenreaktion *f <nukl>* • nuclear chain reaction

Nukleon *n <phys> (Proton od. Neutron)* • nuclear particle; nuclear constituent; nucleon

null *<allg>* • zero *adj*; nought *adj*; nil *adj*

Null *f <tech.allg>* • zero

Null *f*: **auf ~ einstellen** *vt <msr> (z. B. Zähler)* • zero: set to ~ *vt*; set to zero *vt*; zero: reset to ~ *vt*; reset to zero *vt*; zero *vt pract*

Nulldurchgang *m <tech.allg> (allg.; z. B. einer Funktion, Kurve)* • zero crossing; zero cross-over; zero passage

nullen *vt <el> (an Nullleiter anschließen)* • connect to neutral *vt*

nullen *vt <msr> (Instrument, Anzeige)* • reset to zero *vt*; adjust to zero *vt*; zero *vt*; null *vt*

Nullenzirkel *m <doku.wz> (Zeichengerät)* • drop bow pen; drop bow compass; spring bow compass

Nullförderhöhe *f <förd> (H bei Q = 0)* • full head

Nulllage *f <tech.allg>* • zero position

Nulllinie *f <tech.allg> (z. B. Messtechnik, Schaubild)* • null line; zero line

Nullmeridian *m <navig>* • Greenwich meridian; Prime Meridian; central meridian

Nullpunkt *m <tech.allg>* • zero; zero point

Nullpunkt *m <el> (von Kabel, Steckdose)* • earthed neutral

Nullpunkt *m <el> (betont: elektr. Masse)* • ground zero

Nullpunkt *m <math> (von Kurve in Diagramm)* • origin

Nullpunktfehler *m <tech.allg> (z. B. Fertigung, Mathematik, Messtechnik, Navigation)* • origin distortion

Nullpunkt-Justierschraube *f <tech.allg>* • zero adjustment screw

Nullserie *f* (OS) *<prod> (direkt vor eigentlichem Produktionsbeginn)* • zero series; 0 series

Nullstellung *f <tech.allg>* • home position

numerischer Code *m <tech.allg> (z. B. Werkstoff, Konsumgüter)* • numerical code

numerisches Tastenfeld *n <comp>* • calculator keys

numerische Steuerung *f* (NC) *DIN ISO 2806 <autom> (z. B. Werkzeugmaschine)* • numerical control (NC) *ISO 2806*

numerisch gesteuerte Maschine *f <masch> (allg.; meist eine Wz-Maschine)* • numerically controlled machine; NC machine

Numerus *m <term>* • grammatical number *ISO 12620*

Nummernscheibe *f <tech.allg> (z. B. Fernsprecher, Ziffernschloss)* • dial selector; selector

Nurflügelflugzeug *n <aerosp> (Luftfahrzeug)* • all-wing aircraft; flying-wing aircraft; tailless aircraft; Blended-Wing-Body aircraft *BoeingNASA*; BWB aircraft

Nur-Lese-Speicher *m* (ROM) *<comp>* • read-only memory (ROM)

Nut *f <tech.allg> (allg.; beliebiger Querschnitt, auch unregelmäßig; z. B. in Welle)* • groove; slot; channel

Nut *f <holz> (z. B. in Nut- und Feder-Brett)* • rabbet; mortise

Nut *f <masch> (Wellen-Längsverzahnung)* • flute

Nut *f <masch> (allg.; für Feder oder Keil)* • keyway; keyseat

Nut *f <prod> (spanend erzeugt)* • chase

nuten *vt <prod> (allg.; auch unregelmäß. Querschnitt)* • groove *vt*

nuten *vt <prod> (für Feder oder Keil)* • keyway *vt*

nuten *vt <prod> (schmale, lange Vertiefung)* • slot *vt*

nutschen *vi <chem.verf> (mit Unterdruck filtern)* • filter under vacuum *vi*; filter with suction *vi*

Nut und Feder *f <holz.füg> (z. B. Paneelverbindung)* • tongue and groove (T&G); key and slot; groove and tongue *rare*; slot and key *rare*

Nutzbildfläche *f <tech.allg> (von Bildschirmen, Displays)* • useful screen area

Nutzeffekt *m <tech.allg> (von Prozessen)* • efficiency; net efficiency

Nutzer *m <tech.allg> (von Diensten)* • user

Nutzerakzeptanz *f <tech.allg>* • user acceptance

nutzerfreundlich *<qualit>* • user-friendly

Nutzfahrzeug *n <nfz>* • commercial vehicle *stand*; utility vehicle

Nutzfläche *f <tech.allg> (wirksame Fläche; z. B. zur Kraft- od. Wärmeübertragung)* • effective area

Nutzfläche *f <tech.allg> (z. B. in m^2)* • usable space

Nutzfläche *f <bau> (auf dem Boden)* • floor area; floor space

Nutzholz *n <holz>* • timber

Nutzlast *f <aerosp>* • payload *pract*; commercial load *rare*

Nutzlast *f <logist>* • payload; cargo

Nutzleistung *f <tech.allg> (Fähigkeit, Kapazität; z. B. von Pumpen)* • effective capacity

Nutzquerschnitt *m <tech.allg> (z. B. Kabel, Seil)* • net section

Nutzraum *m <tech.allg> (Volumen; z. B. in Liter m^3)* • usable space

Nutzung *f <allg>* • utilization

Nutzungsdauer *f <bau> (von Bauwerken)* • service life

Nutzungsdauer *f <qualit> (tatsächlicher Zeitraum der Nutzung, Verfügbarkeit)* • useful life; service life; effective life; operating life; working life

Nutzungseinschränkung *f <term> (von Benennungen; z. B. durch eingetr. Warenzeichen)* • proprietary restriction *ISO 12620*

Nutzwasser *n <tech.allg>* • process water; industrial water

Nylon-Kabelbinder *m <el>* • nylon cable tie

O

O-Anordnung *f DIN ISO 5593 <masch> (von Wälzlagern; im Ggs. zu X-Anordnung)* • back-to-back arrangement *ISO 5593*

obengesteuerter Motor *m <kfz.mot> (Viertaktmotor mit im Kopf hängend angeordneten Ventilen)* • overhead valve engine; ohv engine *pract*; valvein-head engine *rare*

obenliegende Nockenwelle *f* (OHC) *<mot> (allg.; jede Anzahl)* • overhead camshaft (ohc)

Oberbau *m <tech.allg>* • superstructure

Oberbau *m DIN EN 14969 <bahn>* • track *DIN EN 14969*

Oberbau *m <bau.verk>* • pavement

Oberbecken *n <energ.hydr> (Pumpspeicherwerk)* • upper reservoir; upper basin; head pond

Oberbegriff *m <term>* • broader Term *ISO 12620*

Oberbereich *m <tech.allg>* • upper range

Oberdeck *n <bau> (einer Brücke)* • upper deck; upper story; upper level; top deck

Oberdeck *n <nav>* • upper deck

Oberdeck *n <nfz> (Doppeldeckerbus)* • upper deck; platform *GB*; top deck

obere Fläche *f <tech.allg> (z. B. eines Werkstückes)* • top surface

obere Grenze *f <tech.allg>* • upper limit

obere Mittelklasse *f <kfz> (eher preislich u. qualitativ; z. B. A6, BMW 5er, E-Klasse, Jaguar XF)* • premium

obere Mittelklasse *f <kfz> (als Mietwagenkategorie; z. B. Saab 9-5, VW Passat, Skoda Superb)* • fullsize

oberer Grenzwert *m <tech.allg>* • upper limit value; upper limit

oberes Abmaß *n <tech.allg> (Toleranz)* • high limit; upper deviation

Oberfläche *f <tech.allg> (allg.)* • surface

Oberfläche *f <tech.allg> (Flächenangabe; z. B. in* mm^2 m^2, km^2*)* • surface area

oberflächenaktive Substanz *f <chem>* • surface-active agent; surface-active substance; surface-active compound; surfactant

Oberflächenbearbeitung *f <prod> (Endbearbeitung; z. B. Schlichten)* • surface finishing

Oberflächenbearbeitung *f <prod> (allg.)* • surface machining

Oberflächenbehandlung *f <tech.allg> (allg.)* • surface treatment

Oberflächenbehandlung *f <tech.allg> (betont: Endbehandlung, letzte Bearbeitungsstufe)* • finishing process; finishing

Oberflächenbehandlung *f <obfl> (durch Überziehen, Beschichten)* • coating

Oberflächenbeschaffenheit *f <tech.allg>* • surface condition

oberflächenbündig *<tech.allg>* • flush

Oberflächeneffekt *m <tech.allg>* • surface effect

Oberflächenfehler *m DIN ISO 8785 <qualit.mat> (allg.; z. B. Poren, Risse etc.)* • surface defect; surface flaw

Oberflächenmontage *f <tech.allg>* • surface mounting

oberflächenmontierbares Bauteil *n <el>* • surface mounted device (SMD)

oberflächennah *<allg> (über oder unter der Oberfläche)* • near the surface; surface: near the ~; near-surface *pract*

oberflächennah *<allg> (unterhalb)* • subsurface; close to surface *vdi4640*; near surface

oberflächennahe Geothermie *f <energ.geo>* • near-surface geothermal energy

oberflächennaher Bereich *m <tech.allg>* • near-surface region

Oberflächenprüfung *f <qualit>* • surface inspection; surface analysis; surface testing

Oberflächenreflexionsgrad *m prEN 13721 <obfl>* • surface reflectance *prEN 13721*

Oberflächenschicht *f <tech.allg> (sehr dünn; fest, flüssig, Folie)* • surface film

Oberflächenschicht *f <tech.allg> (allg.; jede Art, jede Dicke)* • surface layer

Oberflächenspannung *f DIN 13310 <phys.chem>* • surface tension; interfacial surface tension

Oberflächenstruktur *f <tech.allg> (Struktur, Beschaffenheit)* • surface structure; surface *pract*

Oberflächenverdunstung *f <phys>* • surface evaporation

Oberflächenveredelung *f <obfl> (z. B. Schutz, Aussehen von Oberflächen)* • surface finishing; finishing; surface refinement *rare*

oberflächenvergütet *<opt> (Linse, Objektiv)* • surface-coated

Oberflasche *f <förd> (Flaschenzug)* • top block

Obergesenk *n <prod.wz> (allg.; Schmieden, Pressen etc.)* • top die; top swage; upper die

Obergurt *m <bau> (Brücke)* • top chord; top boom; upper chord; upper boom; top flange

Oberhälfte *f <allg>* • upper half; top half

oberirdisch *<energ> (oberhalb des Bodens, im Freien; z. B. Pipeline, Freileitung)* • aerial *adj*; above-ground; overhead

oberirdisch *VDI4640 <geo.therm> (im Ggs. zu unter Tage)* • above ground *VDI4640*; surface: on the ~

Oberkammer *f <tech.allg> (z. B. in K/KE-Jetronic Mengenteiler)* • upper chamber

Oberlänge *f <druck> (im Buchstabenbild)* • ascender

Oberlauf *m <hydr> (Fluss, Wasserkraftwerk)* • headwater

Oberleder *n <bekl.mat>* • upper leather; shoe upper leather; upper *pract*

Oberleitung *f <bahn> (als Oberleitung ausgeführte Fahrleitung)* • catenary *US*; catenary-supported overhead line *US*; current collector overhead line *GB*; overhead line *GB*; overhead [contact line]

Oberleitungsbus *m <nfz>* • trolley bus; trolley coach *US*; trackless trolley

Oberlicht *n <tech.allg> (waagerechtes Fenster in Hausdach oder Schiffsdeck)* • skylight; roof-light

Oberlicht *n <bau> (senkrechtes Fenster oberhalb von einer Tür)* • transom; transom light

Obermaterial *n <bekl> (von Schuhen)* • upper

Oberrohr *n <fz> (Fahrradrahmen)* • top tube

Oberschenkelauflage *f <innen> (von Sitzen)* • thigh support

oberschlächtiges Wasserrad *n <energ.hydr>* • overshot water wheel; overshot wheel

Oberschlitten *m <wz.masch> (Drehmaschine; auf Planschlitten; trägt den Werkzeughalter)* • compound slide rest; upper slide; top slide

Oberschwingung *f <akust>* • overtone; harmonic

Oberspannungswicklung *f <el> (in Trafo)* • high-voltage winding

Oberstempel *m <prod> (Press-, Stanzwerkzeug)* • upper punch

Oberteil *n <tech.allg> (Träger, Balken, Tragglied u. dgl.)* • upper member

Oberteil *n <tech.allg> (z. B. von Gehäuse, Bauteil, Kleidung, Bikini)* • top; upper part; u-part *rare*

Oberteil *n <tech.allg> (komplexes Gebilde; z. B. Bohrplattform)* • top structure

Oberwalze *f <tech.allg> (z. B. Walzenpresse, Walzwerk)* • upper roll; top roll

Oberwasser *n <energ.hydr> (Flusswasserkraftwerk)* • headwater; upper water; upstream water

Oberwasserkanal *m <energ.hydr> (Wasserkraftwerk)* • head-race canal; intake canal

Oberwerkzeug *n <prod> (allg.)* • top tool; upper tool

Oberwerkzeug *n <prod> (Stempel)* • punch

Oberwerkzeug *n <prod.wz> (von Formwerkzeug)* • upper die part

Objekt *n <tech.allg> (Ziel von Aktionen; z. B. Erfassung von Messwerten, Zielen)* • target

Objekt *n <opt> (Mikroskopie; auf Objektträger)* • specimen

Objektglas *n <opt> (Mikroskop)* • slide

Objektiv *n <opt> (Baugruppe; z. B. für Kamera, Vergrößerer, Mikroskop)* • lens

Objektivdeckel *m <phot>* • lens cap

Objektivfassung *f <phot>* • lens mount

Objektiv-Schutzschieber *m <phot>* • lens cover slide

Objektivvergütung *f <phot>* • lens coating

objektorientiert *<comp> (z. B. Programmiersprache)* • object-oriented

objektrelationale Datenbank *f* (OBD) *<comp>* • object-relational database (OBD)

Ödland *n DIN 4047-1 <geo>* • wasteland

OEM-Hersteller *m* (OEM) *<prod>* • Original Equipment Manufacturer (OEM)

Ofen *m <hlk.nahr> (klein; zum Backen, Heizen)* • stove

Ofen *m <metall> (groß; sehr heiß; industrielle Wärmeerzeugung; z. B. zum Schmelzen)* • furnace

Ofen *m <nahr> (zum Backen, Kochen; Teil eines Küchenherds)* • oven

Ofen *m <silik> (relativ klein; zum Bren-*

nen, Einbrennen) • stove

Ofen *m <verbr> (sehr groß; zum Brennen von Kalk, Zement, Müll; meist Drehrohrofen)* • kiln

offen: im Ruhezustand ~ *:V <el> (Schalter, Stromkreis)* • normally open (NO)

offen *<kfz> (Karosserietyp)* • drophead *adj*

offen *<kfz.msr> (offenstehende Tür, Hecklappe u. Ä.; z. B. als Signalleuchte)* • ajar

offen *<pack> (ohne Deckel; z. B. Kiste, Container)* • open-top

offene Flamme *f <feuer>* • naked flame

offener Graben *m <bau>* • ditch

offener Güterwagen *m <bahn>* • open freight car; open-top freight car; open wagon; truck *rare*

offener Kamin *m <hlk>* • open fireplace

offener Quellcode *m <comp>* • open source code; open source *pract*

offenes Auto *n <kfz> (allg.; 2- und 4-Sitzer)* • convertible (conv); open-air automobile *press*; topless automobile *press*; droptop *pract*; ragtop *coll*

offenes Gerinne *n <tech.allg>* • open channel [flow]

offen fahren *vi <kfz> (mit Cabrio, Spider, Roadster)* • drive with the top down *vi*

Offenlegung *f <jur> (z. B. Patentantrag)* • disclosure; publication

Offenlegungsschrift *f <jur> (Patentverfahren)* • application document; unexamined laid-open patent application

öffentliche Einrichtungen *fpl <admin>* • public facilities

öffentlicher Fernsprecher *m <tele> (mit Münzen od. Karte)* • public payphone *US*; public telephone *GB*; telephone paystation *US.obs*; paystation *US.obs*

öffentlicher Personennahverkehr *m* (ÖPNV) *<verk> (Linienverkehr innerhalb eines Radius von ca. 50 km)* • local public transport[ation]; public transit system; transit

öffentliches Versorgungsunternehmen *n <energ.org> (allg.; für Wasser, Strom, Gas)* • public-utility company; public-service company; public utility *pract*; utility *coll*

öffentliche Toilette *f <bau.hygi> (z. B. in Tiefgaragen, U-Bahn-Stationen)* • public lavatory; public conveniences; restrooms *US*

öffentliche Verkehrsmittel *npl <verk> (als System, Einrichtung)* • mass transit; mass transportation; public transport[ation]; public transit; transit

off-line *<tech.allg>* • off-line ...

Offline-Betrieb *m <tech.allg>* • off-line mode; off-line processing; off-line operation

Offline-Verarbeitung *f <tech.allg>* • offline processing

öffnen *vt <tech.allg> (ein ver-, geschlossenes Objekt; z. B. Paket, Gehäuse, Auto, Tür, Haus)* • open *vt*

öffnen *vt <el> (z. B. Kontakt, Stromkreis)* • break *vt*

Öffnung *f <allg> (jede Art und Form)* • aperture; orifice *form*; opening *pract*; hole *coll*

Öffnung *f <tech.allg> (aus der etwas austritt; eher klein; z. B. einer Spritzdüse)* • orifice

Öffnung *f <tech.allg> (Ein- und/oder Auslass)* • port

Öffnung *f <tech.allg> (zum Ent- und/oder Belüften)* • vent

Öffnung *f <bio> (Anatomie)* • orifice

Öffnungszeit *f <tech.allg> (z. B. Armatur, Schalter)* • opening time

Offroad-Strecke *f <verk>* • ATV trail

Offset-Crashtest *m <kfz.qualit>* • offset crash test

Offsetdruck *m <druck>* • offset printing

Offsetdruckfarbe *f <druck>* • offset ink

Offsetdruckmaschine *f <druck>* • offset printing machine; offset printing press; offset machine

Offshore-... *<tech.allg> (vor der Küste, auf Festlandsockel, bis ca. 200 m Tiefe; z. B. Bohrinsel)* • offshore ...

Offshore-Anlage *f <petr>* • offshore installation

Offshore-Aufstellung *f <energ.wind>* • offshore installation

Offshore-Bauten *mpl <tech.allg>* • offshore structures *pl*

Offshore-Betrieb *m <tech.allg>* • offshore operation

Offshore-Bohrplattform *f <petr>* • offshore drilling platform; offshore platform; offshore oil drilling rig; offshore oil rig; drill platform

Offshore-Boot *n <nav> (Schlauchboot-*

typ) • offshore power boat
Offshore-Konstruktion *f <tech.allg> (z. B. Bohrinsel, Windkraftanlage)* • offshore structure
Offshore-Technik *f <tech.allg>* • offshore engineering
Offshore-Technologie *f <tech.allg>* • offshore technology
Offshore-Windenergieanlage *f <energ.wind>* • offshore wind turbine; offshore wind energy plant
OHC-Motor *m <kfz.mot>* • OHC-engine
Ohm *n DIN 1301 <el> (Einheit des elektrischen Widerstandes; 1 Ohm = 1 Volt/1 Ampere)* • ohm
Ohmmeter *n <msr>* • ohmmeter
Ohm'scher Verlust *m <el>* • ohmic loss; resistance loss; copper loss *coll*
ohmscher Widerstand *m <el>* • ohmic resistance; resistance; resistive load; active resistance
Ohm'sches Gesetz *n <el>* • Ohm's law
Ohrhörer *m <av>* • earphone
Ökologie *f <ökol>* • ecology
ökologisch *<ökol>* • ecological
ökologische Anforderungen *fpl <tech.allg>* • environmental requirements
ökologische Bilanzierung *f ISO 14040 <ökol>* • life cycle assessment (LCA) *ISO 14040*
ökologisches Gleichgewicht *n <ökol>* • ecological balance
ökologisch unerwünscht *<ökol> (allg.)* • ecologically undesirable
Ökosystem *n <ökol>* • ecosystem
ökotoxikologisch *DIN ISO 15799 <ökol>* • ecotoxicologic *ISO 15799*; ecotoxicological
Ökotoxizität *f <ökol.chem>* • ecotoxicity
Oktan *n <chem>* • octane
Oktanzahl *f* (OZ) *<chem> (von Kraftstoff; (ROZ+MOZ):2=OZ)* • octane number (ON); octane rating
Okular *n <opt> (allg.; z. B. an Kamera, Mikroskop, Fernrohr)* • eyepiece; ocular; eye lens *rare*
Okularverschluss *m <phot> (gegen Fremdlichteinfall)* • eyepiece shutter
Öl *n <tech.allg>* • oil
Ölablass *m <tribo> (z. B. Getriebe, Motor)* • oil drain
Ölablassschraube *f <masch> (z. B. an Motor, Getriebe)* • oil drain plug; drain plug
Ölabscheider *m <tech.allg>* • oil separator; oil trap
ölabweisend *<obfl> (z. B. Druckplatteneigenschaft)* • oil-repellent; oleophobic *thsc*
Öladditiv *n <tribo>* • oil additive
Ölansaugrohr *n <tech.allg> (z. B. in Ölwanne)* • oil pickup tube; oil pickup
Ölaustritt *m <tech.allg> (durch Undichtheit)* • oil leakage; oil leak
Ölbadkupplung *f <kfz.ant>* • oil-immersed clutch; wet clutch
Ölbasis *f <chem> (z. B. für Lacke, Schmiermittel)* • oil base
ölbefeuert *<verbr> (z. B. Heizkessel, Kraftwerk)* • oil-fired
ölbeheizt *<hlk>* • oil-heated; oil-fired
ölbeständig *<mat>* • oil-resistant; oil-proof *coll*
Ölbohrung *f <petr> (an Land oder Off--Shore, zur Erdöl- und Erdgasproduktion)* • oil well
öldicht *<tech.allg>* • oil-tight
Öldichtung *f <masch>* • oil seal
Öldienstschlüssel *m <kfz.wz> (allg.; jeder Typ)* • drain plug wrench; filler and drain plug wrench *form*
Öldruck *m <tech.allg>* • oil pressure
öldruckabhängig *<tech.allg>* • oil--pressure dependent
Öldruckgeber *m <msr>* • oil pressure sending unit; oil pressure sensor
OLED-Fernseher *m <av> (extrem flacher Bildschirm mit OLEDs; z. B. Sony)* • OLED TV
Öleinfülldeckel *m <masch>* • oil filler cap
Öleinfüllmenge *f <masch> (z. B. von Motor, Getriebe, Differential)* • oil capacity
Öleinfüllöffnung *f DIN ISO 4378-1 <masch>* • oil filler hole *ISO 4378-1*; oil filler inlet *rare*
Ölembargo *n <logist>* • oil embargo
Olfaktometrie *f VDI 3881 <msr.bio> (Neurologie: Messkunde für Gerüche)* • olfactometry
olfaktorische Wahrnehmung *f <sens>* • olfactory perception
Ölfilm *m <tech.allg>* • oil film
Ölfilter *m <masch.tribo>* • oil filter
Ölfiltereinsatz *m <kfz.mot>* • oil filter cartridge; oil filter insert

Ölfilterpatrone *f <kfz.mot> (komplett austauschbar mit Gehäuse; typ. Bauart bei vielen Pkw)* • oil filter cartridge; oil filter *pract*
Ölfördermenge *f <hydr> (einer Hydraulikpumpe)* • oil flow rate
Ölfördermenge *f <petr> (z. B. der OPEC)* • petroleum production
ölgehärtet *<metall>* • oil-tempered; oil--hardened
ölgekühlt *<tech.allg>* • oil-cooled
Ölhafen *m <nav>* • oil port; oil terminal
Ölhaushalt *m <tech.allg>* • oil supply
Ölheizung *f VDI4640 <hlk>* • oil heating system *VDI4640*; oil-fired heating system; oil heating
ölig *<tech.allg> (z. B. Oberflächen etc.)* • oily
ölig *<ents> (unerwünscht ölenthaltend; Abfall, Müll)* • oily; oil-contaminated
öliger Rückstand *m <obfl> (unerwünschte Ablagerung)* • oily residue
Öl-in-Wasser-Emulsion *f <tech.allg> (z. B. Kühl-Schmiermittel, Nahrung, Kosmetika)* • oil-in-water emulsion
Olivenöl *n <nahr>* • olive oil
olivgrün *RAL 6003 <obfl>* • olive green
Ölkanal *m <masch> (z. B. in Zylinderkopf, Motorblock, Kurbelwellen etc.)* • oil passage; oil duct; oil channel *rare*
Ölkohleablagerungen *fpl <kfz.mot> (Verbrennungsrückstand; unerwünscht)* • carbon buildup *sg*; carbon deposits *pl*
Ölkraftwerk *n <energ>* • oil-fired power plant *US*; oil-fired power station *GB*
Ölkreislauf *m <tech.allg> (Vorgang; z. B. zur Schmierung, Kühlung)* • oil circulation
Ölkreislauf *m <tech.allg> (System; z. B. Kühlung, Schmierung, Hydraulik)* • oil circuit
Ölkrise *f <logist>* • oil crisis
Ölleitung *f <tech.allg> (Rohr, Schlauch)* • oil line
Ölleitung *f <masch.tribo> (Bohrung, Kanal)* • oilway; oil gallery
Ölmessstab *m <tribo> (allg.; z. B. für Getriebeölstand)* • dipstick; oil level gauge; oil gauge; oil dipper rod; oil--level dip-stick
Ölnebel *m <tribo>* • oil mist
Ölpapier *n <tech.allg> (z. B. Trafo-/Kabelisolierung, Korrosionsschutz)* • oil--impregnated paper
Ölpumpe *f <tech.allg>* • oil pump
Ölraffination *f <petr>* • oil refining
Ölsaatenkraftstoff *m <agri>* • oilseed fuel
Ölschlick *m <ökol.nav> (Verschmutzung des Meeres oder der Küste)* • oil slick
Ölsieb *n <kfz.mot> (am Saugrüssel der Ölpumpe)* • pickup screen; oil screen; filter screen; oil strainer *rare*
Ölsorte *f <tribo>* • oil grade
Ölstand *m <tribo> (z. B. in Tank, Motor, Getriebe)* • oil level
Ölstandskontrollleuchte *f <msr>* • check oil indicator light
Öltank *m <tech.allg> (jede Größe, jeder Zweck)* • oil tank; oil reservoir
Öltasche *f <tribo> (z. B. in Getriebe)* • oil retention area
Ölteppich *m <ökol.nav> (auf dem Meer; z. B. aus Havarie)* • oil spill; oil layer *rare*
Ölverbrauch *m <tech.allg> (z. B. für Heizung, Schmierung, Salate)* • oil consumption
Ölversorgungsleitung *f <tech.allg> (Zulauf; z. B. Heizung, Schmierung)* • oil feed line
Ölwanne *f DIN ISO 7967-1 <masch> (allg.; z. B. von Motoren, Getrieben)* • oil pan *US*; oil sump *GB*; sump *pract*
Ölwechselintervalle *npl <tribo> (z. B. Motor, Getriebe, Werkzeugmaschine, Turbine)* • oil change intervals; frequency of oil/fluid change
Ölzufuhr *f <tech.allg>* • oil feed
Omega-3-Fettsäuren *fpl <chem>* • omega-3 fatty acids *pl*
omnidirektional *<tech.allg>* • omnidirectional
online *<tech.allg> (verbunden, aktiv, eingeschaltet, betriebsbereit)* • online; on-line
Online-Betrieb *m <tech.allg> (Drucker usw.)* • online operation; online processing
Online-Modus *m <druck> (Betriebszustand, Status eines Druckers)* • online mode
Online-Spiel *n <comp.spiel> (meist kostenlos)* • browser game
önologisches Produkt *n <nahr> (Wein, Sekt, Champagner)* • oenological product

On-Screen-Display *n* (OSD) *<comp> (z. B. von Bildschirmreglern)* • on-screen display (OSD)
opak *<opt> (kein Licht durchlassend; im Ggs. zu transparent)* • opaque; non-transparent
Opallampe *f <phot> (z. B. Lichtquelle in Kondensor-Vergrößerern)* • opal lamp
Opazimeter *n wiss <msr> (zur Messung des Schwebstoffanteils)* • opacimeter
Open-Sorce-Bewegung *f <comp>* • open-source movement
Operandenregister *n <comp>* • operand register
Operator *m <math>* • operator
Opferanode *f DIN EN ISO 8044 <obfl> (Kathodenschutz)* • sacrificial anode; galvanic anode *ISO 8044*
Option *f <tech.allg> (z. B. in Programm-Menü)* • option
optisch anzeigen *vt <tech.allg>* • display *vt*
optischer Bildstabilisator *m* (OIS) *<av.phot>* • optical image stabilizer (OIS); optical image stabilization; optical image stabilizing system
optisches Modell *n <tech.allg>* • optical model
optisches Signal *n <msr> (allg.)* • optical signal
optisches Speichermedium *n <comp>* • optical storage medium; optical storage device
optisches System *n <opt> (allg.; Objektive, Linsen, Spiegel etc.; z. B. von Kopierer, Scanner)* • optical system; optics *pract*
optische Störmeldung *f <tech.allg>* • optical trouble indication; optical information on faults
Optoelektronik *f <el>* • optoelectronics
optoelektronischer Koppler *m <el>* • opto-electronic coupler; opto-electronic signal coupler
Optokoppler *m <el> (von galvanisch getrennten Schaltkreisen)* • optocoupler; photocoupling device; photocoupler; optical coupler; optoisolator
Orangenhaut *f <obfl> (Lackierfehler)* • orange-peel effect; orange-peel [appearance]
Orbitalbewegung *f <tech.allg> (z. B. Kernphysik, Astronomie, Raumfahrt)* • orbital motion
Ordinalzahl *f <math> (Zahl zum Ordnen; z. B. 1., 2., ...100. usw.)* • ordinal number
Ordinate *f <math> (Y-Koordinate eines Punktes)* • ordinate
ordnen *vt <allg> (in best. Reihenfolge; z. B. alphabetisch, nach Größe, Typ)* • order *vt*
ordnen *vt <tech.allg> (nach Güteklasse)* • grade *vt*
Ordnung *f <tech.allg> (z. B. Differentialgleichung)* • order
ordnungsgemäß *<allg> (wie angeordnet, befohlen)* • duly
Organic-Light-Emitting-Diode *f* (OLED) *<comp> (für extrem flache Displays)* • Organic Light-Emitting Diode (OLED)
Organisation *f DIN EN ISO 8402 <allg>* • organization *ISO 8402*
Organisationskomitee *n <allg> (z. B. von Tagungen, Konferenzen, Symposien)* • Organizing Committee *US*; Organising Committee *GB*
organische Chemie *f <chem>* • organic chemistry
organischer Dünger *m <agri>* • organic fertilizer; organic fertiliser *GB*
organische Verbindung *f <chem>* • organic compound
orientieren *vr <allg> (relativ zur Umgebung)* • orient *vr*
Orientierungsverbesserung *f <tech.allg>* • orientation correction
original *<tech.allg> (ursprünglich)* • original *adj*
original *<tech.allg> (echt, keine Nachahmung; z. B. Ersatzteil, Material)* • genuine
Original *n <tech.allg> (ursprüngliche Ausführung, erstes seiner Art)* • original
Original-Ersatzteil *n <tech.allg>* • genuine spare [part]
O-Ring *m <tech.allg> (z. B. auf Wellen, in Flanschen)* • O-ring
Ort *m <allg>* • location; position; place
Ort *m <allg> (betont: spezieller Punkt)* • spot
Ort *m*: **vor ~** *<allg>* • location: on ~
Ort *m*: **vor ~** *VDI4640 <tech.allg> (z. B. am endgültigen Einsatzort)* • in situ *VDI4640*; site: on ~; field: in the ~
Ort *m*: **vor ~** *<tele> (Außenaufnahmen)*

• location: on ~

Ortbeton *m <bau.mat> (im Ggs. zu Bertonfertigteilen)* • in-situ concrete; site concrete; cast-in-situ concrete *rare*; cast-in-place concrete *rare*; monolithic concrete *rare*

orten *vt <allg> (genaue Position entdecken)* • spot *vt*

orten *vt <tech.allg> (Objekt; z. B. Person, Schiff, Sender, Ziel; Störungsursache)* • locate *vt*; position *vt*

Ortgang *m <bau> (am Satteldachgiebel)* • verge

Orthogonalprojektion *f DIN ISO 10209-2 <doku.opt> (z. B. technische Zeichnung, Landkarte)* • orthogonal projection *ISO 10209-2*

orthographische Variante *f <term> (z. B. Photo, Foto)* • variant *ISO 12620*

orthopädisch *<tech.allg> (z. B. Sitz)* • orthopedic; orthopaedic

örtliche Erwärmung *f <tech.allg>* • local heating

ortsbeweglich *<tech.allg> (mobil)* • mobile

Ortsbeweglichkeit *f <tech.allg> (von Anlagen, Einrichtungen)* • mobility

Ortsbrust *f <min> (Tunnelbau, Bergbau)* • working face; forehead; breast; face; front

Ortsdosis *f <nukl>* • local dosage; local dose; area dosis

Ortsdurchfahrt *f* (OD) *<bau.verk>* • through road; through highway; through street; township street

ortsfest *<tech.allg> (nicht mobil; z. B. Anlage, Einrichtungen)* • stationary; fixed

ortsfeste Funkstelle *f <tele>* • base transmitter station

ortsfeste Station *f <tech.allg> (z. B. Wetterwarte)* • fixed station

Ortsgespräch *n <tele>* • local call

Ortsnetz *n <tech.allg> (zur Verteilung von etw.)* • local distribution system

Ortsnetz *n <tele> (Telefon)* • local telephone network; local exchange network; local network

Ortszeit *f <allg>* • local time

Ortungsgerät *n <navig>* • position finder; location finder; ground position indicator

Öse *f <tech.allg> (Teil mit Loch zum Einhängen eines Hakens o. Ä.; zum Heben)* • ear; eye; eyelet; lug

Öse *f <bekl>* • loop

Öse *f <metall> (Schmuck; kleiner Metallring zum Verbinden)* • jump ring

Öse für Trageriemen *f <phot> (an Kamera)* • neck-strap eyelet; shoulder strap holder

Osmium *n* (Os) *<chem>* • osmium (Os)

osmotischer Druck *m <bio>* • osmotic pressure

Osterei *n <comp> (versteckter Gag in einer Software)* • Easter egg

Ostküstenzeit *f <allg> (USA)* • Eastern Time (ET)

Oszillation *f <tech.allg>* • oscillation

Oszillatorschaltung *f <el> (ein Schwingkreis)* • oscillator circuit; oscillating circuit; oscillatory circuit

oszillieren *vi <phys>* • oscillate *vi*

oszillierend *<tech.allg> (hochfrequent schwingend)* • oscillating; oscillatory

Oszillograph *m <msr>* • oscillograph

Oszilloskop *n <el>* • oscilloscope

Ottokraftstoff *m DIN 51600 <chem.-petr> (für Benzinmotoren)* • gasoline *US*; gas *US.pract*; petrol *GB*

Ottomotor *m <kfz.mot> (im Ggs. zu Dieselmotor)* • SI engine; spark-ignition engine; gasoline engine *US*; petrol engine *GB*; Otto engine *rare*

Ottomotor mit Direkteinspitzung *m <kfz.mot>* • direct injection SI engine *SUS SP-1314*; gasoline engine with direct fuel injection *US.did*; DI gasoline engine *US*; direct-injection gasoline engine *US*; DISI engine

oval *<tech.allg> (Form)* • ovoid; oval--shaped; egg-shaped

ovalisiert *<fz> (z. B. Fahrradrahmenrohr)* • ovalized

Overall *m <bekl>* • jumpsuit

Overdrive *m <kfz.antr> (Übersetzungsverhältnis < 1:1)* • overdrive; overdrive gear

Overheadfolie *f <doku>* • overhead transparency; overhead projection film; transparency *coll.pract*

Ovonic-Speicher *m <comp> (nach Ovshinsky)* • ovonic memory

Oxalsäure *f <chem> (Oxalicum acidum)* • oxalic acid

Oxidationsbeständigkeit *f <qualit.mat> (allg.)* • oxidation resistance

Oxidationsbeständigkeit *f <tribo> (von

Öl) • oxidative stability; oxidation stability

Oxidationskatalysator *m <kfz> (Abgasreinigung)* • oxidizing catalytic converter; oxidizing converter; two--way catalytic converter; two-way converter

Oxidationsschutzmittel *n DIN 55 405 <pack>* • antioxidant

Oxidationszone *f <chem> (allg.; auch als Oberflächenreaktion)* • oxidizing zone

Oxidationszone *f <verbr> (exothermer Verbrennungsbereich; z. B. im Hochofen)* • combustion zone

Oxidbelag *m <obfl> (z. B. auf Alu)* • oxide film; surface oxide film; oxide coat; oxide layer

Oxidbildung *f <chem>* • oxide formation

oxidieren *vi <chem>* • oxidize *vi*

oxidieren *vt <chem.verf>* • oxidize *vt*

oxidierende Flamme *f <füg> (Gasschweißen; Sauerstoffüberschuss)* • oxidizing flame

Oxidkeramik *f <silik>* • oxide ceramics; cemented oxides

Ozonbehandlung *f <nahr> (z. B. zum Entkeimen von Trinkwasser)* • ozonization

Ozonfilter *m <druck> (z. B. in Kopierer, Laserdrucker)* • ozone filter

Ozonloch *n <ökol>* • ozone depletion; hole in the ozone layer; ozone layer destruction

P

Paar *n <tech.allg>* • couple; dyad *thsc*; pair *coll*

Paarung *f <tech.allg>* • pairing

paarweise angeordnet *<tech.allg>* • pair: arranged in ~s; pair: in ~s; paired

Packband *n <pack> (aus Papier; gummiert, braun od. weiß)* • gummed tape; sealing tape

Packband *n <pack> (aus Kunststofffolie; typisch braun, auch glasklar)* • mailing tape; packaging tape

Packdichte *f <tech.allg>* • packing density

Packmittel *n <pack> (z. B. Karton, Folie)* • package; means of packaging

Packstation *f <pack> (allg.)* • packing station; packing plant

Packstraße *f <pack>* • packaging line

Packung *f DIN 55 405 <pack> (Packgut+Verpackung)* • pack *ISO/WD 21076*; package

Packung *f <rls> (Dichtkörper einer Stopfbuchse)* • packing

Paddel *n <tech.allg> (z. B. für Kanu, Kajak, Rührwerk)* • paddle

Paket *n <tech.allg> (z. B. Daten, Bleche)* • packet

Paketklebeband *n <pack> (meist selbstklebend)* • carton sealing tape; shipping tape

Palette *f <kunst.wz> (Mischbrett für Farben)* • palette

Palette *f ISO 445 <logist> (groß; für Gabelstapler)* • pallet *ISO 445*

Palette *f <prod> (klein; zum Transport von Werkstücken zw. Bearbeitungsstationen)* • pallet; work carrier; platen

Palettenhubwagen *m <förd>* • pallet lift truck

Palettenregal *n <logist>* • pallet rack

palettieren *vt <prod>* • palletize *vt*; palletise *vt GB*

Palladium *n* (Pd) *<chem>* • palladium (Pd)

Palmkernöl *n <tech.allg> (auch i.d. Nahrung)* • palm kernel oil; palm oil

Panamax *<nav> (Schiffskategorie; Breite max. 32,25 m)* • Panamax

Paneeldecke *f <bau.innen> (typ. Holz, Kunststoff, Metall; geklebt od. abgehängt)* • panel ceiling; paneled ceiling *US*; panelled ceiling *GB*; pan ceiling *pract*

Panikentriegelung *f <bau> (von Türen)* • panic release *:V*

Pannenbucht *f <bau.verk> (in Tunnels)* • breakdown bay; accident bay

Pannendienst *m <kfz.verk> (z. B. von Automobilclub, Pkw-Hersteller)* • breakdown service; road service

pannenfest *<fz> (Reifen)* • puncture resistant; puncture proof

Panorama-Foto *n <phot>* • panoramic picture

Pantograph *m <fz> (Fahrrad-Kettenschaltung)* • pantagraph

Pantry *f <nav> (allg.; Raum zur Geschirraufbewahrung und -reinigung)*

• pantry

Pantry *f <nav> (Kombüse auf kleinen Schiffen)* • pantry; caboose

Panzer *m <metall> (Hochofen)* • shell; armour; casing

Panzer *m <mil.fz> (z. B. Kampfpanzer)* • tank

Panzer *m <prod> (Auftrag, Plattierung von stark beanspruchten Oberflächen, meist innen)* • liner

panzerbrechend *<mil> (Munition)* • armor-piercing *US*; armour-piercing *GB*; armor-penetrating *US.rare*; armour-penetrating *GB.rare*

Panzerfaust *f <mil>* • bazooka

Panzerglas *n <mat>* • bullet-proof glass

Panzerkette *f <bekl> (Schmuck; z. B. als Halskette)* • curb chain

Panzerkette *f <mil> (Raupenkette)* • tank tread

Panzerlenkung *f <nfz>* • tank steering

panzern *vt <tech.allg>* • armor *vt US*; armour *vt GB*

panzern *vt <kfz> (Kfz sichern; z. B. gegen Handfeuerwaffen etc.)* • armor-plate *vt US*

panzern *vt <obfl> (allg.; z. B. durch Schweiß- od. Walzplattieren)* • hard-surface *vt*; hard-face *vt*

Panzerplatte *f <tech.allg>* • armor plate *US*; armour plate *GB*

Panzerung *f <tech.allg>* • armoring *US*; armouring *GB*; armor *US*; armour *GB*

Papier *n <pap>* • paper

Papierbrei *m <pap.prod> (Zellulose und Wasser)* • paper pulp; stock; pulp; stuff

Papiereinzug *m <druck> (in Kopierer, Drucker; Normalpapier, Formulare etc.)* • form feed (FF); paper feed[ing]; feeding; paper loading; form loading

Papiereinzugstaste *f <druck>* • paper feed key; form feed key; FF key

Papierfabrik *f <pap>* • paper mill

Papierführung *f <druck> (seitlich; für Einzelblatt; Teil der Papierstütze)* • paper guide; sheet guide

papierlos *<allg>* • paperless

Papierrolle *f <druck> (unbedrucktes Papier für Großdruckerei; bei Zeitungspapier ca. 1,5 t)* • paper roll; jumbo roll; paper reel

Papierrolle *f <pap> (allg.; z. B. für Tischrechner)* • paper roll

Papiersorte *f <pap>* • paper grade

Papierstapel *m <tech.allg>* • paper stack; paper pile

Papierstau *m <druck>* • paper jam; paper blockage; paper stoppage; jam

Papier- und Zellstoffindustrie *f <pap>* • pulp and paper industry

Pappe *f DIN 6730 <pap> (> 600 g/m^2; meist braun od. grau; typ. f. Schachteln)* • paperboard; board; cardboard *coll*; cartonboard; boxboard

Parabelbogen *m <bau> (ähnl. Katenoide)* • parabolic arch

Parabelfachwerk *n <bau> (z. B. Brücke)* • parabolic truss

Parabelflug *m <aerosp> (z. B. zum Testen der Schwerelosigkeit)* • parabolic flight; ballistic flight

Parabolantenne *f <tech.allg> (z. B. Richtfunk, Radar, Astrophysik)* • parabolic reflector antenna *US*; parabolic aerial *GB*

Parabolreflektor *m <energ.sol>* • parabolic reflector

Parabolrinnenkollektor *m <energ.sol> (linienfokussierender Kollektor)* • parabolic trough collector (PTC); parabolic trough concentrator; solar parabolic trough; solar trough *pract*

Parabolspiegel *m <opt>* • parabolic reflector; paraboloidal mirror *rare*

Paraffin *n <chem.petr> (flüssig)* • paraffin oil

Paraffin *n <chem.petr> (fest)* • paraffin wax

Parallaxenausgleich *m <opt>* • parallax correction; parallax compensation

parallel *<tech.allg> (z. B. geometrisch, gleichzeitig)* • parallel *adj*

Parallelbetrieb *m <tech.allg> (z. B. von Motoren, Turbinen, Förderanlagen)* • parallel operation

Paralleldrucker *m <comp>* • parallel printer; line printer

Parallelführung *f <masch> (z. B. Werkzeug, Werkstück, Kranbrücke)* • parallel guide

parallelgeschaltet *<tech.allg> (z. B. Stromverbraucher, Pumpen, Leitungen, Arbeitsvorgänge)* • parallel: connected in ~; parallel: in ~; parallel-connected

Parallelität *f <kfz.brems> (Bremsscheiben)* • parallelism

Parallelogramm der Kräfte *n <mech>* • parallelogram of forces

Parallelogrammführung *f <tech.allg>* • parallelogram linkage

Parallelport *m <comp.druck> (gemäß IEEE-1284; früher typ. für Drucker)* • parallel port

Parallelprojektion *f DIN ISO 10209-2 <doku.opt> (z. B. techn. Zeichnung, Landkarte)* • parallel projection *ISO 10209-2*

Parallelrechner *m <comp>* • parallel computer; simultaneous computer

parallelschalten *vt <tech.allg> (z. B. Pumpen zur Vergrößerung des Förderstromes)* • connect in parallel *vt*; parallel *vt*

Parallelschaltung *f <tech.allg> (z. B. Pumpen, Turbinen, elektron. Bauelemente)* • parallel connection

Parallelschaltung *f <tech.allg> (z. B. Stromverbraucher, Pumpen, Fahrtreppen)* • connection in parallel; parallel connection; paralleling

Parallelstrom *m <tech.allg>* • parallel flow

Parallelverschiebung *f <tech.allg>* • parallel shift; parallel displacement

Parallelzugriff *m <tech.allg>* • parallel access; simultaneous access

paramagnetischer Stoff *m <mat>* • paramagnetic material; paramagnetic

Parameter *m <tech.allg> (für Entscheidungen, Schätzungen, Prozesse)* • parameter

Parameter *m <tech.allg> (allg.)* • parameter

Parameteranpassung *f <tech.allg> (z. B. Elektronik, Qualitätssicherung)* • parameter adjustment

parametrische Optimierung *f <tech.allg> (z. B. Mathematik, Prozesssteuerung)* • parameter optimization

parasitär *<bio>* • parasitic

parasitärer Strom *m <el>* • parasitic current

Parität *f <tech.allg>* • parity

Paritätsbit *n <comp>* • parity bit; parity check bit; redundancy bit; check bit

Paritätsfehler *m <comp>* • parity error

Paritätsprüfung *f <comp>* • parity check; parity checking; odd-even check; even-odd check

Parkassistent *m <kfz> (System steuert Fahrzeug)* • parking assist system (PTS); park assist system

Parkbahn *f <aerosp> (Umlaufbahn als Ausgangsposition für Weltraumflüge)* • parking orbit

Parkdeck *n <bau>* • parking deck

parken *vt <allg> (etw. vorübergehend abstellen)* • park *vt*

Parkhaus *n <verk> (allg.)* • indoor parking lot *US*; indoor car park *GB*

Parkplatz *m <verk> (mit Einparkservice)* • valet parking *US*

Parkplatz *m <verk> (Platz für einzelnes Auto)* • parking space

Parkplatz *m <verk> (für mehrere Fahrzeuge)* • parking lot *US*; lot *US.coll*; car park *GB*

Parkplatz *m <verk> (betont: ohne Einparkservice)* • self park *US*

Parksperre *f <kfz.antr> (des Automatikgetriebes)* • parking lock (PL); parking interlock; parking sprag

Parkstreifen *m <bau.verk>* • parking lane; parking strip

Partikelemissionen *fpl <kfz.emiss>* • particulate emissions *pl*

Partikelfilter *m/n <verf> (Staub, Schwebstoffe etc. in Gasen, Flüssigkeiten)* • particulate collector; particle collector; solids collector *rare*

Partikelschaum *m* (EPS) *<chem>* • expanded polystyrene (EPS)

Partition *f <comp> (auf Festplatte)* • partition; disk partition

partitionieren *vt <comp> (Festplatte)* • partition *vt*

parts per million (ppm) *<tech.allg> (z. B. Umweltverschmutzung)* • parts per million (ppm)

Partyzelt *n <allg>* • party tent

Pascal *n DIN 1301 <phys> (SI-Einheit des Druckes: 1 N/Quadratmeter)* • pascal

Paspel *f <bekl>* • piping

Passagier *m* (PAX) *DIN EN 1915-1 <aerosp>* • passenger; pax *pract*

Passagier *m <nav>* • passenger

Passagierabfertigung *fsg <aerosp>* • passenger processing *sg*; passenger handling *sg*

Passagierbedientafel *f* (PSU) *<aerosp.innen>* • passenger service unit (PSU); passenger service/information unit *PSIU*

Passagierbereich *m <aerosp>* • passenger area

Passagierfähre *f <nav>* • passenger ferry

Passagierkabine *f <aerosp.innen>* • passenger cabin *pract*; passenger compartment *form*

Passagierschiff *n <nav>* • passenger ship; passenger vessel

Passagiersitz *m <aerosp.innen>* • passenger seat

Passagier- und Autofähre *f <nav>* • car/passenger ferry; passenger/car ferry

Passagier- und Fahrzeugfähre *f <nav>* • passenger/vehicle ferry; vehicle/passenger ferry

passen *vi <tech.allg>* • fit *vi*

passend *<allg> (allg.; z. B. Antwort, Gerät, Werkzeug, Zeitpunkt)* • suitable

passend zu *<allg>* • suitable for; appropriate for

passen in *vi <tech.allg>* • fit into *vi*

Passermarke *f <druck> (zur Druckplattenregistrierung)* • register mark; register cross

Passfeder *f DIN 6885 <füg> (Wellen--Naben-Verbindung; parallele Flächen, daher kein Keil!)* • parallel key

Passfläche *f <tech.allg>* • mating surface

Passgenauigkeit *f <prod> (z. B. von Autotüren, Motorhauben)* • fit

passiver Sicherheitsgurt *m <kfz.sich> (nicht verwechseln mit "Automatikgurt"!)* • automatic seat belt; passive seat belt

passives Bauelement *n <el>* • passive device; passive component; passive element; inactive element

passive Sicherheit *f <kfz.sich> (Unfallfolgenmilderung)* • passive safety; secondary safety

passiv gekühlt *<tech.allg> (ohne Lüfter; z. B. Prozessor mit Wärmesenke)* • passively cooled

Passivhaus *n <bau>* • passive house

passivieren *vt <obfl>* • passivate *vt*; render passive *vt*

Passivierung *f DIN EN ISO 8044 <obfl> (z. B. als Korrosionsschutz oder Haftgrund)* • passivation *ISO 8044*; surface passivation

Passiv-Infrarot-Bewegungsmelder *m* (PIR) *<alarm>* • passive infrared motion detector (PIR); passive infrared detector; infrared motion detector; IR motion detector; passive IR

Passstift *m <masch> (allg.; fixiert die genaue Lage)* • dowel pin; alignment pin; alignment dowel; register pin

Passstück *n <tech.allg> (an- od. ineinanderpassend)* • mating part

Passstück *n <tech.allg> (Adapter, Übergangsstück zum Anpassen)* • adapter

Passtoleranz *f <tech.allg>* • fit tolerance

Passung *f <tech.allg>* • fit

Passung *f <prod> (Ausrichtung; z. B. von Türen, Klappen, Hauben)* • alignment

Passungssystem *n <norm> (z. B. Einheitsbohrung, Einheitswelle)* • fit classification; fit system

Passzeichen *n <tech.allg>* • registering mark; registration mark

pasteurisieren *vt <nahr.prod>* • pasteurize *vt*; pasteurise *vt*

Pastille *f <pharm> (kleine, tablettenähnliche Arzneimittelzubereitung)* • tabloid; tablet *coll*

Pastillenpresse *f <verf>* • briquetting press

Patchkabel *n <comp> (LAN- Anschluss; RJ45; z. B. Cat 5)* • patch cable; patch cord

Patentamt *n* (PA) *<jur>* • patent office (Pat.Off.)

Patentanmeldung *f <jur>* • patent application

Patentansprüche *mpl <jur> (Patent)* • claims; what we claim is

patentfähige Erfindung *f <jur>* • patentable invention

Patentgegenstand *m <jur>* • subject of a patent

patentieren *vt <metall> (Wärmebehandlung für spätere Kaltumformung)* • patent *vt*

Patentinhaber *m <jur> (Pos. 73 auf Patentschrift)* • Proprietor *EPS*

Patentschrift *f <jur>* • patent specification; printed patent specification

pathogene Keime *mpl <med>* • pathogenic germs *pl*; pathogens *pl*

Patientenlifter *m <förd>* • patient lift;

mobile sling lift

Patina *f <min> (Kupferoxid)* • verdigris

patinierte Oberfläche *f <obfl.holz>* • patinated surface

Patrize *f <metall> (oben, mit Kern; beim Schmieden, Pressen)* • male die [part]; upper die

Patrone *f <tech.allg> (Einsatz, meist zylindrisch; z. B. Filter)* • cartridge

Patrone *f <mil> (Munition)* • cartridge; round; shell *US*

Patronenheizkörper *m <tech.allg>* • cartridge heater

Patronenhülse *f <mil> (leer; typ. Messing)* • cartridge case; casing; empty cartridge

Patronenlager *n <mil> (in Schusswaffe)* • chamber

Pauschale *f <fin> (für etwaige Sonderausgaben, Eventualitäten)* • flat allowance

Pauschale *f <fin> (in Intervallen zu bezahlen; z. B. monatl. für Telekommunikation)* • flatrate

Pauschalpreis *m <fin> (für Lieferungen, Leistungen; z. B. Reparatur, Internetzugang)* • flat rate

Pause *f <tech.allg> (von Bewegungen, Flüssen)* • dwell

Pause *f <akust>* • interval

Pause *f <doku> (z. B. techn. Zeichnung, Bauplan)* • blue-print; print; copy

Pausentaste *f <av> (z. B. bei Recordern, MP3- und Mediaplayern)* • pause button

PCMCIA-Steckplatz *m <comp>* • PCMCIA slot; PCMCIA interface

PC-programmierbar *<tech.allg> (z. B. Handy, ISDN-Anschluss, Messumformer)* • PC-programmable

PDA-Computer *m <comp> (z. B. Palm)* • personal digital assistant (PDA)

PD-Verhalten *n <msr>* • proportional plus derivative action

Pech *n <mat>* • pitch

Pedalerie *f <kfz.msr> (Gas-, Brems- u. ggf. Kupplungspedal)* • pedals *pl*

Pedalweg *m <tech.allg>* • pedal travel

Peer-to-Peer-Netzwerk *n <comp>* • peer-to-peer network; P2P network

Pegel *m <tech.allg> (Füllstand in großen Behältern; z. B. im Duck'schen Geldspeicher)* • level; filling level; fill level

Pegel *m <geo.msr> (Messort für Wasserstand)* • water-level measuring post

Pegel *m <hydr> (für Wasserstand bei Flut und Ebbe)* • tide gauge

Pegel *m <hydr> (tatsächlicher Wasserstand von Gewässern)* • water level

Pegel *m <phys> (Signal; z. B. Lautstärke)* • level

Pegelregler *m <msr> (z. B. zur Aussteuerung)* • level controller

Peilhilfe *f <allg>* • alignment sight

Peilsender *m <tele> (z. B. zur Ortung von Personen, Fahrzeugen, Tieren)* • radio tracker; tracking transmitter

Peitscheneffekt *m <kfz.med> (beim Aufprall)* • whiplash injury

PE-Kabel *n <el> (Kabel mit einer Isolierung aus Polyethylen)* • PE cable; polyethylene-insulated cable; PE insulated cable; polyethylene cable

Pektin *n* (E 440) *<nahr> (Stabilisator)* • pectin (E 440)

Pellet *n <mat> (allg.; Granulattyp; eher rundlich)* • pellet

Pelletfeuerung *f <verbr>* • pellet furnace

pelletieren *vt <verf>* • pelletize *vt US.GB*; nodulize *vt US.GB*; ball *vt coll*; pelletise *vt GB*; nodulise *vt GB*

Peltonrad *n <energ>* • Pelton water wheel

Pelz *m <bekl> (bearbeitet, als Kleidung; z. B. als Mantel)* • fur

Pelz *m <textil> (Verschleiß an Stoffteilen; z. B. an Riemen)* • furring

Pendel *n <phys>* • pendulum

Pendelachse *f <kfz>* • swing axle; swing arm suspension; independent axle

Pendelaufhängung *f <tech.allg>* • pendulum suspension

Pendelausschlag *m <tech.allg> (z. B. Zeiger)* • pendulum swing

Pendelbus *m <nfz> (zwischen Wohnort und Arbeitsplatz)* • commuter bus

Pendelkugellager *n SKF <masch>* • self-aligning ball bearing *SKF*

Pendelleuchte *f <licht> (z. B. Kronleuchter)* • pendant

Pendeln *n <fz> (beim Zweiradfahren)* • wobble

Pendeln *n <msr> (ständiges Schwanken einer Messwertanzeige)* • hunting

pendeln *vi <tech.allg> (allg.)* • move to and fro *vi*; reciprocate *vi*

Pendelnabe *f <energ.wind>* • teetering

hub; teetered hub

pendelnd *<allg>* • pendulous

pendelnd angeordnet *<masch>* • free to float

Pendelregelung *f <allg>* • average-position control

Pendelrollenlager *n DIN ISO 5593 <masch>* • spherical roller bearing *ISO 5593*; self-aligning roller bearing

Pendelstichsäge *f <wz> (typ. Hand--Elektrosäge)* • jigsaw; sabre saw *US.-Sears*; scroller jigsaw *rare*

Pendeltür *f <bau>* • swinging door

peptisieren *vt <chem>* • peptize *vt*; deflocculate *vt*

Perforation *f <tech.allg> (Vorgang, Ergebnis)* • perforation

perforieren *vt <tech.allg> (meist viele kleine Löcher; z. B. als Abreisslinie)* • perforate *vt*

Pergament *n <mat> (aus Kalbshaut, beste Qualität)* • vellum

Pergament *n <mat> (allg.; aus Kalbs-, Ziegen- od. Schafleder)* • parchment

Pergamentpaper *n <pap>* • imitation parchment; parchment *coll*

Pergamin *n pl*: **-s** (DIN 55 405) *<pap>* • glassine paper

Pergola *f <bau>* • portico

Periodendauer *f <allg>* • periodic time

Periodendauer *f* (T) *DIN IEC 50 <phys>* • period (T) *DIN IEC 50*

Periodensystem der Elemente *n* (PSE) *<chem>* • periodic system; periodic table

Periodenzahl *f <allg>* • periodicity

Periodenzahl *f <tech.allg>* • number of periods

periodisch *<tech.allg>* • periodic

periodische Änderung *f <tech.allg>* • cyclic variation

periodischer Betrieb *m <tech.allg> (z. B. Scheibenwischer)* • intermittent operation

periodischer Vorgang *m <allg>* • periodic phenomenon

periodischer Vorgang *m <tech.allg>* • periodic process; cyclic process

periodischer Vorschub *m <tech.allg> (z. B. Fertigung, Fotoausarbeitung)* • intermittent feed

periodisch wiederkehren *vi <tech.allg>* • cycle *vi*

Periodizität *f <tech.allg>* • periodicity

peripher *<allg>* • peripheral

Peripherie *f <allg>* • peripheral systems

Peripherie *f <tech.allg>* • peripheral equipment

Peripheriegerät *n <tech.allg>* • peripheral device; peripheral unit; peripheral appliance; peripheral component; peripheral

Perkussionsschweißen *n <füg> (ein Widerstandspressschweißverfahren)* • percussion welding (PEW); electro-percussive welding

Perle *f <allg> (z. B. aus Glas)* • bead

Perle *f <allg> (echt; Schmuck)* • pearl

Perlit *m <metall> (Stahl)* • perlite; pearlite

Perlmutt *n <bio.mat>* • mother-of-pearl; conchiolinum; nacre

Permalloy *n <metall> (Ni-Fe-Legierung; z. B. für magnetoresistive Sensoren)* • permalloy

permanent *<allg> (bleibend, dauerhaft; z. B. Farbe)* • permanent

permanenter Allradantrieb *m <bau.-masch> (jede Anzahl von Rädern)* • permanent all-wheel drive

permanenter Allradantrieb *m <kfz.antr> (bei vier Rädern)* • permanent four wheel drive; permanent four--wheel drive; permanently engaged four-wheel drive *pract.coll*; permanently engaged four wheel drive; full--time four-wheel drive

permanenter Speicher *m <comp> (Hardware; Festplatte, opt. Speicher, USB-Stick)* • non-volatile storage; non-volatile memory; permanent storage *rare*; permanent memory *rare*; permanent store *rare*

Permeabilität *f <tech.allg>* • permeability

Permutation *f <math>* • permutation

permutieren *vt <math> (Ziffern, Zeichenfolgen, von vorne nach hinten und umgekehrt)* • permute *vt*

permutierte Form *f <term>* • permuted term

Peroxidbleiche *f <pap>* • peroxide bleaching

Persenning *f <kfz> (gesamte Cabrio-Innenraumfläche)* • tonneau cover

Persenning *f <nav> (wetterfeste Abdeckung; z. B. Segeltuch, für Boote, Ladung)* • tarpaulin

Persistenz *f DIN ISO 11074-1 <chem> (Widerstandsfähigkeit eines Stoffes gegen chem. Veränderung)* • persistence *ISO 11074-1*; stability

Personal Computer *m* (PC) *<comp>* • personal computer (PC); micro computer *obs*

Personen-... *<tech.allg>* • personal ...; personnel ...

Personenkontrolle *f <aerosp>* • passenger screening

Personenkraftwagen *m* (Pkw) *form <kfz>* • automobile *US*; passenger car *form*; motor car *GB*; car *pract.coll*; auto *US.coll.rare*

Personenrufanlage *f <tele>* • paging system

Personenschäden *mpl <vers>* • bodily injury *sg*; personal injury *sg rare*

Personenvereinzelung *f <sich> (z. B. durch Drehkreuz)* • segregation of persons

Personenwagen *m <bahn> (für Reisende)* • passenger car *US*; railroad passenger car *US*; coach *GB*; day-coach *rare*; railway passenger carriage *GB.rare*

Personenzug *m <bahn>* • passenger train

persönliches Auftriebsmittel *n ISO 12402-6 <nav.sich> (z. B. Schwimmweste, Schwimmgürtel)* • personal flotation device (PFD) *ISO/DIS 12402-6*

Perspektive *f <allg>* • perspective

perspektivische Darstellung *f DIN ISO 10209-2 <doku>* • perspective representation *ISO 10209-2*

Pestizid *n <chem.agri>* • pesticide; pest control agent; pest killer *coll*

Peta... (P) *<phys.msr> (Vorsilbe für Einheiten; z. B. Petajoule = 10^{15} Joule)* • peta (P)

PET-Flasche *f <kst.pack> (aus Polyethylen-Terephthalat)* • PET bottle

Petrischale *f <chem> (allg.)* • Petri dish

Petrochemikalie *f <chem.petr>* • petrochemical

petrochemische Industrie *f <chem.-petr>* • petrochemical industry; petroleum chemical industry *rare*

Petrographie *f <min>* • petrography

Petrolatum *n <chem.petr> (salbenartiges Erdöldestillationsprodukt)* • petrolatum

Petroleum *n <chem.petr> (Siedebereich 160...250 °C; für Jet Fuel, Lösungsmittel, Lampen etc.)* • kerosine; illuminating oil *ASTM*; lamp oil *rare*

Petroleumlampe *f <licht>* • kerosine lamp; paraffin lamp *rare*

Pfad *m <tech.allg> (z. B. von Strom, Leckagen)* • path

Pfahl *m <bau> (aus Holz, Stahl, Beton etc., für Fundamente o. Ä. im Boden verankert)* • pile

Pfahl *m <bau> (lang, zylindrisch, oft schlank, aus Holz, Metall, Beton o. Ä.)* • pole

Pfahl *m <bau> (oft angespitzt, in den Boden gerammt)* • stake

Pfahlgründung *f <bau>* • pile foundation; piled foundation; pile group

Pfanne *f <füg> (von Kugelgelenken; z. B. Isolatorverbindung)* • socket

Pfanne *f <gastr>* • pan

Pfanne *f <geo> (z. B. Etosha-~)* • pan

Pfanne *f <prod> (kellenförmig; zum Transport von Flüssigkeiten)* • ladle

Pfeife *f <allg> (z. B. Orgel)* • pipe

Pfeiler *m <bau> (z. B. für Tore, Türen, Fenster; meist aus Metall, Mauerwerk)* • pier; pillar

Pfeilerbrücke *f <bau>* • pier bridge

pfeilförmig *<aerosp> (positiv)* • swept-back

Pfeilung *f <aerosp>* • sweep; wing sweep

Pfeilverzahnung *f <antr> (nach Citroën)* • double-helical gears; herringbone gears

Pferdestärke *f* (PS) *DIN 66036 <phys> (veraltete Einheit der Leistung)* • horsepower (hp); ponies *US.coll*

Pfette *f <bau> (in einem Dachtragwerk)* • purlin

Pflanzenmethylester *n* (PME) *<chem> (Kraftstoff; z. B. aus Raps, Sonnenblumen, Soja, Oliven)* • vegetable methyl ester (VME); vegetable oil methyl ester; green diesel fuel *pract*; biodiesel *coll*

Pflanzenöl als Kraftstoff *n <agri.chem> (CZ 40-44, für Dieselmotoren; z. B. für Traktoren)* • vegetable oil as fuel

Pflanzenschutzgerät *n <agri.wz>* • pesticide applicator; applicator [for agricultural control chemicals]

Pflanzenschutzgeräte *npl ISO 22368 <agri.wz> (als Sammelbegriff)* • crop protection equipment *ISO 22368*

Pflasterstein *m <bau.mat> (allg.; insbes. würfelförmig; jedes Material; z. B. Kopfstein)* • paving stone; paving sett; paving block; sett; set

Pflege *f <tech.allg> (Aufrechterhaltung der Funktionsfähigkeit)* • maintenance

Pflege *f <tech.allg> (allg.; techn. Zustand oder Aussehen)* • care

pflegeleicht *<qualit.mat>* • easy care

Pflichtenheft *n <prod.doku>* • product requirement specification

Pflugkörper *m <agri> (allg.)* • plow body *US*; plough body *GB*; plow bottom *US*; plough bottom *GB*

Pfropf-Copolymer *n <kst>* • graft copolymer

Phänomen *n <tech.allg> (als beobachtbares dynamisches Ereignis)* • phenomenon

Phänomen *n <tech.allg> (beobachtbares Einzelereignis)* • phenomenon

Phantombild *n <doku> (normalerweise perspektivisch)* • X-ray drawing; X-ray view *ISO 10209-2*; X-ray; phantom drawing *rare*

Phase *f <tech.allg>* • phase

Phase *f <tech.allg> (Stadium in Prozess, Ablauf)* • stage

Phasendiagramm *n <tech.allg>* • phase diagram

Phasenerkennung *f <tech.allg>* • phase identification

phasengleich *<tech.allg>* • phase: in ~

Phasengleichgewicht *n <therm>* • phase equilibrium

Phasengleichheit *f <tech.allg>* • phase balance

Phasengrenze *f <mat>* • phase boundary

phasenrichtig *<tech.allg>* • in-phase; phase: in proper ~

Phasensprung *m <tech.allg>* • phase jump

phasenverkehrt *<phys>* • misphased

Phasenverschiebung *f <el> (von Sinusschwingungen)* • phase shift; phase offset; phase displacement *form*; angular displacement *rare*

phasenverschoben *<phys> (z. B. Schwingungen, Strom und Spannung)* • dephased; phase: displaced in ~; phase: offset in ~; off-phase; phase: out of ~

Phenolharz *n* (PF) *<chem> (als Gruppe; typ. für Leiterplatten)* • phenol-formaldehyde plastic (PF); phenol-aldehyde resin; phenolic resin; PF resins

Phillips-Kreuzschlitz *m <füg> (typ. Schraubenkopfausführung)* • Phillips drive; cross recess Phillips *stand*

Phillips-Recess... *form <wz> (Antriebsform von Schrauben und Schraubendrehern)* • Phillips recess

Phiole *f <pack.chem> (meist aus Glas, wiederverschließbar)* • vial

Phishing-Attacke *f <comp>* • phishing attack

pH-Mess- und -Regelgerät *n <tech.allg>* • pH-measuring and controlling device

Phosphat *n <chem> (Salz der Phosphorsäure; PO_4^{3-})* • phosphate

Phosphatieren *n DIN EN ISO 4618 <obfl> (betont: Vorgang)* • phosphating *ISO 4618-3*; phosphatizing; phosphate coating application *form*; phosphate treatment; phosphate coating

Phosphor *m* (P) *<chem>* • phosphorus (P)

phosphorarm *<mat> (z. B. Erz, Stahl)* • low-phosphorus

phosphorlegiert *<mat> (Stahl; z. B. für Karosserieblech)* • phosphor-alloy

Phosphorsäure-Brennstoffzelle *f* (PAFC) *<energ> (Energiespeicher)* • phosphoric acid fuel cell (PAFC)

Photodiode *f <msr> (optischer Sensor)* • photodiode; photo diode; photo-electric cell; photoconductive diode

photoelektrischer Effekt *m <msr>* • photoelectric effect

photoelektrischer Näherungsschalter *m EN 60947 <allg>* • photoelectric proximity switch *EN 60947*

Photolithographie *f <prod.ic> (Halbleitertechnik)* • photolithography

Photomultiplier *m <msr> (Chemilumineszenz)* • photomultiplier

Photonenantrieb *m <aerosp>* • photon drive

Photonenrakete *f <aerosp>* • photon rocket

Photo-Schmitt-Trigger *m <msr> (Lichtsensor; z. B. als Drehwinkelsensor, in Druckern, Kopierern)* • Photo-

Schmitt trigger

Photovoltaik *f* (PV) *<energ.sol>* • photovoltaics (PV)

photovoltaisch *<energ.sol>* • photovoltaic (PV)

photovoltaischer Effekt *m <energ.sol>* • photovoltaic effect

Photozelle *f <tech.allg>* • photocell; photoelectric cell

phraseologische Einheit *f <term>* • phraseological unit *ISO 12620*

pH-Sonde *f <tech.allg>* • pH-probe

pH-Wert *m <chem> (sauer: pH < 7; basisch: pH > 7)* • pH-value; pH value; pH number *rare*; pH level *rare*

physikalisch-chemisch *<tech.allg>* • physicochemical

physikalische Chemie *f <tech.allg>* • physical chemistry

physische Geologie *f <geo>* • physical geology

PID-Regelung *f <msr>* • PID control; proportional-integral-derivative control; three-term control

Pier *m <bau.nav> (auf Pfeilern; u. U. mit Gebäuden)* • pier; wharf

Piezoaktor *m <msr> (Stellglied; z. B. für Einspritzventile, Motorlager)* • piezo actuator *:V*

piezoelektrisch *<el>* • piezoelectrical; piezo-electric

piezoelektrischer Effekt *m <el.mech>* • piezoelectric effect

piezoelektrischer Messwandler *m DIN EN 1330-4 <msr>* • piezoelectric transducer

Piezoventil *n <rls.el>* • piezo valve

Pigment *n DIN 7732 <obfl> (unlöslich, organisch od. anorganisch)* • pigment; coloring substance *US.rare*; coloring matter *US.rare*; coloring body *US.rare*; coloring solid *US.rare*

Pigmentfarbstoff *m <tech.allg>* • pigment dyestuff; pigment dye

pigmentieren *vt <tech.allg>* • pigment *vt*

Piko... (p) *<phys.msr> (Vorsilbe für Einheiten: 10^{-12})* • pico (p)

Pikrinsäure *f <chem> (explosiv wenn kristallisiert)* • picric acid

Piktogramm *n <tech.allg>* • pictogram; pictograph; icon

Pilgerschrittverfahren *n <metall>* • pilger process

pillfest *<textil>* • pill-resistant

Pilot *m <aerosp>* • pilot

Pilotanlage *f <tech.allg>* • pilot plant; test plant; test facility

Pilotballon *m <aerosp> (Wetterballon)* • pilot balloon

pilotgesteuertes Sicherheitsventil *n DIN EN ISO 4126 <rls>* • pilot operated safety valve *EN ISO 4126-4*

Pinbelegung *f <el> (bei Steckverbindern, Elektronikbausteinen)* • pin assignment; pin configuration; pin definition; pin allocation; contact configuration *rare*

Pinne *f <wz> (Hammerfläche gegenüber der Bahn; Kante oder Halbkugel)* • peen

Pinole *f <wz.masch>* • spindle sleeve; spindle quill; sleeve; quill

Pinsel *m <wz> (allg.)* • paintbrush; brush

Pinselreiniger *m <kunst>* • brush cleaner

Pinzette *f <wz> (allg.)* • tweezers

Pipeline *f <rls> (über lange Strecken; typ. für Erdöl, Erdgas)* • pipeline

Pistole *f <mil>* • pistol

Pistolengriff *m <tech.allg>* • pistol grip

PI-Verhalten *n <msr> (von Reglern)* • proportional plus integral action

Pixel *n <phot> (Punkt im digitalen Bild)* • pixel

Pixellicht *n <kfz.licht> (Scheinwerfer)* • pixel light

Pkw-Instandsetzung *f <kfz>* • car repair

Pkw mittlerer Größe *m <kfz> (z. B. Citroen Picasso, Opel Vectra)* • mid-size [car]; intermediate [car]

Plakatdruck *m <druck>* • poster printing

plan *<prod> (z. B. Werkstückoberfläche)* • flat; plain; plane; level

planarer Übergang *m <tech.allg>* • planar junction

Planarstruktur *f <tech allg>* • planar structure

Planck'scher Strahler *m <phys> (schwarzer Körper)* • Planckian radiator

Plandrehmaschine *f <wz.masch>* • facing lathe; surfacing lathe

Plane *f <textil>* • tarpaulin

planen *vt <prod>* • face *vt*; surface *vt*

planetarisch *<tech.allg> (Bewegung,*

Getriebe) • planetary

planetarische Nebel *mpl <allg>* • planetary nebula

Planetengetriebe *n <kfz.antr> (komplettes Getriebe in Planetenbauweise)* • planetary transmission *US*; planetary gear set; planetary gear train; epicyclic gearbox *GB*; compound planetary gearset *rare*

Planetenrad *n DIN 3998 <antr> (z. B. in Automatikgetriebe)* • planet gear; planet pinion; pinion gear; planet wheel

Planetenradträger *m <tech.allg> (Planetengetriebe)* • planet carrier; planet cage; planetary carrier; planet arm; cage

Planheit *f <obfl> (z. B. eines Flanschs)* • flatness; planarity

planieren *vt <bau> (Gelände; mit Grader, Planierraupe etc.)* • plane *vt*; grade *vt*; level *vt*

Planierraupe *f <bau.masch>* • bulldozer; dozer

planiert *<bau> (Gelände; z. B. Straßenunterbau, Müllhalde)* • graded; planed *rare*

Planke *f <bau.mat> (dick, lang, schmal, stabil; meist begehbar)* • plank

Planke *f <nav> (Seite)* • panel

Planke *f <nav> (Boden)* • plank

Planlaufabweichung *f <masch> (allg. von Rotationskörpern; z. B. Rad, Bremsscheibe)* • lateral runout *form*; side-to-side wobble *did*; wobble *coll*

planparallel *<tech.allg> (z. B. Endmaße)* • plane-parallel; parallel-sided

Planquadrat *n <tech.allg>* • grid square

Planscheibe *f <wz.masch> (Drehmaschine; meist senkrecht)* • faceplate; surface plate

Planscheibe *f <wz.masch> (horizontal; z. B. von Hobel-, Stoßmaschine)* • horizontal table; table

Planspindel *f <wz.masch>* • cross-feed screw; cross-slide screw

Planungsfehler *m <qualit>* • planning error

Planungsfirma *f <bau>* • architect-engineer company; architect-engineer

Plasma *n <phys> (allg.; vierter Aggregatzustand)* • plasma

Plasmaantrieb *m <aerosp>* • plasma propulsion

Plasmabildschirm *m <comp>* • plasma display [panel] (PDP); gas plasma display; gas panel; plasma panel [display]; gas-discharge display

Plasmalichtbogenschweißen *n <füg>* • plasma-arc welding (PAW); plasma welding

Plasmastrahlschweißen *n* (WPS) *<füg>* • plasma jet welding (WPS); plasma arc welding with non-transferred arc

Plastifiziereinheit *f <kst> (bei Extrudern u. Spritzgießmaschinen mit Vorplastifizierung)* • plastication unit

Plastifizierschnecke *f <kst> (in Extruder od. Spritzgießmaschine)* • plasticizing screw; screw *pract*

Plastifizierung *f <kst> (Vorgang des Plastifizierens)* • plasticization *US*; plastication; plasticisation *GB*

Plastifizierzylinder *m <kst> (Spritzgießmaschine; enthält die Schnecke)* • plasticizing barrel; barrel *pract*; cylinder *pract*

plastischer Bereich *m <qualit.mat> (nach der Elastizitätsgrenze)* • plastic range

plastischer Sprengstoff *m <spreng>* • plastic explosive

plastische Verformung *f <qualit.mat> (betont: zurückbleibend, permanent; z. B. von Blei, Kaugummi)* • plastic deformation; residual deformation

Plastizität *f <mat.qualit> (physikal. Materialeigenschaft; z. B. von Blei, Kupfer)* • plasticity

Platformwagen *m <bahn> (ohne Rungen)* • flat car

Platin *n* (Pt) *<chem>* • platinum (Pt); platinium *GB*

Platine *f <tech.allg> (Bodenplatte, Montagebasis f. Kleinteile, el. Bausteine)* • mounting plate

Platine *f <el> (geätzt, unbestückt oder bestückt, gebohrt od. ungebohrt)* • printed circuit board (PCB); printed circuit; board *pract*

Platine *f <mech> (Uhrwerk)* • plate; movement plate

Platine *f <prod.metall> (Blechzuschnitt; z. B. zum Pressen, Tiefziehen)* • blank

Platinmetalle *pl <chem> (z. B. Rodium, Palladium, etc.)* • platinum metals *pl*

Plättchen *n <tech.allg> (Flocke)* • flake

Plättchen *n <tech.allg> (schichtartig)*

• lamina

Plättchen *n <el> (dünn, klein, durch Schneiden o. Ä. abgetrennt)* • slice; chip

Platte *f <tech.allg> (breit, flach, schwer, relativ dick; z. B. Beton, Stein, Metall)* • slab

Platte *f <tech.allg> (allg.; flach, relativ glatt u. dünn, steif)* • plate

Platte *f <bau> (besonders groß)* • large panel

Platte *f <bau> (weich, zum Dämpfen od. Ausstopfen verwendet)* • pad

Platte *f <bau> (groß und dünn, bes. Holz od. Sperrholz)* • panel

Platte *f <bau> (z. B. Waschbetonplatte)* • tile

Platte *f <bau> (auf Säulenkapitell)* • plate

Platte *f <comp> (Magnetplatte einer Festplatte)* • platter *form*; disk platter; disk *coll*; hard disk platter

Platte *f <druck>* • platen

Platte *f <el> (Akkumulator)* • plate

Platte *f <geo> (Tektonik; Scholle, Einheit, Block)* • plate; slab

Platte *f <mat> (z. B. aus Metall)* • sheet

Platte *f <therm> (Plattenwärmetauscher)* • plate; heat exchanger plate

Platte aus langen, schlanken, ausgerichteten Spänen *f* (OSB) *ISO 17064 <qualit.mat>* • oriented strand board (OSB) *ISO 17064*

Platten *m <fz> (Ergebnis der Reifenpanne)* • flat tire *US*; flat tyre *GB*; flat *coll*

Plattenbandförderer *m <förd> (Metalllamellen als Fördermedium)* • slat conveyor; slat belt conveyor

Plattenbrücke *f <bau>* • slab bridge

Plattenförderer *m <förd> (transportiert Platten; z. B. im Walzwerk, in Druckmaschinen)* • plate conveyor

plattenförmig *<tech.allg>* • plate-like; lamellar

Plattenfundament *n <bau> (Bauprinzip)* • slab foundation; raft foundation; slab footing

Plattentektonik *f <geo>* • plate tectonics

Plattenträger *m <bau> (gebaut; geschweißt od. genietet)* • plate girder

Plattenwärmetauscher *m <verf>* • plate heat exchanger (PHE)

Plattform *f <tech.allg> (zwischen zwei Ständern)* • entablature

Plattform *f <tech.allg> (konkret oder abstrakt)* • platform

Plattform-Rungenwagen *m <bahn>* • platform wagon with stakes *GB*

Plattieren *n <obfl> (von Metallen, durch Druck/Temperatur; z. B. durch Walzen, Schweißen)* • cladding

plattieren *vt <obfl> (z. B. durch Walzen, Auftragsschweißen)* • clad *vt*

plattieren *vt <obfl> (Schmuck; mit Gold, Silber)* • plate *vt*

Plattierung *f <obfl> (Ergebnis; z. B. durch Walzen, Auftragsschweißen)* • cladding

Plattierung *f <obfl> (Schmuck; aus Gold, Silber)* • plating

Platzbedarf *m <tech.allg> (Montagefläche; z. B. von Elektronikkomponenten auf Leiterplatte)* • footprint

Platzbedarf *m <tech.allg> (z. B. Aufstellfläche für Maschinen)* • floor space requirement

Platzpatrone *f <mil>* • blank cartridge

platzsparend *<tech.allg>* • space-saving; room-saving

Pleuel *n <mot> (zw. Kolben und Kurbelwelle)* • connecting-rod; con-rod *coll*

Pleuelauge *n DIN ISO 7967-2 <mot> (verbunden mit dem Kolben)* • connecting rod top end *ISO 7967-2*; connecting rod small end

Pleuelfuß *m <mot> (auf dem Kurbelzapfen gelagerter Teil des Pleuels)* • connecting-rod big end; big end *coll*; crank pin end *GB*; bottom end *ISO 7967-2*; crankshaft end

Pleuelfußlager *n DIN ISO 7967-2 <kfz.mot> (lagert Pleuel auf dem Kurbelzapfen)* • big end bearing *pract*; crankshaft-end bearing; crankpin-end bearing

Pleuelkopf *m DIN ISO 7967-2 <mot>* • connecting rod small end *ISO 7967-2*; small end *coll*; piston pin end; wrist pin end; gudgeon pin end *GB*

Pleuelzapfen *m <mot> (Teil der Kurbelwelle; trägt Pleuelfuß)* • crank pin *ISO 7967-2*; connecting rod journal; con rod journal *pract*; connecting rod throw *rare*

Plissee *n <textil> (Struktur, Muster)*

• pleated structure

Plisseefilter *m <verf>* • pleated filter

Plombe *f <tech.allg> (aus Blei; z. B. an Verpackungen, Eichgeräten)* • lead seal

Plombe *f DIN 55405 <pack> (allg.; jedes Material; z. B. Metall, Kunststoff)* • seal

plotten *vt <druck> (als Diagramm; mit Plotter)* • plot *vt*

plötzliches Einströmen *n <tech.allg>* • inrush

Plug-and-Play-Installation *f* (PnP) *<comp> (Vorgang)* • plug-and-play installation (PnP)

Plusabmaß *n <tech.allg>* • plus limit

Plusklemme *f <el>* • positive terminal

Pluspol *m <el> (allg.; z. B. von Batterie, Akku)* • positive terminal

Plutonium *n* (Pu) *<chem> (radioaktiv)* • plutonium (Pu)

pneumatisch *<pneum> (allg.; z. B. Stellglied, Kolben, System)* • pneumatic; air-operated

pn-Übergang *m <el>* • pn-junction

Podest *n <tech.allg>* • platform

Poisson'sche Zahl *f <mech> (Verhältnis Querkontraktion : Längsdehnung)* • Poisson's ratio; Poisson ratio

Polanker *m <el>* • pole armature; armature with salient poles

Polardiagramm *n <aerosp> (Tragflügeltheorie)* • polar diagram; polar curve

Polarisationsfilter *m/n <phot.comp>* • polarizing filter; polarising filter *GB*; polarizer *pract*

Polarität *f <phys> (allg.)* • polarity

Polarroboter *m <autom>* • spherical robot; polar robot; spherical coordinate robot *rare*

Polder *m <bau> (eingedeichtes Land oder Hochwassereinlaufgebiet)* • polder

Polieren *n <obfl> (allg.; Oberflächen--Feinbearbeitung)* • polishing; burnishing

polieren *vt <obfl> (allg.; mit Poliermittel; z. B. Autolack)* • polish *vt*; burnish *vt*

Poliermittel *n <obfl>* • polishing agent; polish

Poliertrommel *f <obfl> (für Kleinteile; z. B. Wälzlagerkugeln, Edelsteine)* • polishing barrel; polishing drum; tumbler; barrel polisher

Politur *f <obfl.holz> (Mittel)* • polish

polizeiliches Kennzeichen *n form <kfz> (Schild an Kfz, zumindest hinten; z. B. an Autos, Motorrädern)* • license plate *US*; number plate *GB*; plate *coll*; registration plate

Polklemme *f <kfz.el> (an Batteriekabel)* • cable clamp; clamp lug; terminal *coll*

Pollenfilter *m <kfz.hlk>* • pollen filter

Poller *m <bau.nav> (an Land, zum Vertäuen von Schiffen, Booten; z. B. auf Kaimauer)* • bollard; pile

Poller *m <nav> (an Deck, meist paarweise; für Taue, Ankerkette)* • bitt; bit *rare*

Polonium *n* (Po) *<chem> (radioaktiv)* • polonium (Po)

Polrad *n <msr> (Impulsgeber; z. B. Tacho)* • rotor; pulse wheel

Polschuh *m <el>* • pole shoe; pole piece

Polster *n <bekl> (z. B. Schulter)* • pad

Polster *n <fz.innen> (einzeln; z. B. in Sitz)* • bolster

Polster *n <textil> (z. B. von Möbeln)* • upholstery

polstern *vt <innen> (Möbel, Sitze)* • upholster *vt*

Polsterstoff *m <textil>* • upholstery fabric

Polster- und Füllmaterial aus Papier *n <pack> (zum Auspolstern von Packungen)* • paper dunnage

Polsterung *f <tech.allg> (z. B. als Schutz, zur Bequemlichkeit)* • padding

Polsterung *f <kfz.innen> (weiche Unterfütterung zur passiven Sicherheit; z. B. Instrumentenanlage)* • padding

Polsterversandtasche *f <pack>* • padded mailing bag

Polstück *n <phys>* • pole piece

polumschaltbarer Motor *m <el> (allg.; 2 od. mehrere Drehzahlen)* • pole--changing motor; change-pole motor; pole changeable motor

Polware *f <textil>* • pile fabric

Polwender *m <el>* • polarity inverter

Polyamid *n* (PA) *<kst> (z. B. für reißfeste Textilfasern)* • polyamide (PA); Nylon ®

Polybenzimidazol *n* (PBI) *<kst> (Hochleistungskunststoff)* • polybenzimidazole (PBI); Celazole ®

Polybutylen-Terephthalat *n* (PBT) *<kst>* • polybutylene terephthalate (PBT); polybutyleneterephthalate *rare*

Polycarbonat *n* (PC) *<kst> (z. B. für CDs)* • polycarbonate (PC); poly carbonate

Polychloropren *n <kst> (z. B. für Taucheranzüge)* • polychloroprene (PCP); Neoprene ®

Polyellipsoidprojektor *m <kfz.licht> (z. B. in Bi-Xenon-Scheinwerfer)* • polyellipsoidal projector

Polyester *m DIN 55 405 <kst>* • polyester

Polyesterfolie *f <kst> (z. B. als Dielektrikum in Kondensatoren)* • polyester film; mylar film; Mylar ® *DuPont*

Polyesterharz *n* (UP) *<kst> (z. B. Diolen®, Trevira®, Mylar®)* • urethane polyester (UP); polyester resin

Polyethersulfon *n* (PES) *DIN 7728 <kst>* • polyether sulfone (PES)

Polyethylen *n* (PE) *<kst> (z. B. für Abdeckplanen)* • polyethylene (PE); polythene *coll*; polyethene

Polyethylenfolie *f <kst>* • polyethylene film

Polyethylen hoher Dichte *n* (PE-HD) *<kst> (Dichte > 0,940 g/cm³)* • high-density polyethylene (HDPE); low-pressure polyethylene *rare*

Polyethylen mittlerer Dichte *n* (PE-MD) *<kst> (Dichte 0,930 g/cm³ ... 0,940 g/cm³)* • medium-density polyethylene (PE-MD)

Polyethylen niedriger Dichte *n* (LDPE) *<kst> (Dichte < 0,930 g/cm³; primär für Folien)* • low-density polyethylene (LDPE); high-pressure process polyethylene *rare*; branched polyethylene

Polyethylen-Terephthalat *n* (PET) *<kst> (z. B. für Flaschen)* • polyethylene terephthalate (PET); polyethylene terephthalate *rare.GB*

Polyethylen-Terephthalat-Folie *f <kst>* • polyethylene terephthalate film; PET film *pract*

polyfunktionell *<tech.allg>* • multifunctional; multiple-function; polyfunctional

Polygon *n <math> (geometr. Figur)* • polygon; n-gon

polyhalogenierte Verbindung *f <chem> (giftig; z. B. in Müll und Altlasten)* • polyhalogenated compound

polykristallines Silicium *n* (mc-Si) *<energ.sol>* • polycrystalline silicon

polymer *<chem>* • polymeric

Polymer *n <kst.chem>* • polymer

Polymer-Elektrolyt-Membran-Brennstoffzelle *f* (PEMFC) *<energ>* • polymer electrolyte membrane fuel cell (PEMFC); protone exchange membrane fuel cell

Polymerisat *n <chem>* • polymerizate

Polymerisation *f <kst> (Oberbegriff für Additions- und Kondensations-Syntheseverfahren)* • polymerization *US*; polymerisation *GB*

Polymer-OLED *n <comp>* • polymer OLED

Polymethylmethacrylat *n* (PMMA) *<kst> (z. B. für Kleinmöbel, Rückleuchtendeckgläser)* • polymethyl methacrylate (PMMA); acrylic glass; Lucite ®; Plexiglass ®; Perspex ®

polymorph *<tech.allg>* • polymorphous; polymorphic

Polyolefin *n* (PO) *DIN 55 405 <kst>* • polyolefine (PO); polyolefin

Polyoxymethylen *n* (POM) *DIN 16810 <kst> (z. B. Hostaform®, Ultraform®; z. B. f. Reißverschlüsse)* • polyoxymethylene (POM); polyacetal

Polyphenylenoxid *n* (PPO) *<kst>* • polyphenylene oxide (PPO)

Polyphenylensulfid *n* (PPS) *<kst> (z. B. Fortron, Primev, Ryton, Supec; immer verstärkt)* • polyphenylene sulfide

Polyphenylensulfon *n* (PPSU) *<kst> (ein Hochleistungsthermoplast; z. B. für Rapid Prototyping)* • polyphenylsulfone (PPSU)

Polypropylen *n* (PP) *DIN 55 405 <kst> (z. B. für Tragetaschen, Tesafilm)* • polypropylene (PP)

Polypropylenschaumstoff *m <kst>* • polypropylene foam; PP foam

Polyreaktion *f <chem> (allg.)* • polyreaction

Polysaccharid *n <chem> (z. B. bei Papierprod.)* • polysaccharide; polysaccharose

Polystyrol *n* (PS) *DIN 55 405 <kst>* • polystyrene (PS)

Polystyrolschaum *m* (EPS) *<kst> (z. B. als Dämmstoff)* • expanded polystyrene (EPS); styrofoam *coll*; polystyrene foam; foamed polystyrene

Polytetrafluorethylen *n* (PTFE) *<kst>* • polytetrafluoroethylene (PTFE); Teflon *pract*

Polyurethan-Hartschaum *m DIN 18164 <bau.mat> (starr)* • polyurethane foam; PU foam; rigid polyurethane foam; rigid PU foam

Polyurethanschaum *m <kst> (beide Formen, hart oder weich; z. B. als Dämmstoff)* • polyurethane foam; PU foam *pract*; PUR foam; polyurethane resin foam *rare*

Polyvinylchlorid *n* (PVC) *DIN 55 405 <kst>* • polyvinyl chloride (PVC); vinyl *coll*

Pommes-frites-Schneider *m <gastr>* • french fry cutter *US*; chips cutter *GB*

Pompadourtasche *f <kfz.innen>* • ruffled pocket; magazine pocket; seat backrest pockets

Ponton *m <tech.allg>* • pontoon; floating unit; floating support; float

Ponton *m <nav> (z. B. für Landungssteg, Behelfsbrücke)* • pontoon; buoyancy device *form*; float *coll*

Pontonbrücke *f <bau>* • pontoon bridge; floating bridge; bridge of boats *obs*

Pore *f <mat.qualit> (Hohlraum, insbes. auch luftleer; meist ein Defekt)* • void

Pore *f DIN EN ISO 6520 <metall.qualit> (etwa kugelförmiger Gaseinschluss)* • gas pore *ISO 6520-1*

Pore *f <obfl> (kleine Öffnung in einer Oberfläche; z. B. für Diffusion)* • pore

Pore *f <obfl.qualit> (Oberflächenfehler; z. B. in Beschichtungen, Überzügen)* • pinhole; pore *rare*

Porendurchlässigkeit *f VDI4640 <tech.allg>* • pore permeability *VDI4640*

porenfrei *<obfl> (z. B. Lack, Schweißnaht)* • non-porous; pinhole-free

Porenstruktur *f <tech.allg>* • pore structure

Porenwasser *n <phys> (allg.)* • interstitial water

porös *<tech.allg>* • porous

porös *<mat> (mit Zellstruktur; z. B. Baustoff, Kunststoff)* • cellular

porös *<mat> (weich, schwammig)* • spongy

porös *<qualit.mat> (nicht dicht)* • porous

Porosität *f <geo> (von Gestein, Böden; meist in Prozent)* • porosity

Portable Document Format *n* (PDF) *Adobe <comp> (Dateiformat)* • Portable Document Format (PDF)

Portal *n <autom> (eines Portalroboters)* • bridge

Portal *n <bau> (großer Eingang)* • portal

Portalkran *m <förd> (verfahrbar, mit Laufkatze)* • gantry crane

Portalroboter *m <autom> (kartesischer Roboter)* • gantry robot; portal robot

Portikus *m <bau> (allg.; jede Art u. Größe)* • portico

Portionierung *f <tech.allg>* • portioning

Portlandzement *m DIN EN 197-1 <bau.mat> (CEM I)* • Portland cement; portland cement

Porzellan *n <silik> (feinste und härteste Qualität)* • bone china

Porzellanisolator *m <energ.el>* • porcelain insulator

Porzellankitt *m <füg>* • porcelain cement

Position *f <doku> (z. B. in Listen)* • item

Position *f* (POS) *<navig>* • position (POS)

Position *f <prod> (Ort, Lage; z. B. zur Montage, Bearbeitung)* • position

positionieren *vt <prod> (z. B. Werkstück)* • position *vt*; place *vt*; locate *vt*

Positioniergenauigkeit *f <autom> (beim wiederholten Anfahren der gleichen Position; z. B. +- 0,02 mm)* • repeatability; position repeatability; positioning accuracy; repetitive accuracy

Positioniersystem *n <tech.allg> (allg.)* • positioning system

Positionierung *f <tech.allg> (Ausrichten)* • positioning

Positionsanzeige *f <navig> (auf Empfänger)* • position display

Positionsanzeiger *m <tech.allg> (z. B. Fördertechnik, Fertigung)* • position-indicating device

Positionsgeber *m <msr> (allg.)* • position transducer

Positionslaterne *f <nav> (z. B. Hecklaterne, Topplaterne)* • navigation lantern; navigational lantern

Positionslicht *n <aerosp.licht> (Außenbeleuchtung)* • navigation light; position light *FAR/JAR 25.1385*; navigational light

Positionsnummer *f DIN ISO 6433 <doku> (in techn. Zeichnungen)* • item reference *ISO 6433*

positiv *<allg> (Befund, Polarität, Vorzei-*

chen, Einfluss etc.) • positive

positive Drehung *f <tech.allg> (im Uhrzeigersinn)* • positive rotation

positives Vorzeichen *n <tech.allg> (z. B. in Math., Elektr.)* • positive sign; plus sign

Posten *m <doku> (z. B. in Rechnungen)* • item

Potentialabfall *m <phys>* • potential drop

Potentialanstieg *m <phys>* • potential rise

Potentialausgleich *m <el> (Vorgang)* • potential equalization *US*; potential equalisation *GB*

potentialfrei *<el>* • potential-free

potentielle Energie *f DIN 1345 <phys>* • potential energy

Potentiometer *n <el> (einstellbarer Widerstand als Dreh- oder Schieberegler)* • potentiometer; pot *coll*

Potenz *f <math> (Arithmetik)* • power

Potenz *f*: **zur x. ~ erheben** *vt <math>* • raise to the power of x *vt*

Pozidriv-... *<wz> (in Zusammensetzungen; für Schraubwerkzeuge)* • Pozidriv ...

Pozidriv-Kreuzschlitz *m <füg> (Schraubenkopf; Kreuz mit spitzen Ecken, 45°-Markierung)* • Pozidriv; cross recess Pozidriv

Pozidriv-Schraubendreher *m <wz>* • Pozidriv screwdriver

P-Profil *n <tech.allg> (Dichtung)* • P-strip

PP-Schaumfolie *f <kst>* • PP foam sheet; foamed PP sheet; polyfoam sheeting

Prädiktionsautofokus *m <phot>* • predictive autofocus; predicitve AF; predicitve focus tracking *Nikon*; predictive motion focusing *Fuji*; motion prediction *Panas*

Präemphasis *f <av> (zur Rauschunterdrückung; Höhenanhebung; z. B. Ukw-Radio, Dolby)* • pre-emphasis; pre-equalization

Prägefolie *f <kst>* • embossed sheet

Prägefolie *f <metall>* • embossing foil; stamping foil

Prägemaschine *f <wz.masch> (für Blech, Karton, Papier)* • embossing machine

Prägen *n <prod> (von Münzen)* • coining

Prägen *n <prod> (betont: durch Schlagen; z. B. Münzen)* • striking

Prägen *n <textil.obfl> (mech. Appretur; Vorgang)* • embossing

prägen *vt <druck>* • block *vt*

prägen *vt <prod> (maßgenau)* • coin *vt*

prägen *vt <prod> (durch Schlagstempel; z. B. Münzen)* • strike *vt*

Prägeplatte *f <led>* • embossing plate

Prägung *f <prod> (allg.; Vorgang und Ergebnis)* • embossing

praktikabel *<tech.allg> (z. B. Vorschlag, Lösung, Konstruktion)* • feasible; practicable; doable *coll*

Praktikantin *f <org>* • intern

Praktikum *n <org>* • internship

praktisch anwenden *vt <tech.allg> (z. B. Methode, Prinzip, Werkzeug)* • apply *vt*; apply practically *vt*

praktische Erfahrung *f <allg>* • practical experience

praktische Erfahrung *f <tech.allg> (auf einem bestimmten Gebiet)* • field experience

praktizieren *vt <tech.allg> (z. B. Methode, Prinzip)* • practice *vt US*; practise *vt GB*

Prallblech *n <tech.allg> (Umlenkung)* • deflector; deflector plate

Prallblech *n <tech.allg> (allg.)* • baffle plate; impaction plate; baffle

Prallfläche *f <tech.allg> (betont: Oberfläche)* • baffle surface

Prallluftschiff *n <aerosp> (Luftfahrzeug leichter als Luft; kein Zeppelin)* • non-rigid airship; blimp *pract*; taut airship *rare*

Prallverschleiß *m <tech.allg>* • impact wear

Präparat *n <bio> (Probe; z. B. für Mikroskopie)* • specimen

Präparat *n <chem>* • preparation

Präsentation *f <allg> (Vortrag, Vorstellung von Ideen, Fotos, Produkten; z. B. mit Beamer)* • presentation

Praseodym *n* (Pr) *<chem>* • praseodymium (Pr)

Pratze *f <füg> (z. B. Spannpratze)* • claw

Pratze *f <masch>* • outrigger

präventive Maßnahme *f <tech.allg>* • preventive measure

Präzision *f*: **mit hoher ~ bearbeiten** *vt <prod> (spanend)* • precision-machine *vt*

Präzisionsbauteil *n* <*prod*> • precision component; precision part
präzisionsgeschliffen <*prod*> • precision ground
Präzisionsinstrument *n* <*tech.allg*> • precision instrument; high-accuracy instrument
Preflight Check *m* <*aerosp*> • transit check; preflight check; preflight check-out
Prellbock *m* <*bahn*> *(mit oder ohne Licht)* • bumper; buffer stop; stop block; bumping post
prellen *vi* <*el*> *(Kontakt)* • chatter *vi*; bounce *vi*
Prellschuss *m* <*mil*> *(durch Abprallen verursacht)* • ricochet; ricochet shot
Premiumklasse *f* <*kfz*> *(z. B. Audi A6, BMW 5er Reihe, MB E-Klasse, Buick Lucerne)* • premium class
Premiumkraftstoff *m* <*petr*> *(ROZ 100, CZ >60; z. B. Aral Ultimate, Shell V-Power)* • premium fuel
Premix *m* <*tech.allg*> *(allg.; z. B. zur Herstellung von Gummi, Bremsbelägen, Kunststoff)* • premix
Presealed-Stahl *m* <*mat*> *(coil-coated; rostfrei; z. B. für Autokarosserien)* • pre-sealed steel
Presse *f* <*tech.allg*> *(allg.)* • press
Presse *f* <*nahr*> *(z. B. für Obst)* • squeezer
Presse *f* <*prod.metall*> *(betont: für Bleche)* • metal stamping machine; metal stamping press
Pressen *n* <*kst*> *(Kunststoffe)* • compression molding
Pressen *n* <*prod*> *(Blechteile; z. B. Stahlblech; z. B. Karosserieteile)* • stamping; sheet metal stamping; sheet metal forming; die drawing
pressen *vt* <*kst*> *(Umformen)* • mold *vt*
pressen *vt* <*masch*> *(z. B. Dichtung, Stopfbüchse)* • compress *vt*
pressen *vt* <*nahr*> *(auspressen)* • squeeze *vt*
pressen *vt* <*prod*> *(allg.)* • press *vt*
pressen *vt* <*prod*> *(durch Tiefziehen)* • stamp *vt*
pressen *vt* <*textil*> *(Kalanderpresse)* • calender *vt*
Pressenstraße *f* <*prod*> • press line
Pressglas *n* <*silik*> • pressed glas
Presskörper *m* <*prod*> *(Keramik- od. Metall-Formteil vor dem Sintern)* • compact
Presskraft *f* <*tech.allg*> *(allg.)* • press force
Presskraft *f* <*verf*> *(betont: Komprimieren; z. B. Pulver und Kunststoff)* • compacting force
Presskraft *f* <*verf*> *(Durchpressen; z. B. beim Extrudieren)* • extrusion force
Presskuchen *m* <*tech.allg*> • press cake; pressed cake
Presskuchen *m* <*nahr*> *(allg.; z. B. von Obst, eher weich)* • pomace
Pressling *m* <*prod*> *(betont: Rohling nach dem Pressen)* • pressed blank; blank
Presspappe *f* <*pap*> • pressboard
Presspassung *f* <*masch*> • interference fit; press fit *rare*; force fit *rare*
Pressschweißen *n DIN 1910* <*füg*> *(im Ggs. zu Schmelzschweißen; keine äquivalente Kategorie in USA)* • welding processes involving mechanical pressure *US*; pressure welding *GB*; welding with pressure *rare*
Pressstahlblechgehäuse *n* <*tech.allg*> • pressed sheet steel housing
Pressteil *n* <*kfz*> *(aus Presswerk; auch im Ggs. zu manuell gefertigten Blechteilen)* • pressed panel; pressing *pract*
Pressteil *n* <*kst*> *(Kunststoff-Formteil)* • compression molded part; compression molding; molding
Pressverbindung *f* <*energ.el*> *(Kabel- bzw. Leiterverbindung)* • crimp connection; compression junction
Presswerkzeug *n* <*prod*> *(allg.; Form)* • pressing tool; pressing die
Preventergarnitur *f* <*petr*> *(BOP)* • blowout preventer stack; BOP stack *pract.coll*
Priel *m DIN 4047-2* <*geo.hydr*> *(Nebenwasserlauf im Watt)* • slough
Primärantrieb *m* <*mot*> *(primäre Kraftquelle; z. B. E-Motor, Verbrennungskraftmaschine)* • prime mover
Primärdaten *pl* <*tech.allg*> • primary data
Primärenergiequelle *f* <*energ*> • original energy source
Primärkühlkreis *m DIN 25401-3* <*nukl*> *(Reaktorkühlreislauf in KKW mit DWR)* • primary coolant circuit; primary loop *pract*

Primärspannung *f <el> (z. B. von Trafos)* • primary voltage

Primärversorgungsbereich *m <tech.allg>* • primary service area

Primärwicklung *f <el> (in Trafos, Zündspulen, Tachogeneratoren)* • primary winding; primary coil

primitiv *<allg> (z. B. Kunst, Volk; Form, Gleichung, Gruppe)* • primitive

Primzahl *f <math>* • prime number; prime

Prinzipschaltbild *n <el>* • schematic circuit diagram; schematic wiring diagram; principal circuit diagram

Priorität *f <tech.allg>* • priority

prismenförmig *<tech.allg>* • prismatic

prismenförmig *<masch>* • vee-shaped; V-shaped

Pritsche *f <nfz> (bei Lkws, Pick-ups)* • flatbed; platform; flat top; flatdeck *AUS*; loadbox *RSA*

Pritschenaufbau *m <nfz>* • platform body; flatbed body; flat deck body *AUS*

Pritschenfahrzeug *n <nfz>* • flatbed truck; platform truck *US*; flat deck truck *AUS*; platform lorry *GB*

privat *<allg>* • private; personal

Probe *f <qualit> (repräsentatives Exemplar; fest, flüssig, gasförmig)* • sample

Probebetrieb *m <qualit>* • trial operation

Probefahrt *f <kfz.qualit>* • test drive; trial run; road test

Probekörper *m <qualit.mat> (spez. geformte Materialprobe f. Werkstoffprüfung; z. B. f. Zugversuch)* • test specimen; test piece *GB*; specimen *pract*

Probekörper für Zugversuch *m <qualit.mat>* • tensile test specimen; tensile specimen; tension specimen *rare*

Probelauf *m <tech.allg>* • test run; trial run; running-in test

Probenahme *f <qualit>* • sampling

Probenahmestelle *f <qualit>* • sampling point

Probe nehmen *vt <qualit> (z. B. Wasserprobe, Luftprobe)* • collect a sample; take a sample *vt*

Problemlösung *f <allg>* • problem solution

Produkt *n DIN EN ISO 8402 <tech.allg> (Ergebnis eines Prozesses)* • product *ISO 8402*

Produktbeduftung *f <ökon>* • product scenting

Produktentanker *m <nav>* • products tanker; products carrier

Produktfälschung *f <ökon> (billige Kopie)* • fake product; pirated product; counterfeit product; knockoff

Produktionsablauf *m <prod>* • production process

Produktionsbohrung *f <min> (Ergebnis; z. B. Erdöl, Wasser)* • production well; producer *coll*

Produktionsdatum *n <prod>* • build date

Produktionskreuz *n <petr>* • christmas tree; oil and gas well Christmas tree

Produktionsplanungs- und Steuerungssystem *n* (PPS) *<prod.msr>* • production planning system (PPS)

Produktionsreife *f <prod>* • readiness for production

Produktionsversuchsserie *f* (PVS) *<prod> (vor Nullserie)* • pilot series; pilot production [run]; pilot run *US.pract*

Produktlebenszyklus *m <prod>* • product life cycle

Produktpiraterie *f <jur>* • product piracy

produzieren *vt <prod> (allg.; Waren jeder Art, Teile, Produkte, Erzeugnisse)* • produce *vt*; manufacture *vt*; fabricate *vt*; make *vt coll*

Profil *n <tech.allg> (allg.; z. B. Verlauf einer Kurve, Form)* • profile

Profil *n <tech.allg> (reliefartiges Muster; z. B. von Sohle, Lauffläche)* • pattern

Profil *n <bau> (Tunnel; z. B. großes ~)* • clearance

Profil *n <energ.wind> (Querschnittsriss eines Rotorblatts)* • airfoil *US*; aerofoil *GB*; airfoil section *US*; aerodynamic profile; blade section

Profil *n <prod> (z. B. gewalzt, extrudiert; z. B. Stahl, Alu, Kunststoff; z. B. L, T, U)* • section; shape *pract*; profiled section *form*

Profil *n <prod.wz> (betont: Umriss; z. B. von Werkzeug, Werkstück)* • contour

Profilblock *m <fz> (Reifen)* • tread bar

Profilkrümmung *f <tech.allg>* • profile curvature

Profilrille *f <kfz> (Reifen)* • tread groove

Profilrippe *f <kfz> (Reifen)* • tread rib

Profilschaum-Matratze *f* *<innen>* • eggcrate mattress
Profilsehne *f* *<aerosp>* *(Tragflügelprofil; z. B. Flugzeug, Hubschrauber, Schaufelblatt)* • chord line
Profilstahl *m* *<mat>* *(Stahlprofile; z. B. L, T, U, I)* • structural steel; sectional steel; steel shape
Profiltiefe *f* *<aerosp>* *(Tragflügel, Rotorblatt, Propellerblatt)* • chord
Profiltiefe *f* *<kfz>* *(Reifen)* • tread depth; profile depth
Profilwalzen *n* *<metall>* • profile rolling; form rolling
Programm *n* *<tech.allg>* *(z. B. Computer-, Schalt-, Steuer-, Fahrprogramm)* • program
Programm *n* *<av>* *(Fernsehkanal)* • channel
Programm *n* *<comp>* *(festgelegte Abfolge von auszuführenden Schritten)* • program; routine
Programm *n* *<doku>* *(z. B. Konzert, Theater)* • program
programmabhängig *<tech.allg>* • program-dependent
Programmautomatik *f* *<tech.allg>* *(z. B. von Kameras)* • programmed mode
Programmbefehl *m* *<comp>* • program instruction; program command
Programmdurchlauf *m* *<tech.allg>* • program run; program flow; program passage
Programmfehler *m* *<comp>* • program error; program fault; bug; programming error
programmgesteuert *<msr>* • program--controlled; program-driven
Programmhalt *m* *<tech.allg>* • program stop
programmierbar *<tech.allg>* • programmable
programmierbarer Nur-Lese-Speicher *m* (PROM) *<msr>* • programmable read-only memory (PROM)
programmierbare Steuerung *f* (PC) *<autom>* • programmable controller (PC); programmable control; programmable logic controller
programmieren *vt* *<comp>* • program *vt*
Programmiergerät *n* *<tech.allg>* • programming unit; programmer
Programmiersprache *f* *<comp>* • programming language
Programmierwerkzeuge *npl* *<tech.allg>* • programming tools
programmorientiert *<tech.allg>* • program-oriented
Programmstart *m* *<tech.allg>* • program start-up; program start
Programmvorwahl *f* *<tech.allg>* *(z. B. EDV, TV, Werkzeugmaschine)* • program preselection
Programmwahltaste "Aufwärts" oder "Abwärts" *f* *<av>* • channel select button "up" or "down"; channel selector button; station select button; channel button
Programmwechsel *m* *<allg>* *(EDV, Fernsehen, Theater)* • program change
progressive Feder *f* *<masch>* • progressive spring; non-linear spring
Projekt *n* *<allg>* • project
Projektingenieur *m* *<tech.allg>* • project engineer
Projektion *f* *<opt>* *(von Film, Dia etc.)* • projection
Projektionsmethode 1 *f DIN ISO 10209-2* *<doku>* *(Technisches Zeichnen; Seitenansicht von links steht rechts)* • first angle projection *ISO 10209-2*; first-angle orthographic representation; first angle orthographic projection; ISO-method 1; European representation *except UK*
Projektionsmethode 3 *f DIN ISO 10209-2* *<doku>* *(Technisches Zeichnen; Seitenansicht von links steht links)* • third angle projection *ISO 10209-2*; third-angle orthographic representation; third-angle orthographic projection; ISO-method 3; Anglosaxon representation
Projektmanagementsystem *n DIN 69904* *<ökon>* • project management system
Projektor *m* *<av>* *(zur Projektion von Film, Dias, Videos, Daten)* • projector; light projector *rare*
Projektstudie *f* *<doku>* • feasibility study
Promethium *n* (Pm) *<chem>* *(radioaktiv)* • promethium (Pm)
Propan *n IUPAC* *<chem.petr>* • propane *IUPAC*; dimethylmethane
Propeller *m* *<tech.allg>* *(z. B. Schiff, Flugzeug, Pumpe, Windkraft)* • propel-

ler

Propeller *m* *<aerosp>* • propeller; air propeller; airscrew *GB*; screw-propeller *GB*; airplane propeller

Propellerblatt *n* *<aerosp>* • propeller blade *US*; airscrew blade *GB*

Propellergondelantrieb *m* *<nav>* *(gondelartige Antriebseinheit)* • Azipod drive; pod drive; podded drive

Propellerpumpe *f* *<förd>* *(typ. Axialpumpe; Rotor ähnl. Schiffsschraube; z. B. f. KKW-Primärkühlm.)* • propeller pump; axial-flow propeller pump

Propellerschub *m* *<fz>* *(von Schiffen, Flugzeugen)* • propeller thrust

Propellerstrahl *m* *<aerosp>* • propeller slipstream; slipstream; propeller wash; propeller backwash; propwash *coll*

Propellertriebwerk *n* *<aerosp>* • propeller engine; airscrew engine; propeller power unit

Propellerturbine *f* *<aerosp>* • propeller turbine

Propellerturbine *f* *<energ.hydr>* • fixed--blade propeller turbine

Propellerturbinen-Luftstrahltriebwerk *n* (PTL) *<aerosp>* • turboprop engine (TPE); turboprop; propeller-jet turbine engine; propeller turbine engine; TP [engine]

Proportionalitätsgrenze *f* *<qualit.mat>* • proportional elastic limit (PEL); limit of proportionality; proportionality limit; proportional limit

Proportionalregler *m* *<msr>* *(z. B. Fliehkraftregler von James Watt)* • proportional controller; one-mode controller; single-mode controller; P controller

Proportionalschrift *f* *<druck>* • proportional typeface; proportionally spaced typeface; proportionally spaced type

proprietär *<ökon>* *(spezifische Marken- oder Produktmerkmale)* • proprietory

proprietäre Lösung *f* *<tech.allg>* *(eigene, individuelle ~)* • proprietary solution

Protactinium *n* (Pa) *<chem>* • protactinium (Pa)

Protektor *m* *<bekl>* • protector; body armour; armour

Proteomik *f* *<chem.bio>* *(Proteinanalyse)* • proteomics

Protokolldatei *f* *<comp>* • log file

protokollieren *vt* *<tech.allg>* *(Abläufe, Ereignisse, logbuchartig)* • log *vt*

Protonenbeschleuniger *m* *<nukl>* • proton accelerator

Prototyp *m* *<prod>* *(allg.)* • prototype; preproduction prototype

Protuberanz *f* *<astron>* *(Sonne)* • solar prominence; prominence

Proxy-Server *m* *<comp>* *(Firewall)* • proxy server

Prozedur *f* *<allg>* • procedure

Prozeduraufruf *m* *<comp>* • procedure call; procedure reference

prozentualer Anstieg *m* *<allg>* • percent gain

prozentualer Anteil *m* *<allg>* • percentage

prozentualer Feststoffanteil *m* *<tech.allg>* • percentage of solids

prozentualer Gehalt *m* *<tech.allg>* • percentage content; percentage

prozentualer Verlust *m* *<tech.allg>* • percentage loss

Prozess *m* *<tech.allg>* • process

Prozessanschluss *m* *<allg>* • process connection

Prozessautomatisierung *f* *<autom>* • process automation

Prozessdampf *m* (PD) *<verf>* • process steam; dilution steam

Prozessenergie *f* *<tech.allg>* • process energy

Prozessführung *f* *<verf>* • process control

Prozessgröße *f* *<msr>* • process variable

Prozessleittechnik *f* (PLT) *<msr>* *(abstrakt)* • process measuring and control engineering; process measuring and control; process management and control; process control engineering; process control and instrumentation

Prozessmodell *n* *<tech.allg>* *(chem., physikalische, organisatorische Prozesse)* • dynamic model

prozessorgesteuert *<msr>* • processor-controlled

prozessparallel *<tech.allg>* • process--parallel

Prozessparameter *m* *<tech.allg>* • process parameter

Prozessrechner *m* *<comp>* • process control computer; process controller; process computer

Prozessschritt *m <tech.allg>* • process step

Prozessvariable *f <tech.allg>* • operating variable

Prozessvariable *f <verf>* • process variable

Prozessverwaltung *f <tech.allg>* • process management

Prozesswärme *f <tech.allg>* • process heat; industrial heat

Prüfalgorithmus *m <comp>* • check algorithm

Prüfbedingungen *fpl <qualit> (betont: herrschende Bedingungen)* • test conditions; testing conditions

Prüfbedingungen *fpl <qualit> (betont: gestellte Anforderungen)* • test requirements

prüfen *vt <tech.allg> (betont: gründlich, mit den Augen, ohne Werkzeuge)* • examine *vt*

prüfen *vt <el> (mit Elektronenstrahl)* • scan *vt*

prüfen *vt <el>* • test *vt*

prüfen *vt <min> (Erze auf Metallgehalt)* • assay *vt*

prüfen *vt <msr> (sehr gründlich und eingehend)* • probe *vt*

prüfen *vt <qualit> (sicherstellen; z. B. dass etwas im gewünschten Zustand ist)* • verify *vt*; make sure *vt*

prüfen *vt <qualit> (kurze Kontrolle mit oder ohne Hilfsmittel)* • check *vt*

prüfen *vt <qualit> (meist gründlich; meist mit Hilfsmitteln)* • test *vt*

prüfen *vt <qualit> (vor allem mit den Augen)* • inspect *vt*; check *vt*

prüfen *vt <qualit> (versuchsweise etwas tun)* • try *vt*; check *vt*

prüfen *vt <qualit> (Qualität beurteilen)* • assess *vt*

prüfen *vt <qualit> (Buchhaltung)* • audit *vt*

Prüffeld *n <qualit> (Gesamtheit aller Prüfeinrichtungen; innen und außen)* • testing facilities

Prüfgenauigkeit *f <qualit.mat>* • test accuracy; measuring accuracy; testing accuracy

Prüfklemme *f <el> (allg.)* • test terminal

Prüfkopf *m <msr> (z. B. Ultraschall)* • testing head

Prüflabor *n <qualit> (Raum mit Prüfeinrichtungen)* • testing laboratory; test laboratory; testing lab; test lab *pract*; test shop *pract*

Prüflampe *f <kfz>* • test light *US.coll*; trouble light *US.pract.coll*; test lamp *GB.pract.coll*; circuit tester *form*; circuit tracer *rare*

Prüfling *m EN 61000-4-x <qualit> (Gerät, Einrichtung, System als Betrachtungsobjekt; z. B. EMV-Prüfung)* • equipment under test (EUT); device under test; DUT; unit under test; UUT; test object

Prüfnormal *n <msr.qualit> (allg.)* • reference standard

Prüfspitze *f <msr>* • test probe

Prüfstand *m <tech.allg> (als Messeinrichtung)* • test stand; test rig; test bench; test bed

Prüfstelle *f <qualit> (am Prüfkörper)* • test point

Prüfstelle *f <qualit> (Ort der Prüfung; z. B. Labor)* • test site

Prüfsumme *f <comp>* • checksum

Prüfung *f <qualit> (von Zuständen; Sachverhalt, Wissen; gründlich)* • examination

Prüfung *f <qualit> (eher gründlich, meist mit Hilfsmitteln)* • test

Prüfung *f <qualit> (betont: durch Abtasten; z. B. mit den Augen oder elektronisch)* • scanning

Prüfung *f <qualit> (versuchsweise, praktisch)* • trial

Prüfung *f <qualit> (auf chem. Zusammensetzung, Gewicht u. Ä.; Vorgang)* • assay

Prüfung *f <qualit> (Qualitätsbeurteilung)* • assessment

Prüfung *f <qualit> (betont: Verifizierung einer Erwartung)* • verification

Prüfung *f DIN 1319-1 <qualit.msr> (Konformitätsbewertung durch Beobachten oder Beurteilen)* • inspection

Prüfung auf Durchgang *f <el.msr> (typ. mit Ohmmeter)* • continuity test; continuity testing; circuit continuity test *rare*

Prüfung auf Maßhaltigkeit *f <qualit>* • dimensional inspection; dimensional check

Prüfung auf ungerade Parität *f <msr>* • odd-parity check

Prüfverfahren *n <qualit>* • test method; testing procedure

Prüfziffer *f <comp>* • check digit (CD)

pudern *vi <kst>* • chalk *vi*

Puffer *m <tech.allg> (allg. Zwischenlager, -speicher; für Material, Daten)* • buffer

Puffer *m <tech.allg> (allg.; Anschlag- oder Schwingungsdämpfung; mit Gummi, Feder o. Ä.)* • snubber; buffer *rare*

Puffer *m <comp> (zur vorübergehenden Speicherung von Daten)* • buffer [memory]; intermediate memory; data buffer; temporary memory; scratch-pad memory *coll.rare*

Pufferfeder *f <masch>* • buffer spring

puffern *vt <tech.allg> (Stoß, Aufschlag; Effekt)* • buffer *vt*; buff *vt*; cushion *vt*

Pufferspeicher *m <tech.allg>* • buffer storage

Puffertank *m <tech.allg>* • buffer tank

Pufferung *f <tech.allg> (Abfederung)* • cushioning

Pufferwirkung *f <tech.allg> (Vorgang)* • buffer action

Pullman-Limousine *f <kfz> (extreme Luxuslimousine; z. B. auf Basis von Horch, Wanderer, Mercedes)* • Pullman limousine

Pullmanwagen *m <bahn> (Luxus-Reisewagen)* • Pullman car

Puls *m <tech.allg> (wiederkehrendes Ereignis, regelmäßiger Impuls; z. B. Herzschlag)* • pulse

Puls *m <bio> (Pulsschlag in den Arterien)* • pulse

Puls *m <phys> (einzelner Ausstoß von Strahlen od. Teilchen)* • pulse

pulsationsfrei *<tech.allg>* • pulsation-free

pulsierend *<tech.allg>* • pulsating; pulsing

Pulslängenmodulation *f <el>* • pulse-length modulation (PLM); pulse-duration modulation

pulsmoduliert *<el>* • pulse-modulated

Pultdach *n <bau> (schräges Rechteck; allg., auch freistehend)* • shed roof *US*; monopitch roof *GB*; pent roof; single-pitch roof; skillion roof

Pultrusionsverfahren *n <prod> (Strangziehen von Faserverbundkunststoffprofilen; nicht "Pull-")* • pultrusion [process]

Pulver *n <tech.allg> (jedes Material; fein oder grob)* • powder

pulverförmig *<tech.allg>* • powdery; pulverulent

pulverisieren *vt <verf> (fein; z. B. durch Reiben, Zerreiben, Brechen, Mahlen)* • pulverize *vt*; powder *vt*; triturate *vt*; comminute *vt*; levigate *vt*

pulverisiert *<tech.allg>* • powdered

Pulverisierung *f <tech.allg> (allg.; z. B. durch Mahlen, Reiben, Zerdrücken)* • pulverization; comminution; trituration; powderization; levigation

Pulverkern *m <tech.allg>* • powder core; dust core

Pulverlackierung *f <obfl> (Ergebnis)* • powder paint coat; powder coat paint

Pulvermetallurgie *f DIN 30900 <metall>* • particle metallurgy *DIN ISO 3252*; powder metallurgy *DIN ISO 3252*; metal ceramics

Pumpe *f <tech.allg> (allg.)* • pump

Pumpe-Düse-Einheit *f* (PDE) *<kfz.mot>* • unit injector (UI); pump-nozzle unit; pump injector

Pumpe-Düse-System *n* (PD) *<kfz.mot>* • unit injector system; pump-nozzle system; pump-jet system

pumpen *vt <tech.allg>* • pump *vt*

Pumpenaggregat *n <masch>* • pump unit; pump set; pumping unit; pumping set

Pumpenförderhöhe *f <förd>* • pump head *pract*; pump operating head; total head; head *pract*

Pumpenfördermenge *f <masch>* • pump delivery

Pumpenläufer *m <masch> (Welle+Laufrad)* • pump rotor; rotor *pract*; rotor assembly; rotating assembly; rotating element

Pumpenrad *n <förd> (Kreiselpumpe)* • impeller; bladed impeller; runner *rare*; pump wheel

pumpfähig *<tech.allg> (Eigenschaft einer Flüssigkeit)* • pumpable

Pumpspeicherbecken *n <energ.hydr>* • pump storage reservoir; pumped storage reservoir

Pumpspeicherkraftwerk *n <energ.hydr>* • pumped storage electrical hydro-power station; pumped storage plant; pumped storage station

Punkt *m <tech.allg> (z. B. Dezimalpunkt,*

Position, Thema, Gegenstand auf Liste) • point

Punkt *m <druck> (typographische Einheit; Schriftgröße)* • point

Punkt *m <druck> (kleinstes druckbares Element)* • dot

Punkte pro Inch *mpl* (dpi) *<comp> (Maßeinheit)* • dots per inch (dpi)

punktförmig *<allg>* • punctiform

punktförmig *<tech.allg> (punktuell, auch übertragen)* • punctual

punktgeschweißt *<füg>* • spot-welded

punktgesteuerter Industrieroboter *m <autom>* • point-to-point controlled robot

Punktlage *f <tech.allg>* • point position

Punktlast *f <mech>* • point load; concentrated load

Punktmatrix *f <tech.allg>* • dot matrix

Punktschweißautomat *m <füg>* • automatic spotwelding machine

Punktschweißen *n <füg> (ein Pressschweißverfahren)* • resistance spot welding (RSW); spot welding

Punktschweißroboter *m <autom> (z. B. Kfz-Fertigung, Rohkarosserie)* • spot welding robot

Punktsteuerung *f <autom.msr> (von Industrierobotern)* • point-to-point control; PTP control; pose-to-pose control

Punktstrahler *m <licht> (als Punktlicht)* • spotlight; spot *coll*

punktweise *<tech.allg> (z. B. abtasten)* • point-by-point

Punze *f <metall.wz> (zum Treiben und Ziselieren)* • punch

Punze *f <wz> (Stempel für den Feingehalt)* • quality stamp *US*; hall-mark stamp *GB*

punzen *vt <prod> (Metall)* • chase *vt*

punzieren *vt <prod> (Einstempeln des Feingehalts in Edelmetalllegierungen)* • hallmark *vt*; stamp *vt*

Push-Pull-Steckverbinder *m <tech.allg> (selbstverriegelnd; z. B. für Kabel, Schläuche)* • push-pull connector

Putz *m DIN 18550 <bau> (auf Wand; fertig aufgetragen)* • plaster; finish

putzen *vt <allg> (z. B. Raum, Haushaltshilfe)* • clean *vt*

putzen *vt <prod> (scharfe Grate entfernen)* • dress *vt*; fettle *vt*; burr *vt*; deburr *vt*

Putzgips *m <bau.mat>* • plaster of Paris; plaster [for facing] *pract*

PV-Anlage *f <energ.sol> (Solarkraftwerk mit Solarzellen)* • PV plant; photovoltaic solar power plant

PVC hart schlagzäh *n <kst> (z. B. für Kunststofffenster)* • high-impact rigid vinyl

PVC-Isolierung *f <el>* • PVC insulation; p.v.c. insulation

PVC-Klebeband *n <el> (Isolierband)* • PVC tape

PVD-Verfahren *n <obfl> (zum Aufbringen sehr dünner Schichten; z. B. auf Wafern)* • physical vapor deposition (PVD); plasma vapor deposition process; vacuum evaporation; vapor deposition; PVD process

Pylon *m <aerosp> (Triebwerksbefestigung)* • pylon

Pylon *m <bau> (Hängebrücke, Schrägseilbrücke)* • pylon; mast; tower; suspension tower

Pyrolyse *f <chem> (allg.)* • pyrolysis

Pyrolysereaktor *m <verf>* • pyrolysis reactor; pyrolyser

Pyrometerkegel *m <verbr> (Flamme)* • pyrometric cone

Pyrotechnik *f <spreng> (als Disziplin, Fach)* • pyrotechnics

pyrotechnisch *<tech.allg>* • pyrotechnic[al]

pyrotechnische Treibladung *f <spreng> (z. B. Gasgenerator für Gurtstraffer, Rakete)* • pyrotechnic propellant

Q

QR-Code *m <tech.allg> (quick-response code; Barcode-Nachfolger)* • QR code

Quad *n <kfz> (kleines Geländefahrzeug)* • quad

quaderförmig *<autom> (Arbeitsraum)* • cartesian

Quadrant *m <tech.allg>* • quadrant

Quadrat *n <math>* • square

quadratisch *<math> (Fläche)* • quadrate

quadratisch *<math> (z. B. Gleichung)* • quadratic; square

quadratischer Querschnitt *m <tech.*

allg> • square cross-section

Quadratwurzel *f <math>* • square root

Qualität *f ISO 9000 <qualit> (allg.)* • quality *ISO 9000*

Qualität *f <qualit.mat> (Sorte)* • grade

Qualität der Bauausführung *f <bau.-qualit> (Resultat der Bauarbeiten)* • build quality

Qualitätsaudit *m <qualit>* • quality audit

Qualitätsfaktor *m <tech.allg>* • quality factor

Qualitätsgefühl *n <tech.allg> (z. B. von Material, Bedienungskomfort)* • quality feel[ing]

Qualitätshandbuch *n <qualit>* • quality manual

Qualitätsmanagement *n DIN EN ISO 8402 <qualit> (früher "Qualitätssicherung")* • quality management *ISO 8402*

Qualitätsmanagementsystem *n DIN EN IS0 9000 <qualit>* • quality management system *IS0 9000*

Qualitätsmerkmal *n <qualit>* • quality characteristic

Qualitätsprüfung *f <qualit> (Einzelmaßnahme im Rahmen der Qualitätsüberwachung)* • quality check (QC)

Qualitätssicherung *f* (QS) *<qualit> (Gesamtheit der Maßnahmen zur Erzielung der geforderten Qualität)* • quality assurance (QA)

Qualitätsstahl *m <mat>* • high-grade steel; quality steel *rare*

Qualitätsüberwachung *f <qualit> (Teilmaßnahme der Qualitätslenkung; fortlaufende Prüfung)* • quality surveillance

Qualitätsziel *n ISO 9000 <qualit>* • quality objective *ISO 9000*

Quantenenergie *f <phys>* • quantum energy

Quantenmechanik *f <phys>* • quantum mechanics

Quantenphysik *f <phys>* • quantum physics

Quark *m <nahr>* • quark; curd cheese

Quark *n <phys>* • quark

Quarz *m <phys> (z. B. Schwingquarz)* • quartz

Quarzarmbanduhr *f <msr>* • quartz watch

Quarzfenster *n <tech.allg>* • quartz window

Quarzglas *n <silik>* • fused silica; fused quartz; quartz glass

Quarzoszillator *m DIN 45174 <el>* • quartz oscillator; quartz crystal controlled oscillator; crystal oscillator *rare*

Quarzsand *m <obfl> (zum Sherardisieren bzw. mechanischen Plattieren)* • silica sand; quartz sand

quasilinear *<math> (z. B. Funktion, Gleichung)* • quasi-linear

quasiplastisches Fließen *n <mat>* • pseudoplastic flow

quasistationärer Zustand *m <tech.allg>* • quasi-stationary state; quasi-steady state

Quasisynonym *n <term>* • quasi-synonym *ISO 12620*; near synonym

Quecksilber *n* (Hg) *<chem> (lat. hydrargyrum)* • mercury (Hg)

Quecksilberdampf *m <tech.allg>* • mercury vapor

Quecksilberdampflampe *f <licht> (allg.; Hoch- od. Niederdruck)* • mercury vapor lamp; mercury lamp *coll*

Quecksilberdampf-Niederdruckstrahler *m DIN EN 14897 <licht>* • mercury low-pressure ultraviolet radiator *DIN EN 14897*

quecksilberfrei *<tech.allg>* • mercury--free

Quecksilbersäule *f <phys> (als Maß für Luftdruck: 1 mm Hg = 133,322 Pa)* • mercury column; column of mercury

Quecksilberschalter *m <el> (allg.; z. B. als Airbag-Auslöser)* • mercury switch

Quecksilberschalter *m <msr> (betont: Kippkontakt; z. B. als mech./el. Bewegungssensor)* • mercury tilt switch; tilt-switch sensor; tilt switch; mercury switch

Quecksilberteich *m <tech.allg>* • mercury pool

Quecksilberthermometer *n <msr>* • mercury thermometer

Quelldatei *f <comp>* • source file

Quelle *f <allg> (Ursprung; z. B. einer Information)* • source

Quelle *f <tech.allg> (z. B. Energie, Schall, Strahlung)* • source

Quelle *f <geo.petr> (Erdöl)* • well

Quelle *f <hydr> (eines Flusses)* • spring

Quellen *n <tech.allg> (durch Feuchtigkeitsaufnahme; z. B. Holz, Papier, Kunststoff)* • swelling

quellen *vi <tech.allg> (z. B. Bohnen,*

Erbsen; Flachs) • steep *vi*
quellen *vi* <*bau.mat*> *(durch Aufnahme von Wasser, Luftfeuchtigkeit)* • swell *vi*
quellen *vi* <*mat*> *(z. B. Holz, Kunststoff, Papier)* • swell *vi*; expand *vi*
quelltextoffene Software *f* <*comp*> *(z. B. Linux)* • open-source-code software; open-source software
Quellungsmittel *n* <*tech.allg*> • swelling agent
Quellverzeichnis *n* <*comp*> • source directory
Querabmessung *f* <*tech.allg*> • lateral dimension
Querabsteifung *f* <*tech.allg*> *(allg.)* • cross bracing
Querachse *f* <*fz*> *(allg.; Flugzeug, Schiff, Kfz)* • lateral axis; transverse axis; pitch axis
Queraussteifung *f* <*tech.allg*> *(mit Trägern, Streben, Blech; z. B. Fachwerk, Maschinengestell)* • cross bracing; lateral bracing
Querbeschleunigung *f* (g) <*fz*> • transverse acceleration; lateral acceleration
Querbewegung *f* <*tech.allg*> • transverse movement; lateral movement
Querbewegung *f* <*tech.allg*> • transverse motion; crosswise motion *coll*; crosswise movement *coll*
Querfeld *n* <*el*> • transverse field
Querfluss *m* <*tech.allg*> *(Fluide allg.)* • transverse flow
Querformat *n* <*doku*> *(im Ggs. zum Hochformat; z. B. von Abbildungen)* • landscape format; landscape orientation; horizontal format *rare*
quergerichtete Bewegung *f* <*tech.allg*> • transversal motion
Querhaupt *n* <*masch*> *(Traverse; z. B. von Presse, Prüfgerät)* • cross-head
Querkeil *m* <*füg*> • cotter key
Querkraft *f* <*phys*> *(allg.)* • lateral force; transverse force
Querlenker *m* <*kfz*> *(Radaufhängung)* • transverse control arm; transverse link; track control arm
Quermotor *m* <*fz*> • transverse engine; transversely mounted engine *rare*
Querneigung *f* <*aerosp*> *(Schräglage eines Flugzeugs; typ. in Kurve)* • bank
Querneigungswinkel *m* <*fz*> *(allg.; z. B. bei Kurvenfahrt, Elchtest)* • roll angle
Querrichtung *f* <*tech.allg*> • lateral direction; transverse direction
Querriegel *m* <*bau*> *(z. B. von Brücken)* • crossbeam; cross-beam; transverse beam
Querrippe *f* <*tech.allg*> *(z. B. Versteifung, Oberflächenvergrößerung)* • cross rib
Querriss *m DIN EN ISO 6520* <*qualit.-mat*> *(allg.; z. B. in Schweißnähten)* • transverse crack *ISO 6520-1*
Querruder *n* <*aerosp*> *(Steuerfläche für Rotation um die Längsachse)* • aileron
Querschlitten *m* <*wz.masch*> *(Drehmaschine)* • cross slide; transverse carriage
Querschnitt *m* <*tech.allg*> *(Form, Profil)* • cross section
Querschnittsfläche *f* <*tech.allg*> *(in Flächeneinheit; z. B. von Kabeln in mm²)* • cross-sectional area; sectional area *pract*
Querschnittsverminderung *f* <*tech.allg*> • reduction of cross-sectional area
Querschott *n* <*nav*> • transverse bulkhead; athwartship bulkhead; athwartships bulkhead; cross-bulkhead
Querspant *n* <*nav*> • transverse frame; balanced frame
Querstapellauf *m* <*nav*> • side launching
Querstraße *f* <*verk*> *(rechtwinklig zu Hauptstraße oder zw. zwei Hauptstraßen)* • crossroad *US*
Querstrebe *f* <*tech.allg*> *(für Zug oder Druck; z. B. Fachwerk, Rahmen, Stahlskelettbau)* • cross brace; cross strut
Querstrebe *f* <*tech.allg*> *(eher zugbelastet; z. B. in Fachwerk, Fahrzeugrahmen)* • cross tie
Querstrom *m* <*tech.allg*> *(jedes Fluid; z. B. Wasser, Luft)* • cross flow; transverse flow
Querstrom-Zylinderkopf *m* <*kfz.mot*> • crossflow cylinder head; X-flow cylinder head
Quersumme *f* <*math*> *(Summe aller Ziffern einer Zahl; typ. als Kontrollsumme)* • transverse sum; horizontal check sum; sum of digits; sideways sum *coll*
Querträger *m* <*tech.allg*> *(Metall, jede Größe, jedes Profil)* • cross rail; trav-

erse

Querträger *m <tech.allg> (eher groß; typ. aus Holz oder Metall)* • cross-member; cross-beam; cross girder; transverse beam; transverse girder

Querverband *m <bau> (Stahlbau; z. B. Quer- od. Diagonalstrebe in Fachwerk)* • transverse bracing

Querverbindung *f <tech.allg> (konkret, abstrakt; z. B. organisatorisch, verkehrstechnisch, thematisch)* • cross connection

Querverrippung *f <tech.allg> (eher dünn; eher zur Oberflächenvergrößerung)* • cross finning

Querverrippung *f <tech.allg> (eher dick; eher zur Versteifung)* • cross ribbing

querversteift *<tech.allg>* • transversely stiffened

querverstellbar *<tech.allg>* • transversely adjustable

Querwind *m <aerosp>* • crosswind

quer zur Faserrichtung *<tech.allg>* • across the fiber grain *US*; across the fibre grain *GB*

quetschen *vt <el> (Kontaktschuh, Steckverbinder an Kabel)* • crimp *vt*

Quetschhülse *f <el> (für Flachstecker, Flachsteckhülsen)* • flared metal sleeve

Quetschhülse *f <füg> (z. B. für Drahtseile)* • ferrule

Quetschkontakt *m <el>* • crimped contact

Quetschsockellampe *f :V <kfz.el> (Sockel IEC W2,1x9,5d)* • glass wedge base bulb *US*; pinched base bulb; pinch-base bulb

Quetschventil *n <rls> (Verschluss durch Abquetschen)* • pinch valve

Quetschverbindung *f <füg> (allg.; z. B. Blech, Kabel, Stecker)* • crimp connection; crimped connection

Quetschwalze *f <phot> (Fotolabor; für Fotopapier)* • squeegee

Quietschen *n <tech.allg> (Gummi; z. B. von Reifen)* • squeal

quietschen *vi <tech.allg>* • squeak *vi*

Quietschgeräusch *n <tech.allg>* • squeaking noise

Quietsch- und Klappergeräusche *npl <tech.allg>* • squeaks or rattles

quittieren *vt <allg> (Bestätigen einer Meldung etc.)* • acknowledge *vt*

R

Rabitzzange *f <wz>* • mechanics' nippers *pl*

Rachenlehre *f <msr> (Gutlehre oder Ausschusslehre)* • caliper gauge; gap gauge; snap gauge

Rad *n <tech.allg>* • wheel

Radachse *f <fz>* • wheel axle; axle

Radar *n <navig>* • radar

Radarantenne *f <navig>* • radar antenna *US*; radar aerial *GB*

Radarantennenverkleidung *f <navig>* • radar dome; radome

Radarfalle *f <verk>* • police radar; radar speed trap

Radarfallenkamera *f <verk>* • speed camera

radargesteuert *<tech.allg>* • radar-controlled

Radarnase *f <aerosp> (Flugzeugbug)* • radome *pract*; radar nose

Radarortung *f <navig>* • radar detection

Radarpistole *f <verk>* • radar gun

Radarsender *m <tech.allg>* • radar transmitter

Radaufhängung *f <kfz> (vorne und hinten)* • wheel suspension; suspension *pract*

Raddrehzahlsensor *m <kfz.msr> (z. B. für ABS, Navi)* • wheel speed sensor

Radialbeanspruchung *f <mech> (allg.; jede radiale Beanspruchung)* • radial loading; radial load

Radialbeaufschlagung *f <turb> (Dampfturbine)* • radial admission

Radialbewegung *f <allg>* • radial motion

Radialebene *f <tech.allg>* • radial plane

Radialgebläse *n <masch> (im Ggs. zu Axialgebläse, Querstromgebläse)* • centrifugal blower; centrifugal fan; radial-flow blower

Radialkugellager *n DIN ISO 5593 <masch>* • radial ball bearing *ISO 5593*; ball journal bearing

Radiallager *n DIN ISO 4378-1 <masch> (betont: für Lagerzapfen; z. B. Kurbelwellenhauptlager)* • journal bearing *ISO 4378-1*

Radiallager *n <masch> (allg.; Lager zur Aufnahme von Radialkräften)* • radial bearing

Radial-Pendelrollenlager *n* *<masch>* • self-aligning roller bearing

Radialpumpe *f* *<förd>* *(typ. Zentrifugalpumpe; axialer Eintritt und radialer Austritt)* • radial-flow pump

Radialreifen *m* *<fz>* • radial tire *US*; radial tyre *GB*

Radialspannvorrichtung *f* *<tech.allg>* • radial stretching device

Radialspiel *n* *<masch>* *(z. B. radiales Lagerspiel)* • radial play; radial clearance; vertical shake

radialsymmetrisch *<tech.allg>* • radially symmetric

Radial-Tonnenlager *n* *<masch>* • spherical roller bearing

Radialwellendichtring *m* (RWDR) *<masch>* • rotary shaft lip seal

Radial-Wellendichtring *m* (RWDR) *DIN 3761* *<masch>* • radial shaft seal ring; lip seal with garter spring; radial seal *pract*; shaft seal *pract*; oil seal *pract*

Radiator *m* *<tech.allg>* • radiator

Radiergummi *m* *<doku.wz>* • eraser *US*; rubber *GB*; india rubber *rare*

radikalische Reaktion *f* *<chem>* • radical reaction

radioaktiv *<nukl>* *(Material, Komponente, Raum, Bereich)* • radioactive; active *pract*; hot *coll*

radioaktiver Abfall *m* *<nukl.ents>* *(allg.; jede Art)* • radioactive waste; nuclear waste; active waste *pract*; radwaste *pract*; hot waste *jarg*

radioaktiver Niederschlag *m* *<nukl>* *(als feste Partikel)* • radioactive fallout; fallout

radioaktiver Zerfall *m* *<nukl>* • radioactive decay; radioactive disintegration

radioaktives Element *n* *<nukl>* *(natürliche Radioaktivität; z. B. Radium)* • radioactive element; radioelement

radioaktives Isotop *n* *<geo>* • radioactive isotope

radioaktive Strahlung *f* *<nukl>* • radioactive radiation

Radioaktivität *f* *<nukl>* • radioactivity

Radioastronomie *f* *<astron>* • radio astronomy

Radiochemie *f* *<chem>* • radiochemistry

Radiofrequenz *f* *<av>* • radio frequency (RF)

Radiojod *n* *<chem>* • radioactive iodine; radioiodine

Radiokohlenstoff *m* *<nukl>* • radiocarbon; carbon-14

Radiokohlenstoffdatierung *f* *<geo>* • carbon-14 dating; radiocarbon dating; radiocarbon dating method

radiometrisches Prospektieren *n* *<min>* • radiometric prospecting

Radiosität *f* *<energ.sol>* *(Strahlungsfluss in W/m2)* • radiosity

Radioteleskop *n* *<astron>* • radiotelescope

Radium *n* (Ra) *<chem>* *(radioaktiv)* • radium (Ra)

Radius *m* (r) *<math>* • radius (r)

Radkranz *m* *<bahn>* *(Lauffläche plus Spurkranz)* • train wheel rim

Radlader *m* *<bau.masch>* *(nicht verwechseln mit Fahrlader!)* • wheel loader

Radlager *n* *<fz>* • wheel bearing

Radlast *f* *<fz>* • wheel load

Radom *n* *<astron>* *(von Radarstation, Sternwarte)* • radome

Radon *n* (Rn) *<chem>* *(radioaktiv)* • radon (Rn)

Radreifen *m* *<bahn>* • wheel tire

Radsatz *m* *<bahn>* • wheelset

Radsatzlager *n* *<masch>* • axlebox; journal box *US*; wheelset bearing; axle bearing

Rad-Schiene-System *n* (R/S-System) *<bahn>* • wheel/rail-system (w/r-system); wheel/track-system; wheel-on--rail system

Radschraube *f* *<kfz>* *(zur Radbefestigung)* • wheel bolt; wheel lug bolt *US*

Radsicherung *f* *<kfz>* *(allg.; jede Art)* • wheel lock

Radstand *m* *<fz>* *(Abstand zw. Vorder- und Hinterachse)* • wheelbase

Raffinadekupfer *n* *<metall>* *(im Ggs. zu Elektrolytkupfer)* • refined copper

Raffination *f* *<tech.allg>* • refining; purification

Raffinerie *f* *<chem.petr>* • refinery

raffinieren *vt* *<tech.allg>* *(reinigen)* • purify *vt*

raffinieren *vt* *<verf>* *(z. B. Erdöl)* • refine *vt*

Rahmen *m* *<tech.allg>* *(Gestell; für Einschübe, Schaltmodule etc.)* • frame; frame rack; apparatus rack

Rahmen *m <tech.allg> (allg.; z. B. von Bauteilen, Fenstern, etc.)* • frame
Rahmen *m <aerosp> (Verstärkung von Öffnungen in der Druckkabine)* • frame
Rahmen *m <kfz> (eines Fahrzeugs)* • frame; underframe
Rahmen *m <mil> (von Pistolen)* • frame
Rahmen *m <tele> (zur Datenübertragung; z. B. bei UMTS: 15 Zeitschlitze je 10 ms)* • frame *pract*; radio frame
rahmen *vt <tech.allg>* • frame *vt*
rahmengenähtes Schuhwerk *n <bekl>* • welted footwear
Rahmenhöhe *f <tech.allg>* • frame height
Rahmenkonstruktion *f <tech.allg>* • frame structure
rahmenlos *<tech.allg> (Konstruktionsprinzip; z. B. im Leichtbau)* • chassisless
rahmenlos *<tech.allg> (integrierte Bauweise)* • integral
rahmenlos *<kfz> (Fenster, Seitenscheiben)* • frameless
rahmenlose Bauart *f <tech.allg> (z. B. im Leichtbau)* • chassisless construction
rahmenlose Bauart *f <tech.allg>* • frameless construction
rahmenlose Bauart *f <tech.allg> (integrierte Bauweise)* • integral construction; integral frame construction *rare*
Rahmenwerk *n <bau> (tragende Struktur von Gebäuden)* • framework; framing; frame; fabric
Rakel *f <tech.allg> (Abstreifmesser, für überschüssige Farbe, Klebstoff etc.)* • doctor blade; doctor knife
rakeln *vt <druck>* • doctor *vt*; wipe-off *vt*; wipe *vt*
Rakete *f <aerosp> (allg.; z. B. Signal-, Transport-, Feuerwerksrakete)* • rocket
Rakete *f <mil> (als Waffe; z. B. Marschflugkörper, Boden-Luft-Rakete)* • missile *['misail]*; rocket-powered missile *did*
Raketenantrieb *m <aerosp>* • rocket propulsion
Raketenbündel *n <aerosp>* • clustered rocket; clustered vehicle
Raketenflugbahn *f <aerosp>* • rocket trajectory; rocket flight path
Raketenflügel *m <aerosp>* • rocket wing
Raketenflugzeug *n <aerosp>* • rocket--driven aircraft; rocket-propelled aircraft
raketengetrieben *<aerosp>* • rocket--propelled; rocket-driven
Raketengrundgleichung *f <aerosp>* • fundamental equation of rocket motion
Raketenheckleitwerk *n <aerosp>* • missile tail assembly
Raketeninstrumentierung *f <aerosp>* • rocket instrumentation
Raketenkammer *f <aerosp>* • rocket chamber
Raketenkopf *m <aerosp>* • rocket head; forebody
Raketenmotor *m <aerosp>* • rocket engine
Raketennutzlast *f <aerosp>* • rocket payload
Raketenrumpf *m <aerosp>* • rocket body
Raketensonde *f <aerosp>* • probe rocket
Raketenstabilisierung *f <aerosp>* • rocket stabilization
Raketenstart *m <aerosp> (Start mithilfe von Raketen)* • rocket-assisted take--off
Raketenstart *m <aerosp> (Start einer Rakete)* • rocket launch
Raketenstartbasis *f <aerosp>* • rocket launching site; rocket base; rocket-drome
Raketenstartbeschleuniger *m <aerosp>* • auxiliary take-off rocket unit
Raketenstufe *f <aerosp>* • rocket stage; rocket step
Raketenstufe mit Triebwerk *f <aerosp>* • propulsion stage
Raketentechnik *f <aerosp>* • rocket engineering; rocketry
Raketentreibsatz *m <aerosp> (allg.)* • rocket-propelling charge
Raketentreibsatz *m <aerosp> (Feststoff)* • solid propulsion charge
Raketentreibstoff *m <aerosp>* • rocket fuel; rocket propellant
Raketentriebwerk *n <aerosp>* • rocket propulsion engine; rocket engine
Raketenwerfer *m <mil>* • rocket launcher
Ramme *f <bau.masch> (für Spund-*

wandbohlen) • rammer; ram; pile driver; driving rig
rammen *vt <tech.allg> (Objekt mit großer Masse gegen anderes Objekt)* • ram *vt*
Rammklotz *m <bau.masch>* • tup; ram; monkey; drive block
Rammpfahl *m DIN 4026 <bau>* • pile for driving; driven pile
Rampe *f <tech.allg> (schräg, zur Niveauangleichung; z. B. als Auffahrt)* • ramp
Rampe *f <logist> (an Lkw oder Lagerhalle)* • loading platform
Rampenwinkel *m <kfz.antr> (Fahrzeugaufbau)* • ramp breakover angle; breakover angle; breakover *pract*; ramp angle *VW.Audi*
ramponiert *<tech.allg> (ziemlich beschädigt, schadhaft; z. B. Anzug, Auto)* • battered
Rand *m <allg> (Kante)* • edge
Rand *m <allg> (äußere Begrenzung)* • fringe; margin; periphery
Rand *m <tech.allg> (äußerer; auch um Bild, Teppich u. a.)* • border
Rand *m <tech.allg> (überschüssiges Randmaterial; z. B. um Briefmarken herum)* • selvage; selvedge; list
Randbefestigung *f <tech.allg> (Platte)* • edge constraint
Randbefestigung *f <bau> (Straßenbau)* • shouldering
Randbeschnitt *m <pap> (Vorgang)* • edge trimming
Randeffekt *m <phys> (allg.)* • boundary effect
Randeinfassung *f <tech.allg>* • edging
Rändel *n DIN 82 <obfl> (allg.)* • knurl; knurling
Rändelgriff *m <wz>* • knurled handle
Rändelmutter *f DIN 467 <füg> (allg.)* • knurled nut; thumb nut; hand nut
rändeln *vt DIN 8583-5 <prod>* • knurl *vt*
Rändelrad *n <kfz.msr> (zur Regulierung; z. B. Leuchtweiten, Heizung)* • thumbwheel
Rändelschraube *f DIN 653 <füg>* • knurled thumbscrew
Randfeuerpatrone *f <mil>* • rimfire cartridge
Randgebiet *n <tech.allg>* • peripheral region
Randschärfe *f <av>* • edge definition; edge acuity; contour sharpness
Randschichthärten *n <prod>* • boundary hardening
Randzone *f <tech.allg> (Grenze)* • border zone
Randzone *f <tech.allg> (an Peripherie)* • peripheral zone
Rangierbahnhof *m <bahn>* • classification yard *US*
Rangierbetrieb *m <bahn>* • shunting operation
rangieren *vi <bahn>* • switch *vi*
rangieren *vi/vt <kfz> (Fahrzeug, Anhänger)* • maneuver *vt US*; manoeuvre *vt GB*
Rangierlokomotive *f <bahn> (allg.)* • switcher locomotive *US*; switcher *US.pract*; shunting locomotive *GB*; shunter *GB.pract*
Rangierschrank *m <allg>* • marshalling cabinet *GB*
Rangierwagenheber *m <kfz.wz>* • trolley jack; floor jack *US*
Rapportbreite *f <textil> (Breite des sich wiederholenden Musters)* • pattern width; design width; repeat of warp threads
Rapsmethylesther *m* (RME) *DIN EN14214 <chem> (Kraftstoff für Dieselmotoren; aus Raps; CZ 54-58)* • rape seed methyl ester (RME) *DIN EN14214*; green diesel fuel *pract*; biodiesel *SP-1545*
Raschig-Ringe *mpl <verf>* • Raschig rings *pl*
Rasenmäher *m <tech.allg> (betont: ohne Motor)* • push reel mower
Rasensprenger *m <agri>* • lawn sprinkler
Rasentrimmer *m <agri> (mit Faden; Elektro- oder Benzinmotor)* • trimmer; string trimmer *form*
Rasierapparat *m <hygi> (allg.; nass oder trocken)* • shaver
rasieren *vt <hygi> (Haare, Bart)* • shave *vt*
Rasierklinge *f <hygi.wz>* • razor blade
Raspel *f <wz>* • rasp
Rast *f <metall> (Hochofen)* • bosh
Raste *f <mil.tech.allg> (hörbar als Klick; z. B. an Visieren, Motorradfederbeinen)* • click
Raste *f <prod> (betont: hält etwas zurück od. fest; z. B. Schnittwerkzeug)*

• detent; retainer

Raste *f <prod> (Vertiefung; z. B. für e. Sperrklinke, Positionierstift)* • notch

Rasterabstand *m <tech.allg>* • grid spacing

Rasterbild *n <druck> (Halbtöne durch Punktraster dargestellt)* • raster image; halftone image

Rasterelektronenmikroskop *n* (REM) *<el>* • scanning electron microscope (SEM); scanning microscope

Rasterlinie *f <bau>* • modular line; grid line

Rasterplatte *f <tech.allg>* • screen

Rastertunnelmikroskop *n* (STM) *<msr> (Gerät)* • scanning tunneling microscope (STM) *US*; scanning tunnelling microscope *GB*; tunneling microscope *US.rare*; scanning tunneling electron microscope *US.rare*; scanning tunnelling electron microscope *GB.rare*

Rasterung *f <comp.druck>* • half-toning; screening

Rastgetriebe *n <masch> (z. B. Malteserkreuzgetriebe)* • dwell mechanism; stop mechanism

Rastklinke *f <masch>* • latch

Rastmechanismus *m <prod>* • indexing mechanism

Rastperiode *f <tech.allg> (innerhalb periodischer Bewegungen)* • dwell

Rastplatz *m <verk> (Abzweig an Autobahn, Schnellstraße, Bundesstraße)* • turnout *US*; lay-by *GB*

Rastpunkt *m <prod> (Vorrichtung)* • click-stop position

Rastung *f <prod> (Rückhaltemechanismus)* • detent mechanism

Rastvorrichtung *f <tech.allg> (typ. in Patenttexten)* • click-stop device

Ratsche *f <tech.allg>* • ratchet

Ratschenverschluss *m <tech.allg> (z. B. an Inlineskates, Snowboard-Bindungen)* • ratchet binding

Ratterschwingung *f <tech.allg> (z. B. an Werkzeugen, Führungen, Fahrzeugen)* • chatter vibration

rau *<tech.allg> (Einsatzbedingungen)* • severe

rau *<obfl>* • rough; coarse

Rauch *m ISO 13943 <verbr> (sichtbarer Teil von Abgasen/Aerosolen durch Verbrennung/Pyrolyse)* • smoke *ISO 13943*

rauchen *vi <tech.allg> (Rauch entwickeln; z. B. Maschine, Prozess)* • smoke *vi*; fume *vi*

räuchern *vt <obfl.holz>* • fume *vt*

Rauchgas *n <verbr> (betont: sichtbarer Rauch, Qualm)* • smoke gas

Rauchgas *n <verbr.emiss> (betont: aus Feuerung, mit Schwebstoffemissionen)* • flue gas; waste gas

Rauchgasanalyse *f* (RGA) *<msr>* • flue-gas analysis; stack gas analysis; exhaust gas analysis *rare*

Rauchgasentschwefelung *f <emiss>* • flue-gas desulphurization (FGD) *US*; flue-gas desulfurization *US*; flue gas desulphurisation *GB*; DESOX process; smoke desulfurization *rare*

Rauchgasentstaubung *f <ents>* • flue-gas dedusting

Rauchgasentstickung *f <emiss>* • flue-gas denitrification; DeNOx process

Rauchgasreinigung *f <ents>* • flue-gas treatment; flue-gas cleaning; flue-gas purification

Rauchmelder *m <msr.feuer> (Brandschutzeinrichtung)* • smoke detector *BS 4422-4*; smoke-sensitive fire-detection system; smoke fire detector

raue Industrieumgebung *f <tech.allg>* • harsh industry environment

raue Umgebung *f <tech allg>* • harsh environment

Rauhfaser[tapete] *f <bau.innen>* • ingrain wallpaper; wood-chip wallpaper

Raum *m <allg> (beansprucht von oder verfügbar für etwas oder jmd.)* • space; room *coll*

Raumanzug *m <aerosp>* • space suit

Raumbedarf *m <tech.allg>* • space requirements *pl*

Raumbeduftung *f <hlk>* • ambient scenting; room-fragrancing; ambient-air scenting

Raumbeleuchtung *f <licht>* • room lighting; room illumination

räumen *vt <allg> (z. B. Lager, Wohnung)* • empty *vt*

räumen *vt <tech.allg> (z. B. Gebäude, Straße, Lager, Datenspeicher)* • clear *vt*

räumen *vt <tech.allg> (vollständig entleeren, ausbeuten; Ressourcen, Lager, Mine etc.)* • exhaust *vt*; deplete *vt*

räumen *vt <prod> (aufweiten)* • broach

vt

Räumer *m DIN 4045 <ents.hydr> (zur Klärschlammentfernung)* • scraper; sludge collector *US*

Raumfähre *f <aerosp> (z. B. die Columbia)* • space shuttle; shuttle *pract*

Raumfahrt *m <aerosp> (allg.)* • spaceflight; space flight

Raumfahrtantrieb *m <aerosp>* • spacecraft propulsion

Raumfahrtanwendung *f <tech.allg> (z. B. Photovoltaik)* • space application

Raumfahrttechnik *f <aerosp>* • astronautical engineering; space engineering

Raumfahrtzentrum *n <aerosp>* • spaceport; cosmodrom

raumfest *<tech.allg> (z. B. Koordinatenachsen; Kinematik)* • space-fixed; fixed in space

Raumflug *m <aerosp> (eigentliche Flüge)* • spaceflight; space flight

Raumheizung *f <hlk> (allg.; Wohn- u. Geschäftsräume)* • space heating

Raumkapsel *f <aerosp>* • space capsule

Raumklang *m <av>* • surround-sound

Raumklimagerät *n <hlk> (Fenster-, Mobil-, Split- od. Multisplitgerät)* • room air-conditioner; room airconditioning unit *stand*

Raumladungsdichte *f <el>* • space--charge density

räumlich *<tech.allg> (dreidimensional)* • three-dimensional

räumlich begrenzter Bereich *m <allg>* • limited area

räumliche Anordung *f <tech.allg>* • spatial configuration; position and orientation in space

räumliche Beziehung *f <term>* • spatial relation *ISO 12620*

räumliche Trennung *f <tech.allg>* • physical separation

räumliche Verteilung *f <tech.allg>* • spatial distribution

räumlich falsch angeordnet *<tech.allg>* • mislocated

Raumluftqualität *f <hlk>* • indoor air quality (IAQ)

Raumlufttechnik *f* (RLT) *<hlk>* • ventilation and air-conditioning technology

Räummaschine *f <wz.masch>* • broaching machine

raumrichtig *<tech.allg>* • orthomorphic

Raumschiff *n <aerosp>* • spaceship; spacecraft; space vehicle

Raumsonde *f <aerosp>* • space probe; space-probe vehicle

raumsparend *<tech.allg>* • space saving

Raumstation *f <aerosp>* • space station

Räumte *f <nav> (Verhältnis Raumfähigkeit: Nutzlast; in cbf/t oder m3/t)* • stowage rate; stowage factor; tonnage capacity; hold capacity

Raumteile *mpl <tech.allg> (in Mischungen)* • quantities by volume

Raumtragwerk *n <tech.allg> (mit Stäben und Knoten; z. B. Autokarosserie)* • space framework; space frame; space structure; spatial structure

Raumtransporter *m <aerosp>* • cargo spaceship; space transporter

Räumung *f <allg> (betont: wegräumen, freimachen; z. B. von Schnee)* • clearing

Räumung *f <allg> (betont: leer machen; z. B. eines Lagers)* • emptying

Raumwindkurs *m <nav>* • broad reach

raumzentriertes Gitter *n <metall> (Kristallgefüge)* • body-centered lattice *US*; body-centred lattice *GB*

Raupenfahrwerk *n <bau.masch>* • crawler running gear; crawler

Raupenfahrzeug *n <bau.masch> (langsam; z. B. Baumaschine, Schaufelradbagger)* • crawler

Raupenfahrzeug *n <fz> (allg.; jede Art; z. B. Planierraupe, Panzer)* • track vehicle; tracked vehicle; track-type vehicle

Raupenkette *f <bau.masch>* • crawler chain; chain

rauscharm *<el> (ohne eigenes Rauschen)* • low-noise; noise-less

Rauschunterdrückung *f <av> (el. od. akust. Rauschen)* • noise suppression (NS); noise reduction; noise cancellation *GB*; noise limiting *rare*

Rauschunterdrückung *f <phot> (in Bildern)* • noise reduction; noise removal processing *Fuji*

RAW-Datei *f <phot>* • RAW file; RAW image

RBMK-Reaktor *m <nukl> (reaktor bolshoy moshchnosti kanalniy; der Tschernobyl-Typ)* • RBMK reactor

Reagens *n* <*chem*> • reagent

Reagenzglas *n* <*chem*> • test tube

reagieren *vi* <*chem*> • react *vi*

reagieren auf *vi* <*allg*> • react to *vi*; respond to *vi*

Reaktanz *f* <*el*> • reactance

Reaktionskraft *n* <*mech*> *(Vektor)* • reaction force; reactive force

Reaktionsprodukt *n* <*chem*> • reaction product

Reaktionsraum *m* <*tech.allg*> *(allg.)* • reaction space; reaction chamber

Reaktor *m* <*tech.allg*> *(in chem. oder kerntechn. Anlagen)* • reactor

Reaktorbehälter *m* (RB) <*nukl*> *(DWR und SWR)* • reactor vessel (RV)

Reaktordruckbehälter *m* (RDB) *DIN 25401-3* <*nukl*> *(Druckwasserreaktor)* • reactor pressure vessel (RPV); pressure vessel *pract*

Reaktorgebäude *n* <*nukl*> • reactor building

Reaktorhilfsanlagen *fpl* <*nukl*> • reactor auxiliary systems *pl*

Reaktorhilfsanlagengebäude *n* (RHG) <*nukl*> • reactor auxiliary building

Reaktorkern *m DIN 25401-3* <*nukl*> *(z. B. bei DWR, SWR)* • reactor core; core *pract*

Reaktorkühlmittel *n* <*nukl*> *(allg.; z. B. Leichtwasser im LWR)* • reactor coolant

Reaktorkühlsystem *n* <*nukl*> *(allg.)* • reactor cooling system

Reaktorkühlsystem *n* <*nukl*> *(beim DWR)* • reactor cooling system; primary cooling system; main cooling system

Reaktor-Schnellabschaltung *f DIN 25401-3* <*nukl.sich*> • reactor trip; scram; emergency shut-down; reactor scram

Reaktorschutzhülle *f* <*nukl*> • containment shell

Reaktorsicherheit *f* <*nukl*> • reactor safety

Reaktorsicherheitsbehälter *m DIN 25401-3* <*nukl*> *(Teil des Reaktorgebäudes; in D kugelförmig, in den USA eher zylindr.)* • reactor containment; containment *pract*

real <*allg*> *(z. B. Einkommen, Gegenstand)* • real

Rechengeschwindigkeit *f* <*comp*> *(u. a. abhängig von der Taktfrequenz)* • processing speed; computing speed; calculating speed *rare*

Rechengut *n* <*ents.hydr*> • screenings *pl*

Rechenleistung *f* <*comp.av*> • processing power

Rechenreinigung *f* <*verf.hydr*> • screen cleaning

Rechenschema *n* <*allg*> • computation scheme

Rechentechnik *f* <*tech.allg*> *(Verfahren, Ausbildungsfach)* • calculating technique

Rechenwerk *n* (ALU) <*comp*> *(Bestandteil der Zentraleinheit)* • arithmetic and logic unit (ALU); arithmetic logic unit; arithmetic logic section; arithmetic unit *pract*

Rechenzentrum *n* (RZ) <*comp*> • data-processing center *US*; data-processing centre *GB*; computer center *US*; computer centre *GB*

rechnen *vt* <*allg*> *(mit Zahlen, Größen, Einheiten)* • calculate *vt*; reckon *vt*

rechnen *vt* <*allg*> *(im Ggs. zu schätzen, zeichnen)* • compute *vt*; reckon *vt*

rechnergesteuertes System *n* <*tech.allg*> • computer-controlled system

rechnergestützte Übersetzung *f* <*transl*> • machine-assisted translation

rechnerunabhängig <*tech.allg*> *(offline)* • off-line

Rechnungsvorschubeinrichtung *f* <*tech.allg*> • bill-feed device

Rechteck *n* <*math*> • rectangle

Rechteckform *f* <*tech.allg*> • rectangular shape

Rechteckfrequenz *f* <*el*> • square-wave frequency

Rechteckquerschnitt *m* <*tech.allg*> • rectangular section

rechter Winkel *m* <*math*> • right angle

rechte Seite *f* <*allg*> • RH side; right-hand side

rechts <*allg*> • right-hand (RH)

rechts: nach ~ <*tech.allg*> *(Drehrichtung; z. B. Regler, Schalter, Zündschlüssel, Schraube)* • clockwise (CW)

rechts <*theat*> *(auf der Bühne, aus der Sicht der Zuschauer; im Engl. umgekehrt)* • stage left (L); left; prompt side; PS

rechtsbündig *<tech.allg>* • flush-right

Rechtschreibprüfprogramm *n ISO/IEC 2382-23 <comp>* • spelling checker *ISO/IEC 2382-23*; spell checker

Rechtsdrehung *f <tech.allg> (allg.; z. B. Welle, Hebel, Regler)* • clockwise rotation *US*; cw rotation *US*; right-hand rotation *rare*; RH rotation *rare*

Rechtsdrehung *f <chem.phys>* • dextrorotation

rechtsgängig geschlagenes Seil *n <tech.allg>* • right-lay rope

rechtsgesteuert (RHD) *<kfz>* • right-hand drive (RHD)

Rechtsgewinde *n* (RH) *<masch>* • right-hand thread (RH)

Rechtslenkung *f <kfz>* • right-hand drive (RHD)

Rechts-/Linkslauf *m <wz.masch> (bei Werkzeugen mit Drehbewegung; z. B. Bohrmaschine)* • reversing

Rechtsumdrehung *f <tech.allg> (meist weniger als 360°)* • clockwise turn

Rechtswendung *f <tech.allg>* • right-hand turn; right turn

rechtweisend Nord *n <navig>* • true north; geographic north

rechtwinklig *<tech.allg> (Linien, Flächen allg.)* • rectangular; orthogonal *thsc*; right-angled *pract*; square *coll*; orthographic *rare*

Rechtwinkligkeit *f <tech.allg>* • squareness

Rechtwinkligkeit *f <math>* • orthogonality; perpendicularity; rectangularity

recken *vt <prod>* • draw out *vt*; draw *vt*

Reckwalzen *n <prod>* • roll forging

recycelter Kunststoff *m <kst> (z. B. PET)* • post-consumer resin (PCR); recycled plastic material

recyclingfähiger Werkstoff *m <mat>* • recyclable material

recycling-freundlich *<ökol> (Produkte aller Art)* • recycling-friendly *:V*

Recyclingmaterial *n <ents>* • recycled material

recyclingorientierte Produktentwicklung *f VDI-R2243 <ökol> (z. B. Kfz)* • recycling-oriented product design

Recyclingpapier *n <pap> (D: 100 % Altpapieranteil; GB: min. 75 % Altpapieranteil)* • recycling paper; recycled paper

Redoxreaktion *f <chem>* • redox reaction; oxidation-reduction reaction

Reduktionsflamme *f <füg> (Autogenschweißen; Acetylenüberschuss, niedrigere Temperatur)* • reducing flame; carburizing flame; excess-acetylene flame

Reduktionsstufe *f <chem>* • reduction stage

Reduktionszone *f <chem> (betont: Bereich; z. B. in Hochofen)* • reducing zone; reduction zone

Reduktionszone *f <obfl> (betont: Produktionsabschnitt; z. B. beim Bandverzinken)* • reducing furnace

redundant *<tech.allg>* • redundant

redundantes System *n <tech.allg>* • redundant system

redundante Stromversorgung *f <el>* • redundant power supply

Redundanz *f <tech.allg> (z. B. von Daten, Signalen, Sensoren, sicherheitsrelevanten Systemen)* • redundancy

redundanzfrei *<tech.allg>* • redundancy-free

reduzieren *vt <allg> (z. B. Ausgaben, Personal, Preis)* • reduce *vt*

reduzieren *vt <chem>* • deoxidize *vt US.GB*; deoxidise *vt GB*

reduzierende Flamme *f <tech.allg>* • reducing flame

Reduziergetriebe *n <antr> (allg.)* • reduction gear; speed reducer; reduction train; speed-reducing gear; step-down gear

Reduzierhülse *f <tech.allg> (allg.; z. B. auch in Waffen)* • adapter

Reduzierstück *n <tech.allg> (Übergang von groß zu klein; z. B. für Stecknüsse, Rohre, Kanäle)* • reducing adapter; reducer; reducing adaptor *GB*

Reduzierstück *n <tech.allg> (Verengung allg.; z. B. in Leitungen)* • restrictor

Reed-Schalter *m <el>* • reed switch

reelle Zahl *f <math>* • numeric; real number

Reep *n <nav> (Seil; ein Ende frei, das andere an etw. befestigt)* • lanyard; laniard

Reetdach *n <bau>* • thatched roof; thatch roof

Referenz *f <qualit> (Bezugspunkt, Maßstab f. Bewertungen)* • benchmark

Referenzdruck *m <tech.allg>* • reference pressure

Referenzpunkt *m DIN ISO 2806 <prod.autom>* • reference position *ISO 2806*

reffen *vt <nav>* • reef [out] *vt*

reflektierende Fläche *f <tech.allg> (z. B. poliertes Metall, Spiegel)* • reflecting surface

Reflektor *m <tech.allg> (allg.; z. B. ein Spiegel)* • reflector

Reflektorfläche *f <tech.allg> (z. B. von Solaranlagen)* • reflector surface

reflexfrei *<obfl>* • non-reflecting

reflexionsarmer Raum *m DIN EN ISO 3745 <akust>* • anechoic chamber *EN ISO 3745*; dead room *coll*; anechoic room; absorbing room

reflexionsfrei *<akust> (Raum)* • anechoic

reflexionsfrei *<obfl> (Oberfläche)* • non-reflective; non-reflecting

Reflow-Lötanlage *f <el.prod>* • reflow soldering system

Reformer *m <mot> (Brennstoffzellenantrieb)* • reformer; POX reformer

Regal *n DIN 68880-1 <innen> (ein einzelnes Brett, Blech etc.; z. B. direkt an der Wand montiert)* • shelf

Regal *n <logist> (allg.; meist mit mehreren Fachböden, Regalfächern)* • rack; storage rack; racking

Regalbediengerät *n* (RBG) *prakt <logist>* • aisle stacker *pract*

Regalfach *n <logist> (Fachbodenregal; z. B. in Bücherregal)* • shelf *pl*: shelves *US*; compartment *GB*

Regalförderzeug *n* (RFZ) *<logist>* • storage/retrieval machine; S/R machine; AS/RS crane; unit load S/R machine; stacker crane *obs*

Regel *f <allg>* • principle

Regel *f <math>* • rule

Regelabweichung *f <msr> (Differenz: Istwert minus Sollwert)* • control deviation; deviation

Regelausführung *f <tech.allg> (im Ggs. zu Sonderausführung)* • conventional design

Regelbereich *m <tech.allg>* • controlling range

Regelbereichsüberschreitung *f <msr>* • overshoot

Regelgröße *f <msr> (in Regelkreis; z. B. Spannung, Druck, Temperatur, Füllstand)* • controlled variable; process variable; control variable; controlled quantity; controlled condition

Regelkreis *m <msr> (im Ggs. zur Steuerkette)* • control loop; closed-loop control system; closed-loop system; feedback system *rare*; feedback circuit *rare*

regellos *<tech.allg> (keinen Regeln folgend; Verhalten, Muster)* • erratic; stochastic; disordered; irregular; random

regellos anordnen *vt <tech.allg>* • randomize *vt*

regellos auftreten *vi <tech.allg>* • occur randomly *vi*

regelmäßige Wartung *f <tech.allg>* • periodic maintenance

regeln und steuern *vt <msr> (geschlossener bzw. offener Wirkungskreis)* • control *vt*

Regelrichtung *f <tech.allg>* • direction of control

Regelstrecke *f <msr> (im Regelkreis: Stellglied u. Wirkungsweg; z. B. Regler, Motor)* • controlled system; controlled process; control system

Regelung *f <msr> (im Ggs. zu Steuerung)* • closed-loop control [system]; automatic control; closed-loop feedback control; control [system] *pract*; feedback control *rare*

Regelungssystem *n <energ.wind>* • control system; power control system

Regelungstechnik *f <msr>* • control engineering; automatic control engineering

Regelungs- und Steuerungstechnik *f <msr>* • control engineering

Regelventil *n <rls.msr> (gen.)* • control valve

Regelventil *n <rls.msr> (betont: zum Regulieren von etw.)* • regulating valve

Regelzustand *m <tech.allg>* • control condition

Regenerat *n <ents> (allg.; aufbereiteter Abfall; z. B. Kunststoff)* • reclaim

Regenerat *n <ents> (gemahlen, geshreddert)* • reground material; regrind

regenerativ *<tech.allg> (Chemie, Elektronik, Thermodynamik)* • regenerative

Regenerativwärmetauscher *m* (REGAVO) *<verf>* • regenerative gas/gas heater; regenerative heat exchanger

regenerierbar *<tech.allg> (z. B. Daten, Signale, Zellen)* • recoverable

regenerierbar *<ents>* • recoverable; reclaimable

regenerieren *vt <tech.allg> (Zustand, Funktionstüchtigkeit)* • regenerate *vt*

Regenfallrohr *n <bau> (Querschnitt in D rund, in USA meist rechteckig)* • downspout; downpipe; roof drain; rain water pipe; stack pipe

Regensensor *m <kfz.msr>* • rain sensor

Regenwasser *n DIN EN 752-1 <ents>* • storm-water *BS 4118*; rain-water; surface water; atmospheric water *rare*

Regenwasserableitung *f <bau.hydr>* • stormwater drainage; storm drainage; surface drainage

regionales Verteilnetz *n <energ>* • regional distribution network

regionale Variante *f <term>* • geographical usage

Registerhaltigkeit *f <druck>* • proper registration; front to back registration

Registertonne *f <nav>* • register ton

Registrierkasse *f <ökon> (im Ladengeschäft, zum Summieren der Einzelpreise)* • cash register

Regler *m <msr> (allg.; stufenlos, kein Schalter; z. B. Drehgriff od. Rad)* • regulator

Regler *m <msr> (Bedienungselement zum stufenlosen Regulieren)* • control; operator control *ISO 4135*

Regler *m <msr> (bildet Differenz zw. Soll- u. Istwert u. aktiviert das Stellglied)* • controller

Regler *m <msr.antr> (Automatikgetriebe-Steuerung)* • governor; transmission governor

regulär *<allg> (normal)* • ordinary; normal

regulieren *vt <tech.allg>* • regulate *vt*

Regulierventil *n <rls> (typ. Regelventil)* • regulating valve

Rehabilitationstechnik *f* (RT) *<med.-tech>* • assistive technology (AT); rehabilitation engineering; rehabilitation technology

Reibahle *f <wz>* • reamer

Reibantrieb *m <antr> (allg.)* • friction drive

Reibbelag *m <masch> (z. B. Bremse, Kupplung)* • friction lining

reiben *vi <tech.allg>* • rub *vi*

Reibrad *n <tech.allg> (Rad mit Reibfläche, das z. B. ein anderes Rad antreibt)* • friction wheel

Reibrad *n <tech.allg> (Bandlaufwerk)* • drive roller; capstan wheel; capstan friction wheel; capstan roller

reibschlüssig *<tech.allg>* • frictional

reibschlüssige Verbindung *f <masch> (z. B. Keil-, Schraub-, Schrumpfverbindung)* • frictional connection

Reibschweißen *n DIN 1910 <füg> (rotational oder linear; z. B. Rotationsschweißen)* • friction welding (FRW)

Reibung *f <tech.allg>* • friction

Reibungsbelag *m <masch>* • friction lining

Reibungsdämpfer *m <masch> (allg.)* • friction damper

Reibungskoeffizient *m <mech> (für Haft-, Gleit-, Rollreibung)* • coefficient of friction; friction coefficient

Reibungskupplung *f <tech.allg> (Oberbegriff, im Ggs. zu Klauenkupplung)* • friction clutch

reibungsmindernd *<tech.allg>* • friction-reducing

Reibungsverlust *m <phys>* • frictional loss; friction loss

Reibungswärme *f <tech.allg>* • frictional heat; friction heat

Reibungswiderstand *m <mech> (allg.)* • frictional resistance; surface resistance

Reichweite *f <tech.allg>* • reach

Reichweite *f <alarm>* • detection range

Reichweite *f <bau.masch>* • operating range; touring range *US*; cruise range *GB*

Reichweite *f <comp> (Funkübertragung)* • range

Reichweite *f <fz> (z. B. Flugzeug)* • operational range

Reichweite *f <mil> (von Waffen)* • reach

Reichweite *f <nukl>* • range

Reichweite im Freien *f <tele> (von Funkgeräten)* • line-of-sight range

Reichweitenermittlung *f <allg>* • excess gain calculation

Reichweitenkurve *f <allg>* • excess gain curve

Reifen *m <kfz> (Luftreifen)* • tire *US*; tyre *GB*

reifen *vi <bio> (allg.)* • ripen *vi*

reifen *vi* *<nahr>* *(z. B. Käse, Wein)* • mature *vi*; age *vi*

Reifenaufstandspunkt *m* *<fz>* *(bei Gummireifen eigtl. stets eine Fläche, kein Punkt)* • tire contact point *US*; tyre contact point *GB*

Reifenbezeichnung *f* *<kfz>* *(auf der Seitenflanke)* • tire denomination *US*; tire identification *US*; tire size denomination *US*; tyre denomination *GB*; tyre identification *GB*

Reifendruck *m* *<fz>* *(Druck, mit dem ein Reifen aufgepumpt ist)* • tire pressure *US*; inflation pressure; air pressure; tyre pressure *GB*

Reifendruckkontrollsystem *n* (RDKS) *<kfz.msr>* • tire pressure monitoring system (TPMS) *US*; tyre-pressure indication system; TPIS *GB*

Reifendruck-Kontrollsystem *n* *<kfz.msr>* • tire pressure warning system *US*; tyre pressure warning system *GB*; tire pressure monitoring system *US*; tyre pressure monitoring system *GB*

Reifengrößenbeschreibung *f* *<fz>* *(z. B. 235/60R16 100W, 180/55ZR17)* • tire size designation *US*; tyre size designation *GB*

Reifen mit laufrichtungsgebundenem Profil *m* *<fz>* • directional tread pattern tire *US*; directional tread pattern tyre *GB*

Reifen mit Notlaufeigenschaften *m* *<kfz>* • self-supporting tire *SUS SP-1338*; self-supporting tyre *GB*

Reifen mit zu hohem Luftdruck *m* *<kfz>* • overinflated tire *US*; overinflated tyre *GB*

Reifenpanne *f* *<kfz>* *(allg.)* • tire failure *US*; tyre failure *GB*; bubble trouble *coll*

Reifenpanne *f* *<prod>* *(betont: Loch im Reifen)* • puncture

Reifenprofil *n* *<kfz>* *(betont: Gestaltung, Design)* • tread design; tread profile; tread pattern

Reifenüberdruck *m* *<fz>* • overinflation

Reifenunterdruck *m* *<fz>* • underinflation

Reifenverschleiß *m* *<fz>* • tire wear *US*; tyre wear *GB*; tire abrasion *US.thsc*; tyre abrasion *GB.thsc*; tire scuff *US*

Reifenwulst *m* *<fz>* *(Fahrzeugreifen)* • tire bead *US*; tyre bead *GB*; bead *pract*

Reifetank *m* *<allg>* • maturing tank

Reihe *f* *<allg>* • line; row

Reihe *f* *<tech.allg>* • series

Reihe *f* *<chem>* *(von Kohlenwasserstoffen)* • family

Reihe *f* *<mot>* *(von Zylindern im V-Motor)* • bank

Reihenanordnung *f* *<tech.allg>* *(in einer geraden Reihe)* • in-line arrangement

Reihenanordnung *f* *<tech.allg>* *(hintereinander; z. B. Serienschaltung)* • series arrangement

Reihenbohrmaschine *f* *<wz.masch>* *(allg.; bohrt gleichzeitig mehrere Löcher; diverse Bauarten)* • gang drill

Reihenbohrmaschine *f* *<wz.masch>* *(komplexe Maschine; bohrt simultan mehrere Lochreihen)* • in-line multiple--spindle drilling machine

Reiheneinspritzpumpe *f DIN ISO 7876* *<mot>* • in-line fuel injection pump *ISO 7876*; inline injection pump

Reihenfolge *f* *<allg>* • sequence

reihengeschaltet *<el>* • series-connected

Reihenmessung *f* *<allg>* • series of measurement

Reihenmotor *m* *<mot>* *(typ. 2 bis 6 Zylinder)* • inline engine; straight engine

Reihenschalter *m* *<el>* • series switch

Reihenschaltung *f* *<el>* • series connection; connection in series

rein *<allg>* • pure

Reinaluminium *n* *<mat>* • pure aluminum *US*; pure aluminium *GB*

rein darstellen *vt* *<chem.verf>* *(Substanz)* • isolate *vt*

Reines Dachshaar *n* *<mat>* *(z. B. für Rasierpinsel)* • pure badger; best badger

Reingas *n* *<verf>* *(nach Behandlung, Reinigung; z. B. nach Filter, Entstauber)* • clean gas; cleaned gas

Reinheit *f* *<tech.allg>* *(ohne Beimischungen)* • purity

Reinheit *f* *<metall>* *(Edelmetall)* • fineness; pureness

Reinheit *f* *<msr.min>* *(Diamantgraduierung)* • clarity

Reinheit *f* *<obfl>* *(von Oberflächen)* • cleanliness

Reinheitsgrad *m* *<tech.allg>* *(z. B. hinter Kläranlage, Staubfilter)* • level of

purity; degree of purification
reinigen *vt* *<chem>* *(Substanzen; z. B. Flüssigkeiten, Gase, Pulver)* • purify *vt*
reinigen *vt* *<kst>* *(Plastifizierzylinder, Schnecke; z. B. von Extruder)* • purge *vt*
reinigen *vt* *<obfl>* *(z. B. durch Abwischen)* • clean *vt*; cleanse *vt*
Reinigung *f* *<allg>* • cleaning; cleansing
Reinigungsanlage *f* *<tech.allg>* • cleaning plant
Reinigungsgrad *m* *<tech.allg>* *(allg.; Wirkungsgrad eines Prozesses oder Mediums)* • cleaning efficiency
Reinigungsmittel *n* *<tech.allg>* • cleaner
Reinigungsmittel *n* *<chem>* *(z. B. Waschpulver, -flüssigkeit)* • detergent; cleansing agent
reinigungsmittelbeständig *<tech.allg>* • detergent-resistant
Reinigungspersonal *n* *<org>* • cleaning staff
Reinigungsroboter *m* *<autom>* *(z. B. zum Bodensaugen, Fensterputzen)* • service robot
Reinluft-Kleidung *f* *DIN EN ISO 2261* *<bekl>* • clean air suit *DIN EN ISO 2261*
Reinraum *m* *ISO 14644-1* *<hlk>* *(extreme Luftreinhaltung; z. B. Fabrik für Computerchips)* • cleanroom *ISO 14644-1*; clean-air room
Reinraumtechnik *f* *<verf>* • clean-room technology
Reinstaluminium *n* *<mat>* • superpure aluminum *US*; superpure aluminium *GB*
Reinzeichnung *f* *<doku>* • final drawing; final art[work]; fair drafting *US*; fair draughting *GB*; fair drawing
Reisebus *m* *norm* *<nfz>* • coach; long-distance coach *stand*; tour coach; motorcoach *US*; tour bus
Reiseflughöhe *f* *<aerosp>* • cruising altitude; cruising level
Reisegeschwindigkeit *f* *<fz>* *(z. B. 130 km/h, 900 km/h)* • cruising speed; cruise speed
Reisezug *m* (Rz) *<bahn>* • passenger train
reißen *vi* *<tech.allg>* *(Metall, Kunststoff; z. B. Seil, Zuganker)* • rupture *vi*
reißen *vi* *<metall>* *(Gusshaut)* • check *vi*
reißen *vi* *<qualit.mat>* *(Rissbildung; z. B. durch Überbeanspruchung auf Zug)* • crack *vi*
reißen *vt* *<mil>* *(Waffe bei Schussabgabe)* • snatch *vt*
Reißfestigkeit *f* *<qualit.mat>* *(von Geweben, Leder, Papier)* • tensile strength [at rupture]; tearing resistance; tearing strength; tear resistance; tear strength
Reißleine *f* *<aerosp>* *(Fallschirm)* • release cord; rip-cord
Reißnadel *f* *<wz>* *(zum Anritzen)* • scriber; scribe *rare*; marker
Reißnagel *m* *<füg>* • thumbtack *US*; drawing pin *GB*; tack *US.coll*
Reißverschluss *m* *DIN 3416* *<füg>* • zip fastener; slide fastener; zipper *pract*; zip *coll*
Reißverschluss *m* *<pack.füg>* *(bei Mappen, Beuteln etc.)* • zipper closure
Reitstock *m* *<wz.masch>* *(Drehmaschine)* • tailstock
Reitstockpinole *f* *<wz.masch>* *(Drehmaschine)* • tailstock quill; tailstock sleeve
Reitstockspitze *f* *<wz.masch>* *(Drehmaschine)* • tailstock center *US*; tailstock centre *GB*; center *US.pract*; centre *GB.pract*
reizend *<chem>* • irritant
Reizschwelle *f* *<bio>* • sensory threshold
Rekombinator *m* *<chem.verf>* • recombiner
rekombinieren *vt* *<tech.allg>* • recombine *vt*
rekonstruieren *vt* *<tech.allg>* • reconstruct *vt*
Rekord *m* *<tech.allg>* • record
Rekristallisation *f* *<chem>* • recrystalization; recrystalisation *GB*
Rekultivierung *f* *<ökol>* *(Wiederbepflanzung; z. B. Deponien, Tagebau)* • revegetation
Relais *n* *<el>* • relay
Relaissprache *f* *<transl>* *(beim Dolmetschen)* • relay language
Relaisstation *f* *<av>* • relay station
Relaisventil *n* *<brems>* • relay valve
relationale Datenbank *f* *<comp>* • relational data base
Relativbewegung *f* *<mech>* *(von zwei Gegenständen)* • relative motion; rel-

ative movement
relative Atommasse *f* <chem> • relative atomic mass; chemical atomic weight; atomic weight
relative Einschaltdauer *f* <tech.allg> *(z. B. E-Geräte, Pumpen, Verdichter)* • duty factor
relative Feuchte *f* <phys> • relative humidity (RH); percentage humidity
Reliefkarte *f* <druck> • relief map
Reling *f* <nav> • railing; ship's rail
remanent <phys> *(z. B. Magnetismus)* • residual; remanent
rendern *vt* <comp> *(Grafik)* • render *vt*
Rendezvous *n* <aerosp> *(Raumfahrt; gezielte Annäherung zweier Flugkörper)* • rendezvous; space rendezvous
Rennboot *n* <nav> • speedboat
Renovierung *f* <tech.allg> • renovation
Reparaturfreundlichkeit *f* <tech.allg> • ease of repair
Reparaturlackierung *f* <obfl> *(Lackergebnis)* • respray; refinishing job; refinish job
Repeater *m* <comp> *(in Netzwerken)* • repeater; regenerative repeater
Replikat *n* <tech.allg> *(z. B. Kunstobjekt, Speichermedium)* • replicate
Reproduktion *f* <tech.allg> • reproduction
Reproduktionsgenauigkeit *f* <qualit> *(Messen, Fertigen)* • repetitive accuracy
Reproduzierbarkeit *f* <tech.allg> *(allg.; von Resultaten, Prozessen; z. B. Produktionsprozessablauf)* • reproducibility *US*; repeatability *GB*
Research-Oktanzahl *f* (ROZ) <kfz.mot> • research octane number (RON); research octane rating
Reserve *f* <tech.allg> • reserve
Reserveaggregat *n* <tech.allg> *(schnell einsatzbereit; z. B. Notstromgenerator, Pumpe)* • stand-by unit; stand-by set
Reserveelement *n* <tech.allg> *(Redundanz)* • redundant element
Reserven *fpl* <tech.allg> • reserves; proven reserves
Reserverad *n* <kfz> *(identisch mit den an einem Kfz verwendeten Rädern)* • spare wheel; full-size spare wheel *US*; conventional spare wheel; spare *coll*
reservieren *vt* <allg> *(einen Sitzplatz, Tisch; z. B. im Zug, Restaurant, Konzert)* • reserve *vt*
Reservoir *n* <tech.allg> • reservoir
Resettaste *f* <comp> • reset button; reset key
resistent werden *vi* <hyg> *(Erreger; z. B. Bakterien)* • develop resistance *vi*
Resisttechnik *f* <ic> • resist technology
Resonanz *f* <tech.allg> *(allg.)* • resonance
resonanzfrei <tech.allg> • resonance-free
Resonanzkörper *m* <tech.allg> *(betont: Hohlkörper)* • resonant cavity
Resonanzkreis *m* <phys> • resonance circuit; resonant circuit
Resonanzschwingung *f* <phys> *(allg.)* • resonant vibration; resonance vibration
Resonator *m* <tech.allg> *(allg.; z. B. akustisch, elektrisch)* • resonator
Resopal *n* ® <kst> *(UF- oder MF-Kunststoff; z. B. für Küchenarbeitsplatten)* • Formica ®
Resorption *f* <chem.verf> • resorption
Respirometer *n* DIN EN 29408 <med.-bio> • respirometer *ISO 9408*
Ressource *f* <tech.allg> • resource
Rest *m* <tech.allg> • remainder; rest *coll*; residual part *form*; balance *rare*
Rest *m* <tech.allg> *(abgetrennte Reste von Produktionsprozesses)* • tailings
Rest *m* <chem> *(in Analysen)* • balance
Rest *m* <chem> *(eines Moleküls)* • group
Rest *m* <math> *(beim Bruchrechnen)* • remainder
Rest *m* <math> *(z. B. komplexe Funktionen)* • residue
Restaffinität *f* <tech.allg> • residual affinity
Restaurierungsobjekt *n* <tech.allg> • restoration project
Restkonzentration *f* <nukl> *(in Prozent)* • tails assay
Restlebensdauer *f* <tech.allg> *(z. B. von Brücken)* • remaining life span *:V*; remaining service life *:V*
Restmüll *m* <ents> *(betont: wertlos)* • residual waste; garbage; refuse; rubbish *coll*; trash *coll*
Restnutzungsdauer *f* <tech.allg> • remaining useful life; remaining life expectancy
Restrisiko *n* <sich> • remaining risk

Restsauerstoff *m <emiss> (im Abgas)* • residual oxygen

Reststoffdeponie *f <ents>* • residue landfill

Restwärme *f <tech.allg> (z. B. in Reaktor, Heizung)* • residual heat

Restzeitenanzeige *f <msr> (z. B. bei Waschmaschinen, Trocknern, Geschirrspülmaschinen)* • remaining time display

Resultat *n <allg> (z. B. einer Entwicklung)* • result; outcome *coll*

Retarder *m <nfz.brems>* • retarder

Retorte *f <chem> (allg.)* • retort

Retortenfeuerung *f <verbr> (allg.)* • underfeed stoker [firing]

retten *vt <tech.allg>* • save *vt*

Rettungsboot *n <nav> (auf größeren Schiffen, für den Notfall)* • life boat; lifeboat; emergency boat *rare*

Rettungsboot *n <nav> (zur aktiven Seenotrettung Schiffbrüchiger)* • rescue boat

Rettungsfahrzeug *n <fz>* • emergency vehicle

Rettungsinsel *f <nav> (ganz od. teilweise aufblasbar; meist mit Zeltdach)* • life raft; life-saving raft

Rettungskapsel *f <aerosp> (Raumfahrzeug)* • escape capsule; rescue capsule; jettisonable capsule

Rettungsleine *f <aerosp.sich>* • escape rope

Rettungsmittel *n VG 85005-19 <nav>* • life-saving equipment *VG 85005-19*; personal buoyancy; personal buoyancy equipment; personal buoyancy aids

Rettungswege-Zeichnung *f DIN ISO 10209-4 <bau.doku> (z. B. in Hotels)* • evacuation drawing *ISO 10209-4*

Rettungsweste *f <nav> (ohnmachtssicher; im Ggs. zu normaler Schwimmweste)* • full life-jacket

Retusche *f <obfl> (allg. kleinere Ausbesserungen; z. B. Lackierung)* • touch-up

Retusche *f <phot> (Vorgang; von Filmen, Vergrößerungen)* • retouching *sg*

reversibel *<tech.allg> (Vorgang jeder Art)* • reversible

reversible Reaktion *f <tech.allg> (z. B. Physik, Chemie)* • reversible reaction

Reversierblockwalzstraße *f <metall>* • reversing blooming mill train

Revolver *m <mil>* • revolver; wheelgun *coll.rare*; revolving pistol *obs*

Revolver *m <wz.masch> (z. B. Werkzeugträger)* • turret; rotating turret; capstan

Revolverdrehmaschine *f <wz.masch>* • turret lathe

Revolverkopf *m <wz.masch>* • turret head; turret tool post

Reynolds-Zahl *f <phys> (Hydrodynamik)* • Reynolds number

reziproker Wert *m <math>* • reciprocal value; inverse number; inverse value; reciprocal; inverse

rezirkulieren *vi/vt <tech.allg>* • recirculate *vi/vt*

RFID-Chip *m <el> (z. B. in Passfoto für biometrische Daten)* • RFID chip

RGB-Modell *n <phys>* • RGB model; RGB color system

RGB-Monitor *m <comp>* • RGB monitor

R-Gespräch *n <tele>* • collect call; reversed-charge call; reversed-transferred-charge call

Rhenium *n* (Re) *<chem>* • rhenium (Re)

Rheologie *f <phys>* • rheology

rheologisches Verhalten *n <phys>* • rheological behavior *US*; rheological behaviour *GB*

Rheostriktion *f <tech.allg>* • rheostriction

Rhodium *n* (Rh) *<chem>* • rhodium (Rh)

Ribonucleinsäure *f* (RNS) *wiss <bio.-chem>* • ribonucleic acid (RNA)

Richtantenne *f <tele>* • directional antenna *US*; directional aerial *GB*; beam antenna *US*; beam aerial *GB*; shaped beam antenna *US.rare*

Richtarbeiten *fpl <prod.rep> (z. B. Beseitigung von Unfallschaden, Verzug nach Schweißen)* • straightening

Richtbohren *n <petr>* • directional drilling; controlled drilling; controlled directional drilling *form*; deviated drilling *rare*; angle drilling *rare*

Richtcharakteristik *f <av> (allg.; Mikrofon, Lautsprecher, Antenne)* • directivity; directional characteristic; directivity characteristic

richten *vt <tech.allg> (berichtigen, gerade rücken, rechtwinklig machen)* • rectify *vt*

richten *vt <tech.allg> (auf etw.; z. B.*

Lichtstrahl auf Objekt) • direct *vt*
richten *vt* *<kfz>* *(Blechschaden; z. B. Beule, Delle)* • dress *vt*; true up *vt*
richten *vt* *<prod>* *(glatt, eben machen; z. B. Blech)* • flatten *vt*
richten *vt* *<prod>* *(wieder in gerade Form bringen; z. B. verbogenes Profil gerade biegen)* • straighten *vt*
Richtfunk *m* *<tele>* • directional radio; point-to-point radio system
Richtfunkfeuer *n* *<navig>* • directional radio beacon
Richtgeschwindigkeit *f* *<verk>* *(auf Autobahnen)* • recommended speed *:V*
Richtkreisel *m* *<navig>* *(Luftfahrt, Seefahrt, Lenkwaffe)* • directional gyro
Richtlatte *f* *<bau>* • straight edge; batten
Richtlatte *f* *<msr.wz>* *(Geodäsie)* • level
Richtmikrophon *n* *<akust>* • directional microphone; unidirectional microphone
Richtstrahldüse *f* *<tech.allg>* • directional nozzle
Richtung *f* *<tech.allg>* *(zu einem Ziel; z. B. räumlich, wirtschaftlich, politisch)* • direction
Richtung ändern *vi* *<allg>* • reverse the direction *vi*
Richtungsabhängigkeit *f* *<tech.allg>* *(z. B. Wirkung, Isotropie, Feldstärke)* • directionality; directivity
Richtungsänderung *f* *<allg>* • directional change
Richtungsänderung *f* *<tech.allg>* • change in direction
Richtungsanzeiger *m* *<allg>* • sequence indicator
Richtungsblockierung *f* *<tech.allg>* *(z. B. Verkehrslenkung, Schaltgetriebe, Netze)* • directional interlocking
Richtungsempfindlichkeit *f* *<tech.allg>* • directional sensitivity
Richtungsschalter *m* *<tech.allg>* • direction switch
Richtungssinn *m* *<tech.allg>* • directional sense; sense of direction; sense
Richtungsstabilität *f* *<tech.allg>* • directional stability
Richtungssteuerung *f* *<tech.allg>* • direction control
Richtungsumkehr *f* *<tech.allg>* *(z. B. Kolben, Schlitten)* • reversal
Richtungsverkehr *m* (RV) *<verk>* • uni-directional traffic; uni-directional traffic; one-way traffic
Richtungswechsel *m* *<tech.allg>* *(z. B. Bewegung von Kolben, Schlitten, Aufzug, Fahrtreppe)* • change of direction
Richtwert *m* *<tech.allg>* *(Näherungswert)* • guide value; standard value; approximate value
Richtwert *m* *<tech.allg>* *(empfohlen)* • recommended value; recommendation
Richtwerte für ... *mpl* *<tech.allg>* • typical values for ...
Richtwirkung *f* *<tech.allg>* *(z. B. Düse, Antenne)* • directionality
Riefe *f* *<tech.allg>* *(Schaden; z. B. durch Festfressen)* • score mark; score; groove
Riefe *f DIN ISO 8785* *<obfl.qualit>* *(Oberflächenfehler, eher tief)* • groove *ISO 8785*
Riefen *fpl* *<brems>* *(auf Bremsscheiben)* • ridges *pl*
riefen *vt* *<prod>* *(z. B. durch Drehen, Fräsen, Schleifen)* • channel *vt*
riefen *vt* *<prod>* *(entstehender Querschnitt gerundet)* • flute *vt*
riefen *vt* *<prod>* *(relativ tief)* • groove *vt*
Riefenbildung *fsg DIN ISO 4378-2* *<obfl.tribo>* *(Verschleiß; z. B. in Gleitlagern, Zylinderlaufflächen)* • scoring *ISO 4378-2*; ridging
Riegel *m* *<bau.holz>* *(Kantholz zum Zusammenhalten)* • ribband
Riegel *m* *<bau.sich>* *(von Türschlössern; zum Abschließen; im Ggs. zur Falle)* • lock bolt
Riegel *m* *<sich>* *(in Schlössern allg.; rund oder kantig)* • bolt
Riegel *m* *<wz>* *(konischer Formstab; z. B. Armreif-, Ring-, Zargen~)* • mandrel
Riegelbolzen *m* *<sich>* *(rund; typ. an Schlössern v. Büromöbeln)* • plunger
Riegelbolzen *m* *<sich>* *(rund, sehr dick; Tresorverschluss)* • locking bolt
Riemchen *n* *<bau.mat>* *(Ziegel mit halber Breite)* • quarter brick
Riemen *m* *<tech.allg>* *(zum Halten, Tragen, Verzurren)* • strap
Riemen *m* *<tech.allg>* *(alle Arten von Antriebsriemen)* • belt

Riemenantrieb *m <antr>* • belt drive

riemengetrieben *<antr>* • belt-driven

Riemenscheibe *f <masch> (allg.; jede Riemenart)* • pulley; belt pulley *rare*

Riemenschlupf *m <kfz.mot> (von Keilriemen)* • belt slip

Riemenspannrolle *f <masch> (allg.)* • idler

Riementrieb *m <antr> (allg., Keil- od. Zahnriemen; z. B. Kfz-Generator, Nockenwelle)* • belt drive

Rieseltechnik *f <tech.allg>* • trickle system

Riesenwelle *f <nav> (über 25 m hohe Meereswelle)* • rogue wave; freak wave; monster wave; extreme wave

Riffelblech *n <tech.allg> (gewellt, dünnes Blech; z. B. als Versteifung)* • channeled sheet *US*; channelled sheet *GB*

Riffelblech *n <tech.allg> (Riffelmuster eingewalzt; z. B. für Treppen, Bühnen, Pritschen)* • diamond-tread plate; diamond-pattern sheet; chequered sheet; chequered plate *rare*

Rille *f <prod> (allg.)* • groove

Rillenkugellager *n DIN ISO 5593 <masch> (allg.; ein- od. zweireihig)* • deep-groove ball bearing *ISO 5593*

Rindenmulch *m <agri> (Bodenabdeckung)* • bark-chip mulch

Rindenschäler *m <holz> (Maschine)* • bark-peeling machine; barking machine

Rindleder *n <bekl>* • cowhide leather

Ring *m <tech.allg>* • annulus

Ring *m <masch> (z. B. Stellring, Abstandsring)* • collar

Ring *m <masch> (Kettenglied)* • link

Ringbandsensor *m <allg>* • O-ring sensor

Ringdichtung *f <masch> (flach)* • ring gasket

Ringdichtung *f <masch> (Stopfbuchspackung)* • ring packing

Ringdichtung *f <masch> (allg.)* • ring seal

Ringdüse *f <kst> (Extruder)* • tubular die

Ringdüse *f <masch> (z. B. Gasturbine)* • ring nozzle

Ringdüse *f <prod> (z. B. Durchziehen, Drahtziehen)* • circular die

ringeln *vr <allg>* • curl *vi*

Ringfläche *f <tech.allg>* • ring surface

ringförmig *<tech.allg>* • annular; ring-shaped; ring type

Ringfuge *f <tech.allg>* • circumferential gap

Ringhalterung *f <tech.allg>* • ring mounting

Ringkammer *f <tech.allg>* • annular chamber; doughnut

Ringkörper *m <math>* • torus; anchor ring

Ringmagnet *m <tech.allg>* • annular magnet

Ringnut *f <masch> (im Umfang; typ. in Wellen, Bolzen)* • annular groove; circumferential groove; ring groove *rare*

Ringöffnung *f <tech.allg>* • annular aperture; annular orifice

Ringraum *m <tech.allg> (z. B. in Reaktorgebäuden od. zw. Rohr u. Futterrohr)* • annular space; annulus *rare*

Rinne *f <tech.allg>* • hollow

Rinne *f <bau> (abgerundete Rille, Nut)* • flute; groove

Rinne *f <bau> (als Abfluss; z. B. neben Gehweg)* • gutter

Rinne *f <bau> (für Flüssigkeiten, betont: relativ schmal)* • channel

Rinne *f <ents>* • gully

Rinne *f <prod> (Rutsche)* • chute

Rinnstein *m <bau>* • gutter channel; gutter; road channel

Rippe *f <tech.allg> (typ. als Kühlrippe; z. B. von Kühlkörpern von Prozessoren)* • fin

Rippe *f <tech.allg> (allg. u. zur Versteifung)* • rib

Rippe *f <aerosp> (in Tragfläche, Leitwerk)* • rib

Rippe *f <bau> (zwischen zwei Gewölben)* • groin

Rippe *f <bau> (Balken)* • stem

Rippe *f <bau> (dünne, flächige Verbindung zwischen zwei Teilen)* • web

Rippe *f <textil> (z. B. von Cordhosen)* • wale

Rippe *f <verf> (Vortex-Reaktor, helixförmiger Einbau)* • rib

Rippenheizkörper *m <hlk> (feine Rippen, Lamellen)* • fin-type radiator

Rippenheizkörper *m <hlk> (grobe Rippen)* • rib-type radiator; ribbed radiator

Risikoakzeptanz *f <tech.allg>* • risk acceptance

Risikoanalyse *f <tech.allg> (z. B. EDV, Kernkraftwerk, Raumfahrt, Umwelt)* • risk analysis

Riss *m <tech.allg> (durch Trennen, Spalten)* • split

Riss *m <tech.allg> (in hartem Material; z. B. in Lack, Keramik)* • crack

Riss *m <geo> (in Stein, Fels)* • fracture; crack

Riss *m <qualit> (an der Oberfläche, im Inneren)* • check

Riss *m <qualit.mat> (im Gefüge)* • crack

Riss *m <qualit.mat> (sehr fein)* • fissure

Riss *m <qualit.mat> (etwas breiter)* • fracture; crack

Riss *m <qualit.mat> (im Inneren von Holz)* • shake

Riss *m <qualit.mat> (Einriss; z. B. in Papier, Stoff)* • tear

rissanfällig *<qualit.mat>* • susceptible to cracking

Rissausbreitung *f <qualit.mat> (eher in Länge)* • crack propagation; crack growth; crack advance

Rissbildung *f <tech.allg> (allg.)* • cracking; crack formation

Rissbildung *f <qualit.mat> (feine und zufällige Risse)* • crazing

Rissbildung *f <qualit.mat> (sehr schmale Risse)* • fissuration

Risse bilden *vi <mat> (allg.)* • crack *vi*; form cracks *vi*

Risse bilden *vi <mat> (feine Haarrisse entwickeln)* • fissure *vi*

Risse bilden *vi <obfl> (feine Oberflächenrisse; z. B. in Lack)* • check *vi*

Risse bilden *vi <obfl> (Glasurfehler)* • craze *vi*

Risswiderstand *m <tech.allg> (Bruchmechanik)* • crack resistance

Ritzel *n <tech.allg>* • pinion

Ritzel *n <antr> (erheblich kleineres Rad einer Zahnradpaarung)* • pinion gear; pinion *pract*

Roboter *m <autom> (allg.; z. B. Haushalts-, Industrieroboter)* • robot

Roboterbestückung *f <autom> (Anzahl der IR in einem Werk)* • robot content

Roboterbestückung *f <autom> (Montage mit IR; z. B. von Leiterplatten)* • robot assembly; robot mounting

Roboter mit kartesischem Koordinatensystem *m <autom>* • cartesian-coordinate robot

Roboter mit kugelförmigem Koordinatensystem *m <prod.autom>* • spherical-coordinate robot

robust *<tech.allg> (stabile Bauart; z. B. Gehäuse)* • rugged *US*; robust *GB*; sturdy

robust *<tech.allg> (Werkstoff, Konstruktion)* • robust

robustes Gehäuse *n <tech.allg>* • ruggedized enclosure *US.GB*; ruggedised enclosure *GB*

Robustheit *f <tech.allg> (gegen Misshandlung, Fehlbedienung)* • forgivingness

Rockwellhärte *f <qualit.mat>* • Rockwell hardness

Rodelader *m <agri>* • lifter loader

Rödeln *n <bau> (Verbinden von Bewehrungsstahl mit Draht)* • tying of rebar steel

Rodelschlitten *m <sport>* • luge; sled *pract*

roh *<allg> (betont: im Urzustand, nicht weiterverarbeitet)* • crude

roh *<mat>* • raw

roh *<nahr> (unbehandelt; z. B. Fisch, Gemüse, Obst)* • untreated

roh *<obfl> (uneben, unbearbeitet)* • rough

roh *<prod> (Rohling)* • blank

roh *<prod> (betont: noch nicht bearbeitet)* • unfinished

Rohbau *m <bau> (Massivbauweise)* • brick shell; bare brickwork

Rohbau *m <bau> (allg.)* • building shell

Rohbau *m <kfz> (zusammengeschweißte Blechteile)* • body-in-white (BIW); body shell without paint

Rohbau *m <kfz.prod> (Produktionsabschnitt in Automobilwerk)* • body shop; body assembly shop; body-in-white

Rohdiamant *m <mat>* • rough diamond

Rohdichte *f <mat> (Masse pro Volumeneinheit, ggf. inkl. Poren; z. B. Schüttgut)* • bulk density; gross density

Roheisen *n DIN EN 10001 <metall> (3 - 4 % C)* • pig iron; crude iron *rare*

Roheisenmassel *f <metall>* • iron pig

Rohgas *n <verf> (unbehandelt allg.)* • raw gas; crude gas; untreated gas

Rohkaffee *m <nahr>* • unroasted coffee; coffea cruda

Rohkarosserie *f <kfz> (Struktureinheit*

nach dem Ausschweißen) • body-in--white; body framework; body frame; body framing; master build

Rohling *m <comp> (unbeschriebene CD)* • blank

Rohling *m <prod> (allg. vorgeformtes, noch nicht bearbeitetes Teil; z. B. für Schlüssel)* • blank

Rohling *m <prod> (Halbzeug, unbearbeitetes Material von der Stange)* • stock

Rohling *m <prod> (betont: für Werkzeug)* • tool blank

Rohling *m <prod> (betont: noch unbearbeitetes Werkstück)* • unworked piece

Rohmaß *n <tech.allg>* • rough size

Rohmetall *n <metall> (Edelmetall in Form von Barren oder Münzen)* • bullion

Rohmischung *f <tech.allg>* • raw mixture

Rohöl *n <chem.petr> (betont: Erdöl vor Raffination und Verarbeitung)* • crude oil; crude petroleum; crude *pract*; petroleum

Rohöltanker *m <nav>* • crude oil tanker; oil tanker

Rohr *n <tech.allg> (primäre Funktion nicht Mediumtransport; z. B. Strukturteil, WT-Rohr)* • tube; tubing

Rohr *n <bau.mat> (Schilfrohr)* • reed

Rohr *n <rls> (betont: als Leitung für ein Medium)* • conduit

Rohr *n <rls> (Teil einer Rohrleitung; für Mediumtransport; z. B. aus Metall, PVC, PE)* • pipe

Rohrabschnitt *m <tech.allg> (allg.; nicht primär zum Mediumtransport)* • tubing section

Rohrboden *m <rls> (in Wärmetauscher)* • tube sheet

Rohrbogen *m <rls> (1 bis 90°)* • pipe elbow; pipe bend; elbow fitting; elbow

Rohrbruch *m <rls> (allg.)* • pipe rupture; pipe fracture *rare*

Rohrdurchführung *f <bau.rls> (durch Wand, Decke)* • pipe penetration

Rohrdurchmesser *m <allg>* • cylinder diameter

Rohrdurchmesser *m <tech.allg> (von Leitungen zum Stofftransport)* • pipe diameter

Röhrenbildschirm *m <comp>* • cathode ray tube monitor; cathode ray tube

Röhrenkühler *m <tech.allg> (Radiator)* • tubular radiator

Rohrflansch *m <masch> (als Strukturteil oder in Wärmetauschern)* • tube flange

Rohrflansch *m <rls>* • pipe flange

rohrförmig *<tech.allg>* • tubular

Rohrgewinde *n <rls> (allg.)* • pipe thread

Rohrkonstruktion *f <tech.allg>* • tubular construction

Rohrleitung *f <bau.rls> (Sanitärinstallation)* • piping; pipework; plumbing *coll*

Rohrleitung *f <rls> (für strömende Medien; im Ggs. zu Einzelrohr)* • pipe; pipeline; piping

Rohrleitungshalter *m <rls> (allg.)* • pipe support

Rohrleitungshalter *m <rls> (von unten)* • pipe support

Rohrleitungshalter *m <rls> (von oben f. waagerechte Rohre)* • pipe hanger

Rohrleitungsstrang *m <rls> (z. B. Rohr zwischen zwei Einbauten)* • pipe run; run pipe

Rohrleitungssystem *n <rls>* • pipe system; piping; pipework

Rohrquerschnitt *m <tech.allg> (einer Leitung)* • pipe section

Rohrrahmen *m <kfz>* • tubular frame; tube frame; tubed frame *rare*

Rohrschelle *f <rls.füg>* • pipe clamp; pipe clip; clamp *pract*; conduit clamp *rare*; pipe wall clamp

Rohrstopfen *m <rls> (fester Durchmesser od. expandierbar)* • pipe plug

Rohrstutzen mit Flansch *m <verf> (kurzes Rohrstück; z. B. an Behältern, Apparaten)* • flanged socket

Rohrturm *m <energ.wind> (typ. Bauart von Windkraftanlagen)* • tubular tower

Rohrverbindung *f <rls>* • pipe joint

Rohstoff *m <tech.allg> (betont: noch unbe- od. verarbeitet)* • raw material; crude material

Rohstoffe *mpl <tech.allg>* • raw materials; primary products; basic commodities; raw products; primary commodities

Rohstoffquelle *f <mat>* • source of raw material[s]

Rollachse *f <aerosp> (Längsachse eines Luftfahrzeugs)* • roll axis

Rollbahn *f <aerosp> (verbindet Start- und Landebahnen mit dem Vorfeld; blau befeuert)* • taxiway (TWY); taxi-track *obs.rare*

Rollbahnbefeuerung *f <aerosp> (blau)* • taxiway lights (TWYL); taxiway lighting

Rollbahnmittellinienmarkierung *f <navig.aerosp> (gelbe Linie und grüne Befeuerung)* • taxiway centerline marking (TCX) *US*; taxiway centreline marking *GB*

Rollbrücke *f <bau.aerospace> (für Flugzeuge, typ. über eine Autobahn; z. B. Airport Halle/Leipzig)* • taxiway bridge

Roll-Coat-Verfahren *n <obfl>* • roll coating

Rolle *f <tech.allg> (z. B. Kinofilm, Faden)* • reel

Rolle *f <tech.allg> (kleines Rad zum Rollen)* • roller; roll

Rolle *f <tech.allg> (etwas Aufgewickeltes; z. B. Papier, Blech)* • coil

Rolle *f <masch> (leer mitlaufend; z. B. als Spannrolle in Riementrieb)* • idler

Rolle *f <masch> (für Riemen)* • pulley

Rolle *f DIN ISO 5593 <masch> (nichtkugelförmiger Wälzkörper in Wälzlagern)* • roller *ISO 5593*

rollen *vi <tech.allg>* • roll *vi*

rollen *vi <aerosp> (Flugzeug am Boden; z. B. zur Startbahn)* • taxi *vi*; taxy *vi rare*

rollen *vi <aerosp> (Drehen um die Längsachse)* • roll *vi*

rollen *vi <comp> (durch Bildschirmanzeige)* • scroll *vt*

Rollenaufwicklung *f <tech.allg> (z. B. Folien, Papier)* • reeling

Rollenbahn *f DIN 15201 <förd>* • roller conveyor; roller carriage track; roller guide; roller path; roller track

rollend *<allg>* • rolling

rollendes Material *nsg <bahn>* • rolling stock

Rollenkäfig *m <masch> (Rollenlager)* • roller cage

Rollenkette *f DIN 8187,8188 <masch> (Europäische bzw. Amerikanische Bauart)* • roller chain

Rollenlager *n DIN ISO 5593 <masch>* • roller bearing *ISO 5593*

Rollennahtschweißen *n <füg> (mit Rollenelektroden eine Punktschweißnaht)* • resistance seam welding (RSEW); roller seam welding *pract*; spot seam welding

Rollenoffsetdruck *m <druck>* • web offset printing; rotary offset printing; web offset *pract*; rotary offset *pract*

Rollenoffset-Druckmaschine *f <druck>* • web offset press; web-offset press

Rollenpunktschweißen *n <füg>* • roll spot welding

Rollenzellenpumpe *f <förd>* • roller vane pump; rolling vane pump; roller cell pump *rare*

Rollfeld *n <aerosp> (Start-, Lande- und Rollbahnen, ohne Vorfeld)* • manoeuvring area

Rollfilm *m <phot>* • roll film; roll-film

Rollgabelschlüssel *m prakt <wz> (ähnl., aber kulturspezifische Bauartunterschiede)* • adjustable wrench; adjustable spanner *GB*; adjustable open-end wrench *coll*; monkey wrench *coll*

Rollscheinwerfer *m <aerosp.licht> (Außenbeleuchtung)* • runway turn-off and taxi light; taxi and runway turn-off light; runway turnoff light

Rollstuhl *m <fz> (Mobilitätshilfe)* • wheelchair; wheels *pl coll*

rollstuhlgerechter Bus *m <nfz>* • wheelchair-accessible bus

Rolltreppe *f <förd>* • escalator *US.GB*; moving stairway *form*; moving staircase *form*

Rollwiderstand *m <tech.allg> (z. B. von Reifen)* • rolling resistance

Ro/Lo-Schiff *n <nav>* • ro-lo vessel

romanisierte Form *f <term>* • romanized form *ISO 12620*

Römerziegel *m <bau.mat>* • roman clay tile

Ronde *f <prod> (runde Platine; z. B. zum Zylinder-Drückwalzen)* • circular blank; circular blank sheet *form*; round blank sheet *form*; round blank

Röntgen *n* (R) *obs <nukl> (veraltete Einheit der radioaktiven Strahlungsdosis)* • roentgen (R) *obs*

Röntgen… *<phys>* • X-ray …

Röntgenanalyse *f <tech.allg>* • X-ray analysis

Röntgenaufnahme *f <tech.allg>* • X-ray image; radiograph

Röntgenbeugungstechnologie *f* *<aerosp>* • X-ray diffraction technology

Röntgenbildverstärker *m* *<tech.allg>* • X-ray image intensifier

Röntgendosis *f* *<med>* *(empfangen, auch ungeplant)* • X-ray dose

Röntgendosis *f* *<phys.med>* *(Dosierung, planmäßig verabreicht)* • X-ray dosage

Röntgengerät *n* *<tech.allg>* • X-ray unit; X-ray apparatus

Röntgenkontrolle *f* *<aerosp>* • X-ray security screening

Rootsgebläse *n* *<tech.allg>* • Roots blower; Roots-type lobe compressor; straight-lobe compressor; lobe-type compressor

Ro/Ro-Schiff *n* *<nav>* • ro-ro ship; ro-ro vessel; roll-on/roll-off vessel; roll-on/roll-off ship; ro-ro cargo ship *rare*

Rosenbogen mit Gartenbank *m* *<allg>* • arbour bench

Rost *m* *<tech.allg>* *(Gitter; z. B. eines Ofens)* • grid

Rost *m* *DIN EN ISO 8044* *<obfl>* *(Korrosionsprodukte von Eisen und Stahl)* • rust *ISO 8044*; iron rust

Rost *m* *[ro:st]* *<verbr>* *(eines Ofens)* • grate; stoker; grating

Röstanlage *f* *<verf>* *(allg.)* • roasting plant

rostbeständig *<mat>* • rust-proof; rust-resisting

rostfrei *<qualit.mat>* *(Fe-Metalle; Eisen, Stahl; korrosionsbeständig; z. B. manche Edelstähle)* • stainless; rustproof *coll*; rust-resisting *coll*; rustless *coll*

rostfreier Stahl *m* *EN 10088* *<mat>* *(rostfreier Edelstahl; ca. 0,2 % C, 12 % Cr, < 8 % Ni, 0,2 % Si)* • stainless steel (SS) *EN 10088*

Rostlöser *m* *<tribo>* *(meist als Spray)* • antiseize; releasing fluid *GB.pract*

Rostschutzgrundierung *f* *<obfl>* • anti-corrosion primer; rust primer

Roststelle *f* *<obfl>* • rust spot

Rotarybohrgerät *n* *<petr>* • rotary drill

Rotationsachse *f* *<tech.allg>* *(allg.; imaginäre Linie, um die ein Objekt gedreht wird)* • rotation axis; rotational axis; axis of rotation

Rotationsbewegung *f* *<allg>* • rotational motion

Rotationsdruck *m* *DIN 16500/2* *<druck>* • rotary printing

Rotationseffekt *m* *<tech.allg>* • rotation effect

rotationssymmetrisch *<math>* • rotationally symmetric; axisymmetric

Rotationsteil *n* *<tech.allg>* • rotating part

Rotationsunwucht *f* *<mech>* • mass unbalance; mass imbalance; dynamic unbalance

rotatorisch *<tech.allg>* *(Achse)* • rotational

rotatorisch *<tech.allg>* *(Bauart)* • rotary

rotbrüchig *<qualit.mat>* • red-brittle; red-short

Rote-Augen-Korrektur *f* *<phot>* • red-eye fix

Rotglut *f* *<metall>* • red heat

Rotguss *m* *<mat>* *(Messing)* • red casting brass

rotieren *vi* *<tech.allg>* *(um mehr als 360 Grad; sehr schnell; z. B. Festplatten, CD-Laufwerke)* • rotate *vi*; spin *vi*

rotierende Bürste *f* *<tech.allg>* *(z. B. von Werkzeugen, Zahnbürsten)* • rotary brush

Rotor *m* *<tech.allg>* *(sich drehendes Bauteil)* • rotor

Rotor *m* *<el>* *(Gleichstrommaschine)* • armature

Rotor *m* *<energ.wind>* • rotor; windwheel *obs*

Rotorblatt *n* *<aerosp>* *(Hubschrauber)* • rotor blade

Rotordrehzahl *f* *IEV 415* *<energ.wind>* • rotor speed *IEV 415*

Rotordurchmesser *msg* *<energ.wind>* • rotor diameter

Rotorebene *f* *<energ.wind>* • rotor plane; plane of rotation

Rotorfläche *f* *IEV 415* *<energ.wind>* • rotor area *IEV 415*; disc area; frontal area

Rotorpumpe *f* *<kfz.förd>* *(Ölpumpe)* • rotor-type pump; Eaton pump; eccentric rotor pump *did*; trochoid pump *rare*

Rotte *f* *<ents>* *(Abbau von org. Stoffen durch Mikroorganismen unter aeroben Bedingungen)* • decomposition

Routenplanung *f* *<navig>* • route planning

Router *m* *<comp>* *(verbindet Netzwer-*

ke, übersetzt ggf. Protokolle) • router

routinemäßige Überwachung *f <tech.allg>* • routine monitoring

RTM-Verfahren *n <kst>* • resin transfer molding [method] (RTM)

Rübenerntemaschine *f <agri>* • beet harvester

Rubidium *n* (Rb) *<chem>* • rubidium (Rb)

Rubin *m <min> (rote Varietät von Korund)* • ruby

Ruck *m <tech.allg> (Beschleunigungssprung; z. B. beim Gasgeben, Schalten)* • jolt; jerk

ruckartige Bewegung *f <mech>* • jerky movement

Rückbewegung *f <tech.allg>* • return movement

Rückdruckfeder *f <masch>* • return spring

Rücken *m <tech.allg> (z. B. Körper, Buch, Säge, Zahn)* • back

Rücken *m <tech.allg> (betont: hintere Seite)* • rear

Rücken *m <füg> (eines Keils od. einer Feder)* • top

Rücken *m <phys> (Impuls)* • tail

rücken *vt <tech.allg> (verschieben, versetzen; z. B. Möbelstück, Werkstück)* • shift *vt*

rücken *vt <tech.allg> (schubweise)* • move intermittently *vi/vt*

Rückenflug *m <aerosp>* • inverted flying

Rückenlehne *f <kfz.innen> (Sitze)* • backrest; seat back *US*; seat squab *GB*; back rest *GB*; squab *GB*

Rückensprühgerät *n <agri.wz>* • knapsack sprayer; backpack sprayer

Rückenwind *m <aerosp>* • tailwind

Rückfahrscheinwerfer *m <kfz.el>* • back-up light (B/U LITE) *US*; reversing light *GB*; reversing lamp; backing lamp

Rückfläche *f <tech.allg>* • back surface

Rückfluss *m <tech.allg> (Vorgang und Medium)* • back flow; return flow

Rückfluss *m <tech.allg> (nur Flüssigkeit)* • reflux liquid

Rückfragehäufigkeit *f <tech.allg>* • call-back frequency

Rückführbewegung *f <tech.allg>* • return movement; backtracking movement

rückführen *vt <tech.allg> (zurück zum Anfang)* • feedback *vt*

rückführen *vt <tech.allg> (Flüssigkeit oder Gas erneut in einen Kreislauf einbringen)* • recirculate *vt*

rückführen *vt <tech.allg> (zu Ausgangspunkt oder -position)* • return *vt*

Rückführung *f <tech.allg> (zum Anfang eines Zyklus)* • feedback

Rückführung *f <tech.allg> (erneutes Durchlaufen eines Kreislaufes)* • recirculation

Rückführung *f <tech.allg> (in einen vorhergehenden Zustand oder in den Ausgangszustand)* • reversion

Rückgang *m <tech.allg> (unwillkommene Entwicklung; z. B. von Verkaufszahlen, Umsatz, Gewinn)* • decline

Rückgang *m <tech.allg> (positiv oder negativ; z. B. von Unfall-, Umsatz-, Verkaufszahlen)* • decrease; drop; drop-off; decrement *rare*

rückgängig machen *vt <tech.allg> (Vorgänge aller Art)* • undo *vt*

rückgewinnen *vt <ents> (Material, Wertstoff; z. B. Altpapier, Kunststoff)* • recover *vt*; reclaim *vt*; salvage *vt rare*; regain *vt rare*

rückgewinnen *vt <verf> (Energie; meist Wärme)* • recuperate *vt*

Rückgewinnungsanlage *f <ents> (alle Stoffe; z. B. CO2)* • recovery plant

Rückgewinnungsquote *f <ents> (von Wertstoffen; z. B. von Kunststoff, Aluminium, Papier)* • recovery rate

Ruckgleiten *m <tech.allg> (z. B. Kolben, Schublade, Werkstück)* • stick-slip motion; stick-slip

Rückhalteautomat *m* (RA) *<kfz.sich> (automatisches Gurtsystem in USA; Schultergurt wird autom. angelegt)* • automatic seat belt *US*; motorized seat belt *US*; passive seat belt *US*; automatic restraint system *VW*; Mickey-Mouse belt *coll*

Rückhaltebecken *n <bau.hydr> (betont: gegen Überflutung)* • flood-control reservoir

Rückhaltebecken *n <bau.hydr> (allg.)* • retention basin

Rückhaltebecken *n <verf> (betont: Verzögerung)* • retarding basin

Rückholfeder *f <masch> (allg.; z. B. bei*

Trommelbremsen) • return spring

Rückkehr *f <allg>* • return

Rückkehr *f <tech.allg> (betont: Umkehr; z. B. der Richtung)* • reversal

rückkoppeln *vi <tech.allg>* • feedback *vi*

Rückkopplung *f <tech.allg> (akustisch, elektr., metaphorisch)* • feedback

rückkopplungsfrei *<el>* • feedback: without ~; non-regenerative

Rücklauf *m <tech.allg>* • return

Rücklauf *m <av> (Abtaststrahl; z. B. Kathoden-, Radar-, Laserstrahl)* • back sweep; retrace

Rücklauf *m <masch> (von Maschinenteilen)* • return motion; reverse

Rücklauf *m <masch> (bei Hubbewegungen; z. B. Kolben, Schlitten)* • return stroke

Rücklauf *m <rls> (eines Fluids)* • return flow

Rücklaufgeschwindigkeit *f <tech.allg> (sehr schnell; z. B. von Schwingspiegeln, Druckkopf-Schlitten)* • flyback speed

Rücklaufgeschwindigkeit *f <tech.allg> (eher langsam; z. B. Werkzeugschlitten, Werkzeug)* • return speed

Rücklaufgeschwindigkeit *f <tech.allg> (auf Spule, Winde; z. B. Magnetband, Seil, Kabel)* • rewind speed

rückläufige Bewegung *f <tech.allg>* • reversing motion

Rücklaufkanal *m <tech.allg>* • return channel

Rücklauftemperatur *f <tech.allg> (z. B. Schmieröl, Wasser in Zentralheizung)* • return temperature

Rückleitung *f <kfz> (Leitung; z. B. Kraftstoff, Öl, Hydraulik)* • return line

Rückleuchte *f <kfz> (rotes Licht, Glühlampe 5 W)* • tail lamp *US*; tail light *US*; rear lamp *GB*; rear light *GB*

Rückleuchte in LED-Technik *f <kfz>* • LED tail light

Rücklicht *n DIN ISO 8090 <fz> (Zweirad)* • tail light *US*; rear light *GB*; rear lamp *GB*

rückmelden *vt <allg>* • feed back *vt*

Rückmeldung *f <tech.allg> (Informationen von jmd.)* • feedback; reply

Rückruf *m <qualit> (von Produkten; zur Überprüfung, Instandsetzung, zum Austausch)* • recall

Rückschlag *m <tech.allg> (mechanisch; z. B. einer Waffe)* • rebound; recoil

Rückschlagventil *n <tech.allg> (verhindert Rückströmung)* • check valve; flow check valve; non-return valve; one-way valve; unidirectional valve *rare*

Rückseite *f <allg>* • back

Rückseitenabdeckung *f <tech.allg>* • back cover

Rücksitzbank *f <kfz.innen>* • rear seat bench; back bench *coll*; back seat bench

Rückspiegel *m <fz> (allg.; z. B. Kfz, Fahrrad, Motorboot)* • rear-view mirror; rearview mirror

Rücksprunghärte *f <qualit.mat>* • rebound hardness; scleroscope hardness

Rückspulautomatik *f <av>* • automatic tape rewind; tape-end auto rewind mechanism

Rückspülen *n <verf> (Filter; allg.; jedes Medium)* • reverse flow cleaning

Rückstand *m <verf> (z. B. nach Filter-, Verbrennungsvorgang)* • residue; rest *coll*; remnant *rare*; residual matter *form*

Rückstandsöl *n <chem.petr> (Destillationssumpfprodukt)* • residual fuel oil; residual oil

Rückstau *m <tech.allg> (flüssiges oder gasförmiges Medium)* • backflow

Rückstau *m <energ.hydr> (Flusskraftwerk)* • backwater

Rückstau *m <ents.hydr> (von Abwasser, in Keller etc.)* • backup

Rückstau *m <ökon> (an Aufträgen)* • backlog

Rückstau *m <verk> (betont: lange Fahrzeugschlange; z. B. an Baustelenengpässen)* • back-up *US*; tailback *GB*; traffic congestion [in front of an obstacle]

Rückstauklappe *f <bau.rls>* • backwater gate

Rückstelleinrichtung *f <tech.allg>* • reset device; resetting device

rückstellen *vt <msr> (Zähler, Messinstrument etc.)* • reset *vt*

rückstellen *vt <msr> (vorherigen Zustand wiederherstellen)* • restore *vt*

Rückstellknopf *m <tech.allg> (allg.)* • reset button

Rückstellkraft *f <tech.allg> (allg.; typ. zurück in eine Ausgangsposition)* • restoring force

Rückstellung *f <tech.allg> (EDV, Messgerät)* • reset

Rückstoß *m <mech> (eher langsam)* • backward push

Rückstoß *m <mech> (eher schnell)* • rebound; recoil

Rückstoß *m <mil> (Feuerwaffe)* • recoil; firing recoil

Rückstoß *m <phys> (z. B. in Antrieben)* • repulsion

Rückstoßantrieb *m <tech.allg>* • jet propulsion; reaction propulsion

Rückstoßantrieb *m <aerosp>* • reaction propulsion

Rückstoßprinzip *n*: **nach dem ~ angetrieben** *<tech.allg>* • reaction-propelled

Rückstoßtriebwerk *n <aerosp>* • reaction engine; reaction-propulsion engine *thsc*; rocket engine *pract*

Rückstrahler *m <tech.allg>* • retroreflector; reflector

Rückstreuung *f <phys> (diffus)* • backscattering; backward scattering; backscatter

Rückstrom *m <tech.allg> (allg.; z. B. eines Mediums)* • return flow

Rückströmung *f <tech.allg>* • back stream

Rückströmung *f <tech.allg> (z. B. in Dampferzeuger, Strömungsmaschine)* • reflow; return flow

Rücktransformation *f <tech.allg>* • inverse transform

Rücktrittbremse *f <fz>* • coaster brake; coaster hub brake; backpedal brake *GB.coll*

Rückwand *f <tech.allg> (Gerät)* • back plate

rückwärts *<allg> (allg.; auch zeitlich)* • backward; back

rückwärts *<allg> (mit dem hinteren Ende zuerst)* • rearward

rückwärts *<allg> (umgekehrt)* • reverse

rückwärts bewegen *vt/vr <tech.allg>* • move backwards *vi/vt*

Rückwärtsbewegung *f <tech.allg>* • backward movement

Rückwärtsbewegung *f <tech.allg> (betont: von etwas weg)* • backing-off motion

Rückwärtsgang *m <kfz.antr> (als Schaltzustand; z.B den ~ einlegen)* • reverse gear; reverse *coll*

Rückwärtsgang *m <kfz.antr> (i Bezug auf Anzahl der Übersetzungen; z. B. 24 Rückwärtsgänge)* • reverse speed

rückwärtsgerichtet *<allg>* • retrograde

rückwärts laufen lassen *vt <tech.allg> (linear oder rotational)* • reverse *vt*

Rückwärtszählen *n <tech.allg> (z. B. EDV, Raumfahrt, Wehrtechnik)* • countdown

ruckweise *<tech.allg> (z. B. Beschleunigen, Schlittenbewegung)* • intermittent

ruckweise bewegen *vr <tech.allg> (betont: unterbrochen, nicht in einem Fluss)* • move intermittently *vi*

ruckweise bewegen *vr <mech> (betont: durch hohe Reibung, nicht gleitend; z. B. Schublade)* • jerk *vi*

rückwirkend *<tech.allg>* • retroactive; retrospective

Rückwirkung *f <tech.allg>* • retroactive effect; retrospective effect; retroactivity; retrospectivity

rückwirkungsfrei *<allg> (ohne mechanische Rückwirkungen)* • no mechanical feedback reaction

rückwirkungsfrei *<tech.allg>* • feedback: without ~; non-reactive

Rückwirkungsfreiheit *f <tech.allg>* • absence of feedback

Ruder *n <nav> (Lenkungselement im Wasser, am Heck)* • rudder

Ruderblatt *n <nav>* • rudder blade

Ruderboot *n <nav>* • open boat; rowing shell

Rudermaschine *f <nav>* • steering engine; steering gear

Ruderriemen *m <nav> (von Ruderboot)* • oar

Rufknopf *m <aerosp.innen>* • call button

Rufnummernidentifikation *f <tele> (Zusatzdienst, Telefonmerkmal)* • calling-line identification (CLID); caller identification

Rufsignal *n <tele>* • call signal; audible calling signal

Ruhebühne *f DIN 18799 <tech.allg> (an Steigleiter)* • landing

Ruhelage einnehmen *vi <tech.allg> (bewegtes Objekt)* • come to rest *vi*

ruhend *<tech.allg> (z. B. Fühler, Kontakt, Regler)* • non-operative

ruhend *<phys> (Last)* • dead

ruhend *<phys>* • static

ruhend *<phys> (Luft)* • still

ruhend *<verk> (Ggs. zu Fließverkehr)* • stationary

ruhende Dichtung *f <tech.allg>* • static seal

ruhender Verkehr *m <verk>* • stationary traffic; standing traffic; parked vehicles *pl*

Ruhephase *f <tech.allg> (bei zyklischen Abläufen)* • dwell phase

Ruhestellung *f <tech.allg> (betont: untätig, Leerlauf)* • idle position

Ruhestellung *f <tech.allg> (nicht in Betrieb; z. B. eines Schalters)* • off-position

Ruhestellung *f <tech.allg> (z. B. Schalthebel, Werkzeug, Zeiger)* • unoperated position

Ruhestellung *f <masch> (betont: in Betrieb, aber nicht im Eingriff)* • neutral position

Ruhestromkreis *m <el>* • closed circuit

Ruhezeit *f <tech.allg> (allg.)* • non-operative time; off-time

Ruhezeit *f <tech.allg> (Fahrzeug, Maschine)* • rest period

Ruhezustand *m <tech.allg>* • idle-circuit condition; idle condition; idle state; non-operative state; static condition

Rührwerk *n <verf>* • agitator; stirrer; mixer

Rumpf *m prakt <aerosp> (zentrale Struktur eines Flugzeugs)* • fuselage; nacelle *rare*; body *coll*

Rumpfbug *m <aerosp>* • nose; forward fuselage

Rumpfheck *n <aerosp>* • tail; tail section; afterportion of the fuselage *rare*

Rundbogen *m <bau> (z. B. von Brücken)* • circular arch; semicircular arch

runden *vt <allg>* • round off *vt*

runden *vt <tech.allg> (Kante)* • radius *vt*

runden *vt <math>* • approximate *vt*

runder Nutgrund *m <masch>* • flute bottom

Rundfeile *f DIN 7261 F <wz> (für die Metallbearbeitung)* • round file; round bastard file; rat-tail file *GB.coll*; engineers' round file

Rundfrästisch *m <wz.masch>* • circular milling table

Rundfunk *m <av>* • broadcasting

Rundfunkempfänger *m <av>* • radio receiver; broadcast receiver; radio receiving set *rare*

Rundfunkkanal *m <av>* • radio transmission channel

Rundfunksender *m <av>* • broadcasting transmitter

Rundholz *n <bau.mat> (als Pfahl; z. B. für Masten)* • pole

Rundholz *n <holz>* • round log; round timber; wood in the round

Rundinstrument *n <kfz.msr>* • dial-type gauge; round gauge

Rundkopf *m <füg> (bei Schrauben und Nieten)* • round head; button head

Rundkopfschraube *f <füg> (mit Flachrund- oder Halbrundkopf)* • round head screw

Rundlauf *m <masch> (Laufverhalten; betont: schlagfrei, zentrisch)* • concentric running

Rundlauf *m <masch> (Konzentrizität als Eigenschaft; z. B. von Welle, Rad)* • concentricity

Rundlauf *m <masch> (vibrationsfreies Laufverhalten, von Maschinen allg.)* • true running

Rundlauffehler *m <masch> (betont: Exzentrizität)* • eccentricity

Rundlauffehler *m <masch> (betont: Radialschlag)* • radial deviation; peripheral runout

Rundlauffehler *m DIN ISO 1925 <masch> (allg.)* • run-out *ISO 1925*

Rundprofil *n <tech.allg> (z. B. Stangenmaterial, Drahtseil)* • circular shape

Rundschleifen *n <prod>* • cylindrical grinding

Rundschlitz *m <tech.allg>* • circular slot

rundstirnig *<tech.allg>* • round-ended

Rundstrahlbrenner *m <tech.allg>* • fan--tailed burner

Rundteilung *f <prod> (sowohl Verfahren; z. B. Teilen, als auch Ergebnis; z. B. Lochscheibe)* • circular spacing

Rundtörn *m <nav> (Knoten)* • round turn

Rundumsicht *f <tech.allg>* • all-round visibility

Rundung *f <tech.allg> (rund machen)* • rounding

Rundung *f <tech.allg> (Form; z. B. eines*

Bleches) • roundness; curvature
Rundung *f <math> (nach oben: z. B. von 1,89 auf 1,9 oder 2,0)* • rounding; rounding-up; rounding-off upward
Rundung *f <prod> (Vorgang bei der Bearbeitung; v. Ecken, Kanten, Spitzen)* • radiusing
Rundungsfehler *m <math>* • rounding error; rounding-off error
Runge *f <bahn> (Güterwagen)* • stanchion; stake
Rungenwagen *m <bahn>* • stanchion wagon
Ruß *m <emiss> (Feststoffteilchen in Abgasen; z. B. in Rauchgas, Dieselabgas)* • particulate matter (PM); particulates *pl*
Ruß *m ISO 13943 <verbr> (Schmutz)* • soot *ISO 13943*; carbon deposits; carbon dust; black
Rußemissionen *fpl <kfz.emiss> (als Ergebnis)* • particulate emissions *pl*; diesel particulate emissions; emission of soot *pract*
rußgefüllt *<tech.allg> (z. B. Reifengummi)* • carbon-black filled; carbon-black loaded
rüsten *vt <tech.allg>* • rig *vt*; rig up *vt*
Ruthenium *n* (Ru) *<chem>* • ruthenium (Ru)
Rutherfordium *n* (Rf) *<chem> (radioaktiv)* • rutherfordium (Rf); unnilquadium *obs*; kurtchatovium; Ku *russ*
Rutsche *f <förd> (Schwerkraftförderung)* • chute
Rutsche *f <masch> (geneigte Gleitfläche)* • skid; slide
rutschen *vi <tech.allg> (über eine glatte, rutschige Fläche; z. B. eine Rutsche hinunter)* • slide *vi*; skid *vi*; slip *vi*
rutschen *vi <kfz> (mit blockierten Rädern)* • skid *vi*
rutschfest *<obfl> (z. B. Schuhsohle)* • slip-resistant
rutschfeste Gummifüße *mpl <tech.allg>* • non-slip rubber feet
Rutschkupplung *f <antr> (allg.)* • slip clutch
rutschsicher *<qualit> (z. B. Fußboden, Schuhsohle, Straßenbelag)* • slip-proof
rutschsichere Oberfläche *f <obfl>* • non-skid surface
Rüttelgerät *n <tech.allg> (zum Verdichten, Prüfen)* • vibrating apparatus; vibrator
Rüttelmaschine *f <prod>* • vibrator
rütteln *vi/vt <allg> (z. B. Waggon, Werkstoff zum Verdichten)* • jolt *vi/vt*
rütteln *vt <tech.allg> (z. B. Rost, Sieb)* • shake *vt*
rütteln *vt <bau> (z. B. Beton)* • vibrate *vt*
rütteln *vt <druck> (Funktion des Sortierers)* • jog *vt*
rütteln *vt <verf>* • rap *vt*; vibrate *vt*
Rüttelplatte *f <bau.masch> (zur Bodenverdichtung)* • plate vibrator
Rüttelverdichter *m <bau.masch>* • vibrating compactor

S

Saategge *f <agri>* • seed harrow; extra-light seed harrow
Sabotagealarm *m <alarm>* • tamper alarm signal *:V*
sabotagegeschützt *<alarm> (Alarmanlagenkomponenten)* • tamper-proof
Sachgebiet *n <term>* • subject field *ISO 12620*
Sachschaden *m <vers>* • property damage *sg*; material damage *sg*
Sack *m DIN 55 405 <pack>* • sack; bag *US.rare*
Sackgasse *f <verk>* • dead-end street; cul-de-sac *US*
Sackleinen *n <agri> (grob; z. B. für Pflanzen)* • burlap; gunny
säen *vt <agri> (Saatgut)* • sow *vt*
Safranin *n <jur.tech> (Daktyloskopie)* • safranin
Säge *f <wz>* • saw
Sägeblatt *n <wz>* • saw blade
Sägegatter *n <wz.masch> (allg.; für Holz od. Stein)* • saw frame; saw gate
Sägegatter *n <wz.masch> (im Sägewerk; für Holz)* • log frame
Sägemehl *n <holz>* • sawdust
Sägen *n <prod>* • sawing
Sägengewinde 45° *n DIN 2781 <masch>* • buttress thread 45°
Sägenut *f <prod> (beim Sägen entstehender Schlitz im Material)* • kerf; saw kerf; saw groove
Sägespannungsgenerator *m <el>* • saw-tooth voltage generator
Sägewerk *n <holz>* • sawmill; lumber

mill *US*

Sagittalschnitt *m* <*opt*> • equatorial section; sagittal section

Salpeter *m* <*chem*> *(allg.; jede Sorte)* • saltpeter *US*; saltpetre *GB*; niter *US*; nitre *GB*

Salpetersäure *f* <*chem*> *(HNO_3)* • nitric acid; nitricum acidum

salpetrig <*chem*> • nitrous

Salzbergwerk *n* <*min*> • saline; salt mine; salt pit

Salzlagerstätte *f* <*min*> • salt deposit

Samarium *n* (Sm) <*chem*> • samarium (Sm)

Sämaschine *f* <*agri*> *(allg.; jeder Typ, z. B. ein Säschar)* • sowing machine; sower; seeder

Sämischleder *n* <*led*> • chammy

Sammelbecken *n* <*tech.allg*> *(ganz unten, eher innerhalb; Gebäudesumpf)* • collecting sump; storage sump

Sammelbecken *n* <*tech.allg*> *(eher flach, eher im Freien; z. B. für Abwasser, Niederschlag)* • collecting pond

Sammelbecken *n* <*tech.allg*> *(als Vorrat)* • reservoir

Sammelfahrtproblem *n* <*math*> *(als Mathematikproblem)* • traveling-salesman problem *US*; travelling-salesman problem *GB*

Sammelfahrzeug *n* <*fz*> *(allg.)* • collection vehicle

Sammelleitung *f DIN ISO 4135* <*tech.allg*> • manifold *ISO 4135*

Sammellinse *f* <*opt*> *(bündelt, fokussiert; als Einzellinse)* • converging lens; convergent lens; collecting lens; convex lens; collective lens *rare*

sammeln *vt* <*allg*> *(z. B. Altpapier)* • collect *vt*

Sammelnummer *f* <*tech.allg*> • group number

Sammelschiene *f* <*tech.allg*> • bus bar

Sammelschiene *f* <*el*> • bus; bus bar; feeder bar; collecting bar

Sampling *n* <*tech.allg*> *(von Signalen, Daten, Proben, Probanden; z. B. in Statistik, Werbung)* • sampling

Samt *m* <*textil*> *(Polware mit geschnittenen Schlingen)* • velvet

Sand *m DIN 4047-3* <*bau.mat*> *(Lockergestein mit Durchmesser von 0,063 - 2 mm)* • sand

Sanderosion *f* <*energ.hydr*> *(z. B. an Wasserturbinen)* • sand erosion

Sandfang *m* <*tech.allg*> • sand trap; sand catcher

Sandform *f* <*metall*> *(Gießerei)* • sand mold

Sandguss *m* <*verf*> • sand casting

Sandpapier *n* <*wz*> • sandpaper; wet/dry paper; wet and dry paper

Sandstein *m* <*geo.min*> *(Gesteinsart)* • sandstone

Sandstrahlen *n* <*obfl*> *(allg.)* • sand blasting; shot blasting

Sandstrahlmittel *n* <*obfl*> • sandblasting abrasive

Sandstreuer *m* <*nfz*> *(für Straßen)* • gritter

Sanduhr *f* <*msr*> • hour glass; sand timer; sandglass

Sandwichbauweise *f* <*tech.allg*> • sandwich construction; sandwich laminate

Sandwichelement *n* <*tech.allg*> • sandwich element

Sanforisieren *n* <*textil.verf*> *(mech. Appretur)* • sanforizing

Sanftanlauf *m* <*el*> *(z. B. von Asynchronmaschinen)* • soft-start; slow start-up

Sanieren *n VDMA 24196* <*bau.rep*> *(Gebäude, Anlagen)* • renovation

Sanitär-, Heizungs-, Lüftungs- und Klimatechnik *f* <*bau.hlk*> *(Bereich der Haustechnik)* • plumbing, heating, ventilation and air conditioning

Sanitärtechnik *f* <*bau*> *(Bereich der Haustechnik; Gas-, Wasserleitungen, Bad, WC)* • plumbing

Sanitätseinrichtung *f VG 81226-6* <*med.tech*> • medical equipment *VG 81226-6*

Sanitätskoffer *m DIN 13155* <*med.-tech*> • case for first aid material

Saphir *m* <*min*> *(Korundvariante; blau, farblos, rosa, orange, gelb, grün, violett, schw)* • sapphire

Saphirglas *n* <*mech*> *(sehr hart u. kratzfest)* • sapphire crystal

Säschar *n* <*agri*> *(Scheiben- od. Zinkenschar)* • seed drill coulter; drill coulter; seed coulter

Satellit *m* <*tech.allg*> *(etw., das um ein zentrales großes Objekt herum angeordnet ist)* • satellite

Satellit *m* <*aerosp*> *(Raumfahrt)* • satellite

Satellitenempfänger *m* <*av*> • satellite receiver; receiver; set-top box; direct satellite system box controller

Satellitenfernsehen *n* <*av*> • satellite television

Satellitenkommunikation *f* (SATCOM) <*navig*> • satellite communications (SATCOM)

Satellitenkraftwerk *n* (SSPS) <*energ.sol*> • satellite solar power station (SSPS)

Satellitennavigationssystem *n* <*navig*> • satellite navigation system; satellite ranging system; satellite system

Satellitenschüssel *f* <*av*> • satellite dish

Satelliten-Umlaufbahn *f* <*aerosp*> • satellite orbit; SV orbit

Satin *m* <*textil*> *(weichfließender, glänzender Stoff; aus Seide oder Synthetikfasern)* • satin

Satinbindung *f* <*textil*> • satin weave

satt anliegen an *vi* <*tech.allg*> • fit tightly *vi*; fit snugly *vi*

satt aufliegen auf *vi* <*tech.allg*> • bed squarely *vi*; seat fully *vi*

Sattdampf *m* <*therm*> • saturated steam

satte Auflage *f* <*tech.allg*> • true seating; trueness; trueness of seating

Sattel *m* <*fz*> *(von Fahrrädern und alten Motorrädern)* • saddle; seat *rare*

Sattelanhänger *m* <*nfz*> • semitrailer; semi *coll*; trailer

Satteldach *n* <*bau*> *(allg.; jede Neigung)* • gable roof *US*; saddleback roof; gable-ended roof; ridged roof; gabled roof

Sattelkraftfahrzeug *n DIN* <*nfz*> *(Sattelzugmaschine mit Sattelanhänger; typ. in USA)* • tractor-trailer *US*; articulated vehicle *GB*; truck *US*; 18-wheeler *US.coll*; rig *US.coll*

Sattelkupplung *f* <*nfz*> *(besteht aus Sattelplatte und Aufliegerplatte)* • fifth wheel coupling; fifth wheel *pract*; 5th wheel

Sattelschleppzug *m* <*nfz*> • semitrailer unit; semi-trailer *pract*; articulated lorry *GB*

Sattelstütze *f* <*fz*> *(Fahrrad)* • seat post; seat pillar *GB*

Sattelzug *m* <*nfz*> *(Sattelzugmaschine mit Auflieger und Anhänger; nach StVZO unzulässig)* • B-train; B-double train; B-double; road train *AUS*; double-trailer combination *rare*

Sattelzugmaschine *f* (SZM) *DIN* <*nfz*> *(für Sattelauflieger)* • tractor; semitrailer tractor *form*; truck *US.pract*; fifth wheel tractor *rare*; truck tractor

sättigen *vt* <*allg*> • saturate *vt*

Sättigung *f* <*tech.allg*> • saturation

Sättigungspunkt *m* <*hlk*> • saturation point

Satz *m* <*tech.allg*> *(Gruppe; z. B. von Daten, Werkzeugen)* • group

Satz *m* <*tech.allg*> *(Gesetzmäßigkeit, Prinzip)* • law; proposition; theorem

Satz *m* <*tech.allg*> *(Set zusammengehörender Objekte; z. B. Räder, Zeichnungen)* • set

Satz *m* <*tech.allg*> *(von Ersatzteilen, Werkzeugen etc.)* • kit; package; set

Satz *m* <*druck*> *(Ergebnis der Druckvorbereitung)* • matter

Satz *m* <*wz*> *(von Werkzeugen; zusammenhängend od. simultan eingesetzt)* • gang

Satzspiegel *m* <*druck*> • type area

sauber <*allg*> *(unverschmutzt; z. B. Wasser, Luft, Kleidung, Gerät)* • clean

sauer <*agri*> *(Boden)* • sour

sauer <*chem*> *(pH < 7)* • acid *adj*; acidic

sauer ausgekleidet <*chem.verf*> *(allg.; Behälter etc.)* • acid-lined

säuern *vt* <*nahr*> *(Teig)* • leaven *vt*

säuern *vt* <*nahr*> *(z. B. Gemüse)* • pickle *vt*

säuern *vt* <*nahr*> *(z. B. Milch)* • ripen *vt*

säuern *vt* <*nahr*> *(z. B. mit Zitronensäure)* • acidulate *vt*

Sauerstoff *m* (O) <*chem*> • oxygen (O)

Sauerstoff *m*: **mit ~ anreichern** *vt* <*chem*> • oxygenate *vt*; oxygenize *vt US*; oxygenise *vt GB*

sauerstoffangereichert <*chem*> • oxygen-enriched

sauerstoffarm <*tech.allg*> *(z. B. Atmosphäre)* • oxygen-deficient

sauerstoffarm <*tech.allg*> *(z. B. Stoff, Verbrennung)* • low in oxygen; low-oxygen; poor in oxygen

Sauerstoffatemgerät *n* <*med.tech*> • oxygen breathing apparatus

Sauerstoffblasstahl *m* <*metall*> *(vorherrschende Stahlsorte)* • basic oxygen steel; basic oxygen furnace steel *rare*

Sauerstoffblasverfahren *n <metall> (LD und LDAC)* • basic oxygen steel process

Sauerstoffdruckminderer *m <tech.allg>* • oxygen regulator; oxygen pressure regulator

Sauerstoffflasche *f <tech.allg> (jede Größe; z. B. zum Schweißen, Atmen)* • oxygen cylinder; oxygen bottle

sauerstofffrei *<tech.allg> (betont: absolut ohne Sauerstoff)* • oxygen-free

sauerstofffreie Zone *f <tech.allg>* • oxygen-free atmosphere

Sauerstofffrischen *n <metall>* • oxygen refining

Sauerstoffgehalt *m <allg>* • oxygen content

Sauerstoffgerät *n DIN EN 12312-18 <nfz.aerosp>* • oxygen unit *BS EN 12312-18*; oxygen recharger

Sauerstoffmangel *m <verbr> (z. B. bei Verbrennungsprozessen; im Kraftstoff/Luft-Gemisch)* • oxygen deficiency; lack of oxygen *coll*; oxygen shortage *coll*; starved air *coll.rare*

Sauerstoffmaske *f <aerosp.sich>* • oxygen mask

Sauerstoffmaske *f <aerosp.sich>* • oxygen mask

Sauerstoff-Sensor *m <msr> (allg.; z. B. als Lambdasonde)* • oxygen sensor

Sauerstoffträger *m <aerosp> (Raketenantrieb)* • oxidizer

Sauerstoffüberschuss *m <verbr>* • excess oxygen

Sauerstoffzutritt *m <tech.allg>* • oxygen access

sauer zugestellter SM-Ofen *m <metall>* • acid open-hearth furnace

Saugbecherpistole *f <obfl.wz> (typ. Spritzpistole)* • suction-feed spray gun; syphon cup type spray gun *form*; suction cup spray gun; suction-feed cup gun; siphon-feed gun *pract*

Saugblasen *n <kst> (Blasformvariante)* • suction blowing

Saugbrunnen *m <rls> (z. B. von Grundwasser-Wärmepumpen)* • supply well; suction well

Sauger *m <masch> (zum Anheben von Papier, Glasscheiben u. Ä.)* • sucker

Sauggebläse *n <masch>* • exhauster; suction fan

Saugheber *m <verf> (für Flüssigkeiten)* • siphon; syphon

Saugleitung *f <masch> (allg.; Rohr oder Schlauch)* • suction line; intake line *rare*

Saugmotor *m <mot> (ohne Aufladung)* • normally aspirated engine; naturally aspirated engine; n/a engine; self-aspirating engine *rare*

Saugmund *m <masch> (allg.; z. B. von Kehrmaschinen, Staubsaugern)* • suction port

Saugnapf *m <tech.allg>* • sucker

Saugöffnung *f <masch> (von rotierenden Verdrängerpumpen; Pumpeneinlass)* • suction port; intake port

Saugpumpe *f <förd>* • suction pump

Saugrohr *n <tech.allg>* • suction pipe; suction tube *rare*

Saugrohr *n <mot> (für Luft; zw. Drosselklappe und Zylinderkopf)* • induction pipe; intake pipe *US*; inlet pipe *GB*; intake runner *US.Chrysler*

Saugteller *m <tech.allg> (allg.; z. B. zum Heben von Blechen od. Glasscheiben)* • vacuum suction cup

Saug- und Blasarbeiten *fpl <hygi> (Industriereinigung)* • vacuum-cleaning and blower services

Saugventil *n <masch> (betont: auf Unterdruckseite; z. B. Kolbenpumpe)* • suction valve; intake valve; inlet valve

Saugzug *m <tech.allg> (Gebläse)* • induced draft *US*; induced draught *GB*; suction draft *US*; suction draught *GB*; forced draft *US*

Säule *f <tech.allg> (z. B. Gebäude, Werkzeugmaschine)* • column

Säule *f <bau>* • pillar; column

Säule *f <el> (z. B. galvanische ~, Thermo-~, Batterie)* • pile

Säule *f <el> (Isolator)* • post

Säule *f <kfz> (zwischen Gürtellinie und Dach; vorn ist die A-Säule)* • pillar; post

Säule *f <kst> (Spritzgießmaschine; für Aufspannplatten)* • tie bar; tie rod; column

Säule *f <wz.masch> (meist als Führung; horizontal, vertikal)* • column

Säulenbohrmaschine *f <wz.masch>* • drill press; box-column drilling ma-

chine *rare*
Säulenhalle *f* <bau> *(Portikus)* • portico
Säulenkopf *m* <tech.allg> • column head
Säulenschaft *m* <tech.allg> *(rund)* • column shaft
Saum *m* <tech.allg> *(Kante)* • edge
Saum *m* <tech.allg> *(Rand)* • fringe
Saum *m* <bekl> *(unterer Abschluss)* • hem; hemline
Saum *m* <textil> *(Umrandung)* • hem
Saum *m* <textil> *(Naht)* • seam
Saumeffekt *m* <phot> • fringe effect
Säure *f* <chem> • acid
Säureballon *m* <chem.verf> • acid carboy
säurebelastet <ökol> *(durch Säure geschädigt)* • acid-stressed
säurebeständig <qualit.mat> *(allg.)* • acid-proof; acid-resistant; acid-stable
säurebildend <chem> • acid-forming
Säurebildner *mpl* <chem> • acid formers
säurefeste Auskleidung *f* <verf> • acid-proof lining
säurefrei <chem> • acid-free
säurefreies Papier *n* <pap> • acid-free paper
Säuregrad *m* <chem> *(z. B. von Wasser, Boden, Papier, Kosmetika, Chemikalien)* • acidity; acidity level; degree of acidity; acid content; acid strength
saure Reaktion *f* <chem> • acid reaction
saurer Regen *m* <ökol> *(hauptsächlich durch Luftverunreinigung)* • acid rain; acid precipitation *form*; acid fallout
saure Zustellung *f* <metall> *(Konverter)* • acid lining; acid bottom and walls *rare*
Savonius-Rotor *m* <energ.wind> *(ein kleiner VAWEK)* • Savonius rotor
Scanauflösung *f* <comp> • scan resolution
Scandium *n* (Sc) <chem> • scandium (Sc)
Scannen *n* <comp> *(z. B. von Text, Bildern, Strichcode; Vorgang)* • scanning; scan; read-in *rare*
Scanner *m* <av> • scanner; scanning device
Scannerkasse *f* <comp> • POS scanner system; point-of-sale scanner system
SCARA-Roboter *m* <autom> *(Selective Compliance Assembly Robot Arm)* • SCARA robot
Schaben *n* <tech.allg> *(unerwünschte Reibung; z. B. Geräusch)* • scraping
schaben *vi* <antr> *(Zahnräder)* • shave *vi*
schaben *vt* <tech.allg> • scrape *vt*
Schaber *m* <wz> *(allg.)* • scraper; scraping tool
Schaberklinge *f* <tech.allg> • doctor blade
Schaberwalze *f* <tech.allg> • doctor roll
Schabhobel *m* <wz.holz> • spokeshave
Schablone *f* <doku> *(für Schrift, Symbole, Grafik, Bildmuster)* • stencil
Schablone *f* <metall> • template; templet
Schablone *f* <prod> *(betont: Urform, Muster)* • master form; master pattern; master plate
Schablone *f* <prod> *(betont: formende Platte)* • former plate; form plate
Schablone *f* <prod> *(betont: Muster, Modell)* • model
schachbrettartig <allg> *(Anordnung quadratischer Stücke; z. B. Fliesen)* • checkered *US*; chequered *GB*
Schachbrettmuster *n* <allg> *(z. B. von Fliesen, Steinplatten)* • checker-board pattern *US*; chequer-board pattern *GB*
Schacht *m* <bau> *(z. B. Treppenhaus, Aufzug)* • well
Schacht *m* <comp> • slot; cartridge slot
Schacht *m* <ents.hydr> *(Öffnung zum Einsteigen in Kanalisation)* • manhole; access chamber; inspection manhole
Schacht *m* <förd> *(schräg; Rutsche, Schütte)* • chute
Schacht *m* <metall> *(Hochofen; zw. Gicht und Rast)* • stack
Schacht *m* <min> *(nur senkrecht)* • shaft
Schachtdeckel *m* <bau.verk> • access cover
Schachtel *f DIN 55 405* <pack> • box; case *obs*
Schachtverhältnis *n DIN 32511* <prod> *(Laserstrahlbohren; Quotient aus Bohrtiefe zu Bohrungsdurchmesser)* • aspect ratio
Schaden *m* <tech.allg> *(Defekt)* • defect
Schaden *m* <tech.allg> *(Versagen, Ausfall)* • failure
Schaden *m* <qualit> *(allg.)* • damage

Schadenersatz *msg <jur.fin>* • damages *pl*; compensation in damages; indemnification; indemnity

Schadenfreiheitsklasse *f* (SF) *<kfz.vers>* • no-accident bonus category

Schadenfreiheitsrabatt *m <kfz.vers>* • no-claims discount; no-accident bonus *GB*

Schadensanalyse *f <qualit> (Beschädigung)* • damage analysis

Schadensanalyse *f <qualit> (Ausfall, Versagen)* • failure analysis

schädigen *vi/vt <allg>* • damage *vi/vt*; impair *vi/vt*

Schädigung *f <qualit> (auch von innen heraus, chemisch, genetisch)* • damage

Schädigung *f <qualit> (Verschlechterung; eher allmählich)* • deterioration

Schädigung *f <qualit> (z. B. chemisch, thermisch, strahlungsbedingt u. Ä.)* • degradation

schädlich *<ents> (z. B. Substanz)* • noxious; harmful; deleterious

Schädling *m <agri>* • pest

Schädlingsbefall *m <verf>* • insect infestation

Schädlingsbekämpfung *f <agri>* • pest control

schadstoffarm *<kfz.emiss>* • low--emission

schadstoffarm [in Bezug auf NOx--Emissionen] *<emiss>* • low-NOx

Schadstoffbegrenzung *f <emiss.ökol>* • emission control

Schadstoffemission *f <ökol>* • emission

Schadstoffemittent *m <ökol>* • pollutant emitter

Schadstoffgrenzwert *m <ökol>* • emission standard

Schadstoff in der Luft *m <ökol>* • airborne pollutant

Schadstoff-Stufe E *f <kfz> (Euro-Norm)* • emission controls level E *:V*

Schadstoff-Stufe U *f <kfz> (U.S.-Norm)* • emission controls level U *:V*

Schaft *m <füg> (von Gewindeschrauben; mit Ganz- oder Teilgewinde)* • shank; body

Schaft *m <füg> (bei Schrauben mit Teilgewinde)* • unthreaded shank; plain shank; shank

Schaft *m <mil> (Gewehrbauteil; aus Holz, Kunststoff, Metall)* • shaft

Schaft *m <nav> (Anker)* • head

Schaft *m <petr> (Bohrplattform)* • tower

Schaft *m <wz> (von Axt, Hammer)* • shaft

Schaftdurchmesser *m <tech.allg>* • shank diameter

Schaftschraube *f DIN 427 <füg> (kein Kopf, aber Schaft am Ende)* • headless screw *ISO 2342*

Schäftverbindung *f <bau.füg> (von Balken)* • scarf joint; scarfed joint

Schäkel *m <füg> (allg.; meist U-förmig)* • shackle

Schäkelbolzen *m <masch> (z. B. mit Gewinde od. Splint)* • shackle pin

Schäkelisolator *m <energ.el>* • shackle insulator

Schale *f <tech.allg> (groß, Hülle; z. B. eines Rumpfs)* • hull

Schale *f <tech.allg> (Blechgehäuse, etc.; z. B. Katalysator, Tür)* • shell

Schale *f <bau> (Beton)* • casting shell

Schale *f <bau> (Hohlmauerwerk)* • leaf

Schale *f <bio> (trockene äußere Hülle)* • husk

Schale *f <gastr> (flach)* • dish

Schale *f <math> (Kegel)* • nappe

Schale *f <math> (Oberfläche)* • sheet

Schale *f <nahr> (z. B. Ei, Nuss)* • shell

Schale *f <nahr> (z. B. von Kartoffeln, Apfelsinen)* • peel

Schale *f <nahr> (sehr dünn, hautartig; z. B. von Tomaten)* • skin

Schale *f DIN 55 405 <pack> (z. B. für abgepacktes Fleisch)* • tray

Schale *f <phys> (Atom)* • shell

Schale *f <verf> (flach; z. B. in Kolonne)* • tray

Schäleisen *n <holz.wz>* • debarker; bark scraper

schälen *vt <tech.allg>* • pare *vt*

Schalenbauweise *f <tech.allg> (Konstruktionsprinzip)* • shell construction; monocoque construction

Schalenbauweise *f <aerosp>* • monocoque construction; monocoque design

Schalenelement-Modell *n <tech.allg>* • shell element model

Schalenentferner *m <nahr.prod> (harte Schale; z. B. von Nüssen)* • sheller

Schalenentferner *m <nahr.prod> (wei-*

che Schale; z. B. von Kartoffeln, Pfirsichen, Birnen) • peeler
Schalenfäulnis *f <agri>* • peel rot
Schalenkonstruktion *f <tech.allg> (konkretes Objekt)* • shell structure
Schalenkreuzanemometer *n <wind.msr>* • cup anemometer
Schalenlager *n <masch> (mit geteilten Lagerschalen)* • shell bearing
Schalenmodell *n <phys>* • shell model
Schalenstruktur *f <tech.allg> (Bauwesen, Fahrzeugbau; Konstruktionsprinzip)* • shell structure
Schall *m <phys> (allg.)* • sound
schallabsorbierende Auskleidung *f <mat.akust> (z. B. Fahrzeug, Maschine)* • sound-absorbing liner
schallabsorbierender Werkstoff *m EN 60947 <mat.akust>* • sound-absorbing material *En 60947*
Schallabstrahlung *f <akust.emiss> (z. B. von Reifen, Eisenbahnrädern, Windrotoren)* • noise emission; sound emission; acoustic emission
Schallausbreitung *f <akust>* • sound propagation
Schallbrücke *f <bau.phys>* • sound bridge
schalldämmendes Material *n <mat.akust> (z. B. f. Bauwerke, Fahrzeuge)* • sound-absorbing material; sound-deadening material *coll*
Schalldämmung *f DIN 4109 <bau.akust> (Vorgang und Material)* • sound proofing; sound insulation; acoustic insulation; sound reduction
Schalldämpfer *m <tech.allg> (allg.; für Luftströmung; z. B. Klima-, Abgasanlage)* • muffler *US*; silencer *GB*
Schalldämpfer *m* (SD) *<mil> (an Waffen)* • suppressor; silencer; sound suppressor; sound moderator
schalldicht *<akust>* • sound-proof; sound-proofed
Schalldruck *m <akust> (in Pascal, Pa)* • acoustic pressure; sound pressure; sonic pressure
Schalldruckmessung *f DIN EN ISO 3745 <akust>* • sound pressure measurement *EN ISO 3745*
Schalldruckpegel *m* (SPL) *DIN EN ISO 3745 <akust>* • sound pressure level *EN ISO 3745*; sound-pressure level
schallgekapselt *<tech.allg> (z. B. Maschine, Kompressor)* • noise-insulated
Schallmauer *f <aerosp>* • sound barrier; sonic barrier
Schallschutz *m DIN 4109 <bau.akust> (Maßnahme)* • noise control *ISO 15664*; sound control
schalltot *<akust>* • aphonic; acoustically dead
Schallübertragung *f <akust> (allg.)* • sound transmission; acoustic transmission
Schallübertragung *f <akust> (unerwünscht)* • noise transmission; acoustic transmission
Schälpflug *m <agri>* • till-plow *GB*; till-plough *US*
Schalplan *m DIN ISO 10209-4 <bau.-doku>* • formwork drawing *ISO 10209-4*
Schälschrapper *m <min>* • scraper plow *US*; scraper plough *GB*
Schalt... *<tech.allg> (in Zusammensetzungen i.S. von Betätigung)* • actuating
Schaltanlage *f <el> (als Gesamtheit)* • control gear; switchgear
Schaltanordnung *f <tech.allg> (Elektrik, Hydraulik, Pneumatik)* • switching arrangement
Schaltanzeige *f <kfz.msr>* • upshift indicator light; upshift indicator; shift indicator light *Ford*
schaltbar *<tech.allg>* • switchable
Schaltdiode *f <el> (im Ggs. zu Schalterdiode)* • switching diode
Schalteinrichtung *f <tech.allg>* • switching equipment
Schaltelement *n <tech.allg>* • switching device
schalten *vt <tech.allg> (Verbindung, Anschluss)* • connect *vt*
schalten *vt <tech.allg> (betätigen; z. B. Kupplung, Schalter)* • operate *vt*
schalten *vt*: **im Nebenschluss ~** *<tech.allg>* • shunt *vt*
schalten *vt <el> (Schalter, Stromkreis)* • switch *vt*
schalten *vt*: **in Kaskade ~** *<el>* • connect in cascade *vt*
schalten *vt <kfz.antr> (Gang wechseln)* • shift *vt US*; change *vi GB*
schalten *vt <werb> (z. B. eine Anzeige, ein Inserat)* • place *vt*; insert *vt*
schalten *vt <wz.masch> (Revolvertisch

etc. mit Indexpositionen) • index *vt*

Schalter *m* <*el*> *(für elektr. Strom; z. B. Ein/Aus, Taster)* • switch (SW)

Schalterdiode *f* <*el*> *(im Ggs. zu Schaltdiode)* • diode switch

Schaltfrequenz *f* <*tech.allg*> • switching frequency

Schaltgerät *n* <*tech.allg*> • switching device

Schaltgeschwindigkeit *f* <*el*> *(in Zeiteinheit; z. B. 0,01 Sek.)* • operation speed; switching speed

Schaltgeschwindigkeit *f* <*kfz.antr*> *(von Automatikgetrieben; typ. 0,2 Sekunden)* • shift speed

Schaltgetriebe *n* <*antr*> *(manuelles Wechselgetriebe n)* • manual transmission (man); manual gearbox *GB*; gearshift [unit] *GB*; change-speed gearbox *patents.rare*

Schaltgriff *m* <*tech.allg*> • control handle

Schalthäufigkeit *f* <*tech.allg*> *(von Schaltern, Unterbrechern, Realis, Schaltgetrieben)* • frequency of operation; operating frequency

Schalthebel *m* <*el*> *(zum Ein-, Aus-, Umschalten; Hebel an Schaltern)* • switch lever

Schalthebel *m* <*fz*> *(Fahrrad; Naben- od. Kettenschaltung; oft ähnl. wie eine Taste)* • shifting lever; shift lever; shifter; gear lever *rare*

Schalthebel *m* <*kfz*> *(Pkw, Lkw, Busse; nur Schaltgetriebe)* • gearshift lever; shift lever *coll*; shifter *coll*; gear lever; gearstick *GB.coll*

Schalthebel *m* <*kfz*> *(bei Motorrädern; unten links)* • gearshift lever; shift lever *coll*; shifter *coll*

Schalthebel *m* <*masch*> *(allg. Betätigung)* • actuating lever; control lever

Schalthebelknauf *m* <*kfz*> • shift lever knob

Schaltkasten *m* <*el*> *(groß)* • switch cabinet

Schaltknopf *m* <*tech.allg*> • control button

Schaltkreis *m* <*el*> • circuit; switching circuit

Schaltkulisse *f* <*kfz*> *(für Schalthebel, selten auch Wählhebel; typ. z. B. bei Ferrari)* • shift gate; shifting gate; gearshift lever gate; gearchange quadrant *GB*; gearshifting gate

Schaltmuffengetriebe *n* <*kfz.antr*> • constant mesh transmission *US*; constant-mesh gearbox *GB*

Schaltplan *m* <*el.doku*> *(z. B. von Geräten, Systemen, Anlagen, Bordnetzen)* • circuit diagram; schematic circuit diagram; electric circuit diagram; connection diagram; wiring diagram

Schaltprogramm *n* <*kfz.msr*> *(für Automatikgetriebe; z. B. ökon., sportl., Winter)* • shift program; driving program; shift pattern

Schaltrohr *n* <*tech.allg*> *(z. B. in Abgasschalldämpfern)* • switch pipe

Schaltschrank *m* <*el*> • switching cabinet; switch cabinet

Schaltschrank *m* <*el*> *(geschlossen, mit Tür)* • equipment cabinet; switchgear cabinet *rare*; electrical switchgear cabinet *rare*

Schaltschrank *m* <*el*> *(Rahmengestell für Einschübe)* • equipment rack

Schaltschütz *n* <*el*> *(Magnetschalter mit Sicherungsfunktion)* • contactor

Schaltsperre *f* <*tech.allg*> • switching detent

Schaltspiel *n* <*tech.allg*> • switching cycle; switching operation

Schaltsystem *n* <*tech.allg*> • switching system

Schalttafel *f* <*el*> • switchboard; control panel

Schalttafel *f* <*msr*> *(z. B. an Heizungsanlage, Werkzeugmaschine)* • instrument panel

Schalttakt *m* <*tech.allg*> • switching cycle

Schaltung *f* <*tech.allg*> *(z. B. Parallelschaltung, Reihenschaltung, Kreuzschaltung)* • connection

Schaltung *f* <*el*> *(Anordnung)* • circuit; circuitry; wiring

Schaltverhalten *n* <*el*> *(allg.)* • switching behavior *US*; switching behaviour *GB*

Schaltvermögen *n* <*tech.allg*> • switching capacity

Schaltverstärker *m* <*el*> • switching amplifier; isolated switch amplifier

Schaltwarte *f* <*tech.allg*> *(allg. von Anlagen)* • control room; control center *US*; control centre *GB*; control stand *rare*

Schaltwerk *n <fz> (Fahrrad-Kettenschaltung)* • derailleur [assembly]; rear derailleur

Schaltwerk *n <msr.mech>* • control gear

Schaltwippe *f <kfz> (am Lenkrad)* • shift paddle

Schaltwippe *f <kfz> (am Lenkrad; zum Hoch- und Herunterschalten)* • shift paddle

Schalung *f <bau> (Betonbau)* • formwork; shuttering; boarding; planking; sheathing

Schalung *f <bau> (von Beton)* • formwork *US*; shuttering *GB*

schalungsrau *<bau.obfl> (Betonoberfläche)* • board-marked

Schälversuch *m <qualit.mat>* • peel test

Schälzentrifuge *f <tech.allg>* • knife-discharge centrifuge

Schamotteauskleidung *f <bau.mat>* • fireclay lining

Schanzkleid *n <nav>* • bulwark

scharf *<math> (Winkel)* • acute

scharf *<mil> (Munition)* • live

scharf *<nahr> (stark gewürzt; z. B. mit Chilis)* • hot

scharf *<opt> (Abbildungsqualität, Auflösung)* • well-defined

scharf *<opt> (präzise scharfgestellt; Bild, Aufnahme, Foto)* • in focus; focused *US*; focussed *GB*; sharp; focus: in ~

scharf *<phot> (Bild; betont: kontrastreich, knackig)* • crisp

scharf *<wz> (Schneide)* • sharp-edged; keen-edged; cutting; sharp

Schärfe *f <chem> (Reaktion)* • rigorousness; severity

Schärfe *f <doku> (Detailreichtum, Auflösung; von Bildern)* • sharpness

Schärfe *f <nahr> (eines Geschmacks)* • acridity

Schärfe *f <phot> (Aufnahme, Film)* • definition; sharpness

Schärfe *f <prod> (Kante)* • acuteness

Schärfe *f <wz> (Werkzeugschneide)* • keenness

scharfe Ecke *f <allg>* • square corner

Scharfeinstellring *m <phot> (an Objektiv)* • focusing grip *US*; focusing collar *US*; focusing ring *US*; focussing ring *GB*; focus ring

schärfen *vt <prod> (allg. Werkzeug in Form bringen; typ. durch Schleifen)* • dress *vt*

schärfen *vt <wz> (Kante; z. B. von Meißel)* • edge *vt*

schärfen *vt <wz> (Spitze; z. B. von Körner)* • point *vt*

schärfen *vt <wz> (Schneide; z. B. von Messer, Meißel, Bohrer)* • sharpen *vt*

Schärfentiefe *f <opt> (von Kameras, Mikroskopen, Projektoren; bei kleiner Blende größer)* • depth of field (DOF); depth of focus; focus depth; focal depth *rare*

scharfgeschaltet *<alarm>* • armed; set

scharfkantig *<tech.allg>* • sharp-edged; sharp-crested; keen-edged; sharp

scharfkantige Öffnung *f <tech.allg>* • sharp-edged orifice

scharfschalten *vt <alarm>* • arm *vt*; set *vt*

Scharfschaltverzögerung *f <alarm>* • exit delay

scharfstellen *vi/vt <phot>* • focus *vi/vt*; adjust distance *vt*

scharf trennend *<tech.allg>* • sharply selective

Scharnier *n DIN 68856-2 <tech.allg> (z. B. an Möbel, Tür, Fenster)* • hinge

Scharnierband *n <tech.allg> (Scharnier; lang und schmal)* • hinge band; piano hinge *coll*; strap hinge; flap hinge

Scharnierhälfte *f <tech.allg> (fest; z. B. karosserieseitig)* • hinge leaf

Scharnierhälfte *f <tech.allg> (beweglich; z. B. türseitig)* • hinge leaf

Scharte *f <wz> (in Messer)* • nick

Schatten *m <allg>* • shadow

Schattenfuge *f <bau.innen>* • shadow gap; shadow line

Schattenmaske *f <av> (in Bildschirm; allg. Punkt-, Schlitz- oder Streifenmaske)* • shadow mask

schattieren *vt <comp> (Grafik durch Rendern)* • shade *vt*

Schattierung *f <comp> (Renderingverfahren; z. B. Flat-, Gouraud- und Phong-Shading)* • shading

schätzen *vt <tech.allg> (den Wert eines Objekts)* • estimate *vt*; assess *vt*; appraise *vt*; value *vt*

schätzen *vt <tech.allg> (annähernd bestimmen; z. B. Zahlenwert, Kosten,*

Entfernung) • estimate *vt*; approximate *vt*

Schätzung *f <allg>* • estimate; valuation; appraisal; assessment; estimation

Schätzwert *m <tech.allg>* • estimate

Schaufel *f <bau.masch> (an Bagger)* • bucket

Schaufel *f <bau.wz>* • shovel

Schaufel *f <masch> (Pumpe, Turbine)* • vane; blade

Schaufelrad *n <bau.masch> (Schaufelradbagger)* • bucket wheel; digging wheel

Schaufelrad *n <masch> (Strömungsmaschine)* • blade wheel

Schaufelradbagger *m <min.förd> (Tagebau)* • bucket-wheel excavator

Schauglas *n <rls> (allg.)* • sight glass; inspection glass; gauge glass

Schaukelbewegung *f <tech.allg>* • rocking motion

Schaukeleffekt *m <tech.allg> (relativ hochfrequent; Zittern)* • jitter

Schauloch *n <tech.allg> (z. B. Brennkammer, Ofen)* • observation hole; sight hole; eyehole; eyesight

Schaum *m <tech.allg> (allg.)* • foam

Schaum *m <verf> (auf oder in Flüssigkeiten; meist unerwünscht)* • froth; skimmings

Schaum *m <verf> (auf Flüssigkeiten; unerwünscht, eklig)* • scum

Schaumbildner *m <chem.verf> (allg.)* • foaming agent

Schaumbildung *f <allg>* • foam generation

Schäumen *n <tech.allg> (allg.; z. B. von Öl, Motoröl)* • foaming

Schäumen *n*: **zum ~ bringen** *vt <verf>* • foam *vt*; froth *vt*

schäumen *vi/vt <allg> (z. B. Rasierseife)* • lather *vi/vt*

Schaumfolie *f <pack>* • expanded sheet; foam sheeting

Schaumgummi *m <kst>* • foam rubber; expanded rubber *rare*; cellular rubber *rare*

Schaumlöschanlage *f DIN EN 13565-1 <feuer.sich> (betont: ortsfeste Brandbekämpfungsanlage)* • foam firefighting system *DIN EN 13565-1*; foam system

Schaumstoff-Füllmaterial *n <pack> (für Packungshohlräume, fest oder als Schüttgut)* • foam fill

Schauöffnung *f <tech.allg>* • inspection hole; viewing aperture *form*; sight hole *coll*

scheckheftgepflegt *<kfz>* • full service history (fsh); full history *coll*; service history *pract.coll*

Scheibe *f <bau.phys> (Statik)* • plate; diaphragm

Scheibe *f <masch> (flache, dünne, runde Platte)* • disk *US*; disc *GB*

Scheibe *f <mat> (abgeschnitten von Stange, Zylinder etc.; z. B. Brot, Wurst, Silicium)* • slice; sheet

Scheibe *f <silik> (Fensterscheibe, eingebaut oder nicht eingebaut)* • glass

Scheibe *f <silik> (Glasscheibe, nicht eingebaut)* • pane

Scheibe mit Außennase *f DIN ISO 1891 <füg>* • external tab washer

Scheibe mit Innennase *f DIN ISO 1891 <füg>* • internal tab washer

Scheibe mit Lappen *f DIN ISO 1891 <füg> (Sicherung v. Schraubverbindungen)* • tab washer with long tab

Scheibenbremse *f <brems>* • disk brake *US*; disc brake *GB*

Scheibenfeder *f DIN 6888 <füg> (z. B. zw. Welle und Nabe)* • woodruff key; half-moon key *rare*

scheibenförmig *<tech.allg>* • disk-shaped *US*; disc-shaped *GB*

Scheibenkupplung *f <antr> (allg. Oberbegriff)* • disk clutch *US*; disc clutch *GB*; disk coupling *US*; disc coupling *GB*; axial clutch

Scheibenläufer *m <el> (E-Motor; z. B. in Pedelecs)* • disk armature *US*; disc armature *GB*

Scheibenpflug *m <agri>* • disk plow *US*; disc plough *GB*

Scheibenrad *n <fz>* • disk wheel *US*; disc wheel *GB*

Scheibenwaschanlage *f <kfz> (im Fahrzeug eingebaut)* • windshield washer system *US*; windshield washer *US*; windscreen washer system *GB*; windscreen washer *GB*; screenwash system *GB.Jaguar*

Scheibenwisch-/-waschanlage *f <kfz>* • windshield wiper and washer system *US*; windscreen wiper and washer system *GB*

Scheideanlage *f <metall> (für Metalle; z. B. Kupfer, Gold)* • refinery

Scheidewand *f <allg> (z. B. Anatomie, Technik)* • diaphragm

Scheidewand *f <bau>* • partition wall; partition; separation wall; mid-wall; parting wall

scheinbare Größe *f <tech.allg>* • apparent size

scheinbare Leistung *f <tech.allg>* • apparent power

Scheinfuge *f <bau.verk> (Sollbruchstelle in Betonflächen)* • contraction joint; dummy joint; concealed joint; shrinkage joint

Scheinkomponente *f <tech.allg>* • apparent component

Scheinleistung *f* (S) *<el> (in Voltampere; [S] = 1 W = 1 VA)* • apparent power (VA)

Scheinwerfer *m <fz.licht>* • headlight; headlamp

Scheinwerfer *m <licht> (als Projektor)* • light projector; projector

Scheinwerfer *m <licht> (als Flutlicht)* • floodlight

Scheinwerferabdeckung in Brillantoptik *f <kfz> (z. B. ab VW Golf IV)* • clear glass headlight cover; unpatterned clear glass headlight cover

Scheitel *m <tech.allg> (einer Kurve; Schaubild)* • peak

Scheitel *m <bau> (eines Bogens etc.)* • apex; crest; crown; vertex

Scheitelpunkt *m <math> (höchster Punkt einer Kurve; z. B. ballist. Flugbahn)* • apex; vertex; peak *coll*

Scheitelspannung *f <el> (höchste Spannung in einem Zeitraum)* • peak voltage; crest voltage *rare*

Scheitelstein *m <bau> (z. B. einer Brücke)* • keystone

Scheitelwert *m <tech.allg>* • peak value; maximum; peak

Schellack *m <obfl>* • shellac

Schelle *f <tech.allg> (z. B. für Rohre)* • bracket; clamp; clip

Schelle *f <el>* • wireholder; contact band; tapping clip

Schelle *f <fz> (zur Befestigung von Bauteilen an Rahmen und Lenker)* • band

Schema *n <doku> (Darstellung mit graphischen Symbolen; z. B. eines Systems)* • diagram

schematische Darstellung *f <doku> (z. B. eine Strichzeichnung)* • schematic representation; schematic

Scherblatt *n <hygi> (Elektrorasierer)* • shaving foil

Scherbruch *m <qualit.mat>* • shear fracture

Schere *f DIN 32613 <wz> (Handwerkzeug mit zwei bewegl. Schneiden und Grifösen)* • scissors *pl*

Schere *f <wz> (für harten Einsatz; z. B. Schneiden von Metall, Ästen, Haar)* • shears *pl*

Scherebene *f <mech>* • shear plane

scheren *vt <nav> (z. B. Leine)* • reeve *vt*

scheren *vt <prod> (trennen)* • shear *vt*

scheren *vt <textil.prod> (z. B. Schafe)* • shave *vt*

Scherenhebebühne *f <förd>* • scissor lift

Scherenwagenheber *m <kfz.wz> (mit horiz. Spindel und Kurbel)* • scissors jack

Scherfolienrasierer *m <hygi.wz> (typ. Braun)* • foil shaver; screen shaver

Schergeschwindigkeit *f <tech.allg> (Rheologie; z. B. in Öl, Kunststoffschmelze)* • shear velocity; shear rate; rate of shear *rare*

Scherkräfte *fpl*: **auf ~ beanspruchen** *vt <mech>* • shear: subject to ~ *vt*; shear *vt*

Scherung *f <meteo> (Wind; z. B. Gefahr f. Flugzeuge u. Windkraftanlagen)* • shear; shearing

Scherungsrichtung *f <tech.allg>* • shear direction

Scherwerkzeug *n <metall> (zum Ablängen von Stabmaterial; z. B. für Schmiederohlinge)* • cropping tool

Scherwinkel *m <tech.allg>* • shear angle

Scherzvirus *m <comp>* • hoax

Scheuerfestigkeit *f <qualit.mat>* • abrasion resistance; resistance to abrasion; abrasive resistance; scuff resistance

Scheuerleiste *f <fz> (an Reifenflanke)* • scuff rib

Scheuerpulver *n <wz>* • abrasive cleaning powder

Schicht *f <bau> (von Ziegeln, Mauersteinen etc.)* • course

Schicht *f* <comp> *(Datenübertragung)* • layer

Schicht *f* <mat> *(in mehrlagigem Verbund; z. B. in Sperrholz)* • ply

Schicht *f* <min> • layer

Schicht *f* <obfl> *(nur Oberflächenschicht; z. B. Anstrich, Überzug)* • coating; coat

Schicht *f* <obfl> *(allg.)* • layer

Schicht *f* <obfl> *(aufgedampft, elektrochemisch abgeschieden)* • deposit

Schicht *f* <ökon> *(Arbeitszeit)* • shift; turn

Schichtablösung *f* <mat.qualit> *(bei Laminaten; z. B. Sperrholz)* • delamination

schichten *vt* <tech.allg> • arrange in layers *vt*

Schichtenbildung *f* <tech.allg> • formation of layers

Schichtlademotor *m* <kfz.mot> • stratified charge engine

Schichtseite *f* <tech.allg> *(Film, Magnetband, Diskette, Festplatte)* • emulsion surface

Schichtseite *f* <tech.allg> *(beschriebene Seite eines Datenträgers)* • sensitized side

Schichtstruktur *f* <tech.allg> *(allg.)* • layer structure; layered structure

Schichtträger *m* <tech.allg> *(allg.; tragendes Basismaterial unter einer Schicht)* • substrate; base [material]; backing; support

Schichtung *f* <tech.allg> *(Vorgang und Ergebnis)* • lamination

Schichtwiderstand *m* <tech.allg> *(Eigenschaft; auch elektr.)* • film resistance

Schiebefenster *n* <tech.allg> *(vertikal; typ. in Eisenbahn und in UK, USA)* • sash window

Schiebefenster *n* <tech.allg> *(Horizontal- u. Vertikalschiebe-~)* • sliding window; slider; gliding window; glider

Schiebegelenk *n* <autom> *(von Robotern; im Ggs. zu Drehgelenk)* • prismatic joint

schieben *vt* <tech.allg> *(stoßend drücken)* • push *vt*

schieben *vt* <tech.allg> *(gleitend)* • slide *vt*

schieben *vt* <tech.allg> *(leicht gleitend)* • slip *vt*

schieben *vt* <tech.allg> *(stark drücken)* • shove *vt*

schieben *vt* <tech.allg> *(heftig)* • thrust *vt*

Schieber *m* <tech.allg> *(allg. verschiebbares Element; z. B. an Schiebelehre, Reißverschluss)* • slide; slider

Schieber *m* <prod> *(Teil eines Schieberwerkzeugs; Spritzguss oder Druckguss)* • sliding core

Schieber *m* <rls> *(Scheibe in einem Absperrschieber)* • gate; disk *US*; disc *GB*

Schieber *m DIN EN ISO16139* <rls> *(typ. Absperrschiebertyp; im Ggs. zu Ventil)* • gate valve *DIN EN ISO16139*; sluice valve *rare*

Schieberad *n* <masch> *(Getriebe)* • sliding gear; shifting gear; sliding--mesh gear *rare*

Schieberegister *n DIN19237* <comp> *(speichert u. transportiert Binärdaten)* • shifting register; shift register

Schieberegler *m* <el> • slider

Schiebesitz *m* <tech.allg> • sliding seat

Schiebetür *f* <tech.allg> *(Gebäude, Fahrzeug)* • sliding door; slide door

schiefe Ebene *f* <tech.allg> • inclined plane

Schiefer *m* <bau.mat> • slate; natural roofing slate; roofing slate *coll*

Schiefer *m* <geo.bau.mat> *(z. B. Ölschiefer)* • shale; slate; shayle

Schieferdach *n* <bau> • slate roof

schiefer Winkel *m* <math> • oblique angle

schiefsymmetrisch <tech.allg> • skew--symmetric

Schiene *f* <tech.allg> *(z. B. Lauf- oder Führungsschiene für Fahrzeuge, bewegte Teile)* • rail

schienenbefestigt <tech.allg> • rail--mounted

Schienenfahrzeug *n* <bahn> • rail vehicle; railway vehicle

schienengebunden <tech.allg> *(z. B. Kran)* • rails: on ~; rail-mounted

Schienenlärm *m* <bahn.akust> • track noise

Schienenstromabnehmer *m* <bahn.el> • shoe collector; third rail shoegear; shoegear

schienenverfahrbar <tech.allg> • rail--movable; rail-mounted

Schießbaumwolle *f <spreng> (unlöslich in Ether)* • gun-cotton; nitrocotton *rare*

Schießstand *m <mil> (Gesamtanlage)* • shooting range; range

Schiff *n <nav>* • ship; vessel

schiffbar *<geo.nav> (Gewässer; z. B. Fluss, Kanal, See)* • navigable

Schiffbau *m <nav>* • shipbuilding

Schiff-Boden-Rakete *f <mil>* • ship-to--ground missile

Schifffahrtskanal *m <nav>* • navigation canal; ship canal

Schifffahrtsschleuse *f <nav>* • navigation lock

Schifffahrtsweg *m <nav.ökon> (Seehandel)* • shipping route; sea route; shipping lane

Schifffahrtsweg *m <nav.verk>* • waterway; navigable waterway

Schiff-Luft-Rakete *f <mil>* • ship-to-air missile

Schiffsantrieb *m <nav>* • marine propulsion; ship propulsion

Schiffsantriebsmaschine *f <nav>* • marine propulsion engine; marine engine; propelling engine

Schiffsausrüstung *f <nav>* • ship's equipment; ship's outfit

Schiffsbesatzung *f <nav> (betont: Mannschaften und Offiziere)* • complement

Schiffsbesatzung *f <nav> (allg.)* • ship crew

Schiffsboden *m <nav>* • ship's bottom

Schiff-Schiff-Rakete *f <mil>* • ship-to--ship missile

Schiffsdiesel *m <nav.mot>* • marine diesel [engine]; ship diesel engine

Schiffsgetriebe *n <nav>* • main propulsion gear

Schiffshebewerk *n <nav>* • lift lock; ship hoist; high-lift lock; ship canal lift

Schiffsklasse *f <nav> (ähnliche Bauart)* • ship class

Schiffskörper *m <nav> (groß)* • hull

Schiffsschraube *f <nav>* • marine propeller; propeller; screw-propeller

Schiffsturbine *f <nav>* • marine turbine; ship turbine

Schiffstyp *f <nav> (unterschiedliche Bauart mit ähnlicher Funktion)* • ship type

Schiffs- und Bootsbau *m <nav> (Planung und Konstruktion von Wasserfahrzeugen)* • naval architecture (NA)

Schiffswand *f <nav>* • shipboard; ship's side

Schildräumer *m DIN 19551,19552 <ents> (Kläranlage)* • sludge scraper

Schildvortrieb *m <min> (Tunnelbau)* • shield tunneling *US*; shield tunnelling *GB*; shield driving

Schimmelbildung *f <obfl>* • mold formation *US*; mould formation *GB*

Schindel *f DIN 68119 <bau> (allg. aus Holz; z. B. Lärchenholz)* • shingle

Schirm *m <licht> (z. B. von Lampe)* • shade

Schirm *m <phys> (gegen Strahlung)* • shield

Schirmständer *m <allg>* • parasol base *GB*; umbrella base *US*; parasol stand *GB*; umbrella stand *US*

Schlacke *f <metall> (Mischung aus Zuschlägen und Verunreinigungen)* • slag

Schlacke *f <verbr> (hart stückig; zusammengebackene Verbrennungsrückstände)* • clinker

Schlacke *f <verbr> (Aschenreste)* • cinder

Schlackeneinschluss *m DIN EN ISO 6520 <qualit> (allg. unerwünscht; z. B. in Schweißnähten)* • slag inclusion *ISO 6520-1*

Schlackenpfanne *f <förd> (Stahlwerk)* • slag ladle

schlaff *<bau> (Bewehrung)* • unstressed

schlaff *<masch> (z. B. Gurt, Kette, Riemen, Seil)* • untensioned; slack; loose

schlaffbewehrt *<bau> (Beton)* • conventionally reinforced; normally reinforced; unstressed reinforced *:V*; unstressed reinforcement: with ~ *:V*

Schlafwagen *m* (WL) *<bahn>* • sleeper; sleeping car *US*; sleeping coach *GB*; sleeping carriage *GB*

Schlag *m <tech.allg> (Aufprall; z. B. bei Schlagnieten, Schlagbohren, Werkstoffprüfung)* • impact

Schlag *m <tech.allg> (absichtlich, mit Werkzeug; typ. mit Hammer)* • stroke; blow; strike *rare*

Schlag *m <agri> (bewirtschaftetes Feld)* • field

Schlag *m <förd> (Litze, Seil: Gleichschlag, Kreuzschlag)* • lay

Schlag *m <masch> (von rotierenden Teilen; Z.B. Läufer, Rad, Welle, Bohrer,*

Fräser) • run-out; eccentricity
Schlag *m <mech> (plötzlich)* • shock
Schlag *m <nav> (Drehrichtung bei der Tauherstellung)* • twist
Schlagbiegeversuch *m <qualit.mat>* • impact resistance test; determination of impact resistance; impact bending test; impact flexural test *rare*
schlagen *vi <tech.allg> (z. B. lose Leine, Plane, Rotorblatt; unerwünscht)* • flap *vi*
schlagen *vt <tech.allg> (eine Brücke, Seil)* • lay *vt*
schlagend *<tech.allg> (z. B. Werkzeug)* • percussive
Schlagschrauber *m <wz> (mit Außenvierkantaufnahme; elektrisch oder pneumatisch)* • impact wrench; impact driver; power impact wrench; impulse wrench
Schlagschrauber-Einsatz *m <wz> (Bit)* • impact driver bit
Schlagversuch nach Izod *m DIN EN ISO 180 <qualit.mat>* • Izod impact test
Schlagwetterexplosion *f <min>* • firedamp explosion
schlagwettergeschützt *<min>* • firedamp-proof; explosion-proof
Schlagzähigkeit *f DIN 53501 <qualit.-mat> (z. B. nach Charpy oder Izod; gekerbt oder ungekerbt)* • impact strength; impact resistance; shock resistance *rare*; impact toughness *rare*
schlagzäh modifiziert *DIN EN 13558 <kst.qualit> (allg.; z. B. mit Butadienkautschuk oder Glasfasern)* • impact modified *EN 13558*; toughened
schlagzäh modifiziert *<kst.qualit> (mit Butadienkautschuk; z. B. Elektrowerkzeug-Gehäuse)* • rubber modified
Schlamm *m <mat> (lehmiger Matsch)* • mud
Schlamm *m <verf> (eher dünnflüssig)* • slurry
Schlamm *m <verf> (eher dickflüssig)* • sludge
Schlammbehandlungsanlage *f <ents>* • sludge treatment plant
Schlämme *fsg <verf> (z. B. Zement oder Kohle in Wasser; dünnflüssiger als Brei)* • slurry
Schlammfaulung *f <ents.hydr>* • sludge digestion
Schlämmkreide *f <obfl>* • whiting
schlampig *<qualit> (Arbeit, Ausführung; z. B. Malerarbeiten, Kabelverlegung)* • slipshod
Schlangenrohr *n <rls>* • coiled tube
Schlangenwärmetauscher *m <verf>* • coil heat exchanger
schlank *<tech.allg> (z. B. Schiffsform)* • fine
schlank *<tech.allg> (Form)* • slender
Schlauch *m <tech.allg> (flexible Leitung für Fluide; typ. aus Gummi, Kunststoff; eher lang)* • hose
Schlauch *m <fz> (Luftschlauch im Reifen)* • tube
Schlauch *m <rls> (typ. aus Gummi; eher kurz; z. B. zw. Kühler und Motor)* • tube; hose; flexible tube *rare*
Schlauch *m <verf> (in Schlauchfilter; z. B. HEPA-Filter)* • bag
Schlauchboot *n <nav> (groß, robust)* • inflatable boat; inflatable rubber raft; raft *pract*
Schlauchboot-Notrutsche *f <aero-sp.sich>* • slide raft
Schlauchfolie *f DIN 55 405 <kst>* • blown film; blow film; tubular film; blown tubing
Schlauchfolienextrusion *f <kst> (dünne Folien)* • blown film extrusion
Schlauchfolienextrusion *f <kst> (dicke Folien)* • blown sheet extrusion
Schlauchklemme mit Schneckenschraube *f <tech.allg>* • aircraft-type hose clamp *US*; jubilee clip *GB*; worm-gear hose clamp *did*
Schlauchleitung *f <tech.allg>* • flexible conduit
schlauchlos *<kfz> (Reifen)* • tubeless
Schlauch mit Einlage *m EN ISO 8330 <rls>* • hose *EN ISO 8330*; hosepipe *GB.rare*
Schlauch mit Gewebeverstärkung *m <kfz> (druckfester Schlauch; z. B. für Kraftstoff)* • braided hose
Schlauch ohne Einlage *m EN ISO 8330 <rls> (aus Gummi oder Kunststoff ohne Verstärkung; oft durchsichtig)* • tubing *EN ISO 8330*; tube
Schlauch-Olive *f <rls> (Schlauchverbindungsstück; für Laborgeräte)* • hose connection
schlechter Leiter *m <el>* • poor conductor

schlechtester Wert *m <allg>* • worst [value]

schlecht passend *<tech.allg>* • ill-fitting

Schlegelmäher *m <agri>* • flail mower

Schleichgang *m <tech.allg>* • creep motion

Schleichganggeschwindigkeit *f <tech.allg> (z. B. beim Anfahren, Überprüfen)* • creep speed; jog speed

Schleife *f <comp.av>* • loop

schleifen *vi <kfz.brems> (Bremsen, Kupplung)* • drag *vi*

schleifen *vi <prod> (2 Teile aneinander)* • rub *vi*

schleifen *vt <led> (Fleischseite von Leder leicht aufrauen)* • buff *vt*; fluff *vt*; wheel *vt*

schleifen *vt <led> (Narbenseite)* • snuff *vt*

schleifen *vt <obfl> (typ. per Hand; z. B. Spachtel, Lack)* • sand *vt*; sand down *vt*; sand back *vt*

schleifen *vt <prod> (Metall; mit Schleifmaschine)* • grind *vt*

schleifen *vt <tele> (Leitung)* • loop *vt*

schleifen *vt <verf> (Edelsteinbearbeitung; Arbeitsschritt vor dem Polieren)* • polish *vt*

schleifen *vt <verf> (von Edelsteinen, Glas)* • cut *vt*

Schleifen bilden *vi <tech.allg> (z. B. Seil)* • kink *vi*; loop *vi*

Schleifendetektor *m <kfz> (in Fahrbahnbelag)* • detector [loop]

Schleiflack *m <obfl> (als Decklack mit seidenmatter Optik)* • dull-finish lacquer

Schleifleinen *n <wz>* • emery cloth; abrasive cloth; sanding cloth

Schleifmaschine *f <wz> (Handwerkzeug zum Glätten ebener Flächen; z. B. Band~)* • sander; sanding machine

Schleifmaschine *f <wz> (für grobe Arbeiten, Schruppen)* • grinder

Schleifmaschine *f <wz.masch> (schweres Gerät; Standgerät, auf Werkbank od. fahrbar)* • grinder

Schleifmittel *n <mat>* • abrasive; abrasive material

Schleifpapier *n <obfl.holz>* • abrasive paper; sanding paper *pract*; sandpaper *coll*; flatting paper *GB.coll*; rubbing paper *GB.coll*

Schleifring *m <tech.allg>* • slip ring

Schleifring *m DIN EN 60276 <el> (im Drehstromgenerator)* • slip ring *DIN EN 60276*; rotor field coil slip ring *form.rare*

Schleifringlager *n <kfz.el> (im Drehstromgenerator)* • slip-ring end bearing; rear rotor bearing

Schleifscheibe *f <wz> (als Vorsatz)* • abrasive disk; grinding disk; sanding disk

Schleifscheibe *f <wz.masch> (von stationärer Schleifmaschine)* • grinding wheel

schleppen *vt <tech.allg> (gegen großen Widerstand ziehen)* • drag *vt*; haul *vt*

schleppen *vt <nav> (Schiff allg.)* • tow *vt*

schleppen *vt <nav> (Schiff mit Schlepper)* • tug *vt*

Schlepper *m <nav>* • tugboat; tug; towboat

Schleppfahrzeug *n <aerosp> (allg.; für Flugzeuge od. Bodengeräte)* • towing vehicle; tow tractor *pract*; towing truck *US*

Schleppflug *m <aerosp>* • airtow

Schleppförderer *m <förd>* • drag conveyor

Schlepphebel *m <kfz.mot> (Ventilsteuerung)* • cam follower *ISO 7967-3*

Schleppnetz *n <nav> (zum Einsammeln von Objekten am Meeresboden, Flussbett)* • dredger

Schleppnetz *n <nav> (Fischereinetz; sackförmig von Trawler geschleppt)* • trawl net *US*; trawl *pract*

Schleppseil *n <aerosp> (Segelflugzeug--Windenstart)* • winch cable

Schleuder *f <tech.allg> (Haushalt: z. B. Salatschleuder, Wäscheschleuder)* • centrifuge

Schleuderbeton *m <bau.mat>* • spun concrete; centrifugally cast concrete *rare*

Schleuderguss *m <prod> (Vorgang)* • centrifugal casting; rotational casting; centrifugal molding

Schleudergussstück *n <prod> (z. B. Rohr)* • centrifugal casting; centrifugal molding

schleudern *vi <kfz>* • skid *vi*

schleudern *vt <allg> (Wurfbewegung)* • throw *vt*

schleudern *vt <tech.allg> (rotierend)*

• centrifuge *vt*; centrifugate *vt*

schleudern *vt* *<hygi>* *(Wäsche)* • spin dry *vt*

schleudern *vt* *<obfl>* *(Beschichtung)* • spin *vt*

schleudern *vt* *prakt* *<prod>* *(Schleudergussverfahren)* • cast *vt*

Schleudertrommel *f* *<tech.allg>* • centrifugal drum

Schleuderverbundguss *m* *<prod>* • centrifugal composite casting

Schleuse *f* *<tech.allg>* *(für Personen, Material)* • lock

Schleuse *f* *<bau.hydr>* *(in Fluss, Kanal; für Schiffe, Boote)* • sluice *US*; lock *GB*

Schleusenkammer *f* *<nav>* *(für Schiffe)* • lock bay; lock chamber

Schleusung *f* *<nav>* • lockage

schlichten *vt* *<prod.obfl>* *(von Metalloberflächen; spanend; betont: letzte Bearbeitungsstufe)* • finish *vt*; finish-machine *vt*

schlichten *vt* *<prod.obfl>* *(Walzgut)* • planish *vt*

schlichten *vt* *<prod.obfl>* *(durch Polieren)* • polish *vt*

schlichten *vt* *<prod.obfl>* *(nach Schruppen: verringern der Rauheit)* • smooth *vt*

schlichten *vt* *<textil.obfl>* • size *vt*

Schlichtmeißel *m* *DIN 4955-4956* *<wz>* *(Drehen)* • finishing tool

Schlicker *m* *<silik>* • slip; slop; slurry

Schlickergießen *n* *<prod>* *(Pulvermetallurgie)* • slip casting

Schlieren *fpl* *<obfl>* *(auf Glasscheiben; z. B. durch Scheibenwischer)* • streaks *pl*

Schlierenbild *n* *<phot>* • schlieren photograph

Schließdruck *m* *<tech.allg>* *(hydraulisch, pneumatisch; z. B. für Gesenk, Pressform, Ventil)* • closing pressure

Schließeinheit *f* *<kst>* • clamping unit; clamp unit; clamp *pract*

schließen *vt* *<tech.allg>* *(z. B. Tür, Fenster, Ventil, Vorgang)* • close *vt*; shut *vt*

schließen *vt* *<rls>* *(durch Zudrehen; z. B. Hahn, Ventil)* • turn off *vt*

Schließfach *n* *<tech.allg>* *(z. B. in Schule, Sportstudio, Einkaufszentrum)* • locker

Schließfeder *f* *<mil>* *(Schusswaffe)* • action spring; recoil spring

Schließfeder *f* *<mot>* *(von Ventilen)* • return spring

Schließkopf *m* *<füg>* *(Niet)* • closing head; driven head; driven rivet head

Schließzeit *f* *<tech.allg>* *(allg.)* • operating time

Schließzylinder *m* *<tech.allg>* *(mit Schlüssel)* • lock cylinder

Schließzylinder *m* *<kst>* *(Spritzgießmaschine)* • clamping cylinder

Schliff *m* *<obfl.silik>* *(von Glas, Edelstein; Art; z. B. Brillantschliff, Facettenschliff)* • cut

Schliffprobe *f* *<qualit.mat>* *(Mikroskop)* • microsection; section *pract*

Schlinge *f* *<allg>* *(unerwünscht; in einem Gewirr, Knäuel; z. B. in Kabel, Faden)* • snarl; kink

Schlinge *f* *<tech.allg>* *(absichtlich; z. B. in Seil)* • sling

Schlinge *f* *<textil>* *(Schleife; in Gewebe)* • loop

Schlingenware *f* *<innen>* *(Teppichboden)* • loop pile

Schlingerdämpfung *f* *<nav>* • roll damping; roll stabilization

schlingern *vi* *<nav>* *(Überlagerung von rollen und stampfen)* • roll *vi*

Schlitten *m* *<druck>* *(z. B. Schreibmaschine, Drucker)* • sliding carriage

Schlitten *m* *<fz>* *(Lasten- od. Personentransport; mit Pferden od. Traktor gezogen)* • sleigh *US*; sledge *GB*

Schlitten *m* *<masch>* *(gleitendes Maschinenteil)* • slide

Schlitz *m* *<tech.allg>* *(lange, schmale Öffnung)* • slit

Schlitz *m* *<tech.allg>* *(z. B. für Münzeinwurf; in Schraubenkopf)* • slot

Schlitz *m* *<bau>* *(in einer Wand, zwischen Gebäuden)* • chink

Schlitz *m* *<holz.füg>* *(zur Aufnahme von Zapfen)* • mortise

Schlitzantenne *f* *<el>* • slot antenna *US*; slotted-cylinder antenna *US*; slot aerial *GB*; slotted-cylinder aerial *GB*

schlitzen *vt* *<prod>* *(langer, tiefer Schnitt)* • slot-mill *vt*; gash *vt*

schlitzen *vt* *<prod>* *(bes. durch Säge)* • kerf *vt*

schlitzen *vt* *<prod>* *(tief und schmal einkerben)* • slot *vt*; notch *vt* *rare*

schlitzen *vt <prod> (langer, schmaler Schnitt)* • slit *vt*

Schlitzhohlleiter *m* (SHL) *<tele> (für Mobilfunkantenne; z. B. in Tunnels)* • slotted waveguide

Schlitzkabel *n <tele> (z. B. in Bahn--Tunnels für Mobilfunksignal)* • slotted cable

Schlitzkopfschraube *f <füg>* • slotted--head screw; slot-headed screw; slotted screw *pract*

Schlitzmeißel *m <wz> (zum Trennen von Blechen, Schweißpunkten, Schweißfugen)* • splitting chisel; bodywork chisel

Schlitzmutter *f DIN ISO 1891 <füg> (selbsthemmend)* • slotted nut

Schlitzschraubendreher *m <wz>* • slot--head screwdriver; flat tip screwdriver *US*; plain slot screwdriver *GB*; plain slot driver *GB.pract*; flat-bladed screwdriver *GB*

Schlitzverschluss *m <phot>* • focal--plane shutter; curtain shutter; slotted shutter

Schlitzwand *f <bau> (Grundbau)* • slot wall

Schlitzzeit *f LAN <allg>* • slot terminal time

Schloss *n <tech.allg> (zum Verschließen; Tür, Klappe, Tankdeckel etc.)* • lock

Schlosserhammer *m <wz> (englische Form mit Bahn und Kugel)* • ball peen hammer *US*; machinists' hammer *US*; ball pein hammer *GB*; engineers' ball pein hammer *GB.form*; ball pein engineering hammer *GB.rare*

Schlosserhammer *m <wz> (englische Form mit Bahn und Pinne)* • cross peen hammer *US*; cross pein hammer *GB*

Schlosserhammer *m DIN 1041 <wz> (deutsche Form mit Bahn und Pinne)* • German style cross peen hammer *US.Snap-on*; single-face heavy-duty hammer *US.MacTools*

Schlossfalle *f <tech.allg> (federbelastetes, einschnappendes Element; z. B. Riegel, Kugel; z. B. von)* • latch

Schlosskasten *m <wz.masch> (Drehmaschine; am Bettschlitten)* • apron; apron housing

Schlosstaster *m <el>* • key-operated pushbutton

Schluff *m <geo> (feine Sandablagerung)* • silt

Schlummerschaltung *f <comp>* • standby mode

Schlupf *m <tech.allg> (allg.; Relativbewegung zwischen Reibungspartnern)* • slip

schlupffrei *<antr> (Kraftübertragung, Riemenantrieb)* • non-slip; no-slip

Schlüpfrigkeit *f <obfl>* • slipperiness

Schlüpfrigkeit *f <tribo> (von Gleitmitteln allg.; z. B. von Gleitgel)* • lubricity

Schlüssel *m <tech.allg> (Zuordnung alphanumerischer Zeichenfolgen zum Klartext)* • code

Schlüssel *m <tech.allg> (für Schlösser und Schlüsselschalter)* • key

Schlüsselanhänger *m <kfz>* • key fob

Schlüsseldienst *m <tech.allg>* • locksmith service

Schlüsselfeile *f <wz>* • key file; warding file *GB.rare*

Schlüsselfeld *n <comp>* • key field

schlüsselfertig *<prod> (z. B. Errichtung, Hausbau)* • turnkey

schlüsselfertige Anlage *f <tech.allg>* • turnkey plant

schlüsselfertige Lieferung *f <prod>* • turnkey delivery

schlüssellos *<tech.allg> (z. B. Zugang, Auto)* • keyless

schlüsselloses Fahr- und Zugangsberechtigungssystem *n <msr>* • keyless-go system *MB*; passive entry/go system *Hella*

schlüssellose Zentralverriegelung *f :V <kfz.msr>* • keyless entry system

Schlüsselrohling *m <sich> (z. B. für Türschlüssel)* • key blank

Schlüsselschalter *m <alarm> (zum Scharfschalten etc.)* • key switch; key--switch; keyswitch

Schlüsselschalter *m <el> (allg.; z. B. Auto-Zündschloss)* • key switch; key--operated switch; detachable-key switch

Schlüsselwort *n <term>* • keyword *ISO 12620*; descriptor

Schlussfeier *f <allg>* • closing ceremony

Schlusslicht *n <bahn> (rot)* • tail light *US*; rear light *GB*

Schlussstein *m <bau> (oberster Stein*

eines Gewölbes, Bogens) • key-stone *US*; keystone *GB*; apex stone; arch-stone; cap stone

Schmalbandfilter *n <el>* • narrow--band-pass filter

schmale Strichlinie *f <doku> (verdeckte Kanten/Umrisse)* • dashed thin line

schmale Strichpunktlinie *f <doku> (Mittel-, Symmetrielinien, Loch-, Teilkreise, Trajektorien)* • thin chain line

schmale Volllinie *f <doku> (für Maßlinien, Schraffuren etc.)* • continuous thin line

Schmalrahmen *m <allg>* • small frame

Schmalseite *f <tech.allg> (eines Quaders)* • end

Schmalseite *f <tech.allg> (z. B. Brett)* • narrow side

Schmalspur *f <bahn>* • narrow gauge *US.GB*

Schmauch *m <jur.tech>* • gunshot residue

Schmelzbad *n DIN 1910-11 <metall>* • pool of molten metal; molten pool; melt pool

Schmelzdrahtsicherung *f <el>* • wire fuse; fuse with fusible wire

Schmelze *f <tech.allg> (bel. geschmolzene Substanz; z. B. Speiseeis, Kernbrennstoff)* • melt

Schmelze *f <kst> (polymeres Material; z. B. in Plastifiziereinheit, Formwerkzeug)* • melt

Schmelze *f <metall> (Inhalt einer Gusspfanne, ein Abstich)* • heat; ladle; melt

schmelzen *vi <tech.allg> (z. B. Schnee, Eis, Speiseeis)* • melt *vi*; melt down *vi*

schmelzen *vt <verf> (Fett)* • render *vt*

Schmelzfluss *m <füg> (beim Schweißen)* • fusion

schmelzgeschweißt *<füg.kst> (z. B. Fensterrahmen aus Kunststoff)* • fusion-welded

Schmelzkegel *m <füg> (Schweißen)* • pyrometric cone

Schmelzklebstoff *m DIN 55405 <füg> (Klebe-Hotmelt)* • hot melt adhesive; hot melt

Schmelzklebstoff auf Epoxidbasis *m <füg>* • epoxy hot melt system

Schmelzofen *m <metall> (für Metall)* • melting furnace; melter

Schmelzofen *m <metall> (für Erz)* • smelting furnace; smelter

Schmelzpfanne *f <tech.allg> (z. B. für Glas)* • melting pan

Schmelzschweißen *n DIN 1910 <füg> (Ggs. zu Pressschweißen; keine Entspr. in USA)* • Schmelzschweißen--subcategory of German welding processes; fusion welding *GB*

Schmelzsicherung *f <el> (mit Schmelzelement)* • fuse; melting fuse; fuse cut-out; fusible cut-out

Schmelztemperatur *f <phys> (physik. Werkstoffeigenschaft; z. B. von Aluminium 660 °C)* • melting temperature; melting point *pract*; fusing temperature

Schmelztiegel *m <tech.allg>* • fusion crucible

schmiedbar *<mat> (unter Druck-, Schlagbelastung plastisch verformbar)* • malleable

Schmiedeeisen *n <tech.allg>* • wrought iron; wrought-iron

Schmieden *n <prod>* • forging

schmieden *vt <prod>* • forge *vt*

Schmiedepresse *f <wz.masch>* • forging press

Schmiedestahl *m <mat>* • forged steel

Schmiedestück *n <prod>* • forging

Schmiedezunder *m <prod>* • forge scale; forging scale; forge cinder; hammer scale

Schmierbohrung *f <tribo> (z. B. in Maschinenlager, Kurbelwelle)* • lubrication hole; oil hole *coll*

schmieren *vt <tribo>* • lubricate *vt*

Schmierfähigkeit *f DIN ISO 4378-3 <tribo> (allg.; von Öl, Fett, Graphit, Silikon)* • lubricity *ISO 4378-3*; lubricating quality; lubricating properties *pl*

Schmierfett *n DIN ISO 4378-3 <tribo>* • grease *ISO 4378-3*; lubricating grease

Schmierfilm *m <tribo>* • lubricating film; lubricant film

Schmierfleck *m <allg>* • smear

Schmiermittel *n <tech.allg> (allg.)* • lubricant

Schmiernippel *m <tribo>* • grease nipple; lubricant nipple; lubrication nipple; lubricator

Schmieröl *n <tribo>* • lubricating oil; lube oil *coll*

Schmierölnebel *m <tribo>* • lubricating oil mist

Schmierölpumpe *f* <tribo> *(z. B. Zahnradpumpe)* • lubricating oil pump; lubricating pump; lubrication pump; lubricant pump

Schmierstelle *f* <obfl> *(Fleck; z. B. an Spritzlingen)* • smudge

Schmierstelle *f* <tribo> • point of lubrication; lubricating point

Schmierstoffzentrum *n* <allg> • lubricant center *US*; lubricant centre *GB*

Schmiersystem *n* <tribo> *(integriert; z. B. Ölwanne, -pumpe, -kanäle)* • lubricating system; lubrication system

Schmierung *f* <tech.allg> • lubrication

Schmiervorrichtung *f* <tribo> *(allg.; z. B. an einer Welle)* • lubricator

Schmirgelpapier *n* <wz> • emery paper; grit paper

Schmitt-Trigger *m* <el> • Schmitt trigger

Schmitz *m* <druck> *(unscharfer, verschmiert wirkender Druck)* • ink spread

Schmuckherstellung *f* <tech.allg> • jewelry-making

Schmuckstein *m* <min> • semi-precious stone

schmutzabweisend <obfl> *(Oberfläche allg.; z. B. durch Nanotechnologie-Lotoseffekt)* • dirt-repellent

Schmutzansammlung *f* <tech.allg> • dirt built-up

Schmutzentferner *m* <tech.allg> • dirt remover

Schmutzfleck *m* <obfl> • smudge; stain; smear

Schmutzwasserkanal *m* <ents.hydr> • sanitary sewer *US*; foul water sewer *GB*; foul water drain *GB*; foul sewer *GB*

Schmutzwasserkanalisation *f* <bau> • sewerage system

Schnappdeckel *m DIN 55405* <pack> • snap-on cap; snap-fit cap

Schnäpper *m* <tech.allg> *(an Schloss; z. B. von Türen, Klappen)* • catcher; latch; pawl; spring catch

Schnäpper *m* <tech.allg> *(an Schloss; jede Bauart)* • catcher; latch

Schnappfeder *f* <tech.allg> • catch spring

Schnappschloss *n* <masch> • latch lock

Schnappverbindung *f* <kst> • snap-on fastener *:V*; clip-type connector *:V*

Schnappverschluss *m* <tech.allg> *(federbelastet; z. B. Karabinerhaken)* • spring catch; spring lock

Schnappverschluss *m DIN 55405* <pack> *(von Deckeln)* • snap-on closure; snap-fit closure

Schnecke *f DIN 3998* <antr> *(in Schneckengetr.; kleines Zahnrad, das ein Schneckenrad antreibt)* • worm; input worm

Schneckenförderer *m* <agri.förd> • auger feeder; auger elevator

Schneckenförderer *m DIN 15262* <förd> *(allg.)* • screw conveyor; helical conveyor; helix conveyor

schneckenförmig <tech.allg> • volute *adj*

Schneckengang *m* <tech.allg> *(in Extruder-, Spritzgießschnecke)* • screw flight; flight of a screw; screw channel; channel; flight *pract*

Schneckengehäuse *n* <tech.allg> *(trogähnl.; z. B. von offener Archimedesschraube, Verdichter)* • screw trough

Schneckengehäuse *n* <masch> *(von Förderschnecken)* • screw housing

Schneckengehäuse *n* <masch> *(von Schneckengetrieben)* • worm housing; worm casing

Schneckengetriebe *n DIN 3975* <antr> *(Schnecke treibt Schneckenrad; keine Umkehrung)* • worm drive; worm gear drive; worm gear *coll.obs*; worm gear system *rare*; worm and wheel [drive] *rare*

Schneckengewinde-Schlauchschelle *f* <rls> *(typischer Schlauchbinder)* • worm-drive hose clip

schneckenlinienförmig <allg> *(z. B. Verzierung, Bearbeitung)* • conchoidal

Schneckenpresse *f* <tech.allg> *(allg.)* • screw-type press; auger press

Schneckenrad *n DIN 3998* <antr> *(Zahnrad in Schneckengetriebe; greift in Schnecke ein)* • worm wheel; worm gear

Schneckensegment *n* <tech.allg> • helical sector

Schneckenspritzgießmaschine *f* <kst> *(typ. Bauart)* • screw injection machine; screw machine; in-line screw machine; reciprocating screw machine

Schneefräse *f* <verk> • rotary snow plough

Schneekanone *f* <*tour*> • snow gun *pract*; artificial snow-making machine *form*

Schneepflug *m DIN 30702-4* <*nfz*> *(Fahrzeug)* • snowplow

Schneidbrenner *m* <*wz*> *(zum Brennschneiden von Stahl)* • cutting torch; flame-cutting torch; hot wrench *US.-coll*

Schneide *f* <*tech.allg*> *(von Klingen, Messern, Scheren, Werkzeugen, Drehmeißeln etc.)* • cutting edge

Schneide *f* <*wz*> *(betont: von Messer)* • knife-edge

Schneide *f* <*wz.masch*> *(betont: Lippe)* • cutting lip

schneiden *vr* <*math*> *(Linien, Kurven, Flächen)* • intersect *vi*

schneiden *vt* <*allg*> *(z. B. Papier, Blech)* • cut *vt*

schneiden *vt* <*av*> *(Film, Video, Tonband)* • edit *vt*; cut *vt*

schneiden *vt* <*prod*> *(durch Abscheren; z. B. mit e. Blechschneidemaschine)* • shear *vt*

Schneidengeometrie *f* <*wz*> • tool geometry; geometry of the cutting edge

Schneidflüssigkeit *f* <*prod*> *(schmiert und kühlt)* • cutting fluid; cutting liquid

schneidhaltig <*prod*> *(Werkzeug)* • edge-holding

Schneidkante *f* <*wz*> *(z. B. Stempel, Schneidplatte)* • cutting edge

Schneidleistung *f* <*wz*> • cutting capacity

Schneidplatte *f* <*wz.masch*> *(allg.; z. B. auf Drehmeißel, Betonbohrer, Sägeblatt)* • tool tip; tool bit; insert

Schneidprinzip *n* <*tech.allg*> • cutting principle

Schneidrad *n* <*tech.allg*> • rotary cutter

Schneidringverschraubung *f* <*allg*> • compression joint

Schneidschrauben *fpl* <*füg*> *(als Oberbegriff; z. B. Blechschrauben, Gewindeschneidschrauben)* • self tapping screws; tapping screws

Schneidvorrichtung *f* <*tech.allg*> *(z. B. für Papier, Stahlblech)* • cutting device

Schneidwerk *n* <*tech.allg*> *(allg.)* • cutter

Schneidwirkung *f* <*tech.allg*> • cutting action

schnell <*allg*> • fast; quick; rapid; speedy

schnell <*tech.allg*> *(allg.)* • high-speed

Schnellablass *m* <*aerosp*> *(im Notfall; Prinzip)* • fuel dumping; fuel jettisoning; jettisoning; emergency dumping

Schnellablass *m* <*aerosp*> *(als Einrichtung, System)* • fuel jettisoning gear

schnell ansprechend <*tech.allg*> *(Relais)* • quick-acting; quick-operating

schnell ansprechend <*tech.allg*> • fast-response

Schnellarbeitsstahl *m* (HSS) <*prod*> *(für spanende Werkzeuge)* • high-speed steel (HSS); high-speed tool steel

Schnellbauschraube *f* <*bau.wz*> • drywall screw; Grabber screw *LAF*; BUILDEX screw *USG*

Schnellbefestigung *f* <*füg*> • snap-on fixing

schnelle Prototyperstellung *f* <*prod*> *(scheiben-/schichtweise Generierung eines Einzelstücks)* • rapid prototyping

schneller Brutreaktor *m* <*nukl*> • fast breeder reactor; fast breeder *pract*

schneller gasgekühlter Reaktor *m* (SGR) <*nukl*> • gas-cooled fast reactor (GFR)

schneller laufen lassen *vt* <*tech.allg*> *(einen Prozess, eine Maschine)* • speed up *vt*

schneller natriumgekühlter Reaktor *m* (SNR) <*nukl*> *(z. B. bei Kalkar)* • sodium-cooled fast reactor (SFR)

schneller Rücklauf *m* <*av*> *(Band; ohne Bild- oder Tonwiedergabe, schnell)* • rewind (REW); fast rewind; high-speed rewind; rewinding; reverse

schneller Zugriff *m* <*tech.allg*> • high-speed access; immediate access

schnelles Heranfahren *n* <*tech.allg*> • rapid approach

schnelles Neutron *n* <*nukl*> • fast neutron

Schnellfähre *f* <*nav*> • fast ferry; high-speed ferry

schnellhärtend <*mat*> • quick-curing

Schnellhärter *m* <*tech.allg*> *(für 2K-Kleber, Spachtelmasse)* • quick hardener

Schnelligkeit *f* <*allg*> • rapidity; quickness

Schnellkupplung *f* <*rls*> *(für Rohr, Schlauch)* • self-sealing coupling

Schnelllader *m <el> (für Akkus)* • quick charger; fast charger

Schnelllauf *m <tech.allg>* • high-speed running

schnelllaufend *<tech.allg>* • fast-running

schnelllaufend *<tech.allg> (z. B. Motor, Getriebe, Förderband)* • high-speed

schnelllaufender Motor *m <mot>* • high-speed engine

Schnellläufer *m <tech.allg>* • fast runner

Schnellläufer *m <energ.wind> (typ. Windkraftanlage; meist mit Dreiblattrotor)* • high-speed wind turbine; high-speed device; fast-running wind turbine

Schnelllauffestigkeit *f <prod>* • high-speed capability

schnell lösbar *<tech.allg> (Verbindung; z. B. Stecker, Klemme, Verriegelung, Kupplung)* • quick-release …

Schnellstraße *f <verk> (allg.)* • speedway

Schnellstraße *f <verk> (autobahnähnlich, meist gebührenpflichtig)* • turnpike *US*

Schnellstraße *f <verk> (mit Mittelstreifen)* • divided highway *US*; dual carriageway *GB*; thruway *US*

schnellumlaufend *<tech.allg> (Rotation)* • high-speed

Schnellverbindung *f <tech.allg>* • quick connector

Schnellverfahren *n <allg>* • short-cut method

Schnellverfahren *n <tech.allg>* • rapid method

Schnellverschlussschraube *f :V <füg> (mit 90°-Drehwinkel)* • quarter-turn fastener

Schnellverstellung *f <tech.allg>* • rapid adjustment

Schnellvorlauf *m <av> (Band; ohne Bild, Ton)* • fast forward (FF); fast-forwarding; fast wind forward

Schnellwechselfutter *n <wz.masch>* • quick-change chuck

Schnellwechselhalterung *f <tech.allg>* • quick-release mounting

schnellwirkend *<tech.allg>* • quick-acting; fast

Schnellzug *m <bahn>* • express train

Schnitt *m <tech.allg> (Vorgang oder Ergebnis des Schneidens)* • cut

Schnitt *m <doku> (in techn. Zeichnungen)* • section; longitudinal section line; sectional drawing

Schnittbreite *f <agri.tech> (allg.; z. B. von Mähwerk, Schneidwerk)* • cutting width

Schnittbreite *f <wz.masch>* • width of cut

Schnittdarstellung *f <doku> (allg.; als Zeichnung, Computergrafik, Foto etc.)* • sectional view

Schnittebene *f <doku> (technische Zeichnung)* • cutting plane; intersecting plane

Schnitteil *n <prod> (z. B. aus Blech, Pappe)* • blanking

Schnittfläche *f <tech.allg>* • sectional area

Schnittflächenschraffur *f <doku>* • section lining

Schnittfuge *f <prod> (z. B. beim Sägen, Brennschneiden)* • kerf

Schnittholz *n <holz> (Bretter, Planken, Balken)* • lumber; saw wood *rare*

Schnittkante *f norm <prod> (am Werkstück; am Werkzeug: Schneidkante)* • cutting edge; cut edge

Schnittstelle *f <tech.allg> (konkret oder abstrakt; z. B. zwischen Systemen, Gewerken, PC/Drucker)* • interface

Schnittstelle *f <prod> (konkret; Stelle zum Abschneiden, Absägen)* • cutting site

Schnittstellenadapter *m <tech.allg>* • interface adapter

Schnittstellenbelegung *f <allg>* • interface assignments; interface allocation

Schnittstellenkabel *n <comp>* • interface cable

Schnittwerkzeug *n <prod> (zum Ausschneiden von Werkstücken aus Blechen)* • blanking die; blanking tool; cutting die

Schnitzel *m <prod> (kleines abgehacktes Stück; z. B. Holz als Hackschnitzel, Brennstoff)* • chip

Schnitzel *n <agri> (Zuckerrübe)* • slice

Schnitzel *n <gastr> (z. B. Kalbs-, Schweine-, Jäger-, Kinderschnitzel)* • scallop

schnitzeln *vt <prod> (kleine Stück, Scheiben; z. B. Baumrinde)* • chip *vt*

schnitzeln *vt <prod> (grobe Stücke;*

z. B. Abfall) • chop *vt*

schnitzeln *vt <prod> (in kleine Scheiben schneiden)* • slice *vt*

Schnüffelventil *n <rls> (z. B. in Heizungsanlagen, Dampfmaschinen)* • snifter valve; snifter *pract*; snifting valve *rare*

Schnur *f <tech.allg> (zugfester Zwirn; z. B. für Pakete, Gartenarbeit)* • twine

Schnur *f <tech.allg> (Faden oder dünnes Seil)* • cord

Schnurantrieb *m <tech.allg> (z. B. Drehkondensator, Spielzeug)* • cord drive

schnurloses Telefon *n <tele> (Funktelefon; Basisstation und Handgerät, mit ca. 300 m Reichweite)* • cordless telephone; cordless phone *pract*

schockgefrieren *vt <nahr.prod> (typ. bei -32 bis -35 °C; z. B. Fleisch, Fisch)* • quick freeze *vt*; shock freeze *vt*

Schoner *m <nav>* • schooner

Schongang *m <hygi> (von Waschmaschine, Trockner, Geschirrspüler)* • gentle cycle

Schongang *m <kfz.antr> (betont: drehzahlsenkendes Übersetzungsverhältnis)* • economy ratio

Schöpfkelle *f <wz>* • ladle

Schöpflöffel *m <wz>* • ladle

Schöpfrad *n <förd>* • scoop wheel; flighted wheel

Schornsteinfeger *m <allg> (Lehrberuf)* • chimney sweep

Schornsteinzug *m <verbr> (Unterdruck, Auftrieb im Schornstein)* • chimney draft *US*; flue draft *US*; flue draught *GB*; draft *US.pract*; draught *GB.pract*

Schott *n <nav> (Unterteilung in ggf. dichte Sektoren)* • bulkhead; dividing wall

Schott *n <nav> (wasserdicht verschließbarer Durchgang)* • bulkhead door

Schotter *m <bau.mat>* • crushed stone; crushed rock; broken stone; broken rock; hardcore *GB*

Schotterlage *f <bau>* • ballast course

Schotterstraße *f <verk>* • metalled road

schraffieren *vt <doku> (mit parallelen Linien)* • hatch *vt*; crosshatch *vt*

schraffieren *vt <doku> (mit sich kreuzenden Linien)* • crosshatch *vt*

schräg *<tech.allg> (Fläche)* • inclined; canted; slanted

schräg *<tech.allg> (weder waagerecht noch senkrecht)* • oblique

schräg *<tech.allg> (unerwünschte Winkelabweichung; z. B. nicht rechtwinklig)* • off-angle

schräg *<tech.allg> (keilförmig, schräggestellt)* • raked

schräg abfallen *vi <gastr> (Fläche, Gelände)* • slant *vi*; slope *vi*

schrägansteigend *<tech.allg> (z. B. Gelände, Kurve im Schaubild, Straße)* • upwardly inclined

Schrägaufzug *m <förd> (allg.)* • inclined elevator; inclined conveyor; inclined hoist

Schrägaufzug *m <förd> (mit Kippkübel; z. B. für Hochofengicht)* • skip hoist

Schrägbohren *n <prod> (allg.)* • angle drilling; inclined drilling

Schrägbohren *n <prod> (falsche Richtung; z. B. schräg statt rechtwinklig)* • off-angle drilling

Schräge *f <bau> (Dach)* • slope

Schräge *f <prod> (an Gesenken)* • leave

schräge Ebene *f <tech.allg>* • inclined plane

schräg einparken *vt <verk>* • angle--park *vt*

schräger Schnitt *m <prod>* • angular cut

schräges Einparken *n <verk>* • angle parking

Schrägförderer *m <agri.tech> (in Mähdrescher; zwischen Schneidwerk und Dreschaggregat)* • inclined conveyor; straw elevator; feed rake

schräg gestellt *<druck> (digital kursiviert)* • slanted; sloped; oblique

Schrägheck *n <kfz>* • hatchback

Schräglage *f <tech.allg> (allg.)* • inclined position; inclination

Schräglage *f <tech.allg> (gekippt; meist unerwünscht)* • tilted position

Schräglage *f <aerosp> (Flugzeug)* • banking

Schräglage *f*: **in ~ bringen** *vt <aerosp>* • bank *vt*

Schräglagewinkel *m <fz> (bes. beim Motorrad)* • roll angle; banking angle; angle of lean

Schräglaufwinkel *m <kfz> (Reifen)* • tire slip angle *US*; tyre slip angle *GB*; slip angle; distortion angle *rare*

Schräglenker *m <kfz>* • semi-trailing link; diagonal control arm

Schräglenkerachse *m <kfz> (Hinterradaufhängung)* • semi-trailing arm rear axle; semi-trailing link axle; semi-trailing rear axle *rare*

Schrägseilbrücke *f <bau>* • cable-stayed bridge; cable-supported bridge; cable-braced bridge

Schrägspurverfahren *n <av> (typ. Videorecorder)* • helical recording [method]; diagonal track recording; helical scanning [system]; helical scan [method]; slanted azimuth recording

schrägstellbar *<tech.allg> (z. B. Tisch, Spindelkopf)* • inclinable

schrägstellen *vt <tech.allg>* • incline *vt*

schrägstellen *vt <tech.allg> (z. B. Schlitten, Visier)* • set at an angle *vt*

Schrägstellung *f <tech.allg> (Position)* • inclination; oblique position; obliquity; obliqueness

Schrägstellung *f <tech.allg> (Vorgang)* • inclination

Schrägstirnrad *n DIN 3998 <masch>* • helical gear

Schrägverzahnung *f <antr> (im Ggs. zu Geradverzahnung)* • helical gear[ing]; helical teeth; angular teeth *rare*

Schrägwalzwerk *n <metall>* • piercing mill; skew mill *rare*; skew-rolling mill *rare*

Schram *m <min> (Einschnitt; z. B. in Kohle, Gestein)* • kerf; cut; kirving

Schramme *f <obfl> (leicht, oberflächlich)* • bruise

Schramme *f <obfl> (tief, schlimm; z. B. in Karosserie)* • gash

Schräm- und Kerbmaschine *f <min>* • universal coal cutter

Schrank *m <allg>* • cabinet

Schrank *m <tech.allg> (z. B. für Kühlgut, Medikamente, Gift)* • closet

Schrank *m DIN 43350 <el>* • cabinet

Schrank *m DIN 68880-1 <innen> (für Geschirr)* • cupboard

Schrank *m <logist> (betont: abschließbar)* • locker

Schranke *f <verk>* • gate; gates; barrier

Schränkung *f <aerosp> (von Propellerschaufeln)* • twist

Schränkung *f <aerosp>* • horizontal displacement

Schrapper *m <min>* • scraper

Schraubbewegung *f <tech.allg>* • screwing motion

Schraubdeckel *m DIN 55405 <pack>* • screw cap; screw lid; threaded cover; threaded cap

Schraube *f DIN 931 <füg> (Teilgewinde, mit Mutter, meist Sechskantkopf)* • bolt

Schraube *f DIN 933 <füg> (für Gewindebohrung; Ganzgewinde, meist ohne Mutter, beliebiger Kopf)* • screw *ISO 4017*; machine screw *coll*; cap screw *rare*

Schraube *f <füg> (spitz zulaufend, Ganz- od. Teilgewinde; z. B. Blech- od. Holzschrauben)* • screw

Schraube aus Holz *f <füg>* • wooden screw

Schrauben *fpl <füg> (Oberbegriff)* • threaded fasteners *pl*

schrauben *vt <füg> (mit Schraube ohne Mutter)* • screw *vt*

schrauben *vt <füg> (mit Schraube und Mutter)* • bolt *vt*

Schraubendreher *m DIN 898 <wz> (allg.; jeder Typ)* • screwdriver

Schraubendreher-Bit *n <wz> (mit Außensechskantantrieb, kein Innenvierkantantrieb)* • screwdriver bit; screwdriver insert bit; insert bit; driver bit *pract*

Schraubendrehereinsatz *m <wz> (mit Innenvierkantantrieb für Steckschlüsselwerkzeuge)* • bit socket *US*; driver *US.pract*; screwdriver bit socket *US*; socket bit *GB*; screwdriver socket *GB*

Schraubendruckfeder *f <masch>* • helical compression spring; helical coil compression spring

Schraubenfeder *f <tech.allg> (z. B. Fahrzeug-, Ventilfedern, Kugelschreiber; keine "Spiralfeder"!)* • coil spring; helical spring *rare*; wire-coil spring *rare*; coiled spring *rare*

Schraubenfeder-Ausgleichssystem *n <tech.allg> (Vertikalschiebefenster, Garagentor, Dachbodentreppe, Tischlampe)* • coil spring balance system

schraubenförmig *<tech.allg>* • helical

Schraubengewinde *n DIN 202 <füg> (Gewinde einer Schraube)* • screw thread

Schraubenkopf *m <füg> (betont: von Schraube mit Mutter)* • bolt head

Schraubenkopf *m <füg> (allg.)* • screw

head

Schraubenrohling *m <prod> (für Schraube ohne Mutter)* • screw blank

Schraubenrohmaterial *n <prod>* • screw stock

Schraubenschlüssel *m <wz> (zum Anziehen/Lösen von Schrauben/Muttern)* • wrench *US.GB.form*; spanner *GB.form.pract*

Schraubensicherung *f <füg> (allg.; jede Art; meist ein Federring)* • lock washer; lockwasher *GB*

Schraubenspindelpumpe *f <förd> (rotierende Verdrängerpumpe; Axialpumpe; z. B. für Hydraulik)* • screw pump

Schrauben und Muttern *fpl <füg>* • nuts and bolts

Schraubenverbindung *f <füg> (mit Schraube und Mutter)* • bolt connection; bolted connection

Schraubenverbindung *f <füg> (mit Schraube, insbes. Spitzschraube)* • screw connection

Schraubenverdichter *m <masch> (z. B. für Kältemittel von Wärmepumpen)* • rotating screw compressor; positive displacement rotating screw compressor; rotary screw compressor; screw compressor *pract*

Schrauber *m <wz> (mit Innenaufnahme; elektrisch oder pneumatisch)* • screwdriver; power-operated screwdriver

Schraubkappe *f DIN 55405 <pack> (z. B. Flasche, Tube)* • screw cap; screw-on cap

Schraubsockel *m* (E) *<licht>* • Edison screw cap (E); Edison cap *GB*; Edison base *US*

Schraubstock *m <wz> (allg:, jeder Typ)* • vise *US*; jaw vise *US*; vice *GB*; jaw vice *GB*

Schraubverbindung *f <füg> (allg.; jede geschraubte Verbindung; auch von Rohren)* • threaded assembly; threaded connection

Schraubverschluss *m DIN 55405 <prod> (z. B. Schraubdeckel, Schraubkappe)* • screw closure

Schraubwerkzeuge *npl DIN 898 <wz>* • wrenches and screwdrivers *pl*; fastening tools *pl form.rare*; assembly tools for screws and nuts *pl DIN 898*

Schreckbremsung *f <kfz.brems> (Vollbremsung in Notsituation; meist schädlich)* • panic braking

Schredderleichtfraktion *f* (SLF) *<ents> (Gemisch aus Kunststoffen, Textilien, Glas, Leichtmetall)* • shredder light fraction (SLF)

schreiben *vt <comp> (Daten; z. B. in Tabelle, Datenbank, Register, Speicher)* • read in *vt*

schreiben *vt <doku> (allg.; von Hand od. mit Maschine)* • write *vt*

schreiben *vt <druck> (tippen)* • type *vt*

Schreiber *m <tech.allg> (zum Aufzeichnen; z. B. von Messdaten)* • recording instrument; recorder *pract*

Schreiber *m <msr> (für Messwerte)* • recorder; recording device

schreibgeschützt *<comp> (z. B. Speicher)* • read-only; write-protected

Schreib-Lese-Fehler *m <comp> (z. B. von Laufwerken)* • read/write error

Schreib-Lese-Kopf *m <comp>* • read/write head; write-read head

Schreibrecht *n <comp>* • writing permission

Schreibschutz *m <comp> (Datenträger, Dateien)* • write protection

Schreibzugriff *m <comp>* • write access

Schreitausbau *m <min>* • self-advancing support; walking support

Schriftart *f <druck>* • typeface; font

Schriftgrad *m DIN 16507-2 <comp.-druck> (in Punkt oder mm; z. B. 12 pt)* • font size

Schriftgrad *m <druck> (eines Zeichens im Schriftsatz, z. B. 10 Punkt)* • type size

Schriftschnitt *m <druck> (Variation einer Schriftart; z. B. fett, kursiv, schmal)* • font style; typestyle

Schritt *m <allg>* • step

Schritt *m <tech.allg> (z. B. Vorschub, Zählung)* • interval

Schrittmotor *m <el>* • stepper motor; stepping motor; stepper *rare*

Schrittpositionierfolge *f <tech.allg>* • stepping sequence

Schrittschaltrelais *n <el>* • stepping relay; ratchet relay

schrittweise *<tech.allg> (allmählich)* • gradual

schrittweise *<tech.allg> (zunehmend; z. B. Vorschub, Steuerung)* • incremental

schrittweise <tech.allg> *(der Reihe nach, in Folge)* • successive
schrittweise <tech.allg> *(z. B. Erklärung, Vorgehen)* • step-by-step; steps: in ~; stepwise
schrittweiser Vorschub *m* <tech.allg> • incremental feed
Schrittweite *f* <allg> • step width
Schrödingers Katze *f* <phys> *(Quantentheorie)* • Schroedinger's cat
Schrot *n* <mat> • shot
Schrot *n* <mil> • buckshot
Schrotkaliber *n* <mil> *(z. B. 1 - 12)* • shot size
Schrotmeißel *m DIN 5107* <wz> *(grob)* • blacksmith's chisel; sett
Schrott *m* <metall> • scrap metal; metal scrap
Schrottplatz *m* <ents> *(allg.)* • scrap-yard
Schrottverwertung *f* <ents> • scrap recycling
schrumpfen *vi* <tech.allg> • shrink *vi*
Schrumpffolie *f DIN 55405* <pack.mat> *(Verpackungsmittel)* • shrink film; shrink foil; shrink wrap; thermo-shrinking film *rare*
Schrumpflack *m* <obfl> • wrinkle paint; krinkle [finish]
Schrumpfriss *m* <qualit.mat> *(allg.; z. B. durch Abkühlen)* • contraction crack; shrinkage crack
Schrumpfschlauch *m* <el> *(als eine Art des Spleißschutzes)* • heat shrinkable tubing; shrink tube; heatshrinking sleeve
Schrumpfsitz *m* <masch> • shrinkage fit; shrink fit; shrink joint
Schrumpfung *f* <kst> *(langfristig, nach dem Entformen; im Ggs. zu Schwindung)* • after-shrinkage; shrinkage
Schruppen *n* <prod> • roughing; rough-machining
schruppen *vt* <prod> *(spanend)* • rough-machine *vt*; rough *vt*; rough-cut *vt*; precut *vt*; rough out *vt*
Schruppmeißel *m DIN 4951-4152* <wz> *(Drehwerkzeug)* • roughing tool
Schub *m* <tech.allg> *(Stoß)* • push
Schub *m* <tech.allg> *(z. B. von Triebwerken)* • thrust
Schub *m* <aerosp> *(von Flugzeugen: in kN; z. B. 740 kN)* • thrust
Schubabschaltung *f* <aerosp> • thrust cut-off
Schubboot *n* <nav> • push-boat; pusher tug; pusher
Schubdüse *f* <aerosp> *(Strahltriebwerk)* • jet nozzle; thrust nozzle; propulsive nozzle; tail pipe
Schubdüse *f* <aerosp.mot> • exhaust nozzle *pract*; nozzle *pract*; propulsion nozzle *form*; propelling nozzle *form*
Schub-Gewichts-Verhältnis *n* <aerosp> *(Raketen und Strahltriebwerke)* • thrust-to-weight ratio
Schubgliederband *n* <kfz.antr> *(Metall-Treibriemen; für stufenloses Getriebe)* • steel thrust belt
Schubkarre *f* <förd.bau> • wheelbarrow; barrow *coll*
Schublade *f* <allg> *(herausziehbar; z. B. in Schrank, Kommode)* • drawer
Schubmodul *m* (G) <qualit.mat> • shear modulus (G); modulus of rigidity; coefficient of rigidity *rare*; modulus of elasticity in shear *rare*; rigidity modulus *rare*
Schubschiff *n* <nav> • pusher tug *GB*; towboat *US*
Schubspannung *f* <mech> • shear stress; shearing stress; shearing forces *pl*; shear load; shear
Schubumkehr *f* <aerosp> • reverse thrust; thrust reverse; thrust reversal
Schubumkehrer *m* <aerosp.mot> • thrust reverser
Schubvektor *m* <aerosp> • thrust vector
Schubvektorsteuerung *m* <aerosp> • thrust vectoring
Schubverband *m* <nav> *(Binnenschifffahrt)* • push tow
Schulschiff *n* <nav> *(allg.; jede Art)* • training ship
Schulter *f* <tech.allg> *(Form; metaphorisch)* • shoulder
Schulter *f* <aerosp> *(von Start- und Lande- oder Rollbahn)* • shoulder
Schulter *f* <kfz> *(Reifen; zwischen Lauffläche und Seitenwand)* • shoulder
Schulterdecker *m* <aerosp> • high-wing monoplane; high-wing aircraft; high-wing airplane; shoulder-wing monoplane *rar*; shoulder-wing airplane *rar*
Schulterdecker *m* <aerosp.sich> *(Luftfahrzeug)* • shoulder-wing airplane

Schultergurt *m <kfz.sich>* • shoulder belt; shoulder belt portion; diagonal strap; diagonal belt *GB*; shoulder strap

Schuppe *f DIN ISO 8785 <obfl.qualit> (abblätterndes Teilchen; unerwünscht)* • scale *ISO 8785*

Schuppen *m <bau> (primitiv; z. B. zum Lagern)* • shed; shack *US*

schüren *vt <verbr> (das Feuer, die Glut)* • stoke *vt*; rake *vt*

schürfen *vt <min> (nach Erz, Kohle)* • prospect *vt*; explore *vt*; costean *vt*

Schürfkübelbagger *m <bau.masch>* • dragline excavator; dragline; boom dragline

Schürze *f <tech.allg> (vorne unten befindliche, senkrechte Fläche)* • apron

Schürze *f <bau> (Blech)* • flashing

Schürze *f <kfz> (allg.; unten vorne, seitl. oder hinten)* • skirt; apron

Schuss *m <kst> (Einspritzvorgang)* • shot

Schuss *m <mil> (als Munition oder abgefeuert)* • round

Schuss *m <mil>* • shot

Schuss *m <textil> (in Querrichtung verlaufendes Fadensystem)* • weft; filling [yarn] *US*; woof; pick; shoot

schusssichere Weste *f <sich>* • bulletproof vest

Schusswaffe *f <mil>* • firearm; gun *coll*

Schute *f <nav>* • barge; lighter; scow

Schüttelförderer *m <förd>* • shaker conveyor

Schüttelsieb *n <verf> (allg. zum Sortieren, Trennen; z. B. großer und kleiner Teile)* • vibratory screen; jigging screen; shaking screen; vibrating screen

schütten *vt <tech.allg> (zum Ablagern; z. B. Kies, Müll)* • dump *vt*

schütten *vt <förd> (aufhäufen; z. B. Sand, Kohle, Getreide)* • heap *vt*

Schüttgut *n <logist> (loses, unverpacktes Material, das durch Schütten umgeladen werden kann)* • bulk freight; bulk cargo; bulk goods; dumpable cargo; bulk material

Schüttgut *n <verf> (für Bettfilter; z. B. Harzkügelchen)* • bed material

Schüttgutwagen *m DIN 30802 <bahn>* • bulk freight wagon *DIN 30802*

Schütttrichter *m <tech.allg> (z. B. Silo, Stetigförderer)* • charging hopper

Schütttrichter *m <tech.allg>* • filling hopper

Schutt und Trümmer *<mat> (z. B. nach Gebäudeeinsturz)* • rubble and debris

Schutz *m <allg> (vor etwas)* • safeguard

Schutz *m <tech.allg> (z. B. bei Ketten-, Seiltrieben, Werkzeugen)* • guard

Schutz *m <ökol> (z. B. der Natur)* • preservation; protection

Schütz *n <bau.hydr> (an Schleuse, Wehr)* • sluice gate *US.GB*; sluice *GB*; sluice-valve *GB*; control gate *rare*

Schutzabdeckung *f <tech.allg> (allg.; z. B. Tuch, Folie, Stickstoff)* • blanket

Schutzabdeckung *f <tech.allg>* • protective cover

Schutzabdeckung *f <tech.allg> (haubenförmig)* • protective hood

Schutzart *f <el> (z. B. gegen Berührung, Wasser- oder Gaseintritt)* • protection class; protection grade; protection rating; degree of protection; sealing grade

Schutzatmosphäre *f <füg> (Schweißtechnik)* • controlled atmosphere

Schutzbereich *m <allg> (allg.)* • zone of protection

Schutzblech *n <tech.allg> (Metall, eher flach)* • guard plate; protective sheet; protective panel

Schutzdecke *f <tech.allg> (aus Gewebe)* • blanket

Schutzdecke *f <tech.allg>* • protective covering

Schutzeinrichtung *f <tech.allg>* • protection device

Schutzeinrichtung *f <tech.allg> (als Sicherheitsmaßnahme)* • safeguard [feature]

Schutzeinrichtungen *fpl <tech.allg> (gegen etwas; Geräte, Hilfsmittel, Ausrüstung)* • protective gear; protective equipment

schützen *vt <tech.allg> (allg.; etw. vor etw.)* • protect *vt*; guard *vt*; safeguard *vt*

schützenähnlich Aufbaugehäuse *n <allg>* • contactor-style housing

Schutzgas *n <tech.allg>* • inert gas

Schutzgasatmosphäre *f <tech.allg> (z. B. Schweißen)* • inert atmosphere

Schutzgasschweißen *n <füg> (WIG, MSG, MIG, MAG)* • inert-gas-shielded arc welding; inert gas welding; inert-

gas-shielded welding; inert arc welding; shielded welding
Schutz gegen Umgebungseinflüsse *m* *<allg>* • environmental protection
Schutzhaltung *f* *<aerosp> (Passagier)* • brace position
Schutzhaube *f* *<tech.allg> (betont: gegen Staub)* • dust cover
Schutzhelm *m* *<bekl.sich> (z. B. für Baustelle, Fabrikgelände; oft gelb)* • hard hat *US*; plastic hard cap; safety helmet *GB*
Schutzhülle *f* *<tech.allg>* • protective sheathing
Schutzhülle für Hollywoodschaukel *f* *<allg>* • protection cover for hollywood swing; swing hammock cover
Schutzhülle für Sitzgruppe *f* *<allg>* • patio set cover
Schutzhülle für Sonnenschirm *f* *<allg>* • parasol cover *GB*; umbrella cover *US*
Schutzhülle für Stuhl *f* *<allg>* • chair cover
Schutzhülse *f* *<tech.allg>* • protecting tube
Schutzisolierung *f* *<el> (allg.)* • protective insulation
Schutzisolierung *f* *<el> (typ. bei Haushaltsgeräten u. Elektrowerkzeugen)* • double insulation
Schutzkappe *f* *<tech.allg>* • protective cap
Schutzklasse *f* *<tech.allg>* • protection class
Schutzleiter *m* (PE) *<el> (an Steckdosen, Elektrogeräten; gelb/grün)* • protective earth conductor *IEC 60601-1*; equipment grounding conductor *US*; circuit protective conductor; protective conductor *pract*; CPC
Schutzmantel *m* *<tech.allg> (eng anliegende Hülle; z. B. elastisch und/oder abziehbar)* • protective sheathing; protective sheath
Schutzmantel *m* *<tech.allg> (harte Abschirmung)* • protective shroud
Schutzmittel *n* *<tech.allg> (jede Art)* • protective medium
Schutzplanke *f* *<bau.verk>* • guardrail *US*; crash barrier *GB*; safety fence; barrier
Schutzschicht *f* *<tech.allg> (betont: abschirmend)* • shielding layer
Schutzschicht *f* *DIN EN ISO 8044* *<obfl> (allg.)* • protective coating *ISO 8044*; protective coat; protective layer; overcoating *rare*
Schutzschild *m* *<tech.allg> (allg.; hart; z. B. aus Blech, Plexiglas)* • shield
Schutzschirm *m* *<tech.allg>* • protective screen
Schutzschlauchtülle *f* *<allg>* • barb fitting
Schutzwirkung *f* *<allg>* • protective action
Schwabbelmaschine *f* *<obfl.wz> (zum Polieren, mit Scheibe; z. B. für Autolack, Möbel)* • buffer; buffer/polisher; buffing machine *rare*
schwabbeln *vt* *<obfl> (mit Filz- oder Plüschscheiben bzw. -walzen; z. B. Lack, Holz)* • buff *vt*
Schwabbelscheibe *f* *<obfl.wz> (allg.)* • buffing wheel; polishing wheel; polishing mop; buff wheel; mop *coll*
schwach *<allg> (z. B. Dämpfung, Geruch, Intelligenz)* • slight
schwach beleuchtet *<licht>* • dimly lit
schwächen *vt* *<phys> (z. B. Signal, Dämpfung)* • diminish *vt*
schwächen *vt* *<phys> (Energie, Strahlung, Schwingung)* • attenuate *vt*
schwächen *vt* *<phys.jur> (z. B. Energie, Kraft, Wirkung; z. B. Position des Gegners)* • weaken *vt*
Schwachlastbetrieb *m* *<tech.allg>* • low-load operation
Schwachlastzeit *f* *<allg>* • power: at lower average ~
Schwad *m* *<agri> (Mähgut)* • swath; windrow
Schwaden *m* *DIN ISO 4225* *<emiss> (von Dampf oder Rauch)* • plume *ISO 4225*
Schwalbenschwanzführung *f* *<masch> (z. B. Schraubstock, Werkzeugmaschine)* • dovetail guide; dovetail slideway
Schwallblech *n* *<tech.allg> (in einem Tank)* • baffle plate; baffle
Schwalllöten *n* *<füg.el> (von Leiterplatten)* • flow soldering; wave soldering
schwallwassergeschützt *<tech.allg>* • splash-water-proof; splash-proof
Schwamm *m* *<bau> (Pilzbefall u. Ä. in Wänden)* • rot
schwammig *<tech.allg>* • spongy

Schwanenhals *m <tech.allg> (z. B. Rohr)* • gooseneck

schwanken *vt <allg> (periodisch)* • pulsate *vt*

schwanken *vt <tech.allg> (Werte)* • vary *vt*

schwanken *vt <allgtech.allg> (Werte, Signale)* • fluctuate *vt*

schwankende Leistung *f <tech.allg>* • fluctuating power

Schwankung *f <tech.allg> (von Werten, Signalen)* • fluctuation

Schwankung *f <tech.allg> (periodische)* • pulsation

Schwankung *f <tech.allg> (Werte)* • variation

Schwankung *f <bau> (von Gebäuden; z. B. durch Erdbeben)* • vibration

Schwanz *m <chem.verf> (Destillation)* • tail

Schwarzarbeit *f <ökon>* • moonlighting *coll*

Schwarzchrom *n <obfl> (z. B. für Solarabsorber)* • chrome black

Schwärze *f <tech.allg>* • blackness

schwarzer Körper *m <phys> (planckscher Strahler)* • black body; blackbody radiator; complete radiator; full radiator; ideal radiator

Schwärzung *f <tech.allg> (Vorgang, absolut schwarz werden)* • blackening

Schwärzung *f <tech.allg> (Vorgang, betont: dunkler werden)* • darkening

Schwarzweißfilm *m <phot>* • black-and-white film; b/w film; b&w film; mono film *coll*

Schwebeflug *m <aerosp> (Hubschrauber)* • hovering flight

Schwebekörper *m <tech.allg>* • float

schweben *vi <allg> (z. B. im elektromagnetischen Feld)* • levitate *vi*

schweben *vi <tech.allg>* • float *vi*

schweben *vi <aerosp> (z. B. Hubschrauber)* • hover *vi*

schwebend *<tech.allg> (von der Luft getragen; z. B. Staub, Aerosol; Fluggerät)* • airborne

schwebend *<tech.allg> (allseits beweglich)* • floating

schwebend *<tech.allg> (über etwas; eher großes Objekt; z. B. Hubschrauber, Hovercraft)* • hovering

Schwebstoffe *mpl <verf> (allg.; Partikel in Gas oder Flüssigkeit)* • suspended solids *pl*; suspended matter; suspensoids *pl form*

schwebstofffrei *<tech.allg>* • free from suspended matter

Schwefel *m* (S) *<chem>* • sulfur (S) *US*; sulphur *GB*; brimstone *obs*

schwefelarme Kohle *f <verbr>* • low-sulfur coal *US*; low-sulphur coal *GB*

Schwefeldioxid *n* (SO_2) *<chem>* • sulfur dioxide (SO_2) *US*; sulphur dioxide *GB*

Schwefelsäure *f <chem> (Sulphuricum acidum H_2SO_4; z. B. in Starterbatterien)* • sulfuric acid *US*; sulphuric acid *GB*; vitriolic acid *rare*

Schweigeminute *f <allg>* • moment of silence

Schweißanlage *f <füg.prod>* • welding line

Schweißbarkeit *f DIN 8528 <qualit.-mat> (von Metall und Kunststoff)* • weldability

Schweißbrenner *m DIN 8543 <füg> (Gasschweißen; in D meist Injektorbrenner, in USA Gleichdruckbrenner)* • welding torch

Schweißdraht *m <füg.mat> (stabförmig, für Autogen- oder Elektroschweißen)* • welding rod

Schweißdraht *m DIN 8571 <füg.mat> (auf Rolle, für Schutzgasschweißen)* • welding wire

Schweißelektrode *f <füg.el>* • welding electrode

Schweißen *n DIN EN 1792 <füg> (allg.; inkl. Löten)* • welding

Schweißen *n <füg> (betont: im Ggs. zum Löten)* • fusion welding

Schweißen *n <lwl> (von Glasfasern)* • fusing; splicing

schweißen *vt DIN 55405 <füg> (allg.; inkl. Hartlöten)* • weld *vt*

Schweißkonstruktion *f <tech.allg>* • welded structure; weldment

Schweißnahtvorbereitung *f <füg>* • weld preparation

Schweißnahtwurzel *f <füg>* • weld root

Schweißplattieren *n <obfl> (Vorgang; zum Verstärken oder Panzern)* • weld cladding; weld-deposit cladding; deposit-welding; weld-facing; building-up by welding *rare*

Schweißplattierung *f <obfl> (Resultat; Schicht)* • weld cladding; weld deposit cladding; weld facing

Schweißpunkt *m <füg> (allg.)* • welding spot

Schweißpunkt *m <füg> (zwischen zwei Blechen; z. B. beim Punktschweißen)* • weld nugget

Schweißraupe *f <füg>* • weld bead

Schweißrichtung *f <füg> (stechend oder schleppend)* • travel; welding direction

Schweißroboter *m <prod>* • welding robot

Schweißstab *m DIN 8571 <füg> (allg.)* • welding rod; filler rod; weld-rod

Schweißtechnik *f <füg>* • welding engineering

schweißtreibend *<kfz.innen> (z. B. Sitzbezüge, Temperatur)* • sudorific

Schwelkoks *m <verbr>* • low-temperature coke; semicoke; granular coke

Schwelle *f <tech.allg> (Anstieg)* • rise

Schwelle *f <tech.allg> (Hindernis, Mindestwert)* • threshold

Schwelle *f <bahn> (unter Schienen)* • cross-tie *US*; sleeper *GB*; tie

Schwelle *f <bau> (unten an einer Tür)* • sill

Schwellenwert *m <tech.allg>* • threshold value; threshold

Schweller *m <kfz> (fester Bestandteil der Karosserie)* • body rocker panel *US*; rocker *US.pract*; body sill *GB*; door sill *GB*; sill *GB.pract*

Schwelung *f <verbr>* • low-temperature carbonization

Schwelzone *f <verf> (Schwelgenerator)* • carbonization zone; carbonising zone *GB*

schwenkbar *<tech.allg> (mit Scharnier; jede Orientierung; z. B. Klappe, Tür)* • hinged

schwenkbar *<tech.allg> (drehbar)* • rotatable

schwenkbar angeordnet *<tech.allg>* • swivel-mounted

schwenkbares Rad *n <tech.allg> (z. B. Einkaufswagen, Bürostuhl, Klavier)* • castoring wheel; swiveling wheel *US*; swivelling wheel *GB*; fully swiveling wheel *US*; fully castoring wheel

schwenkbar [gelagert] *<tech.allg> (mit Scharnier befestigt; Drehung um < 360°; z. B. Tür, Klappe)* • hinge-mounted; hinged; pivoted

schwenken *vi/vt <tech.allg> (um ein Gelenk; beliebige Richtung)* • pivot *vi/vt*

schwenken *vi/vt <tech.allg> (drehen)* • rotate *vi/vt*

Schwenkflügel *m <aerosp>* • variable-geometry wing; variable-sweep wing

Schwenkflügelflugzeug *n <aerosp>* • variable-geometry airplane; variable-sweep aeroplane

Schwenkrotorflugzeug *n <aerosp>* • tilt-rotor aircraft

Schwerachse *f <tech.allg> (geometrisch)* • centroid axis

Schwerbeton *m* (HC) *DIN EN 206-1 <bau.mat> (Rohdichte > 2,8 t/m^3)* • heavy concrete (HC); dense concrete; heavy-weight concrete; heavy-aggregate concrete; high-density concrete

schwerelos *<aerosp>* • gravity-free; weightless *coll*

Schwerelosigkeit *f <aerosp>* • weightlessness; zero gravity *coll*; reduced gravity *coll*

schwer entflammbar (se) *DIN 4102-1 <bau.mat>* • flame-resistant *adj*; fire-resistant *adj*; hardly inflammable *adj*

schwerflüchtige organische Verbindung *f <chem>* • semivolatile organic compound (SVOC)

Schwerfraktion *f <verf> (allg.; z. B. Petrochemie, Abfalltrennung)* • heavy fraction

schwergängig *<tech.allg> (z. B. Gelenke, Drehgriff, Lenkung, Pedal, Bowdenzug)* • heavy; tight

schwergängig *<masch> (z. B. Gewinde, Spindel)* • stiff

Schwergängigkeit *f <tech.allg> (von beweglichen Teilen; z. B. von Gelenken)* • binds

Schwergutschiff *n <nav>* • heavy-lift vessel; heavy-cargo ship

Schwerindustrie *f <ökon>* • heavy industry

Schwerkraft *f*: **durch ~ zugeführt** *<tech.allg>* • gravity-fed

Schwerkraft *f <phys> (allg.)* • gravity; gravitational force; force of gravity; gravitation force

Schwerkraftabscheider *m <verf> (für Schwebstoffe allg.; in Gasen und Flüssigkeiten)* • gravity separator; gravitational separator

Schwerkraftförderer *m <förd>* • gravity conveyor

Schwerlasthubschrauber *m <aerosp>* • heavy-lift helicopter

Schwerlastmuldenkipper *m <nfz>* • dumper *US.GB*

Schwermetall *n <mat> (Dichte > 4500 kg/m^3; z. B. Blei, Kupfer, Chrom)* • heavy metal

Schwerpunkt *m <phys>* • center of gravity (CG) *US*; centroid *thsc*; center of mass *US*; centre of gravity *GB*; mass centre *GB*

schwersiedend *<tech.allg> (z. B. Kraftstoff)* • high-boiling

schwersiedend *<chem.petr> (Fraktion)* • high-boiling

schwer spanbar *<mat>* • difficult to machine; hard to machine

Schwert *n <nav> (Boot)* • center-board *US*; centreboard *GB*

Schwert *n <wz> (Kettensäge)* • bar; nose bar; blade; sword *rare*

Schwertransport *m <nfz.logist>* • heavy haulage

Schwerwasserreaktor *m <nukl>* • deuterium-moderated reactor; heavy-water-moderated reactor *form*; heavy water moderated reactor; heavy water reactor *pract*

schwerwiegender Fehler *m <qualit>* • fatal error

schwer zugänglich *<tech.allg>* • hard to reach

schwer zugängliches Bauteil *n <tech.allg>* • hard-to-reach component

schwer zugängliche Stelle *f <tech.allg>* • awkward location; hard-to-reach location

Schwimmbagger *m DIN EN ISO 8384 <nav.förd> (allg.)* • floating dredger; dredger; floating dredge

Schwimmdock *n <nav>* • floating dock; pontoon dock

schwimmend *<tech.allg> (gelagert, angeordnet; laterale Bewegung möglich)* • floating

schwimmend *<tech.allg> (betont: durch Auftrieb)* • buoyant

schwimmend *<tech.allg> (von Wasser getragen)* • water-borne

schwimmende Bohrinsel *f <petr>* • floating oil rig; floating drilling installation; mobile oil rig; floating platform

schwimmender Estrich *m <bau.innen>* • floating floor

schwimmender Körper *m <tech.allg>* • floating body

Schwimmer *m <msr> (zur Niveauregulierung; z. B. im Spülkasten, Tank)* • float

Schwimmerkammer *f <masch> (allg.; geschlossen)* • float chamber

Schwimmerstellung *f <tech.allg>* • float position

Schwimmerventil *n <tech.allg>* • float-controlled valve; float valve

schwimmfähig *<tech.allg>* • buoyant

Schwimmfähigkeit *f <tech.allg> (betont: durch Auftrieb)* • buoyancy

Schwimmfähigkeit *f <tech.allg>* • floatability; floating capacity; floating power *rare*

Schwimmhaut *f <kst> (sehr dünn, flächig; Spritzgießfehler in der Wz-Trennebene)* • flash; web; webbing

Schwimmhilfe *f <nav>* • buoyancy aid

Schwimmkasten *m <bau>* • floating caisson

Schwimmlage *f <nav>* • floating condition

Schwimmstoff *m <tech.allg> (allg.)* • floating matter

Schwimmweste *f <nav.sich>* • lifejacket; life jacket; life vest; buoyancy jacket *GB*

Schwinden *n <mat> (allg.; von Beton, Holz, Metallguss etc.)* • shrinkage

Schwindmaß *n <prod> (Differenz zw. Maß vor und nach dem Schwinden)* • shrinkage

Schwindspannung *f <mech>* • shrinkage stress

Schwindungshohlraum *m <prod> (allg.)* • contraction cavity; shrink hole *coll*

Schwingbewegung *f <tech.allg>* • rocking motion

schwingen *vi <tech.allg> (Seil; heftig)* • whip *vi*

Schwingförderer *m VDI 2333 <förd>* • vibrating conveyor; vibrator conveyor; jog trough conveyor

Schwingkreis *m <phys> (z. B. eine Oszillatorschaltung)* • resonant circuit

Schwingschleifer *m <wz> (rechteckige Fläche, oszillierende Schwingbewegung; zum Schleifen)* • pad sander;

jitterbug-type sander; oscillating sander; straight-line sander

Schwingsieb *n DIN ISO 9045 <verf> (allg.)* • vibrating screen *ISO 9045*; vibratory screen; oscillating screen; reciprocating screen; jigging screen

Schwingspiegel *m <comp> (in Scanner)* • oscillating mirror; oscillation mirror

Schwingspule *f <el> (allg.)* • moving coil; oscillator coil; vibrating coil

Schwingung *f <el> (von Signalen, Messwerten; unerwünscht)* • hunting

Schwingung *f <masch> (auf- und abgehende Bewegung eines Maschinenteiles)* • rocking

Schwingung *f DIN 1311 <mech> (Erschütterung etc.)* • vibration

Schwingung *f <mech> (Schlagen von Seilen, Ketten u. Ä.)* • whipping

Schwingung *f DIN IEC 50 <phys>* • oscillation *DIN IEC 50*

Schwingung *f <phys> (betont: kompletter Zyklus)* • oscillation cycle

schwingungsbeansprucht *<mech> (durch Kräfte, Kraftmomente)* • dynamically loaded; subjected to vibration

schwingungsdämpfend *<tech.allg>* • vibration-damping; antivibration

Schwingungsdämpfer *m <masch> (allg.)* • vibration damper; vibration absorber; deadener *rare*; buffer

schwingungsfrei *<tech.allg>* • vibration-free

schwingungsfreier Lauf *m <tech.allg> (z. B. von Kraft- und Arbeitsmaschinen)* • vibration-free operation

schwingungsgedämpft *<tech.allg>* • vibration-damped; vibration-dampened

Schwingungs-Selbstanregung *f <tech.allg>* • self-oscillation

Schwingungssystem *n <tech.allg>* • oscillating system

Schwingungstechnik *f <tech.allg>* • vibration engineering

Schwingungstilger *m VDI 3833 <tech.allg> (allg.; jede Bauart; z. B. für Gebäude, Maschinen, Schiffe)* • dynamic vibration absorber *VDI 3833*; vibration absorber *pract*

Schwingungstilger *m <tech.allg> (durch Massenträgheit)* • mass damper; damper weight; dampener weight *rare*

Schwingungswächter *m <energ.wind> (z. B. in Rotorblättern oder Turm)* • vibration guard

schwitzen *vi <bau> (z. B. Beton, Wand)* • bleed *vi*; damp *vi*

schwitzen *vi <obfl> (z. B. Fensterscheibe)* • fog *vi*; mist *vi*

Schwungscheibe *f <kfz.mot>* • flywheel

Scramjet-Triebwerk *n <aerosp.antr>* • scramjet; Supersonic Combustion Ramjet

SCSI-Schnittstelle *f* (SCSI) *<comp>* • small computer systems interface (SCSI); SCSI interface

S-Drehung *f DIN 60900-2 <tech.allg> (z. B. von Seilen, Tauwerk)* • S-direction of twist; S-twist; S-lay

SDS-Bohrer *m <wz> (mit genutetem Schaft)* • SDS drill bit

sechsfach *<allg>* • sixfold

Sechskant *m <tech.allg> (allg.; sechskantiges Teil)* • hexagon

Sechskantkopf *m <füg> (allg.)* • hexagon head; hex head *pract*; hexagonal head *rare*

Sechskantmutter *f DIN 555 <füg>* • hexagon nut *form*; hex nut *pract*; plain nut *coll*

Sechskantschraube *f <füg> (mit Schaft, Teilgewinde)* • hexagon bolt; hexagon head bolt; hex head bolt *pract*

Sechskantschraube *f <füg> (ohne Schaft, mit Ganzgewinde)* • hexagon screw; hexagon head screw *form*; hex head screw *pract*; machine screw *coll*

sechswertig *<chem> (z. B. Chrom)* • hexavalent

sechswertiges Chrom *n <chem> (hochgiftig; verboten seit Juni 2005)* • hexavalent chromium *rare*

Sechszylinder-Reihenmotor *m <kfz.mot>* • six-cylinder in-line engine; straight six *pract.coll*

Sechszylinder-V-Motor *m* (V6) *<kfz.mot>* • V-six cylinder engine (V6); V-six engine *pract*; Vee-six *coll*

Sediment *n <geo> (z. B. Sandstein)* • sediment

Seebagger *m <bau.masch>* • marine dredger

Seebauwerk *n <bau.hydr>* • marine

structure; coastal work
Seefahrt *f <nav>* • sea navigation; ocean navigation; marine navigation; navigation
Seefunk *m <tele>* • marine radio; maritime radio
Seefunkbereich *m <tele>* • marine band; maritime band
Seefunkfeuer *n <navig>* • marine radio beacon; maritime radio beacon; maritime radiobeacon
Seegang *m <nav> (Wellenbewegung der See; nach Beaufort-Skala 1 bis 8)* • state of the sea; state of sea; sea
seegestützt *<tech.allg>* • seaborne
seegestützt *<aerosp> (Flugkörper)* • sea-launched; sea-based
Seekabel *n <energ.el>* • submarine cable; submarine power cable
Seele *f <tech.allg>* • central core
Seele *f <wz> (Spiralbohrer)* • web
seemännisch *<nav>* • seamanlike; seamanly; nautical
Seemannschaft *f <nav>* • seamanship
Seemeile *f* (sm) *DIN 1301 <navig> (international: 1852 m)* • nautical mile (nm); sea mile *rare*
Seenotrettungskreuzer *m <nav>* • rescue cruiser
Seesack *m <allg>* • seabag; sea bag; kitbag
Seestraße *f <nav>* • sea lane
seetüchtig *<nav> (Schiff, Boot)* • sea-going; ocean-going; seaworthy
Seetüchtigkeit *f <nav>* • seaworthiness
Seeverklappung *f <ents> (z. B. von Dünnsäure)* • ocean dumping; ocean disposal
seewärts *<nav>* • seawards
seewasserbeständig *<qualit.mat>* • salt-water-proof; seawater-resistant
Segel *n <nav> (für Boote und Schiffe)* • sail
Segelfläche *f <nav>* • sail area
Segelfluggelände *n <aerosp>* • glider site
Segelflugplatz *m <aerosp>* • gliderport
Segelflugzeug *n <aerosp>* • glider; gliding plane *form*; sailplane *coll.rare*
segeln *vi*: **am Wind ~** *<nav>* • sail close-hauled *vi*
segeln *vi*: **mit halben Wind ~** *<nav>* • sail with the wind abeam *vi*
Segelschiff *n <nav>* • sailing ship
Segelschnitt *m <nav>* • cut of sail; sail cut
Segelschulschiff *n <nav> (Großsegler f. Grundausbildung sail der Marine; z. B. Gorch Fock II)* • sail training ship; sail training vessel; training ship *pract*
Segeltuch *n <nav.textil>* • sailcloth; canvas
Segeltuch *n <textil> (sehr dichtes Baumwollgewebe; z. B. auch für Zelte, Hosen, Taschen)* • duck; sailcloth
Segler *m <nav> (Person)* • skipper; sailor
Segment *n <math> (z. B. eines Kreises)* • segment
Segmentierung *f <tech.allg>* • segmentation
Segmentlager *n <masch> (allg.; z. B. Gleitklotzlager)* • segmental bearing
Segway-Roller *m <fz>* • Segway scooter
Sehnenlänge *f <tech.allg> (Mathematik, Tragflügelprofil, Flügeltiefe b. Flugzeug)* • chord length
Sehnungsfaktor *m <el>* • pitch factor
sehr unangenehmer Geruch *m <allg>* • strong offensive smell; stink *coll*
Seide *f <textil>* • silk
Seidengewebe *n <textil>* • silk fabric; silk cloth
Seidenpapier *n DIN 6730 <pap.pack>* • tissue paper; wrapping tissue
Seidenzuchtindustrie *f <textil>* • sericultural industry
seidig *<allg> (z. B. Oberfläche, Haut, Leder, Motorlauf, Fahrkomfort)* • silky; silken; silky-smooth
Seifenspender *m <innen>* • soap dispenser
Seigerung *f <metall>* • segregation; liquation
Seil *n <tech.allg> (Textil oder Metall)* • rope
Seilabspannung *f <bau> (Schrägseilbrücke)* • cable system; cable configuration
Seilaufhängung *f <tech.allg> (von horizontal gespannten bzw. durchhängenden Tragseilen)* • catenary suspension
Seilbahn *f <förd> (für Personen und/ oder Güter)* • cableway; aerial cableway; ropeway *US*; tramway *US.rare*; telpherage *obs*
seilbetätigt *<tech.allg>* • cable-operat-

ed

Seilbruch-Alarm *m <förd>* • cable breakage alarm

Seilbrücke *f <bau> (3 Seile, V-förmig)* • monkey bridge

Seildurchhang *m <tech.allg>* • cable sag

Seilkausche *f DIN 3090,3091 <tech.allg> (Scheuerschutz für Seile; z. B. Formstahlkausche, Vollkausche)* • thimble

Seilklemme *f <tech.allg> (z. B. Kran, Schiff, Bauwesen)* • cable clamp; rope clamp; rope clip

Seilscheibe *f <förd> (z. B. Drahtseilbahn)* • cable sheave; rope sheave

Seilschlag *m <masch> (z. B. Gleichschlag, Kreuzschlag)* • rope lay

Seil-Schutzrohr *n <allg>* • cable protection tube

Seilsteuerung *f*: **mit ~** *<tech.allg> (z. B. Bühnenmaschinerie, Sportflugzeug)* • cable-controlled; cable-operated

Seiltrommel *f <förd> (z. B. Winde, Kran)* • cable drum; rope drum

Seilwinde *f <förd> (für Seile, meist Stahlseil)* • cable winch

Seilzug *m <tech.allg> (z. B. Fahrzeugbremse, Flugzeugsteuerung)* • cable control

Seilzug *m <masch> (Drahtseele mit Hülle)* • cable; control cable; control wire

seilzugbetätigt *<tech.allg> (z. B. Kurbelfenster)* • cable-operated; cable-controlled

seismische Welle *f <geo>* • seismic wave; earthquake wave

Seite *f <allg>* • side

Seite *f <tech.allg>* • face

Seitenabweichung *f <tech.allg>* • lateral deviation

Seitenairbag *m <kfz.sich>* • side impact air bag; side-impact air bag; side air bag; torso airbag; side bag

Seitenansicht *f <doku> (techn. Zeichnung; Ansicht eines Objekts von links bzw. rechts)* • side view; end view

Seitenaufprallschutz *m <kfz.sich> (Träger; in den Türen, gegen seitlichen Crash)* • side impact door beam; side protection [in the doors] *coll.did*; side-impact protection beam; side impact beam *pract.coll*; door beam *pract.coll*

Seitenband *n <tech.allg> (Akustik, EDV, Rundfunk, Fernsehen)* • side band

Seitenbegrenzungsplatte *f <tech.allg>* • end plate

Seitendrucker *m <comp.druck> (z. B. Laserdrucker; im Ggs. zu Zeilendrucker)* • page printer

Seitenfläche *f <tech.allg> (z. B. Gebäude, Werkstück)* • lateral face; lateral surface; side; face

Seitenflosse *f <aerosp> (feststehender Teil des Seitenleitwerks)* • fin; vertical fin; vertical stabilizer *US.rare*; vertical stabiliser *GB.rare*

Seitenformat *n <comp.druck>* • page size

Seitenführung *f <tech.allg>* • lateral guidance

Seitenführung *f <fz> (von Reifen)* • lateral grip; directional control; lateral stability; directional stability

Seitenführung *f <kfz.innen> (von Sitzen)* • lateral support

Seitenkante *f <tech.allg>* • lateral edge

Seitenkraft *f <tech.allg>* • lateral force

Seitenlänge *f <allg>* • side length

Seitenleitwerk *n* (SLW) *<aerosp>* • tailplane; vertical tail; vertical tailplane; fin *pract*; rudder unit

Seitenneigung [der Karosserie] *f <kfz> (Effekt als solcher)* • body roll

Seitenrad *n <energ.wind>* • fantail

Seitenruder *n <aerosp> (Steuerfläche für Rotation um die Hochachse)* • rudder; side rudder; yaw rudder; rudder plane *rare*; directional control *rare*

Seitenschneider *m DIN ISO 5742 <wz> (allg.)* • diagonal cutting pliers *ISO 5742*; diagonal cutter *US*; dikes *pl US*; side cutter *GB*; diagonal nippers *pl GB*

Seitensteuerung *f <aerosp>* • directional control *JAR 25.147*; yaw control *pract*

Seitenstoß *m <tech.allg>* • lateral thrust

Seitenstreifen *m <bau.verk> (befahrbar oder nicht)* • shoulder; margin; berm *US*; verge *GB*; sidestrip

Seitenverhältnis *n <phot>* • aspect ratio

seitenverkehrt *<druck>* • wrong-reading

seitenverkehrt *<phot>* • laterally inverted; laterally reverted; reverted

Seitenverstellung *f <tech.allg>* • lateral

adjustment

Seitenwand *f* *<tech.allg> (allg.)* • sidewall

Seitenwand *f* *<tech.allg> (allg.; dünnwandig, insbes. Blech, auch Holz, Kunststoff)* • side panel

Seitenwand *f* *<kfz> (von Reifen)* • sidewall

Seitenwind *m* *<allg> (allg.; z. B. beim Autofahren)* • crosswind[s]; side wind

Seitenzugbremse *f* *<fz>* • side-pull brake

seitlich ausweichen *vi* *<mech> (z. B. Druckstab beim Knicken, Blech beim Beulen)* • deflect laterally *vi*

seitlicher Druck *m* *<tech.allg>* • side pressure; lateral pressure

seitlicher Versatz *m* *<tech.allg> (z. B. von Rohren, Wellen)* • parallel misalignment; lateral mismatch; lateral misalignment; lateral offset

seitliches Ausknicken *n* *<bau.phys>* • lateral buckling

seitlich wandern *vi* *<antr> (z. B. Flachriemen auf Scheibe, Papierstreifen auf Walze)* • run off *vi*

seitwärts *<allg>* • sideways [directed]; sideways

Sektor *m* *<comp>* • sector; disk sector

Sekundärbrennkammer *f* *<verbr>* • secondary combustion chamber; secondary burn-out zone; secondary reaction zone

Sekundärkreislauf *m* *<tech.allg> (z. B. Kernkraftwerk)* • secondary circuit; secondary loop

Sekundärkühlkreis *m DIN 25401-3 <nukl> (in KKW mit DWR)* • secondary coolant circuit; secondary loop *pract*

Sekundärkühlsystem *n* *<tech.allg> (z. B. beim DWR)* • secondary cooling system

Sekundärluft *f* *<tech.allg>* • secondary air

Sekundärspule *f* *<el>* • secondary coil

Sekundärwicklung *f* *<el> (allg.; z. B. von Trafos)* • secondary winding

Sekundenkleber *m* *<füg>* • superfast adhesive; instant-set adhesive; fast adhesive; superglue ® *Loctite*; cyanoacrylate adhesive

selbstabgleichend *<el.msr>* • self-balancing; self-adjusting

selbstanlaufender Rotor *m* *<energ.-wind>* • self-starting rotor

selbstauslösend *<tech.allg> (z. B. Melder, Relais)* • automatically tripping

Selbstauslösung *f* *<tech.allg> (Kupplung)* • automatic disengagement

Selbstauslösung *f* *<tech.allg>* • automatic tripping; automatic release

Selbstbauer *m* *<tech.allg> (von größeren Gegenständen)* • amateur builder

Selbsterhitzung *f ISO 13943 <tech.allg> (z. B. von Kopra)* • self-heating *ISO 13943*

selbsterregend *<el>* • self-exciting

selbsterregt *<el>* • self-excited

selbstgetrieben *<tech.allg>* • self-propelled

selbstheilend *<tech.allg>* • self-healing

selbsthemmend *<masch> (nicht umkehrbar; z. B. Schneckengetriebe)* • irreversible

selbsthemmend *<masch> (klemmend; z. B. Mutter)* • self-locking; self-retaining

selbsthemmende Mutter *f* *<füg> (mit Nylonring als Klemmteil)* • self-locking nut *US*; jam nut *US.pract.coll*; stiff nut *GB.pract.coll*; Nyloc nut; Simmonds lock nut ®; elastic stop nut *GB*

selbstklebend *<füg>* • pressure-sensitive; self-adhesive; adhesive *adj*

selbstklebende Rückseite *f* *<füg> (z. B. von Aufklebern, Etiketten, Schalldämm-Matten)* • adhesive backing; self-adhesive backing; adhesive coating

Selbstkontrolle *f* *<allg> (Person, Automat)* • self-check

Selbstkühlung *f* *<tech.allg> (betont: durch Umgebungsluft)* • natural air cooling

selbstladend *<tech.allg>* • self-loading; autoloading; self-load

Selbstladepistole *f* *<mil>* • autoloading pistol; semi-automatic pistol

Selbstladewaffe *f* *<mil> (Gewehr, Pistole)* • semi-automatic firearm; autoloader; auto *coll*

Selbstmischer *m* *<tech.allg>* • autoblender

Selbstreinigungsvermögen *n* *<tech.allg>* • self-cleaning capability

selbstrücklaufend *<tech.allg> (quer; z. B. über Maschinenbett, Seilwinde, Fadenspule)* • autotraversing

Selbstrückstellung *f <msr> (z. B. Zähler)* • self-resetting
Selbstrückstellung *f <msr> (auf Null; z. B. Zähler)* • self-zeroing
selbstschaltend *<tech.allg>* • automatically indexing
selbstschärfend *<wz> (Schleifscheibe)* • self-dressing
selbstschärfend *<wz> (allg.; auch Scheren)* • self-sharpening
selbstsperrend *<tech.allg> (Getriebe; z. B. Garagentorantrieb)* • self-locking
selbstständig *<allg> (betont: ohne Hilfe, externe Unterstützung)* • unassisted; unaided
selbstständig *<tech.allg> (off-line, ohne Anschluss; z. B. Messung)* • off-line
selbstständig *<tech.allg> (z. B. Bewegung, Prozess)* • self-sustaining; self-maintaining
selbstständig arbeitend *<tech.allg>* • autonomous
selbstständige Baugruppe *f <allg>* • self-contained component
Selbststeuerung *f <aerosp> (Prinzip)* • autopilot control; automatic-pilot control
selbsttätige Ausschaltung *f <tech.allg>* • automatic stop
selbsttätiges Ventil *n <rls>* • automatic valve
selbsttätig registrierend *<tech.allg> (z. B. Messgerät, Sensor, Kamera)* • automatically recording
selbsttätig verstellbar *<tech.allg>* • automatically adjustable
Selbsttest *m <tech.allg> (z. B. Drucker)* • system self check; self-test
Selbsttest *m <tech.allg> (automatisch beim Einschalten, Hochfahren eines Systems)* • power-on self-test; power-up diagnostics; electronic self-check
Selbsttest *m <tech.allg>* • self-test
selbsttragend *<tech.allg> (Konstruktionsprinzip)* • self-supporting
selbsttragend *<tech.allg> (betont: ohne Stütze)* • unsupported
selbsttragende Bauweise *f <kfz>* • unitized body design; integral body and frame construction *did*; unitary construction *GB*; unit construction; unibody [construction] *US*
Selbstverriegelung *f <tech.allg>* • automatic interlocking
Selbstversorgung *f <allg>* • self-support
Selbstversorgung *f <tech.allg>* • self-sufficiency
Selbstzerstörungsfähigkeit *f <mil> (z. B. von Munition)* • self-destruct feature
Selbstzünder... *<kfz> (Diesel)* • compression-ignition ...
Selbstzündung *f <tech.allg> (betont: von alleine)* • spontaneous ignition; auto ignition; self-ignition
Selbstzündung *f <kfz> (beim Dieselmotor)* • compression ignition (CI); self-ignition; auto ignition
selektiv *<tech.allg>* • selective
selektive katalytische Reduktion *f* (SCR) *<emiss.verf> (reduziert NOx-Emissionen; z. B. bei Dieselmotoren)* • selective catalytic reduction (SCR) *ISO 3977-4*
selektiver Absorber *m <energ.sol>* • selective absorber
Selen *n* (Se) *<chem>* • selenium (Se)
Seltenerden *fpl <chem>* • rare earths *pl*
semipermeabel *<phys> (z. B. Membran)* • semipermeable
Sendefrequenz *f <av.tele>* • transmission frequency
senden *vt <tech.allg> (materiell; z. B. Paket, Brief, Daten)* • send *vt*
senden *vt <tele> (Radiosendung)* • broadcast *vt*; air *vt US.pract*
senden *vt <tele.comp.av> (über Kabel oder Funk; Daten, Signale)* • transmit *vt*; transfer *vt*
Sendepuls *m <allg>* • emitted pulse
Sender *m <allg> (einer Nachricht)* • sender
Sender *m <av> (am Radio oder TV eingestellte Station)* • station; channel
Sender *m <av.tele> (für drahtlose Übertragung allg.; z. B. Funk, IR, Radio, TV)* • transmitter
Sender *m <phys> (betont: Emission von etw.; z. B. Strahlung)* • emitter
Sender-Empfänger-System *n DIN EN 300718-3 <tele>* • transmitter-receiver system *EN 300718-3 V 1*
Sendername *m <av>* • station name
Senderreichweite *f <av.tele>* • transmission range
Sendersuchlauf *m <av>* • automatic station search; station search

Sendung *f <av>* • transmission; broadcast

Sendung *f*: **auf ~ bleiben** *vi <av>* • stay on the air *vi*

Sendung *f <logist> (Frachtstück; z. B. Paket)* • shipment; consignment

sendzimirverzinkt *<obfl> (Stahl)* • sendzimized

senken *vt <tech.allg> (z. B. Druck, Temperatur, Spannung)* • lower *vt*

senken *vt <tech.allg> (Kosten, Ausgaben)* • reduce *vt*; cut *vt*; lower *vt*; decrease *vt*

Senker *m <wz> (spanend)* • countersink cutter; countersink

Senkgrube *f <ents.hydr> (für Hausabwässer, Fäkalien)* • cesspool; cesspit *GB*; catch pit; settling pit; septic tank

Senkkasten *m <bau>* • caisson

Senkkopf *m DIN ISO 1891 <füg> (allg.; von Schraube, Niet)* • countersunk head

Senkkopfschraube *f <füg> (mit Ganzgewinde, bzw. ohne Mutter)* • countersunk head screw; countersunk screw; flat head screw

Senklot *n <bau.wz> (Stahl- od. Messinggewicht mit Schnur)* • plumb bob

Senkniet *m DIN 302, 661 <füg>* • countersunk head rivet; countersunk rivet; flush rivet

senkrecht angeordnet *<tech.allg>* • vertically arranged; vertically disposed *rare*

Senkrechtlandung *f <aerosp>* • vertical landing

Senkrechtstart *m <aerosp> (Rakete)* • vertical launching

Senkrechtstart *m <aerosp> (Flugzeug)* • vertical take-off

Senkrechtstarter *m <aerosp>* • vertical take-off [and landing] airplane (VTOL); vertical take-off [and landing] aircraft; VTOL aircraft; VTOL airplane

senkrecht verstellbar *<tech.allg> (z. B. Mikroskop, Tageslichtprojektor, Sonnenschirm, Fräskonsole)* • depth-adjustable

Senkrechtverstellung *f <tech.allg> (z. B. Lampe, Gewindefuß, Stativ)* • elevating motion; rise-and-fall motion

Senkung *f <tech.allg> (Abwärtsbewegung)* • downward motion

Sense *f <agri.wz>* • scythe

sensible Daten *pl <comp>* • critical data

Sensor *m <msr> (ganze Baueinheit)* • sensor (SENS); sending unit

Sensor-Übersicht *f <allg>* • sensor summary

sequentielle Beziehung *f <term>* • sequential relation *ISO 12620*

sequentielle Kraftstoffeinspritzung *f* (SFI) *<kfz.mot>* • sequential fuel injection (SFI) *GM*; sequential injection *pract*; sequential electronic fuel injection *Ford*; sequential multiport fuel injection *Ford*

sequentieller Zugriff *m <comp>* • sequential access; serial access

Sequenz *f <bio.chem>* • sequence

Serie *f <allg> (Abfolge; z. B. von Büchern, Erzeugnissen, Unfällen)* • series

seriell *<tech.allg> (z. B. Reihenfolge, Schnittstelle)* • serial

serielle Schnittstelle *f <comp> (langsam)* • serial interface; serial port; serial communication port; COM port

Serien... *<tech.allg> (standardmäßig ab Werk)* • stock ... *US*

Serienanfertigung *f <allg>* • batch production

Serienausstattung *f <tech.allg> (im Grundpreis enthalten; i. Ggs. zu Sonderausstattung)* • standard equipment; standard features; standard specification; standard spec *coll*

Serienfahrzeug *n <kfz>* • production vehicle; stock car *US*

Serienfertigung *f <kst>* • series production

serienmäßig *<kfz> (Ausstattung)* • standard

serienmäßig gefertigt *<prod>* • volume-built; series-manufactured

Seriennummer *f <tech.allg>* • serial number

Serienteil *n <prod> (in Serie produziert)* • series-produced component; series-produced part

Serifenlose *f <druck> (z. B. Arial)* • sans serif font; sans serif face; sans serif *pract*

Serifenschrift *f <druck> (z. B. Times New Roman)* • serif font; serif typeface

Server *m <comp>* • server

Servicewagen *m <aerosp.innen> (Bordküche)* • trolley

Servierwagen *m <allg>* • serving trolley; serving cart

Servoantrieb *m <tech.allg>* • servo drive

Servolenkung *f <kfz> (reduzierte Lenkkräfte; meist hydraulisch)* • power assisted steering (pas); power steering *pract*; boosted steering; p/steering

Servoschließung *f <kfz> (für Türen, Hauben, Heckklappe)* • power closing *:V*; servo closing [function] *:V*; soft-close automatic *BMW*; closing aid *MB*; servo closing [feature] *:V*

servounterstützt *<tech.allg>* • power-assisted (p/a); assisted *pract.coll*; powered *pract.coll*; servo-assisted *rare*

Sessel *m <allg>* • armchair

Sesselhängematte *f <allg>* • Brazilian hanging chair

setzen *vr <bau> (Boden, Gebäude)* • settle *vi*

setzen *vr <masch> (Federelemente; z. B. von Kfz)* • sag *vi*

setzen *vt <bau> (lotrechte stabförmige Elemente; z. B. Pfosten, Pflöcke, Stützen)* • erect *vt*

setzen *vt <druck> (Text)* • typeset *vt*

Setzkopf *m <füg> (Niet)* • manufactured head; manufactured rivet head; performed head *rare*

Setzungsriss *m <bau>* • settlement crack

Sheddach *n <bau> (sägezahnähnlich; typ. Fabrikdach; allg. jeder Typ)* • saw-tooth roof

Sheet-Moulding-Compound *n* (SMC) *<kst> (meist in Form von Harzmatten)* • sheet molding compound (SMC)

sicher *<allg> (fest, bestimmt, ohne Zweifel)* • positive

sicher *<allg> (geschützt vor Verletzungsgefahren, Risiken)* • safe

sicher dimensionieren *vt <tech.allg>* • determine safe dimensions *vt*; calculate safe dimensions *vt*

sichere Dimensionierung *f <tech.allg> (z. B. von Querschnitten)* • calculation of safe dimensions; determination of safe dimensions

sicherer Betrieb *m <allg>* • reliable operation

sichere Vorräte *mpl <energ>* • assured reserves

Sicherheit *f <tech.allg> (von Einrichtungen, Systemen, Anlagen, Prozessen)* • safety; security

Sicherheitsabschaltung *f <tech.allg> (von Anlagen, System)* • emergency shut-down

Sicherheitsabstand *m <tech.allg> (zu Grenzwerten; z. B. Druck, Temperatur)* • safety margin

Sicherheitsabstand *m <sich> (sichere Entfernung zu einer Gefahrenquelle)* • safety clearance; clearance

Sicherheitsauslösung *f <tech.allg>* • safety release

Sicherheitsbereich *m <aerosp>* • security cleared area; sterile area

Sicherheitseinrichtung *f <tech.allg>* • safeguard; safety device

Sicherheitsfahrschaltung *f* (Sifa) *<bahn.msr>* • driver's safety device (DSD); vigilance device; deadman feature *coll*

Sicherheitsfaktor *m <tech.allg>* • safety factor

sicherheitsgerecht *<tech.allg> (vorschriftsgemäß)* • corresponding to safety regulations; corresponding to safety requirements

Sicherheitsglas *n DIN 18 361 <silik> (Oberbegriff f. ESG und VSG)* • security glass; safety glass

Sicherheitskette *f <tech.allg>* • bridle chain

Sicherheitskontrollanlage *f <aerosp>* • security screening system

Sicherheitskontrolle *f <aerosp>* • security screening; security control; screening *pract*; security check

Sicherheitslenksäule *f <kfz>* • safety steering column; energy absorbing steering column; E/A steering column; collapsible steering column

Sicherheitsmerkmal *n <tech.allg>* • safety feature

Sicherheitspannen *fpl <tech.allg> (z. B. bei der Fluggepäckkontrolle)* • security lapses

Sicherheitsschloss *n <tech.allg>* • safety lock

Sicherheitsschlüssel *m <tech.allg> (für Schlösser; z. B. ein Innenbahnschlüssel)* • security key; high-security key

Sicherheitssystem *n <tech.allg>* • safety system

sicherheitstechnisches Signal *n <tech.allg>* • engineered safeguards signal

Sicherheitsüberprüfung *f <tech.allg>* • safety check

Sicherheitsventil *n <tech.allg> (allg.; jede Bauart, jede Funktion)* • safety valve

Sicherheitsverglasung *f <tech.allg>* • security glazing

Sicherheitsverriegelung *f <tech.allg>* • safety interlock

Sicherheitszone *f <tech.allg> (im Umkreis um ein Gebäude etc.)* • security perimeter

Sicherheitszuschlag *m <tech.allg>* • safety margin

sichern *vt <tech.allg> (gegen unbeabsichtigte Bewegung)* • secure *vt*

sichern *vt <logist> (Ladung, Frachtgut; z. B. durch Verzurren)* • secure *vt*; seize *vt*

Sicherung *f <el> (allg.; jeder Typ)* • fuse

Sicherung *f <el> (elektromagnetischer Unterbrecher; rückstellbar)* • circuit breaker; circuit protector; breaker *pract*

Sicherung *f <füg> (für Verbindungen)* • locking device

Sicherung *f <masch> (mech. Verriegelung)* • safety lock

Sicherung *f <mil> (Waffenbauteil)* • safety

Sicherung *f <sich> (abstrakt oder konkret; Vorkehrung, Schutzmaßnahme)* • safeguard

Sicherungsanlage *f <tech.allg>* • protective device

Sicherungsautomat *m <el> (als Sicherung gegen Leitungsüberlastung, Überstrom)* • automatic cut-out; safety cut-out; automatic circuit breaker

Sicherungsblech *n <masch> (z. B. für Muttern, Schrauben)* • tab washer

Sicherungsdatei *f <comp>* • back-up file; file back-up [copy]

Sicherungsdraht *m <tech.allg> (zum Festhalten)* • securing wire

Sicherungseinheit *f <allg>* • fuse unit

Sicherungshalter *m <tech.allg> (zum Verzurren)* • tie-down straps

Sicherungskasten *m <el> (eher klein; z. B. in Privathäusern)* • disconnect box; fuse box *coll*

Sicherungskasten *m <kfz.el>* • fuse box; fuse block

Sicherungskopie *f <comp> (zweites Exemplar von Dateien, Datenträgern)* • back-up copy; back-up

Sicherungsmutter *f <füg> (allg.; jeder Typ)* • prevailing torque nut; self-locking nut; locknut *pract*

Sicherungsriegel *m <tech.allg> (z. B. Kfz, Tor)* • safety-catch

Sicherungsring *m DIN471/472 <füg> (Sicherungsring mit Löchern; Welle/Bohrung)* • Truarc retaining ring; snap ring; circlip; circlip with eyes *form.did*; retaining ring with eyes *form.did*

Sicherungsring *m DIN 6799, 471 <masch> (allg.; für Wellen)* • snap ring; external snap ring *form*; circlip; retaining ring

Sicherungsring *m DIN 6799,472 <masch> (allg.; für Bohrungen)* • snap ring; internal snap ring *form*; circlip; retaining ring

Sicherungsscheibe *f <tech.allg> (betont: Platte zum Verriegeln; jede Form, auch ohne Loch)* • locking plate

Sicherungsscheibe *f DIN 6799 <füg> (rund, außen C-förmig, innen etwa E-förmig)* • E-clip

Sicht *f <opt> (z. B. gute oder schlechte)* • visibility; sight

sichtbare Körperkante *f <doku>* • visible edge

sichtbares Sicherheitsmerkmal *n <jur.ökon> (gegen Produktpiraterie, Fälschung; z. B. nichtentfernbare Aufkleber)* • overt safety feature; first-level piracy protection; overt safety marking

sichtbar machen *vt <tech.allg>* • visualize *vt*; render visible *vt*

Sichtbarmachung *f <tech.allg>* • visualization

sichten *vt <verf> (sortieren, klassieren; z. B. im Windsichter)* • grade *vt*; classify *vt*

sichten *vt <verf> (aussieben; auch fig.: Auswahlverfahren)* • screen *vt*

sichten *vt <verf> (durch Sieben)* • sift *vt*

Sichtfeld *n <opt>* • field of view

Sichtfenster *n <tech.allg> (z. B. Ofen, Unterseeboot, Raumfahrzeug)* • observation window

Sichtfläche *f <allg>* • face

Sichtflug *m <aerosp> (im Ggs. zu Inst-*

rumentenflug) • visual flight; contact flight

Sichtflugbedingungen *fpl* (VMC) *<aerosp> (für Flüge nach Sichtflugregeln)* • visual meteorological conditions *pl* (VMC)

Sichtflugregeln *fpl* (VFR) *<aerosp> (Ggs. zu Instrumentenflugregeln)* • visual-flight rules *pl* (VFR); contact-flight rules *pl*; CFR

Sichtkontrolle *f <qualit> (kurze Prüfung mit bloßem Auge, ohne Prüfgeräte)* • visual check; optical check *rare*

Sicht nach schräg hinten *f <kfz>* • view over the shoulder

Sicht nach schräg links hinten *f <kfz>* • rear three-quarter vision

Sicht nach vorn *f <kfz>* • forward visibility

Sichtnavigation *f <aerosp> (im Ggs. zu Instrumentenflug)* • contact navigation; landmark navigation; visual navigation

Sichtprüfung von außen *f <qualit> (z. B. von Flugzeugtriebwerken)* • walk-around inspection

Sichttrübung *f <verk>* • impaired vision; clouded vision; visual turbidity

Sicke *f <kfz> (als Stilelement)* • swage line; sculpture line; body swage

Sicke *f DIN 55405 <pack> (Versteifungsrille nach außen oder innen)* • bead

Sicke *f <prod> (in Blech; zur Versteifung)* • ribbing

Sickerflüssigkeit *f <tech.allg>* • seepage

Sickerflüssigkeit *f <ents>* • leachate

sickern *vi <tech.allg> (Flüssigkeit, Gas)* • leak *vi*

Sickerrohr *n <bau.hydr> (z. B. Gebäudeentwässerung)* • drain pipe; drain tile; filter drain

Sickerschacht *m <bau> (z. B. für Grundwasser)* • absorbing well; inverted well; soakaway pit; dry well

Sickerung *f <tech.allg>* • seepage; percolation

Sidestick *m prakt <aerosp.msr>* • sidestick; sidestick controller

Sieb *n <verf> (mit Löchern oder als Drahtgeflecht)* • sieve; colander; cullender

Sieb *n <verf> (für Feststoffe)* • screen; riddle; sieve

Sieb *n <verf> (betont: als Drahtgeflecht)* • wire screen

Sieb *n <verf> (zum Abgießen von Flüssigkeiten)* • strainer

Siebboden *m DIN ISO 2395 <verf> (in Behältern)* • perforated plate *ISO 2395*

Siebdruck *m DIN 55405 <druck> (Druckverfahren)* • screen printing *BS 3130*; silk-screen printing; stencil printing; screen process; silkscreening

siebenfach *<allg>* • sevenfold

Siebensegmentanzeige *f <el> (z. B. LED, LCD)* • seven-segment display

Siebgewebe *n <tech.allg> (allg.; Textil od. Metall, fein od. grob)* • screen mesh

Siebgewebe *n <textil> (sehr fein, engmaschig; z. B. Kraftstofffilter)* • gauze

Siedebereich *m <chem.phys> (allg.)* • boiling range

Siedepunkt *m <phys> (allg.; jede Flüssigk.)* • boiling point (b.p.); boiling temperature

Siedewasserreaktor *m* (SWR) *<nukl> (ein LWR; z. B. in Fukushima)* • boiling-water reactor (BWR)

Siegeln *n <kst> (Verschweißen von Foliennähten)* • sealing :V

Siemens-Martin-Ofen *m <metall>* • open-hearth furnace

Siemens-Martin-Stahl *m <metall>* • open-hearth steel

Siemens-Martin-Verfahren *n <metall>* • open-hearth process

Signal *n <tech.allg> (akustisch, elektrisch, optisch; z. B. Bahn, Navigation, Kommunikation)* • signal

Signalcode *m <tech.allg>* • signal code

Signaldämpfung *f <tech.allg>* • signal attenuation

Signalerkennung *f <tech.allg>* • signal identification

Signalkanal *m <tele>* • signal channel

Signal-Rausch-Abstand *m* (SNR) *<phot>* • signal-to-noise ratio (SNR); S/N ratio

Signalrauschen *n <el>* • signal noise

Signalstärke *f <el>* • signal level; signal strength

Signaltafel *f <tech.allg> (allg.)* • display board; signalboard

Signalunterscheidung *f <tech.allg>* • signal discrimination

Signalverarbeitung *f <el>* • signal processing

Signalweg *m <el>* • signal path

Signalweiche *f <av>* • signal splitter *US*; change-over gate

Sikkativ *n DIN 7732 <obfl> (Additiv; z. B. für Farbe)* • siccative *stand*; liquid drier; drying accelerator; drier *stand*

Silage *f <agri.nahr> (Tierfutter)* • silage fodder; ensilage

Silage *f <agri.nahr> (Vorgang)* • ensilage; ensiling

Silbenzerlegung *f <term>* • syllabification *ISO 12620*

Silber *n* (Ag) *<chem>* • silver (Ag)

Silbererzbergbau *m <min>* • silver ore mining

Silberrückgewinnung *f <chem.verf>* • silver recovery

Silentblock *m <masch> (Metall/Gummi-Dämpfungseinheit; z. B. als Motorlager, Auspuffhänger)* • silent block

Silhouette *f <tech.allg>* • profile

Silica-Reifen *m <tech.allg> (im Ggs. zu Ruß-Reifen)* • silica tire *US*; silica tyre *GB*

Silicium *n* (Si) *<chem> (nicht verwechseln mit Silikon!)* • silicon (Si)

siliciumberuhigter Stahl *m <mat>* • silicon-killed steel

Siliciumchip *m <el>* • silicon chip

Silicium in Elektronikqualität *n <ic> (doppelt so teuer wie Solarqualität)* • electronics grade silicon

Silicium in Photovoltaikqualität *n <ic> (halb so teuer wie Elektronikqualität)* • solar grade silicon

Siliciumkarbid *n <chem> (SiC)* • silicon carbide

Siliciumoxid *n <chem>* • silica; silicon dioxide

Siliciumscheibe *f <mat>* • silicon wafer; silicon slice

Siliciumsolarelement *n <energ.sol>* • silicon solar cell

Silikageltrockenmittel *n <verf>* • silica-gel desiccant

Silikon *n <kst> (in Form von Ölen, Pasten, Gels; z. B. als Gleitmittel)* • silicone

Silikonausrüstung *f <textil>* • silicone finish

silikonbeschichtet *<obfl>* • silicone-coated

silikonfrei *<tech.allg> (z. B. Körper)* • silicone-free

Silikonkautschuk *m <kst>* • silicone rubber

Silikonschmiermittel *n <tribo>* • silicone lubricant

Silo *m/n <bau.logist> (jede Art; ober- od. unterirdisch; z. B. für Getreide, Futter, Raketen)* • silo

Silo *m/n <logist> (Vorratslager)* • silo; bin

SIM-Karte *f* (SIM) *<tele> (auch als herausbrechbarer Teil der ISO-SIM)* • SIM card (SIM)

SIMM-Steckplatz *m <comp>* • SIMM slot

Simulationsanlage *f <tech.allg> (von Anlagen, Systemen; für Tests, Probeläufe)* • mock-up

Simulationsmodell *n <tech.allg>* • simulation model

Simulationstest *m <tech.allg>* • simulation test

Simulator *m <comp> (z. B. Flugsimulator, Netzwerksimulator)* • simulator; simulator program

simulieren *vt <tech.allg> (abstrakt; z. B. Prozesse durch math. Modelle)* • simulate *vt*

simultan *<allg> (z. B. Impfung, Übersetzung)* • simultaneous

Simultanaufnahme *f <av> (von TV- und Radioprogrammn)* • simulcast recording

Simultanbetrieb *m <tech.allg> (z. B. Rechner)* • parallel mode; parallel operation; simultaneous operation; concurrent working; flyby

Simultanverarbeitung *f <comp>* • simultaneous processing

Singen *n <antr> (im Getriebe, Antriebsstrang; z. B. im Schiebebetrieb)* • sing

Singulett *n <phys> (Spektrum)* • singlet

sinken *vi <tech.allg> (allmählich; z. B. Flugzeug, Schwebstoff)* • descend *vi*

sinken *vi <nav> (Schiff)* • sink *vi*; founder *vi*; go down *vi*

Sinkflug *m <aerosp>* • descent

Sinkgeschwindigkeit *f <aerosp> (Sinkflug)* • descent rate; descent speed; descent velocity

Sinkgeschwindigkeit *f <verf> (von Schwebstoffen, Sedimenten)* • settling rate; settling speed; settling velocity; sedimentation rate; sedimentation

speed
Sinkstoffe *mpl <ents>* • settling material; sinking material
Sinter *m <mat>* • sinter
Sintercarbidschneidwerkstoff *m <mat>* • cemented-carbide cutting material
Sinterhartmetall *n <mat> (z. B. für Schneidwerkzeuge)* • cemented hard metal; cemented hard carbide; cemented carbide; sintered carbide; hard metal
Sintermetall *n <metall>* • powder metal; sintered metal; powdered metal
Sintern *n <prod>* • sintering
sintern *vt <bau.mat> (Zement)* • clinker *vt*
sintern *vt <metall> (Pulvermetalle)* • sinter *vt*
sintern *vt <silik> (Glas)* • frit *vt*
Sintertechnik *f <prod>* • sinter technology
Sinterwerkstoff *m <mat>* • sintered material
Sinus-Ausgangsleistung *f <av>* • sine--wave power output
sinusförmig *<tech.allg>* • sine-shaped; sinusoidal
sinusförmige Bewegung *f <mech>* • sinusoidal movement
Sinusfunktion *f <math>* • sinusoidal function
Sinusgenerator *m <el>* • sine generator; sine-wave generator; sine-wave oscillator
Sinuskurve *f <math>* • sinusoidal curve; sinusoid; sine curve
Sinussignal *n <el> (als Sinuswelle)* • sine signal
Sinusspannung *f <el>* • sinusoidal voltage; sine-wave voltage
Sinuswelle *f <phys> (allg.)* • sine wave
Siphon *m <rls.hygi> (Geruchsverschluss; z. B. unter Waschbecken)* • siphon trap; clean out trap; siphon trap
Sirene *f <alarm>* • siren
sirupartig *<chem.petr>* • syrupy; syrup--like
Sisal *m <textil>* • sisal
Sitz *m <tech.allg> (z. B. von Maschinenelementen, Ventilen)* • seat
Sitz *m <tech.allg> (für Personen; z. B. Theater, Pkw, Bus, auf Motorrad)* • seat
Sitz *m <masch> (von Welle und Bohrung etc.; z. B. Presssitz)* • fit
Sitzbank *f <tech.allg> (z. B. in Fahrzeugen, Parks)* • bench
Sitzbank *f <kfz> (Motorrad)* • seat
Sitzbelegung *f <tech.allg> (z. B. in Autos, Konzertsälen)* • seat occupancy
sitzend ausgeführte Arbeit *f <allg>* • sedentary work
Sitzerhöhung *f <kfz.sich> (Sitzkissen für Kinder von ca. 4 bis 12 Jahren)* • booster seat; booster cushion; backless booster
Sitzflächenneigung *f <fz>* • seat tilt
Sitzgurt *m <aerosp.sich>* • seat belt
Sitzheizung *f* (SH) *<kfz.innen>* • seat heater
Sitzkissen für Stühle *n <innen>* • chair cushion
Sitzkomfort *m <tech.allg>* • seat comfort
Sitzplatzpräferenz *f <allg> (beim Buchen von Flügen, Veranstaltungen; z. B. in der Oper)* • seat preference
Sitzreihe *f* (SR) *<innen>* • seat row
Sitzschiene *f <innen> (zur Längsverstellung)* • seat runner; seat guide channel; seat slide; seat rail
Sitzversteller *m <innen> (Hebel, Knopf, Taste; z. B. an Autositz, Bürostuhl)* • seat adjuster
Skala *f <msr> (Markierung auf Lineal, Messinstrument, Zifferblatt)* • scale
Skalenbeleuchtung *f <msr>* • scale illumination
Skalenbereich *m <msr>* • scale range; measuring range
Skaleneinteilung *f DIN 2257 <msr>* • scale graduation; scale division
Skalenintervall *m <tech.allg>* • scale interval
Skalenscheibeneinstellung *f <tech.allg> (z. B. Messgerät, Vorrichtung, Ziffernschloss mit Drehscheibe)* • dial operation
Skalenwert *m <msr> (Markierung, Teilstrich)* • scale interval; dial interval
Skalenwert *m <msr> (tatsächliche Anzeige)* • scale reading; dial reading
skalieren *vt <math>* • scale *vt*
Skelett *n <tech.allg> (Tragstruktur)* • framework; carcass
Skelett *n <aerosp> (eines Flugzeugs)*

• skeleton; structure

Skelettbauweise *f <tech.allg>* • skeleton construction

Ski *m DIN ISO 6289 <sport> (für Alpin, Abfahrt od. Langlauf)* • ski *coll*

Skibindung *f <sport> (Ausrüstung)* • ski binding; binding *pract*

Slipanlage *f <nav> (Beförderung von Booten, Schiffen ins oder aus dem Wasser)* • slipway; hauling slip; slip; ramp; chute

SMD-Technik *f <el> (Bestückung von Leiterplatten)* • surface mounted design (SMD)

Smog *m DIN ISO 4225 <emiss> (aus smoke und fog abgeleitet)* • smog *ISO 4225*

SMT-... *<el> (Baustein; z. B. Kondensator, Diode)* • surface-mount ...; SMT-...

Sockel *m <tech.allg> (leicht erhöhte Basis)* • pedestal

Sockel *m <tech.allg> (allg.; Grundplatte etc.; z. B. von Sitzen)* • base; riser

Sockel *m <bau>* • pedestal

Sockel *m <el> (von Lampen)* • base *US*; cap *GB*

Sockel *m <metall> (Hochofen)* • understructure

Soffittenlampe *f <el>* • festoon bulb; festoon-type bulb; linear lamp; linear source lamp; tubular lamp *coll*

sofort *<allg> (z. B. Reaktion, Implementierung)* • immediately; instantly; at once; delay: without ~; undelayed

Software *f DIN 44300 <comp>* • software *ISO 2382/1-1984*

Softwarebibliothek *f <comp>* • software library

Softwarefehler *m <comp>* • software error

Sog *m <phys> (Strömung durch relativen Unterdruck)* • suction

so gut wie *<allg> (nahezu, fast)* • all but

Sohle *f <bau>* • bottom; floor

Sohle *f <bekl> (Schuhe)* • sole

Sohle *f <hydr> (Kanal)* • bottom; ground; sole

Sohle *f <min> (Grube)* • level horizon

Sohlfläche *f <tech.allg>* • base area

söhlig *<min> (horizontal)* • level *adj*; horizontal; aclinal; aclinic

söhlige Schicht *f <min>* • horizon

söhlige Strecke *f <min> (horizontal)* • horizontal road

solarbetrieben *<energ.sol>* • solar-powered

Solardach *n <energ.sol>* • solar roof

Solardachziegel *m* (SDZ) *<energ.sol> (Photovoltaik)* • PV-roofing tile

Solardampf *m <energ.sol>* • solar generated steam

Solarenergie *f <energ.sol> (Solarwärme und Photovoltaik)* • solar energy

solare Prozesswärme *f <energ.sol>* • solar process heat

solares Prozesswärmesystem *n <energ.sol>* • solar industrial process heat system

Solarfarmanlage *f <energ.sol>* • solar farm system; solar-thermal distributed receiver system; distributed collector system; dispersed solar system; solar farm *pract*

Solarfeld *n <energ.sol>* • solar field

Solarkollektoranlage *f <energ.sol>* • solar collector system

Solarkonstante *f <energ.sol> (1367 W/m^2, +/- 7 %)* • solar constant

Solarkraftwerk *n <energ.sol> (allg.; thermisch oder photovoltaisch)* • solar power plant

Solarmodul *n <energ.sol> (Photovoltaik)* • photovoltaic module; solar electric module; PV module; solar module

Solarpanel *n <energ.sol> (Baugruppe aus PV-Modulen)* • solar panel

Solarsilicium *n* (SoG-Si) *<energ.sol> (für Solarzellen)* • solar grade silicon (SoG-Si); solar-cell-grade silicon *rare*; silicon for photovoltaic applications *did*

Solarstrom *m <energ.sol>* • solar power

Solarthermie *f VDI4640 <energ.sol>* • solar heat; solar thermal energy conversion; solar thermal heating

solarthermische Anlage *f <energ.sol.therm>* • solar thermal system; solar heating system; solar system; thermal solar system *rare*

solarthermische Energieumwandlung *f <energ.sol>* • solar-thermal energy conversion; solar energy utilization

solarthermisches Kraftwerk *n <energ.sol> (mit Kollektoren bzw. Konzentratoren)* • solar thermal power plant

Solartrocknung *f <energ.sol>* • solar drying

Solarturm *m* <*energ.sol*> • solar tower

Solarturmkraftwerk *n* <*energ.sol*> • central receiver system (CRS); central receiver solar power system; central receiver solar thermal energy system; central receiver solar power plant; power tower *coll*

Solarzelle *f* <*energ.sol*> *(allg.; setzt Licht in el. Spannung um; Wirkungsgrad ca. 15 %)* • solar cell; photovoltaic cell [for solar panels]; solar voltaic cell; solar battery *obs*

Sole *f* <*chem*> *(kochsalzhaltiges Wasser)* • brine solution; brine *coll*; salt brine *rare*

solehaltig <*chem*> • briny

Solekaverne *f* <*logist*> • salt dome; underground salt dome

Sole/Wasser-Wärmepumpe *f* <*hlk*> • brine-to-water heat pump

Soliduslinie *f* <*metall*> • solidus curve; solidus line; solidus

Sollbruchstelle *f* <*tech.allg*> *(z. B. eines Blindnietdorns)* • predetermined breaking point

Sollflugbahn *f* <*tech.allg*> *(Geschoss, ballistische Rakete, Raumfahrzeug)* • intended trajectory

Sollgeschwindigkeit *f* <*tech.allg*> *(z. B. Fahrzeug, Schlitten, Vorschub, Laufkatze)* • desired speed

Sollleistung *f* <*tech.allg*> *(z. B. Motor, Kraftwerk)* • design power

Sollleistung *f* <*tech.allg*> • desired output; required output

Sollmaß *n* <*tech.allg*> • desired dimension; specified dimension; desired size

Sollstellung *f* <*tech.allg*> *(z. B. Schalter, Schütz, Ventil)* • demanded position

Sollwert *m* <*tech.allg*> *(betont: erforderlicher Wert)* • required value

Sollwert *m* <*msr*> *(eingestellter Wert; z. B. von Regelung; z. B. eine bestimmte Temperatur)* • set value; setpoint; setting; control input

Sollwert *m* <*msr*> *(Betonung: gewünschter Wert)* • desired value

Sollwertbereich *m* <*tech.allg*> • operating differential

Sollzeitpunkt *m* <*tech.allg*> • ideal significant instant

Sollzustand *m* <*msr*> *(z. B. Messgerät, Regler)* • desired condition

Sommerbetrieb *m* <*tech.allg*> *(z. B. Kfz, Klimaanlage)* • summer operation

Sommerzeit *f* <*allg*> *(Uhrzeit eilt astronomischer Zeit vor)* • daylight savings time

Sonar *n* <*navig*> *(allg.)* • sonar; sonar set

Sonde *f* <*tech.allg*> • probe

Sondenanschluss *m* <*tech.allg*> • probe connection

Sonderabfall *m* <*ents*> *(Teil des Industriemülls)* • hazardous waste *US*; dangerous waste *GB*; special waste

Sonderausstattung *fsg* <*tech.allg*> • optional equipment *sg*; optional features *pl*; options *pl pract*

Sonderausstattung ohne Mehrpreis *f* <*tech.allg*> • no-cost option; option at no extra cost

Sonderausstattungspaket *n* <*tech.allg*> *(allg.)* • option package

Sonderausstattungspaket *n* <*tech.allg*> *(mit besonders günstigem Preis/Leistungsverhältnis)* • special value package

Sonderform *f* <*tech.allg*> • specialty shape; special shape

Sondermaschine *f* <*tech allg*> • special machine

Sondermülldeponie *f* <*ents*> • hazardous waste landfill; toxic waste landfill; toxic landfill

Sondermüllverbrennungsanlage *f* (SMVA) <*ents*> • hazardous waste incineration plant; hazardous waste incinerator

Sonderstahl *m* <*metall*> *(meist ein legierter Edelstahl)* • non-standard grade steel; special steel; special--purpose steel

Sondertafel *f* <*allg*> • special pattern

Sonderwerkzeug *n* <*wz*> • specialty tool; special tool *pract*

Sonderzeichen *n* <*druck*> • special character; special symbol

Sonderzubehör *n* <*tech.allg*> • accessories *pl*; extras; optional equipment

Sonderzubehörteile *npl* <*tech.allg*> *(z. B. Kfz)* • optional accessories

sondieren *vt* <*tech.allg*> *(akustisch; z. B. Boden)* • sound *vt*

sondieren *vt* <*tech.allg*> *(mit Sonde untersuchen)* • probe *vt*

so niedrig wie möglich (ALAP) <*tech.allg*> *(z. B. Emissionen)* • as low as possible (ALAP); low: as ~ as possible

so niedrig wie vernünftigerweise möglich (ALARA) *<tech.allg> (z. B. Emissionen, Risiken, Kosten)* • as low as reasonable achievable (ALARA); low: as ~ as reasonable achievable

Sonnenbank *f <hygi>* • sun bed; sun bench; tanning bed; solar bed

Sonnenblende *f <phot>* • lens-hood

Sonneneinstrahlung *f <energ.sol> (zeitlich integrierte Bestrahlungsstärke; in* MJ/m^2 *oder* kWh/m^2*)* • insolation; solar energy influx; radiant exposure; irradiation *pract*; sunlight exposure *coll*

Sonnenfleckenaktivität *f <astron>* • sunspot activity

Sonnenkollektor *m <energ.sol> (zur Wärmeerzeugung)* • solar collector; solar thermal collector; solar panel; collector *pract*

Sonnenliege *f <allg> (Garten, Pool, Strand)* • sun lounger; sunbed; pool chair

Sonnenofen *m <energ.sol>* • solar furnace

Sonnenpaddel *n <aerosp> (am Raumfahrzeug)* • solar-cell paddle; solar-cell panel; solar-battery paddle *rare*

Sonnenrad *n DIN 3998 <antr> (Planetengetriebe; z. B. in Automatikgetriebe)* • sun gear; sun wheel *GB*; center gear; sun pinion; internal gear

Sonnenschirm *m <allg>* • parasol *GB*; sun umbrella *US*

Sonnensegel *n <tech.allg>* • canopy

Sonnenuntergang *m <allg> (Fliegerei: Regeln; Fotografie)* • sunset

Sonnenwind *m <astron>* • solar wind

Sonotrode *f <füg> (Ultraschallschweißen; z. B. bei Vliesstoffen, Chipverdrahtung)* • sonotrode

Sorgfalt *f <tech.allg>* • diligence; prudence; care

sorgfältig durchkonstruiert *<tech.allg>* • elaborate; well-designed

Sorptionskälteanlage *f <hlk>* • sorption refrigeration system

Sorptionsmittel *n <verf>* • sorbent; sorbent material

Sorptiv *n <verf>* • sorbate

sortenrein *<tech.allg> (z. B. Paletteninhalt, Abfall)* • homogenous

Sortieranlage *f <ents>* • sorting plant; separation plant

Sortierband *n <förd>* • sorting belt; sorting conveyor; picking conveyor; picking belt

Sortieren *n <tech.allg> (Vorgang, Funktion, Menüoption)* • sorting; sort

sortieren *vt <allg> (in gleiche Gruppen)* • assort *vt*

sortieren *vt <allg>* • sort *vt*

sortieren *vt <tech.allg> (in Reihenfolge)* • sequence *vt*

sortieren *vt <tech.allg> (nach Größe)* • size *vt*

sortieren *vt <druck> (z. B. Kopiererfunktion)* • collate *vt*; sort *vt*

sortieren *vt <qualit> (nach Qualität)* • grade *vt*

sortieren *vt <verf> (Aufbereitung)* • classify *vt*

sortieren *vt <verf> (betont: trennen, abtrennen; z. B. nach Größe, Dichte, Gewicht)* • separate *vt*

Sortierkriterium *n <comp>* • sorting criterion; sort criterion

Sortierschlüssel *m <comp>* • sort key

sortierte Kohle *f DIN 22005-2 <min>* • washed coal

Sortiervorgang *m <tech.allg> (z. B. EDV, Verfahrenstechnik)* • sorting operation

Sortiment *n <ökon>* • range

SOT-Lasche *f <pack> (SOT-Deckel-Nomenklatur)* • stay-on tab; retained-ring tab; ecology tab

Soundkarte *f <comp>* • sound card; audio card

Soziussitz *m <kfz> (Motorrad, Motorroller, Motorschlitten)* • pillion

Spachtel *m <bau.wz> (für Kitt; eher schmale Klinge)* • putty-knife

Spachtel *m <kfz.wz> (breit, nachgiebig; aus Gummi oder Kunststoff)* • squeegee

Spachtel *m <obfl.wz> (flache Klinge; speziell zum Farbabkratzen)* • paint-scraper

Spachtelmasse *f <bau.mat> (zum Befestigen von Gipskartonplatten)* • drywall adhesive; adhesive *pract*; compound *pract*

Spachtelmasse *f <mat> (betont: Kitt, für Fugen)* • putty; luting; stopper

Spachtelmasse *f <mat> (Polyesterspachtel als Füller)* • filler paste

Spachtelmasse *f <obfl> (Füller für*

dünnen Auftrag) • filler
Spake *f* <*nav*> *(Holzstange zum Drehen eines Spills mit Handkraft)* • capstan bar
Spake *f* <*nav*> *(aus Metall, als Hebel eingesetzt)* • lever
Spalt *m* <*tech.allg*> *(schlitzähnliche Öffnung, in einem Teil od. zw. benachbarten Teilen)* • gap
Spalt *m* <*tech.allg*> *(meist zwischen festem und bewegtem Teil)* • clearance
Spalt *m* <*tech.allg*> *(enger Zwischenraum)* • space
Spalt *m* <*tech.allg*> *(sehr eng)* • crevice
Spaltbreite *f* <*tech.allg*> • gap width
Spalte *f* <*geo*> *(im Gestein)* • rift
Spalte *f* <*math*> *(Matrix, Tabelle)* • column
Spaltebene *f* <*mat*> • cleavage plane
spalten *vi* <*tech.allg*> *(in zwei oder mehrere Teile)* • split *vi*; part *vi*
spalten *vi* <*tech.allg*> *(in zwei Teile; meist entlang natürlicher Trennlinie)* • cleave *vi*
spalten *vt* <*chem.petr*> • crack *vt*; break down *vt*
spalten *vt* <*prod*> *(z. B. Holz)* • chop *vt*
Spaltgas *n DIN 25401-3* <*nukl*> • fission gas
Spaltgas *n* <*verf*> *(Ethylenanlage)* • cracked gas; process gas
Spaltkorrosion *f DIN EN ISO 8044* <*obfl*> • crevice corrosion *ISO 8044*
Spaltlampe *f* <*licht.med*> *(Augenuntersuchung)* • slit lamp
Spaltleder *n* <*led*> • split leather
Spaltmaß *n* <*prod*> *(von Nähten; z. B. zwischen Karosserieteilen)* • gap width
Spaltprodukt *n* <*nukl*> • fission product
Spaltrohrmotorpumpe *f* <*förd*> *(stopfbuchslos, wartungsfrei)* • canned motor pump; can pump
Spaltsieb *n* <*verf.hydr*> *(allg.)* • fine bar screen; slotted screen
Spaltstoffanreicherung *f* <*nukl*> • fuel enrichment
Spaltstoffrückgewinnung *f* <*nukl*> • nuclear fuel reprocessing; nuclear fuel regeneration
Spaltungswärme *f* <*nukl*> • fission heat
Span *m* <*holz.prod*> • shaving
Span *m* <*obfl.holz*> • chip
Span *m* <*wz.masch*> *(Abfall beim Schneiden)* • chip
Spanbarkeit *f* <*qualit.mat*> *(z. B. durch Drehen, Fräsen, Bohren, Schleifen)* • machinability
Spanbrecher *m* <*wz*> *(z. B. Nut in der Wendeschneidplatte)* • chip breaker
spanend bearbeiten *vt* <*prod*> • machine *vt*
spanende Bearbeitung *f* <*wz.masch*> *(von Werkstücken, Oberflächen; jedes Material, aber meist Metall)* • machining; cutting
Spanholzplatte *f* <*innen*> *(Halbzeug für Möbelbau)* • chipboard
Spanleistung *f* <*prod*> *(Volumen pro Zeiteinheit)* • cutting capacity
spanlose Bearbeitung *f* <*prod*> *(z. B. durch Erodieren, Ätzen)* • chipless machining; non-cutting shaping *rare*
Spannband *n* <*allg*> • retaining strap
Spannbeton *m* <*bau.mat*> • prestressed concrete (PC); pre-stressed concrete; reinforced concrete
Spannbetonseil *n* <*bau*> *(Spannbeton)* • prestressing cable; prestressing strand
Spannbügel *m* <*masch*> *(typ. Halterung und Riemenspanner; z. B. Generatorhalterung)* • adjusting link
Spanndorn *m* <*tech.allg*> • mandrel
Spanndraht *m* <*tech.allg*> *(zum Dehnen, für Zugspannung)* • stretching wire; tension wire
Spanndraht *m* <*tech.allg*> *(zum Verankern)* • anchoring wire
Spanndraht *m* <*tech.allg*> *(zum Verstreben; meist diagonal, über Kreuz, quer)* • bracing wire
Spanndraht *m* <*tech.allg*> *(von einfachen Stabmasten)* • pole guy
Spanneinrichtung *f* <*tech.allg*> • clamping mechanism
Spannen *n* <*tech.allg*> *(richtig einstellen; z. B. Riemen, Werkstücke)* • adjustment
spannen *vi/vt* <*tech.allg*> *(straffen)* • tighten *vi/vt*; tauten *vi/vt*
spannen *vi/vt* <*tech.allg*> *(Drehmoment aufbringen)* • torque *vi/vt*
spannen *vt* <*tech.allg*> *(betont: Durchhang oder Lockerheit beseitigen; z. B. Kette, Riemen)* • take up slack *vt*
spannen *vt* <*masch*> *(Kette, Riemen, Seil; z. B. Steuerkette, Fahrradkette)*

• tension *vt*; tighten *vt*

spannen *vt <masch> (Kette, Riemen, Seil etc.)* • tension *vt*

spannen *vt <mech> (belasten; Feder)* • stress *vt*; load *vt*

spannen *vt <mil> (Hammer, Verschluss)* • cock *vt*

spannen *vt <phot> (Verschluss)* • cock *vt*; set *vt*; rewind *vt*; recock *vt*

spannen *vt <prod> (in Spannfutter)* • chuck *vt*

spannen *vt <prod> (z. B. Werkstück, Werkzeug)* • clamp *vt*; grip *vt*; hold *vt*; mount *vt*

spannen *vt <prod> (betont: fest verriegeln; z. B. Werkzeug, Werkstück)* • lock *vt*

spannen *vt <prod> (zum Glätten; Blech, Folie)* • planish *vt*

spannen *vt <prod> (einrichten; z. B. Werkstück)* • set up *vt*

spannen *vt <prod> (durch Dehnen)* • stretch *vt*

Spanner *m <tech.allg>* • clamping mechanism

Spanner *m <antr> (für Kette, Riemen; z. B. Rolle, Gleitschiene)* • tensioner

Spannfutter *n <wz> (allg.; für Werkzeug, Stangenmaterial; z. B. an Bohr-, Drehmaschine)* • chuck; jaw chuck *rare*

Spannhebel *m <tech.allg> (zum Erzeugen einer Zugspannung; z. B. von Seilen, Ketten, Zugstreben)* • tensioning lever

Spannhebel *m <masch> (allg. zum Ein-, Festspannen)* • clamping lever; gripping lever

Spannhülse *f <füg> (geschlitzt, hohl; eher großer Durchmesser)* • split sleeve; clamping sleeve

Spannhülse *f <füg> (spiralig, eher sehr klein)* • spiral-pin

Spannhülse *f <masch> (betont: zum An-, Einpassen)* • adapter sleeve *ISO 13337*

Spannhülse *f <masch> (betont: Haltebuchse)* • retaining bush

Spannhülse *f <prod> (von außen, eher großer Durchmesser; z. B. für Stangenmaterial)* • clamping collar

Spannkette *f <tech.allg>* • tension chain

Spannkopf *m <tech.allg> (z. B. an Werkzeugmaschinen)* • clamping head

Spannkraft *f <tech.allg> (klemmend; z. B. von Spannvorrichtung auf Werkstück wirkend)* • clamping force

Spannkraft *f <tech.allg> (haltend)* • holding force

Spannkraft *f <tech.allg> (Zugspannung; z. B. von Seilen, Ketten)* • tensile force

Spannmutter *f <tech.allg> (betont: zum Festklemmen)* • clamping nut

Spannplatte *f <tech.allg>* • base plate

Spannplatte *f <tech.allg> (eher vertikal, an Stirnseite von etw.)* • faceplate

Spannplatte *f <prod> (zum Aufspannen, Befestigen von etw.; z. B. für Werkstücke, Werkzeuge)* • clamping plate; gripping plate

Spannring *m <tech.allg> (betont: zum Klemmen)* • locking ring; clamping ring

Spannring *m <tech.allg> (betont: zum dehnenden Spannen)* • stretching ring

Spannring *m <tech.allg> (betont: zum Abdichten, Festziehen)* • tightening ring

Spannring *m <tech.allg> (betont: zum Verriegeln)* • locking collar

Spannrolle *f <antr> (für Riemen; z. B. Steuerriemen)* • idler pulley; belt tensioner; drive belt tensioner; idler

Spannrolle *f <antr> (allg. für Ketten-, Riemen-, Seiltrieb)* • tensioning pulley; tensioner *pract*

Spannrolle *f <fz> (Fahrrad-Kettenschaltung)* • tension pulley; tension roller

Spannstift *m DIN 1481 <füg> (hohl, geschlitzt; kleiner Durchmesser)* • roll pin; hollow dowel pin

Spannung *f <tech.allg> (Straffheit von Seilen, Saiten, Riemen, Verdecken)* • tautness

Spannung *f <el> (Potentialdifferenz; in Volt; z. B. Netzspannung 230 V)* • voltage; tension *rare.coll*; electric voltage

Spannung *f <mech> (durch Verformung induzierte Kraft pro Flächeneinheit; in* N/mm^2*)* • stress; unit stress; mechanical stress *rare*

Spannung-Dehnung-Diagramm *n <qualit.mat>* • stress-strain diagram

Spannungen abbauen *vi <mat>* • relieve stresses *vi*

Spannungsabbau *m <prod> (mechanische Spannungen)* • stress relief; stress relieving

Spannungsabfall *m* (Ud) *<msr> (über*

Widerstände, Sensoren etc.) • voltage drop (Ud); potential drop *thsc*; voltage disturbance *rare*

Spannungsanstieg *m <el> (allg.; eher langsam)* • voltage increase

Spannungsanstieg *m <el> (rasch, unbeabsichtigt)* • power surge; surge *pract*

Spannungsanstieg *m <el> (Netzsspannung; kurz und plötzlich)* • power spike; spike *pract*

Spannungsarmglühen *n <metall> (es bleiben Restspannungen)* • stress-relief annealing; stress relieving *pract*; stress relief annealing with slow cooling in still air *did*; stress-relief heat treatment

Spannungs-Dehnungs-Linie *f <qualit.-mat>* • stress-strain curve; stress--strain graph; stress-strain characteristic

spannungsführend *<el> (z. B. Draht, Kabel, Klemme)* • live; active; current--carrying

Spannungskorrosion *f DIN EN ISO 8044 <mech.chem> (z. B. an Rissen)* • stress corrosion *ISO 8044*

spannungslos *<tech.allg> (nicht gespannt, locker; z. B. Gurt, Kette, Riemen, Seil)* • untensioned

spannungslos *<el> (als Defekt; tot)* • dead

spannungslos *<mech> (nicht belastet)* • stress-free; unstressed

Spannungsrelaxation *f <qualit.mat> (von Kunststoffen)* • stress relaxation

Spannungsriss *m <qualit.mat>* • stress crack

Spannungsschwankungen *fpl <el> (in der Netzspannung, Stromversorgung)* • power fluctuations

Spannungsspitze *f <el>* • voltage peak; voltage spike

Spannungsspitze *f <mech> (lokal; z. B. durch Kerbwirkung)* • stress concentration; stress peak

Spannungsüberschreitung *f <energ.el> (temporärer Anstieg)* • voltage surge *pract*

Spannungsverlauf *m <el> (Kurve)* • voltage curve

Spannungsverlauf *m <mech> (lokal, Kräfteeinleitung und -verteilung; z. B. in einem tragenden Baute)* • flow of stress; stress path

Spannungsverlauf *m <mech> (im Diagramm; als Linie)* • stress curve

Spannungsverlust *m <el> (z. B. von Batterien, langen Leitungen)* • voltage loss

Spannungsverteilung *f <mech> (über ein Bauteil, einen Querschnitt etc.)* • stress distribution

Spannungswahlschalter *m <el>* • voltage selector

Spannungswandler *m <el> (Trafo plus Elektronik; z. B. mit Oszillator, Gleichrichter)* • voltage transformer; voltage transducer; potential transformer

Spannut *f <wz> (in Spiralbohrer)* • flute; clearing groove *rare*; chip room *rare*; chip groove *rare*; gash

Span-Nut *f <füg.wz> (am Gewindeende von Schneidschrauben, im Spiralbohrer)* • flute; chip cavity

Spannvorrichtung *f <tech.allg> (zum Festhalten; z. B. für Werkstücke, Seilende, Druckbögen)* • clamping device; holding device

Spannvorrichtung *f <prod> (für zentrierbare Teile u. Werkzeuge; z. B. Drehmaschinen-, Bohrfutter)* • chucking device

Spannvorrichtung *f <prod> (allg.; für Werkstücke)* • clamping fixture; work--holding fixture

Spannvorrichtung *f <wz> (zum Straffen)* • tightener

Spannweite *f <bau> (zwischen Auflagern; z. B. von Trägern, Balken, Brücken)* • bearing distance; span

Spannweite *f <bau> (Abstand zw. zwei Auflagern; z. B. Dach, Brücke)* • span

Spannweite *f <prod> (allg. Spannvorrichtung)* • opening capacity

Spannweite *f <wz> (z. B. von Schraubstock, Zange)* • clamping capacity

Spannweite *f <wz.masch> (von Futter; z. B. Drehmaschinenfutter)* • chucking capacity

Spanplatte *f DIN EN 312 <bau.mat>* • chipboard *US.GB*; particle board *US*; pressboard *rare*; particleboard *DIN EN 312*

Spanplattenschraube *f <bau.mat> (flacher Senkkopf, Kreuzschlitz, selbstschneidend)* • chip-board screw

Spant *m/n <aerosp> (Rumpf)* • frame;

former; bulkhead

Spant *n/m <nav>* • frame; rib

Spanwinkel *m <wz> (am Drehmeißel)* • back rake angle (BR)

Spanwinkel *m <wz> (am Fräser)* • rake angle

Sparren *m <bahn>* • rafter

Spat *m <min>* • spar

Spatel *m <wz> (z. B. im Labor)* • spatula

Speiche *f <masch> (Räder aller Art; zwischen Nabe und Felge)* • spoke

Speichenrad *n <kfz> (LM-Raddesign)* • spoke wheel; styled spoke wheel *press.advert*; radially spoked wheel *did*

Speicher *m <tech.allg> (allg. Einrichtung zum Sammeln/Aufbewahren)* • storage *US*; store *GB*

Speicher *m <tech.allg> (für Energie; z. B. Druck, Wärme, Elektrizität)* • accumulator

Speicher *m <comp> (für Daten, aber kein Massenspeicher; z.B ROM, RAM)* • memory

Speicher *m <logist> (betont: Halter)* • holder

Speicher *m <logist> (betont: Vorrat)* • reservoir

Speicher *m <wz.masch> (für Werkzeuge)* • magazine

Speicher *m <wz.masch> (Gestell, Regal; z. B. für Werkzeuge)* • rack

Speicheradresse *f <comp>* • memory address; storage address; address

Speicheranforderung *f <comp>* • memory request

Speicherbaustein *m <comp>* • memory module

Speicherbecken *n <bau.hydr>* • storage basin; water reservoir; reservoir

Speicherbedarf *m <comp> (flüchtiger Speicher; z. B. RAM, ROM)* • memory requirement

Speicherbedarf *m <comp> (nichtflüchtiger Speicher)* • storage requirement

Speicherdichte *f <tech.allg>* • storage density

Speicherfähigkeit *f <tech.allg> (z. B. Container, Behälter, Lagerraum)* • bunkering capacity

Speichergestein *n <geo>* • reservoir rock

Speicherheizung *f <hlk>* • electric storage heating

speicherintensive Anwendung *f <comp> (typ. in Bezug auf RAM)* • memory-intensive application

Speicherkapazität *f <tech.allg> (allg.)* • storage capacity

Speicherkarte *f <comp> (Flash Memory)* • memory card; flash memory card; storage card

Speichermedium *n <tech.allg> (z. B. für Daten, Wärme, Strom)* • storage medium

Speichern *n <tech.allg> (von Daten, Objekten)* • storing; storage

speichern *vt <tech.allg> (betont: ansammeln)* • accumulate *vt*

Speicherplatz *m <tech.allg> (für konkrete Objekte od. Daten)* • storage space; storage capacity

speicherprogrammierbare Steuerung *f* (SPS) *<msr>* • programmable logic controller (PLC); programmable controller

speicherresident *<comp> (im RAM)* • resident

Speichertank *m <verf> (allg.)* • storage tank

Speicherung *f <allg>* • accumulation

Speicherwasserkraftwerk *n <energ.hydr>* • storage power plant

Speicherzugriffszeit *f <comp>* • memory access time

Speigatt *n <nav> (Öffnung in der Bordwand)* • scupper hole; scupper outlet; scupper; deck drain

speisen *vt <tech.allg>* • feed *vt*

speisen *vt <tech.allg> (z. B. mit Gas, Luft, Strom, Wasser)* • supply *vt*

Speisepumpe *f <tech.allg>* • feed pump

Speisespannung *f <el>* • supply voltage

Speisewagen *m <bahn>* • dining car; restaurant car *GB*; diner *coll*

Speisewasser *n <verf> (z. B. für Produktionsprozesse, Dampferzeuger)* • feed water; feedwater

Speisewasservorwärmer *m <energ>* • economizer *US*; economiser *GB*; feedwater preheater; feedwater heater *DIN 4319*; feed heater

Spektralanalyse *f <phys>* • spectral analysis

Spektrallinie *f <phys> (einzeln)* • spectral line; spectrum line

Spektrallinienverschiebung *f <phys>*

• spectral-line shift; spectral-line displacement

spektrophotometrisches Verfahren *n ISO/DIS 17053* *<msr>* • spectrophotometric method *ISO/DIS 17053*

Sperrbereich *m* *<el>* *(Thyristor)* • non-conducting zone

Sperrdifferential *n* *<kfz.antr>* *(mit Differentialbremse, automat.; z. B. Viskose- od. Lamellenkupplung)* • limited-slip differential

Sperre *f* *<allg>* *(betont: Hindernis)* • obstacle

Sperreinrichtung *f* *<tech.allg>* *(betont: zum Stoppen eines Durchgangs)* • arrester; arrestor

sperren *vi* *<masch>* *(verriegeln)* • lock *vi*

sperren *vt* *<tech.allg>* *(Zufuhr, Zustrom; z. B. Strom-, Gas-, Wasserversorgung)* • cut off *vt*

sperren *vt* *<druck>* *(Druckzeichen)* • space *vt*

sperren *vt* *<jur>* *(einstellen; z. B. Konto, Zahlungen)* • stop *vt*

sperren *vt* *<masch>* *(blockieren)* • block *vt*

sperren *vt* *<masch>* *(festhalten)* • retain *vt*; hold *vt*

sperren *vt* *<verk>* *(durch Hindernis, Barriere etc.; z. B. Zugang, Straße)* • obstruct *vt*; close *vt*

Sperrenkraftwerk *n* *<energ.hydr>* • barrage power station

Sperrflüssigkeit *f* *<masch>* *(z. B. Säurepumpe)* • sealing liquid; buffer liquid

Sperrfunktion *f* *<tech.allg>* • inhibit function

Sperrgepäck *nsg* *<aerosp>* • bulky baggage *sg*; out-of-gauge baggage *sg GB*; oversized baggage *sg US*

Sperrholz *n DIN EN 313* *<bau.mat>* • plywood; veneer plywood

sperrig *<logist>* *(Frachtgut, Transportteile; z. B. Koffer, Ski, Stangen)* • bulky

Sperrkennlinie *f* *<tech.allg>* • blocking characteristic

Sperrklinke *f* *<masch>* *(von Sperrklinkenmechanismus; z. B. bei Winden)* • pawl

Sperrklinke *f* *<masch>* *(betont: blockierend; z. B. in Gurtsperren)* • locking pawl; blocking pawl *rare*

Sperrklinke *f* *<masch>* *(betont: Einschnapp-, Schlossfalle)* • catch

Sperrklinke *f* *<masch>* *(betont: Arretierung)* • detent

Sperrklinke *f* *<masch>* *(betont: zum Halten)* • holding pawl

Sperrklinke *f* *<masch>* *(betont: fingerartiges Verriegelungsstück)* • latch finger

Sperrklinke *f* *<masch>* *(betont: zum Festhalten)* • retaining pawl

Sperrklinke *f* *<masch>* *(betont: Sicherheitsverriegelung)* • safety latch

Sperrklinke *f* *<wz>* *(betont: in Ratsche)* • ratchet pawl

Sperrklinkenmechanismus *m* *<masch>* *(Ratsche)* • ratchet-and-pawl mechanism

Sperrknopf *m* *<tech.allg>* *(Verriegelung)* • locking button

Sperrmüll *m* *<ents>* • bulky waste; bulky refuse; bulk waste

Sperrrichtung *f* *<el>* *(z. B. Stromrichter)* • non-conducting direction; inverse direction; reverse direction; blocking direction

Sperrring *m* *<tech.allg>* *(allg.; z. B. Bewegungsanschlag, Flüssigkeitssperre)* • check ring

Sperrschicht *f* *<ic.prod>* *(Halbleiter)* • depletion region; depletion zone

Sperrschranke *f* *<verk>* *(vor gesperrten Straßenabschnitten)* • closure barrier

Sperrstoff *m* *<bau.mat>* *(gegen Feuchtigkeit)* • damp-proof material

Sperrstoff *m* *<bau.mat>* *(allg. Isolier-, Trennmaterial; z. B. Dampfsperre)* • insulant

Sperrung *f* *<tech.allg>* • blocking

Sperrung *f* *<tech.allg>* *(durch Behinderung, Hindernis; z. B. Zugang, Leitung)* • obstruction

Sperrung *f* *<bau>* *(gegen Feuchtigkeit; z. B. in Mauern, Fundamenten)* • damp-proofing

Sperrung *f* *<bau>* *(Isolierung; z. B. Dampfsperre)* • insulation

Sperrung *f* *<comp>* *(einer Funktion, Option)* • inhibition

Sperrung *f* *<prod>* *(Schließvorgang)* • closing

Sperrvorrichtung *f* *<masch>* *(allg.)* • locking mechanism; locking system

Sperrwirkung *f* *<tech.allg>* • blocking action

Sperrzeit *f* *<tech.allg>* *(zum Blockieren*

von etw.) • blocking time

Sperrzeit *f <tech.allg> (aus, nicht in Betrieb)* • off-period; dead time

Sperrzustand *m <tech.allg>* • blocking state

speziell dafür vorgesehen *<tech.allg>* • dedicated

Spezifikation *f ISO 9000 <qualit.doku> (Dokument, das Forderungen angibt)* • specification *ISO 9000*; spec *pract*

spezifikationsgerecht *<tech.allg>* • on-spec; according to specifications; as specified

spezifischer elektrischer Widerstand *m <el> (reziproke Größe der elektrischen Leitfähigkeit)* • resistivity; specific resistance

spezifisches Gewicht *n <phys> (Verhältnis Gewichtskraft zu Volumen)* • specific weight; weight density *rare*; specific gravity *rare*

spezifisches Volumen *n* (v) *<therm> (Volumen je Masseneinheit)* • specific volume (v)

sphärisch *<tech.allg>* • spherical; ball-shaped *coll*

sphärischer Spiegel *m <tech.allg> (z. B. Solaranlage, Antenne)* • spherical reflector; spherical mirror

Sphäroguss *m* (GGG) *<mat> (zäh und leicht; z. B. für Kurbelwellen)* • ductile cast iron; nodular cast iron; spheroidal graphite cast iron *rare*

Spiegel *m <tech.allg> (Flüssigkeitspegel; z. B. Wasserstand)* • level

spiegelähnlich *<tech.allg>* • mirror-like

Spiegelbild *n <tech.allg>* • mirror image; reflected image

spiegelbildlich *<tech.allg>* • mirror-image

Spiegelfläche *f <tech.allg>* • mirror surface

Spiegeljustierung *f <energ.sol>* • mirror adjustment

Spiegellinsenobjektiv *n <phot>* • mirror lens; catadioptric system; cat [lens]; catadioptric lens *form*

spiegeln *vt <tech.allg> (konkret mit Spiegel oder metaphorisch; z. B. Dateien)* • mirror *vt*

spiegelnde Fläche *f <energ.sol>* • reflective area

spiegelnde Oberfläche *f <obfl.qualit> (hochglänzend bearbeitet)* • mirror-finished surface; mirror surface; reflecting surface

Spiegelsymmetrie *f <tech.allg>* • mirror symmetry; specular symmetry

spiegelverkehrt *<tech.allg>* • mirror-inverted

Spiel *n <tech.allg> (betont: absichtlicher Abstand)* • allowance

Spiel *n <tech.allg> (betont: innere Lockerheit)* • internal slackness

Spiel *n <tech.allg> (betont: Lockerheit allg.)* • looseness

Spiel *n <masch> (betont: freier Weg, Hub)* • free travel

Spiel *n <masch> (von Gelenken, Wellen, Lagern, Getrieben)* • lash *US*; play *GB*; free play *GB*

Spiel *n <masch> (betont: erwünschter Abstand um oder zu etw.; z. B. Ventilspiel)* • clearance

Spiel *n <mech> (betont: Lockerheit, auch unerwünscht)* • amount of looseness

spielarm *<tech.allg> (exakt eingepasst)* • high-precision fit

Spieldauer *f <tech.allg> (Bewegungszyklus)* • circular-trip time

Spieldauer *f <av> (z. B. von Band, CD)* • running time; playing time; time of playback; minutes of playback; absolute time

spielfrei *<masch> (in Drehrichtung; z. B. Wellenkupplung, Zahnräder)* • backlash-free *:V*; zero-backlash

spielfrei *<masch> (allg.)* • free from play; zero-clearance

Spielraum *m <tech.allg> (zum Bewegen, Einstellen, Einbau)* • clearance; clearance space *rare*

Spielraum *m <tech.allg> (zum Bewegen; z. B. Abstand, Spalt)* • play

Spikereifen *m <kfz> (in D nicht zugelassen)* • studded tire *US*; studded tire *GB*; studded snow tire *US*; studded snow tyre *GB*

Spiking *n <tech.allg> (Entstehen kurzer Spitzenwerte; z. B. Druck, Temperatur)* • spiking

Spindel *f <bau> (Treppe)* • newel

Spindel *f <rls> (Ventil)* • stem

Spindel *f <textil> (Spul-, Zwirnstelle; Aufsteckvorrichtung)* • spindle

Spindelgetriebe *n <masch> (mit Gewindestange)* • screw drive

Spindelkasten *m <wz.masch> (Drehmaschine)* • headstock; head assembly

Spindelstock *m <wz.masch> (Säulenbohrmaschine)* • drill head

Spindelstock *m <wz.masch> (allg.; z. B. Drehmaschine)* • headstock; spindle head

Spindeltreppe *f <bau> (enger als Wendeltreppe, Kern trägt)* • spiral stairs

Spindelwagenheber *m <kfz.wz> (allg.; Spindel vertik. od. horiz.; im Ggs. zu hydraulischem Wagenheber)* • screw jack; screw-type jack

Spindelwagenheber *m <kfz.wz> (Spindel senkrecht; einfache Form mit Kragarm)* • side-lift jack

Spinmagnetismus *m <phys>* • spin magnetism

Spinndüse *f <textil> (synthetische Fasern)* • spinneret; spinnerette; spinning jet

spinnen *vt <textil> (in Spinnerei; Fasern)* • spin *vt*

Spinnerei *f <textil> (Anlage, Fabrik)* • spinning mill; spinning factory

Spinnfaser *f <textil> (synthetisch)* • staple fiber *US*; staple fibre *GB*

Spinnfasergarn *n DIN 53818 <textil> (synthetisch)* • spun yarn; staple yarn; staple fiber yarn *US*; staple fibre yarn *GB*

Spinnfaserzwirn *m DIN 53818:2000 <textil>* • twisted yarn

Spinnmaschine *f DIN ISO 2187 <textil>* • spinning frame; spinning machine

Spinnvlies *n <textil> (z. B. als Schallschutzmatte)* • nonwoven; spunbonded fabric

Spinresonanz *f <phys>* • spin resonance

Spionagesatellit *m <mil.aerosp>* • reconnaissance satellite; spy satellite *coll*

Spiralbohrer *m DIN 338 <wz> (s. auch DIN 340, DIN 341, DIN 345, DIN 346, DIN 1869, DIN 1897)* • twist drill

Spiralbohrersatz *m <wz>* • twist drill set

Spirale *f <math>* • spiral

Spiralfeder *f <masch> (z. B. als Unruhfeder)* • spiral spring; spiral-coiled spring; disc spring *rare.coll*

spiralförmig *<tech.allg>* • helical; spiral-shaped; spiral

Spiralgehäuse *n <masch> (z. B. Francis-Turbine, Kaplan-Turbine, Kreiselpumpe)* • volute; volute casing; spiral casing; scroll case; volute-type casing

Spiralgehäusepumpe *f <förd> (allg.; Gehäuse wie Schneckenhaus; typ. Kreiselpumpe)* • volute pump; volute casing pump; spiral housing pump; volute-type pump; scroll-casing pump

Spiralkabel *n <el> (z. B. an Telefon, Elektrorasierer, el. Zahnbürste, Fahrradschloss)* • coil cable; spiral cable; retractile cord *rare*

Spiral-Kabelschloss *n <fz>* • self coiling cable lock

Spiralklassierer *m <verf>* • spiral classifier

Spiralrohr *n <rls> (allg.)* • spiral tube

Spiralschlauch *m <pneum> (flexible Druckluftleitung; z. B. zw. Sattelzugmaschine und Auflieger)* • re-coil flexible air hose; re-coil air hose; coil-hose

spiralverzahnt *<masch> (Kegelrad)* • spiral-toothed; spiral-tooth

spitz *<allg> (betont: spitz zulaufend, mit einer Spitze versehen; z. B. Bleistift, Na)* • pointed

spitz *<tech.allg> (betont: konisch; z. B. Düsennadel)* • conical

Spitzachslagerung *f <masch> (von Kleinteilen; z. B. Modellbahn)* • needle bearing; axle bearing with jeweller's point; needle-axle bearing

Spitze *f <allg> (oberste Position; z. B. in einer Tabelle)* • top

Spitze *f <tech.allg> (eher großer spitz zulaufender Körper; z. B. Kirchturm)* • spire

Spitze *f <bio> (Finger, Flügel, Nase, Zunge)* • tip

Spitze *f <füg> (Gewindeprofil)* • crest

Spitze *f <masch> (von Schrauben u. Ä.)* • point

Spitze *f <phys> (z. B. einer Amplitude)* • peak

Spitze *f <wz> (Zange, Pinzette)* • nip

spitze Klammer *f <doku> (< ... >)* • pointed bracket

Spitzenamplitude *f <tech.allg>* • peak amplitude

Spitzenbelastung *f <tech.allg> (mech., el.)* • peak load

Spitzendrehmaschine *f <wz.masch>*

• center lathe *US*; centre lathe *GB*

Spitzendruck *m <tech.allg>* • peak pressure

Spitzenklasse *f <qualit> (beste Qualität)* • top grade; top notch *coll*; top drawer *coll*

Spitzenlast *f <energ.el> (von Kraftwerken, Netzen)* • peak load; peak-load demand

Spitzenleistung *f <tech.allg>* • peak performance; top performance

Spitzenleistung *f <phys>* • peak power

spitzenloses Schleifen *n <prod>* • centerless grinding *US*; centreless grinding *GB*

Spitzenschleifen *n <prod> (allg.)* • center grinding *US*; centre grinding *GB*

Spitzenverbrauch *m <tech.allg>* • peak consumption

Spitzenwert bilden *vt <tech.allg>* • peak *vt*

Spitzenwertbildung *f <tech.allg>* • peaking

Spitzhacke *f <bau.wz> (groß, langer Stiel)* • pick; pickaxe *rare.GB*

Spitzmeißel *m <bau.wz>* • diamond point chisel; point chisel *GB*; chisel point

Spleiß *m <tech.allg>* • splice

spleißen *vt <tech.allg> (verflechten; z. B. Seil, Tau, LWL)* • splice *vt*

Splint *m DIN EN ISO 1234 <füg> (z. B. für Kronenmutter)* • cotter pin *US*; split pin *GB.BS 1574*; split cotter pin

Splintholzbaum *m <holz>* • sapwood tree

Splinttreiber *m <wz> (allg.)* • pin punch; parallel pin punch

Splitt *m <bau.mat> (zum Straßenbau)* • grit; split gravel; stone chippings *pl*; stone chips

Splitt aufbringen *vi <bau>* • grit *vt*

Splitten *n <tech.allg>* • splitting

Splitter *m <tech.allg> (Bruchstück; z. B. aus Glas)* • fragment

Splitter *m <bau.mat> (abgeplatzt; Stein)* • spall

Splitter *m <holz> (Holz)* • sliver

Splitter *m <mat> (scharf, spitz; aus Glas, Keramik)* • shard

Splittgehalt *m <bau.mat> (von Beton)* • aggregate content

Split-Wärmepumpe *f <hlk>* • split-system heat pump; split-type heat pump; remote heat pump

Spoiler *m <aerosp>* • spoiler; flight spoiler

Sporn *m <aerosp>* • tail skid; skid

Sport-Utility-Vehicle *n* (SUV) *<kfz> (Kombination aus Limousine, Kombi, Offroader und Sportwagen)* • sport utility vehicle (SUV); sport utility car; sport utility *coll*; sport ute *US.coll*

Spotlampe *f <licht> (Reflektorlampe mit engem Leuchtwinkel)* • spot lamp

Sprachaufzeichnung *f <comp>* • voice recording; speech recording; digitization of speech; digitizing of speech

Sprachausgabe *f <el> (allg.; z. B. von PCs, Navigationssystemen, Haushaltsgeräten)* • voice output; speech output *rare*; text-to-speech *rare*

sprachbetätigt *<tech.allg>* • voice-actuated

Sprachebene *f <term> (z. B. wiss, form, prakt, ugs, jarg)* • register *ISO 12620*; level of language

Spracherkennung *f <comp>* • speech recognition; voice recognition; speech perception

Spracherkennungssoftware *f <comp>* • voice recognition software

sprachgesteuert *<tech.allg>* • voice-controlled; voice-operated

Sprachplanungsstatus *m <term>* • language-planning qualifier *ISO 12620*

Spreizdübel *m <bau.mat> (allg.; klein aus Kunststoff, groß aus Metall)* • expansion plug

Spreize *f <tech.allg> (auf Druck belastet; Verstrebung, meist horizontal od. schräg)* • brace

Spreize *f <tech.allg> (horizontale Strebe, Versteifung)* • horizontal support; horizontal strut

spreizen *vt <allg> (z. B. Finger, Splint, Scherengitter)* • expand *vt*

spreizen *vt <tech.allg> (z. B. Flügel, Dorn, Reibahle)* • spread *vt*

Spreizmechanismus *m <tech.allg>* • expanding mechanism; expander

Spreizwerkzeug *n <feuer.wz>* • spreader

sprengen *vt <agri> (Grünanlagen)* • sprinkle *vt*; water *vt*

sprengen *vt <masch> (aufknacken; absichtlich od. als Defekt; z. B. Muttern, Behälter, Motor)* • crack *vt*; rupture *vt*;

burst *vt*

sprengen *vt <spreng> (mit Sprengmitteln; z. B. Dynamit)* • blast *vt*; dynamite *vt*

Sprenggelatine *f <spreng>* • blasting gelatin[e]; explosive gelatin[e]

Sprengkapsel *f <spreng> (zwischen Zündschnur und Sprengstoff; z. B. in Steinbruch, Mine)* • detonator; detonating cap; primer; fuze *US*; fuse

Sprengladung *f <spreng>* • explosive charge; blasting charge

Sprengring *m DIN 9045, 73123 <füg> (Drahtring, C-förmig; Querschnitt typ. rund)* • circlip; ring spring *rare*; annular spring *rare*

Sprengschnur *f EN 13630-1 <spreng>* • detonating cord *EN 13630-1*

Sprengschweißen *n* (S) *DIN 1910-2 <füg> (ein Pressschweißverfahren)* • explosion welding (EXW); explosive welding

Sprengstoff *m <spreng>* • explosive

Sprengtechnik *f DIN 20163 <spreng>* • blasting

Sprengung *f <spreng> (mit Sprengstoff; z. B. im Bergbau)* • blast; shot

Sprengung *f <spreng> (mit Sprengstoff zum Abbruch; v. Gebäuden, Brücken, Anlagen)* • demolition

Sprengwagen *m <nfz>* • street-sprinkler; sprinkler; road flusher

Sprengwerk *n <bau>* • strut frame; strut bracing

Sprengwerkbogenbrücke *f <bau>* • strut-braced arch bridge

Sprengzone *f <min.spreng>* • blast area

Springbrunneneffekt *m <tech.allg>* • fountain effect

springen *vi <allg> (federnd hüpfen; meist mehrfach; z. B. Ball, Feder)* • bounce *vi*

springen *vi <allg> (aktiv hüpfen)* • jump *vi*

springen *vi <mat> (Risse bilden; z. B. Glas, Porzellan, Keramik, Holz)* • crack *vi*

springen *vi <silik> (platzen, in viele Scherben; z. B. Glasflasche, Fensterscheibe)* • burst *vi*

springen *vt <mat> (kleine Risse bilden; z. B. Lack, Keramik)* • fissure *vt*

Springflut *f DIN 4049-3 <geo>* • spring tide

Springrollo *n <innen>* • roller blind; roll-up shade

Sprinkleranlage *f <feuer>* • sprinkler system; fire-sprinkler system; sprinkler fire-extinguishing installation; fire sprinkler system; sprinkling system

Spritzbalken *m <tech.allg> (Leiste mit Sprühdüsen)* • spray bar

Spritzbeton *m DIN 18 551 <bau.mat>* • shotcrete; Jetcrete ®; Gunite ®; gunned concrete *rare*; sprayed concrete *rare*

Spritzblasen *n <kst> (Kombination von Spritzgießen und Blasformen)* • injection blow molding

Spritzblech *n <tech.allg> (betont: zum Ablenken)* • deflector plate

Spritzblech *n <tech.allg> (allg.; als Schutz)* • splash guard

Spritzbrett *n <tech.allg>* • splash board; baffle board

Spritzeinheit *f <kst> (Spritzgießmaschine)* • injection unit; plasticating unit *rare*; injection carriage *rare*

spritzen *vi <allg> (schwallweise; meist Wasser)* • splash *vi*

spritzen *vi <füg> (beim Schweißen)* • spatter *vi*

spritzen *vi/vt <allg> (einzelne od. mehrere schnelle Spritzer)* • squirt *vi/vt*

spritzen *vt <tech.allg> (zerstäubt; z. B. Lack, Farbe, Pestizid, Wasser)* • spray *vt*

spritzen *vt <kst> (Thermoplaste, mit Spritzgießmaschine)* • injection-mold *vt*

spritzen *vt <med> (mit einer Injektionsspritze)* • syringe *vt*

spritzen *vt <obfl> (durch Spritzen auftragen; z. B. Lack, Pestizid)* • spray-apply *vt*

spritzen *vt <obfl> (durch Spritzen beschichten; z. B. Lack, Bleche, Karosserie)* • spray-coat *vt*

spritzen *vt <obfl> (mit Airbrush-Technik)* • airbrush *vt*; brush *vt coll*; airpaint *vt*

Spritzennadel *f <med.wz>* • hypodermic needle

Spritzer *m <allg> (Flüssigkeit; z. B. Wasser, Lasur)* • splash

spritzgegossen *<kst>* • injection molded; injection-molded

spritzgießbar *<kst>* • injection-moldable

Spritzgießen *n <kst> (von Thermoplasten, mit Spritzgießmaschine)* • injection molding *US*; injection moulding *GB*

Spritzgießmaschine *f <kst>* • plastic injection molding machine (PIMM); injection molding machine; injection mold press; injection machine

Spritzgießwerkzeug *n <kst.wz>* • injection mold; die *pract*

Spritzgießzylinder *m <kst>* • injection cylinder; shooting cylinder *obs.rare*

Spritzguss *m <kst>* • injection molding *US*; injection moulding *GB*

Spritzgussteil *n norm <kst> (durch Spritzgießen erzeugtes Formteil, ohne Anguss od. Verteiler)* • injection-molded part; molded part

Spritzling *m prakt <kst> (entformtes Teil, ggf. mit Anguss und Verteiler)* • injection molding; injection molded part; molded part; molding *pract*

Spritzmasse *f VDI 3469-5 <tech.allg>* • spraying compound

Spritznebel *m <obfl> (Spritzlackierung, Airbrushing)* • spray mist; spray fog; spray dust *rare*

Spritzpistole *f <obfl> (zum Pulverauftrag)* • spray gun; powder gun

Spritzpressen *n <kst>* • compression molding

Spritzteller *m <tech.allg>* • splash plate; splash cup

Spritzversteller *m <tech.allg> (Zeitpunkt)* • timing device

Spritzwasser *n <tech.allg> (schwallweise; z. B. beim Durchfahren von Pfützen)* • splashes of water

Spritzwasser *n <tech.allg> (feiner Wassernebel, Gischt)* • water spray

Spritzwasser *n <verk> (von der Straße, vor allem hinter Fahrzeugen)* • road spray; spray

spritzwassergeschützt *<tech.allg> (z. B. Gehäuse)* • splashproof; splash-proof; spray-proof *rare*; shower-proof *rare*

Spritzwasserschutz *m <tech.allg>* • splash guards; antispray guards

Spritzzeit *f <tech.allg> (fein zerstäubt; z. B. Sprühdüse, -kopf)* • spray time

Sprödbruch *m <qualit.mat> (ein Trennungsbruch)* • brittle fracture; non-plastic fracture

spröde *<av> (Stimme)* • grating *adj*

spröde *<bio> (Haut)* • rough; chapped

spröde *<holz.qualit> (leicht splitternd, brüchig)* • brash

spröde *<metall.qualit> (nicht zäh; z. B. Roheisen)* • brittle; short

spröder Überzug *m <obfl.holz>* • brittle finish

Sprödigkeit *f <qualit.mat> (physikal. Materialeigenschaft; z. B. von Glas, Zwieback)* • brittleness

Sprosse *f <bau> (Leiter)* • rung; stave

Sprossenfenster *n <bau>* • multi-lite sash

Sprühaufladung *f <tech.allg>* • spray charge

Sprühen *n <tech.allg> (Flüssigkeit in feinen Tropfen, zerstäubt; z. B. Lack, Wasser)* • spraying

sprühen *vt <allg> (z. B. Parfum)* • spray atomized liquid *vt*

sprühen [auf] *vt <obfl>* • spray [on] *vt*

Sprüher *m <tech.allg>* • sprayer; atomizer

Sprühgerät *n <agri.chem> (für Pflanzenschutzmittel; großes Profigerät, Motorantrieb)* • mist blower; mist generator; mist sprayer

Sprühgerät *n <agri.wz> (jede Art u. Größe, auch mit Handpumpe; z. B. für Pflanzenschutzmittel)* • sprayer

Sprühnebel *m <tech.allg>* • atomized spray; spray mist; spray

Sprung *m <allg>* • jump

Sprung *m <comp>* • jump; branch

Sprung *m <masch> (Schrägzahnrad)* • face advance

Sprung *m <math> (math. Funktion)* • discontinuity; jump discontinuity; jump

Sprung *m <math> (in e. Funktion, Kurve)* • step

Sprung *m <phys> (Quantenmechanik)* • transition

Sprung *m <qualit.mat> (in sprödem Material)* • fissure

Sprung *m <silik> (in Glas, Porzellan, Fliese, Steingut etc.)* • crack; fissure

Sprungadresse *f <comp>* • branch address; transfer address

Sprungantwort *f <msr> (Reaktion auf eine sprunghafte Änderung der Eingangsgröße)* • step response; jump response; step-function response

Sprunganweisung *f <comp>* • jump statement; go-to statement

Sprungbecken *n <bau.sport> (meist mit 10-Meter-Turm, min. 5 m tief)* • diving well

Sprungfeder *f <innen> (in Matratze)* • bed spring; box spring

Sprungfedermatratze *f <innen>* • box--spring combo mattress

Sprungfunktion *f <msr>* • step function; jump function

sprunghafte Änderung *f <tech.allg> (nach oben; z. B. von Messwerten)* • jump

sprunghafte Änderung *f <tech.allg> (Rampe auf oder ab; z. B. in Spannungsverlauf)* • step

Spülbohren *n <min.petr>* • flush drilling; mud-flush drilling; wash drilling

Spule *f <comp.av> (aufgewickeltes Magnetband)* • reel; reel of tape; tape reel

Spule *f DIN IEC 50 <el> (allg.; Induktivität)* • coil *DIN IEC 50*

Spule *f <el> (Elektromagnet)* • coil; magnet coil

Spule *f DIN 55405 <pack> (zum Aufwickeln von Bändern, Fäden etc.)* • reel

Spule *f <textil> (Garnträger von dem der zu verarbeitende Faden abgezogen wird)* • yarn package; package; bobbin; cone

spülen *vt <tech.allg> (Oberflächen, mit Flüssigkeit)* • rinse *vt*

spülen *vt <tech.allg> (Hohlräume, Leitungen; mit Flüssigkeit oder Gas reinigen)* • purge *vt*; flush *vt*

spülen *vt <kfz.mot> (Brennraum im Zweitaktmotor)* • scavenge *vt*

spülen *vt <verf> (mit reichlich Flüssigkeit, schwallartig)* • flush *vt*

spülen *vt <verf> (zum Säubern; z. B. Geschirr, Textilien)* • wash *vt*; rinse *vt*

spülen *vt <verf> (Filterelemente abreinigen)* • backflush *vt*; backwash *vt*; blowback *vt*

Spulenantrieb *m <tech.allg>* • reel drive

Spulenwindung *f <allg>* • coil winding

Spülflüssigkeit *f <tech.allg> (zum Ausspülen; z. B. zum Reinigen von Pumpendichtungen)* • flush liquid; flushing liquid

Spülgas *n <chem.verf> (zum Reinigen)* • purge gas

Spülgas *n <kfz.mot> (verdrängt die Abgase)* • scavenging gas

Spülkasten *m DIN 19542 <bau.hlk> (WC)* • flushing cistern; cistern *prakt*; tank *coll*

spülmaschinenfest *<mat> (Geschirr, Dekor, Besteck)* • dishwasher safe

Spültischarmatur *f <rls.hygi> (für die Küche)* • kitchen faucet

Spülung *f <tech.allg> (allg.; mit Flüssigkeit)* • rinse

Spülventil *n <kfz.emiss> (für Kraftstoffdämpfe, Aktivkohlefilter)* • scavenging valve; purge valve

Spülventil *n <rls> (großer Durchsatz)* • flush valve

Spülventil *n <rls> (geringer Durchsatz)* • rinse valve; scour valve

Spülwasser *n <tech.allg> (schlagartig große Menge; z. B. Toilette)* • flush water

Spülwasser *n <tech.allg> (eher langsam fließend, auch reichlich; z. B. zum Abspülen von Shampoo)* • rinsing water

Spundloch *n DIN 55405 <pack> (in Fass)* • bung-hole; bung

Spundung *f <holz>* • tongue and groove

Spundwand *f <bau> (mit Spundbohlen)* • sheet-pile wall; sheet-pile bulkhead; sheet piling; sheeting

Spundwandschürze *f <bau>* • sheet piling

Spur *f <allg> (verfolgbar; z. B. von Füßen, Rädern, Skiern)* • trace

Spur *f <aerosp> (auf Radarschirm; z. B. eines Flugzeugs)* • track

Spur *f DIN 44300 <av> (auf Datenträger; z. B. auf Festplatte, CD, DVD)* • track

Spurbreite *f <bahn> (Schiene)* • gauge

Spurenelement *n <chem>* • trace element; accessory element; guest element

spurgeführtes Fahrzeug *n <bahn>* • track-guided vehicle

Spurhalteassistent *m <kfz.sich>* • lane--departure warning [system] (LDW); lane-keeping system; automatic lane--keeping system

Spurregler *m <av.msr>* • tracking control

Spurstange *f <kfz> (Lenkung)* • tie rod; track rod *GB*; side rod *GB*

Spurwechselassistent *m <kfz.sich>* • lane-change assistant; lane assist *Audi*

Spurweite *f <bahn>* • rail gauge; track gauge; gauge *pract*

Stab *m <tech.allg> (eher größerer Durchmesser)* • bar

Stab *m <tech.allg> (eher kleinerer Durchmesser, massiv)* • rod

Stab *m <bau> (vertikal, auf Druck beansprucht)* • column

Stab *m <bau.masch> (des Fachwerks)* • strut; lacing; lattice

stabförmig *<tech.allg> (eher größerer Durchmesser)* • bar-shaped

stabförmig *<tech.allg> (eher kleinerer Durchmesser)* • rod-shaped

stabil *<tech.allg> (z. B. Verhalten)* • persistent; steady

stabil *<chem> (nicht zerfallend; z. B. Verbindung)* • stable

stabil *<el> (Betrieb, Prozessparameter)* • steady-state

stabil *<mech> (Position, Lage)* • stable

stabil *<phys> (Zustand; z. B. Gleichgewicht)* • stable

stabile Fahrgastzelle *f <kfz.sich>* • rigid occupant cell; safety cage

stabiler Zustand *m <tech.allg> (z. B. Regler, Sender, Triebwerk)* • steady state

stabiles Isotop *n <chem>* • stable isotope; non-radioactive isotope

Stabilisator *m <tech.allg> (Gerät oder Substanz)* • stabilizer *US.GB*; stabiliser *GB*

stabilisieren *vi <tech.allg> (Prozess, Zustand)* • steady *vi*

stabilisieren *vt <tech.allg>* • stabilize *vt*

stabilisierend *<tech.allg>* • stabilizing

stabilisierte Stromversorgung *f DIN 41745 <el>* • stabilized power supply

Stabilisierung *f <tech.allg>* • stabilization

Stabilisierungsfläche *f <tech.allg> (z. B. an Schiff, Flugzeug)* • stabilizing surface; stabilising surface *GB*

Stabilisierungskreisel *m <tech.allg> (z. B. Schiff, Rakete)* • gyro stabilizer; stabilizing gyro; stabilising gyro *GB*

Stabilität *f <tech.allg> (Gleichgewicht)* • balance

Stabilität *f <tech.allg> (zeitlich)* • permanence

Stabilität *f <tech.allg>* • stability

Stabilität *f <tech.allg> (Gleichförmigkeit e. Zustands, Prozesses, Messwerts)* • steadiness

Stabilitätsverschlechterung *f <allg> (politisch, militärisch, wirtschaftlich, technisch)* • destabilization

Stablampe *f <licht>* • flashlight *US*; torch *GB*

Stabstahl *m <metall> (z. B. Normprofile)* • bar steel; steel bar; steel rod

Stadtauto *n <kfz> (z. B. Smart)* • city car

Stadtbahn *f <bahn>* • metropolitan railroad *US*; metropolitan railway *GB*; urban railroad *US*

Stadtgas *n <verbr> (entsteht z. B. bei Kohledestillation; Ggs. zu Erdgas)* • city gas; town gas

Stadtlicht *n <kfz.licht> (AFS-Lichtverteilung)* • town light

stadtnaher Bereich *m <tech.allg>* • exurban fringe

Stadtverkehr *m <verk>* • city traffic; town traffic

Stadtverkehr *m <verk.kfz> (Betriebsart; z. B. für Kraftstoffverbrauchsangabe)* • urban driving; metro driving; city traffic; urban *GB.pract*

Stadtwasserversorgung *f <bau.hydr>* • urban water supply

Stadtwerke *npl <energ>* • municipal works

staffeln *vi/vt <tech.allg> (neben-, über- od. hintereinander versetzt anordnen)* • echelon *vi/vt*

staffeln *vt <tech.allg> (gradieren)* • grade *vt*; graduate *vt*

staffeln *vt <tech.allg> (räumlich od. zeitlich versetzt anordnen)* • stagger *vt*

Staffelung *f <tech.allg> (jeweils seitl. versetzt; z. B. fliegende Gänse)* • echelon

Staffelung *fsg <aerosp> (Abstand von Flugzeugen; z. B. beim Landeanflug)* • separation *sg*

Stag *n <nav> (relativ dünnes Tau; zum Abspannen von Masten etc.)* • stay

Stahl *m <mat>* • steel

Stahlbau *m DIN 18800 <tech.allg> (z. B. Stahlhochbau, Stahlwasserbau, Brückenbau, Behälterbau)* • constructional steelwork; steel construction; structural steel erection

Stahlbauprofil *n <mat>* • structural steel section; structural steel shape

Stahlbeton *m DIN 1045 <bau.mat>* • reinforced concrete (RC)

Stahlbetonfertigteil *n* <bau> *(allg.; jede Form)* • precast reinforced compound unit; prefabricated RC compound unit; precast reinforced concrete compound unit; precast reinforced concrete unit

Stahlbetonplatte *f* <bau> • reinforced concrete slab; reinforced slab

Stahlbetonriegel *m* <bau> • reinforced-concrete slab

stahlblau <obfl> *(bläuliches Dunkelgrau)* • steel blue; iron blue

Stahlblech *n* <metall> *(Grobblech und Mittelblech; flaches, tafelförmiges Halbzeug)* • steel plate

Stahlblech *n* <metall> *(Feinblech und Mittelblech aus Stahl; wickelbar auf Coils)* • steel sheet; sheet steel *pract*; tin *coll*

Stahlblock *m* <metall> • steel ingot

Stahlbramme *f* <metall> • steel slab

Stahlcoil *m* <metall> *(aufgerolltes Stahlblech)* • steel coil

stahldrahtbewehrt <tech.allg> • steel-wire-armored *US*; steel-wire-armoured *GB*

Stahldrahtgewebe *n* <tech.allg> • steel mesh

Stahlerzeugung *f* <metall> • steelmaking

Stahlfeder *f* <tech.allg> • steel spring

stahlgekapselt <tech.allg> • steel-encapsulated

stahlgepanzert <tech.allg> • steel armored *US*; steel armoured *GB*

Stahlgittermast *m* <energ.el> *(für Freileitungen)* • lattice tower; steel tower; tower; lattice steel tower; lattice construction

Stahlgürtelreifen *m* <kfz> • steel belted radial tire; steel belted radial tyre *GB*

Stahlguss *m* <metall> *(Vorgang)* • steel casting; casting of steel

Stahlgussstück *n* <metall> • steel casting

Stahlleichtbau *m* <tech.allg> • light-weight steel construction

Stahlmutter *f* <tech.allg> • steel nut

Stahlplattierung *f* <tech.allg> • steel plating; steel cladding

Stahlrahmen *m* <tech.allg> • steel frame

Stahlroheisen *n* <metall> • steelmaking pig iron; steelmaking iron

Stahlrohr *n DIN EN 10266* <rls> *(betont: zum Stofftransport)* • steel pipe

Stahlrohr *n DIN EN 10266* <rls> *(betont: nicht primär zum Stofftransport; z. B. in Wärmetauschern)* • steel tube

Stahlschrot *n* <obfl> *(z. B. zum Strahlen)* • steel shot; steel abrasive; abrasive shot

Stahlschrott *m* <ents> • steel scrap

Stahlschweißkonstruktion *f* <tech.allg> • welded-steel structure

Stahlsorte *f DIN EN 10020* <mat> • steel grade

Stahlspundbohle *f* <bau> • steel sheet pile; pile plank

Stahlspundwand *f* <bau> • steel piling; sheet pile

Stahl und Eisen <mat> • iron and steel

Stalagmit *m* <geo> *(von unten)* • stalagmite

Stalagtit *m* <geo> *(von oben; t wie top)* • stalagtite

Stammdatei *f* <comp> • master file

Stammlösung *f* <chem> *(Titration)* • stock solution

Stampfbeton *m* <bau> • tamped concrete; rammed concrete

stampfen *vt* <nav> *(Bewegung um die Querachse)* • pitch *vt*

Stand *m* <allg> *(z. B. der Entwicklung, der Technik)* • state

Standard *m* <allg> *(Ausführung, Typ)* • standard

Standardanwendung *f* <allg> • general application

Standardanwendung *f* <comp> *(z. B. Textverarbeitung)* • standard application

Standardcontainer *m* <nav> • standard container

Standardgehäusematerial *n* <allg> • normal housing material

Standardgröße *f* <allg> *(z. B. Bekleidung)* • standard size

Standardklasse *f* <kfz> *(Mietwagenkategorie; z. B. Ford Mondeo, Audi A4)* • standard

Standardrumpfflugzeug *n* <aerosp> • narrow-body aircraft; narrow-body airplane; single-aisle airplane; narrow body *coll*

Standards *mpl*: **den ~ entsprechen** *vt* <allg> *(Qualität, Technologie, Sicherheit)* • standards *pl*: conform to ~ *vt*

Standardtext *m <term> (festgelegter, u. U. wiederkehrender Teiltext)* • standard text

Standbild *n <av>* • still image; still [frame]; freeze frame; field still *rare*; field freeze *rare*

Ständer *m <tech.allg> (vertikales Bauteil)* • vertical member

Ständer *m <bau.innen> (aus Holz)* • stud; timber stud

Ständer *m <el> (Drehstromgenerator)* • stator; stator assembly

Ständer *m <logist> (einer Regalkonstruktion)* • rack column; column; vertical; post

Ständer *m <masch> (z. B. Ständerbohrmaschine, Presse)* • column

Ständer *m <masch> (betont: Funktion als Rahmen)* • frame

Ständer *m <masch> (betont: zum Aufstellen von etw.; z. B. als Sockel oder Halter)* • pedestal; stand

Ständer *m <masch> (betont: aufrecht stehendes, langes Bauteil)* • post

Ständer *m <rep> (z. B. zum Aufbocken eines Motors, Getriebes)* • stand

Ständer *m <wz.masch> (z. B. von Portal-Hobelmaschinen)* • upright standard; upright housing

standfeste Bremsen *fpl <kfz.brems>* • fade-resistant brakes *:V*

Standgebläse *n <hlk>* • floor blower

Standglied *n <mech> (Kinematik)* • fixed link; fixed member; frame [link]

standhalten *vi <qualit> (einer Beanspruchung, Prüfung)* • withstand *vi*; resist *vi*

ständig *<allg>* • continuous

ständige Last *f <tech.allg> (allg.; mechanisch, elektrisch, thermisch; z. B. Gewicht)* • permanent load; continuous load

Standleitung *f <tele> (allg.; für Telefon, Internet usw.)* • dedicated line

Standlicht *n <kfz.el>* • parking light

Standort *m <bau> (z. B. eines Gebäudes, einer Anlage)* • site

Standort *m <navig> (mittels Radioortung bestimmt)* • radio fix

Standortauswahl *f <bau> (für Industrieanlagen)* • siting; site selection

Standortbedingungen *fpl <ents>* • local conditions *pl*

Standortbegehung *f <tech.allg>* • site inspection (SI)

Standortfaktor *m <tech.allg>* • site factor

Standpunkt *m <allg>* • point of view; standpoint; stance

Standstreifen *m <bau.verk>* • emergency lane; breakdown lane *US*; hard shoulder *GB*; hard shoulder for emergency stop; shoulder *US*

Stanniol *n <mat>* • tin foil; tinfoil; silver paper; tin-foil paper *rare*

Stanzautomat *m <wz.masch> (allg.)* • automatic stamping machine

Stanzen *n <prod> (Formstücke auf e. Presse herausschneiden; z. B. Blech, Pappe)* • punching; blanking

stanzen *vt <metall> (Blech)* • blank *vt*

Stanzmaschine *f <prod> (allg.)* • blanking machine; blanking press

Stanzteil *n <prod>* • metal stamping; die stamping

Stanzwerkzeug *n <wz> (allg.; für Flachmaterial)* • blanking tool

Stapel *m <allg> (eher unordentlich; z. B. Wäsche)* • pile

Stapel *m <nav> (Stapellauf)* • building block; block

stapelbar *<logist> (z. B. Paletten, Container, Stühle)* • stackable

Stapelbox *f <logist> (eher klein, meist aus PE od. PP)* • stackable container; tote box *pract*

Stapellauf *m <nav> (eines Schiffs)* • launch; launching

stapeln *vr <logist> (meist unerwünscht; z. B. Altmaterial, alte Zeitungen, Unerledigtes)* • pile up *vi*

stapeln *vt <logist> (z. B. Kisten, Container, Reifen)* • stack *vt*

Stapelsessel *m <allg>* • stacking armchair

Stapelstuhl *m <allg>* • stacking chair

Stapelverarbeitung *f <comp>* • batch processing; batch mode

Stapler *m <logist> (allg.)* • stacker

Stapler *m DIN ISO 5053 <logist> (Fahrzeug; besonders hohe Reichhöhe; z. B. durch Teleskopmast)* • high-lift truck *ISO 5053*

stark *<allg> (z. B. Argument, Brille, Geruch, Gift, Nerven, Wille)* • strong

stark *<allg> (z. B. Farben, Beleuchtung, Kontrast)* • intensive

stark *<tech.allg> (z. B. Motor)* • powerful; strong

Stärke *f <tech.allg> (physische Leistungsfähigkeit)* • power

Stärke *f <tech.allg> (Dicke; z. B. Wandstärke)* • thickness

Stärke *f <nahr>* $((C_6H_{10}O_5)_n)$ • starch

Stärke *f <tele> (Signal)* • strength

stärken *vt <allg>* • strengthen *vt*

Starkstrom *m <el> (380 - 400 V Drehstrom)* • power current; heavy current; high-voltage current *rare*; power *coll*

Starkstromkabel *n <el> (380 - 400 V)* • electric power supply cable; electric power cable; power cable *coll*

starr *<qualit.mat> (so steif, dass eine Biegebelastung zum Bruch führt; z. B. Zwieback)* • rigid

Starrachse *f <kfz> (allg.)* • straight axle *US*; beam axle; rigid axle; I-beam axle *US*; mono axle *US*

starres Fahrwerk *n <aerosp>* • fixed landing gear; fixed undercarriage *GB*; non-retractable landing gear; non-retractable undercarriage *GB*

Starrflügelflugzeug *n <aerosp> (i.Ggs. zu Drehflügelflugzeug)* • fixed-wing aircraft; fixed-wing airplane

Starrheit *f <qualit.mat> (völlige Abwesenheit von Elastizität; z. B. frischer Zwieback)* • rigidity

Starrluftschiff *n <aerosp> (Luftfahrzeug leichter als Luft; z. B. ein echter Zeppelin®)* • rigid airship; rigid dirigible

Start *m <allg> (z. B. Werbekampagne, Rakete)* • launching

Start *m <aerosp> (Rakete)* • launch

Start *m <aerosp> (Abheben; z. B. Flugzeug)* • take-off; takeoff

Startabbruch *m <aerosp> (von Flugzeugen)* • aborted take-off; abortive take-off

Startanlage *f <aerosp> (stationär; als Ort, Gesamtanlage)* • launch installation; launch site

Startbahn *f <aerosp> (Rakete)* • launching trajectory

Startbahn *f <aerosp> (Flugzeug)* • departure runway; takeoff runway; take-off runway

startbereit *<aerosp> (Rakete)* • ready for launching

startbereit *<aerosp> (Flugzeug)* • ready for take-off

starten *vi <allg>* • start *vi*

starten *vi <aerosp> (Flugzeug)* • take off *vi*

starten *vt <allg> (z. B. Rakete, Werbekampagne)* • launch *vt*

starten *vt <aerosp> (Rakete)* • launch *vt*

starten *vt <kfz.mot> (Motor; mit dem Ziel, dass er anspringt)* • start *vt*

starten mit Starthilfekabel *vt <kfz> (Fahrzeug mit entladener Batterie)* • jump-start *vt*

Starter *m <fz.el>* • starter

Starterbatterie *f <kfz.el> (für den Anlasser; typ. eine Bleibatterie)* • car battery; automotive battery *form*; starter battery; battery *pract*

Starter-Generator *m <kfz.el>* • starter alternator *:V*; starter-generator unit *:V*

Startfreigabe *f <aerosp>* • take-off clearance; takeoff clearance

Startgeschwindigkeit *f <aerosp>* • take-off speed; get-away speed

Startgewicht *n <aerosp>* • take-off weight (TOW); take-off mass

Starthilfekabel *n DIN 72553 <kfz.el> (für Fremdstart)* • jumper cable; booster cable; jump leads *rare*

Startlage *f <aerosp> (Rakete)* • launch position

Startlauf *m <aerosp>* • take-off run

Startleistung *f <aerosp> (Triebwerk)* • take-off power; starting power

Startmasse *f <aerosp> (Rakete)* • initial mass; launching mass

Startmasse *f <aerosp> (Flugzeug)* • take-off mass

Startphase *f <allg> (z. B. Werbekampagne, Rakete)* • launching phase

Startphase *f <aerosp> (Rakete)* • booster phase

Startplatz *m <aerosp> (für Flugkörper)* • launching site; launch site

Startrakete *f <aerosp>* • booster rocket; booster

Startrampe *f <aerosp>* • launching ramp; take-off ramp; ramp launcher

Startschiene *f <aerosp>* • rocket launcher rail; launcher rail; launching rack

Startschub *m <aerosp> (Rakete)* • initial thrust; starting thrust

Startschub *m <aerosp> (Flugzeug)* • start thrust; take-off thrust

Startseite *f <comp> (Begrüßungsseite einer Internetpräsenz)* • home page

(hp)

Start-Stop-Betrieb *m <tech.allg>* • start-stop operation

Startstrecke *f <aerosp> (von Flugzeug)* • take-off distance; starting distance

Start- und Landebahn *f* (SLB) *<aerosp>* • runway (RWY); R/W; airport runway

Start und Landung *<aerosp>* • take-off and landing

stationär *<phys> (im Gegensatz zu mobil; z. B. Feld, Ladung)* • stationary

stationär *<phys> (nicht veränderlich)* • steady-state; steady

stationäre Gasturbine *f <turb>* • stationary gas turbine *ISO 11086*

statisch ausgeglichen *<mech> (allg.)* • statically balanced

statisch ausgewuchtet *<mech> (Rotationsteile; z. B. Räder)* • statically balanced

statischer Auftrieb *m <aerosp> (Luftfahrzeuge leichter als Luft)* • aerostatic lift; buoyancy

statistisch auswerten *vt <allg>* • evaluate statistically *vt*

Stativ *n <tech.allg> (z. B. für Kamera, Blitz, Theodolit)* • tripod

Staub *m <obfl> (allg.; auch abgelagert, z. B. auf Oberflächen)* • dust

Staubabscheidung *f <emiss> (allg.; div. Methoden)* • dust removal; dust collection

staubbeladen *<ents>* • dust-laden; dust-filled; dusty

Staubecken *n <energ> (allg. Wasserkraftwerk)* • reservoir; storage reservoir; storage basin; impounding reservoir

Staubecken *n <hydr> (Rückhaltebecken)* • retaining basin

Staubexplosion *f <verf>* • dust explosion

Staub/Luft-Gemisch *n DIN EN 14034 <tech.allg>* • dust cloud *DIN EN 14034*

Staubschutzkappe *f <tech.allg> (meist schwarzes Gummi o. Ä.; z. B. für Druckstangen, Gelenkköpfe)* • dust boot; dust seal; dust guard; dust cover; boot *coll*

staubtrocken *<obfl> (neuer Lack)* • tack-free; touch-dry; dust-dry

stauchen *vt <comp> (m. anderem Element verbundenes Grafikelement verschieben u. verkleiner)* • shrink *vt :V*

stauchen *vt <prod> (z. B. Schrauben- od. Nagelköpfe)* • head *vt*

stauchen *vt <prod> (z. B. Sägezähne)* • swage *vt*

stauchen *vt <prod> (Material zusammendrücken)* • compress *vt*

stauchen *vt <prod> (quetschen)* • squash *vt*

stauchen *vt <prod> (Längenverkürzung und punktuelle Dickenzunahme; z. B. Drahtteile)* • upset *vt*

Stauchung *f <qualit.mat> (allg.; z. B. im Stauchversuch)* • compression

Staudamm *m <bau.hydr>* • dam; storage dam; barrage

Staufferbuchse *f <tribo>* • grease cup; Stauffer screw-down greaser; Stauffer lubricator

Staufferfett *n <tribo>* • cup grease; grease

Staukasten *m <aerosp.innen>* • stowage compartment *JAR 25.787*

Staukontrolle *f <allg> (z. B. Flaschenabfüllungsanlage, Müllsortierung)* • jamming control

Staumauer *f <bau.hydr>* • masonry dam

Stauraum *m <tech.allg> (z. B. für Kleinteile, Gepäck)* • storage space *US*; stowage space *GB*

Stauspiegel *m <hydr> (Wasserspiegelhöhe in Speicherbecken; z. B. Flusskraftwerk)* • storage level

Staustrahltriebwerk *n <aerosp>* • ramjet engine

stechend *<allg> (Geruch, Gestank)* • acrid

stechender Geruch *m <allg>* • stench; acrid smell

Stechzirkel *m <wz> (z. B. Zeichnen, Messen, Übertragen)* • dividers; pair of dividers *thsc*

Steckbrücke *f <allg>* • connector

Steckbrücke *f <comp> (zum Aufstecken; typ. auf Leiterplatten)* • jumper

Steckdose *f <el> (allg.; z.B zur Stromversorgung v. el. Geräten; z. B. mit Netzstrom)* • socket [outlet]; plug outlet; power outlet; plug connector; power point

Steckdosenleiste *f <el> (betont: einreihig, schmal, lang)* • power outlet strip; multiple outlet strip; outlet strip

Steckdosenverteiler *m <el> (jede*

Form; z. B. rund, ein- od. zweireihig) • power outlet box

Stecker *m <el> (Steckverbinder mit Kontaktstiften; im Ggs. zu Buchse)* • male connector; plug connector; connector *pract*; male *pract*; plug *coll*

Steckerleiste *f <el> (Leiterplatte)* • printed-circuit connector

Steckernetzteil *n <el>* • power adaptor; AC/DC adaptor

Steckkontakt *m <el>* • plug contact

Steckplatz *m <comp> (z. B. auf Motherboard)* • slot

Steckschlüssel *m <wz> (allg.; komplett mit Griff oder nur als Einsatz, Nuss)* • socket wrench; socket spanner *GB*

Steckschlüsseleinsatz *m <wz> (zum Aufstecken; z. B. auf Knarre, Gelenkgriff)* • socket

Steckschlüsselsatz *m <wz> (Set mit Antriebswerkzeugen und Einsätzen)* • socket set; socket wrench set; ratchet and socket set; set of sockets

Stecksockel *m <el> (z. B. von Glühlampen, Relais, Spulen)* • plug base; plug-in base

Steckverbinder *m <el.lwl> (allg.; Buchse oder Stecker)* • connector; plug-and-socket connector *rare*

Steckverbinder-System *n <tech.allg> (el. od. mech.; z. B. für Kabel oder Regale)* • connector system

Steckverbindung *f <rls> (von Rohren; z. B. von Auspuffrohren)* • slip joint; clamped joint connection

Steg *m <bau> (von T-Trägern)* • web; plate girder web; girder web

stehen *vi <allg> (aufrecht)* • stand upright *vi*; stand *vi*

stehen mit *vt*: **in Eingriff ~** *<masch> (Zahnrad)* • mesh with *vt*; engage with *vt*; mesh *vi*; engage *vi*

steif *<tech.allg> (wenig oder nicht biegbar)* • stiff; rigid

Steifheit *f <qualit.mat> (betont: fehlende Flexibilität)* • inflexibility

Steifigkeit *f <tech.allg> (Widerstand gegen Biegung; z. B. von Blech)* • stiffness; rigidness; rigidity

Steigeisen *npl DIN 48345 <wz> (betont: für Masten)* • pole climbers; climbing iron

Steigeisen *npl <wz> (allg.)* • climbing iron

steigen *vi <allg> (z. B. Druck, Temperatur, Drehzahl, Börsenkurs, Gewinn, Kosten)* • climb *vi*; rise *vi*

steigen *vi prakt <aerosp> (z. B. Flugzeug; allg)* • climb *vi pract*; ascend *vi*; pitch upward *vi*

steigende Flanke *f norm <comp> (Signal)* • rising edge *stand*

Steigflug *m <aerosp>* • climbing flight; climb; ascent

Steiggeschwindigkeit *f <aerosp> (m/s oder ft/min)* • climbing speed

Steigleistung *f <aerosp>* • climbing power

Steig- oder Sinkfluggeschwindigkeit *f <aerosp>* • vertical speed (VS); rate of climb and descent

Steigung *f <tech.allg> (z. B. von Straßen, Gelände, Kurven)* • gradient; grade

Steigung *f DIN 18065 <bau> (Treppe)* • rise

Steigung *f <kst> (Extruder-, Plastifizierschnecke)* • pitch

Steigung *f <masch> (Gewinde allg.)* • pitch; thread lead; lead

Steigung *f <verk> (Straße; aufwärts, im Ggs. zu Gefälle)* • uphill grade; grade *coll*

Steigungswinkel *m <masch> (von Gewinde-, Schneckengängen)* • pitch angle

Steigwinkel *m <aerosp>* • climb angle

Steigzeit *f <aerosp>* • time of climb; time of ascent

Steilabfall *m <allg> (z. B. Gelände, Größen aller Art)* • drop-off; sharp drop-off

Steildach *n <bau> (Neigungswinkel > 7°; i. Ggs. zu Flachdach)* • pitched roof

Steilheit *f <allg>* • steepness

Steilkurve *f <aerosp>* • steep turn

Steilkurve *f <verk> (Rennstrecke; z. B. Nürburgring Nordkurve)* • steeply banked curve; high-bank curve

Steinbruch *m <min>* • quarry

Steinbrucharbeit *f <min> (Arbeit in einem Steinbruch)* • quarrying

Steinbruchbetrieb *m <min.ökon>* • quarry

Steingut *n <silik>* • stoneware

Steinkohle *f <min> (zw. Braunkohle und Anthrazit; Destillat reagiert basisch; 75-91,5 % C)* • low-grade anthracite;

semianthracite coal; semianthracite; lean coal
Steinlaus *f <bio> (Petrophaga lorioti)* • rocklouse *:V*
Steinsäge *f <bau.wz> (meist im Steinbruch, typ. e. Gatter- od. Drahtsäge; z. B. für Marmor)* • rock cutting saw; rock cutter
Steinsäge *f <bau.wz> (für Bausteine; z. B. Ziegel, Poroton, Ytong etc.; meist Kreissäge)* • masonry saw
Steinsäge *f <wz> (für Steine aller Art, Natur- od. Kunststein)* • stone cutting saw; stone cutter
Steinsalz *n <chem>* • rock salt; halite
Steinschraube *f DIN 529 <füg> (mit Spaltdolle)* • masonry bolt; wall screw *coll*
Steinschüttung *f <bau>* • rock fill; rip--rapping; rip-rap
Steinverblendung *f <bau> (z. B. mit Werkstein)* • stone facing
Steinwolle *f <bau.mat>* • mineral wool; rock wool
Steinzeug *n <silik> (allg.; z. B. für Geschirr)* • stoneware
Stellantrieb *m <msr> (von Ventilen, Weichen etc.; z. B. Motor, Hydraulikkolben etc.)* • actuator; positioner; actuating drive; servo drive; servo [actuator]
Stellarm *m <bahn> (Weichenanlage)* • actuator
Stelle *f <allg> (im Raum)* • location; site; place; spot; point
stellen *vt <allg> (z. B. einen Stuhl, Tisch an einen bestimmten Platz)* • place *vt*; put *vt*
Stellenwahl *f <allg>* • selection of position
Stellglied *n* (ACT) *<msr> (Betätigungsorgan; z. B. elektr., hydraul., mechan., pneumatisch)* • actuator (ACT); final actuating device *form*; control element; control device; power element *rare*
Stellit *n <mat> (Hartmetallgusslegierung)* • stellite
Stellmotor *m <msr> (Stellantrieb; typ. ein E-Motor, auch Hydraulikmotor)* • servo motor; motor actuator; control motor *rare*
Stellungsanzeiger *m <aerosp.msr> (z. B. für Fahrwerk, Klappen)* • position indicator
Stellwerk *n <bahn> (Gebäude)* • switch--tower
Stemmfuge *f <prod>* • caulked joint; caulking joint
Stemmmeißel *m <wz>* • mortise chisel
Stempel *m <bau> (Stütze, Strebe; auf Baustellen)* • strut
Stempel *m <masch> (bewegl. Kolben)* • plunger
Stempel *m <prod> (beim Pressen, Stanzen; von oben)* • force plug; male form
Stempel *m <prod> (im Presswerk; meist groß)* • ram
Stempelausbau *m <min>* • prop support
Stentprothese *f <med.tech>* • stent graft; stented graft
Steppnaht *f <füg>* • stitch weld
Stereoanlage *f <av>* • stereo sound system
Stereoton *m <akust.av>* • stereophonic sound; stereo sound
steril *<med.tech>* • sterile
Sterilblasen *n <pack.kst> (z. B. auf Shuttle-Maschinen)* • sterile blow molding
sterilisierbar *<hygi> (im Autoklaven)* • autoclavable
Stern-Dreieck-Schaltung *f <el>* • star--delta connection
sternförmig *<allg>* • star-shaped
Sternmotor *m <mot> (bei alten Flugzeugen; z. B. als Umlaufmotor)* • radial engine
Sternschaltung *f <el>* • Y-connection *IEC 50-131-04-0*; star connection; Y configuration
Sternwind *m <astron>* • stellar wind
stetiger Vorgang *m <allg>* • continuous process
Stetigförderer *m DIN 15201 <förd>* • steady-flow conveyor; continuous handling equipment *DIN 15201*; continuous mechanical handling equipment *DIN 15201*; conveyor; conveyor with continuous forward movement
Stetigförderer *m VDI 3620 <förd>* • continuous conveyor *VDI 3620*
Stetigkeit *f <allg> (Entwicklung, Prozess)* • steadiness
Steuerbord *n* (S.B.) *<nav> (rechte Seite von Schiffen und Flugzeugen; grün*

markiert) • starboard (Stb.); starboard side

Steuerdüse *f <aerosp> (Raumfahrzeug)* • control nozzle

Steuerelektronik *f <msr>* • control electronics

Steuerfläche *f <aerosp>* • control surface *JAR 25.651-657*; flight control surface

Steuergehäusedeckel *m <kfz.mot>* • timing cover; engine front cover *Ford*

Steuergerät *n DIN VDE 0100 <tech.allg> (mit Steuer- und/oder Regelfunktionen)* • control unit; control circuit device *EN 60947*

Steuerkette *f DIN ISO 7967-3 <mot> (Ventilsteuerung)* • timing chain *ISO 7967-3*; camshaft drive chain *rare*; cam chain *coll*

Steuerkette *f <msr> (im Ggs. zu Regelkreis)* • open-loop control; open-path control *GB*

Steuerknüppel *m <msr> (z. B. Flugzeug, EDV)* • control stick

Steuerkolben *m <kfz> (allg. und K-Jetronic)* • control plunger

Steuerkreis *m <el> (Schaltkreis einer Steuerung, Steuerkette)* • control circuit

Steuerleitung *f <el> (Draht oder Kabel)* • control lead

Steuermann *m pl*: **-leute** *<nav>* • helmsman

steuern *vt <aerosp> (z. B. Flugzeug)* • pilot *vt*

steuern *vt <kfz> (ein Fahrzeug; als Fahrer)* • steer *vt*; pilot *vt*

steuern *vt <nav> (ein Schiff, Boot)* • steer *vt*; pilot *vt*; helm *vt*; manoeuvre *vt*

Steuerrad *n <nav> (Bedienungselement; meist aus Holz mit Speichen)* • ship's helm; helm; ship's wheel; rudder wheel; rudder *rare*

Steuerriemen *m <kfz.mot> (zur Ventilsteuerung)* • timing belt; camshaft drive belt *form*; synchronous belt *ISO 7967-3*; cam belt *pract*; T-belt *coll*

Steuerriemenabdeckung *f <kfz.mot> (OHC-Motor, Nockenwellenantrieb)* • timing belt cover

Steuerruder *n <aerosp>* • control vane; directional vane

Steuersäule *f <aerosp.msr>* • control column

Steuerschalter *m <allg>* • control switch

Steuer- und Regelsysteme *npl <msr>* • control systems *pl*

Steuerung *f <msr> (allg.; Vorgang oder System)* • control; open-loop control

Steuerung *f <msr> (Gerät)* • controller

Steuerung *f <msr.mech> (konkretes Gerät, mechanische Einrichtung)* • control gear; control mechanism

Steuerungsmaßnahme *f <allg>* • control command

Steuerungs- und Regelungstechnik *f <msr>* • process control engineering; control engineering

Steuerventil *n <rls.msr> (allg.)* • control valve

Steuerwerk *n <aerosp>* • flight-control system; flight controls *pl pract*; flying controls *pl*

Steuerzeichen *n <comp> (allg.)* • control character

Steven *m <nav>* • post

Stichflamme *f <feuer> (allg.)* • darting flame

Stichkanal *m <hydr>* • branch channel

Stichleitung *f <el> (allg.)* • stub line; open feeder; tie feeder; stub

Stichprobe *f <qualit> (punktuelle Kontrolle)* • random test; random check

Stichprobenfehler *m <qualit>* • sampling error

Stichprobensystem *n DIN 55350-31 <qualit>* • sampling system

Stichsäge *f <wz> (Handsäge, schmales, spitz zulaufendes Blatt, zum Kurvensägen)* • compass saw; padsaw *GB*

Stickoxide *npl* (NO_x) *<chem>* • nitrogen oxides *pl* (NO_x); oxides of nitrogen *pl*

Stickstoff *m* (N) *<chem>* • nitrogen (N)

Stift *m <allg> (z. B. Bleistift, Buntstift, Augenbrauenstift, Eyeliner)* • pencil

Stift *m <el> (Kontaktstift; z. B. von Stecker; jede Größe)* • pin

Stift *m <el> (Kontaktstift, eher dick; z. B. von Netzstecker)* • prong

Stift *m DIN 1471-81 <füg> (eher klein; z. B. Zentrierstift)* • pin; dowel [pin] *GB*; peg *coll*

Stift *m <hygi> (z. B. Deodorant, Lippenstift)* • stick

stiften *vt <füg> (mit Stift verbinden)* • pin

vt

Stiftschraube *f DIN 938-949 <füg> (ohne Kopf; Gewinde an beiden Enden, gewindeloser Schaft in der Mitte)* • stud; stud bolt *rare*

Stiftsockel *m* (G) *<el> (von Lampen, Röhren)* • pin-cap (G); post-cap; pin base; pin-type cap; plug base *rare*

stilllegen *vt <tech.allg> (endgültig; z. B. Anlage, Werk)* • close down *vt*; shut down *vt*; service: put out of ~ *vt*; operation: put out of ~ *vt*; put out of service *vt*

stilllegen *vt <tech.allg> (genehmigungspflichtige Anlage)* • put out of commission *vt*

stilllegen *vt <min> (Bergwerk u. Ä.; betont: verlassen)* • abandon *vt*

stilllegen *vt <verf> (durch Absperren, Abklemmen; z. B. Anschluss, Bauteil)* • blind off *vt*

Stillstand *m <allg> (von Bewegung)* • standstill

Stillstandszeit *f <tech.allg> (Leerlaufzeit, ungenutzte Zeit im Betrieb; z. B. einer Maschine)* • idle time

Stillstandszeit *f <tech.allg> (betont: Ruhephase)* • rest period

Stillstandszeit *f <prod> (ab-, ausgeschaltet, auch regulär; z. B. Fertigungsanlage)* • downtime

Stillstandszeit *f <prod> (durch unplanmäßige Abschaltungen; z. B. durch Defekt, Streik)* • outage time; stoppage time

stillstehen *vi <allg> (z. B. Prozess, Entwicklung)* • stagnate *vi*

Stirnflächendichtung *f <allg>* • interfacial seal

Stirnseite *f <tech.allg> (allg.; z. B. von Bolzen, Werkzeug, Zahnrad)* • end face; front face

Stirnseite *f <tech.allg> (Vorderseite)* • front side

Stirnwand *f <tech.allg>* • front

Stochern *n <qualit.mat> (zum Lokalisieren lockerer, korrodierter Stellen u. Ä.)* • prodding

stochern *vt <verf> (z. B. in einer Öffnung)* • poke *vt*

Stocheröffnung *f <verf> (in Silo; zum Lockern von Schüttgut)* • pokehole

stöchiometrisch *<kfz.mot> (Kraftstoff/Luft-Verhältnis; ca. 14,7 g Luft zu 1 g Kraftstoff)* • stoichiometric

stocken *vi <allg> (Vorgänge, Bewegungen; z. B. Inflation, Strömung, Wachstum)* • stagnate *vi*

stocken *vi <tech.allg> (z. B. Verkehr, Beschickung)* • jam *vi*

stocken *vi <tech.allg> (stehen bleiben; Bewegung, Maschine)* • stop *vi*

stocken *vi <kfz.mot> (Motor; während der Fahrt)* • stall *vi*

Stoff *m <tech.allg> (aus dem etw. besteht)* • material; matter; substance

Stoff *m <pap.prod> (Faserstoffsuspension im Zellstoffwerk)* • stock; stuff *pract*; porridge *jarg*

Stoff *m <textil>* • cloth; fabric

Stoffaustausch *m <tech.allg> (z. B. durch Diffusion, Mischen)* • exchange of materials

stoffliche Nutzung *f <tech.allg>* • use of the material itself *:V*

stoffliches Wiederverwerten *n <kfz>* • material-sensitive recycling *:V*

Stoffschluss *m <masch> (im Ggs. zu Formschluss und Kraftschluss)* • closure by adhesive force

Stoffverdeck *n <kfz> (allg.; betont: aus Stoff)* • fabric top; canvas top; fabric roof *rare.press*

Stoffwechselprodukt *n <bio> (z. B. Biogas als Brennstoff)* • metabolic product

STOL-Flugzeug *n <aerosp>* • short take-off and landing aircraft (STOL); STOL aircraft; STOL airplane

Stollen *m <min> (horizontal oder gering geneigt; lang und eng)* • adit; gallery; tunnel *coll*

Stollen *m <sport.bekl> (an Sportschuhwerk; z. B. an Fußballschuhsohle)* • stud; cleat

Stopfbuchsbrille *f <rls> (von Ventilen, Armaturen)* • gland; gland flange; gland follower; stuffing box gland

Stopfbuchsdichtung *f <rls> (allg.; Abdichtg. zw. Welle od. Spindel und Gehäuse; z. B. bei Ventilen)* • gland seal; stuffing-box seal; packed stuffing box; packed gland; gland *pract*

stopfbuchslos *<masch> (allg.; z. B. Pumpe, Ventil)* • glandless

Stopfbuchspackung *f <masch> (Pumpe)* • stuffing-box packing; gland packing; packing

Stopfen *m* <*allg*> *(in irgendwelchen Öffnungen)* • plug

Stopfen *m* <*nahr*> *(Flaschenverschluss; aus Kork od. korkähnl. Material)* • cork

Stopfen *m DIN 55405* <*pack*> *(Verschließmittel für enghalsige Packmittel)* • plug *US*; stopper *GB*

stopfen *vt* <*bahn*> *(Gleisbau)* • pack *vt*; tamp *vt*; pun *vt*

stopfen *vt* <*masch*> *(z. B. mit Dichtungsmaterial)* • pack *vt*

stopfen *vt* <*prod*> *(Loch)* • stuff *vt*; plug *v*

stopfen *vt* <*spreng*> *(Sprengloch)* • stem *vt*

stopfen *vt* <*verf*> *(z. B. Leck, Stichloch)* • stop *vt*

Stoppuhr-Funktion *f* <*av*> • stopwatch function

Stöpsel *m* <*silik*> *(z. B. für Chemikalienflaschen)* • bung

Stöpsel *m* <*tele*> *(für Schaltfeld)* • jack-plug; key plug; plug

Störaustaster *m* <*el*> • noise blanker

Störeffekt *m* <*tech.allg*> • perturbation

Störeffekt *m* <*el*> • interference effect; spurious effect

stören *vt* <*allg*> • disturb *vt*

stören *vt* <*mil*> *(z. B. Sender, Radar)* • jam *vt*

Störfaktor *m* <*el*> • interference factor

Störfallablauf *m* <*tech.allg*> • sequence of events

Störfallanalyse *f* <*tech.allg*> • accident analysis

Störfunkstelle *f* <*mil*> • jamming station

Störgeräusch *n* <*akust.tele*> • parasitic noise; background noise

Störgröße *f* <*msr*> *(allg.)* • disturbance variable; disturbance *pract*

Störgröße *f* <*phys*> *(Rauschen)* • noise

stornieren *vt* <*allg*> *(tilgen, löschen; z. B. Auftrag, Termin)* • cancel *vt*

Störquelle *f* <*tech.allg*> *(allg.; z. B. akustisch, elektronisch, mechanisch)* • interference source; disturbance source

Störquelle *f* <*tech.allg*> *(Lärm oder elektrisches Rauschen)* • noise source

Störsignal *n* <*tech.allg*> • interference signal; spurious signal; unwanted signal; interference

Störsignal *n DIN 44146* <*el*> • noise; noise component; noise signal

Störstelle *f* <*el*> *(Halbleiter)* • impurity; defect; imperfection

Störstelle *f* <*qualit.mat*> *(im Kristallgitter)* • crystal defect; crystal imperfection; lattice defect

Störung *f* <*allg*> *(z. B. in Ablauf, Fluss, Strömung)* • disturbance; perturbation

Störung *f* <*tech.allg*> *(im Betrieb; z. B. Fahrzeug unterwegs)* • breakdown; glitch *coll*

Störung *f* <*tech.allg*> *(betont: Ausfall, Zusammenbruch; z. B. eines Versorgungssystems)* • breakdown

Störung *f* <*tech.allg*> *(betont: nicht in Ordnung)* • disorder

Störung *f* <*tech.allg*> *(Betriebszustand; ernster Systemfehler, Ausfall)* • alarm condition

Störung *f* <*el*> *(gegenseitige Signalbeeinflussung)* • noise; interference; parasitic noise; interfering noise

Störung *f* <*qualit*> *(betont: Ungänze, Unregelmäßigkeit)* • imperfection

Störung *f* <*tele*> *(beabsichtigt; z. B. Funkverkehr, Radar)* • jamming

störungsanfällig <*qualit*> *(Bauteil, System)* • susceptible to faults; troublesome *coll*

Störungsanzeige *f* <*msr*> *(betont: bei Versagen, Ausfall)* • failure indication

Störungsanzeige *f* <*msr*> *(als Warnleuchte)* • malfunction indicator lamp

Störungsanzeige *f* <*qualit*> *(bei Fehlfunktion; jede Anzeigeform)* • malfunction indication

Störungsfall *m* <*allg*> • event of a fault; event of a failure

störungsfrei <*tech.allg*> • free from interference; free from disturbance

störungsfrei <*av*> *(Bild)* • noise-free; noiseless *pract*; clear *coll*

störungsfrei <*phys*> *(Strömung)* • undisturbed

störungsfrei <*qualit*> • trouble-free; undisturbed

störungsfreier Betrieb *m* <*tech.allg*> • trouble-free operation

störungssicher <*el*> *(elektrisches Gerät)* • interference-proof

Störungsursache *f* <*qualit*> *(in Hardware, Systemen, Anlagen)* • trouble source

Störunterdrückung *f* <*msr*> • noise suppression; interference rejection;

noise rejection

Stoß *m <tech.allg> (Betonplatten, Träger, Schienen)* • joint; butt joint

Stoß *m <tech.allg> (z. B. durch Schlagloch)* • shock

Stoß *m <el> (z. B. Spannung, Strom)* • surge

stoßartig *<allg>* • sudden

Stoßblech *n <bau> (unten an Tür)* • kick plate

Stoßdämpfer *m <fz> (in Fahrwerk)* • shock absorber; damper *pract*; shock *coll*; shocker *GB.coll*

Stoßdämpfer *m <masch> (Puffer)* • bumper

Stößel *m <chem> (in Mörser; zum Zerstampfen, Zerdrücken, Zerreiben)* • pestle

Stößelstange *f <kfz.mot> (OHV-Ventilsteuerung)* • push rod; valve push rod

stoßempfindlich *<tech.allg>* • sensitive to impact; sensitive to shock

stoßen *vi <tech.allg> (rütteln, schütteln; meist unerwünscht; z. B. Fahrzeugfederung)* • jolt *vi*

stoßen *vi/vt <allg> (drücken, schieben)* • push *vi/vt*

stoßen *vt <füg> (Naht; Kante auf Kante, Stirnseite gegen Stirnseite)* • butt-joint *vt*

stoßen *vt <prod> (mit Stoßmaschine)* • plane *vt*

stoßen *vt <prod> (pulverisieren; z. B. mit Mörser und Pistill)* • pulverize *vt*

stoßen *vt <prod> (mit Stoßmaschine; z. B. Nuten)* • shape *vt*

stoßen *vt <prod> (Schlitze, Nuten)* • slot *vt*

Stoßfänger *m <kfz> (vorn, hinten)* • bumper

stoßfest *<mech>* • shock-resistant

stoßweise *<tech.allg> (Betriebsart; z. B. Ejektor)* • discontinuous

stoßweise *<tech.allg> (z. B. Bremsen, Auswerfen, Abblasen)* • intermittent

stottern *vi <kfz> (Motor)* • hesitate *vi*; run erratically *vi*

straff *<tech.allg> (z. B. Seil, Plane)* • taut

straff *<tech.allg> (betont: gespannt; z. B. Antriebsriemen)* • tensioned; tight

straffen *vt <kfz.sich> (Gurt)* • tighten *vt*

straff halten *vt <tech.allg> (z. B. Seil, Riemen, Kette, Faden)* • keep under tension *vt*; keep taut *vt*

Strahl *m <tech.allg> (aus Düse; z. B. Kraftstoff aus Einspritzventil)* • jet

Strahl *m <licht> (gebündelt)* • beam

Strahl *m <opt>* • ray

Strahlarbeiten *fpl <obfl> (Reinigen; z. B. Sandstrahlen)* • blasting; blast cleaning

Strahlbremse *f <aerosp>* • jet brake; thrust spoiler

Strahldüse *f <tech.allg>* • jet nozzle

Strahlen *n DIN EN ISO 4618 <obfl> (Reinigungsverfahren; z. B. mit Sand, Trockeneis)* • abrasive blasting *ISO 4618-3*; blast cleaning

strahlen *vi <phys> (z. B. Licht, UV, IR, Gamma, Radiowellen)* • emit rays *vi*; radiate *vi*

Strahlenbündel *n <opt.lwl>* • ray bundle; beam; bundle of rays; beam of rays; beam of light

strahlend *<phys>* • radiating; radiant

strahlenexponiert *<phys> (Strahlung ausgesetzt; z. B. Oberfläche, Material, Personen)* • radiation-exposed

Strahlengang *m <tech.allg> (allg.; alle Strahlen; z. B. Absorptionsspektrometrie)* • ray path; beam path

Strahlenschutz-Dosimeter *n DIN 6818-1 <nukl>* • radiation protection dosimeter *DIN 6818-1*

Strahlenteiler *m <opt>* • beam splitter

strahlenvernetzt *<allg>* • irradiated

Strahler *m <phys.nukl>* • emitter; radiator

Strahlflugzeug *n <aerosp>* • jet aircraft; jet airplane *US*; jet aeroplane *GB*; jet plane *coll*; jet *coll*

Strahlmittel *n DIN EN ISO 4618 <obfl> (z. B. Sand, Schrot, CO_2)* • blast-cleaning abrasive *ISO 4618-3*; blasting abrasive; blasting medium; abrasive *pract*

Strahlpumpe *f <förd>* • jet pump; ejector [pump]; eductor [pump]; ejector [assembly]

Strahlrohr *n <tech.allg> (Rohr mit Düse)* • jet pipe

Strahlruder *n <aerosp> (von Raketen, Strahltriebwerken)* • jet vane; jet-deflection flap; gas rudder; jet tab; reactive rudder

Strahlruder *n <nav> (an Bug oder Heck; zum Manövrieren in beengtem Raum)* • thruster; side thruster

Strahltriebwerk *n <aerosp> (typ. ein Mantelstromtriebwerk)* • jet engine; jet-propulsion engine *thsc*; jet *pract*

Strahlumlenkung *f <tech.allg>* • jet reversal

Strahlung *f <phys> (allg.)* • radiation

Strahlungsheizkörper *m <hlk>* • radiant heater

strahlungsinduziert *<nukl>* • radiation-induced

Strahlungszone *f <tech.allg>* • radiation zone

Straight-run-Benzin *n <chem.petr>* • straight-run gasoline *US*; straight-run petrol *GB*; distillate gasoline *US*

straken *vt <obfl> (gewölbtes Oberflächenprofil; z. B. Spanten, Segel, Tragflächen)* • fair *vt*; streamline *vt*

Strandkorb *m <allg>* • roofed wicker beach chair; beach chair; wicker roofed beach chair

Strang *m <el>* • branch

Strang *m <energ.sol> (in Serie geschaltete Solarzellen)* • string

Strang *m <masch> (Wellen, Antrieb)* • line

Strang *m <petr> (Ölbohrung)* • string

Strang *m <rls> (von Rohren, hintereinander)* • train; line

stranggepresst *<prod> (z. B. Metall, Kunststoff)* • extruded; extrusion-molded *US*; extrusion-molded *GB*

Strangguss *m <metall> (z. B. Stahl)* • continuous casting; continuous strand casting

Stranggussanlage *f <metall>* • continuous slab caster

Stranggussprofil *n <tech.allg> (betont: extrudiert; z. B. Kunststoff, Alu)* • extruded profile; extrusion *pract*

Strangpressen *n <prod>* • extrusion molding; warm extrusion; extruding; extrusion

Strangpressprofil *n <prod>* • extruded part; extruded profile; extrusion

strapazierfähig *<qualit> (betont: lange haltbar)* • durable

strapazierfähig *<qualit> (betont: verschleißfest)* • hard-wearing

strapazierfähig *<qualit> (betont: für harten Einsatz)* • heavy-duty

Straße *f <bau.verk> (innerorts)* • street

Straße *f <bau.verk> (außerorts, befestigt)* • highway *US*; road

Straße *f <metall> (Walzwerk)* • train

Straße *f <prod> (Fertigungsstraße)* • line

Straße *f <verk> (inner- u. außerorts)* • road

Straßenarbeiten *fpl <bau.verk>* • road works *pl*; road work

Straßenausbau *m <bau.verk>* • road improvement; highway improvement *US*

Straßenbahn *f <bahn>* • street car *US*; tram [car] *GB*

Straßenbau *m <bau.verk> (Teilgebiet des Verkehrswegebaus)* • road construction; highway engineering *US*; road building; road engineering

Straßenbaubitumen *n DIN 1995-3 <bau.mat>* • road asphalt *US*; asphalt cement *US*; asphaltic cement; penetration grade *pract*; penetration grade bitumen *GB*

Straßenbaumaschine *f <bau.masch>* • road-making machine

Straßenbautechnik *f <bau>* • road engineering

Straßenbelag *m <bau.verk> (befestigter Oberbau einer Straße, meist mehrere Schichten)* • pavement *US*; road surfacing; carriageway surfacing *GB*

Straßenbeleuchtung *f <bau.licht> (innerstädtische Straßenbeleuchtung)* • street lighting

Straßenfahrzeug *n DIN 70010 <kfz> (im Ggs. zu Geländefz.)* • road vehicle; on-road vehicle

Straßenglätte *f <verk> (unerwünschter Straßenzustand; z. B. durch Regen, Schnee, Eis, Matsch)* • slippery road conditions; skidding conditions

Straßengraben *m <bau>* • roadside ditch

Straßenkreuzung *f <verk>* • intersection *US.GB*; crossroad *GB*

Straßenlage *f <kfz>* • road holding; roadability

Straßenschotter *m <bau.mat.verk>* • road metal

straßentauglich *<kfz> (geeignet für Alltagsbetrieb; z. B. Sportwagen)* • roadworthy; streetable

Straßenüberführung *f <verk> (für Fußgänger)* • footbridge

Straßenüberführung *f <verk> (für Fahrzeuge)* • overpass bridge; overpass; road bridge

Straßenunterführung *f <verk> (für Fußgänger)* • subway
Straßenunterführung *f <verk> (für Fahrzeuge)* • underpass
Straßenverhältnisse *npl <bau.verk>* • road conditions *pl*; road condition
Strategie *f <allg>* • strategy
Stratosphäre *f <aerosp> (2. Schicht der Erdatmosphäre)* • stratosphere
Streaming Video *n <av.tele> (z. B. via Internet)* • streaming video
Strebe *f <tech.allg> (betont: diagonal, über Kreuz; auf Zug oder Druck belastet)* • diagonal member
Strebe *f <tech.allg> (axial auf Druck beansprucht, hält etw. auseinander)* • strut; bracing strut
Strebe *f <tech.allg> (auf Zug belastet; meist horizontal od. schräg)* • brace
Strebe *f <bau> (in Fachwerk; diagonal od. senkrecht zum Gurt)* • brace; truss member; web member
Strebe *f <min> (zum Abstützen von Stollen, quer)* • brace
Strebepfeiler *m <bau> (seitliche Stütze; z. B. an Kirchen)* • buttress
Strebförderer *n <min>* • face conveyor
Streckblasen *n <kst> (von PET-Flaschen)* • stretch blow molding *:V*
Strecke *f <bahn> (Gleis)* • track
Strecke *f <math> (Abstand zwischen A und B)* • distance
Strecke *f <min>* • tunnel; drift; gateway
Strecke *f <navig> (von A nach B)* • route
Strecke *f <verk> (z. B. Straßenabschnitt, schlechte Wegstrecke)* • stretch
Streckenvortriebsmaschine *f <min>* • tunneling machine *US*; tunnelling machine *GB*; heading machine
Streckgrenze *f* (Re) *DIN EN 10002-5 <qualit.mat> (im Zugversuch; Bruchkraft durch Anfangsquerschnitt; in N/mm²)* • yield point (Re); yield strength; yield stress
Streckmetall *n <mat>* • expanded metal
Streckmittel *n DIN EN ISO 4617 <tech.allg> (betont: verdünnend)* • diluent *ISO 4617*
Streckmittel *n <tech.allg> (betont: füllend)* • filler; filling
Strehler *m <wz>* • chaser; chasing tool
streichen *vt <obfl> (z. B. Fassade, Wand)* • paint *vt*
streichfertige Farbe *f <obfl>* • ready-mixed paint; ready-to-brush paint
streifenfrei *<kfz> (z. B. Lackpflege, Scheibenwischerfunktion)* • streakless
Streifenlichttopometrie *f* (SLT) *<msr> (zur digitalen Vermessung von 3D-Objekten)* • structured-light topometry (SLT) *:V*
Streifenmaske *f <av>* • aperture grill; Trinitron mask ® *Sony*
Streifenschreiber *m EN 60873-2 <msr> (industrielle Prozessleittechnik)* • chart recorder *EN 60873-2*; strip chart recorder
Streifenwagen *m <kfz> (Polizeiauto)* • cruise car *US*; police patrol car *GB*; prowl car *coll*; cruiser *coll*
Streifenwiderstand *m <el>* • ribbon resistor
Streifschuss *m <med>* • graze gunshot
streng *<allg> (Regelung, Vorschrift etc.)* • rigorous
strenge Anforderungen *fpl <prod>* • stringent requirements
strenge Kosten/Nutzen-Analyse *f <ökon>* • strict cost/benefit analysis
Streuautomat *m <nfz> (Anbaugerät; z. B. für Sand, Streusalz)* • spreader; gritter *GB*
streuen *vt <tech.allg> (durch Bestäuben; z. B. Pestizid)* • dust *vt*
streuen *vt <tech.allg> (betont sparsam; z. B. Salz)* • sprinkle *vt*
streuen *vt <tech.allg> (z. B. Heu im Stall, Saatgut, Streusalz, Sand, Sägemehl)* • strew *vt*; spread *vt*
streuen *vt <phys> (durch Aufprall auf ein Hindernis; z. B. Strahlung, Licht, Tröpfchen)* • scatter *vt*; disperse *vt*
streuen *vt <werb> (Werbemittel, Werbebotschaft)* • distribute *vt*
Streufahrzeug *n <nfz>* • road salt vehicle; road salter *coll*
Streulicht *n <licht> (diffuses Licht; z. B. an bewölkten Sonnentagen)* • scattered light; diffused light
Streulicht *n <licht> (betont: unerwünscht, am falschen Ort; z. B. beim Belichten)* • spurious light; unwanted light; stray light
Streulinse *f <phot>* • diverging lens
Streuscheibe *f <licht> (für Leuchten und Scheinwerfer; z. B. von Autos)* • lens; diffusing lens

Streustrom *m* <el> *(Leckstrom)* • stray current; vagabond current *rare*

Streuung *f* <licht> *(z. B. durch Diffusor)* • diffusion

Streuung *f* <lwl> • scattering

Streuung *f* <msr> *(von Messwerten)* • dispersion

Streuung *f* <opt> *(z. B. durch Filter)* • dispersion

Streuung *f* <phys> *(durch Leckage)* • leakage

Streuung *f* <phys> *(durch Aufprall)* • scattering; scatter

Streuung *f* <verf> *(z. B. von Sand, Salz, Dünger)* • spreading

Strich *m* <comp> *(in Strichcode)* • bar

Strich *m* <doku> *(z. B. Gedankenstrich)* • dash

Strich *m* <doku> *(z. B. gerader Strich)* • line

Strich *m* <math> *(neben einer Größe)* • prime

Strich *m* <math> *(über einer Größe)* • overbar; overline

Strich *m* <navig> *(Kompass)* • point

Strich *m* <prod> *(quer; z. B. mit der Feile)* • stroke

Strichcode *m* <comp> *(z. B. EAN-Code)* • bar code

Strichcodierung *f DIN EN 1556* <comp> • bar coding

Strich-Zweipunktlinie *f* <doku> *(schmal; für angrenzende Teile, Grenzstellungen)* • double dashed chain line; thin double dashed chain line; chain thin double dashed line

Strickmaschine *f* <textil.prod> *(mit einzeln bewegten Nadeln)* • knitting machine

Stringer *m* <tech.allg> *(Träger zur Versteifung großer Flächen; meist längs)* • stringer

Stringer *m* <aerosp> *(Längsversteifung in Rumpf, Tragfläche, Leitwerk)* • stringer

Stripper *m* <chem> • stripper

Stroboskop *n* <wz> *(z. B. zur Drehzahlmessung)* • stroboscope

Stroboskopblitz *m* <phot> *(Kamerafunktion)* • strobe [flash]; repeating flash

Strohballenpresse *f* <agri> • straw baler

Strohhäcksler *m* <agri.tech> *(allg.; z. B. für Getreide-, Mais-, Zuckerrohrstroh)* • chaff cutter; chaff cutting machine

Strohlehm *m* <bau.mat> • straw clay

Strom *m* <tech.allg> *(Flüssigkeit, Gas)* • current

Strom *m* <comp> *(Daten)* • stream; flow

Strom *m* <el> *(Versorgung, Energiequelle)* • power

Strom *m*: **unter ~ setzen** *vt* <el> • energize *vt*

Strom *m* <geo.hydr> *(großes Fließgewässer; z. B. der Rhein, Amazonas, die Donau)* • river

Strom *m* <phys> *(Energiefluss)* • flux

Stromabgabe *f* <el> • current delivery; current output

Stromabnehmer *m* <bahn.el> *(für die Oberleitung, oben auf E-Lok od. Wagen)* • pantograph; overhead pick-up; panto *pract*

Stromabnehmer *m* <bahn.el> *(Schleifer unten; z. B. U-Bahn, Modelleisenbahn)* • collector shoe; plow *US*; plough *GB*

Stromabnehmer *m* <el> *(als Kunde od. Gerät)* • current consumer

Stromaggregat *n* <el> *(eher klein; stationär od. mobil; z. B. für Notstrom)* • generating set

Strom aus Kernkraftwerken *m* <energ.nukl> • nuclear power; electricity generated in nuclear power plants

Strombedarf *m* <el> *(im Stromversorgungsnetz)* • power demand; power requirements; current demand

Stromberg-Vergaser *m* <kfz.mot> • Stromberg carburetor

Stromerzeugung *f* <energ.el> • power generation; electric power generation *rare*; electric energy generation *rare*; current generation *rare*; generation of electricity

Stromerzeugung durch Kernenergie *f* <energ.nukl> • nuclear power generation

Stromerzeugung durch Kohlekraftwerke *f* <energ> • coal-based power generation; power generation in coal-fired power plants

stromführende Teile *npl* <el> *(meist in Bezug auf Netzspannung)* • live parts

Stromkreis *m* <el> • electric circuit (CKT); circuit *pract*

Stromkreiselement *n* <el> • circuit element

Stromlieferant *m <energ.el.ökon>* • electricity supplier
stromlinienförmig *<fz> (glattflächig; Cw-optimiert)* • streamlined
Strommarkt *m <energ.el.ökon>* • energy market
Stromnetz *n prakt <energ.el>* • electricity grid *pract*; electricity network; grid *pract*
Stromquelle *f <el> (eher klein; z. B. Batterie, Dynamo)* • power supply; power source
Stromrichter *m DIN 41750 <el>* • power converter; current converter; static converter
Stromschiene *f <bahn.el> (neben od. zwischen d. Fahrschienen; z. B. U-Bahn)* • third rail; conductor rail *US*; current rail; live rail; contact rail
Stromschiene *f <el> (allg.)* • power rail
Stromschlag *m <energ.el.sich>* • electric shock
Stromsparschaltung *f <el> (allg.)* • power management; power management system; power down function
Stromstärke *f* (I) *<el> (in Ampere)* • strength of current [flow] (I); electric current
Stromübertragung *f <energ.el> (typ. mit Hoch- oder Höchstspannung)* • electricity transmission; power transmission; transmission *pract*
Strömungsabriss *m <phys> (Aerodynamik; z. B. an Rotorblättern, Flügeln)* • stall; stalling; flow separation
Strömungslehre *f <phys>* • fluid dynamics
Strömungsmaschine *f <masch> (z. B. Kreiselpumpe, Turbine)* • flow machine; fluid kinetic machine; continuous-flow machine; turbo-machine; fluid flow machine
Strömungsmessung *f <msr> (allg.; Geschwindigkeit od. Durchsatz; z. B. in m^3/s m/s)* • flow measurement
Strömungsmessung *f <msr> (betont: Geschwindigkeit; z. B. m/s)* • velocity measurement
Stromverbrauch *m <el> (allg.)* • electric power consumption; power consumption; current consumption; consumption of electrical energy
Stromversorgung *f <el> (allg.; jede Spannungsquelle, auch aus Batterie)* • power supply; current supply
Stromversorgungsausfall *m <energ.el>* • power outage; loss of power; blackout *coll*
Stromversorgungsnetz *n <energ.el>* • electric grid; utility grid; public mains; mains *pract*; grid *pract*
Strom ziehen *vi <el>* • draw current [from] *vi*
Strontium *n* (Sr) *<chem>* • strontium (Sr); strontium metallicum
Strudel *m <geo> (Fließgewässer; z. B. hinter Wehr, in Klamm; eher großflächig kreisend)* • eddy; swirl; whirlpool; whirl; vortex
Struktur *f <tech.allg> (flächig, Muster)* • pattern
Struktur *f <tech.allg> (räumlich, intern; z. B. von Werkstoffen)* • structure
Struktur *f <mat> (von Material, Oberflächen; z. B. haptisch)* • texture
Strukturätzen *n <obfl>* • pattern etching
Strukturbeton *m <bau.mat> (mit strukturierter Oberfläche)* • textured concrete
Strukturbreite *f <el> (von Leiterbahnen, ICs)* • feature width; pattern width
Strukturelement *n <tech.allg>* • structural element
Strukturfehler *m <qualit.mat>* • structural defect; structural fault
Strukturformel *f <chem>* • structural formula; constitutional formula; graphic formula
strukturieren *vt <allg> (z. B. Thema, Begriffsfeld, Sachgebiet)* • delineate *vt*
Strukturklebstoff *m DIN EN 12701 <füg>* • structural adhesive; engineering adhesive
Strukturmodell *n <tech.allg> (z. B. Atom, Bauwerk, Organisation)* • structure model
Strukturschaum *m <kst> (z. B. zum Ausschäumen von Hohlräumen)* • structural foam
Strukturschaumstoff *m <kst.nav> (Bootsbau)* • self-skinning rigid foam; integral skin foam
Struktursteifigkeit *f <tech.allg> (z. B. Bauwerk, Karosserie)* • structural stiffness; structural rigidity
Stück *n <allg>* • piece

Stück *n <min> (Klumpen; z. B. Kohle, Erz)* • lump

Stuckdecke *f <bau>* • stucco ceiling

Stückgut *n <logist> (betont: klein; Päckchen)* • parcel goods

Stückgut *n <logist> (allg.; im Ggs. zu Massengut)* • general cargo; packaged goods; break bulk

Stückgutschiff *n <nav> (Ladungen haben keine Standardmaße)* • general cargo ship; general cargo vessel; general cargo carrier; break bulk ship

Stückzahl *f <prod> (Exemplare in einem Fertigungslauf)* • production run; run

Stückzahl *f <prod> (allg.)* • number of pieces

Stückzeit *f <prod> (allg.)* • production time per piece; individual-component time

Stufe *f <aerosp> (Raketentriebwerk)* • stage

Stufe *f <bau> (Treppe)* • step

Stufe *f <comp> (Ebene)* • level

Stufe *f <geo> (im Gelände)* • grade

Stufe *f <masch> (von Pumpen, Turbinen)* • stage

Stufe *f <qualit> (Qualitätslevel)* • grade

Stufe *f <wz> (Absatz)* • offset

stufenförmig *<allg> (z. B. Anstieg, Entwicklung)* • stepped

Stufenheck *n <kfz> (Karosserietyp)* • notchback; booted body *GB*

Stufenlinse *f <opt>* • Fresnel lens; stepped lens

stufenlos einstellbar *<tech.allg> (z. B. Getriebe)* • continuously variable

stufenlos einstellbar *<tech.allg> (z. B. Temperatur, Widerstand)* • steplessly adjustable

stufenlos regelbar *<msr>* • steplessly variable; steplessly adjustable; infinitely variable; continuously adjustable

Stuhl *m DIN 68880-1 <innen> (Möbelstück)* • chair

Stuhlbezug *m <allg>* • chair cover

Stulpflügelkonstruktion *f <bau>* • french casement

stummschalten *vt <av> (Ausgangskanäle, Lautsprecher)* • mute *vt*

Stummschaltung *f <av> (Funktion von Stereoanlagen etc.)* • mute

stumpf *<bau> (Flügel- oder Rahmenprofil)* • unrebated

stumpf *<füg> (Schraubenende)* • blunt

stumpf *<obfl> (z. B. Farbe, Lack, Glanz)* • dull; dulled; dead; flat

stumpf *<wz> (durch Verschleiß; z. B. Schneide)* • blunt

Stumpf *m <allg> (z. B. Baumstumpf)* • stub

stumpfer Winkel *m <math>* • obtuse angle

stumpfgeschweißt *<füg>* • butt-welded

Stumpfnaht *f <füg> (Schweißverbindung)* • butt weld; butt seam

Stumpfstoß *m DIN EN 12345 <füg> (allg.; z. B. beim Schweißen, Kleben)* • butt joint; end-to-end joint; butted joint

Sturmflut *f DIN 4049-3 <geo>* • storm surge

Sturmsicherung *f <energ.wind>* • overspeed control; overspeed protection

Sturz *m <allg> (Fall; von Gegenständen, Werten)* • drop

Sturzbalken *m <bau> (z. B. über Fenster, Tür)* • lintel; lintol *GB*; bressummer

stürzen *vi <allg> (über etwas)* • tumble *vi*

stürzen *vt <allg> (umkippen)* • tip *vt*; dump *vt*

stürzende Linien *fpl <phot>* • converging lines *pl*; keystoning; converging verticals *pl*

Sturzflug *m <aerosp>* • nose dive; dive

Stützblech *n <tech.allg>* • gusset plate; support plate

Stützbock *m <tech.allg>* • jack

Stütze *f <tech.allg> (allg.; in jeder Richtung; verstrebend, versteifend)* • brace

Stütze *f <tech.allg> (von unten nach oben; z. B. für Bauteil, Träger, Last)* • support

Stütze *f <tech.allg> (seitlich, schräg, gegen Umkippen; z. B. von Wand, Schiff)* • shore

Stütze *f <bau> (von hinten)* • backup

Stütze *f <bau> (vertikal, auf Druck beansprucht)* • column

Stütze *f <bau> (vertikal)* • stay; prop; pillar; standard; upright

Stütze *f <bau> (gegen Durchhängen oder Umfallen; z. B. von Decken, Wänden)* • prop; stay

Stütze *f <masch> (unterstützend, eher von unten)* • support

Stütze *f <masch> (Befestigungsbügel)* • mounting bracket

stützen *vt <tech.allg> (von hinten)* • back *vt*

stützen *vt <tech.allg> (Last)* • carry *vt*

stützen *vt <tech.allg> (tragen, halten)* • support *vt*

stützen *vt <bau> (mit Pfeilern, Streben, Ständern)* • buttress *vt*; prop *vt*

Stutzenanschlussrohr *n <rls>* • nozzle pipe; pipe nozzle; nozzle *pract*

Stützfahrwerk *n <aerosp>* • auxiliary gear

Stützgewebe *n <verf>* • backing cloth; supporting fabric

Stützglied *n <tech.allg> (für flexible Strukturen)* • support member

Stützkonstruktion *f <tech.allg> (für flexible Bauteile; z. B. Filter, Netz, Sieb)* • supporting structure

Stützmasse *f <aerosp> (Rückstoßantrieb)* • ejected matter; particle jet

Stützring *m <tech.allg> (von hinten; z. B. von Dichtungen)* • backing ring

Stützring *m <tech.allg> (allg.)* • support ring

Stützrohr *n <tech.allg>* • support tube

Stützrolle *f <nfz> (Raupenkette)* • track idler

Stützweite *f <tech.allg> (zw. Lagerpunkten)* • bearing distance; support distance

Stützweite *f <bau> (von Trägern, Brücken)* • span length; span

Stützweite *f <bau> (bei Feldern von Balken-, Hänge-, Schrägseilbrücken)* • span; effective span *rare*; span between piers; span length

Styrol *n <chem>* (C_6H_5-CH=CH_2) • styrene; vinylbenzene

Subcompact-Klasse *f <kfz.ökol> (USA: ca. 3* m^3 *Raum f. Personen & Gepäck; z. B. 3er, Bentley Continental)* • subcompact cars

Sub-D-Stecker *m DIN 41652 <comp> (9, 15, 25, 37 und 50-polig)* • Sub-D connector; D-Sub connector; DB connector

Sublimation *f <therm> (Verdampfen e. festen Stoffes ohne Auftreten e. flüssigen Phase)* • sublimation

Sublimationswärme *f <therm>* • sublimation heat

submarin *<allg>* • submarine *adj*

submikroskopisch *<allg>* • submicroscopic

Substandardschiff *n <nav> (meist unter Billigflagge)* • substandard ship; substandard *pract*

Substantivklasse *f <term> (z. B. Eigenname, Gattungsbezeichnung)* • noun class *ISO 12620*

Substanz *f <tech.allg>* • substance

Substitution *f <allg>* • substitution

Substrat *n <tech.allg>* • substrate

subtrahieren *vt <math> (Zahlen)* • subtract *vt*

subtraktive Farbmischung *f <phys>* • subtractive color mixing

subtraktives Verfahren *n <prod.metall> (spanend; z. B. Fräsen)* • subtractive process

Subunternehmer *m DIN 8402 <ökon>* • subcontractor *ISO 8402*

Subwoofer-Satelliten-System *n <av>* • subwoofer-satellite speaker system

Suchbohrung *f <petr> (Vorgang)* • exploratory drilling; scout drilling; exploratory boring *rare*

Suche *f <allg> (nach Personen, Objekten, Daten; z. B. in Datenbanken, im Internet)* • search

suchen [nach] *vt <allg>* • search for *vt*; look for *vt*

suchen [nach] *vt <min> (Bodenschätzen; z. B. Erdöl, Gold)* • prospect for *vt*

Sucherbild *n <phot>* • viewing image; image seen in the viewfinder; view--finder image

Sucherkamera *f <phot>* • direct vision camera; rangefinder camera

Sucherokular *n <phot.av> (Kamerasuchereinblick)* • finder eyepiece; eyepiece; viewfinder eyepiece

Suchlauf *m <av> (Videorecorderfunktion)* • cueing; cue

Suchlauf *m <av> (allg.; für Sender, Aufnahmen)* • search; scan; search run

Suchlaufautomatik *f <av> (für Sender)* • automatic station finder

Suchmaschine *f <comp> (z. B. Yahoo, Google)* • search engine

Suchmöglichkeit *f <comp> (z. B. in Datenbanken, mit Suchmaschinen)* • search option

Suchscheinwerfer *m <fz> (z. B. an Lkw, Geländewagen, Booten)* • searchlight; spotlight lamp; spot light *US*

Suchschlüssel *m <comp>* • search key

Suchvorgang *m <allg>* • search process

Suezmax *<nav>* • Suezmax

Sulfat *n <chem> (Salz der Schwefelsäure)* • sulfate *US.IUPAC*; sulphate *GB*

Sulfid *n <chem> (Salz des Schwefelwasserstoffes)* • sulfide *US*; sulphide *GB*

Sulfit *n <chem> (Salz der schwefeligen Säure)* • sulfite *US*; sulphite *GB*

Sulfitzellstoff *m <pap>* • sulfite pulp

Summe *f <math> (einer Addition)* • total; sum

Summenzählwerk *n <comp>* • totalizer

Summierglied *n <comp>* • summing element

Summierung *f <allg> (z. B. von Einzelpositionen, Ereignissen)* • addition

Summierung *f <allg> (betont: Gesamtergebnis)* • totalization

Summierung *f <allg> (Anhäufung)* • accumulation

Sumpf *m <chem.petr> (von Destillationstürmen, Kolonnen, Säulen)* • bottom

Sumpf *m <masch> (Ölwanne u. Ä.)* • sump

Sumpfgas *n <chem> (Methan)* • marsh gas

Sunfuel *m <kfz> (synthetischer Kraftstoff aus Biomasse)* • sunfuel

Super bleifrei *n <chem.petr> (Benzinsorte; 91 Oct)* • premium unleaded *US*; premium *US.pract*; super unleaded *US*

Superlegierung *f <mat>* • superalloy

Super plus *n <chem.petr> (Benzinsorte, bleifrei; 98 Oct)* • Super Plus

Supertanker *m <nav>* • super tanker

Super-VGA *n* (SVGA) *<comp> (1024 x 768)* • Super VGA (SVGA)

Super-VHS *n* (S-VHS) *<av> (Videoformat)* • Super-VHS (S-VHS)

supplementär *<allg>* • supplementary

Supply-Chain-Management *n* (SCM) *<logist> (Integration von Lieferanten und Abnehmern)* • supply chain management (SCM)

supraleitend *<phys>* • superconducting; superconductive

supraleitender Motor *m <el.mot>* • superconducting motor

Supraleiter *m <phys>* • superconductor

Supraleitung *f <phys> (als Vorgang)* • superconduction

Suspension *f <tech.allg> (Partikel in Flüssigkeit oder Gas)* • suspension

Süßmolkenpulver *n <nahr>* • sweet whey powder

Süßungsmittel *n <nahr>* • sweetener

Süßwasserbehälter *m <logist>* • fresh-water storage tank

Symbol *n <allg>* • symbol

Symbol *n <term>* • symbol *ISO 12620*

Symbolfeld *n <comp> (allg.; z. B. Strichcode)* • encoded area; symbol area

Symbolschreibweise *f <comp.druck>* • symbolic notation

Symmetrie *f <allg>* • symmetry

Symmetrieachse *f <phys.math>* • symmetry axis; axis of symmetry

symmetrisch *<allg>* • symmetrical

symmetrische Belastung *f <tech.allg> (el. oder mech.)* • balanced load

Synchro *m <tech.allg>* • synchro

synchron *<tech.allg>* • synchronism: in ~; synchronous; sync: in ~; step: in ~

synchron arbeiten *vi <tech.allg>* • operate synchronously *vi*

Synchronisation *f <tech.allg> (von Vorgängen, bewegten Teilen)* • synchronization

Synchronisation *f <av> (Abstimmung von Bild und Ton; bes. bei Übersetzungen)* • synchronization; dubbing *pract*

Synchronisationsanschluss *m <phot> (für Blitzkabel)* • sync terminal

synchronisieren *vt <tech.allg> (z. B. Film, Motoren, Räder, Werkzeuge)* • synchronize *vt*

synchronisieren *vt <av> (Film; neue Sprachversion)* • dub *vt*

Synchronmotor *m <kfz.el> (z. B. Antriebsmotor von Elektroautos)* • synchronous motor

Synchronriementrieb *m <masch> (durch formschlüssige Verbindung garantiert synchron)* • synchronous belt drive

Synchronring *m <kfz.antr> (Getriebesynchronisierung)* • synchronizer [ring]; baulk ring *GB*; balk ring *US*; stop ring; blocking ring

Synergie *f <allg> (fig.: Vorteile bei Zusammenschlüssen)* • synergy; synergistic effects; synergetic effects

Synonym *n <term>* • synonym *ISO 12620*
Synonymiegrad *m <term>* • degree of synonymy *ISO 12620*
Syntaxfehler *m <comp> (bei Befehlseingabe, Programmierung, Quellcode)* • syntax error; syntactical fault *rare*
Synthese *f <allg> (z. B. Chemie, Elektronik)* • synthesis
Synthesefaser *f <kst> (typ. Nylon)* • synthetics; synthetic polymer fiber *US*; synthetic fiber *US*; synthetic fibre *GB*; man-made fiber *rare*
Synthesekautschuk *m* (SR) *<kst> (beständig gegen Öl, Benzin)* • synthetic rubber (SR); artificial rubber; man-made rubber
synthetischer Duft *m <allg>* • synthetic scent
synthetischer Kraftstoff *m <kfz>* • synthetic fuel
synthetischer Stoff *m <textil>* • synthetic cloth; synthetic fabric
synthetischer Werkstoff *m <kst>* • synthetic material
System *n ISO 9000 <tech.allg>* • system *ISO 9000*
Systemabsturz *m <comp>* • system crash
Systemanforderung *f <tech.allg>* • system requirement
Systemanzeige *f* (SD) *<aerosp.msr> (ECAM)* • System Display (SD)
systematische Benennung *f <term>* • systematic name
systematischer Fehler *m <qualit> (systematisch auftretend, gleiche Ursache)* • systematic error
Systemausfall *m <tech.allg> (betont: Versagen)* • system failure
Systemausfall *m <qualit> (betont: Ausfallzeit, Nichtverfügbarkeit)* • system outage
Systemblitzgerät *n <phot>* • dedicated flash
System Einheitsbohrung *n <norm> (Gegensatz: System Einheitswelle in DIN ISO 286-2)* • basic-hole system
System Einheitswelle *n <norm> (Gegensatz: System Einheitsbohrung; DIN ISO 286-2)* • basic-shaft system
Systemfehler *m <tech.allg>* • system error
Systemrasierer *m <hygi.wz>* • cartridge razor; modern safety razor
Systemsoftware *f <comp>* • system software
Systemsteuerung *f <msr>* • system control
Systemstörung *f <navig> (ungeplant)* • system malfunction
Systemverfügbarkeit *f <tech.allg> (z. B. des GPS)* • system availability
Systemverhalten *n <tech.allg> (z. B. unter bestimmten Betriebsbedingungen)* • system behavior *US*; system behaviour *GB*
Szenensuchlauf *m <av> (Programm--Überspring-Suchlauf)* • skip search; scene search; scene finder
Szintillation *f <phys>* • scintillation

T

Tabellenkalkulationsprogramm *n <comp>* • spreadsheet software; spreadsheet program
Tablet-PC *m <comp> (zwischen Notebook und PDA)* • tablet PC
Tablettiermaschine *f <prod> (eher für abgerundete Tabletten, Pellets)* • pelletizing machine; pelletizer
Tablettiermaschine *f <prod.pharm>* • tablet press; tableting machine *US*; tabletting machine *GB*; tablet-compressing machine
Tablettstift *m <comp> (allg.)* • stylus; stylus pen; electronic pen; digitizing pen; electronic digitizing pen
Tachometer *m <kfz.msr> (zeigt Fahrgeschwindigkeit, in km/h oder mph; nicht engl. tachometer!)* • speedometer; speedo *coll*; clock *coll*
Tachowelle *f <kfz>* • speedometer cable; speedometer drive cable
Tacker *m <wz> (für Klammern; für Hand-, Elektro- oder Druckluftbetrieb)* • stapler
Tackernagel *m <wz> (für Nagler; stangenweise für Magazin)* • brad nail
tadelloser Zustand *m <tech.allg>* • immaculate condition; pristine condition *stand*; excellent condition *coll*; superb condition *advert*
Tagebau *m <bau.masch>* • open pit mining; opencast mining
Tageskilometerzähler *m <kfz.msr> (zu-*

sätzlich zu Gesamt-Kilometerzähler) • trip recorder *US*; trip mileage counter *GB*; trip odometer; trip *pract.coll*; trip meter *rare*

Tageslicht *n* *<av>* • daylight

Tageszeit *f* *<allg>* • time of day

Tagfahrlicht *n* (DRL) *<kfz.licht>* • daytime running light[s] (DRL); daytime driving light[s]

Tailored Blank *n* *<prod>* • tailored blank

Takelage *f* *<nav>* *(gesamte Segeleinrichtung eines Segelschiffs)* • rigging; rig; tackling

Takt *m* *<comp>* *(eines Taktgebers)* • clock (CP); clock pulse; bit clock; clock cycle

Takt *m* *<mot>* • stroke; cycle

takten *vt* *<msr>* *(einen Vorgang; betont: Zeitintervall)* • clock *vt*; time *vt*

takten *vt* *<msr>* *(betont: synchronisieren)* • synchronize *vt*

takten *vt* *<msr>* *(betont: schrittweise Positionierung)* • index *vt*

Taktförderer *m* *<förd>* • indexing conveyor

Taktfrequenz *f* *<comp>* • clock rate; clock cycle; clock speed; clock pulse; clock frequency

Taktgeber *m* *DIN 44300* *<comp>* • clock generator (PG); clock; timing generator; clock-pulse generator; synchronizing pulse generator

Talkum *n* *<chem.hygi>* • talcum powder; talc

Talsperre *f* *<energ.hydr>* • barrage; dam

Tambourwalze *f* *<pap.prod>* • reel drum

Tampen *m* *<nav>* *(Endstück einer Leine oder Trosse)* • rope's end; bitter end *coll*; rope work

Tampon *m* *<druck>* *(Druckfarbenauftrag)* • dabber

Tandemachsanhänger *m* *<nfz>* • tandem axle trailer

Tandemachse *f* *<nfz>* *(Baueinheit aus zwei Achsen)* • tandem axle; tandem *coll*

Tandemanordnung *f* *<tech.allg>* • tandem arrangement; tandem mounting

Tandembetrieb *m* *<tech.allg>* *(z. B. von Loks)* • tandem operation

Tandem-Hauptzylinder *m* *<kfz.brems>* • tandem master cylinder; dual master cylinder; double-piston master cylinder; split-system master cylinder; dual-piston master cylinder

Tandemwalzwerk *n* *<metall>* • tandem rolling mill

Tank *m* *<logist>* • reservoir

Tankcontainer *m* *<logist>* • tank container *ISO*

Tank-Container *m* *<nav>* • tank container

Tanken *n* *<kfz>* • fueling; fuel fill

tanken *vi/vt* *<kfz>* • fill up *vi*; refuel *vi/vt*; fill up with petrol *vi/vt GB*

Tanker *m* *<nav>* • tanker; tank vessel; liquid bulk carrier; liquid cargo ship; tank ship

Tankfahrzeug *n* *<nfz>* • road tanker

Tankflugzeug *n* *<aerosp>* • bowser *GB*

Tanklager *n* *<logist>* *(für Rohöl, Raffinerieprodukte etc.)* • tank farm; tank depot; fuel depot

Tanklastkraftwagen *m* *<nfz>* • tank truck; tanker *coll*; petrol tanker *GB*; tank lorry *GB.rare*; road tanker *rare*

Tankstelle *f* *<verk>* • filling station; gas station *US*; petrol station *GB*; gasoline station *US.form*; roadside filling station *rare*

Tankstopp *m* *<kfz>* • refueling stop; fill-up *coll*; refuel *coll*; refuelling stop *GB*

Tankvolumen *n* *<tech.allg>* • tank capacity

Tannenbaumnut *f* *<masch>* *(z. B. Turbinenläufer)* • fir-tree groove

Tannin *n* *<chem>* *(z. B. in Wein)* • tannin

Tantal *n* (Ta) *<chem>* • tantalum (Ta)

Tänzerwalze *f* *<tech.allg>* • dancer roller; compensating roller; floating roller

Tapetenkleber *m* *<füg>* • wallcovering adhesive; wallpaper paste

Tapetenlöser *m* *<obfl.wz>* *(chemisch)* • wall paper stripping agent; wall paper stripper *pract*

Target-Nuklid *n* *<nukl>* *(urspr. Nukleid)* • target; target-nuclide

Tarnfarbe *f* *<mil>* • camouflage color *US*; camouflage colour *GB*; camouflage

Tarnkappenkampfflugzeug *n* *<mil>* *(typ. F-117)* • stealth fighter

Tasche *f* *<allg>* *(Handtasche, Einkaufstasche)* • handbag; bag; shopping bag

Tasche *f* *<allg>* *(Schultasche mit Rie-*

men) • satchel

Taschenfilter *m <verf> (flache Gewebe--Filterelemente)* • pocket filter; envelope filter; flat bag filter; bag filter

Taschenformat *n <tech.allg>* • pocket size

Taschenlampe *f <licht>* • flashlight *US*; torch *GB*; electric torch; pocket torch

Taschenmesser *n <wz>* • pocketknife

Taschenrechner *m <comp>* • pocket calculator

Tassenstößel *m <kfz.mot> (in Ventilsteuerung)* • bucket tappet; barrel tappet *rare*

Tastatur *f <comp>* • keyboard; data entry keyboard *rare*; entry keyboard *rare*; input keyboard *rare*

tastaturbetätigt *<tech.allg>* • keyboard-operated

Tastatureingabe *f <tech.allg>* • keyboard input; keyboard entry

Tastaturfeld *n <comp>* • keypad

Taste *f <tech.allg> (in Tastatur, Klaviatur)* • key

Tastenanordnung *f <tech.allg>* • keyboard layout

Tastenanschlag *m <tech.allg>* • keystroke; stroke; key touch

Tastenbefehl *m <navig>* • key command

Taster *m <msr> (z. Erfassen v. Körperkonturen; z. B. zur Maßkontr., zum Digitalisieren)* • gauge head *US.GB*; contouring tracer; tracer finger; feeler; stylus

Taster *m <msr> (Prüfspitze, Sonde)* • probe

Taster *m <wz> (Messwerkzeug)* • machinists' caliper *US*; caliper *US.GB*; calliper *GB.rare*

Tasterlehre *f <msr>* • caliper gauge

Tastermessuhr *f <msr>* • dial gauge caliper

Tasterschenkel *m <msr>* • caliper leg

Tasterzirkel *m <wz> (Werkstätte, Navigation)* • caliper compasses; hermaphrodite caliper

Tastfernsprecher *m <tele>* • key-operated telephone

Tastwahl *f <tele>* • push-button dialling

Tastweite *f <allg>* • detection range

Tau *n <tech.allg> (Textil oder Metall, relativ dick und schwer)* • rope

taubes Gestein *n <min> (im Ggs. zu Erz)* • dead rock; dead ground; barren rock; deads; waste rock

Tauchankerrelais *n <el>* • plunger relay

Tauchbad *n <obfl> (eher kurzes Eintauchen)* • dip bath; dipping bath *rare*

Tauchbad *n <prod> (betont: lang untertauchen)* • immersion bath

Tauchboot *n <nav>* • dive boat

Tauchelektrode *f <el> (zum Eintauchen; z. B. in Elektrolyt)* • immersion electrode

tauchen *vi <allg> (Technik (z. B. Tauchlöten), Sport; U-Boot)* • dive *vi*

tauchfähig *<allg> (z. B. Gerät, Maschine)* • submersible

Tauchgrund *m <obfl> (Schicht)* • dip primer coat[ing]

Tauchkolben *m <tech.allg>* • plunger

Tauchlackieren *n DIN EN ISO 4618 <obfl>* • dipping *ISO 4618-3*; dip painting

Tauchpumpe *f <förd> (Pumpe unter Wasser, Motor über Wasser)* • submersible pump; immersion pump; submerged pump; wet-pit pump

Tauchsieder *m <hlk>* • immersion heater

Tauchspule *f <av>* • moving coil (MC); plunger coil; plunger-type coil; immersion coil

Tauchspulenmikrofon *n <av>* • moving-coil microphone

Tauchspul-Lautsprecher *m DIN 45579-1 <av>* • moving coil loudspeaker

Tauchversuch *m <qualit>* • immersion test

Taumelbewegung *f <mech> (Drehung plus Axialschlag)* • wobbling

taumelndes Gewinde *n <masch>* • drunken thread

Taumelscheibenpumpe *f <förd>* • swash plate pump; wobble-plate pump

Taupunkt *m <phys> (allg.; jede Flüssigkeit)* • dew point; dewpoint; dew-point temperature; dew point temperature

Technetium *n* (Tc) *<chem> (radioaktiv)* • technetium (Tc)

Technik *f <allg> (Know-how, Kunst; z. B. Stand der Technik)* • art

Technik *f <allg> (Vorgehensweise, Verfahren)* • technique; method

Technik *f <tech.allg> (als Fachrichtung*

und konkrete Praxis) • engineering

Technikbewertung *f <tech.allg>* • technology assessment

Techniker *m <allg> (Person mit speziellen Fachkenntnissen)* • technician

Techniker *m <allg> (jmd. der die Technik von etw. beherrscht; z. B. im Sport, in der Kunst)* • technician

Techniker *m <tech.allg> (Person mit einem technischen Beruf)* • engineer

technisch *<tech.allg> (in Bezug auf i. e.S. techn. Fächer, z. B. Maschinenbau, Kfz-, E-Technik)* • engineering *adj*

technisch *<tech.allg> (in industriellem Maßstab)* • industrial

technisch *<prod> (ohne besondere Anforderungen kommerziell produziert)* • technical

technisch ausführbar *<tech.allg> (konkret umsetzbar; z. B. Konstruktion, Architektenentwurf)* • technically feasible; practicable *coll*

technisch ausgereift *<tech.allg> (hochentwickelt, anspruchsvoll)* • sophisticated

technische Änderung *f <tech.allg>* • technical modification

Technische Anleitung *f* (TA) *<doku> (BRD-Gesetzgebung)* • Technical Instructions (TI); Technical Guidelines

technische Betreuung *f <tech.allg>* • technical support

technische Brauchbarkeit *f <jur> (z. B. einer Erfindung, Neuheit)* • operativeness

technische Chemie *f <chem>* • technical chemistry; industrial chemistry

Technische Daten *<doku> (Überschrift in Produktinformationen)* • Specifications

technische Daten *pl <tech.allg> (z. B. Abmessungen, Gewicht, Leistung, Nennwerte)* • specifications; technical data; engineering data

technische Eignungsprüfung *f <qualit>* • technical aptitude test

technische Elastizitätsgrenze *f <qualit.mat> (Zugversuch)* • practical elastic limit

technische Flugweite *f <aerosp>* • range

technische Frage *f <tech.allg> (Anfrage)* • technical query

technische Gebäudeausrüstung *f* (TGA) *VDI 2074 <bau> (allg.; z. B. zum Produktdatenaustausch)* • building services; services *pract*

technische Gebäudeausrüstung *f* (TGA) *VDI 2074 <bau> (betont: mech. Systeme)* • mechanical services

technische Hilfeleistung *f <tech.allg>* • technical assistance

technische Hilfen für behinderte Menschen *fpl DIN EN 12182 <med.-tech>* • technical aids for disabled persons *DIN EN 12182*

technische Illustration *f <doku>* • technical illustration

technische Keramik *f <silik> (Funktions- und Konstruktionskeramik)* • engineering ceramics

technische Kunststoffe *mpl <kst> (z. B. PA, POM, PC, PPO, PBT, PET, PES, ASA, ABS-PC Schmelzenmischungen)* • engineering plastics

technische Lösung *f <tech.allg>* • engineering solution

technische Mechanik *f <mech>* • engineering mechanics

technische Produktdokumentation *f DIN EN ISO 3098 <doku>* • technical product documentation *DIN EN ISO 3098*

technischer Alkohol *m <chem>* • commercial alcohol; industrial alcohol

technischer Aufwand *m <tech.allg>* • engineering effort; engineering efforts

technischer Bericht *m ISO <norm.doku>* • technical report (TR) *ISO*

technischer Diamant *m <wz>* • industrial diamond

technischer Kundendienst *m <tech.ökon>* • technical support

technischer Ruß *m <chem> (z. B. als Pigment für Tinten, Toner, Reifen)* • carbon black

technischer Übersetzer *m <doku>* • technical translator; sci-tech translator *pract*

Technischer Überwachungsverein *m* (TÜV) *<org.sich>* • German technical inspection association TÜV

technischer Werkstoff *m <mat>* • engineering material

technischer Zeichner *m <doku>* • draftsman *US*; draughtsman *GB*

technisches Anforderungsprofil *n* *<tech.allg>* • engineering requirements; requirements profile

technisches Gas *n* *<verf>* • manufactured gas

technisches Komittee *n ISO <norm>* • technical committee (TC) *ISO*

technisches Versagen *n* *<tech.allg>* *(Ausfall von Systemen, Komponenten, Hardware)* • equipment failure

technisches Zeichnen *n* *<doku>* *(Ergebnis: technische Zeichnung)* • technical drawing; drafting

technische Textilien *fpl* *<textil>* • engineering textiles *pl*

technische Verwendung *f* *<tech.allg>* • engineering use

technische Zeichnung *f* *<doku>* • engineering drawing

technisch rein *<tech.allg>* *(z. B. Nahrungsmittel, Schmierstoff, Kosmetikartikel)* • commercially pure

technisch überarbeiten *vt* *<prod>* • re--engineer *vt*

technisch unausführbar *<tech.allg>* • impracticable; unfeasible

Technologie *f* *<tech.allg>* *(Ingenieurwissenschaft, Theorie)* • technology

Technologieträger *m* *<kfz>* • technology carrier; technological show-piece *coll*

technologisch *<tech.allg>* • technological

Teer *m* *<chem>* *(z. B. als Baustoff und in Zigarettenrauch)* • tar

Teerderivat *n* *<chem>* • derivative of tar

teeren *vt* *<tech.allg>* *(allg.; z. B. Straße)* • tar *vt*

Teerentferner *m* *<obfl.ents>* • tar remover

teerig *<bau>* • tarry

Teerrückstand *m* *<ents>* • tar residue

Teflon-Prothese *f* *<med.tech>* *(alloplastische Gefäßprothese)* • teflon graft; PTFE-prosthesis; PTFE-graft

teflonummanteltes Kapton *n* (TKT) *<el.mat>* *(Kabelisolierungsmaterial)* • Teflon-Kapton-Teflon (TKT)

Teigkneter *m* *<gastr>* • dough kneader; dough kneading machine

Teil *m* *<allg>* *(Anteil von etw.)* • portion

Teil *m* *<allg>* *(Abschnitt; z. B. eines Dokuments)* • section

Teil *m* *<allg>* *(konkret oder abstrakt)* • part

Teil *n* *<tech.allg>* *(Bauteil; eher wesentlich, meist tragend)* • member

Teilansicht symmetrischer Gegenstände *f* *<doku>* • part view of symmetrical parts

Teilausfall *m* *<qualit>* • partial failure

teilautomatisch *<tech.allg>* *(z. B. Fertigung)* • partly automatic

teilautomatischer Betrieb *m* *<logist>* *(RFZ)* • semi-automatic operation

teilautomatisiert *<tech.allg>* • semi--automated

Teilbereich *m* *<allg>* *(z. B. eines Sachgebietes, Unternehmens)* • subdivision

Teilbereich *m* *<allg>* • subrange

Teilchen *n* *<emiss>* *(meist als Schwebstoff; z. B. Ruß aus Dieselmotor)* • particle

Teilchen *n* *<phys>* *(z. B. geladen, ungeladen)* • particle

Teilchenbeschleuniger *m* *<phys>* *(z. B. CERN)* • particle accelerator

Teilchenflugbahn *f* *<phys>* • particle trajectory

teildurchlässig *<opt>* • semi-transparent; partially transmitting; semitransparent

teildurchlässig *<phys>* • semipermeable

Teileauswurf *m* *<prod>* • ejection of parts

Teilebene *f* *<prod>* *(z. B. Form)* • parting plane

Teilelager *n* *<logist>* • parts warehouse

teilen *vr* *<allg>* *(gabelförmig)* • bifurcate *vi*

teilen *vr* *<tech.allg>* *(z. B. in zwei Hälften auseinanderfallen)* • split *vi*

teilen *vt* *<allg>* *(in zwei - meist gleiche - Teile)* • bisect *vt*

teilen *vt* *<allg>* *(in gleichen Abständen)* • space *vt*

teilen *vt* *<tech.allg>* *(Zahlen, Räume)* • divide *vt*

teilen *vt* *<tech.allg>* *(Räume, Bereiche)* • partition *vt*

teilen *vt* *<tech.allg>* *(Strecke in Abschnitte; z. B. Schienen-, Leitungsnetz)* • section *vt*; sectionalize *vt*

teilen *vt* *<masch>* *(halbieren; z. B. Gehäuse, Lager)* • split *vt*

teilen *vt* *<msr>* *(Skala)* • graduate *vt*

Teilenummer *f* (TN) *<logist>* *(allg.; z. B.*

von Ersatzteilen in Stückliste) • part number (PN)

teilevakuierter Flachkollektor *m <energ.sol>* • reduced pressure flat-plate collector

Teilevereinzelung *f <autom>* • segregation of parts

Teilfunktion *f <allg>* • subfunction

Teilkohärenz *f <allg>* • partial coherence

Teilkreisdurchmesser *m DIN 3998 <masch> (Zahnrad, Kugel- oder Rollensatz bei Wälzlagern)* • pitch diameter; reference diameter *DIN 3998*

Teillackierung *f <obfl> (Reparaturlackierung)* • partial respray

Teillast *f <tech.allg>* • partial load

Teillastbetrieb *m <tech.allg> (von Systemen und Komponenten allg.; z. B. Motor, Pumpe, Turbine)* • part-load operation; partial load operation

Teillastbetrieb *m <kfz> (Fahrbetrieb ohne Vollgas)* • part-throttle operation

Teillastbetrieb *m <kfz> (gleichmäßiges Fahren, ohne Vollgas)* • cruise; cruising

Teillastverhalten *n <tech.allg> (z. B. einer Wasserturbine)* • behaviour under part-load

Teilnehmer *m <tele> (eines Mobilfunkdienstes)* • subscriber

Teilproblem *n <allg>* • subproblem

Teilschnitt *m <doku> (techn. Zeichnung)* • part section; sectional detail view

Teilung *f <tech.allg> (Abstand zw. benachbarten Linien od. Löchern)* • pitch

Tektonik *f <geo>* • tectonics

tektonische Schwächezone *f <geo>* • line of weakness; zone of weakness; lineament *thsc*

Telefonkarte *f <tele>* • phonecard; calling card; dialling card *GB*

Telefonleitung *f <tele>* • telephone line

Telefon mit Freisprecheinrichtung *n <tele>* • hands-free phone system

Telekommunikation *f* (TK) *<tele>* • telecommunications

Telematik *f <tele>* • telematics

Telematikdienste *mpl <verk.tele>* • telematics services; telematics

Telematiksystem *n <verk> (Verkehrslenkung, -leitung; z. B. Fleetboard, Infomax, Telematic Board)* • telematic system

Telemetrie *f <msr> (Übertragung von Messdaten per Funk)* • telemetry; radio telemetry

Teleobjektiv *n <phot>* • telephoto lens

Teleprompter *m <av> (TV-Studio)* • teleprompter

Teleskopantenne *f <el> (allg.)* • telescopic antenna *US*; telescopic aerial *GB*

Teleskopgabel *f <fz> (vom an Zweirad; z. B. Motorrad, Mountainbike)* • telescopic fork; tele *pract*

Teleskoprohr *n <masch>* • telescopic tube

Teleskopstoßdämpfer *m <kfz>* • telescopic shock absorber; direct-acting shock absorber

Telezoom *n <phot>* • telephoto zoom *:V*

Tellerfeder *f DIN 2092, 2093 <masch> (klein; als Einzelfeder oder in Paketen, Säulen)* • belleville spring; belleville washer *pract*; conical disc spring; disc spring *rare*

Tellerrad *n <kfz.antr> (Achsgetriebe)* • crown wheel; axle drive gear; ring gear; differential drive gear

Tellerschleifer *m <wz> (runde Fläche, rotationale Schwingbewegung; zum Schleifen, Polieren)* • router; random orbit sander; disk-type sander *US*; orbital sander; rotary sander

Tellerschleifscheibe *f <wz> (Mitte leicht konkav, flache Mulde)* • depressed center grinding wheel *US*; depressed centre grinding wheel *GB*; dish grinding wheel; dish wheel

Tellerventil *n <rls>* • disk valve

Tellur *n* (Te) *<chem>* • tellurium (Te)

Temperafarbe *f <obfl>* • tempera

Temperaturabfall *m <phys>* • temperature drop; temperature fall; drop in temperature

temperaturabhängig *<tech.allg>* • temperature-dependent

Temperaturbelastung *f <phys>* • thermal stress; heat stress *prEN ISO 7933*

Temperaturbereich *m <tech.allg> (allg.; z. B. eines Sensors)* • temperature range

Temperaturbeständigkeit *f <qualit> (z. B. von Werkstoffen, Eigenschaften, Werkzeugen)* • temperature resistance; thermal stability

Temperaturfühler *m* (TF) *<msr>* • temperature sensor; temperature sender; temperature sending unit; thermosensitive element *rare*; thermometer probe *rare*

temperaturgeführt *<msr> (z. B. Prozess, System, Bauteil, Frachtgut)* • temperature controlled

Temperaturgradient *m <phys> (allg.; z. B. beim An- und Abfahren von Systemen)* • temperature gradient; adiabatic temperature gradient

Temperaturregelventil *n <msr.rls>* • temperature control valve

Temperaturregler *m <hlk> (Knopf, Hebel o. Ä. für Klimaanlage od. Heizung)* • climate control

Temperaturregler *m <msr> (Regelkreis--Komponente, allg.)* • temperature controller

Temperaturregler *m DIN 58966-1 <msr> (automatisch)* • thermostat

temperaturstabil *<qualit.mat> (Material, Eigenschaft)* • thermally stable

Temperaturwechselbeständigkeit *f DIN EN ISO 7459 <qualit.mat>* • thermal shock endurance *EN ISO 7459*; thermal shock resistance

Temperguss *m* (GT) *DIN 17006-4 <metall> (durch Tempern stahlähnl. Eigensch.; zäh, span-, löt-, schweißbar)* • malleable cast iron; malleable iron

Temperierung *f <msr> (Prozess; durch Heizen oder Kühlen; z. B. Spritzgießmaschine, Photobäder)* • temperature control; tempering *rare*

tempern *vt <kst> (durch Wärmebehandlung nachträglich Vernetzen)* • post-cure *vt*; post-stove *vt*

tempern *vt <metall> (Eisen, Stahl wärmebehandeln zur Erhöhung von Festigkeit, Härte)* • temper *vt*; anneal *vt*; malleablize *vt*

tempern *vt <prod> (Metalle, Kunststoffe von inneren Spannungen befreien)* • temper *vt*; anneal *vt*

Temperroheisen *n <mat>* • malleable pig iron

Tendenz *f <allg> (zu etwas)* • tendency; trend

Tender *m <bahn>* • tender *GB*; engine tender *GB*; tank *US*

Tender *n <nav>* • tender

Tensid *n <chem> (in Reinigungsmitteln)* • surface-active agent; surfactant; tenside

Tensor *m DIN 1303 <math>* • tensor

Teppichboden *m DIN ISO 2424 <bau.innen>* • wall-to-wall carpeting *ISO 2424*; fitted carpet *GB*

Tera... (T) *<phys.msr> (Vorsilbe für Einheiten; z. B. Terawatt = 10^{12} Watt; nicht "Terra"!)* • tera (T)

Terabyte *n* (TB) *<comp> (Maßeinheit für Speicherkapazität =1024 Gigabyte)* • terabyte (TB); TByte; Tbyte

Terbium *n* (Tb) *<chem> (seltenes Metall)* • terbium (Tb)

Term *m <math> (syntaktisch korrekter math. Ausdruck; z. B. Operanden, Variablen)* • term

Term *m <phys> (von Atomen, Molekülen, Ionen)* • term

Terminologiedatenbank *f ISO 1087 <term>* • termbank *ISO 1087*; terminology data base

ternäre Legierung *f <mat>* • ternary alloy; three-component alloy

Terpentin *n <chem> (Terebinthinae oleum)* • turpentine; oleo resin

Terpentinersatz *m <obfl>* • turpentine substitute; white spirit; turps substitue

Terpentinharzöl *n <chem>* • rosin oil

Terpentinöl *n <chem>* • spirit of turpentine; oil of turpentine; turpentine *pract*; spirits *coll*; spirit *coll*

Terrakotta *f <silik> (gebrannter Ton als Material, oder Gebilde daraus)* • terra--cotta

Terrasse *f <bau>* • terrace

Terrassendiele *f <bau.mat> (typ. geriffelt)* • deck plank

Terrazzoplatte *f DIN EN 13748 <bau.-mat>* • terrazzo tile *DIN EN 13748*

terrestrisch *<geo>* • terrestrial

terrestrische Strahlung *f <geo.phys>* • terrestrial radiation

tertiär *<allg>* • tertiary

Terylene *n* ™ *<kst> (z. B. für Fasertauwerk, Segeltuch)* • Terylene ™

Tesla *n* (T) *DIN 1301 <phys> (SI-Einheit der magnetischen Flussdichte; 1 Wb je Quadratmeter)* • tesla (T)

Tesselation *f <comp>* • tesselation

Test *m <qualit> (technischer Vorgang zur Ermittlung von Merkmalen)* • test

Testbenzin *n <chem> (z. B. als Verdün-*

ner) • mineral spirits *GB*; volatile mineral spirits heavy thinner *US*; white spirits; turpentine substitute

Testbild *n* <*av*> *(allg.; Testmuster für Farbe, Auflösung, für TV, Scanner etc.)* • test pattern; definition pattern; resolution pattern

Testflug *m* <*aerosp*> • test flight; trial flight

Teststrecke *f* <*kfz*> *(allg. und betont: Gelände)* • testing ground *US*; proving ground *GB*

Teststrecke *f* <*kfz.qualit*> *(betont: Fahrbahn, Straßenoberfläche)* • test track

Testumgebung *f* <*qualit*> • test environment

Testverbrauch *m* <*kfz.qualit*> • observed fuel economy

Tetraeder *n* <*math*> • tetrahedron

Tetraethylblei *n* (TEL) <*chem*> *(Antiklopfmittel im Benzin; weitgehend verboten)* • tetraethyl lead (TEL)

Tetrafluorethan *n* <*hlk*> *(extrem klimaschädliches Treibhausgas; typ. in Pkw-Klimaanlagen)* • tetrafluorethane; refrigerant R134a

Tetramethylblei *n* (TML) <*chem*> • tetramethyl lead (TML)

Tetrazen *n* <*el*> *(org. Halbleiter)* • tetracene *:V*

Teufe *f* <*min*> • depth

Textanzeige *f* <*allg*> • electronic text display

Textbaustein *m ISO/IEC 2382-23* <*doku*> • boilerplate *ISO/IEC 2382-23*

Textdatei *f* <*comp*> • text file

Texterkennung *f* <*comp*> *(durch Scanner und OCR-Software)* • optical character recognition (OCR)

textilbewehrt <*bau.mat*> *(z. B. Fassadenplatten)* • textile-reinforced

textile Bewehrung *f* <*bau*> *(von Beton; z. B. mit Garnen aus Glasfasern, Karbon, Basalt, Aramid)* • fiber reinforcement *US*; fibre reinforcement *GB*; textile reinforcement

Textilglas *n DIN 61850* <*textil*> • textile glass

Textilie *f* <*textil*> *(alle Materialen aus Fasern; typ. Gewebe, Tuch, Stoff)* • textile

Textilmaschinen *fpl* <*textil*> • textile machinery

Textur *f* <*obfl*> *(allg.)* • texture; surface structure

texturierte Oberfläche *f* <*obfl*> • textured surface

Textverarbeitung *f* <*comp*> • word processing; text processing

TFT-Monitor *m* <*tech.allg*> • TFT display; TFT screen; TFT monitor

T-Griff *m*: **mit ~** <*wz*> *(bei Werkzeugen)* • T-handle; T-handled

Thallium *n* (Tl) <*chem*> *(Erdmetall)* • thallium (Tl)

Theodolit *m* <*opt*> • theodolite; surveyor's transit

theoretisch <*allg*> • theoretical

theoretische Leistung *f* <*allg*> • potential capacity

Thermalwasseraquifer *m* <*hydr*> • thermal aquifer; thermal water story *US*; thermal water storey *GB*

Thermik *f* <*aerosp*> *(Phänomen)* • thermal column; thermal; thermal upwind

Thermik *f* <*meteo*> • thermal convection; thermal; thermic upwash

thermische Belastung *f* <*tech.allg*> • thermal load; heat load

thermische Dauerstandfestigkeit *f* <*qualit.mat*> • thermal endurance

thermische Energie *f* <*phys*> • thermal energy; heat energy; calorific energy; heat *coll*

thermische Leistung *f* <*nukl*> • thermal power

thermische Neutronen *npl* <*nukl*> • thermal neutrons

thermischer Reaktor *m DIN 25401-3* <*nukl*> • thermal neutron reactor; slow reactor; thermal reactor; slow neutron reactor

thermisches Ausheilen *n* <*metall*> • thermal anneal[ing]

thermische Schädigung *f* <*kst*> *(allg. und von Kunststoffen)* • thermal degradation; thermal damage

thermisches Gleichgewicht *n* <*phys*> • thermal equilibrium

thermisches Neutron *n* <*nukl*> • thermal neutron

thermische Solaranlage *f DIN EN ISO 9488* <*energ.sol*> • thermal solar system *DIN EN ISO 9488*

thermische Spannung *f* <*mech*> • thermal stress

thermisches Schneiden *n DIN 2310* <*prod*> • thermal cutting

thermisches Spritzen *n DIN EN 657 <obfl.metall> (mit Metall als Spritzwerkstoff)* • metal spraying; thermal spraying; spray metallization

thermische Verluste *mpl <tech.allg>* • heat losses *pl*; thermal losses *pl*

Thermitschweißen *n <füg> (ein Gießschmelzschweißverfahren)* • thermit welding (TW); aluminothermic welding *obs*

Thermodrucker *m <druck>* • thermal printer

Thermodynamik *f DIN 1345 <therm>* • thermodynamics; theory of heat

Thermoelement *n <msr>* • thermocouple

Thermoformen *n <kst>* • thermoforming

Thermometer *n DIN 16160 <msr>* • thermometer

thermonukleare Bombe *f <mil>* • thermonuclear bomb; fusion bomb

Thermoplast *m DIN 55405 <kst> (unvernetzt, replastifizierbar)* • thermoplastic; thermoplastic material; thermoplastic resin

Thermoselect-Verfahren *n <ents>* • Thermoselect process

Thermospannung *f <el>* • thermoelectric voltage; thermoelectromotive force; thermovoltage

Thermostat *m <kfz.hlk> (im Kühlkreislauf)* • thermostat

thermostatgesteuert *<msr>* • thermostatically controlled

Thermotransferdrucker *m <druck>* • thermal transfer printer

Thesaurus *m <term>* • thesaurus name *ISO 12620*

Thixoformen *n <prod>* • thixoforming

Thixogießen *n <prod> (hochviskose Schmelze)* • thixo casting; thixocasting

Thixotropie *f <obfl> (Eigenschaft von Gelen, sich durch Schütteln zu verflüssigen)* • thixotropy

Thomaskonverter *m <metall> (Stahlwerk)* • basic Bessemer converter

Thomasmehl *n <agri> (Düngemittel; Nebenprodukt des Thomas-Verfahrens)* • Thomas meal; Thomas phosphate

Thomasschlacke *f <metall.agri> (Düngemittel)* • Thomas slag

Thomasstahl *m <metall> (Ergebnis des Thomasverfahrens)* • basic Bessemer steel; Thomas steel

Thomasverfahren *n <metall>* • basic Bessemer process

Thomas-Verfahren *n <metall> (Frischen mit Luft)* • thomas process

Thorium *n* (Th) *<chem>* • thorium (Th)

Thorium-Hochtemperaturreaktor *m* (THTR) *<nukl>* • thorium high-temperature reactor (THTR)

Thulium *n* (Tm) *<chem>* • thulium (Tm)

Thyristor *m DIN 41786 <el>* • thyristor (SCR); silicon-controlled rectifier

thyristorgesteuert *<el.msr> (z. B. Lokomotive)* • thyristor-controlled

Tidenhub *m DIN 4049-3 <geo>* • tidal range

tief *<allg>* • deep

Tiefbauförderung *f <min> (im Ggs. zu Tagbauförderung)* • deep mining

Tiefbrunnen *m <bau> (Wasserversorgung)* • deep well

Tiefdecker *m <aerosp> (Flugzeugtyp)* • low-wing monoplane; low-wing aircraft; low-wing [airplane]

Tiefdruckmaschine *f <druck>* • intaglio printing press; gravure printing press; gravure press

Tiefe *f <allg> (z. B. Gewässer, Tal, Bohrloch)* • depth

tiefeneinstellbar *<tech.allg>* • depth-adjustable

Tiefengestein *n <geo>* • deep-seated rock; plutonic igneous rock; plutonic rock; plutonite

Tiefenmaß *n <wz>* • depth gauge

Tiefenmessung *f <nav> (akustisch m. Echolot)* • depth sounding

Tiefenregler *m <akust>* • bass control

Tiefentladung *f <el> (von Batterien, Akkus)* • excessive discharge; over-discharge

tiefe Temperatur *f <allg>* • low temperature

Tiefflug *m <mil>* • low-level flight

Tiefgang *m* (T) *<nav>* • draft (d) *US*; draught *GB*

Tiefgarage *f <kfz.bau>* • underground car park

tiefgezogen *<prod>* • deep-drawn

Tiefkühlcontainer *m <nfz> (für gefrorene Güter; z. B. für Speiseeis, Tiefkühlkost)* • refrigerated container

Tiefkühlkette *f <nahr.logist>* • cold chain; distribution cold chain

Tiefkühllagerraum *m <logist>* • freezer storage room; holding freezer

Tiefkühlschrank *m <nahr>* • food freezer

Tiefkühltruhe *f <hlk>* • chest food freezer

Tieflader *m <bau.masch>* • flatbed trailer

Tiefpassfilter *n <el> (lasst nur tiefe Frequenzen durch)* • low-pass filter; high-cut filter; treble-cut filter; low pass

Tiefschwarz *n <obfl>* • jet-black; jet

Tiefseebohren *n <petr>* • deep-sea drilling

Tief- und Verkehrsbau *m <bau> (Zweig des Bauwesens)* • civil engineering

Tiefziehen *n <prod> (Hohlteile; z. B. Getränkedosen)* • cupping

Tiefziehen *n DIN 8584-3 <prod> (allg.; von Blech oder Kunststoff)* • deep drawing; swaging

Tiefziehwerkzeug *n <wz>* • deep--drawing die

Tiegel *m <verf>* • crucible; cup

Tiegelofen *m <verf>* • crucible furnace

Tiegelstahl *m <metall>* • crucible steel

tierische Abfälle *mpl <ents>* • animal waste

Tierkörperverwertung *f <bio.ents> (Verarbeitung von tierischen Abfallprodukten; Anlage)* • rendering plant; animal-rendering plant; carcass-disposal plant *rare*

Tiermehl *n <agri.nahr>* • meat and bone meal (MBM)

tiermehlfrei *<nahr>* • MBM-free

tilgen *vt <doku> (Fehler, unerwünschtes Zeichen, Zeilen, Textteile)* • delete *vt*; erase *vt*

tilgen *vt <doku> (betont; absolut, total auslöschen)* • obliterate *vt*

tilgen *vt <phys> (Schwingungen, Wellen)* • cancel *vt*; cancel out *vt*; absorb *vt*

Tintendruck *m <druck>* • ink-jet printing

Tintenstrahldrucker *m <druck> (allg.; jede Technologie; z. B. HP, Epson)* • ink-jet printer

Tintenstrahldrucker *m <druck> (betont: Blasenstrahlverfahren; z. B. HP)* • bubble-jet printer

Tippschalter *m <allg>* • finger-tip switch; finger-tip contro

Tischbohrmaschine *f <wz.masch>* • bench drill; bench drilling machine

Tischkreissäge *f <wz.masch>* • bench saw; circular saw bench *form*; table saw

Titan *n* (Ti) *<chem>* • titanium (Ti)

Titandioxid *n <chem.obfl> (TiO_2; Weißpigment; z. B. auf Salami, in Zigarren, Kosmetik, Farben)* • titanium dioxide

Titanzink *n <bau.mat> (z. B. für Blechdächer)* • titanium zinc; titanium-zinc

Titer *m <textil> (Feinheitsgrad von Seide)* • titer *US*; titre-number *GB*; fineness [of silk]; silk-titre *GB*; count [of silk]

Titrimetrie *f <chem> (Vorgang)* • titrimetry; titrimetric analysis; mensuration analysis

T-Leitwerk *n <aerosp>* • T-tail; T-shaped tail

T-Nut *f <wz.masch> (zum Spannen v. Werkstücken)* • T-slot *US*; tee slot

T-Nutenschraube *f DIN ISO 1891 <füg>* • T-slot screw

Tochterelement *n <phys>* • daughter element

Tochterplatine *f <wz>* • piggyback

Toilettenbecken *n <hygi>* • toilet pan; pan

Toilettenbecken inkl. Spülkasten *n <hygi>* • toilet suite

Toilettensitz *m <hygi> (hochklappbar)* • toilet seat

Toilettenspülung *f DIN 19542 <hygi> (Wasserklosett; als Einrichtung)* • toilet flushing system

Toleranz *f <tech.allg> (+/-)* • tolerance; permissible variation; allowable variation

Toleranzfeld *n <qualit>* • range of tolerance; field of tolerance; tolerance zone; tolerance range; tolerance band

Toleranzgrenze *f <tech.allg>* • tolerance limit

Toleranzhülse *f <allg>* • spring sleeve

Toleranzreihe *f <allg>* • series of tolerances

Tombak *m <mat> (Legierung aus Kuper, Zinn und Blei; typ. für Billigschmuck)* • tombac; rich low brass; German brass *rare*; Dutch brass *rare*

Ton *m DIN 1320 <akust.mus>* • tone

Ton *m <bau.mat> (Korngröße < 0,004 mm)* • clay
Ton *m <mus>* • note
Ton *m <obfl> (Farbton)* • tint
Ton *m <phot.druck> (bestimmter Farb- oder Grauton)* • tone
Tonabbau *m <min>* • clay winning
Tonabnehmer *m <av>* • sound pick-up; phonograph pick-up
tonartig *<mat>* • clayey
Tonband *n <av>* • audio tape; magnetic sound recording tape *form*
Tonband *n <geo>* • clay band
Tonbandgerät *n <av> (meist eher klein; im Heim- und Amateurbereich)* • tape recorder
Tonbandmaschine *f <av> (meist mit großen, freistehenden Spulen; Studiogerät; z. B. revox)* • tape deck; tape recorder *coll.rare*
Toner *m <druck> (z. B. für Kopiergerät, Laserdrucker)* • toner (EP); electrostatic powder; particle ink *rare*
Tonerde *f <bau.mat> (gelblich-graues Material für Trockenziegel)* • adobe
Ton-Modell *n <prod>* • clay model
Tonnage *f <nav> (in Registertonnen)* • tonnage
Tonne *f <allg>* • barrel; cask
Tonne *f <nav> (Seezeichen für Schifffahrt)* • sea mark; buoy
Tonne *f* (t) *DIN 1301 <phys> (Einheit der Masse: 1000 kg)* • metric ton; ton *pract*
Tonnenfeder *f <kfz>* • barrel spring
Tonnenleger *m <nav>* • navigational aids vessel *form*; buoy-laying vessel; buoy-laying ship; buoy-layer
Tonofen *m <allg>* • chimenea
Tonqualität *f <av> (Güte der Tonwiedergabe; z. B. von Lautsprechern)* • audio quality; tone; sound quality *pract*; sound *coll*
Tonspur *f <av>* • audio track; sound track; sound recording track
Tontechnik *f <av>* • sound engineering
Tonverstärker *m <av> (für Aufnahme und Wiedergabe)* • audio amplifier; sound amplifier; audio-frequency amplifier *form*; AF amplifier
Tonwelle *f <av> (von Tonbandgeräten und Cassettenrecordern)* • capstan wheel shaft; capstan shaft; capstan
Tonwert *m <phot> (Helligkeitswert)* • tone; tonal value; tone value
Tonwertabstufung *f <phot>* • tonal separation
Tonwertumfang *m <druck>* • tonal range
Tonwertumkehrung *fsg <phot> (z. B. beim Sabattier-Effekt)* • tonal reversal
Tonwertwiedergabe *f <comp.druck>* • tone reproduction
Tonwiedergabe *f <av>* • audio playback; sound reproduction
Top-down-Ansatz *m <allg>* • top-down approach
Töpferscheibe *f <silik> (zum Herstellen runder Gefäße)* • potter's wheel
Topfmanschette *f <masch> (Staubdichtung; typ. an Hydraulikkolben)* • cup seal
Toplader *m <hygi> (Waschmaschine; im Ggs. zu Frontlader; typ. in d. USA)* • top-load washer; top-loading washing machine
topographische Aufnahme *f <geo.msr>* • topographical survey; topographic survey
Topologie *f <comp> (Netzwerk/LAN)* • topology
Topplicht *n <nav> (weiß)* • top light; top lantern; mast head light
Topterm *m <term>* • top term *ISO 12620*
Torf *m <verbr>* • peat
Torfbrikettpresse *f <verf>* • peat briquetting press
torisphärisch *<tech.allg>* • torispherical
Torkret *m <bau>* • torcrete
Törn *m <nav> (Reiseabschnitt; z. B. Hafentörn, Seetörn)* • sea turn
toroidales System *n <nukl>* • toroidal system
Torsen-Differential *n <kfz.antr>* • Torsen differential
Torsion *f <phys>* • torsion
torsionsbeansprucht *<mech>* • torsionally stressed
Torsionsdämpfer *m <tech.allg> (allg.)* • torsion damper; torsional damper; torsional vibration damper
Torsionsfeder *f <masch> (ähnl. Schraubenzugfeder, aber mit abgewinkelten Schenkeln)* • torsion spring
torsionssteif *<tech.allg> (z. B. Wagenkasten, Gleiskörper)* • torsionally stiff; torsionally rigid
Torus *m <tech.allg>* • torus

torusförmig *<tech.allg> (Form wie Donut)* • toroidal; donut-shaped *coll*; doughnut-shaped *coll*
Totale *f <allg>* • complete view
toter Winkel *m <kfz>* • blind spot
Totlast *f <tech.allg> (im Ggs. zu Nutzlast, Verkehrslast)* • dead load
Totpunkt *m <masch> (von Hubbewegungen; z. B. von Kolben, Schlitten)* • dead-center position *US*; dead-centre position *GB*
Totzeit *f <förd> (aussetzende Förderer)* • dead time
Toxizität *f <ökol> (Gefährlichkeit einer Substanz bezogen auf den lebenden Organismus)* • toxicity
Toxizität von Brandgasen *f ISO/TS 16312-1 <feuer>* • fire effluent toxicity *ISO/TS 16312-1*
Traceruntersuchung *f <chem> (mit radioaktiven Isotopen)* • radioactive tracer test; tracer test; tracer investigation
Trackball *m <comp> (Maus-Äquivalent)* • trackball; tracker ball *GB*; trackerball *GB.rare*; rolling ball *rare*; roller-ball *rare*
tragbar *<tech.allg>* • portable
Tragbild *n <masch> (betont: Erscheinungsbild; z. B. von Zahnrädern, Lagern, Zylindern)* • surface appearance
Tragbild *n <masch> (an Zahnflanken)* • wear pattern; gear-tooth contact pattern; tooth bearing
Tragbild *n <obfl> (betont: sichtbare Berührungsfläche)* • contact area
Tragdraht *m <bahn> (des Fahrdrahts)* • catenary; catenary wire; catenary cable; span wire; suspension wire
tragend *<tech.allg>* • load-bearing
tragendes Teil *n <tech.allg> (belastetes Teil eines Tragwerks)* • structural part; structural component; load-carrying component; load-bearing component; structural member
tragende Wand *f <bau>* • load-bearing wall; bearing wall
Träger *m <tech.allg> (Hauptbeanspruchung: Biegung)* • beam
Träger *m <bau> (z. B. aus Beton, Holz, Stahl)* • girder
Träger *m <bekl> (elastisch; z. B. an BH)* • strap
Träger *m <comp.av> (für eine Modulatorschwingung)* • carrier; carrier wave; audio oscillator
Träger *m <el> (Ladungsträger)* • carrier
Träger *m <kst> (Kaschierung, Selbstklebefolie, -etikett)* • back
Träger *m <logist> (Palette)* • stringer
Träger *m <mat> (z. B. für Magnetschicht)* • supporting material; supporting substance
Träger *m <msr> (von Dehnmessstreifen)* • carrier; backing; base
Träger *m <nfz>* • carrier vehicle
Träger *m <obfl> (Untergrund, allg.)* • substrate
Träger *m <opt> (Teil eines Rasterkraftmikroskops)* • substrate; chip; holder *rare*
Trägerfrequenz *f <tech.allg>* • carrier frequency
Trägerrakete *f <aerosp> (Raumfahrt)* • carrier rocket; launcher vehicle; launch vehicle; boost vehicle
Trägersignal *n <allg>* • carrier signal
Trägerwelle *f <phys>* • carrier wave
träges Ansprechen *n <msr>* • slow response; sluggish response
Tragetasche *f <pack> (zum Aufbewahren von etw.)* • storage bag
Tragetasche *f <pack> (stabil, steif)* • carrying case
Tragetasche *f <pack> (Beutel)* • carrier bag; bag *coll*
Tragetasche *f <pack> (geräumige Hand- oder Einkaufstasche)* • tote bag; tote *coll*
Tragfähigkeit *f <autom> (eines Roboters)* • payload; load capacity *Unimation*
Tragfähigkeit *f <förd> (Kran; typ. in Tonnen)* • maximum load; hoisting capacity; lifting capacity; crane capacity; maximale Lastaufnahme *f*
Tragfähigkeit *f <förd> (Lift; meist in kg und Anzahl Personen)* • capacity; lifting capacity
Tragfähigkeit *f <fz> (von Reifen; in kg)* • load rating; tire load carrying capacity; load carrying capacity; tire carrying capacity; carrying capacity
Tragfähigkeit *f <nav>* • deadweight-carrying capacity; deadweight capacity; dead weight; capacity
Tragfläche *f <aerosp> (betont: Flügelform, Strukturelement)* • wing; mainplane

Tragfläche *f <nav> (zum Gleiten auf Wasser)* • hydrofoil; hydroplane *US*

Tragflächenbeleuchtung *f <aerosp.licht> (Außenbeleuchtung)* • wing illumination light; wing scan light; wing icing detection light *FAR/JAR 25.1403*

Tragflächenprofil *n <aerosp>* • airfoil section *US*; wing profile; wing section

Tragflächenspitze *f <aerosp>* • wing tip

Tragflächenwurzel *f <aerosp>* • wing root

Tragflügel *m <aerosp> (als aerodynamische Fläche)* • airfoil *US*; aerofoil *GB*

Tragflügelboot *n <nav>* • hydroplane; hydrofoil boat *GB*; hydrofoil craft; hydrofoil *GB*

Traggriff *m DIN 55405 <pack>* • handle

Traggurt *m <tech.allg>* • carrying strap; carrying belt

Trägheit *f <allg> (Aktivitätslosigkeit)* • inactivity

Trägheit *f <allg> (Reaktionslosigkeit)* • indifference

trägheitsarm *<masch>* • low-inertia

Trägheitskraft *f <mech>* • inertial force; force of inertia; inertia force

Trägheitslenkung *f <aerosp>* • inertial guidance

Trägheitsmoment *n <kfz>* • moment of inertia; rotational inertia; mass momentum *BMW*

Trägheitsnavigationssystem *n* (TNS) *<navig> (mit Lagekreisel)* • inertial navigation system (INS)

Tragmagnet *m* (TM) *<bahn> (Magnetbahn)* • support magnet (SM); levitation magnet

Tragrumpf *m <aerosp> (Flugzeugrumpf erzeugt Auftrieb)* • lifting body

Tragschrauber *m <aerosp> (Drehflügelflugzeug; Tragschraube ohne eigenen Antrieb)* • autogyro; autogiro; gyroplane *FAR/JAR 1.1*; Gyrocopter ®; gyro *coll*

Tragseil *n <tech.allg> (zwischen zwei Punkten gespannt bzw. durchhängend; z. B. bei Hängebrücke)* • carrying rope; catenary cable; carrying cable

Tragseil *n <bau> (Hängebrücke)* • suspension cable; cable

Tragstator *m <bahn> (Magnetbahn)* • levitation stator; suspension stator

Tragwerk *n <aerosp>* • mainplane [structure]; wing assembly

Tragwerk *n <bau>* • supporting structure

Tragwerksplan *m DIN ISO 10209-4 <bau.doku>* • structural engineering drawing *ISO 10209-4*

Traktor *m <agri> (für Landwirtschaftsgeräte etc.)* • tractor; agricultural motor tractor *form*; agricultural tractor; farm tractor; towing tractor

Traktorantrieb *m <druck> (für Endlospapier; Funktionseinheit)* • pin feed tractor; tractor drive; tractor mechanism

Trampschiff *n <nav>* • tramp [ship]

Tränengas *n <chem>* • tear-gas; lachrymatory agent *wiss*; lachrymatory gas

tränken *vi <allg>* • infiltrate *vi*

tränken *vt <tech.allg> (mit wasserabweisendem Mittel, Öl, Wachs etc.)* • impregnate *vt*; imbibe *vt*; soak *vt*

tränken *vt <tech.allg> (allg.; durchnässen, eintauchen)* • soak *vt*

Tränkmasse *f <chem>* • impregnation material; impregnation compound

Transaxle-Bauweise *f <kfz>* • rear wheel drive transaxle

Transferdrucker *m <comp>* • transfer printer

Transferkommentar *m <term>* • transfer comment *ISO 12620*

Transferstraße *f <prod>* • transfer line; automated linked line *rare*

Transformator *m <el> (zur Änderung von Spannung u./o. Stromstärke zw. versch. Stromkreisen)* • transformer

transformieren *vt <energ.el> (Strom)* • transform *vt*; convert *vt*

Transformierte *f <math>* • transform

transient *DIN IEC 50 <tech.allg> (Übergang von einem stationären Zustand in einen anderen)* • transient *adj DIN IEC 50*

Transistor *m <el> (Halbleiterschaltelement)* • transistor

Transistor-Transistor-Logik *f* (TTL) *<comp.av>* • transistor-transistor logic (TTL); TTL gate

Transitbereich *m <aerosp>* • transit area

Transitpassagier *m <aerosp>* • transit passenger

transkribierte Form *f <term>* • transcribed form

Translation *f* *<transl>* *(betont: Übersetzen + Dolmetschen)* • translation and interpretation

Translationskörper *m* *<comp>* *(CAD; Leitlinie gekrümmt oder gerade)* • swept solid

translatorisch *<mech>* *(Bewegung)* • translational

translatorische Achse *f* *<autom>* • translational axis

transliterierte Form *f* *<term>* • transliterated form

transluzent *<qualit.mat>* *(Licht diffus durchlassend)* • translucent; semi-transparent

Transmissionsgrad *m* *<opt>* • transmissivity; transmittance

Transmissionsverluste *mpl* *<energ.sol>* • transmission losses *pl*

transparent *<qualit.mat>* *(nicht opak; blickdurchlässig)* • transparent; non-opaque

Transparenz *f* *<qualit.mat>* *(in unterschiedlichem Grad)* • transparency; translucency

Transponder *m* *<el>* • transponder

Transponderschlüssel *m* *<tech.allg>* *(z. B. Autoschlüssel)* • key fob; transponder key

Transportbehälter *m* *<logist>* *(allg.; jede Art u. Größe)* • transport container

Transportbeton *m* *DIN 1045-2; DIN* *<bau.mat>* *(Lieferung per Lkw; im Ggs. zu Baustellenbeton)* • ready-mixed concrete

Transportbeton *m* *DIN 1045-2; DIN* *<bau.mat>* *(betont: im Lkw gemischt)* • truck-mixed concrete; transit-mixed concrete; transit-mix concrete; transit mix *pract*

Transportbox *f* *<logist>* *(eher klein, meist mit Griff)* • tote box

Transportflugzeug *n* *<aerosp.mil>* *(militärischer Lastentransport)* • transport aircraft; transport airplane; transporter

Transportguteinrichtung *f* *<allg>* • conveyor system

transportieren *vt* *<tech.allg>* *(betont: vorwärts)* • advance *vt*

transportieren *vt* *<tech.allg>* *(Menschen, Güter)* • transport *vt*; haul *vt*

transportieren *vt* *<förd>* *(betont: von einem Ort zum nächsten)* • transfer *vt*

Transportloch *n* *<tech.allg>* *(Film, Lochstreifen, Endlospapier)* • sprocket hole; feed hole

Transportmedium *n* *<allg>* • carrier medium; medium

transsonarer Wegaufnehmer *m* *balluff* *<allg>* • linear displacement transducer

transsonische Geschwindigkeit *f* *<aerosp>* *(0,8 < Ma < 1,2)* • transonic velocity; transonic speed

Trapeztragfläche *f* *<aerosp>* • tapered wing; trapezoidal wing *rare*

Trapezverzeichnung *f* *<opt>* • trapezoidal distortion

Traufe *f* *<bau>* *(unterer Dachrand)* • eaves

Traverse *f* *<tech.allg>* • crossbar; crossbeam; cross beam; traverse; crosspiece

Trawler *m* *<nav>* *(Fangschiff mit Schleppnetzen)* • trawler

treffen *vt* *<tech.allg>* *(Oberfläche, Ziel etc.; z. B. mit Hammer, Geschoss, Schlag, Strahl)* • strike *vt*; hit *vt*

Treibanker *m* *<nav>* • sea anchor; floating anchor

Treibdorn *m* *<wz>* *(zum Einsetzen/Entfernen von Stiften, Splinten, Keilen etc.)* • drift; driver; punch

Treibeis *n* *DIN 4049-3* *<geo>* • drift ice

Treiben *n* *<prod>* *(von Hand, mit Hammer und Punze)* • embossing

Treiber *m* *<comp>* *(Software zur Steuerung von Hardware; z. B. für CD-Laufwerk, Drucker)* • driver; device driver; driver software; software driver

Treibhauseffekt *m* *<ökol>* • greenhouse effect *VDI4640*

Treibhausgas *n* *VDI4640* *<ökol>* • greenhouse gas (GHG) *VDI4640*

Treibkeil *m* *DIN 6886* *<füg>* • taper key

Treibladung *f* *<kfz.sich>* *(Airbag)* • pyrotechnic charge; pyrotechnic propellant; propellant charge

Treibmittel *n* *<kst>* *(für Schaumstoffe)* • foaming agent

Treibmittel *n* *DIN 55405* *<pack>* *(in Spraydosen)* • propellant

Treibnetz *n* *<nav>* *(senkrecht hängend; beliebige Maschenweite)* • seine

Treibnetz *n* *<nav>* *(senkrecht hängend, große Maschen; Fische verhaken sich mit den Kiemen)* • gill net

Treibsatz *m* *<aerosp>* *(Feststoffrakete,*

Feuerwerkskörper, Schleudersitz) • propellant charge; solid charge; solid propellant charge; propulsion charge

Treibstoff *m <aerosp> (für Raketen, Strahltriebwerke, Flugzeugmot.; z. B. Flugbenzin, Jet A1)* • fuel

Treibstoff *m <chem> (allg.)* • propellant

Treibstoff *m <nav> (für Schiffe, Boote; z. B. Kohle, Schweröl, Uran)* • fuel

Treibstoffdruck *m <aerosp.nav>* • fuel pressure

Treibstoffenergie *f <aerosp.nav>* • energy of the fuel

Treibstoffleitung *f <aerosp.nav>* • fuel line; fuel supply line

Treibstoffpumpe *f <aerosp.nav>* • fuel feed pump; fuel pump *pract*

Treibstoffreserve *f <aerosp>* • reserve fuel; reserve propellant

Treibstofftank *m <aerosp>* • fuel tank *JAR 25.963-981*

trennen *vt <tech.allg> (kraftschlüssige Verbindung; z. B. Scheibenkupplung)* • disengage *vt*

trennen *vt <chem.verf> (in Filtern, Abscheidern; z. B. Schwebstoffe, Öl, Leichtfraktion)* • separate *vt*

trennen *vt <el> (Anschluss; z. B. vom Netz)* • disconnect *vt*; interrupt *vt*; open *vt*

Trennfuge *f <bau>* • kerf

Trennmittel *n <obfl> (für Formteile, Beton-Schalung etc.)* • release agent; parting agent; bond breaker; mold release agent; parting compound

Trennpapier *n <pap> (z. B. silikonisiert, quilonisiert)* • separating paper

Trennschalter *m <energ.el>* • disconnector; separating switch; isolating switch

Trennscheibe *f <bau> (Glasscheibe; z. B. zw. Aula und Altar)* • glass partition

Trennscheibe *f <wz> (für Winkelschleifer)* • cutting disk; cutting wheel

Trennschicht *f <tech.allg>* • interlayer

Trenntransformator *m <el>* • isolating transformer; isolation transformer

Trennung *f <tech.allg> (z. B. eines Raumes)* • division

Trennung *f <tech.allg> (einer Verbindung)* • interruption

Trennung *f <aerosp> (Stufe)* • fall-away

Trennung *f <prod> (Werkstück von der Form)* • release

Trennverfahren *n <prod> (z. B. mit Brenner, Schere, Messer)* • cutting process

Trennverfahren *n <verf> (ohne Schnitt; durch Sortieren, Klassifizieren, chem. Reaktion)* • separation process

Trennwand *f <tech.allg> (jedes Material, jede Größe)* • partition

Trennwand *f <aerosp.innen>* • partition wall; divider

Treppe *f DIN 18065 <bau>* • stairs *BS 5578*

Treppenstufe *f DIN 18065 <bau>* • step; stair

Tresoranlage *f VDMA 24990 <sich>* • strongroom *VDMA 24990*

Tretboot *n <nav>* • pedal-boat

treten *vt <allg>* • kick *vt*

treten *vt <allg> (z. B. Fahrrad, Tretboot)* • pedal *vt*

Tretkurbel *f <fz> (Fahrrad)* • crank

Triangulationsnetz *n <geo.msr>* • triangulation network

Tribologie *f DIN 50323 <tribo>* • tribology

Tributylzinn *n* (TBT) *<chem> (z. B. in Bewuchshemmern für Schiffsrümpfe, Windeln; sehr hormonschädl.)* • tributyl tin (TBT)

Trichter *m <tech.allg> (zum Einfüllen, eher klein)* • funnel

Trichter *m <förd> (groß; z. B. für Kohle, Zuckerrüben, Kies)* • hopper

Triebfahrzeug *n <bahn> (allg.; Lokomotive, Triebwagen)* • motive power unit; traction unit; tractive unit; power car; motor power unit

Triebfeder *f <masch> (von Uhrwerk; z. B. Spielzeug, Uhr)* • power spring

Triebkopf *m <bahn> (z. B. bei ICE 1, TGV)* • power car

Triebrad *n <kfz> (von Kettenfahrzeug; z. B. Planierraupe, Panzer)* • track sprocket

Triebwasserzuleitung *f <energ.hydr> (vom Gewässer zum Kraftwerk)* • headrace canal; headrace *pract*

Triebwerk *n* (TW) *<aerosp.mot>* • engine (ENG) *JAR 1.1*

Triebwerksanlage *f <aerosp.mot>* • powerplant *JAR 25.901-1207*

Triebwerksaufhängung *f <aerosp>* • engine mount; engine mounting

Triebwerk/Warnanzeige *f* (E/WD) *<aerosp.msr> (ECAM)* • Engine/ Warning Display (E/WD)
Triebzug *m <bahn> (z. B. ICE3)* • multiple unit (MU); multiple unit train; trainset; motor coach train *GB*; motor train unit
Triggerschaltung *f <el>* • trigger circuit
Trimaran *m <nav>* • trimaran
Trimmeinrichtung *f <nav>* • trimming device
trimmen *vt <fz> (Flugzeug, Schiff)* • trim *vt*
trimmen *vt <nav> (Segel, Boot; in rechte Form/Lage bringen)* • trim *vt*
Trimmer *m <tech.allg> (mech. Abschneiden)* • trimmer
Trimmer *m <el> (zur elektr. Abstimmung)* • trimmer
Trimmkondensator *m <el>* • trimmer capacitor
Trimmung *f <fz> (Flugzeug, Schiff; Zustand)* • trim
Trinitrotoluol *n* (TNT) *<spreng> (typ. Handelsnamen sind Triton, Trotly, Trilite, Trinol, Tritolo)* • trinitrotoluol (TNT)
Trinkwasserbedarf *m <allg>* • supply of potable water
Trinkwasserversorgung *f <admin>* • drinking water supply; public drinking water supply
Triphenylzinn *n* (TPT) *<chem> (z. B. in Fungiziden)* • triphenyl tin (TPT)
Triplett *n <phys> (Gruppe von Spektrallinien)* • triplet
Tritium *n <chem> (Wasserstoff-Isotop)* • tritium; T
Trittschalldämmung *f ISO 140 <bau.akust> (z. B. von Decken)* • impact sound insulation *ISO 140*
triturieren *vt <verf> (sehr gründlich und fein pulverisieren)* • triturate *vt*
Trochoidenpumpe *f <förd> (typ. Ölpumpe)* • internal gear pump; internal lobe pump; internal-gear one-tooth-difference pump
Trockenbatterie *f <el>* • dry-cell battery; dry battery
Trockenbauer *m <bau.innen>* • drywall contractor
Trockendock *n <nav>* • dry dock; drydock
Trockeneis *n <verf>* • dry ice; carbon dioxide ice; solid carbon dioxide
Trockenfrachtschiff *n <nav>* • dry cargo ship; dry-cargo ship
Trockenkupplung *f <antr>* • dry clutch
Trockenmittel *n DIN 55405 <pack>* • desiccant
Trockenrasierer *m <hygi.wz>* • shaver; electric shaver; dry shaver
Trockenreiniger *m <hygi>* • dry cleaner
Trockenreinigung *f <chem.verf>* • dry cleaning; dry purification
Trockenschnee *m <verf>* • carbon dioxide snow
Trockenschrank *m <tech.allg>* • cabinet drier; drying cupboard
Trockensubstanz *f* (TS) *<mat> (beim Trocknen einer Substanz bei 100… 105 °C erhaltener Rückstand)* • total solids (TS); dry solid matter; dried solid matter; dried matter; solid matter
Trockensumpfschmierung *f <tribo>* • dry-sump lubrication; gravity-feed lubrication
Trocknen *n <tech.allg>* • drying
trocknen *vt <tech.allg>* • dry *vt*; dehydrate *vt*
Trockner *m <verf> (allg.)* • dryer *US*; drier *GB*
Trocknung *f <tech.allg> (absoluter Feuchtigkeitsentzug)* • desiccation
Trocknung *f <tech.allg>* • drying
Trocknung *f <verf> (betont: durch Wasserentzug)* • dehydration
Trog *m <allg> (längliches offenes Gefäß)* • vat
Trog *m <tech.allg>* • trough
Trogförderer *m <förd>* • trough conveyor
Trojanisches Pferd *n <comp> (Virus)* • trojan horse
Trommel *f <el> (für Kabel)* • reel
Trommel *f <hygi.textil> (von Waschmaschinen, Trocknern)* • drum
Trommel *f DIN 55405 <pack> (bis 220 L Inhalt)* • drum *BS 3130*
Trommel *f <verf> (Zentrifuge, Schleuder)* • bowl
Trommelbremse *f <brems> (allg. und Kfz)* • drum brake
Trommelplotter *m <comp>* • drum plotter
Trommelpolieren *n <obfl>* • barrel burnishing
Tröpfchen *n <allg> (i. Allg. kleiner als 0,2 mm Durchmesser)* • droplet

Tröpfchenverteilung *f <allg>* • droplet distribution

Tropfdüse *f <tech.allg>* • drip nozzle

tröpfeln *vi <allg>* • trickle *vi*

Tropfen *m <allg>* • drop

tropfen *vi <allg>* • drip *vi*

Tropfenabscheider *m <verf> (zur Luft- od. Abgasreinigung)* • mist eliminator; droplet separator

tropfenförmig *<allg> (z. B. Blüte, Glühbirne, Vase)* • drop-shaped

tropfsicher *<allg>* • antidribble

Trosse *f <nav> (dick, schweres Tau; zum Festmachen oder Schleppen)* • hawser

Trub *m <nahr> (Bodensatz, Niederschlag in Weinfässern, -flaschen)* • lees; wine lees; bottoms; sediment

trüb[e] *<allg>* • cloudy; hazy

trüb[e] *<allg> (z. B. Farbton)* • flat

Trübheit *f <qualit.opt> (Flüssigkeit)* • turbidity

Trübung *f <tech.allg> (Vorgang; gleichmäßig)* • opacification

Trübung *f <tech.allg> (Vorgang und Zustand; eher wolkig)* • clouding

Trübungspunkt *m <tribo>* • cloud point

Trudeln *n <aerosp> (um die Längsachse drehender Sturzflug bzw. Absturz)* • tailspin; nose spin; corkscrew spin

trunkierte Form *f <term>* • clipped term

Tscherenkow-Strahlung *f <nukl>* • Cerenkov radiation

TSOP-Gehäuse *n IEC 47D/169 <ic> (Thin-Small-Outline-Package; z. B. für SDRAMs)* • TSOP casing *IEC 47D/169*

T-Stück *n <tech.allg>* • T-piece

T-Stück *n <rls> (betont: als Abzweig; für Rohre, Kanäle, Schläuche)* • branch tee

T-Stück *n <rls> (Rohr, Schlauch)* • tee; Tee

T-Stück *n <rls> (Rohr-Formstück)* • pipe tee

TTL-Messung *f <phot> (durch das Objektiv)* • TTL metering

TTL-Schaltkreis *m <el> (Transistor--Transistor-Logik)* • TTL circuit

T-Träger *m <bau>* • T-beam; T-girder

Tübbing *m <bau> (allg.; z. B. aus Stahl, Gusseisen, Beton)* • tubing segment; lining segment; segment *pract*; tubbing ring

Tübbing *m <bau.verk> (zum Tübbing--Ausbau von Tunnels; aus Beton)* • concrete preform; tunnel lining segment; tunnel segment *rare*; tubbing *rare*

Tuchel-Stecker *m <allg>* • plug and socket connection Tuchel

Tuchhängematte *f <allg>* • cloth hammock

Tülle *f <tech.allg> (weich; in Durchdringung; typ. aus Gummi; Kabelschutz od. Abdichtung)* • grommet

Tünche *f <bau.obfl>* • whitewash

Tuner *m <av> (für Radiosendungen; Bauteil einer Hifi-Anlage, ohne eigenen Verstärker)* • tuner

Tunnel *m DIN 1076 <bau.verk>* • tunnel

Tunnelbau *m <bau.verk>* • tunneling *US*; tunnelling *GB*; tunnel construction; tunnel driving

Tunnelbohrmaschine *f* (TBM) *<bau.-masch>* • tunnel boring machine (TBM); tunneling machine *US*; tunnelling machine *GB*; tunnel rock drill *coll*

Tunneleingang *m <bau>* • tunnel portal

Tunnellüftungssystem *n <verk.hlk>* • tunnel ventilation system

Tunnelportal *n <bau.verk>* • tunnel portal; portal *coll*

Tunnelröhre *f prakt <bau.verk>* • tunnel tube *pract*; tube *coll*; tunnel bore

Tür *f DIN EN 12433 <tech.allg> (für Personen)* • door

Turbine *f <tech.allg> (z. B. in Triebwerken od. zum Antrieb von Generatoren)* • turbine

Turbinenantrieb *m <fz> (z. B. Flugzeug, Luftkissenfahrzeug, Schiff)* • turbine propulsion

Turbinenbeschaufelung *f <turb>* • turbine blading

Turbinenbohrer *m <med.tech> (Zahnarzt)* • turbodrill

Turbineneinlauf *m <turb>* • turbine intake

Turbineneinlaufverschluss *m <energ.hydr>* • turbine valve; inlet valve

Turbinen-Luftstrahltriebwerk *n <aerosp>* • turbojet engine; jet turbine engine

Turbinenregler *m <turb.msr>* • turbine governor

Turbinenrotor *m <turb>* • turbine rotor *ISO 11086*; turbine rotor wheel

Turbinensatz *m <energ.hydr>* • turbine

set

Turbinenstufe *f <turb>* • turbine stage

Turbinenumleitstation *f <energ>* • turbine bypass

Türblatt *n DIN EN 14420 <bau>* • door leaf *EN 14420*

Türblech *n <fz>* • door skin

turboaufgeladen *<mot>* • turbocharged

Turboaufladung *f <fz.mot>* • turbocharging; exhaust turbo-supercharging

Turbo-Dieselmotor *m <kfz.mot>* • turbo diesel engine; turbo diesel

Turbo-Dieselmotor mit Direkteinspritzung *m <kfz.mot>* • turbo diesel engine with direct injection (TDI); directly injected turbo diesel [engine]

Turbogebläse *n <masch>* • turboblower

Turbogenerator *m <energ> (Turbine plus Generator)* • turbine generator [unit]; turbogenerator [unit]; turbine generator set; turbo set *rare*

Turboloch *n <kfz.mot>* • turbo lag

Türfalz *m <bau>* • door rebate

Turm *m <bau> (vager Begriff f. relativ zur Breite hohe Bauwerke; z. B. ~ von Babel)* • tower

Turm *m <bau.masch> (Hauptmast von Turmdrehkranen)* • tower; mast

Turm *m <energ.wind> (von Windkraftanlagen)* • tower

Turmdrehkran *m <bau.masch>* • tower crane

Turmhöhe *f <energ.wind>* • tower height

Turmschatten *m <energ.wind>* • tower shadow; tower wake

Turngerät *n <sport.tech> (z. B. Barren, Reck, Ringe)* • gymnastics apparatus

Türscharnier *n <tech.allg>* • door hinge

Türzarge *f <bau> (trägt das Türblatt)* • door frame; door case

Twenty-foot Equivalent Unit *n* (TEU) *<nav>* • Twenty-foot Equivalent Unit (TEU)

Twisted-Pair-Kabel *n* (TP) *<comp> (für Netzwerke)* • twisted pair cable (TP)

Typenbezeichnung *f <allg>* • type-code

Typendrucker *m <druck>* • character printer; full form impact printer; full form printer

Typenschild *n <tech.allg> (Elektrogeräte usw.)* • type plate; type identification plate

Typografie *f* (Typo) *<druck> (Gestaltung eines Druckerzeugnisses)* • typography

Typprüfung *f <qualit> (zum Nachweis der Konformität mit Vorschriften; EN ISO 10497)* • approval test; Type Approval test

U

U-Bahn-Netz *n <verk.bahn>* • subway system *US*; underground system *GB*

Überalterung *f <qualit>* • overaging *US*; overageing *GB*

überarbeitet *<tech.allg> (besser als zuvor; z. B. Konstruktion, Design, Dokument)* • improved

überarbeitete Auflage *f <druck>* • revised edition

Überbau *m <bau> (allg.)* • superstructure

Überbeanspruchung *f <tech.allg> (Zustand)* • overload

Überbeanspruchung *f <tech.allg> (Vorgang)* • overloading

Überbeanspruchung *f <tech.allg> (durch exzessiven Gebrauch)* • overuse

Überbeanspruchung *f <mech> (Zustand; mech. Spannung, Last)* • overstress

Überbeanspruchung *f <mech> (Vorgang; mech. Spannung, Last)* • overstressing

Überbelegung *f <tele> (v. Leitungen, Frequenzkanälen; Verstopfung, Datenstau)* • congestion

Überbelichtung *f <phot> (von Aufnahmen, Filmen, Papieren)* • overexposure

überbestimmt *<term> (Begriffsdefinition)* • overdefined

Überblattung *f <holz.füg> (gerade)* • halved joint; half joint *rare*

Überblattung *f <holz.füg> (von Balken, über Kreuz)* • cross-halved joint

Überblendung *f <opt> (Projektionsbilder)* • fade-over; dissolve

überbrücken *vt <tech.allg> (eine Funktion außer Kraft setzen; z. B. Freilauf, Sperre)* • bridge *vt*

überbrücken *vt <tech.allg> (ein Hinder-*

nis oder ein Tal; mit einer Brücke) • bridge *vt*; span *vt*

überbrücken *vt <bau> (Distanz; z. B. Graben, Fluss mit Brücke, Träger)* • span *vt*

überbrücken *vt <el> (mit Steckbrücken, Überbrückungsdraht)* • jumper *vt*

überbrücken *vt <el> (kurzschließen)* • short-circuit *vt*

Überbrückung *f <el> (von Klemmen, Kontakten; mit Draht, Kabel, Steckbrücke)* • jumper

Überbrückungskabel *n <el> (allg.)* • jumper cable

Überbrückungsschalter *m <el>* • override switch; bypass switch

überdachte Fläche *f <bau> (allg.)* • underroof space

Überdachung *f <bau> (Haube)* • canopy

Überdachung *f <bau> (allg.; Gebäude insgesamt)* • roofing

überdeckte Fläche *f <allg>* • covered area

Überdeckung *f <bau> (z. B. von Dachziegeln, Schiefer usw.)* • overlap

Überdeckung *f <kfz.qualit> (beim Offset-Crashtest; z. B. 40 %)* • overlap

Überdeckungsgrad *m* DIN 3998 *<antr> (von Zahnrädern)* • contact ratio; contact gear ratio; engagement factor

Überdeckungsstoß *m <füg> (allg.)* • lap joint

überdehnen *vt <tech.allg> (z. B. Riemen, Kette, Seil, Stoff)* • overtension *vt*

überdehnen *vt <mat> (z. B. Metall, Textilien)* • overstretch *vt*; overdraw *vt rare*

überdehnt *<masch> (z. B. Seilzug allg.; insbes. Handbremszug; Feder)* • stretched

überdimensionieren *vt <tech.allg> (betont: hinsichtlich der Größe)* • oversize *vt*

überdimensionieren *vt <tech.allg> (betont: hinsichtlich der Auslegungsdaten)* • over-design *vt*

Überdosierung *f <verf>* • overdosage

überdrehen *vt <füg> (zu fest anziehen; z. B. Schraube, Mutter)* • overtighten *vt*

Überdrehzahl *f <tech.allg> (von Wellen, Motoren)* • overspeed

Überdruck *m <tech.allg>* • overpressure; excess pressure

Überdruckturbine *f <turb>* • reaction turbine

Überdruckventil *n <tech.allg> (allg.; betont: zu hoher Druck)* • pressure relief valve; relief valve; P-relief [valve]

übereinstimmend *<allg> (widerspruchsfrei, in sich schlüssig, passend)* • congruent; agreeing; accordant; congruous

Übereinstimmungsgrad *m <allg> (z. B. Bedeutung von Text, Übersetzung, Werkstück, Verfahren)* • degree of conformity

Überempfindlichkeit *f <allg>* • hypersensitivity

übereutektisch *<mat> (z. B. Stahl)* • hypereutectic

Überfallkrone *f <bau.hydr> (Damm)* • spillway crest

Überfallpfeiler *m <bau.hydr>* • overflow buttress

Überfall- und Einbruchmeldeanlage *f* (ÜEA) *<alarm>* • intruder alarm [system]; intrusion detection system; intrusion alarm [system]; intruder detection system; burglar alarm [system]

Überfallwehr *n <hydr.ents> (für Abwasser)* • waste weir

Überfischen *n <nahr> (Gewässer, Fischbestände)* • overfishing

überfluten *vt <allg> (großflächig)* • flood *vt*

überfluten *vt <geo> (z. B. Ufer, Damm, Landschaft, Straßen, Häuser)* • flood *vt*

überfluten *vt <geo> (völlig, total unter Wasser setzen)* • inundate *vt*; submerge *vt*; flood *vt*

überfluten *vt <geo> (Hindernis; z. B. Damm, Deich)* • overflow *vt*

Überführung *f <bau.verk> (Brücke)* • overpass *US*; flyover *GB*

Überführungskennzeichen *n <kfz.verk> (für Überführungs- u. Probefahrten)* • temporary license plate *US*; temporary plate; trade plate *coll*

Überführungskosten *pl <kfz.fin>* • destination charge

Überfüllsicherung *f <allg>* • overfill protection; protection against tank overfilling *vegacon*

überfüllt *<tech.allg> (Behälter; z. B. Motor mit Öl)* • overfilled

überfüllt *<fz> (z. B. Zug)* • overcrowded

Übergabestelle *f <logist> (HRL)* • trans-

fer station
Übergang *m* <verk> *(für Fußgänger)* • crossing
Übergangsbereich *m* <tech.allg> • transition region; transition range
Übergangsbereich *m* <ic> *(Halbleiter)* • junction region; transition region; junction; junction zone
Übergangsgebiet *n* <phys> *(allg.; z. B. bei Strömung von laminar zu turbulent)* • transition zone
Übergangsmetall *n* <chem> *(in Periodensystem der Elemente: 21-30, 39-48, 72-80, 104-112)* • transition metal
Übergangspassung *f* <masch> *(zw. Press- und Spielpassung)* • transition fit; tight fit
Übergangsperiode *f* <phys> • transition period
Übergangsradius *m* <tech.allg> *(von zwei senkrecht aufeinanderstehenden Flächen)* • transition radius
Übergangsstück *n* <tech.allg> • adapter; transition piece
Übergangsverhalten *n* <msr> *(Art der Reaktion auf Änderung der Einflussgrößen)* • transient response; transient behavior
Übergangszeit *f* <tech.allg> • transition period; transient time
Übergangszustand *m* <tech.allg> • transient state; transient condition; transition state
übergeordneter Begriff *m* <term> • superordinate concept *ISO 12620*
Übergepäck *nsg* <aerosp> • excess baggage *sg*
Überhang *m* <tech.allg> • overhang
überheizen *vt* <hlk> *(Räume)* • overheat *vt*
überhitzen *vi* <tech.allg> *(unerwünscht; z. B. Maschinen, Lager, Motoren)* • overheat *vi*
überhitzen *vt* <chem.verf> *(absichtlich; z. B. Dampf)* • superheat *vt*
Überhitzer *m* <verf> • superheater
überhitzter Dampf *m* <turb> • superheated steam
Überhitzungsrisse *mpl* <brems> *(z. B. in Bremsscheiben)* • heat checking
überhöht <verk> *(Kurve; z. B. von Straße, Rennstrecke, Eisenbahngleis)* • banked; superelevated
Überholen *n* <fz> *(gründlich instand setzen; z. B. Motor, Getriebe)* • reconditioning; rebuilding; overhaul
überholen *vt* <rep> *(instand setzen)* • recondition *vt*; remanufacture *vt*; rebuild *vt*
überholen *vt* <verk> *(ein anderes Fahrzeug)* • pass *vt*; overtake *vt*
Überholreserve *f* <fz> • passing power
Überholspur *f* <verk> • fast lane; hammer lane *US.coll*; centerfield lane *US.coll*; showoff lane *US.coll.derog*; centerfield *US.coll*
überholt <allg> *(zu alt)* • dated; out-of--date; outmoded
überholte Benennung *f* <term> • superseded term
Überkompensation *f* <tech.allg> • overcompensation
Überkorn *n DIN ISO 2395* <mat> *(z. B. Siebtechnik)* • oversize material *ISO 2395*; oversize product
Überkreuzung *f* <tech.allg> • cross--over; crossing
überkritisch <phys> *(z. B. Drehzahl)* • supercritical
überkront <med> *(Zahn)* • crowned
überladen *vt* <el> *(Batterie)* • overcharge *vt*
überladen *vt* <fz> • overload *vt*; load excessively *vt*
überlagern *vr* <tech.allg> *(z. B. Bewegungen, Flüssigkeiten)* • superimpose *vi*
überlagern *vr* <phys> *(mechanisch, elektronisch, akustisch, optisch)* • interfere *vi*
überlagern *vt* <tech.allg> *(z. B. Bilder, Fenster, Signale)* • superimpose *vt*
Überlagerungspfeifen *n* <el> • heterodyne whistling; heterodyne whistle
Überlandflug *m* <aerosp> • cross--country flight
überlappen *vr* <masch> *(Bleche etc. an Nähten)* • overlap *vi*
Überlappstoß *m DIN EN 12345* <füg> *(z. B. geschweißt, geklebt)* • lap joint
Überlappung *f* <tech.allg> *(von Vorgängen, Bauteilen)* • overlap
Überlappungsnaht *f* <füg> *(allg.)* • lap joint
Überlast *f* <tech.allg> *(mechanisch, elektrisch)* • overload
Überlastanzeige *f* <msr> *(z. B. im*

Fahrstuhl) • overload indicator
überlastgeschützt *<el>* • overload protected; protected against overload
Überlastschalter *m <el>* • overload circuit breaker; circuit breaker
Überlastsicherung *f <tech.allg>* • overload protection; overcurrent
Überlauf *m <comp> (Speicher, Stack, Zeit)* • overflow; overrun
Überlauf *m <energ.hydr> (Stauwehr, Hochwasserentlastungsanlage)* • spillway; overflow; overfall; run-off
überlaufen *vi <tech.allg>* • overflow *vi*; flow over *vi*; spill *vi*
überlaufen *vi <tech.allg> (schwallartig, schnell, in großen Mengen)* • overshoot *vi*
überlaufendes Wasser *n <energ.hydr>* • spill; spillage; overflow; spillover
überlaufsicher *<tech.allg> (z. B. Waschbecken, Tank)* • spillproof
Überlauftraps *m <rls>* • overflow trap
Überlaufwehr *n <bau.hydr>* • overflow weir
Überlebensausrüstung *f <allg>* • field survival kit; survival kit
Überlebensraum *m <kfz.sich> (Fahrgastzelle)* • survival space
Überlebenswahrscheinlichkeit *f <allg>* • survival probability
Überlebenswindgeschwindigkeit *f <energ.wind>* • survival wind speed; survival speed; design wind speed *rare*; design speed *rare*; extreme wind speed *IEV 415*
überlegen *<qualit> (z. B. Leistung, Betriebsverhalten)* • superior
Übermaß *n <tech.allg>* • oversize
Übermaßkolben *m <kfz.mot>* • oversize piston; oversized piston
übermitteln *vt <tele> (Nachricht, Signal etc.)* • transmit *vt*
Überprüfer *m <term>* • checker *ISO 12620*
Überprüfungsdatum *n <term>* • check date *ISO 12620*
überqueren *vt <allg> (beim Gehen, Fahren, Verlegen; z. B. Straße, Leitungen)* • cross *vt*
Überrest *m <allg>* • residue
Überrollschutz *m <fz> (z. B. von Pkw, Fahrerkabinen)* • roll-over protection system (RPS)
Übersättigung *f <phys>* • supersaturation
Überschallflug *m <aerosp>* • supersonic flight
Überschallflugverkehr *m <aerosp>* • supersonic travel
Überschallflugzeug *n <aerosp>* • supersonic aircraft; supersonic airplane
Überschallgeschwindigkeit *f <aerosp>* • supersonic speed
Überschallknall *m <aerosp>* • sonic boom; sonic bang
Überschallverkehrsflugzeug *n <aerosp> (z. B. Concorde; Passagiertransport)* • supersonic transport (SST)
Überschall-Windkanal *m <aerosp>* • supersonic wind tunnel; supersonic flow wind tunnel
überschlächtig *<energ> (Wasserrad)* • overshot
Überschlag *m <el> (betont: Durchbruch des Dielektrikums)* • breakdown
Überschlag *m <energ.el>* • flashover; electric arcing
Überschlag *m <fz> (nach vorne; insbes. Fahrrad, Motorrad)* • nose-over
Überschlag *m <kfz> (eines Fahrzeugs; seitlich)* • rollover
überschlagen *vi <allg> (grobes, vereinfachtes Berechnen)* • estimate *vi*
Überschlagswert *m <allg>* • approximate value
überschneiden *vt <allg> (z. B. Einflüsse, Kompetenzen, Abläufe)* • cut over *vt*
überschneiden *vt <tech.allg> (z. B. Bereiche)* • intersect *vt*
überschreiben *vt <comp> (Daten)* • overwrite *vt*; rewrite *vt*
überschreiten *vt <allg>* • exceed *vt*
Überschuss *m <ökon>* • surplus
Überschwemmungsgebiet *n <bau> (potenziell gefährdet)* • flood district
Überschwemmungsgebiet *n <geo.-hydr> (tatsächlich überschwemmt)* • flooded area
überschwingen *vi <tech.allg> (z. B. Signal, Zeiger)* • overshoot *vi*; overtravel *vi*; overswing *vi*
überschwingen *vi <msr> (Anzeige)* • hunt *vi*
Überseekabel *n <el.tele>* • transoceanic cable
übersetzen *vt*: **ins Langsame ~** *<antr>* • gear down *vt*
übersetzen *vt*: **ins Schnelle ~** *<antr>*

• gear up *vt*; step up *vt*

übersetzen *vt <comp> (Programme; Quellcode)* • compile *vt*

übersetzen *vt <masch> (Drehzahl)* • transmit *vt*

übersetzen *vt <nav> (ans andere Ufer, mit Fähre)* • ferry *vt*

übersetzen *vt <transl> (Ausgangstext in einen Zieltext)* • translate *vt*

Übersetzen und Dolmetschen *n <transl> (Oberbegriff)* • translation and interpretation (T&I)

Übersetzer *m <transl>* • translator

Übersetzerin *f <transl>* • translator

Übersetzung *f <transl.doku> (in andere Sprachen; z. B. von Handbüchern; Prozess u. Produkt)* • translation

Übersetzungsdienstleister *m <transl> (z. B. Übersetzungsbüro, -agentur, Freiberufler)* • translation service provider (TSP) *EN 15038*

Übersetzungsprogramm *n <transl.wz> (allg. zum computerunterstützten Übersetzen; z. B. TMS, MÜ-Programme)* • translation software

Übersetzungsverhältnis *n <antr> (jede Art von Getriebe)* • speed ratio

Übersetzungswerkzeug *n <transl>* • translation tool

Übersicht *f <allg>* • chart; overview; guide

Übersicht behalten *vi <allg>* • keep track of *vi*

übersichtlich angeordnet *<allg>* • clearly arranged; neatly grouped

überspannen *vt <allg> (Bereich; zeitlich, räumlich, thematisch)* • cover *vt*

Überspannung *f <el> (meist in Bezug auf Netzspannung)* • overvoltage; overpotential *rare*; excess voltage *rare*

Überspannungsableiter *m <el> (z. B. in Steckdose integriert)* • surge arrester; overvoltage arrester; surge diverter; arrester *pract*; overvoltage protective device *form.rare*

überspannungsgeschützt *<el>* • overvoltage-protected; overvoltage-proof

Überspannungsschutz *m <el> (Sicherheitsfunktion; z. B. bei Blitzschlag)* • overvoltage protection (OVP); surge protection *pract*; power transient protection; transient protection

Übersprechdämpfung *f <av>* • crosstalk attenuation

Überstauung *f <allg> (von Wasser)* • flooding

überstehendes Geschoss *n <bau>* • jetty

übersteigen *vt <allg>* • exceed *vt*

übersteuern *vi <kfz> (Fahrverhalten)* • oversteer *vi*

überstrichene Fläche *f IEV 415 <energ.wind> (Rotorfläche bezogen auf den Windstrom)* • swept area *IEV 415*; rotor swept area; capture area *rare*; intercept area *rare*; reference area *rare*

Überstrom *m DIN VDE 0660 <el>* • overcurrent; excess current

Überstromschnellauslöser *m <allg>* • magnetic trip

Überstromschutzschalter *m <el>* • overcurrent circuit breaker; overcurrent protection breaker

Überströmventil *n <tech.allg> (z. B. Pumpe)* • overflow valve

übertakten *vt <comp> (Prozessor; PC--Tuning-Maßnahme)* • overclock *vt*

übertragbar *<allg> (z. B. Daten, Kraft, Leistung, Rechte)* • transferable

übertragen *vt <allg> (Kraft, Wärme, Signale, Daten, Rechte)* • transfer *vt*

Übertragungsleitung *f <energ.el> (typ. für Hoch- od. Höchstspannung)* • transmission line; bulk line

Übertragungsmedium *n <phys> (allg.; z. B. für Schall, Wärme, Signale)* • transfer medium

Übertragungsrate *f <tech.allg> (Daten, Energie; z. B. Wärme)* • transfer rate

Übertragungsverlust *m <tech.allg> (Energieverlust; z. B. durch Reibung, Widerstand, Leckstrom)* • transmission loss

Übertragungswagen *m <av> (für Radio und TV)* • broadcasting vehicle

Übertragungsweg *m <tech.allg> (konkret, mechanisch, elektrisch, metaphorisch)* • transmission path; transmission route

übertreffen *vt <allg> (z. B. Wert, Messung)* • exceed *vt*

übertreffen *vt <tech.allg> (Leistung allg.; z. B. im Test)* • outperform *vt*

überwachen *vt <allg> (betont: beobachten)* • observe *vt*

Überwachungskamera *f <av> (in Geschäften, Supermärkten, Unterführungen, Tunnel etc.)* • security camera;

CCTV camera

Überwachungsschaltung *f <el.msr> (allg.)* • monitoring circuit *IEC 50-811-25-1*

Überwasserschiff *n <nav> (im Ggs. zu Unterwasserschiff)* • topsides *pl*; dead-work; top sides *pl*

Überweg *m <allg>* • crossing

überwinden *vt <allg> (Schwierigkeiten, Probleme)* • overcome *vt*

Überwurfmuffe *f <füg> (für Wellen, Rohre)* • jointing tube

Überwurfmutter *f <füg.rls> (an Schlauchanschlussstutzen, Zapfhähnen u. dgl.)* • spigot nut

Überwurfmutter *f <füg.rls> (für Rohrverbindungen)* • union nut; sleeve nut

Überziehen *n <aerosp> (Flugzeug; Strömungsabriss)* • stalling

überziehen *vt <aerosp> (Flugzeug)* • stall *vt*; overclimb *vt*

überziehen *vt <obfl> (allg.; z. B. mit Schutzschicht)* • coat *vt*

Überziehgeschwindigkeit *f <aerosp> (Minimalgeschwindigkeit bevor Strömungsabriss eintritt)* • stall speed; stalling speed

Überzug *m <obfl> (metallisch; z. B. Chrom, Gold)* • metallic coating

Überzug *m <obfl> (metallisch; aufgedampft, elektrochem. od. chem. abgeschieden)* • deposit

übler Geruch *m <allg> (z. B. nach faulen Eiern)* • foul smell

üblich *<allg>* • standard

übliche Bezeichnung *f <term>* • common name *ISODIS12620*

U-Bremse *f <fz.brems> (Fahrrad; Variante der Mittelzugbremse)* • u-brake

übrig bleibend *<allg>* • remaining; left over

übrige Anlagekomponenten *fpl <tech.allg>* • balance of plant (BOP)

übrige Systemkomponenten *fpl <tech.allg>* • balance of system (BOS)

U-Bügel *m <füg> (mit Gewinde; z. B. zum Befestigen von Rohren)* • U-bolt

U-Eisen *n <mat> (Halbzeug; typ. Walzprofil)* • channel iron

Uferbefestigung *f <bau> (eines Flusses)* • bank reinforcement; embankment; bank revetment

Uferböschung *f <bau> (an Fluss)* • river bank; bank *coll*

Uhr *f DIN 8230,8231 <msr> (klein und tragbar; z. B. Armbanduhr)* • watch

Uhr *f <msr> (fest installiert und/oder nicht leicht tragbar; z. B. in PC, AV-Gerät)* • clock

Uhr *f <msr> (alle Arten)* • timepiece; timekeeper

Uhrgehäuse *n <msr>* • watch case; case *coll*

Uhrglas *n <msr.silik>* • watch crystal *US*; watch glass *GB*

Uhrzeiger *m <msr>* • watch hand

Uhrzeigersinn *m <tech.allg>* • clockwise direction; cw direction

Uhrzeigersinn *m*: **gegen den ~** *<tech.allg> (allg.)* • anticlockwise

Uhrzeitanzeige *f <msr> (Display)* • time display

UKW-Band *n <av>* • FM band

UKW-Sender *m <av>* • FM station

Ultrakurzwelle *f* (UKW) *<tele> (Radiofrequenzbereich 30 - 300 MHz)* • frequency modulation (FM)

Ultraleicht-Flugzeug *n <aerosp> (< 454,5 kg Abflugmasse)* • ultralight aircraft; ultralight airplane; ultralight flyer *coll*; ultralight *coll*; microlite *coll*

Ultraschall *m <phys>* • ultrasonic sound; ultrasound; sound wave of ultrasonic frequency

Ultraschall... (US) *<phys> (in Komposita)* • ultrasonic (US)

Ultraschall-Bewegungsmelder *m* (US) *<alarm>* • ultrasonic motion detector; ultrasonic intruder detector; ultrasonic movement detector *GB*; ultrasonic detector/sensor; ultrasonic motion sensor

Ultraschall-Dickenmessgerät *n <msr>* • ultrasonic thickness gage

Ultraschall-Entfernungsmessung *f <msr>* • ultrasonic distance measurement

Ultraschallerzeuger *m <akust>* • ultrasonic generator

Ultraschallnäherungsschalter *m EN 60947 <alarm>* • ultrasonic proximity switch *EN 60947*

Ultraschallprüfgerät *n <qualit.mat>* • ultrasonic flaw detector; ultrasonic inspectoscope; ultrasonic crack detector; sonic analyser

Ultraschallprüfung *f DIN 54119 <qualit.mat>* • ultrasonic inspection;

ultrasonic testing; US testing; ultrasonic material testing

Ultraschallschweißen *n* (US) *DIN 1910 <füg> (ein Pressschweißverfahren)* • ultrasonic welding (USW)

Ultraschallsonde *f <msr>* • ultrasonic probe

Ultraschallzerstäuber *m <verf>* • ultrasonic atomizer; ultrasonic nebulizer

ultraviolett (UV) *<phys>* • ultraviolet (UV)

Ultraviolettbestrahlung *f <phys>* • ultraviolet irradiation

ultraviolettes Licht *n <licht>* • ultraviolet light; black light; UV-light

ultraviolette Strahlung *f <phys> (Wellenlänge kürzer als 380 nm und länger als Röntgenstrahlen)* • ultraviolet radiation; ultra-violet radiation; UV radiation *pract*

Ultrazentrifugation *f <bio.tech> (z. B. zur Klassifizierung von Lipoproteinen)* • ultracentrifugation

umarbeiten *vt <tech.allg> (geringfügig, modifizieren; z. B. Entwurf, Programm)* • modify *vt*

umarbeiten *vt <tech.allg> (gestaltungsmäßig, konstruktiv ändern)* • redesign *vt*

Umbau *m <bau> (z. B. Haus, Büro, Werkshalle)* • conversion

Umbau *m <bau> (betont: Vergrößerung, Erweiterung)* • enlargement

Umbau *m <bau> (betont: nachträgliche Ausstattung)* • retrofit

Umbruch *m <druck>* • copyfitting

umdrehen *vt <allg> (um Hoch- od. Querachse)* • turn around *vt*

Umdrehung *f <tech.allg>* • revolution; turn

Umdrehungen pro Minute *fpl* (UpM) *<masch> (von Wellen etc.; z. B. Motordrehzahl)* • revolutions per minute *pl* (rpm); 1/min

Umdrehungszähler *m <msr> (addiert die Gesamtanzahl von Wellenumdrehungen)* • revolution counter

Umfahrungsautobahn *f <bau.verk> (mehrspurige Straße um ein Stadtgebiet)* • beltway *US*; belt highway *US*; ring road *GB*

Umfang *m <math>* • circumference

Umfangsschweißnaht *f <füg>* • circumferential weld

umformatieren *vt <comp> (Diskette, Platte)* • reformat *vt*

Umformbarkeit *f <qualit.mat> (von Halbzeug; unter Einwirkung von Kräften)* • moldability *US*; mouldability *GB*

Umformen *n DIN 8582 <prod> (spanlos; z. B. durch Schmieden, Kaltextrusion, Walzen, Ziehen)* • bulk forming

Umformer *m <el> (allg.)* • converter

Umformer *m <el> (wandelt Signal von einer Energieform in eine andere um; z. B. Mikrophon)* • transducer

Umgebung *f <tech.allg> (z. B. chemisch aggressiv, sauer, staubig, feucht)* • environment; atmosphere

Umgebung *f <tech.allg> (räumlich, örtlich)* • neighbourhood; surroundings; vicinity

Umgebungs... *<tech.allg>* • ambient ...

Umgebungsbedingungen *fpl <tech.allg> (z. B. Luftdruck, Temperatur, Feuchtigkeit)* • ambient conditions *pl*; environmental conditions *pl*

Umgebungsbeleuchtung *f <licht>* • ambient lighting

Umgebungseinfluss *m <tech.allg> (tatsächlicher Effekt)* • environmental effect

Umgebungseinfluss *m <tech.allg> (potentiell)* • environmental influence

umgebungsempfindlich *<allg> (Lebewesen, Stoff, Gerät)* • environment-sensitive

Umgebungstemperatur *f <tech.allg> (Einsatzbedingungen; z. B. -40 bis +60 °C)* • ambient temperature; ambient *pract*

Umgehungsventil *n <tech.allg>* • bypass valve

umgekehrt *<allg>* • reverse; reversed; inverse; opposite; reciprocal

umgekehrt proportional *<math>* • inversely proportional

umgestalten *vt <allg> (Anordnung, Entwurf, Organisation)* • change *vt*; modify *vt*

umgestalten *vt <allg>* • reorganize *vt*; rearrange *vt*

Umhüllung *f <tech.allg> (z. B. Buch, Compact Disc)* • cover

Umhüllung *f <tech.allg> (z. B. Draht, Kabel, Elektrode, Seil)* • covering

Umhüllung *f <tech.allg> (z. B. Kabel, Gerät)* • jacket

Umhüllung *f <füg> (Schweißen, Stabelektrode)* • coating

Umhüllung *f <pack> (wie eine Kapsel)* • encapsulation

Umhüllung *f <pack> (wie ein Kasten)* • encasement

Umhüllung *f <prod> (Beschichtung, Überzug; z. B. mit Kunststoff)* • coating

Umhüllung *f <prod> (z. B. von Dehnmessstreifen)* • embedding

Umkehr *f <allg>* • inversion

umkehrbarer Prozess *m <tech.allg>* • reversible process

Umkehrbarkeit *f <tech.allg>* • reversibility

Umkehrfilm *m <phot> (meist ein Diapositiv-Farbfilm)* • reversal film

Umkehrosmose *f* (RO) *<verf>* • reverse osmosis; re-osmosis

Umkehrpunkt *m <allg>* • turning point

Umkehrpunkt *m <tech.allg> (von Bewegungen)* • reversal point

umkippen *vi/vt <tech.allg> (z. B. Fahrzeug, Regal)* • overturn *vi/vt*; turn over *vi/vt*; tilt over *vi/vt*

umklappbare Rücksitzlehne *f <kfz>* • folding rear seats

Umklappen *n <allg>* • tilting

Umkreis *m <tech.allg>* • perimeter

umkreisen *vt <allg> (z. B. Planetenräder das Sonnenrad)* • circle *vt*

umkreisen *vt <aerosp> (im Orbit; z. B. Satellit die Erde)* • orbit *vt*

Umkristallisierung *f <chem> (Neuordnung)* • recrystallization

Umlaufbahn *f <tech.allg> (von Elektronen, Satelliten, Planeten; elliptisch od. kreisförmig)* • orbit

Umlaufbahn *f <aerosp> (z. B. Satellit)* • orbit

Umlaufbahn *f*: **auf eine ~ bringen** *vt <aerosp> (z. B. Satellit)* • orbit: place into ~ *vt*; orbit: put into ~ *vt*; orbit *vt*

Umlaufbahn *f*: **auf einer ~ bewegen** *vt <aerosp>* • orbit *vi*

Umlaufgetriebe *n <masch> (Oberbegriff für Planeten- und Exzentergetriebe)* • planetary gear trains and eccentric drives

Umlaufzeit *f <allg> (z. B. von Rundschreiben, Satelliten, Flüssigkeiten)* • circulation time; circulation period

Umlaufzeit *f <aerosp> (Satellit, Mond etc.)* • orbital period

Umleimer *m <holz> (allg.; jedes Material, meist Kunststoff, jede Farbe)* • edge strip

umleiten *vt <tech.allg> (z. B. Strömung, Verkehr)* • divert *vt*

umleiten *vt <tech.allg> (betont: an etwas vorbei)* • bypass *vt*

umleiten *vt <verk> (via Umleitung; z. B. Fahrzeuge)* • deviate *vt*

Umleitung *f <tech.allg> (z. B. Strömung, Verkehrsfluss)* • diversion

Umleitung *f <ents.hydr> (von Rohren, Kanälen etc.; permanent od. temporär)* • by-pass; diversion works

Umleitung *f <verk> (z. B. wegen Baustelle)* • deviation; bypass; rerouting

Umleitungskanal *m <energ.hydr>* • diversion channel; by-channel

Umlenkblech *n <tech.allg> (Metall; richtungslenkend)* • baffle plate; directional baffle; baffle

umlenken *vt <tech.allg> (Bewegungsrichtung; z. B. Strömung, Strahl)* • divert *vt*

umlenken *vt <aerosp> (ablenken; Luftströmung; z. B. durch Klappen)* • deflect *vt*

Umlenktrommel *f <förd>* • return drum

Umluft *f <hlk>* • recirculated air

Umluftbetrieb *m <hlk> (der Klimaanlage)* • recirculation mode

ummanteln *vt <prod> (hart; z. B. mit Rohr umgeben)* • can *vt*

ummanteln *vt <prod> (z. B. Draht, Kabel, Elektrode)* • cover *vt*; coat *vt*

ummanteln *vt <prod> (hart; einkapseln; mit Gehäuse)* • encase *vt*

ummanteln *vt <prod> (eher weich, mit Hülle)* • sheathe *vt*; jacket *vt*; envelop *vt*

Ummantelung *f <tech.allg> (hart; z. B. mit Rohr)* • canning

Ummantelung *f <tech.allg> (hart; Gehäuse)* • case; encasement

Ummantelung *f <tech.allg> (Beschichtung; z. B. von Kabeln, Schweißelektroden)* • coat

Ummantelung *f <tech.allg> (Abdeckung; z. B. als Schutz)* • cover; covering *rare*

Ummantelung *f <tech.allg> (Hülle)* • envelope

umpolen *vi/vt <el> (z. B. Motor, Magnet)* • change the polarity *vi/vt*; reverse the

polarity *vi/vt*
umprogrammieren *vt* <*comp*> • reprogram *vt*
umrechnen *vt* <*math*> *(Zahlen, Größen, Werte; z. B. Maßangaben, Währungen)* • convert *vt*
Umreifungsband *n DIN 55405* <*pack*> *(meist Stahl, Kunststoff)* • strap
umreißen *vt* <*allg*> *(z. B. Thema, Problem, Ziel)* • outline *vt*; delineate *vt*
Umrichtung *f* <*el*> *(z. B. 60 Hz auf 50 Hz)* • frequency conversion
Umrisslinie *f* <*doku*> *(eines Körpers; in techn. Zeichnung)* • outline; part edge *rare*
umrühren *vt* <*tech.allg*> *(Flüssigkeit)* • stir *vt*; agitate *vt*
Umrüstung *f* <*comp*> *(nachträgliche Hardwareänderung)* • retrofitting
Umrüstung *f* <*wz.masch*> *(für andere Werkstücke)* • resetting; change-over; retooling; tooling change-over *rare*
Umrüstzeit *f* <*prod*> *(z. B. für Werkzeugmaschine, Fertigungsstraße)* • resetting time; change-over time
umschalten *vt* <*tech.allg*> *(ins Gegenteil; z. B. Richtung, Polarität)* • reverse *vt*
umschalten *vt* <*tech.allg*> • switch over *vt*
Umschalter *m* <*el*> *(zur Umkehr von Richtung oder Polarität)* • reversing switch; reverser
Umschalter *m* <*el*> *(Wahlschalter mit 2 oder mehreren Stellungen)* • selector switch
Umschalttaste *f* <*comp*> *(auf Tastatur)* • shift key
Umschaltventil *n* <*tech.allg*> *(allg.)* • switch-over valve; switching valve
Umschlag *m* <*logist.nav*> *(von Frachtgut)* • transshipment
Umschlag *m* <*pack*> *(Brief)* • envelope
Umschlag *m* <*pap*> *(für Heft, Buch)* • jacket
umschlagen *vi* <*allg*> *(z. B. Wetter, Betriebsverhalten)* • change abruptly *vi*
Umschlagzeit *f* <*logist*> *(von Frachtgut etc.; z. B. im Hafen)* • cargo handling time
umschließen *vt* <*allg*> *(von allen Seiten einfassen)* • encircle *vt*; surround *vt*; environ *vt*
umschmelzen *vt* <*metall*> • remelt *vt*; refuse *vt*
Umsetzen der Räder *n* <*kfz*> • wheel rotation; interchanging of wheels; wheel interchanging
Umsetzung *f* <*tech.allg*> *(Platzwechsel, Verschieben)* • shifting
Umspannwerk *n* <*energ.el*> *(z. B. 100 kV in 380 V)* • substation; transformer station
umspulen *vt ['um]* <*av*> *(Band, Film)* • rewind *vt*; rereel *vt*
umstellen *vt* <*tech.allg*> *(anders anordnen; z. B. Maschinen, Möbel)* • rearrange *vt*; relocate *vt*
umstellen *vt* <*tech.allg*> *(z. B. Prozess, Produktion)* • change *vt*
umsteuern *vi/vt* <*nav*> • reverse the direction *vi*
UMTS-Mobilfunk *m* <*tele*> *(1900 MHz)* • universal mobile telecommunication system (UMTS)
Umverpackung *f DIN 55405* <*pack*> • overpack; overwrapping
umwälzen *vt* <*tech.allg*> *(Fluid; z. B. Wasser, Kühlmittel, Schmieröl, Luft)* • circulate *vt*
Umwälzgeschwindigkeit *f* <*allg*> *(in m/s, oder als Anzahl Umläufe je Zeiteinheit)* • circulation rate
umwandeln *vt* <*tech.allg*> *(z. B. Form, Signal, Frequenz)* • convert *vt*; transform *vt*
Umwandlung *f* <*allg*> *(z. B. von Energie, Gefüge, Messwerten, Rechten)* • transformation; change
Umwandlung *f* <*el*> *(von Daten, Signalen; z. B. analog - digital)* • conversion
Umwandlungsprodukt *n* <*chem*> *(allg.)* • transformation product
Umweltauswirkung *f ISO 14001* <*ökol*> *(allg.; z. B. von Bauvorhaben, Lärm, Schmutz, Grundwasserabsenkung)* • environmental effect; environmental impact *ISO 14001*; environmental consequences
umweltbelastend <*ökol*> *(durch Verschmutzung; z. B. des Bodens, der Luft)* • polluting; pollutive
Umweltbelastung *f* <*ökol*> *(durch Verunreinigungen; Vorgang und Ergebnis; z. B. durch Abgase)* • environmental pollution; pollution load on the environment; pollution of the environment; environmental contamination

umweltbewusst *<ökol>* • ecology--minded; environment-conscious; environmentally aware *GB*; environmentally conscious
Umweltbewusstsein *n <ökol>* • ecological awareness; environmental awareness; environmental consciousness *rare*
Umwelteinfluss *m <ökol>* • environmental impact; impact on the environment
umweltfreundlich *<ökol> (eher vorteilhafte Auswirkungen, soweit man das weiß)* • ecologically beneficial; ecologically desirable
umweltfreundlich *<ökol> (keine Auswirkungen, soweit man das weiß)* • harmless to the environment; ecologically harmless; environmentally friendly *GB*; friendly to the environment *GB*; environmentally safe
umweltfreundlich *<ökol> (betont: verursacht keine Umweltverschmutzung)* • non-polluting
Umweltschäden *mpl <ökol> (Resultat von Umweltbelastungen)* • ecological damage *sg*; damage to the environment *sg*
umweltschädlich *<ökol> (Handeln und Objekte; z. B. Dünnsäureverklappung, Abgase)* • ecologically harmful; damaging to the environment
Umweltschutz *m <ökol>* • environmental protection; protection of the environment; pollution control; environment protection
Umwerfer *m <fz>* • front derailleur; front changer *GB*; front mech *coll*
Umzäunung *f <bau>* • perimeter fence
unabgedeckt *<allg>* • uncovered
unabhängiger Stromerzeuger *m <allg>* • Independent Power Producer (IPP); non-utility generator; non-utility supplier; non-utility power producer
unabhängig von *<allg> (ohne Berücksichtigung von etw.)* • irrespective of
unähnlich *<allg>* • dissimilar; unlike *coll*
unangenehmer Geruch *m <allg>* • unpleasant odor *US*; unpleasant odour *GB*; unpleasant smell *US*; objectionable smell
unausgeglichen *<allg> (z. B. technisch, finanziell, optisch)* • unbalanced
unbeabsichtigt *<allg> (z. B. durch Fehlbedienung)* • inadvertent; unintentional
unbearbeitet *<allg> (Stoff aller Art, auch geistiger Stoff; z. B. ein Thema)* • untreated
unbearbeitet *<prod> (roh, rau)* • raw
unbearbeitet *<prod> (spanend)* • unmachined
unbearbeitetes Teil *n <prod> (Rohling)* • blank
unbeaufsichtigt *<tech.allg> (z. B. Maschine, Prozess)* • unattended
unbedämpft *<msr> (Sensorzustand)* • undamped; unoperated; target absent mode
unbedingte Anweisung *f <comp>* • unconditional statement; imperative statement
unbedingt erforderlich *<allg> (z. B. Forderung, Maßnahme, Nachbesserung)* • imperative
unbeeinflusst *<allg> (ohne negative Einflüsse)* • unaffected
unbeeinflusst *<allg> (neutral, weder positiv noch negativ)* • uninfluenced
unbeeinflusst *<tech.allg> (Vorgang, Zustand jeder Art)* • undisturbed
unbefestigt *<verk> (Straße)* • unsurfaced; unpaved
unbefestigter Seitenstreifen *m <verk> (nicht befahrbar)* • soft shoulder
unbefestigte Straße *f <bau.verk>* • unpaved road; unimproved road; dirt road *US*; earth road *GB*
unbefugter Eingriff *m <jur>* • tampering
unbegrenzt *<allg> (abstrakt; z. B. Möglichkeiten)* • limitless
unbegrenzt *<allg> (Anzahl, Wert, Distanz; z. B. gefahrene km)* • unlimited
unbegrenzt *<tech.allg> (zeitlich)* • indefinite
unbehindert *<allg> (ohne Widrigkeiten)* • unimpeded
unbehindert *<allg> (ohne Zwänge, Schranken)* • unrestrained
unbehindert *<allg> (ohne Einschränkungen; z. B. Betrieb, Zugang, Zugriff)* • unrestricted
unbehindert *<bau> (ohne Hindernisse; z. B. Durchgang, Straße, Weg, Zugang)* • unobstructed
unbelichtet *<phot> (Film, Fotoleiter)* • unexposed; non-exposed *rare*
unbemannt *<tech.allg>* • unmanned

unbemannt *<aerosp> (Flugzeug)* • pilotless

unbemannte Rakete *f <aerosp>* • unmanned rocket

unberechtigter Zugriff *m <comp>* • unauthorized access

unberuhigter Stahl *m <metall>* • rimmed steel; rimming steel *rare*; unkilled steel; effervescent steel

unbeschädigt *<allg>* • undamaged

unbeschädigt *<tech.allg> (z. B. Schicht, Material)* • sound; intact

unbeständig *<allg> (instabil, schwankend; Zustand)* • instable; unstable; unsteady

Unbeständigkeit *f <allg> (technisch, wirtschaftlich, politisch)* • instability

unbestimmbar *<allg>* • undeterminable; indefinable

unbestimmt *<allg> (z. B. Konsequenzen)* • uncertain

Unbestimmtheit *f <allg>* • uncertainty

unbetätigt *<allg>* • non-activated

unbeweglich *<allg> (Person, Fahrzeug)* • immobile

unbeweglich *<allg> (zeitlich, örtlich, rechtlich, finanziell)* • immovable

unbeweglich *<tech.allg> (befestigt)* • fixed

unbeweglich *<tech.allg> (stationär)* • stationary

unbewegt *<phys> (Fluid; z. B. Luft, Wasser; eher unerwünscht)* • stagnant

unbewegt *<phys> (Fluid; z. B. Luft, Wasser)* • still

unbewehrt *<bau.mat> (Beton)* • unreinforced; non-reinforced; plain

unbewehrt *<el> (Kabel)* • unarmored *US*; unarmoured *GB*

unbunte Farbe *f <phys>* • achromatic color *US*; achromatic colour *UK*

undeutlich *<allg> (Redeweise)* • inarticulate

undeutlich *<allg> (nicht deutlich erkennbar; Merkmal)* • indistinct

undeutlich *<av> (unscharf, verwaschen; z. B. Signal, Bild)* • blurred

undeutlich *<phys> (Signal; akustisch, optisch, elektronisch)* • faint; weak

undeutlich machen *vt <allg>* • obscure *vt*

undicht *<allg> (konkret oder abstrakt; z. B. in Bezug auf Flüssigkeiten, Informationen)* • leaky

undichte Stelle *f <allg> (für vertrauliche Informationen)* • leak; information leak

Undichtigkeit *f <tech.allg>* • leak; leakage

undurchdringlich *<mech> (Fläche, Verpackung etc.)* • impenetrable

undurchlässig *<obfl> (Folie, Verpackung, Hülle etc.; z. B. für Feuchtigkeit)* • impervious; impermeable

Undurchlässigkeit *f <allg> (für Gas, Flüssigkeit, Staub)* • impenetrability

uneinheitlich *<allg>* • non-uniform

unempfindlich für *<allg> (z. B. Störungen, Krankheiten)* • insusceptible to

unempfindlich gegen Umwelteinflüsse *<allg>* • immunity against environmental influences

unendlich *<allg> (z. B. Anzahl, Universum, Geduld)* • infinite

Unendlichkeitseinstellung *f <phot>* • infinity setting; infinity

unentbehrlich *<allg>* • indispensable

unentflammbar *ISO 13943 <qualit.mat> (unfähig, unter festgelegten Bedingungen mit Flamme zu brennen)* • not flammable *ISO 13943*; not inflammable; flameproof *coll*; not combustible *rare*

unerforscht *<allg> (Fachbereich, geographisches Gebiet)* • unexplored

unergiebig *<tech.allg> (Bergwerk, Lagerstätte, Quelle, Verhandlung)* • unproductive

unergiebig *<qualit> (z. B. Erz Bergwerk, Boden)* • poor

unersetzbar *<allg>* • irreplaceable

unerwünscht *<allg> (z. B. Nebenwirkung)* • undesired; unwanted

unerwünscht *<tech.allg> (erratisch; z. B. Emission, Strahlung)* • spurious

Unfall *m DIN 14011 <tech.allg> (allg.; mit Sach- und/oder Personenschaden)* • accident

Unfalldatenschreiber *m* (UDS) *<kfz.msr>* • crash recorder *:V*; iron witness *:V coll*; black box *:V coll*

Unfallfolgenmilderung *f <sich> (passive Sicherheit)* • mitigation of accident effects

unfallträchtig *<tech.allg> (Situation)* • accident-prone

Unfallursache *f <tech.allg>* • accident cause

unformatiert *<comp> (Datenträger;*

z. B. Festplatte, Speicherkarte) • unformatted; non-formatted
ungebunden *<allg>* • free
ungebundener Sauerstoff *m <chem>* • available oxygen; free oxygen *coll*
ungeeignet *<tech.allg> (für einen bestimmten Zweck; z. B. Bauteil, Werkzeug, Maßnahme)* • unsuitable; unfit
ungeerdet *<el> (meist ein Nachteil)* • ungrounded *US*; unearthed *GB*
ungefederte Masse *f <bahn>* • unsprung mass; unsuspended mass; unsprung weight
ungefüllt *<allg>* • unfilled
ungelenkt *<aerosp> (Flugkörper)* • unguided; free-flight; uncontrolled
ungeordnet *<allg> (zufällig)* • random
ungeordnet *<allg> (z. B. Liste, Menge)* • unordered
ungeordnete Reihenfolge *f <allg>* • random order
Ungeordnetheit *f <allg>* • randomness
ungerade Parität *f <comp>* • odd parity
ungerade Zahl *f <math>* • odd number; uneven number
ungeregelt *<tech.allg> (allg.)* • uncontrolled
ungerichtet *<allg> (z. B. Suche, Strahlung, Wirkung)* • unoriented
ungerichtet *<tech.allg> (z. B. Fasern, Strahlung)* • non-directional
ungesättigt *<tech.allg> (z. B. Dampf, Fett, Kohlenwasserstoff, Polyester, Magnetisierung)* • unsaturated
ungeschirmt *<el> (Kabel)* • unshielded
ungetarnt *<allg> (Erlkönig im Straßenverkehr)* • undisguised; uncamouflaged
ungewöhnlich *<allg>* • exceptional
ungleich *<allg>* • unequal; inequal
Ungleichartigkeit *f <allg> (nicht ähnlich)* • dissimilarity
Ungleichartigkeit *f <allg> (aufgrund von Merkmalsunterschieden)* • heterogeneity
Ungleichartigkeit *f <allg>* • inhomogeneity
Ungleichheit *f <allg>* • inequality
ungültig *<allg>* • invalid
ungünstigste Bedingungen *fpl <tech.allg> (postulierter Betriebszustand)* • worst case conditions *pl*
unhandlich *<allg>* • awkward
unhandlich *<allg> (z. B. Gepäckstück, Möbelstück (Spedition), Buch, Koffer)* • clumsy
unifizieren *vi/vt <allg>* • unify *vi/vt*
unique *<allg>* • unique
Universal Serial Bus *m* (USB) *<comp>* • Universal Serial Bus (USB)
universell *<allg>* • universal
universeller serieller Bus *m* (USB) *<comp>* • Universal Serial Bus (USB)
Univibrator *m <el> (im Ggs. zum Flip-Flop)* • univibrator
unkenterbar *<nav>* • non-capsizable
unlegiert *<metall> (z. B. Baustahl)* • unalloyed; plain *coll*
unlegierter Stahl *m <metall> (< 0,5 % Si, 0,8 % Mn, 0,1 % Al, 0,1 % Ti, 0,25 % Cu; ein Baustahl)* • plain carbon steel
unlösbare Verbindungselemente *npl <masch>* • permanent joints
unlöslich *<chem> (z. B. in Wasser, Säure)* • insoluble; incapable of being dissolved; indissoluble *rare*; non-soluble
unmagnetisch *<mat>* • non-magnetic
unmischbar *<phys>* • immiscible
unnachgiebig *<qualit> (starr)* • unyielding
unregelmäßig *<allg> (Form)* • irregular
Unregelmäßigkeit *f <allg> (unkonstant)* • inconstancy
unrein *<allg>* • impure
Unruhfeder *f <msr> (Spiralfeder in Uhrwerken)* • balance spring; hairspring
Unrundheit *f <tech.allg> (zu Unwucht/Seitenschlag führend; z. B. von Rädern, Reifen)* • runout; out-of-round[-ness]
Unrundheit *f <masch> (betont: unrunde Form)* • out-of-round[ness]; non-circularity; ovality
unsachgemäße Handhabung *f <tech.allg>* • improper handling
unsachgemäßer Eingriff *m <tech.allg>* • tampering
unschädlich *<tech.allg> (z. B. Substanz, Verfahren)* • non-hazardous; innocuous; harmless *coll*
unscharf *<opt> (Bild, Projektion; z. B. nicht richtig fokussiert)* • blurred; focus: out of ~; fuzzy; unsharp; diffuse
unscharf *<opt> (Bild, Detail; schwer zu erkennen; keine klaren Umrisse)* • indistinct

unscharf *<phot> (Hauptmotiv, nicht scharf gestellt, nicht fokussiert)* • focus: out of ~
unscharf *<phot> (Bild; verschleiert, trüb)* • hazy; blured
unscharfschalten *vt <alarm>* • disarm *vt*; unset *vt*
unsichtbar *<allg> (versteckt)* • hidden
unsichtbare Kante *f <doku> (technische Zeichnung)* • hidden line; hidden edge *rare*
unsortiert *<allg>* • unsorted
unstetig *<tech.allg> (z. B. mathem. Funktion, Förderung, Entwicklung)* • discontinuous
unstetig *<tech.allg> (betont: mit Unterbrechungen)* • intermittent
unstetig *<tech.allg> (Zustand, Bewegung; z. B. Strömung)* • unsteady
unstetig *<prod> (schubweise, in einzelnen Losen)* • batchwise
unstrukturiert *<allg>* • unstructured; devoid of structure
unsystematische Benennung *f <term>* • unsystematic term
unsystematische Bezeichnung *f <term>* • unsystematic designation
unteilbar *<allg> (z. B. technisch, organisatorisch, finanziell, juridisch)* • indivisible
untenliegend *<tech.allg> (installiert, eingebaut, angeordnet)* • low-mounted
Unterbau *m <bau> (allg.)* • substructure; understructure; sub-structure
Unterbau *m <bau.bahn> (Gleis)* • foundation; subbase; base course; bottoming; substratum
Unterbau *m <bau.verk> (Straße)* • road-bed; earthfill; embankment
Unterbau *m <kfz>* • underbody
Unterbau *m <masch> (Rahmen)* • subframe; underframe *rare*
unterbaut *<aerosp> (unter der Tragfläche angeordnet)* • underslung *adj*
Unterbegriff *m <term>* • narrower term *ISO 12620*
Unterboden *m <bau>* • subsoil
Unterboden *m <kfz> (Fahrzeugunterseite)* • underbody; underfloor
Unterbrechen *n <allg>* • interruption; interrupting
unterbrechen *vt <allg> (z. B. anderen Sprecher)* • interrupt *vt*
unterbrechen *vt <tech.allg> (vorübergehend stoppen; Programm, Arbeit, Vorgang etc.)* • halt *vt*; stop *vt*
unterbrechen *vt <el> (z. B. Verbindung, Stromzufuhr)* • disconnect *vt*; cut *vt*
Unterbrechung *f <allg>* • interruption; stop
unterbringen *vt <allg> (Gegenstände, an einem Ort)* • site *vt*; place *vt*
unterbrochen *<allg> (nicht durchgehend; z. B. Strichlinie)* • discontinuous
Unterdeck *n <tech.allg>* • lower deck
Unterdeck *n <nav>* • lower deck
unterdimensioniert *<tech.allg>* • undersized
Unterdruck *m <phys> (jeder Wert unter Atmosphärendruck; z. B. im Ansaugtrakt von Kfz-Motoren)* • vacuum
Unterdruckanschluss *m <kfz.mot>* • vacuum port; vacuum connection; vacuum nipple *coll*
unterdruckbetätigt *<msr>* • vacuum operated
Unterdruck-Bremskraftverstärker *m <kfz.brems>* • vacuum brake booster; vacuum-powered brake servo [unit]; vacuum-assisted brake booster; vacuum-assist brake booster; master vac [servo] [unit] *Fiat*
Unterdruckdose *f <msr> (als Stellglied; z. B. für Lüftungsklappen etc.)* • actuator
Unterdrücken *n <allg> (von Signalen, Aktionen, Reaktionen etc.)* • suppression
unterdruckgesteuert *<mot.msr>* • vacuum controlled
Unterdruckkammer *f <aerosp>* • hypobaric chamber; altitude chamber
Unterdruckleitung *f <msr>* • vacuum line; vacuum connection
unterentwickelt *<allg>* • underdeveloped
untereutektisch *<mat>* • hypoeutectic
untereutektoid *<mat>* • hypoeutectoid
Unterfahrschutz *m <nfz> (Front, Heck, seitlich)* • under-run guard; under-run bumper; under-run bar; underride protection
Unterfluranordnung *f <fz>* • underfloor mounting
untergärig *<nahr> (z. B. Bier)* • bottom-fermented; bottom-fermenting
untergehängte Decke *f <bau>* • sus-

pended ceiling; hung ceiling; false ceiling; dropped ceiling; architectural ceiling

untergeordneter Begriff *m <term>* • subordinate concept *ISO 12620*

Untergeschoss *n <bau> (ausgebaut)* • basement; basement floor

Untergesenk *n <metall> (Schmieden)* • lower die; bottom die; bottom swage

Untergestell *n DIN 25603 <bahn>* • underframe; chassis

untergliedern *vt <allg> (z. B. Inhalt, Programm)* • subdivide *vt*

Untergrund *m <bau>* • subsoil; subgrade; underground; undersoil; undersurface

Untergrund *m <bau.verk> (direkt unter dem Ober- oder Unterbau)* • subgrade; grade *US.rare*

Untergrund *m <obfl> (für Anstrich, Aufdruck usw.)* • substrate

Untergrundabdichtung *f <bau> (allg.; z. B. mit Folien, Bitumenanstrich)* • subsoil sealing

Untergrundspeicher *m <logist>* • underground reservoir; underground store

Untergrundspeicherung *f <logist>* • underground storage

Untergrundverhältnisse *npl <geo> (unter Mülldeponie, in Bohrloch)* • subsurface conditions

Untergruppe *f <allg>* • subgroup

Untergurt *m <bau> (im Fachwerk)* • lower chord; bottom chord; bottom boom *rare*

Untergurt *m <bau> (Stahlprofile; z. B. I-, C-, Z-Profil)* • lower flange

Untergurt *m <förd>* • bottom belt

unterirdisch *<tech.allg> (z. B. Lager, Garage, Anlagen)* • subsurface; underground

unterirdisch *VDI4640 <tech.allg>* • underground *VDI4640*

unterirdisch *<geo>* • subterranean

Unterkonstruktion *f <bau.innen> (von Rigipsplatten u. Ä.)* • frame; support; supporting construction

unterkritisch *<tech.allg> (Betriebsbedingungen; z. B. Druck, Temperatur, Drehzahl)* • subcritical; non-critical

unterkühlen *vt <allg> (allg.)* • overcool *vt*

Unterlage *f <tech.allg> (als Stütze von unten oder hinten)* • backing; back-up

Unterlage *f <bau> (Bett; z. B. Sand, Kies)* • bed; bedding

Unterlage *f <masch> (Unterfütterung; z. B. Abstandshalter, Beilagescheiben)* • bolster

Unterlattung *f <bau.mat>* • furring strips

Unterlauf *m <hydr>* • tailwater

unterlegen *vt <tech.allg> (Keil, Klotz, Platte)* • chock *vt*

unterlegen *vt <tech.allg> (mit Polster)* • pad *vt*

unterlegen *vt <masch> (mit Beilageblechen; z. B. zum Einstellen)* • shim *vt*

unterlegen *vt <prod> (unterfüttern; z. B. mit Beilagescheiben, Abstandshaltern)* • bolster *vt*

Unterlegkeil *m <tech.allg> (Bauwesen, Maschinenbau)* • chock

Unterlegplatte *f <masch> (als Distanzscheibe)* • shim

Unterlegscheibe *f prakt.ugs <füg> (glatt, mit Rundloch, typ. f. Schraubverbindungen)* • plain washer; flat washer; washer *pract.coll*

Untermaß *n <tech.allg>* • undersize

Untermenü *n <comp> (z. B. ein Kaskadenmenü)* • submenu; sub-menu

untermotorisiert *<kfz.mot>* • underpowered

Unternehmensduft *m <hlk>* • corporate scent; corporate smell

Unternehmenskultur *f <werb>* • corporate culture

Unterprogramm *n <comp>* • subroutine; subprogram; child program *rare*

Unterputzleitung *f <el>* • concealed wiring; buried wiring

Unterputzschalter *m <bau.el>* • flush switch; recessed switch; sunk switch

Unterputzsteckdose *f <el>* • flush socket

Unterschallflugzeug *n <aerosp>* • subsonic aircraft

unterschätzen *vt <allg> (z. B. Wert, Risiko, Kosten, Zeitaufwand)* • underestimate *vt*; underrate *vt*

unterscheiden *vr <allg>* • differ *vi*

unterscheiden *vt <allg> (trennen)* • differentiate *vt*

unterscheiden *vt <allg> (voneinander abgrenzen)* • discriminate *vt*; discern *vt*; distinguish *vt*

Unterscheidungsmerkmal *n <allg>* • distinguishing feature
unterschlächtiges Wasserrad *n <energ.hydr>* • undershot wheel; undershot water wheel
Unterschnitt *m <masch> (Ergebnis; z. B. am Zahnfuß)* • undercut
unterschreiten *vt <tech.allg> (einen Wert; unerwünscht; z. B. Umsatzziel)* • fall below *vt*
unterschreiten *vt <tech.allg> (einen Wert; erwünscht; z. B. Emissionsgrenzwert)* • stay below *vt*
Unterschubfeuerung *f <verbr> (als Prozess)* • underfeed stoker firing; underfeed mass stoker firing; underfed stoker firing; underfeed firing *pract*
Unterschwingung *f DIN IEC 50 <phys>* • sub-harmonic *DIN IEC 50*; subharmonic
Unterseeboot *n <nav>* • submarine
Unterseekabel *n <el>* • submarine cable
Unterseite *f <allg>* • underside; bottom side
Untersetzungsgetriebe *n <antr> (z. B. zw. Fahrmotor und Achsantrieb)* • reduction gearbox; reduction gears
Untersicht *f <doku> (Darstellung der Unterseite)* • bottom view; view from below; underside view
Unterstand *m <bau> (als Wetterschutz für Menschen, Tiere, Geräte; Hütte etc.)* • shelter
untersteuern *vi <kfz>* • understeer *vi*
unterstützen *vt <allg> (helfend)* • assist *vt*
unterstützen *vt <allg>* • support *vt*
unterstützen *vt <allg> (mittragen; Entscheidung, Meinung)* • endorse *vt*
Unterstützung *f <allg>* • assistance
Unterstützung *f <allg> (zur Bekräftigung, Hilfe, als Reserve, Sicherheit; materiell, ideell f)* • backing; endorsement
untersuchen *vt <allg>* • investigate *vt*
Untersuchung *f <allg> (Prüfung)* • examination
Untersuchung *f <allg> (durch Nachforschungen)* • investigation
Untersuchungsergebnisse *npl <allg>* • findings; results; results of examinations
Untertagebau *m <min> (Bergbau unter Tage)* • underground mining; deep mining; underground working
untertauchen *vt <allg>* • submerge *vt*
unterteilen *vt <allg>* • subdivide *vt*
unterteilt *<allg>* • subdivided
Unterwasser *n <energ.hydr> (Wasser unterhalb der Staustufe)* • tailwater; downstream water; backwater
Unterwasserschiff *n <nav>* • underwater hull; underbody; underwater body; submerged part of hull; quick-work
Unterzug *m <bau> (unterhalb einer Decke sichtbarer Träger; typ. Beton)* • binding beam; sleeper; floor beam *rare*
Untiefe *f <nav> (seichte Stelle im Fahrwasser)* • shoal
untrennbar *<allg>* • inseparable
ununterscheidbar *<allg>* • indistinguishable
unveränderbar *<allg> (nicht variierbar)* • invariable; unchangeable
unveränderlich *<allg> (gleichbleibend)* • invariant; constant *adj*
Unvereinbarkeit *f <allg>* • incompatibility
unverglast *<tech.allg>* • unglazed
unverlierbar *<füg> (Unterlegteile)* • captive
unwägbar *<allg> (physikalisch; fig.: nicht bezifferbar)* • unweighable
unwirksam *<allg> (Mittel, Maßnahme)* • ineffective
Unwucht *f <tech.allg> (allg.; von drehenden Teilen; z. B. Wellen, Räder)* • imbalance; mass unbalance
unwuchtfrei *<masch> (z. B. Rad, Welle)* • true-running; balanced; true
unzerbrechlich *<qualit.mat> (z. B. Glas)* • unbreakable; shatterproof
unzerreißbar *<qualit.mat>* • untearable
unzerstörbar *<allg>* • indestructible
unzulässig *<allg>* • inadmissible; not allowable
unzulässiges Zeichen *n <comp>* • illegal character; forbidden character *rare.obs*
unzureichend *<allg> (z. B. Speicher, Platz auf der Festplatte)* • insufficient
unzutreffend *<doku> (Frage, Antwortfeld in Fragebogen)* • unapplicable
unzweckmäßig konstruiert *<tech.allg>* • ill-designed

unzweideutig *<math>* • unambiguous

Upgrade *n <comp> (um neue Module, Funktionen, Fehler usw. erweiterte Programmversion)* • upgrade; upgraded version

üppiger Komfort *m <allg> (z. B. Autoausstattung)* • sumptuous comfort

U-Profil *n <tech.allg> (Dichtung, flexibel)* • channel strip

U-Profil *n <tech.allg> (Bauteil; z. B. ein Stahlprofil, Dichtkeder)* • U-profile; U-section; channel; trough section *rare*

U-Profil *n <tech.allg> (Form; z. B. eines Trägers, einer Dichtung)* • U-section

U-Profil *n <tech.allg> (Bauteil, Träger; z. B. ein Baustahlprofil)* • channel section; U-section; channel *pract*

UP-Schweißen *n* (UP) *<füg>* • submerged-arc welding (SAW)

Uran *n* (U) *<chem>* • uranium (U)

Urananreicherung *f <nukl>* • uranium enrichment

Urandioxid *n <nukl.chem>* • uranium dioxide

Urandioxidtablette *f <nukl>* • uranium pellet

Uranerz *n <min>* • uranium ore

uranhaltige Munition *f <mil>* • uranium ammo

Urethan *n <kst>* • urethane

Urform *f <allg> (Archetyp)* • archetype

Urform *f <prod> (Prototyp, Mustermodell, Kopiervorlage)* • master; original model; prototype

Urformen *n <prod> (z. B. Gießen, Schmieden, Sintern)* • primary forming [processes]; primary processing

Urheber *m <term>* • originator *ISO 12620*

U-Rohr *n <rls>* • U-tube

U-Rohr-Dampferzeuger *m <energ.nukl>* • U-tube steam generator

Ursache-Wirkungs-Beziehung *f <allg>* • cause-and-effect relationship

ursprüngliche Adresse *f <allg>* • original address

Ursprungsdatum *n <term>* • origination date *ISO 12620*

US-amerikanisches Energieministerium *n <allg>* • Department of Energy (DOE)

USB-Schnittstelle *f <comp>* • USB interface

USB-Speicher-Stick *m <comp>* • USB flash drive (UFD); USB mass storage device; flash USB drive

U-Stück *n <rls> (Rohr)* • return bend; U-bend

UV-beständig *<qualit.mat>* • UV-resistant

UV-Härten *n DIN EN ISO 4618 <mat> (von Beschichtungsstoffen)* • UV curing *ISO 4618-3*

V

Vakuum *n <phys>* • vacuum

Vakuumdestillation *f <chem.verf>* • vacuum distillation; distillation under reduced pressure

Vakuumfilternutsche *f <chem> (Laborgerät)* • vacuum nutsche; vacuum filter; suction filter; nutsch filter; nutsch

Vakuumgasöl *n* (VGO) *<chem.petr> (Erdölfraktion)* • vacuum gas oil (VGO)

Vakuumpumpe *f DIN 28400-2 <tech.allg> (allg.)* • vacuum pump

Vakuumröhre *f <energ.sol> (in Kollektoren)* • evacuated tube

Vakuumtechnik *f DIN 28400 <masch>* • vacuum technology

Vakuumtrocknung *f DIN 28400-5 <verf>* • vacuum drying

Vakuumverschluss *m DIN 55405 <pack>* • vacuum closure

Vakuum-WC mit Wascheinrichtung *n DIN 25630-2 <bahn.hygi>* • vacuum toilet and wash basin *DIN 25630-2*

Valenzband *n <chem>* • valency band

Valenzelektron *n <phys>* • valency electron; valence electron; outer-shell electron; valence shell electron

Validierung *f DIN EN ISO 8402 <qualit>* • validation *ISO 8402*

Vanadium *n* (V) *<chem>* • vanadium (V)

Van-Allen-Gürtel *m <astron>* • Van Allen radiation belt

vandalismusresistent *<qualit> (z. B. Tastaturen, Bedienungselemente, Verkaufsautomaten)* • resistant against vandalism; vandalproof

Van-de-Graaff-Beschleuniger *m <phys>* • Van de Graaff accelerator

Van-der-Waals'sche Kraft *f <phys.-chem>* • Van der Waals force; Van der Waals attraction

variable Ventilsteuerung *f* (VVS) *<kfz.mot>* • variable valve timing control (VVT); variable valve system *Porsche*; variable valve control; variable valve timing; variable valve actuation VVA

Variante *f <allg> (Wahlmöglichkeit; z. B. Produktmerkmale)* • option

Variante *f <term> (Alternativform einer Benennung)* • variant

variieren *vt <allg>* • vary *vt*

Variometer *n <aerosp>* • variometer (VSI); vertical speed indicator; rate-of--climb indicator; vertical velocity indicator

Vaseline *f* ® *<tech.allg>* • petroleum jelly; K-Y jelly ®

V-Bremse *f <fz.brems> (Fahrrad)* • V-brake

Vektor *m DIN 1303 <math>* • vector

Vektoranalysis *f <math>* • vector analysis

Vektorgrafik *f <comp>* • vector graphics

vektorielle Darstellung *f <math>* • vectorial representation

Vektorrechnung *f <math>* • vector calculus

Velours *m <textil> (Teppichboden)* • cut pile; velour carpet; velour

Veloursleder *n <led> (allg.; Fleischseite angeschliffren; im Ggs. zu Nubuk)* • suede; suede leather

Ventil *n <tech.allg> (allg.)* • valve

Ventil *n <rls> (allg.; für Flüssigkeiten, meist Absperr- oder Ablassventil)* • valve

Ventil *n <rls> (einfaches Zapf-, Ablassventil; z. B. an Kühler, Behälter)* • valve; cock *coll*; petcock *US.coll*; cock valve *rare*; plug valve *rare*

Ventilator *m <hlk>* • fan; ventilator

Ventilatorkühlturm *m <verf> (typ. in den USA)* • forced-draft cooling tower *US*; forced-draught cooling tower *GB*

Ventilbetätigung *f <masch> (Vorgang)* • valve actuation; valve action; valve operation

Ventildeckel *m <kfz.mot> (allg.; jeder Motortyp)* • valve cover; cylinder head cover

Ventildeckeldichtung *f <kfz.mot>* • valve cover gasket; cylinder head cover gasket; rocker cover gasket; tappet gasket

Ventilfeder *f <mot>* • valve spring

ventilgesteuert *<masch>* • valve-controlled

Ventilhub *m <tech.allg> (Maß)* • valve stroke; valve travel; valve lift

Ventilkugel *f <rls> (von Kugel-Rückschlagventil)* • valve ball

Ventilsitz *m <rls> (allg.; z. B. im Motor)* • valve seat; valve seating *rare*

Ventilsitzfläche *f <rls>* • valve seat face; valve mating surface

Ventilsitzring *m <mot>* • valve seat ring; valve seat insert; valve-seat insert ring

Ventilspiel *n <mot>* • valve lash; valve clearance

Ventilsteuerung *f <mot> (beim 4-Takt--Motor)* • valve timing

Ventilstößel *m <kfz.mot> (in Ventilsteuerung; typ. ein Tassenstößel)* • tappet; valve tappet; valve lifter; cam follower

Ventilteller *m <kfz.mot> (Ventile im Zylinderkopf)* • valve head; valve crown

Ventilteller *m <masch>* • valve disk *US*; valve disc *GB*; valve head

Ventiltrieb *m <mot>* • valve train; valve gear

Venturi-Düse *f <rls>* • venturi tube; venturi

Veranda *f <bau>* • porch; veranda; gallery *rare*

Veränderung *f <allg> (z. B. eines Textes, des Klimas)* • variation

verankern *vt <tech.allg> (sehr sicher festmachen; in Boden, Wand)* • anchor *vt*

Verankerung *f <tech.allg> (Spannseil, Strebe)* • anchor tie

Verankerung *f <petr> (Bohranlage)* • rigging

Verankerungspunkt *m <tech.allg> (Anbindung Sitz an Rohbau)* • anchor point

Veranstalter *m <allg> (z. B. Kultur, Sport, Wirtschaft)* • organizer *US*; organiser *GB*

verantwortliche Person *f <term>* • responsibility *ISO 12620*

verarbeiten *vt <tech.allg> (z. B. Daten, Signale, Lebensmittel)* • process *vt*

verarbeitende Industrie *f <prod> (betont: Endbearbeitung)* • finishing industry

verarbeitende Industrie *f <prod> (allg.)* • manufacturing industry

Verarbeitung *f <comp> (von Daten, Signalen)* • processing; handling

Verarbeitung *f <prod> (Vorgang; Bearbeitung von Material)* • processing

Verarbeitung *f <prod> (von Halbzeug zu einem Produkt)* • fabrication

Verarbeitungsparameter *mpl <prod>* • processing parameters *pl*; processing variables *pl*; process parameters *pl*; process variables *pl*

Verarbeitungsqualität *f <prod.qualit> (allg.; z. B. von Anzügen, Autos, Möbeln)* • workmanship; build quality *GB*; fit and finish; build *GB*

veraschen *vt <ents.verbr>* • incinerate *vt*; reduce to ashes *vt*; ash *vt*

verästeln *vr <allg> (auch fig.)* • ramify *vt*; branch *vt*

Verband *m <bau> (Fachwerkverband)* • lattice

Verband *m <bau> (z. B. Ziegeldeckung)* • bond; broken joint *GB*; staggered courses

Verband *m <verk> (Straßenfahrzeuge, Schiffe)* • convoy

Verbandkasten *m <kfz.med> (im Auto)* • first aid kit

Verbandkasten *m <med> (allg.)* • first aid kit

verbessern *vt <allg>* • improve *vt*

verbinden *vt <tech.allg> (Bestandteile od. Eigenschaften miteinander)* • combine *vt*

verbinden *vt <tech.allg> (z. B. Drähte, Schläuche, Büros, Fertigungsvorgänge)* • connect *vt*

verbinden *vt <tech.allg> (z. B. Leitungen, Netze)* • interconnect *vt*

verbinden *vt <el> (Bauteile, Stromkreise; z. B. mit Kabel, Infrarot, Funk)* • link *vt*

verbinden *vt <energ.el> (Leiter oder Kabel)* • splice *vt*

verbinden *vt <füg> (fügen)* • join *vt*; bond *vt*

verbinden *vt <tele> (Gespräch)* • put through *vt*

verbindlich *<allg> (z. B. Wartungsmaßnahme)* • mandatory

Verbindung *f <allg> (z. B. von Funktionen, Gegenständen, Farben)* • combination

Verbindung *f <tech.allg> (tech. allg.; Vorgang und Resultat)* • connection; connexion *GB*; interconnection

Verbindung *f <chem> (Vorgang, Reaktion)* • combination

Verbindung *f <el> (über Kabel, IR- oder Funkschnittstellen)* • link

Verbindung *f <füg> (Ergebnis des Fügens, lösbar oder unlösbar)* • joint

Verbindung *f <masch> (beweglich mit Gelenken)* • linkage; link

Verbindung *f <mech> (fest)* • joint

Verbindungsdraht *m <el> (Brücke)* • jumper

Verbindungsebene *f <allg> (zwischen Gebäuden, Organisationen)* • interconnection level

Verbindungsplatte *f <tech.allg>* • tie plate

Verbindungspunkt *m <allg>* • juncture; juncture point

Verbindungsstück *n <tech.allg> (betont: anpassender Übergang)* • adapter

Verbindungsstück *n <füg> (allg.; mech., auch für Rohrleitungen)* • connector

Verblendmauer *f <bau>* • face wall

Verblendmauerwerk *n <bau> (allg.)* • facework

verblocken *vt <tech.allg>* • interlock *vt*

verbogen *<tech.allg> (unerwünscht; z. B. Stange, Werkzeug)* • bent; crooked

verborgen *<allg> (hinter einem Gegenstand)* • concealed; hidden

Verbotsschild *n <verk>* • prohibition sign *ISO 3864-1*

Verbrauch außerorts *m <kfz> (in l/100 km)* • extra-urban consumption

verbrauchen *vr <prod> (z. B. Elektrode, Elektrolyt)* • spend *vi*

verbrauchen *vt <chem>* • consume *vt*

verbrauchen *vt <ökon> (Reserven, Vorräte)* • exhaust *vt*

Verbraucher *m <tech.allg> (Person, Stromverbraucher)* • consumer

Verbraucher *m <el> (Gerät)* • load

Verbrauch innerorts *m <kfz> (in l/100 km)* • urban consumption

Verbrauch kombiniert *m <kfz> (in l/100 km)* • combined consumption

Verbrauchs-Drittelmix *m <kfz>* • Euromix formula

verbrauchssenkend <*kfz*> • fuel-saving

verbraucht <*allg*> *(Vorräte aller Art; Kraftstoff, Elektrode)* • consumed; spent

verbraucht <*allg*> • worn

verbrauchte Luft *f* <*hlk*> • vitiated air

Verbreitung *f* <*allg*> *(z. B. Krankheit, Wissen)* • spread

verbrennen *vi/vt* <*verbr*> *(Kraftstoff, Brennstoff, Treibstoff)* • burn *vi/vt*; combust *vi/vt*

verbrennen *vt* <*ents*> *(zu Asche; z. B. Sondermüll)* • incinerate *vt*

verbrennen *vt* <*verbr*> • combust *vt*; burn *vt coll*; fire *vt*

Verbrennungsanlage *f* <*ents*> *(zum Veraschen)* • incinerator; incineration plant

Verbrennungsanlage *f* <*verbr*> *(allg.)* • combustion plant

Verbrennungskraftmaschine *f* <*mot*> *(allg.; z. B. Dampfmaschine, Ottomotor, Dieselmotor, Gasturbine)* • combustion engine

Verbrennungsmotor *m* <*kfz.mot*> *(innere Verbrennung; z. B. Ottomotor, Dieselmotor)* • internal combustion engine; IC engine

Verbrennungsprodukt *n* <*verbr*> *(z. B. Rauchgas, Holzkohle, Gichtgas)* • combustion product

Verbrennungsrückstände *mpl* <*kfz.mot*> • combustion residue[s]

verbrühen *vr* <*allg*> *(Haut)* • scald *vt*

verbunden <*allg*> • combined

Verbundnetz *n* <*energ.el*> • interconnected grid; interconnected power system; interconnected power network; integrated transmission system; intrasystem

Verbundplatte *f* <*bau*> *(mehrschichtig)* • composite board

Verbund-Sicherheitsglas *n* <*silik*> *(mit Folieneinlage, meist PVB; z. B. für Fenster, Windschutzscheiben)* • laminated glass; composite glass; shatterproof glass *coll*

Verbundstoff *m* <*mat*> *(Verband aus Matrix u. Verstärkung; z. B. Papier u. Kunststoff; SMC)* • composite material; composite *pract*

Verbundwerkstoff *m* <*mat*> *(teilchen- od. faserverstärkt, od. Schichtverbund)* • composite material; composite *pract*

verchromt <*obfl*> • chromium-plated; chrome-plated *pract*; chromed *coll*; chromized *rare*

Verchromung *f* <*obfl*> *(Schicht/Vorgang)* • chromium plating

Verdampfer *m* <*hlk*> *(Klimaanlage)* • evaporator

Verdampferschlange *f* <*hlk*> • evaporator coil

Verdeck *n* <*kfz*> *(allg.; von offenen Autos)* • convertible top; top *pract.coll*; canvas top; hood *GB*

verdecken *vt* <*allg*> *(verdunkeln, abschatten; eher unerwünscht)* • obscure *vt*

verdecken *vt* <*bau*> *(z. B. durch Verputzen, Verblenden)* • conceal *vt*; hide *vt*

verdeckte Akzentbeleuchtung *f* <*licht*> • concealed accent lighting

verdeckte Kante *f* <*doku*> • hidden edge; hidden line

verdeckter Einbau *m* <*tech.allg*> *(z. B. von Schaltern, Kameras)* • concealed installation; hidden installation *coll*

verdeckter Umriss *m* <*doku*> • hidden outline

verdecktliegend <*tech.allg*> *(betont: nicht sichtbar; z. B. Leitungen, Anschlüsse, Kabel)* • concealed

verdecktliegend <*tech.allg*> *(betont: abgedeckt; z. B. Leitung, Rohr)* • covered

verderbliche Ladung *f* <*logist*> • perishable cargo; perishables *pl coll*

verdichten *vt* <*bau*> *(Mörtel, Beton)* • pack *vt*; densify *vt rare*

verdichten *vt* <*bau*> *(Erdreich, Boden)* • compact *vt*

verdichten *vt* <*ents*> *(zur Volumenverminderung; z. B. Abfall)* • compact *vt*

verdichten *vt* <*metall*> *(verfestigen; Formsand)* • consolidate *vt*

verdichten *vt* <*verf*> *(Gase; z. B. Luft, Kraftstoff/Luft-Gemisch, Kältemittel)* • compress *vt*

Verdichter *m* <*tech.allg*> *(zur Druckerhöhung, typ. von gasförmigen Medien)* • compressor *ISO 11086*

Verdichterrad *n* <*mot*> *(im Turbolader)* • compressor impeller; compressor wheel

verdichteter Beton *m* <*bau.mat*> *(z. B.*

Stampfbeton) • compressed concrete

Verdichtungstakt *m <mot> (von UT nach OT)* • compression stroke; compression cycle

Verdichtungsverhältnis *n <kfz.mot>* • compression ratio; compression *pract*

Verdickungsmittel *n <chem>* • thickener; thickening agent; bodying agent

verdrahten *vt <el>* • wire *vt*

Verdrahtung *f <el>* • wiring; circuit wiring *rare*

Verdrahtungsplan *m <el.doku>* • wiring plan *GE Aero*

Verdrängergebläse *n <masch> (allg.; z. B. Kapselgebläse)* • positive-displacement blower

Verdrängerkolben *m <masch>* • displacement piston; displacer piston

Verdrängerpumpe *f <förd> (Haupttyp; mit Kolben, Zahnrädern, Schnecken usw.)* • positive displacement pump; displacement pump; positive pump *rare*

Verdrängung *f* (V) *<nav> (Schiffsgröße)* • displacement (D)

Verdrehbeanspruchung *f <phys>* • torsional stress

Verdrehsteifigkeit *f <tech.allg> (z. B. von Antriebswellen, Gehäusen, Karosserien)* • torsional stiffness; torsional rigidity *rare*

verdunkeln *vr <allg>* • darken *vi*

verdünnbare Farbe *f <obfl>* • dilutable paint

verdünnen *vt <tech.allg> (Flüssigkeit; z. B. Getränk)* • dilute *vt*; thin down *vt*; water down *vt*

verdünnte Säure *f <chem> (allg.)* • dilute acid

verdunsten *vi <phys>* • evaporate *vi*; volatize *vi*

Verdunstungskühlung *f <tech.allg>* • evaporation cooling; evaporative cooling; cooling by evaporation

veredeln *vt <allg>* • improve *vt*; fine *vt*

Veredelung *f <qualit> (allg.)* • refining; refinement

vereinfachen *vt <allg>* • simplify *vt*

vereinfachte Darstellung *f <tech.allg> (z. B. Schraube, Schweißnaht)* • simplified representation

vereinheitlichen *vt <allg>* • unify *vt*

vereinheitlichen *vt <tech.allg>* • standardize *vt*; bring to standard *vt*; standardise *vt GB*

vereinigen *vt <allg>* • join *vt*

vereisen *vi <allg> (z. B. Straße, Landebahn, Flugzeug)* • ice up *vi*

vereisen *vt <tech.allg>* • ice *vt*

Vereisungsschutzgerät *nsg DIN EN 12312-6 <aerosp>* • anti-icing equipment *sg ISO 11076*

verfahrbar *<tech.allg> (z. B. Gerüst, Mast, Scheinwerfer)* • traversable

Verfahren *n <allg> (nach ISO festgelegt Art und Weise, eine Tätigkeit auszuführen)* • procedure

verfahren *vt <allg>* • proceed *vt*

Verfahrenstechnik *f <verf>* • process engineering; process technology

verfahrenstechnische Industrie *f DIN IEC 62337 <tech.allg>* • process industry *DIN IEC 62337*

Verfahrensweise *f <allg> (Ansatz)* • approach

Verfallsdatum *n <nahr.pharm> (Ende der sicheren Nutzbarkeit; z. B. Lebens-, Arzneimittel)* • expiration date; expiry date *GB*; date of expiry *GB*

Verfälschen *n <nahr> (Lebensmittel, Getränke)* • adulteration

verfärben *vr <obfl> (z. B. durch UV--Strahlung, Waschen)* • stain *vi*

verfärben *vt/vr <allg>* • discolor *vt/vi*

Verfärbung *f <druck> (unerwünscht; z. B. Ausbleichen)* • discoloration *US*; discolouration *GB*

verfeinern *vt <allg> (z. B. Geschmack, Stil, Verfahren)* • refine *vt*; improve *vt*

verflüssigbar *<tech.allg>* • liquefiable

verflüssigte Luft *f <tech.allg>* • liquefied air

verflüssigtes Erdgas *n* (LNG) *<petr>* • liquefied natural gas (LNG)

verflüssigtes Erdölgas *n* (LPG) *<chem.petr> (allg.)* • liquefied petroleum gas (LPG); liquid petroleum gas; LP gas *pract*

Verflüssigungsanlage *f <petr> (Erdgas)* • liquefaction plant

Verfolgen *n <navig> (von Satelliten)* • tracking

verfolgen *vt <allg> (Konturen nachfahren, Verbleib von etw. nachspüren)* • trace *vt*

Verformungsenergie *f <phys>* • deformation energy

verfrachten *vt <logist> (Waren etc.; mit Schiff, Flugzeug, Bahn, Lkw)* • ship *vt*

verfügbar *<allg>* • disposable

verfügbar *<tech.allg>* • available

verfügbare Leistung *f <masch>* • available power

verfügbarer Speicherplatz *m <comp>* • available space; free location

verfugen *vt <bau> (Risse, Spalten, Fugen; z. B. zwischen Fliesen, Kacheln)* • grout *vt*; point *vt*; fill up joints *vi*

Verfüllmaterial *n <bau> (Material)* • backfill; backfill material

Verfüllung *f <ents> (Vorgang und Material)* • backfilling

Vergaser *m <mot>* • carburetor *US*; carburetter *GB*; carburettor *GB.obs*; carb *pract*; squirt box *coll*

Vergaser *m <verf> (Biomassereaktor)* • gasifier; gas generator; producer gas generator; gasification reactor

Vergießen *n <prod> (Einbetten in Vergussmasse)* • potting

vergilben *vi <pap.obfl> (Papier, Farbe, Lack)* • yellow *vi*; age *vi*; yellow: turn ~ *vi*

verglasen *vt <tech.allg> (z. B. Fenster)* • glaze *vt*

Verglasung *f <bau>* • glazing

Verglasung *f <chem.verf> (allg. Glasigwerden, absichtlich oder als Fehler)* • vitrification

vergleichbar *<allg> (z. B. Verfahren, Methode, Plan, Messung)* • commensurable

vergleichbar *<allg>* • comparable

vergleichen *vt <allg>* • compare *vt*

vergleichen *vt <doku> (Seite für Seite, nebeneinander; z. B. Original und Abschrift)* • collate *vt*

Vergleichsobjekt *n <allg>* • comparable object

Vergleichstemperatur *f <tech.allg>* • reference temperature

Vergleichsverfahren *n DIN ISO 6143 <tech.allg>* • comparison method *ISO 6141*

Vergleichswert *m <allg>* • comparative value

Vergoldung mit Blattgold *f <obfl>* • leaf gilding

vergossen *<tech.allg> (betont: versiegelt, dicht)* • sealed-in

vergossen *<prod> (z. B. el. Bauteil, Gehäuse)* • potted; compound-filled

vergossene Knickschutztülle *f <el>* • molded boot

vergraben *vt <allg> (verstecken)* • bury *vt*

Vergrößerer *m <phot> (Kleinlabor)* • enlarger

vergrößern *vt/vr <allg>* • augment *vt*; increase *vi/vt*

vergrößerte Detailansicht *f <doku>* • enlarged part view

Vergrößerungsfaktor *m <tech.allg>* • magnification factor

Vergrößerungslinse *f <opt>* • magnifying lens

Vergussmasse *f <el> (betont: zum Isolieren)* • insulating compound

Vergussmasse *f <el> (zur Verkapselung elektr. Komponenten)* • potting material

Vergussmasse *f <mat> (betont: zum Abdichten, Versiegeln)* • sealing compound

Vergussmaterial *n <bau.mat> (zum Verpressen; z. B. Mörtel, Beton)* • grout; grouting material

Vergüten *n <metall> (von Stahl; Härten mit nachfolgendem Anlassen auf 450-650 °C)* • hardening and tempering; quenching and tempering; heat treatment *pract*

vergüteter Stahl *m <metall>* • hardened and tempered steel; quenched and tempered steel; heat-treated steel *pract*

vergütetes Objektiv *n <phot>* • coated lens

Vergütungsstahl *m DIN EN 10083-1 <mat> (z. B. gehärtet und angelassen; 0,2-0,6 % C)* • quenched and tempered steel; heat-treated steel *coll*

Verifizierung *f <allg> (z. B. Richtigkeit, Posteingang, Gültigkeit)* • confirmation

verjüngen *vr <tech.allg> (keil-, kegelförmig)* • taper *vi*

verkabeln *vt <el>* • wire *vt*

verkabeln *vt <tele>* • cable *vt*

Verkabelungsplan *m <bau.el.doku>* • wiring map

verkalken *vi <tech.allg> (z. B. Kessel, Rohre, Boden)* • calcify *vi*

verkanten *vr <masch> (hängen bleiben, blockieren; z. B. Schublade, Schlitten)* • jam *vi*; catch an edge *vi*

verkanten *vt <prod> (kippen, typ. unerwünscht; z. B. Werkstück, Werkzeug)* • tilt *vt*
verkapseln *vt <tech.allg>* • encapsulate *vt*
Verkaufsautomat *m <masch> (z. B. als Münz-, Geldschein-, Geldkarten-, Kreditkartenautomat)* • vending machine
Verkaufslackierung *f <obfl> (z. B. Kfz)* • sales respray
Verkehr *m <verk>* • traffic; road traffic; intercommunication [traffic] *form.rare*
Verkehrsader *f <tele>* • traffic artery
Verkehrsbeeinflussungsanlage *f* (VBA) *<verk.msr>* • traffic guidance system
Verkehrsbelastung *f <bau.verk> (auf Verkehrsflächen; z. B. Straßen, Brücken, Gebäuden)* • traffic load; traffic volume
verkehrsberuhigte Zone *f <bau.verk>* • traffic-calmed area; traffic restraint area
Verkehrsdichte *f <verk> (allg.; Anzahl von Verkehrsteilnehmern pro Bezugsgröße)* • traffic density
Verkehrsflugzeug *n <aerosp>* • passenger airplane *US*; passenger aeroplane *GB*; commercial airplane *US*; commercial aeroplane *GB.obs*
Verkehrskanal *m* (TCM) *<tele> (RDS--Radio)* • traffic message channel (TMC)
Verkehrsknotenpunkt *m <verk>* • traffic junction; junction
Verkehrslärm *m <verk.akust>* • traffic noise
Verkehrslast *f <bau> (allg.; z. B. auf Straßen-, Eisenbahnbrücke)* • live load; traffic load; travelling load *GB*
Verkehrsleiteinrichtungen *fpl <verk.msr>* • traffic controls
Verkehrsmittel *n <verk>* • means of transport[ation]; transport; transportation *US*; mode of transportation
Verkehrsschild *n <verk>* • traffic sign; road sign
Verkehrswasserbau *m DIN 4054 <bau.hydr>* • waterway engineering
Verkehrswegebau *m <bau> (Straßen, Flugplätze etc.)* • transportation engineering
Verkehrszeichen *n <verk> (Symbole)* • traffic sign; road sign
verkehrt *<allg>* • inverted; reversed
Verkehrüberwachungskamera *f <verk>* • traffic camera
verkeilen *vt <tech.allg> (fixieren, sichern; z. B. Rahmen, Tür, Ladung auf Lkw, Schiff)* • chock *vt*; block *vt rare*; wedge *vt*
verkeilen *vt <füg> (z. B. Welle und Nabe)* • key *vt*
verketten *vt <comp> (Daten oder Symbole)* • concatenate *vt*; daisychain *vt coll*
verkitten *vt <bau> (zum Abdichten)* • seal *vt*
verkitten *vt <bau.füg>* • putty *vt*
verkitten *vt <füg> (zum Verkleben)* • cement *vt*
Verklappung *f <ents> (im Meer; z. B. von Dünnsäure)* • dumping of waste at sea; waste disposal at sea
verkleben *vi <obfl> (unbeabsichtigt zusetzen, verstopfen)* • clog *vi*
verklebt [mit] *vt <füg> (durch Klebstoff verbunden)* • bonded [to] *vt*
verkleidet *<fz>* • faired
Verkleidung *f <tech.allg> (zum Verdecken; Vorgang und Ergebnis)* • covering
Verkleidung *f <tech.allg> (als Wärmeisolierung; z. B. Heizkessel)* • lagging
Verkleidung *f <aerosp> (allg; strömungsgünstig)* • fairing
Verkleidung *f <aerosp.mot>* • cowling *JAR 25.1193*
Verkleidung *f <aerosp.mot>* • cowling *JAR 25.1193*
Verkleidung *f <bau> (mit Brettern)* • boarding
Verkleidung *f <bau> (an Fassade)* • facework; balustrades; facing; cover
Verkleidung *f <innen> (steif; mit Paneelen etc.)* • paneling *US*; panelling *GB*
Verkleidung *f <kfz> (Motorrad)* • fairing
Verkleidung *f <kfz> (allg.; betont: zur Verschönerung; z. B. Zierblenden)* • trim
Verkleidung *f <kfz> (flächig; außen; z. B. Stoßfängerverkleidung)* • fascia *US*
Verkleidung *f <kfz.innen> (betont: steif/hart; Täfelung, flächige Formteile)* • panel; paneling *US*; panelling *GB*
Verkleidung *f <kst> (Kunststoff-Formteil, beliebige Form)* • molding (mldg)

Verkleidung *f <prod> (Mantel)* • jacketing

verkleinertes Bild *n <tech.allg> (z. B. Miniaturansicht)* • reduced-size image; reduced image

Verkleinerung *f <allg>* • decrease

Verklicker *m <nav>* • wind indicator; dog vane

Verknüpfung *f <comp> (Hypertext; z. B. in HTML-Dokument, auf Web-Seite)* • link

verkohlter Rückstand *m ISO 13943 <feuer> (nach Pyrolyse oder unvollständiger Verbrennung)* • char *ISO 13943*

Verkokung *f <chem.verf> (Herstellung von Koks)* • carbonization

Verkrustung *f <tech.allg> (Bildung unerwünschter harter Ablagerungen; z. B. Schmutz)* • incrustation; encrustation; hard-caking

Verkrustung *f <verf> (von Rohren, Kaminen)* • scaling

verkupfert *<obfl>* • copper-plated

verkürzen *vt <allg> (auf)* • shorten *vt*

verkürzte Darstellung *f DIN 15 <doku> (langer Teile; mit Bruchkante als Frei-hand-, od. Zickzacklinie)* • interrupted view

Verladebrücke *f <förd>* • loading bridge

Verladebunker *m <logist>* • loading bin

verladen *vt <logist> (Fracht, Güter; z. B. in Schiffe, Güterwagen, Flugzeug, Lkw)* • load *vt*

verlagern *vr <term> (z. B. Betonung)* • shift *vt*

verlagern *vt <allg>* • displace *vt*

Verlagerung *f <allg> (z. B. Betonung, Produktion, Schwerpunkt)* • shifting

verlängern *vt <allg> (zeitlich, räumlich)* • extend *vt*

verlängern *vt <allg> (irgendwie länger machen)* • lengthen *vt*

verlängern *vt <allg> (zeitlich)* • prolong *vt*; protract *vt*

verlängertes Fahrerhaus *n <nfz> (Pick--ups)* • extended cab

Verlängerung *f norm <qualit.mat>* • elongation *stand*

Verlängerung *f <wz> (Verbindungsteil für Steckschlüsseleinsätze)* • extension; extension piece *rare*; cheater bar *coll*; extension bar

Verlängerungskabel *n <tech.allg> (allg.)* • extension lead

verlangsamen *vr <tech.allg>* • slow down *vi*

verlassen *vt <comp>* • quit *vt*; exit *vt*

Verlässlichkeitsangabe *f <term>* • reliability code *ISO 12620*

Verlauf *m <tech.allg> (einer Rohrleitung, Kabeltrasse, etc.; Resultat der Montage)* • routing; layout

verlaufen *vi <allg> (Zeit)* • proceed *vi*

verlegen *vt <allg> (z. B. Firmensitz, Truppen)* • transfer *vt*

verlegen *vt <bau> (z. B. Platten, Teppich, Leitungen)* • lay *vt*

verlegen *vt <bau> (z. B. Estrich, Boden, Teppich, Fliesen)* • place *vt*

verlegen *vt <bau> (Routenverlauf ändern; z. B. Straße, Zufahrt; Kabel-/ /Rohrtrasse)* • reroute *vt*

Verlegung *f <allg> (z. B. Firmensitz, Truppen, Wohnsitz)* • transfer

Verletzungsrisiko *n <sich>* • risk of injury

verlorene Schalung *f <bau>* • permanent formwork

Verlust *m <tech.allg>* • loss

Verlustfaktor *m <tech.allg>* • loss factor

Verlustquelle *f <allg> (Energieverlust, finanz. Verlust, Informationsverlust)* • source of losses; source of loss

Verlustwärme *f <phys>* • dissipated heat

vermehren *vt <allg> (z. B. Menge)* • increase *vt*

vermengen *vt <tech.allg>* • mix *vt*

vermessen *vt <geo.msr> (geographisch)* • survey *vt*

Vermessung *f <geo.msr> (geographisch)* • surveying; survey

Vermessungsplan *m DIN ISO 10209-4 <bau.doku>* • setting-out drawing *ISO 10209-4*

Vermessungsschiff *n <nav>* • survey ship

vermindern *vt <allg> (z. B. einen Anteil, Verbrauch)* • decrease *vt*

vermindern *vt <allg>* • reduce *vt*; lessen *vt*; lower *vt*

Verminderung *f <allg> (eher allmählich; Größe, Gewicht, Anzahl, Menge, Intensität)* • decrease

vermischungsfähig *<tech.allg>* • miscible

Vermittlungsschicht *f norm <tele>*

(dritte Schicht des OSI-Referenzmodells) • network layer *stand*; layer 3; L3

Vermuffung *f <rls>* • sleeve joint

vernachlässigbar *<allg> (z. B. Fehler)* • negligible

vernachlässigbar klein *<allg>* • negligibly small

vernachlässigen *vt <allg>* • neglect *vt*

vernetzen *vr <chem> (Kunststoffe)* • cross-link *vi*

vernetzen *vt <tech.allg>* • network *vt*; interlace *vt*

vernetzter Kunststoff *m <kst> (Duroplaste und Elastomere)* • thermoset

vernetztes Polyethylen *n* (VPE) *ISO/DIS 14531-3 <kst> (Kabelisolierung PE-X)* • cross-linked polyethylene (PE-X) *ISO/DIS 14531-3*; cross-linked PE; XLPE

Vernetzung *f <chem> (von Makromolekülen; Vorgang)* • crosslinking

vernichten *vt <allg> (z. B. Daten, Dokumente)* • destroy *vt*

Vernichtung *f <allg> (z. B. Speicherdaten, Dokumente)* • destruction

vernickelt *<obfl>* • nickel-plated

verölt *<kfz.el> (Zündkerze)* • oil-fouled; oily

Verpackung *f DIN 55405 <pack> (Vorgang)* • packaging

Verpackung *f DIN 55405 <pack> (Packmittel + Packhilfsmittel)* • package; packaging

Verpackungsmaterial *n <pack> (allg.; z. B. Packpapier, Folien, Kartons)* • packaging material

Verpolungsschutz *m <el> (Steckverbinder)* • reverse polarity protection; polarity reversal protection

verpressen *vt <bau> (mit Mörtel, Beton)* • grout *vt*

verpressen *vt <prod> (durch Einspritzen; z. B. Dichtmasse)* • inject *vt*

Verpuffung *f <tech.allg>* • deflagration

Verpuffungsstrahltriebwerk *n <aerosp>* • pulse-jet engine; pulse jet; impulse-duct engine *rare*; intermittent-jet engine *rare*

verputzen *vt <bau.obfl> (Wände glätten, mit Gips, Putz etc.)* • plaster *vt*; render *vt*; parget *vt*; daub *vt*

verriegelbar *DIN 18267 <tech.allg> (allg.; z. B. Fenstergriffe)* • lockable *DIN 18267*

verriegeln *vt <masch> (mit Bolzen)* • bolt *vt*

verriegeln *vt <masch> (mit Klinke)* • latch *vt*

verriegeln *vt <sich> (elektronisch)* • interlock *vt*

Verriegelung *f <allg>* • locking; locking system

Verriegelung *f <tech.allg> (durch Befestigung)* • fastening

Verriegelung *f <tech.allg> (durch wechselseitige Sperren)* • interlocking

Verriegelungsschaltung *f <msr> (zur wechselseitigen Verknüpfung von Schaltern, Sensoren etc.)* • interlock circuit

verrippt *<prod>* • finned; ribbed

versagen *vi <qualit>* • malfunction *vi*

Versandung *f <geo> (z. B. eines Flussbetts, e. Mündung)* • sanding-up; sand silting

Versatz *m <prod> (unerwünscht; z. B. von Wellen, Kanten)* • misalignment; mismatch; offset

Versatzgut *n <min>* • backfilling; backfill; filling; packing; stowing

versatzloser Abbau *m <min>* • mining without filling

versauern *vi <ökol> (Boden, Gewässer)* • acidify *vi*

verschiebbar *<allg>* • sliding

verschiebbar *<tech.allg>* • slidable; free to slide

Verschiebegelenk *n <masch> (in Kardanwellen)* • slip joint *US*; plunging joint *GB*; sliding joint *GB*

verschieben *vt <allg> (auf später; Termin etc.)* • postpone *vt*; delay *vt*

verschieben *vt <tech.allg> (räumlich, zeitlich)* • shift *vt*

verschieben *vt <tech.allg> (Schlitten etc.)* • slide *vt*

verschieben *vt <bahn> (Waggons)* • switch *vt*

verschieben *vt <comp> (Datei)* • move *vt*

Verschiebung *f <allg> (zeitlich)* • postponement

verschiedengestaltig *<allg>* • heteromorphic

Verschlammung *f <tech.allg> (z. B. von Gruben, Kanälen; unerwünscht)* • silting; siltation

verschlechtern *vr <tech.allg> (z. B.*

Beschaffenheit) • deteriorate *vi*

verschlechtern *vr <qualit> (z. B. Betriebszustand, Zuverlässigkeit)* • degrade *vi*

Verschleiß *m <tech.allg> (allg.; jede Art der Abnutzung)* • wear and tear

verschleißbeansprucht *<tech.allg> (z. B. Oberfläche, Bauteil)* • subject to wear; subjected to wear; wearing

Verschleißbild *n <masch> (allg.; an belasteten Oberflächen; z. B. an Lagern oder Zahnrädern)* • contact pattern; wear pattern

verschleißen *vi/vt <tech.allg> (mechanisch; z. B. Kleidung, Möbel, Werkzeug)* • wear *vi/vt*

verschleißen *vi/vt <tech.allg> (aktiv, durch Abrieb)* • abrade *vi/vt*

verschleißfest *<qualit> (allg.)* • wear-resistant; wear-resisting; minimal-wear

verschleißfest *<qualit> (betont: Oberfläche)* • hard-wearing

Verschleißfestigkeit *f <qualit.mat> (allg.)* • wear resistance; resistance to wear

Verschleißgrenze *f <qualit> (z. B. Maschine, Werkzeug)* • service limit; wear limit

verschleißmindernd *<qualit> (Beschichtung, Maßnahmen, Schmierung)* • wear-reducing

Verschleißpartikel *npl <masch> (z. B. Metallspäne in Getrieben)* • wear particles *pl*; wear debris *sg*

Verschleißteil *n <masch>* • wearing part

verschließbar *DIN 18267 <tech.allg> (betont: mit Schlüssel; z. B. Fenstergriffe)* • lockable *DIN 18267*

verschließen *vt <allg> (Behälter; z. B. Flasche, Briefumschlag)* • close *vt*

verschließen *vt <bau> (z. B. Loch, Rohr)* • plug *vt*

Verschluss *m <tech.allg> (Abdeckung, Sperre gegen Zugang, Zugriff, Sicht)* • closure

Verschluss *m <mil> (Schusswaffe)* • breech; breech block; slide

Verschlussauslöser *m <phot>* • shutter release

Verschlussdeckel *m <tech.allg> (z. B. von Behältern; eher klein)* • cap

verschlüsseln *vt <comp> (vertrauliche Nachricht, Daten)* • encrypt *vt*; encode *vt*; code *vt pract*; key *vt pract*; encipher *vt obs.rare*

Verschlüsselung *f <comp> (von Daten, als Datenschutz; z. B. im Internet, Mobilfunk)* • encryption; encipherment

Verschlussschraube *f <füg> (mit Gewinde; z. B. als Abblasschraube unten an Behältern)* • screw plug; pipe plug

Verschlussstopfen *m <tech.allg> (allg.)* • plug

Verschlussstopfen *m <el> (in Batterie; z. B. von Kfz-Starterbatterien)* • vent plug

Verschlussstopfen *m <rls> (in Rohrende; z. B. von Ablassrohren)* • end plug

Verschlusszeit *f <phot>* • shutter speed; speed *pract.coll*

verschmutzen *vt <allg>* • make dirty *vt*

Verschmutzungsfaktor *m <allg>* • dirt factor

verschneiden *vt <agri> (z. B. Baum)* • prune *vt*

verschneiden *vt <nahr> (betont: mischen mit Qualitätsminderung)* • adulterate *vt*

verschneiden *vt <nahr> (mischen; z. B. Alkoholika, Tabak)* • blend *vt*

verschneiden *vt <petr> (Erdölfraktionen)* • cut back *vt*; flux *vt*

Verschnitt *m <prod>* • blanking waste

verschraubt *<allg>* • connected

verschrotten *vt <ents> (Metallgegenstände; z. B. Autos)* • scrap *vt*

verschütten *vt <allg> (Flüssigkeit; meist absichtlich, eher kontinuierlich)* • shed *vt*

verschütten *vt <allg> (Flüssigkeit od. Schüttgut; schlagartig, eher unabsichtlich)* • spill *vt*

verschweißen *vt <kst> (zum Versiegeln, Abdichten; z. B. Folien, Beutel)* • seal *vt*

Verseifung *f <chem.verf>* • saponification

verseilen *vt DIN 83305-2 <tech.allg> (von Drähten, Seilgarnen, Seil-Litzen oder Kardeelen)* • lay *vt*; strand *vt*

verseilt *<el> (Kabel)* • stranded

versenkt *<tech.allg> (eingetaucht)* • immersed

versenkt *<tech.allg> (in Wasser)* • submerged

versenkt *<tech.allg> (oberflächenbündig)* • sunk; recessed; flush-mounted

versenkt *<nav> (Schiff)* • scuttled

versetzte Anordnung *f <tech.allg> (z. B. von Nähten)* • staggered arrangement

verseuchte Erde *f <ents> (vor Ort oder als Aushub)* • contaminated soil

Versickerung *f <ents> (allg. von Flüssigkeit im Boden; z. B. unter Müllhalden)* • percolation; leaching

Versorgung *f <tech.allg> (mit etwas; z. B. Gas, Strom, Wasser)* • supply

Versorgungsleitung *f <tech.allg> (allg.; z. B. Strom, Flüssigkeit, Gas, Druckluft)* • supply line

Versorgungsschiff *n <nav> (eher klein; z. B. für Bohrplattform)* • supply boat; supply ship

Versorgungsschiff *n <nav> (allg.)* • supply ship; depot ship; tender

Versorgungsspannung *f <el> (allg.; z. B. 9 V, 110 V, 230 V)* • supply voltage

verspannen *vt <tech.allg> (mit Seilen, Drähten etc.; z. B. Mast, Turm, Antenne)* • guy *vt*; stay *vt*; brace *vt*

versperren *vt <allg> (z. B. Aussicht)* • obstruct *vt*

verspiegelt *<energ.sol>* • mirrored; silvered

verspiegelte Lampe *f <licht> (allg.; an Kopf od. Hals)* • reflector lamp; mirrored lamp

versplinten *vt <füg>* • cotter *vt*

verspröden *vi <qualit.mat>* • embrittle *vi*

Verständlichkeit *f <allg> (der Aussprache)* • articulation

Verständlichkeit *f <allg> (Lautstärke, Hörbarkeit)* • audibility

Verständlichkeit *f <allg> (Deutlichkeit der Aussprache, Darstellung)* • clearness

verstärken *vt <allg> (z. B. Konstruktion)* • fortify *vt*

verstärken *vt <tech.allg> (vervielfachen; z. B. Signal, Spannung, Effekt)* • amplify *vt*

verstärken *vt <tech.allg> (von hinten, von der Rückseite her; z. B. Folie)* • back up *vt*

verstärken *vt <tech.allg> (z. B. Signal, Schub)* • boost *vt*

verstärken *vt <tech.allg> (z. B. Einfluss, Wirkung)* • enhance *vt*

verstärken *vt <tech.allg> (z. B. Anstrengung, Kontrast, Verfahren)* • intensify *vt*

verstärken *vt <tech.allg> (Personal, Material, Anstrengungen)* • reinforce *vt*; strengthen *vt*

verstärken *vt <mat> (z. B. durch Einlagen von Stahl, Glasfaser, Carbonfaser)* • reinforce *vt*

Verstärker *m <tech.allg> (betont: zusätzliche Wirkung, Leistungsanhebung)* • booster

Verstärker *m <chem> (betont: Intensivierung von etw.; z. B. Farbe)* • intensifier

Verstärker *m <el> (betont: Vervielfachung eines Signals oder Eingangswerts)* • multiplier

Verstärker *m <el> (allg.; z. B. in Audiosystemen)* • amplifier (AMP)

Verstärker *m <tele> (betont: Wiederholung; z. B. für Signale über lange Distanzen)* • repeater

verstärkt *<tech.allg> (bewehrt; z. B. Stahlbeton, GFK-Teile, Gewebe)* • reinforced; strengthened

verstärkt *<mech> (für besondere Belastung ausgelegt)* • heavy-duty; reinforced *rare*; beefed-up *coll*; beefier *coll*

Verstärkungsfaktor *m <allg>* • excess gain

verstauen *vt <fz> (z. B. Gepäck)* • stow *vt*

versteifen *vt <tech.allg> (durch Streben, Träger; z. B. Rahmen)* • brace *vt*

versteifter Träger *m <bau>* • braced girder

verstellbar *<tech.allg> (variierbar in Form, Position, Leistung; z. B. Propeller, Pumpe)* • variable

verstellbar *<tech.allg> (einstellbar; z. B. Sitze, Spiegel, Kopfstützen, Werkzeuge, BH-Träger)* • adjustable

Verstellpropeller *m <aerosp>* • variable-pitch propeller; inflight-variable-pitch propeller; adjustable-pitch propeller; variable-pitch airscrew

Verstellpropeller *m <nav> (verstellbarer Anstellwinkel)* • controllable-pitch propeller (CPP); variable-pitch propeller

Verstellspindel *f <allg> (von Stützen)* • adjusting spindle

verstemmen *vt <tech.allg> (abdichten)* • caulk *vt*

verstempeln *vt <bau> (Decke, Brücke*

etc.; z. B. zum Betonieren) • prop *vt*

verstempeln *vt <bau> (seitlich, schräg; z. B. Wand)* • shore up *vt*

verstopfen *vi <tech.allg> (z. B. Schleifscheibe)* • become clogged *vi*

verstopfen *vi/vt <tech.allg> (z. B. Rohr, Trichter, Filter)* • clog *vi/vt*

verstopfen *vt <allg>* • stuff up *vt*

verstopft *<kfz> (z. B. Düse, Einspritzventil, Filter)* • clogged; plugged; choked

verstromen *vt <energ> (z. B. Kohle)* • convert into electricity

Verstümmelung *f <allg> (z. B. von Signalen, Körpern)* • mutilation

versuchen *vt <allg>* • try *vt*

Versuchsanlage *f <tech.allg>* • test facility

Versuchsanordnung *f <qualit> (Art und Weise)* • test set-up; test arrangement

Versuchsaufbau *m <chem.phys> (konkrete Geräte etc.; z. B. im Labor)* • test set-up; test rig; test assembly

Versuchsgelände *n <qualit>* • test ground; test site

Versuchsstadium *n <tech.allg>* • experimental stage; pilot-plant stage

Versuchsstadium *n <qualit>* • trial stage

Versuchsstrecke *f <bahn>* • test track

Vertäuen *n <nav> (Vorgang; Festmachen des Bootes an Kai, Anlegstelle)* • mooring

Vertauschen der Anschlüsse *n <allg>* • incorrect connection

verteilen *vt <allg> (fein über Fläche)* • disperse *vt*

verteilen *vt <tech.allg> (Gegenstände über eine Fläche, in einem Raum; z. B. Waren, Strom)* • distribute *vt*

verteilen *vt <phys> (sehr fein; verflüchtigend; z. B. Wärme)* • dissipate *vt*

Verteiler *m <el>* • cable terminal box

Verteiler *m <rls>* • manifold

Verteilergetriebe *n <kfz.antr> (z. B. Allradantrieb)* • transfer case; transfer box *GB*; drop box *GB*; transfer gear *US*; power divider transmission *rare*

Verteilerkanal *m <kst> (in Spritzgießwerkzeug; zw. Anguss und Kavität)* • runner; manifold

Verteilerkasten *m <bau.el> (Strom)* • conduit box

Verteilerkasten *m <el>* • junction box; distribution box

Verteilerschrank *m <el>* • distributing cabinet

verteilte Last *f <logist>* • distributed load

Verteilung *f <allg>* • distribution

vertiefte Stirnfläche *f <nukl> (von Kernbrennstoffpellets; z. B. Mulde, Halbkugel, Konus)* • recessed end

vertikal *<allg> (meist in Richtung Erdmittelpunkt)* • vertical; perpendicular

vertikale Turbine *f <energ.hydr>* • vertical-shaft turbine; vertical-axis turbine

Vertikalschiebefenster *n <bau> (Oberbegriff; mit 1 oder 2 verschiebbaren Flügeln)* • vertical sliding window; hung window; sash window *pract*

verträglich *<tech.allg> (z. B. Systeme, Geräte, EDV-Programme, Farben, Kleidungsstücke)* • compatible

Verträglichkeit *f DIN EN ISO 8402 <tech.allg> (zw. Geräten, Systemen)* • compatibility *ISO 8402*

verunreinigen *vt <tech.allg> (unbrauchbar machen; z. B. mit Schmutz, Gift)* • contaminate *vt*

verunreinigen *vt <tech.allg> (durch Fremdkörper; Substanz, Flüssigkeit, Gas, Oberfläche)* • impurify *vt*

verunreinigen *vt <tech.allg> (durch Flecke etc.; z. B. Kleidung)* • soil *vt*

verunreinigen *vt <ökol> (Boden, Wasser, Luft)* • pollute *vt*

verursachen *v <allg>* • generate *v*

vervielfachen *vt <tech.allg>* • multiply *vt*

vervollkommnen *vt <allg> (z. B. Methode, Technik)* • refine *vt*; perfect *vt*

Verwaltung *f <allg>* • management

Verwaltungscode *m <term>* • terminology management functions *ISO 12620*

Verwaltungsinformation *f <term>* • administrative information *ISO 12620*

verwandter Begriff *m <term>* • related concept *ISO 12620*

Verweilzeit *f <prod>* • residence time

verwendbar *<allg>* • applicable; usable

Verwendung *f <allg> (von Fahrzeugen, Geräten, Mitteln, Werkzeugen)* • employment

Verwendung *f <allg>* • use; usage

Verwendungszweck *m <tech.allg> (z. B. eines Produkts, Dokuments)* • intended use; application purpose; purpose

verwerfen *vt <allg> (Vorschlag, Idee)* • dismiss *vt*; reject *vt*; overrule *vt*

Verwerfung *f <geo> (in der Erdkruste)* • displacement

verwickelt *<allg> (z. B. Methode, System, Zusammenhang)* • complex *adj*

verwickelt *<allg> (z. B. Berechnung, Untersuchung)* • complicate

verwickelt *<allg>* • complicated

verwickelt *<allg> (z. B. Aufgabe, Beschreibung, Darstellung)* • intricate

verwindungsfrei *<tech.allg> (faktisch, Resultat; z. B. Karosserie)* • torsion-free; torsionless

verwindungsfrei *<tech.allg> (Konzept, Konstruktion, Auslegung)* • antitorsion

verwindungssteif *<qualit> (z. B. Karosserie, Rahmen)* • torsionally stiff; torsionally resistant

verwirrend *<allg> (z. B. Beschreibung, Anweisung)* • confused; confusing

Verwirrung *f <allg> (z. B. Aussage, Konferenz, Verdrahtung)* • confusion

Verwirrung *f <allg>* • garbling

verwittern *vi <obfl> (Beschichtung, Überzug)* • weather *vi*; go flat *vi*

Very Large Crude Carrier *m* (VLCC) *<nav>* • Very Large Crude Carrier (VLCC)

Verzahnung *f <masch> (als System, Typ; z. B. Gerad-, Hypoid~)* • tooth system; toothing

verzapfte Verbindung *f <bau.füg> (Balkenverbindung)* • mortise-and--tenon joint

verzeichnen *vi <opt> (Objektiv, Linse)* • distort *vi*

verzeichnungsfrei *<opt.av> (z. B. Fernsehbild, Projektion)* • undistorted; distortionless; distortion-free

Verzerrung *f <tech.allg>* • distortion

verzerrungsfrei *<tech.allg> (akustisch, elektronisch, optisch)* • distortionless

verziehen *vr <prod> (Werkstück; durch einseitiges Erwärmen, Feuchtigkeit etc.)* • warp *vi*

verzieren *vt <tech.allg>* • decorate *vt*; ornament *vt*

verzinken *vt <obfl> (allg.)* • galvanize *vt*; zinc coat *vt*; plate with zinc *vt*

verzinkte Karosserie *f <kfz>* • galvanized body *US*; galvanised body *GB*

verzögern *vr <tech.allg> (Vorgang)* • retard *vi*; slow down *vi*

verzögern *vt <tech.allg> (Entwicklung, Prozess)* • retard *vt*

verzögern *vt <tech.allg> (Bewegungen, Abläufe)* • decelerate *vt*

verzögern *vt <tech.allg> (z. B. Antwort, Signal)* • defer *vt*

verzögern *vt <tech.allg> (Zeitpunkt; z. B. Treffen, Lieferung)* • delay *vt*

verzögern *vt <ökon> (verlängern, hinausschleppen; z. B. Liefertermin)* • protract *vt*

Verzögerung *f <tech.allg> (zeitlich, allg.; z. B. eines Ereignisses, Signals)* • delay

Verzögerung *f <tech.allg> (Behinderung)* • inhibition

Verzögerung *f <tech.allg> (Hinterherhinken; eher unerwünscht)* • lag; time lag

Verzögerung *f <tech.allg> (bremsende, hemmende Wirkung; zeitlich späterer Effekt)* • retardation; slowing down *coll*

Verzögerung *f <phys> (Verlangsamung von Bewegungen)* • deceleration; slowing-down *coll*; slow-down *coll*

verzögerungsfrei *<tech.allg>* • instantaneous

Verzug *m <allg> (nicht termingerecht)* • delay; time delay

verzundern *vi <metall>* • scale *vi*

Verzunderung *f <metall>* • scaling

Verzweigung *f <allg> (auch fig.)* • ramification

Verzweigung *f <tech.allg> (Gabelung; z. B. Straße, Linie)* • bifurcation

Verzweigung *f <tech.allg> (z. B. Leitung, Programm)* • branch

Verzweigung *f <tech.allg> (als Umgehung)* • bypass

VHS-System *n* (VHS) *<av>* • Video Home System (VHS); VHS-System

Vibrationsförderer *m <förd> (rund)* • bowl feeder

Vibrationsförderer *m <förd> (allg.)* • vibrating conveyor

Vibrationsförderer *m <förd> (betont: zum Zuführen, Einspeisen)* • vibratory feeder

Vibrationsförderer *m <förd> (betont: mit Trichter, Bunker)* • vibratory hopper

Vibrator *m <tech.allg>* • vibrator

vibrieren *vi <phys>* • vibrate *vi*

Vicat-Erweichungstemperatur *f ISO 306 <kst.qualit>* • Vicat softening temperature *ISO 306*

Vickershärte *f* (HV) *<qualit.mat>* • Vickers hardness (HV); Vickers pyramid hardness; pyramid hardness [number]; diamond penetrator hardness; pyramid diamond hardness

Videoauflösung *f <comp>* • video resolution

Videodaten *pl <term>* • video [data] *ISO 12620*

Videokamera *f <av> (allg. für Videoaufnahmen)* • video camera; camera *coll*

Videokassette *f <av> (Kassette einschl. Band)* • video tape; video cassette; cassette *pract*; tape *coll*

Videokonferenz *f <tele>* • video conference

Videokonferenz mit integriertem Simultandolmetschen *f* (ViKiS) *<transl>* • video conference with integrated simultaneous interpreting

Videorekorder *m <av> (z. B. VHS, S-VHS)* • video recorder (VTR); video tape recorder; video recording machine *rare*; video recording and taping machine *rare*

Vielblattrotor *m <energ.wind> (typ. Amerikanische Windmühle)* • multiblade rotor

Viereckregner *m <agri>* • dancing sprinkler

Viererbündel *n <energ.el>* • quadruple bundle conductor; quad bundle conductor; quadruplex [conductor]

vierfach *<allg>* • four-fold

Vierfarbdruck *m <druck>* • four-color printing *US*; full-colour printing *GB*

vierfarbig *<druck>* • full color *US*; full colour *GB*

Vierkant *m <masch> (Ansatz; an Wellen, Schrauben; meist als Antrieb)* • square; squared end

Vierkantansatz [an Welle] *m <masch>* • square on shaft

Vierkantfeile *f <wz>* • square file

Vierkantmutter *f DIN 557 <füg>* • square nut

Vierkantschraube *f DIN ISO 1891 <füg>* • square head bolt; square-head bolt

Vierkernprozessor *m <comp>* • quad--core processor

Vierpunktfahrwerk *n <aerosp> (z. B. Airbus A340)* • quadricycle landing gear

vierstrahlig *<aerosp>* • four-jet

Viertaktmotor *m <mot>* • four-stroke engine; four-cycle engine; four-stroker *pract*; four-stroke *pract*

Viertel *n <allg>* • quarter

viertürig *<kfz> (Karosserieausführung)* • four-door …; 4-door …

Vierzylindermotor *m <kfz.mot>* • four--cylinder engine

virtuelle Begehung *f <comp> (von Gebäuden; in Virtual Reality)* • virtual walkthrough

virtuelle Realität *f* (VR) *<comp> (Simulation der Wirklichkeit)* • virtual reality (VR); virtuality

Virusangriff *m <comp>* • virus attack

Visier *n <bekl> (Helm; z. B. von Motorradhelm)* • face shield *US*; visor *GB*; shield *US.coll*; lens *pract*

Visier *n <opt>* • sight

Visierlinie *f <mil>* • line of sight; sight line; line of aim

Visierung *f <mil.opt> (Schusswaffe; z. B. Kimme und Korn, Zielfernrohr)* • sights

viskoelastisches Verhalten *n <kst.qualit>* • viscoelastic behavior of plastics; viscoelasticity; viscous elasticity

Viskosekupplung *f <kfz.antr>* • viscous coupling; visco-control unit; Ferguson coupling; Ferguson viscous coupling; fluid-in-shear device *did*

Viskoseseide *f <chem.textil>* • viscose rayon

viskoses Fließen *n <phys>* • viscous flow

Viskosität *f DIN 1342 <phys> (von Flüssigkeiten)* • viscosity

Viskositätsklasse *f <tribo> (insbesondere Schmieröl)* • viscosity grade; viscosity class *GB*

V-Leitwerk *n <aerosp>* • V-tail; V-shaped tail; butterfly tail

Vliesstoff *m DIN 61210 <textil> (Faserflächengebilde, Zusammenhalt nur Faserhaftung; kein "Fleece"!)* • non--woven fabric; non-woven *pract*; felted fabric; fibrous material *rare*

V-Motor *m <mot> (z. B. V2, V4, V6, V8, V10, V12)* • V-engine; vee-engine; V-type engine

V-Naht *f <füg> (geschweißt)* • single-V groove weld *US*; single-V butt weld *GB*

Vogelschlag *m <aerosp>* • bird strike

JAR 25.631; bird impact *JAR 25.631*; avian collision

voll *<allg> (gefüllt)* • filled

voll *<allg>* • full

Vollanalyse *f <allg> (technisch, chemisch, medizinisch, wirtschaftlich)* • complete analysis

Vollausstattung *f <kfz> (Werbung)* • full spec *pract*

vollautomatisch *<autom>* • fully automatic

vollbiologisch *<allg>* • fully biological

Vollbremsung *f <kfz.brems>* • hard stop; full braking; all-out braking *coll*

Vollcontainerschiff *n <nav>* • cellular container ship; all-container ship; full container ship; cellular container vessel

voll einsatzfähig *<tech.allg>* • fully operational

volle Kraft *f <nav>* • full speed

vollentsalztes Wasser *n <chem.verf> (betont: völlig kalkfreies, reines Wasser)* • fully demineralized water *US*; fully demineralised water *GB*

vollfüllen *vt <allg>* • fill *vt*

Vollgasbetrieb *m <kfz>* • full-throttle operation; flat-out running *pract.-coll.GB*

vollgießen *vt <allg>* • fill *vt*

Vollgummireifen *m DIN ISO 5053 <nfz> (z. B. Einkaufswagen, Gabelstapler)* • solid tire *US.ISO 5053*; solid tyre *GB*; solid-rubber tire *US*; solid-rubber tyre *GB*

vollhydraulisch *<hydr> (Antrieb, Betätigung, Betrieb; z. B. Bremse, Presse)* • all-hydraulic; fully hydraulic

vollisoliert *<allg> (z. B. akustisch, thermisch, elektrisch)* • fully insulated

vollkommen *<allg> (quantitativ; komplett)* • complete

Volllast *f <tech.allg>* • full load

Volllastbetrieb *m VDI4640 <energ.prod>* • full load operation *VDI4640*

Voll-LED-Scheinwerfer *m <kfz.licht>* • full-LED headlamp; all-LED headlamp; full-LED headlights; all-LED headlights

Vollmantel *m <mil> (Geschossmerkmal; meist eine Kupferlegierung)* • full metal jacket (FMJ)

Vollschaumsitz *m <fz>* • foam-cushioned seat; fully-foamed seat

Vollschiff *n <nav>* • full-rigger; fully rigged ship; full-rigged ship; full-rig ship

vollverkleidetes Motorrad *n <kfz>* • fully-faired motorbike; full dresser *coll*

voll verstellbar *<allg>* • fully adjustable

vollverzinkt *<obfl> (z. B. Autokarosserie, Stahlprofile, Stahlblech)* • fully galvanized; 100% galvanized; all-galvanized

Vollwelle *f <masch> (Ggs. zu Hohlwelle)* • solid circular shaft; solid round shaft; solid shaft

Volt *n (V) DIN 1301 <el> (Si-Einheit der elektr. Spannung)* • volt (V)

Voltammetrie *f <el.chem>* • voltammetry

Voltmeter *n <el.msr>* • voltmeter; voltage gauge *rare*

Volumen *n (V) <tech.allg> (allg.)* • volume (V)

Volumenmodell *n <comp> (mit Werkstoffeigenschaften)* • solid model

Volumenprozent *n (Vol.-%) <chem>* • volume percent (vol%); percent by volume

Volumenstrom *m DIN 5485 <tech.allg> (Durchsatz als Volumen pro Zeiteinheit; z. B. m^3/h)* • volumetric flow rate; volume flow *pract*

volumetrischer Wirkungsgrad *m <masch> (z. B. Pumpe, Turbine, Verdichter)* • volumetric efficiency

voluminös *<logist> (sperrig; Gepäck, Fracht)* • bulky

Voraussetzung *f <allg> (z. B. für eine Theorie, Logik)* • assumption; presupposition; presumption; premise

Vorbedingung *f <allg> (unerlässliche Voraussetzung)* • precondition; necessary condition; prerequisite

Vorbedingung *f <allg> (vorläufig)* • preliminary condition

vorbehandelt *<tech.allg>* • pre-treated

Vorbeifahrgeräusch *n <kfz.emiss>* • passing noise

Vorbereitungszeit *f <tech.allg>* • preparation time

Vorbereitungszeit *f <tech.allg> (Maschine, Gerät)* • set-up time

vorbohren *vt <tech.allg> (allg.; vor der eigentlichen Bohrung)* • pilot-drill *vt*; pre-drill *vt*

Vordach *n* <*bau*> • canopy; pentise
Vorderachse *f* (VA) <*kfz*> *(bei Starrachse oder figurativ)* • front axle
Vorderansicht *f* <*doku*> • front elevation; front view *pract*
Vorderglied *n* <*math*> • first term
Vordergrund *m* <*phot*> • foreground
Vorderkante *f* <*tech.allg*> • front edge
Vorderkante *f* <*aerosp*> *(von Tragflügeln, Turbinenschaufeln, Rotorblättern, Leitwerk)* • leading edge
Vorderradantrieb *m* <*fz*> • front drive
Vorderradlenkung *f* <*kfz*> • front steering
Vorderschaftrepetierer *m* <*mil*> *(Flinte)* • pump gun; slide action shotgun; repeater shotgun with slide action *did*
Voreinstellung *f* <*allg*> • pre-programmed; default setting
Voreinstellung *f* <*msr*> • preadjustment
Vorerhitzer *m* <*tech.allg*> • preheater
Vorfahrtstraße *f* <*verk*> • priority road *US*; major road *GB*
Vorfeld *n* <*aerosp*> *(Flughafenanlage)* • apron; ramp; parking apron; aircraft service apron *rare*; aircraft parking area *rare*
Vorfeldbus *m* <*nfz*> *(Passagierbus zw. Terminal u. Flugzeug)* • apron bus; airport passenger bus; airfield apron bus; airfield passenger bus; airfield bus
Vorflügel *m* <*aerosp*> • slat; leading-edge flap
Vorfluter *m* DIN 4047-9 <*hydr*> *(jedes Oberflächengewässer, das Wasser aufnimmt; z. B. Bach, See, Kanal)* • receiving body of water; receiving watercourse; receiving water [body]; recipient [body of water]
vorformatiert <*comp*> *(Datenträger)* • preformatted *adj*
Vorführgerät *n* <*allg*> *(z. B. Staubsauger, Blutdruckmesser)* • demonstration set
Vorführung *f* <*allg*> *(z. B. wiss. Versuch, sportliche Übung, Gerät, Maschine)* • demonstration
Vorführwagen *m* <*kfz*> • demonstrator; ex-demonstrator *ad, on sale*
Vorgang *m* <*tech.allg*> *(Einzeloperation in einem Gesamtablauf)* • operation
Vorgang *m* <*tech.allg*> *(betont: Einzelereignis)* • event
Vorgebirge *n* <*geo*> • foothills; mull *scot*
vorgebrochene Kohle *f* <*allg*> • crushed coal
vorgefertigt <*prod*> *(allg.)* • prefabricated
vorgegeben <*allg*> • given
Vorgelegewelle *f* <*kfz.antr*> *(im Schaltgetriebe)* • countershaft *US*; layshaft *GB*; countergear assembly *US*; countergear [shaft] *US*; cluster gear
vorgeschaltet <*verf*> *(in Strömungsrichtung davor; z. B. Anlagenkomponente)* • upstream [of]
vorgesehen <*allg*> *(für etwas)* • slated
vorgesteuertes Ventil *n* <*rls*> • pilot-controlled valve
vorglühen *vt* <*kfz.el*> *(Dieselmotor)* • pre-heat *vt*
Vorhangbildung *f* <*obfl*> *(Lackierfehler)* • sagging; curtaining
Vorhangfassade *f* <*bau*> • curtain wall *ISO/DIS 8270*
Vorkammer *f* <*masch*> • prechamber; antechamber *rare*; pre-chamber *rare*
Vorkammer-Dieselmotor *m* <*kfz.mot*> • precombustion engine *US*; indirect injection engine *GB*
Vorklärbecken *n* <*verf.hydr*> • primary clarifier; primary settling tank
Vorkommen *n* <*allg*> *(Vorkommnis)* • occurence
vorkragen *vi* <*tech.allg*> *(in Form eines Kragarms, Trägers)* • cantilever *vi*
vorkragen *vi* <*tech.allg*> *(eher geringfügig; z. B. Sims, Fensterbank)* • project *vi*
Vorkühlung *f* <*verf*> *(allg.)* • precooling
Vorlage *f* <*tech.allg*> *(beispielhaftes Modell)* • model
Vorlage *f* <*chem*> *(Destillat-Auffangbehälter; meist Glas)* • distillate receiver; distillation receiver; still receiver; receiving flask
Vorlage *f* <*druck*> *(Bild zum Scannen, Drucken etc.; z. B. Zeichnung, Foto)* • artwork
Vorlage *f* <*druck*> *(Text und/oder Bild)* • copy; original
Vorlage *f* <*masch*> *(Wasserabdichtung)* • water seal
Vorlauf *m* <*tech.allg*> *(Vorwärtsbewegung)* • advance; forward motion; forward run; forward running
Vorlauf *m* <*prod.ökon*> *(eines neuen*

Produkts) • prelaunching
Vorlauf *m* <*wz.masch*> • forward travel
Vorlaufrad *n* <*bahn*> *(Lok; im Ggs. zu Nachläufer)* • pilot wheel
Vorlaufzeit *f* <*prod*> *(z. B. Phase in Projektplanung)* • lead time
Vormagnetisierung *f* <*el*> *(Vorgang und Ergebnis)* • bias magnetization
Vormaterial *n* <*mat*> • raw material
Vormauerziegel *m* <*bau.mat*> *(allg.)* • facing brick
vormontiert <*tech.allg*> *(Bauteil, Komponente; z. B. el. Schaltung, Betonverschalung)* • pre-assembled
vorn <*nav*> • forward; fore
Vornschneider *m DIN ISO 5742* <*wz*> *(allg.)* • end cutting pliers *ISO 5742*; end cutter; end nipper pliers; end cut nippers; end cutting nippers
Vor-Ort-Betreuung *f* <*allg*> *(betont: eines Dienstleisters; b. Aufbau oder Installation einer Anlage)* • job-site supervision *GE Aero*
Vor-Ort-Service *m* <*tech.allg*> *(z. B. für Wartungs-/Reparaturarbeiten)* • field service *GE Aero*
vorrätig halten *vt* <*logist*> • stock *vt*; keep in stock *vt*
Vorratsbehälter *m* <*tech.allg*> *(allg.; jede Art, auch f. Flüssigkeiten)* • reservoir
Vorratsbehälter *m* <*logist*> *(mit Trichter)* • hopper
Vorratsbehälter *m* <*logist*> *(Magazin für Teile, Werkstücke, Werkzeuge)* • magazine
Vorratsbehälter *m* <*logist*> *(für Kleinteile)* • storage bin
Vorratsbehälter *m* <*logist*> *(betont: für längere Bevorratung)* • storage reservoir
Vorratsbehälter *m* <*logist*> *(für Flüssigkeiten, eher groß)* • storage tank
Vorratsbildung *f* <*logist*> *(allg.)* • storage
vorreinigen *vt* <*obfl*> • preclean *vt*
Vorrichtung *f* <*tech.allg*> *(Hilfseinrichtung; ganz vager Begriff)* • device
Vorrichtung *f* <*jur.doku*> *(in Patenten)* • apparatus
Vorrichtungen *fpl* <*wz.masch*> • jigs and fixtures
vorrücken *vi* <*allg*> • proceed *vi*
Vorsatzbeton *m* <*bau.mat*> *(nichttragender Sichtbeton)* • facing concrete; face concrete; decorative concrete; ornamental concrete
Vorsatzschale *f* <*bau*> *(innen oder außen)* • wall lining; attached shell
Vorschalldämpfer *m* <*kfz*> *(allg.)* • front muffler *US*; pre-muffler *US*; front silencer *GB*; pre-silencer *GB*
Vorschaltgerät *n* <*licht*> *(von Entladungslampen)* • ballast; electrical ballast
Vorschaltturbine *f DIN 4303* <*turb*> • auxiliary turbine; topping turbine; top turbine; superposed turbine
Vorschiff *n* <*nav*> • forebody; fore body; foreship; fore ship
Vorschub *m* <*wz.masch*> *(Weg des Drehmeißels; in mm pro Werkstückumdrehung)* • feed; rate of feed *rare*
Vorschubgeschwindigkeit *f* <*wz.masch*> • feed rate
Vorschussbetrug *m* <*comp.jur*> *(z. B. Nigeria-Brief)* • advance-fee fraud
Vorschussbetrüger *m* <*comp.jur*> • scammer
Vorsegel *n* <*nav*> • headsail
Vorserie *f* (VS) <*prod*> *(umfasst Produktionsversuchs- und Nullserien)* • pre-production series; preproduction [run] *US*
Vorsicht! <*doku*> *(Signalwort von Sicherheitshinweisen: Verletzungsgefahr)* • WARNING
Vorsicht, Hochspannung! <*energ.el.-sich*> • Danger - high voltage
Vorsicht! Lebensgefahr! <*tech.allg*> *(Überschrift in Handbüchern, Anleitungen; Schild)* • Danger
vorspannen *vt* <*mech*> *(Feder)* • bias *vt*
Vorspannkraft *f* <*tech.allg*> • prestressing force
Vorspannlok *f* <*bahn*> • assisting locomotive
Vorspannung *f* <*tech.allg*> *(mechanisch, Vorgang: z. B. von Schrauben, Messunterlegscheiben)* • preloading
Vorspannung *f* <*tech.allg*> *(mechanisch, Ergebnis; z. B. von Schrauben)* • preload
Vorspannung *f* <*tech.allg*> *(Zug oder Druck in N/mm²; z. B. in Beton, Schrauben)* • prestress
Vorspannung *f* <*el*> *(in Volt)* • bias voltage; priming potential *rare*

vorspringend <tech.allg> *(aus einer Oberfläche herauskommend)* • protruding

vorspringend <tech.allg> *(räumlich; aus einer Fläche, über eine Linie hinaus)* • salient; protruding; projecting

Vorsprung *m* <bau> • projection

Vorstadtverkehr *m* <verk> • suburban traffic

Vorsteuerdruck *m* <tech.allg> *(Hydraulik, Pneumatik)* • pilot pressure

Vorsteuerelement *n* <rls> *(typ. ein Ventil)* • pilot device

Vorsteuerventil *n* <rls> *(zum Ansteuern eines anderen Ventils)* • pilot valve; relay valve

Vorstrecken *n* <tech.allg> *(allg.; z. B. Folien; Draht, Seil)* • prestretch

Vorstufe *f* <tech.allg> *(vor einer oder mehreren Folgestufen)* • pre-stage

Vorstufe *f* <tech.allg> *(betont: nicht endgültig)* • preliminary stage

vorteilhaft <allg> *(z. B. in Patentschriften)* • advantageous

vorteilhafte Ausführung der Erfindung *f* <jur> *(in Patenten)* • advantageous embodiment of the invention; preferred embodiment of the invention

vorteilhafte Ausgestaltung *f* <jur> *(Patent)* • preferred embodiment

Vortrieb *m* <antr> *(eines Motors, Fahrzeugs; z. B. auf rutschigem Untergrund)* • tractive power

Vortrieb *m* <fz> *(betont: nach vorne; z. B. beim starken Beschleunigen)* • forward thrust

Vortrieb *m* <min> *(Stollen, Tunnel; z. B. in Strecke pro Zeiteinheit)* • drift advance

Vortrieb *m* <phys> *(allg.; z. B. eines Triebwerks, Fahrzeugs)* • propulsion; force of propulsion *rare*; driving force *rare*

vorübersetzen *vt* <transl> • pretranslate *vt*

Vorwahl *f* <tele> *(z. B. 0341 für Leipzig)* • area code

vorwählen *vt* <tech.allg> *(z. B. Prozessgrößen, Sollwerte)* • preset *vt*

vorwärmen *vt* <tech.allg> *(z. B. Wasser, Werkstück, System)* • preheat *vt*; warm up *vt*

Vorwärmer *m* <verf> • economizer; preheater

Vorwärmung *f* <tech.allg> • preheating; pre-heating; warming up

Vorwärtsbewegung *f* <allg> • forward motion

Vorwärtsgang *m* <kfz.antr> *(Schaltzustand eines Schaltgetriebes; z. B. im ~)* • forward gear

Vorwärtsgang *m* <kfz.antr> *(in Bezug auf die Anzahl der Gänge; z. B. Getriebe mit 24 Vorwärtsgängen)* • forward speed

Vorwindkurs *m* <nav> • run

VPE-Isolierung *f* <el> • XLPE insulation

V-Stellung *f* <aerosp> *(Flügel, Leitwerk)* • dihedral

vulkanisieren *vt* <verf> *(Gummi)* • vulcanize *vt US*; vulcanise *vt GB*; cure *vt*

Vulkanisierung *f* <kst> *(von Elastomeren)* • vulcanization; vulcanisation *GB*

Vulkanismus *m* <geo> • volcanism

W

Waage *f* <msr> *(allg.; zum Wiegen)* • scale; weight scale *form*; balance; scales *pl*

Waagerecht-Bohr- und Fräswerk *n* <wz.masch> • machining center *US*; machining centre *GB*

Waagerechtbohrwerk *n* <wz.masch> • horizontal boring machine; horizontal drilling machine; horizontal boring mill *rare*

Waagerechtstoßen *n* <prod> *(Zerspanungstechnik)* • shaping

Waagerechtstoßmaschine *f* <wz.masch> *(Werkstück fix, Meißel stößt dagegen)* • shaping machine; horizontal shaper; shaper *pract*

Wabenbauelement *n* <tech.allg> • honeycomb structure element; honeycomb element

Wabenbauweise *f* <tech.allg> *(Konstruktionsprinzip; z. B. zum Leichtbau)* • cellular construction; honeycomb construction

wabenförmig <tech.allg> • honeycomb *adj*; honeycombed

Wabenkörper-Verbundplatte *f* <mat> *(typ. im Flugzeugbau)* • honeycomb [panel]

Wabenwickel *m* <kfz.emiss> *(Metallmonolith)* • honeycomb coil

Wachs *n*: **mit ~ behandeln** *vt <obfl> (z. B. Holz, Fahrzeugunterboden, Hohlräume)* • wax *vt*

Wachsausschmelzverfahren *n <metall> (Feinguss)* • lost wax casting [process]; lost wax investment casting method; cire-perdu process

Wachstum *n <allg> (z. B. Bevölkerung, Gewinn)* • growth; increase

Wachstum *n <tech.allg> (z. B. von Pflanzen, Kristallen)* • growth

wachstumsfest *<allg>* • growth-resistant

Wachsüberzug *m <obfl.nahr> (z. B. auf Obst)* • wax coating

Wackelkontakt *m <el> (als Ursache: lose Verbindung)* • loose connection; slack connection

Wafer *m <ic> (typ. aus Silizium; 200 - 300 mm Durchmesser)* • wafer

Waffe *f <mil> (allg.; z. B. eine Schusswaffe)* • weapon

Waffenkammer *f <mil>* • armory *US*; armoury *GB*

Waffenschrank *m <mil> (allg.)* • firearm locker; gun locker *coll*

Waffen und Munition *<mil> (alles militärische Material)* • munitions *pl*; ordnance; munition *sg rare*

Wägemaschine *f DIN 8120 <msr> (voll- od. teilautomatisch)* • weighing machine

Wagen *m <tech.allg>* • carriage

Wagen *m <druck> (in Schreibmaschine)* • carriage

Wagen *m <förd> (klein, einfach; zum Ziehen, Schieben)* • cart

Wagenfarbe *f <kfz.obfl> (Lackfarbton der Karosserie)* • body color *US*; body colour *GB*

Wagenheber *m <kfz.wz> (jed. Art; meist ein Spindelwagenheber)* • jack; car jack

Wagenheber-Ansatzpunkt *m <fz> (an Rahmen, tragenden Bauteilen)* • jacking point; jacking position

Wagenkasten *m <fz> (bei Lkw, Bussen, Eisenbahnwagen)* • vehicle body; car body *US*; coach body *GB*

Wahl *f <allg> (Entscheidung für eine von mehreren Optionen)* • choice; selection

wählbar *<tech.allg> (z. B. Option, Drehzahl, Frequenz)* • selectable

Wahlcomputer *m <comp> (z. B. mit berührungsempfindlichem Bildschirm)* • computer voting machine; computerized voting machine

wählen *vt <allg> (z. B. aus Möglichkeiten, Menü-Auswahl, Optionen)* • select *vt*

Wählhebel *m <kfz> (Automatikgetriebe; allg.; am Lenkrad oder auf Mittelkonsole)* • selector lever; transmission selector lever *form*; selector *pract*; shifter *coll*; gearshift *Ford*

Wählhebel *m <kfz> (am Lenkrad)* • gear-selector stalk

Wählhebelknauf *m <kfz>* • selector lever knob

Wählhebelsperre *f <kfz.antr> (Automatikgetriebe)* • selector lever lock; selector lever latch; shift lock

Wahlschalter *m <el> (betont: Zur Auswahl von Optionen)* • selector switch; option switch

Wähltastatur *f <tele>* • dialing keypad *US*; dialling keypad *GB*

Wählton *m <tele> (beim Wählen)* • dialing tone *US*; dialling tone *GB*

wahlweise *<tech.allg> (z. B. Ausstattungsmerkmal, Produkteigenschaft)* • optional

Wahlwiederholung *f <tele>* • redialing *US*; redialling *GB*

Wählzeichen *n <tele> (allg.; auch das hörbare Signal)* • dialing signal *US*; dialling signal *GB*

wahre Fluggeschwindigkeit *f <aerosp>* • true air speed (TAS)

wahrnehmbar *<allg> (hör-, sicht-, riech-, fühl-, schmeckbar)* • perceptible

wahrnehmbar *<allg> (unterscheidbar, identifizierbar)* • discernible

Wahrscheinlichkeit *f <math>* • probability

Wahrscheinlichkeitsfunktion *f <math>* • probability function

Wahrscheinlichkeitslogik *f <math>* • probability logic

Wahrscheinlichkeitsrechnung *f <math> (allg.)* • probability calculus

Waldbrandbekämpfung *f <holz.feuer>* • forest fire control

Waldschäden *mpl <holz.ökol>* • forest damage

Walfangfabrikschiff *n <nav> (allg.)*

• whale factory vessel

walken *vi* <fz> *(Reifenflanken)* • flex *vi*

walken *vt* <allg> *(durcharbeiten, -kneten)* • work *vt*

Walkzone *f* <fz> *(von Reifen)* • flexing zone; flexing area; flex-zone

Walmdach *n* <bau> *(Vollwalm)* • hipped roof; hip roof

Walzblech *n* <metall> *(dick)* • rolled plate

Walzblech *n* <metall> *(dünn)* • rolled sheet

Walze *f* <tech.allg> *(jede Größe und Form; auch im Walzwerk)* • roller

Walze *f* <tech.allg> *(eher groß und dick; meist ballig)* • barrel

Walze *f* <tech.allg> *(eher länglich; zum Walzen, Anpressen)* • cylinder

Walze *f* <bau.masch> *(für Rasen, Erde, Asphalt)* • roller

Walze *f* <druck> *(z. B. zum Anfeuchten, Farbauftrag)* • roller; cylinder

Walze *f* <metall> *(im Walzwerk)* • roller; roll

Walzen *n* *DIN 8583-2* <metall> • rolling; milling

walzen *vt* <metall> *(Bleche, Band, Profile)* • roll *vt*; mill *vt*

Walzenbrecher *m* <prod> *(allg.; z. B. für Gestein, Kohle)* • roller breaker; roll breaker; feeder breaker

Walzenbürste *f* <hygi.wz> *(von Kehrmaschinen)* • roller brush

Walzenglättwerk *n* <prod> *(für Papier, Textilien, Leder)* • calender

Walzenkaliber *n* <metall> *(freier Querschnitt zw. Walzen)* • roll groove; roll pass

Walzenventilator *m* <hlk> • radial fan

Walzenwehr *n* <bau.hydr> *(an Wehrpfeilern gelagerter, zylinderförmiger Wehrverschluss)* • roller drum gate; roller weir

Wälzfräser *m* *DIN 3998* <wz.masch> *(Zahnradfertigung)* • hobbing cutter; hob cutter; hob *pract*

Wälzkörper *m* <masch> *(z. B. in Wälzlagern)* • rolling element; rolling member

Wälzlager *n* <masch> *(z. B. Kugellager, Rollenlager)* • rolling bearing; antifriction bearing

Walzplattieren *n* <obfl> • roll cladding

Walzprofil *n* <metall> *(meist Stahl)* • rolled section; rolled structural section

Walzprofilieren *n* <prod> • roll forming; roll-profiling

Walzstahlprofil *n* <metall> • rolled steel section; rolled steel structural section

Walzwerk *n* <metall> • rolling mill; mill *pract*; open roll mill *rare*

Walzzunder *m* <metall.obfl> *(Eisenoxidschicht nach dem Warmwalzen)* • mill scale; rolling scale; rolling skin

Walzzustand *m* *ISO 6930-2* <qualit.-mat> • as rolled *ISO 6930-2*

Wand *f* <bau> *(allg.; z. B. Stein-, Betonmauer)* • wall

Wanddicke *f* *VDI4640* <rls> • wall thickness *VDI4640*; piping wall thickness

Wanddübel *m* <bau.mat> • wall plug

Wanddurchbruch *m* <bau> *(Vorgang und Ergebnis; z. B. für Rohre, Kabel, Lüftungskanäle)* • wall penetration

Wandelflugzeug *n* <aerosp> *(Luftfahrzeug schwerer als Luft)* • convertiplane; convertaplane

Wanderbettreaktor *m* <verf> • moving bed reactor

Wanderfeld *n* <el.phys> • traveling field *US*; travelling field *GB*; moving field

Wanderfeldlinearmotor *m* <el> • traveling-field induction motor *US*; travelling-field motor *GB*

Wanderrost *m* <verbr> *(Ofen)* • traveling grate *US*; travelling-grate stoker *GB*

Wanderwellenlinearbeschleuniger *m* <nukl> • traveling-wave linear accelerator *US*; travelling-wave linear accelerator *GB*

Wandfarbe *f* <bau.obfl> *(direkt auf Stein)* • masonry paint

Wandfliese *f* <bau.mat> • wall tile

wandhängend <bau> *(z. B. Heizgerät, WC)* • wall-mount; wall-mounted

Wandler *m* <el> *(allg.; z. B. Analog-Digital-Wandler)* • converter

Wandler *m* <mech> *(allg.; z. B. Drehmomentwandler)* • converter

Wandleuchte *f* <licht.innen> • wall sconce; sconce *pract*

Wandschale *f* <bau> *(innere od. äußere)* • wythe

Wandstärke *f* <tech.allg> *(z. B. von Blech, Karton, Rohr)* • wall thickness

Wandtafel *f* <bau> *(allg.; tragend oder

Verkleidung; z. B. Betonfertigteil od. Holzpaneel) • wall panel

Wandtäfelung *f* <*bau.innen*> *(typ. aus Holz)* • wainscot; wall paneling *US*; paneling *US*; panelling *GB*

Wankstütze *f* <*bahn*> • anti-roll bar (ARB); sway bar; anti-sway bar

Wankwinkel *m* <*fz*> *(betont: Winkel der Seitenneigung; z. B. einer Karosserie)* • roll angle

Wanne *f* <*tech.allg*> *(für Wasser; z. B. aus Blech, Kunststoff)* • basin; tray; trough

Wanne *f* <*masch*> *(flach; zum Auffangen von etw.; z. B. von Spänen, Schneidöl)* • tray; pan

Wanne *f* <*metall*> *(Elektroofen)* • crucible

Want *n pl*: **-en** <*nav*> *(allg.)* • shroud

WAP-Dienst *m* <*tele*> • WAP service

warm <*tech.allg*> *(beliebig hohe Temperatur; z. B. bei Wärmebehandlung, Stahlverarbeitung)* • hot

warmbearbeitbar <*mat*> • hot-workable

warmbrüchig <*mat*> • hot-brittle; hot-short

Wärme *f* (Q) *DIN 1345.VDI464* <*therm*> • heat (Q) *VDI4640*; thermal energy *thsc*

Wärmeabfuhr *f* <*phys*> *(z. B. durch Kühlung, Wärmeabstrahlung)* • heat removal

Wärmeabfuhr *f* <*therm*> *(durch Strahlung, Konvektion)* • heat dissipation

Wärmeabgabe *f* <*tech.allg*> *(als Produkt; eher erwünscht)* • heat output

Wärmeabgabe *f* <*tech.allg*> *(Freisetzung)* • heat release

Wärmeabgabe *f* <*hlk*> *(betont: Abfuhr unerwünschter Wärme; z. B. mit Kühler)* • rejection of heat

Wärmeabgabe *f* <*phys*> *(durch Strahlung)* • heat emission

Wärmeabgabe *f* <*therm*> *(als Verlust; unerwünscht)* • heat loss

Wärmeabgabe *f* <*therm*> *(betont: Wärmeausbeute; z. B. einer Reaktion)* • heat yield

Wärmeabschirmung *f* <*tech.allg*> • heat shield

Wärmeausdehnung *f* <*phys*> *(allg.; von Stoffen bei Erwärmung; Materialeigenschaft u. Vorgang)* • thermal expansion

Wärmebedarf *m* <*tech.allg*> • heat requirement; required heat

Wärmebedarf *m* <*hlk*> *(von Personen, Tieren, Gebäuden)* • heat demand; heating requirements

wärmebeeinflusst <*tech.allg*> *(z. B. Zone beim Schweißen)* • heat-affected

wärmebehandelt <*metall*> *(z. B. Stahl, Schweißnaht)* • heat-treated

Wärmebehandlung *f* <*tech.allg*> *(z. B. von Stahl)* • heat treatment

Wärmebelastung *f* <*ökol*> *(von Gewässern; z. B. durch Kraftwerke, Industrieabwässer)* • thermal load; thermal pollution

wärmebeständig <*qualit.mat*> *(allg.)* • heat-resistant; heat-resisting; heat-proof; thermally stable

Wärmebeständigkeit *f* <*qualit.mat*> • thermal stability; heat resistance *pract*; resistance to heat; thermostability; thermal endurance *rare*

Wärmebrücke *f ISO 14683* <*bau.phys*> • thermal bridge *ISO 14683*; heat bridge; cold bridge

Wärmedämmmaterial *n VDI4640* <*mat*> • thermal insulation material

Wärmedämmung *f* <*bau*> • thermal insulation; heat insulation; lagging

Wärmeeinflusszone *f* (WEZ) <*füg*> *(beim Schweißen)* • heat-affected zone (HAZ)

wärmeempfindlich <*tech.allg*> • heat-sensitive; thermosensitive; sensitive to heat

Wärmeentwicklung *f* <*tech.allg*> *(allg.)* • heat generation; heat development *rare*; heat evolution *rare*

Wärmeentwicklung *f* <*tech.allg*> *(unerwünscht; z. B. Wärmestau in Reifen)* • heat build-up

Wärmekraftmaschine *f* <*masch*> • heat engine; thermal engine *rare*

wärmeleitend <*mat*> • heat-conducting

Wärmeleitfähigkeit *f* <*mat*> *(allg.; physikal. Werkstoffeigenschaft, unspezifisch)* • thermal conductivity; thermal conductance; heat conductivity

Wärmeleitkoeffizient *m* <*phys*> *(Stoffkonstante; in W/m x K)* • thermal conductivity coefficient; k-factor

Wärmeleitpaste *f* <*el.mat*> *(z. B. für Kühlkörper auf Prozessoren)* • thermal compound

Wärmeleitung *f <phys> (durch direkten Kontakt)* • thermal conduction; heat conduction

Wärmepumpe *f DIN 8900-1 <hlk> (Teil einer Wärmepumpenanlage)* • heat pump

Wärmequelle *f <therm>* • heat source; source of heat

Wärmerückgewinnung *f* (WRG) *<tech.allg> (z. B. in Gebäudetechnik)* • heat recovery; heat recuperation

Wärmeschutzschild *m <tech.allg> (z. B. an Raumfähre, Kfz-Abgasanlage)* • heat shield

Wärmesenke *f <tech.allg> (z. B. Radiator, Kühler, Kühlkörper)* • heat sink; heat dissipator *form.rare*; heat dump *coll.rare*

Wärmespeicher *m <hlk> (z. B. für Solaranlagen)* • heat accumulator; thermal reservoir; heat storage

Wärmespeicherung *f <hlk>* • heat storage

Wärmestrahlung *f <phys>* • thermal radiation; heat radiation; radiant heat; radiative heat transfer *rare*; radiant heat transfer *rare*

Wärmeströmung *f <phys>* • thermal convection; convection *pract*

Wärmetauscher *m* (WT) *<verf>* • heat exchanger (HX)

Wärmetauscher *m <verf> (betont: zur Verwertung von Abwärme)* • recuperator

Wärmetauscherrohr *n <verf> (z. B. in Dampferzeuger)* • heat exchanger tube; HX tube

Wärmeträger *m <verf> (flüssig od. gasförmig; z. B. in Kühlkreisläufen, Solaranlagen)* • heat transfer medium; heat transport medium; heat transfer fluid; heat carrier; transfer fluid

Wärmeträger-Austritt *m <energ.sol> (Stutzen am Kollektor)* • fluid outlet

Wärmeträger-Eintritt *m <energ.sol> (Stutzen am Kollektor)* • fluid inlet

Wärmeübertragung *f DIN 1321 <tech.allg> (allg.; z. B. im Wärmetauscher)* • heat transfer; heat exchange

Wärmeverlust *m <tech.allg> (nicht erwünschte Wärmeabgabe; z. B. von Motor, Gebäude)* • heat loss; loss of heat; heat leakage

warmfester Stahl *m <metall>* • heat-resisting steel

Warmformung *f <prod>* • hot forming

warmgewalzt *<metall> (z. B. Stahl)* • hot-rolled (HR)

warmhärtend *EN 60893 <qualit.mat>* • thermosetting *EN 60893*

Warmluft *f <tech.allg>* • hot air

Warmstart *m <comp> (Computer)* • warm boot

Warmstart *m <kfz>* • hot start

Warmverarbeitung *f <prod> (allg.)* • hot processing

Warmverarbeitung *f <prod> (eher bei Metallen)* • hot working

Warmwalzen *n <metall>* • hot rolling

Warmwasser *n <hlk>* • hot water

Warmwasser-Heizungsanlage *f <hlk> (als System, Einrichtung)* • hydronic space heating system; hot-water space heating system

Warmwasserspeicher *m <hlk> (allg.)* • hot water storage tank

Warnanzeige *f <aerosp.msr> (Cockpit)* • warning display (WD); warning indicator

Warnhinweise *mpl <doku> (allg.; z. B. in Werkstattliteratur, Produktdokumentation, Anleitungen)* • warnings and cautions

Warnlampe *f <msr> (betont: Warnung vor Störung, anomaler Zustand; typ. rot od. gelb)* • warning lamp

Warnleuchte *f <msr> (betont: blinkend)* • flashing warning light

Warnleuchte *f <msr> (für Lebensgefahr)* • danger light

Warnleuchte *f <msr> (zur Warnung vor Störung, anomalem Zustand; typ. rot od. gelb)* • warning light (WRNG LITE)

Wartebetrieb *m <comp>* • stand-by mode

Warteliste *f <allg> (Buchung von Plätzen in Eisenbahn, Fähre, Flugzeug; Amt, Arztpraxis)* • waiting list

Wartemusik *f <tele>* • music on hold

Warteraum *m <aerosp>* • departure lounge; waiting lounge; hold room; waiting area; air side-waiting area

Warteschlange *f <allg> (Fertigung, Fördertechnik, Verkehr; z. B. an Haltestelle, Kasse)* • waiting line; queue

Warteschleife *f <tech.allg> (z. B. Datenverarbeitung, Landeanflug)* • waiting loop

Warteschleife *f <aerosp> (vor Landung)* • holding; waiting loop

Warteverfahren *n <aerosp>* • holding pattern

Wartezeit *f <allg>* • waiting time

Wartezeit *f <aerosp> (z. B. vor Landung, in Warteschleife)* • holding time; holding-area flight time

Wartung *f <tech.allg> (betont: Beaufsichtigung durch eine Person)* • human attendance; attendance

Wartung *f <tech.allg> (durch Bedienperson; z. B. Maschinenführer)* • operator attention

Wartung *f <tech.allg> (Maßnahmen zur Aufrechterhaltung der Funktionsfähigkeit)* • maintenance; preventive maintenance *form*; servicing *pract*; upkeeping *coll.rare*

Wartung *f <rep> (betont: Ereignis; z. B. gemäß Terminplan)* • service

wartungsarm *<qualit>* • low-maintenance

wartungsarme Batterie *f <kfz.el> (Elektrolytstandkontrolle alle 12-24 Monate)* • low-maintenance battery

wartungsfrei *<tech.allg>* • maintenance-free; service-free *rare*; fit and forget *rare*

wartungsfreie Batterie *f <el> (100 % wartungsfrei, Deckel versiegelt)* • maintenance-free battery

wartungsfreundlich *<tech.allg>* • easy to maintain

Wartungshandbuch *n <doku.rep> (auch in mehreren Bänden; z. B. Boeing 747: 41.000 Seiten)* • service manual; maintenance manual

Wartungsintervall *n <rep>* • service interval; maintenance interval

Warzenblech *n <mat>* • warted plate

Waschanlage *f <tech.allg>* • cleaning plant

Waschbenzin *n <chem>* • cleaner's solvent; cleaner's naphtha

Waschbeton *m <bau.mat>* • exposed aggregate concrete; washed concrete; exposed-aggregate concrete

waschen *vt <tech.allg>* • wash *vt*

waschen *vt <hygi> (Wäsche, Kleidung)* • launder *vt*

waschen *vt <textil.prod> (sehr gründlich, durch festes Rubbeln; z. B. Baumwolle)* • scour *vt*

waschen *vt <verf> (Gase; nass)* • scrub *vt*

waschen *vt <verf> (gründlich, nass und mechanisch; z. B. mit Sprühwascher)* • scrub *vt*

Waschflüssigkeitsvorratsbehälter *m <kfz>* • washer fluid reservoir tank

waschmaschinenfest *<textil.qualit>* • machine-washable

Waschraum *m <aerosp.innen>* • lavatory *JAR 25.854*

Waschtisch-Einhebelmischbatterie *m <hygi.rls>* • one-handle bathroom faucet

Waschturm *m <verf> (allg.; jede Bauart)* • scrubbing tower; washing tower

Waschverfahren *n <verf.emiss> (nasses Verfahren zur Abscheidung von NOx oder SOx)* • scrubbing process

Wasser *n*: **zu ~ bringen** *vt <nav> (Boot)* • launch *vt*

Wasserabscheider *m DIN 4319 <verf>* • water separator

wasserabstoßend *<obfl>* • water-repellent

wasserannehmend *<qualit.mat>* • water-receptive

wasserbaulich *<bau.hydr>* • hydraulic-engineering *adj*

Wasserbauwerk *n <bau.hydr>* • hydraulic structure

Wasserbauzement *m <bau.mat>* • hydraulic cement

Wasserbehälter *m <tech.allg> (als Vorrat)* • water reservoir

Wasserbehälter *m <tech.allg> (jede Größe, meist geschlossen; selten auch Becken)* • water tank

Wasserbehälter *m <tech.allg> (geschlossen, eher klein)* • water container

Wasserbehälter *m <bau.hydr> (für Trink-, Regenwasser, Bewässerung)* • cistern; water tank; water reservoir

Wasserdampf *m <phys> (unsichtbar)* • steam; water vapor *US*; water vapour *GB*

Wasserdampfdurchlässigkeit *f <qualit.mat> (in mg/cm^2)* • water vapor permeability *US*; water vapour permeability *GB*

wasserdicht *<tech.allg> (undurchdringlich; z. B. Schicht, Membran, Plane,*

Sohlabdichtung) • impermeable to water; impervious to water; watertight
wasserdicht <tech.allg> *(beständig gegen Wasser od. Wassereintritt; z. B. Gerät, Uhr, Kleidung)* • waterproof
wasserdicht <füg> *(nicht leckend; Verbindung, Anschluss)* • watertight
wasserdichtes Gewebe *n* <textil> *(allg.; z. B. durch Membran, Gummierung, Imprägnierung)* • waterproof fabric; waterproofed fabric; fabric with waterproofing
Wasserdruckprüfung *f* <rls.qualit> • hydrostatic test; water pressure test *coll*; hydro *pract*
Wassereinzugsgebiet *n* <geo> • water catchment area; water gathering area; water intake area
Wasserenthärter *m* <tech.allg> *(jede Art und Methode)* • water softener
Wasser entziehen *vi* <tech.allg> • dewater *vt*
wasserentziehend <chem> • dehydrating
Wasserentzug *m* <tech.allg> *(z. B. aus Gelände, Gewebe)* • dewatering
Wasserfahrzeug *n* <nav> • watercraft
wasserfest <qualit.mat> *(z. B. Farbe, Kleber, Material)* • water-resistant; waterproof; water-insoluble; insoluble in water
Wasserfilm *m* <obfl> • water film
Wasserflugplatz *m* <aerosp> • water aerodrome; seadrome; seaplane port *rare*
Wasserflugzeug *n* <aerosp> • seaplane *US.GB*; hydroplane *US*
wasserführende Schicht *f* <geo> *(allg.)* • aquifer; water-bearing bed; water layer *coll*
Wassergas *n* <chem> *(z. B. als Ausgangsstoff für die Ammoniaksynthese)* • water gas
Wassergehalt *m* <tech.allg> *(Feuchtigkeitsanteil; z. B. von Rechengut, Kohle)* • moisture content
Wassergehalt *m DIN 18121-2* <geo> *(Boden, Gestein, Sediment)* • water content
wassergekühlt <tech.allg> • water-cooled
Wasserglas *n* <chem> • water glass
Wasserhahn *m* <rls> *(z. B. am Waschbecken, an Küchenspüle)* • water faucet; water tap; water cock
Wasserhärte *f* <chem> • water hardness; hardness of water
Wasserhaushalt *m* <tech.allg> *(z. B. Siedlungsräume, chemische Industrie)* • water balance; water regime
Wasserkanal *m* <bau.hydr> *(offen)* • water canal; water channel
Wasserkanal *m* <bau.hydr> *(allg.; jede Art, offen od. geschlossen)* • water conduit
Wasserkasten *m* <bau.hygi> *(WC)* • flushing cistern; cistern
Wasserkasten *m* <kfz> *(Motorkühler; z. B. aus Blech od. glasfaserverstärktem PA)* • radiator tank; header tank; tank *pract*
Wasserkraft *f* <energ.hydr> • water power; hydro power; hydro-electric power; hydraulic energy; hydro energy
Wasserkraftanlage *f DIN 4048-2* <energ.hydr> • hydroelectric power plant *US*; hydroelectric station *GB*; hydropower station *GB*; hydro plant *US*; hydrostation *GB*
Wasserkraftkapazität *f* <energ.hydr> • hydroelectric capacity
Wasserkraftnutzung *f* <energ.hydr> • water power utilization; utilisation of water power *GB*
Wasserlauf *m DIN 4047-5* <geo.hydr> *(oberirdisch; z. B. Bach, Fluss)* • water course
Wasserlinie *f* <nav> • water line; laid line
wasserlöslich <qualit.mat> *(z. B. Farbe, Kleber, Substanz)* • water-soluble
Wassermantel *m* <tech.allg> *(zum Kühlen, Heizen)* • water jacket
wassermoderiert <nukl> *(Kernreaktor, Neutronen)* • water-moderated
Wasserpumpenzange *f DIN ISO 5742* <wz> *(mit Gleitgelenk; allg.)* • multiple slip joint plier *ISO 5742*; slip joint pliers *US*; adjustable joint pliers *US*; multi-grip pliers *GB*; waterpump pliers *US*
Wasserrecht *n VDI4640* <allg> • water rights *VDI4640*
Wassersäule *f* (WS) *DIN 1314* <phys> *(Meter Wassersäule als Druckeinheit: 1 mWS entspricht 9806,65 Pa)* • water column (wc)
Wasserschaden *m* <tech.allg> *(z. B. durch Wassereinbruch; Überschwemmung)* • water damage

Wasserschloss *n* *<energ.hydr>* *(in Druckleitung; als Speicher und/oder Wasserhammerschutz)* • surge tank; surge chamber

Wasserspiegel *m* *<geo>* *(meist in bezug auf Grundwasser)* • water table; water plane *rare*

Wasserstoff *m* (H) *<chem>* • hydrogen (H)

Wasserstoffantrieb *m* *<fz>* • hydrogen propulsion

Wasserstoff-Sauerstoff-Brennstoffzelle *f* *<chem.el>* • hydrogen-oxygen fuel cell

Wasserstrahl *m* *<allg>* • water jet; jet of water

Wasserstrahl *m* *<tech.allg>* • water jet; jet of water

Wasserstrahlantrieb *m* *<nav>* • water jet propulsion; jet propulsion

Wasserstrahlpumpe *f* *<förd>* *(Ejektorpumpe)* • water-jet pump

Wasserstraße *f* *<nav.verk>* *(Flüsse, Seen, Meere, Kanäle)* • waterway; navigable waterway

Wasserstrom *m* *<tech.allg>* *(Durchfluss; Volumen pro Zeiteinheit)* • water flow rate; flow of water

Wassertropfen *m* *<allg>* • drop of water

Wasserturbine *f* *DIN 4320* *<energ.hydr>* • water turbine; hydro turbine; hydraulic turbine; hydroelectric turbine

wasserverdünnbar *<obfl>* *(Farbe, Lack)* • water-dilutable; waterthinnable

Wasserversorgung *f* *<logist>* • water supply

Wasserwaage *f* *<msr.wz>* *(allg.; mit Libelle)* • spirit level; mason's level; bubble level *coll*

Wasserwerfer *m* *<feuer>* *(auf Löschfahrzeug; z. B. mit 4000 Liter/Minute)* • water monitor; fire monitor; water cannon *rare*

Wasserzeichen *n* *DIN 6730* *<pap>* • water mark

Wasserzugabe *f* *<allg>* • water additon

Wattiefe *f* *<kfz>* *(von Geländefahrzeugen, Panzern etc.)* • fording depth; wading depth

Weaver-Schiene *f* *<mil>* *(auf Waffen, für Zielfernrohr)* • weaver scope rail

webbasiert *<comp>* • web-based

Weblog *n* *<comp>* *(Online-Journal)* • weblog; blog *coll*

Webmaschine *f* *DIN 63000* *<textil.prod>* • loom

Webseite *f* *<comp>* *(Seite einer Internet-Präsenz)* • web page; website *rare*

Wechsel *m* *<allg>* *(z. B. Geld, Kleidung, Position, Werkzeug, Tintenpatrone)* • change

Wechsel *m* *<tech.allg>* *(durch Umschalten)* • change-over

Wechselbeanspruchung *f* *<mech>* *(allg.)* • alternating cyclic stress; repeated stress reversal

Wechselgetriebe *n* *<tech.allg>* *(allg.; jede Bauart)* • variable-speed transmission

wechseln *vi* *<allg>* • fluctuate *vi*

wechseln *vi* *<tech.allg>* *(schalten, von A zu B)* • shift *vi*

wechseln *vt* *<allg>* *(z. B. Drehzahl, Werkzeug, Geld)* • change *vt*

wechseln *vt* *<tech.allg>* *(z. B. Gerät, Werkzeug, CD-ROM, Tintenpatrone)* • change *vt*

wechseln *vt* *<tech.allg>* *(variieren; z. B. Drehzahl, Farbe, Frequenz, Lage, Stromstärke)* • vary *vt*

wechseln *vt* *<tech.allg>* *(umschalten, andere Position wählen)* • change *vt*; switch *vt*

wechseln *vt* *<tech.allg>* *(Flüssigkeit; z. B. Motor-, Getriebeöl, Bremsflüssigkeit)* • change *vt*

wechseln *vt* *<energ>* *(Lieferant; z. B. Strom-, Gasanbieter)* • switch *vt*

Wechselobjektiv *n* *<opt>* *(für Kameras, Vergrößerer)* • interchangeable lens

Wechselrichter *m* *<el>* *(z. B. bei Solarstromanlagen)* • inverter; DC-AC inverter; grid-tie inverter

Wechselschalter *m* *<el>* • change-over switch; two-way switch; double-throw switch

wechselseitig *<allg>* • mutual; reciprocal

wechselseitig austauschbar *<tech.allg>* • interchangeable

wechselseitige Beeinflussung *f* *<allg>* *(neutral, ohne Wertung)* • interaction

wechselseitig gesicherte Vernichtung *f* (MAD) *<mil>* *(Doktrin; Abschreckungsprinzip durch gesicherte Zweitschlagkapazität)* • mutually assured destruction (MAD)

Wechselspannung *f* *<el>* • AC voltage;

alternating voltage

Wechselspannungsüberlagerung *f* *<el>* • AC voltage superimposed on the DC voltage

Wechselsprechanlage *f* *<tele>* *(Sprechen nur abwechselnd möglich, nicht gleichzeitig)* • intercom system

Wechselstrom *m* (WS) *<el.phys>* • alternating current (AC)

Wechselstromgenerator *m* *<el>* *(2- oder 3-phasig; meist ein Drehstromgenerator)* • alternator; AC generator *rare*

wechselstromgespeist *<el>* • AC--powered

Wechselstrommotor *m* *<el>* • AC motor

Wechselstromnetz *n* *<el>* *(öffentl. Stromversorgung)* • AC mains [network]; AC network

Wechselstromquelle *f* *<el>* • AC source

Wechselwirkung *f* *<tech.allg>* • interaction

Weg *m* *<allg>* *(vom Problem zur Lösung)* • approach

Weg *m* *<allg>* *(Abstand)* • distance

Weg *m* *<allg>* *(Art und Weise; Methode)* • technique

Weg *m* (s) *<allg>* *(Bahn, Pfad, Wegstrecke; z. B. eines Fahrzeuges, Werkzeuges)* • way (s)

Weg *m* *<aerosp>* *(Kurs; Flugzeug, Rakete, Lenkwaffe)* • course

Wegaufnehmer *m* *<msr>* *(allg.; z. B. induktiv)* • displacement sensor; distance sensor; linear sensor; displacement pick-up *rare*

Wegfahrsperre *f* *<kfz>* • immobilizer *US*; immobiliser *GB*; engine immobilizer *US*; engine immobiliser *GB*

Wegpunkt *m* (WPT) *<navig>* • waypoint (WPT); landmark

wegreißen *vt* *<allg>* • tear off *vt*

wegschneiden *vt* *<allg>* • cut away *vt*

Wegstrecke *f* *<allg>* *(Distanz)* • distance

wegtragen *vt* *<allg>* • carry away *vt*; carry off *vt*

Wegwerfprodukt *n* *<ents>* • throwaway product

Wehr *n* *<bau.hydr>* *(allg.)* • weir

Wehrverschluss *m* *<energ.hydr>* • gate; weir shutter; flood gate

weich *<allg>* • soft

weich *<bekl>* *(z. B. Leder)* • supple

weich *<chem>* *(Wasser)* • soft

weich *<kst>* *(PVC)* • plasticized; plasticised *GB*

weich *<licht>* *(Bild, Beleuchtung; vorteilhaft)* • soft

weich *<obfl>* *(im Ggs. zu steif)* • non--rigid

weich *<textil>* *(Faden)* • soft

Weiche *f* *<bahn>* *(in Gleisen)* • switch *US*; points *GB*; track switch

Weicheisen *n* *<mat>* • soft iron

Weicheisenkern *m* *<el>* • soft-iron core

Weichenherzstück *n* *<bahn>* • frog; crossing frog; common crossing

Weichenzunge *f* *<bahn>* • switch point *US*; switch blade *US*; point tongue *GB*; point blade *GB*; blade point *GB*

Weichglühen *n* *DIN17014* *<metall>* *(betont: auf kugeligen Zementit)* • spheroidizing

Weichgummi *n* *<mat>* • soft rubber

Weichholz *n* *<holz>* *(besonders weiches Holz; z. B. Kiefer, Balsa)* • soft wood

Weichlöten *n* *<füg>* *(T < 450 °C)* • soldering; soft soldering *form*

weichmachen *vt* *<allg>* • soften *vt*

Weichmacher *m* *<chem.kst>* *(allg.; in Kunststoffen, Reifen)* • plasticizer; plasticiser *GB*; softening agent; flexibilizer

weichmacherfreies Polyyinylchlorid *n* (PVC-U) *<kst>* • unplasticized polyvinyl (PVC-U)

weichsektoriert *<comp>* *(Magnetplatte)* • soft sectored

Weißabgleich *m* (WB) *<phot>* • white balance (WB)

Weißblech *n* *DIN 55405* *<pack.mat>* • tinplate; tin sheet

weißes Lithiumfett *n* *<kfz.tribo>* *(z. B. für Scharniere)* • white lithium grease; white body lubricant

weißes Roheisen *n* *<metall>* *(manganhaltig; für Stahlerzeugung)* • white pig iron

Weißglas *n* *<silik>* *(eigtl. nicht weiß, sondern farblos glasklar)* • clear glass; colorless glass *US*; flint glass; white glass

Weißglut *f* *<metall>* • white heat (WH)

Weißgold *n* *<mat>* *(z. B. für Schmuck)* • white gold

Weißmetall *n* *<mat>* *(Gleitlager)* • white metal

Weißpegel *m* <*av*> • white level; carrier-reference white level

weit <*allg*> *(große Distanz)* • long [distance]

weit <*term*> *(Begriff)* • broad

Weitbereichsnetz *n* (WAN) <*comp*> • Wide Area Network (WAN)

weit draußen <*allg*> • far out

weit entfernt <*allg*> • far off

weiterentwickeln *vr* <*allg*> *(Persönlichkeit)* • develop *vi*

Weiterentwicklung *f* <*allg*> • progression

weiterer Begriff *m* <*term*> • broader concept *ISO 12620*

weiterleiten *vt* <*logist*> *(z. B. Brief, Fracht)* • forward *vt*

weiterleiten *vt* <*mech*> *(Kraft; z. B. in das Fundament)* • transfer *vt*

weiter Weg *m* <*allg*> *(z. B. bis zum Ziel)* • long way

weitreichend <*allg*> *(in die Zukunft; z. B. Maßnahmen)* • long-range

Weitwinkelobjektiv *n* <*phot*> • wide-angle lens; wide-angle *coll*

Weitwinkelzoom *n* <*phot*> • wide-angle zoom

Wellblech *n* <*mat*> *(allg.; jedes Material; z. B. aus Alu, Stahl)* • corrugated sheet metal; corrugated sheet *pract*

Welle *f* <*tech.allg*> *(zur Drehmomentübertragung; mech., flexibel geführt; z. B. Tachowelle)* • cable

Welle *f* <*hydr*> *(Wasser; z. B. auf See)* • wave

Welle *f* <*masch*> *(mech., zur Übertragung von Drehmoment; steif)* • shaft

Welle *f* <*phys*> *(Schwingung)* • wave

Wellenabdichtung *f* <*masch*> *(Vorgang)* • shaft sealing

wellenartig <*allg*> *(Bewegung)* • undulatory

Wellenbrecher *m* <*bau.hydr*> *(als Uferbauwerk, Mole)* • jetty; breakwater; wave breaker; mole

Wellenbrecher *m* <*nav*> *(auf Schiff)* • manger board; manger plate

Wellendichtung *f* <*masch*> *(Bauteil)* • shaft seal

Wellenenergiekonverter *m* <*energ.hydr*> *(mit Wassersäulen)* • oscillating water column converter (OWC); OWC power plant *US*; OWC power station *GB*

Wellenenergiekonverter *m* <*energ.hydr*> *(allg.)* • wave energy converter

Wellenlänge *f DIN IEC 50* <*phys*> • wavelength *DIN IEC 50*

Wellenleiter *m* <*el*> • waveguide; wave duct

wellig <*el*> *(Strom; z. B. ungeglätteter Gleichstrom)* • rippled

wellig <*obfl*> *(unregelmäßig zerklüftet)* • ragged

wellig <*prod*> *(absichtlich mit Wellen hergestellt: z. B. Wellblech, Wellkarton)* • corrugated

wellig <*qualit*> *(geringfügig uneben; z. B. Fahrbahn, technische Oberfläche)* • uneven

Wellpappe *f* <*pap.pack*> *(typ. für Verpackungen)* • corrugated board; corrugated cardboard; corrugated paper board; corrugated fiberboard *US.rare*; corrugated fibreboard *GB.rare*

Weltraum *m* <*aerosp*> • outer space; space *pract*; cosmic space *rare*; cosmos *rare*

Weltraumforschung *f* <*astron*> • space research; cosmology

Weltraumlaboratorium *n* <*aerosp*> • space laboratory; space lab *pract*

Weltraummüll *m* <*aerosp.ents*> • space junk; space trash

Weltraumrakete *f* <*aerosp*> • space rocket; extraterrestrial rocket; astrorocket; cosmic rocket

Weltrekord *m* <*allg*> • world record

Wendegetriebe *n* <*masch*> *(allg.)* • reverse gear; reverse gearing; reverse mechanism

Wendekreis *m* <*fz*> • turning circle; turning circle between walls

Wendekreisel *m* <*navig*> • rate gyro

Wendel *f* <*tech.allg*> • helix

Wendel *f* <*el*> *(in Glühlampen; sehr feine Wendel)* • filament; coiled filament *rare*

wendelförmig <*tech.allg*> • helical

wenden *vt* <*allg*> *(um Längs- oder Querachse; Unterseite nach oben; z. B. Steak)* • turn over *vt*

Wendezeiger *m* <*aerosp*> *(klassische Form)* • turn indicator; turn-and-bank indicator; rate-of-turn gyroscope

Wendezeiger *m* <*aerosp*> *(neue Form; zeigt auch Drehungen um Hoch- und Längsachse)* • turn coordinator

Wendigkeit *f* <*fz*> • maneuverability *US*;

manoeuvrability *GB*; easy steerability *rare*

Wendung *f <term>* • idiom; idiomatic expression; set phrase

Werbemail-Filter *m :V <comp>* • spam filter

werfen *vt <allg> (flächig; z. B. Schatten)* • cast *vt*

werfen *vt <allg> (punktuell, gezielt; z. B. Ball)* • throw *vt*

Werft *f <nav>* • shipyard; shipbuilding yard; dock yard; yard *coll*

Werftbecken *n <nav>* • shipyard basin

Werg *n <textil>* • oakum

Werk *n <tech.allg> (allg.; z. B. Kraftwerk)* • plant

Werk *n <tech.allg> (größere, auf mehrere Gebäude etc. verteilte Anlage; z. B. Wasserwerk)* • works

Werk *n <mech> (Kaliber von tragbaren Uhren)* • movement

Werk *n <prod> (mit großen und/oder zahlreichen Maschinen; z. B. Walzwerk)* • mill

Werk *n <prod> (Ergebnis einer Tätigkeit)* • work

Werk *n*: **vom ~ eingestellt** *<prod>* • factory-set

Werkbank *f <wz>* • workbench; bench *pract*

werkseitig eingebaut *<prod>* • factory--installed

werkseitig eingestellt *<prod>* • factory-adjusted

Werkstatt *f <allg> (allg.; z. B. Produktion, Reparatur, Kunst, Literatur, Seminar)* • workshop; shop *coll*

Werkstatt *f <prod> (betont: Produktionsbereich)* • production shop; manufacturing shop

Werkstatthandbuch *n <doku.rep>* • shop manual; service manual

Werkstein *m <bau.mat> (Massivsteinquader)* • ashlar; quarry block; quarry stone

Werkstoff *m <prod>* • material

Werkstoffabnahme *f <tech.allg> (z. B. durch Verschleiß, spanende Bearbeitung)* • material removal

Werkstoffeigenschaft *f <mat> (physikalisch, chemisch, technologisch)* • material property

Werkstofffestigkeit *f <qualit.mat> (von einem bestimmten Werkstoff)* • material strength

Werkstoffprüfmaschine *f <qualit.mat>* • materials testing machine

Werkstoffprüfung *f* (WP) *<qualit.mat>* • materials testing (MT); testing of materials

Werkstoffprüfverfahren *n <qualit.mat>* • materials testing method; materials testing procedures

Werkstofftechnik *f <mat>* • materials engineering

Werkstück *n <prod> (zur Bearbeitung)* • workpiece; work *pract*

Werkstückauflage *f <prod> (allg.)* • work support; work seat; work rest

Werkstückwechsel *m <prod>* • loading and unloading

werksüberholt *<rep> (Austauschgeräte, Motoren, Maschinen etc.)* • factory refurbished

Werkverkauf *m <ökon> (als Ladengeschäft)* • factory outlet

Werkzeug *n <tech.allg> (allg.; z. B. Hammer, Terminologieverwaltung)* • tool

Werkzeugaufspannplatte *f norm <kst> (Spritzgießmaschine)* • platen; clamping platen; mold platen; machine platen

Werkzeugbau *m <wz> (allg.)* • tool--making; tool manufacturing

Werkzeugbestückung *f <wz.masch> (von Maschinen)* • tooling

Werkzeughalter *m <wz.masch> (Drehmaschine; auf dem Oberschlitten)* • tool post

Werkzeugkasten *m <tech.allg> (allg.)* • tool box

Werkzeugmaschine *f <wz.masch> (allg.; z. B. Drehmaschine, Bohr- und Fräswerk, Bearbeitungszentrum)* • machine tool

Werkzeugneigung *f <kst> (allg.)* • mold taper

Werkzeugschlitten *m <wz.masch> (mit Schlosskasten und Bettschlitten; trägt Planschlitten)* • carriage; carriage assembly; lathe carriage

Werkzeugschneide *f <wz> (an Spanwerkzeug; z. B. Drehmeißel, Fräser, Bohrer)* • cutting edge; edge; tool cutting edge *rare*; cutting-tool tip *rare*

Werkzeugspannvorrichtung *f <wz.masch>* • jig

Werkzeugstahl *m* <metall> *(Edelstahl mit 0,5 - 2,2 %C; ein Kohlenstoffstahl)* • tool steel

Werkzeugtrennfläche *f norm* <kst> • parting line; mold parting line; flash line; split plane of mold *rare*

Werkzeugwechsel *m* <prod> *(allg.)* • tool change

Werkzeugwechsler *m* <autom> • tool changer; automatic end-effector exchanger *ISO*; automatic tool changer

Wert *m* <allg> *(z. B. Zahlenwert, Geldeswert)* • value

Wertangabe *f* <allg> • rating

Werterhöhung *f* <allg> • increase of value

Wertstoff *m* <mat.ents> *(aus Müll aussortiert oder nach der Wiedergewinnung)* • reclaimed material; salvaged material

wesentlich <allg> • essential; substantial; material

wettbewerbsfähig <ökon> *(Produkt, Firma)* • competitive

Wetterbeobachtungssatellit *m* <aerosp.meteo> • meteorological satellite; weather satellite *pract*

wetterfest <qualit> *(z. B. Faden, Gewebe, Farbe, Lack)* • weatherproof *US*; weather-resistant; weather-proof *GB*

Wetterflugzeug *n* <aerosp.meteo> • meteorological plane

Wetterrakete *f* <aerosp.meteo> • meteorological rocket; rocket sonde

Wetterschutzhaube für Gartenbänke *f* <allg> • bench cover

Wettersonde *f* <aerosp.meteo> *(Ballon, Rakete)* • meteorological sonde; sonde

Whitworth-Gewinde *n* <füg> *(allg.)* • Whitworth thread

wichtiges Personal *n* <admin> • key personnel

Wicklung *f* <el> *(Spule; z. B. Anker, Relais, Widerstand, Zündspule)* • winding

Widerdruck *m* <druck> *(im Ggs. zu Schöndruck)* • verso printing; verso print; backing-up

Widerlager *n* <bau> • abutment; end support; end-support

widersprechend <allg> *(z. B. Aussagen, Theorien, Gleichungen, Ergebnisse)* • contradictory

widerspruchsfrei <allg> *(Logik, Beweisführung, Mathematik etc.)* • consistent

Widerspruchsfreiheit *f* <allg> *(Logik, Beweisführung, Mathematik etc.)* • consistency

Widerstand *m* <allg> *(gegen etwas)* • resistance

Widerstand *m* (R) <el> *(Messgröße; in Ohm)* • resistance (R); electrical resistance

Widerstand *m* <el> *(Bauelement)* • resistor

Widerstand *m* <phys> *(magnetisch)* • reluctance

Widerstandsbeiwert *m* <phys> *(allg.; z. B. von Tragflügeln, Kraftfahrzeugen)* • drag coefficient; profile drag coefficient

widerstandsfähig <qualit.mat> *(gegenüber Kräften, Einflüssen etc.)* • resistant

Widerstandsläufer *m* <energ.wind> *(z. B. Savonius-Rotor)* • drag device; drag-type device; drag-type wind turbine; drag translator *obs*

Widerstandsschweißen *n* <füg> *(z. B. Punktschweißen)* • resistance welding (RW)

Wiederaufbereitung *f* <verf> *(allg.)* • reprocessing

Wiederaufbereitungsanlage *f* <ents> *(allg.)* • reprocessing plant

Wiederaufbereitungsanlage *f* <nukl> *(für abgebrannte Brennelemente)* • nuclear waste reprocessing plant

wieder auffinden *vt* <allg> *(Objekte, Daten)* • retrieve *vt*

wiederbeschreibbar <comp> *(Datenträger; z. B. CD)* • rewritable; re-writable; erasable; multiple-write

wieder einführen *vt* <allg> *(Verfahren, Methode)* • reintroduce *vt*

wieder einführen *vt* <allg> *(Objekt in Öffnung)* • reinsert *vt*

Wiedereintritt *m* <aerosp> *(in die Erdatmosphäre; z. B. Raumfähre, Satellit)* • reentry

Wiedergabe *f* <av> *(einer gespeicherten Aufnahme)* • playback (PB); reproduction; replay

Wiedergabe *f* <kunst> *(z. B. von Farben, Schattierungen, Details)* • rendition

wiedergewinnen *vt <verf> (Energie; z. B. Wärme)* • recuperate *vt*

wiederherstellen *vt <tech.allg> (Zustand, Daten, Datei)* • restore *vt*

wiederherstellen *vt <comp> (verlorene oder beschädigte Daten, Dateien)* • recover *vt*; restore *vt*; reconstruct *vt rare*; salvage *vt rare*

Wiederherstellungsprogramm *n <comp> (allg.)* • recovery program

wiederholen *vt <allg>* • repeat *vt*

wiederholen *vt <tech.allg> (einen Schritt)* • reiterate *vt*

wiederholend *<allg> (Phänomene, Ereignisse)* • recurrent

wiederholend *<allg>* • repetitive

wiederholend *<tech.allg> (Schritte; z. B. Suche, Rechnung, Messung)* • iterative

Wiederholgenauigkeit *f DIN 5008 <msr> (z. B. von Messwerten, Positionen)* • repeatability; repeat accuracy; repetition accuracy

Wiederholung *f <allg>* • repetition

wieder in Umlauf bringen *vt <allg>* • recycle *vt*

Wiederverkaufswert *m <ökon> (z. B. Haus, Kfz)* • resale value

wiederverschließbar *DIN EN 14375 <tech.allg> (z. B. Behälter)* • reclosable *DIN EN 14375*

wiederverwenden *vt <allg>* • reuse *vt*

Wiederverwendung *f <tech.allg> (z. B. Austauschmotoren, -getriebe, -starter)* • re-usage; reuse

Wiederverwendung *f <ents> (betont: Wiederherstellung der Nutzbarkeit, Rückführung in den Einsatz)* • recycling

Wiederzündung *f <aerosp> (Rakete)* • reignition

wiegen *vt <msr> (Gewicht ermitteln)* • weigh *vt*

wilde Ablagerung *f <ents>* • illegal dumping

Wildwasserkajak *n <nav>* • white-water kayak

willkürlich *<allg>* • arbitrary; random

Windabweiser *m <kfz> (allg.; z. B. an Schiebedachöffnung)* • air deflector; deflector shield; wind deflector

Windbelastung *f <bau>* • wind load

Windbranche *f <energ.wind>* • wind energy business

Winddruck *m <tech.allg> (z. B. auf Gebäude)* • wind pressure

Winde *f <bau.masch>* • hoist

Winde *f <förd> (Trommel einer Winde)* • drum; reel

Winde *f <förd> (allg.; für Seil oder Kette)* • windlass; winch; crab

Windenergie *f <energ.wind>* • wind energy; wind power

Windenergieanlage *f* (WEA) *IEV 415 <energ.wind>* • wind turbine generator system (WTGS) *IEV 415*; wind turbine; windmill *coll*; wind energy conversion system *obs*; WECS *obs*

Windenstart *m <aerosp> (Segelflugzeug)* • winch launch[ing]

Winderhitzer *m <metall> (Hochofen)* • blast-furnace stove; Cowper stove

Windfahne *f <energ.wind>* • tail vane

Windfrischen *n <metall> (allg.)* • air refining; air converting; blast refining; bessemerizing; converter refining

Windgeschwindigkeit *f IEV 415 <energ. wind>* • wind speed *IEV 415*

Windkanal *m <phys> (für Aerodynamikmessungen)* • wind tunnel (WTL)

Windkonvektion *f <energ.sol>* • wind convection

Windkraftleistung *f <energ.wind> (installiert; weltweit ca. 30 000 MW im Jahre 2003)* • generated wind power

Windlasten *fpl <bau> (z. B. auf Gebäudeteile, Kollektoren, Windkraftanlagen)* • wind loads *pl*; wind loading; wind pressure loads *pl*

Windmühle *f <energ.wind>* • windmill

Windnachführung *f <energ.wind>* • yaw control; yaw system; wind direction alignment

Windpark *m IEV 415 <energ.wind> (Kraftwerk aus einer Gruppe von Windkraftanlagen)* • wind farm; wind park *IEV 415*; wind power plant *US*; wind power station *GB*

Windpumpe *f <energ.wind>* • wind--pump

Windsack *m <nav>* • wind cone; wind sack *US*; wind sock

Windschutzscheibe *f <kfz>* • windshield *US*; windscreen *GB*

Windsichten *n <verf> (Trennung nach Gewicht im Luftstrom; z. B. Müll)* • air classification; air separation; winnowing *pract*

Windstromproduktion *f <energ.wind>* • wind power generation

Windung *f <el> (Teil einer Wicklung)* • turn

Windung *f <masch> (einer Schraubenfeder)* • coil

Windverband *m <bau> (bei Fachwerk- oder Bogenbrücken)* • wind bracing; lateral bracing; sway bracing

Winglet *n <aerosp> (nach oben gebogene Tragflächenspitze)* • winglet

Winkel *m <masch> (zum Befestigen von etw.)* • bracket; mounting bracket

Winkel *m DIN 1315 <math> (zwischen Linien, Flächen; in Grad; z. B. 45°)* • angle

Winkel *m DIN ISO 9960-1 <wz.doku> (T-förmig; zum Zeichnen, Markieren)* • set square *ISO 9960-1*; flat square

Winkelabweichung *f <tech.allg> (unerwünscht, eher gleichbleibend)* • angular deviation

Winkelauflösung *f <msr> (allg.)* • angular resolution

Winkelaufnehmer *m <msr> (misst Drehwinkel)* • angular rotation sensor :V

Winkelbeschleunigung *f <mech>* • angular acceleration

Winkelgeschwindigkeit *f <msr> (in Grad pro Sekunde oder Radiant pro Sekunde)* • angular velocity; angular speed

Winkelgeschwindigkeitssensor *m <msr> (z. B. für Neigungs-, Roll- und Gierbewegungen)* • angular-rate sensor

Winkelmesser *m DIN ISO 9960-1 <math.wz> (auf Lineal, Geodreieck etc.)* • protractor *ISO 9960-1*

Winkelprofil *n <tech.allg> (Bauelement, allg.; aus Stahl, Alu, Messing, Kunststoff etc.)* • angle section

Winkelschleifer *m <wz>* • angle grinder; disc sander *GB*; disc grinder *GB*; disk grinder *rare*; angle disc grinder *rare*

winklig *<tech.allg>* • angular

Winsche *f <nav> (mit horizontaler Welle)* • winch

winzig klein *<allg>* • minute

Wippe *f <el> (in Schalter; z. B. in Kippschalter)* • rocker

Wippschalter *m <el>* • rocker switch

Wippwerk *n <bau.masch> (Kran)* • luffing system; derricking system; boom elevation; derricking gear; boom hoist

Wirbel *m <tech.allg> (z. B. el. Wirbelstrom, turbulente Wasser- od. Luftströmung)* • eddy

Wirbel *m <phys> (Einzelturbulenz in Strömung; z. B. in Wasser, Luft)* • vortex; eddy; whirl

Wirbelablösung *f <phys> (Strömung; z. B. an Flügeln, Rotorblättern)* • vortex shedding; vortex separation

Wirbelfeuerung *f <verbr>* • cyclone firing

Wirbelkammer *f <mot> (Brennraumtyp von Dieselmotoren)* • swirl chamber; turbulence chamber; whirl chamber; Comet head

Wirbelsäule *f <bio> (von Wirbeltieren, Mensch)* • spinal column; backbone *coll*; spine *coll*; back *coll*

Wirbelschicht *f <verf> (allg.; z. B. aus Kohle als Brennstoff, Akltivkohle als Adsorbens)* • fluidized bed; fluid bed; suspended bed

Wirbelschichtfeuerung f (WSF) *<verbr>* • fluidized bed combustion (FBC)

Wirbelschichtreaktor *m DIN 4045 <verf.emiss> (zur regenerativen Rauchgasentschwefelung nach BF--Uhde-Verf.)* • fluidized bed reactor *US*; fluidised bed reactor *GB*

Wirbelschichtvergaser *m <energ.bio>* • fluidized bed gasifier; fluidized bed reactor

Wirbelschleppe *f <aerosp>* • vortex wake; wake vortex; wake turbulence; turbulent wake; wash

Wirbelstrombremse f (WSB) *<brems> (z. B. Magnetbahn, Free-Fall-Tower)* • eddy-current brake; Foucault-current brake

Wirbelstromprüfung *f DIN EN 1330-5 <qualit.mat>* • eddy current testing *EN 1330-5*

Wirkungsgrad *m <energ.wind> (allg.; in Prozent)* • efficiency

Wischbewegung *f <fz> (von Scheibenwischern)* • wiper blade sweep; sweep operation

Wismut *n* (Bi) *<mat> (weißgrau-rötliches, sprödes Metall; schmilzt bei 70 °C; radioaktiv)* • bismuth (Bi)

Wissensbank *f <term>* • knowledge

base; knowledge bank

wissensbasiert *<term>* • knowledge--based

wissensbasiertes System *n <term>* • knowledge-based system; knowledge system

wissenschaftlich *<allg>* • scientific; learned

wissenschaftlicher Ausschuss *m ISO <norm>* • scientific committee (SC) *ISO*

W-Motor *m <kfz.mot> (z. B. W12 im VW Phaeton)* • W-engine

Wohngebäude *n <bau>* • residential building; dwelling house

Wohngebiet *n <bau> (Bereich einer Stadt, Gemeinde)* • residential area; housing area

Wohnmobil *n <kfz.tour>* • motorhome *US*; motorvan; motorcaravan *GB*

Wohnraumbeheizung *f <hlk> (Raumheizung im Wohnhaus)* • residential heating *US*; domestic space heating; domestic heating; home heating; room heating

wölben *vr <allg>* • arch *vi*

Wölbung *f <allg> (als Bogen)* • arch

Wölbung *f <aerosp> (im Flügelprofil)* • camber

Wolfram *n* (W) *<chem>* • tungsten (W)

Wolframcarbid *n* (W2C) *<chem>* • tungsten carbide (C-2)

Wolframfadenlampe *f EN 60432-1 <licht>* • tungsten filament lamp *EN 60432-1*

Wolfram-Inertgasschweißen *n <füg> (mit nicht abbrennender Elektrode plus Schweißstab)* • gas tungsten arc welding (GTAW); GTAW welding *pract*; tungsten inert-gas welding *obs*; TIG welding *obs*

Wolfram-Inertgasschweißen *n ISO/FDIS 636 <füg>* • tungsten inert gas welding *ISO/FDIS 636*

Wolle *f <textil>* • wool

Wollwaschmaschine *f <term>* • wool--washing machine

Wortart *f <term>* • part of speech

Wortklasse *f <term> (z. B. Substantiv, Verb, Adjektiv)* • part of speech

Wortwahl *f <term>* • word selection

Wrasenabzug *m <verf.hlk> (kaminartiges Abluftrohr)* • air flue; air chimney

Wulst *m <allg> (Vorsprung)* • boss

Wulstrand *m <tech.allg>* • beaded edge

Wurf *m <allg> (Sport, Technik)* • throw

Würfel *m <tech.allg> (geom. Form)* • cube

Wurfweite *f <allg> (Distanz)* • length of throw

Wurfweite *f <allg> (Bereich)* • range of throw

Wurfweite *f DIN 4047-6 <agri.hydr> (eines Regners)* • sprinkling range

Wurmfeder *f <masch> (in Radialwellendichtring; presst Dichtung auf Welle)* • garter spring; oil seal spring

Wurzeleinbrand *m <füg> (Schweißen)* • root penetration

Wurzelholz *n <kfz.innen> (Ausstattung)* • burr walnut

Wurzelschaden *m <bau.hydr> (z. B. von Abwasserkanälen)* • root penetration damage

X

X-Ablenkplatte *f <el.av>* • X-plate

X-Achse *f <math> (waagerecht)* • x-axis; abscissa axis *rare*

Xanthan *n* (E 415) *<nahr> (Stabilisator)* • xanthan gum (E 415)

X-Band *n <tele.mil> (8 GHz - 12,5 GHz; z. B. Satellitenfunk-Frequenzband)* • X band

X-by-Wire *<msr> (z. B. Bremsen, Lenkung)* • X by wire; electronic control [of system X]

x Digital Subscriber Line *f* (xDSL) *<tele> (Oberbegriff für HDSL, ADSL, SDSL, VDSL)* • x Digital Subscriber Line (xDSL)

xenogene Prothese *f <med.tech>* • xenogenic graft; xenograft; heterograft

xenomorph *<geo>* • xenomorphic

xenomorpher Kristall *m <mat>* • anhedron; xenomorphic crystal

Xenon *n* (Xe) *<chem> (Edelgas)* • xenon (Xe)

Xenonblitzlampe *f <licht> (z. B. in Kopiergerät, Blitzgerät)* • xenon flash tube; xenon photoflash lamp

Xenonblitzlicht *n <licht>* • xenon flashlight

Xenon-Scheinwerfer *m <kfz.licht>* • xenon headlight; xenon headlamp

XML-Format *n <comp> (Datenbeschreibungssprache)* • Extensible Markup Language (XML)
X-Rahmen *m <kfz> (Chassis)* • X-type frame
Xylenolharz *n <chem>* • xylenol resin
Xylit *n <chem>* • xylitol; xylite
Xylol *n prakt <chem.petr>* • xylene *pract*; dimethylbenzene *IUPAC*; xylol
XY-Schreiber *m <msr>* • coordinate plotter; function plotter; flat-bed plotter; graph plotter; X-Y plotter

Y

Y-Ablenkplatte *f <el>* • Y-plate
y-Achse *f <math> (senkrecht)* • y-axis; ordinate axis *rare*; axis of ordinates *rare*
Yacht *f <nav> (mind. 7 m lang)* • yacht
Yagi-Antenne *f <el>* • Yagi antenna
YAG-Laser *m <prod.phys>* • YAG laser; yttrium-aluminum-garnet laser
Yellow *n* (Y) *<druck> (Primärfarbe der subtraktiven Farbmischung; gelbgrüner Farbton)* • yellow (Y)
Yellow, Magenta, Cyan (YMC) *<druck> (Mehrfarbendruck)* • yellow, magenta, cyan (YMC)
Yokto... (y) *<phys.msr> (Vorsilbe für Einheiten: 1 Yokto = 10^{-24})* • yocto (y)
Yotta... (Y) *<phys.msr> (Vorsilbe für Einheiten: 10^{24})* • yotta (Y)
Y-Schaltung *f <el>* • Y-connection
Yttrium *n* (Y) *<chem>* • yttrium (Y)
yttriumstabilisiertes Zirconiumdioxid *n* (YSZ) *<chem> (z. B. für Brennstoffzellen)* • yttria-stabilized zirconium dioxide (YSZ); yttrium-stabilized zirconium dioxide
YUV-Signal *n <av>* • YUV signal

Z

z-Achse *f <math>* • z-axis
Zackenrad *n <msr> (Impulsgeber)* • metering wheel
zäh *<tech.allg> (träge, langsam; z. B. Reaktion, Motor, Absatz)* • sluggish
zäh *<kfz.mot> (Motor)* • sluggish; spongy
zäh *<qualit.mat> (Material)* • tough; tenacious *thsc*
Zähbruch *m <qualit.mat> (im Ggs. zum Sprödbruch; Bruch erst nach plastischer Verformung)* • ductile fracture; ductile break
zähflüssig *<phys> (Flüssigkeit)* • viscous
zähflüssig-klebrig *<tech.allg>* • viscid; sirupy *coll*
Zähigkeit *f <tech.allg> (einer Reaktion, Bewegung)* • sluggishness
Zähigkeit *f <qualit.mat> (physikal. Materialeigenschaft von Feststoffen; z. B. von Baustahl)* • tenacity; toughness
Zahl *f <math> (ein- und mehrstellig)* • number
Zahl *f <math> (Zeichen, das eine Zahl repräsentiert; z. B. römische ~, arabische ~)* • numeral
zählbares Merkmal *n DIN 53804-2 <math> (Statistik; Qualitätssicherung)* • countable characteristic; discrete characteristic
Zahlenschloss *n <sich> (z. B. Geldspeicher, OSO-Safe, Koffer, Fahrradkette)* • combination lock
Zahlenwert *m DIN 1313 <tech.allg>* • numerical value
Zähler *m <math> (im Bruch, über Nenner)* • numerator
Zähler *m <msr> (z. B. für Personen, Objekte, Einzelereignisse)* • counter
Zähler *m <msr> (für Mengen, Durchfluss; z. B. Strom, Gas, Wasser)* • meter
Zählerrückstellung *f <msr> (auf null)* • counter reset
Zählerstandort *m <energ> (am Letztverbraucher-Ausspeisepunkt)* • supply meter point
Zählimpuls *m <msr> (allg.; Signal pro Einzelereignis)* • count pulse; counting pulse; count *coll*
Zählimpuls *m <msr> (zur Berechnung; z. B. von Gebühren)* • metering pulse
Zählstrich *m <allg> (kleiner Strich; typ. in Fünfergruppen)* • tally
Zählung *f DIN 1319-1 <msr> (Vorgang)* • counting
Zählung *f <msr> (Resultat)* • count
Zählwerk *n <msr> (betont: Mechanik)* • counting mechanism
Zählwerk *n <msr> (betont: Addierer, Summierer)* • totalizer

zähmodifiziert *<kst>* • rubber modified
Zahn *m <tech.allg>* • tooth
Zahneingriff *m <masch>* • tooth engagement; tooth mesh; meshing [of teeth]
Zahnersatz *m DIN EN ISO 1674 <med.tech>* • dental restoration *EN ISO 16744*
Zahnflanke *f DIN 3998 <masch>* • tooth flank
Zahnflankenspiel *n <antr> (Getriebe)* • tooth backlash
Zahnkeilriemen *m <antr>* • cogged V-belt
Zahnkette *f <masch>* • toothed chain; silent chain; inverted tooth chain *form*
Zahnkranz *m <fz.antr> (Kettenrad hinten; z. B. Fahrrad, Motorrad)* • rear sprocket; sprocket wheel; sprocket *pract*; cog *coll*
Zahnkranz *m <mot.antr> (großes ringförmiges Zahnrad; z. B. an Schwungscheibe)* • ring gear
Zahnrad *n DIN 868, 3998 <antr> (ein ~ greift stets in ein anderes ~ ein)* • gear; gear wheel
Zahnrad *n <mech> (in Uhrwerken)* • wheel
Zahnradbahn *f <bahn>* • cog railway *US*; rack railway *GB*; rack-and-pinion railway; pens-and-rails railway *rare*
Zahnradgetriebe *n DIN 3998 <antr> (als Baueinheit)* • gearbox; gear unit
Zahnrad mit Hypoidverzahnung *n <antr>* • hypoid gear
Zahnrad mit Pfeilverzahnung *n <antr>* • herringbone gear; double-helical gear
Zahnrad mit Schrägverzahnung *n <antr>* • helical gear
Zahnradölpumpe *f <tribo>* • gear type oil pump
Zahnradverschleißpartikel *npl <masch>* • gear tooth wear debris *sg*
Zahnriemen *m <comp.druck> (in Drucker; zur Steuerung des Schritt/Zeichenabstands)* • spacing belt
Zahnriemen *m <masch> (allg.; Betonung der Form; formschlüssige Verbindung)* • toothed belt; cogged belt; cog belt; spur belt
Zahnriemenscheibe *f <antr> (für Zahnriemen)* • pulley; sprocket *rare*
Zahnriementrieb *m DIN ISO 7967-3 <antr>* • synchronous belt drive *ISO 7967-3*
Zahnscheibe *f DIN 6797 <füg> (Schraubensicherung; allg.; innengezahnt oder außengezahnt)* • tooth lock washer; toothed lock washer; tooth washer *pract*
Zahnsegment *n <masch> (allg.)* • segment gear; toothed segment
Zahnstange *f DIN 3998 <masch> (allg.)* • rack; gear rack; toothed rack
Zahnstangenlenkung *f <kfz>* • rack-and-pinion steering
Zahnstangenritzel *n <masch>* • rack pinion
Zahnteilung *f <masch> (allg.)* • tooth pitch; tooth spacing
Zahnzement *m <med.tech>* • dental cement
Zange *f DIN ISO 4572 <wz> (kleines Handwerkzeug zum Greifen, Biegen)* • pliers *US.GB*; pliars *US.GB*; pair of pliers
Zange für Sicherungsringe *f <wz> (für Außen- und Innensicherungen)* • snap ring pliers *US*; retaining ring pliers *US*; circlip pliers *GB*
Zapfen *m <bau.füg> (Holzbau; Balkenverbindung)* • tenon
Zapfen *m <holz.füg> (runder Stift)* • dowel [pin]
Zapfen *m DIN ISO 4378-1 <masch> (in einem Drehlager; z. B. von Kurbelwelle)* • journal *ISO 4378-1*
Zapfen *m <masch> (Wellenhals)* • neck
Zapfen *m <rls> (in Absperrhahn, Zapfhahn)* • spigot; peg; plug
Zapfenlager *n <masch> (allg.)* • journal bearing
Zapfen und Schlitz *m <bau.füg> (Balkenverbindung)* • mortise and tenon
Zapfenverbindung *f <holz.füg> (Holzbau)* • tenon and mortise
Zapfenverkeilung *f <holz.füg>* • fox-tail wedging
Zapfgetriebe *n <agri> (an Traktor)* • power take-off gear
Zapfhahn *m <rls> (in Fass, Spundloch)* • spigot; tapping cock; tap; plug cock
Zapfpistole *f <kfz>* • gas hose nozzle *US*
Zapfsäule *f <kfz> (für Benzin)* • gasoline pump *US*; petrol pump *GB*; gas pump *US.coll*; bowser *AUS.NZ.coll*

Zapfsäule *f <kfz> (allg.; Benzin oder Diesel)* • metering pump *DIN EN 13617-1*

Zapfwelle *f <nfz> (Nebenabtrieb)* • PTO shaft; power take-off shaft

Zarge *f <tech.allg> (Rahmen, Einfassung; z. B. von Türen)* • frame

Zeichen *n <allg>* • sign

Zeichen *n <druck.comp> (z. B. Buchstabe, Ziffer, Satzzeichen)* • character

Zeichenfolge *f <comp>* • character string

Zeichensatz *m <comp> (kompletter Satz Lettern gleicher Größe und gleichen Stils)* • font

Zeichensatz *m <druck> (im Zeichengenerator gespeichert)* • character set

Zeichnung *f <doku> (z. B. technische ~)* • drawing

Zeichnung *fsg <phot.qualit> (Schärfe von Fotos)* • detail *sg*

Zeigegerät *n <comp>* • pointing device; pointer

Zeiger *m <comp>* • pointer; data pointer

Zeiger *m <msr> (von Anzeigeinstrument; z. B. Tacho)* • pointer; needle *pract*; indicator; index

Zeiger *m <msr> (Uhr)* • hand

Zeilendrucker *m <comp.druck>* • line printer

Zeilenfrequenz *f <av> (Bildröhre; in KHz)* • horizontal frequency; horizontal deflection frequency; horizontal scan rate; horizontal scanning frequency; line scanning frequency

Zeilensprungverfahren *n <av> (Bildschirmdarstellung)* • interlaced mode; line interlacing; interlaced scanning; scanning interlace system *rare*; staggered scanning

Zeilenumbruch *m <druck>* • line break; word wrap *ISO/IEC 2382-23*

Zeilenvorschub *m <druck>* • line feed

zeitabhängig *<allg>* • time-dependent

Zeitachse *f <msr>* • time axis

Zeitfenster *n <tech.allg> (im Terminplan)* • slot

Zeitfolgeregelung *f <msr>* • time-sequence control

Zeitgültigkeit *f <term> (eines Eintrags)* • temporal qualifier

Zeitimpuls *m <msr.tele> (z. B. zur Synchronisierung von Funkuhren)* • time pulse

zeitliche Abfolge *f <tech.allg>* • time sequence

zeitliche Beziehung *f <term>* • temporal relation *ISO 12620*

zeitliche Einschränkung *f <term>* • time restriction *ISO 12620*

Zeitlupe *f <av.kino> (verlangsamte Wiedergabe, rückwärts oder vorwärts)* • slow motion; slow-motion playback; slo-mo *coll*

zeitmultiplex *<comp.tele>* • time-multiplexed

Zeitrafferfotografie *f <phot>* • time lapse photography

Zeitraffung *f DIN IEC 11155 <av> (Aufnahme-/Wiedergabemodus)* • fast motion

Zeitspanne *f <allg>* • time interval

Zeitstandzugfestigkeit *f <qualit.mat>* • tensile creep strength

Zeitungshochdruck *m <druck>* • newspaper letterpress printing

Zeitverhalten *n <tech.allg> (betont: Verhalten im Laufe längerer Zeit)* • time behaviour

Zeitverhalten *n <msr> (betont: Reaktionsschnelligkeit)* • time response

zeitversetzt *<tech.allg>* • time-shifted

Zeitvielfachzugriff *m* (TDMA) *<tele> (Vielfachzugriffsverfahren)* • time-division multiple access (TDMA); time-division multiplex; TDM

Zeitzone *f <geo>* • time zone

Zeitzünder *m <mil>* • variable time fuse

Zelle *f <tech.allg> (z. B. biol., Batterie, EDV-Speicher, Funk, Material, Schaum, Gefängnis)* • cell

Zellenbauweise *f <tech.allg>* • cellular construction

zellenförmig *<tech.allg>* • cellular

Zellstoff *m <chem>* • chemical pulp; chemical wood pulp

Zellstoff *m <pap.prod> (betont: breiige Ausgangsmasse der Papierherstellung)* • pulp; stock; stuff

Zellstoffaufschluss *m <pap.prod>* • chemical pulping

Zellstoffindustrie *f <pap.prod>* • pulp industry

Zellstoff, Papier und Pappe *DIN 6739-30 <pap>* • pulp, paper and board *DIN 6739-30*

Zellstoffwatte *fsg DIN 55405 <pack>*

• cellulose wadding *BS 3130*; creped cellulose wadding

Zeltdach *n* <*bau*> • pyramid hip roof; square hip roof; pyramidal roof *GB*; pyramid roof

Zement *m* (CEM) <*bau.mat*> *(DIN EN 197-1; DIN 1164)* • cement

Zementfabrik *f* <*prod*> • cement plant

zementieren *vt* <*metall*> *(Stahl; härten durch Erhöhen des Zementitanteils)* • carburize *vt*

Zementit *m* <*metall*> *(Gefügebestandteil in Stahl und Eisengusswerkstoffen)* • cementite; carbide of iron

Zener-Diode *f* <*el*> • Zener diode; Z-diode; voltage-reference diode; reference diode

Zenit *m* <*astron*> • zenith

Zenti... (c) <*phys.msr*> *(Vorsilbe für Einheiten: 10^{-2})* • centi (c)

Zentraleinheit *f* (CPU) <*comp*> • central processing unit (CPU); central processor

Zentraleinspritzung *f* <*kfz.mot*> • single point injection (SPI); Mono-Jetronic *Bosch*; Central Fuel Injection *Ford*; Throttle Body Injection *GM.Chrysler*

zentrale Warte *f* <*msr*> *(größere Einrichtung; z. B. eines Kraftwerks)* • central control room

Zentralfeuerpatrone *f* <*mil*> • center fire cartridge *US*; centre fire cartridge *GB*

zentralgeschmiert <*tribo*> • centrally lubricated

Zentralheizung *f* <*hlk*> • central heating

Zentrallager *n* <*logist*> • central warehouse

Zentralrechner *m* <*comp*> • host [computer]

Zentralrohrrahmen *m* <*kfz*> *(Pkw)* • tubular backbone chassis; tubular backbone frame; backbone chassis *pract*

Zentralrohrrahmen *m* <*kfz*> *(Motorrad)* • monotube frame; single-tube frame

Zentralschlüsselsystem *n* <*sich*> • master keying; master key system

Zentralschmierung *f* <*tribo*> *(allg.)* • central lubrication; central lube system

Zentralverschluss *m* <*phot*> *(ein Lamellenverschluss; z. B. Hasselblad 5er-Modelle, H-Serie)* • central shutter; diaphragm shutter; center-opening shutter; between-the-lens shutter

Zentriereinrichtung *f* <*masch*> • centering device

zentrieren *vt* <*tech.allg*> *(z. B. Werkstück, Werkzeug, Text, Bild)* • center *vt US*; centre *vt GB*

Zentrierstift *m* <*masch*> *(betont: zum Zentrieren)* • centering pin *US*; centring pin *GB*; centering dowel *US*; centring dowel *GB*

Zentrifugalabscheider *m* <*verf*> *(für Schwebstoffe; z. B. zum Staub in Luft, Abrieb in Öl)* • centrifugal separator; centrifugal collector; cyclone separator *pract*; cyclone *pract*

Zentrifugalkraft *f* <*phys*> • centrifugal force

Zentrifugalpumpe *f* <*förd*> *(eine Kreiselpumpe; z. B. Radialpumpe)* • centrifugal pump

Zentrifuge *f DIN 24405* <*tech.allg*> • centrifuge

Zepto... (z) <*phys.msr*> *(Vorsilbe für Einheiten: 1 Zepto = 10^{-21})* • zepto (z)

zerbrechlich <*mat*> *(z. B. Glas, Porzellan, Kristallleuchter)* • fragile; brittle; frail

Zerfallsprodukt *n* <*nukl*> *(radioaktiver Zerfall)* • decay product; disintegration product; daughter product; decay daughter *rare*

Zerfallswärme *f* <*nukl*> • decay heat

zergliedern *vt* <*allg*> • dissect *vt*

Zerhacker *m* <*tech.allg*> *(allg.; für Gegenstände, Signale, Strahlen)* • chopper

Zerkleinerer *m* <*ents*> *(allg.; z. B. Shredder)* • disintegrator

Zerkleinerer *m* <*verf*> *(durch Zerdrücken, Quetschen)* • crusher

Zerkleinerungsanlage *f* <*ents*> *(Mahlwerk; eher grob)* • crushing mill

Zerkleinerungsanlage *f* <*verf*> *(fein; Pulverisierung)* • comminution plant

zerknüllen *vt* <*allg*> *(z. B. Papier, Alufolie)* • crumple [up] *vt*

Zerlegen *n* <*tech.allg*> *(von Baugruppen; auch als Überschrift in Reparaturhandbuch)* • disassembly; dismantling; disassembling

zerlegen *vt* <*tech.allg*> *(Gefügtes, ohne Zerstörung; z. B. Baugruppe in Einzelteile)* • dismantle *vt*; disassemble *vt*;

take apart *vt coll*; break down *vt rare*

zerlegen *vt <mil> (Waffe, gefechtsmäßig)* • strip *vt*; field-strip *vt*

zerquetschen *vt <tech.allg> (Feststoff, hart, spröde)* • crush *vt*

zerquetschen *vt <tech.allg> (völlig zerdrücken, insbes. feuchte Objekte; z. B. Frucht)* • squash *vt*

zerreiben *vt <tech.allg> (zu Pulver; trocken oder nass)* • levigate *vt*

zerreiben *vt <verf> (eher trocken)* • triturate *vt*

zerreißen *vi <tech.allg> (Stoff, Papier)* • tear *vi*

zerreißen *vt <allg> (in kleine Fetzen; z. B. Papier, Stoff)* • tear up *vt*

Zerschneiden *n <prod> (allg.; z. B. von Papier, Blech)* • cutting

zersetzen *vt <ents>* • decompose *vt*; degrade *vt*; deteriorate *vt*

Zerspanung *f DIN 6580-6584 <prod> (z. B. von Metall)* • chip removal; chip removing

Zerstäuber *m <tech.allg>* • atomizer; vaporizer

Zerstäuberdüse *f <tech.allg>* • atomizing nozzle

zerstörende Prüfung *f <qualit.mat> (von Werkstoffen, Bauteilen, Fertigprodukten)* • destructive test[ing]

zerstörende Werkstoffprüfung *f <qualit.mat>* • destructive testing of materials; destructive materials testing

zerstörungsfreie Prüfung *f DIN EN 1330 <qualit.mat>* • non-destructive testing (NDT); nondestructive testing; non-destructive testing of materials

zerteilen *vt <allg> (verstümmeln)* • dismember *vt*

zerteilen *vt <prod> (in Würfel schneiden; z. B. Gemüse)* • dice *vt*

zerteilen *vt <prod> (trennen)* • separate *vt*; divide *vt*

zerteilen *vt <prod> (in Scheiben)* • slice *vt*

zertrümmern *vt <tech.allg> (physisch und metaphorisch; z. B. Glas, Stein)* • shatter *vt*

Zettelmaschine *f <textil>* • warper

Zeugdruck *m <textil.druck> (allg.)* • cloth printing; textile printing; fabric printing

Z-gefaltetes Endlospapier *n <pap.-comp> (mit Zickzack-Falzung)* • continuous fanfold media *pl*; fanfold paper; zig-zag fold paper; z-fold paper

Zickzack-... *<allg> (allg. in Zusammensetzungen)* • zigzag ...; zig-zag ...

Ziegel *m <bau.mat> (für Wände)* • brick

Ziegeldach *n <bau>* • tiled roof

Ziegelindustrie *f <prod>* • brick making industry

Ziegelmauerwerk *n <bau>* • brickwork

Ziegelton *m <mat>* • brick clay; brick earth

Ziegenleder *n <bekl>* • goatskin leather

Ziehdüse *f <wz>* • drawing die; draw die

ziehen und ablegen *vt <comp> (von Dateien, markierten Objekten)* • drag and drop *vt*

Ziehkissen *n <prod> (von Presse)* • drawing cushion; drawing pad

Ziehklingenhobel *m <wz.holz>* • scraper plane

Ziehmatrize *f <wz>* • drawing die

Ziehräumen *n <prod>* • pull broaching

Ziehung einer Zufallsstichprobe *f <qualit>* • random sampling

Ziehwerkzeug *n <wz> (zum Tiefziehen)* • drawing die; drawing plate; drawing tool

Ziel *n <allg> (für Handlungen, Planungen, Projekte; z. B. FuE, Qualität, Umsatz)* • objective; goal *coll*

Zielanflug *m <aerosp>* • approach

Zieldatei *f <comp>* • destination file

Zielflughafen *m <aerosp>* • destination airport

Zielsprache *f* (ZS) *<doku.transl>* • target language (TL)

Zieltext *m* (ZT) *<doku.transl> (übersetzte Fassung eines Ausgangstexts)* • target text (TT); translated document; translation

Zielwegpunkt *m <navig> (in Navigationssystem)* • destination waypoint; TO waypoint

Zierband *n <bau> (ornamentale Einfassung von Gebäudeöffnungen)* • architrave

Zierleiste *f <tech.allg> (Formteil; typ. aus Kunststoff)* • trim molding

Zierleiste *f <tech.allg> (jedes Material; z. B. an Auto, Möbel)* • trim strip; trim; decorative profile *rare*

Ziernaht *f <kfz.innen> (Design-Element)* • decorative stitching; ornamental stitching

Zierstreifen *m <obfl> (sehr fein; lackiert oder Folie)* • pinstripe
Ziffer *f <math> (einzelnes Zeichen)* • figure; numerical symbol
Ziffer *f <math> (arab. Zahl von 1 bis 9 und 0)* • digit
Zifferblatt *n <msr> (von Uhr, Zeigerinstrument; mit Ziffern und/oder Markierungen)* • dial *US.GB*; face *GB*
Zifferntastatur *f <comp> (z. B. rechts auf PC-Tastatur)* • numeric keypad; numeric pad
Zifferntaste *f <tech.allg> (z. B. PC-Tastatur, Schreibmaschine, Bankomat)* • numeric key
Zimmererhammer *m <bau.wz> (mit Bahn und Schneide)* • adz *US*; adze *GB*; adz hammer *US.rare*; adze hammer *GB.rare*; adze-eye hammer *GB.rare*
Zimmererhammer *m <wz> (mit Bahn und Klaue)* • claw-type nail hammer
Zimmermannshammer *m <bau.wz>* • carpenter's hammer
Zincrometall *n* ® *<mat>* • zincrometal ®
Zink *n* (Zn) *<chem>* • zinc (Zn); zincum metallicum
Zinkblech *n <mat> (Blech aus Zink)* • zinc sheet; zinc plate *rare*
Zink-Brom-Batterie *f <el> (bei manchen E-Autos)* • zinc bromine battery
Zinke *f <wz.agri> (lang und dünn; z. B. Heugabel)* • prong
Zinke *f <wz.agri> (von Gabel, Grubber, Egge, Vertikutierer u. Ä.)* • tine; spike; tooth *rare*
Zinkengrubber *m <agri>* • tined cultivator
Zinkgrundierung *f <obfl> (Zinkstaubfarbe; Korrosionsschutz)* • zinc-base primer; zinc-rich primer; zinc-enriched primer; zinc dust primer
Zinkphosphatieren *n <obfl> (Vorgang)* • zinc phosphating
Zinkung *f <füg> (Schwalbenschwanzverbindung)* • dovetail
Zinn *n* (Sn) *<chem> (Stannum metallicum)* • tin (Sn)
Zinnblech *n <mat> (Blech aus Zinn)* • tin sheet; tin plate *rare*
Zirconium *n* (Zr) *<chem>* • zirconium (Zr)
Zirkel *m <doku.wz>* • compass; pair of compasses
Zirkulation *f <tech.allg> (z. B. von Luft, Wasser, Paletten, Geld)* • circulation; circulatory flow *rare*
Zirkulation *f <rls> (einer Flüssigkeit, typ. mit Pumpe; z. B. Kühlwasser)* • recirculation
Ziselierung *f <obfl> (z. B. von Jagdwaffen, Ritterrüstungen)* • chasing
Zisterne *f <bau> (Reservoir für Flüssigkeit, meist unterirdisch; z. B. für Wasser)* • cistern
Zitruspresse *f <gastr.wz> (jede Bauart; manuell oder elektrisch)* • citrus press
zittern *vi <allg> (Personen; vor Kälte)* • tremble *vi*
zittern *vi <av> (Filmbild)* • jitter *vi*
Zoll *n* DIN 4890-4893 *<msr> (Längeneinheit; 2,54 cm)* • inch
Zolleinteilung *f <msr> (einer Skala)* • inch graduation
Zollgewinde *n <füg>* • inch thread; inch-measure thread *rare*
Zollgutlager *n <logist.fin>* • bonded warehouse
Zollkontrolle *f <aerosp>* • customs control
Zonenreinigung *f <metall> (Zonenschmelzen)* • zone purification; zone refining
Zoomobjektiv *n <opt> (für Kameras, Projektoren)* • zoom lens; zoom *pract*
Zotta... (Z) *<phys.msr> (Vorsilbe für Einheiten: 10^{21})* • zotta (Z)
Zubehör *nsg <tech.allg> (betont: nicht im Lieferumfang enthalten)* • not supplied
Zubehör *nsg <tech.allg> (allg.)* • accessories *pl* (ACC)
Zubehör *nsg <tech.allg> (betont: zum Nachrüsten)* • aftermarket equipment
Zubehör... *<tech.allg> (allg.; in Zusammensetzungen)* • accessory ...
Zubehörmarkt *m <tech.allg>* • aftermarket
Zubehörschuh *m <phot> (allg.; typ. für Blitz, mit Kontakt[en])* • accessory mount; accessory shoe; hot shoe *pract*; flash shoe *coll*
Zubringer *m <förd> (allg.)* • feeder
Zubringer *m <verk> (z. B. zu Autobahn)* • feeder road; feeder
Zubringerbus *m <nfz.verk> (zwischen zwei beliebigen Verkehrsmitteln; z. B.*

zw. City und Flughafen) • shuttle bus; shuttle

Zuckerraffination *f <nahr.chem>* • sugar refining

Zuckerrohrerntemaschine *f <agri>* • sugar-cane harvester

Zuckerrübenerntemaschine *f <agri>* • sugar-beet harvesting machine; sugar-beet harvester

Zuckerzusatz *m <nahr>* • added sugar

Zuckerzusatz *m*: **ohne ~** *<nahr>* • no added sugar

Zufahrtsstraße *f <verk> (z. B. zu Schnellstraße, Gebäude)* • access road

zufällig *<allg> (betont: versehentlich; z. B. durch Stör- oder Unfall)* • accidental

zufällig *<allg> (betont: beliebig herausgegriffen; z. B. Probe)* • random; stochastic *thsc*

zufällig *<tech.allg> (eher ein glücklicher Umstand)* • fortuitous

zufälliger Fehler *m <tech.allg> (z. B. bei Betriebsstörungen, Qualitätskontrolle)* • random error

zufälliges Zusammentreffen *n <allg> (von Ereignissen)* • coincidence

zufallsabhängig *<math>* • stochastic

Zufallsausfall *m <qualit> (eines Geräts, Systems)* • random failure

Zufallsauswahl *f <qualit> (von Proben)* • random sampling

Zufallsgenerator *m <math>* • random generator

Zufallslogik *f <math>* • random logic

Zufluss *m <tech.allg> (von Material, Fluiden)* • inflow; influx

Zufluss *m <geo> (Wasser; Bach, Fluss, Strom)* • tributary

Zufluss *m <ökon> (von Waren)* • supply

Zuflussrohr *n <rls>* • admission pipe

Zuführeinrichtung *f <prod> (für Teile)* • part feeder; part feeding device

Zuführung *f <tech.allg> (Vorgang; z. B. des Einspeisens von Material)* • feeding

Zuführung *f <tech.allg> (Versorgen; z. B. mit Waren, Werkstücken)* • supply

Zuführung *f <prod> (Einrichtung, Maschine, Anlage zum Einspeisen)* • feeder

Zug *m <tech.allg> (z. B. Luftstrom vom Fenster, im Kamin; Ziehen von Lasten, Trinken)* • draft *US*; draught *GB*

Zug *m <bahn> (Lok plus Wagen)* • train

Zug *m <masch> (mechanisch)* • pull

Zug *m*: **auf ~ beanspruchen** *vt <mech>* • tension: subject to ~ *vt*; tensile stress: subject to ~ *vt*; tension *vt*

Zug *m <mil> (schraubenförmige Vertiefung in Rohrinnenwand; z. B. in Gewehrlauf)* • rifle; groove *coll*

Zug *m <phys>* • tension; tensile force; tension force

Zugang *m <tech.allg> (allg.; für Personen, Werkzeuge etc.; z. B. für Wartung)* • access

Zugang *m <logist> (von Finanzmitteln, Lagerbestand)* • addition

Zugangsklappe *f <tech.allg> (z. B. Kessel, Ofen, Silo)* • service door

Zugangsöffnung *f <tech.allg> (jede Größe)* • access opening

Zugangsstollen *m <tech.allg> (Wasserkraftwerk, Bergwerk, Tunnelbau)* • access tunnel

Zugangstür *f <tech.allg>* • access door

Zugbeanspruchung *f <mech>* • tensile stress

Zugbeeinflussungssystem *n <bahn.msr>* • automatic train protection system; wayside control system; ATP system

Zugbrücke *f <bau>* • drawbridge

Zugdruckumformen *n DIN 8584 <prod>* • tension-pressure forming; indirect pressure forming; forming under combination of tensile and compressive conditions *DIN 8584*

zugehörige Teile *npl <tech.allg>* • related parts

zugelassene Benennung *f <term>* • admitted term

zugesetzt *<tech.allg> (Schleifscheibe, Filter)* • clogged; caked

zugeteilter Kanal *m <tele>* • assigned channel

Zugfeder *f <masch>* • helical tension spring; helical extension spring *form*; tension spring *pract*; pulling spring *coll*

Zugfestigkeit *f <qualit.mat> (maximale Belastbarkeit auf Zug, vor Einschnürung, vor Bruch)* • ultimate tensile strength (UTS); tensile stress at break; tensile strength *pract*

Zugfestigkeitsprobe *f <qualit.mat>* • tensile-test specimen

Zugfestigkeitsprüfung *f <qualit.mat> (allg.; z. B. von Stahl, Kunststoff)* • tensile test; tensile testing

Zughaken *m <bahn>* • drawbar hook; coupling hook; draw hook

Zugheizung *f <bahn.hlk>* • train heating

Zug-, Kapp- und Gehrungssäge *f <bau.wz>* • miter saw *US*; mitre saw *GB*

Zugkraft *f <allg>* • tractive effort (TE); tractive power; tractive force

Zugkraft *f <förd> (nach oben; von Hebezeug, Kran)* • lifting power

Zugkraft *f <fz> (z. B. eines Kfz, einer Lok; typ. in Tonnen)* • pulling power

Zugkraft *f <mech> (allg.; jede Richtung; z. B. von Magnet, Zugmaschine, Schlepper, Kran)* • pulling capacity

Zugluft *f <hlk> (unerwünschte Luftströmung; z. B. im Zimmer, Fahrzeuginnenraum)* • draft *US*; draught *GB*

Zugmaschine *f <nfz> (Motorfahrzeug eines Lastzugs)* • tractor

Zugriffsgeschwindigkeit *f <tech.allg> (allg.; inkl. EDV)* • access speed

Zugriffsrecht *n <tech.allg> (z. B. in Bezug auf Daten)* • access authority; access authorization

Zugriffszeit *f DIN 44300 <tech.allg> (auf gespeicherte od. gelagerte Daten, Güter)* • access time; seek rate *rare*

Zugspannung *f <mech> (auf die Fläche bezogene innere Zug-Kraft; in N/mm²)* • tensile stress; tension

Zugspindel *f <wz.masch> (Drehmaschine; bewegt Bettschlitten und Planschlitten)* • feed rod; feed shaft

Zugspitze *f <bahn>* • head end *US*; front *GB*

Zugstange *f <tech.allg> (z. B. in Maschinen, Bau)* • tie rod; tie bar; tie *pract*; pitman *GB.rare*

Zugstange *f <kfz> (für Anhänger)* • drawbar

Zugstrebe *f <bau> (diagonal)* • diagonal tie; diagonal member

Zug- und Druckstufe *f <kfz> (Stoßdämpfer)* • compression and rebound stage *US*; bump and rebound *GB*; jounce and rebound *GB*

Zugverband *m <bahn> (z. B. aus Lok und 20 Wagen)* • consist

Zuhaltekraft *f norm <kst> (beim Spritzgießen; hält das Wz. geschlossen)* • clamp force; clamping force; locking force; mold clamping force

Zuhaltungsstift *m <sich> (allg. Kern- od. Gehäusestift in Schließzylindern)* • tumbler

zuklappen *vt <allg> (schließen)* • shut *vt*

zulässig *<allg> (z. B. Handlungen, Werte)* • admissible; allowable; permissible; allowed

zulässige Achslast *f <kfz> (vorne und hinten)* • gross axle weight rating (GAWR)

zulässiges Gesamtgewicht *n <kfz>* • gross vehicle weight rating (GVWR); permissible GVW

Zulassung *f <jur> (Genehmigung, Freigabe von Bauteilen, Systemen durch Aufsichtsbehörde)* • approval

Zulassung *f <kfz> (Registrierung; z. B. von Autos)* • registration

Zulassungsdatum *n <term>* • approval date *ISO 12620*

Zulassungsschein *m <allg>* • certification

Zuluft *f <tech.allg> (Eingangsluft allg.)* • inlet air; supply air

Zuluft *f <hlk> (betont: unverbrauchte Luft von draußen)* • fresh air; fresh outdoor air; fresh outside air

zünden *vt <aerosp> (Triebwerk, Raketenstufe)* • fire *vt*

zünden *vt <el> (Lichtbogen)* • strike *vt*

zünden *vt <el.licht> (eine Gasentladungsröhre)* • trip *vt*

zünden *vt <verbr> (z. B. Sprengstoff, Brennstoff-, Kraftstoff/Luft-Gemisch)* • ignite *vt*; fire *vt coll*

Zunderbrecher *m <metall>* • descaler; scale breaker

Zunderschicht *f <metall>* • scale layer

zündfähig *<tech.allg> (Substanz)* • ignitable

Zündflamme *f <verbr> (Gasbrenner, -boiler)* • pilot flame; pilot light; gas pilot burner

Zündfolge *f <kfz.el>* • firing order; firing sequence

Zündkabel *n <kfz.el> (Ottomotor; Hochspannungskabel zu den Zündkerzen)* • spark plug cable; spark plug lead; park plug wire; HT lead *pract*; plug lead *coll*

Zündkabel *n <spreng>* • load wire

Zündkennfeld *n <kfz.el>* • ignition map;

spark-angle map; spark map *pract*; ignition-advance map *rare*

Zündkerze *f <kfz.el>* • spark plug; sparking plug *GB.rare*; plug *coll.pract*; sparks *pl coll*

Zündpille *f <kfz.sich> (Airbag u. Gurtstraffer)* • squib *US*; firing pellet *Bosch*; detonator *VW*

Zündquelle *f ISO 13943 <feuer>* • ignition source *ISO 13943*

Zündschloss *n <kfz.el> (allg.)* • ignition lock

Zündschloss *n prakt <kfz.el> (betont: Zündschalter + Lenkungsverriegelung)* • ignition and steering lock; ignition/starter switch and steering lock *BL*; ignition/steering column lock; ignition/steering lock

Zündschlüssel *m <tech.allg>* • ignition key

Zündschnur *f <spreng> (einer Sprengladung, Bombe)* • fuse; blasting fuse; fuse cord; igniter cord; match cord *rare*

Zündsprengstoff *m <spreng>* • primary explosive

Zündspule *f <kfz.el>* • coil; ignition coil *form.rare*

Zündung *f <chem> (von bel. Substanzen)* • inflammation

Zündung *f <el> (Lichtbogen)* • striking

Zündung *f <kfz.el> (Vorgang)* • ignition; firing

Zündung *f <spreng> (von Sprengladung, Mine)* • firing

Zündverteiler *m <kfz.el>* • distributor; ignition distributor *form.rare*

zunehmend *<allg>* • incremental

Zunge *f <bahn> (in Weiche)* • point rail; switch rail

Zunge *f <msr> (Fühlerlehre)* • blade

zurichten *vt <prod> (Werkstück)* • dress *vt*

zurichten *vt <prod> (vorbereiten; z. B. Maschine, Material, Werkstücke)* • prepare *vt*; make ready *vt*

zurren *vt <nav>* • seize *vt*; lash *vt*

Zurrgurt mit Klemmbügel *m <tech.allg> (z. B. als Transportsicherung)* • tie-down strap with cam-release buckle

Zurrpunkt *m <fz> (Verankerungspunkt; z. B. Öse)* • load restraint point

zurückführen *vt <allg> (räumlich, thematisch)* • lead back *vt [li:d]*

zurückführen *vt <tech.allg> (in Kreislauf; z. B. Fluid, Wertstoff)* • recirculate *vt*

zurückhalten *vt <tech.allg> (Druck, Flüssigkeit)* • retain *vt*

zurückklappen *vt <tech.allg> (z. B. Deckel, Bett, Lehne)* • fold back *vt*

zurücklaufen *vi <verf> (Flüssigkeit)* • flow back *vi*

zurücklegen *vt <tech.allg> (Strecke; z. B. Fahrzeug, Werkzeug)* • travel *vt*

zurückschalten *vi <kfz> (Getriebe)* • change down *vi*

Zurücksetzen *n <comp.av> (Wiederherstellen des Initialzustands eines Geräts)* • reset

zurückspulen *vt <av.phot> (Film, Band)* • rewind *vt*

zurückziehen *vt <allg> (z. B. Antrag, Auftrag, Frage, Protest, Gegenstand, Produkt vom Markt, T)* • withdraw *vt*

Zurückziehungsdatum *n <term>* • withdrawal date *ISO 12620*

Zusammenbau *m <tech.allg> (Vorgang; Teile zu einem Ganzen; z. B. als Überschrift in Rep.Handbuch)* • assembly; assembling; assemblage *rare*

zusammenbauen *vt <tech.allg> (allg.; typ. mit Werkzeug; erstmals oder nach vorigem Zerlegen)* • assemble *vt*; put together *vt coll*

zusammenbauen *vt <tech.allg> (betont: nach vorhergegangenem Zerlegen)* • re-assemble *vt*; reassemble *vt*

Zusammenbaufolge *f <prod>* • assembly sequence

Zusammenbauzeichnung *f <doku>* • assembly drawing

zusammenfallen *vi <allg> (Ereignisse)* • coincide *vi*

zusammenfallen *vi <tech.allg> (z. B. Bauwerk, Höhle, Kartenhaus)* • collapse *vi*

zusammenfallend *<allg> (zeitlich)* • coincident

zusammenführen *vt <comp> (Dateien)* • merge *vt*

zusammenhängend *<tech.allg> (z. B. Flächen, Speicherbereich)* • contiguous

Zusammenstoß *m <tech.allg> (gegeneinander; z. B. Teilchen, Fahrzeuge)* • collision

Zusatz *m <tech.allg> (betont: beigemischt, beigemengt)* • admixture

Zusatz *m <nahr> (Inhaltsstoffe; z. B. Farbstoff, Zucker, Konservierungsstoff)* • addition

Zusatz... *<tech.allg> (nachträglich und/oder extern angebautes/angeschlossenes Teil)* • add-on ...

Zusatz... *<tech.allg> (allg.; zusätzlich, konkret/abstrakt; z. B. Zusatzauftrieb)* • additional ...

Zusatzbaustein *m <tech.allg>* • add-on module; add-on unit

Zusatzfeuerung *f <energ>* • supplementary firing *pract*; additional firing; supplementary heating

Zusatzfunktion *f <tech.allg>* • auxiliary function

Zusatzgerät *n <tech.allg> (zum nachträglichen An-, Auf-, Einbau)* • add-on unit; add-on device

Zusatzgeräte *npl <tech.allg> (Hilfs-, Nebengeräte)* • ancillary equipment

Zusatzgeräte *npl <tech.allg> (betont: separat, extern)* • external equipment

Zusatzheizung *f <hlk> (Anlage, Reservesystem zum Hauptsystem; z. B. bei Solaranlagen)* • auxiliary heating system; back-up heating system; auxiliary heat source; supplementary heating system; back-up heater

Zusatz-Kraftstofftank *m <kfz> (allg.)* • auxiliary fuel tank

zuschaltbarer Allradantrieb *m <kfz.antr> (z. B. bei Lkw, Geländewagen)* • manually selectable four wheel drive; driver-operated four wheel drive; selectable four wheel drive; part-time four wheel drive; four wheel drive facility

zuschalten *vt <el> (el. Verbraucher; z. B. Motor, Aggregat)* • energize *vt*

zuschalten *vt <mech> (aktivieren, einlegen; z. B. Allradantrieb, Geländegang, Diff.-Sperre)* • engage *vt*

Zuschlag *m <tech.allg> (z. B. beim Abmessen, Dimensionieren, Zuschneiden von etw.)* • allowance

Zuschlag *m <metall> (Hochofen; Vorgang und Material)* • addition; admixture

zuschlagen *vt <tech.allg> (Aufpreis u. Ä.)* • add *vt*

zuschlagen *vt <bau> (z. B. Kies zu Betonmischung)* • admix *vt*

Zuschlagerz *n <metall>* • fluxing ore

Zuschlagswaage *f <msr>* • batching and blending scale

zuschneiden *vt <tech.allg> (betont: auf Format, Größe; z. B. Blech, Papier, Stoff)* • size *vt*; trim to size *vt*

zuschneiden *vt <tech.allg> (Material, Bilder; z. B. Abschneiden überstehender Ränder)* • crop *vt*; trim *vt*

Zuschnitt *m <prod> (Blechrohling)* • shell blank

zusetzen *vr <tech.allg> (Filter, Schleifmittel; z. B. Sieb, Schleifscheibe)* • clog *vi*; load up *vi*; cake [up] *vi*

zusetzen *vr <verf> (Filter, Sieb)* • cake *vi*; cake up *vi*

Zustand *m <tech.allg> (von Personen, Gegenständen; z. B. Fahrzeugen, Maschinen, Geräten)* • condition

Zustand *m <tech.allg> (im Betriebs-, Programmablauf)* • status

Zustand *m <phys> (Aggregatszustand, Gleichgewichtszustand)* • state

Zustandsänderung *f <phys> (physikalische, chemische Vorgänge)* • change of state

Zustandsdiagramm *n <phys.mat>* • constitution diagram; constitutional diagram; equilibrium diagram; phase equilibrium diagram; phase diagram

Zustellbewegung *f <wz.masch> (Wz. geg. Werkstück; bestimmt die Spanungstiefe; im Ggs. zu Vorschubb.)* • in-feed motion; infeed motion; infeed

Zustellung *f <wz.masch> (des Werkzeugs)* • infeed

Zutritt *m <allg> (Personen, Fluide; z. B. von Unbefugten, Luft, Wasser)* • admission

Zuverlässigkeit *f DIN 40041 <qualit> (im Betrieb etc.)* • reliability; dependability *ISO 8402*

Zuwachs *m <allg> (durch Wachstum; z. B. Umsatz, Gewinne)* • growth

Zuwachs *m <allg> (eher stufenweise)* • increment

Zuwachsgröße *f <allg>* • increment size

zuweisen *vt <tech.allg> (z. B. Frequenzen, Speicherplatz, Ort)* • allocate *vt*; assign *vt*

Zwangsabschaltung *f <allg>* • force to de-energize

Zwangsbelüftung *f <hlk>* • forced-air

system *GB*; forced draught; induced ventilation

Zwangsumlaufkühlung *f <tech.allg>* • forced circulation cooling

Zwangumlauf *m <hlk> (mit Pumpe, Gebläse)* • forced circulation; controlled circulation

zweiachsig *<fz> (konkret)* • double-axle

zweiachsig *<phys> (abstrakt)* • biaxial; two-axis

zweiadriges Kabel *n <el>* • double-core cable; twin-core cable; twin cable; two-conductor cable; double-conductor cable

zweiarmiger Roboter *m <autom>* • twin-arm robot

Zweiarmschwinge *f <kfz> (Motorrad)* • dual swing arm; dual arm pivoted fork

zweiatomig *<phys>* • biatomic; diatomic

zweiäugige Spiegelreflexkamera *f <phot>* • twin lens reflex camera; TLR camera

zweibahnig *<wz.masch> (zwei Führungsschienen; z. B. für Support)* • double-tracked

Zweibeinständer *m <fz> (Fahrrad, Motorrad, Roller)* • double center stand *US*; double centre stand *GB*

Zweibereichsmessgerät *n <msr>* • dual-range meter

Zweibett-Katalysator *m <kfz.emiss>* • dual-bed catalytic converter

Zweibettzimmer *n <tour> (getrennte Betten)* • twin room

Zweiblattrotor *m <energ.wind>* • two-bladed rotor

zweidimensional (2D) *<tech.allg> (z. B. Darstellung, CAD)* • two-dimensional (2D)

Zweierpack *m <pack>* • double pack

Zweierschale *f <phys>* • two-electron shell

zweifach *<allg>* • double; dual; twofold

Zweifachrollenkette *f <mot> (z. B. als Steuerkette)* • double roller chain; dual roller chain; duplex chain

zweifachsauer *<chem>* • diacid *adj*; dihydric; biacid; diacidic

Zweifadenlampe *f <licht>* • bifilar lamp; twin filament lamp; double filament lamp

Zweifamilienhaus *n <bau>* • two-family house; two-family home

zweifarbig *<opt.phys>* • dichromatic; dichroic *thsc*; two-color[ed] *US.coll*; two-colour[ed] *GB.coll*

zweiflügeliges Fenster *n <bau> (typ. engl. Schiebefenster)* • double-sash window; double-light window; double-lite window *US.advert*

zweiflügelige Tür *f <bau.fz>* • two-leaf door; double-leaf door

Zwei-Gelenkrahmenbrücke *f <bau.-verk>* • two-hinged frame bridge

zweigeschossig *<bau> (Gebäude, Bauweise)* • two-floor; two-story *US*; two-storey *GB*

zweigeteilt *<allg>* • bipartite

Zweihüllentanker *m <nav>* • double-hull tanker

Zwei-Kern-Prozessor *m <comp>* • dual-core processor

Zweikomponenten-Expoxidharz-Klebstoff *m <füg>* • two-component epoxy adhesive

Zweikomponentenklebstoff *m <füg>* • two-component adhesive; two-pack adhesive; two-part adhesive

Zweikomponententreibstoff *m <aerosp> (Rakete)* • two-component propellant; bipropellant [fuel]

Zweikreisanlage *f <energ.sol>* • anti-freeze system; indirect system

Zweikreisbremsanlage *f <brems>* • dual-circuit braking system; dual brakes *coll*

zweilagig *<mat> (z. B. Laminat, Toilettenpapier)* • two-layer

zweilagig *<mat> (Sperrholz, Reifen, kaschiertes Gewebe)* • double-ply

zweilagig *<obfl> (Beschichtung)* • two-coat

Zweimassenschwungrad *n* (ZMS) *<kfz.mot>* • damped flywheel

Zweimaster *m <nav>* • two-masted ship

zweimotorig *<fz> (z. B. Flugzeug)* • twin-engined

zweinamig *<term>* • binomial *adj*

zweipolig *<el> (Steckverbinder)* • two-pin

zweipolig *<el> (Anschlussklemme)* • two-terminal

zweipolige Steckverbindung *f <el>* • 2-pin connector; 2-pole connector

Zweipunktgurt *m <fz.sich> (typ. in*

Flugzeugen) • 2-point seat belt; lap belt; two-point seat belt; hip belt *rare*

Zweipunktregelung *f <msr>* • on-off control; two-position control; two-point control; two-step control

zweireihig *<textil> (Anzug)* • double-breasted

zweireihiges Kugellager *n DIN 625-3 <masch>* • double-row ball bearing

zweischneidig *<tech.allg> (Klinge; z. B. Dolch, Schwert)* • double-edge

zweiseitig *<allg>* • two-sided; double-sided

zweiseitig *<tech.allg> (mit zwei wirksamen Enden)* • double-ended

zweiseitig *<pap.druck> (mit zwei Oberflächen)* • double-face; double-faced

zweispindelig *<förd> (z. B. Schraubenverdichter)* • double-spindle; two-spindle

zweispindelig *<wz.masch> (z. B. Planfräsmaschine)* • dual-head

zweispurig *<bahn>* • two-track

zweistellig *<math>* • double-digit; two-digit; two-figure *rare*; two-place *rare*

zweistrahlig *<aerosp>* • twin-jet

zweistufig *<tech.allg> (mit zwei Geschwindigkeiten, Drehzahlen; z. B. Gebläse, Wischer)* • two-speed

zweistufig *<tech.allg> (mit zwei Abschnitten; z. B. Plastifizierschnecke, Pumpe)* • two-stage; double-stage; dual-stage

zweistufig *<tech.allg> (in zwei Zeitabschnitten; z. B. Prozess, Aktion, Reaktion)* • two-phase

zweistufig *<tech.allg> (in zwei Schritten; z. B. Vorgang)* • two-step

zweistufiges Streckblasen *n <kst> (von PET-Flaschen)* • two-stage stretch blow molding *:V*

Zweitaktmotor *m <mot> (z. B. in Pkw, Mopeds, Rasenmähern)* • two-cycle engine *US*; two-cycle internal combustion engine *US.form*; two-stroke engine *GB*; two-stroker *GB.pract*; two-stroke *GB.pract*

Zweizylindermotor *m <kfz.mot> (Kolbenmotor; z. B. in Fiat 500, Harley-Davidson)* • two-cylinder engine; twin-cylinder engine; twin engine; twin

Zwillingsachse *f <nfz> (Lkw-Hinterachse mit zwei Achsen und vier Rädern; gesamte Baugruppe)* • bogie

Zwillingsbereifung *f <nfz> (typ. auf Lkw)* • twin tires *US*; twin tyres *GB*; dual fitment; dual assembly

Zwillingsräder *npl <aerosp> (meist am Bugfahrwerk)* • dual wheels (DW); twin wheels

Zwischendeck *n <nav>* • between deck; steerage

Zwischenfall *m <tech.allg> (z. B. Kernkraftwerk)* • incident

Zwischenfolie *f <silik.kst> (in Verbundglas; eine sehr reißfeste Kunststofffolie; z. B. aus PVB)* • interlayer

Zwischenform *f <prod> (des Werkstücks; z. B. beim Tiefziehen)* • intermediate shape

Zwischenlage *f <tech.allg> (steif od. flexibel, jedes Material)* • intermediate layer; interlayer

Zwischenlager *n <kfz.antr> (von Gelenkwellen; bei Hinterradantrieb)* • center support *US*; centre support *GB*

Zwischenlager *n <logist>* • intermediate storage; banking storage *rare*

Zwischenlandung *f <aerosp>* • stopover; layover *US*

Zwischenraum *m <tech.allg> (Lücke; eher klein, schmal)* • clearance; interstice *form*; gap *coll*

Zwischenschritt *m <tech.allg> (in Arbeitsschrittfolge)* • intermediate step

Zwischenstück *n <tech.allg> (zum Anpassen; z. B. unterschiedlicher Formen)* • adapter

Zwischenstück *n <tech.allg> (zum Anschließen; z. B. Rohr, Leitung)* • connecting piece

Zwischenstück *n <tech.allg> (zur räumlichen Trennung benachbarter Teile)* • isolator

Zwischenstück *n <tech.allg> (allg.; jede Form und Funktion)* • intermediate piece

Zwischenüberhitzungsturbine *f DIN 4304 <energ.therm>* • reheat turbine

Zwischenwand *f <bau> (in Gebäuden)* • partition

Zwischenwelle *f <masch> (allg.; z. B. in Motor, Getriebe)* • intermediate shaft

Zwölfzahn... *<füg> (Antrieb; in Zusammensetzungen)* • bihex[agon] ...; 12-point ... *pract*

Zwölfzahnschraube *f DIN ISO 1891*

<füg> • bihexagonal head screw; twelve point flange screw; 12-point flange screw; 12-point screw

zyklische Belastung *f DIN EN 13286-7 <phys>* • cyclic load *DIN EN 13286-7*

zyklische Blockprüfung *f* (CRC) *<comp> (zur Datenfehlererkennung; z. B. bei ZIP-Dateien, DFÜ)* • cyclic redundancy check (CRC)

Zyklonfeuerung *f <verbr> (allg.)* • cyclone furnace

Zyklotron *n <nukl> (Teilchenbeschleuniger)* • cyclotron

Zyklus *m <tech.allg> (z. B. Arbeitszyklus, Rechenzyklus, Fertigung)* • cycle

Zykluszeit *f <tech.allg>* • cycle time

Zykluszeit *f <prod> (Zeit für einen repetitiven Produktionsablauf; z. B. für ein Gussteil)* • cycle time

Zylinder *m <tech.allg> (geometr. Körper, Bauteil in Hydraulik-, Pneumatikantr., Kolbenmasch.)* • cylinder (cyl)

zylinderförmig *<tech.allg> (Objekt, Raum; z. B. Roboter-Arbeitsraum)* • cylindrical

Zylinderkopf *m DIN ISO 7967-1 <mot> (allg. Hubkolbenmotor; auf Motorblock)* • cylinder head *ISO 7967-1*

Zylinderkopfschraube *f <kfz.mot> (Befestigung Zylinderkopf/Motorblock)* • cylinder head bolt; cylinder head screw

Zylinder mit Wassermantel *m <mot>* • cylinder with water jacket

Zylinderrollenlager *n DIN ISO 5593 <masch>* • cylindrical roller bearing *ISO 5593*; parallel roller bearing

Zylinderschraube mit Innensechskant *f DIN 912 <füg> (Innensechskant Bauer und Schaurte)* • hexagon socket head cap screw *ISO 4762*; Allen screw ® *pract*

Zylinderstift *m <füg> (zum Einlegen in Nut; z. B. als Wellensicherung)* • round key; plain round key *did*; Nordberg key

Anhang / Appendix

Technische Abkürzungen, Englisch / Technical Abbreviations, English

2.5G generation 2.5
2D two-dimensional
3D three-dimensional
4WD four wheel drive
Å angstrom
A adenine
A ampere
a atto
a acceleration
a-Si amorphous silicon
a/c air-conditioning [system]
A/C aircraft
A/D analog/digital
A/N alphanumeric
A/P autopilot
AAC all-aluminum conductor
AACSR aluminum-alloy conductor steel reinforced
AAS atomic absorption spectrometry
AB air base
ABC active body control
ABS acrylonitrile-butadiene-styrene
ABS anti-lock braking system
ABUTT American buttress
Ac actinium
AC asphaltic concrete
AC alternating current
ACC acetylcysteine
ACC automatic color control
ACC adaptive cruise control
ACC automatic climate control [system]
ACC accessories *pl*
ACS acrylonitrile-(chlorinated polyethylene)-styrene
ACSR aluminum conductor steel reinforced
ACT actuator
ADC analog-to-digital converter
ADN ammonium dinitramide
ADP adenosine diphosphate
AE assemble editing
AE automatic exposure
AEG automatic electric gun
AEPDS acrylonitrile-(ethylene-propylene-diene)-styrene
AES Auger electron spectroscopy
AF auto focus
AFBC atmospheric fluidized-bed combustion
AFC alkaline fuel cell
AFC automatic flight control [system]
AFL adaptive front-lighting [system]
AFS aluminum-foam sandwich
Ag silver
AGR advanced gas-cooled reactor
AGV automated guided vehicle [system]
AHW atomic hydrogen welding
AI artificial intelligence
Al aluminum
ALAP as low as possible
ALARA as low as reasonable achievable
ALC automatic level control
ALC Alcantara
ALS approach lighting *sg*
ALT alternator
ALTN alternate airport
ALU arithmetic and logic unit
Alx aluminium-magnesium-silicon alloy
Am americium
AM amplitude modulation
AM amplitude modulation
AMO American Standard microscope objective thread
AMOLED active-matrix OLED
AMP amplifier
AMS automatic milking system
AMT automated manual transmission
ANC extra cost: at no ~
ANPT aeronautical national form taper pipe thread

ANS	anti-noise system
AOA	angle of attack
AOI	angle of incidence
AP	access point
APC	armored personnel carrier
APF	all-pass filter
API	application-program interface
APP	approach control *sg*
APPR	approach
APS	active pixel sensor
APT	airport
APU	auxiliary power unit
AQL	acceptable quality level
Ar	argon
ARB	anti-roll bar
ArF	argon fluoride excimer laser
ARP	aerodrome reference point
AS	acrylonitrile styrene
As	arsenic
ASA	acetyl-salicylic acid
ASA	acrylonitrile-styrene-acrylate
ASAP	as soon as possible
ASBS	anti-skid braking system
ASHP	air-source heat pump
ASI	airspeed indicator
ASR	airport surveillance radar
ASR	alkali-silica reactivity
assy	assembly
At	astatine
AT	assistive technology
ATB	all-terrain bike
ATC	adaptive transmission control
ATC	air-traffic control
ATCO	air-traffic controller
ATEC	all-terrain crane
ATF	automatic transmission fluid
ATM	asynchronous transfer mode
ATM	automatic telling machine
ATO	automatic train operation
ATP	adenosine triphosphate
ATV	all-terrain vehicle
Au	gold
AUX	auxiliary ...
AVE ECON	average fuel economy
AVI	automatic vehicle identification
AWB	automatic white balance
AWD	all-wheel drive
b	barn
B	boron
b.p.	boiling point
B/U LITE	back-up light
Ba	barium
BACS	building automation and control systems
BAL RES	ballast resistor
BAT	Brilliant Anti-Tank missile
BB	ball bullet
bbl	barrel
BCC	body-centered cubic
Be	beryllium
BER	bit error rate
BF	blast furnace
BFW	boiler feedwater
bhp	brake horsepower
Bi	bismuth
BIOS	Basic Input-Output System
bit	binary digit
BIW	body-in-white
Bk	berkelium
BMC	bulk molding compound
BOP	balance of plant
BOS	balance of system
BPF	band-pass filter
bps	bits per second
Bps	Bytes per second
Br	bromine
BR	back rake angle
BRA	Basic Rate Access
BSE	bovine spongiform encephalopathy
BWR	boiling-water reactor
C	coulomb
C	electric capacitance
C	cool
C	carbon
c	velocity of light
C	normal concrete
c	centi
C-2	tungsten carbide
c-Si	crystalline silicon
Ca	calcium
CA	cellulose acetate

CAD	computer-aided design
CAE	Computer-Aided Engineering
CAFE	corporate average fuel economy
CAM	computer-aided manufacturing
cap	capacity
CAPI	Common ISDN Application Program Interface
Castor	cask for storage and transport of radioactive material
CAT	computer-aided translation
CATS	Computer-Aided Terminology System
CBE	cab-behind-engine truck
CC	catalytic converter
CC	congestion charge
cc	carbon copy
cc	cubic capacity
CCPP	combined cycle power plant
CCTV	closed-circuit television
CCW	counterclockwise
cd	candela
CD	compact disc
Cd	cadmium
CD	check digit
CD	Corporate Design
CD-E	Compact Disc-Erasable
CD-ROM	Compact Disc-Read Only Memory
cd/m^2	candela per square metre
CdS	cadmium sulfide
CdTe	cadmium tellurite
CDW	collision damage waiver
Ce	cerium
CE	protein fiber
CED	cathodic electropainting
CEE	central european encephalitis
Cf	californium
cfc	chlorinated fluorocarbons
CFRP	carbon fiber reinforced plastic
CG	center of gravity
chk	check *vt*
CHMSL	center high-mounted stop light
CHP	combined heat and power plant
CI	compression ignition
CID	channel identifier
CIS	copper indium diselenide
CKT	electric circuit
Cl	chlorine
CLA	center-line average
CLID	calling-line identification
Cm	curium
CMM	coordinate measuring machine
CMOS	complementary metal oxide semiconductor
CNC	computerized numerical control
CNG	compressed natural gas
CNT	carbon nanotube
Co	cobalt
COE	cab-over-engine truck
conv	convertible
CP	clock
CPP	controllable-pitch propeller
CPU	central processing unit
CR	chloroprene rubber
Cr	chromium
CRC	cyclic redundancy check
CRE	conversion of refuse to energy
CRS	child restraint system
CRS	central receiver system
CRT	cathode ray tube
Cs	cesium
CT	computer tomography
ct	carat
ctp	computer-to-plate technology
CTR	control zone
Cu	copper
CUG	closed user group
CVJ	constant velocity joint
CVR	cockpit voice recorder
CW	cold welding
CW	clockwise
CW	call forwarding
cyl	cylinder
CZ	Czochralski process
CZ-Si	monocrystalline silicon

D	deuterium
d	diameter
d	draft
D	displacement
D-TTL	D-TTL control
d.o.r.	direction of rotation
D/A	digital/analog
da	deca
DA	decision altitude
DAC	digital-to-analog converter
DAQ	data acquisition
DAT	digital audio tape
dB	decibel
Db	dubnium
DBA	design basis accident
DC	direct current
DCT	dual-clutch transmission
DD	direct drive
DDI	diesel direct injection
DE	double ellipsoid
DEC	decelerate *vi/vt*
DECT	Digital Enhanced Cordless Telecommunications
DEF	defroster
DEHP	diethylhexyl-phthalate
DEIS	digital-electronic image stabilizer
den	denier
DFI	direct fuel injection
DFW	diffusion welding
DG	directional gyro
DGPS	differential GPS
DH	decision height
DI	data identifier
DI	direct injection
DIMM	dual in-line memory module
DIN	Deutsches Institut für Normung
DIS	digital image stabilizer
DIS	draft international standard
DIST	distance
DL	downlink
DLS	Distributive Lighting System
DMA	data memory address
DMD	digital mirror device
DME	dimethyl ether
DMM	dimethoxy methane
DMS	dual mass flywheel
DMT	dimethyltryptamine
DN	nominal diameter
DNA	deoxyribonucleic acid
DNS	domain name system
DOA	dead on arrival
DOC	decentralized operation control
DOE	Department of Energy
DOF	depth of field
DOHC	double overhead camshaft
DP	data processing
DPF	diesel particulate filter
dpi	dots per inch
dpt	diopter
DRAM	dynamic random access memory
DRL	daytime running light[s]
DSD	driver's safety device
DSL	Digital Subscriber Line
DSLR	digital single lens reflex camera
DTE	data terminal equipment
DTP	desktop publishing
DVB	Digital Video Broadcasting
DVB-T	digital video broadcasting terrestrial
DVD	digital versatile disc
DW	dual wheels
Dy	dysprosium
E	modulus of elasticity
E	electric field strength
E	Edison screw-thread
E	energy
e	Euler constant
E	exa
E	Edison screw cap
E 160a	carotene
E 224	potassium disulfite
E 270	lactic acid
E 406	agar
E 407	carrageenan
E 412	guar gum
E 415	xanthan gum
E 422	glycerin
E 440	pectin
E 500	sodium bicarbonate
E/WD	Engine/Warning Display

EAF electric arc furnace
EANS European Article Numbering System
eb electronic business
EBD electronic brake pressure distributor
EBL heated rear window
EBW electron-beam welding
EC electrophoretic painting
ECAM Electronic Centralized Aircraft Monitoring
ECD electrocardiogram
ECF elemental chlorine free
ECM electrochemical milling
ECM electrochemical machining
ECM electronic clutch management
ECM electronic control module
ECS electronically controlled suspension
ECU electronic control unit
EDC electronic damper control
EDC electronic diesel control
EDL electronic differential lock
EDM electro-discharge machining
EDP electronic data processing
EEC electronic engine control
EEG electroencephalogram
EEPROM electrically erasable programmable read-only memory
EFC electronic fee collection
EFI electronic fuel injection
EFIS Electronic Flight Instrumentation System
EG electrogalvanizing
EG ethylene glycol
EG envelope generator
EGL electrogalvanizing line
EGPWS enhanced ground proximity warning system
EGR exhaust gas recirculation
EGW electrogas welding
EHB electrohydraulic brake [system]
EIB European Installation Bus
EIS Electronic Instrument System
EISA Extended ISA
EL electroluminescence
ELD electroluminescent display
ELV end-of-life vehicle
ELV Act end-of-life vehicle act
EM electron microscope
EMB electro-mechanical brake
EMC electromagnetic compatibility *sg*
EMF electromotive force
EMF electromagnetic field
EMP electromagnetic pulse
EMRG electromagnetic rail gun
ENG engine
EOAT end of arm tooling
EON Enhanced Other Network [function]
EP epoxy
EP extended play
EP toner
EPB electronic parking brake
EPC electrostatic powder coating
EPDM ethylene-propylene terpolymer
EPM ethylene-propylene copolymer
EPO European Patent Office
EPP expanded polypropylene
EPR ethylene-propylene rubber
EPROM erasable programmable read-only memory
EPS electronically controlled power steering [system]
EPS expanded polystyrene
Er erbium
ERZ explosion-risk zone
Es einsteinium
ES emission spectrometry
ESD electrostatic discharge
ESIC electronic signalling and interlocking center
ESP electrostatic precipitator
ESP electronic stability program
ESR electron spin resonance
ESS Extended Service Set
ESW electroslag welding
ET Eastern Time

ETBE	ethyl tert-butyl ether
ETC	electronic transmission control
ETIX	electronic ticket
ETS	electronic traction system
Eu	europium
EULA	end-user license agreement
EUT	equipment under test
EV	electric vehicle
eV	electron volt
EV	exposure value
EVA	extravehicular activity
EVF	electroviscous fluid
expwy	expressway
EXW	explosion welding
F	Fahrenheit
F	farad
F	fluorine
F	force
F&ID	flow diagram
F2	fluorine excimer laser
FA	fuel assembly
FA	fabrication automation
FADEC	Full Authority Digital Engine Control
FAS	front scan [assistant]
FAT	file allocation table
FBC	fluidized bed combustion
FBL	fly-by-light
FBW	fly-by-wire
FC	flip-chip technology
FC	fuel cell
FCAW	flux-cored arc welding
FD	floppy disk
FDD	floppy-disk drive
FDDI	fiber distributed data interface
FDR	flight data recorder
Fe	iron
FEM	field-emission microscope
FET	field-effect transistor
FF	fabric filter
FF	form feed
FF	fast forward
FFFC	alkaline falling-film fuel cell
FFV	flexible-fuel vehicle
FGC	flue-gas cleanup
FGC	flue-gas cleanup system
FGD	flue-gas desulphurization
FI	fuel injection
FID	flame ionization detector
FIFO	first in - first out
fig.	figure
FIM	field-ion microscope
FLOPS	floating point operations per second
FLPL	flight plan
Fm	fermium
FM	frequency modulation
FMJ	full metal jacket
FMS	flexible manufacturing system
FMS	flight management system
FOC	factory outlet center
FOQA	flight operations quality assurance
FOV	field of view
FP	fixed price
fps	frames per second
Fr	francium
FRQ	frequency
FRW	friction welding
fsh	full service history
ft	foot
FW	flash welding
FWD	front-wheel drive
Fwy	freeway
g	gravity acceleration
G	giga
g	gram
G	conductance
G	shear modulus
G	pin-cap
Ga	gallium
GA	General Aviation
GaAs	gallium arsenide
GaInN	gallium indium nitride
GAP	generic access profile
GAWR	gross axle weight rating
GB	gigabyte
GC	gas chromatography
GC	Group Call
Gd	gadolinium
GDI	gasoline direct injection
Ge	germanium
GFR	gas-cooled fast reactor
GFRP	glass-fiber reinforced plastic

GHG greenhouse gas
GHz gigahertz
GIL gas-insulated transmission line
GM genetically manipulated
GMAW gas metal arc welding
GMO genetically manipulated foods
GMP good manufacturing practice
GND ground
GOB good ordinary brand
GPO German Patent Office
GPRS general packet radio service [protocol]
GPV general purpose vehicle
GRT Gross Register Tonnage
GS guideway segment
GS ground speed
GT gas turbine
GT gross tonnage
GTAW gas tungsten arc welding
GUI graphical user interface
GVWR gross vehicle weight rating
Gy Gray
H enthalpy
h hecto
h height
H hydrogen
ha hectare
HAMT human-aided machine translation
HAZ heat-affected zone
HB Brinell hardness
HBCE high-build cathodic electrocoat
HC hydrocarbons
HC heavy concrete
HD hard disk
HDC hill descent control [system]
HDD hard disk drive
HDG hot-dip galvanizing
HDG hot-dip galvanized
HDPE high-density polyethylene
HDR hot-dry-rock process
HDT heat deflection test
HDT heat deflection temperature
He helium
Hf hafnium
HF high frequency
HFO heavy fuel oil
Hg mercury
HLR hidden line removal
HM hard metal
HMD head-mounted display
Ho holmium
hp home page
hp horsepower
HPC high-pressure compressor
HPI high-pressure injection system
HR hot-rolled
HRSG heat recovery steam generator
Hs hassium
HSA hill start assist [system]
HSLA high-strength low alloy
HSR hidden surface removal
HSS high-speed steel
HST high-speed train
HTGR high-temperature gas-cooled reactor
HV high voltage
HV Vickers hardness
HVAC heating, ventilation and air conditioning
HVDCT high-voltage direct-current transmission
hwy highway
HX heat exchanger
I electrical current
I iodine
I strength of current [flow]
I&C instrumentation and control
I.D. crest diameter
I/O Input/Output
IAQ indoor air quality
IC curtain air bag
IC integrated circuit
ICBM intercontinental ballistic missile
ICU intensive care unit
ICU integrated control unit
ID inside diameter
ID identification number
ID identifier

IDN internationalized domain name
IES inflight entertainment system
iff if and only if
IFR instrument-flight rules *pl*
IMC in-mold coating
IMC instrument meteorological conditions *pl*
In indium
IND LITE indicator light
INS inertial navigation system
IOM inter-office memo
IP instrument panel
IP Internet protocol
IPP Independent Power Producer
Ir iridium
IR isoprene rubber
IR industrial robot
IR interrupt
IRQ interrupt request
IS image stabilizer
ISAD Integrated Starter/Alternator Damper
ISP Internet Service Provider
ISS International Space Station
IT information technology
Iway information superhighway
J joule
K potassium
K Kelvin
k kilo
K, Kt karat
KB kilobyte
kg kilogram
kHz kilohertz
kJ kilojoule
km kilometer
kn international knot
kph kilometres per hour
Kr krypton
kV kilovolt
kVA kilovoltampere
kW kilowatt
kWh kilowatt-hour
L inductance
l length
L luminance
l liter
L stage left
L/D glide ratio
L/G landing gear
La lanthanum
LAN local area network
LASH lighter aboard ship
LAT latitude
LBW laser beam welding
LCA life cycle assessment
LCD liquid crystal display
lcd lowest common denominator
LDPE low-density polyethylene
LDW lane-departure warning [system]
LED light-emitting diode
LEO low earth orbit
LEV Low Emission Vehicle
LF low-frequency wave
LH left hand
LHD left-hand drive
LHV lower heating value
Li lithium
lm lumen pl: -s *-mina*
LMFR liquid-metal fuel reactor
LNG liquefied natural gas
LOA overall length
LOB length over buffers
LOCA loss-of-coolant accident
LOI letter of intent
LON longitude
LOX liquid oxygen
LP low pressure
LPG liquefied petroleum gas
LPH performance in liters per hour
LPT low-pressure turbine
LPT Line Printer
Lr lawrencium
Lu lutetium
LV low voltage
LW landing weight
LWR light water reactor
lx lux
m mass
M mega
m meter
m milli
M Mach number

MAC maximum allowable concentration
MAD mutually assured destruction
MAG magnetic
maglev magnetic levitation
MAHT machine-aided human translation
man manual transmission
MAP manifold absolute pressure
MBM meat and bone meal
MC moving coil
MCID malicious call identification
Md mendelevium
MDI metered dose inhaler [aerosol]
ME marine engineering
MEMS micro electro-mechanical system
MEO medium earth orbit
MeV mega-electron volt
MF melamine-formaldehyde resin
MF middle-frequency ...
MF manual focus
MFD multi-functional display
Mg magnesium
MHP multi-media home platform
mhr man-hour
MHz megahertz
mi mile
µm micrometer
mic microphone
MIPS mega instructions per second
mldg molding
MLG main landing gear
MMS multi-media messaging service
Mn manganese
Mo molybdenum
MOD modulus
mol mole
MON motor octane number
MOSFET metal-oxide semiconductor field-effect transistor
MOWC maritime oscillating water column converter
MP megapixels *pl*
MPC multimedia PC
MPC multi-purpose ship
MPG multi-purpose grease
MPI multi-point injection
MPV multi-purpose vehicle
MRI magnetic resonance imaging
MRTS mobile radio telephone service
MS mild steel
MS motor ship
MSG message
msl mean sea level
MSNF milk solids not fat
MT machine translation
MT materials testing
MTB mountain bike
MTB magnetic track brake
MTBE methyl tertiary-butyl ether
MTBF mean time between failures
MTTR mean time to repair
MU multiple unit
MV medium voltage
MY model year
n speed
N neutral
n nano
N neutral
N newton
N nitrogen
N/W nose wheel
Na sodium
NA naval architecture
Nb niobium
NBR nitrile-butadiene rubber
NBSP nonbreaking space
NC nitrocellulose
NC numerical control
NCP network control program
Nd neodymium
NDT non-destructive testing
Ne neon
NEO near-earth object
NFZ no-fly zone
NGCC natural-gas fired combined cycle power plant

NGO	national gas outlet thread
NGS	national gas straight thread
NGV	natural-gas vehicle
Ni	nickel
NIGA	neutron-induced gamma activity
NLG	nose landing gear
nm	nanometer
Nm	Newton meter
nm	nautical mile
NO	normally open
No	nobelium
NOx	nitrogen oxides *pl*
NOS	network operating system
Np	neptunium
NPP	nuclear power plant
NPS	American Standard straight pipe thread
NPT	American Standard taper pipe thread
NR	natural rubber
NRT	Net Register Tonnage
ns	nanosecond
NS	noise suppression
NT	nano tube
NT	Net Tonnage
NTP	normal temperature and pressure
O	oxygen
OAT	outdoor temperature
OBD	on-board diagnostic system
OBD	object-relational database
OCR	optical character recognition
OD	crest diameter
OD	outside diameter
OD ...	external thread ...
OE	original equipment
OEM	original equipment manufacturer
OET	overhead traveling crane
OFC	oxyfuel gas cutting
OFW	oxy-fuel gas welding
ohc	overhead camshaft
OHTL	overhead transmission line
OHV	overhead valve
OIS	optical image stabilizer
OLED	Organic Light-Emitting Diode
OLF	optical lighting film
ON	octane number
OS	operating system
Os	osmium
OSB	oriented strand board
OSD	on-screen display
OVP	overvoltage protection
OWC	oscillating water column converter
OWG	optical waveguide
OXS	oxygen sensor
p	pressure
P	power
P	peta
P	phosphorus
p	pico
p/a	power-assisted
p/w	power-to-weight ratio
PA	polyamide
Pa	protactinium
PAB	passenger air bag
PAFC	phosphoric acid fuel cell
pas	power assisted steering
Pat.Off.	patent office
PAW	plasma-arc welding
Pb	lead
PB	playback
PBB	passenger boarding bridge
PBI	polybenzimidazole
PBT	polybutylene terephthalate
pbw	parts by weight
PBX	private branch exchange
PC	personal computer
PC	polycarbonate
PC	programmable controller
PC	prestressed concrete
PCB	printed circuit board
PCC	pure car carrier
PCP	polychloroprene
PCR	post-consumer resin
PCTC	vehicle carrier
Pd	palladium
PD	photodiode
PDA	personal digital assistant
PDF	Portable Document Format

PDP plasma display [panel]
PDS product design specification
PDU portable diagnostic unit
PE polyethylene
PE-MD medium-density polyethylene
PE-X cross-linked polyethylene
PEC personal effects coverage
PEL proportional elastic limit
PEMFC polymer electrolyte membrane fuel cell
PEMFC proton exchange membrane fuel cell
PES polyether sulfone
PET polyethylene terephthalate
PEW percussion welding
PF phenol-formaldehyde plastic
PFA pulverized fuel ash
PFD Primary Flight Display
PFD personal flotation device
PG clock generator
PHE plate heat exchanger
PIMM plastic injection molding machine
PIR passive infrared motion detector
PIS passenger information system
PKE passive keyless entry
PL parking lock
PLC programmable logic controller
PLG power lift gate
PLI professional liability insurance
PLM pulse-length modulation
Pm promethium
PM particulate matter
PMMA polymethyl methacrylate
PN nominal pressure
PN part number
PnP plug-and-play installation
Po polonium
PO polyolefine
POA power-optimized aircraft
PoD print on demand
POM polyoxymethylene
PORV pilot-operated relief valve
POS position
PP polypropylene
ppm parts per million
PPO polyphenylene oxide
PPS production planning system
PPSU polyphenylsulfone
Pr praseodymium
PROM programmable read-only memory
PS power supply system
PS polystyrene
PSU passenger service unit
Pt platinum
PTC parabolic trough collector
PTFE polytetrafluoroethylene
PTO power take-off
pto power take-off
PTS parking assist system
Pu plutonium
PV pressure vessel
PV photovoltaics
PVC polyvinyl chloride
PVC-C chlorinated polyvinyl chloride
PVC-U unplasticized polyvinyl
PVD physical vapor deposition
PWR pressurized-water reactor
pwr power
PZEV Partial Zero Emission Vehicle
Q heat
QA quality assurance
QC quality check
QoS quality of service
R stage right
r radius
R roentgen
R resistance
R&D research and development *sg*
R-12 Freon
r/c radio/cassette deck
Ra radium
RAM random access memory
Rb rubidium
RC remote control [unit]
RC radio control
RC reinforced concrete
RC radio-controlled

Abbreviation	Meaning
RCU	remote control unit
Re	rhenium
Re	yield point
REC	rectifier
REW	rewind
RF	radio frequency
Rf	rutherfordium
RG	retractable landing gear
RH	right-hand
RH	right-hand thread
RH	relative humidity
Rh	rhodium
RHD	right-hand drive
RME	rape seed methyl ester
Rn	radon
RNA	ribonucleic acid
ROM	read-only memory
RON	research octane number
rpm	revolutions per minute *pl*
RPS	roll-over protection system
RPV	reactor pressure vessel
RPW	resistance projection welding
RSEW	resistance seam welding
RSW	resistance spot welding
RTM	resin transfer molding [method]
RTO	rejected take-off
Ru	ruthenium
RV	reactor vessel
RW	resistance welding
RWY	runway
S	entropy
S	buttress thread
S	sulfur
s	way
S-VHS	Super-VHS
SASE	self-addressed stamped envelope
SATCOM	satellite communications
SAW	submerged-arc welding
Sb	antimony
SBT	seat-belt tensioner
Sc	scandium
SC	scientific committee
SCM	supply chain management
SCR	selective catalytic reduction
SCR	silicon-controlled rectifier
SCSI	small computer systems interface
SD	System Display
Se	selenium
SEM	scanning electron microscope
SENS	sensor
SFI	sequential fuel injection
SFR	sodium-cooled fast reactor
SFRP	aramid fiber re-reinforced plastic
SI	International System of Units
Si	silicon
SI	site inspection
SIM	SIM card
SKU	stock keeping unit
SL	source language
SLF	shredder light fraction
SLT	structured-light topometry
Sm	samarium
SM	support magnet
SMA	shape memory alloy
SMC	sheet molding compound
SMD	surface mounted design
SMD	surface mounted device
SME	small and medium-sized enterprises
SMP	skim milk powder
Sn	tin
SNR	signal-to-noise ratio
SO2	sulfur dioxide
SoG-Si	solar grade silicon
SOHO	single-office and home office
SOS	scope of supplies and services
SOS	scope of supplies
SPF	sun protection factor
SPFC	solid polymer fuel cell
SPI	single point injection
Sr	strontium
SR	synthetic rubber
SRS	air-bag supplemental restraint system
SS	structural steel
SS	stainless steel
SSPS	satellite solar power station
SST	supersonic transport

ST	tapping-screw thread
ST	steam turbine
ST	source text
Stb.	starboard
STM	scanning tunneling microscope
STOL	short take-off and landing aircraft
SULEV	Super Ultra Low Emission Vehicle
SUV	sport utility vehicle
SVGA	Super VGA
SVOC	semivolatile organic compound
SW	stud welding
SW	switch
T	period
T	tera
T	tesla
T&G	tongue and groove
T&I	translation and interpretation
t/a	tons per year *pl*
Ta	tantalum
TAS	true air speed
TB	terabyte
Tb	terbium
TBM	tunnel boring machine
TBT	tributyl tin
Tc	technetium
TC	technical committee
TCO	total cost of ownership
TCS	traction control system
TCX	taxiway centerline marking
TDI	turbo diesel engine with direct injection
TDMA	time-division multiple access
TDZ	touchdown zone
TE	terminal equipment
Te	tellurium
TE	tractive effort
TEKS	thread-cutting screw
TEL	tetraethyl lead
TEU	Twenty-foot Equivalent Unit
Th	thorium
THC	total hydrocarbons *pl*
THD	total harmonic distortion
THTR	thorium high-temperature reactor
TI	Technical Instructions
Ti	titanium
TKT	Teflon-Kapton-Teflon
Tl	thallium
TL	target language
Tm	thulium
TMA	terminal control area
TMC	traffic message channel
TML	tetramethyl lead
TMS	translation-memory system
TNT	trinitrotoluol
TOF	time of flight
TOW	take-off weight
TP	twisted pair cable
TPE	turboprop engine
TPMS	tire pressure monitoring system
TPT	triphenyl tin
TR	technical report
trans	transmission
TS	total solids
TSP	translation service provider
TT	target text
TTL	transistor-transistor logic
TV	television
TW	thermit welding
TWR	airport control
TWY	taxiway
TWYL	taxiway lights
U	uranium
U	voltage
UCAV	unmanned combat air vehicle
Ud	voltage drop
UF	ureaformaldehyde plastic
UFD	USB flash drive
UI	unit injector [system]
UJ	universal joint
UL	uplink
ULEV	ultra low emission vehicle
UMTS	universal mobile telecommunication system
UP	urethane polyester
UPVC	unplasticized polyvinyl chloride
US	ultrasonic
USB	Universal Serial Bus

USW ultrasonic welding
UTS ultimate tensile strength
UV ultraviolet
v velocity
v specific volume
V vanadium
V volt
V volume
V6 V-six engine
V8 V-eight engine
VA apparent power
VCA voltage-controlled amplifier
VDU visual display unit
VFR visual-flight rules *pl*
VGO vacuum gas oil
VHS Video Home System
VI viscosity grade
VIN vehicle identification number
VLCC Very Large Crude Carrier
VMC visual meteorological conditions *pl*
VME vegetable methyl ester
VOC volatile organic compound
VoDSL voice over DSL
VoIP voice over IP
VOL volume
VOL volume control
vol% volume percent
VR virtual reality
VS vertical speed
VSI variometer
VTOL vertical take-off [and landing] airplane
VTR video recorder
VVT variable valve timing control
W work
W tungsten
W/F wow and flutter
w/r-system wheel/rail-system
WAN Wide Area Network
WAP web access provider
WB white balance
wc water column
WD warning display
WG wire gauge
wgn station wagon
WH white heat
whse warehouse
WIM wall-ironing machine
WLAN wireless local area network
WMD weapons of mass destruction
WP working pressure
WPS plasma jet welding
WPT waypoint
WRNG LITE warning light
WTE-plant waste-to-energy plant
WTGS wind turbine generator system
WTL wind tunnel
xDSL x Digital Subscriber Line
Xe xenon
XGA extended graphics array
XML Extensible Markup Language
XMS Extended Memory Specification
Y yellow
y yocto
Y yotta
Y yttrium
YMC yellow, magenta, cyan
YSZ yttria-stabilized zirconium dioxide
Z impedance
z zepto
Z zotta
ZEV zero-emission vehicle
Zn zinc
Zr zirconium

Technische Abkürzungen, Deutsch / Technical Abbreviations, German

0S Nullserie *f*
2,5G Generation 2,5 *f*
2D zweidimensional
3D dreidimensional
Å Angström *n*
A Adenin *n*

A Ampere *n*
a Atto…
a Beschleunigung *f*
A+E Aus- und Einbau *m*
A-BZ alkalische Brennstoffzelle *f*
a-Si amorphes Silicium *n*
A/D analog/digital
A/P Autopilot *m*
AAS Atomabsorptionsspektrometrie *f*
AB Anrufbeantworter *m*
Abb. Abbildung *f*
ABS Acrylnitril-Butadien-Styrol *n*
ABS Antiblockiersystem *n*
Ac Actinium *n*
ACC Acetylcystein *n*
ACC automatische Farbregelung *f*
ACC dynamische Tempo- und Abstandsregelung *f*
ACS Acrylnitril-(chloriertes Polyethylen)-Styrol *n*
ACT Stellglied *n*
ADG Alarmdrahtglas *n*
ADN Ammoniumdinitramid *n*
ADP Adenosindiphosphat *n*
ADU Analog-Digital-Umsetzer *m*
AE Assemble-Schnitt *m*
AEPDS Acrylnitril-(Ethylen-Propylen-Dien)-Styrol *n*
AES Auger-Elektronenspektroskopie *f*
AF Autofokus *m*
AFS adaptive Frontscheinwerfer *m*
Ag Silber *n*
AGR Abgasrückführung *f*
AGS adaptive Getriebesteuerung *f*
AHK Abhitzekessel *m*
AHK Anhängekupplung *f*
AK Anschaffungskosten *pl*
AKR Alkali-Kieselsäure-Reaktion *f*
Al Aluminium *n*
ALAP so niedrig wie möglich
ALARA so niedrig wie vernünftigerweise möglich
ALC Alcantara *n*
ALS Anflugbefeuerung *fsg*
AltautoV Altautoverordnung *f*
ALU Rechenwerk *n*
Alx Aldrey *n*
Am Americium *n*
AM Amplitudenmodulation *f*
AMOLED Aktiv-Matrix-OLED *n*
AMS automatisches Melksystem *n*
ANB Ausspeisenetzbetreiber *m*
ANS aktives Geräuschreduzierungsystem *n*
Aö Auslassventil öffnet
AP Access Point *m*
APF Allpassfilter *n*
API Anwendungsprogramm-Schnittstelle *f*
APK Additionspolymerisation als Kettenreaktion *f*
APP An- und Abflugkontrolle *fsg*
APS Additionspolymerisation als Stufenreaktion *f*
APS Active Pixel Sensor *m*
APU Hilfsgasturbine *f*
AQL annehmbare Qualitätsgrenzlage *f*
Ar Argon *n*
ArF Argonfluorid-Excimerlaser *m*
ARI Autofahrer-Rundfunk-Information *f*
ARP Flugplatzbezugspunkt *m*
As Arsen *n*
AS Ausgangssprache *f*
As Auslassventil schließt
AS Anti Shake System *n*
ASA Acrylnitril-Styrol-Acrylat *n*
ASA Acrylnitril-Styrol-Acrylester *m*
ASBS Anti-Schleuder-Bremssystem *n*
ASG automatisiertes Schaltgetriebe *n*
ASR Antriebsschlupfregelung *f*
ASR Flughafen-Rundsichtradar *n*
ASS Acetylsalicylsäure *f*

ASS	Aluminiumschaum-Sandwich *n*
ASU	Abgassonderuntersuchung *f*
At	Astat *n*
AT	Ausgangstext *m*
ATB	All-Terrain-Bike *n*
ATF	Automatikgetriebeöl *n*
ATL	Abgasturbolader *m*
ATL	anodische Elektrotauchlackierung *f*
ATM	Asynchronous Transfer Mode *m*
ATM	Austauschmotor *m*
ATP	Adenosintriphosphat *n*
ATW	Autotransportwagen *m*
Au	Gold *n*
AV	Absperrventil *n*
AV	Auslassventil *n*
AWB	automatischer Weißabgleich *m*
AWSF	atmosphärische Wirbelschichtfeuerung *f*
AZ	Asbestzement *m*
b	Barn *n*
B	Bor *n*
b	Breite *f*
B/s	Bytes pro Sekunde
Ba	Barium *n*
BA	Betriebsanleitung *f*
BA	Betriebsausgaben *pl*
BaAs	Basisanschluss *m*
BAW	biologisch abbaubarer Wertstoff *m*
BAZ	Bearbeitungszentrum *n*
BBA	Betriebsbremsanlage *f*
Bd	Baud *n*
Be	Beryllium *n*
BE	Brennelement *n*
BE	Erhärtungsbeschleuniger *m*
Be	Berryllium *n*
BEM	Batterie-Energiemanagement *n*
BER	Bitfehlerrate *f*
Bg	Blechschraubengewinde *n*
BHKW	Blockheizkraftwerk *n*
Bi	Wismut *n*
BIOS	Basic Input-Output System *n*
Bj.	Baujahr *n*
Bk	Berkelium *n*
BLD	dezentrale Betriebsleittechnik *f*
BMC	Bulk-Molding-Compound *n*
BPF	Bandpassfilter *m/n*
bps	Bits pro Sekunde *npl*
Br	Brom *n*
BRT	Bruttoregistertonne *f*
BRZ	Bruttoraumzahl *f*
BSE	bovine spongiforme Enzephalopathie *f*
BZ	Brennelement-Zwischenlager *n*
BZ	Brennstoffzelle *f*
C	Coulomb *n*
C	elektrische Kapazität *f*
C	kalt
C	Kohlenstoff *m*
c	Lichtgeschwindigkeit *f*
C	Normalbeton *m*
c	Zenti…
c-Si	kristallines Silicium *n*
Ca	Calcium *n*
CA	Celluloseacetat *n*
CAD	Computer-Aided Design *n*
CAE	Computer-Aided Engineering *n*
CAM	Computer-Aided Manufacturing *n*
CAT	Computer-Aided Translation *f*
CATS	Computer-Aided Terminology System *n*
cd	Candela *f*
Cd	Cadmium *n*
CD	Corporate Design *n*
CD-E	Compact Disc-Erasable *f*
CD-ROM	Compact Disc-Read Only Memory *n*
cd/m^2	Candela je Quadratmeter *f*
CdS	Cadmiumsulfid *n*
CdTe	Cadmium-Tellurit *n*
Ce	Cer *n*
CEM	Zement *m*
Cf	Californium *n*
CF	Anrufweiterschaltung *f*
CFK	kohlefaserverstärkter Kunststoff *m*

CID Kanalkennung *f*
CIS Kupfer-Indium-Diselenid *n*
Cl Chlor *n*
Cm Curium *n*
CNG komprimiertes Erdgas *n*
CNT Kohlenstoff-Nanoröhrchen *n*
Co Cobalt *n*
CPU Zentraleinheit *f*
Cr Chrom *n*
CRC Cyclic Redundancy Checking
Cs Caesium *n*
CT Computertomograph *m*
CT Computertomographie *f*
ct Karat *n*
CtP Computer-to-Plate-Technologie *f*
CTR Kontrollzone *f*
Cu Kupfer *n*
CV Colorverglasung *fsg*
CZ Cetanzahl *f*
CZ Czochralski-Verfahren *n*
CZ-Si monokristallines Silicium *n*
D Deuterium *n*
D Diffusionsschweißen *n*
d Durchmesser *m*
D-TTL D-TTL-Steuerung *f*
D/A digital/analog
da Deka…
DA Dosieraerosol *n*
DA Entscheidungshöhe *f*
DAT DAT-Band *n*
DAU Digital-Analog-Wandler *m*
DAU dümmster anzunehmender User *m*
dB Dezibel *n*
DB Druckbehälter *m*
Db Dubnium *n*
DBMS Datenbankverwaltungssystem *n*
DDI Diesel-Direkteinspritzung *f*
de druckertüchtigt
DE Doppel-Ellipsoid *n*
DECT digitale schnurlose Telekommunikation *f*
DEE Datenendeinrichtung *f*
DEF Defroster *m*
DEHP Diethyhexylphthalat *n*
DEIS digital-elektronischer Bildstabilisator *m*
den Denier *n*
DFÜ Datenfernübertragung *f*
DGPS Differential-GPS *n*
DH Entscheidungshöhe *f*
DI Direkteinspritzung *f*
DIN Deutsches Institut für Normung e.V. *n*
DIS digitaler Bildstabilisator *m*
DK Dieselkraftstoff *m*
DK Drosselklappe *f*
DKG Doppelkupplungsgetriebe *n*
DL Abwärtsstrecke *f*
DLS Distributive Lighting System *n*
DM Dichtungsmittel *n*
DMA Daten-Memory-Adresse *f*
DME Dimethylether *m*
DMM Dimethoxymethan *n*
DMS Dehnungsmessstreifen *m*
DMT Dimethyltriptamin *n*
DMV Druckminderventil *n*
DN Nenndurchmesser *m*
DNS Desoxyribonukleinsäure *f*
DNS Domänen-Name-System *n*
DOA defekt bei Lieferung
DOHC Doppelnockenwellen *fpl*
DPA Deutsches Patentamt *n*
DPF Dieselpartikelfilter *m*
dpi Punkte pro Inch *mpl*
dpt Dioptrie *f*
DRAM Dynamic Random Access Memory *n*
DRL Tagfahrlicht *n*
DSL Digital Subscriber Line
DSLR digitale Spiegelreflexkamera *f*
DTP Desktop-Publishing *n*
DV Datenverarbeitung *f*
DVB Digital Video Broadcasting *n*
DVB-T digital terrestrisches Fernsehen *n*
DVB-T digitales Antennenfernsehen *n*
DVD Digital Versatile Disc *f*
DWR Druckwasserreaktor *m*
Dy Dysprosium *n*

E Elastizitätsmodul *m*
E elektrische Feldstärke *f*
E Elektrogewinde *n*
E Energie *f*
e Euler'sche Konstante *f*
E Exa...
E Schraubsockel *m*
E 160a Carotin *n*
E 224 Kaliumdisulfit *n*
E 270 Milchsäure *f*
E 406 Agar-Agar *n*
E 407 Carrageenan *n*
E 412 Guarkernmehl *n*
E 415 Xanthan *n*
E 440 Pektin *n*
E 500 Natriumhydrogencarbonat *n*
E 501 Kaliumcarbonat *n*
E 503 Ammoniumhydrogencarbonat *n*
E 524 Natriumhydroxid *n*
E/A Eingabe/Ausgabe *f*
E/WD Triebwerk/Warnanzeige *f*
EAN Europäische Artikelnummerierung *f*
eb elektronisches Geschäftswesen *n*
EBS Ersatzbrennstoff *m*
EBV elektronische Bremskraftverteilung *f*
EBW Elektronenstrahlschweißen *n*
ECAM elektronisches Überwachungssystem *n*
ECF elementarchlorfrei
EDC Elektronische Dämpfer-Control *f*
EDC elektronische Dieselregelung *f*
EDM funkenerosives Abtragen *n*
EDS elektronische Differentialsperre *f*
EDV elektronische Datenverarbeitung *f*
EEG Elektroenzephalogramm *n*
EEG Erneuerbare-Energien-Gesetz *n*
EEPROM mehrfach programmierbarer Nur-Lese-Speicher *m*
EFC elektronische Gebührenerfassung *f*
EFIS Elektronisches Fluginstrumentensystem *n*
EG Erdgeschoss *n*
EG Ethylenglykol *n*
EG Hüllkurvengenerator *m*
EGPWS Bodenannäherungs-Warnsystem *n*
EGS elektronische Getriebesteuerung *f*
EHB elektrohydraulische Bremse *f*
EHB Elektrohängebahn *f*
EIB Europäischer Installationsbus *m*
EIS Elektronisches Instrumentensystem *n*
EISA Extended-ISA
EKG Elektrokardiogramm *n*
EKM elektronisches Kupplungsmanagement *n*
EL Elektrolumineszenz *f*
ELD Elektrolumineszenzdisplay *n*
EM Elektronenmikroskop *n*
EMA elektromagnetische Störaussendung *f*
EMB elektromechanische Bremse *f*
EMF elektromagnetisches Feld *n*
EMK elektromotorische Kraft *f*
EMP elektromagnetischer Puls *m*
EMV elektromagnetische Verträglichkeit *fsg*
EP Epoxid *n*
EP Extended Play *n*
EPA Europäisches Patentamt *n*
EPB elektronische Parkbremse *f*
EPC elektrostatische Pulverbeschichtung *f*
EPDM Ethylen-Propylen-Terpolymer *n*
EPM Ethylen-Propylen-Copolymer *n*
EPM Ethylen-Propylen-Kautschuk *m*

EPP geschäumtes Polypropylen *n*
EPROM mehrfach programmierbarer Nur-Lese-Speicher *m*
EPS Polystyrolschaum *m*
Er Erbium *n*
Es Einsteinium *n*
ES Emissionsspektrometrie *f*
ESD elektrostatische Entladung *f*
ESG elektronisches Steuergerät *n*
ESL elektronische Servolenkung *f*
ESP Elektronisches Stabilitätsprogramm *n*
ESR Elektronenspinresonanz *f*
ESS Extended Service Set *n*
ESTW elektronisches Stellwerk *n*
ESV elektrische Sitzverstellung *f*
ETBE Ethyl-tert-butylether *m*
ETIX elektronisches Ticket *n*
ETL Elektrotauchlackierung *f*
ETS Elektronisches Traktions-System *n*
Eu Europium *n*
EV Einlassventil *n*
eV Elektronenvolt *n*
EV Energieversorgungssystem *n*
EV Belichtungswert *m*
EVF elektroviskose Flüssigkeit *f*
EVU Elektrizitätsversorgungsunternehmen *n*
EWS elektronische Wegfahrsperre *f*
EZ elektronische Zündung *f*
EZ Erstzulassung *f*
F Fahrenheit *n*
F Farad *n*
F Fluor *n*
f Frequenz *f*
F Kraft *f*
F2 Fluor-Excimerlaser *m*
FA Fertigungsautomation *f*
FAS Fahrerassistenzsystem *n*
FAT Dateizuordnungstabelle *f*
FB Fernbedienung *f*
FBL Fly-by-Light *n*
FBV Führerbremsventil *n*
FBW Fly-by-Wire *n*
FC Flip-Chip-Technik *f*
FCKW Fluorchlorkohlenwasserstoffe *mpl*
FD Diskette *f*
FDR Fahrdynamikregelung *f*
FDR Flugdatenschreiber *m*
FdW Fahrt durch Wasser *f*
Fe Eisen *n*
FEM Feldemissionsmikroskop *n*
FET Feldeffekttransistor *m*
FFS flexibles Fertigungssystem *n*
FFV Flex-Fuel-Fahrzeug *n*
Ffz Flurförderzeug *n*
FH Fensterheber *m*
FID Flammenionisationsdetektor *m*
FIFO first in - first out
FIM Feldionenmikroskop *n*
FIS Fahrgastinformationssystem *n*
FLOPS Gleitkommaoperationen pro Sekunde *fpl*
FLPL Flugplan *m*
Fm Fermium *n*
FM Frequenzmodulation *f*
FME Funkmeldeempfänger *m*
FMS Flugmanagementsystem *n*
FP Festpreis *m*
fps Einzelbilder pro Sekunde *npl*
Fr Francium *n*
FS Flugsicherung *f*
FSME Frühsommer-Meningoenzephalitis *f*
FspBr Federspeicherbremse *f*
FTS fahrerloses Transportsystem *n*
FuE Forschung und Entwicklung *fsg*
FVW Faserverbundwerkstoff *m*
FW Fahrweg *m*
FWA Fahrwegabschnitt *m*
FZ Faserzement *m*
g Erdbeschleunigung *f*

G	Giga…
g	Gramm *n*
G	Konduktanz *f*
g	Querbeschleunigung *f*
G	Schubmodul *m*
G	Stiftsockel *m*
G-KAT	geregelter Katalysator *m*
Ga	Gallium *n*
GA	Gebäudeautomation *f*
GaAs	Galliumarsenid *n*
GaInN	Gallium-Indium-Nitrid *n*
GAP	allgemeines Zugangsprofil *n*
GAU	größter anzunehmender Unfall *m*
GB	Gigabyte *n*
GBG	geschlossene Benutzergruppe *f*
GC	Gaschromatographie *f*
GC	Gruppenruf *m*
Gd	Gadolinium *n*
Ge	Germanium *n*
GF	Gewindefräser *m*
GFA	Gepäckförderanlage *f*
GFK	glasfaserverstärkter Kunststoff *m*
GGG	Sphäroguss *m*
GGL	Grauguss mit Lamellengraphit *m*
GHz	Gigahertz *n*
GIL	gasisolierte Leitung *f*
GK	Gipskartonplatte *f*
GKB	Gipskarton-Bauplatte *f*
GLRD	Gleitringdichtung *f*
GM	genmanipuliert
GMA	Gefahrenmeldeanlage *f*
GMO	genmanipulierte Nahrungsmittel *npl*
GPRS	General Packet Radio Service *m*
GR	Gleichrichter *m*
GS	Gleichstrom *m*
GS	Gussstahl *m*
GS	Geschwindigkeit über Grund *f*
GSM	Gleichstrommaschine *f*
GSt	Neigetechnik *f*
GT	Temperguss *m*
GTS	nichtentkohlend geglühter Temperguss *m*
GTW	entkohlend geglühter Temperguss *m*
GU	Generalunternehmer *m*
GuD	kombinierte Gas- und Dampfturbine *f*
GuD-HKW	GuD-Heizkraftwerk *n*
GV	Gegenverkehr *m*
GWT	Gewichtsanteil *m*
Gy	Gray *n*
H	Enthalpie *f*
h	Hekto…
h	Höhe *f*
H	Wasserstoff *m*
H/B	Höhen-/Breiten-Verhältnis *n*
ha	Hektar *n/m*
HB	Brinellhärte *f*
HC	Schwerbeton *m*
HCHO	Formaldehyd *n*
HDR	Hot-Dry-Rock-Verfahren *n*
He	Helium *n*
HEL	Heizöl EL *n*
Hf	Hafnium *n*
HF	Hochfrequenz *f*
Hg	Quecksilber *n*
HGÜ	Hochspannungsgleichstromübertragung *f*
HLK	Heizungs-, Lüftungs- und Klimatechnik *f*
HLW	Höhenleitwerk *n*
HM	Hartmetall *n*
HMVA	Hausmüllverbrennungsanlage *f*
Ho	Holmium *n*
HR	Härteprüfung nach Rockwell *f*
Hs	Hassium *n*
HSLA	hochfest mikrolegiert
HSS	Schnellarbeitsstahl *m*
HTR	gasgekühlter-Hochtemperatur-Reaktor *m*
HUD	Headup-Display *n*
HV	Vickershärte *f*
HWZ	Halbwertszeit *f*
I	elektrische Stromstärke *f*
I	Stromstärke *f*
I, J	Iod *n*
IC	Curtain-Airbag *m*
IC	integrierte Schaltung *f*
ID	Innendurchmesser *m*

IDN internationalisierter Domänenname *m*
IES Inflight-Entertainment-System *n*
IFR Instrumentenflugregeln *fpl*
IHK Industrie- und Handelskammer *f*
IHU Innenhochdruckumformen *n*
IM Interne Mitteilung *f*
IMC In-Mould-Coating *n*
IMC Instrumentenflugbedingungen *fpl*
In Indium *n*
Indusi induktive Zugsicherung *f*
IP Internet-Protokoll *n*
IPS Intensivstation *f*
Ir Iridium *n*
IR Isoprenkautschuk *m*
IR Industrieroboter *m*
IR Interrupt *m*
IRQ Interrupt-Request *m*
ISAD Integrierter Starter-Alternator-Dämpfer *m*
ISP Internet-Service-Provider *m*
ISS Internationale Raumstation *f*
IT Informationstechnik *f*
IT Informationstechnologie *f*
J Joule *n*
jato Jahrestonnen *fpl*
K Kalium *n*
K Kelvin *n*
k Kilo...
k Klirrfaktor *m*
K, Kt Karat *n*
KA Kraftaufnehmer *m*
Kat Abgaskatalysator *m*
KB Kilobyte *n*
KF Kernfusion *f*
Kfz Kraftfahrzeug *n*
kfz kubisch-flächenzentriert
kg Kilogramm *n*
kgV kleinstes gemeinsames Vielfaches *n*
KH Carbonathärte *f*
kHz Kilohertz *n*
KI Künstliche Intelligenz *f*
kJ Kilojoule *n*
KKM Kreiskolbenmotor *m*
KKW Kernkraftwerk *n*
km Kilometer *m*
km/h Kilometer pro Stunde *mpl*
KMG Koordinatenmessgerät *n*
KMU kleine und mittelständische Unternehmen *npl*
kn Knoten *m*
KOM Bus *m*
KP Kaltpressschweißen *n*
KP Kondensationspolymerisation *f*
Kr Krypton *n*
Krad Motorrad *n*
krz kubisch-raumzentriert
KS Körperschall *m*
KS Kopfstütze *f*
KSS Kinder-Rückhaltesystem *n*
KSS Kühlschmierstoff *m*
KSW Kesselspeisewasser *n*
KüVeSt Kühlmittelverluststörfall *m*
kV Kilovolt *n*
kVA Kilovoltampere *n*
kW Kilowatt *n*
KW Kohlenwasserstoffe *mpl*
KW Kurzwelle *f*
kWh Kilowattstunde *f*
L Induktivität *f*
l Länge *f*
L Leuchtdichte *f*
l Liter *m*
La Lanthan *n*
LA Laserschweißen *n*
LAN lokales Netzwerk *n*
LAT geographische Breite *f*
LAW Landegewicht *n*
LCD Flüssigkristallanzeige *f*
LCD Liquid Crystal Display *n*
LDPE Polyethylen niedriger Dichte *n*
LE Ladeeinheit *f*
LED Leuchtdiode *f*
LEO erdnahe Umlaufbahn *f*
Lfz Luftfahrzeug *n*
Li Lithium *n*
LIM Linearmotor *m*
Lkw Lastkraftwagen *m*
lm Lumen *n pl:* -mina
LNG verflüssigtes Erdgas *n*
LOI Letter of Intent *m*

LON	geographische Länge *f*
LPG	Autogas *n*
LPG	Flüssiggas *n*
LPT	Line Printer *m*
Lr	Lawrencium *n*
LS	Lichtschranke *f*
LS	Luftschall *m*
LS	Luftschiff *n*
LSA	Lichtsignalanlage *f*
LSF	Lichtschutzfaktor *m*
Lu	Lutetium *n*
Lüa	Gesamtlänge *f*
LüP	Länge über Puffer *f*
LV	Niederspannung *f*
LW	Langwelle *f*
LWL	Lichtwellenleiter *m*
LWR	Leichtwasserreaktor *m*
lx	Lux *n*
LZ	Leitzahl *f*
m	Masse *f*
M	Mega…
m	Meter *n*
m	Milli…
M	molare Masse *f*
M	Machzahl *f*
MAD	wechselseitig gesicherte Vernichtung *f*
MAG	magnetisch
MAZ	magnetische Aufzeichnung *f*
MB	Magnetschwebebahn *f*
mc-Si	polykristallines Silicium *n*
Md	Mendelevium *n*
MDF	mitteldichte Faserplatte *f*
MEMS	mikro-elektromechanisches System *n*
MeV	Megaelektronenvolt *n*
MF	Melaminformaldehydharz *n*
MF	manuelle Fokussierung *f*
MFA	Multifunktionsanzeige *f*
Mg	Magnesium *n*
MHD	Mindesthaltbarkeitsdatum *n*
MHKW	Müllheizkraftwerk *n*
MHP	Multimedia-Heimplattform *f*
MHz	Megahertz *n*
MIPS	Millionen Instruktionen pro Sekunde *pl*
MMP	Magermilchpulver *n*
MMS	Minimalmengenschmierung *f*
MMS	Multimedia-Messaging-Service *m*
Mn	Mangan *n*
Mo	Molybdän *n*
mol	Mol *n*
MOSFET	Metalloxid-Feldeffekttransistor *m*
MOZ	Motor-Oktanzahl *f*
MP	Megapixel *npl*
MPC	Multimedia-PC *m*
MPI	Mehrpunkteinspritzung *f*
MRT	Magnetresonanztomographie *f*
MS	Motorschiff *n*
MSB	Magnetschnellbahn *f*
MSG	Metall-Schutzgasschweißen *n*
MSNF	fettfreie Milchtrockenmasse *f*
MSR	Mess-, Steuer- und Regeltechnik *f*
MTB	Mountainbike *n*
MTBE	Methyl-tert-butylether *m*
MTBF	mittlere Zeitspanne zwischen zwei Ausfällen *f*
MTP	Mannschaftstransportpanzer *m*
MTTR	mittlere Reparaturdauer *f*
MÜ	maschinelle Übersetzung *f*
MVA	Müllverbrennungsanlage *f*
MW	Mineralwolle *f*
MW	Mittelwelle *f*
n	Drehzahl *f*
N	Leerlauf *m*
n	Nano…
N	neutral
N	Neutralleiter *m*
N	Newton *n*
N	Stickstoff *m*
Na	Natrium *n*
Nb	Niob *n*
NB	Netzbetreiber *m*
nbr	nicht brennbar
NC	numerische Steuerung *f*
Nd	Neodym *n*
ND	Niederdruck *m*
Ne	Neon *n*

NGS	Amerikanisches zylindrisches Gasgewinde *n*
Ni	Nickel *n*
NKH	Nichtkarbonathärte *f*
nm	Nanometer *m/n*
Nm	Newtonmeter *n*
NN	Normalnull *n*
No	Nobelium *n*
NO#tx$	Stickoxide *npl*
Np	Neptunium *n*
NP	Neupreis *m*
NR	Naturkautschuk *m*
NRT	Nettoregistertonne *f*
NRZ	Nettoraumzahl *f*
ns	Nanosekunde *f*
NT	Nachrichtentechnik *f*
NW	Nebenwirkung *f*
O	Sauerstoff *m*
OBD	Fahrzeug-Diagnosesystem *n*
OBD	objektrelationale Datenbank *f*
OD	Ortsdurchfahrt *f*
OD	Außendurchmesser *m*
OEM	Erstausstatter *m*
ÖPNV	öffentlicher Personennahverkehr *m*
OH-Gruppe	Hydroxylgruppe *f*
OHC	obenliegende Nockenwelle *f*
OHV	hängendes Ventil *n*
OIS	optischer Bildstabilisator *m*
OLED	Organic-Light-Emitting-Diode *f*
Os	Osmium *n*
OSB	Oriented-Strand-Board *n f*
OSD	On-Screen-Display *n*
OZ	Oktanzahl *f*
p	Druck *m*
P	Leistung *f*
P	Peta…
P	Phosphor *m*
p	Piko…
PA	Patentamt *n*
PA	Polyamid *n*
Pa	Protactinium *n*
PAFC	Phosphorsäure-Brennstoffzelle *f*
PAX	Passagier *m*
Pb	Blei *n*
PBI	Polybenzimidazol *n*
PBT	Polybutylen-Terephthalat *n*
PC	Personal Computer *m*
PC	Polycarbonat *n*
PC	programmierbare Steuerung *f*
PCTC	Fahrzeugtransporter *m*
Pd	Palladium *n*
PD	Prozessdampf *m*
PD	Pumpe-Düse-System *n*
PDE	Pumpe-Düse-Einheit *f*
PDF	Portable Document Format *n*
PE	Polyethylen *n*
PE	Schutzleiter *m*
PE-HD	Polyethylen hoher Dichte *n*
PE-MD	Polyethylen mittlerer Dichte *n*
PEMFC	Polymer-Elektrolyt-Membran-Brennstoffzelle *f*
PES	Polyethersulfon *n*
PET	Polyethylen-Terephthalat *n*
PF	Phenolharz *n*
PFD	Fluglageanzeige *f*
PIR	Passiv-Infrarot-Bewegungsmelder *m*
PKE	schlüssellose Entriegelung *f*
Pkw	Personenkraftwagen *m*
PLT	Prozessleittechnik *f*
Pm	Promethium *n*
PME	Pflanzenmethylester *n*
PMMA	Polymethylmethacrylat *n*
PN	Nenndruck *m*
PnP	Plug-and-Play-Installation *f*
Po	Polonium *n*
PO	Polyolefin *n*
POM	Polyoxymethylen *n*
POS	Position *f*
PP	Polypropylen *n*
ppm	parts per million
PPO	Polyphenylenoxid *n*
PPS	Polyphenylensulfid *n*
PPS	Produktionsplanungs- und Steuerungssystem *n*

Abkürzung	Bedeutung
PPSU	Polyphenylensulfon *n*
Pr	Praseodym *n*
PROM	programmierbarer Nur-Lese-Speicher *m*
PS	Pferdestärke *f*
PS	Polystyrol *n*
PSE	Periodensystem der Elemente *n*
PSU	Passagierbedientafel *f*
Pt	Platin *n*
PTFE	Polytetrafluorethylen *n*
PTL	Propellerturbinen-Luftstrahltriebwerk *n*
Pu	Plutonium *n*
PV	Photovoltaik *f*
PVC	Polyvinylchlorid *n*
PVC-C	chloriertes Polyvinylchlorid *n*
PVC-U	weichmacherfreies Polyyinylchlorid *n*
PVS	Produktionsversuchsserie *f*
Q	Wärme *f*
QoS	Dienstgüte *f*
QS	Qualitätssicherung *f*
r	Radius *m*
R	Röntgen *n*
R	Widerstand *m*
R-12	Freon *n*
R/S-System	Rad-Schiene-System *n*
Ra	Radium *n*
RA	Rückhalteautomat *m*
RAM	Arbeitsspeicher *m*
RB	Reaktorbehälter *m*
Rb	Rubidium *n*
RBG	Regalbediengerät *n*
RC	Kassettenradio *n*
RC	funkferngesteuert
RDB	Reaktordruckbehälter *m*
RDKS	Reifendruckkontrollsystem *n*
Re	Rhenium *n*
Re	Streckgrenze *f*
REGAVO	Regenerativwärmetauscher *m*
REM	Rasterelektronenmikroskop *n*
RES	Elektroschlackeschweißen *n*
Rf	Rutherfordium *n*
RFZ	Regalförderzeug *n*
RGA	Rauchgasanalyse *f*
RH	Rechtsgewinde *n*
Rh	Rhodium *n*
RHD	rechtsgesteuert
RHG	Reaktorhilfsanlagengebäude *n*
RLT	Raumlufttechnik *f*
RME	Rapsmethylesther *m*
Rn	Radon *n*
RNS	Ribonucleinsäure *f*
RO	Umkehrosmose *f*
ROM	Nur-Lese-Speicher *m*
ROZ	Research-Oktanzahl *f*
RT	Rehabilitationstechnik *f*
Ru	Ruthenium *n*
RV	Richtungsverkehr *m*
RWDR	Radial-Wellendichtring *m*
RWDR	Radialwellendichtring *m*
Rz	Reisezug *m*
RZ	Rechenzentrum *n*
S	Entropie *f*
S	metrisches Sägengewinde *n*
S	Scheinleistung *f*
S	Schwefel *m*
S	Sprengschweißen *n*
s	Weg *m*
S-VHS	Super-VHS *n*
S.B.	Steuerbord *n*
SAN	Acrylonitril-Styrol *n*
SATCOM	Satellitenkommunikation *f*
Sb	Antimon *n*
Sc	Scandium *n*
SCM	Supply-Chain-Management *n*
SCR	selektive katalytische Reduktion *f*
SCSI	SCSI-Schnittstelle *f*
SD	Systemanzeige *f*
SD	Schalldämpfer *m*
SDZ	Solardachziegel *m*
se	schwer entflammbar
Se	Selen *n*
SF	Schadenfreiheitsklasse *f*
SFI	sequentielle Kraftstoffeinspritzung *f*
SFK	aramidfaserverstärkter Kunststoff *m*

SGR schneller gasgekühlter Reaktor *m*
SH Sitzheizung *f*
SHL Schlitzhohlleiter *m*
SI Internationales Einheitensystem *n*
Si Silicium *n*
Sifa Sicherheitsfahrschaltung *f*
SIM SIM-Karte *f*
SLB Start- und Landebahn *f*
SLF Schredderleichtfraktion *f*
SLT Streifenlichttopometrie *f*
SLW Seitenleitwerk *n*
Sm Samarium *n*
sm Seemeile *f*
SMC Sheet-Moulding-Compound *n*
SMVA Sondermüllverbrennungsanlage *f*
Sn Zinn *n*
SNR schneller natriumgekühlter Reaktor *m*
SNR Signal-Rausch-Abstand *m*
SO2 Schwefeldioxid *n*
SoG-Si Solarsilicium *n*
SPL Schalldruckpegel *m*
SPS speicherprogrammierbare Steuerung *f*
Sr Strontium *n*
SR Synthesekautschuk *m*
SR Sitzreihe *f*
SSPS Satellitenkraftwerk *n*
STM Rastertunnelmikroskop *n*
SUV Sport-Utility-Vehicle *n*
SVGA Super-VGA *n*
SWR Siedewasserreaktor *m*
SZM Sattelzugmaschine *f*
t Nadelteilung *f*
T Periodendauer *f*
T Tera...
T Tesla *n*
t Tonne *f*
T Tiefgang *m*
Ta Tantal *n*
TA Technische Anleitung *f*
TAL Teilnehmeranschlussleitung *f*
TB Terabyte *n*
Tb Terbium *n*
TBM Tunnelbohrmaschine *f*
TBT Tributylzinn *n*
Tc Technetium *n*
TCM Verkehrskanal *m*
TDMA Zeitvielfachzugriff *m*
TE Endgerät *n*
Te Tellur *n*
TEL Tetraethylblei *n*
TEU Twenty-foot Equivalent Unit *n*
TF Temperaturfühler *m*
TGA technische Gebäudeausrüstung *f*
Th Thorium *n*
THC Gesamt-Kohlenwasserstoffe *mpl*
THD Gesamt-Oberschwingungsverhältnis *n*
THTR Thorium-Hochtemperaturreaktor *m*
Ti Titan *n*
TK Telekommunikation *f*
TKT teflonummanteltes Kapton *n*
Tl Thallium *n*
Tm Thulium *n*
TM Tragmagnet *m*
TML Tetramethylblei *n*
TMS integriertes Übersetzungssystem *n*
TN Teilenummer *f*
TNS Trägheitsnavigationssystem *n*
TNT Trinitrotoluol *n*
TP Twisted-Pair-Kabel *n*
TPT Triphenylzinn *n*
TS Trockensubstanz *f*
TTL Transistor-Transistor-Logik *f*
TÜV Technischer Überwachungsverein *m*
TW Triebwerk *n*
TWR Flugplatzkontrolle *f*
Typo Typografie *f*
U Uran *n*
U elektrische Spannung *f*
Ud Spannungsabfall *m*
UDS Unfalldatenschreiber *m*
ÜEA Überfall- und Einbruchmeldeanlage *f*

UF Harnstoffharz *n*
UHW Heizwert *m*
UKW Ultrakurzwelle *f*
UL Aufwärtsstrecke *f*
ULEV Niedrigst-Emissionen-Fahrzeug *n*
UP Polyesterharz *n*
UP UP-Schweißen *n*
UpM Umdrehungen pro Minute *fpl*
UPVC Hart-Polyvinylchlorid *n*
US Ultraschall-Bewegungsmelder *m*
US Ultraschall...
US Ultraschallschweißen *n*
USB universeller serieller Bus *m*
UV ultraviolett
v Geschwindigkeit *f*
v spezifisches Volumen *n*
V Vanadium *n*
V Volt *n*
V Volumen *n*
V Verdrängung *f*
V6 Sechszylinder-V-Motor *m*
V8 Achtzylinder-V-Motor *m*
VA Vorderachse *f*
VBA Verkehrsbeeinflussungsanlage *f*
VCA Analogverstärker *m*
VFR Sichtflugregeln *fpl*
VGO Vakuumgasöl *n*
VHS VHS-System *n*
ViKiS Videokonferenz mit integriertem Simultandolmetschen *f*
VLCC Very Large Crude Carrier *m*
VMC Sichtflugbedingungen *fpl*
VOC flüchtige organische Verbindung *f*
VoDSL DSL-Telefonie *f*
VoIP Internet-Telefonie *f*
Vol.-% Volumenprozent *n*
VPE vernetztes Polyethylen *n*
VR virtuelle Realität *f*
VS Vorserie *f*
VVS variable Ventilsteuerung *f*
W Arbeit *f*
W Wolfram *n*
W2C Wolframcarbid *n*
WAN Weitbereichsnetz *n*
WB Weißabgleich *m*
WEA Windenergieanlage *f*
WEZ Wärmeeinflusszone *f*
WIM Abstreckpresse *f*
WL Schlafwagen *m*
WLAN lokales Funknetz *n*
WP Werkstoffprüfung *f*
WPS Plasmastrahlschweißen *n*
WPT Wegpunkt *m*
WRG Wärmerückgewinnung *f*
WS Wassersäule *f*
WS Wechselstrom *m*
WSB Wirbelstrombremse *f*
WSF Wirbelschichtfeuerung *f*
WT Wärmetauscher *m*
XC kapazitiver Blindwiderstand *m*
xDSL x Digital Subscriber Line *f*
Xe Xenon *n*
XGA Extended Graphics Array *m*
XMS Extended Memory Specification *f*
Y Yellow *n*
y Yokto...
Y Yotta...
Y Yttrium *n*
YMC Yellow, Magenta, Cyan
YSZ yttriumstabilisiertes Zirconiumdioxid *n*
Z Impedanz *f*
z Zepto...
Z Zotta...
ZMS Zweimassenschwungrad *n*
Zn Zink *n*
Zr Zirconium *n*
ZS Zielsprache *f*
ZT Zieltext *m*
µm Mikrometer *n*